Die große Bibel der Moderne

Die große **Bibel der Moderne**

Einheitsübersetzung der Heiligen Schrift

Verlag Katholisches Bibelwerk

Die Deutsche Bibliothek – CIP-Einheitsaufnahme

Die große Bibel der Moderne :
Einheitsübersetzung der Heiligen Schrift /
[Bilderl.: Christoph Wetzel]. –
Stuttgart : Verl. Kath. Bibelwerk, 1999
Einheitssacht.: Biblia <dt.>
ISBN 3-460-31956-9 (Normalausg.)
ISBN 3-460-31969-0 (Vorzugsausg.)

Umschlag (Normalausgabe) und Gestaltung:
Finken & Bumiller, Stuttgart

Reproduktionen:
R & S Repro & Service GmbH, Offenburg

Druck:
Konkordia Druck, Bühl

Buchbinderei (Normalausgabe):
Buchbinderei Spinner, Ottersweier

Einband (Vorzugsausgabe):
Buchbinderei Richard Mayer, Esslingen

ISBN 3-460-31956-9 (Normalausgabe)
ISBN 3-460-31969-0 (Vorzugsausgabe)

Bildauswahl, Bilderläuterungen und Anhang:
Christoph Wetzel, geb. 1944 in Bautzen, besuchte die Evangelisch-theologischen Seminare Maulbronn und Blaubeuren. Von 1963 bis 1971 studierte er Kunst und Kunstgeschichte, Literatur und Geschichte in Stuttgart, München, Wien und Konstanz.
Nach Tätigkeiten im Schuldienst und als leitender Verlagslektor lebt er in Göppingen als freier Autor und Lektor.
Christoph Wetzel erarbeitete unter anderem die zweibändige Ausgabe »Die Bibel und das Christentum« (1977/78, u.d.T. »2000 Jahre Christentum« 1983), ein »Kulturtagebuch des 20. Jahrhunderts« (1984), ist Mitautor und Herausgeber der sechsbändigen »Neuen Belser Stilgeschichte« (1985-89) und gestaltete das Bildprogramm der »Stuttgarter Bibel der Buchmalerei« (1986) sowie der »Goldenen Jahrhundertbibel« (1997), beide Verlag Katholisches Bibelwerk und Belser Verlag.

Kunst der Moderne und Bibel – ein Dialog

»Der Künstler hat eine weckende, prophetische Kraft«, hat Wassily Kandinsky einmal gesagt. Er bringt damit auf den Punkt, was Kunst ausmacht. Kunst bewegt den Menschen, weckt Kräfte in ihm, die sonst brach lägen. Sie macht den Menschen wach für neue ungeahnte Perspektiven. Sie reißt Gewohntes ein und baut Ungewohntes auf. Dies gilt auch für die Künste (seien es die bildende Kunst, die Musik oder Literatur) unseres Jahrhunderts, die dem Anschein nach in einem unverbindlichen Freiraum existieren: Der Widerstand gegen die Moderne bis hin zur Verfemung und Vernichtung von Kunst macht ihre Sprengkraft offenkundig. Konnte und kann es unter dieser Voraussetzung einen Dialog zwischen der »alten« Bibel und der »neuen« Kunst geben, dem die *Große Bibel der Moderne* gewidmet ist? Werfen wir zunächst einen Blick zurück.

Vor ziemlich genau 1400 Jahren schrieb Papst Gregor I. in einem Brief: »Was für die Lesenden die Schrift ist, das ist für die des Lesens Unkundigen das Bild.« Wenn Gregor I. damit dem Bild neben dem Wort der Bibel Platz schuf, dann damals sicher, um wirklich des Lesens Unkundigen eine andere Art der Verkündigung zu ermöglichen. Aber hat er damit nicht zugleich – ganz modern – der Vielfalt künstlerischer Ausdrucksweisen im Raum der Kirche das Wort gesprochen, derer es bedarf, wenn das Wort Gottes das Herz der Menschen erreichen soll? Natürlich: Die Zehn Gebote beginnen mit einem klaren und umfassenden Verbot einer bildlichen Wiedergabe Gottes und seiner Schöpfung: »Du sollst dir kein Gottesbild machen und keine Darstellung von irgend etwas am Himmel droben, auf der Erde unten oder im Wasser unter der Erde« (Ex 20,4). Natürlich: Bedeutende Theologen schon des 2. Jahrhunderts haben auf dem Gegensatz zwischen heidnischer und häretischer Bildbesessenheit einerseits und christlicher Freiheit vom Bilderzwang andererseits bestanden.

Gregor sah das gelassen: »Wenn jemand Bilder fertigen will, dann hindere ihn nicht«, empfahl er dem Ratsuchenden. Er fügte jedoch ein großes Aber hinzu: «Die Anbetung der Bilder verhindere mit allen Mitteln.« Die Geschichte der Kirche hat gezeigt, daß Gregors Warnung einer übertriebenen Bilderverehrung berechtigt war. Freilich gilt das ebenso für Texte: Sie dürfen nicht zur heiligen Formel erstarren, sondern müssen ihre dynamische Kraft entfalten.

Die bildende Kunst hat sich einer naiven Bildgläubigkeit, die seit der Mitte des 19. Jahrhunderts durch die Fotografie neue Nahrung erhielt, bereits an der Wende zum 20. Jahrhundert widersetzt: Statt Sichtbares wiederzugeben, machte sie sichtbar. Sie radikalisierte und differenzierte das Wahrnehmbare in bis dahin unbekannter Weise und führte damit zum Stilpluralismus der modernen Kunst: Der Symbolismus forschte nach verschütteten oder verdrängten seelischen Untiefen. Der Expressionismus zeigte im Wahrnehmbaren dessen emotionale Herausforderung – als Steigerung oder als Bedrohung der Existenz – und gelangte bis zur gegenstandsfreien Wirklichkeit der Bildelemente als seelischem Ausdrucksmittel. Der Konstruktivismus entwickelte die Bildwirklichkeit aus den elementaren Ordnungskräften der Geometrie. Der Surrealismus beseitigte das Zutrauen zur rationalen Kompetenz der Wahrnehmung. Die Pop Art banalisierte die allgegenwärtigen Abbilder von Kultgegenständen der Konsum- und Mediengesellschaft. Die Minimal Art im weitesten Sinne, also die Beschränkung auf die einfachsten, vielfach ins Monumentale gesteigerten künstlerischen Gestaltungsmittel Form und Farbe, schuf Gegenstände der Meditation.

Die mit wenigen Strichen skizzierte Vielfalt der künstlerischen Wege des späten 19. und des 20. Jahrhunderts bildet den weit gespannten Rahmen für die *Große Bibel der Moderne*, die innerhalb dieses Rahmens ihre eigene Perspektive besitzt. Das Bildprogramm dieser Bibel zeigt eine Zäsur in der Beziehung zwischen Kunst und Religion, die einen Teilaspekt des künstlerischen Aufbruchs der Jahrhundertwende darstellt. So stand die abendländische Kunst lange Zeit vorwiegend im Dienst der christlichen Religion. Ein Gang durch die Kunstgeschichte der vergangenen zwei Jahrtausende führt über weite Strecken durch Kirchen, auch wenn wir deren Ausstattung heute vielfach im Museum antreffen. Solche Dienstbarkeit, die nicht mit blinder Unterwürfigkeit gleichzusetzen ist, wich einem umgekehrten Verhältnis: Religion wurde dienstbar, indem sie als Nährboden der zunehmend autonomen Kunst diente. Die bereits im Mittelalter einsetzende Umkehrung kulminierte im 19. Jahrhundert in der Auffassung der Kunst als Religion. Versuche, die ursprüngliche Rangordnung zu restaurieren, blieben epigonal, wie das Wirken und vor allem die Wirkungsgeschichte der als »Nazarener« verspotteten Mitglieder der Lukas-Bruderschaft verdeutlichen.

Vor diesem kunst- und geistesgeschichtlichen Hintergrund ist beispielsweise das auf den ersten Blick kunstimmanente Bekenntnis des ehemaligen Hilfspredigers und »Vaters des Expressionismus« Vincent van Gogh zu sehen: »Ich möchte Männer und Frauen mit etwas von diesem Ewigen malen, das der Heiligenschein zu symbolisieren pflegte und das wir durch das wirkliche Strahlen und Vibrieren unserer Farbengebung einzufangen suchen.« Van Goghs Bekenntnis könnte auch von Emil Nolde, Wassily Kandinsky oder Barnett Newman stammen. Vergleichbar ist Alexej von Jawlenskys Wunsch: »Was denke ich? Was fühle ich? Ich schaue in mich. Oh! Wie möchte ich etwas Göttliches sagen!«

Zum eigenen Blickpunkt der *Großen Bibel der Moderne* gehört, daß sie die 188 Werke von 82 Künstlern der Moderne nicht in zeitlicher kunsthistorischer Abfolge anordnet – dies leistet eine im Anhang enthaltene Chronologie der Werke –, sondern in ihrem jeweiligen Bezug zum biblischen Text. Ein grundsätzlich enger, direkter Zusammenhang zwischen Bild und Text besteht, zumindest was den Ausgangspunkt der Werke betrifft, im religiösen Teil des Œuvres beispielsweise von Georg Baselitz, Max Beckmann, Arik Brauer, Marc Chagall, Otto Dix, Alfred Hrdlicka, Wassily Kandinsky, Emil Nolde oder Karl Schmidt-Rottluff. Die Künstler ließen sich von biblischen Texten oder außerbiblischen Legenden inspirieren und transformierten die Themen in ihre jeweilige Welt. Ihre Vorgehensweise kann dabei sehr verschieden ausfallen, beispielsweise in gegenständlicher Darstellung wie Emil Noldes *Pharaos Tochter findet den Moseknaben*, in mystisch-traumhafter Ausdeutung wie bei Ernst Fuchs' *Mose vor dem brennenden Dornbusch* oder aber in abstrakter, großflächiger Meditation wie bei Barnett Newman (*The day before one*) oder Mark Rothko (*Gelb und Gold*).

Für unmittelbar durch die Bibel angeregte Künstler gilt zumeist ein Vorbehalt, den Nolde im Rückblick auf das Jahr 1909 und den Beginn seiner Auseinandersetzung mit biblischen Themen so formuliert hat: »Falls ich am Bibelbuchstaben und am erstarrten Dogma gebunden gewesen wäre, ich habe den Glauben, daß dann ich diese tiefsinnig empfundenen Bilder, *Abendmahl* und *Pfingsten*, so stark nicht hätte malen können. Ich mußte künstlerisch frei sein – nicht Gott vor mir haben als einen stahlharten, assyrischen Herrscher, sondern Gott in mir, heiß und heilig wie die Liebe Christi« (*Jahre der Kämpfe*, 1934).
Noldes Bekenntnis hat zwei Aspekte. Zum einen stellt es fest, was für alle textorientierte bildnerische Gestaltung gilt: Gebundenheit an die Buchstaben und bildhaftes Gestalten schließen sich aus; Wortsprache und Bildsprache sind nicht deckungsgleich. Zum anderen spricht Nolde von der Notwendigkeit, die Fesseln einer erstarrten Dogmatik abzustreifen. Es sei dahingestellt, ob jemals eine dogmatisch gebundene Darstellungsweise den Rang eines Kunstwerks erreicht hat. Sicher gilt aber für das 20. Jahrhundert, daß Kunst und ›Ketzerei‹ eine engere Beziehung besitzen als Kunst und Kirche.
Der Widerspruch zwischen Kunst und Dogmatik bzw. der Widerstand der Kunst gegen dogmatische Vorgaben betraf und betrifft in erster Linie die figurative Darstellungsweise: Oskar Kokoschkas Bild der *Verkündigung*, die eine Aktfigur als Erzengel Gabriel einer hochschwangeren Maria zugesellt, weicht nicht allein von der Bildtradition ab, sondern stellt sich auch quer zu dogmatischen Definitionen. Aber auch die abstrakte, gegenstandsfreie Kunst des 20. Jahrhunderts geriet, sobald sie sich religiös definierte, in letztlich dogmatisch verursachte Konflikte. Hatte Hans Sedlmayr in der Moderne generell einen Verlust der Mitte (1948) wahrgenommen, so weckten Arbeiten wie der zeichenhafte, ›frühchristliche‹ Zyklus *Passion* (1948) von Alfred Manessier auf kirchlicher Seite die Sorge um den ›Verlust des Christusbildes‹. Daß diese Frage auch Künstler bewegt, gibt eine Äußerung von Alfred Hrdlicka zu erkennen: »Christus abstrakt? Was bringt's? Es hat ihn doch gegeben, er hat doch dies und jenes erlebt.« So argumentierten bereits im Bilderstreit des Frühmittelalters die Verfechter einer figürlichen christlichen Kunst gegen die Bilderlosigkeit oder eine rein symbolische Bildhaftigkeit: Die Inkarnation rechtfertigt, ja sie fordert das Christusbild. Hrdlicka fährt in dem zitierten Gespräch fort: »Aber diese abstrakten, in blaue Dünste aufgelösten Vorstellungen, damit kann ich überhaupt nichts anfangen. Wenn die Kirche wirklich wieder Gewalt über die Menschen kriegen will, dann muß sie es über den Menschen kriegen. Über seine Anschaulichkeit. Aber wenn man dann hingeht und erklärt: Im Blau von Barnett Newman ist ein tiefer Geist, da kann ich ja nur lachen.« (van der Grinten / Mennekes, *Menschenbild – Christusbild*, Stuttgart 1984). Festzuhalten bleibt, daß sich die Kunst des 20. Jahrhunderts vor allem in zwei Richtungen gespalten hat: in die Richtung der zumeist expressiv vermittelten Anschaulichkeit und in die Richtung der »vom Ballast der Wirklichkeit« (Kasimir Malewitsch) befreiten gegenstandsfreien Bildwelt.
Die oben aufgeführten thematischen Beziehungen können sehr eng im Sinne eines illustrativen Text-Bild-Zusammenhanges sein, oder aber als bewußte Distanz, ja Widerspruch in Erscheinung treten. Neben illustrativer und opponierender Reaktion der Kunst auf biblische Inhalte enthält das Bildprogramm der *Großen Bibel der Moderne* Werke der modernen Kunst, die experimentell mit dem Text in Berührung gebracht werden. Hierzu ein Beispiel.
Das Buch Tobit wird von vier Abbildungen begleitet. Das Gemälde *Der arme Jude* von Pablo Picasso dient als Bildnis des alten und hilflosen Tobias. Der Fisch, der Tobit das Wunderheilmittel gegen die Blindheit des Tobias liefert, tritt in Gestalt des *Goldenen Fisches* von Paul Klee in Erscheinung. Die glückliche Heimkehr und die Vermählung Tobits mit Sara ›illustriert‹ Henri Rousseaus *Hochzeit auf dem Land*. Die familiäre Idylle wird im biblischen Text transzendiert durch die Selbstoffenbarung des Reisebegleiters als Engel Rafael. Auf analoge Weise folgt auf der Bildebene der liebevoll in allen Details ausgearbeiteten Szene Rousseaus der auf ein Ensemble schwarzer Bildzeichen auf lichtem Grund reduzierte *Erzengel* aus dem Spätwerk von Paul Klee.
Es ist unwahrscheinlich, daß einer der drei Künstler vor oder während der Entstehung des jeweiligen Bildes an das Buch Tobit gedacht hat. Dennoch ist eine kongeniale Entsprechung zwischen Bild und Text erkennbar; durch ihre Berührung entsteht eine wechselseitige Erhellung. Text und Bild werden eins in der Imagination des Lesers und Betrachters. In beiden sieht er menschliche Verlassenheit, dann das Wunderbare, einmündend in das Alltägliche und aufgehoben im Geistigen. Natürlich soll mit einer solchen Bildregie keinesfalls der Versuch einer ›Verchristlichung‹ von Pablo Picasso, Paul Klee oder Henri Rousseau unternommen werden.
Proprium der *Großen Bibel der Moderne* ist die enge Text-Bild-Verzahnung. So erschließt sich einerseits durch und über das Bild der Text der Bibel neu und anders. Die Bilder eröffnen eine bisher ungeahnte Dimension, eine neue Perspektive. Die einleitenden Zitate der Bildlegenden verdeutlichen darüber hinaus die Aufforderung, die Bilder als Wegweiser zum Text zu betrachten. Andererseits kann der Text umgekehrt zum Bild hinführen, Entdeckungen ermöglichen. Ein Beispiel ist Pablo Picassos *Kreuzigung*. Sie befindet sich nicht im Zusammenhang eines der Passionsberichte oder der Briefe des Neuen Testaments, sondern ›illustriert‹ den Passionspsalm 22. In der Text-Bild-Begegnung erschließen sich Bildelemente, die bei einer isolierten oder durch die Sicht der Evangelien geprägten Betrachtung ›stumm‹ bleiben.
Die Bildauswahl und -plazierung ist keineswegs willkürlich; vielmehr sollen sich Text- wie Bildebene nicht nur thematisch-inhaltlich, sondern auch strukturell entsprechen. Ein Beispiel mag diese Position erläutern: Wassily Kandinskys abstrakte Komposition *Roter Fleck* begleitet den stark formalisierten und strophenartigen ersten Schöpfungsbericht der Bibel, während Rudolf Hausners im surrealistischen Sinne anschaulich-gegenständliches *Adam-Massiv* den zweiten Bericht über die Erschaffung des Menschen aus dem Staub der Erde in seiner Eigenart zu kennzeichnen vermag.
Die Bildlegenden enthalten in zurückhaltender Weise stilgeschichtliche und biographische Hinweise, die der Anhang ergänzt und systematisiert. Eine Zeittafel verzeichnet die abgebildeten Werke in der Reihenfolge ihrer Entstehung, bei mehrjähriger Entstehungszeit unter dem Jahr der Vollendung. Diese Chronologie beginnt 1888 mit einem Dreiklang: James Ensor, der Symbolist mit surrealen, in seiner scharfen Zeitkritik bereits dadaistischen Tendenzen, Paul Gauguin, der Symbolist mit abstrahierenden Tendenzen, und Vincent van Gogh, der Wegbereiter des Expressionismus.
Die Zeittafel verzichtet jedoch bewußt auf eine Benennung der verschiedenen Stilrichtungen, in die sich die Abfolge der einzelnen Werke gliedern ließe. Ihr Zweck ist vielmehr, den zeitgeschichtlichen Ort und die zeitliche Nachbarschaft der im Buch selbst unter anderen Gesichtspunkten angeordneten Werke zu markieren.
Der Anhang gibt auch Auskunft über die Chronologie der einzelnen Werkgruppen innerhalb des Œuvres des einzelnen Künstlers und über die Technik, das Format und den Standort der Werke.
Vor allem aber lenkt der Anhang die Aufmerksamkeit auf den biographischen Zusammenhang, in dem die Werke stehen. Daran wird erkennbar, in welchem Maße das Ringen der Künstler um ihre individuelle Identität von den gesellschaftlichen Verhältnissen abhängig ist. Das gilt besonders für die Künstler jüdischer Herkunft (Arik Brauer, David Bromberg, Marc Chagall, Ernst Fuchs, Jacob Kramer, Ludwig Meidner, Barnett Newman, Felix Nussbaum, Mark Rothko und Ben Shahn) und für alle anderen durch das NS-Regime als »entartet« verfemte und verfolgte Künstler. Beide, die Kunst- und die Zeitgeschichte, bilden den Horizont der *Großen Bibel der Moderne*.
So hoffen wir, daß die *Große Bibel der Moderne* für ihre Leser und Betrachter ein Rückblick auf die Kunst der Moderne im Gespräch mit dem zeitlos-modernen Text der Bibel, ein zeitgeschichtliches Dokument von prophetischer Kraft, ein inspirierender Ausblick in das dritte Jahrtausend sein möge.

Christoph Wetzel

An die Leser dieser Ausgabe

»Der Mensch lebt nicht nur von Brot, sondern von jedem Wort, das aus Gottes Mund kommt« (Mt 4,4).
Diese Aussage Jesu im Kampf gegen den Versucher, die er dem Alten Testament entnimmt (vgl. Dtn 8,3), weist auf die bleibende Bedeutung des Wortes Gottes für die Menschen aller Völker und Zeiten hin.
Schon vor dem Zweiten Vatikanischen Konzil faßten die deutschen katholischen Bischöfe aufgrund einer Denkschrift des Katholischen Bibelwerks Stuttgart den Beschluß, eine neue Übersetzung der Bibel aus den Urtexten für den kirchlichen Gebrauch schaffen zu lassen, um so einen besseren Zugang zum Wort Gottes zu ermöglichen.
Sie beauftragten dazu die Bischöfe J. Freundorfer, C. J. Leiprecht und E. Schick. Die österreichischen Bischöfe entsandten später Weihbischof A. Stöger. Den bischöflichen Beauftragten wurde ein Arbeitsausschuß aus Fachleuten der Exegese, Katechese, Liturgik und der deutschen Sprache zur Seite gestellt.
Bei dieser Übersetzung sollten nicht nur die neuen Erkenntnisse der Bibelwissenschaft, sondern auch die Regeln der deutschen Sprache in angemessener Weise berücksichtigt werden. Bis dahin benutzte die katholische Kirche Übersetzungen, welche entweder die lateinische Übersetzung der Bibel durch den heiligen Hieronymus, die Vulgata, zugrunde legten oder doch in besonderer Weise berücksichtigten.
Die Arbeit an der neuen Übersetzung begann 1962. Kurz darauf gestattete das Zweite Vatikanische Konzil den Gebrauch der Landessprachen in der Liturgie und erklärte: »Der Zugang zur Heiligen Schrift muß für alle, die an Christus glauben, weit offenstehen. Darum... bemüht sich die Kirche, daß brauchbare und genaue Übersetzungen in die verschiedenen Sprachen erarbeitet werden, mit Vorrang aus dem Urtext der heiligen Bücher« (Über die Göttliche Offenbarung, Nr. 22). Daraufhin schlossen sich die übrigen katholischen Bischöfe deutschsprachiger Gebiete in Europa dem Unternehmen an, das den Namen »Einheitsübersetzung« erhielt, weil es den Gebrauch einheitlicher biblischer Texte in Gottesdienst und Schule in allen Diözesen ermöglichen sollte. Die einheitliche Texterfassung ließ hoffen, daß sich wichtige Aussagen der Bibel dem Ohr der Gläubigen dauerhafter einprägten. Auch würde eine solche für den Gebrauch der Bibel in der Öffentlichkeit, besonders in Presse, Funk und Fernsehen, von Nutzen sein.
Da die Übersetzung vor allem in der Verkündigung Verwendung finden sollte, mußte sie sowohl das Verstehen erleichtern, wie auch für das Vorlesen und teilweise auch für das Singen geeignet sein. Darum wurden von Anfang an neben Fachleuten der Bibelwissenschaften auch solche der Liturgik, Katechetik, der Kirchenmusik und der deutschen Sprache herangezogen. Besondere Sorgfalt wurde auf die sprachliche Fassung der hymnischen Texte des Alten und des Neuen Testamentes, insbesondere der Psalmen, verwendet.
Von Anfang an strebten die katholischen Bischöfe die Mitarbeit der evangelischen Kirche in Deutschland an. Die evangelische Michaelsbruderschaft arbeitete von Anfang an durch Beauftragte an der Übersetzung mit. Ab 1967 beteiligte sich die Evangelische Kirche in Deutschland an der Übersetzung der beiden Kirchen gemeinsamen biblischen Lesungen der Sonn- und Festtage und der Psalmen, nachdem Kardinal A. Bea, der erste Leiter des Sekretariats für die Einheit der Christen in Rom, und Bischof K. Scharf, der damalige Vorsitzende des Rates der Evangelischen Kirche in Deutschland, sich bei einem Zusammentreffen für eine solche Zusammenarbeit ausgesprochen hatten. Über diese gemeinsame Arbeit wurde 1970 der erste Vertrag zwischen dem Verband der Diözesen Deutschlands und dem Rat der Evangelischen Kirche in Deutschland und dem Evangelischen Bibelwerk in der Bundesrepublik Deutschland geschlossen.
Ein wichtiges Ergebnis der Zusammenarbeit stellt die Einigung der Beauftragten beider Kirchen auf eine einheitliche deutsche Wiedergabe der biblischen Eigennamen sowie der Bezeichnung für Orte, Landschaften, Maße und Gewichte dar. Das »Ökumenische Verzeichnis der biblischen Eigennamen« wurde 1972 veröffentlicht.
Ab 1970 erschienen die Übersetzungen einzelner biblischer Bücher im Druck; 1972 wurde die vorläufige Endfassung des Neuen Testamentes, 1974 jene des Alten Testamentes für die Erprobung, vor allem in Liturgie und Schule, veröffentlicht. Die Übersetzung fand Eingang in die neuen liturgischen Bücher, die Lektionare für die biblischen Lesungen im Gottesdienst sowie in das vorläufige deutsche Stundenbuch. Alle Urteilsfähigen wurden von den beteiligten Bischöfen um Kritik und Verbesserungsvorschläge gebeten. Diese ließen zugleich Gutachten erstellen über die Treue gegenüber dem Urtext und über die sprachliche Ausdrucksform der Übersetzung.
Die Gesellschaft für Deutsche Sprache, Wiesbaden, wurde für die Überprüfung dieser Übersetzung herangezogen.
Die vorläufige Fassung der Psalmen, die 1971 zuerst im Druck erschien, wurde 1973/74 durch eine ökumenische Arbeitsgruppe überarbeitet, wobei der endgültige Text festgelegt wurde. Ab 1975 begann die Revision der vorläufigen Fassungen des Alten und Neuen Testamentes durch eigens dafür bestellte Revisionskommissionen unter dem Vorsitz von Bischof E. Schick (Neues Testament) und Weihbischof J. Plöger (Altes Testament). Die überaus zahlreichen Stellungnahmen und Verbesserungsvorschläge leisteten für die Erstellung der endgültigen Fassung der Übersetzung wertvolle Dienste.
Im Rahmen dieser Revisionsarbeit weitete die evangelische Seite ihre Mitarbeit auf das ganze Neue Testament aus, einschließlich der Einführungen und knapp gehaltenen Anmerkungen zu den einzelnen biblischen Schriften.
Im Februar 1978 approbierte die Deutsche Bischofskonferenz die Endfassung der Einheitsübersetzung für den kirchlichen Gebrauch in Gottesdienst und Schule. Sie dankte dabei den Übersetzern und allen übrigen Mitarbeitern und Beratern. Ihr folgten die übrigen bischöflichen Auftraggeber aus den deutschsprachigen Gebieten in Europa. Auch der Rat der Evangelischen Kirche in Deutschland und das Evangelische Bibelwerk begrüßen das Ergebnis der gemeinsamen Arbeit.
Im März und April 1979 wurden die Einführungen und Anmerkungen von allen Auftraggebern gutgeheißen. Damit fand ein für den deutschen Sprachraum einmaliges Unternehmen seinen Abschluß.
Aufgrund der guten Aufnahme, die der vorläufige Endtext in der Öffentlichkeit fand, ist zu hoffen, daß diese Übersetzung erfüllt, was die Mitglieder der Deutschen Bischofskonferenz bei der Approbation

des Textes im Frühjahr 1978 zum Ausdruck brachten: »Die Deutsche Bischofskonferenz ist überzeugt, daß die nun vorliegende Übersetzung der Heiligen Schrift den Entscheidungen des Zweiten Vatikanums gerecht wird, den katholischen und nichtkatholischen Christen, wie auch der Kirche Fernstehenden einen sprachlich verständlichen und wissenschaftlich gesicherten Zugang zur Botschaft der Heiligen Schrift zu bieten. Die Einheitsübersetzung ist in gehobenem Gegenwartsdeutsch abgefaßt. Ihr fehlt es nicht an dichterischer Schönheit, Treffsicherheit des Ausdruck und Würde biblischer Darstellungskraft. Wir Bischöfe hoffen zuversichtlich, daß die Neuübersetzung auch der zeitgemäßen Gebetssprache eine neuen Anstoß gibt und daß sie hilfreich sein wird in dem Bemühen, dem Wort Gottes im deutschen Sprachraum neue Beachtung und tieferes Verständnis zu verschaffen!«

Daneben verdient im Blick auf die Psalmen und das Neue Testament Beachtung, was der damalige Vorsitzende des Rates der Evangelischen Kirche in Deutschland, Landesbischof Helmut Claß, an den Vorsitzenden der Deutschen Bischofskonferenz, Joseph Kardinal Höffner, schrieb: »Die Tatsache, daß katholische und evangelische Christen nunmehr die Psalmen und ein Neues Testament besitzen, die Exegeten beider Kirchen im offiziellen Auftrag übersetzt haben, kann nicht hoch genug veranschlagt werden. Mehr als einzelne gemeinsame Aktionen führt gemeinsames Hören auf das Wort der Schrift dazu, daß die getrennten Kirchen aufeinander zugehen, um einmal zusammenzufinden unter dem einen Herrn der Kirche, Jesus Christus. Die ökumenische Übersetzung der Psalmen und des Neuen Testamentes leistet dazu einen wichtigen Beitrag.«

Advent 1979

Joseph Kardinal Höffner
Vorsitzender der Deutschen Bischofkonferenz

Alfred Kardinal Bengsch
Vorsitzender der Berliner Bischofskonferenz

Franz Kardinal König
Vorstitzender der Österreichischen Bischofskonferenz

Pierre Mamie
Vorsitzender der Schweizerischen Bischofskonferenz

Jean Hengen
Bischof von Luxemburg

Joseph Gargitter
Bischof von Bozen-Brixen

Guillaume-Marie van Zuylen
Bischof von Lüttich

Landesbischof Eduard Lohse
Vorsitzender des Rates der Evangelischen Kirche in Deutschland
(für die Psalmen und das Neue Testament)

Inhalt

Die Schriften des Alten Testaments

Die fünf Bücher des Mose

Die Bücher der Geschichte des Volkes Gottes

Die Bücher der Lehrweisheit und die Psalmen

Die Bücher der Propheten

Die Schriften des Neuen Testaments

Die Evangelien

Die Paulinischen Briefe

Die Katholischen Briefe

Anhang

Barnett Newman
The day before one
(1951)

»Im Anfang schuf Gott Himmel und Erde«, beginnt die Bibel und schildert den ersten Tag der Schöpfung. Und davor, »before one«? Der Titel des Gemäldes von Barnett Newman ist sicher keine Aufforderung, über die Existenz Gottes vor seinem Tätigwerden zu diskutieren. Der Titel stellt jedoch die gegenstandsfreie, monochrome Bildtafel in den Zusammenhang einer Auseinandersetzung, die im 20. Jahrhundert in der Kunst geführt wird und auch die Beziehung zwischen Kirche und Kunst betrifft: Was kann ein Bild? Was soll es zeigen? Kann es Wirklichkeit wiedergeben oder eine eigene Wirklichkeit bilden? Künstler wie Newman und Mark Rothko haben die Autonomie der Bildwirklichkeit in einer Gestaltungsweise geschaffen, die man als meditative Malerei bezeichnen könnte. Ihre jüdische Herkunft läßt dabei eine Haltung vermuten, die analog zum alttestamentlichen Bilderverbot ist. Newmans Malerei ist jedoch nicht Ausdruck einer Bildverweigerung, sondern einer neuen Beziehung zwischen der Bildfläche und dem Raum, in dem sie zur Wirkung gelangen soll: An die Stelle einer räumlichen Wirkung tritt die Raumwirkung, an die der Darstellung des Erhabenen soll sein Erleben treten. Hier berührt sich eine zunächst kunstimmanente Konzeption von den Möglichkeiten der Malerei mit der zunehmenden Warnung der Gesellschaft vor der Bilderflut.

Die Schriften des Alten Testaments

Die Bibel [griechisch bíblos = Buch] oder die Heilige Schrift ist eine Sammlung von Büchern, die das Alte und Neue Testament umfaßt. Das Alte Testament wird von Juden und Christen als Offenbarungsurkunde betrachtet. Die Bücher des Alten Testaments stammen von Verfassern, durch die Gott zu den Menschen spricht und durch die das Volk Israel seinen Glauben an die Heilstaten und Verheißungen Gottes bekennt. Juden und Christen glauben an die Inspiration (Eingebung) dieser Bücher durch den Geist Gottes.
Das Verzeichnis der Bücher, die zur Heiligen Schrift gehören, nennt man Kanon [griechisch kanón = Maßstab], weil sie den Maßstab für den Glauben darstellen. Jesus und seine Jünger übernahmen die Bücher der Heiligen Schrift, wie sie ihr Volk kannte, und beriefen sich in ihrer Botschaft auf sie als auf das Wort Gottes.
Die Juden Palästinas unterschieden drei Teile der Bibel: die fünf Bücher der Torá oder des Gesetzes (Genesis, Exodus, Levitikus, Numeri, Deuteronomium), die sie Mose zuschrieben; die Bücher der Propheten, die sie in die früheren (Josua, Richter, Samuel, Könige) und die späteren Propheten (Jesaja, Jeremia, Ezechiel und das Buch der zwölf Kleinen Propheten) unterteilten; die (übrigen) Schriften (Psalmen, Ijob, Sprichwörter, Rut, Klagelieder, Hoheslied, Kohelet, Ester, Daniel, Esra-Nehemia und Chronik). Weil sie noch nicht die Zweiteilung der Bücher Samuel, Könige, Esra-Nehemia und Chronik kannten und die zwölf Kleinen Propheten noch in einem einzigen Buch zusammenfaßten, zählten sie insgesamt 24 Bücher der Heiligen Schrift; erst in den christlichen Bibelausgaben teilte man die genannten Bücher auf, so daß dieser Kanon 39 Bücher umfaßt, die sogenannten protokanonischen Bücher [griechisch prôtos kanón = erster Kanon]. Dieser Kanon ist im Vorwort zur griechischen Sirach-Übersetzung vorausgesetzt und wurde um 100 n. Chr. vom Judentum allgemein anerkannt.
Die griechisch sprechenden Juden der Diaspora in Ägypten lasen im Gottesdienst der Synagoge die Bibel in einer griechischen Übersetzung, der sogenannten Septuaginta (»Siebzig«, weil angeblich von siebzig Übersetzern stammend). Diese griechische Übersetzung enthielt noch andere Bücher, die bei den Diasporajuden ebenfalls als heilige Schriften galten. Von ihnen übernahm die christliche Kirche die sieben sogenannten deuterokanonischen Bücher [griechisch déuteros kanón = zweiter Kanon] in ihre Bibel: Tobit, Judit, 1 und 2 Makkabäer, Baruch, Weisheit und Sirach, ferner zusätzliche Abschnitte in den Büchern Daniel und Ester.
Demgegenüber legten die Führer der aramäisch sprechenden Juden Palästinas auf der sog. »Synode« von Jamnia [Jabne, um 100 n. Chr.] offiziell fest, welche Schriften kanonisch sind. Alle in griechischer Sprache geschriebenen Bücher wurden grundsätzlich für nicht-kanonisch erklärt. In der hebräischen Bibel fehlen daher die sog. deuterokanonischen Bücher.
In den christlichen Bibelausgaben wurden die Bücher neu geordnet und eingeteilt, und zwar in Geschichtsbücher, Lehrbücher und Prophetenbücher. Erst als die Schriften der Apostel und Apostelschüler ebenfalls kanonisches Ansehen gewonnen hatten und zur Heiligen Schrift gerechnet wurden (vgl. die Einleitung zum Neuen Testament), unterschieden die christlichen Theologen zwischen dem Alten Testament und dem Neuen Testament, wobei »Testament« [lateinisch testamentum] die Bedeutung »Bund« [griechisch: diathéke; hebräisch: berít] bekam.
Das erste Kanonverzeichnis der Kirche, das alle Bücher der christlichen Bibel enthält, geht auf die Provinzialsynode von Hippo (393 n. Chr.) zurück. Es wurde von der lateinischen Kirche und von der Ostkirche übernommen und auf dem Konzil von Trient 1546 bestätigt. Diesen Kanon setzt die lateinische Bibelübersetzung, die sogenannte Vulgata (= die allgemein Verbreitete) voraus. Martin Luther griff für seine Übersetzung bewußt auf den hebräischen Text zurück und schied daher die deuterokanonischen Bücher wieder aus dem Kanon aus. Er übersetzte sie zwar und empfahl ihre Lektüre, rechnete sie aber nicht zur Heiligen Schrift. Seither bezeichnen die Kirchen der Reformation diese Bücher als Apokryphen, das heißt als der Bibel später zugefügte Schriften. Im Sprachgebrauch der katholischen Theologen dagegen sind Apokryphen andere Bücher, die zwar zeitweise in manchen jüdischen und christlichen Gemeinschaften zur Heiligen Schrift gerechnet und im Gottesdienst vorgelesen wurden, die aber weder die lateinische Kirche noch die Ostkirche in die Bibel aufnahm. Diese Bücher nennen die Theologen der reformatorischen Kirchen Pseudepigraphen, das heißt fälschlich biblischen Personen zugeschriebene Bücher.
Die protokanonischen Bücher sind in Hebräisch überliefert; nur einige Abschnitte haben einen aramäischen Urtext (vgl. die Einleitungen zu Esra und Daniel). Die deuterokanonischen Bücher sind nur in Griechisch erhalten geblieben (vgl. aber die Einleitung zu Sirach).
Die Leitsätze für die interkonfessionelle Zusammenarbeit bei der Bibelübersetzung, die 1968 vom Weltbund der Bibelgesellschaften und dem Sekretariat für die Einheit der Christen beschlossen wurden, sehen vor, daß in ökumenischen Ausgaben die deuterokanonischen Bücher enthalten sind. Für die Bibelausgaben der Bibelgesellschaften wird dabei auf die Möglichkeit verwiesen, die deuterokanonischen Teile vor dem Neuen Testament abzudrucken.
Die meisten Bücher des Alten Testaments sind in einem langen Überlieferungsprozeß entstanden. Gott hat zunächst zu den Patriarchen, zu Mose, zu den Propheten und anderen Gottesmännern gesprochen. Diese haben die Offenbarung teils mündlich, teils schriftlich weitergegeben. Die Lehrer Israels haben das so empfangene Wort Gottes betend durchdacht, erläutert und erweitert. Schließlich fanden sich Männer, die der so weitergegebenen Überlieferung jene endgültige schriftliche Form gaben, die Jesus und die Urkirche als Heilige Schrift anerkannten und der Kirche anvertrauten.

Die fünf Bücher des Mose

Die Bücher Genesis, Exodus, Levitikus, Numeri und Deuteronomium bilden bei den Juden eine Einheit, die sie Torá (Gesetz) nennen, weil sie das Gesetz enthalten, das Mose auf dem Sinai von Gott für Israel empfangen hat und das die Grundlage für den Bund zwischen Gott und Israel bildet. Wegen des großen Umfangs teilten schon die Juden die Torá in fünf Bücher ein. Die fünf Buchrollen verwahrte man in den Synagogen in einem Behälter. Darum nannten bereits die Kirchenväter die Sammlung dieser fünf Buchrollen Pentateuch (Fünfrollen-Behälter). Diese fünf Bücher wurden an den Sabbaten und Hochfesten in der Synagoge gelesen, und zwar fortlaufend in einer einjährigen oder dreijährigen Leseordnung. Die Lesung der Torá ist bis heute wesentlicher Bestandteil des jüdischen Gottesdienstes.

Nach jüdischer und christlicher Tradition hat Mose die Torá geschrieben, um sein Volk die Heilsgeschichte von der Erschaffung der Welt bis zum Einzug Israels in das den Erzvätern verheißene Land zu lehren. In die Geschichtsdarstellung sind die Gesetzestexte aufgenommen, die die Juden als das Bundesgesetz vom Sinai verstehen. Die moderne Bibelwissenschaft hat an zeitgeschichtlichen und literarischen Unstimmigkeiten, an Unterschieden in den Gottesnamen, im Wortschatz, im Stil, an den verschiedenen »Theologien« und an anderen Merkmalen festgestellt, daß der Pentateuch eine große, aus mehreren literarischen Schichten bestehende Sammlung von Überlieferungen ist, die in ihrem Kern bis auf die Zeit des Mose (13. Jahrhundert v. Chr.) zurückgehen können.

Man pflegt heute drei Hauptschichten zu unterscheiden, die sich über die vier ersten Bücher erstrecken: 1. Die jahwistische (J), erkennbar an der Vorliebe für den Gottesnamen Jahwe; sie wurde um 900 v. Chr. als Werk eines großen Geschichtsschreibers und Theologen niedergeschrieben.

2. Die elohistische Schicht (E), so genannt wegen der Vorliebe für den Gottesnamen Elohim (= Gott); sie wurde um 720 v. Chr. niedergeschrieben.

3. Die Priesterschrift (P); sie wurde im Babylonischen Exil um 550 v. Chr. von Priestern niedergeschrieben, die besonders an gottesdienstlichen Ordnungen interessiert waren. Die Zuweisung der einzelnen Texte an die drei Schichten ist aber nicht unumstritten. Dazu kommt als ein eigener Überlieferungskomplex das Deuteronomium. In diese drei bzw. vier Schichten haben die Verfasser Überlieferungen eingearbeitet, die ihrerseits auf mündlich umlaufende oder schriftlich vorliegende Traditionen verschiedenen Alters zurückgingen: Erzählungen über Personen und Ereignisse, die für das Werden und die Geschichte Israels wichtig waren; Lieder; Stammbäume; Listen von Orten; Sammlungen von Gesetzen verschiedenen Inhalts. Die spätere Tradition hat die früheren Überlieferungen bearbeitet, vor allem später notwendige gesetzliche Regelungen in das überkommene Bundesgesetz eingearbeitet. Schließlich hat ein letzter Bearbeiter (Redaktor, abgekürzt R) die ganze ihm vorliegende mündliche und schriftliche Tradition zusammengefaßt und unserem Pentateuch die heutige Gestalt verliehen. Damit wollte er seinem Volk nach der Katastrophe des Babylonischen Exils (586–538 v. Chr.) zeigen, wie Gott im Lauf der Geschichte an der Menschheit und besonders an seinem Volk Israel gehandelt hat, und diesem Volk eine feste Lebensordnung geben.

Das Buch Genesis

Das erste der fünf Bücher Mose heißt in der griechischen und in der lateinischen Übersetzung Genesis (Entstehung), weil es von der Entstehung der Welt, der Menschheit und des Volkes Israel handelt. Die Juden nennen das Buch nach dem Anfangswort Bereschit (Im Anfang). Es gliedert sich in zwei Hauptteile: Urgeschichte (Kap. 1–11) und Patriarchengeschichte (Kap. 12–50). In der Patriarchengeschichte unterscheidet man: die Geschichte der Erzväter (Kap. 12–36) und die Geschichte der Söhne Jakobs (Kap. 37–50).

Die theologische Bedeutung des Buches liegt in seinen Aussagen über Gott als den Schöpfer der Welt und den Herrn der Geschichte. Wichtig ist dabei vor allem die Erschaffung der Welt durch das Wort Gottes, die Gottebenbildlichkeit des Menschen, die Erzählung von Paradies und Sündenfall, von der Sintflut und dem Bund mit Noach, von der gnadenhaften Erwählung Abrahams und seiner Nachkommen als Segensmittler für die ganze Menschheit, von den Verheißungen an die Patriarchen. Alles Handeln Gottes in der Geschichte ist nach dieser Sicht letztlich auf das Heil der Menschen ausgerichtet.

Das Buch Genesis verarbeitet älteste Überlieferungen Israels und seiner Nachbarvölker über die Urgeschichte der Menschheit und die Vorgeschichte Israels. Es wählt davon Ereignisse aus, die für die Menschheitsgeschichte charakteristisch sind, und zeigt an bestimmten Personen, wie Gott die Menschen zum Heil beruft, wie die Menschen das Heilsangebot Gottes ausschlagen und sich damit selbst immer tiefer ins Unheil stürzen; es zeigt aber auch, wie Gott in Abraham und seinen Nachkommen dem Fluch den unverdienten Segen entgegensetzt, an dem alle Menschen Anteil erhalten sollen (Gen 12,3).

Die Erzählungen der Urgeschichte sind weder als naturwissenschaftliche Aussagen noch als Geschichtsdarstellung, sondern als Glaubensaussagen über das Wesen der Welt und des Menschen und über deren Beziehung zu Gott zu verstehen. Die Geschichte der Erzväter und der Söhne Jakobs sind zwar in Einzelheiten ebenfalls nicht historisch nachprüfbar, doch stimmen die politischen, sozialen, rechtlichen, kulturellen und religiösen Zustände, die hier geschildert werden, weithin mit den Verhältnissen überein, wie sie die heutige Forschung für Palästina und seine Umwelt in der Zeit vor Mose, d. h. für die sog. Mittlere und Späte Bronzezeit, erschlossen hat. Man darf die Geschichtsdarstellung des Buches Genesis nicht an der modernen Geschichtsschreibung messen, sondern man muß sie als antike Geschichtsschreibung und als theologische Geschichtsdeutung beurteilen. Der die Verfasser des Buches inspirierende Gott wollte uns nicht genaue Einzelheiten über die Entstehung der Welt und des Menschen mitteilen oder uns über den exakten Verlauf der Patriarchengeschichte unterrichten. Vielmehr wollte er an den erzählten Begebenheiten sein Heilsangebot und die typischen Reaktionen des Menschen darauf aufzeigen. Damit wollte er deutlich machen, daß er auch Sünder zu Trägern und Vermittlern von Segen und Heil erwählt.

Die Anfänge

Die Erschaffung der Welt

1 Im Anfang schuf Gott Himmel und Erde; 2 die Erde aber war
wüst und wirr, Finsternis lag über der Urflut, und Gottes Geist
schwebte über dem Wasser.
3 Gott sprach: Es werde Licht. Und es wurde Licht. 4 Gott sah, daß das
Licht gut war. Gott schied das Licht von der Finsternis, 5 und Gott
nannte das Licht Tag, und die Finsternis nannte er Nacht. Es wurde
Abend, und es wurde Morgen: erster Tag.
6 Dann sprach Gott: Ein Gewölbe entstehe mitten im Wasser und
scheide Wasser von Wasser. 7 Gott machte also das Gewölbe und
schied das Wasser unterhalb des Gewölbes vom Wasser oberhalb des
Gewölbes. So geschah es, 8 und Gott nannte das Gewölbe Himmel.
Es wurde Abend, und es wurde Morgen: zweiter Tag.
9 Dann sprach Gott: Das Wasser unterhalb des Himmels sammle sich
an einem Ort, damit das Trockene sichtbar werde. So geschah es. 10 Das
Trockene nannte Gott Land, und das angesammelte Wasser nannte er
Meer. Gott sah, daß es gut war. 11 Dann sprach Gott: Das Land lasse
junges Grün wachsen, alle Arten von Pflanzen, die Samen tragen, und
von Bäumen, die auf der Erde Früchte bringen mit ihrem Samen darin.
So geschah es. 12 Das Land brachte junges Grün hervor, alle Arten von
Pflanzen, die Samen tragen, alle Arten von Bäumen, die Früchte brin-
gen mit ihrem Samen darin. Gott sah, daß es gut war. 13 Es wurde
Abend, und es wurde Morgen: dritter Tag.
14 Dann sprach Gott: Lichter sollen am Himmelsgewölbe sein, um Tag
und Nacht zu scheiden. Sie sollen Zeichen sein und zur Bestimmung
von Festzeiten, von Tagen und Jahren dienen; 15 sie sollen Lichter am
Himmelsgewölbe sein, die über die Erde hin leuchten. So geschah es.
16 Gott machte die beiden großen Lichter, das größere, das über den
Tag herrscht, das kleinere, das über die Nacht herrscht, auch die
Sterne. 17 Gott setzte die Lichter an das Himmelsgewölbe, damit sie
über die Erde hin leuchten, 18 über Tag und Nacht herrschen und das
Licht von der Finsternis scheiden. Gott sah, daß es gut war. 19 Es
wurde Abend, und es wurde Morgen: vierter Tag.
20 Dann sprach Gott: Das Wasser wimmle von lebendigen Wesen, und
Vögel sollen über dem Land am Himmelsgewölbe dahinfliegen.
21 Gott schuf alle Arten von großen Seetieren und anderen Lebewe-
sen, von denen das Wasser wimmelt, und alle Arten von gefiederten
Vögeln. Gott sah, daß es gut war. 22 Gott segnete sie und sprach: Seid
fruchtbar, und vermehrt euch, und bevölkert das Wasser im Meer,
und die Vögel sollen sich auf dem Land vermehren. 23 Es wurde
Abend, und es wurde Morgen: fünfter Tag.
24 Dann sprach Gott: Das Land bringe alle Arten von lebendigen
Wesen hervor, von Vieh, von Kriechtieren und von Tieren des Feldes.
So geschah es. 25 Gott machte alle Arten von Tieren des Feldes, alle
Arten von Vieh und alle Arten von Kriechtieren auf dem Erdboden.
Gott sah, daß es gut war. 26 Dann sprach Gott: Laßt uns Menschen
machen als unser Abbild, uns ähnlich. Sie sollen herrschen über die
Fische des Meeres, über die Vögel des Himmels, über das Vieh, über
die ganze Erde und über alle Kriechtiere auf dem Land. 27 Gott schuf

Wassily Kandinsky
Roter Fleck II
(1921)
»So wurden Himmel und Erde vollendet und ihr ganzes Gefüge« (Gen 2,1). Im Sechstagewerk des ersten, jüngeren der beiden Schöpfungsberichte am Beginn der Bibel entstehen Himmel und Erde als »Gefüge« elementarer Formen und Phänomene. Dieses Gefüge ist in der Kunst der Moderne der Abstraktion vergleichbar, deren Entwicklung eng mit dem Schaffen Wassily Kandinskys verbunden ist. Seine Komposition *Roter Fleck II* entstand zur Zeit des Übergangs von der heftigen, impulsiven Ausdrucksgewalt der »Improvisationen« zur geometrisierenden Klärung der Formen und Umgrenzung der Farbflächen.
Eine nach links oben gerückte Diagonale trennt Dunkelheit von einem hell leuchtenden Feld, auf dem der Fleck als aktives rotes Zentrum von einer Vielzahl zumeist gerundeter Bildgegenstände umspielt wird. Unverkennbar distanzierte sich Kandinsky in diesem Bild von der reinen Geometrie des zeitgenössischen Konstruktivismus, um sein Bildgefüge der Fülle einer organischen Formenwelt zu öffnen. Kandinsky selbst bezeichnete die Elemente seiner neu erschaffenen Formenwelt als »frei, elastisch, abstrakt«.

also den Menschen als sein Abbild; als Abbild Gottes schuf er ihn.
Als Mann und Frau schuf er sie. 28 Gott segnete sie, und Gott sprach
zu ihnen: Seid fruchtbar, und vermehrt euch, bevölkert die Erde,
unterwerft sie euch, und herrscht über die Fische des Meeres, über
die Vögel des Himmels und über alle Tiere, die sich auf dem Land
regen. 29 Dann sprach Gott: Hiermit übergebe ich euch alle Pflanzen
auf der ganzen Erde, die Samen tragen, und alle Bäume mit samen-
haltigen Früchten. Euch sollen sie zur Nahrung dienen. 30 Allen Tie-
ren des Feldes, allen Vögeln des Himmels und allem, was sich auf der
Erde regt, was Lebensatem in sich hat, gebe ich alle grünen Pflanzen
zur Nahrung. So geschah es. 31 Gott sah alles an, was er gemacht
hatte: Es war sehr gut. Es wurde Abend, und es wurde Morgen: der
sechste Tag.
2 So wurden Himmel und Erde vollendet und ihr ganzes Gefüge.
2 Am siebten Tag vollendete Gott das Werk, das er geschaffen
hatte, und er ruhte am siebten Tag, nachdem er sein ganzes Werk
vollbracht hatte. 3 Und Gott segnete den siebten Tag und erklärte ihn
für heilig; denn an ihm ruhte Gott, nachdem er das ganze Werk der
Schöpfung vollendet hatte.
4a Das ist die Entstehungsgeschichte von Himmel und Erde, als sie
erschaffen wurden.

Das Paradies
4b Zur Zeit, als Gott, der Herr, Erde und Himmel machte, 5 gab es auf
der Erde noch keine Feldsträucher und wuchsen noch keine Feld-
pflanzen; denn Gott, der Herr, hatte es auf die Erde noch nicht regnen
lassen, und es gab noch keinen Menschen, der den Ackerboden

bestellte; 6 aber Feuchtigkeit stieg aus der Erde auf und tränkte die
ganze Fläche des Ackerbodens.
7 Da formte Gott, der Herr, den Menschen aus Erde vom Ackerboden
und blies in seine Nase den Lebensatem. So wurde der Mensch zu
einem lebendigen Wesen.
8 Dann legte Gott, der Herr, in Eden, im Osten, einen Garten an und
setzte dorthin den Menschen, den er geformt hatte. 9 Gott, der Herr,
ließ aus dem Ackerboden allerlei Bäume wachsen, verlockend anzu-
sehen und mit köstlichen Früchten, in der Mitte des Gartens aber den
Baum des Lebens und den Baum der Erkenntnis von Gut und Böse.
10 Ein Strom entspringt in Eden, der den Garten bewässert; dort teilt er
sich und wird zu vier Hauptflüssen. 11 Der eine heißt Pischon; er ist es,
der das ganze Land Hawila umfließt, wo es Gold gibt. 12 Das Gold
jenes Landes ist gut; dort gibt es auch Bdelliumharz und Karneol-
steine. 13 Der zweite Strom heißt Gihon; er ist es, der das ganze Land
Kusch umfließt. 14 Der dritte Strom heißt Tigris; er ist es, der östlich
an Assur vorbeifließt. Der vierte Strom ist der Eufrat.
15 Gott, der Herr, nahm also den Menschen und setzte ihn in den Gar-
ten von Eden, damit er ihn bebaue und hüte. 16 Dann gebot Gott, der
Herr, dem Menschen: Von allen Bäumen des Gartens darfst du essen,
17 doch vom Baum der Erkenntnis von Gut und Böse darfst du nicht
essen; denn sobald du davon ißt, wirst du sterben.
18 Dann sprach Gott, der Herr: Es ist nicht gut, daß der Mensch allein
bleibt. Ich will ihm eine Hilfe machen, die ihm entspricht.
19 Gott, der Herr, formte aus dem Ackerboden alle Tiere des Feldes
und alle Vögel des Himmels und führte sie dem Menschen zu, um zu
sehen, wie er sie benennen würde. Und wie der Mensch jedes leben-
dige Wesen benannte, so sollte es heißen. 20 Der Mensch gab Namen
allem Vieh, den Vögeln des Himmels und allen Tieren des Feldes.
Aber eine Hilfe, die dem Menschen entsprach, fand er nicht.
21 Da ließ Gott, der Herr, einen tiefen Schlaf auf den Menschen fallen,
so daß er einschlief, nahm eine seiner Rippen und verschloß ihre
Stelle mit Fleisch. 22 Gott, der Herr, baute aus der Rippe, die er vom
Menschen genommen hatte, eine Frau und führte sie dem Menschen
zu. 23 Und der Mensch sprach:
Das endlich ist Bein von meinem Bein / und Fleisch von meinem
Fleisch. / Frau soll sie heißen; / denn vom Mann ist sie genommen.
24 Darum verläßt der Mann Vater und Mutter und bindet sich an seine
Frau, und sie werden ein Fleisch. 25 Beide, Adam und seine Frau,
waren nackt, aber sie schämten sich nicht voreinander.

Der Fall des Menschen

3 Die Schlange war schlauer als alle Tiere des Feldes, die Gott, der
Herr, gemacht hatte. Sie sagte zu der Frau: Hat Gott wirklich
gesagt: Ihr dürft von keinem Baum des Gartens essen? 2 Die Frau ent-
gegnete der Schlange: Von den Früchten der Bäume im Garten dürfen
wir essen; 3 nur von den Früchten des Baumes, der in der Mitte des
Gartens steht, hat Gott gesagt: Davon dürft ihr nicht essen, und daran
dürft ihr nicht rühren, sonst werdet ihr sterben.
4 Darauf sagte die Schlange zur Frau: Nein, ihr werdet nicht sterben.
5 Gott weiß vielmehr: Sobald ihr davon eßt, gehen euch die Augen
auf; ihr werdet wie Gott und erkennt Gut und Böse. 6 Da sah die Frau,
daß es köstlich wäre, von dem Baum zu essen, daß der Baum eine
Augenweide war und dazu verlockte, klug zu werden. Sie nahm von
seinen Früchten und aß; sie gab auch ihrem Mann, der bei ihr war,
und auch er aß.
7 Da gingen beiden die Augen auf, und sie erkannten, daß sie nackt
waren. Sie hefteten Feigenblätter zusammen und machten sich einen
Schurz.
8 Als sie Gott, den Herrn, im Garten gegen den Tagwind einherschrei-
ten hörten, versteckten sich Adam und seine Frau vor Gott, dem
Herrn, unter den Bäumen des Gartens. 9 Gott, der Herr, rief Adam zu
und sprach: Wo bist du? 10 Er antwortete: Ich habe dich im Garten
kommen hören; da geriet ich in Furcht, weil ich nackt bin, und ver-
steckte mich. 11 Darauf fragte er: Wer hat dir gesagt, daß du nackt
bist? Hast du von dem Baum gegessen, von dem zu essen ich dir ver-
boten habe? 12 Adam antwortete: Die Frau, die du mir beigesellt hast,
sie hat mir von dem Baum gegeben, und so habe ich gegessen. 13 Gott,
der Herr, sprach zu der Frau: Was hast du da getan? Die Frau antwor-
tete: Die Schlange hat mich verführt, und so habe ich gegessen.
14 Da sprach Gott, der Herr, zur Schlange:
Weil du das getan hast, bist du verflucht / unter allem Vieh und allen
Tieren des Feldes. / Auf dem Bauch sollst du kriechen / und Staub
fressen alle Tage deines Lebens.
15 Feindschaft setze ich zwischen dich und die Frau, / zwischen dei-
nen Nachwuchs und ihren Nachwuchs. / Er trifft dich am Kopf, / und
du triffst ihn an der Ferse.
16 Zur Frau sprach er:
Viel Mühsal bereite ich dir, sooft du schwanger wirst. / Unter Schmer-
zen gebierst du Kinder. / Du hast Verlangen nach deinem Mann; / er
aber wird über dich herrschen.
17 Zu Adam sprach er: Weil du auf deine Frau gehört und von dem
Baum gegessen hast, von dem zu essen ich dir verboten hatte:
So ist verflucht der Ackerboden deinetwegen. / Unter Mühsal wirst du
von ihm essen alle Tage deines Lebens.
18 Dornen und Disteln läßt er dir wachsen, und die Pflanzen des Fel-
des mußt du essen.
19 Im Schweiße deines Angesichts / sollst du dein Brot essen, / bis du
zurückkehrst zum Ackerboden; / von ihm bist du ja genommen. /
Denn Staub bist du, zum Staub mußt du zurück.
20 Adam nannte seine Frau Eva (Leben), denn sie wurde die Mutter
aller Lebendigen. 21 Gott, der Herr, machte Adam und seiner Frau
Röcke aus Fellen und bekleidete sie damit. 22 Dann sprach Gott, der
Herr: Seht, der Mensch ist geworden wie wir; er erkennt Gut und
Böse. Daß er jetzt nicht die Hand ausstreckt, auch vom Baum des
Lebens nimmt, davon ißt und ewig lebt! 23 Gott, der Herr, schickte ihn
aus dem Garten von Eden weg, damit er den Ackerboden bestellte,
von dem er genommen war. 24 Er vertrieb den Menschen und stellte
östlich des Gartens von Eden die Kerubim auf und das lodernde Flam-
menschwert, damit sie den Weg zum Baum des Lebens bewachten.

Rudolf Hausner
Adam-Massiv
(1968/69)

»Da formte Gott, der Herr, den Menschen aus Erde vom Ackerboden und blies in seine Nase den Lebensatem« (Gen 2,7). Der Mensch und die Erde, aus der ihn Gott im zweiten, älteren der beiden Schöpfungsberichte formt, bilden in Rudolf Hausners ›Porträt‹ eine monumentale anthropomorphe Gebirgskette. Betrachtet aus der Vogelperspektive und gestaltet nach den Gesetzen der Zentralperspektive mit einem Fluchtpunkt am fernen Horizont, erstreckt sich die Gesichtslandschaft in die Tiefe des Raumes. Insofern läßt das surreale Vexierbild an die Weltlandschaften etwa Albrecht Altdorfers denken. Die Farbgebung, die von warmen Ockertönen zu kühlem Violett übergeht und im lichten Himmelblau über dem Horizont mündet, entspricht der Assoziationskette Mensch – Erde – Welt. Zu beachten ist die leichte Abwandlung der vorherrschenden, durch die Mittelachse betonten Symmetrie: In der linken Bildhälfte verschmelzen die Formen des Kopfes mit den angrenzenden Partien, rechts bilden der Augenbrauenbogen und der Wangenknochen scharf abgrenzende Konturen. Solche Differenzierungen verstärken den Eindruck des Naturhaft-Lebendigen. Daß Hausner zu seinem *Adam-Massiv* durch den biblischen Text angeregt wurde, läßt seine Erläuterung erkennen: »Die Welt gleicht Adam und Adam gleicht der Welt. Beide sind aus einem Stoff gemacht.« Auf die im ersten Schöpfungsbericht genannte Gottebenbildlichkeit des Menschen anspielend (Gen 1,26), fährt Hausner fort: »Adam formt diesen Planeten nach seinem Angesicht. Adam, der unstete Mensch, hat vorläufig als einzige Heimat diese Erde. Offen bleibt die Frage, ob Adam diese Welt, auf der als Individuum zu verweilen allein der Tod ihn hindert, aus Engstirnigkeit zerstören will.«

Henri Rousseau
Eva empfängt den Apfel
(1906/07)
»Die Frau antwortete: Die Schlange hat mich verführt, und so habe ich gegessen« (Gen 3,13). Henri Rousseau schildert den Sündenfall in einer der exotischen Landschaften, die in seinem Gesamtwerk die Gegenwelt zur bürgerlichen Idylle auszeichnen. Der Verzicht auf die Gestalt des Adam, der vor Gott alle Schuld, die Eva auf die Schlange schiebt, seinerseits auf die Frau abwälzt, grenzt zugleich die Frage nach Ursache und Wirkung aus: Rousseaus Eva tritt weniger als in Versuchung geführte Versucherin in Erscheinung, sondern ist eher den Frauengestalten verwandt, die als Schlangenbeschwörerin oder als Rousseaus Muse Yadwiga in paradiesischer Nacktheit den Ur-Wald seiner Traumlandschaften bevölkern.

Kain und Abel

4 Adam erkannte Eva, seine Frau; sie wurde schwanger und gebar
Kain. Da sagte sie: Ich habe einen Mann vom Herrn erworben.
2 Sie gebar ein zweites Mal, nämlich Abel, seinen Bruder. Abel wurde
Schafhirt und Kain Ackerbauer.
3 Nach einiger Zeit brachte Kain dem Herrn ein Opfer von den Früchten
des Feldes dar; 4 auch Abel brachte eines dar von den Erstlingen seiner
Herde und von ihrem Fett. Der Herr schaute auf Abel und sein Opfer,
5 aber auf Kain und sein Opfer schaute er nicht. Da überlief es Kain ganz
heiß, und sein Blick senkte sich. 6 Der Herr sprach zu Kain: Warum
überläuft es dich heiß, und warum senkt sich dein Blick?
7 Nicht wahr, wenn du recht tust, darfst du aufblicken; wenn du nicht
recht tust, lauert an der Tür die Sünde als Dämon.
Auf dich hat er es abgesehen, / doch du werde Herr über ihn!
8 Hierauf sagte Kain zu seinem Bruder Abel: Gehen wir aufs Feld! Als
sie auf dem Feld waren, griff Kain seinen Bruder Abel an und erschlug
ihn. 9 Da sprach der Herr zu Kain: Wo ist dein Bruder Abel? Er entgeg-
nete: Ich weiß es nicht. Bin ich der Hüter meines Bruders? 10 Der Herr
sprach: Was hast du getan? Das Blut deines Bruders schreit zu mir
vom Ackerboden. 11 So bist du verflucht, verbannt vom Ackerboden,
der seinen Mund aufgesperrt hat, um aus deiner Hand das Blut deines
Bruders aufzunehmen. 12 Wenn du den Ackerboden bestellst, wird er
dir keinen Ertrag mehr bringen. Rastlos und ruhelos wirst du auf der
Erde sein. 13 Kain antwortete dem Herrn: Zu groß ist meine Schuld,
als daß ich sie tragen könnte. 14 Du hast mich heute vom Ackerland
verjagt, und ich muß mich vor deinem Angesicht verbergen; rastlos
und ruhelos werde ich auf der Erde sein, und wer mich findet, wird
mich erschlagen. 15 Der Herr aber sprach zu ihm: Darum soll jeder,
der Kain erschlägt, siebenfacher Rache verfallen. Darauf machte der
Herr dem Kain ein Zeichen, damit ihn keiner erschlage, der ihn finde.
16 Dann ging Kain vom Herrn weg und ließ sich im Land Nod nieder,
östlich von Eden.

Die Nachkommen Kains

17 Kain erkannte seine Frau; sie wurde schwanger und gebar Henoch.
Kain wurde Gründer einer Stadt und benannte sie nach seinem Sohn
Henoch. 18 Dem Henoch wurde Irad geboren; Irad zeugte Mehujaël,
Mehujaël zeugte Metuschaël, und Metuschaël zeugte Lamech.
19 Lamech nahm sich zwei Frauen; die eine hieß Ada, die andere Zilla.
20 Ada gebar Jabal; er wurde der Stammvater derer, die in Zelten und
beim Vieh wohnen.
21 Sein Bruder hieß Jubal; er wurde der Stammvater aller Zither- und
Flötenspieler. 22 Auch Zilla gebar, und zwar Tubal-Kajin, der die
Geräte aller Erz- und Eisenhandwerker schmiedete. Die Schwester
Tubal-Kajins war Naama.
23 Lamech sagte zu seinen Frauen:
Ada und Zilla, hört auf meine Stimme, / ihr Frauen Lamechs, lauscht
meiner Rede! / Ja, einen Mann erschlage ich für eine Wunde / und
einen Knaben für eine Strieme.
24 Wird Kain siebenfach gerächt, / dann Lamech siebenundsiebzig-
fach.

Die Nachkommen Sets

25 Adam erkannte noch einmal seine Frau. Sie gebar einen Sohn und
nannte ihn Set (Setzling); denn sie sagte: Gott setzte mir anderen
Nachwuchs ein / für Abel, weil ihn Kain erschlug.
26 Auch dem Set wurde ein Sohn geboren, und er nannte ihn Enosch.
Damals begann man den Namen des Herrn anzurufen.

5 Das ist die Liste der Geschlechterfolge nach Adam: Am Tag, da
Gott den Menschen erschuf, machte er ihn Gott ähnlich. 2 Als
Mann und Frau erschuf er sie, er segnete sie und nannte sie Mensch
an dem Tag, da sie erschaffen wurden.
3 Adam war hundertdreißig Jahre alt, da zeugte er einen Sohn, der
ihm ähnlich war, wie sein Abbild, und nannte ihn Set. 4 Nach der
Geburt Sets lebte Adam noch achthundert Jahre und zeugte Söhne
und Töchter. 5 Die gesamte Lebenszeit Adams betrug neunhundert-
dreißig Jahre, dann starb er.
6 Set war hundertfünf Jahre alt, da zeugte er Enosch. 7 Nach der
Geburt des Enosch lebte Set noch achthundertsieben Jahre und
zeugte Söhne und Töchter. 8 Die gesamte Lebenszeit Sets betrug
neunhundertzwölf Jahre, dann starb er.
9 Enosch war neunzig Jahre alt, da zeugte er Kenan. 10 Nach der
Geburt Kenans lebte Enosch noch achthundertfünfzehn Jahre und
zeugte Söhne und Töchter. 11 Die gesamte Lebenszeit des Enosch
betrug neunhundertfünf Jahre, dann starb er.
12 Kenan war siebzig Jahre alt, da zeugte er Mahalalel. 13 Nach der
Geburt Mahalalels lebte Kenan noch achthundertvierzig Jahre und
zeugte Söhne und Töchter. 14 Die gesamte Lebenszeit Kenans betrug
neunhundertzehn Jahre, dann starb er.
15 Mahalalel war fünfundsechzig Jahre alt, da zeugte er Jered. 16 Nach
der Geburt Jereds lebte Mahalalel noch achthundertdreißig Jahre und
zeugte Söhne und Töchter. 17 Die gesamte Lebenszeit Mahalalels
betrug achthundertfünfundneunzig Jahre, dann starb er.
18 Jered war hundertzweiundsechzig Jahre alt, da zeugte er Henoch.
19 Nach der Geburt Henochs lebte Jered noch achthundert Jahre und

Markus Lüpertz
Die Vertreibung aus dem Paradies
(1982)
»Er vertrieb den Menschen und stellte östlich des Gartens von Eden die Kerubim auf und das lodernde Flammenschwert, damit sie den Weg zum Baum des Lebens bewachten« (Gen 3,24). Die Bilderzählung des Neoexpressionisten Markus Lüpertz entwickelt sich parallel zum biblischen Text. Dies verdeutlicht bereits die Formulierung eines zweiteiligen Titels: *Die Vertreibung aus dem Paradies oder Der Erzengel haut auf den Tisch*. Verdoppelt ist auch das Motiv des Flammenschwertes: als Feuerschein mit dem Zeichen einer vergitterten Raute und als überdimensionaler Dolch in einer Faust, deren zugehöriger Arm einem Gewehr mit steil aufragenden Magazinen ähnelt. Als selbständige Bilderfindung erscheint auch das Meer, über dem die bewaffnete Faust schwebt und in dem der Sündenfall-Apfel treibt. In Verbindung mit einer Birne und zwei an Hoden erinnernde Kugeln deutet er die Vertreibung aus dem Garten von Eden als Verlust der Unschuld im geschlechtlichen Sinne. Einen versteckten Hinweis auf den Baum des Lebens bildet das Kreuz in der rechten Magazin-Flasche: Die Legende von der Auffindung des Heiligen Kreuzes führt dessen Holz auf einen Baum zurück, der auf Adams Grab aus einem Zweig vom Baum des Lebens entstanden ist.

zeugte Söhne und Töchter. 20 Die gesamte Lebenszeit Jereds betrug
neunhundertzweiundsechzig Jahre, dann starb er.
21 Henoch war fünfundsechzig Jahre alt, da zeugte er Metuschelach.
22 Nach der Geburt Metuschelachs ging Henoch seinen Weg mit Gott
noch dreihundert Jahre lang und zeugte Söhne und Töchter. 23 Die
gesamte Lebenszeit Henochs betrug dreihundertfünfundsechzig
Jahre. 24 Henoch war seinen Weg mit Gott gegangen, dann war er
nicht mehr da; denn Gott hatte ihn aufgenommen.
25 Metuschelach war hundertsiebenundachtzig Jahre alt, da zeugte
er Lamech. 26 Nach der Geburt Lamechs lebte Metuschelach noch
siebenhundertzweiundachtzig Jahre und zeugte Söhne und Töchter.
27 Die gesamte Lebenszeit Metuschelachs betrug neunhundertneun-
undsechzig Jahre, dann starb er.
28 Lamech war hundertzweiundachtzig Jahre alt, da zeugte er einen
Sohn 29 und nannte ihn Noach (Ruhe). Dabei sagte er: Er wird uns
aufatmen lassen von unserer Arbeit und von der Mühe unserer Hände
um den Ackerboden, den der Herr verflucht hat.
30 Nach der Geburt Noachs lebte Lamech noch fünfhundertfünfund-
neunzig Jahre und zeugte Söhne und Töchter. 31 Die gesamte Lebens-
zeit Lamechs betrug siebenhundertsiebenundsiebzig Jahre, dann
starb er.
32 Noach zeugte im Alter von fünfhundert Jahren Sem, Ham und
Jafet.

Wilfredo Lam
Diabolo
(1961)
»Nicht wahr, wenn du recht tust, darfst du aufblicken; wenn du nicht recht tust, lauert an der Tür die Sünde als Dämon« (Gen 4,7). Das Bild des Malers kubanischer Herkunft enthält das Motiv einer gespaltenen Existenz, der Kain aus der Sicht Gottes ausgesetzt ist: Lam zeigt zwei Wesen, die miteinander ringen, bzw. ein Doppelwesen, das Oben und Unten, Licht und Finsternis, Gut und Böse gleichzeitig symbolisiert. Insofern bezieht sich der Titel *Diabolo* nicht nur auf die dämonische, sondern betrifft ebenso die dem Diabolischen ausgelieferte Figur. Dies lenkt die Aufmerksamkeit auf die Feststellung und Forderung Gottes, die sich an das einleitende Zitat anschließen: »Auf dich hat er es abgesehen, doch du werde Herr über ihn!« Vor allem aber zielt die Doppelfigur mit den Roboterköpfen auf die Herrschaft bzw. Beherrschbarkeit der Technik.

Noach und die Sintflut

Die Bosheit der Menschen

6 Als sich die Menschen über die Erde hin zu vermehren begannen und ihnen Töchter geboren wurden, 2 sahen die Gottes-
söhne, wie schön die Menschentöchter waren, und sie nahmen sich
von ihnen Frauen, wie es ihnen gefiel. 3 Da sprach der Herr: Mein
Geist soll nicht für immer im Menschen bleiben, weil er auch Fleisch
ist; daher soll seine Lebenszeit hundertzwanzig Jahre betragen. 4 In
jenen Tagen gab es auf der Erde die Riesen, und auch später noch,
nachdem sich die Gottessöhne mit den Menschentöchtern eingelassen und diese ihnen Kinder geboren hatten. Das sind die Helden der
Vorzeit, die berühmten Männer.
5 Der Herr sah, daß auf der Erde die Schlechtigkeit des Menschen
zunahm und daß alles Sinnen und Trachten seines Herzens immer
nur böse war. 6 Da reute es den Herrn, auf der Erde den Menschen
gemacht zu haben, und es tat seinem Herzen weh.
7 Der Herr sagte: Ich will den Menschen, den ich erschaffen habe,
vom Erdboden vertilgen, mit ihm auch das Vieh, die Kriechtiere und
die Vögel des Himmels, denn es reut mich, sie gemacht zu haben.
8 Nur Noach fand Gnade in den Augen des Herrn.

Gottes Sorge um Noach

9 Das ist die Geschlechterfolge nach Noach: Noach war ein gerechter,
untadeliger Mann unter seinen Zeitgenossen; er ging seinen Weg mit
Gott. 10 Noach zeugte drei Söhne, Sem, Ham und Jafet. 11 Die Erde
aber war in Gottes Augen verdorben, sie war voller Gewalttat. 12 Gott
sah sich die Erde an: Sie war verdorben; denn alle Wesen aus Fleisch
auf der Erde lebten verdorben.
13 Da sprach Gott zu Noach: Ich sehe, das Ende aller Wesen aus
Fleisch ist da; denn durch sie ist die Erde voller Gewalttat. Nun will
ich sie zugleich mit der Erde verderben. 14 Mach dir eine Arche aus
Zypressenholz! Statte sie mit Kammern aus, und dichte sie innen und
außen mit Pech ab! 15 So sollst du die Arche bauen: Dreihundert Ellen
lang, fünfzig Ellen breit und dreißig Ellen hoch soll sie sein. 16 Mach
der Arche ein Dach, und hebe es genau um eine Elle nach oben an!
Den Eingang der Arche bring an der Seite an! Richte ein unteres, ein
zweites und ein drittes Stockwerk ein! 17 Ich will nämlich die Flut über
die Erde bringen, um alle Wesen aus Fleisch unter dem Himmel,
alles, was Lebensgeist in sich hat, zu verderben. Alles auf Erden soll
verenden. 18 Mit dir aber schließe ich meinen Bund. Geh in die Arche,
du, deine Söhne, deine Frau und die Frauen deiner Söhne! 19 Von
allem, was lebt, von allen Wesen aus Fleisch, führe je zwei in die
Arche, damit sie mit dir am Leben bleiben; je ein Männchen und ein
Weibchen sollen es sein. 20 Von allen Arten der Vögel, von allen Arten
des Viehs, von allen Arten der Kriechtiere auf dem Erdboden sollen je
zwei zu dir kommen, damit sie am Leben bleiben. 21 Nimm dir von
allem Eßbaren mit, und leg dir einen Vorrat an! Dir und ihnen soll es
zur Nahrung dienen. 22 Noach tat alles genau so, wie ihm Gott aufgetragen hatte.
7 Darauf sprach der Herr zu Noach: Geh in die Arche, du und dein ganzes Haus, denn ich habe gesehen, daß du unter deinen Zeit-
genossen vor mir gerecht bist. 2 Von allen reinen Tieren nimm dir je
sieben Paare mit, und von allen unreinen Tieren je ein Paar, 3 auch von
den Vögeln des Himmels je sieben Männchen und Weibchen, um
Nachwuchs auf der ganzen Erde am Leben zu erhalten.
4 Denn noch sieben Tage dauert es, dann lasse ich es vierzig Tage und
vierzig Nächte lang auf die Erde regnen und tilge vom Erdboden alle
Wesen, die ich gemacht habe. 5 Noach tat alles, was ihm der Herr auf-
getragen hatte. 6 Noach war sechshundert Jahre alt, als die Flut über
die Erde kam.
7 Noach ging also mit seinen Söhnen, seiner Frau und den Frauen seiner Söhne in die Arche, bevor das Wasser der Flut kam. 8 Von den rei-
nen und unreinen Tieren, von den Vögeln und allem, was sich auf
dem Erdboden regt, 9 kamen immer zwei zu Noach in die Arche,
Männchen und Weibchen, wie Gott dem Noach aufgetragen hatte.
10 Als die sieben Tage vorbei waren, kam das Wasser der Flut über die
Erde, 11 im sechshundertsten Lebensjahr Noachs, am siebzehnten
Tag des zweiten Monats. An diesem Tag brachen alle Quellen der
gewaltigen Urflut auf, und die Schleusen des Himmels öffneten sich.
12 Der Regen ergoß sich vierzig Tage und vierzig Nächte lang auf die
Erde.
13 Genau an jenem Tag waren Noach, die Söhne Noachs, Sem, Ham
und Jafet, Noachs Frau und mit ihnen die drei Frauen seiner Söhne in
die Arche gegangen, 14 sie und alle Arten der Tiere, alle Arten des
Viehs und alle Arten der Kriechtiere, die sich auf der Erde regen, und
alle Arten der Vögel, des fliegenden Getiers. 15 Sie waren zu Noach in
die Arche gekommen, immer zwei von allen Wesen aus Fleisch, in
denen Lebensgeist ist. 16 Von allen Tieren waren Männchen und
Weibchen gekommen, wie Gott ihm aufgetragen hatte. Dann schloß
der Herr hinter ihm zu.

Wassily Kandinsky
Improvisation Sintflut
(1913)
»An diesem Tag brachen alle Quellen der gewaltigen Urflut auf, und die Schleusen des Himmels öffneten sich« (Gen 7,11). Wassily Kandinskys *Improvisation Sintflut* verbildlicht den biblischen Text auf expressive Weise: Schräge Linienbündel suggerieren niederstürzende Wasserströme, amorphe Form-Farb-Gebilde bewegen sich halt- und grundlos in einer aufgewühlten Masse. Das Gemälde diente Kandinsky als Vorarbeit zur *Komposition VI* (St. Petersburg) und besitzt seinerseits eine Vorstufe: ein verschollenes Hinterglasbild. Dieses zeigte »Akte, Arche, Tiere, Palmen, Blitze, Regen usw.« (Kandinsky). Spuren dieser gegenständlichen Motive lassen sich auch in der *Improvisation* erspüren: Links oben der dreieckige Giebel der Arche, vor dem sich eine schäumende Woge aufbäumt, rechts unten ein gelber, grün umrandeter Tierkadaver, am unteren Bildrand sich überstürzende Wogen. Die Wirkungsabsicht führt jedoch weg vom unwillkürlichen Versuch einer gegenständlichen Identifizierung und zielt auf die Erzeugung eines »inneren Klangs«, den Formen und Farben im Seelischen erzeugen.

Die große Flut
17 Die Flut auf der Erde dauerte vierzig Tage. Das Wasser stieg und
hob die Arche immer höher über die Erde. 18 Das Wasser schwoll an
und stieg immer mehr auf der Erde, die Arche aber trieb auf dem Was-
ser dahin. 19 Das Wasser war auf der Erde gewaltig angeschwollen
und bedeckte alle hohen Berge, die es unter dem ganzen Himmel
gibt. 20 Das Wasser war fünfzehn Ellen über die Berge hinaus ange-
schwollen und hatte sie zugedeckt. 21 Da verendeten alle Wesen aus
Fleisch, die sich auf der Erde geregt hatten, Vögel, Vieh und sonstige
Tiere, alles, wovon die Erde gewimmelt hatte, und auch alle Men-
schen. 22 Alles, was auf der Erde durch die Nase Lebensgeist atmete,
kam um. 23 Gott vertilgte also alle Wesen auf dem Erdboden, Men-
schen, Vieh, Kriechtiere und die Vögel des Himmels; sie alle wurden
vom Erdboden vertilgt. Übrig blieb nur Noach und was mit ihm in der
Arche war. 24 Das Wasser aber schwoll hundertfünfzig Tage lang auf
der Erde an.
8 Da dachte Gott an Noach und an alle Tiere und an alles Vieh, das
bei ihm in der Arche war. Gott ließ einen Wind über die Erde
wehen, und das Wasser sank. 2 Die Quellen der Urflut und die Schleu-
sen des Himmels schlossen sich; der Regen vom Himmel ließ nach,
3 und das Wasser verlief sich allmählich von der Erde. So nahm das
Wasser nach hundertfünfzig Tagen ab. 4 Am siebzehnten Tag des
siebten Monats setzte die Arche im Gebirge Ararat auf. 5 Das Wasser
nahm immer mehr ab, bis zum zehnten Monat. Am ersten Tag des
zehnten Monats wurden die Berggipfel sichtbar.
6 Nach vierzig Tagen öffnete Noach das Fenster der Arche, das er
gemacht hatte, 7 und ließ einen Raben hinaus. Der flog aus und ein, bis
das Wasser auf der Erde vertrocknet war. 8 Dann ließ er eine Taube hin-
aus, um zu sehen, ob das Wasser auf der Erde abgenommen habe. 9 Die
Taube fand keinen Halt für ihre Füße und kehrte zu ihm in die Arche
zurück, weil über der ganzen Erde noch Wasser stand. Er streckte seine
Hand aus und nahm die Taube wieder zu sich in die Arche. 10 Dann
wartete er noch weitere sieben Tage und ließ wieder die Taube aus der
Arche. 11 Gegen Abend kam die Taube zu ihm zurück, und siehe da: In
ihrem Schnabel hatte sie einen frischen Olivenzweig. Jetzt wußte
Noach, daß nur noch wenig Wasser auf der Erde stand. 12 Er wartete
weitere sieben Tage und ließ die Taube noch einmal hinaus. Nun
kehrte sie nicht mehr zu ihm zurück.
13 Im sechshundertersten Jahr Noachs, am ersten Tag des ersten
Monats, hatte sich das Wasser verlaufen. Da entfernte Noach das Ver-
deck der Arche, blickte hinaus, und siehe: Die Erdoberfläche war
trocken. 14 Am siebenundzwanzigsten Tag des zweiten Monats war
die Erde trocken. 15 Da sprach Gott zu Noach: 16 Komm heraus aus
der Arche, du, deine Frau, deine Söhne und die Frauen deiner Söhne!
17 Bring mit dir alle Tiere heraus, alle Wesen aus Fleisch, die Vögel,
das Vieh und alle Kriechtiere, die sich auf der Erde regen. Auf der Erde

René Magritte
Das Versprechen
(1959)
»Hiermit schließe ich meinen Bund mit euch und mit euren Nachkommen« (Gen 9,9). Aus der Sicht des biblischen Textes assoziiert der belgische Surrealist René Magritte in seinem Gemälde *Das Versprechen* eine solche Zusage mit einer Möwe. Eine Taube dagegen dient im Bericht über das Ende der Sintflut als Kundschafter (Gen 8,8-11). Der Vogel als Schablone für die Wiedergabe eines hellen Himmels mit Schönwetterwolken ergibt sich aus Magrittes Vorliebe für die vexierbildhafte Verbindung zwischen unterschiedlichen Gegenstandsbereichen, die sich in einem poetischen Sinne zu neuen Bildern zusammenfügen, eine neue Existenz gewinnen.

soll es von ihnen wimmeln; sie sollen fruchtbar sein und sich auf der
Erde vermehren. 18 Da kam Noach heraus, er, seine Söhne, seine Frau
und die Frauen seiner Söhne. 19 Auch alle Tiere kamen, nach Gattun-
gen geordnet, aus der Arche, die Kriechtiere, die Vögel, alles, was sich
auf der Erde regt.
20 Dann baute Noach dem Herrn einen Altar, nahm von allen reinen
Tieren und von allen reinen Vögeln und brachte auf dem Altar Brand-
opfer dar. 21 Der Herr roch den beruhigenden Duft, und der Herr
sprach bei sich: Ich will die Erde wegen des Menschen nicht noch ein-
mal verfluchen; denn das Trachten des Menschen ist böse von Jugend
an. Ich will künftig nicht mehr alles Lebendige vernichten, wie ich es
getan habe.
22 So lange die Erde besteht, / sollen nicht aufhören / Aussaat und
Ernte, Kälte und Hitze, / Sommer und Winter, Tag und Nacht.

Gottes Bund mit Noach

9 Dann segnete Gott Noach und seine Söhne und sprach zu ihnen:
Seid fruchtbar, vermehrt euch, und bevölkert die Erde! 2 Furcht
und Schrecken vor euch soll sich auf alle Tiere der Erde legen, auf alle
Vögel des Himmels, auf alles, was sich auf der Erde regt, und auf alle
Fische des Meeres; euch sind sie übergeben. 3 Alles Lebendige, das
sich regt, soll euch zur Nahrung dienen. Alles übergebe ich euch wie
die grünen Pflanzen. 4 Nur Fleisch, in dem noch Blut ist, dürft ihr
nicht essen. 5 Wenn aber euer Blut vergossen wird, fordere ich
Rechenschaft, und zwar für das Blut eines jeden von euch. Von jedem
Tier fordere ich Rechenschaft und vom Menschen. Für das Leben des
Menschen fordere ich Rechenschaft von jedem seiner Brüder.
6 Wer Menschenblut vergießt, dessen Blut wird durch Menschen ver-
gossen. Denn: Als Abbild Gottes hat er den Menschen gemacht.
7 Seid fruchtbar, und vermehrt euch; bevölkert die Erde, und vermehrt
euch auf ihr!
8 Dann sprach Gott zu Noach und seinen Söhnen, die bei ihm waren:
9 Hiermit schließe ich meinen Bund mit euch und mit euren Nach-
kommen 10 und mit allen Lebewesen bei euch, mit den Vögeln, dem
Vieh und allen Tieren des Feldes, mit allen Tieren der Erde, die mit
euch aus der Arche gekommen sind. 11 Ich habe meinen Bund mit
euch geschlossen: Nie wieder sollen alle Wesen aus Fleisch vom Was-
ser der Flut ausgerottet werden; nie wieder soll eine Flut kommen
und die Erde verderben. 12 Und Gott sprach: Das ist das Zeichen des
Bundes, den ich stifte zwischen mir und euch und den lebendigen
Wesen bei euch für alle kommenden Generationen: 13 Meinen Bogen
setze ich in die Wolken; er soll das Bundeszeichen sein zwischen mir
und der Erde. 14 Balle ich Wolken über der Erde zusammen und
erscheint der Bogen in den Wolken, 15 dann gedenke ich des Bundes,
der besteht zwischen mir und euch und allen Lebewesen, allen
Wesen aus Fleisch, und das Wasser wird nie wieder zur Flut werden,
die alle Wesen aus Fleisch vernichtet. 16 Steht der Bogen in den Wol-
ken, so werde ich auf ihn sehen und des ewigen Bundes gedenken
zwischen Gott und allen lebenden Wesen, allen Wesen aus Fleisch
auf der Erde. 17 Und Gott sprach zu Noach: Das ist das Zeichen des
Bundes, den ich zwischen mir und allen Wesen aus Fleisch auf der
Erde geschlossen habe.

Noachs Fluch und Segen

18 Die Söhne Noachs, die aus der Arche gekommen waren, sind Sem,
Ham und Jafet. Ham ist der Vater Kanaans. 19 Diese drei sind die
Söhne Noachs; von ihnen stammen alle Völker der Erde ab. 20 Noach
wurde der erste Ackerbauer und pflanzte einen Weinberg. 21 Er trank
von dem Wein, wurde davon betrunken und lag entblößt in seinem
Zelt. 22 Ham, der Vater Kanaans, sah die Blöße seines Vaters und
erzählte davon draußen seinen Brüdern. 23 Da nahmen Sem und Jafet
einen Überwurf; den legten sich beide auf die Schultern, gingen rück-
wärts und bedeckten die Blöße ihres Vaters. Sie hatten ihr Gesicht
abgewandt und konnten die Blöße des Vaters nicht sehen. 24 Als
Noach aus seinem Rausch erwachte und erfuhr, was ihm sein zweiter
Sohn angetan hatte, 25 sagte er:
Verflucht sei Kanaan. / Der niedrigste Knecht sei er seinen Brüdern.
26 Und weiter sagte er:
Gepriesen sei der Herr, der Gott Sems, / Kanaan aber sei sein Knecht.
27 Raum schaffe Gott für Jafet. / In Sems Zelten wohne er, / Kanaan
aber sei sein Knecht.
28 Noach lebte nach der Flut noch dreihundertfünfzig Jahre. 29 Die
gesamte Lebenszeit Noachs betrug neunhundertfünfzig Jahre, dann
starb er.

Die Nachkommen Noachs – Völkertafel

10 Das ist die Geschlechterfolge nach den Söhnen Noachs,
Sem, Ham und Jafet. Ihnen wurden nach der Flut Söhne
geboren.
2 Die Söhne Jafets sind Gomer, Magog, Madai, Jawan, Tubal,
Meschech und Tiras. 3 Die Söhne Gomers sind Aschkenas, Rifat und
Togarma. 4 Die Söhne Jawans sind Elischa, Tarschisch, die Kittäer
und die Rodaniter. 5 Von ihnen zweigten sich die Inselvölker in ihren
verschiedenen Ländern ab, jedes nach seiner Sprache und seinen Sip-
penverbänden in ihren Völkerschaften.
6 Die Söhne Hams sind Kusch, Ägypten, Put und Kanaan. 7 Die Söhne
von Kusch sind Seba, Hawila, Sabta, Ragma und Sabtecha, und die
Söhne Ragmas sind Saba und Dedan. 8 Kusch zeugte Nimrod; dieser
wurde der erste Held auf der Erde. 9 Er war ein tüchtiger Jäger vor dem
Herrn. Deshalb pflegt man zu sagen: Ein tüchtiger Jäger vor dem
Herrn wie Nimrod. 10 Kerngebiet seines Reiches war Babel, Erech,
Akkad und Kalne im Land Schinar. 11 Von diesem Land zog er nach
Assur aus und erbaute Ninive, Rehobot-Ir, Kelach 12 sowie Resen,
zwischen Ninive und Kelach, das ist die große Stadt. 13 Ägypten
zeugte die Luditer, die Anamiter, die Lehabiter, die Naftuhiter, 14 die
Patrositer und die Kasluhiter, von denen die Philister abstammen,

Bernhard Heisig
Neues vom Turmbau
(1977)

»Auf, steigen wir hinab, und verwirren wir dort ihre Sprache, so daß keiner mehr die Sprache des anderen versteht« (Gen 11,7). Die Verbindung eines Bildzitats (der Nachbildung des Gemäldes *Der Turmbau zu Babel* von Pieter Bruegel d. Ä.) und dem vom unteren Bildrand angeschnittenen Kopf eines Mannes mit Mikrophon stellt klar: die biblische Erzählung behält ihren Modellcharakter. Das Neue, das es vom Turmbau zu berichten gibt, speist sich aus dem Unterhaltungsangebot der Medienwelt, das eine Unterhaltung zwischen Gesprächspartnern in einer zugleich individuellen und gemeinsamen Sprache verdrängt. Akteure und Opfer der Isolierung sind eine um die Gunst eines imaginären Publikums buhlende Sängerin, ein im Kopfball solo befangener Fußballspieler und ein Mann, dem das Fernsehgerät als Alp auf der Brust lastet. Verbindungen stellt ein Gewirr roter und gelber Leitungen und Kabel her, Sinnbilder der neuen babylonischen Sprachverwirrung.

ferner die Kaftoriter. 15 Kanaan zeugte Sidon, seinen Erstgeborenen,
und Het, 16 ferner die Jebusiter, die Amoriter, die Girgaschiter, 17 die
Hiwiter, die Arkiter, die Siniter, 18 die Arwaditer, die Zemariter und die
Hamatiter. Später spalteten sich die Sippenverbände der Kanaaniter.
19 Das Gebiet der Kanaaniter reichte von Sidon, wenn man über Gerar
kommt, bis Gaza, wenn man über Sodom, Gomorra, Adma und
Zebojim kommt, bis Lescha. 20 Das waren die Söhne Hams nach ihren
Sippenverbänden, nach ihren Sprachen in ihren Ländern und Völkerschaften.
21 Auch Sem wurden Kinder geboren. Er ist der Stammvater aller
Söhne Ebers, der ältere Bruder Jafets. 22 Die Söhne Sems sind Elam,
Assur, Arpachschad, Lud und Aram. 23 Die Söhne Arams sind Uz,
Hul, Geter und Masch. 24 Arpachschad zeugte Schelach, Schelach
zeugte Eber. 25 Dem Eber wurden zwei Söhne geboren; der eine hieß
Peleg (Teilung), denn zu seiner Zeit wurde das Land geteilt, und sein
Bruder hieß Joktan. 26 Joktan zeugte Almodad, Schelef, Hazarmawet, Jerach, 27 Hadoram, Usal, Dikla, 28 Obal, Abimaël, Scheba,
29 Ofir, Hawila und Jobab. Das alles sind Söhne Joktans. 30 Ihr
Siedlungsgebiet reichte von Mescha, wenn man über Sefar kommt,
bis ans Ostgebirge. 31 Das waren die Söhne Sems nach ihren Sippenverbänden, nach ihren Sprachen in ihren Ländern, nach ihren Völkern.
32 Das waren die Sippenverbände der Söhne Noachs nach ihrer
Geschlechterfolge in ihren Völkern. Von ihnen zweigten sich nach
der Flut die Völker der Erde ab.

Der Turmbau zu Babel

11 Alle Menschen hatten die gleiche Sprache und gebrauchten die gleichen Worte. 2 Als sie von Osten aufbrachen,
fanden sie eine Ebene im Land Schinar und siedelten sich dort an.
3 Sie sagten zueinander: Auf, formen wir Lehmziegel, und brennen
wir sie zu Backsteinen. So dienten ihnen gebrannte Ziegel als Steine
und Erdpech als Mörtel. 4 Dann sagten sie: Auf, bauen wir uns eine
Stadt und einen Turm mit einer Spitze bis zum Himmel, und
machen wir uns damit einen Namen, dann werden wir uns nicht
über die ganze Erde zerstreuen. 5 Da stieg der Herr herab, um sich
Stadt und Turm anzusehen, die die Menschenkinder bauten. 6 Er
sprach: Seht nur, ein Volk sind sie, und eine Sprache haben sie alle.
Und das ist erst der Anfang ihres Tuns. Jetzt wird ihnen nichts mehr
unerreichbar sein, was sie sich auch vornehmen. 7 Auf, steigen wir
hinab, und verwirren wir dort ihre Sprache, so daß keiner mehr die
Sprache des anderen versteht. 8 Der Herr zerstreute sie von dort aus
über die ganze Erde, und sie hörten auf, an der Stadt zu bauen.
9 Darum nannte man die Stadt Babel (Wirrsal), denn dort hat der
Herr die Sprache aller Welt verwirrt, und von dort aus hat er die
Menschen über die ganze Erde zerstreut.

Die Erzväter

Die Vorfahren Abrahams

10 Das ist die Geschlechterfolge nach Sem: Sem zeugte im Alter von
hundert Jahren Arpachschad, zwei Jahre nach der Flut. 11 Nach der
Geburt Arpachschads lebte Sem noch fünfhundert Jahre und zeugte
Söhne und Töchter.
12 Arpachschad zeugte mit fünfunddreißig Jahren Schelach. 13 Nach
der Geburt Schelachs lebte Arpachschad noch vierhundertdrei Jahre
und zeugte Söhne und Töchter.
14 Schelach zeugte mit dreißig Jahren Eber. 15 Nach der Geburt Ebers
lebte Schelach noch vierhundertdrei Jahre und zeugte Söhne und
Töchter.
16 Eber war vierunddreißig Jahre alt, da zeugte er Peleg. 17 Nach der
Geburt Pelegs lebte Eber noch vierhundertdreißig Jahre und zeugte
Söhne und Töchter.
18 Peleg war dreißig Jahre alt, da zeugte er Regu. 19 Nach der Geburt
Regus lebte Peleg noch zweihundertneun Jahre und zeugte Söhne
und Töchter.
20 Regu war zweiunddreißig Jahre alt, da zeugte er Serug. 21 Nach der
Geburt Serugs lebte Regu noch zweihundertsieben Jahre und zeugte
Söhne und Töchter.
22 Serug war dreißig Jahre alt, da zeugte er Nahor. 23 Nach der Geburt
Nahors lebte Serug noch zweihundert Jahre und zeugte Söhne und
Töchter.
24 Nahor war neunundzwanzig Jahre alt, da zeugte er Terach. 25 Nach
der Geburt Terachs lebte Nahor noch hundertneunzehn Jahre und
zeugte Söhne und Töchter.
26 Terach war siebzig Jahre alt, da zeugte er Abram, Nahor und Haran.
27 Das ist die Geschlechterfolge nach Terach: Terach zeugte Abram,
Nahor und Haran; Haran zeugte Lot. 28 Dann starb Haran, noch vor
seinem Vater Terach, in seiner Heimat Ur in Chaldäa. 29 Abram und
Nahor nahmen sich Frauen; die Frau Abrams hieß Sarai, und die
Frau Nahors hieß Milka; sie war die Tochter Harans, des Vaters der
Milka und der Jiska. 30 Sarai war unfruchtbar, sie hatte keine Kinder.
31 Terach nahm seinen Sohn Abram, seinen Enkel Lot, den Sohn
Harans, und seine Schwiegertochter Sarai, die Frau seines Sohnes
Abram, und sie wanderten miteinander aus Ur in Chaldäa aus, um in
das Land Kanaan zu ziehen. Als sie aber nach Haran kamen, siedelten sie sich dort an. 32 Die Lebenszeit Terachs betrug zweihundertfünf Jahre, dann starb Terach in Haran.

Abrahams Berufung und Wanderung nach Kanaan

12 Der Herr sprach zu Abram: Zieh weg aus deinem Land, von deiner Verwandtschaft und aus deinem Vaterhaus in das
Land, das ich dir zeigen werde. 2 Ich werde dich zu einem großen
Volk machen, dich segnen und deinen Namen groß machen. Ein
Segen sollst du sein. 3 Ich will segnen, die dich segnen; wer dich verwünscht, den will ich verfluchen. Durch dich sollen alle Geschlechter
der Erde Segen erlangen.
4 Da zog Abram weg, wie der Herr ihm gesagt hatte, und mit ihm ging
auch Lot. Abram war fünfundsiebzig Jahre alt, als er aus Haran fortzog. 5 Abram nahm seine Frau Sarai mit, seinen Neffen Lot und alle
ihre Habe, die sie erworben hatten, und die Knechte und Mägde, die
sie in Haran gewonnen hatten. Sie wanderten nach Kanaan aus und
kamen dort an.
6 Abram zog durch das Land bis zur Stätte von Sichem, bis zur Orakeleiche. Die Kanaaniter waren damals im Land. 7 Der Herr erschien
Abram und sprach: Deinen Nachkommen gebe ich dieses Land. Dort
baute er dem Herrn, der ihm erschienen war, einen Altar. 8 Von da
brach er auf zum Bergland östlich von Bet-El und schlug sein Zelt so
auf, daß er Bet-El im Westen und Ai im Osten hatte. Dort baute er
dem Herrn einen Altar und rief den Namen des Herrn an. 9 Dann zog
Abram immer weiter, dem Negeb zu.

Abraham und Sara in Ägypten

10 Als über das Land eine Hungersnot kam, zog Abram nach Ägypten
hinab, um dort zu bleiben; denn die Hungersnot lastete schwer auf
dem Land. 11 Als er sich Ägypten näherte, sagte er zu seiner Frau
Sarai: Ich weiß, du bist eine schöne Frau. 12 Wenn dich die Ägypter
sehen, werden sie sagen: Das ist seine Frau!, und sie werden mich
erschlagen, dich aber am Leben lassen. 13 Sag doch, du seiest meine
Schwester, damit es mir deinetwegen gut geht und ich um deinetwillen am Leben bleibe. 14 Als Abram nach Ägypten kam, sahen die
Ägypter, daß die Frau sehr schön war. 15 Die Beamten des Pharao
sahen sie und rühmten sie vor dem Pharao. Da holte man die Frau in
den Palast des Pharao. 16 Er behandelte Abram ihretwegen gut:
Abram bekam Schafe und Ziegen, Rinder und Esel, Knechte und
Mägde, Eselinnen und Kamele. 17 Als aber der Herr wegen Sarai, der
Frau Abrams, den Pharao und sein Haus mit schweren Plagen schlug,
18 ließ der Pharao Abram rufen und sagte: Was hast du mir da ange-

tan? Warum hast du mir nicht gesagt, daß sie deine Frau ist?
19 Warum hast du behauptet, sie sei deine Schwester, so daß ich sie
mir zur Frau nahm? Nun, da hast du deine Frau wieder, nimm sie,
und geh! 20 Dann ordnete der Pharao seinetwegen Leute ab, die ihn,
seine Frau und alles, was ihm gehörte, fortgeleiten sollten.

Abraham und Lot

13 Von Ägypten zog Abram in den Negeb hinauf, er und seine
Frau mit allem, was ihm gehörte, und mit ihm auch Lot.
2 Abram hatte einen sehr ansehnlichen Besitz an Vieh, Silber und
Gold. 3 Er wanderte von einem Lagerplatz zum andern weiter, vom
Negeb bis nach Bet-El, bis zu dem Ort, an dem anfangs sein Zelt
gestanden hatte, zwischen Bet-El und Ai, 4 dem Ort, wo er früher den
Altar erbaut hatte. Dort rief Abram den Namen des Herrn an.
5 Auch Lot, der mit Abram gezogen war, besaß Schafe und Ziegen,
Rinder und Zelte. 6 Das Land war aber zu klein, als daß sich beide
nebeneinander hätten ansiedeln können; denn ihr Besitz war zu
groß, und so konnten sie sich nicht miteinander niederlassen. 7 Zwi-
schen den Hirten Abrams und den Hirten Lots kam es zum Streit;
auch siedelten damals noch die Kanaaniter und die Perisiter im Land.
8 Da sagte Abram zu Lot: Zwischen mir und dir, zwischen meinen und
deinen Hirten soll es keinen Streit geben; wir sind doch Brüder.
9 Liegt nicht das ganze Land vor dir? Trenn dich also von mir! Wenn
du nach links willst, gehe ich nach rechts; wenn du nach rechts willst,
gehe ich nach links. 10 Lot blickte auf und sah, daß die ganze Jordan-
gegend bewässert war. Bevor der Herr Sodom und Gomorra vernich-
tete, war sie bis Zoar hin wie der Garten des Herrn, wie das Land
Ägypten. 11 Da wählte sich Lot die ganze Jordangegend aus. Lot brach
nach Osten auf, und sie trennten sich voneinander. 12 Abram ließ sich
in Kanaan nieder, während Lot sich in den Städten jener Gegend nie-
derließ und seine Zelte bis Sodom hin aufschlug. 13 Die Leute von
Sodom aber waren sehr böse und sündigten schwer gegen den Herrn.

Gottes Verheißung an Abraham

14 Nachdem sich Lot von Abram getrennt hatte, sprach der Herr zu
Abram: Blick auf und schau von der Stelle, an der du stehst, nach Nor-
den und Süden, nach Osten und Westen. 15 Das ganze Land nämlich,
das du siehst, will ich dir und deinen Nachkommen für immer geben.
16 Ich mache deine Nachkommen zahlreich wie den Staub auf der
Erde. Nur wer den Staub auf der Erde zählen kann, wird auch deine
Nachkommen zählen können. 17 Mach dich auf, durchzieh das Land in
seiner Länge und Breite; denn dir werde ich es geben. 18 Da zog Abram
mit seinen Zelten weiter und ließ sich bei den Eichen von Mamre in
Hebron nieder. Dort baute er dem Herrn einen Altar.

Abraham und Melchisedek

14 Damals führten Amrafel, der König von Schinar, Arjoch, der
König von Ellasar, Kedor-Laomer, der König von Elam, und
Tidal, der König der Völker, 2 Krieg gegen Bera, den König von
Sodom, Birscha, den König von Gomorra, Schinab, den König von
Adma, Schemeber, den König von Zebojim, und den König von Bela,
das jetzt Zoar heißt. 3 Sie alle zogen als Verbündete in das Siddimtal,
das jetzt Salzmeer heißt. 4 Zwölf Jahre waren sie Kedor-Laomer unter-
tan gewesen, im dreizehnten Jahr fielen sie von ihm ab. 5 Im vierzehn-
ten Jahr kamen Kedor-Laomer und die mit ihm verbündeten Könige.
Sie schlugen die Rafaïter in Aschterot-Karnajim, die Susiter in Ham,
die Emiter in der Ebene von Kirjatajim 6 und die Horiter in ihrem
Gebirge Seïr bis nach El-Paran, das am Rande der Wüste liegt. 7 Auf
dem Rückweg kamen sie nach En-Mischpat, das jetzt Kadesch heißt,
und verwüsteten das ganze Gebiet der Amalekiter sowie das der
Amoriter, die in Hazezon-Tamar wohnten. 8 Der König von Sodom,
der König von Gomorra, der König von Adma, der König von Zebojim
und der König von Bela, das jetzt Zoar heißt, zogen aus und stellten
sich ihnen im Siddimtal zum Kampf, 9 nämlich Kedor-Laomer, dem
König von Elam, Tidal, dem König der Völker, Amrafel, dem König
von Schinar, und Arjoch, dem König von Ellasar: vier Könige gegen
fünf.
10 Das Siddimtal war voller Erdpechgruben; die Könige von Sodom
und Gomorra mußten fliehen und fielen dort hinein, die übrigen flo-
hen ins Gebirge. 11 Die Feinde nahmen die ganze Habe von Sodom
und Gomorra sowie alle ihre Vorräte mit und zogen ab. 12 Als sie
abzogen, nahmen sie auch Lot, den Neffen Abrams, und seine Habe
mit; Lot wohnte damals in Sodom.
13 Ein Flüchtling kam und berichtete es dem Hebräer Abram; Abram
wohnte bei den Eichen des Amoriters Mamre, des Bruders Eschkols
und Aners, die seine Bundesgenossen waren. 14 Als Abram hörte, sein
Bruder sei gefangen, musterte er seine ausgebildete Mannschaft,
dreihundertachtzehn Mann, die alle in seinem Haus geboren waren,
und nahm die Verfolgung auf bis nach Dan. 15 In der Nacht verteilten
sie sich, er und seine Knechte, um sie zu überfallen. Er schlug sie und
verfolgte sie bis Hoba, nördlich von Damaskus. 16 Er brachte die
ganze Habe zurück, auch seinen Bruder Lot und dessen Besitz sowie
die Frauen und die übrigen Leute. 17 Als er nach dem Sieg über Kedor-
Laomer und die mit ihm verbündeten Könige zurückkam, zog ihm
der König von Sodom ins Schawetal entgegen, das jetzt Königstal
heißt.
18 Melchisedek, der König von Salem, brachte Brot und Wein heraus.
Er war Priester des Höchsten Gottes. 19 Er segnete Abram und sagte:
Gesegnet sei Abram vom Höchsten Gott, / dem Schöpfer des Him-
mels und der Erde,
20 und gepriesen sei der Höchste Gott, / der deine Feinde an dich aus-
geliefert hat.
Darauf gab ihm Abram den Zehnten von allem.
21 Der König von Sodom sagte zu Abram: Gib mir die Leute zurück,
die Habe behalte! 22 Abram entgegnete dem König von Sodom: Ich
erhebe meine Hand zum Herrn, dem Höchsten Gott, dem Schöpfer
des Himmels und der Erde: 23 Keinen Faden und keinen Schuhrie-
men, nichts von allem, was dir gehört, will ich behalten. Du sollst
nicht behaupten können: Ich habe Abram reich gemacht. 24 Nur was
meine Leute verzehrt haben und was auf die Männer entfällt, die mit
mir gezogen sind, auf Aner, Eschkol und Mamre, das sollen sie als
ihren Anteil behalten.

Gottes Bund mit Abraham

15 Nach diesen Ereignissen erging das Wort des Herrn in einer
Vision an Abram: Fürchte dich nicht, Abram, ich bin dein
Schild; dein Lohn wird sehr groß sein. 2 Abram antwortete: Herr,
mein Herr, was willst du mir schon geben? Ich gehe doch kinderlos
dahin, und Erbe meines Hauses ist Eliëser aus Damaskus. 3 Und
Abram sagte: Du hast mir ja keine Nachkommen gegeben; also wird
mich mein Haussklave beerben. 4 Da erging das Wort des Herrn an
ihn: Nicht er wird dich beerben, sondern dein leiblicher Sohn wird
dein Erbe sein. 5 Er führte ihn hinaus und sprach: Sieh doch zum
Himmel hinauf, und zähl die Sterne, wenn du sie zählen kannst. Und
er sprach zu ihm: So zahlreich werden deine Nachkommen sein.
6 Abram glaubte dem Herrn, und der Herr rechnete es ihm als
Gerechtigkeit an. 7 Er sprach zu ihm: Ich bin der Herr, der dich aus Ur
in Chaldäa herausgeführt hat, um dir dieses Land zu eigen zu geben.
8 Da sagte Abram: Herr, mein Herr, woran soll ich erkennen, daß ich
es zu eigen bekomme? 9 Der Herr antwortete ihm: Hol mir ein drei-
jähriges Rind, eine dreijährige Ziege, einen dreijährigen Widder, eine
Turteltaube und eine Haustaube! 10 Abram brachte ihm alle diese
Tiere, zerteilte sie und legte je eine Hälfte der andern gegenüber; die
Vögel aber zerteilte er nicht. 11 Da stießen Raubvögel auf die Fleisch-
stücke herab, doch Abram verscheuchte sie.
12 Bei Sonnenuntergang fiel auf Abram ein tiefer Schlaf; große,
unheimliche Angst überfiel ihn. 13 Gott sprach zu Abram: Du sollst
wissen: Deine Nachkommen werden als Fremde in einem Land woh-
nen, das ihnen nicht gehört. Sie werden dort als Sklaven dienen, und
man wird sie vierhundert Jahre lang hart behandeln. 14 Aber auch über

das Volk, dem sie als Sklaven dienen, werde ich Gericht halten, und
nachher werden sie mit reicher Habe ausziehen. 15 Du aber wirst in
Frieden zu deinen Vätern heimgehen; in hohem Alter wirst du begra-
ben werden. 16 Erst die vierte Generation wird hierher zurückkehren;
denn noch hat die Schuld der Amoriter nicht ihr volles Maß erreicht.
17 Die Sonne war untergegangen, und es war dunkel geworden. Auf
einmal waren ein rauchender Ofen und eine lodernde Fackel da; sie
fuhren zwischen jenen Fleischstücken hindurch. 18 An diesem Tag
schloß der Herr mit Abram folgenden Bund: Deinen Nachkommen
gebe ich dieses Land vom Grenzbach Ägyptens bis zum großen
Strom Eufrat, 19 (das Land) der Keniter, der Kenasiter, der Kadmoni-
ter, 20 der Hetiter, der Perisiter, der Rafaïter, 21 der Amoriter, der
Kanaaniter, der Girgaschiter, der Hiwiter und der Jebusiter.

Ismaels Geburt

16 Sarai, Abrams Frau, hatte ihm keine Kinder geboren. Sie
hatte aber eine ägyptische Magd namens Hagar. 2 Sarai
sagte zu Abram: Der Herr hat mir Kinder versagt. Geh zu meiner
Magd! Vielleicht komme ich durch sie zu einem Sohn. Abram hörte
auf sie. 3 Sarai, Abrams Frau, nahm also die Ägypterin Hagar, ihre
Magd – zehn Jahre, nachdem sich Abram in Kanaan niedergelassen
hatte –, und gab sie ihrem Mann Abram zur Frau. 4 Er ging zu Hagar,
und sie wurde schwanger. Als sie merkte, daß sie schwanger war, ver-
lor die Herrin bei ihr an Achtung. 5 Da sagte Sarai zu Abram: Das
Unrecht, das ich erfahre, komme auf dich. Ich habe dir meine Magd
überlassen. Kaum merkt sie, daß sie schwanger ist, so verliere ich
schon an Achtung bei ihr. Der Herr entscheide zwischen mir und dir.
6 Abram entgegnete Sarai: Hier ist deine Magd; sie ist in deiner Hand.
Tu mit ihr, was du willst. Da behandelte Sarai sie so hart, daß ihr
Hagar davonlief.
7 Der Engel des Herrn fand Hagar an einer Quelle in der Wüste, an der
Quelle auf dem Weg nach Schur. 8 Er sprach: Hagar, Magd Sarais,
woher kommst du, und wohin gehst du? Sie antwortete: Ich bin mei-
ner Herrin Sarai davongelaufen. 9 Da sprach der Engel des Herrn zu
ihr: Geh zurück zu deiner Herrin, und ertrag ihre harte Behandlung!
10 Der Engel des Herrn sprach zu ihr: Deine Nachkommen will ich so
zahlreich machen, daß man sie nicht zählen kann. 11 Weiter sprach
der Engel des Herrn zu ihr: Du bist schwanger, du wirst einen Sohn
gebären und ihn Ismael (Gott hört) nennen; denn der Herr hat auf
dich gehört in deinem Leid.
12 Er wird ein Mensch sein wie ein Wildesel. / Seine Hand gegen alle,
die Hände aller gegen ihn! / Allen seinen Brüdern setzt er sich vors
Gesicht.
13 Da nannte sie den Herrn, der zu ihr gesprochen hatte: El-Roï (Gott,
der nach mir schaut). Sie sagte nämlich: Habe ich hier nicht nach
dem geschaut, der nach mir schaut? 14 Darum nannte sie den Brunnen
Beer-Lahai-Roï (Brunnen des Lebendigen, der nach mir schaut). Er
liegt zwischen Kadesch und Bered.
15 Hagar gebar dem Abram einen Sohn, und Abram nannte den Sohn,
den ihm Hagar gebar, Ismael. 16 Abram war sechsundachtzig Jahre
alt, als Hagar ihm Ismael gebar.

Die Beschneidung als Bundeszeichen

17 Als Abram neunundneunzig Jahre alt war, erschien ihm der
Herr und sprach zu ihm: Ich bin Gott, der Allmächtige. Geh
deinen Weg vor mir, und sei rechtschaffen! 2 Ich will einen Bund stif-
ten zwischen mir und dir und dich sehr zahlreich machen. 3 Abram
fiel auf sein Gesicht nieder; Gott redete mit ihm und sprach: 4 Das ist
mein Bund mit dir: Du wirst Stammvater einer Menge von Völkern.
5 Man wird dich nicht mehr Abram nennen. Abraham (Vater der
Menge) wirst du heißen; denn zum Stammvater einer Menge von Völ-
kern habe ich dich bestimmt. 6 Ich mache dich sehr fruchtbar und
lasse Völker aus dir entstehen; Könige werden von dir abstammen.
7 Ich schließe meinen Bund zwischen mir und dir samt deinen Nach-
kommen, Generation um Generation, einen ewigen Bund: Dir und
deinen Nachkommen werde ich Gott sein. 8 Dir und deinen Nach-
kommen gebe ich ganz Kanaan, das Land, in dem du als Fremder
weilst, für immer zu eigen, und ich will ihnen Gott sein. 9 Und Gott
sprach zu Abraham: Du aber halte meinen Bund, du und deine Nach-
kommen, Generation um Generation. 10 Das ist mein Bund zwischen
mir und euch samt deinen Nachkommen, den ihr halten sollt: Alles,
was männlich ist unter euch, muß beschnitten werden. 11 Am Fleisch
eurer Vorhaut müßt ihr euch beschneiden lassen. Das soll geschehen
zum Zeichen des Bundes zwischen mir und euch. 12 Alle männlichen
Kinder bei euch müssen, sobald sie acht Tage alt sind, beschnitten
werden in jeder eurer Generationen, seien sie im Haus geboren oder
um Geld von irgendeinem Fremden erworben, der nicht von dir
abstammt. 13 Beschnitten muß sein der in deinem Haus Geborene
und der um Geld Erworbene. So soll mein Bund, dessen Zeichen ihr
an eurem Fleisch tragt, ein ewiger Bund sein. 14 Ein Unbeschnittener,
eine männliche Person, die am Fleisch ihrer Vorhaut nicht beschnit-
ten ist, soll aus ihrem Stammesverband ausgemerzt werden. Er hat
meinen Bund gebrochen.
15 Weiter sprach Gott zu Abraham: Deine Frau Sarai sollst du nicht
mehr Sarai nennen, sondern Sara (Herrin) soll sie heißen. 16 Ich will
sie segnen und dir auch von ihr einen Sohn geben. Ich segne sie, so
daß Völker aus ihr hervorgehen; Könige über Völker sollen ihr ent-
stammen. 17 Da fiel Abraham auf sein Gesicht nieder und lachte. Er
dachte: Können einem Hundertjährigen noch Kinder geboren wer-
den, und kann Sara als Neunzigjährige noch gebären? 18 Dann sagte
Abraham zu Gott: Wenn nur Ismael vor dir am Leben bleibt! 19 Gott
entgegnete: Nein, deine Frau Sara wird dir einen Sohn gebären, und
du sollst ihn Isaak nennen. Ich werde meinen Bund mit ihm
schließen als einen ewigen Bund für seine Nachkommen. 20 Auch
was Ismael angeht, erhöre ich dich. Ja, ich segne ihn, ich lasse ihn
fruchtbar und sehr zahlreich werden. Zwölf Fürsten wird er zeugen,
und ich mache ihn zu einem großen Volk. 21 Meinen Bund aber
schließe ich mit Isaak, den dir Sara im nächsten Jahr um diese Zeit
gebären wird. 22 Als Gott das Gespräch beendet hatte, verließ er Abra-
ham und fuhr zur Höhe auf.
23 Abraham nahm nun seinen Sohn Ismael sowie alle in seinem Haus
Geborenen und alle um Geld Erworbenen, alle männlichen Personen
vom Haus Abraham, und beschnitt das Fleisch ihrer Vorhaut noch am
selben Tag, wie Gott ihm befohlen hatte.
24 Abraham war neunundneunzig Jahre alt, als er am Fleisch seiner
Vorhaut beschnitten wurde, 25 und sein Sohn Ismael war dreizehn
Jahre alt, als er am Fleisch seiner Vorhaut beschnitten wurde. 26 Am
selben Tag wurden Abraham und sein Sohn Ismael beschnitten.
27 Auch alle Männer seines Hauses, die im Haus Geborenen und die
um Geld von Fremden Erworbenen, wurden mit ihm beschnitten.

Gott zu Gast bei Abraham

18 Der Herr erschien Abraham bei den Eichen von Mamre.
Abraham saß zur Zeit der Mittagshitze am Zelteingang. 2 Er
blickte auf und sah vor sich drei Männer stehen. Als er sie sah, lief er
ihnen vom Zelteingang aus entgegen, warf sich zur Erde nieder 3 und
sagte: Mein Herr, wenn ich dein Wohlwollen gefunden habe, geh
doch an deinem Knecht nicht vorbei! 4 Man wird etwas Wasser holen;
dann könnt ihr euch die Füße waschen und euch unter dem Baum
ausruhen. 5 Ich will einen Bissen Brot holen, und ihr könnt dann nach
einer kleinen Stärkung weitergehen; denn deshalb seid ihr doch bei
eurem Knecht vorbeigekommen. Sie erwiderten: Tu, wie du gesagt
hast. 6 Da lief Abraham eiligst ins Zelt zu Sara und rief: Schnell drei
Sea feines Mehl! Rühr es an, und backe Brotfladen! 7 Er lief weiter
zum Vieh, nahm ein zartes, prächtiges Kalb und übergab es dem
Jungknecht, der es schnell zubereitete. 8 Dann nahm Abraham Butter,
Milch und das Kalb, das er hatte zubereiten lassen, und setzte es
ihnen vor. Er wartete ihnen unter dem Baum auf, während sie aßen.
9 Sie fragten ihn: Wo ist deine Frau Sara? Dort im Zelt, sagte er. 10 Da
sprach der Herr: In einem Jahr komme ich wieder zu dir, dann wird

Henri Rousseau
Die schlafende Zigeunerin
(1897)
»Da behandelte Sara sie so hart, daß ihr Hagar davonlief« (Gen 16,7). Wirkungsvoller als jede illustrative Veranschaulichung der Vertreibung Hagars gestaltet das märchenhafte Gemälde von Henri Rousseau den Gehalt der Episode: Im kühlen Licht des Vollmonds schläft die Frau aus dem heimatlos umherziehenden Volk der Zigeuner in der trostlosen Einsamkeit der Wüste. Ist sie schutzlos den Tieren der Wildnis ausgesetzt? Der behutsam über die Schlafende gebeugte Löwe überzeugt uns vom Gegenteil. Er verwandelt sich in unserer Vorstellung in den Engel, der Hagar den Weg zurückweist, verbunden mit der Verheißung zahlreicher Nachkommen. Zu den märchenhaften Charakteristika der Bilderzählung gehört der Verzicht Rousseaus, der kein Detail zu vernachlässigen pflegte, auf die Wiedergabe von Fußspuren im Wüstensand: Das Geschehen gewinnt jene Zeit- und Raumlosigkeit, die in der Kunst des Mittelalters der Goldgrund symbolisiert.

deine Frau Sara einen Sohn haben. Sara hörte am Zelteingang hinter
seinem Rücken zu. 11 Abraham und Sara waren schon alt; sie waren in
die Jahre gekommen. Sara erging es längst nicht mehr, wie es Frauen
zu ergehen pflegt. 12 Sara lachte daher still in sich hinein und dachte:
Ich bin doch schon alt und verbraucht und soll noch das Glück der
Liebe erfahren? Auch ist mein Herr doch schon ein alter Mann! 13 Da
sprach der Herr zu Abraham: Warum lacht Sara und sagt: Soll ich
wirklich noch Kinder bekommen, obwohl ich so alt bin? 14 Ist beim
Herrn etwas unmöglich? Nächstes Jahr um diese Zeit werde ich wieder zu dir kommen; dann wird Sara einen Sohn haben. 15 Sara leug-
nete: Ich habe nicht gelacht. Sie hatte nämlich Angst. Er aber sagte:
Doch, du hast gelacht.
16 Die Männer erhoben sich von ihrem Platz und schauten gegen
Sodom. Abraham wollte mitgehen, um sie zu verabschieden. 17 Da
sagte sich der Herr: Soll ich Abraham verheimlichen, was ich
vorhabe? 18 Abraham soll doch zu einem großen, mächtigen Volk
werden, durch ihn sollen alle Völker der Erde Segen erlangen. 19 Denn
ich habe ihn dazu auserwählt, daß er seinen Söhnen und seinem
Haus nach ihm aufträgt, den Weg des Herrn einzuhalten und zu tun,
was gut und recht ist, damit der Herr seine Zusagen an Abraham
erfüllen kann.
20 Der Herr sprach also: Das Klagegeschrei über Sodom und
Gomorra, ja, das ist laut geworden, und ihre Sünde, ja, die ist schwer.
21 Ich will hinabgehen und sehen, ob ihr Tun wirklich dem Klagege-
schrei entspricht, das zu mir gedrungen ist. Ich will es wissen. 22 Die
Männer wandten sich von dort ab und gingen auf Sodom zu.
Abraham aber stand noch immer vor dem Herrn. 23 Er trat näher und
sagte: Willst du auch den Gerechten mit den Ruchlosen wegraffen?
24 Vielleicht gibt es fünfzig Gerechte in der Stadt: Willst du auch sie
wegraffen und nicht doch dem Ort vergeben wegen der fünfzig
Gerechten dort? 25 Das kannst du doch nicht tun, die Gerechten
zusammen mit den Ruchlosen umbringen. Dann ginge es ja dem
Gerechten genauso wie dem Ruchlosen. Das kannst du doch nicht
tun. Sollte sich der Richter über die ganze Erde nicht an das Recht
halten? 26 Da sprach der Herr: Wenn ich in Sodom, in der Stadt, fünf-
zig Gerechte finde, werde ich ihretwegen dem ganzen Ort vergeben.
27 Abraham antwortete und sprach: Ich habe es nun einmal unter-
nommen, mit meinem Herrn zu reden, obwohl ich Staub und Asche
bin. 28 Vielleicht fehlen an den fünfzig Gerechten fünf. Wirst du
wegen der fünf die ganze Stadt vernichten? Nein, sagte er, ich werde
sie nicht vernichten, wenn ich dort fünfundvierzig finde. 29 Er fuhr
fort, zu ihm zu reden: Vielleicht finden sich dort nur vierzig. Da
sprach er: Ich werde es der vierzig wegen nicht tun. 30 Und weiter
sagte er: Mein Herr zürne nicht, wenn ich weiterrede. Vielleicht fin-
den sich dort nur dreißig. Er entgegnete: Ich werde es nicht tun,
wenn ich dort dreißig finde. 31 Darauf sagte er: Ich habe es nun ein-
mal unternommen, mit meinem Herrn zu reden. Vielleicht finden
sich dort nur zwanzig. Er antwortete: Ich werde sie um der zwanzig

willen nicht vernichten. 32 Und nochmals sagte er: Mein Herr zürne
nicht, wenn ich nur noch einmal das Wort ergreife. Vielleicht finden
sich dort nur zehn. Und wiederum sprach er: Ich werde sie um der
zehn willen nicht vernichten. 33 Nachdem der Herr das Gespräch mit
Abraham beendet hatte, ging er weg, und Abraham kehrte heim.

Das Gericht über Sodom und die Rettung Lots

19 Die beiden Engel kamen am Abend nach Sodom. Lot saß
im Stadttor von Sodom. Als er sie sah, erhob er sich, trat
auf sie zu, warf sich mit dem Gesicht zur Erde nieder 2 und sagte:
Meine Herren, kehrt doch im Haus eures Knechtes ein, bleibt über
Nacht, und wascht euch die Füße! Am Morgen könnt ihr euren Weg
fortsetzen. Nein, sagten sie, wir wollen im Freien übernachten. 3 Er
redete ihnen aber so lange zu, bis sie mitgingen und bei ihm ein-
kehrten. Er bereitete ihnen ein Mahl, ließ ungesäuerte Brote backen,
und sie aßen. 4 Sie waren noch nicht schlafen gegangen, da umstell-
ten die Einwohner der Stadt das Haus, die Männer von Sodom, jung
und alt, alles Volk von weit und breit. 5 Sie riefen nach Lot und frag-
ten ihn: Wo sind die Männer, die heute abend zu dir gekommen
sind? Heraus mit ihnen, wir wollen mit ihnen verkehren. 6 Da ging
Lot zu ihnen hinaus vor die Tür, schloß sie hinter sich zu 7 und sagte:
Aber meine Brüder, begeht doch nicht ein solches Verbrechen!
8 Seht, ich habe zwei Töchter, die noch keinen Mann erkannt haben.
Ich will sie euch herausbringen. Dann tut mit ihnen, was euch
gefällt. Nur jenen Männern tut nichts an; denn deshalb sind sie ja
unter den Schutz meines Daches getreten. 9 Sie aber schrien: Mach
dich fort!, und sagten: Kommt da so ein einzelner Fremder daher
und will sich als Richter aufspielen! Nun wollen wir es mit dir noch
schlimmer treiben als mit ihnen. Sie setzten dem Mann, nämlich
Lot, arg zu und waren schon dabei, die Tür aufzubrechen. 10 Da
streckten jene Männer die Hand aus, zogen Lot zu sich ins Haus und
sperrten die Tür zu. 11 Dann schlugen sie die Leute draußen vor dem
Haus, groß und klein, mit Blindheit, so daß sie sich vergebens
bemühten, den Eingang zu finden.
12 Die Männer sagten dann zu Lot: Hast du hier noch einen Schwie-
gersohn, Söhne, Töchter oder sonst jemand in der Stadt? Bring sie
weg von diesem Ort! 13 Wir wollen nämlich diesen Ort vernichten;
denn schwer ist die Klage, die über die Leute zum Herrn gedrungen
ist. Der Herr hat uns geschickt, die Stadt zu vernichten.
14 Da ging Lot hinaus, redete auf seine Schwiegersöhne ein, die seine
Töchter heiraten wollten, und sagte: Macht euch auf, und verlaßt die-
sen Ort; denn der Herr will die Stadt vernichten. Aber seine
Schwiegersöhne meinten, er mache nur Spaß.
15 Als die Morgenröte aufstieg, drängten die Engel Lot zur Eile: Auf,
nimm deine Frau und deine beiden Töchter, die hier sind, damit du
nicht wegen der Schuld der Stadt hinweggerafft wirst. 16 Da er noch
zögerte, faßten die Männer ihn, seine Frau und seine beiden Töchter
an der Hand, weil der Herr mit ihm Mitleid hatte, führten ihn hinaus
und ließen ihn erst draußen vor der Stadt los. 17 Während er sie hin-
aus ins Freie führte, sagte er: Bring dich in Sicherheit, es geht um dein
Leben. Sieh dich nicht um, und bleib in der ganzen Gegend nicht ste-
hen! Rette dich ins Gebirge, sonst wirst du auch weggerafft.
18 Lot aber sagte zu ihnen: Nein, mein Herr, 19 dein Knecht hat doch
dein Wohlwollen gefunden. Du hast mir große Gunst erwiesen und
mich am Leben gelassen. Ich kann aber nicht ins Gebirge fliehen,
sonst läßt mich das Unglück nicht mehr los, und ich muß sterben.
20 Da, die Stadt in der Nähe, dorthin könnte man fliehen. Sie ist doch
klein; dorthin will ich mich retten. Ist sie nicht klein? So könnte ich
am Leben bleiben. 21 Er antwortete ihm: Gut, auch das will ich dir
gewähren und die Stadt, von der du sprichst, nicht zerstören.
22 Schnell flieh dorthin; denn ich kann nichts unternehmen, bevor du
dort angekommen bist. Deshalb nannte er die Stadt Zoar (Kleine).
23 Als die Sonne über dem Land aufgegangen und Lot in Zoar ange-
kommen war, 24 ließ der Herr auf Sodom und Gomorra Schwefel und
Feuer regnen, vom Herrn, vom Himmel herab. 25 Er vernichtete von
Grund auf jene Städte und die ganze Gegend, auch alle Einwohner
der Städte und alles, was auf den Feldern wuchs. 26 Als Lots Frau
zurückblickte, wurde sie zu einer Salzsäule.
27 Am frühen Morgen begab sich Abraham an den Ort, an dem er dem
Herrn gegenübergestanden hatte. 28 Er schaute gegen Sodom und
Gomorra und auf das ganze Gebiet im Umkreis und sah: Qualm stieg
von der Erde auf wie der Qualm aus einem Schmelzofen. 29 Als Gott
die Städte der Gegend vernichtete, dachte er an Abraham und ließ Lot
mitten aus der Zerstörung fortgeleiten, während er die Städte, in
denen Lot gewohnt hatte, von Grund auf zerstörte.

Die Stammväter der Moabiter und Ammoniter

30 Lot zog von Zoar weiter hinauf und ließ sich mit seinen beiden
Töchtern im Gebirge nieder. Er fürchtete sich nämlich, in Zoar zu
bleiben, und wollte lieber mit seinen beiden Töchtern in einer Höhle
wohnen. 31 Eines Tages sagte die Ältere zur Jüngeren: Unser Vater
wird alt, und einen Mann, der mit uns verkehrt, wie es in aller Welt
üblich ist, gibt es nicht. 32 Komm, geben wir unserem Vater Wein
zu trinken und legen wir uns zu ihm, damit wir von unserem Vater
Kinder bekommen. 33 Sie gaben also ihrem Vater am Abend Wein zu
trinken; dann kam die Ältere und legte sich zu ihrem Vater. Er merkte
nicht, wie sie sich hinlegte und wie sie aufstand. 34 Am anderen Tag
sagte die Ältere zur Jüngeren: Ich habe gestern bei meinem Vater ge-
legen. Geben wir ihm auch heute abend Wein zu trinken, dann geh
und leg du dich zu ihm. So werden wir von unserem Vater Kinder
bekommen. 35 Sie gaben ihrem Vater also auch an jenem Abend Wein
zu trinken; dann legte sich die Jüngere zu ihm. Er merkte nicht, wie
sie sich hinlegte und wie sie aufstand. 36 Beide Töchter Lots wurden
von ihrem Vater schwanger. 37 Die Ältere gebar einen Sohn und
nannte ihn Moab. Er gilt als Stammvater der Moabiter bis heute.
38 Auch die Jüngere gebar einen Sohn und nannte ihn Ben-Ammi. Er
gilt als Stammvater der Ammoniter bis heute.

Abraham in Gerar

20 Abraham brach von dort auf und zog in den Negeb. Er ließ
sich zwischen Kadesch und Schur nieder und hielt sich in
Gerar als Fremder auf. 2 Abraham behauptete von Sara, seiner Frau:
Sie ist meine Schwester. Da schickte Abimelech, der König von Gerar,
hin und ließ Sara holen. 3 Nachts kam Gott zu Abimelech und sprach
zu ihm im Traum: Du mußt sterben wegen der Frau, die du dir
genommen hast; sie ist verheiratet. 4 Abimelech aber war ihr noch
nicht nahegekommen. Mein Herr, sagte er, willst du denn auch
unschuldige Leute umbringen? 5 Hat er mir nicht gesagt, sie sei seine
Schwester? Auch sie selbst hat behauptet, er sei ihr Bruder. Mit arglo-
sem Herzen und mit reinen Händen habe ich das getan. 6 Da sprach
Gott zu ihm im Traum: Auch ich weiß, daß du es mit arglosem Her-
zen getan hast. Ich habe dich ja auch daran gehindert, dich gegen
mich zu verfehlen. Darum habe ich nicht zugelassen, daß du sie
anrührst. 7 Jetzt aber gib die Frau dem Mann zurück; denn er ist ein
Prophet. Er wird für dich eintreten, daß du am Leben bleibst. Gibst
du sie aber nicht zurück, dann sollst du wissen: Du mußt sterben, du
und alles, was dir gehört.
8 Am Morgen stand Abimelech auf, ließ alle seine Untergebenen
rufen und erzählte ihnen alles, was vorgefallen war. Da gerieten die
Männer in große Furcht. 9 Nun ließ Abimelech Abraham rufen und
stellte ihn zur Rede: Was hast du uns angetan? Womit habe ich denn
gegen dich gefehlt, daß du über mich und mein Reich eine so große
Sünde bringst? Du hast mir etwas angetan, was man nicht tun darf.
10 Und Abimelech fragte Abraham: Was hattest du vor, als du das
tatest? 11 Abraham entgegnete: Ich sagte mir: Vielleicht gibt es keine
Gottesfurcht an diesem Ort, und man wird mich wegen meiner Frau
umbringen. 12 Übrigens ist sie wirklich meine Schwester, eine Toch-
ter meines Vaters, nur nicht eine Tochter meiner Mutter; so konnte sie
meine Frau werden. 13 Als mich aber Gott aus dem Haus meines
Vaters ins Ungewisse ziehen hieß, schlug ich ihr vor: Tu mir den

Otto Dix
Lot und seine Töchter
(1939)
»Sie gaben also ihrem Vater am Abend Wein zu trinken; dann kam die Ältere und legte sich zu ihrem Vater« (Gen 19,33). Otto Dix bediente sich der am Vorbild der Alten Meister geschulten Gestaltungsweise der Neuen Sachlichkeit, um die Blutschande Lots und seiner beiden Töchter darzustellen. Wir können den Stil des Malers als analog zur Sachlichkeit der biblischen Erzählung betrachten, wobei hier wie dort unter der Oberfläche des Berichtens die Wertung spürbar ist. Im Text genügt die Feststellung, daß Lot mit seinen Töchtern die Stammväter der Amoniter und Moabiter zeugte. Bei Dix erinnert die Aktfigur an die Bildtradition der Luxuria als Verkörperung der Wollust. Darüber hinaus bringt der Anblick einer brennende Stadt im Hintergrund die Verführung des Greises mit Gottes Strafgericht über Sodom in Verbindung. Eine genaue Betrachtung der Stadtsilhouette identifiziert Wahrzeichen wie die Dresdner Frauenkirche: Auch dieser Anachronismus entsprach 1939 lediglich dem Verfahren der Alten Meister, die biblischen Ereignisse in den eigenen zeitgenössischen Erlebnisbereich zu versetzen. Aus der Rückschau zeigt sich dagegen: Fünf Jahre vor dem tatsächlichen Inferno hat Dix auf seinem biblisch motivierten Historiengemälde den Untergang seiner Heimatstadt vorhergesehen.

Gefallen und sag von mir überall, wohin wir kommen: Er ist mein
Bruder.
14 Darauf nahm Abimelech Schafe, Ziegen und Rinder, Knechte und
Mägde und schenkte sie Abraham. Auch gab er ihm seine Frau Sara
zurück; 15 dabei sagte Abimelech: Hier, mein Land steht dir offen.
Wo es dir beliebt, da laß dich nieder! 16 Zu Sara aber sagte er: Da, ich
gebe deinem Bruder tausend Silberstücke. Das soll allen Leuten in
deiner Umgebung die Augen zudecken, und vor allen erfährst du
Genugtuung. 17 Abraham trat für ihn bei Gott ein; da heilte Gott
Abimelech, auch seine Frau und seine Dienerinnen, so daß sie wieder gebären konnten. 18 Denn der Herr hatte im Haus Abimelech
jeden Mutterschoß verschlossen wegen Sara, der Frau Abrahams.

Isaaks Geburt

21 Der Herr nahm sich Saras an, wie er gesagt hatte, und er tat
Sara so, wie er versprochen hatte. 2 Sara wurde schwanger
und gebar dem Abraham noch in seinem Alter einen Sohn zu der Zeit,
die Gott angegeben hatte. 3 Abraham nannte den Sohn, den ihm Sara
gebar, Isaak. 4 Als sein Sohn Isaak acht Tage alt war, beschnitt ihn

Abraham, wie Gott ihm befohlen hatte. 5 Abraham war hundert Jahre
alt, als sein Sohn Isaak zur Welt kam. 6 Sara aber sagte: Gott ließ mich
lachen; jeder, der davon hört, wird mit mir lachen. 7 Wer, sagte sie,
hätte Abraham zu sagen gewagt, Sara werde noch Kinder stillen? Und
nun habe ich ihm noch in seinem Alter einen Sohn geboren. 8 Das Kind
wuchs heran und wurde entwöhnt. Als Isaak entwöhnt wurde, veran-
staltete Abraham ein großes Festmahl.

Hagar und Ismael

9 Eines Tages beobachtete Sara, wie der Sohn, den die Ägypterin
Hagar Abraham geboren hatte, umhertollte. 10 Da sagte sie zu Abra-
ham: Verstoß diese Magd und ihren Sohn! Denn der Sohn dieser
Magd soll nicht zusammen mit meinem Sohn Isaak Erbe sein. 11 Die-
ses Wort verdroß Abraham sehr, denn es ging doch um seinen Sohn.
12 Gott sprach aber zu Abraham: Sei wegen des Knaben und deiner
Magd nicht verdrossen! Hör auf alles, was dir Sara sagt! Denn nach
Isaak sollen deine Nachkommen benannt werden. 13 Aber auch den
Sohn der Magd will ich zu einem großen Volk machen, weil auch er
dein Nachkomme ist. 14 Am Morgen stand Abraham auf, nahm Brot
und einen Schlauch mit Wasser, übergab beides Hagar, legte es ihr
auf die Schulter, übergab ihr das Kind und entließ sie. Sie zog fort
und irrte in der Wüste von Beerscheba umher. 15 Als das Wasser im
Schlauch zu Ende war, warf sie das Kind unter einen Strauch, 16 ging
weg und setzte sich in der Nähe hin, etwa einen Bogenschuß weit
entfernt; denn sie sagte: Ich kann nicht mit ansehen, wie das Kind
stirbt. Sie saß in der Nähe und weinte laut. 17 Gott hörte den Knaben
schreien; da rief der Engel Gottes vom Himmel her Hagar zu und
sprach: Was hast du, Hagar? Fürchte dich nicht, Gott hat den Knaben
dort schreien gehört, wo er liegt. 18 Steh auf, nimm den Knaben, und
halt ihn fest an deiner Hand; denn zu einem großen Volk will ich ihn
machen. 19 Gott öffnete ihr die Augen, und sie erblickte einen Brun-
nen. Sie ging hin, füllte den Schlauch mit Wasser und gab dem Kna-
ben zu trinken. 20 Gott war mit dem Knaben. Er wuchs heran, ließ
sich in der Wüste nieder und wurde ein Bogenschütze. 21 Er ließ sich
in der Wüste Paran nieder, und seine Mutter nahm ihm eine Frau aus
Ägypten.

Der Vertrag Abrahams mit Abimelech

22 Um jene Zeit sagten Abimelech und sein Feldherr Pichol zu Abra-
ham: Gott ist mit dir bei allem, was du unternimmst. 23 Aber nun
schwör mir hier bei Gott, daß du weder mich, noch meinen Thron-
erben, noch meine Nachfahren hintergehen wirst. Das gleiche Wohl-
wollen, das ich dir erwiesen habe, sollst du mir erweisen und dem
Land, in dem du dich als Fremder aufhältst. 24 Abraham erwiderte:
Gut, ich will den Eid leisten.
25 Abraham stellte aber Abimelech zur Rede wegen des Brunnens,
den ihm Abimelechs Knechte weggenommen hatten. 26 Abimelech
antwortete: Ich weiß nicht, wer das getan hat. Du hast es mir noch
nicht gemeldet, und auch ich habe erst heute davon gehört. 27 Da
nahm Abraham Schafe und Rinder und gab sie Abimelech; so schlos-
sen beide einen Vertrag. 28 Abraham stellte aber sieben Lämmer der
Herde beiseite. 29 Da fragte ihn Abimelech: Was sollen die sieben
Lämmer da, die du beiseite gestellt hast? 30 Die sieben Lämmer, sagte
er, sollst du von mir annehmen als Beweis dafür, daß ich diesen Brun-
nen gegraben habe. 31 Darum nannte er den Ort Beerscheba (Sieben-
brunn, oder: Eidbrunn); denn dort leisteten beide einen Eid. 32 Sie
schlossen also zu Beerscheba einen Vertrag. Dann machten sich
Abimelech und sein Feldherr Pichol auf und kehrten ins Philisterland
zurück. 33 Abraham aber pflanzte eine Tamariske in Beerscheba und
rief dort den Herrn an unter dem Namen: Gott, der Ewige. 34 Darauf
hielt sich Abraham längere Zeit als Fremder im Philisterland auf.

Abrahams Opfer

22 Nach diesen Ereignissen stellte Gott Abraham auf die
Probe. Er sprach zu ihm: Abraham! Er antwortete: Hier bin
ich. 2 Gott sprach: Nimm deinen Sohn, deinen einzigen, den du
liebst, Isaak, geh in das Land Morija, und bring ihn dort auf einem der
Berge, den ich dir nenne, als Brandopfer dar.
3 Frühmorgens stand Abraham auf, sattelte seinen Esel, holte seine
beiden Jungknechte und seinen Sohn Isaak, spaltete Holz zum Opfer
und machte sich auf den Weg zu dem Ort, den ihm Gott genannt
hatte. 4 Als Abraham am dritten Tag aufblickte, sah er den Ort von
weitem. 5 Da sagte Abraham zu seinen Jungknechten: Bleibt mit dem
Esel hier! Ich will mit dem Knaben hingehen und anbeten; dann kom-
men wir zu euch zurück.
6 Abraham nahm das Holz für das Brandopfer und lud es seinem
Sohn Isaak auf. Er selbst nahm das Feuer und das Messer in die Hand.
So gingen beide miteinander. 7 Nach einer Weile sagte Isaak zu sei-
nem Vater Abraham: Vater! Er antwortete: Ja, mein Sohn! Dann sagte
Isaak: Hier ist Feuer und Holz. Wo aber ist das Lamm für das Brand-
opfer? 8 Abraham entgegnete: Gott wird sich das Opferlamm aus-
suchen, mein Sohn. Und beide gingen miteinander weiter.
9 Als sie an den Ort kamen, den ihm Gott genannt hatte, baute Abra-
ham den Altar, schichtete das Holz auf, fesselte seinen Sohn Isaak
und legte ihn auf den Altar, oben auf das Holz. 10 Schon streckte Abra-
ham seine Hand aus und nahm das Messer, um seinen Sohn zu
schlachten. 11 Da rief ihm der Engel des Herrn vom Himmel her zu:
Abraham, Abraham! Er antwortete: Hier bin ich. 12 Jener sprach:
Streck deine Hand nicht gegen den Knaben aus, und tu ihm nichts
zuleide! Denn jetzt weiß ich, daß du Gott fürchtest; du hast mir dei-
nen einzigen Sohn nicht vorenthalten. 13 Als Abraham aufschaute,
sah er: Ein Widder hatte sich hinter ihm mit seinen Hörnern im
Gestrüpp verfangen. Abraham ging hin, nahm den Widder und
brachte ihn statt seines Sohnes als Brandopfer dar. 14 Abraham
nannte jenen Ort Jahwe-Jire (Der Herr sieht), wie man noch heute
sagt: Auf dem Berg läßt sich der Herr sehen.
15 Der Engel des Herrn rief Abraham zum zweitenmal vom Himmel
her zu 16 und sprach: Ich habe bei mir geschworen – Spruch des
Herrn: Weil du das getan hast und deinen einzigen Sohn mir nicht
vorenthalten hast, 17 will ich dir Segen schenken in Fülle und deine
Nachkommen zahlreich machen wie die Sterne am Himmel und den
Sand am Meeresstrand. Deine Nachkommen sollen das Tor ihrer
Feinde einnehmen. 18 Segnen sollen sich mit deinen Nachkommen
alle Völker der Erde, weil du auf meine Stimme gehört hast.
19 Darauf kehrte Abraham zu seinen Jungknechten zurück. Sie mach-
ten sich auf und gingen miteinander nach Beerscheba. Abraham
blieb in Beerscheba wohnen.

Abrahams Verwandtschaft

20 Nach diesen Ereignissen meldete man Abraham: Auch Milka hat
deinem Bruder Nahor Söhne geboren: 21 Uz, seinen Erstgeborenen,
dessen Bruder Bus sowie Kemuël, den Stammvater der Aramäer,
22 ferner Kesed, Haso, Pildasch, Jidlaf und Betuël. 23 Betuël zeugte
Rebekka. Diese acht gebar Milka dem Nahor, dem Bruder Abrahams.
Er hatte noch eine Nebenfrau namens Rëuma. 24 Auch sie bekam Kin-
der, nämlich Tebach, Gaham, Tahasch und Maacha.

Saras Tod und Grabstätte

23 Die Lebenszeit Saras betrug hundertsiebenundzwanzig
Jahre; so lange lebte Sara. 2 Sie starb in Kirjat-Arba, das
jetzt Hebron heißt, in Kanaan. Abraham kam, um die Totenklage
über sie zu halten und sie zu beweinen. 3 Danach stand Abraham auf,
ging von seiner Toten weg und redete mit den Hetitern. Er sagte:
4 Fremder und Halbbürger bin ich unter euch. Gebt mir ein Grab bei
euch als Eigentum, damit ich meine Tote hinausbringen und begra-
ben kann. 5 Die Hetiter antworteten Abraham: 6 Hör uns an, Herr! Du
bist ein Gottesfürst in unserer Mitte. In der vornehmsten unserer
Grabstätten darfst du deine Tote begraben. Keiner von uns wird dir
seine Grabstätte versagen und deiner Toten das Begräbnis verwei-
gern. 7 Abraham aber stand auf, verneigte sich tief vor den Bürgern

des Landes, den Hetitern, 8 verhandelte mit ihnen und sagte: Wenn
ihr damit einverstanden seid, daß ich meine Tote hinausbringe und
begrabe, dann hört mich an, und setzt euch für mich ein bei Efron,
dem Sohn Zohars! 9 Er soll mir die Höhle von Machpela überlassen,
die ihm gehört, am Rand seines Grundstücks. Zum vollen Geldwert
soll er sie mir überlassen als eigene Grabstätte mitten unter euch.
10 Efron saß unter den Hetitern. Der Hetiter Efron antwortete Abra-
ham, so daß es die Hetiter, alle, die zum Tor seiner Stadt Zutritt hat-
ten, hören konnten: 11 Nein, Herr, hör mich an: Das Grundstück
überlasse ich dir, und die Höhle darauf überlasse ich dir; in Gegen-
wart der Söhne meines Volkes überlasse ich sie dir. Begrab deine
Tote! 12 Da verneigte sich Abraham tief in Gegenwart der Bürger des
Landes 13 und sagte zu Efron, so daß es die Bürger des Landes hören
konnten: Hör mich doch, bitte, an: Ich zahle das Geld für das Grund-
stück. Nimm es von mir an, damit ich dort meine Tote begrabe.
14 Efron antwortete Abraham: 15 Herr, hör mich an! Land im Wert von
vierhundert Silberstücken, was bedeutet das schon unter uns?
Begrab nur deine Tote!
16 Abraham hörte auf Efron und wog ihm den Geldbetrag ab, den er in
Gegenwart der Hetiter genannt hatte, vierhundert Silberstücke zum
üblichen Handelswert. 17 So ging das Grundstück Efrons in Machpela
bei Mamre, das Feld mit der Höhle darauf und mit allen Bäumen auf
dem Grundstück in seiner ganzen Ausdehnung ringsum, 18 in den
Besitz Abrahams über, in Gegenwart der Hetiter, aller, die zum Tor
seiner Stadt Zutritt hatten.
19 Dann begrub Abraham seine Frau Sara in der Höhle des Grund-
stücks von Machpela bei Mamre, das jetzt Hebron heißt, in Kanaan.
20 Das Grundstück samt der Höhle darauf war also von den Hetitern
als Grabstätte in den Besitz Abrahams übergegangen.

Isaak und Rebekka

24 Abraham war alt und hochbetagt; der Herr hatte ihn mit
allem gesegnet. 2 Eines Tages sagte er zum Großknecht sei-
nes Hauses, der seinen ganzen Besitz verwaltete: Leg deine Hand
unter meine Hüfte! 3 Ich will dir einen Eid beim Herrn, dem Gott des
Himmels und der Erde, abnehmen, daß du meinem Sohn keine Frau
von den Töchtern der Kanaaniter nimmst, unter denen ich wohne.
4 Du sollst vielmehr in meine Heimat zu meiner Verwandtschaft rei-
sen und eine Frau für meinen Sohn Isaak holen. 5 Der Knecht entgeg-
nete ihm: Vielleicht will aber die Frau mir gar nicht hierher in dieses
Land folgen. Soll ich dann deinen Sohn in das Land zurückbringen,
aus dem du ausgewandert bist? 6 Hüte dich, antwortete ihm Abra-
ham, meinen Sohn dorthin zurückzubringen! 7 Der Herr, der Gott des
Himmels, der mich weggeholt hat aus dem Haus meines Vaters und
aus meinem Heimatland, der zu mir gesagt und mir geschworen hat:
Deinen Nachkommen gebe ich dieses Land!, er wird seinen Engel vor
dir hersenden, und so wirst du von dort eine Frau für meinen Sohn
mitbringen. 8 Wenn dir aber die Frau nicht folgen will, dann bist du
von dem Eid, den du mir geleistet hast, entbunden. Meinen Sohn
darfst du auf keinen Fall dorthin zurückbringen.
9 Da legte der Knecht seine Hand unter die Hüfte seines Herrn Abra-
ham und leistete ihm in dieser Sache den Eid.
10 Der Knecht nahm zehn von den Kamelen seines Herrn und machte
sich mit allerlei kostbaren Sachen aus dem Besitz seines Herrn auf die
Reise. Er brach auf und zog nach Mesopotamien in die Stadt Nahors.
11 Vor der Stadt ließ er die Kamele am Brunnen lagern. Es war gegen
Abend, um die Zeit, da die Frauen herauskommen, um Wasser zu
schöpfen. 12 Er sagte: Herr, Gott meines Herrn Abraham, laß mich
heute Glück haben, und zeig meinem Herrn Abraham deine Huld!
13 Da stehe ich an der Quelle, und die Töchter der Stadtbewohner
werden herauskommen, um Wasser zu schöpfen. 14 Das Mädchen, zu
dem ich dann sage: Reich mir doch deinen Krug zum Trinken!, und
das antwortet: Trink nur, auch deine Kamele will ich tränken!, sie soll
es sein, die du für deinen Knecht Isaak bestimmt hast. Daran will ich
erkennen, daß du meinem Herrn Huld erweist.

Yves Tanguy
Der beunruhigende Himmel
(1951)
»Abraham entgegnete: Gott wird sich das Opferlamm aussuchen, mein Sohn. Und beide gingen miteinander weiter« (Gen 22,8). Der Blick des Surrealisten Yves Tanguy in einen unendlichen Landschaftsraum, der sich hinter Fragmenten menschlichen Tuns dehnt, verbindet sich nicht mit der Oberflächen-, sondern mit der Tiefenstruktur des biblischen Textes: Isaaks Frage richtet sich auf den Sinn des gemeinsamen Weges. Zwar führen Vater und Sohn Holz und Feuer für ein Brandopfer mit sich, doch fehlt das Opferlamm. Abraham beruhigt den Fragenden. Doch stehen Frage und Antwort nicht doch im Zeichen eines *Beunruhigenden Himmels*, der erst im letzten Augenblick sein Schweigen bricht?

15 Kaum hatte er aufgehört zu sprechen, da kam auch schon aus der
Stadt Rebekka mit dem Krug auf der Schulter. Sie war dem Betuël
geboren worden, dem Sohn der Milka, die die Frau Nahors, des Bru-
ders Abrahams, war. 16 Das Mädchen war sehr schön, und sie war
ledig; noch kein Mann hatte sie erkannt. Sie stieg zur Quelle hinab,
füllte ihren Krug und kam wieder herauf. 17 Da ging der Knecht
schnell auf sie zu und sagte: Laß mich ein wenig Wasser aus deinem
Krug trinken! 18 Trink nur, mein Herr!, antwortete sie, ließ geschwind
den Krug auf ihre Hand herab und gab ihm zu trinken. 19 Nachdem
sie ihm zu trinken gegeben hatte, sagte sie: Auch für deine Kamele
will ich schöpfen, bis sie sich satt getrunken haben. 20 Flink leerte sie
ihren Krug an der Tränke und lief noch einmal an den Brunnen zum
Schöpfen. So schöpfte sie für alle Kamele. 21 Der Knecht Abrahams
schaute ihr schweigend zu; er wollte sehen, ob der Herr seine Reise
gelingen ließe oder nicht.
22 Als die Kamele mit dem Trinken fertig waren, nahm der Mann
einen goldenen Nasenreif, einen halben Schekel schwer, und zwei
goldene Spangen für ihre Arme, zehn Goldschekel schwer, 23 und
fragte: Wessen Tochter bist du? Sag mir doch, ob im Haus deines
Vaters für uns Platz zum Übernachten ist! 24 Sie antwortete ihm: Ich
bin die Tochter Betuëls, des Sohnes der Milka und des Nahor. 25 Wei-
ter sagte sie zu ihm: Stroh und Futter haben wir reichlich, auch Platz

zum Übernachten. 26 Da verneigte sich der Mann, warf sich vor dem
Herrn nieder 27 und sagte: Gepriesen sei der Herr, der Gott meines
Herrn Abraham, der es meinem Herrn nicht an Huld und Treue feh-
len ließ. Der Herr hat mich geradewegs zum Haus des Bruders mei-
nes Herrn geführt.
28 Das Mädchen lief weg und erzählte im Haus seiner Mutter alles, was
vorgefallen war. 29 Rebekka hatte einen Bruder namens Laban. Laban
eilte zu dem Mann hinaus an die Quelle. 30 Er hatte den Nasenreif und
an den Händen seiner Schwester die Spangen gesehen und hatte
gehört, wie seine Schwester Rebekka berichtete: So und so hat der
Mann zu mir gesagt. Er kam zu dem Mann, der bei den Kamelen an
der Quelle stand. 31 Laban sagte: Komm, du Gesegneter des Herrn!
Warum stehst du hier draußen? Ich habe das Haus aufgeräumt und für
die Kamele Platz gemacht. 32 Da ging der Mann mit ins Haus. Man
schirrte die Kamele ab und gab ihnen Stroh und Futter. Für ihn und die
Männer in seiner Begleitung brachte man Wasser zum Füßewaschen.
33 Als man ihm zu essen vorsetzte, sagte der Knecht Abrahams: Ich
esse nicht, bevor ich nicht mein Anliegen vorgebracht habe. Sie ant-
worteten: Rede! 34 Da berichtete er: Ein Knecht Abrahams bin ich.
35 Der Herr hat meinen Herrn reichlich gesegnet, so daß er zu
großem Vermögen gekommen ist. Er hat ihm Schafe und Rinder, Sil-
ber und Gold, Knechte und Mägde, Kamele und Esel gegeben. 36 Sara,
die Frau meines Herrn, hat meinem Herrn noch in ihrem Alter einen
Sohn geboren. Ihm vermacht er alles, was ihm gehört. 37 Mein Herr
hat mir den Eid abgenommen: Du darfst für meinen Sohn keine Frau
von den Töchtern der Kanaaniter nehmen, in deren Land ich wohne.
38 Reise vielmehr zum Haus meines Vaters und zu meiner Verwandt-
schaft, und hol eine Frau für meinen Sohn! 39 Ich entgegnete meinem
Herrn: Vielleicht will aber die Frau nicht mitkommen. 40 Darauf ant-
wortete er mir: Der Herr, vor dem ich meinen Weg gegangen bin,
wird dir seinen Engel mitschicken und deine Reise gelingen lassen.
Du wirst schon eine Frau für meinen Sohn mitbringen aus meiner
Verwandtschaft, aus dem Haus meines Vaters. 41 Von dem Eid, den du
mir geleistet hast, sollst du dann entbunden sein, wenn du zu meinen
Verwandten kommst und sie dir keine Frau geben. In diesem Fall bist
du von dem Eid, den du mir geleistet hast, entbunden. 42 So kam ich
heute an die Quelle und sagte: Herr, Gott meines Herrn Abraham, laß
doch die Reise gelingen, auf der ich mich befinde. 43 Da stehe ich nun
an der Quelle. Kommt ein Mädchen aus der Stadt heraus, um Wasser
zu schöpfen, dann will ich sagen: Gib mir doch aus deinem Krug ein
wenig Wasser zu trinken! 44 Sagt sie zu mir: Trink nur! Auch für deine
Kamele will ich schöpfen!, so soll es die Frau sein, die der Herr für
den Sohn meines Herrn bestimmt hat. 45 Kaum hatte ich so zu mir
gesagt, kam auch schon Rebekka mit dem Krug auf der Schulter her-
aus, stieg zur Quelle hinunter und schöpfte. Ich redete sie an: Gib mir
doch zu trinken! 46 Da setzte sie geschwind ihren Krug ab und sagte:
Trink nur! Auch deine Kamele will ich tränken. Ich trank, und sie gab
auch den Kamelen zu trinken. 47 Als ich sie fragte: Wessen Tochter
bist du?, antwortete sie: Die Tochter Betuëls, des Sohnes Nahors, den
ihm Milka gebar. Da legte ich ihr den Reif an die Nase und die Span-
gen um die Arme. 48 Ich verneigte mich, warf mich vor dem Herrn
nieder und pries den Herrn, den Gott meines Herrn Abraham, der
mich geradewegs hierher geführt hat, um die Tochter des Bruders
meines Herrn für dessen Sohn zu holen. 49 Jetzt aber sagt mir, ob ihr
geneigt seid, meinem Herrn Wohlwollen und Vertrauen zu schenken.
Wenn nicht, so gebt mir ebenfalls Bescheid, damit ich mich dann
anderswohin wende.
50 Daraufhin antworteten Laban und Betuël: Die Sache ist vom Herrn
ausgegangen. Wir können dir weder ja noch nein sagen. 51 Da, Re-
bekka steht vor dir. Nimm sie und geh! Sie soll die Frau des Sohnes dei-
nes Herrn werden, wie der Herr es gefügt hat. 52 Als der Knecht Abra-
hams ihre Antwort hörte, warf er sich vor dem Herrn zur Erde nieder.
53 Dann holte der Knecht silbernen und goldenen Schmuck und Klei-
der hervor und schenkte sie Rebekka. Auch ihrem Bruder und ihrer
Mutter überreichte er kostbare Geschenke. 54 Er und die Männer sei-
ner Begleitung aßen und tranken und gingen dann schlafen. Als sie
am Morgen aufstanden, sagte der Knecht: Entlaßt mich jetzt zu mei-
nem Herrn! 55 Der Bruder Rebekkas und ihre Mutter antworteten:
Das Mädchen soll noch eine Zeitlang bei uns bleiben, etwa zehn
Tage, dann mag sie sich auf die Reise begeben. 56 Haltet mich nicht
auf, antwortete er ihnen, der Herr hat meine Reise gelingen lassen.
Laßt mich also zu meinem Herrn zurückkehren! 57 Sie entgegneten:
Wir wollen das Mädchen rufen und es selbst fragen.
58 Sie riefen Rebekka und fragten sie: Willst du mit diesem Mann rei-
sen? Ja, antwortete sie. 59 Da ließen sie ihre Schwester Rebekka und
ihre Amme mit dem Knecht Abrahams und seinen Leuten ziehen.
60 Sie segneten Rebekka und sagten zu ihr:
Du, unsere Schwester, / werde Mutter von tausendmal Zehntausend! /
Deine Nachkommen sollen besetzen / das Tor ihrer Feinde.
61 Rebekka brach mit ihren Mägden auf. Sie bestiegen die Kamele und
folgten dem Mann. Der Knecht nahm Rebekka mit und trat die
Rückreise an.
62 Isaak war in die Gegend des Brunnens von Lahai-Roï gekommen
und hatte sich im Negeb niedergelassen. 63 Eines Tages ging Isaak
gegen Abend hinaus, um sich auf dem Feld zu beschäftigen. Als er
aufblickte, sah er: Kamele kamen daher. 64 Auch Rebekka blickte auf
und sah Isaak. Sie ließ sich vom Kamel herunter 65 und fragte den
Knecht: Wer ist der Mann dort, der uns auf dem Feld entgegen-
kommt? Der Knecht erwiderte: Das ist mein Herr. Da nahm sie den
Schleier und verhüllte sich.
66 Der Knecht erzählte Isaak alles, was er ausgerichtet hatte. 67 Isaak
führte Rebekka in das Zelt seiner Mutter Sara. Er nahm sie zu sich,
und sie wurde seine Frau. Isaak gewann sie lieb und tröstete sich so
über den Verlust seiner Mutter.

Die Nachkommen Abrahams

25 Abraham nahm sich noch eine andere Frau, namens
Ketura. 2 Sie gebar ihm Simran, Jokschan, Medan, Midian,
Jischbak und Schuach. 3 Jokschan zeugte Scheba und Dedan. Die
Söhne Dedans waren die Aschuriter, die Letuschiter und die Lëummi-
ter. 4 Die Söhne Midians waren Efa, Efer, Henoch, Abida und Eldaga.
Sie alle waren Söhne Keturas. 5 Abraham vermachte Isaak alles, was
ihm gehörte. 6 Den Söhnen der Nebenfrauen, die er hatte, gab Abra-
ham Geschenke und schickte sie noch zu seinen Lebzeiten weg nach
Osten, ins Morgenland, weit weg von seinem Sohn Isaak.

Abrahams Tod und Begräbnis

7 Das ist die Zahl der Lebensjahre Abrahams: Hundertfünfundsiebzig
Jahre wurde er alt, 8 dann verschied er. Er starb in hohem Alter, betagt
und lebenssatt, und wurde mit seinen Vorfahren vereint. 9 Seine
Söhne Isaak und Ismael begruben ihn in der Höhle von Machpela bei
Mamre, auf dem Grundstück des Hetiters Efron, des Sohnes Zohars,
10 auf dem Grundstück, das Abraham von den Hetitern gekauft hatte.
Dort sind Abraham und seine Frau Sara begraben. 11 Nach dem Tod
Abrahams segnete Gott seinen Sohn Isaak, und Isaak ließ sich beim
Brunnen Lahai-Roï nieder.

Der Stammbaum der Ismaeliter

12 Das ist die Geschlechterfolge nach Ismael, dem Sohn Abrahams. Ihn
hatte die Ägypterin Hagar, die Magd Saras, Abraham geboren. 13 Das
sind die Söhne Ismaels nach ihren Namen und nach ihrer Geschlech-
terfolge: Der Erstgeborene Ismaels war Nebajot; dann kamen Kedar,
Adbeel, Mibsam, 14 Mischma, Duma, Massa, 15 Hadad, Tema, Jetur,
Nafisch und Kedma. 16 Das waren die Söhne Ismaels, und das waren die
Namen, die sie in ihren Siedlungen und Zeltlagern trugen: zwölf Für-
sten, je einer für einen Stamm. 17 Und das ist die Zahl der Lebensjahre
Ismaels: hundertsiebenunddreißig Jahre. Dann verschied er und wurde
mit seinen Vorfahren vereint. 18 Ihr Siedlungsgebiet reichte von Hawila
bis Schur, das Ägypten gegenüber an der Straße nach Assur liegt. Über
alle seine Brüder fiel er her.

Geburt Esaus und Jakobs
19 Und das ist die Geschlechterfolge nach Isaak, dem Sohn Abra-
hams: Abraham zeugte Isaak. 20 Isaak war vierzig Jahre alt, als er
Rebekka zur Frau nahm. Sie war die Tochter des Aramäers Betuël aus
Paddan-Aram, eine Schwester des Aramäers Laban. 21 Isaak betete
zum Herrn für seine Frau, denn sie war kinderlos geblieben, und der
Herr ließ sich von ihm erbitten. Als seine Frau Rebekka schwanger
war, 22 stießen die Söhne einander im Mutterleib. Da sagte sie: Wenn
das so ist, was soll dann aus mir werden? Sie ging, um den Herrn zu
befragen. 23 Der Herr gab diese Antwort:
Zwei Völker sind in deinem Leib, / zwei Stämme trennen sich / schon
in deinem Schoß. / Ein Stamm ist dem andern überlegen, / der ältere
muß dem jüngeren dienen.
24 Als die Zeit ihrer Niederkunft gekommen war, zeigte es sich, daß
sie Zwillinge in ihrem Leib trug.
25 Der erste, der kam, war rötlich, über und über mit Haaren bedeckt
wie mit einem Fell. Man nannte ihn Esau. 26 Darauf kam sein Bruder;
seine Hand hielt die Ferse Esaus fest. Man nannte ihn Jakob (Fersen-
halter). Isaak war sechzig Jahre alt, als sie geboren wurden.

Verkauf des Erstgeburtsrechts an Jakob
27 Die Knaben wuchsen heran. Esau war ein Mann geworden, der sich
auf die Jagd verstand, ein Mann des freien Feldes. Jakob dagegen war
ein untadeliger Mann und blieb bei den Zelten. 28 Isaak hatte Esau lie-
ber, denn er aß gern Wildbret; Rebekka aber hatte Jakob lieber.
29 Einst hatte Jakob ein Gericht zubereitet, als Esau erschöpft vom
Feld kam. 30 Da sagte Esau zu Jakob: Gib mir doch etwas zu essen von
dem Roten, von dem Roten da, ich bin ganz erschöpft. Deshalb heißt
er Edom (Roter). 31 Jakob gab zur Antwort: Dann verkauf mir jetzt
sofort dein Erstgeburtsrecht! 32 Schau, ich sterbe vor Hunger, sagte
Esau, was soll mir da das Erstgeburtsrecht? 33 Jakob erwiderte:
Schwör mir jetzt sofort! Da schwor er ihm und verkaufte sein Erst-
geburtsrecht an Jakob. 34 Darauf gab Jakob dem Esau Brot und Lin-
sengemüse; er aß und trank, stand auf und ging seines Weges. Vom
Erstgeburtsrecht aber hielt Esau nichts.

Isaak in Gerar
26 Im Land brach eine Hungersnot aus, eine andere als die
frühere zur Zeit Abrahams. Isaak begab sich nach Gerar zu
Abimelech, dem König der Philister. 2 Da erschien ihm der Herr und
sprach: Geh nicht nach Ägypten hinunter, bleib in dem Land wohnen,
das ich dir verspreche. 3 Halte dich als Fremder in diesem Land auf! Ich
will mit dir sein und dich segnen. Denn dir und deinen Nachkommen
gebe ich alle diese Länder und erfülle den Eid, den ich deinem Vater
Abraham geleistet habe. 4 Ich mache deine Nachkommen zahlreich wie
die Sterne am Himmel und gebe ihnen alle diese Länder. Mit deinen
Nachkommen werden alle Völker der Erde sich segnen, 5 weil Abraham
auf meinen Ruf gehört und weil er auf meine Anordnungen, Gebote,
Satzungen und Weisungen geachtet hat. 6 Isaak blieb also in Gerar.
7 Als sich die Männer des Ortes nach seiner Frau erkundigten, sagte er:
Sie ist meine Schwester. Er fürchtete sich nämlich zu sagen: Sie ist
meine Frau. Er dachte: Die Männer des Ortes könnten mich sonst
wegen Rebekka umbringen. Sie war nämlich schön. 8 Nachdem er
längere Zeit dort zugebracht hatte, schaute einmal Abimelech, der
König der Philister, durch das Fenster und sah gerade, wie Isaak seine
Frau Rebekka liebkoste. 9 Da rief Abimelech Isaak und sagte: Sie ist ja
deine Frau. Wie konntest du behaupten, sie sei deine Schwester? Da
antwortete ihm Isaak: Ich sagte mir: Ich möchte nicht ihretwegen
sterben. 10 Abimelech entgegnete: Was hast du uns da angetan? Bei-
nahe hätte einer der Leute mit deiner Frau geschlafen; dann hättest du
über uns Schuld gebracht. 11 Abimelech ordnete für das ganze Volk an:
Wer diesen Mann oder seine Frau anrührt, wird mit dem Tod bestraft.
12 Isaak säte in diesem Land, und er erntete in diesem Jahr hundertfäl-
tig. Der Herr segnete ihn; 13 der Mann wurde reicher und reicher, bis
er sehr wohlhabend war. 14 Er besaß Schafe, Ziegen und Rinder und
zahlreiches Gesinde, so daß ihn die Philister beneideten. 15 Die Phili-
ster schütteten alle Brunnen zu, die die Knechte zur Zeit seines Vaters
Abraham gegraben hatten, und füllten sie mit Erde. 16 Da sagte
Abimelech zu Isaak: Zieh von uns fort; denn du bist uns viel zu mäch-
tig geworden. 17 Isaak zog fort, schlug sein Lager im Tal von Gerar auf
und ließ sich dort nieder. 18 Die Brunnen, die man zur Zeit seines
Vaters Abraham gegraben hatte und die die Philister nach dem Tod
Abrahams zugeschüttet hatten, ließ Isaak wieder aufgraben und gab
ihnen dieselben Namen, die ihnen sein Vater gegeben hatte. 19 Die
Knechte Isaaks gruben in der Talsohle und fanden dort einen Brunnen
mit frischem Wasser. 20 Die Hirten von Gerar stritten mit den Hirten
Isaaks und behaupteten: Uns gehört das Wasser. Da nannte er den
Brunnen Esek (Zank), denn sie hatten mit ihm gezankt. 21 Als sie
einen anderen Brunnen gruben, stritten sie auch um ihn; so nannte er
ihn Sitna (Streit). 22 Darauf brach er von dort auf und grub wieder
einen anderen Brunnen. Um ihn stritten sie nicht mehr. Da nannte er
ihn Rehobot (Weite) und sagte: Jetzt hat uns der Herr weiten Raum
verschafft, und wir sind im Land fruchtbar geworden.

Isaak in Beerscheba
23 Von dort zog er nach Beerscheba hinauf. 24 In jener Nacht erschien
ihm der Herr und sprach: Ich bin der Gott deines Vaters Abraham.
Fürchte dich nicht, denn ich bin mit dir. Ich segne dich und mache
deine Nachkommen zahlreich wegen meines Knechtes Abraham.
25 Dort baute er einen Altar, rief den Namen des Herrn an und schlug
sein Zelt auf. Isaaks Knechte hoben dort einen Brunnen aus.
26 Eines Tages kam zu ihm Abimelech aus Gerar mit seinem Vertrau-
ten Ahusat und seinem Feldherrn Pichol. 27 Isaak sagte zu ihnen:
Weshalb kommt ihr zu mir? Ihr seid mir doch feind und habt mich
aus eurem Gebiet ausgewiesen. 28 Sie entgegneten: Wir haben deut-
lich gesehen, daß der Herr mit dir ist, und wir dachten: Zwischen uns
und dir sollte ein Eid stehen. Wir wollen mit dir einen Vertrag
schließen: 29 Du wirst uns nichts Böses zufügen, wie auch wir dich
nicht angetastet haben; wir haben dir nur Gutes erwiesen und dich in
Frieden ziehen lassen. Du bist nun einmal der Gesegnete des Herrn.
30 Da bereitete er ihnen ein Mahl, und sie aßen und tranken. 31 Früh
am Morgen standen sie auf und leisteten einander den Eid. Isaak ent-
ließ sie, und sie schieden von ihm in Frieden.
32 Am selben Tag kamen die Knechte Isaaks und erzählten ihm von
dem Brunnen, den sie gegraben hatten. Sie meldeten ihm: Wir
haben Wasser gefunden. 33 Da nannte er ihn Schiba (Eid); darum
heißt die Stadt bis auf den heutigen Tag Beerscheba (Eidbrunn).
34 Als Esau vierzig Jahre alt war, nahm er Judit, die Tochter des Heti-
ters Beeri, und Basemat, die Tochter des Hetiters Elon, zu Frauen.
35 Sie wurden für Isaak und Rebekka Anlaß zu bitterem Gram.

Der Erstgeburtssegen
27 Als Isaak alt geworden und seine Augen erloschen waren,
so daß er nicht mehr sehen konnte, rief er seinen älteren
Sohn Esau und sagte zu ihm: Mein Sohn! Er antwortete: Hier bin ich.
2 Da sagte Isaak: Du siehst, ich bin alt geworden. Ich weiß nicht,
wann ich sterbe. 3 Nimm jetzt dein Jagdgerät, deinen Köcher und dei-
nen Bogen, geh aufs Feld, und jag mir ein Wild! 4 Bereite mir dann ein
leckeres Mahl, wie ich es gern mag, und bring es mir zum Essen,
damit ich dich segne, bevor ich sterbe.
5 Rebekka hatte das Gespräch zwischen Isaak und seinem Sohn Esau
mit angehört. Als Esau zur Jagd aufs Feld gegangen war, um ein Wild
herbeizuschaffen, 6 sagte Rebekka zu ihrem Sohn Jakob: Ich habe
gehört, wie dein Vater zu deinem Bruder Esau gesagt hat: 7 Hol mir
ein Wild, und bereite mir ein leckeres Mahl zum Essen; dann will ich
dich vor dem Herrn segnen, bevor ich sterbe. 8 Nun hör genau zu,
mein Sohn, was ich dir auftrage: 9 Geh zur Herde, und bring mir von
dort zwei schöne Ziegenböckchen! Ich will damit ein leckeres Mahl
für deinen Vater zubereiten, wie er es gern mag. 10 Du bringst es dann
deinem Vater zum Essen, damit er dich vor seinem Tod segnet.

11 Jakob antwortete seiner Mutter Rebekka: Mein Bruder Esau ist aber
behaart, und ich habe eine glatte Haut. 12 Vielleicht betastet mich
mein Vater; dann könnte er meinen, ich hielte ihn zum besten, und
ich brächte Fluch über mich statt Segen. 13 Seine Mutter entgegnete:
Dein Fluch komme auf mich, mein Sohn. Hör auf mich, geh und hol
mir die Böckchen! 14 Da ging er hin, holte sie und brachte sie seiner
Mutter. Sie bereitete ein leckeres Mahl zu, wie es sein Vater gern
mochte. 15 Dann holte Rebekka die Feiertagskleider ihres älteren Soh-
nes Esau, die sie bei sich im Haus hatte, und zog sie ihrem jüngeren
Sohn Jakob an. 16 Die Felle der Ziegenböckchen legte sie um seine
Hände und um seinen glatten Hals. 17 Dann übergab sie das leckere
Essen und das Brot, das sie zubereitet hatte, ihrem Sohn Jakob.
18 Er ging zu seinem Vater hinein und sagte: Mein Vater! Ja, antwortete
er, wer bist du, mein Sohn? 19 Jakob entgegnete seinem Vater: Ich bin
Esau, dein Erstgeborener. Ich habe getan, wie du mir gesagt hast. Setz
dich auf, iß von meinem Wildbret, und dann segne mich! 20 Da sagte
Isaak zu seinem Sohn: Wie hast du nur so schnell etwas finden kön-
nen, mein Sohn? Er antwortete: Der Herr, dein Gott, hat es mir entge-
genlaufen lassen. 21 Da sagte Isaak zu Jakob: Komm näher heran! Ich
will dich betasten, mein Sohn, ob du wirklich mein Sohn Esau bist
oder nicht. 22 Jakob trat zu seinem Vater Isaak hin. Isaak betastete ihn
und sagte: Die Stimme ist zwar Jakobs Stimme, die Hände aber sind
Esaus Hände. 23 Er erkannte ihn nicht, denn Jakobs Hände waren
behaart wie die seines Bruders Esau, und so segnete er ihn. 24 Er fragte:
Bist du es, mein Sohn Esau? Ja, entgegnete er. 25 Da sagte Isaak: Bring
es mir! Ich will von dem Wildbret meines Sohnes essen und dich dann
segnen. Jakob brachte es ihm, und Isaak aß. Dann reichte er ihm auch
Wein, und Isaak trank. 26 Nun sagte sein Vater Isaak zu ihm: Komm
näher, und küß mich, mein Sohn! 27 Er trat näher und küßte ihn. Isaak
roch den Duft seiner Kleider, er segnete ihn und sagte:
Ja, mein Sohn duftet wie das Feld, / das der Herr gesegnet hat.
28 Gott gebe dir vom Tau des Himmels, / vom Fett der Erde, viel Korn
und Most.
29 Dienen sollen dir die Völker, / Stämme sich vor dir niederwerfen,
Herr sollst du über deine Brüder sein. / Die Söhne deiner Mutter sol-
len dir huldigen. / Verflucht, wer dich verflucht. / Gesegnet, wer dich
segnet.
30 Kaum hatte Isaak Jakob gesegnet und war Jakob von seinem Vater
Isaak weggegangen, da kam sein Bruder Esau von der Jagd. 31 Auch er
bereitete ein leckeres Mahl, brachte es seinem Vater und sagte zu ihm:
Mein Vater richte sich auf und esse von dem Wildbret seines Sohnes,
damit du mich dann segnest. 32 Da fragte ihn sein Vater Isaak: Wer
bist du? Er antwortete: Ich bin dein Sohn Esau, dein Erstgeborener.
33 Da überkam Isaak ein heftiges Zittern, und er fragte: Wer war es
denn, der das Wildbret gejagt und es mir gebracht hat? Ich habe von
allem gegessen, bevor du gekommen bist, und ich habe ihn gesegnet;
gesegnet wird er auch bleiben. 34 Als Esau die Worte seines Vaters
hörte, schrie er heftig auf, aufs äußerste verbittert, und sagte zu sei-
nem Vater: Segne auch mich, Vater! 35 Er entgegnete: Dein Bruder ist
mit List gekommen und hat dir den Segen weggenommen. 36 Da
sagte Esau: Hat man ihn nicht Jakob (Betrüger) genannt? Er hat mich
jetzt schon zweimal betrogen: Mein Erstgeburtsrecht hat er mir
genommen, jetzt nimmt er mir auch noch den Segen. Dann sagte er:
Hast du mir keinen Segen aufgehoben? 37 Isaak antwortete und sagte
zu Esau: Ich habe ihn zum Herrn über dich gemacht, und alle seine
Brüder habe ich ihm als Knechte gegeben. Auch mit Korn und Most
habe ich ihn versorgt. Was kann ich da noch für dich tun, mein Sohn?
38 Da sagte Esau zu seinem Vater: Hattest du denn nur einen einzigen
Segen, Vater? Segne auch mich, Vater! Und Esau begann laut zu wei-
nen. 39 Sein Vater Isaak antwortete ihm und sprach:
Fern vom Fett der Erde mußt du wohnen, / fern vom Tau des Himmels
droben.
40 Von deinem Schwert wirst du leben. / Deinem Bruder wirst du die-
nen. / Doch hältst du durch, so streifst du ab / sein Joch von deinem
Nacken.

Jakobs Flucht nach Haran

41 Esau war dem Jakob feind wegen des Segens, mit dem ihn sein
Vater gesegnet hatte, und Esau sagte: Es nähern sich die Tage der
Trauer um meinen Vater; dann werde ich meinen Bruder Jakob
umbringen. 42 Als man Rebekka hinterbrachte, was ihr ältester Sohn
Esau gesagt hatte, ließ sie Jakob, ihren jüngeren Sohn, rufen und
sagte zu ihm: Dein Bruder Esau will sich an dir rächen und dich töten.
43 Nun aber, mein Sohn, hör auf mich! Mach dich auf und flieh zu
meinem Bruder Laban nach Haran! 44 Bleib einige Zeit bei ihm, bis
sich der Groll deines Bruders gelegt hat. 45 Wenn der Zorn deines Bru-
ders von dir abgelassen und er vergessen hat, was du ihm angetan
hast, werde ich dich von dort holen lassen. Warum soll ich euch beide
an einem Tag verlieren?
46 Zu Isaak sagte Rebekka: Mein Leben ekelt mich wegen der Hetite-
rinnen. Wenn Jakob so eine Hetiterin, eine Einheimische, zur Frau
nimmt, was liegt mir dann noch am Leben?

28

Isaak rief Jakob, segnete ihn und befahl ihm: Nimm keine
Kanaaniterin zur Frau! 2 Mach dich auf, geh nach Paddan-
Aram, zum Haus Betuëls, des Vaters deiner Mutter! Hol dir von dort
eine Frau, eine von den Töchtern Labans, des Bruders deiner Mutter!
3 Gott der Allmächtige wird dich segnen, er wird dich fruchtbar
machen und vermehren: Zu einer Schar von Völkern wirst du werden.
4 Er wird dir und mit dir auch deinen Nachkommen den Segen Abra-
hams verleihen, damit du das Land in Besitz nimmst, in dem du als
Fremder lebst, das aber Gott Abraham gegeben hat. 5 Isaak verab-
schiedete Jakob, und Jakob zog nach Paddan-Aram zu Laban, dem
Sohn des Aramäers Betuël. Dieser war der Bruder Rebekkas, der Mut-
ter Jakobs und Esaus.
6 Esau sah, daß Isaak Jakob segnete und nach Paddan-Aram schickte,
damit er sich von dort eine Frau holt. Als er ihn segnete, trug er ihm
auf: Nimm dir keine Kanaaniterin zur Frau! 7 Jakob hörte auf seinen
Vater und seine Mutter und begab sich auf den Weg nach Paddan-
Aram. 8 Als Esau merkte, daß die Kanaaniterinnen seinem Vater Isaak
nicht gefielen, 9 ging er zu Ismael und nahm zu seinen Frauen noch
Mahalat als Frau hinzu, die Schwester Nebajots, die Tochter Ismaels,
des Sohnes Abrahams.
10 Jakob zog aus Beerscheba weg und ging nach Haran. 11 Er kam an
einen bestimmten Ort, wo er übernachtete, denn die Sonne war unter-
gegangen. Er nahm einen von den Steinen dieses Ortes, legte ihn unter
seinen Kopf und schlief dort ein. 12 Da hatte er einen Traum: Er sah
eine Treppe, die auf der Erde stand und bis zum Himmel reichte. Auf
ihr stiegen Engel Gottes auf und nieder. 13 Und siehe, der Herr stand
oben und sprach: Ich bin der Herr, der Gott deines Vaters Abraham
und der Gott Isaaks. Das Land, auf dem du liegst, will ich dir und dei-
nen Nachkommen geben. 14 Deine Nachkommen werden zahlreich
sein wie der Staub auf der Erde. Du wirst dich unaufhaltsam ausbreiten
nach Westen und Osten, nach Norden und Süden, und durch dich und
deine Nachkommen werden alle Geschlechter der Erde Segen erlan-
gen. 15 Ich bin mit dir, ich behüte dich, wohin du auch gehst, und
bringe dich zurück in dieses Land. Denn ich verlasse dich nicht, bis ich
vollbringe, was ich dir versprochen habe. 16 Jakob erwachte aus seinem
Schlaf und sagte: Wirklich, der Herr ist an diesem Ort, und ich wußte
es nicht. 17 Furcht überkam ihn, und er sagte: Wie ehrfurchtgebietend
ist doch dieser Ort! Hier ist nichts anderes als das Haus Gottes und das
Tor des Himmels. 18 Jakob stand früh am Morgen auf, nahm den Stein,
den er unter seinen Kopf gelegt hatte, stellte ihn als Steinmal auf und
goß Öl darauf. 19 Dann gab er dem Ort den Namen Bet-El (Gottes-
haus). Früher hieß die Stadt Lus. 20 Jakob machte das Gelübde: Wenn
Gott mit mir ist und mich auf diesem Weg, den ich eingeschlagen
habe, behütet, wenn er mir Brot zum Essen und Kleider zum Anziehen
gibt, 21 wenn ich wohlbehalten heimkehre in das Haus meines Vaters
und der Herr sich mir als Gott erweist, 22 dann soll der Stein, den ich
als Steinmal aufgestellt habe, ein Gotteshaus werden, und von allem,
was du mir schenkst, will ich dir den zehnten Teil geben.

Marc Chagall
Jakobs Traum
(undatiert)
»Er sah eine Treppe, die auf der Erde stand und bis zum Himmel reichte. Auf ihr stiegen Engel Gottes auf und nieder« (Gen 28,12). Die Erzählung von der Himmelsleiter, die Jakob im Traum erscheint, bot Marc Chagall über Jahrzehnte hinweg Anlaß, das mit dem Traum verbundene Thema der unverbrüchlichen Treue Gottes in seiner eigenen Bildsprache zu artikulieren. Auffallend ist an dieser späten Fassung zunächst die vertikale Teilung in eine schmalere, violett grundierte und eine nahezu quadratische rechte, vorwiegend blaue Bildhälfte. Diese Teilung unterscheidet zwischen der annähernd illustrativen Nachgestaltung der Textvorlage, wobei die Engel die Leiter eher umschwebend umspielen, statt sie im wörtlichen Sinne als Treppe zu benutzen. Auch kann mit der obersten, nach rückwärts gebeugten Lichtgestalt schwerlich die Erscheinung Gottes gemeint sein, die sich im Traum an Jakob wendet. Dieser leuchtet am Fuß der Leiter in rotem Gewand, zwar liegend und schlafend gedacht, jedoch gleichsam aus der Himmelshöhe betrachtet. Jene Lichtgestalt lenkt den Blick nach rechts auf die Flügel eines Kerubs; er hält den siebenarmigen Kultleuchter, die Menora, vor der Brust. Die Kreuzform seiner Flügel wiederholt sich in verkleinerter Form im Kruzifix, das ihn im Flug zu begleiten scheint und dessen alttestamentliche Präfiguration, die Opferung Isaaks (Gen 22), rechts unten in den blauen Grund eingemalt ist. Wir wissen, daß Chagall in seiner Jugend selbst eine Engelsvision zuteil wurde, die in der rechten Bildhälfte nachklingt. Ihre Erweiterung durch die Motive des Opfertodes deuten – der hebräischen Leserichtung von rechts nach links folgend – die Lichtgestalt am oberen Ende der Himmelsleiter als Sinnbild des Leidens, das nur durch die – im Bild nicht faßbare – Gnade Gottes überwunden wird.

Jakobs Frauen und Söhne

29 Jakob machte sich auf und zog weiter ins Land der Söhne
des Ostens. 2 Eines Tages sah er einen Brunnen auf freiem
Feld. Dort lagerten drei Herden von Schafen und Ziegen; denn aus
dem Brunnen tränkte man die Herden. Ein großer Stein lag über der
Brunnenöffnung. 3 Wenn sich dort alle Herden eingefunden hatten,
schob man den Stein von der Brunnenöffnung und tränkte das Vieh.
Dann schob man den Stein wieder zurück an seinen Platz über der
Brunnenöffnung. 4 Jakob fragte die Leute dort: Meine Brüder, woher
seid ihr? Aus Haran, antworteten sie. 5 Da sagte er zu ihnen: Kennt ihr
Laban, den Sohn Nahors? Ja, wir kennen ihn, antworteten sie. 6 Wei-
ter fragte er sie: Geht es ihm gut? Sie entgegneten: Ja, es geht ihm gut.
Aber da kommt gerade seine Tochter Rahel mit der Herde. 7 Da sagte
er: Es ist noch mitten am Tag und nicht die Zeit, das Vieh zusammen-
zutreiben. Tränkt doch die Tiere, dann geht, und weidet weiter! 8 Da
sagten sie: Das können wir nicht, bevor nicht alle Herden sich einge-
funden haben. Erst dann kann man den Stein von der Brunnenöff-
nung wegschieben und die Tiere tränken.
9 Während er sich noch mit ihnen unterhielt, war Rahel mit der
Herde, die ihrem Vater gehörte, eingetroffen; denn sie war Hirtin.
10 Als Jakob Rahel, die Tochter Labans, des Bruders seiner Mutter,
und dessen Herde sah, trat er hinzu, schob den Stein von der Brun-
nenöffnung und tränkte das Vieh Labans, des Bruders seiner Mutter.
11 Dann küßte er Rahel und begann laut zu weinen. 12 Jakob sagte zu
Rahel, daß er ein Bruder ihres Vaters und der Sohn Rebekkas sei. Da
lief sie weg und erzählte es ihrem Vater. 13 Als Laban von Jakob, dem
Sohn seiner Schwester, hörte, lief er ihm entgegen; er umarmte und
küßte ihn und führte ihn in sein Haus. Jakob erzählte Laban die
ganze Geschichte. 14 Da erwiderte ihm Laban: Du bist wirklich mein

Bein und mein Fleisch. Als Jakob etwa einen Monat bei ihm geblie-
ben war, 15 sagte Laban zu ihm: Sollst du mir umsonst dienen, weil
du mein Bruder bist? Sag mir, welchen Lohn du haben willst.
16 Laban hatte zwei Töchter; die ältere hieß Lea, die jüngere Rahel.
17 Die Augen Leas waren matt, Rahel aber war schön von Gestalt und
hatte ein schönes Gesicht. 18 Jakob hatte Rahel lieb, und so sagte er:
Ich will dir um die jüngere Tochter Rahel sieben Jahre dienen.
19 Laban entgegnete: Es ist besser, ich gebe sie dir als einem anderen.
Bleib bei mir! 20 Jakob diente also um Rahel sieben Jahre. Weil er sie
liebte, kamen sie ihm wie wenige Tage vor. 21 Dann aber sagte er zu
Laban: Gib mir jetzt meine Frau; denn meine Zeit ist um, und ich will
nun zu ihr gehen. 22 Da ließ Laban alle Männer des Ortes zusammen-
kommen und veranstaltete ein Festmahl. 23 Am Abend nahm er aber
seine Tochter Lea, führte sie zu ihm, und Jakob wohnte ihr bei.
24 Laban gab seine Magd Silpa seiner Tochter Lea zur Magd. 25 Am
Morgen stellte sich heraus: Es war Lea. Da sagte Jakob zu Laban: Was
hast du mir angetan? Habe ich dir denn nicht um Rahel gedient?
Warum hast du mich hintergangen? 26 Laban erwiderte: Es ist hierzu-
lande nicht üblich, die Jüngere vor der Älteren zur Ehe zu geben.
27 Verbring mit dieser noch die Brautwoche, dann soll dir auch die
andere gehören um weitere sieben Jahre Dienst. 28 Jakob ging darauf
ein. Er verbrachte mit Lea die Brautwoche, dann gab ihm Laban seine
Tochter Rahel zur Frau. 29 Laban gab seine Magd Bilha seiner Tochter
Rahel zur Magd. 30 Jakob wohnte Rahel ebenfalls bei, und er liebte
Rahel mehr als Lea. Er blieb noch weitere sieben Jahre bei Laban im
Dienst.
31 Als der Herr sah, daß Lea zurückgesetzt wurde, öffnete er ihren
Mutterschoß, Rahel aber blieb unfruchtbar. 32 Lea wurde schwanger
und gebar einen Sohn. Sie nannte ihn Ruben (Seht, ein Sohn!); denn
sie sagte: Der Herr hat mein Elend gesehen. Jetzt wird mein Mann
mich lieben. 33 Sie wurde abermals schwanger und gebar einen Sohn.
Da sagte sie: Der Herr hat gehört, daß ich zurückgesetzt bin, und hat
mir auch noch diesen geschenkt. Sie nannte ihn Simeon (Hörer).
34 Sie wurde noch einmal schwanger und gebar einen Sohn. Da sagte
sie: Jetzt endlich wird mein Mann an mir hängen, denn ich habe ihm
drei Söhne geboren. Darum nannte sie ihn Levi (Anhang). 35 Aber-
mals wurde sie schwanger und gebar einen Sohn. Da sagte sie: Dies-
mal will ich dem Herrn danken. Darum nannte sie ihn Juda (Dank).
Dann bekam sie keine Kinder mehr.

30 Als Rahel sah, daß sie Jakob keine Kinder gebar, wurde sie
eifersüchtig auf ihre Schwester. Sie sagte zu Jakob: Ver-
schaff mir Söhne! Wenn nicht, sterbe ich. 2 Da wurde Jakob zornig auf
Rahel und sagte: Nehme ich etwa die Stelle Gottes ein, der dir die Lei-
besfrucht versagt? 3 Sie antwortete: Da ist meine Magd Bilha. Geh zu
ihr! Sie soll auf meine Knie gebären, dann komme auch ich durch sie
zu Kindern.
4 Sie gab ihm also ihre Magd Bilha zur Frau, und Jakob ging zu ihr.
5 Bilha wurde schwanger und gebar Jakob einen Sohn. 6 Rahel sagte:
Gott hat mir Recht verschafft; er hat auch meine Stimme gehört und
mir einen Sohn geschenkt. Deshalb nannte sie ihn Dan (Richter).
7 Bilha, Rahels Magd, wurde abermals schwanger und gebar Jakob
einen zweiten Sohn 8 Da sagte Rahel: Gotteskämpfe habe ich ausge-
standen mit meiner Schwester, und ich habe mich durchgesetzt. So
nannte sie ihn Naftali (Kämpfer).
9 Als Lea sah, daß sie keine Kinder mehr bekam, nahm sie ihre Magd
Silpa und gab sie Jakob zur Frau. 10 Leas Magd Silpa gebar Jakob einen
Sohn. 11 Da sprach Lea: Glück auf! So nannte sie ihn Gad (Glück).
12 Als Leas Magd Silpa Jakob einen zweiten Sohn gebar, 13 sagte Lea:
Mir zum Glück! Denn die Frauen werden mich beglückwünschen. So
nannte sie ihn Ascher (Glückskind).
14 Einst ging Ruben zur Zeit der Weizenernte weg und fand auf dem
Feld Alraunen. Er brachte sie seiner Mutter Lea mit. Da sagte Rahel zu
Lea: Gib mir doch ein paar von den Alraunen deines Sohnes! 15 Sie
aber erwiderte ihr: Ist es dir nicht genug, mir meinen Mann wegzu-
nehmen? Nun willst du mir auch noch die Alraunen meines Sohnes
nehmen? Da entgegnete Rahel: Gut, dann soll Jakob für die Alraunen
deines Sohnes heute nacht bei dir schlafen. 16 Als Jakob am Abend
vom Feld kam, ging ihm Lea entgegen und sagte: Zu mir mußt du
kommen! Ich habe dich nämlich erworben um den Preis der Alraunen
meines Sohnes. So schlief er in jener Nacht bei ihr. 17 Gott erhörte
Lea. Sie wurde schwanger und gebar Jakob einen fünften Sohn. 18 Da
sagte Lea: Gott hat mich dafür belohnt, daß ich meine Magd meinem
Mann gegeben habe. Sie nannte ihn Issachar (Lohn). 19 Noch einmal
wurde Lea schwanger und gebar Jakob einen sechsten Sohn. 20 Da
sagte Lea: Gott hat mich mit einem schönen Geschenk bedacht. Jetzt
endlich wird mein Mann bei mir bleiben, da ich ihm doch sechs
Söhne geboren habe. Sie nannte ihn also Sebulon (Bleibe). 21 Schließ-
lich gebar sie eine Tochter und nannte sie Dina.
22 Nun erinnerte sich Gott an Rahel. Gott erhörte sie und öffnete
ihren Mutterschoß. 23 Sie wurde schwanger und gebar einen Sohn.
Da sagte sie: Gott hat die Schande von mir genommen. 24 Sie nannte
ihn Josef (Zufüger) und sagte: Der Herr gebe mir noch einen anderen
Sohn hinzu.

Jakobs List gegen Laban

25 Nachdem Rahel Josef geboren hatte, sagte Jakob zu Laban: Entlaß
mich! Ich will in meine Heimat ziehen. 26 Gib mir meine Frauen und
Kinder, um die ich dir gedient habe, damit ich gehen kann. Du weißt
ja um meinen Dienst, den ich dir geleistet habe. 27 Laban antwortete
ihm: Wenn ich nur dein Wohlwollen finde! Ich stand unter günstigen
Vorzeichen, und der Herr hat mich deinetwegen gesegnet. 28 Weiter
sagte er: Bestimm selbst deinen Lohn, und ich werde ihn dir aushän-
digen. 29 Da sagte Jakob zu ihm: Du weißt um meinen Dienst und um
dein Vieh, das mir anvertraut war. 30 Das wenige, das du hattest, bevor
ich kam, hat sich gewaltig vermehrt, und der Herr hat dich gesegnet
für jeden meiner Schritte. Und jetzt - wann werde auch ich etwas für
mein eigenes Haus tun können? 31 Da sagte Laban: Was soll ich dir
geben? Du brauchst mir weiter nichts zu geben, antwortete Jakob,
wenn du mit folgendem Vorschlag einverstanden bist: Ich will dein
Vieh weiterhin weiden und hüten. 32 Ich will heute unter deinem Vieh
umhergehen. Und du sondere dort alle schwarzgesprenkelten oder
schwarzscheckigen und alle dunklen Schafe aus, ebenso die
weißscheckigen und weißgesprenkelten Ziegen. Das soll mein Lohn
sein. 33 Morgen soll meine Redlichkeit offenbar werden, wenn du
kommst, meinen Lohn zu besehen: Alles, was nicht weißgesprenkelt
und weißscheckig unter den Ziegen und dunkel unter den Lämmern
ist, das soll als von mir gestohlen gelten. 34 Gut, sagte Laban, wie du
gesagt hast, soll es geschehen.
35 Am selben Tag noch sonderte er die hellgestreiften und
weißscheckigen Ziegenböcke aus und alle weißgesprenkelten und
weißscheckigen Ziegen, alles, an dem etwas Weißes war, und alles
Dunkle unter den Lämmern, und übergab es seinen Söhnen. 36 Dann
entfernte er sich drei Tagesmärsche von Jakob, der das übrige Vieh
Labans weidete. 37 Nun holte sich Jakob frische Ruten von Silberpap-
peln, Mandelbäumen und Platanen, schälte weiße Streifen heraus
und legte so das Weiße an den Ruten bloß. 38 Die geschälten Ruten
legte er in die Tröge, in die Wasserrinnen, zu denen die Tiere zur
Tränke kamen, gerade vor die Tiere hin. Die Tiere begatteten sich,
wenn sie zur Tränke kamen. 39 Hatten sich die Tiere vor den Ruten
begattet, so warfen sie gestreifte, gesprenkelte und scheckige Junge.
40 Die Lämmer teilte Jakob auf. Er richtete den Blick der Tiere auf das
Gestreifte und alles Dunkle in der Herde Labans. So legte er sich
selbst Herden zu und tat sie nicht zum Vieh Labans. 41 Jedesmal nun,
wenn sich die kräftigen Tiere begatteten, legte Jakob die Ruten in die
Tröge, so daß die Tiere sie vor Augen hatten, wenn sie sich begatte-
ten. 42 Bei den schwächlichen Tieren aber legte er sie nicht hin. So
wurden die schwächlichen Labans, die kräftigen dagegen Jakobs
Eigentum, 43 und der Mann wurde überaus reich; er besaß eine
Menge Schafe und Ziegen, Mägde und Knechte, Kamele und Esel.

Jakobs Trennung von Laban

31 Jakob hatte erfahren, daß die Söhne Labans sagten: Jakob
hat alles, was unserem Vater gehört, weggenommen; auf
Kosten unseres Vaters hat er sich so bereichert. 2 Jakob sah Laban ins
Gesicht: Laban war ihm nicht mehr zugetan wie früher. 3 Da sagte der
Herr zu Jakob: Kehr zurück in das Land deiner Väter und zu deiner
Verwandtschaft! Ich bin mit dir. 4 Jakob ließ Rahel und Lea auf das
Feld zu seiner Herde rufen 5 und sagte zu ihnen: Ich sehe am Gesicht
eures Vaters, daß er mir nicht mehr so gesinnt ist wie früher. Aber der
Gott meines Vaters war mit mir. 6 Ihr wißt, daß ich mit allen Kräften
eurem Vater gedient habe. 7 Aber euer Vater hat mich hintergangen
und meinen Lohn zehnmal geändert; Gott freilich hat ihn daran
gehindert, mich zu schädigen. 8 Sagte er, die Gesprenkelten sollen
dein Lohn sein, dann warfen alle Tiere gesprenkelte Junge; sagte er,
die Gestreiften sollen dein Lohn sein, dann warfen alle Tiere
gestreifte Junge. 9 Gott hat eurem Vater den Viehbestand entzogen
und ihn mir gegeben. 10 Zur Zeit, da die Tiere brünstig waren, hatte
ich einen Traum; ich sah: Gestreifte, gesprenkelte und fleckige Böcke
besprangen die Tiere. 11 Der Engel Gottes sprach im Traum zu mir:
Jakob! Ich antwortete: Hier bin ich. 12 Dann sprach er: Schau hin: Alle
Böcke, welche die Tiere bespringen, sind gestreift, gesprenkelt oder
gefleckt. Ich habe nämlich alles gesehen, was dir Laban antut. 13 Ich
bin der Gott von Bet-El, wo du das Steinmal gesalbt und mir ein
Gelübde gemacht hast. Jetzt auf, zieh fort aus diesem Land, und kehr
in deine Heimat zurück! 14 Rahel und Lea antworteten ihm: Haben wir
noch Anteil oder Erbe im Haus unseres Vaters? 15 Gelten wir ihm
nicht wie Fremde? Er hat uns ja verkauft und sogar unser Geld aufge-
zehrt. 16 Ja, der ganze Reichtum, den Gott unserem Vater weggenom-
men hat, uns gehört er und unseren Söhnen. Nun also, tu jetzt alles,
was Gott dir gesagt hat. 17 Da machte sich Jakob auf, hob seine Söhne
und Frauen auf die Kamele 18 und führte sein ganzes Vieh fort, seinen
ganzen Besitz an Vieh, den er in Paddan-Aram erworben hatte, um zu
seinem Vater Isaak nach Kanaan zurückzukehren.
19 Laban war weggegangen, um seine Schafe zu scheren; da stahl
Rahel die Götterbilder ihres Vaters, 20 und Jakob überlistete den
Aramäer Laban: Er verriet ihm nicht, daß er sich davonmachen wollte.
21 Mit allem, was ihm gehörte, machte er sich auf und davon. Er über-
querte den Strom (den Eufrat) und schlug die Richtung zum Gebirge
von Gilead ein. 22 Am dritten Tag meldete man Laban, Jakob sei auf
und davon. 23 Da nahm Laban seine Brüder mit und jagte ihm sieben
Tage lang nach. Im Gebirge von Gilead war er ihm schon ganz nahe.
24 Gott aber kam in einem nächtlichen Traum zum Aramäer Laban und
sprach zu ihm: Hüte dich, Jakob auch nur das Geringste vorzuwerfen.
25 Laban holte Jakob ein, als dieser gerade im Gebirge die Zelte aufge-
schlagen hatte. Da schlug auch Laban mit seinen Brüdern im Gebirge
von Gilead die Zelte auf. 26 Laban sagte nun zu Jakob: Was hast du
getan? Du hast mich überlistet und meine Töchter wie Kriegsgefan-
gene weggeführt. 27 Warum hast du mir verheimlicht, daß du dich
davonmachen wolltest, und warum hast du mich überlistet und mir
nichts gesagt? Ich hätte dir gern das Geleit gegeben mit Gesang, Pau-
ken und Harfen. 28 Du hast mir aber nicht einmal gestattet, meine
Söhne und Töchter zu küssen. Da hast du töricht gehandelt. 29 Es
stünde in meiner Macht, euch Schlimmes anzutun; aber der Gott
eures Vaters hat mir gestern nacht gesagt: Hüte dich, Jakob auch nur
das Geringste vorzuwerfen. 30 Nun bist du also fortgezogen, weil du
Heimweh hattest nach deinem Vaterhaus. Aber warum hast du meine
Götter gestohlen? 31 Jakob erwiderte Laban: Ich fürchtete mich und
meinte, du könntest mir deine Töchter wegnehmen. 32 Bei wem du
aber deine Götter findest, der soll nicht am Leben bleiben. In Gegen-
wart unserer Brüder durchsuche, was ich habe, und nimm, was dein
ist. Jakob wußte nicht, daß Rahel die Götter gestohlen hatte.
33 Laban betrat das Zelt Jakobs, das Zelt der Lea und das der beiden
Mägde, fand aber nichts. Vom Zelt der Lea ging er in das Zelt Rahels.
34 Rahel hatte die Götterbilder genommen, sie in die Satteltasche des
Kamels gelegt und sich daraufgesetzt. Laban durchstöberte das ganze
Zelt, fand aber nichts. 35 Rahel aber sagte zu ihrem Vater: Sei nicht böse,
mein Herr! Ich kann vor dir nicht aufstehen, es geht mir gerade, wie es
eben Frauen ergeht. Er suchte weiter, die Götterbilder aber fand er nicht.
36 Da wurde Jakob zornig und begann mit Laban zu streiten. Jakob
ergriff das Wort und sagte zu Laban: Was habe ich verbrochen, was
habe ich Unrechtes getan, daß du mir nachhetzt? 37 Alle meine
Sachen hast du durchstöbert. Was hast du gefunden an Sachen, die zu
deinem Haus gehören? Leg sie her vor meine und deine Brüder, und
sie sollen zwischen uns beiden entscheiden. 38 Schon zwanzig Jahre
bin ich bei dir. Deine Schafe und Ziegen hatten keinen Fehlwurf. Die
Böcke deiner Herde habe ich nicht aufgezehrt. 39 Gerissenes Vieh
habe ich dir nicht gebracht; ich habe es selbst ersetzt. Du hättest ja
doch Ersatz gefordert, ob es mir nun bei Tag oder bei Nacht abhan-
den kam. 40 So ging es mir: Bei Tag fraß mich die Hitze, der Frost bei
Nacht, und der Schlaf floh meine Augen. 41 Schon zwanzig Jahre
diene ich in deinem Haus, vierzehn Jahre um deine beiden Töchter
und sechs Jahre um dein Vieh. Du aber hast meinen Lohn zehnmal
geändert. 42 Wäre nicht der Gott meines Vaters, der Gott Abrahams
und der Schrecken Isaaks, für mich eingetreten, dann hättest du mich
jetzt mit leeren Händen weggeschickt. Doch Gott hat mein Elend und
die Mühe meiner Hände gesehen, und gestern nacht hat er entschie-
den. 43 Darauf ergriff Laban das Wort und sagte zu Jakob: Die Töchter
sind meine Töchter, und die Söhne sind meine Söhne, und das Vieh
ist mein Vieh, und alles, was du siehst, gehört mir. Was kann ich
heute für meine Töchter tun oder für die Söhne, die sie geboren
haben? 44 Jetzt aber komm, wir wollen einen Vertrag schließen, ich
und du. Der Vertrag soll Zeuge sein zwischen mir und dir. 45 Da nahm
Jakob einen Stein und richtete ihn als Steinmal auf. 46 Jakob sagte zu
seinen Brüdern: Tragt Steine zusammen! Da holten sie Steine und
legten einen Steinhügel an. Dort auf dem Steinhügel aßen sie.
47 Laban nannte ihn Jegar-Sahaduta, und Jakob nannte ihn Gal-Ed.
48 Dieser Steinhügel, sagte Laban, soll heute Zeuge sein zwischen mir
und dir. Darum gab er ihm den Namen Gal-Ed (Zeugenhügel) 49 und
Mizpa (Spähturm), weil er sagte: Der Herr sei Späher zwischen mir
und dir, wenn wir voneinander nichts mehr wissen. 50 Solltest du
meine Töchter schlecht behandeln oder dir außer meinen Töchtern
noch andere Frauen nehmen – auch wenn kein Mensch bei uns ist:
Sieh, Gott ist Zeuge zwischen mir und dir. 51 Weiter sagte Laban zu
Jakob: Hier, dieser Steinhügel, hier, dieses Steinmal, das ich zwi-
schen mir und dir errichtet habe – 52 Zeuge sei dieser Steinhügel.
Zeuge sei dieses Steinmal: Nie will ich diesen Steinhügel in böser
Absicht gegen dich überschreiten, und nie sollst du diesen Steinhügel
oder dieses Steinmal in böser Absicht gegen mich überschreiten.
53 Der Gott Abrahams und der Gott Nahors seien Richter zwischen
uns. Da leistete Jakob einen Eid beim Schrecken seines Vaters Isaak.
54 Dann schlachtete Jakob auf dem Berg ein Opfertier und lud seine Brü-
der zum Mahl ein. Sie aßen und verbrachten die Nacht auf dem Berg.

32 Früh am Morgen stand Laban auf, küßte seine Söhne und
Töchter und segnete sie. Dann machte er sich auf den Weg
und kehrte nach Hause zurück.

Die Boten und Geschenke für Esau

2 Auch Jakob zog seines Weges. Da begegneten ihm Engel Gottes.
3 Als Jakob sie erblickte, sagte er: Das ist das Heerlager Gottes. Dem
Ort gab er darum den Namen Mahanajim (Doppellager).
4 Jakob sandte Boten vor sich her zu seinem Bruder Esau nach Seïr, in
das Gebiet von Edom. 5 Er trug ihnen auf: Ihr sollt Esau, meinem
Herrn, sagen: So sagt dein Knecht Jakob: Bei Laban habe ich mich
aufgehalten und bin bis jetzt ausgeblieben. 6 Ich habe Ochsen und
Esel, Schafe und Ziegen, Knechte und Mägde. Ich gebe nun meinem
Herrn durch Boten Nachricht, um dein Wohlwollen zu finden.
7 Die Boten kehrten zu Jakob zurück und berichteten: Als wir zu dei-
nem Bruder Esau kamen, war auch er schon unterwegs zu dir. Vier-
hundert Mann hat er bei sich. 8 Jakob wurde angst und bange. Er teilte

Paul Gauguin
Vision nach der Predigt
(1888)
»Als nur noch er allein zurückgeblieben war, rang mit ihm ein Mann, bis die Morgenröte aufstieg« (Gen 32,25). Auf den ersten Blick steht Paul Gauguins Gemälde in der Tradition, biblische Szenen in die zeitgenössische Welt zu versetzen: Bretonische Bäuerinnen säumen eine Arena, auf deren leuchtend rotem Grund Jakob mit jenem Engel ringt, der seit langer Zeit den »Mann« verkörpert, der sich als Gotteserscheinung erweist. Auch der diagonal das Bild- und Blickfeld durchquerende Baumstamm und die links herbeitrabende Kuh scheinen dem Versuch zu entsprechen, eine reale, hier bäuerliche Szenerie zu beschreiben. In Wirklichkeit deuten die Versatzstücke dieser Szenerie zwar auf Konkretes hin, das aber mit jenem biblischen Thema allein durch gläubige Versenkung in Beziehung treten kann. Um die Trennung zwischen Vision und Wirklichkeit zu verdeutlichen, bedient sich Gauguin einer Darstellungsweise, die (neben der Flächenkunst japanischer Holzschnitte) die leuchtenden Farbflächen der mittelalterlichen Glasmalerei in diesem symbolisitischen Gemälde als Anregung verarbeitet.

seine Leute, die Schafe und Ziegen, die Rinder und Kamele auf zwei
Lager auf 9 und sagte: Wenn Esau zu dem einen Lager kommt und es
niedermacht, dann kann das andere Lager entkommen. 10 Und Jakob
sagte: Du Gott meines Vaters Abraham und Gott meines Vaters Isaak,
Herr, du hast mir gesagt: Kehr in deine Heimat und zu deiner Verwandtschaft zurück; ich werde es dir gut gehen lassen. 11 Ich bin nicht
wert all der Hulderweise und all der Treue, die du deinem Knecht
erwiesen hast. Denn nur mit einem Stab habe ich den Jordan dort
überschritten, und jetzt sind aus mir zwei Lager geworden. 12 Entreiß
mich doch der Hand meines Bruders, der Hand Esaus! Ich fürchte
nämlich, er könnte kommen und mich erschlagen, Mutter und Kinder. 13 Du hast doch gesagt: Ich will es dir gut gehen lassen und will
deine Nachkommen zahlreich machen wie den Sand am Meer, den
niemand zählen kann vor Menge.
14 Er brachte dort jene Nacht zu. Dann stellte er von allem, was er
gerade zur Hand hatte, ein Geschenk für seinen Bruder Esau zusammen: 15 zweihundert Ziegen und zwanzig Böcke, zweihundert Mutterschafe und zwanzig Widder, 16 dreißig säugende Kamele mit
ihren Jungen, vierzig Kühe und zehn Stiere, zwanzig Eselinnen und
zehn Esel. 17 Er übergab sie, nach Herden gesondert, seinen Knechten und sagte zu ihnen: Zieht mir voraus, und haltet zwischen den
einzelnen Herden Abstand. 18 Dem ersten trug er auf: Wenn du auf
meinen Bruder Esau triffst und er dich ausfragt: Zu wem gehörst du,
wohin gehst du, und wem gehört das da vor dir?, 19 dann sag: Deinem Knecht Jakob. Ein Geschenk ist es, gesandt an meinen Herrn,
an Esau. Schau, dort hinter uns kommt er auch schon selbst. 20 Auch
dem zweiten und dritten, allen, die hinter den einzelnen Herden
schritten, trug er auf: Im gleichen Sinn redet mit Esau, wenn ihr ihn
trefft. 21 Sagt: Schau, dort kommt dein Knecht Jakob auch schon hinter uns. Denn Jakob sagte sich: Ich will ihn mit der geschenkten
Herde, die vor mir herzieht, beschwichtigen, und ihm dann erst
unter die Augen treten. Vielleicht nimmt er mich freundlich auf.
22 Die Herde, die er schenken wollte, zog ihm also voraus, er aber
brachte jene Nacht im Lager zu.

Jakobs Kampf mit Gott

23 In derselben Nacht stand er auf, nahm seine beiden Frauen, seine
beiden Mägde sowie seine elf Söhne und durchschritt die Furt des Jab-
bok. 24 Er nahm sie und ließ sie den Fluß überqueren. Dann schaffte er
alles hinüber, was ihm sonst noch gehörte. 25 Als nur noch er allein
zurückgeblieben war, rang mit ihm ein Mann, bis die Morgenröte auf-
stieg. 26 Als der Mann sah, daß er ihm nicht beikommen konnte,
schlug er ihn aufs Hüftgelenk. Jakobs Hüftgelenk renkte sich aus, als
er mit ihm rang. 27 Der Mann sagte: Laß mich los; denn die Morgen-
röte ist aufgestiegen. Jakob aber entgegnete: Ich lasse dich nicht los,
wenn du mich nicht segnest. 28 Jener fragte: Wie heißt du? Jakob, ant-
wortete er. 29 Da sprach der Mann: Nicht mehr Jakob wird man dich
nennen, sondern Israel (Gottesstreiter); denn mit Gott und Menschen
hast du gestritten und hast gewonnen. 30 Nun fragte Jakob: Nenne mir
doch deinen Namen! Jener entgegnete: Was fragst du mich nach mei-
nem Namen? Dann segnete er ihn dort. 31 Jakob gab dem Ort den
Namen Penuël (Gottesgesicht) und sagte: Ich habe Gott von Angesicht
zu Angesicht gesehen und bin doch mit dem Leben davongekommen.
32 Die Sonne schien bereits auf ihn, als er durch Penuël zog; er hinkte
an seiner Hüfte. 33 Darum essen die Israeliten den Muskelstrang über
dem Hüftgelenk nicht bis auf den heutigen Tag; denn er hat Jakob
aufs Hüftgelenk, auf den Hüftmuskel geschlagen.

Jakobs Versöhnung mit Esau

33 Jakob blickte auf und sah: Esau kam und mit ihm vierhun-
dert Mann. Da verteilte er die Kinder auf Lea und Rahel und
auf die beiden Mägde. 2 Die Mägde und deren Kinder stellte er vorn
hin, dahinter Lea und ihre Kinder und zuletzt Rahel und Josef. 3 Er
trat vor und warf sich siebenmal zur Erde nieder, bis er vor seinem
Bruder stand. 4 Esau lief ihm entgegen, umarmte ihn und fiel ihm um
den Hals; er küßte ihn, und sie weinten. 5 Dann blickte Esau auf und
sah die Frauen mit den Kindern. Er fragte: Wer sind die dort bei dir?
Die Kinder, erwiderte er, die Gott deinem Knecht aus Wohlwollen
geschenkt hat.
6 Die Mägde und ihre Kinder kamen näher und warfen sich nieder.
7 Dann kamen auch Lea und ihre Kinder und warfen sich nieder, und
zuletzt kamen Josef und Rahel und warfen sich nieder. 8 Da fragte
Esau: Was willst du mit dem ganzen Auftrieb dort, auf den ich
gestoßen bin? Jakob erwiderte: Ich wollte das Wohlwollen meines
Herrn finden. 9 Darauf sagte Esau: Ich habe selber genug, Bruder.
Behalte, was dir gehört. 10 Nicht doch, entgegnete Jakob, wenn ich
dein Wohlwollen gefunden habe, dann nimm das Geschenk aus mei-
ner Hand an! Denn dafür habe ich dein Angesicht gesehen, wie man
das Angesicht Gottes sieht, und du bist mir wohlwollend begegnet.
11 Nimm doch mein Begrüßungsgeschenk an, das man dir über-
bracht hat. Denn Gott hat mir Wohlwollen erwiesen, und ich habe
alles, was ich brauche. Er drängte ihn, bis er annahm.
12 Darauf machte Esau den Vorschlag: Brechen wir auf, und ziehen wir
weiter. Ich will an deiner Seite ziehen. 13 Jakob entgegnete ihm: Mein
Herr weiß, daß die Kinder noch Schonung brauchen; auch habe ich
für säugende Schafe und Rinder zu sorgen. Überanstrengt man sie nur
einen einzigen Tag, so geht das ganze Vieh ein. 14 Mein Herr ziehe
doch seinem Knecht voraus. Ich aber will mich dem gemächlichen
Gang der Viehherden vor mir und dem Schritt der Kinder anpassen,
bis ich zu meinem Herrn nach Seïr komme. 15 Darauf sagte Esau: Ich
will dir einige von meinen Leuten zuweisen. Wozu? erwiderte Jakob,
ich finde ja das Wohlwollen meines Herrn.
16 Esau kehrte an jenem Tag um und zog nach Seïr zurück. 17 Jakob
brach nach Sukkot auf. Er baute sich ein Haus, und für sein Vieh
errichtete er Hütten. Darum gab er dem Ort den Namen Sukkot (Hüt-
ten). 18 Jakob gelangte, als er aus Paddan-Aram kam, wohlbehalten bis
Sichem in Kanaan und schlug vor der Stadt sein Lager auf. 19 Das
Grundstück, auf dem er sein Zelt aufspannte, erwarb er von den Söh-
nen Hamors, des Vaters von Sichem, für hundert Kesita. 20 Dort errich-
tete er einen Altar und nannte ihn: Gott, der Gott Israels.

Die Rache der Jakobssöhne an den Sichemiten

34 Dina, die Tochter, die Lea Jakob geboren hatte, ging aus, um
sich die Töchter des Landes anzusehen. 2 Sichem, der Sohn
des Hiwiters Hamor, des Landesfürsten, erblickte sie; er ergriff sie,
legte sich zu ihr und vergewaltigte sie. 3 Er faßte Zuneigung zu Dina,
der Tochter Jakobs, er liebte das Mädchen und redete ihm gut zu. 4 Zu
seinem Vater Hamor sagte Sichem: Nimm mir dieses Mädchen zur
Frau!
5 Jakob hörte, daß man seine Tochter Dina entehrt hatte. Seine Söhne
waren gerade auf dem Feld bei seiner Herde, und so behielt Jakob die
Sache für sich bis zu ihrer Rückkehr. 6 Inzwischen kam Hamor, der
Vater Sichems, zu Jakob heraus, um mit ihm darüber zu reden. 7 Als
Jakobs Söhne vom Feld kamen und davon erfuhren, empfanden sie
das als Beleidigung und wurden sehr zornig; eine Schandtat hatte
Sichem an Israel begangen, weil er der Tochter Jakobs beiwohnte; so
etwas darf man nicht tun.
8 Hamor redete mit ihnen und sagte: Mein Sohn Sichem hat zu eurer
Tochter Zuneigung gefaßt. Gebt sie ihm doch zur Frau! 9 Verschwä-
gern wir uns; gebt uns eure Töchter, und nehmt die unseren! 10 Ihr
könnt euch bei uns ansiedeln, und das Land steht euch offen. Bleibt
da, geht hier euren Geschäften nach, und macht euch im Land ansäs-
sig! 11 Sichem sagte zu Dinas Vater und zu ihren Brüdern: Finde ich
euer Wohlwollen, dann will ich geben, was ihr auch von mir verlangt.
12 Legt mir ruhig ein sehr hohes Heiratsgeld und eine hohe Brautgabe
auf! Ich will geben, was ihr von mir verlangt. Nur gebt mir das
Mädchen zur Frau!
13 Die Söhne Jakobs gaben Sichem und seinem Vater Hamor, als sie
die Verhandlungen aufnahmen, eine hinterhältige Antwort, weil er
ihre Schwester entehrt hatte. 14 Sie sagten zu ihnen: Wir können uns
nicht darauf einlassen, unsere Schwester einem Unbeschnittenen zu
geben; denn das gilt bei uns als Schande. 15 Nur unter der Bedingung
gehen wir auf euren Vorschlag ein, daß ihr euch uns anpaßt und alle
männlichen Personen beschneiden laßt. 16 Dann würden wir euch
unsere Töchter geben, und wir könnten eure Töchter nehmen; wir
könnten mit euch zusammen wohnen und ein einziges Volk werden.
17 Wollt ihr aber von der Beschneidung nichts wissen, so nehmen wir
unsere Tochter zurück und ziehen fort. 18 Hamor und sein Sohn
Sichem waren mit ihrem Vorschlag einverstanden. 19 Der junge Mann
verlor keine Zeit, die Angelegenheit zu regeln; denn er hatte die Toch-
ter Jakobs lieb, und er war der einflußreichste von allen im Hause sei-
nes Vaters.
20 Hamor und sein Sohn Sichem gingen an das Tor ihrer Stadt und
sprachen zu ihren Mitbürgern: 21 Jene Leute sind uns friedlich
gesinnt. Sie könnten sich im Land ansiedeln und ihren Geschäften
nachgehen. Das Land hat ja nach allen Seiten Platz genug für sie. Wir
könnten ihre Töchter zu Frauen nehmen und unsere Töchter ihnen
geben. 22 Allerdings wollen die Männer bloß unter der Bedingung auf
unseren Vorschlag eingehen, mit uns zusammen zu wohnen und ein
einziges Volk zu werden, daß sich bei uns alle Männer beschneiden
lassen, so wie sie beschnitten sind. 23 Ihre Herden, ihr Besitz, ihr
Vieh, könnte das nicht alles uns gehören? Gehen wir also auf ihren
Vorschlag ein, dann werden sie bei uns bleiben. 24 Alle, die durch das
Tor der Stadt ausziehen, hörten auf Hamor und seinen Sohn Sichem;
und alle Männer, alle, die durch das Tor seiner Stadt ausziehen,
ließen sich beschneiden.
25 Am dritten Tag aber, als sie an Wundfieber litten, griffen zwei Söhne
Jakobs, Simeon und Levi, die Brüder Dinas, zum Schwert, überfielen
ungefährdet die Stadt und brachten alles Männliche um. 26 Hamor und
seinen Sohn Sichem machten sie mit dem Schwert nieder, holten Dina
aus dem Hause Sichems und gingen davon. 27 Dann machten sich die
Söhne Jakobs über die Erschlagenen her und plünderten die Stadt, weil
man ihre Schwester entehrt hatte. 28 Ihre Schafe und Rinder, ihre Esel
und was es sonst in der Stadt oder auf dem Feld gab, nahmen sie mit.
29 Ihre ganze Habe, all ihre Kinder und Frauen führten sie fort und raub-
ten alles, was sich in den Häusern fand.

30 Jakob sagte darauf zu Simeon und Levi: Ihr stürzt mich ins
Unglück. Ihr habt mich in Verruf gebracht bei den Bewohnern des
Landes, den Kanaanitern und Perisitern. Meine Männer kann man an
den Fingern abzählen. Jene werden sich gegen mich zusammentun
und mich niedermachen. Dann ist es vorbei mit mir und meinem
Haus. 31 Die Söhne aber sagten: Durfte er unsere Schwester wie eine
Dirne behandeln?

Jakob wieder in Bet-El

35 Gott sprach zu Jakob: Zieh nach Bet-El hinauf, und laß dich
dort nieder! Errichte dort einen Altar dem Gott, der dir auf
der Flucht vor deinem Bruder Esau erschienen ist. 2 Dann sagte Jakob
zu seinem Haus und zu allen, die zu ihm gehörten: Entfernt die frem-
den Götter aus eurer Mitte, reinigt euch, und wechselt eure Kleider!
3 Wir wollen uns aufmachen und nach Bet-El hinaufziehen. Dort will
ich einen Altar für den Gott errichten, der mich am Tag meiner
Bedrängnis erhört hat und der auf meinem Weg mit mir war. 4 Sie
übergaben Jakob alle fremden Götter, die sie hatten, und die Ringe an
ihren Ohren. Jakob vergrub sie unter der Eiche bei Sichem. 5 Dann
brachen sie auf. Da überkam ein Gottesschrecken die Städte ringsum,
und so verfolgten sie die Söhne Jakobs nicht. 6 Jakob kam nach Lus in
Kanaan, das jetzt Bet-El heißt, er und alles Volk, das bei ihm war.
7 Er baute dort einen Altar und nannte die Stätte »Gott von Bet-El«;
denn auf der Flucht vor seinem Bruder hatte Gott sich ihm dort offen-
bart.
8 Debora, die Amme Rebekkas, starb. Man begrub sie unterhalb von
Bet-El unter der Eiche. Er gab ihr den Namen Träneneiche.
9 Gott erschien Jakob noch einmal nach seiner Rückkehr aus Paddan-
Aram und segnete ihn. 10 Gott sprach zu ihm: Dein Name ist Jakob.
Dein Name soll jedoch nicht mehr Jakob lauten, sondern Israel soll
dein Name sein. Er gab ihm also den Namen Israel. 11 Und Gott
sprach zu ihm: Ich bin Gott, der Allmächtige. Sei fruchtbar, und ver-
mehre dich! Ein Volk, eine Schar von Völkern soll aus dir hervorge-
hen, Könige sollen deinen Lenden entstammen. 12 Das Land, das ich
Abraham und Isaak gegeben habe, will ich dir geben, und auch dei-
nen Nachkommen will ich es geben. 13 Dann fuhr Gott von dem Ort,
an dem er mit ihm geredet hatte, zum Himmel auf.
14 Jakob richtete an dem Ort, wo Gott mit ihm geredet hatte, ein Stein-
mal, einen Gedenkstein, auf. Darüber schüttete er ein Trankopfer
und goß Öl darauf. 15 Jakob gab dem Ort, an dem Gott mit ihm gere-
det hatte, den Namen Bet-El.

Benjamins Geburt und Rahels Tod

16 Sie brachen von Bet-El auf. Nur ein kleines Stück Weg war es noch
bis Efrata, als Rahel gebar. Sie hatte eine schwere Geburt. 17 Als sie bei
der Geburt schwer litt, redete ihr die Amme zu: Fürchte dich nicht,
auch diesmal hast du einen Sohn. 18 Während ihr das Leben entfloh –
sie mußte nämlich sterben –, gab sie ihm den Namen Ben-Oni
(Unheilskind); sein Vater aber nannte ihn Benjamin (Erfolgskind).
19 Als Rahel gestorben war, begrub man sie an der Straße nach Efrata,
das jetzt Betlehem heißt. 20 Jakob errichtete ein Steinmal über ihrem
Grab. Das ist das Grabmal Rahels bis auf den heutigen Tag.

Die Söhne Jakobs und der Tod Isaaks

21 Israel brach auf und schlug sein Zelt jenseits von Migdal-Eder auf.
22 Während Israel in jenem Land wohnte, ging Ruben hin und schlief
mit Bilha, der Nebenfrau seines Vaters. Israel hörte davon. Jakob
hatte zwölf Söhne. 23 Die Söhne Leas waren: Ruben, der Erstgeborene
Jakobs, ferner Simeon, Levi, Juda, Issachar und Sebulon. 24 Die Söhne
Rahels waren: Josef und Benjamin. 25 Die Söhne Bilhas, der Magd
Rahels, waren: Dan und Naftali. 26 Die Söhne Silpas, der Magd Leas,
waren: Gad und Ascher. Das waren die Söhne Jakobs, die ihm in Pad-
dan-Aram geboren wurden.
27 Jakob kam zu seinem Vater Isaak nach Mamre, nach Kirjat-Arba, das
jetzt Hebron heißt, wo sich Abraham und Isaak als Fremde aufgehal-
ten hatten. 28 Isaak wurde hundertachtzig Jahre alt, 29 dann verschied
er. Er starb und wurde mit seinen Vorfahren vereint, betagt und satt an
Jahren. Seine Söhne Esau und Jakob begruben ihn.

Nachkommen Esaus

36 Das ist die Geschlechterfolge nach Esau, der auch Edom
hieß: 2 Esau nahm sich seine Frauen aus den Töchtern
Kanaans: Ada, die Tochter des Hetiters Elon, Oholibama, die Tochter
des Ana, eines Sohnes des Hiwiters Zibon, 3 und Basemat, die Tochter
Ismaels, eine Schwester Nebajots. 4 Ada gebar dem Esau Elifas, Base-
mat gebar Reguël, 5 und Oholibama gebar Jëusch, Jalam und Korach.
Das waren die Söhne Esaus, die ihm in Kanaan geboren wurden.
6 Esau nahm seine Frauen, Söhne und Töchter, alle Personen seines
Hauses und seinen Besitz, all sein Vieh und seine ganze Habe, die er
in Kanaan erworben hatte, und zog in ein anderes Land, fort von sei-
nem Bruder Jakob. 7 Ihr Besitz war nämlich zu groß, als daß sie
zusammen hätten wohnen können. Das Land, in dem sie lebten,
konnte wegen ihres Viehbestandes nicht beide ernähren. 8 So ließ
sich Esau im Bergland Seïr nieder. Esau ist Edom.
9 Das ist die Geschlechterfolge nach Esau, dem Stammvater von
Edom im Bergland Seïr. 10 Die Namen der Söhne Esaus sind: Elifas,
der Sohn der Ada, der Frau Esaus, und Reguël, der Sohn Basemats,
der Frau Esaus. 11 Die Söhne des Elifas sind: Teman, Omar, Zefo,
Gatam und Kenas. 12 Timna war die Nebenfrau des Elifas, des Sohnes
Esaus. Sie gebar dem Elifas Amalek. Das waren die Söhne Adas, der
Frau Esaus. 13 Die Söhne Reguëls sind: Nahat, Serach, Schamma und
Misa. Das waren die Söhne Basemats, der Frau Esaus. 14 Die Söhne,
die Oholibama, die Frau Esaus und Tochter Anas, eines Sohnes
Zibons, Esau gebar, sind: Jëusch, Jalam und Korach.
15 Das sind die Häuptlinge der Söhne Esaus: die Söhne des Elifas, des
Erstgeborenen Esaus: Häuptling Teman, Häuptling Omar, Häuptling
Zefo, Häuptling Kenas, 16 Häuptling Korach, Häuptling Gatam,
Häuptling Amalek. Das waren die Häuptlinge des Elifas in Edom, lau-
ter Söhne der Ada.
17 Das sind die Söhne Reguëls, des Sohnes Esaus: Häuptling Nahat,
Häuptling Serach, Häuptling Schamma, Häuptling Misa. Das waren
die Häuptlinge Reguëls in Edom; sie waren die Söhne Basemats, der
Frau Esaus.
18 Das sind die Söhne Oholibamas, der Frau Esaus: Häuptling Jëusch,
Häuptling Jalam, Häuptling Korach. Das waren die Häuptlinge, die
von Oholibama, der Frau Esaus und Tochter Anas, abstammten.
19 Das waren also die Söhne Esaus und deren Häuptlinge. Das ist
Edom.
20 Das sind die Söhne des Horiters Seïr, die Einwohner des Landes:
Lotan, Schobal, Zibon, Ana, 21 Dischon, Ezer und Dischan. Das waren
die Häuptlinge der Horiter, der Söhne Seïrs, in Edom.
22 Die Söhne Lotans sind: Hori und Hemam. Die Schwester Lotans ist
Timna. 23 Das sind die Söhne Schobals: Alwan, Manahat, Ebal, Schefi
und Onam. 24 Die Söhne Zibons sind: Aja und Ana. Das ist jener Ana,
der das Wasser in der Wüste fand, als er die Esel seines Vaters Zibon
weidete. 25 Die Kinder Anas sind: Dischon und Oholibama, die Toch-
ter Anas. 26 Die Söhne Dischons sind: Hemdan, Eschban, Jitran und
Keran. 27 Die Söhne Ezers sind: Bilhan, Saawan und Akan. 28 Die
Söhne Dischans sind: Uz und Aran.
29 Die Häuptlinge der Horiter sind: Häuptling Lotan, Häuptling Scho-
bal, Häuptling Zibon, Häuptling Ana, 30 Häuptling Dischon, Häupt-
ling Ezer, Häuptling Dischan. Das waren die Häuptlinge der Horiter
nach ihren Stämmen in Seïr.
31 Die Könige, die in Edom regierten, bevor bei den Israeliten ein
König regierte, waren folgende: 32 In Edom regierte Bela, der Sohn
Beors; seine Stadt hieß Dinhaba. 33 Als Bela starb, wurde König an
seiner Stelle Jobab, der Sohn Serachs aus Bozra. 34 Als Jobab starb,
wurde König an seiner Stelle Huscham aus dem Land der Temaniter.
35 Als Huscham starb, wurde König an seiner Stelle Hadad, der Sohn
Bedads, der Midian im Grünland von Moab schlug; seine Stadt hieß

Awit. 36 Als Hadad starb, wurde König an seiner Stelle Samla aus Mas-
reka. 37 Als Samla starb, wurde König an seiner Stelle Schaul aus
Rehobot am Strom (Eufrat). 38 Als Schaul starb, wurde König an sei-
ner Stelle Baal-Hanan, der Sohn Achbors. 39 Als Baal-Hanan, der
Sohn Achbors, starb, wurde König an seiner Stelle Hadar; seine Stadt
hieß Pagu. Seine Frau hieß Mehetabel; sie war die Tochter Matreds
und Enkelin Me-Sahabs.
40 Das sind die Namen der Häuptlinge Esaus nach ihren Sippenver-
bänden, Orten und Namen: Häuptling Timna, Häuptling Alwa,
Häuptling Jetet, 41 Häuptling Oholibama, Häuptling Ela, Häuptling
Pinon, 42 Häuptling Kenas, Häuptling Teman, Häuptling Mibzar,
43 Häuptling Magdiël, Häuptling Iram. Das waren die Häuptlinge
Edoms nach ihren Siedlungsgebieten in dem Land, das sie besaßen.
Soviel über Esau, den Stammvater von Edom.

Die Söhne Jakobs

Josef und seine Brüder

37 Jakob ließ sich in dem Land nieder, in dem sich sein Vater
als Fremder aufgehalten hatte, in Kanaan. 2 Das ist die
Geschlechterfolge nach Jakob: Als Josef siebzehn Jahre zählte, also
noch jung war, weidete er mit seinen Brüdern, den Söhnen Bilhas und
Silpas, der Frauen seines Vaters, die Schafe und Ziegen. Josef hinter-
brachte ihrem Vater, was die Brüder Böses taten. 3 Israel liebte Josef
unter allen seinen Söhnen am meisten, weil er ihm noch in hohem
Alter geboren worden war. Er ließ ihm einen Ärmelrock machen.
4 Als seine Brüder sahen, daß ihr Vater ihn mehr liebte als alle seine
Brüder, haßten sie ihn und konnten mit ihm kein gutes Wort mehr
reden.
5 Einst hatte Josef einen Traum. Als er ihn seinen Brüdern erzählte,
haßten sie ihn noch mehr. 6 Er sagte zu ihnen: Hört, was ich geträumt
habe. 7 Wir banden Garben mitten auf dem Feld. Meine Garbe rich-
tete sich auf und blieb auch stehen. Eure Garben umringten sie und
neigten sich tief vor meiner Garbe. 8 Da sagten seine Brüder zu ihm:
Willst du etwa König über uns werden oder dich als Herr über uns
aufspielen? Und sie haßten ihn noch mehr wegen seiner Träume und
seiner Worte.
9 Er hatte noch einen anderen Traum. Er erzählte ihn seinen Brüdern
und sagte: Ich träumte noch einmal: Die Sonne, der Mond und elf
Sterne verneigten sich tief vor mir. 10 Als er davon seinem Vater und
seinen Brüdern erzählte, schalt ihn sein Vater und sagte zu ihm: Was
soll das, was du da geträumt hast? Sollen wir vielleicht, ich, deine
Mutter und deine Brüder, kommen und uns vor dir zur Erde nieder-
werfen? 11 Seine Brüder waren eifersüchtig auf ihn, sein Vater aber
vergaß die Sache nicht.
12 Als seine Brüder fortgezogen waren, um das Vieh ihres Vaters bei
Sichem zu weiden, 13 sagte Israel zu Josef: Deine Brüder weiden bei
Sichem das Vieh. Geh, ich will dich zu ihnen schicken. Er antwortete:
Ich bin bereit. 14 Da sagte der Vater zu ihm: Geh doch hin und sieh, wie
es deinen Brüdern und dem Vieh geht, und berichte mir! So schickte er
ihn aus dem Tal von Hebron fort, und Josef kam nach Sichem.
15 Ein Mann traf ihn, wie er auf dem Feld umherirrte; er fragte ihn:
Was suchst du? 16 Josef antwortete: Meine Brüder suche ich. Sag mir
doch, wo sie das Vieh weiden. 17 Der Mann antwortete: Sie sind von
hier weitergezogen. Ich habe nämlich gehört, wie sie sagten: Gehen
wir nach Dotan. Da ging Josef seinen Brüdern nach und fand sie in
Dotan.
18 Sie sahen ihn von weitem. Bevor er jedoch nahe an sie herangekom-
men war, faßten sie den Plan, ihn umzubringen.
19 Sie sagten zueinander: Dort kommt ja dieser Träumer. 20 Jetzt aber
auf, erschlagen wir ihn, und werfen wir ihn in eine der Zisternen.
Sagen wir, ein wildes Tier habe ihn gefressen. Dann werden wir ja
sehen, was aus seinen Träumen wird.
21 Ruben hörte das und wollte ihn aus ihrer Hand retten. Er sagte:
Begehen wir doch keinen Mord. 22 Und Ruben sagte zu ihnen: Ver-
gießt kein Blut! Werft ihn in die Zisterne da in der Steppe, aber legt
nicht Hand an ihn! Er wollte ihn nämlich aus ihrer Hand retten und
zu seinem Vater zurückbringen.
23 Als Josef bei seinen Brüdern angekommen war, zogen sie ihm sein
Gewand aus, den Ärmelrock, den er anhatte, 24 packten ihn und war-
fen ihn in die Zisterne. Die Zisterne war leer; es war kein Wasser darin.
25 Als sie dann beim Essen saßen und aufblickten, sahen sie, daß
gerade eine Karawane von Ismaelitern aus Gilead kam. Ihre Kamele
waren mit Tragakant, Mastix und Ladanum beladen. Sie waren unter-
wegs nach Ägypten. 26 Da schlug Juda seinen Brüdern vor: Was haben
wir davon, wenn wir unseren Bruder erschlagen und sein Blut
zudecken? 27 Kommt, verkaufen wir ihn den Ismaelitern. Wir wollen
aber nicht Hand an ihn legen, denn er ist doch unser Bruder und
unser Verwandter. Seine Brüder waren einverstanden.
28 Midianitische Kaufleute kamen vorbei. Da zogen sie Josef aus der
Zisterne heraus und verkauften ihn für zwanzig Silberstücke an die
Ismaeliter. Diese brachten Josef nach Ägypten.
29 Als Ruben zur Zisterne zurückkam, war Josef nicht mehr dort. Er
zerriß seine Kleider, 30 wandte sich an seine Brüder und sagte: Der
Kleine ist ja nicht mehr da. Und ich, was soll ich jetzt anfangen?
31 Da nahmen sie Josefs Gewand, schlachteten einen Ziegenbock und
tauchten das Gewand in das Blut. 32 Dann schickten sie den Ärmel-
rock zu ihrem Vater und ließen ihm sagen: Das haben wir gefunden.
Sieh doch, ob das der Rock deines Sohnes ist oder nicht. 33 Als er ihn
angesehen hatte, sagte er: Der Rock meines Sohnes! Ein wildes Tier
hat ihn gefressen. Zerrissen, zerrissen ist Josef. 34 Jakob zerriß seine
Kleider, legte Trauerkleider an und trauerte um seinen Sohn viele
Tage. 35 Alle seine Söhne und Töchter machten sich auf, um ihn zu
trösten. Er aber ließ sich nicht trösten und sagte: Ich will dauernd zu
meinem Sohn in die Unterwelt hinabsteigen. So beweinte ihn sein
Vater. 36 Die Midianiter aber verkauften Josef nach Ägypten an Potifar,
einen Hofbeamten des Pharao, den Obersten der Leibwache.

Die Familiengeschichte Judas

38 Um jene Zeit verließ Juda seine Brüder und begab sich hin-
unter zu einem Mann aus Adullam, der Hira hieß. 2 Juda
sah dort die Tochter eines Kanaaniters namens Schua. Er nahm sie
zur Frau und wohnte ihr bei. 3 Sie wurde schwanger, gebar einen
Sohn und gab ihm den Namen Er. 4 Sie wurde abermals schwanger,
gebar einen Sohn und gab ihm den Namen Onan. 5 Und noch einmal
gebar sie einen Sohn und gab ihm den Namen Schela. Juda war in
Kesib, als sie ihn gebar.
6 Juda nahm für seinen Erstgeborenen Er eine Frau namens Tamar.
7 Aber Er, der Erstgeborene Judas, mißfiel dem Herrn, und so ließ ihn
der Herr sterben. 8 Da sagte Juda zu Onan: Geh mit der Frau deines
Bruders die Schwagerehe ein, und verschaff deinem Bruder Nachkom-
men! 9 Onan wußte also, daß die Nachkommen nicht ihm gehören
würden. Sooft er zur Frau seines Bruders ging, ließ er den Samen zur
Erde fallen und verderben, um seinem Bruder Nachkommen vorzu-
enthalten. 10 Was er tat, mißfiel dem Herrn, und so ließ er auch ihn
sterben. 11 Nun sagte Juda zu seiner Schwiegertochter Tamar: Bleib als
Witwe im Haus deines Vaters, bis mein Sohn Schela groß ist. Denn er
dachte: Er soll mir nicht auch noch sterben wie seine Brüder. Tamar
ging und blieb im Haus ihres Vaters.
12 Viele Jahre vergingen. Die Tochter Schuas, die Frau Judas, war
gestorben. Als die Trauer vorbei war, ging Juda mit seinem Freund
Hira aus Adullam hinauf nach Timna zur Schafschur. 13 Man berich-
tete Tamar: Dein Schwiegervater geht gerade nach Timna hinauf zur
Schafschur. 14 Da zog sie ihre Witwenkleider aus, legte einen Schleier
über und verhüllte sich. Dann setzte sie sich an den Ortseingang von
Enajim, der an der Straße nach Timna liegt. Sie hatte nämlich
gemerkt, daß Schela groß geworden war, daß man sie ihm aber nicht
zur Frau geben wollte.

Emil Nolde
Josef erzählt seine Träume
(1910)
»Als seine Brüder sahen, daß ihr Vater ihn mehr liebte als alle seine Brüder, haßten sie ihn und konnten mit ihm kein gutes Wort mehr reden« (Gen 37,4). Zwar stellte sich der Expressionist Emil Nolde das Thema der beiden Traumerzählungen Josefs. Dem entspricht die synchrone Gestaltung der beiden Erzählsituationen: Josef erscheint sowohl links hinten in rotem Gewand als auch vorn, gekleidet in das rautenförmig gemusterte Ärmelkleid, das der Vater Israel bzw. Jakob für ihn – und zum Ärger seiner Brüder – nähen ließ. Über den Inhalt der Träume Josefs schweigt sich der Maler jedoch aus; sie sind als Texte hinreichend bekannt. Was ihn interessiert, ist die psychische, in Mimik und Gestik veranschaulichte Atmosphäre, in der Josef jene ihm selbst noch unverständlichen Visionen mitteilt. Sie reichen weit über seine gegenwärtige Lebenssituation im Kreis der neidischen, in bis zum Haß gesteigerter Enttäuschung befangenen Brüder hinaus.

15 Juda sah sie und hielt sie für eine Dirne; sie hatte nämlich ihr
Gesicht verhüllt. 16 Da bog er vom Weg ab, ging zu ihr hin und sagte:
Laß mich zu dir kommen! Er wußte ja nicht, daß es seine Schwieger-
tochter war. Sie antwortete: Was gibst du mir, wenn du zu mir kom-
men darfst? 17 Er sagte: Ich werde dir ein Ziegenböckchen von der
Herde schicken. Sie entgegnete: Du mußt mir aber ein Pfand dalas-
sen, bis du es schickst. 18 Da fragte er: Was für ein Pfand soll ich dir
dalassen? Deinen Siegelring mit der Schnur und den Stab in deiner
Hand, antwortete sie. Er gab es ihr. Dann ging er zu ihr, und sie wurde
von ihm schwanger. 19 Sie stand auf, ging weg, legte ihren Schleier ab
und zog wieder ihre Witwenkleider an. 20 Juda schickte seinen Freund
aus Adullam mit dem Ziegenböckchen, um das Pfand aus der Hand
der Frau zurückzuerhalten, er fand sie aber nicht. 21 Er fragte die Leute
aus dem Ort: Wo ist die Dirne, die in Enajim an der Straße saß? Sie
antworteten ihm: Hier gibt es keine Dirne. 22 Darauf kehrte er zu Juda
zurück und sagte: Ich habe sie nicht gefunden, und außerdem
behaupten die Leute aus dem Ort, es gebe da keine Dirne. 23 Juda ant-
wortete: Soll sie es behalten! Wenn man uns nur nicht auslacht! Ich
habe ja dieses Böckchen geschickt, aber du hast sie nicht gefunden.
24 Nach etwa drei Monaten meldete man Juda: Deine Schwiegertoch-
ter Tamar hat Unzucht getrieben und ist davon schwanger. Da sagte
Juda: Führt sie hinaus! Sie soll verbrannt werden. 25 Als man sie hin-
ausführte, schickte sie zu ihrem Schwiegervater und ließ ihm sagen:
Von dem Mann, dem das gehört, bin ich schwanger. Auch ließ sie
sagen: Sieh genau hin: Wem gehören der Siegelring mit der Schnur
und dieser Stab? 26 Juda schaute es sich genau an und gab zu: Sie ist
mir gegenüber im Recht, weil ich sie meinem Sohn Schela nicht zur
Frau gegeben habe. Später verkehrte er mit ihr nicht mehr.
27 Als sie niederkam, waren Zwillinge in ihrem Leib. 28 Bei der Geburt
streckte einer die Hand heraus. Die Hebamme griff zu, band einen
roten Faden um die Hand und sagte: Er ist zuerst herausgekommen.
29 Er zog aber seine Hand wieder zurück, und heraus kam sein Bru-
der. Da sagte sie: Warum hast du dir den Durchbruch erzwungen? So
nannte man ihn Perez (Durchbruch). 30 Dann erst kam sein Bruder
zum Vorschein, an dessen Hand der rote Faden war. Ihn nannte man
Serach (Rotglanz).

Josef als Sklave in Ägypten

39 Josef hatte man nach Ägypten gebracht. Ein Hofbeamter
des Pharao, ein Ägypter namens Potifar, der Oberste der
Leibwache, hatte ihn den Ismaelitern abgekauft, die ihn dorthin
gebracht hatten. 2 Der Herr war mit Josef, und so glückte ihm alles. Er
blieb im Haus seines ägyptischen Herrn. 3 Dieser sah, daß der Herr
mit Josef war und daß der Herr alles, was er unternahm, unter seinen
Händen gelingen ließ. 4 So fand Josef sein Wohlwollen, und er durfte
ihn bedienen. Er bestellte ihn zum Verwalter seines Hauses und ver-
traute ihm alles an, was er besaß. 5 Seit er ihm sein Haus und alles,
was ihm gehörte, anvertraut hatte, segnete der Herr das Haus des
Ägypters um Josefs willen. Der Segen des Herrn ruhte auf allem, was
ihm gehörte im Haus und auf dem Feld. 6 Er ließ seinen ganzen Besitz
in Josefs Hand und kümmerte sich, wenn Josef da war, um nichts als
nur um sein Essen. Josef war schön von Gestalt und Aussehen. 7 Nach
einiger Zeit warf die Frau seines Herrn ihren Blick auf Josef und sagte:
Schlaf mit mir! 8 Er weigerte sich und entgegnete der Frau seines
Herrn: Du siehst doch, mein Herr kümmert sich, wenn ich da bin, um
nichts im Haus; alles, was ihm gehört, hat er mir anvertraut. 9 Er ist in
diesem Haus nicht größer als ich, und er hat mir nichts vorenthalten
als nur dich, denn du bist seine Frau. Wie könnte ich da ein so großes
Unrecht begehen und gegen Gott sündigen? 10 Obwohl sie Tag für
Tag auf Josef einredete, bei ihr zu schlafen und ihr zu Willen zu sein,
hörte er nicht auf sie. 11 An einem solchen Tag kam er ins Haus, um
seiner Arbeit nachzugehen. Niemand vom Hausgesinde war anwe-
send. 12 Da packte sie ihn an seinem Gewande und sagte: Schlaf mit
mir! Er ließ sein Gewand in ihrer Hand und lief hinaus. 13 Als sie sah,
daß er sein Gewand in ihrer Hand zurückgelassen hatte und hinaus-
gelaufen war, 14 rief sie nach ihrem Hausgesinde und sagte zu den
Leuten: Seht nur! Er hat uns einen Hebräer ins Haus gebracht, der sei-
nen Mutwillen mit uns treibt. Er ist zu mir gekommen und wollte mit
mir schlafen; da habe ich laut geschrien. 15 Als er hörte, daß ich laut
aufschrie und rief, ließ er sein Gewand bei mir liegen und floh ins
Freie. 16 Sein Kleid ließ sie bei sich liegen, bis sein Herr nach Hause
kam. 17 Ihm erzählte sie die gleiche Geschichte: Der hebräische
Sklave, den du uns gebracht hast, ist zu mir gekommen, um mit mir
seinen Mutwillen zu treiben. 18 Als ich laut aufschrie und rief, ließ er
sein Gewand bei mir liegen und lief hinaus.
19 Als sein Herr hörte, wie ihm seine Frau erzählte: So hat es dein
Sklave mit mir getrieben!, packte ihn der Zorn. 20 Er ließ Josef ergrei-
fen und in den Kerker bringen, wo die Gefangenen des Königs in Haft
gehalten wurden. Dort blieb er im Gefängnis. 21 Aber der Herr war
mit Josef. Er wandte ihm das Wohlwollen und die Gunst des Gefäng-
nisleiters zu.

Josef im Gefängnis

22 Der Gefängnisleiter vertraute der Hand Josefs alle Gefangenen im
Kerker an. Alles, was dort zu besorgen war, mußte er tun. 23 Der
Gefängnisleiter brauchte sich um nichts zu sorgen, was Josef in seine
Hand nahm, denn der Herr war mit ihm. Was er auch unternahm, der
Herr ließ es ihm gelingen.

40 Einige Zeit später vergingen sich der königliche Mund-
schenk und der Hofbäcker gegen ihren Herrn, den König
von Ägypten. 2 Der Pharao war aufgebracht über seine beiden Hofbe-
amten, den Obermundschenk und den Oberbäcker. 3 Er gab sie in
Haft in das Haus des Obersten der Leibwache, in den Kerker, wo Josef
gefangengehalten wurde. 4 Der Oberste der Leibwache betraute Josef
mit ihrer Bedienung. Als sie einige Zeit in Haft waren 5 hatte jeder von
ihnen einen Traum. Der Mundschenk und der Bäcker des Königs von
Ägypten, die im Kerker gefangengehalten wurden, hatten in dersel-
ben Nacht einen Traum, der für jeden von ihnen eine besondere
Bedeutung haben sollte. 6 Am Morgen kam Josef zu ihnen und sah
ihnen an, daß sie mißmutig waren. 7 Da fragte er die Hofbeamten des
Pharao, die mit ihm im Hause seines Herrn in Gewahrsam gehalten
wurden: Warum seht ihr heute so böse drein? 8 Sie antworteten ihm:
Wir hatten einen Traum, aber es ist keiner da, der ihn auslegen kann.
Josef sagte zu ihnen: Ist nicht das Träumedeuten Sache Gottes?
Erzählt mir doch!
9 Darauf erzählte der Obermundschenk Josef seinen Traum. Er sagte
zu ihm: Im Traum sah ich vor mir einen Weinstock. 10 Am Weinstock
waren drei Ranken, und es war mir, als triebe er Knospen. Seine Blü-
ten wuchsen, und schon reiften die Beeren an seinen Trauben. 11 Ich
hatte den Becher des Pharao in meiner Hand. Ich nahm die Beeren,
drückte sie in den Becher des Pharao aus und gab dem Pharao den
Becher in die Hand. 12 Da sprach Josef zu ihm: Das ist die Deutung:
Die drei Ranken sind drei Tage. 13 Noch drei Tage, dann wird der Pha-
rao dich vorladen und dich wieder in dein Amt einsetzen. Du wirst
dem Pharao den Becher reichen, wie es früher deine Aufgabe war, als
du noch sein Mundschenk warst. 14 Doch denk an mich, wenn es dir
gut geht. Tu mir dann einen Gefallen: Erzähl dem Pharao von mir,
und hol mich aus diesem Haus heraus! 15 Denn entführt hat man mich
aus dem Land der Hebräer, und auch hier habe ich nichts getan, daß
man mich hätte ins Gefängnis werfen müssen.
16 Als der Oberbäcker merkte, daß Josef eine günstige Deutung gege-
ben hatte, sagte er zu ihm: Auch ich hatte einen Traum. Ich hatte drei
Körbe Feingebäck auf meinem Kopf. 17 Im obersten Korb war allerlei
Backwerk für die Tafel des Pharao. Aber die Vögel fraßen es aus dem
Korb auf meinem Kopf. 18 Josef antwortete: Das ist die Deutung: Die
drei Körbe sind drei Tage. 19 Noch drei Tage, dann wird der Pharao
dich vorladen und dich an einem Baum aufhängen; die Vögel werden
von dir das Fleisch abfressen.
20 Drei Tage darauf hatte der Pharao Geburtstag. Er veranstaltete für
alle seine Hofleute ein Gastmahl. Da lud er vor versammeltem Hof
den Obermundschenk und den Oberbäcker vor. 21 Den Obermund-
schenk setzte er wieder in sein Amt ein; er durfte dem Pharao den
Becher reichen. 22 Den Oberbäcker ließ er aufhängen. Alles geschah,
wie es Josef ihnen gedeutet hatte. 23 Der Obermundschenk aber
dachte nicht mehr an Josef und vergaß ihn.

Der Traum des Pharao und seine Deutung

41 Zwei Jahre später hatte der Pharao einen Traum: Er stand
am Nil. 2 Aus dem Nil stiegen sieben gut aussehende, wohl-
genährte Kühe und weideten im Riedgras. 3 Nach ihnen stiegen sie-
ben andere Kühe aus dem Nil; sie sahen häßlich aus und waren
mager. Sie stellten sich neben die schon am Nilufer stehenden Kühe,
4 und die häßlichen, mageren Kühe fraßen die sieben gut aussehen-
den und wohlgenährten Kühe auf. Dann erwachte der Pharao. 5 Er
schlief aber wieder ein und träumte ein zweites Mal: An einem ein-
zigen Halm wuchsen sieben Ähren, prall und schön. 6 Nach ihnen
wuchsen sieben kümmerliche, vom Ostwind ausgedörrte Ähren.
7 Die kümmerlichen Ähren verschlangen die sieben prallen, vollen
Ähren. Der Pharao wachte auf: Es war ein Traum.
8 Am Morgen fühlte er sich beunruhigt; er schickte hin und ließ alle
Wahrsager und Weisen Ägyptens rufen. Der Pharao erzählte ihnen
seine Träume, doch keiner war da, der sie ihm hätte deuten können.
9 Da sagte der Obermundschenk zum Pharao: Heute muß ich an
meine Verfehlung erinnern: 10 Als der Pharao über seine Diener auf-
gebracht war, gab er mich ins Haus des Obersten der Leibwache in
Haft, mich und den Oberbäcker. 11 Da hatten wir, ich und er, in dersel-
ben Nacht einen Traum, der für jeden eine besondere Bedeutung
haben sollte. 12 Dort war mit uns zusammen ein junger Hebräer, ein
Sklave des Obersten der Leibwache. Wir erzählten ihm unsere
Träume, und er legte sie uns aus. Jedem gab er die zutreffende Deu-
tung. 13 Wie er es uns gedeutet hatte, so geschah es: Mich setzte man
wieder in mein Amt ein, den andern hängte man auf.
14 Da schickte der Pharao hin und ließ Josef rufen. Man holte ihn
schnell aus dem Gefängnis, schor ihm die Haare, er zog andere Klei-
der an und kam zum Pharao. 15 Der Pharao sagte zu Josef: Ich hatte
einen Traum, doch keiner kann ihn deuten. Von dir habe ich aber

gehört, du brauchst einen Traum nur zu hören, dann kannst du ihn
deuten 16 Josef antwortete dem Pharao: Nicht ich, sondern Gott wird
zum Wohl des Pharao eine Antwort geben.
17 Da sagte der Pharao zu Josef: In meinem Traum stand ich am Nil-
ufer. 18 Aus dem Nil stiegen sieben wohlgenährte, stattliche Kühe und
weideten im Riedgras. 19 Nach ihnen stiegen sieben andere Kühe her-
auf, elend, sehr häßlich und mager. Nie habe ich in ganz Ägypten so
häßliche Kühe gesehen. 20 Die mageren und häßlichen Kühe fraßen
die sieben ersten, fetten auf. 21 Sie verschwanden in ihrem Bauch,
aber man merkte nicht, daß sie darin waren; sie sahen genauso elend
aus wie vorher. Dann wachte ich auf. 22 Weiter sah ich in meinem
Traum: Auf einem einzigen Halm gingen sieben volle, schöne Ähren
auf. 23 Nach ihnen wuchsen sieben taube, kümmerliche, vom Ost-
wind ausgedörrte Ähren. 24 Die kümmerlichen Ähren verschlangen
die sieben schönen Ähren. Ich habe das den Wahrsagern erzählt, aber
keiner konnte mir die Deutung sagen.
25 Darauf sagte Josef zum Pharao: Der Traum des Pharao ist ein und
derselbe. Gott sagt dem Pharao an, was er vorhat: 26 Die sieben schö-
nen Kühe sind sieben Jahre, und die sieben schönen Ähren sind sie-
ben Jahre. Es ist ein und derselbe Traum. 27 Die sieben mageren und
häßlichen Kühe, die nachher heraufkamen, sind sieben Jahre, und
die sieben leeren, vom Ostwind ausgedörrten Ähren sind sieben Jahre
Hungersnot. 28 Das ist es, was ich meinte, als ich zum Pharao sagte:
Gott ließ den Pharao sehen, was er vorhat: 29 Sieben Jahre kommen,
da wird großer Überfluß in ganz Ägypten sein. 30 Nach ihnen aber
werden sieben Jahre Hungersnot heraufziehen: Da wird der ganze
Überfluß in Ägypten vergessen sein, und Hunger wird das Land aus-
zehren. 31 Dann wird man nichts mehr vom Überfluß im Land mer-
ken wegen des Hungers, der danach kommt; denn er wird sehr
drückend sein. 32 Daß aber der Pharao gleich zweimal träumte,
bedeutet: Die Sache steht bei Gott fest, und Gott wird sie bald aus-
führen. 33 Nun sehe sich der Pharao nach einem klugen, weisen Mann
um und setze ihn über Ägypten. 34 Der Pharao möge handeln: Er
bestelle Bevollmächtigte über das Land und besteuere Ägypten mit
einem Fünftel in den sieben Jahren des Überflusses. 35 Die Bevoll-
mächtigten sollen alles Brotgetreide der kommenden guten Jahre
sammeln und auf Weisung des Pharao Korn aufspeichern; das Brot-
getreide sollen sie in den Städten sicherstellen. 36 Das Brotgetreide
soll dem Land als Rücklage dienen für die sieben Jahre der Hungers-
not, die über Ägypten kommen werden. Dann wird das Land nicht an
Hunger zugrunde gehen.

Josefs Macht über Ägypten

37 Die Rede gefiel dem Pharao und allen seinen Hofleuten. 38 Der Pha-
rao sagte zu ihnen: Finden wir einen Mann wie diesen hier, einen, in
dem der Geist Gottes wohnt? 39 Dann sagte der Pharao zu Josef: Nach-
dem dich Gott all das hat wissen lassen, gibt es niemand, der so klug
und weise wäre wie du. 40 Du sollst über meinem Hause stehen, und
deinem Wort soll sich mein ganzes Volk beugen. Nur um den Thron
will ich höher sein als du. 41 Der Pharao sagte weiter zu Josef: Hiermit
stelle ich dich über ganz Ägypten. 42 Der Pharao nahm den Siegelring
von seiner Hand und steckte ihn Josef an die Hand. Er bekleidete ihn
mit Byssusgewändern und legte ihm die goldene Kette um den Hals.
43 Dann ließ er ihn seinen zweiten Wagen besteigen. Man rief vor ihm
aus: Achtung! So stellte er ihn über ganz Ägypten. 44 Der Pharao sagte
zu Josef: Ich bin der Pharao, aber ohne dich soll niemand seine Hand
oder seinen Fuß regen in ganz Ägypten. 45 Der Pharao verlieh Josef den
Namen Zafenat-Paneach und gab ihm Asenat, die Tochter Potiferas,
des Priesters von On, zur Frau. So wurde Josef Herr über Ägypten.
46 Josef war dreißig Jahre alt, als er vor dem Pharao, dem König von
Ägypten, stand. Josef ging vom Pharao weg und durchzog ganz Ägyp-
ten. 47 Das Land brachte in den sieben Jahren des Überflusses überrei-
chen Ertrag. 48 Josef ließ während der sieben Jahre, in denen es Über-
fluß gab, alles Brotgetreide in Ägypten sammeln und in die Städte
schaffen. Das Getreide der Felder rings um jede Stadt ließ er dort hin-
einbringen. 49 So speicherte Josef Getreide in sehr großer Menge auf,
wie Sand am Meer, bis man aufhören mußte, es zu messen, weil man
es nicht mehr messen konnte.
50 Ein Jahr, bevor die Hungersnot kam, wurden Josef zwei Söhne
geboren. Asenat, die Tochter Potiferas, des Priesters von On, gebar
sie ihm. 51 Josef nannte den Erstgeborenen Manasse (Vergeßling),
denn er sagte: Gott hat mich all meine Sorge und mein ganzes Vater-
haus vergessen lassen. 52 Den zweiten Sohn nannte er Efraim (Frucht-
bringer), denn er sagte: Gott hat mich fruchtbar werden lassen im
Lande meines Elends.
53 Die sieben Jahre des Überflusses in Ägypten gingen zu Ende, 54 und
es begannen die sieben Jahre der Hungersnot, wie es Josef vorausge-
sagt hatte. Eine Hungersnot brach über alle Länder herein, in ganz
Ägypten aber gab es Brot. 55 Da ganz Ägypten Hunger hatte, schrie
das Volk zum Pharao nach Brot. Der Pharao aber sagte zu den Ägyp-
tern: Geht zu Josef! Tut, was er euch sagt. 56 Als die Hungersnot über
das ganze Land gekommen war, öffnete Josef alle Speicher und ver-
kaufte Getreide an die Ägypter. Aber der Hunger wurde immer
drückender in Ägypten. 57 Auch alle Welt kam nach Ägypten, um bei
Josef Getreide zu kaufen; denn der Hunger wurde immer drückender
auf der ganzen Erde.

Die erste Reise der Brüder Josefs nach Ägypten

42 Als Jakob erfuhr, daß es in Ägypten Getreide zu kaufen gab,
sagte er zu seinen Söhnen: Warum schaut ihr einander so
an? 2 Und er sagte: Ich habe gehört, daß es in Ägypten Getreide zu
kaufen gibt. Zieht hin, und kauft dort für uns Getreide, damit wir am
Leben bleiben und nicht sterben müssen. 3 Zehn Brüder Josefs zogen
also hinunter, um in Ägypten Getreide zu kaufen. 4 Benjamin, den
Bruder Josefs, ließ Jakob nicht mit seinen Brüdern ziehen, denn er
dachte, es könnte ihm ein Unglück zustoßen. 5 Die Söhne Israels
kamen also mitten unter anderen, die auch gekommen waren, um
Getreide zu kaufen; denn Hungersnot herrschte in Kanaan. 6 Josef
verwaltete das Land. Er war es, der allen Leuten im Lande Getreide
verkaufte. So kamen Josefs Brüder und warfen sich vor ihm mit dem
Gesicht zur Erde nieder. 7 Als Josef seine Brüder sah, erkannte er sie.
Aber er gab sich ihnen nicht zu erkennen, sondern fuhr sie barsch an.
Er fragte sie: Wo kommt ihr her? Aus Kanaan, um Brotgetreide zu
kaufen, sagten sie. 8 Josef hatte seine Brüder erkannt, sie aber hatten
ihn nicht erkannt.
9 Josef erinnerte sich an das, was er von ihnen geträumt hatte, und
sagte: Spione seid ihr. Um nachzusehen, wo das Land eine schwache
Stelle hat, seid ihr gekommen. 10 Sie antworteten ihm: Nein, Herr.
Um Brotgetreide zu kaufen, sind deine Knechte gekommen. 11 Wir
alle sind Söhne ein und desselben Vaters. Ehrliche Leute sind wir,
deine Knechte sind keine Spione. 12 Er aber entgegenete ihnen:
Nichts da, ihr seid nur gekommen, um nachzusehen, wo das Land
eine schwache Stelle hat. 13 Da sagten sie: Wir, deine Knechte, waren
zwölf Brüder, Söhne ein und desselben Mannes in Kanaan. Der Jüng-
ste ist bei unserem Vater geblieben, und einer ist nicht mehr. 14 Josef
aber sagte zu ihnen: Es bleibt dabei, wie ich euch gesagt habe: Spione
seid ihr. 15 So wird man euch auf die Probe stellen: Beim Leben des
Pharao! Ihr sollt von hier nicht eher loskommen, bis auch euer jüng-
ster Bruder da ist. 16 Schickt einen von euch hin! Er soll euren Bruder
holen; ihr anderen aber werdet in Haft genommen. So wird man euer
Gerede überprüfen und feststellen können, ob ihr die Wahrheit
gesagt habt oder nicht. Beim Leben des Pharao, ja, Spione seid ihr.
17 Dann ließ er sie für drei Tage in Haft nehmen.
18 Am dritten Tag sagte Josef zu ihnen: Tut folgendes, und ihr werdet am
Leben bleiben, denn ich fürchte Gott: 19 Wenn ihr ehrliche Leute seid,
soll einer von euch Brüdern in dem Gefängnis zurückgehalten werden,
in dem ihr in Haft gewesen seid. Ihr anderen aber geht und bringt das
gekaufte Getreide heim, um den Hunger eurer Familien zu stillen.
20 Euren jüngsten Bruder aber schafft mir herbei, damit sich eure Worte
als wahr erweisen und ihr nicht sterben müßt. So machten sie es.

21 Sie sagten zueinander: Ach ja, wir sind an unserem Bruder schuldig
geworden. Wir haben zugesehen, wie er sich um sein Leben äng-
stigte. Als er uns um Erbarmen anflehte, haben wir nicht auf ihn
gehört. Darum ist nun diese Bedrängnis über uns gekommen.
22 Ruben entgegnete ihnen: Habe ich euch nicht gesagt: Versündigt
euch nicht an dem Kind! Ihr aber habt nicht gehört. Nun wird für sein
Blut von uns Rechenschaft gefordert. 23 Sie aber ahnten nicht, daß
Josef zuhörte, denn er bediente sich im Gespräch mit ihnen eines
Dolmetschers. 24 Er wandte sich von ihnen ab und weinte. Als er sich
ihnen wieder zuwandte und abermals mit ihnen redete, ließ er aus
ihrer Mitte Simeon festnehmen und vor ihren Augen fesseln. 25 Josef
befahl dann, ihre Behälter mit Getreide zu füllen, einem jeden von
ihnen das Geld wieder in den Sack zurückzulegen und ihnen für die
Reise Verpflegung mitzugeben. So geschah es. 26 Sie luden das
Getreide auf ihre Esel und zogen fort. 27 Als einer seinen Sack öffnete,
um in der Herberge seinen Esel zu füttern, sah er sein Geld. Es lag in
seinem Getreidesack ganz oben. 28 Er sagte zu seinen Brüdern: Man
hat mir mein Geld zurückgegeben. Seht, hier ist es in meinem Getrei-
desack. Da verließ sie der Mut und sie sagten zitternd zueinander:
Was hat uns Gott da angetan?
29 Sie kamen zu ihrem Vater Jakob nach Kanaan und berichteten ihm
alles, was ihnen zugestoßen war: 30 Jener Mann, der Herr des Landes,
hat uns barsch angefahren und uns für Leute gehalten, die das Land
ausspionieren. 31 Wir sagten ihm: Ehrliche Leute sind wir und keine
Spione. 32 Wir waren zwölf Brüder, Söhne ein und desselben Vaters.
Einer ist nicht mehr, und der Jüngste ist bei unserem Vater in Kanaan
geblieben. 33 Jener Mann aber, der Herr des Landes, sagte zu uns:
Daran will ich erkennen, ob ihr ehrliche Leute seid: Laßt einen von
euch Brüdern bei mir zurück, nehmt das Getreide, das den Hunger
eurer Familien stillen soll, geht 34 und schafft mir euren jüngsten Bru-
der herbei! So werde ich erfahren, daß ihr keine Spione, sondern ehr-
liche Leute seid. Ich gebe euch dann euren Bruder heraus, und ihr
dürft euch frei im Land bewegen. 35 Während sie nun ihre Säcke leer-
ten, stellten sie fest: Jeder hatte seinen Geldbeutel im Sack. Als sie
und ihr Vater ihre Geldbeutel sahen, bekamen sie Angst. 36 Ihr Vater
Jakob sagte zu ihnen: Ihr bringt mich um meine Kinder. Josef ist nicht
mehr, Simeon ist nicht mehr, und Benjamin wollt ihr mir auch noch
nehmen. Nichts bleibt mir erspart. 37 Da sagte Ruben zu seinem
Vater: Meine beiden Söhne magst du umbringen, wenn ich ihn dir
nicht zurückbringe. Vertrau ihn meiner Hand an; ich bringe ihn dir
wieder zurück. 38 Nein, sagte er, mein Sohn wird nicht mit euch hin-
unterziehen. Denn sein Bruder ist schon tot, nur er allein ist noch da.
Stößt ihm auf dem Weg, den ihr geht, ein Unglück zu, dann bringt ihr
mein graues Haar vor Kummer in die Unterwelt.

Die zweite Reise der Brüder Josefs nach Ägypten

43 Der Hunger lastete schwer auf dem Land. 2 Das Getreide,
das sie aus Ägypten gebracht hatten, war aufgezehrt. Da
sagte ihr Vater zu ihnen: Geht noch einmal hin, kauft uns etwas Brot-
getreide! 3 Juda antwortete ihm: Der Mann hat uns nachdrücklich ein-
geschärft: Kommt mir ja nicht mehr unter die Augen, wenn ihr nicht
euren Bruder mitbringt. 4 Wenn du bereit bist, unseren Bruder mitzu-
schicken, ziehen wir hinunter und kaufen dir Brotgetreide. 5 Willst du
ihn aber nicht mitschicken, gehen wir nicht. Denn der Mann hat uns
gesagt: Kommt mir ja nicht mehr unter die Augen, wenn ihr nicht
euren Bruder mitbringt. 6 Da sagte Israel: Warum habt ihr mir so
etwas Schlimmes angetan, jenem Mann zu sagen, daß ihr noch einen
Bruder habt? 7 Der Mann, entgegneten sie, hat sich bei uns eingehend
nach unserer Verwandtschaft erkundigt und gefragt: Lebt euer Vater
noch, habt ihr noch einen Bruder? Wir haben ihm Auskunft gegeben,
wie es wirklich ist. Konnten wir denn wissen, daß er sagen würde:
Bringt euren Bruder her!
8 Juda schlug seinem Vater Israel vor: Laß den Knaben mit mir ziehen!
Dann können wir aufbrechen und uns auf die Reise machen. So wer-
den wir am Leben bleiben und nicht sterben, wir und du und unsere
Kinder. 9 Ich verbürge mich für ihn; aus meiner Hand magst du ihn
zurückfordern. Wenn ich ihn dir nicht zurückbringe und vor dich
hinstelle, will ich alle Tage bei dir in Schuld stehen. 10 Hätten wir
nicht so lange gezögert, könnten wir schon zum zweitenmal zurück
sein.
11 Da sagte ihr Vater Israel zu ihnen: Wenn es schon sein muß, dann
macht es so: Nehmt von den besten Erzeugnissen des Landes in
eurem Gepäck mit, und überbringt es dem Mann als Geschenk: etwas
Mastix, etwas Honig, Tragakant und Ladanum, Pistazien und Man-
deln. 12 Nehmt den doppelten Geldbetrag mit! Das Geld, das sich wie-
der oben in euren Getreidesäcken fand, gebt mit eigenen Händen
zurück! Vielleicht war es ein Versehen. 13 So nehmt denn euren Bruder
mit, brecht auf, und geht wieder zu dem Mann zurück! 14 Gott, der
Allmächtige, lasse euch Erbarmen bei dem Mann finden, so daß er
euch den anderen Bruder und Benjamin freigibt. Ich aber, ich verliere
noch alle Kinder.
15 Die Männer nahmen das Geschenk und den doppelten Geldbetrag
mit und dazu auch Benjamin. Sie machten sich auf, zogen nach Ägyp-
ten hinab und traten vor Josef hin. 16 Als Josef bei ihnen Benjamin sah,
sagte er zu seinem Hausverwalter: Führe die Männer ins Haus,
schlachte ein Tier, und richte es her! Die Männer werden nämlich mit
mir zu Mittag essen. 17 Der Mann tat, wie Josef angeordnet hatte: Er
führte die Männer in das Haus Josefs. 18 Die Männer fürchteten sich,
weil man sie in Josefs Haus führte, und dachten: Wegen des Geldes,
das sich beim erstenmal wieder in unseren Getreidesäcken fand, wer-
den wir da hineingeführt. Man wird sich auf uns werfen, man wird
uns überfallen und uns als Sklaven zurückhalten samt unseren Eseln.
19 Sie traten näher an den Hausverwalter Josefs heran und begannen
mit ihm an der Haustür ein Gespräch. 20 Sie sagten: Bitte, Herr, schon
früher sind wir einmal hierher gekommen, um Brotgetreide zu kau-
fen. 21 Als wir aber in die Herberge kamen und unsere Getreidesäcke
öffneten, lag das Geld eines jeden von uns oben im Sack, unser Geld
im vollen Betrag. Wir bringen es mit eigenen Händen wieder zurück.
22 Darüber hinaus haben wir noch mehr Geld mitgebracht, um Brot-
getreide einzukaufen. Wir wissen nicht, wer das Geld in unsere Säcke
gelegt hat.
23 Ihr könnt beruhigt sein, antwortete er, fürchtet euch nicht! Euer
Gott, der Gott eures Vaters, hat euch heimlich ein Geschenk in eure
Säcke gelegt. Bei mir ist euer Geld eingegangen. Dann brachte er
Simeon zu ihnen heraus. 24 Als er die Männer ins Haus Josefs geführt
hatte, gab er ihnen Wasser zum Füßewaschen und ließ ihre Esel füt-
tern. 25 Sie legten, bis Josef zu Mittag kam, das Geschenk zurecht;
denn sie hatten gehört, daß sie dort essen sollten.
26 Als Josef ins Haus kam, überreichten sie ihm das Geschenk, das sie
mit hineingenommen hatten, und warfen sich vor ihm auf die Erde
nieder. 27 Er erkundigte sich, wie es ihnen gehe, und fragte: Geht es
eurem alten Vater gut, von dem ihr erzählt habt? Ist er noch am
Leben? 28 Sie erwiderten: Deinem Knecht, unserem Vater, geht es gut;
er lebt noch. Dann verneigten sie sich und und warfen sich nieder.
29 Als er hinsah und seinen Bruder Benjamin, den Sohn seiner Mutter,
erblickte, fragte er: Ist das euer jüngster Bruder, von dem ihr mir
erzählt habt? Und weiter sagte er: Gottes Gnade sei mit dir, mein
Sohn. 30 Dann ging Josef schnell weg, denn er konnte sich vor
Rührung über seinen Bruder nicht mehr halten; er war dem Weinen
nahe. Er zog sich in die Kammer zurück, um sich dort auszuweinen.
31 Dann wusch er sein Gesicht, kam zurück, nahm sich zusammen
und ordnete an: Tragt das Essen auf! 32 Man trug das Essen auf,
getrennt für ihn, für sie und für die mit ihm speisenden Ägypter. Die
Ägypter können nämlich nicht gemeinsam mit den Hebräern essen,
weil das bei den Ägyptern als unschicklich gilt. 33 Die Brüder kamen
vor ihm so zu sitzen, daß der Erstgeborene den ersten und der Jüng-
ste den letzten Platz einnahm. Da blickten die Männer einander ver-
wundert an. 34 Er ließ ihnen Gerichte vorsetzen, die vor ihm standen,
was man aber Benjamin vorsetzte, übertraf das aller anderen um das
Fünffache. Sie tranken mit ihm und waren guter Dinge.

44 Dann befahl Josef seinem Hausverwalter: Fülle die Getrei-
desäcke der Männer mit so viel Brotgetreide, wie sie tragen
können, und leg das Geld eines jeden oben in den Sack! 2 Meinen
Becher, den Silberbecher, leg oben in den Sack des Jüngsten mit dem
Geld, für das er Getreide gekauft hat. Er tat, wie Josef es angeordnet
hatte. 3 Als es am Morgen hell wurde, ließ man die Männer mit ihren
Eseln abreisen. 4 Sie hatten sich noch nicht weit von der Stadt ent-
fernt, da sagte Josef zu seinem Hausverwalter: Auf, jag hinter den
Männern her! Wenn du sie eingeholt hast, sag ihnen: Warum habt ihr
Gutes mit Bösem vergolten und mir den Silberbecher gestohlen?
5 Das ist doch der, aus dem mein Herr trinkt und aus dem er wahrsagt.
Da habt ihr etwas Schlimmes getan. 6 Der Hausverwalter holte sie ein
und sagte zu ihnen, was ihm aufgetragen war. 7 Sie antworteten ihm:
Wie kann mein Herr so etwas sagen? Niemals werden deine Knechte
so etwas tun. 8 Sieh her, das Geld, das wir oben in unseren Getreide-
säcken fanden, haben wir dir aus Kanaan zurückgebracht. Wie könn-
ten wir da aus dem Haus deines Herrn Silber oder Gold stehlen? 9 Der
von den Knechten, bei dem sich der Becher findet, soll sterben, und
auch wir sollen dann unserem Herrn als Sklaven gehören. 10 Also gut,
sagte er, es soll geschehen, wie ihr sagt: Bei wem er sich findet, der sei
mein Sklave, doch ihr anderen sollt straffrei bleiben. 11 Jeder stellte
eiligst seinen Sack auf die Erde und öffnete ihn: 12 Er durchsuchte
alles, beim Ältesten begann er, und beim Jüngsten hörte er auf. Der
Becher fand sich im Sack Benjamins.
13 Da zerrissen sie ihre Kleider. Jeder belud seinen Esel, und sie kehr-
ten in die Stadt zurück. 14 So kamen Juda und seine Brüder wieder in
das Haus Josefs, der noch dort war. Sie fielen vor ihm zur Erde nieder.
15 Josef sagte zu ihnen: Was habt ihr getan? Wußtet ihr denn nicht,
daß ein Mann wie ich wahrsagen kann? 16 Juda erwiderte: Was sollen
wir unserem Herr sagen, was sollen wir vorbringen, womit uns recht-
fertigen? Gott hat die Schuld deiner Knechte ans Licht gebracht. So
sind wir also Sklaven unseres Herrn, wir und der, bei dem sich der
Becher gefunden hat. 17 Doch Josef gab zur Antwort: Das kann ich auf
keinen Fall tun. Derjenige, bei dem sich der Becher gefunden hat, der
soll mein Sklave sein. Ihr anderen aber zieht in Frieden hinauf zu
eurem Vater!
18 Da trat Juda an ihn heran und sagte: Bitte, mein Herr, dein Knecht
darf vielleicht meinem Herrn offen etwas sagen, ohne daß sein Zorn
über deinen Knecht entbrennt; denn du bist wie der Pharao. 19 Mein
Herr hat seine Knechte gefragt: Habt ihr einen Vater oder Bruder? 20 Wir
erwiderten meinem Herrn: Wir haben einen alten Vater und einen
kleinen Bruder, der ihm noch in hohem Alter geboren wurde. Dessen
Bruder ist gestorben; er ist allein von seiner Mutter noch da, und sein
Vater liebt ihn besonders. 21 Du aber hast von deinen Knechten ver-
langt: Bringt ihn her zu mir, ich will ihn mit eigenen Augen sehen.
22 Da sagten wir zu unserem Herrn: Der Knabe kann seinen Vater nicht
verlassen. Verließe er ihn, so würde der Vater sterben. 23 Du aber sag-
test zu deinen Knechten: Wenn euer jüngster Bruder nicht mit euch
kommt, dürft ihr mir nicht mehr unter die Augen treten. 24 Als wir zu
deinem Knecht, deinem Vater, hinaufgekommen waren, erzählten
wir ihm, was mein Herr gesagt hatte. 25 Als dann unser Vater sagte:
Kauft uns noch einmal etwas Brotgetreide!, 26 entgegneten wir: Wir
können nicht hinunterziehen; nur wenn unser jüngster Bruder dabei
ist, ziehen wir hinunter. Wir können nämlich dem Mann nicht mehr
unter die Augen treten, wenn nicht unser jüngster Bruder dabei ist.
27 Darauf antwortete uns dein Knecht, mein Vater: Ihr wißt, daß mir
meine Frau zwei Söhne geboren hat. 28 Einer ist von mir gegangen,
und ich sagte: Er ist gewiß zerrissen worden. Ich habe ihn bis heute
nicht mehr gesehen. 29 Nun nehmt ihr mir auch den noch weg. Stößt
ihm ein Unglück zu, dann bringt ihr mein graues Haar vor Leid in die
Unterwelt. 30 Wenn ich jetzt zu deinem Knecht, meinem Vater, käme,
und der Knabe wäre nicht bei uns, da doch sein Herz so an ihm hängt,
31 wenn er also sähe, daß der Knabe nicht dabei ist, würde er sterben.
Dann brächten deine Sklaven deinen Knecht, unseren greisen Vater,
vor Gram in die Unterwelt. 32 Dein Knecht hat sich für den Knaben
beim Vater mit den Worten verbürgt: Wenn ich ihn nicht zu dir
zurückbringe, will ich alle Tage bei meinem Vater in Schuld stehen.
33 Darum soll jetzt dein Knecht an Stelle des Knaben dableiben als
Sklave für meinen Herrn; der Knabe aber soll mit seinen Brüdern zie-
hen dürfen. 34 Denn wie könnte ich zu meinem Vater hinaufziehen,
ohne daß der Knabe bei mir wäre? Ich könnte das Unglück nicht mit
ansehen, das dann meinen Vater träfe.

45 Josef vermochte sich vor all den Leuten, die um ihn stan-
den, nicht mehr zu halten und rief: Schafft mir alle Leute
hinaus! So stand niemand bei Josef, als er sich seinen Brüdern zu
erkennen gab. 2 Er begann so laut zu weinen, daß es die Ägypter hör-
ten; auch am Hof des Pharao hörte man davon. 3 Josef sagte zu seinen
Brüdern: Ich bin Josef. Ist mein Vater noch am Leben? Seine Brüder
waren zu keiner Antwort fähig, weil sie fassungslos vor ihm standen.
4 Josef sagte zu seinen Brüdern: Kommt doch näher zu mir her! Als sie
näher herangetreten waren, sagte er: Ich bin Josef, euer Bruder, den
ihr nach Ägypten verkauft habt. 5 Jetzt aber laßt es euch nicht mehr
leid sein, und grämt euch nicht, weil ihr mich hierher verkauft habt.
Denn um Leben zu erhalten, hat mich Gott vor euch hergeschickt.
6 Ja, zwei Jahre sind es jetzt schon, daß der Hunger im Land wütet. Und
noch fünf Jahre stehen bevor, in denen man weder pflügen noch ern-
ten wird. 7 Gott aber hat mich vor euch hergeschickt, um von euch im
Land einen Rest zu erhalten und viele von euch eine große Rettungs-
tat erleben zu lassen. 8 Also nicht ihr habt mich hierher geschickt,
sondern Gott. Er hat mich zum Vater für den Pharao gemacht, zum
Herrn für sein ganzes Haus und zum Gebieter über ganz Ägypten.
9 Zieht eiligst zu meinem Vater hinauf, und meldet ihm: So hat dein
Sohn Josef gesagt: Gott hat mich zum Herrn für ganz Ägypten
gemacht. Komm herunter zu mir, laß dich nicht aufhalten! 10 Du
kannst dich im Gebiet von Goschen niederlassen und wirst in meiner
Nähe sein, du mit deinen Söhnen und deinen Kindeskindern, mit dei-
nen Schafen und Ziegen, mit deinen Rindern und mit allem, was dir
gehört. 11 Dort werde ich für dich sorgen; denn noch fünf Jahre dauert
die Hungersnot. Du mit deinem Haus und allem, was dir gehört, du
brauchst dann nicht zu darben. 12 Ihr und mein Bruder Benjamin, ihr
seht es ja mit eigenen Augen, daß ich wirklich mit euch rede.
13 Erzählt meinem Vater von meinem hohen Rang in Ägypten und von
allem, was ihr gesehen habt. Beeilt euch, und bringt meinen Vater
her! 14 Er fiel seinem Bruder Benjamin um den Hals und weinte; auch
Benjamin weinte an seinem Hals. 15 Josef küßte dann weinend alle
seine Brüder. Darauf unterhielten sich seine Brüder mit ihm.
16 Am Hof des Pharao verbreitete sich die Nachricht: Die Brüder Josefs
sind gekommen. Dem Pharao und seinen Dienern war das recht.
17 Der Pharao sagte zu Josef: Sag zu deinen Brüdern: So sollt ihr es
machen: Beladet eure Tragtiere, und reist nach Kanaan zurück!
18 Holt euren Vater und eure Familien, und kommt zu mir! Ich will
euch das Beste geben, was Ägypten bietet; von den besten Erzeugnis-
sen des Landes dürft ihr essen. 19 Du gib den Auftrag weiter: Tut fol-
gendes: Nehmt euch aus Ägypten Wagen mit für eure Kinder und
Frauen, laßt euren Vater aufsteigen, und kommt! 20 Es soll euch nicht
leid sein um euren Hausrat. Denn das Beste, was ganz Ägypten bietet,
soll euch gehören.
21 Die Söhne Israels machten es so. Josef stellte nach der Weisung des
Pharao Wagen zur Verfügung und gab ihnen Verpflegung mit auf die
Reise. 22 Allen schenkte er Festgewänder, Benjamin aber schenkte er
dreihundert Silberstücke und fünf Festgewänder. 23 Seinem Vater
schickte er ungefähr zehn Esel mit, beladen mit dem Besten, was
Ägypten bietet, und zehn Eselinnen, beladen mit Getreide und Brot,
sowie Reiseverpflegung für seinen Vater. 24 Dann entließ er seine Brü-
der. Als sie sich auf den Weg machten, sagte er noch zu ihnen: Streitet
nicht unterwegs!
25 Sie zogen also von Ägypten hinauf und kamen nach Kanaan zu
ihrem Vater Jakob. 26 Sie berichteten ihm: Josef ist noch am Leben. Er
ist sogar Herr über ganz Ägypten.

Jakobs Herz aber blieb unbewegt; denn er glaubte ihnen nicht. 27 Als
sie ihm aber alles erzählten, was Josef zu ihnen gesagt hatte, und als
er die Wagen sah, die Josef geschickt hatte, um ihn zu holen, lebte der
Geist Jakobs, ihres Vaters, wieder auf, 28 und Israel sagte: Genug!
Mein Sohn Josef lebt noch. Ich will hingehen und ihn sehen, bevor
ich sterbe.

Jakobs Familie in Ägypten

46 Israel brach auf mit allem, was ihm gehörte. Er kam nach
Beerscheba und brachte dem Gott seines Vaters Isaak
Schlachtopfer dar. 2 Da sprach Gott in einer nächtlichen Vision zu
Israel: Jakob! Jakob! Hier bin ich!, antwortete er. 3 Gott sprach: Ich bin
Gott, der Gott deines Vaters. Fürchte dich nicht, nach Ägypten hinab-
zuziehen; denn zu einem großen Volk mache ich dich dort. 4 Ich
selbst ziehe mit dir hinunter nach Ägypten, und ich führe dich auch
selbst wieder herauf. Josef wird dir die Augen zudrücken.
5 Jakob brach von Beerscheba auf. Die Söhne Israels hoben ihren
Vater Jakob, ihre Kinder und ihre Frauen auf die Wagen, die der Pha-
rao geschickt hatte, um ihn zu holen. 6 Sie nahmen ihr Vieh und ihre
Habe, die sie in Kanaan erworben hatten, und gelangten nach Ägyp-
ten, Jakob und mit ihm alle seine Nachkommen. 7 Seine Söhne und
Enkel, seine Töchter und Enkelinnen, alle seine Nachkommen
brachte er mit nach Ägypten.
8 Das sind die Namen der Söhne Israels, die nach Ägypten kamen,
Jakob und seine Söhne: der Erstgeborene Jakobs, Ruben; 9 die Söhne
Rubens: Henoch, Pallu, Hezron und Karmi; 10 die Söhne Simeons:
Jemuël, Jamin, Ohad, Jachin, Zohar und Schaul, der Sohn der Kanaa-
niterin; 11 die Söhne Levis: Gerschon, Kehat und Merari; 12 die Söhne
Judas: Er, Onan, Schela, Perez und Serach; Er und Onan waren aber in
Kanaan gestorben; die Söhne des Perez waren Hezron und Hamul;
13 die Söhne Issachars: Tola, Puwa, Jaschub und Schimron; 14 die
Söhne Sebulons: Sered, Elon und Jachleel. 15 Das waren die Söhne
Leas, die sie Jakob in Paddan-Aram geboren hatte, dazu seine Tochter
Dina, an Söhnen und Töchtern insgesamt dreiunddreißig Personen.
16 Die Söhne Gads: Zifjon, Haggi, Schuni, Ezbon, Eri, Arod und Areli;
17 die Söhne Aschers: Jimna, Jischwa, Jischwi und Beria, dazu ihre
Schwester Serach; die Söhne Berias: Heber und Malkiël. 18 Das waren
die Söhne Silpas, die Laban seiner Tochter Lea mitgegeben hatte; sie
alle hatte sie Jakob geboren, sechzehn Personen.
19 Die Söhne Rahels, der Frau Jakobs: Josef und Benjamin. 20 Josef
hatte in Ägypten Kinder erhalten, die ihm Asenat, die Tochter Poti-
feras, des Priesters von On, geboren hatte: Manasse und Efraim. 21 Die
Söhne Benjamins: Bela, Becher, Aschbel, Gera, Naaman, Ehi, Rosch,
Muppim, Huppim und Ard. 22 Das waren die Söhne Rahels, die Jakob
geboren worden waren, insgesamt vierzehn Personen.
23 Die Söhne Dans: Schuham. 24 Die Söhne Naftalis: Jachzeel, Guni,
Jezer und Schillem. 25 Das waren die Söhne Bilhas, die Laban seiner
Tochter Rahel mitgegeben hatte. Sie alle hatte Bilha Jakob geboren,
insgesamt sieben Personen.
26 Die Gesamtzahl der Personen, die mit Jakob nach Ägypten gekom-
men waren und von ihm abstammten, betrug ohne die Frauen der
Söhne Jakobs insgesamt sechsundsechzig Personen. 27 Dazu kom-
men die Söhne Josefs, die ihm in Ägypten geboren worden waren,
zwei Personen. Insgesamt waren vom Haus Jakob siebzig Personen
nach Ägypten gekommen.
28 Jakob schickte Juda voraus zu Josef, um ihn zu sich nach Goschen
zu bestellen. So kamen sie ins Gebiet von Goschen. 29 Josef ließ sei-
nen Wagen anschirren und zog seinem Vater Israel nach Goschen
entgegen. Als er ihn sah, fiel er ihm um den Hals und weinte lange.
30 Israel sagte zu Josef: Jetzt will ich gern sterben, nachdem ich dein
Angesicht wieder sehen durfte und weiß, daß du noch am Leben bist.
31 Josef sagte dann zu seinen Brüdern und zum ganzen Haus seines
Vaters: Ich will hingehen, will den Pharao benachrichtigen und ihm
sagen: Meine Brüder und alle vom Haus meines Vaters, die in Kanaan
lebten, sind zu mir gekommen. 32 Die Männer sind Viehhirten, ja,

Paul Klee
Nekropolis
(1929)
»Das sind die Namen der Stämme Israels, die nach Ägypten kamen…« (Gen 46,8). Josefs Errettung aus der Sklaverei und sein Aufstieg zum mächtigsten königlichen Beamten ereigneten sich in Ägypten. Nicht nur für dieses Land, sondern auch für das eigene Volk wird er zum Wohltäter. Doch sein Volk, die Kinder Israels, werden in diesem Land der Hoffnung erniedrigt werden. Titel und Struktur des Bildes von Paul Klee, der nach eigenem Bekenntnis in Nordafrika, während seiner Tunisreise 1914, zum Maler wurde, verweisen auf zwei gegensätzliche Bedeutungsebenen: Die im hellen Glanz des mediterranen Lichtes leuchtenden, geometrisch abstrahierten Weltwunder der Pyramiden sind dem Tod geweihte Monumente der Vergänglichkeit.

Viehzüchter sind sie. Ihre Schafe, Ziegen und Rinder und alles, was
ihnen gehört, haben sie mitgebracht. 33 Der Pharao wird euch rufen
lassen und euch fragen, womit ihr euch beschäftigt. 34 Dann sagt:
Deine Knechte sind von Jugend an bis jetzt Viehzüchter gewesen, wir
waren es, und unsere Väter waren es auch schon. Dann werdet ihr
euch in Goschen niederlassen dürfen; denn die Ägypter haben gegen
alle Viehhirten eine große Abneigung.

47 Josef ging also hin, berichtete dem Pharao und sagte: Mein
Vater und meine Brüder sind mit ihren Schafen, Ziegen
und Rindern und mit allem, was ihnen gehört, aus Kanaan gekom-
men. Sie sind bereits in Goschen. 2 Aus dem Kreis seiner Brüder
hatte er fünf Männer mitgebracht und stellte sie dem Pharao vor.
3 Der Pharao fragte Josefs Brüder: Womit beschäftigt ihr euch? Sie
antworteten dem Pharao: Hirten von Schafen und Ziegen sind deine
Knechte; wir sind es, und unsere Väter waren es auch schon. 4 Weiter

sagten sie zum Pharao: Wir sind gekommen, um uns als Fremde im
Land aufzuhalten. Es gibt ja keine Weide für das Vieh deiner
Knechte, denn schwer lastet die Hungersnot auf Kanaan. Nun möch-
ten sich deine Knechte in Goschen niederlassen. 5 Darauf sagte der
Pharao zu Josef: Dein Vater und deine Brüder sind also zu dir gekom-
men. 6 Ägypten steht dir offen. Im besten Teil des Landes laß deinen
Vater und deine Brüder wohnen! Sie sollen sich in Goschen nieder-
lassen. Wenn du aber unter ihnen tüchtige Leute kennst, dann setze
sie als Aufseher über meine Herden ein!
7 Darauf führte Josef seinen Vater Jakob hinein und stellte ihn dem
Pharao vor. Jakob grüßte den Pharao mit einem Segenswunsch. 8 Der
Pharao redete Jakob an: Wie viele Lebensjahre zählst du? 9 Jakob gab
dem Pharao zur Antwort: Die Zahl der Jahre meiner Pilgerschaft
beträgt hundertdreißig. Gering an Zahl und unglücklich waren meine
Lebensjahre, und sie reichen nicht heran an die Lebensjahre meiner
Väter in den Tagen ihrer Pilgerschaft. 10 Jakob verabschiedete sich vom
Pharao mit einem Segenswunsch. 11 Josef siedelte seinen Vater und
seine Brüder an und wies ihnen den Grundbesitz in Ägypten zu, im
besten Teil des Landes, im Gebiet von Ramses, wie der Pharao verfügt
hatte. 12 Josef versorgte seinen Vater und seine Brüder und das ganze
Haus seines Vaters mit so viel Brot, daß die Kinder genug zu essen
hatten.

Josefs Verwaltung in Ägypten

13 Im ganzen Land gab es kein Brot, und der Hunger war sehr
drückend. Ägypten und Kanaan waren vor Hunger erschöpft. 14 Josef
hatte das Geld, das in Ägypten und in Kanaan im Umlauf war, für das
Getreide, das sie kaufen mußten, eingezogen und in den Palast des
Pharao gebracht. 15 So war das Geld in Ägypten und Kanaan ausge-
gangen. Alle Ägypter kamen zu Josef und sagten: Gib uns Brot!
Warum sollen wir vor deinen Augen umkommen? Das Geld ist näm-
lich zu Ende. 16 Liefert euer Vieh ab, sagte Josef, dann gebe ich euch
dafür Brot, wenn das Geld zu Ende ist. 17 So brachten sie ihr Vieh zu
Josef, und Josef verkaufte ihnen Brot um den Preis der Pferde, ihrer
Bestände an Schafen und Ziegen, an Rindern und Eseln. Er versorgte
die Leute also in jenem Jahr gegen ihren ganzen Viehbestand mit
Brot. 18 Das Jahr ging indes zu Ende, und im nächsten Jahr kamen sie
und sagten zu ihm: Wir können unserem Herrn nicht verhehlen, daß
das Geld zu Ende und unser Viehbestand in den Besitz unseres Herrn
übergegangen ist. Wie unser Herr sieht, haben wir nichts mehr als
unsere Leiber und unser Ackerland. 19 Warum sollen wir vor deinen
Augen umkommen, wir selbst und auch unser Ackerland? Kauf uns
und unsere Äcker um Brot! Wir und unser Ackerland wollen dem Pha-
rao dienstbar sein. Stell Saatgut zur Verfügung, so werden wir am
Leben bleiben, wir müssen dann nicht sterben, und das Ackerland
braucht nicht zu verkommen. 20 Josef kaufte also das ganze Ackerland
der Ägypter für den Pharao auf; denn die Ägypter verkauften alle ihr
Feld, weil sie der Hunger dazu zwang. So wurde das Land Eigentum
des Pharao. 21 Das Volk aber machte er ihm leibeigen von einem Ende
Ägyptens bis zum andern. 22 Nur das Ackerland der Priester kaufte er
nicht auf, denn den Priestern steht ein festes Einkommen vom Pharao
zu; sie leben von dem festen Einkommen, das ihnen der Pharao
gewährt. Darum brauchten sie ihr Ackerland nicht zu verkaufen.
23 Nun sprach Josef zum Volk: Seht, heute habe ich euch und euer
Ackerland für den Pharao gekauft. Hier habt ihr Saatgut; bestellt nun
die Äcker! 24 Vom Ertrag liefert ihr dann ein Fünftel dem Pharao ab,
vier Teile aber gehören euch als Saatgut für das Feld sowie als Nah-
rung für euch, für die Leute in euren Häusern und für eure Kinder.
25 Da antworteten sie: Du hast uns am Leben erhalten. Wenn wir das
Wohlwollen unseres Herrn finden, wollen wir gern dem Pharao als
Knechte dienen. 26 So verfügte Josef als gültiges Recht bis auf den
heutigen Tag, daß das Ackerland Ägyptens zugunsten des Pharao mit
einem Fünftel zu besteuern ist. Nur die Äcker der Priester wurden
nicht Eigentum des Pharao.

Jakobs letzter Wille

27 Israel ließ sich in Ägypten nieder, in der Landschaft Goschen. Sie
wurden dort ansässig, waren fruchtbar und vermehrten sich sehr.
28 Jakob lebte noch siebzehn Jahre in Ägypten, und die Tage Jakobs,
seine Lebensjahre, betrugen hundertsiebenundvierzig Jahre.
29 Als die Zeit kam, da Israel sterben sollte, rief er seinen Sohn Josef
und sagte zu ihm: Wenn ich dein Wohlwollen gefunden habe, leg
deine Hand unter meine Hüfte, daß du nach Treu und Glauben an mir
handeln wirst: Begrab mich nicht in Ägypten! 30 Bin ich zu meinen
Vätern entschlafen, dann bring mich fort aus Ägypten, und begrab
mich in der Grabstätte meiner Väter! Er antwortete: Ich will tun, wie
du gesagt hast. 31 Da sagte Jakob: Leiste mir einen Eid! Er leistete ihm
den Eid. Darauf neigte sich Israel über das Kopfende seines Bettes.

48 Einige Zeit danach ließ Jakob Josef sagen: Dein Vater ist
krank. Da nahm Josef seine beiden Söhne mit, Manasse
und Efraim, 2 und ließ Jakob melden: Dein Sohn Josef ist zu dir
gekommen. Israel nahm sich zusammen und setzte sich im Bett auf.
3 Dann sagte Jakob zu Josef: Gott, der Allmächtige, ist mir zu Lus in
Kanaan erschienen und hat mich gesegnet. 4 Er hat zu mir gesagt: Ich
mache dich fruchtbar und vermehre dich, ich mache dich zu einer
Schar von Völkern und gebe dieses Land deinen Nachkommen zu
ewigem Besitz. 5 Jetzt sollen deine beiden Söhne, die dir in Ägypten
geboren wurden, bevor ich zu dir nach Ägypten kam, mir gehören.
Efraim und Manasse sollen mir soviel gelten wie Ruben und Simeon.
6 Die Nachkommen aber, die du erst nach ihnen gezeugt hast, sollen
dir gehören; nach dem Namen ihrer Brüder soll man sie in ihrem Erb-
teil benennen. 7 Als ich aus Paddan-Aram kam, starb mir unterwegs
Rahel in Kanaan; nur noch ein kleines Stück war es bis Efrata. Ich
begrub sie dort auf dem Weg nach Efrata, das jetzt Betlehem heißt.
8 Als Israel die Söhne Josefs sah, fragte er: Wer sind diese? 9 Josef
sagte zu seinem Vater: Meine Söhne sind es, die mir Gott hier
geschenkt hat. Da sagte Israel: Bring sie her zu mir, ich will sie seg-
nen. 10 Israels Augen waren vor Alter schwer geworden, er konnte
nicht mehr recht sehen. Er zog die Söhne Josefs an sich heran, küßte
und umarmte sie. 11 Dann sagte Israel zu Josef: Ich hatte nicht mehr
geglaubt, dich jemals wiederzusehen. Nun aber hat mich Gott sogar
noch deine Nachkommen sehen lassen. 12 Josef holte sie von seinen
Knien weg, und sie warfen sich mit ihrem Gesicht zur Erde nieder.
13 Dann nahm Josef beide, Efraim an seine Rechte, zur Linken Israels,
und Manasse an seine Linke, zur rechten Israels, und führte sie zu
ihm hin. 14 Israel streckte seine Rechte aus und legte sie Efraim auf
den Kopf, obwohl er der jüngere war, seine Linke aber legte er
Manasse auf den Kopf, wobei er seine Hände überkreuzte, obwohl
Manasse der Erstgeborene war. 15 Er segnete Josef und sprach:
Gott, vor dem meine Väter Abraham und Isaak / ihren Weg gegangen
sind, / Gott, der mein Hirt war mein Lebtag bis heute,
16 der Engel, der mich erlöst hat / von jeglichem Unheil, / er segne die
Knaben. / Weiterleben soll mein Name durch sie, / auch der Name
meiner Väter / Abraham und Isaak. / Im Land sollen sie sich tummeln, /
zahlreich wie die Fische im Wasser.
17 Als Josef sah, daß sein Vater seine Rechte Efraim auf den Kopf
legte, gefiel ihm das nicht. Josef ergriff die Hand seines Vaters, um sie
von Efraims Kopf auf den Kopf Manasses hinüberzuziehen, 18 und er
sagte zu seinem Vater: Nicht so, Vater, sondern der ist der Erstgebo-
rene; leg deine Rechte ihm auf den Kopf! 19 Aber sein Vater wollte
nicht. Ich weiß, mein Sohn, ich weiß, sagte er, auch er wird zu einem
Volk, auch er wird groß sein; aber sein jüngerer Bruder wird größer
als er, und seine Nachkommen werden zu einer Fülle von Völkern.
20 Er segnete sie an jenem Tag mit den Worten:
Mit deinem Namen wird Israel segnen und sagen: Gott mache dich
wie Efraim und Manasse.
21 So setzte Israel Efraim vor Manasse, und er sagte zu Josef:
Sieh, ich muß sterben. Gott wird mit euch sein und euch in das Land
eurer Väter zurückbringen. 22 Ich gebe dir einen Bergrücken schulter-

hoch über deinen Brüdern, den ich der Hand der Amoriter mit
Schwert und Bogen entrissen habe.

Der Segen Jakobs

49 Darauf rief Jakob seine Söhne und sprach: Versammelt
euch, dann sage ich euch an, was euch begegnet in künfti-
gen Tagen.
2 Kommt zusammen, ihr Söhne Jakobs, und hört, / auf Israel hört, auf
euren Vater!
3 Ruben, mein Erster, du meine Stärke, / meiner Zeugungskraft Erst-
ling, / übermütig an Stolz, übermütig an Kraft,
4 brodelnd wie Wasser. Der erste sollst du nicht bleiben. /
Du bestiegst ja das Bett deines Vaters; geschändet hast du damals
mein Lager.
5 Simeon und Levi, die Brüder, / Werkzeuge der Gewalt sind ihre Messer.
6 Zu ihrem Kreis mag ich nicht gehören, / mit ihrer Rotte vereinige
sich nicht mein Herz. / Denn in ihrem Zorn brachten sie Männer um, /
mutwillig lähmten sie Stiere.
7 Verflucht ihr Zorn, da er so heftig, / verflucht ihr Grimm, da er so
roh. / Ich teile sie unter Jakob auf, / ich zerstreue sie unter Israel.
8 Juda, dir jubeln die Brüder zu, / deine Hand hast du am Genick dei-
ner Feinde. / Deines Vaters Söhne fallen vor dir nieder.
9 Ein junger Löwe ist Juda. / Vom Raub, mein Sohn, wurdest du groß. /
Er kauert, liegt da wie ein Löwe, / wie eine Löwin. Wer wagt, sie zu
scheuchen?
10 Nie weicht von Juda das Zepter, / der Herrscherstab von seinen
Füßen, / bis der kommt, dem er gehört, / dem der Gehorsam der Völ-
ker gebührt.
11 Er bindet am Weinstock sein Reittier fest, / seinen Esel am Reb-
stock. / Er wäscht in Wein sein Kleid, / in Traubenblut sein Gewand.
12 Feurig von Wein funkeln die Augen, / seine Zähne sind weißer als
Milch.
13 Sebulon wohnt nahe dem Strand, / am Gestade der Schiffe, mit sei-
nem Rücken nach Sidon hin.
14 Issachar ist ein knochiger Esel, / lagernd in seinem Pferch.
15 Er sieht, wie die Ruhe so schön ist / und wie so freundlich das Land; /
da neigt er die Schulter als Träger / und wird zum fronenden Knecht.
16 Dan schafft Recht seinem Volk / wie nur einer von Israels Stämmen.
17 Zur Schlange am Weg wird Dan, zur zischelnden Natter am Pfad. /
Sie beißt das Pferd in die Fesseln, / sein Reiter stürzt rücklings herab.
18 Auf deine Hilfe harre ich, Herr.
19 Gad, ins Gedränge drängen sie ihn, / doch er bedrängt ihre Ferse.
20 Ascher, fett ist sein Brot. / Königskost liefert er.
21 Naftali, die flüchtige Hirschkuh, / versteht sich auf gefällige Rede.
22 Ein junger Fruchtbaum ist Josef, / ein junger Fruchtbaum am Quell, /
ein junger Zweig an der Mauer.
23 Man erbittert und reizt ihn, / die Schützen stellen ihm nach.
24 Sein Bogen sitzt sicher; / gelenkig sind Arme und Hände. / Das
kommt vom Starken Jakobs, / von dort kommt der Hirt, Israels Fels,
25 vom Gott deines Vaters, er wird dir helfen. / Gott, der Allmächtige,
er wird dich segnen / mit Segen des Himmels von droben, / mit Segen
tief lagernder Urflut, / mit Segen von Brust und Schoß.
26 Deines Vaters Segen übertrifft / den Segen der uralten Berge, / den
man von den ewigen Hügeln ersehnt. / Er komme auf Josefs Haupt, /
auf das Haupt des Geweihten der Brüder.
27 Benjamin ist ein reißender Wolf: / Am Morgen frißt er die Beute, /
am Abend teilt er den Fang.

Jakobs Tod und Begräbnis

28 Sie alle sind die zwölf Stämme Israels, und das war es, was ihr Vater
zu ihnen sagte, als er sie segnete. Einen jeden bedachte er mit dem
Segen, der ihm zukam. 29 Er trug ihnen ferner auf und sagte zu ihnen:
Ich werde mit meinen Vorfahren vereint. Begrabt mich bei meinen
Vätern in der Höhle auf dem Grundstück des Hetiters Efron, 30 in der
Höhle auf dem Grundstück von Machpela bei Mamre in Kanaan. Das
Grundstück hatte Abraham vom Hetiter Efron als eigene Grabstätte
gekauft. 31 Dort hat man Abraham und seine Frau Sara begraben; dort
hat man Isaak und seine Frau Rebekka begraben; dort habe ich Lea
begraben, 32 auf dem Grundstück, das samt der Höhle darauf von den
Hetitern in unseren Besitz übergegangen ist. 33 Jakob beendete den
Auftrag an seine Söhne und zog seine Füße auf das Bett zurück. Dann
verschied er und wurde mit seinen Vorfahren vereint.

50 Josef warf sich über seinen Vater, weinte um ihn und küßte
ihn. 2 Darauf befahl er den Ärzten, die ihm zu Dienste stan-
den, seinen Vater einzubalsamieren. Die Ärzte balsamierten also Israel
ein. 3 Darüber vergingen vierzig volle Tage, denn so lange dauerte die
Einbalsamierung. Die Ägypter beweinten ihn siebzig Tage lang. 4 Als
die Tage der Trauer vorüber waren, sagte Josef zu den Hofleuten des
Pharao: Wenn ich euer Wohlwollen genieße, tragt dem Pharao dieses
mein Anliegen vor: 5 Mein Vater hat mich schwören lassen und gesagt:
Ich muß sterben; in dem Grab, das ich mir in Kanaan angelegt habe,
dort begrabt mich! Nun also möchte ich hinaufziehen und meinen
Vater begraben; dann komme ich wieder zurück. 6 Da sagte der Pha-
rao: Zieh hinauf, begrabe deinen Vater, wie du geschworen hast.
7 Josef zog hinauf, um seinen Vater zu begraben. Mit ihm zogen alle
Hofleute des Pharao, die Ältesten seines Hofes und alle Ältesten
Ägyptens, 8 das ganze Haus Josef, seine Brüder und das Haus seines
Vaters. Nur ihre Kinder, ihre Schafe, Ziegen und Rinder ließen sie in
Goschen zurück. 9 Auch die Wagen und die dazugehörige Mann-
schaft zogen mit ihm, so daß es ein sehr großer Zug wurde. 10 Als sie
nach Goren-Atad jenseits des Jordan gekommen waren, hielten sie
dort eine sehr große, würdige Totenklage; sieben Tage hielt er um
seinen Vater Trauer. 11 Die Einheimischen, die Kanaaniter, beobachte-
ten die Trauerfeier in Goren-Atad und sagten: Eine würdige Trauer-
feier veranstalten da die Ägypter. Darum heißt der Ort Abel-Mizrajim
(Ägyptertrauer); er liegt jenseits des Jordan.
12 Jakobs Söhne taten an Jakob so, wie er ihnen aufgetragen hatte.
13 Sie brachten ihn nach Kanaan und begruben ihn in der Höhle des
Grundstücks von Machpela. Abraham hatte das Grundstück bei
Mamre als eigene Grabstätte von dem Hetiter Efron gekauft.

Josefs letzte Lebensjahre und sein Tod

14 Nachdem Josef seinen Vater begraben hatte, kehrte er nach Ägypten
zurück, zusammen mit seinen Brüdern und allen, die mitgezogen
waren, um seinen Vater zu begraben.
15 Als Josefs Brüder sahen, daß ihr Vater tot war, sagten sie: Wenn sich
Josef nur nicht feindselig gegen uns stellt und uns alles Böse vergilt,
das wir ihm getan haben. 16 Deshalb ließen sie Josef wissen: Dein
Vater hat uns, bevor er starb, aufgetragen: 17 So sagt zu Josef: Vergib
doch deinen Brüdern ihre Untat und Sünde, denn Schlimmes haben
sie dir angetan. Nun also vergib doch die Untat der Knechte des Gottes
deines Vaters! Als man ihm diese Worte überbrachte, mußte Josef wei-
nen. 18 Seine Brüder gingen dann auch selbst hin, fielen vor ihm nieder
und sagten: Hier sind wir als deine Sklaven. 19 Josef aber antwortete
ihnen: Fürchtet euch nicht! Stehe ich denn an Gottes Stelle? 20 Ihr habt
Böses gegen mich im Sinne gehabt, Gott aber hatte dabei Gutes im
Sinn, um zu erreichen, was heute geschieht: viel Volk am Leben zu
erhalten. 21 Nun also fürchtet euch nicht! Ich will für euch und eure
Kinder sorgen. So tröstete er sie und redete ihnen freundlich zu.
22 Josef blieb in Ägypten, er und das Haus seines Vaters. Josef wurde
hundertzehn Jahre alt. 23 Er sah noch Efraims Söhne und Enkel. Auch
die Söhne Machirs, des Sohnes Manasses, kamen auf Josefs Knien
zur Welt. 24 Dann sprach Josef zu seinen Brüdern: Ich muß sterben.
Gott wird sich euer annehmen, er wird euch aus diesem Land heraus
und in jenes Land hinaufführen, das er Abraham, Isaak und Jakob mit
einem Eid zugesichert hat. 25 Josef ließ die Söhne Israels schwören:
Wenn Gott sich euer annimmt, dann nehmt meine Gebeine von hier
mit hinauf! 26 Josef starb im Alter von hundertzehn Jahren. Man bal-
samierte ihn ein und legte ihn in Ägypten in einen Sarg.

Das Buch Exodus

Das Buch Exodus ist vom Buch Genesis deutlich abgehoben. Es schildert die weiteren Schicksale der Nachkommen Jakobs, die in Ägypten zu einem großen Volk werden. Das Buch trägt in der griechischen und lateinischen Bibel den Namen Exodus, das heißt »Auszug«, weil die Schilderung des Auszugs der Israeliten aus Ägypten unter Führung des Mose wesentlicher Bestandteil dieses Buches ist. Bei den Juden heißt das Buch nach den Anfangsworten Elle Schemót (Das sind die Namen). Die Darstellung reicht von der Volkwerdung Israels in Ägypten bis zu den Ereignissen am Sinai. Da aber die erzählenden Teile durch Gesetzestexte und Anordnungen über die Errichtung des Heiligtums sowie Berichte über die Ausführung dieser Anordnungen unterbrochen werden, ist die Gliederung nicht so durchsichtig wie im Buch Genesis.
Man kann den Inhalt folgendermaßen gliedern: Volkwerdung und Fronknechtschaft in Ägypten (Kap. 1); Jugend und Flucht des Mose (Kap. 2); Berufung des Mose und seine Rückkehr nach Ägypten (Kap. 3 und 4); Verhandlungen mit dem Pharao, die ägyptischen Plagen (Kap. 5–11); die Feier des Pascha und die Vorbereitungen für den Auszug (12,1–13,16); Auszug und Rettung am Schilfmeer (13,17–15,21); Wanderung zum Sinai (15,22–19,2); Bundesschluß am Sinai (19,3–24,18; hier sind eingearbeitet die Zehn Gebote 20,1–17 und das sogenannte Bundesbuch Kap. 21–23); Anordnungen über Bundeslade, Zeltheiligtum und Priesterschaft (Kap. 25–31); der Bundesbruch und seine Folgen (Kap. 32–34); die Ausführung der Anordnungen über Bundeslade und Heiligtum (Kap. 35–40).
In der Geschichtsdarstellung lassen sich die gleichen literarischen Schichten feststellen wie in Genesis (vgl. die Einleitung zu Genesis). Dazu kommen umfangreiche Gesetze, von denen die Zehn Gebote, das sogenannte Bundesbuch und die Vorschriften in 34,11–26 einst selbständige kleine Gesetzbücher waren. Sie alle können in ihrem Kern auf die Zeit des Mose (13. Jahrhundert v. Chr.) zurückgehen. Auch ist ein längeres Lied aufgenommen, das die Rettungstat Gottes am Schilfmeer verherrlicht (15,1–18).
Der Auszug aus Ägypten wird heute allgemein in die zweite Hälfte des 13. Jahrhunderts v. Chr. datiert. Da wir über diese Ereignisse keine außerbiblischen Quellen besitzen und außerdem die Texte erst nach langer mündlicher Überlieferung Jahrhunderte nach den Ereignissen ihre heutige Gestalt erhalten haben, können wir den genauen geschichtlichen Hergang nur schwer feststellen. Der wesentliche Verlauf, wie die Knechtschaft in Ägypten, der Auszug unter der Führung des Mose, die Rettung am Schilfmeer, der Bundesschluß am Sinai durch Mose als Mittler zwischen Volk und Gott und die Anfänge einer israelitischen Gesetzgebung dürften aber zuverlässig wiedergegeben sein.
Das Buch ist von großer theologischer Bedeutung wegen der Aussagen über die Erlösung aus Knechtschaft durch das rettende Eingreifen Gottes, über den Bund zwischen Gott und dem Volk Israel, über Mose als den Führer des Volkes, den Mittler des Bundes und auch den großen Fürbitter, der Gottes Zorn nach dem Bundesbruch Israels durch sein Eintreten für das Volk besänftigt. An den großen Jahresfesten Pascha, Pfingsten und Laubhüttenfest wurden die in Exodus geschilderten Ereignisse im Gottesdienst Israels vergegenwärtigt. Sie werden im Christentum als Vorwegnahme und Bilder für die Erlösung durch Jesus Christus verstanden. Die Zehn Gebote haben die Ethik der Kulturvölker maßgeblich geprägt.

Israel in Ägypten

Jakobs Nachkommen in Ägypten

1 Das sind die Namen der Söhne Israels, die nach Ägypten
gekommen waren – mit Jakob waren sie gekommen, jeder mit
seiner Familie: 2 Ruben, Simeon, Levi, Juda, 3 Issachar, Sebulon, Ben-
jamin, 4 Dan, Naftali, Gad und Ascher. 5 Zusammen waren es siebzig
Personen; sie alle stammten von Jakob ab. Josef aber war bereits in
Ägypten.
6 Josef, alle seine Brüder und seine Zeitgenossen waren gestorben.
7 Aber die Söhne Israels waren fruchtbar, so daß das Land von ihnen
wimmelte. Sie vermehrten sich und wurden überaus stark; sie bevöl-
kerten das Land.
8 In Ägypten kam ein neuer König an die Macht, der Josef nicht
gekannt hatte. 9 Er sagte zu seinem Volk: Seht nur, das Volk der Isra-
eliten ist größer und stärker als wir. 10 Gebt acht! Wir müssen überle-
gen, was wir gegen sie tun können, damit sie sich nicht weiter ver-
mehren. Wenn ein Krieg ausbricht, können sie sich unseren Feinden
anschließen, gegen uns kämpfen und sich des Landes bemächtigen.
11 Da setzte man Fronvögte über sie ein, um sie durch schwere Arbeit
unter Druck zu setzen. Sie mußten für den Pharao die Städte Pitom
und Ramses als Vorratslager bauen. 12 Je mehr man sie aber unter
Druck hielt, um so stärker vermehrten sie sich und breiteten sie sich
aus, so daß die Ägypter vor ihnen das Grauen packte. 13 Daher gingen
sie hart gegen die Israeliten vor und machten sie zu Sklaven. 14 Sie
machten ihnen das Leben schwer durch harte Arbeit mit Lehm und
Ziegeln und durch alle möglichen Arbeiten auf den Feldern. So wur-
den die Israeliten zu harter Sklavenarbeit gezwungen.
15 Zu den hebräischen Hebammen – die eine hieß Schifra, die andere
Pua – sagte der König von Ägypten: 16 Wenn ihr den Hebräerinnen
Geburtshilfe leistet, dann achtet auf das Geschlecht! Ist es ein Knabe, so
laßt ihn sterben! Ist es ein Mädchen, dann kann es am Leben bleiben.
17 Die Hebammen aber fürchteten Gott und taten nicht, was ihnen der
König von Ägypten gesagt hatte, sondern ließen die Kinder am Leben.
18 Da rief der König von Ägypten die Hebammen zu sich und sagte zu
ihnen: Warum tut ihr das und laßt die Kinder am Leben? 19 Die Heb-
ammen antworteten dem Pharao: Bei den hebräischen Frauen ist es
nicht wie bei den Ägypterinnen, sondern wie bei den Tieren: Wenn
die Hebamme zu ihnen kommt, haben sie schon geboren.
20 Gott verhalf den Hebammen zu Glück; das Volk aber vermehrte
sich weiter und wurde sehr stark. 21 Weil die Hebammen Gott fürchte-
ten, schenkte er ihnen Kindersegen. 22 Daher gab der Pharao seinem
ganzen Volk den Befehl: Alle Knaben, die den Hebräern geboren wer-
den, werft in den Nil! Die Mädchen dürft ihr alle am Leben lassen.

Emil Nolde
Pharaos Tochter findet Moses
(1910)
»Als sie es öffnete und hineinsah, lag ein weinendes Kind darin. Sie bekam Mitleid mit ihm, und sie sagte: Das ist ein Hebräerkind« (Ex 2,6). In ein lichtes Gewand mit breitem Halskragen gekleidet, kerzengerade aufgerichtet und zugleich das Haupt energisch nach vorn gebeugt, richtet die Prinzessin den Blick in das geflochtene Kästchen, dessen geöffneten Deckel der kleine Finger der rechten Hand zierlich stützt. Was das Körbchen enthält, bleibt dem Betrachter des Bildes verborgen. Doch das Mienenspiel der Prinzessin und ihrer Begleiterinnen lassen freudige Rührung und gespannte Erwartung erkennen, während das vom Körbchen ausgehende Licht auf Wunderbares hindeutet.
Noldes Freund und Förderer Ernst Gosebruch, der das Gemälde im Sommer 1910 kennenlernte, empfand die Prinzessin als »fremdartig, schreckhaft [im Sinne von: erschreckend], aber bezaubernd in der Mischung jungfräulicher Neugier und mütterlicher Wollust«.

Die Jugend des Mose

2 Ein Mann aus einer levitischen Familie ging hin und nahm eine
Frau aus dem gleichen Stamm. 2 Sie wurde schwanger und
gebar einen Sohn. Weil sie sah, daß es ein schönes Kind war, verbarg
sie es drei Monate lang. 3 Als sie es nicht mehr verborgen halten
konnte, nahm sie ein Binsenkästchen, dichtete es mit Pech und Teer
ab, legte den Knaben hinein und setzte ihn am Nilufer im Schilf aus.
4 Seine Schwester blieb in der Nähe stehen, um zu sehen, was mit ihm
geschehen würde.
5 Die Tochter des Pharao kam herab, um im Nil zu baden. Ihre Diene-
rinnen gingen unterdessen am Nilufer auf und ab. Auf einmal sah sie
im Schilf das Kästchen und ließ es durch ihre Magd holen. 6 Als sie es
öffnete und hineinsah, lag ein weinendes Kind darin. Sie bekam Mit-
leid mit ihm, und sie sagte: Das ist ein Hebräerkind. 7 Da sagte seine
Schwester zur Tochter des Pharao: Soll ich zu den Hebräerinnen
gehen und dir eine Amme rufen, damit sie dir das Kind stillt? 8 Die
Tochter des Pharao antwortete ihr: Ja, geh! Das Mädchen ging und
rief die Mutter des Knaben herbei. 9 Die Tochter des Pharao sagte zu
ihr: Nimm das Kind mit, und still es mir! Ich werde dich dafür entloh-
nen. Die Frau nahm das Kind zu sich und stillte es. 10 Als der Knabe
größer geworden war, brachte sie ihn der Tochter des Pharao. Diese
nahm ihn als Sohn an, nannte ihn Mose und sagte: Ich habe ihn aus
dem Wasser gezogen.
11 Die Jahre vergingen, und Mose wuchs heran. Eines Tages ging er zu
seinen Brüdern hinaus und schaute ihnen bei der Fronarbeit zu. Da

sah er, wie ein Ägypter einen Hebräer schlug, einen seiner Stammes-
brüder. 12 Mose sah sich nach allen Seiten um, und als er sah, daß
sonst niemand da war, erschlug er den Ägypter und verscharrte ihn
im Sand.
13 Als er am nächsten Tag wieder hinausging, sah er zwei Hebräer
miteinander streiten. Er sagte zu dem, der im Unrecht war: Warum
schlägst du deinen Stammesgenossen? 14 Der Mann erwiderte: Wer
hat dich zum Aufseher und Schiedsrichter über uns bestellt? Meinst
du, du könntest mich umbringen, wie du den Ägypter umgebracht
hast? Da bekam Mose Angst und sagte: Die Sache ist also bekannt
geworden.

Mose in Midian
15 Der Pharao hörte von diesem Vorfall und wollte Mose töten; Mose
aber entkam ihm. Er wollte in Midian bleiben und setzte sich an einen
Brunnen. 16 Der Priester von Midian hatte sieben Töchter. Sie kamen
zum Wasserschöpfen und wollten die Tröge füllen, um die Schafe und
Ziegen ihres Vaters zu tränken. 17 Doch die Hirten kamen und wollten
sie verdrängen. Da stand Mose auf, kam ihnen zu Hilfe und tränkte
ihre Schafe und Ziegen. 18 Als sie zu ihrem Vater Reguël zurückkehr-
ten, fragte er: Warum seid ihr heute so schnell wieder da? 19 Sie erzähl-
ten: Ein Ägypter hat uns gegen die Hirten verteidigt; er hat uns sogar
Wasser geschöpft und das Vieh getränkt. 20 Da fragte Reguël seine
Töchter: Wo ist er? Warum habt ihr ihn dort gelassen? Holt ihn, und
ladet ihn zum Essen ein! 21 Mose entschloß sich, bei dem Mann zu blei-
ben, und dieser gab seine Tochter Zippora Mose zur Frau. 22 Als sie
einen Sohn gebar, nannte er ihn Gerschom (Ödgast) und sagte: Gast
bin ich in fremdem Land.

Die Berufung des Mose
23 Nach vielen Jahren starb der König von Ägypten. Die Israeliten
stöhnten noch unter der Sklavenarbeit; sie klagten, und ihr Hilferuf
stieg aus ihrem Sklavendasein zu Gott empor.
24 Gott hörte ihr Stöhnen, und Gott gedachte seines Bundes mit Abra-
ham, Isaak und Jakob. 25 Gott blickte auf die Söhne Israels und gab
sich ihnen zu erkennen.
3 Mose weidete die Schafe und Ziegen seines Schwiegervaters
Jitro, des Priesters von Midian. Eines Tages trieb er das Vieh
über die Steppe hinaus und kam zum Gottesberg Horeb. 2 Dort
erschien ihm der Engel des Herrn in einer Flamme, die aus einem
Dornbusch emporschlug. Er schaute hin: Da brannte der Dornbusch
und verbrannte doch nicht. 3 Mose sagte: Ich will dorthin gehen und
mir die außergewöhnliche Erscheinung ansehen. Warum verbrennt
denn der Dornbusch nicht?
4 Als der Herr sah, daß Mose näher kam, um sich das anzusehen, rief
Gott ihm aus dem Dornbusch zu: Mose, Mose! Er antwortete: Hier
bin ich. 5 Der Herr sagte: Komm nicht näher heran! Leg deine Schuhe
ab; denn der Ort, wo du stehst, ist heiliger Boden. 6 Dann fuhr er fort:
Ich bin der Gott deines Vaters, der Gott Abrahams, der Gott Isaaks
und der Gott Jakobs. Da verhüllte Mose sein Gesicht; denn er fürch-
tete sich, Gott anzuschauen.
7 Der Herr sprach: Ich habe das Elend meines Volkes in Ägypten gese-
hen, und ihre laute Klage über ihre Antreiber habe ich gehört. Ich
kenne ihr Leid. 8 Ich bin herabgestiegen, um sie der Hand der Ägypter
zu entreißen und aus jenem Land hinaufzuführen in ein schönes,
weites Land, in ein Land, in dem Milch und Honig fließen, in das
Gebiet der Kanaaniter, Hetiter, Amoriter, Perisiter, Hiwiter und Jebu-
siter. 9 Jetzt ist die laute Klage der Israeliten zu mir gedrungen, und
ich habe auch gesehen, wie die Ägypter sie unterdrücken. 10 Und jetzt
geh! Ich sende dich zum Pharao. Führe mein Volk, die Israeliten, aus
Ägypten heraus! 11 Mose antwortete Gott: Wer bin ich, daß ich zum
Pharao gehen und die Israeliten aus Ägypten herausführen könnte?
12 Gott aber sagte: Ich bin mit dir; ich habe dich gesandt, und als Zei-
chen dafür soll dir dienen: Wenn du das Volk aus Ägypten herausge-
führt hast, werdet ihr Gott an diesem Berg verehren.
13 Da sagte Mose zu Gott: Gut, ich werde also zu den Israeliten kom-
men und ihnen sagen: Der Gott eurer Väter hat mich zu euch gesandt.
Da werden sie mich fragen: Wie heißt er? Was soll ich ihnen darauf
sagen? 14 Da antwortete Gott dem Mose: Ich bin der »Ich-bin-da«.
Und er fuhr fort: So sollst du zu den Israeliten sagen: Der »Ich-bin-
da« hat mich zu euch gesandt. 15 Weiter sprach Gott zu Mose: So sag
zu den Israeliten: Jahwe, der Gott eurer Väter, der Gott Abrahams, der
Gott Isaaks und der Gott Jakobs, hat mich zu euch gesandt. Das ist
mein Name für immer, und so wird man mich nennen in allen Gene-
rationen. 16 Geh, versammle die Ältesten Israels, und sag ihnen:
Jahwe, der Gott eurer Väter, der Gott Abrahams, Isaaks und Jakobs,
ist mir erschienen und hat mir gesagt: Ich habe sorgsam auf euch
geachtet und habe gesehen, was man euch in Ägypten antut. 17 Darum
habe ich beschlossen, euch aus dem Elend Ägyptens hinaufzuführen
in das Land der Kanaaniter, Hetiter, Amoriter, Perisiter, Hiwiter und
Jebusiter, in ein Land, in dem Milch und Honig fließen. 18 Wenn sie
auf dich hören, so geh mit den Ältesten Israels zum König von Ägyp-
ten; sagt ihm: Jahwe, der Gott der Hebräer, ist uns begegnet. Und
jetzt wollen wir drei Tagesmärsche weit in die Wüste ziehen und
Jahwe, unserem Gott, Schlachtopfer darbringen.
19 Ich weiß, daß euch der König von Ägypten nicht ziehen läßt, es sei
denn, er würde von starker Hand dazu gezwungen. 20 Erst wenn ich
meine Hand ausstrecke und Ägypten niederschlage mit allen meinen
Wundern, die ich in seiner Mitte vollbringe, wird er euch ziehen las-
sen. 21 Dann werde ich die Ägypter zugunsten dieses Volkes umstim-
men, und wenn ihr wegzieht, werdet ihr nicht mit leeren Händen
gehen. 22 Jede Frau kann von ihrer Nachbarin oder Hausgenossin sil-
berne und goldene Geräte und Kleider verlangen. Übergebt sie euren
Söhnen und Töchtern, und plündert so die Ägypter aus!
4 Mose antwortete: Was aber, wenn sie mir nicht glauben und
nicht auf mich hören, sondern sagen: Jahwe ist dir nicht
erschienen? 2 Der Herr entgegnete ihm: Was hast du da in der Hand?
Er antwortete: Einen Stab. 3 Da sagte der Herr: Wirf ihn auf die Erde!
Mose warf ihn auf die Erde. Da wurde der Stab zu einer Schlange, und
Mose wich vor ihr zurück. 4 Der Herr aber sprach zu Mose: Streck
deine Hand aus, und fasse sie am Schwanz! Er streckte seine Hand
aus und packte sie. Da wurde sie in seiner Hand wieder zu einem
Stab. 5 So sollen sie dir glauben, daß dir Jahwe erschienen ist, der
Gott ihrer Väter, der Gott Abrahams, der Gott Isaaks und der Gott
Jakobs.
6 Weiter sprach der Herr zu ihm: Leg deine Hand in deinen Gewand-
bausch! Er legte seine Hand hinein. Als er sie herauszog, war seine
Hand von Aussatz weiß wie Schnee. 7 Darauf sagte der Herr: Leg
deine Hand noch einmal in deinen Gewandbausch! Er legte seine
Hand noch einmal hinein. Als er sie wieder herauszog, sah sie wieder
aus wie der übrige Leib. 8 Wenn sie dir nicht glauben und sich durch
das erste Zeichen nicht überzeugen lassen, werden sie auf das zweite
Zeichen hin glauben. 9 Glauben sie aber selbst nach diesen beiden
Zeichen nicht und lassen sie sich nicht überzeugen, dann nimm
etwas Nilwasser, und schütt es auf trockenen Boden! Das Wasser, das
du aus dem Nil geholt hast, wird auf dem Boden zu Blut werden.
10 Doch Mose sagte zum Herrn: Aber bitte, Herr, ich bin keiner, der
gut reden kann, weder gestern noch vorgestern, noch seitdem du mit
deinem Knecht sprichst. Mein Mund und meine Zunge sind nämlich
schwerfällig. 11 Der Herr entgegnete ihm: Wer hat dem Menschen den
Mund gegeben, und wer macht taub oder stumm, sehend oder blind?
Doch wohl ich, der Herr! 12 Geh also! Ich bin mit deinem Mund und
weise dich an, was du reden sollst. 13 Doch Mose antwortete: Aber
bitte, Herr, schick doch einen andern!
14 Da entbrannte der Zorn des Herrn über Mose, und er sprach: Hast
du nicht noch einen Bruder, den Leviten Aaron? Ich weiß, er kann
reden; außerdem bricht er gerade auf und wird dir begegnen. Wenn
er dich sieht, wird er sich von Herzen freuen. 15 Sprich mit ihm, und
leg ihm die Worte in den Mund! Ich aber werde mit deinem und sei-
nem Mund sein, ich werde euch anweisen, was ihr tun sollt, 16 und er

Ernst Fuchs
Moses vor dem brennenden Dornbusch
(1956)
»Der Herr sagte: Komm nicht näher heran! Leg deine Schuhe ab; denn der Ort, wo du stehst, ist heiliger Boden« (Ex 3,5). Der biblische Bericht über Moses Berufung und dessen surrealistische Darstellung stimmen in einem Punkt überein: Rechts unten befinden sich die Schuhe, die Mose abgelegt hat. Auch der Krummstab (Ex 4,2-4) und der steil aufragende Berg (Ex 3,12) lassen sich im Text wiedererkennen. Vorherrschend ist jedoch eine Bildsprache mit im wörtlichen Sinne mehrschichtigem Charakter. Kennzeichnend hierfür ist das Gesicht, in dessen Bann sich die hohepriesterliche Gestalt des Mose der gleichfalls bärtigen und gekrönten Lichterscheinung am linken Bildrand verehrend zuwendet. Eines der beiden Augen liegt genau in der Mitte der Bildfläche; der Mund, der für Mose sprechen, ihn legitimieren wird, ist vom Krummstab verdeckt. Überstrahlt wird die Landschaft von einem goldenen Relief mit getriebenen Palmetten und gläsernen Perlen, die als segnender Tau oder bittere Tränen zur Erde fallen – ähnlich den Tränen auf Frida Kahlos Mose-Bild (S. 106).

wird für dich zum Volk reden. Er wird für dich der Mund sein, und du
wirst für ihn Gott sein. 17 Diesen Stab nimm in deine Hand! Mit ihm
wirst du die Zeichen vollbringen.

Die Rückkehr des Mose nach Ägypten

18 Daraufkehrte Mose zu seinem Schwiegervater Jitro zurück. Er sagte
zu ihm: Ich will zu meinen Brüdern nach Ägypten zurückkehren. Ich
will sehen, ob sie noch am Leben sind. Jitro antwortete Mose: Geh in
Frieden!
19 Der Herr sprach zu Mose in Midian: Mach dich auf, und kehr nach
Ägypten zurück; denn alle, die dir nach dem Leben getrachtet haben,
sind tot. 20 Da holte Mose seine Frau und seine Söhne, setzte sie auf
einen Esel und trat den Rückweg nach Ägypten an. Den Gottesstab
hielt er in der Hand.
21 Der Herr sprach zu Mose: Wenn du gehst und nach Ägypten
zurückkehrst, halte dir alle Wunder vor Augen, die ich in deine Hand
gelegt habe, und vollbring sie vor dem Pharao! Ich will sein Herz verhärten, so daß er das Volk nicht ziehen läßt. 22 Dann sag zum Pharao:
So spricht Jahwe: Israel ist mein erstgeborener Sohn. 23 Ich sage dir:
Laß meinen Sohn ziehen, damit er mich verehren kann. Wenn du
dich weigerst, ihn ziehen zu lassen, bringe ich deinen erstgeborenen
Sohn um.
24 Unterwegs am Rastplatz trat der Herr dem Mose entgegen und
wollte ihn töten. 25 Zippora ergriff einen Feuerstein und schnitt ihrem
Sohn die Vorhaut ab. Damit berührte sie die Beine des Mose und

sagte: Ein Blutbräutigam bist du mir. 26 Da ließ der Herr von ihm ab.
»Blutbräutigam« sagte sie damals wegen der Beschneidung.
27 Der Herr sprach zu Aaron: Geh hinaus in die Wüste, Mose entge-
gen! Da ging er. Am Gottesberg traf er ihn und küßte ihn. 28 Mose
erzählte Aaron von dem Auftrag, mit dem der Herr ihn gesandt hatte,
und von allen Zeichen, zu denen er ihn ermächtigt hatte. 29 Mose und
Aaron gingen und versammelten alle Ältesten der Israeliten. 30 Aaron
wiederholte vor ihnen alle Worte, die der Herr zu Mose gesprochen
hatte, und Mose vollbrachte die Zeichen vor den Augen des Volkes.
31 Da glaubte das Volk, und als sie hörten, daß der Herr sich der Israe-
liten angenommen und ihr Elend gesehen habe, verneigten sie sich
und warfen sich vor ihm nieder.

Die erfolglosen Verhandlungen mit dem Pharao

5 Danach gingen Mose und Aaron zum Pharao und sagten: So
spricht Jahwe, der Gott Israels: Laß mein Volk ziehen, damit sie
mir in der Wüste ein Fest feiern können. 2 Der Pharao erwiderte: Wer
ist Jahwe, daß ich auf ihn hören und Israel ziehen lassen sollte? Ich
kenne Jahwe nicht und denke auch nicht daran, Israel ziehen zu las-
sen.
3 Da sagten sie: Der Gott der Hebräer ist uns begegnet, und jetzt wol-
len wir drei Tagesmärsche weit in die Wüste ziehen und Jahwe, unse-
rem Gott, Schlachtopfer darbringen, damit er uns nicht mit Pest oder
Schwert straft.
4 Der König von Ägypten entgegnete ihnen: Warum, Mose und Aaron,
wollt ihr die Leute zum Nichtstun verleiten? Fort mit euch, tut euren
Frondienst! 5 Der Pharao fuhr fort: So viele Leute sind jetzt im Land,
und ihr wollt sie vom Frondienst abhalten?
6 Am selben Tag noch gab der Pharao den Antreibern der Leute und
den Listenführern die Anweisung: 7 Gebt den Leuten nicht mehr, wie
bisher, Stroh zum Ziegelmachen! Sie sollen selber gehen und sich
Stroh besorgen. 8 Legt ihnen aber das gleiche Soll an Ziegeln auf, das
sie bisher erfüllen mußten. Laßt ihnen davon nichts nach! Denn sie
sind faul, und deshalb schreien sie: Wir wollen gehen und unserem
Gott Schlachtopfer darbringen. 9 Erschwert man den Leuten die
Arbeit, dann sind sie beschäftigt und kümmern sich nicht um leeres
Geschwätz. 10 Da gingen die Antreiber der Leute und die Listenführer
zu den Leuten und sagten: So spricht der Pharao: Ich gebe euch kein
Stroh mehr. 11 Geht selbst, und besorgt euch Stroh, wo ihr es findet.
Von eurem Arbeitssoll aber wird euch nichts erlassen. 12 Die Leute ver-
teilten sich also über ganz Ägypten, um sich Stroh zu besorgen. 13 Die
Antreiber drängten und sagten: Ihr müßt euer tägliches Soll erfüllen
wie bisher, als euch noch Stroh geliefert wurde. 14 Die Antreiber des
Pharao schlugen die israelitischen Listenführer, die sie eingesetzt hat-
ten, und sagten: Warum habt ihr heute nicht wie neulich noch das
festgesetzte Soll an Ziegeln erfüllt? 15 Da gingen die israelitischen
Listenführer zum Pharao und erhoben vor ihm Klage: Warum tust du
deinen Sklaven das an? 16 Man gibt deinen Sklaven kein Stroh, aber
man sagt uns: Macht Ziegel! Schau, man hat deine Sklaven geschla-
gen; die Schuld aber liegt bei deinen Leuten. 17 Er entgegnete: Faul
seid ihr, faul. Nur deshalb sagt ihr: Wir wollen gehen und Jahwe
Schlachtopfer darbringen. 18 Jetzt aber fort mit euch, und tut eure
Arbeit! Stroh bekommt ihr nicht, aber euer Soll an Ziegeln müßt ihr
erfüllen. 19 Da sahen sich die israelitischen Listenführer in einer üblen
Lage, weil man ihnen sagte: Nichts von eurem täglichen Soll an Zie-
geln wird euch erlassen.

Die Klage des Mose und die Verheißung Gottes

20 Als sie vom Pharao kamen, stießen sie auf Mose und Aaron, die
ihnen entgegenkamen. 21 Die Listenführer sagten zu ihnen: Der Herr
soll euch erscheinen und euch richten; denn ihr habt uns beim Pha-
rao und seinen Dienern in Verruf gebracht und ihnen ein Schwert in
die Hand gegeben, mit dem sie uns umbringen können. 22 Da
wandte sich Mose an den Herrn und sagte: Mein Herr, warum behan-
delst du dieses Volk so schlecht? Wozu hast du mich denn gesandt?
23 Seit ich zum Pharao gegangen bin, um in deinem Namen zu reden,
behandelt er dieses Volk noch schlechter, aber du hast dein Volk
nicht gerettet.

6 Der Herr antwortete Mose: Jetzt wirst du sehen, was ich dem
Pharao antue. Denn von starker Hand gezwungen, wird er sie
ziehen lassen, ja, von starker Hand gezwungen, wird er sie sogar aus
seinem Land ausweisen.
2 Gott redete mit Mose und sprach zu ihm: Ich bin Jahwe. 3 Ich bin
Abraham, Isaak und Jakob als El-Schaddai (Gott, der Allmächtige)
erschienen, aber unter meinem Namen Jahwe habe ich mich ihnen
nicht zu erkennen gegeben. 4 Auch habe ich einen Bund mit ihnen
geschlossen und habe versprochen, ihnen das Land Kanaan zu
geben, das Land, in dem sie als Fremde lebten. 5 Ferner habe ich
gehört, wie die Israeliten darüber stöhnen, daß die Ägypter sie wie
Sklaven behandeln. Da habe ich meines Bundes gedacht, 6 und des-
halb sag zu den Israeliten: Ich bin Jahwe. Ich führe euch aus dem
Frondienst für die Ägypter heraus und rette euch aus der Sklaverei.
Ich erlöse euch mit hoch erhobenem Arm und durch ein gewaltiges
Strafgericht über sie. 7 Ich nehme euch als mein Volk an und werde
euer Gott sein. Und ihr sollt wissen, daß ich Jahwe bin, euer Gott, der
euch aus dem Frondienst in Ägypten herausführt. 8 Ich führe euch in
das Land, das ich Abraham, Isaak und Jakob unter Eid versprochen
habe. Ich übergebe es euch als Eigentum, ich, der Herr.
9 So redete Mose zu den Israeliten. Sie aber hörten nicht auf Mose,
weil sie vor harter Arbeit verzagten. 10 Da sprach der Herr zu Mose:
11 Geh, sag dem Pharao, dem König von Ägypten, er solle die Israeli-
ten aus seinem Land fortziehen lassen. 12 Mose erwiderte dem Herrn:
Wenn schon die Israeliten nicht auf mich hörten, wie sollte mich
dann der Pharao anhören, zumal ich ungeschickt im Reden bin?
13 So redete der Herr mit Mose und mit Aaron. Er gab ihnen den Auf-
trag, zu den Israeliten und zum Pharao, dem König von Ägypten, zu
gehen und die Israeliten aus Ägypten herauszuführen.

Die Nachkommen Rubens, Simeons und Levis

14 Das sind die Oberhäupter ihrer Großfamilien: Die Söhne Rubens,
des Erstgeborenen Israels: Henoch, Pallu, Hezron und Karmi; das
waren die Sippenverbände Rubens. 15 Die Söhne Simeons: Jemuël,
Jamin, Ohad, Jachin, Zohar und Schaul, der Sohn der Kanaaniterin;
das waren die Sippenverbände Simeons. 16 Das sind die Namen der
Söhne Levis nach ihrer Geschlechterfolge: Gerschon, Kehat und
Merari. Die Lebenszeit Levis betrug hundertsiebenunddreißig Jahre.
17 Die Söhne Gerschons: Libni und Schimi, nach ihren Sippenverbän-
den. 18 Die Söhne Kehats: Amram, Jizhar, Hebron und Usiël. Die
Lebenszeit Kehats betrug hundertdreiunddreißig Jahre. 19 Die Söhne
Meraris: Machli und Muschi; das waren die Sippenverbände der Levi-
ten nach ihrer Geschlechterfolge.
20 Amram nahm seine Tante Jochebed zur Frau. Sie gebar ihm Aaron
und Mose. Die Lebenszeit Amrams betrug hundertsiebenunddreißig
Jahre. 21 Die Söhne Jizhars: Korach, Nefeg und Sichri. 22 Die Söhne
Usiëls: Mischaël, Elizafan und Sitri. 23 Aaron nahm Elischeba, die
Tochter Amminadabs, die Schwester Nachschons, zur Frau. Sie gebar
ihm Nadab, Abihu, Eleasar und Itamar. 24 Die Söhne Korachs: Assir,
Elkana und Abiasaf. Das waren die Sippenverbände der Korachiter.
25 Eleasar, der Sohn Aarons, nahm eine Tochter Putiëls zur Frau. Sie
gebar ihm Pinhas. Das waren die Oberhäupter der levitischen
Großfamilien nach ihren Sippenverbänden.
26 Das waren also Aaron und Mose, zu denen der Herr gesagt hatte:
Führt die Israeliten aus Ägypten, und übernehmt dabei die Leitung
der Scharen! 27 Die beiden waren es, die mit dem Pharao, dem König
von Ägypten, reden und die Israeliten aus Ägypten herausführen soll-
ten, Mose und Aaron.
28 Damals, als der Herr mit Mose in Ägypten redete, 29 sagte er zu
Mose: Ich bin Jahwe. Sag dem Pharao, dem König von Ägypten, alles,
was ich dir auftrage. 30 Mose aber antwortete dem Herrn: Ich bin doch
ungeschickt im Reden; wie soll der Pharao auf mich hören?

Die ägyptischen Plagen

7 Der Herr sprach zu Mose: Hiermit mache ich dich für den Pha-
rao zum Gott; dein Bruder Aaron soll dein Prophet sein. 2 Du
sollst alles sagen, was ich dir auftrage; dein Bruder Aaron soll es dem
Pharao sagen, und der Pharao muß die Israeliten aus seinem Land
fortziehen lassen. 3 Ich aber will das Herz des Pharao verhärten, und
dann werde ich meine Zeichen und Wunder in Ägypten häufen. 4 Der
Pharao wird nicht auf euch hören. Deshalb werde ich meine Hand
auf Ägypten legen und unter gewaltigem Strafgericht meine Scha-
ren, mein Volk, die Israeliten, aus Ägypten führen. 5 Erst wenn ich
meine Hand gegen die Ägypter ausstrecke, werden sie erkennen,
daß ich der Herr bin, und dann werde ich die Israeliten aus ihrer
Mitte herausführen. 6 Mose und Aaron taten, was ihnen der Herr
aufgetragen hatte. So machten sie es. 7 Mose war achtzig Jahre und
Aaron dreiundachtzig Jahre alt, als sie mit dem Pharao verhandelten.
8 Der Herr sprach zu Mose und Aaron: 9 Wenn der Pharao zu euch
sagt: Tut doch ein Wunder zu eurer Beglaubigung!, dann sag zu
Aaron: Nimm deinen Stab, und wirf ihn vor den Pharao hin! Er wird
zu einer Schlange werden. 10 Als Mose und Aaron zum Pharao kamen,
taten sie, was ihnen der Herr aufgetragen hatte: Aaron warf seinen
Stab vor den Pharao und seine Diener hin, und er wurde zu einer
Schlange. 11 Da rief auch der Pharao Weise und Beschwörungs-
priester, und sie, die Wahrsager der Ägypter, taten mit Hilfe ihrer
Zauberkunst das gleiche: 12 Jeder warf seinen Stab hin, und die Stäbe
wurden zu Schlangen. Doch Aarons Stab verschlang die Stäbe der
Wahrsager. 13 Das Herz des Pharao aber blieb hart, und er hörte nicht
auf sie. So hatte es der Herr vorausgesagt.
14 Der Herr sprach zu Mose: Das Herz des Pharao ist ungerührt, und
er ist nicht bereit, das Volk ziehen zu lassen. 15 Geh morgen früh zum
Pharao, wenn er an den Fluß hinuntergeht, und tritt am Nilufer vor
ihn hin! Den Stab, der sich in eine Schlange verwandelt hat, nimm
mit! 16 Sag zum Pharao: Jahwe, der Gott der Hebräer, hat mich zu dir
gesandt und läßt dir sagen: Laß mein Volk ziehen, damit sie mich in
der Wüste verehren können. Bis jetzt hast du nicht hören wollen. 17 So
spricht Jahwe: Daran sollst du erkennen, daß ich Jahwe bin: Mit dem
Stab in meiner Hand schlage ich auf das Wasser im Nil, und es wird
sich in Blut verwandeln. 18 Die Fische im Nil werden sterben, und der
Nil wird stinken, so daß sich die Ägypter davor ekeln, Nilwasser zu
trinken.
19 Dann sprach der Herr zu Mose: Sag Aaron: Nimm deinen Stab, und
streck deine Hand über die Gewässer Ägyptens aus, über ihre Flüsse
und Nilarme, über ihre Sümpfe und alle Wasserstellen; sie sollen zu
Blut werden. Blut soll es geben in ganz Ägypten, in den Gefäßen aus
Holz und Stein. 20 Mose und Aaron taten, was ihnen der Herr aufge-
tragen hatte. Er erhob den Stab und schlug vor den Augen des Pharao
und seiner Höflinge auf das Wasser im Nil. Da verwandelte sich alles
Nilwasser in Blut. 21 Die Fische im Nil starben, und der Nil stank, so
daß die Ägypter kein Nilwasser mehr trinken konnten. Das Blut gab
es in ganz Ägypten. 22 Doch die Wahrsager der Ägypter taten mit Hilfe
ihrer Zauberkunst das gleiche. Das Herz des Pharao blieb hart, und er
hörte nicht auf sie. So hatte es der Herr vorausgesagt. 23 Der Pharao
kehrte nach Hause zurück und nahm die Sache nicht ernst. 24 Alle
Ägypter gruben in der Umgebung des Nil nach Trinkwasser, denn das
Nilwasser konnten sie nicht trinken. 25 So vergingen sieben Tage,
nachdem der Herr den Nil geschlagen hatte.
26 Dann sprach der Herr zu Mose: Geh zum Pharao, und sag ihm: So
spricht Jahwe: Laß mein Volk ziehen, damit sie mich verehren kön-
nen. 27 Weigerst du dich, sie ziehen zu lassen, so bringe ich eine
Froschplage über dein ganzes Land. 28 Der Nil wird von Fröschen
wimmeln; sie werden heraufkommen und in dein Haus eindringen,
in dein Schlafgemach, auf dein Bett werden sie kommen, in die Häu-
ser deiner Diener und deines Volkes, in deine Backöfen und Back-
schüsseln. 29 Über dich, dein Volk und alle deine Diener werden die
Frösche kommen.

8 Der Herr sprach zu Mose: Sag zu Aaron: Streck deine Hand mit
dem Stab aus über die Flüsse, über die Nilarme und die Sümpfe,
und laß die Frösche über Ägypten kommen! 2 Aaron streckte seine
Hand über die Gewässer Ägyptens aus. Da stiegen die Frösche herauf
und bedeckten ganz Ägypten. 3 Doch die Wahrsager taten mit Hilfe
ihrer Zauberkunst das gleiche und ließen die Frösche über Ägypten
kommen. 4 Der Pharao rief Mose und Aaron zu sich und sagte: Betet
zu Jahwe, er möge mich und mein Volk von den Fröschen befreien.
Dann will ich das Volk ziehen lassen, und sie können Jahwe
Schlachtopfer darbringen. 5 Da sagte Mose zum Pharao: Verfüg über
mich! Wann soll ich für dich, deine Diener und dein Volk um Beseiti-
gung der Frösche von dir und aus deinen Häusern beten? Nur im Nil
sollen sie erhalten bleiben. 6 Er sagte: Morgen. Mose antwortete: Wie
du willst; du sollst erkennen, daß keiner Jahwe, unserem Gott,
gleichkommt. 7 Die Frösche werden von dir und deinen Häusern, von
deinen Dienern und deinem Volk weichen; nur im Nil werden sie blei-
ben. 8 Als Mose und Aaron vom Pharao weggegangen waren, schrie
Mose zum Herrn um Befreiung von der Froschplage, die er über den
Pharao gebracht hatte. 9 Der Herr erfüllte Mose die Bitte, und die Frö-
sche in den Häusern, in den Höfen und auf den Feldern starben.
10 Man sammelte sie zu riesigen Haufen, und das ganze Land stank
davon. 11 Als der Pharao sah, daß die Not vorbei war, verschloß er
sein Herz wieder und hörte nicht auf sie. So hatte es der Herr voraus-
gesagt.
12 Darauf sprach der Herr zu Mose: Sag zu Aaron: Streck deinen Stab
aus, und schlag damit auf die Erde in den Staub! In ganz Ägypten sol-
len daraus Stechmücken werden. 13 Sie taten es. Aaron streckte die
Hand aus und schlug mit seinem Stab auf die Erde in den Staub. Da
wurden Stechmücken daraus, die sich auf Mensch und Vieh setzten.
In ganz Ägypten wurden aus dem Staub auf der Erde Stechmücken.
14 Die Wahrsager versuchten mit Hilfe ihrer Zauberkunst ebenfalls
Stechmücken hervorzubringen, konnten es aber nicht. Die Stech-
mücken saßen auf Mensch und Vieh. 15 Da sagten die Wahrsager zum
Pharao: Das ist der Finger Gottes. Doch das Herz des Pharao blieb
hart, und er hörte nicht auf sie. So hatte es der Herr vorausgesagt.
16 Darauf sprach der Herr zu Mose: Steh früh auf, tritt vor den Pharao,
wenn er an den Fluß hinuntergeht, und sag zu ihm: So spricht Jahwe:
Laß mein Volk ziehen, damit sie mich verehren können. 17 Denn
wenn du mein Volk nicht ziehen läßt, lasse ich Ungeziefer auf dich
los, auf deine Diener, dein Volk und deine Häuser. Die Häuser in
Ägypten werden voll Ungeziefer sein; es wird sogar den Boden, auf
dem sie stehen, bedecken. 18 Das Land Goschen aber, in dem mein
Volk lebt, will ich an jenem Tag auszeichnen: Dort wird es kein Unge-
ziefer geben. Daran wirst du erkennen, daß ich, Jahwe, Herr mitten
im Land bin. 19 Ich mache einen Unterschied zwischen meinem und
deinem Volk. Morgen wird das Zeichen geschehen. 20 Und so tat es
der Herr. Ungeziefer kam in Massen über das Haus des Pharao, über
das Haus seiner Diener und über ganz Ägypten. Das Land erlitt durch
das Ungeziefer schweren Schaden. 21 Da ließ der Pharao Mose und
Aaron rufen und sagte: Geht, bringt eurem Gott hier im Land
Schlachtopfer dar! 22 Doch Mose erwiderte: Das können wir nicht.
Denn wir müssen dem Herrn, unserem Gott, Schlachtopfer darbrin-
gen, die bei den Ägyptern Anstoß erregen. Wenn wir vor ihren Augen
Schlachtopfer darbringen, die bei ihnen Anstoß erregen, werden sie
uns dann nicht steinigen? 23 Wir wollen drei Tagesmärsche weit in die
Wüste ziehen und dem Herrn, unserem Gott, Schlachtopfer darbrin-
gen, wie er es uns gesagt hat. 24 Der Pharao antwortete: Ich lasse euch
ziehen. Bringt also Jahwe, eurem Gott, in der Wüste Schlachtopfer
dar! Aber zu weit dürft ihr euch nicht entfernen. Betet auch für mich!
25 Darauf sagte Mose: Gut, ich gehe von dir fort und bete zu Jahwe.
Dann wird morgen das Ungeziefer vom Pharao, von seinen Dienern
und seinem Volk ablassen. Nur darf der Pharao nicht wieder wort-
brüchig werden und das Volk daran hindern, wegzuziehen und Jahwe
zu opfern. 26 Mose verließ den Pharao und betete zum Herrn. 27 Der
Herr erfüllte Mose die Bitte und befreite den Pharao, seine Diener und

sein Volk von dem Ungeziefer; nichts blieb übrig. 28 Der Pharao aber
verschloß sein Herz auch diesmal und ließ das Volk nicht ziehen.

9 Wieder sprach der Herr zu Mose: Geh zum Pharao, und sag zu
ihm: So spricht Jahwe, der Gott der Hebräer: Laß mein Volk zie-
hen, damit sie mich verehren können. 2 Wenn du dich weigerst, sie
ziehen zu lassen, und sie immer noch festhältst, 3 wird die Hand
Jahwes dein Vieh auf dem Feld, die Pferde und Esel, die Kamele und
Rinder, die Schafe und Ziegen, überfallen und über sie eine sehr
schwere Seuche bringen. 4 Aber Jahwe wird einen Unterschied zwi-
schen dem Vieh Israels und dem Vieh der Ägypter machen; nichts von
dem, was den Israeliten gehört, wird eingehen. 5 Auch den Zeitpunkt
hat Jahwe schon festgesetzt: Morgen wird Jahwe das im Lande tun.
6 Am folgenden Tag tat es der Herr. Alles Vieh der Ägypter ging ein,
vom Vieh der Israeliten aber ging kein einziges Stück ein. 7 Der Pha-
rao erkundigte sich, und wirklich: Vom Vieh Israels war kein einziges
Stück eingegangen. Doch der Pharao verschloß sein Herz und ließ
das Volk nicht ziehen.
8 Da sprach der Herr zu Mose und Aaron: Holt euch eine Handvoll
Ofenruß, und Mose soll ihn vor den Augen des Pharao in die Höhe
werfen. 9 Er wird als Staub auf ganz Ägypten niedergehen und an
Mensch und Vieh Geschwüre mit aufplatzenden Blasen hervorrufen,
in ganz Ägypten. 10 Sie holten den Ofenruß, traten vor den Pharao,
und Mose warf ihn in die Höhe. Da bildeten sich an Mensch und Vieh
Geschwüre mit aufplatzenden Blasen. 11 Die Wahrsager konnten
wegen der Geschwüre Mose nicht gegenübertreten, sie waren wie alle
Ägypter von Geschwüren befallen. 12 Aber der Herr verhärtete das
Herz des Pharao, so daß er nicht auf sie hörte. So hatte es der Herr
dem Mose vorausgesagt.
13 Darauf sprach der Herr zu Mose: Steh früh am Morgen auf, tritt vor
den Pharao hin, und sag zu ihm: So spricht Jahwe, der Gott der
Hebräer: Laß mein Volk ziehen, damit sie mich verehren können.
14 Denn diesmal will ich alle meine Plagen loslassen auf dich, deine
Diener und dein Volk. Daran wirst du erkennen, daß mir keiner im
ganzen Land gleichkommt. 15 Denn schon jetzt hätte ich meine Hand
ausstrecken und dich und dein Volk mit der Pest schlagen können,
und du wärst vom Erdboden verschwunden. 16 Ich habe dich aber am
Leben gelassen, um meine Macht zu zeigen und meinen Namen auf
der ganzen Erde bekannt zu machen. 17 Wenn du dich weiterhin als
den großen Herrn über mein Volk aufspielst und sie nicht ziehen
läßt, 18 dann lasse ich morgen um diese Zeit ein sehr schweres Hagel-
wetter niedergehen, wie es in Ägypten seit seiner Gründung bis auf
den heutigen Tag noch keines gegeben hat. 19 Und nun schick Leute
aus, bring dein Vieh in Sicherheit und alles, was dir auf dem Feld
gehört. Auf alle Menschen und auf das Vieh, das auf dem Feld bleibt
und nicht unter Dach gebracht wird, geht der Hagel nieder und
erschlägt sie. 20 Wer sich von den Dienern des Pharao vor der Dro-
hung des Herrn fürchtete, ließ seine Knechte und sein Vieh unter
Dach bringen. 21 Wer aber das Wort des Herrn nicht ernst nahm, ließ
seine Knechte und sein Vieh auf dem Feld.
22 Und der Herr sprach zu Mose: Streck deine Hand zum Himmel
empor! Dann wird Hagel auf ganz Ägypten niedergehen, auf Mensch
und Vieh und auf alle Feldpflanzen in Ägypten. 23 Mose streckte sei-
nen Stab zum Himmel empor, und der Herr ließ es donnern und
hageln. Blitze fuhren auf die Erde herab, und der Herr ließ Hagel über
Ägypten niedergehen. 24 Schwerer Hagel prasselte herab, und in den
sehr schweren Hagel hinein zuckten Blitze. Ähnliches hatte es im
ganzen Land der Ägypter noch nicht gegeben, seit sie ein Volk gewor-
den waren. 25 Der Hagel erschlug in ganz Ägypten alles, was auf dem
Feld war. Menschen, Vieh und alle Feldpflanzen erschlug der Hagel,
und alle Feldbäume zerbrach er. 26 Nur in Goschen, wo sich die Israe-
liten aufhielten, hagelte es nicht. 27 Da ließ der Pharao Mose und
Aaron rufen und sagte zu ihnen: Diesmal bekenne ich mich schuldig.
Jahwe ist im Recht; ich aber und mein Volk, wir sind im Unrecht.
28 Betet zu Jahwe! Die Donnerstimme Gottes und der Hagel, das ist
zuviel. Ich will euch jetzt ziehen lassen; ihr müßt nicht länger blei-
ben. 29 Mose antwortete ihm: Sobald ich außerhalb der Stadt bin,
werde ich meine Hände vor Jahwe ausbreiten; der Donner wird auf-
hören, und es wird kein Hagel mehr fallen. So wirst du erkennen, daß
das Land Jahwe gehört. 30 Du und Deine Diener aber, das weiß ich, ihr
fürchtet euch noch immer nicht vor dem Gott Jahwe.
31 Der Flachs und die Gerste waren zerschlagen; denn die Gerste hatte
gerade Ähren angesetzt, und der Flachs stand in Blüte. 32 Der Weizen
und der Spelt wurden nicht zerschlagen, denn sie kommen später
heraus.
33 Mose verließ den Pharao, ging vor die Stadt hinaus und breitete
seine Hände vor dem Herrn aus. Da hörte der Donner auf, und kein
Hagel und kein Regen fiel mehr auf die Erde. 34 Doch als der Pharao
sah, daß Regen, Hagel und Donner aufgehört hatten, blieb er bei sei-
ner Sünde; er und seine Diener verschlossen wieder ihr Herz. 35 Das
Herz des Pharao blieb hart, und er ließ die Israeliten nicht ziehen. So
hatte es der Herr durch Mose vorausgesagt.

10 Der Herr sprach zu Mose: Geh zum Pharao! Ich habe sein
Herz und das Herz seiner Diener verschlossen, damit ich
diese Zeichen unter ihnen vollbringen konnte 2 und damit du deinem
Sohn und deinem Enkel erzählen kannst, was ich den Ägyptern ange-
tan und welche Zeichen ich unter ihnen vollbracht habe. Dann werdet
ihr erkennen, daß ich der Herr bin.
3 Mose und Aaron gingen zum Pharao und sagten: So spricht Jahwe,
der Gott der Hebräer: Wie lange willst du dich noch weigern, dich mir
zu unterwerfen? Laß mein Volk ziehen, damit sie mich verehren kön-
nen. 4 Wenn du dich weigerst, mein Volk ziehen zu lassen, so schicke
ich morgen Heuschrecken über dein Land. 5 Sie werden die Ober-
fläche der Erde bedecken, so daß man den Erdboden nicht mehr
sehen kann. Sie werden auch noch das verzehren, was der Hagel ver-
schont hat, und alle Bäume kahlfressen, die auf euren Feldern wach-
sen. 6 Deine Häuser, die Häuser aller deiner Diener und die aller
Ägypter werden voll davon sein. So etwas haben deine Väter und Vor-
väter bis heute nicht gesehen, seitdem sie in diesem Land leben. Dann
wandte sich Mose um und verließ den Pharao.
7 Die Diener sagten zum Pharao: Wie lange soll uns dieser Mann noch
Unglück bringen? Laß die Leute ziehen, damit sie Jahwe, ihren Gott,
verehren können. Merkst du denn noch immer nicht, daß Ägypten
zugrunde geht? 8 Da holte man Mose und Aaron zum Pharao zurück,
und er sagte zu ihnen: Geht, verehrt Jahwe, euren Gott! Wer von euch
will denn mitgehen? 9 Mose antwortete: Wir gehen mit jung und alt,
mit unseren Söhnen und Töchtern; auch die Schafe, Ziegen und Rin-
der nehmen wir mit. Denn wir feiern ein Jahwefest. 10 Da sagte er zu
ihnen: Dann sei Jahwe ebensowenig mit euch, wie ich euch und eure
Kinder ziehen lasse. Seht, ihr habt Böses im Sinn. 11 Nein, nur ihr
Männer dürft gehen und Jahwe verehren; denn das habt ihr verlangt.
Und man jagte sie vom Pharao weg.
12 Darauf sprach der Herr zu Mose: Streck deine Hand über Ägypten
aus! Dann werden Heuschrecken kommen und über Ägypten herfal-
len. Sie werden den ganzen Pflanzenwuchs des Landes auffressen,
alles, was der Hagel verschont hat. 13 Da streckte Mose seinen Stab
über Ägypten aus, und der Herr schickte den Ostwind in das Land,
einen ganzen Tag und eine ganze Nacht lang. Als es Morgen wurde,
hatte der Ostwind die Heuschrecken ins Land gebracht. 14 Sie fielen
über ganz Ägypten her und ließen sich in Schwärmen auf dem Gebiet
von Ägypten nieder. Niemals vorher gab es so viele Heuschrecken wie
damals, auch wird es nie wieder so viele geben. 15 Sie bedeckten die
Oberfläche des ganzen Landes, und das Land war schwarz von ihnen.
Sie fraßen allen Pflanzenwuchs des Landes und alle Baumfrüchte auf,
die der Hagel verschont hatte, und an den Bäumen und Feldpflanzen
in ganz Ägypten blieb nichts Grünes. 16 Da ließ der Pharao Mose und
Aaron eiligst rufen und sagte zu ihnen: Ich habe gegen Jahwe, euren
Gott, gesündigt und auch gegen euch. 17 Nur noch diesmal nehmt
meine Sünde von mir, und betet zu Jahwe, eurem Gott, er möge mich
wenigstens noch von dieser tödlichen Gefahr befreien. 18 Mose verließ
den Pharao wieder und betete zum Herrn. 19 Der Herr ließ den Wind in

einen sehr starken Westwind umschlagen, der die Heuschrecken fort-
trug und ins Schilfmeer warf. Im ganzen Gebiet von Ägypten blieb
keine einzige Heuschrecke mehr übrig. 20 Der Herr aber verhärtete das
Herz des Pharao, so daß er die Israeliten nicht ziehen ließ.
21 Da sprach der Herr zu Mose: Streck deine Hand zum Himmel aus;
dann wird eine Finsternis über Ägypten kommen, und es wird stock-
dunkel werden. 22 Mose streckte seine Hand zum Himmel aus, und
schon breitete sich tiefe Finsternis über ganz Ägypten aus, drei Tage
lang. 23 Man konnte einander nicht sehen und sich nicht von der
Stelle rühren, drei Tage lang. Wo aber die Israeliten wohnten, blieb es
hell. 24 Da ließ der Pharao Mose rufen und sagte: Geht und verehrt
Jahwe! Nur eure Schafe, Ziegen und Rinder sollen bleiben. Eure Kin-
der dürfen mitziehen. 25 Mose erwiderte: Selbst wenn du uns
Schlacht- und Brandopfer mitgäbest, damit wir sie Jahwe, unserem
Gott, darbringen, 26 müßten unsere Herden doch mitgehen, keine
Klaue darf zurückbleiben. Denn aus unseren Herden nehmen wir das
Opfer, mit dem wir Jahwe, unseren Gott, verehren; aber mit welchem
Opfertier wir Jahwe verehren sollen, wissen wir nicht, ehe wir dort
angekommen sind. 27 Der Herr verhärtete das Herz des Pharao, so
daß er sie nicht ziehen lassen wollte. 28 Der Pharao sagte zu Mose:
Weg von mir! Hüte dich, mir jemals wieder unter die Augen zu treten.
Denn an dem Tag, an dem du mir unter die Augen trittst, mußt du
sterben. 29 Da sagte Mose: Gut, dein Wort soll gelten. Ich werde dir
nie mehr unter die Augen treten.
11 Da sprach der Herr zu Mose: Noch eine Plage schicke ich
dem Pharao und seinem Land. Danach wird er euch von
hier wegziehen lassen. Und wenn er euch endlich ziehen läßt, wird er
euch sogar fortjagen. 2 Laß unter dem Volk ausrufen, jeder Mann und
jede Frau soll sich von dem Nachbarn Geräte aus Silber und Gold
erbitten. 3 Der Herr ließ das Volk bei den Ägyptern Gunst finden.
Auch Mose genoß in Ägypten bei den Dienern des Pharao und beim
Volk hohes Ansehen.
4 Mose sagte: So spricht Jahwe: Um Mitternacht will ich mitten durch
Ägypten gehen. 5 Dann wird jeder Erstgeborene in Ägypten sterben,
vom Erstgeborenen des Pharao, der auf dem Thron sitzt, bis zum
Erstgeborenen der Magd an der Handmühle und bis zu den Erstlin-
gen unter dem Vieh. 6 Geschrei wird sich in ganz Ägypten erheben, so
groß, wie es keines je gegeben hat oder geben wird. 7 Doch gegen kei-
nen der Israeliten wird auch nur ein Hund die Zähne fletschen, weder
gegen Mensch noch Vieh; denn ihr sollt wissen, daß Jahwe zwischen
Ägypten und Israel einen Unterschied macht. 8 Dann werden alle
deine Diener hier zu mir herabsteigen, sich vor mir niederwerfen und
sagen: Zieht doch fort, du und das ganze Volk, das du anführst.
Danach werde ich fortziehen. Er verließ den Pharao, rot vor Zorn.
9 Der Herr sprach zu Mose: Der Pharao hört nicht auf euch; denn ich
will viele Wunder in Ägypten vollbringen. 10 Mose und Aaron voll-
brachten alle diese Wunder vor den Augen des Pharao, aber der Herr
verhärtete das Herz des Pharao, so daß er die Israeliten nicht aus sei-
nem Land fortziehen ließ.

Der Auszug aus Ägypten

Das Pascha

12 Der Herr sprach zu Mose und Aaron in Ägypten: 2 Dieser
Monat soll die Reihe eurer Monate eröffnen, er soll euch als
der erste unter den Monaten des Jahres gelten. 3 Sagt der ganzen
Gemeinde Israel: Am Zehnten dieses Monats soll jeder ein Lamm für
seine Familie holen, ein Lamm für jedes Haus. 4 Ist die Hausgemein-
schaft für ein Lamm zu klein, so nehme er es zusammen mit dem
Nachbarn, der seinem Haus am nächsten wohnt, nach der Anzahl der
Personen. Bei der Aufteilung des Lammes müßt ihr berücksichtigen,
wieviel der einzelne essen kann. 5 Nur ein fehlerfreies, männliches,
einjähriges Lamm darf es sein, das Junge eines Schafes oder einer

Mario Botero
Erzengel
(1988)
»Es war Mitternacht, als der Herr alle Erstgeborenen in Ägypten erschlug« (Ex 12,29). Bildliche Darstellungen der Tötung aller erstgeborenen Lebewesen in der Nacht des ersten Paschamahles zeigen zumeist die Gestalt eines Todes- oder Würgeengels. Auch der Erzengel des kolumbianischen Malers Mario Botero ist solch ein Bote, der im Namen Gottes das Schwert führt. Das Merkmal aller Botero-Gestalten sind die ballonartig aufgeblähten Körper mit puppenhafter Wirkung.

Ziege müßt ihr nehmen. 6 Ihr sollt es bis zum vierzehnten Tag dieses
Monats aufbewahren. Gegen Abend soll die ganze versammelte
Gemeinde Israel die Lämmer schlachten. 7 Man nehme etwas von
dem Blut und bestreiche damit die beiden Türpfosten und den Tür-
sturz an den Häusern, in denen man das Lamm essen will. 8 Noch in
der gleichen Nacht soll man das Fleisch essen. Über dem Feuer
gebraten und zusammen mit ungesäuertem Brot und Bitterkräutern
soll man es essen. 9 Nichts davon dürft ihr roh oder in Wasser gekocht
essen, sondern es muß über dem Feuer gebraten sein. Kopf und
Beine dürfen noch nicht vom Rumpf getrennt sein. 10 Ihr dürft nichts
bis zum Morgen übriglassen. Wenn aber am Morgen noch etwas
übrig ist, dann verbrennt es im Feuer! 11 So aber sollt ihr es essen: eure
Hüften gegürtet, Schuhe an den Füßen, den Stab in der Hand. Eßt es
hastig! Es ist die Paschafeier für den Herrn.
12 In dieser Nacht gehe ich durch Ägypten und erschlage in Ägypten
jeden Erstgeborenen bei Mensch und Vieh. Über alle Götter Ägyptens
halte ich Gericht, ich, der Herr. 13 Das Blut an den Häusern, in denen
ihr wohnt, soll ein Zeichen zu eurem Schutz sein. Wenn ich das Blut
sehe, werde ich an euch vorübergehen, und das vernichtende Unheil
wird euch nicht treffen, wenn ich in Ägypten dreinschlage.

14 Diesen Tag sollt ihr als Gedenktag begehen. Feiert ihn als Fest zur
Ehre des Herrn! Für die kommenden Generationen macht euch diese
Feier zur festen Regel! 15 Sieben Tage lang sollt ihr ungesäuertes Brot
essen. Gleich am ersten Tag schafft den Sauerteig aus euren Häusern!
Denn jeder, der zwischen dem ersten und dem siebten Tag Gesäuer-
tes ißt, soll aus Israel ausgemerzt werden. 16 Am ersten Tag sollt ihr
eine heilige Versammlung einberufen und ebenso eine heilige Ver-
sammlung am siebten Tag. An diesen beiden Tagen darf man keiner-
lei Arbeit tun. Nur das, was jeder zum Essen braucht, dürft ihr zube-
reiten. 17 Begeht das Fest der ungesäuerten Brote! Denn gerade an
diesem Tag habe ich eure Scharen aus Ägypten herausgeführt. Begeht
diesen Tag in allen kommenden Generationen; das sei für euch eine
feste Regel. 18 Im ersten Monat, vom Abend des vierzehnten Tags bis
zum Abend des einundzwanzigsten Tags, eßt ungesäuerte Brote!
19 Sieben Tage lang darf sich in euren Häusern kein Sauerteig befin-
den; denn jeder, der Gesäuertes ißt, sei er fremd oder einheimisch,
soll aus der Gemeinde Israel ausgemerzt werden. 20 Eßt also nichts
Gesäuertes! Überall, wo ihr wohnt, sollt ihr ungesäuerte Brote essen.
21 Da rief Mose alle Ältesten Israels zusammen und sagte zu ihnen:
Holt Schafe oder Ziegen für eure Sippenverbände herbei, und schlach-
tet das Paschalamm! 22 Dann nehmt einen Ysopzweig, taucht ihn in die
Schüssel mit Blut, und streicht etwas von dem Blut in der Schüssel auf
den Türsturz und auf die beiden Türpfosten! Bis zum Morgen darf nie-
mand von euch das Haus verlassen. 23 Der Herr geht umher, um die
Ägypter mit Unheil zu schlagen. Wenn er das Blut am Türsturz und an
den beiden Türpfosten sieht, wird er an der Tür vorübergehen und
dem Vernichter nicht erlauben, in eure Häuser einzudringen und euch
zu schlagen. 24 Haltet euch an diese Anordnung! Sie gelte dir und dei-
nen Nachkommen als feste Regel.
25 Wenn ihr in das Land kommt, das euch der Herr gibt, wie er gesagt
hat, so begeht diese Feier! 26 Und wenn euch eure Söhne fragen: Was
bedeutet diese Feier?, 27 dann sagt: Es ist das Pascha-Opfer zur Ehre
des Herrn, der in Ägypten an den Häusern der Israeliten vorüberging,
als er die Ägypter mit Unheil schlug, unsere Häuser aber verschonte.
Das Volk verneigte sich und warf sich nieder. 28 Dann gingen die Isra-
eliten und taten, was der Herr Mose und Aaron befohlen hatte. So
machten sie es. 29 Es war Mitternacht, als der Herr alle Erstgeborenen
in Ägypten erschlug, vom Erstgeborenen des Pharao, der auf dem
Thron saß, bis zum Erstgeborenen des Gefangenen im Kerker, und
jede Erstgeburt beim Vieh.
30 Da standen der Pharao, alle seine Diener und alle Ägypter noch in
der Nacht auf, und großes Wehgeschrei erhob sich bei den Ägyptern;
denn es gab kein Haus, in dem nicht ein Toter war. 31 Der Pharao ließ
Mose und Aaron noch in der Nacht rufen und sagte: Auf, verlaßt mein
Volk, ihr beide und die Israeliten! Geht und verehrt Jahwe, wie ihr
gesagt habt. 32 Auch eure Schafe, Ziegen und Rinder nehmt mit, wie
ihr gesagt habt. Geht und betet auch für mich! 33 Die Ägypter dräng-
ten das Volk, eiligst das Land zu verlassen, denn sie sagten: Sonst
kommen wir noch alle um. 34 Das Volk nahm den Brotteig ungesäuert
mit; sie wickelten ihre Backschüsseln in Kleider ein und luden sie
sich auf die Schultern. 35 Die Israeliten taten, was Mose gesagt hatte.
Sie erbaten von den Ägyptern Geräte aus Silber und Gold und auch
Gewänder. 36 Der Herr ließ das Volk bei den Ägyptern Gunst finden,
so daß sie auf ihre Bitte eingingen. Auf diese Weise plünderten sie die
Ägypter aus.
37 Die Israeliten brachen von Ramses nach Sukkot auf. Es waren an
die sechshunderttausend Mann zu Fuß, nicht gerechnet die Kinder.
38 Auch ein großer Haufen anderer Leute zog mit, dazu Schafe, Zie-
gen und Rinder, eine sehr große Menge Vieh. 39 Aus dem Teig, den sie
aus Ägypten mitgebracht hatten, backten sie ungesäuerte Brotfladen;
denn der Teig war nicht durchsäuert, weil sie aus Ägypten verjagt
worden waren und nicht einmal Zeit hatten, für Reiseverpflegung zu
sorgen.
40 Der Aufenthalt der Israeliten in Ägypten dauerte vierhundert-
dreißig Jahre. 41 Nach Ablauf der vierhundertdreißig Jahre, genau an
jenem Tag, zogen alle Scharen des Herrn aus Ägypten fort. 42 Eine
Nacht des Wachens war es für den Herrn, als er sie aus Ägypten her-
ausführte. Als eine Nacht des Wachens zur Ehre des Herrn gilt sie den
Israeliten in allen Generationen.
43 Der Herr sprach zu Mose und Aaron: Folgende Regel gilt für das
Pascha: Kein Fremder darf davon essen; 44 aber jeder Sklave, den du
für Geld gekauft hast, darf davon essen, sobald du ihn beschnitten
hast. 45 Halbbürger und Lohnarbeiter dürfen nicht davon essen. 46 In
einem Haus muß man es essen. Trag nichts vom Fleisch aus dem
Haus! Und ihr sollt keinen Knochen des Paschalammes zerbrechen.
47 Die ganze Gemeinde Israel soll es so halten. 48 Lebt bei dir jemand
als Fremder, der das Pascha zur Ehre des Herrn feiern will, so muß er
alle männlichen Angehörigen beschneiden lassen; dann darf er sich
am Pascha beteiligen. Er gilt dann wie ein Einheimischer. Doch kein
Unbeschnittener darf davon essen. 49 Für Einheimische und für
Fremde, die dauernd bei euch leben, gilt das gleiche Gesetz.
50 Alle Israeliten taten, was der Herr Mose und Aaron aufgetragen
hatte. So machten sie es. 51 Genau an jenem Tag führte der Herr die
Israeliten aus Ägypten heraus, an der Spitze ihrer Scharen.
13 Der Herr sprach zu Mose: 2 Erkläre alle Erstgeburt als mir
geheiligt! Alles, was bei den Israeliten den Mutterschoß
durchbricht, bei Mensch und Vieh, gehört mir.
3 Mose sagte zum Volk: Denkt an diesen Tag, an dem ihr aus Ägypten,
dem Sklavenhaus, fortgezogen seid; denn mit starker Hand hat euch
der Herr von dort herausgeführt. Nichts Gesäuertes soll man essen.
4 Heute im Monat Abib seid ihr weggezogen. 5 Wenn dich der Herr in
das Land der Kanaaniter, Hetiter, Amoriter, Hiwiter und Jebusiter
geführt hat – er hat deinen Vätern mit einem Eid zugesichert, dir das
Land zu geben, wo Milch und Honig fließen –, begeh die Feier in die-
sem Monat!
6 Sieben Tage sollst du ungesäuerte Brote essen, am siebten Tag ist
ein Fest zur Ehre des Herrn. 7 Ungesäuerte Brote soll man sieben Tage
lang essen. Nichts Gesäuertes soll man bei dir sehen, und kein Sauer-
teig soll in deinem ganzen Gebiet zu finden sein. 8 An diesem Tag
erzähl deinem Sohn: Das geschieht für das, was der Herr an mir getan
hat, als ich aus Ägypten auszog. 9 Es sei dir ein Zeichen an der Hand
und ein Erinnerungsmal an der Stirn, damit das Gesetz des Herrn in
deinem Mund sei. Denn mit starker Hand hat dich der Herr aus Ägyp-
ten herausgeführt. 10 Halte dich an diese Regel, Jahr für Jahr, zur fest-
gesetzten Zeit!
11 Der Herr wird dich in das Land der Kanaaniter bringen und wird es
dir geben, wie er dir und deinen Vätern mit einem Eid zugesichert hat.
12 Dann mußt du alles, was den Mutterschoß durchbricht, vor den
Herrn bringen; alle männlichen Erstlinge, die dein Vieh wirft,
gehören dem Herrn. 13 Jeden Erstling vom Esel aber löse durch ein
Schaf aus! Willst du ihn nicht auslösen, dann brich ihm das Genick!
Jeden Erstgeborenen deiner Söhne mußt du auslösen. 14 Wenn dich
morgen dein Sohn fragt: Was bedeutet das?, dann sag ihm: Mit star-
ker Hand hat uns der Herr aus Ägypten, aus dem Sklavenhaus, her-
ausgeführt. 15 Als der Pharao hart blieb und uns nicht ziehen ließ,
erschlug der Herr alle Erstgeborenen in Ägypten, bei Mensch und
Vieh. Darum opfere ich dem Herrn alle männlichen Tiere, die den
Mutterschoß durchbrechen; alle Erstgeborenen meiner Söhne aber
löse ich aus. 16 Das sei dir ein Zeichen an deiner Hand und ein
Schmuck auf deiner Stirn; denn mit starker Hand hat uns der Herr
aus Ägypten herausgeführt.

Die Rettung am Schilfmeer

17 Als der Pharao das Volk ziehen ließ, führte sie Gott nicht den
Weg ins Philisterland, obwohl er der kürzere war. Denn Gott sagte:
Die Leute könnten es sonst, wenn sie Krieg erleben, bereuen und
nach Ägypten zurückkehren wollen. 18 So ließ sie Gott einen Umweg
machen, der durch die Wüste zum Schilfmeer führte. Geordnet
zogen die Israeliten aus Ägypten hinauf. 19 Mose nahm die Gebeine
Josefs mit; denn dieser hatte die Söhne Israels beschworen: Wenn

Arik Brauer
Und er teilte das Schilfmeer für uns
(1977/78)
»Die Israeliten zogen auf trockenem Boden ins Meer hinein, während rechts und links von ihnen das Wasser wie eine Mauer stand« (Ex 14,22). Aus der Vogelperspektive überblickt das Gemälde den Exodus der Israeliten. Die kühlen graublauen »Mauern« der Wassermassen rahmen den in Rotbraun leuchtenden Meeresgrund, den die Fliehenden mit ihren Kamelen, Rindern und Eseln bevölkern. Über ihnen schwebt die Wolke, in welcher der Herr voranzieht, um am Tag den Weg zu weisen (Ex 13,21). Im Vordergrund lassen die anbrandenden Wogen Fische in die Luft schnellen. Die dicht gedrängten Gestalten sind jene »Urjuden mit dunklen Gesichtern und faltenreichen Kleidern« (Brauer), die der in Wien, Paris und Israel lebende Liedermacher und Maler als Inbegriff des Menschseins gestaltet.

Gott sich euer annimmt, dann nehmt meine Gebeine von hier mit
hinauf! 20 Sie brachen von Sukkot auf und schlugen ihr Lager in
Etam am Rand der Wüste auf. 21 Der Herr zog vor ihnen her, bei Tag
in einer Wolkensäule, um ihnen den Weg zu zeigen, bei Nacht in
einer Feuersäule, um ihnen zu leuchten. So konnten sie Tag und
Nacht unterwegs sein. 22 Die Wolkensäule wich bei Tag nicht von der
Spitze des Volkes, und die Feuersäule nicht bei Nacht.

14 Der Herr sprach zu Mose: 2 Sag den Israeliten, sie sollen
umkehren und vor Pi-Hahirot zwischen Migdol und dem
Meer ihr Lager aufschlagen. Gegenüber von Baal-Zefon sollt ihr am
Meer das Lager aufschlagen. 3 Dann denkt der Pharao: Die Israeliten
haben sich im Land verlaufen, die Wüste hat sie eingeschlossen. 4 Ich
will das Herz des Pharao verhärten, so daß er ihnen nachjagt; dann
will ich am Pharao und an seiner ganzen Streitmacht meine Herrlichkeit erweisen, und die Ägypter sollen erkennen, daß ich der Herr bin.
Und so taten sie es.
5 Als man dem König von Ägypten meldete, das Volk sei geflohen,
änderten der Pharao und seine Diener ihre Meinung über das Volk

und sagten: Wie konnten wir nur Israel aus unserem Dienst entlas-
sen! 6 Er ließ seinen Streitwagen anspannen und nahm seine Leute
mit. 7 Sechshundert auserlesene Streitwagen nahm er mit und alle
anderen Streitwagen der Ägypter und drei Mann auf jedem Wagen.
8 Der Herr verhärtete das Herz des Pharao, des Königs von Ägypten,
so daß er den Israeliten nachjagte, während sie voll Zuversicht weiter-
zogen. 9 Die Ägypter jagten mit allen Pferden und Streitwagen des
Pharao, mit seiner Reiterei und seiner Streitmacht hinter ihnen her
und holten sie ein, als sie gerade am Meer lagerten. Es war bei Pi-
Hahirot vor Baal-Zefon.
10 Als der Pharao sich näherte, blickten die Israeliten auf und sahen
plötzlich die Ägypter von hinten anrücken. Da erschraken die Israeli-
ten sehr und schrien zum Herrn. 11 Zu Mose sagten sie: Gab es denn
keine Gräber in Ägypten, daß du uns zum Sterben in die Wüste
holst? Was hast du uns da angetan? Warum hast du uns aus Ägypten
herausgeführt? 12 Haben wir dir in Ägypten nicht gleich gesagt: Laß
uns in Ruhe! Wir wollen Sklaven der Ägypter bleiben; denn es ist für
uns immer noch besser, Sklaven der Ägypter zu sein, als in der Wüste
zu sterben. 13 Mose aber sagte zum Volk: Fürchtet euch nicht! Bleibt
stehen, und schaut zu, wie der Herr euch heute rettet. Wie ihr die
Ägypter heute seht, so seht ihr sie niemals wieder. 14 Der Herr kämpft
für euch, ihr aber könnt ruhig abwarten.
15 Der Herr sprach zu Mose: Was schreist du zu mir? Sag den Israeli-
ten, sie sollen aufbrechen. 16 Und du heb deinen Stab hoch, streck
deine Hand über das Meer, und spalte es, damit die Israeliten auf
trockenem Boden in das Meer hineinziehen können. 17 Ich aber will
das Herz der Ägypter verhärten, damit sie hinter ihnen hineinziehen.
So will ich am Pharao und an seiner ganzen Streitmacht, an seinen
Streitwagen und Reitern meine Herrlichkeit erweisen. 18 Die Ägypter
sollen erkennen, daß ich der Herr bin, wenn ich am Pharao, an sei-
nen Streitwagen und Reitern meine Herrlichkeit erweise.
19 Der Engel Gottes, der den Zug der Israeliten anführte, erhob sich
und ging an das Ende des Zuges, und die Wolkensäule vor ihnen
erhob sich und trat an das Ende. 20 Sie kam zwischen das Lager der
Ägypter und das Lager der Israeliten. Die Wolke war da und Finster-
nis, und Blitze erhellten die Nacht. So kamen sie die ganze Nacht
einander nicht näher. 21 Mose streckte seine Hand über das Meer aus,
und der Herr trieb die ganze Nacht das Meer durch einen starken
Ostwind fort. Er ließ das Meer austrocknen, und das Wasser spaltete
sich. 22 Die Israeliten zogen auf trockenem Boden ins Meer hinein,
während rechts und links von ihnen das Wasser wie eine Mauer
stand. 23 Die Ägypter setzten ihnen nach; alle Pferde des Pharao,
seine Streitwagen und Reiter zogen hinter ihnen ins Meer hinein.
24 Um die Zeit der Morgenwache blickte der Herr aus der Feuer- und
Wolkensäule auf das Lager der Ägypter und brachte es in Verwir-
rung. 25 Er hemmte die Räder an ihren Wagen und ließ sie nur
schwer vorankommen. Da sagte der Ägypter: Ich muß vor Israel flie-
hen; denn Jahwe kämpft auf ihrer Seite gegen Ägypten.
26 Darauf sprach der Herr zu Mose: Streck deine Hand über das Meer,
damit das Wasser zurückflutet und den Ägypter, seine Wagen und
Reiter zudeckt. 27 Mose streckte seine Hand über das Meer, und
gegen Morgen flutete das Meer an seinen alten Platz zurück,
während die Ägypter auf der Flucht ihm entgegenliefen. So trieb der
Herr die Ägypter mitten ins Meer. 28 Das Wasser kehrte zurück und
bedeckte Wagen und Reiter, die ganze Streitmacht des Pharao, die
den Israeliten ins Meer nachgezogen war. Nicht ein einziger von
ihnen blieb übrig. 29 Die Israeliten aber waren auf trockenem Boden
mitten durch das Meer gezogen, während rechts und links von ihnen
das Wasser wie eine Mauer stand. 30 So rettete der Herr an jenem Tag
Israel aus der Hand der Ägypter. Israel sah die Ägypter tot am Strand
liegen. 31 Als Israel sah, daß der Herr mit mächtiger Hand an den
Ägyptern gehandelt hatte, fürchtete das Volk den Herrn. Sie glaubten
an den Herrn und an Mose, seinen Knecht.

Das Lied des Mose

15 Damals sang Mose mit den Israeliten dem Herrn dieses
Lied; sie sagten:
Ich singe dem Herrn ein Lied, / denn er ist hoch und erhaben. / Rosse
und Wagen warf er ins Meer.
2 Meine Stärke und mein Lied ist der Herr, / er ist für mich zum Retter
geworden. / Er ist mein Gott, ihn will ich preisen; / den Gott meines
Vaters will ich rühmen.
3 Der Herr ist ein Krieger, / Jahwe ist sein Name.
4 Pharaos Wagen und seine Streitmacht / warf er ins Meer. / Seine
besten Kämpfer versanken im Schilfmeer.
5 Fluten deckten sie zu, / sie sanken in die Tiefe wie Steine.
6 Deine Rechte, Herr, ist herrlich an Stärke; / deine Rechte, Herr, zer-
schmettert den Feind.
7 In deiner erhabenen Größe / wirfst du die Gegner zu Boden. / Du
sendest deinen Zorn; / er frißt sie wie Stoppeln.
8 Du schnaubtest vor Zorn, / da türmte sich Wasser, / da standen
Wogen als Wall, / Fluten erstarrten im Herzen des Meeres.
9 Da sagte der Feind: Ich jage nach, hole ein. / Ich teile die Beute, ich
stille die Gier. / Ich zücke mein Schwert, meine Hand jagt sie davon.
10 Da schnaubtest du Sturm. Das Meer deckte sie zu. / Sie sanken wie
Blei ins tosende Wasser.
11 Wer ist wie du unter den Göttern, o Herr? / Wer ist wie du gewaltig
und heilig, / gepriesen als furchtbar, Wunder vollbringend?
12 Du strecktest deine Rechte aus, / da verschlang sie die Erde.
13 Du lenktest in deiner Güte / das Volk, das du erlöst hast, / du führ-
test sie machtvoll / zu deiner heiligen Wohnung.
14 Als die Völker das hörten, erzitterten sie, / die Philister packte das
Schütteln.
15 Damals erschraken die Häuptlinge Edoms, / die Mächtigen von
Moab packte das Zittern, / Kanaans Bewohner, sie alle verzagten.
16 Schrecken und Furcht überfiel sie, / sie erstarrten zu Stein / vor der
Macht deines Arms, / bis hindurchzog, o Herr, dein Volk, / bis hin-
durchzog das Volk, das du erschufst.
17 Du brachtest sie hin / und pflanztest sie ein / auf dem Berg deines
Erbes. / Einen Ort, wo du thronst, Herr, / hast du gemacht; / ein Hei-
ligtum, Herr, haben deine Hände gegründet.
18 Der Herr ist König für immer und ewig.
19 Denn als die Rosse des Pharao mit Wagen und Reitern ins Meer
zogen, ließ der Herr das Wasser des Meeres auf sie zurückfluten,
nachdem die Israeliten auf trockenem Boden mitten durchs Meer
gezogen waren. 20 Die Prophetin Mirjam, die Schwester Aarons,
nahm die Pauke in die Hand, und alle Frauen zogen mit Paukenschlag
und Tanz hinter ihr her. 21 Mirjam sang ihnen vor:
Singt dem Herrn ein Lied, / denn er ist hoch und erhaben! / Rosse und
Wagen warf er ins Meer.

Auf dem Weg zum Sinai

22 Mose ließ Israel vom Schilfmeer aufbrechen, und sie zogen zur
Wüste Schur weiter. Drei Tage waren sie in der Wüste unterwegs und
fanden kein Wasser. 23 Als sie nach Mara kamen, konnten sie das Was-
ser von Mara nicht trinken, weil es bitter war. Deshalb nannte man es
Mara (Bitterbrunn). 24 Da murrte das Volk gegen Mose und sagte: Was
sollen wir trinken? 25 Er schrie zum Herrn, und der Herr zeigte ihm ein
Stück Holz. Als er es ins Wasser warf, wurde das Wasser süß.
Dort gab Gott dem Volk Gesetz und Rechtsentscheidungen, und dort
stellte er es auf die Probe. 26 Er sagte: Wenn du auf die Stimme des
Herrn, deines Gottes, hörst und tust, was in seinen Augen gut ist,
wenn du seinen Geboten gehorchst und auf alle seine Gesetze ach-
test, werde ich dir keine der Krankheiten schicken, die ich den Ägyp-
tern geschickt habe. Denn ich bin der Herr, dein Arzt.
27 Dann kamen sie nach Elim. Dort gab es zwölf Quellen und siebzig
Palmen; dort am Wasser schlugen sie ihr Lager auf.

16 Die ganze Gemeinde der Israeliten brach von Elim auf und
kam in die Wüste Sin, die zwischen Elim und dem Sinai

liegt. Es war der fünfzehnte Tag des zweiten Monats nach ihrem Aus-
zug aus Ägypten. 2 Die ganze Gemeinde der Israeliten murrte in der
Wüste gegen Mose und Aaron. 3 Die Israeliten sagten zu ihnen:
Wären wir doch in Ägypten durch die Hand des Herrn gestorben, als
wir an den Fleischtöpfen saßen und Brot genug zu essen hatten. Ihr
habt uns nur deshalb in diese Wüste geführt, um alle, die hier versam-
melt sind, an Hunger sterben zu lassen. 4 Da sprach der Herr zu
Mose: Ich will euch Brot vom Himmel regnen lassen. Das Volk soll
hinausgehen, um seinen täglichen Bedarf zu sammeln. Ich will es
prüfen, ob es nach meiner Weisung lebt oder nicht. 5 Wenn sie am
sechsten Tag feststellen, was sie zusammengebracht haben, wird es
doppelt soviel sein, wie sie sonst täglich gesammelt haben.
6 Da sagten Mose und Aaron zu allen Israeliten: Heute abend sollt
ihr erfahren, daß der Herr euch aus Ägypten geführt hat, 7 und mor-
gen werdet ihr die Herrlichkeit des Herrn schauen; denn er hat euer
Murren gegen ihn gehört. Aber wer sind schon wir, daß ihr gegen
uns murrt? 8 Weiter sagte Mose: Wenn der Herr euch heute abend
Fleisch zu essen gibt und euch am Morgen mit Brot sättigt, wenn er
also euer Murren hört, mit dem ihr ihn bedrängt, was sind wir dann?
Nicht uns galt euer Murren, sondern dem Herrn.
9 Dann sagte Mose zu Aaron: Sag der ganzen Gemeinde der Israe-
liten: Tretet hin vor den Herrn; denn er hat euer Murren gehört.
10 Während Aaron zur ganzen Gemeinde der Israeliten sprach,
wandten sie sich zur Wüste hin. Da erschien plötzlich in der Wolke
die Herrlichkeit des Herrn. 11 Der Herr sprach zu Mose: 12 Ich habe
das Murren der Israeliten gehört. Sag ihnen: Am Abend werdet ihr
Fleisch zu essen haben, am Morgen werdet ihr satt sein von Brot,
und ihr werdet erkennen, daß ich der Herr, euer Gott, bin.
13 Am Abend kamen die Wachteln und bedeckten das Lager. Am
Morgen lag eine Schicht von Tau rings um das Lager. 14 Als sich die
Tauschicht gehoben hatte, lag auf dem Wüstenboden etwas Feines,
Knuspriges, fein wie Reif, auf der Erde. 15 Als das die Israeliten sahen,
sagten sie zueinander: Was ist das? Denn sie wußten nicht, was es
war. Da sagte Mose zu ihnen: Das ist das Brot, das der Herr euch zu
essen gibt. 16 Das ordnet der Herr an: Sammelt davon so viel, wie jeder
zum Essen braucht, ein Gomer je Kopf. Jeder darf so viel Gomer
holen, wie Personen im Zelt sind. 17 Die Israeliten taten es und sam-
melten ein, der eine viel, der andere wenig. 18 Als sie die Gomer zähl-
ten, hatte keiner, der viel gesammelt hatte, zuviel, und keiner, der
wenig gesammelt hatte, zu wenig. Jeder hatte so viel gesammelt, wie
er zum Essen brauchte. 19 Mose sagte zu ihnen: Davon darf bis zum
Morgen niemand etwas übriglassen. 20 Doch sie hörten nicht auf
Mose, sondern einige ließen etwas bis zum Morgen übrig. Aber es
wurde wurmig und stank. Da geriet Mose in Zorn über sie.
21 Sie sammelten es Morgen für Morgen, jeder so viel, wie er zum
Essen brauchte. Sobald die Sonnenhitze einsetzte, zerging es. 22 Am
sechsten Tag sammelten sie die doppelte Menge Brot, zwei Gomer
für jeden. Da kamen alle Sippenhäupter der Gemeinde und berichte-
ten es Mose. 23 Er sagte zu ihnen: Es ist so, wie der Herr gesagt hat:
Morgen ist Feiertag, heiliger Sabbat zur Ehre des Herrn. Backt, was
ihr backen wollt, und kocht, was ihr kochen wollt, den Rest bewahrt
bis morgen früh auf! 24 Sie bewahrten es also bis zum Morgen auf,
wie es Mose angeordnet hatte, und es faulte nicht, noch wurde es
madig. 25 Da sagte Mose: Eßt es heute, denn heute ist Sabbat zur Ehre
des Herrn. Heute findet ihr draußen nichts. 26 Sechs Tage dürft ihr es
sammeln, am siebten Tag ist Sabbat; da findet ihr nichts.
27 Am siebten Tag gingen trotzdem einige vom Volk hinaus, um zu
sammeln, fanden aber nichts. 28 Da sprach der Herr zu Mose: Wie
lange wollt ihr euch noch weigern, meine Gebote und Weisungen zu
befolgen? 29 Ihr seht, der Herr hat euch den Sabbat gegeben; daher
gibt er auch am sechsten Tag Brot für zwei Tage. Jeder bleibe, wo er
ist. Am siebten Tag verlasse niemand seinen Platz. 30 Das Volk ruhte
also am siebten Tag. 31 Das Haus Israel nannte das Brot Manna. Es
war weiß wie Koriandersamen und schmeckte wie Honigkuchen.
32 Mose sagte: Der Herr ordnet folgendes an. Ein volles Gomer
Manna ist für die Generationen nach euch aufzubewahren, damit
sie das Brot sehen, das ich euch in der Wüste zu essen gab, als ich
euch aus Ägypten herausführte. 33 Zu Aaron sagte Mose: Nimm ein
Gefäß, schütte ein volles Gomer Manna hinein, und stell es vor den
Herrn! Es soll für die nachkommenden Generationen aufbewahrt
werden. 34 Wie der Herr dem Mose befohlen hatte, stellte Aaron das
Manna vor die Bundesurkunde, damit es dort aufbewahrt würde.
35 Die Israeliten aßen vierzig Jahre lang Manna, bis sie in bewohn-
tes Land kamen. Sie aßen Manna, bis sie die Grenze von Kanaan
erreichten. 36 Ein Gomer ist der zehnte Teil eines Efa.
17 Die ganze Gemeinde der Israeliten zog von der Wüste Sin
weiter, von einem Rastplatz zum andern, wie es der Herr
jeweils bestimmte. In Refidim schlugen sie ihr Lager auf. Weil das
Volk kein Wasser zu trinken hatte, 2 geriet es mit Mose in Streit und
sagte: Gebt uns Wasser zu trinken! Mose aber antwortete: Was streitet
ihr mit mir? Warum stellt ihr den Herrn auf die Probe? 3 Das Volk dür-
stete dort nach Wasser und murrte gegen Mose. Sie sagten: Warum
hast du uns überhaupt aus Ägypten hierher geführt? Um uns, unsere
Söhne und unser Vieh verdursten zu lassen? 4 Mose schrie zum Herrn:
Was soll ich mit diesem Volk anfangen? Es fehlt nur wenig, und sie

Sieger Köder
Mirjam mit der Pauke
(undatiert)
»Mirjam sang ihnen vor: Singt dem Herrn ein Lied, denn er ist hoch und erhaben! Rosse und Wagen warf er ins Meer« (Ex 15,21). Dem Lobgesang des Mose folgt das vom Klang der Handpauke begleitete Lied seiner Schwester Mirjam. Hohes Schilfrohr am Meeresufer und Pyramiden im Hintergrund verbinden die tänzerisch schwebende Gestalt mit den Schauplätzen der Rettungstaten des Herrn, denen auch viele Psalmen gewidmet sind.
Kunst versteht der Pfarrer, Maler und Grafiker Sieger Köder nicht als »Selbstzweck, sondern als Spiegel und Symbol für das ganz andere, das unser eigentliches Leben ausmacht«.

steinigen mich. 5 Der Herr antwortete Mose: Geh am Volk vorbei, und
nimm einige von den Ältesten Israels mit; nimm auch den Stab in die
Hand, mit dem du auf den Nil geschlagen hast, und geh! 6 Dort drü-
ben auf dem Felsen am Horeb werde ich vor dir stehen. Dann schlag
an den Felsen! Es wird Wasser herauskommen, und das Volk kann
trinken. Das tat Mose vor den Augen der Ältesten Israels. 7 Den Ort
nannte er Massa und Meriba (Probe und Streit), weil die Israeliten
Streit begonnen und den Herrn auf die Probe gestellt hatten, indem
sie sagten: Ist der Herr in unserer Mitte oder nicht?
8 Als Amalek kam und in Refidim den Kampf mit Israel suchte, 9 sagte
Mose zu Josua: Wähl uns Männer aus, und zieh in den Kampf gegen
Amalek! Ich selbst werde mich morgen auf den Gipfel des Hügels
stellen und den Gottesstab mitnehmen. 10 Josua tat, was ihm Mose
aufgetragen hatte, und kämpfte gegen Amalek, während Mose,
Aaron und Hur auf den Gipfel des Hügels stiegen. 11 Solange Mose
seine Hand erhoben hielt, war Israel stärker; sooft er aber die Hand
sinken ließ, war Amalek stärker. 12 Als dem Mose die Hände schwer
wurden, holten sie einen Steinbrocken, schoben ihn unter Mose, und
er setzte sich darauf. Aaron und Hur stützten seine Arme, der eine
rechts, der andere links, so daß seine Hände erhoben blieben, bis die
Sonne unterging. 13 So besiegte Josua mit scharfem Schwert Amalek
und sein Heer. 14 Danach sprach der Herr zu Mose: Halte das zur Erin-
nerung in einer Urkunde fest, und präg es Josua ein! Denn ich will die
Erinnerung an Amalek unter dem Himmel austilgen. 15 Mose baute
einen Altar und gab ihm den Namen »Jahwe mein Feldzeichen«. 16 Er
sagte:
Die Hand an Jahwes Feldzeichen! / Krieg ist zwischen Jahwe und
Amalek / von Generation zu Generation.

Jitros Rat: Die Berufung von Richtern

18 Jitro, der Priester von Midian, der Schwiegervater des Mose,
hörte, was Gott alles an Mose und seinem Volk Israel getan
und wie der Herr Israel aus Ägypten herausgeführt hatte. 2 Da nahm
Jitro, der Schwiegervater des Mose, Zippora mit sich, die Frau des
Mose – Mose hatte sie wieder zurückgeschickt –, 3 und ihre beiden
Söhne. Der eine hieß Gerschom (Ödgast), weil Mose gesagt hatte:
Gast bin ich in fremdem Land. 4 Der andere hieß Eliëser (Gotthelf),
weil Mose gesagt hatte: Der Gott meines Vaters hat mir geholfen und
hat mich vor dem Schwert des Pharao gerettet. 5 Jitro, der Schwieger-
vater des Mose, kam mit dessen Söhnen und dessen Frau in die Wüste
am Gottesberg, wo Mose gerade lagerte. 6 Er ließ Mose sagen: Ich,
dein Schwiegervater Jitro, komme zu dir zusammen mit deiner Frau
und ihren beiden Söhnen. 7 Da ging Mose seinem Schwiegervater ent-
gegen, fiel vor ihm nieder und küßte ihn. Dann fragten sie einander
nach ihrem Wohlergehen und gingen ins Zelt.
8 Mose erzählte seinem Schwiegervater alles, was der Herr dem Pharao
und den Ägyptern um Israels willen angetan hatte, auch von allen
Schwierigkeiten, denen sie unterwegs begegnet waren, und wie der
Herr sie gerettet hatte. 9 Jitro freute sich über alles, was der Herr an
Israel Gutes getan hatte, als er es aus der Hand der Ägypter rettete.
10 Jitro sagte: Gepriesen sei der Herr, der euch aus der Hand der Ägyp-
ter und des Pharao gerettet hat. 11 Jetzt weiß ich: Jahwe ist größer als
alle Götter. Denn die Ägypter haben Israel hochmütig behandelt, doch
der Herr hat das Volk aus ihrer Hand gerettet. 12 Dann holte Jitro, der
Schwiegervater des Mose, Tiere für Brandopfer und Schlachtopfer
zur Ehre Gottes. Aaron und alle Ältesten Israels kamen, um mit
dem Schwiegervater des Mose vor dem Angesicht Gottes ein Mahl zu
halten.
13 Am folgenden Morgen setzte sich Mose, um für das Volk Recht zu
sprechen. Die Leute mußten vor Mose vom Morgen bis zum Abend
anstehen. 14 Als der Schwiegervater des Mose sah, was er alles für das
Volk zu tun hatte, sagte er: Was soll das, was du da für das Volk tust?
Warum sitzt du hier allein, und die vielen Leute müssen vom Morgen
bis zum Abend vor dir anstehen? 15 Mose antwortete seinem Schwie-
gervater: Die Leute kommen zu mir, um Gott zu befragen. 16 Wenn sie
einen Streitfall haben, kommen sie zu mir. Ich entscheide dann ihren
Fall und teile ihnen die Gesetze und Weisungen Gottes mit.
17 Da sagte der Schwiegervater zu Mose: Es ist nicht richtig, wie du
das machst. 18 So richtest du dich selbst zugrunde und auch das Volk,
das bei dir ist. Das ist zu schwer für dich; allein kannst du es nicht
bewältigen. 19 Nun hör zu, ich will dir einen Rat geben, und Gott wird
mit dir sein. Vertritt du das Volk vor Gott! Bring ihre Rechtsfälle vor
ihn, 20 unterrichte sie in den Gesetzen und Weisungen, und lehre sie,
wie sie leben und was sie tun sollen. 21 Du aber sieh dich im ganzen
Volk nach tüchtigen, gottesfürchtigen und zuverlässigen Männern
um, die Bestechung ablehnen. Gib dem Volk Vorsteher für je tausend,
hundert, fünfzig und zehn! 22 Sie sollen dem Volk jederzeit als Richter
zur Verfügung stehen. Alle wichtigen Fälle sollen sie vor dich brin-
gen, die leichteren sollen sie selber entscheiden. Entlaste dich, und
laß auch andere Verantwortung tragen! 23 Wenn du das tust, sofern
Gott zustimmt, bleibst du der Aufgabe gewachsen, und die Leute hier
können alle zufrieden heimgehen.
24 Mose hörte auf seinen Schwiegervater und tat alles, was er vor-
schlug. 25 Mose wählte sich tüchtige Männer in ganz Israel aus und
setzte sie als Hauptleute über das Volk ein, als Vorsteher für je tau-
send, hundert, fünfzig und zehn. 26 Sie standen dem Volk jederzeit als
Richter zur Verfügung. Die schwierigen Fälle brachten sie vor Mose,
alle leichteren entschieden sie selber. 27 Mose verabschiedete seinen
Schwiegervater, und dieser kehrte in sein Land zurück.

Am Sinai

Das Bundesangebot Gottes

19 Im dritten Monat nach dem Auszug der Israeliten aus Ägyp-
ten – am heutigen Tag – kamen sie in der Wüste Sinai an.
2 Sie waren von Refidim aufgebrochen und kamen in die Wüste Sinai.
Sie schlugen in der Wüste das Lager auf. Dort lagerte Israel gegen-
über dem Berg.
3 Mose stieg zu Gott hinauf. Da rief ihm der Herr vom Berg her zu:
Das sollst du dem Haus Jakob sagen und den Israeliten verkünden:
4 Ihr habt gesehen, was ich den Ägyptern angetan habe, wie ich euch
auf Adlerflügeln getragen und hierher zu mir gebracht habe. 5 Jetzt
aber, wenn ihr auf meine Stimme hört und meinen Bund haltet, wer-
det ihr unter allen Völkern mein besonderes Eigentum sein. Mir
gehört die ganze Erde, 6 ihr aber sollt mir als ein Reich von Priestern
und als ein heiliges Volk gehören. Das sind die Worte, die du den Isra-
eliten mitteilen sollst.
7 Mose ging und rief die Ältesten des Volkes zusammen. Er legte
ihnen alles vor, was der Herr ihm aufgetragen hatte.
8 Das ganze Volk antwortete einstimmig und erklärte: Alles, was der
Herr gesagt hat, wollen wir tun. Mose überbrachte dem Herrn die
Antwort des Volkes.
9 Der Herr sprach zu Mose: Ich werde zu dir in einer dichten Wolke
kommen; das Volk soll es hören, wenn ich mit dir rede, damit sie
auch an dich immer glauben. Da berichtete Mose dem Herrn, was das
Volk gesagt hatte.
10 Der Herr sprach zu Mose: Geh zum Volk! Ordne an, daß sie sich
heute und morgen heilig halten und ihre Kleider waschen. 11 Sie sol-
len sich für den dritten Tag bereithalten. Am dritten Tag nämlich wird
der Herr vor den Augen des ganzen Volkes auf den Berg Sinai herab-
steigen. 12 Zieh um das Volk eine Grenze, und sag: Hütet euch, auf
den Berg zu steigen oder auch nur seinen Fuß zu berühren. Jeder, der
den Berg berührt, wird mit dem Tod bestraft. 13 Keine Hand soll den
Berg berühren. Wer es aber tut, soll gesteinigt oder mit Pfeilen
erschossen werden; ob Tier oder Mensch, niemand darf am Leben
bleiben. Erst wenn das Horn ertönt, dürfen sie auf den Berg steigen.
14 Mose stieg vom Berg zum Volk hinunter und ordnete an, das Volk
solle sich heilig halten und seine Kleider waschen. 15 Er sagte zum

Volk: Haltet euch für den dritten Tag bereit! Berührt keine Frau! 16 Am
dritten Tag, im Morgengrauen, begann es zu donnern und zu blitzen.
Schwere Wolken lagen über dem Berg, und gewaltiger Hörnerschall
erklang. Das ganze Volk im Lager begann zu zittern. 17 Mose führte es
aus dem Lager hinaus Gott entgegen. Unten am Berg blieben sie ste-
hen. 18 Der ganze Sinai war in Rauch gehüllt, denn der Herr war im
Feuer auf ihn herabgestiegen. Der Rauch stieg vom Berg auf wie
Rauch aus einem Schmelzofen. Der ganze Berg bebte gewaltig, 19 und
der Hörnerschall wurde immer lauter. Mose redete, und Gott antwor-
tete im Donner. 20 Der Herr war auf den Sinai, auf den Gipfel des Ber-
ges, herabgestiegen. Er hatte Mose zu sich auf den Gipfel des Berges
gerufen, und Mose war hinaufgestiegen. 21 Da sprach der Herr zu
Mose: Geh hinunter, und schärf dem Volk ein, sie sollen nicht neugie-
rig sein und nicht versuchen, zum Herrn vorzudringen; sonst müß-
ten viele von ihnen umkommen. 22 Auch die Priester, die sich dem
Herrn nähern, müssen sich geheiligt haben, damit der Herr in ihre
Reihen keine Bresche reißt. 23 Mose entgegnete dem Herrn: Das Volk
kann nicht auf den Sinai steigen. Denn du selbst hast uns einge-
schärft: Zieh eine Grenze um den Berg, und erklär ihn für heilig!
24 Doch der Herr sprach zu ihm: Geh hinunter, und komm zusammen
mit Aaron wieder herauf! Die Priester aber und das Volk sollen nicht
versuchen, hinaufzusteigen und zum Herrn vorzudringen, sonst
reißt er in ihre Reihen eine Bresche. 25 Da ging Mose zum Volk hinun-
ter und sagte es ihnen.

Die Zehn Gebote

20 Dann sprach Gott alle diese Worte: 2 Ich bin Jahwe, dein
Gott, der dich aus Ägypten geführt hat, aus dem Sklaven-
haus. 3 Du sollst neben mir keine anderen Götter haben. 4 Du sollst
dir kein Gottesbild machen und keine Darstellung von irgend etwas
am Himmel droben, auf der Erde unten oder im Wasser unter der
Erde. 5 Du sollst dich nicht vor anderen Göttern niederwerfen und
dich nicht verpflichten, ihnen zu dienen. Denn ich, der Herr, dein
Gott, bin ein eifersüchtiger Gott: Bei denen, die mir feind sind, ver-
folge ich die Schuld der Väter an den Söhnen, an der dritten und vier-
ten Generation; 6 bei denen, die mich lieben und auf meine Gebote
achten, erweise ich Tausenden meine Huld. 7 Du sollst den Namen
des Herrn, deines Gottes, nicht mißbrauchen; denn der Herr läßt den
nicht ungestraft, der seinen Namen mißbraucht.
8 Gedenke des Sabbats: Halte ihn heilig! 9 Sechs Tage darfst du schaf-
fen und jede Arbeit tun. 10 Der siebte Tag ist ein Ruhetag, dem Herrn,
deinem Gott, geweiht. An ihm darfst du keine Arbeit tun: du, dein
Sohn und deine Tochter, dein Sklave und deine Sklavin, dein Vieh und
der Fremde, der in deinen Stadtbereichen Wohnrecht hat. 11 Denn in
sechs Tagen hat der Herr Himmel, Erde und Meer gemacht und alles,
was dazugehört; am siebten Tag ruhte er. Darum hat der Herr den
Sabbattag gesegnet und ihn für heilig erklärt.
12 Ehre deinen Vater und deine Mutter, damit du lange lebst in dem
Land, das der Herr, dein Gott, dir gibt.
13 Du sollst nicht morden.
14 Du sollst nicht die Ehe brechen.
15 Du sollst nicht stehlen.
16 Du sollst nicht falsch gegen deinen Nächsten aussagen.
17 Du sollst nicht nach dem Haus deines Nächsten verlangen. Du
sollst nicht nach der Frau deines Nächsten verlangen, nach seinem
Sklaven oder seiner Sklavin, seinem Rind oder seinem Esel oder nach
irgend etwas, das deinem Nächsten gehört.
18 Das ganze Volk erlebte, wie es donnerte und blitzte, wie Hörner
erklangen und der Berg rauchte. Da bekam das Volk Angst, es zitterte
und hielt sich in der Ferne. 19 Sie sagten zu Mose: Rede du mit uns,
dann wollen wir hören. Gott soll nicht mit uns reden, sonst sterben
wir. 20 Da sagte Mose zum Volk: Fürchtet euch nicht! Gott ist gekom-
men, um euch auf die Probe zu stellen. Die Furcht vor ihm soll über
euch kommen, damit ihr nicht sündigt. 21 Das Volk hielt sich in der
Ferne, und Mose näherte sich der dunklen Wolke, in der Gott war.

Das Altargesetz

22 Der Herr sprach zu Mose: Sag den Israeliten: Ihr habt gesehen,
daß ich vom Himmel her mit euch geredet habe. 23 Ihr sollt euch
neben mir keine Götter aus Silber machen, auch Götter aus Gold
sollt ihr euch nicht machen. 24 Du sollst mir einen Altar aus Erde
errichten und darauf deine Schafe, Ziegen und Rinder als Brandopfer
und Heilsopfer schlachten. An jedem Ort, an dem ich meinem
Namen ein Gedächtnis stifte, will ich zu dir kommen und dich seg-
nen. 25 Wenn du mir einen Altar aus Steinen errichtest, so sollst du
ihn nicht aus behauenen Quadern bauen. Du entweihst ihn, wenn du
mit einem Meißel daran arbeitest. 26 Du sollst nicht auf Stufen zu
meinem Altar hinaufsteigen, damit deine Blöße dabei nicht zum
Vorschein komme.

Das Bundesbuch

Einleitung

21 Das sind die Rechtsvorschriften, die du ihnen vorlegen
sollst:

Hebräische Sklaven

2 Wenn du einen hebräischen Sklaven kaufst, soll er sechs Jahre
Sklave bleiben, im siebten Jahr soll er ohne Entgelt als freier Mann
entlassen werden. 3 Ist er allein gekommen, soll er allein gehen. War
er verheiratet, soll seine Frau mitgehen. 4 Hat ihm sein Herr eine Frau
gegeben und hat sie ihm Söhne oder Töchter geboren, dann gehören
Frau und Kinder ihrem Herrn, und er muß allein gehen. 5 Erklärt aber
der Sklave: Ich liebe meinen Herrn, meine Frau und meine Kinder
und will nicht als freier Mann fortgehen, 6 dann soll ihn sein Herr vor
Gott bringen, er soll ihn an die Tür oder an den Torpfosten bringen
und ihm das Ohr mit einem Pfriem durchbohren; dann bleibt er für
immer sein Sklave.
7 Wenn einer seine Tochter als Sklavin verkauft hat, soll sie nicht wie
andere Sklaven entlassen werden. 8 Hat ihr Herr sie für sich selbst
bestimmt, mag er sie aber nicht mehr, dann soll er sie zurückkaufen
lassen. Er hat nicht das Recht, sie an Fremde zu verkaufen, da er seine
Zusage nicht eingehalten hat. 9 Hat er sie für seinen Sohn bestimmt,
verfahre er mit ihr nach dem Recht, das für Töchter gilt. 10 Nimmt er
sich noch eine andere Frau, darf er sie in Nahrung, Kleidung und Bei-
schlaf nicht benachteiligen. 11 Wenn er ihr diese drei Dinge nicht
gewährt, darf sie unentgeltlich, ohne Bezahlung, gehen.

Totschlag und Mord

12 Wer einen Menschen so schlägt, daß er stirbt, wird mit dem Tod
bestraft. 13 Wenn er ihm aber nicht aufgelauert hat, sondern Gott es
durch seine Hand geschehen ließ, werde ich dir einen Ort festsetzen,
an den er fliehen kann. 14 Hat einer vorsätzlich gehandelt und seinen
Mitbürger aus dem Hinterhalt umgebracht, sollst du ihn von meinem
Altar wegholen, damit er stirbt.

Mißhandlung der Eltern

15 Wer seinen Vater oder seine Mutter schlägt, wird mit dem Tod
bestraft.

Menschenraub

16 Wer einen Menschen raubt, gleichgültig, ob er ihn verkauft hat oder
ob man ihn noch in seiner Gewalt vorfindet, wird mit dem Tod
bestraft.

Entehrung der Eltern

17 Wer seinen Vater oder seine Mutter verflucht, wird mit dem Tod
bestraft.

Körperverletzung durch Menschen
18 Wenn Männer in Streit geraten und einer den andern mit einem
Stein oder einer Hacke verletzt, so daß er zwar nicht stirbt, aber
bettlägerig wird, 19 später wieder aufstehen und mit Krücken
draußen umhergehen kann, so ist der freizusprechen, der geschla-
gen hat; nur für die Arbeitsunfähigkeit des Geschädigten muß er
Ersatz leisten, und er muß für die Heilung aufkommen. 20 Wenn
einer seinen Sklaven oder seine Sklavin mit dem Stock so schlägt,
daß er unter seiner Hand stirbt, dann muß der Sklave gerächt wer-
den. 21 Wenn er noch einen oder zwei Tage am Leben bleibt, dann
soll den Täter keine Rache treffen; es geht ja um sein eigenes Geld.
22 Wenn Männer miteinander raufen und dabei eine schwangere
Frau treffen, so daß sie eine Fehlgeburt hat, ohne daß ein weiterer
Schaden entsteht, dann soll der Täter eine Buße zahlen, die ihm der
Ehemann der Frau auferlegt; er kann die Zahlung nach dem Urteil
von Schiedsrichtern leisten. 23 Ist weiterer Schaden entstanden,
dann mußt du geben: Leben für Leben, 24 Auge für Auge, Zahn für
Zahn, Hand für Hand, Fuß für Fuß, 25 Brandmal für Brandmal,
Wunde für Wunde, Strieme für Strieme. 26 Wenn einer seinem
Sklaven oder seiner Sklavin ein Auge ausschlägt, soll er ihn für das
ausgeschlagene Auge freilassen.
27 Wenn er seinem Sklaven oder seiner Sklavin einen Zahn ausschlägt,
soll er ihn für den ausgeschlagenen Zahn freilassen.

Körperverletzung durch Haustiere
28 Wenn ein Rind einen Mann oder eine Frau so stößt, daß der
Betreffende stirbt, dann muß man das Rind steinigen, und sein
Fleisch darf man nicht essen; der Eigentümer des Rinds aber bleibt
straffrei. 29 Hat das Rind aber schon früher gestoßen und hat der
Eigentümer, obwohl man ihn darauf aufmerksam gemacht hat, auf
das Tier nicht aufgepaßt, so daß es einen Mann oder eine Frau getö-
tet hat, dann soll man das Rind steinigen, und auch sein Eigentümer
soll getötet werden. 30 Will man ihm aber eine Sühne auferlegen, soll
er als Lösegeld für sein Leben so viel geben, wie man von ihm for-
dert. 31 Stößt das Rind einen Sohn oder eine Tochter, verfahre man
nach dem gleichen Grundsatz. 32 Stößt das Rind einen Sklaven oder
eine Sklavin, soll der Eigentümer dem Herrn dreißig Silberschekel
zahlen; das Rind aber soll gesteinigt werden.

Ersatz bei Schädigung fremden Viehs
33 Wenn jemand einen Brunnen offen läßt oder einen Brunnen gräbt,
ohne ihn abzudecken, und es fällt ein Rind oder ein Esel hinein,
34 dann soll der Eigentümer des Brunnens Ersatz leisten; er soll dem
Eigentümer des Tieres Geld zahlen, das verendete Tier aber gehört
ihm. 35 Wenn jemandes Rind das Rind eines anderen stößt, so daß es
eingeht, soll man das lebende Rind verkaufen und den Erlös aufttei-
len; auch das verendete Rind soll man aufteilen. 36 Wenn jedoch der
Eigentümer wußte, daß das Rind schon früher stößig war, aber trotz-
dem nicht darauf aufgepaßt hat, soll er das Rind ersetzen, Rind für
Rind, das verendete Rind aber gehört ihm.

Ersatz bei Diebstahl
37 Wenn einer ein Rind oder ein Schaf stiehlt und es schlachtet oder
verkauft, soll er fünf Stück Großvieh für das Rind oder vier Stück
Kleinvieh für das Schaf als Ersatz geben.

22 Wird ein Dieb beim Einbruch ertappt und so geschlagen,
daß er stirbt, so entsteht dadurch keine Blutschuld. 2 Doch
ist darüber bereits die Sonne aufgegangen, dann entsteht Blutschuld.
Ein Dieb muß Ersatz leisten. Besitzt er nichts, soll man ihn für den
Wert des Gestohlenen verkaufen. 3 Findet man das Gestohlene, sei es
Rind, Esel oder Schaf, noch lebend in seinem Besitz, dann soll er
doppelten Ersatz leisten.

Ersatz bei fahrlässigem Feldbrand
4 Wenn jemand ein Feld oder einen Weinberg abbrennt und das Feuer
sich ausbreiten läßt, so daß es das Feld eines andern in Brand steckt,
dann soll er den besten Ertrag seines Feldes oder Weinbergs
als Ersatz dafür geben. 5 Breitet sich das Feuer aus, erfaßt es eine
Dornenhecke und vernichtet einen Getreidehaufen, auf dem Halm
stehendes Getreide oder ein Feld, dann soll der für den Brand Verant-
wortliche den Schaden ersetzen.

Haftung für fremdes Eigentum
6 Übergibt jemand einem andern Geld oder Gerät zur Aufbewahrung
und es wird aus dessen Haus gestohlen, dann soll der Dieb, wenn
man ihn findet, doppelten Ersatz leisten. 7 Findet man den Dieb
nicht, soll der Hausherr vor Gott erklären, daß er sich nicht selbst am
Eigentum des andern vergriffen hat. 8 Wenn jemandem etwas verun-
treut wurde, ein Rind, ein Esel, ein Schaf, ein Kleid oder sonst etwas,
und er behauptet: Ja, das ist es, dann soll der Streitfall der beiden vor
Gott kommen. Wen Gott als schuldig bezeichnet, soll dem andern
doppelten Ersatz leisten. 9 Wenn jemand einem andern einen Esel,
ein Rind, ein Schaf oder sonst ein Haustier zur Verwahrung übergibt
und das Tier eingeht, sich etwas bricht oder fortgetrieben wird, ohne
daß es jemand sieht, 10 dann soll ein Eid beim Namen des Herrn Klar-
heit darüber schaffen, daß der eine sich nicht am Eigentum des
andern vergriffen hat. Der Eigentümer soll an sich nehmen, was noch
da ist, ohne daß der andere Ersatz zu leisten hätte. 11 Ist es ihm aber
gestohlen worden, muß er dem Eigentümer Ersatz leisten. 12 Ist das
Tier gerissen worden, bringe er es zum Beweis herbei; dann braucht
er für das Gerissene keinen Ersatz zu leisten. 13 Leiht jemand von
einem andern ein Tier und bricht es sich etwas oder geht ein, und
zwar in Abwesenheit des Eigentümers, so muß er Ersatz leisten.
14 War der Eigentümer aber anwesend, so braucht der andere keinen
Ersatz zu leisten. Ist er Taglöhner, so geht es von seinem Lohn ab.

Verführung einer Jungfrau
15 Wenn jemand ein noch nicht verlobtes Mädchen verführt und bei
ihm schläft, dann soll er das Brautgeld zahlen und sie zur Frau neh-
men. 16 Weigert sich aber ihr Vater, sie ihm zu geben, dann hat er ihm
so viel zu zahlen, wie der Brautpreis für eine Jungfrau beträgt.

Todeswürdige Verbrechen: Zauberei, Bestialität, Götzendienst
17 Eine Hexe sollst du nicht am Leben lassen. 18 Jeder, der mit einem
Tier verkehrt, soll mit dem Tod bestraft werden. 19 Wer einer Gottheit
außer Jahwe Schlachtopfer darbringt, an dem soll die Vernichtungs-
weihe vollstreckt werden.

Schutz vor Unterdrückung und Ausbeutung
20 Einen Fremden sollst du nicht ausnützen oder ausbeuten, denn ihr
selbst seid in Ägypten Fremde gewesen. 21 Ihr sollt keine Witwe oder
Waise ausnützen. 22 Wenn du sie ausnützt und sie zu mir schreit,
werde ich auf ihren Klageschrei hören. 23 Mein Zorn wird entbren-
nen, und ich werde euch mit dem Schwert umbringen, so daß eure
Frauen zu Witwen und eure Söhne zu Waisen werden.
24 Leihst du einem aus meinem Volk, einem Armen, der neben dir
wohnt, Geld, dann sollst du dich gegen ihn nicht wie ein Wucherer
benehmen. Ihr sollt von ihm keinen Wucherzins fordern. 25 Nimmst
du von einem Mitbürger den Mantel zum Pfand, dann sollst du ihn
bis Sonnenuntergang zurückgeben; 26 denn es ist seine einzige
Decke, der Mantel, mit dem er seinen bloßen Leib bedeckt. Worin
soll er sonst schlafen? Wenn er zu mir schreit, höre ich es, denn ich
habe Mitleid.

Gotteslästerung und Majestätsbeleidigung
27 Du sollst Gott nicht verächtlich machen und den Fürsten deines
Volkes nicht verfluchen.

Erstlingsopfer
28 Deinen Reichtum und Überfluß sollst du nicht für dich behalten.
Den Erstgeborenen unter deinen Söhnen sollst du mir geben.
29 Ebenso sollst du es mit deinen Rindern, Schafen und Ziegen halten.
Sieben Tage sollen sie bei ihrer Mutter bleiben, am achten Tag sollst
du sie mir übergeben.

Verbot, gerissene Tiere zu essen
30 Als heilige Männer sollt ihr mir gehören. Fleisch von einem Tier,
das auf dem Feld gerissen wurde, sollt ihr nicht essen; ihr sollt es den
Hunden vorwerfen.

Verhalten im Rechtsverfahren
23 Du sollst kein leeres Gerücht verbreiten. Biete deine Hand
nicht dem, der Unrecht hat, indem du als falscher Zeuge
auftrittst. 2 Du sollst dich nicht der Mehrheit anschließen, wenn sie
im Unrecht ist, und sollst in einem Rechtsverfahren nicht so aussa-
gen, daß du dich der Mehrheit fügst und das Recht beugst. 3 Du sollst
auch den Geringen in seinem Rechtsstreit nicht begünstigen.

Verhalten gegen den Feind
4 Wenn du dem verirrten Rind oder dem Esel deines Feindes begeg-
nest, sollst du ihm das Tier zurückbringen. 5 Wenn du siehst, wie der
Esel deines Gegners unter der Last zusammenbricht, dann laß ihn
nicht im Stich, sondern leiste ihm Hilfe!

Verbot von Rechtsbeugung
6 Du sollst das Recht des Armen in seinem Rechtsstreit nicht beugen.
7 Von einem unlauteren Verfahren sollst du dich fernhalten. Wer
unschuldig und im Recht ist, den bring nicht um sein Leben; denn ich
spreche den Schuldigen nicht frei. 8 Du sollst dich nicht bestechen
lassen; denn Bestechung macht Sehende blind und verkehrt die Sache
derer, die im Recht sind.

Rechtsschutz des Fremden
9 Einen Fremden sollst du nicht ausbeuten. Ihr wißt doch, wie es
einem Fremden zumute ist; denn ihr selbst seid in Ägypten Fremde
gewesen.

Sabbatjahr und Sabbatfeier
10 Sechs Jahre kannst du in deinem Land säen und die Ernte einbrin-
gen; 11 im siebten sollst du es brach liegen lassen und nicht bestellen.
Die Armen in deinem Volk sollen davon essen, den Rest mögen die
Tiere des Feldes fressen. Das gleiche sollst du mit deinem Weinberg
und deinen Ölbäumen tun. 12 Sechs Tage kannst du deine Arbeit ver-
richten, am siebten Tag aber sollst du ruhen, damit dein Rind und
dein Esel ausruhen und der Sohn deiner Sklavin und der Fremde zu
Atem kommen.

Mahnung: Treue zum Bundesgott
13 Auf alles, was ich euch gesagt habe, sollt ihr achten. Den Namen
eines anderen Gottes sollt ihr nicht aussprechen, er soll dir nicht über
die Lippen kommen.

Die drei Hauptfeste
14 Dreimal im Jahr sollst du mir ein Fest feiern. 15 Du sollst das Fest
der Ungesäuerten Brote halten. Im Monat Abib sollst du zur festge-
setzten Zeit sieben Tage lang ungesäuertes Brot essen, wie ich es dir
geboten habe. Denn in diesem Monat bist du aus Ägypten ausgezo-
gen. Man soll nicht mit leeren Händen vor mir erscheinen. 16 Du
sollst auch das Fest der Ernte, des ersten Ertrags deiner Aussaat auf
dem Feld, halten, ebenso das Fest der Lese am Ende des Jahres,
wenn du den Ertrag deines Feldes eingebracht hast. 17 Dreimal im
Jahr sollen alle deine Männer vor dem Herrn erscheinen.

Opfervorschriften
18 Beim Schlachten sollst du das Blut meines Opfers nicht über gesäu-
ertes Brot fließen lassen. Das Fett meines Festopfers darf nicht bis
zum Morgen liegenbleiben. 19 Von den Erstlingsfrüchten deines
Ackers sollst du die besten in das Haus des Herrn, deines Gottes,
bringen. Das Junge einer Ziege sollst du nicht in der Milch seiner
Mutter kochen.

Schlußmahnung: Verheißung und Warnung
20 Ich werde einen Engel schicken, der dir vorausgeht. Er soll dich auf
dem Weg schützen und dich an den Ort bringen, den ich bestimmt
habe. 21 Achte auf ihn, und hör auf seine Stimme! Widersetz dich ihm
nicht! Er würde es nicht ertragen, wenn ihr euch auflehnt; denn in
ihm ist mein Name gegenwärtig. 22 Wenn du auf seine Stimme hörst
und alles tust, was ich sage, dann werde ich der Feind deiner Feinde
sein und alle in die Enge treiben, die dich bedrängen.
23 Wenn mein Engel dir vorausgeht und dich in das Land der Amori-
ter, Hetiter, Perisiter, Kanaaniter, Hiwiter und Jebusiter führt und
wenn ich sie verschwinden lasse, 24 dann sollst du dich vor ihren
Göttern nicht niederwerfen und dich nicht verpflichten, ihnen zu die-
nen. Du sollst keine Kultgegenstände herstellen wie sie, sondern sie
zerstören und ihre Steinmale zerschlagen.
25 Wenn ihr dem Herrn, eurem Gott, dient, wird er dein Brot und dein
Wasser segnen. Ich werde Krankheiten von dir fernhalten. 26 In dei-
nem Land wird es keine Frau geben, die eine Fehlgeburt hat oder kin-
derlos bleibt. Ich lasse dich die volle Zahl deiner Lebenstage errei-
chen. 27 Ich sende meinen Schrecken vor dir her, ich verwirre jedes
Volk, zu dem du kommst, und alle deine Feinde lasse ich vor dir die
Flucht ergreifen. 28 Ich lasse vor dir Panik ausbrechen; sie wird die
Hiwiter, Kanaaniter und Hetiter vor dir hertreiben. 29 Ich vertreibe sie
aber nicht gleich im ersten Jahr; sonst verödet das Land, und die
wilden Tiere könnten zu deinem Schaden überhand nehmen. 30 Nur
allmählich will ich sie vor dir zurückdrängen, bis du so zahlreich
geworden bist, daß du das Land in Besitz nehmen kannst. 31 Ich setze
deine Landesgrenzen fest vom Schilfmeer bis zum Philistermeer, von
der Wüste bis zum Strom. Wenn ich die Einwohner des Landes in
deine Hand gebe und du sie vertreibst, 32 dann sollst du keinen Bund
mit ihnen und ihren Göttern schließen. 33 Sie sollen nicht in deinem
Land bleiben. Sonst könnten sie dich zur Sünde gegen mich ver-
führen, so daß du ihre Götter verehrst; denn dann würde dir das zu
einer Falle.

Der Bundesschluß
24 Zu Mose sprach er: Steig zum Herrn hinauf zusammen mit
Aaron, Nadab, Abihu und mit siebzig von den Ältesten Isra-
els; werft euch in einiger Entfernung nieder! 2 Mose allein soll sich
dem Herrn nähern, die anderen dürfen nicht näherkommen, und das
Volk darf den Berg nicht mit ihm zusammen besteigen.
3 Mose kam und übermittelte dem Volk alle Worte und Rechtsvor-
schriften des Herrn. Das ganze Volk antwortete einstimmig und
sagte: Alles, was der Herr gesagt hat, wollen wir tun. 4 Mose schrieb
alle Worte des Herrn auf. Am nächsten Morgen stand er zeitig auf und
errichtete am Fuß des Berges einen Altar und zwölf Steinmale für die
zwölf Stämme Israels. 5 Er schickte die jungen Männer Israels aus. Sie
brachten Brandopfer dar und schlachteten junge Stiere als Heilsopfer
für den Herrn. 6 Mose nahm die Hälfte des Blutes und goß es in eine
Schüssel, mit der anderen Hälfte besprengte er den Altar. 7 Darauf
nahm er die Urkunde des Bundes und verlas sie vor dem Volk. Sie ant-
worteten: Alles, was der Herr gesagt hat, wollen wir tun; wir wollen
gehorchen. 8 Da nahm Mose das Blut, besprengte damit das Volk und
sagte: Das ist das Blut des Bundes, den der Herr aufgrund all dieser
Worte mit euch geschlossen hat.
9 Danach stiegen Mose, Aaron, Nadab, Abihu und die siebzig von den
Ältesten Israels hinauf 10 und sie sahen den Gott Israels. Die Fläche
unter seinen Füßen war wie mit Saphir ausgelegt und glänzte hell wie

der Himmel selbst. 11 Gott streckte nicht seine Hand gegen die Edlen der Israeliten aus; sie durften Gott sehen, und sie aßen und tranken.
12 Der Herr sprach zu Mose: Komm herauf zu mir auf den Berg, und bleib hier! Ich will dir die Steintafeln übergeben, die Weisung und die Gebote, die ich aufgeschrieben habe. Du sollst das Volk darin unterweisen. 13 Da erhob sich Mose mit seinem Diener Josua und stieg den Gottesberg hinauf. 14 Zu den Ältesten sagte er: Bleibt hier, bis wir zu euch zurückkehren; Aaron und Hur sind ja bei euch. Wer ein Anliegen hat, wende sich an sie. 15 Dann stieg Mose auf den Berg, und die Wolke bedeckte den Berg. 16 Die Herrlichkeit des Herrn ließ sich auf den Sinai herab, und die Wolke bedeckte den Berg sechs Tage lang. Am siebten Tag rief der Herr mitten aus der Wolke Mose herbei. 17 Die Erscheinung der Herrlichkeit des Herrn auf dem Gipfel des Berges zeigte sich vor den Augen der Israeliten wie verzehrendes Feuer.
18 Mose ging mitten in die Wolke hinein und stieg auf den Berg hinauf. Vierzig Tage und vierzig Nächte blieb Mose auf dem Berg.

Die Anordnungen für Heiligtum und Kult

Das Heiligtum und seine Geräte

25 Der Herr sprach zu Mose: 2 Sag zu den Israeliten, sie sollen für mich eine Abgabe erheben. Von jedem, den sein Sinn dazu bewegt, sollt ihr die Abgabe erheben. 3 Das ist die Abgabe, die ihr von ihnen erheben sollt: Gold, Silber, Kupfer, 4 violetten und roten Purpur, Karmesin, Byssus, Ziegenhaare, 5 rötliche Widderfelle, Tahaschhäute und Akazienholz; 6 Öl für den Leuchter, Balsame für das Salböl und für duftendes Räucherwerk; 7 Karneolsteine und Ziersteine für Efod und Lostasche. 8 Macht mir ein Heiligtum! Dann werde ich in ihrer Mitte wohnen. 9 Genau nach dem Muster der Wohnstätte und aller ihrer Gegenstände, das ich dir zeige, sollt ihr es herstellen.
10 Macht eine Lade aus Akazienholz, zweieinhalb Ellen lang, anderthalb Ellen breit und anderthalb Ellen hoch! 11 Überzieh sie innen und außen mit purem Gold, und bring daran ringsherum eine Goldleiste an! 12 Gieß für sie vier Goldringe, und befestige sie an ihren vier Füßen, zwei Ringe an der einen Seite und zwei Ringe an der anderen Seite! 13 Fertige Stangen aus Akazienholz an, und überzieh sie mit Gold! 14 Steck die Stangen durch die Ringe an den Seiten der Lade, so daß man die Lade damit tragen kann. 15 Die Stangen sollen in den Ringen der Lade bleiben; man soll sie nicht herausziehen. 16 In die Lade sollst du die Bundesurkunde legen, die ich dir gebe. 17 Verfertige auch eine Deckplatte aus purem Gold, zweieinhalb Ellen lang und anderthalb Ellen breit! 18 Mach zwei Kerubim aus getriebenem Gold, und arbeite sie an den beiden Enden der Deckplatte heraus! 19 Mach je einen Kerub an dem einen und dem andern Ende; auf der Deckplatte macht die Kerubim an den beiden Enden! 20 Die Kerubim sollen die Flügel nach oben ausbreiten, mit ihren Flügeln die Deckplatte beschirmen, und sie sollen ihre Gesichter einander zuwenden; der Deckplatte sollen die Gesichter der Kerubim zugewandt sein. 21 Setz die Deckplatte oben auf die Lade, und in die Lade leg die Bundesurkunde, die ich dir gebe. 22 Dort werde ich mich dir zu erkennen geben und dir über der Deckplatte zwischen den beiden Kerubim, die auf der Lade der Bundesurkunde sind, alles sagen, was ich dir für die Israeliten auftragen werde.
23 Fertige auch einen Tisch aus Akazienholz an, zwei Ellen lang, eine Elle breit und anderthalb Ellen hoch! 24 Überzieh ihn mit purem Gold, und bring daran ringsherum eine Goldleiste an! 25 Mach ihm ringsherum eine handbreite Einfassung, und verfertige um diese Einfassung eine goldene Leiste! 26 Mach ihm vier Goldringe, und befestige die Ringe an den vier Ecken, die von seinen vier Füßen gebildet werden. 27 Die Ringe sollen dicht unter der Einfassung die Stangen aufnehmen, mit denen man den Tisch trägt. 28 Mach die Stangen aus Akazienholz, und überzieh sie mit Gold! Mit ihnen soll man den Tisch tragen. 29 Dazu mach Schüsseln, Schalen, Kannen und Krüge für die Trankopfer! Aus purem Gold sollst du sie anfertigen. 30 Auf dem Tisch sollst du ständig Schaubrote vor mir auflegen.
31 Verfertige auch einen Leuchter aus purem Gold! Der Leuchter, sein Gestell, sein Schaft, seine Kelche, Knospen und Blüten sollen aus einem Stück getrieben sein. 32 Von seinen Seiten sollen sechs Arme ausgehen, drei Leuchterarme auf der einen Seite und drei auf der anderen Seite. 33 Der erste Arm soll drei mandelblütenförmige Kelche mit je einer Knospe und einer Blüte aufweisen, und der zweite Arm soll drei mandelblütenförmige Kelche mit je einer Knospe und einer Blüte aufweisen; so alle sechs Arme, die von dem Leuchter ausgehen. 34 Auf dem Schaft des Leuchters sollen vier mandelblütenförmige Kelche, Knospen und Blüten sein, 35 je eine Knospe unten zwischen zwei Armen, entsprechend den sechs Armen, die vom Leuchter ausgehen. 36 Seine Knospen und die Arme sollen ein Ganzes mit dem Schaft bilden; das Ganze soll ein Stück aus getriebenem purem Gold sein. 37 Dann mach für den Leuchter sieben Lampen, und setze seine Lampen so auf, daß sie das Licht nach vorn fallen lassen; 38 dazu Dochtscheren und Pfannen aus purem Gold. 39 Aus einem Talent puren Goldes soll man den Leuchter und alle diese Geräte machen. 40 Sieh zu, daß du ihn nach dem Muster ausführst, das du auf dem Berg gesehen hast.

26 Die Wohnstätte sollst du aus zehn Zelttüchern herstellen; aus gezwirntem Byssus, violettem und rotem Purpur und Karmesin mit Kerubim sollst du sie machen, wie es ein Kunstweber macht. 2 Ein Zelttuch soll achtundzwanzig Ellen lang und vier Ellen breit sein; alle Zelttücher sollen dasselbe Maß haben. 3 Fünf Zelttücher sollen jeweils aneinandergefügt sein. 4 Mach Schleifen aus violettem Purpur am Rand des einen Zelttuchs, am Ende des zusammengefügten Stückes; ebenso sollst du es am Rand des letzten Zelttuchs des außen zusammengefügten Stückes machen. 5 Fünfzig Schleifen sollst du an dem einen Zelttuch anbringen und fünfzig Schleifen am Zelttuchende des zweiten zusammengefügten Stückes; die Schleifen sollen einander entsprechen. 6 Du sollst auch fünfzig Goldhaken machen und die Zelttücher mit den Haken verbinden, eines mit dem andern; so soll die Wohnstätte ein Ganzes bilden.
7 Mach Decken aus Ziegenhaar für das Zelt über der Wohnstätte; elf Stück sollst du herstellen. 8 Eine Decke soll dreißig Ellen lang und vier Ellen breit sein; die elf Decken sollen dasselbe Maß haben. 9 Verbinde fünf Decken zu einem Stück und sechs Decken zu einem Stück; die sechste Decke sollst du an der Vorderseite des Zeltes doppelt zusammenlegen. 10 Fünfzig Schleifen mach am Saum der Decke, die das Ende eines zusammengesetzten Stückes bildet, und ebenso fünfzig Schleifen am Saum der Decke, die das Ende des andern zusammengesetzten Stückes bildet. 11 Fertige fünfzig Kupferhaken an, häng die Haken in die Schleifen, und setz das Zelt so zusammen, daß es ein Ganzes bildet. 12 Den herabhängenden überschüssigen Teil der Zeltdecke laß zur Hälfte an der Rückseite der Wohnstätte herabhängen! 13 Die überschüssige Elle auf beiden Längsseiten der Zeltdecken soll auf die beiden Seiten der Wohnstätte herabhängen, so daß sie sie bedeckt. 14 Schließlich mach für das Zelt eine Decke aus rötlichen Widderfellen und darüber eine Decke aus Tahaschhäuten!
15 Mach für die Wohnstätte Bretter aus Akazienholz zum Aufstellen! 16 Jedes Brett soll zehn Ellen lang und anderthalb Ellen breit sein; 17 jedes Brett soll durch zwei Zapfen mit dem nächsten verbunden werden. So mach es mit allen Brettern für die Wohnstätte! 18 An Brettern für die Wohnstätte verfertige zwanzig für die Südseite! 19 Stell vierzig Sockel aus Silber her als Unterlage für die zwanzig Bretter, je zwei Sockel als Unterlage eines Brettes für seine beiden Zapfen! 20 Für die zweite Seite der Wohnstätte, die Nordseite, ebenfalls zwanzig Bretter 21 und vierzig Sockel aus Silber, je zwei Sockel als Unterlage eines Brettes. 22 Für die Rückseite der Wohnstätte, die Westseite, verfertige sechs Bretter, 23 und zwei Bretter stell für die Eckstücke an der Rückseite der Wohnstätte her! 24 Sie sollen einander entsprechen und von unten bis oben zum ersten Ring reichen. So soll es mit den beiden Brettern geschehen, die die Eckstücke bilden. 25 Acht Bretter und

sechzehn Sockel aus Silber sollen vorhanden sein, je zwei Sockel als
Unterlage für jedes Brett.
26 Verfertige Querlatten aus Akazienholz, fünf für die Bretter auf der
einen Seite der Wohnstätte, 27 fünf für die Bretter der zweiten Seite
der Wohnstätte und fünf für die Bretter der Rückseite der Wohnstätte,
der Westseite! 28 Die mittlere Querlatte soll in der Mitte der Bretter
angebracht werden und von einem Ende zum andern reichen.
29 Überzieh die Bretter mit Gold, und mach Ringe aus Gold, welche
die Querlatten aufnehmen; auch die Querlatten überzieh mit Gold!
30 So errichte die Wohnstätte nach dem Muster, das dir auf dem Berg
gezeigt worden ist.
31 Mach einen Vorhang aus violettem und rotem Purpur, Karmesin
und gezwirntem Byssus; wie Kunstweberarbeit soll er gemacht wer-
den, mit Kerubim. 32 Häng ihn an die vier mit Gold überzogenen Aka-
ziensäulen, die auf vier Sockeln aus Silber stehen sollen. Auch die
Nägel der Säulen sollen aus Gold sein. 33 Häng den Vorhang an die
Haken, und bring dorthin, hinter den Vorhang, die Lade der Bundes-
urkunde! Der Vorhang trenne euch das Heiligtum vom Allerheilig-
sten. 34 Setz die Deckplatte auf die Lade der Bundesurkunde im Aller-
heiligsten! 35 Stell den Tisch außen vor den Vorhang, den Leuchter
gegenüber dem Tisch an die Südseite der Wohnstätte; den Tisch stell
an die Nordseite! 36 Für den Eingang des Zeltes mach einen Vorhang
aus violettem und rotem Purpur, Karmesin und gezwirntem Byssus;
Arbeit eines Buntwirkers soll er sein. 37 Für den Vorhang mach fünf
Akaziensäulen, überzieh sie mit Gold, und gieß für sie fünf kupferne
Sockel! Auch die Nägel der Säulen sollen aus Gold sein.
27 Dann mach aus Akazienholz den Altar, fünf Ellen lang und
fünf Ellen breit – der Altar soll also quadratisch sein – und
drei Ellen hoch. 2 Mach ihm Hörner an seinen vier Ecken – seine Hör-
ner sollen mit ihm ein Ganzes bilden –, und überzieh ihn mit Kupfer!
3 Stell auch die Gefäße her für seine Fett-Asche, seine Schaufeln und
Schalen, seine Gabeln und Feuerpfannen! Alle seine Geräte sollst du
aus Kupfer herstellen. 4 Mach für den Altar ein Gitterwerk, ein Netz-
gitter aus Kupfer, und befestige am Netzgitter vier Kupferringe, und
zwar an seinen vier Enden! 5 Bring das Gitterwerk unterhalb der
Altareinfassung unten an! Das Netzgitter soll bis zur Mitte des Altars
reichen. 6 Verfertige für den Altar Stangen – Stangen aus Akazienholz
–, und überzieh sie mit Kupfer! 7 Man soll die Stangen in die Ringe
stecken, und zwar sollen die Stangen an beiden Seiten des Altars
angebracht sein, wenn man ihn trägt. 8 Mach ihn hohl, aus Brettern!
Wie man es dir auf dem Berg gezeigt hat, so soll man es ausführen.
9 Dann mach den Vorhof der Wohnstätte: für die Südseite die
Behänge des Vorhofs aus gezwirntem Byssus, hundert Ellen lang für
eine Seite, 10 seine zwanzig Säulen und deren zwanzig Sockel aus
Kupfer, die Nägel der Säulen und deren Querstangen aus Silber;
11 ebenso für die nördliche Längsseite Behänge, hundert Ellen lang,
ihre zwanzig Säulen und deren zwanzig Sockel aus Kupfer, die Nägel
der Säulen und deren Querstangen aus Silber; 12 für die Breitseite des
Vorhofs im Westen Behänge von fünfzig Ellen, ihre zehn Säulen und
deren Sockel. 13 Der Vorhof an der Ostseite soll fünfzig Ellen breit
sein, 14 und zwar fünfzehn Ellen Behänge für die eine Seitenwand mit
ihren drei Säulen und deren drei Sockel; 15 für die andere Seitenwand
ebenso fünfzehn Ellen Behänge mit ihren drei Säulen und deren drei
Sockel; 16 für das Tor des Vorhofs als Buntwirkerarbeit einen Vorhang
von zwanzig Ellen aus violettem und rotem Purpur, Karmesin und
gezwirntem Byssus, mit ihren vier Säulen und deren vier Sockeln;
17 alle Säulen des Vorhofs ringsum mit Querstangen aus Silber sowie
ihre Nägel aus Silber und ihre Sockel aus Kupfer. 18 Der Vorhof soll
hundert Ellen lang, fünfzig Ellen breit und fünf Ellen hoch sein, die
Behänge aus gezwirntem Byssus, ihre Sockel aus Kupfer. 19 Alle
Geräte der Wohnstätte, die darin zu irgendeinem Dienst verwendet
werden, alle ihre Zeltpflöcke und alle Zeltpflöcke des Vorhofs sollen
aus Kupfer sein.
20 Du aber befiehl den Israeliten, daß sie dir reines Öl aus gestoßenen
Oliven für den Leuchter liefern, damit immer Licht brennt. 21 Im

Marc Chagall
Mose und Aaron vor dem Volk
(1966)
»Laß für deinen Bruder Aaron heilige Gewänder anfertigen, die ihm zur Ehre und zum Schmuck gereichen« (Ex 28,2). Zu den »Anordnungen für Heiligtum und Kult« (Ex 25,1-31,17) gehören die Gewänder für Priester, allen voran Moses Bruder Aaron. Die Farblithographie von Marc Chagall zeigt den Hohenpriester mit der in zwölf Felder geteilten, an zwei Goldketten befestigten Lostasche über dem Efodgewand (Ex 28,15-30). Der ›Turban‹ ähnelt einer Krone. Mose ist durch zwei Strahlenbündel gekennzeichnet. Sie erinnern an die Hörner als Attribut mittelalterlicher Mosefiguren. Sie leiten sich von einem Schreibfehler in der lateinischen Textüberlieferung her: »Videbant faciem Moysi esse cornutam« (Sie sahen, daß Moses Gesicht mit Hörnern versehen war; Ex 34,30). Es muß eigentlich »coronatam« (= mit Strahlen versehen) heißen. Über Mose hält ein Mann den (vom linken Bildrand überschnittenen) siebenarmigen Kultleuchter, die Menora (Ex 25,31-40). Seine Zahlensymbolik bezieht sich auf die sieben Tage der Schöpfung, während die zwölf Felder der Lostasche die zwölf Stämme und damit das auserwählte Volk insgesamt symbolisieren.

Offenbarungszelt außerhalb des Vorhangs vor der Bundesurkunde
sollen es Aaron und seine Söhne zurichten; es soll vom Abend bis
zum Morgen vor dem Herrn brennen, als eine ständig eingehaltene
Verpflichtung bei den Israeliten von Generation zu Generation.

Die Priestergewänder

28 Laß aus der Mitte der Israeliten deinen Bruder Aaron und
mit ihm auch seine Söhne zu dir kommen, damit sie mir als
Priester dienen, Aaron mit Nadab, Abihu, Eleasar und Itamar, den
Söhnen Aarons. 2 Laß für deinen Bruder Aaron heilige Gewänder
anfertigen, die ihm zur Ehre und zum Schmuck gereichen. 3 Rede mit
allen Sachverständigen, die ich mit dem Geist der Weisheit erfüllt

habe; sie sollen Aarons Gewänder anfertigen, damit er geheiligt sei
und mir als Priester dient. 4 Das sind die Gewänder, die sie anfertigen
sollen: Lostasche, Efod, Obergewand, Leibrock aus gewirktem Stoff,
Turban und Gürtel. Sie sollen also für deinen Bruder Aaron und für
seine Söhne heilige Gewänder anfertigen, damit er mir als Priester
dient. 5 Sie sollen dazu Gold, violetten und roten Purpur, Karmesin
und Byssus verwenden.
6 Das Efod sollen sie als Kunstweberarbeit herstellen, aus Gold, vio-
lettem und rotem Purpur, Karmesin und gezwirntem Byssus. 7 Es soll
zwei miteinander verbundene Schulterstücke haben, und zwar an sei-
nen beiden Enden sollen sie miteinander verbunden sein. 8 Die
Schärpe am Efod soll von derselben Machart sein und mit ihm ein
einziges Stück bilden, aus Gold, violettem und rotem Purpur, Karme-
sin und gezwirntem Byssus. 9 Nimm die beiden Karneolsteine, und
schneide die Namen der Söhne Israels ein: 10 sechs von den Namen in
den einen Stein und die übrigen sechs Namen in den andern Stein, in
der Reihenfolge, wie sie geboren wurden. 11 In Steinschneidearbeit
wie Siegelgravierung sollst du in die beiden Steine die Namen der
Söhne Israels schneiden, in Goldfassungen eingesetzt sollst du sie
herstellen. 12 Befestige die beiden Steine an den Schulterstücken des
Efod als Steine, die den Herrn an die Israeliten erinnern. Aaron soll
ihre Namen auf beiden Schulterstücken vor dem Herrn zur Erinne-
rung tragen. 13 Du sollst also die Fassung aus Gold 14 und zwei Kett-
chen aus purem Gold machen; dreh sie wie eine Schnur, und befe-
stige die schnurartigen Kettchen an den Fassungen!
15 Mach eine Lostasche für den Schiedsspruch; als Kunstweberarbeit
wie das Efod sollst du sie herstellen; aus Gold, violettem und rotem
Purpur, Karmesin und gezwirntem Byssus sollst du sie herstellen.
16 Sie soll quadratisch sein, zusammengefaltet, eine Spanne lang und
eine Spanne breit. 17 Besetze sie mit gefaßten Edelsteinen in vier Rei-
hen: die erste Reihe mit Rubin, Topas und Smaragd; 18 die zweite
Reihe mit Karfunkel, Saphir und Jaspis; 19 die dritte Reihe mit Achat,
Hyazinth und Amethyst; 20 die vierte Reihe mit Chrysolith, Karneol
und Onyx; sie sollen in Gold gefaßt und eingesetzt sein. 21 Die Steine
sollen auf die Namen der Söhne Israels lauten, zwölf Steine auf ihre
Namen – in Siegelgravierung. Jeder laute auf einen Namen der zwölf
Stämme. 22 Befestige an der Lostasche schnurartige, gedrehte Kett-
chen aus purem Gold! 23 An der Lostasche bring zwei goldene Ringe
an, und befestige die Ringe an den Enden der Lostasche! 24 Sodann
verbinde die beiden Goldschnüre mit den beiden Ringen an den
Enden der Lostasche; 25 die zwei andern Enden der Schnüre befestige
an den beiden Einfassungen, und häng sie an die Vorderseite der
Schulterstücke des Efod! 26 Mach noch zwei Goldringe, und befestige
sie an den beiden Enden der Lostasche, und zwar am inneren Rand,
der dem Efod zugekehrt ist. 27 Mach zwei weitere Goldringe, und
befestige sie unten an den beiden Schulterstücken des Efod, und zwar
an der Vorderseite, nahe ihrer Naht, aber oberhalb der Efodschärpe.
28 Man soll die Lostasche mit ihren Ringen an die Ringe des Efod mit
einer violetten Purpurschnur binden, damit sie über der Efodschärpe
bleibt und sich die Lostasche nicht vom Efod verschiebt.
29 Aaron soll die Namen der Söhne Israels in der Lostasche für den
Schiedsspruch über seinem Herzen tragen, wenn er zum Heiligtum
kommt, zur immerwährenden Erinnerung vor dem Herrn. 30 In die
Lostasche für den Schiedsspruch steck die Lose Urim und Tummim;
sie sollen sich über dem Herzen Aarons befinden, wenn er vor den
Herrn kommt; Aaron trage den Schiedsspruch für die Israeliten über
seinem Herzen ständig vor dem Herrn.
31 Verfertige den Efodmantel ganz aus violettem Purpur; 32 in seiner
Mitte soll sich eine Öffnung für den Kopf befinden; an seiner Öff-
nung ringsum soll wie bei der Öffnung eines Panzerhemds ein
gewebter, unzerreißbarer Rand angebracht sein. 33 An seinem unte-
ren Saum mach Granatäpfel aus violettem und rotem Purpur und aus
Karmesin, an seinem Saum ringsum, und dazwischen goldene
Glöckchen ringsum: 34 ein Goldglöckchen und ein Granatapfel
abwechselnd ringsum am Saum des Mantels. 35 Aaron soll ihn beim
Dienst tragen; sein Ton soll zu hören sein, wenn er in das Heiligtum
vor den Herrn hintritt und wenn er wieder herauskommt; sonst muß
er sterben.
36 Mach eine Rosette aus purem Gold, und bring darauf nach Art der
Siegelgravierung die Inschrift an: Heilig dem Herrn. 37 Befestige die
Rosette an einer Schnur aus violettem Purpur, und bring sie am Tur-
ban an; sie soll an der Vorderseite des Turbans angebracht werden.
38 Sie soll auf Aarons Stirn sein, denn Aaron ist verantwortlich für die
Verfehlungen an den Weihegaben, die die Israeliten weihen, für alle
heiligen Abgaben; sie soll ständig auf Aarons Stirn sein, damit sie
dem Herrn genehm sind.
39 Web den Leibrock aus Byssus; mach einen Turban aus Byssus und
einen Gürtel in Buntwirkerarbeit! 40 Für die Söhne Aarons verfertige
Leibröcke, und mach ihnen Gürtel! Mach für sie auch Kopfbünde, die
ihnen zur Ehre und zum Schmuck gereichen. 41 Dann bekleide damit
deinen Bruder Aaron und zusammen mit ihm auch seine Söhne, und
salbe sie, setze sie ins Priesteramt ein, und weihe sie, damit sie mir als
Priester dienen. 42 Mach ihnen Beinkleider aus Leinen, damit sie ihre
Scham bedecken; von den Hüften bis zu den Schenkeln sollen sie rei-
chen. 43 Aaron und seine Söhne sollen sie tragen, wenn sie zum
Offenbarungszelt kommen oder sich dem Altar nähern, um den
Dienst am Heiligtum zu verrichten; so werden sie keine Schuld auf
sich laden und nicht sterben. Als ständig einzuhaltende Verpflich-
tung gelte dies für ihn und seine Nachkommen.

Die Weihe der Priester

29 Das ist es, was du mit ihnen tun sollst, wenn du sie zum
Priesterdienst für mich weihst: Nimm einen Jungstier und
zwei fehlerlose Widder, 2 ungesäuerte Brote, mit Öl vermengte unge-
säuerte Kuchen und mit Öl bestrichene ungesäuerte Brotfladen; aus
Feinmehl sollst du sie zubereiten. 3 Leg sie in einen Korb, und bring
sie im Korb herbei, dazu den Jungstier und die beiden Widder! 4 Laß
Aaron und seine Söhne zum Eingang des Offenbarungszeltes treten,
und wasche sie mit Wasser! 5 Nimm die Gewänder, und bekleide
Aaron mit Leibrock, Efodmantel, Efod und Lostasche, und bind ihm
die Efodschärpe um! 6 Setz ihm den Turban auf den Kopf, und befe-
stige das heilige Diadem am Turban! 7 Nimm Salböl, gieß es auf sein
Haupt, und salb ihn! 8 Laß seine Söhne herantreten, und bekleide sie
mit Leibröcken! 9 Gürte Aaron und seine Söhne mit einem Gürtel,
und bind ihnen die Kopfbünde um! Das Priestertum gehört dann
ihnen als dauerndes Anrecht. Setz also Aaron und seine Söhne ins
Priesteramt ein! 10 Laß den Jungstier vor das Offenbarungszelt brin-
gen, und Aaron und seine Söhne sollen ihre Hände auf den Kopf des
Jungstiers legen. 11 Dann schlachte den Jungstier vor dem Herrn am
Eingang des Offenbarungszeltes! 12 Nimm vom Blut des Jungstiers,
und gib etwas davon mit deinem Finger auf die Hörner des Altars!
Das ganze übrige Blut aber gieß am Sockel des Altars aus! 13 Nimm
das ganze Fett, das die Eingeweide bedeckt, die Fettmasse über der
Leber, die beiden Nieren und ihr Fett, und laß es auf dem Altar in
Rauch aufgehen! 14 Das Fleisch des Jungstiers, sein Fell und seinen
Mageninhalt verbrenn im Feuer außerhalb des Lagers, denn es ist
ein Sündopfer. 15 Dann hol den einen Widder, und Aaron und seine
Söhne sollen ihre Hände auf den Kopf des Widders legen.
16 Schlachte den Widder, nimm sein Blut, und gieß es ringsum an den
Altar! 17 Zerleg den Widder in seine Teile, wasche seine Eingeweide
und seine Beine, und leg sie auf seine übrigen Teile und auf seinen
Kopf! 18 Dann laß den ganzen Widder auf dem Altar in Rauch aufge-
hen! Ein Brandopfer ist es für den Herrn zum beruhigenden Duft, ein
Feueropfer für den Herrn ist es. 19 Dann hol den zweiten Widder, und
Aaron und seine Söhne sollen ihre Hände auf den Kopf des Widders
legen. 20 Schlachte den Widder, nimm von seinem Blut, und streich
es auf das rechte Ohrläppchen Aarons und seiner Söhne, auf den
Daumen ihrer rechten Hand und auf die große Zehe ihres rechten
Fußes! Das übrige Blut gieß ringsum an den Altar! 21 Nimm vom Blut
auf dem Altar und vom Salböl, und bespreng damit Aaron und des-

sen Gewänder sowie seine Söhne und deren Gewänder! Er und seine
Gewänder werden so geweiht sein und mit ihm auch seine Söhne
und deren Gewänder. 22 Dann nimm vom Widder das Fett, den Fett-
schwanz, das Fett, das die Eingeweide bedeckt, die Fettmasse über
der Leber, die beiden Nieren und ihr Fett sowie die rechte Schenkel-
keule; denn es ist der Widder der Priestereinsetzung. 23 Nimm dazu
ein rundes Brot, einen mit Öl zubereiteten Brotkuchen und einen
Brotfladen aus dem Korb der ungesäuerten Brote, der sich vor dem
Herrn befindet. 24 Das alles leg Aaron und seinen Söhnen in die
Hände, und laß sie es vor dem Herrn hin- und herschwingen und so
darbringen! 25 Dann nimm die Stücke wieder aus ihren Händen, und
laß sie auf dem Altar mit dem Brandopfer in Rauch aufgehen, zum
beruhigenden Duft vor dem Herrn; ein Feueropfer für den Herrn ist
es. 26 Dann nimm die Brust des Widders der Priestereinsetzung
Aarons, und schwing sie vor dem Herrn zur Darbringung hin und
her! Die Brust gehört dir als Anteil. 27 Erkläre die Brust des Darbrin-
gungsritus und die Keule des Erhebungsritus als heilig; denn sie
wurden vom Widder des Einsetzungsopfers genommen, dem Wid-
der Aarons und dem seiner Söhne. 28 Sie gehören Aaron und seinen
Söhnen als dauerndes Anrecht gegenüber den Israeliten, denn es ist
ein Erhebungsopfer, und zwar ein Erhebungsopfer von den Israeli-
ten, von ihren Heilsopfern, ihren Erhebungsopfern zur Ehre des
Herrn.
29 Die heiligen Gewänder Aarons gehören nach ihm seinen Söhnen,
damit man sie darin salbt und ins Priesteramt einsetzt. 30 Sieben Tage
lang soll sie derjenige von seinen Söhnen tragen, der an seiner Stelle
Priester wird und ins Offenbarungszelt eintritt, um im Heiligtum den
Dienst zu verrichten. 31 Nimm den Einsetzungswidder, und koch sein
Fleisch an heiliger Stätte! 32 Aaron und seine Söhne sollen das Wid-
derfleisch und das Brot aus dem Korb am Eingang des Offenbarungs-
zeltes essen. 33 Sie sollen das essen, womit sie bei ihrer Priestereinset-
zung und Weihe entsühnt wurden; kein Laie darf davon essen, denn
es ist heilig. 34 Wenn vom Fleisch des Einsetzungsopfers und vom
Brot etwas bis zum Morgen übrigbleibt, dann sollst du das Übrigge-
bliebene im Feuer verbrennen; man darf es nicht essen, denn es ist
heilig. 35 Tu mit Aaron und seinen Söhnen genau so wie ich es dir
befohlen habe. Sieben Tage verwende für ihre Priestereinsetzung!
36 Bereite täglich einen Sündopferstier für die Entsühnung zu, und
entsündige den Altar, indem du ihn entsühnst. Salb ihn, um ihn zu
weihen. 37 Sieben Tage sollst du den Altar entsühnen und so weihen.
Der Altar ist dann hochheilig; jeder, der den Altar berührt, wird heilig.

Vorschriften für den Kult

38 Folgendes sollst du auf dem Altar darbringen: Tagtäglich und stän-
dig zwei männliche einjährige Lämmer. 39 Das eine Lamm sollst du
am Morgen, das andere zur Zeit der Abenddämmerung darbringen,
40 dazu ein Zehntel Feinmehl, das mit einem Viertel Hin Öl aus
gestoßenen Oliven vermengt ist, und als Trankopfer ein Viertel Hin
Wein für ein Lamm. 41 Das zweite Lamm bring zur Zeit der Abenddäm-
merung dar, mit einer Opfergabe und einem Trankopfer wie am Mor-
gen, zum beruhigenden Duft als Feueropfer für den Herrn. 42 Es soll
von Generation zu Generation ein immerwährendes Brandopfer am
Eingang des Offenbarungszeltes vor dem Herrn sein, wo ich mich
euch offenbare, um mit dir dort zu reden. 43 Ich werde mich dort den
Israeliten offenbaren und mich in meiner Herrlichkeit als heilig erwei-
sen. 44 Ich werde das Offenbarungszelt, den Altar, Aaron und seine
Söhne heiligen und für meinen Priesterdienst weihen. 45 Ich werde
mitten unter den Israeliten wohnen und ihnen Gott sein. 46 Sie sollen
erkennen, daß ich der Herr, ihr Gott bin, der sie aus Ägypten heraus-
geführt hat, um in ihrer Mitte zu wohnen, ich, der Herr, ihr Gott.

30 Mach auch einen Altar zum Verbrennen von Räucherwerk;
aus Akazienholz sollst du ihn machen. 2 Er soll eine Elle
lang, eine Elle breit, also quadratisch, und zwei Ellen hoch sein; seine
Hörner sollen mit ihm eine Einheit bilden. 3 Mit purem Gold überzieh
ihn, seine Platte, seine Wände ringsum und seine Hörner, und bring
an ihm ringsum eine Goldleiste an! 4 Mach für ihn zwei Paar
Goldringe, befestige sie unterhalb seiner Leiste an seinen beiden Sei-
ten, seinen Seitenwänden, zum Aufnehmen der Stangen, so daß man
ihn damit tragen kann. 5 Mach die Stangen aus Akazienholz, und
überzieh sie mit Gold! 6 Stell ihn vor den Vorhang vor der Lade der
Bundesurkunde, vor der Deckplatte über der Bundesurkunde! Dort
will ich mich dir offenbaren. 7 Aaron soll auf ihm Morgen für Morgen
duftendes Räucherwerk verbrennen; wenn er die Lampen herrichtet,
soll er es verbrennen. 8 Wenn Aaron zur Zeit der Abenddämmerung
die Lampen wieder aufsetzt, soll er das Räucherwerk verbrennen; es
soll ein immerwährendes Rauchopfer vor dem Herrn sein von Gene-
ration zu Generation. 9 Ihr dürft auf ihm weder ein unerlaubtes
Rauchopfer, noch ein Brandopfer, noch ein Speiseopfer darbringen;
auch dürft ihr auf ihm kein Trankopfer ausgießen. 10 An seinen Hör-
nern soll Aaron einmal im Jahr die Sühne für die Sünden vollziehen;
mit dem Blut des Sühneopfers soll man einmal im Jahr auf ihm die
Sühne vollziehen von Generation zu Generation. Etwas Hochheiliges
ist es für den Herrn.
11 Der Herr sprach zu Mose: 12 Wenn du die Zählung der Israeliten für
ihre Veranlagung durchführst, soll jeder von ihnen ein Lösegeld für
seine Person anläßlich der Veranlagung an den Herrn zahlen, damit
sie kein Unheil wegen der Veranlagung trifft. 13 Jeder von ihnen, der
zur Veranlagung kommt, soll einen halben Schekel, entsprechend
dem Schekelgewicht des Heiligtums, entrichten: zwanzig Gera auf
einen Schekel; einen halben Schekel soll die Abgabe für den Herrn
betragen. 14 Jeder von zwanzig Jahren und darüber, der zur Veranla-
gung kommt, soll eine Abgabe für den Herrn entrichten. 15 Der Rei-
che soll nicht mehr, der Arme nicht weniger als einen halben Schekel
geben, wenn ihr die Abgabe für den Herrn als Lösegeld für eure Per-
son entrichtet. 16 Nimm das Silber des Lösegeldes von den Israeliten,
und verwende es für den Dienst im Offenbarungszelt; es diene
den Israeliten zur Erinnerung vor dem Herrn, als Lösegeld für eure
Person.
17 Der Herr sprach zu Mose: 18 Verfertige ein Becken aus Kupfer und
ein Gestell aus Kupfer für die Waschungen, und stell es zwischen das
Offenbarungszelt und den Altar; dann füll Wasser ein! 19 Aaron und
seine Söhne sollen darin ihre Hände und Füße waschen. 20 Wenn sie
zum Offenbarungszelt kommen, sollen sie sich mit Wasser waschen,
damit sie nicht sterben. Ebenso sollen sie es halten, wenn sie zum
Altar treten, um den Dienst zu verrichten und um Feueropfer für den
Herrn in Rauch aufgehen zu lassen. 21 Sie sollen sich ihre Hände und
Füße waschen, damit sie nicht sterben. Dies soll für sie eine immer-
währende Verpflichtung sein, für Aaron und seine Nachkommen von
Generation zu Generation.
22 Der Herr sprach zu Mose: 23 Nimm dir Balsam von bester Sorte:
fünfhundert Schekel erstarrte Tropfenmyrrhe, halb soviel, also zwei-
hundertfünfzig Schekel, wohlriechenden Zimt, zweihundertfünfzig
Schekel Gewürzrohr 24 und fünfhundert Schekel Zimtnelken, nach
dem Schekelgewicht des Heiligtums, dazu ein Hin Olivenöl, 25 und
mach daraus ein heiliges Salböl, eine würzige Salbe, wie sie der Sal-
benmischer bereitet. Ein heiliges Salböl soll es sein. 26 Damit salbe
das Offenbarungszelt und die Lade der Bundesurkunde, 27 den Tisch
und den Leuchter mit ihren Geräten und den Rauchopferaltar, 28 fer-
ner den Brandopferaltar samt allen seinen Geräten und das Becken
mit seinem Gestell. 29 So sollst du sie weihen, damit sie hochheilig
seien; ein jeder, der sie berührt, wird heilig. 30 Auch Aaron und seine
Söhne sollst du salben und sie weihen, damit sie mir als Priester die-
nen. 31 Zu den Israeliten aber sag: Das soll euch als ein mir heiliges
Salböl gelten von Generation zu Generation. 32 Auf keinen menschli-
chen Körper darf es gegossen werden, und ihr dürft auch keines in
der gleichen Mischung herstellen; denn heilig ist es, heilig soll es
euch sein. 33 Wer eine solche Mischung herstellt oder damit einen
Laien salbt, soll aus seinen Stammesgenossen ausgemerzt werden.
34 Der Herr sprach zu Mose: Nimm dir Duftstoffe, Staktetropfen,
Räucherklaue, Galbanum, Gewürzkräuter und reinen Weihrauch,

von jedem gleich viel, 35 und mach Räucherwerk daraus, ein Würzge-
misch, wie es der Salbenmischer herstellt, gesalzen, rein und heilig.
36 Zerstoß einen Teil davon ganz fein, und bring davon wieder einen
Teil vor die Bundesurkunde im Offenbarungszelt, wo ich dir begeg-
nen werde; hochheilig soll es euch sein. 37 Das Räucherwerk, das du
bereiten sollst – in derselben Mischung dürft ihr euch kein anderes
herstellen –, soll dir als dem Herrn heilig gelten. 38 Wer solches um
des Duftes willen herstellt, soll aus seinen Stammesgenossen ausge-
merzt werden.

Die Beauftragung von Künstlern und Handwerkern

31 Der Herr sprach zu Mose: 2 Siehe, ich habe Bezalel, den
Sohn Uris, den Enkel Hurs, vom Stamm Juda, beim
Namen gerufen 3 und ihn mit dem Geist Gottes erfüllt, mit Weis-
heit, mit Verstand und mit Kenntnis für jegliche Arbeit: 4 Pläne zu
entwerfen und sie in Gold, Silber und Kupfer auszuführen 5 und
durch Schneiden und Fassen von Steinen und durch Schnitzen von
Holz allerlei Werke herzustellen. 6 Ich habe ihm Oholiab, den Sohn
Ahisamachs, vom Stamm Dan, beigegeben und allen Kunstverstän-
digen Weisheit verliehen, damit sie alles ausführen, was ich dir auf-
getragen habe: 7 das Offenbarungszelt, die Lade für die Bundesur-
kunde, die Deckplatte darauf und alle Geräte des Zeltes, 8 den Tisch
mit seinen Geräten, den Leuchter aus reinem Gold mit allen seinen
Geräten und den Rauchopferaltar, 9 den Brandopferaltar mit allen
seinen Geräten und das Becken mit seinem Gestell, 10 die gewirkten
Gewänder und die heiligen Gewänder des Priesters Aaron sowie die
Gewänder seiner Söhne für den Priesterdienst, 11 das Salböl und das
duftende Räucherwerk für das Heiligtum. Sie sollen alles so aus-
führen, wie ich es dir befohlen habe.

Die Feier des Sabbat

12 Der Herr sprach zu Mose: 13 Sag den Israeliten: Ihr sollt meine Sab-
bate halten; denn das ist ein Zeichen zwischen mir und euch von
Generation zu Generation, damit man erkennt, daß ich, der Herr, es
bin, der euch heiligt. 14 Darum haltet den Sabbat; denn er soll euch
heilig sein. Wer ihn entweiht, soll mit dem Tod bestraft werden. Denn
jeder, der an ihm eine Arbeit verrichtet, soll aus seinen Stammesge-
nossen ausgemerzt werden. 15 Sechs Tage soll man arbeiten; der
siebte Tag ist Sabbat, Ruhetag, heilig für den Herrn. Jeder, der am
Sabbat arbeitet, soll mit dem Tod bestraft werden. 16 Die Israeliten
sollen also den Sabbat halten, indem sie ihn von Generation zu Gene-
ration als einen ewigen Bund halten. 17 Für alle Zeiten wird er ein Zei-
chen zwischen mir und den Israeliten sein. Denn in sechs Tagen hat
der Herr Himmel und Erde gemacht; am siebten Tag ruhte er und
atmete auf.

Der Bruch des Bundes: das goldene Kalb

18 Nachdem der Herr zu Mose auf dem Berg Sinai alles gesagt hatte,
übergab er ihm die beiden Tafeln der Bundesurkunde, steinerne
Tafeln, auf die der Finger Gottes geschrieben hatte.

32 Als das Volk sah, daß Mose noch immer nicht vom Berg
herabkam, versammelte es sich um Aaron und sagte zu
ihm: Komm, mach uns Götter, die vor uns herziehen. Denn dieser
Mose, der Mann, der uns aus Ägypten heraufgebracht hat – wir wis-
sen nicht, was mit ihm geschehen ist. 2 Aaron antwortete: Nehmt
euren Frauen, Söhnen und Töchtern die goldenen Ringe ab, die sie an
den Ohren tragen, und bringt sie her! 3 Da nahm das ganze Volk die
goldenen Ohrringe ab und brachte sie zu Aaron. 4 Er nahm sie von
ihnen entgegen, zeichnete mit einem Griffel eine Skizze und goß
danach ein Kalb. Da sagten sie: Das sind deine Götter, Israel, die dich
aus Ägypten heraufgeführt haben. 5 Als Aaron das sah, baute er vor
dem Kalb einen Altar und rief aus: Morgen ist ein Fest zur Ehre des
Herrn. 6 Am folgenden Morgen standen sie zeitig auf, brachten
Brandopfer dar und führten Tiere für das Heilsopfer herbei. Das Volk
setzte sich zum Essen und Trinken und stand auf, um sich zu ver-
gnügen.
7 Da sprach der Herr zu Mose: Geh, steig hinunter, denn dein Volk,
das du aus Ägypten heraufgeführt hast, läuft ins Verderben. 8 Schnell
sind sie von dem Weg abgewichen, den ich ihnen vorgeschrieben
habe. Sie haben sich ein Kalb aus Metall gegossen und werfen sich
vor ihm zu Boden. Sie bringen ihm Schlachtopfer dar und sagen: Das
sind deine Götter, Israel, die dich aus Ägypten heraufgeführt haben.
9 Weiter sprach der Herr zu Mose: Ich habe dieses Volk durchschaut:
Ein störrisches Volk ist es. 10 Jetzt laß mich, damit mein Zorn gegen
sie entbrennt und sie verzehrt. Dich aber will ich zu einem großen
Volk machen. 11 Da versuchte Mose, den Herrn, seinen Gott, zu
besänftigen, und sagte: Warum, Herr, ist dein Zorn gegen dein Volk
entbrannt? Du hast es doch mit großer Macht und starker Hand aus
Ägypten herausgeführt. 12 Sollen etwa die Ägypter sagen können: In
böser Absicht hat er sie herausgeführt, um sie im Gebirge umzubrin-
gen und sie vom Erdboden verschwinden zu lassen? Laß ab von dei-
nem glühenden Zorn, und laß dich das Böse reuen, das du deinem
Volk antun wolltest. 13 Denk an deine Knechte, an Abraham, Isaak
und Israel, denen du mit einem Eid bei deinem eigenen Namen zuge-
sichert und gesagt hast: Ich will eure Nachkommen zahlreich
machen wie die Sterne am Himmel, und: Dieses ganze Land, von dem
ich gesprochen habe, will ich euren Nachkommen geben, und sie sol-
len es für immer besitzen. 14 Da ließ sich der Herr das Böse reuen, das
er seinem Volk angedroht hatte.
15 Mose kehrte um und stieg den Berg hinab, die zwei Tafeln der Bun-
desurkunde in der Hand, die Tafeln, die auf beiden Seiten beschrie-
ben waren. Auf der einen wie auf der andern Seite waren sie beschrie-
ben. 16 Die Tafeln hatte Gott selbst gemacht, und die Schrift, die auf
den Tafeln eingegraben war, war Gottes Schrift.
17 Josua hörte das Lärmen und Schreien des Volkes und sagte zu Mose:
Horch, Krieg ist im Lager. 18 Mose antwortete: Nicht Siegesgeschrei,
auch nicht Geschrei nach Niederlage ist das Geschrei, das ich höre.
19 Als Mose dem Lager näher kam und das Kalb und den Tanz sah, ent-
brannte sein Zorn. Er schleuderte die Tafeln fort und zerschmetterte
sie am Fuß des Berges. 20 Dann packte er das Kalb, das sie gemacht
hatten, verbrannte es im Feuer und zerstampfte es zu Staub. Den
Staub streute er in Wasser und gab es den Israeliten zu trinken.
21 Zu Aaron sagte Mose: Was hat dir dieses Volk getan, daß du ihm
eine so große Schuld aufgeladen hast? 22 Aaron erwiderte: Mein Herr
möge sich doch nicht vom Zorn hinreißen lassen. Du weißt doch, wie
böse das Volk ist. 23 Sie haben zu mir gesagt: Mach uns Götter, die uns
vorangehen. Denn dieser Mose, der Mann, der uns aus Ägypten her-
aufgeführt hat – wir wissen nicht, was mit ihm geschehen ist. 24 Da
habe ich zu ihnen gesagt: Wer Goldschmuck trägt, soll ihn ablegen.
Sie haben mir das Gold übergeben, ich habe es ins Feuer geworfen,
und herausgekommen ist dieses Kalb. 25 Mose sah, wie verwildert das
Volk war. Denn Aaron hatte es verwildern lassen, zur Schadenfreude
ihrer Widersacher.
26 Mose trat an das Lagertor und sagte: Wer für den Herrn ist, her zu
mir! Da sammelten sich alle Leviten um ihn. 27 Er sagte zu ihnen: So
spricht der Herr, der Gott Israels: Jeder lege sein Schwert an. Zieht
durch das Lager von Tor zu Tor! Jeder erschlage seinen Bruder, seinen
Freund, seinen Nächsten. 28 Die Leviten taten, was Mose gesagt hatte.
Vom Volk fielen an jenem Tag gegen dreitausend Mann. 29 Dann sagte
Mose: Füllt heute eure Hände mit Gaben für den Herrn! Denn jeder
von euch ist heute gegen seinen Sohn und seinen Bruder vorgegan-
gen, und der Herr hat Segen auf euch gelegt.
30 Am folgenden Morgen sprach Mose zum Volk: Ihr habt eine große
Sünde begangen. Jetzt will ich zum Herrn hinaufsteigen; vielleicht
kann ich für eure Sünde Sühne erwirken. 31 Mose kehrte zum Herrn
zurück und sagte: Ach, dieses Volk hat eine große Sünde begangen.
Götter aus Gold haben sie sich gemacht. 32 Doch jetzt nimm ihre
Sünde von ihnen! Wenn nicht, dann streich mich aus dem Buch, das
du angelegt hast.

Emil Nolde
Tanz um das goldene Kalb
(1910)
»Als Mose dem Lager näher kam und das Kalb und den Tanz sah, entbrannte sein Zorn« (Ex 32,19). Noldes Tanzbild, entstanden im gleichen Jahr wie die innige Schilderung der Auffindung des Mosekindes, bildet deren extremen Gegenpol: entfesselte Leidenschaft, verkörpert im wilden Tanz gesichtsloser Gestalten. Grelles Gelb und flammendes Rot mischen sich zu leuchtendem Orange, gesteigert durch den komplementären Kontrast von Blau und Violett. In der Orgie farblicher Dynamik suggerieren die als Formen betonten Gliedmaßen den Lärm stampfender Beine und den Schrei, den die emporgeschleuderten Arme begleiten. »Lärmen und Schreien« vernimmt Josua und mißdeutet das Getöse als Anzeichen von Krieg im Lager (Ex 32,17), während Mose den wahren Grund erkennt: das goldene Götzenbild. Auf dieses lenkt Noldes Komposition den Blick durch zwei imaginäre, von den beiden unteren Bildecken aufsteigende Schrägen, die in der oberen Bildmitte im »goldenen Kalb« zusammentreffen.

33 Der Herr antwortete Mose: Nur den, der gegen mich gesündigt hat,
streiche ich aus meinem Buch. 34 Aber jetzt geh, führe das Volk,
wohin ich dir gesagt habe. Mein Engel wird vor dir hergehen. Am Tag
aber, an dem ich Rechenschaft verlange, werde ich über ihre Sünde
mit ihnen abrechnen. 35 Der Herr schlug das Volk mit Unheil, weil sie
das Kalb gemacht hatten, das Aaron anfertigen ließ.

33 Der Herr sprach zu Mose: Geh, zieh mit dem Volk, das du
aus Ägypten heraufgeführt hast, fort von hier, in das Land
hinauf, von dem ich Abraham, Isaak und Jakob mit einem Eid versi-
chert habe: Deinen Nachkommen gebe ich es. 2 Ich sende einen
Engel, der dir vorangeht, und ich vertreibe die Kanaaniter, Amoriter,
Hetiter, Perisiter, Hiwiter und Jebusiter. 3 In ein Land, in dem Milch
und Honig fließen, wirst du kommen. Ich selbst ziehe nicht in deiner
Mitte hinauf, denn du bist ein störrisches Volk. Es könnte sonst
geschehen, daß ich dich unterwegs vertilge.
4 Als das Volk diese Drohung hörte, trauerten sie, und keiner legte sei-
nen Schmuck an. 5 Da sprach der Herr zu Mose: Sag zu den Israeliten:
Ihr seid ein störrisches Volk. Wenn ich auch nur einen einzigen
Augenblick mit dir zöge, müßte ich dir ein Ende machen. Jetzt aber leg
deinen Schmuck ab! Dann will ich sehen, was ich mit dir tun kann.
6 Da trugen die Israeliten keinen Schmuck mehr, vom Berg Horeb an.

Die Erneuerung des Bundes
7 Mose nahm das Zelt und schlug es für sich außerhalb des Lagers auf
in einiger Entfernung vom Lager. Er nannte es Offenbarungszelt.
Wenn einer den Herrn aufsuchen wollte, ging er zum Offenbarungs-
zelt vor das Lager hinaus. 8 Wenn Mose zum Zelt hinausging, erhob
sich das ganze Volk. Jeder trat vor sein Zelt, und sie schauten Mose
nach, bis er in das Zelt eintrat. 9 Sobald Mose das Zelt betrat, ließ sich

die Wolkensäule herab und blieb am Zelteingang stehen. Dann redete
der Herr mit Mose. 10 Wenn das ganze Volk die Wolkensäule am Zelt-
eingang stehen sah, erhoben sich alle und warfen sich vor ihren Zelten
zu Boden. 11 Der Herr und Mose redeten miteinander Auge in Auge,
wie Menschen miteinander reden. Wenn Mose aber dann ins Lager
zurückging, wich sein Diener Josua, der Sohn Nuns, ein junger Mann,
nicht vom Zelt.
12 Mose sagte zum Herrn: Du sagst zwar zu mir: Führ dieses Volk hin-
auf! Du hast mich aber nicht wissen lassen, wen du mitschickst. Du
hast doch gesagt: Ich kenne deinen Namen und habe dir meine Gnade
geschenkt. 13 Wenn ich aber wirklich deine Gnade gefunden habe, so
laß mich doch deinen Weg wissen! Dann werde ich dich erkennen,
und es wird sich bestätigen, daß ich deine Gnade gefunden habe. Sieh
diese Leute an: Es ist doch dein Volk! 14 Der Herr antwortete: Mein
Angesicht wird mitgehen, bis ich dir Ruhe verschafft habe. 15 Mose
entgegnete dem Herrn: Wenn dein Angesicht nicht mitgeht, dann
führ uns lieber nicht von hier hinauf! 16 Woran soll man erkennen,
daß ich zusammen mit deinem Volk deine Gnade gefunden habe?
Doch wohl daran, daß du mit uns ziehst. Und dann werden wir, ich
und dein Volk, vor allen Völkern auf der Erde ausgezeichnet werden.
17 Der Herr erwiderte Mose: Auch das, was du jetzt verlangt hast, will
ich tun; denn du hast nun einmal meine Gnade gefunden, und ich
kenne dich mit Namen.
18 Dann sagte Mose: Laß mich doch deine Herrlichkeit sehen! 19 Der
Herr gab zur Antwort: Ich will meine ganze Schönheit vor dir vor-
überziehen lassen und den Namen des Herrn vor dir ausrufen. Ich
gewähre Gnade, wem ich will, und ich schenke Erbarmen, wem ich
will. 20 Weiter sprach er: Du kannst mein Angesicht nicht sehen; denn
kein Mensch kann mich sehen und am Leben bleiben. 21 Dann sprach
der Herr: Hier, diese Stelle da! Stell dich an diesen Felsen! 22 Wenn
meine Herrlichkeit vorüberzieht, stelle ich dich in den Felsspalt und
halte meine Hand über dich, bis ich vorüber bin. 23 Dann ziehe ich
meine Hand zurück, und du wirst meinen Rücken sehen. Mein Ange-
sicht aber kann niemand sehen.

34 Weiter sprach der Herr zu Mose: Hau dir zwei steinerne
Tafeln zurecht wie die ersten! Ich werde darauf die Worte
schreiben, die auf den ersten Tafeln standen, die du zerschmettert
hast. 2 Halte dich für morgen früh bereit! Steig am Morgen auf den
Sinai, und dort auf dem Gipfel des Berges stell dich vor mich hin!
3 Niemand soll mit dir hinaufsteigen; auch soll sich kein Mensch auf
dem ganzen Berg sehen lassen, und kein Schaf oder Rind soll am
Abhang des Berges weiden.
4 Da hieb Mose zwei Tafeln aus Stein zurecht wie die ersten. Am Mor-
gen stand Mose zeitig auf und ging auf den Sinai hinauf, wie es ihm
der Herr aufgetragen hatte. Die beiden steinernen Tafeln nahm er
mit. 5 Der Herr aber stieg in der Wolke herab und stellte sich dort
neben ihn hin. Er rief den Namen Jahwe aus. 6 Der Herr ging an ihm
vorüber und rief: Jahwe ist ein barmherziger und gnädiger Gott, lang-
mütig, reich an Huld und Treue: 7 Er bewahrt Tausenden Huld,
nimmt Schuld, Frevel und Sünde weg, läßt aber (den Sünder) nicht
ungestraft; er verfolgt die Schuld der Väter an den Söhnen und
Enkeln, an der dritten und vierten Generation. 8 Sofort verneigte sich
Mose bis zur Erde und warf sich zu Boden. 9 Er sagte: Wenn ich deine
Gnade gefunden habe, mein Herr, dann ziehe doch mein Herr mit
uns. Es ist zwar ein störrisches Volk, doch vergib uns unsere Schuld
und Sünde, und laß uns dein Eigentum sein! 10 Da sprach der Herr:
Hiermit schließe ich einen Bund: Vor deinem ganzen Volk werde ich
Wunder wirken, wie sie auf der ganzen Erde und unter allen Völkern
nie geschehen sind. Das ganze Volk, in dessen Mitte du bist, wird die
Taten des Herrn sehen; denn was ich mit dir vorhabe, wird Furcht
erregen. 11 Halte dich an das, was ich dir heute auftrage. Ich werde die
Amoriter, Kanaaniter, Hetiter, Perisiter, Hiwiter und Jebusiter vor dir
vertreiben.
12 Du hüte dich aber, mit den Bewohnern des Landes, in das du
kommst, einen Bund zu schließen; sie könnten dir sonst, wenn sie in
deiner Mitte leben, zu einer Falle werden. 13 Ihre Altäre sollt ihr viel-
mehr niederreißen, ihre Steinmale zerschlagen, ihre Kultpfähle
umhauen.
14 Du darfst dich nicht vor einem andern Gott niederwerfen. Denn
Jahwe trägt den Namen der »Eifersüchtige«; ein eifersüchtiger Gott
ist er.
15 Hüte dich, einen Bund mit den Bewohnern des Landes zu
schließen. Sonst werden sie dich einladen, wenn sie mit ihren Göt-
tern Unzucht treiben und ihren Göttern Schlachtopfer darbringen,
und du wirst von ihren Schlachtopfern essen. 16 Du wirst von ihren
Töchtern für deine Söhne Frauen nehmen; sie werden mit ihren Göt-
tern Unzucht treiben und auch deine Söhne zur Unzucht mit ihren
Göttern verführen.
17 Du sollst dir keine Götter aus Metall gießen.
18 Du sollst das Fest der Ungesäuerten Brote halten. Im Monat Abib
sollst du zur festgesetzten Zeit sieben Tage lang ungesäuertes Brot
essen, wie ich es dir geboten habe. Denn im Monat Abib bist du aus
Ägypten ausgezogen.
19 Das erste, was den Mutterschoß durchbricht, jeder männliche Erst-
ling beim Vieh, bei deinen Rindern und Schafen, gehört mir. 20 Den
Erstling vom Esel aber sollst du durch ein Schaf auslösen. Willst du
ihn nicht auslösen, dann brich ihm das Genick! Jeden Erstgeborenen
deiner Söhne mußt du auslösen.
Man soll vor mir nicht mit leeren Händen erscheinen.
21 Sechs Tage sollst du arbeiten, am siebten Tag sollst du ruhen; selbst
zur Zeit des Pflügens und des Erntens sollst du ruhen.
22 Du sollst das Wochenfest feiern, das Fest der Erstlingsfrüchte von
der Weizenernte, und das Fest der Lese an der Jahreswende.
23 Dreimal im Jahr sollen alle deine Männer vor dem Herrn, dem Gott
Israels, erscheinen. 24 Wenn ich die Völker vor dir vertrieben und
deine Grenzen weiter vorgeschoben habe, wird niemand in dein Land
einfallen, während du dreimal im Jahr hinaufziehst, um vor dem
Herrn, deinem Gott, zu erscheinen.
25 Beim Schlachten sollst du das Blut meines Opfers nicht über gesäu-
ertes Brot fließen lassen, und vom Schlachttier des Paschafestes darf
nichts bis zum Morgen liegenbleiben.
26 Von den Erstlingsfrüchten deines Ackers sollst du die besten in das
Haus des Herrn, deines Gottes, bringen.
Das Junge einer Ziege sollst du nicht in der Milch seiner Mutter
kochen.
27 Dann sprach der Herr zu Mose: Schreib diese Worte auf! Denn auf-
grund dieser Worte schließe ich mit dir und mit Israel einen Bund.
28 Mose blieb dort beim Herrn vierzig Tage und vierzig Nächte. Er aß
kein Brot und trank kein Wasser. Er schrieb die Worte des Bundes, die
zehn Worte, auf Tafeln. 29 Als Mose vom Sinai herunterstieg, hatte er
die beiden Tafeln der Bundesurkunde in der Hand.
Während Mose vom Berg herunterstieg, wußte er nicht, daß die
Haut seines Gesichtes Licht ausstrahlte, weil er mit dem Herrn gere-
det hatte. 30 Als Aaron und alle Israeliten Mose sahen, strahlte die
Haut seines Gesichtes Licht aus, und sie fürchteten sich, in seine
Nähe zu kommen. 31 Erst als Mose sie rief, kamen Aaron und alle
Sippenhäupter der Gemeinde zu ihm zurück, und Mose redete mit
ihnen. 32 Dann kamen alle Israeliten herbei, und er übergab ihnen
alle Gebote, die der Herr ihm auf dem Sinai mitgeteilt hatte. 33 Als
Mose aufhörte, mit ihnen zu reden, legte er über sein Gesicht einen
Schleier. 34 Wenn Mose zum Herrn hineinging, um mit ihm zu
reden, nahm er den Schleier ab, bis er wieder herauskam. Wenn er
herauskam, trug er den Israeliten alles vor, was ihm aufgetragen
worden war. 35 Wenn die Israeliten das Gesicht des Mose sahen und
merkten, daß die Haut seines Gesichtes Licht ausstrahlte, legte er
den Schleier über sein Gesicht, bis er wieder hineinging, um mit
dem Herrn zu reden.

Ausführung der kultischen Anordnungen

Das Gesetz über den Sabbat

35 Mose versammelte die ganze Gemeinde der Israeliten und
sagte zu ihnen: Das ist es, was der Herr euch zu tun befoh-
len hat: 2 Sechs Tage soll man arbeiten; der siebte Tag ist heilig, Sab-
bat, Ruhetag zur Ehre des Herrn. Jeder, der an ihm arbeitet, soll mit
dem Tod bestraft werden. 3 Am Sabbat sollt ihr in keiner eurer Wohn-
stätten Feuer anzünden.

Die Spenden für das Heiligtum

4 Mose sagte zur ganzen Gemeinde der Israeliten: Der Herr hat folgen-
des befohlen: 5 Erhebt von euch eine Abgabe für den Herrn! Jeder, den
sein Herz dazu bewegt, soll eine Abgabe für den Herrn bringen: Gold,
Silber, Kupfer, 6 violetten und roten Purpur, Karmesin, Byssus, Ziegen-
haare, 7 rötliche Widderfelle, Tahaschhäute und Akazienholz, 8 Öl für
den Leuchter, Balsam für das Salböl und für das duftende Räucher-
werk, 9 Karneolsteine und Ziersteine für Efod und Lostasche. 10 Alle
Sachverständigen unter euch sollen kommen und alles anfertigen, was
der Herr angeordnet hat: 11 die Wohnstätte, ihr Zelt und seine Decke,
seine Haken, Bretter, Querlatten, Säulen und Sockel, 12 die Lade und
ihre Stangen, die Deckplatte und den Vorhang, 13 den Tisch, seine Stan-
gen, alle seine Geräte und die Schaubrote, 14 den Leuchter mit seinen
Geräten und Lampen sowie das Öl für den Leuchter, 15 den Räucheral-
tar mit seinen Stangen, das Salböl, das duftende Räucherwerk und den
Türvorhang für den Eingang der Wohnstätte, 16 den Brandopferaltar,
sein Gitter aus Kupfer, seine Stangen, all sein Gerät, das Becken und
sein Gestell, 17 die Behänge des Vorhofs, seine Säulen und Sockel sowie
den Vorhang für das Tor des Vorhofs, 18 die Zeltpflöcke der Wohnstätte
und des Vorhofs mit ihren Stricken, 19 die gewirkten Gewänder für den
Dienst im Heiligtum, die heiligen Gewänder für den Priester Aaron
und die Gewänder für seine Söhne zum Priesterdienst. 20 Da ging die
ganze Gemeinde der Israeliten weg von Mose; 21 als sie wiederkamen,
brachte jeder, den sein Herz bewog, und jeder, den sein Geist dazu
antrieb, die Abgabe für den Herrn zur Herstellung des Offenbarungs-
zeltes und für seinen gesamten Dienst und die heiligen Gewänder.
22 Männer und Frauen kamen; alle brachten auf eigenen Antrieb hin
Spangen, Nasenreife und Fingerringe, Halsketten, allerlei Goldgegen-
stände, jeder, der Gold für den Herrn als Weihegabe bringen wollte.
23 Alle, die etwas an violettem und rotem Purpur, Karmesin, Byssus,
Ziegenhaaren, rötlichen Widderfellen oder Tahaschhäuten bei sich
fanden, brachten es. 24 Alle, die eine Abgabe an Silber oder Kupfer lei-
sten wollten, brachten die Abgabe für den Herrn; alle, die Akazienholz
beschaffen konnten, geeignet für jede Bearbeitung, brachten es herbei.
25 Alle Frauen, die sich auf Handarbeit verstanden, spannen und brach-
ten das Gesponnene: violetten und roten Purpur, Karmesin und
Byssus. 26 Alle kunstfertigen Frauen, die sich angespornt fühlten, span-
nen Ziegenhaare. 27 Die Sippenhäupter brachten Karneolsteine und
Ziersteine für Efod und Lostasche, 28 Balsam und Öl für den Leuchter,
für das Salböl und für das duftende Räucherwerk. 29 Alle Männer und
Frauen, die ihr Herz dazu trieb, etwas zu irgendeiner Arbeit beizu-
tragen, die der Herr durch Mose anzufertigen befohlen hatte, alle diese
Israeliten brachten eine Spende für den Herrn.

Die Beauftragung von Künstlern und Handwerkern

30 Dann sagte Mose zu den Israeliten: Seht, der Herr hat Bezalel, den
Sohn Uris, des Sohnes Hurs, vom Stamm Juda, beim Namen gerufen
31 und ihn mit dem Geist Gottes erfüllt, mit Weisheit, Klugheit und
Kenntnis für jegliche Arbeit, 32 Pläne zu entwerfen und sie in Gold,
Silber und Kupfer auszuführen 33 und durch Schneiden und Fassen
von Steinen und durch Schnitzen von Holz allerlei Kunstwerke herzu-
stellen. 34 Auch hat er ihm und Oholiab, dem Sohn Ahisamachs, vom
Stamm Dan, die Gabe verliehen, andere zu lehren. 35 Er hat sie erfüllt
mit Kunstsinn zum Ausführen jeder Arbeit eines Steinschneiders,
eines Kunstwebers und eines Buntwirkers in violettem und rotem
Purpur, Karmesin und Byssus sowie eines Webers. Sie können alle
Arbeiten ausführen und die Pläne dazu entwerfen.

36 Bezalel und Oholiab und alle kunstverständigen Männer,
denen der Herr Weisheit und Klugheit zum Entwerfen und
Ausführen der ganzen Arbeiten für den Dienst am Heiligtum gegeben
hat, sollen alles tun, was der Herr angeordnet hat.
2 Mose berief also Bezalel, Oholiab und alle kunstverständigen Män-
ner, denen der Herr Weisheit in ihr Herz gegeben hatte, jeden, den
sein Herz antrieb, sich ans Werk zu machen und es durchzuführen.
3 Sie nahmen von Mose alle Abgaben entgegen, die die Israeliten
gebracht hatten, damit die Arbeiten für den Dienst am Heiligtum aus-
geführt werden konnten. Man brachte ihm auch weiterhin Morgen
für Morgen Spenden. 4 Alle Kunstverständigen, die alle Arbeiten für
das Heiligtum ausführten, kamen aber – jeder von seiner Arbeit, die
er gerade verrichtete – 5 und sagten zu Mose: Das Volk bringt mehr,
als man für die Arbeit benötigt, die der Herr auszuführen befahl. 6 Da
erließ Mose einen Befehl und ließ im Lager ausrufen: Weder Mann
noch Frau soll sich weiterhin um eine Abgabe für das Heiligtum
bemühen. So bewog man das Volk, nichts mehr zu bringen. 7 Es war
Material mehr als genug vorhanden, um alle Arbeiten durchzuführen.

Die Ausstattung des Heiligtums

8 Die Kunstverständigen unter den Arbeitern verfertigten die Wohn-
stätte aus zehn Zelttüchern: aus gezwirntem Byssus, violettem und
rotem Purpur und Karmesin, mit Kerubimfiguren; als Kunstweberar-
beit machten sie es. 9 Ein Zelttuch war achtundzwanzig Ellen lang
und vier Ellen breit; alle Zelttücher hatten dasselbe Maß. 10 Er fügte
jeweils fünf Zelttücher aneinander. 11 Dann machte er Schleifen aus
violettem Purpur am Rand des einen Zelttuchs, das das Ende des
zusammengefügten Stückes bildete; ebenso machte er es am Rande
des letzten Zelttuchs des anderen zusammengefügten Stückes.
12 Fünfzig Schleifen brachte er an dem einen Zelttuch an und fünfzig
Schleifen am Zelttuchende des zweiten zusammengefügten Stückes;
die Schleifen entsprachen einander. 13 Dann machte er fünfzig Gold-
haken und verband die Zelttücher mit den Haken, eines mit dem
andern; so wurde die Wohnstätte ein Ganzes.
14 Er machte Decken aus Ziegenhaar für das Zelt über der Wohnstätte;
elf Decken stellte er her. 15 Eine Decke war dreißig Ellen lang und vier
Ellen breit; die elf Decken hatten dasselbe Maß. 16 Er verband fünf
Decken zu einem Stück und sechs Decken zu einem Stück. 17 Er
machte fünfzig Schleifen am Saum der Decke, die das Ende des einen
zusammengesetzten Stückes bildete, und ebenso fünfzig Schleifen
am Saum der Decke, welche das Ende des anderen zusammengesetz-
ten Stückes bildete. 18 Er fertigte fünfzig Kupferhaken an, um das Zelt
zusammenzusetzen, damit es ein Ganzes ergäbe. 19 Schließlich
machte er für das Zelt eine Decke aus rötlichen Widderfellen und dar-
über eine Decke aus Tahaschhäuten.
20 Er machte für die Wohnstätte Bretter aus Akazienholz zum Aufstel-
len. 21 Jedes Brett war zehn Ellen lang und anderthalb Ellen breit;
22 jedes Brett wurde durch zwei Zapfen mit dem nächsten verbunden.
So machte er es mit allen Brettern der Wohnstätte. 23 An Brettern für
die Wohnstätte verfertigte er zwanzig für die Südseite. 24 Er stellte vier-
zig Sockel aus Silber als Unterlage für die zwanzig Bretter her: je zwei
Sockel als Unterlage eines Brettes für seine beiden Zapfen. 25 Für die
zweite Seite der Wohnstätte, die Nordseite, machte er ebenfalls zwan-
zig Bretter 26 und vierzig Sockel aus Silber, je zwei Sockel als Unterlage
eines Brettes. 27 Für die Rückseite der Wohnstätte, die Westseite, ver-
fertigte er sechs Bretter, 28 und zwei Bretter stellte er für die Eckstücke
an der Rückseite der Wohnstätte her. 29 Sie entsprachen einander und
reichten von unten bis oben, zum ersten Ring. So machte er es mit den
beiden Brettern, die die beiden Eckstücke bildeten. 30 Es waren also
acht Bretter und sechzehn Sockel aus Silber vorhanden: je zwei Sockel
als Unterlage für ein Brett.
31 Er verfertigte Querlatten aus Akazienholz, fünf für die Bretter auf
der einen Seite der Wohnstätte, 32 fünf für die Bretter auf der zweiten

Seite der Wohnstätte und fünf für die Bretter der Rückseite der Wohn-
stätte, der Westseite. 33 Er brachte die mittlere Querlatte in der Mitte
der Bretter an; sie reichte von einem Ende zum andern. 34 Er überzog
die Bretter mit Gold und machte Ringe aus Gold, die die Querlatten
aufnahmen; auch die Querlatten überzog er mit Gold.
35 Er machte einen Vorhang aus violettem und rotem Purpur, Karme-
sin und gezwirntem Byssus; er machte ihn in Kunstweberarbeit, mit
Kerubimfiguren. 36 Er machte für ihn vier Akaziensäulen, überzog sie
mit Gold – auch die Nägel waren aus Gold – und goß für sie vier
Sockel aus Silber. 37 Für den Eingang des Zeltes machte er einen Vor-
hang aus violettem und rotem Purpur, Karmesin und gezwirntem
Byssus in Buntwirkerarbeit 38 sowie seine fünf Säulen mit ihren
Nägeln und überzog ihre Kapitelle und ihre Querstangen mit Gold;
ihre fünf Sockel waren aus Kupfer.

37 Dann machte Bezalel die Lade aus Akazienholz, zweiein-
halb Ellen lang, anderthalb Ellen breit und anderthalb Ellen
hoch. 2 Er überzog sie innen und außen mit purem Gold und brachte
daran ringsherum eine Goldleiste an. 3 Er goß für sie vier Goldringe
und befestigte sie an ihren vier Füßen, zwei Ringe an der einen Seite
und zwei Ringe an der anderen Seite. 4 Er fertigte Stangen aus Aka-
zienholz an und überzog sie mit Gold. 5 Er steckte die Stangen durch
die Ringe an den Seiten der Lade, so daß man damit die Lade tragen
konnte. 6 Er verfertigte auch eine Deckplatte aus purem Gold, zwei-
einhalb Ellen lang und anderthalb Ellen breit. 7 Er machte zwei Keru-
bim aus getriebenem Gold und arbeitete sie aus den beiden Enden der
Deckplatte heraus, 8 und zwar einen Kerub an dem einen Ende und
einen Kerub an dem andern Ende der Deckplatte; er arbeitete die
Kerubim an ihren beiden Enden heraus. 9 Die Kerubim breiteten ihre
Flügel nach oben aus; mit ihren Flügeln beschirmten sie die Deck-
platte, und sie wandten ihre Gesichter einander zu; die Gesichter
waren der Deckplatte zugewandt.
10 Er fertigte auch den Tisch aus Akazienholz an, zwei Ellen lang, eine
Elle breit und anderthalb Ellen hoch. 11 Er überzog ihn mit purem
Gold und brachte daran ringsherum eine Goldleiste an. 12 Er machte
ihm ringsherum eine handbreite Einfassung und verfertigte um diese
Einfassung eine goldene Leiste. 13 Er goß für ihn vier Goldringe und
befestigte die Ringe an den vier Ecken, die von seinen vier Füßen
gebildet wurden. 14 Die Ringe waren dicht unter der Einfassung, so
daß sie die Stangen aufnahmen und man den Tisch tragen konnte.
15 Er machte die Stangen aus Akazienholz und überzog sie mit Gold,
so daß man den Tisch tragen konnte. 16 Dazu machte er die Geräte,
die auf dem Tisch stehen sollten: seine Schüsseln, Schalen, Kannen
und Krüge für die Trankopfer – alles aus purem Gold.
17 Er machte den Leuchter aus purem Gold. Der Leuchter, sein Gestell
und sein Schaft, seine Kelche, Knospen und Blüten waren aus einem
Stück getrieben. 18 Von seinen Seiten gingen sechs Arme aus, drei
Leuchterarme auf der einen Seite und drei Leuchterarme auf der ande-
ren Seite. 19 Der erste Arm wies drei mandelblütenförmige Kelche auf
mit je einer Knospe und einer Blüte, und der zweite Arm wies drei
mandelblütenförmige Kelche auf mit je einer Knospe und einer Blüte;
so alle sechs Arme, die von dem Leuchter ausgingen. 20 An dem
Leuchter waren vier mandelblütenförmige Kelche, Knospen und Blü-
ten: 21 je eine Knospe unten zwischen zwei Armen, entsprechend den
sechs Armen, die vom Leuchter ausgingen. 22 Die Knospen und Arme
bildeten mit dem Schaft ein Ganzes; das Ganze war ein Stück aus
getriebenem purem Gold. 23 Dann machte er auch für den Leuchter
die sieben Lampen, seine Dochtscheren und Pfannen aus purem
Gold. 24 Aus einem Talent puren Goldes machte er den Leuchter und
alle dazugehörenden Geräte.
25 Auch machte er den Räucheraltar aus Akazienholz, eine Elle lang,
eine Elle breit – also quadratisch – und zwei Ellen hoch; seine Hörner
bildeten mit ihm eine Einheit. 26 Er überzog ihn mit purem Gold,
seine Platte, seine Wände ringsum und seine Hörner, und brachte an
ihm ringsum eine Goldleiste an. 27 Er machte für ihn zwei Paar
Goldringe und befestigte sie unterhalb der Leiste an seinen beiden
Seiten, seinen Seitenwänden, zum Aufnehmen der Stangen, so daß
man ihn damit tragen konnte. 28 Er machte die Stangen aus Aka-
zienholz und überzog sie mit Gold. 29 Er bereitete auch das heilige
Salböl und das reine duftende Räucherwerk, wie Salbenmischer sie
zubereiten.

38 Dann machte er den Brandopferaltar aus Akazienholz, fünf
Ellen lang, fünf Ellen breit – also quadratisch – und drei
Ellen hoch. 2 Er machte ihm Hörner an seinen vier Ecken – seine Hör-
ner bildeten mit ihm ein Ganzes – und überzog ihn mit Kupfer. 3 Er
stellte auch alle Altargeräte her: die Gefäße, die Schaufeln, die Scha-
len, die Gabeln und die Feuerpfannen. Alle seine Geräte stellte er aus
Kupfer her. 4 Er machte auch für den Altar ein Gitterwerk, ein Netz-
gitter aus Kupfer, unterhalb der Einfassung bis zu seiner halben
Höhe. 5 Dann goß er vier Ringe an die vier Enden des kupfernen Git-
terwerkes zum Aufnehmen der Stangen. 6 Er verfertigte die Stangen
aus Akazienholz und überzog sie mit Kupfer. 7 Er steckte die Stangen
in die Ringe an den Seiten des Altars, so daß man ihn damit tragen
konnte; er machte ihn hohl, aus Brettern.
8 Er machte das Becken und sein Gestell aus Kupfer, und zwar aus den
Spiegeln der Frauen, die am Eingang des Offenbarungszeltes Dienst
taten.
9 Dann machte er den Vorhof: für die südliche Längsseite Vorhof-
behänge aus gezwirntem Byssus, hundert Ellen. 10 Ihre zwanzig Säu-
len und deren zwanzig Sockel waren aus Kupfer, die Nägel der Säu-
len und ihre Querstangen waren aus Silber. 11 Für die nördliche
Längsseite hundert Ellen Behänge; ihre zwanzig Säulen und deren
zwanzig Sockel waren aus Kupfer; die Nägel der Säulen und ihre
Querstangen waren aus Silber. 12 Für die Westseite fünfzig Ellen
Behänge, ihre zehn Säulen und deren zehn Sockel; die Nägel der
Säulen und ihre Querstangen waren aus Silber. 13 Für die Vorderseite,
gegen Osten hin, fünfzig Ellen Behänge, 14 und zwar fünfzehn Ellen
Behänge für die eine Seitenwand mit den drei Säulen und den drei
Sockeln, 15 ebenso für die andere Seitenwand. So waren beiderseits
des Vorhoftores fünfzehn Ellen Behänge mit den drei Säulen und den
drei Sockeln. 16 Alle Behänge des Vorhofs ringsum bestanden aus
gezwirntem Byssus. 17 Die Sockel der Säulen waren aus Kupfer, die
Nägel der Säulen und ihre Querstangen aus Silber, der Überzug ihrer
Kapitelle aus Silber. Alle Säulen des Vorhofs hatten Querstangen aus
Silber. 18 Für das Tor des Vorhofs machte er einen Vorhang: Er war
Buntwirkerarbeit aus violettem und rotem Purpur, Karmesin und
gezwirntem Byssus, zwanzig Ellen breit und fünf Ellen hoch, ent-
sprechend den übrigen Behängen des Vorhofs. 19 Ihre vier Säulen
und deren vier Sockel waren aus Kupfer, ihre Nägel aus Silber und
auch der Überzug ihrer Kapitelle und ihre Querstangen aus Silber.
20 Alle Zeltpflöcke für die Wohnstätte und den Vorhof ringsum waren
aus Kupfer.
21 Das ist die Veranlagung zugunsten der Wohnstätte, der Stätte der
Bundesurkunde; diese Veranlagung hatte Mose den Leviten unter
dem Priester Itamar, dem Sohn Aarons, übertragen. 22 Bezalel, der
Sohn Uris, des Sohnes Hurs, vom Stamm Juda, führte alles aus, was
der Herr dem Mose befohlen hatte. 23 Mit Oholiab, dem Sohn Ahisa-
machs, vom Stamm Dan, als Steinschneider, Kunstweber und Bunt-
wirker des violetten und roten Purpurs, des Karmesins und des Bys-
sus führte er alles aus. 24 Das gesamte Gold, das man für alle Arbeiten
zur Errichtung des Heiligtums verwendete – es war das Gold der Wei-
hegaben –, wog 29 Talente und 730 Schekel, und zwar nach dem
Schekelgewicht des Heiligtums. 25 Das Silber betrug aufgrund der
Veranlagung der Gemeinde 100 Talente und 1775 Schekel, und zwar
nach dem Schekelgewicht des Heiligtums, 26 einen Halbschekel für
jede Person, also die Hälfte eines Schekels, und zwar nach dem Sche-
kelgewicht des Heiligtums, für jeden von zwanzig Jahren und dar-
über, der zur Veranlagung vortreten mußte, also für 603550 Mann.
27 Verwendet wurden 100 Talente Silber zum Guß der Sockel des Hei-
ligtums und der Sockel der Behänge, 100 Talente für 100 Sockel, also
ein Talent für einen Sockel. 28 Aus 1775 Schekel machte er die Nägel

Mark Rothko
Gelb und Gold
(1956)
»Dann verhüllte die Wolke das Offenbarungszelt, und die Herrlichkeit des Herrn erfüllte die Wohnstätte« (Ex 40,34). Das Buch Exodus mündet in die Ausführung der kultischen Anordnungen, die einen Bestandteil des Bundes Gottes mit dem auserwählten Volk bilden. Indem das gemeinsame Werk der Handwerker und Künstler zur Vollendung gelangt, ist jene Gottferne des Götzendienstes überwunden. Auf vergleichbare Weise findet das orgiastische Tanzbild Emil Noldes (S. 71) sein meditatives Gegenbild in der gegenstandsfreien Komposition des Amerikaners Mark Rothko. Gelb, bei Nolde in explosiver Wechselwirkung mit Rot, Orange, Blau und Violett, begegnet einer gleichermaßen schwebenden Farbzone in Gold. Durch das Schweben körperloser Farbfelder gewinnt das Gemälde seine elementare geistig-sinnliche Ausstrahlung.

für die Säulen, überzog die Kapitelle und verband sie miteinander.
29 Das Kupfer der Weihegaben betrug 70 Talente und 2400 Schekel.
30 Daraus machte er die Sockel für den Eingang des Offenbarungszeltes, den kupfernen Altar samt seinem kupfernen Gitterwerk und alle
Altargeräte 31 sowie die Sockel für den Vorhof ringsum, die Torsockel
des Vorhofs, alle Zeltpflöcke der Wohnstätte und alle Zeltpflöcke des
Vorhofs ringsum.

Die Anfertigung der Priestergewänder

39 Aus violettem und rotem Purpur und aus Karmesin verfertigten sie die gewirkten Gewänder für den Dienst im Heiligtum und verfertigten die heiligen Gewänder für Aaron, wie es der Herr
dem Mose befohlen hatte. 2 Sie stellten das Efod her aus Gold, violettem und rotem Purpur, Karmesin und gezwirntem Byssus. 3 Sie schlugen goldene Plättchen breit, schnitten sie in Fäden, um sie zwischen
violettem und rotem Purpur, Karmesin und Byssus als Kunstweberarbeit einzuwirken. 4 Für das Efod machten sie miteinander verbundene
Schulterstücke und befestigten sie an ihren beiden Enden. 5 Eine Efodschärpe daran bildete mit ihm ein einziges Stück und war von derselben Machart, aus Gold, violettem und rotem Purpur, Karmesin und
gezwirntem Byssus, wie es der Herr dem Mose befohlen hatte. 6 Sie
bearbeiteten die in Goldfassungen eingesetzten Karneolsteine und
schnitten nach Siegelart die Namen der Söhne Israels ein. 7 Man setzte
sie dann auf die Schulterstücke des Efod als Steine, die den Herrn an
die Israeliten erinnern, wie es der Herr dem Mose befohlen hatte.
8 Die Lostasche verfertigte man als Kunstweberarbeit wie das Efod,
aus Gold, violettem und rotem Purpur, Karmesin und gezwirntem
Byssus. 9 Sie machten die Lostasche quadratisch, zusammengefaltet,
eine Spanne lang und eine Spanne breit. 10 Sie besetzten sie mit Edelsteinen in vier Reihen: die erste Reihe mit Rubin, Topas und Smaragd, 11 die zweite Reihe mit Karfunkel, Saphir und Jaspis, 12 die dritte

Reihe mit Achat, Hyazinth und Amethyst, 13 die vierte Reihe mit
Chrysolith, Karneol und Onyx; sie waren in Gold gefaßt. 14 Die Steine
lauteten auf die Namen der Söhne Israels, zwölf auf ihre Namen – in
Siegelgravierung. Jeder lautete auf den Namen eines der zwölf
Stämme. 15 Sie befestigten an der Lostasche schnurartige, gedrehte
Kettchen aus purem Gold. 16 Sie machten zwei goldene Einfassungen
und zwei Goldringe und befestigten die beiden Ringe an den beiden
Enden der Lostasche. 17 Die beiden goldenen Schnüre verbanden sie
mit den beiden Ringen an den Enden der Lostasche; 18 die zwei ande-
ren Enden der Schnüre befestigten sie an den beiden Einfassungen
und hängten sie an die Vorderseite der Schulterstücke des Efod. 19 Sie
machten noch zwei Goldringe und befestigten sie an den beiden
Enden der Lostasche, und zwar am inneren Rand, der dem Efod zuge-
kehrt ist. 20 Sie machten zwei weitere Goldringe und befestigten sie
unten an den beiden Schulterstücken des Efod, und zwar an der Vor-
derseite, nahe ihrer Naht, aber oberhalb der Efodschärpe. 21 Sie ban-
den die Lostasche mit ihren Ringen an die Ringe des Efod mit einer
violetten Purpurschnur, so daß sie über der Efodschärpe blieb und
sich die Lostasche nicht vom Efod verschob, wie es der Herr dem
Mose befohlen hatte. 22 Er machte den Efodmantel als Weberarbeit
gänzlich aus violettem Purpur. 23 In seiner Mitte war die Mantelöff-
nung, wie die Öffnung eines Panzerhemds; die Öffnung hatte
ringsum einen gewebten unzerreißbaren Rand. 24 An seinem unteren
Saum machten sie Granatäpfel aus violettem und rotem Purpur und
aus gezwirntem Karmesin. 25 Sie machten Glöckchen aus reinem
Gold und befestigten die Glöckchen zwischen den Granatäpfeln am
Saum des Mantels, ringsum zwischen den Granatäpfeln: 26 ein
Glöckchen und ein Granatapfel abwechselnd ringsum am Saum des
Mantels für den Dienst, wie es der Herr dem Mose befohlen hatte.
27 Danach machten sie die Leibröcke aus Byssus als Weberarbeit für
Aaron und seine Söhne, 28 den Turban aus Byssus, den Schmuck der
Kopfbünde aus Byssus, die leinenen Beinkleider aus gezwirntem Bys-
sus 29 und den Gürtel aus gezwirntem Byssus, violettem und rotem
Purpur und Karmesin, als Buntwirkerarbeit, wie es der Herr dem
Mose befohlen hatte.

30 Sie machten eine Rosette aus purem Gold, das heilige Diadem, und
brachten darauf die Inschrift nach Art der Siegelgravierung an: Heilig
dem Herrn. 31 Sie befestigten sie an einer Schnur aus violettem Pur-
pur, um sie oben am Turban anzubringen, wie es der Herr dem Mose
befohlen hatte.

Der Abschluß der Arbeiten

32 So wurde das ganze Werk für die Wohnstätte des Offenbarungszel-
tes vollendet; die Israeliten taten genau so, wie es der Herr dem Mose
befohlen hatte. So machten sie es. 33 Sie brachten die Wohnstätte zu
Mose: das Zelt mit allen seinen Geräten, seinen Haken, Brettern,
Querlatten, Säulen und Sockeln, 34 die Decke aus rötlichen Widderfel-
len, die Decke aus Tahaschhäuten und die Vorhangdecke, 35 die Lade
der Bundesurkunde mit ihren Stangen und der Deckplatte, 36 den
Tisch und alle dazugehörigen Geräte sowie die Schaubrote, 37 den
Leuchter aus purem Gold, seine Lampen – die Lampen der Reihe
nach aufgestellt – und alle seine Geräte sowie das Öl für den Leuchter,
38 den goldenen Altar, das Salböl, das duftende Räucherwerk und den
Vorhang für den Eingang des Zeltes, 39 den kupfernen Altar und das
zugehörige kupferne Gitterwerk mit seinen Stangen und allen seinen
Geräten, das Becken und sein Gestell, 40 die Behänge des Vorhofs,
seine Säulen und Sockel sowie den Vorhang für das Tor des Vorhofs,
seine Schnüre und Zeltpflöcke und alle Geräte für den Dienst an der
Wohnstätte, am Offenbarungszelt, 41 die gewirkten Gewänder für
den Dienst im Heiligtum, die heiligen Gewänder für den Priester
Aaron und die Gewänder seiner Söhne für den Priesterdienst.
42 Genau so, wie es der Herr dem Mose befohlen hatte, führten die
Israeliten die gesamte Arbeit aus. 43 Mose besichtigte das ganze
Werk: Sie hatten es gemacht, wie der Herr es befohlen hatte. So hat-
ten sie es gemacht, und Mose segnete sie.

Die Weihe des Heiligtums

40 Der Herr sprach zu Mose: 2 Am ersten Tag des ersten
Monats sollst du die Wohnstätte des Offenbarungszeltes
aufstellen. 3 Stell die Lade der Bundesurkunde hinein, und verdeck
die Lade durch den Vorhang! 4 Bring den Tisch hinein, und leg seine
Ausrüstung zurecht; stell den Leuchter auf, und setz seine Lampen
auf! 5 Stell den goldenen Räucheraltar vor die Lade der Bundesur-
kunde, und häng den Vorhang vor den Eingang der Wohnstätte!
6 Errichte den Brandopferaltar vor dem Eingang der Wohnstätte, des
Offenbarungszeltes! 7 Das Becken stell zwischen das Offenbarungs-
zelt und den Altar, und gieß Wasser hinein! 8 Errichte den Vorhof
ringsum, und häng den Vorhang an das Tor des Vorhofs! 9 Nimm das
Salböl, und salbe die Wohnstätte und alles, was in ihr ist. Weihe sie
mit allen ihren Geräten! So wird sie heilig sein. 10 Salbe auch den
Brandopferaltar mit all seinen Geräten, und weihe den Altar! So wird
der Altar hochheilig sein. 11 Salbe das Becken mit seinem Gestell, und
weihe es! 12 Dann laß Aaron und seine Söhne zum Eingang des Offen-
barungszeltes herantreten, und wasche sie mit Wasser! 13 Bekleide
Aaron mit den heiligen Gewändern, salbe und weihe ihn, damit er
mir als Priester dient. 14 Dann laß seine Söhne herantreten und
bekleide sie mit Leibröcken; 15 salbe sie, wie du ihren Vater gesalbt
hast, damit sie mir als Priester dienen. Ihre Salbung soll ihnen ein
immerwährendes Priestertum sichern von Generation zu Generation.
16 Mose tat es. Er machte alles, wie es der Herr ihm befohlen hatte.
17 Im zweiten Jahr, am ersten Tag des ersten Monats, stellte man die
Wohnstätte auf. 18 Mose stellte die Wohnstätte auf, legte ihre Sockel
hin, setzte ihre Bretter darauf, brachte ihre Querlatten an und stellte
ihre Säulen auf. 19 Dann spannte er das Zelt über die Wohnstätte und
legte die Decke des Zeltes darüber, wie es der Herr dem Mose befoh-
len hatte. 20 Dann nahm er die Bundesurkunde, legte sie in die Lade,
brachte die Stangen an der Lade an und setzte die Deckplatte oben auf
die Lade. 21 Er brachte die Lade in die Wohnstätte, spannte die Vor-
hangdecke auf und verdeckte so die Lade der Bundesurkunde, wie es
der Herr dem Mose befohlen hatte. 22 Er stellte den Tisch in das
Offenbarungszelt, an die Nordseite der Wohnstätte, vor den Vorhang.
23 Darauf schichtete er die Brote vor dem Herrn auf, wie es der Herr
dem Mose befohlen hatte. 24 Er stellte den Leuchter in das Offenba-
rungszelt, dem Tisch gegenüber, an die Südseite der Wohnstätte.
25 Er setzte die Lampen vor dem Herrn auf, wie es der Herr dem Mose
befohlen hatte. 26 Dann stellte er den goldenen Altar in das Offenba-
rungszelt vor den Vorhang. 27 Er ließ auf ihm duftendes Räucherwerk
verbrennen, wie es der Herr dem Mose befohlen hatte. 28 Dann
hängte er den Vorhang an den Eingang der Wohnstätte. 29 Den
Brandopferaltar stellte er an den Eingang der Wohnstätte, des Offen-
barungszeltes, und brachte auf ihm das Brand- und Speiseopfer dar,
wie es der Herr dem Mose befohlen hatte. 30 Er stellte das Becken zwi-
schen das Offenbarungszelt und den Altar und goß Wasser zum
Waschen hinein. 31 Darin wuschen Mose, Aaron und seine Söhne ihre
Hände und Füße. 32 Wenn sie in das Offenbarungszelt eintraten oder
sich dem Altar näherten, wuschen sie sich, wie es der Herr dem Mose
befohlen hatte. 33 Er errichtete den Vorhof um die Wohnstätte und
den Altar und ließ den Vorhang am Tor des Vorhofs aufhängen. So
vollendete Mose das Werk.

34 Dann verhüllte die Wolke das Offenbarungszelt, und die Herrlich-
keit des Herrn erfüllte die Wohnstätte. 35 Mose konnte das Offenba-
rungszelt nicht betreten, denn die Wolke lag darauf, und die Herrlich-
keit des Herrn erfüllte die Wohnstätte. 36 Immer, wenn die Wolke sich
von der Wohnstätte erhob, brachen die Israeliten auf, solange ihre
Wanderung dauerte. 37 Wenn sich aber die Wolke nicht erhob, bra-
chen sie nicht auf, bis zu dem Tag, an dem sie sich erhob.

38 Bei Tag schwebte über der Wohnstätte die Wolke des Herrn, bei
Nacht aber war an ihr Feuer vor den Augen des ganzen Hauses Israel,
solange ihre Wanderung dauerte.

Das Buch Levitikus

Das Buch trägt in der griechischen und lateinischen Bibel den Namen Levitikus, weil es fast ganz aus Vorschriften für den Kult und für die Priester aus dem Stamm Levi besteht. Die Juden nennen es nach den Anfangsworten Wajjikrá (Und er rief). Das ganze Buch gehört der priesterlichen Überlieferungsschicht (P) an. Es enthält nur zwei kurze erzählende Abschnitte: über den Tod der Aaron-Söhne Nadab und Abihu (10,1–5) und über die Steinigung eines Gotteslästerers (24,10–15). Die Vorschriften dieses Buches werden so in die Geschichtsdarstellung des Pentateuch eingefügt, daß sie als Anordnungen Gottes während des Sinai-Aufenthalts erscheinen.
Die Gliederung des Stoffes ist nicht leicht überschaubar. Lev 8–10 greift auf Ex 40 (Einsetzung der Priester aus dem Stamm Levi) zurück. In Kap. 1–7 stehen Anweisungen für verschiedene Opfer; in Kap. 11–15 folgen Vorschriften über die kultische Reinheit; Kap. 16 ist das Ritual für den Versöhnungstag. In Kap. 17–26 folgt das sogenannte Heiligkeitsgesetz, eine Gesetzessammlung, die in ihrem Grundbestand alte Vorschriften ethischer und kultischer Art enthält und wie altorientalische Gesetzbücher mit Segenszusagen und Fluchandrohungen schließt. Ein Nachtrag (Kap. 27) regelt die Ablösung von Gelübden und Zehnten durch Geld.
Dieser ganze Stoff wurde erst nach dem Babylonischen Exil in seine jetzige Gestalt gebracht; das Buch enthält aber vieles, was bereits lange in der Praxis der Priester und in der zur Unterweisung der Priester dienenden Tradition vorlag. Das alles wird unter die Autorität des Mose und des Bundesgesetzes vom Sinai gestellt und daher Mose in den Mund gelegt.
Die für uns teilweise befremdlichen Riten und Vorschriften, die die sogenannte kultische Reinheit regeln und die »Heiligkeit« Israels garantieren sollen, erklären sich daraus, daß die altorientalischen Völker keine scharfe Trennung zwischen Alltagsleben und Religion kannten.
Dem heiligen, von aller Befleckung freien Gott dürfen nur Menschen dienen, die sich von ethischen Vergehen freihalten, aber auch die Regeln des Anstands und der Hygiene beachten. Sie müssen sich außerdem von allem fernhalten, was an heidnische Bräuche erinnert; dazu gehören der Genuß von bei heidnischen Opfern geschlachteten Tieren und die meisten Trauerriten. Darum machen bestimmte Tiere und Speisen und alles, was mit dem Bereich des Todes zu tun hat, z. B. Leichen und Aas, »unrein«. Wer sich gegen solche Reinheitsbestimmungen vergangen hat, und sei es nur unbeabsichtigt, muß sich bestimmten Reinigungsriten unterziehen und Schuld- oder Sündopfer darbringen, wenn er wieder am Gottesdienst teilnehmen will. Wenn auch diese Vorschriften durch das Neue Testament überholt sind, behält das Buch Levitikus seine Bedeutung für die Kenntnis des Judentums und für das Verständnis des Neuen Testaments. Durch die strenge Befolgung der levitischen Gesetze hat das Judentum bis heute seine Identität bewahrt und ist nicht im Völkergemisch des Mittelmeerraums aufgegangen.

Die Opfervorschriften für das Volk

Das Brandopfer

1 Der Herr rief Mose, redete ihn vom Offenbarungszelt aus an
und sprach: 2 Rede zu den Israeliten, und sag zu ihnen: Wenn
einer von euch dem Herrn von den Haustieren eine Opfergabe dar-
bringt, könnt ihr das mit Rind und Kleinvieh tun. 3 Ist seine Opfer-
gabe ein Brandopfer vom Rind, so bringe er ein männliches Tier ohne
Fehler dar; er soll es an den Eingang des Offenbarungszeltes bringen,
damit es vor dem Herrn Annahme findet. 4 Er lege seine Hand auf den
Kopf des Opfertiers, damit es für ihn angenommen werde, um ihn zu
entsühnen. 5 Er soll dann den Stier vor dem Herrn schlachten, und die
Söhne Aarons, die Priester, sollen das Blut darbringen. Sie sollen es
ringsum an den Altar sprengen, der am Eingang des Offenbarungs-
zeltes steht. 6 Dann soll er das Opfer abhäuten und es in Stücke zerle-
gen. 7 Die Söhne Aarons, die Priester, sollen Feuer auf den Altar brin-
gen und Holz darauf schichten. 8 Hierauf sollen die Söhne Aarons,
die Priester, die Stücke sowie den Kopf und das Fett auf das Holz über
dem Altarfeuer legen.
9 Der Priester soll dann die Eingeweide und die Beine mit Wasser
waschen und das Ganze auf dem Altar in Rauch aufgehen lassen. Ein
Brandopfer ist es, ein Feueropfer zum beruhigenden Duft für den
Herrn. 10 Ist seine Opfergabe ein Brandopfer vom Kleinvieh, von den
Schafen oder Ziegen, dann soll er ein fehlerloses männliches Tier
bringen. 11 Er soll es an der Nordseite des Altars vor dem Herrn
schlachten, und die Söhne Aarons, die Priester, sollen sein Blut
ringsum an den Altar sprengen. 12 Dann soll der Priester es in Stücke
zerlegen und diese sowie den Kopf und das Fett auf das Holz über
dem Altarfeuer legen. 13 Er soll dann die Eingeweide und die Beine
mit Wasser waschen, und der Priester soll das Ganze darbringen und
auf dem Altar in Rauch aufgehen lassen. Ein Brandopfer ist es, ein
Feueropfer zum beruhigenden Duft für den Herrn. 14 Ist seine Opfer-
gabe für den Herrn ein Brandopfer vom Geflügel, dann soll er eine
Turteltaube oder eine junge Taube bringen.
15 Der Priester soll sie zum Altar bringen, ihren Kopf abtrennen und
ihn auf dem Altar in Rauch aufgehen lassen; ihr Blut soll gegen die
Altarwand ausgepreßt werden. 16 Dann soll er ihren Kropf mit den
Federn entfernen und ihn an der Ostseite des Altars auf den Platz der
Fett-Asche werfen. 17 Darauf soll der Priester den Vogel an den Flü-
geln einreißen, ohne ihn dabei zu teilen, und ihn auf dem Altar, auf
dem Holz über dem Feuer, in Rauch aufgehen lassen. Ein Brandop-
fer ist es, ein Feueropfer zum beruhigenden Duft für den Herrn.

Das Speiseopfer

2 Wenn jemand dem Herrn ein Speiseopfer darbringt, muß seine
Opfergabe aus Feinmehl bestehen, auf das er Öl gießen und
Weihrauch legen soll. 2 Er bringe es zu den Söhnen Aarons, den Prie-
stern. Er nehme davon eine Handvoll, vom Feinmehl und vom Öl mit
dem ganzen Weihrauch, und der Priester lasse sie auf dem Altar als
Gedächtnisanteil in Rauch aufgehen, als ein Feueropfer zum beruhi-
genden Duft für den Herrn. 3 Der Rest des Speiseopfers gehört Aaron

und seinen Söhnen als etwas Hochheiliges von den Feueropfern des
Herrn.
4 Wenn du ein im Ofen gebackenes Speiseopfer darbringst, so soll es
aus Feinmehl sein, ein mit Öl vermengter ungesäuerter Kuchen und
ein mit Öl bestrichener ungesäuerter Brotfladen. 5 Ist deine Opfer-
gabe eine auf einer Ofenplatte zubereitete Speise, so soll sie aus unge-
säuertem Feinmehl sein, das mit Öl vermengt ist. 6 Du sollst sie zer-
bröckeln und Öl darübergießen. Ein Speiseopfer ist es. 7 Ist deine
Opfergabe eine im Kochtopf zubereitete Speise, so soll sie aus Fein-
mehl mit Öl angemacht sein. 8 Du sollst die daraus zubereitete Speise
zum Herrn bringen. Man soll sie dem Priester reichen, der sie an den
Altar bringt. 9 Der Priester soll davon den Gedächtnisanteil abheben
und auf dem Altar in Rauch aufgehen lassen als ein Feueropfer zum
beruhigenden Duft für den Herrn. 10 Der Rest des Speiseopfers
gehört Aaron und seinen Söhnen als etwas Hochheiliges von den
Feueropfern des Herrn. 11 Kein Speiseopfer, das ihr dem Herrn dar-
bringt, darf mit Sauerteig angemacht sein; denn ihr dürft dem Herrn
weder Sauerteig noch Honig als Feueropfer darbringen. 12 Ihr sollt
sie dem Herrn als Erstlingsopfer darbringen, aber auf dem Altar sol-
len sie nicht zum beruhigenden Duft aufsteigen. 13 Jedes Speiseopfer
sollst du salzen, und deinem Speiseopfer sollst du das Salz des Bun-
des deines Gottes nicht fehlen lassen; jede deiner Opfergaben sollst
du mit Salz darbringen. 14 Wenn du dem Herrn ein Speiseopfer von
den Erstlingsfrüchten darbringst, sollst du geröstete reife Körner
und Grütze aus frischen Körnern als Speiseopfer deiner Erstlings-
früchte darbringen. 15 Du sollst Öl darauf gießen und Weihrauch
darauf geben. Ein Speiseopfer ist es. 16 Der Priester soll den Gedächt-
nisanteil mit einem Teil der Grütze und des Öls mit dem ganzen
Weihrauch als ein Feueropfer für den Herrn in Rauch aufgehen
lassen.

Das Heilsopfer

3 Ist seine Opfergabe ein Heilsopfer und vom Rind, dann soll er
ein männliches oder ein weibliches fehlerloses Tier vor den
Herrn bringen. 2 Er soll seine Hand auf den Kopf des Opfers legen
und es am Eingang des Offenbarungszeltes schlachten. Dann sollen
die Söhne Aarons, die Priester, das Blut ringsum an den Altar spren-
gen. 3 Er soll einen Teil dieses Opfers als Feueropfer für den Herrn
darbringen, und zwar das Fett, das die Eingeweide bedeckt, das
gesamte Fett über den Eingeweiden, 4 die beiden Nieren, das Fett über
ihnen und das an den Lenden sowie die Fettmasse, die er von der
Leber und den Nieren loslöst. 5 Die Söhne Aarons sollen diesen Teil
mit dem Brandopfer, das auf dem Holz über dem Feuer liegt, auf dem
Altar in Rauch aufgehen lassen. Es ist ein Feueropfer zum beruhigen-
den Duft für den Herrn.
6 Ist seine Opfergabe ein Heilsopfer für den Herrn vom Kleinvieh,
dann soll er ein männliches oder weibliches fehlerloses Tier dar-
bringen. 7 Wenn er ein Schaf darbringt, soll er es vor den Herrn brin-
gen. 8 Er soll seine Hand auf den Kopf des Opfers legen und es vor
dem Offenbarungszelt schlachten; dann sollen die Söhne Aarons das
Blut ringsum an den Altar sprengen. 9 Von diesem Heilsopfer soll er
das Fett als Feueropfer für den Herrn darbringen: den ganzen Fett-
schwanz, den er nahe an den Schwanzwirbelknochen ablösen soll,
das Fett, das die Eingeweide bedeckt, das gesamte Fett über den Ein-
geweiden, 10 die beiden Nieren, das Fett über ihnen und das an den
Lenden sowie die Fettmasse, die er von der Leber und den Nieren los-
löst. 11 Der Priester lasse diese Teile auf dem Altar in Rauch aufgehen.
Das soll eine Feueropferspeise für den Herrn sein. 12 Wenn er eine
Ziege darbringt, soll er sie vor den Herrn bringen. 13 Er soll seine
Hand auf ihren Kopf legen und sie vor dem Offenbarungszelt
schlachten; dann sollen die Söhne Aarons ihr Blut ringsum an den
Altar sprengen. 14 Von ihr soll er als Feueropfer für den Herrn dar-
bringen: das Fett, das die Eingeweide bedeckt, das gesamte Fett über
den Eingeweiden, 15 die beiden Nieren, das Fett über ihnen und das
an den Lenden sowie die Fettmasse, die er von der Leber und den Nie-
ren loslöst. 16 Der Priester lasse diese Teile auf dem Altar in Rauch
aufgehen. Sie sind eine Feueropferspeise zum beruhigenden Duft für
den Herrn. Das ganze Fett gehört dem Herrn. 17 Als feste Regel gelte
bei euch von Generation zu Generation an allen euren Wohnstätten:
Ihr dürft weder Fett noch Blut genießen.

Das Sündopfer eines Priesters

4 Der Herr sprach zu Mose: 2 Sag zu den Israeliten: Wenn einer
ohne Vorsatz gegen eines der Gebote des Herrn sündigt und
etwas Verbotenes tut, 3 dann soll er, wenn es ein gesalbter Priester ist,
der sündigt und dadurch Schuld auf das Volk lädt, dem Herrn für die
von ihm begangene Sünde einen fehlerlosen Jungstier als Sündopfer
darbringen. 4 Er soll diesen Jungstier zum Eingang des Offenba-
rungszeltes vor den Herrn bringen, ihm die Hand auf den Kopf legen
und ihn vor dem Herrn schlachten. 5 Dann soll der gesalbte Priester
etwas vom Blut dieses Stiers nehmen, es in das Offenbarungszelt
bringen, 6 seinen Finger in das Blut tauchen und es vor dem Herrn
siebenmal gegen den Vorhang des Heiligtums spritzen. 7 Darauf soll
der Priester etwas vom Blut auf die Hörner des Rauchopferaltars tun,
der vor dem Herrn im Offenbarungszelt steht, und dann soll er das
ganze Blut des Stiers am Sockel des Brandopferaltars ausgießen, der
sich am Eingang des Offenbarungszeltes befindet. 8 Dann soll er das
ganze Fett des Sündopferstieres abheben, und zwar das Fett, das die
Eingeweide bedeckt, das gesamte Fett über den Eingeweiden, 9 die
beiden Nieren, das Fett über ihnen und das an den Lenden sowie die
Fettmasse, die er von der Leber und den Nieren los-
löst – 10 genau so, wie es beim Stier des Heilsopfers geschieht –, und
der Priester lasse diese Teile auf dem Brandopferaltar in Rauch aufge-
hen. 11 Das Fell des Stiers aber, sein ganzes Fleisch mit dem Kopf, den
Beinen, den Eingeweiden und dem Mageninhalt, 12 also den ganzen
Stier, soll er aus dem Lager hinaus an einen reinen Ort, nämlich den
Abfallplatz der Fett-Asche, schaffen und ihn auf einem Holzfeuer
verbrennen; auf dem Abfallplatz der Fett-Asche soll es verbrannt
werden.

Das Sündopfer der Gemeinde

13 Wenn die ganze Gemeinde Israels ohne Vorsatz gesündigt und
etwas vom Herrn Verbotenes getan hat, ohne es bemerkt zu haben,
und dadurch schuldig wurde, 14 dann soll die Gemeinde für die Verfeh-
lung, sobald sie bekannt wird, einen Jungstier als Sündopfer darbrin-
gen und ihn vor das Offenbarungszelt bringen. 15 Die Ältesten der
Gemeinde sollen ihre Hände vor dem Herrn auf den Kopf des Stiers
legen, und man soll ihn vor dem Herrn schlachten. 16 Dann soll der
gesalbte Priester etwas vom Blut des Stiers in das Offenbarungszelt
tragen, 17 seinen Finger in das Blut tauchen und es siebenmal gegen
den Vorhang vor dem Herrn spritzen. 18 Darauf soll er ein wenig von
dem Blut auf die Hörner des Altars tun, der vor dem Herrn im Offenba-
rungszelt steht, und dann soll er das ganze Blut am Sockel des
Brandopferaltars ausgießen, der sich am Eingang des Offenbarungs-
zeltes befindet. 19 Dann soll er das ganze Fett des Tieres abheben und
es auf dem Altar in Rauch aufgehen lassen. 20 Er soll mit dem Stier tun,
was auch mit dem Sündopferstier gemacht wird; so soll er es mit ihm
machen. Dann soll er die Gemeinde entsühnen, und es wird ihnen ver-
geben werden. 21 Er soll den Stier aus dem Lager hinausbringen und
ihn verbrennen, wie er den ersten Stier verbrannt hat. Das ist das
Sündopfer für die Gemeinde.

Das Sündopfer eines Sippenhauptes

22 Angenommen, ein Sippenhaupt sündigt, tut ohne Vorsatz etwas,
was der Herr, sein Gott, verboten hat, und wird dadurch schuldig,
23 oder man teilt ihm eine Verfehlung mit, die er begangen hat, so soll
er als seine Opfergabe einen fehlerlosen Ziegenbock bringen. 24 Er soll
die Hand auf den Kopf des Bockes legen und ihn dort schlachten, wo
man das Brandopfer vor dem Herrn schlachtet. Ein Sündopfer ist es.
25 Der Priester soll mit seinem Finger etwas vom Blut des Sündopfers

Piet Mondrian
Gemälde Nr. 1
(1921)

»Der Herr rief Mose, redete ihn vom Offenbarungszelt aus an und sprach: Rede zu den Israeliten ...« (Lev 1,1f). Die im Buch Levitikus gesammelten kultischen Vorschriften sind Anweisungen Gottes. Als solche sind sie, mag ihre Fülle an Einzelbestimmungen noch so unüberschaubar erscheinen, in einem Koordinatensystem verankert, das über den unmittelbaren Wahrnehmungsbereich hinausreicht. Dies ist die ästhetische Botschaft der konstruktivistischen Kompositionen des Niederländers Piet Mondrian, Mitbegründer der Künstlergruppe De Stijl. Die Reduzierung der Bildelemente auf ein rechtwinkliges Gitterwerk sowie auf die Grundfarben Rot, Gelb, Blau und die Nichtfarben Weiß und Schwarz ist als elementar zu verstehen. Indem das Bild an allen vier Seiten zum umgebenden Raum offen ist, erweist sich das Gitterwerk als Ausschnitt einer an allen vier Seiten ins Unendliche ausstrahlenden symbolischen Struktur. Als Ausgangspunkt stand ein Naturmotiv: das Astwerk von Bäumen.

auf die Hörner des Brandopferaltars tun, dann das Blut am Sockel des
Brandopferaltars ausgießen 26 und das ganze Fett, wie das Fett des
Heilsopfers, auf dem Altar in Rauch aufgehen lassen. So entsühnt der
Priester den Betreffenden und löst ihn von seiner Sünde; dann wird
ihm vergeben werden.

Das Sündopfer eines gewöhnlichen Israeliten

27 Wenn jemand aus dem Volk ohne Vorsatz sündigt und schuldig
wird, weil er etwas vom Herrn Verbotenes getan hat, 28 oder man teilt
ihm eine Verfehlung mit, die er begangen hat, so bringe er als seine
Opfergabe für seine Sünde, die er begangen hat, eine fehlerlose
Ziege. 29 Er soll die Hand auf den Kopf des Sündopfers legen und es
dort schlachten, wo man das Brandopfer schlachtet. 30 Der Priester
soll mit seinem Finger etwas vom Blut auf die Hörner des Brandop-
feraltars tun und dann das ganze Blut am Sockel des Altars aus-
gießen. 31 Er soll das ganze Fett ablösen, wie man das Fett eines
Heilsopfers ablöst, und der Priester soll es auf dem Altar in Rauch
aufgehen lassen als beruhigenden Duft für den Herrn und so diesen
Mann entsühnen; dann wird ihm vergeben werden. 32 Will er aber
zum Sündopfer ein Schaf als Opfergabe bringen, soll er ein fehlerlo-
ses weibliches Tier bringen. 33 Er soll die Hand auf den Kopf des
Sündopfers legen und es dort schlachten, wo man das Brandopfer
schlachtet. 34 Der Priester soll mit seinem Finger etwas vom Blut die-
ses Opfers nehmen, auf die Hörner des Brandopferaltars tun und das
ganze Blut am Sockel des Altars ausgießen. 35 Das ganze Fett soll er
ablösen, wie man das Fett des Schafes eines Heilsopfers ablöst. Der
Priester soll die Fetteile mit dem Feueropfer des Herrn auf dem Altar
in Rauch aufgehen lassen und ihn so entsühnen, um ihn von seiner
Sünde zu lösen, die er begangen hat; dann wird ihm vergeben
werden.

Die Schuld- und Sündopfer für einzelne Vergehen

5 Angenommen, jemand sündigt in einem der folgenden Fälle: er
hat eine laute Verfluchung gehört, ist Zeuge, da er es gesehen
oder darum gewußt hat, aber er zeigt es nicht an und lädt damit
Schuld auf sich; 2 oder jemand berührt eine unreine Sache, das Aas
eines unreinen wilden Tieres oder eines unreinen Haustiers oder
eines unreinen Kriechtiers, und es blieb ihm verborgen, aber er merkt
es dann und wird unrein und schuldig; 3 oder er berührt etwas Unrei-
nes von einem Menschen, dessen Berührung unrein macht, und
bemerkt es nicht, aber er erfährt es später und wird schuldig; 4 oder
jemand schwört unbesonnen, ob zum Schaden oder zum Nutzen, wie
eben der Mensch bisweilen unbesonnen schwört, aber er merkt es gar
nicht, doch dann erfährt er es und wird schuldig durch so etwas –
5 wenn also jemand in einem dieser Fälle schuldig wird, so soll er
gestehen, wodurch er sich verfehlt hat. 6 Als Schuldopfer für seine
begangene Verfehlung soll er dann ein weibliches Stück Kleinvieh,
ein Schaf oder eine Ziege, vor den Herrn als Sündopfer bringen, und
der Priester soll ihn entsühnen und so von seiner Verfehlung lösen.
7 Wenn seine Mittel für ein Schaf nicht ausreichen, soll er als Schuld-
opfer für seine Verfehlung zwei Turteltauben oder zwei junge Tau-
ben vor den Herrn bringen, die eine als Sünd- und die andere als
Brandopfer. 8 Er soll sie zum Priester bringen, und dieser soll zuerst
die eine für das Sündopfer darbringen. Er soll ihren Kopf vom Genick
trennen, aber nicht ganz abreißen; 9 er soll etwas vom Blut des Sünd-
opfers gegen die Altarwand spritzen und das übrige Blut am Sockel
des Altars auspressen. Ein Sündopfer ist das. 10 Die zweite Taube soll
er, wie vorgeschrieben, als Brandopfer darbringen. Der Priester soll
ihn entsühnen und von der Sünde, die er begangen hat, lösen; dann
wird ihm vergeben werden. 11 Falls seine Mittel für zwei Turteltauben
oder zwei junge Tauben nicht ausreichen, soll er als Opfergabe für
seine Verfehlung ein Zehntel Efa Feinmehl darbringen, aber weder Öl
noch Weihrauch darauftun, denn es ist ein Sündopfer. 12 Er bringe es
dem Priester, der davon eine Handvoll nimmt und als Gedächtnisan-
teil auf dem Altar mit den Feueropfern des Herrn in Rauch aufgehen
läßt. Ein Sündopfer ist das. 13 Der Priester soll ihn so für die von ihm
in einem dieser Fälle begangene Verfehlung entsühnen, und es wird
ihm vergeben werden. Dem Priester gehört das gleiche wie beim
Speiseopfer.

Das Schuldopfer für sakrale Vergehen

14 Der Herr sprach zu Mose: 15 Wenn jemand sich verfehlt und sich
ohne Vorsatz an Dingen vergeht, die dem Herrn heilig sind, soll er als
Schuldopfer für den Herrn von seiner Herde einen fehlerlosen Wid-
der bringen, der in Silberschekel nach dem Schekelgewicht des Hei-
ligtums zu schätzen ist. 16 Wenn er sich am Heiligen verfehlt hat, soll
er Ersatz leisten und noch ein Fünftel des Wertes hinzufügen. Er soll
es dem Priester geben, und dieser soll ihn mit dem Schuldopferwid-
der entsühnen; dann wird ihm vergeben werden. 17 Wenn jemand sich
verfehlt und etwas tut, was der Herr verboten hat, es nicht bemerkt,
aber dann schuldig wird, soll er die Folgen seiner Schuld tragen. 18 Er
soll als Schuldopfer einen fehlerlosen Widder von seiner Herde nach
dem üblichen Schätzwert zum Priester bringen, und dieser soll ihn
für seine unabsichtliche Verfehlung, die er ohne Vorsatz begangen
hat, entsühnen; dann wird ihm vergeben werden. 19 Ein Schuldopfer
ist das; der Betreffende hat sich tatsächlich vor dem Herrn schuldig
gemacht.

Das Schuldopfer für unsoziales Verhalten

20 Der Herr sprach zu Mose: 21 Wenn jemand sündigt und eine Verun-
treuung gegen den Herrn begeht, indem er einen aus seinem Volk
über anvertrautes oder hinterlegtes oder geraubtes Gut täuscht oder
ihn übervorteilt 22 oder verlorenes Gut findet und es leugnet oder
einen Meineid leistet hinsichtlich irgendeiner Sünde, die ein Mensch
begehen kann, 23 wenn er also auf solche Weise sündigt und schuldig
wird, muß er das, was er geraubt oder durch Übervorteilung gewon-
nen hat oder was ihm anvertraut wurde, oder das Verlorene, das er
gefunden hat, zurückgeben, 24 oder er muß den Schaden, den er
durch den Meineid angerichtet hat, wiedergutmachen; am Tag seines
Schuldopfers erstatte er dem Geschädigten den um ein Fünftel ver-
mehrten Wert. 25 Er soll einen fehlerlosen Widder von seiner Herde
nach dem üblichen Schätzwert als sein Schuldopfer vor den Herrn
zum Priester bringen, 26 und dieser soll ihn vor dem Herrn entsüh-
nen; dann wird ihm jede Tat vergeben werden, durch die er sich
schuldig gemacht hat.

Die Opfervorschriften für die Priester

Das Brandopfer

6 Der Herr sprach zu Mose: 2 Trag Aaron und seinen Söhnen auf:
Für das Brandopfer gilt folgendes Gesetz: Das Brandopfer soll
die ganze Nacht bis zum Morgen auf der Feuerstelle des Altars blei-
ben, und das Altarfeuer soll darauf brennen. 3 Der Priester soll sein
Leinengewand anlegen und seinen Körper mit einem leinenen Bein-
kleid bedecken. Dann soll er die Fett-Asche nehmen, zu der das
Brandopfer auf dem Altar vom Feuer verzehrt wurde, und sie neben
den Altar schütten. 4 Dann soll er seine Kleider ablegen, andere anzie-
hen und die Fett-Asche aus dem Lager hinaus an einen reinen Platz
schaffen. 5 Das Feuer soll auf dem Altar brennen bleiben, es darf nicht
erlöschen, und der Priester soll jeden Morgen Holz nachlegen. Er lege
darauf das Brandopfer und lasse auf ihm die Fettteile des Heilsopfers
in Rauch aufgehen. 6 Ein ständiges Feuer soll auf dem Altar brennen;
es darf nicht verlöschen.

Das Speiseopfer

7 Für das Speiseopfer gilt folgendes Gesetz: Einer der Söhne Aarons
bringt es vor den Herrn zur Vorderseite des Altars, 8 hebt von ihm eine
Handvoll Feinmehl, zusammen mit dem Öl und dem ganzen darauf

befindlichen Weihrauch ab und läßt es als Gedächtnisanteil für den
Herrn auf dem Altar zum beruhigenden Duft in Rauch aufgehen.
9 Das übrige sollen Aaron und seine Söhne als ungesäuertes Brot an
einem heiligen Ort, im Vorhof des Offenbarungszeltes, essen. 10 Man
soll den Anteil an meinen Feueropfern, den ich ihnen gebe, nicht
gesäuert backen. Es ist etwas Hochheiliges wie das Sünd- und das
Schuldopfer. 11 Jede männliche Person unter den Söhnen Aarons darf
von diesem Anteil an den Feueropfern des Herrn essen. Das gelte bei
euch als feste Regel von Generation zu Generation. Alles, was damit
in Berührung kommt, wird heilig.

Das Opfer bei der Priesterweihe

12 Der Herr sprach zu Mose: 13 Das ist die Opfergabe, die Aaron und
seine Söhne am Tag ihrer Salbung dem Herrn darbringen sollen: ein
Zehntel Efa Feinmehl als dauerndes Speiseopfer, die Hälfte am Mor-
gen und die Hälfte am Abend. 14 Dieses Speiseopfer soll, mit Öl einge-
rührt, auf einer Ofenplatte zubereitet werden; du sollst es in mehrere
Stücke zerbröckeln und als beruhigenden Duft für den Herrn darbrin-
gen. 15 Der Priester, der an Aarons Stelle aus dem Kreis seiner Söhne
gesalbt ist, soll es zubereiten. Als feste Regel gelte: Das Speiseopfer
soll für den Herrn ganz in Rauch aufgehen; 16 jedes Speiseopfer eines
Priesters soll ein Ganzopfer sein; man darf es nicht essen.

Das Sündopfer

17 Der Herr sprach zu Mose: 18 Sag zu Aaron und seinen Söhnen: Für
das Sündopfer gilt folgendes Gesetz: Dort, wo man das Brandopfer
schlachtet, soll das Sündopfer vor dem Herrn geschlachtet werden.
Es ist etwas Hochheiliges. 19 Der Priester, der dieses Opfer darbringt,
soll es essen; an einem heiligen Ort, im Vorhof des Offenbarungszel-
tes, muß es gegessen werden. 20 Alles, was mit dem Fleisch in
Berührung kommt, wird heilig, und wenn vom Blut etwas auf die
Gewänder spritzt, soll die Stelle an einem heiligen Ort gewaschen
werden. 21 Das Tongefäß, in dem das Fleisch gekocht wird, soll zer-
brochen werden, und wenn es in einem Bronzegefäß gekocht wird,
muß dieses gescheuert und mit Wasser abgespült werden. 22 Jede
männliche Person unter den Priestern darf davon essen; es ist etwas
Hochheiliges. 23 Aber man darf kein Sündopfer essen, dessen Blut
man in das Offenbarungszelt gebracht hat, um im Heiligtum die
Sühne zu vollziehen; es muß im Feuer verbrannt werden.

Das Schuldopfer

7 Für das Schuldopfer gilt folgendes Gesetz: Es ist etwas Hoch-
heiliges. 2 Dort, wo man das Brandopfer schlachtet, soll man
das Schuldopfer schlachten, und der Priester soll das Blut ringsum an
den Altar sprengen. 3 Dann soll er das ganze Fett davon darbringen:
den Fettschwanz, das Fett, das die Eingeweide bedeckt, 4 die beiden
Nieren, das Fett über ihnen und das an den Lenden sowie die Fett-
masse, die er von der Leber und den Nieren loslöst. 5 Der Priester
lasse das alles auf dem Altar als Feueropfer für den Herrn in Rauch
aufgehen; es ist ein Schuldopfer. 6 Jede männliche Person unter den
Priestern darf davon essen; man soll es an einem heiligen Ort essen.
Es ist etwas Hochheiliges.
7 Für das Schuldopfer gilt dasselbe Gesetz wie für das Sündopfer. Es
gehört dem Priester, der damit die Sühne vollzieht. 8 Das Fell des
Opfertieres, das einer als ein Brandopfer zum Priester bringt, gehört
dem Priester, der es darbringt. 9 Jedes Speiseopfer, das im Ofen
gebacken oder in einem Kochtopf oder auf einer Ofenplatte zuberei-
tet wurde, gehört dem Priester, der es darbringt. 10 Jedes mit Öl ver-
mengte und jedes trockene Speiseopfer gehört allen Söhnen Aarons
ohne Unterschied.

Das Heilsopfer

11 Für das Heilsopfer, das man für den Herrn darbringt, gilt folgendes
Gesetz: 12 Wenn man es als Dankopfer darbringt, soll man zu diesem
Dankschlachtopfer ungesäuerten, mit Öl vermengten Kuchen hinzu-
tun und ungesäuerte, mit Öl bestrichene Brotfladen sowie Kuchen
aus Feinmehl, das mit Öl vermengt und eingerührt ist. 13 Dazu soll
man auch Gebäck aus gesäuertem Brot geben und das alles zusam-
men mit dem Heilsopfer als Dankopfer darbringen. 14 Einen Teil von
jeder Opfergabe soll man mit dem Erhebungsritus dem Herrn dar-
bringen; es gehört dem Priester, der das Blut des Heilsopfers sprengt.
15 Das Opferfleisch des Schlachtdankopfers soll am Tag der Darbrin-
gung gegessen werden; nichts davon darf bis zum nächsten Morgen
liegenbleiben. 16 Wenn es sich um ein Gelübde oder um ein freiwilli-
ges Opfer handelt, darf das Fleisch am Tag der Darbringung und am
folgenden Tag gegessen werden; was übrigbleibt, darf gegessen wer-
den; 17 was aber vom Fleisch des Schlachtopfers dann noch übrig-
bleibt, soll am dritten Tag verbrannt werden. 18 Wenn man vom
Fleisch des Heilsopfers am dritten Tag ißt, findet der Darbringende
keine Annahme. Es wird ihm nicht angerechnet und ist untauglich,
und die Person, die davon ißt, muß die Folgen ihrer Schuld tragen.
19 Fleisch, das mit irgend etwas Unreinem in Berührung kommt, darf
man nicht essen; man soll es im Feuer verbrennen. Jeder Reine darf
Opferfleisch essen; 20 wenn aber jemand im Zustand der Unreinheit
vom Fleisch des Heilsopfers ißt, das dem Herrn gehört, soll er aus
seinen Stammesgenossen ausgemerzt werden. 21 Wenn jemand mit
irgend etwas Unreinem in Berührung kommt, sei es mit etwas Unrei-
nem von einem Menschen oder einem unreinen Tier oder irgendeiner
unreinen, abscheulichen Sache, und dann vom Fleisch eines Heils-
opfers ißt, das für den Herrn geopfert wird, soll er aus seinen Stam-
mesgenossen ausgemerzt werden.

Das Verbot von Fett- und Blutgenuß

22 Der Herr sprach zu Mose: 23 Sag zu den Israeliten: Von Rind, Schaf
oder Ziege dürft ihr keinerlei Fett essen. 24 Das Fett eines verendeten
oder zerrissenen Tieres kann zu jedem Zweck verwendet werden,
doch essen dürft ihr es auf keinen Fall. 25 Jeder, der dennoch das Fett
eines Tieres ißt, das man als Feueropfer für den Herrn darbringt, soll
aus seinen Stammesgenossen ausgemerzt werden. 26 Wo immer ihr
wohnt, dürft ihr kein Blut genießen, weder von Vögeln, noch vom
Vieh. 27 Wer Blut genießt, soll aus seinen Stammesgenossen ausge-
merzt werden.

Die Feueropfer

28 Der Herr sprach zu Mose: 29 Sag zu den Israeliten: Wer ein Tier als
Heilsopfer für den Herrn darbringen will, soll davon als Opfergabe
für den Herrn folgendes herbeibringen: 30 Mit seinen Händen bringe
er als Feueropfer für den Herrn das Fett des Bruststückes; er soll die-
ses Fett und die Brust bringen, die er vor dem Herrn hin- und her-
schwingen und so darbringen soll. 31 Der Priester lasse das Fett auf
dem Altar in Rauch aufgehen, die Brust aber gehört Aaron und seinen
Söhnen. 32 Für den Erhebungsritus gebt von euren Heilsopfern die
rechte Schenkelkeule dem Priester! 33 Diese rechte Schenkelkeule soll
jenem der Söhne Aarons als Anteil gehören, der das Blut und das Fett
des Heilsopfers darbringt. 34 Ich nehme nämlich von den Heilsopfern
der Israeliten die Brust für den Darbringungsritus und die Schenkel-
keule für den Erhebungsritus und gebe sie dem Priester Aaron und
seinen Söhnen als ein dauerndes Anrecht, das die Israeliten ihnen
gewähren müssen. 35 Das also ist der Anteil Aarons und seiner Söhne
an den Feueropfern des Herrn an dem Tag, an dem er sie dem Herrn
als Priester darbringt. 36 Das hat der Herr ihnen zu geben befohlen an
dem Tag, an dem er sie unter den Israeliten salbte. Das gelte für sie als
feste Regel von Generation zu Generation.
37 Das ist das Gesetz für Brandopfer, Speiseopfer, Sündopfer, Schuld-
opfer, Priestereinsetzungsopfer und Heilsopfer. 38 So hat es der Herr
dem Mose auf dem Sinai an dem Tag aufgetragen, an dem er die Isra-
eliten verpflichtete, ihre Gaben dem Herrn in der Wüste Sinai darzu-
bringen.

Die Priestergesetze

Die Priesterweihe

8 Der Herr sprach zu Mose: 2 Nimm Aaron und seine Söhne, die
Gewänder, das Salböl, den Stier für das Sündopfer, die beiden
Widder und den Korb mit den ungesäuerten Broten! 3 Dann ruf die
ganze Gemeinde am Eingang des Offenbarungszeltes zusammen!
4 Mose tat, was ihm der Herr befohlen hatte, und die Gemeinde ver-
sammelte sich am Eingang des Offenbarungszeltes. 5 Mose sagte zur
Gemeinde: Der Herr hat angeordnet, das Folgende zu tun. 6 Mose
ließ Aaron und seine Söhne nähertreten und wusch sie mit Wasser.
7 Er legte ihm das Gewand an, gürtete ihn mit dem Gürtel, bekleidete
ihn mit dem Obergewand und legte ihm das Efod an. Dann band er
ihm die Schärpe um, an der er das Efod befestigte. 8 Er übergab ihm
die Lostasche, in die er die Lose Urim und Tummim steckte. 9 Dann
setzte er ihm den Turban auf und befestigte an der Vorderseite des
Turbans die goldene Rosette, das heilige Diadem, wie der Herr dem
Mose vorgeschrieben hatte. 10 Darauf nahm Mose das Salböl und
salbte die Wohnstätte und alles, was darin war, um sie zu weihen.
11 Mit dem Öl spritzte er siebenmal gegen den Altar, salbte ihn und alle
seine Geräte, das Becken und sein Gestell, um sie zu weihen. 12 Vom
Salböl goß er etwas auf das Haupt Aarons und salbte ihn, um ihn zu
weihen. 13 Dann ließ Mose die Söhne Aarons nähertreten, bekleidete
sie mit Gewändern und legte ihnen den Gürtel an; er setzte ihnen den
Kopfbund auf, wie es der Herr dem Mose befohlen hatte. 14 Dann ließ
er den Sündopferstier heranbringen. Auf seinen Kopf legten Aaron
und seine Söhne ihre Hände, 15 und Mose schlachtete ihn. Dann
nahm Mose das Blut und tat etwas davon mit seinem Finger ringsum
auf die Hörner des Altars, um ihn zu entsündigen. Nachher goß er
das Blut am Sockel des Altars aus und weihte ihn; so entsühnte er ihn.
16 Danach nahm er das ganze Fett, das die Eingeweide bedeckt, die
Fettmasse über der Leber, die beiden Nieren und ihr Fett und ließ
diese Stücke auf dem Altar in Rauch aufgehen. 17 Was vom Stier noch
übrig war, sein Fell und Fleisch sowie seinen Mageninhalt verbrannte
er außerhalb des Lagers, wie es der Herr dem Mose befohlen hatte.
18 Dann ließ er den Widder für das Brandopfer herbeibringen. Aaron
und seine Söhne legten ihre Hände auf den Kopf des Widders, 19 und
Mose schlachtete ihn. Er sprengte das Blut ringsum gegen den Altar.
20 Dann zerteilte er den Widder und ließ den Kopf, die Teile und das
Fett in Rauch aufgehen. 21 Er wusch die Eingeweide und die Beine mit
Wasser und ließ den ganzen Widder auf dem Altar in Rauch aufge-
hen. Es war ein Brandopfer zum beruhigenden Duft, ein Feueropfer
für den Herrn, wie es der Herr dem Mose befohlen hatte.
22 Dann ließ er den zweiten Widder, den Widder für das Opfer der
Priestereinsetzung, herbeibringen. Aaron und seine Söhne legten
ihre Hände auf den Kopf des Widders, 23 und Mose schlachtete ihn.
Er nahm etwas Blut und tat es auf das rechte Ohrläppchen Aarons, auf
den Daumen seiner rechten Hand und auf die große Zehe seines rech-
ten Fußes. 24 Dann ließ er die Söhne Aarons nähertreten und tat
etwas Blut auf ihr rechtes Ohrläppchen, auf den Daumen ihrer rech-
ten Hand und auf die große Zehe ihres rechten Fußes. Danach goß
Mose das Blut ringsum an den Altar.
25 Er nahm auch das Fett, den Fettschwanz, das ganze Fett, das sich
über den Eingeweiden befindet, die Fettmasse über der Leber, die bei-
den Nieren und ihr Fett und die rechte Schenkelkeule. 26 Aus dem
Korb mit den ungesäuerten Broten, der vor dem Herrn stand, nahm
er einen ungesäuerten Kuchen, einen Ölbrotkuchen und einen Brot-
fladen, die er auf die Fettstücke und die rechte Schenkelkeule legte.
27 Das alles gab er in die Hände Aarons und seiner Söhne und ließ sie
es vor dem Herrn hin- und herschwingen und so darbringen. 28 Dann
nahm es Mose wieder aus ihren Händen und ließ es auf dem Altar mit
dem Brandopfer in Rauch aufgehen. Das war das Opfer der Priester-
einsetzung zum beruhigenden Duft, ein Feueropfer für den Herrn.
29 Mose nahm auch das Bruststück und vollzog mit ihm vor dem
Herrn den Darbringungsritus. Dieser Teil des Einsetzungswidders
gehörte Mose als Anteil, wie es der Herr dem Mose befohlen hatte.
30 Danach nahm Mose etwas Salböl und etwas Blut, das auf dem Altar
war, und spritzte es auf Aaron und dessen Gewänder sowie auf seine
Söhne und deren Gewänder. So weihte er Aaron und dessen Gewän-
der sowie seine Söhne und deren Gewänder. 31 Mose sagte zu Aaron
und seinen Söhnen: Kocht das Fleisch am Eingang des Offen-
barungszeltes! Ihr sollt es dort essen, ebenso wie das Brot aus dem
Einsetzungskorb, wie ich es angeordnet habe mit den Worten: Aaron
und seine Söhne sollen es essen. 32 Was vom Fleisch und vom Brot
übrigbleibt, sollt ihr verbrennen. 33 Sieben Tage lang sollt ihr den Ein-
gang des Offenbarungszeltes nicht verlassen, bis die Zeit eurer Ein-
setzung um ist; denn sieben Tage dauert eure Einsetzung. 34 Wie man
es am heutigen Tag getan hat, so hat der Herr angeordnet, soll man es
auch weiter tun, um euch zu entsühnen. 35 Sieben Tage lang, Tag und
Nacht, sollt ihr am Eingang des Offenbarungszeltes bleiben und auf
die Anordnungen des Herrn achten; dann werdet ihr nicht sterben.
Denn so ist es mir befohlen worden. 36 Aaron und seine Söhne taten
alles, was der Herr durch Mose angeordnet hatte.

Das Weiheopfer des Hohenpriesters

9 Am achten Tag rief Mose Aaron, seine Söhne und die Ältesten
Israels zusammen 2 und sagte zu Aaron: Nimm ein Kalb, ein jun-
ges Rind, für ein Sündopfer und einen Widder für ein Brandopfer, feh-
lerlose Tiere, und bring sie her vor den Herrn! 3 Dann sollst du zu den
Israeliten sagen: Nehmt einen Ziegenbock für ein Sündopfer, ferner
ein Kalb und ein Schaf, einjährige und fehlerlose Tiere, für ein Brand-
opfer, 4 ein Rind und einen Widder für ein Heilsopfer, um sie vor dem
Herrn zu schlachten, und ein Speiseopfer, das mit Öl vermengt ist.
Denn heute wird euch der Herr erscheinen. 5 Sie brachten, was Mose
befohlen hatte, zum Offenbarungszelt, und die ganze Gemeinde kam
herbei und stellte sich vor dem Herrn auf. 6 Mose sagte: Das ist es, was
der Herr euch zu tun geboten hat, damit euch die Herrlichkeit des
Herrn erscheint. 7 Dann sagte Mose zu Aaron: Tritt zum Altar hin,
bring dein Sünd- und dein Brandopfer dar, und vollzieh so für dich
und das Volk die Sühne! Dann bring das Opfer des Volkes dar, und ent-
sühne es, wie der Herr befohlen hat.
8 Aaron trat an den Altar und schlachtete das Kalb für seine eigene
Sünde. 9 Dann brachten ihm die Söhne Aarons das Blut; er tauchte
seinen Finger in das Blut, tat es auf die Hörner des Altars und goß das
übrige Blut am Sockel des Altars aus. 10 Das Fett des Sündopfers, die
Nieren und die Fettmasse über der Leber des Sündopfers ließ er auf
dem Altar in Rauch aufgehen, wie es der Herr dem Mose befohlen
hatte. 11 Das Fleisch und das Fell verbrannte er außerhalb des Lagers.
12 Danach schlachtete er das Brandopfer; die Söhne Aarons reichten
ihm das Blut, und er sprengte es ringsum an den Altar. 13 Sie reichten
ihm die einzelnen Stücke und den Kopf des Brandopfers, und er ließ
sie auf dem Altar in Rauch aufgehen. 14 Er wusch die Eingeweide und
Beine und ließ auch sie mit dem Brandopfer auf dem Altar in Rauch
aufgehen.
15 Dann ließ er das Opfer des Volkes heranbringen. Er nahm den Bock
für das Sündopfer des Volkes, schlachtete ihn und brachte ihn wie
den ersten als Sündopfer dar. 16 Darauf ließ er das Brandopfer brin-
gen und verfuhr nach der Vorschrift. 17 Er ließ das Speiseopfer brin-
gen, nahm eine Handvoll davon und ließ es auf dem Altar in Rauch
aufgehen, dazu noch das Morgenbrandopfer. 18 Dann schlachtete er
das Rind und den Widder als Heilsopfer für das Volk. Die Söhne
Aarons reichten ihm das Blut, und er sprengte es ringsum an den
Altar. 19 Die Fettstücke des Rinds und des Widders, und zwar den
Fettschwanz, das Eingeweidenetz, die Nieren und die Fettmasse über
der Leber, 20 legte er auf die Bruststücke und ließ sie auf dem Altar in
Rauch aufgehen. 21 Die Bruststücke und die rechte Schenkelkeule
schwang Aaron vor dem Herrn hin und her und brachte sie so dar, wie
es Mose befohlen hatte.
22 Dann erhob Aaron seine Hände über das Volk und segnete es.
Nachdem er so das Sünd- und das Brandopfer sowie das Heilsopfer

vollzogen hatte, stieg er herunter, 23 und Mose ging mit Aaron in das
Offenbarungszelt. Dann kamen beide heraus und segneten das Volk.
Da erschien die Herrlichkeit des Herrn dem ganzen Volk. 24 Feuer
ging vom Herrn aus und verzehrte das Brandopfer und die Fettstücke
auf dem Altar. Als das ganze Volk das sah, stieß es Jubelschreie aus,
und alle fielen auf ihr Gesicht nieder.

Die Strafe für unrechtmäßiges Opfern

10 Die Söhne Aarons, Nadab und Abihu, nahmen jeder seine
Räucherpfanne. Sie legten Feuer auf, taten Räucherwerk
darauf und brachten vor dem Herrn ein unerlaubtes Feuer dar, eines,
das er ihnen nicht befohlen hatte. 2 Da ging vom Herrn ein Feuer aus,
das sie verzehrte, und sie kamen vor dem Herrn um.
3 Da sagte Mose zu Aaron: Das ist es, was der Herr meinte, als er
sprach:
An denen, die mir nahe sind, / erweise ich mich heilig, / und vor dem
ganzen Volk / zeige ich mich herrlich.
Aaron schwieg.
4 Mose rief Mischaël und Elizafan, die Söhne von Aarons Onkel Usiël,
und sagte zu ihnen: Kommt her, und tragt eure Brüder vom Heilig-
tum weg, vor das Lager hinaus! 5 Sie traten heran und trugen sie in
ihren Gewändern vor das Lager hinaus, wie es Mose gesagt hatte.

Der Dienst im Heiligtum

6 Zu Aaron und seinen Söhnen Eleasar und Itamar sagte Mose: Laßt
euer Haar nicht lose herunterhängen, und zerreißt nicht eure Kleider,
sonst müßt ihr sterben, und der Herr zürnt über die ganze Gemeinde.
Eure Brüder, das ganze Haus Israel, sollen über den Brand weinen,
den der Herr entfacht hat. 7 Verlaßt nicht den Eingang des Offenba-
rungszeltes, sonst müßt ihr sterben; denn das Salböl des Herrn ist
auf euch. Sie taten, was Mose gesagt hatte.
8 Der Herr sagte zu Aaron: 9 Wenn ihr zum Offenbarungszelt kommt,
dürft ihr, du und deine Söhne, weder Wein noch Bier trinken, sonst
müßt ihr sterben. Das gelte bei euch als feste Regel von Generation
zu Generation. 10 Ihr sollt zwischen heilig und profan, zwischen
unrein und rein unterscheiden, 11 und die Israeliten sollt ihr über alle
Vorschriften belehren, die der Herr euch durch Mose verkündet hat.
12 Mose sagte zu Aaron und seinen überlebenden Söhnen Eleasar und
Itamar: Nehmt das Speiseopfer, das von den Feueropfern des Herrn
übrigbleibt, eßt davon die ungesäuerten Brote neben dem Altar, denn
es ist etwas Hochheiliges. 13 An einem heiligen Ort sollt ihr es essen,
denn es ist das, was dir und deinen Söhnen von den Feueropfern des
Herrn zusteht; so ist es mir nämlich befohlen worden. 14 Die Brust
vom Darbringungsritus und die Schenkelkeule vom Erhebungsritus
sollt ihr, du, deine Söhne und deine Töchter, an einem reinen Ort
essen, denn sie sind der für dich und deine Söhne bestimmte Anteil
an den Heilsopfern der Israeliten, den man dir gibt. 15 Die Schenkel-
keule vom Erhebungsritus und die Brust vom Darbringungsritus, die
bei den Fettstücken der Feueropfer sind, sollen sie zur Darbringung
vor den Herrn bringen; sie sollen dir und deinen Söhnen als dauern-
des Anrecht gehören, wie es der Herr befohlen hat.
16 Mose erkundigte sich nach dem Sündopferbock, und siehe da, man
hatte ihn verbrannt. Er geriet über Eleasar und Itamar, die überleben-
den Söhne Aarons, in Zorn und sagte: 17 Warum habt ihr das Sündop-
fer nicht an einem heiligen Ort gegessen? Es ist etwas Hochheiliges,
und es wurde euch gegeben, damit ihr die Schuld von der Gemeinde
wegnehmt, indem ihr sie vor dem Herrn entsühnt. 18 Sein Blut wurde
ja nicht in das Innere des Heiligtums gebracht; das Fleisch hättet ihr
im Heiligtum essen sollen, wie ich es angeordnet habe. 19 Aaron ant-
wortete Mose: Heute haben sie ihr Sünd- und ihr Brandopfer vor dem
Herrn dargebracht, und doch hat mich so etwas getroffen. Wenn ich
heute das Sündopfer gegessen hätte, hätte das dem Herrn gefallen?
20 Als Mose das hörte, schien es ihm richtig.

Die Reinheitsgesetze

Reine und unreine Tiere

11 Der Herr sprach zu Mose und Aaron: 2 Sagt den Israeliten:
Das sind die Tiere, die ihr von allem Vieh auf der Erde essen
dürft: 3 Alle Tiere, die gespaltene Klauen haben, Paarzeher sind und
wiederkäuen, dürft ihr essen. 4 Jedoch dürft ihr von den Tieren, die
wiederkäuen oder gespaltene Klauen haben, folgende nicht essen:
Ihr sollt für unrein halten das Kamel, weil es zwar wiederkäut, aber
keine gespaltenen Klauen hat; 5 ihr sollt für unrein halten den Klipp-
dachs, weil er zwar wiederkäut, aber keine gespaltenen Klauen hat;
6 ihr sollt für unrein halten den Hasen, weil er zwar wiederkäut, aber
keine gespaltenen Klauen hat; 7 ihr sollt für unrein halten das Wild-
schwein, weil es zwar gespaltene Klauen hat und Paarzeher ist, aber
nicht wiederkäut. 8 Ihr dürft von ihrem Fleisch nicht essen und ihr
Aas nicht berühren; ihr sollt sie für unrein halten.
9 Von allen Tieren, die im Wasser leben, dürft ihr essen; alle Tiere mit
Flossen und Schuppen, die im Wasser, in Meeren und Flüssen leben,
dürft ihr essen. 10 Aber alles, was in Meeren oder Flüssen lebt, alles
Kleingetier des Wassers und alle Lebewesen, die im Wasser leben und
keine Flossen oder Schuppen haben, seien euch abscheulich. 11 Ihr
sollt sie als abscheulich ansehen; von ihrem Fleisch dürft ihr nicht
essen, und ihr Aas sollt ihr verabscheuen. 12 Alles, was ohne Flossen
oder Schuppen im Wasser lebt, haltet für abscheulich!
13 Unter den Vögeln sollt ihr folgende verabscheuen – man darf sie
nicht essen, sie sind abscheulich: Aasgeier, Schwarzgeier, Bartgeier,
14 Milan, die verschiedenen Bussardarten, 15 alle Arten des Raben,
16 Adlereule, Kurzohreule, Langohreule und die verschiedenen Fal-
kenarten, 17 Kauz, Fischeule, Bienenfresser, 18 Weißeule, Kleineule,
Fischadler, 19 den Storch, die verschiedenen Reiherarten, Wiedehopf
und Fledermaus.
20 Alle Kleintiere mit Flügeln und vier Füßen seien euch abscheulich.
21 Von diesen Kleintieren mit Flügeln und vier Füßen dürft ihr aber
jene essen, die Springbeine haben, um damit auf dem Boden zu hüp-
fen. 22 Von ihnen dürft ihr die verschiedenen Arten der Wanderheu-
schrecke, der Solam-, der Hargol- und der Hagab-Heuschrecke
essen. 23 Alle übrigen Kleintiere mit Flügeln und vier Füßen aber
seien euch abscheulich. 24 An diesen Tieren verunreinigt ihr euch;
jeder, der ihr Aas berührt, wird unrein bis zum Abend. 25 Jeder, der ihr
Aas trägt, muß seine Kleider waschen und ist unrein bis zum Abend.
26 Alle Tiere mit gespaltenen Klauen, die aber nicht Paarzeher sind
und nicht wiederkäuen, sollt ihr für unrein halten; jeder, der sie
berührt, wird unrein. 27 Alle Vierfüßler, die auf Pfoten gehen, sollt ihr
für unrein halten; jeder, der ihr Aas berührt, wird unrein bis zum
Abend, 28 und wer ihr Aas trägt, muß seine Kleider waschen und ist
unrein bis zum Abend. Ihr sollt sie für unrein halten.
29 Unter dem Kleingetier, das auf dem Boden kriecht, sollt ihr für
unrein halten den Maulwurf, die Maus und die verschiedenen Arten
der Eidechsen, 30 nämlich den Gecko, die Koach- und die Letaa-Ei-
dechse, den Salamander und das Chamäleon.
31 Unter allem Kleingetier sollt ihr diese für unrein halten. Jeder, der
sie berührt, wenn sie tot sind, ist unrein bis zum Abend.
32 Jeder Gegenstand, auf den eines dieser Tiere fällt, wenn sie tot sind,
wird unrein, jedes Holzgerät, Kleid, Fell, grobes Zeug und jeder
Gebrauchsgegenstand. Man muß einen solchen Gegenstand in Was-
ser tauchen; er ist unrein bis zum Abend und erst dann wieder rein.
33 Jedes Tongefäß, in das ein solches Tier fällt, müßt ihr zerbrechen,
und sein Inhalt ist unrein. 34 Jede Speise, die man essen will, wird
unrein, wenn Wasser aus einem solchen Gefäß darauf kommt; jedes
Getränk, das man trinken will, wird durch ein solches Gefäß unrein.
35 Alles, worauf ein Aas von ihnen fällt, wird unrein; ein Backofen und
ein kleiner Herd müssen niedergerissen werden, denn sie sind
unrein, und als unrein sollen sie euch gelten. 36 Nur eine Quelle und
eine Zisterne mit angesammeltem Wasser bleiben rein. Jeder, der ein
Aas von jenen Tieren berührt, wird unrein. 37 Wenn ein Aas von ihnen

auf irgendeinen Samen fällt, der gesät werden soll, so bleibt er rein.
38 Wenn aber das Korn mit Wasser befeuchtet war und ein solches Aas
darauf fällt, sollt ihr es für unrein halten.
39 Wenn eines der Tiere, das euch zur Nahrung dient, verendet, so
wird der, der sein Aas berührt, unrein bis zum Abend.
40 Wer von solchem Fleisch ißt, muß seine Kleider waschen und ist
unrein bis zum Abend; wer solches Aas trägt, muß seine Kleider
waschen und ist unrein bis zum Abend.
41 Jedes Kleintier, das sich auf dem Boden bewegt, ist abscheulich und
darf nicht gegessen werden. 42 Alles, was sich auf dem Bauch oder auf
vier und mehr Füßen fortbewegt, kurz alles Kleingetier, das sich auf
dem Boden bewegt, dürft ihr nicht essen, denn es ist abscheulich.
43 Macht euch nicht selbst abscheulich mit all diesem Gewimmel von
Kleintieren, und macht euch durch sie nicht unrein, indem ihr euch
durch sie verunreinigen laßt. 44 Denn ich bin der Herr, euer Gott.
Erweist euch als heilig, und seid heilig, weil ich heilig bin. Verunrei-
nigt euch daher nicht selbst durch alle diese Kleintiere, die auf dem
Boden kriechen. 45 Denn ich bin der Herr, der euch aus Ägypten her-
aufgeführt hat, um euer Gott zu sein. Ihr sollt daher heilig sein, weil
ich heilig bin.
46 Das ist das Gesetz über das Vieh, die Vögel, alle Lebewesen, die sich
im Wasser bewegen, und alle Lebewesen, die auf dem Boden krie-
chen. 47 So soll man das Unreine und das Reine unterscheiden, die
Tiere, die man essen darf, und jene, die man nicht essen darf.

Die Reinigung der Wöchnerin

12 Der Herr sprach zu Mose: 2 Sag zu den Israeliten: Wenn eine
Frau niederkommt und einen Knaben gebiert, ist sie sieben
Tage unrein, wie sie in der Zeit ihrer Regel unrein ist. 3 Am achten Tag
soll man die Vorhaut des Kindes beschneiden, 4 und dreiunddreißig
Tage soll die Frau wegen ihrer Reinigungsblutung zu Hause bleiben.
Sie darf nichts Geweihtes berühren und nicht zum Heiligtum kom-
men, bis die Zeit ihrer Reinigung vorüber ist. 5 Wenn sie ein Mädchen
gebiert, ist sie zwei Wochen unrein wie während ihrer Regel. Sechs-
undsechzig Tage soll sie wegen ihrer Reinigungsblutung zu Hause
bleiben.
6 Wenn die Zeit ihrer Reinigung vorüber ist, soll sie, für einen Sohn
ebenso wie für eine Tochter, ein einjähriges Schaf als Brandopfer und
eine junge Taube oder eine Turteltaube als Sündopfer zum Priester an
den Eingang des Offenbarungszeltes bringen. 7 Er soll es vor dem
Herrn darbringen und sie entsühnen; so wird sie von ihrem Blutfluß
gereinigt.
Das ist das Gesetz für eine Frau, die einen Knaben oder ein Mädchen
gebiert. 8 Wenn sie die Mittel für ein Schaf nicht aufbringen kann, soll
sie zwei Turteltauben oder zwei junge Tauben nehmen, eine als
Brandopfer und die andere als Sündopfer; der Priester soll sie entsüh-
nen, und so wird sie gereinigt.

Der Aussatz an Menschen

13 Der Herr sprach zu Mose und Aaron: 2 Wenn sich auf der
Haut eines Menschen eine Schwellung, ein Ausschlag oder
ein heller Fleck bildet, liegt Verdacht auf Hautaussatz vor. Man soll ihn
zum Priester Aaron oder zu einem seiner Söhne, den Priestern, führen.
3 Der Priester soll das Übel auf der Haut untersuchen. Wenn das Haar
an der kranken Stelle weiß wurde und die Stelle tiefer als die übrige
Haut liegt, ist es Aussatz. Nachdem der Priester das Übel untersucht
hat, soll er den Erkrankten für unrein erklären. 4 Wenn aber auf der
Haut ein weißer Fleck besteht, der nicht merklich tiefer als die übrige
Haut liegt, und das Haar nicht weiß geworden ist, soll der Priester den
Befallenen für sieben Tage absondern. 5 Am siebten Tag untersuche er
ihn wieder. Wenn er mit seinen eigenen Augen feststellt, daß das Übel
gleich geblieben ist und sich auf der Haut nicht ausgebreitet hat, soll
er ihn noch einmal für sieben Tage absondern 6 und ihn am siebten
Tag abermals untersuchen. Wenn er dann feststellt, daß das Übel
nachgelassen und sich auf der Haut nicht ausgebreitet hat, soll ihn der
Priester für rein erklären. Es handelt sich um einen Ausschlag. Der
Kranke soll seine Kleider waschen, dann ist er rein. 7 Breitet sich
jedoch der Ausschlag auf der Haut aus, nachdem der Kranke vom
Priester untersucht und für rein erklärt wurde, soll er sich ihm noch
einmal zeigen. 8 Stellt der Priester fest, daß der Ausschlag sich auf
der Haut ausgebreitet hat, soll der Priester ihn für unrein erklären: Es
handelt sich um Aussatz.
9 Wenn sich also an jemandem ein Übel von der Art des Aussatzes
zeigt, soll man ihn zum Priester bringen. 10 Stellt der Priester fest,
daß sich auf der Haut eine weiße Schwellung zeigt, daß die Haare
heller geworden sind und daß sich an der Schwellung wildes Fleisch
gebildet hat, 11 dann ist es ein veralteter Aussatz auf der Haut. Der
Priester soll ihn für unrein erklären, ohne ihn erst abzusondern, denn
er ist unrein. 12 Wenn aber der Aussatz auf der Haut ausbricht, sie völ-
lig ergreift und sich vom Kopf bis zu den Füßen erstreckt, überall,
wohin der Priester schaut, 13 so soll er den Kranken untersuchen und,
falls er feststellt, daß der Aussatz den ganzen Körper bedeckt, den
Kranken für rein erklären. Da er völlig weiß geworden ist, ist er rein.
14 An dem Tag jedoch, an dem an ihm wildes Fleisch sichtbar wird, ist
er unrein. 15 Hat der Priester das wilde Fleisch untersucht, soll er ihn
für unrein erklären. Das wilde Fleisch ist etwas Unreines; es ist Aus-
satz. 16 Wenn aber das wilde Fleisch verschwindet und die befallene
Stelle weiß wird, soll der Mann den Priester aufsuchen. 17 Dieser soll
ihn untersuchen, und wenn er feststellt, daß die betroffene Stelle
tatsächlich weiß geworden ist, soll er den Kranken für rein erklären:
Er ist rein.
18 Wenn sich auf der Haut eines Menschen ein Furunkel bildet und
wieder abheilt, 19 sich aber dann an der Stelle des Furunkels eine
weiße Schwellung oder ein hellroter Fleck bildet, soll er sich dem
Priester zeigen; 20 dieser soll ihn untersuchen. Wenn er eine merkli-
che Vertiefung der Haut und heller gewordenes Haar feststellt, soll
der Priester ihn für unrein erklären; es ist ein Fall von Aussatz, der im
Furunkel ausgebrochen ist. 21 Wenn der Priester bei der Untersu-
chung weder weiße Haare noch eine Vertiefung der Haut, vielmehr
ein Abklingen des Übels feststellt, soll er den Kranken sieben Tage
lang absondern. 22 Wenn sich das Übel dann doch auf der Haut aus-
breitet, soll er ihn für unrein erklären: Es ist ein Fall von Aussatz.
23 Wenn aber der helle Fleck unverändert bleibt, ohne sich auszu-
breiten, so ist es eine Narbe vom Furunkel; der Priester soll diesen
Menschen für rein erklären.
24 Wenn jemand auf der Haut eine Brandwunde hat und sich eine
Wucherung als hellroter oder weißer Fleck bildet, 25 soll ihn der Prie-
ster untersuchen. Wenn er heller gewordenes Haar oder eine merk-
liche Vertiefung des Fleckes in der Haut feststellt, ist es Aussatz, der
in der Brandwunde ausgebrochen ist. Der Priester soll den Menschen
für unrein erklären; es ist ein Fall von Aussatz. 26 Untersucht ihn der
Priester und stellt kein weißes Haar auf dem Fleck, keine Vertiefung
der Haut, sondern ein Abklingen fest, so soll er ihn sieben Tage lang
absondern. 27 Am siebten Tag soll er ihn wieder untersuchen. Hat
sich das Übel auf der Haut ausgebreitet, soll er ihn für unrein
erklären; es ist ein Fall von Aussatz. 28 Wenn der helle Fleck unverän-
dert geblieben ist, ohne sich auf der Haut auszubreiten, vielmehr
abgeblaßt ist, so ist es nur eine angeschwollene Brandnarbe. Der
Priester soll den Kranken für rein erklären, denn es ist nur eine
Brandnarbe.
29 Zeigt sich bei einem Mann oder bei einer Frau an Kopf oder Kinn
eine kranke Stelle, 30 soll der Priester sie untersuchen. Stellt er dort
eine merkliche Hautvertiefung mit rötlich-gelb glänzendem, schütter
gewordenem Haar fest, soll er den Kranken für unrein erklären. Es ist
eine Flechte, ein Aussatz des Kopfes oder des Kinns. 31 Stellt der Prie-
ster bei der Untersuchung dieses Falls von Flechte weder eine merkli-
che Hautvertiefung noch schwarzes Haar fest, soll er den mit Flechte
Behafteten sieben Tage lang absondern. 32 Am siebten Tag soll er das
Übel untersuchen. Stellt er fest, daß sich die Flechte nicht ausgebrei-
tet hat, an ihr kein rötlich-gelb glänzendes Haar aufgetreten ist und

auch keine merkliche Hautvertiefung besteht, 33 soll sich der Kranke
rasieren, dabei aber die befallene Stelle aussparen, und der Priester
soll ihn noch einmal sieben Tage lang absondern. 34 Am siebten Tag
soll er das Übel wieder untersuchen. Stellt er fest, daß es sich auf der
Haut nicht ausgebreitet hat und daß keine merkliche Hautvertiefung
besteht, soll er den Kranken für rein erklären. Dieser soll seine Klei-
der waschen, dann ist er rein. 35 Hat sich aber die Flechte nach der
Reinerklärung doch auf der Haut ausgebreitet, 36 soll ihn der Priester
wieder untersuchen. Stellt er fest, daß sich die Flechte auf der Haut
ausbreitet, braucht der Priester nicht erst festzustellen, ob das Haar
rötlich-gelb glänzend ist; er ist unrein. 37 Scheint aber dem Priester
die Flechte gleichzubleiben und wächst an ihr schwarzes Haar, so
heilt sie ab; er ist rein, und der Priester soll ihn für rein erklären.
38 Zeigen sich bei einem Mann oder bei einer Frau Flecken, weiße
Flecken auf der Haut, 39 so soll der Priester sie untersuchen. Stellt er
fest, daß diese Flecken auf der Haut verblassen, so handelt es sich um
einen Ausschlag, der auf der Haut ausgebrochen ist; der Kranke ist rein.
40 Verliert ein Mann auf seinem Kopf die Haare, so ist es eine Hinter-
kopfglatze; er ist rein. 41 Geschieht es an der Schädelvorderseite, so ist
es eine Stirnglatze; er ist rein. 42 Entsteht aber auf der Glatze des Hin-
terkopfes oder über der Stirn ein hellroter Fleck, so ist es Aussatz, der
auf dem Kopf oder auf der Stirn dieses Menschen ausbricht. 43 Der
Priester soll ihn untersuchen. Stellt er auf der Hinterkopf- oder auf der
Stirnglatze eine hellrote Aussatzschwellung fest, die wie Hautaussatz
aussieht, 44 so ist der Mensch aussätzig; er ist unrein. Der Priester muß
ihn für unrein erklären; er ist an seinem Kopf von Aussatz befallen.
45 Der Aussätzige, der von diesem Übel betroffen ist, soll eingerissene
Kleider tragen und das Kopfhaar ungepflegt lassen; er soll den
Schnurrbart verhüllen und ausrufen: Unrein! Unrein! 46 Solange das
Übel besteht, bleibt er unrein; er ist unrein. Er soll abgesondert woh-
nen, außerhalb des Lagers soll er sich aufhalten.

Der Aussatz an Kleidern

47 Zeigt sich Aussatz auf einem Kleidungsstück, sei es ein Woll- oder
Leinenkleid, 48 ein Gewebe oder Gewirke aus Leinen oder Wolle, oder
auf Leder oder auf irgendeinem Ledergegenstand, 49 so ist das ein Fall
von Aussatz, der dem Priester dann zu zeigen ist, wenn der Fleck auf
dem Kleid, dem Leder, dem Gewebe, dem Gewirke oder irgendeinem
Ledergerät grüngelblich oder rötlich erscheint. 50 Der Priester soll das
Übel untersuchen und den befallenen Gegenstand sieben Tage lang
absondern. 51 Wenn er am siebten Tage beobachtet, daß sich das Übel
auf dem Kleid, dem Gewebe, dem Gewirke, dem Leder oder Ledergegen-
stand, was immer es auch sein mag, ausgebreitet hat, so ist es ein
Fall von bösartigem Aussatz: Der befallene Gegenstand ist unrein.
52 Man soll dieses Kleid, dieses Gewebe, dieses Gewirke aus Wolle
oder Leinen oder das Ledergerät, was es auch sein mag, auf dem sich
das Übel zeigt, verbrennen; denn es ist bösartiger Aussatz, der im
Feuer verbrannt werden muß. 53 Wenn aber der Priester bei der Unter-
suchung feststellt, daß das Übel sich auf diesem Kleid, Gewebe,
Gewirke oder Ledergerät nicht ausgebreitet hat, 54 soll er den befalle-
nen Gegenstand waschen lassen und ihn noch einmal sieben Tage
lang absondern. 55 Nach dem Abwaschen soll er das Übel unter-
suchen, und wenn er feststellt, daß sich sein Aussehen nicht verän-
dert hat, so ist der Gegenstand unrein, auch wenn sich das Übel nicht
ausbreitet; du sollst ihn im Feuer verbrennen. Es liegt eine ausgefres-
sene Vertiefung an seiner Vorder- oder Rückseite vor. 56 Stellt aber der
Priester bei der Untersuchung fest, daß das Übel nach dem Abwa-
schen abgeblaßt ist, so soll er die befallene Stelle von dem Kleid, dem
Leder, dem Gewebe oder dem Gewirke abreißen. 57 Sollte aber das
Übel auf diesem Kleid, Gewebe, Gewirke oder Ledergerät wieder
erscheinen, so greift das Übel weiter um sich, und du sollst den be-
fallenen Gegenstand im Feuer verbrennen. 58 Aber das Kleid, das Ge-
webe, das Gewirke oder das Ledergerät, auf dem das Übel nach dem
Abwaschen verschwunden ist, soll noch einmal gewaschen werden
und ist dann rein.
59 Das ist das Gesetz für den Fall von Aussatz auf einem Woll- oder
Leinenkleid, einem Gewebe, Gewirke oder Ledergerät, wenn es gilt,
sie für rein oder unrein zu erklären.

Die Reinigungsriten für vom Aussatz Geheilte

14 Der Herr sprach zu Mose: 2 Das ist das Gesetz für den Aussät-
zigen, wenn er für rein erklärt wird: Man soll ihn zum Prie-
ster führen, 3 und der Priester soll vor das Lager herauskommen. Stellt
er nach der Untersuchung fest, daß der Aussätzige von seinem Aussatz
geheilt ist, 4 soll er anordnen, daß man für den, der sich der Reinigung
unterzieht, zwei lebende reine Vögel, Zedernholz, Karmesin und Ysop
nimmt. 5 Dann soll er anordnen, den einen Vogel über einem Tongefäß
mit Quellwasser zu schlachten. 6 Den lebenden Vogel, das Zedernholz,
das Karmesin und den Ysop soll er nehmen und alles, auch den leben-
den Vogel, in das Blut des über dem Quellwasser geschlachteten Vogels
tauchen. 7 Nun soll er den, der sich der Reinigung vom Aussatz unter-
zieht, siebenmal besprengen und, nachdem er ihn für rein erklärt hat,
den lebenden Vogel ins freie Feld fliegen lassen. 8 Der sich der Reini-
gung unterzieht, der soll seine Kleider waschen, sein ganzes Haar
scheren, sich in Wasser baden und dann rein sein. Nachher darf er ins
Lager kommen, muß aber noch sieben Tage außerhalb seines Zeltes
bleiben. 9 Am siebten Tag soll er sein ganzes Haar scheren, die Kopf-
haare, den Bart und die Augenbrauen; alle Haare muß er scheren.
Nachdem er seine Kleider gewaschen und seinen Körper in Wasser
gebadet hat, ist er rein.
10 Am achten Tag soll er zwei fehlerlose Widder, ein einjähriges fehler-
loses Schaf, drei Zehntel Efa Speiseopfermehl, das mit Öl vermengt
ist, und ein Log Öl nehmen. 11 Der Priester, der die Reinigung vor-
nimmt, soll den, der sich der Reinigung unterzieht, mit seinen Opfer-
gaben am Eingang des Offenbarungszeltes vor dem Herrn aufstellen.
12 Dann soll er den einen Widder nehmen, ihn zusammen mit dem Log
Öl als Schuldopfer darbringen und mit beiden den Darbringungsritus
vor dem Herrn vollziehen. 13 Er soll den Widder an der Stelle schlach-
ten, wo man das Sünd- und das Brandopfer schlachtet, an dem heili-
gen Ort. Dieses Schuldopfer nämlich gehört wie ein Sündopfer dem
Priester, es ist etwas Hochheiliges. 14 Der Priester soll etwas Blut vom
Schlachtopfer nehmen und es auf das rechte Ohrläppchen dessen tun,
der sich der Reinigung unterzieht, und auf den Daumen seiner rechten
Hand und auf die große Zehe seines rechten Fußes. 15 Dann soll er
etwas von dem Log Öl nehmen und auf seinen eigenen linken Hand-
teller gießen. 16 Er soll einen Finger seiner rechten Hand in das Öl, das
auf seinem linken Handteller ist, tauchen und mit diesem Finger sie-
benmal Öl vor dem Herrn verspritzen. 17 Dann soll er etwas von dem
auf seinem Handteller übriggebliebenen Öl auf das rechte Ohrläpp-
chen dessen tun, der sich der Reinigung unterzieht, auf den Daumen
seiner rechten Hand und auf die große Zehe seines rechten Fußes, auf
das Blut des Schuldopfers. 18 Den Rest des Öls, das er auf seinem
Handteller hat, soll er auf den Kopf dessen tun, der sich der Reinigung
unterzieht. So soll er ihn vor dem Herrn entsühnen.
19 Nun soll der Priester das Sündopfer durchführen und den, der sich
der Reinigung unterzieht, von seiner Unreinheit entsühnen. Danach
soll er das Brandopfer schlachten 20 und dieses und das Speiseopfer
auf dem Altar als Ganzopfer darbringen. Hat der Priester den betref-
fenden Menschen entsühnt, so ist er rein.
21 Wenn er arm ist und seine Mittel nicht ausreichen, soll der Priester
einen einzigen Schuldopferwidder für den Darbringungsritus neh-
men, um ihn zu entsühnen. Er soll nur ein Zehntel Efa Feinmehl, das
mit Öl vermengt ist, und ein Log Öl als Speiseopfer nehmen, 22 und je
nachdem es seine Mittel gestatten, soll er zwei Turteltauben oder zwei
junge Tauben bringen, von denen die eine als Sündopfer und die
andere als Brandopfer dienen soll. 23 Er soll sie am achten Tag zu sei-
ner Reinigung dem Priester zum Eingang des Offenbarungszeltes vor
den Herrn bringen. 24 Der Priester soll den Schuldopferwidder und
das Log Öl nehmen und damit den Darbringungsritus vor dem Herrn
vollziehen. 25 Hat er diesen Schuldopferwidder geschlachtet, dann

nehme er etwas Blut vom Schuldopfer und tue es auf das rechte Ohr-
läppchen dessen, der sich der Reinigung unterzieht, auf den Daumen
seiner rechten Hand und auf die große Zehe seines rechten Fußes.
26 Er soll etwas Öl auf seinen linken Handteller gießen 27 und etwas
von diesem Öl, das auf seinem linken Handteller ist, mit seinem rech-
ten Zeigefinger siebenmal vor dem Herrn verspritzen. 28 Dann soll er
etwas von dem Öl, das auf seinem Handteller ist, auf das rechte Ohr-
läppchen dessen, der sich der Reinigung unterzieht, auf den Daumen
seiner rechten Hand und auf die große Zehe seines rechten Fußes tun,
und zwar auf die Stelle des Schuldopferblutes. 29 Den Rest des Öls auf
seinem Handteller soll der Priester auf den Kopf dessen tun, der sich
der Reinigung unterzieht. So soll er ihn vor dem Herrn entsühnen.
30 Seinen Mitteln entsprechend soll er die eine der beiden Turteltau-
ben oder jungen Tauben 31 als ein Sündopfer und die andere als ein
Brandopfer mit einem Speiseopfer verwenden. Der Priester soll damit
den, der sich der Reinigung unterzieht, vor dem Herrn entsühnen.
32 Das ist das Gesetz für einen, der vom Aussatz befallen ist und des-
sen Mittel für seine Reinigung nicht ausreichen.

Der Aussatz an Häusern

33 Der Herr sprach zu Mose und Aaron: 34 Wenn ihr in das Land
Kanaan kommt, das ich euch zum Besitz gebe, und ich lasse an einem
Haus des Landes, das ihr besitzen werdet, Aussatz auftreten, 35 so soll
der Hausherr kommen, es dem Priester anzeigen und sagen: Ich habe
an meinem Haus so etwas wie Aussatz gesehen. 36 Der Priester soll
anordnen, daß man das Haus räumt, bevor er kommt, um das Übel
zu untersuchen; auf diese Weise wird das, was sich im Haus befindet,
nicht unrein. Danach erst soll der Priester kommen, um das Haus zu
besichtigen. 37 Stellt er dabei fest, daß sich an den Mauern des Hau-
ses grünlich-gelbe oder rötliche Vertiefungen zeigen, die Mulden in
der Mauer bilden, 38 so soll der Priester aus dem Haus hinausgehen
und den Eingang für sieben Tage abschließen. 39 Am siebten Tag soll
er wiederkommen. Stellt er bei der Besichtigung fest, daß sich das
Übel an den Hausmauern ausgebreitet hat, 40 so ordne er an, die
Steine, die vom Übel befallen sind, herauszureißen und sie vor die
Stadt hinaus an einen unreinen Ort zu werfen. 41 Dann soll er die
Innenwände des Hauses abkratzen lassen, und man soll den so ent-
fernten Mörtel aus der Stadt hinausschaffen und an einen unreinen
Ort schütten. 42 Man soll andere Steine nehmen, um die herausgeris-
senen zu ersetzen, und das Haus mit frischem Mörtel bestreichen.
43 Hat man die Steine entfernt, das Haus abgekratzt und neu verputzt
und das Übel bricht wieder aus, 44 soll der Priester kommen, um es zu
besichtigen. Stellt er fest, daß sich das Übel an dem Haus ausgebrei-
tet hat, so ist bösartiger Aussatz an dem Haus; es ist unrein. 45 Man
soll es niederreißen und seine Steine, seine Balken und seinen
ganzen Mörtelverputz vor die Stadt hinausbringen an einen unreinen
Ort. 46 Jeder, der das Haus während der Tage, an denen es durch den
Priester verschlossen war, betreten hat, ist unrein bis zum Abend.
47 Wer im Haus geschlafen hat, muß seine Kleider waschen; wer im
Haus gegessen hat, muß seine Kleider waschen.
48 Kommt aber der Priester, um das Übel zu besichtigen, und stellt
fest, daß sich das Übel, nachdem das Haus neu verputzt wurde, nicht
ausgebreitet hat, soll er das Haus für rein erklären, denn das Übel ist
abgeheilt. 49 Um das Haus zu entsündigen, soll er zwei Vögel, Zedern-
holz, Karmesin und Ysop nehmen. 50 Er soll einen der Vögel über
einem Tongefäß mit Quellwasser schlachten. 51 Dann soll er das
Zedernholz, den Ysop, das Karmesin und den lebenden Vogel neh-
men, um sie in das Blut des geschlachteten Vogels und in das Quell-
wasser zu tauchen. Er soll das Haus siebenmal besprengen und,
52 nachdem er das Haus mit dem Blut des Vogels, dem Quellwasser,
dem lebenden Vogel, dem Zedernholz, dem Ysop und dem Karmesin
entsündigt hat, 53 den lebenden Vogel aus der Stadt hinaus ins freie
Feld fliegen lassen. So entsühnt er das Haus, und es ist wieder rein.
54 Das ist das Gesetz für alle Fälle von Aussatz und Flechte, 55 von Aus-
satz an Kleidern und Häusern, 56 von Geschwülsten, Ausschlag und
hellen Flecken, 57 zur Unterweisung, wann etwas unrein oder rein ist.
Das ist das Gesetz über den Aussatz.

Die Unreinheit bei Männern

15 Der Herr sprach zu Mose und Aaron: 2 Redet zu den Israe-
liten, und sagt zu ihnen: Wenn ein Mann einen Ausfluß aus
seinem Körper hat, so ist dieser Ausfluß unrein. 3 Hat er diesen Aus-
fluß, so besteht seine Unreinheit, ob sein Körper den Ausfluß fließen
läßt oder ihn zurückhält; bei ihm liegt Unreinheit vor. 4 Jedes Lager,
auf das sich dieser Mann legt, und jeder Gegenstand, auf den er sich
setzt, ist unrein. 5 Wer sein Lager berührt, muß seine Kleider
waschen, sich in Wasser baden und ist unrein bis zum Abend. 6 Wer
sich auf einen Gegenstand setzt, auf dem der Leidende saß, muß
seine Kleider waschen, sich in Wasser baden und ist unrein bis zum
Abend. 7 Wer den Körper des Leidenden berührt, muß seine Kleider
waschen, sich in Wasser baden und ist unrein bis zum Abend. 8 Wenn
der Kranke eine reine Person anspuckt, muß sie ihre Kleider
waschen, sich in Wasser baden und ist unrein bis zum Abend. 9 Jeder
Sattel, den der Kranke benutzt, ist unrein. 10 Jeder, der irgendeinen
Gegenstand berührt, der unter dem Kranken war, ist unrein bis zum
Abend. Wer einen solchen Gegenstand trägt, muß seine Kleider
waschen, sich in Wasser baden und ist unrein bis zum Abend. 11 Jeder,
den der Kranke berührt, ohne zuvor seine Hände mit Wasser abzu-
spülen, muß seine Kleider waschen, sich in Wasser baden und ist
unrein bis zum Abend. 12 Ein Tongefäß, das der Kranke berührt, muß
zerbrochen, und jedes Holzgerät mit Wasser abgespült werden.
13 Wird dieser Mann von seinem Ausfluß rein, soll er sieben Tage bis
zu seiner Reinigung zählen. Danach muß er seine Kleider waschen,
seinen Körper in Quellwasser baden und ist dann rein. 14 Am achten
Tag soll er zwei Turteltauben oder zwei junge Tauben nehmen, vor
den Herrn zum Eingang des Offenbarungszeltes kommen und sie
dem Priester geben. 15 Mit der einen soll der Priester ein Sündopfer
und mit der andern ein Brandopfer darbringen. Der Priester soll ihn
so vor dem Herrn wegen seines Ausflusses entsühnen.
16 Hat ein Mann Samenerguß, soll er seinen ganzen Körper in Wasser
baden und ist unrein bis zum Abend. 17 Jedes Kleid und jedes Leder-
stück, auf das Samen gekommen ist, muß mit Wasser gesäubert
werden und ist unrein bis zum Abend.
18 Schläft ein Mann, der Samenerguß hat, mit einer Frau, müssen sie
sich beide in Wasser baden und sind unrein bis zum Abend.

Die Unreinheit bei Frauen

19 Hat eine Frau Blutfluß und ist solches Blut an ihrem Körper, soll sie
sieben Tage lang in der Unreinheit ihrer Regel verbleiben. Wer sie
berührt, ist unrein bis zum Abend. 20 Alles, worauf sie sich in diesem
Zustand legt, ist unrein; alles, worauf sie sich setzt, ist unrein. 21 Wer
ihr Lager berührt, muß seine Kleider waschen, sich in Wasser baden
und ist unrein bis zum Abend. 22 Wer irgendeinen Gegenstand
berührt, auf dem sie saß, muß seine Kleider waschen, sich in Wasser
baden und ist unrein bis zum Abend. 23 Befindet sich etwas auf dem
Bett oder auf dem Gegenstand, auf dem sie saß, wird derjenige, der es
berührt, unrein bis zum Abend. 24 Schläft ein Mann mit ihr, so kommt
die Unreinheit ihrer Regel auf ihn. Er wird für sieben Tage unrein.
Jedes Lager, auf das er sich legt, wird unrein.
25 Hat eine Frau mehrere Tage außerhalb der Zeit ihrer Regel einen
Blutfluß oder hält ihre Regel länger an, ist sie für die ganze Dauer die-
ses Ausflusses im gleichen Zustand der Unreinheit wie während der
Zeit ihrer Regel. 26 Jedes Lager, auf das sie sich während der ganzen
Dauer ihres Ausflusses legt, ist so wie ihr Lager, auf dem sie während
ihrer Regel liegt. Jeder Gegenstand, auf den sie sich setzt, wird unrein
wie bei der Unreinheit ihrer Regel. 27 Jeder, der diese Gegenstände
berührt, wird unrein; er muß seine Kleider waschen, sich in Wasser
baden und ist unrein bis zum Abend.
28 Ist sie von ihrem Ausfluß rein, soll sie sieben Tage zählen und dann
rein sein. 29 Am achten Tag soll sie zwei Turteltauben oder zwei junge

Jacob Kramer
Der Versöhnungstag
(1919)
»Das soll für euch als feste Regel gelten: Einmal im Jahr sollen die Israeliten von allen ihren Sünden entsühnt werden« (Lev 16,34). Thema des Gemäldes ist der hohe jüdische Festtag Jom Kippur am 10. Tag des Monats Tischri (September/Oktober). Doch nicht den Riten der Reinigung und Entsühnung wie der Aussetzung des sprichwörtlichen Sündenbocks (Lev 16,20-22) gilt das Interesse des in England tätigen Malers russisch-jüdischer Herkunft.
Jacob Kramer strebte, wie er in einem Brief aus dem Jahr 1918 bekannte, nach dem bildhaften Ausdruck für »das Wesen der Spiritualität«. Er fand diesen Ausdruck im Bild einer flächenparallel angeordneten Prozession weißer Gewänder, die erst auf den zweiten Blick als Gewandung von Menschen zu erkennen sind. Diese bleiben jedoch stereotyp in der Wiedergabe ihrer Profilansichten, die sich lediglich durch die gesenkte oder aufwärts gerichtete Haltung unterscheiden. Es sind »die« Israeliten, deren kollektives Abbild sich einer esoterischen Verflüchtigung ebenso widersetzt wie einer genrehaften Ereignisschilderung.

Tauben nehmen und sie dem Priester zum Eingang des Offenba-
rungszeltes bringen. 30 Der Priester soll die eine als Sündopfer und
die andere als Brandopfer verwenden. Er soll sie so vor dem Herrn
wegen ihres verunreinigenden Ausflusses entsühnen. 31 Ihr sollt die
Israeliten vor ihrer Unreinheit warnen, damit sie nicht in ihr sterben
müssen, weil sie meine Wohnstätte in ihrer Mitte verunreinigen.
32 Das ist das Gesetz für einen Mann, der einen Ausfluß hat, für
einen, den ein Samenerguß unrein gemacht hat, 33 und für die Frau in
der Unreinheit ihrer Regel, also für den Mann oder die Frau mit Aus-
fluß und den Mann, der mit einer unreinen Frau schläft.

Das Ritual für den Versöhnungstag

16 Nach dem Tod der beiden Söhne Aarons, die umgekommen
waren, als sie vor den Herrn hintraten, redete der Herr mit
Mose. 2 Der Herr sprach zu Mose: Sag deinem Bruder Aaron, er soll
nicht zu jeder beliebigen Zeit das Heiligtum hinter dem Vorhang vor
der Deckplatte der Lade betreten. Dann wird er nicht sterben, wenn
ich über der Deckplatte in einer Wolke erscheine. 3 Aaron darf nur so
in das Heiligtum kommen: mit einem Jungstier für ein Sündopfer
und einem Widder für ein Brandopfer. 4 Ein geweihtes Leinengewand
soll er anhaben, leinene Beinkleider tragen, sich mit einem Lei-
nengürtel gürten und um den Kopf einen Leinenturban binden. Das
sind heilige Gewänder; deshalb soll er seinen ganzen Körper in Was-
ser baden und sie erst dann anlegen. 5 Von der Gemeinde der Israeli-
ten soll er zwei Ziegenböcke für ein Sündopfer und einen Widder für
ein Brandopfer erhalten. 6 Hat er den Jungstier für seine eigene Sünde
dargebracht und sich und sein Haus entsühnt, 7 dann soll Aaron die

beiden Ziegenböcke nehmen und sie vor dem Herrn am Eingang des
Offenbarungszeltes aufstellen. 8 Für die beiden Böcke soll er Lose
kennzeichnen, ein Los »für den Herrn« und ein Los »für Asasel«.
9 Aaron soll den Bock, für den das Los »für den Herrn« herauskommt,
herbeiführen und ihn als Sündopfer darbringen.
10 Der Bock, für den das Los »für Asasel« herauskommt, soll lebend
vor den Herrn gestellt werden, um für die Sühne zu dienen und zu
Asasel in die Wüste geschickt zu werden. 11 Aaron soll den Jungstier
für sein eigenes Sündopfer herbeibringen lassen, um sich und sein
Haus zu entsühnen, und diesen Jungstier als Sündopfer für sich
schlachten.
12 Dann soll er eine Räucherpfanne voll glühender Kohlen vom Altar,
der vor dem Herrn steht, und zwei Handvoll zerstoßenen duftenden
Räucherwerks nehmen. Er soll alles hinter den Vorhang bringen
13 und das Räucherwerk auf das Feuer vor dem Herrn tun; die Wolke
des Räucherwerks soll die Deckplatte über der Lade einhüllen, damit
er nicht sterben muß. 14 Dann soll er vom Blut des Jungstiers neh-
men und es mit seinem Finger gegen die Vorderseite der Deckplatte
spritzen; auch vor die Deckplatte soll er mit seinem Finger sieben-
mal etwas Blut spritzen. 15 Nachher soll er den Bock schlachten, der
als Sündopfer für das Volk bestimmt ist, und sein Blut hinter den
Vorhang tragen. Er soll es mit diesem Blut ebenso machen wie mit
dem Blut des Jungstiers und es auf die Deckplatte und vor die Deck-
platte spritzen. 16 So soll er das Heiligtum von den Unreinheiten der
Israeliten, von all ihren Freveltaten und Sünden entsühnen, und so
soll er mit dem Offenbarungszelt verfahren, das bei ihnen inmitten
ihrer Unreinheiten seinen Sitz hat. 17 Kein Mensch darf im Offenba-
rungszelt sein, wenn er in das Heiligtum eintritt, um die Sühne zu
vollziehen, bis er es wieder verläßt.
Hat er sich, sein Haus und die ganze Gemeinde Israels entsühnt, 18 so
soll er zum Altar vor dem Herrn hinausgehen und ihn entsühnen. Er
soll etwas Blut des Jungstiers und des Bockes nehmen und es auf die
Hörner rings um den Altar tun. 19 Etwas von diesem Blut soll er mit
seinem Finger siebenmal auf den Altar spritzen. So soll er ihn von den
Unreinheiten der Israeliten reinigen und ihn heiligen.
20 Hat er so die Entsühnung des Heiligtums, des Offenbarungszeltes
und des Altars beendet, soll er den lebenden Bock herbringen lassen.
21 Aaron soll seine beiden Hände auf den Kopf des lebenden Bockes
legen und über ihm alle Sünden der Israeliten, alle ihre Frevel und alle
ihre Fehler bekennen. Nachdem er sie so auf den Kopf des Bockes
geladen hat, soll er ihn durch einen bereitstehenden Mann in die
Wüste treiben lassen, 22 und der Bock soll alle ihre Sünden mit sich in
die Einöde tragen.
Hat er den Bock in die Wüste geschickt, 23 dann soll Aaron wieder in
das Offenbarungszelt gehen, die Leinengewänder, die er beim Betre-
ten des Heiligtums angelegt hat, ablegen und sie dort verwahren.
24 Er soll seinen Körper in Wasser an einem heiligen Ort baden,
wieder seine Kleider anlegen und hinausgehen, um sein Brandopfer
und das des Volkes darzubringen. Er soll sich und das Volk ent-
sühnen 25 und das Fett des Sündopfers auf dem Altar in Rauch auf-
gehen lassen.
26 Der Mann, der den Bock für Asasel hinausgeführt hat, muß seine
Kleider waschen, seinen Körper in Wasser baden und darf danach
wieder in das Lager kommen. 27 Den Jungstier und den Bock, die man
als Sündopfer dargebracht und deren Blut man in das Heiligtum zur
Entsühnung gebracht hat, soll man aus dem Lager hinausschaffen
und ihr Fell, ihr Fleisch und ihren Mageninhalt im Feuer verbrennen.
28 Wer sie verbrannt hat, muß seine Kleider waschen, den Körper in
Wasser baden und darf danach wieder ins Lager kommen.
29 Folgendes soll euch als feste Regel gelten: Im siebten Monat, am
zehnten Tag des Monats, sollt ihr euch Enthaltung auferlegen und
keinerlei Arbeit tun, der Einheimische und ebenso der Fremde, der in
eurer Mitte lebt. 30 Denn an diesem Tag entsühnt man euch, um euch
zu reinigen. Vor dem Herrn werdet ihr von allen euren Sünden wieder
rein. 31 Dieser Tag ist für euch ein vollständiger Ruhetag, und ihr sollt
euch Enthaltung auferlegen. Das gelte als feste Regel. 32 Der Priester,
den man gesalbt und an Stelle seines Vaters als Priester eingesetzt
hat, soll die Sühne vollziehen. Er soll die Leinengewänder, die heili-
gen Gewänder, anlegen. 33 Er soll das geweihte Heiligtum, das Offen-
barungszelt und den Altar entsühnen; dann soll er die Priester und
das ganze Volk der Gemeinde entsühnen. 34 Das soll für euch als feste
Regel gelten: Einmal im Jahr sollen die Israeliten von allen ihren Sün-
den entsühnt werden. Und man tat, wie es der Herr dem Mose befoh-
len hatte.

Das Heiligkeitsgesetz

Schlachtungen und Blutgenuß

17 Der Herr sprach zu Mose: 2 Rede zu Aaron, seinen Söhnen
und allen Israeliten, und sag zu ihnen: Das ist es, worauf
der Herr euch verpflichtet hat: 3 Jeder Mann aus dem Haus Israel, der
innerhalb oder außerhalb des Lagers ein Rind, ein Schaf oder eine
Ziege schlachtet 4 und das Tier nicht zum Eingang des Offenbarungs-
zeltes bringt, um es dem Herrn vor seiner Wohnstätte zu opfern, dem
soll es als Blutschuld angerechnet werden; er hat Blut vergossen und
soll aus der Mitte seines Volkes ausgemerzt werden. 5 Daher sollen
die Israeliten die Opfer, die sie (jetzt noch) auf dem freien Feld
schlachten, dem Priester für den Herrn zum Eingang des Offenba-
rungszeltes bringen und sie als Heilsopfer für den Herrn schlachten.
6 Der Priester soll das Blut auf den Altar des Herrn am Eingang des
Offenbarungszeltes gießen und das Fett zum beruhigenden Duft für
den Herrn in Rauch aufgehen lassen. 7 Sie sollen nicht mehr ihre
Schlachtopfer für Bocksdämonen schlachten, mit denen sie Unzucht
treiben. Das gelte ihnen und ihren kommenden Generationen als
feste Regel.
8 Du sollst ihnen weiter sagen: Jeder Mann aus dem Haus Israel oder
jeder Fremde in eurer Mitte, der ein Brand- oder Schlachtopfer dar-
bringt, 9 ohne es zum Eingang des Offenbarungszeltes zu bringen,
um es für den Herrn zu vollziehen, soll aus seinen Stammesgenossen
ausgemerzt werden.
10 Jeder Mann aus dem Haus Israel oder jeder Fremde in eurer Mitte,
der irgendwie Blut genießt, gegen einen solchen werde ich mein
Angesicht wenden und ihn aus der Mitte seines Volkes ausmerzen.
11 Die Lebenskraft des Fleisches sitzt nämlich im Blut. Dieses Blut
habe ich euch gegeben, damit ihr auf dem Altar für euer Leben die
Sühne vollzieht; denn das Blut ist es, das für ein Leben sühnt. 12 Des-
halb habe ich zu den Israeliten gesagt: Niemand unter euch darf Blut
genießen, auch der Fremde, der in eurer Mitte lebt, darf kein Blut
genießen. 13 Jeder unter den Israeliten oder der Fremde in eurer Mitte,
der Wild oder für den Genuß erlaubte Vögel erlegt, muß das Blut aus-
fließen lassen und es mit Erde bedecken. 14 Denn das Leben aller
Wesen aus Fleisch ist das Blut, das darin ist. Ich habe zu den Israeliten
gesagt: Das Blut irgendeines Wesens aus Fleisch dürft ihr nicht
genießen; denn das Leben aller Wesen aus Fleisch ist ihr Blut. Jeder,
der es genießt, soll ausgemerzt werden.
15 Jeder, sei er einheimisch oder fremd, der ein verendetes oder zerris-
senes Tier ißt, muß seine Kleider waschen, sich in Wasser baden und
ist unrein bis zum Abend; dann ist er rein. 16 Wer seine Kleider nicht
wäscht und seinen Körper nicht in Wasser badet, muß die Folgen
seiner Schuld tragen.

Sexuelle Vorschriften

Einleitung

18 Der Herr sprach zu Mose: 2 Rede zu den Israeliten, und sag
zu ihnen: Ich bin der Herr, euer Gott. 3 Ihr sollt nicht tun,
was man in Ägypten tut, wo ihr gewohnt habt; ihr sollt nicht tun, was

man in Kanaan tut, wohin ich euch führe. Ihre Bräuche sollt ihr nicht
befolgen. 4 Meine Vorschriften sollt ihr einhalten, und meine Satzun-
gen sollt ihr beachten und befolgen. Ich bin der Herr, euer Gott. 5 Ihr
sollt auf meine Satzungen und meine Vorschriften achten. Wer sie
einhält, wird durch sie leben. Ich bin der Herr.

Unzucht unter Verwandten

6 Niemand von euch darf sich einer Blutsverwandten nähern, um ihre
Scham zu entblößen. Ich bin der Herr. 7 Die Scham deines Vaters,
nämlich die Scham deiner Mutter, darfst du nicht entblößen. Sie ist
deine Mutter, du darfst ihre Scham nicht entblößen. 8 Die Scham der
Frau deines Vaters darfst du nicht entblößen; sie ist die Scham deines
Vaters. 9 Die Scham deiner Schwester, einer Tochter deines Vaters
oder einer Tochter deiner Mutter, darfst du nicht entblößen, sei sie im
Haus oder außerhalb geboren. 10 Die Scham einer Tochter deines
Sohnes oder einer Tochter deiner Tochter darfst du nicht entblößen;
denn ihre Scham ist deine eigene Scham. 11 Die Scham der Tochter
einer Frau deines Vaters darfst du nicht entblößen. Sie ist deinem
Vater geboren, also deine Schwester; du darfst ihre Scham nicht ent-
blößen. 12 Die Scham einer Schwester deines Vaters darfst du nicht
entblößen; denn sie ist mit deinem Vater leiblich verwandt. 13 Die
Scham der Schwester deiner Mutter darfst du nicht entblößen; denn
sie ist mit deiner Mutter leiblich verwandt. 14 Die Scham des Bruders
deines Vaters darfst du nicht entblößen; du darfst dich seiner Frau
nicht nähern; denn sie ist deine Tante. 15 Die Scham deiner Schwie-
gertochter darfst du nicht entblößen. Sie ist die Frau deines Sohnes;
du darfst ihre Scham nicht entblößen. 16 Die Scham der Frau deines
Bruders darfst du nicht entblößen; denn sie ist die Scham deines Bru-
ders. 17 Die Scham einer Frau und gleichzeitig die ihrer Tochter darfst
du nicht entblößen; weder die Tochter ihres Sohnes noch die Tochter
ihrer Tochter darfst du nehmen, um ihre Scham zu entblößen. Sie
sind leiblich verwandt, es wäre Blutschande. 18 Du darfst neben einer
Frau nicht auch noch deren Schwester heiraten; du würdest sie zur
Nebenbuhlerin machen, wenn du zu Lebzeiten der Frau die Scham
ihrer Schwester entblößt.

Andere Unzuchtvergehen

19 Einer Frau, die wegen ihrer Regel unrein ist, darfst du dich nicht
nähern, um ihre Scham zu entblößen. 20 Der Frau deines Stammesge-
nossen darfst du nicht beiwohnen; du würdest dadurch unrein.
21 Von deinen Nachkommen darfst du keinen für Moloch darbringen.
Du darfst den Namen deines Gottes nicht entweihen. Ich bin der
Herr.
22 Du darfst nicht mit einem Mann schlafen, wie man mit einer Frau
schläft; das wäre ein Greuel. 23 Keinem Vieh darfst du beiwohnen; du
würdest dadurch unrein. Keine Frau darf vor ein Vieh hintreten, um
sich mit ihm zu begatten; das wäre eine schandbare Tat.

Schlußmahnung

24 Ihr sollt euch nicht durch all das verunreinigen; denn durch all das
haben sich die Völker verunreinigt, die ich vor euch vertrieben habe.
25 Das Land wurde unrein, ich habe an ihm seine Schuld geahndet,
und das Land hat seine Bewohner ausgespien. 26 Ihr aber sollt auf
meine Satzungen und Vorschriften achten und keine dieser Greuelta-
ten begehen, weder der Einheimische noch der Fremde, der in eurer
Mitte lebt. 27 Denn all diese Greueltaten haben die Leute begangen,
die vor euch im Land waren, und so wurde das Land unrein. 28 Wird es
etwa euch, wenn ihr es verunreinigt, nicht ebenso ausspeien, wie es
das Volk vor euch ausgespien hat? 29 Alle nämlich, die irgendeine die-
ser Greueltaten begehen, werden aus der Mitte ihres Volkes ausge-
merzt. 30 Achtet auf meine Anordnungen, befolgt keinen von den
greulichen Bräuchen, die man vor euch befolgt hat, und verunreinigt
euch nicht durch sie. Ich bin der Herr, euer Gott.

Kultische und soziale Gebote

Einleitung

19 Der Herr sprach zu Mose: 2 Rede zur ganzen Gemeinde der
Israeliten, und sag zu ihnen: Seid heilig, denn ich, der Herr,
euer Gott, bin heilig.

Die Ehrfurcht gegenüber den Eltern

3 Jeder von euch soll Mutter und Vater fürchten und auf meine Sabbate
achten; ich bin der Herr, euer Gott. 4 Ihr sollt euch nicht anderen Göt-
tern zuwenden und euch nicht Götterbilder aus Metall gießen; ich
bin der Herr, euer Gott.

Die rechte Einstellung zum Heilsopfer

5 Wenn ihr für den Herrn ein Heilsopfer schlachtet, opfert es so, daß
ihr Annahme findet. 6 An dem Tag, an dem ihr es schlachtet, oder am
folgenden Tag soll es gegessen werden; was davon am dritten Tag
noch übrig ist, soll im Feuer verbrannt werden. 7 Ißt man davon am
dritten Tag, so ist das Opfer untauglich und findet keine Annahme
mehr. 8 Wer davon ißt, muß die Folgen seiner Schuld tragen; denn er
hat die Heiligkeit des Herrn entweiht. Ein solcher Mensch soll aus
seinen Stammesgenossen ausgemerzt werden.

Das Verbot der Nachlese

9 Wenn ihr die Ernte eures Landes einbringt, sollt ihr das Feld nicht
bis zum äußersten Rand abernten. Du sollst keine Nachlese von dei-
ner Ernte halten. 10 In deinem Weinberg sollst du keine Nachlese hal-
ten und die abgefallenen Beeren nicht einsammeln. Du sollst sie dem
Armen und dem Fremden überlassen. Ich bin der Herr, euer Gott.

Soziales Verhalten und Nächstenliebe

11 Ihr sollt nicht stehlen, nicht täuschen und einander nicht betrügen.
12 Ihr sollt nicht falsch bei meinem Namen schwören; du würdest
sonst den Namen deines Gottes entweihen. Ich bin der Herr.
13 Du sollst deinen Nächsten nicht ausbeuten und ihn nicht um das
Seine bringen. Der Lohn des Tagelöhners soll nicht über Nacht bis
zum Morgen bei dir bleiben. 14 Du sollst einen Tauben nicht ver-
fluchen und einem Blinden kein Hindernis in den Weg stellen; viel-
mehr sollst du deinen Gott fürchten. Ich bin der Herr.
15 Ihr sollt in der Rechtsprechung kein Unrecht tun. Du sollst weder
für einen Geringen noch für einen Großen Partei nehmen; gerecht
sollst du deinen Stammesgenossen richten. 16 Du sollst deinen Stam-
mesgenossen nicht verleumden und dich nicht hinstellen und das
Leben deines Nächsten fordern. Ich bin der Herr.
17 Du sollst in deinem Herzen keinen Haß gegen deinen Bruder tra-
gen. Weise deinen Stammesgenossen zurecht, so wirst du seinetwe-
gen keine Schuld auf dich laden. 18 An den Kindern deines Volkes
sollst du dich nicht rächen und ihnen nichts nachtragen. Du sollst
deinen Nächsten lieben wie dich selbst. Ich bin der Herr.

Das Verbot von Mischungen

19 Ihr sollt auf meine Satzungen achten: Unter deinem Vieh sollst du
nicht zwei Tiere verschiedener Art sich begatten lassen. Dein Feld
sollst du nicht mit zweierlei Arten besäen. Du sollst kein aus zweierlei
Fäden gewebtes Kleid anlegen.

Unzucht mit der Nebenfrau eines anderen

20 Wohnt ein Mann einer Frau bei, die einem andern Mann als Sklavin
zur Nebenfrau bestimmt ist und die weder losgekauft noch freigelas-
sen ist, dann soll der Fall untersucht werden; sterben sollen sie nicht,
da sie nicht freigelassen war. 21 Er soll als sein Schuldopfer für den
Herrn einen Widder zum Eingang des Offenbarungszeltes bringen.
22 Mit diesem Widder soll der Priester ihn vor dem Herrn von der
begangenen Sünde entsühnen; so wird ihm die Sünde, die er began-
gen hat, vergeben.

Die Erstlingsfrüchte
23 Wenn ihr in das Land kommt und einen Fruchtbaum pflanzt, sollt
ihr seine Früchte behandeln, als ob sie seine Vorhaut wären. Drei
Jahre lang sollen sie für euch etwas Unbeschnittenes sein, das man
nicht essen darf. 24 Im vierten Jahr sollen alle Früchte als Festgabe für
den Herrn geheiligt sein. 25 Erst im fünften Jahr dürft ihr die Früchte
essen und den Ertrag für euch ernten. Ich bin der Herr, euer Gott.

Das Verbot fremder Kultbräuche
26 Ihr sollt nichts mit Blut essen. Wahrsagerei und Zauberei sollt ihr
nicht treiben. 27 Ihr sollt euer Kopfhaar nicht rundum abschneiden.
Du sollst deinen Bart nicht stutzen. 28 Für einen Toten dürft ihr keine
Einschnitte auf eurem Körper anbringen, und ihr dürft euch keine
Zeichen einritzen lassen. Ich bin der Herr.
29 Entweih nicht deine Tochter, indem du sie der Unzucht preisgibst,
damit das Land nicht der Unzucht verfällt und voller Schandtat wird.
30 Ihr sollt auf meine Sabbate achten und mein Heiligtum fürchten.
Ich bin der Herr. 31 Wendet euch nicht an die Totenbeschwörer, und
sucht nicht die Wahrsager auf; sie verunreinigen euch. Ich bin der
Herr, euer Gott.

Die Ehrfurcht vor dem Alter
32 Du sollst vor grauem Haar aufstehen, das Ansehen eines Greises
ehren und deinen Gott fürchten. Ich bin der Herr.

Verhalten gegen Fremde
33 Wenn bei dir ein Fremder in eurem Land lebt, sollt ihr ihn nicht
unterdrücken. 34 Der Fremde, der sich bei euch aufhält, soll euch wie
ein Einheimischer gelten, und du sollst ihn lieben wie dich selbst;
denn ihr seid selbst Fremde in Ägypten gewesen. Ich bin der Herr,
euer Gott.

Übervorteilung
35 Ihr sollt kein Unrecht begehen bei Gericht, mit Längenmaß,
Gewicht und Hohlmaß. 36 Ihr sollt richtige Waagen, richtige
Gewichtsteine, richtiges Efa und richtiges Hin haben. Ich bin der
Herr, euer Gott, der euch aus Ägypten geführt hat.

Schlußmahnung
37 Ihr sollt auf alle meine Satzungen und alle meine Vorschriften ach-
ten und sie befolgen. Ich bin der Herr.

Todeswürdige Verbrechen

Das Kinderopfer
20 Der Herr sprach zu Mose: 2 Sag zu den Israeliten: Jeder
Mann unter den Israeliten oder unter den Fremden in
Israel, der eines seiner Kinder dem Moloch gibt, wird mit dem Tod
bestraft. Die Bürger des Landes sollen ihn steinigen. 3 Ich richte mein
Angesicht gegen einen solchen und merze ihn aus seinem Volk aus,
weil er eines seiner Kinder dem Moloch gegeben, dadurch mein Hei-
ligtum verunreinigt und meinen heiligen Namen entweiht hat. 4 Falls
die Bürger des Landes ihre Augen diesem Mann gegenüber ver-
schließen, wenn er eines seiner Kinder dem Moloch gibt, und ihn
nicht töten, 5 so richte ich mein Angesicht gegen ihn und seine Sippe
und merze sie aus der Mitte ihres Volkes aus, ihn und alle, die sich mit
ihm dem Molochdienst hingeben.

Die Totenbeschwörung und Wahrsagerei
6 Gegen einen, der sich an Totenbeschwörer und Wahrsager wendet
und sich mit ihnen abgibt, richte ich mein Angesicht und merze ihn
aus seinem Volk aus. 7 Ihr sollt euch heiligen, um heilig zu sein; denn
ich bin der Herr, euer Gott. 8 Ihr sollt auf meine Satzungen achten
und sie befolgen. Ich bin der Herr, der euch heiligt.

Die Verfluchung der Eltern
9 Jeder, der seinen Vater oder seine Mutter verflucht, wird mit dem
Tod bestraft. Da er seinen Vater oder seine Mutter verflucht hat, soll
sein Blut auf ihn kommen.

Der Ehebruch
10 Ein Mann, der mit der Frau seines Nächsten die Ehe bricht, wird mit
dem Tod bestraft, der Ehebrecher samt der Ehebrecherin.

Unzuchtverbrechen
11 Ein Mann, der mit der Frau seines Vaters schläft, hat die Scham sei-
nes Vaters entblößt. Beide werden mit dem Tod bestraft; ihr Blut soll
auf sie kommen. 12 Schläft einer mit seiner Schwiegertochter, so wer-
den beide mit dem Tod bestraft. Sie haben eine schändliche Tat
begangen, ihr Blut soll auf sie kommen. 13 Schläft einer mit einem
Mann, wie man mit einer Frau schläft, dann haben sie eine Greueltat
begangen; beide werden mit dem Tod bestraft; ihr Blut soll auf sie
kommen. 14 Heiratet einer eine Frau und ihre Mutter, so ist das Blut-
schande. Ihn und die beiden Frauen soll man verbrennen, damit es
keine Blutschande unter euch gibt. 15 Ein Mann, der einem Tier bei-
wohnt, wird mit dem Tod bestraft; auch das Tier sollt ihr töten.
16 Nähert sich eine Frau einem Tier, um sich mit ihm zu begatten,
dann sollst du die Frau und das Tier töten. Sie werden mit dem Tod
bestraft; ihr Blut soll auf sie kommen. 17 Nimmt einer seine Schwe-
ster, eine Tochter seines Vaters oder eine Tochter seiner Mutter und
sieht ihre Scham, und sie sieht die seine, so ist es eine Schandtat. Sie
sollen vor den Augen der Söhne ihres Volkes ausgemerzt werden. Er
hat die Scham seiner Schwester entblößt; er muß die Folgen seiner
Schuld tragen.

Der Verkehr mit einer Menstruierenden
18 Ein Mann, der mit einer Frau während ihrer Regel schläft und ihre
Scham entblößt, hat ihre Blutquelle aufgedeckt, und sie hat ihre Blut-
quelle entblößt; daher sollen beide aus ihrem Volk ausgemerzt werden.

Die Unzucht mit Verwandten
19 Die Scham der Schwester deiner Mutter oder der Schwester deines
Vaters sollst du nicht entblößen; denn wer seine eigene Verwandte
entblößt, muß die Folgen seiner Schuld tragen. 20 Ein Mann, der mit
seiner Tante schläft, hat die Scham seines Onkels entblößt. Sie müs-
sen die Folgen ihrer Sünde tragen; sie sollen kinderlos sterben.
21 Nimmt einer die Frau seines Bruders, so ist das Befleckung. Er hat
die Scham seines Bruders entblößt; sie sollen kinderlos bleiben.

Schlußmahnung
22 Ihr sollt auf alle meine Satzungen und Vorschriften achten und sie
befolgen; dann wird euch das Land nicht ausspeien, in das ich euch
führe, und ihr werdet dort wohnen können. 23 Ihr sollt euch nicht nach
den Bräuchen des Volkes richten, das ich vor euren Augen vertreibe;
denn all diese Dinge haben sie getan, so daß es mich vor ihnen ekelte.
24 Daher habe ich euch gesagt: Ihr seid es, die ihren Boden in Besitz
nehmen sollen. Ich bin es, der ihn euch zum Besitz geben wird, ein
Land, in dem Milch und Honig fließen. Ich bin der Herr, euer Gott, der
euch von diesen Völkern ausgesondert hat.
25 So unterscheidet zwischen reinem und unreinem Vieh, zwischen
unreinen und reinen Vögeln! Macht euch nicht selbst abscheulich mit
diesen Tieren, diesen Vögeln, mit allem, was auf dem Boden kriecht.
Ich habe es für euch als unrein unterschieden.
26 Seid mir geheiligt; denn ich, der Herr, bin heilig, und ich habe euch
von all diesen Völkern ausgesondert, damit ihr mir gehört.

Nachtrag: Die Totenbeschwörung
27 Männer oder Frauen, in denen ein Toten- oder ein Wahrsagegeist
ist, sollen mit dem Tod bestraft werden. Man soll sie steinigen, ihr
Blut soll auf sie kommen.

Vorschriften für Priester

Das Verhalten beim Begräbnis von Verwandten

21 Der Herr sprach zu Mose: Rede zu den Priestern, den Söh-
nen Aarons, und sag zu ihnen: Keiner von ihnen darf sich
an der Leiche eines seiner Stammesgenossen verunreinigen, 2 außer
an seinen nächsten Verwandten: seiner Mutter, seinem Vater, seinem
Sohn, seiner Tochter oder seinem Bruder. 3 An seiner unverheirateten
Schwester, die seine nahe Verwandte blieb, da sie keinem Mann
angehörte, darf er unrein werden. 4 Nicht aber darf er an seiner
Schwester, die mit einem Stammesgenossen verheiratet ist, unrein
werden; er würde sich entweihen.
5 Die Priester sollen sich auf ihrem Kopf keine Glatze scheren, ihren
Bart nicht stutzen und an ihrem Körper keine Einschnitte machen.
6 Sie sollen ihrem Gott geheiligt sein und den Namen ihres Gottes
nicht entweihen. Denn sie sind es, die die Feueropfer des Herrn, die
Speise ihres Gottes, darbringen; darum sollen sie heilig sein.

Ehehindernisse für Priester

7 Sie dürfen weder eine Dirne, noch eine Entehrte, noch eine Frau hei-
raten, die ihr Mann verstoßen hat; denn der Priester ist seinem Gott
geweiht. 8 Du sollst ihn heilig halten, denn er bringt die Speise deines
Gottes dar. Heilig soll er dir sein, denn ich bin heilig, der Herr, der
euch heiligt.

Die Strafe für unzüchtige Priestertöchter

9 Wenn sich die Tochter eines Priesters als Dirne entweiht, so ent-
weiht sie ihren Vater; sie soll im Feuer verbrannt werden.

Das Verhalten des Hohenpriesters bei Todesfällen

10 Der Priester, der unter seinen Brüdern den höchsten Rang ein-
nimmt, auf dessen Haupt das Salböl ausgegossen wurde und der
durch das Anlegen der heiligen Gewänder eingesetzt ist, soll sein
Haar nicht lose herunterhängen lassen, seine Kleider nicht zer-
reißen, 11 sich an keinem Leichnam verunreinigen, auch nicht, wenn
es sich um Vater oder Mutter handelt.
12 Er soll sich nicht vom Heiligtum entfernen, um nicht das Heiligtum
seines Gottes zu entweihen; denn die Weihe des Salböls seines Gottes
ist auf ihm. Ich bin der Herr.

Ehehindernisse für den Hohenpriester

13 Er soll nur eine Jungfrau heiraten. 14 Eine Witwe, eine Verstoßene
oder eine Entehrte, eine Dirne, darf er nicht heiraten; nur eine Jung-
frau aus seinem Stamm darf er zur Frau nehmen; 15 sonst würde er
seine Nachkommenschaft unter seinen Stammesgenossen entwei-
hen; denn ich, der Herr, bin es, der ihn heiligt.

Die körperliche Tauglichkeit für das Priesteramt

16 Der Herr sprach zu Mose: 17 Sag zu Aaron: Keiner deiner Nachkom-
men, auch in den kommenden Generationen, der ein Gebrechen hat,
darf herantreten, um die Speise seines Gottes darzubringen. 18 Denn
keiner mit einem Gebrechen darf herantreten: kein Blinder oder Lah-
mer, kein im Gesicht oder am Körper Entstellter, 19 kein Mann, der
einen gebrochenen Fuß oder eine gebrochene Hand hat, 20 keiner mit
Buckel, Muskelschwund, Augenstar, Krätze, Flechte oder Hoden-
quetschung. 21 Keiner der Nachkommen Aarons, des Priesters, darf
herantreten, um die Feueropfer des Herrn darzubringen, wenn er ein
Gebrechen hat. Er hat ein Gebrechen, er darf nicht herantreten, um
die Speise seines Gottes darzubringen. 22 Doch darf er von der Speise
seines Gottes, von den hochheiligen und heiligen Dingen, essen,
23 aber nicht zum Vorhang kommen und sich nicht dem Altar nähern;
denn er hat ein Gebrechen und darf meine heiligen Gegenstände
nicht entweihen; denn ich bin der Herr, der sie geheiligt hat.

Georges Braque
Der Kerzenhalter
(1911)
»Im Offenbarungszelt, vor dem Vorhang der Lade, soll Aaron diese Lampe aufstellen« (Lev 24,3). Weit davon entfernt, den Kerzenleuchter im Offenbarungszelt illustrativ nachzubilden, wendet sich Georges Braques Bild an die Vorstellungskraft des Betrachters. Der profane Gebrauchsgegenstand verliert durch die kubistische Auflösung des vertrauten Erscheinungsbildes seine Dinglichkeit, er wird in einem tieferen Sinne fragwürdig. Seine offenkundige ›Demontage‹ ist die Voraussetzung dafür, daß Seherfahrungen und Vorstellungsbilder ins Spiel kommen und sich mit der Frage auseinandersetzen: Was ›ist‹ ein Kerzenhalter, ein Leuchter, das Licht? Das Gemälde stammt aus der analytischen Phase des Kubismus.

Schlußbemerkung

24 Das sagte Mose zu Aaron, zu dessen Söhnen und zu allen Israeliten.

Weitere Vorschriften für den Genuß und die Darbringung von Opfern

Der Ausschluß von Priestern vom Genuß der Opfergaben

22 Der Herr sprach zu Mose: 2 Sag zu Aaron und seinen Söh-
nen, sie sollen sich mit den heiligen Opfergaben der Israeli-
ten in acht nehmen, um meinen heiligen Namen nicht zu entweihen;
sie müssen für mich heilig gehalten werden. Ich bin der Herr. 3 Sag zu
ihnen: Jeder aus euren Nachkommen, auch in den kommenden Gene-
rationen, der sich im Zustand der Unreinheit den heiligen Opfergaben
nähert, die die Israeliten dem Herrn weihen, soll ausgemerzt und aus
meiner Gegenwart weggeschafft werden. Ich bin der Herr.
4 Keiner aus den Nachkommen Aarons, der aussätzig ist oder einen
Ausfluß hat, darf von den heiligen Gaben essen, ehe er rein ist. Wer
irgend etwas berührt hat, das durch eine Leiche unrein wurde, wer
einen Samenerguß hatte, 5 wer Kleintiere berührt hat und sich damit
verunreinigte oder einen Menschen, der ihn durch eine eigene
Unreinheit befleckte, 6 jeder, der solche Berührungen hatte, soll bis

zum Abend unrein sein und darf von den heiligen Gaben erst essen,
nachdem er seinen Körper in Wasser gebadet hat. 7 Mit Sonnenunter-
gang soll er wieder rein sein und darf danach von den heiligen Gaben
essen; denn sie sind sein Lebensunterhalt. 8 Er darf kein verendetes
oder zerrissenes Tier essen; er würde sich dadurch verunreinigen. Ich
bin der Herr. 9 Sie sollen auf meine Anordnungen achten und keine
Sünde auf sich laden; sie sollen sterben, falls sie sie entweihen. Ich,
der Herr, bin es, der sie heiligt.

Der Ausschluß der Laien vom Genuß der Opfergaben

10 Kein Laie darf Heiliges essen; weder der Hausgenosse eines Prie-
sters noch sein Lohnarbeiter darf etwas Heiliges essen. 11 Aber wenn
ein Priester eine Person mit seinem Geld als Eigentum erwirbt, darf
sie davon essen wie einer, der in seinem Haus geboren ist; sie dürfen
von seiner Nahrung essen.
12 Wenn eine Priestertochter einen Laien heiratet, darf sie vom Anteil
des Erhebungsritus, von den heiligen Gaben nicht essen; 13 aber
wenn sie verwitwet oder verstoßen ist und keine Kinder hat und des-
halb in das Haus ihres Vaters zurückkehrt, darf sie wie in ihrer Jugend
vom Lebensunterhalt ihres Vaters essen; kein Laie aber darf davon
essen.
14 Wenn einer ohne Vorsatz etwas Heiliges ißt, soll er es dem Priester
ersetzen und ein Fünftel des Wertes hinzufügen. 15 Die Priester dürfen
die heiligen Gaben der Israeliten, die sie dem Herrn darbieten, nicht
entweihen. 16 Sie würden den Israeliten Schuld aufladen, die zu einem
Schuldopfer verpflichtet, wenn sie ihre heiligen Gaben äßen; denn
ich bin der Herr, der diese Gaben geheiligt hat.

Die Tauglichkeit der Opfertiere

17 Der Herr sprach zu Mose: 18 Rede zu Aaron, seinen Söhnen und
allen Israeliten, und sag zu ihnen: Jeder aus dem Haus Israel oder von
den Fremden in Israel, der seine Opfergabe wegen eines Gelübdes
oder freiwillig bringt und sie für den Herrn als Brandopfer darbringt,
19 muß, damit ihr Annahme findet, ein fehlerloses, männliches Tier
von den Rindern, Schafen oder Ziegen darbringen. 20 Ihr dürft kein
Tier mit einem Gebrechen darbringen, denn ihr würdet damit keine
Annahme finden. 21 Wenn jemand ein Heilsopfer für den Herrn dar-
bringt, sei es, um ein Gelübde zu erfüllen, oder sei es als freiwillige
Gabe, so soll es ein fehlerloses Rind oder Schaf oder eine fehlerlose
Ziege sein, um Annahme zu finden; es darf kein Gebrechen haben.
22 Ihr dürft dem Herrn kein Tier opfern, das blind, verstümmelt, krät-
zig, aussätzig, eitrig ist oder zerbrochene Gliedmaßen hat. Kein
Stück von solchen Tieren dürft ihr auf den Altar als ein Feueropfer für
den Herrn legen. 23 Ein entstelltes oder verstümmeltes Rind oder
Schaf kannst du als freiwillige Opfergabe verwenden, aber als Einlö-
sung eines Gelübdes ist es mißfällig. 24 Ihr dürft dem Herrn kein Tier
darbringen, das zerdrückte, zerschlagene, ausgerissene oder abge-
schnittene Hoden hat. Ihr dürft das in eurem Land nicht tun, 25 und
ihr dürft kein solches Tier aus der Hand eines Fremden erwerben,
um es als Speise eures Gottes darzubringen. Ein derartiger Eingriff
an ihnen bewirkt ein Gebrechen; sie würden euch keine Annahme
bringen.

Einzelbestimmungen über Opfertiere

26 Der Herr sprach zu Mose: 27 Wenn ein Rind, ein Schaf oder eine
Ziege geboren wird, soll das Junge sieben Tage bei seiner Mutter blei-
ben. Vom achten Tag an ist es als Feueropfer für den Herrn annehm-
bar. 28 Ein Rind oder Schaf sollt ihr nicht an einem Tag zugleich mit
seinem Jungen schlachten. 29 Wenn ihr dem Herrn ein Dankopfer
darbringt, opfert es so, daß es angenommen werden kann. 30 Man
soll es noch am selben Tag essen, ohne etwas davon bis zum Morgen
übrigzulassen. Ich bin der Herr.

Schlußmahnung

31 Ihr sollt auf meine Gebote achten und sie befolgen; ich bin der
Herr. 32 Ihr sollt meinen heiligen Namen nicht entweihen, damit ich
inmitten der Israeliten geheiligt werde; ich, der Herr, bin es, der euch
heiligt. 33 Ich, der euch aus Ägypten herausgeführt hat, um euer Gott
zu sein, ich bin der Herr.

Festordnungen und Feiervorschriften

Einleitung

23 Der Herr sprach zu Mose: 2 Rede zu den Israeliten, und sag
zu ihnen: Die Feste des Herrn, die ihr als Tage heiliger Ver-
sammlung ausrufen sollt, sind folgende:

Der Sabbat

3 Sechs Tage soll man arbeiten, aber am siebten Tag ist vollständiger
Ruhetag, ein Tag heiliger Versammlung, an dem ihr keinerlei Arbeit ver-
richten dürft. Es ist ein Feiertag zur Ehre des Herrn überall, wo ihr wohnt.

Das Pascha und das Fest der Ungesäuerten Brote

4 Das sind die Feste des Herrn, Tage heiliger Versammlungen, die ihr
zur festgesetzten Zeit ausrufen sollt: 5 Im ersten Monat, am vierzehn-
ten Tag des Monats, zur Abenddämmerung, ist Pascha zur Ehre des
Herrn. 6 Am fünfzehnten Tag dieses Monats ist das Fest der Ungesäu-
erten Brote zur Ehre des Herrn. Sieben Tage sollt ihr ungesäuertes
Brot essen. 7 Am ersten Tag habt ihr heilige Versammlung; ihr dürft
keine schwere Arbeit verrichten. 8 Sieben Tage hindurch sollt ihr ein
Feueropfer für den Herrn darbringen. Am siebten Tag ist heilige Ver-
sammlung; da dürft ihr keine schwere Arbeit verrichten.

Die Erstlingsfrüchte

9 Der Herr sprach zu Mose: 10 Rede zu den Israeliten, und sag zu
ihnen: Wenn ihr in das Land kommt, das ich euch gebe, und wenn ihr
dort die Ernte einbringt, sollt ihr dem Priester die erste Garbe eurer
Ernte bringen. 11 Er soll sie vor dem Herrn hin- und herschwingen
und sie so darbringen, damit ihr Annahme findet. Am Tag nach dem
Sabbat soll der Priester den Ritus ausführen. 12 Am Tag, an dem ihr
die Garbe darbringt, sollt ihr dem Herrn auch ein fehlerloses einjähri-
ges Schaf als Brandopfer herrichten, 13 dazu als Speiseopfer zwei
Zehntel Feinmehl, das mit Öl vermengt ist. Das Ganze soll ein Feu-
eropfer für den Herrn zum beruhigenden Duft sein; dazu kommt ein
Viertel Hin Wein als Trankopfer. 14 Vor diesem Tag, bevor ihr eurem
Gott die Opfergabe gebracht habt, dürft ihr kein Brot und kein gerö-
stetes oder frisches Korn essen. Das gelte als feste Regel bei euch von
Generation zu Generation überall, wo ihr wohnt.

Das Wochenfest (Pfingstfest)

15 Vom Tag nach dem Sabbat, an dem ihr die Garbe für die Darbrin-
gung gebracht habt, sollt ihr sieben volle Wochen zählen. 16 Zählt
fünfzig Tage bis zum Tag nach dem siebten Sabbat, und dann bringt
dem Herrn ein neues Speiseopfer dar! 17 Bringt als Erstlingsgaben für
den Herrn aus euren Wohnsitzen zwei Brote dar, gebacken aus zwei
Zehntel Efa Feinmehl mit Sauerteig. 18 Zum Brot bringt sieben fehler-
lose einjährige Lämmer, einen Jungstier und zwei Widder als Brand-
opfer für den Herrn dar, dazu das Speiseopfer sowie das Trankopfer
als ein Feueropfer zum beruhigenden Duft für den Herrn. 19 Bereitet
auch einen Ziegenbock als Sündopfer und zwei einjährige Lämmer als
Heilsopfer zu! 20 Der Priester soll sie, zusammen mit dem Brot der Erst-
lingsgaben, vor dem Herrn hin- und herschwingen und sie so darbrin-
gen; sie sind mit den beiden Lämmern heilige Gaben für den Herrn,
die dem Priester gehören. 21 Am selben Tag ruft eine heilige Versamm-
lung aus, und haltet sie ab! Da dürft ihr keine schwere Arbeit verrich-
ten. Das gelte bei euch als feste Regel von Generation zu Generation
überall, wo ihr wohnt.

22 Wenn ihr die Ernte eures Landes einbringt, sollst du dein Feld nicht
bis zum äußersten Rand abernten und keine Nachlese deiner Ernte
halten. Du sollst das dem Armen und dem Fremden überlassen. Ich
bin der Herr, euer Gott.

Der Neujahrstag

23 Der Herr sprach zu Mose: 24 Sag zu den Israeliten: Im siebten
Monat, am ersten Tag des Monats, ist für euch Ruhetag, in Erinne-
rung gerufen durch Lärmblasen, eine heilige Versammlung. 25 Da
dürft ihr keine schwere Arbeit verrichten, und ihr sollt dem Herrn ein
Feueropfer darbringen.

Das Versöhnungsfest

26 Der Herr sprach zu Mose: 27 Am zehnten Tag dieses siebten Monats
ist der Versöhnungstag. Da sollt ihr heilige Versammlung halten. Ihr
sollt euch Enthaltung auferlegen und dem Herrn ein Feueropfer dar-
bringen. 28 An ebendiesem Tag dürft ihr keinerlei Arbeit verrichten,
denn es ist der Versöhnungstag, an dem man euch vor dem Herrn,
eurem Gott, entsühnt. 29 Denn jede Person, die sich an diesem Tag nicht
Enthaltung auferlegt, soll aus ihren Stammesgenossen ausgemerzt
werden. 30 Wer an diesem Tag irgendeine Arbeit verrichtet, den werde
ich aus der Mitte seines Volkes austilgen. 31 Ihr dürft keinerlei Arbeit
tun. Das gelte bei euch als feste Regel von Generation zu Generation
überall, wo ihr wohnt. 32 Dieser Tag ist für euch ein vollständiger Ruhe-
tag. Ihr sollt euch Enthaltung auferlegen. Vom Abend des neunten Tags
in diesem Monat bis zum folgenden Abend sollt ihr Ruhetag halten.

Das Laubhüttenfest

33 Der Herr sprach zu Mose: 34 Sag zu den Israeliten: Am fünfzehnten
Tag dieses siebten Monats ist sieben Tage hindurch das Laubhütten-
fest zur Ehre des Herrn. 35 Am ersten Tag, einem Tag heiliger Ver-
sammlung, dürft ihr keine schwere Arbeit verrichten. 36 Sieben Tage
hindurch sollt ihr ein Feueropfer für den Herrn darbringen. Am ach-
ten Tag habt ihr heilige Versammlung, und ihr sollt ein Feueropfer für
den Herrn darbringen. Es ist der Tag der Festversammlung; da dürft
ihr keine schwere Arbeit verrichten.

Schlußbemerkung

37 Das sind die Festzeiten des Herrn, die ihr als Tage heiliger Ver-
sammlung ausrufen sollt, dazu bestimmt, für den Herrn Feueropfer,
Brandopfer, Speiseopfer, Schlachtopfer und Trankopfer darzubrin-
gen, dem jeweiligen Tag entsprechend, 38 abgesehen von den Sabba-
ten des Herrn und abgesehen von euren Geschenken, den gelobten
und freiwilligen Gaben, die ihr dem Herrn gebt.

Einzelbestimmung für das Laubhüttenfest

39 Am fünfzehnten Tag des siebten Monats, wenn ihr den Ertrag des
Landes erntet, feiert sieben Tage lang das Fest des Herrn! Am ersten
und am achten Tag ist Ruhetag. 40 Am ersten Tag nehmt schöne
Baumfrüchte, Palmwedel, Zweige von dicht belaubten Bäumen und
von Bachweiden, und seid sieben Tage lang vor dem Herrn, eurem
Gott, fröhlich! 41 Feiert dieses Fest zur Ehre des Herrn jährlich sieben
Tage lang! Das gelte bei euch als feste Regel von Generation zu
Generation. Ihr sollt dieses Fest im siebten Monat feiern. 42 Sieben
Tage sollt ihr in Hütten wohnen. Alle Einheimischen in Israel sollen
in Hütten wohnen, 43 damit eure kommenden Generationen wissen,
daß ich die Israeliten in Hütten wohnen ließ, als ich sie aus Ägypten
herausführte. Ich bin der Herr, euer Gott.
44 Da teilte Mose den Israeliten die Festzeiten des Herrn mit.

Einzelbestimmungen über den Leuchter und den Tisch für die Schaubrote

24 Der Herr sprach zu Mose: 2 Befiehl den Israeliten, daß sie dir
für den Leuchter reines Öl aus zerstoßenen Oliven bringen,
damit man ständig eine Lampe brennen lassen kann. 3 Im Offenba-
rungszelt, vor dem Vorhang der Lade, soll Aaron diese Lampe aufstel-
len. Sie soll hier vor dem Herrn ständig vom Abend bis zum Morgen
brennen. Das gelte bei euch als feste Regel von Generation zu Genera-
tion. 4 Aaron soll die Lampen auf dem Leuchter aus reinem Gold vor
dem Herrn ständig in Ordnung halten. 5 Du sollst Feinmehl nehmen
und daraus zwölf Kuchen backen; aus zwei Zehntel Efa Feinmehl soll
jeder einzelne Kuchen zubereitet sein 6 Dann sollst du sie in zwei
Schichten, sechs in jeder Schicht, auf den Tisch aus reinem Gold vor
den Herrn legen. 7 Auf jede Schicht sollst du reinen Weihrauch tun; er
soll der Gedächtnisanteil des Brotes sein, ein Feueropfer für den
Herrn. 8 Sabbat für Sabbat soll man die Brote vor dem Herrn zurichten
als dauernde Bundesleistung von seiten der Israeliten. 9 Sie gehören
Aaron und seinen Söhnen, die sie an einem heiligen Ort essen sollen;
denn sie sind für ihn etwas Hochheiliges, ein dauerndes Anrecht von
den Feueropfern des Herrn.

Einschub: Die Lästerung des Gottesnamens

10 Der Sohn einer Israelitin und eines Ägypters ging unter die Israe-
liten. Im Lager geriet er in Streit mit einem Mann, der Israelit war.
11 Der Sohn der Israelitin schmähte den Gottesnamen und fluchte. Da
brachten sie ihn zu Mose. Der Name der Mutter war Schelomit; sie
war die Tochter Dibris aus dem Stamm Dan. 12 Man nahm ihn in
Gewahrsam, um auf einen Spruch des Herrn hin zu entscheiden.
13 Der Herr sprach zu Mose: 14 Laß den, der den Fluch ausgesprochen
hat, aus dem Lager hinausführen! Alle, die es gehört haben, sollen
ihm ihre Hände auf den Kopf legen; dann soll ihn die ganze
Gemeinde steinigen. 15 Sag den Israeliten: Jeder, der seinem Gott
flucht, muß die Folgen seiner Sünde tragen. 16 Wer den Namen des
Herrn schmäht, wird mit dem Tod bestraft; die ganze Gemeinde soll
ihn steinigen. Der Fremde muß ebenso wie der Einheimische getötet
werden, wenn er den Gottesnamen schmäht.
17 Wer einen Menschen erschlägt, wird mit dem Tod bestraft. 18 Wer ein
Stück Vieh erschlägt, muß es ersetzen: Leben für Leben. 19 Wenn
jemand einen Stammesgenossen verletzt, soll man ihm antun, was er
getan hat: 20 Bruch um Bruch, Auge um Auge, Zahn um Zahn. Der Scha-
den, den er einem Menschen zugefügt hat, soll ihm zugefügt werden.
21 Wer ein Stück Vieh erschlägt, muß es ersetzen; wer aber einen
Menschen erschlägt, wird mit dem Tod bestraft. 22 Gleiches Recht
soll bei euch für den Fremden wie für den Einheimischen gelten;
denn ich bin der Herr, euer Gott.
23 Nachdem Mose so zu den Israeliten gesprochen hatte, führten sie
den, der den Fluch ausgesprochen hatte, aus dem Lager hinaus und
steinigten ihn. So erfüllten sie, was der Herr dem Mose aufgetragen
hatte.

Sabbatjahr und Jubeljahr

Einleitung

25 Der Herr sprach zu Mose
auf dem Berg Sinai:

Das Brachjahr

2 Rede zu den Israeliten, und sag zu ihnen: Wenn ihr in das Land
kommt, das ich euch gebe, soll das Land Sabbatruhe zur Ehre des
Herrn halten. 3 Sechs Jahre sollst du dein Feld besäen, sechs Jahre
sollst du deinen Weinberg beschneiden und seinen Ertrag ernten.
4 Aber im siebten Jahr soll das Land eine vollständige Sabbatruhe zur
Ehre des Herrn halten: Dein Feld sollst du nicht besäen und deinen
Weinberg nicht beschneiden. 5 Den Nachwuchs deiner Ernte sollst
du nicht ernten, und die Trauben deines nicht beschnittenen Wein-
stockes sollst du nicht lesen. Für das Land soll es ein Jahr der Sabbat-
ruhe sein. 6 Der Sabbat des Landes selbst soll euch ernähren: dich,
deinen Knecht, deine Magd, deinen Lohnarbeiter, deinen Halbbür-
ger, alle, die bei dir leben. 7 Auch deinem Vieh und den Tieren in dei-
nem Land wird sein ganzer Ertrag zur Nahrung dienen.

Das Jubeljahr
8 Du sollst sieben Jahreswochen, siebenmal sieben Jahre, zählen; die
Zeit von sieben Jahreswochen ergibt für dich neunundvierzig Jahre.
9 Im siebten Monat, am zehnten Tag des Monats, sollst du das Signal-
horn ertönen lassen; am Versöhnungstag sollt ihr das Horn im
ganzen Land ertönen lassen. 10 Erklärt dieses fünfzigste Jahr für hei-
lig, und ruft Freiheit für alle Bewohner des Landes aus! Es gelte euch
als Jubeljahr. Jeder von euch soll zu seinem Grundbesitz zurückkeh-
ren, jeder soll zu seiner Sippe heimkehren. 11 Dieses fünfzigste Jahr
gelte euch als Jubeljahr. Ihr sollt nicht säen, den Nachwuchs nicht
abernten, die unbeschnittenen Weinstöcke nicht lesen. 12 Denn es ist
ein Jubeljahr, es soll euch als heilig gelten. Vom Feld weg sollt ihr den
Ertrag essen. 13 In diesem Jubeljahr soll jeder von euch zu seinem
Besitz zurückkehren.
14 Wenn du deinem Stammesgenossen etwas verkaufst oder von ihm
etwas kaufst, sollt ihr einander nicht übervorteilen. 15 Kaufst du von
deinem Stammesgenossen, so berücksichtige die Zahl der Jahre nach
dem Jubeljahr; verkauft er dir, dann soll er die noch ausstehenden
Ertragsjahre berücksichtigen. 16 Je höher die Anzahl der Jahre, desto
höher berechne den Kaufpreis; je geringer die Anzahl der Jahre, desto
weniger verlang von ihm; denn es ist die Zahl von Ernteerträgen, die
er dir verkauft. 17 Ihr sollt einander nicht übervorteilen. Fürchte dei-
nen Gott; denn ich bin der Herr, euer Gott. 18 Ihr sollt meine Satzun-
gen befolgen und auf meine Vorschriften achten und sie ausführen;
dann werdet ihr im Land in Sicherheit wohnen. 19 Das Land wird seine
Frucht geben, ihr werdet euch satt essen und in Sicherheit darin
wohnen.
20 Wenn ihr aber fragt: Was sollen wir im siebten Jahr essen, wenn wir
nicht säen und unseren Ertrag nicht ernten dürfen? – 21 Seht, ich
werde für euch im sechsten Jahr meinen Segen aufbieten, und er wird
den Ertrag für drei Jahre geben. 22 Wenn ihr im achten Jahr sät, werdet
ihr noch bis zum neunten Jahr vom alten Ertrag essen können; bis der
Ertrag dieses Jahres kommt, werdet ihr vom alten essen können.
23 Das Land darf nicht endgültig verkauft werden; denn das Land
gehört mir, und ihr seid nur Fremde und Halbbürger bei mir. 24 Für
jeden Grundbesitz sollt ihr ein Rückkaufrecht auf das Land
gewähren. 25 Wenn dein Bruder verarmt und etwas von seinem
Grundbesitz verkauft, soll sein Verwandter als Löser für ihn eintreten
und den verkauften Boden seines Bruders auslösen. 26 Hat einer kei-
nen Löser, hat er aber die nötigen Mittel für den Rückkauf selbst auf-
gebracht, 27 dann soll er die Jahre seit dem Verkauf anrechnen und
den Restbetrag dem Käufer zurückzahlen; sein Grundbesitz fällt an
ihn zurück. 28 Bringt er die nötigen Mittel für diese Ersatzleistung
nicht auf, dann soll der verkaufte Grund bis zum Jubeljahr im Besitz
des Käufers bleiben. Im Jubeljahr wird das Grundstück frei, und es
kommt wieder zu seinem Besitz.
29 Verkauft jemand ein Wohnhaus in einer ummauerten Stadt, so
besteht das Rückkaufrecht bis zum Ablauf des Jahres, das dem Ver-
kauf folgt; sein Rückkaufrecht ist zeitlich beschränkt. 30 Erfolgt der
Rückkauf bis zum Ablauf des Jahres nicht, dann soll das Haus inner-
halb der ummauerten Stadt dem Käufer und seinen Nachkommen
endgültig verbleiben; er braucht es im Jubeljahr nicht zu verlassen.
31 Aber die Häuser in Dörfern, die nicht von Mauern umgeben sind,
werden als Bestandteil des freien Feldes betrachtet; für sie besteht ein
Rückkaufrecht, und der Käufer muß es im Jubeljahr verlassen.

Sonderbestimmungen für die Leviten
32 Für die Städte der Leviten, die Häuser der Städte, die ihr Erbbesitz
sind, gilt: Die Leviten haben ein zeitlich unbegrenztes Rückkauf-
recht. 33 Wenn einer von den Leviten auf Einlösung verzichtet, fällt im
Jubeljahr das Haus in der Stadt als Erbbesitz zurück; denn die Häuser
in den Städten der Leviten sind deren Eigentum mitten unter den Isra-
eliten. 34 Das Weideland, das zu diesen Städten gehört, kann nicht
verkauft werden; denn es ist zeitlich unbegrenzt ihr Eigentum.

Soziales Verhalten
35 Wenn dein Bruder verarmt und sich neben dir nicht halten kann,
sollst du ihn, auch einen Fremden oder Halbbürger, unterstützen,
damit er neben dir leben kann. 36 Nimm von ihm keinen Zins und
Wucher! Fürchte deinen Gott, und dein Bruder soll neben dir leben
können. 37 Du sollst ihm weder dein Geld noch deine Nahrung gegen
Zins und Wucher geben. 38 Ich bin der Herr, euer Gott, der euch aus
Ägypten herausgeführt hat, um euch Kanaan zu geben und euer Gott
zu sein.

Die Freilassung israelitischer Sklaven
39 Wenn ein Bruder bei dir verarmt und sich dir verkauft, darfst du
ihm keine Sklavenarbeit auferlegen; 40 er soll dir wie ein Lohnarbeiter
oder ein Halbbürger gelten und bei dir bis zum Jubeljahr arbeiten.
41 Dann soll er von dir frei weggehen, er und seine Kinder, und soll zu
seiner Sippe, zum Eigentum seiner Väter zurückkehren. 42 Denn sie
sind meine Knechte; ich habe sie aus Ägypten herausgeführt; sie sol-
len nicht verkauft werden, wie ein Sklave verkauft wird. 43 Du sollst
nicht mit Gewalt über ihn herrschen. Fürchte deinen Gott!

Die Sklaven aus fremden Völkern
44 Die Sklaven und Sklavinnen, die euch gehören sollen, kauft von den
Völkern, die rings um euch wohnen; von ihnen könnt ihr Sklaven und
Sklavinnen erwerben. 45 Auch von den Kindern der Halbbürger, die
bei euch leben, aus ihren Sippen, die mit euch leben, von den Kin-
dern, die sie in eurem Land gezeugt haben, könnt ihr Sklaven erwer-
ben. Sie sollen euer Eigentum sein, 46 und ihr dürft sie euren Söhnen
vererben, damit diese sie als dauerndes Eigentum besitzen; ihr sollt
sie als Sklaven haben. Aber was eure Brüder, die Israeliten, angeht, so
soll keiner über den andern mit Gewalt herrschen.

Das Loskaufrecht israelitischer Sklaven bei Fremden
47 Wenn ein Fremder oder ein Halbbürger bei dir zu Vermögen
kommt, aber dein Bruder von ihm wirtschaftlich abhängig wird und
sich ihm oder einem Nachkommen aus der Familie eines Fremden
verkauft, 48 dann soll es, wenn er sich verkauft hat, für ihn ein
Loskaufrecht geben: Einer seiner Brüder soll ihn auslösen. 49 Auslö-
sen sollen ihn sein Onkel, der Sohn seines Onkels oder sonst ein Ver-
wandter aus seiner Sippe. Falls seine eigenen Mittel ausreichen, kann
er sich selbst loskaufen. 50 Er soll mit dem, der ihn gekauft hat, die
Jahre zwischen dem Verkaufs- und dem Jubeljahr berechnen; die
Summe des Verkaufspreises soll auf die Zahl der Jahre verteilt wer-
den, wobei die verbrachte Zeit wie die eines Lohnarbeiters gilt.
51 Wenn noch viele Jahre abzudienen sind, soll er ihrer Zahl entspre-
chend den Lösepreis von seiner Kaufsumme absetzen. 52 Wenn nur
noch wenige Jahre bis zum Jubeljahr übrig sind, soll er es ihm berech-
nen; den Jahren entsprechend soll er den Lösepreis bezahlen. 53 Er
gelte wie ein Lohnarbeiter Jahr um Jahr bei seinem Herrn; dieser soll
nicht vor deinen Augen mit Gewalt über ihn herrschen. 54 Wenn er in
der Zwischenzeit nicht losgekauft wird, soll er im Jubeljahr freigelas-
sen werden, er und seine Kinder.

Abschließende Begründung
55 Denn mir gehören die Israeliten als Knechte, meine Knechte sind
sie; ich habe sie aus Ägypten herausgeführt, ich, der Herr, euer Gott.

Segen und Fluch

Die Grundforderungen Gottes
26 Ihr sollt euch keine Götzen machen, euch weder ein Gottes-
bild noch ein Steinmal aufstellen und in eurem Land keine
Steine mit Bildwerken aufrichten, um euch vor ihnen niederzuwer-
fen; denn ich bin der Herr, euer Gott. 2 Ihr sollt auf meine Sabbate
achten und mein Heiligtum fürchten; ich bin der Herr.

Die Segenszusage für Gehorsam

3 Wenn ihr nach meinen Satzungen handelt, auf meine Gebote achtet
und sie befolgt, 4 so gebe ich euch Regen zur rechten Zeit; die Erde lie-
fert ihren Ertrag, und der Baum des Feldes gibt seine Früchte; 5 die
Dreschzeit reicht bei euch bis zur Weinlese und die Weinlese bis zur
Aussaat. Ihr eßt euch satt an eurem Brot und wohnt in eurem Land in
Sicherheit. 6 Ich schaffe Frieden im Land: Ihr legt euch nieder, und
niemand schreckt euch auf. Ich lasse die Raubtiere aus dem Land ver-
schwinden. Kein Schwert kommt über euer Land. 7 Verfolgt ihr eure
Feinde, so werden sie vor euren Augen dem Schwert verfallen. 8 Fünf
von euch werden hundert verfolgen, hundert von euch werden zehn-
tausend verfolgen, und eure Feinde werden vor euren Augen dem
Schwert verfallen. 9 Euch wende ich mich zu, mache euch fruchtbar
und zahlreich und halte meinen Bund mit euch aufrecht. 10 Ihr werdet
noch von der alten Ernte zu essen haben und das Alte hinausschaffen
müssen, um Platz für das Neue zu haben. 11 Ich schlage meine Wohn-
stätte in eurer Mitte auf und habe gegen euch keine Abneigung. 12 Ich
gehe in eurer Mitte; ich bin euer Gott, und ihr seid mein Volk. 13 Ich
bin der Herr, euer Gott, der euch aus dem Land der Ägypter herausge-
führt hat, so daß ihr nicht mehr ihre Sklaven zu sein braucht. Ich
habe eure Jochstangen zerbrochen und euch wieder aufrecht gehen
lassen.

Strafandrohung und Fluch für Ungehorsam

14 Aber wenn ihr auf mich nicht hört und alle diese Gebote nicht
befolgt, 15 wenn ihr meine Satzungen mißachtet, meine Vorschriften
verabscheut und meinen Bund brecht, indem ihr keines meiner
Gebote befolgt, 16 so tue auch ich euch folgendes an: Ich biete gegen
euch Bestürzung auf, Schwindsucht und Fieber, die das Augenlicht
zum Verlöschen bringen und den Atem ersticken. Ihr sät euer Saatgut
vergeblich; eure Feinde werden es verzehren. 17 Ich wende mein
Angesicht gegen euch, und ihr werdet von euren Feinden geschlagen.
Eure Gegner treten euch nieder; ihr flieht, selbst wenn euch niemand
verfolgt.
18 Wenn ihr dann immer noch nicht auf mich hört, fahre ich fort, euch
zu züchtigen; siebenfach züchtige ich euch für eure Sünden. 19 Ich
breche eure stolze Macht und mache euren Himmel wie Eisen und
euer Land wie Bronze. 20 Eure Kraft verbraucht sich vergeblich, euer
Land liefert keinen Ertrag mehr, und die Bäume im Land tragen keine
Früchte mehr. 21 Wenn ihr mir feindlich begegnet und nicht auf mich
hören wollt, werde ich noch weitere Schläge über euch kommen las-
sen, siebenfach, wie es euren Sünden entspricht. 22 Ich lasse auf euch
die wilden Tiere los, die euer Land entvölkern, euer Vieh vernichten
und euch an Zahl so verringern, daß eure Wege veröden.
23 Wenn ihr euch dadurch noch nicht warnen laßt und mir weiterhin
feindlich begegnet, 24 begegne auch ich euch feindlich und schlage
auch ich euch siebenfach für eure Sünden. 25 Ich lasse über euch das
Schwert kommen, das Rache für den Bund nehmen wird. Zieht ihr
euch in eure Städte zurück, so sende ich die Pest in eure Mitte, und ihr
geratet in Feindeshand. 26 Ich entziehe euch dann euren Vorrat an
Brot, so daß zehn Frauen euer Brot in einem einzigen Backofen
backen, daß man euch das Brot abgewogen zuteilt und ihr euch nicht
satt essen könnt.
27 Und wenn ihr daraufhin noch immer nicht auf mich hört und mir
immer noch feindlich begegnet, 28 begegne auch ich euch im Zorn
und züchtige euch siebenfach für eure Sünden. 29 Ihr eßt das Fleisch
eurer Söhne und Töchter. 30 Ich vernichte eure Kulthöhen, zerstöre
eure Räucheraltäre, häufe eure Leichen über die Leichen eurer Götzen
und verabscheue euch. 31 Ich mache eure Städte zu Ruinen, verwüste
eure Heiligtümer und will den beruhigenden Duft eurer Opfer nicht
mehr riechen. 32 Ich selbst verwüste das Land; eure Feinde, die sich
darin niederlassen, werden darüber entsetzt sein. 33 Euch aber zer-
streue ich unter die Völker und zücke hinter euch das Schwert. Euer
Land wird zur Wüste und eure Städte werden zu Ruinen. 34 Dann
erhält das Land seine Sabbate ersetzt, in der ganzen Zeit der Verwü-
stung, während ihr im Land eurer Feinde seid. Dann hat das Land
Ruhe und erhält Ersatz für seine Sabbate. 35 Während der ganzen Zeit
der Verwüstung hat es Sabbatruhe, die es an euren Sabbaten nicht
hatte, als ihr noch darin wohntet.
36 In das Herz derer, die von euch überleben, bringe ich Angst in den
Ländern ihrer Feinde; das bloße Rascheln verwelkter Blätter jagt sie
auf, und sie fliehen, wie man vor dem Schwert flieht; sie fallen, ohne
daß jemand sie verfolgt. 37 Sie stürzen übereinander wie vor dem
Schwert, ohne daß jemand sie verfolgt. Ihr könnt vor euren Feinden
nicht standhalten, 38 ihr geht unter den Völkern zugrunde, und das
Land eurer Feinde frißt euch.

Umkehr und Vergebung

39 Diejenigen von euch, die dann noch überleben, siechen dahin in
den Ländern eurer Feinde wegen ihrer Sünden, auch wegen der Sün-
den ihrer Väter, so daß sie, gleich ihnen, dahinsiechen. 40 Dann wer-
den sie die Schuld eingestehen, die sie selbst und ihre Väter begangen
haben durch ihren Treubruch und auch dadurch, daß sie mir feind-
lich begegnet sind, 41 so daß auch ich ihnen feindlich begegnete und
sie in das Land ihrer Feinde führte. Ihr unbeschnittenes Herz muß
sich dann beugen, und ihre Sünden müssen sie sühnen. 42 Dann
werde ich meines Bundes mit Jakob gedenken, meines Bundes mit
Isaak und meines Bundes mit Abraham, und ich werde meines Lan-
des gedenken. 43 Das Land aber muß von ihnen verlassen werden und
seine Sabbate ersetzt bekommen, indem es ohne seine Bewohner ver-
ödet daliegt. Sie sollen ihre Schuld sühnen, weil sie immer wieder
meine Vorschriften mißachtet und meine Satzungen verabscheut
haben. 44 Aber selbst wenn sie im Land ihrer Feinde sind, werde ich
sie nicht mißachten und sie nicht verabscheuen, um ihnen etwa ein
Ende zu machen und meinen Bund mit ihnen zu widerrufen; denn ich
bin der Herr, ihr Gott. 45 Ich werde zu ihren Gunsten des Bundes mit
den früheren Generationen gedenken, die ich vor den Augen der
Völker aus Ägypten herausgeführt habe, um ihr Gott zu sein, ich, der
Herr.

Schluß des Heiligkeitsgesetzes

46 Das sind die Satzungen, Vorschriften und Gesetze, die der Herr
zwischen sich und den Israeliten auf dem Sinai durch die Vermittlung
des Mose erlassen hat.

Die Ablösung von Gelübden und Weihegaben

Bei Personen

27 Der Herr sprach zu Mose: 2 Rede zu den Israeliten, und sag
zu ihnen: Will jemand ein Gelübde für den Herrn einlösen,
das er nach dem üblichen Wert einer Person abgelegt hat, 3 so gilt für
einen Mann zwischen zwanzig und sechzig Jahren ein Schätzwert von
fünfzig Silberschekel, nach dem Schekelgewicht des Heiligtums, 4 für
eine Frau ein Schätzwert von dreißig Schekel, 5 für einen Jugendlichen
zwischen fünf und zwanzig Jahren, wenn es ein Junge ist, ein Schätz-
wert von zwanzig Schekel, wenn es ein Mädchen ist, ein Schätzwert
von zehn Schekel, 6 für einen Knaben zwischen einem Monat und fünf
Jahren ein Schätzwert von fünf und für ein Mädchen ein Schätzwert
von drei Silberschekel, 7 für einen Mann von sechzig und mehr Jahren
ein Schätzwert von fünfzehn und für eine Frau ein Schätzwert von
zehn Schekel. 8 Ist derjenige, der das Gelübde gemacht hat, nicht in
der Lage, den Schätzwert zu entrichten, dann soll er die Person dem
Priester vorstellen. Dieser soll den Schätzwert nach Maßgabe dessen,
was der Gelobende aufbringen kann, feststellen.

Bei Tieren

9 Handelt es sich um Tiere, die man für den Herrn als Opfergabe dar-
bringen kann, so wird jedes Tier, das man dem Herrn gibt, etwas Hei-

liges. 10 Man darf es weder auswechseln noch vertauschen, nicht ein
gutes gegen ein schlechtes oder ein schlechtes gegen ein gutes geben.
Wenn man aber doch ein Tier gegen ein anderes vertauscht, so wird
sowohl das eine als auch das andere etwas Heiliges. 11 Handelt es sich
um ein unreines Tier, von dem man keine Opfergabe für den Herrn
darbringen darf, soll man das Tier dem Priester vorführen, 12 und die-
ser soll den Durchschnittswert feststellen; an seine Schätzung soll
man sich halten. 13 Will man es auslösen, so soll man den Schätzwert
um ein Fünftel erhöhen.

Bei Häusern

14 Will man sein Haus dem Herrn weihen, so soll es der Priester schät-
zen, indem er seinen Durchschnittswert feststellt. Man halte sich an
die Schätzung des Priesters. 15 Will der Mann, der das Haus gelobt
hat, es auslösen, so soll er ein Fünftel des Geldes zum Schätzwert
hinzufügen, und es soll wieder ihm gehören.

Bei Grundstücken

16 Weiht ein Mann eines von seinen Erbgrundstücken dem Herrn, so
soll der Schätzwert seines Saatgutes geschätzt werden. Ein Hómer
Saatgerste entspricht fünfzig Silberschekeln. 17 Weiht jemand das
Feld vom Jubeljahr an, so halte man sich an diesen Schätzwert;
18 weiht er es aber nach dem Jubeljahr, soll ihm der Priester den Preis
entsprechend der bis zum nächsten Jubeljahr ausstehenden Jahre
berechnen und vom Schätzwert abziehen. 19 Will derjenige, der das
Feld geweiht hat, es wieder auslösen, soll er ein Fünftel des Geldes
zum Schätzwert hinzufügen, und es soll wieder ihm gehören. 20 Löst
er es nicht aus, verkauft es aber einem anderen, so kann es nicht
mehr ausgelöst werden, 21 und das Feld wird, wenn es im Jubeljahr
frei wird, etwas Heiliges für den Herrn, wie ein Feld, das geweihtes
Gut ist. Es wird Eigentum des Priesters. 22 Wenn jemand dem Herrn
ein Feld weiht, das er erworben hat und das nicht zu seinem Erbbe-
sitz gehört, 23 berechne der Priester den Schätzwert mit Rücksicht auf
die Zeit bis zum Jubeljahr, und der Mann bezahle die Summe am sel-
ben Tag als etwas Heiliges für den Herrn. 24 Im Jubeljahr soll das Feld
an den Verkäufer zurückfallen, dem es als ererbter Landbesitz
gehört.

Das Maß der Schätzung

25 Jede Schätzung bei dir soll nach dem Schekelgewicht des Heilig-
tums erfolgen: Zwanzig Gera entsprechen einem Schekel.

Sonderfälle

26 Eine Erstgeburt beim Vieh, die als Erstlingsgabe dem Herrn gehört,
kann man nicht weihen, weder ein Rind noch ein Schaf; denn es
gehört schon dem Herrn. 27 Aber wenn es die Erstgeburt eines unrei-
nen Tiers ist, kann man es um den um ein Fünftel erhöhten Schätzwert
auslösen. Wird das Tier nicht ausgelöst, soll es nach dem Schätzwert
verkauft werden. 28 Aber nichts von dem, was ein Mann von seinem
Eigentum an Menschen, Vieh und Feldbesitz als Banngut dem Herrn
geweiht hat, darf verkauft oder ausgelöst werden. Alles Banngut ist
etwas Hochheiliges; es gehört dem Herrn. 29 Kein menschliches
Wesen, das als Banngut geweiht wird, kann zurückgekauft werden;
man muß es töten. 30 Jeder Zehnt des Landes, der vom Ertrag des Lan-
des oder von den Baumfrüchten abzuziehen ist, gehört dem Herrn; es
ist etwas Heiliges für den Herrn. 31 Will ein Mann einen Teil seines
Zehnten auslösen, muß er ein Fünftel dazuzahlen. 32 Jeder Zehnt an
Rind, Schaf und Ziege ist dem Herrn geweiht, jedes zehnte Stück von
allem, was unter dem Hirtenstab hindurchgeht. 33 Man soll nicht zwi-
schen dem Guten und dem Schlechten unterscheiden und keinen
Tausch vornehmen. Wenn man es dennoch tut, werden das Tier und
das mit ihm vertauschte Tier etwas Heiliges; es darf nicht ausgelöst
werden.

Abschluß

34 Das sind die Gebote, die der Herr dem Mose für die Israeliten auf
dem Sinai gegeben hat.

Das Buch Numeri

Das vierte Buch des Pentateuch trägt in der lateinischen Bibel den namen Numeri (Zählungen), weil es mit der Zählung bzw. Musterung der wehrfähigen Israeliten beginnt. Die Juden nennen das Buch Bemidbar (In der Wüste), nach einem der ersten Worte. Die Geschichtsdarstellung behandelt zunächst bis 10,10 noch die vorgänge am Sinai. Der Anfang des Buches ist aber dennoch gut gewählt, weil es sich bei der Musterung und den folgenden Anordnungen überwiegend um Vorgänge handelt, die den Aufbruch vom Sinai vorbereiten.
Die Kapitel 1–4 haben neben der Musterung der Wehrfähigen (Kap. 1) die Ordung der Stämme im Lager und auf dem Marsch (Kap. 2) und die Zählung der Levitengeschlechter (Kap. 3 und 4) zum Inhalt. Es folgen verschiedene andere Vorschriften: Ausweisung von Unreinen aus dem Lager, Abgaben ans Heiligtum, Eifersuchtsordal (Kap. 5), Vorschriften über Nasiräer und Priestersegen (Kap. 6).
Die Kapitel 7–9 hängen nur lose mit dem Aufbruchthema zusammen; hier geht es um Dinge, die das Heiligtum und seine Versorgung unterwegs betreffen: die Weihegaben der Stammesführer (Kap. 7); der Dienst der Leviten auf dem Marsch und im Lager, die Pascha-Ordnung für besondere Fälle, die Wolkensäule über dem Heiligtum im Lager und beim Aufbruch (Kap. 8 und 9); die Trompetensignale für Aufbruch, Krieg und Fest (10,1–10). Der Rest des Buches (10,11–36,13) stellt die Geschehnisse auf der Wüstenwanderung vom Sinai zum Jordan bis kurz vor dem Einzug in Kanaan dar. Doch sind in den Geschichtsablauf immer wieder, wie im Buch Exodus, Gesetzestexte und Listen eingeschoben.
In der Geschichtsdarstellung sind dieselben drei literarischen Schichten nachweisbar wie in den Büchern Genesis und Exodus. An Einzelereignissen werden erzählt: das Murren des Volkes gegen Mose, die Klage des Mose über die ihm von Gott auferlegte Last, die Entlastung des Mose durch die Ausgießung des Geistes auf die Ältesten und das Wachtelwunder (Kap. 11); die Auflehnung der eigenen Geschwister gegen Mose (Kap. 12); der Kundschafterbericht (Kap. 13 und 14); der Aufruhr Korachs, Datans und Abirams (Kap. 16 und 17); das Wasserwunder, der Tod Mirjams und Aarons (Kap. 20); die kupferne Schlange, die Kämpfe mit den Völkern östlich des Jordan (Kap. 21); der Seher Bileam (Kap. 22–24); die Tat des Pinhas (Kap. 25); die Berufung Josuas (27,12–23); der Krieg gegen die Midianiter (Kap. 31); die Landzuteilung an die ostjordanischen Stämme (Kap. 32). Ein Verzeichnis der Lagerstätten schließt den Bericht über den Wüstenzug ab (Kap. 33). In den Bericht eingeschaltet und am Schluß des Buches angehängt sind Texte, die die Gesetze vom Sinai ergänzen (Kap. 15; 18 und 19; 27,1–11; 28–30; 36), Anweisungen für die Verteilung Kanaans an die Stämme und über die Leviten- und Asylstädte (Kap. 33–35). Die Darstellung des Wüstenzugs hat einmal mit dem Bericht über den Tod des Mose geschlossen, doch wurde dieser Bericht an den Schluß des Deuteronomiums verschoben, als dieses Buch den anderen Mosebüchern angefügt wurde (vgl. die Einleitung zu Dtn).
Die Geschichtsdarstellung und die Gesetze im Buch Numeri sollen Israel an die verhängnisvollen Folgen des Murrens gegen Gott, des Aufbegehrens gegen Mose und gegen die priesterliche Kultordnung, des Götzendienstes und des mangelnden Vertrauens gegen den Bundesgott erinnern. Sie zeigen, daß Gott von seinem Volk auch in Zeiten der Not Treue erwartet und bei Versagen des Volkes schwere Strafen verhängt, daß er aber auch zur Vergebung bereit ist, wenn sich Fürsprecher wie Mose für ihr Volk einsetzen. Wie Gott Israel durch die Wüste geführt hat, so wird er es auch weiter durch die Geschichte führen.

Aus dem Priestergesetz

Die Volks- und Heeresordnung

1 Am ersten Tag des zweiten Monats im zweiten Jahr nach dem
Auszug aus Ägypten sprach der Herr in der Wüste Sinai im
Offenbarungszelt zu Mose: 2 Ermittelt die Gesamtzahl der Israeliten
in der Gemeinde, geordnet nach Sippenverbänden und Großfami-
lien; zählt mit Namen alle Männer, 3 die zwanzig Jahre und älter sind,
alle wehrfähigen Israeliten. Mustert sie für ihre Heeresverbände, du
und Aaron! 4 Aus jedem Stamm soll euch dabei ein Mann helfen, und
zwar jeweils das Haupt einer Großfamilie. 5 Das sind die Namen der
Männer, die euch helfen sollen: aus Ruben Elizur, der Sohn Sche-
déurs; 6 aus Simeon Schelumiël, der Sohn Zurischaddais; 7 aus Juda
Nachschon, der Sohn Amminadabs; 8 aus Issachar Netanel, der Sohn
Zuars; 9 aus Sebulon Eliab, der Sohn Helons; 10 von den Nachkom-
men Josefs: aus Efraim Elischama, der Sohn Ammihuds, und aus
Manasse Gamliël, der Sohn Pedazurs; 11 aus Benjamin Abidan, der
Sohn Gidonis; 12 aus Dan Ahiëser, der Sohn Ammischaddais; 13 aus
Ascher Pagiël, der Sohn Ochrans; 14 aus Gad Eljasaf, der Sohn
Reguëls; 15 aus Naftali Ahira, der Sohn Enans. 16 Das sind die von der
Gemeinde berufenen Anführer der Stämme ihrer Väter, die Befehls-
haber der Tausendschaften Israels.
17 Mose und Aaron nahmen diese namentlich genannten Männer
18 und versammelten die ganze Gemeinde am ersten Tag des zweiten
Monats. Dann ermittelte man die Abstammung aller Männer von
zwanzig Jahren und darüber; man zählte sie namentlich, geordnet
nach Sippen und Großfamilien. 19 Wie der Herr es Mose befohlen
hatte, so musterte man sie in der Wüste Sinai.
20 Zuerst kamen die Nachkommen Rubens, des Erstgeborenen Isra-
els: Man ermittelte ihre Geschlechterfolge nach Sippen und Großfa-
milien und zählte mit Namen alle Männer von zwanzig Jahren und
darüber, alle Wehrfähigen. 21 Die Zahl der aus dem Stamm Ruben
Gemusterten betrug 46500 Mann.
22 Sodann die Simeoniter: Man ermittelte ihre Geschlechterfolge
nach Sippen und Großfamilien und zählte mit Namen alle Männer
von zwanzig Jahren und darüber, alle Wehrfähigen. 23 Die Zahl der
aus dem Stamm Simeon Gemusterten betrug 59300 Mann.
24 Sodann die Gaditer: Man ermittelte ihre Geschlechterfolge nach
Sippen und Großfamilien und zählte mit Namen alle wehrfähigen
Männer von zwanzig Jahren und darüber. 25 Die Zahl der aus dem
Stamm Gad Gemusterten betrug 45650 Mann.

26 Sodann die Nachkommen Judas: Man ermittelte ihre Geschlechter-
folge nach Sippen und Großfamilien und zählte mit Namen alle
wehrfähigen Männer von zwanzig Jahren und darüber. 27 Die Zahl der
aus dem Stamm Juda Gemusterten betrug 74600 Mann.
28 Sodann die Issachariter: Man ermittelte ihre Geschlechterfolge
nach Sippen und Großfamilien und zählte mit Namen alle wehrfähi-
gen Männer von zwanzig Jahren und darüber. 29 Die Zahl der aus dem
Stamm Issachar Gemusterten betrug 54400 Mann.
30 Sodann die Sebuloniter: Man ermittelte ihre Geschlechterfolge
nach Sippen und Großfamilien und zählte mit Namen alle wehrfähi-
gen Männer von zwanzig Jahren und darüber. 31 Die Zahl der aus dem
Stamm Sebulon Gemusterten betrug 57400 Mann.
32 Sodann die Nachkommen Josefs, zuerst die Efraimiter: Man ermit-
telte ihre Geschlechterfolge nach Sippen und Großfamilien und
zählte mit Namen alle wehrfähigen Männer von zwanzig Jahren und
darüber. 33 Die Zahl der aus dem Stamm Efraim Gemusterten betrug
40500 Mann.
34 Sodann die Manassiter: Man ermittelte ihre Geschlechterfolge
nach Sippen und Großfamilien und zählte mit Namen alle wehrfähi-
gen Männer von zwanzig Jahren und darüber. 35 Die Zahl der aus dem
Stamm Manasse Gemusterten betrug 32200 Mann.
36 Sodann die Benjaminiter: Man ermittelte ihre Geschlechterfolge
nach Sippen und Großfamilien und zählte mit Namen alle wehrfähi-
gen Männer von zwanzig Jahren und darüber. 37 Die Zahl der aus dem
Stamm Benjamin Gemusterten betrug 35400 Mann.
38 Sodann die Daniter: Man ermittelte ihre Geschlechterfolge nach
Sippen und Großfamilien und zählte mit Namen alle wehrfähigen
Männer von zwanzig Jahren und darüber. 39 Die Zahl der aus dem
Stamm Dan Gemusterten betrug 62700 Mann.
40 Sodann die Ascheriter: Man ermittelte ihre Geschlechterfolge nach
Sippen und Großfamilien und zählte mit Namen alle wehrfähigen
Männer von zwanzig Jahren und darüber. 41 Die Zahl der aus dem
Stamm Ascher Gemusterten betrug 41500 Mann.
42 Sodann die Naftaliter: Man ermittelte ihre Geschlechterfolge nach
Sippen und Großfamilien und zählte mit Namen alle wehrfähigen
Männer von zwanzig Jahren und darüber. 43 Die Zahl der aus dem
Stamm Naftali Gemusterten betrug 53400 Mann.
44 Das waren die Gemusterten, die Mose und Aaron zusammen mit
den Anführern Israels zählten; es waren zwölf Anführer, aus jedem
Stamm einer, jeweils das Haupt einer Großfamilie. 45 So ergab sich
die Gesamtzahl der gemusterten Israeliten, geordnet nach Großfa-
milien, also aller wehrfähigen Männer in Israel von zwanzig Jahren
und darüber. 46 Als Gesamtzahl der Gemusterten ergab sich 603550
Mann. 47 Die aber, die dem Stamm ihrer Väter nach Leviten waren,
wurden nicht gemustert.
48 Der Herr sprach zu Mose: 49 Unter den Israeliten sollst du nur den
Stamm Levi nicht mustern und zählen. 50 Betrau die Leviten mit der
Sorge für die Wohnstätte der Bundesurkunde, für ihre Geräte und
für alles, was dazu gehört. Sie sollen die Wohnstätte und alle ihre
Geräte tragen und sollen sie pflegen; sie sollen ihren Lagerplatz
rings um die Wohnstätte haben. 51 Wenn die Wohnstätte weiterge-
tragen werden soll, sollen die Leviten sie abbauen, und wenn die
Wohnstätte das Lager bezieht, sollen die Leviten sie aufstellen. Wer
ihr zu nahe kommt, ohne dazu befugt zu sein, wird mit dem Tod
bestraft. 52 Im Lager soll jeder Israelit sein Zelt an der Stelle aufschla-
gen, zu der er gehört, und bei dem Feldzeichen, zu dem er gehört,
also bei seiner Abteilung im Heer. 53 Die Leviten aber sollen ihr Lager
rings um die Wohnstätte der Bundesurkunde aufschlagen, damit
nicht der Zorn (Gottes) die Gemeinde der Israeliten trifft; die Leviten
sollen auf die Anordnung über die Wohnstätte der Bundesurkunde
achten.
54 Die Israeliten taten alles genau so, wie es der Herr dem Mose befoh-
len hatte. So machten sie es.

Die Ordnung im Lager und auf dem Marsch

2 Der Herr sprach zu Mose und Aaron: 2 Alle Israeliten sollen bei
ihren Feldzeichen lagern, jede Großfamilie mit einer eigenen
Fahne. Sie sollen rings um das Offenbarungszelt so lagern, daß es
jeder vor sich hat. 3 Vorne, nach Osten hin, ist das Lager Judas mit sei-
nem Feldzeichen, geordnet nach Abteilungen. Befehlshaber der
Nachkommen Judas ist Nachschon, der Sohn Amminadabs; 4 sein
Heer zählt im ganzen 74600 gemusterte Männer. 5 Daran an-
schließend ist das Lager des Stammes Issachar; Befehlshaber der
Issachariter ist Netanel, der Sohn Zuars; 6 sein Heer zählt im ganzen
54400 gemusterte Männer. 7 Dann folgt der Stamm Sebulon; Befehls-
haber der Sebuloniter ist Eliab, der Sohn Helons; 8 sein Heer zählt im
ganzen 57400 gemusterte Männer. 9 Die Gesamtzahl der Gemuster-
ten, die zum Lager Judas gehören, beträgt 186400 Mann, geordnet
nach Abteilungen. Sie brechen als erste auf.
10 Im Süden ist das Lager Rubens mit seinem Feldzeichen, geordnet
nach Abteilungen. Befehlshaber der Rubeniter ist Elizur, der Sohn
Schedëurs; 11 sein Heer zählt im ganzen 46500 gemusterte Männer.
12 Daran anschließend ist das Lager des Stammes Simeon; Befehlsha-
ber der Simeoniter ist Schelumiël, der Sohn Zurischaddais; 13 sein
Heer zählt im ganzen 59300 gemusterte Männer. 14 Dann folgt der
Stamm Gad; Befehlshaber der Gaditer ist Eljasaf, der Sohn Reguëls;
15 sein Heer zählt im ganzen 45650 gemusterte Männer. 16 Die
Gesamtzahl der Gemusterten, die zum Lager Rubens gehören,
beträgt 151450 Mann, geordnet nach Abteilungen. Sie brechen als
zweite auf.
17 Dann bricht das Offenbarungszelt auf und das Lager der Leviten,
das in der Mitte der Lager liegt. Wie sie lagern, so brechen sie auf,
jeder an seiner Stelle, nach Feldzeichen geordnet.
18 Im Westen ist das Lager Efraims mit seinem Feldzeichen, geordnet
nach Abteilungen. Befehlshaber der Efraimiter ist Elischama, der
Sohn Ammihuds; 19 sein Heer zählt im ganzen 40500 gemusterte
Männer. 20 Daran anschließend kommt der Stamm Manasse;
Befehlshaber der Manassiter ist Gamliël, der Sohn Pedazurs; 21 sein
Heer zählt im ganzen 32200 gemusterte Männer. 22 Dann folgt der
Stamm Benjamin; Befehlshaber der Benjaminiter ist Abidan, der
Sohn Gidonis; 23 sein Heer zählt im ganzen 35400 gemusterte Män-
ner. 24 Die Gesamtzahl der Gemusterten, die zum Lager Efraims
gehören, beträgt 108100 Mann, geordnet nach Abteilungen. Sie bre-
chen als dritte auf.
25 Im Norden ist das Lager Dans mit seinem Feldzeichen, geordnet
nach Abteilungen. Befehlshaber der Daniter ist Ahiëser, der Sohn
Ammischaddais; 26 sein Heer zählt im ganzen 62700 gemusterte
Männer. 27 Daran anschließend ist das Lager des Stammes Ascher;
Befehlshaber der Ascheriter ist Pagiël, der Sohn Ochrans; 28 sein Heer
zählt im ganzen 41500 gemusterte Männer. 29 Dann folgt der Stamm
Naftali; Befehlshaber der Naftaliter ist Ahira, der Sohn Enans; 30 sein
Heer zählt im ganzen 53400 gemusterte Männer. 31 Die Gesamtzahl
der Gemusterten, die zum Lager Dans gehören, beträgt 157600
Mann. Sie brechen als letzte auf, nach Feldzeichen geordnet.
32 Das sind also die gemusterten Israeliten, geordnet nach Großfami-
lien. Die Gesamtzahl der Gemusterten im Lager, geordnet nach
Abteilungen, beträgt 603550 Mann. 33 Die Leviten wurden, wie der
Herr es Mose befohlen hatte, unter den Israeliten nicht gemustert.
34 Die Israeliten führten alles aus, was der Herr dem Mose befohlen
hatte; sie lagerten geordnet nach ihren Feldzeichen, und so brachen
sie auch auf, jeder in seiner Sippe und bei seiner Großfamilie.

Die Musterung der Priester- und Levitengeschlechter

3 Das ist die Geschlechterfolge nach Aaron und Mose, zu der Zeit,
als der Herr mit Mose auf dem Sinai redete. 2 Das waren die
Namen der Söhne Aarons: Nadab als Erstgeborener, dann Abihu,
Eleasar und Itamar. 3 Das waren die Namen der Söhne Aarons, der
gesalbten Priester, die man ins Priesteramt eingesetzt hatte. 4 Nadab
und Abihu waren vor den Augen des Herrn gestorben, als sie in der

Marc Chagall
Der Stamm Josef
(1959/60)

»Im Westen ist das Lager Efraims mit seinen Feldzeichen [...]. Daran anschließend kommt der Stamm Manasse« (Num 2,16-20). Zwölf Söhne Jakobs, der von Gott den Namen Israel erhalten hat (Gen 32,29), sind die Stammväter der »Kinder Israels«. Jene Zwölf empfingen den Segen Jakobs (Gen 49), doch zuvor hatte der Patriarch die beiden Söhne Josefs, Efraim und Manasse, den eigenen Söhnen gleichgesetzt (Gen 48,5). Auf dieser Grundlage ersetzen die Stämme Efraim und Manasse in der Lagerordnung den Stamm Josef. Letzterem jedoch ist das Fenster gewidmet, dessen Entwurf die Abbildung wiedergibt: Der Name »Josef« ist oben links in hebräischen Buchstaben dem Oval eingeschrieben. Und auch die einzelnen Bildmotive leiten sich von Jakobs Segen für Josef her: am Quell der Fruchtbaum, der Bogenschütze und die Berge (Gen 49,22-26). Diese Motive, ergänzt durch den Stier mit Büffelhörnern, wiederholt der Segen des Mose, der einerseits dem Stamm Josef gilt, aber auch den beiden Stämmen Efraim und Manasse (Dtn 33,13-17). Das entsprechende Fenster gehört zum zwölfteiligen Zyklus der Synagoge in der Hadassah-Klinik von Jerusalem.

Wüste Sinai dem Herrn ein unrechtmäßiges Feueropfer darbrachten.
Sie hatten keine Söhne, und so versahen dann Eleasar und Itamar
unter der Aufsicht ihres Vaters Aaron den Priesterdienst.
5 Der Herr sprach zu Mose: 6 Laß den Stamm Levi vor dem Priester
Aaron antreten, damit sie ihm dienen. 7 Sie sollen auf seine Anord-
nungen achten und in der ganzen Gemeinde vor dem Offenbarungs-
zelt für Ordnung sorgen, wenn sie an der Wohnstätte Dienst tun. 8 Sie
sollen alle Geräte des Offenbarungszeltes in Ordnung halten und bei
den Israeliten für Ordnung sorgen, wenn sie an der Wohnstätte
Dienst tun. 9 Die Leviten sollst du Aaron und seinen Söhnen zuwei-
sen; sie sollen unter den Israeliten ausschließlich für den Dienst bei
Aaron bestimmt sein. 10 Aaron und seine Söhne aber sollst du beauf-
tragen, den Priesterdienst zu versehen. Wer unbefugt daran teil-
nimmt, wird mit dem Tod bestraft.
11 Der Herr sprach zu Mose: 12 Hiermit nehme ich die Leviten als
Ersatz für alle erstgeborenen Israeliten, die den Mutterschoß durch-
brechen. Die Leviten gehören mir; 13 denn alle Erstgeborenen
gehören mir. Als ich in Ägypten alle Erstgeborenen erschlug, habe ich
alle Erstgeborenen in Israel mir geheiligt, bei den Menschen und
beim Vieh. Mir gehören sie; ich bin der Herr.
14 Der Herr sprach in der Wüste Sinai zu Mose: 15 Mustere die Leviten
nach ihren Großfamilien und Sippen! Alle männlichen Personen von
einem Monat und darüber sollst du mustern. 16 Da musterte sie Mose,
wie ihm durch den Mund des Herrn befohlen worden war.
17 Das waren die Namen der Söhne Levis: Gerschon, Kehat und
Merari. 18 Die Namen der Söhne Gerschons und ihrer Sippen waren
Libni und Schimi, 19 die der Söhne Kehats und ihrer Sippen Amram,
Jizhar, Hebron und Usiël, 20 die der Söhne Meraris und ihrer Sippen
Machli und Muschi. Das waren die Sippen des Stammes Levi, geord-
net nach Großfamilien.
21 Zu Gerschon gehörten die Sippe der Libniter und die Sippe der Schi-
miter; das waren die Sippen der Gerschoniter. 22 Die Zahl ihrer gemu-
sterten männlichen Personen von einem Monat und darüber betrug im
ganzen 7500. 23 Die Sippen der Gerschoniter lagerten hinter der
Wohnstätte gegen Westen. 24 Anführer der Großfamilie der Gerscho-
niter war Eljasaf, der Sohn Laëls. 25 Die Gerschoniter hatten am Offen-
barungszelt die Sorge für die Wohnstätte und das Zelt, für seine Decke
und den Vorhang am Eingang des Offenbarungszeltes, 26 für die
Behänge des Vorhofs, für den Vorhang am Eingang des Vorhofs, der
ringsum die Wohnstätte und den Altar umgibt, und für die Zeltstricke,
je nachdem, wie es der Dienst erforderte.
27 Zu Kehat gehörten die Sippe der Amramiter, die Sippe der Jizhari-
ter, die Sippe der Hebroniter und die Sippe der Usiëliter; das waren
die Sippen der Kehatiter. 28 Die Zahl der männlichen Personen von
einem Monat und darüber betrug im ganzen 8600; sie hatten am Hei-
ligtum Dienst zu tun. 29 Die Sippen der Kehatiter lagerten an der Süd-
seite der Wohnstätte. 30 Familienoberhaupt der Sippen der Kehatiter
war Elizafan, der Sohn Usiëls. 31 Sie hatten die Sorge für die Lade, den
Tisch, den Leuchter, die Altäre, die heiligen Geräte, mit denen sie
ihren Dienst versahen, für den Vorhang und alles, was zu diesem
Dienst gehörte. 32 Der oberste Anführer der Leviten war der Priester
Eleasar, der Sohn Aarons. Er war mit der Aufsicht derer betraut, die
am Heiligtum Dienst zu tun hatten.
33 Zu Merari gehörten die Sippe der Machliter und die Sippe der
Muschiter; das waren die Sippen der Merariter. 34 Die Zahl ihrer
gemusterten männlichen Personen von einem Monat und darüber
betrug im ganzen 6200. 35 Familienoberhaupt der Sippen der Merari-
ter war Zuriël, der Sohn Abihajils. Sie lagerten an der Nordseite der
Wohnstätte. 36 Die Söhne Meraris waren betraut mit der Sorge für die
Bretter der Wohnstätte, ihre Querlatten, Säulen und Sockel, ihre
Geräte und alles, was zu diesem Dienst gehörte, 37 ferner für die Säu-
len des Vorhofs ringsum, ihre Sockel, ihre Zeltpflöcke und Stricke.
38 Vor der Wohnstätte, an der Vorderseite, östlich vom Offenbarungs-
zelt, lagerten Mose und Aaron mit seinen Söhnen. Sie hatten den
Dienst am Heiligtum zu tun, wie er den Israeliten aufgetragen wor-
den war. Wer unbefugt daran teilnimmt, wird mit dem Tod bestraft.
39 Die Gesamtzahl der Leviten, die Mose und Aaron auf Befehl des
Herrn musterten, aller männlichen Personen von einem Monat und
darüber, nach Sippen geordnet, betrug 22000.
40 Der Herr sprach zu Mose: Zähle alle männlichen erstgeborenen
Israeliten, die einen Monat und älter sind, stell ihre Zahl namentlich
fest! 41 Dann nimm für mich, für mich, den Herrn, die Leviten als
Ersatz für alle erstgeborenen Israeliten entgegen, außerdem das Vieh
der Leviten als Ersatz für alle Erstlinge unter dem Vieh der Israeliten!
42 Mose musterte alle erstgeborenen Israeliten, wie es ihm der Herr
befohlen hatte. 43 Die Gesamtzahl der männlichen Erstgeborenen,
die einen Monat und älter waren, betrug bei dieser namentlichen Zäh-
lung 22273. 44 Dann sprach der Herr zu Mose: 45 Nimm die Leviten als
Ersatz für alle erstgeborenen Israeliten entgegen, außerdem das Vieh
der Leviten als Ersatz für das Vieh der Israeliten! Die Leviten gehören
mir, mir, dem Herrn. 46 Es sind aber 273 erstgeborene Israeliten mehr
als Leviten; sie müssen ausgelöst werden. 47 Erheb für jeden fünf
Schekel; erheb sie nach dem Schekelgewicht des Heiligtums, den
Schekel zu zwanzig Gera. 48 Übergib das Geld Aaron und seinen Söh-
nen zur Auslösung der überzähligen Israeliten! 49 Da erhob Mose das
Lösegeld von denen, die die Zahl der Leviten überstiegen und deshalb
auszulösen waren. 50 1365 Silberschekel erhob Mose von den erstge-
borenen Israeliten, nach dem Schekelgewicht des Heiligtums, 51 und
er übergab Aaron und seinen Söhnen das Lösegeld, wie es ihm der
Herr befohlen hatte.

4 Der Herr sprach zu Mose und Aaron: 2 Ermittelt die Zahl der
Kehatiter unter den Leviten, geordnet nach Sippen und
Großfamilien, 3 zählt alle Wehrfähigen zwischen dreißig und fünf-
zig Jahren! Sie sollen im Offenbarungszelt tätig sein. 4 Die Kehatiter
haben im Offenbarungszelt das Hochheilige zu betreuen. 5 Beim
Aufbruch gehen Aaron und seine Söhne hinein, nehmen die Vor-
hangdecke ab und hüllen damit die Lade der Bundesurkunde ein.
6 Darüber legen sie eine Decke aus Tahaschhaut, breiten darüber ein
Tuch, ganz aus violettem Purpur, und bringen an der Lade die Stan-
gen an. 7 Auch über den Tisch der Schaubrote breiten sie ein Tuch
aus violettem Purpur. Darauf legen sie die Schüsseln, die Schalen,
die Krüge und die Kannen für das Trankopfer; auch die Schaubrote
sollen darauf sein. 8 Dann breiten sie darüber ein karmesinrotes
Tuch, bedecken es mit einer Tahaschhaut und bringen die dazu-
gehörenden Stangen an. 9 Weiter nehmen sie ein Tuch aus violettem
Purpur und hüllen damit den Leuchter ein, auch seine einzelnen
Lampen, die Dochtscheren und Pfannen und alle Ölbehälter, die
man für den Leuchter braucht. 10 Ihn und alle zu ihm gehörenden
Geräte legen sie auf eine Decke aus Tahaschhaut, dann legen sie
alles auf das Traggestell. 11 Über den goldenen Altar breiten sie ein
Tuch aus violettem Purpur, hüllen ihn in eine Decke aus Tahasch-
haut und bringen seine Stangen an. 12 Dann nehmen sie alle zum
Dienst im Heiligtum erforderlichen Geräte, legen sie auf ein Tuch
aus violettem Purpur, hüllen sie in eine Decke aus Tahaschhaut und
legen sie auf das Traggestell. 13 Sie säubern den Altar von der Fett-
Asche und breiten ein Tuch aus rotem Purpur über ihn. 14 Auf den
Altar legen sie alle Geräte, die man für den Altardienst braucht, die
Pfannen, Gabeln, Schaufeln und Schalen, alle Altargeräte; darüber
breiten sie eine Hülle aus Tahaschhaut und bringen die Altarstangen
an. 15 Erst wenn Aaron und seine Söhne beim Aufbruch des Lagers
mit dem Verhüllen des Heiligtums und aller heiligen Geräte fertig
sind, kommen die Kehatiter und übernehmen den Trägerdienst. Sie
dürfen aber das Heilige nicht berühren, sonst müssen sie sterben.
Das ist die Aufgabe, die die Kehatiter am Offenbarungszelt als Trä-
ger haben. 16 Der Priester Eleasar, der Sohn Aarons, hat die Verant-
wortung für das Öl des Leuchters, das duftende Räucherwerk, das
ständige Speiseopfer und das Salböl, die Verantwortung für die
ganze Wohnstätte und für alles, was es darin an Heiligem und an
Geräten gibt.

17 Der Herr sprach zu Mose und Aaron: 18 Sorgt dafür, daß die Sippen
des Stammes der Kehatiter nicht aus dem Kreis der Leviten ausgerot-
tet werden. 19 Damit sie am Leben bleiben und nicht wegen
Berührung des Hochheiligen sterben, sollt ihr so verfahren: Aaron
und seine Söhne sollen kommen und jedem von ihnen anweisen, was
er zu tun und zu tragen hat. 20 Dann ist es nicht möglich, daß sie hin-
eingehen und das Heilige auch nur für einen Augenblick sehen, und
sie werden nicht sterben.
21 Der Herr sprach zu Mose: 22 Ermittle auch die Zahl der Gerschoni-
ter, geordnet nach Großfamilien und Sippen! 23 Du sollst sie mustern
für den Dienst am Offenbarungszelt, alle wehrfähigen Männer zwi-
schen dreißig und fünfzig Jahren. 24 Die Sippen der Gerschoniter
haben folgende Pflichten als Diener und Träger: 25 Sie tragen die Zelt-
tücher der Wohnstätte und das Offenbarungszelt, seine Decke, die
Tahaschdecke, die darüber liegt, und den Vorhang am Eingang des
Offenbarungszeltes, 26 ferner die Behänge des Vorhofs, den Vorhang
am Toreingang des Vorhofs, der rings um die Wohnstätte und um den
Altar liegt, die dazugehörenden Stricke und alle Geräte, die sie zu
ihrer Arbeit brauchen; sie sollen alle Arbeiten verrichten, die daran
auszuführen sind. 27 Der ganze Dienst der Gerschoniter soll nach der
Anweisung Aarons und seiner Söhne geschehen, die ihnen alles
sagen, alles, was sie zu tragen und zu tun haben. Beauftragt sie mit
dem gesamten Trägerdienst! 28 Das ist die Aufgabe der Gerschoniter
am Offenbarungszelt. Die Aufsicht über ihren Dienst hat der Priester
Itamar, der Sohn Aarons.
29 Ferner sollst du die Merariter mustern, geordnet nach Sippen und
Großfamilien. 30 Du sollst sie mustern für den Dienst am Offenba-
rungszelt, alle wehrfähigen Männer zwischen dreißig und fünfzig
Jahren. 31 Das sind ihre Pflichten und einzelnen Aufgaben als Träger
beim Offenbarungszelt: Sie haben die Bretter der Wohnstätte zu tra-
gen, ihre Querlatten, Säulen und Sockel, 32 die Säulen des Vorhofs
ringsum, ihre Sockel, Zeltpflöcke und Stricke sowie alle Geräte, die
sie zur Erfüllung ihrer Aufgaben brauchen. Ihr sollt jedem die Gegen-
stände einzeln zuweisen, die sie zu tragen haben. 33 Das ist im ganzen
die Aufgabe der Sippen der Merariter am Offenbarungszelt. Die Auf-
sicht über sie hat der Priester Itamar, der Sohn Aarons.
34 Mose, Aaron und die Anführer der Gemeinde musterten die Kehati-
ter, geordnet nach Sippen und Großfamilien, 35 für den Dienst am
Offenbarungszelt, alle wehrfähigen Männer zwischen dreißig und
fünfzig Jahren. 36 Die Zahl der nach Sippen gemusterten Männer
betrug 2750. 37 Das waren die in den Sippen der Kehatiter Gemuster-
ten, alle, die am Offenbarungszelt Dienst zu tun hatten. Mose und
Aaron hatten sie gemustert, wie es der Herr durch Mose befohlen hatte.
38 Bei den Gerschonitern betrug die Zahl der nach Sippen und
Großfamilien für den Dienst am Offenbarungszelt Gemusterten,
39 die Zahl aller wehrfähigen Männer zwischen dreißig und fünfzig
Jahren, 40 die, geordnet nach Sippen und Großfamilien, gemustert
worden waren, 2630. 41 Das waren die in den Sippen der Gerschoniter
Gemusterten, alle, die am Offenbarungszelt Dienst zu tun hatten.
Mose und Aaron hatten sie auf Befehl des Herrn gemustert.
42 Bei den Sippen der Merariter betrug die Zahl der nach Sippen und
Großfamilien zum Dienst am Offenbarungszelt Gemusterten, 43 die
Zahl aller wehrfähigen Männer zwischen dreißig und fünfzig Jahren,
44 die, geordnet nach Sippen, gemustert worden waren, 3200. 45 Das
waren die in den Sippen der Merariter Gemusterten. Mose und Aaron
hatten sie gemustert, wie es der Herr durch Mose befohlen hatte.
46 Die Gesamtzahl der Gemusterten, die Mose, Aaron und die Anfüh-
rer Israels bei den Leviten, geordnet nach Sippen und Großfamilien,
gemustert hatten, 47 die Zahl aller Männer zwischen dreißig und fünf-
zig Jahren, die zur Erfüllung der Aufgaben und Trägerdienste am
Offenbarungszelt fähig waren, 48 die Gesamtzahl dieser Gemusterten
betrug 8580. 49 Wie es der Herr durch Mose befohlen hatte, so
betraute man jeden einzelnen von ihnen mit seiner Aufgabe und mit
seinem Trägerdienst. Jedem wurde seine Aufgabe zugewiesen, wie
der Herr es Mose befohlen hatte.

Die Ausweisung der Unreinen

5 Der Herr sprach zu Mose: 2 Befiehl den Israeliten, jeden aus
dem Lager zu schicken, der an Aussatz oder an einem Ausfluß
leidet, und jeden, der sich an einer Leiche verunreinigt hat. 3 Ob Mann
oder Frau, schickt sie weg, weist sie aus dem Lager hinaus! Sie sollen
nicht das Lager unrein machen, in dem ich mitten unter ihnen
wohne. 4 Die Israeliten taten, was der Herr gesagt hatte, und schick-
ten sie aus dem Lager. Wie der Herr es Mose gesagt hatte, so machten
sie es.

Schadenersatz und Abgaben ans Heiligtum

5 Der Herr sprach zu Mose: 6 Sag zu den Israeliten: Wenn ein Mann
oder eine Frau etwas, was dem Herrn gehört, veruntreut hat, also eine
von den Sünden begangen hat, wie sie bei Menschen vorkommen,
dann ist dieser Mensch schuldig geworden. 7 Sie sollen die Sünde, die
sie begangen haben, bekennen, und der Schuldige soll das, was er
schuldet, voll ersetzen und dem, an dem er schuldig geworden ist,
noch ein Fünftel dazugeben. 8 Wenn aber der Anspruchsberechtigte
keinen Löser hat, dem der Schuldige Ersatz leisten könnte, dann
gehört der geschuldete Betrag dem Herrn zugunsten des Priesters,
ebenso wie der Sühnewidder, mit dem der Priester für ihn die Sühne
erwirkt. 9 Dem Priester gehören auch alle Weihegeschenke, die die
Israeliten zu ihm bringen. 10 Jeder kann selbst bestimmen, was er als
Weihegeschenk geben will; was er aber dem Priester gibt, gehört dem
Priester.

Das Eifersuchtsordal

11 Der Herr sprach zu Mose: 12 Rede zu den Israeliten und sag ihnen:
Angenommen, eine Frau gerät auf Abwege, sie wird ihrem Mann
untreu, 13 und ein anderer Mann schläft mit ihr, ohne daß es ihr Mann
merkt, angenommen also, sie ist unrein geworden, ohne daß es ent-
deckt wird, und es gibt keine Zeugen, weil sie nicht ertappt worden
ist, 14 der Mann aber schöpft Verdacht und wird eifersüchtig auf seine
Frau, die wirklich unrein geworden ist; angenommen aber auch, er
schöpft Verdacht und wird auf seine Frau eifersüchtig, obwohl sie in
Wirklichkeit nicht unrein geworden ist: 15 In einem solchen Fall soll
der Mann seine Frau zum Priester bringen und soll zugleich die für
sie vorgesehene Opfergabe mitbringen: ein zehntel Efa Gerstenmehl.
Er darf kein Öl darauf gießen und keinen Weihrauch darauf streuen;
denn es ist ein Eifersuchtsopfer, ein Opfer zur Ermittlung der Schuld.
16 Der Priester führt die Frau hinein und stellt sie vor den Herrn. 17 Er
nimmt heiliges Wasser in einem Tongefäß; dann nimmt er etwas
Staub vom Fußboden der Wohnstätte und streut ihn in das Wasser.
18 Dann stellt der Priester die Frau vor den Herrn, löst ihr Haar und
legt ihr das Ermittlungsopfer, das heißt das Eifersuchtsopfer, in die
Hände; der Priester aber hält das bittere, fluchbringende Wasser in
der Hand. 19 Dann beschwört der Priester die Frau und sagt zu ihr:
Wenn kein Mann mit dir geschlafen hat, wenn du deinem Mann nicht
untreu gewesen, also nicht unrein geworden bist, dann wird sich
deine Unschuld durch dieses bittere, fluchbringende Wasser erwei-
sen. 20 Wenn du aber deinem Mann untreu gewesen, wenn du unrein
geworden bist und wenn ein anderer als dein eigener Mann mit dir
geschlafen hat – 21 und nun soll der Priester die Frau mit einem Fluch
beschwören und zu ihr sprechen –, dann wird der Herr dich zum
sprichwörtlichen Beispiel für einen Fluch und Schwur in deinem Volk
machen. Der Herr wird deine Hüften einfallen und deinen Bauch
anschwellen lassen. 22 Dieses fluchbringende Wasser wird in deine
Eingeweide eindringen, so daß dein Bauch anschwillt und deine Hüf-
ten einfallen. Darauf soll die Frau antworten: Amen, amen. 23 Der
Priester aber schreibt diese Flüche auf und wischt die Schrift sodann
in das bittere Wasser. 24 Dann gibt er der Frau das bittere, fluchbrin-
gende Wasser zu trinken, damit dieses Fluchwasser in sie eindringt
und ihr bittere Schmerzen bereitet. 25 Der Priester nimmt aus der
Hand der Frau das Eifersuchtsopfer, schwingt die Opfergabe vor dem
Herrn hin und her und bringt sie so dar; dann legt er sie auf den Altar.

26 Der Priester nimmt von der Opfergabe eine Handvoll als Gedächt-
nisanteil weg und läßt ihn auf dem Altar in Rauch aufgehen. Dann
erst läßt er die Frau das Wasser trinken.
27 Sobald er sie das Wasser hat trinken lassen, wird das fluchbrin-
gende Wasser in sie eindringen und bittere Schmerzen bewirken,
falls sie unrein und ihrem Mann untreu geworden ist: Es wird ihren
Bauch anschwellen und ihre Hüften einfallen lassen, so daß die Frau
in ihrem Volk zum sprichwörtlichen Beispiel für einen Fluch wird.
28 Wenn sie aber nicht unrein geworden, sondern rein ist, dann wird
sich zeigen, daß sie unschuldig ist, und sie kann weiterhin Kinder
bekommen.
29 Das ist das Eifersuchtsgesetz für den Fall, daß eine Frau ihren
Mann betrügt und unrein geworden ist 30 oder daß ein Mann gegen
seine Frau Verdacht schöpft, auf sie eifersüchtig wird und sie vor den
Herrn treten läßt. Wenn der Priester dieses Gesetz auf sie anwendet,
31 dann ist der Mann von Schuld frei, die Frau aber muß die Folgen
ihrer Schuld tragen.

Das Nasiräergelübde

6 Der Herr sprach zu Mose: 2 Rede zu den Israeliten und sag zu
ihnen: Wenn ein Mann oder eine Frau etwas Besonderes tun will
und das Nasiräergelübde ablegt, so daß er ein dem Herrn geweihter
Nasiräer ist, 3 dann soll er auf Wein und Bier verzichten; er soll keinen
gegorenen Wein und kein gegorenes Bier trinken, auch keinen Trau-
bensaft, er soll weder frische noch getrocknete Trauben essen.
4 Solange er Nasiräer ist, soll er nichts essen, was von Weinreben
stammt, von den unreifen Trauben angefangen bis zu den Trebern.
5 Solange das Nasiräergelübde in Kraft ist, soll auch kein Schermes-
ser sein Haupt berühren, bis die Zeit abgelaufen ist, für die er sich
dem Herrn als Nasiräer geweiht hat. Er ist heilig, er muß sein Haar
ganz frei wachsen lassen. 6 Solange er sich dem Herrn als Nasiräer
geweiht hat, soll er auch nicht in die Nähe eines Toten kommen.
7 Nicht einmal an Vater oder Mutter, an Bruder oder Schwester soll er
sich verunreinigen, wenn sie sterben; denn er trägt an seinem Haupt
das Zeichen dafür, daß er sich seinem Gott als Nasiräer geweiht hat.
8 Solange er Nasiräer ist, ist er dem Herrn heilig. 9 Wenn aber jemand
in seiner Nähe ganz plötzlich stirbt und er dabei sein geweihtes
Haupt unrein macht, dann soll er sein Haar an dem Tag abschneiden,
an dem er wieder rein wird: Am siebten Tag soll er sein Haar
abschneiden, 10 am achten Tag aber soll er zwei Turteltauben oder
zwei junge Tauben zum Priester an den Eingang des Offenbarungs-
zeltes bringen. 11 Der Priester richtet die eine zum Sündopfer, die
andere zum Brandopfer her und entsühnt den, der an der Leiche eine
Sünde auf sich geladen hat; am selben Tag erklärt der Priester sein
Haupt wieder für heilig. 12 Er soll sich dann dem Herrn für die Zeit,
für die er sich als Nasiräer verpflichtet hatte, von neuem weihen und
ein einjähriges Lamm als Schuldopfer darbringen. Die schon abgelei-
stete Zeit aber ist verfallen, da das vorige Weihegelübde ungültig
geworden ist.
13 Das ist das Nasiräergesetz. Am Tag, an dem die Zeit seiner
Nasiräerweihe abgelaufen ist, soll man den Mann zum Eingang des
Offenbarungszeltes führen. 14 Er bringt seine Opfergabe für den
Herrn mit: ein fehlerloses einjähriges männliches Lamm als Brand-
opfer, ein fehlerloses einjähriges weibliches Lamm als Sühnopfer,
einen fehlerlosen Widder als Heilsopfer, 15 ferner einen Korb voll
ungesäuerter Kuchen aus Feinmehl, das mit Öl vermengt ist, sowie
voll ungesäuerter Brotfladen, die mit Öl bestrichen sind, ferner das
dazugehörende Speiseopfer und die dazugehörenden Trankopfer.
16 Der Priester bringt alles vor den Herrn und richtet für den Betref-
fenden das Sündopfer und das Brandopfer her. 17 Auch richtet er den
Widder für das Heilsopfer zur Ehre des Herrn her, zusammen mit
dem Korb voll ungesäuertem Gebäck; dann richtet der Priester für
den Betreffenden das Speiseopfer und das Trankopfer her. 18 Der
Nasiräer schneidet am Eingang des Offenbarungszeltes sein geweih-
tes Haupthaar ab, nimmt das geweihte Haar und wirft es in das Feuer,
das unter dem Heilsopfer brennt. 19 Nachdem der Nasiräer sich das
Nasiräerhaar abgeschnitten hat, nimmt der Priester den gekochten
Vorderschenkel des Widders, einen ungesäuerten Kuchen aus dem
Korb und einen ungesäuerten Brotfladen und legt es dem Nasiräer
auf die Hände. 20 Dann schwingt sie der Priester vor dem Herrn hin
und her und bringt sie so dar. Das ist eine heilige Gabe für den Prie-
ster, zusätzlich zur Widderbrust für den Darbringungsritus und zur
Schenkelkeule für den Erhebungsritus. Danach darf der Nasiräer wie-
der Wein trinken.
21 Das ist das Gesetz für den Nasiräer, der aufgrund seines Weihe-
gelübdes dem Herrn eine Opfergabe gelobt, abgesehen von dem, was
er sonst noch leisten kann. Wie es den Worten des Gelübdes ent-
spricht, das er abgelegt hat, so muß er handeln, nach dem Nasiräer-
gesetz, das für seinen Fall gilt.

Der Priestersegen

22 Der Herr sprach zu Mose: 23 Sag zu Aaron und seinen Söhnen: So
sollt ihr die Israeliten segnen; sprecht zu ihnen:
24 Der Herr segne dich und behüte dich.
25 Der Herr lasse sein Angesicht über dich leuchten und sei dir
gnädig.
26 Der Herr wende sein Angesicht dir zu und schenke dir Heil.
27 So sollen sie meinen Namen auf die Israeliten legen, und ich werde
sie segnen.

Die Weihegaben der Stammesführer

7 An dem Tag, an dem Mose die Wohnstätte errichtet hatte, salbte
und weihte er sie, dazu alle ihre Geräte, ebenso auch den Altar
und alle seine Geräte. Er salbte sie und weihte alles. 2 Die Anführer
Israels, die Oberhäupter ihrer Großfamilien, die Stammesführer, die
an der Spitze der Gemusterten standen, brachten ihre Gaben herbei.
3 Sie brachten dem Herrn als ihre Gabe: sechs Planwagen und zwölf
Rinder, jeweils für zwei Stammesführer einen Wagen und für jeden
Stammesführer einen Stier. Das brachten sie vor die Wohnstätte.
4 Der Herr sprach zu Mose: 5 Nimm die Gaben von ihnen an; sie sollen
für den Dienst am Offenbarungszelt verwendet werden. Übergib sie
den Leviten, je nach ihrer Aufgabe. 6 Da nahm Mose die Wagen und
die Rinder und übergab sie den Leviten. 7 Zwei Wagen und vier Rinder
übergab er den Gerschonitern für ihre Aufgaben; 8 vier Wagen und
acht Rinder übergab er dem Priester Itamar, dem Sohn Aarons, für
die Merariter und ihre Aufgaben; 9 den Kehatitern übergab er nichts,
weil ihnen der Dienst an den heiligen Gegenständen anvertraut war,
die sie auf ihren Schultern tragen mußten.
10 Die Stammesführer brachten an dem Tag, an dem man den Altar
salbte, auch die Spende für die Altarweihe und legten ihre Gaben vor
den Altar. 11 Der Herr hatte zu Mose gesagt: Täglich soll jeweils ein
Stammesführer seine Gabe als Spende für die Altarweihe bringen.
12 So brachte am ersten Tag Nachschon, der Sohn Amminadabs, für
den Stamm Juda seine Gabe herbei. 13 Sie bestand aus einer silbernen
Schüssel, hundertdreißig Schekel schwer, einer silbernen Schale zu
siebzig Schekel, nach dem Schekelgewicht des Heiligtums, beide
gefüllt mit Feinmehl, das mit Öl vermengt war, für das Speiseopfer,
14 ferner aus einer goldenen Schale von zehn Schekel Gewicht, gefüllt
mit Räucherwerk, 15 aus einem Jungstier, einem Widder und einem
einjährigen Lamm für das Brandopfer, 16 einem Ziegenbock für das
Sündopfer 17 sowie aus zwei Rindern, fünf Widdern, fünf Böcken und
fünf einjährigen Lämmern für das Heilsopfer. Das war die Gabe
Nachschons, des Sohnes Amminadabs.
18 Am zweiten Tag brachte Netanel, der Sohn Zuars, der Stammes-
führer von Issachar, seine Gabe herbei. 19 Er brachte eine silberne
Schüssel, hundertdreißig Schekel schwer, eine silberne Schale zu
siebzig Schekel, nach dem Schekelgewicht des Heiligtums, beide
gefüllt mit Feinmehl, das mit Öl vermengt war, für das Speiseopfer,
20 ferner eine goldene Schale von zehn Schekel Gewicht, gefüllt mit
Räucherwerk, 21 dazu einen Jungstier, einen Widder und ein ein-

jähriges Lamm für das Brandopfer, 22 einen Ziegenbock für das
Sündopfer 23 sowie zwei Rinder, fünf Widder, fünf Böcke und fünf
einjährige Lämmer für das Heilsopfer. Das war die Gabe Netanels,
des Sohnes Zuars.
24 Am dritten Tag kam der Stammesführer der Sebuloniter, Eliab, der
Sohn Helons. 25 Seine Gabe bestand aus einer silbernen Schüssel,
hundertdreißig Schekel schwer, einer silbernen Schale zu siebzig
Schekel, nach dem Schekelgewicht des Heiligtums, beide gefüllt mit
Feinmehl, das mit Öl vermengt war, für das Speiseopfer, 26 ferner aus
einer goldenen Schale von zehn Schekel Gewicht, gefüllt mit Räu-
cherwerk, 27 aus einem Jungstier, einem Widder und einem einjähri-
gen Lamm für das Brandopfer, 28 einem Ziegenbock für das Sündop-
fer 29 sowie aus zwei Rindern, fünf Widdern, fünf Böcken und fünf
einjährigen Lämmern für das Heilsopfer. Das war die Gabe Eliabs,
des Sohnes Helons.
30 Am vierten Tag kam der Stammesführer der Rubeniter, Elizur, der
Sohn Schedëurs. 31 Seine Gabe bestand aus einer silbernen Schüssel,
hundertdreißig Schekel schwer, einer silbernen Schale zu siebzig
Schekel, nach dem Schekelgewicht des Heiligtums, beide gefüllt mit
Feinmehl, das mit Öl vermengt war, für das Speiseopfer, 32 ferner aus
einer goldenen Schale von zehn Schekel Gewicht, gefüllt mit Räu-
cherwerk, 33 aus einem Jungstier, einem Widder und einem einjähri-
gen Lamm für das Brandopfer, 34 einem Ziegenbock für das Sündop-
fer 35 sowie aus zwei Rindern, fünf Widdern, fünf Böcken und fünf
einjährigen Lämmern für das Heilsopfer. Das war die Gabe Elizurs,
des Sohnes Schedëurs.
36 Am fünften Tag kam der Stammesführer der Simeoniter, Schelu-
miël, der Sohn Zurischaddais. 37 Seine Gabe bestand aus einer sil-
bernen Schüssel, hundertdreißig Schekel schwer, einer silbernen
Schale zu siebzig Schekel, nach dem Schekelgewicht des Heilig-
tums, beide gefüllt mit Feinmehl, das mit Öl vermengt war, für das
Speiseopfer, 38 ferner aus einer goldenen Schale von zehn Schekel
Gewicht, gefüllt mit Räucherwerk, 39 aus einem Jungstier, einem
Widder und einem einjährigen Lamm für das Brandopfer, 40 einem
Ziegenbock für das Sündopfer 41 sowie aus zwei Rindern, fünf Wid-
dern, fünf Böcken und fünf einjährigen Lämmern für das Heilsop-
fer. Das war die Gabe Schelumiëls, des Sohnes Zurischaddais.
42 Am sechsten Tag kam der Stammesführer der Gaditer, Eljasaf, der
Sohn Reguëls. 43 Seine Gabe bestand aus einer silbernen Schüssel,
hundertdreißig Schekel schwer, einer silbernen Schale zu siebzig
Schekel, nach dem Schekelgewicht des Heiligtums, beide gefüllt mit
Feinmehl, das mit Öl vermengt war, für das Speiseopfer, 44 ferner aus
einer goldenen Schale von zehn Schekel Gewicht, gefüllt mit Räu-
cherwerk, 45 aus einem Jungstier, einem Widder und einem einjähri-
gen Lamm für das Brandopfer, 46 einem Ziegenbock für das Sündop-
fer 47 sowie aus zwei Rindern, fünf Widdern, fünf Böcken und fünf
einjährigen Lämmern für das Heilsopfer. Das war die Gabe Eljasafs,
des Sohnes Reguëls.
48 Am siebten Tag kam der Stammesführer der Efraimiter, Elischama,
der Sohn Ammihuds. 49 Seine Gabe bestand aus einer silbernen
Schüssel, hundertdreißig Schekel schwer, einer silbernen Schale zu
siebzig Schekel, nach dem Schekelgewicht des Heiligtums, beide
gefüllt mit Feinmehl, das mit Öl vermengt war, für das Speiseopfer,
50 ferner aus einer goldenen Schale von zehn Schekel Gewicht, gefüllt
mit Räucherwerk, 51 aus einem Jungstier, einem Widder und einem
einjährigen Lamm für das Brandopfer, 52 einem Ziegenbock für das
Sündopfer 53 sowie aus zwei Rindern, fünf Widdern, fünf Böcken und
fünf einjährigen Lämmern für das Heilsopfer. Das war die Gabe
Elischamas, des Sohnes Ammihuds.
54 Am achten Tag kam der Stammesführer der Manassiter, Gamliël,
der Sohn Pedazurs. 55 Seine Gabe bestand aus einer silbernen Schüs-
sel, hundertdreißig Schekel schwer, einer silbernen Schale zu siebzig
Schekel, nach dem Schekelgewicht des Heiligtums, beide gefüllt mit
Feinmehl, das mit Öl vermengt war, für das Speiseopfer, 56 ferner aus
einer goldenen Schale von zehn Schekel Gewicht, gefüllt mit Räu-
cherwerk, 57 aus einem Jungstier, einem Widder und einem einjähri-
gen Lamm für das Brandopfer, 58 einem Ziegenbock für das Sündop-
fer 59 sowie aus zwei Rindern, fünf Widdern, fünf Böcken und fünf
einjährigen Lämmern für das Heilsopfer. Das war die Gabe Gamliëls,
des Sohnes Pedazurs.
60 Am neunten Tag kam der Stammesführer der Benjaminiter, Abi-
dan, der Sohn Gidonis. 61 Seine Gabe bestand aus einer silbernen
Schüssel, hundertdreißig Schekel schwer, einer silbernen Schale zu
siebzig Schekel, nach dem Schekelgewicht des Heiligtums, beide
gefüllt mit Feinmehl, das mit Öl vermengt war, für das Speiseopfer,
62 ferner aus einer goldenen Schale zu zehn Schekel Gewicht, gefüllt
mit Räucherwerk, 63 aus einem Jungstier, einem Widder und einem
einjährigen Lamm für das Brandopfer, 64 einem Ziegenbock für das
Sündopfer 65 sowie aus zwei Rindern, fünf Widdern, fünf Böcken und
fünf einjährigen Lämmern für das Heilsopfer. Das war die Gabe Abi-
dans, des Sohnes Gidonis.
66 Am zehnten Tag kam der Stammesführer der Daniter, Ahiëser, der
Sohn Ammischaddais. 67 Seine Gabe bestand aus einer silbernen
Schüssel, hundertdreißig Schekel schwer, einer silbernen Schale zu
siebzig Schekel, nach dem Schekelgewicht des Heiligtums, beide
gefüllt mit Feinmehl, das mit Öl vermengt war, für das Speiseopfer,
68 ferner aus einer goldenen Schale von zehn Schekel Gewicht, gefüllt
mit Räucherwerk, 69 aus einem Jungstier, einem Widder und einem
einjährigen Lamm für das Brandopfer, 70 einem Ziegenbock für das
Sündopfer 71 sowie aus zwei Rindern, fünf Widdern, fünf Böcken und
fünf einjährigen Lämmern für das Heilsopfer. Das war die Gabe Ahië-
sers, des Sohnes Ammischaddais.
72 Am elften Tag kam der Stammesführer der Ascheriter, Pagiël, der
Sohn Ochrans. 73 Seine Gabe bestand aus einer silbernen Schüssel,
hundertdreißig Schekel schwer, einer silbernen Schale zu siebzig
Schekel, nach dem Schekelgewicht des Heiligtums, beide gefüllt mit
Feinmehl, das mit Öl vermengt war, für das Speiseopfer, 74 ferner aus
einer goldenen Schale zu zehn Schekel Gewicht, gefüllt mit Räucher-
werk, 75 aus einem Jungstier, einem Widder und einem einjährigen
Lamm für das Brandopfer, 76 einem Ziegenbock für das Sündopfer
77 sowie aus zwei Rindern, fünf Widdern, fünf Böcken und fünf ein-
jährigen Lämmern für das Heilsopfer. Das war die Gabe Pagiëls, des
Sohnes Ochrans.
78 Am zwölften Tag kam der Stammesführer der Naftaliter, Ahira, der
Sohn Enans. 79 Seine Gabe bestand aus einer silbernen Schüssel,
hundertdreißig Schekel schwer, einer silbernen Schale zu siebzig
Schekel, nach dem Schekelgewicht des Heiligtums, beide gefüllt mit
Feinmehl, das mit Öl vermengt war, für das Speiseopfer, 80 ferner aus
einer goldenen Schale von zehn Schekel Gewicht, gefüllt mit Räu-
cherwerk, 81 aus einem Jungstier, einem Widder und einem einjähri-
gen Lamm für das Brandopfer, 82 einem Ziegenbock für das Sündop-
fer 83 sowie aus zwei Rindern, fünf Widdern, fünf Böcken und fünf
einjährigen Lämmern für das Heilsopfer. Das war die Gabe Ahiras,
des Sohnes Enans.
84 Das war die Spende der Stammesführer Israels für die Weihe des
Altars, als man den Altar salbte: zwölf silberne Schüsseln, zwölf sil-
berne Schalen, zwölf goldene Schalen, 85 jede silberne Schüssel hun-
dertdreißig Schekel schwer, jede silberne Schale siebzig Schekel
schwer, das Silber aller Gefäße zusammen also zweitausendvier-
hundert Schekel, nach dem Schekelgewicht des Heiligtums, 86 ferner
zwölf goldene Schalen, gefüllt mit Räucherwerk, jede Schale zehn
Schekel schwer, nach dem Schekelgewicht des Heiligtums, das Gold
aller Schalen zusammen also hundertzwanzig Schekel; 87 dazu ins-
gesamt zwölf Rinder, und zwar Stiere, für das Brandopfer, zwölf
Widder, zwölf einjährige Lämmer und die dazugehörenden Spei-
seopfer, ferner zwölf Ziegenböcke für das Sündopfer, 88 außerdem
im ganzen vierundzwanzig Rinder, und zwar Stiere, sechzig Widder,
sechzig Böcke und sechzig einjährige Lämmer für das Heilsopfer.
Das war die Spende für die Weihe des Altars, nachdem man ihn
gesalbt hatte.

Die Begegnung des Herrn mit Mose

89 Wenn Mose das Offenbarungszelt betrat, um mit dem Herrn zu
reden, hörte er die Stimme zu ihm reden. Sie sprach zu ihm von der
Deckplatte her, die auf der Lade der Bundesurkunde lag, aus dem
Raum zwischen den Kerubim.

Die Bedienung des Leuchters

8 Der Herr sprach zu Mose: 2 Rede zu Aaron und sag zu ihm:
Wenn du die Lampen auf den Leuchter steckst, dann so, daß das
Licht der sieben Lampen vom Leuchter aus nach vorn fällt. 3 Das tat
Aaron; er steckte die Lampen so auf, daß ihr Licht vom Leuchter aus
nach vorn fiel, wie der Herr es Mose aufgetragen hatte. 4 Der Leuchter
war aus Gold getrieben, vom Gestell bis zu den Blüten war er aus
Gold getrieben. Mose hatte den Leuchter nach dem Muster angefer-
tigt, das der Herr ihm gezeigt hatte.

Die Weihe und der Dienst der Leviten

5 Der Herr sprach zu Mose: 6 Sondere die Leviten von den Israeliten
ab, und reinige sie! 7 So sollst du ihre Reinigung vollziehen: Spreng
über sie das Entsündigungswasser! Sie selbst sollen sich an ihrem
ganzen Körper mit einem Schermesser die Haare schneiden, ihre
Kleider waschen und sich reinigen. 8 Dann sollen sie einen Jungstier
nehmen und dazu als Speiseopfer Feinmehl, das mit Öl vermengt ist.
Einen zweiten Jungstier sollst du für das Sündopfer nehmen. 9 Dann
sollst du die Leviten vor das Offenbarungszelt führen und die ganze
Gemeinde der Israeliten versammeln. 10 Laß die Leviten vor den
Herrn treten! Die Israeliten sollen den Leviten die Hände auflegen,
11 und Aaron soll an den Leviten im Namen der Israeliten vor den
Augen des Herrn die Weihe vornehmen. Auf diese Weise sollen sie
den Dienst des Herrn antreten. 12 Die Leviten sollen ihre Hände den
Stieren auf den Kopf legen. Dann richte den einen als Sündopfer und
den anderen als Brandopfer für den Herrn her, um die Leviten zu ent-
sühnen.
13 Laß die Leviten vor Aaron und seine Söhne treten, und vollzieh an
ihnen die Weihe für den Herrn! 14 Auf diese Weise sollst du die Leviten
aus den Israeliten aussondern; dann gehören die Leviten mir.
15 Danach sollen die Leviten mit ihrem Dienst am Offenbarungszelt
beginnen. Reinige sie, und vollzieh an ihnen die Weihe; 16 denn sie
sind mir von den Israeliten übergeben, als Ersatz für alle, die den
Mutterschoß durchbrechen; als Ersatz für alle erstgeborenen Israeli-
ten habe ich sie mir genommen. 17 Denn alle erstgeborenen Israeliten
gehören mir, sowohl bei den Menschen als auch beim Vieh. An dem
Tag, an dem ich in Ägypten alle Erstgeborenen erschlug, habe ich sie
als mir heilig erklärt 18 und habe die Leviten als Ersatz für alle erstge-
borenen Israeliten genommen. 19 Ich gebe die Leviten dem Aaron und
seinen Söhnen; aus dem Kreis der Israeliten sind sie ihnen überge-
ben, damit sie am Offenbarungszelt den Gottesdienst der Israeliten
vollziehen und die Israeliten entsühnen. Dann wird die Israeliten kein
Unheil treffen, wenn sie dem Heiligtum zu nahe kommen.
20 Mose, Aaron und die ganze Gemeinde der Israeliten taten mit den
Leviten genau das, was der Herr dem Mose hinsichtlich der Leviten
befohlen hatte; das taten die Israeliten mit den Leviten. 21 Die Leviten
ließen sich entsündigen und wuschen ihre Kleider. Aaron vollzog an
ihnen vor den Augen des Herrn die Weihe und entsühnte sie; so
machte er sie rein. 22 Danach traten die Leviten bei Aaron und seinen
Söhnen ihren Dienst am Offenbarungszelt an. Was der Herr dem
Mose hinsichtlich der Leviten befohlen hatte, das tat man mit ihnen.
23 Der Herr sprach zu Mose: 24 Folgendes gilt für die Leviten: Mit fünf-
undzwanzig Jahren und darüber ist jeder verpflichtet, am Offenba-
rungszelt seinen Dienst zu tun. 25 Mit fünfzig Jahren endet seine Ver-
pflichtung, und er braucht keinen Dienst mehr zu tun; 26 er kann aber
am Offenbarungszelt seinen Brüdern bei der Ausübung ihrer Pflich-
ten helfen; doch den eigentlichen Dienst soll er nicht versehen.
So sollst du die Dienstpflichten der Leviten ordnen.

Ergänzung der Paschaordnung

9 Im ersten Monat des zweiten Jahres nach ihrem Auszug aus
Ägypten sprach der Herr in der Wüste Sinai zu Mose: 2 Die Israe-
liten sollen zur festgesetzten Zeit das Paschafest feiern. 3 Am vier-
zehnten Tag dieses Monats sollt ihr es in der Abenddämmerung zur
festgesetzten Zeit feiern. Ihr sollt es genau nach den dafür geltenden
Gesetzen und Vorschriften feiern. 4 Da befahl Mose den Israeliten,
das Paschafest zu feiern. 5 So feierten sie am vierzehnten Tag des
ersten Monats in der Abenddämmerung das Paschafest in der Wüste
Sinai. Genau so, wie der Herr es Mose befohlen hatte, machten es die
Israeliten.
6 Es gab Männer, die unrein waren, weil sie einen Toten berührt hat-
ten, und die deshalb an jenem Tag das Paschafest nicht feiern konn-
ten. Die Männer kamen noch am selben Tag zu Mose und Aaron
7 und sagten zu ihnen: Wir sind unrein, weil wir einen Toten berührt
haben. Warum soll es uns verwehrt sein, zur festgesetzten Zeit wie
die anderen Israeliten dem Herrn unsere Opfergabe darzubringen?
8 Mose antwortete ihnen: Bleibt da; ich will hören, was euch der Herr
befiehlt. 9 Der Herr sprach zu Mose: 10 Sag den Israeliten: Wenn
einige von euch oder von euren Nachkommen unrein sind wegen
eines Toten oder wenn sie weit weg auf einer Reise sind, aber trotz-
dem das Paschafest für den Herrn feiern wollen, 11 dann sollen sie es
im zweiten Monat am vierzehnten Tag in der Abenddämmerung fei-
ern; zu ungesäuerten Broten und Bitterkräutern sollen sie das
Paschalamm essen. 12 Sie sollen davon nichts bis zum nächsten Mor-
gen übriglassen und sollen an dem Paschalamm keinen Knochen
zerbrechen. Genau so, wie es das Paschagesetz vorschreibt, sollen
sie handeln. 13 Wer jedoch rein ist und sich nicht auf einer Reise
befindet, es aber trotzdem unterläßt, das Paschafest zu feiern, der
soll aus seinen Stammesgenossen ausgemerzt werden, denn er hat
dem Herrn seine Gabe nicht zur festgesetzten Zeit dargebracht; ein
solcher Mensch muß die Folgen seiner Sünde tragen. 14 Wenn ein
Fremder bei euch lebt und das Paschafest für den Herrn feiern will,
dann soll er es nach dem Paschagesetz und Pascharecht feiern. Für
den Fremden und für den Einheimischen soll bei euch dasselbe
Gesetz gelten.

Die Wolkensäule über dem heiligen Zelt

15 An dem Tag, als man die Wohnstätte aufstellte, bedeckte eine Wolke
die Wohnstätte, das Zelt der Bundesurkunde. Am Abend legte sie sich
wie ein Feuerschein über die Wohnstätte und blieb dort bis zum Mor-
gen. 16 So war es die ganze Zeit: Bei Tag bedeckte die Wolke die Wohn-
stätte und bei Nacht der Feuerschein. 17 Jedesmal, wenn sich die Wolke
über dem Zelt erhob, brachen die Israeliten auf, und wo sich die Wolke
niederließ, dort schlugen die Israeliten ihr Lager auf. 18 Nach dem
Gebot des Herrn brachen die Israeliten auf, und nach dem Gebot des
Herrn schlugen sie ihr Lager auf. Solange die Wolke über der Wohn-
stätte lag, blieben sie im Lager.
19 Auch wenn die Wolke längere Zeit über der Wohnstätte stehen-
blieb, achteten die Israeliten auf die Anordnung des Herrn und bra-
chen nicht auf. 20 Und wenn die Wolke nur wenige Tage über der
Wohnstätte stehenblieb, blieben sie nach dem Gebot des Herrn nur
solange in ihrem Lager, bis sie nach dem Gebot des Herrn aufzubre-
chen hatten. 21 Wenn die Wolke nur vom Abend bis zum Morgen blieb
und sich am Morgen erhob, dann brachen sie am nächsten Morgen
auf. Ob es bei Tag oder bei Nacht war: wenn die Wolke sich erhob,
brachen sie auf. 22 Ob es zwei Tage dauerte oder einen Monat oder
noch länger: wenn die Wolke über der Wohnstätte anhielt und ste-
henblieb, dann schlugen die Israeliten ihr Lager auf und brachen
nicht auf; erst wenn sie sich erhob, brachen sie auf. 23 Nach dem
Gebot des Herrn schlugen sie das Lager auf, nach dem Gebot des
Herrn brachen sie auf. Sie achteten auf die Anordnungen des Herrn,
so wie es ihnen der Herr durch Mose befahl.

Die Trompetensignale für die Gemeinde

10 Der Herr sprach zu Mose: 2 Mach dir zwei silberne Trompeten! Aus getriebenem Metall sollst du sie machen. Sie sollen dir dazu dienen, die Gemeinde einzuberufen und den einzelnen Lagern das Zeichen zum Aufbruch zu geben. 3 Wenn man mit den Trompeten bläst, soll sich die ganze Gemeinde am Eingang des Offenbarungszeltes bei dir versammeln. 4 Wenn man nur einmal bläst, sollen sich die Befehlshaber, die Hauptleute der Tausendschaften Israels, bei dir versammeln. 5 Wenn ihr aber mit großem Lärm blast, dann sollen die Lager auf der Ostseite aufbrechen. 6 Wenn ihr zum zweitenmal mit großem Lärm blast, dann sollen die Lager auf der Südseite aufbrechen. Je nachdem, wie sie aufzubrechen haben, soll man mit großem Lärm blasen. 7 Wenn die Versammlung einberufen werden soll, dann blast, aber nicht mit großem Lärm! 8 Die Söhne Aarons, die Priester, sollen die Trompeten blasen. Das soll als feste Regel bei euch gelten, von Generation zu Generation. 9 Wenn ihr in eurem Land in einen Krieg mit einem Gegner verwickelt werdet, der euch bedrängt, dann blast mit euren Trompeten Alarm! So werdet ihr euch beim Herrn, eurem Gott, in Erinnerung bringen und vor euren Feinden gerettet werden. 10 Auch an euren Freudentagen, an den Festen und Monatsanfängen, blast zu euren Brand- und Heilsopfern mit den Trompeten! Das wird euch bei eurem Gott in Erinnerung bringen. Ich bin der Herr, euer Gott.

Vom Sinai zum Jordan

Der Aufbruch vom Sinai

11 Am zwanzigsten Tag des zweiten Monats im zweiten Jahr erhob sich die Wolke über der Wohnstätte der Bundesurkunde. 12 Da brachen die Israeliten von der Wüste Sinai auf, wie es die Ordnung für den Aufbruch vorsah, und die Wolke ließ sich in der Wüste Paran nieder.

13 So brachen sie zum erstenmal auf, wie ihnen der Herr durch Mose befohlen hatte. 14 Als erstes brach das Feldzeichen des Lagers Juda auf, nach Abteilungen geordnet. Judas Heer befehligte Nachschon, der Sohn Amminadabs. 15 Das Heer des Stammes der Issachariter befehligte Netanel, der Sohn Zuars. 16 Das Heer des Stammes der Sebuloniter befehligte Eliab, der Sohn Helons. 17 Nach dem Abbau der Wohnstätte brachen die Gerschoniter und die Merariter auf, die die Wohnstätte trugen. 18 Dann brach das Feldzeichen des Lagers der Rubeniter auf, nach Abteilungen geordnet. Rubens Heer befehligte Elizur, der Sohn Schedëurs. 19 Das Heer des Stammes der Simeoniter befehligte Schelumiël, der Sohn Zurischaddais. 20 Das Heer des Stammes der Gaditer befehligte Eljasaf, der Sohn Reguëls. 21 Dann brachen die Kehatiter auf, die das Heiligtum trugen. Die Wohnstätte stellte man auf, bevor sie ankamen. 22 Dann brach das Feldzeichen des Lagers der Efraimiter auf, nach Abteilungen geordnet. Efraims Heer befehligte Elischama, der Sohn Ammihuds. 23 Das Heer des Stammes der Manassiter befehligte Gamliël, der Sohn Pedazurs. 24 Das Heer des Stammes der Benjaminiter befehligte Abidan, der Sohn Gidonis. 25 Dann brach das Feldzeichen des Lagers der Daniter auf; sie bildeten die Nachhut aller nach Abteilungen geordneten Lager. Das Heer Dans befehligte Ahiëser, der Sohn Ammischaddais. 26 Das Heer des Stammes der Ascheriter befehligte Pagiël, der Sohn Ochrans. 27 Das Heer des Stammes der Naftaliter befehligte Ahira, der Sohn Enans. 28 Das war die Ordnung für den Aufbruch der Israeliten, geordnet nach Abteilungen. So brachen sie auf.

29 Mose sagte zu Hobab, dem Sohn des Midianiters Reguël, seines Schwiegervaters: Wir brechen auf zu dem Ort, von dem der Herr gesagt hat: Ihn gebe ich euch. Geh mit uns! Wir werden dir Gutes tun; denn der Herr hat zugesagt, Israel Gutes zu tun. 30 Hobab erwiderte ihm: Ich gehe nicht mit, sondern ich gehe in mein Land und zu meiner Verwandtschaft zurück. 31 Da sagte Mose: Verlaß uns doch nicht! Denn du kennst die Orte in der Wüste, an denen wir unser Lager aufschlagen können; du kannst unser Auge sein. 32 Wenn du also mitgehst, dann werden wir all das Gute, das der Herr uns schenkt, mit dir teilen.

33 Sie brachen vom Berg des Herrn auf und zogen drei Tagesmärsche weit. Die Bundeslade des Herrn zog drei Tage lang vor ihnen her, um einen Rastplatz für sie zu erkunden. 34 Die Wolke des Herrn war bei Tag über ihnen, wenn sie vom Lager aufbrachen. 35 Wenn die Lade aufbrach, sagte Mose:

Steh auf, Herr, dann zerstreuen sich deine Feinde, / dann fliehen deine Gegner vor dir.

36 Und wenn man haltmachte, sagte er:

Laß dich nieder, Herr, / bei den zehntausendmal Tausenden Israels!

Mose und die Ältesten

11 Das Volk lag dem Herrn mit schweren Vorwürfen in den Ohren. Als der Herr das hörte, entbrannte sein Zorn; das Feuer des Herrn brach bei ihnen aus und griff am Rand des Lagers um sich. 2 Da schrie das Volk zu Mose, und Mose setzte sich beim Herrn für sie ein. Darauf ging das Feuer wieder aus. 3 Daher nannte man den Ort Tabera (Feuerbrand), da das Feuer des Herrn bei ihnen ausgebrochen war.

4 Die Leute, die sich ihnen angeschlossen hatten, wurden von der Gier gepackt, und auch die Israeliten begannen wieder zu weinen und sagten: Wenn uns doch jemand Fleisch zu essen gäbe! 5 Wir denken an die Fische, die wir in Ägypten umsonst zu essen bekamen, an die Gurken und Melonen, an den Lauch, an die Zwiebeln und an den Knoblauch. 6 Doch jetzt vertrocknet uns die Kehle, nichts bekommen wir zu sehen als immer nur Manna.

[7 Das Manna war wie Koriandersamen und es sah wie Bdelliumharz aus. 8 Die Leute pflegten umherzugehen und es zu sammeln; sie mahlten es mit der Handmühle oder zerstampften es im Mörser, kochten es in einem Topf und bereiteten daraus Brotfladen. Es schmeckte wie Ölkuchen. 9 Wenn bei Nacht der Tau auf das Lager fiel, fiel auch das Manna.]

10 Mose hörte die Leute weinen, eine Sippe wie die andere; jeder weinte am Eingang seines Zeltes. Da entbrannte der Zorn des Herrn; Mose aber war verstimmt 11 und sagte zum Herrn: Warum hast du deinen Knecht so schlecht behandelt, und warum habe ich nicht deine Gnade gefunden, daß du mir die Last mit diesem ganzen Volk auferlegst?

12 Habe denn ich dieses ganze Volk in meinem Schoß getragen, oder habe ich es geboren, daß du zu mir sagen kannst: Nimm es an deine Brust, wie der Wärter den Säugling, und trag es in das Land, das ich seinen Vätern mit einem Eid zugesichert habe? 13 Woher soll ich für dieses ganze Volk Fleisch nehmen? Sie weinen vor mir und sagen zu mir: Gib uns Fleisch zu essen! 14 Ich kann dieses ganze Volk nicht allein tragen, es ist mir zu schwer.

15 Wenn du mich so behandelst, dann bring mich lieber gleich um, wenn ich überhaupt deine Gnade gefunden habe. Ich will mein Elend nicht mehr ansehen.

16 Da sprach der Herr zu Mose: Versammle siebzig von den Ältesten Israels vor mir, Männer, die du als Älteste des Volkes und Listenführer kennst; bring sie zum Offenbarungszelt! Dort sollen sie sich mit dir zusammen aufstellen. 17 Dann komme ich herab und rede dort mit dir. Ich nehme etwas von dem Geist, der auf dir ruht, und lege ihn auf sie. So können sie mit dir zusammen an der Last des Volkes tragen, und du mußt sie nicht mehr allein tragen. 18 Zum Volk aber sollst du sagen: Heiligt euch für morgen, dann werdet ihr Fleisch zu essen haben. Denn ihr habt dem Herrn die Ohren vollgeweint und gesagt: Wenn uns doch jemand Fleisch zu essen gäbe! In Ägypten ging es uns gut. Der Herr wird euch Fleisch zu essen geben. 19 Nicht nur einen Tag werdet ihr es essen, nicht zwei Tage, nicht fünf Tage, nicht zehn Tage und nicht zwanzig Tage, 20 sondern Monate lang, bis es euch zum Hals heraushängt und ihr euch davor ekelt. Denn ihr habt den

Frida Kahlo
Moses oder der Schöpfungskern
(1945)
»Habe denn ich dieses ganze Volk in meinem Schoß getragen, oder habe ich es geboren, daß du zu mir sagen kannst: Nimm es an deine Brust, wie der Wärter den Säugling, und trage es in das Land, das ich seinen Vätern mit einem Eid zugesagt habe?« (Num 11,12). Auf überraschende Weise treten die Klage des Mose und das Gemälde der in Mexiko tätigen Malerin Frida Kahlo in Wechselbeziehung. Ein unmittelbarer Berührungspunkt ist die Metapher der Mutterschaft, die den Text ebenso surreal erscheinen läßt wie das Gemälde mit dem zentralen Motiv des Embryos in der Gebärmutter. Diese schwebt zwischen einem strahlenden »Schöpfungskern« und dem in einem Binsenkorb auf dem Nil ausgesetzten Mosekind (Ex 2,3). Auf der Stirn trägt das Kind das Auge der Weisheit. Die assoziative Schilderung eines Geschehens, das Schöpfung, Befruchtung einer Eizelle, Geburt und historische Individualität verknüpft, wird seitlich durch eine gemalte Enzyklopädie der Religionen gerahmt. Hier mischen sich Hinweise auf die sogenannten Naturreligionen mit Motiven aus den Mythen der frühen Hochkulturen und Bildzitaten aus den Weltreligionen; als Seitenarme eines imaginären Kreuzes reihen sich links und rechts Porträts historischer Gestalten, die einerseits Konfessionen, andererseits profane Erlösungsbotschaften repräsentieren wie Karl Marx, Lenin und Stalin am linken Rand oder rechts Martin Luther, an den sich Napoleon und Hitler anschließen. Zwei Büsten, deren Blicke auf den Embryo gerichtet sind, lassen sich als die ägyptische Königin Nofretete und deren Gatten Echnaton identifizieren, der als ›Ketzerkönig‹ den alleinigen Kult des Sonnengottes Aton zulassen wollte und insofern eine monotheistische Religionsauffassung vertrat. In diesem Sinne lenken die beiden Büsten ihre Blicke auf das gedankliche Zentrum des Gemäldes, zu dem Frida Kahlo durch eine Schrift von Sigmund Freud angeregt wurde: »Der Mann Moses und die monotheistische Religion«. Auf eine persönliche Bedeutungsebene verweist das Motiv der Tränen, die auf das Mosekind regnen (vgl. die Berufung des Mose in der Darstellung von Ernst Fuchs, S. 53): Mehrfach hat die Künstlerin die Trauer über die eigene Kinderlosigkeit in Bildern zum Ausdruck gebracht. Ein rechts unten eingefügtes Selbstbildnis der Malerin mit dem Symbol des Opferlammes verdeutlicht diesen Zusammenhang.

Herrn, der mitten unter euch ist, mißachtet und habt vor ihm geweint
und gesagt: Warum sind wir aus Ägypten weggezogen?
21 Da entgegnete Mose: Sechshunderttausend Mann zu Fuß zählt das
Volk, bei dem ich lebe, und du sagst: Ich gebe ihnen Fleisch, daß sie
Monate lang zu essen haben? 22 Selbst wenn man alle Schafe, Ziegen
und Rinder für sie schlachtet, reicht das für sie? Wenn man alle Fische
des Meeres für sie fängt, reicht das für sie? 23 Der Herr antwortete
Mose: Ist etwa der Arm des Herrn zu kurz? Du wirst bald sehen, ob
mein Wort an dir in Erfüllung geht oder nicht.
24 Mose ging hinaus und teilte dem Volk die Worte des Herrn mit.
Dann versammelte er siebzig Älteste des Volkes und stellte sie rings
um das Zelt auf.
25 Der Herr kam in der Wolke herab und redete mit Mose. Er nahm
etwas von dem Geist, der auf ihm ruhte, und legte ihn auf die siebzig
Ältesten. Sobald der Geist auf ihnen ruhte, gerieten sie in propheti-
sche Verzückung, die kein Ende nahm. 26 Zwei Männer aber waren im
Lager geblieben; der eine hieß Eldad, der andere Medad. Auch über
sie war der Geist gekommen. Sie standen in der Liste, waren aber
nicht zum Offenbarungszelt hinausgegangen. Sie gerieten im Lager
in prophetische Verzückung. 27 Ein junger Mann lief zu Mose und
berichtete ihm: Eldad und Medad sind im Lager in prophetische Ver-
zückung geraten. 28 Da ergriff Josua, der Sohn Nuns, der von Jugend
an der Diener des Mose gewesen war, das Wort und sagte: Mose,
mein Herr, hindere sie daran! 29 Doch Mose sagte zu ihm: Willst du
dich für mich ereifern? Wenn nur das ganze Volk des Herrn zu Pro-
pheten würde, wenn nur der Herr seinen Geist auf sie alle legte!
30 Dann ging Mose mit den Ältesten Israels in das Lager zurück.
31 Darauf brach ein Wind los, den der Herr geschickt hatte, und trieb
Wachteln vom Meer heran. Er warf sie auf das Lager, einen Tages-
marsch weit in der einen Richtung und einen Tagesmarsch weit in der
anderen Richtung rings um das Lager; zwei Ellen hoch lagen sie auf
dem Erdboden. 32 Da stand das Volk auf und sammelte die Wachteln
ein, den ganzen Tag und die ganze Nacht und den ganzen folgenden
Tag. Jeder sammelte mindestens zehn Hómer. Sie legten sie rings um
das Lager zum Dörren aus. 33 Sie hatten aber das Fleisch noch zwi-
schen den Zähnen, es war noch nicht gegessen, da entbrannte der
Zorn des Herrn über das Volk, und der Herr schlug das Volk mit einer
bösen Plage. 34 Daher nannte man den Ort Kibrot-Taawa (Giergrä-
ber), da man dort die Leute begrub, die von der Gier gepackt worden
waren. 35 Von Kibrot-Taawa brach das Volk nach Hazerot auf.

Auflehnung Mirjams und Aarons

12 Als sie in Hazerot waren, redeten Mirjam und Aaron über
Mose wegen der kuschitischen Frau, die er sich genommen
hatte. Er hatte sich nämlich eine Kuschiterin zur Frau genommen.
2 Sie sagten: Hat etwa der Herr nur mit Mose gesprochen? Hat er nicht
auch mit uns gesprochen? Das hörte der Herr. 3 Mose aber war ein
sehr demütiger Mann, demütiger als alle Menschen auf der Erde.
4 Kurz darauf sprach der Herr zu Mose, Aaron und Mirjam: Geht ihr
drei hinaus zum Offenbarungszelt! Da gingen die drei hinaus. 5 Der
Herr kam in der Wolkensäule herab, blieb am Zelteingang stehen und
rief Aaron und Mirjam. Beide traten vor, 6 und der Herr sprach: Hört
meine Worte! Wenn es bei euch einen Propheten gibt, so gebe ich
mich ihm in Visionen zu erkennen und rede mit ihm im Traum.
7 Anders bei meinem Knecht Mose. Mein ganzes Haus ist ihm anver-
traut. 8 Mit ihm rede ich von Mund zu Mund, von Angesicht zu Ange-
sicht, nicht in Rätseln. Er darf die Gestalt des Herrn sehen. Warum
habt ihr es gewagt, über meinen Knecht Mose zu reden? 9 Der Herr
wurde zornig auf sie und ging weg.
10 Kaum hatte die Wolke das Zelt verlassen, da war Mirjam weiß wie
Schnee vor Aussatz. Aaron wandte sich Mirjam zu und sah: Sie war
aussätzig.
11 Da sagte Aaron zu Mose: Mein Herr, ich bitte dich, laß uns nicht die
Folgen der Sünde tragen, die wir leichtfertig begangen haben. 12 Mir-
jam soll nicht wie eine Totgeburt sein, die schon halb verwest ist,
wenn sie den Schoß der Mutter verläßt. 13 Da schrie Mose zum Herrn:
Ach, heile sie doch! 14 Der Herr antwortete Mose: Wenn ihr Vater ihr
ins Gesicht gespuckt hätte, müßte sie sich dann nicht sieben Tage
lang schämen? Sie soll sieben Tage lang aus dem Lager ausgesperrt
sein; erst dann soll man sie wieder hereinlassen. 15 So wurde Mirjam
sieben Tage aus dem Lager ausgesperrt. Das Volk brach nicht auf, bis
man Mirjam wieder hereinließ. 16 Erst nachher brach das Volk von
Hazerot auf und schlug dann sein Lager in der Wüste Paran auf.

Der Bericht der Kundschafter

13 Der Herr sprach zu Mose: 2 Schick einige Männer aus, die
das Land Kanaan erkunden, das ich den Israeliten geben
will. Aus jedem Väterstamm sollt ihr einen Mann aussenden, und
zwar jeweils einen der führenden Männer. 3 Da schickte Mose von der
Wüste Paran die Männer aus, wie es der Herr befohlen hatte. Sie alle
waren führende Männer unter den Israeliten, 4 und das sind ihre
Namen: aus dem Stamm Ruben Schammua, der Sohn Sakkurs; 5 aus
dem Stamm Simeon Schafat, der Sohn Horis; 6 aus dem Stamm Juda
Kaleb, der Sohn Jefunnes; 7 aus dem Stamm Issachar Jigal, der Sohn
Josefs; 8 aus dem Stamm Efraim Hoschea, der Sohn Nuns; 9 aus dem
Stamm Benjamin Palti, der Sohn Rafus; 10 aus dem Stamm Sebulon
Gadiël, der Sohn Sodis; 11 aus dem Josefstamm Manasse Gadi, der
Sohn Susis; 12 aus dem Stamm Dan Ammiël, der Sohn Gemallis
13 aus dem Stamm Ascher Setur, der Sohn Michaels; 14 aus dem
Stamm Naftali Nachbi, der Sohn Wofsis; 15 aus dem Stamm Gad
Gëuël, der Sohn Machis. 16 Das waren die Namen der Männer, die
Mose zur Erkundigung des Landes aussandte. Hoschea aber, den
Sohn Nuns, nannte Mose Josua.
17 Als Mose sie ausschickte, um Kanaan erkunden zu lassen, sagte er
zu ihnen: Zieht von hier durch den Negeb, und steigt hinauf ins
Gebirge! 18 Seht, wie das Land beschaffen ist und ob das Volk, das
darin wohnt, stark oder schwach ist, ob es klein oder groß ist; 19 seht,
wie das Land beschaffen ist, in dem das Volk wohnt, ob es gut ist oder
schlecht, und wie die Städte angelegt sind, in denen es wohnt, ob sie
offen oder befestigt sind 20 und ob das Land fett oder mager ist, ob es
dort Bäume gibt oder nicht. Habt Mut, und bringt Früchte des Landes
mit! Es war gerade die Zeit der ersten Trauben.
21 Da zogen die Männer hinauf und erkundeten das Land von der
Wüste Zin bis Rehob bei Lebo-Hamat. 22 Sie durchzogen zuerst den
Negeb und kamen bis Hebron. Dort lebten Ahiman, Scheschai und
Talmai, Söhne des Anak. Hebron war sieben Jahre vor der Stadt Zoan,
die in Ägypten liegt, erbaut worden. 23 Von dort kamen sie in das
Traubental. Dort schnitten sie eine Rebe mit einer Weintraube ab und
trugen sie zu zweit auf einer Stange, dazu auch einige Granatäpfel
und Feigen. 24 Den Ort nannte man später Traubental wegen der
Traube, die die Israeliten dort abgeschnitten hatten.
25 Vierzig Tage, nachdem man sie zur Erkundung des Landes ausge-
schickt hatte, machten sie sich auf den Rückweg. 26 Sie kamen zu
Mose und Aaron und zu der ganzen Gemeinde der Israeliten in die
Wüste Paran nach Kadesch. Sie berichteten ihnen und der ganzen
Gemeinde und zeigten ihnen die Früchte des Landes. 27 Sie erzählten
Mose: Wir kamen in das Land, in das du uns geschickt hast: Es ist
wirklich ein Land, in dem Milch und Honig fließen; das hier sind
seine Früchte. 28 Aber das Volk, das im Land wohnt, ist stark, und die
Städte sind befestigt und sehr groß. Auch haben wir die Söhne des
Anak dort gesehen. 29 Amalek wohnt im Gebiet des Negeb, die Heti-
ter, die Jebusiter und Amoriter wohnen im Gebirge, und die Kanaani-
ter wohnen am Meer und am Ufer des Jordan. 30 Kaleb beruhigte das
Volk, das über Mose aufgebracht war, und sagte: Wir können trotz-
dem hinaufziehen und das Land in Besitz nehmen; wir werden es
gewiß bezwingen.
31 Die Männer aber, die mit Kaleb zusammen nach Kanaan hinaufge-
zogen waren, sagten: Wir können nichts gegen dieses Volk ausrich-
ten; es ist stärker als wir. 32 Und sie verbreiteten bei den Israeliten
falsche Gerüchte über das Land, das sie erkundet hatten, und sagten:

Das Land, das wir durchwandert und erkundet haben, ist ein Land,
das seine Bewohner auffrißt; alle Leute, die wir dort gesehen haben,
sind hochgewachsen. 33 Sogar die Riesen haben wir dort gesehen –
die Anakiter gehören nämlich zu den Riesen. Wir kamen uns selbst
klein wie Heuschrecken vor, und auch ihnen erschienen wir so.
14 Da erhob die ganze Gemeinde ein lautes Geschrei, und das
Volk weinte die ganze Nacht. 2 Alle Israeliten murrten über
Mose und Aaron, und die ganze Gemeinde sagte zu ihnen: Wären wir
doch in Ägypten oder wenigstens hier in der Wüste gestorben!
3 Warum nur will uns der Herr in jenes Land bringen? Etwa damit wir
durch das Schwert umkommen und unsere Frauen und Kinder eine
Beute der Feinde werden? Wäre es für uns nicht besser, nach Ägypten
zurückzukehren? 4 Und sie sagten zueinander: Wir wollen einen
neuen Anführer wählen und nach Ägypten zurückkehren.
5 Da warfen sich Mose und Aaron vor der ganzen Gemeindeversamm-
lung der Israeliten auf ihr Gesicht nieder. 6 Josua, der Sohn Nuns, und
Kaleb, der Sohn Jefunnes, zwei von denen, die das Land erkundet hat-
ten, zerrissen ihre Kleider 7 und sagten zu der ganzen Gemeinde der
Israeliten: Das Land, das wir durchwandert und erkundet haben, die-
ses Land ist überaus schön. 8 Wenn der Herr uns wohlgesinnt ist und
uns in dieses Land bringt, dann schenkt er uns ein Land, in dem
Milch und Honig fließen. 9 Lehnt euch nur nicht gegen den Herrn
auf! Habt keine Angst vor den Leuten in jenem Land; sie werden
unsere Beute. Ihr schützender Schatten ist von ihnen gewichen, denn
der Herr ist mit uns. Habt keine Angst vor ihnen! 10 Doch die ganze
Gemeinde drohte Mose und Aaron zu steinigen.
Da erschien die Herrlichkeit des Herrn am Offenbarungszelt allen
Israeliten, 11 und der Herr sprach zu Mose: Wie lange verachtet mich
dieses Volk noch, wie lange noch wollen sie nicht an mich glauben
trotz all der Zeichen, die ich mitten unter ihnen vollbracht habe? 12 Ich
will sie mit der Pest schlagen und vertreiben; aber dich will ich zu
einem Volk machen, das größer und mächtiger ist als dieses. 13 Da
antwortete Mose dem Herrn: Die Ägypter werden hören, daß du die-
ses Volk mit deiner Kraft aus ihrer Mitte hierher geführt hast, 14 und
sie werden zu den Einwohnern dieses Landes sagen, sie hätten
gehört, daß du, Herr, mitten in diesem Volk warst, daß du, Herr,
sichtbar erschienen bist, daß deine Wolke über ihnen stand, daß du
ihnen bei Tag in einer Wolkensäule und bei Nacht in einer Feuersäule
vorangegangen bist, 15 daß du dann aber dieses Volk wie einen einzi-
gen Mann umgebracht hast. Wenn sie das alles über dich hören, wer-
den die Völker sagen: 16 Weil Jahwe nicht imstande war, dieses Volk in
das Land zu bringen, das er ihnen mit einem Eid zugesichert hatte,
hat er sie in der Wüste abgeschlachtet. 17 Gerade jetzt sollte sich die
Kraft meines Herrn in ihrer ganzen Größe zeigen, wie du gesagt hast:
18 Ich bin Jahwe, langmütig und reich an Huld, der Schuld und Frevel
wegnimmt, der aber (den Sünder) nicht ungestraft läßt, der die
Schuld der Väter an den Söhnen verfolgt, an der dritten und vierten
Generation: 19 Verzeih also diesem Volk seine Sünde nach deiner
großen Huld, wie du diesem Volk auch schon bisher vergeben hast,
von Ägypten bis hierher. 20 Da sprach der Herr: Ich verzeihe ihm, da
du mich bittest. 21 Doch so wahr ich lebe und die Herrlichkeit des
Herrn das ganze Land erfüllt: 22 Alle Männer, die meine Herrlichkeit
und meine Zeichen gesehen haben, die ich in Ägypten und in der
Wüste vollbracht habe, und die mich jetzt schon zum zehntenmal auf
die Probe gestellt und doch nicht auf mich gehört haben, 23 sie alle
werden das Land nicht zu sehen bekommen, das ich ihren Vätern mit
einem Eid zugesichert habe. Keiner von denen, die mich verachtet
haben, wird es zu sehen bekommen. 24 Meinen Knecht Kaleb aber,
der anders denkt und treu zu mir hält, ihn werde ich in das Land brin-
gen. Er darf es betreten, und seine Nachkommen sollen es erben.
25 [Die Amalekiter und die Kanaaniter sitzen in der Ebene.] Brecht
also morgen auf, und schlagt eine andere Richtung ein, in die Wüste,
zum Schilfmeer hin!
26 Der Herr sprach zu Mose und Aaron: 27 Wie lange soll das mit die-
ser bösen Gemeinde so weitergehen, die immer über mich murrt? Ich
habe mir das Murren der Israeliten jetzt lange genug angehört. 28 Sag
ihnen: So wahr ich lebe – Spruch des Herrn –, ich will euch das antun,
womit ihr mir die Ohren vollgeschrien habt: 29 Hier in der Wüste sol-
len eure Leichen liegenbleiben, alle ohne Ausnahme; jeder von euch,
der gemustert worden ist, wird sterben, alle Männer von zwanzig Jah-
ren und darüber, die über mich gemurrt haben. 30 Keiner von euch
wird in das Land kommen, auch wenn ich meine Hand erhoben und
geschworen habe, euch darin wohnen zu lassen, außer Kaleb, der
Sohn Jefunnes, und Josua, der Sohn Nuns. 31 Eure Kinder aber, von
denen ihr gesagt habt, sie würden eine Beute der Feinde werden, sie
werde ich in das Land bringen. Sie werden das Land kennenlernen,
das ihr verschmäht habt. 32 Eure Leichen aber werden in dieser Wüste
liegenbleiben. 33 Eure Söhne müssen vierzig Jahre lang ihr Vieh in der
Wüste weiden lassen; sie haben solange unter eurer Untreue zu lei-
den, bis ihr alle tot in der Wüste liegt. 34 So viele Tage, wie ihr
gebraucht habt, um das Land zu erkunden, nämlich vierzig Tage, so
viele Jahre lang – für jeden Tag ein Jahr – müßt ihr die Folgen eurer
Schuld tragen, also vierzig Jahre lang; dann werdet ihr erkennen, was
es heißt, mir Widerstand zu leisten. 35 Ich, der Herr, habe gespro-
chen. Unwiderruflich werde ich es mit dieser ganzen bösen
Gemeinde so machen, die sich gegen mich zusammengerottet hat: In
dieser Wüste finden sie ihr Ende, hier müssen sie sterben.
36 Die Männer, die Mose ausgeschickt hatte, um das Land erkunden
zu lassen, die dann aber nach ihrer Rückkehr die ganze Gemeinde
zum Murren verführt hatten, 37 fielen plötzlich tot zu Boden, vor den
Augen des Herrn, alle, die über das Land falsche Gerüchte verbreitet
hatten. 38 Nur Josua, der Sohn Nuns, und Kaleb, der Sohn Jefunnes,
blieben am Leben, als einzige von allen, die ausgezogen waren, um
das Land zu erkunden.
39 Mose sagte das alles den Israeliten. Da wurde das Volk sehr traurig.
40 Sie standen am nächsten Morgen auf, um auf die Höhe des Gebir-
ges zu steigen; sie sagten: Wir ziehen jetzt zu dem Ort hinauf, den der
Herr genannt hat. Ja, wir haben gesündigt. 41 Da sagte Mose: Warum
übertretet ihr den Befehl des Herrn? Das wird euch nicht gelingen.
42 Zieht nicht hinauf, denn der Herr ist nicht bei euch; ihr werdet von
euren Feinden nur geschlagen werden. 43 Denn ihr habt dort die Ama-
lekiter und die Kanaaniter gegen euch, und ihr werdet durch das
Schwert umkommen. Weil ihr euch vom Herrn abgewendet habt,
wird der Herr nicht mit euch sein. 44 Doch in ihrem Starrsinn stiegen
sie auf die Höhe des Gebirges hinauf. Aber die Bundeslade des Herrn
und Mose wichen nicht von ihrer Stelle mitten im Lager. 45 Da kamen
die Amalekiter und die Kanaaniter, die dort im Gebirge wohnten, her-
unter und schlugen die Israeliten und zersprengten sie bis nach
Horma.

Opfer und Sühne

15 Der Herr sprach zu Mose: 2 Rede zu den Israeliten und sag
zu ihnen: Wenn ihr in das Land kommt, das ich euch zur
Besiedlung geben will, 3 und wenn ihr für den Herrn ein Feueropfer
vorbereitet, ein Brandopfer oder ein Schlachtopfer zur Erfüllung eines
Gelübdes oder als freiwillige Gabe oder anläßlich eurer Feste, um dem
Herrn einen beruhigenden Duft von einem Rind oder Schaf darzubrin-
gen, 4 dann soll jeder, der dem Herrn seine Opfergabe bringt, als Spei-
seopfer ein Zehntel Feinmehl darbringen, das mit einem viertel Hin Öl
vermengt ist. 5 Und beim Brand- oder Schlachtopfer sollst du auf je ein
Lamm ein viertel Hin Wein als Trankopfer herrichten. 6 Auf einen Wid-
der aber sollst du als Speiseopfer zwei Zehntel Feinmehl herrichten,
das mit einem drittel Hin Öl vermengt ist, 7 und als Trankopfer sollst
du ein drittel Hin Wein darbringen, als beruhigenden Duft für den
Herrn. 8 Richtest du ein Kalb als Brand- oder Schlachtopfer zur Erfül-
lung eines Gelübdes oder als Heilsopfer zur Ehre des Herrn her, 9 dann
bring auf jedes Kalb als Speiseopfer drei Zehntel Feinmehl dar, das mit
einem halben Hin Öl vermengt ist; 10 als Trankopfer sollst du in die-
sem Fall ein halbes Hin Wein darbringen. Das ist ein Feueropfer und
ein beruhigender Duft für den Herrn.

11 So soll man es bei jedem Rind, bei jedem Widder, bei jedem jungen
Lamm und jeder jungen Ziege machen. 12 Je nachdem, wie viele Tiere
ihr zum Opfer herrichtet, sollt ihr es jeweils machen. 13 So soll es
jeder Einheimische machen, wenn er ein Feueropfer als beruhigen-
den Duft für den Herrn darbringt. 14 Wenn ein Fremder, der bei euch
lebt, oder einer, dessen Familie schon seit Generationen unter euch
lebt, ein Feueropfer als beruhigenden Duft für den Herrn darbringen
will, dann soll er es ebenso machen wie ihr. 15 Für euch und für die
Fremden, die bei euch leben, gilt ein und dieselbe Regel; das soll bei
euch als feste Regel des Herrn gelten, von Generation zu Generation,
für euch ebenso wie für den Fremden: 16 Gleiches Gesetz und gleiches
Recht gilt für euch und für die Fremden, die bei euch leben.
17 Der Herr sprach zu Mose: 18 Rede zu den Israeliten und sag zu
ihnen: Wenn ihr in das Land kommt, in das ich euch bringe, 19 und
wenn ihr vom Brot des Landes eßt, dann sollt ihr eine Abgabe für den
Herrn entrichten. 20 Als Erstlingsgabe von eurem Brotteig sollt ihr
einen Kuchen abgeben. Ihr sollt ihn wie die Abgabe von der Tenne
abliefern. 21 Von dem ersten Gebäck aus eurem Teig sollt ihr dem
Herrn eine Abgabe entrichten, von Generation zu Generation.
22 Wenn ihr aus Versehen irgendeines dieser Gebote, die der Herr
dem Mose mitgeteilt hat, nicht haltet, 23 irgendetwas, was der Herr
euch durch Mose befohlen hat seit dem Tag, an dem der Herr die
Gebote gegeben hat, und weiterhin von Generation zu Generation,
24 dann soll, wenn das Versehen vorkam, ohne daß die Gemeinde es
bemerkte, die ganze Gemeinde einen Jungstier zum Brandopfer als
beruhigenden Duft für den Herrn herrichten, ferner das dazu-
gehörende Speise- und Trankopfer, wie es Vorschrift ist, sowie einen
Ziegenbock als Sündopfer. 25 Der Priester soll die ganze Gemeinde
der Israeliten entsühnen, dann wird ihnen vergeben werden; denn es
war ein Versehen, und sie haben ihre Opfergabe als Feueropfer für
den Herrn und ihr Sündopfer für ihr Versehen vor den Herrn
gebracht. 26 Der ganzen Gemeinde der Israeliten und den Fremden,
die bei ihnen leben, wird vergeben werden, denn das ganze Volk war
von dem Versehen betroffen.
27 Wenn ein einzelner versehentlich sündigt, dann soll er eine ein-
jährige Ziege als Sündopfer darbringen. 28 Der Priester soll die Person,
die versehentlich gesündigt hat, vor dem Herrn entsühnen; dann wird
ihr vergeben werden. 29 Für die einheimischen Israeliten und für die
Fremden, die bei ihnen leben, gilt das gleiche Gesetz, wenn jemand
etwas aus Versehen tut. 30 Wer aber, sei er einheimisch oder fremd,
etwas vorsätzlich tut, der begeht eine Gotteslästerung. Ein solcher
Mensch soll aus seinem Volk ausgemerzt werden;
31 denn er hat das Wort des Herrn verachtet und sein Gesetz gebro-
chen. Ein solcher Mensch muß ausgemerzt werden; er hat schwere
Schuld auf sich geladen.
32 Als die Israeliten in der Wüste waren, entdeckten sie einmal, daß
einer am Sabbat Holz sammelte. 33 Die Leute, die ihn beim Holzsam-
meln angetroffen hatten, brachten ihn vor Mose und Aaron und vor
die ganze Gemeinde. 34 Man sperrte ihn ein, weil noch nicht entschie-
den war, was mit ihm geschehen sollte. 35 Der Herr sprach zu Mose:
Der Mann ist mit dem Tod zu bestrafen. Die ganze Gemeinde soll ihn
draußen vor dem Lager steinigen. 36 Da führte die ganze Gemeinde
den Mann vor das Lager hinaus und steinigte ihn zu Tod, wie der Herr
es Mose befohlen hatte.
37 Der Herr sprach zu Mose: 38 Rede zu den Israeliten und sag zu
ihnen, sie sollen sich Quasten an ihre Kleiderzipfel nähen, von Gene-
ration zu Generation, und sollen an den Quasten eine violette Purpur-
schnur anbringen; 39 sie soll bei euch zur Quaste gehören. Wenn ihr
sie seht, werdet ihr euch an alle Gebote des Herrn erinnern, ihr wer-
det sie halten und eurem Herzen und euren Augen nicht nachgeben,
wenn sie euch zur Untreue verleiten wollen. 40 Ihr sollt so an alle
meine Gebote denken und sie halten; dann werdet ihr eurem Gott
heilig sein. 41 Ich bin der Herr, euer Gott, der euch aus Ägypten her-
ausgeführt hat, um für euch Gott zu sein, ich, der Herr, euer Gott.

Der Aufruhr Korachs, Datans und Abirams

16 Korach, der Sohn Jizhars, des Sohnes Kehats, des Sohnes
Levis, ferner Datan und Abiram, die Söhne Eliabs, und On
der Sohn Pallus, der Rubeniter, 2 erhoben sich gegen Mose, zusam-
men mit zweihundertfünfzig führenden Männern aus der Gemeinde,
angesehenen Abgeordneten der Versammlung. 3 Sie rotteten sich
gegen Mose und Aaron zusammen und sagten zu ihnen: Ihr nehmt
euch zu viel heraus. Alle sind heilig, die ganze Gemeinde, und der
Herr ist mitten unter ihnen. Warum erhebt ihr euch über die
Gemeinde des Herrn? 4 Als Mose das hörte, warf er sich auf sein
Gesicht nieder, 5 und er sagte zu Korach und seinem ganzen Anhang:
Morgen früh wird der Herr zeigen, wer zu ihm gehört, wer der Heilige
ist und wer sich ihm nähern darf. Wen der Herr erwählt, der darf sich
ihm nähern. 6 Du, Korach, und dein ganzer Anhang, macht folgen-
des: Nehmt euch Räucherpfannen, 7 tut Feuer hinein, und legt
Weihrauch für den Herrn darauf, und zwar morgen! Dann wird sich
zeigen, wen der Herr erwählt und wer der Heilige ist. Ihr nehmt euch
zu viel heraus, ihr Leviten!
8 Dann sagte Mose zu Korach: Hört, ihr Leviten! 9 Ist es euch noch zu
wenig, daß euch der Gott Israels aus der Gemeinde Israels herausge-
hoben hat, um euch in seine Nähe zu holen, damit ihr an der Wohn-
stätte des Herrn Dienst tut, vor die Gemeinde tretet und für sie euren
Dienst verrichtet?
10 Er hat dich und alle deine Brüder, die Leviten, die bei dir sind, in
seine Nähe geholt, doch nun wollt ihr auch noch das Priesteramt.
11 Deshalb rottet ihr, du und dein ganzer Anhang, euch gegen den
Herrn zusammen. Über ihn, nicht über Aaron, murrt ihr.
12 Dann ließ Mose Datan und Abiram, die Söhne Eliabs, rufen. Sie
aber ließen ihm sagen: Wir kommen nicht. 13 Ist es nicht genug, daß
du uns aus einem Land, in dem Milch und Honig fließen, hergeholt
hast, um uns in der Wüste sterben zu lassen? Willst du dich auch
noch als unser Herrscher aufspielen? 14 Du hast uns nicht in ein Land
gebracht, in dem Milch und Honig fließen, und hast uns keine Felder
und Weinberge zum Besitz gegeben. Hältst du diese Männer hier
etwa für blind? Wir kommen nicht.
15 Da wurde Mose sehr zornig und sagte zum Herrn: Sieh ihre Opfer
nicht an! Nicht einen einzigen Esel habe ich ihnen weggenommen,
keinem von ihnen habe ich etwas zuleide getan. 16 Dann sagte Mose
zu Korach: Du und dein ganzer Anhang, erscheint morgen vor dem
Herrn, du, diese Männer und Aaron! 17 Nehmt eure Räucherpfannen
mit, tut Weihrauch hinein, und bringt eure Räucherpfannen vor den
Herrn, jeder seine eigene Räucherpfanne, im ganzen also zweihun-
dertfünfzig Räucherpfannen, auch du und Aaron, bringt eure Räu-
cherpfannen mit! 18 Jeder nahm also seine Räucherpfanne, sie taten
Feuer hinein, legten Weihrauch darauf und traten an den Eingang des
Offenbarungszeltes, zusammen mit Mose und Aaron. 19 Korach aber
versammelte die ganze Gemeinde bei ihnen am Eingang des Offenba-
rungszeltes. Da erschien der ganzen Gemeinde die Herrlichkeit des
Herrn.
20 Der Herr sprach zu Mose und Aaron: 21 Sondert euch von dieser
Gemeinde ab! Ich will ihr auf einen Schlag ein Ende bereiten. 22 Da
warfen sie sich auf ihr Gesicht nieder und sagten: Gott, du Gott der
Geister, die alle Menschen beleben, ein einzelner Mensch sündigt,
und du willst der ganzen Gemeinde zürnen? 23 Der Herr antwortete
Mose: 24 Sag der Gemeinde: Entfernt euch aus der Nähe der Zelte
Korachs, Datans und Abirams!
25 Da stand Mose auf und ging zu Datan und Abiram, und die Ältesten
Israels folgten ihm. 26 Dann sagte er zur Gemeinde: Geht aus der
Nähe der Zelte dieser niederträchtigen Leute weg, und rührt nichts
von dem an, was ihnen gehört, sonst werdet auch ihr wegen aller
ihrer Sünden hingerafft. 27 Da entfernten sie sich aus der Nähe der
Zelte Korachs, Datans und Abirams. Datan und Abiram waren her-
ausgekommen und standen am Eingang ihrer Zelte, zusammen mit
ihren Frauen, Söhnen und kleinen Kindern. 28 Dann sagte Mose:
Daran sollt ihr erkennen, daß der Herr mich gesandt hat, damit ich

alle diese Taten vollbringe, und daß ich nicht aus eigenem Antrieb
gehandelt habe: 29 Wenn diese Leute sterben, wie jeder Mensch stirbt,
und wenn sie nur so wie jeder andere Mensch Rechenschaft ablegen
müssen, dann hat der Herr mich nicht gesandt. 30 Wenn aber der Herr
etwas ganz Ungewöhnliches tut, wenn die Erde ihren Rachen auf-
reißt und sie verschlingt zusammen mit allem, was ihnen gehört,
wenn sie also lebend in die Unterwelt hinabstürzen, dann werdet ihr
erkennen, daß diese Leute den Herrn beleidigt haben.
31 Kaum hatte er das gesagt, da spaltete sich der Boden unter ihnen,
32 die Erde öffnete ihren Rachen und verschlang sie samt ihrem Haus,
mit allen Menschen, die zu Korach gehörten, und mit ihrem ganzen
Besitz. 33 Sie und alles, was zu ihnen gehörte, stürzten lebend in die
Unterwelt hinab. Die Erde deckte sie zu, und sie waren aus der
Gemeinde verschwunden. 34 Alle Israeliten, die um sie herumstan-
den, liefen weg, als sie sie schreien hörten; sie sagten: Die Erde wird
auch uns noch verschlingen. 35 Vom Herrn ging ein Feuer aus und
fraß die zweihundertfünfzig Männer, die den Weihrauch dargebracht
hatten.

17 Darauf sprach der Herr zu Mose: 2 Sag zum Priester Eleasar,
dem Sohn Aarons, er soll die Räucherpfannen aus der Asche
herausnehmen, denn sie sind heilig. Die Glut aber streut weit ausein-
ander! 3 Die Räucherpfannen der Männer, die wegen ihrer Sünde ums
Leben gekommen sind, soll man zu Blech hämmern und damit den
Altar überziehen; denn sie haben die Räucherpfannen vor den Herrn
gebracht, und damit sind die Pfannen heilig geworden. Sie sollen für
die Israeliten ein Zeichen sein. 4 Da nahm der Priester Eleasar die kup-
fernen Räucherpfannen der Männer, die im Feuer umgekommen
waren, und hämmerte daraus einen Überzug für den Altar. 5 Das sollte
den Israeliten ein mahnendes Zeichen dafür sein, daß kein Unbefug-
ter, keiner, der nicht zu den Nachkommen Aarons gehört, sich dem
Herrn nähern darf, um für ihn Weihrauch zu verbrennen; sonst geht es
ihm genauso, wie es der Herr durch Mose dem Korach und seinem
Anhang angekündigt hatte.
6 Am nächsten Tag murrte die ganze Gemeinde der Israeliten über
Mose und Aaron; sie sagten: Ihr habt das Volk des Herrn getötet. 7 Als
sich die Gemeinde gegen Mose und Aaron zusammenrottete und sich
dem Offenbarungszelt zuwandte, bedeckte die Wolke das Zelt, und
die Herrlichkeit des Herrn erschien. 8 Mose und Aaron gingen vor das
Offenbarungszelt, 9 und der Herr sprach zu Mose: 10 Verlaßt diese
Gemeinde, denn ich will sie in einem einzigen Augenblick vernichten.
Da warfen sich Mose und Aaron auf ihr Gesicht nieder, 11 und Mose
sagte zu Aaron: Nimm die Räucherpfanne, tu Feuer vom Altar hinein,
und leg Weihrauch darauf; dann geh schnell zur Gemeinde, und ent-
sühne sie! Denn vom Herrn ist ein Zorngericht ausgegangen, und die
Plage hat schon begonnen. 12 Da nahm Aaron die Räucherpfanne, wie
Mose gesagt hatte, und lief mitten unter die Leute, die versammelt
waren. Und wirklich, die Plage hatte im Volk schon begonnen. Aaron
legte Weihrauch in die Pfanne und entsühnte das Volk. 13 Er trat zwi-
schen die Toten und die Lebenden, und da hörte die Plage auf.
14 Durch die Plage waren aber bereits vierzehntausendsiebenhundert
Menschen gestorben, nicht gerechnet die Toten, die wegen Korach
umgekommen waren. 15 Darauf kehrte Aaron zu Mose an den Eingang
des Offenbarungszeltes zurück; die Plage hatte aufgehört.
16 Dann sprach der Herr zu Mose: 17 Rede zu den Israeliten, und laß
dir jeweils von einer Großfamilie einen Stab geben, und zwar von der
Großfamilie des Stammesführers, im ganzen also zwölf Stäbe, und
schreib ihre Namen darauf!
18 Auf den Stab Levis schreib den Namen Aaron; denn auf jede
Großfamilie eines Stammesführers kommt ein Stab. 19 Dann leg die
Stäbe in das Offenbarungszelt vor die Bundesurkunde, dort, wo ich
euch begegne. 20 Dann wird der Stab dessen, den ich erwähle, Blätter
bekommen. So will ich vor mir das Murren zum Schweigen bringen,
mit dem sie euch belästigen. 21 Mose berichtete es den Israeliten. Dar-
auf gaben ihm alle Stammesführer die Stäbe, jede Großfamilie eines
Stammesführers einen, im ganzen also zwölf Stäbe. Auch Aarons
Stab war darunter. 22 Mose legte die Stäbe im Offenbarungszelt vor
dem Herrn nieder.
23 Als Mose am nächsten Tag zum Zelt der Bundesurkunde kam, da
war der Stab Aarons, der das Haus Levi vertrat, grün geworden; er
trieb Zweige, blühte und trug Mandeln. 24 Da nahm Mose alle Stäbe
von ihrem Platz vor dem Herrn weg und brachte sie zu den Israeliten
hinaus. Als sie die Stäbe sahen, nahm jeder den seinen. 25 Darauf
sagte der Herr zu Mose: Trag den Stab Aarons zurück vor die Bundes-
urkunde! Dort soll er aufbewahrt werden als ein Zeichen für alle Auf-
sässigen. Mach mir auf diese Weise ihrem Murren ein Ende, dann
werden sie nicht sterben. 26 Mose tat genau so, wie es ihm der Herr
befohlen hatte. So machte er es. 27 Die Israeliten aber sagten zu Mose:
Sieh her, wir kommen um, wir gehen zugrunde, alle gehen wir noch
zugrunde. 28 Jeder, der zu nahe an die Wohnstätte des Herrn kommt,
stirbt. Sollen wir denn alle umkommen?

Der Dienst und die Entlohnung der Priester und Leviten

18 Der Herr sprach zu Aaron: Du, deine Söhne und deine
ganze Familie, ihr tragt die Verantwortung für das Heilig-
tum; du und mit dir deine Söhne, ihr tragt die Verantwortung für euer
Priesteramt. 2 Aber auch deine Brüder, den Stamm Levi, deinen väter-
lichen Stamm, laß zusammen mit dir herkommen! Sie sollen sich dir
anschließen und dir dienen, während ihr, du und deine Söhne, vor
dem Offenbarungszelt seid. 3 Sie sollen sich an deine Anordnungen
und an die für das ganze Zelt geltende Ordnung halten. Nur den heili-
gen Geräten und dem Altar dürfen sie nicht zu nahe kommen, sonst
müssen sie sterben und ihr mit ihnen. 4 Sie sollen sich dir an-
schließen und sich beim ganzen Dienst am Zelt an die Ordnung hal-
ten, die am Offenbarungszelt gilt. Kein Unbefugter darf in eure Nähe
kommen. 5 Wenn ihr euch an die Ordnung haltet, die am Heiligtum
und am Altar gilt, wird der Zorn (Gottes) nicht mehr über die Israeli-
ten kommen. 6 Seht, ich habe eure Brüder, die Leviten, aus den Israeli-
ten euch übergeben; sie sind dem Herrn übergeben, um den Dienst
am Offenbarungszelt zu verrichten. 7 Du aber und mit dir deine
Söhne, ihr sollt euer Priesteramt in allem ausüben, was den Altar und
den Raum hinter dem Vorhang betrifft; dort sollt ihr euren Dienst
tun. Als einen Dienst, der ein Geschenk ist, übergebe ich euch das
Priesteramt. Wer sich nähert, ohne dazu befugt zu sein, ist mit dem
Tod zu bestrafen.
8 Der Herr sagte zu Aaron: Ich selbst übergebe dir jetzt die Verwaltung
der Abgaben, die mir entrichtet werden. Von allen heiligen Gaben der
Israeliten gebe ich sie dir als Anteil und deinen Söhnen als ein dau-
erndes Anrecht. 9 Dir soll an den hochheiligen Gaben all das zufallen,
was nicht für das Feuer bestimmt ist: alle ihre Opfergaben bei allen
ihren Speise-, Sünd- und Schuldopfern, die sie mir als hochheilige
Gaben entrichten; dir und deinen Söhnen gehören sie. 10 Eßt sie am
hochheiligen Ort! Jede männliche Person darf davon essen; sie sollen
dir als heilig gelten.
11 Auch das gehört dir: die Abgabe, die die Israeliten bei allem entrich-
ten, was sie darbringen. Dir und deinen Söhnen und Töchtern, die bei
dir sind, habe ich diese Abgabe als dauerndes Anrecht gegeben.
Jeder, der rein ist in deinem Haus, darf davon essen. 12 Das Beste von
allem Öl, das Beste von allem Most und Getreide, die Erstlingsgaben,
die sie dem Herrn entrichten, sie habe ich für dich bestimmt. 13 Von
allem, was es in ihrem Land gibt, gehören dir die Erstlingsfrüchte, die
sie dem Herrn bringen. Jeder, der rein ist in deinem Haus, darf davon
essen. 14 Alles, was in Israel geweiht wird, gehört dir. 15 Alle lebenden
Wesen, die den Mutterschoß durchbrechen und die man dem Herrn
darbringt, Mensch und Vieh, gehören dir. Du mußt aber den Erstge-
borenen bei den Menschen auslösen, und ebenso mußt du auch die
erstgeborenen Tiere bei unreinem Vieh auslösen, 16 und zwar mußt
du die, die ausgelöst werden, im Alter von etwa einem Monat, je nach-
dem, wie du sie einschätzt, mit Geld auslösen, mit fünf Schekel,
gerechnet nach dem Schekelgewicht des Heiligtums, das sind zwan-
zig Gera. 17 Aber die Erstlinge vom Rind, vom Schaf oder von der

Ziege darfst du nicht auslösen; sie sind heilig. Ihr Blut sollst du auf
den Altar sprengen und ihre Fetteile als Feueropfer zum beruhigen-
den Duft für den Herrn in Rauch aufgehen lassen. 18 Ihr Fleisch
gehört dir, wie auch die Brust vom Darbringungsritus und auch die
rechte Keule dir gehören. 19 Alle Abgaben von den heiligen Opfern,
die die Israeliten dem Herrn entrichten, habe ich dir und deinen Söh-
nen und Töchtern, die bei dir sind, als dauerndes Anrecht gegeben.
Das soll für dich und auch für deine Nachkommen als ein ewiger
»Salzbund« vor dem Herrn gelten.
20 Der Herr sprach zu Aaron: Du sollst in ihrem Land keinen erblichen
Besitz haben. Dir gehört unter ihnen kein Besitzanteil; ich bin dein
Besitz und dein Erbteil mitten unter den Israeliten. 21 Den Leviten
gebe ich als Erbteil den ganzen Zehnten, den die Israeliten entrichten,
als Entgelt für den Dienst, den die Leviten verrichten, den Dienst am
Offenbarungszelt. 22 Die Israeliten dürfen künftig nicht mehr in die
Nähe des Offenbarungszeltes kommen; sonst laden sie eine Sünde
auf sich und sterben. 23 Nur der Levit soll am Offenbarungszelt Dienst
tun; die Leviten tragen die Verantwortung – das soll bei euch von
Generation zu Generation als feste Regel gelten. Darum sollen sie
unter den Israeliten keinen Erbbesitz haben. 24 Denn als Erbteil für
die Leviten habe ich die Zehnten bestimmt, die die Israeliten dem
Herrn als Abgabe entrichten. Darum habe ich zu den Leviten gesagt,
sie sollen keinen Erbbesitz unter den Israeliten bekommen.
25 Der Herr sprach zu Mose: 26 Rede zu den Leviten und sag zu ihnen:
Wenn ihr von den Israeliten den Zehnten entgegennehmt, den ich
euch von ihnen als euren Anteil zugewiesen habe, dann entrichtet
davon dem Herrn eine Abgabe als Zehnten vom Zehnten! 27 Das soll
als eure Abgabe angerechnet werden wie bei den anderen die Abgabe
vom Getreide der Tenne und vom Inhalt der Kelter. 28 So sollt auch ihr
dem Herrn eine Abgabe von allen euch zustehenden Zehnten entrich-
ten, die ihr von den Israeliten erhaltet; diese Abgabe für den Herrn
sollt ihr dem Priester Aaron übergeben. 29 Von allem, was man euch
gibt, sollt ihr die ganze Abgabe für den Herrn leisten, von allem das
Beste, als heilige Gabe.
30 Ferner sag zu ihnen: Wenn ihr davon das Beste abliefert, wird es
den Leviten angerechnet wie den anderen der Ertrag von Tenne und
Kelter. 31 Diesen dürft ihr überall essen, ihr und eure Familien, denn
es gehört euch als Lohn für euren Dienst am Offenbarungszelt. 32 Ihr
dürft aber keine Sünde auf euch laden, wenn ihr selbst das Beste
abzugeben habt, und ihr dürft die heiligen Gaben der Israeliten nicht
entweihen. Wenn ihr das befolgt, werdet ihr nicht sterben.

Das Reinigungswasser

19 Der Herr sprach zu Mose und Aaron: 2 Das ist die Verord-
nung, die der Herr erläßt: Sag den Israeliten, sie sollen dir
eine fehlerlose, einwandfreie rote Kuh bringen, die noch nie ein Joch
getragen hat. 3 Übergebt die Kuh dem Priester Eleasar! Dann soll man
sie vor das Lager hinausführen und sie vor seinen Augen schlachten.
4 Der Priester Eleasar nimmt mit seinem Finger etwas von ihrem Blut
und spritzt damit siebenmal gegen die Vorderseite des Offenbarungs-
zeltes. 5 Darauf verbrennt man die Kuh vor seinen Augen. Ihr Fell, ihr
Fleisch und ihr Blut, alles soll man verbrennen, samt ihrem Mageninh-
halt. 6 Der Priester nimmt Zedernholz, Ysop und Karmesin und wirft
alles in das Feuer, in dem die Kuh verbrannt wird. 7 Dann wäscht der
Priester seine Kleider, badet seinen Körper in Wasser und kehrt nach-
her ins Lager zurück; der Priester bleibt aber bis zum Abend unrein.
8 Derjenige, der die Kuh verbrannt hat, wäscht seine Kleider und
badet seinen Körper in Wasser; er bleibt aber bis zum Abend unrein.
9 Ein reiner Mann sammelt die Asche der Kuh und legt sie an einen
reinen Ort außerhalb des Lagers. Sie wird für die Gemeinde der Isra-
eliten zur Zubereitung des Reinigungswassers aufbewahrt. Es ist ein
Sündopfer. 10 Derjenige, der die Asche der Kuh gesammelt hat,
wäscht dann seine Kleider, bleibt aber bis zum Abend unrein.
Für die Israeliten und für die Fremden, die bei ihnen leben, gilt die
feste Regel: 11 Wer irgendeinen toten Menschen berührt, ist sieben
Tage lang unrein. 12 Am dritten Tag entsündigt er sich mit dem Reini-
gungswasser, und am siebten Tag wird er rein. Wenn er sich am drit-
ten Tag nicht entsündigt, dann wird er am siebten Tag nicht rein.
13 Jeder, der einen toten Menschen, einen Verstorbenen, anrührt und
sich nicht entsündigt, hat die Wohnstätte des Herrn verunreinigt. Ein
solcher Mensch muß aus Israel ausgemerzt werden, weil er sich nicht
hat mit dem Reinigungswasser besprengen lassen. Er ist unrein;
seine Unreinheit haftet ihm immer noch an.
14 Folgendes Gesetz gilt, wenn ein Mensch in einem Zelt stirbt: Jeder,
der ins Zelt kommt oder der schon im Zelt ist, wird für sieben Tage
unrein; 15 auch jedes offene Gefäß, das keinen verschnürten Deckel
hat, ist unrein.
16 Jeder, der auf freiem Feld einen mit dem Schwert Erschlagenen,
einen Toten, menschliche Gebeine oder ein Grab berührt, ist für sie-
ben Tage unrein.
17 Für den Unreinen nimmt man etwas Brandasche vom Sündopfer,
schüttet sie in ein Gefäß und gießt Quellwasser darüber. 18 Ein reiner
Mann nimmt Ysop, taucht ihn in das Wasser und bespritzt damit das
Zelt sowie die Gefäße und die Menschen, die im Zelt sind, oder den,
der Gebeine, einen Erschlagenen, einen Toten oder ein Grab berührt
hat. 19 Der Reine bespritzt den Unreinen am dritten und am siebten
Tag und entsündigt ihn am siebten Tag. Dann wäscht der Betreffende
seine Kleider und badet seinen Körper in Wasser; am Abend ist er
dann rein. 20 Wer aber unrein geworden ist und sich nicht entsündigt,
ein solcher Mensch ist aus der Versammlung auszumerzen; denn er
hat das Heiligtum des Herrn verunreinigt. Er hat sich nicht mit dem
Reinigungswasser besprengen lassen; er ist unrein. 21 Das soll bei
den Israeliten als feste Regel gelten. Auch wer das Reinigungswasser
verspritzt hat, wäscht seine Kleider; wer mit dem Reinigungswasser
in Berührung kommt, ist bis zum Abend unrein. 22 Alles, was der
Unreine berührt, ist unrein. Ebenso ist jeder, der ihn berührt, bis zum
Abend unrein.

Das Wasser aus dem Felsen. Der Tod Mirjams und Aarons

20 Im ersten Monat kam die ganze Gemeinde der Israeliten in
die Wüste Zin, und das Volk ließ sich in Kadesch nieder.
Dort starb Mirjam und wurde auch dort begraben.
2 Da die Gemeinde kein Wasser hatte, rotteten sie sich gegen Mose
und Aaron zusammen. 3 Das Volk geriet mit Mose in Streit; sie sagten:
Wären wir doch umgekommen wie unsere Brüder, die vor den Augen
des Herrn gestorben sind. 4 Warum habt ihr das Volk des Herrn in
diese Wüste geführt? Nur damit wir hier zusammen mit unserem
Vieh sterben? 5 Wozu habt ihr uns aus Ägypten hierher geführt? Nur
um uns an diesen elenden Ort zu bringen, eine Gegend ohne Korn
und Feigen, ohne Wein und Granatäpfel? Nicht einmal Trinkwasser
gibt es. 6 Mose und Aaron verließen die Versammlung, gingen zum
Eingang des Offenbarungszeltes und warfen sich auf ihr Gesicht nie-
der. Da erschien ihnen die Herrlichkeit des Herrn.
7 Der Herr sprach zu Mose: 8 Nimm deinen Stab; dann versammelt die
Gemeinde, du und dein Bruder Aaron, und sagt vor ihren Augen zu
dem Felsen, er solle sein Wasser fließen lassen. Auf diese Weise wirst
du für sie Wasser aus dem Felsen fließen lassen und ihnen und ihrem
Vieh zu trinken geben. 9 Mose holte den Stab von seinem Platz vor
dem Herrn, wie der Herr ihm befohlen hatte. 10 Mose und Aaron rie-
fen die Versammlung vor dem Felsen zusammen, und Mose sagte zu
ihnen: Hört, ihr Meuterer, können wir euch wohl aus diesem Felsen
Wasser fließen lassen? 11 Dann hob er seine Hand hoch und schlug
mit seinem Stab zweimal auf den Felsen. Da kam Wasser heraus, viel
Wasser, und die Gemeinde und ihr Vieh konnten trinken.
12 Der Herr aber sprach zu Mose und Aaron: Weil ihr mir nicht
geglaubt habt und mich vor den Augen der Israeliten nicht als den
Heiligen bezeugen wolltet, darum werdet ihr dieses Volk nicht in das
Land hineinführen, das ich ihm geben will. 13 Das ist das Wasser von
Meriba (Streitwasser), weil die Israeliten mit dem Herrn gestritten
haben und er sich als der Heilige erwiesen hat.

14 Mose schickte von Kadesch aus Boten zum König von Edom und
ließ ihm sagen: So sagt dein Bruder Israel: Du kennst alle Mühsal, die
uns getroffen hat. 15 Unsere Väter sind nach Ägypten gezogen, und
wir haben viele Jahre in Ägypten gewohnt. Aber die Ägypter haben
uns und unsere Väter schlecht behandelt. 16 Da haben wir zum Herrn
geschrien, und er hat uns gehört. Er schickte einen Boten, und der
Bote führte uns aus Ägypten heraus. Jetzt sind wir in Kadesch, einer
Stadt an der Grenze deines Gebietes. 17 Wir möchten durch dein Land
ziehen. Wir werden eure Felder und Weinberge nicht betreten und
kein Brunnenwasser trinken. Wir werden die Königsstraße benutzen
und weder rechts noch links davon abbiegen, bis wir dein Gebiet
durchzogen haben. 18 Edom aber ließ dem Mose sagen: Du wirst bei
mir nicht durchziehen, sonst ziehe ich dir mit dem Schwert entgegen.
19 Da ließen ihm die Israeliten sagen: Wir wollen auf der Straße zie-
hen. Und wenn wir von deinem Wasser trinken, ich und meine Her-
den, dann zahle ich dafür. Ich will nichts anderes, nur zu Fuß durch
dein Land ziehen. 20 Aber Edom ließ wieder sagen: Du wirst nicht
durchziehen. Und Edom zog mit schwer bewaffneten Kriegern Israel
entgegen, zur Abwehr entschlossen. 21 Da Edom sich also weigerte,
Israel durch sein Gebiet ziehen zu lassen, mußte Israel einen Umweg
machen.
22 Die Israeliten brachen von Kadesch auf, und die ganze Gemeinde
kam zum Berg Hor. 23 Am Berg Hor, an der Grenze von Edom, sprach
der Herr zu Mose und Aaron: 24 Aaron wird jetzt mit seinen Vorfahren
vereint; er wird nicht in das Land kommen, das ich für die Israeliten
bestimmt habe; denn ihr habt euch am Wasser von Meriba gegen mei-
nen Befehl aufgelehnt. 25 Nimm Aaron und seinen Sohn Eleasar, und
führ sie auf den Berg Hor hinauf! 26 Dann nimm Aaron seine Gewän-
der ab, und leg sie seinem Sohn Eleasar an! Aaron wird dort mit seinen
Vätern vereint werden und sterben. 27 Mose tat, was ihm der Herr
befohlen hatte. Sie stiegen vor den Augen der ganzen Gemeinde auf
den Berg Hor. 28 Mose nahm Aaron die Gewänder ab und legte sie sei-
nem Sohn Eleasar an. Dann starb Aaron dort auf dem Gipfel des Ber-
ges, Mose aber und Eleasar stiegen vom Berg herab. 29 Als die
Gemeinde sah, daß Aaron dahingeschieden war, beweinte ihn das
ganze Haus Israel dreißig Tage lang.

Die kupferne Schlange. Kämpfe unterwegs

21 Als der kanaanitische König von Arad, der im Negeb saß,
hörte, daß Israel auf dem Weg von Atarim heranzog, griff
er die Israeliten an und machte einige Gefangene. 2 Da gelobte Israel
dem Herrn: Wenn du mir dieses Volk in meine Gewalt gibst, dann
weihe ich ihre Städte dem Untergang. 3 Der Herr hörte auf Israel und
gab die Kanaaniter in seine Gewalt. Israel weihte sie und ihre Städte
dem Untergang. Daher nannte man den Ort Horma (Untergangs-
weihe).
4 Die Israeliten brachen vom Berg Hor auf und schlugen die Richtung
zum Schilfmeer ein, um Edom zu umgehen. Unterwegs aber verlor
das Volk den Mut, 5 es lehnte sich gegen Gott und gegen Mose auf
und sagte: Warum habt ihr uns aus Ägypten heraufgeführt? Etwa
damit wir in der Wüste sterben? Es gibt weder Brot noch Wasser. Die-
ser elenden Nahrung sind wir überdrüssig. 6 Da schickte der Herr
Giftschlangen unter das Volk. Sie bissen die Menschen, und viele
Israeliten starben. 7 Die Leute kamen zu Mose und sagten: Wir haben
gesündigt, denn wir haben uns gegen den Herrn und gegen dich auf-
gelehnt. Bete zum Herrn, daß er uns von den Schlangen befreit. Da
betete Mose für das Volk. 8 Der Herr antwortete Mose: Mach dir eine
Schlange, und häng sie an einer Fahnenstange auf! Jeder, der gebis-
sen wird, wird am Leben bleiben, wenn er sie ansieht. 9 Mose machte
also eine Schlange aus Kupfer und hängte sie an einer Fahnenstange
auf. Wenn nun jemand von einer Schlange gebissen wurde und zu der
Kupferschlange aufblickte, blieb er am Leben.
10 Die Israeliten brachen auf und schlugen ihr Lager in Obot auf.
11 Dann brachen sie von Obot auf und schlugen in Ije-Abarim ihr
Lager auf, in der Wüste, die östlich von Moab liegt. 12 Von dort bra-
chen sie auf und schlugen ihr Lager am Bach Sered auf. 13 Von dort
brachen sie auf und schlugen das Lager jenseits des Arnon auf, in der
Wüste, die sich vom Amoritergebiet bis zum Arnon ausdehnt. Der
Arnon bildet nämlich die Grenze zwischen Moab und den Amoritern.
14 Deshalb heißt es im Buch der Kriege des Herrn: Waheb in Sufa und
die Bäche des Arnon 15 und die Wasserscheide, die sich zum Wohnge-
biet von Ar hinneigt und sich an das Gebiet von Moab anlehnt. 16 Von
dort ging es weiter nach Beer (Brunnen); es ist der Brunnen, von dem
der Herr zu Mose gesagt hat: Versammle das Volk, damit ich ihnen
Wasser gebe. 17 Damals sang Israel das folgende Lied:
Steig auf, Brunnen! Singt über ihn ein Lied,
18 über den Brunnen, den Heerführer gruben, / den die Edlen des
Volkes aushoben / mit dem Zepter, mit ihren Stäben.
Aus der Wüste (zogen sie weiter) nach Mattana, 19 von Mattana nach
Nahaliël, von Nahaliël nach Bamot, 20 von Bamot zum Tal im Grün-
land von Moab, zum Gipfel des Pisga, der auf das Ödland herab-
schaut.
21 Israel schickte Boten zum Amoriterkönig Sihon und ließ ihm
sagen: 22 Ich möchte durch dein Land ziehen. Wir werden nicht in die
Felder und Weinberge abbiegen, und wir werden kein Wasser aus
euren Brunnen trinken. Wir wollen nur die Königsstraße benutzen,
bis wir dein Gebiet durchzogen haben. 23 Doch Sihon ließ Israel nicht
durch sein Gebiet ziehen. Er versammelte sein ganzes Volk und zog
Israel in die Wüste entgegen. Als er nach Jahaz gekommen war, griff
er Israel an. 24 Aber Israel schlug ihn mit scharfem Schwert und
besetzte sein Land vom Arnon bis zum Jabbok, das heißt bis zu dem
Gebiet der Ammoniter, denn Jaser bildete damals die Grenze zu den
Ammonitern. 25 Die Israeliten nahmen alle jene Städte ein und ließen
sich in den Amoriterstädten nieder, in Heschbon und allen seinen
Tochterstädten. 26 Heschbon war nämlich die Hauptstadt Sihons, des
Amoriterkönigs. Sihon hatte aber zuvor gegen den ersten König von
Moab Krieg geführt und hatte ihm sein ganzes Land bis zum Arnon
abgenommen.
27 Darum sagen die Spruchdichter: / Kommt nach Heschbon! / Aufge-
baut, neu gegründet wird Sihons Stadt.
28 Denn von Heschbon ging ein Feuer aus, / eine Flamme von Sihons
Burg, / sie hat Ar-Moab gefressen / und die Arnonhöhen verschlun-
gen.
29 Weh dir, Moab, / mit dir ist es aus, Volk des Kamosch. / Seine Söhne
hat er zu Flüchtlingen gemacht, / seine Töchter zu Gefangenen / des
Amoriterkönigs Sihon.
30 Ihre Scholle ist dahin / von Heschbon bis Dibon, / von Naschim bis
Nofach bei Medeba.
31 Die Israeliten ließen sich im Land der Amoriter nieder. 32 Mose
schickte Boten aus, um Jaser auskundschaften zu lassen. Die Israeli-
ten eroberten Jasers Tochterstädte und vertrieben die Amoriter, die
dort wohnten.
33 Dann änderten sie die Richtung und zogen den Weg zum Baschan
hinauf. Og, der König des Baschan, zog ihnen mit seinem ganzen
Volk nach Edreï zum Kampf entgegen. 34 Der Herr sagte zu Mose:
Hab keine Angst vor ihm; denn ich gebe ihn mit seinem ganzen Volk
und seinem Land in deine Gewalt. Mach mit ihm, was du schon mit
dem Amoriterkönig Sihon gemacht hast, der in Heschbon saß. 35 Da
erschlugen die Israeliten Og und seine Söhne und sein ganzes Volk;
keiner von ihnen konnte entrinnen. Die Israeliten aber besetzten sein
Land.

Der Seher Bileam

22 Die Israeliten brachen auf und schlugen ihr Lager in den
Steppen von Moab auf, jenseits des Jordan bei Jericho.
2 Balak, der Sohn Zippors, hatte gesehen, was Israel den Amoritern
alles angetan hatte.
3 Moab erschrak sehr vor dem Volk (der Israeliten), weil es so groß
war, und es packte ihn das Grauen vor den Israeliten. 4 Da sagte Moab
zu den Ältesten von Midian: Jetzt wird uns dieser Haufen ringsum

alles abfressen, wie die Rinder das Gras auf den Weiden abgrasen.
Damals war Balak, der Sohn Zippors, König von Moab. 5 Er schickte
Boten zu Bileam, dem Sohn Beors, nach Petor am Strom, ins Land
seiner Stammesgenossen, um ihn rufen zu lassen. Er ließ ihm sagen:
Aus Ägypten ist ein Volk herangezogen, das das ganze Land bedeckt
und nun mir gegenüber sich niedergelassen hat. 6 Darum komm her,
und verfluch mir dieses Volk; denn es ist zu mächtig für mich. Viel-
leicht kann ich es dann schlagen und aus dem Land vertreiben. Ich
weiß: Wen du segnest, der ist gesegnet; wen du verfluchst, der ist ver-
flucht. 7 Die Ältesten von Moab und die Ältesten von Midian machten
sich auf den Weg, mit Wahrsagerlohn in den Händen. Als sie zu
Bileam kamen, wiederholten sie ihm die Worte Balaks. 8 Bileam sagte
zu ihnen: Bleibt über Nacht hier, dann werde ich euch berichten, was
der Herr zu mir sagt. Da blieben die Hofleute aus Moab bei Bileam.
9 Gott kam zu Bileam und fragte ihn: Wer sind die Männer, die bei dir
wohnen? 10 Bileam antwortete Gott: Balak, der Sohn Zippors, der
König von Moab, hat Boten zu mir geschickt und läßt mir sagen:
11 Das Volk, das aus Ägypten herangezogen ist, bedeckt das ganze
Land. Darum komm, und verwünsch es für mich! Vielleicht kann ich
es dann im Kampf besiegen und vertreiben. 12 Gott antwortete Bileam:
Geh nicht mit! Verfluch das Volk nicht; denn es ist gesegnet.
13 Am Morgen stand Bileam auf und sagte zu den Hofleuten Balaks:
Kehrt in euer Land zurück; denn der Herr erlaubt mir nicht, mit euch
zu gehen. 14 Da machten sich die Hofleute aus Moab auf den Weg und
kehrten zu Balak zurück. Sie berichteten: Bileam hat sich geweigert,
mit uns zu kommen.
15 Balak schickte noch einmal Hofleute aus, mehr und vornehmere als
das erstemal. 16 Sie kamen zu Bileam und sagten zu ihm: So sagt
Balak, der Sohn Zippors: Laß dich nicht abhalten, zu mir zu kom-
men. 17 Ich will dir einen sehr hohen Lohn geben; alles, was du von
mir verlangst, will ich tun. Nur komm, und verwünsch mir dieses
Volk! 18 Bileam antwortete den Dienern Balaks: Auch wenn mir Balak
sein Haus voll Silber und Gold gäbe, könnte ich dem Befehl des
Herrn, meines Gottes, nicht zuwiderhandeln, sei es in einer unwich-
tigen oder einer wichtigen Sache. 19 Doch bleibt auch ihr jetzt über
Nacht hier, bis ich weiß, was der Herr weiter zu mir sagt. 20 In der
Nacht kam Gott zu Bileam und sprach zu ihm: Wenn die Männer
gekommen sind, um dich zu holen, dann mach dich auf den Weg,
und geh mit! Aber du darfst nur das tun, was ich dir sage. 21 Am Mor-
gen stand Bileam auf, sattelte seinen Esel und ging mit den Hofleuten
aus Moab.
22 Aber Gott wurde zornig, weil Bileam mitging, und der Engel des
Herrn trat Bileam in feindlicher Absicht in den Weg, als Bileam,
begleitet von zwei jungen Männern, auf seinem Esel dahinritt.
23 Der Esel sah den Engel des Herrn auf dem Weg stehen, mit dem
gezückten Schwert in der Hand, und er verließ den Weg und wich ins
Feld aus. Da schlug ihn Bileam, um ihn auf den Weg zurückzubringen.
24 Darauf stellte sich der Engel des Herrn auf den engen Weg zwi-
schen den Weinbergen, der zu beiden Seiten Mauern hatte. 25 Als der
Esel den Engel des Herrn sah, drückte er sich an der Mauer entlang
und drückte dabei das Bein Bileams gegen die Mauer. Da schlug ihn
Bileam wieder. 26 Der Engel des Herrn ging weiter und stellte sich an
eine besonders enge Stelle, wo es weder rechts noch links eine Mög-
lichkeit gab auszuweichen. 27 Als der Esel den Engel des Herrn sah,
ging er unter Bileam in die Knie. Bileam aber wurde wütend und
schlug den Esel mit dem Stock.
28 Da öffnete der Herr dem Esel den Mund, und der Esel sagte zu
Bileam: Was habe ich dir getan, daß du mich jetzt schon zum dritten-
mal schlägst?
29 Bileam erwiderte dem Esel: Weil du mich zum Narren hältst.
Hätte ich ein Schwert dabei, dann hätte ich dich schon umgebracht.
30 Der Esel antwortete Bileam: Bin ich nicht dein Esel, auf dem du seit
eh und je bis heute geritten bist? War es etwa je meine Gewohnheit,
mich so gegen dich zu benehmen? Da mußte Bileam zugeben: Nein.
31 Nun öffnete der Herr dem Bileam die Augen, und er sah den Engel
des Herrn auf dem Weg stehen, mit dem gezückten Schwert in der
Hand. Da verneigte sich Bileam und warf sich auf sein Gesicht nieder.
32 Der Engel des Herrn sagte zu ihm: Warum hast du deinen Esel drei-
mal geschlagen? Ich bin dir feindlich in den Weg getreten, weil mir
der Weg, den du gehst, zu abschüssig ist. 33 Der Esel hat mich gese-
hen und ist mir schon dreimal ausgewichen. Wäre er mir nicht ausge-
wichen, dann hätte ich dich vielleicht jetzt schon umgebracht, ihn
aber am Leben gelassen. 34 Bileam antwortete dem Engel des Herrn:
Ich habe gesündigt, aber nur, weil ich nicht wußte, daß du mir im
Weg standest. Jetzt aber will ich umkehren, wenn dir mein Vorhaben
nicht recht ist. 35 Der Engel des Herrn antwortete Bileam: Geh mit
den Männern, aber rede nichts, außer was ich dir sage. Da ging
Bileam mit den Hofleuten Balaks.
36 Als Balak hörte, daß Bileam kam, ging er ihm entgegen bis zur
Grenzstadt Moabs am Arnon, unmittelbar an der Grenze. 37 Balak sagte
zu Bileam: Ich hatte dich rufen lassen. Warum bist du nicht zu mir
gekommen? Kann ich dir nicht einen hohen Lohn geben? 38 Bileam ant-
wortete Balak: Jetzt bin ich zwar bei dir. Aber kann ich jetzt etwas reden?
Ich kann nur sagen, was Gott mir in den Mund legt. 39 Bileam ging mit
Balak weiter nach Kirjat-Huzot. 40 Balak schlachtete Rinder und Schafe
und ließ damit Bileam und die Hofleute, die dabeiwaren, bewirten.
41 Am nächsten Morgen nahm Balak Bileam mit sich und führte ihn zu
den Baalshöhen hinauf. Von dort konnte er bis zum Volk sehen.

23 Bileam sagte zu Balak: Errichte mir hier sieben Altäre, und
stell mir hier sieben junge Stiere und sieben Widder bereit!
2 Balak tat, was Bileam gesagt hatte, und Balak und Bileam brachten
auf jedem Altar einen jungen Stier und einen Widder dar. 3 Dann sagte
Bileam zu Balak: Bleib bei deinem Brandopfer stehen! Ich aber will
beiseite gehen; vielleicht begegnet mir der Herr. Was er mich sehen
läßt, werde ich dir mitteilen. Dann ging er auf die kahle Höhe.
4 Gott begegnete Bileam. Bileam sagte zu ihm: Ich habe sieben Altäre
hergerichtet und auf jedem Altar einen jungen Stier und einen Widder
dargebracht. 5 Da legte der Herr dem Bileam ein Wort in den Mund
und sagte: Geh zu Balak zurück, und sag ihm das und das! 6 Bileam
kehrte also zurück. Balak stand bei seinem Brandopfer, und alle
Hofleute Moabs waren bei ihm. 7 Da begann Bileam mit seinem Ora-
kelspruch und sagte:
Aus Aram führte mich Balak her, / der König von Moab vom Ostge-
birge: / »Geh, verfluche mir Jakob! / Geh, drohe Israel!«
8 Doch wie soll ich verwünschen, / wen Gott nicht verwünscht, / wie
soll ich drohen, / wem Jahwe nicht droht?
9 Denn vom Gipfel der Felsen sehe ich es, / von den Höhen aus
erblicke ich es: / Dort, ein Volk, es wohnt für sich, / es zählt sich nicht
zu den Völkern.
10 Wer zählt Jakobs Menge, zahlreich wie Staub, / wer die Zehntau-
sende Israels? / Oh, könnte ich den Tod der Gerechten sterben, / und
wäre mein Ende dem seinen gleich.
11 Da sagte Balak zu Bileam: Was hast du mir angetan? Ich habe dich
geholt, damit du meine Feinde verwünschst, und nun hast du sie statt
dessen gesegnet. 12 Bileam antwortete: Muß ich nicht das sagen, was
der Herr mir in den Mund legt?
13 Darauf sagte Balak zu ihm: Geh mit mir an einen anderen Ort, von
wo aus du das Volk sehen kannst. Du wirst freilich nur den äußersten
Rand sehen; ganz wirst du es nicht sehen. Von dort aus verwünsch es
mir! 14 Er nahm ihn mit zum Späherfeld am Gipfel des Pisga, errich-
tete dort sieben Altäre und brachte auf jedem Altar einen jungen Stier
und einen Widder dar. 15 Bileam sagte zu Balak: Bleib hier bei deinem
Brandopfer stehen, ich aber will dort drüben auf die Begegnung mit
dem Herrn warten. 16 Der Herr begegnete Bileam, legte ihm ein Wort
in den Mund und sagte: Kehr zu Balak zurück, und sag ihm das und
das! 17 Als Bileam zu Balak kam, stand er bei seinem Opfer, und die
Hofleute Moabs waren bei ihm. Balak fragte ihn: Was hat der Herr
gesagt? 18 Da begann Bileam mit seinem Orakelspruch und sagte:
Auf, Balak, höre, / lausche mir, Sohn Zippors!

HAP Grieshaber
Bileam II
(1966)
»Nun öffnete der Herr dem Bileam die Augen, und er sah den Engel des Herrn auf dem Weg stehen, mit dem gezückten Schwert in der Hand« (Num 22,31).
Text und Bild treffen in dem Moment zusammen, in dem Bileam die Augen geöffnet werden. Erst jetzt erkennt der Mensch, was das Tier zuvor wahrgenommen hat. Großflächig und abstrahierend gestaltet, konzentriert sich der Holzschnitt auf die Erscheinung des streitbaren Gottesboten, mit ausgebreiteten Armen und mächtigem Flügelpaar. Untergeordnet bleiben die Märchenmotive der dreimaligen Wiederholung von Ereignissen und des sprechenden Tieres.

19 Gott ist kein Mensch, der lügt, / kein Menschenkind, das etwas
bereut. / Spricht er etwas und tut es dann nicht, / sagt er etwas und
hält es dann nicht?
20 Sieh her, ich habe es übernommen zu segnen; / so muß ich segnen,
ich kann's nicht widerrufen.
21 Man erblickt kein Übel in Jakob, / man sieht kein Unheil in Israel. /
Jahwe, sein Gott, ist bei ihm, / seinem König jubelt Israel zu.
22 Gott hat sie aus Ägypten geführt. / Er hat Hörner wie ein Wildstier.
23 Zauberei wirkt nicht gegen Jakob, / Beschwörung hilft nicht gegen
Israel – / [Jetzt sagt man zu Jakob, zu Israel: / Was hat Gott getan?]
24 ein Volk wie ein Löwe, der aufsteht, / wie ein Raubtier, das sich
erhebt. / Es legt sich nicht hin, / bevor es die Beute gefressen / und das
Blut der Erschlagenen getrunken hat.
25 Da sagte Balak zu Bileam: Wenn du es schon nicht verwünschen
willst, dann segne es doch wenigstens nicht! 26 Bileam antwortete
Balak: Habe ich es dir nicht gesagt: Ich muß alles tun, was der Herr
mir befiehlt.
27 Darauf sagte Balak zu Bileam: Komm mit, ich will dich noch an
einen anderen Ort mitnehmen. Vielleicht ist es Gott recht, daß du mir
das Volk von dort aus verfluchst. 28 Balak nahm also Bileam mit auf
den Gipfel des Pegor, der auf das Ödland herabschaut. 29 Bileam sagte
zu Balak: Bau mir hier sieben Altäre, und stell mir hier sieben junge
Stiere und sieben Widder bereit! 30 Balak tat, was Bileam gesagt hatte,
und brachte auf jedem Altar einen jungen Stier und einen Widder dar.

24 Bileam aber sah, daß es dem Herrn recht war, wenn er
Israel segnete. Er suchte nicht geheimnisvolle Zeichen, wie
er sonst zu tun pflegte, sondern wandte sein Gesicht der Wüste zu.
2 Als Bileam aufblickte, sah er Israel im Lager, nach Stämmen geordnet. Da kam der Geist Gottes über ihn, 3 er begann mit seinem Orakelspruch und sagte:
Spruch Bileams, des Sohnes Beors, / Spruch des Mannes mit
geschlossenem Auge,
4 Spruch dessen, der Gottesworte hört, / der eine Vision des Allmächtigen sieht, / der daliegt mit entschleierten Augen:
5 Jakob, wie schön sind deine Zelte, / wie schön deine Wohnstätten,
Israel!
6 Wie Bachtäler ziehen sie sich hin, / wie Gärten am Strom, / wie
Eichen, vom Herrn gepflanzt, / wie Zedern am Wasser.
7 Von seinen Schöpfeimern rinnt das Wasser, / reichlich Wasser hat
seine Saat. / Sein König ist Agag überlegen, / seine Königsherrschaft
erstarkt.
8 Ja, Gott hat ihn aus Ägypten geführt. / Er hat Hörner wie ein Wildstier. / Er frißt die Völker, die ihm feind sind, / er zermalmt ihre Knochen / und zerbricht ihre Pfeile.
9 Er duckt sich, liegt da wie ein Löwe, / wie ein Raubtier. Wer wagt es,
ihn aufzujagen? / Wer dich segnet, ist gesegnet, / und wer dich verflucht, ist verflucht.
10 Da wurde Balak zornig auf Bileam. Er schlug die Hände zusammen
und sagte zu Bileam: Ich habe dich gerufen, damit du meine Feinde
verwünschst, du aber hast sie schon dreimal gesegnet. 11 Geh weg,
dorthin, woher du gekommen bist! Ich habe versprochen, dir einen
hohen Lohn zu geben, aber Jahwe hat dich daran gehindert, ihn zu
erhalten. 12 Bileam antwortete Balak: Habe ich nicht gleich zu deinen
Boten, die du zu mir geschickt hast, gesagt: 13 Auch wenn mir Balak
sein Haus voll Silber und Gold gibt, kann ich dem Befehl des Herrn
nicht zuwiderhandeln und nach eigenem Gutdünken Gutes oder
Böses bewirken. Ich muß sagen, was der Herr sagt. 14 Gut, ich gehe
jetzt zu meinem Volk zurück. Ich will dir aber noch verraten, was dieses Volk deinem Volk in der Zukunft antun wird. 15 Und er begann mit
seinem Orakelspruch und sagte:
Spruch Bileams, des Sohnes Beors, / Spruch des Mannes mit
geschlossenem Auge,
16 Spruch dessen, der Gottesworte hört, / der die Gedanken des Höchsten kennt, / der eine Vision des Allmächtigen sieht, / der daliegt mit
entschleierten Augen:
17 Ich sehe ihn, aber nicht jetzt, / ich erblicke ihn, aber nicht in der
Nähe: / Ein Stern geht in Jakob auf, / ein Zepter erhebt sich in Israel. /
Er zerschlägt Moab die Schläfen / und allen Söhnen Sets den
Schädel.
18 Edom wird sein Eigentum, / Seïr, sein Feind, wird sein Besitz. /
Israel aber wird mächtig und stark.
19 Aus Jakob steigt einer herab / und vernichtet alles, was aus der Stadt
entkam.
20 Dann sah Bileam Amalek; er begann mit seinem Orakelspruch und
sagte:
Amalek war das erste unter den Völkern, / doch es endet im Untergang.
21 Dann sah Bileam die Keniter; er begann mit seinem Orakelspruch
und sagte:
Dein Wohnsitz, Kain, ist sicher und fest, / dein Nest ist auf Felsen
gebaut;
22 doch es wird hinweggefegt werden. / Nicht mehr lange, dann führt
Assur dich weg.
23 Er begann nochmals mit seinem Orakelspruch und sagte:
Weh, wer wird am Leben bleiben, wenn Gott das tut?
24 Schiffe kommen von den Kittäern, / sie demütigen Assur, sie
demütigen Eber. / Doch auch er endet im Untergang.

25 Dann brach Bileam auf und kehrte in seine Heimat zurück, und
auch Balak zog seines Weges.

Der Priester Pinhas

25 Als sich Israel in Schittim aufhielt, begann das Volk mit den
Moabiterinnen Unzucht zu treiben. 2 Sie luden das Volk zu
den Opferfesten ihrer Götter ein, das Volk aß mit ihnen und fiel vor
ihren Göttern nieder. 3 So ließ sich Israel mit Baal-Pegor ein. Da ent-
brannte der Zorn des Herrn gegen Israel, 4 und der Herr sprach zu
Mose: Nimm alle Anführer des Volkes, und spieße sie für den Herrn
im Angesicht der Sonne auf Pfähle, damit sich der glühende Zorn des
Herrn von Israel abwendet. 5 Da sagte Mose zu den Richtern Israels:
Jeder soll die von seinen Leuten töten, die sich mit Baal-Pegor einge-
lassen haben.
6 Unter den Israeliten war einer, der zu seinen Brüdern kam und eine
Midianiterin mitbrachte, und zwar vor den Augen des Mose und der
ganzen Gemeinde der Israeliten, während sie am Eingang des Offen-
barungszeltes weinten. 7 Als das der Priester Pinhas, der Sohn Elea-
sars, des Sohnes Aarons, sah, stand er mitten in der Gemeinde auf,
ergriff einen Speer, 8 ging dem Israeliten in den Frauenraum nach
und durchbohrte beide, den Israeliten und die Frau, auf ihrem Lager.
Danach nahm die Plage, die die Israeliten getroffen hatte, ein Ende.
9 Im ganzen aber waren vierundzwanzigtausend Menschen an der
Plage gestorben.
10 Der Herr sprach zu Mose: 11 Der Priester Pinhas, der Sohn Eleasars,
des Sohnes Aarons, hat meinen Zorn von den Israeliten abgewendet
dadurch, daß er sich bei ihnen für mich ereiferte. So mußte ich die
Israeliten nicht in meinem leidenschaftlichen Eifer umbringen.
12 Darum sage ich: Hiermit gewähre ich ihm meinen Friedensbund.
13 Ihm und seinen Nachkommen wird der Bund des ewigen Priester-
tums zuteil, weil er sich für seinen Gott ereifert und die Israeliten ent-
sühnt hat.
14 Der Israelit, der zusammen mit der Midianiterin erschlagen wor-
den war, hieß Simri; er war ein Sohn Salus und ein führender Mann
aus einer simeonitischen Großfamilie. 15 Die erschlagene Midianite-
rin hieß Kosbi; sie war die Tochter Zurs, und dieser war das Haupt
einer Großfamilie in Midian.
16 Der Herr sprach zu Mose: 17 Greift die Midianiter an, und schlagt
sie; 18 denn auch sie haben euch arglistig angegriffen, als sie euch mit
Pegor und mit ihrer Schwester Kosbi überlisteten, der Tochter eines
führenden Midianiters, die erschlagen wurde, als die Plage wegen
Pegor ausgebrochen war.

Die zweite Volkszählung

26 Nach jener Plage sagte der Herr zu Mose und zu dem Prie-
ster Eleasar, dem Sohn Aarons: 2 Ermittelt die Gesamtzahl
der Gemeinde aller Israeliten, die zwanzig Jahre und älter sind, aller
wehrfähigen Israeliten, nach Großfamilien geordnet. 3 Da redeten
Mose und der Priester Eleasar zu den Israeliten in den Steppen von
Moab, am Jordan bei Jericho, 4 zu allen Männern von zwanzig Jahren
und darüber, wie der Herr es Mose befohlen hatte.
Das sind die Israeliten, die aus Ägypten ausgezogen waren: 5 Ruben
war der Erstgeborene Israels. Zu den Rubenitern gehörten von
Henoch die Sippe der Henochiter, von Pallu die Sippe der Palluiter,
6 von Hezron die Sippe der Hezroniter, von Karmi die Sippe der Kar-
miter. 7 Das waren die Sippen der Rubeniter. Die Zahl der bei ihnen
Gemusterten betrug 43730 Mann. 8 Der Sohn Pallus war Eliab; 9 die
Söhne Eliabs: Nemuël, Datan und Abiram. Datan und Abiram waren
die Abgeordneten der Gemeinde, die mit Mose und Aaron in Streit
geraten waren, zusammen mit den Anhängern Korachs, als diese mit
dem Herrn in Streit geraten waren. 10 Die Erde tat ihren Rachen auf
und verschlang sie und Korach, als seine Anhänger ums Leben
kamen; das Feuer fraß die zweihundertfünfzig Mann, und sie wurden
zu einem warnenden Zeichen. 11 Die Söhne Korachs waren aber dabei
nicht ums Leben gekommen.
12 Zu den Simeonitern gehörten folgende Sippen: von Jemuël die
Sippe der Jemuëliter, von Jamin die Sippe der Jaminiter, von Jachin die
Sippe der Jachiniter, 13 von Serach die Sippe der Serachiter, von Schaul
die Sippe der Schauliter. 14 Das waren die Sippen der Simeoniter, im
ganzen 22200 Mann.
15 Zu den Gaditern gehörten folgende Sippen: von Zifjon die Sippe der
Zifjoniter, von Haggi die Sippe der Haggiter, von Schuni die Sippe der
Schuniter, 16 von Osni die Sippe der Osniter, von Eri die Sippe der Eri-
ter, 17 von Arod die Sippe der Aroditer, von Areli die Sippe der Areliter.
18 Das waren die Sippen der Gaditer mit ihren Gemusterten, im
ganzen 40500 Mann.
19 Die Söhne Judas waren: Er und Onan; Er und Onan aber waren in
Kanaan gestorben. 20 Zu Juda gehörten folgende Sippen: von Schela
die Sippe der Schelaniter, von Perez die Sippe der Pereziter, von
Serach die Sippe der Serachiter. 21 Zu den Perezitern gehörten von
Hezron die Sippe der Hezroniter und von Hamul die Sippe der Hamu-
liter. 22 Das waren die Sippen Judas mit ihren Gemusterten, im
ganzen 76500 Mann.
23 Zu den Issacharitern gehörten folgende Sippen: von Tola die Sippe
der Tolaiter, von Puwa die Sippe der Puwaniter, 24 von Jaschub die
Sippe der Jaschubiter, von Schimron die Sippe der Schimroniter.
25 Das waren die Sippen Issachars mit ihren Gemusterten, im ganzen
64300 Mann.
26 Zu den Sebulonitern gehörten folgende Sippen: von Sered die Sippe
der Serediter, von Elon die Sippe der Eloniter, von Jachleel die Sippe
der Jachleeliter. 27 Das waren die Sippen der Sebuloniter mit ihren
Gemusterten, im ganzen 60500 Mann.
28 Bei den Josefstämmen Manasse und Efraim gehörten folgende Sip-
pen 29 zu den Manassitern: von Machir die Sippe der Machiriter;
Machir zeugte Gilead, und von Gilead stammt die Sippe der Gileadi-
ter. 30 Das sind die Gileaditer: von Ieser die Sippe der Ieseriter, von
Helek die Sippe der Helekiter, 31 von Asriël die Sippe der Asriëliter, von
Schechem die Sippe der Schechemiter, 32 von Schemida die Sippe der
Schemidaiter, von Hefer die Sippe der Heferiter. 33 Zelofhad, der Sohn
Hefers, hatte keine Söhne, sondern nur Töchter; die Töchter Zelof-
hads hießen Machla, Noa, Hogla, Milka und Tirza. 34 Das waren die
Sippen Manasses mit ihren Gemusterten, im ganzen 52700 Mann.
35 Zu den Efraimitern gehörten folgende Sippen: von Schutelach die
Sippe der Schutelachiter, von Becher die Sippe der Becheriter, von
Tahan die Sippe der Tahaniter. 36 Zu den Schutelachitern gehört von
Eran die Sippe der Eraniter. 37 Das waren die Sippen der Efraimiter
mit ihren Gemusterten, im ganzen 32500 Mann. Das waren die Josef-
stämme nach ihren Sippen.
38 Zu den Benjaminitern gehörten folgende Sippen: von Bela die
Sippe der Belaiter, von Aschbel die Sippe der Aschbeliter, von Ahiram
die Sippe der Ahiramiter, 39 von Schufam die Sippe der Schufamiter,
von Hufam die Sippe der Hufamiter. 40 Die Söhne Belas waren Ard
und Naaman; von Ard stammt die Sippe der Arditer, von Naaman die
Sippe der Naamaniter. 41 Das waren die Benjaminiter nach ihren Sip-
pen; die Zahl der bei ihnen Gemusterten betrug 45600 Mann.
42 Zu den Danitern gehörten folgende Sippen: von Schuham die Sippe
der Schuhamiter. Das waren die Sippen Dans. 43 Die Zahl der Gemu-
sterten bei den Sippen der Schuhamiter betrug im ganzen 64400
Mann.
44 Zu den Ascheritern gehörten folgende Sippen: von Jimna die Sippe
der Jimnaiter, von Jischwi die Sippe der Jischwiter, von Beria die Sippe
der Beriaiter. 45 Zu den Beriaitern gehörten folgende Sippen: von
Heber die Sippe der Heberiter, von Malkiël die Sippe der Malkiëliter.
46 Die Tochter Aschers hieß Serach. 47 Das waren die Sippen der
Ascheriter mit ihren Gemusterten, im ganzen 53400 Mann.
48 Zu den Naftalitern gehörten folgende Sippen: von Jachzeel die
Sippe der Jachzeeliter, von Guni die Sippe der Guniter, 49 von Jezer die
Sippe der Jezeriter, von Schillem die Sippe der Schillemiter. 50 Das
waren die Sippen Naftalis. Die Zahl der bei ihnen Gemusterten betrug
45400 Mann.

51 Die Gesamtzahl der gemusterten Israeliten betrug 601730 Mann.
52 Der Herr sprach zu Mose: 53 An diese Männer soll das Land als Erb-
besitz verteilt werden, entsprechend der Zahl der verzeichneten
Namen. 54 Wer mehr Namen zählt, dem sollst du einen größeren Erb-
besitz geben; wer weniger zählt, dem sollst du einen kleineren Erbbe-
sitz geben. Jedem soll sein Erbbesitz entsprechend der Zahl der bei
ihm Gemusterten gegeben werden. 55 Doch soll das Land durch das
Los verteilt werden, und sie sollen ihren Erbbesitz nach den Namen
der Stämme ihrer Väter erhalten. 56 Der Erbbesitz soll durch das Los
zwischen den großen und den kleinen Stämmen aufgeteilt werden.
57 Zu den im Stamm Levi Gemusterten gehörten folgende Sippen: von
Gerschon die Sippe der Gerschoniter, von Kehat die Sippe der Kehati-
ter, von Merari die Sippe der Merariter. 58 Das sind die Sippen Levis:
die Sippe der Libniter, die Sippe der Hebroniter, die Sippe der Machli-
ter, die Sippe der Muschiter, die Sippe der Korachiter.
Kehat zeugte Amram. 59 Die Frau Amrams hieß Jochebed; sie war die
Tochter Levis, die dem Levi noch in Ägypten geboren wurde. Sie gebar
dem Amram Aaron und Mose sowie deren Schwester Mirjam. 60 Dem
Aaron wurden Nadab, Abihu, Eleasar und Itamar geboren. 61 Nadab
und Abihu aber waren gestorben, als sie dem Herrn ein unerlaubtes
Feueropfer darbrachten.
62 Bei den Leviten wurden im ganzen 23000 Mann gemustert, alle
männlichen Personen im Alter von einem Monat und darüber. Sie
wurden aber nicht zusammen mit den Israeliten gemustert; denn
ihnen wurde kein Erbbesitz wie den anderen Israeliten gegeben.
63 Das waren die von Mose und dem Priester Eleasar gemusterten
Israeliten, die sie in den Steppen von Moab am Jordan bei Jericho
gemustert hatten. 64 Unter ihnen war niemand mehr von denen, die
Mose und der Priester Aaron in der Wüste Sinai gemustert hatten.
65 Denn über sie hatte der Herr ja gesagt: Sie müssen in der Wüste
sterben. Daher war keiner von ihnen am Leben geblieben außer
Kaleb, der Sohn Jefunnes, und Josua, der Sohn Nuns.

Die Erbordnung

27 Die Töchter Zelofhads, des Sohnes Hefers, des Sohnes
Gileads, des Sohnes Machirs, des Sohnes Manasses, aus
den Sippen Manasses, des Sohnes Josefs, – diese Töchter hießen
Machla, Noa, Hogla, Milka und Tirza –, 2 kamen zu Mose, zum Prie-
ster Eleasar, zu den Anführern und zur ganzen Gemeinde an den Ein-
gang des Offenbarungszeltes und sagten: 3 Unser Vater ist in der
Wüste gestorben. Er gehörte nicht zu den Anhängern Korachs, die
sich gegen den Herrn zusammengerottet hatten; denn er war bereits
wegen seiner eigenen Sünde gestorben. Aber er hinterließ keine
Söhne.
4 Warum soll nun der Name unseres Vaters aus seiner Sippe ver-
schwinden, weil er keinen Sohn hatte? Gib uns also eigenen Grund
und Boden bei den Brüdern unseres Vaters! 5 Mose trug ihren Fall
dem Herrn vor, 6 und der Herr sprach zu Mose: 7 Die Töchter Zelof-
hads haben recht. Du mußt ihnen eigenen Grund und Boden als Erb-
besitz bei den Brüdern ihres Vaters geben, also den Erbbesitz ihres
Vaters auf sie übertragen. 8 Sag zu den Israeliten: Wenn jemand ohne
Söhne stirbt, dann übertragt seinen Erbbesitz auf seine Tochter! 9 Hat
er keine Tochter, dann gebt seinen Erbbesitz seinen Brüdern! 10 Hat er
keine Brüder, dann gebt seinen Erbbesitz den Brüdern seines Vaters!
11 Hat sein Vater keine Brüder, dann gebt seinen Erbbesitz dem näch-
sten Verwandten aus seiner Sippe; er soll ihn bekommen. Das wurde
für die Israeliten geltendes Recht, wie der Herr es Mose befohlen
hatte.

Die Berufung Josuas

12 Der Herr sprach zu Mose: Steig auf das Abarimgebirge dort, und
sieh dir das Land an, das ich den Israeliten gegeben habe. 13 Wenn du
es gesehen hast, wirst du mit deinen Vorfahren vereint werden wie
dein Bruder Aaron; 14 denn ihr habt euch in der Wüste Zin meinem
Befehl widersetzt, als die Gemeinde aufbegehrte und ihr vor ihren
Augen hättet bezeugen sollen, daß ich der Heilige bin. [Das ist das
»Streitwasser« von Kadesch in der Wüste Zin.]
15 Da sagte Mose zum Herrn: 16 Der Herr, der Gott der Geister, die
alle Menschen beleben, setze einen Mann als Anführer der
Gemeinde ein, 17 der vor ihnen her in den Kampf zieht und vor ihnen
her wieder in das Lager einzieht, der sie zum Krieg hinausführt und
sie zurückführt; die Gemeinde des Herrn soll nicht sein wie Schafe,
die keinen Hirten haben. 18 Der Herr antwortete Mose: Nimm Josua,
den Sohn Nuns, einen Mann, der mit Geist begabt ist, und leg ihm
deine Hand auf! 19 Dann laß ihn vor den Priester Eleasar und vor die
ganze Gemeinde treten, und gib ihm vor ihren Augen deine Anwei-
sungen! 20 Gib ihm einen Teil deiner Würde ab, damit die ganze
Gemeinde der Israeliten auf ihn hört. 21 Er soll vor den Priester Elea-
sar treten und ihn vor dem Herrn um die Entscheidungen durch das
Urim-Orakel bitten. Nach seinem Befehl sollen sie in den Kampf zie-
hen, und nach seinem Befehl sollen sie wieder in das Lager einzie-
hen, er und mit ihm alle Israeliten und die ganze Gemeinde. 22 Mose
tat, was ihm der Herr befohlen hatte. Er nahm Josua und ließ ihn vor
den Priester Eleasar und vor die ganze Gemeinde treten. 23 Er legte
ihm seine Hände auf und gab ihm seine Anweisungen, wie es der
Herr durch Mose befohlen hatte.

Opfer und Feste

28 Der Herr sprach zu Mose: 2 Gib den Israeliten folgenden
Befehl, und sag zu ihnen: Ihr sollt darauf bedacht sein, zur
festgesetzten Zeit meine Opfergaben, meine Speise, durch das Feu-
eropfer als beruhigenden Duft mir darzubringen. 3 Sag ihnen: Das ist
das Feueropfer, das ihr dem Herrn darbringen sollt: täglich zwei feh-
lerlose einjährige Lämmer als regelmäßiges Brandopfer. 4 Das eine
Lamm sollst du am Morgen, das zweite Lamm zur Abenddämmerung
herrichten, 5 dazu ein zehntel Efa Feinmehl, das mit einem viertel Hin
gestoßenen Öls vermengt ist, als Speiseopfer. 6 Das ist das regel-
mäßige Brandopfer, das am Sinai als beruhigender Duft für den
Herrn, als Feueropfer hergerichtet wurde. 7 Das dazugehörende Trank-
opfer soll aus einem viertel Hin je Lamm bestehen. Am Heiligtum gieß
als Trankopfer für den Herrn berauschendes Getränk aus! 8 Das zweite
Lamm sollst du zur Abenddämmerung herrichten; ebenso wie am
Morgen sollst du es zusammen mit einem Speiseopfer und einem
dazugehörenden Trankopfer als Feueropfer, als beruhigenden Duft
für den Herrn herrichten. 9 Am Sabbat aber nimm zwei fehlerlose ein-
jährige Lämmer, dazu als Speiseopfer zwei Zehntel Feinmehl, das mit
Öl vermengt ist, sowie das dazugehörende Trankopfer; 10 das sei das
Sabbatbrandopfer an jedem Sabbat, zusätzlich zum regelmäßigen
Brandopfer mit dem entsprechenden Trankopfer.
11 An den Monatsanfängen sollt ihr für den Herrn als Brandopfer zwei
einjährige Jungstiere, einen Widder und sieben fehlerlose einjährige
Lämmer darbringen, 12 dazu je Jungstier drei Zehntel Feinmehl, das
mit Öl vermengt ist, als Speiseopfer, außerdem zwei Zehntel Fein-
mehl, das mit Öl vermengt ist, als zu dem Widder gehörendes Spei-
seopfer 13 sowie je Lamm ein Zehntel Feinmehl, das mit Öl vermengt
ist, als Speiseopfer; dies sei das Brandopfer als beruhigender Duft, als
Feueropfer für den Herrn. 14 Die dazugehörenden Trankopfer beste-
hen aus einem halben Hin Wein je Jungstier, einem drittel Hin für den
Widder und einem viertel Hin Wein je Lamm. Das ist das monatliche
Opfer, das in jedem Monat des Jahres am Neumond dargebracht
wird.
15 Auch soll man einen Ziegenbock als Sündopfer für den Herrn her-
richten, zusätzlich zu dem regelmäßigen Brandopfer und dem dazu-
gehörenden Trankopfer.
16 Am vierzehnten Tag des ersten Monats ist das Paschafest zur Ehre
des Herrn. 17 Der fünfzehnte Tag dieses Monats ist ein Festtag. Sieben
Tage lang ißt man ungesäuerte Brote. 18 Am ersten Tag findet eine
heilige Versammlung statt; an ihm dürft ihr keine schwere Arbeit ver-
richten; 19 ihr sollt ein Feueropfer darbringen, ein Brandopfer für den
Herrn: zwei Jungstiere, einen Widder und sieben fehlerlose ein-

jährige Lämmer. 20 Als das dazugehörende Speiseopfer sollt ihr je
Jungstier drei Zehntel Feinmehl, das mit Öl vermengt ist, und zwei
Zehntel für den Widder herrichten; 21 außerdem sollst du je Lamm ein
Zehntel herrichten, 22 dazu einen Ziegenbock als Sündopfer, um euch
zu entsühnen. 23 Das sollt ihr zusätzlich zu dem Morgenopfer her-
richten, das zu dem regelmäßigen Brandopfer gehört. 24 Ebenso sollt
ihr es während der sieben Tage täglich mit den Speisen und mit dem
Feueropfer als dem beruhigenden Duft für den Herrn halten. Das soll
zusätzlich zu dem regelmäßigen Brandopfer und dem dazugehören-
den Trankopfer geschehen. 25 Am siebten Tag sollt ihr eine heilige
Versammlung abhalten; an diesem Tag dürft ihr keine schwere Arbeit
verrichten. 26 Auch am Tag der Erstlingsfrüchte, wenn ihr dem Herrn
das Speiseopfer vom neuen Getreide darbringt, an eurem Wochen-
fest, sollt ihr die heilige Versammlung abhalten; auch an diesem Tag
dürft ihr keine schwere Arbeit verrichten; 27 ihr sollt als Brandopfer
und als beruhigenden Duft für den Herrn zwei Jungstiere, einen Wid-
der und sieben einjährige Lämmer darbringen, 28 ferner als dazu-
gehörendes Speiseopfer je Jungstier drei Zehntel Feinmehl, das mit
Öl vermengt ist, zwei Zehntel für den einen Widder 29 und ein Zehntel
für jedes der sieben Lämmer, 30 außerdem einen Ziegenbock, um
euch zu entsühnen. 31 Das sollt ihr zusätzlich zu dem regelmäßigen
Brandopfer, dem dazugehörenden Speiseopfer und den dazu-
gehörenden Trankopfern darbringen. Aber ihr dürft dabei nur fehler-
lose Tiere verwenden.
29 Am ersten Tag des siebten Monats sollt ihr eine heilige Ver-
sammlung abhalten; an diesem Tag dürft ihr keine schwere
Arbeit verrichten. Es soll für euch ein Tag sein, an dem mit großem
Lärm die Trompete geblasen wird. 2 Richtet als Brandopfer, als beruhi-
genden Duft für den Herrn einen Jungstier, einen Widder und sieben
fehlerlose einjährige Lämmer her, 3 ferner als zu dem Stier gehörendes
Speiseopfer drei Zehntel Feinmehl, das mit Öl vermengt ist, sowie zwei
Zehntel für den einen Widder 4 und ein Zehntel für jedes der sieben
Lämmer, 5 dazu einen Ziegenbock als Sündopfer, um euch zu entsüh-
nen, 6 das alles zusätzlich zum monatlichen Brandopfer und zum
dazugehörenden Speiseopfer und zusätzlich zum regelmäßigen
Brandopfer, zum dazugehörenden Speiseopfer und den dazugehören-
den Trankopfern, wie sie der Vorschrift entsprechen, als beruhigenden
Duft, als Feueropfer für den Herrn.
7 Am zehnten Tag dieses siebten Monats sollt ihr eine heilige Ver-
sammlung abhalten. An diesem Tag sollt ihr euch Enthaltung auferle-
gen und dürft keinerlei Arbeit verrichten; 8 ihr sollt dem Herrn ein
Brandopfer als beruhigenden Duft darbringen. Dafür sollt ihr einen
Jungstier, einen Widder und sieben fehlerlose einjährige Lämmer ver-
wenden, 9 ferner als zu dem Stier gehörendes Speiseopfer drei Zehn-
tel Feinmehl, das mit Öl vermengt ist, sowie zwei Zehntel für den
einen Widder 10 und ein Zehntel für jedes der sieben Lämmer,
11 außerdem einen Ziegenbock als Sündopfer, und zwar zusätzlich
zum Sündopfer der Entsühnung, zum regelmäßigen Brandopfer, zum
dazugehörenden Speiseopfer und den dazugehörenden Trankopfern.
12 Am fünfzehnten Tag des siebten Monats sollt ihr eine heilige Ver-
sammlung abhalten. An diesem Tag dürft ihr keine schwere Arbeit
verrichten; ihr sollt sieben Tage lang ein Fest zur Ehre des Herrn fei-
ern. 13 Ihr sollt ein Brandopfer darbringen, als Feueropfer, als beruhi-
genden Duft für den Herrn. Dreizehn Jungstiere, zwei Widder und
vierzehn fehlerlose einjährige Lämmer sollen es sein, 14 ferner als
dazugehörendes Speiseopfer drei Zehntel Feinmehl, das mit Öl ver-
mengt ist, für jeden der dreizehn Stiere, zwei Zehntel für jeden der
zwei Widder 15 und ein Zehntel für jedes der vierzehn Lämmer,
16 außerdem ein Ziegenbock als Sündopfer, das alles zusätzlich zum
regelmäßigen Brandopfer und zum dazugehörenden Speise- und
Trankopfer.
17 Am zweiten Tag sollen es zwölf Jungstiere, zwei Widder und vier-
zehn fehlerlose einjährige Lämmer sein, 18 dazu die Speise- und
Trankopfer, entsprechend der Zahl der Stiere, Widder und Lämmer,
wie es vorgeschrieben ist, 19 ferner ein Ziegenbock als Sündopfer, das
alles zusätzlich zum regelmäßigen Brandopfer sowie zum dazu-
gehörenden Speise- und Trankopfer.
20 Am dritten Tag sollen es elf Stiere, zwei Widder und vierzehn feh-
lerlose einjährige Lämmer sein, 21 dazu die Speise- und Trankopfer,
entsprechend der Zahl der Stiere, Widder und Lämmer, wie es vorge-
schrieben ist, 22 ferner ein Bock als Sündopfer, das alles zusätzlich
zum regelmäßigen Brandopfer und zum dazugehörenden Speise-
und Trankopfer.
23 Am vierten Tag sollen es zehn Stiere, zwei Widder und vierzehn
fehlerlose einjährige Lämmer sein, 24 dazu die Speise- und Trank-
opfer, entsprechend der Zahl der Stiere, Widder und Lämmer, wie es
vorgeschrieben ist, 25 ferner ein Ziegenbock als Sündopfer, das alles
zusätzlich zum regelmäßigen Brandopfer und zum dazugehörenden
Speise- und Trankopfer.
26 Am fünften Tag sollen es neun Stiere, zwei Widder und vierzehn
fehlerlose einjährige Lämmer sein, 27 dazu die Speise- und Trank-
opfer, entsprechend der Zahl der Stiere, Widder und Lämmer, wie es
vorgeschrieben ist, 28 ferner ein Bock als Sündopfer, das alles zusätz-
lich zum regelmäßigen Brandopfer und zum dazugehörenden
Speise- und Trankopfer.
29 Am sechsten Tag sollen es acht Stiere, zwei Widder und vierzehn
fehlerlose einjährige Lämmer sein, 30 dazu die Speise- und Trank-
opfer, entsprechend der Zahl der Stiere, Widder und Lämmer, wie es
vorgeschrieben ist, 31 ferner ein Bock als Sündopfer, das alles zusätz-
lich zum regelmäßigen Brandopfer und zum dazugehörenden
Speise- und Trankopfer.
32 Am siebten Tag sollen es sieben Stiere, zwei Widder und vierzehn
fehlerlose einjährige Lämmer sein, 33 dazu die Speise- und Trank-
opfer, entsprechend der Zahl der Stiere, Widder und Lämmer, wie es
vorgeschrieben ist, 34 ferner ein Bock als Sündopfer, das alles zusätz-
lich zum regelmäßigen Brandopfer und zum dazugehörenden
Speise- und Trankopfer.
35 Am achten Tag sollt ihr eine Festversammlung abhalten. An diesem
Tag dürft ihr keine schwere Arbeit verrichten; 36 ihr sollt als Brandop-
fer, als Feueropfer, als beruhigenden Duft für den Herrn einen Stier,
einen Widder und sieben fehlerlose einjährige Lämmer darbringen,
37 dazu die dem Stier, dem Widder und den Lämmern entsprechen-
den Speise- und Trankopfer, wie es vorgeschrieben ist, 38 ferner einen
Bock als Sündopfer, das alles zusätzlich zum regelmäßigen Brandop-
fer und zum dazugehörenden Speise- und Trankopfer.
39 Das sollt ihr zur Ehre des Herrn an euren Festtagen tun, abgesehen
von euren Brand-, Speise-, Trank- und Heilsopfern, die ihr gelobt
habt oder freiwillig darbringt.
30 Mose teilte den Israeliten alles genau so mit, wie es ihm der
Herr aufgetragen hatte.

Die Gültigkeit von Gelübden

2 Mose sagte zu den Stammeshäuptern der Israeliten: Das befiehlt der
Herr: 3 Wenn ein Mann dem Herrn ein Gelübde ablegt oder sich
durch einen Eid zu einer Enthaltung verpflichtet, dann darf er sein
Wort nicht brechen; genau so, wie er es ausgesprochen hat, muß er es
ausführen.
4 Wenn aber eine Frau dem Herrn ein Gelübde ablegt oder sich zu
einer Enthaltung verpflichtet, während sie noch ledig im Haus ihres
Vaters lebt, 5 dann soll ihr Vater von ihrem Gelübde oder von der Ent-
haltung, zu der sie sich verpflichtet hat, erfahren. Schweigt ihr Vater
dazu, dann treten die Gelübde oder jede Enthaltung, zu der sie sich
verpflichtet hat, in Kraft; 6 versagt aber ihr Vater an dem Tag, an dem
er davon erfährt, seine Zustimmung, dann tritt das Gelübde oder die
Enthaltung, zu der sie sich verpflichtet hat, nicht in Kraft; der Herr
wird es ihr erlassen, weil ihr Vater seine Zustimmung versagt hat.
7 Heiratet sie einen Mann, während sie durch ein Gelübde oder durch
ein voreiliges Wort, mit dem sie sich verpflichtet hat, gebunden ist,
8 dann bleiben die Gelübde oder die Enthaltung, zu der sie sich ver-
pflichtet hat, in Kraft, falls ihr Mann an dem Tag, an dem er davon

erfährt, dazu schweigt. 9 Wenn ihr Mann aber an dem Tag, an dem er
davon erfährt, seine Zustimmung versagt, dann hat er ihr Gelübde, an
das sie gebunden war, oder das voreilige Wort, durch das sie sich ver-
pflichtet hatte, außer Kraft gesetzt, und der Herr wird es ihr erlassen.
10 Aber das Gelübde einer Witwe oder einer verstoßenen Frau – alles,
wozu sie sich verpflichtet hat – bleibt für sie in Kraft. 11 Wenn sie im
Haus ihres Mannes etwas gelobt oder sich mit einem Eid zu einer Ent-
haltung verpflichtet hat, 12 dann bleiben alle Gelübde und jede Ent-
haltung, zu der sie sich verpflichtet hat, in Kraft, wenn ihr Mann zwar
davon gehört, aber geschwiegen und seine Zustimmung nicht versagt
hat. 13 Wenn aber ihr Mann an dem Tag, an dem er davon hörte, ihr
Gelübde oder die Verpflichtung zur Enthaltung, die sie ausgespro-
chen hat, außer Kraft gesetzt hat, dann ist alles aufgehoben; ihr
Mann hat es außer Kraft gesetzt, und der Herr wird es ihr erlassen.
14 Ihr Mann kann jedes Gelübde und jeden Eid, der zu einer Enthal-
tung verpflichtet, anerkennen oder außer Kraft setzen. 15 Schweigt
ihr Mann dazu von einem Tag bis zum andern, dann erkennt er alle
Gelübde und Verpflichtungen zur Enthaltung an. Er hat sie aner-
kannt, denn er hat an dem Tag, an dem er davon erfahren hat,
geschwiegen. 16 Hat er aber davon erfahren und setzte sie erst später
außer Kraft, dann trägt er dafür die Verantwortung.
17 Das sind die Gesetze, die der Herr dem Mose aufgetragen hat; sie
gelten für den Mann und seine Frau, für den Vater und seine ledige
Tochter, solange sie noch im Haus ihres Vaters lebt.

Der Midianiterkrieg

31 Der Herr sprach zu Mose: 2 Nimm für die Israeliten Rache
an den Midianitern! Danach wirst du mit deinen Vorfahren
vereint werden. 3 Da redete Mose zum Volk und sagte: Rüstet einen
Teil eurer Männer für den Heeresdienst! Sie sollen über Midian her-
fallen, um die Rache des Herrn an Midian zu vollstrecken. 4 Aus
jedem Stamm Israels sollt ihr tausend Mann zum Heer abstellen.
5 Man hob also aus den Tausendschaften Israels je Stamm tausend
Mann aus, im ganzen zwölftausend zum Krieg gerüstete Männer.
6 Mose schickte die tausend Mann je Stamm zum Heer, zusammen
mit dem Priester Pinhas, dem Sohn Eleasars, der die heiligen Geräte
und die Lärmtrompeten mitnahm. 7 Sie zogen gegen Midian zu Feld,
wie der Herr es Mose befohlen hatte, und brachten alle männlichen
Personen um. 8 Als sie die Männer erschlagen hatten, brachten sie
auch noch die Könige von Midian um: Ewi, Rekem, Zur, Hur und
Reba, die fünf Könige von Midian. Auch Bileam, den Sohn Beors,
brachten sie mit dem Schwert um. 9 Die Frauen von Midian und des-
sen kleine Kinder nahmen die Israeliten als Gefangene mit. Das
ganze Vieh und der reiche Besitz der Midianiter wurde ihre Beute.
10 Alle Städte im Siedlungsgebiet der Midianiter und ihre Zeltdörfer
brannten sie nieder. 11 Alle Menschen und das ganze Vieh, das sie
erbeutet und geraubt hatten, nahmen sie mit. 12 Sie brachten die
Gefangenen und die geraubte Beute zu Mose, zum Priester Eleasar
und zur Gemeinde der Israeliten in das Lager in den Steppen von
Moab am Jordan bei Jericho.
13 Mose, der Priester Eleasar und alle Anführer der Gemeinde gingen
ihnen aus dem Lager entgegen. 14 Mose aber geriet in Zorn über die
Befehlshaber, die Hauptleute der Tausendschaften und die Haupt-
leute der Hundertschaften, die von dem Kriegszug zurückkamen.
15 Er sagte zu ihnen: Warum habt ihr alle Frauen am Leben gelassen?
16 Gerade sie haben auf den Rat Bileams hin die Israeliten dazu ver-
führt, vom Herrn abzufallen und dem Pegor zu dienen, so daß die
Plage über die Gemeinde des Herrn kam. 17 Nun bringt alle männli-
chen Kinder um und ebenso alle Frauen, die schon einen Mann
erkannt und mit einem Mann geschlafen haben. 18 Aber alle weibli-
chen Kinder und die Frauen, die noch nicht mit einem Mann geschla-
fen haben, laßt für euch am Leben! 19 Schlagt aber für sieben Tage
eure Zelte außerhalb des Lagers auf! Jeder von euch, der einen Men-
schen umgebracht hat, und jeder, der einen Erschlagenen berührt
hat, muß sich am dritten und am siebten Tag der Entsündigung
unterziehen, ihr selbst wie eure Gefangenen. 20 Auch alle Kleidungs-
stücke, alle Lederwaren, alle Erzeugnisse aus Ziegenhaaren und alle
Holzgeräte müßt ihr entsündigen.
21 Der Priester Eleasar sagte zu den Männern, die von dem Kriegszug
zurückgekehrt waren: Das ist die gesetzliche Verordnung, die der
Herr dem Mose aufgetragen hat: 22 Nur das Gold, das Silber, das Kup-
fer, das Eisen, das Zinn und das Blei, 23 alles, was Feuer nicht verbren-
nen kann, sollt ihr durchs Feuer ziehen, damit es rein wird. Doch es
muß auch noch mit Reinigungswasser entsündigt werden. Alles
aber, was im Feuer verbrennen kann, zieht durchs Wasser! 24 Wascht
am siebten Tag eure Kleider, dann seid ihr rein und dürft in das Lager
zurückkommen.
25 Der Herr sprach zu Mose: 26 Zähl zusammen mit dem Priester Elea-
sar und den Familienhäuptern der Gemeinde die Beute, die gefange-
nen Menschen und Tiere! 27 Teil die Beute zur Hälfte zwischen denen,
die am Krieg teilgenommen haben, und der ganzen Gemeinde.
28 Dann erheb von den Kriegern, die mit dem Heer ausgezogen sind,
als Steuer für den Herrn je einen von fünfhundert Gefangenen, je ein
Tier von fünfhundert Rindern, Eseln, Schafen und Ziegen. 29 Nehmt
sie von dem Beuteanteil der Krieger; dann gib sie dem Priester Eleasar
als Abgabe für den Herrn! 30 Von dem Anteil der Beute, der auf die
Israeliten entfällt, sollst du je einen von fünfzig Gefangenen und je
ein Tier von fünfzig Rindern, Eseln, Schafen und Ziegen, also vom
ganzen Vieh, nehmen und den Leviten übergeben, die auf die Anord-
nungen für die Wohnstätte des Herrn zu achten haben.
31 Mose und der Priester Eleasar taten, was der Herr dem Mose befoh-
len hatte. 32 Die überaus reiche Beute, die das Kriegsvolk im Heer
gemacht hatte, betrug 675000 Schafe und Ziegen, 33 72000 Rinder,
34 61000 Esel 35 und insgesamt 32000 Menschen, Frauen, die noch
mit keinem Mann geschlafen hatten. 36 Die Hälfte des Anteils derer,
die mit dem Heer ausgezogen waren, betrug also 337500 Schafe und
Ziegen; 37 die Steuer für den Herrn von den Schafen und Ziegen
betrug also 675 Stück.
38 Rinder waren es 36000; davon fielen 72 als Steuer an den Herrn.
39 Esel waren es 30500, davon fielen 61 als Steuer an den Herrn.
40 Menschen waren es 16000, davon fielen 32 als Steuer an den Herrn.
41 Mose übergab die Steuer als Abgabe für den Herrn dem Priester
Eleasar, wie der Herr es ihm befohlen hatte.
42 Von der für die Israeliten bestimmten Hälfte, die Mose von
der gesamten Beute der Krieger abgezweigt hatte, 43 von der für
die Gemeinde bestimmten Hälfte – im ganzen 337500 Schafe und
Ziegen, 44 36000 Rinder, 45 30500 Esel 46 und 16000 Menschen –
47 von dieser für die Israeliten bestimmten Hälfte also nahm Mose je
eine von fünfzig gefangenen Frauen und je eines von fünfzig Tieren
und übergab sie den Leviten, die auf die Anordnungen für die Wohn-
stätte des Herrn zu achten haben, wie der Herr es Mose befohlen
hatte.
48 Die Befehlshaber der Heeresverbände, die Hauptleute der Tausend-
schaften und die Hauptleute der Hundertschaften kamen zu Mose
49 und sagten: Deine Knechte haben die Krieger gezählt, die unter
unserem Befehl standen; kein einziger Mann wird vermißt. 50 Darum
bringen wir eine Gabe für den Herrn, jeder, was er an Goldgeräten, an
Armbändern, Spangen, Siegelringen, Ohrringen und anderen
Schmucksachen gefunden hat; damit wollen wir uns vor dem Herrn
entsühnen. 51 Mose und der Priester Eleasar nahmen das Gold und
alle Kunstgegenstände von ihnen entgegen. 52 Diese Abgabe an Gold,
die sie für den Herrn von den Hauptleuten der Tausendschaften und
den Hauptleuten der Hundertschaften einsammelten, betrug im
ganzen 16750 Schekel. 53 Von den Kriegern hatte nämlich jeder auch
noch für sich Beute gemacht. 54 Mose und der Priester Eleasar nah-
men das Gold von den Hauptleuten der Tausendschaften und von den
Hauptleuten der Hundertschaften entgegen und brachten es in das
Offenbarungszelt, als Zeichen, das den Herrn an die Israeliten erin-
nern sollte.

Die Landzuteilung an die ostjordanischen Stämme

32 Die Rubeniter und die Gaditer hatten sehr große Viehher-
den. Als sie nun das Land Jaser und das Land Gilead sahen,
erschien ihnen diese Gegend gut geeignet für ihre Viehhaltung.
2 Darum kamen sie zu Mose, zu dem Priester Eleasar und zu den
Anführern der Gemeinde und sagten: 3 Atarot, Dibon, Jaser, Nimra,
Heschbon, Elale, Sibma, Nebo und Beon, 4 das Land, das der Herr für
die Gemeinde Israel erobert hat, ist gut geeignet für die Viehhaltung,
und deine Knechte haben Viehherden. 5 Sie sagten: Wenn wir dein
Wohlwollen gefunden haben, dann gebe man dieses Land deinen
Knechten als Besitz. Nimm uns nicht über den Jordan mit! 6 Mose
antwortete den Gaditern und den Rubenitern: Sollen eure Brüder in
den Krieg ziehen, während ihr hier sitzenbleibt? 7 Warum wollt ihr
den Israeliten den Mut nehmen, in das Land hinüberzuziehen, das
der Herr für sie bestimmt hat? 8 Genauso haben es schon eure Väter
gemacht, als ich sie von Kadesch-Barnea ausgeschickt hatte, damit
sie das Land erkundeten. 9 Sie waren bis zum Traubental hinaufge-
kommen, hatten das Land gesehen und haben dann den Israeliten
den Mut genommen, so daß sie das Land nicht mehr betreten woll-
ten, das der Herr für sie bestimmt hatte. 10 Damals entbrannte der
Zorn des Herrn, und er schwor: 11 Auf keinen Fall werden die, die aus
Ägypten heraufgekommen sind, die Männer von zwanzig Jahren und
darüber, das Land zu sehen bekommen, das ich Abraham, Isaak und
Jakob mit einem Eid zugesichert habe; denn sie haben nicht treu zu
mir gehalten. 12 Nur der Kenasiter Kaleb, der Sohn Jefunnes, und
Josua, der Sohn Nuns, waren ausgenommen, denn sie hielten treu
zum Herrn. 13 Der Zorn des Herrn entbrannte über Israel, und er ließ
sie vierzig Jahre lang in der Wüste umherirren, bis die ganze Genera-
tion ausgestorben war, die getan hatte, was dem Herrn mißfiel.
14 Und jetzt kommt ihr anstelle eurer Väter, ihr Brut von Sündern, um
den glühenden Zorn des Herrn auf Israel noch größer zu machen?
15 Wenn ihr euch von ihm abwendet, wird er dieses ganze Volk noch
länger in der Wüste lassen, und ihr richtet das ganze Volk zugrunde.
16 Doch sie traten noch näher an Mose heran und sagten: Wir errich-
ten hier Pferche für unser Vieh, unsere Schafe und Ziegen, und bauen
Städte für unsere Kinder. 17 Wir selbst aber rüsten uns und ziehen
bewaffnet vor den Israeliten her, bis wir sie in ihr Land gebracht
haben. Unterdessen werden unsere Kinder in den Städten wohnen,
die zum Schutz gegen die Einwohner des Landes befestigt sind. 18 Wir
kehren nicht in unsere Häuser zurück, bevor jeder Israelit seinen Erb-
besitz erhalten hat. 19 Wir verlangen auf der anderen Seite des Jordan
keinen Erbbesitz wie sie, wenn wir diesseits, östlich des Jordan, unse-
ren Erbbesitz bekommen. 20 Mose antwortete ihnen: Wenn ihr das
tut, wenn ihr euch also vor den Augen des Herrn zum Kampf rüstet
21 und jeder von euch, der sich gerüstet hat, vor den Augen des Herrn
den Jordan überschreitet und kämpft, bis er seine Feinde vertrieben
hat 22 und das Land dem Herrn unterworfen ist, dann dürft ihr nach-
her umkehren, und ihr seid gegenüber dem Herrn und Israel frei von
weiteren Verpflichtungen. Dann soll dieses Land vor den Augen des
Herrn euch als Eigentum gehören. 23 Wenn ihr das aber nicht tut, ver-
sündigt ihr euch gegen den Herrn. Dann habt ihr die Folgen für eure
Sünde zu tragen; das müßt ihr wissen. 24 Baut euch Städte für eure
Kinder, und errichtet Pferche für eure Schafe und Ziegen! Aber haltet
auch, was ihr versprochen habt.
25 Da sagten die Gaditer und die Rubeniter zu Mose: Deine Knechte
werden tun, was mein Herr befiehlt. 26 Unsere Kinder, unsere Frauen
und unsere Herden, unser ganzes Vieh, werden dort in den Städten
von Gilead bleiben. 27 Alle deine Knechte aber werden sich rüsten und
vor den Augen des Herrn über den Jordan in den Krieg ziehen, wie
mein Herr befiehlt.
28 Für sie gab Mose dem Priester Eleasar, Josua, dem Sohn Nuns, und
den Familienhäuptern der israelitischen Stämme folgende Weisung:
29 Er sagte zu ihnen: Wenn die Gaditer und die Rubeniter, zum Kampf
gerüstet, vor den Augen des Herrn mit euch den Jordan überschreiten
und wenn ihr das Land unterworfen habt, dann gebt ihnen das Land
Gilead zum Besitz! 30 Wenn sie sich aber nicht rüsten und mit euch
hinübergehen, dann sollen sie mitten unter euch in Kanaan eigenen
Grund und Boden erhalten. 31 Die Gaditer und die Rubeniter antwor-
teten: Was der Herr zu deinen Knechten sagt, werden wir tun. 32 Wir
rüsten uns und ziehen vor den Augen des Herrn nach Kanaan hin-
über, dann bleibt uns jenseits des Jordan unser Erbbesitz erhalten.
33 Da übergab Mose den Gaditern, den Rubenitern und dem halben
Stamm des Manasse, des Sohnes Josefs, das Reich des Amoriter-
königs Sihon und das Reich Ogs, des Königs des Baschan, das Land
mit seinen Städten und deren ganzen Umgebung, soweit das Land
reichte.
34 Die Gaditer erbauten die befestigten Städte Dibon, Atarot, Aroër,
35 Atrot-Schofan, Jaser, Jogboha, 36 Bet-Nimra und Bet-Haran und
errichteten Schafpferche. 37 Die Rubeniter erbauten Heschbon, Elale,
Kirjatajim, 38 Nebo und Baal-Meon, denen sie andere Namen gaben,
sowie Sibma. Sie gaben nämlich den Städten, die sie wieder aufbau-
ten, neue Namen.
39 Die Söhne Machirs, des Sohnes des Manasse, zogen nach Gilead
und eroberten es. Sie vertrieben die Amoriter, die dort lebten. 40 Da
übergab Mose Gilead dem Machir, dem Sohn des Manasse, und
Machir ließ sich dort nieder. 41 Jaïr, der Sohn des Manasse, zog in den
Kampf und eroberte die Zeltdörfer der Amoriter; er nannte sie Hawot-
Jaïr (Zeltdörfer Jaïrs). 42 Nobach zog in den Kampf, eroberte Kenat
und seine Tochterstädte und nannte es nach seinem eigenen Namen
Nobach.

Das Verzeichnis der Lagerstationen

33 Das sind die Wegstrecken, die die Israeliten bei ihrem Aus-
zug aus Ägypten unter der Führung von Mose und Aaron
zurücklegten, nach Abteilungen geordnet. 2 Mose schrieb die Orte, an
denen sie zu den einzelnen Wegstrecken aufbrachen, auf Befehl des
Herrn auf. Das sind also die Wegstrecken in der Reihenfolge, in der
die Israeliten aufbrachen: 3 Aus Ramses brachen sie am fünfzehnten
Tag des ersten Monats auf. Am Tag nach dem Paschafest zogen die
Israeliten vor den Augen aller Ägypter voll Zuversicht aus, 4 während
die Ägypter ihre Erstgeborenen begruben, die der Herr bei ihnen alle
erschlagen hatte, und während der Herr an ihren Göttern sein Straf-
gericht vollstreckte.
5 Die Israeliten brachen von Ramses auf und schlugen ihr Lager in
Sukkot auf. 6 Von Sukkot brachen sie auf und schlugen ihr Lager in
Etam, am Rand der Wüste, auf. 7 Von Etam brachen sie auf, bogen
nach Pi-Hahirot gegenüber Baal-Zefon ab und schlugen ihr Lager vor
Migdol auf. 8 Von Pi-Hahirot brachen sie auf und zogen mitten durch
das Meer in die Wüste. In der Wüste Etam waren sie drei Tage unter-
wegs und schlugen dann ihr Lager in Mara auf. 9 Von Mara brachen
sie auf und kamen nach Elim. In Elim gab es zwölf Quellen und sieb-
zig Palmen; daher schlugen sie dort ihr Lager auf. 10 Von Elim bra-
chen sie auf und schlugen ihr Lager am Schilfmeer auf. 11 Vom Schilf-
meer brachen sie auf und schlugen ihr Lager in der Wüste Sin auf.
12 Von der Wüste Sin brachen sie auf und schlugen ihr Lager in Dofka
auf. 13 Von Dofka brachen sie auf und schlugen ihr Lager in Alusch
auf. 14 Von Alusch brachen sie auf und schlugen ihr Lager in Refidim
auf; dort hatte das Volk kein Wasser zu trinken. 15 Von Refidim bra-
chen sie auf und schlugen ihr Lager in der Wüste Sinai auf. 16 Aus der
Wüste Sinai brachen sie auf und schlugen ihr Lager in Kibrot-Taawa
auf. 17 Von Kibrot-Taawa brachen sie auf und schlugen ihr Lager in
Hazerot auf. 18 Von Hazerot brachen sie auf und schlugen ihr Lager in
Ritma auf. 19 Von Ritma brachen sie auf und schlugen ihr Lager in
Rimmon-Perez auf. 20 Von Rimmon-Perez brachen sie auf und schlu-
gen ihr Lager in Libna auf. 21 Von Libna brachen sie auf und schlugen
ihr Lager in Rissa auf. 22 Von Rissa brachen sie auf und schlugen ihr
Lager in Kehelata auf. 23 Von Kehelata brachen sie auf und schlugen
ihr Lager am Berg Schefer auf. 24 Vom Berg Schefer brachen sie auf
und schlugen ihr Lager in Harada auf. 25 Von Harada brachen sie auf
und schlugen ihr Lager in Makhelot auf. 26 Von Makhelot brachen sie

auf und schlugen ihr Lager in Tahat auf. 27 Von Tahat brachen sie auf
und schlugen ihr Lager in Terach auf.
28 Von Terach brachen sie auf und schlugen ihr Lager in Mitka auf.
29 Von Mitka brachen sie auf und schlugen ihr Lager in Haschmona
auf. 30 Von Haschmona brachen sie auf und schlugen ihr Lager in
Moserot auf. 31 Von Moserot brachen sie auf und schlugen ihr Lager in
Bene-Jaakan auf. 32 Von Bene-Jaakan brachen sie auf und schlugen ihr
Lager in Hor-Gidgad auf. 33 Von Hor-Gidgad brachen sie auf und
schlugen ihr Lager in Jotbata auf. 34 Von Jotbata brachen sie auf und
schlugen ihr Lager in Abrona auf. 35 Von Abrona brachen sie auf und
schlugen ihr Lager in Ezjon-Geber auf. 36 Von Ezjon-Geber brachen
sie auf und schlugen ihr Lager in der Wüste Zin, das heißt Kadesch,
auf. 37 Von Kadesch brachen sie auf und schlugen ihr Lager am Berg
Hor am Rand von Edom auf.
38 Auf Befehl des Herrn stieg der Priester Aaron auf den Berg Hor und
starb dort im vierzigsten Jahr nach dem Auszug der Israeliten aus
Ägypten, am ersten Tag des fünften Monats. 39 Aaron war hundert-
dreiundzwanzig Jahre alt, als er auf dem Berg Hor starb.
40 Der kanaanitische König von Arad, der im Negeb, im Süden
Kanaans saß, hörte, daß die Israeliten heranrückten.
41 Vom Berg Hor brachen sie auf und schlugen ihr Lager in Zalmona
auf. 42 Von Zalmona brachen sie auf und schlugen ihr Lager in Punon
auf. 43 Von Punon brachen sie auf und schlugen ihr Lager in Obot auf.
44 Von Obot brachen sie auf und schlugen ihr Lager in Ije-Abarim, im
Gebiet von Moab, auf. 45 Von Ijim brachen sie auf und schlugen ihr
Lager in Dibon-Gad auf. 46 Von Dibon-Gad brachen sie auf und schlu-
gen ihr Lager in Almon-Diblatajim auf. 47 Von Almon-Diblatajim bra-
chen sie auf und schlugen ihr Lager im Abarimgebirge vor Nebo auf.
48 Vom Abarimgebirge brachen sie auf und schlugen ihr Lager in den
Steppen von Moab am Jordan bei Jericho auf; 49 ihr Lager am Jordan
erstreckte sich von Bet-Jeschimot bis Abel-Schittim in den Steppen
von Moab.

Die Anweisungen für die Landverteilung

50 In den Steppen von Moab, am Jordan bei Jericho, sprach der Herr
zu Mose: 51 Rede zu den Israeliten und sag zu ihnen: Wenn ihr den
Jordan überschritten und Kanaan betreten habt, 52 dann vertreibt vor
euch alle Einwohner des Landes, und vernichtet alle ihre Götterbil-
der! Alle ihre aus Metall gegossenen Figuren sollt ihr vernichten und
alle ihre Kulthöhen zerstören. 53 Dann nehmt das Land in Besitz, und
laßt euch darin nieder; denn ich habe es euch zum Besitz gegeben.
54 Verteilt das Land durch das Los an eure Sippen! Einem großen
Stamm gebt großen Erbbesitz, einem kleinen Stamm gebt kleinen
Erbbesitz! Worauf das Los eines jeden fällt, das soll ihm gehören.
Teilt das Land so unter die Stämme eurer Väter auf! 55 Wenn ihr die
Einwohner des Landes vor euch nicht vertreibt, dann werden die, die
von ihnen übrigbleiben, zu Splittern in euren Augen und zu Stacheln
in eurer Seite. Sie werden euch in dem Land, in dem ihr wohnt, in eine
große Gefahr bringen. 56 Dann werde ich mit euch machen, was ich
mit ihnen machen wollte.

34 Der Herr sprach zu Mose: 2 Befiehl den Israeliten und sag
ihnen, wenn ihr nach Kanaan kommt: Das ist das Land, das
euch als erblicher Besitz zufällt, Kanaan in seinen jetzigen Grenzen.
3 Eure Südgrenze soll von der Wüste Zin aus an Edom entlang verlau-
fen, und zwar soll sie vom Ende des Salzmeers im Osten ausgehen.
4 Dann soll eure Grenze südlich des Skorpionenpasses sich bis Zin
erstrecken. Ihre Ausläufer sollen bis südlich von Kadesch-Barnea rei-
chen. Von dort soll sie sich bis Hazar-Addar und bis Azmon hinzie-
hen. 5 Von Azmon soll die Grenze zum Grenzbach Ägyptens abbie-
gen, und die Ausläufer der Grenze sollen bis zum Meer reichen.
6 Eure Grenze im Westen soll das Große Meer mit seinem Strand sein.
Das sei eure Westgrenze. 7 Das sei eure Nordgrenze: Vom Großen
Meer sollt ihr euch eine Linie bis zum Berg Hor abstecken, 8 und vom
Berg Hor eine Linie bis Lebo-Hamat. Die Ausläufer dieser Grenze sol-
len bis Zedad reichen. 9 Dann soll die Grenze weitergehen bis Sifron,
und ihre Ausläufer sollen bis Hazar-Enan reichen. Das sei eure Nord-
grenze.
10 Als Ostgrenze sollt ihr eine Linie von Hazar-Enan bis Schefam
abstecken. 11 Von Schefam soll die Grenze nach Ribla östlich von Ajin
hinuntersteigen. Dann soll die Grenze zum Rand des Gebirges öst-
lich des Sees von Kinneret hinuntergehen. 12 Dann soll die Grenze
zum Jordan hinunterführen, und ihre Ausläufer sollen bis zum Salz-
meer reichen. Das seien die Grenzen rings um euer Land.
13 Da befahl Mose den Israeliten: Das ist das Land, das ihr durch das
Los als Erbbesitz verteilen sollt. Der Herr hat befohlen, es den neun-
einhalb Stämmen zu geben; 14 denn der Stamm der Rubeniter mit sei-
nen Sippen und der Stamm der Gaditer mit seinen Sippen und der
halbe Stamm Manasse haben ihren Erbbesitz schon erhalten. 15 Diese
zweieinhalb Stämme haben ihren Erbbesitz jenseits des Jordan erhal-
ten, östlich von Jericho.
16 Der Herr sprach zu Mose: 17 Das sind die Namen der Männer, die
das Land unter euch verteilen sollen: der Priester Eleasar und Josua,
der Sohn Nuns. 18 Außerdem nehmt zur Verteilung des Landes je
einen führenden Mann aus jedem Stamm hinzu! 19 Das sind die
Namen dieser Männer: für den Stamm Juda Kaleb, der Sohn Jefun-
nes; 20 für den Stamm der Simeoniter Schemuël, der Sohn Ammi-
huds; 21 für den Stamm Benjamin Elidad, der Sohn Kislons; 22 für den
Stamm der Daniter der Anführer Bukki, der Sohn Joglis; 23 bei den
Josefstämmen für den Stamm der Manassiter der Anführer Hanniël,
der Sohn Efods, 24 und für den Stamm der Efraimiter der Anführer
Kemuël, der Sohn Schiftans; 25 für den Stamm der Sebuloniter der
Anführer Elizafan, der Sohn Parnachs; 26 für den Stamm der Issacha-
riter der Anführer Paltiël, der Sohn Asans; 27 für den Stamm der
Ascheriter der Anführer Ahihud, der Sohn Schelomis; 28 für den
Stamm der Naftaliter der Anführer Pedahel, der Sohn Ammihuds.
29 Das waren die Männer, die der Herr dazu verpflichtete, in Kanaan
den Israeliten ihren Erbanteil zuzuteilen.

Die Leviten- und Asylstädte

35 In der Steppe von Moab, am Jordan bei Jericho, sprach der
Herr zu Mose: 2 Befiehl den Israeliten, sie sollen von ihrem
Erbbesitz den Leviten einige Städte abgeben, in denen sie sich nieder-
lassen können. Auch die ringsum zu den Städten gehörende Weide-
fläche sollt ihr den Leviten überlassen. 3 Die Städte sollen ihnen als
Wohnsitz gehören, und die dazugehörenden Weideflächen sollen
ihrem Vieh, ihren Herden und allen ihren Tieren zur Verfügung ste-
hen. 4 Die Weideflächen der Städte, die ihr den Leviten gebt, sollen
ringsum von der Stadtmauer zweitausend Ellen nach außen reichen.
5 Außerhalb der Stadt sollt ihr in östlicher Richtung zweitausend
Ellen, in südlicher Richtung zweitausend Ellen, in westlicher Rich-
tung zweitausend Ellen und in nördlicher Richtung zweitausend
Ellen abmessen. Die Stadt soll also in der Mitte liegen. Das soll den
Leviten als Weidefläche der Städte gehören. 6 Unter den Städten, die
ihr ihnen abgebt, sollen sechs Asylstädte sein, die ihr als Zufluchts-
orte für den bestimmt, der einen Menschen erschlagen hat. Außer-
dem sollt ihr ihnen weitere zweiundvierzig Städte geben. 7 Im ganzen
sind es achtundvierzig Städte samt ihren Weideflächen, die ihr den
Leviten abgeben sollt. 8 Die Zahl der Städte, die ihr vom Landbesitz
der Israeliten abgebt, sollt ihr bei einem großen Stamm höher, bei
einem kleinen niedriger ansetzen; jeder Stamm soll von seinen Städ-
ten den Leviten so viele abgeben, wie es der Größe seines eigenen
Erbbesitzes entspricht.
9 Der Herr sprach zu Mose: 10 Rede zu den Israeliten und sag zu ihnen:
Wenn ihr den Jordan überschritten und Kanaan betreten habt, 11 dann
sollt ihr einige Städte auswählen, die euch als Asylstädte dienen.
Dorthin kann einer fliehen, der einen Menschen ohne Vorsatz
erschlagen hat. 12 Die Städte sollen euch als Asyl vor dem Bluträcher
dienen, so daß der, der getötet hat, nicht sterben muß, bevor er vor
dem Gericht der Gemeinde stand. 13 Von den Städten, die ihr abgebt,
sollen euch sechs als Asylstädte dienen. 14 Drei dieser Städte sollt ihr

jenseits des Jordan und drei in Kanaan bestimmen; sie sollen Asyl-
städte sein. 15 Den Israeliten, auch den Fremden und den Halb-
bürgern bei euch, sollen diese sechs Städte als Asyl zur Verfügung
stehen; dorthin kann jeder fliehen, der ohne Vorsatz einen Menschen
erschlagen hat.
16 Wenn er ihn aber mit einem Eisengerät so geschlagen hat, daß er
stirbt, ist er ein Mörder. Der Mörder ist mit dem Tod zu bestrafen.
17 Wenn er ihn mit einem Stein in der Hand, der groß genug ist,
jemanden zu töten, so geschlagen hat, daß er stirbt, ist er ein Mörder.
Der Mörder ist mit dem Tod zu bestrafen. 18 Auch wenn er ihn mit
einem hölzernen Gegenstand, der geeignet ist, einen Menschen zu
töten, so geschlagen hat, daß er stirbt, ist er ein Mörder. Der Mörder
ist mit dem Tod zu bestrafen.
19 Der Bluträcher darf den Mörder töten; sobald er ihn trifft, darf er
ihn töten.
20 Wenn einer einen andern aus Haß stößt oder aus dem Hinterhalt
nach ihm wirft, so daß er stirbt, 21 oder wenn er ihn in feindlicher
Absicht mit der Hand so schlägt, daß er stirbt, dann soll der, der
zugeschlagen hat, mit dem Tod bestraft werden; er ist ein Mörder.
Der Bluträcher darf den Mörder töten, sobald er ihn trifft.
22 Wenn aber einer einen andern aus Unachtsamkeit, ohne feindliche
Absicht, gestoßen oder ohne Hinterhältigkeit irgendeinen Gegen-
stand auf ihn geworfen hat 23 oder wenn er, ohne ihn zu sehen, einen
Stein, der einen Menschen töten kann, auf ihn fallen ließ, so daß er
starb – vorausgesetzt, er war nicht sein Feind und suchte ihn auch
nicht zu schädigen –, 24 dann soll die Gemeinde zwischen dem, der
getötet hat, und dem Bluträcher nach diesen Grundsätzen ein Urteil
fällen: 25 Die Gemeinde soll den, der getötet hat, vor der Gewalt des
Bluträchers retten und ihn in die Asylstadt, in die er geflohen war,
zurückbringen. Er darf darin wohnen, bis der Hohepriester stirbt,
den man mit heiligem Öl gesalbt hat.
26 Wenn der, der getötet hat, das Gebiet der Asylstadt verläßt, in die er
geflohen ist, 27 und der Bluträcher ihn außerhalb seiner Asylstadt
trifft, darf dieser den, der getötet hat, umbringen; dadurch entsteht
ihm keine Blutschuld. 28 Denn der, der getötet hat, soll bis zum Tod
des Hohenpriesters in der Asylstadt bleiben; nach dem Tod des
Hohenpriesters kann er zu seinem Land und zu seinem Besitz
zurückkehren. 29 Das soll bei euch überall, wo ihr wohnt, von Genera-
tion zu Generation als Recht gelten.
30 Wenn irgend jemand einen Menschen erschlägt, darf man den
Mörder nur aufgrund von Zeugenaussagen töten; doch aufgrund der
Aussage nur eines einzigen Zeugen darf man einen Menschen nicht
töten. 31 Ihr sollt kein Sühnegeld annehmen für das Leben eines Mör-
ders, der schuldig gesprochen und zum Tod verurteilt ist; denn er
muß mit dem Tod bestraft werden. 32 Auch dürft ihr von einem, der in
eine Asylstadt geflohen ist, kein Sühnegeld annehmen, so daß er vor
dem Tod des Hohenpriesters in die Heimat zurückkehren könnte.
33 Ihr dürft das Land, in dem ihr wohnt, nicht entweihen; denn Blut
entweiht das Land, und man kann das Land von dem darin vergosse-
nen Blut nur durch das Blut dessen entsühnen, der es vergossen hat.
34 Verunreinigt nicht das Land, in dem ihr euch niedergelassen habt
und in dessen Mitte ich selbst wohne; denn ich, der Herr, wohne mit-
ten unter den Israeliten.

Weitere Erbrechtsbestimmungen

36 Die Familienoberhäupter der Nachkommen Gileads, des
Sohnes Machirs, des Sohnes Manasses, aus den Sippen der
Nachkommen Josefs, kamen zu Mose und den führenden Männern,
den Familienhäuptern der Israeliten, um mit ihnen zu reden. 2 Sie
sagten: Der Herr hat meinem Herrn aufgetragen, das Land durch das
Los als Erbbesitz an die Israeliten zu verteilen. Mein Herr erhielt aber
vom Herrn auch den Auftrag, den Erbbesitz unseres Bruders Zelof-
had seinen Töchtern zu geben. 3 Wenn diese nun einen Mann aus
einem anderen israelitischen Stamm heiraten, dann geht ihr Besitz
dem Erbbesitz unserer Väter verloren und wird zum Erbbesitz des
Stammes, in den sie einheiraten; er geht also unserem Erbanteil ver-
loren.
4 Sobald das Jubeljahr für die Israeliten kommt, wird ihr Erbbesitz
zum Erbbesitz des Stammes, in den sie einheiraten, aber dem Erbbe-
sitz unseres väterlichen Stammes geht ihr Erbbesitz verloren.
5 Da befahl Mose den Israeliten auf Anweisung des Herrn: Die Män-
ner vom Stamm der Söhne Josefs haben recht. 6 Das ist es, was der
Herr den Töchtern Zelofhads befiehlt: Heiratet, wen ihr wollt, nur
müßt ihr einen Mann aus einer Sippe eures väterlichen Stammes hei-
raten. 7 Der Erbbesitz darf bei den Israeliten nicht von einem Stamm
auf den andern übergehen; denn jeder Israelit soll fest mit dem Erb-
besitz seines väterlichen Stammes verbunden bleiben. 8 Jede Tochter,
die Anspruch auf Erbbesitz in einem israelitischen Stamm hat, muß
einen Mann aus einer Sippe ihres väterlichen Stammes heiraten,
damit bei den Israeliten jeder im Erbbesitz seiner Väter bleibt. 9 Der
Erbbesitz darf nicht von einem Stamm auf einen andern übergehen.
Denn jeder Israelit soll fest mit dem Erbbesitz seines Stammes ver-
bunden bleiben.
10 Die Töchter Zelofhads taten, was der Herr dem Mose befohlen hatte.
11 Machla, Tirza, Hogla, Milka und Noa, die Töchter Zelofhads, heira-
teten Söhne ihrer Onkel; 12 sie heirateten Männer aus den Sippen der
Nachkommen Manasses, des Sohnes Josefs. So blieb ihr Erbbesitz
dem Stamm ihrer väterlichen Sippe erhalten.
13 Das sind die Gebote und Rechte, die der Herr den Israeliten in den
Steppen von Moab, am Jordan bei Jericho, durch Mose gegeben hat.

Das Buch Deuteronomium

Das Buch Deuteronomium erzählt von den letzten Lebenstagen des Mose und schließt den Pentateuch ab. Vor seinem Tod verkündet Mose noch einmal das Gesetz vom Sinai. Daher trägt dieses Buch in der griechischen und in der lateinischen Bibel den Namen Deuteronomium (Zweites Gesetz; vgl. 17,18). Die Juden nennen dieses Buch Dewarim (Worte) nach den Anfangsworten Elle haddebarim (Das sind die Worte).

Das Buch Deuteronomium enthält zum Teil sehr alte Texte. Doch in seine jetzige Gestalt wuchs es erst in der ausgehenden Königszeit, im Exil und nach dem Exil hinein. Indem Israel seine späteren Ordnungen und Einsichten bis in die Zeit des Mose zurückverlegt, bekennt es, daß es sich dabei um Gottes Weisung und Setzung handelt, an der man für immer festhalten soll.

Die letzte Wurzel des deuteronomischen Gesetzes ist wahrscheinlich ein Bundestext aus der Richterzeit, der noch in Ex 34,10–26 erhalten ist. Er spiegelt eine Ordnung, in der Jahwe, der Gott Israels, selbst als Herrscher des Volkes galt. Nachdem Israel einen König erhalten hatte, konnte man zunächst mit solchen Vorstellungen nichts anfangen. Die Tradition wurde aber weitergepflegt, und in der frühen Königszeit hatte das Bundesgesetz die Gestalt angenommen, die in Ex 20,22–23,33, dem sog. Bundesbuch, erhalten ist. Im ausgehenden 8. Jahrhundert scheint man in Juda bei religiösen Reformversuchen, erstmalig wohl unter König Hiskija, auf diese alten Traditionen zurückgegriffen zu haben. In den neu redigierten Text kamen die Gesetze über die Zentralisierung der Opfer, Abgaben und Wallfahrtsfeste an einem einzigen Heiligtum (Jerusalem; vgl. 2 Kön 18,22); irgendwann wurden Gesetze eingefügt, die am alten Text der Zehn Gebote orientiert waren; damals entstand auch die feierliche »deuteronomische Sprache«, die wohl für den öffentlichen Vortrag bei Bundesschluß oder Bundeserneuerung gedacht war. Im Jahr 622 v. Chr. verpflichtete König Joschija von Jerusalem sein Reich auf ein im Tempel gefundenes Gesetz (2 Kön 22f). Dieses dürfte eine Fassung des deuteronomischen Gesetzes gewesen sein, die mit Dtn 6,4 einsetzte und große Teile der jetzigen Kapitel 6–28 enthielt. Dieses Gesetz, das im Lauf der Zeit noch viele Erweiterungen erfuhr, war von da an bis zum Untergang Jerusalems (586 v. Chr.), im Exil und auch nach der Heimkehr die Lebensgrundlage des jüdischen Volkes, bis es durch das »Heiligkeitsgesetz« (Lev 19–26) ergänzt und dann zusammen mit vielen anderen gesetzlichen Materialien in der Gesetzgebung des Pentateuch zusammengefaßt wurde.

Noch zu Lebzeiten Joschijas wurde ein Geschichtswerk verfaßt, das von Mose bis zu diesem König reichte. An seinen Anfang wurde das deuteronomische Gesetz gestellt, gewissermaßen als göttlicher Maßstab für die Geschichte des Volkes. Damals wurde es als Moserede stilisiert und mit anderen Reden des Mose umgeben, die zum Teil Rückblicke auf die Wüstenzeit Israels und Ausblicke auf die Geschichte Israels enthalten. Dieses »Deuteronomistische Geschichtswerk« wurde in und nach dem Babylonischen Exil noch mehrfach überarbeitet. Es umfaßt jetzt die Bücher Dtn bis 2 Kön. Bei der Herstellung des Pentateuch in nachexilischer Zeit wurde das Buch Deuteronomium von diesem Geschichtswerk abgetrennt und durch einige weitere Texte, vor allem aus der »Priesterschrift«, mit den ersten vier Büchern des Pentateuch verklammert (vgl. die Einleitung zu den Fünf Büchern des Mose).

Das Buch stellt sich jetzt als eine Sammlung von Mosereden dar, die durch ein Überschriftensystem in vier Teile gegliedert ist: 1,1–4,43 »Rede« des Mose (Rückblick und Mahnung); 4,44–28,68 »Weisung« des Mose (Verkündigung des Gesetzes); 28,69–32,52 die »Worte, mit denen der Bund geschlossen wurde« (letzte Verfügungen des Mose); 33,1–29 »Segen« des Mose (mit angehängtem Bericht über seinen Tod und sein Begräbnis 34,1–12). Das Moselied (32,1–43) und der Mosesegen (33,2–29) sind alte Dichtungen.

Man kann das Deuteronomium als Zeugnis der ersten großen theologischen Synthese in Israel betrachten. Hier werden zum erstenmal unter den Leitgedanken der Verpflichtung Israels auf den ausschließlichen Dienst für seinen Gott Jahwe und des Verhältnisses Gott-Volk nach Art eines Lehnsverhältnisses zwischen einem Herrn und denen, die sich ihm durch einen Vertrag anvertraut haben (»Bund«), die verschiedensten Traditionen zu einer Einheit zusammengefaßt. Für uns sind viele Institutionen, die sich in den Gesetzen spiegeln, Vergangenheit. Doch zeigt dieses alle Lebensbereiche in das Gottesverhältnis hineinziehende Buch, daß Gott sich ein Volk schaffen will, als Zeichen unter den Völkern und als Zeuge seiner Herrschaft.

Die Rede des Mose: Rückblick und Mahnung

Ort und Zeit

1 Das sind die Worte, die Mose vor ganz Israel gesprochen hat.
Er sprach sie jenseits des Jordan, in der Wüste, in der Araba,
östlich von Suf, zwischen Paran und Tofel, Laban, Hazerot und
Di-Sahab. 2 Elf Tage sind es vom Horeb auf dem Weg zum Gebirge
Seïr bis nach Kadesch-Barnea. 3 Es war im vierzigsten Jahr, im elften
Monat, am ersten Tag des Monats. Mose sagte den Israeliten genau
das, was ihm der Herr für sie aufgetragen hatte. 4 Nachdem er Sihon,
den König der Amoriter, der in Heschbon seinen Sitz hatte, und Og,
den König des Baschan, der in Aschtarot seinen Sitz hatte, bei Edreï
geschlagen hatte, 5 begann Mose jenseits des Jordan im Land Moab,
diese Weisung aufzuschreiben. Er sagte:

Der Aufbruch vom Horeb

6 Der Herr, unser Gott, hat am Horeb zu uns gesagt: Ihr habt euch
lange genug an diesem Berg aufgehalten. 7 Nun wendet euch dem
Bergland der Amoriter zu, brecht auf, und zieht hinauf! Zieht aus
gegen alle seine Bewohner in der Araba, auf dem Gebirge, in der
Schefela, im Negeb und an der Meeresküste! Zieht in das Land der
Kanaaniter und in das Gebiet des Libanon, bis an den großen Strom,
den Eufrat! 8 Hiermit liefere ich euch das Land aus. Zieht hinein, und
nehmt es in Besitz, das Land, von dem ihr wißt: Der Herr hat euren
Vätern Abraham, Isaak und Jakob geschworen, es ihnen und später
ihren Nachkommen zu geben.

9 Damals habe ich zu euch gesagt: Ich kann euch nicht allein tragen.
10 Der Herr, euer Gott, hat euch zahlreich gemacht. Ja, ihr seid heute
schon so zahlreich wie die Sterne am Himmel. 11 Und der Herr, der
Gott eurer Väter, lasse eure Zahl auf das Tausendfache wachsen und
segne euch, wie er es euch versprochen hat. 12 Wie soll ich allein euch
tragen: eure Bürde, eure Last, eure Rechtshändel? 13 Schlagt für jeden
eurer Stämme weise, gebildete und bewährte Männer vor, damit ich
sie als eure Führer einsetze. 14 Ihr habt mir geantwortet: Das ist ein
guter Vorschlag. Führ ihn aus! 15 Also habe ich die Führer eurer
Stämme, weise und bewährte Männer, genommen und sie zu euren
Führern ernannt: als Anführer für je tausend, Anführer für je hundert,
Anführer für je fünfzig, Anführer für je zehn, und als Listenführer, für
jeden eurer Stämme. 16 Damals habe ich eure Richter verpflichtet:
Laßt jeden Streit zwischen euren Brüdern vor euch kommen. Ent-
scheidet gerecht, sei es der Streit eines Mannes mit einem Bruder
oder mit einem Fremden. 17 Kennt vor Gericht kein Ansehen der Per-
son! Klein wie Groß hört an! Fürchtet euch nicht vor angesehenen
Leuten; denn das Gericht hat mit Gott zu tun. Und ist euch eine Sache
zu schwierig, legt sie mir vor; dann werde ich sie anhören. 18 Damals
habe ich euch alle Vorschriften gegeben, nach denen ihr handeln
sollt.

Israels Unglaube in Kadesch-Barnea

19 Dann brachen wir auf, verließen den Horeb und wanderten durch
diese ganze große und furchterregende Wüste – ihr habt sie erlebt –
auf dem Weg zum Amoriterbergland, wie es uns der Herr, unser Gott,
befohlen hatte. Wir kamen bis Kadesch-Barnea. 20 Dort sagte ich zu
euch: Nun seid ihr am Bergland der Amoriter angekommen, das der
Herr, unser Gott, uns gibt. 21 Sieh, der Herr, dein Gott, hat dir das
Land ausgeliefert. Zieh hinauf, und nimm es in Besitz, wie der Herr,
der Gott deiner Väter, es dir befohlen hat. Fürchte dich nicht, und hab
keine Angst! 22 Da seid ihr zu mir gekommen, ihr alle, und habt
gesagt: Wir wollen einige Männer vorausschicken. Sie sollen uns das
Land auskundschaften und uns Bericht erstatten über den Weg, den
wir hinaufziehen, und über die Städte, auf die wir treffen werden.
23 Der Vorschlag erschien mir gut. Ich wählte unter euch zwölf Män-
ner aus, für jeden Stamm einen. 24 Sie wendeten sich dem Bergland
zu, zogen hinauf, gelangten bis zum Traubental und erkundeten es.
25 Sie pflückten einige von den Früchten des Landes, brachten sie zu
uns herab und erstatteten uns Bericht. Sie sagten: Das Land, das der
Herr, unser Gott, uns gibt, ist prächtig. 26 Doch ihr habt euch gewei-
gert hinaufzuziehen. Ihr habt euch dem Befehl des Herrn, eures
Gottes, widersetzt 27 und habt in euren Zelten gemurrt. Ihr habt
gesagt: Weil er uns haßt, hat der Herr uns aus Ägypten geführt. Er
will uns in die Gewalt der Amoriter geben, um uns zu vernichten.
28 Wohin geraten wir, wenn wir hinaufziehen? Unsere Brüder haben
uns den Mut genommen, als sie berichteten: Ein Volk, größer und
zahlreicher als wir, Städte, groß, mit himmelhohen Mauern. Sogar
Anakiter haben wir dort gesehen. 29 Da habe ich zu euch gesagt: Ihr
dürft nicht vor ihnen zurückweichen und dürft euch nicht vor ihnen
fürchten. 30 Der Herr, euer Gott, der euch vorangeht, wird für euch
kämpfen, genau so, wie er vor euren Augen in Ägypten auf eurer Seite
gekämpft hat. 31 Das gleiche tat er in der Wüste, du hast es selbst
erlebt. Da hat der Herr, dein Gott, dich auf dem ganzen Weg, den ihr
gewandert seid, getragen, wie ein Vater seinen Sohn trägt, bis ihr an
diesen Ort kamt. 32 Trotzdem habt ihr nicht an den Herrn, euren Gott,
geglaubt, 33 der euch auf dem Weg vorangegangen war, um euch die
Stelle für das Lager zu suchen. Bei Nacht ging er im Feuer voran, um
euch den Weg zu zeigen, auf dem ihr gehen solltet, bei Tag in der
Wolke. 34 Der Herr hörte euer lautes Murren, wurde unwillig und
schwor: 35 Kein einziger von diesen Männern, von dieser verdorbenen
Generation, soll das prächtige Land sehen, von dem ihr wißt: Ich
habe geschworen, es euren Vätern zu geben. 36 Nur Kaleb, der Sohn
Jefunnes, wird es sehen. Ihm und seinen Söhnen werde ich das Land
geben, das er betreten hat. Denn er ist dem Herrn ganz und gar nach-
gefolgt. 37 Auch mir grollte der Herr euretwegen und sagte: Auch du
sollst nicht in das Land hineinkommen. 38 Josua, der Sohn Nuns, dein
Gehilfe, wird hineinkommen. Verleih ihm Macht: Er soll das Land an
Israel als Erbbesitz verteilen. 39 Und eure Kleinen, von denen ihr sagt:
Zur Beute werden sie!, und eure Kinder, die heute noch nichts von
Gut und Böse wissen, sie werden in das Land hineinkommen. Ihnen
gebe ich es, und sie nehmen es dann auch in Besitz. 40 Ihr aber, wen-
det euch zur Wüste, brecht auf, und nehmt den Weg zum Schilfmeer!
41 Ihr habt mir darauf erwidert: Wir haben vor dem Herrn gesündigt.
Doch jetzt wollen wir hinaufziehen und kämpfen, genau so, wie es
uns der Herr, unser Gott, befohlen hat. Und jeder legte die Waffen an
und gürtete sich, um ins Bergland zu ziehen. 42 Doch der Herr sprach
zu mir: Sag ihnen: Ihr sollt nicht hinaufziehen und nicht kämpfen;
denn ich bin nicht in eurer Mitte. Ich will nicht, daß eure Feinde euch
niederstoßen. 43 Ich habe euch zugeredet, doch ihr habt nicht gehört.
Ihr habt euch dem Befehl des Herrn widersetzt. In eurer Vermessen-
heit seid ihr ins Bergland gezogen. 44 Da rückten die Amoriter, die
dort im Bergland wohnen, gegen euch aus. Sie verfolgten euch wie
ein Bienenschwarm und versprengten euch in Seïr bis nach Horma
hin. 45 Als ihr zurückkamt, weintet ihr vor dem Herrn. Doch er hat auf
eure Klagen nicht gehört und hatte kein Ohr mehr für euch. 46 Dann
hieltet ihr euch lange in Kadesch auf – die ganze Zeit, die ihr dort
geblieben seid.

Der Zug ins Ostjordanland

2 Dann wendeten wir uns der Wüste zu, brachen auf und nahmen
den Weg zum Schilfmeer, wie es der Herr mir befohlen hatte.
Wir umzogen lange Zeit das Gebirge Seïr. 2 Dann sagte der Herr zu
mir:
3 Ihr seid jetzt lange genug um dieses Gebirge herumgezogen. Wen-
det euch jetzt nach Norden! 4 Befiehl dem Volk: Ihr werdet jetzt durch
das Gebiet von Stammverwandten ziehen, durch das Gebiet der
Nachkommen Esaus, die in Seïr wohnen. Wenn sie Furcht vor euch
zeigen, dann seid auf der Hut, 5 und beginnt keine Feindseligkeiten
gegen sie! Von ihrem Land gebe ich euch keinen Fußbreit; denn das
Gebirge Seïr habe ich für Esau zum Besitz bestimmt. 6 Was ihr an
Getreide zum Essen braucht, kauft von ihnen für Silber; selbst das
Trinkwasser beschafft euch von ihnen gegen Silber! 7 Der Herr, dein
Gott, hatte dich reich gesegnet bei der Arbeit deiner Hände. Er
wußte, daß du in dieser großen Wüste unterwegs warst. Vierzig Jahre
lang war der Herr, dein Gott, bei dir. Nichts hat dir gefehlt. 8 Wir
zogen also weg aus dem Gebiet in der Nähe der Söhne Esaus, unserer
Stammverwandten, die in Seïr wohnen, weg vom Weg durch die
Araba, von Elat und Ezjon-Geber. Wir wendeten uns (nach Norden)
und zogen den Weg zur Wüste Moab entlang. 9 Und der Herr sagte zu
mir: Begegne Moab nicht feindlich, beginn keinen Kampf mit ihnen!
Von ihrem Land bestimme ich dir kein Stück zum Besitz; denn Ar
habe ich für die Nachkommen Lots zum Besitz bestimmt. 10 Einst
saßen dort die Emiter, ein Volk, das groß, zahlreich und hochge-
wachsen war wie die Anakiter. 11 Wie die Anakiter galten auch sie als
Rafaïter, die Moabiter aber nennen sie Emiter. 12 In Seïr saßen einst
die Horiter, aber deren Besitz haben die Nachkommen Esaus über-
nommen. Als sie vordrangen, vernichteten sie die Horiter und setzten
sich an deren Stelle, so wie die Israeliten es mit dem Land taten, das
ihnen der Herr zum Besitz bestimmt hatte. 13 Und jetzt steht auf, und
überquert das Tal des Sered! Da überquerten wir das Tal des Sered.

Die Eroberung des Ostjordanlandes

14 Die Zeit, die wir von Kadesch-Barnea an gewandert waren, bis wir
das Tal des Sered überquerten, betrug achtunddreißig Jahre. So lange
dauerte es, bis die Generation der waffenfähigen Männer vollständig
ausgestorben war, so daß sich keiner von ihnen mehr im Lager
befand, wie es ihnen der Herr geschworen hatte. 15 Der Herr hatte
seine Hand gegen sie ausgestreckt und Verwirrung unter ihnen ver-
breitet, bis sie ausgestorben waren, so daß sich keiner von ihnen

mehr im Lager befand. 16 Als alle waffenfähigen Männer ausgestor-
ben und tot waren, so daß keiner von ihnen mehr im Volk lebte,
17 sagte der Herr zu mir: 18 Wenn du heute durch das Gebiet von
Moab, durch Ar, ziehst, 19 kommst du nahe an den Ammonitern vor-
bei. Begegne ihnen nicht feindlich, beginne keine Feindseligkeiten
gegen sie! Vom Land der Ammoniter bestimme ich dir kein Stück
zum Besitz; denn ich habe es für die Nachkommen Lots zum Besitz
bestimmt. 20 Auch dieses gilt als Land der Rafaïter. Einst saßen die
Rafaïter darin. Die Ammoniter nennen sie die Samsummiter, 21 ein
Volk, das groß, zahlreich und hochgewachsen war wie die Anakiter.
Der Herr vernichtete die Rafaïter, als die Ammoniter eindrangen.
Diese übernahmen ihren Besitz und setzten sich an ihre Stelle. 22 Das
war das gleiche, was der Herr für die Nachkommen Esaus getan hat,
die in Seïr sitzen. Als sie vordrangen, vernichtete er die Horiter. Die
Nachkommen Esaus übernahmen ihren Besitz und setzten sich an
ihre Stelle. So blieb es bis heute. 23 Das gleiche geschah mit den Awi-
tern, die in einzelnen Dörfern bis nach Gaza hin saßen. Die Kaftori-
ter, die aus Kaftor ausgewandert waren, vernichteten sie und setzten
sich an ihre Stelle. 24 Steht auf, brecht auf, und überquert das Tal des
Arnon! Hiermit gebe ich Sihon, den König von Heschbon, den Amo-
riter, mit seinem Land in eure Gewalt. Fang an, in Besitz zu nehmen!
Bei Sihon sollst du den Kampf beginnen. 25 Und ich fange heute an,
den Völkern überall unter dem Himmel Schrecken und Furcht vor dir
ins Gesicht zu zeichnen. Wenn sie von dir nur hören, zittern sie. Sie
winden sich vor Angst, wenn sie dich sehen. 26 Da sandte ich aus der
Wüste Kedemot Boten zu Sihon, dem König von Heschbon, und ließ
ihm folgendes Abkommen vorschlagen: 27 Ich will durch dein Land
ziehen. Ich werde mich genau an den Weg halten, ohne ihn rechts
oder links zu verlassen. 28 Was ich an Getreide zum Essen brauche,
wirst du mir für Silber verkaufen, auch das Trinkwasser wirst du mir
gegen Silber geben. Ich werde nur zu Fuß durchziehen, 29 so wie die
Nachkommen Esaus, die in Seïr wohnen, und die Moabiter, die in Ar
wohnen, es mir erlaubt haben. (Das soll gelten,) bis ich über den Jor-
dan in das Land gezogen bin, das der Herr, unser Gott, uns gibt.
30 Doch Sihon, der König von Heschbon, weigerte sich, uns bei sich
durchziehen zu lassen. Denn der Herr, dein Gott, hatte seinen
Kampfgeist gestärkt und ihm Mut gemacht, um ihn in deine Gewalt
zu geben, wie es inzwischen geschehen ist. 31 Zu mir aber sagte der
Herr: Hiermit fange ich an. Ich liefere dir Sihon und sein Land aus.
Du fang an, in Besitz zu nehmen! Fang mit seinem Land an! 32 Sihon
rückte mit seinem ganzen Volk gegen uns aus, um bei Jahaz zu kämp-
fen. 33 Der Herr, unser Gott, lieferte ihn uns aus. Wir schlugen ihn,
seine Söhne und sein ganzes Volk. 34 Damals eroberten wir alle seine
Städte. Wir weihten die ganze männliche Bevölkerung, die Frauen,
die Kinder und die Greise der Vernichtung; keinen ließen wir überle-
ben. 35 Als Beute behielten wir nur das Vieh und das, was wir in den
eroberten Städten geplündert hatten. 36 Von Aroër am Rand des
Arnontals und von der Stadt, die im Tal liegt, bis hin nach Gilead gab
es keine befestigte Stadt, deren Mauern für uns zu hoch waren. Alle
hat uns der Herr, unser Gott, ausgeliefert. 37 Nur dem Land der
Ammoniter hast du dich nicht genähert, dem gesamten Randgebiet
des Jabboktals und den Städten im Gebirge, also allem, was der Herr,
unser Gott, uns verwehrt hatte.

3 Dann wendeten wir uns dem Weg zum Baschan zu und zogen
hinauf. Og, der König des Baschan, rückte mit seinem ganzen
Volk gegen uns aus, um bei Edreï zu kämpfen. 2 Der Herr sagte zu
mir: Fürchte ihn nicht, denn ich gebe ihn, sein ganzes Volk und sein
Land in deine Gewalt. Tu mit ihm, was du mit Sihon getan hast, dem
König der Amoriter, der in Heschbon seinen Sitz hatte. 3 Und der
Herr, unser Gott gab auch Og, den König des Baschan, und sein
ganzes Volk in unsere Gewalt. Wir schlugen ihn und ließen keinen
überleben. 4 Damals eroberten wir alle seine Städte. Es gab keine
befestigte Stadt, die wir ihnen nicht genommen hätten: sechzig
Städte, den ganzen Bezirk von Argob, das Königreich des Og im
Baschan. 5 Alle diese Städte waren durch hohe Mauern, Torflügel und
Torbalken befestigt. Hinzu kamen die zahlreichen offenen Land-
städte. 6 Wir weihten sie der Vernichtung, wie wir es mit Sihon, dem
König von Heschbon, getan hatten. Wir weihten die ganze männliche
Bevölkerung und die Frauen, Kinder und Greise der Vernichtung.
7 Alles Vieh und das, was wir in den Städten geplündert hatten,
behielten wir als Beute.
8 Damals entrissen wir der Gewalt der beiden Amoriterkönige jenseits
des Jordan das Land vom Arnontal bis zum Gebirge Hermon – 9 die
Sidonier nennen den Hermon Sirjon, die Amoriter nennen ihn Senir
–, 10 alle Städte der Hochebene, ganz Gilead und den ganzen Baschan
bis nach Salka und Edreï, das heißt nur die Städte des Königreichs
Ogs im Baschan. 11 Denn Og, der König des Baschan, war als einziger
von den letzten Rafaïtern noch übriggeblieben. Sein Bett war aus
Eisen. Steht es nicht in Rabba, der Hauptstadt der Ammoniter? Es ist
neun gewöhnliche Ellen lang und vier breit. 12 Dieses Land nahmen
wir damals in Besitz. Von Aroër an, das am Arnontal liegt, einschließ-
lich der Hälfte des Gebirges Gilead und ihrer Städte, übergab ich es
(euch,) den Rubenitern und Gaditern. 13 Den Rest von Gilead und den
ganzen Baschan, soweit er zum Königreich Ogs gehört hatte, über-
gab ich (euch,) der einen Hälfte des Stammes Manasse – den ganzen
Bezirk von Argob. Diesen ganzen Baschan bezeichnet man als Land
der Rafaïter. 14 Jaïr, der Sohn Manasses, übernahm den ganzen Bezirk
von Argob einschließlich des Gebiets der Geschuriter und der
Maachatiter und benannte sie nach seinem eigenen Namen: Er
nannte den Baschan Hawot-Jaïr (Zeltdörfer Jaïrs). So heißt er noch
heute. 15 Dem Machir übergab ich Gilead, 16 den Rubenitern und
Gaditern aber gab ich das Gebiet von Gilead bis zum Arnontal, das
Tal selbst und das zugehörige Gebiet bis zum Jabbok, wo das Tal die
Grenze zu den Ammonitern bildet, 17 dazu die Araba und den Jordan
mit dem zugehörigen Gebiet, vom See Kinneret bis zum Meer der
Araba, dem Salzmeer am Fuß der Steilhänge des Pisga, nach Osten
hin.

Die Vorbereitungen zur Eroberung des Westjordanlandes

18 Damals wies ich euch an: Der Herr, euer Gott, hat euch dieses Land
gegeben, so daß ihr es in Besitz nehmen könnt. Doch jetzt, in Waffen,
sollt ihr zunächst mit allen Wehrfähigen an der Spitze eurer Brüder,
der Israeliten, über den Jordan ziehen. 19 Nur eure Frauen, Kinder,
Greise und Herden – ich weiß, ihr habt viele Herden – können in den
Städten bleiben, die ich für euch bestimmt habe. 20 Erst wenn der Herr
euren Brüdern wie euch Ruhe verschafft hat, erst wenn auch sie das
Land jenseits des Jordan in Besitz genommen haben, das der Herr,
euer Gott, ihnen gibt, dürft ihr zurückkehren, jeder zu seinem Besitz,
den ich für euch bestimmt habe.
21 Damals wies ich Josua an: Du hast mit eigenen Augen alles gese-
hen, was der Herr, euer Gott, mit diesen beiden Königen getan hat.
Das gleiche wird der Herr mit allen Königreichen tun, zu denen du
hinüberziehst. 22 Ihr sollt sie nicht fürchten; denn der Herr, euer Gott,
ist es, der für euch kämpft.
23 Damals rief ich den Herrn um Gnade für mich an: 24 Gott, mein
Herr! Du hast angefangen, deinen Knecht deine Macht und deine
starke Hand schauen zu lassen. Welcher Gott im Himmel oder auf
der Erde hat etwas vollbracht, was deinen Taten und deinen Siegen
vergleichbar wäre? 25 Laß mich doch hinüberziehen! Laß mich das
prächtige Land jenseits des Jordan sehen, dieses prächtige Bergland
und den Libanon! 26 Doch euretwegen zürnte mir der Herr und
erhörte mich nicht. Der Herr sagte zu mir: Genug! Trag mir diese
Sache niemals wieder vor! 27 Steig auf den Gipfel des Pisga, richte die
Augen nach Westen, nach Norden, nach Süden und nach Osten, und
schau mit eigenen Augen hinüber! Doch hinüberziehen über den Jor-
dan hier wirst du nicht. 28 Setz Josua ein, verleih ihm Macht und
Stärke: Er soll an der Spitze dieses Volkes hinüberziehen. Er soll an
sie das Land als Erbbesitz verteilen, das du nur schauen darfst. 29 So
blieben wir in der Talschlucht gegenüber Bet-Pegor.

Ermahnung und Ausblick

4 Und nun, Israel, höre die Gesetze und Rechtsvorschriften, die
ich euch zu halten lehre. Hört, und ihr werdet leben, ihr werdet
in das Land, das der Herr, der Gott eurer Väter, euch gibt, hineinzie-
hen und es in Besitz nehmen. 2 Ihr sollt dem Wortlaut dessen, worauf
ich euch verpflichte, nichts hinzufügen und nichts davon wegneh-
men; ihr sollt auf die Gebote des Herrn, eures Gottes, achten, auf die
ich euch verpflichte. 3 Ihr habt mit eigenen Augen gesehen, was der
Herr wegen des Baal-Pegor getan hat. Jeden, der dem Baal-Pegor
nachfolgte, hat der Herr, dein Gott, in deiner Mitte vernichtet. 4 Ihr
aber habt euch am Herrn, eurem Gott, festgehalten, und darum seid
ihr alle heute noch am Leben.
5 Hiermit lehre ich euch, wie es mir der Herr, mein Gott, aufgetragen
hat, Gesetze und Rechtsvorschriften. Ihr sollt sie innerhalb des Lan-
des halten, in das ihr hineinzieht, um es in Besitz zu nehmen. 6 Ihr
sollt auf sie achten und sollt sie halten. Denn darin besteht eure Weis-
heit und eure Bildung in den Augen der Völker. Wenn sie dieses
Gesetzeswerk kennenlernen, müssen sie sagen: In der Tat, diese
große Nation ist ein weises und gebildetes Volk. 7 Denn welche große
Nation hätte Götter, die ihr so nah sind, wie Jahwe, unser Gott, uns
nah ist, wo immer wir ihn anrufen? 8 Oder welche große Nation
besäße Gesetze und Rechtsvorschriften, die so gerecht sind wie alles
in dieser Weisung, die ich euch heute vorlege?
9 Jedoch, nimm dich in acht, achte gut auf dich! Vergiß nicht die
Ereignisse, die du mit eigenen Augen gesehen, und die Worte, die du
gehört hast. Laß sie dein ganzes Leben lang nicht aus dem Sinn!
Präge sie deinen Kindern und Kindeskindern ein! 10 Vergiß nicht den
Tag, als du am Horeb vor dem Herrn, deinem Gott, standest. Der
Herr hatte zu mir gesagt: Ruf mir das Volk zusammen! Ich will sie
meine Worte hören lassen. Sie sollen lernen, mich zu fürchten, so
lange, wie sie im Land leben, und sie sollen es auch ihre Kinder leh-
ren. 11 Ihr wart herangekommen und standet unten am Berg, und der
Berg brannte: Feuer, hoch bis in den Himmel hinauf, Finsternis, Wol-
ken und Dunkel. 12 Der Herr sprach zu euch mitten aus dem Feuer. Ihr
hörtet den Donner der Worte. Eine Gestalt habt ihr nicht gesehen. Ihr
habt nur den Donner gehört. 13 Der Herr offenbarte euch seinen
Bund, er verpflichtete euch, ihn zu halten: die Zehn Worte. Er schrieb
sie auf zwei Steintafeln. 14 Mir befahl damals der Herr, euch Gesetze
und Rechtsvorschriften zu lehren, die ihr in dem Land halten sollt, in
das ihr hinüberzieht, um es in Besitz zu nehmen.
15 Nehmt euch um eures Lebens willen gut in acht! Denn eine Gestalt
habt ihr an dem Tag, als der Herr am Horeb mitten aus dem Feuer zu
euch sprach, nicht gesehen. 16 Lauft nicht in euer Verderben, und
macht euch kein Gottesbildnis, das irgend etwas darstellt, keine Sta-
tue, kein Abbild eines männlichen oder weiblichen Wesens, 17 kein
Abbild irgendeines Tiers, das auf der Erde lebt, kein Abbild irgendei-
nes gefiederten Vogels, der am Himmel fliegt, 18 kein Abbild irgend-
eines Tiers, das am Boden kriecht, und kein Abbild irgendeines Mee-
restieres im Wasser unter der Erde. 19 Wenn du die Augen zum
Himmel erhebst und das ganze Himmelsheer siehst, die Sonne, den
Mond und die Sterne, dann laß dich nicht verführen! Du sollst dich
nicht vor ihnen niederwerfen und ihnen nicht dienen. Der Herr, dein
Gott, hat sie allen anderen Völkern überall unter dem Himmel zuge-
wiesen. 20 Euch aber hat der Herr genommen und aus dem Schmelz-
ofen, aus Ägypten, herausgeführt, damit ihr sein Volk, sein Erbbesitz
werdet – wie ihr es heute seid. 21 Zwar hat der Herr mir wegen eures
Murrens gegrollt und mir geschworen, ich dürfe nicht über den Jor-
dan ziehen und das prächtige Land betreten, das der Herr, dein Gott,
dir als Erbbesitz gibt. 22 Ich muß in diesem Land hier sterben und
werde nicht über den Jordan ziehen. Aber ihr werdet hinüberziehen
und dieses prächtige Land in Besitz nehmen.
23 Nehmt euch in acht! Vergeßt nicht den Bund, den der Herr, euer
Gott, mit euch geschlossen hat. Ihr sollt euch kein Gottesbildnis
machen, das irgend etwas darstellt, was der Herr, dein Gott, dir ver-
boten hat. 24 Denn der Herr, dein Gott, ist verzehrendes Feuer. Er ist
ein eifersüchtiger Gott. 25 Wenn du Kinder und Kindeskinder zeugst
und ihr im Land heimisch seid, wenn ihr dann ins Verderben lauft und
ein Gottesbildnis macht, das irgend etwas darstellt, wenn ihr also tut
was in den Augen des Herrn, deines Gottes, böse ist, und wenn ihr
ihn erzürnt – 26 den Himmel und die Erde rufe ich heute als Zeugen
gegen euch an: dann werdet ihr unverzüglich aus dem Land ausgetilgt
sein, in das ihr jetzt über den Jordan zieht, um es in Besitz zu nehmen.
Nicht lange werdet ihr darin leben. Ihr werdet vernichtet werden.
27 Der Herr wird euch unter die Völker verstreuen. Nur einige von euch
werden übrigbleiben in den Nationen, zu denen der Herr euch führt.
28 Dort müßt ihr Göttern dienen, Machwerken von Menschenhand,
aus Holz und Stein. Sie können nicht sehen und nicht hören, nicht
essen und nicht riechen. 29 Dort werdet ihr den Herrn, deinen Gott,
wieder suchen. Du wirst ihn auch finden, wenn du dich mit ganzem
Herzen und mit ganzer Seele um ihn bemühst. 30 Wenn du in Not bist,
werden alle diese Worte dich finden. In späteren Tagen wirst du zum
Herrn, deinem Gott, zurückkehren und auf seine Stimme hören.
31 Denn der Herr, dein Gott, ist ein barmherziger Gott. Er läßt dich
nicht fallen und gibt dich nicht dem Verderben preis und vergißt nicht
den Bund mit deinen Vätern, den er ihnen beschworen hat.
32 Forsche doch einmal in früheren Zeiten nach, die vor dir gewesen
sind, seit dem Tag, als Gott den Menschen auf der Erde schuf; forsche
nach vom einen Ende des Himmels bis zum andern Ende: Hat sich je
etwas so Großes ereignet wie dieses, und hat man je solche Worte
gehört? 33 Hat je ein Volk einen Gott mitten aus dem Feuer im Donner
sprechen hören, wie du ihn gehört hast, und ist am Leben geblieben?
34 Oder hat je ein Gott es ebenso versucht, zu einer Nation zu kom-
men und sie mitten aus einer anderen herauszuholen unter Prüfun-
gen, unter Zeichen, Wundern und Krieg, mit starker Hand und hoch
erhobenem Arm und unter großen Schrecken, wie es der Herr, euer
Gott, in Ägypten mit euch getan hat, vor deinen Augen? 35 Das hast du
sehen dürfen, damit du erkennst: Jahwe ist der Gott, kein anderer ist
außer ihm. 36 Vom Himmel herab ließ er dich seinen Donner hören,
um dich zu erziehen. Auf der Erde ließ er dich sein großes Feuer
sehen, und mitten aus dem Feuer hast du seine Worte gehört. 37 Weil
er deine Väter liebgewonnen hatte, hat er alle Nachkommen eines
jeden von ihnen erwählt und dich dann in eigener Person durch seine
große Kraft aus Ägypten geführt, 38 um bei deinem Angriff Völker zu
vertreiben, die größer und mächtiger sind als du, um dich in ihr Land
zu führen und es dir als Erbbesitz zu geben, wie es jetzt geschieht.
39 Heute sollst du erkennen und dir zu Herzen nehmen: Jahwe ist der
Gott im Himmel droben und auf der Erde unten, keiner sonst.
40 Daher sollst du auf seine Gesetze und seine Gebote, auf die ich dich
heute verpflichte, achten, damit es dir und später deinen Nachkom-
men gut geht und du lange lebst in dem Land, das der Herr, dein Gott,
dir gibt für alle Zeit.

Die Asylstädte im Ostjordanland

41 Damals hat Mose jenseits des Jordan, nach Osten hin, drei Städten
eine Sonderstellung zugewiesen.
42 Dorthin soll jeder, der einen Menschen getötet hat, fliehen können,
falls er den andern ohne Vorsatz getötet hat und nicht schon früher
mit ihm verfeindet gewesen ist. Wenn er in eine dieser Städte flieht,
darf er am Leben bleiben. 43 Es sind Bezer im Wüstengebiet der Hoch-
ebene für die Rubeniter, Ramot in Gilead für die Gaditer und Golan
im Baschan für die Manassiter.

Die Verkündigung des Gesetzes

Ort und Zeit

44 Und das ist die Weisung, die Mose den Israeliten vorgelegt hat.
45 Das sind die Satzungen, die Gesetze und Rechtsvorschriften, die
Mose den Israeliten verkündet hat, als sie aus Ägypten zogen. 46 Es

geschah jenseits des Jordan, in der Talschlucht gegenüber Bet-Pegor,
im Land Sihons, des Königs der Amoriter, der in Heschbon seinen
Sitz hatte. Ihn hatten Mose und die Israeliten geschlagen, als sie aus
Ägypten zogen. 47 Sie hatten sein Land und das Land Ogs, des Königs
des Baschan, in Besitz genommen, das Land der beiden Amoriterkö-
nige jenseits des Jordan, im Osten, 48 von Aroër am Rand des Arnon-
tals bis zum Gebirge Sion – das ist der Hermon – 49 und die ganze
Araba jenseits des Jordan nach Osten hin, bis zum Meer der Araba
unterhalb der Steilhänge des Pisga.

Der Bund am Horeb: Die Zehn Gebote

5 Mose rief ganz Israel zusammen. Er sagte zu ihnen: Höre,
Israel, die Gesetze und Rechtsvorschriften, die ich euch heute
vortrage. Ihr sollt sie lernen, auf sie achten und sie halten.
2 Der Herr, unser Gott, hat am Horeb einen Bund mit uns geschlos-
sen. 3 Nicht mit unseren Vätern hat der Herr diesen Bund geschlos-
sen, sondern mit uns, die wir heute hier stehen, mit uns allen, mit den
Lebenden. 4 Auge in Auge hat der Herr auf dem Berg mitten aus dem
Feuer mit euch geredet. 5 Ich stand damals zwischen dem Herrn und
euch, um euch das Wort des Herrn weiterzugeben; denn ihr wart aus
Furcht vor dem Feuer nicht auf den Berg gekommen. Der Herr
sprach:
6 Ich bin Jahwe, dein Gott, der dich aus Ägypten geführt hat, aus dem
Sklavenhaus. 7 Du sollst neben mir keine anderen Götter haben. 8 Du
sollst dir kein Gottesbildnis machen, das irgend etwas darstellt am
Himmel droben, auf der Erde unten oder im Wasser unter der Erde.
9 Du sollst dich nicht vor anderen Göttern niederwerfen und dich
nicht verpflichten, ihnen zu dienen. Denn ich, der Herr, dein Gott,
bin ein eifersüchtiger Gott: Bei denen, die mir feind sind, verfolge ich
die Schuld der Väter an den Söhnen und an der dritten und vierten
Generation; 10 bei denen, die mich lieben und auf meine Gebote ach-
ten, erweise ich Tausenden meine Huld.
11 Du sollst den Namen des Herrn, deines Gottes, nicht mißbrau-
chen; denn der Herr läßt den nicht ungestraft, der seinen Namen
mißbraucht.
12 Achte auf den Sabbat: Halte ihn heilig, wie es dir der Herr, dein
Gott, zur Pflicht gemacht hat. 13 Sechs Tage darfst du schaffen und
jede Arbeit tun. 14 Der siebte Tag ist ein Ruhetag, dem Herrn, deinem
Gott, geweiht. An ihm darfst du keine Arbeit tun: du, dein Sohn und
deine Tochter, dein Sklave und deine Sklavin, dein Rind, dein Esel
und dein ganzes Vieh und der Fremde, der in deinen Stadtbereichen
Wohnrecht hat. Dein Sklave und deine Sklavin sollen sich ausruhen
wie du. 15 Denk daran: Als du in Ägypten Sklave warst, hat dich der
Herr, dein Gott, mit starker Hand und hoch erhobenem Arm dort
herausgeführt. Darum hat es dir der Herr, dein Gott, zur Pflicht
gemacht, den Sabbat zu halten.
16 Ehre deinen Vater und deine Mutter, wie es dir der Herr, dein Gott,
zur Pflicht gemacht hat, damit du lange lebst und es dir gut geht in
dem Land, das der Herr, dein Gott, dir gibt.
17 Du sollst nicht morden, 18 du sollst nicht die Ehe brechen, 19 du
sollst nicht stehlen, 20 du sollst nicht Falsches gegen deinen Nächsten
aussagen, 21 du sollst nicht nach der Frau deines Nächsten verlangen,
und du sollst nicht das Haus deines Nächsten begehren, nicht sein
Feld, seinen Sklaven oder seine Sklavin, sein Rind oder seinen Esel,
nichts, was deinem Nächsten gehört.
22 Diese Worte sagte der Herr auf dem Berg zu eurer vollzähligen
Versammlung, mitten aus dem Feuer, aus Wolken und Dunkel, unter
lautem Donner, diese Worte und sonst nichts. Er schrieb sie auf zwei
Steintafeln und übergab sie mir.

Die Einsetzung des Mose als Gesetzesmittler

23 Als ihr den Donner mitten aus der Finsternis gehört hattet und der
Berg immer noch in Feuer stand, seid ihr zu mir gekommen – eure
Stammesführer und Ältesten – 24 und habt gesagt: Sieh, der Herr,
unser Gott, hat uns seine Herrlichkeit und Macht gezeigt, und wir
haben seine donnernde Stimme mitten aus dem Feuer gehört. Heute
ist es uns geschehen, daß Gott zu Menschen sprach und sie am
Leben blieben. 25 Trotzdem: Warum sollen wir noch einmal das
Leben aufs Spiel setzen? Denn dieses große Feuer könnte uns ver-
zehren. Wenn wir noch einmal die donnernde Stimme des Herrn,
unseres Gottes, hören, werden wir sterben. 26 Denn welches Wesen
aus Fleisch wäre am Leben geblieben, wenn es wie wir die don-
nernde Stimme des lebendigen Gottes gehört hätte, als er mitten aus
dem Feuer redete? 27 Geh du allein hin! Höre alles, was der Herr,
unser Gott, sagt. Berichte uns dann alles, was der Herr, unser Gott,
dir gesagt hat, und wir werden es hören und halten.
28 Der Herr hörte euer Geschrei, als ihr auf mich einredetet, und sagte
zu mir: Ich habe das Geschrei dieses Volkes gehört, mit dem es dich
bedrängt hat. Alles, was sie von dir verlangen, ist recht. 29 Möchten
sie doch diese Gesinnung behalten, mich fürchten und ihr Leben lang
auf alle meine Gebote achten, damit es ihnen und ihren Nachkom-
men immer gut geht. 30 Geh und sag ihnen: Kehrt zu euren Zelten
zurück! 31 Und du, stell dich hierher zu mir! Ich will dir das ganze
Gebot mitteilen, die Gesetze und Rechtsvorschriften, die du sie leh-
ren sollst und die sie halten sollen in dem Land, das ich ihnen gebe
und das sie in Besitz nehmen sollen.
32 Daher sollt ihr darauf achten, daß ihr handelt, wie es der Herr, euer
Gott, euch vorgeschrieben hat. Ihr sollt weder rechts noch links
abweichen. 33 Ihr sollt nur auf dem Weg gehen, den der Herr, euer
Gott, euch vorgeschrieben hat, damit ihr Leben habt und es euch gut
geht und ihr lange lebt in dem Land, das ihr in Besitz nehmt.

Die Grundforderung Gottes: Liebe und Furcht

6 Und das ist das Gebot, das sind die Gesetze und Rechtsvor-
schriften, die ich euch im Auftrag des Herrn, eures Gottes, leh-
ren soll und die ihr halten sollt in dem Land, in das ihr hinüberzieht,
um es in Besitz zu nehmen. 2 Wenn du den Herrn, deinen Gott, fürch-
test, indem du auf alle seine Gesetze und Gebote, auf die ich dich ver-
pflichte, dein ganzes Leben lang achtest, du, dein Sohn und dein
Enkel, wirst du lange leben. 3 Deshalb, Israel, sollst du hören und
darauf achten, (alles, was der Herr, unser Gott, mir gesagt hat,) zu
halten, damit es dir gut geht und ihr so unermeßlich zahlreich wer-
det, wie es der Herr, der Gott deiner Väter, dir zugesagt hat, in dem
Land, wo Milch und Honig fließen.
4 Höre, Israel! Jahwe, unser Gott, Jahwe ist einzig. 5 Darum sollst du
den Herrn, deinen Gott, lieben mit ganzem Herzen, mit ganzer Seele
und mit ganzer Kraft.
6 Diese Worte, auf die ich dich heute verpflichte, sollen auf deinem
Herzen geschrieben stehen. 7 Du sollst sie deinen Söhnen wieder-
holen. Du sollst von ihnen reden, wenn du zu Hause sitzt und wenn
du auf der Straße gehst, wenn du dich schlafen legst und wenn du
aufstehst. 8 Du sollst sie als Zeichen um das Handgelenk binden. Sie
sollen zum Schmuck auf deiner Stirn werden. 9 Du sollst sie auf die
Türpfosten deines Hauses und in deine Stadttore schreiben.
10 Und wenn der Herr, dein Gott, dich in das Land führt, von dem du
weißt: er hat deinen Vätern Abraham, Isaak und Jakob geschworen,
es dir zu geben – große und schöne Städte, die du nicht gebaut hast,
11 mit Gütern gefüllte Häuser, die du nicht gefüllt hast, in den Felsen
gehauene Zisternen, die du nicht gehauen hast, Weinberge und
Ölbäume, die du nicht gepflanzt hast –, wenn du dann ißt und satt
wirst: 12 nimm dich in acht, daß du nicht den Herrn vergißt, der dich
aus Ägypten, dem Sklavenhaus, geführt hat. 13 Den Herrn, deinen
Gott, sollst du fürchten; ihm sollst du dienen, bei seinem Namen
sollst du schwören. 14 Ihr sollt nicht anderen Göttern nachfolgen, kei-
nem Gott eines Volkes, das in eurer Nachbarschaft wohnt. 15 Denn
der Herr, dein Gott, ist als eifersüchtiger Gott in deiner Mitte. Der
Zorn des Herrn, deines Gottes, könnte gegen dich entbrennen, er
könnte dich im ganzen Land vernichten. 16 Ihr sollt den Herrn, euren
Gott, nicht auf die Probe stellen, wie ihr ihn bei Massa auf die Probe
gestellt habt.

17 Ihr sollt auf die Gebote des Herrn, eures Gottes, genau achten, auf
seine Satzungen und Gesetze, auf die er dich verpflichtet hat. 18 Du
sollst tun, was in seinen Augen richtig und gut ist. Dann wird es dir
gut gehen, und du kannst in das prächtige Land, das der Herr deinen
Vätern mit einem Schwur versprochen hat, hineinziehen und es in
Besitz nehmen. 19 Der Herr wird alle deine Feinde vor dir herjagen,
wie er es zugesagt hat.
20 Wenn dich morgen dein Sohn fragt: Warum achtet ihr auf die Sat-
zungen, die Gesetze und Rechtsvorschriften, auf die der Herr, unser
Gott, euch verpflichtet hat?, 21 dann sollst du deinem Sohn antwor-
ten: Wir waren Sklaven des Pharao in Ägypten, und der Herr hat uns
mit starker Hand aus Ägypten geführt. 22 Der Herr hat vor unseren
Augen gewaltige, unheilvolle Zeichen und Wunder an Ägypten, am
Pharao und an seinem ganzen Haus getan, 23 uns aber hat er dort her-
ausgeführt, um uns in das Land, das er unseren Vätern mit einem
Schwur versprochen hatte, hineinzuführen und es uns zu geben.
24 Der Herr hat uns verpflichtet, alle diese Gesetze zu halten und den
Herrn, unseren Gott, zu fürchten, damit es uns das ganze Leben lang
gut geht und er uns Leben schenkt, wie wir es heute haben. 25 Nur
dann werden wir (vor Gott) im Recht sein, wenn wir darauf achten,
dieses ganze Gesetz vor dem Herrn, unserem Gott, so zu halten, wie
er es uns zur Pflicht gemacht hat.

Israel und die Völker des Landes

7 Wenn der Herr, dein Gott, dich in das Land geführt hat, in das
du jetzt hineinziehst, um es in Besitz zu nehmen, wenn er dir
viele Völker aus dem Weg räumt – Hetiter, Girgaschiter und Amoriter,
Kanaaniter und Perisiter, Hiwiter und Jebusiter, sieben Völker, die
zahlreicher und mächtiger sind als du –, 2 wenn der Herr, dein Gott,
sie dir ausliefert und du sie schlägst, dann sollst du sie der Vernich-
tung weihen. Du sollst keinen Vertrag mit ihnen schließen, sie nicht
verschonen 3 und dich nicht mit ihnen verschwägern. Deine Tochter
gib nicht seinem Sohn, und nimm seine Tochter nicht für deinen
Sohn! 4 Wenn er deinen Sohn verleitet, mir nicht mehr nachzufolgen,
und sie dann anderen Göttern dienen, wird der Zorn des Herrn gegen
euch entbrennen und wird dich unverzüglich vernichten. 5 So sollt ihr
gegen sie vorgehen: Ihr sollt ihre Altäre niederreißen, ihre Steinmale
zerschlagen, ihre Kultpfähle umhauen und ihre Götterbilder im
Feuer verbrennen.
6 Denn du bist ein Volk, das dem Herrn, deinem Gott, heilig ist. Dich
hat der Herr, dein Gott, ausgewählt, damit du unter allen Völkern, die
auf der Erde leben, das Volk wirst, das ihm persönlich gehört. 7 Nicht
weil ihr zahlreicher als die anderen Völker wäret, hat euch der Herr
ins Herz geschlossen und ausgewählt; ihr seid das kleinste unter
allen Völkern. 8 Weil der Herr euch liebt und weil er auf den Schwur
achtet, den er euren Vätern geleistet hat, deshalb hat der Herr euch
mit starker Hand herausgeführt und euch aus dem Sklavenhaus frei-
gekauft, aus der Hand des Pharao, des Königs von Ägypten. 9 Daran
sollst du erkennen: Jahwe, dein Gott, ist der Gott; er ist der treue
Gott; noch nach tausend Generationen achtet er auf den Bund und
erweist denen seine Huld, die ihn lieben und auf seine Gebote achten.
10 Denen aber, die ihm feind sind, vergilt er sofort und tilgt einen
jeden aus; er zögert nicht, wenn einer ihm feind ist, sondern vergilt
ihm sofort. 11 Deshalb sollst du auf das Gebot achten, auf die Gesetze
und Rechtsvorschriften, auf die ich dich heute verpflichte, und du
sollst sie halten.
12 Wenn ihr diese Rechtsvorschriften hört, auf sie achtet und sie hal-
tet, wird der Herr, dein Gott, dafür auf den Bund achten und dir die
Huld bewahren, die er deinen Vätern geschworen hat. 13 Er wird dich
lieben, dich segnen und dich zahlreich machen. Er wird die Frucht
deines Leibes und die Frucht deines Ackers segnen, dein Korn, dei-
nen Wein und dein Öl, die Kälber, Lämmer und Zicklein, in dem
Land, von dem du weißt: Er hat deinen Vätern geschworen, es dir zu
geben. 14 Du wirst mehr als die anderen Völker gesegnet sein. Weder
Mann noch Frau noch Vieh, nichts wird bei dir unfruchtbar sein.

Marc Chagall
Mose empfängt die Gesetzestafeln
(1950-52)
»Ich stand damals zwischen dem Herrn und euch, um euch das Wort des Herrn weiterzugeben; denn ihr wart aus Furcht vor dem Feuer nicht auf den Berg gekommen« (Dtn 5,5). Eine gekurvt fallende Diagonale teilt das Bildfeld. Zugleich ergänzen sich beide Teile: Vorder- und Hintergrund, Nah- und Fernsicht, wie die beiden Schalen einer Waage. Schauplatz ist der Berg Sinai aus dem Buch Exodus, der im Buch Deuteronomium den Namen Horeb trägt.
Vor dem dunklen Grund des Massivs leuchten die beiden Tafeln des Gesetzes, die Strahlen um den Kopf des Mose (vgl. S. 67) und das Gewand. Helligkeit spiegelt sich in den Gesichtern des harrenden Volkes. Ein drittes Element sind Lichterscheinungen über dem Volk: eine verdunkelte Sonnenscheibe im goldenen Strahlenkranz und ein roter Hahn, der sich am oberen Rand dem Volk tief unter ihm zuwendet. Verfinsterte Sonne und feuerroter Vogel begründen die Verängstigung der Israeliten: »Denn dieses große Feuer könnte uns verzehren« (Dtn 5,25)

15 Alle Krankheiten wird der Herr von dir ablenken. Keine der schwe-
ren ägyptischen Seuchen, die du kennst, wird er dir auferlegen, son-
dern über alle deine Feinde wird er sie bringen. 16 Du wirst alle Völker
verzehren, die der Herr, dein Gott, für dich bestimmt. Du sollst in dir
kein Mitleid mit ihnen aufsteigen lassen. Und du sollst ihren Göttern
nicht dienen; denn dann liefest du in eine Falle.
17 Wenn du überlegst: Diese Völker sind größer als ich – wie sollte ich
sie vertreiben können?, 18 dann sollst du vor ihnen keine Furcht
haben. Du sollst an das denken, was der Herr, dein Gott, mit dem
Pharao und mit ganz Ägypten gemacht hat: 19 an die schweren Prü-
fungen, die du mit eigenen Augen gesehen hast, an die Zeichen und

Wunder, an die starke Hand und den hoch erhobenen Arm, mit denen
der Herr, dein Gott, dich herausgeführt hat. So wird es der Herr, dein
Gott, mit allen Völkern machen, vor denen du Furcht hast. 20 Außer-
dem wird der Herr, dein Gott, Panik unter ihnen ausbrechen lassen, so
lange, bis auch die ausgetilgt sind, die überleben konnten und sich vor
dir versteckt haben. 21 Du sollst nicht erschreckt zurückweichen,
wenn sie angreifen; denn der Herr, dein Gott, ist als großer und furcht-
erregender Gott in deiner Mitte. 22 Doch der Herr, dein Gott, wird
diese Völker dir nur nach und nach aus dem Weg räumen. Du kannst
sie nicht rasch ausmerzen, weil sonst die wilden Tiere überhand-
nehmen und dir schaden. 23 Doch wird der Herr, dein Gott, dir diese
Völker ausliefern. Er wird sie in ausweglose Verwirrung stürzen, bis
sie vernichtet sind. 24 Er wird ihre Könige in deine Gewalt geben. Du
wirst ihren Namen unter dem Himmel austilgen. Keiner wird deinem
Angriff standhalten können, bis du sie schließlich vernichtet hast.
25 Ihre Götterbilder sollt ihr im Feuer verbrennen. Du sollst nicht das
Silber oder Gold haben wollen, mit dem sie überzogen sind. Du sollst
es nicht an dich nehmen, damit du dabei nicht in eine Falle läufst.
Denn es ist dem Herrn, deinem Gott, ein Greuel. 26 Du sollst aber kei-
nen Greuel in dein Haus bringen, sonst bist du wie er der Vernichtung
geweiht. Du sollst Grauen und Abscheu vor ihm haben, denn er ist
der Vernichtung geweiht.

Israel und der Reichtum

8 Ihr sollt auf das ganze Gebot, auf das ich dich heute verpflichte,
achten und es halten, damit ihr Leben habt und zahlreich wer-
det und in das Land, das der Herr euren Vätern mit einem Schwur
versprochen hat, hineinziehen und es in Besitz nehmen könnt.
2 Du sollst an den ganzen Weg denken, den der Herr, dein Gott, dich
während dieser vierzig Jahre in der Wüste geführt hat, um dich gefü-
gig zu machen und dich zu prüfen. Er wollte erkennen, wie du dich
entscheiden würdest: ob du auf seine Gebote achtest oder nicht.
3 Durch Hunger hat er dich gefügig gemacht und hat dich dann mit
dem Manna gespeist, das du nicht kanntest und das auch deine Väter
nicht kannten. Er wollte dich erkennen lassen, daß der Mensch nicht
nur von Brot lebt, sondern daß der Mensch von allem lebt, was der
Mund des Herrn spricht. 4 Deine Kleider sind dir nicht in Lumpen
vom Leib gefallen, und dein Fuß ist nicht geschwollen, diese vierzig
Jahre lang. 5 Daraus sollst du die Erkenntnis gewinnen, daß der Herr,
dein Gott, dich erzieht, wie ein Vater seinen Sohn erzieht. 6 Du sollst
auf die Gebote des Herrn, deines Gottes, achten, auf seinen Wegen
gehen und ihn fürchten.
7 Wenn der Herr, dein Gott, dich in ein prächtiges Land führt, ein
Land mit Bächen, Quellen und Grundwasser, das im Tal und am Berg
hervorquillt, 8 ein Land mit Weizen und Gerste, mit Weinstock, Fei-
genbaum und Granatbaum, ein Land mit Ölbaum und Honig, 9 ein
Land, in dem du nicht armselig dein Brot essen mußt, in dem es dir
an nichts fehlt, ein Land, dessen Steine aus Eisen sind, aus dessen
Bergen du Erz gewinnst; 10 wenn du dort ißt und satt wirst und den
Herrn, deinen Gott, für das prächtige Land, das er dir gegeben hat,
preist, 11 dann nimm dich in acht und vergiß den Herrn, deinen Gott,
nicht, mißachte nicht seine Gebote, Rechtsvorschriften und Gesetze,
auf die ich dich heute verpflichte. 12 Und wenn du gegessen hast und
satt geworden bist und prächtige Häuser gebaut hast und sie
bewohnst, 13 wenn deine Rinder, Schafe und Ziegen sich vermehren
und Silber und Gold sich bei dir häuft und dein gesamter Besitz sich
vermehrt, 14 dann nimm dich in acht, daß dein Herz nicht hochmütig
wird und du den Herrn, deinen Gott, nicht vergißt, der dich aus Ägyp-
ten, dem Sklavenhaus, geführt hat; 15 der dich durch die große und
furchterregende Wüste geführt hat, durch Feuernattern und Skor-
pione, durch ausgedörrtes Land, wo es kein Wasser gab; der für dich
Wasser aus dem Felsen der Steilwand hervorsprudeln ließ; 16 der dich
in der Wüste mit dem Manna speiste, das deine Väter noch nicht
kannten, (und der das alles tat,) um dich gefügig zu machen, dich zu
prüfen und dir zuletzt Gutes zu tun. 17 Dann nimm dich in acht und
denk nicht bei dir: Ich habe mir diesen Reichtum aus eigener Kraft
und mit eigener Hand erworben. 18 Denk vielmehr an den Herrn, dei-
nen Gott: Er war es, der dir die Kraft gab, Reichtum zu erwerben, weil
er seinen Bund, den er deinen Vätern geschworen hatte, so verwirk-
lichen wollte, wie er es heute tut.
19 Wenn du aber den Herrn, deinen Gott, vergißt und anderen Göt-
tern nachfolgst, ihnen dienst und dich vor ihnen niederwirfst – heute
rufe ich Zeugen gegen euch an: dann werdet ihr völlig ausgetilgt
werden. 20 Wie die Völker, die der Herr bei eurem Angriff austilgt, so
werdet auch ihr dafür ausgetilgt werden, daß ihr nicht auf die Stimme
des Herrn, eures Gottes, gehört habt.

Kein Rechtsanspruch Israels auf das Land

9 Höre, Israel! Heute wirst du den Jordan überschreiten, um in das
Land von Völkern, die größer und mächtiger sind als du, hinein-
zuziehen und ihren Besitz zu übernehmen. Du wirst in große Städte
mit himmelhohen Mauern kommen, 2 zu einem großen, hochge-
wachsenen Volk, den Anakitern – du kennst ja die Redensart und hast
sie oft gehört: Wer kann den Söhnen Anaks widerstehen? 3 Heute
wirst du erkennen, daß der Herr, dein Gott, wie ein verzehrendes
Feuer selbst vor dir hinüberzieht. Er wird sie vernichten, und er wird
sie dir unterwerfen, so daß du sie unverzüglich vertreiben und austil-
gen kannst, wie es der Herr dir zugesagt hat. 4 Wenn der Herr, dein
Gott, sie vor dir herjagt, sollst du nicht meinen: Ich bin im Recht,
daher läßt mich der Herr in das Land hineinziehen und es in Besitz
nehmen; diese Völker sind im Unrecht, daher vertreibt sie der Herr vor
mir. 5 Denn nicht, weil du im Recht bist und die richtige Gesinnung
hast, kannst du in ihr Land hineinziehen und es in Besitz nehmen.
Vielmehr vertreibt der Herr, dein Gott, diese Völker vor dir, weil sie im
Unrecht sind und weil der Herr die Zusage einlösen will, die er deinen
Vätern Abraham, Isaak und Jakob mit einem Schwur bekräftigt hat.
6 Du sollst erkennen: Du bist ein halsstarriges Volk. Daher kann dir
der Herr, dein Gott, dieses prächtige Land nicht etwa aufgrund eines
Rechtsanspruchs geben, damit du es in Besitz nimmst. 7 Denk daran,
und vergiß nicht, daß du in der Wüste den Unwillen des Herrn, deines
Gottes, erregt hast. Von dem Tag an, als du aus Ägypten auszogst, bis
zur Ankunft an diesem Ort habt ihr euch dem Herrn ständig wider-
setzt. 8 Vor allem am Horeb habt ihr den Unwillen des Herrn erregt.
Damals grollte er euch so sehr, daß er euch vernichten wollte.

Der Bundesbruch und die Bundeserneuerung am Horeb

9 Als ich auf den Berg gestiegen war, um die Steintafeln entgegenzu-
nehmen, die Tafeln des Bundes, den der Herr mit euch geschlossen
hatte, blieb ich vierzig Tage und vierzig Nächte auf dem Berg, aß kein
Brot und trank kein Wasser. 10 Der Herr übergab mir die beiden Stein-
tafeln, die mit dem Gottesfinger beschrieben waren. Auf den Tafeln
standen alle die Worte, die der Herr am Tag der Versammlung auf
dem Berg mitten aus dem Feuer zu euch gesprochen hatte.
11 Es war am Ende der vierzig Tage und der vierzig Nächte, als mir der
Herr die beiden Steintafeln, die Tafeln des Bundes, übergab 12 und zu
mir sagte: Steh auf, steig rasch hinunter, weg von hier; denn dein
Volk, das du aus Ägypten geführt hast, läuft ins Verderben. Sie sind
rasch von dem Weg abgewichen, den ich ihnen vorgeschrieben habe.
Sie haben sich ein Bildnis gegossen. 13 Weiter sagte der Herr zu mir:
Ich habe mir dieses Volk angesehen. Ja, es ist ein halsstarriges Volk.
14 Laß mich, damit ich sie vernichte, ihren Namen unter dem Himmel
auslösche und dich zu einem Volk mache, das mächtiger und zahlrei-
cher als dieses ist. 15 Ich wandte mich um und stieg den Berg hinun-
ter. Der Berg stand in Feuer. Ich trug die beiden Tafeln des Bundes auf
meinen Armen. 16 Und ich sah, was geschehen war: Ja, ihr hattet euch
an dem Herrn, eurem Gott, versündigt, ihr hattet euch ein Kalb
gegossen, ihr wart rasch von dem Weg abgewichen, den der Herr
euch vorgeschrieben hatte. 17 Ich packte die beiden Tafeln, die ich auf
meinen Armen trug, schleuderte sie fort und zerschmetterte sie vor
euren Augen.

Andy Warhol
Dollarzeichen
(1981)
»Und ich sah, was geschehen war: Ja, ihr hattet euch an dem Herrn, eurem Gott, versündigt, ihr hattet euch ein Kalb gegossen, ihr wart rasch von dem Weg abgewichen, den der Herr euch vorgeschrieben hatte« (Dtn 9,16). Vom ›Tanz um das goldene Kalb‹ (vgl. Ex 32) leitet sich eine Tradition her, die als Kritik an der Verdinglichung bezeichnet werden kann: Das Götzenbild der Israeliten ist der Prototyp jeglicher Form der Verführung durch das unmittelbar Greifbare, zu dem auch materieller Besitz und die Angebote der Konsumwelt gehören. Die Künstler der Pop Art, allen voran Andy Warhol, widersetzten sich zwar einer solchen Unterscheidung zwischen dem ›Höheren‹ und den ›Niederungen‹ der Warenwelt, indem sie deren Produkte ästhetisierten, etwa durch stereotype Reihung. Dieses künstlerische Verfahren ist aber zugleich eine Form der Distanzierung: Das Dollarzeichen bleibt in der Realität ein Synonym des ›Goldenen Kalbes‹.

18 Dann warf ich mich vor dem Herrn nieder. Wie beim erstenmal
blieb ich vierzig Tage und vierzig Nächte vor ihm, aß kein Brot und
trank kein Wasser, wegen all der Sünde, die ihr begangen hattet,
indem ihr tatet, was in den Augen des Herrn böse ist, so daß ihr ihn
erzürntet. 19 Denn ich hatte Angst vor dem glühenden Zorn des
Herrn. Er war voll Unwillen gegen euch und wollte euch vernichten.
Doch der Herr erhörte mich auch diesmal. 20 [Auch dem Aaron grollte
der Herr sehr, und er wollte ihn vernichten. Damals betete ich auch
für Aaron.] 21 Ich nahm das Kalb, die Sünde, die ihr euch gemacht
hattet, verbrannte es im Feuer, zerstieß es und zermahlte es vollständig, bis es feiner Staub war; den Staub streute ich in den Bach, der
vom Berg herunterfließt.
22 Auch in Tabera, in Massa und in Kibrot-Taawa habt ihr den Unwillen
des Herrn erregt. 23 Als der Herr euch von Kadesch-Barnea aussandte
mit dem Befehl: Zieht hinauf, und nehmt das Land in Besitz, das ich
euch gebe!, da habt ihr euch dem Befehl des Herrn, eures Gottes,
widersetzt, ihr habt ihm nicht geglaubt und nicht auf seine Stimme
gehört. 24 Ihr habt euch dem Herrn widersetzt, seit er euch kennt.

25 Ich warf mich also vor dem Herrn nieder und lag vor ihm vierzig
Tage und vierzig Nächte lang. Ich warf mich nieder, weil der Herr
gedroht hatte, er werde euch vernichten. 26 Ich betete zum Herrn und
sagte: Gott, mein Herr, bring nicht das Verderben über dein Volk und
deinen Erbbesitz, die du in deiner Macht freigekauft und mit starker
Hand aus Ägypten geführt hast. 27 Denk an deine Knechte, an Abra-
ham, Isaak und Jakob! Beachte nicht den Starrsinn dieses Volkes, sein
Verschulden und seine Sünde, 28 damit man nicht in dem Land, aus
dem du uns geführt hast, sagt: Offenbar kann der Herr sie nicht in das
Land führen, das er ihnen zugesagt hat, oder er liebt sie nicht; also
hat er sie nur herausgeführt, um sie in der Wüste sterben zu lassen.
29 Sie sind aber doch dein Volk und dein Erbbesitz, die du mit großer
Kraft und hoch erhobenem Arm herausgeführt hast.

10 Damals sagte der Herr zu mir: Hau zwei Steintafeln zu-
recht, so wie die ersten, und steig zu mir auf den Berg! Fer-
tige auch eine hölzerne Lade an! 2 Ich will auf die Tafeln die gleichen
Worte schreiben wie auf die ersten, die du zerschmettert hast; diese
Tafeln sollst du dann in die Lade legen. 3 Ich fertigte eine Lade aus
Akazienholz an, hieb zwei Steintafeln zurecht, so wie die ersten, und
stieg auf den Berg. Ich hielt die beiden Tafeln in der Hand. 4 Wie bei
der ersten Inschrift schrieb der Herr auf die Tafeln die Zehn Worte,
die er am Tag der Versammlung auf dem Berg mitten aus dem Feuer
zu euch gesprochen hatte, und der Herr übergab sie mir. 5 Ich wandte
mich um, stieg den Berg hinunter und legte die Tafeln in die Lade, die
ich angefertigt hatte. Dort blieben sie, wie der Herr es mir befohlen
hatte. 6 [Die Israeliten zogen von Beerot-Bene-Jaakan nach Moser.
Dort starb Aaron, dort wurde er auch begraben. Sein Sohn Eleasar
wurde an seiner Stelle Priester. 7 Von dort zogen sie nach Hor-Gid-
gad, von Hor-Gidgad nach Jotbata, einer Gegend, wo es Bäche gab,
die immer Wasser führten.] 8 Damals sonderte der Herr den Stamm
Levi aus, damit er die Lade des Bundes des Herrn trage, vor dem
Herrn stehe, vor ihm Dienst tue und in seinem Namen den Segen
spreche. So geschieht es noch heute. 9 Deshalb erhielt Levi nicht wie
seine Brüder Landanteil und Erbbesitz. Der Herr ist sein Erbbesitz,
wie es der Herr, dein Gott, ihm zugesagt hat.
10 Zu mir aber, als ich wie beim erstenmal vierzig Tage und vierzig
Nächte lang auf dem Berg blieb und als der Herr mich auch diesmal
erhörte, weil er dich nicht dem Verderben preisgeben wollte, 11 sprach
der Herr: Steh auf, und tritt zum Aufbruch an die Spitze des Volkes!
Sie sollen in das Land hineinziehen und es in Besitz nehmen, das
Land, von dem du weißt: Ich habe ihren Vätern geschworen, es ihnen
zu geben.

Bundestreue und Ernte

12 Und nun, Israel, was fordert der Herr, dein Gott, von dir außer dem
einen: daß du den Herrn, deinen Gott, fürchtest, indem du auf allen
seinen Wegen gehst, ihn liebst, und dem Herrn, deinem Gott, mit
ganzem Herzen und mit ganzer Seele dienst; 13 daß du ihn fürchtest,
indem du auf die Gebote des Herrn und seine Gesetze achtest, auf die
ich dich heute verpflichte. Dann wird es dir gut gehen. 14 Sieh, dem
Herrn, deinem Gott, gehören der Himmel, der Himmel über den
Himmeln, die Erde und alles, was auf ihr lebt. 15 Doch nur deine Väter
hat der Herr ins Herz geschlossen, nur sie hat er geliebt. Und euch,
ihre Nachkommen, hat er später unter allen Völkern ausgewählt, wie
es sich heute zeigt.
16 Ihr sollt die Vorhaut eures Herzens beschneiden und nicht länger
halsstarrig sein. 17 Denn der Herr, euer Gott, ist der Gott über den Göt-
tern und der Herr über den Herren. Er ist der große Gott, der Held und
der Furchterregende. Er läßt kein Ansehen gelten und nimmt keine
Bestechung an. 18 Er verschafft Waisen und Witwen ihr Recht. Er liebt
die Fremden und gibt ihnen Nahrung und Kleidung – 19 auch ihr sollt
die Fremden lieben, denn ihr seid Fremde in Ägypten gewesen.
20 Du sollst den Herrn, deinen Gott, fürchten. Ihm sollst du dienen,
an ihm sollst du dich festhalten, bei seinem Namen sollst du
schwören. 21 Er ist dein Lobgesang, er ist dein Gott. Für dich hat er all
das Große und Furchterregende getan, das du mit eigenen Augen
gesehen hast. 22 Als deine Vorfahren nach Ägypten zogen, waren sie
nur siebzig an der Zahl; jetzt aber hat der Herr, dein Gott, dich so
zahlreich gemacht wie die Sterne am Himmel.

11 Darum sollst du den Herrn, deinen Gott, lieben und dein
Leben lang auf seine Dienstordnung, auf seine Gesetze,
Rechtsvorschriften und Gebote achten. 2/7 Heute sollt ihr erkennen,
daß der Herr euch erzogen hat. Denn nicht eure Kinder, die die Erzie-
hung durch den Herrn, euren Gott, nicht kennengelernt und nicht
miterlebt haben, sondern ihr selbst habt alle großen Taten, die der
Herr getan hat, mit eigenen Augen gesehen, seine Macht, seine
starke Hand und seinen hoch erhobenen Arm, 3 seine Zeichen und
seine Taten: was er in Ägypten mit dem Pharao, dem König von Ägyp-
ten, und mit seinem ganzen Land getan hat; 4 was er mit dem ägypti-
schen Heer, den Rossen und Streitwagen getan hat – das Wasser des
Schilfmeers ließ der Herr über ihnen zusammenschlagen, als sie
euch nachsetzten, und er riß sie in die Tiefe, so daß sie heute nicht
mehr sind –; 5 was er mit euch in der Wüste getan hat, bis ihr an die-
sen Ort gekommen seid; 6 was er mit Datan und Abiram getan hat,
den Söhnen Eliabs, des Sohnes Rubens – die Erde riß ihren Rachen
auf und verschlang sie mit ihren Familien, ihren Zelten und ihrem
ganzen Troß in der Mitte von ganz Israel.
8 Daher sollt ihr auf das ganze Gebot, auf das ich dich heute ver-
pflichte, achten, damit ihr stark seid und in das Land, in das ihr jetzt
hinüberzieht, um es in Besitz zu nehmen, hineinziehen und es in
Besitz nehmen könnt. 9 Ihr sollt darauf achten, damit ihr lange lebt in
dem Land, von dem ihr wißt: Der Herr hat euren Vätern geschworen,
es ihnen und ihren Nachkommen zu geben, ein Land, in dem Milch
und Honig fließen. 10 Denn das Land, in das du hineinziehst, um es in
Besitz zu nehmen, ist nicht wie das Land Ägypten, aus dem ihr ausge-
zogen seid. Dort mußtest du, wenn der Same gesät war, den Boden
künstlich bewässern wie in einem Gemüsegarten. 11 Das Land, in das
ihr jetzt hinüberzieht, um es in Besitz zu nehmen, ist ein Land mit
Bergen und Tälern, und es trinkt das Wasser, das als Regen vom Him-
mel fällt. 12 Es ist ein Land, um das der Herr, dein Gott, sich kümmert.
Stets ruhen auf ihm die Augen des Herrn, deines Gottes, vom Anfang
des Jahres bis zum Ende des Jahres.
13 Und wenn ihr auf meine Gebote hört, auf die ich euch heute ver-
pflichte, wenn ihr also den Herrn, euren Gott, liebt und ihm mit
ganzem Herzen und mit ganzer Seele dient, 14 dann gebe ich eurem
Land seinen Regen zur rechten Zeit, den Regen im Herbst und den
Regen im Frühjahr, und du kannst Korn, Most und Öl ernten; 15 dann
gebe ich deinem Vieh sein Gras auf dem Feld, und du kannst essen
und satt werden. 16 Aber nehmt euch in acht! Laßt euer Herz nicht ver-
führen, weicht nicht vom Weg ab, dient nicht anderen Göttern, und
werft euch nicht vor ihnen nieder! 17 Sonst wird der Zorn des Herrn
gegen euch entbrennen; er wird den Himmel zuschließen, es wird
kein Regen fallen, der Acker wird keinen Ertrag bringen, und ihr wer-
det unverzüglich aus dem prächtigen Land getilgt sein, das der Herr
euch geben will.
18 Diese meine Worte sollt ihr auf euer Herz und auf eure Seele
schreiben. Ihr sollt sie als Zeichen um das Handgelenk binden. Sie
sollen zum Schmuck auf eurer Stirn werden. 19 Ihr sollt sie eure
Söhne lehren, indem ihr von ihnen redet, wenn du zu Hause sitzt
und wenn du auf der Straße gehst, wenn du dich schlafen legst und
wenn du aufstehst. 20 Du sollst sie auf die Türpfosten deines Hauses
und in deine Stadttore schreiben. 21 So sollen die Tage, die ihr und
eure Söhne in dem Land lebt, von dem ihr wißt: der Herr hat euren
Vätern geschworen, es ihnen zu geben, so zahlreich werden wie die
Tage, die der Himmel sich über der Erde wölbt.

Die Verheißung der Eroberung des Landes

22 Wenn ihr auf dieses ganze Gebot, auf das ich euch heute ver-
pflichte, genau achtet und es haltet, wenn ihr den Herrn, euren

Gott, liebt, auf allen seinen Wegen geht und euch an ihm festhaltet,
23 dann wird der Herr alle diese Völker vor euch vertreiben, und ihr
werdet den Besitz von Völkern übernehmen, die größer und mächtiger sind als ihr. 24 Jede Stelle, die euer Fuß berührt, soll euch
gehören, von der Wüste an. Dazu soll der Libanon euer Gebiet sein,
vom Strom, dem Eufrat, bis zum Meer im Westen. 25 Keiner wird
eurem Angriff standhalten können. Dem ganzen Land, das ihr betretet, wird der Herr, euer Gott, Schrecken und Furcht vor euch ins Gesicht zeichnen, wie er es euch zugesagt hat.

Überleitung
26 Seht, heute werde ich euch den Segen und den Fluch vorlegen:
27 den Segen, weil ihr auf die Gebote des Herrn, eures Gottes, auf die
ich euch heute verpflichte, hört, 28 und den Fluch für den Fall, daß ihr
nicht auf die Gebote des Herrn, eures Gottes, hört, sondern von dem Weg abweicht, den ich euch heute vorschreibe, und anderen Göttern nachfolgt, die ihr früher nicht gekannt habt.
29 Und wenn der Herr, dein Gott, dich in das Land geführt hat, in das
du jetzt hineinziehst, um es in Besitz zu nehmen, dann sollst du auf dem Berg Garizim den Segen und auf dem Berg Ebal den Fluch verkünden. 30 [Liegen denn beide nicht jenseits des Jordan, hinter der
Straße, im Westen, im Gebiet der Kanaaniter, die in der Araba wohnen, gegenüber Gilgal bei den Orakel-Eichen?]
31 Wenn ihr jetzt den Jordan überschreitet, um in das Land, das der
Herr, euer Gott, euch gibt, hineinzuziehen und es in Besitz zu nehmen, und wenn ihr es in Besitz genommen habt und es bewohnt,
32 dann sollt ihr auf alle Gesetze und Rechtsvorschriften, die ich euch
heute vorlege, achten und sie halten.

Die deuteronomische Gesetzessammlung

Einleitung
12 Das sind die Gesetze und Rechtsvorschriften, auf die ihr achten und die ihr halten sollt in dem Land, das der Herr, der Gott deiner Väter, dir gegeben hat, damit du es in Besitz nimmst. Sie sollen so lange gelten, wie ihr in dem Land leben werdet.

Die Vernichtung fremder Kultstätten
2 Ihr sollt alle Kultstätten zerstören, an denen die Völker, deren Besitz
ihr übernehmt, ihren Göttern gedient haben: auf den hohen Bergen, auf den Hügeln und unter jedem üppigen Baum. 3 Ihr sollt ihre Altäre
niederreißen und ihre Steinmale zerschlagen. Ihre Kultpfähle sollt ihr im Feuer verbrennen und die Bilder ihrer Götter umhauen. Ihre Namen sollt ihr an jeder solchen Stätte tilgen.

Eine einzige Kultstätte für Israel
4 Ihr sollt nicht das gleiche tun (wie diese Völker), wenn ihr den
Herrn, euren Gott, verehrt, 5 sondern ihr sollt nach der Stätte fragen,
die der Herr, euer Gott, aus allen euren Stammesgebieten auswählen wird, indem er dort seinen Namen anbringt. Nach seiner Wohnung
sollt ihr fragen, und dorthin sollst du ziehen. 6 Dorthin sollt ihr eure
Brandopfertiere und Schlachtopfertiere bringen, eure Zehnten und Handerhebungsopfer, was ihr dem Herrn gelobt habt und was ihr freiwillig gebt, und die Erstlinge eurer Rinder, Schafe und Ziegen.
7 Dort sollt ihr vor dem Herrn, eurem Gott, das Mahl halten. Ihr sollt
fröhlich sein, ihr und eure Familien, aus Freude über alles, was eure Hände geschafft haben, weil der Herr, dein Gott, dich gesegnet hat.

Der Zeitpunkt des Inkrafttretens
8 Ihr sollt nicht tun, was jeder einzelne für richtig hält, wie es hier bei
uns heute noch geschieht. 9 Denn ihr seid bis jetzt nicht in die Ruhe
und in den Erbbesitz eingezogen, die der Herr, dein Gott, dir gibt.
10 Wenn ihr aber den Jordan überschritten habt und in dem Land
wohnt, das der Herr, euer Gott, an euch als Erbbesitz verteilt, wenn er
euch Ruhe vor allen euren Feinden ringsum verschafft hat und ihr in
Sicherheit wohnt, 11 dann sollt ihr alles, wozu ich euch verpflichte, an
die Stätte bringen, die der Herr, euer Gott, auswählt, indem er dort seinen Namen wohnen läßt: eure Brandopfertiere und Schlachtopfertiere, eure Zehnten und Handerhebungsopfer und alle eure auserlesenen Gaben, die ihr dem Herrn gelobt habt. 12 Dort sollt ihr vor
dem Herrn, eurem Gott, fröhlich sein, ihr, eure Söhne und Töchter, eure Sklaven und Sklavinnen sowie die Leviten, die in euren Stadtbereichen Wohnrecht haben; denn der Levit hat nicht wie ihr Landanteil und Erbbesitz.

Die Unterscheidung von Opfer und Schlachtung
13 Nimm dich in acht! Verbrenn deine Brandopfertiere nicht an
irgendeiner Stätte, die dir gerade vor die Augen kommt, 14 sondern
nur an der Stätte, die der Herr im Gebiet eines deiner Stämme auswählt. Dort sollst du deine Brandopfertiere verbrennen, und dort
sollst du alles ausführen, wozu ich dich verpflichte. 15 Doch darfst du
immer, wenn du es möchtest, und überall in deinen Stadtbereichen schlachten und Fleisch essen, soweit der Segen reicht, den dir der Herr, dein Gott, geschenkt hat. Jeder, der Reine wie der Unreine, darf
davon essen, wie bei Gazelle und Damhirsch. 16 Das Blut aber sollt ihr
nicht genießen, sondern wie Wasser auf die Erde schütten. 17 Auch
darfst du in deinen Stadtbereichen nicht den Zehnten von Korn, Wein und Öl verzehren, die Erstlinge von Rindern, Schafen und Ziegen, alle Gaben, die du dem Herrn gelobt hast, die freiwilligen Gaben und
deine Handerhebungsopfer. 18 Vor dem Herrn, deinem Gott, sollst du
sie verzehren, an der Stätte, die der Herr, dein Gott, auswählen wird –
du, dein Sohn und deine Tochter, dein Sklave und deine Sklavin sowie die Leviten, die in deinen Stadtbereichen Wohnrecht haben –, und du sollst vor dem Herrn, deinem Gott, fröhlich sein und dich freuen über alles, was deine Hände geschafft haben. 19 Nimm dich in acht, und
laß die Leviten nicht im Stich, solange du im Land lebst.

Das Blut bei Opfer und Schlachtung
20 Wenn der Herr, dein Gott, dein Gebiet vergrößert, wie er es dir zuge-
sagt hat, und du, weil du Appetit auf Fleisch hast, sagst: Ich möchte gern Fleisch essen, dann darfst du so viel Fleisch essen, wie du möch-
test. 21 Und wenn die Entfernung zu der Stätte, die der Herr, dein Gott,
auswählen wird, indem er dort seinen Namen anbringt, zu groß ist, dann schlachte, so wie ich es dir erlaubt habe, Rinder, Schafe oder Ziegen, die der Herr dir geschenkt hat, und iß in deinen Stadtbereichen,
soviel du möchtest. 22 Auch sollst du davon essen, wie man von Gazelle
und Damhirsch ißt: Der Reine und der Unreine dürfen gemeinsam davon essen. 23 Doch beherrsche dich und genieße kein Blut; denn
Blut ist Lebenskraft, und du sollst nicht zusammen mit dem Fleisch die Lebenskraft verzehren. 24 Du sollst es nicht genießen, sondern wie
Wasser auf die Erde schütten. 25 Du sollst es nicht genießen, damit es
dir und später deinen Söhnen gut geht, weil du tust, was in den Augen des Herrn richtig ist. 26 Die heiligen Abgaben jedoch, zu denen du ver-
pflichtet bist, und die Gaben, die du selbst dem Herrn gelobt hast, sollst du aufladen, und du sollst damit zu der Stätte ziehen, die der
Herr auswählen wird. 27 Dort sollst du deine Brandopfertiere auf dem
Altar des Herrn, deines Gottes, darbringen, das Fleisch und das Blut. Bei deinen Schlachtopfertieren soll das Blut auf den Altar des Herrn deines Gottes, geschüttet werden, das Fleisch sollst du essen. 28 Achte
und höre auf alle diese Worte, auf die ich dich verpflichte, damit es dir und später deinen Söhnen immer gut geht, weil du tust, was in den Augen des Herrn, deines Gottes, gut und richtig ist.

Das Verbot kanaanäischer Kultbräuche
29 Wenn der Herr, dein Gott, die Völker, in deren Land du hinein-
ziehst, um ihren Besitz zu übernehmen, vor dir niedergestreckt hat, wenn du ihren Besitz übernommen hast und dort wohnst, 30 dann
nimm dich in acht! Lauf nicht hinter ihnen her in die Falle, nachdem sie bei deinem Angriff vernichtet worden sind. Erkundige dich nicht

Oskar Kokoschka
Stilleben mit Hammel und Hyazinthe
(1909)
»Ihr dürft jedes Großtier essen, das gespaltene Klauen hat, und zwar ganz gespaltene Klauen, und das zu den Wiederkäuern gehört« (Dtn 14,6). Noch das Stilleben des österreichischen Expressionisten Oskar Kokoschka unterscheidet – analog zu den mosaischen Bestimmungen – zwischen dem gehäuteten Hammel, der als reines Tier zum Verzehr zugelassen ist, und zwei unreinen Tieren: der Schildkröte als Kriechtier (Lev 11,41) und der Maus (Lev 11,29).
Aus der Tradition des Stillebens, das sich im 16. Jahrhundert als selbständige Bildgattung emanzipiert hat, leitet sich die Verbindung von Tier- und Blumenbild her. Sie dienen traditionell als Allegorien des Geschmacksinnes und des Geruchsinnes.

nach ihren Göttern, und frag nicht: Wie dienen denn diese Völker
ihren Göttern? Ich will das gleiche tun wie sie. 31 Wenn du dem Herrn,
deinem Gott, dienst, sollst du nicht das gleiche tun wie sie; denn sie
haben, wenn sie ihren Göttern dienten, alle Greuel begangen, die der
Herr haßt. Sie haben sogar ihre Söhne und Töchter im Feuer verbrannt, wenn sie ihren Göttern dienten.

Das Verbot einer Änderung dieses Gesetzes

13 Ihr sollt auf den vollständigen Wortlaut dessen, worauf ich
euch verpflichte, achten und euch daran halten. Ihr sollt
nichts hinzufügen und nichts wegnehmen.

Die Anstiftung zum Abfall durch Propheten und Traumseher

2 Wenn in deiner Mitte ein Prophet oder ein Traumseher auftritt und
dir ein Zeichen oder Wunder ankündigt, 3 wobei er sagt: Folgen wir
anderen Göttern nach, die du bisher nicht kanntest, und verpflichten
wir uns, ihnen zu dienen!, und wenn das Zeichen und Wunder, das er
dir angekündigt hatte, eintrifft, 4 dann sollst du nicht auf die Worte
dieses Propheten oder Traumsehers hören; denn der Herr, euer Gott,
prüft euch, um zu erkennen, ob ihr das Volk seid, das den Herrn, seinen Gott, mit ganzem Herzen und mit ganzer Seele liebt.
5 Ihr sollt dem Herrn, eurem Gott, nachfolgen, ihn sollt ihr fürchten,
auf seine Gebote sollt ihr achten, auf seine Stimme sollt ihr hören,
ihm sollt ihr dienen, an ihm sollt ihr euch festhalten. 6 Der Prophet
oder Traumseher aber soll mit dem Tod bestraft werden. Er hat euch
aufgewiegelt gegen den Herrn, euren Gott, der euch aus Ägypten
geführt und dich aus dem Sklavenhaus freigekauft hat. Denn er wollte
dich davon abbringen, auf dem Weg zu gehen, den der Herr, dein
Gott, dir vorgeschrieben hat. Du sollst das Böse aus deiner Mitte wegschaffen.

Die geheime Anstiftung zum Abfall

7 Wenn dein Bruder, der dieselbe Mutter hat wie du, oder dein Sohn
oder deine Tochter oder deine Frau, mit der du schläfst, oder dein
Freund, den du liebst wie dich selbst, dich heimlich verführen will
und sagt: Gehen wir, und dienen wir anderen Göttern – (wobei er
Götter meint,) die du und deine Vorfahren noch nicht kannten,
8 unter den Göttern der Völker, die in eurer Nachbarschaft wohnen, in
der Nähe oder weiter entfernt, zwischen dem einen Ende der Erde
und dem andern Ende der Erde –, 9 dann sollst du nicht nachgeben
und nicht auf ihn hören. Du sollst in dir kein Mitleid mit ihm aufsteigen lassen, sollst keine Nachsicht für ihn kennen und die Sache nicht
vertuschen. 10 Sondern du sollst ihn anzeigen. Wenn er hingerichtet

wird, sollst du als erster deine Hand gegen ihn erheben, dann erst das
ganze Volk. 11 Du sollst ihn steinigen, und er soll sterben; denn er hat
versucht, dich vom Herrn, deinem Gott, abzubringen, der dich aus
Ägypten geführt hat, aus dem Sklavenhaus.
12 Ganz Israel soll davon hören, damit sie sich fürchten und nicht
noch einmal einen solchen Frevel in deiner Mitte begehen.

Der Abfall einer Stadt

13 Wenn du aus einer deiner Städte, die der Herr, dein Gott, dir als
Wohnort gibt, erfährst: 14 Niederträchtige Menschen sind aus deiner
Mitte herausgetreten und haben ihre Mitbürger vom Herrn abge-
bracht, indem sie sagten: Gehen wir, und dienen wir anderen Göt-
tern, die ihr bisher nicht kanntet!, 15 wenn du dann durch Augen-
schein und Vernehmung genaue Ermittlungen angestellt hast und
sich gezeigt hat: Ja, es ist wahr, der Tatbestand steht fest, dieser
Greuel ist in deiner Mitte geschehen, 16 dann sollst du die Bürger die-
ser Stadt mit scharfem Schwert erschlagen, du sollst an der Stadt und
an allem, was darin lebt, auch am Vieh, mit scharfem Schwert die Ver-
nichtungsweihe vollstrecken. 17 Alles, was du in der Stadt erbeutet
hast, sollst du auf dem Marktplatz aufhäufen, dann sollst du die Stadt
und die gesamte Beute als Ganzopfer für den Herrn, deinen Gott, im
Feuer verbrennen. Für immer soll sie ein Schutthügel bleiben und nie
wieder aufgebaut werden.
18 Von dem, was der Vernichtung geweiht war, soll nichts in deiner
Hand zurückbleiben, damit der Herr von seinem glühenden Zorn
abläßt und dir wieder sein Erbarmen schenkt, sich deiner annimmt
und dich wieder zahlreich macht, wie er es deinen Vätern geschworen
hat 19 für den Fall, daß du auf die Stimme des Herrn, deines Gottes,
hörst, auf alle seine Gebote, auf die ich dich heute verpflichte, achtest
und tust, was in den Augen des Herrn, deines Gottes, richtig ist.

Das Verbot kanaanäischer Trauerbräuche

14 Ihr seid Kinder des Herrn, eures Gottes. Ihr sollt euch für
einen Toten nicht wundritzen und keine Stirnglatzen sche-
ren. 2 Denn du bist ein Volk, das dem Herrn, deinem Gott, heilig ist,
und dich hat der Herr ausgewählt, damit du unter allen Völkern, die
auf der Erde leben, das Volk wirst, das ihm persönlich gehört.

Die Speiseverbote

3 Du sollst nichts essen, was ein Greuel ist. 4 Dies sind die Großtiere,
die ihr essen dürft: Rind, Lamm, Zicklein, 5 Damhirsch, Gazelle, Reh-
bock, Wildziege, Wisent, Wildschaf und Steinbock. 6 Ihr dürft jedes
Großtier essen, das gespaltene Klauen hat, und zwar ganz gespaltene
Klauen, und das zu den Wiederkäuern gehört. 7 Von den Großtieren,
die wiederkäuen oder ganz gespaltene Klauen haben, dürft ihr aber
folgende nicht essen: Kamel, Hase, Klippdachs. Sie sind zwar Wie-
derkäuer, haben aber keine gespaltenen Klauen. Sie sollen euch als
unrein gelten. 8 Ebenso das Wildschwein, denn es hat zwar gespal-
tene Klauen, ist aber kein Wiederkäuer. Es soll euch als unrein gelten.
Vom Fleisch dieser Tiere dürft ihr nicht essen, und ihr Aas dürft ihr
nicht berühren. 9 Von allem, was im Wasser lebt, dürft ihr folgendes
essen: Alles, was Flossen und Schuppen hat, dürft ihr essen. 10 Alles,
was keine Flossen und keine Schuppen hat, dürft ihr nicht essen. Es
soll euch als unrein gelten. 11 Alle reinen Vögel dürft ihr essen. 12 Dies
sind die Vögel, die ihr nicht essen dürft: Aasgeier, Schwarzgeier, Bart-
geier, 13 Milan, die verschiedenen Bussardarten, 14 alle Arten des
Raben, 15 Adlereule, Kurzohreule, Langohreule und die verschiede-
nen Falkenarten, 16 Kauz, Bienenfresser, Weißeule, 17 Kleineule,
Fischadler, Fischeule, 18 Storch und die verschiedenen Reiherarten,
Wiedehopf, Fledermaus 19 und alles fliegende Kleingetier: Sie sollen
euch als unrein gelten und dürfen nicht gegessen werden.
20 Alle reinen geflügelten Tiere dürft ihr essen. 21 a Ihr dürft keinerlei
Aas essen. Du sollst es dem Fremden, der in euren Stadtbereichen
Wohnrecht hat, zum Essen überlassen oder es einem Ausländer ver-
kaufen. Denn du bist ein Volk, das dem Herrn, deinem Gott, heilig ist.

Das Verbot eines Fruchtbarkeitszaubers

21 b Du sollst ein Zicklein nicht in der Milch seiner Mutter kochen.

Die jährlichen Abgaben an das Heiligtum

22 Du sollst jedes Jahr den Zehnten von der gesamten Ernte geben, die
dein Acker erbringt aus dem, was du angebaut hast. 23 Vor dem
Herrn, deinem Gott, sollst du an der Stätte, die er auswählt, indem er
dort seinen Namen wohnen läßt, deinen Zehnten an Korn, Wein und
Öl und die Erstlinge deiner Rinder, Schafe und Ziegen verzehren,
damit du lernst, den Herrn, deinen Gott, zu fürchten, solange du
lebst.
24 Wenn aber der Weg dorthin deine Kräfte übersteigt, weil die Stätte,
die der Herr auswählt, indem er dort seinen Namen anbringt, so weit
entfernt liegt und der Herr, dein Gott, dich so gesegnet hat, daß du
den Zehnten nicht dorthin tragen kannst, 25 dann sollst du alles für
Silber verkaufen, das Silber als deinen Besitz zusammenbinden, zu
der Stätte ziehen, die der Herr, dein Gott, auswählt, 26 dort für das Sil-
ber alles kaufen, worauf du Appetit hast – Rinder, Schafe, Ziegen,
Wein und Bier, alles, wonach es deinen Gaumen verlangt –, und dann
sollst du vor dem Herrn, deinem Gott, Mahl halten und fröhlich sein,
du und deine Familie. 27 Auch sollst du die Leviten, die in deinen
Stadtbereichen Wohnrecht haben, nicht im Stich lassen, denn sie
haben nicht wie du Landanteil und Erbbesitz.

Der Zehnt für die Armen in jedem dritten Jahr

28 In jedem dritten Jahr sollst du den ganzen Zehnten deiner Jahres-
ernte in deinen Stadtbereichen abliefern und einlagern, 29 und die
Leviten, die ja nicht wie du Landanteil und Erbbesitz haben, die Frem-
den, die Waisen und die Witwen, die in deinen Stadtbereichen woh-
nen, können kommen, essen und satt werden, damit der Herr, dein
Gott, dich stets segnet bei der Arbeit, die deine Hände tun.

Der Verzicht auf Forderungen in jedem siebten Jahr

15 In jedem siebten Jahr sollst du die Ackerbrache einhalten.
2 Und so lautet eine Bestimmung für die Brache: Jeder Gläu-
biger soll den Teil seines Vermögens, den er einem andern unter Per-
sonalhaftung als Darlehen gegeben hat, brachliegen lassen. Er soll
gegen den andern, falls dieser sein Bruder ist, nicht mit Zwang vorge-
hen; denn er hat die Brache für den Herrn verkündet. 3 Gegen einen
Ausländer darfst du mit Zwang vorgehen. Wenn es sich aber um dei-
nen Bruder handelt, dann laß deinen Vermögensteil brachliegen!
4 Doch eigentlich sollte es bei dir gar keine Armen geben; denn der
Herr wird dich reich segnen in dem Land, das der Herr, dein Gott, dir
als Erbbesitz gibt und das du in Besitz nimmst, 5 wenn du auf die
Stimme des Herrn, deines Gottes, hörst, auf dieses Gebot, auf das ich
dich heute verpflichte, achtest und es hältst. 6 Wenn der Herr, dein
Gott, dich segnet, wie er es dir zugesagt hat, dann kannst du vielen
Völkern gegen Pfand leihen, du selbst aber brauchst nichts zu ver-
pfänden; du wirst über viele Völker Gewalt haben, über dich aber wer-
den sie keine Gewalt haben.

Die Kredithilfen an arme Israeliten

7 Wenn bei dir ein Armer lebt, irgendeiner deiner Brüder in irgendei-
nem deiner Stadtbereiche in dem Land, das der Herr, dein Gott, dir
gibt, dann sollst du nicht hartherzig sein und sollst deinem armen
Bruder deine Hand nicht verschließen. 8 Du sollst ihm deine Hand
öffnen und ihm gegen Pfand leihen, was der Not, die ihn bedrückt,
abhilft. 9 Nimm dich in acht, daß du nicht in niederträchtigem Her-
zen den Gedanken hegst: Bald kommt das siebte Jahr, das Brachjahr!,
und deinen armen Bruder böse ansiehst und ihm nichts gibst, so daß
er den Herrn gegen dich anruft und Strafe für diese Sünde über dich
kommt. 10 Du sollst ihm etwas geben, und wenn du ihm gibst, soll
auch dein Herz nicht böse darüber sein; denn wegen dieser Tat wird
dich der Herr, dein Gott, segnen in allem, was du arbeitest, und in
allem, was deine Hände schaffen. 11 Die Armen werden niemals ganz

aus deinem Land verschwinden. Darum mache ich dir zur Pflicht: Du
sollst deinem notleidenden und armen Bruder, der in deinem Land
lebt, deine Hand öffnen.

Die Selbstverknechtung

12 Wenn dein Bruder, ein Hebräer – oder auch eine Hebräerin –, sich
dir verkauft, soll er dir sechs Jahre als Sklave dienen. Im siebten Jahr
sollst du ihn als freien Mann entlassen. 13 Und wenn du ihn als freien
Mann entläßt, sollst du ihn nicht mit leeren Händen entlassen. 14 Du
sollst ihm von deinen Schafen und Ziegen, von deiner Tenne und von
deiner Kelter so viel mitgeben, wie er tragen kann. Wie der Herr, dein
Gott, dich gesegnet hat, so sollst du ihn bedenken. 15 Denk daran: Als
du in Ägypten Sklave warst, hat der Herr, dein Gott, dich freigekauft.
Darum verpflichte ich dich heute auf dieses Gebot. 16 Wenn dieser
Sklave dir aber erklärt: Ich will nicht von dir freigelassen werden –
denn er hat dich und deine Familie liebgewonnen, weil es ihm bei dir
gut ging –, 17 so nimm einen Pfriem und stich ihn durch sein Ohr in
die Tür: Dann ist er dein Sklave für immer. Bei einer Sklavin sollst du
das gleiche tun. 18 Halt es nicht für eine Härte, wenn du ihn als freien
Mann entlassen mußt; denn was er in den sechs Jahren für dich erarbeitet hat, entspricht dem, was du einem Tagelöhner als Lohn hättest
zahlen müssen. Dann wird der Herr, dein Gott, dich in allem segnen,
was du tust.

Die Erstgeburt des Viehs

19 Alle männlichen Erstlinge, die unter deinen Rindern, Schafen und
Ziegen geboren werden, sollst du dem Herrn, deinem Gott, weihen.
Mit einem Erstlingsstier darfst du nicht arbeiten, und ein Erstlingsschaf darfst du nicht scheren. 20 Jahr für Jahr sollst du die Erstlinge
vor dem Herrn, deinem Gott, an der Stätte, die der Herr auswählt,
essen, du und deine Familie. 21 Doch wenn ein Tier einen Fehler hat,
wenn es hinkt oder blind ist, wenn es irgendeinen Makel hat, sollst du
es nicht für den Herrn, deinen Gott, schlachten. 22 In deinen Stadtbereichen sollst du es verzehren; der Reine und der Unreine können es
gemeinsam essen, wie bei Gazelle und Damhirsch. 23 Nur das Blut
sollst du nicht genießen, sondern wie Wasser auf die Erde schütten.

Das Frühlingsfest

16 Achte auf den Monat Abib, und feiere dem Herrn, deinem
Gott, das Paschafest; denn im Monat Abib hat der Herr,
dein Gott, dich nachts aus Ägypten geführt. 2 Als Paschatiere für den
Herrn, deinen Gott, sollst du Schafe, Ziegen oder Rinder schlachten
an der Stätte, die der Herr auswählen wird, indem er dort seinen
Namen wohnen läßt. 3 Du sollst nichts Gesäuertes dazu essen. Sieben Tage lang sollst du ungesäuertes Brot dazu essen, die Speise der
Bedrängnis, damit du dein ganzes Leben lang des Tages gedenkst, an
dem du aus Ägypten gezogen bist. Denn in Hast bist du aus Ägypten
gezogen. 4 In deinem ganzen Gebiet soll sieben Tage lang kein Sauerteig zu finden sein, und vom Fleisch des Tieres, das du am Abend des
ersten Tages schlachtest, darf bis zum andern Morgen nichts übrigbleiben. 5 Du darfst das Paschatier nicht in irgendeinem der Stadtbereiche schlachten, die der Herr, dein Gott, dir geben wird, 6 sondern
nur an der Stätte, die der Herr, dein Gott, auswählt, indem er dort seinen Namen wohnen läßt. Dort sollst du das Paschatier schlachten,
am Abend bei Sonnenuntergang, zu der Stunde, in der du aus Ägypten gezogen bist. 7 Du sollst es an der Stätte kochen und verzehren,
die der Herr, dein Gott, ausgewählt hat, und am Morgen darfst du
wieder zu deinen Zelten zurückkehren. 8 Sechs Tage sollst du ungesäuertes Brot essen, am siebten Tag ist eine Festversammlung für den
Herrn, deinen Gott; da sollst du keine Arbeit tun.

Das Wochenfest

9 Du sollst sieben Wochen zählen. Wenn man die Sichel an den Halm
legt, sollst du beginnen, die sieben Wochen zu zählen. 10 Danach
sollst du dem Herrn, deinem Gott, das Wochenfest feiern und dabei
eine freiwillige Gabe darbringen, die du danach bemißt, wie der Herr,
dein Gott, dich gesegnet hat.
11 Du sollst vor dem Herrn, deinem Gott, fröhlich sein, du, dein Sohn
und deine Tochter, dein Sklave und deine Sklavin, auch die Leviten,
die in deinen Stadtbereichen Wohnrecht haben, und die Fremden,
Waisen und Witwen, die in deiner Mitte leben. Du sollst fröhlich sein
an der Stätte, die der Herr, dein Gott, auswählt, indem er dort seinen
Namen wohnen läßt.
12 Denk daran: Du bist in Ägypten Sklave gewesen. Daher sollst du auf
diese Gesetze achten und sie halten.

Das Laubhüttenfest

13 Das Laubhüttenfest sollst du sieben Tage lang feiern, nachdem du
das Korn von der Tenne und den Wein aus der Kelter eingelagert hast.
14 Du sollst an deinem Fest fröhlich sein, du, dein Sohn und deine
Tochter, dein Sklave und deine Sklavin, die Leviten und die Fremden,
Waisen und Witwen, die in deinen Stadtbereichen wohnen.
15 Sieben Tage lang sollst du dem Herrn, deinem Gott, das Fest feiern
an der Stätte, die der Herr auswählt. Wenn dich der Herr, dein Gott, in
allem gesegnet hat, in deiner Ernte und in der Arbeit deiner Hände,
dann sollst du wirklich fröhlich sein.

Die Verpflichtung zu Wallfahrten

16 Dreimal im Jahr sollen alle deine Männer hingehen, um das Angesicht des Herrn, deines Gottes, an der Stätte, die er auswählt, zu
schauen: am Fest der Ungesäuerten Brote, am Wochenfest und am
Laubhüttenfest. Man soll nicht mit leeren Händen hingehen, um das
Angesicht des Herrn zu schauen, 17 sondern jeder mit seiner Gabe,
die dem Segen entspricht, den du vom Herrn, deinem Gott, erhalten
hast.

Das Verhalten der Richter in den Ortschaften

18 Richter und Listenführer sollst du in allen Stadtbereichen einsetzen, die der Herr, dein Gott, dir in deinen Stammesgebieten gibt. Sie
sollen dem Volk Recht sprechen und gerechte Urteile fällen. 19 Du
sollst das Recht nicht beugen. Du sollst kein Ansehen der Person kennen. Du sollst keine Bestechung annehmen; denn Bestechung macht
Weise blind und verdreht die Fälle derer, die im Recht sind. 20 Gerechtigkeit, Gerechtigkeit – ihr sollst du nachjagen, damit du Leben hast
und das Land in Besitz nehmen kannst, das der Herr, dein Gott, dir
gibt.

Das Verbot nichtjahwistischer Kultsymbole

21 Du sollst neben dem Altar des Herrn, deines Gottes, den du dir
baust, keinen Kultpfahl, keinerlei Holz einpflanzen. 22 Du sollst kein
Steinmal von der Art errichten, die der Herr, dein Gott, haßt.

Das Verbot fehlerhafter Opfer

17 Du sollst dem Herrn, deinem Gott, keinen Stier und kein
Lamm schlachten, die einen Fehler, irgendeine Mißbildung
haben, denn das ist dem Herrn, deinem Gott, ein Greuel.

Das Verfahren beim Abfall zu Gestirngöttern

2 Wenn in deiner Mitte, in einem der Stadtbereiche, die der Herr, dein
Gott, dir gibt, ein Mann – oder auch eine Frau – lebt, der tut, was in
den Augen des Herrn, deines Gottes, böse ist, und sich über seinen
Bund hinwegsetzt, 3 wenn er hingeht, anderen Göttern dient und sich
vor ihnen niederwirft – und zwar vor der Sonne, dem Mond oder dem
ganzen Himmelsheer, was ich verboten habe –, 4 wenn dir das gemeldet wird, wenn du den Fall anhängig machst, genaue Ermittlungen
anstellst und es sich zeigt: Ja, es ist wahr, der Tatbestand steht fest,
dieser Greuel ist in Israel geschehen!, 5 dann sollst du diesen Mann
oder diese Frau, die den Frevel begangen haben, den Mann oder die
Frau, zu einem deiner Stadttore führen und steinigen, und sie sollen
sterben.

6 Wenn es um Leben oder Tod eines Angeklagten geht, darf er nur auf
die Aussage von zwei oder drei Zeugen hin zum Tod verurteilt wer-
den. Auf die Aussage eines einzigen Zeugen hin darf er nicht zum Tod
verurteilt werden.
7 Wenn er hingerichtet wird, sollen die Zeugen als erste ihre Hand
gegen ihn erheben, dann erst das ganze Volk. Du sollst das Böse aus
deiner Mitte wegschaffen.

Das sakrale Gerichtsverfahren

8 Wenn bei einem Verfahren wegen Mord, Eigentumsdelikt oder Kör-
perverletzung – also wegen Streitsachen, über die in deinen Stadtbe-
reichen entschieden werden darf – der Fall für dich zu ungewöhnlich
liegt, dann sollst du dich aufmachen, zu der Stätte hinaufziehen, die
der Herr auswählt,
9 und vor die levitischen Priester und den Richter treten, der dann
amtiert. Du sollst genaue Ermittlungen anstellen lassen, und sie sol-
len dir den Urteilsspruch verkünden. 10 Dann sollst du dich an den
Spruch halten, den sie dir an dieser Stätte, die der Herr auswählt, ver-
künden, und du sollst auf alles, was sie dich lehren, genau achten und
es halten. 11 An den Wortlaut der Weisung, die sie dich lehren, und an
das Urteil, das sie fällen, sollst du dich halten. Von dem Spruch, den
sie dir verkünden, sollst du weder rechts noch links abweichen. 12 Ein
Mann aber, der so vermessen ist, auf den Priester, der dort steht, um
vor dem Herrn, deinem Gott, Dienst zu tun, oder auf den Richter
nicht zu hören, dieser Mann soll sterben. Du sollst das Böse aus Israel
wegschaffen. 13 Das ganze Volk soll davon hören, damit sie sich
fürchten und nicht noch einmal so vermessen sind.

Der König

14 Wenn du in das Land, das der Herr, dein Gott, dir gibt, hineingezo-
gen bist, es in Besitz genommen hast, in ihm wohnst und dann sagst:
Ich will einen König über mich einsetzen wie alle Völker in meiner
Nachbarschaft!, 15 dann darfst du einen König über dich einsetzen,
doch nur einen, den der Herr, dein Gott, auswählt. Nur aus der Mitte
deiner Brüder darfst du einen König über dich einsetzen. Einen Aus-
länder darfst du nicht über dich einsetzen, weil er nicht dein Bruder
ist. 16 Der König soll sich aber nicht zu viele Pferde halten. Er soll das
Volk nicht nach Ägypten zurückbringen, um mehr Pferde zu bekom-
men; denn der Herr hat zu euch gesagt: Ihr sollt auf diesem Weg nie
wieder zurückkehren. 17 Er soll sich auch keine große Zahl von
Frauen nehmen, damit sein Sinn nicht vom rechten Weg abweicht. Er
soll nicht zu viel Silber und Gold anhäufen. 18 Und wenn er seinen
Königsthron bestiegen hat, soll er sich von dieser Weisung, die die
levitischen Priester aufbewahren, auf einer Schriftrolle eine Zweit-
schrift anfertigen lassen. 19 Sein Leben lang soll er die Weisung mit
sich führen und in der Rolle lesen, damit er lernt, den Herrn, seinen
Gott, zu fürchten, auf alle Worte dieser Weisung und dieser Gesetze
zu achten, sie zu halten, 20 sein Herz nicht über seine Brüder zu erhe-
ben und von dem Gebot weder rechts noch links abzuweichen, damit
er lange als König in Israels Mitte lebt, er und seine Nachkommen.

Die Einkünfte der Priester

18 Die levitischen Priester – der ganze Stamm Levi – sollen
nicht wie das übrige Israel Landanteil und Erbbesitz haben.
Sie sollen sich von den Opferanteilen des Herrn, von seinem Erbbe-
sitz, ernähren. 2 Der Stamm Levi soll inmitten seiner Brüder leben,
aber keinen Erbbesitz haben. Der Herr selbst ist sein Erbbesitz, wie er
es ihm zugesagt hat. 3 Und das ist das Recht, das die Priester gegen-
über dem Volk haben, gegenüber denen, die ein Schlachtopfertier
schlachten, sei es ein Stier oder ein Lamm: Man soll dem Priester den
Bug, die Kinnbacken und den Labmagen geben. 4 Du sollst ihm den
ersten Ertrag von Korn, Wein und Öl und den ersten Ertrag der Schaf-
schur geben. 5 Denn der Herr, dein Gott, hat den Stamm Levi unter
allen deinen Stämmen dazu ausgewählt, daß er im Namen des Herrn
dasteht und Dienst tut – Levi und seine Nachkommen, ihr Leben lang.
6 Wenn ein Levit aus einem deiner Stadtbereiche irgendwo in Israel, in
dem er als Fremder gewohnt hat, zu der Stätte kommt, die der Herr
ausgewählt hat, und zwar, wann immer er möchte, 7 und wenn er
dann wie alle seine levitischen Brüder, die dort vor dem Herrn stehen,
im Namen des Herrn, seines Gottes, Dienst tut, 8 sollen alle die glei-
che Zuteilung erhalten, ohne daß man berücksichtigt, wie groß sein
väterliches Vermögen ist.

Die Zauberer und Propheten

9 Wenn du in das Land hineinziehst, das der Herr, dein Gott, dir gibt,
sollst du nicht lernen, die Greuel dieser Völker nachzuahmen. 10 Es
soll bei dir keinen geben, der seinen Sohn oder seine Tochter durchs
Feuer gehen läßt, keinen, der Losorakel befragt, Wolken deutet, aus
dem Becher weissagt, zaubert, 11 Gebetsbeschwörungen hersagt oder
Totengeister befragt, keinen Hellseher, keinen, der Verstorbene um
Rat fragt. 12 Denn jeder, der so etwas tut, ist dem Herrn ein Greuel.
Wegen dieser Greuel vertreibt sie der Herr, dein Gott, vor dir. 13 Du
sollst ganz und gar bei dem Herrn, deinem Gott, bleiben. 14 Denn
diese Völker, deren Besitz du übernimmst, hören auf Wolkendeuter
und Orakelleser. Für dich aber hat der Herr, dein Gott, es anders
bestimmt. 15 Einen Propheten wie mich wird dir der Herr, dein Gott,
aus deiner Mitte, unter deinen Brüdern, erstehen lassen. Auf ihn sollt
ihr hören. 16 Der Herr wird ihn als Erfüllung von allem erstehen las-
sen, worum du am Horeb, am Tag der Versammlung, den Herrn, dei-
nen Gott, gebeten hast, als du sagtest: Ich kann die donnernde
Stimme des Herrn, meines Gottes, nicht noch einmal hören und die-
ses große Feuer nicht noch einmal sehen, ohne daß ich sterbe.
17 Damals sagte der Herr zu mir: Was sie von dir verlangen, ist recht.
18 Einen Propheten wie dich will ich ihnen mitten unter ihren Brüdern
erstehen lassen. Ich will ihm meine Worte in den Mund legen, und er
wird ihnen alles sagen, was ich ihm auftrage. 19 Einen Mann aber, der
nicht auf meine Worte hört, die der Prophet in meinem Namen ver-
künden wird, ziehe ich selbst zur Rechenschaft. 20 Doch ein Prophet,
der sich anmaßt, in meinem Namen ein Wort zu verkünden, dessen
Verkündigung ich ihm nicht aufgetragen habe, oder der im Namen
anderer Götter spricht, ein solcher Prophet soll sterben. 21 Und wenn
du denkst: Woran können wir ein Wort erkennen, das der Herr nicht
gesprochen hat?, 22 dann sollst du wissen: Wenn ein Prophet im
Namen des Herrn spricht und sein Wort sich nicht erfüllt und nicht
eintrifft, dann ist es ein Wort, das nicht der Herr gesprochen hat. Der
Prophet hat sich nur angemaßt, es zu sprechen. Du sollst dich
dadurch nicht aus der Fassung bringen lassen.

Die Asylstädte

19 Wenn der Herr, dein Gott, die Völker, deren Land der Herr,
dein Gott, dir geben will, niedergestreckt und du ihren Besitz
übernimmst und in ihren Städten und Häusern wohnst, 2 sollst du in
dem Land, das der Herr, dein Gott, dir gibt, damit du es in Besitz
nimmst, drei Städten eine Sonderstellung zuweisen. 3 Du sollst die
Wegstrecken berechnen und die Fläche des Landes, das der Herr,
dein Gott, dir als Erbbesitz gibt, in drei Teile teilen. Dann kann jeder,
der einen Menschen getötet hat, in diese Städte fliehen. 4 Und so lau-
tet die Bestimmung für einen, der jemand getötet hat und dorthin
flieht, um am Leben zu bleiben: Wenn er den andern ohne Vorsatz
erschlagen hat und nicht schon früher mit ihm verfeindet gewesen
ist, 5 zum Beispiel wenn er mit einem andern in den Wald gegangen
ist, um Bäume zu fällen, seine Hand mit der Axt ausgeholt hat, um
einen Baum umzuhauen, das Eisenblatt sich vom Stiel gelöst und den
andern getroffen hat und dieser gestorben ist, dann kann er in eine
dieser Städte fliehen, um am Leben zu bleiben. 6 Es darf nicht sein,
daß der Weg (zum Heiligtum) zu weit ist, damit nicht der Bluträcher
der aus Rachedurst den, der getötet hat, verfolgt, ihn einholt und töd-
lich trifft, obwohl kein Recht besteht, ihn zu töten, da er ja mit dem
Getöteten nicht schon früher verfeindet war. 7 Deshalb mache ich dir
zur Pflicht: Du sollst drei Städten eine Sonderstellung zuweisen

8 Und wenn der Herr, dein Gott, dein Gebiet vergrößert, wie er es
deinen Vätern geschworen hat, und dir das ganze Land, von dem er
gesagt hat, er werde es deinen Vätern geben, wirklich gibt, 9 weil du
auf dieses ganze Gebot, auf das ich dich heute verpflichte, achtest
und es hältst, indem du den Herrn, deinen Gott, liebst und dein
Leben lang auf seinen Wegen gehst, dann sollst du diese drei Städte
um drei weitere vermehren. 10 So soll verhindert werden, daß mitten
in dem Land, das der Herr, dein Gott, dir als Erbbesitz gibt, unschul-
diges Blut vergossen wird und Blutschuld über dich kommt.

Die Auslieferung eines Mörders aus der Asylstadt

11 Wenn es sich um einen Mann handelt, der mit einem andern ver-
feindet war, wenn er ihm auflauerte, ihn überfiel und tödlich traf, so
daß er starb, und wenn er in eine dieser Städte floh, 12 dann sollen die
Ältesten seiner Stadt ihn von dort holen lassen und in die Gewalt des
Bluträchers geben, und er soll sterben. 13 Du sollst in dir kein Mitleid
mit ihm aufsteigen lassen. Du sollst das Blut des Unschuldigen aus
Israel wegschaffen, und es wird dir gut gehen.

Die Grenzverrückung

14 An deinem Erbbesitz, der dir in dem Land zugeteilt werden soll, das
der Herr, dein Gott, dir gibt, damit du es in Besitz nimmst, sollst du
die Grenzmarkierung zu deinem Nachbarn hin, die die Vorfahren
errichtet haben, nicht verrücken.

Die Zahl der Zeugen

15 Wenn es um ein Verbrechen oder ein Vergehen geht, darf ein einzel-
ner Belastungszeuge nicht Recht bekommen, welches Vergehen auch
immer der Angeklagte begangen hat. Erst auf die Aussage von zwei
oder drei Zeugen darf eine Sache Recht bekommen.

Die falsche Aussage vor Gericht

16 Wenn jemand vor Gericht geht und als Zeuge einen andern zu
Unrecht der Anstiftung zum Aufruhr bezichtigt, 17 wenn die beiden
Parteien mit ihrem Rechtsstreit vor den Herrn hintreten, vor die Prie-
ster und Richter, die dann amtieren, 18 wenn die Richter eine genaue
Ermittlung anstellen und sich zeigt: Der Mann ist ein falscher Zeuge,
er hat seinen Bruder fälschlich bezichtigt, 19 dann sollt ihr mit ihm so
verfahren, wie er mit seinem Bruder verfahren wollte. Du sollst das
Böse aus deiner Mitte wegschaffen. 20 Die übrigen sollen davon
hören, damit sie sich fürchten und nicht noch einmal ein solches Ver-
brechen in deiner Mitte begehen. 21 Und du sollst in dir kein Mitleid
aufsteigen lassen: Leben für Leben, Auge für Auge, Zahn für Zahn,
Hand für Hand, Fuß für Fuß.

Das Aufgebot des Volksheeres

20 Wenn du zum Kampf gegen deine Feinde ausziehst und
Pferde und Wagen und ein Kriegsvolk erblickst, das zahlrei-
cher ist als du, dann sollst du dich nicht vor ihnen fürchten; denn der
Herr, dein Gott, der dich aus Ägypten heraufgeführt hat, ist bei dir.
2 Wenn ihr in den Kampf zieht, soll der Priester vortreten, dem
Kriegsvolk eine Ansprache halten 3 und zu ihnen sagen: Höre, Israel!
Ihr zieht heute in den Kampf gegen eure Feinde. Verliert nicht den
Mut! Fürchtet euch nicht, geratet nicht durcheinander, und weicht
nicht erschreckt zurück, wenn sie angreifen. 4 Denn der Herr, euer
Gott, zieht mit euch, um für euch gegen eure Feinde zu kämpfen und
euch zu retten. 5 Dann sollen die Listenführer zum Kriegsvolk sagen:
Ist unter euch einer, der ein neues Haus gebaut und noch nicht einge-
weiht hat? Er trete weg und kehre zu seinem Haus zurück, damit er
nicht im Kampfe fällt und ein anderer es einweiht. 6 Ist unter euch
einer, der einen Weinberg angelegt und noch nicht die erste Lese
gehalten hat? Er trete weg und kehre nach Hause zurück, damit er
nicht im Kampfe fällt und ein anderer die erste Lese hält. 7 Ist unter
euch einer, der sich mit einer Frau verlobt und sie noch nicht geheira-
tet hat? Er trete weg und kehre nach Hause zurück, damit er nicht im
Kampfe fällt und ein anderer seine Frau heiratet. 8 Außerdem sollen
die Listenführer zum Kriegsvolk sagen: Ist unter euch einer, der sich
fürchtet und keinen Mut hat? Er trete weg und kehre nach Hause
zurück, damit nicht auch noch seinen Brüdern der Mut genommen
wird. 9 Und wenn die Listenführer damit zu Ende sind, dies dem
Kriegsvolk zu sagen, sollen sie Truppenführer ernennen und ihnen
das Kommando über das Kriegsvolk übertragen.

Der Krieg gegen Städte

10 Wenn du vor eine Stadt ziehst, um sie anzugreifen, dann sollst du
ihr zunächst eine friedliche Einigung vorschlagen. 11 Nimmt sie die
friedliche Einigung an und öffnet dir die Tore, dann soll die gesamte
Bevölkerung, die du dort vorfindest, zum Frondienst verpflichtet und
dir untertan sein. 12 Lehnt sie eine friedliche Einigung mit dir ab und
will sich mit dir im Kampf messen, dann darfst du sie belagern.
13 Wenn der Herr, dein Gott, sie in deine Gewalt gibt, sollst du alle
männlichen Personen mit scharfem Schwert erschlagen. 14 Die
Frauen aber, die Kinder und Greise, das Vieh und alles, was sich sonst
in der Stadt befindet, alles, was sich darin plündern läßt, darfst du dir
als Beute nehmen. Was du bei deinen Feinden geplündert hast, darfst
du verzehren; denn der Herr, dein Gott, hat es dir geschenkt. 15 So
sollst du mit allen Städten verfahren, die sehr weit von dir entfernt
liegen und nicht zu den Städten dieser Völker hier gehören. 16 Aus den
Städten dieser Völker jedoch, die der Herr, dein Gott, dir als Erbbesitz
gibt, darfst du nichts, was Atem hat, am Leben lassen. 17 Vielmehr
sollst du die Hetiter und Amoriter, Kanaaniter und Perisiter, Hiwiter
und Jebusiter der Vernichtung weihen, so wie es der Herr, dein Gott,
dir zur Pflicht gemacht hat, 18 damit sie euch nicht lehren, alle Greuel
nachzuahmen, die sie begingen, wenn sie ihren Göttern dienten, und
ihr nicht gegen den Herrn, euren Gott, sündigt.

Die Schonung des Baumbestandes

19 Wenn du eine Stadt längere Zeit hindurch belagerst, um sie anzu-
greifen und zu erobern, dann sollst du ihrem Baumbestand keinen
Schaden zufügen, indem du die Axt daran legst. Du darfst von den
Bäumen essen, sie aber nicht fällen mit dem Gedanken, die Bäume
auf dem Feld seien der Mensch selbst, so daß sie von dir belagert wer-
den müßten. 20 Nur den Bäumen, von denen du weißt, daß sie keine
Fruchtbäume sind, darfst du Schaden zufügen. Du darfst sie fällen
und daraus Belagerungswerk bauen gegen die Stadt, die gegen dich
kämpfen will, bis sie schließlich fällt.

Der Mord durch einen unbekannten Täter

21 Wenn in dem Land, das der Herr, dein Gott, dir gibt, damit
du es in Besitz nimmst, einer auf freiem Feld ermordet auf-
gefunden wird und man nicht weiß, wer ihn erschlagen hat, 2 dann
sollen deine Ältesten und Richter hinausgehen und feststellen, wie
weit die Städte ringsum von dem Ermordeten entfernt sind. 3 Wenn
feststeht, welche Stadt dem Ermordeten am nächsten liegt, sollen die
Ältesten dieser Stadt eine junge Kuh aussuchen, die noch nicht zur
Arbeit verwendet worden ist, das heißt, die noch nicht unter dem
Joch gegangen ist. 4 Die Ältesten dieser Stadt sollen die Kuh in ein
ausgetrocknetes Bachtal bringen, wo weder geackert noch gesät
wird. Dort sollen sie im Bachbett der Kuh das Genick brechen. 5 Dann
sollen die Priester, die Nachkommen Levis, herantreten; denn sie hat
der Herr, dein Gott, dazu ausgewählt, vor ihm Dienst zu tun und im
Namen des Herrn den Segen zu sprechen. Nach ihrem Spruch soll
jeder Rechtsstreit und jeder Fall von Körperverletzung entschieden
werden. 6 Alle Ältesten dieser Stadt sollen, weil sie dem Ermordeten
am nächsten sind, über der Kuh, der im Bachbett das Genick gebro-
chen wurde, ihre Hände waschen. 7 Sie sollen feierlich sagen: Unsere
Hände haben dieses Blut nicht vergossen, und unsere Augen haben
nichts gesehen. 8 Deck es zu, zum Schutz deines Volkes Israel, das du
freigekauft hast, Herr, und laß kein unschuldig vergossenes Blut in
der Mitte deines Volkes Israel bleiben. Dann ist das Blut zu ihrem

Schutz zugedeckt. 9 Du wirst das unschuldig vergossene Blut aus
deiner Mitte wegschaffen können, wenn du tust, was in den Augen
des Herrn richtig ist.

Die Heirat einer Kriegsgefangenen
10 Wenn du zum Kampf gegen deine Feinde ausziehst und der Herr,
dein Gott, sie alle in deine Gewalt gibt, wenn du dabei Gefangene
machst 11 und unter den Gefangenen eine Frau von schöner Gestalt
erblickst, wenn sie dein Herz gewinnt und du sie heiraten möchtest,
12 dann sollst du sie in dein Haus bringen, und sie soll sich den Kopf
scheren, ihre Nägel kürzen 13 und die Gefangenenkleidung ablegen.
Sie soll in deinem Haus wohnen und einen Monat lang ihren Vater
und ihre Mutter beweinen. Danach darfst du mit ihr Verkehr haben,
du darfst ihr Mann werden und sie deine Frau. 14 Wenn sie dir aber
nicht mehr gefällt, darfst du sie entlassen, und sie darf tun, was sie
will. Auf keinen Fall darfst du sie für Silber verkaufen. Auch darfst du
sie nicht als Sklavin kennzeichnen. Denn du hast sie dir gefügig
gemacht.

Das Erbrecht des erstgeborenen Sohnes
15 Wenn ein Mann zwei Frauen hat, eine, die er liebt, und eine, die er
nicht liebt, und wenn beide ihm Söhne gebären, die geliebte wie die
ungeliebte, und der erstgeborene Sohn von der ungeliebten stammt,
16 dann darf er, wenn er sein Erbe unter seine Söhne verteilt, den Sohn
der geliebten Frau nicht als Erstgeborenen behandeln und damit
gegen das Recht des wirklichen Erstgeborenen, des Sohnes der unge-
liebten Frau, verstoßen.
17 Vielmehr soll er den Erstgeborenen, den Sohn der Ungeliebten,
anerkennen, indem er ihm von allem, was er besitzt, den doppelten
Anteil gibt. Ihn hat er zuerst gezeugt, er besitzt das Erstgeborenen-
recht.

Die Verstoßung eines Sohnes
18 Wenn ein Mann einen störrischen und widerspenstigen Sohn hat,
der nicht auf die Stimme seines Vaters und seiner Mutter hört, und
wenn sie ihn züchtigen und er trotzdem nicht auf sie hört, 19 dann sol-
len Vater und Mutter ihn packen, vor die Ältesten der Stadt und die
Torversammlung des Ortes führen 20 und zu den Ältesten der Stadt
sagen: Unser Sohn hier ist störrisch und widerspenstig, er hört nicht
auf unsere Stimme, er ist ein Verschwender und Trinker. 21 Dann sol-
len alle Männer der Stadt ihn steinigen, und er soll sterben. Du sollst
das Böse aus deiner Mitte wegschaffen. Ganz Israel soll davon hören,
damit sie sich fürchten.

Die Bestattung von Hingerichteten
22 Wenn jemand ein Verbrechen begangen hat, auf das die Todesstrafe
steht, wenn er hingerichtet wird und du den Toten an einen Pfahl
hängst, 23 dann soll die Leiche nicht über Nacht am Pfahl hängen blei-
ben, sondern du sollst ihn noch am gleichen Tag begraben; denn ein
Gehenkter ist ein von Gott Verfluchter. Du sollst das Land nicht unrein
werden lassen, das der Herr, dein Gott, dir als Erbbesitz gibt.

Gefundenes Gut
22 Du sollst nicht untätig zusehen, wie ein Stier oder ein
Lamm deines Bruders sich verläuft. Du sollst dann nicht so
tun, als gingen sie dich nichts an, sondern sie deinem Bruder zurück-
bringen. 2 Wenn dein Bruder nicht in der Nähe wohnt oder wenn du
ihn nicht kennst, sollst du das Tier in deinen Stall tun, und es soll dir
zur Verfügung stehen, bis dein Bruder es sucht und du es ihm zurück-
geben kannst. 3 Ebenso sollst du es mit einem Esel halten, ebenso mit
einem Gewand, ebenso mit allem anderen, was dein Bruder verloren
hat: was er verloren hat und was du findest. Du kannst gar nicht so
tun, als ginge dich das nichts an.

Die nachbarschaftliche Hilfe
4 Du sollst nicht untätig zusehen, wie ein Esel oder ein Ochse deines
Bruders auf dem Weg zusammenbricht. Du sollst dann nicht so tun,
als gingen sie dich nichts an, sondern ihm helfen, sie wieder aufzu-
richten.

Kleidung und Geschlecht
5 Eine Frau soll nicht die Ausrüstung eines Mannes tragen, und ein
Mann soll kein Frauenkleid anziehen; denn jeder, der das tut, ist dem
Herrn, deinem Gott, ein Greuel.

Die Aushebung von Vogelnestern
6 Wenn du unterwegs auf einem Baum oder auf der Erde zufällig ein
Vogelnest mit Jungen oder mit Eiern darin findest und die Mutter auf
den Jungen oder auf den Eiern sitzt, sollst du die Mutter nicht zusam-
men mit den Jungen herausnehmen. 7 Sondern du sollst die Mutter
fliegen lassen und nur die Jungen nehmen, damit es dir gut geht und
du lange lebst.

Schutzgeländer an Dachterrassen
8 Wenn du ein neues Haus baust, sollst du um die Dachterrasse eine
Brüstung ziehen. Du sollst nicht dadurch, daß jemand herunterfällt,
Blutschuld auf dein Haus legen.

Das Verbot von Vermischung
9 Du sollst in deinem Weinberg keine anderen Pflanzen anbauen,
sonst verfällt das Ganze dem Heiligtum, sowohl was du zusätzlich
angebaut hast als auch was der Weinberg trägt. 10 Du sollst nicht
Ochse und Esel zusammen vor den Pflug spannen. 11 Du sollst für
deine Kleidung kein Mischgewebe aus Wolle und Flachs verwenden.

Die Quasten
12 Du sollst an den vier Zipfeln des Überwurfs, den du trägst, Quasten
anbringen.

Die Beschuldigung der Ehefrau wegen vorehelichen Verkehrs
13 Wenn ein Mann eine Frau geheiratet und mit ihr Verkehr gehabt
hat, sie aber später nicht mehr liebt 14 und ihr Anrüchiges vorwirft, sie
in Verruf bringt und behauptet: Diese Frau habe ich geheiratet, aber
als ich mich ihr näherte, entdeckte ich, daß sie nicht mehr unberührt
war!, 15 wenn Vater und Mutter des Mädchens dann das Beweisstück
ihrer Unberührtheit holen und zu den Ältesten der Stadt ans Tor brin-
gen 16 und der Vater des Mädchens den Ältesten erklärt: Ich habe die-
sem Mann meine Tochter zur Frau gegeben, aber er liebt sie nicht
mehr, 17 ja er wirft ihr jetzt Anrüchiges vor, indem er sagt: Ich habe
entdeckt, daß deine Tochter nicht mehr unberührt war!; aber hier ist
das Beweisstück für die Unberührtheit meiner Tochter!, und wenn sie
das Gewand (aus der Hochzeitsnacht) vor den Ältesten der Stadt aus-
breiten, 18 dann sollen die Ältesten dieser Stadt den Mann packen und
züchtigen lassen. 19 Sie sollen ihm eine Geldbuße von hundert Silber-
schekel auferlegen und sie dem Vater des Mädchens übergeben, weil
der Mann eine unberührte Israelitin in Verruf gebracht hat. Sie soll
seine Frau bleiben. Er darf sie niemals entlassen. 20 Wenn der Vorwurf
aber zutrifft, wenn sich keine Beweisstücke für die Unberührtheit des
Mädchens beibringen lassen, 21 soll man das Mädchen hinausführen
und vor die Tür ihres Vaterhauses bringen. Dann sollen die Männer
ihrer Stadt sie steinigen, und sie soll sterben; denn sie hat eine
Schandtat in Israel begangen, indem sie in ihrem Vaterhaus Unzucht
trieb. Du sollst das Böse aus deiner Mitte wegschaffen.

Der Ehebruch mit einer verheirateten Frau
22 Wenn ein Mann dabei ertappt wird, wie er bei einer verheirateten
Frau liegt, dann sollen beide sterben, der Mann, der bei der Frau gele-
gen hat, und die Frau. Du sollst das Böse aus Israel wegschaffen.

Der Beischlaf mit der Verlobten eines anderen
23 Wenn ein unberührtes Mädchen mit einem Mann verlobt ist und
ein anderer Mann ihr in der Stadt begegnet und sich mit ihr hinlegt,
24 dann sollt ihr beide zum Tor dieser Stadt führen. Ihr sollt sie stei-
nigen, und sie sollen sterben, das Mädchen, weil es in der Stadt nicht
um Hilfe geschrien hat, und der Mann, weil er sich die Frau eines
andern gefügig gemacht hat. Du sollst das Böse aus deiner Mitte
wegschaffen. 25 Wenn der Mann dem verlobten Mädchen aber auf
freiem Feld begegnet, sie festhält und sich mit ihr hinlegt, dann soll
nur der Mann sterben, der bei ihr gelegen hat, 26 dem Mädchen aber
sollst du nichts tun. Bei dem Mädchen handelt es sich nicht um ein
Verbrechen, auf das der Tod steht; denn dieser Fall ist so zu beurtei-
len, wie wenn ein Mann einen andern überfällt und ihn tötet. 27 Auf
freiem Feld ist er ihr begegnet, das verlobte Mädchen mag um Hilfe
geschrien haben, aber es ist kein Helfer dagewesen.

Der Beischlaf mit einer noch nicht Verlobten
28 Wenn ein Mann einem unberührten Mädchen, das noch nicht ver-
lobt ist, begegnet, sie packt und sich mit ihr hinlegt und sie ertappt
werden, 29 soll der Mann, der bei ihr gelegen hat, dem Vater des
Mädchens fünfzig Silberschekel zahlen, und sie soll seine Frau wer-
den, weil er sie sich gefügig gemacht hat. Er darf sie niemals ent-
lassen.

Die Blutschande
23 Ein Mann darf eine Frau seines Vaters nicht heiraten; denn
er darf das Bett seines Vaters nicht aufdecken.

Die Aufnahme in die Versammlung des Herrn
2 In die Versammlung des Herrn darf keiner aufgenommen werden,
dessen Hoden zerquetscht sind oder dessen Glied verstümmelt ist.
3 In die Versammlung des Herrn darf kein Bastard aufgenommen wer-
den; auch in der zehnten Generation dürfen seine Nachkommen
nicht in die Versammlung des Herrn aufgenommen werden. 4 In die
Versammlung des Herrn darf kein Ammoniter oder Moabiter aufge-
nommen werden, auch nicht in der zehnten Generation. Niemals
dürfen ihre Nachkommen in die Versammlung des Herrn aufgenom-
men werden; 5 denn sie sind euch nicht mit Brot und Wasser auf dem
Weg entgegengegangen, als ihr aus Ägypten zogt, und Moab hat
Bileam, den Sohn Beors, aus Petor in Mesopotamien gedungen und
gegen dich ausgesandt, damit er dich verfluchte – 6 doch der Herr,
dein Gott, hat sich geweigert, Bileam zu erhören, und der Herr, dein
Gott, hat für dich den Fluch in Segen verwandelt; denn der Herr, dein
Gott, liebt dich. 7 Du sollst dich nie und nimmer um einen Friedens-
und Freundschaftsvertrag mit ihnen bemühen. 8 Der Edomiter dage-
gen soll dir kein Greuel sein; denn er ist dein Bruder. Der Ägypter soll
dir kein Greuel sein; denn du hast als Fremder in seinem Land
gewohnt. 9 In der dritten Generation dürfen ihre leiblichen Nach-
kommen in die Versammlung des Herrn aufgenommen werden.

Die Reinheit des Heerlagers
10 Wenn du ins Feld ziehst und gegenüber deinen Feinden das Lager
aufschlägst, sollst du dich vor jeder Unsauberkeit hüten. 11 Wenn
jemand unter dir ist, der nicht mehr rein ist, weil nachts etwas
geschah, soll er in das Vorgelände des Lagers gehen und das Lager
nicht betreten. 12 Wenn der Abend kommt, soll er sich mit Wasser
waschen, und wenn die Sonne untergeht, darf er in das Lager zurück-
kehren. 13 Du sollst im Vorgelände des Lagers eine Ecke haben, wo du
austreten kannst. 14 In deinem Gepäck sollst du eine Schaufel haben,
und wenn du dich draußen hinhocken willst, dann grab damit ein
Loch, und nachher deck deine Notdurft wieder zu! 15 Denn der Herr,
dein Gott, hält sich in der Mitte deines Lagers auf, um dich der Gefahr
zu entreißen und dir deine Feinde auszuliefern. Dein Lager soll heilig
sein, damit er bei dir nichts Anstößiges sieht und sich nicht von dir
abwendet.

Das Verbot der Auslieferung von Flüchtlingen
16 Du sollst einen fremden Untertan, der vor seinem Herrn bei dir
Schutz sucht, seinem Herrn nicht ausliefern. 17 Bei dir soll er wohnen
dürfen, in deiner Mitte, in einem Ort, den er sich in einem deiner
Stadtbereiche auswählt, wo es ihm gefällt. Du sollst ihn nicht aus-
beuten.

Das Verbot sakraler Prostitution
18 Unter den Frauen Israels soll es keine sakrale Prostitution geben,
und unter den Männern Israels soll es keine sakrale Prostitution
geben. 19 Du sollst weder Dirnenlohn noch Hundegeld in den Tempel
des Herrn, deines Gottes, bringen. Kein Gelübde kann dazu ver-
pflichten; denn auch diese beiden Dinge sind dem Herrn, deinem
Gott, ein Greuel.

Zinsen
20 Du darfst von deinem Bruder keine Zinsen nehmen: weder Zinsen
für Geld noch Zinsen für Getreide noch Zinsen für sonst etwas, wofür
man Zinsen nimmt. 21 Von einem Ausländer darfst du Zinsen nehmen,
von deinem Bruder darfst du keine Zinsen nehmen, damit der Herr,
dein Gott, dich segnet in allem, was deine Hände schaffen, in dem
Land, in das du hineinziehst, um es in Besitz zu nehmen.

Gelübde
22 Wenn du vor dem Herrn, deinem Gott, ein Gelübde machst, sollst
du nicht zögern, es zu erfüllen; sonst wird es der Herr, dein Gott, von
dir einfordern, und die Strafe für diese Sünde wird über dich kom-
men. 23 Wenn du davon absiehst, Gelübde zu machen, wird auch die
Strafe für diese Sünde nicht über dich kommen. 24 Was deinem Mund
entfahren ist, darauf sollst du auch achten, und du sollst es halten, da
du dem Herrn, deinem Gott, ja aus freien Stücken gelobt hast, was
dein Mund genannt hat.

Früchte am Weg
25 Wenn du in den Weinberg eines andern kommst, darfst du so viel
Trauben essen, wie du magst, bis du satt bist, nur darfst du nichts in
ein Gefäß tun. 26 Wenn du durch das Kornfeld eines andern kommst,
darfst du mit der Hand Ähren abreißen, aber die Sichel darfst du auf
dem Kornfeld eines andern nicht schwingen.

Die Wiederaufnahme einer geschiedenen Ehefrau
24 Wenn ein Mann eine Frau geheiratet hat und ihr Ehemann
geworden ist, sie ihm dann aber nicht gefällt, weil er an ihr
etwas Anstößiges entdeckt, wenn er ihr dann eine Scheidungsur-
kunde ausstellt, sie ihr übergibt und sie aus seinem Haus fortschickt,
2 wenn sie sein Haus dann verläßt, hingeht und die Frau eines ande-
ren Mannes wird, 3 wenn auch der andere Mann sie nicht mehr liebt,
ihr eine Scheidungsurkunde ausstellt, sie ihr übergibt und sie aus sei-
nem Haus fortschickt, oder wenn der andere Mann, der sie geheiratet
hat, stirbt, 4 dann darf sie ihr erster Mann, der sie fortgeschickt hat,
nicht wieder heiraten, so daß sie wieder seine Frau würde, nachdem
sie für ihn unberührbar geworden ist. Das wäre dem Herrn ein
Greuel. Du sollst das Land, das der Herr, dein Gott, dir als Erbbesitz
gibt, nicht der Sünde verfallen lassen.

Die Befreiung Neuvermählter vom Kriegsdienst
5 Wenn ein Mann neuvermählt ist, muß er nicht mit dem Heer aus-
rücken. Man soll auch keine andere Leistung von ihm verlangen. Ein
Jahr lang darf er frei von Verpflichtungen zu Hause bleiben und die
Frau, die er geheiratet hat, erfreuen.

Verbotenes Pfandgut
6 Man darf nicht die Handmühle oder den oberen Mühlstein als Pfand
nehmen; denn dann nimmt man das Leben selbst als Pfand.

Der Menschenraub

7 Wenn ein Mann dabei ertappt wird, wie er einen seiner Brüder, einen
Israeliten, entführt, ihn als Sklaven kennzeichnet und verkauft, dann
soll dieser Entführer sterben. Du sollst das Böse aus deiner Mitte
wegschaffen.

Der Aussatz

8 Nimm dich in acht, wenn Aussatz als Seuche auftritt. Achte genau
auf alles, wozu euch die levitischen Priester anweisen, und haltet es!
So wie ich es ihnen aufgetragen habe, sollt ihr darauf achten und es
halten. 9 Denkt an das, was der Herr, dein Gott, als ihr aus Ägypten
zogt, unterwegs mit Mirjam getan hat.

Die Pfandeinbringung und Pfandbehandlung

10 Wenn du einem andern irgendein Darlehen gibst, sollst du, um das
Pfand zu holen, nicht sein Haus betreten. 11 Du sollst draußen stehen
bleiben, und der Mann, dem du das Darlehen gibst, soll dir ein Pfand
nach draußen bringen.
12 Wenn er in Not ist, sollst du sein Pfand nicht über Nacht behalten.
13 Bei Sonnenuntergang sollst du ihm sein Pfand zurückgeben. Dann
kann er in seinem Mantel schlafen, er wird dich segnen, und du wirst
vor dem Herrn, deinem Gott, im Recht sein.

Die Lohnauszahlung an den Tagelöhner

14 Du sollst den Lohn eines Notleidenden und Armen unter deinen
Brüdern oder unter den Fremden, die in deinem Land innerhalb dei-
ner Stadtbereiche wohnen, nicht zurückhalten. 15 An dem Tag, an
dem er arbeitet, sollst du ihm auch seinen Lohn geben. Die Sonne soll
darüber nicht untergehen; denn er ist in Not und lechzt danach. Dann
wird er nicht den Herrn gegen dich anrufen, und es wird keine Strafe
für eine Sünde über dich kommen.

Das Verbot der Sippenhaft

16 Väter sollen nicht für ihre Söhne und Söhne nicht für ihre Väter mit
dem Tod bestraft werden. Jeder soll nur für sein eigenes Verbrechen
mit dem Tod bestraft werden.

Die sozial Schwachen

17 Du sollst das Recht von Fremden, die Waisen sind, nicht beugen; du
sollst das Kleid einer Witwe nicht als Pfand nehmen.
18 Denk daran: Als du in Ägypten Sklave warst, hat dich der Herr, dein
Gott, dort freigekauft. Darum mache ich es dir zur Pflicht, diese
Bestimmung einzuhalten.

Die vergessene Garbe

19 Wenn du dein Feld aberntest und eine Garbe auf dem Feld vergißt,
sollst du nicht umkehren, um sie zu holen. Sie soll den Fremden,
Waisen und Witwen gehören, damit der Herr, dein Gott, dich bei
jeder Arbeit deiner Hände segnet.

Die Nachlese

20 Wenn du einen Ölbaum abgeklopft hast, sollst du nicht auch noch
die Zweige absuchen. Was noch hängt, soll den Fremden, Waisen
und Witwen gehören. 21 Wenn du in deinem Weinberg die Trauben
geerntet hast, sollst du keine Nachlese halten. Sie soll den Fremden,
Waisen und Witwen gehören.
22 Denk daran: Du bist in Ägypten Sklave gewesen. Darum mache ich
es dir zur Pflicht, diese Bestimmung einzuhalten.

Die Prügelstrafe

25 Wenn zwei Männer eine Auseinandersetzung haben, vor
Gericht gehen und man zwischen ihnen die Entscheidung
fällt, indem man dem Recht gibt, der im Recht ist, und den schuldig
spricht, der schuldig ist, 2 dann soll der Richter, falls der Schuldige zu
einer Prügelstrafe verurteilt wurde, anordnen, daß er sich hinlegt und
in seiner Gegenwart eine bestimmte Anzahl von Schlägen erhält, wie
es seiner Schuld entspricht. 3 Vierzig Schläge darf er ihm geben las-
sen, mehr nicht. Sonst könnte dein Bruder, wenn man ihm darüber
hinaus noch viele Schläge gibt, in deinen Augen entehrt werden.

Der Ochse beim Dreschen

4 Du sollst dem Ochsen zum Dreschen keinen Maulkorb anlegen.

Die Schwagerehe

5 Wenn zwei Brüder zusammen wohnen und der eine von ihnen stirbt
und keinen Sohn hat, soll die Frau des Verstorbenen nicht die Frau
eines fremden Mannes außerhalb der Familie werden. Ihr Schwager
soll sich ihrer annehmen, sie heiraten und die Schwagerehe mit ihr
vollziehen. 6 Der erste Sohn, den sie gebiert, soll den Namen des ver-
storbenen Bruders weiterführen. So soll dessen Name in Israel nicht
erlöschen. 7 Wenn der Mann aber seine Schwägerin nicht heiraten
will und seine Schwägerin zu den Ältesten ans Tor hinaufgeht und
sagt: Mein Schwager will dem Namen seines Bruders in Israel keinen
Bestand sichern und hat es deshalb abgelehnt, mit mir die Schwager-
ehe einzugehen!, 8 wenn die Ältesten seiner Stadt ihn dann vorladen
und zur Rede stellen, er aber bei seiner Haltung bleibt und erklärt: Ich
will sie nicht heiraten!, 9 dann soll seine Schwägerin vor den Augen
der Ältesten zu ihm hintreten, ihm den Schuh vom Fuß ziehen, ihm
ins Gesicht spucken und ausrufen: So behandelt man einen, der sei-
nem Bruder das Haus nicht baut. 10 Ihm soll man in Israel den Namen
geben: Barfüßerhaus.

Übergriff beim Streit

11 Wenn zwei Männer, ein Mann und sein Bruder, miteinander raufen
und die Frau des einen hinzukommt, um ihren Mann aus der Gewalt
des andern, der auf ihn einschlägt, zu befreien, und wenn sie die
Hand ausstreckt und dessen Schamteile ergreift, 12 dann sollst du ihr
die Hand abhacken. Du sollst in dir kein Mitleid aufsteigen lassen.

Falsches Gewicht und Maß

13 Du sollst in deinem Beutel nicht zwei verschiedene Gewichte
haben, ein größeres und ein kleineres. 14 Du sollst in deinem Haus
nicht zwei verschiedene Efa haben, ein größeres und ein kleineres.
15 Volle und richtige Gewichte sollst du haben, volle und richtige
Hohlmaße sollst du haben, damit du lange in dem Land lebst, das der
Herr, dein Gott, dir gibt. 16 Denn alle, die so etwas tun, alle Betrüger,
sind dem Herrn ein Greuel.

Die Vergeltung an den Amalekitern

17 Denk daran, was Amalek dir unterwegs angetan hat, als ihr aus
Ägypten zogt: 18 wie er unterwegs auf dich stieß und, als du müde und
matt warst, ohne jede Gottesfurcht alle erschöpften Nachzügler von
hinten niedermachte. 19 Wenn der Herr, dein Gott, dir von allen dei-
nen Feinden ringsum Ruhe verschafft hat in dem Land, das der Herr,
dein Gott, dir als Erbbesitz gibt, damit du es in Besitz nimmst, dann
lösche die Erinnerung an Amalek unter dem Himmel aus! Du sollst
nicht vergessen.

Die Darbringung der Erstlingsfrüchte

26 Wenn du in das Land, das der Herr, dein Gott, dir als Erbbe-
sitz gibt, hineinziehst, es in Besitz nimmst und darin
wohnst, 2 dann sollst du von den ersten Erträgen aller Feldfrüchte, die
du in dem Land, das der Herr, dein Gott, dir gibt, eingebracht hast,
etwas nehmen und in einen Korb legen. Dann sollst du zu der Stätte
ziehen, die der Herr, dein Gott, auswählt, indem er dort seinen
Namen wohnen läßt. 3 Du sollst vor den Priester treten, der dann
amtiert, und sollst zu ihm sagen: Heute bestätige ich vor dem Herrn,
deinem Gott, daß ich in das Land gekommen bin, von dem ich weiß:
Er hat unseren Vätern geschworen, es uns zu geben. 4 Dann soll der
Priester den Korb aus deiner Hand entgegennehmen und ihn vor den

Altar des Herrn, deines Gottes, stellen. 5 Du aber sollst vor dem Herrn,
deinem Gott, folgendes Bekenntnis ablegen:
Mein Vater war ein heimatloser Aramäer. Er zog nach Ägypten, lebte
dort als Fremder mit wenigen Leuten und wurde dort zu einem
großen, mächtigen und zahlreichen Volk. 6 Die Ägypter behandelten
uns schlecht, machten uns rechtlos und legten uns harte Fronarbeit
auf. 7 Wir schrien zum Herrn, dem Gott unserer Väter, und der Herr
hörte unser Schreien und sah unsere Rechtlosigkeit, unsere Arbeits-
last und unsere Bedrängnis. 8 Der Herr führte uns mit starker Hand
und hoch erhobenem Arm, unter großem Schrecken, unter Zeichen
und Wundern aus Ägypten, 9 er brachte uns an diese Stätte und gab
uns dieses Land, ein Land, in dem Milch und Honig fließen. 10 Und
siehe, nun bringe ich hier die ersten Erträge von den Früchten des
Landes, das du mir gegeben hast, Herr.
Wenn du den Korb vor den Herrn, deinen Gott, gestellt hast, sollst du
dich vor dem Herrn, deinem Gott, niederwerfen. 11 Dann sollst du
fröhlich sein und dich freuen über alles Gute, das der Herr, dein Gott,
dir und deiner Familie gegeben hat: du, die Leviten und die Fremden
in deiner Mitte.

Das Gebet nach der Ablieferung des Zehnten für die Armen

12 Wenn du im dritten Jahr, dem Zehntjahr, alle Zehntanteile von
deiner Ernte vollständig ausgesondert und für die Leviten, Fremden,
Waisen und Witwen abgeliefert hast und sie davon in deinen Stadt-
bereichen essen und satt werden, 13 dann sollst du vor dem Herrn,
deinem Gott, sagen:
Ich habe alle heiligen Abgaben aus meinem Haus geschafft. Ich habe
sie für die Leviten und die Fremden, für die Waisen und die Witwen
gegeben, genau nach deinem Gebot, auf das du mich verpflichtet
hast. Ich habe dein Gebot nicht übertreten und habe es nicht verges-
sen. 14 Ich habe in der Trauerzeit nicht davon gegessen. Ich habe
nichts davon weggeschafft, als ich unrein war. Ich habe nichts davon
einem Toten gespendet. Ich habe auf die Stimme des Herrn, meines
Gottes, gehört. Ich habe alles so gehalten, wie du es mir zur Pflicht
gemacht hast. 15 Blick von deiner heiligen Wohnung, vom Himmel,
herab, und segne dein Volk Israel und das Land, das du uns gegeben
hast, wie du es unseren Vätern geschworen hattest, das Land, wo
Milch und Honig fließen.

Der Grund, das Gesetz zu halten: der Bund

16 Heute, an diesem Tag, verpflichtet dich der Herr, dein Gott, diese
Gesetze und die Rechtsvorschriften zu halten. Du sollst auf sie achten
und sie halten mit ganzem Herzen und mit ganzer Seele.
17 Heute hast du der Erklärung des Herrn zugestimmt. Er hat dir
erklärt: Er will dein Gott werden, und du sollst auf seinen Wegen
gehen, auf seine Gesetze, Gebote und Rechtsvorschriften achten und
auf seine Stimme hören.
18 Und der Herr hat heute deiner Erklärung zugestimmt. Du hast ihm
erklärt: Du möchtest das Volk werden, das ihm persönlich gehört,
wie er es dir zugesagt hat. Du willst auf alle seine Gebote achten; 19 er
soll dich über alle Völker, die er geschaffen hat, erheben – zum Lob,
zum Ruhm, zur Zierde –; und du möchtest ein Volk werden, das ihm,
dem Herrn, deinem Gott, heilig ist, wie er es zugesagt hat.

Einschub: Aufträge für die Zeit nach dem Jordanübergang

27 Mose und die Ältesten Israels befahlen dem Volk: Achtet
auf das ganze Gebot, auf das ich euch heute verpflichte.
2 An dem Tag, wenn ihr über den Jordan zieht in das Land, das der
Herr, dein Gott, dir gibt, sollst du große Steine aufrichten, sie mit
Kalk bestreichen 3 und alle Worte dieser Weisung darauf schreiben,
wenn du hinüberziehst, um in das Land, das der Herr, dein Gott, dir
gibt, das Land, wo Milch und Honig fließen, hineinzuziehen, wie der
Herr, der Gott deiner Väter, es dir zugesagt hat. 4 Wenn ihr über den
Jordan zieht, sollt ihr diese Steine, die zu errichten ich euch heute
befehle, auf dem Berg Garizim aufrichten. Mit Kalk sollst du sie
bestreichen. 5 Dort sollst du dem Herrn, deinem Gott, einen Altar
bauen, einen Altar aus Steinen. Du darfst nicht mit Eisenwerkzeug
daran arbeiten. 6 Aus unbehauenen Steinen sollst du den Altar des
Herrn, deines Gottes, bauen, und auf ihm sollst du Brandopfertiere
für den Herrn, deinen Gott, verbrennen. 7 Dort sollst du Heilsopfer-
tiere schlachten und verzehren und vor dem Herrn, deinem Gott,
fröhlich sein. 8 Und auf die Steine sollst du in schöner Schrift alle
Worte dieser Weisung schreiben.
9 Mose und die levitischen Priester sagten zu ganz Israel: Sei still, und
höre, Israel: Heute, an diesem Tag, bist du das Volk des Herrn, deines
Gottes, geworden. 10 Du sollst auf die Stimme des Herrn, deines
Gottes, hören und seine Gebote und Gesetze halten, auf die ich dich
heute verpflichte.
11 Am gleichen Tag befahl Mose dem Volk: 12 Folgende Stämme sollen
sich auf dem Berg Garizim aufstellen, um das Volk zu segnen, wenn
ihr den Jordan überschritten habt: Simeon, Levi, Juda, Issachar, Josef
und Benjamin. 13 Folgende Stämme sollen sich am Berg Ebal aufstel-
len, um den Fluch zu sprechen: Ruben, Gad, Ascher, Sebulon, Dan
und Naftali. 14 Die Leviten sollen über alle Männer Israels mit lauter
Stimme ausrufen: 15 Verflucht ist der Mann, der ein Gottesbildnis, das
dem Herrn ein Greuel ist, ein Künstlermachwerk, schnitzt oder gießt
und es heimlich aufstellt. Und das ganze Volk soll ausrufen: Amen.
16 Verflucht, wer Vater oder Mutter schmäht. Und das ganze Volk soll
rufen: Amen. 17 Verflucht, wer den Grenzstein seines Nachbarn ver-
rückt. Und das ganze Volk soll rufen: Amen. 18 Verflucht, wer einem
Blinden den falschen Weg weist. Und das ganze Volk soll rufen:
Amen. 19 Verflucht, wer das Recht der Fremden, die Waisen sind, und
das der Witwen beugt. Und das ganze Volk soll rufen: Amen. 20 Ver-
flucht, wer sich mit der Frau seines Vaters hinlegt, denn er deckt das
Bett seines Vaters auf. Und das ganze Volk soll rufen: Amen. 21 Ver-
flucht, wer sich mit irgendeinem Tier hinlegt. Und das ganze Volk
soll rufen: Amen. 22 Verflucht, wer sich mit seiner Schwester hinlegt,
mit der Tochter seines Vaters oder mit der Tochter seiner Mutter. Und
das ganze Volk soll rufen: Amen. 23 Verflucht, wer sich mit seiner
Schwiegermutter hinlegt. Und das ganze Volk soll rufen: Amen.
24 Verflucht, wer einen andern heimlich erschlägt. Und das ganze
Volk soll rufen: Amen. 25 Verflucht, wer sich bestechen läßt, einen
unschuldigen Menschen zu töten. Und das ganze Volk soll rufen:
Amen. 26 Verflucht, wer nicht die Worte dieser Weisung stützt, indem
er sie hält. Und das ganze Volk soll rufen: Amen.

Der Abschluß der Verkündigung des Gesetzes

Der Segen für Gehorsam

28 Wenn du auf die Stimme des Herrn, deines Gottes, hörst,
indem du auf alle seine Gebote, auf die ich dich heute ver-
pflichte, achtest und sie hältst, wird dich der Herr, dein Gott, über alle
Völker der Erde erheben. 2 Alle diese Segnungen werden über dich
kommen und dich erreichen, wenn du auf die Stimme des Herrn, dei-
nes Gottes, hörst: 3 Gesegnet bist du in der Stadt, gesegnet bist du auf
dem Land. 4 Gesegnet ist die Frucht deines Leibes, die Frucht deines
Ackers und die Frucht deines Viehs, die Kälber, Lämmer und Zicklein.
5 Gesegnet ist dein Korb und dein Backtrog. 6 Gesegnet bist du, wenn
du heimkehrst, gesegnet bist du, wenn du ausziehst. 7 Der Herr stößt
die Feinde, die sich gegen dich erheben, nieder und liefert sie dir aus.
Auf einer Straße ziehen sie gegen dich aus, auf sieben Straßen fliehen
sie vor dir. 8 Der Herr befiehlt dem Segen, an deiner Seite zu sein: in
deinen Speichern und bei allem, was deine Hände schaffen. Der Herr
segnet dich in dem Land, das er, dein Gott, dir gibt. 9 Der Herr läßt
dich erstehen als das Volk, das ihm heilig ist, wie er es dir unter der
Bedingung geschworen hat, daß du auf die Gebote des Herrn, deines
Gottes, achtest und auf seinen Wegen gehst. 10 Dann sehen alle Völ-

ker der Erde, daß der Name des Herrn über dir ausgerufen ist, und
fürchten sich vor dir. 11 Der Herr schenkt dir Gutes im Überfluß bei
der Frucht deines Leibes, bei der Frucht deines Viehs und bei der
Frucht deines Ackers in dem Land, von dem du weißt: Der Herr hat
deinen Vätern geschworen, es dir zu geben. 12 Der Herr öffnet dir den
Himmel, seine Schatzkammer voll köstlichen Wassers: Er gibt dei-
nem Land zur rechten Zeit Regen und segnet jede Arbeit deiner
Hände. An viele Völker kannst du ausleihen, und du brauchst nichts
zu entleihen. 13 Der Herr macht dich zum Kopf und nicht zum
Schwanz. Du kennst nur den Aufstieg, du kennst keinen Abstieg,
wenn du auf die Gebote des Herrn, deines Gottes, auf die ich dich
heute verpflichte, hörst, auf sie achtest und sie hältst.
14 Von allen Worten, die ich euch heute vorschreibe, sollst du weder
rechts noch links abweichen. Du sollst nicht anderen Göttern nach-
folgen und ihnen dienen.

Der Fluch für Ungehorsam

15 Wenn du nicht auf die Stimme des Herrn, deines Gottes, hörst,
indem du nicht auf alle seine Gebote und Gesetze, auf die ich dich
heute verpflichte, achtest und sie nicht hältst, werden alle diese Ver-
fluchungen über dich kommen und dich erreichen: 16 Verflucht bist
du in der Stadt, verflucht bist du auf dem Land. 17 Verflucht ist dein
Korb und dein Backtrog. 18 Verflucht ist die Frucht deines Leibes und
die Frucht deines Ackers, die Kälber, Lämmer und Zicklein. 19 Ver-
flucht bist du, wenn du heimkehrst, verflucht bist du, wenn du aus-
ziehst. 20 Verfluchtsein, Verwirrtsein, Verwünschtsein läßt der Herr
auf dich los, auf alles, was deine Hände schaffen und was du tust, bis
du bald vernichtet und bis du ausgetilgt bist wegen deines Tuns,
durch das du mich böswillig verlassen hast. 21 Der Herr heftet die Pest
an dich, bis er dich ausgemerzt hat aus dem Land, in das du hinein-
ziehst, um es in Besitz zu nehmen. 22 Der Herr schlägt dich mit
Schwindsucht, Fieber und Brand, mit Glut und Trockenheit, Versen-
gung und Vergilbung. Sie verfolgen dich, bis du ausgetilgt bist. 23 Der
Himmel über deinem Kopf wird zu Erz, die Erde unter dir wird zu
Eisen. 24 Der Herr verwandelt den Regen, den dein Land erhält, in
Staub. Asche fällt vom Himmel auf dich herab, bis du vernichtet bist.
25 Der Herr stößt dich nieder und liefert dich deinen Feinden aus. Auf
einer Straße ziehst du gegen sie aus, auf sieben Straßen fliehst du vor
ihnen. Alle Könige der Erde erschauern vor dir. 26 Deine Leichen lie-
gen da, zum Fraß für alle Vögel des Himmels und für die Tiere der
Erde, und keiner verscheucht sie. 27 Der Herr schlägt dich mit dem
ägyptischen Geschwür, mit Beulen, Krätze und Grind, und keiner
kann dich heilen. 28 Der Herr schlägt dich mit Wahnsinn, Blindheit
und Irresein. 29 Am hellen Mittag tappst du im Dunkel wie ein Blin-
der. Deine Wege führen nicht zum Erfolg. Dein Leben lang wirst du
ausgebeutet und ausgeraubt, und niemand hilft dir. 30 Du verlobst
dich mit einer Frau, und ein anderer schläft mit ihr. Du baust ein
Haus und wohnst nicht darin. Du legst einen Weinberg an und hältst
nicht einmal die erste Lese. 31 Dein Ochse wird vor deinen Augen
geschlachtet, und du bekommst nicht einmal davon zu essen. Dein
Esel wird dir weggerissen und kehrt nicht zurück. Deine Schafe und
Ziegen werden deinen Feinden ausgeliefert, und niemand kommt dir
zu Hilfe. 32 Deine Söhne und Töchter werden einem anderen Volk
ausgeliefert, du siehst dir den ganzen Tag nach ihnen die Augen aus
und zwingst sie doch nicht herbei. 33 Den Ertrag deines Ackers und all
deinen Gewinn verzehrt ein Volk, das du früher nicht einmal gekannt
hast, und du wirst dein Leben lang nur ausgebeutet und mißhandelt.
34 Wahnsinn befällt dich bei dem Anblick, der sich deinen Augen bie-
tet. 35 Der Herr schlägt dich mit bösen Geschwüren am Knie und am
Schenkel, und keiner kann dich heilen. Von der Sohle bis zum Schei-
tel bist du krank. 36 Der Herr bringt dich und den König, den du über
dich eingesetzt hast, zu einem Volk, das du und deine Väter früher
nicht einmal gekannt haben, und dort mußt du anderen Göttern die-
nen, Göttern aus Holz und Stein. 37 Alle Völker, zu denen der Herr
dich führt, wenden sich entsetzt von dir ab, sagen Spottverse über
dich auf und stimmen Hohngelächter an. 38 Viel Saatgut trägst du
aufs Feld, aber du erntest wenig. Das andere hat die Heuschrecke
gefressen. 39 Weinberge legst du an und pflegst sie, aber du trinkst
keinen Wein und bringst keinen in den Keller. Der Wurm hat ihn weg-
gefressen. 40 Ölbäume wachsen überall in deinem Land, aber du hast
kein Öl, um dich zu salben. Dein Ölbaum hat die Oliven abgeworfen.
41 Söhne und Töchter hast du gezeugt, aber sie sind nicht bei dir. Sie
sind als Gefangene weggezogen. 42 Alle deine Bäume und Feldfrüchte
nimmt das Ungeziefer in Besitz. 43 Der Fremde, der in deiner Mitte
wohnt, steigt immer höher nach oben, hoch über dich hinaus, und du
steigst immer tiefer hinab. 44 Er leiht dir aus, und du kannst ihm
nichts ausleihen. Er wird zum Kopf, und du wirst zum Schwanz.
45 Alle diese Verfluchungen werden über dich kommen, dich verfol-
gen und dich erreichen, bis du vernichtet bist, wenn du auf die
Stimme des Herrn, deines Gottes, nicht hörst und nicht auf seine
Gebote und Gesetze, auf die er dich verpflichtet hat, achtest. 46 Für
immer werden sie als Zeichen und Wunder an dir und an deinen
Nachkommen haften.
47 Weil du dem Herrn, deinem Gott, nicht gedient hast aus Freude
und Dankbarkeit dafür, daß alles in Fülle da war, 48 mußt du deinen
Feinden dienen, die der Herr gegen dich ausgesandt hat. Hunger und
Durst wirst du leiden, nackt sein und nichts mehr haben. Er legt dir
ein eisernes Joch auf den Nacken, bis er dich vernichtet hat. 49 Der
Herr trägt zum Kampf gegen dich ein Volk aus der Ferne herbei, von
den Enden der Erde, das wie ein Adler herabstößt, ein Volk, dessen
Sprache du noch nie gehört hast, 50 ein Volk mit unbeweglichem
Gesicht, das sich dem Greis nicht zuwendet und für das Kind kein
Mitleid zeigt. 51 Es verzehrt die Frucht deines Viehs und die Frucht
deines Ackers, bis du vernichtet bist. Es läßt dir nichts übrig vom
Korn, vom Wein und vom Öl, von den Kälbern, Lämmern und Zick-
lein, bis es dich ausgetilgt hat. 52 Es belagert dich in allen deinen
Städten, bis die Mauern fallen, die hohen, festgefügten Mauern, auf
die du dich in deinem ganzen Land verläßt. Es belagert dich in allen
deinen Städten in dem ganzen Land, das der Herr, dein Gott, dir
gegeben hat. 53 In der Not der Belagerung, wenn dein Feind dich ein-
schnürt, mußt du die Frucht deines eigenen Leibes essen, das Fleisch
deiner Söhne und Töchter, die dir der Herr, dein Gott, geschenkt hat.
54 Der weichlichste und verwöhnteste Mann blickt dann bei dir
mißgünstig auf seinen Bruder, auf die Frau, mit der er schläft, und
auf den Rest der Kinder, die er noch übrig gelassen hat, 55 und möchte
niemandem etwas abgeben von dem Fleisch seiner Kinder, das er ißt,
weil ihm keine Nahrung mehr übriggeblieben ist in der Not der Bela-
gerung, wenn dein Feind dich in allen deinen Städten einschnürt.
56 Die weichlichste und verwöhnteste Frau, die noch nie versucht hat,
ihren Fuß auf die Erde zu setzen vor lauter Verwöhntheit und Ver-
weichlichung, blickt mißgünstig auf den Mann, mit dem sie schläft,
auf ihren Sohn und ihre Tochter, 57 auf die Nachgeburt, die zwischen
ihren Beinen hervorkommt, und auf die Kinder, die sie noch gebären
wird; denn sie will sie heimlich essen, weil sie nichts mehr hat in der
Not der Belagerung, wenn dein Feind dich in allen deinen Städten
einschnürt.
58 Wenn du nicht auf alle Worte dieser Weisung, die in dieser Urkunde
aufgezeichnet sind, achtest und sie hältst, aus Furcht vor diesem
herrlichen und furchterregenden Namen, vor Jahwe, deinem Gott,
59 wird der Herr die Schläge, die er dir und deinen Nachkommen ver-
setzt, über alles Gewohnte hinaus steigern zu gewaltigen und hart-
näckigen Schlägen, zu schlimmen und hartnäckigen Krankheiten.
60 Er wird alle ägyptischen Seuchen, vor denen du Angst hast, wieder
über dich bringen, und sie werden an dir haften bleiben. 61 Auch alle
Krankheiten und Schläge, die nicht in der Urkunde dieser Weisung
aufgezeichnet sind, wird der Herr über dich bringen, bis du vernich-
tet bist. 62 Dann werden nur noch wenige Leute von euch übriglblei-
ben, statt daß ihr zahlreich seid wie die Sterne am Himmel; denn du
hast nicht auf die Stimme des Herrn, deines Gottes, gehört. 63 So wie
der Herr seine Freude daran hatte, euch Gutes zu tun und euch zahl-

reich zu machen, so wird der Herr seine Freude daran haben, euch
auszutilgen und euch zu vernichten. Ihr werdet aus dem Land, in das
du nun hineinziehst, um es in Besitz zu nehmen, herausgerissen wer-
den. 64 Der Herr wird dich unter alle Völker verstreuen, vom einen
Ende der Erde bis zum anderen Ende der Erde. Dort mußt du anderen
Göttern dienen, die du und deine Väter vorher nicht einmal gekannt
haben, Göttern aus Holz und Stein. 65 Unter diesen Nationen wirst du
keine Ruhe finden. Es wird keine Stelle geben, wohin du deinen Fuß
setzen kannst. Der Herr wird dir dort das Herz erzittern, die Augen
verlöschen und den Atem stocken lassen. 66 Du wirst in Lebensgefahr
schweben, bei Nacht und bei Tag erschrecken und deines Lebens
nicht mehr sicher sein. 67 Am Morgen wirst du sagen: Wenn es doch
schon Abend wäre!, und am Abend: Wenn es doch schon Morgen
wäre! – um dem Schrecken zu entfliehen, der dein Herz befällt, und
dem Anblick, der sich deinen Augen bietet. 68 Der Herr wird dich auf
Schiffen nach Ägypten zurückbringen, auf einem Weg, von dem ich
dir gesagt hatte: Du sollst ihn niemals wiedersehen. Dort werdet ihr
euch deinen Feinden als Sklaven und Sklavinnen zum Verkauf anbie-
ten, aber niemand wird euch kaufen.

Die letzten Verfügungen des Mose

69 Das sind die Worte, mit denen der Bund geschlossen wurde, den
Mose im Auftrag des Herrn in Moab mit den Israeliten schloß,
zusätzlich zu dem Bund, den er mit ihnen am Horeb geschlossen
hatte.

Rückblick

29 Mose rief ganz Israel zusammen und sagte zu den Israeli-
ten: Ihr habt alles gesehen, was der Herr in Ägypten vor
euren Augen mit dem Pharao, mit seinem ganzen Hof und seinem
ganzen Land getan hat. 2 Mit eigenen Augen hast du jene schweren
Prüfungen, die großen Zeichen und Wunder gesehen.
3 Aber einen Verstand, der wirklich erkennt, Augen, die wirklich
sehen, und Ohren, die wirklich hören, hat der Herr euch bis zum
heutigen Tag nicht gegeben. 4 Ich habe euch vierzig Jahre lang durch
die Wüste geführt. Eure Kleider sind euch nicht in Lumpen vom Leib
gefallen, deine Schuhe sind dir nicht an den Füßen zerrissen, 5 ihr
habt kein Brot gegessen und keinen Wein und kein Bier getrunken,
denn ihr solltet erkennen: Ich bin Jahwe, euer Gott. 6 Und so kamt
ihr bis an diesen Ort. Sihon, der König von Heschbon, und Og, der
König des Baschan, sind gegen uns zum Kampf ausgerückt, und wir
haben sie geschlagen. 7 Wir haben ihnen ihr Land genommen und es
den Rubenitern, den Gaditern und der Hälfte des Stammes der
Manassiter als Erbbesitz gegeben. 8 Darum achtet auf die Bestim-
mungen dieses Bundes, und haltet sie, damit euch alles, was ihr tut,
gelingt.

Partner und Inhalt des Bundes

9 Ihr habt euch heute alle vor dem Herrn, eurem Gott, aufgestellt: eure
Anführer, Stammesführer, Ältesten und Listenführer, alle Männer
Israels, 10 eure Kinder und Greise, eure Frauen und auch die Fremden
in deinem Lager, vom Holzarbeiter bis zum Wasserträger. 11 Du
schreitest jetzt zwischen den Zeichen des Bundes mit dem Herrn, dei-
nem Gott, hindurch, den Zeichen der Selbstverwünschung. Der Herr,
dein Gott, schließt heute mit dir diesen Bund, 12 um dich heute als
sein Volk einzusetzen und dein Gott zu werden, wie er es dir zugesagt
und deinen Vätern Abraham, Isaak und Jakob geschworen hat.
13 Nicht mit euch allein schließe ich diesen Bund und setze diese Ver-
wünschung in Kraft, 14 sondern ich schließe ihn mit denen, die heute
hier bei uns vor dem Herrn, unserem Gott, stehen, und mit denen, die
heute nicht hier bei uns sind.

Die Strafe für den geheimen Vorbehalt beim Bundesschwur

15 Ihr wißt noch von unserem Aufenthalt in Ägypten und von unserem
Zug mitten durch die Völker, deren Gebiet ihr durchziehen mußtet.
16 Ihr habt bei ihnen Scheusale und Götzen aus Holz und Stein, aus Sil-
ber und Gold gesehen. 17 Es soll keinen unter euch geben, weder Mann
noch Frau, weder Sippe noch Stamm, der heute sein Herz vom Herrn,
unserem Gott, abwendet und anfängt, den Göttern dieser Völker zu
dienen. Es soll bei euch keine Wurzel wachsen, die Gift und Wermut
hervorbringt, 18 das heißt keinen, der beim Hören der Worte dieser Ver-
wünschung insgeheim folgenden Gegensegen über sich spricht: Mir
soll nichts geschehen, wenn ich aus eigenem Entschluß etwas tue,
damit Wasserfülle die Dürre beendet. 19 Der Herr wird sich weigern,
ihm zu verzeihen, er wird schnauben vor Zorn und Eifersucht gegen
einen solchen Menschen. Jede Verwünschung, die in dieser Urkunde
aufgezeichnet ist, wird auf ihn lauern, und der Herr wird seinen Namen
unter dem Himmel auslöschen. 20 Entsprechend den Verwünschungen,
die beim Abschluß des Bundes gesprochen werden und in dieser
Urkunde der Weisung einzeln aufgezeichnet sind, wird der Herr ihn
von allen Stämmen Israels absondern, damit es ihm schlecht ergeht.

Die Androhung der Vertreibung

21 Dann wird eine spätere Generation, also eure Söhne, die nach euch
erstehen, und die Ausländer, die aus fernen Ländern kommen, die
Schläge sehen, die dieses Land getroffen haben, und die Seuchen, die
der Herr in ihm ausbrechen ließ: 22 Schwefel und Salz bedecken es;
seine Fläche ist eine einzige Brandstätte; es kann nicht besät werden
und läßt nichts aufkeimen; kein Hälmchen kann wachsen; alles ist
wie nach der Zerstörung von Sodom und Gomorra, Adma und Zebo-
jim, die der Herr in seinem glühenden Zorn zerstört hat. 23 Dann wer-
den sie und alle Völker fragen: Warum hat der Herr diesem Land so
etwas angetan? Warum entbrannte dieser gewaltige Zorn? 24 Und
man wird antworten: Weil sie den Bund verlassen haben, den Jahwe,
der Gott ihrer Väter, mit ihnen geschlossen hatte, als er sie aus Ägyp-
ten führte, 25 weil sie angefangen haben, anderen Göttern zu dienen
und sich vor ihnen niederzuwerfen, Göttern, die sie vorher nicht ein-
mal gekannt hatten und die er ihnen nicht zugewiesen hatte. 26 Des-
halb entbrannte der Zorn des Herrn gegen dieses Land. Deshalb
brachte der Herr den ganzen Fluch, der in dieser Urkunde aufge-
zeichnet ist, über das Land, 27 riß sie mit glühendem Zorn und
großem Unwillen aus ihrem Land heraus und warf sie in ein anderes
Land, in dem sie heute noch sind.
28 Was noch verborgen ist, steht bei dem Herrn, unserem Gott. Was
schon offenbar ist, gilt für uns und unsere Kinder auf ewig: daß wir
alle Bestimmungen dieser Weisung halten sollen.

Die Heimkehrverheißung

30 Und wenn alle diese Worte über dich gekommen sind, der
Segen und der Fluch, die ich dir vorgelegt habe, wenn du sie
dir zu Herzen nimmst mitten unter den Völkern, unter die der Herr,
dein Gott, dich versprengt hat, 2 und wenn du zum Herrn, deinem
Gott, zurückkehrst und auf seine Stimme hörst in allem, wozu ich
dich heute verpflichte, du und deine Kinder, mit ganzem Herzen und
mit ganzer Seele, 3 dann wird der Herr, dein Gott, dein Schicksal wen-
den, er wird sich deiner erbarmen, sich dir zukehren und dich aus
allen Völkern zusammenführen, unter die der Herr, dein Gott, dich
verstreut hat. 4 Und wenn einige von dir bis ans Ende des Himmels
versprengt sind, wird dich der Herr, dein Gott, von dort zusammen-
führen, von dort wird er dich holen. 5 Und der Herr, dein Gott, wird
dich in das Land, das deine Väter in Besitz genommen haben, zurück-
bringen. Du wirst es wieder in Besitz nehmen, und er wird dich glück-
licher und zahlreicher machen als deine Väter. 6 Der Herr, dein Gott,
wird dein Herz und das Herz deiner Nachkommen beschneiden.
Dann wirst du den Herrn, deinen Gott, mit ganzem Herzen und mit
ganzer Seele lieben können, damit du Leben hast. 7 Alle diese Ver-
wünschungen aber wird der Herr, dein Gott, über deine Feinde und

Gegner verhängen, die dich verfolgt haben. 8 Du jedoch wirst umkeh-
ren, auf die Stimme des Herrn hören und alle seine Gebote, auf die
ich dich heute verpflichte, halten, 9 und der Herr, dein Gott, wird dir
Gutes im Überfluß schenken, bei jeder Arbeit deiner Hände, bei der
Frucht deines Leibes, bei der Frucht deines Viehs und bei der Frucht
deines Ackers. Denn der Herr wird sich, wie er sich an deinen Vätern
gefreut hat, auch an dir wieder freuen. Er wird dir Gutes tun, 10 wenn
du auf die Stimme des Herrn, deines Gottes, hörst und auf seine
Gebote und Gesetze achtest, die in dieser Urkunde der Weisung ein-
zeln aufgezeichnet sind, und wenn du zum Herrn, deinem Gott, mit
ganzem Herzen und mit ganzer Seele zurückkehrst.

Das dem Menschen nahe Gebot

11 Dieses Gebot, auf das ich dich heute verpflichte, geht nicht über deine
Kraft und ist nicht fern von dir. 12 Es ist nicht im Himmel, so daß du
sagen müßtest: Wer steigt für uns in den Himmel hinauf, holt es herun-
ter und verkündet es uns, damit wir es halten können? 13 Es ist auch
nicht jenseits des Meeres, so daß du sagen müßtest: Wer fährt für uns
über das Meer, holt es herüber und verkündet es uns, damit wir es hal-
ten können? 14 Nein, das Wort ist ganz nah bei dir, es ist in deinem
Mund und in deinem Herzen, du kannst es halten.

Segen und Fluch – Leben und Tod

15 Hiermit lege ich dir heute das Leben und das Glück, den Tod und das
Unglück vor. 16 Wenn du auf die Gebote des Herrn, deines Gottes, auf
die ich dich heute verpflichte, hörst, indem du den Herrn, deinen Gott,
liebst, auf seinen Wegen gehst und auf seine Gebote, Gesetze und
Rechtsvorschriften achtest, dann wirst du leben und zahlreich werden,
und der Herr, dein Gott, wird dich in dem Land, in das du hineinziehst,
um es in Besitz zu nehmen, segnen.

17 Wenn du aber dein Herz abwendest und nicht hörst, wenn du dich
verführen läßt, dich vor anderen Göttern niederwirfst und ihnen
dienst – 18 heute erkläre ich euch: Dann werdet ihr ausgetilgt werden;
ihr werdet nicht lange in dem Land leben, in das du jetzt über den Jor-
dan hinüberziehst, um hineinzuziehen und es in Besitz zu nehmen.
19 Den Himmel und die Erde rufe ich heute als Zeugen gegen euch an.
Leben und Tod lege ich dir vor, Segen und Fluch. Wähle also das
Leben, damit du lebst, du und deine Nachkommen. 20 Liebe den
Herrn, deinen Gott, hör auf seine Stimme, und halte dich an ihm fest;
denn er ist dein Leben. Er ist die Länge deines Lebens, das du in dem
Land verbringen darfst, von dem du weißt: Der Herr hat deinen
Vätern Abraham, Isaak und Jakob geschworen, es ihnen zu geben.

Die Einsetzung Josuas durch Mose

31 Mose trat vor ganz Israel hin und sprach diese Worte. 2 Er
sagte zu ihnen: Ich bin jetzt hundertzwanzig Jahre alt. Ich
kann nicht mehr in den Kampf ziehen. Auch hat der Herr zu mir
gesagt: Du wirst den Jordan hier nicht überschreiten. 3 Der Herr, dein
Gott, zieht selbst vor dir hinüber, er selbst vernichtet diese Völker bei
deinem Angriff, so daß du ihren Besitz übernehmen kannst. Josua
zieht vor dir hinüber, wie es der Herr zugesagt hat.

4 Der Herr wird an ihnen tun, was er an Sihon und Og, den Amoriter-
königen, die er vernichtete, und an ihrem Land getan hat. 5 Der Herr
wird sie euch ausliefern: Dann sollt ihr an ihnen genau nach dem
Gebot handeln, auf das ich euch verpflichtet habe. 6 Empfangt Macht
und Stärke: Fürchtet euch nicht, und weicht nicht erschreckt zurück,
wenn sie angreifen; denn der Herr, dein Gott, zieht mit dir. Er läßt
dich nicht fallen und verläßt dich nicht.

7 Mose rief Josua herbei und sagte vor den Augen ganz Israels zu ihm:
Empfange Macht und Stärke: Du sollst mit diesem Volk in das Land
hineinziehen, von dem du weißt: Der Herr hat ihren Vätern geschwo-
ren, es ihnen zu geben. Du sollst es an sie als Erbbesitz verteilen.
8 Der Herr selbst zieht vor dir her. Er ist mit dir. Er läßt dich nicht fal-
len und verläßt dich nicht. Du sollst dich nicht fürchten und keine
Angst haben.

Die Verlesung des Gesetzes im Sabbatjahr

9 Mose schrieb diese Weisung auf und übergab sie den Priestern, den
Nachkommen Levis, die die Lade des Bundes des Herrn trugen, und
allen Ältesten Israels. 10 Mose schrieb ihnen vor: In jedem siebten Jahr,
in einer der Festzeiten des Brachjahres, beim Laubhüttenfest, 11 wenn
ganz Israel zusammenkommt, um an der Stätte, die der Herr auswählt,
das Angesicht des Herrn, deines Gottes zu schauen, sollst du diese Wei-
sung vor ganz Israel laut vortragen. 12 Versammle das Volk – die Männer
und Frauen, Kinder und Greise, dazu die Fremden, die in deinen Stadt-
bereichen Wohnrecht haben –, damit sie zuhören und auswendig lernen
und den Herrn, euren Gott, fürchten und darauf achten, daß sie alle
Bestimmungen dieser Weisung halten. 13 Vor allem ihre Kinder, die das
alles noch nicht kennen, sollen zuhören und lernen, den Herrn, euren
Gott, zu fürchten. Das sollt ihr so lange tun, wie ihr in dem Land lebt, in
das ihr jetzt über den Jordan hinüberzieht, um es in Besitz zu nehmen.

Die Erscheinung Gottes

14 Der Herr sagte zu Mose: Sieh, deine Zeit ist gekommen: Du wirst
sterben. Ruf Josua, und tritt mit ihm in das Offenbarungszelt, damit
ich ihn einsetzen kann. Mose und Josua gingen hin und traten in das
Offenbarungszelt hinein. 15 Der Herr erschien ihnen am Zelt in einer
Wolkensäule. Die Wolkensäule stand über dem Eingang des Zeltes.

Die Offenbarung des Moseliedes

16 Und der Herr sagte zu Mose: Sieh, du wirst jetzt bald zu deinen
Vätern gebettet werden. Dann wird dieses Volk sich erheben; man wird
in seiner Mitte Unzucht treiben, indem man den fremden Göttern des
Landes nachfolgt, in das es jetzt hineinzieht, es wird mich verlassen
und den Bund brechen, den ich mit ihm geschlossen habe. 17 An jenem
Tag wird mein Zorn gegen sie entbrennen. Ich werde sie verlassen und
mein Angesicht vor ihnen verbergen. Dann wird dieses Volk verzehrt
werden. Not und Zwang jeder Art werden es treffen. An jenem Tag
wird es sich fragen: Hat mich diese Not nicht deshalb getroffen, weil
mein Gott nicht mehr in meiner Mitte ist? 18 Aber ich werde an jenem
Tag mein Angesicht nur noch mehr verbergen wegen all des Bösen,
das dieses Volk getan hat; denn es hat sich anderen Göttern zuge-
wandt. 19 Doch jetzt schreibt dieses Lied auf! Lehre es die Israeliten!
Laß es sie auswendig lernen, damit dieses Lied mein Zeuge gegen die
Israeliten werde. 20 Wenn ich dieses Volk in das Land geführt habe, das
ich seinen Vätern mit einem Schwur versprochen habe, in das Land,
wo Milch und Honig fließen, und wenn es gegessen hat und satt und
fett geworden ist und sich anderen Göttern zugewandt hat, wenn sie
ihnen gedient und mich verworfen haben und es so meinen Bund
gebrochen hat, 21 dann wird, wenn Not und Zwang jeder Art es treffen,
dieses Lied vor ihm als Zeuge aussagen; denn seine Nachkommen
werden es nicht vergessen, sondern es auswendig wissen. Ich kenne
seine Neigung, die sich schon heute regt, noch ehe ich es in das Land
gebracht habe, das ich mit einem Schwur versprochen habe. 22 An
jenem Tag schrieb Mose dieses Lied auf und lehrte es die Israeliten.

Die Einsetzung Josuas durch Gott

23 Der Herr aber setzte Josua, den Sohn Nuns, in sein Amt ein und
sagte: Empfange Macht und Stärke: Du sollst die Israeliten in das
Land führen, das ich ihnen mit einem Schwur versprochen habe. Ich
werde bei dir sein.

Die Hinterlegung des Gesetzes

24 Als Mose damit zu Ende war, den Text dieser Weisung in eine
Urkunde einzutragen, ohne irgend etwas auszulassen, 25 befahl Mose
den Leviten, die die Lade des Bundes des Herrn trugen: 26 Nehmt diese
Urkunde der Weisung entgegen, und legt sie neben die Lade des Bun-
des des Herrn, eures Gottes! Dort diene sie als Zeuge gegen euch.

27 Denn ich kenne deine Widersetzlichkeit und deine Halsstarrigkeit.
Seht, schon jetzt, wo ich noch unter euch lebe, habt ihr euch dem
Herrn widersetzt. Was wird erst nach meinem Tod geschehen? 28 Ver-

sammelt um mich alle Ältesten eurer Stämme und alle eure Listenfüh-
rer, damit ich ihnen diesen Text vortragen und Himmel und Erde gegen
sie als Zeugen anrufen kann. 29 Denn ich weiß: Nach meinem Tod wer-
det ihr ins Verderben laufen und von dem Weg abweichen, den ich
euch vorgeschrieben habe. Dann, in künftigen Tagen, wird euch die
Not begegnen, weil ihr tut, was in den Augen des Herrn böse ist, und
weil ihr ihn durch euer Machwerk erzürnt.

Das Lied des Mose

30 Und Mose trug der vollzähligen Versammlung Israels den Wortlaut
dieses Liedes vor, ohne irgend etwas auszulassen:

32 Hört zu, ihr Himmel, ich will reden, / die Erde lausche mei-
nen Worten.
2 Meine Lehre wird strömen wie Regen, / meine Botschaft wird fallen
wie Tau, / wie Regentropfen auf das Gras / und wie Tauperlen auf die
Pflanzen.
3 Ich will den Namen des Herrn verkünden. / Preist die Größe unseres
Gottes!
4 Er heißt: Der Fels. Vollkommen ist, was er tut; / denn alle seine
Wege sind recht. / Er ist ein unbeirrbar treuer Gott, / er ist gerecht und
gerade.
5 Ein falsches, verdrehtes Geschlecht fiel von ihm ab, / Verkrüppelte,
die nicht mehr seine Söhne sind.
6 Ist das euer Dank an den Herrn, / du dummes, verblendetes Volk? /
Ist er nicht dein Vater, dein Schöpfer? / Hat er dich nicht geformt und
hingestellt?
7 Denk an die Tage der Vergangenheit, / lerne aus den Jahren der
Geschichte! / Frag deinen Vater, er wird es dir erzählen, / frag die
Alten, sie werden es dir sagen.
8 Als der Höchste (den Göttern) die Völker übergab, / als er die
Menschheit aufteilte, / legte er die Gebiete der Völker / nach der Zahl
der Götter fest;
9 der Herr nahm sich sein Volk als Anteil, / Jakob wurde sein Erbland.
10 Er fand ihn in der Steppe, / in der Wüste, wo wildes Getier heult. / Er
hüllte ihn ein, gab auf ihn acht / und hütete ihn wie seinen Augen-
stern,
11 wie der Adler, der sein Nest beschützt / und über seinen Jungen
schwebt, / der seine Schwingen ausbreitet, ein Junges ergreift / und es
flügelschlagend davonträgt.
12 Der Herr allein hat Jakob geleitet, / kein fremder Gott stand ihm zur
Seite.
13 Er führte ihn auf die Berge des Landes, / er nährte ihn mit den
Früchten des Feldes, / er stillte ihn mit Wein aus den Felsen, / mit Öl
aus Felsspalten.
14 Mit Butter von Kühen, Milch von Schafen und Ziegen, / dazu kam
Fett von Lämmern, / von Widdern aus Baschan / und von Ziegen-
böcken, / dazu Feinmehl aus Weizen. / Das Blut der Trauben trankst
du gegoren.
15 Und Jakob aß und wurde satt, / Jeschurun wurde fett und bockte. / Ja,
fett und voll und feist bist du geworden. / Er stieß den Gott, der ihn ge-
formt hatte, von sich / und hielt den Fels für dumm, der ihn gerettet hatte.
16 Sie weckten seine Eifersucht durch Fremde, / durch greuliche
Wesen reizten sie ihn zum Zorn:
17 Sie opferten Geistern, die keine Gottheiten sind, / und Göttern, die
sie früher nicht kannten, / Neulingen, die erst vor kurzem gekommen
waren, / vor denen eure Väter sich nicht fürchteten.
18 An den Fels, der dich gezeugt hat, / dachtest du nicht mehr, / du ver-
gaßest den Gott, der dich geboren hat.
19 Da sah der Herr, daß er geschmäht wurde / von seinen Söhnen und
Töchtern, / die seinen Zorn erregten.
20 Und er sagte: Ich will mein Gesicht vor ihnen verbergen / und dann
sehen, was in Zukunft mit ihnen geschieht. / Denn sie sind eine Gene-
ration des Aufruhrs, / Söhne, in denen die Untreue sitzt.
21 Sie haben meine Eifersucht geweckt / durch einen Gott, der kein
Gott ist, / mich zum Zorn gereizt durch ihre Götter aus Luft – / so
wecke ich ihre Eifersucht / durch ein Volk, das kein Volk ist, / durch
ein dummes Volk reize ich sie zum Zorn.
22 In meiner Nase ist Feuer entbrannt. / Es lodert bis in die unterste
Totenwelt, / verzehrt die Erde und was auf ihr wächst / und schmilzt
die Fundamente der Berge.
23 Immer neue Not bürde ich ihnen auf, / ich setze gegen sie alle
meine Pfeile ein.
24 Sie werden ausgemergelt durch den Hunger, / verzehrt durch die
Pest und die verheerende Seuche. / Den Zahn der Raubtiere lasse ich
auf sie los, / dazu das Gift der im Staube Kriechenden.
25 Auf der Straße raubt das Schwert die Kinder / und in den Zimmern
der Schrecken. / Da stirbt der junge Mann und das Mädchen, / der
Säugling und der Greis.
26 Ich könnte sagen: Sie sollen nicht mehr sein, / kein Mensch soll
später noch an sie denken,
27 müßte ich nicht auch ihren Feind angreifen, / der meinen Zorn
erregt, / ihre Gegner, die sich nicht täuschen sollen, / die nicht sagen
sollen: Unsere Hand ist erhoben, / der Herr hat nichts von allem getan.
28 Doch diesem Volk fehlt es an Rat, / ihm mangelt es an Verstand.
29 Wären sie klug, so begriffen sie alles / und verstünden, was in
Zukunft mit ihnen geschieht. –
30 Wie kann ein einziger hinter tausend herjagen, / und zwei zehntau-
send in die Flucht schlagen, / es sei denn, ihr Fels hat sie verkauft, /
der Herr hat sie preisgegeben?
31 Doch der Fels unserer Feinde ist nicht wie unser Fels; / das bewei-
sen unsere Feinde.
32 Ihr Weinstock stammt von dem Weinstock Sodoms, / vom Todes-
acker Gomorras. / Ihre Trauben sind giftige Trauben / und tragen
bittere Beeren.
33 Ihr Wein ist Schlangengift / und Gift von ekligen Ottern. –
34 Liegt dies nicht bei mir verborgen, / in meinen Vorratskammern
versiegelt
35 bis zum Tag der Strafe und Vergeltung, / bis zu der Zeit, da ihr Fuß
wanken wird? / Doch der Tag ihres Verderbens ist nah, / und ihr Ver-
hängnis kommt schnell. –
36 Ja, der Herr wird seinem Volk recht geben / und mit seinen Dienern
Mitleid haben. / Er wird sehen: Jede Hand ist ermüdet, / es gibt nur
noch Unterdrückte und Hilflose.
37 Und er wird sagen: Wo sind ihre Götter? / Wo ist der Fels, bei dem
sie Schutz suchten?
38 Die das Fett ihrer Schlachtopfer essen, / die den Wein ihrer Trank-
opfer trinken – / die sollen vortreten und euch helfen. / Dieser Fels
soll ein Schutzdach über euch sein.
39 Jetzt seht: Ich bin es, nur ich, / und kein Gott tritt mir entgegen. /
Ich bin es, der tötet und der lebendig macht. / Ich habe verwundet;
nur ich werde heilen. / Niemand kann retten, wonach meine Hand
gegriffen hat.
40 Ich hebe meine Hand zum Himmel empor / und sage: So wahr ich
ewig lebe:
41 Habe ich erst die Klinge meines Schwertes geschliffen, / um das
Recht in meine Hand zu nehmen, / dann zwinge ich meinen Gegnern
die Strafe auf / und denen, die mich hassen, die Vergeltung.
42 Meine Pfeile mache ich trunken von Blut, / während mein Schwert
sich ins Fleisch frißt – / trunken vom Blut Erschlagener und Gefange-
ner, / ins Fleisch des höchsten feindlichen Fürsten –.
43 Erhebt das Siegesgeschrei, ihr Himmel, zusammen mit ihm, / werft
euch vor ihm nieder, ihr Götter! / Denn er erzwingt die Strafe für das
Blut seiner Söhne / und entsühnt das Land seines Volkes.
44 Dann kam Mose zum Volk und trug ihm das Lied in seinem vollen
Wortlaut vor, er und Josua, der Sohn Nuns.

Die Mahnung zur Belehrung der nächsten Generation

45 Als Mose damit zu Ende war, alle diese Worte vor ganz Israel vorzu-
tragen, 46 sagte er zu ihnen: Schenkt allen Bestimmungen eure Beach-
tung. Heute beschwöre ich euch: Verpflichtet eure Kinder, daß auch

René Magritte
Der Befreier
(1947)

»Du darfst das Land von der anderen Talseite aus sehen. Aber du darfst das Land, das ich den Israeliten geben werde, nicht betreten« (Dtn 32,52). Rätselhaft wie die Strafe, die Gott über den ›Befreier‹ Mose verhängt, ist das Bild des belgischen Surrealisten René Magritte. Und doch enthält es Motive, die sich assoziativ mit dem biblischen Bericht verbinden: Tasche und Stock, kräftiges Schuhwerk, Umhang und Hut wecken die Vorstellung einer (dienstlichen) Wanderung, die zu einem Ruhe- oder Endpunkt gelangt ist. Die rechte Hand hält eine aus Perlen gebildete Monstranz, einen Kultgegenstand also, der jedoch zugleich durch ein schwellendes Lippenpaar und zwei Augen Sinnlichkeit ausstrahlt. Ein Tuch verwehrt dem Rastenden die Sicht. Indem es mit den Schattenrissen von Schlüssel, Stilglas, Taube und Tabakspfeife geschmückt ist, bietet dieses Tuch ein Inventar der Gegenstände, die Magritte besonders häufig in seinen Bildern verwendet hat: Es repräsentiert seine Bildwelt, die sich von der Außenwelt abgrenzt. Hinterfangen wird das rastende Ich von einer Himmelsarchitektur aus Toren, die zumindest als Anspielung auf das traditionelle Wortbild vom Himmelstor zum Paradies zu betrachten ist.

sie auf alle Bestimmungen dieser Weisung achten und sie halten.
47 Das ist kein leeres Wort, das ohne Bedeutung für euch wäre, sondern es ist euer Leben. Wenn ihr diesem Wort folgt, werdet ihr lange in dem Land leben, in das ihr jetzt über den Jordan hinüberzieht, um es in Besitz zu nehmen.

Gottes Weisung über das Sterben des Mose

48 Am selben Tag sagte der Herr zu Mose: 49 Geh hinauf in das Gebirge
Abarim, das du vor dir siehst, steig auf den Berg Nebo, der in Moab
gegenüber Jericho liegt, und schau auf das Land Kanaan, das ich den
Israeliten als Grundbesitz geben werde. 50 Dort auf dem Berg, den du
ersteigst, sollst du sterben und sollst mit deinen Vorfahren vereint
werden, wie dein Bruder Aaron auf dem Berg Hor gestorben ist und
mit seinen Vorfahren vereint wurde. 51 Denn ihr seid mir untreu gewe-
sen inmitten der Israeliten beim Haderwasser von Kadesch in der
Wüste Zin und habt mich inmitten der Israeliten nicht als den Heili-
gen geehrt. 52 Du darfst das Land von der anderen Talseite aus sehen.
Aber du darfst das Land, das ich den Israeliten geben werde, nicht
betreten.

Der Segen des Mose

33 Und das ist der Segen, mit dem Mose, der Mann Gottes, die
Israeliten segnete, bevor er starb.

Einleitung
2 Er sprach:
Der Herr kam hervor aus dem Sinai, / er leuchtete vor ihnen auf aus
Seïr, / er strahlte aus dem Gebirge Paran, / er trat heraus aus Tausen-
den von Heiligen. / Ihm zur Rechten flammte vor ihnen das Feuer des
Gesetzes.
3 Der du die Völker liebst: / In deiner Hand sind alle Heiligen eines
jeden von ihnen. / Sie haben sich dir zu Füßen geworfen, / jeder wird
sich erheben, wenn du es befiehlst.
4 Mose hat uns eine Weisung übergeben, / ein Besitztum für eine
Gemeinde Jakobs, 5 und ein König erstand in Jeschurun – / als sich
die Häupter des Volkes versammelten, / die Vereinigung der Stämme
Israels.

Der Segen über die Stämme
6 Ruben soll leben, er sterbe nicht aus – / doch habe er wenig Männer.
7 Und dies sagte er für Juda:
Höre, Herr, die Stimme Judas, / führ ihn heim zu seinem Volk. / Mit
eigenen Händen kämpfe er dafür – / sei du ihm Hilfe gegen seine
Feinde.
8 Für Levi sagte er:
Levi hat deine Tummim erhalten, / deine Urim dein treuer Gefolgs-
mann, / den du in Massa auf die Probe stelltest, / mit dem du strittest
am Wasser von Meriba; 9 der von seinem Vater und seiner Mutter
sagte: / Ich habe beide nie gesehen!, / und der seine Brüder nicht
erkannte / und von seinen Kindern nichts wissen wollte. / Denn die
Leviten haben auf dein Wort geachtet – / nun wachen sie über deinen
Bund.
10 Sie lehren Jakob deine Rechtsvorschriften, / Israel deine Weisung. /
Sie legen Weihrauch auf, damit du ihn riechst, / legen das Ganzopfer
auf deinen Altar.
11 Segne, Herr, Levis Besitz, / freu dich am Werk seiner Hände! / Zer-
schlag seinen Feinden die Hüften, / seinen Hassern, so daß sie sich
nicht mehr erheben.
12 Für Benjamin sagte er:
In Sicherheit wohne / der Liebling des Herrn. / Täglich wacht / über
ihn der Höchste, / und zwischen seinen Schultern wohne er.
13 Und für Josef sagte er:
Sein Land sei vom Herrn gesegnet / mit Köstlichem des Himmels, mit
Tau, / mit Grundwasser, das in der Tiefe lagert, 14 mit Köstlichem aus
den Erzeugnissen der Sonne, / mit Köstlichem aus dem, was jeden
Monat sprießt,
15 mit dem Besten uralter Berge, / mit Köstlichem ewiger Hügel,
16 mit Köstlichem des Landes und seiner Bewohner, / und (über ihn
komme) die Gnade dessen, / der im Dornbusch wohnt. / Das komme
über Josefs Haupt, / auf den Scheitel des Geweihten aus seiner Brüder
Schar.
17 Der Erstling seines Stiers – wie herrlich ist er! / Seine Hörner sind
Büffelhörner. / Mit ihnen stoße er die Völker alle zusammen nieder, /
die Enden der Welt. / Das sind die Zehntausende aus Efraim, / das
sind die Tausende aus Manasse.
18 Und für Sebulon sagte er:
Lache, Sebulon, wenn du in See stichst, / und du, Issachar, in deinen
Zelten!
19 Sie werden Völker zum Berge rufen, / dort werden sie gültige Opfer
schlachten. / Denn sie nähren sich vom Überfluß der Meere, / von
Schätzen, die im Sand verborgen sind.
20 Und für Gad sagte er:
Gepriesen sei der, der Gad Raum schafft. / Gad lauert wie ein Löwe, /
Arm und Kopf reißt er ab.
21 Das erste Stück hat er sich ausgesucht, / denn wo der Anteil des
Anführers war, / da versammelten sich die Häupter des Volkes. / Er
tat, was vor dem Herrn recht ist, / (hielt sich) gemeinsam mit Israel
(an) seine Rechtsvorschriften.
22 Und für Dan sagte er:
Dan ist ein junger Löwe, / der aus dem Baschan hervorspringt.
23 Und für Naftali sagte er:
Naftali, gesättigt mit Gnade, / gefüllt mit dem Segen des Herrn – / See
und Süden nimm in Besitz!
24 Und für Ascher sagte er:
Mehr als die (anderen) Söhne sei Ascher gesegnet, / bei seinen Brü-
dern sei er beliebt, / er bade seinen Fuß in Öl.
25 Deine Riegel seien von Eisen und Bronze. / Hab Frieden, solange du
lebst!

Schluß
26 Keiner ist wie der Gott Jeschuruns, / der in den Himmel steigt, um
dir zu helfen, / auf die Wolken in seiner Hoheit.
27 EineWohnungistderGottderUrzeit,/von un-
ten (tragensie)dieArmedesEwigen./Er trieb den Feind vor dir her, / er
sagte (zu dir): Vernichte!
28 So siedelte Israel sich sicher an, / die Quelle Jakobs für sich allein, /
in einem Land voller Korn und Wein, / dessen Himmel Tau träufeln
läßt.
29 Wie glücklich bist du, Israel! / Wer ist dir gleich, / du Volk, gerettet
durch den Herrn, / den Schild, der dir hilft, / deine Hoheit, wenn das
Schwert kommt? / Deine Feinde werden sich vor dir erniedrigen, /
und du setzt deinen Fuß auf ihre Nacken.

Der Tod des Mose

34 Mose stieg aus den Steppen von Moab hinauf auf den Nebo,
den Gipfel des Pisga gegenüber Jericho, und der Herr zeigte
ihm das ganze Land. Er zeigte ihm Gilead bis nach Dan hin, 2 ganz
Naftali, das Gebiet von Efraim und Manasse, ganz Juda bis zum Mit-
telmeer, 3 den Negeb und die Jordangegend, den Talgraben von
Jericho, der Palmenstadt, bis Zoar. 4 Der Herr sagte zu ihm: Das ist
das Land, das ich Abraham, Isaak und Jakob versprochen habe mit
dem Schwur: Deinen Nachkommen werde ich es geben. Ich habe es
dich mit deinen Augen schauen lassen. Hinüberziehen wirst du nicht.
5 Danach starb Mose, der Knecht des Herrn, dort in Moab, wie es der
Herr bestimmt hatte. 6 Man begrub ihn im Tal, in Moab, gegenüber
Bet-Pegor. Bis heute kennt niemand sein Grab.
7 Mose war hundertzwanzig Jahre alt, als er starb. Sein Auge war noch
nicht getrübt, seine Frische war noch nicht geschwunden. 8 Die Israe-
liten beweinten Mose dreißig Tage lang in den Steppen von Moab.
Danach war die Zeit des Weinens und der Klage um Mose beendet.
9 Josua, der Sohn Nuns, war vom Geist der Weisheit erfüllt, denn
Mose hatte ihm die Hände aufgelegt. Die Israeliten hörten auf ihn
und taten, was der Herr dem Mose aufgetragen hatte.

Der Abschluß der fünf Bücher des Mose

10 Niemals wieder ist in Israel ein Prophet wie Mose aufgetreten. Ihn
hat der Herr Auge in Auge berufen. 11 Keiner ist ihm vergleichbar,
wegen all der Zeichen und Wunder, die er in Ägypten im Auftrag des
Herrn am Pharao, an seinem ganzen Hof und an seinem ganzen Land
getan hat, 12 wegen all der Beweise seiner starken Hand und wegen all
der furchterregenden und großen Taten, die Mose vor den Augen von
ganz Israel vollbracht hat.

Die Bücher der Geschichte des Volkes Gottes

Das Buch Josua

Dieses Buch ist nach Josua, dem Nachfolger des Mose, benannt. Es berichtet vom Einzug Israels in das verheißene Land und umfaßt den Zeitraum vom Tod des Mose bis zum Tod Josuas. In dieser Zeit wird nach der Darstellung des Buches das von Gott verheißene Land westlich des Jordan erobert und durch Josua an die Stämme Israels verteilt, soweit sie nicht schon im Ostjordanland (Ruben, Gad und der halbe Stamm Manasse) Landbesitz erhalten haben (vgl. Num 32). Der Bericht über die feierliche Verpflichtung Israels auf Jahwe, seinen Gott, schließt das Buch ab. Dementsprechend besteht das Buch aus drei Teilen: Eroberung des Westjordanlandes unter Führung Josuas (Kap. 1–12); Verteilung des Landes (Kap. 13–22); Verpflichtung auf Jahwe (Kap. 23 und 24).

Der erste Teil enthält Erzählungen über die Landnahme, die als rein kriegerisches Unternehmen gesehen wird (doch vgl. Ri 1). Die meisten dieser Erzählungen, ausgenommen der Bericht über die Schlacht bei dem im Norden Palästinas gelegenen Merom (11,1–15), spielen in Mittelpalästina. Dort gewann der Stamm Efraim, dem Josua angehörte, sein Gebiet. Josua wird zur beherrschenden Gestalt der ganzen Darstellung der Eroberung des Landes: Nach seiner Beauftragung (Kap. 1) wird Jericho erkundet (Kap. 2) und der Jordan überschritten (Kap. 3 und 4). Israel lagert in Gilgal (Kap. 5) und erobert von dort aus durch göttliche Hilfe Jericho (Kap. 6). Nach einem Fehlschlag, der durch einen Diebstahl Achans an dem Jahwe geweihten Beutegut verursacht war, wird Ai erobert (Kap. 7 und 8). Die Gibeoniter erlisten sich einen Vertrag mit Israel (Kap. 9); in der Nähe ihrer Stadt werden fünf Könige der Kanaaniter besiegt (Kap. 10). Über Eroberungen im Süden und Norden wird nur zusammenfassend berichtet (10,28–11,23). Eine Liste der in Kanaan besiegten Könige beschließt die Darstellung der Landnahme (Kap. 12).

Die Erzählungen des Buches Josua sind von recht verschiedener Art: Neben Kampfberichten stehen listenartige Angaben, Anweisungen und Berichte über kultische Begehungen, Erzählungen über Auseinandersetzungen in Israel selbst und mit den Bewohnern des Landes. Einige dieser Erzählungen, darunter Kap. 22, »erklären« auffallende Gegebenheiten: den Steinkreis bei Gilgal, die zwölf Steine im Jordan, die Ortsnamen »Hügel der Vorhäute« und Gilgal, den Steinhaufen im Achortal bei Jericho, den Ruinenhügel bei Ai, das Vertragsverhältnis mit Gibeon, den Altar im Ostjordanland. Man bezeichnet sie deshalb als Ätiologien (Ursprungserzählungen).

Der zweite Teil enthält die Angaben über die Verteilung des Landes. Nach dem Befehl Gottes (13,1–7) werden das Ostjordanland (13,15–33) und das Westjordanland an die Stämme verteilt (Kap. 14–19). Asyl- und Levitenstädte werden eingerichtet (Kap. 20 und 21). Der Streit um einen Altar östlich des Jordan wird beigelegt (Kap. 22). In der Gebiets- und Grenzbeschreibung der einzelnen Stämme sind vermutlich alte Listen, vor allem über die verwaltungsmäßige Einteilung Judas, verwendet.

Der dritte Teil des Buches enthält zwei Abschiedsreden, in denen Josua Israel zum Gehorsam gegenüber Gott verpflichtet. Diese Verpflichtung übernimmt Israel auf dem »Landtag« zu Sichem (Kap. 23 und 24).

Das Buch Josua, das zum Deuteronomistischen Geschichtswerk gehört (vgl. die Einleitung zum Buch Deuteronomium), will bezeugen, daß Gott die Landverheißung eingelöst hat, und es mahnt Israel, seinem Bund mit Gott treu zu bleiben.

Die Eroberung des Landes

Der Befehl zur Besetzung des Westjordanlandes

1 Nachdem Mose, der Knecht des Herrn, gestorben war, sagte der
Herr zu Josua, dem Sohn Nuns, dem Diener des Mose: 2 Mein
Knecht Mose ist gestorben. Mach dich also auf den Weg, und zieh
über den Jordan hier mit diesem ganzen Volk in das Land, das ich
ihnen, den Israeliten, geben werde. 3 Jeden Ort, den euer Fuß betreten
wird, gebe ich euch, wie ich es Mose versprochen habe.
4 Euer Gebiet soll von der Steppe und vom Libanon an bis zum
großen Strom, zum Eufrat, reichen – das ist das ganze Land der Hetiter – und bis hin zum großen Meer, wo die Sonne untergeht. 5 Niemand wird dir Widerstand leisten können, solange du lebst. Wie ich
mit Mose war, will ich auch mit dir sein. Ich lasse dich nicht fallen
und verlasse dich nicht. 6 Sei mutig und stark! Denn du sollst diesem
Volk das Land zum Besitz geben, von dem du weißt: Ich habe ihren
Vätern geschworen, es ihnen zu geben. 7 Sei nur mutig und stark, und
achte genau darauf, daß du ganz nach der Weisung handelst, die
mein Knecht Mose dir gegeben hat. Weich nicht nach rechts und
nicht nach links davon ab, damit du Erfolg hast in allem, was du
unternimmst. 8 Über dieses Gesetzbuch sollst du immer reden und
Tag und Nacht darüber nachsinnen, damit du darauf achtest, genau
so zu handeln, wie darin geschrieben steht. Dann wirst du auf deinem
Weg Glück und Erfolg haben. 9 Habe ich dir nicht befohlen: Sei mutig
und stark? Fürchte dich also nicht, und hab keine Angst; denn der
Herr, dein Gott, ist mit dir bei allem, was du unternimmst.
10 Da befahl Josua den Listenführern im Volk: 11 Geht durch das Lager,
und befehlt den Leuten: Versorgt euch mit Lebensmitteln; denn in
drei Tagen werdet ihr den Jordan hier überschreiten, um in das Land
hineinzuziehen und es in Besitz zu nehmen, das der Herr, euer Gott,
euch zu eigen gibt. 12 Und den Rubenitern, den Gaditern und dem
halben Stamm Manasse sagte Josua: 13 Erinnert euch an das, was
Mose, der Knecht des Herrn, euch geboten hat: Der Herr, euer Gott,
gewährt euch Ruhe und gibt euch dieses Land. 14 Eure Frauen, eure
Kinder und euer Vieh sollen in dem Land bleiben, das Mose euch östlich des Jordan gegeben hat. Ihr aber sollt mit euren Brüdern hinübergehen, ihnen kampfbereit mit allen Kriegern voranziehen und ihnen
helfen, 15 bis der Herr euren Brüdern ebenso wie euch Ruhe gewährt
und bis auch sie das Land in Besitz nehmen, das der Herr, euer Gott,
ihnen gibt. Dann sollt ihr in euren eigenen Besitz zurückkehren, in
das Land, das euch Mose, der Knecht des Herrn, östlich des Jordan
gegen Sonnenaufgang als Besitz gegeben hat. 16 Sie antworteten
Josua: Alles, was du uns befohlen hast, wollen wir tun und dahin,
wohin du uns schickst, werden wir gehen. 17 Genauso, wie wir auf

Marc Chagall
Mose und Josua
(1966)
»Sei mutig und stark! Denn du sollst diesem Volk das Land zum Besitz geben, von dem du weißt: Ich habe ihren Vätern geschworen, es ihnen zu geben« (Jos 1,6). Der Auftrag Gottes eröffnet das Buch Josua und verdeutlicht die enge Verbindung mit dem letzten der fünf Bücher des Mose: Dort wird im 31. Kapitel die Einsetzung Josuas als Nachfolger des Mose berichtet. Marc Chagalls Farblithographie läßt allerdings bezweifeln, ob Josua dieser Aufgabe gewachsen ist: Während sich die segnenden Hände des Mose schwer auf Josuas Haupt legen, umklammert dieser den Griff seines Schwertes. Doch nicht die Waffe, sondern die segnenden Hände rüsten ihn für die bevorstehenden Kämpfe der Landnahme: »Josua, der Sohn Nuns, war vom Geist der Wahrheit erfüllt, denn Mose hatte ihm die Hände aufgelegt« (Dtn 34,9).

Mose gehört haben, wollen wir auch auf dich hören. Der Herr aber,
dein Gott, möge mit dir sein, wie er mit Mose gewesen ist. 18 Jeder,
der sich deinem Befehl widersetzt und nicht allen deinen Anordnun-
gen gehorcht, soll mit dem Tod bestraft werden. Sei nur mutig und
stark!

Die Kundschafter in Jericho

2 Josua, der Sohn Nuns, schickte von Schittim heimlich zwei
Kundschafter aus und befahl ihnen: Geht, erkundet das Land,
besonders die Stadt Jericho! Sie brachen auf und kamen zu dem Haus
einer Dirne namens Rahab; dort wollten sie übernachten. 2 Man mel-
dete dem König von Jericho: Heute nacht sind ein paar Männer hier-
her gekommen, Israeliten, um das Land auszukundschaften. 3 Da
schickte der König von Jericho Boten zu Rahab und ließ ihr sagen:
Gib die Männer heraus, die bei dir in deinem Haus eingekehrt sind;
denn sie sind gekommen, um das ganze Land auszukundschaften.
4 Da nahm die Frau die beiden Männer und versteckte sie. (Zu den
Boten aber) sagte sie: Ja, die Männer sind zu mir gekommen; doch ich

wußte nicht, woher sie waren. 5 Als das Stadttor bei Einbruch der
Dunkelheit geschlossen werden sollte, sind die Männer weggegan-
gen; ich weiß aber nicht, wohin sie gegangen sind. Lauft ihnen
schnell nach, dann könnt ihr sie noch einholen. 6 Sie hatte aber die
Männer auf das flache Dach gebracht und unter den Flachsstengeln
versteckt, die auf dem Dach aufgeschichtet waren. 7 Inzwischen hatte
man die Verfolgung der Männer aufgenommen, und zwar in Rich-
tung Jordan, zu den Furten hin. Und man hatte das Stadttor geschlos-
sen, nachdem die Verfolger hinausgegangen waren.
8 Bevor die Männer sich niederlegten, stieg Rahab zu ihnen auf das
Dach hinauf 9 und sagte zu ihnen: Ich weiß, daß der Herr euch das
Land gegeben hat und daß uns Furcht vor euch befallen hat und alle
Bewohner des Landes aus Angst vor euch vergehen. 10 Denn wir
haben gehört, wie der Herr das Wasser des Schilfmeers euretwegen
austrocknen ließ, als ihr aus Ägypten ausgezogen seid. Wir haben
auch gehört, was ihr mit Sihon und Og, den beiden Königen der
Amoriter jenseits des Jordan, gemacht habt: Ihr habt sie dem Unter-
gang geweiht. 11 Als wir das hörten, zerschmolz unser Herz, und
jedem stockte euretwegen der Atem; denn der Herr, euer Gott, ist
Gott droben im Himmel und hier unten auf der Erde. 12 Nun schwört
mir beim Herrn, daß ihr der Familie meines Vaters euer Wohlwollen
erweist, wie ich es euch erwiesen habe, und gebt mir ein sicheres Zei-
chen dafür, 13 daß ihr meinen Vater und meine Mutter, meine Brüder
und meine Schwestern und alles, was ihnen gehört, am Leben laßt
und daß ihr uns vor dem Tod bewahrt. 14 Die Männer antworteten ihr:
Wir bürgen mit unserem Leben für euch, wenn ihr nur unsere Sache
nicht verratet. Wenn uns der Herr das Land gibt, werden wir dir unser
Wohlwollen und unsere Treue zeigen. 15 Darauf ließ die Frau sie mit
einem Seil durch das Fenster die Stadtmauer hinab; das Haus, in dem
sie wohnte, war nämlich in die Stadtmauer eingebaut. 16 Sie riet
ihnen: Geht ins Gebirge, damit die Verfolger euch nicht finden; dort
haltet euch drei Tage lang verborgen, bis die Verfolger zurückgekehrt
sind; dann könnt ihr eures Weges gehen. 17 Die Männer sagten zu ihr:
Wir können uns nur unter folgender Bedingung an den Eid halten,
den du uns hast schwören lassen: 18 Wenn wir in das Land eindrin-
gen, mußt du diese geflochtene purpurrote Schnur an das Fenster
binden, durch das du uns herabgelassen hast, und du mußt deinen
Vater, deine Mutter, deine Brüder und die ganze Familie deines Vaters
bei dir in deinem Haus versammeln. 19 Jeder aber, der aus der Tür dei-
nes Hauses heraustritt, ist selbst schuld, wenn sein Blut vergossen
wird. Wir sind dann ohne Schuld. Doch bei jedem, der mit dir in dei-
nem Haus bleibt, tragen wir die Schuld, wenn Hand an ihn gelegt
wird. 20 Auch wenn du unsere Sache verrätst, brauchen wir uns nicht
an den Eid zu halten, den du uns hast schwören lassen. 21 Sie antwor-
tete: Es sei, wie ihr gesagt habt. Dann ließ sie die beiden gehen und
band die purpurrote Schnur an das Fenster. 22 Die Männer gingen
also und kamen ins Gebirge; dort blieben sie drei Tage, bis die Verfol-
ger (in die Stadt) zurückgekehrt waren. Die Verfolger hatten sie über-
all gesucht, aber nicht gefunden. 23 Dann machten sich die beiden
Männer auf den Rückweg. Sie stiegen vom Gebirge herab, überschrit-
ten den Jordan und kamen zu Josua, dem Sohn Nuns. Sie erzählten
ihm alles, was sie erfahren hatten, 24 und sagten: Der Herr hat uns das
ganze Land ausgeliefert; alle Bewohner des Landes vergehen aus
Angst vor uns.

Der Übergang über den Jordan

3 Am frühen Morgen brach Josua mit allen Israeliten von Schittim
auf. Als sie an den Jordan kamen, übernachteten sie dort, bevor
sie ihn überschritten. 2 Nach drei Tagen gingen die Listenführer
durch das Lager 3 und befahlen dem Volk: Wenn ihr die Bundeslade
des Herrn, eures Gottes, seht, und die levitischen Priester, die sie tra-
gen, dann sollt auch ihr von dort, wo ihr gerade seid, aufbrechen und
ihr folgen; 4 nur müßt ihr zwischen ihr und euch einen Abstand von
zweitausend Ellen lassen, ihr dürft nicht zu nahe an sie herankom-
men. So werdet ihr wissen, welchen Weg ihr gehen sollt; denn ihr
seid den Weg ja früher noch nie gegangen. 5 Und Josua sagte zum
Volk: Heiligt euch; denn morgen wird der Herr mitten unter euch
Wunder tun. 6 Und zu den Priestern sagte Josua: Nehmt die Bundes-
lade auf, und zieht dem Volk voran! Und sie nahmen die Bundeslade
auf und gingen dem Volk voraus.
7 Da sagte der Herr zu Josua: Heute fange ich an, dich vor den Augen
ganz Israels groß zu machen, damit alle erkennen, daß ich mit dir
sein werde, wie ich mit Mose gewesen bin. 8 Du aber sollst den Prie-
stern, die die Bundeslade tragen, befehlen: Wenn ihr zum Ufer des
Jordan kommt, geht in den Jordan hinein, und bleibt dort stehen!
9 Darauf sagte Josua zu den Israeliten: Kommt her, und hört die Worte
des Herrn, eures Gottes! 10 Dann sagte Josua: Daran sollt ihr erken-
nen, daß ein lebendiger Gott mitten unter euch ist: Er wird die Kanaa-
niter, die Hetiter, Hiwiter, Perisiter, Girgaschiter, Amoriter und Jebu-
siter vor euren Augen vertreiben. 11 Seht, die Bundeslade des Herrn
der ganzen Erde zieht vor euch her durch den Jordan. 12 Wählt nun
zwölf Männer aus den Stämmen Israels aus, aus jedem Stamm einen!
13 Sobald die Füße der Priester, die die Lade des Herrn tragen, des
Herrn der ganzen Erde, im Wasser des Jordan stehen, wird das Was-
ser des Jordan, das von oben herabkommt, wie abgeschnitten sein
und wie ein Wall dastehen.
14 Als dann das Volk seine Zelte verließ und aufbrach, um den Jordan
zu überschreiten, gingen die Priester, die die Bundeslade trugen, an
der Spitze des Volkes. 15 Und als die Träger der Lade an den Jordan
kamen und die Füße der Priester, die die Lade trugen, das Wasser
berührten – der Jordan war aber während der ganzen Erntezeit über
alle Ufer getreten –, 16 da blieben die Fluten des Jordan stehen. Das
von oben herabkommende Wasser stand wie ein Wall in weiter Ent-
fernung, bei der Stadt Adam, die in der Nähe von Zaretan liegt. Die
zum Meer der Araba, zum Salzmeer, hinabfließenden Fluten dagegen
liefen vollständig ab, und das Volk zog Jericho gegenüber durch den
Jordan. 17 Die Priester, die die Bundeslade des Herrn trugen, standen,
während ganz Israel trockenen Fußes hindurchzog, fest und sicher
mitten im Jordan auf trockenem Boden, bis das ganze Volk den Jor-
dan durchschritten hatte.

Die zwölf Gedenksteine

4 Als das ganze Volk den Jordan durchschritten hatte, sagte der
Herr zu Josua: 2 Wählt aus dem Volk zwölf Männer aus, aus
jedem Stamm einen, 3 und befehlt ihnen: Hebt hier, an der Stelle mit-
ten im Jordan, wo die Priester fest und sicher standen, zwölf Steine
auf, nehmt sie mit hinüber und legt sie an dem Ort nieder, an dem ihr
die nächste Nacht verbringt. 4 Da rief Josua die zwölf Männer, die er
aus den Israeliten bestimmt hatte, aus jedem Stamm einen, 5 und
sagte zu ihnen: Geht vor der Lade des Herrn, eures Gottes, her bis zur
Mitte des Jordan; dort soll jeder von euch einen Stein auf seine Schul-
ter heben, so viele Steine, wie es Stämme der Israeliten gibt. 6 Sie sol-
len unter euch ein Zeichen sein. Wenn euch eure Söhne morgen fra-
gen: Was bedeuten diese Steine für euch?, 7 dann antwortet ihnen: (Sie
bedeuten,) daß die Fluten des Jordan vor der Bundeslade des Herrn
wie abgeschnitten waren; als sie durch den Jordan zog, waren die Flu-
ten des Jordan wie abgeschnitten. So sind diese Steine ein ewiges
Erinnerungszeichen für die Israeliten. 8 Die Israeliten taten, was
Josua befohlen hatte, und nahmen zwölf Steine mitten aus dem Jor-
dan, so viele, wie es Stämme der Israeliten gab, wie es der Herr dem
Josua befohlen hatte. Sie nahmen sie mit hinüber zu ihrem Rastplatz
und stellten sie dort auf. 9 Und in der Mitte des Jordan richtete Josua
zwölf Steine auf, dort, wo die Priester gestanden hatten, die die Bun-
deslade trugen; sie stehen dort bis zum heutigen Tag. 10 Die Priester
aber, die die Lade trugen, blieben mitten im Jordan stehen, bis alles
geschehen war, was der Herr durch Josua dem Volk befohlen hatte
[ganz so, wie Mose dem Josua befohlen hatte], und das Volk beeilte
sich und zog hinüber. 11 Als das ganze Volk vollständig hinübergezo-
gen war, zog auch die Lade des Herrn hinüber, und die Priester (gin-
gen wieder) dem Volk voraus. 12 Die Rubeniter, die Gaditer und der

halbe Stamm Manasse zogen kampfbereit vor den Israeliten her, wie
es ihnen Mose befohlen hatte. 13 Es waren etwa vierzigtausend
bewaffnete Männer, die vor den Augen des Herrn zum Kampf in die
Steppen von Jericho zogen.
14 An jenem Tag machte der Herr den Josua in den Augen ganz Israels
groß, und man hatte Ehrfurcht vor ihm, wie man vor Mose zeit seines
Lebens Ehrfurcht hatte. 15 Da sagte der Herr zu Josua: 16 Befiehl den
Priestern, die die Lade der Bundesurkunde tragen, aus dem Jordan
heraufzusteigen. 17 Da befahl Josua den Priestern: Steigt aus dem Jor-
dan herauf! 18 Als nun die Priester, die die Bundeslade des Herrn tru-
gen, aus der Mitte des Jordan heraufstiegen und ihre Füße das Ufer
berührten, da kehrte das Wasser des Jordan an seinen Ort zurück und
trat wie zuvor wieder über alle Ufer. 19 Das Volk zog am zehnten Tag
des ersten Monats durch den Jordan und schlug in Gilgal, am
Ostrand des Gebietes von Jericho, sein Lager auf.
20 In Gilgal stellte Josua die zwölf Steine auf, die man aus dem Jordan
mitgenommen hatte. 21 Er sagte zu den Israeliten: Wenn eure Söhne
morgen ihre Väter fragen: Was bedeuten diese Steine?, 22 dann sollt
ihr sie belehren: Hier hat Israel trockenen Fußes den Jordan durch-
schritten; 23 denn der Herr, euer Gott, hat das Wasser des Jordan vor
euren Augen austrocknen lassen, bis ihr hindurchgezogen wart,
genau so wie es Jahwe, euer Gott, mit dem Schilfmeer machte, das er
vor unseren Augen austrocknen ließ, bis wir hindurchgezogen
waren. 24 Daran sollen alle Völker der Erde erkennen, daß die Hand
des Herrn stark ist, und ihr sollt allezeit Jahwe, euren Gott, fürchten.

5 Alle Könige der Amoriter jenseits des Jordan im Westen und alle
Könige der Kanaaniter am Meer hörten, daß der Herr das Was-
ser des Jordan vor den Augen der Israeliten austrocknen ließ, bis sie
hinübergezogen waren; da zerschmolz ihr Herz, und jedem stockte
der Atem wegen der Israeliten.

Die Beschneidung in Gilgal

2 Damals sagte der Herr zu Josua: Mach dir Steinmesser und ordne
wieder eine Beschneidung der Israeliten an, eine zweite! 3 Da machte
sich Josua Steinmesser, und er beschnitt die Israeliten auf dem »Hügel
der Vorhäute«. 4 Josua nahm die Beschneidung vor, weil das ganze
Volk, das aus Ägypten ausgezogen war, das heißt die Männer, alle
Krieger, nach ihrem Auszug aus Ägypten auf dem Weg durch die
Wüste gestorben waren. 5 Als das Volk auszog, waren alle beschnitten.
Alle aber, die nach dem Auszug aus Ägypten unterwegs in der Wüste
geboren wurden, hatte man nicht beschnitten. 6 Denn vierzig Jahre
lang wanderten die Israeliten durch die Wüste. Schließlich war das
ganze Volk, alle Krieger, die aus Ägypten ausgezogen waren, umge-
kommen, weil sie nicht auf die Stimme des Herrn gehört hatten. Der
Herr hatte ihnen geschworen, er werde sie das Land nicht schauen las-
sen, das er ihren Vätern mit einem Eid zugesichert hatte, ein Land, in
dem Milch und Honig fließen. 7 Ihre Söhne, die der Herr an ihre Stelle
treten ließ, beschnitt Josua; denn sie waren noch unbeschnitten, da
man sie unterwegs nicht beschnitten hatte. 8 Als nun das ganze Volk
beschnitten war, blieb man an Ort und Stelle, im Lager, bis die Männer
wieder gesund waren. 9 Und der Herr sagte zu Josua: Heute habe ich
die ägyptische Schande von euch abgewälzt. Darum nennt man diesen
Ort bis zum heutigen Tag Gilgal (Wälzplatz).
10 Als die Israeliten in Gilgal ihr Lager hatten, feierten sie am Abend
des vierzehnten Tages jenes Monats in den Steppen von Jericho das
Pascha. 11 Am Tag nach dem Pascha, genau an diesem Tag, aßen sie
ungesäuerte Brote und geröstetes Getreide aus den Erträgen des Lan-
des. 12 Vom folgenden Tag an, nachdem sie von den Erträgen des Lan-
des gegessen hatten, blieb das Manna aus; von da an hatten die Israe-
liten kein Manna mehr, denn sie aßen in jenem Jahr von der Ernte des
Landes Kanaan.

Der Anführer des Heeres des Herrn

13 Als Josua bei Jericho war und Ausschau hielt, sah er plötzlich einen
Mann mit einem gezückten Schwert in der Hand vor sich stehen.
Josua ging auf ihn zu und fragte ihn: Gehörst du zu uns oder zu unse-
ren Feinden? 14 Er antwortete: Nein, ich bin der Anführer des Heeres
des Herrn. Ich bin soeben gekommen. Da warf sich Josua vor ihm zu
Boden, um ihm zu huldigen, und fragte ihn: Was befiehlt mein Herr
seinem Knecht? 15 Der Anführer des Heeres des Herrn antwortete
Josua: Zieh deine Schuhe aus; denn der Ort, wo du stehst, ist heilig.
Und Josua tat es.

Die Eroberung Jerichos

6 Jericho hielt wegen der Israeliten die Tore fest verschlossen.
Niemand konnte heraus, und niemand konnte hinein. 2 Da
sagte der Herr zu Josua: Sieh her, ich gebe Jericho und seinen König
samt seinen Kriegern in deine Gewalt. 3 Ihr sollt mit allen Kriegern
um die Stadt herumziehen und sie einmal umkreisen. Das sollst du
sechs Tage lang tun. 4 Sieben Priester sollen sieben Widderhörner vor
der Lade hertragen. Am siebten Tag sollt ihr siebenmal um die Stadt
herumziehen, und die Priester sollen die Hörner blasen. 5 Wenn das
Widderhorn geblasen wird und ihr den Hörnerschall hört, soll das
ganze Volk in lautes Kriegsgeschrei ausbrechen. Darauf wird die
Mauer der Stadt in sich zusammenstürzen; dann soll das Volk hin-
übersteigen, jeder an der nächstbesten Stelle. 6 Da rief Josua, der Sohn
Nuns, die Priester und sagte: Nehmt die Bundeslade, und laßt sieben
Priester sieben Widderhörner vor der Lade des Herrn hertragen.
7 Und zum Volk sagte er: Zieht rings um die Stadt herum, und laßt die
bewaffneten Männer vor der Lade des Herrn herziehen!
8 Und es geschah so, wie Josua es dem Volk gesagt hatte: Sieben Prie-
ster trugen die sieben Widderhörner vor dem Herrn her und bliesen im
Gehen die Hörner, und die Bundeslade des Herrn zog hinter ihnen
her. 9 Die bewaffneten Männer gingen vor den Priestern her, die die
Hörner bliesen, die Nachhut folgte der Lade, und man blies ständig
die Hörner. 10 Dem Volk aber befahl Josua: Erhebt kein Kriegsgeschrei,
und laßt eure Stimmen nicht hören! Kein Wort komme aus eurem
Mund bis zu dem Tag, an dem ich zu euch sage: Erhebt das Kriegsge-
schrei! Dann sollt ihr losschreien.
11 Darauf ließ er die Lade des Herrn um die Stadt herumziehen und sie
einmal umkreisen. Dann kam man zum Lager zurück und übernach-
tete im Lager. 12 Früh am anderen Morgen brach Josua auf, und die
Priester trugen die Lade des Herrn. 13 Sieben Priester trugen die sieben
Widderhörner der Lade des Herrn voraus und bliesen ständig die Hör-
ner. Die bewaffneten Männer zogen vor ihnen her, und die Nachhut
folgte der Lade des Herrn. Man blies ständig die Hörner. 14 So zogen
sie auch am zweiten Tag einmal um die Stadt herum und kehrten wie-
der ins Lager zurück. Das machten sie sechs Tage lang.
15 Am siebten Tag aber brachen sie beim Anbruch der Morgenröte auf
und zogen, wie gewohnt, um die Stadt, siebenmal; nur an diesem Tag
zogen sie siebenmal um die Stadt. 16 Als die Priester beim siebtenmal
die Hörner bliesen, sagte Josua zum Volk: Erhebt das Kriegsgeschrei!
Denn der Herr hat die Stadt in eure Gewalt gegeben. 17 Die Stadt mit
allem, was in ihr ist, soll zu Ehren des Herrn dem Untergang geweiht
sein. Nur die Dirne Rahab und alle, die bei ihr im Haus sind, sollen
am Leben bleiben, weil sie die Boten versteckt hat, die wir ausge-
schickt hatten. 18 Hütet euch aber davor, von dem, was dem Unter-
gang geweiht ist, etwas zu begehren und wegzunehmen; sonst weiht
ihr das Lager Israels dem Untergang und stürzt es ins Unglück.
19 Alles Gold und Silber und die Geräte aus Bronze und Eisen sollen
dem Herrn geweiht sein und in den Schatz des Herrn kommen.
20 Darauf erhob das Volk das Kriegsgeschrei, und die Widderhörner
wurden geblasen. Als das Volk den Hörnerschall hörte, brach es in
lautes Kriegsgeschrei aus. Die Stadtmauer stürzte in sich zusammen,
und das Volk stieg in die Stadt hinein, jeder an der nächstbesten
Stelle. So eroberten sie die Stadt. 21 Mit scharfem Schwert weihten sie
alles, was in der Stadt war, dem Untergang, Männer und Frauen, Kin-
der und Greise, Rinder, Schafe und Esel.
22 Zu den beiden Männern, die das Land erkundet hatten, sagte Josua:
Geht zu dem Haus der Dirne, und holt von dort die Frau und alles,

was ihr gehört, wie ihr es ihr geschworen habt. 23 Da gingen die jun-
gen Männer, die Kundschafter, und holten Rahab, ihren Vater, ihre
Mutter, ihre Brüder und alles, was ihr gehörte; sie führten ihre ganze
Verwandtschaft (aus der Stadt) heraus und wiesen ihnen einen Platz
außerhalb des Lagers Israels an. 24 Die Stadt aber und alles, was darin
war, brannte man nieder; nur das Silber und Gold und die Geräte aus
Bronze und Eisen brachte man in den Schatz im Haus des Herrn.
25 Die Dirne Rahab und die Familie ihres Vaters und alles, was ihr
gehörte, ließ Josua am Leben. So wohnt ihre Familie bis heute mitten
in Israel; denn Rahab hatte die Boten versteckt, die Josua ausgesandt
hatte, um Jericho auskundschaften zu lassen.
26 Damals schwor Josua: Verflucht beim Herrn sei der Mann, der es
unternimmt, diese Stadt Jericho wieder aufzubauen. Seinen Erstge-
borenen soll es ihn kosten, wenn er sie neu gründet, und seinen Jüng-
sten, wenn er ihre Tore wieder aufrichtet. 27 Der Herr war mit Josua,
und sein Ruhm verbreitete sich im ganzen Land.

Der Kampf um Ai. Achans Diebstahl

7 Die Israeliten aber veruntreuten etwas von dem, was dem Unter-
gang geweiht war. Denn Achan, der Sohn Karmis, des Sohnes
Sabdis, des Sohnes Serachs, vom Stamm Juda, nahm etwas von dem,
was dem Untergang geweiht war. Da entbrannte der Zorn des Herrn
über die Israeliten.
2 Josua schickte von Jericho aus einige Männer nach Ai, das bei Bet-
Awen, östlich von Bet-El liegt, und sagte zu ihnen: Geht hinauf, und
erkundet das Land! Die Männer gingen hinauf und erkundeten Ai.
3 Als sie zu Josua zurückkamen, sagten sie zu ihm: Es braucht nicht
das ganze Volk hinaufzuziehen. Etwa zwei- oder dreitausend Mann
sollen hinaufziehen; sie können Ai besiegen. Bemüh nicht das ganze
Volk dorthin! Denn dort sind nur wenige Leute. 4 So stiegen vom Volk
etwa dreitausend Mann nach Ai hinauf; aber sie mußten vor den
Männern von Ai die Flucht ergreifen. 5 Die Männer von Ai erschlugen
sechsunddreißig von ihnen; die andern verfolgten sie vom Stadttor
bis zu den Steinbrüchen und schlugen sie an der Steige. Da zer-
schmolz das Herz des Volkes und wurde zu Wasser. 6 Josua zerriß
seine Kleider und warf sich zusammen mit den Ältesten vor der Lade
des Herrn mit dem Gesicht zu Boden und blieb dort bis zum Abend
liegen. Sie streuten sich Asche auf das Haupt, 7 und Josua sagte: Ach
Herr, mein Gott! Warum hast du dieses Volk über den Jordan ziehen
lassen? Um uns den Amoritern auszuliefern, damit sie uns vernich-
ten? Hätten wir uns doch dazu entschlossen, jenseits des Jordan zu
bleiben! 8 Ach Herr, was soll ich sagen, nachdem Israel seinen Fein-
den den Rücken gezeigt hat? 9 Das werden die Kanaaniter und alle
Bewohner des Landes hören, und sie werden uns umzingeln und
unseren Namen im ganzen Land ausrotten. Was willst du dann für
deinen großen Namen tun?
10 Da sagte der Herr zu Josua: Steh auf! Warum liegst du da, mit dem
Gesicht zur Erde? 11 Israel hat gesündigt. Sie haben sich sogar gegen
meinen Bund vergangen, den ich ihnen auferlegt habe. Sie haben
etwas weggenommen von dem, was dem Untergang geweiht war; sie
haben es gestohlen; sie haben es unterschlagen und zu ihren eigenen
Sachen getan. 12 Deshalb können die Israeliten dem Angriff ihrer
Feinde nicht mehr standhalten und müssen ihren Feinden den Rücken
zeigen; denn sie sind nun selbst dem Untergang geweiht. Ich werde
nicht mehr mit euch sein, wenn ihr bei euch nicht alles, was dem
Untergang geweiht ist, vernichtet. 13 Auf! Heilige das Volk, und sag:
Heiligt euch für morgen! Denn so hat der Herr, der Gott Israels,
gesprochen: Bei dir, Israel, ist etwas, was dem Untergang geweiht ist.
Du kannst dem Angriff deiner Feinde nicht standhalten, solange ihr
nicht alles, was dem Untergang geweiht ist, aus eurer Mitte entfernt
habt. 14 Morgen sollt ihr Stamm für Stamm antreten, und der Stamm,
den der Herr bezeichnet, soll Sippe für Sippe antreten, und die Sippe,
die der Herr dann bezeichnet, soll Großfamilie für Großfamilie antre-
ten, und die Großfamilie, die der Herr dann bezeichnet, soll Mann für
Mann antreten. 15 Bei wem man dann etwas findet, das dem Unter-
gang geweiht ist, der soll mit allem, was er hat, verbrannt werden, weil
er sich am Bund des Herrn vergangen und in Israel eine Schandtat ver-
übt hat.
16 Josua ließ also früh am Morgen Israel Stamm für Stamm antreten;
da wurde der Stamm Juda bezeichnet. 17 Dann ließ er die Sippen Judas
antreten; da wurde die Sippe der Serachiter bezeichnet. Dann ließ er
die Sippe der Serachiter nach Großfamilien antreten; da wurde Sabdi
bezeichnet. 18 Dann ließ er dessen Familie Mann für Mann antreten;
da wurde Achan, der Sohn Karmis, der Enkel Sabdis, des Sohnes Ser-
achs, vom Stamm Juda bezeichnet. 19 Josua sagte zu Achan: Mein
Sohn, gib dem Herrn, dem Gott Israels, die Ehre, und leg vor ihm ein
Geständnis ab! Sag mir offen, was du getan hast, und verheimliche
mir nichts! 20 Achan antwortete Josua: Es ist wahr, ich habe mich
gegen den Herrn, den Gott Israels, versündigt. Das und das habe ich
getan: 21 Ich sah unter der Beute einen schönen Mantel aus Schinar,
außerdem zweihundert Schekel Silber und einen Goldbarren, der
fünfzig Schekel wog. Ich wollte es haben und nahm es an mich. Es ist
in meinem Zelt im Boden vergraben, das Silber an unterster Stelle.
22 Josua schickte Boten, und sie liefen zum Zelt, und wirklich: die
Sachen waren im Zelt Achans vergraben, das Silber an unterster
Stelle. 23 Sie holten alles aus dem Zelt heraus, brachten es zu Josua
und allen Israeliten und breiteten es vor dem Herrn aus.
24 Da nahm Josua Achan, den Sohn Serachs, ebenso das Silber und
den Mantel und den Goldbarren, seine Söhne und Töchter, seine Rin-
der, Esel und Schafe, sein Zelt und seine ganze Habe. Er und ganz
Israel brachten alles ins Tal Achor. 25 Dann sagte Josua: Womit du uns
ins Unglück gestürzt hast, damit stürzt dich der Herr heute ins
Unglück. Und ganz Israel steinigte Achan. [Sie verbrannten sie im
Feuer und steinigten sie.] 26 Man errichtete über ihm einen großen
Steinhaufen, der bis zum heutigen Tag zu sehen ist, und der Herr ließ
ab von seinem glühenden Zorn. Deshalb nennt man diesen Ort bis
heute Achortal (Unglückstal).

Die Vernichtung von Ai

8 Dann sagte der Herr zu Josua: Fürchte dich nicht, und hab keine
Angst! Nimm alle kriegstüchtigen Männer, brich auf, und zieh
nach Ai! Siehe, ich habe den König von Ai und sein Volk, seine Stadt
und sein Land in deine Gewalt gegeben. 2 Du sollst es mit Ai und sei-
nem König ebenso machen, wie du es mit Jericho und seinem König
gemacht hast. Doch ihren Besitz und das Vieh in der Stadt dürft ihr
erbeuten. Leg im Rücken der Stadt einen Hinterhalt! 3 Da brach Josua
mit dem ganzen Heer auf und zog nach Ai. Er wählte dreißigtausend
kampferprobte Männer aus und schickte sie bei Nacht weg 4 mit dem
Befehl: Seht zu, daß ihr im Rücken der Stadt einen Hinterhalt legt,
aber nicht zu weit entfernt von der Stadt. Dort haltet euch alle bereit!
5 Ich aber werde mit allen Leuten, die bei mir sind, gegen die Stadt
vorrücken, und wenn man dann wie beim erstenmal einen Ausfall
macht, werden wir vor ihnen fliehen. 6 Sie werden uns verfolgen, bis wir
sie von der Stadt weggelockt haben; denn sie werden denken: Sie flie-
hen vor uns wie beim erstenmal. Wenn wir vor ihnen geflohen sind,
7 dann könnt ihr aus dem Hinterhalt hervorbrechen und die Stadt beset-
zen. Der Herr, euer Gott, wird sie euch ausliefern. 8 Wenn ihr dann die
Stadt eingenommen habt, sollt ihr sie in Brand stecken. Handelt nach
dem Wort des Herrn! Seht, ich habe es euch befohlen. 9 Dann schickte
sie Josua weg, und sie legten sich westlich von Ai in den Hinterhalt, zwi-
schen Bet-El und Ai. Josua aber blieb die Nacht über beim Volk.
10 Früh am Morgen stand Josua auf, musterte das Volk und zog
zusammen mit den Ältesten Israels an der Spitze des Volkes nach Ai
hinauf. 11 Das ganze Heer zog mit ihm hinauf und rückte bis in die
Nähe der Stadt vor. Im Norden von Ai schlugen sie ihr Lager auf; zwi-
schen ihnen und Ai lag ein Tal. 12 Dann nahm er etwa fünftausend
Mann und legte sie westlich der Stadt, zwischen Bet-El und Ai, in
einen Hinterhalt. 13 So stellten sie das Volk auf: Das Lager war im Nor-
den der Stadt und der Hinterhalt westlich der Stadt. Josua aber ver-
brachte die Nacht unten im Tal.

14 Als das der König von Ai sah, brach er mit den Männern der Stadt
am Morgen in aller Eile auf und zog mit seinem ganzen Volk zum
(sogenannten) Versammlungsplatz vor der Steppe, um gegen Israel
zu kämpfen. Er wußte nicht, daß man ihm im Rücken der Stadt einen
Hinterhalt gelegt hatte. 15 Josua und die Israeliten ließen sich von
ihnen schlagen und flohen zur Wüste hin. 16 Nun wurde das ganze
Volk, das noch in der Stadt war, zu ihrer Verfolgung aufgeboten. Sie
verfolgten Josua und wurden so von der Stadt weggelockt. 17 Niemand
blieb in Ai [und Bet-El] zurück; alle rückten aus, ließen die Stadt ohne
Schutz zurück und verfolgten die Israeliten. 18 Da sagte der Herr zu
Josua: Streck das Sichelschwert in deiner Hand gegen Ai aus; denn ich
gebe es in deine Gewalt. Josua streckte das Sichelschwert in seiner
Hand gegen Ai aus. 19 Als er seine Hand ausstreckte, brachen die Män-
ner im Hinterhalt eiligst aus ihrer Stellung hervor, stürmten in die
Stadt, nahmen sie ein und steckten sie sogleich in Brand. 20 Als die
Männer von Ai sich umwandten, sahen sie plötzlich aus der Stadt
Rauch zum Himmel aufsteigen. Aber sie konnten weder vor noch
zurück und hatten keine Möglichkeit zur Flucht. Denn das Volk, das
zur Wüste hin geflohen war, wandte sich nun gegen den Verfolger.
21 Als nämlich Josua und ganz Israel sahen, daß aus der Stadt Rauch
aufstieg, daß also die Männer aus dem Hinterhalt die Stadt einge-
nommen hatten, machten sie kehrt und schlugen die Männer von Ai.
22 Denn weil diese ihnen aus der Stadt nachgerückt waren, waren sie
nun von beiden Seiten her mitten zwischen die Israeliten geraten. Die
Israeliten schlugen sie so vernichtend, daß keiner von ihnen mehr
übrigblieb, der hätte entkommen und sich in Sicherheit bringen kön-
nen. 23 Den König von Ai aber nahmen sie lebend gefangen und
brachten ihn zu Josua.
24 Als die Israeliten sämtliche Bewohner von Ai, die ihnen nachgejagt
waren, ohne Ausnahme auf freiem Feld und in der Wüste mit schar-
fem Schwert getötet hatten und alle gefallen waren, kehrte ganz Israel
nach Ai zurück und machte auch dort alles mit scharfem Schwert nie-
der. 25 Es gab an jenem Tag insgesamt zwölftausend Gefallene, Män-
ner und Frauen, alle Einwohner von Ai. 26 Josua aber ließ seine Hand
mit dem Sichelschwert nicht sinken, bis er alle Einwohner von Ai dem
Untergang geweiht hatte. 27 Nur das Vieh und den Besitz der Stadt
nahm Israel für sich als Beute, nach dem Befehl, den der Herr Josua
gegeben hatte. 28 Dann brannte Josua Ai nieder und machte es für
immer zu einem Trümmerhaufen und zu einem öden Platz; das ist es
geblieben bis zum heutigen Tag. 29 Den König von Ai aber ließ er an
einem Baum aufhängen; dort hing er bis zum Abend. Als die Sonne
unterging, nahm man die Leiche auf Befehl Josuas von dem Baum ab
und warf sie vor das Tor der Stadt. Man errichtete über ihr einen
großen Steinhaufen, der noch heute da ist.

Der Bau des Altars und die Verkündigung des Gesetzes

30 Damals errichtete Josua auf dem Berg Ebal für den Herrn, den Gott
Israels, einen Altar 31 aus unbehauenen Steinen, die noch kein eiser-
nes Werkzeug berührt hatte, so wie Mose, der Knecht des Herrn, es
den Israeliten geboten hatte und wie es im Gesetzbuch des Mose
geschrieben steht. Auf diesem Altar brachte man dem Herrn Brand-
opfer dar und schlachtete Heilsopfer. 32 Und Josua brachte dort auf
den Steinen eine Abschrift des Gesetzes des Mose an; er schrieb vor
den Augen der Israeliten darauf. 33 Ganz Israel und die Ältesten, die
Listenführer und die Richter, standen zu beiden Seiten der Lade neben
den levitischen Priestern, den Trägern der Bundeslade des Herrn,
dazu Fremde und Einheimische. Die eine Hälfte von ihnen war dem
Berg Garizim zugewandt, die andere dem Berg Ebal, wie es Mose, der
Knecht Jahwes, für die Segnung des Volkes Israel früher angeordnet
hatte. 34 Danach verlas Josua das Gesetz im vollen Wortlaut, Segen
und Fluch, genau so, wie es im Buch des Gesetzes aufgezeichnet ist.
35 Von all dem, was Mose angeordnet hatte, gab es kein einziges Wort,
das Josua nicht vor der ganzen Versammlung Israels verlesen hätte;
auch die Frauen und Kinder und die Fremden, die mit ihnen zogen,
waren dabei.

Die List der Gibeoniter

9 Davon hörten alle Könige jenseits des Jordan, auf dem Gebirge,
in der Schefela und an der ganzen Küste des großen Meeres bis
hin zum Libanon: die Hetiter, die Amoriter, die Kanaaniter, die Perisi-
ter, die Hiwiter und die Jebusiter. 2 Sie taten sich zusammen, um
gemeinsam gegen Josua und Israel den Kampf aufzunehmen.
3 Als die Einwohner von Gibeon erfuhren, was Josua mit Jericho und
Ai gemacht hatte, 4 griffen sie zu einer List. Sie versahen sich mit Ver-
pflegung, packten alte Säcke und alte, brüchige und geflickte Wein-
schläuche auf ihre Esel und machten sich damit auf den Weg. 5 Sie
zogen alte, geflickte Schuhe und alte Mäntel an. Das ganze Brot in
ihrem Vorrat war trocken und krümelig. 6 So zogen sie zu Josua ins
Lager nach Gilgal und sagten zu ihm und zu den Israeliten: Wir kom-
men aus einem fernen Land. Schließt doch einen Vertrag mit uns!
7 Da antworteten die Israeliten den Hiwitern: Vielleicht wohnt ihr mit-
ten in unserem Gebiet. Wie können wir da einen Vertrag mit euch
schließen? 8 Sie aber sagten zu Josua: Wir sind deine Knechte. Josua
fragte sie: Wer seid ihr, und woher kommt ihr? 9 Sie antworteten ihm:
Deine Knechte kommen aus einem weit entfernten Land, angezogen
vom Ruhm des Herrn, deines Gottes. Wir haben von seinem Ruhm
und von allem gehört, was er in Ägypten getan hat, 10 und auch von
allem, was er mit den beiden Königen der Amoriter jenseits des Jor-
dan gemacht hat, mit Sihon, dem König von Heschbon, und mit Og,
dem König des Baschan in Aschtarot. 11 Da sagten unsere Ältesten
und alle Bewohner des Landes zu uns: Nehmt Verpflegung für unter-
wegs mit, zieht ihnen entgegen, und sagt zu ihnen: Wir sind eure
Knechte. Nun schließt mit uns einen Vertrag! 12 Unser Brot hier war
noch warm, als wir es aus unseren Häusern als Vorrat mitnahmen an
dem Tag, als wir uns auf den Weg zu euch machten. Jetzt aber, seht
her: Es ist trocken und krümelig. 13 Auch diese Weinschläuche waren
neu, als wir sie füllten; und jetzt, seht her: Sie sind brüchig. Und hier,
unsere Mäntel und unsere Schuhe, sie sind durch den weiten Weg
ganz abgenützt. 14 Da nahmen die Israeliten etwas von der Verpfle-
gung; aber den Mund des Herrn befragten sie nicht. 15 So gewährte
ihnen Josua Frieden und schloß mit ihnen einen Vertrag, sie am
Leben zu lassen. Auch die Vorsteher der Gemeinde leisteten ihnen
einen Eid.
16 Drei Tage aber, nachdem sie mit ihnen den Vertrag geschlossen
hatten, erfuhren sie, daß die Männer aus der Nähe waren und mitten
in ihrem Gebiet wohnten. 17 Die Israeliten brachen auf und kamen am
dritten Tag zu ihren Städten: nach Gibeon, Kefira, Beerot und Kirjat-
Jearim. 18 Aber die Israeliten erschlugen die Einwohner nicht, weil die
Vorsteher der Gemeinde ihnen beim Herrn, dem Gott Israels, einen
Eid geleistet hatten. Doch die ganze Gemeinde war empört über die
Vorsteher. 19 Da sagten alle Vorsteher zu der Gemeinde: Wir haben
ihnen beim Herrn, dem Gott Israels, einen Eid geleistet. Darum kön-
nen wir ihnen nichts tun. 20 Wir wollen es so mit ihnen machen: Wir
werden sie am Leben lassen, damit nicht wegen des Eides, den wir
ihnen geschworen haben, ein Zorngericht über uns kommt. 21 Die
Vorsteher sagten also zu ihnen: Sie sollen am Leben bleiben. So wur-
den sie Holzfäller und Wasserträger für die ganze Gemeinde, wie es
ihnen die Vorsteher sagten.
22 Darauf rief Josua die Gibeoniter und sagte zu ihnen: Warum habt
ihr uns getäuscht und gesagt: Wir wohnen sehr weit entfernt von
euch, obwohl ihr mitten in unserem Gebiet wohnt? 23 Nun seid ihr
verflucht; ihr müßt für immer Sklaven, Holzfäller und Wasserträger
für das Haus meines Gottes sein. 24 Sie antworteten Josua: Deinen
Knechten wurde genau berichtet, was Jahwe, dein Gott, seinem
Knecht Mose befohlen hat: euch das ganze Land zu geben und alle
Bewohner des Landes vor euren Augen zu vernichten. Darum hatten
wir große Angst vor euch und fürchteten um unser Leben. Deshalb
haben wir das getan. 25 Jetzt sind wir in deiner Hand. Mach mit uns,
was dir gut und recht erscheint. 26 Daraufhin tat er folgendes: Er ret-
tete sie zwar aus der Gewalt der Israeliten, so daß sie sie nicht töteten;
27 doch er machte sie an jenem Tag zu Holzfällern und Wasserträgern

Ben Shahn
Dritte Allegorie
(1955)

»Sieben Priester trugen die sieben Widderhörner der Lade des Herrn voraus und bliesen ständig die Hörner« (Jos 6,13). Das Schofarhorn und die Bundeslade mit den Gesetzestafeln verbinden die biblische Allegorie von Ben Shahn mit dem historischen Bericht über die Eroberung von Jericho. In diesen Zusammenhang ordnen sich ebenso das Motiv der Türme im Hintergrund ein wie die Figur des Löwen: Im Segen Jakobs über seine Söhne erscheint Juda als »junger Löwe«; »Feurig wie Wein funkeln die Augen, seine Zähne sind weißer als Milch (Gen 49,12).
Ben Shahn kam in jungen Jahren als Sohn einer jüdisch-orthodoxen Familie aus Litauen in die Vereinigten Staaten, wo der Künstler als Verfechter des politisch engagierten sozialen Realismus bekannt wurde. Daneben wandte er sich immer wieder biblischen Themen zu, vor allem solchen der Weisheitsliteratur. Hier begegnet uns der Löwe als Verkörperung der Sicherheit, die der Gerechte fühlt (Spr 28,1).

für die Gemeinde und für den Altar des Herrn an dem Ort, den er
erwählen würde. Das sind sie bis zum heutigen Tag geblieben.

Der Krieg mit den fünf Kanaaniter-Königen

10 Adoni-Zedek, der König von Jerusalem, hörte, daß Josua Ai
erobert und dem Untergang geweiht hatte – wie er es mit
Jericho und seinem König gemacht hatte, so hatte er es auch mit Ai
und seinem König gemacht – und daß die Einwohner von Gibeon mit
den Israeliten Frieden geschlossen hatten und weiterhin mitten unter
ihnen leben durften.
2 Da bekam er große Angst; denn die Stadt Gibeon war ebenso groß
wie die Städte mit Königssitz; sie war größer als Ai, und alle ihre
Männer waren kampferprobte Krieger. 3 Darum sandte Adoni-Zedek,
der König von Jerusalem, Boten an Hoham, den König von Hebron,
an Piram, den König von Jarmut, an Jafia, den König von Lachisch,
und an Debir, den König von Eglon, und ließ ihnen sagen: 4 Zieht her-
auf zu mir, und helft mir! Wir wollen Gibeon schlagen, weil es mit
Josua und den Israeliten Frieden geschlossen hat. 5 Da sammelten
sich die fünf Könige der Amoriter und zogen mit ihren ganzen Hee-
ren hinauf: der König von Jerusalem, der König von Hebron, der
König von Jarmut, der König von Lachisch und der König von Eglon.
Sie belagerten Gibeon und eröffneten den Kampf gegen die Stadt.
6 Darauf sandten die Männer von Gibeon (Boten) zu Josua ins Lager
nach Gilgal und ließen ihm sagen: Laß deine Knechte nicht im
Stich! Zieh schnell herauf zu uns, rette uns, und komm uns zu Hilfe;
denn alle Amoriterkönige, die das Bergland bewohnen, haben sich
gegen uns zusammengetan. 7 Da zog Josua mit dem ganzen Heer,
mit allen kampferprobten Männern, von Gilgal herauf. 8 Der Herr
sagte zu Josua: Fürchte dich nicht vor ihnen; denn ich gebe sie in
deine Gewalt. Keiner von ihnen kann dir standhalten. 9 Nachdem
Josua die ganze Nacht von Gilgal her auf dem Marsch gewesen war,
stieß er plötzlich auf sie. 10 Der Herr versetzte sie beim Anblick der
Israeliten in Verwirrung, so daß Josua ihnen bei Gibeon eine
schwere Niederlage beibringen konnte. Er verfolgte sie in Richtung
auf die Steige von Bet-Horon und schlug sie bis nach Aseka und
Makkeda zurück.
11 Als sie auf der Flucht vor Israel an den Abhang von Bet-Horon
kamen, warf der Herr große Steine auf sie vom Himmel her, bis nach
Aseka hin, so daß viele umkamen. Es kamen mehr durch die Hagel-
steine um, als die Israeliten mit dem Schwert töteten.
12 Damals, als der Herr die Amoriter den Israeliten preisgab, redete
Josua mit dem Herrn; dann sagte er in Gegenwart der Israeliten:
Sonne, bleib stehen über Gibeon / und du, Mond, über dem Tal von
Ajalon! – 13 Und die Sonne blieb stehen, / und der Mond stand still, /
bis das Volk an seinen Feinden Rache genommen hatte.
Das steht im »Buch des Aufrechten«. Die Sonne blieb also mitten am
Himmel stehen, und ihr Untergang verzögerte sich, ungefähr einen
ganzen Tag lang. 14 Weder vorher noch nachher hat es je einen sol-
chen Tag gegeben, an dem der Herr auf die Stimme eines Menschen
gehört hätte; der Herr kämpfte nämlich für Israel.
15 Danach kehrte Josua und mit ihm ganz Israel in das Lager nach Gil-
gal zurück. 16 Die fünf Könige aber waren geflohen und hatten sich in
der Höhle bei Makkeda versteckt. 17 Da meldete man Josua: Wir
haben die fünf Könige gefunden; sie haben sich in der Höhle bei
Makkeda versteckt. 18 Josua sagte: Wälzt große Steine vor den Ein-
gang der Höhle, und stellt einige Männer davor, um die Könige zu
bewachen. 19 Ihr (anderen) aber bleibt nicht stehen, sondern verfolgt
die Feinde, und macht auch noch die Nachhut nieder! Laßt sie nicht
bis zu ihren Städten gelangen; denn der Herr, euer Gott, hat sie in
eure Gewalt gegeben. 20 So brachten Josua und die Israeliten ihnen
endgültig eine schwere Niederlage bei, die sie völlig vernichtete; nur
einige Flüchtlinge konnten entkommen und in die festen Städte
gelangen. 21 Darauf kehrte das ganze Heer wohlbehalten zu Josua
nach Makkeda zurück, und keiner wagte es mehr, die Israeliten zu
bedrohen.
22 Dann sagte Josua: Öffnet den Eingang der Höhle, und bringt die
fünf Könige aus der Höhle zu mir her! 23 Sie taten es und führten die
fünf Könige aus der Höhle heraus: den König von Jerusalem, den
König von Hebron, den König von Jarmut, den König von Lachisch
und den König von Eglon. 24 Als man die Könige zu Josua gebracht
hatte, rief Josua alle Israeliten herbei und sagte zu den Anführern der
Krieger, die mit ihm ausgezogen waren: Kommt her, setzt diesen
Königen euren Fuß auf den Nacken! Sie kamen herbei und setzten
ihnen den Fuß auf den Nacken. 25 Und Josua sagte zu ihnen: Fürchtet
euch nicht, und habt keine Angst! Seid mutig und stark! Denn so wird
es der Herr mit allen euren Feinden machen, mit denen ihr kämpfen
werdet. 26 Danach erschlug Josua die Könige und ließ die Leichen an
fünf Bäumen aufhängen. Dort blieben sie bis zum Abend hängen.
27 Bei Sonnenuntergang befahl Josua, sie von den Bäumen abzuneh-
men und in die Höhle zu werfen, in der sie sich zuvor versteckt hat-
ten. Dann wälzte man große Steine vor den Eingang der Höhle; sie
liegen dort bis zum heutigen Tag.

Die Eroberung von sechs Städten

28 Am gleichen Tag nahm Josua Makkeda ein und erschlug seine Ein-
wohner und seinen König mit scharfem Schwert. Er weihte sie und
alles, was in der Stadt lebte, dem Untergang; niemand ließ er ent-
kommen. Mit dem König von Makkeda machte er es, wie er es mit
dem König von Jericho gemacht hatte. 29 Dann zog Josua mit ganz
Israel von Makkeda weiter nach Libna und kämpfte gegen Libna.
30 Der Herr gab auch Libna und seinen König in die Gewalt Israels.
Josua erschlug alles, was in ihm lebte, mit scharfem Schwert; nie-
mand ließ er entkommen. Mit seinem König machte er es, wie er es
mit dem König von Jericho gemacht hatte. 31 Dann zog Josua mit ganz
Israel von Libna weiter nach Lachisch, belagerte die Stadt und griff sie
an. 32 Und der Herr gab auch Lachisch in die Gewalt Israels. Josua
nahm die Stadt am zweiten Tag ein. Er erschlug alles, was in ihr lebte,
mit scharfem Schwert, genau so, wie er es mit Libna gemacht hatte.
33 Als Horam, der König von Geser, heranzog, um Lachisch zu helfen,
schlug Josua auch ihn und sein Volk und ließ niemand übrig, der
hätte entkommen können. 34 Dann zog Josua mit ganz Israel von
Lachisch weiter nach Eglon. Sie belagerten die Stadt und griffen sie
an. 35 Noch am gleichen Tag nahmen sie die Stadt ein und erschlugen
ihre Einwohner mit scharfem Schwert. Alles, was in ihr lebte, weihte
man noch am gleichen Tag dem Untergang, genau so, wie man es mit
Lachisch gemacht hatte. 36 Von Eglon zog Josua mit ganz Israel nach
Hebron hinauf und griff es an. 37 Sie nahmen die Stadt ein und
erschlugen [ihren König und] alles, was in ihr lebte, ebenso die Ein-
wohner aller ihrer Tochterstädte, mit scharfem Schwert; niemand
ließ er entkommen, genau so, wie er es mit Eglon gemacht hatte. Er
weihte die Stadt und alles, was in ihr lebte, dem Untergang. 38 Dann
wandte sich Josua mit ganz Israel gegen Debir und griff die Stadt an.
39 Er eroberte die Stadt und ihre (Tochter)städte, nahm ihren König
gefangen, erschlug ihre Einwohner mit scharfem Schwert und weihte
alles, was in ihr lebte, dem Untergang; niemand ließ er entkommen.
Wie er es mit Hebron und mit Libna und seinem König gemacht
hatte, so machte er es auch mit Debir und seinem König. 40 So schlug
Josua das ganze Land – das Bergland und den Negeb, die Schefela
und ihre Ausläufer – mit allen seinen Königen. Niemand ließ er ent-
kommen; alles, was lebte, weihte er dem Untergang, wie es der Herr,
der Gott Israels, befohlen hatte. 41 Josua eroberte (das ganze Gebiet)
von Kadesch-Barnea bis Gaza und ebenso das ganze Land Goschen
und das Gebiet bis nach Gibeon. 42 Aller dieser Könige und ihrer Län-
der bemächtigte sich Josua mit einem Schlag; denn der Herr, der Gott
Israels, kämpfte für Israel. 43 Dann kehrte Josua mit ganz Israel in das
Lager nach Gilgal zurück.

Der Sieg über die Könige im Norden

11 Als Jabin, der König von Hazor, das hörte, schickte er Boten
zu Jobab, dem König von Madon, zum König von Schim-

ron, zum König von Achschaf 2 und zu den Königen im Norden auf
dem Gebirge und in der Araba südlich von Kinneret, in der Schefela
und auf den Höhen von Dor im Westen, 3 zu den Kanaanitern im
Osten und im Westen, zu den Amoritern, Hetitern und Perisitern, zu
den Jebusitern im Gebirge und den Hiwitern am Fuß des Hermon im
Land Mizpe. 4 Da rückten sie aus mit all ihren Truppen, einem Heer so
groß und zahlreich wie der Sand am Ufer des Meeres, dazu mit einer
großen Menge von Pferden und Wagen. 5 Alle diese Könige taten sich
zusammen, rückten heran und bezogen gemeinsam ihr Lager bei den
Wassern von Merom, um den Kampf mit Israel aufzunehmen.
6 Der Herr sagte zu Josua: Fürchte dich nicht vor ihnen! Denn morgen
um diese Zeit werde ich sie alle erschlagen Israel zu Füßen legen. Du
wirst ihre Pferde lähmen und ihre Wagen in Brand stecken. 7 Da
rückte Josua mit dem ganzen Heer an den Wassern von Merom plötz-
lich gegen sie vor und überfiel sie. 8 Der Herr gab sie in die Gewalt der
Israeliten, und die Israeliten schlugen sie und verfolgten sie bis
Groß-Sidon und Misrefot-Majim und bis zur Ebene von Mizpe im
Osten. Sie schlugen sie so vernichtend, daß keiner von ihnen übrig-
blieb, der hätte entkommen können. 9 Josua machte mit ihnen, was
der Herr ihm gesagt hatte: Er lähmte ihre Pferde und steckte ihre
Wagen in Brand.
10 Daraufhin kehrte Josua um und nahm Hazor ein; ihren König
erschlug er mit dem Schwert. Hazor hatte früher die Oberherrschaft
über alle diese Königreiche. 11 Die Israeliten erschlugen alles, was in
der Stadt lebte, mit scharfem Schwert und weihten es dem Unter-
gang. Nichts Lebendiges blieb übrig. Die Stadt selbst steckte man in
Brand. 12 Aller dieser Königsstädte samt ihren Königen bemächtigte
sich Josua; er erschlug alles mit scharfem Schwert und weihte es dem
Untergang, wie Mose, der Knecht des Herrn, befohlen hatte. 13 Alle
die Städte, die (heute noch) auf ihren Trümmerhügeln stehen, ver-
brannte Israel nicht; nur Hazor brannte Josua nieder. 14 Den ganzen
Besitz aus diesen Städten und das Vieh nahmen die Israeliten für sich,
die Menschen aber erschlugen sie alle mit scharfem Schwert und rot-
teten sie völlig aus. Niemand ließen sie am Leben.

Das eroberte Land

15 Wie der Herr es seinem Knecht Mose befohlen hatte, so hatte es
Mose Josua befohlen, und so führte Josua es aus: Er unterließ nichts
von all dem, was der Herr dem Mose befohlen hatte. 16 So nahm Josua
dieses ganze Land ein, das Gebirge und den ganzen Negeb, das ganze
Land Goschen und die Schefela, die Araba und das Gebirge Israels
mit seiner Schefela: 17 (das ganze Land) von den kahlen Bergen, die
nach Seïr hin ansteigen, bis nach Baal-Gad in der Libanonsenke am
Fuß des Hermongebirges. Alle ihre Könige nahm Josua gefangen und
schlug sie tot. 18 Lange Zeit führte Josua gegen alle diese Könige
Krieg. 19 Es gab keine Stadt, die mit den Israeliten Frieden geschlos-
sen hätte, außer den Hiwitern, die Gibeon bewohnten. Alle mußte
man im Kampf nehmen. 20 Denn vom Herrn war beschlossen wor-
den, ihr Herz angesichts des Kampfes mit Israel zu verhärten, um sie
dem Untergang zu weihen; Israel sollte keine Gnade bei ihnen walten
lassen, sondern sie ausrotten, wie es der Herr dem Mose befohlen
hatte.
21 Damals zog Josua auch gegen die Anakiter, die im Gebirge, in
Hebron, in Debir, in Anab, im Bergland von Juda und im Bergland
von Israel wohnten; er rottete sie überall aus und weihte sie samt
ihren Städten dem Untergang. 22 Im Land der Israeliten blieben keine
Anakiter übrig; nur in Gaza, Gat und Aschdod verblieben sie.
23 Josua nahm das ganze Land ein, genau so, wie es der Herr zu Mose
gesagt hatte, und Josua verteilte es als Erbbesitz an Israel entspre-
chend seiner Stammeseinteilung. Dann war der Krieg zu Ende, und
das Land hatte Ruhe.

12 Das sind die Könige des Landes, die von den Israeliten
geschlagen wurden, und die Länder, die sie in Besitz nah-
men, jenseits des Jordan im Osten vom Arnontal bis zum Hermonge-
birge mit der ganzen Araba im Osten: 2 Sihon, der Amoriterkönig, der
in Heschbon wohnte: er herrschte von Aroër am Rand des Arnontales
und von der Mitte des Tals an über das halbe Gilead bis zum Jabbok-
tal, das die Grenze zu den Ammonitern bildet, 3 ferner über die Araba
bis zum See Kinneret im Osten und bis zum Meer der Araba, dem
Salzmeer im Osten in Richtung auf Bet-Jeschimot und im Süden über
das Gebiet am Fuß des Berges Pisga, 4 dann das Gebiet des Og, des
Königs von Baschan, der von den Rafaïtern übriggeblieben war und
in Aschtarot und in Edreï wohnte; 5 er herrschte über das Hermonge-
birge und Salcha und den ganzen Baschan bis zum Gebiet der
Geschuriter und der Maachatiter sowie über das halbe Gilead bis zum
Gebiet Sihons, des Königs von Heschbon. 6 Mose, der Knecht des
Herrn, und die Israeliten hatten sie geschlagen, und Mose, der
Knecht des Herrn, hatte das Land den Rubenitern, den Gaditern und
dem halben Stamm Manasse zum Besitz gegeben. 7 Das sind die
Könige des Landes, die Josua und die Israeliten jenseits des Jordan im
Westen geschlagen hatten, von Baal-Gad in der Libanonsenke bis zu
den kahlen Bergen, die nach Seïr hin ansteigen – Josua gab ihr Land
den Stämmen Israels zum Besitz, deren Stammeseinteilung entspre-
chend: 8 im Gebirge und in der Schefela, in der Araba und an den Berg-
abhängen, in der Wüste und im Negeb, (das Land) der Hetiter, der
Amoriter, der Kanaaniter, der Perisiter, der Hiwiter und der Jebusiter:
9 Der König von Jericho: einer; der König von Ai, das seitlich von Bet-
El liegt: einer; 10 der König von Jerusalem: einer; der König von
Hebron: einer; 11 der König von Jarmut: einer; der König von
Lachisch: einer; 12 der König von Eglon: einer; der König von Geser:
einer; 13 der König von Debir: einer; der König von Geder: einer; 14 der
König von Horma: einer; der König von Arad: einer; 15 der König von
Libna: einer; der König von Adullam: einer; 16 der König von Mak-
keda: einer; der König von Bet-El: einer; 17 der König von Tappuach:
einer; der König von Hefer: einer; 18 der König von Afek: einer; der
König von Scharon: einer; 19 der König von Madon: einer; der König
von Hazor: einer; 20 der König von Schimron-Meron: einer; der König
von Achschaf: einer; 21 der König von Taanach: einer; der König von
Megiddo: einer; 22 der König von Kedesch: einer; der König von
Jokneam am Karmel: einer; 23 der König von Dor an der Höhe von
Dor: einer; der König von Gojim in Galiläa: einer; 24 der König von
Tirza: einer; zusammen: einunddreißig Könige.

Die Verteilung des Landes

Das Land im Westen

13 Als Josua alt und hochbetagt war, sagte der Herr zu ihm: Du
bist alt und hochbetagt, aber vom Land bleibt noch sehr viel
in Besitz zu nehmen. 2 Das ist das Land, das noch übrig ist: alle
Bezirke der Philister und das ganze Gebiet der Geschuriter 3 vom
Schihor-Fluß östlich von Ägypten bis zum Gebiet von Ekron im Nor-
den – es wird den Kanaanitern zugerechnet –, die fünf Philisterfür-
sten von Gaza, Aschdod, Aschkelon, Gat und Ekron sowie die Awiter
4 im Süden, das ganze Land der Kanaaniter und Meara, das zu Sidon
gehört, bis nach Afek und bis zum Gebiet der Amoriter, 5 ferner das
Land der Gibliter und der ganze Libanon im Osten, von Baal-Gad am
Fuß des Hermongebirges bis nach Lebo-Hamat. 6 Alle Bewohner des
Berglandes vom Libanon bis nach Misrefot-Majim, alle Sidonier
werde ich selbst vor den Israeliten vertreiben. Du aber verlose das
Land unter Israel als Erbbesitz, wie ich es dir befohlen habe. 7 Verteil
nun dieses Land als Erbbesitz an die neun Stämme und den halben
Stamm Manasse.
8 Die andere Hälfte des Stammes Manasse und mit ihm die Rubeniter
und Gaditer hatten ihren Erbbesitz schon erhalten; ihn hatte Mose
ihnen jenseits des Jordan im Osten gegeben, [wie ihn Mose, der
Knecht des Herrn, ihnen zugewiesen hatte], 9 von Aroër am Rand des
Arnontales und von der Stadt an, die mitten im Tal liegt, also die
ganze Ebene von Medeba bis Dibon, 10 alle Städte des Amoriterkönigs

Sihon, der in Heschbon herrschte, bis zum Gebiet der Ammoniter,
11 dazu Gilead und das Gebiet der Geschuriter und Maachatiter und
das ganze Hermongebirge und den ganzen Baschan bis nach Salcha,
12 das ganze Reich des Og im Baschan, der in Aschtarot und Edreï
herrschte. Er war vom Rest der Rafaïter übriggeblieben. Mose hatte
sie geschlagen und vertrieben. 13 Aber die Israeliten vertrieben die
Geschuriter und die Maachatiter nicht; so wohnen Geschuriter und
Maachatiter bis zum heutigen Tag mitten in Israel.
14 Nur dem Stamm Levi gab Josua keinen Erbbesitz; der Herr, der Gott
Israels, ist sein Erbteil, wie der Herr ihm gesagt hatte.

Die Verteilung des Ostjordanlandes

15 Die Zuteilung an den Stamm der Rubeniter hatte also Mose ent-
sprechend ihren Sippen vorgenommen. 16 Ihnen war zuteil geworden
das Gebiet von Aroër am Rand des Arnontales und von der Stadt an,
die mitten im Tal liegt: die ganze Ebene bei Medeba, 17 Heschbon und
alle seine Städte in der Ebene, Dibon, Bamot-Baal und Bet-Baal-
Meon, 18 Jahaz, Kedemot und Mefaat, 19 Kirjatajim, Sibma und Zeret-
Schahar auf dem Berg im Tal, 20 Bet-Pegor, die Abhänge des Pisga,
Bet-Jeschimot 21 und alle Städte der Ebene, das heißt: das ganze
Reich des Amoriterkönigs Sihon, der in Heschbon herrschte. Mose
hatte ihn und die Fürsten Midians geschlagen: Ewi, Rekem, Zur, Hur
und Reba, die Heerführer Sihons, die im Land wohnten. 22 Auch den
Wahrsager Bileam, den Sohn Beors, hatten die Israeliten zusammen
mit den anderen mit dem Schwert erschlagen. 23 Die Grenze der
Rubeniter bildete der Jordan und sein Ufergebiet. Dieses Gebiet mit
seinen Städten und Gehöften ist der Erbbesitz der Rubeniter, entspre-
chend ihren Sippen.
24 Mose hatte auch die Zuteilung an den Stamm Gad, die Gaditer, ent-
sprechend ihren Sippen vorgenommen. 25 Ihnen war zuteil geworden
das Gebiet von Jaser und alle Städte Gileads, das halbe Land der
Ammoniter bis Aroër, das gegenüber Rabba liegt, 26 (das Land) von
Heschbon bis Ramat-Mizpe und Betonim und von Mahanajim bis
zum Gebiet von Lo-Dabar, 27 dazu im Tal Bet-Haram, Bet-Nimra,
Sukkot und Zafon – der Rest des Reiches Sihons, des Königs von
Heschbon –, ferner der Jordan und das Gebiet bis zum Ende des Sees
von Kinneret jenseits des Jordan im Osten. 28 Dieses Gebiet mit sei-
nen Städten und Gehöften ist der Erbbesitz der Gaditer, entspre-
chend ihren Sippen.
29 Mose hatte auch die Zuteilung an den halben Stamm Manasse vor-
genommen, [dem halben Stamm Manasse wurde zuteil] entspre-
chend seinen Sippen. 30 Sein Gebiet umfaßte von Mahanajim an den
ganzen Baschan, das ganze Reich des Königs Og vom Baschan und
alle Zeltdörfer Jaïrs im Baschan, sechzig Städte. 31 Die Hälfte von
Gilead sowie Aschtarot und Edreï, die Königsstädte des Og vom
Baschan, fiel den Nachkommen Machirs, des Sohnes Manasses zu,
und zwar der Hälfte der Machiriter entsprechend ihren Sippen.
32 Das sind die Gebiete, die Mose in den Steppen von Moab jenseits
des Jordan östlich von Jericho als Erbbesitz verteilt hatte.
33 Dem Stamm Levi aber hatte Mose keinen Erbbesitz zugeteilt. Der
Herr, der Gott Israels, ist ihr Erbteil, wie er es ihnen gesagt hatte.

Die Verteilung des Westjordanlandes

14 Das sind die Gebiete, die die Israeliten als Erbbesitz im Land
Kanaan erhielten und die der Priester Eleasar sowie Josua,
der Sohn Nuns, und die Anführer der Sippen der Israeliten zuteilten –
2 durch das Los teilten sie es ihnen zu, wie es der Herr durch Mose
befohlen hatte –, den neuneinhalb Stämmen. 3 Denn Mose hatte zwei-
einhalb Stämmen ihren Erbbesitz schon jenseits des Jordan zugewie-
sen; den Leviten gab er keinen Erbbesitz in ihrer Mitte. 4 Denn die
Nachkommen Josefs bildeten zwei Stämme, Manasse und Efraim.
Den Leviten gab man also keinen Landanteil, sondern nur Städte als
Wohnsitz und die dazugehörenden Weideflächen für das Vieh, das sie
besaßen. 5 Wie es der Herr dem Mose befohlen hatte, so machten es
die Israeliten und verteilten das Land.
6 Damals traten die Judäer in Gilgal an Josua heran, und Kaleb, der
Sohn des Kenasiters Jefunne, sagte zu ihm: Du weißt, was der Herr zu
Mose, dem Gottesmann, in Kadesch-Barnea über mich und dich
gesagt hat. 7 Ich war vierzig Jahre alt, als mich Mose, der Knecht des
Herrn, in Kadesch-Barnea aussandte, damit ich das Land erkundete,
und ich erstattete ihm Bericht, wie ich es mir vorgenommen hatte.
8 Während meine Brüder, die mit mir hinaufgezogen waren, das Volk
mutlos machten, hielt ich treu zum Herrn, meinem Gott. 9 An jenem
Tag schwor Mose: Das Land, das dein Fuß betreten hat, soll dir und
deinen Söhnen für immer als Erbbesitz gehören, weil du treu zum
Herrn, deinem Gott, gehalten hast. 10 Nun sieh her: Der Herr hat
mich, wie er es versprochen hat, am Leben gelassen. Fünfundvierzig
Jahre ist es her, seit der Herr dieses Wort zu Mose gesprochen hat, als
Israel durch die Wüste zog. Heute bin ich, wie du siehst, fünfundacht-
zig Jahre alt. 11 Ich bin immer noch so stark wie damals, als Mose
mich ausgesandt hat; wie meine Kraft damals war, so ist sie noch
heute, wenn es gilt, zu kämpfen, auszuziehen und heimzukehren.
12 Nun gib mir also dieses Bergland, von dem der Herr an jenem Tag
geredet hat. Denn du hast selbst an jenem Tag gehört, daß Anakiter
dort sind und große befestigte Städte. Vielleicht ist der Herr mit mir,
so daß ich sie vertreiben kann, wie der Herr gesagt hat. 13 Da segnete
Josua Kaleb, den Sohn Jefunnes, und gab ihm Hebron als Erbbesitz.
14 Deshalb gehört Hebron bis zum heutigen Tag dem Kenasiter Kaleb,
dem Sohn Jefunnes, weil er treu zum Herrn, dem Gott Israels, gehal-
ten hat. 15 Hebron hieß früher Kirjat-Arba (Stadt des Arba); Arba war
der größte Mann unter den Anakitern. Danach war der Krieg zu Ende
und das Land hatte Ruhe.

Das Gebiet des Stammes Juda

15 An den Stamm der Judäer fiel durch das Los, entsprechend
seinen Sippen, der Anteil gegen die Grenze Edoms hin,
südwärts der Wüste Zin zu gelegen, die im äußersten Süden ist.
2 Die Südgrenze Judas beginnt am Ende des Salzmeeres, an der (Mee-
res)zunge, die sich nach Süden erstreckt, 3 verläuft dann südlich zur
Skorpionen-Steige, zieht sich hinüber nach Zin, steigt südlich von
Kadesch-Barnea hinauf, führt hinüber nach Hezron, steigt hinauf
nach Addar und wendet sich nach Karka; 4 dann führt sie hinüber
nach Azmon, geht hinaus zum Grenzbach Ägyptens und läuft am
Meer aus. Das ist die Südgrenze des Stammes Juda.
5 Die Ostgrenze bildet das Salzmeer bis zur Jordanmündung. Für die
Nordseite beginnt die Grenze an der Meereszunge bei der Jordan-
mündung. 6 Die Grenze geht dann nach Bet-Hogla hinauf und läuft
nördlich an Bet-Araba vorbei. Dann zieht sie sich hinauf zum Stein
Bohans, des Sohnes Rubens. 7 Vom Achortal steigt sie empor nach
Debir und wendet sich nordwärts nach Gelilot gegenüber der Steige
von Adummim, die südlich des Bachtals liegt; dann führt sie hinüber
zum Wasser von En-Schemesch und läuft hinaus zur Rogel-Quelle.
8 Von da an steigt die Grenze hinauf in das Ben-Hinnom-Tal südlich
des Bergrückens der Jebusiter – das ist Jerusalem – und weiter empor
zum Gipfel des Berges, der westlich des Hinnom-Tals am nördlichen
Rand der Rafaïter-Ebene liegt. 9 Vom Gipfel des Berges biegt die
Grenze ab zur Neftoach-Quelle und führt hinaus zum Berg Efron.
Dann biegt sie ab nach Baala, das ist Kirjat-Jearim. 10 Von Baala wen-
det sich die Grenze nach Westen zum Berg Seïr, führt dann an der
Nordflanke des Berges von Jearim, das ist Kesalon, vorbei, hinab
nach Bet-Schemesch und hinüber nach Timna. 11 Dann verläuft sie
hinaus zur Nordflanke von Ekron, biegt ab nach Schikkaron, geht
hinüber zum Berg Baala und hinaus nach Jabneel. Die Grenze läuft
aus am Meer. 12 Das große Meer und das Küstengebiet bilden die
Westgrenze. Das ist das Gebiet der Judäer ringsum, entsprechend
ihren Sippen.
13 Kaleb aber, dem Sohn Jefunnes, gab Josua einen Anteil mitten unter
den Judäern, nach der Anweisung des Herrn an Josua (und zwar) Kir-
jat-Arba – Arba war der Vater Anaks –, das heißt Hebron. 14 Kaleb ver-
trieb von dort die drei Anakiter Scheschai, Ahiman und Talmai, die

Söhne Anaks. 15 Von dort zog er hinauf zu den Einwohnern von Debir.
Debir hieß früher Kirjat-Sefer. 16 Und Kaleb sagte: Wer Kirjat-Sefer
besiegt und einnimmt, dem gebe ich meine Tochter Achsa zur Frau.
17 Otniël, der Sohn des Kenas, eines Bruders Kalebs, nahm die Stadt ein,
und Kaleb gab ihm seine Tochter Achsa zur Frau. 18 Als sie bei Otniël
ankam, drängte er sie, von ihrem Vater ein Stück Land zu verlangen. Da
ließ sie sich vom Esel herabgleiten, und Kaleb fragte sie: Was hast du?
19 Sie antwortete: Gib mir ein Geschenk als Zeichen des Segens! Wenn
du mich schon ins Trockenland schickst, dann gib mir auch Wasserstel-
len! Da gab er ihr die obere und die untere Wasserquelle.
20 Das ist der Erbbesitz des Stammes der Judäer, entsprechend ihren
Sippen: 21 Die Städte im Bereich des Stammes der Judäer waren fol-
gende:
an der Grenze zu Edom im Negeb: Kabzeel, Eder, Jagur, 22 Kina,
Dimona, Adada, 23 Kadesch, Hazor, Jitna, 24 Sif, Telem, Bealot,
25 Hazor-Hadatta, Kerijot-Hezron, das ist Hazor, 26 Amam, Schema,
Molada, 27 Hazar-Gadda, Heschmon, Bet-Pelet, 28 Hazar-Schual,
Beerscheba und seine Tochterstädte, 29 Baala, Ijim, Ezem, 30 Eltolad,
Kesil, Horma, 31 Ziklag, Madmanna, Sansanna, 32 Lebaot, Schilhim
und En-Rimmon: im ganzen neunundzwanzig Städte mit den dazu-
gehörenden Gehöften;
33 in der Schefela: Eschtaol, Zora, Aschna, 34 Sanoach, En-Gannim,
Tappuach, Enajim, 35 Jarmut, Adullam, Socho, Aseka, 36 Schaarajim,
Aditajim, Gedera und Gederotajim: vierzehn Städte mit den dazu-
gehörenden Gehöften; 37 Zenan, Hadascha, Migdal-Gad, 38 Dilan,
Mizpe, Jokteel, 39 Lachisch, Bozkat, Eglon, 40 Kabbon, Lachmas, Kit-
lisch, 41 Gederot, Bet-Dagon, Naama und Makkeda: sechzehn Städte
mit den dazugehörenden Gehöften; 42 Libna, Eter, Aschan, 43 Jiftach,
Aschna, Nezib, 44 Keïla, Achsib und Marescha: neun Städte mit den
dazugehörenden Gehöften; 45 Ekron mit den dazugehörenden Toch-
terstädten und Gehöften, 46 von Ekron bis zum Meer alles, was auf
der Seite von Aschdod liegt, samt den dazugehörenden Gehöften;
47 Aschdod mit den dazugehörenden Tochterstädten und Gehöften,
Gaza mit den dazugehörenden Tochterstädten und Gehöften bis zum
Grenzbach Ägyptens und zum großen Meer mit dem Küstengebiet;
48 auf dem Gebirge: Schamir, Jattir, Socho, 49 Danna, Kirjat-Sanna,
das ist Debir, 50 Anab, Eschtemoa, Anim, 51 Goschen, Holon und
Gilo: elf Städte mit den dazugehörenden Gehöften; 52 Arab, Duma,
Eschan, 53 Janum, Bet-Tappuach, Afeka, 54 Humta, Kirjat-Arba, das ist
Hebron, und Zior: neun Städte und die dazugehörenden Gehöfte;
55 Maon, Karmel, Sif, Jutta, 56 Jesreel, Jokdeam, Sanoach, 57 Kaim,
Gibea und Timna: zehn Städte mit den dazugehörenden Gehöften;
58 Halhul, Bet-Zur, Gedor, 59 Maarat, Bet-Anot und Eltekon: sechs
Städte mit den dazugehörenden Gehöften; Tekoa, Efrata, das ist
Betlehem, Pegor, Etam, Kulon, Tatam, Schoresch, Kerem, Gallim,
Bet-Ter und Manocho: elf Städte mit den dazugehörenden Gehöften:
60 Kirjat-Baal, das ist Kirjat-Jearim, und Rabba: zwei Städte mit den
dazugehörenden Gehöften;
61 in der Steppe: Bet-Araba, Middin, Sechacha, 62 Nibschan, Ir-Melach
und En-Gedi: sechs Städte mit den dazugehörenden Gehöften.
63 Nur die Jebusiter, die in Jerusalem wohnten, konnten die Judäer
nicht vertreiben, und so wohnen die Jebusiter bis zum heutigen Tag
mit den Judäern zusammen in Jerusalem.

Das Gebiet der Nachkommen Josefs

16 Das war der Anteil, der den Nachkommen Josefs durch das
Los zufiel: (Seine Grenze verläuft) vom Jordan bei Jericho zu
den Quellen von Jericho im Osten, dann von Jericho aus in die Wüste
aufsteigend und ins Gebirge von Bet-El. 2 Von Bet-El geht sie nach Lus
hinaus und hinüber zum Gebiet der Arkiter nach Atarot. 3 Dann führt
sie westwärts hinab zum Gebiet der Jafletiter bis zum Gebiet von
Unter-Bet-Horon und Geser und läuft am Meer aus.
4 Erbbesitz erhielten auch die Söhne Josefs, Manasse und Efraim.
5 Dies war das Gebiet der Efraimiter, entsprechend ihren Sippen: Die
Grenze ihres Erbbesitzes [im Osten] verläuft von Atarot-Addar bis
Ober-Bet-Horon 6 und läuft zum Meer. Von Michmetat im Norden
wendet sich die Grenze ostwärts nach Taanat-Schilo und geht ost-
wärts daran vorbei nach Janoach. 7 Von Janoach führt sie hinab nach
Atarot und Naara, berührt Jericho und läuft am Jordan aus. 8 Von
Tappuach geht die Grenze westwärts zum Bach Kana und läuft am
Meer aus. Das ist der Erbbesitz des Stammes der Efraimiter, entspre-
chend ihren Sippen; 9 ferner (gehören) den Efraimitern vereinzelte
Städte mitten im Erbbesitz der Manassiter, und zwar die Städte samt
den dazugehörenden Gehöften. 10 Die Efraimiter konnten aber die
Kanaaniter, die in Geser wohnten, nicht vertreiben. So wohnen die
Kanaaniter bis zum heutigen Tag mitten in Efraim; sie wurden aber
zu Fronknechten gemacht.
17 Dem Stamm des Manasse – er war der Erstgeborene Josefs
– fiel durch das Los folgender Anteil zu: Machir, der Erstge-
borene Manasses, der Vater Gileads – er war ein kampferprobter
Mann – erhielt Gilead und den Baschan. 2 Auch die übrigen Söhne
Manasses erhielten einen (Anteil) entsprechend ihren Sippen: die
Söhne Abiësers, die Söhne Heleks, die Söhne Asriëls, die Söhne Sche-
chems, die Söhne Hefers und die Söhne Schemidas; das sind die
männlichen Nachkommen Manasses, des Sohnes Josefs, mit ihren
Sippen. 3 Zelofhad aber, der Sohn Hefers, des Sohnes Gileads, des
Sohnes Machirs, des Sohnes Manasses, hatte keine Söhne, sondern
nur Töchter. Seine Töchter hatten folgende Namen: Machla, Noa,
Hogla, Milka und Tirza. 4 Sie erschienen vor dem Priester Eleasar und
vor Josua, dem Sohn Nuns, und vor den Anführern und sagten: Der
Herr hat Mose befohlen, uns Erbbesitz im Kreis unserer Brüder zu
geben. Da gab er ihnen, gemäß der Anweisung des Herrn, Erbbesitz
im Kreis der Brüder ihres Vaters. 5 So entfielen auf Manasse, abgese-
hen vom Land Gilead und dem Baschan, die jenseits des Jordan lie-
gen, zehn Anteile. 6 Denn die Töchter Manasses erhielten Erbbesitz
im Kreis seiner Söhne. Das Land Gilead aber erhielten die übrigen
Söhne Manasses.
7 Das Gebiet Manasses reicht vom Gebiet Aschers bis nach Michme-
tat, das gegenüber von Sichem liegt. Von dort verläuft die Grenze
nach Süden bis zu den Einwohnern von En-Tappuach. 8 Manasse
wurde das Gebiet von Tappuach zuteil, Tappuach selbst aber, an der
Grenze Manasses, den Efraimitern. 9 Dann zieht sich die Grenze
hinab zum Bach Kana; südlich des Bachs gehören einzelne Städte
mitten unter den Städten Manasses zu Efraim. Nördlich des Bachs ist
die Grenze Manasses; sie läuft am Meer aus. 10 Das Gebiet im Süden
gehört Efraim und das Gebiet im Norden Manasse, dessen Grenze
das Meer bildet. Im Norden grenzen sie an Ascher, im Osten an
Issachar. 11 Manasse erhielt in Issachar und in Ascher Bet-Schean und
seine Tochterstädte, Jibleam und seine Tochterstädte, die Einwohner
von Dor und seinen Tochterstädten, die Einwohner von En-Dor und
seinen Tochterstädten, die Einwohner von Taanach und seinen
Tochterstädten, die Einwohner von Megiddo und seinen Tochterstäd-
ten [drei Anhöhen].
12 Doch die Manassiter konnten diese Städte nicht in Besitz nehmen;
es gelang den Kanaanitern, ihre Wohnsitze in diesem Land zu halten.
13 Als die Israeliten jedoch stark geworden waren, zwangen sie die
Kanaaniter zur Fron; aber vertreiben konnten sie sie nicht.
14 Die Nachkommen Josefs sagten zu Josua: Warum hast du uns nur
ein einziges Los und nur einen einzigen Anteil als Erbbesitz gegeben,
obwohl wir ein zahlreiches Volk sind, nachdem uns der Herr so sehr
gesegnet hat? 15 Josua antwortete ihnen: Wenn ihr ein so zahlreiches
Volk seid, dann steigt doch hinauf in das Waldgebiet und rodet für
euch dort im Land der Perisiter und Rafaïter, wenn euch das Gebirge
Efraim zu eng ist. 16 Da sagten die Nachkommen Josefs: Das Bergland
reicht für uns nicht aus. Im ebenen Land aber wohnen die Kanaaniter,
die alle eiserne Kampfwagen haben, wie etwa die Leute in Bet-Schean
und seinen Tochterstädten und die Leute in der Ebene Jesreel. 17 Josua
erwiderte dem Haus Josef, Efraim und Manasse: Ihr seid ein zahlrei-
ches Volk und habt große Kraft. Ihr erhaltet nicht nur einen einzigen
Anteil; 18 denn auch das Bergland soll euch gehören. Es ist bewaldet;

ihr könnt es roden. Das so gewonnene Land soll euch gehören, wenn
ihr auch die Kanaaniter nicht vertreiben könnt, weil sie eiserne
Kampfwagen haben und weil sie stark sind.

Das Gebiet der übrigen Stämme

18 Die ganze Gemeinde der Israeliten versammelte sich in
Schilo. Dort schlugen sie das Offenbarungszelt auf; das
ganze Land lag unterworfen vor ihnen. 2 Aber noch waren von den
Israeliten sieben Stämme übrig, die ihren Erbbesitz nicht zugeteilt
bekommen hatten. 3 Da sagte Josua zu den Israeliten: Wie lange wollt
ihr noch zögern, hinzugehen und das Land in Besitz zu nehmen, das
der Herr, der Gott eurer Väter, euch gegeben hat? 4 Bestimmt drei
Männer aus jedem Stamm; ich will sie aussenden. Sie sollen sich auf
den Weg machen, durch das ganze Land ziehen und es im Hinblick
auf ihren Erbbesitz schriftlich aufnehmen. Dann sollen sie (wieder)
zu mir kommen. 5 Ihr sollt es unter euch in sieben Teile aufteilen.
Juda soll auf seinem Gebiet im Süden bleiben, und das Haus Josef soll
auf seinem Gebiet im Norden bleiben. 6 Ihr also sollt das Land in sie-
ben Teilen schriftlich aufnehmen und (die Aufzeichnung) zu mir
hierher bringen. Ich werde dann hier vor dem Herrn, unserem Gott,
das Los für euch werfen. 7 Doch Levi bekommt keinen Anteil unter
euch; denn sein Erbbesitz ist das Priestertum des Herrn. Und Gad,
Ruben und der halbe Stamm Manasse haben bereits ihren Erbbesitz
erhalten; ihn hat Mose, der Knecht des Herrn, ihnen gegeben, jen-
seits des Jordan im Osten.
8 Da machten sich die Männer auf den Weg und zogen fort. Josua
hatte denen, die fortzogen, befohlen, das Land schriftlich aufzuneh-
men, und gesagt: Geht, zieht durch das Land, und nehmt es schrift-
lich auf! Dann kommt zu mir zurück, und ich will hier in Schilo vor
dem Herrn das Los für euch werfen. 9 Die Männer gingen fort, durch-
querten das Land und zeichneten es in einem Buch auf, geordnet
nach Städten und in sieben Teile gegliedert. Dann kamen sie wieder
zu Josua ins Lager nach Schilo. 10 Und Josua warf in Schilo vor den
Augen des Herrn das Los für die Israeliten. So verteilte Josua das Land
an sie, entsprechend ihren Abteilungen.
11 Das (erste) Los fiel auf den Stamm der Benjaminiter und ihre Sip-
pen. Als ihr Anteil ergab sich das Gebiet zwischen den Judäern und
den Nachkommen Josefs. 12 Ihre Grenze im Norden beginnt am Jor-
dan. Dann steigt sie hinauf zum Bergrücken nördlich von Jericho und
weiter nach Westen ins Gebirge und läuft sodann ins Weidegebiet von
Bet-Awen hinaus. 13 Von dort zieht sie sich hinüber nach Lus, südlich
am Bergrücken von Lus, das ist Bet-El, vorbei; dann steigt sie nach
Atrot-Addar hinab zu dem Berg, der südlich von Unter-Bet-Horon
liegt. 14 Darauf biegt sie ab und wendet sich auf der Westseite nach
Süden, von dem Berg aus, der Bet-Horon südlich gegenüberliegt. Sie
läuft aus bei Kirjat-Baal, das ist Kirjat-Jearim, eine Stadt der Judäer.
Das ist die Westseite. 15 Die Südseite (der Grenze) beginnt am Rand
von Kirjat-Jearim. Sie verläuft dann westwärts hin zur Neftoach-
Quelle. 16 Dann zieht sie sich hinab zum Rand des Berges, der dem
Ben-Hinnom-Tal gegenüber im Norden der Rafaïter-Ebene liegt. Sie
steigt in das Ben-Hinnom-Tal hinab südlich des Bergrückens der
Jebusiter und führt zur Rogel-Quelle hinunter. 17 Dann biegt sie nach
Norden ab, geht weiter nach En-Schemesch und nach Gelilot,
gegenüber der Steige von Adummim, und steigt dann zum Stein des
Bohan, des Sohnes Rubens, hinab. 18 Sie geht nördlich am Berg-
rücken von Bet-Araba vorbei und führt weiter in die Araba hinunter.
19 Dann führt die Grenze nördlich am Bergrücken von Bet-Hogla vor-
bei und läuft nördlich der Landzunge des Salzmeers aus, am südli-
chen Ende des Jordan. Das ist die Südgrenze. 20 Der Jordan bildet die
Grenze auf der Ostseite. Das ist der Erbbesitz der Benjaminiter mit
seinen Grenzen ringsum, entsprechend ihren Sippen.
21 Das sind die Städte des Stammes der Benjaminiter, entsprechend
ihren Sippen: Jericho, Bet-Hogla, Emek-Keziz, 22 Bet-Araba, Zemara-
jim, Bet-El, 23 Awim, Para, Ofra, 24 Kefar-Ammoni, Ofni und Geba:
zwölf Städte mit den dazugehörenden Gehöften; 25 ferner Gibeon,
Rama, Beerot, 26 Mizpe, Kefira, Moza, 27 Rekem, Jirpeel, Tarala,
28 Zela, Elef, Jebus, das ist Jerusalem, Gibea und Kirjat: vierzehn
Städte mit den dazugehörenden Gehöften. Das ist der Erbbesitz der
Benjaminiter, entsprechend ihren Sippen.

19 Das zweite Los fiel [auf Simeon] auf den Stamm der Simeo-
niter und ihre Sippen. Ihr Erbbesitz lag mitten im Erbbesitz
der Judäer. 2 Sie erhielten als Erbbesitz: Beerscheba, Scheba, Molada,
3 Hazar-Schual, Baala, Ezem, 4 Eltolad, Betul, Horma, 5 Ziklag, Bet-
Markabot, Hazar-Susa, 6 Bet-Lebaot und Scharuhen: dreizehn Städte
mit den dazugehörenden Gehöften; 7 ferner Ajin, Rimmon, Atar und
Aschan: vier Städte mit den dazugehörenden Gehöften, 8 dazu alle
Gehöfte rings um diese Städte bis hin nach Baalat-Beer und Ramat-
Negeb. Das ist der Erbbesitz des Stamms der Simeoniter, entspre-
chend ihren Sippen. 9 Der Erbbesitz der Simeoniter war ein Stück vom
Anteil der Judäer; denn der Anteil der Judäer war für diese zu groß. So
erhielten die Simeoniter Erbbesitz mitten in deren Erbbesitz.
10 Das dritte Los fiel auf die Sebuloniter und ihre Sippen. Das Gebiet
ihres Erbbesitzes erstreckt sich bis nach Sarid. 11 Ihre Grenze steigt
westwärts nach Marala hinauf, berührt Dabbeschet und stößt an das
Bachtal gegenüber von Jokneam. 12 Von Sarid aus wendet sie sich nach
Osten [dem Sonnenaufgang zu] zum Gebiet von Kislot-Tabor, läuft
weiter nach Daberat und hinauf nach Jafia. 13 Von dort geht sie wieder
ostwärts dem Sonnenaufgang zu nach Gat-Hefer und Et-Kazin und
weiter nach Rimmon und biegt dann ab nach Nea. 14 Sie zieht sich um
Nea herum, geht dann in nördlicher Richtung nach Hannaton und
läuft im Tal Jiftach-El aus. 15 (Dazu kommen) ... Kattat, Nahalal,
Schimron, Jidala und Betlehem: zwölf Städte mit den dazugehören-
den Gehöften. 16 Das ist der Erbbesitz der Sebuloniter, entsprechend
ihren Sippen: die Städte mit den dazugehörenden Gehöften.
17 Das vierte Los fiel [auf Issachar,] auf die Issachariter und ihre Sip-
pen. 18 Ihr Gebiet erstreckt sich bis Jesreel und (umfaßt) Kesullot,
Schunem, 19 Hafarajim, Schion, Anahara, 20 Rabbit, Kischjon, Ebez,
21 Remet, En-Gannim, En-Hadda und Bet-Pazzez. 22 Die Grenze
berührt Tabor, Schahazajim und Bet-Schemesch. Dann läuft sie am
Jordan aus: Im ganzen sind es sechzehn Städte mit den dazugehören-
den Gehöften. 23 Das ist der Erbbesitz der Issachariter, entsprechend
ihren Sippen: die Städte mit den dazugehörenden Gehöften.
24 Das fünfte Los fiel auf den Stamm der Ascheriter und ihre Sippen.
25 Ihr Gebiet umfaßt Helkat, Hali, Beten, Achschaf, 26 Alammelech,
Amad und Mischal; es stößt im Westen an den Karmel und an den
Fluß Libnat. 27 Im Osten dagegen verläuft die Grenze nach Bet-Dagon,
stößt an Sebulon und berührt im Norden das Tal Jiftach-El, ferner Bet-
Emek und Negiël und geht dann nordwärts nach Kabul 28 – Abdon,
Rehob, Hammon und Kana gehören dazu – und bis nach Groß-Sidon.
29 Dann wendet sich die Grenze nach Rama und geht bis zur Festung
Tyrus. Von dort wendet sie sich nach Hosa und läuft am Meer aus.
(Dazu gehören) ... Mahaleb, Achsib, 30 Umma, Afek und Rehob: (im
ganzen) zweiundzwanzig Städte mit den dazugehörenden Gehöften.
31 Das ist der Erbbesitz des Stammes der Ascheriter, entsprechend
ihren Sippen: die Städte mit den dazugehörenden Gehöften.
32 Das sechste Los fiel auf die Naftaliter und ihre Sippen. 33 Ihre
Grenze geht von Helef, von der Eiche bei Zaanannim aus über Adami-
Nekeb und Jabneel bis nach Lakkum und läuft am Jordan aus.
34 Umgekehrt geht die Grenze westwärts nach Asnot-Tabor und von
dort hinaus nach Hukkok. Sie stößt im Süden an Sebulon; im Westen
stößt sie an Ascher und im Osten [an Juda und] an den Jordan.
35 (Dazu kommen) die befestigten Städte Ziddim, Zer, Hammat-Rak-
kat, Kinneret, 36 Adama, Rama, Hazor, 37 Kedesch, Edreï, En-Hazor,
38 Jiron, Migdal-El, Horem, Bet-Anat und Bet-Schemesch: neunzehn
Städte mit den dazugehörenden Gehöften. 39 Das ist der Erbbesitz der
Naftaliter entsprechend ihren Sippen: die Städte mit den dazu-
gehörenden Gehöften.
40 Das siebte Los fiel auf den Stamm der Daniter und ihre Sippen.
41 Das Gebiet ihres Erbbesitzes umfaßte Zora, Eschtaol, Ir-Sche-
mesch, 42 Schaalbim, Ajalon, Jitla, 43 Elon, Timna, Ekron, 44 Elteke,

Gibbeton, Baalat, 45 Jehud, Bene-Berak, Gat-Rimmon, 46 Me-Jarkon,
Rakkon samt dem Gebiet gegenüber Jafo. 47 Doch das Gebiet wurde
den Danitern zu eng. Da zogen die Daniter nach Leschem hinauf,
eröffneten den Kampf gegen Leschem, nahmen es ein und erschlu-
gen seine Einwohner mit scharfem Schwert. Sie nahmen die Stadt in
Besitz und blieben dort. Sie nannten Leschem von nun an Dan, nach
dem Namen ihres Stammvaters Dan. 48 Das ist der Erbbesitz des
Stammes der Daniter, entsprechend ihren Sippen: die Städte mit den
dazugehörenden Gehöften.
49 So vollendeten die Israeliten die Verteilung der Gebiete des Landes.
Die Israeliten gaben auch Josua, dem Sohn Nuns, Erbbesitz in ihrer
Mitte. 50 Auf Befehl des Herrn gaben sie ihm die Stadt, die er sich
erbeten hatte: Timnat-Serach im Gebirge Efraim. Er baute die Stadt
wieder auf und wohnte dort.
51 Das sind die erblichen Anteile, die der Priester Eleasar und Josua,
der Sohn Nuns, und die Häupter der Großfamilien der Israeliten in
Schilo vor den Augen des Herrn, am Eingang des Offenbarungszel-
tes, den Stämmen der Israeliten durch das Los zuteilten. Dann waren
sie mit der Verteilung des Landes fertig.

Die Asylstädte

20 Damals sagte der Herr zu Josua: 2 Sag den Israeliten:
Bestimmt die Asylstädte bei euch, von denen ich zu euch
durch Mose gesprochen habe. 3 Dorthin kann jeder fliehen, der getötet
hat, das heißt, der versehentlich, ohne Vorsatz, einen Menschen
erschlagen hat. Die Städte sollen euch als Asyl vor dem Bluträcher die-
nen. 4 Wenn jemand in eine von diesen Städten flieht, soll er am Ein-
gang des Stadttors stehenbleiben und den Ältesten der Stadt seine
Sache vortragen. Sie sollen ihn zu sich in die Stadt aufnehmen und ihm
eine Unterkunft geben, damit er bei ihnen bleiben kann. 5 Wenn dann
der Bluträcher ihn verfolgt, sollen sie ihm den, der getötet hat, nicht
ausliefern; denn er hat seinen Nächsten versehentlich erschlagen und
ohne ihn vorher gehaßt zu haben. 6 Er soll in dieser Stadt bleiben, bis er
vor die Gemeinde zur Gerichtsverhandlung treten kann, bis zum Tod
des Hohenpriesters, der in jenen Tagen im Amt ist. Dann darf der, der
getötet hat, wieder in seine Stadt und in sein Haus zurückkehren – in
die Stadt, aus der er geflohen ist.
7 Man wählte also Kedesch in Galiläa, im Gebirge Naftali, aus, ferner
Sichem im Gebirge Efraim und Kirjat-Arba, das ist Hebron, im Gebirge
Juda. 8 Jenseits des Jordan [östlich von Jericho] bestimmte man Bezer in
der Steppe, in der Ebene, vom Stamm Ruben, Ramot in Gilead vom
Stamm Gad und Golan im Baschan vom Stamm Manasse. 9 Das waren
die Asylstädte für alle Israeliten und für die Fremden, die sich bei ihnen
aufhielten. Dorthin konnte jeder, der ohne Vorsatz einen Menschen
erschlagen hatte, fliehen, um nicht durch die Hand des Bluträchers zu
sterben, bevor er vor der Gemeinde gestanden hätte.

Die Städte für die Leviten

21 Die Familienoberhäupter der Leviten kamen in Schilo im
Land Kanaan zu dem Priester Eleasar, zu Josua, dem Sohn
Nuns, und zu den Stammeshäuptern der Israeliten 2 und sagten zu
ihnen: Der Herr hat durch Mose befohlen, uns Städte zum Wohnen
und ihre Weideflächen für unser Vieh zu geben. 3 Da gaben die Israeli-
ten den Leviten nach der Anordnung des Herrn aus ihrem Erbbesitz
die folgenden Städte mit ihren Weideflächen. 4 Als das Los auf die Sip-
pen der Kehatiter fiel, erhielten unter den Leviten die Nachkommen
des Priesters Aaron durch das Los dreizehn Städte vom Stamm Juda,
vom Stamm der Simeoniter und vom Stamm Benjamin. 5 Die übrigen
Kehatiter erhielten, entsprechend ihren Sippen, durch das Los zehn
Städte vom Stamm Efraim, vom Stamm Dan und vom halben Stamm
Manasse. 6 Die Nachkommen Gerschons erhielten, entsprechend
ihren Sippen, durch das Los dreizehn Städte vom Stamm Issachar,
vom Stamm Ascher, vom Stamm Naftali und vom halben Stamm
Manasse im Baschan. 7 Die Nachkommen Meraris erhielten, entspre-
chend ihren Sippen, zwölf Städte vom Stamm Ruben, vom Stamm Gad
und vom Stamm Sebulon. 8 Diese Städte mit ihren Weideflächen
gaben die Israeliten durch das Los den Leviten, wie es der Herr durch
Mose befohlen hatte.
9 Vom Stamm der Judäer und vom Stamm der Simeoniter gaben sie
ihnen die folgenden, namentlich genannten Städte. 10 Sie wurden den
Nachkommen Aarons unter den Kehatitern, unter den Leviten, zuteil;
denn auf sie fiel das erste Los. 11 Ihnen gab man die Stadt des Arba, des
Vaters Anaks, also Hebron, im Gebirge Juda, mit seinen Weideflächen
ringsum. 12 Das Ackerland der Stadt aber und die dazugehörenden
Gehöfte hatte man Kaleb, dem Sohn Jefunnes, als Besitz gegeben.
13 Den Nachkommen des Priesters Aaron gab man also die Asylstadt
für solche, die einen Menschen erschlagen haben, Hebron mit seinen
Weideflächen, ferner Libna mit seinen Weideflächen, 14 Jattir mit sei-
nen Weideflächen, Eschtemoa mit seinen Weideflächen, 15 Holon mit
seinen Weideflächen, Debir mit seinen Weideflächen, 16 Ajin mit sei-
nen Weideflächen, Jutta mit seinen Weideflächen und Bet-Schemesch
mit seinen Weideflächen: neun Städte von den zwei Stämmen (den
Judäern und den Simeonitern). 17 Vom Stamm Benjamin (gab man
ihnen) Gibeon mit seinen Weideflächen, Geba mit seinen Weide-
flächen, 18 Anatot mit seinen Weideflächen und Alemet mit seinen Wei-
deflächen: vier Städte. 19 Im ganzen erhielten die Nachkommen
Aarons, die Priester waren, dreizehn Städte mit ihren Weideflächen.
20 Die Sippen der levitischen Kehatiter, die von den Nachkommen
Kehats außerdem noch vorhanden waren, erhielten die Städte ihres
Anteils vom Stamm Efraim. 21 Man gab ihnen die Asylstädte für solche,
die einen Menschen erschlagen haben, Sichem mit seinen Weide-
flächen im Gebirge Efraim, ferner Geser mit seinen Weideflächen,
22 Kibzajim mit seinen Weideflächen und Bet-Horon mit seinen Weide-
flächen: vier Städte; 23 vom Stamm Dan erhielten sie Elteke mit seinen
Weideflächen, Gibbeton mit seinen Weideflächen, 24 Ajalon mit seinen
Weideflächen und Gat-Rimmon mit seinen Weideflächen: vier Städte;
25 vom halben Stamm Manasse erhielten sie Taanach mit seinen Wei-
deflächen und Gat-Rimmon mit seinen Weideflächen: zwei Städte.
26 Im ganzen erhielten die Sippen der übrigen Nachkommen Kehats
zehn Städte. 27 Den Gerschonitern aus den levitischen Sippen gab man
vom halben Stamm Manasse die Asylstadt für solche, die einen Men-
schen erschlagen haben, Golan im Baschan mit seinen Weideflächen
sowie Aschtarot mit seinen Weideflächen: zwei Städte; 28 vom Stamm
Issachar erhielten sie Kischjon mit seinen Weideflächen, Daberat mit
seinen Weideflächen, 29 Jarmut mit seinen Weideflächen und En-
Gannim mit seinen Weideflächen: vier Städte; 30 vom Stamm Ascher
erhielten sie Mischal mit seinen Weideflächen, Abdon mit seinen Wei-
deflächen, 31 Helkat mit seinen Weideflächen und Rehob mit seinen
Weideflächen: vier Städte; 32 vom Stamm Naftali erhielten sie die Asyl-
stadt für solche, die einen Menschen erschlagen haben, Kedesch in
Galiläa mit seinen Weideflächen sowie Hammot-Dor mit seinen Wei-
deflächen und Kartan mit seinen Weideflächen: drei Städte. 33 Im
ganzen erhielten die Gerschoniter, entsprechend ihren Sippen, drei-
zehn Städte mit ihren Weideflächen. 34 Den übrigen Leviten, also den
Sippen der Nachkommen Meraris, gab man vom Stamm Sebulon
Jokneam mit seinen Weideflächen, Karta mit seinen Weideflächen,
35 Dimna mit seinen Weideflächen und Nahalal mit seinen Weide-
flächen: vier Städte; 36 dazu vom Stamm Ruben Bezer mit seinen Wei-
deflächen, Jahaz mit seinen Weideflächen, 37 Kedemot mit seinen Wei-
deflächen und Mefaat mit seinen Weideflächen: vier Städte; 38 vom
Stamm Gad erhielten sie die Asylstadt für solche, die einen Menschen
erschlagen haben, Ramot-Gilead mit seinen Weideflächen, ferner
Mahanajim mit seinen Weideflächen 39 Heschbon mit seinen Weide-
flächen und Jaser mit seinen Weideflächen: zusammen vier Städte.
40 Im ganzen erhielten die Merariter entsprechend ihren Sippen, die unter
den Sippen der Leviten noch übrig waren, als ihren Anteil zwölf Städte.
41 Die Gesamtanzahl der Levitenstädte mitten im Besitz der Israeliten
betrug achtundvierzig, mit ihren Weideflächen. 42 Diese Städte
bestanden jeweils aus der Stadt und den Weideflächen in ihrer Umge-
bung; so war es bei allen diesen Städten.

Die Ruhe in der neugewonnenen Heimat
43 So gab der Herr Israel das ganze Land, das er ihren Vätern mit
einem Eid zugesichert hatte. Sie nahmen es in Besitz und wohnten
darin. 44 Und der Herr verschaffte ihnen Ruhe ringsum, genau so, wie
er es ihren Vätern mit einem Eid zugesichert hatte. Keiner von all
ihren Feinden konnte ihnen Widerstand leisten; alle ihre Feinde gab
der Herr in ihre Gewalt. 45 Keine von all den Zusagen, die der Herr
dem Haus Israel gegeben hatte, war ausgeblieben; jede war in Erfül-
lung gegangen.
22 Damals rief Josua die Rubeniter, die Gaditer und den hal-
ben Stamm Manasse zu sich 2 und sagte zu ihnen: Ihr habt
alles befolgt, was euch Mose, der Knecht des Herrn, befohlen hat; ihr
habt auch mir in allem gehorcht, was ich euch befohlen habe. 3 Ihr
habt eure Brüder während dieser langen Zeit bis heute nicht im Stich
gelassen und habt darauf geachtet, den Befehl des Herrn, eures
Gottes, zu befolgen. 4 Nun hat der Herr, euer Gott, euren Brüdern
Ruhe verschafft, wie er es ihnen versprochen hatte. Kehrt also nun
wieder zu euren Zelten zurück, in das Land, das euch gehört und das
euch Mose, der Knecht des Herrn, jenseits des Jordan gegeben hat.
5 Achtet aber genau darauf, das Gebot und das Gesetz zu erfüllen, das
euch Mose, der Knecht des Herrn, gegeben hat: den Herrn, euren
Gott, zu lieben, auf allen seinen Wegen zu gehen, seine Gebote zu
halten, euch ihm anzuschließen und ihm von ganzem Herzen und
ganzer Seele zu dienen. 6 Dann segnete sie Josua und ließ sie ziehen,
und sie begaben sich zu ihren Zelten.
7 Der einen Hälfte des Stammes Manasse hatte Mose im Baschan
(Land) gegeben, der anderen Hälfte gab Josua bei ihren Brüdern
(Land) auf der anderen Seite des Jordan im Westen. Als Josua sie nun
wieder zu ihren Zelten ziehen ließ und sie segnete, 8 sagte er zu
ihnen: Mit reichen Schätzen kehrt ihr zu euren Zelten zurück, mit
sehr viel Vieh, mit Silber und Gold, mit Bronze, Eisen und sehr vielen
Gewändern. Teilt die Beute, die ihr euren Feinden abgenommen
habt, mit euren Brüdern.
9 So verließen die Rubeniter, die Gaditer und der halbe Stamm
Manasse die Israeliten und zogen von Schilo im Land Kanaan nach
Gilead, in das Land, das ihnen gehörte und das sie auf den durch Mose
ergangenen Befehl des Herrn hin in Besitz genommen hatten.
Der Altar am Jordan
10 Als sie zu den Steinkreisen am Jordan kamen, die noch im Land
Kanaan liegen, errichteten die Rubeniter, die Gaditer und der halbe
Stamm Manasse dort am Jordan einen Altar von stattlichem Ausse-
hen. 11 Da erhielten die Israeliten folgende Nachricht: Schaut, die
Rubeniter, die Gaditer und der halbe Stamm Manasse haben gegen-
über dem Land Kanaan bei den Steinkreisen am Jordan jenseits des
Gebiets der Israeliten einen Altar errichtet. 12 Als die Israeliten das
hörten, versammelte sich die ganze Gemeinde Israels in Schilo, um
gegen sie ins Feld zu ziehen. 13 Die Israeliten schickten den Priester
Pinhas, den Sohn Eleasars, zu den Rubenitern, den Gaditern und zum
halben Stamm Manasse in Gilead. 14 Mit ihm gingen zehn Anführer
[aus jeder Familie], aus jedem Stamm Israels je ein Anführer; jeder
gehörte zu den Familienoberhäuptern der Tausendschaften Israels.
15 Als sie zu den Rubenitern, den Gaditern und dem halben Stamm
Manasse ins Land Gilead kamen, sagten sie zu ihnen: 16 So hat die
ganze Gemeinde des Herrn gesagt: Was soll denn dieser Treubruch
bedeuten, den ihr gegen den Gott Israels begeht, indem ihr euch
heute vom Herrn abwendet, indem ihr euch einen Altar errichtet und
euch heute dadurch gegen den Herrn auflehnt? 17 Ist uns der Frevel
von Pegor zu wenig? Von ihm haben wir uns bis heute noch nicht ge-
reinigt, und seinetwegen ist die Plage über die Gemeinde des Herrn
gekommen. 18 Ihr aber wendet euch heute vom Herrn ab. Wenn ihr
euch heute gegen den Herrn auflehnt, wird sich sein Zorn morgen
gegen die ganze Gemeinde Israels richten. 19 Falls das Land, das euch
gehört, unrein ist, dann kommt herüber in das Land, das dem Herrn
gehört und wo die Wohnstätte des Herrn ist, und siedelt euch bei uns
an! Aber lehnt euch nicht gegen den Herrn auf, und zieht uns nicht
dadurch in euren Aufruhr hinein, daß ihr für euch selber einen zwei-
ten Altar, neben dem Altar des Herrn, unseres Gottes, baut. 20 Ist
nicht sein Zorn über die ganze Gemeinde Israels gekommen, als sich
Achan, der Sohn Serachs, treulos an dem Gut vergriffen hatte, das
dem Untergang geweiht war? Und er war nur ein einzelner Mann.
Mußte er nicht für seinen Frevel sterben?
21 Darauf antworteten die Rubeniter, die Gaditer und der halbe
Stamm Manasse den Befehlshabern der Tausendschaften Israels:
22 Gott, ja Gott, der Herr – Gott, ja Gott, der Herr, er weiß es, und
Israel soll es wissen: Wenn das Untreue, wenn das Auflehnung gegen
den Herrn war, dann soll er uns heute nicht helfen. 23 Ob wir uns
einen Altar errichtet haben, um uns vom Herrn abzuwenden, und ob
wir auf ihm Brandopfer und Speiseopfer darbringen und Heilsopfer
herrichten wollten, möge der Herr selbst untersuchen. 24 Nein, wir
haben das nur aus Sorge getan, und zwar aus folgender Überlegung:
Eure Söhne könnten morgen zu unseren Söhnen sagen: Was habt ihr
mit dem Herrn, dem Gott Israels, zu tun? 25 Als Grenze hat der Herr
den Jordan zwischen uns und euch, das heißt den Rubenitern und
Gaditern, gelegt. Ihr habt keinen Anteil am Herrn. So könnten eure
Söhne unsere Söhne davon abhalten, den Herrn zu fürchten. 26 Des-
halb sagten wir uns: Wir wollen einen Altar errichten, nicht für
Brandopfer und nicht für Schlachtopfer; 27 er soll vielmehr ein Zeuge
sein zwischen uns und euch und zwischen den Generationen nach
uns dafür, daß wir den Dienst vor dem Angesicht des Herrn durch
Brandopfer, Schlachtopfer und Heilsopfer verrichten dürfen. Dann
können eure Söhne morgen nicht unseren Söhnen sagen: Ihr habt
keinen Anteil am Herrn. 28 Wir dachten: Wenn sie morgen so zu uns
und unseren Nachkommen sprechen, werden wir zu ihnen sagen:
Seht euch doch die Gestalt des Altares des Herrn an, den unsere Väter
errichtet haben, nicht für Brandopfer und nicht für Schlachtopfer,
sondern damit er Zeuge zwischen uns und euch sei. 29 Es sei fern von
uns, daß wir uns gegen den Herrn auflehnen und uns heute von ihm
abwenden, indem wir einen zweiten Altar für Brandopfer, Speiseop-
fer und Schlachtopfer neben dem Altar des Herrn, unseres Gottes,
errichten, der vor seiner Wohnstätte steht.
30 Als der Priester Pinhas und die Oberhäupter der Gemeinde [die
Befehlshaber der Tausendschaften Israels], die bei ihm waren, hör-
ten, was die Rubeniter, die Gaditer und die Manassiter sagten, waren
sie damit einverstanden. 31 Und der Priester Pinhas, der Sohn Elea-
sars, sagte zu den Rubenitern, den Gaditern und den Manassitern:
Jetzt wissen wir, daß der Herr mitten unter uns ist; denn ihr habt kei-
nen solchen Treubruch gegen den Herrn begangen. Dadurch habt
ihr die Israeliten vor der (strafenden) Hand des Herrn bewahrt.
32 Dann verließen der Priester Pinhas, der Sohn Eleasars, und die
Oberhäupter die Rubeniter und Gaditer und kehrten aus dem Land
Gilead ins Land Kanaan zu den Israeliten zurück. Sie berichteten
ihnen alles, 33 und die Israeliten waren damit einverstanden. Sie
priesen Gott und dachten nicht mehr daran, gegen die Rubeniter
und Gaditer ins Feld zu ziehen und das Land zu verwüsten, in dem
sie wohnten. 34 Die Rubeniter und Gaditer nannten den Altar Zeuge,
denn (sie sagten): Er steht mitten unter uns als Zeuge dafür, daß
Jahwe Gott ist.

Die Verpflichtung auf Jahwe

Josuas Rede an das Volk
23 Lange Zeit später, nachdem der Herr Israel Ruhe vor all sei-
nen Feinden ringsum verschafft hatte und Josua alt und
betagt geworden war, 2 rief Josua ganz Israel, seine Ältesten und
Häupter, seine Richter und Listenführer zusammen und sagte zu
ihnen: Ich bin nun alt und betagt. 3 Ihr habt selbst alles gesehen, was
der Herr, euer Gott, mit all diesen Völkern vor euren Augen gemacht
hat; denn der Herr, euer Gott, hat selbst für euch gekämpft. 4 Seht, ich

habe euch die Gebiete dieser Völker, die noch übriggeblieben sind,
und all der Völker, die ich vernichtet habe, vom Jordan bis zum
großen Meer im Westen entsprechend euren Stämmen als Erbbesitz
zugeteilt. 5 Der Herr, euer Gott, wird sie (auch künftig) vor euren
Augen verjagen und sie vor euren Augen vertreiben, und ihr werdet
ihr Land in Besitz nehmen, wie es euch der Herr, euer Gott, verspro-
chen hat. 6 Haltet aber immer daran fest, alles zu beachten und zu
tun, was im Gesetzbuch des Mose geschrieben steht; weicht nicht
nach rechts oder links davon ab! 7 Vermischt euch nicht mit diesen
Völkern, die bei euch noch übriggeblieben sind; den Namen ihrer
Götter sollt ihr nicht nennen und nicht bei ihnen schwören, ihr sollt
ihnen nicht dienen und euch nicht vor ihnen niederwerfen, 8 sondern
am Herrn, eurem Gott, festhalten, wie ihr es bis heute getan habt.
9 Der Herr hat vor euren Augen große und mächtige Völker vertrie-
ben; bis heute konnte niemand euch standhalten. 10 Ein einziger von
euch kann tausend verfolgen; denn der Herr, euer Gott, kämpft selbst
für euch, wie er es euch versprochen hat. 11 Achtet darum um eures
Lebens willen sehr darauf, daß ihr (immer) den Herrn, euren Gott,
liebt. 12 Denn wenn ihr euch wirklich von ihm abwendet und euch die-
sen Völkern, die bei euch noch übriggeblieben sind, anschließt,
wenn ihr euch mit ihnen verschwägert, wenn ihr euch mit ihnen ver-
mischt und sie sich mit euch vermischen, 13 dann könnt ihr gewiß
sein, daß der Herr, euer Gott, diese Völker nicht mehr vor euren
Augen vertreiben wird. Sie werden zur Schlinge und zur Falle für
euch, zur Peitsche für euren Rücken und zum Stachel in euren Augen,
bis ihr aus diesem schönen Land verschwindet, das der Herr, euer
Gott, euch gegeben hat. 14 Ich selbst muß heute den Weg alles Irdi-
schen gehen. Ihr aber sollt mit ganzem Herzen und ganzer Seele
erkennen, daß von all den Zusagen, die der Herr, euer Gott, euch
gegeben hat, keine einzige ausgeblieben ist; alle sind sie eingetrof-
fen, keine einzige von ihnen ist ausgeblieben. 15 Wie aber bisher jede
Zusage, die der Herr, euer Gott, euch gegeben hat, eingetroffen ist, so
wird der Herr, euer Gott, künftig jede Drohung gegen euch verwirkli-
chen, bis er euch aus diesem schönen Land hinweggerafft hat, das
euch der Herr, euer Gott, gegeben hat. 16 Wenn ihr euch gegen den
Bund, auf den der Herr, euer Gott, euch verpflichtet hat, vergeht,
wenn ihr anderen Göttern dient und sie anbetet, dann wird der Zorn
des Herrn gegen euch entbrennen, und ihr werdet rasch aus dem
schönen Land verschwinden, das er euch gegeben hat.

Die Versammlung des Volkes in Sichem

24 Josua versammelte alle Stämme Israels in Sichem; er rief die
Ältesten Israels, seine Oberhäupter, Richter und Listenfüh-
rer zusammen, und sie traten vor Gott hin. 2 Josua sagte zum ganzen
Volk: So spricht der Herr, der Gott Israels: Jenseits des Stroms wohn-
ten eure Väter von Urzeiten an [Terach, der Vater Abrahams und der
Vater Nahors] und dienten anderen Göttern. 3 Da holte ich euren
Vater, Abraham, von jenseits des Stroms und ließ ihn durch das ganze
Land Kanaan ziehen. Ich schenkte ihm zahlreiche Nachkommen-
schaft und gab ihm Isaak. 4 Dem Isaak gab ich Jakob und Esau, und
ich verlieh Esau das Bergland Seïr, damit er es in Besitz nahm. Jakob
aber und seine Söhne zogen nach Ägypten hinab. 5 Dann sandte ich
Mose und Aaron und strafte Ägypten durch das, was ich in Ägypten
tat. Danach habe ich euch herausgeführt 6 [ich führte eure Väter her-
aus] aus Ägypten, und ihr seid ans Meer gekommen. Die Ägypter aber
verfolgten eure Väter mit Wagen und Pferden bis zum Schilfmeer.
7 Da schrien eure Väter zum Herrn, und er legte zwischen euch und
die Ägypter eine Finsternis und ließ das Meer über sie kommen, so
daß es sie überflutete. Mit eigenen Augen habt ihr gesehen, was ich in
Ägypten getan habe. Dann habt ihr euch lange in der Wüste aufgehal-
ten. 8 Ich brachte euch in das Land der Amoriter, die jenseits des Jor-
dan wohnten. Sie kämpften mit euch, aber ich gab sie in eure Gewalt;
ihr habt ihr Land in Besitz genommen, und ich habe sie euretwegen
vernichtet. 9 Dann erhob sich der König Balak von Moab, der Sohn
Zippors, und kämpfte gegen Israel. Er schickte Boten zu Bileam, dem
Sohn Beors, und ließ ihn rufen, damit er euch verflucht. 10 Ich aber
wollte keinen Fluch von Bileam hören. Darum mußte er euch segnen,
und ich rettete euch aus seiner Gewalt. 11 Dann habt ihr den Jordan
durchschritten und seid nach Jericho gekommen; die Bürger von
Jericho kämpften gegen euch, ebenso die Amoriter, die Perisiter, die
Kanaaniter, die Hetiter, die Girgaschiter, die Hiwiter und die Jebusi-
ter, und ich gab sie in eure Gewalt. 12 Ich habe Panik vor euch herge-
schickt. Sie trieb sie vor euch her [die beiden Könige der Amoriter];
das geschah nicht durch dein Schwert und deinen Bogen. 13 Ich gab
euch ein Land, um das ihr euch nicht bemüht hattet, und Städte, die
ihr nicht erbaut hattet. Ihr habt in ihnen gewohnt, und ihr habt von
Weinbergen und Ölbäumen gegessen, die ihr nicht gepflanzt hattet.
14 Fürchtet also jetzt den Herrn, und dient ihm in vollkommener
Treue. Schafft die Götter fort, denen eure Väter jenseits des Stroms
und in Ägypten gedient haben, und dient dem Herrn! 15 Wenn es euch
aber nicht gefällt, dem Herrn zu dienen, dann entscheidet euch
heute, wem ihr dienen wollt: den Göttern, denen eure Väter jenseits
des Stroms dienten, oder den Göttern der Amoriter, in deren Land ihr
wohnt. Ich aber und mein Haus, wir wollen dem Herrn dienen.
16 Das Volk antwortete: Das sei uns fern, daß wir den Herrn verlassen
und anderen Göttern dienen. 17 Denn der Herr, unser Gott, war es, der
uns und unsere Väter aus dem Sklavenhaus Ägypten herausgeführt
hat und der vor unseren Augen alle die großen Wunder getan hat. Er
hat uns beschützt auf dem ganzen Weg, den wir gegangen sind, und
unter allen Völkern, durch deren Gebiet wir gezogen sind. 18 Der Herr
hat alle Völker vertrieben, auch die Amoriter, die vor uns im Land
wohnten. Auch wir wollen dem Herrn dienen; denn er ist unser Gott.
19 Da sagte Josua zum Volk: Ihr seid nicht imstande, dem Herrn zu
dienen, denn er ist ein heiliger Gott, ein eifersüchtiger Gott; er wird
euch eure Frevel und eure Sünden nicht verzeihen. 20 Wenn ihr den
Herrn verlaßt und fremden Göttern dient, dann wird er sich von euch
abwenden, wird Unglück über euch bringen und euch ein Ende berei-
ten, obwohl er euch zuvor Gutes getan hat. 21 Das Volk aber sagte zu
Josua: Nein, wir wollen dem Herrn dienen. 22 Josua antwortete dem
Volk: Ihr seid Zeugen gegen euch selbst, daß ihr euch für den Herrn
und für seinen Dienst entschieden habt. [Sie antworteten: Das sind
wir.] 23 Schafft also jetzt die fremden Götter ab, die noch bei euch
sind, und neigt eure Herzen dem Herrn zu, dem Gott Israels! 24 Das
Volk sagte zu Josua: Dem Herrn, unserem Gott, wollen wir dienen
und auf seine Stimme hören.
25 So schloß Josua an jenem Tag einen Bund für das Volk und gab dem
Volk Gesetz und Recht in Sichem. 26 Josua schrieb alle diese Worte in
das Buch des Gesetzes Gottes, und er nahm einen großen Stein und
stellte ihn in Sichem unter der Eiche auf, die im Heiligtum des Herrn
steht. 27 Dabei sagte er zu dem ganzen Volk: Seht her, dieser Stein
wird ein Zeuge sein gegen uns; denn er hat alle Worte des Herrn
gehört, die er zu uns gesprochen hat. Er soll ein Zeuge sein gegen
euch, damit ihr euren Gott nicht verleugnet. 28 Dann entließ Josua das
Volk, einen jeden in seinen Erbbesitz.

Die Grabstätten Josuas, Josefs und Eleasars

29 Nach diesen Ereignissen starb Josua, der Sohn Nuns, der Knecht
des Herrn, im Alter von hundertzehn Jahren. 30 Man begrub ihn in
Timnat-Serach, im Gebiet seines Erbbesitzes auf dem Gebirge
Efraim, nördlich vom Berg Gaasch. 31 Israel aber diente dem Herrn,
solange Josua lebte und solange die Ältesten am Leben waren, die
Josua überlebten und alles wußten, was der Herr für Israel getan
hatte. 32 Die Gebeine Josefs, die die Israeliten aus Ägypten mitge-
bracht hatten, begrub man in Sichem auf dem Grundstück, das Jakob
von den Söhnen Hamors, des Vaters Sichems, für hundert Kesita
erworben hatte; es war den Nachkommen Josefs als Erbbesitz zuteil
geworden. 33 Auch Eleasar, der Sohn Aarons, starb, und man begrub
ihn in Gibea, (der Stadt) seines Sohnes Pinhas, die man ihm im
Gebirge Efraim gegeben hatte.

Das Buch der Richter

Das Buch der Richter hat seinen Namen von den »Richtern«, die in der Zeit nach der Landnahme Israels wichtige Leitungsaufgaben erfüllten und einzelne Sippenverbände oder Stammesgruppen aus der Bedrängnis durch Feinde retteten. Zu den Leitungsaufgaben gehörte vor allem die Rechtsprechung (daher der Name »Richter«). Den Hauptteil des Buches machen die Erzählungen über die verschiedenen Richtergestalten aus (3,7–16,31). Voraus geht eine Einleitung, die an das Buch Josua anknüpft; sie bietet eine knappe Beschreibung der Landnahme durch einzelne Stämme und leitet mit einer allgemeinen Charakterisierung der Richterzeit zu den Richtererzählungen über (1,1–3,6). Auf den Hauptteil folgen zwei längere Anhänge, in denen die Gründung des Heiligtums von Dan (Kap. 17 und 18) sowie die Schandtat und Bestrafung der Benjaminiter von Gibea (Kap. 19–21) berichtet werden.

Die Heldenerzählungen des Hauptteils waren ursprünglich wohl bei einzelnen Stämmen beheimatet. Auffällig breit werden die wunderbare Geburt Simsons und dessen außergewöhnliche Taten geschildert (Kap. 13–16). Auch die Geschichte Gideons nimmt einen breiten Raum ein (Kap. 6–8); seine Berufung wird mit der Gründung eines Heiligtums verbunden (Kap. 6). Im Debora-Lied (Kap. 5) wird der Sieg über Sisera und sein Heer besungen; es gehört zu den ältesten Texten des Alten Testaments. Die Fabel in 9,8–15 ist ein politischer Text, der unterstreicht, daß man das Königtum in Israel nicht ohne den Willen Gottes erlangen kann.

Die Zeit zwischen Josua und Samuel war nach dem Bild, das das Richterbuch zeichnet, eine Periode, in der sich Israel im Land Kanaan, zumeist gegen Feinde von außen, behaupten mußte. Das gelang dem Volk nicht aus eigener Kraft, wie es auch das verheißene Land nicht durch eigene Anstrengung, sondern nur mit Gottes Hilfe erobert hatte. Das Verhältnis Israels zu seinem Gott entschied auch darüber, ob Israel ruhig in seinem Land wohnen konnte. Das war die Überzeugung der Bearbeiter, die die einzelnen Erzählungen zu einem Gesamtbild der Richterzeit zusammenstellten.

Der Geschichtsverlauf wird nach folgenden Leitgedanken des Deuteronomisten beurteilt: Jahwe allein verehren; auf seine Stimme hören; seine Gebote befolgen; anderen Göttern nicht nachlaufen. So kommen die Verfasser zu ihrer in der Konsequenz beeindruckenden Wertung der Richterzeit (Kap. 2) und gewinnen ein Schema, das sie an diese Zeit anlegen können: Abfall von Gott, Strafe, Hilferuf, Umkehr, Rettung, Wohlergehen und Frieden, solange das Volk auf die Richter hört und Gott die Treue hält (so erstmals 3,7–11). Das Richterbuch ist ein eindrucksvolles Zeugnis für den Glauben an den Herrschaftsanspruch Gottes gegenüber seinem Volk, aber auch an seine Treue und Fürsorge.

Die Charakterisierung der Richterzeit

Die Eroberung des Gebiets der Stämme Juda und Simeon

1 Nach dem Tod Josuas befragten die Israeliten den Herrn: Wer
von uns soll zuerst gegen die Kanaaniter in den Kampf ziehen?
2 Der Herr antwortete: Juda soll (zuerst) hinaufziehen; ich gebe das
Land in seine Gewalt. 3 Da sagte Juda zu seinem Bruder Simeon: Zieh
mit mir hinauf in das Gebiet, das mir durch das Los zugefallen ist; wir
wollen (zusammen) gegen die Kanaaniter kämpfen. Dann werde
auch ich mit dir in dein Gebiet ziehen. Da ging Simeon mit ihm.
4 Juda zog hinauf, und der Herr gab die Kanaaniter und die Perisiter in
ihre Gewalt. Sie schlugen sie bei Besek – (ein Heer von) zehntausend
Mann. 5 Sie stießen bei Besek auf Adoni-Besek, kämpften mit ihm
und schlugen die Kanaaniter und die Perisiter. 6 Adoni-Besek floh,
aber sie verfolgten ihn, ergriffen ihn und hackten ihm die Daumen
und die großen Zehen ab. 7 Da sagte Adoni-Besek: Siebzig Könige
mit abgehackten Daumen und abgehackten großen Zehen haben
unter meinem Tisch (den Abfall) aufgelesen. Wie ich gehandelt habe,
so vergilt mir Gott. Man brachte ihn nach Jerusalem, und dort starb
er. 8 Die Judäer kämpften auch gegen Jerusalem, nahmen es ein,
schlugen die Stadt mit scharfem Schwert und steckten sie in Brand.
9 Danach zogen die Judäer weiter, um gegen die Kanaaniter zu kämpfen, die im Gebirge, im Negeb und in der Schefela wohnten.
10 Juda zog auch gegen die Kanaaniter, die in Hebron wohnten –
Hebron hieß früher Kirjat-Arba –, und sie schlugen Scheschai, Ahiman und Talmai. 11 Von dort zogen sie weiter gegen die Einwohner
von Debir. Debir hieß früher Kirjat-Sefer. 12 Da sagte Kaleb: Wer Kirjat-Sefer schlägt und einnimmt, dem gebe ich meine Tochter Achsa
zur Frau. 13 Otniël, der Sohn des Kenas, des jüngeren Bruders Kalebs,
nahm die Stadt ein. Da gab ihm Kaleb seine Tochter Achsa zur Frau.
14 Als sie nun ankam, drängte er sie, von ihrem Vater ein Stück Land
zu verlangen. Da ließ sie sich vom Esel herabgleiten, und Kaleb fragte
sie: Was hast du? 15 Sie antwortete: Gib mir ein Geschenk als Zeichen
des Segens! Wenn du mich schon ins Trockenland schickst, dann gib
mir auch Wasserstellen! Da gab Kaleb ihr die Obere und die Untere
Quelle.
16 Die Söhne des Keniters (Hobab), des Schwiegervaters des Mose,
waren mit den Judäern von der Palmenstadt zur Wüste Juda südlich
von Arad hinaufgezogen; nun zogen sie weiter und ließen sich bei
den Amalekitern nieder. 17 Juda aber zog mit seinem Bruder Simeon
weiter. Sie schlugen die Kanaaniter, die in Zefat wohnten, weihten die
Stadt dem Untergang und nannten sie Horma (Untergangsweihe).
18 Doch Gaza und sein Gebiet, Aschkelon und sein Gebiet, Ekron und
sein Gebiet konnte Juda nicht erobern. 19 Der Herr war mit Juda, so
daß es das Bergland in Besitz nehmen konnte. Aber die Bewohner der
Ebene konnten sie nicht vertreiben, weil sie eiserne Kampfwagen hatten. 20 Dem Kaleb gab man Hebron, wie Mose es angeordnet hatte; er
vertrieb von dort die drei Söhne Anaks. 21 Die Benjaminiter konnten
die Jebusiter, die in Jerusalem wohnten, nicht vertreiben, und so blieben die Jebusiter bei den Benjaminitern in Jerusalem wohnen bis auf
den heutigen Tag.

Die Eroberung des Gebiets der Nachkommen Josefs

22 Auch die Nachkommen Josefs zogen hinauf, und zwar nach Bet-El. Und der Herr war mit ihnen. 23 Die Nachkommen Josefs ließen Bet-El beobachten. Die Stadt hieß früher Lus. 24 Als die Wachen einen Mann aus der Stadt herauskommen sahen, sagten sie zu ihm: Zeig uns, wo man in die Stadt eindringen kann, dann werden wir dir unser Wohlwollen beweisen. 25 Er zeigte ihnen eine Stelle, wo sie in die Stadt eindringen konnten, und sie schlugen die Stadt mit scharfem Schwert. Den Mann aber und seine ganze Sippe ließen sie gehen. 26 Der Mann ging in das Land der Hetiter, erbaute eine Stadt und nannte sie Lus. Das ist ihr Name bis auf den heutigen Tag.

27 Manasse konnte (die Einwohner von) Bet-Schean und seinen Tochterstädten sowie von Taanach und seinen Tochterstädten, die Einwohner von Dor und seinen Tochterstädten, die Einwohner von Jibleam und seinen Tochterstädten und die Einwohner von Megiddo und seinen Tochterstädten nicht vertreiben. So gelang es den Kanaanitern, in dieser Gegend zu verbleiben. 28 Als die Israeliten stark geworden waren, zwangen sie die Kanaaniter zur Fron, aber vertreiben konnten sie sie nicht.

29 Efraim konnte die Kanaaniter nicht vertreiben, die in Geser wohnten. Darum blieben die Kanaaniter mitten unter ihnen in Geser wohnen.

30 Sebulon konnte die Einwohner von Kitron und die Einwohner von Nahalol nicht vertreiben. Darum blieben die Kanaaniter mitten unter ihnen wohnen, aber sie wurden Fronarbeiter.

31 Ascher konnte die Einwohner von Akko und die Einwohner von Sidon nicht vertreiben, auch nicht (die Einwohner) von Mahaleb, Achsib, Helba, Afek und Roheb. 32 Darum leben die Ascheriter mitten unter den Kanaanitern, die in der Gegend wohnen blieben, weil man sie nicht vertreiben konnte.

33 Naftali konnte die Einwohner von Bet-Schemesch und die Einwohner von Bet-Anat nicht vertreiben und wohnt deshalb mitten unter den Kanaanitern, die im Land verblieben sind. Die Einwohner von Bet-Schemesch und Bet-Anat aber wurden Fronarbeiter.

34 Die Amoriter drängten die Daniter ins Bergland ab und ließen sie nicht in die Ebene herabkommen. 35 Es gelang den Amoritern, in Har-Heres, Ajalon und Schaalbim zu bleiben; als aber das Haus Josef ihnen überlegen war, wurden sie Fronarbeiter. 36 Das Gebiet der Amoriter reicht von der Skorpionensteige bis nach Sela und darüber hinaus.

Die Erscheinung des Engels des Herrn

2 Der Engel des Herrn kam von Gilgal nach Bochim hinauf und sagte: Ich habe euch aus Ägypten heraufgeführt und euch in das Land gebracht, das ich euren Vätern mit einem Eid zugesichert hatte. Ich hatte gesagt: Ich werde meinen Bund mit euch niemals aufheben; 2 aber ihr dürft keinen Bund mit den Bewohnern dieses Landes schließen, und ihre Altäre sollt ihr niederreißen. Doch ihr habt auf meine Stimme nicht gehört. Warum habt ihr das getan? 3 Deshalb sage ich euch jetzt: Ich werde sie nicht vor euren Augen vertreiben, sondern sie sollen euch Widerstand leisten, und ihre Götter sollen euch zu Fall bringen. 4 Als der Engel des Herrn das zum Volk gesagt hatte, brachen alle Israeliten in lautes Weinen aus. 5 Darum nannten sie jenen Ort Bochim (Ort des Weinens). Und sie brachten dort dem Herrn Opfer dar.

Josuas Tod

6 Als Josua das Volk ziehen ließ, machten sich die Israeliten auf den Weg, um das Land in Besitz zu nehmen; jeder (ging) zu seinem Erbbesitz. 7 Und das Volk diente dem Herrn, solange Josua lebte und solange die Ältesten am Leben waren, die Josua überlebten und all die großen Taten des Herrn gesehen hatten, die er für Israel getan hatte. 8 Josua, der Sohn Nuns, der Knecht des Herrn, starb im Alter von hundertzehn Jahren, 9 und man begrub ihn in Timnat-Heres, im Gebiet seines Erbbesitzes auf dem Gebirge Efraim, nördlich vom Berg Gaasch. 10 Auch seine ganze Generation wurde mit ihren Vätern vereint, und nach ihnen kam eine andere Generation, die den Herrn und die Taten, die er für Israel vollbracht hatte, nicht mehr kannte.

Die Berufung von Richtern

11 Die Israeliten taten, was dem Herrn mißfiel, und dienten den Baalen. 12 Sie verließen den Herrn, den Gott ihrer Väter, der sie aus Ägypten herausgeführt hatte, und liefen anderen Göttern nach, den Göttern der Völker, die rings um sie wohnen. Sie warfen sich vor ihnen nieder und erzürnten dadurch den Herrn. 13 Als sie den Herrn verließen und dem Baal und den Astarten dienten, 14 entbrannte der Zorn des Herrn gegen Israel. Er gab sie in die Gewalt von Räubern, die sie ausplünderten, und lieferte sie der Gewalt ihrer Feinde ringsum aus, so daß sie ihren Feinden keinen Widerstand mehr leisten konnten. 15 Sooft sie auch in den Krieg zogen, war die Hand des Herrn gegen sie, und sie hatten kein Glück, wie der Herr gesagt und ihnen geschworen hatte. So gerieten sie in große Not. 16 Der Herr aber setzte Richter ein, die sie aus der Gewalt der Räuber befreiten. 17 Doch sie gehorchten auch ihren Richtern nicht, sondern gaben sich anderen Göttern hin und warfen sich vor ihnen nieder. Rasch wichen sie von dem Weg ab, den ihre Väter, den Geboten des Herrn gehorsam, gegangen waren. Sie handelten nicht so (wie ihre Väter). 18 Wenn aber der Herr bei ihnen Richter einsetzte, dann war der Herr mit dem Richter und rettete die Israeliten aus der Gewalt ihrer Feinde, solange der Richter lebte; denn der Herr hatte Mitleid mit ihnen, wenn sie über ihre Feinde und Unterdrücker klagten.

19 Sobald aber der Richter gestorben war, wurden sie rückfällig und trieben es noch schlimmer als ihre Väter, liefen anderen Göttern nach, dienten ihnen und warfen sich vor ihnen nieder. Sie ließen nicht ab von ihrem bösen Treiben und von ihrem störrischen Verhalten. 20 Da entbrannte der Zorn des Herrn gegen Israel. Er sagte: Weil dieses Volk meinen Bund übertreten hat, zu dem ich ihre Väter verpflichtet habe, und weil es nicht auf meine Stimme hört, 21 werde auch ich kein einziges der Völker mehr vor ihren Augen vertreiben, die Josua bei seinem Tod noch übriggelassen hat. 22 Israel soll durch sie auf die Probe gestellt werden, ob es daran festhält, den Weg des Herrn zu gehen, wie es seine Väter taten, oder nicht. 23 Darum ließ der Herr diese Völker (im Land) und vertrieb sie vorerst nicht. Er hatte sie auch nicht in die Gewalt Josuas gegeben.

Fremde Völker unter den Israeliten

3 Das sind die Völker, die der Herr (im Land) ließ, um durch sie die Israeliten, alle, die von all den Kämpfen um Kanaan nichts mehr wußten, auf die Probe zu stellen 2 – (er tat das) nur, um die Generationen der Israeliten, die das Kriegführen nicht mehr kannten, darin zu unterrichten; denn sie wußten von den Kriegen, die früher waren, nichts mehr –: 3 die fünf Fürsten der Philister und alle Kanaaniter und Sidonier und Hiwiter, die auf dem Libanongebirge wohnen, vom Berg Baal-Hermon bis nach Lebo-Hamat. 4 Sie waren dazu da, daß die Israeliten durch sie auf die Probe gestellt würden und daß in Erfahrung gebracht würde, ob sie den Geboten des Herrn gehorchten, auf die er ihre Väter durch Mose verpflichtet hatte. 5 Die Israeliten wohnten also mitten unter den Kanaanitern, Hetitern, Amoritern, Perisitern, Hiwitern und Jebusitern. 6 Sie nahmen sich deren Töchter zu Frauen, und ihre Töchter gaben sie deren Söhnen, und sie dienten deren Göttern.

Die einzelnen Richter

Otniël

7 Die Israeliten taten, was dem Herrn mißfiel. Sie vergaßen den Herrn, ihren Gott, und dienten den Baalen und den Kultpfählen. 8 Da entbrannte der Zorn des Herrn gegen die Israeliten, und er lieferte sie der Gewalt des Kuschan-Rischatajim aus, des Königs von Aram in Mesopotamien. So mußten die Israeliten acht Jahre lang Kuschan-

Rischatajim dienen. 9 Als die Israeliten zum Herrn schrien, gab der
Herr den Israeliten einen Retter, der sie befreite: Otniël, den Sohn des
Kenas, den jüngeren Bruder Kalebs. 10 Der Geist des Herrn kam über
ihn, und er wurde Richter in Israel. Er zog in den Kampf, und der Herr
gab Kuschan-Rischatajim, den König von Aram, in seine Gewalt, und
Otniël unterwarf Kuschan-Rischatajim. 11 Darauf hatte das Land vier-
zig Jahre lang Ruhe; dann starb Otniël, der Sohn des Kenas.

Ehud und Schamgar

12 Und wiederum taten die Israeliten, was dem Herrn mißfiel. Der
Herr aber gab Eglon, dem König von Moab, Macht über Israel, weil
sie taten, was dem Herrn mißfiel. 13 Eglon verbündete sich mit den
Ammonitern und Amalekitern, zog in den Kampf, schlug Israel und
eroberte die Palmenstadt. 14 Darauf mußten die Israeliten achtzehn
Jahre lang Eglon, dem König von Moab, dienen. 15 Als aber die Israeli-
ten zum Herrn schrien, gab ihnen der Herr einen Retter: Ehud, den
Sohn Geras, aus dem Stamm Benjamin, einen Linkshänder. Als nun
die Israeliten durch ihn Tribut an Eglon, den König von Moab,
schickten, 16 machte sich Ehud einen Dolch mit zwei Schneiden, eine
Spanne lang, und band ihn unter seinem Gewand an seine rechte
Hüfte. 17 So überbrachte er Eglon, dem König von Moab, den Tribut.
Eglon aber war ein sehr beleibter Mann. 18 Als Ehud mit der Übergabe
des Tributs zu Ende war, schickte er die Leute, die die Abgaben getra-
gen hatten, weg; 19 er selber aber kehrte bei den Götterbildern in Gil-
gal um, ging (zum König) zurück und sagte: Ich habe eine geheime
Botschaft an dich, König. Da gebot der König Ruhe, und alle Anwe-
senden gingen hinaus. 20 Nun trat Ehud zu ihm herein. Eglon saß in
seinem kühlen Obergemach, das für ihn allein bestimmt war, und
Ehud sagte: Ich habe eine Botschaft Gottes für dich. Da erhob sich
der König von seinem Sessel. 21 Ehud aber streckte seine linke Hand
aus, ergriff den Dolch an seiner rechten Hüfte und stieß ihn Eglon in
den Leib. 22 Die Klinge drang samt dem Heft hinein, und das Fett
umschloß die Klinge. Ehud zog den Dolch nicht aus dem Leib Eglons
heraus [er ging zum Seiteneingang hinaus], 23 sondern schloß die
Tür des Obergemachs hinter sich, schob den Riegel vor und ging zur
Halle hinaus. 24 Als er weggegangen war, kamen die Diener und
sahen, daß die Tür des Obergemachs verriegelt war. Sie meinten,
Eglon verrichte in der kühlen Kammer seine Notdurft. 25 Sie warteten
aber vergeblich. Und als er die Tür des Obergemachs nicht öffnete,
nahmen sie den Schlüssel und schlossen auf: Da lag ihr Herr tot auf
dem Boden. 26 Ehud aber war entkommen, während sie gezögert hat-
ten. Er war bereits an den Götterbildern vorbeigegangen und hatte
sich nach Seïra in Sicherheit gebracht. 27 Sobald er dort angekommen
war, ließ er auf dem Gebirge Efraim das Widderhorn blasen, und die
Israeliten zogen mit ihm vom Gebirge hinab, er an ihrer Spitze. 28 Er
sagte zu ihnen: Folgt mir, denn der Herr hat eure Feinde, die Moabi-
ter, in eure Gewalt gegeben. Sie zogen mit ihm hinab, besetzten die
Jordanübergänge nach Moab und ließen niemand mehr hinüber.
29 Damals erschlugen sie von Moab etwa zehntausend Mann, alles
starke und kriegstüchtige Männer, und keiner entkam. 30 So mußte
sich Moab an jenem Tag der Gewalt Israels unterwerfen, und das
Land hatte achtzig Jahre lang Ruhe.
31 Auf Ehud folgte Schamgar, der Sohn des Anat. Er erschlug sechs-
hundert Philister mit einem Ochsenstecken. Auf diese Weise trug
auch er zur Rettung Israels bei.

Debora und Barak

Der Sieg über Sisera

4 Als Ehud gestorben war, taten die Israeliten wieder, was dem
Herrn mißfiel. 2 Darum lieferte sie der Herr der Gewalt Jabins,
des Königs von Kanaan, aus, der in Hazor herrschte. Sein Heerfüh-
rer war Sisera, der in Haroschet-Gojim wohnte. 3 Da schrien die Isra-
eliten zum Herrn; denn Sisera besaß neunhundert eiserne Kampf-
wagen und hatte die Israeliten zwanzig Jahre lang grausam unter-
drückt.
4 Damals war Debora, eine Prophetin, die Frau des Lappidot, Richte-
rin in Israel. 5 Sie hatte ihren Sitz unter der Debora-Palme zwischen
Rama und Bet-El im Gebirge Efraim, und die Israeliten kamen zu ihr
hinauf, um sich Recht sprechen zu lassen. 6 Sie schickte Boten zu
Barak, dem Sohn Abinoams aus Kedesch-Naftali, ließ ihn rufen und
sagte zu ihm: Der Herr, der Gott Israels, befiehlt: Geh hin, zieh auf
den Berg Tabor, und nimm zehntausend Naftaliter und Sebuloniter
mit dir! 7 Ich aber werde Sisera, den Heerführer Jabins, mit seinen
Wagen und seiner Streitmacht zu dir an den Bach Kischon lenken und
ihn in deine Hand geben.
8 Barak sagte zu ihr: Wenn du mit mir gehst, werde ich gehen; wenn
du aber nicht mit mir gehst, werde ich nicht gehen. 9 Sie sagte: Ja, ich
gehe mit dir; aber der Ruhm bei dem Unternehmen, zu dem du aus-
ziehst, wird dann nicht dir zuteil; denn der Herr wird Sisera der Hand
einer Frau ausliefern. Und Debora machte sich auf und ging zusam-
men mit Barak nach Kedesch. 10 Barak rief Sebulon und Naftali in
Kedesch zusammen, und zehntausend Mann folgten ihm (auf den
Tabor) hinauf. Auch Debora ging mit ihm.
11 Der Keniter Heber aber, der sich von Kain, von den Söhnen Hobabs,
des Schwiegervaters des Mose, getrennt hatte, hatte sein Zelt an der
Eiche von Zaanannim bei Kedesch aufgeschlagen.
12 Als man nun Sisera meldete, daß Barak, der Sohn Abinoams, auf
den Berg Tabor gezogen sei, 13 beorderte Sisera alle seine Wagen –
neunhundert eiserne Kampfwagen – und das ganze Kriegsvolk, das
er bei sich hatte, von Haroschet-Gojim an den Bach Kischon.
14 Da sagte Debora zu Barak: Auf! Denn das ist der Tag, an dem der
Herr den Sisera in deine Gewalt gegeben hat. Ja, der Herr zieht selbst
vor dir her. Barak zog also vom Berg Tabor herab, und die zehntau-
send Mann folgten ihm. 15 Und der Herr brachte Sisera, alle seine
Wagen und seine ganze Streitmacht [mit scharfem Schwert] vor den
Augen Baraks in große Verwirrung. Sisera sprang vom Wagen und
floh zu Fuß. 16 Barak verfolgte die Wagen und das Heer bis nach
Haroschet-Gojim. Das ganze Heer Siseras fiel unter dem scharfen
Schwert; nicht ein einziger Mann blieb übrig.

Siseras Tod

17 Sisera war zu Fuß zum Zelt der Jaël, der Frau des Keniters Heber,
geflohen; denn zwischen Jabin, dem König von Hazor, und der Familie
des Keniters Heber herrschte Frieden. 18 Jaël ging Sisera entgegen und
sagte zu ihm: Kehr ein, Herr, kehr ein bei mir, hab keine Angst! Da
begab er sich zu ihr ins Zelt, und sie deckte ihn mit einem Teppich zu.
19 Er sagte zu ihr: Gib mir doch etwas Wasser zu trinken, ich habe
Durst. Sie öffnete einen Schlauch mit Milch und gab ihm zu trinken;
dann deckte sie ihn wieder zu. 20 Er sagte zu ihr: Stell dich an den Zelt-
eingang, und wenn einer kommt und dich fragt: Ist jemand hier?, dann
antworte: Nein. 21 Doch Jaël, die Frau Hebers, holte einen Zeltpflock,
nahm einen Hammer in die Hand, ging leise zu Sisera hin und schlug
ihm den Zeltpflock durch die Schläfe, so daß er noch in den Boden
drang. So fand Sisera, der vor Erschöpfung eingeschlafen war, den Tod.
22 Da erschien gerade Barak, der Sisera verfolgte. Jaël ging ihm entge-
gen und sagte: Komm, ich zeige dir den Mann, den du suchst. Er ging
mit ihr hinein; da sah er Sisera tot am Boden liegen, mit dem Pflock in
seiner Schläfe.
23 So demütigte Gott an diesem Tag Jabin, den König von Kanaan, vor
den Israeliten, 24 und die Faust der Israeliten lag immer schwerer auf
Jabin, dem König von Kanaan, bis sie Jabin, den König von Kanaan,
ganz vernichtet hatten.

Das Debora-Lied

5 Debora und Barak, der Sohn Abinoams, sangen an jenem Tag
dieses Lied:
2 Daß Führer Israel führten / und das Volk sich bereit zeigte, / dafür
preist den Herrn!

3 Hört, ihr Könige, horcht auf, ihr Fürsten! / Ich will dem Herrn zu Ehren singen, / ich will zu Ehren des Herrn, / des Gottes Israels, spielen.
4 Herr, als du auszogst aus Seïr, / als du vom Grünland Edoms heranschrittest, / da bebte die Erde, die Himmel ergossen sich, / ja, aus den Wolken ergoß sich das Wasser.
5 Die Berge wankten vor dem Blick des Herrn [das ist der Sinai,] / vor dem Blick des Herrn, des Gottes Israels.
6 In den Tagen Schamgars, des Sohnes des Anat, / in den Tagen Jaëls lagen die Wege verlassen da; / wer unterwegs war, mußte Umwege machen.
7 Bewohner des offenen Landes gab es nicht mehr, / es gab sie nicht mehr in Israel, / bis du dich erhobst, Debora, / bis du dich erhobst, Mutter in Israel.
8 Man hatte sich neue Götter erwählt. / Es gab kein Brot an den Toren. / Schild und Speer waren nicht mehr zu sehen / bei den Vierzigtausend in Israel.
9 Mein Herz gehört Israels Führern. / Ihr, die ihr bereit seid im Volk, / preist den Herrn!
10 Ihr, die ihr auf weißen Eselinnen reitet, / die ihr auf Teppichen sitzt, / die ihr auf der Straße dahinzieht, singt!
11 Horch, sie jubeln zwischen den Tränken; / dort besingt man die rettenden Taten des Herrn, / seine hilfreiche Tat an den Bauern in Israel. / Damals zog das Volk des Herrn hinab zu den Toren.
12 Auf, auf, Debora! Auf, auf, sing ein Lied! / Erheb dich, Barak, / führ deine Gefangenen heim, / Sohn Abinoams!
13 Dann steige herab, / was übrig ist unter den Herrlichen des Volkes. / Der Herr steige herab / mit mir unter den Helden.
14 Aus Efraim zogen sie hinunter ins Tal, / hinter ihnen Benjamin mit seinen Scharen; / von Machir stiegen die Führer hinab, / von Sebulon die, die das Zepter tragen.
15 Die Fürsten Issachars zusammen mit Debora / und wie Issachar so auch Barak, / ins Tal getragen von seinen Füßen. / In Rubens Bezirken / überlegte man lange.
16 Warum sitzt du zwischen den Hürden / und hörst bei den Herden dem Flötenspiel zu? / In Rubens Bezirken / überlegte man lange.
17 Gilead bleibt jenseits des Jordan. / Warum verweilt Dan bei den Schiffen? / Ascher sitzt am Ufer des Meeres, / bleibt ruhig an seinen Buchten.
18 Sebulon ist ein Volk, / das sein Leben aufs Spiel setzt, / auch Naftali auf den Höhen des Feldes.
19 Könige kamen und kämpften, / damals kämpften Kanaans Könige / in Taanach, an den Wassern Megiddos, / doch Beute an Silber machten sie nicht.
20 Vom Himmel her kämpften die Sterne, / von ihren Bahnen aus kämpften sie gegen Sisera.
21 Der Bach Kischon schwemmte sie fort, / der altberühmte Bach, der Bach Kischon. / Meine Seele soll auftreten mit Macht.
22 Damals stampften die Hufe der Pferde / im Jagen, im Dahinjagen der Hengste.
23 Ihr sollt Meros verfluchen, / spricht der Engel des Herrn. / Mit Flüchen flucht seinen Bewohnern; / denn sie kamen dem Herrn nicht zu Hilfe, / zu Hilfe dem Herrn unter den Helden.
24 Gepriesen sei Jaël unter den Frauen, / die Frau des Keniters Heber, / gepriesen unter den Frauen im Zelt.
25 Er hatte Wasser verlangt, sie gab ihm Milch, / in einer prächtigen Schale reichte sie Sahne.
26 Ihre Hand streckte sie aus nach dem Pflock, / ihre Rechte nach dem Hammer des Schmieds. / Sie erschlug Sisera, zermalmte sein Haupt, / zerschlug, durchbohrte seine Schläfe.
27 Zu ihren Füßen brach er zusammen, fiel nieder, lag da, / zu ihren Füßen brach er zusammen, fiel nieder. / Wo er zusammenbrach, da lag er vernichtet.
28 Aus ihrem Fenster blickt Siseras Mutter / und klagt durch das Gitter: / Warum säumt sein Wagen zu kommen, / warum zögert der Hufschlag seiner Gespanne?

Karl Schmidt-Rottluff
Kleine Prophetin
(1919)
»Bewohner des offenen Landes gab es nicht mehr, es gab sie nicht mehr in Israel, bis du dich erhobst, Debora, bis du dich erhobst, Mutter in Israel« (Ri 5,7). Der Expressionist Karl Schmidt-Rottluff schuf mit seinem Holzschnitt ein Bild der Prophetin und Richterin Debora. Wobei »klein« sich lediglich auf das Bildformat bezieht, während das lapidare Gefüge aus schwarzen und weißen Flächen die Energie zum Ausdruck bringt, mit der Debora den Befreiungskampf gegen die kanaanitische Unterdrückung vorantreibt; die erhobene Hand ist ein Redegestus.

29 Eine Kluge aus ihren Fürstinnen antwortet ihr, / und sie selbst wiederholt deren Worte:
30 Sicher machen und teilen sie Beute, / ein, zwei Frauen für jeden Mann, / Beute an Kleidern für Sisera, / Beute an Kleidern, / für meinen Hals als Beute ein, zwei bunte Tücher.
31 So gehen all deine Feinde zugrunde, Herr. / Doch die, die ihn lieben, sind wie die Sonne, / wenn sie aufgeht in ihrer Kraft.
Dann hatte das Land vierzig Jahre lang Ruhe.

Die Berufung Gideons

6 Die Israeliten taten, was dem Herrn mißfiel. Da gab sie der Herr
in die Gewalt Midians, sieben Jahre lang.
2 Als Midian die Oberhand gewann, machten sich die Israeliten die Schluchten in den Bergen und die Höhlen und die Bergnester (als Unterschlupf) vor den Midianitern zurecht.
3 Doch immer, wenn die Israeliten gesät hatten, kamen Midian, die Amalekiter und die Leute aus dem Osten und zogen gegen sie heran.
4 Sie belagerten die Israeliten und vernichteten die Ernte des Landes bis hin in die Gegend von Gaza. Sie ließen in

Israel keine Lebensmittel übrig, auch kein Schaf, kein Rind und kei-
nen Esel. 5 Denn sie zogen mit ihren Herden und Zelten heran und
kamen so zahlreich wie die Heuschrecken herbei. Zahllos waren sie
selbst und auch ihre Kamele. Sie kamen und verheerten das Land. 6 So
verarmte Israel sehr wegen Midian, und die Israeliten schrien zum
Herrn. 7 Als nun die Israeliten wegen Midian zum Herrn schrien,
8 schickte der Herr einen Propheten zu den Israeliten. Dieser sagte zu
ihnen: So spricht der Herr, der Gott Israels: Ich selbst habe euch aus
Ägypten heraufgeführt. Ich habe euch aus dem Sklavenhaus heraus-
geführt. 9 Ich habe euch aus der Gewalt Ägyptens und aus der Gewalt
all eurer Unterdrücker befreit. Ich habe sie vor euren Augen vertrie-
ben und euch ihr Land gegeben. 10 Und ich habe euch gesagt: Ich bin
der Herr, euer Gott. Fürchtet nicht die Götter der Amoriter, in deren
Land ihr wohnt. Aber ihr habt nicht auf meine Stimme gehört.
11 Der Engel des Herrn kam und setzte sich unter die Eiche bei Ofra,
die dem Abiësriter Joasch gehörte. Sein Sohn Gideon war gerade
dabei, in der Kelter Weizen zu dreschen, um ihn vor Midian in Sicher-
heit zu bringen. 12 Da erschien ihm der Engel des Herrn und sagte zu
ihm: Der Herr sei mit dir, starker Held. 13 Doch Gideon sagte zu ihm:
Ach, mein Herr, ist der Herr wirklich mit uns? Warum hat uns dann
all das getroffen? Wo sind alle seine wunderbaren Taten, von denen
uns unsere Väter erzählt haben? Sie sagten doch: Wirklich, der Herr
hat uns aus Ägypten heraufgeführt. Jetzt aber hat uns der Herr ver-
stoßen und uns der Faust Midians preisgegeben. 14 Da wandte sich
der Herr ihm zu und sagte: Geh und befrei mit der Kraft, die du hast,
Israel aus der Faust Midians! Ja, ich sende dich. 15 Er entgegnete ihm:
Ach, mein Herr, womit soll ich Israel befreien? Sieh doch, meine
Sippe ist die schwächste in Manasse, und ich bin der Jüngste im Haus
meines Vaters. 16 Doch der Herr sagte zu ihm: Weil ich mit dir bin,
wirst du Midian schlagen, als wäre es nur ein Mann. 17 Gideon erwi-
derte ihm: Wenn ich dein Wohlwollen gefunden habe, dann gib mir
ein Zeichen dafür, daß du selbst es bist, der mit mir redet. 18 Entfern
dich doch nicht von hier, bis ich zu dir zurückkomme; ich will eine
Gabe für dich holen und sie vor dich hinlegen. Er sagte: Ich werde
bleiben, bis du zurückkommst. 19 Gideon ging (ins Haus) hinein und
bereitete ein Ziegenböckchen zu sowie ungesäuerte Brote von einem
Efa Mehl. Er legte das Fleisch in einen Korb, tat die Brühe in einen
Topf, brachte beides zu ihm hinaus unter die Eiche und setzte es ihm
vor. 20 Da sagte der Engel Gottes zu ihm: Nimm das Fleisch und die
Brote, und leg sie hier auf den Felsen, die Brühe aber gieß weg!
Gideon tat es. 21 Der Engel des Herrn streckte den Stab aus, den er in
der Hand hatte, und berührte mit seiner Spitze das Fleisch und die
Brote. Da stieg Feuer von dem Felsblock auf und verzehrte das Fleisch
und die Brote. Der Engel des Herrn aber war Gideons Augen ent-
schwunden. 22 Als nun Gideon sah, daß es der Engel des Herrn gewe-
sen war, sagte er: Weh mir, Herr und Gott, ich habe den Engel des
Herrn von Angesicht zu Angesicht gesehen. 23 Der Herr erwiderte
ihm: Friede sei mit dir! Fürchte dich nicht, du wirst nicht sterben.
24 Gideon errichtete an jener Stelle einen Altar für den Herrn und
nannte ihn: Der Herr ist Friede. Der Altar steht bis zum heutigen Tag
in Ofra, (der Stadt) der Abiësriter.

Die Zerstörung des Baal-Altars

25 In jener Nacht sagte der Herr zu Gideon: Nimm das Rind deines
Vaters, den siebenjährigen fetten Farren, reiß den Altar des Baal nie-
der, der deinem Vater gehört, und den Kultpfahl daneben hau um!
26 Bau einen Altar für den Herrn, deinen Gott, auf der Höhe der Burg
hier, entsprechend der vorgeschriebenen Ordnung, nimm den fetten
Farren, und bring ihn mit dem Holz des Kultpfahls, den du umhaust,
als Brandopfer dar. 27 Da nahm Gideon zehn seiner Knechte und tat,
was der Herr zu ihm gesagt hatte. Weil er sich aber vor seiner Familie
und den Leuten der Stadt fürchtete, es bei Tag zu tun, tat er es bei
Nacht. 28 Als die Einwohner der Stadt am Morgen aufstanden, sahen
sie, daß der Altar des Baal zerstört, der Kultpfahl daneben umge-
hauen und der fette Farren auf dem neuerbauten Altar geopfert war.
29 Da sagten sie zueinander: Wer hat das getan? Sie suchten und
forschten nach und stellten fest: Gideon, der Sohn des Joasch, hat
es getan. 30 Die Einwohner der Stadt sagten deshalb zu Joasch: Gib
deinen Sohn heraus! Er muß sterben, denn er hat den Altar des Baal
niedergerissen und den Kultpfahl daneben umgehauen. 31 Joasch
erwiderte allen, die um ihn herumstanden: Wollt ihr etwa für Baal
streiten? Wollt ihr ihn retten? Wer für ihn streitet, soll noch vor dem
Morgen sterben. Wenn Baal Gott ist, soll er für sich selbst streiten,
weil man seinen Altar niedergerissen hat. 32 Darum nannte man
Gideon seit jenem Tag Jerubbaal – das heißt: Baal möge gegen ihn
streiten –; denn er hat seinen Altar niedergerissen.

Das göttliche Zeichen vor der Schlacht gegen die Midianiter

33 Ganz Midian, Amalek und die Leute aus dem Osten taten sich
zusammen, zogen herüber und schlugen in der Ebene Jesreel ihr Lager
auf. 34 Da kam der Geist des Herrn über Gideon. Gideon blies ins Wid-
derhorn und rief die Abiësriter, ihm (in den Kampf) zu folgen. 35 Auch
schickte er Boten in ganz Manasse umher und rief Manasse, ihm (in
den Kampf) zu folgen. Außerdem schickte er Boten in Ascher, Sebu-
lon und Naftali umher, und auch diese stießen zu ihnen.
36 Da sagte Gideon zu Gott: Wenn du Israel wirklich durch meine
Hand retten willst, wie du gesagt hast – 37 sieh her, ich lege frisch
geschorene Wolle auf die Tenne; wenn der Tau allein auf die Wolle
fällt und es auf dem ganzen (übrigen) Boden trocken bleibt, dann
weiß ich, daß du durch meine Hand Israel retten willst, wie du gesagt
hast. 38 Und so geschah es. Als er früh am Morgen hinkam und die
Wolle ausdrückte, konnte er den Tau – eine Schale voll Wasser – aus
der Wolle herauspressen. 39 Darauf sagte Gideon zu Gott: Dein Zorn
möge nicht gegen mich entbrennen, wenn ich noch einmal rede. Ich
möchte es nur noch dieses eine Mal mit der Wolle versuchen: Die
Wolle allein soll dieses Mal trocken bleiben, und auf dem ganzen
(übrigen) Boden soll Tau liegen. 40 Und Gott machte es in der folgen-
den Nacht so: Die Wolle allein blieb trocken, und auf dem ganzen
übrigen Boden lag Tau.

Der Kampf gegen die Midianiter

7 Am frühen Morgen brach Jerubbaal – das ist Gideon – mit allen
Leuten, die er bei sich hatte, auf, und sie errichteten bei der
Harod-Quelle ihr Lager; das Lager Midians war nördlich davon beim
Hügel More in der Ebene. 2 Der Herr sagte zu Gideon: Die Leute, die
du bei dir hast, sind zu zahlreich, als daß ich Midian in deine Gewalt
geben könnte. Sonst könnte sich Israel mir gegenüber rühmen und
sagen: Meine eigene Hand hat mich gerettet. 3 Ruf daher so laut, daß
die Leute es hören: Wer sich fürchtet und Angst hat, soll umkehren.
Gideon musterte sie, und darauf kehrten von den Leuten zweiund-
zwanzigtausend um, während zehntausend bei ihm blieben. 4 Doch
der Herr sagte zu Gideon: Die Leute sind immer noch zu zahlreich.
Führ sie hinab ans Wasser; dort will ich sie für dich mustern. Von
wem ich sagen werde: Er soll mit dir gehen!, der soll mitgehen, und
jeder, von dem ich zu dir sagen werde: Dieser soll nicht mit dir
gehen!, der soll nicht mitgehen. 5 Gideon führte die Leute zum Was-
ser hinab, und der Herr sagte zu ihm: Stell alle, die das Wasser mit der
Zunge auflecken, wie es ein Hund tut, auf einen besonderen Platz,
und ebenso alle, die sich zum Trinken hinknien. 6 Die Zahl derer, die
das Wasser aufleckten, betrug dreihundert Mann. Alle übrigen Leute
aber knieten sich hin, um das Wasser zu trinken, indem sie es mit der
Hand zum Mund führten. 7 Der Herr sagte zu Gideon: Durch die drei-
hundert Mann, die (das Wasser) aufgeleckt haben, will ich euch ret-
ten; ich werde Midian in deine Gewalt geben. Alle übrigen Leute sol-
len nach Hause gehen. 8 Gideon entließ also alle Israeliten, jeden zu
seinem Zelt, und sie nahmen die Verpflegung der Leute und ihre Wid-
derhörner mit. Nur die dreihundert Mann behielt er bei sich.
Das Lager Midians lag unterhalb von ihm in der Ebene. 9 In jener
Nacht geschah es, daß Jahwe zu ihm sagte: Steh auf, geh zum Lager
hinab; denn ich habe es in deine Gewalt gegeben. 10 Wenn du dich

aber davor fürchtest, hinabzusteigen, dann geh (zuerst allein) mit
deinem Diener Pura ins Lager hinab, 11 und höre, was man dort redet.
Dann wirst du die Kraft bekommen, zum Lager hinabzuziehen.
Gideon ging also mit seinem Diener Pura bis unmittelbar an die Krie-
ger im Lager heran. 12 Midian und Amalek und die Leute des Ostens
waren in die Ebene eingefallen, zahlreich wie die Heuschrecken, und
ihre Kamele waren zahllos wie der Sand am Ufer des Meeres. 13 Als
Gideon ankam, erzählte gerade einer dem andern einen Traum. Er
sagte: Hör zu, ich hatte einen Traum: Ich sah, wie ein Laib Gersten-
brot ins Lager Midians rollte. Er gelangte bis zum Zelt und stieß
dagegen, so daß es umfiel und umgestülpt dalag. Dann brach das
Zelt zusammen. 14 Der andere antwortete: Das bedeutet nichts ande-
res als das Schwert des Israeliten Gideon, des Sohnes des Joasch.
Gott hat Midian und das ganze Lager in seine Gewalt gegeben.
15 Als Gideon die Erzählung von dem Traum und seine Deutung
hörte, warf er sich nieder und betete. Dann kehrte er ins Lager Israels
zurück und rief: Auf! Der Herr hat das Lager Midians in eure Gewalt
gegeben. 16 Gideon teilte die dreihundert Mann in drei Abteilungen
und gab allen Männern Widderhörner und leere Krüge in die Hand;
in den Krügen waren Fackeln. 17 Er sagte zu ihnen: Seht auf mich, und
macht alles ebenso wie ich! Paßt auf: Ich gehe nun an den Rand des
Lagers (der Midianiter), und das, was ich mache, müßt auch ihr
machen. 18 Wenn ich und alle, die bei mir sind, das Widderhorn bla-
sen, dann müßt auch ihr rings um das ganze Lager eure Hörner bla-
sen und rufen: Für den Herrn und Gideon! 19 Gideon und die hundert
Mann, die bei ihm waren, gelangten zu Beginn der mittleren Nacht-
wache an den Rand des Lagers (der Midianiter); man hatte gerade die
Wachen aufgestellt. Sie bliesen das Widderhorn und zerschlugen die
Krüge, die sie in der Hand hatten. 20 Nun bliesen auch die beiden
anderen Abteilungen ihre Hörner, zerschlugen die Krüge, ergriffen
mit der linken Hand die Fackeln, während sie in der rechten Hand die
Widderhörner hielten, um zu blasen, und schrien: Das Schwert für
den Herrn und Gideon! 21 Dabei blieben sie rings um das Lager ste-
hen, jeder an dem Platz, wo er gerade war. Im Lager liefen alle durch-
einander, schrien und flohen. 22 Als die dreihundert Männer ihre Hör-
ner bliesen, richtete der Herr im ganzen Lager das Schwert des einen
gegen den andern. Alle im Lager flohen bis nach Bet-Schitta, Zereda,
Sefat-Abel-Mehola und Tabbat. 23 Nun wurden die Israeliten aus
Naftali, Ascher und ganz Manasse aufgeboten, um die Midianiter zu
verfolgen. 24 Außerdem schickte Gideon Boten im ganzen Bergland
von Efraim umher und ließ sagen: Zieht hinab gegen Midian, und
nehmt ihm die Wasserstellen weg bis nach Bet-Bara, und (besetzt)
den Jordanübergang! So wurden alle Männer Efraims zusammenge-
rufen, und sie besetzten die Wasserstellen bis Bet-Bara und den Jor-
danübergang. 25 Sie nahmen auch die zwei Midianiterfürsten Oreb
(Rabe) und Seeb (Wolf) gefangen. Oreb töteten sie am Rabenfelsen,
und Seeb töteten sie an der Wolfskelter; dann setzten sie die Verfol-
gung Midians fort. Die Köpfe Orebs und Seebs aber brachten sie zu
Gideon über den Jordan.

8 Die Efraimiter aber sagten zu Gideon: Was hast du uns da ange-
tan, daß du uns nicht hast rufen lassen, als du ausgezogen bist,
um gegen Midian zu kämpfen? Und sie stritten heftig mit ihm. 2 Er
antwortete ihnen: Was habe ich schon getan im Vergleich zu euch? Ist
nicht die Nachlese Efraims besser als die Weinlese Abiësers? 3 In eure
Gewalt hat Gott Oreb und Seeb, die Fürsten Midians, gegeben. Was
vermochte ich zu tun im Vergleich zu euch? Als er das sagte, legte sich
ihr Zorn gegen ihn.

Der Feldzug im Ostjordanland

4 Als Gideon an den Jordan gekommen und mit den dreihundert Män-
nern, die bei ihm waren, hinübergegangen war, erschöpft von der
Verfolgung, 5 sagte er zu den Einwohnern von Sukkot: Gebt doch den
Leuten, die mir folgen, einige Laibe Brot; denn sie sind erschöpft. Ich
bin dabei, Sebach und Zalmunna, die Könige von Midian, zu verfol-
gen. 6 Doch die Oberen von Sukkot entgegneten: Hast du denn
Sebach und Zalmunna schon in deiner Gewalt? Warum sollten wir
deinem Heer Brot geben? 7 Darauf sagte Gideon: Wahrhaftig, wenn
der Herr Sebach und Zalmunna in meine Gewalt gegeben hat, dann
dresche ich euch den Leib mit Wüstendornen und Stechdisteln.
8 Dann zog er von Sukkot hinauf nach Penuël und sprach die Leute
dort in derselben Weise an; aber die Einwohner von Penuël antworte-
ten ihm genauso, wie die Männer von Sukkot geantwortet hatten. 9 Da
drohte er auch den Männern von Penuël: Wenn ich heil zurückkehre,
werde ich die Burg hier niederreißen.
10 Sebach und Zalmunna befanden sich mit ihrem Heerlager in Kar-
kor; es waren etwa fünfzehntausend Mann; das war alles, was von
dem ganzen Heerlager der Leute aus dem Osten übriggeblieben war.
Hundertzwanzigtausend mit dem Schwert bewaffnete Männer waren
gefallen. 11 Gideon zog auf dem Beduinenweg östlich von Nobach
und Jogboha hinauf und schlug das (feindliche) Heer, das sich in
Sicherheit wähnte. 12 Sebach und Zalmunna, die beiden Könige von
Midian, flohen, aber er verfolgte sie, nahm sie gefangen und
scheuchte das ganze Heerlager auseinander.
13 Als Gideon, der Sohn des Joasch, aus dem Kampf von Maale-Heres
zurückkehrte, 14 nahm er einen jungen Mann fest, der zu den Leuten
von Sukkot gehörte. Er fragte ihn aus, und dieser mußte ihm die Obe-
ren und Ältesten von Sukkot aufschreiben, siebenundsiebzig Män-
ner. 15 Als er nun zu den Einwohnern von Sukkot kam, sagte er: Hier
sind Sebach und Zalmunna, deretwegen ihr mich verhöhnt habt mit
den Worten: Ist denn Sebach und Zalmunna schon in deiner Hand?
Warum sollten wir deinen erschöpften Männern Brot geben? 16 Dann
ergriff er die Ältesten der Stadt, die Männer von Sukkot, und drosch
sie mit den Wüstendornen und mit den Stechdisteln. 17 Die Burg von
Penuël aber riß er nieder und tötete die Männer in der Stadt.
18 Dann sagte er zu Sebach und Zalmunna: Wie sahen die Männer aus,
die ihr in Tabor getötet habt? Sie antworteten: Sie waren wie du; jeder
sah aus wie ein Königssohn. 19 Er entgegnete: Es waren meine Brü-
der, die Söhne meiner Mutter. So wahr der Herr lebt: Hättet ihr sie am
Leben gelassen, würde ich euch nicht töten. 20 Und er sagte zu Jeter,
seinem Erstgeborenen: Auf, töte sie! Aber der Junge zog sein Schwert
nicht; er hatte Angst, weil er noch so jung war. 21 Da sagten Sebach
und Zalmunna: Steh selber auf, und schlag uns nieder! Denn wie der
Mann, so seine Kraft. Da stand Gideon auf und tötete Sebach und
Zalmunna. Dann nahm er ihren Kamelen die kleinen Monde ab, die
sie am Hals trugen.

Die Ablehnung der Königswürde

22 Die Israeliten sagten zu Gideon: Werde unser Herrscher, du und
auch dein Sohn und dein Enkel; denn du hast uns aus der Gewalt
Midians befreit. 23 Aber Gideon antwortete ihnen: Ich will nicht über
euch herrschen, und auch mein Sohn soll nicht über euch herrschen;
der Herr soll über euch herrschen.
24 Weiter sagte Gideon zu ihnen: Ich möchte euch um etwas bitten:
Jeder von euch gebe mir einen Ring aus seiner Beute. Die Feinde hat-
ten nämlich goldene Ringe, denn sie waren Ismaeliter. 25 Sie antwor-
teten: Wir geben sie dir gern. Sie breiteten einen Mantel aus, und
jeder legte einen Ring aus seiner Beute darauf. 26 Das Gewicht der
goldenen Ringe, um die er gebeten hatte, betrug tausendsiebenhun-
dert Goldschekel, ohne die kleinen Monde und die Ohrgehänge und
die Purpurkleider, die die Könige von Midian getragen hatten, und
ohne die Halsketten ihrer Kamele. 27 Gideon machte daraus ein Efod
und stellte es in seiner Stadt Ofra auf. Und ganz Israel trieb dort damit
Abgötterei. Das brachte Gideon und sein Haus zu Fall.
28 Midian aber war von den Israeliten gedemütigt, so daß es sein
Haupt nicht mehr erheben konnte. Das Land hatte dann vierzig Jahre
lang Ruhe, solange Gideon lebte. 29 Jerubbaal, der Sohn des Joasch,
ging heim und blieb bei seiner Familie. 30 Gideon hatte siebzig leibli-
che Söhne, denn er hatte viele Frauen. 31 Auch seine Nebenfrau, die in
Sichem war, gebar ihm einen Sohn; dem gab er den Namen Abime-

lech. 32 Gideon, der Sohn des Joasch, starb in hohem Alter und wurde
im Grab seines Vaters Joasch in Ofra, der Stadt der Abiësriter, begra-
ben. 33 Als Gideon tot war, trieben die Israeliten wieder Abgötterei
mit den Baalen und machten den «Baal des Bundes» zu ihrem Gott.
34 Die Israeliten dachten nicht mehr an den Herrn, ihren Gott, der sie
aus der Gewalt all ihrer Feinde ringsum befreit hatte. 35 Auch dem
Haus Jerubbaal-Gideon erwiesen sie kein Wohlwollen, wie es all dem
Guten entsprochen hätte, das es für Israel getan hatte.

Die Wahl Abimelechs zum König

9 Abimelech, der Sohn Jerubbaals, ging nach Sichem zu den Brü-
dern seiner Mutter und sagte zu ihnen und zur ganzen Sippe der
Familie seiner Mutter: 2 Redet doch allen Bürgern von Sichem zu und
sagt: Was ist besser für euch: wenn siebzig Männer über euch herr-
schen, alle Söhne Jerubbaals, oder wenn nur ein Mann über euch
herrscht? Denkt auch daran, daß ich euer Fleisch und Bein bin. 3 Da
redeten die Brüder seiner Mutter seinetwegen allen Bürgern Sichems
zu, und zwar genau mit seinen Worten, so daß sich ihr Herz Abime-
lech zuwandte. Denn sie sagten sich: Er ist unser Bruder. 4 Sie gaben
ihm siebzig Silberstücke aus dem Tempel des »Baal des Bundes«, und
Abimelech warb damit Männer an, die nichts zu verlieren hatten und
zu allem fähig waren; sie wurden sein Gefolge. 5 Dann drang er in das
Haus seines Vaters in Ofra ein und brachte seine Brüder, die Söhne
Jerubbaals, siebzig Mann, auf ein und demselben Stein um. Nur
Jotam, der jüngste Sohn Jerubbaals, blieb übrig, weil er sich versteckt
hatte. 6 Da versammelten sich alle Bürger von Sichem und Bet-Millo,
zogen zu der Eiche, die bei Sichem steht, und machten Abimelech
zum König.

Die Fabel vom König der Bäume

7 Als man das Jotam meldete, stellte er sich auf den Gipfel des Berges
Garizim und rief ihnen mit erhobener Stimme zu:
Hört auf mich, ihr Bürger von Sichem, / damit Gott auf euch hört.
8 Einst machten sich die Bäume auf, / um sich einen König zu salben, /
und sie sagten zum Ölbaum: / Sei du unser König!
9 Der Ölbaum sagte zu ihnen: / Soll ich mein Fett aufgeben, / mit dem
man Götter und Menschen ehrt, / und hingehen, um über den ande-
ren Bäumen zu schwanken?
10 Da sagten die Bäume zum Feigenbaum: / Komm, sei du unser
König!
11 Der Feigenbaum sagte zu ihnen: / Soll ich meine Süßigkeit aufge-
ben / und meine guten Früchte / und hingehen, um über den anderen
Bäumen zu schwanken?
12 Da sagten die Bäume zum Weinstock: / Komm, sei du unser König!
13 Der Weinstock sagte zu ihnen: / Soll ich meinen Most aufgeben, /
der Götter und Menschen erfreut, / und hingehen, um über den ande-
ren Bäumen zu schwanken?
14 Da sagten alle Bäume zum Dornenstrauch: / Komm, sei du unser
König!
15 Der Dornenstrauch sagte zu den Bäumen: / Wollt ihr mich wirklich
zu eurem König salben? / Kommt, findet Schutz in meinem Schatten! /
Wenn aber nicht, dann soll vom Dornenstrauch Feuer ausgehen / und
die Zedern des Libanon fressen.
16 Wenn ihr also treu und redlich gehandelt habt, als ihr Abimelech
zum König machtet, und wenn ihr an Jerubbaal und seinem Haus gut
gehandelt habt, wenn ihr so an ihm gehandelt habt, wie das Wirken
meines Vaters es verdient, 17 der für euch gekämpft, sein Leben
gewagt und euch aus der Gewalt Midians befreit hat, 18 während ihr
euch heute gegen das Haus meines Vaters erhoben habt, seine Söhne,
siebzig Männer, auf ein und demselben Stein umgebracht und
Abimelech, den Sohn seiner Sklavin, zum König über die Bürger von
Sichem gemacht habt, weil er euer Bruder ist, – 19 wenn ihr also heute
treu und redlich an Jerubbaal und seinem Haus gehandelt habt, dann
sollt ihr eure Freude haben an Abimelech, und er soll seine Freude an
euch haben. 20 Wenn aber nicht, dann soll Feuer von Abimelech aus-
gehen und die Bürger Sichems und Bet-Millos fressen. Und von den
Bürgern Sichems und von Bet-Millo soll Feuer ausgehen und Abime-
lech fressen. 21 Dann machte sich Jotam davon, floh vor seinem
Bruder Abimelech nach Beer und ließ sich dort nieder.

Der Kampf um Sichem

22 Als Abimelech drei Jahre lang über Israel geherrscht hatte, 23 sandte
Gott einen bösen Geist zwischen Abimelech und die Bürger von
Sichem, so daß die Bürger von Sichem von Abimelech abfielen. 24 Das
Verbrechen an den siebzig Söhnen Jerubbaals sollte sich rächen; über
ihren Bruder Abimelech, der sie umgebracht hatte, sollte die Strafe
für das Blutvergießen kommen und ebenso über die Bürger von
Sichem, die ihm tatkräftig bei der Ermordung seiner Brüder geholfen
hatten. 25 Die Bürger von Sichem legten ihm auf den Höhen der Berge
einen Hinterhalt. Sie raubten dort jeden aus, der auf seinem Weg bei
ihnen vorbeikam. Das wurde Abimelech gemeldet.
26 Gaal, der Sohn Ebeds, kam mit seinen Brüdern und Knechten nach
Sichem, und die Bürger von Sichem faßten Vertrauen zu ihm. 27 Sie
gingen aufs Feld hinaus, hielten in ihren Weinbergen die Weinlese,
kelterten und feierten ein Freudenfest; sie zogen zum Haus ihres
Gottes, aßen und tranken und verfluchten Abimelech. 28 Gaal, der
Sohn Ebeds, sagte: Wer ist schon Abimelech? Und was ist Sichem,
daß wir Abimelech dienen sollten? Ist er nicht der Sohn Jerubbaals,
und ist nicht Sebul sein Vogt? Dient lieber den Männern Hamors, des
Vaters von Sichem! Warum sollten wir ihm dienen? 29 Wäre doch die-
ses Volk in meiner Gewalt; ich wollte Abimelech vertreiben. Ich
würde zu Abimelech sagen: Du hast ein großes Heer, also zieh in den
Kampf! 30 Als Sebul, der Vogt der Stadt, von den Reden Gaals, des
Sohnes Ebeds, hörte, entbrannte sein Zorn. 31 Er schickte Boten zu
Abimelech nach Aruma und ließ ihm sagen: Gaal, der Sohn Ebeds,
und seine Brüder sind nach Sichem gekommen und hetzen nun die
Stadt gegen dich auf. 32 Brich also noch in der Nacht mit den Leuten
auf, die du bei dir hast, und leg dich auf dem freien Feld in einen Hin-
terhalt! 33 Am Morgen aber brich bei Sonnenaufgang auf, und rück
gegen die Stadt vor! Sobald dann Gaal mit seinen Leuten gegen dich
ausrückt, mach mit ihm, wie es sich für dich ergibt. 34 Abimelech
brach noch in der Nacht mit allen Leuten, die er bei sich hatte, auf,
und sie legten sich in vier Abteilungen bei Sichem in einen Hinter-
halt. 35 Als Gaal, der Sohn Ebeds, herauskam und vor das Stadttor
trat, brach Abimelech mit seinen Leuten aus dem Hinterhalt hervor.
36 Als Gaal die Männer sah, sagte er zu Sebul: Sieh, da steigen Leute
von den Höhen der Berge herunter. Sebul entgegnete ihm: Du siehst
den Schatten der Berge für Menschen an. 37 Doch Gaal redete weiter
und sagte: Sieh doch, da kommen Leute vom Nabel des Landes herab,
und eine Abteilung kommt aus der Richtung der Orakel-Eiche. 38 Da
sagte Sebul zu ihm: Wo bleibt nun dein großes Maul, mit dem du
gesagt hast: Wer ist schon Abimelech, daß wir ihm dienen sollten?
Sind das nicht die Leute, die du verachtet hast? Rück jetzt nur aus, und
kämpfe mit ihnen! 39 Da rückte Gaal an der Spitze der Bürger von
Sichem aus und kämpfte gegen Abimelech. 40 Aber er mußte vor ihm
fliehen, und Abimelech verfolgte ihn, und viele wurden erschlagen,
sie fielen, noch bevor sie das Tor erreicht hatten. 41 Abimelech aber
kehrte nach Aruma zurück, und Sebul vertrieb Gaal und seine Brüder;
sie konnten nicht mehr in Sichem bleiben.
42 Am anderen Morgen gingen die Leute (von Sichem) aufs Feld hin-
aus. Das meldete man Abimelech. 43 Er nahm seine Leute, teilte sie in
drei Abteilungen und legte auf dem Feld einen Hinterhalt. Als er sah,
wie die Leute aus der Stadt herauskamen, überfiel er sie und erschlug
sie. 44 Abimelech stürmte mit der Abteilung, die bei ihm war, vor und
bezog am Eingang des Stadttors Stellung, während die beiden ande-
ren Abteilungen auf die, die auf dem Feld waren, eindrangen und sie
erschlugen.
45 Abimelech kämpfte den ganzen Tag gegen die Stadt. Er eroberte sie
und tötete ihre Einwohner. Dann zerstörte er die Stadt und streute
Salz über sie.

Arik Brauer
Simson zerreißt den Löwen
(1983)
»Da kam der Geist des Herrn über Simson, und Simson zerriß den Löwen mit bloßen Händen, als würde er ein Böckchen reißen« (Ri 14,6). Arik Bauer schildert die Szene mit der ihm eigenen Erzählfreude: Simson verbringt seine erste Heldentat. Aus nächtlichem Dunkel hervorbrechend, fällt das Raubtier den festlich gekleideten Bräutigam an. Den Blick zum Himmel gerichtet, vermag dieser den Löwen an Mähne und Rachen zu packen und so den Ansturm zu parieren. Zwei Motive gehen über den unmittelbaren Textbezug hinaus. Das rostrote Haar, das zu ungeheurer Fülle gesteigert ist, kennzeichnet ihn als Gottgeweihten, der das Nasiräergelübde abgelegt hat: Er »trägt an seinem Haupt das Zeichen dafür, daß er sich seinem Gott geweiht hat« (Num 6,7). Die rings umherschwirrenden Bienen weisen auf die Szene voraus, in der Simson im Kadaver des Löwen Honig findet (Ri 14,8f). Das Ölgemälde gehört zu einem achtteiligen Simson-Zyklus, den Arik Brauer 1983 geschaffen hat.

46 Als die Besatzung der Burg von Sichem davon hörte, zog sie sich in
das Gewölbe des Tempels des »Bundesgottes« zurück. 47 Abimelech
wurde gemeldet, daß sich die ganze Besatzung der Burg von Sichem
dort versammelt hatte. 48 Daraufhin stieg Abimelech mit all seinen
Leuten den Berg Zalmon hinauf. Abimelech nahm seine Axt in die
Hand, hieb einen Busch ab, hob ihn auf, legte ihn auf seine Schulter
und sagte zu seinen Leuten: Macht mir nach, was ihr gesehen habt,
aber schnell! 49 Da hieben auch alle seine Leute einen Busch ab und
zogen hinter Abimelech her. Sie legten die Zweige auf das Gewölbe
und zündeten sie an und steckten das Gewölbe über der Besatzung in
Brand. So kam auch die ganze Besatzung der Burg von Sichem um,
etwa tausend Männer und Frauen.

Der Tod Abimelechs
50 Dann zog Abimelech nach Tebez, belagerte die Stadt und nahm sie
ein. 51 Mitten in der Stadt aber war eine starke Burg. Dorthin flohen
alle Männer und Frauen, alle Bürger der Stadt. Sie schlossen hinter
sich zu und stiegen auf das Dach der Burg. 52 Abimelech rückte an die
Burg heran und eröffnete den Kampf gegen sie. Als er sich dem Burg-
tor näherte, um es in Brand zu stecken, 53 warf eine Frau Abimelech
einen Mühlstein auf den Kopf und zerschmetterte ihm den Schädel.
54 Da rief er seinen Waffenträger und sagte zu ihm: Schnell, zieh dein
Schwert, und töte mich! Man soll nicht von mir sagen: Eine Frau hat
ihn umgebracht. Der junge Mann durchbohrte ihn, und er starb.
55 Als die Israeliten sahen, daß Abimelech tot war, ging jeder zurück
in seinen Heimatort. 56 So ließ Gott das Verbrechen, das Abimelech
an seinem Vater begangen hatte, als er seine siebzig Brüder
umbrachte, auf ihn selbst zurückfallen. 57 Auch auf die Einwohner
von Sichem ließ Gott alles Böse, das sie getan hatten, zurückfallen.
So kam über sie der Fluch Jotams, des Sohnes Jerubbaals.

Tola und Jaïr
10 Nach Abimelech trat Tola auf, der Sohn Puwas, des Sohnes
Dodos, um Israel zu retten, ein Mann aus Issachar. Er
wohnte in Schamir auf dem Gebirge Efraim. 2 Er war dreiundzwanzig
Jahre lang Richter über Israel. Dann starb er und wurde in Schamir
begraben.
3 Nach ihm trat Jaïr aus Gilead auf; er war zweiundzwanzig Jahre lang
Richter über Israel. 4 Er hatte dreißig Söhne, die auf dreißig Eseln rit-
ten und dreißig Städte besaßen. Man nennt sie bis auf den heutigen
Tag »die Zeltdörfer Jaïrs«; sie liegen im Land Gilead. 5 Als Jaïr starb,
wurde er in Kamon begraben.

Erneute Unterdrückung der Israeliten
6 Die Israeliten taten wieder, was dem Herrn mißfiel. Sie dienten den
Baalen und Astarten, den Göttern Arams, den Göttern Sidons, den
Göttern Moabs, den Göttern der Ammoniter und den Göttern der
Philister. Sie verließen den Herrn und dienten ihm nicht mehr. 7 Des-
halb entbrannte der Zorn des Herrn über Israel, und er lieferte sie der
Gewalt der Philister und der Ammoniter aus. 8 Sie quälten und unter-
drückten die Israeliten in jener Zeit achtzehn Jahre lang, alle Israeli-
ten jenseits des Jordan im Land der Amoriter, nämlich in Gilead.
9 Dann kamen die Ammoniter über den Jordan, um auch gegen Juda,
Benjamin und das Haus Efraim Krieg zu führen. Israel geriet in große
Bedrängnis, 10 und die Israeliten schrien zum Herrn: Wir haben
gegen dich gesündigt; denn wir haben unseren Gott verlassen und
den Baalen gedient. 11 Der Herr erwiderte den Israeliten: Nicht wahr,
von Ägypten an [auch von den Amoritern, Ammonitern und Phili-
stern her, 12 ebenso die Sidonier, Amalek und Midian] haben sie euch
unterdrückt. Als ihr aber zu mir geschrien habt, habe ich euch aus
ihrer Gewalt befreit. 13 Ihr aber habt mich verlassen und anderen Göt-
tern gedient. Darum werde ich euch nicht mehr retten. 14 Geht und
schreit doch zu den Göttern, die ihr euch erwählt habt; sie sollen euch
retten in der Zeit der Not. 15 Die Israeliten aber sagten zum Herrn: Wir
haben gesündigt. Mach mit uns, was dir gefällt, nur rette uns heute!
16 Und sie entfernten die fremden Götter aus ihrer Mitte und dienten
dem Herrn. Da konnte er das Elend Israels nicht länger ertragen.

Die Wahl Jiftachs zum Richter
17 Die Ammoniter wurden aufgeboten und schlugen ihr Lager in
Gilead auf. Auch die Israeliten versammelten sich; sie bezogen ihr
Lager in Mizpa. 18 Da sagten die Leute [die führenden Männer
Gileads] zueinander: Wer ist der Mann, der den Kampf gegen die
Ammoniter aufnimmt? Er soll das Oberhaupt aller Bewohner Gileads
werden.

11 Jiftach, der Gileaditer, war ein tapferer Held; er war der
Sohn einer Dirne, und Gilead war sein Vater. 2 Auch
Gileads Ehefrau gebar ihm Söhne. Als nun die Söhne der Ehefrau
herangewachsen waren, jagten sie Jiftach fort und sagten zu ihm:
Du sollst im Haus unseres Vaters nicht erben; denn du bist der Sohn
einer anderen Frau. 3 Da floh Jiftach vor seinen Brüdern. Er ließ sich
im Land Tob nieder, und Männer, die nichts zu verlieren hatten,
scharten sich um ihn und zogen mit ihm (zu Streifzügen) aus.
4 Nach einiger Zeit begannen die Ammoniter Krieg mit Israel. 5 Als
nun die Ammoniter mit Israel Krieg begannen, machten sich die
Ältesten Gileads auf den Weg, um Jiftach aus dem Land Tob zu
holen. 6 Sie sagten zu Jiftach: Komm, sei unser Anführer, dann kön-
nen wir gegen die Ammoniter kämpfen. 7 Jiftach erwiderte den Älte-
sten Gileads: Habt ihr mich nicht gehaßt und aus dem Haus meines
Vaters verjagt? Warum kommt ihr jetzt zu mir, da ihr in Bedrängnis
seid? 8 Die Ältesten Gileads antworteten Jiftach: Eben darum haben
wir uns jetzt dir wieder zugewandt. Du sollst mit uns gehen und
gegen die Ammoniter kämpfen; du sollst unser Oberhaupt und der
Anführer aller Bewohner Gileads werden. 9 Jiftach entgegnete den
Ältesten Gileads: Wenn ihr mich zum Kampf gegen die Ammoniter
zurückholt und der Herr sie vor meinen Augen preisgibt, werde ich
dann wirklich euer Oberhaupt sein? 10 Die Ältesten Gileads antwor-
teten Jiftach: Der Herr soll unser Zeuge sein: Wirklich, so wie du es
eben gesagt hast, so werden wir es machen. 11 Daraufhin ging
Jiftach mit den Ältesten Gileads, und die Leute machten ihn zu
ihrem Oberhaupt und Anführer. Jiftach aber brachte in Mizpa alle
seine Angelegenheiten vor den Herrn.

Die Verhandlung mit den Ammonitern
12 Danach schickte Jiftach Boten zum König der Ammoniter und ließ
ihn fragen: Was haben wir gegeneinander, daß du herangerückt bist,
um in meinem Land Krieg zu führen? 13 Der König der Ammoniter
antwortete den Boten Jiftachs: Israel hat mir mein Land zwischen
dem Arnon und dem Jabbok, bis hin zum Jordan, weggenommen, als
es aus Ägypten heraufzog. Gib es jetzt freiwillig wieder zurück!
14 Darauf schickte Jiftach noch einmal Boten zum König der Ammoniter
15 und ließ ihm sagen: So spricht Jiftach: Israel hat das Land Moabs
und das Land der Ammoniter nicht weggenommen. 16 Als Israel aus
Ägypten heraufzog, wanderte es durch die Wüste bis zum Schilfmeer
und kam nach Kadesch. 17 Da schickte Israel Boten zum König von
Edom und ließ ihm sagen: Ich möchte durch dein Land ziehen. Aber
der König von Edom hörte nicht darauf. Auch zum König von Moab
schickten sie, aber auch er wollte nicht (hören). Deshalb blieb Israel
in Kadesch. 18 Es zog dann durch die Wüste, umging das Land Edoms
und das Land Moabs und kam so in das Gebiet östlich vom Land
Moabs. Sie schlugen jenseits des Arnon ihr Lager auf, kamen also gar
nicht in das Gebiet Moabs; denn der Arnon ist die Grenze Moabs.
19 Dann sandte Israel Boten zu Sihon, dem König der Amoriter, dem
König von Heschbon, und ließ ihm sagen: Wir möchten durch dein
Gebiet in unser Land ziehen. 20 Sihon aber glaubte nicht, daß Israel
nur durch sein Gebiet durchziehen wollte. Er sammelte daher seine
Männer, schlug in Jahaz sein Lager auf und eröffnete den Kampf
gegen Israel. 21 Der Herr, der Gott Israels, aber gab Sihon und alle
seine Männer in die Gewalt Israels. Israel schlug sie und eroberte
das ganze Land, das die Amoriter bewohnten. 22 So nahmen sie das
ganze Land der Amoriter vom Arnon bis zum Jabbok und von der
Wüste bis zum Jordan in Besitz. 23 Der Herr, der Gott Israels, hat
also die Amoriter vor den Augen seines Volkes Israel vertrieben. Und
du willst es nun aus seinem Besitz vertreiben? 24 Ist es nicht so: Wen
Kemosch, dein Gott, vertreibt, dessen Besitz nimmst du, und wen
immer der Herr, unser Gott, vor unseren Augen vertreibt, dessen
Besitz nehmen wir. 25 Bist du denn wirklich besser als der Moabiter-
könig Balak, der Sohn Zippors? Hat er denn mit Israel einen Streit
oder einen Krieg angefangen? 26 Israel saß dreihundert Jahre lang in
Heschbon und seinen Tochterstädten, in Aroër und seinen Tochter-
städten und in allen Städten, die zu beiden Seiten des Arnon liegen.
Warum habt ihr diese Städte nicht in jener Zeit an euch gerissen?
27 Was mich betrifft, so habe ich dir kein Unrecht getan, aber du willst
mir Böses antun, indem du den Kampf gegen mich eröffnest. Der
Herr soll unser Richter sein; er möge heute im Streit zwischen den
Israeliten und den Ammonitern entscheiden. 28 Doch der König der
Ammoniter hörte nicht auf die Botschaft, die ihm Jiftach schickte.

Jiftachs Sieg
29 Da kam der Geist des Herrn über Jiftach, und Jiftach zog durch
Gilead und Manasse nach Mizpa in Gilead, und von Mizpa in Gilead
zog er gegen die Ammoniter. 30 Jiftach legte dem Herrn ein Gelübde
ab und sagte: Wenn du die Ammoniter wirklich in meine Gewalt gibst
31 und wenn ich wohlbehalten von den Ammonitern zurückkehre,
dann soll, was immer mir (als erstes) aus der Tür meines Hauses ent-
gegenkommt, dem Herrn gehören, und ich will es ihm als Brand-
opfer darbringen. 32 Darauf zog Jiftach gegen die Ammoniter in den
Kampf, und der Herr gab sie in seine Gewalt. 33 Er schlug sie im
ganzen Gebiet zwischen Aroër und Minnit bis hin nach Abel-Kera-
mim vernichtend (und nahm) zwanzig Städte (ein). So wurden die
Ammoniter vor den Augen der Israeliten gedemütigt.
34 Als Jiftach nun nach Mizpa zu seinem Haus zurückkehrte, da kam
ihm seine Tochter entgegen; sie tanzte zur Pauke. Sie war sein einzi-
ges Kind; er hatte weder einen Sohn noch eine andere Tochter. 35 Als
er sie sah, zerriß er seine Kleider und sagte: Weh, meine Tochter! Du
machst mich niedergeschlagen und stürzt mich ins Unglück. Ich
habe dem Herrn mit eigenem Mund etwas versprochen und kann nun
nicht mehr zurück. 36 Sie erwiderte ihm: Mein Vater, wenn du dem
Herrn mit eigenem Mund etwas versprochen hast, dann tu mit mir,
was du versprochen hast, nachdem dir der Herr Rache an deinen
Feinden, den Ammonitern, verschafft hat. 37 Und sie sagte zu ihrem
Vater: Nur das eine möge mir gewährt werden: Laß mir noch zwei

Monate Zeit, damit ich in die Berge gehe und zusammen mit meinen
Freundinnen meine Jugend beweine. 38 Er entgegnete: Geh nur!, und
ließ sie für zwei Monate fort. Sie aber ging mit ihren Freundinnen hin
und beweinte ihre Jugend in den Bergen. 39 Als zwei Monate zu Ende
waren, kehrte sie zu ihrem Vater zurück, und er tat mit ihr, was er
gelobt hatte; sie aber hatte noch mit keinem Mann Verkehr gehabt. So
wurde es Brauch in Israel, 40 daß Jahr für Jahr die Töchter Israels (in
die Berge) gehen und die Tochter des Gileaditers Jiftach beklagen,
vier Tage lang, jedes Jahr.

Der Krieg der Efraimiter gegen Jiftach

12 Die Männer aus Efraim wurden (zum Kampf) aufgeboten;
sie zogen nach Zafon und sagten zu Jiftach: Warum bist du
gegen die Ammoniter in den Kampf gezogen und hast uns nicht auf-
gefordert, mit dir zu ziehen? Wir werden dir dein Haus über dem
Kopf anzünden. 2 Jiftach sagte zu ihnen: Ich selbst und mein Volk
lagen mit den Ammonitern in heftigem Streit. Ich habe euch gerufen,
aber ihr habt mich nicht aus ihrer Gewalt befreit. 3 Als ich nun sah,
daß ihr mir nicht helfen wolltet, setzte ich mein Leben aufs Spiel und
zog gegen die Ammoniter, und der Herr gab sie in meine Gewalt.
Warum seid ihr nun heute zu mir heraufgekommen, um Krieg mit
mir anzufangen? 4 Darauf sammelte Jiftach alle Männer aus Gilead
und kämpfte gegen Efraim, und die Männer aus Gilead schlugen
Efraim. Die Efraimiter hatten gesagt: Ihr seid Flüchtlinge aus Efraim;
Gilead liegt ja mitten in Efraim, mitten in Manasse. 5 Gilead besetzte
die nach Efraim führenden Übergänge über den Jordan. Und wenn
efraimitische Flüchtlinge (kamen und) sagten: Ich möchte hinüber!,
fragten ihn die Männer aus Gilead: Bist du ein Efraimiter? Wenn er
nein sagte, 6 forderten sie ihn auf: Sag doch einmal »Schibbolet«.
Sagte er dann »Sibbolet«, weil er es nicht richtig aussprechen konnte,
ergriffen sie ihn und machten ihn dort an den Furten des Jordan nie-
der. So fielen damals zweiundvierzigtausend Mann aus Efraim.
7 Jiftach war sechs Jahre lang Richter in Israel. Dann starb Jiftach, der
Gileaditer, und wurde in seiner Stadt in Gilead begraben.

Die Richter Ibzan, Elon und Abdon

8 Nach ihm war Ibzan aus Betlehem Richter in Israel. 9 Er hatte
dreißig Söhne; dreißig Töchter gab er nach auswärts (in die Ehe),
und dreißig Töchter führte er seinen Söhnen von auswärts zu. Ibzan
war sieben Jahre lang Richter in Israel. 10 Dann starb er und wurde in
Betlehem begraben.
11 Nach ihm war Elon, der Sebuloniter, Richter in Israel; er war zehn
Jahre lang Richter in Israel. 12 Dann starb der Sebuloniter Elon und
wurde in Ajalon im Land Sebulon begraben.
13 Nach ihm war Abdon, der Sohn Hillels aus Piraton, Richter in
Israel. 14 Er hatte vierzig Söhne und dreißig Enkel, die auf siebzig
Eseln ritten. Er war acht Jahre lang Richter in Israel.
15 Dann starb Abdon, der Sohn Hillels aus Piraton, und wurde in Pira-
ton, im Land Efraim, auf dem Amalekiterberg begraben.

Die Ankündigung der Geburt Simsons

13 Die Israeliten taten wieder, was dem Herrn mißfiel. Des-
halb gab sie der Herr vierzig Jahre lang in die Gewalt der
Philister. 2 Damals lebte in Zora ein Mann namens Manoach, aus der
Sippe der Daniter; seine Frau war unfruchtbar und hatte keine Kinder.
3 Der Engel des Herrn erschien der Frau und sagte zu ihr: Gewiß, du
bist unfruchtbar und hast keine Kinder; aber du sollst schwanger
werden und einen Sohn gebären. 4 Nimm dich jedoch in acht, und
trink weder Wein noch Bier, und iß nichts Unreines! 5 Denn siehe, du
wirst schwanger werden und einen Sohn gebären. Es darf kein Scher-
messer an seine Haare kommen; denn der Knabe wird von Geburt an
ein Gott geweihter Nasiräer sein. Er wird damit beginnen, Israel aus
der Gewalt der Philister zu befreien. 6 Die Frau ging und sagte zu
ihrem Mann: Ein Gottesmann ist zu mir gekommen; er sah aus, wie
der Engel Gottes aussieht, überaus furchterregend. Ich habe ihn
nicht gefragt, woher er kam, und er hat mir auch seinen Namen nicht
genannt. 7 Er sagte zu mir: Siehe, du wirst schwanger werden und
einen Sohn gebären. Trink jedoch keinen Wein und kein Bier, und iß
nichts Unreines; denn der Knabe wird von Geburt an ein Gott
geweihter Nasiräer sein, bis zum Tag seines Todes. 8 Da betete
Manoach zum Herrn und sagte: Bitte, mein Herr, laß doch den Got-
tesmann, den du gesandt hast, noch einmal zu uns kommen und uns
belehren, was wir mit dem Knaben machen sollen, der geboren wer-
den soll. 9 Und Gott erhörte die Bitte Manoachs. Der Engel Gottes
kam noch einmal zu der Frau, als sie gerade auf dem Feld war; ihr
Mann Manoach war nicht bei ihr. 10 Sie lief schnell zu ihrem Mann,
um es ihm mitzuteilen; sie sagte zu ihm: Eben ist der Mann, der
damals zu mir gekommen ist, wieder erschienen. 11 Manoach stand
auf und folgte seiner Frau. Als er zu dem Mann kam, fragte er ihn:
Bist du der Mann, der mit meiner Frau geredet hat? Er antwortete: Ja,
ich bin es. 12 Da sagte Manoach: Wenn sich nun dein Wort erfüllt, wie
sollen wir es mit dem Knaben halten, was sollen wir mit ihm tun?
13 Der Engel des Herrn antwortete Manoach: Die Frau soll sich vor all
dem hüten, was ich ihr gesagt habe. 14 Nichts, was vom Weinstock
kommt, darf sie genießen; weder Wein noch Bier darf sie trinken und
nichts Unreines essen. Alles, was ich ihr befohlen habe, muß sie
beachten. 15 Manoach sagte zum Engel des Herrn: Wir möchten dich
gern einladen und dir ein Ziegenböckchen zubereiten. 16 Aber der
Engel des Herrn sagte zu Manoach: Auch wenn du mich einlädst,
werde ich von deinem Mahl nichts essen. Wenn du aber ein Brandop-
fer herrichten willst, bring es dem Herrn dar! Manoach wußte näm-
lich nicht, daß es der Engel des Herrn war. 17 Deshalb fragte Manoach
den Engel des Herrn: Wie ist dein Name? Wenn eintrifft, was du
gesagt hast, möchten wir dir gern Ehre erweisen. 18 Der Engel des
Herrn erwiderte: Warum fragst du mich nach meinem Namen? Er ist
wunderbar. 19 Da nahm Manoach das Ziegenböckchen und brachte es
zusammen mit einem Speiseopfer auf einem Felsblock dem Herrn
dar, der Wunder tut. [Manoach und seine Frau sahen zu.] 20 Als die
Flamme vom Altar zum Himmel aufstieg, stieg der Engel des Herrn in
der Flamme des Altars mit empor. Als Manoach und seine Frau das
sahen, warfen sie sich zu Boden auf ihr Gesicht. 21 Von da an aber
erschien der Engel des Herrn dem Manoach und seiner Frau nicht
mehr. Da erkannte Manoach, daß es der Engel des Herrn gewesen
war, 22 und sagte zu seiner Frau: Sicher müssen wir sterben, weil wir
Gott gesehen haben. 23 Doch seine Frau entgegnete ihm: Wenn der
Herr uns hätte töten wollen, hätte er nicht aus unserer Hand Brand-
und Speiseopfer angenommen, und er hätte uns nicht all das sehen
und uns auch nichts derartiges hören lassen. 24 Die Frau gebar einen
Sohn und nannte ihn Simson; der Knabe wuchs heran, und der Herr
segnete ihn. 25 Dann aber begann der Geist des Herrn, ihn umher-
zutreiben im Lager Dans zwischen Zora und Eschtaol.

Simsons Hochzeit

14 Als Simson (eines Tages) nach Timna hinabging, fiel sein
Blick auf eine der jungen Philisterinnen aus Timna. 2 Als er
wieder heraufkam, teilte er es seinem Vater und seiner Mutter mit und
sagte: Ich habe in Timna eine junge Philisterin gesehen. Gebt sie mir
doch zur Frau! 3 Sein Vater und seine Mutter erwiderten ihm: Gibt es
denn unter den Töchtern deiner Stammesbrüder und in meinem
ganzen Volk keine Frau, so daß du fortgehen und eine Frau von die-
sen unbeschnittenen Philistern heiraten mußt? Simson antwortete
seinem Vater: Gib mir diese, denn sie gefällt mir. 4 Sein Vater und
seine Mutter wußten nicht, daß es vom Herrn so geplant war, weil er
einen Anlaß zum Kampf mit den Philistern suchte. Damals herrsch-
ten nämlich die Philister über Israel.
5 Simson ging [mit seinem Vater und seiner Mutter] nach Timna. Als
sie bei den Weinbergen von Timna waren, kam ihm plötzlich ein
brüllender junger Löwe entgegen. 6 Da kam der Geist des Herrn über
Simson, und Simson zerriß den Löwen mit bloßen Händen, als
würde er ein Böckchen zerreißen. Aber seinem Vater und seiner Mut-

ter teilte er nicht mit, was er getan hatte. 7 Dann ging er hinab und
redete mit der Frau, und sie gefiel Simson. 8 Nach einiger Zeit ging er
wieder hin, um sie zu heiraten. Dabei bog er vom Weg ab, um nach
dem Kadaver des Löwen zu sehen. Da fand er im Körper des Löwen
einen Bienenschwarm und Honig. 9 Er löste den Honig mit den Hän-
den heraus und aß davon im Weitergehen. Als er zu seinem Vater und
zu seiner Mutter kam, gab er ihnen davon, und sie aßen ebenfalls. Er
sagte ihnen aber nicht, daß er den Honig aus dem Kadaver des Löwen
herausgeholt hatte.
10 Auch sein Vater kam zu der Frau hinab, und Simson veranstaltete
dort ein Trinkgelage, wie es die jungen Leute zu machen pflegen.
11 Weil man aber vor ihm Angst hatte, holte man dreißig Männer
hinzu, die um ihn sein sollten. 12 Simson sagte zu ihnen: Ich will euch
ein Rätsel aufgeben. Wenn ihr es mir in den sieben Tagen des Gelages
erraten und lösen könnt, dann will ich euch dreißig Hemden und
dreißig Festgewänder geben. 13 Wenn ihr mir aber die Lösung nicht
sagen könnt, dann sollt ihr mir dreißig Hemden und dreißig Festge-
wänder geben. Sie sagten zu ihm: Sag uns dein Rätsel, wir möchten
es hören. 14 Er sagte zu ihnen: Vom Fresser kommt Speise, vom Star-
ken kommt Süßes. Sie aber konnten es drei Tage lang nicht lösen.
15 Am vierten Tag sagten sie zur Frau Simsons: Überrede deinen
Mann, daß er uns die Lösung des Rätsels nennt; sonst werden wir
dich samt dem Haus deines Vaters verbrennen. Habt ihr uns hierher
eingeladen, um uns arm zu machen? 16 Da weinte die Frau Simsons
vor ihm und sagte: Du hast eine Abneigung gegen mich und liebst
mich nicht. Du hast den Söhnen meines Volkes ein Rätsel aufgegeben
und hast mir nicht die Lösung gesagt. Er erwiderte ihr: Ich habe es ja
nicht einmal meinem Vater und meiner Mutter gesagt. Wie sollte ich
es dir sagen? 17 Sie aber weinte sieben Tage lang vor ihm, solange sie
Gelage hielten. Am siebten Tag aber sagte er es ihr, weil sie ihm so
zusetzte, und sie teilte die Lösung den Söhnen ihres Vaters mit.
18 Und am siebten Tag sagten die Männer der Stadt zu ihm, bevor die
Sonne unterging: Was ist süßer als Honig, und was ist stärker als ein
Löwe? Er erwiderte ihnen: Hättet ihr nicht mit meiner Kuh gepflügt,
dann hättet ihr mein Rätsel nicht erraten. 19 Und der Geist des Herrn
kam über ihn; er ging nach Aschkelon hinab und erschlug dort
dreißig Mann von ihnen, nahm ihnen ihre Kleider und gab die
Gewänder denen, die das Rätsel gelöst hatten. Dann ging er zornent-
brannt hinauf in das Haus seines Vaters. 20 Seine Frau erhielt sein
Freund, der der Brautführer gewesen war.

Die Vernichtung der Ernte

15 Einige Zeit danach, zur Zeit der Weizenernte, besuchte
Simson seine Frau. Er brachte ein Ziegenböckchen mit und
sagte (zu ihrem Vater): Ich will zu meiner Frau in die Kammer. Aber
ihr Vater ließ ihn nicht hinein, 2 sondern sagte: Ich dachte, du magst
sie sicher nicht mehr. Darum habe ich sie deinem Freund gegeben.
Aber ist nicht ihre jüngere Schwester noch schöner als sie? Die
kannst du an ihrer Stelle haben. 3 Simson antwortete ihm: Diesmal
bin ich frei von Schuld, wenn ich den Philistern etwas Böses antue.
4 Simson ging weg und fing dreihundert Füchse. Dann nahm er
Fackeln, band je zwei Füchse an den Schwänzen zusammen und
befestigte eine Fackel in der Mitte zwischen zwei Schwänzen. 5 Er
zündete die Fackeln an und ließ die Füchse in die Getreidefelder der
Philister laufen. So verbrannte er die Garben und das noch stehende
Korn, ebenso die Weingärten und die Ölbäume. 6 Als die Philister
fragten: Wer hat das getan?, antwortete man: Simson, der Schwie-
gersohn des Timniters, weil dieser ihm seine Frau weggenommen
und seinem Freund gegeben hat. Da zogen die Philister hinauf und
verbrannten die Frau samt dem Haus ihres Vaters. 7 Darauf sagte
ihnen Simson: Wenn ihr es so macht, dann werde ich nicht mehr
aufhören, bis ich an euch Rache genommen habe. 8 Und er schlug
ihnen mit gewaltigen Schlägen die Knochen entzwei. Dann ging er
weg und hauste in der Felsenhöhle von Etam.

Simsons Sieg bei Lehi

9 Die Philister zogen nach Juda herauf, schlugen dort ihr Lager auf
und besetzten die Gegend von Lehi. 10 Die Männer von Juda fragten
sie: Warum seid ihr gegen uns gezogen? Sie antworteten: Wir sind
heraufgekommen, um Simson gefangenzunehmen und es mit ihm so
zu machen, wie er es mit uns gemacht hat. 11 Da zogen dreitausend
Männer aus Juda zur Felsenhöhle von Etam hinab und sagten zu Sim-
son: Weißt du nicht, daß die Philister unsere Herren sind? Was hast
du uns da angetan? Er antwortete ihnen: Wie sie es mit mir gemacht
haben, so habe ich es mit ihnen gemacht. 12 Sie erwiderten ihm: Wir
sind herabgekommen, um dich zu fesseln und in die Gewalt der Phili-
ster zu geben. Simson sagte zu ihnen: Schwört mir, daß ihr selber
nicht über mich herfallen werdet. 13 Sie antworteten ihm: Nein, wir
wollen dich nur fesseln und in ihre Gewalt geben, aber töten wollen
wir dich nicht. Sie fesselten ihn also mit zwei neuen Stricken und
führten ihn aus der Felsenhöhle weg. 14 Als er nach Lehi hinaufkam
und die Philister ihm mit Triumphgeschrei entgegenliefen, kam der
Geist des Herrn über ihn. Die Stricke an seinen Armen wurden wie
Fäden, die vom Feuer versengt werden, und die Fesseln fielen von sei-
nen Händen. 15 Er fand den noch blutigen Kinnbacken eines Esels,
ergriff ihn mit der Hand und erschlug damit tausend Männer.
16 Damals sagte Simson: Mit dem Kinnbacken eines Esels habe ich sie
gründlich verprügelt; mit einem Eselskinnbacken habe ich tausend
Männer erschlagen. 17 Als er das gesagt hatte, warf er den Kinnbacken
weg; daher nannte man den Ort Ramat Lehi (Kinnbackenhöhe).
18 Weil er großen Durst hatte, rief er zum Herrn und sagte: Du hast
deinem Knecht diesen großen Sieg verliehen; jetzt aber soll ich vor
Durst sterben und den Unbeschnittenen in die Hände fallen. 19 Da
spaltete Gott die Höhle von Lehi, und es kam Wasser daraus hervor,
so daß Simson trinken konnte. Seine Lebensgeister kehrten zurück,
und er lebte wieder auf. Deshalb nennt man die Quelle bei Lehi bis
zum heutigen Tag »Quelle des Rufers«.
20 Simson war zur Zeit der Philister zwanzig Jahre lang Richter in
Israel.

Simson in Gaza

16 Als Simson (eines Tages) nach Gaza kam, sah er dort eine
Dirne und ging zu ihr. 2 Als man den Leuten von Gaza
berichtete: Simson ist hier!, suchten sie überall (nach ihm) und lauer-
ten ihm [die ganze Nacht] am Stadttor auf. Die ganze Nacht über ver-
hielten sie sich still und sagten: Wir warten bis zum Morgengrauen,
dann bringen wir ihn um. 3 Simson aber schlief bis gegen Mitter-
nacht. Dann stand er auf, packte die Flügel des Stadttors mit den bei-
den Pfosten und riß sie zusammen mit dem Riegel heraus. Er lud
alles auf seine Schultern und trug es auf den Gipfel des Berges, der
Hebron gegenüberliegt.

Simson und Delila

4 Danach verliebte sich Simson in eine Frau im Tal Sorek; sie hieß
Delila. 5 Die Fürsten der Philister kamen zu ihr und sagten zu ihr: Ver-
such, ihn zu betören und herauszufinden, wodurch er so große Kraft
besitzt und wie wir ihn überwältigen und fesseln können, um ihn zu
bezwingen. Jeder von uns gibt dir dann elfhundert Silberstücke.
6 Darauf sagte Delila zu Simson: Sag mir doch, wodurch du so große
Kraft besitzt und wie man dich fesseln kann, um dich niederzuzwin-
gen. 7 Simson sagte zu ihr: Wenn man mich mit sieben frischen Seh-
nen fesselt, die noch nicht getrocknet sind, dann werde ich schwach
und bin wie jeder andere Mensch. 8 Die Fürsten der Philister brachten
ihr also sieben frische Sehnen, die noch nicht getrocknet waren, und
sie fesselte ihn damit, 9 während einige Männer bei ihr in der Kammer
auf der Lauer lagen. Dann rief sie ihm zu: Simson, die Philister kom-
men! Er aber zerriß die Sehnen, wie ein Zwirnfaden reißt, wenn er
dem Feuer zu nahe gekommen ist. Doch das Geheimnis seiner Kraft
wurde nicht bekannt. 10 Darauf sagte Delila zu Simson: Du hast mich
getäuscht und mir etwas vorgelogen. Sag mir doch endlich, womit

Gustave Moreau
Delila
(1890)
»Danach verliebte sich Simson in eine Frau im Tal Sorek; sie hieß Delila« (Ri 16,4). Die wenigen Sätze, die das 16. Kapitel der Geliebten Simsons widmet, genügen dem französischen Symbolisten Gustave Moreau, Delila als femme fatale zu deuten, als Inbegriff kühl berechnender, das Opfer taxierender Verführungskunst. Von den ›Salonmalern‹ des späten 19. Jahrhunderts unterscheidet sich Moreau, zu dessen Schülern Henri Matisse und Georges Rouault gehörten, durch eine skizzenhaft anmutende Malweise, die den konkreten Bildgegenstand in ein Geflecht aus gegenstandsfreier Farbe einbettet. Unter theologiegeschichtlichem Gesichtspunkt kann Moreaus Delila auf die Schwierigkeiten der frühen Kirche hinweisen, den Katalog der Glaubenshelden zu akzeptieren, in dem der in Liebesaffären verstrickte Simson mit Gideon, Samuel und David gleichgesetzt wird (vgl. Hebr 11,32).

man dich fesseln kann. 11 Er erwiderte ihr: Wenn man mich mit neuen
Stricken fesselt, mit denen noch keine Arbeit getan worden ist, werde
ich schwach und bin wie jeder andere Mensch. 12 Delila nahm also
neue Stricke und band ihn damit. Dann rief sie ihm zu: Simson, die
Philister kommen!, während wieder einige Männer in der Kammer
auf der Lauer lagen. Er aber riß die Stricke von seinen Armen wie
Fäden. 13 Darauf sagte Delila zu Simson: Bis jetzt hast du mich
getäuscht und mir etwas vorgelogen. Sag mir doch, womit man dich
fesseln kann. Er erwiderte ihr: Wenn du die sieben Locken auf meinem Kopf mit den Kettfäden des Webstuhls verknotest und mit dem
Pflock festmachst, werde ich schwach und bin wie jeder andere
Mensch. 14 Nun wiegte sie ihn in den Schlaf und verknotete die sieben
Locken auf seinem Kopf mit den Kettfäden und machte sie mit dem
Pflock fest. Dann rief sie ihm zu: Simson, die Philister kommen! Er
fuhr aus dem Schlaf hoch und riß den Webepflock mit den Kettfäden
heraus. 15 Darauf sagte sie zu ihm: Wie kannst du sagen: Ich liebe
dich!, wenn mir dein Herz nicht gehört? Jetzt hast du mich dreimal

belogen und mir nicht gesagt, wodurch du so große Kraft besitzt.
16 Als sie ihm mit ihrem Gerede jeden Tag zusetzte und ihn (immer
mehr) bedrängte, wurde er es zum Sterben leid; 17 er offenbarte ihr
alles und sagte zu ihr: Ein Schermesser ist mir noch nicht an die
Haare gekommen; denn ich bin von Geburt an Gott als Nasiräer
geweiht. Würden mir die Haare geschoren, dann würde meine Kraft
mich verlassen; ich würde schwach und wäre wie jeder andere
Mensch. 18 Nun merkte Delila, daß er ihr alles offenbart hatte. Sie
schickte jemand zu den Philisterfürsten, um sie zu rufen und ihnen
sagen zu lassen: Kommt her! Diesmal hat er mir alles offenbart. Die
Philisterfürsten kamen zu ihr herauf und brachten das Geld mit.
19 Delila ließ Simson auf ihren Knien einschlafen, [rief einen Mann]
und schnitt dann die sieben Locken auf seinem Kopf ab. So begann
sie ihn zu schwächen, und seine Kraft wich von ihm. 20 Dann rief sie:
Simson, die Philister kommen! Er erwachte aus seinem Schlaf und
dachte: Ich werde auch diesmal wie bisher entkommen und die Fes-
seln abschütteln. Denn er wußte nicht, daß der Herr ihn verlassen
hatte. 21 Da packten ihn die Philister und stachen ihm die Augen aus.
Sie führten ihn nach Gaza hinab und fesselten ihn mit Bronzeketten,
und er mußte im Gefängnis die Mühle drehen. 22 Doch sein Haar, das
man abgeschnitten hatte, fing wieder an zu wachsen.

Gefangenschaft und Tod Simsons

23 Die Fürsten der Philister versammelten sich, um ihrem Gott Dagon
ein großes Opfer darzubringen und ein Freudenfest zu feiern. Sie
sagten: Unser Gott hat unseren Feind Simson in unsere Gewalt gege-
ben. 24 Als das Volk Simson sah, priesen sie ihren Gott und sagten:
Unser Gott hat unseren Feind / in unsere Gewalt gegeben, / ihn, der
unser Land verwüstet hat, / der so viele von uns erschlagen hat.
25 Als sie guter Dinge waren, sagten sie: Ruft Simson her, wir wollen
unseren Spaß mit ihm treiben. Und sie ließen Simson aus dem Gefäng-
nis holen, damit er ihr Spaßmacher sei. Sie stellten ihn zwischen die
Säulen. 26 Simson aber sagte zu dem Jungen, der ihn an der Hand
führte: Laß mich los, ich will die Säulen betasten, von denen das Haus
getragen wird, und mich daranlehnen. 27 Das Haus war voll von Män-
nern und Frauen; alle Fürsten der Philister waren da, und auf dem
Flachdach saßen etwa dreitausend Männer und Frauen. Sie alle wollten
Simson als Spaßmacher sehen. 28 Simson aber rief zum Herrn und
sagte: Herr und Gott, denk doch an mich, und gib mir nur noch dieses
eine Mal die Kraft, mein Gott, damit ich an den Philistern Rache neh-
men kann, wenigstens für eines von meinen beiden Augen. 29 Dann
packte Simson die beiden Mittelsäulen, von denen das Haus getragen
wurde, und stemmte sich gegen sie, gegen die eine mit der rechten
Hand und gegen die andere mit der linken. 30 Er sagte: So mag ich denn
zusammen mit den Philistern sterben. Er streckte sich mit aller Kraft,
und das Haus stürzte über den Fürsten und über allen Leuten, die darin
waren, zusammen. So war die Zahl derer, die er bei seinem Tod tötete,
größer als die, die er während seines Lebens getötet hatte. 31 Seine
Brüder und die ganze Familie seines Vaters kamen herab; sie holten
ihn, brachten ihn heim und begruben ihn zwischen Zora und Eschtaol
im Grab seines Vaters Manoach.
Simson war zwanzig Jahre lang Richter in Israel.

Nachträge

Das Heiligtum Michas

17 Im Gebirge Efraim lebte ein Mann namens Micha. 2 Er sagte
zu seiner Mutter: Die elfhundert Silberstücke, die dir
jemand weggenommen hat und deretwegen du den Fluch ausge-
stoßen und ihn sogar vor meinen Ohren wiederholt hast, dieses Geld
befindet sich bei mir; ich selber habe es genommen. Seine Mutter
sagte: Sei gesegnet vom Herrn, mein Sohn. 3 Er gab die elfhundert Sil-
berstücke seiner Mutter zurück. Seine Mutter aber sagte: Ich weihe
mein Silber dem Herrn, damit es wieder meinem Sohn zugute
kommt. Man soll ein mit Metall überzogenes Gottesbild machen.
Fürs erste aber will ich es dir wiedergeben. 4 Doch der Sohn gab das
Silber seiner Mutter zurück. Seine Mutter nahm zweihundert Silber-
stücke und gab sie einem Goldschmied. Der machte ein mit Metall
überzogenes Gottesbild daraus, das dann im Haus Michas aufgestellt
wurde. 5 So hatte Micha ein Gotteshaus. Er machte nun ein Efod und
Terafim und stellte einen seiner Söhne dazu an, ihm als Priester zu
dienen. 6 In jenen Tagen gab es in Israel noch keinen König; jeder tat,
was ihm gefiel.
7 In Betlehem in Juda lebte (damals) ein junger Mann [aus der Sippe
Juda]. Er war Levit und lebte dort als Fremder. 8 Dieser Mann zog aus
der Stadt, aus Betlehem in Juda, fort, um sich irgendwo als Fremder
niederzulassen, wo immer es sei. Auf seiner Wanderung kam er auch
ins Gebirge Efraim zum Haus Michas. 9 Micha fragte ihn: Woher
kommst du? Er antwortete ihm: Ich bin ein Levit aus Betlehem in Juda
und bin unterwegs, um mich irgendwo als Fremder niederzulassen,
wo immer es sei. 10 Micha sagte zu ihm: Bleib bei mir, und sei mir
Vater und Priester! Ich werde dir jährlich zehn Silberstücke geben,
dazu die nötigen Kleider und deinen Lebensunterhalt. [Da ging der
Levit.]
11 Der Levit willigte ein, bei ihm zu bleiben, und der junge Mann
wurde für Micha wie einer seiner Söhne. 12 Micha stellte also den jun-
gen Leviten als Priester an, und er blieb bei ihm im Haus. 13 Und
Micha sagte: Nun weiß ich, daß der Herr mir Gutes erweisen wird;
denn ich habe einen Leviten als Priester.

Die Kundschafter aus Dan

18 Damals gab es noch keinen König in Israel. Der Stamm der
Daniter war zu jener Zeit dabei, sich einen Erbbesitz zu
suchen, um sich niederzulassen; denn es war ihm inmitten der
Stämme Israels bis zu jener Zeit noch kein Erbbesitz zugefallen.
2 Daher schickten die Daniter von ihrer Sippe fünf kampferprobte
Männer aus Zora und Eschtaol aus, um das Land zu durchstreifen
und zu erkunden. Sie sagten zu ihnen: Geht, erkundet das Land! Die
Männer kamen ins Gebirge Efraim zum Haus Michas und übernach-
teten dort. 3 Als sie beim Haus Michas waren, fiel ihnen die Mundart
des jungen Leviten auf. Sie gingen zu ihm hin und fragten ihn: Wer
hat dich hierher gebracht? Was willst du hier, und was tust du hier?
4 Er antwortete ihnen: Das und das hat Micha mit mir gemacht; er hat
mich angestellt, und so wurde ich sein Priester.
5 Sie sagten zu ihm: Befrag doch Gott für uns, damit wir erfahren, ob
die Reise, die wir machen, Erfolg haben wird. 6 Der Priester erwiderte
ihnen: Zieht in Frieden weiter! Der Weg, den ihr gehen wollt, liegt vor
den Augen des Herrn.
7 Die fünf Männer zogen weiter und kamen nach Lajisch. Sie sahen,
daß das Volk dort ungestört nach Art der Sidonier lebte, ruhig und
sicher. Es gab niemand, der Schaden anrichtete im Land, keinen
Eroberer und keine Unterdrückung. Sie waren weit entfernt von den
Sidoniern und hatten auch mit den Aramäern nichts zu tun. 8 Als die
Männer zu ihren Brüdern nach Zora und Eschtaol kamen, sagten ihre
Brüder zu ihnen: Wie ist es euch ergangen?
9 Sie antworteten: Auf, laßt uns gegen jene Leute (in den Kampf) zie-
hen. Denn wir haben gesehen, daß das Land sehr schön ist. Warum
wollt ihr zögern? Seid nicht so träge! Macht euch auf den Weg dort-
hin, und nehmt das Land in Besitz! 10 Ihr findet ein sorgloses Volk vor,
wenn ihr hinkommt. Das Land ist nach allen Seiten hin weiträumig.
Wahrhaftig, Gott hat es in eure Gewalt gegeben. Es ist ein Ort, wo es
an nichts fehlt, was es auf Erden gibt.

Der Zug der Daniter nach Lajisch

11 Darauf brachen von dort, also von Zora und Eschtaol aus, sechs-
hundert mit Waffen ausgerüstete Männer aus der Sippe der Daniter
auf. 12 Sie zogen hinauf und schlugen bei Kirjat-Jearim in Juda ihr
Lager auf; deshalb nennt man diesen Ort bis auf den heutigen Tag

»Lager Dans«; es liegt hinter Kirjat-Jearim. 13 Von dort zogen sie hinü-
ber ins Gebirge Efraim und kamen zum Haus Michas. 14 Da sagten die
fünf Männer, die unterwegs gewesen waren, um das Land [Lajisch]
zu erkunden, zu ihren Brüdern: Wißt ihr auch, daß es in diesen Häu-
sern ein Efod und Terafim sowie ein mit Metall überzogenes Gottes-
bild gibt? Überlegt also, was ihr tun wollt. 15 Da bogen sie (von ihrem
Weg) ab und gingen zum Haus des jungen Leviten [zum Haus
Michas] und begrüßten ihn. 16 Die sechshundert mit Waffen ausgerü-
steten Daniter blieben am Hoftor stehen, 17 während die fünf Männer,
die unterwegs gewesen waren, um das Land zu erkunden, hineingin-
gen. Sie nahmen das Gottesbild mit dem Metallüberzug sowie das
Efod und die Terafim, während der Priester am Eingang des Tores bei
den sechshundert mit Waffen ausgerüsteten Männern stand. 18 Als
die Leute in das Haus Michas eindrangen und das Gottesbild mit dem
Metallüberzug, das Efod und die Terafim nahmen, fragte sie der Prie-
ster: Was macht ihr da? 19 Sie antworteten ihm: Schweig! Halt den
Mund! Geh mit uns, und werde uns Vater und Priester! Was ist besser
– wenn du Priester im Haus eines einzigen Mannes bist oder wenn du
Priester für einen Stamm und eine Sippe in Israel bist? 20 Das erschien
dem Priester gut. Er nahm das Efod, die Terafim und das Gottesbild
und begab sich damit unter die Leute. 21 Dann brachen sie auf und
zogen weiter. Die Kinder, das Vieh und die Habe führten sie an der
Spitze des Zuges mit sich.
22 Als sie schon weit vom Haus Michas weg waren, rief Micha die Män-
ner in den Häusern, die in der Nähe lagen, zusammen, und sie ver-
folgten die Daniter. 23 Sie riefen hinter den Danitern her, diese aber
wandten sich um und sagten zu Micha: Was ist los? Warum habt ihr
euch zusammengetan? 24 Er antwortete: Ihr habt meinen Gott, den ich
mir gemacht hatte, und auch den Priester weggenommen und seid
davongezogen. Was habe ich jetzt noch? Wie könnt ihr da zu mir
sagen: Was ist los? 25 Die Daniter entgegneten ihm: Laß dein
Geschwätz, sonst fallen unsere erbitterten Leute über euch her, und
du bist selbst schuld, wenn du zusammen mit deiner Familie das
Leben verlierst. 26 Dann zogen die Daniter auf ihrem Weg weiter.
Micha aber sah ein, daß sie stärker waren als er, kehrte um und ging
nach Hause zurück. 27 Sie aber nahmen das Bild, das Micha angefer-
tigt hatte, samt dem Priester, den er hatte, und überfielen Lajisch, ein
ruhiges und friedliches Volk. Sie erschlugen die Leute mit scharfem
Schwert und steckten die Stadt in Brand. 28 Niemand konnte zu Hilfe
kommen; denn die Stadt lag weit entfernt von Sidon und hatte auch
mit den Aramäern nichts zu tun; sie lag im Tal von Bet-Rehob. Die
Daniter bauten die Stadt wieder auf und wohnten in ihr. 29 Sie nannten
sie Dan, nach dem Namen ihres Stammvaters Dan, der einst dem
Israel geboren worden war. Doch früher hatte die Stadt den Namen
Lajisch. 30 Die Daniter stellten das Gottesbild bei sich auf, und Jona-
tan, der Sohn Gerschoms, des Sohnes des Mose, und seine Nachkom-
men dienten dem Stamm der Daniter als Priester bis zu dem Tag, an
dem die Bewohner des Landes in die Gefangenschaft geführt wurden.
31 Sie hatten also das Gottesbild, das Micha gemacht hatte, bei sich
aufgestellt, und (es stand dort) die ganze Zeit über, solange es das
Gotteshaus in Schilo gab.

Die Schandtat der Männer von Gibea

19 In jenen Tagen, als es noch keinen König in Israel gab,
lebte im entlegensten Teil des Gebirges Efraim ein Levit als
Fremder. Er hatte sich eine Frau aus Betlehem in Juda zur Nebenfrau
genommen. 2 Aber seine Nebenfrau wurde zornig auf ihn und ver-
ließ ihn; sie ging in das Haus ihres Vaters nach Betlehem in Juda
zurück. Dort war sie nun schon vier Monate lang. 3 Da machte sich
ihr Mann auf den Weg und zog ihr mit seinem Knecht und zwei
Eseln nach, um ihr ins Gewissen zu reden und sie zurückzuholen.
Die Frau brachte ihn in das Haus ihres Vaters, und als der Vater der
jungen Frau ihn sah, kam er ihm freudig entgegen. 4 Da sein Schwie-
gervater, der Vater der jungen Frau, ihn dringend darum bat, blieb er
drei Tage bei ihm. Sie aßen und tranken, und er übernachtete dort.
5 Als sie am vierten Tag frühmorgens aufgestanden waren und er sich
auf den Weg machen wollte, sagte der Vater der jungen Frau zu sei-
nem Schwiegersohn: Stärke dich erst noch mit einem Bissen Brot;
dann könnt ihr gehen. 6 Sie setzten sich, und die beiden aßen und
tranken zusammen. Der Vater der jungen Frau aber sagte zu dem
Mann: Entschließ dich doch, (noch einmal) über Nacht zu bleiben,
und laß es dir gutgehen! 7 Der Mann stand auf, um zu gehen; doch
sein Schwiegervater nötigte ihn, so daß er dort noch einmal über-
nachtete. 8 Als er sich dann am Morgen des fünften Tages auf den
Weg machen wollte, sagte der Vater der jungen Frau: Stärke dich erst
noch, und bleibt hier, bis der Tag zur Neige geht. So aßen die beiden
zusammen. 9 Dann stand der Mann auf, um mit seiner Nebenfrau
und seinem Knecht abzureisen. Sein Schwiegervater aber, der Vater
der jungen Frau, sagte zu ihm: Sieh doch, der Tag geht zu Ende, und
es wird Abend. Bleibt über Nacht hier! Der Tag geht zur Neige; über-
nachte hier, und laß es dir gutgehen! Morgen früh könnt ihr euch
dann auf den Heimweg zu deinem Zelt machen. 10 Aber der Mann
wollte nicht mehr übernachten, sondern erhob sich und ging mit
seinen zwei gesattelten Eseln, seiner Nebenfrau und seinem Knecht
fort.
Sie kamen zu einem Ort gegenüber von Jebus, das heißt Jerusalem.
11 Als sie dort waren, war der Tag schon fast zu Ende gegangen.
Darum sagte der Knecht zu seinem Herrn: Komm, wir wollen in der
Jebusiterstadt hier einkehren und übernachten. 12 Sein Herr antwor-
tete ihm: Wir wollen nicht in einer Stadt von Fremden, die nicht zu
den Israeliten gehört, einkehren, sondern nach Gibea weiterziehen.
13 Und er sagte zu seinem Knecht: Laß uns lieber zu einem anderen
Ort gehen; wir wollen in Gibea oder Rama übernachten. 14 Sie zogen
also weiter; als sie bei Gibea, das zu Benjamin gehört, waren, ging die
Sonne unter. 15 Sie bogen daher dort (vom Weg) ab, um nach Gibea
hineinzugehen und dort zu übernachten. In der Stadt setzte er sich
auf dem Marktplatz nieder; aber es fand sich niemand, der ihn in sei-
nem Haus zum Übernachten aufnehmen wollte.
16 Schließlich kam ein alter Mann am Abend von seiner Arbeit auf
dem Feld. Der Mann stammte aus dem Gebirge Efraim und lebte als
Fremder in Gibea; die Einwohner des Ortes waren Benjaminiter.
17 Als der alte Mann aufsah, erblickte er den Wanderer auf dem Platz
der Stadt, und fragte ihn: Woher kommst du, und wohin gehst du?
18 Er antwortete ihm: Wir sind auf der Durchreise von Betlehem in Juda
zum entlegensten Teil des Gebirges Efraim. Von dort komme ich; ich
war nach Betlehem in Juda gegangen und bin nun auf dem Weg nach
Hause. Aber hier findet sich niemand, der mich in sein Haus auf-
nimmt, 19 obwohl wir alles dabei haben, Stroh und Futter für unsere
Esel und auch Brot und Wein für mich, deine Magd und den Knecht,
der bei deinem Diener ist. Es fehlt also an nichts. 20 Der alte Mann
entgegnete: Sei mir willkommen! Was dir fehlt, das laß nur meine
Sorge sein; auf dem Platz jedenfalls darfst du nicht übernachten.
21 Und er führte ihn in sein Haus und schüttete den Eseln Futter vor.
Sie wuschen sich die Füße und aßen und tranken. 22 Während sie
sich's nun wohl sein ließen, umringten plötzlich einige Männer aus
der Stadt, übles Gesindel, das Haus, schlugen an die Tür und sagten
zu dem alten Mann, dem Besitzer des Hauses: Bring den Mann her-
aus, der in dein Haus gekommen ist; wir wollen unseren Mutwillen
mit ihm treiben. 23 Der Besitzer des Hauses ging zu ihnen hinaus und
sagte zu ihnen: Nein, meine Brüder, so etwas Schlimmes dürft ihr
nicht tun. Dieser Mann ist als Gast in mein Haus gekommen; darum
dürft ihr keine solche Schandtat begehen. 24 Da ist meine jungfräuli-
che Tochter und seine Nebenfrau. Sie will ich zu euch hinausbringen;
ihr könnt sie euch gefügig machen und mit ihnen tun, was euch
gefällt. Aber an diesem Mann dürft ihr keine solche Schandtat bege-
hen. 25 Doch die Männer wollten nicht auf ihn hören. Da ergriff der
Levit seine Nebenfrau und brachte sie zu ihnen auf die Straße hinaus.
Sie mißbrauchten sie und trieben die ganze Nacht hindurch bis zum
Morgen ihren Mutwillen mit ihr. Sie ließen sie erst gehen, als die
Morgenröte heraufzog. 26 Als der Morgen anbrach, kam die Frau

Lovis Corinth
Frauenraub
(1918)
»Wenn ihr dann seht, wie die Töchter Schilos herauskommen, um im Reigen zu tanzen, dann kommt aus den Weinbergen hervor, und jeder von euch soll sich von den Töchtern Schilos eine Frau rauben« (Ri 21, 21). Die Gewalttaten, von denen der Anhang zum Buch der Richter handelt, münden in den Übergriff von Schilo. In adäquater Weise griff Lovis Corinth das Thema Frauenraub auf, verdichtet zur Darstellung physischer Gewalt. Unverkennbar wirkt der Einfluß nach, den Peter Paul Rubens auf die frühe künstlerische Entwicklung Corinths ausgeübt hat.

zurück; vor der Haustür des Mannes, bei dem ihr Herr wohnte, brach
sie zusammen und blieb dort liegen, bis es hell wurde.
27 Ihr Herr stand am Morgen auf, öffnete die Haustür und ging hin-
aus, um seine Reise fortzusetzen. Da lag die Frau, seine Nebenfrau,
zusammengebrochen am Eingang des Hauses, die Hände auf der
Schwelle. 28 Er sagte zu ihr: Steh auf, wir wollen gehen! Doch sie ant-
wortete nicht. Da legte er sie auf den Esel und machte sich auf die
Heimreise. 29 Als er nach Hause gekommen war, nahm er ein Messer,
ergriff seine Nebenfrau, zerschnitt sie in zwölf Stücke, Glied für
Glied, und schickte sie in das ganze Gebiet Israels. 30 Jeder, der das
sah, sagte: So etwas ist noch nie geschehen, so etwas hat man nicht
erlebt, seit die Söhne Israels aus Ägypten heraufgezogen sind, bis
zum heutigen Tag. Denkt darüber nach, beratet, und sagt (was ihr
dazu meint)!

Die Beratung in Mizpa

20 Alle Israeliten von Dan bis Beerscheba und auch die Bewoh-
ner von Gilead kamen herbei, und die Gemeinde versam-
melte sich einmütig beim Herrn in Mizpa. 2 Die Häupter des ganzen
Volkes, alle Stämme Israels, traten zu einer Versammlung des Volkes
Gottes zusammen, vierhunderttausend Mann zu Fuß, mit Schwer-
tern bewaffnet. 3 Die Benjaminiter erfuhren, daß die Israeliten nach
Mizpa hinaufgezogen waren. Die Israeliten sagten: Berichtet, wie
dieses Verbrechen geschehen ist. 4 Der Levit, der Mann der ermorde-
ten Frau, antwortete: Ich bin mit meiner Nebenfrau nach Gibea, das
in Benjamin liegt, gekommen, um zu übernachten. 5 Da rotteten
sich die Bürger von Gibea gegen mich zusammen und umringten
nachts in feindlicher Absicht das Haus. Sie wollten mich umbringen,
und meine Nebenfrau vergewaltigten sie, so daß sie gestorben ist.
6 Da nahm ich den Leichnam meiner Nebenfrau, schnitt ihn in
Stücke und schickte sie in alle Gebiete des Erbbesitzes der Israeliten;
denn sie hatten mitten in Israel ein schändliches Verbrechen began-
gen. 7 Nun seid ihr alle hier, ihr Israeliten; also besprecht euch mit-
einander, und beratet hier (was zu tun ist)! 8 Da erhob sich das ganze
Volk wie ein Mann und sagte: Keiner von uns darf in sein Zelt gehen,
und keiner von uns darf in sein Haus zurückkehren. 9 Wir wollen
olgendes mit Gibea machen: Wir wollen gegen die Stadt (in den
Kampf) ziehen. 10 Und zwar wählen wir aus allen Stämmen Israels
jeweils zehn Männer von hundert und hundert von tausend und tau-
send von zehntausend durch das Los aus. Sie sollen Verpflegung für
die Leute holen, die gekommen sind, um mit Gibea in Benjamin zu
machen, was es nach der Schandtat verdient, die es mitten in Israel
begangen hat.

Der Aufmarsch vor Gibea

11 So versammelten sich alle Israeliten, geschlossen wie ein Mann, bei
der Stadt. 12 Und die Stämme Israels schickten Boten durch das ganze
Gebiet des Stammes Benjamin und ließen sagen: Was ist das für eine
üble Tat, die bei euch geschehen ist? 13 Gebt uns also das üble Gesin-
del von Gibea heraus, wir wollen es töten und wollen das Böse in
Israel austilgen. Doch die Benjaminiter wollten nicht auf die Stimme
ihrer Brüder, der Israeliten, hören. 14 Sie kamen vielmehr aus ihren
Städten bei Gibea zusammen, um gegen die Israeliten in den Kampf
zu ziehen. 15 Als man an jenem Tag die Benjaminiter aus den Städten
musterte, zählte man sechsundzwanzigtausend mit Schwertern
bewaffnete Männer, ohne die Einwohner von Gibea. [Siebenhundert
auserlesene Männer wurden gemustert.] 16 Unter diesen Männern
befanden sich siebenhundert besonders auserlesene Männer; sie
waren alle Linkshänder und konnten einen Stein haargenau schleu-
dern, ohne je das Ziel zu verfehlen. 17 Auch die Männer Israels ließen
sich mustern. Es waren ohne die Benjaminiter vierhunderttausend
mit dem Schwert bewaffnete Männer, alles tüchtige Krieger. 18 Sie
brachen auf, zogen nach Bet-El hinauf und befragten Gott. Die Isra-
eliten sagten: Wer von uns soll zuerst gegen die Benjaminiter in den
Kampf ziehen? Der Herr antwortete: Zuerst Juda.

Die Niederlage der Israeliten

19 Die Israeliten brachen am Morgen auf und bezogen ihr Lager
gegenüber Gibea. 20 Dann rückten die Israeliten zum Kampf gegen
die Benjaminiter aus und stellten sich ihnen gegenüber vor Gibea
zum Kampf auf. 21 Die Benjaminiter rückten von Gibea aus und
streckten an diesem Tag zweiundzwanzigtausend Israeliten zu
Boden. 22 Doch die Männer Israels faßten wieder Mut und stellten
sich noch einmal zum Kampf auf, am gleichen Ort, wo sie sich am
ersten Tag aufgestellt hatten. 23 Die Israeliten waren nämlich (inzwi-
schen nach Bet-El) hinaufgezogen, hatten bis zum Abend vor dem
Herrn geweint und ihn gefragt: Sollen wir noch einmal zum Kampf
gegen unseren Bruder Benjamin antreten? Der Herr hatte geantwor-
tet: Zieht hinauf gegen ihn! 24 Als nun die Israeliten am zweiten Tag
gegen die Benjaminiter vorrückten, 25 zogen ihnen die Benjaminiter
wiederum von Gibea aus entgegen und streckten noch einmal acht-
zehntausend Männer aus Israel zu Boden, die alle mit Schwertern
bewaffnet waren. 26 Darauf zogen alle Israeliten, das ganze Volk, hin-
auf nach Bet-El. Dort saßen sie klagend vor dem Herrn; sie fasteten
an jenem Tag bis zum Abend und brachten dem Herrn Brandopfer
und Heilsopfer dar. 27 Dann befragten die Israeliten wieder den
Herrn. In Bet-El stand nämlich in jenen Tagen die Bundeslade Gottes,
28 und Pinhas, der Sohn Eleasars, des Sohnes Aarons, tat in jenen

Tagen Dienst vor dem Angesicht des Herrn. Die Israeliten sagten:
Sollen wir noch einmal ausrücken zum Kampf mit unserem Bruder
Benjamin, oder sollen wir es aufgeben? Der Herr antwortete: Zieht
hinauf! Denn morgen gebe ich ihn in eure Gewalt.

Die Vernichtung der Benjaminiter

29 Darauf legten die Israeliten rings um Gibea Leute in den Hinterhalt.
30 Am dritten Tag zogen die Israeliten wieder gegen die Benjaminiter
hinauf und stellten sich wie die beiden vorigen Male bei Gibea auf.
31 Die Benjaminiter aber rückten gegen die Israeliten aus und ließen
sich von der Stadt weglocken; sie begannen, wie die beiden vorigen
Male, auf freiem Feld einzelne Israeliten zu erschlagen, und zwar an
den Straßen, von denen die eine nach Bet-El, die andere nach Gibeon
hinaufführt, im ganzen etwa dreißig Mann. 32 Die Benjaminiter dach-
ten: Sie werden von uns geschlagen wie beim erstenmal. Die Israeli-
ten aber sagten: Wir wollen fliehen und sie von der Stadt weg zu den
Straßen hinlocken. 33 Alle Israeliten zogen sich also von ihrem Platz
zurück und stellten sich bei Baal-Tamar wieder auf. Die Israeliten
aber, die westlich von Gibea im Hinterhalt lagen, brachen aus ihrer
Stellung hervor. 34 Darauf rückten zehntausend ausgewählte Männer
aus ganz Israel gegenüber Gibea heran. Es gab einen schweren
Kampf; die Benjaminiter erkannten nicht, daß das Unheil sie ereilte.
35 Der Herr schlug die Benjaminiter vor den Augen Israels, und die
Israeliten machten an jenem Tag fünfundzwanzigtausendundein-
hundert Mann aus Benjamin nieder, alles mit Schwertern bewaffnete
Krieger.
36 Die Benjaminiter sahen, daß sie geschlagen waren. Die Israeliten
gaben Benjamin weiteres Gelände preis; denn sie vertrauten auf den
Hinterhalt, den sie bei Gibea gelegt hatten. 37 Die Leute im Hinterhalt
stürmten nun schnell auf Gibea los. Sie kamen aus dem Hinterhalt
hervor und erschlugen alles in der Stadt mit scharfem Schwert. 38 Die
Israeliten hatten mit den Männern im Hinterhalt verabredet, daß sie
eine Rauchwolke aus der Stadt aufsteigen lassen sollten. 39 Als nun
die Israeliten im Kampf kehrtmachten und Benjamin anfing, etwa
dreißig Israeliten zu erschlagen, weil sie sagten: Sicher wird Israel
von uns völlig geschlagen wie beim ersten Kampf!, 40 da begann aus
der Stadt eine hohe Rauchsäule aufzusteigen. Als die Benjaminiter
sich umwandten, sahen sie, daß die Stadt wie ein Ganzopfer zum
Himmel emporflammte. 41 Als dann die Israeliten wieder kehrt mach-
ten, gerieten die Benjaminiter in Verwirrung; denn sie erkannten, daß
das Unglück sie ereilt hatte. 42 Sie zogen sich vor den Israeliten in
Richtung auf die Wüste zurück, konnten aber dem Kampf nicht ent-
rinnen. Denn nun kamen auch die Männer (Israels) aus der Stadt,
nahmen die Benjaminiter in die Zange und vernichteten sie. 43 Sie
umzingelten die Benjaminiter und verfolgten sie von Noha [zertraten
sie] bis in die Gegend östlich von Gibea. 44 Achtzehntausend Mann
aus Benjamin fielen, alles kampferprobte Männer. 45 Die übrigen
wandten sich um und flohen auf die Wüste zu, nach Sela-Rimmon.
Die Israeliten hielten Nachlese und vernichteten auf den Straßen
noch einmal fünftausend Mann. Bei der Verfolgung, die sich bis nach
Gidom hinzog, erschlugen sie nochmals zweitausend von ihnen.
46 Die Gesamtzahl der Gefallenen aus Benjamin betrug an diesem Tag
fünfundzwanzigtausend, lauter mit dem Schwert bewaffnete Krieger.
47 Nur sechshundert Mann konnten sich absetzen und in die Wüste
nach Sela-Rimmon fliehen; sie blieben vier Monate in Sela-Rimmon.
48 Die Israeliten aber kehrten zu den Benjaminitern zurück und
erschlugen alles, was zu finden war, mit scharfem Schwert, die Stadt
samt Menschen und Vieh. Ebenso steckten sie alle Städte, die sie fin-
den konnten, in Brand.

Die Sorge um den Rest von Benjamin

21 Die Israeliten hatten in Mizpa geschworen: Keiner von uns
darf seine Tochter einem Benjaminiter zur Frau geben.
2 Nun kam das Volk nach Bet-El; sie saßen dort bis zum Abend vor
Gott, jammerten laut und klagten sehr. 3 Sie sagten: Warum, Herr,
Gott Israels, mußte das in Israel geschehen, daß heute ein ganzer
Stamm Israels fehlt? 4 Am anderen Morgen in aller Frühe erbaute das
Volk dort einen Altar und brachte Brandopfer und Heilsopfer dar.
5 Und die Israeliten fragten: Wer aus allen Stämmen Israels ist nicht
zu der Versammlung zum Herrn heraufgekommen? Man hatte näm-
lich gegen den, der nicht zum Herrn nach Mizpa hinaufziehen würde,
einen feierlichen Schwur getan und gesagt: Er wird mit dem Tod
bestraft. 6 Nun aber hatten die Israeliten Mitleid mit ihrem Bruder
Benjamin und sagten: Heute ist ein ganzer Stamm von Israel abge-
hauen worden. 7 Wie können wir denen, die übrig geblieben sind,
Frauen verschaffen? Wir haben doch beim Herrn geschworen, ihnen
keine von unseren Töchtern zur Frau zu geben. 8 Darum fragten sie:
Ist etwa einer von den Stämmen Israels nicht zum Herrn nach Mizpa
hinaufgezogen? Und tatsächlich war niemand aus Jabesch-Gilead zur
Versammlung ins Heerlager gekommen. 9 Denn als man die Leute
musterte, zeigte es sich, daß keiner der Einwohner von Jabesch-
Gilead da war.

Der Feldzug gegen Jabesch-Gilead

10 Die Gemeinde schickte deshalb zwölftausend Mann von den
Kriegsleuten nach Jabesch-Gilead mit dem Befehl: Geht hin und
erschlagt die Einwohner von Jabesch-Gilead mit scharfem Schwert,
auch Frauen und Kinder. 11 So sollt ihr es machen: Alles, was männ-
lich ist, und alle Frauen, die schon Verkehr mit einem Mann hatten,
sollt ihr dem Untergang weihen. 12 Sie fanden aber unter den Einwoh-
nern von Jabesch-Gilead vierhundert jungfräuliche Mädchen, die
noch keinen Verkehr mit einem Mann hatten. Diese brachten sie ins
Lager nach Schilo im Land Kanaan. 13 Darauf schickte die ganze
Gemeinde Boten und verhandelte mit den Benjaminitern, die in Sela-
Rimmon waren, und bot ihnen Frieden an. 14 So kehrten die Benjami-
niter damals zurück, und die Israeliten gaben ihnen die Frauen aus
Jabesch-Gilead, die sie dort am Leben gelassen hatten. Aber diese
reichten für sie nicht aus.

Der Frauenraub in Schilo

15 Das Volk hatte Mitleid mit Benjamin; denn der Herr hatte eine
Lücke in die Stämme Israels gerissen. 16 Die Ältesten der Gemeinde
sagten: Wie können wir den übrigen Männern Frauen verschaffen, da
in Benjamin die Frauen ausgerottet sind? 17 Und sie sagten: Der Besitz
der übriggebliebenen Benjaminiter ist ja noch immer da. Kein Stamm
darf in Israel ausgelöscht werden. 18 Von unseren Töchtern können
wir ihnen jedoch keine als Frauen geben; denn die Israeliten haben
geschworen: Verflucht sei, wer den Benjaminitern eine Frau gibt.
19 Sie sagten also: Da ist doch Jahr für Jahr ein Fest des Herrn in Schilo
nördlich von Bet-El, östlich der Straße, die von Bet-El nach Sichem
führt, südlich von Lebona. 20 Und sie forderten die Benjaminiter auf:
Geht hin und legt euch in den Weinbergen dort auf die Lauer! 21 Wenn
ihr dann seht, wie die Töchter Schilos herauskommen, um im Reigen
zu tanzen, dann kommt aus den Weinbergen hervor, und jeder von
euch soll sich von den Töchtern Schilos eine Frau rauben. Dann geht
heim ins Land Benjamin! 22 Wenn dann ihre Väter oder Brüder kom-
men und bei uns Klage erheben, werden wir zu ihnen sagen: Vergebt
ihnen; denn wir konnten im Kampf (gegen Jabesch) nicht für jeden
eine Frau gewinnen, und ihr selbst konntet sie ihnen nicht geben;
sonst hättet ihr euch schuldig gemacht. 23 Die Benjaminiter machten
es so, und jeder nahm sich eines von den tanzenden Mädchen, die sie
raubten. Dann kehrten sie in ihren Erbbesitz zurück, bauten die
Städte wieder auf und wohnten darin. 24 Auch die Israeliten gingen
dann in Bet-El wieder auseinander, jeder zu seinem Stamm und zu
seiner Sippe. Jeder zog heim in seinen Erbbesitz. 25 In jenen Tagen
gab es noch keinen König in Israel; jeder tat, was ihm gefiel.

Das Buch Rut

Das Büchlein Rut, eine novellenartige Erzählung, trägt seinen Namen nach der Hauptperson, einer moabitischen Frau, die die Ahnfrau Davids werden sollte. Josephus Flavius, der jüdische, um 90 n. Chr. in griechischer Sprache schreibende Historiker, hat das Büchlein anscheinend als Anhang zum Richterbuch gekannt (vgl. Ri 17–21). Die Handlung spielt in der Richterzeit. In der jüdischen Bibel steht das Buch unter den »Fünf Festrollen«, d. h. den kleinen Büchern, die an bestimmten Festen in der Synagoge gelesen wurden (Rut, Hld, Koh, Klgl und Est); in der christlichen Bibel gehört es zu den »Geschichtsbüchern« und folgt auf das Buch der Richter.

Der Aufbau des Buches ist einfach und übersichtlich: Ein gewisser Elimelech aus Betlehem wandert wegen einer Hungersnot ins Moabiterland aus. Dort heiraten seine Söhne moabitische Frauen. Dann sterben aber Elimelech und seine Söhne. Die Witwe Noomi will in ihre Heimat Betlehem zurückkehren. Sie fordert ihre Schwiegertöchter auf, wieder zu ihren Familien zu gehen. Die eine geht, die andere namens Rut aber erklärt, sie wolle bei ihr bleiben. So kommen Noomi und Rut nach Betlehem (Kap. 1). Dort lernt Rut beim Ährenlesen den Gutsbesitzer Boas, einen Verwandten ihres verstorbenen Mannes, kennen, der sie freundlich behandelt (Kap. 2). Auf geschickte Weise wird Boas an seine Löserpflicht erinnert. Er erklärt sich bereit, ein Grundstück aus dem Besitz des verstorbenen Mannes, das Noomi hätte verkaufen müssen, auszulösen und damit auch Rut, die Witwe seines Verwandten, zu heiraten (Kap. 3). Da aber ein noch näherer Verwandter Noomis da ist, kommt es zu Verhandlungen am Stadttor, bei denen der andere zum Verzicht bewogen wird. So geht Boas die »Schwagerehe« (Leviratsehe) ein, zu der er sich als »Löser« verpflichtet fühlt. Er bekommt mit Rut einen Sohn namens Obed. Dieser wird der Vater Isais und Großvater Davids. Der Erzählung wurde später der Stammbaum Davids angeschlossen (Kap. 4).

Die Entstehung des Büchleins wird heute von einigen in die Königszeit, von anderen in die nachexilische Zeit, etwa in die Zeit Esras, datiert. Der Verfasser wollte vielleicht durch den Hinweis auf die moabitische Abstammung Davids einer antimoabitischen Tendenz seiner Zeit, wie sie etwa aus Dtn 23,4–6 spricht, entgegenwirken und zeigen, daß Gott sogar eine moabitische Frau in seinen Heilsplan einfügt. Das Wort Ruts zu ihrer Schwiegermutter »Wohin du gehst, gehe auch ich, und wo du bleibst, da bleibe auch ich. Dein Volk ist mein Volk, und dein Gott ist mein Gott« (1,16f) ist das Bekenntnis einer Nichtisraelitin zum Gott Israels. Es zeigt, daß Gott auch den Heiden, die sich zu Abraham und seinen Nachkommen, zum Volk Israel, bekennen, Segen und Heil schenkt (vgl. Gen 12,3).

Die Vorgeschichte

1 Zu der Zeit, als die Richter regierten, kam eine Hungersnot über
das Land. Da zog ein Mann mit seiner Frau und seinen beiden
Söhnen aus Betlehem in Juda fort, um sich als Fremder im Grünland
Moabs niederzulassen. 2 Der Mann hieß Elimelech, seine Frau
Noomi, und seine Söhne hießen Machlon und Kiljon; sie waren
Efratiter aus Betlehem in Juda. Als sie im Grünland Moabs ankamen,
blieben sie dort. 3 Elimelech, der Mann Noomis, starb, und sie blieb
mit ihren beiden Söhnen zurück. 4 Diese nahmen sich moabitische
Frauen, Orpa und Rut, und so wohnten sie dort etwa zehn Jahre lang.
5 Dann starben auch Machlon und Kiljon, und Noomi blieb allein,
ohne ihren Mann und ohne ihre beiden Söhne.

Die Heimkehr

6 Da brach sie mit ihren Schwiegertöchtern auf, um aus dem Grünland
Moabs heimzukehren; denn sie hatte dort gehört, der Herr habe sich
seines Volkes angenommen und ihm Brot gegeben. 7 Sie verließ
zusammen mit ihren beiden Schwiegertöchtern den Ort, wo sie sich
aufgehalten hatte. Als sie nun auf dem Heimweg in das Land Juda
waren, 8 sagte Noomi zu ihren Schwiegertöchtern: Kehrt doch beide
heim zu euren Müttern! Der Herr erweise euch Liebe, wie ihr sie den
Toten und mir erwiesen habt. 9 Der Herr lasse jede von euch Gebor-
genheit finden bei einem Gatten. Damit küßte sie beide zum
Abschied; doch Orpa und Rut begannen laut zu weinen 10 und sagten
zu ihr: Nein, wir wollen mit dir zu deinem Volk gehen. 11 Noomi sagte:
Kehrt doch um, meine Töchter! Warum wollt ihr mit mir ziehen? Habe
ich etwa in meinem Leib noch Söhne, die eure Männer werden könn-
ten? 12 Kehrt um, meine Töchter, und geht; denn ich bin zu alt, noch
einem Mann zu gehören. Selbst wenn ich dächte, ich habe noch Hoff-
nung, ja, wenn ich noch diese Nacht einem Mann gehörte und gar
Söhne bekäme: 13 Wolltet ihr warten, bis sie erwachsen sind? Wolltet
ihr euch so lange abschließen und ohne einen Mann leben? Nein,
meine Töchter! Mir täte es bitter leid um euch; denn mich hat die Hand
des Herrn getroffen. 14 Da weinten sie noch lauter. Doch dann gab
Orpa ihrer Schwiegermutter den Abschiedskuß, während Rut nicht
von ihr ließ. 15 Noomi sagte: Du siehst, deine Schwägerin kehrt heim
zu ihrem Volk und zu ihrem Gott. Folge ihr doch! 16 Rut antwortete:
Dränge mich nicht, dich zu verlassen und umzukehren. Wohin du
gehst, dahin gehe auch ich, und wo du bleibst, da bleibe auch ich.
Dein Volk ist mein Volk, und dein Gott ist mein Gott. 17 Wo du stirbst,
da sterbe auch ich, da will ich begraben sein. Der Herr soll mir dies
und das antun – nur der Tod wird mich von dir scheiden.
18 Als sie sah, daß Rut darauf bestand, mit ihr zu gehen, redete sie
nicht länger auf sie ein. 19 So zogen sie miteinander bis Betlehem.
Als sie in Betlehem ankamen, geriet die ganze Stadt ihretwegen in
Bewegung. Die Frauen sagten: Ist das nicht Noomi? 20 Doch sie erwi-
derte: Nennt mich nicht mehr Noomi (Liebliche), sondern Mara (Bit-
tere); denn viel Bitteres hat der Allmächtige mir getan. 21 Reich bin ich
ausgezogen, aber mit leeren Händen hat der Herr mich heimkehren
lassen. Warum nennt ihr mich noch Noomi, da doch der Herr gegen
mich gesprochen und der Allmächtige mir Schlimmes angetan hat?

Natalija Sergejewna Gontscharowa
Ernte
(1911)
»Boas sagte zu Rut: Höre wohl, meine Tochter, geh auf keinen anderen Acker, um zu lesen; entfern dich nicht von hier, sondern halte dich an meine Mägde« (Rut 2,8). Auf vielfältige Weise variiert das Buch Rut, mit Schauplätzen wie dem Getreidefeld und dem Getreidelager auf der Tenne, das Thema der Ernte. Ihm ist das kubistisch beeinflußte Gemälde der russischen Malerin Natalija Sergejewna Gontscharowa gewidmet, die gemeinsam mit ihrem Mann Michail Larionoff den Rayonismus entwickelt hat, benannt nach den »rayons« (= Strahlenbündel). Auf dem hier wiedergegebenen Gemälde herrschen noch gegenständliche Zeichen und Assoziationen vor: Mondsichel und Erntesichel verfielfältigen sich zu Bogenformen, die die Form der Ähren aufgreifen. Auffällig ist jedoch das Leuchten des zur Ernte reifen Kornfeldes.

22 So kehrte Noomi mit Rut, ihrer moabitischen Schwiegertochter,
aus dem Grünland Moabs heim. Zu Beginn der Gerstenernte kamen
sie in Betlehem an.

Rut auf dem Acker des Boas

2 Noomi hatte einen Verwandten von ihrem Mann her, einen
Grundbesitzer; er war aus dem Geschlecht Elimelechs und hieß
Boas. 2 Eines Tages sagte die Moabiterin Rut zu Noomi: Ich möchte
aufs Feld gehen und Ähren lesen, wo es mir jemand erlaubt. Sie antwortete ihr: Geh, Tochter! 3 Rut ging hin und las auf dem Feld hinter
den Schnittern her. Dabei war sie auf ein Grundstück des Boas aus
dem Geschlecht Elimelechs geraten.
4 Und nun kam Boas von Betlehem dazu. Er sagte zu den Schnittern:
Der Herr sei mit euch! Sie antworteten ihm: Der Herr segne dich.
5 Boas fragte seinen Knecht, der die Schnitter beaufsichtigte: Wem
gehört dieses Mädchen da? 6 Der Knecht antwortete: Es ist eine junge
Moabiterin, die mit Noomi aus dem Grünland Moabs gekommen ist.
7 Sie hat gesagt: Ich möchte gern Ähren lesen und bei den Garben
hinter den Schnittern her sammeln. So kam sie zu uns und hielt aus
vom Morgen bis jetzt und gönnte sich kaum Ruhe. 8 Boas sagte zu
Rut: Höre wohl, meine Tochter, geh auf kein anderes Feld, um zu
lesen; entfern dich nicht von hier, sondern halte dich an meine
Mägde; 9 behalte das Feld im Auge, wo sie ernten, und geh hinter
ihnen her! Ich werde meinen Knechten befehlen, dich nicht
anzurühren. Hast du Durst, so darfst du zu den Gefäßen gehen und
von dem trinken, was die Knechte schöpfen. 10 Sie sank vor ihm nieder, beugte sich zur Erde und sagte: Wie habe ich es verdient, daß du
mich so achtest, da ich doch eine Fremde bin? 11 Boas antwortete ihr:
Mir wurde alles berichtet, was du nach dem Tod deines Mannes für
deine Schwiegermutter getan hast, wie du deinen Vater und deine
Mutter, dein Land und deine Verwandtschaft verlassen hast und zu
einem Volk gegangen bist, das dir zuvor unbekannt war. 12 Der Herr,
der Gott Israels, zu dem du gekommen bist, um dich unter seinen

Flügeln zu bergen, möge dir dein Tun vergelten und dich reich beloh-
nen. 13 Sie sagte: Du bist sehr gütig zu mir, Herr. Du hast mir Mut
gemacht und so freundlich zu deiner Magd gesprochen, und ich bin
nicht einmal eine deiner Mägde.
14 Zur Essenszeit sagte Boas zu ihr: Komm und iß von dem Brot,
tauch deinen Bissen in die Würztunke! Sie setzte sich neben die
Schnitter. Er reichte ihr geröstete Körner, und sie aß sich satt und
behielt noch übrig. 15 Als sie wieder aufstand zum Ährenlesen, befahl
Boas seinen Knechten: Auch wenn sie zwischen den Garben liest,
dürft ihr sie nicht schelten. 16 Ihr sollt sogar für sie etwas aus den
Bündeln herausziehen und liegen lassen; sie mag es auflesen, und ihr
dürft sie nicht schelten.
17 So sammelte sie auf dem Feld bis zum Abend. Als sie ausklopfte,
was sie aufgelesen hatte, war es etwa ein Efa Gerste. 18 Sie hob es auf,
ging in die Stadt und zeigte ihrer Schwiegermutter, was sie aufgelesen
hatte. Dann packte sie aus, was sie von ihrer Mahlzeit übrigbehalten
hatte, und gab es ihr. 19 Ihre Schwiegermutter fragte: Wo hast du heute
gelesen und gearbeitet? Gesegnet sei, der auf dich achthatte. Sie
berichtete ihrer Schwiegermutter, bei wem sie gearbeitet hatte, und
sagte: Der Mann, bei dem ich heute gearbeitet habe, heißt Boas. 20 Da
sagte Noomi zu ihrer Schwiegertochter: Gesegnet sei er vom Herrn,
der seine Gunst den Lebenden und Toten nicht entzogen hat. Und sie
erzählte ihr: Der Mann ist mit uns verwandt, er ist einer unserer Löser.
21 Die Moabiterin Rut sagte: Er hat noch zu mir gesagt: Halte dich an
meine Knechte, bis sie meine Ernte eingebracht haben. 22 Gut, meine
Tochter, sagte Noomi zu Rut, wenn du mit seinen Mägden hinaus-
gehst, dann kann man dich auf einem anderen Feld nicht belästigen.
23 Rut hielt sich beim Ährenlesen an die Mägde des Boas, bis die Ger-
sten- und Weizenernte beendet war. Danach blieb sie bei ihrer
Schwiegermutter.

Rut auf der Tenne des Boas

3 Ihre Schwiegermutter Noomi sagte zu ihr: Meine Tochter, ich
möchte dir ein Heim verschaffen, in dem es dir gut geht. 2 Nun
ist ja Boas, bei dessen Mägden du warst, ein Verwandter von uns.
Heute abend worfelt er die Gerste auf der Tenne. 3 Wasch dich, salbe
dich, und zieh dein Obergewand an, dann geh zur Tenne! Zeig dich
aber dem Mann nicht, bis er fertig gegessen und getrunken hat.
4 Wenn er sich niederlegt, so merk dir den Ort, wo er sich hinlegt.
Geh dann hin, deck den Platz zu seinen Füßen auf, und leg dich dort-
hin! Er wird dir dann sagen, was du tun sollst. 5 Rut antwortete ihr:
Alles, was du sagst, will ich tun. 6 Sie ging zur Tenne und tat genauso,
wie ihre Schwiegermutter ihr aufgetragen hatte. 7 Als Boas gegessen
und getrunken hatte und es ihm wohl zumute wurde, ging er hin, um
sich neben dem Getreidehaufen schlafen zu legen. Nun trat sie leise
heran, deckte den Platz zu seinen Füßen auf und legte sich nieder.
8 Um Mitternacht schrak der Mann auf, beugte sich vor und fand eine
Frau zu seinen Füßen liegen. 9 Er fragte: Wer bist du? Sie antwortete:
Ich bin Rut, deine Magd. Breite doch den Saum deines Gewandes
über deine Magd; denn du bist Löser. 10 Da sagte er: Gesegnet bist du
vom Herrn, meine Tochter. So zeigst du deine Zuneigung noch schö-
ner als zuvor; denn du bist nicht den jungen Männern, ob arm oder
reich, nachgelaufen. 11 Fürchte dich nicht, meine Tochter! Alles, was
du sagst, will ich dir tun; denn jeder in diesen Mauern weiß, daß du
eine tüchtige Frau bist. 12 Gewiß, ich bin Löser, aber es gibt noch
einen Löser, der näher verwandt ist als ich. 13 Bleib über Nacht, und
wenn er dich dann am Morgen lösen will, gut, so mag er lösen. Wenn
er dich aber nicht lösen will, so werde ich dich lösen, so wahr der
Herr lebt. Bleib liegen bis zum Morgen! 14 Sie blieb zu seinen Füßen
liegen bis zum Morgen. Doch noch ehe man einander erkennen
konnte, stand sie auf. Denn Boas wollte nicht bekannt werden las-
sen, daß die Frau auf die Tenne gekommen war. 15 Er sagte zu ihr:
Reich mir das Tuch, das du umgelegt hast. Sie hielt es hin, und er
füllte sechs Maß Gerste hinein und lud es ihr auf. Dann ging er zur
Stadt.

Der Rat der Schwiegermutter

16 Rut kam nun zu ihrer Schwiegermutter, und diese fragte: Wie steht
es, meine Tochter? Sie erzählte ihr, wieviel Gutes ihr der Mann erwie-
sen hatte, 17 und sagte: Diese sechs Maß Gerste hat er mir gegeben;
denn er meinte: Du sollst nicht mit leeren Händen zu deiner Schwie-
germutter kommen. 18 Noomi antwortete ihr: Warte ab, meine Toch-
ter, bis du erfährst, wie die Sache ausgeht; denn der Mann wird nicht
ruhen, ehe er noch heute die Sache erledigt hat.

Die Verhandlung im Tor

4 Indes war Boas zum Tor gegangen und hatte sich dort nieder-
gelassen. Da ging gerade der Löser vorüber, von dem Boas
gesprochen hatte. Er sagte zu ihm: Komm herüber, und setz dich
hierher! Der kam herüber und setzte sich. 2 Dann holte Boas zehn
Männer von den Ältesten der Stadt und sagte: Setzt euch hierher! Sie
taten es. 3 Darauf sagte er zu dem Löser: Das Grundstück, das unse-
rem Verwandten Elimelech gehört, will Noomi, die aus dem Grün-
land Moabs zurückgekehrt ist, verkaufen. 4 Ich dachte, ich will dich
davon unterrichten und dir sagen: Erwirb es in Gegenwart der hier
Sitzenden und in Gegenwart der Ältesten meines Volkes! Wenn du
lösen willst, so löse! Willst du aber nicht lösen, so sag es mir, damit
ich es weiß; denn außer dir ist niemand zum Lösen da, und ich bin
nach dir an der Reihe. Jener antwortete: Ich werde lösen. 5 Boas fuhr
fort: Wenn du den Acker aus der Hand der Noomi erwirbst, dann
erwirbst du zugleich auch die Moabiterin Rut, die Frau des Verstor-
benen, um den Namen des Toten auf seinem Erbe wiedererstehen zu
lassen. 6 Der Löser sagte: Dann kann ich für mich nicht lösen, sonst
schädige ich mein eigenes Erbe. Übernimm du mein Löserecht;
denn ich kann nicht lösen. 7 Früher bestand in Israel folgender
Brauch: Um ein Löse- oder Tauschgeschäft rechtskräftig zu machen,
zog man den Schuh aus und gab ihn seinem Partner. Das galt in
Israel als Bestätigung. 8 Der Löser sagte nun zu Boas: Erwirb es! und
er zog seinen Schuh aus. 9 Boas sagte zu den Ältesten und zu allem
Volk: Ihr seid heute Zeugen, daß ich alles Eigentum Elimelechs
sowie das Kiljons und Machlons aus der Hand der Noomi erworben
habe. 10 Auch Rut, die Moabiterin, die Frau Machlons, habe ich mir
zur Frau erworben, um den Namen des Verstorbenen auf seinem
Erbe wiedererstehen zu lassen, damit sein Name unter seinen Ver-
wandten und innerhalb der Mauern seiner Stadt nicht erlischt. Ihr
seid heute Zeugen. 11 Da antwortete alles Volk im Tor samt den Älte-
sten: Wir sind Zeugen. Der Herr mache die Frau, die in dein Haus
kommt, wie Rahel und Lea, die zwei, die das Haus Israel aufgebaut
haben. Komm zu Reichtum in Efrata und zu Ansehen in Betlehem!
12 Dein Haus gleiche dem Haus des Perez, den Tamar dem Juda gebo-
ren hat, durch die Nachkommenschaft, die der Herr dir aus dieser
jungen Frau geben möge.

Das gesegnete Kind

13 So nahm Boas Rut zur Frau und ging zu ihr. Der Herr ließ sie
schwanger werden, und sie gebar einen Sohn. 14 Da sagten die Frauen
zu Noomi: Gepriesen sei der Herr, der es dir heute nicht an einem
Löser hat fehlen lassen. Sein Name soll in Israel gerühmt werden.
15 Du wirst jemand haben, der dein Herz erfreut und dich im Alter ver-
sorgt; denn deine Schwiegertochter, die dich liebt, hat ihn geboren,
sie, die mehr wert ist als sieben Söhne. 16 Noomi nahm das Kind,
drückte es an ihre Brust und wurde seine Wärterin. 17 Die Nachbarin-
nen wollten ihm einen Namen geben und sagten: Der Noomi ist ein
Sohn geboren. Und sie gaben ihm den Namen Obed. Er ist der Vater
Isais, des Vaters Davids.

Der Stammbaum

18 Das ist die Geschlechterfolge nach Perez: Perez zeugte Hezron,
19 Hezron zeugte Ram, Ram zeugte Amminadab, 20 Amminadab
zeugte Nachschon, Nachschon zeugte Salmon, 21 Salmon zeugte
Boas, Boas zeugte Obed, 22 Obed zeugte Isai, und Isai zeugte David.

Die Samuelbücher

Das erste Buch Samuel

Die Epoche, die mit dem Namen Samuel verbunden ist, ist eine Zeit des Übergangs. Samuel handelt noch wie einer der Richter, er tritt aber auch wie ein Prophet auf. Unter seiner maßgeblichen Mitwirkung entsteht in Israel das Königtum. Weder zwischen den beiden Büchern noch am Ende von 2 Sam ist ein Einschnitt in der Geschichte Israels zu erkennen. Dennoch hat die Abgrenzung und Zweiteilung des ursprünglich einen Samuelbuches innerhalb des Deuteronomistischen Geschichtswerks (dazu vgl. die Einleitung zu Dtn) Sinn und Grund. 1 Sam schließt mit dem Ende des ersten Königs, des Benjaminiters Saul; in 1 Kön beginnt mit Salomo, dem Nachfolger Davids, die Reihe von Herrschern, die einen bereits zur festen Institution gewordenen Thron besteigen.
Der Aufbau der beiden Samuelbücher folgt dem Verlauf der Ereignisse, setzt aber Schwerpunkte, an denen die Darstellung ausführlicher wird. 1 Sam beginnt mit der Kindheitsgeschichte Samuels (Kap. 1–3), wohl einer Überlieferung aus Schilo. Daran schließt sich die Lade-Erzählung an (Kap. 4–6), zu der sachlich auch 2 Sam 6 gehört. Samuel wirkt als Richter (Kap. 7) und als prophetischer Seher und Gottesmann. Im Auftrag Gottes salbt er Saul zum ersten König Israels (Kap. 8–12), dessen Regierungszeit in Kap. 13–31 geschildert wird. Nach Sauls Tod wird David, dessen Aufstieg sich seit langem angebahnt hat, König zunächst von Juda (2 Sam 2–4), dann von ganz Israel (5,1–5). David erobert Jerusalem (5,6–16), macht es nach einem Sieg über die Philister (5,17–25) zur Hauptstadt und überführt die Bundeslade dorthin (Kap. 6). Gott verheißt ihm durch den Propheten Natan seinen besonderen Beistand und ein ewiges Königtum (Kap. 7).
Von den Kriegen Davids ist in den Kapiteln 8, 10 und 11 die Rede. Kap. 9 berichtet von Davids Großmut gegen den Enkel Sauls, Kap. 11 und 12 von seiner Sünde, Kap. 13–19 von den Wirren um die Thronnachfolge und von Abschaloms Aufstand und Ende, Kap. 20 von der Erhebung des Benjaminiters Scheba. Hier schließt 1 Kön an. Außerhalb des Erzählungszusammenhangs stehen die Nachträge über die Hungersnot und über die Blutrache der Gibeoniter (21,1–14), über Davids Helden (21,15–22; 23,8–29) – dazu der Psalm Davids (Kap. 22 = Ps 18) und seine letzten Worte (23,1–7) – sowie über die Volkszählung und ihre Bestrafung (Kap. 24).
Den Autoren, die die Samuelbücher in der vorliegenden Form gestaltet haben, lagen bereits größere Werke vor, die sie aufnahmen und anscheinend nur wenig veränderten: die bereits genannte Lade-Erzählung (1 Sam 4–6; 2 Sam 6), die Geschichte von Davids Aufstieg (1 Sam 16,13–2 Sam 5) und die Geschichte der Thronfolge (2 Sam 10–20; 1 Kön 1 und 2). Die Erzählung von der heiligen Lade diente dazu, Jerusalem als die von Israels Gott erwählte Stadt auszuweisen. Im Ziel mit ihr verwandt ist 2 Sam 24, wo auf den Platz des künftigen Tempels durch die Erscheinung des Engels Jahwes hingewiesen wird. Die beiden Darstellungen vom Aufstieg Davids und von seiner Nachfolge sind aus Helden- und Familiengeschichten zusammengefügt. Die Kindheitsgeschichte Samuels (1 Sam 1–3) ist mit Überlieferungen des Heiligtums von Schilo eng verbunden. Das Danklied der Hanna (1 Sam 2), das Totenlied auf Saul und Jonatan (2 Sam 1), der Psalm (2 Sam 22) und die letzten Worte Davids (2 Sam 23) sind dem Liedgut Israels entnommen.
Die deuteronomistischen Kreise, die bei der Gestaltung der Samuelbücher tätig waren, trugen an wichtigen Punkten ihre eigene theologische Meinung ein, besonders in ihrer Auffassung vom Königtum. Einer königfreundlichen Strömung, die dem geschichtlichen Hergang eher entsprechen dürfte, steht eine kritische Haltung gegenüber. Hier meldet sich warnend (1 Sam 8 und 10) die deuteronomistische Theologie zu Wort, sie bejaht jedoch die davidische Dynastie, vor allem wegen ihrer Verbindung mit dem Tempel (2 Sam 7). So wird in 2 Sam 7 der Grund für die messianische Erwartung gelegt, die bis ins Neue Testament weiterwirken sollte.

Eli und Samuel

Die Geburt Samuels

1 Einst lebte ein Mann aus Ramatajim, ein Zufiter vom Gebirge
Efraim. Er hieß Elkana und war ein Sohn Jerohams, des Sohnes
Elihus, des Sohnes Tohus, des Sohnes Zufs, ein Efraimiter. 2 Er hatte
zwei Frauen. Die eine hieß Hanna, die andere Peninna. Peninna hatte
Kinder, Hanna aber hatte keine Kinder. 3 Dieser Mann zog Jahr für
Jahr von seiner Stadt nach Schilo hinauf, um den Herrn der Heere
anzubeten und ihm zu opfern. Dort waren Hofni und Pinhas, die beiden Söhne Elis, Priester des Herrn. 4 An dem Tag, an dem Elkana das
Opfer darbrachte, gab er seiner Frau Peninna und all ihren Söhnen
und Töchtern ihre Anteile. 5 Hanna aber gab er einen doppelten
Anteil; denn er hatte Hanna lieb, obwohl der Herr ihren Schoß verschlossen hatte. 6 Ihre Rivalin aber kränkte und demütigte sie sehr,
weil der Herr ihren Schoß verschlossen hatte. 7 So machte es Elkana
Jahr für Jahr. Sooft sie zum Haus des Herrn hinaufzogen, kränkte
Peninna sie; und Hanna weinte und aß nichts. 8 Ihr Mann Elkana
fragte sie: Hanna, warum weinst du, warum ißt du nichts, warum ist
dein Herz betrübt? Bin ich dir nicht viel mehr wert als zehn Söhne?
9 Nachdem man in Schilo gegessen und getrunken hatte, stand Hanna
auf und trat vor den Herrn. Der Priester Eli saß an den Türpfosten des
Tempels des Herrn auf seinem Stuhl. 10 Hanna war verzweifelt, betete
zum Herrn und weinte sehr. 11 Sie machte ein Gelübde und sagte: Herr
der Heere, wenn du das Elend deiner Magd wirklich ansiehst, wenn du
an mich denkst und deine Magd nicht vergißt und deiner Magd einen
männlichen Nachkommen schenkst, dann will ich ihn für sein ganzes
Leben dem Herrn überlassen; kein Schermesser soll an sein Haupt
kommen. 12 So betete sie lange vor dem Herrn. Eli beobachtete ihren
Mund; 13 denn Hanna redete nur still vor sich hin, ihre Lippen
bewegten sich, doch ihre Stimme war nicht zu hören.
Eli hielt sie deshalb für betrunken 14 und sagte zu ihr: Wie lange willst
du dich noch wie eine Betrunkene aufführen? Sieh zu, daß du deinen
Weinrausch los wirst! 15 Hanna gab zur Antwort: Nein, Herr! Ich bin
eine unglückliche Frau. Ich habe weder Wein getrunken noch Bier;
ich habe nur dem Herrn mein Herz ausgeschüttet. 16 Halte deine

Paula Modersohn-Becker
Mutter und Kind
(um 1906/07)
»Als die Zeit abgelaufen war, gebar sie einen Sohn und nannte ihn Samuel, denn (sie sagte): Ich habe ihn vom Herrn erbeten« (1 Sam 1,20). Mutterschaft, die Hanna als Segen Gottes zuteil wird, hat in zwei Gemälden von Paula Modersohn-Becker eine zugleich herbe und innige bildhafte Gestalt gefunden: in der *Liegenden Mutter mit Kind* (1906) und der *Knienden Mutter und Kind* aus dem Jahr 1907. Hier symbolisiert eine kreisrunde, hell beleuchtete Unterlage einen abgegrenzten Bezirk, auf dem sich die Gestalt der Mutter, einer Säule vergleichbar, kraftvoll erhebt. Dasselbe Licht erhellt die nährenden Brüste und die stützenden Arme, vor allem aber das Kind, das sich an den Leib der Mutter schmiegt. Um so stärker wirken die Schattenpartien als Kontrast, der Mutter und Kind unterscheidet, ja zu trennen scheint. Beziehen wir das Lebensschicksal der Künstlerin in die Betrachtung des Bildes ein, gewinnen diese Schatten eine tragische Vorbedeutung: Paula Modersohn-Becker brachte im November 1907 ihre Tochter Mathilde zur Welt; wenige Tage nach der Geburt starb sie an einer Embolie.

Magd nicht für eine nichtsnutzige Frau; denn nur aus großem Kum-
mer und aus Traurigkeit habe ich so lange geredet. 17 Eli erwiderte
und sagte: Geh in Frieden! Der Gott Israels wird dir die Bitte erfüllen,
die du an ihn gerichtet hast. 18 Sie sagte: Möge deine Magd Gnade fin-
den vor deinen Augen. Dann ging sie weg; sie aß wieder und hatte
kein trauriges Gesicht mehr.
19 Am nächsten Morgen standen sie früh auf und beteten den Herrn
an. Dann machten sie sich auf den Heimweg und kehrten in ihr Haus
nach Rama zurück. Elkana erkannte seine Frau Hanna; der Herr
dachte an sie, 20 und Hanna wurde schwanger. Als die Zeit abgelaufen
war, gebar sie einen Sohn und nannte ihn Samuel, denn (sie sagte):
Ich habe ihn vom Herrn erbeten.

Samuel wird dem Herrn geweiht
21 Als dann Elkana mit seiner ganzen Familie wieder hinaufzog, um
dem Herrn das jährliche Opfer und die Gaben, die er gelobt hatte,
darzubringen, 22 zog Hanna nicht mit, sondern sagte zu ihrem Mann:
Ich werde den Knaben erst, wenn er entwöhnt ist, hinaufbringen;
dann soll er vor dem Angesicht des Herrn erscheinen und für immer
dort bleiben. 23 Ihr Mann Elkana sagte zu ihr: Tu, was dir gefällt. Bleib
hier, bis du ihn entwöhnt hast. Wenn nur der Herr sein Wort erfüllt!
Die Frau blieb also daheim und stillte ihren Sohn, bis sie ihn ent-
wöhnte. 24 Als sie ihn entwöhnt hatte, nahm sie ihn mit hinauf, dazu
einen dreijährigen Stier, ein Efa Mehl und einen Schlauch Wein. So
brachte sie ihn zum Haus des Herrn in Schilo; der Knabe aber war
damals noch sehr jung. 25 Als sie den Stier geschlachtet hatten, brach-
ten sie den Knaben zu Eli, 26 und Hanna sagte: Bitte, mein Herr, so
wahr du lebst, mein Herr, ich bin die Frau, die damals neben dir
stand, um zum Herrn zu beten. 27 Ich habe um diesen Knaben gebe-
tet, und der Herr hat mir die Bitte erfüllt, die ich an ihn gerichtet habe.
28 Darum lasse ich ihn auch vom Herrn zurückfordern. Er soll für sein
ganzes Leben ein vom Herrn Zurückgeforderter sein. Und sie beteten
dort den Herrn an.

Danklied der Hanna
2 Hanna betete. Sie sagte: Mein Herz ist voll Freude über den
Herrn, / große Kraft gibt mir der Herr. / Weit öffnet sich mein
Mund gegen meine Feinde; / denn ich freue mich über deine Hilfe.
2 Niemand ist heilig, nur der Herr; / denn außer dir gibt es keinen
(Gott); / keiner ist ein Fels wie unser Gott.
3 Redet nicht immer so vermessen, / kein freches Wort komme aus
eurem Mund; / denn der Herr ist ein wissender Gott, / und bei ihm
werden die Taten geprüft.
4 Der Bogen der Helden wird zerbrochen, / die Wankenden aber
gürten sich mit Kraft.
5 Die Satten verdingen sich um Brot, / doch die Hungrigen können
feiern für immer. / Die Unfruchtbare bekommt sieben Kinder, / doch
die Kinderreiche welkt dahin.
6 Der Herr macht tot und lebendig, / er führt zum Totenreich hinab
und führt auch herauf.
7 Der Herr macht arm und macht reich, / er erniedrigt, und er erhöht.
8 Den Schwachen hebt er empor aus dem Staub / und erhöht den
Armen, der im Schmutz liegt; / er gibt ihm einen Sitz bei den Edlen, /
einen Ehrenplatz weist er ihm zu. / Ja, dem Herrn gehören die Pfeiler
der Erde; / auf sie hat er den Erdkreis gegründet.
9 Er behütet die Schritte seiner Frommen, / doch die Frevler verstum-
men in der Finsternis; / denn der Mensch ist nicht stark aus eigener
Kraft.
10 Wer gegen den Herrn streitet, wird zerbrechen, / der Höchste läßt
es donnern am Himmel. / Der Herr hält Gericht bis an die Grenzen
der Erde. / Seinem König gebe er Kraft / und erhöhe die Macht seines
Gesalbten.
11 Darauf kehrte Elkana in sein Haus nach Rama zurück, der Knabe
aber stand von da an im Dienst des Herrn unter der Aufsicht des Prie-
sters Eli.

Die Schuld des Hauses Eli
12 Die Söhne Elis waren nichtsnutzige Menschen. Sie kümmerten sich
nicht um den Herrn, 13 und sie pflegten sich gegenüber dem Volk so zu
verhalten: Sooft jemand ein Schlachtopfer darbrachte und das Fleisch
kochte, kam ein Diener des Priesters mit einer dreizinkigen Gabel in
der Hand. 14 Er stach in den Kessel oder den Topf, in das Becken oder
die Schüssel, und alles, was die Gabel heraufholte, nahm der Priester

für sich. So machten sie es bei allen Israeliten, die dorthin, nach Schilo,
kamen. 15 Noch bevor man das Fett in Rauch aufgehen ließ, kam der
Diener des Priesters und sagte zu dem Mann, der opferte: Gib mir
Fleisch zum Braten für den Priester; er nimmt von dir aber kein gekoch-
tes Fleisch an, sondern nur rohes. 16 Wenn ihm der Mann erwiderte:
Zuerst muß man doch das Fett in Rauch aufgehen lassen, dann nimm
dir, was dein Herz begehrt!, sagte ihm der Diener: Nein, gib es sofort
her, sonst nehme ich es mit Gewalt. 17 Die Sünde der jungen Männer
war sehr schwer in den Augen des Herrn; denn sie behandelten das
Opfer des Herrn mit Verachtung.
18 Der junge Samuel aber versah den Dienst vor dem Angesicht des
Herrn, bekleidet mit dem leinenen Efod. 19 Seine Mutter machte ihm
immer wieder ein kleines Obergewand und brachte es ihm jedes Jahr
mit, wenn sie zusammen mit ihrem Mann hinaufzog, um das jährli-
che Opfer darzubringen. 20 Dann segnete Eli Elkana und seine Frau
und sagte: Der Herr gebe dir für den, den er von dir erbeten hat,
andere Nachkommenschaft von dieser Frau. Darauf gingen sie wie-
der in ihren Heimatort zurück.
21 Der Herr aber nahm sich Hannas an; sie wurde schwanger und
bekam noch drei Söhne und zwei Töchter. Der Knabe Samuel aber
wuchs beim Herrn heran.
22 Eli war sehr alt geworden. Er hörte von allem, was seine Söhne allen
Israeliten antaten, auch, daß sie mit den Frauen schliefen, die sich vor
dem Eingang des Offenbarungszeltes aufhielten. 23 Er sagte zu ihnen:
Warum tut ihr so etwas? Warum muß ich von allen Leuten solch
schlimme Dinge über euch hören? 24 Nein, meine Söhne, was man, wie
ich höre, im Volk des Herrn über euch verbreitet, ist nicht gut. 25 Wenn
ein Mensch gegen einen Menschen sündigt, kann Gott Schiedsrichter
sein. Wenn aber ein Mensch gegen den Herrn sündigt, wer kann dann
für ihn eintreten? Aber sie hörten nicht auf die Stimme ihres Vaters;
denn der Herr war entschlossen, sie umkommen zu lassen.
26 Der Knabe Samuel aber wuchs heran und gewann immer mehr an
Gunst beim Herrn und auch bei den Menschen.
27 Da kam ein Gottesmann zu Eli und sagte zu ihm: So spricht der
Herr: Habe ich mich dem Haus deines Vaters nicht deutlich offenbart,
als deine Vorfahren in Ägypten dem Haus des Pharao gehörten? 28 Ich
habe sie aus allen Stämmen Israels für mich als Priester erwählt,
damit sie zu meinem Altar hinaufgehen, das Rauchopfer darbringen
und vor meinen Augen das Efod tragen. Auch habe ich dem Haus
deines Vaters alle Feueropfer der Israeliten überlassen. 29 Warum
mißachtet ihr also aus Mißgunst Schlachtopfer und Speiseopfer, die
ich angeordnet habe? Warum ehrst du deine Söhne mehr als mich,
und warum mästet ihr euch mit dem Besten aller Gaben meines
Volkes Israel? 30 Darum – Spruch des Herrn, des Gottes Israels:
Ich hatte fest zugesagt: Dein Haus und das Haus deines Vaters sollen
für ewig vor meinem Angesicht ihren Dienst versehen. Nun aber –
Spruch des Herrn: Das sei fern von mir; denn nur die, die mich ehren,
werde ich ehren, die aber, die mich verachten, geraten in Schande.
31 Es werden Tage kommen, da werde ich deinen Arm abhauen und
die Macht deines Vaterhauses vernichten; in deinem Haus wird es kei-
nen alten Mann mehr geben. 32 Du wirst voll Neid auf all das Gute
blicken, das der Herr für Israel tun wird. Nie mehr wird es in deinem
Haus einen alten Mann geben. 33 Nur einen werde ich nicht weg-
reißen von meinem Altar, wenn ich deine Augen brechen und deine
Seele verschmachten lasse; aber der ganze Nachwuchs deines Hauses
wird im besten Mannesalter sterben. 34 Und das soll das Zeichen sein,
das sich an deinen beiden Söhnen Hofni und Pinhas verwirklichen
wird: Beide werden an einem Tag sterben. 35 Ich aber werde mir einen
zuverlässigen Priester einsetzen, der nach meinem Herzen und nach
meinem Sinn handeln wird. Ich will ihm ein Haus bauen, das Bestand
hat, und er wird allezeit vor den Augen meines Gesalbten seinen
Dienst versehen. 36 Wer dann von deinem Haus noch übrig ist, wird
kommen und sich um ein Geldstück oder einen Laib Brot vor ihm nie-
derwerfen und sagen: Nimm mich doch in eine der Priestergruppen
auf, damit ich ein Stück Brot zu essen habe.

Die erste Offenbarung an Samuel

3 Der junge Samuel versah den Dienst des Herrn unter der Auf-
sicht Elis. In jenen Tagen waren Worte des Herrn selten; Visio-
nen waren nicht häufig. 2 Eines Tages geschah es: Eli schlief auf sei-
nem Platz; seine Augen waren schwach geworden, und er konnte
nicht mehr sehen. 3 Die Lampe Gottes war noch nicht erloschen, und
Samuel schlief im Tempel des Herrn, wo die Lade Gottes stand. 4 Da
rief der Herr den Samuel, und Samuel antwortete: Hier bin ich.
5 Dann lief er zu Eli und sagte: Hier bin ich, du hast mich gerufen. Eli
erwiderte: Ich habe dich nicht gerufen. Geh wieder schlafen! Da ging
er und legte sich wieder schlafen. 6 Der Herr rief noch einmal:
Samuel! Samuel stand auf und ging zu Eli und sagte: Hier bin ich, du
hast mich gerufen. Eli erwiderte: Ich habe dich nicht gerufen, mein
Sohn. Geh wieder schlafen!
7 Samuel kannte den Herrn noch nicht, und das Wort des Herrn war
ihm noch nicht offenbart worden. 8 Da rief der Herr den Samuel wie-
der, zum drittenmal. Er stand auf und ging zu Eli und sagte: Hier bin
ich, du hast mich gerufen. Da merkte Eli, daß der Herr den Knaben
gerufen hatte. 9 Eli sagte zu Samuel: Geh, leg dich schlafen! Wenn er
dich (wieder) ruft, dann antworte: Rede, Herr; denn dein Diener hört.
Samuel ging und legte sich an seinem Platz nieder. 10 Da kam der
Herr, trat (zu ihm) heran und rief wie die vorigen Male: Samuel,
Samuel! Und Samuel antwortete: Rede, denn dein Diener hört. 11 Der
Herr sagte zu Samuel: Fürwahr, ich werde in Israel etwas tun, so daß
jedem, der davon hört, beide Ohren gellen. 12 An jenem Tag werde ich
an Eli vom Anfang bis zum Ende alles verwirklichen, was ich seinem
Haus angedroht habe. 13 Ich habe ihm angekündigt, daß ich über sein
Haus für immer das Urteil gesprochen habe wegen seiner Schuld;
denn er wußte, wie seine Söhne Gott lästern, und gebot ihnen nicht
Einhalt. 14 Darum habe ich dem Haus Eli geschworen: Die Schuld des
Hauses Eli kann durch Opfer und durch Gaben in Ewigkeit nicht
gesühnt werden. 15 Samuel blieb bis zum Morgen liegen, dann öff-
nete er die Türen zum Haus des Herrn. Er fürchtete sich aber, Eli von
der Vision zu berichten. 16 Da rief Eli Samuel und sagte: Samuel, mein
Sohn! Er antwortete: Hier bin ich. 17 Eli fragte: Was war es, das er zu
dir gesagt hat? Verheimliche mir nichts! Gott möge dir dies und das
antun, wenn du mir auch nur eines von all den Worten verheimlichst,
die er zu dir gesprochen hat. 18 Da teilte ihm Samuel alle Worte mit
und verheimlichte ihm nichts. Darauf sagte Eli: Es ist der Herr. Er tue,
was ihm gefällt.
19 Samuel wuchs heran, und der Herr war mit ihm und ließ keines von
all seinen Worten unerfüllt. 20 Ganz Israel von Dan bis Beerscheba
erkannte, daß Samuel als Prophet des Herrn beglaubigt war. 21 Auch
weiterhin erschien der Herr in Schilo: Der Herr offenbarte sich
Samuel in Schilo durch sein Wort.

Verlust und Rückkehr der Bundeslade

Die Bundeslade bei den Philistern

4 Das Wort Samuels erging an ganz Israel. Israel zog gegen die
Philister in den Krieg. Sie schlugen ihr Lager bei Eben-Eser auf,
und die Philister hatten ihr Lager in Afek. 2 Die Philister rückten in
Schlachtordnung gegen Israel vor, und der Kampf wogte hin und her.
Israel wurde von den Philistern besiegt, die von Israels Heer auf dem
Feld etwa viertausend Mann erschlugen. 3 Als das Volk ins Lager
zurückkam, sagten die Ältesten Israels: Warum hat der Herr heute die
Philister über uns siegen lassen? Wir wollen die Bundeslade des
Herrn aus Schilo zu uns holen; er soll in unsere Mitte kommen und
uns aus der Gewalt unserer Feinde retten. 4 Das Volk schickte also
(Männer) nach Schilo, und sie holten von dort die Bundeslade des
Herrn der Heere, der über den Kerubim thront. Hofni und Pinhas, die
beiden Söhne Elis, begleiteten die Bundeslade Gottes. 5 Als nun die
Bundeslade des Herrn ins Lager kam, erhob ganz Israel ein lautes

Freudengeschrei, so daß die Erde dröhnte. 6 Die Philister hörten das
laute Geschrei und sagten: Was ist das für ein lautes Geschrei im
Lager der Hebräer? Als sie erfuhren, daß die Lade des Herrn ins Lager
gekommen sei, 7 fürchteten sich die Philister; denn sie sagten: Gott
ist zu ihnen ins Lager gekommen. Und sie riefen: Weh uns! Denn so
etwas ist früher nie geschehen. 8 Weh uns! Wer rettet uns aus der
Hand dieses mächtigen Gottes? Das ist der Gott, der Ägypten mit
allerlei Plagen [in der Wüste] geschlagen hat. 9 Seid tapfer, Philister,
und seid Männer, damit ihr nicht den Hebräern dienen müßt, wie sie
euch gedient haben. Seid Männer und kämpft! 10 Da traten die Phili-
ster zum Kampf an, und Israel wurde besiegt, so daß alle zu ihren Zel-
ten flohen. Es war eine sehr schwere Niederlage. Von Israel fielen
dreißigtausend Mann Fußvolk. 11 Die Lade Gottes wurde erbeutet,
und die beiden Söhne Elis, Hofni und Pinhas, fanden den Tod.
12 Ein Benjaminiter lief vom Schlachtfeld weg und kam noch am
gleichen Tag nach Schilo, mit zerrissenen Kleidern und Staub auf
dem Haupt. 13 Als er ankam, saß Eli auf seinem Stuhl neben der
Straße und hielt Ausschau; denn er hatte Angst um die Lade Gottes.
Als der Mann kam und in der Stadt berichtete, schrie die ganze Stadt
auf. 14 Eli hörte das laute Geschrei und fragte: Was bedeutet dieser
Lärm? Der Mann lief schnell herbei und berichtete Eli. 15 Eli war
achtundneunzig Jahre alt; seine Augen waren starr geworden, so
daß er nichts mehr sehen konnte. 16 Der Mann sagte zu Eli: Ich bin
der Mann, der vom Schlachtfeld gekommen ist; ich bin heute aus
der Schlacht geflohen. Eli fragte: Wie ist es denn zugegangen, mein
Sohn? 17 Der Bote antwortete: Israel ist vor den Philistern geflohen.
Das Volk hat eine schwere Niederlage erlitten. Auch deine beiden
Söhne Hofni und Pinhas sind tot, und die Lade Gottes ist wegge-
schleppt worden. 18 Als er die Lade Gottes erwähnte, fiel Eli rück-
wärts von seinem Stuhl neben dem Tor, brach sich das Genick und
starb, denn er war ein alter und schwerfälliger Mann. Er war vierzig
Jahre lang Richter in Israel gewesen.
19 Seine Schwiegertochter, die Frau des Pinhas, war schwanger und
stand vor der Niederkunft. Als sie die Nachricht vernahm, daß die
Lade Gottes weggeschleppt und daß ihr Schwiegervater und ihr
Mann tot waren, sank sie zu Boden und gebar (ihr Kind); denn die
Wehen waren über sie gekommen. 20 Sie lag im Sterben, und die
Frauen, die um sie herumstanden, sagten: Fürchte dich nicht, du hast
einen Sohn geboren. Doch sie achtete nicht darauf und antwortete
nichts. 21 Sie nannte den Knaben Ikabod – das will besagen: Fort ist
die Herrlichkeit aus Israel – wegen des Verlustes der Lade Gottes und
wegen (des Todes) ihres Schwiegervaters und ihres Mannes. 22 Sie
sagte: Fort ist die Herrlichkeit aus Israel, denn die Lade Gottes ist
weggeschleppt worden.
5 Die Philister brachten die Lade Gottes, die sie erbeutet hatten,
von Eben-Eser nach Aschdod. 2 Dann nahmen sie die Lade
Gottes, brachten sie in den Tempel Dagons und stellten sie neben
Dagon auf. 3 Als die Einwohner von Aschdod aber am nächsten Mor-
gen aufstanden, war Dagon vornüber gefallen und lag vor der Lade
des Herrn mit dem Gesicht auf dem Boden. Sie nahmen Dagon und
stellten ihn wieder an seinen Platz. 4 Doch als sie am nächsten Mor-
gen in der Frühe wieder aufstanden, da war Dagon wieder vornüber
gefallen und lag vor der Lade des Herrn mit dem Gesicht auf dem
Boden. Dagons Kopf und seine beiden Hände lagen abgeschlagen auf
der Schwelle. Nur der Rumpf war Dagon geblieben. 5 Deshalb treten
die Priester Dagons und alle, die in den Tempel Dagons kommen, bis
zum heutigen Tag nicht auf die Schwelle des Dagon von Aschdod.
6 Die Hand des Herrn lastete schwer auf den Einwohnern von Asch-
dod, und er versetzte sie in Schrecken und schlug Aschdod und sein
Gebiet mit der Beulenpest. 7 Als die Einwohner von Aschdod sahen,
was geschah, sagten sie: Die Lade des Gottes Israels darf nicht bei uns
bleiben; denn seine Hand liegt schwer auf uns und auf unserem Gott
Dagon. 8 Sie sandten (Boten) zu allen Fürsten der Philister, riefen sie
bei sich zusammen und fragten sie: Was sollen wir mit der Lade des
Gottes Israels machen? Die Fürsten erklärten: Die Lade des Gottes
Israels soll nach Gat hinüberziehen. Darauf brachte man die Lade des
Gottes Israels nach Gat. 9 Doch nachdem man sie nach Gat gebracht
hatte, kam die Hand des Herrn über diese Stadt und versetzte sie in
gewaltigen Schrecken. Er schlug die Leute der Stadt, vom Kleinsten
bis zum Größten, so daß Pestbeulen bei ihnen aufbrachen.
10 Darauf schickte man die Lade Gottes nach Ekron. Als die Lade
Gottes nach Ekron kam, schrien die Einwohner von Ekron auf und
sagten: Sie bringen die Lade des Gottes Israels zu uns herüber, um
uns und unser Volk zu töten. 11 Darauf sandten sie (Boten) zu allen
Fürsten der Philister, riefen sie zusammen und sagten: Schafft die
Lade des Gottes Israels fort! Sie soll an den Ort zurückkehren, an den
sie gehört, und nicht uns und unser Volk töten. Denn ein tödlicher
Schrecken lag über der ganzen Stadt; die Hand Gottes lastete schwer
auf ihr. 12 Die Leute, die nicht starben, waren mit Pestbeulen geschla-
gen, und der Hilfeschrei der Stadt stieg zum Himmel empor.

Die Rückkehr der Lade

6 Die Lade des Herrn war sieben Monate lang im Gebiet der Phili-
ster. 2 Dann riefen die Philister ihre Priester und Wahrsager her-
bei und fragten sie: Was sollen wir mit der Lade des Herrn machen?
Gebt uns Auskunft, auf welche Weise wir sie an den Ort zurück-
schicken sollen, an den sie gehört. 3 Sie antworteten: Wenn ihr die
Lade des Gottes Israels zurückschickt, dann schickt sie nicht ohne
Gabe zurück! Ihr müßt vielmehr ein Sühnegeschenk entrichten.
Dann werdet ihr Heilung finden, und ihr werdet erkennen, warum
seine Hand nicht von euch abläßt. 4 Sie fragten weiter: Was für ein
Sühnegeschenk sollen wir ihm entrichten? Sie antworteten: Fünf
goldene Beulen und fünf goldene Mäuse, entsprechend der Zahl der
Philisterfürsten; denn alle hat die gleiche Plage getroffen, auch eure
Fürsten. 5 Macht also Abbilder eurer Pestbeulen und der Mäuse, die
euer Land verwüsten, und gebt dem Gott Israels die Ehre! Vielleicht läßt
er seine Hand leichter werden über euch, eurem Gott und eurem Land.
6 Warum wollt ihr euer Herz verhärten, wie die Ägypter und der Pha-
rao ihr Herz verhärtet haben? Sie mußten doch auch die Israeliten,
nachdem sie sie übel behandelt hatten, entlassen, und diese konnten
fortgehen. 7 Macht also jetzt einen neuen Wagen; holt zwei säugende
Kühe, auf die noch kein Joch gelegt worden ist, und spannt die Kühe
vor den Wagen; ihre Kälber aber nehmt ihnen weg, und bringt sie
nach Hause! 8 Dann nehmt die Lade des Herrn, und stellt sie auf den
Wagen, und legt daneben in einer Tasche die goldenen Gegenstände,
die ihr ihm als Sühnegabe entrichten wollt; dann laßt sie fortziehen!
9 Gebt aber acht: Wenn die Lade in Richtung Bet-Schemesch, also in
ihr Gebiet hinaufzieht, dann war er es, der uns dieses große Unheil
zugefügt hat; wenn nicht, dann wissen wir, daß nicht seine Hand uns
getroffen hat, sondern daß es ein Zufall gewesen ist. 10 Die Leute
machten es so. Sie nahmen zwei säugende Kühe und spannten sie an
den Wagen; ihre Kälber aber hielten sie zu Hause zurück. 11 Sie stell-
ten die Lade des Herrn auf den Wagen und auch die Tasche mit den
goldenen Mäusen und den Abbildern ihrer Geschwüre. 12 Die Kühe
aber gingen geradewegs in Richtung Bet-Schemesch; sie folgten
genau der Straße, wichen weder nach rechts noch nach links ab und
brüllten immerzu. Die Fürsten der Philister folgten ihnen bis zur
Grenze von Bet-Schemesch. 13 Die Leute von Bet-Schemesch waren
gerade im Tal bei der Weizenernte. Als sie aufblickten und die Lade
sahen, freuten sie sich sehr darüber. 14 Als der Wagen bis zum Feld
Joschuas von Bet-Schemesch gekommen war, blieb er stehen. Dort
lag ein großer Stein. Sie spalteten das Holz des Wagens und brachten
die Kühe dem Herrn als Brandopfer dar. 15 [Die Leviten hatten die
Lade des Herrn und die Tasche, die neben ihr stand und in der gol-
dene Gegenstände waren, herabgehoben und auf den großen Stein
gestellt. Die Männer von Bet-Schemesch brachten an jenem Tag dem
Herrn Brandopfer und Schlachtopfer dar.] 16 Die fünf Fürsten der Phi-
lister sahen zu; dann kehrten sie am gleichen Tag nach Ekron zurück.
17 Das sind die goldenen Geschwüre, die die Philister dem Herrn als
Sühnegabe entrichtet haben: eines für Aschdod, eines für Gaza, eines

für Aschkelon, eines für Gat, eines für Ekron, 18 dazu die goldenen
Mäuse entsprechend der Zahl der Philisterstädte unter den fünf Für-
sten, von der befestigten Stadt bis zum offenen Dorf. Der große
Stein, auf den man die Lade des Herrn gestellt hatte, liegt noch bis
zum heutigen Tag auf dem Feld des Joschua aus Bet-Schemesch.
19 Der Herr aber strafte die Leute von Bet-Schemesch, weil sie die Lade
des Herrn angeschaut hatten. Er erschlug aus dem Volk siebzig Mann
[fünfzigtausend Mann]. Da trauerte das Volk, weil der Herr einen so
schweren Schlag gegen das Volk geführt hatte. 20 Die Männer von Bet-
Schemesch sagten: Wer kann vor dem Herrn, diesem heiligen Gott,
bestehen? Und zu wem soll er von uns aus hinaufziehen? 21 Sie
schickten Boten zu den Einwohnern von Kirjat-Jearim und ließen
sagen: Die Philister haben die Lade des Herrn zurückgebracht.
Kommt herab, und holt sie zu euch hinauf!
7 Da kamen die Leute von Kirjat-Jearim und holten die Lade des
Herrn zu sich hinauf. Sie brachten sie in das Haus Abinadabs
auf der Anhöhe. Und seinen Sohn Eleasar weihten sie, daß er die Lade
des Herrn bewache.

Samuel und Saul

Samuel als Richter

2 Seit dem Tag, an dem die Lade in Kirjat-Jearim ihre Wohnung nahm,
war eine lange Zeit vergangen, zwanzig Jahre. Als sich das ganze
Haus Israel klagend an den Herrn wandte, 3 sagte Samuel zum
ganzen Haus Israel: Wenn ihr von ganzem Herzen zum Herrn
zurückkehren wollt, dann schafft die fremden Götter mitsamt den
Astarten aus eurer Mitte fort! Wendet euer Herz wieder dem Herrn zu,
und dient ihm allein; dann wird er euch aus der Gewalt der Philister
befreien. 4 Da entfernten die Israeliten die Baale und Astarten und
dienten nur noch dem Herrn. 5 Darauf sagte Samuel: Versammelt
ganz Israel in Mizpa; ich will für euch zum Herrn beten. 6 Da versam-
melten sie sich in Mizpa, sie schöpften Wasser und gossen es vor dem
Herrn aus. Dort fasteten sie an diesem Tag und sagten: Wir haben uns
gegen den Herrn versündigt. Samuel sprach den Israeliten Recht in
Mizpa. 7 Die Philister erfuhren, daß sich die Israeliten in Mizpa ver-
sammelt hatten, und ihre Fürsten zogen gegen Israel heran. Als die
Israeliten das hörten, bekamen sie Angst vor den Philistern. 8 Sie sag-
ten zu Samuel: Kehr dich nicht schweigend von uns ab, und hör nicht
auf, zum Herrn, unserem Gott, zu rufen, damit er uns aus der Hand
der Philister befreit. 9 Da nahm Samuel ein junges Lamm und brachte
es dem Herrn als Ganzopfer dar. Er rief zum Herrn für Israel, und der
Herr erhörte ihn. 10 Als Samuel das Brandopfer darbrachte, rückten
die Philister schon zum Kampf gegen Israel heran. Da ließ der Herr
mit gewaltigem Krachen noch am gleichen Tag einen Donner gegen
die Philister erschallen und brachte sie so in Verwirrung, daß sie von
den Israeliten geschlagen wurden. 11 Nun zogen die Israeliten von
Mizpa aus, verfolgten die Philister bis unterhalb von Bet-Kar und
schlugen sie. 12 Samuel nahm einen Stein und stellte ihn zwischen
Mizpa und Jeschana auf. Er nannte ihn Eben-Eser (Stein der Hilfe)
und sagte: Bis hierher hat uns der Herr geholfen. 13 So wurden die
Philister gedemütigt und drangen nicht mehr in das Gebiet Israels
ein; und die Hand des Herrn lastete auf den Philistern, solange
Samuel lebte. 14 Die Städte von Ekron bis Gat, die die Philister Israel
weggenommen hatten, kamen an Israel zurück; das ganze Gebiet
dieser Städte entriß Israel den Philistern wieder. Aber zwischen Israel
und den Amoritern war Friede.
15 Samuel war Richter in Israel, solange er lebte. 16 Jahr für Jahr zog er
umher und machte die Runde durch Bet-El, Gilgal und Mizpa und
sprach an all diesen Orten Israel Recht. 17 Dann kehrte er jeweils nach
Rama zurück, denn dort hatte er sein Haus. Auch dort sprach er Israel
Recht, und er baute dort einen Altar für den Herrn.

Die Forderung nach einem König

8 Als Samuel alt geworden war, setzte er seine Söhne als Richter
Israels ein. 2 Sein erstgeborener Sohn hieß Joël, sein zweiter
Abija. Sie waren in Beerscheba Richter. 3 Seine Söhne gingen nicht
auf seinen Wegen, sondern waren auf ihren Vorteil aus, ließen sich
bestechen und beugten das Recht. 4 Deshalb versammelten sich alle
Ältesten Israels und gingen zu Samuel nach Rama. 5 Sie sagten zu
ihm: Du bist nun alt, und deine Söhne gehen nicht auf deinen Wegen.
Darum setze jetzt einen König bei uns ein, der uns regieren soll, wie
es bei allen Völkern der Fall ist. 6 Aber Samuel mißfiel es, daß sie sag-
ten: Gib uns einen König, der uns regieren soll. Samuel betete des-
halb zum Herrn, 7 und der Herr sagte zu Samuel: Hör auf die Stimme
des Volkes in allem, was sie zu dir sagen. Denn nicht dich haben sie
verworfen, sondern mich haben sie verworfen: Ich soll nicht mehr ihr
König sein. 8 Das entspricht ganz ihren Taten, die sie (immer wieder)
getan haben, seitdem ich sie aus Ägypten heraufgeführt habe, bis
zum heutigen Tag; sie haben mich verlassen und anderen Göttern
gedient. So machen sie es nun auch mit dir. 9 Doch hör jetzt auf ihre
Stimme, warne sie aber eindringlich, und mach ihnen bekannt, wel-
che Rechte der König hat, der über sie herrschen wird.
10 Samuel teilte dem Volk, das einen König von ihm verlangte, alle
Worte des Herrn mit. 11 Er sagte: Das werden die Rechte des Königs
sein, der über euch herrschen wird: Er wird eure Söhne holen und sie
für sich bei seinen Wagen und seinen Pferden verwenden, und sie
werden vor seinem Wagen herlaufen. 12 Er wird sie zu Obersten über
(Abteilungen von) Tausend und zu Führern über (Abteilungen von)
Fünfzig machen. Sie müssen sein Ackerland pflügen und seine Ernte
einbringen. Sie müssen seine Kriegsgeräte und die Ausrüstung seiner
Streitwagen anfertigen. 13 Eure Töchter wird er holen, damit sie ihm
Salben zubereiten und kochen und backen. 14 Eure besten Felder,
Weinberge und Ölbäume wird er euch wegnehmen und seinen Beam-
ten geben. 15 Von euren Äckern und euren Weinbergen wird er
den Zehnten erheben und ihn seinen Höflingen und Beamten geben.
16 Eure Knechte und Mägde, eure besten jungen Leute und eure Esel
wird er holen und für sich arbeiten lassen. 17 Von euren Schafherden
wird er den Zehnten erheben. Ihr selber werdet seine Sklaven sein.
18 An jenem Tag werdet ihr wegen des Königs, den ihr euch erwählt
habt, um Hilfe schreien, aber der Herr wird euch an jenem Tag nicht
antworten.
19 Doch das Volk wollte nicht auf Samuel hören, sondern sagte: Nein,
ein König soll über uns herrschen. 20 Auch wir wollen wie alle ande-
ren Völker sein. Unser König soll uns Recht sprechen, er soll vor uns
herziehen und soll unsere Kriege führen. 21 Samuel hörte alles an,
was das Volk sagte, und trug es dem Herrn vor. 22 Und der Herr sagte
zu Samuel: Hör auf ihre Stimme, und setz ihnen einen König ein! Da
sagte Samuel zu den Israeliten: Geht heim, jeder in seine Stadt!

Die Salbung Sauls zum König

9 Damals lebte in Benjamin ein Mann namens Kisch, ein Sohn
Abiëls, des Sohnes Zerors, des Sohnes Bechorats, des Sohnes
Afiachs, ein wohlhabender Benjaminiter. 2 Er hatte einen Sohn
namens Saul, der jung und schön war; kein anderer unter den Isra-
eliten war so schön wie er; er überragte alle um Haupteslänge.
3 Eines Tages verliefen sich die Eselinnen von Sauls Vater Kisch. Da
sagte Kisch zu seinem Sohn Saul: Nimm einen von den Knechten,
mach dich mit ihm auf den Weg, und such die Eselinnen! 4 Sie durch-
querten das Gebirge Efraim und durchstreiften das Gebiet von Scha-
lischa, fanden sie aber nicht. Sie zogen durch das Gebiet von
Schaalim – ohne Erfolg; dann durchwanderten sie das Land Jemini,
fanden sie aber wieder nicht. 5 Als sie in das Gebiet von Zuf gekom-
men waren, sagte Saul zu seinem Knecht, der ihn begleitete: Komm,
wir wollen umkehren, sonst macht sich mein Vater um uns noch
mehr Sorgen als um die Eselinnen. 6 Der Knecht erwiderte ihm: In
dieser Stadt wohnt doch ein Gottesmann. Er ist sehr angesehen;

alles, was er sagt, trifft mit Sicherheit ein. Laßt uns jetzt zu ihm
gehen; vielleicht kann er uns sagen, welchen Weg wir hätten gehen
sollen. 7 Saul antwortete dem Knecht: Was sollen wir dem Mann mit-
bringen, wenn wir hingehen? Das Brot in unseren Taschen ist zu
Ende. Wir haben nichts, was wir dem Gottesmann als Geschenk brin-
gen könnten. Oder haben wir sonst etwas? 8 Darauf antwortete ihm
der Knecht: Sieh her, ich habe noch einen Viertel-Silberschekel bei
mir. Den will ich dem Gottesmann geben, damit er uns Auskunft über
den Weg gibt. 9 – Früher sagte man in Israel, wenn man hinging, um
Gott zu befragen: Wir wollen zum Seher gehen. Denn wer heute Pro-
phet genannt wird, hieß früher Seher. – 10 Saul sagte zu seinem
Knecht: Dein Vorschlag ist gut. Komm, wir wollen hingehen. Sie gin-
gen also in die Stadt, wo der Gottesmann wohnte. 11 Als sie die Steige
zur Stadt hinaufgingen, trafen sie einige Mädchen, die herauskamen,
um Wasser zu schöpfen. Sie fragten sie: Ist der Seher hier? 12 Sie ant-
worteten ihnen: Ja, er ist da, da vorn. Beeilt euch aber, denn er ist
gerade in die Stadt gekommen, weil das Volk heute auf der Kulthöhe
ein Opferfest feiert. 13 Wenn ihr in die Stadt kommt, werdet ihr ihn
gerade noch treffen, bevor er zur Kulthöhe hinaufsteigt, um am Mahl
teilzunehmen. Denn das Volk ißt nicht, ehe er kommt, weil er das
Opfer segnen muß; erst dann essen die Eingeladenen. Geht also hin-
auf; denn jetzt könnt ihr ihn treffen. 14 Da gingen sie weiter zur Stadt
hinauf. Und als sie zur Mitte der Stadt gekommen waren, kam ihnen
gerade Samuel entgegen, der zur Kulthöhe hinaufgehen wollte.
15 Der Herr aber hatte Samuel, einen Tag bevor Saul kam, das Ohr für
eine Offenbarung geöffnet und gesagt: 16 Morgen um diese Zeit
schicke ich einen Mann aus dem Gebiet Benjamins zu dir. Ihn sollst
du zum Fürsten meines Volkes Israel salben. Er wird mein Volk aus
der Gewalt der Philister befreien; denn ich habe die Not meines
Volkes Israel gesehen, und sein Hilfeschrei ist zu mir gedrungen.
17 Als Samuel Saul sah, sagte der Herr zu ihm: Das ist der Mann, von
dem ich dir gesagt habe: Der wird über mein Volk herrschen. 18 Saul
trat mitten im Tor zu Samuel und fragte: Sag mir doch, wo das Haus
des Sehers ist. 19 Samuel antwortete Saul: Ich bin der Seher. Geh vor
mir her zur Kulthöhe hinauf! Ihr sollt heute mit mir essen. Morgen
früh will ich dich dann weiterziehen lassen.
Ich werde dir Auskunft über alles geben, was du auf dem Herzen hast.
20 Über die Eselinnen, die dir vor drei Tagen abhanden gekommen
sind, brauchst du dir keine Gedanken zu machen. Sie wurden gefun-
den. Auf wen aber richtet sich die ganze Sehnsucht Israels? Gilt sie
nicht dir und dem ganzen Haus deines Vaters?
21 Da antwortete Saul: Bin ich nicht ein Benjaminiter, also aus dem
kleinsten Stamm Israels? Ist meine Sippe nicht die geringste von allen
Sippen des Stammes Benjamin? Warum sagst du so etwas zu mir?
22 Samuel nahm Saul und seinen Knecht mit, führte sie in das Haus
und wies ihnen die Ehrenplätze unter den Eingeladenen an; es waren
etwa dreißig Männer (versammelt). 23 Samuel sagte zum Koch: Bring
das Stück her, das ich dir gegeben habe, das, von dem ich dir gesagt
habe: Halt es bei dir zurück! 24 Da trug der Koch die Keule auf und
setzte sie Saul vor; er sagte: Das ist das, was übrig blieb. Greif zu und
iß! Als ich das Volk eingeladen hatte, ist dieses Stück für dich und für
diese Stunde aufgehoben worden. An jenem Tag aß Saul zusammen
mit Samuel.
25 Dann stiegen sie von der Kulthöhe in die Stadt hinab, und Samuel
hatte mit Saul auf dem Flachdach eine Unterredung. 26 Früh am Mor-
gen, als die Dämmerung anbrach, rief Samuel zu Saul aufs Dach hin-
auf: Steh auf! Ich will dir das Geleit geben. Saul stand auf, und beide
gingen zusammen hinaus. 27 Als sie zur Grenze des Stadtgebietes
gekommen waren, sagte Samuel zu Saul: Sag dem Knecht, er soll vor-
ausgehen; du aber bleib nun hier stehen! Ich will dir ein Gotteswort
verkünden. Da ging der Knecht voraus.

10 Da nahm Samuel den Ölkrug und goß Saul das Öl auf das
Haupt, küßte ihn und sagte: Hiermit hat der Herr dich zum
Fürsten über sein Erbe gesalbt. 2 Wenn du jetzt von mir weggehst,
wirst du beim Grab der Rahel in Zelzach im Gebiet von Benjamin
zwei Männer treffen, und sie werden zu dir sagen: Die Eselinnen,
nach denen du auf der Suche bist, sind gefunden worden. Doch denkt
dein Vater nicht mehr an die Sache mit den Eselinnen, sondern macht
sich Sorgen um euch und sagt: Was kann ich nur wegen meines Soh-
nes unternehmen? 3 Wenn du dann von dort weiterziehst und zur
Tabor-Eiche kommst, werden dir dort drei Männer begegnen, die zu
Gott nach Bet-El hinaufziehen. Einer trägt ein Böckchen, einer trägt
drei Laib Brot und einer trägt einen Schlauch Wein. 4 Sie werden dich
grüßen und dir zwei Brote geben; die sollst du von ihnen annehmen.
5 Danach wirst du nach Gibeat-Elohim kommen, wo die Vorposten
der Philister stehen. Wenn du dort in die Stadt hineingehst, wirst du
eine Schar von Propheten treffen, die von der Kulthöhe herabkom-
men, und vor ihnen wird Harfe, Pauke, Flöte und Zither gespielt. Sie
selbst sind in prophetischer Verzückung. 6 Dann wird der Geist des
Herrn über dich kommen, und du wirst wie sie in Verzückung geraten
und in einen anderen Menschen verwandelt werden. 7 Wenn du aber
all diese Zeichen erlebst, dann tu, was sich gerade ergibt; denn Gott
ist mit dir. 8 Hernach geh mir voraus nach Gilgal hinab! Ich werde
dann bereits auf dem Weg zu dir sein, um Brandopfer darzubringen
und Heilsopfer zu schlachten. Sieben Tage mußt du warten, bis ich
zu dir komme. Dann werde ich dir verkünden, was du tun sollst.
9 Als sich Saul nun umwandte, um von Samuel wegzugehen, verwan-
delte Gott sein Herz. Und noch am gleichen Tag trafen alle diese Zei-
chen ein. 10 Als sie, Saul und sein Knecht, nach Gibea gelangten, kam
ihnen tatsächlich eine Schar von Propheten entgegen. Der Geist
Gottes kam über Saul, und Saul geriet mitten unter ihnen in prophe-
tische Verzückung. 11 Alle, die ihn von früher kannten, sahen, wie er
zusammen mit den Propheten in Verzückung war. Die Leute sagten
zueinander: Was ist denn nur mit dem Sohn des Kisch geschehen? Ist
auch Saul unter den Propheten? 12 Einer von dort erwiderte: Wer ist
denn schon deren Vater? So ist das Sprichwort entstanden: Ist denn
auch Saul unter den Propheten?
13 Als die Verzückung zu Ende war, ging Saul nach Gibea hinein.
14 Der Onkel Sauls fragte ihn und seinen Knecht: Wo seid ihr denn
gewesen? Er antwortete: Wir waren weg, um die Eselinnen zu suchen.
Als wir aber sahen, daß sie nirgends (zu finden) waren, gingen wir zu
Samuel. 15 Sauls Onkel sagte: Erzähl mir doch, was Samuel euch
gesagt hat. 16 Saul antwortete seinem Onkel: Er hat uns mit
Bestimmtheit gesagt, daß die Eselinnen gefunden worden sind. Die
Sache mit dem Königtum aber, von der Samuel gesprochen hatte,
erzählte er ihm nicht.

Die Wahl Sauls zum König

17 Samuel rief das Volk zum Herrn nach Mizpa zusammen. 18 Er sagte
zu den Israeliten: So spricht der Herr, der Gott Israels: Ich habe Israel
aus Ägypten heraufgeführt, ich habe euch aus der Gewalt der Ägypter
befreit und aus der Gewalt all der Königreiche, die euch bedrängt
haben. 19 Ihr aber habt heute euren Gott verworfen, der euer Retter in
allen Nöten und Bedrängnissen war, und ihr habt gesagt: Nein, du
sollst einen König bei uns einsetzen. Stellt euch jetzt also vor dem
Herrn auf, (geordnet) nach euren Stämmen und Tausendschaften.
20 Und Samuel ließ alle Stämme Israels antreten (um das Los zu wer-
fen). Das Los fiel auf den Stamm Benjamin. 21 Darauf ließ er den
Stamm Benjamin (geordnet) nach seinen Sippen antreten, und das
Los fiel auf die Sippe Matri. Und schließlich fiel das Los auf Saul, den
Sohn des Kisch. Man suchte ihn (überall), fand ihn aber nicht. 22 Sie
befragten noch einmal den Herrn: Ist noch jemand hierher gekom-
men? Der Herr antwortete: Ja, aber er hat sich beim Troß versteckt.
23 Sie liefen hin und holten ihn von dort. Als er mitten unter das Volk
trat, überragte er alle anderen um Haupteslänge. 24 Und Samuel sagte
zum ganzen Volk: Habt ihr gesehen, wen der Herr erwählt hat? Kei-
ner ist ihm gleich im ganzen Volk. Da jubelte das ganze Volk und
sagte: Es lebe der König! 25 Samuel machte dem Volk das Königsrecht
bekannt, schrieb es in ein Buch und legte das Buch vor dem Herrn

Adelchi-Riccardo Mantovani
Das Zeitalter des Eisens
(1983)
»Damals war im ganzen Land kein Schmied zu finden. Denn die Philister hatten sich gesagt: Die Hebräer sollen sich keine Schwerter und Lanzen machen können« (1 Sam 13,19). Aus der Sicht der Israeliten sind ihre Feinde durch das Monopol auf die Verarbeitung von Eisen der Inbegriff des tödlichen Verderbens.
Mantovani gibt dieser Vorstellung das Bild einer Ruinenlandschaft, in der ein Drache haust. Ihm tritt eine jugendliche (vielleicht weibliche), notdürftig gerüstete Gestalt entgegen, und es liegt nahe, zwischen ihr und dem Ungeheuer den Wortwechsel zu erlauschen, der Davids Sieg über Goliat vorausgeht (1Sam 17,41-48). Eine solche Assoziation legt auch der abgeschlagene Kopf mit einem prächtig verzierten ›Helm aus Bronze‹ (1 Sam 17,5) in der linken unteren Bildecke nahe, wobei die Größenverhältnisse dem Prinzip der Bedeutungsperspektive entsprechen: Das Haupt des Riesen wird zum bloßen David-Attribut.

nieder. Dann entließ Samuel das ganze Volk, jeden in sein Haus.
26 Auch Saul ging in sein Haus nach Gibea. Und mit ihm zog eine
Schar von Männern, deren Herz Gott berührt hatte. 27 Niederträch-
tige Menschen aber sagten: Was kann uns der schon helfen? Sie ver-
achteten ihn und brachten ihm kein Geschenk. Er aber tat, als merkte
er es nicht.

Hilfe für Jabesch

11 Da zog der Ammoniter Nahasch heran und belagerte
Jabesch-Gilead. Die Männer von Jabesch sagten zu
Nahasch: Schließ einen Vertrag mit uns, dann wollen wir dir dienen.
2 Der Ammoniter Nahasch erwiderte ihnen: Unter einer Bedingung
will ich mit euch einen Vertrag schließen: Ich steche euch allen das
rechte Auge aus und bringe damit Schande über ganz Israel. 3 Die
Ältesten von Jabesch sagten: Laß uns sieben Tage Zeit! Wir wollen
Boten durch das ganze Gebiet von Israel schicken. Wenn sich nie-
mand findet, der uns retten kann, werden wir uns dir ergeben. 4 Als
die Boten nach Gibea-Saul kamen und die Sache dem Volk vortrugen,
brach das ganze Volk in lautes Weinen aus. 5 Saul kam gerade hinter
seinen Rindern vom Feld her und fragte: Was haben denn die Leute,
daß sie weinen? Sie erzählten ihm, was die Männer von Jabesch
berichtet hatten. 6 Als Saul das hörte, kam der Geist Gottes über ihn,
und sein Zorn entbrannte heftig. 7 Er ergriff ein Gespann Rinder und
hieb es in Stücke, schickte die Stücke durch Boten in das ganze Gebiet
von Israel und ließ sagen: Wer nicht hinter Saul und Samuel in den
Kampf zieht, dessen Rindern soll es ebenso gehen. Da fiel der
Schrecken des Herrn auf das ganze Volk, und sie rückten aus wie ein
Mann. 8 Als Saul sie in Besek musterte, waren es dreihunderttausend
Männer aus Israel und dreißigtausend Männer aus Juda. 9 Sie sagten
zu den Boten, die gekommen waren: Folgendes sollt ihr den Männern
von Jabesch-Gilead sagen: Morgen, wenn die Sonne am heißesten
brennt, bekommt ihr Hilfe. Die Boten gingen heim und berichteten
alles, und die Männer von Jabesch freuten sich. 10 Sie ließen Nahasch
sagen: Morgen werden wir zu euch hinauskommen. Dann könnt ihr
mit uns machen, was euch gefällt. 11 Am nächsten Morgen stellte Saul
das Volk in drei Abteilungen auf. Um die Zeit der Morgenwache dran-
gen sie mitten in das Lager ein, und zur Zeit der Mittagshitze hatten
sie die Ammoniter geschlagen. Nur wenige blieben übrig; sie wurden
zerstreut, so daß nicht einmal zwei von ihnen beieinander blieben.
12 Da sagte das Volk zu Samuel: Wer hat damals gesagt: Soll etwa Saul
als König über uns herrschen? Gebt diese Männer heraus, damit wir
sie töten. 13 Saul aber sagte: An diesem Tag soll niemand getötet wer-
den; denn heute hat der Herr Israel Hilfe gebracht.

Samuels Abschied

14 Samuel sagte zum Volk: Kommt, wir wollen nach Gilgal gehen und
dort das Königtum erneuern. 15 Da ging das ganze Volk nach Gilgal.
Sie machten dort in Gilgal Saul vor dem Herrn zum König, schlachte-
ten dem Herrn Heilsopfer, und Saul und alle Männer Israels waren
voll Freude.

12 Samuel sagte zu ganz Israel: Ihr wißt, ich habe in allem,
was ihr mir gesagt habt, auf euch gehört und einen König
bei euch eingesetzt. 2 Seht, hier ist nun der König, der vor euch in den
Krieg ziehen wird. Ich selbst bin alt und grau geworden, und meine
Söhne leben ja mitten unter euch. Von meiner Jugend an bis zum heu-
tigen Tag bin ich vor euch hergegangen. 3 Hier stehe ich; antwortet
mir in Gegenwart des Herrn und seines Gesalbten: Wem habe ich je
ein Rind weggenommen? Wem habe ich einen Esel weggenommen?
Wen habe ich übervorteilt, wen ungerecht behandelt? Von wem habe
ich Bestechungsgeld angenommen und habe beide Augen zuge-
drückt? Ich will es euch zurückerstatten. 4 Sie antworteten: Du hast
uns weder übervorteilt noch ungerecht behandelt, noch hast du von
jemand etwas angenommen. 5 Er sagte zu ihnen: Der Herr ist Zeuge
euch gegenüber, und auch sein Gesalbter ist heute Zeuge dafür, daß
ihr mir nichts vorwerfen könnt. Sie erwiderten: Sie sind Zeugen.
6 Und Samuel sagte zum Volk: Der Herr ist es gewesen, der Mose und
Aaron erschaffen und eure Väter aus Ägypten heraufgeführt hat. 7 Tre-
tet nun zu mir, damit ich mit euch vor den Augen des Herrn ins
Gericht gehe und euch alle Wohltaten des Herrn vorhalte, die er euch
und euren Vätern erwiesen hat. 8 Als Jakob nach Ägypten gekommen
war und die Ägypter eure Väter unterdrückten und sie zum Herrn
schrien, da sandte der Herr Mose und Aaron. Sie führten eure Väter
aus Ägypten heraus und gaben ihnen Wohnsitze an diesem Ort.
9 Eure Väter aber vergaßen den Herrn, ihren Gott. Da verkaufte er sie
an Sisera, den Feldherrn von Hazor, an die Philister und an den König
von Moab, und diese führten Krieg gegen sie. 10 Da schrien sie zum
Herrn und sagten: Wir haben gesündigt; denn wir haben den Herrn
verlassen und den Baalen und Astarten gedient. Befrei uns jetzt aus
der Gewalt unserer Feinde; wir wollen wieder dir dienen. 11 Darauf
sandte der Herr Jerubbaal, Barak, Jiftach und Samuel und befreite
euch aus der Gewalt eurer Feinde ringsumher, so daß ihr in Sicher-
heit leben konntet. 12 Als ihr aber saht, daß Nahasch, der König der
Ammoniter, gegen euch ausrückte, sagtet ihr zu mir: Nein, ein König
soll über uns herrschen!, obwohl doch der Herr, euer Gott, euer
König ist. 13 Seht, hier ist euer König, den ihr verlangt und den ihr
euch erwählt habt. Ja, der Herr hat euch einen König gegeben.
14 Wenn ihr den Herrn fürchtet und ihm dient, wenn ihr auf seine
Stimme hört und euch seinem Befehl nicht widersetzt, wenn sowohl
ihr als auch der König, der über euch herrscht, dem Herrn, eurem
Gott, folgt (dann geht es euch gut). 15 Wenn ihr aber nicht auf die
Stimme des Herrn hört und euch seinem Befehl widersetzt, dann
wird die Hand des Herrn gegen euch (ausgestreckt) sein wie gegen
eure Väter.
16 Nun tretet her, und seht die große Tat mit an, die der Herr vor euren
Augen vollbringen wird. 17 Ist jetzt nicht gerade Weizenernte? Ich
werde zum Herrn rufen, und er wird Gewitter und Regen schicken. So
werdet ihr erkennen und einsehen, wie groß euer Unrecht in den
Augen des Herrn ist, das ihr dadurch begangen habt, daß ihr für euch
einen König verlangt habt. 18 Samuel rief zum Herrn, und der Herr
schickte noch am gleichen Tag Gewitter und Regen. Da geriet das
ganze Volk in große Furcht vor dem Herrn und vor Samuel, 19 und alle
sagten zu Samuel: Bete für deine Knechte zum Herrn, deinem Gott,
damit wir nicht umkommen; denn wir haben all unseren Sünden
noch die Bosheit hinzugefügt, einen König für uns zu verlangen.
20 Samuel erwiderte dem Volk: Fürchtet euch nicht! Ihr habt all dieses
Böse getan; doch weicht (von nun an) nicht mehr von der Nachfolge
des Herrn ab, und dient dem Herrn mit ganzem Herzen! 21 Weicht ja
nicht ab, und folgt nicht den nichtigen (Göttern), die nichts nützen
und nicht retten können, weil sie nichtig sind. 22 Um seines großen
Namens willen wird der Herr sein Volk nicht verstoßen; denn er hat
sich entschlossen, euch zu seinem Volk zu machen. 23 Auch ich weise
es weit von mir, mich am Herrn zu versündigen, und höre deshalb
nicht auf, für euch zu beten; ich werde euch den guten und geraden
Weg weisen. 24 Nur fürchtet den Herrn, und dient ihm treu und von
ganzem Herzen! Denn ihr seht, welch große Dinge er an euch getan
hat. 25 Wenn ihr aber wieder Böses tut, dann werdet sowohl ihr als
auch euer König dahingerafft werden.

Die Herrschaft Sauls

13 Saul war ... Jahre alt, als er König wurde, und er regierte
zwei ... Jahre über Israel. 2 Saul wählte sich dreitausend
Mann aus Israel aus; zweitausend davon waren bei Saul in Michmas
und auf dem Berg von Bet-El, und tausend waren bei Jonatan in
Gibea-Benjamin. Den Rest des Volkes entließ er, jeden zu seinem Zelt.
3 Jonatan erschlug den Vogt der Philister, der in Geba saß; die Philister
hörten davon. Saul aber ließ im ganzen Land das Widderhorn blasen
und ausrufen: Die Hebräer sollen es hören. 4 Und ganz Israel hörte die
Kunde: Saul hat den Vogt der Philister erschlagen, und dadurch hat
sich Israel bei den Philistern verhaßt gemacht. Das Volk wurde aufge-
boten, Saul nach Gilgal zu folgen. 5 Die Philister versammelten sich

zum Kampf gegen Israel; sie hatten dreitausend Wagen und sechstau-
send Wagenkämpfer und ein Heer so zahlreich wie der Sand am Ufer
des Meeres. Sie zogen herauf und schlugen bei Michmas, östlich von
Bet-Awen, ihr Lager auf. 6 Als die Israeliten sahen, daß sie in Gefahr
gerieten und daß das Volk bedrängt wurde, versteckten sie sich in
Höhlen, Schlupflöchern, Felsspalten, Gruben und Zisternen. 7 Viele
gingen über den Jordan in das Land Gad und Gilead. Saul war noch in
Gilgal, und das ganze Volk, das ihm gefolgt war, hatte große Angst.
8 Er wartete in Gilgal sieben Tage auf Samuel, wie vereinbart, aber
Samuel kam nicht. Als ihm nun das Volk davonlief, 9 sagte Saul:
Bringt das Brandopfer und die Heilsopfer zu mir her! Und er brachte
das Opfer dar. 10 Gerade als er mit der Darbringung des Opfers fertig
war, kam Samuel. Saul ging ihm entgegen, um ihn zu begrüßen.
11 Samuel aber fragte: Was hast du getan? Saul antwortete: Weil ich
sah, daß mir das Volk davonlief und du nicht zu dem vereinbarten
Zeitpunkt gekommen bist und die Philister sich bei Michmas versam-
melt haben, 12 dachte ich: Jetzt werden die Philister gegen mich nach
Gilgal herabziehen, noch ehe ich den Herrn gnädig gestimmt habe.
Darum habe ich es gewagt, das Brandopfer darzubringen. 13 Samuel
erwiderte Saul: Du hast töricht gehandelt: Hättest du den Befehl
befolgt, den dir der Herr, dein Gott, gegeben hat, dann hätte er jetzt
deine Herrschaft über Israel für immer gefestigt. 14 Nun aber wird
deine Herrschaft keinen Bestand haben. Der Herr hat sich einen Mann
nach seinem Herzen gesucht und ihn zum Fürsten seines Volkes
gemacht. Denn du hast nicht befolgt, was der Herr dir befohlen hat.
15 Danach brach Samuel auf und ging von Gilgal nach Gibea-Benja-
min hinauf. Saul musterte das Volk, das noch bei ihm war; es waren
etwa sechshundert Mann. 16 Saul, sein Sohn Jonatan und die Leute,
die noch bei ihnen waren, standen bei Geba-Benjamin, während die
Philister ihr Lager bei Michmas hatten. 17 Da zogen aus dem Lager der
Philister drei Abteilungen aus, um zu plündern. Eine Abteilung
wandte sich in Richtung Ofra im Gebiet von Schual; 18 die zweite
Abteilung zog in Richtung Bet-Horon, und die dritte Abteilung
wandte sich in Richtung auf den Hügel, der über das Hyänental weg
in die Wüste hinüberschaut.
19 Damals war im ganzen Land kein Schmied zu finden. Denn die Phi-
lister hatten sich gesagt: Die Hebräer sollen sich keine Schwerter und
Lanzen machen können. 20 Alle Israeliten mußten zu den Philistern
hinabgehen, wenn jemand sich eine Pflugschar, eine Hacke, eine Axt
oder eine Sichel schmieden lassen wollte. 21 Der Preis für das Schär-
fen der Pflugscharen, der Hacken, des Dreizacks und der Äxte und
das Einsetzen des Ochsenstachels betrug ein Pim. 22 Als es nun zum
Krieg kam, fand sich im ganzen Volk, das bei Saul und Jonatan war,
weder ein Schwert noch ein Speer. Nur Saul und sein Sohn Jonatan
hatten (solche Waffen).

Jonatans Heldentat
23 Ein Posten der Philister rückte gegen den Paß von Michmas vor.
14 Eines Tages sagte Jonatan, der Sohn Sauls, zu seinem Waf-
fenträger: Komm, wir wollen zu dem Posten der Philister
hinübergehen, der da drüben steht. Seinem Vater sagte er aber nichts
davon. 2 Saul saß an der Flurgrenze von Gibea unter dem Granatap-
felbaum, der bei Migron steht. Das Volk, das er bei sich hatte, zählte
etwa sechshundert Mann. 3 Damals trug Ahija, der Sohn Ahitubs, des
Bruder Ikabods, des Sohnes des Pinhas, des Sohnes Elis, des Priesters
des Herrn in Schilo, das Efod. Auch das Volk wußte nicht, daß Jona-
tan weggegangen war. 4 An den Übergängen, wo Jonatan zu dem
Posten der Philister hinüberzukommen versuchte, war hüben und
drüben eine Felszacke; die eine nannte man Bozez, die andere Senne.
5 Die eine Felszacke erhebt sich wie eine Säule auf der Nordseite,
gegenüber von Michmas, die andere auf der Südseite, gegenüber von
Geba. 6 Jonatan sagte also zu seinem Waffenträger: Komm, wir wol-
len hinübergehen zu dem Posten dieser Unbeschnittenen. Vielleicht
wird der Herr für uns handeln; für den Herrn ist es ja keine Schwierig-
keit zu helfen, sei es durch viele oder durch wenige. 7 Sein Waffenträ-
ger erwiderte ihm: Tu nur, was du im Sinn hast. Geh, ich bin mit
dabei; ganz wie du willst. 8 Jonatan sagte: Hör zu! Wir wollen zu den
Männern hinübergehen und uns ihnen offen zeigen. 9 Und wenn sie
dann zu uns sagen: Bleibt stehen, bis wir zu euch kommen!, dann
bleiben wir stehen, wo wir sind, und gehen nicht zu ihnen hinauf.
10 Wenn sie aber sagen: Kommt zu uns herauf!, dann wollen wir zu
ihnen hinaufsteigen; denn der Herr hat sie in unsere Hand gegeben.
Das soll für uns das Zeichen sein. 11 Die beiden zeigten sich also dem
Posten der Philister. Die Philister sagten: Seht nur, die Hebräer sind
aus ihren Löchern hervorgekommen, in denen sie sich versteckt hat-
ten. 12 Die Wachtposten riefen zu Jonatan und seinem Waffenträger
hinüber und sagten: Kommt nur herauf zu uns, wir werden euch
etwas erzählen. Da sagte Jonatan zu seinem Waffenträger: Geh hinter
mir hinauf; denn der Herr hat sie in die Gewalt Israels gegeben.
13 Jonatan kletterte auf Händen und Füßen hinauf, und sein Waffen-
träger folgte ihm. Da ergriffen sie vor Jonatan die Flucht, aber sein
Waffenträger, der hinter ihm war, tötete sie. 14 Das war der erste
Schlag, den Jonatan und sein Waffenträger führten. Sie erschlugen
etwa zwanzig Mann, auf einer Fläche, die ungefähr einen halben
Morgen groß war. 15 Großer Schrecken entstand im Lager (der Phili-
ster) und auf dem Feld und im ganzen Volk; auch der Vorposten und
die plündernden Abteilungen erschraken. Dazu bebte die Erde, und
es entstand ein Gottesschrecken.

Der Sieg über die Philister
16 Die Späher Sauls in Gibea-Benjamin sahen ein Getümmel, das
wogte und hin und her lief. 17 Da sagte Saul zu den Leuten, die bei ihm
waren: Prüft einmal, und seht nach, wer von unseren Leuten wegge-
gangen ist. Sie sahen nach, und tatsächlich fehlten Jonatan und sein
Waffenträger. 18 Saul sagte zu Ahija: Bring die Lade Gottes her! Denn
die Lade war an jenem Tag bei den Israeliten (im Lager). 19 Während
Saul mit dem Priester redete, wurde das Getümmel im Lager der Phili-
ster immer größer. Da sagte Saul zu dem Priester: Halt ein! 20 Saul
aber und alle Leute, die bei ihm waren, zogen gemeinsam in den
Kampf. Da sahen sie, daß (im Lager der Philister) jeder sein Schwert
gegen den anderen gerichtet hatte und daß ein ganz gewaltiges
Getümmel entstanden war. 21 Auch die Hebräer, die bis zu diesem
Zeitpunkt auf seiten der Philister gestanden und mit ihnen in den
Krieg gezogen waren, wandten sich nun (von ihnen) ab, um auf sei-
ten Israels zu sein, das zu Saul und Jonatan hielt. 22 Als die Israeliten,
die sich im Gebirge Efraim versteckt hatten, hörten, daß die Philister
auf der Flucht waren, setzten auch sie ihnen im Kampf nach, 23 und
der Kampf dehnte sich bis Bet-Awen aus. So rettete der Herr an jenem
Tag Israel.

Sauls Schwur
24 Die Israeliten aber waren an jenem Tag in Bedrängnis geraten.
Darum stellte Saul das Volk unter einen Fluch und sagte: Verflucht sei
jeder, der vor dem Abend etwas ißt, bevor ich mich an meinen Fein-
den gerächt habe. Das Volk nahm also bis zum Abend keine Nahrung
zu sich. 25 Nun gab es in jener ganzen Gegend viele Bienennester, so
daß Honig auf freiem Feld zu finden war. 26 Als das Volk zu den
Waben kam und sah, daß Honig aus ihnen herausfloß, streckte nie-
mand seine Hand aus, um etwas davon zu nehmen. Denn das Volk
fürchtete den Schwur (Sauls). 27 Jonatan aber hatte nicht gehört, wie
sein Vater das Volk beschwor. Er tauchte den Stock, den er in der
Hand hielt, mit der Spitze in eine Honigwabe und führte den Honig
mit der Hand zum Mund. Da leuchteten seine Augen wieder. 28 Einer
aus dem Volk aber sagte: Dein Vater hat das Volk mit einem Eid
beschworen und gesagt: Verflucht sei jeder, der heute etwas ißt. Das
Volk war aber erschöpft. 29 Jonatan erwiderte: Mein Vater stürzt das
Land ins Unglück. Seht nur, meine Augen leuchten, weil ich ein
bißchen von diesem Honig gegessen habe. 30 Ja, hätte das Volk heute
von der Beute, die es gemacht hat, ordentlich gegessen! Dann wäre
die Niederlage der Philister noch größer geworden.

31 Die Israeliten schlugen an diesem Tag die Philister (im ganzen
Gebiet) zwischen Michmas und Ajalon, das Volk aber war sehr
erschöpft. 32 Deshalb stürzte sich das Volk auf die Beute, nahm
Schafe, Rinder und Kälber, schlachtete sie, so daß das Blut einfach
auf die Erde floß. Und das Volk aß (das Fleisch) samt dem Blut. 33 Da
meldete man Saul: Sieh nur, das Volk versündigt sich gegen den
Herrn, es ißt (das Fleisch) samt dem Blut. Er sagte: Ihr habt ein
Unrecht begangen. Wälzt sofort einen großen Stein her! 34 Und er
befahl: Geht unter die Leute und sagt ihnen: Jeder soll sein Rind und
sein Lamm zu mir bringen und es hier schlachten und essen. Versün-
digt euch nicht gegen den Herrn, indem ihr es samt dem Blut eßt. Da
brachten die Leute noch in der Nacht alles, was sie in der Hand hat-
ten, herbei und schlachteten es dort. 35 Und Saul erbaute dem Herrn
einen Altar. Es war der erste Altar, den er dem Herrn erbaute.
36 Saul sagte: Wir wollen in der Nacht hinter den Philistern herziehen
und unter ihnen plündern, bis der Tag anbricht. Keinen von ihnen
wollen wir übrig lassen. Die Leute antworteten: Tu nur, was du für
richtig hältst. Der Priester aber sagte: Wir wollen (erst) hier vor Gott
hintreten. 37 Saul fragte also Gott: Soll ich hinter den Philistern her-
ziehen? Wirst du sie in die Gewalt Israels geben? Gott aber gab an
jenem Tag keine Antwort. 38 Darauf sagte Saul: Alle Anführer des
Volkes, kommt her und forscht nach, wodurch diese Sünde heute
zustande gekommen ist. 39 So wahr der Herr, der Retter Israels, lebt:
Selbst wenn es sich um meinen Sohn Jonatan handeln würde – er
muß sterben. Doch niemand aus dem Volk antwortete. 40 Saul aber
sagte zu allen Israeliten: Ihr sollt auf der einen Seite stehen, ich und
mein Sohn Jonatan wollen auf der anderen Seite stehen. Das Volk ant-
wortete Saul: Tu, was du für richtig hältst. 41 Darauf sagte Saul zum
Herrn: Gott Israels, gib uns volle Klarheit! Da fiel das Los auf Jonatan
und Saul, das Volk aber ging frei aus. 42 Saul sagte: Werft nun das Los
zwischen mir und meinem Sohn Jonatan! Das Los fiel auf Jonatan.
43 Da sagte Saul zu Jonatan: Sag mir, was hast du getan? Jonatan
bekannte es ihm und sagte: Ich habe mit der Spitze des Stockes, den
ich in der Hand hatte, ein wenig Honig genommen und davon ver-
sucht. Ich bin bereit zu sterben. 44 Saul erwiderte: Gott möge mir dies
und das antun – Jonatan, du mußt sterben. 45 Aber das Volk sagte zu
Saul: Soll Jonatan sterben, der so viel für die Rettung Israels getan
hat? Das darf nicht sein! So wahr der Herr lebt: Ihm soll kein Haar
gekrümmt werden. Denn nur mit Gottes Hilfe hat er heute diese Tat
vollbracht. So befreite das Volk Jonatan, und er brauchte nicht zu ster-
ben. 46 Saul aber gab die Verfolgung der Philister auf und zog wieder
hinauf, und die Philister kehrten in ihre Städte zurück.

Die Kriege Sauls

47 Als Saul die Königswürde über Israel erlangt hatte, führte er
ringsum mit all seinen Feinden Krieg: mit Moab und den Ammoni-
tern, mit Edom und den Königen von Zoba und mit den Philistern.
Wohin er sich auch wandte, war er siegreich. 48 Er vollbrachte tapfere
Taten, schlug Amalek und befreite Israel aus der Gewalt derer, die es
ausraubten.

Sauls Familie

49 Die Söhne Sauls waren Jonatan, Jischwi und Malkischua. Die ältere
seiner beiden Töchter hieß Merab, die jüngere Michal. 50 Sauls Frau
hieß Ahinoam; sie war eine Tochter des Ahimaaz. Sein Heerführer
hieß Abner; er war ein Sohn Ners, des Onkels Sauls; 51 Kisch, der
Vater Sauls, und Ner, der Vater Abners, waren Söhne Abiëls.
52 Der harte Krieg gegen die Philister hörte nicht auf, solange Saul
lebte. Jeden starken und kriegstüchtigen Mann, den Saul sah, nahm
er in seinen Dienst.

Der Krieg gegen die Amalekiter. Sauls Verstoßung

15 Samuel sagte zu Saul: Der Herr hatte mich gesandt, um dich
zum König seines Volkes Israel zu salben. Darum gehorche
jetzt den Worten des Herrn! 2 So spricht der Herr der Heere: Ich habe
beobachtet, was Amalek Israel angetan hat: Es hat sich ihm in den Weg
gestellt, als Israel aus Ägypten heraufzog. 3 Darum zieh jetzt in den
Kampf, und schlag Amalek! Weihe alles, was ihm gehört, dem Unter-
gang! Schone es nicht, sondern töte Männer und Frauen, Kinder und
Säuglinge, Rinder und Schafe, Kamele und Esel! 4 Saul bot das Volk auf
und musterte es in Telaim. Es waren zweihunderttausend Mann
Fußvolk [und zehntausend Mann aus Juda]. 5 Saul rückte bis zur Stadt
der Amalekiter vor und legte im Bachtal einen Hinterhalt. 6 Den Keni-
tern aber ließ er sagen: Auf, zieht fort, verlaßt das Gebiet der Amaleki-
ter, damit ich euch nicht zusammen mit ihnen vernichte; denn ihr habt
euch gegenüber allen Israeliten freundlich verhalten, als sie aus Ägyp-
ten heraufzogen. Da verließen die Keniter das Gebiet der Amalekiter.
7 Saul aber schlug die Amalekiter (im ganzen Gebiet) zwischen Hawila
und der Gegend von Schur, das Ägypten gegenüberliegt. 8 Agag, den
König von Amalek, brachte er lebend in seine Gewalt; das ganze Volk
aber weihte er mit scharfem Schwert dem Untergang. 9 Saul und das
Volk schonten Agag, ebenso auch die besten von den Schafen und
Rindern, nämlich das Mastvieh und die Lämmer, sowie alles, was
sonst noch wertvoll war. Das wollten sie nicht dem Untergang weihen.
Nur alles Minderwertige und Wertlose weihten sie dem Untergang.
10 Deshalb erging das Wort des Herrn an Samuel: 11 Es reut mich, daß
ich Saul zum König gemacht habe. Denn er hat sich von mir abge-
wandt und hat meine Befehle nicht ausgeführt. Das verdroß Samuel
sehr, und er schrie die ganze Nacht zum Herrn. 12 Am nächsten Mor-
gen machte sich Samuel auf den Weg und ging Saul entgegen. Man
hatte Samuel mitgeteilt: Saul ist nach Karmel gekommen und hat sich
(dort) ein Denkmal errichtet; dann ist er umgekehrt und nach Gilgal
hinab weitergezogen. 13 Als Samuel nun zu Saul kam, sagte Saul zu
ihm: Gesegnet seist du vom Herrn. Ich habe den Befehl des Herrn
ausgeführt. 14 Samuel erwiderte: Und was bedeutet dieses Blöken von
Schafen, das mir in die Ohren dringt, und das Gebrüll der Rinder, das
ich da höre? 15 Saul antwortete: Man hat sie aus Amalek mitgebracht,
weil das Volk die besten von den Schafen und Rindern geschont hat,
um sie dem Herrn, deinem Gott, zu opfern. Das übrige haben wir
dem Untergang geweiht. 16 Da sagte Samuel zu Saul: Hör auf! Ich will
dir verkünden, was der Herr mir heute Nacht gesagt hat. Saul antwor-
tete: Sprich! 17 Samuel sagte: Bist du nicht, obwohl du dir gering vor-
kommst, das Haupt der Stämme Israels? Der Herr hat dich zum
König von Israel gesalbt. 18 Dann hat dich der Herr auf den Weg
geschickt und gesagt: Geh und weihe die Amalekiter, die Übeltäter,
dem Untergang; kämpfe gegen sie, bis du sie vernichtet hast.
19 Warum hast du nicht auf die Stimme des Herrn gehört, sondern
hast dich auf die Beute gestürzt und getan, was dem Herrn mißfällt?
20 Saul erwiderte Samuel: Ich habe doch auf die Stimme des Herrn
gehört; ich bin den Weg gegangen, auf den der Herr mich geschickt
hat; ich habe Agag, den König von Amalek, hergebracht und die Ama-
lekiter dem Untergang geweiht. 21 Aber das Volk hat von der Beute
einige Schafe und Rinder genommen, das Beste von dem, was dem
Untergang geweiht war, um es dem Herrn, deinem Gott, in Gilgal zu
opfern. 22 Samuel aber sagte:
Hat der Herr an Brandopfern und Schlachtopfern das gleiche Gefal-
len / wie am Gehorsam gegenüber der Stimme des Herrn? / Wahrhaf-
tig, Gehorsam ist besser als Opfer, / Hinhören besser als das Fett von
Widdern.
23 Denn Trotz ist ebenso eine Sünde wie die Zauberei, / Widerspen-
stigkeit ist ebenso (schlimm) / wie Frevel und Götzendienst. / Weil du
das Wort des Herrn verworfen hast, / verwirft er dich als König.
24 Da sagte Saul zu Samuel: Ich habe gesündigt; denn ich habe mich
über den Befehl des Herrn und deine Anweisungen hinweggesetzt,
ich habe mich vor dem Volk gefürchtet und auf seine Stimme gehört.
25 Darum nimm doch die Sünde von mir weg, und kehr mit mir
zurück, damit ich den Herrn anbete. 26 Samuel erwiderte Saul: Ich
kehre nicht mit dir zurück; denn du hast das Wort des Herrn verwor-
fen, und nun hat der Herr dich verworfen, so daß du nicht mehr
König von Israel sein kannst. 27 Als Samuel sich umwandte, um weg-

Otto Dix
Saul und David
(1950)
»Sooft nun ein Geist Gottes Saul überfiel, nahm David die Zither und spielte darauf. Dann fühlte sich Saul erleichtert, es ging ihm wieder gut, und der böse Geist wich von ihm« (1 Sam 16,23). Das Pastellbild des Expressionisten Otto Dix verschärft den Gegensatz zwischen dem König, den böse Geister quälen, und dem (bereits zum neuen König gesalbten) Jüngling aus Betlehem: Sauls Profil behält den Ausdruck gramvoller Verfinsterung, während David jene Besänftigung verkörpert, die dem Gequälten zugedacht ist. Das Bild läßt auch eine zweite Betrachtungsweise zu, die den Gegensatz zwischen Saul und David psychologisch versteht: Gerade das blinde Vertrauen Davids, der sich, innig musizierend, an Sauls Brust friedlich geborgen fühlt, weckt den Unfrieden des Königs.

zugehen, griff Saul nach dem Zipfel seines Mantels, doch der riß ab.
28 Da sagte Samuel zu ihm: So entreißt dir heute der Herr die Herr-
schaft über Israel und gibt sie einem anderen, der besser ist als du.
29 Er, der ewige Ruhm Israels, kann weder lügen noch bereuen. Er ist
doch kein Mensch, so daß er etwas bereuen müßte. 30 Saul erwiderte:
Ich habe gesündigt; erweise mir aber jetzt vor den Ältesten des Volkes
und vor Israel die Ehre, mit mir zurückzukehren, damit ich den
Herrn, deinen Gott, anbete. 31 Da kehrte Samuel um und folgte Saul,
und Saul betete den Herrn an. 32 Darauf sagte Samuel: Bringt Agag,
den König von Amalek, zu mir! Agag wurde in Fesseln zu ihm
gebracht und sagte: Wahrhaftig, die Bitterkeit des Todes ist gewi-
chen. 33 Samuel aber erwiderte:
Wie dein Schwert die Frauen um ihre Kinder gebracht, / so sei unter
den Frauen deine Mutter kinderlos gemacht.
Und Samuel hieb vor den Augen des Herrn in Gilgal Agag in Stücke.
34 Dann ging Samuel nach Rama, und Saul zog hinauf in sein Haus
nach Gibea-Saul.
35 Samuel sah Saul vor dem Tag seines Todes nicht mehr. Samuel trau-
erte um Saul, weil es den Herrn reute, daß er Saul zum König über
Israel gemacht hatte.

Saul und David

Davids Salbung zum König

16 Der Herr sagte zu Samuel: Wie lange willst du noch um Saul
trauern? Ich habe ihn doch verworfen; er soll nicht mehr als
König über Israel herrschen. Fülle dein Horn mit Öl, und mach dich
auf den Weg! Ich schicke dich zu dem Betlehemiter Isai; denn ich habe
mir einen von seinen Söhnen als König ausersehen. 2 Samuel erwi-
derte: Wie kann ich da hingehen? Saul wird es erfahren und mich
umbringen. Der Herr sagte: Nimm ein junges Rind mit, und sag: Ich
bin gekommen, um dem Herrn ein Schlachtopfer darzubringen.
3 Lade Isai zum Opfer ein! Ich selbst werde dich dann erkennen lassen,
was du tun sollst: Du sollst mir nur den salben, den ich dir nennen
werde. 4 Samuel tat, was der Herr befohlen hatte. Als er nach Betlehem
kam, gingen ihm die Ältesten der Stadt zitternd entgegen und fragten:
Bedeutet dein Kommen Frieden? 5 Er antwortete: Frieden. Ich bin
gekommen, um dem Herrn ein Schlachtopfer darzubringen. Heiligt
euch, und kommt mit mir zum Opfer! Dann heiligte er Isai und seine
Söhne und lud sie zum Opfer ein. 6 Als sie kamen und er den Eliab sah,
dachte er: Gewiß steht nun vor dem Herrn sein Gesalbter. 7 Der Herr
aber sagte zu Samuel: Sieh nicht auf sein Aussehen und seine statt-
liche Gestalt, denn ich habe ihn verworfen; Gott sieht nämlich nicht
auf das, worauf der Mensch sieht. Der Mensch sieht, was vor den
Augen ist, der Herr aber sieht das Herz. 8 Nun rief Isai den Abinadab
und ließ ihn vor Samuel treten. Dieser sagte: Auch ihn hat der Herr
nicht erwählt.
9 Isai ließ Schima kommen. Samuel sagte: Auch ihn hat der Herr
nicht erwählt. 10 So ließ Isai sieben seiner Söhne vor Samuel treten,
aber Samuel sagte zu Isai: Diese hat der Herr nicht erwählt. 11 Und er
fragte Isai: Sind das alle deine Söhne? Er antwortete: Der jüngste fehlt
noch, aber der hütet gerade die Schafe. Samuel sagte zu Isai: Schick
jemand hin, und laß ihn holen; wir wollen uns nicht zum Mahl hin-
setzen, bevor er hergekommen ist. 12 Isai schickte also jemand hin
und ließ ihn kommen. David war blond, hatte schöne Augen und eine
schöne Gestalt. Da sagte der Herr: Auf, salbe ihn! Denn er ist es.
13 Samuel nahm das Horn mit dem Öl und salbte David mitten unter
seinen Brüdern. Und der Geist des Herrn war über David von diesem
Tag an. Samuel aber brach auf und kehrte nach Rama zurück.

David im Dienst Sauls

14 Der Geist des Herrn war von Saul gewichen; jetzt quälte ihn ein böser
Geist, der vom Herrn kam. 15 Da sagten die Diener Sauls zu ihm: Du
siehst, ein böser Geist Gottes quält dich. 16 Darum möge unser Herr
seinen Knechten, die vor ihm stehen, befehlen, einen Mann zu suchen,
der die Zither zu spielen versteht. Sobald dich der böse Geist Gottes
überfällt, soll er auf der Zither spielen; dann wird es dir wieder gut
gehen. 17 Saul sagte zu seinen Dienern: Seht euch für mich nach einem
Mann um, der gut spielen kann, und bringt ihn her zu mir! 18 Einer der
jungen Männer antwortete: Ich kenne einen Sohn des Betlehemiters
Isai, der Zither zu spielen versteht. Und er ist tapfer und ein guter Krie-
ger, wortgewandt, von schöner Gestalt, und der Herr ist mit ihm. 19 Da
schickte Saul Boten zu Isai und ließ ihm sagen: Schick mir deinen Sohn
David, der bei den Schafen ist. 20 Isai nahm einen Esel, dazu Brot, einen
Schlauch Wein und ein Ziegenböckchen und schickte seinen Sohn
David damit zu Saul. 21 So kam David zu Saul und trat in seinen Dienst;
Saul gewann ihn sehr lieb, und David wurde sein Waffenträger.
22 Darum schickte Saul zu Isai und ließ ihm sagen: David soll in mei-
nem Dienst bleiben; denn er hat mein Wohlwollen gefunden. 23 Sooft
nun ein Geist Gottes Saul überfiel, nahm David die Zither und spielte
darauf. Dann fühlte sich Saul erleichtert, es ging ihm wieder gut, und
der böse Geist wich von ihm.

David und Goliat

17 Die Philister zogen ihre Truppen zum Kampf zusammen.
Sie versammelten sich bei Socho, das zu Juda gehört, und
schlugen zwischen Socho und Aseka in Efes-Dammim ihr Lager auf.
2 Auch Saul und die Männer Israels sammelten sich; sie schlugen ihr
Lager im Terebinthental auf und traten zum Kampf gegen die Phili-
ster an. 3 Die Philister standen an dem Berg auf der einen Seite, die
Israeliten an dem Berg auf der anderen Seite; zwischen ihnen lag das
Tal.
4 Da trat aus dem Lager der Philister ein Vorkämpfer namens Goliat
aus Gat hervor. Er war sechs Ellen und eine Spanne groß. 5 Auf sei-
nem Kopf hatte er einen Helm aus Bronze, und er trug einen Schup-
penpanzer aus Bronze, der fünftausend Schekel wog. 6 Er hatte bron-
zene Schienen an den Beinen, und zwischen seinen Schultern hing
ein Sichelschwert aus Bronze. 7 Der Schaft seines Speeres war (so
dick) wie ein Weberbaum, und die eiserne Speerspitze wog sechshun-
dert Schekel. Sein Schildträger ging vor ihm her. 8 Goliat trat vor und
rief zu den Reihen der Israeliten hinüber: Warum seid ihr ausgezogen
und habt euch zum Kampf aufgestellt? Bin ich nicht ein Philister, und
seid ihr nicht die Knechte Sauls? Wählt euch doch einen Mann aus! Er
soll zu mir herunterkommen. 9 Wenn er mich im Kampf erschlagen
kann, wollen wir eure Knechte sein. Wenn ich ihm aber überlegen bin
und ihn erschlage, dann sollt ihr unsere Knechte sein und uns die-
nen. 10 Und der Philister sagte weiter: Heute habe ich die Reihen Isra-
els verhöhnt (und gesagt): Schickt mir doch einen Mann, damit wir
gegeneinander kämpfen können. 11 Als Saul und ganz Israel diese
Worte des Philisters hörten, erschraken sie und hatten große Angst.
12 David war der Sohn eines Efratiters namens Isai aus Betlehem in
Juda, der acht Söhne hatte. Zur Zeit Sauls war Isai bereits alt und
betagt. 13 Die drei ältesten Söhne Isais waren zusammen mit Saul in
den Krieg gezogen. Seine drei Söhne, die mit in den Krieg gezogen
waren, hießen Eliab – er war der Erstgeborene –, der zweite Abina-
dab, der dritte Schima. 14 Die drei Ältesten waren Saul gefolgt. David
aber war der jüngste. 15 David kehrte öfters vom Hof Sauls nach Betle-
hem zurück, um die Schafe seines Vaters zu hüten.
16 Der Philister kam jeden Morgen und Abend und stellte sich kampf-
bereit hin – vierzig Tage lang. 17 Eines Tages sagte Isai zu seinem
Sohn David: Nimm für deine Brüder ein Efa von diesem gerösteten
Korn und diese zehn Brote, und lauf damit zu ihnen ins Lager. 18 Und
diese zehn Käse bring dem Obersten der Tausendschaft! Sieh nach,
ob es deinen Brüdern gut geht, und laß dir ein Pfand (als Lebenszei-
chen) von ihnen geben! 19 Saul ist mit ihnen und all den anderen Isra-
eliten im Terebinthental, und sie kämpfen gegen die Philister.
20 David brach früh am Morgen auf, überließ die Herde einem Wächter,
lud die Sachen auf und ging, wie es ihm Isai befohlen hatte. Als er zur

Wagenburg kam, rückte das Heer gerade in Schlachtordnung aus und
ließ den Kampfruf erschallen. 21 Israel und die Philister stellten sich,
Reihe gegen Reihe, zum Kampf auf. 22 David legte das Gepäck ab,
überließ es dem Wächter des Trosses und lief zur Schlachtreihe. Er
ging zu seinen Brüdern und fragte, wie es ihnen gehe. 23 Während er
noch mit ihnen redete, trat gerade aus den Reihen der Philister ihr
Vorkämpfer, der Philister namens Goliat aus Gat, hervor; er rief die
gewohnten Worte, und David hörte es. 24 Als die Israeliten den Mann
sahen, hatten sie alle große Angst vor ihm und flohen. 25 Sie sagten:
Habt ihr gesehen, wie dieser Mann daherkommt? Er kommt doch
nur, um Israel zu verhöhnen. Wer ihn erschlägt, den wird der König
sehr reich machen; er wird ihm seine Tochter geben, und seine Fami-
lie wird er von allen Steuern in Israel befreien. 26 David fragte die
Männer, die bei ihm standen: Was wird man für den Mann tun, der
diesen Philister erschlägt und die Schande von Israel wegnimmt? Wer
ist denn dieser unbeschnittene Philister, daß er die Schlachtreihen
des lebendigen Gottes verhöhnen darf? 27 Die Leute antworteten ihm
dasselbe: Das und das wird man dem tun, der ihn erschlägt. 28 Sein
ältester Bruder Eliab hörte, wie er mit den Männern redete, und er
wurde zornig auf David. Er sagte: Wozu bist du denn hergekommen?
Wem hast du denn die paar Schafe in der Wüste überlassen? Ich
kenne doch deine Keckheit und die Bosheit in dir. Du bist nur herge-
kommen, um den Kampf zu sehen. 29 David erwiderte: Was habe ich
denn jetzt wieder getan? Ich habe doch nur gefragt. 30 Dann wandte er
sich von ihm ab und einem anderen zu und fragte ihn dasselbe. Die
Leute antworteten ihm wie beim erstenmal.
31 Als bekannt wurde, was David gesagt hatte, berichtete man davon
auch in Sauls Umgebung, und Saul ließ ihn holen. 32 David sagte zu
Saul: Niemand soll wegen des Philisters den Mut sinken lassen. Dein
Knecht wird hingehen und mit diesem Philister kämpfen. 33 Saul
erwiderte ihm: Du kannst nicht zu diesem Philister hingehen, um
mit ihm zu kämpfen; du bist zu jung, er aber ist ein Krieger seit sei-
ner Jugend. 34 David sagte zu Saul: Dein Knecht hat für seinen Vater
die Schafe gehütet. Wenn ein Löwe oder ein Bär kam und ein Lamm
aus der Herde wegschleppte, 35 lief ich hinter ihm her, schlug auf ihn
ein und riß das Tier aus seinem Maul. Und wenn er sich dann gegen
mich aufrichtete, packte ich ihn an der Mähne und schlug ihn tot.
36 Dein Knecht hat den Löwen und den Bären erschlagen, und die-
sem unbeschnittenen Philister soll es genauso ergehen wie ihnen,
weil er die Schlachtreihen des lebendigen Gottes verhöhnt hat.
37 Und David sagte weiter: Der Herr, der mich aus der Gewalt des
Löwen und des Bären gerettet hat, wird mich auch aus der Gewalt
dieses Philisters retten. Da antwortete Saul David: Geh, der Herr sei
mit dir. 38 Und Saul zog David seine Rüstung an; er setzte ihm einen
bronzenen Helm auf den Kopf und legte ihm seinen Panzer an,
39 und über der Rüstung hängte er ihm sein Schwert um. David ver-
suchte (in der Rüstung) zu gehen, aber er war es nicht gewohnt.
Darum sagte er zu Saul: Ich kann in diesen Sachen nicht gehen, ich
bin nicht daran gewöhnt. Und er legte sie wieder ab, 40 nahm seinen
Stock in die Hand, suchte sich fünf glatte Steine aus dem Bach und
legte sie in die Hirtentasche, die er bei sich hatte (und) die (ihm als)
Schleudersteintasche (diente). Die Schleuder in der Hand, ging er
auf den Philister zu.
41 Der Philister kam immer näher an David heran; sein Schildträger
schritt vor ihm her. 42 Voll Verachtung blickte der Philister David an,
als er ihn sah; denn David war noch sehr jung, er war blond und von
schöner Gestalt. 43 Der Philister sagte zu David: Bin ich denn ein
Hund, daß du mit einem Stock zu mir kommst? Und er verfluchte
David bei seinen Göttern.
44 Er rief David zu: Komm nur her zu mir, ich werde dein Fleisch den
Vögeln des Himmels und den wilden Tieren (zum Fraß) geben.
45 David antwortete dem Philister: Du kommst zu mir mit Schwert,
Speer und Sichelschwert, ich aber komme zu dir im Namen des Herrn
der Heere, des Gottes der Schlachtreihen Israels, den du verhöhnt
hast. 46 Heute wird dich der Herr mir ausliefern. Ich werde dich
erschlagen und dir den Kopf abhauen. Die Leichen des Heeres der
Philister werde ich noch heute den Vögeln des Himmels und den
wilden Tieren (zum Fraß) geben. Alle Welt soll erkennen, daß Israel
einen Gott hat. 47 Auch alle, die hier versammelt sind, sollen erken-
nen, daß der Herr nicht durch Schwert und Speer Rettung verschafft;
denn es ist ein Krieg des Herrn, und er wird euch in unsere Gewalt
geben. 48 Als der Philister weiter vorrückte und immer näher an David
herankam, lief auch David von der Schlachtreihe (der Israeliten) aus
schnell dem Philister entgegen. 49 Er griff in seine Hirtentasche,
nahm einen Stein heraus, schleuderte ihn ab und traf den Philister an
der Stirn. Der Stein drang in die Stirn ein, und der Philister fiel mit
dem Gesicht zu Boden. 50 So besiegte David den Philister mit einer
Schleuder und einem Stein; er traf den Philister und tötete ihn, ohne
ein Schwert in der Hand zu haben. 51 Dann lief David hin und trat
neben den Philister. Er ergriff sein Schwert, zog es aus der Scheide,
schlug ihm den Kopf ab und tötete ihn. Als die Philister sahen, daß
ihr starker Mann tot war, flohen sie. 52 Die Männer von Israel und
Juda aber griffen an, erhoben das Kriegsgeschrei und verfolgten die
Philister bis nach Gat und bis vor die Tore von Ekron. Von Schaarajim
bis nach Gat und Ekron lagen die erschlagenen Philister am Weg.
53 Nach der Verfolgung kehrten die Israeliten zurück und plünderten
das Lager der Philister. 54 David nahm den Kopf des Philisters und
brachte ihn nach Jerusalem. Goliats Waffen aber legte er in sein Zelt.
55 Als Saul David dem Philister entgegengehen sah, sagte er zu Abner,
seinem Heerführer: Abner, wessen Sohn ist der junge Mann? Abner
antwortete: So wahr du lebst, König, ich weiß es nicht. 56 Der König
sagte: Dann erkundige dich, wessen Sohn der Knabe ist. 57 Als David
zurückkehrte, nachdem er den Philister erschlagen hatte, nahm ihn
Abner mit und führte ihn zu Saul. David hatte den Kopf des Philisters
noch in der Hand. 58 Saul fragte ihn: Wessen Sohn bist du, junger
Mann? David antwortete: Der Sohn deines Knechtes Isai aus Bet-
lehem.

Jonatans Freundschaft mit David

18 Nach dem Gespräch Davids mit Saul schloß Jonatan David
in sein Herz. Und Jonatan liebte David wie sein eigenes
Leben. 2 Saul behielt David von jenem Tag an bei sich und ließ ihn
nicht mehr in das Haus seines Vaters zurückkehren. 3 Jonatan schloß
mit David einen Bund, weil er ihn wie sein eigenes Leben liebte. 4 Er
zog den Mantel, den er anhatte, aus und gab ihn David, ebenso seine
Rüstung, sein Schwert, seinen Bogen und seinen Gürtel. 5 David zog
ins Feld, und überall, wohin Saul ihn schickte, hatte er Erfolg, so daß
Saul ihn an die Spitze seiner Krieger stellte. David war beim ganzen
Volk und bei den Dienern Sauls beliebt. 6 Als sie nach Davids Sieg
über den Philister heimkehrten, zogen die Frauen aus allen Städten
Israels König Saul singend und tanzend mit Handpauken, Freuden-
rufen und Zimbeln entgegen. 7 Die Frauen spielten und riefen voll
Freude:
Saul hat Tausend erschlagen, / David aber Zehntausend.
8 Saul wurde darüber sehr zornig. Das Lied mißfiel ihm, und er sagte:
David geben sie Zehntausend, mir aber geben sie nur Tausend. Jetzt
fehlt ihm nur noch die Königswürde. 9 Von diesem Tag an war Saul
gegen David voll Argwohn.

Sauls Feindschaft gegen David

10 Am folgenden Tag kam über Saul wieder ein böser Gottesgeist, so
daß er in seinem Haus in Raserei geriet. David aber spielte wie jeden
Tag. Saul hatte den Speer in der Hand. 11 Saul dachte: Ich will David an
die Wand spießen!, und schleuderte den Speer, aber David wich ihm
zweimal aus. 12 Und Saul begann sich vor David zu fürchten, weil der
Herr mit David war, Saul aber verlassen hatte. 13 Darum entfernte Saul
David aus seiner Umgebung und machte ihn zum Obersten einer Tau-
sendschaft. So zog David an der Spitze der Leute hinaus (in den
Krieg) und wieder heim. 14 David hatte Erfolg, wohin ihn auch sein
Weg führte, und der Herr war mit ihm. 15 Als Saul sah, daß David sehr

erfolgreich war, bekam er noch mehr Angst vor ihm. 16 Ganz Israel
und Juda aber liebte David, weil er an ihrer Spitze hinaus (in den
Krieg) und wieder heimzog.
17 Saul sagte zu David: Hier ist meine älteste Tochter Merab. Ich will
sie dir zur Frau geben, wenn du dich mir als tapfer erweist und die
Kriege des Herrn führst. Saul dachte nämlich: Ich will nicht meine
Hand gegen ihn erheben; das sollen die Philister tun. 18 David antwor-
tete Saul: Wer bin ich denn, und was ist schon meine Sippe und die
Verwandtschaft meines Vaters in Israel, daß ich der Schwiegersohn
des Königs werden sollte? 19 Als aber dann die Zeit kam, in der Sauls
Tochter Merab David zur Frau gegeben werden sollte, wurde sie
Adriël aus Mehola zur Frau gegeben. 20 Sauls Tochter Michal liebte
David; dies teilte man Saul mit. Es war ihm recht; 21 denn er sagte
sich: Ich will sie ihm geben; sie soll ihm zum Verhängnis werden, so
daß er den Philistern in die Hände fällt. Saul sagte zu David: Heute in
zwei Jahren kannst du mein Schwiegersohn werden. 22 Seinen Die-
nern aber befahl Saul: Redet heimlich mit David und sagt: Du siehst,
daß der König Gefallen an dir hat und daß alle seine Diener dich gern
haben; du könntest sofort der Schwiegersohn des Königs werden.
23 Sauls Diener redeten also in dieser Weise mit David. David aber
erwiderte: Scheint es euch so leicht zu sein, der Schwiegersohn des
Königs zu werden? Ich bin doch ein armer und geringer Mann. 24 Die
Diener berichteten Saul: Das und das hat David gesagt. 25 Saul ant-
wortete: So sollt ihr David sagen: Der König möchte keine andere
Brautgabe als die Vorhäute von hundert Philistern, um an den Fein-
den des Königs Rache zu nehmen. Saul plante nämlich, David den
Philistern in die Hände fallen zu lassen. 26 Seine Diener berichteten
David, was Saul gesagt hatte, und es war David recht, daß er so der
Schwiegersohn des Königs werden sollte. Die gesetzte Frist war noch
nicht um, 27 als David sich auf den Weg machte und mit seinen Leuten
zog; er erschlug zweihundert von den Philistern, brachte ihre Vor-
häute zum König und legte sie vollzählig vor ihn hin, um sein Schwie-
gersohn zu werden. Und Saul gab ihm seine Tochter Michal zur Frau.
28 Als Saul immer deutlicher erkannte, daß der Herr mit David war
und daß seine Tochter Michal ihn liebte, 29 fürchtete er sich noch
mehr vor David. So wurde Saul für alle Zeit zum Feind Davids.
30 Die Fürsten der Philister zogen (immer wieder) in den Kampf; sooft
sie aber ausrückten, hatte David mehr Erfolg als alle anderen Diener
Sauls, so daß sein Name immer mehr galt.

Jonatans Vermittlung

19 Saul redete vor seinem Sohn Jonatan und vor allen seinen
Dienern davon, daß er David töten wolle. Sauls Sohn Jonatan
aber hatte David sehr gern; 2 deshalb berichtete er David davon und
sagte: Mein Vater Saul will dich töten. Nimm dich also morgen früh in
acht, verbirg dich in einem Versteck! 3 Ich aber will zusammen mit mei-
nem Vater auf das Feld hinausgehen; dort, wo du dich versteckt hältst,
werde ich stehenbleiben und mit meinem Vater über dich reden, und
wenn ich etwas erfahre, werde ich dir Bescheid geben. 4 Jonatan redete
also zugunsten Davids mit seinem Vater und sagte zu ihm: Der König
möge sich doch nicht an seinem Knecht David versündigen; denn er
hat sich ja auch nicht an dir versündigt, und seine Taten sind für dich
sehr nützlich gewesen. 5 Er hat sein Leben aufs Spiel gesetzt und den
Philister erschlagen. Der Herr hat (durch ihn) ganz Israel viel Hilfe
gebracht. Du hast es selbst gesehen und dich darüber gefreut. Warum
willst du dich nun versündigen und unschuldiges Blut vergießen,
indem du David ohne jeden Grund tötest? 6 Saul hörte auf Jonatan und
schwor: So wahr der Herr lebt: David soll nicht umgebracht werden.
7 Jonatan rief David und berichtete ihm alles. Dann führte Jonatan
David zu Saul, und David war wieder in Sauls Dienst wie vorher.

Davids Flucht

8 Der Krieg ging weiter, und David zog wieder gegen die Philister in
den Kampf. Er brachte ihnen eine schwere Niederlage bei, und sie
ergriffen die Flucht.
9 Doch wieder kam vom Herrn ein böser Geist über Saul, während er
in seinem Haus saß und den Speer in der Hand hielt und David auf der
Zither spielte. 10 Da versuchte Saul, David mit dem Speer an die Wand
zu spießen; aber er wich Saul aus, so daß der Speer in die Wand fuhr.
David floh und brachte sich in Sicherheit. Noch in derselben Nacht
11 schickte Saul Boten zum Haus Davids, die ihm auflauern und ihn
am nächsten Morgen töten sollten. Doch Michal, Davids Frau, warnte
ihn und sagte: Wenn du dich nicht noch in dieser Nacht in Sicherheit
bringst, wirst du morgen früh umgebracht. 12 Michal ließ David durch
das Fenster hinab, so daß er fliehen und sich in Sicherheit bringen
konnte. 13 Dann nahm Michal das Götterbild, legte es in Davids Bett,
umgab seinen Kopf mit einem Geflecht von Ziegenhaaren und deckte
es mit einem Kleidungsstück zu. 14 Als nun Saul die Boten schickte,
die David holen sollten, sagte sie: Er ist krank. 15 Saul schickte die
Boten (zurück), um nach David zu sehen, und befahl: Bringt ihn im
Bett zu mir her; er soll umgebracht werden. 16 Als die Boten kamen,
entdeckten sie im Bett ein Götterbild mit einem Geflecht von Ziegen-
haaren um den Kopf. 17 Da sagte Saul zu Michal: Warum hast du mich
so betrogen und meinen Feind entkommen lassen, so daß er sich in
Sicherheit bringen konnte? Michal antwortete Saul: Er hat zu mir
gesagt: Laß mich weggehen, sonst bringe ich dich um. 18 David floh
also und brachte sich in Sicherheit. Er kam zu Samuel nach Rama und
erzählte ihm alles, was Saul ihm angetan hatte. Dann ging er zusam-
men mit Samuel ins Prophetenhaus, und beide blieben dort. 19 Als
man nun Saul berichtete: David ist in Rama, und zwar im Propheten-
haus!, 20 da schickte Saul Boten, um David holen zu lassen. Sobald sie
die Schar der Propheten mit Samuel an ihrer Spitze in prophetischer
Verzückung sahen, kam der Geist Gottes auch über die Boten Sauls,
und auch sie gerieten in Verzückung. 21 Als man Saul das meldete,
schickte er andere Boten; aber auch sie gerieten in Verzückung. Da
schickte er zum drittenmal Boten; doch auch sie gerieten in Ver-
zückung. 22 Darauf ging er selbst nach Rama. Als er zu der großen
Zisterne in Sechu kam, fragte er: Wo sind Samuel und David? Man ant-
wortete ihm: Sie sind gerade im Prophetenhaus in Rama. 23 Als er von
dort zum Prophetenhaus in Rama weiterging, kam auch über ihn der
Geist Gottes, und er ging in prophetischer Verzückung weiter, bis er
zum Prophetenhaus in Rama kam. 24 Er zog sogar seine Kleider aus
und blieb auch in Samuels Gegenwart in Verzückung. Den ganzen Tag
und die ganze Nacht über lag er nackt da. Deshalb sagt man: Ist denn
auch Saul unter den Propheten?

Jonatans Beistand für David

20 David floh aus dem Prophetenhaus in Rama, ging zu Jona-
tan und hielt ihm vor: Was habe ich denn getan? Was ist
meine Schuld? Was habe ich gegen deinen Vater verbrochen, daß er
mir nach dem Leben trachtet? 2 Jonatan antwortete ihm: Das ist
undenkbar. Du wirst nicht sterben. Du weißt doch: Mein Vater tut
nichts Wichtiges oder Unwichtiges, ohne es mir zu offenbaren.
Warum sollte mein Vater gerade das vor mir verheimlichen? Nein, das
kann nicht sein. 3 David aber beteuerte nochmals: Dein Vater weiß
genau, daß ich dein Wohlwollen gefunden habe, und sagt sich: Jona-
tan soll das nicht wissen, sonst wird er betrübt. Aber, so wahr der
Herr lebt und so wahr du selbst lebst: Zwischen mir und dem Tod
liegt nur ein Schritt. 4 Jonatan fragte David: Was meinst du? Was
könnte ich für dich tun? 5 David antwortete Jonatan: Du weißt doch,
morgen ist Neumond. Da müßte ich unbedingt am Mahl des Königs
teilnehmen. Laß mich fortgehen, damit ich mich bis übermorgen
abend auf dem Feld versteckt halte. 6 Wenn dein Vater mich vermißt,
dann sag: David hat mich dringend gebeten, in seine Heimatstadt
Betlehem gehen zu dürfen, weil dort das jährliche Opfer für die ganze
Sippe stattfindet. 7 Wenn er dann sagt: Gut!, dann steht es günstig für
deinen Knecht. Wenn er aber in heftigen Zorn gerät, dann kannst du
daran erkennen, daß das Unheil von ihm beschlossen ist. 8 Zeig dei-
nem Knecht also deine Freundschaft; denn du hast mit deinem
Knecht einen Bund vor dem Herrn geschlossen. Wenn ich Schuld auf

mich geladen habe, dann töte mich gleich! Warum willst du mich erst
zu deinem Vater bringen? 9 Jonatan antwortete: Das darf nicht mit dir
geschehen. Sobald ich sicher weiß, daß mein Vater beschlossen hat,
Unheil über dich zu bringen, werde ich es dir auf jeden Fall mitteilen.
10 David aber fragte Jonatan: Wer wird mir die Nachricht bringen,
wenn dir dein Vater etwa eine schroffe Antwort gibt? 11 Jonatan sagte
zu David: Komm, wir wollen aufs Feld hinausgehen. Beide gingen
aufs Feld hinaus. 12 Und Jonatan sagte zu David: Beim Herrn, dem
Gott Israels: Wenn ich morgen oder übermorgen um diese Zeit bei
meinem Vater in Erfahrung bringe, daß es gut für David steht, dann
werde ich jemand schicken und es dir sagen lassen. 13 Der Herr möge
Jonatan dies und das antun: Wenn mein Vater Böses gegen dich im
Sinn hat, werde ich es dir sagen und werde dich in Frieden gehen las-
sen. Der Herr möge mit dir sein, wie er mit meinem Vater gewesen ist.
14 Nicht wahr, wenn ich dann noch am Leben bin, wirst du entspre-
chend der Huld des Herrn an mir handeln. Wenn ich aber umkomme,
15 dann entzieh meinem Haus niemals deine Gunst, selbst wenn der
Herr jeden der Feinde Davids auf dem Erdboden ausrottet. 16 So
schloß Jonatan einen Bund mit dem Haus David. – Der Herr halte
sich schadlos an Davids Feinden. – 17 Und Jonatan ließ auch David bei
seiner Liebe zu ihm schwören; denn er liebte ihn wie sein eigenes
Leben. 18 Dann sagte Jonatan zu ihm: Morgen ist Neumond. Du wirst
vermißt werden; denn man wird deinen Platz beobachten. 19 Über-
morgen aber geh weit hinab, an den Ort, wo du dich am Tag der Tat
versteckt hattest, und setz dich neben den Stein dort. 20 Ich werde
dann drei Pfeile in seine Nähe schießen, als ob ich ein Ziel treffen
wollte. 21 Dann gib acht: Ich schicke meinen Diener (und sage zu
ihm): Geh, such nach den Pfeilen! Wenn ich dem Diener ausdrücklich
sage: Paß auf, die Pfeile liegen von dir aus herwärts, hol sie!, dann
komm, denn es steht günstig für dich, und es liegt nichts vor, so wahr
der Herr lebt. 22 Wenn ich aber zu dem jungen Mann sage: Paß auf,
die Pfeile liegen von dir aus weiter draußen!, dann geh weg, denn der
Herr schickt dich fort. 23 Für diese Vereinbarung, die wir, ich und du,
getroffen haben, soll der Herr auf ewig mein und dein Zeuge sein.
24 Daraufhin versteckte sich David auf dem Feld.
So kam der Neumond, und der König setzte sich zu Tisch, um das
Mahl zu halten. 25 Er setzte sich wie jedesmal auf seinen gewohnten
Platz an der Wand; Jonatan saß ihm gegenüber, und Abner saß an
Sauls Seite. Davids Platz aber blieb leer. 26 Saul sagte an diesem Tag
nichts, denn er dachte: Es ist ihm etwas zugestoßen, was ihn unrein
sein läßt; sicher ist er nicht rein. 27 Als aber am zweiten Tag, dem Tag
nach dem Neumond, der Platz Davids wieder leer blieb, sagte Saul zu
seinem Sohn Jonatan: Warum ist der Sohn Isais gestern und heute
nicht zum Essen gekommen? 28 Jonatan antwortete Saul: David hat
mich dringend gebeten, nach Betlehem gehen zu dürfen. 29 Er sagte:
Laß mich gehen; denn in der Stadt findet ein Opfer unserer Sippe
statt. Mein Bruder selbst hat mich aufgefordert (zu kommen). Wenn
ich dein Wohlwollen gefunden habe, dann möchte ich jetzt gehen
und meine Brüder wiedersehen. Deswegen ist David nicht an den
Tisch des Königs gekommen. 30 Da wurde Saul zornig über Jonatan
und sagte: Du Sohn eines entarteten und aufsässigen Weibes! Ich
weiß sehr gut, daß du dich zu deiner eigenen Schande und zur
Schande des Schoßes deiner Mutter für den Sohn Isais entschieden
hast. 31 Doch solange der Sohn Isais auf Erden lebt, wirst weder du
noch dein Königtum Bestand haben. Schick also sofort jemand hin,
und laß ihn holen; denn er ist ein Kind des Todes. 32 Jonatan antwor-
tete seinem Vater Saul: Warum soll er umgebracht werden? Was hat er
getan? 33 Da schleuderte Saul den Speer gegen ihn, um ihn zu töten.
Nun wußte Jonatan, daß sein Vater beschlossen hatte, David umzu-
bringen. 34 Voll Zorn stand er vom Tisch auf und aß an diesem zwei-
ten Neumondtag nichts; denn er war bekümmert wegen David, weil
sein Vater ihn beschimpft hatte.
35 Am nächsten Morgen ging Jonatan, wie er mit David verabredet
hatte, aufs Feld hinaus, und ein junger Diener war bei ihm. 36 Er sagte
zu dem Diener: Lauf, such die Pfeile, die ich abschieße. Der Diener
lief, und er schoß einen Pfeil über ihn hinaus. 37 Als der Diener an die
Stelle kam, wohin Jonatan den Pfeil geschossen hatte, rief Jonatan
dem Diener nach: Liegt der Pfeil von dir aus nicht noch weiter
draußen? 38 Und er rief dem Diener nach: Beeil dich, schnell, bleib
nicht stehen! Der Diener Jonatans hob den Pfeil auf und kam zu sei-
nem Herrn zurück. 39 Der Diener aber ahnte nichts; nur Jonatan und
David wußten von der Vereinbarung. 40 Jonatan gab dem Diener, den
er bei sich hatte, seine Waffen und sagte zu ihm: Geh, bring sie in die
Stadt! 41 Als der Diener heimgegangen war, verließ David sein Ver-
steck neben dem Stein, warf sich mit dem Gesicht zur Erde nieder
und verneigte sich dreimal tief (vor Jonatan). Dann küßten sie einan-
der, und beide weinten. David hörte nicht auf zu weinen, 42 und Jona-
tan sagte zu ihm: Geh in Frieden! Für das, was wir beide uns im
Namen des Herrn geschworen haben, sei der Herr zwischen mir und
dir, zwischen meinen und deinen Nachkommen auf ewig Zeuge.

David bei Ahimelech

21 Dann brach David auf und ging weg, Jonatan aber begab
sich in die Stadt zurück. 2 David gelangte nach Nob zu dem
Priester Ahimelech. Ahimelech kam David aufgeregt entgegen und
fragte ihn: Warum bist du allein und hast niemand bei dir? 3 David
antwortete dem Priester Ahimelech: Der König hat mir einen Auftrag
gegeben und zu mir gesagt: Niemand darf etwas von der Angelegen-
heit erfahren, in der ich dich sende und mit der ich dich beauftrage.
Darum habe ich meine Leute an einen bestimmten Ort bestellt.
4 Hast du vielleicht etwas zur Hand für mich? Fünf Brote vielleicht?
Dann gib sie mir, oder gib mir, was du sonst finden kannst. 5 Der
Priester gab David Antwort und sagte: Gewöhnliches Brot habe ich
nicht zur Hand, nur heiliges Brot ist da; aber dann müssen sich die
jungen Männer von Frauen ferngehalten haben. 6 David antwortete
dem Priester: Wir haben uns schon gestern und vorgestern von
Frauen ferngehalten. Als ich auszog, waren die Waffen der jungen
Männer geheiligt; wenn dies auch ein gewöhnlicher Marsch ist, so
wird er doch durch die Waffen geheiligt. 7 Da gab ihm der Priester
heiliges Brot, denn es gab dort nur die Schaubrote, die man von (dem
Tisch) vor dem Angesicht des Herrn entfernt, um an dem Tag, an
dem sie weggenommen werden, frisches Brot aufzulegen. 8 Damals
hielt sich dort im Heiligtum des Herrn gerade einer von den Knech-
ten Sauls auf, ein Edomiter namens Doëg; er war der Oberste von
Sauls Hirten. 9 David fragte Ahimelech: Hast du einen Speer oder ein
Schwert zur Hand? Denn ich konnte weder mein Schwert noch
andere Waffen mitnehmen, weil der Auftrag des Königs so dringend
war. 10 Der Priester antwortete: Das Schwert des Philisters Goliat,
den du im Terebinthental erschlagen hast, liegt hier, in einem Mantel
eingewickelt, hinter dem Efod. Wenn du es nehmen willst, nimm es!
Außer diesem gibt es keines hier. David sagte: Kein anderes kommt
ihm gleich; gib es mir!

David in Gat, Adullam und Mizpe

11 David brach noch am gleichen Tag auf und floh vor Saul. Er kam zu
Achisch, dem König von Gat. 12 Doch die Diener des Achisch sagten
zu ihrem Herrn: Ist das nicht David, der König des Landes? Ist das
nicht der, von dem man beim Reigentanz gesungen hat: Saul hat Tau-
send erschlagen, David aber Zehntausend? 13 David nahm sich diese
Worte zu Herzen, und er fürchtete sich sehr vor Achisch, dem König
von Gat. 14 Darum verstellte er sich vor ihnen und tat in ihrer Gegen-
wart so, als sei er wahnsinnig; er kritzelte auf die Flügel des Tores und
ließ sich den Speichel in den Bart laufen. 15 Achisch sagte zu seinen
Dienern: Seht ihr nicht, daß der Mann verrückt ist? Warum bringt ihr
ihn zu mir? 16 Gibt es bei mir nicht schon genug Verrückte, so daß ihr
auch noch diesen Mann zu mir herbringt, damit er bei mir verrückt
spielt? Soll der etwa auch noch in mein Haus kommen?

22 Darum ging David von dort weg und brachte sich in der
Höhle von Adullam in Sicherheit. Als seine Brüder und
seine Familie davon hörten, kamen sie zu ihm hinab. 2 Auch schlos-

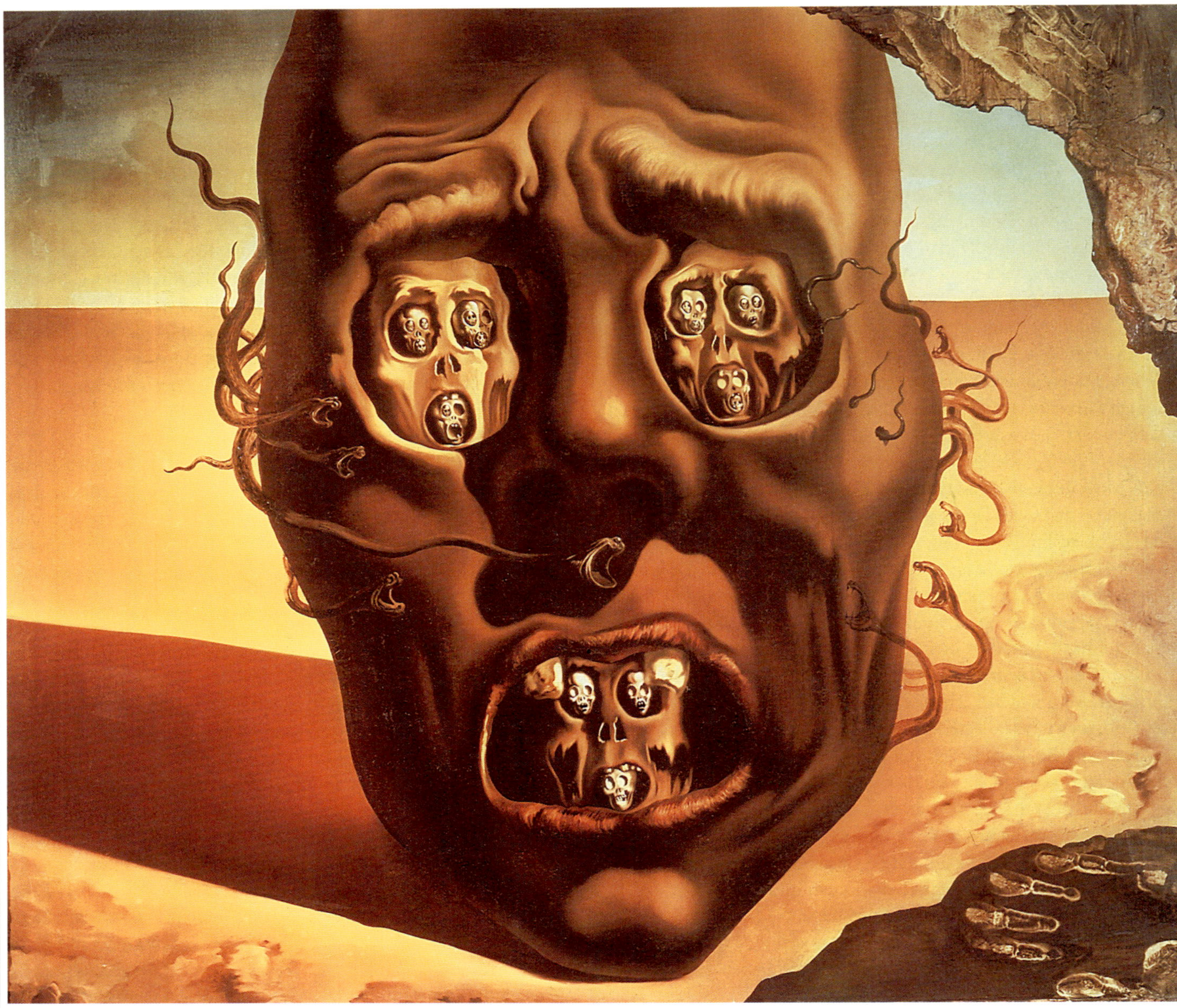

Salvador Dalí
Gesicht des Krieges
(1940/41)
»Doch der König sagte: Du bist dem Tod verfallen, Ahimelech, du und das ganze Haus deines Vaters« (1 Sam 22,16). Die Rivalität zwischen Saul und David spaltet das Volk und treibt den König zu blinder Raserei: Tatsächliche oder vermeintliche Parteigänger seines Gegners fallen ihr zum Opfer, zumal Handlanger zur Stelle sind, um Bluttaten auszuüben, vor deren eigenhändiger Ausführung Saul noch zurückschreckt. Saul zielt jedoch nur noch auf Tod und Verderben. So sind in Dalís surrealistischem Schreckensbild aus den Kriegsjahren die Organe der Wahrnehmung und Mitteilung, Auge und Mund, besetzt von Totenschädeln, in deren Augen- und Mundhöhlen ihrerseits der Tod nistet.

sen sich ihm viele Männer an, die unter Druck standen, sowie alle
möglichen Leute, die Schulden hatten oder verbittert waren, und er
wurde ihr Anführer. So waren etwa vierhundert Mann um ihn. 3 Von
dort zog David nach Mizpe-Moab und sagte zum König von Moab:
Mein Vater und meine Mutter möchten (von zu Hause) wegziehen
und bei euch bleiben, bis ich weiß, was Gott mit mir vorhat. 4 So
brachte er seine Eltern zum König von Moab, und sie blieben bei ihm,
solange David sich in den unzugänglichen Bergen aufhielt. 5 Der Prophet Gad aber sagte zu David: Bleib nicht in den Bergen, sondern zieh
weg, und geh wieder ins Land Juda! Und David zog weg und kam
nach Jaar-Heret.

Sauls Rache an den Priestern von Nob
6 Saul hörte, David und die Männer, die er bei sich hatte, seien entdeckt worden. Er saß gerade in Gibea unter der Tamariske auf der
Höhe. Er hatte den Speer in der Hand, und alle seine Diener standen
um ihn herum. 7 Da sagte Saul zu seinen Dienern, die um ihn standen: Hört her, ihr Benjaminiter! Euch allen wird wohl der Sohn Isais
Felder und Weinberge geben und euch zu Obersten von Tausendschaften und Hundertschaften machen, 8 weil ihr euch alle gegen
mich verschworen habt. Keiner hat mir etwas davon gesagt, als mein
Sohn einen Bund mit dem Sohn Isais schloß, und keinem tat es leid
um mich, so daß er mir mitgeteilt hätte, daß mein Sohn meinen
Knecht dazu angestiftet hat, mir aufzulauern, wie es jetzt der Fall ist.
9 Da antwortete der Edomiter Doëg, der bei den Dienern Sauls stand:
Ich habe den Sohn Isais gesehen, wie er gerade nach Nob zu Ahimelech, dem Sohn Ahitubs, kam. 10 Ahimelech befragte für ihn den
Herrn und gab ihm Verpflegung; auch das Schwert des Philisters
Goliat gab er ihm.
11 Darauf schickte der König jemand hin und ließ den Priester
Ahimelech, den Sohn Ahitubs, rufen, sowie alle vom Haus seines
Vaters, die Priester von Nob. Als sie alle zum König gekommen
waren, 12 sagte Saul: Hör her, Sohn Ahitubs! Er antwortete: Hier bin
ich, mein Herr. 13 Saul sagte zu ihm: Warum habt ihr euch gegen mich
verschworen, du und der Sohn Isais? Du hast ihm doch Brot und ein

Schwert gegeben und für ihn Gott befragt, so daß er sich gegen mich
erheben und mir auflauern kann, wie es heute der Fall ist. 14 Ahime-
lech erwiderte dem König: Wer hat sich denn von allen deinen Die-
nern so sehr bewährt wie David, der Schwiegersohn des Königs, der
Anführer deiner Leibwache, der in deinem Haus hoch geehrt ist?
15 Habe ich denn erst heute begonnen, für ihn Gott zu befragen? Kei-
neswegs! Der König möge seinem Knecht und dem ganzen Haus
meines Vaters nichts unterstellen; denn dein Knecht hat von all dem
nichts gewußt, weder Wichtiges noch Unwichtiges. 16 Doch der
König sagte: Du bist dem Tod verfallen, Ahimelech, du und das ganze
Haus deines Vaters. 17 Und der König sagte den Läufern, die bei ihm
standen: Umzingelt die Priester des Herrn, und tötet sie! Denn auch
sie haben David die Hand gereicht; sie haben gewußt, daß er auf der
Flucht war, und mir nichts davon berichtet. Aber die Diener des
Königs wollten ihre Hand nicht erheben, um die Priester des Herrn
niederzustoßen. 18 Da sagte der König zu Doëg: Komm her, stoß du
die Priester nieder! Der Edomiter Doëg ging zu den Priestern hin und
stieß sie nieder. Er brachte an jenem Tag fünfundachtzig Männer um,
die das leinene Efod trugen. 19 Auch die Priesterstadt Nob schlug er
mit scharfem Schwert: Die Männer und Frauen, die Kinder und Säug-
linge, die Rinder, Esel und Schafe (erschlug er) mit scharfem
Schwert. 20 Nur ein einziger Sohn Ahimelechs, des Sohnes Ahitubs,
namens Abjatar konnte sich in Sicherheit bringen und zu David flie-
hen. 21 Abjatar berichtete David, daß Saul die Priester des Herrn
umgebracht hatte. 22 Da sagte David zu Abjatar: Ich wußte schon an
jenem Tag, als der Edomiter Doëg dort war, daß er Saul bestimmt
alles berichten werde. Ich selbst bin schuld am Tod all der Leute aus
dem Haus deines Vaters. 23 Bleib bei mir, fürchte dich nicht; denn der,
der mir nach dem Leben trachtet, trachtet auch dir nach dem Leben;
bei mir bist du in Sicherheit.

David in Keïla und in der Steppe Sif

23 Man berichtete David: Die Philister kämpfen gerade gegen
Keïla und plündern die Scheunen. 2 Da befragte David den
Herrn: Soll ich hinziehen und diese Philister schlagen? Der Herr ant-
wortete David: Geh, schlag die Philister, und rette Keïla! 3 Aber die
Männer Davids sagten: Schau, wir müssen schon hier in Juda Angst
haben, wieviel mehr erst dann, wenn wir nach Keïla gegen die Trup-
pen der Philister ziehen sollen. 4 David befragte daher noch einmal
den Herrn, und der Herr gab zur Antwort: Brich auf, zieh nach Keïla
hinab; denn ich werde die Philister in deine Hand geben. 5 Darauf zog
David mit seinen Männern gegen Keïla und kämpfte gegen die Phili-
ster. Er trieb ihre Herden weg und brachte den Philistern eine schwere
Niederlage bei. So rettete David die Einwohner von Keïla.
6 Als Abjatar, der Sohn Ahimelechs, zu David nach Keïla floh, nahm er
auch das Efod mit. 7 Saul aber wurde berichtet, daß David in Keïla
war. Und Saul sagte: Gott hat ihn mir ausgeliefert; er hat sich selbst
gefangen, indem er in eine Stadt mit Tor und Riegel gegangen ist.
8 Saul bot das ganze Volk zum Kampf auf, um nach Keïla hinabzuzie-
hen und David und seine Männer zu belagern. 9 Als David merkte,
daß Saul Böses gegen ihn im Schild führte, sagte er zu dem Priester
Abjatar: Bring das Efod her! 10 Dann sprach David: Herr, Gott Israels,
dein Knecht hat gehört, daß Saul beabsichtigt, nach Keïla zu kom-
men, um die Stadt meinetwegen zu vernichten. 11 Werden die Bürger
von Keïla mich ihm ausliefern? Wird Saul herabkommen, wie dein
Knecht gehört hat? Herr, Gott Israels, teile es deinem Knecht mit! Der
Herr antwortete: Er wird herabkommen. 12 David fragte weiter: Wer-
den die Bürger von Keïla mich und meine Männer an Saul ausliefern?
Der Herr antwortete: Sie werden euch ausliefern.
13 Da brach David mit seinen Männern auf, etwa sechshundert Mann.
Sie verließen Keïla und streiften umher, wie es sich gerade ergab. Als
Saul berichtet wurde, daß David aus Keïla entkommen war, ließ er
von seinem Plan ab und rückte nicht aus.
14 David setzte sich in der Steppe auf Bergfestungen fest; er ließ sich
in den Bergen der Steppe Sif nieder. Saul suchte ihn die ganze Zeit,
aber Gott gab ihn nicht in seine Hand. 15 David aber wußte, daß Saul
ausgezogen war, weil er ihm nach dem Leben trachtete.
Als David in Horescha in der Steppe Sif war, 16 brach Jonatan, der
Sohn Sauls, auf und ging zu David nach Horescha; er stärkte Davids
Vertrauen auf Gott. 17 Er sagte zu ihm: Fürchte dich nicht; die Hand
meines Vaters Saul wird dich nicht erreichen. Du wirst König über
Israel sein, und ich werde der Zweite nach dir sein. Auch mein Vater
Saul weiß das. 18 Und die beiden schlossen vor dem Herrn (erneut)
einen Bund. David blieb in Horescha, und Jonatan ging wieder nach
Hause.
19 Einige Sifiter gingen zu Saul nach Gibea hinauf und berichteten
ihm: David hat sich bei uns auf den Bergfestungen bei Horescha ver-
steckt, und zwar auf der Anhöhe von Hachila südlich von Jeschimon.
20 Wenn es dir, König, beliebt, herabzukommen, dann komm! Es
wird dann unsere Sache sein, ihn dem König auszuliefern. 21 Saul
erwiderte: Gesegnet seid ihr vom Herrn, weil ihr Mitleid mit mir
habt. 22 Geht, haltet euch bereit, forscht nach, und merkt euch den
Ort, wo er sich aufhält, und wer ihn dort gesehen hat; denn man hat
mir gesagt, er sei schlau. 23 Beobachtet und erkundet alle Schlupf-
winkel, in denen er sich verstecken könnte. Wenn ihr sichere Anga-
ben habt, kehrt zu mir zurück; dann werde ich mit euch gehen.
Wenn er wirklich im Land ist, werde ich ihn unter allen Tausend-
schaften Judas aufspüren. 24 Sie brachen auf und zogen vor Saul her
nach Sif. David aber und seine Männer waren in der Steppe Maon, in
der Araba südlich von Jeschimon. 25 Saul und seine Männer machten
sich auf die Suche. Als man das David meldete, zog er weiter hinun-
ter zu den Felsen in der Steppe Maon und blieb dort. Saul hörte
davon und folgte ihm in die Steppe Maon. 26 Saul zog auf der einen
Seite des Berges dahin, David und seine Männer auf der anderen
Seite des Berges. David versuchte, rasch von Saul wegzukommen,
während Saul und seine Männer schon dabei waren, ihn und seine
Leute zu umzingeln, um sie gefangenzunehmen. 27 Doch da kam ein
Bote zu Saul und sagte: Komm schnell, die Philister sind in das Land
eingefallen. 28 Saul ließ von der Verfolgung Davids ab und zog den
Philistern entgegen. Deshalb nennt man diesen Ort Sela-Machlekot
(Fels der Trennung).

Davids Achtung vor Sauls Leben

24 Von dort zog David hinauf und setzte sich in den schwer
zugänglichen Bergen bei En-Gedi fest. 2 Als Saul von der
Verfolgung der Philister zurückkehrte, berichtete man ihm: Gib acht,
David ist in der Steppe von En-Gedi. 3 Da nahm Saul dreitausend
Mann, ausgesuchte Leute aus ganz Israel, und zog aus, um David und
seine Männer bei den Steinbock-Felsen zu suchen. 4 Auf seinem Weg
kam er zu einigen Schafhürden. Dort war eine Höhle. Saul ging hin-
ein, um seine Notdurft zu verrichten. David aber und seine Männer
saßen hinten in der Höhle. 5 Da sagten die Männer zu David: Das ist
der Tag, von dem der Herr zu dir gesagt hat: Sieh her, ich gebe deinen
Feind in deine Gewalt, und du kannst mit ihm machen, was dir rich-
tig erscheint. Da stand David auf und schnitt heimlich einen Zipfel
von Sauls Mantel ab. 6 Hinterher aber schlug David das Gewissen,
weil er einen Zipfel vom Mantel Sauls abgeschnitten hatte. 7 Er sagte
zu seinen Männern: Der Herr bewahre mich davor, meinem Gebieter,
dem Gesalbten des Herrn, so etwas anzutun und Hand an ihn zu
legen; denn er ist der Gesalbte des Herrn. 8 Und David fuhr seine
Leute mit scharfen Worten an und ließ nicht zu, daß sie sich an Saul
vergriffen. Als Saul die Höhle verlassen hatte und seinen Weg fort-
setzte, 9 stand auch David auf, verließ die Höhle und rief Saul nach:
Mein Herr und König! Als Saul sich umblickte, verneigte sich David
bis zur Erde und warf sich (vor ihm) nieder. 10 Dann sagte David zu
Saul: Warum hörst du auf die Worte von Leuten, die sagen: Gib acht,
David will dein Verderben. 11 Doch heute kannst du mit eigenen
Augen sehen, daß der Herr dich heute in der Höhle in meine Gewalt
gegeben hat. Man hat mir gesagt, ich solle dich töten; aber ich habe
dich geschont. Ich sagte: Ich will nicht die Hand an meinen Herrn

legen; denn er ist der Gesalbte des Herrn. 12 Sieh her, mein Vater!
Hier, der Zipfel deines Mantels ist in meiner Hand. Wenn ich einen
Zipfel deines Mantels abgeschnitten und dich nicht getötet habe,
dann kannst du erkennen und einsehen, daß ich weder Bosheit noch
Aufruhr im Sinn habe und daß ich mich nicht gegen dich versündigt
habe; du aber stellst mir nach, um mir das Leben zu nehmen. 13 Der
Herr soll zwischen mir und dir entscheiden. Der Herr soll mich an dir
rächen; aber meine Hand wird dich nicht anrühren, 14 wie das alte
Sprichwort sagt: Von den Frevlern geht Frevel aus; aber meine Hand
soll dich nicht anrühren. 15 Hinter wem zieht der König von Israel
her? Wem jagst du nach? Einem toten Hund, einem einzigen Floh!
16 Der Herr soll unser Richter sein und zwischen mir und dir entschei-
den. Er blicke her, er soll meinen Rechtsstreit führen und mir dir
gegenüber Recht verschaffen.
17 Als David das zu Saul gesagt hatte, antwortete Saul: Ist das nicht
deine Stimme, mein Sohn David? Und Saul begann laut zu weinen
18 und sagte zu David: Du bist gerechter als ich; denn du hast mir
Gutes erwiesen, während ich böse an dir gehandelt habe. 19 Du hast
heute bewiesen, daß du gut an mir gehandelt hast; obwohl der Herr
mich in deine Gewalt gegeben hatte, hast du mich nicht getötet.
20 Wenn jemand auf seinen Feind trifft, läßt er ihn dann im guten sei-
nen Weg weiterziehen? Der Herr möge dir mit Gutem vergelten, was
du mir heute getan hast. 21 Jetzt weiß ich, daß du König werden wirst
und daß das Königtum in deiner Hand Bestand haben wird. 22 Darum
schwöre mir nun beim Herrn, daß du meine Nachkommen nicht aus-
rotten und meinen Namen nicht aus dem Haus meines Vaters austil-
gen wirst. 23 Und David schwor es Saul. Saul zog nach Hause, David
aber und seine Männer stiegen wieder in die unzugänglichen Berge
hinauf.

David und Abigajil

25 Samuel starb, und ganz Israel versammelte sich und hielt
für ihn die Totenklage. Man begrub ihn in seinem Haus in
Rama.
Danach brach David auf und zog in die Steppe Paran hinab. 2 Damals
lebte in Maon ein Mann, der sein Gut in Karmel hatte. Der Mann war
sehr reich; er besaß dreitausend Schafe und tausend Ziegen. Er war
eben dabei, in Karmel seine Schafe zu scheren. 3 Der Mann hieß
Nabal und seine Frau Abigajil. Die Frau war klug und von schöner
Gestalt, aber der Mann war roh und bösartig; er war ein Kalebiter.
4 David hörte in der Steppe, daß Nabal dabei war, seine Schafe zu
scheren. 5 Er schickte zehn junge Männer hin und sagte zu ihnen:
Geht hinauf nach Karmel, und wenn ihr zu Nabal kommt, entbietet
ihm in meinem Namen den Friedensgruß 6 und sagt so zu meinem
Bruder: Friede sei mit dir, Friede mit deinem Haus, Friede mit allem,
was dir gehört. 7 Ich habe soeben gehört, daß du bei der Schafschur
bist. Nun sind deine Hirten mit ihren Schafen bei uns gewesen; wir
haben ihnen nichts zuleide getan, und sie haben nichts vermißt,
solange sie in Karmel waren. 8 Frag deine jungen Leute, sie werden es
dir bestätigen. Mögen also meine jungen Männer dein Wohlwollen
finden; wir sind ja an deinem Festtag gekommen. Darum gib deinen
Knechten und deinem Sohn David, was du gerade zur Hand hast.
9 Davids junge Leute kamen zu Nabal und redeten im Auftrag Davids,
wie er es gesagt hatte, mit ihm; danach warteten sie ruhig ab. 10 Nabal
aber gab den Knechten Davids zur Antwort: Wer ist denn David, wer
ist der Sohn Isais? Heute gibt es viele Knechte, die ihren Herren
davongelaufen sind. 11 Soll ich etwa mein Brot und mein Wasser, und
was ich für meine Schafscherer geschlachtet habe, nehmen und es
Männern geben, von denen ich nicht einmal weiß, woher sie sind?
12 Die Leute Davids kehrten um und kamen (zu David zurück). Als sie
angekommen waren, berichteten sie ihm alles, was Nabal gesagt
hatte. 13 Da sagte David zu seinen Männern: Jeder hänge sein Schwert
um. Alle hängten ihr Schwert um; auch David hängte sein Schwert
um. Und sie zogen mit David hinauf, etwa vierhundert Mann,
während zweihundert beim Gepäck blieben.
14 Inzwischen hatte einer der jungen Männer Abigajil, der Frau
Nabals, berichtet: David hat aus der Steppe Boten geschickt, um
unserem Herrn seine Segenswünsche entbieten zu lassen, aber er hat
sie schroff abgewiesen. 15 Dabei waren die Männer sehr freundlich zu
uns. Wir wurden nicht beschimpft, und wir haben nie etwas vermißt
in der ganzen Zeit, in der wir mit ihnen umherzogen, als wir auf der
Weide waren. 16 Sie haben bei Tag und bei Nacht eine Mauer um uns
gebildet, die ganze Zeit hindurch, da wir mit ihnen zusammen waren
und unsere Schafe hüteten. 17 Nun aber überleg dir genau, was du tun
kannst; denn unserem Herrn und seinem ganzen Haus droht Unheil.
Er ist ein so übler Mensch, daß man nicht mit ihm reden kann. 18 Da
nahm Abigajil in aller Eile zweihundert Brote und zwei Schläuche
Wein, fünf schon zurechtgemachte Schafe, fünf Sea geröstetes Korn,
hundert Rosinenkuchen und zweihundert Feigenkuchen, lud alles
auf Esel 19 und sagte zu ihren Knechten: Geht mir schon voraus, ich
komme euch gleich nach. Ihrem Mann Nabal aber teilte sie nichts
davon mit.
20 Als sie auf ihrem Esel im Schutz eines Berges hinabritt, kamen ihr
plötzlich David und seine Männer entgegen, so daß sie mit ihnen
zusammentraf. 21 David hatte eben gesagt: Wahrhaftig, ich habe all
das, was diesem Mann gehört, ganz umsonst in der Steppe beschützt;
von all seinem Besitz wurde nichts vermißt, doch er hat mir Gutes mit
Bösem vergolten. 22 Gott möge mir dies und das antun, wenn ich von
allem, was ihm gehört, bis zum Morgen auch nur einen Mann
übriglasse. 23 Als Abigajil David sah, stieg sie schnell von ihrem Esel,
warf sich vor David nieder und verneigte sich bis zur Erde. 24 Sie fiel
ihm zu Füßen und sagte: Mich allein, Herr, trifft die Schuld. Möge
deine Magd mit dir reden dürfen; höre, was deine Magd zu sagen hat.
25 Mein Herr achte nicht auf diesen üblen Mann Nabal; denn wie sein
Name sagt, so ist er: Nabal (Tor) heißt er, und voll Torheit ist er. Ich,
deine Magd, habe die jungen Leute, die du, mein Herr, geschickt hast,
nicht gesehen. 26 Doch nun, so wahr der Herr lebt, und so wahr du
selbst lebst, hat dich der Herr davor bewahrt, Blutschuld auf dich zu
laden und dir selbst zu helfen. Möge es deinen Feinden und allen, die
gegen meinen Herrn Böses planen, ebenso ergehen wie Nabal. 27 Die-
ses Geschenk aber, das deine Magd meinem Herrn mitgebracht hat,
möge jetzt den jungen Leuten gegeben werden, die meinem Herrn
folgen. 28 Verzeih deiner Magd ihr Vergehen! Denn der Herr wird mei-
nem Herrn sicher ein Haus errichten, das Bestand hat, weil mein Herr
die Kriege des Herrn führt, und man wird dir nichts Böses vorwerfen
können, solange du lebst. 29 Wenn sich aber ein Mensch erhebt, um
dich zu verfolgen und dir nach dem Leben zu trachten, dann sei das
Leben meines Herrn beim Herrn, deinem Gott, eingebunden in den
Beutel des Lebens; das Leben deiner Feinde aber möge der Herr mit
einer Schleuder fortschleudern. 30 Wenn dann der Herr meinem Herrn
all das Gute erweist, das er dir versprochen hat, und dich zum Fürsten
über Israel macht, 31 dann sollst du nicht darüber stolpern, und dein
Gewissen soll meinem Herrn nicht vorwerfen können, daß du ohne
Grund Blut vergossen hast und daß sich mein Herr selbst geholfen
hat. Wenn der Herr aber meinem Herrn Gutes erweist, dann denk an
deine Magd! 32 Da sagte David zu Abigajil: Gepriesen sei der Herr, der
Gott Israels, der dich mir heute entgegengeschickt hat. 33 Gepriesen
sei deine Klugheit, und gepriesen seist du, weil du mich heute daran
gehindert hast, Blutschuld auf mich zu laden und mir selbst zu hel-
fen. 34 Aber so wahr der Herr, der Gott Israels, lebt, der mich davon
abgehalten hat, dir etwas Böses zu tun: Wärest du mir nicht so schnell
entgegengekommen, dann wäre von Nabals Männern am anderen
Morgen keiner mehr übrig gewesen. 35 Und David nahm von ihr ent-
gegen, was sie ihm gebracht hatte, und sagte zu ihr: Geh in Frieden
hinauf in dein Haus! Denk aber daran: Ich habe auf dich gehört und
dich gnädig aufgenommen. 36 Als Abigajil zu Nabal kam, veranstal-
tete er in seinem Haus gerade ein Trinkgelage wie ein König. Nabal
war in fröhlicher Stimmung, aber völlig betrunken. Darum erzählte
sie ihm mit keinem Wort, was geschehen war, bis zum anderen Mor-
gen. 37 Als dann am Morgen der Rausch Nabals vorüber war, berich-

tete ihm seine Frau, was sich zugetragen hatte. Da versagte das Herz in seiner Brust, und er war wie versteinert. 38 Nach etwa zehn Tagen schlug der Herr den Nabal, so daß er starb. 39 Als David hörte, daß Nabal tot sei, sagte er: Gepriesen sei der Herr, der meinen Rechtsstreit gegen Nabal wegen der Schmach, die mir angetan wurde, geführt hat und der seinen Knecht von einer bösen Tat zurückgehalten hat; die Bosheit Nabals aber hat der Herr auf ihn selbst zurückfallen lassen. Darauf schickte David (Boten) zu Abigajil (mit dem Angebot), er wolle sie zur Frau nehmen. 40 Die Diener Davids kamen zu Abigajil nach Karmel, redeten mit ihr und sagten: David schickt uns zu dir, weil er dich zur Frau nehmen will. 41 Sie stand auf, verneigte sich bis zur Erde und sagte: Deine Magd steht als Dienerin bereit, um den Dienern meines Herrn die Füße zu waschen. 42 Dann machte sich Abigajil in aller Eile auf, setzte sich auf ihren Esel, und ihre fünf Mägde folgten ihr. Sie zog den Boten Davids nach und wurde seine Frau. 43 Aus Jesreel hatte sich David zuvor schon Ahinoam zur Frau genommen. So hatte er zwei Frauen. 44 Saul aber hatte seine Tochter Michal, die Frau Davids, Palti, dem Sohn des Lajisch aus Gallim, gegeben.

Erneute Schonung von Sauls Leben

26 Die Sifiter kamen zu Saul nach Gibea und sagten: David hält sich auf der Anhöhe von Hachila gegenüber von Jeschimon auf. 2 Saul machte sich mit dreitausend Mann, ausgesuchten Kriegern aus Israel, auf den Weg und zog in die Wüste von Sif hinab, um dort nach David zu suchen. 3 Er schlug sein Lager auf der Anhöhe von Hachila am Weg gegenüber von Jeschimon auf, David aber blieb in der Wüste. Als er sah, daß Saul ihm in die Wüste folgte, 4 schickte er Kundschafter aus und erfuhr, an welchem Ort sich Saul aufhielt. 5 Er brach auf und kam zu dem Ort, wo Saul sein Lager hatte. Und David konnte die Stelle sehen, wo Saul sich mit seinem Heerführer Abner, dem Sohn Ners, zur Ruhe hingelegt hatte: Saul schlief mitten im Lager, während seine Leute rings um ihn herum lagen. 6 Da wandte sich David an den Hetiter Ahimelech und an Abischai, den Sohn der Zeruja, den Bruder Joabs, und sagte: Wer geht mit mir zu Saul ins Lager hinab? Abischai antwortete: Ich gehe mit. 7 So kamen David und Abischai in der Nacht zu den Leuten (Sauls) und fanden Saul mitten im Lager schlafend; sein Speer steckte neben seinem Kopf in der Erde, und rings um ihn schliefen Abner und seine Leute. 8 Da sagte Abischai zu David: Heute hat Gott deinen Feind in deine Hand gegeben. Jetzt werde ich ihn mit einem einzigen Speerstoß auf den Boden spießen, einen zweiten brauche ich nicht dafür. 9 David aber erwiderte Abischai: Bring ihn nicht um! Denn wer hat je seine Hand gegen den Gesalbten des Herrn erhoben und ist ungestraft geblieben? 10 Und er fügte hinzu: So wahr der Herr lebt: Der Herr möge ihn schlagen, ob nun der Tag kommt, an dem er sterben muß, oder ob er in den Krieg zieht und dort umkommt. 11 Mich aber bewahre der Herr davor, daß ich meine Hand gegen den Gesalbten des Herrn erhebe. Nimm jetzt den Speer neben seinem Kopf und den Wasserkrug, und laß uns gehen! 12 David nahm den Speer und den Wasserkrug, die neben Sauls Kopf waren, und sie gingen weg. Niemand sah und niemand bemerkte etwas, und keiner wachte auf; alle schliefen, denn der Herr hatte sie in einen tiefen Schlaf fallen lassen.

13 David ging auf die andere Seite (des Tals) hinüber und stellte sich in größerer Entfernung auf den Gipfel des Berges, so daß ein weiter Zwischenraum zwischen ihnen war. 14 Dann rief er dem Volk und Abner, dem Sohn Ners, zu: Abner, willst du antworten? Abner antwortete und sagte: Wer bist du, warum rufst du nach dem König? 15 David antwortete Abner: Bist du nicht ein Mann, dem keiner in Israel gleicht? Warum hast du deinen Herrn, den König, nicht bewacht? Es ist nämlich einer aus dem Volk ins Lager eingedrungen, um den König, deinen Herrn, umzubringen. 16 Das war nicht gut, was du da gemacht hast. So wahr der Herr lebt: Ihr habt den Tod verdient, weil ihr euren Herrn, den Gesalbten des Herrn, nicht bewacht habt. Sieh doch nach, wo der Speer des Königs und der Wasserkrug sind, die neben dem Kopf des Königs standen. 17 Saul erkannte die Stimme Davids und sagte: Ist das deine Stimme, mein Sohn David? David antwortete: Es ist meine Stimme, mein Herr und König. 18 Dann fragte er: Warum verfolgt eigentlich mein Herr seinen Knecht? Was habe ich denn getan? Welches Unrecht habe ich begangen? 19 Möge doch mein Herr, der König, jetzt auf die Worte seines Knechtes hören: Wenn der Herr dich gegen mich aufgereizt hat, möge er ein wohlriechendes Opfer erhalten. Wenn es aber Menschen waren, dann sollen sie verflucht sein vor dem Herrn; denn sie haben mich vertrieben, so daß ich jetzt nicht mehr am Erbbesitz des Herrn teilhaben kann. Sie sagen: Geh fort, diene anderen Göttern! 20 Doch mein Blut soll nicht fern vom Herrn zur Erde fließen. Der König von Israel ist ausgezogen, um einen einzigen Floh zu suchen, wie man in den Bergen ein Rebhuhn jagt. 21 Darauf sagte Saul: Ich habe gesündigt. Komm zurück, mein Sohn David! Ja, ich werde dir nichts zuleide tun, weil dir heute mein Leben so kostbar war. Ich sehe ein, ich habe töricht gehandelt und schwere Fehler gemacht. 22 David erwiderte: Seht her, hier ist der Speer des Königs. Einer von den jungen Männern soll herüberkommen und ihn holen. 23 Der Herr wird jedem seine Gerechtigkeit und Treue vergelten. Obwohl dich der Herr heute in meine Hand gegeben hatte, wollte ich meine Hand nicht an den Gesalbten des Herrn legen. 24 Doch denk daran: Wie dein Leben heute in meinen Augen wertvoll war, so wird auch mein Leben in den Augen des Herrn wertvoll sein; er wird mich aus aller Bedrängnis erretten. 25 Saul sagte zu David: Gesegnet seist du, mein Sohn David. Du wirst es sicher vollbringen, dir wird es auch bestimmt gelingen. Und David zog weiter, Saul aber kehrte an seinen Ort zurück.

David bei den Philistern

27 David überlegte: Eines Tages werde ich doch noch durch Saul umgebracht. Es bleibt nichts anderes übrig, als mich im Land der Philister in Sicherheit zu bringen. Dann wird Saul mich in Ruhe lassen und aufhören, mich weiter im ganzen Gebiet Israels zu suchen, und ich bin seiner Hand entkommen. 2 David machte sich also auf den Weg und ging mit den sechshundert Männern, die bei ihm waren, zu Achisch hinüber, dem Sohn Maochs, dem König von Gat. 3 Und er blieb mit seinen Leuten bei Achisch in Gat; alle hatten ihre Familien bei sich, David seine beiden Frauen: Ahinoam, die Jesreeliterin, und Abigajil aus Karmel, die (frühere) Frau Nabals. 4 Als man Saul meldete, daß David nach Gat geflohen war, suchte er nicht mehr weiter nach ihm. 5 David sagte zu Achisch: Wenn ich dein Wohlwollen gefunden habe, dann weise mir einen Platz in einer der Städte des flachen Landes zu, wo ich mich niederlassen kann. Warum soll dein Knecht bei dir in der Königsstadt wohnen? 6 Da gab ihm Achisch noch am gleichen Tag Ziklag. Deshalb gehört Ziklag den Königen von Juda bis zum heutigen Tag. 7 Die Zeit, die David im Land der Philister verbrachte, betrug ein Jahr und vier Monate.

8 David zog mit seinen Männern aus, und sie unternahmen Raubzüge bei den Geschuritern, den Geresitern und den Amalekitern; diese bewohnen von jeher das Gebiet in Richtung Schur und nach Ägypten zu. 9 David verheerte das Land und ließ weder Männer noch Frauen am Leben; Schafe und Rinder, Esel, Kamele und Kleider aber nahm er mit. Wenn er dann zurückkehrte und zu Achisch kam 10 und Achisch ihn fragte: Wohin habt ihr heute euren Raubzug gemacht?, antwortete David: Ins Südland von Juda, oder: Ins Südland der Jerachmeeliter, oder: Ins Südland der Keniter. 11 Weder Männer noch Frauen ließ er am Leben, und er brachte niemand nach Gat; denn er sagte sich: Niemand soll etwas über uns berichten und sagen können: Das und das hat David gemacht. So hielt er es die ganze Zeit über, solange er sich im Land der Philister aufhielt. 12 Achisch aber schenkte David Vertrauen, denn er sagte sich: Er hat sich bei seinem Volk, bei den Israeliten, so verhaßt gemacht, daß er für immer mein Knecht bleiben muß.

28 In jenen Tagen sammelten die Philister ihre Truppen, um gegen Israel in den Kampf zu ziehen. Da sagte Achisch zu David: Du weißt sehr wohl, daß du samt deinen Männern mit mir ins

Feldlager ziehen mußt. 2 David antwortete Achisch: Auf diese Weise
wirst du selbst erfahren, was dein Knecht tun wird. Achisch sagte zu
David: Gut, ich mache dich für diese ganze Zeit zu meinem Leib-
wächter.

Saul bei der Totenbeschwörerin von En-Dor

3 Samuel war gestorben, und ganz Israel hatte die Totenklage für ihn
gehalten und ihn in seiner Stadt Rama begraben. Saul aber hatte die
Totenbeschwörer und die Wahrsager aus dem Land vertrieben. 4 Als
sich die Philister gesammelt hatten, rückten sie heran und schlugen
bei Schunem ihr Lager auf. Saul versammelte ganz Israel, und sie
schlugen ihr Lager im (Bergland von) Gilboa auf. 5 Als Saul das Lager
der Philister sah, bekam er große Angst, und sein Herz begann zu zit-
tern. 6 Da befragte Saul den Herrn, aber der Herr gab ihm keine Ant-
wort, weder durch Träume, noch durch die Losorakel, noch durch die
Propheten. 7 Daher sagte Saul zu seinen Dienern: Sucht mir eine Frau,
die Gewalt über einen Totengeist hat; ich will zu ihr gehen und sie
befragen. Seine Diener antworteten ihm: In En-Dor gibt es eine Frau,
die über einen Totengeist Gewalt hat. 8 Da machte sich Saul unkennt-
lich, zog andere Kleider an und ging mit zwei Männern zu der Frau.
Sie kamen in der Nacht bei der Frau an, und er sagte zu ihr: Wahrsage
mir durch den Totengeist! Laß für mich den heraufsteigen, den ich
dir nenne. 9 Die Frau antwortete ihm: Du weißt doch selbst, was Saul
getan hat: Er hat die Totenbeschwörer und die Wahrsager im Land
ausgerottet. Warum stellst du mir eine Falle, um mich zu töten?
10 Saul aber schwor ihr beim Herrn und sagte: So wahr der Herr lebt:
Es soll dich in dieser Sache keine Schuld treffen. 11 Die Frau sagte:
Wen soll ich für dich heraufsteigen lassen? Er antwortete: Laß Samuel
für mich heraufsteigen! 12 Als die Frau Samuel erblickte, schrie sie
laut auf und sagte zu Saul: Warum hast du mich getäuscht? Du bist ja
Saul! 13 Der König sagte zu ihr: Hab keine Angst! Was siehst du denn?
Die Frau antwortete Saul: Ich sehe einen Geist aus der Erde herauf-
steigen. 14 Er fragte sie: Wie sieht er aus? Sie antwortete: Ein alter
Mann steigt herauf; er ist in einen Mantel gehüllt. Da erkannte Saul,
daß es Samuel war. Er verneigte sich mit dem Gesicht zur Erde und
warf sich zu Boden. 15 Und Samuel sagte zu Saul: Warum hast du
mich aufgestört und mich heraufsteigen lassen? Saul antwortete: Ich
bin in großer Bedrängnis. Die Philister führen Krieg gegen mich, und
Gott ist von mir gewichen und hat mir keine Antwort mehr gegeben,
weder durch die Propheten noch durch die Träume. Darum habe ich
dich gerufen, damit du mir sagst, was ich tun soll. 16 Samuel erwi-
derte: Warum fragst du mich? Der Herr ist doch von dir gewichen und
ist dein Feind geworden. 17 Er hat getan, was er durch mich angekün-
digt hatte: Der Herr hat dir das Königtum aus der Hand gerissen und
hat es einem anderen, nämlich David, gegeben. 18 Weil du nicht auf
die Stimme des Herrn gehört und seinen glühenden Zorn an Amalek
nicht vollstreckt hast, darum hat dir der Herr heute das getan. 19 Der
Herr wird auch Israel zusammen mit dir in die Gewalt der Philister
geben, und morgen wirst du samt deinen Söhnen bei mir sein; auch
das Heerlager Israels wird der Herr in die Gewalt der Philister geben.
20 Da fiel Saul der Länge nach jäh zu Boden; so sehr war er über die
Worte Samuels erschrocken. Es war auch keine Kraft mehr in ihm,
weil er den ganzen Tag und die ganze Nacht keinen Bissen gegessen
hatte. 21 Die Frau ging zu Saul hin und sah, daß er ganz verstört war;
sie sagte zu ihm: Deine Magd hat auf deine Stimme gehört; ich habe
mein Leben aufs Spiel gesetzt, als ich auf das hörte, was du zu mir
gesagt hast. 22 Jetzt aber höre auch du auf die Stimme deiner Magd!
Ich will dir ein Stück Brot zum Essen geben. Dann wirst du wieder zu
Kräften kommen und kannst deines Weges gehen. 23 Er aber weigerte
sich und sagte: Ich esse nichts. Doch seine Diener und die Frau
drängten ihn, bis er auf ihre Stimme hörte. Er erhob sich vom Boden
und setzte sich aufs Bett. 24 Die Frau hatte ein Mastkalb im Haus. Sie
schlachtete es in aller Eile, nahm Mehl, knetete Teig und backte unge-
säuerte Brote. 25 Das alles setzte sie Saul und seinen Knechten vor; sie
aßen, standen auf und gingen noch in der gleichen Nacht zurück.

Davids Entlassung aus dem Heer der Philister

29 Die Philister versammelten ihr ganzes Heer bei Afek,
während die Israeliten ihr Lager an der Quelle bei Jesreel
aufgeschlagen hatten. 2 Als nun die Fürsten der Philister mit ihren
Hundertschaften und Tausendschaften auf dem Marsch waren –
David und seine Männer zogen mit Achisch am Schluß –, 3 fragten die
Obersten der Philister: Was sollen diese Hebräer hier? Achisch ant-
wortete den Obersten der Philister: Das ist doch David, der Knecht
Sauls, des Königs von Israel, der seit Jahr und Tag bei mir ist. Seit dem
Tag, da er übergelaufen ist, bis heute fand ich bei ihm nichts Nachtei-
liges. 4 Die Obersten der Philister aber wurden zornig auf ihn und
sagten zu ihm: Schick den Mann zurück! Er soll an den Ort zurück-
kehren, den du ihm zugewiesen hast, und nicht mit uns in den Kampf
ziehen. Dann kann er sich in der Schlacht nicht gegen uns wenden.
Womit könnte er sich die Gunst seines Herrn besser erwerben als mit
den Köpfen unserer Leute hier? 5 Ist das nicht der gleiche David, von
dem man beim Reigentanz gesungen hat: Saul hat Tausend erschla-
gen, David aber Zehntausend?
6 Da rief Achisch David zu sich und sagte zu ihm: So wahr Jahwe lebt,
du bist ein aufrechter Mann, und es wäre in meinen Augen gut, wenn
du mit mir ins Feld ziehen und wieder zurückkommen würdest; denn
ich habe an dir nichts Unrechtes entdeckt seit dem Tag, an dem du zu
mir gekommen bist, bis heute. Aber den Fürsten bist du nicht
genehm. 7 Darum kehr jetzt um, und zieh in Frieden; so wirst du
nichts tun, was den Fürsten der Philister mißfällt. 8 David sagte zu
Achisch: Was habe ich denn getan? Was hast du an deinem Knecht
auszusetzen gehabt von dem Tag an, an dem ich in deinen Dienst
getreten bin, bis heute? Warum darf ich nicht mitkommen und gegen
die Feinde meines Herrn, des Königs, kämpfen? 9 Achisch antwortete
David: Gewiß, mir bist du teuer wie ein Engel Gottes; aber die Ober-
sten der Philister haben gesagt: Er soll nicht mit uns in den Kampf
ziehen. 10 Darum brich morgen früh auf, samt den Knechten deines
Herrn, die mit dir gekommen sind. Brecht morgen früh auf, sobald es
hell wird, und geht (nach Hause)! 11 David machte sich also mit sei-
nen Männern in aller Frühe auf den Weg; er zog noch am Morgen weg
und kehrte ins Land der Philister zurück; die Philister aber zogen
nach Jesreel hinauf.

Davids Feldzug gegen die Amalekiter

30 Als David und seine Männer am dritten Tag nach Ziklag
kamen, waren die Amalekiter in den Negeb und in Ziklag
eingefallen und hatten Ziklag erobert und niedergebrannt. 2 Die
Frauen und was sonst in der Stadt war, jung und alt, hatten sie, ohne
jemand zu töten, gefangengenommen und bei ihrem Abzug mit sich
weggeführt. 3 Als David mit seinen Männern zur Stadt kam, sah er,
daß sie niedergebrannt und die Frauen, Söhne und Töchter gefangen-
genommen worden waren. 4 Da brachen David und die Leute, die bei
ihm waren, in lautes Weinen aus, und sie weinten, bis sie keine Kraft
mehr zum Weinen hatten. 5 Auch die beiden Frauen Davids, die Jesre-
eliterin Ahinoam und Abigajil, die (frühere) Frau Nabals aus Karmel,
waren gefangengenommen worden. 6 David geriet in große Bedräng-
nis, denn das Volk drohte ihn zu steinigen; alle im Volk waren gegen
ihn erbittert wegen (des Verlustes) ihrer Söhne und Töchter. Aber
David fühlte, daß der Herr, sein Gott, ihm Kraft gab. 7 Er sagte zu
dem Priester Abjatar, dem Sohn Ahimelechs: Bring das Efod zu mir!
Abjatar brachte das Efod zu David. 8 Und David befragte den Herrn:
Soll ich diese Räuberbande verfolgen? Werde ich sie einholen? Der
Herr antwortete: Verfolg sie! Denn du wirst sie mit Sicherheit einho-
len und deine Leute befreien. 9 David brach also mit den sechshundert
Mann, die bei ihm waren, auf, und sie kamen bis zum Bach Besor. Die
Nachzügler machten dort Rast. 10 David nahm mit vierhundert Mann
die Verfolgung auf; die zweihundert Mann machten Rast, weil sie zu
erschöpft waren, um den Bach Besor zu überschreiten.
11 Man griff dort im Gelände einen Ägypter auf und brachte ihn zu
David. Sie gaben ihm Brot zu essen und Wasser zu trinken, 12 außer-

dem gepreßte Feigen und zwei Rosinenkuchen. Als er gegessen hatte,
kehrten seine Lebensgeister zurück; er hatte nämlich schon drei Tage
und drei Nächte keinen Bissen Brot mehr gegessen und keinen
Schluck Wasser getrunken. 13 David fragte ihn: Zu wem gehörst du,
und woher bist du? Er sagte: Ich bin ein junger Ägypter, der Sklave
eines Amalekiters. Mein Herr hat mich zurückgelassen, als ich heute
vor drei Tagen krank wurde. 14 Wir waren in das Südland der Kereter
und in das Gebiet von Juda und in das Südland von Kaleb eingefallen
und hatten Ziklag niedergebrannt. 15 David sagte zu ihm: Kannst du
mich zu dieser Räuberbande hinführen? Er antwortete: Schwöre mir
bei Gott, daß du mich nicht tötest und mich nicht an meinen Herrn
ausliefern wirst; dann will ich dich zu dieser Räuberbande hinführen.
16 Als er David hinführte, sah man die Amalekiter über die ganze
Gegend verstreut; sie aßen und tranken und feierten, weil sie im Land
der Philister und im Land Juda so reiche Beute gemacht hatten.
17 David fiel im Morgengrauen über sie her, (und der Kampf dauerte)
bis zum Abend des folgenden Tages; keiner von ihnen entkam, außer
vierhundert jungen Männern, die sich auf ihre Kamele setzen und
fliehen konnten. 18 David entriß den Amalekitern alles wieder, was sie
erbeutet hatten; auch seine beiden Frauen befreite er. 19 Nichts fehlte,
weder jung noch alt, weder Söhne noch Töchter, weder von der Beute
noch sonst etwas, was die Amalekiter ihnen weggenommen hatten.
Alles brachte David zurück. 20 David nahm auch alle Schafe und Rin-
der mit. Man trieb sie vor David her und sagte: Das ist Davids Beute.
21 David kam zu den zweihundert Mann zurück, die zu erschöpft gewe-
sen waren, um ihm zu folgen, und die man am Bach Besor zurückge-
lassen hatte. Sie kamen David und seinen Leuten entgegen, und als
David mit seinen Leuten herankam, entbot er ihnen den Friedens-
gruß. 22 Doch einige boshafte und nichtsnutzige Männer, die mit
David gezogen waren, sagten: Sie sind nicht mit uns gezogen; darum
wollen wir ihnen auch nichts von der Beute geben, die wir zurückge-
holt haben, ausgenommen ihre Frauen und ihre Kinder. Diese sollen
sie mitnehmen und (nach Hause) gehen. 23 David aber erwiderte: So
dürft ihr es mit dem, was der Herr uns gegeben hat, nicht machen,
meine Brüder. Er hat uns behütet und die Räuberbande, die uns
überfallen hatte, in unsere Hand gegeben. 24 Wer würde in dieser
Sache auf euch hören? Nein, der Anteil dessen, der beim Troß
geblieben ist, soll genau so groß sein wie der Anteil dessen, der in
den Kampf gezogen ist. Man soll die Beute gleichmäßig verteilen.
25 So geschah es an jenem Tag und auch weiterhin; denn David
machte es zu Brauch und Recht in Israel, und so ist es bis auf den
heutigen Tag geblieben.
26 Als David dann nach Ziklag heimgekehrt war, schickte er einen Teil
von der Beute an die Ältesten von Juda, die ihm nahestanden, und ließ
ihnen sagen: Hier ist ein Geschenk für euch aus der Beute von den
Feinden des Herrn 27 – an die Ältesten in Bet-El, in Ramat-Negeb, in
Jattir, 28 in Aroër, in Sifmot, in Eschtemoa 29 in Karmel, in den Städ-
ten der Jerachmeeliter, in den Städten der Keniter, 30 in Horma, in
Bor-Aschan, in Atach, 31 und in Hebron, ferner an all die Orte, wo
David auf seinen Streifzügen mit seinen Männern gewesen war.

Sauls Ende

31 Als die Philister gegen Israel kämpften, flohen die Israeliten
vor ihnen; viele waren gefallen und lagen erschlagen auf
dem Gebirge von Gilboa. 2 Die Philister verfolgten Saul und seine
Söhne und erschlugen Sauls Söhne Jonatan, Abinadab und Malki-
schua. 3 Um Saul selbst entstand ein schwerer Kampf. Die Bogen-
schützen hatten ihn getroffen, und er war sehr schwer verwundet.
4 Da sagte Saul zu seinem Waffenträger: Zieh dein Schwert, und
durchbohre mich damit! Sonst kommen diese Unbeschnittenen,
durchbohren mich und treiben ihren Mutwillen mit mir. Der Waffen-
träger wollte es nicht tun; denn er hatte große Angst. Da nahm Saul
selbst das Schwert und stürzte sich hinein.
5 Als der Waffenträger sah, daß Saul tot war, stürzte auch er sich in
sein Schwert und starb zusammen mit Saul. 6 So kamen Saul, seine
drei Söhne, sein Waffenträger und alle seine Männer an jenem Tag
gemeinsam ums Leben. 7 Als die Israeliten auf der anderen Seite der
Ebene und jenseits des Jordan sahen, daß die Israeliten geflohen und
daß Saul und seine Söhne tot waren, verließen sie ihre Städte und flo-
hen. Dann kamen die Philister und besetzten die Städte.
8 Als am nächsten Tag die Philister kamen, um die Erschlagenen aus-
zuplündern, fanden sie Saul und seine drei Söhne, die auf dem
Gebirge von Gilboa gefallen waren. 9 Sie schlugen ihm den Kopf ab,
zogen ihm die Rüstung aus und schickten beides im Land der Philister
umher, um ihrem Götzentempel und dem Volk die Siegesnachricht zu
übermitteln. 10 Die Rüstung Sauls legten sie im Astartetempel nieder;
seinen Leichnam aber hefteten sie an die Mauer von Bet-Schean.
11 Als die Einwohner von Jabesch-Gilead hörten, was die Philister mit
Saul gemacht hatten, 12 brachen alle kriegstüchtigen Männer auf,
marschierten die ganze Nacht hindurch und nahmen die Leiche Sauls
und die Leichen seiner Söhne von der Mauer von Bet-Schean ab; sie
brachten sie nach Jabesch und verbrannten sie dort. 13 Dann nahmen
sie die Gebeine, begruben sie unter der Tamariske von Jabesch und
fasteten sieben Tage lang.

Das zweite Buch Samuel

König David

Sauls Tod und Davids Klage

1 Als David nach dem Tod Sauls von seinem Sieg über die Amale-
kiter zurückgekehrt war und sich zwei Tage lang in Ziklag auf-
gehalten hatte, 2 kam am dritten Tag ein Mann aus dem Lager Sauls,
mit zerrissenen Kleidern und Staub auf dem Haupt. Als er bei David
angelangt war, warf er sich (vor ihm) auf den Boden nieder und hul-
digte ihm. 3 David fragte ihn: Woher kommst du? Er antwortete ihm:
Ich habe mich aus dem Lager Israels gerettet. 4 David sagte zu ihm:
Wie stehen die Dinge? Berichte mir! Er erwiderte: Das Volk ist aus
dem Kampf geflohen, viele von den Männern sind gefallen und
umgekommen; auch Saul und sein Sohn Jonatan sind tot. 5 David
fragte den jungen Mann, der ihm die Nachricht brachte: Woher weißt
du, daß Saul und sein Sohn Jonatan tot sind? 6 Der junge Mann, der
ihm die Nachricht brachte, sagte: Ich kam zufällig auf das Gebirge
von Gilboa; da sah ich, wie sich Saul auf seinen Speer stützte und
Kriegswagen und Reiter auf ihn eindrangen. 7 Er wandte sich um, und
als er mich sah, rief er mich. Ich antwortete: Hier bin ich. 8 Er fragte
mich: Wer bist du? Ich gab ihm zur Antwort: Ich bin ein Amalekiter.
9 Da sagte er zu mir: Komm her zu mir, und töte mich! Denn mich hat
ein Schwächeanfall erfaßt, aber noch ist alles Leben in mir. 10 Ich ging
also zu ihm hin und tötete ihn; denn ich wußte, daß er seine Nieder-
lage nicht überleben würde. Dann nahm ich den Stirnreif, den er auf
dem Kopf trug, und die Spange, die er am Arm hatte, und bringe sie
nun hierher zu meinem Herrn.
11 Da faßte David sein Gewand und zerriß es, und ebenso (machten
es) alle Männer, die bei ihm waren. 12 Sie klagten, weinten und
fasteten bis zum Abend wegen Saul, seines Sohnes Jonatan, des
Volkes des Herrn und des Hauses Israel, die unter dem Schwert
gefallen waren. 13 Und David fragte den jungen Mann, der ihm die
Nachricht gebracht hatte: Woher bist du? Er antwortete: Ich bin
der Sohn eines Einwanderers aus Amalek. 14 David fragte ihn:
Wie kommt es, daß du dich nicht davor gefürchtet hast, deine
Hand auszustrecken, um den Gesalbten des Herrn umzubringen?
15 Darauf rief David einen von seinen jungen Männern zu sich und
sagte: Komm her, stoß ihn nieder! Und er schlug ihn tot. 16 David
aber sagte zu ihm: Dein Blut über dein Haupt; denn dein Mund hat
dich verurteilt, als du sagtest: Ich habe den Gesalbten des Herrn
getötet.
17 Und David sang die folgende Totenklage auf Saul und seinen Sohn
Jonatan; 18 er sagte, man solle es die Söhne Judas als Bogenlied leh-
ren; es steht im »Buch des Aufrechten«:
19 Israel, dein Stolz liegt erschlagen auf deinen Höhen. / Ach, die Hel-
den sind gefallen!
20 Meldet es nicht in Gat, / verkündet es nicht auf Aschkelons
Straßen, / damit die Töchter der Philister sich nicht freuen, / damit die
Töchter der Unbeschnittenen nicht jauchzen.
21 Ihr Berge in Gilboa, kein Tau und kein Regen / falle auf euch, ihr
trügerischen Gefilde. / Denn dort wurde der Schild der Helden
befleckt, / der Schild des Saul, als wäre er nicht mit Öl gesalbt.
22 Ohne das Blut von Erschlagenen, / ohne das Mark der Helden / kam
der Bogen Jonatans nie zurück; / auch das Schwert Sauls / kehrte nie-
mals erfolglos zurück.
23 Saul und Jonatan, die Geliebten und Teuren, / im Leben und Tod
sind sie nicht getrennt. / Sie waren schneller als Adler, / waren stärker
als Löwen.
24 Ihr Töchter Israels, um Saul müßt ihr weinen; / er hat euch in köst-
lichen Purpur gekleidet, / hat goldenen Schmuck auf eure Gewänder
geheftet.
25 Ach, die Helden sind gefallen mitten im Kampf. / Jonatan liegt
erschlagen auf deinen Höhen.
26 Weh ist mir um dich, mein Bruder Jonatan. / Du warst mir sehr lieb.
/ Wunderbarer war deine Liebe für mich / als die Liebe der Frauen.
27 Ach, die Helden sind gefallen, / die Waffen des Kampfes verloren.

David wird König von Juda

2 Danach befragte David den Herrn: Soll ich in eine der Städte
Judas hinaufziehen? Der Herr antwortete ihm: Zieh hinauf!
David fragte: Wohin soll ich ziehen? Er antwortete: Nach Hebron.
2 David zog also nach Hebron mit seinen beiden Frauen, Ahinoam aus
Jesreel und Abigajil, der (früheren) Frau Nabals aus Karmel. 3 Auch
die Männer, die bei ihm waren, führte David hinauf, jeden mit seiner
Familie, und sie ließen sich in den Städten um Hebron nieder. 4 Dann
kamen die Männer Judas (nach Hebron) und salbten David dort zum
König über das Haus Juda.
Als man David berichtete, daß die Einwohner von Jabesch-Gilead
Saul begraben hatten, 5 schickte er Boten zu den Männern von
Jabesch-Gilead und ließ ihnen sagen: Ihr sollt vom Herrn gesegnet
sein, weil ihr Saul, eurem Herrn, dieses Wohlwollen erwiesen und ihn
begraben habt. 6 Möge der Herr euch jetzt auch sein Wohlwollen und
seine Treue erweisen; auch ich will euch dafür Gutes tun, daß ihr das
getan habt. 7 Nun aber zeigt euren Mut, und seid tapfer; denn Saul,
euer Herr, ist tot, mich aber hat das Haus Juda zu seinem König
gesalbt. 8 Doch Abner, der Sohn Ners, der Heerführer Sauls, hatte
Ischbaal, den Sohn Sauls, mit sich nach Mahanajim genommen 9 und
ihn (dort) zum König über Gilead, Ascher, Jesreel, Efraim und Benja-
min und über ganz Israel gemacht. 10 Sauls Sohn Ischbaal war vierzig
Jahre alt, als er König von Israel wurde, und er war zwei Jahre König;
nur das Haus Juda stand hinter David. 11 Die Zeit, die David in Hebron
König über das Haus Juda war, betrug sieben Jahre und sechs Monate.

Der Krieg zwischen David und Ischbaal

12 Abner, der Sohn Ners, zog mit den Knechten Ischbaals, des Sohnes
Sauls, von Mahanajim nach Gibeon. 13 Auch Joab, der Sohn der
Zeruja, und die Knechte Davids waren ausgezogen; sie trafen mit
ihnen am Teich von Gibeon zusammen. Die einen blieben diesseits,
die anderen jenseits des Teiches.
14 Da sagte Abner zu Joab: Die jungen Männer könnten doch zu einem
Kampfspiel vor uns antreten. Joab erwiderte: Sie sollen antreten.
15 Sie stellten sich also auf, und es wurde abgezählt: zwölf für Benjamin
und Ischbaal, den Sohn Sauls, und zwölf von den Leuten Davids.

16 Jeder faßte seinen Gegner am Kopf und stieß ihm das Schwert in die
Seite, so daß alle miteinander fielen. Deshalb nannte man diesen Ort
bei Gibeon: Helkat-Hazzurim (Feld der Steinmesser). 17 Der Kampf
wurde an jenem Tag sehr hart. Abner und die Israeliten wurden von
den Leuten Davids geschlagen. 18 Auch die drei Söhne der Zeruja waren
dabei: Joab, Abischai und Asaël. Asaël war so flink auf den Beinen wie
eine Gazelle im Gelände. 19 Asaël jagte Abner nach, ohne nach rechts
oder links abzuweichen. 20 Da wandte sich Abner um und sagte: Bist
du es, Asaël? Asaël antwortete: Ja, ich bin es. 21 Abner sagte zu ihm:
Bieg doch nach rechts oder links ab, greif dir einen von den jungen
Männern, und nimm dir seine Rüstung! Asaël aber wollte nicht von
ihm ablassen. 22 Abner sagte noch einmal zu Asaël: Laß von mir ab!
Warum soll ich dich zu Boden schlagen? Wie könnte ich dann noch
deinem Bruder Joab in die Augen blicken? 23 Als Asaël sich weigerte,
von ihm abzulassen, stieß ihm Abner das (stumpfe) Ende des Speers
in den Bauch, so daß der Speer hinten wieder herauskam. Asaël
stürzte zu Boden und starb auf der Stelle. Alle aber, die an den Ort
kamen, wo Asaël niedergestürzt und gestorben war, blieben stehen.
24 Joab und Abischai jedoch jagten Abner nach. Als die Sonne unterging,
waren sie bis Gibeat-Amma gelangt, das Giach gegenüber am Weg in
die Steppe von Gibeon liegt. 25 Die Benjaminiter in der Gefolgschaft
Abners sammelten sich, bildeten eine geschlossene Gruppe und stell-
ten sich auf dem Gipfel eines Hügels auf. 26 Abner rief Joab zu: Soll
denn das Schwert unaufhörlich um sich fressen? Weißt du nicht, daß
das zu einem bitteren Ende führen wird? Wann endlich wirst du deinen
Leuten befehlen, die Verfolgung ihrer Brüder aufzugeben? 27 Joab ant-
wortete: So wahr Gott lebt: Wenn du nichts gesagt hättest, dann hätten
die Leute erst am Morgen den Rückzug angetreten und aufgehört, ihre
Brüder zu verfolgen. 28 Dann ließ Joab das Widderhorn blasen, und
alle (seine) Leute machten halt; sie setzten den Kampf nicht mehr fort
und verfolgten die Israeliten nicht mehr. 29 Abner und seine Männer
durchzogen während jener Nacht die Araba, überschritten den Jordan,
gingen durch die Schlucht und kamen nach Mahanajim zurück. 30 Als
Joab aufhörte, Abner zu verfolgen, und seine Leute wieder sammelte,
fehlten außer Asaël von den Leuten Davids neunzehn Mann. 31 Davids
Leute aber hatten von den Benjaminitern und von den Männern
Abners dreihundertsechzig Mann erschlagen [die waren tot]. 32 Sie
nahmen Asaël mit und begruben ihn im Grab seines Vaters in Betle-
hem. Dann marschierte Joab mit seinen Männern die ganze Nacht hin-
durch in Richtung Hebron, das sie bei Tagesanbruch erreichten.

3 Der Krieg zwischen dem Haus Saul und dem Haus David zog
sich lange hin. David wurde immer stärker, während das Haus
Saul immer schwächer wurde.

Die in Hebron geborenen Söhne Davids

2 In Hebron wurden David folgende Söhne geboren: Sein Erstgebore-
ner Amnon stammte von Ahinoam aus Jesreel, 3 sein zweiter, Kilab,
von Abigajil, der (früheren) Frau Nabals aus Karmel; der dritte war
Abschalom, der Sohn der Maacha, der Tochter des Königs Talmai von
Geschur, 4 der vierte Adonija, der Sohn der Haggit, der fünfte
Schefatja, der Sohn der Abital, 5 der sechste Jitream von Davids Frau
Egla. Diese Söhne wurden David in Hebron geboren.

David und Abner

6 Solange zwischen dem Haus Saul und dem Haus David Krieg
herrschte, hielt Abner entschieden zum Haus Saul. 7 Saul hatte eine
Nebenfrau namens Rizpa gehabt; sie war eine Tochter Ajas. Da sagte
Ischbaal zu Abner: Warum bist du zu der Nebenfrau meines Vaters
gegangen? 8 Da wurde Abner sehr zornig über die Frage Ischbaals
und sagte: Bin ich denn ein Hundskopf aus Juda? Ich erweise dem
Haus Sauls, deines Vaters, und seinen Brüdern und Verwandten auch
heute mein Wohlwollen und habe dich nicht in die Hände Davids fal-
len lassen. Und du willst mich jetzt wegen eines Vergehens mit dieser
Frau zur Rechenschaft ziehen? 9 Gott soll Abner dies und das antun,
wenn ich nicht gegenüber David so handle, wie der Herr es ihm
geschworen hat: 10 das Königtum dem Haus Saul zu nehmen und den
Thron Davids aufzustellen in Israel und Juda, von Dan bis Beer-
scheba. 11 Darauf konnte Ischbaal Abner nichts erwidern; denn er
hatte Angst vor ihm. 12 Abner schickte in eigener Sache Boten zu
David und ließ ihm sagen: Wem gehört das Land? Schließ also einen
Vertrag mit mir; dann werde ich dir helfen, um ganz Israel auf deine
Seite zu bringen. 13 David antwortete: Gut, ich will einen Vertrag mit
dir schließen; nur das eine verlange ich von dir: Du darfst mir nicht
unter die Augen treten, falls du nicht Michal, die Tochter Sauls, mit-
bringst, wenn du kommst und vor mir erscheinst. 14 Dann schickte
David Boten zu Ischbaal, dem Sohn Sauls, und ließ ihm sagen: Gib
meine Frau Michal heraus, für die ich die hundert Vorhäute der Phili-
ster als Brautpreis bezahlt habe. 15 Ischbaal schickte (einen Boten) zu
ihrem Mann Paltiël, dem Sohn des Lajisch, und ließ sie ihm wegneh-
men. 16 Ihr Mann lief bis nach Bahurim weinend hinter ihr her. Erst
als Abner zu ihm sagte: Geh, kehr um!, kehrte er um. 17 Darauf ver-
handelte Abner mit den Ältesten Israels und sagte: Schon seit langer
Zeit wollt ihr David zu eurem König haben. 18 Jetzt müßt ihr handeln.
Denn der Herr hat zu David gesagt: Durch meinen Knecht David will
ich mein Volk Israel aus der Gewalt der Philister und all seiner Feinde
retten. 19 Auch mit den Benjaminitern redete Abner (in dieser Weise).
Dann ging Abner nach Hebron, um David alles zu berichten, was
Israel und das ganze Haus Benjamin für gut befunden hatten. 20 So
kam Abner mit zwanzig Männern zu David nach Hebron. David ver-
anstaltete für Abner und seine Begleiter ein Mahl. 21 Abner sagte zu
David: Ich will mich auf den Weg machen und ganz Israel um meinen
Herrn, den König, sammeln. Sie sollen mit dir einen Vertrag
schließen, und du sollst überall König sein, wo du es wünschst.
Damit ließ David Abner in Frieden ziehen.

Abners Tod

22 Inzwischen kamen die Leute Davids und Joab von einem Streifzug;
sie brachten reiche Beute mit. Abner war nicht mehr bei David in
Hebron; denn David hatte ihn in Frieden ziehen lassen. 23 Als Joab mit
seiner ganzen Mannschaft ankam, meldete man ihm: Abner, der
Sohn Ners, ist zum König gekommen, und der König hat ihn wieder
in Frieden ziehen lassen. 24 Joab ging zum König und sagte zu ihm:
Was hast du getan? Abner ist zu dir gekommen. Warum hast du ihn
wieder weggehen lassen? 25 Du kennst doch Abner, den Sohn Ners. Er
ist nur gekommen, um dich zu täuschen und zu erkunden, wann du
kommst und wann du gehst, und so zu erfahren, was du alles vorhast.
26 Als Joab David verlassen hatte, schickte er Boten hinter Abner her,
die ihn von Bor-Sira zurückholten. David aber wußte nichts davon.
27 Als Abner nach Hebron zurückkehrte, führte ihn Joab beiseite in
das Innere des Tores, als wolle er ungestört mit ihm reden. Dort stach
er ihn, um Blutrache für seinen Bruder Asaël zu nehmen, in den
Bauch, so daß er starb. 28 Als David später davon hörte, sagte er: Ich
und mein Königtum sind vor dem Herrn für alle Zeit ohne Schuld am
Blut Abners, des Sohnes Ners. 29 Sie falle auf Joab und seine ganze
Familie zurück. Immer soll es in Joabs Familie Menschen geben, die
an Blutungen und Aussatz leiden, die an Krücken gehen, durch das
Schwert umkommen und denen es an Brot mangelt.
30 Joab und sein Bruder Abischai brachten Abner um, weil er ihren
Bruder Asaël bei Gibeon im Kampf getötet hatte. 31 David aber sagte
zu Joab und allen Leuten, die bei ihm waren: Zerreißt eure Kleider,
legt Trauergewänder an, und geht klagend vor Abner her! König
David selbst aber ging hinter der Bahre her. 32 Man begrub Abner in
Hebron. Und der König begann am Grab Abners laut zu weinen, und
auch das ganze Volk weinte.
33 Der König stimmte die Totenklage für Abner an und sang:
Mußte Abner sterben, / wie ein schlechter Mensch stirbt?
34 Deine Hände waren nicht gefesselt, / und deine Füße lagen nicht in
Ketten. / Du bist gefallen, / wie man unter der Hand von Verbrechern
fällt.

Da weinten alle noch mehr um ihn. 35 Als nun die Leute kamen, um
David zum Essen zu bewegen, während es noch Tag war, schwor
David: Gott soll mir dies und das antun, wenn ich Brot oder sonst
etwas zu mir nehme, bevor die Sonne untergeht. 36 Als das Volk das
erfuhr, gefiel es ihm sehr, wie überhaupt alles, was der König tat,
dem ganzen Volk gefiel. 37 Alle Leute, auch ganz Israel, erkannten an
jenem Tag, daß die Ermordung Abners, des Sohnes Ners, nicht vom
König ausgegangen war. 38 Und der König sagte zu seinen Dienern:
Wißt ihr nicht, daß heute ein Fürst gefallen ist und ein großer Mann
in Israel? 39 Obwohl ich zum König gesalbt worden bin, bin ich heute
noch zu schwach, und diese Männer, die Söhne der Zeruja, sind stär-
ker als ich. Dem, der das Verbrechen begangen hat, vergelte der Herr
so, wie es seiner bösen Tat entspricht.

Ischbaals Tod

4 Als Ischbaal, der Sohn Sauls, hörte, daß Abner in Hebron ums
Leben gekommen war, verlor er allen Mut, und ganz Israel war
bestürzt.
2 Der Sohn Sauls hatte zwei Männer als Truppenführer; der eine hieß
Baana, der andere Rechab; sie waren Söhne Rimmons aus Beerot,
Benjaminiter; denn auch Beerot wird zu Benjamin gerechnet. 3 Die
Beerotiter sind nämlich einst nach Gittajim geflohen und leben dort
bis zum heutigen Tag als Fremde. 4 Jonatan, der Sohn Sauls, hatte
einen Sohn, der an beiden Füßen gelähmt war. Er war fünf Jahre alt
gewesen, als die Nachricht vom Tod Sauls und Jonatans aus Jesreel
eintraf; seine Amme hatte ihn aufgehoben, um mit ihm zu fliehen,
aber in der Eile der Flucht war er ihr vom Arm gefallen; seitdem war er
gelähmt. Sein Name war Merib-Baal. 5 Rechab und Baana, die Söhne
Rimmons aus Beerot, machten sich auf den Weg und kamen um die
heißeste Zeit des Tages zum Haus Ischbaals, der eben seine Mittags-
ruhe hielt. 6 Die Türhüterin des Hauses war beim Weizenreinigen
schläfrig geworden und eingeschlafen; 7 so konnten Rechab und sein
Bruder Baana unbemerkt in das Haus eindringen. Ischbaal lag in sei-
nem Schlafzimmer auf dem Bett. Sie schlugen ihn tot, hieben ihm den
Kopf ab und nahmen den Kopf mit. Sie gingen die ganze Nacht hin-
durch auf dem Weg durch die Araba, 8 brachten den Kopf Ischbaals zu
David nach Hebron und sagten zum König: Da ist der Kopf deines
Feindes Ischbaal, des Sohnes Sauls, der dir nach dem Leben trachtete.
Aber der Herr hat heute unserem Herrn, dem König, Rache an Saul
und seinen Nachkommen verschafft. 9 David erwiderte Rechab und
seinem Bruder Baana, den Söhnen Rimmons aus Beerot: So wahr der
Herr lebt, der mich aus aller Not befreit hat: 10 Den, der mir die Nach-
richt gebracht hat: Saul ist tot!, und der gemeint hat, ein Freudenbote
zu sein, den habe ich in Ziklag ergreifen und umbringen lassen; so gab
ich ihm den verdienten Botenlohn. 11 Und wenn nun ruchlose Männer
einen rechtschaffenen Mann in seinem Haus auf seinem Bett erschla-
gen haben, sollte ich dann nicht sein Blut von euch zurückfordern und
euch von der Erde austilgen? 12 Und David gab seinen Leuten den
Befehl, sie zu töten; sie taten es. Sie schlugen ihnen Hände und Füße
ab und hängten die Leichen am Teich von Hebron auf. Den Kopf Isch-
baals aber nahmen sie und begruben ihn im Grab Abners in Hebron.

Die Anerkennung Davids als König von ganz Israel

5 Alle Stämme Israels kamen zu David nach Hebron und sagten:
Wir sind doch dein Fleisch und Bein. 2 Schon früher, als noch
Saul unser König war, bist du es gewesen, der Israel in den Kampf
und wieder nach Hause geführt hat. Der Herr hat zu dir gesagt: Du
sollst der Hirt meines Volkes Israel sein, du sollst Israels Fürst wer-
den. 3 Alle Ältesten Israels kamen zum König nach Hebron; der König
David schloß mit ihnen in Hebron einen Vertrag vor dem Herrn, und
sie salbten David zum König von Israel.
4 David war dreißig Jahre alt, als er König wurde, und er regierte vier-
zig Jahre lang. 5 In Hebron war er sieben Jahre und sechs Monate
König von Juda, und in Jerusalem war er dreiunddreißig Jahre König
von ganz Israel und Juda.
6 Der König zog mit seinen Männern nach Jerusalem gegen die Jebu-
siter, die in dieser Gegend wohnten. Die Jebusiter aber sagten zu
David: Du kommst hier nicht herein; die Blinden und Lahmen werden
dich vertreiben. Das sollte besagen: David wird hier nicht eindringen.
7 Dennoch eroberte David die Burg Zion; sie wurde die Stadt Davids.
8 David sagte an jenem Tag: Jeder, der den Schacht erreicht, soll die
Jebusiter erschlagen, auch die Lahmen und Blinden, die David in der
Seele verhaßt sind. Daher sagt man: Ein Blinder und ein Lahmer
kommt nicht ins Haus.
9 David ließ sich in der Burg nieder und nannte sie die Stadt Davids.
Und David begann ringsum zu bauen, und zwar vom Millo an bis zur
Burg. 10 David wurde immer mächtiger, und der Herr, der Gott der
Heere, war mit ihm. 11 Hiram, der König von Tyrus, schickte eine
Gesandtschaft zu David und ließ ihm Zedernholz überbringen; auch
Zimmerleute und Steinmetzen schickte er, und sie bauten für David
einen Palast. 12 So erkannte David, daß der Herr ihn als König von
Israel bestätigt hatte und daß der Herr sein Königtum wegen seines
Volkes Israel zu hohem Ansehen gebracht hatte.

Die in Jerusalem geborenen Söhne Davids

13 Als David von Hebron gekommen war, nahm er sich noch Neben-
frauen, auch Frauen aus Jerusalem. So wurden ihm noch mehr Söhne
und Töchter geboren. 14 Das sind die Namen der Söhne, die ihm in
Jerusalem geboren wurden: Schima, Schobab, Natan, Salomo, 15 Jib-
har, Elischua, Nefeg, Jafia, 16 Elischama, Eljada und Elifelet.

Der Krieg mit den Philistern

17 Die Philister hörten, daß man David zum König von Israel gesalbt
hatte. Da zogen alle herauf, um David gefangenzunehmen. David
erfuhr davon und zog sich in eine Bergfestung zurück. 18 Als die Phili-
ster herankamen und in der Rafaïterebene umherstreiften, 19 befragte
David den Herrn; er sagte: Soll ich die Philister angreifen? Wirst du
sie in meine Hand geben? Der Herr antwortete David: Greif sie an;
denn ich werde die Philister bestimmt in deine Hand geben. 20 Da zog
David nach Baal-Perazim. Dort schlug er die Philister und sagte: Der
Herr hat die Reihen meiner Feinde vor meinen Augen durchbrochen,
wie Wasser (einen Damm) durchbricht. Deshalb nennt man jenen Ort
Baal-Perazim (Herr der Durchbrüche).
21 Die Philister ließen dort ihre Götterbilder zurück, so daß David und
seine Männer sie mitnehmen konnten.
22 Doch die Philister zogen noch einmal herauf und streiften in der
Rafaïterebene umher. 23 David befragte wieder den Herrn, und der
Herr antwortete ihm: Zieh nicht hinauf, umgeh sie in ihrem Rücken,
und komm von den Baka-Bäumen her an sie heran! 24 Wenn du dann
in den Wipfeln der Baka-Bäume ein Geräusch wie von Schritten
hörst, dann beeil dich; denn dann geht der Herr vor dir her, um das
Heer der Philister zu schlagen. 25 David tat, was der Herr ihm befoh-
len hatte, und er schlug die Philister (im ganzen Gebiet) zwischen
Geba und der Gegend von Geser.

Die Überführung der Bundeslade nach Jerusalem

6 David versammelte wiederum alle jungen Krieger aus Israel,
dreißigtausend Mann, 2 brach auf und zog mit seinem ganzen
Heer nach Baala in Juda, um von dort die Lade Gottes heraufzuholen,
über der der Name des Herrn der Heere, der über den Kerubim
thront, ausgerufen worden ist. 3 Sie stellten die Lade Gottes auf einen
neuen Wagen und holten sie so vom Haus Abinadabs, das auf einem
Hügel stand; Usa und Achjo, die Söhne Abinadabs, lenkten den
neuen Wagen 4 [sie holten sie also aus dem Haus Abinadabs, das auf
dem Hügel stand,] mit der Lade Gottes, und Achjo ging vor der Lade
her. 5 David und das ganze Haus Israel tanzten und sangen vor dem
Herrn mit ganzer Hingabe und spielten auf Zithern, Harfen und Pau-
ken, mit Rasseln und Zimbeln. 6 Als sie zur Tenne Nachons kamen,
brachen die Rinder aus, und Usa streckte seine Hand nach der Lade
Gottes aus und faßte sie an. 7 Da entbrannte der Zorn des Herrn

Henri Matisse
Der Tanz
(1909/10)
»David und das ganze Haus Israel tanzten und sangen vor dem Herrn mit ganzer Hingabe« (2 Sam 6,5). Der Freudentanz begleitet den Einzug der Bundeslade in Jerusalem; jetzt erst finden Exodus und Landnahme ihre Vollendung. In der Bildsprache des französischen Expressionisten bzw. Fauvisten Henri Matisse kommt jene »ganze Hingabe« im Reigentanz zum Ausdruck, dessen scherenschnittartig stilisierten Akteure in weitem Bogen die Bildfläche in Besitz nehmen. Doch soll das in Farbe und Form jubilierende Tanzbild nicht davon ablenken, daß der Jubel der Israeliten gleichsam verdunkelt wird von der Strafe an Usa, und Davids Tanz vor der Bundeslade läßt den König in den Augen Michals als verachtenswert erscheinen (1 Chr 15,29).

gegen Usa, und Gott erschlug ihn auf der Stelle wegen dieser Vermes-
senheit, so daß er neben der Lade Gottes starb. 8 David war sehr
erregt darüber, daß der Herr den Usa so plötzlich dahingerafft hatte,
und man nennt den Ort bis heute darum Perez-Usa (Wegraffung
Usas). 9 An jenem Tag bekam David Angst vor dem Herrn, und er
sagte: Wie soll die Lade des Herrn jemals zu mir kommen? 10 Darum
wollte David die Lade des Herrn nicht zu sich in die Davidstadt brin-
gen lassen, sondern stellte sie in das Haus des Obed-Edom aus Gat.
11 Drei Monate lang blieb die Lade des Herrn im Haus Obed-Edoms
aus Gat, und der Herr segnete Obed-Edom und sein ganzes Haus.
12 Als man König David berichtete: Der Herr hat das Haus Obed-
Edoms und alles, was ihm gehört, um der Lade Gottes willen geseg-
net, da ging David hin und brachte die Lade Gottes voll Freude aus
dem Haus Obed-Edoms in die Davidstadt hinauf. 13 Sobald die Träger
der Lade des Herrn sechs Schritte gegangen waren, opferte er einen
Stier und ein Mastkalb. 14 Und David tanzte mit ganzer Hingabe vor
dem Herrn her und trug dabei das leinene Efod. 15 So brachten David
und das ganze Haus Israel die Lade des Herrn unter Jubelgeschrei
und unter dem Klang des Widderhorns hinauf. 16 Als die Lade des
Herrn in die Davidstadt kam, schaute Michal, Sauls Tochter, aus dem
Fenster, und als sie sah, wie der König David vor dem Herrn hüpfte
und tanzte, verachtete sie ihn in ihrem Herzen. 17 Man trug die Lade
des Herrn in das Zelt, das David für sie aufgestellt hatte, und setzte
sie an ihren Platz in der Mitte des Zeltes, und David brachte dem
Herrn Brandopfer und Heilsopfer dar. 18 Als David mit dem Darbrin-
gen der Brandopfer und Heilsopfer fertig war, segnete er das Volk im
Namen des Herrn der Heere 19 und ließ an das ganze Volk, an alle
Israeliten, Männer und Frauen, je einen Laib Brot, einen Dattel-
kuchen und einen Traubenkuchen austeilen. Dann gingen alle wie-
der nach Hause.
20 Als David zurückkehrte, um seine Familie zu begrüßen, kam ihm
Michal, die Tochter Sauls, entgegen und sagte: Wie würdevoll hat
sich heute der König von Israel benommen, als er sich vor den Augen
der Mägde seiner Untertanen bloßgestellt hat, wie sich nur einer vom
Gesindel bloßstellen kann. 21 David erwiderte Michal: Vor dem
Herrn, der mich statt deines Vaters und seines ganzen Hauses erwählt
hat, um mich zum Fürsten über das Volk des Herrn, über Israel, zu
bestellen, vor dem Herrn habe ich getanzt; 22 für ihn will ich mich
gern noch geringer machen als diesmal und in meinen eigenen
Augen niedrig erscheinen. Bei den Mägden jedenfalls, von denen du
gesprochen hast, stehe ich in Ehren. 23 Michal aber, die Tochter Sauls,
bekam bis zu ihrem Tod kein Kind.

Die Verheißung an David

7 Als nun der König in seinem Haus wohnte und der Herr ihm
Ruhe vor allen seinen Feinden ringsum verschafft hatte, 2 sagte
er zu dem Propheten Natan: Ich wohne in einem Haus aus Zedern-
holz, die Lade Gottes aber wohnt in einem Zelt. 3 Natan antwortete
dem König: Geh nur und tu alles, was du im Sinn hast; denn der Herr

ist mit dir. 4 Aber in jener Nacht erging das Wort des Herrn an Natan:
5 Geh zu meinem Knecht David, und sag zu ihm: So spricht der Herr:
Du willst mir ein Haus bauen, damit ich darin wohne? 6 Seit dem Tag,
als ich die Israeliten aus Ägypten heraufgeführt habe, habe ich bis
heute nie in einem Haus gewohnt, sondern bin in einer Zeltwohnung
umhergezogen. 7 Habe ich in der Zeit, als ich bei den Israeliten von
Ort zu Ort zog, jemals zu einem der Richter Israels, die ich als Hirten
über mein Volk Israel eingesetzt hatte, ein Wort gesagt und sie
gefragt: Warum habt ihr mir kein Haus aus Zedernholz gebaut? 8 Sag
also jetzt meinem Knecht David: So spricht der Herr der Heere: Ich
habe dich von der Weide und von der Herde weggeholt, damit du
Fürst über mein Volk Israel wirst, 9 und ich bin überall mit dir gewe-
sen, wohin du auch gegangen bist. Ich habe alle deine Feinde vor dei-
nen Augen vernichtet, und ich will dir einen großen Namen machen,
der dem Namen der Großen auf der Erde gleich ist. 10 Ich will mei-
nem Volk Israel einen Platz zuweisen und es einpflanzen, damit es an
seinem Ort (sicher) wohnen kann und sich nicht mehr ängstigen
muß und schlechte Menschen es nicht mehr unterdrücken wie früher
11 und auch von dem Tag an, an dem ich Richter in meinem Volk Israel
eingesetzt habe. Ich verschaffe dir Ruhe vor allen deinen Feinden.
Nun verkündet dir der Herr, daß der Herr dir ein Haus bauen wird.
12 Wenn deine Tage erfüllt sind und du dich zu deinen Vätern legst,
werde ich deinen leiblichen Sohn als deinen Nachfolger einsetzen
und seinem Königtum Bestand verleihen. 13 Er wird für meinen
Namen ein Haus bauen, und ich werde seinem Königsthron ewigen
Bestand verleihen. 14 Ich will für ihn Vater sein, und er wird für mich
Sohn sein. Wenn er sich verfehlt, werde ich ihn nach Menschenart
mit Ruten und mit Schlägen züchtigen. 15 Meine Huld aber soll nicht
von ihm weichen, wie sie von Saul gewichen ist, den ich vor deinen
Augen verstoßen habe. 16 Dein Haus und dein Königtum sollen durch
mich auf ewig bestehen bleiben; dein Thron soll auf ewig Bestand
haben. 17 Natan sprach zu David genau so, wie es (ihm) gesagt und
offenbart worden war.
18 Da ging König David hin und setzte sich vor dem Herrn nieder und
sagte: Wer bin ich, mein Herr und Gott, und was ist mein Haus, daß
du mich bis hierher geführt hast? 19 Weil das in deinen Augen noch zu
wenig war, mein Herr und Gott, hast du dem Haus deines Knechtes
sogar Zusagen für die ferne Zukunft gemacht. Ist das eine Weisung,
wie sie einem (schwachen) Menschen zukommt, mein Herr und
Gott? 20 Was soll David noch weiter zu dir sagen? Du kennst deinen
Knecht, mein Herr und Gott. 21 Um deines Wortes willen und nach
der Absicht deines Herzens hast du alle diese großen Taten getan und
deinem Knecht offenbart. 22 Darum bist du groß, mein Herr und
Gott. Ja, keiner ist dir gleich, und außer dir gibt es keinen Gott nach
allem, was wir mit unseren Ohren gehört haben. 23 Welches andere
Volk auf der Erde ist wie dein Volk Israel? Wo wäre ein Gott hingegan-
gen, um ein Volk für sich als sein Volk freizukaufen und ihm einen
Namen zu machen und für dieses Volk große und erstaunliche Taten
zu vollbringen, so wie du ganze Völker und ihre Götter vertrieben
hast vor den Augen deines Volkes, das du dir von den Ägyptern freige-
kauft hast? 24 Du hast Israel auf ewig zu deinem Volk bestimmt, und
du, Herr, bist sein Gott geworden.
25 Doch nun, Herr und Gott, verleih dem Wort, das du über deinen
Knecht und über sein Haus gesprochen hast, für immer Geltung, und
tu, was du gesagt hast. 26 Dann wird dein Name groß sein für ewige
Zeiten, und man wird sagen: Der Herr der Heere ist Israels Gott!, und
das Haus deines Knechtes David wird vor deinen Augen Bestand
haben. 27 Denn du, Herr der Heere, Gott Israels, hast deinem Knecht
offenbart: Ich will dir ein Haus bauen. Darum fand dein Knecht den
Mut, so zu dir zu beten: 28 Ja, mein Herr und Gott, du bist der einzige
Gott, und deine Worte sind wahr. Du hast deinem Knecht ein solches
Glück zugesagt. 29 So segne jetzt gnädig das Haus deines Knechtes,
damit es ewig vor deinen Augen Bestand hat. Denn du, mein Herr und
Gott, hast es versprochen, und mit deinem Segen wird das Haus dei-
nes Knechtes für immer gesegnet sein.

Die Siege Davids

8 Hernach schlug David die Philister. Er unterwarf sie und nahm
ihnen die Zügel der Herrschaft aus der Hand. 2 Auch die Moabi-
ter schlug er. Sie mußten sich nebeneinander auf die Erde legen, und
er maß die Reihe mit einer Meßschnur ab: jeweils zwei Schnurlängen
wurden getötet, und jeweils eine volle Schnurlänge ließ er am Leben.
So wurden die Moabiter David untertan und tributpflichtig. 3 David
schlug auch Hadad-Eser, den Sohn Rehobs, den König von Zoba, als
dieser ausgezogen war, um seine Macht am Eufrat wiederzugewin-
nen. 4 David nahm von ihm siebzehnhundert Wagenkämpfer und
zwanzigtausend Fußsoldaten gefangen; er ließ alle Wagenpferde
lähmen und behielt nur hundert (für sich) zurück.
5 Als die Aramäer von Damaskus Hadad-Eser, dem König von Zoba,
zu Hilfe kamen, erschlug David 22000 von den Aramäern 6 und
besetzte das Aramäerreich von Damaskus. So wurden die Aramäer
David untertan und tributpflichtig. Der Herr half David bei allem, was
er unternahm.
7 David erbeutete die goldenen Schilde, die die Krieger Hadad-Esers
trugen, und brachte sie nach Jerusalem. 8 In Tebach und Berotai, den
Städten Hadad-Esers, erbeutete der König David eine große Menge
Bronze. 9 Als Toï, der König von Hamat, hörte, daß David das ganze
Heer Hadad-Esers geschlagen hatte, 10 schickte er seinen Sohn
Hadoram mit Gefäßen aus Gold, Silber und Bronze zu König David.
Er ließ ihm den Friedensgruß entbieten und ihn dazu beglückwün-
schen, daß er Hadad-Eser im Krieg geschlagen hatte; Toï lebte näm-
lich im Krieg mit Hadad-Eser. 11 König David weihte auch diese
Gefäße dem Herrn, zusammen mit dem Gold und Silber, das er von
all den Völkern, die er unterwarf, erbeutet hatte: 12 von Aram und
Moab, von den Ammonitern, den Philistern, von Amalek, sowie die
Beute von Hadad-Eser, dem Sohn Rehobs, dem König von Zoba.
13 So machte sich David einen Namen. Als er nach dem Sieg über
Aram zurückkehrte, schlug er Edom im Salztal, achtzehntausend
Mann, 14 und setzte in Edom Vögte ein. [In ganz Edom setzte er Vögte
ein.] So wurde ganz Edom von David unterworfen. Der Herr half
David bei allem, was er unternahm.

Die Beamten Davids

15 David war König von ganz Israel und sorgte für Recht und Gerech-
tigkeit in seinem ganzen Volk. 16 Joab, der Sohn der Zeruja, war Heer-
führer, und Joschafat, der Sohn Ahiluds, war Sprecher des Königs.
17 Zadok, der Sohn Ahitubs, und Abjatar, der Sohn Ahimelechs,
waren Priester, Seraja war Staatsschreiber. 18 Benaja, der Sohn Joja-
das, war der Befehlshaber der Kereter und Peleter. Auch die Söhne
Davids waren Priester.

Jonatans Sohn

9 David sagte: Gibt es noch jemand, der vom Haus Saul übrigge-
blieben ist? Ich will ihm um Jonatans willen eine Huld erweisen.
2 Zum Haus Sauls gehörte ein Knecht namens Ziba; man rief ihn zu
David, und der König fragte ihn: Bist du Ziba? Er antwortete: Ja, dein
Knecht. 3 Der König fragte ihn: Ist vom Haus Sauls niemand mehr am
Leben, daß ich ihm göttliche Huld erweisen könnte? Ziba antwortete
dem König: Es gibt einen Sohn Jonatans, der an beiden Füßen
gelähmt ist. 4 Der König sagte zu ihm: Wo ist er? Ziba antwortete dem
König: Er lebt jetzt im Haus Machirs, des Sohnes Ammiëls, in Lo-
Dabar. 5 Da schickte der König David hin und ließ ihn aus dem Haus
Machirs, des Sohnes Ammiëls, in Lo-Dabar holen. 6 Als Merib-Baal,
der Sohn Jonatans, des Sohnes Sauls, zu David kam, warf er sich (vor
ihm) auf sein Gesicht nieder und huldigte ihm. David sagte: Merib-
Baal! Er antwortete: Hier ist dein Knecht. 7 David sagte zu ihm:
Fürchte dich nicht; denn ich will dir um deines Vaters Jonatan willen
eine Huld erweisen: Ich gebe dir alle Felder deines Großvaters Saul
zurück, und du sollst immer an meinem Tisch essen. 8 Da warf sich
Merib-Baal (vor ihm) nieder und sagte: Was ist dein Knecht, daß du
dich einem toten Hund zuwendest, wie ich es bin? 9 Der König David

rief Ziba, den Diener Sauls, und sagte zu ihm: Alles, was Saul und sei-
ner ganzen Familie gehört hat, gebe ich dem Sohn deines Herrn.
10 Du sollst mit deinen Söhnen und Knechten für ihn das Land
bebauen und ihm den Ertrag bringen, damit der Sohn deines Herrn
zu essen hat. Merib-Baal selbst aber, der Sohn deines Herrn, soll
immer an meinem Tisch essen. Ziba hatte fünfzehn Söhne und zwan-
zig Knechte. 11 Ziba sagte zum König: Genauso, wie es mein Herr, der
König, seinem Knecht befohlen hat, wird es dein Knecht tun. Und
Merib-Baal aß am Tisch Davids wie einer von den Söhnen des Königs.
12 Merib-Baal hatte einen kleinen Sohn namens Micha, und alle, die
im Haus Zibas wohnten, waren Merib-Baals Knechte. 13 Merib-Baal
blieb also in Jerusalem; denn er aß immer am Tisch des Königs; er
war aber an beiden Füßen gelähmt.

Die Geschichte von Davids Thronfolge

Der Krieg mit den Ammonitern und den Aramäern

10 Als darauf der König der Ammoniter starb und sein Sohn
Hanun an seiner Stelle König wurde, 2 sagte David: Ich will
Hanun, dem Sohn des Nahasch, mein Wohlwollen zeigen, so wie
sein Vater mir sein Wohlwollen gezeigt hat. Und David schickte eine
Gesandtschaft zu ihm und ließ ihm durch seine Diener sein Beileid
zum Tod seines Vaters aussprechen. Als die Diener in das Land der
Ammoniter kamen, 3 sagten die Fürsten der Ammoniter zu Hanun,
ihrem Herrn: Will David wirklich deinen Vater vor deinen Augen
ehren, weil er Leute schickt, die dir sein Beileid aussprechen sollen?
Hat David seine Diener nicht viel eher zu dir geschickt, um die Stadt
zu durchforschen und auszukundschaften und sie dann verwüsten zu
lassen? 4 Darauf ließ Hanun die Diener Davids festnehmen, ihnen die
Hälfte des Bartes abscheren und ihnen die Kleider zur Hälfte
abschneiden, bis zum Gesäß herauf. So schickte er sie weg. 5 Als man
David das meldete, schickte er ihnen jemand entgegen und ließ
ihnen, weil sie so schwer geschändet waren, sagen: Bleibt in Jericho,
und kehrt erst zurück, wenn euer Bart wieder gewachsen ist. 6 Als die
Ammoniter merkten, daß sie sich bei David verhaßt gemacht hatten,
schickten sie (Boten) und warben die Aramäer von Bet-Rehob und
von Zoba an, zwanzigtausend Mann Fußvolk, außerdem den König
von Maacha mit tausend Mann und die Leute von Tob mit zwölftau-
send Mann. 7 David erfuhr davon und schickte Joab mit dem ganzen
Heer, allen kriegstüchtigen Männern, hin. 8 Die Ammoniter rückten
aus und stellten sich vor dem Stadttor zum Kampf auf, während die
Aramäer von Zoba und Rehob und die Leute von Tob und Maacha
jeweils für sich draußen auf dem freien Feld standen. 9 Als Joab sah,
daß ihm ein Angriff von vorn und von hinten drohte, traf er eine Aus-
wahl aus den Kerntruppen Israels und stellte sie gegen die Aramäer
auf. 10 Den Rest des Heeres unterstellte er seinem Bruder Abischai,
damit er sie den Ammonitern gegenüber aufstelle. 11 Joab sagte:
Wenn die Aramäer stärker sind als ich, dann komm du mir zu Hilfe!
Wenn die Ammoniter stärker sind als du, dann werde ich dir zu Hilfe
kommen. 12 Sei tapfer! Wir wollen mutig für unser Volk und für die
Städte unseres Gottes kämpfen. Der Herr aber möge tun, was er für
recht hält. 13 Da griff Joab mit seinen Leuten die Aramäer an, und
diese ergriffen die Flucht vor ihm. 14 Als die Ammoniter sahen, daß
die Aramäer flohen, ergriffen auch sie die Flucht vor Abischai und
zogen sich in die Stadt zurück. Joab kehrte nach dem Kampf gegen
die Ammoniter nach Jerusalem zurück.
15 Die Aramäer sahen, daß sie von Israel geschlagen waren, aber sie
sammelten sich wieder. 16 Hadad-Eser schickte Boten und ließ die
Aramäer, die diesseits des Stroms wohnten, ausrücken. Sie kamen
nach Helam, an ihrer Spitze Schobach, der Oberbefehlshaber Hadad-
Esers. 17 Als man das David meldete, versammelte er ganz Israel,
überschritt den Jordan und kam nach Helam. Die Aramäer nahmen
David gegenüber Aufstellung und eröffneten den Kampf gegen ihn.
18 Doch sie mußten vor den Israeliten fliehen. David vernichtete
siebenhundert aramäische Kriegswagen und tötete vierzigtausend
Reiter. Auch Schobach, den Oberbefehlshaber des Heeres, schlug er
nieder, so daß er an Ort und Stelle starb. 19 Die Könige, die Hadad-
Esers Vasallen waren, sahen nun ein, daß sie von den Israeliten
besiegt waren. Sie schlossen Frieden mit den Israeliten und unterwar-
fen sich ihnen. Von da an fürchteten sich die Aramäer, den Ammoni-
tern noch weiter zu helfen.

David und Batseba

11 Um die Jahreswende, zu der Zeit, in der die Könige in den
Krieg ziehen, schickte David den Joab mit seinen Männern
und ganz Israel aus, und sie verwüsteten das Land der Ammoniter
und belagerten Rabba. David selbst aber blieb in Jerusalem.
2 Als David einmal zur Abendzeit von seinem Lager aufstand und auf
dem Flachdach des Königspalastes hin- und herging, sah er von dort
aus eine Frau, die badete. Die Frau war sehr schön anzusehen. 3 David
schickte jemand hin und erkundigte sich nach ihr. Man sagte ihm:
Das ist Batseba, die Tochter Ammiëls, die Frau des Hetiters Urija.
4 Darauf schickte David Boten zu ihr und ließ sie holen; sie kam zu
ihm, und er schlief mit ihr – sie hatte sich gerade von ihrer Unreinheit
gereinigt. Dann kehrte sie in ihr Haus zurück. 5 Die Frau war aber
schwanger geworden und schickte deshalb zu David und ließ ihm
mitteilen: Ich bin schwanger.
6 Darauf sandte David einen Boten zu Joab (und ließ ihm sagen):
Schick den Hetiter Urija zu mir! Und Joab schickte Urija zu David.
7 Als Urija zu ihm kam, fragte David, ob es Joab und dem Volk gut
gehe und wie es mit dem Kampf stehe. 8 Dann sagte er zu Urija: Geh
in dein Haus hinab, und wasch dir die Füße! Urija verließ das Haus
des Königs, und es wurde ihm ein Geschenk des Königs nachgetra-
gen. 9 Urija aber legte sich am Tor des Königshauses bei den Knech-
ten seines Herrn nieder und ging nicht in sein Haus hinab. 10 Man
berichtete David: Urija ist nicht in sein Haus hinabgegangen. Darauf
sagte David zu Urija: Bist du nicht gerade von einer Reise gekommen?
Warum bist du nicht in dein Haus hinuntergegangen? 11 Urija antwor-
tete David: Die Lade und Israel und Juda wohnen in Hütten, und mein
Herr Joab und die Knechte meines Herrn lagern auf freiem Feld; da
soll ich in mein Haus gehen, um zu essen und zu trinken und bei mei-
ner Frau zu liegen? So wahr du lebst und so wahr deine Seele lebt, das
werde ich nicht tun. 12 Darauf sagte David zu Urija: Bleib auch heute
noch hier; morgen werde ich dich wegschicken. So blieb Urija an
jenem Tag in Jerusalem. Am folgenden Tag 13 lud David ihn ein, bei
ihm zu essen und zu trinken, und machte ihn betrunken. Am Abend
aber ging Urija weg, um sich wieder auf seinem Lager bei den Knech-
ten seines Herrn niederzulegen; er ging nicht in sein Haus hinab.
14 Am anderen Morgen schrieb David einen Brief an Joab und ließ ihn
durch Urija überbringen. 15 Er schrieb in dem Brief: Stellt Urija nach
vorn, wo der Kampf am heftigsten ist, dann zieht euch von ihm
zurück, so daß er getroffen wird und den Tod findet. 16 Joab hatte die
Stadt beobachtet, und er stellte Urija an einen Platz, von dem er
wußte, daß dort besonders tüchtige Krieger standen. 17 Als dann die
Leute aus der Stadt einen Ausfall machten und gegen Joab kämpften,
fielen einige vom Volk, das heißt von den Kriegern Davids; auch der
Hetiter Urija fand den Tod. 18 Joab schickte (einen Boten) zu David
und ließ ihm den Verlauf des Kampfes berichten. 19 Und er befahl
dem Boten: Wenn du dem König alles über den Verlauf des Kampfes
bis zu Ende berichtet hast 20 und wenn dann der König in Zorn gerät
und zu dir sagt: Warum seid ihr beim Kampf so nahe an die Stadt her-
angegangen? Habt ihr nicht gewußt, daß sie von der Mauer herab-
schießen? 21 Wer hat Abimelech, den Sohn Jerubbaals, erschlagen?
Hat nicht eine Frau in Tebez einen Mühlstein von der Mauer auf ihn
herabgeworfen, so daß er starb? Warum seid ihr so nahe an die Mauer
herangegangen?, dann sollst du sagen: Auch dein Knecht, der Hetiter
Urija, ist tot. 22 Der Bote ging fort, kam zu David und berichtete ihm
alles, was Joab ihm aufgetragen hatte. 23 Der Bote sagte zu David: Die

Alfred Hrdlicka
Batseba
(1959)
»Darauf schickte David Boten zu ihr und ließ sie holen; sie kam zu ihm und er schlief mit ihr« (2 Sam 11,4). Die Radierung des österreichischen Bildhauers, Malers und Grafikers Alfred Hrdlicka knüpft an eine Tradition an, die mit Rembrandts Darstellung Batsebas beim Lesen der Botschaft des Königs verbunden ist: Bereits hier erscheint die von David begehrte Frau als Opfer königlicher Willkür; eine Deutung, die auch Hrdlicka durch die Geschäftigkeit der beiden Nebenfiguren seiner Darstellung unterlegt.

Männer waren stärker als wir und waren gegen uns bis aufs freie Feld
vorgedrungen; wir aber drängten sie bis zum Eingang des Tores
zurück. 24 Da schossen die Schützen von der Mauer herab auf deine
Knechte, so daß einige von den Knechten des Königs starben; auch
dein Knecht, der Hetiter Urija, ist tot. 25 Da sagte David zu dem Boten:
So sollst du zu Joab sagen: Betrachte die Sache nicht als so schlimm;
denn das Schwert frißt bald hier, bald dort. Setz den Kampf gegen die
Stadt mutig fort, und zerstöre sie! So sollst du ihm Mut machen. 26 Als
die Frau Urijas hörte, daß ihr Mann Urija tot war, hielt sie für ihren
Gemahl die Totenklage. 27 Sobald die Trauerzeit vorüber war, ließ
David sie zu sich in sein Haus holen. Sie wurde seine Frau und gebar
ihm einen Sohn. Dem Herrn aber mißfiel, was David getan hatte.

Gottes Strafe für David

12 Darum schickte der Herr den Natan zu David; dieser ging
zu David und sagte zu ihm: In einer Stadt lebten einst zwei
Männer; der eine war reich, der andere arm. 2 Der Reiche besaß sehr
viele Schafe und Rinder, 3 der Arme aber besaß nichts außer einem
einzigen kleinen Lamm, das er gekauft hatte. Er zog es auf, und es
wurde bei ihm zusammen mit seinen Kindern groß. Es aß von seinem Stück Brot, und es trank aus seinem Becher, in seinem Schoß lag
es und war für ihn wie eine Tochter. 4 Da kam ein Besucher zu dem
reichen Mann, und er brachte es nicht über sich, eines von seinen
Schafen oder Rindern zu nehmen, um es für den zuzubereiten, der zu
ihm gekommen war. Darum nahm er dem Armen das Lamm weg und
bereitete es für den Mann zu, der zu ihm gekommen war.
5 Da geriet David in heftigen Zorn über den Mann und sagte zu Natan:
So wahr der Herr lebt: Der Mann, der das getan hat, verdient den Tod.
6 Das Lamm soll er vierfach ersetzen, weil er das getan und kein Mitleid gehabt hat. 7 Da sagte Natan zu David: Du selbst bist der Mann.
So spricht der Herr, der Gott Israels: Ich habe dich zum König von
Israel gesalbt, und ich habe dich aus der Hand Sauls gerettet. 8 Ich
habe dir das Haus deines Herrn und die Frauen deines Herrn in den
Schoß gegeben, und ich habe dir das Haus Israel und Juda gegeben,

und wenn das zu wenig ist, gebe ich dir noch manches andere dazu.
9 Aber warum hast du das Wort des Herrn verachtet und etwas getan,
was ihm mißfällt? Du hast den Hetiter Urija mit dem Schwert erschla-
gen und hast dir seine Frau zur Frau genommen; durch das Schwert
der Ammoniter hast du ihn umgebracht. 10 Darum soll jetzt das
Schwert auf ewig nicht mehr von deinem Haus weichen; denn du hast
mich verachtet und dir die Frau des Hetiters genommen, damit sie
deine Frau werde. 11 So spricht der Herr: Ich werde dafür sorgen, daß
sich aus deinem eigenen Haus das Unheil gegen dich erhebt, und ich
werde dir vor deinen Augen deine Frauen wegnehmen und sie einem
andern geben; er wird am hellen Tag bei deinen Frauen liegen. 12 Ja,
du hast es heimlich getan, ich aber werde es vor ganz Israel und am
hellen Tag tun. 13 Darauf sagte David zu Natan: Ich habe gegen den
Herrn gesündigt. Natan antwortete David: Der Herr hat dir deine
Sünde vergeben; du wirst nicht sterben. 14 Weil du aber die Feinde des
Herrn durch diese Sache zum Lästern veranlaßt hast, muß der Sohn,
der dir geboren wird, sterben.
15 Dann ging Natan nach Hause. Der Herr aber ließ das Kind, das die
Frau des Urija dem David geboren hatte, schwer krank werden.
16 David suchte Gott wegen des Knaben auf und fastete streng; und
wenn er heimkam, legte er sich bei Nacht auf die bloße Erde. 17 Die
Ältesten seines Hauses kamen zu ihm, um ihn dazu zu bewegen,
von der Erde aufzustehen. Er aber wollte nicht und aß auch nicht
mit ihnen. 18 Am siebten Tag aber starb das Kind. Davids Diener
fürchteten sich, ihm mitzuteilen, daß das Kind tot war; denn sie
sagten: Wir haben ihm zugeredet, als das Kind noch am Leben war;
er aber hat nicht auf uns gehört. Wie können wir ihm jetzt sagen:
Das Kind ist tot? Er würde ein Unheil anrichten. 19 David jedoch sah,
daß seine Diener miteinander flüsterten, und merkte daran, daß das
Kind tot war. Er fragte seine Diener: Ist das Kind tot? Sie antworte-
ten: Ja, es ist tot. 20 Da erhob sich David von der Erde, wusch sich,
salbte sich, wechselte seine Kleider, ging zum Haus des Herrn und
warf sich (davor) nieder. Als er dann nach Hause zurückkehrte, ver-
langte er (zu essen). Man setzte ihm etwas vor, und er aß. 21 Da frag-
ten ihn seine Diener: Was soll das bedeuten, was du getan hast? Als
das Kind noch am Leben war, hast du seinetwegen gefastet und
geweint. Nachdem aber das Kind tot ist, stehst du auf und ißt. 22 Er
antwortete: Als das Kind noch am Leben war, habe ich gefastet und
geweint; denn ich dachte: Wer weiß, vielleicht ist der Herr mir gnä-
dig, und das Kind bleibt am Leben. 23 Jetzt aber, da es tot ist, warum
soll ich da noch fasten? Kann ich es zurückholen? Ich werde einmal
zu ihm gehen, aber es kommt nicht zu mir zurück. 24 Und David trö-
stete seine Frau Batseba; er ging zu ihr hinein und schlief mit ihr.
Und sie gebar einen Sohn, und er gab ihm den Namen Salomo. Der
Herr liebte Salomo 25 und sandte den Propheten Natan, damit er
ihm um des Herrn willen den Namen Jedidja (Liebling des Herrn)
gebe.

Die Eroberung von Rabba

26 Joab kämpfte gegen Rabba, (die Stadt) der Ammoniter, und er
eroberte die Königsstadt. 27 Darauf schickte Joab Boten zu David und
ließ ihm sagen: Ich habe gegen Rabba gekämpft und dabei auch die
Wasserstadt eingenommen. 28 Darum versammle jetzt den Rest des
Heeres, belagere die Stadt und nimm sie selbst ein, damit nicht ich sie
einnehme und mein Name über ihr ausgerufen wird. 29 David sam-
melte also das ganze Heer, zog nach Rabba, kämpfte gegen die Stadt
und nahm sie ein. 30 Dann nahm er ihrem König die Krone vom
Haupt, deren Gewicht ein Talent Gold betrug und an der ein kostba-
rer Stein war; sie wurde nun Davids Krone. Und er schaffte eine sehr
große Beute aus der Stadt fort. 31 Auch ihre Einwohner führte er fort
und stellte sie an die Steinsägen, an die eisernen Spitzhacken und an
die eisernen Äxte und ließ sie in den Ziegeleien arbeiten. So machte er
es mit allen Städten der Ammoniter. Dann kehrte David mit dem
ganzen Heer nach Jerusalem zurück.

Amnon und Tamar

13 Danach geschah folgendes: Abschalom, der Sohn Davids,
hatte eine schöne Schwester namens Tamar, und Amnon,
der Sohn Davids, verliebte sich in sie. 2 Amnon war sehr bedrückt und
wurde fast krank wegen seiner Schwester Tamar; denn sie war Jung-
frau, und es schien Amnon unmöglich, ihr etwas anzutun. 3 Nun
hatte Amnon einen Freund namens Jonadab, einen Sohn des Schima,
des Bruders Davids. Jonadab war ein sehr kluger Mann. 4 Er sagte zu
Amnon: Warum bist du jeden Morgen so bedrückt, Sohn des Königs?
Willst du es mir nicht erzählen? Amnon antwortete ihm: Ich liebe
Tamar, die Schwester meines Bruders Abschalom. 5 Da sagte Jonadab
zu ihm: Leg dich ins Bett, und stell dich krank! Wenn dann dein Vater
kommt, um nach dir zu sehen, sag zu ihm: Laß doch meine Schwe-
ster Tamar zu mir kommen und mir etwas zu essen machen; sie soll
die Krankenkost vor meinen Augen zubereiten, so daß ich zusehen
und aus ihrer Hand essen kann. 6 Amnon legte sich also hin und
stellte sich krank. Als der König kam, um nach ihm zu sehen, sagte
Amnon zum König: Meine Schwester Tamar möge doch zu mir kom-
men; sie soll mir vor meinen Augen zwei Kuchen backen, und ich will
die Krankenkost aus ihrer Hand essen. 7 David schickte jemand ins
Haus der Tamar und ließ ihr sagen: Geh doch in das Haus deines Bru-
ders Amnon, und mach ihm etwas zu essen! 8 Tamar ging in das Haus
ihres Bruders Amnon, der im Bett lag. Sie nahm Teig, knetete vor sei-
nen Augen die Kuchen und backte sie. 9 Dann nahm sie die Pfanne
und legte ihm (das Gericht) vor. Amnon aber wollte nichts essen,
sondern sagte: Schickt alle hinaus! Als alle aus dem Zimmer hinaus-
gegangen waren, 10 sagte Amnon zu Tamar: Bring das Essen in die
(innere) Kammer, ich möchte sie aus deiner Hand essen. Tamar
nahm die Kuchen, die sie zubereitet hatte, und brachte sie ihrem Bru-
der Amnon in die Kammer. 11 Als sie ihm aber die Kuchen zum Essen
reichte, griff er nach ihr und sagte zu ihr: Komm, leg dich zu mir,
Schwester! 12 Sie antwortete ihm: Nein, mein Bruder, entehre mich
nicht! So etwas tut man in Israel nicht. Begeh keine solche Schandtat!
13 Wohin sollte ich denn in meiner Schande gehen? Du würdest als
einer der niederträchtigsten Menschen in Israel dastehen. Rede doch
mit dem König, er wird mich dir nicht verweigern. 14 Doch Amnon
wollte nicht auf sie hören, sondern packte sie und zwang sie, mit ihm
zu schlafen. 15 Hinterher aber empfand Amnon eine sehr große
Abneigung gegen sie; ja, der Haß, mit dem er sie nun haßte, war
größer als die Liebe, mit der er sie geliebt hatte. Amnon sagte zu ihr:
Steh auf, geh weg! 16 Sie erwiderte ihm: Nicht doch! Wenn du mich
wegschickst, wäre das ein noch größeres Unrecht, als das, das du mir
schon angetan hast. Er aber wollte nicht auf sie hören, 17 sondern rief
den jungen Mann, der in seinen Diensten stand, und sagte: Bringt
dieses Mädchen da von mir weg auf die Straße hinaus, und schließt
die Tür hinter ihr ab! 18 Sein Diener brachte sie hinaus und schloß die
Tür hinter ihr zu. Sie hatte ein Ärmelkleid an; denn solche Ober-
gewänder trugen die Königstöchter, solange sie Jungfrauen waren.
19 Tamar aber streute sich Asche auf das Haupt und zerriß das Ärmel-
kleid, das sie anhatte, sie legte ihre Hand auf den Kopf und ging
schreiend weg. 20 Ihr Bruder Abschalom fragte sie: War dein Bruder
Amnon mit dir zusammen? Sprich nicht darüber, meine Schwester, er
ist ja dein Bruder. Nimm dir die Sache nicht so zu Herzen! Von da an
lebte Tamar einsam im Haus ihres Bruders Abschalom. 21 Doch der
König David erfuhr von der ganzen Sache und wurde darüber sehr
zornig. 22 Abschalom aber redete nicht mehr mit Amnon, weder im
guten noch im bösen; er haßte Amnon, weil dieser seine Schwester
Tamar vergewaltigt hatte.

Abschaloms Rache an Amnon

23 Zwei Jahre später ließ Abschalom in Baal-Hazor, das bei Efraim
liegt, seine Schafe scheren und lud alle Söhne des Königs ein. 24 Er
ging zum König und sagte: Dein Knecht läßt gerade seine Schafe
scheren. Der König möge doch samt seinen Dienern seinen Knecht
dorthin begleiten. 25 Der König antwortete Abschalom: Nein, mein

Sohn, wir können doch nicht alle kommen; wir wollen dir nicht zur
Last fallen. Obwohl Abschalom ihn dringend bat, wollte er nicht mit-
gehen, sondern wollte ihn mit dem Segensgruß verabschieden. 26 Da
sagte Abschalom: Kann nicht wenigstens mein Bruder Amnon mit
uns gehen? Der König fragte ihn: Warum soll er mit dir gehen?
27 Abschalom aber drängte ihn (noch mehr), und der König ließ
Amnon und seine anderen Söhne mit ihm gehen. 28 Abschalom befahl
seinen jungen Leuten: Gebt acht: Wenn Amnon vom Wein guter Laune
ist, werde ich zu euch sagen: Schlagt Amnon tot! Dann tötet ihn! Habt
keine Angst! Ich selbst habe es euch ja befohlen. Seid mutig und tap-
fer! 29 Die jungen Leute Abschaloms machten mit Amnon, was ihnen
Abschalom befohlen hatte. Da sprangen alle Söhne des Königs auf,
stiegen auf ihre Maultiere und flohen. 30 Sie waren noch auf dem
Weg, als zu David das Gerücht gelangte: Abschalom hat alle Söhne
des Königs erschlagen; nicht einer von ihnen ist übriggeblieben.
31 Da stand der König auf, zerriß seine Kleider und warf sich zu Boden.
Auch alle seine Diener, die um ihn herumstanden, zerrissen ihre Klei-
der. 32 Jonadab aber, der Sohn Schimas, des Bruders Davids, sagte:
Mein Herr soll nicht glauben, daß alle jungen Männer, alle Söhne des
Königs, tot sind. Nur Amnon ist tot; denn Abschalom war verbittert
seit dem Tag, an dem Amnon seine Schwester vergewaltigte. 33 Mein
Herr, der König, nehme sich die Sache nicht so zu Herzen und denke
nicht: Alle Söhne des Königs sind tot. Nur Amnon ist tot.
34 Abschalom aber war geflohen. Der junge Mann jedoch, der Wache
hielt, schaute aus und sah plötzlich, daß eine Menge Leute auf dem
hinter ihm liegenden Weg von der Seite des Berges herabkamen. 35 Da
sagte Jonadab zum König: Sieh, da kommen die Söhne des Königs.
Es ist so, wie dein Knecht gesagt hat. 36 Kaum hatte er das gesagt,
da kamen die Söhne des Königs. Sie begannen laut zu weinen, und
auch der König und alle seine Diener brachen in heftiges Weinen aus.
37 Abschalom aber floh und ging zu Talmai, dem Sohn des Königs
Ammihud von Geschur, und David trauerte lange Zeit um seinen
Sohn.

Abschaloms Rückkehr

38 Abschalom war also geflohen und nach Geschur gegangen; dort
blieb er drei Jahre. 39 Dann aber hörte der König allmählich auf,
gegen Abschalom zu hadern; denn er hatte sich damit abgefunden,
daß Amnon tot war.

14 Als Joab, der Sohn der Zeruja, merkte, daß das Herz des
Königs sich wieder Abschalom zuwandte, 2 schickte er
(einen Boten) nach Tekoa und ließ von dort eine kluge Frau holen. Er
sagte zu ihr: Tu so, als ob du trauerst, zieh Trauergewänder an, und
salbe dich nicht mit Öl! Stell dich wie eine Frau, die schon lange Zeit
um einen Toten trauert. 3 Dann geh zum König, und sprich folgendes
zu ihm – und Joab sagte ihr, was sie sagen sollte. 4 Die Frau aus Tekoa
ging zum König, warf sich mit dem Gesicht auf die Erde nieder, um
ihm zu huldigen und sagte: Hilf mir, mein König! 5 Der König fragte
sie: Was hast du? Sie antwortete: Ach, ich bin eine Witwe; mein Mann
ist tot. 6 Deine Magd hatte zwei Söhne. Die beiden bekamen auf dem
Feld Streit miteinander, und weil niemand da war, der sich zwischen
die beiden gestellt hätte, schlug der eine den anderen tot. 7 Da erhob
sich die ganze Verwandtschaft gegen deine Magd. Sie sagten: Gib
den, der seinen Bruder erschlagen hat, heraus, damit wir ihn töten,
weil er seinen Bruder ums Leben gebracht hat. So wollten sie sogar
den Erben vernichten. Sie wollten die Kohle, die mir geblieben ist,
auslöschen, um meinem Mann weder Namen noch Nachkommen auf
dem Erdboden zu lassen. 8 Da sagte der König zu der Frau: Geh nach
Hause! Ich werde deine Sache in Ordnung bringen. 9 Die Frau aus
Tekoa erwiderte dem König: Mein Herr und König, dann lastet die
Schuld auf mir und dem Haus meines Vaters. Der König aber und sein
Thron werden schuldlos sein. 10 Der König antwortete: Wenn jemand
gegen dich spricht, bring ihn zu mir; er wird dir nicht wieder zu nahe
treten. 11 Sie aber sagte: Der König rufe doch den Herrn, deinen Gott,
dafür an, daß der Bluträcher nicht noch mehr Unheil anrichtet und
meinen Sohn umbringt. Der König antwortete: So wahr der Herr lebt,
deinem Sohn soll kein Haar gekrümmt werden.
12 Darauf sagte die Frau: Deine Magd möchte meinem Herrn, dem
König, noch ein Wort sagen. Er antwortete: Sprich! 13 Da fragte die
Frau: Warum planst du genau das gleiche gegen das Volk Gottes?
Wenn der König ein solches Urteil gefällt hat, spricht er sich selbst
schuldig, da er seinen verstoßenen (Sohn) nicht zurückkehren läßt.
14 Wir müssen alle sterben und sind wie das Wasser, das man auf die
Erde schüttet und nicht wieder einsammeln kann. Aber Gott wird
dem das Leben nicht nehmen, der darauf aus ist, daß ein von ihm Ver-
stoßener nicht verstoßen bleibt. 15 Daß ich aber hergekommen bin,
um dem König, meinem Herrn, das zu sagen, geschah, weil die Leute
mir Angst machten. Darum sagte sich deine Magd: Ich will mit dem
König reden; vielleicht wird der König tun, was seine Magd sagt. 16 Ja,
der König wird (auf mich) hören und seine Magd aus der Hand des
Mannes retten, der mich zusammen mit meinem Sohn aus dem Erb-
besitz austilgen will. 17 Deine Magd hat sich gesagt: Das Wort meines
Herrn, des Königs, wird mich beruhigen; denn mein Herr, der König,
ist gerade so wie der Engel Gottes: Er hört Gutes und Böses. Der Herr,
dein Gott, sei mit dir.
18 Der König erwiderte der Frau: Verhehl mir nichts von dem, was ich
dich jetzt frage. Die Frau sagte: Mein Herr und König, rede!
19 Da fragte der König: Hat etwa Joab bei all dem die Hand im Spiel?
Die Frau antwortete: So wahr du lebst, mein Herr und König, an all
dem, was mein Herr, der König, sagt, kann man sich unmöglich
rechts oder links vorbeidrücken. Ja, dein Knecht Joab war es, der mir
das befohlen hat; er hat all diese Worte deiner Magd in den Mund
gelegt. 20 Das hat dein Knecht Joab getan, um der Sache ein anderes
Gesicht zu geben. Mein Herr ist weise, wie der Engel Gottes, der alles
weiß, was im Land geschieht.
21 Darauf sagte der König zu Joab: Gut, ich erfülle dir diese deine
Bitte. Geh, bring den jungen Abschalom zurück! 22 Joab warf sich mit
dem Gesicht auf die Erde nieder und huldigte (dem König). Er seg-
nete den König und sagte: Heute hat dein Knecht erkannt, daß ich
dein Wohlwollen gefunden habe, mein Herr und König, weil der
König die Bitte seines Knechtes erfüllt hat. 23 Dann brach Joab auf,
ging nach Geschur und brachte Abschalom nach Jerusalem zurück.
24 Der König aber sagte: Er soll in sein Haus gehen, aber er soll mir
nicht unter die Augen treten. Abschalom ging in sein Haus, aber dem
König durfte er nicht unter die Augen treten.
25 In ganz Israel gab es keinen schöneren und lobenswerteren Mann
als Abschalom. Vom Scheitel bis zur Sohle war kein Makel an ihm.
26 Und wenn er sein Haar schneiden ließ – das geschah von Zeit zu Zeit,
weil es so schwer wurde, daß er es schneiden lassen mußte –, und man
wog sein Haar, dann wog es zweihundert Schekel nach königlichem
Gewicht. 27 Drei Söhne wurden Abschalom geboren und eine Tochter
namens Tamar; sie wurde eine Frau von großer Schönheit.
28 Abschalom wohnte zwei Jahre lang in Jerusalem, ohne dem König
unter die Augen zu treten. 29 Da schickte Abschalom jemand zu Joab,
weil er ihn zum König senden wollte; aber Joab wollte nicht kommen.
Er schickte noch ein zweites Mal jemand hin, aber er wollte wieder
nicht kommen. 30 Da sagte Abschalom zu seinen Knechten: Seht, das
Feld Joabs, das neben meinem liegt; er hat dort Gerste (angebaut).
Geht hin, steckt es in Brand! Die Diener Abschaloms steckten das Feld
in Brand. 31 Darauf machte sich Joab auf den Weg, suchte Abschalom
in seinem Haus auf und fragte ihn: Warum haben deine Knechte das
Feld in Brand gesteckt, das mir gehört? 32 Abschalom antwortete: Ich
hatte doch jemand zu dir geschickt und dir sagen lassen: Komm her,
ich möchte dich zum König senden. Du sollst ihn fragen: Wozu bin
ich eigentlich von Geschur hergekommen? Es wäre für mich besser
gewesen, ich wäre dort geblieben. Jetzt aber möchte ich dem König
vor die Augen treten. Wenn eine Schuld auf mir liegt, soll er mich
töten. 33 Joab ging zum König und berichtete ihm alles, und der König
ließ Abschalom rufen. Er kam zum König und fiel vor ihm mit dem
Gesicht zur Erde nieder. Und der König küßte Abschalom.

Henri Matisse
Die Trauer des Königs
(1952)
»So wurde der Tag der Rettung für das ganze Volk zu einem Trauertag; denn die Leute hörten an diesem Tag: Der König ist voll Schmerz wegen seines Sohnes« (2 Sam 19,3). Wie kaum eine andere Gestalt der Bibel durchlebte David alle Höhen und Tiefen des Lebens. Nicht zuletzt aus diesem Grund behielt die Überlieferung, die den König als Verfasser der Psalmen betrachtet, ihre Überzeugungskraft. So verwendet auch Matisse in seiner mit farbigem Papier gestalteten Darstellung des trauernden Königs als Attribut des Psalmisten ein Saiteninstrument.

Abschaloms Aufstand gegen David

15 Einige Zeit danach schaffte sich Abschalom einen Wagen
und Pferde an sowie fünfzig Mann, die immer vor ihm her-
liefen. 2 Früh am Morgen stellte er sich neben den Weg zum Stadttor,
und sooft jemand mit einer Streitsache zum König vor Gericht gehen
wollte, sprach er ihn an und sagte: Aus welcher Stadt bist du? Wenn
der dann antwortete: Dein Knecht ist aus einem der Stämme Israels!,
3 sagte Abschalom zu ihm: Was du sagst, ist ja gut und recht, aber beim
König gibt es niemand, der dich anhört. 4 Und Abschalom fügte hinzu:
Würde mich doch jemand zum Richter im Land machen, damit jeder,
der einen Streit oder eine Rechtssache hat, zu mir kommt; ich würde
ihm Recht verschaffen. 5 Ging dann einer auf ihn zu, um vor ihm nie-
derzufallen, dann streckte er die Hand aus, hielt ihn fest und küßte
ihn. 6 So machte es Abschalom bei allen Israeliten, die zum König vor
Gericht gehen wollten, und so stahl er sich in das Herz der Israeliten.
7 Nach vier Jahren sagte Abschalom zum König: Ich möchte nach
Hebron gehen, um ein Gelübde zu erfüllen, das ich dem Herrn abgelegt
habe. 8 Denn dein Knecht hat bei seinem Aufenthalt in Geschur in Aram
das Gelübde gemacht: Wenn der Herr mich wirklich nach Jerusalem
zurückkehren läßt, dann will ich für den Herrn einen Gottesdienst fei-
ern. 9 Der König antwortete ihm: Geh in Frieden! Da brach Abschalom
auf und ging nach Hebron. 10 Doch (von dort) schickte er Boten an alle
Stämme Israels und ließ ihnen sagen: Wenn ihr den Klang des Widder-
horns hört, dann sollt ihr rufen: Abschalom ist König in Hebron.
11 Zweihundert Männer aus Jerusalem waren mit Abschalom gegangen;
er hatte sie eingeladen, und sie waren mit ihm gezogen, ohne von der
ganzen Sache etwas zu ahnen. 12 Als er seine Opfer darbrachte, ließ
Abschalom auch den Giloniter Ahitofel, den Berater Davids, aus seiner
Heimatstadt Gilo kommen. So wurde die Verschwörung immer größer,
und immer mehr Leute schlossen sich Abschalom an.

Davids Flucht aus Jerusalem

13 Als ein Bote kam und David meldete: Das Herz der Israeliten hat
sich Abschalom zugewandt!, 14 sagte David zu allen seinen Dienern,
die noch bei ihm in Jerusalem waren: Auf, wir müssen fliehen, denn
für uns gibt es keine Rettung vor Abschalom. Beeilt euch mit dem
Aufbruch, sonst kommt er und holt uns ein, bringt Unglück über uns
und schlägt die Stadt mit scharfem Schwert. 15 Die Diener des Königs
sagten zu ihm: Ganz wie der Herr und König sich entscheidet. Hier
sind deine Knechte. 16 So zog der König fort, und sein ganzes Haus
folgte ihm. Nur die zehn Nebenfrauen ließ der König zurück; sie soll-
ten das Haus bewachen.
17 Als der König mit den Leuten, die ihm folgten, fortzog, blieben sie
beim letzten Haus stehen 18 und alle seine Diener zogen an ihm vor-

über, dazu alle Kereter und Peleter und alle Gatiter, jene sechshundert
Mann, die ihm aus Gat gefolgt waren; sie alle zogen vor dem König
vorüber. 19 Da sagte der König zu Ittai aus Gat: Warum willst auch du
mit uns gehen? Kehr um, und bleib beim (neuen) König! Denn du bist
ein Ausländer und aus deiner Heimat verbannt. 20 Erst gestern bist du
gekommen – und schon heute sollte ich dich aufjagen, um mit uns zu
gehen? Ich gehe, wohin ich eben gehe. Du aber kehr um, und bring
deine Brüder in Liebe und Treue zurück! 21 Doch Ittai erwiderte dem
König: So wahr der Herr lebt und so wahr mein Herr, der König, lebt:
Nur an dem Ort, wo mein Herr, der König, ist, dort wird auch dein
Diener sein, sei es um zu leben oder um zu sterben. 22 Da sagte David
zu Ittai: Dann geh und zieh (mit deinen Leuten) vorüber! Und der
Gatiter zog mit allen seinen Männern und dem ganzen Troß, den er
bei sich hatte, vorüber. 23 Alle weinten laut, als die Leute (an David)
vorüberzogen. Dann überschritt der König den Bach Kidron, und alle
zogen weiter auf dem Weg zur Steppe.
24 Auch Zadok und all die Leviten um ihn, die die Bundeslade Gottes
trugen, waren dabei. Sie stellten die Lade Gottes nieder, und Abjatar
brachte Opfer dar, bis alle Leute aus der Stadt vollzählig (an David)
vorübergezogen waren. 25 Der König sagte zu Zadok: Bring die Lade
Gottes in die Stadt zurück! Wenn ich vor den Augen des Herrn Gnade
finde, dann wird er mich zurückführen und mich die Lade und ihre
Stätte wiedersehen lassen. 26 Wenn er aber sagt: Ich habe an dir kei-
nen Gefallen!, gut, dann mag er mit mir machen, was ihm gefällt.
27 Und (weiter) sagte der König zu dem Priester Zadok: Siehst du das
ein? Kehr in Frieden in die Stadt zurück, ebenso dein Sohn Ahimaaz
und Abjatars Sohn Jonatan, eure beiden Söhne. 28 Merkt euch: Ich
werde an den Furten zur Steppe warten, bis von euch eine Nachricht
kommt, die mir Bescheid gibt. 29 Darauf brachten Zadok und Abjatar
die Lade Gottes nach Jerusalem zurück und blieben dort.
30 David stieg weinend und mit verhülltem Haupte den Ölberg hinauf;
er ging barfuß, und alle Leute, die bei ihm waren, verhüllten ihr
Haupt und zogen weinend hinauf. 31 Man hatte David die Nachricht
gebracht, daß auch Ahitofel unter den Verschwörern auf seiten
Abschaloms war. Da sagte David: Herr, vereitle den Rat Ahitofels!
32 Als David auf den Gipfel des Berges kam, auf dem man sich vor
Gott niederwirft, kam ihm plötzlich der Arkiter Huschai entgegen,
mit zerrissenen Kleidern und Erde auf dem Haupt. 33 David sagte zu
ihm: Wenn du mit mir ziehst, wärest du mir nur eine Last. 34 Wenn du
aber in die Stadt zurückkehrst und zu Abschalom sagst: Ich bin dein
Knecht, mein König, ich war früher der Knecht deines Vaters, jetzt
aber will ich dein Knecht sein!, dann kannst du für mich den Rat Ahi-
tofels durchkreuzen. 35 Die Priester Zadok und Abjatar werden auch
dort bei dir sein, und du kannst alles, was du aus dem Haus des
Königs hörst, den Priestern Zadok und Abjatar berichten. 36 Sie haben
dort auch ihre beiden Söhne bei sich, Zadok den Ahimaaz und Abjatar
den Jonatan; durch sie könnt ihr mir alles übermitteln, was ihr hört.
37 So kam Huschai, der Freund Davids, in die Stadt zurück, als
Abschalom gerade in Jerusalem ankam.

16 Als David vom Gipfel des Berges aus ein Stück weiterzog,
da kam ihm Ziba, der Diener Merib-Baals, mit einem Paar
gesattelter Esel entgegen. Sie waren mit zweihundert Broten, hundert
Traubenkuchen, hundert frischen Früchten und einem Schlauch
Wein beladen. 2 Der König fragte Ziba: Was hast du damit vor? Ziba
antwortete: Die Esel sind für die königliche Familie als Reittiere
bestimmt, das Brot und die Früchte zur Verpflegung deiner Diener,
der Wein ist zum Trinken für die, die in der Steppe müde werden.
3 Der König fragte: Wo ist der Sohn deines Herrn? Ziba antwortete
dem König: Er ist in Jerusalem geblieben; denn er hat gesagt: Heute
wird mir das Haus Israel das Königtum meines Vaters wiedergeben.
4 Da sagte der König zu Ziba: Jetzt soll alles, was Merib-Baal gehört,
dir gehören. Ziba antwortete: Ich habe mich (vor dir) niedergewor-
fen; möge ich Gnade finden vor deinen Augen, mein Herr und König.
5 Als König David nach Bahurim kam, da kam plötzlich aus der Stadt
ein Mann namens Schimi, ein Sohn Geras aus der Sippe des Hauses
Saul. Er kam David mit Flüchen entgegen, 6 und warf mit Steinen
nach ihm und allen Dienern des Königs David, obwohl das ganze
Volk und alle Krieger rechts und links um ihn standen. 7 Schimi
schrie und fluchte: Verschwinde, verschwinde, du Mörder, du Nieder-
trächtiger! 8 Der Herr hat all deine Blutschuld am Haus Sauls, an des-
sen Stelle du König geworden bist, auf dich zurückfallen lassen. Der
Herr hat das Königtum in die Hand deines Sohnes Abschalom gege-
ben. Nun bist du ins Unglück geraten; denn du bist ein Mörder. 9 Da
sagte Abischai, der Sohn der Zeruja, zum König: Warum flucht dieser
tote Hund meinem Herrn, dem König? Ich will hinübergehen und
ihm den Kopf abschlagen. 10 Doch der König antwortete: Was habe
ich mit euch zu schaffen, ihr Söhne der Zeruja? Wenn er flucht und
wenn der Herr ihm gesagt hat: Verfluch David!, wer darf dann fragen:
Warum tust du das? 11 Und weiter sagte David zu Abischai und all sei-
nen Dienern: Seht, mein leiblicher Sohn trachtet mir nach dem
Leben, wieviel mehr muß es dann dieser Benjaminiter tun. Laßt ihn
fluchen! Sicherlich hat es ihm der Herr geboten. 12 Vielleicht sieht der
Herr mein Elend an und erweist mir Gutes für den Fluch, der mich
heute trifft. 13 David und seine Männer setzten ihren Weg fort; Schimi
ging am Berghang neben ihnen her und fluchte ununterbrochen,
warf mit Steinen nach ihm und bewarf ihn mit Erde. 14 Erschöpft kam
der König mit allen Leuten, die er bei sich hatte, an den Jordan; dort
konnte er wieder Atem schöpfen.

Abschalom in Jerusalem

15 Abschalom war mit dem ganzen Heer der Israeliten nach Jerusalem
gekommen; auch Ahitofel war bei ihm. 16 Als der Arkiter Huschai, der
Freund Davids, zu Abschalom kam, sagte er zu Abschalom: Es lebe
der König, es lebe der König! 17 Abschalom fragte Huschai: So sieht
die Liebe zu deinem Freund aus? Warum bist du nicht mit deinem
Freund gegangen? 18 Huschai sagte zu Abschalom: Nein, ich gehöre
vielmehr zu dem, den der Herr und dieses Volk und alle Israeliten
erwählt haben; bei ihm will ich bleiben. 19 Und außerdem: Wem
diene ich denn? Doch nur seinem Sohn. Wie ich vor den Augen deines
Vaters Dienst getan habe, so will ich auch dir zur Verfügung stehen.
20 Abschalom sagte zu Ahitofel: Gebt einen Rat, was wir tun sollen.
21 Ahitofel sagte zu Abschalom: Geh zu den Nebenfrauen deines
Vaters, die er hiergelassen hat, um das Haus zu bewachen. So wird
ganz Israel erfahren, daß du dich bei deinem Vater verhaßt gemacht
hast, und alle die zu dir halten, werden ermutigt. 22 Man errichtete für
Abschalom ein Zelt auf dem Dach, und Abschalom ging vor den
Augen ganz Israels zu den Nebenfrauen seines Vaters. 23 Ein Rat, den
Ahitofel gab, galt in jenen Tagen so viel, als hätte man ein Gotteswort
erbeten. So viel galt jeder Rat Ahitofels, bei David wie bei Abschalom.

17 Und Ahitofel sagte weiter zu Abschalom: Ich möchte
zwölftausend Mann auswählen, mit ihnen noch heute
nacht aufbrechen und David nachsetzen. 2 Ich will ihn überfallen,
wenn er noch müde und ermattet ist, und ihm einen Schrecken einja-
gen. Alle Leute, die bei ihm sind, werden fliehen, und ich kann den
König, wenn er allein ist, erschlagen. 3 Dann werde ich das ganze
Volk zu dir zurückführen, wie eine Neuvermählte zu ihrem Mann
heimgeholt wird. Du trachtest ja nur dem einen Mann nach dem
Leben; das ganze übrige Volk aber soll Frieden haben. 4 Der Plan
erschien Abschalom und allen Ältesten Israels gut.
5 Abschalom aber sagte: Ruft auch den Arkiter Huschai! Wir wollen
hören, was er zu sagen hat. 6 Als Huschai kam, sagte Abschalom zu
ihm: Das und das hat Ahitofel gesagt. Sollen wir seinen Vorschlag
ausführen? Wenn nicht, dann rede du! 7 Da sagte Huschai zu Abscha-
lom: Diesmal ist der Rat, den Ahitofel gegeben hat, nicht gut. 8 Und er
fuhr fort: Du kennst deinen Vater und seine Männer; sie sind Krieger
und von wildem Mut erfüllt, wie eine Bärin im freien Gelände, der
man die Jungen geraubt hat. Dein Vater ist ein Krieger, der mit seinen
Leuten keine Nachtruhe hält. 9 Sicher hält er sich jetzt in einer Höhle
oder an einem anderen Ort versteckt. Wenn nun gleich zu Anfang
einige von deinen Leuten fallen und man hört davon, wird man sagen:

Die Anhänger Abschaloms haben eine Niederlage erlitten. 10 Dann
wird auch der Tapferste – und habe er ein Herz wie ein Löwe – völlig
den Mut verlieren; denn ganz Israel weiß, daß dein Vater ein Held ist
und tapfere Männer bei sich hat. 11 Darum rate ich: Alle Israeliten zwi-
schen Dan und Beerscheba sollen sich bei dir versammeln, (ein Heer)
so zahlreich wie der Sand am Ufer des Meeres. Du selbst mußt (mit
ihnen) in den Kampf ziehen. 12 Wenn wir ihn dann in einem der Orte,
wo er sich aufhält, finden, überfallen wir ihn, wie der Tau auf die Erde
fällt; dann wird von ihm und allen Männern, die bei ihm sind, auch
nicht einer übrig bleiben. 13 Und wenn er sich in eine Stadt zurück-
zieht, so wird ganz Israel Seile an (den Mauern) jener Stadt befestigen,
und wir schleifen sie ins Tal hinab, so daß dort, wo sie sind, kein Stein
mehr zu finden ist. 14 Da sagten Abschalom und alle Israeliten: Der
Rat des Arkiters Huschai ist besser als der Rat Ahitofels. Der Herr
hatte es nämlich so bestimmt; der gute Rat Ahitofels sollte durch-
kreuzt werden, weil der Herr Unheil über Abschalom bringen wollte.
15 Darauf sagte Huschai zu den Priestern Zadok und Abjatar: Das und
das hat Ahitofel Abschalom und den Ältesten Israels geraten, und das
und das habe ich geraten. 16 Schickt jetzt schnell jemand zu David,
und laßt ihm sagen: Bleib heute nacht nicht bei den Furten, (die) zur
Steppe (hinüberführen), sondern zieh sofort hinüber, damit nicht der
König samt allen Leuten, die er bei sich hat, vernichtet wird. 17 Jona-
tan und Ahimaaz aber hielten sich an der Rogel-Quelle auf; eine
Magd ging zu ihnen und brachte ihnen die Nachricht, sie aber gingen
zu König David und machten ihm Meldung. Sie durften sich nämlich
nicht sehen lassen und konnten deshalb die Stadt nicht betreten.
18 Doch ein junger Mann sah sie trotzdem und meldete es Abschalom.
Die beiden aber gingen schnell weiter und kamen zum Haus eines
Mannes in Bahurim, der in seinem Hof einen Brunnen hatte. Sie stie-
gen hinein, 19 und die Frau nahm eine Decke, breitete sie über die Öff-
nung des Brunnens und streute Körner darauf, so daß man nichts
merken konnte. 20 Als Abschaloms Knechte zu der Frau ins Haus
kamen, fragten sie: Wo sind Ahimaaz und Jonatan? Die Frau antwor-
tete ihnen: Sie sind von hier zum Wasser weitergegangen. Die
Knechte machten sich auf die Suche, als sie sie aber nicht fanden,
kehrten sie nach Jerusalem zurück. 21 Nachdem sie weggegangen
waren, stiegen die beiden aus dem Brunnen heraus, gingen zu König
David und brachten ihm die Nachricht. Sie sagten zu David: Brecht
auf, und geht schnell über den Fluß hinüber; denn Ahitofel hat gegen
euch den und den Rat erteilt. 22 Da brach David mit allen Leuten, die
noch bei ihm waren, auf, und zog über den Jordan. Als es Morgen
wurde, war auch nicht mehr einer da, der den Jordan nicht überschrit-
ten hätte.
23 Als Ahitofel sah, daß sein Rat nicht ausgeführt wurde, sattelte er
seinen Esel, brach auf und kehrte in seine Heimatstadt zurück. Dann
bestellte er sein Haus und erhängte sich. So starb er, und man begrub
ihn im Grab seines Vaters.

Davids Vorbereitungen zum Kampf

24 Als David nach Mahanajim gekommen war, überschritt Abschalom
mit allen Israeliten den Jordan. 25 Abschalom hatte Amasa anstelle
Joabs an die Spitze des Heeres gestellt. Amasa war der Sohn eines
Ismaeliters namens Jeter und der Abigal, die eine Tochter des
Nahasch und eine Schwester von Joabs Mutter Zeruja war. 26 Die Isra-
eliten unter Abschalom schlugen ihr Lager im Gebiet von Gilead auf.
27 Als nun David nach Mahanajim gekommen war, brachten ihm
Schobi, der Sohn des Nahasch aus der Ammoniterstadt Rabba, und
Machir, der Sohn Ammiëls aus Lo-Dabar, sowie der Gileaditer Barsil-
lai aus Roglim 28 Matten und Decken, irdene Gefäße, Weizen, Gerste,
Mehl und geröstetes Korn, Bohnen und Linsen [und geröstetes
Korn]; 29 außerdem brachten sie David und seinen Leuten Honig und
Butter, Schafe und Käse als Nahrung. Denn sie sagten: Das Volk in
der Steppe ist hungrig, durstig und erschöpft.
18 Dann musterte David die Leute, die bei ihm waren, und
setzte Anführer ein über die einzelnen Tausendschaften
und Hundertschaften. 2 Dann ließ er seine Leute ausrücken, ein Drit-
tel (von ihnen) unter Joab, ein Drittel unter Abischai, dem Sohn der
Zeruja und Bruder Joabs, und ein Drittel unter dem Gatiter Ittai. Der
König sagte zu seinen Leuten: Auch ich will mit euch in den Kampf
ziehen. 3 Doch sie erwiderten: Du sollst nicht mit uns in den Kampf
ziehen; denn wenn wir fliehen, wird man sich um uns nicht küm-
mern; und wenn die Hälfte von uns stirbt, wird man sich um uns
nicht kümmern. Doch du giltst so viel wie zehntausend von uns, und
außerdem wäre es besser, wenn du uns von der Stadt aus zu Hilfe
kommen könntest. 4 Der König antwortete ihnen: Ich will tun, was
ihr für richtig haltet. Darauf stellte sich der König neben das Tor (der
Stadt), und die Leute zogen nach Hundertschaften und Tausend-
schaften geordnet hinaus. 5 Und der König befahl Joab, Abischai und
Ittai: Geht mir mit dem Jungen, mit Abschalom, schonend um! Alle
Leute hörten, wie der König seinen Anführern wegen Abschalom
diese Anweisung gab.

Abschaloms Tod

6 Die Leute zogen ins Feld, den Israeliten entgegen, und im Wald
Efraim kam es zur Schlacht. 7 Die Israeliten wurden von den Leuten
Davids geschlagen und erlitten eine schwere Niederlage; an jenem
Tag fielen zwanzigtausend von ihnen. 8 Der Kampf breitete sich über
die ganze dortige Gegend aus, und der Wald verschlang an jenem Tag
mehr Krieger als das Schwert. 9 Plötzlich kam Abschalom in das
Blickfeld der Krieger Davids; er ritt auf einem Maultier. Als das Maul-
tier unter den Ästen einer großen Eiche hindurchlief, blieb Abscha-
lom mit dem Kopf fest an der Eiche hängen, so daß er zwischen
Himmel und Erde schwebte und das Maultier unter ihm weglief.
10 Jemand sah es und meldete Joab: Ich habe gerade Abschalom an
einer Eiche hängen sehen. 11 Joab sagte zu dem Mann, der ihm das
meldete: Wenn du es gesehen hast, warum hast du ihn nicht sofort an
Ort und Stelle niedergestoßen? Ich hätte dir dann gern zehn Silber-
stücke und einen Gürtel gegeben. 12 Der Mann antwortete Joab: Auch
wenn ich tausend Silberstücke auf die Hand ausgezahlt erhielte,
würde ich meine Hand nicht gegen den Sohn des Königs erheben;
denn der König hat dir, Abischai und Ittai vor unseren Ohren befoh-
len: Gebt mir auf den Jungen, auf Abschalom, acht! 13 Hätte ich heim-
tückisch gehandelt und ihm etwas getan – dem König bleibt ohnehin
nichts verborgen –, dann würdest du dich (aus der Sache) heraushal-
ten. 14 Joab erwiderte: Ich kann mich nicht noch länger mit dir aufhal-
ten. Und er nahm drei Spieße in die Hand und stieß sie Abschalom,
der noch lebend an der Eiche hing, ins Herz. 15 Die zehn Waffenträger
Joabs umringten Abschalom und schlugen ihn tot. 16 Dann ließ Joab
das Widderhorn blasen, und die Krieger hörten auf, die Israeliten zu
verfolgen, weil Joab ihnen Einhalt gebot. 17 Sie nahmen Abschalom
und warfen ihn im Wald in eine tiefe Grube und errichteten über ihm
einen riesigen Steinhaufen. Alle Israeliten aber flohen, jeder in sein
Zelt. – 18 Abschalom hatte sich schon zu Lebzeiten den Gedenkstein,
der jetzt im Königstal steht, herbeischaffen und für sich aufstellen
lassen; denn er sagte sich: Ich habe keinen Sohn, der meinen Namen
im Gedächtnis (der Menschen) halten würde. Er benannte den Stein
nach seinem Namen; deshalb heißt er bis zum heutigen Tag
»Abschaloms Hand«.
19 Ahimaaz, der Sohn Zadoks, sagte: Ich will zum König eilen und ihm
die freudige Nachricht bringen, daß der Herr ihm Recht gegenüber
seinen Feinden verschafft hat. 20 Joab sagte zu ihm: Du würdest heute
kein Freudenbote sein. An einem anderen Tag kannst du eine gute
Nachricht überbringen; heute würdest du nichts Erfreuliches melden;
denn der Sohn des Königs ist tot. 21 Und Joab befahl einem Kuschiter:
Geh, melde dem König, was du gesehen hast. Der Kuschiter warf sich
vor Joab nieder, dann eilte er davon. 22 Ahimaaz, der Sohn Zadoks,
sagte noch einmal zu Joab: Mag kommen, was will, ich möchte auch
hineilen, hinter dem Kuschiter her. Joab antwortete: Warum willst du
denn hinlaufen, mein Sohn? Du bekommst keinen Botenlohn.
23 Doch Ahimaaz sagte: Mag kommen, was will; ich laufe hin. Joab

erwiderte: Dann lauf! Ahimaaz lief los, nahm den Weg durch die Jor-
dansenke und überholte den Kuschiter. 24 David saß zwischen den
beiden Toren. Der Späher aber war auf das Dach des Tores, auf die
Mauer, gestiegen, und als er Ausschau hielt, sah er einen einzelnen
Mann herbeilaufen. 25 Der Späher rief dem König die Meldung zu. Der
König sagte: Wenn er allein ist, dann bringt er eine gute Nachricht.
Während der Mann herankam, 26 sah der Späher noch einen anderen
herbeieilen und rief zum Tor hinab: Da läuft noch ein einzelner Mann
herbei. Der König sagte: Auch er bringt eine gute Nachricht. 27 Darauf
sagte der Späher: Ich sehe, der erste läuft in der Art des Ahimaaz, des
Sohnes Zadoks. Und der König sagte: Das ist ein guter Mann, er
kommt mit einer guten Nachricht. 28 Ahimaaz rief dem König den
Friedensgruß zu, warf sich vor ihm mit dem Gesicht zur Erde nieder
und sagte: Gepriesen sei der Herr, dein Gott, der (dir) die Männer aus-
geliefert hat, die ihre Hand gegen meinen Herrn, den König, erhoben
haben. 29 Der König fragte: Geht es dem Jungen, Abschalom, gut?
Ahimaaz antwortete: Ich sah ein großes Getümmel, als Joab den
Knecht des Königs, deinen Knecht, wegschickte; darum weiß ich
nicht, was da geschah. 30 Der König befahl: Tritt zur Seite, und stell
dich hierher! Ahimaaz trat zur Seite und blieb dort stehen. 31 Da kam
auch der Kuschiter und sagte: Mein Herr, der König, lasse sich die
gute Nachricht bringen, daß der Herr dir heute Recht verschafft hat
gegenüber allen, die sich gegen dich erhoben hatten. 32 Der König
fragte den Kuschiter: Geht es dem Jungen, Abschalom, gut? Der
Kuschiter antwortete: Wie dem jungen Mann möge es allen Feinden
meines Herrn, des Königs, ergehen, allen, die sich in böser Absicht
gegen dich erhoben haben.

Davids Klage um Abschalom

19 Da zuckte der König zusammen, stieg in den oberen Raum
des Tores hinauf und weinte. Während er hinaufging, rief er
(immer wieder): Mein Sohn Abschalom, mein Sohn, mein Sohn
Abschalom! Wäre ich doch an deiner Stelle gestorben, Abschalom,
mein Sohn, mein Sohn! 2 Man meldete Joab: Der König weint und
trauert um Abschalom. 3 So wurde der Tag der Rettung für das ganze
Volk zu einem Trauertag; denn die Leute hörten an diesem Tag: Der
König ist voll Schmerz wegen seines Sohnes. 4 Die Leute schlichen
sich an jenem Tag in die Stadt, wie sich Leute davonschleichen, die
Schande auf sich geladen haben, weil sie im Kampf geflohen sind.
5 Der König aber hatte sein Gesicht verhüllt und rief laut: Mein Sohn
Abschalom! Abschalom, mein Sohn, mein Sohn! 6 Da ging Joab zum
König ins Haus hinein und sagte: Du hast heute alle deine Diener
offen beschimpft, die dir, deinen Söhnen und Töchtern, deinen
Frauen und Nebenfrauen das Leben gerettet haben. 7 Du zeigst ja
denen deine Liebe, die dich hassen, und deinen Haß denen, die dich
lieben; denn du gabst uns heute zu verstehen, daß dir die Anführer
und die Krieger nichts bedeuten. Jetzt weiß ich, daß es in deinen
Augen ganz richtig wäre, wenn Abschalom noch am Leben wäre, wir
alle aber heute gestorben wären. 8 Doch nun steh auf, geh hinaus, und
sag deinen Leuten einige anerkennende Worte! Denn ich schwöre dir
beim Herrn: Wenn du nicht (zu ihnen) hinausgehst, dann wird bis zur
kommenden Nacht keiner mehr bei dir sein, und das wird für dich
schlimmer sein als alles Unheil, das dir von deiner Jugend an bis jetzt
zugestoßen ist. 9 Da stand der König auf und setzte sich in das Tor.
Und im Volk wurde bekannt: Der König sitzt im Tor. Da kamen alle
Leute zum König.

Davids Rückkehr nach Jerusalem

Nachdem die Israeliten geflohen und in ihre Zelte zurückgekehrt
waren, 10 stritten sich alle Leute in allen Stämmen Israels und sagten:
Der König hat uns aus der Gewalt unserer Feinde befreit, er hat uns
aus der Gewalt der Philister gerettet, und jetzt hat er vor Abschalom
aus dem Land fliehen müssen. 11 Abschalom aber, den wir zu unse-
rem König gesalbt haben, ist im Kampf gefallen. Warum zögert ihr
jetzt, den König zurückzuholen? 12 So redete man in ganz Israel. Und
die Nachricht davon drang bis zum König vor [in sein Haus]. Da
schickte König David (einen Boten) zu den Priestern Zadok und Abja-
tar und ließ ihnen sagen: Sagt zu den Ältesten Judas: Warum wollt ihr
die letzten sein, die den König in sein Haus zurückholen? 13 Ihr seid
meine Brüder, ihr seid mein Fleisch und Bein. Warum wollt ihr die
letzten sein, die den König zurückholen? 14 Und zu Amasa sollt ihr
sagen: Bist du nicht mein Fleisch und Bein? Gott soll mir dies und das
antun, wenn du nicht bei mir für alle Zeit anstelle Joabs der Befehls-
haber des Heeres sein wirst. 15 So machte David sich das Herz aller
Männer in Juda geneigt, so daß sie wie ein Mann zu ihm hielten. Sie
sandten dem König die Aufforderung: Kehr zurück, du selbst und alle
deine Diener! 16 Da machte sich der König auf den Rückweg und kam
an den Jordan, die Judäer aber, die dem König entgegengezogen
waren, um ihn über den Jordan zu geleiten, waren bis nach Gilgal
gekommen.
17 Auch der Benjaminiter Schimi aus Bahurim, der Sohn Geras, eilte
herbei und zog mit den Männern von Juda dem König David entge-
gen. 18 Bei ihm waren tausend Mann aus Benjamin, darunter Ziba, der
Diener des Hauses Saul, mit seinen fünfzehn Söhnen und seinen
zwanzig Knechten. Sie waren schon vor dem König an den Jordan
gelangt 19 und durchschritten die Furt, um die Familie des Königs
hinüberzugeleiten und alles zu tun, was dem König gut erschien. Als
der König gerade den Jordan überschreiten wollte, fiel Schimi, der
Sohn Geras, vor ihm nieder 20 und sagte zu ihm: Mein Herr möge mir
meine Schuld nicht anrechnen; mögest du nicht an das denken, was
dein Knecht sich an dem Tag zuschulden kommen ließ, als mein
Herr, der König, Jerusalem verließ; der König nehme es sich nicht so
zu Herzen; 21 denn dein Knecht weiß, daß er gesündigt hat. Sieh her,
ich bin heute als erster vom ganzen Haus Josef hergekommen, um
meinem Herrn, dem König, entgegenzugehen. 22 Da fragte Abischai,
der Sohn der Zeruja: Müßte nicht Schimi dafür mit dem Tod bestraft
werden, daß er den Gesalbten des Herrn verflucht hat? 23 David aber
sagte: Was habe ich mit euch zu schaffen, ihr Söhne der Zeruja?
Warum benehmt ihr euch plötzlich wie Feinde von mir? Soll heute
jemand in Israel getötet werden, wo ich doch weiß, daß ich ab heute
wieder König von Israel bin? 24 Und der König sagte zu Schimi: Du
sollst nicht sterben. Der König bekräftigte es ihm mit einem Schwur.
25 Auch Merib-Baal, der Sohn Sauls, kam dem König entgegen. Er
hatte seine Füße und seinen Bart nicht mehr gepflegt und seine Klei-
der nicht gewaschen seit dem Tag, an dem der König weggegangen
war, bis zu dem Tag, an dem er wohlbehalten zurückkam. 26 Als er
von Jerusalem aus dem König entgegenkam, fragte ihn der König:
Warum bist du damals nicht mit mir weggegangen, Merib-Baal? 27 Er
antwortete: Mein Herr und König, mein Diener hat mich hintergan-
gen. Dein Knecht sagte zu ihm: Ich will mir die Eselin satteln und mit
dem König zusammen wegreiten; dein Knecht ist ja lahm. 28 Man hat
deinen Knecht bei meinem Herrn, dem König, verleumdet. Aber
mein Herr, der König, ist wie der Engel Gottes; darum tu, was dir
gefällt. 29 Obwohl das ganze Haus meines Vaters von meinem Herrn,
dem König, nichts anderes als den Tod zu erwarten hatte, hast du dei-
nen Knecht unter die aufgenommen, die an deinem Tisch essen. Was
habe ich noch für ein Recht, den König weiterhin anzurufen? 30 Der
König antwortete ihm: Warum machst du so (viele) Worte? Ich habe
bestimmt: Du und Ziba, ihr sollt euch das Land teilen. 31 Darauf sagte
Merib-Baal: Er kann auch das ganze nehmen, nachdem mein Herr,
der König, wohlbehalten in sein Haus zurückgekehrt ist.
32 Der Gileaditer Barsillai war aus Roglim herabgekommen und mit
dem König an den Jordan gezogen, um ihn am Jordan zu verabschie-
den. 33 Barsillai war sehr alt, ein Mann von achtzig Jahren. Er hatte
den König versorgt, als dieser sich in Mahanajim aufhielt; er war
nämlich sehr reich. 34 Der König sagte zu Barsillai: Zieh mit mir hin-
über, ich will für dich bei mir in Jerusalem sorgen. 35 Doch Barsillai
antwortete dem König: Wie viele Jahre habe ich denn noch zu leben,
daß ich mit dem König nach Jerusalem hinaufziehen sollte? 36 Ich bin
jetzt achtzig Jahre alt. Kann ich denn noch Gutes und Böses unter-

Horst Egon Kalinowski
Schiffbrüchige
(1973)
»Denn mich umfingen die Wellen des Todes, mich erschreckten die Fluten des Verderbens« (2 Sam 22,5). Davids Dankgebet, das sich auch als Psalm 18 findet, enthält als vielfältig ausgestaltete Bildvorstellungen das Meer als Metapher der Lebensgefahr. Dieser Bildbereich des ›Schiffbruchs‹ berührt sich mit Themen des Malers und Objektkünstlers Horst Egon Kalinowski, mit seinem »Bild der kämpfenden, bedrohten, der geschundenen, vielleicht gar geschlagenen, gefesselten Menschen« (Friedhelm Mennekes in einem Gespräch mit dem Künstler).

scheiden? Kann dein Knecht noch Geschmack finden an dem, was er
ißt und trinkt? Höre ich denn noch die Stimme der Sänger und Sänge-
rinnen? Warum soll denn dein Knecht noch meinem Herrn, dem
König, zur Last fallen? 37 Nur eine kleine Strecke wollte dein Knecht
den König zum Jordan begleiten. Warum will sich der König bei mir
in dieser Weise erkenntlich zeigen? 38 Dein Knecht möchte umkehren
und in seiner Heimatstadt beim Grab seines Vaters und seiner Mutter
sterben. Aber hier ist dein Knecht Kimham; er mag mit meinem
Herrn, dem König, hinüberziehen. Tu für ihn, was dir gefällt. 39 Der
König erwiderte: Kimham soll mit mir hinüberziehen; ich werde für
ihn tun, was du für gut hältst. Alles aber, was du von mir begehrst,
will ich für dich tun. 40 Darauf zog das ganze Volk über den Jordan,
und auch der König ging hinüber. Der König küßte Barsillai und
segnete ihn, und Barsillai kehrte in seinen Heimatort zurück. 41 Der
König aber zog weiter nach Gilgal, und Kimham ging mit ihm. Das
ganze Volk von Juda zog mit dem König, dazu halb Israel.
42 Da kamen alle Israeliten zum König und sagten zu ihm: Warum
haben unsere Brüder, die Männer von Juda, dich uns geraubt und den
König, seine Familie und alle seine Männer über den Jordan geführt?
43 Alle Judäer antworteten den Israeliten: Weil der König uns näher
steht. Warum bist du darüber erzürnt? Haben wir denn ein Stück vom
König gegessen, oder ist er etwa von uns weggetragen worden? 44 Die
Israeliten antworteten den Judäern: Ich habe zehn Anteile am König,
außerdem bin ich dir gegenüber der Erstgeborene. Warum hast du
mich also gering geachtet? War es nicht zuerst mein Wunsch, meinen
König zurückzuholen? Die Antwort der Judäer hierauf war noch
schärfer als die Rede der Israeliten.

Schebas Aufstand gegen David

20 Damals lebte ein niederträchtiger Mensch namens Scheba,
ein Sohn des Bichri, ein Benjaminiter. Er ließ das Widder-
horn blasen und rief:
Welchen Anteil haben wir an David? / Wir haben keinen Erbbesitz
beim Sohn Isais. / In deine Zelte, Israel!
2 Da verließen alle Israeliten Davids Gefolgschaft und folgten Scheba,
dem Sohn Bichris. Die Männer aus Juda aber hielten weiter zu ihrem
König, vom Jordan bis nach Jerusalem.
3 Als David in sein Haus nach Jerusalem zurückkehrte, nahm der
König die zehn Nebenfrauen, die er zurückgelassen hatte, um das
Haus zu bewachen, und ließ sie in Gewahrsam bringen. Er versorgte
sie, ging aber nicht mehr zu ihnen, und sie blieben bis zu ihrem Tod
eingesperrt – schon zu Lebzeiten des Mannes im Witwenstand. 4 Der
König befahl Amasa: Ruf mir in drei Tagen die Männer Judas zusam-
men; dann sei auch du selbst wieder hier! 5 Amasa ging, um die Judäer
zusammenzurufen. Aber er versäumte die Frist, die der König ihm
gesetzt hatte. 6 Da sagte David zu Abischai: Nun wird uns Scheba der

Sohn Bichris, gefährlicher als Abschalom. Nimm darum die Knechte
deines Herrn mit, und verfolg Scheba, damit er nicht die befestigten
Städte einnimmt und uns die Augen ausreißt.
7 Da zog Abischai mit Joab und den Keretern und Peletern und allen
Helden in den Kampf. Sie zogen von Jerusalem aus, um Scheba, den
Sohn Bichris, zu verfolgen.
8 Als sie bei dem großen Stein von Gibeon waren, war Amasa gerade
vor ihnen angekommen. Joab trug sein Gewand [seine Kleidung] und
darüber einen Gurt für das Schwert. Dieses hing so in einer Scheide an
seiner Hüfte, daß es herausglitt, wenn die Scheide hervorkam. 9 Joab
sagte zu Amasa: Geht es dir gut, mein Bruder? und griff mit der rechten
Hand nach dem Bart Amasas, um ihn zu küssen. 10 Amasa aber achtete
nicht auf das Schwert, das Joab in der (linken) Hand hatte, und Joab
stieß es ihm in den Bauch, so daß seine Eingeweide zu Boden quollen.
Amasa starb, ohne daß Joab ein zweites Mal zustieß. Dann setzten Joab
und sein Bruder Abischai die Verfolgung Schebas, des Sohnes Bichris,
fort. 11 Einer von den Leuten Joabs aber blieb bei Amasa stehen und rief:
Wer zu Joab hält und wer zu David gehört, der folge Joab nach. 12 Amasa
aber hatte sich in seinem Blut mitten auf der Straße gewälzt. Als der
Mann sah, daß alle Leute stehenblieben, schaffte er Amasa von der
Straße weg auf das Feld und warf ein Kleidungsstück über ihn, weil
jeder, der vorbeikam und ihn sah, stehenblieb. 13 Erst nachdem er ihn
von der Straße weggeschafft hatte, zogen alle Männer vorüber und Joab
nach, um Scheba, den Sohn Bichris, zu verfolgen.
14 Scheba zog in allen Stämmen Israels umher, bis nach Abel-Bet-
Maacha. Alle Bichriter sammelten sich um ihn und folgten ihm. 15 Als
aber die Leute Joabs angekommen waren, schlossen sie ihn in Abel-
Bet-Maacha ein; sie schütteten einen Damm gegen die Stadt auf, der
bis an die Mauer heranreichte, und alle Leute, die bei Joab geblieben
waren, bemühten sich, die Mauer zu zerstören und zum Einsturz zu
bringen. 16 Da rief eine kluge Frau aus der Stadt: Hört her! Hört her!
Sagt Joab: Komm hierher, ich will mit dir reden. 17 Er trat zu ihr heran.
Die Frau fragte: Bist du Joab? Er antwortete: Ja, ich bin es. Da sagte sie
zu ihm: Hör auf die Worte deiner Magd! Er antwortete: Ich höre. 18 Sie
sagte: Früher pflegte man zu sagen: Man frage doch in Abel an, dann
kann man die Sache zu einem (guten) Ende führen. 19 Wir sind die
friedlichsten, treuesten Menschen in Israel. Du aber bist darauf aus,
eine Stadt, die für Israel (wie) eine Mutter ist, zu vernichten. Warum
zerstörst du das Erbe des Herrn? 20 Joab antwortete: Das liegt mir
ganz und gar fern: Ich will die Stadt nicht vernichten und zerstören.
21 So ist es nicht. Vielmehr hat ein Mann aus dem Gebirge Efraim
namens Scheba, ein Sohn Bichris, seine Hand gegen den König,
gegen David, erhoben. Ihn allein gebt heraus! Dann werde ich von der
Stadt abziehen. Die Frau sagte zu Joab: Gib acht, sein Kopf wird dir
über die Mauer zugeworfen werden. 22 Dann redete die kluge Frau mit
allen Leuten (in der Stadt), und sie schlugen Scheba, dem Sohn
Bichris, den Kopf ab und warfen ihn Joab zu. Da ließ Joab das Wid-
derhorn blasen, und alle zogen von der Stadt ab und gingen wieder zu
ihren Zelten; Joab aber kehrte nach Jerusalem zum König zurück.

Die Beamten Davids

23 Joab war Befehlshaber des ganzen Heeres der Israeliten, und
Benaja, der Sohn Jojadas, war der Befehlshaber der Kereter und Pele-
ter. 24 Adoniram beaufsichtigte die Fronarbeiten, und Joschafat, der
Sohn Ahiluds, war der Sprecher des Königs. 25 Schewa war Staat-
schreiber, und Zadok und Abjatar waren Priester. 26 Auch der Jaïriter
Ira war Davids Priester.

Nachträge

Die Rache der Gibeoniter und die Treue der Rizpa

21 Zur Zeit Davids herrschte drei Jahre hintereinander eine
Hungersnot. Da suchte David den Herrn auf (um ihn zu
befragen). Der Herr sagte: Auf Saul und seinem Haus lastet eine Blut-
schuld, weil er die Gibeoniter getötet hat. 2 Da rief der König die
Gibeoniter zu sich und redete mit ihnen. Die Gibeoniter stammten
nicht von den Söhnen Israels ab, sondern von einem Rest der Amori-
ter. Obwohl die Israeliten sich ihnen gegenüber mit einem Eid (zum
Wohlwollen) verpflichtet hatten, versuchte Saul in seinem Eifer für
die Söhne Israels und Judas, sie zu vernichten. 3 David sagte also zu
den Gibeonitern: Was soll ich für euch tun? Womit kann ich Sühne
leisten, damit ihr dem Erbe des Herrn wieder Segen bringt? 4 Die
Gibeoniter antworteten ihm: Wir wollen weder Silber noch Gold von
Saul und seinem Haus; auch steht es uns nicht zu, jemand in Israel zu
töten. David sagte: Was meint ihr, was soll ich für euch tun? 5 Sie sag-
ten zum König: Der Mann, der uns vernichten wollte und der darauf
aus war, uns auszurotten, so daß wir uns in keinem Gebiet Israels
mehr hätten halten können, 6 von dessen Söhnen soll man uns sieben
Männer geben. Wir wollen sie vor dem Herrn im Gibea Sauls, des
vom Herrn Erwählten, hinrichten. Der König antwortete: Ich will sie
euch geben. 7 Merib-Baal, den Sohn Jonatans, des Sohnes Sauls, aber
verschonte der König wegen der Abmachung zwischen David und
Jonatan, dem Sohn Sauls, die sie mit einem Eid beim Herrn bekräftigt
hatten. 8 Der König nahm Armoni und Mefi-Boschet, die beiden
Söhne, die Rizpa, die Tochter Ajas, dem Saul geboren hatte, und die
fünf Söhne, die Michal, die Tochter Sauls, dem Adriël, dem Sohn
Barsillais aus Mehola, geboren hatte. 9 Er lieferte sie den Gibeonitern
aus, die sie auf dem Berg vor dem Angesicht des Herrn hinrichteten;
so kamen alle sieben auf einmal um. Sie wurden in den ersten Tagen
der Ernte getötet, zu Beginn der Gerstenernte. 10 Rizpa, die Tochter
Ajas, aber nahm Sackleinen und legte es für sich auf den Felsen, und
(sie blieb dort) bei den Toten vom Beginn der Ernte, bis sich Wasser
vom Himmel über die Toten ergoß. Sie ließ nicht zu, daß bei Tag die
Vögel des Himmels und bei Nacht die Tiere des Feldes an sie heranka-
men. 11 Als David erzählt wurde, was Rizpa, die Tochter Ajas und
Nebenfrau Sauls, getan hatte, 12 holte er die Gebeine Sauls und die
Gebeine seines Sohnes Jonatan von den Bürgern von Jabesch-Gilead,
die sie heimlich vom Marktplatz in Bet-Schean weggenommen hat-
ten, wo die Philister sie aufgehängt hatten, als sie Israel am Gilboa
schlugen. 13 Er ließ also von dort die Gebeine Sauls und die Gebeine
seines Sohnes Jonatan heraufbringen.
Dann sammelte man die Gebeine der Hingerichteten ein 14 und
begrub sie zusammen mit den Gebeinen Sauls und seines Sohnes
Jonatan in Zela im Land Benjamin, im Grab von Sauls Vater Kisch.
Man tat alles, was der König befohlen hatte, und Gott ließ sich dar-
aufhin für das Land gnädig stimmen.

Die Helden Davids und ihre Taten

15 Wieder einmal kam es zum Krieg zwischen den Philistern und
Israel. David zog mit seinen Leuten hinab. Als sie gegen die Philister
kämpften, wurde David müde. 16 Jischbi aus Nob, ein Rafaïter, dessen
Bronze-Speer dreihundert Schekel wog und der mit einem neuen
Schwert umgürtet war, sagte, er werde David erschlagen. 17 Aber
Abischai, der Sohn der Zeruja, kam David zu Hilfe und schlug den
Philister tot. Damals leisteten die Männer Davids ihm folgenden
Schwur: Du wirst nicht mehr mit uns in den Kampf ziehen, damit du
nicht die Leuchte Israels auslöschst.
18 Danach kam es bei Gob wieder zum Kampf mit den Philistern.
Damals erschlug Sibbechai aus Huscha den Sippai, der zu den Rafaï-
tern gehörte.
19 Als es wieder einmal bei Gob zum Kampf gegen die Philister kam,
erschlug Elhanan, der Sohn Jaïrs aus Betlehem, den Goliat aus Gat,
dessen Speer einem Weberbaum glich.
20 Dann kam es noch einmal bei Gat zum Kampf. Da trat ein Mann
von riesenhafter Größe auf; er hatte an jeder Hand sechs Finger und
an jedem Fuß sechs Zehen, zusammen vierundzwanzig; auch er
stammte von Rafa ab. 21 Als er Israel verhöhnte, erschlug ihn Jonatan,
der Sohn von Davids Bruder Schima.

22 Diese vier stammten von Rafa aus Gat ab; sie fielen durch die Hand Davids und seiner Krieger.

Davids Dankgebet

22 David sang dem Herrn an dem Tag, als ihn der Herr aus der Gewalt all seiner Feinde und aus der Gewalt Sauls errettet hatte, folgendes Lied:
2 Herr, du mein Fels, meine Burg, mein Retter,
3 mein Gott, mein Fels, bei dem ich mich berge, / mein Schild und sicheres Heil, meine Feste, / meine Zuflucht, mein Helfer, / der mich vor der Gewalttat rettet.
4 Ich rufe: Der Herr sei gepriesen!, / und ich werde vor meinen Feinden gerettet.
5 Denn mich umfingen die Wellen des Todes, / mich erschreckten die Fluten des Verderbens.
6 Die Bande der Unterwelt umstrickten mich, / über mich fielen die Schlingen des Todes.
7 In meiner Not rief ich zum Herrn / und rief zu meinem Gott. / Aus seinem Heiligtum hörte er mein Rufen, / mein Hilfeschrei (drang) zu seinen Ohren.
8 Da wankte und schwankte die Erde, / die Grundfesten des Himmels erbebten. / Sie wankten, denn sein Zorn war entbrannt.
9 Rauch stieg aus seiner Nase auf, / aus seinem Mund kam verzehrendes Feuer, / glühende Kohlen sprühten aus von ihm.
10 Er neigte den Himmel und fuhr herab, / zu seinen Füßen dunkle Wolken.
11 Er fuhr auf dem Kerub und flog daher; / er schwebte auf den Flügeln des Windes.
12 Er hüllte sich in Finsternis, / in dunkles Wasser und dichtes Gewölk wie in ein Zelt.
13 Von seinem Glanz flammten glühende Kohlen auf.
14 Da ließ der Herr den Donner vom Himmel her dröhnen, / der Höchste ließ seine Stimme erschallen.
15 Er schoß seine Pfeile und streute sie, / er schleuderte Blitze und jagte sie dahin.
16 Da wurden sichtbar die Tiefen des Meeres, / die Grundfesten der Erde wurden entblößt / durch das Drohen des Herrn, / vor dem Schnauben seines zornigen Atems.
17 Er griff aus der Höhe herab und faßte mich, / zog mich heraus aus gewaltigen Wassern.
18 Er entriß mich meinen mächtigen Feinden, / die stärker waren als ich und mich haßten.
19 Sie überfielen mich am Tag meines Unheils, / doch der Herr wurde mein Halt.
20 Er führte mich hinaus ins Weite, / er befreite mich, denn er hatte an mir Gefallen.
21 Der Herr hat mir vergolten, / weil ich gerecht bin und meine Hände rein sind.
22 Denn ich hielt mich an die Wege des Herrn / und fiel nicht ruchlos ab von meinem Gott.
23 Ja, ich habe alle seine Gebote vor Augen, / weiche von seinen Gesetzen niemals ab.
24 Ich war vor ihm ohne Makel, / ich nahm mich in acht vor der Sünde.
25 Darum hat der Herr mir vergolten, / weil ich gerecht bin / und weil ich rein bin vor seinen Augen.
26 Gegen den Treuen zeigst du dich treu, / an dem Aufrichtigen handelst du recht.
27 Gegen den Reinen zeigst du dich rein, / doch falsch gegen den Falschen.
28 Dem bedrückten Volk bringst du Heil, / doch die Blicke der Stolzen zwingst du nieder.
29 Ja, du bist meine Leuchte, Herr. / Der Herr macht meine Finsternis hell.
30 Mit dir erstürme ich Wälle, / mit meinem Gott überspringe ich Mauern.
31 Vollkommen ist Gottes Weg, / das Wort des Herrn ist im Feuer geläutert. / Ein Schild ist er für alle, die sich bei ihm bergen.
32 Denn wer ist Gott als allein der Herr, / wer ist ein Fels, wenn nicht unser Gott?
33 Gott ist meine starke Burg, / er gab mir meinen Weg ohne Hindernis frei.
34 Er ließ mich springen schnell wie Hirsche, / auf hohem Weg ließ er mich gehen.
35 Er lehrte meine Hände kämpfen, / meine Arme, den ehernen Bogen zu spannen.
36 Du gabst mir deine Hilfe zum Schild, / dein Zuspruch machte mich groß.
37 Du schaffst meinen Schritten weiten Raum, / meine Knöchel wanken nicht.
38 Ich verfolge meine Feinde und vertilge sie, / ich kehre nicht um, bis sie vernichtet sind.
39 Ich vernichte sie, ich schlage sie nieder; / sie können sich nicht mehr erheben, / sie fallen und liegen unter meinen Füßen.
40 Du hast mich zum Kampf mit Kraft umgürtet, / hast (alle) in die Knie gezwungen, / die sich gegen mich erhoben.
41 Meine Feinde hast du zur Flucht gezwungen; / ich konnte die vernichten, die mich hassen.
42 Sie schreien, doch hilft ihnen niemand, / sie schreien zum Herrn, doch er gibt keine Antwort.
43 Ich zermalme sie wie Staub auf der Erde, / wie Unrat auf der Straße zertrete, zermalme ich sie.
44 Du rettest mich aus dem Streit meines Volkes, / bewahrst mich als Haupt ganzer Völker. / Stämme, die ich früher nicht kannte, / sind mir nun untertan.
45 Mir huldigen die Söhne der Fremde; / sobald sie mich nur hören, gehorchen sie mir.
46 Die Söhne der Fremde schwinden dahin, / sie kommen zitternd aus ihren Burgen hervor.
47 Es lebt der Herr! Mein Fels sei gepriesen! / Der Gott, der Fels meines Heils, sei hoch erhoben;
48 denn Gott verschaffte mir Vergeltung / und unterwarf mir die Völker.
49 Du hast mich meinen Feinden entführt, / mich über meine Gegner erhoben, / dem Mann der Gewalt mich entrissen.
50 Darum will ich dir danken, Herr, vor den Völkern, / ich will deinem Namen singen und spielen.
51 Seinem König verlieh er große Hilfe, / Huld erwies er seinem Gesalbten, / David und seinem Stamm auf ewig.

Davids letzte Worte

23 Das sind die letzten Worte Davids: Spruch Davids, des Sohnes Isais, / Spruch des hochgestellten Mannes, / des Gesalbten des Gottes Jakobs, / des Lieblingshelden der Lieder Israels:
2 Der Geist des Herrn sprach durch mich, / sein Wort war auf meiner Zunge.
3 Der Gott Israels sprach, / zu mir sagte der Fels Israels: / Wer gerecht über die Menschen herrscht, / wer voll Gottesfurcht herrscht,
4 der ist wie das Licht am Morgen, / wenn die Sonne aufstrahlt / an einem Morgen ohne Wolken, / der nach dem Regen grünes Gras / aus der Erde hervorsprießen läßt.
5 Ist nicht mein Haus durch Gott gesichert? / Weil er mir einen ewigen Bund gewährt hat, ist es in allem wohlgeordnet und gut gesichert. / All mein Heil und alles, was ich begehrte, / ließ er es nicht aufsprießen?
6 All die Übeltäter aber sind wie verwehte Dornen; / man faßt sie nicht mit der Hand an.
7 Wenn jemand sie anrühren will, / rüstet er sich mit Eisen und einer Lanze; / sie werden im Feuer verbrannt.

Davids Helden

8 Das sind die Namen der Helden Davids: Jischbaal, der Hachmoniter,
das Haupt der Drei; er schwang seine Streitaxt über achthundert
Männer und erschlug sie alle auf einmal. 9 Nach ihm kommt (als
zweiter) der Ahoachiter Eleasar, der Sohn Dodos, unter den drei Hel-
den. Er war bei David in Pas-Dammim, als die Philister sich zum
Kampf sammelten. Als sich die Israeliten zurückzogen, 10 hielt er
(allein) stand und schlug auf die Philister ein, bis seine Hand
erlahmte und am Schwert erstarrte. So verschaffte der Herr an jenem
Tag (Israel) einen großen Sieg. Das Volk kehrte wieder um und folgte
Eleasar, aber nur noch, um zu plündern. 11 Nach ihm kommt (als drit-
ter) der Harariter Schamma, der Sohn Ages. Einst versammelten sich
die Philister bei Lehi. Dort war ein Linsenfeld. Als das Volk vor den
Philistern floh, 12 stellte sich Schamma mitten in das Feld, behauptete
es und schlug die Philister. So verlieh ihm der Herr einen großen
Sieg.
13 Als sich einst das Lager der Philister in der Rafaïterebene befand,
kamen drei von den Dreißig zu Beginn der Ernte hinab zur Höhle
Adullam. 14 David hielt sich damals in der Bergfestung auf, und ein
Posten der Philister lag in Betlehem. 15 Da bekam David großen
Durst, und er sagte: Wer bringt mir Wasser aus der Zisterne am Tor
von Betlehem? 16 Da drangen die drei Helden in das Lager der Phili-
ster ein, schöpften Wasser aus der Zisterne am Tor von Betlehem,
nahmen es mit und brachten es David. Doch er wollte es nicht trin-
ken, sondern goß es für den Herrn als Trankopfer aus 17 und sagte:
Das sei fern von mir, Herr, daß ich so etwas tue. Ist es nicht sozusa-
gen das Blut der Männer, die unter Lebensgefahr hingegangen sind?
Darum wollte er es nicht trinken. Eine solche Tat vollbrachten die drei
Helden.
18 Joabs Bruder Abischai, der Sohn der Zeruja, war der Anführer der
Dreißig. Er schwang seinen Speer über dreihundert Männer und
erschlug sie; bei den drei Helden hatte er einen großen Namen.
19 Unter den Dreißig war er hoch geehrt, und er wurde ihr Anführer,
aber an die Drei reichte er nicht heran. 20 Benaja aus Kabzeel, der
Sohn Jojadas, war ein tapferer Mann, der große Taten vollbrachte. Er
erschlug die beiden Söhne Ariëls aus Moab. Als einmal Schnee ge-
fallen war, kam er zu einer Zisterne und erlegte darin einen Löwen.
21 Auch erschlug er einen Ägypter, einen furchterregenden Mann. Der
Ägypter hatte einen Speer in der Hand. Benaja aber ging nur mit
einem Stock auf ihn los, riß ihm den Speer aus der Hand und tötete
ihn mit diesem Speer. 22 Solche Taten vollbrachte Benaja, der Sohn
Jojadas. Er hatte bei den drei Helden einen großen Namen. 23 Unter
den Dreißig war er hoch geehrt, aber an die Drei reichte er nicht
heran. David stellte ihn an die Spitze seiner Leibwache.
24 Zu den Dreißig gehörte Joabs Bruder Asaël, ferner Elhanan aus
Betlehem, der Sohn Dodos, 25 Schamma und Elika aus Harod,
26 Helez aus Pelet, Ira aus Tekoa, der Sohn des Ikkesch, 27 Abiëser aus
Anatot, Sibbechai aus Huscha, 28 Zalmon, der Ahoachiter, Machrai
aus Netofa, 29 Heled aus Netofa, der Sohn Baanas, Ittai aus Gibea
in Benjamin, der Sohn Ribais, 30 Benaja aus Piraton, Hiddai aus
Nahale-Gaasch, 31 Abialbon aus Bet-Araba, Asmawet aus Bahurim,
32 Eljachba aus Schaalbon, Jaschen aus Nun, 33 Schamma aus Harar,
Ahiam aus Harar, der Sohn Scharars, 34 Elifelet aus Maacha, der Sohn
Ahasbais, Eliam aus Gilo, der Sohn Ahitofels, 35 Hezro aus Karmel,
Paarai aus Arab, 36 Jigal aus Zoba, der Sohn Natans, Mibhar aus Gad,
37 Zelek, der Ammoniter, Nachrai aus Beerot, der Waffenträger Joabs,
des Sohnes der Zeruja, 38 Ira aus Jattir, Gareb aus Jattir 39 sowie Urija,
der Hetiter. Im ganzen (waren es) siebenunddreißig.

Davids Volkszählung

24 Der Zorn des Herrn entbrannte noch einmal gegen Israel,
und er reizte David gegen das Volk auf und sagte: Geh, zähl
Israel und Juda! 2 Der König befahl Joab, dem Obersten des Heeres,
der bei ihm war: Durchstreift alle Stämme Israels von Dan bis Beer-
scheba, und mustert das Volk, damit ich weiß, wie viele es sind. 3 Joab
aber sagte zum König: Der Herr, dein Gott, möge das Volk vermeh-
ren, hundertmal mehr, als es jetzt ist, und mein Herr, der König,
möge es mit eigenen Augen sehen. Warum aber hat mein Herr, der
König, Gefallen an einer solchen Sache? 4 Doch der König beharrte
gegenüber Joab und den Anführern des Heeres auf seinem Befehl,
und Joab und die Anführer des Heeres verließen den König, um das
Volk Israel zu mustern. 5 Sie überschritten den Jordan und begannen
bei Aroër, rechts von der Stadt, die mitten im Tal liegt. Dann gingen
sie auf Gad und Jaser zu 6 und weiter nach Gilead und ins Land der
Hetiter nach Kadesch. Von dort aus zogen sie nach Dan, und von Dan
wandten sie sich nach Sidon. 7 Dann kamen sie zur Festung Tyrus und
zu all den Städten der Hiwiter und der Kanaaniter. Darauf zogen sie in
den Negeb von Juda hinab nach Beerscheba. 8 So durchstreiften sie
das ganze Land und kamen nach neun Monaten und zwanzig Tagen
wieder nach Jerusalem zurück. 9 Und Joab gab dem König das Ergeb-
nis der Volkszählung bekannt: Israel zählte achthunderttausend
Krieger, die mit dem Schwert kämpfen konnten, und Juda fünfhun-
derttausend.
10 Dann aber schlug David das Gewissen, weil er das Volk gezählt
hatte, und er sagte zum Herrn: Ich habe schwer gesündigt, weil ich
das getan habe. Doch vergib deinem Knecht seine Schuld, Herr; denn
ich habe sehr unvernünftig gehandelt. 11 Als David am Morgen auf-
stand, war bereits folgendes Wort des Herrn an den Propheten Gad,
den Seher Davids, ergangen: 12 Geh und sag zu David: So spricht der
Herr: Dreierlei lege ich dir vor. Wähl dir eines davon! Das werde ich
dir antun. 13 Gad kam zu David, teilte ihm das Wort mit und sagte:
Was soll über dich kommen? Sieben Jahre Hungersnot in deinem
Land? Oder drei Monate, in denen dich deine Feinde verfolgen und du
vor ihnen fliehen mußt? Oder soll drei Tage lang die Pest in deinem
Land wüten? Überleg dir sehr genau, was ich dem, der mich gesandt
hat, als Antwort überbringen soll. 14 Da sagte David zu Gad: Ich habe
große Angst. Wir wollen lieber dem Herrn in die Hände fallen, denn
seine Barmherzigkeit ist groß; den Menschen aber möchte ich nicht
in die Hände fallen. 15 Da ließ der Herr über Israel eine Pest kommen;
sie dauerte von jenem Morgen an bis zu dem festgesetzten Zeitpunkt,
und es starben zwischen Dan und Beerscheba siebzigtausend Men-
schen im Volk. 16 Als der Engel seine Hand gegen Jerusalem aus-
streckte, um es ins Verderben zu stürzen, reute den Herrn das Unheil,
und er sagte zu dem Engel, der das Volk ins Verderben stürzte: Es ist
jetzt genug, laß deine Hand sinken! Der Engel war gerade bei der
Tenne des Jebusiters Arauna. 17 Als David den Engel sah, der das Volk
schlug, sagte er zum Herrn: Ich bin es doch, der gesündigt hat; ich
bin es, der sich vergangen hat. Aber diese, die Herde, was haben denn
sie getan? Erheb deine Hand gegen mich und gegen das Haus meines
Vaters!
18 Am gleichen Tag kam Gad zu David und sagte zu ihm: Geh hinauf
und errichte dem Herrn auf der Tenne des Jebusiters Arauna einen
Altar! 19 David ging hinauf, wie es Gad gesagt und der Herr befohlen
hatte. 20 Arauna hielt gerade Ausschau und sah den König mit seinen
Dienern kommen. Er ging hinaus, warf sich vor dem König mit dem
Gesicht zur Erde nieder 21 und sagte: Warum kommt mein Herr, der
König, zu seinem Knecht? David antwortete: Um von dir die Tenne zu
kaufen und dem Herrn einen Altar zu errichten, damit die Plage im
Volk aufhört. 22 Arauna antwortete David: Mein Herr, der König,
möge alles nehmen, was er für gut findet, und es (als Opfer) darbrin-
gen. Sieh her, hier sind die Rinder für das Brandopfer und die Dresch-
schlitten und das Geschirr der Rinder als Brennholz. 23 Das alles gab
[der König] Arauna dem König und sagte zu ihm: Der Herr, dein
Gott, sei dir gnädig. 24 Der König erwiderte Arauna: Nein, ich will es
dir gegen Bezahlung abkaufen; ich will dem Herrn, meinem Gott,
keine unbezahlten Brandopfer darbringen. David kaufte also die
Tenne und die Rinder für fünfzig Silberschekel. 25 Und er baute dort
einen Altar für den Herrn und brachte Brandopfer und Heilsopfer
dar; der Herr aber ließ sich um des Landes willen erweichen, und die
Plage hörte auf in Israel.

Die Bücher der Könige

Das erste Buch der Könige

Die beiden Bücher enthalten die Geschichte der Könige bis zum Babylonischen Exil. Sie sind in folgende Abschnitte gegliedert: 1. die Geschichte Salomos (1 Kön 1–11); 2. die Geschichte der getrennten Reiche (1 Kön 12–2 Kön 17); 3. die weitere Geschichte des Südreiches Juda (2 Kön 18–25). Umfangreiche Abschnitte über das Wirken der Propheten Elija, Elischa und anderer Gottesmänner sind vor allem in 1 Kön 17–19 und 2 Kön 1–10 eingeschoben. Die Geschichte der einzelnen Könige ist in einen bestimmten Rahmen eingebaut mit Alters- und Datumsangaben, Urteilen über das religiöse Verhalten, Bemerkungen über Tod, Begräbnis und Nachfolger, mit Hinweisen auf Quellenwerke. Die besonderen Aussagen über die einzelnen Könige sind nach Inhalt und Umfang sehr verschieden und werden der Bedeutung der Herrscher nicht immer gerecht. Als besonders wichtig werden ihre Leistungen für Tempel und Gottesdienst und ihr Verhalten zum Bund Gottes mit Israel gewertet. Als Richtlinien gelten dabei die im Deuteronomium festgelegten Normen der Gottesverehrung. Die Könige des Nordreichs werden daher insgesamt wegen des Kultes in Bet-El getadelt, der im Widerspruch zum Gottesdienst in Jerusalem steht. Erfolge und Unglück werden als Lohn und Strafe für Gehorsam oder Abfall gedeutet.
Die Zuverlässigkeit eines Geschichtswerkes beruht auf den Quellen, die bei seiner Abfassung zur Verfügung standen. Die Königsbücher selbst erwähnen eine »Chronik Salomos«, eine »Chronik der Könige von Juda« und eine »Chronik der Könige von Israel« als Werke, in denen der Leser weitere Mitteilungen finden konnte. Viele Anzeichen sprechen dafür, daß noch andere Quellen, z. B. Urkunden, Listen, Prophetengeschichten, Volkserzählungen vorlagen, aus denen einzelne Abschnitte ganz oder in Auszügen übernommen wurden. Oft wurden solche Texte der Absicht des Verfassers entsprechend überarbeitet oder ergänzt; sein persönlicher Beitrag ist vor allem in eingestreuten Ermahnungen oder Betrachtungen zu erkennen (z.B. 2 Kön 17 und 21).
Das letzte Ereignis, das in den Königsbüchern erwähnt wird, ist die Begnadigung des Königs Jojachin um 560 v. Chr. Es wurde offensichtlich erwähnt, um mit einem Lichtblick auf die Zukunft schließen zu können. Das Ende des Babylonischen Exils war demnach noch nicht eingetreten, so daß die Zeit zwischen 560 und 538 als Entstehungszeit der Bücher anzunehmen ist. Ihr Verfasser ist unbekannt. Heute werden die beiden Bücher gewöhnlich dem Deuteronomistischen Geschichtswerk zugerechnet (vgl. die Einleitung zum Buch Deuteronomium).

Die Geschichte Salomos

Der Kampf um die Nachfolge Davids

1 König David war alt und hochbetagt; auch wenn man ihn in
Decken hüllte, wurde ihm nicht mehr warm. 2 Da sagten seine
Diener zu ihm: Man suche für unseren Herrn, den König, ein
unberührtes Mädchen, das ihn bedient und pflegt. Wenn es an seiner
Seite schläft, wird es unserem Herrn, dem König, warm werden.
3 Man suchte nun im ganzen Land Israel nach einem schönen
Mädchen, fand Abischag aus Schunem und brachte sie zum König.
4 Das Mädchen war überaus schön. Sie pflegte den König und diente
ihm; doch der König erkannte sie nicht.
5 Adonija, der Sohn der Haggit, trat anmaßend auf und sagte: Ich
werde König sein. Er beschaffte sich Wagen und Besatzung dazu
sowie fünfzig Mann, die vor ihm herliefen. 6 Sein Vater David hatte
ihn nie in seinem Leben getadelt und nie zu ihm gesagt: Warum tust
du das? Auch war Adonija ein sehr stattlicher Mann; seine Mutter
hatte ihn nach Abschalom geboren. 7 Er verhandelte mit Joab, dem
Sohn der Zeruja, und mit dem Priester Abjatar. Beide stellten sich hinter Adonija. 8 Der Priester Zadok aber und Benaja, der Sohn Jojadas,
und der Prophet Natan, auch Schimi, Reï und die Helden Davids
schlossen sich ihm nicht an. 9 Adonija schlachtete nun am Stein
Sohelet bei der Rogel-Quelle Schafe, Rinder und Mastkälber zum
Opfermahl. Er lud dazu alle seine Brüder, die Königssöhne, sowie alle
Männer von Juda ein, die im Dienst des Königs standen. 10 Den Propheten Natan jedoch und Benaja sowie die Helden und seinen Bruder
Salomo lud er nicht ein.
11 Da sagte Natan zu Batseba, der Mutter Salomos: Hast du nicht
gehört, daß Adonija, der Sohn der Haggit, König geworden ist, ohne
daß David, unser Herr, davon weiß? 12 Komm nun, ich will dir einen
Rat geben, wie du dir und deinem Sohn Salomo das Leben retten
kannst. 13 Geh zum König David, und sag zu ihm: Mein Herr und
König, du hast doch deiner Magd geschworen: Dein Sohn Salomo
soll nach mir König sein, und er soll auf meinem Thron sitzen.
Warum ist nun Adonija König geworden? 14 Noch während du dort
mit dem König redest, will auch ich kommen und deine Worte
bestätigen. 15 Batseba ging zum König in das Gemach. Er war sehr
gealtert, und Abischag aus Schunem bediente ihn. 16 Batseba verneigte sich und warf sich vor dem König nieder, und der König fragte
sie: Was willst du? 17 Sie sagte: Mein Herr, du selbst hast doch deiner
Magd beim Herrn, deinem Gott, geschworen: Dein Sohn Salomo soll
nach mir König sein, und er soll auf meinem Thron sitzen. 18 Nun
aber ist Adonija König geworden, und du, mein Herr und König,
weißt nichts davon. 19 Er hat eine Menge Rinder, Mastkälber und
Schafe geschlachtet und alle Söhne des Königs, den Priester Abjatar
und den Feldherrn Joab dazu eingeladen. Doch deinen Knecht
Salomo hat er nicht eingeladen. 20 Auf dich, mein Herr und König,
sind nun die Augen ganz Israels gerichtet. Du sollst ihnen bekanntgeben, wer nach meinem Herrn und König auf dem Thron sitzen wird.
21 Sonst müssen ich und mein Sohn Salomo es büßen, wenn mein
Herr und König zu seinen Vätern entschlafen ist.

22 Während sie noch mit dem König redete, kam der Prophet Natan.
23 Man meldete dem König: Der Prophet Natan ist da. Er trat vor den
König, warf sich vor ihm nieder, mit dem Gesicht zur Erde, 24 und
sagte: Mein Herr und König, du hast wohl verfügt: Adonija soll nach
mir König sein, und er soll auf meinem Thron sitzen. 25 Denn er ist
heute hinabgezogen, hat eine Menge Rinder, Mastkälber und Schafe
geschlachtet und hat dazu alle Söhne des Königs, die Obersten des
Heeres und den Priester Abjatar eingeladen. Sie essen und trinken mit
ihm und rufen: Es lebe der König Adonija! 26 Mich aber, deinen
Knecht, sowie den Priester Zadok und Benaja, den Sohn Jojadas, und
deinen Knecht Salomo hat er nicht eingeladen. 27 Wenn nun diese
Verfügung wirklich von meinem Herrn und König ergangen ist,
warum hast du dann deinen Knecht nicht wissen lassen, wer nach
meinem Herrn und König auf dem Thron sitzen wird?

Die Bestellung Salomos zum Thronfolger

28 Darauf befahl König David: Ruft mir Batseba! Sie kam zum König
herein, trat vor den König hin, 29 und der König schwor ihr: So wahr
der Herr lebt, der mein Leben aus jeder Gefahr gerettet hat: 30 Ich
habe dir beim Herrn, dem Gott Israels, geschworen, daß dein Sohn
Salomo nach mir König sein und an meiner Stelle auf meinem Thron
sitzen soll, und so will ich es heute wahr machen. 31 Da verneigte sich
Batseba bis zur Erde, warf sich vor dem König nieder und rief: Ewig
lebe mein Herr, der König David!
32 Hierauf befahl König David: Ruft mir den Priester Zadok, den Pro-
pheten Natan und Benaja, den Sohn Jojadas! Sie erschienen vor dem
König, 33 und dieser trug ihnen auf: Nehmt das Gefolge eures Herrn
mit euch, setzt meinen Sohn Salomo auf mein eigenes Maultier, und
führt ihn zum Gihon hinab! 34 Dort sollen ihn der Priester Zadok und
der Prophet Natan zum König von Israel salben, und ihr sollt in das
Horn stoßen und rufen: Es lebe König Salomo! 35 Dann zieht mit ihm
herauf! Er soll kommen, sich auf meinen Thron setzen und König
werden an meiner Stelle; denn ihn habe ich zum Fürsten von Israel
und Juda bestimmt. 36 Benaja, der Sohn Jojadas, antwortete dem
König: So sei es, so füge es der Herr, der Gott meines Herrn und
Königs. 37 Wie der Herr mit meinem Herrn und König war, so möge
er auch mit Salomo sein. Er mache seinen Thron noch erhabener als
den Thron meines Herrn, des Königs David.

Die Thronbesteigung Salomos

38 Der Priester Zadok, der Prophet Natan und Benaja, der Sohn Joja-
das, zogen mit den Keretern und Peletern hinab. Sie setzten Salomo
auf das Maultier des Königs David und führten ihn zum Gihon. 39 Der
Priester Zadok hatte das Salbhorn aus dem Zelt mitgenommen und
salbte Salomo. Hierauf blies man das Widderhorn, und alles Volk
rief: Es lebe König Salomo! 40 Nun zog das ganze Volk mit ihm hin-
auf. Dabei spielten sie auf Flöten und waren voller Freude, so daß bei
ihrem Geschrei die Erde zu bersten drohte.
41 Das hörten Adonija und alle Geladenen, die bei ihm waren. Sie hat-
ten eben das Mahl beendet. Als Joab den Schall des Hornes hörte, rief
er: Was soll das laute Lärmen in der Stadt? 42 Während er noch redete,
kam Jonatan, der Sohn des Priesters Abjatar. Adonija rief ihm zu:
Komm, du bist ein tüchtiger Mann. Du bringst sicher eine gute Nach-
richt. 43 Doch Jonatan erwiderte Adonija: Im Gegenteil. Unser Herr,
der König David, hat Salomo als König eingesetzt. 44 Er hat mit ihm
den Priester Zadok ausgeschickt sowie den Propheten Natan und
Benaja, den Sohn Jojadas, samt den Keretern und Peletern, und diese
haben ihn auf das Maultier des Königs gesetzt. 45 Der Priester Zadok
und der Prophet Natan haben ihn am Gihon zum König gesalbt. Von
dort sind sie voller Freude hinaufgezogen, und die Stadt ist in großer
Aufregung. Das war der Lärm, den ihr gehört habt. 46 Salomo hat sich
bereits auf den königlichen Thron gesetzt. 47 Auch sind die Diener
des Königs gekommen, um unseren Herrn, den König David, zu
beglückwünschen und zu rufen: Gott lasse Salomos Ruhm noch
größer werden als deinen, und er mache seinen Thron noch erhabe-
ner als deinen Thron. Dabei hat sich der König auf seinem Lager tief
verneigt. 48 Auch hat der König gesagt: Gepriesen sei der Herr, der
Gott Israels, der mir heute gewährt hat, daß mein Nachkomme auf
meinem Thron sitzt und daß meine Augen das noch sehen dürfen.
49 Da erschraken alle Geladenen, die bei Adonija waren, und brachen
auf; jeder ging seines Weges.
50 Adonija fürchtete sich vor Salomo. Er stand auf, eilte zum Altar und
ergriff dessen Hörner. 51 Man meldete Salomo: Adonija hat aus Furcht
vor König Salomo die Hörner des Altars ergriffen und gesagt: König
Salomo schwöre mir zuerst, daß er seinen Knecht nicht mit dem
Schwert hinrichten läßt. 52 Salomo versprach: Wenn er sich wie ein
rechtschaffener Mann verhält, soll ihm kein Haar gekrümmt werden.
Stellt es sich aber heraus, daß er unrecht handelt, muß er sterben.
53 Darauf ließ ihn König Salomo vom Altar wegholen. Als er kam und
vor König Salomo niederfiel, befahl ihm dieser: Geh in dein Haus!

Davids letzte Anordnungen und sein Tod

2 Als die Zeit herankam, da David sterben sollte, ermahnte er
seinen Sohn Salomo: 2 Ich gehe nun den Weg alles Irdischen.
Sei also stark und mannhaft! 3 Erfüll deine Pflicht gegen den Herrn,
deinen Gott: Geh auf seinen Wegen, und befolg alle Gebote, Befehle,
Satzungen und Anordnungen, die im Gesetz des Mose nieder-
geschrieben sind. Dann wirst du Erfolg haben bei allem, was du tust,
und in allem, was du unternimmst. 4 Und der Herr wird sein Wort
wahr machen, das er mir gegeben hat, als er sagte: Wenn deine Söhne
auf ihren Weg achten und aufrichtig mit ganzem Herzen und ganzer
Seele vor mir leben, wird es dir nie an Nachkommen auf dem Thron
Israels fehlen.
5 Du weißt selbst, was Joab, der Sohn der Zeruja, mir angetan hat: was
er den beiden Heerführern Israels, Abner, dem Sohn Ners, und
Amasa, dem Sohn Jeters, angetan hat. Er hat sie ermordet, hat mit
Blut, das im Krieg vergossen wurde, den Frieden belastet, und mit
unschuldigem Blut den Gürtel an seinen Hüften und die Schuhe an
seinen Füßen befleckt. 6 Laß dich von deiner Weisheit leiten und
sorge dafür, daß sein graues Haupt nicht unbehelligt in die Unterwelt
kommt. 7 Doch die Söhne Barsillais aus Gilead sollst du freundlich
behandeln. Sie sollen zu denen gehören, die von deinem Tisch essen;
denn sie sind mir ebenso entgegengekommen, als ich vor deinem
Bruder Abschalom fliehen mußte. 8 Da ist auch Schimi, der Sohn
Geras, vom Stamm Benjamin, aus Bahurim. Er hat einen bösen Fluch
gegen mich ausgesprochen, als ich nach Mahanajim floh. Doch ist er
mir an den Jordan entgegengekommen, und ich habe ihm beim
Herrn geschworen, daß ich ihn nicht mit dem Schwert hinrichten
werde. 9 Jetzt aber laß ihn nicht ungestraft! Du bist ein kluger Mann
und weißt, was du mit ihm tun sollst. Schick sein graues Haupt blutig
in die Unterwelt!
10 David entschlief zu seinen Vätern und wurde in der Davidstadt
begraben. 11 Die Zeit, in der David über Israel König war, betrug vier-
zig Jahre. In Hebron regierte er sieben und in Jerusalem dreiund-
dreißig Jahre. 12 Salomo saß nun auf dem Thron seines Vaters David,
und seine Herrschaft festigte sich mehr und mehr.

Das Ende der Gegner Salomos

13 Adonija, der Sohn der Haggit, begab sich zu Batseba, der Mutter
Salomos. Sie fragte ihn: Kommst du in friedlicher Absicht? Er ant-
wortete: Ja. 14 Dann fuhr er fort: Ich möchte mit dir reden. Sie erwi-
derte: Rede nur! 15 Da sagte er: Du weißt, daß mir das Königtum
zustand und daß ganz Israel mich als König haben wollte. Doch ist
mir die Königswürde entgangen; sie ist meinem Bruder zugefallen,
weil sie ihm vom Herrn bestimmt war. 16 Jetzt aber möchte ich eine
einzige Bitte an dich richten. Weise mich nicht ab! Sie antwortete:
Sprich sie nur aus! 17 Da begann er: Rede doch mit König Salomo;
dich wird er nicht abweisen. Bitte ihn, daß er mir Abischag aus Schu-
nem zur Frau gibt. 18 Batseba erwiderte: Gut, ich werde in deiner
Angelegenheit mit dem König reden.

19 Als nun Batseba zu König Salomo kam, um mit ihm wegen Adonija
zu sprechen, erhob sich der König, ging ihr entgegen und verneigte
sich vor ihr. Dann setzte er sich auf seinen Thron und ließ auch für
die Königinmutter einen Thron hinstellen. Sie setzte sich an seine
rechte Seite 20 und begann: Eine einzige kleine Bitte hätte ich an dich.
Weise mich nicht ab! Der König antwortete ihr: Sprich sie nur aus,
Mutter! Ich werde dich nicht abweisen. 21 Da bat sie: Man gebe doch
Abischag aus Schunem deinem Bruder Adonija zur Frau. 22 Der König
Salomo entgegnete seiner Mutter: Warum bittest du für Adonija um
Abischag aus Schunem? Fordere doch gleich das Königtum für ihn!
Er ist ja mein älterer Bruder, und auf seiner Seite stehen der Priester
Abjatar und Joab, der Sohn der Zeruja. 23 Und König Salomo schwor
beim Herrn: Gott soll mir dies und das antun, wenn dieses Ansinnen
Adonija nicht das Leben kostet. 24 So wahr der Herr lebt, der mich ein-
gesetzt und auf den Thron meines Vaters David erhoben hat und der
mir, wie er versprochen hat, ein Haus gebaut hat: Noch heute muß
Adonija sterben. 25 Darauf schickte König Salomo Benaja, den Sohn
Jojadas, hinauf, und dieser versetzte Adonija den Todesstoß.
26 Zum Priester Abjatar sagte der König: Geh auf dein Landgut nach
Anatot! Zwar hast du den Tod verdient; doch will ich dich heute nicht
töten, weil du die Lade Gottes, des Herrn, vor meinem Vater David
getragen und alle Demütigungen mit meinem Vater geteilt hast. 27 So
setzte Salomo Abjatar als Priester des Herrn ab und erfüllte das Wort,
das der Herr über das Haus Eli in Schilo gesprochen hatte.
28 Die Kunde davon erreichte Joab. Er hatte zu Adonija gehalten, sich
aber nicht an Abschalom angeschlossen. Er floh in das Zelt des Herrn
und ergriff die Hörner des Altars. 29 Man meldete dem König Salomo:
Joab ist in das Zelt des Herrn geflohen und steht neben dem Altar.
Salomo sandte Benaja, den Sohn Jojadas, mit dem Auftrag: Geh hin,
und stoß ihn nieder! 30 Benaja kam in das Zelt des Herrn und rief Joab
zu: Der König befiehlt dir herauszukommen. Doch Joab antwortete:
Nein, hier will ich sterben. Benaja berichtete dem König: Das hat Joab
gesagt, so hat er mir geantwortet. 31 Da gebot ihm der König: Tu, was
er gesagt hat! Stoß ihn nieder, und begrab ihn! Nimm so von mir und
vom Haus meines Vaters das Blut, das Joab ohne Grund vergossen
hat. 32 Der Herr lasse sein Blut auf sein Haupt kommen, weil er ohne
Wissen meines Vaters zwei Männer, die gerechter und besser waren
als er, niedergestoßen und mit dem Schwert getötet hat: Abner, den
Sohn Ners, den Heerführer Israels, und Amasa, den Sohn Jeters, den
Heerführer Judas. 33 Ihr Blut komme für immer auf das Haupt Joabs
und seiner Nachkommen. David aber, seinen Nachkommen, seinem
Haus und seinem Thron sei vom Herrn immerfort Heil beschieden.
34 Nun ging Benaja, der Sohn Jojadas, hinauf, stieß Joab nieder und
tötete ihn. Er wurde auf seinem Besitz in der Steppe begraben. 35 Der
König setzte dann Benaja, den Sohn Jojadas, an seiner Stelle über das
Heer, und dem Priester Zadok verlieh er die Stelle Abjatars.
36 Hierauf ließ der König Schimi rufen und befahl ihm: Bau dir ein
Haus in Jerusalem, bleib hier, und geh nicht weg, weder dahin noch
dorthin! 37 Du sollst wissen, daß du sterben mußt, sobald du hinaus-
gehst und das Kidrontal überschreitest. Du wirst dann selbst schuld
sein an deinem Tod. 38 Schimi antwortete dem König: Gut, dein
Knecht wird tun, was mein Herr, der König, bestimmt hat. So blieb
Schimi viele Tage in Jerusalem. 39 Nach Verlauf von drei Jahren entflo-
hen zwei Sklaven Schimis zu Achisch, dem Sohn Maachas, dem
König von Gat. Man meldete Schimi: Deine Sklaven sind in Gat. 40 Da
machte er sich auf, sattelte seinen Esel und begab sich zu Achisch
nach Gat, um seine Sklaven zu suchen. Er ging hin und holte sie aus
Gat zurück. 41 Es wurde aber Salomo hinterbracht, daß Schimi von
Jerusalem nach Gat gegangen und wieder zurückgekehrt sei. 42 Er
ließ daher Schimi rufen und hielt ihm vor: Habe ich dich nicht beim
Herrn schwören lassen und dich gewarnt: Sobald du weggehst und
dich dahin oder dorthin begibst, so weißt du, daß du sterben mußt?
Und du hast geantwortet: Gut, ich habe es gehört. 43 Warum hast du
den Eid beim Herrn und den Befehl, den ich dir gegeben habe, nicht
beachtet? 44 Und weiter sagte der König zu Schimi: Du weißt, wieviel
Böses du meinem Vater David angetan hast; jetzt läßt es der Herr auf
dich selbst zurückfallen. 45 Der König Salomo aber sei gesegnet, und
der Thron Davids stehe fest vor dem Herrn in Ewigkeit. 46 Hierauf
erteilte der König dem Benaja, dem Sohn Jojadas, Befehl, und dieser
ging hinaus und versetzte Schimi den Todesstoß. Die Herrschaft war
nun fest in der Hand Salomos.

Salomos Heirat

3 Salomo verschwägerte sich mit dem Pharao, dem König von
Ägypten. Er nahm eine Tochter des Pharao zur Frau und brachte
sie in die Davidstadt, bis er sein Haus, das Haus des Herrn und die
Mauern rings um Jerusalem vollendet hatte.

Salomos Bitte um Weisheit

2 Das Volk opferte zu jener Zeit auf den Kulthöhen, weil dem Namen
des Herrn noch kein Haus gebaut war. 3 Salomo aber liebte den Herrn
und befolgte die Gebote seines Vaters David; nur brachte er auf den
Kulthöhen Schlachtopfer und Rauchopfer dar.
4 So ging der König nach Gibeon, um dort zu opfern; denn hier war
die angesehenste Kulthöhe. Tausend Brandopfer legte Salomo auf
ihren Altar. 5 In Gibeon erschien der Herr dem Salomo nachts im
Traum und forderte ihn auf: Sprich eine Bitte aus, die ich dir
gewähren soll. 6 Salomo antwortete: Du hast deinem Knecht David,
meinem Vater, große Huld erwiesen; denn er lebte vor dir in Treue, in
Gerechtigkeit und mit aufrichtigem Herzen. Du hast ihm diese große
Huld bewahrt und ihm einen Sohn geschenkt, der heute auf seinem
Thron sitzt. 7 So hast du jetzt, Herr, mein Gott, deinen Knecht
anstelle meines Vaters David zum König gemacht. Doch ich bin noch
sehr jung und weiß nicht, wie ich mich als König verhalten soll.
8 Dein Knecht steht aber mitten in deinem Volk, das du erwählt hast:
einem großen Volk, das man wegen seiner Menge nicht zählen und
nicht schätzen kann. 9 Verleih daher deinem Knecht ein hörendes
Herz, damit er dein Volk zu regieren und das Gute vom Bösen zu
unterscheiden versteht. Wer könnte sonst dieses mächtige Volk re-
gieren? 10 Es gefiel dem Herrn, daß Salomo diese Bitte aussprach.
11 Daher antwortete ihm Gott: Weil du gerade diese Bitte ausgespro-
chen hast und nicht um langes Leben, Reichtum oder um den Tod
deiner Feinde, sondern um Einsicht gebeten hast, um auf das Recht
zu hören, 12 werde ich deine Bitte erfüllen. Sieh, ich gebe dir ein so
weises und verständiges Herz, daß keiner vor dir war und keiner nach
dir kommen wird, der dir gleicht. 13 Aber auch das, was du nicht erbe-
ten hast, will ich dir geben: Reichtum und Ehre, so daß zu deinen
Lebzeiten keiner unter den Königen dir gleicht. 14 Wenn du auf mei-
nen Wegen gehst, meine Gesetze und Gebote befolgst wie dein Vater
David, dann schenke ich dir ein langes Leben. 15 Da erwachte Salomo
und merkte, daß es ein Traum war. Als er nach Jerusalem kam, trat er
vor die Bundeslade des Herrn, brachte Brand- und Heilsopfer dar und
gab ein Festmahl für alle seine Diener.

Das salomonische Urteil

16 Damals kamen zwei Dirnen und traten vor den König. 17 Die eine
sagte: Bitte, Herr, ich und diese Frau wohnen im gleichen Haus, und
ich habe dort in ihrem Beisein geboren. 18 Am dritten Tag nach mei-
ner Niederkunft gebar auch diese Frau. Wir waren beisammen; kein
Fremder war bei uns im Haus, nur wir beide waren dort. 19 Nun starb
der Sohn dieser Frau während der Nacht; denn sie hatte ihn im Schlaf
erdrückt. 20 Sie stand mitten in der Nacht auf, nahm mir mein Kind
weg, während deine Magd schlief, und legte es an ihre Seite. Ihr totes
Kind aber legte sie an meine Seite. 21 Als ich am Morgen aufstand, um
mein Kind zu stillen, war es tot. Als ich es aber am Morgen genau
ansah, war es nicht mein Kind, das ich geboren hatte. 22 Da rief die
andere Frau: Nein, mein Kind lebt, und dein Kind ist tot. Doch die
erste entgegnete: Nein, dein Kind ist tot, und mein Kind lebt. So strit-
ten sie vor dem König. 23 Da begann der König: Diese sagt: Mein Kind
lebt, und dein Kind ist tot! und jene sagt: Nein, dein Kind ist tot, und

mein Kind lebt. 24 Und der König fuhr fort: Holt mir ein Schwert! Man
brachte es vor den König. 25 Nun entschied er: Schneidet das lebende
Kind entzwei, und gebt eine Hälfte der einen und eine Hälfte der
anderen! 26 Doch nun bat die Mutter des lebenden Kindes den König –
es regte sich nämlich in ihr die mütterliche Liebe zu ihrem Kind:
Bitte, Herr, gebt ihr das lebende Kind, und tötet es nicht! Doch die
andere rief: Es soll weder mir noch dir gehören. Zerteilt es! 27 Da
befahl der König: Gebt jener das lebende Kind, und tötet es nicht;
denn sie ist seine Mutter. 28 Ganz Israel hörte von dem Urteil, das der
König gefällt hatte, und sie schauten mit Ehrfurcht zu ihm auf; denn
sie erkannten, daß die Weisheit Gottes in ihm war, wenn er Recht
sprach.

Die Verwaltung des Reiches

4 König Salomo war König von ganz Israel. 2 Dies waren seine
obersten Beamten: Asarja, der Enkel Zadoks, war Priester.
3 Elihoref und Ahija, die Söhne Schischas, waren Staatsschreiber,
Joschafat, der Sohn Ahiluds, war Sprecher des Königs. 4 Benaja, der
Sohn Jojadas, war Heerführer [Zadok und Abjatar waren Priester].
5 Asarja, der Sohn Natans, war Vorgesetzter der Statthalter. Sabud,
der Sohn Natans, war der Freund des Königs, 6 Ahischar war Palast-
vorsteher, und Adoniram, der Sohn Abdas, war Aufseher über die
Fronarbeiten.
7 Salomo hatte zwölf Statthalter für ganz Israel, die den König und
sein Haus versorgten. Je einen Monat im Jahr hatte ihn jeder zu ver-
sorgen. 8 Das sind ihre Namen: Der Sohn Hurs (war Statthalter) im
Gebirge Efraim, 9 der Sohn Dekers in Makaz, Schaalbim, Bet-Sche-
mesch, Elon und Bet-Hanan, 10 der Sohn Heseds in Arubbot. Ihm
unterstanden Socho und das ganze Gebiet von Hefer. 11 Dem Sohn
Abinadabs unterstand der ganze Höhenrücken von Dor. Er hatte
Tafat, eine Tochter Salomos, zur Frau. 12 Baana, der Sohn Ahiluds,
verwaltete Taanach, Megiddo und ganz Bet-Schean, das an der Seite
von Zaretan unterhalb von Jesreel liegt, (das ist das ganze Gebiet)
von Bet-Schean bis Abel-Mehola und bis über Jokneam hinaus.
13 Der Sohn Gebers (war Statthalter) in Ramot-Gilead. Ihm unter-
standen die Zeltdörfer Jaïrs, des Sohnes des Manasse, in Gilead und
der Kreis Argob im Baschan, sechzig große Städte mit Mauern und
bronzenen Torriegeln. 14 Ahinadab, der Sohn Iddos, (war Statthal-
ter) in Mahanajim, 15 Ahimaaz in Naftali. Auch er hatte eine Tochter
Salomos, nämlich Basemat, zur Frau. 16 Baana, der Sohn Huschais,
(war Statthalter) in Ascher und Bealot, 17 Joschafat, der Sohn
Paruachs, in Issachar, 18 Schimi, der Sohn Elas, in Benjamin.
19 Geber, der Sohn Uris, (verwaltete) in Gilead das Land Sihons, des
Königs der Amoriter, und Ogs, des Königs des Baschan. Dazu kam
ein Vogt im Land Juda.
20 Das Volk von Juda und Israel war zahlreich wie der Sand am Meer.
Es hatte zu essen und zu trinken und war glücklich.

5 Salomo war Herrscher über alle Reiche vom Eufrat bis zum
Land der Philister und bis an die Grenze Ägyptens. Sie entrich-
teten Abgaben und waren Salomo untertan, solange er lebte.
2 Der tägliche Unterhalt Salomos belief sich auf dreißig Kor Fein-
mehl, sechzig Kor gewöhnliches Mehl, 3 zehn Mastrinder, zwanzig
Weiderinder, hundert Schafe, nicht gerechnet die Hirsche, Gazellen,
Rehe und das gemästete Geflügel. 4 Denn er herrschte über das ganze
Gebiet diesseits des Stromes, von Tifsach bis Gaza, über alle Könige
diesseits des Stromes. Er hatte Frieden ringsum nach allen Seiten.
5 Juda und Israel lebten in Sicherheit von Dan bis Beerscheba; ein
jeder saß unter seinem Weinstock und seinem Feigenbaum, solange
Salomo lebte. 6 Salomo hatte viertausend Stallplätze für seine Wagen-
pferde und zwölftausend Mann als Besatzung für die Wagen.
7 Jene Statthalter, jeder in seinem Monat, versorgten den König
Salomo und alle, die zu seinem Tisch Zutritt hatten. Sie ließen es an
nichts fehlen. 8 Die Gerste und das Stroh für die Pferde und Zugtiere
brachten sie jeweils an den Ort, für den jeder zuständig war.

Die Weisheit Salomos

9 Gott gab Salomo Weisheit und Einsicht in hohem Maß und Weite
des Herzens – wie Sand am Strand des Meeres. 10 Die Weisheit Salo-
mos war größer als die Weisheit aller Söhne des Ostens und alle
Weisheit Ägyptens. 11 Er war weiser als alle Menschen, weiser als
Etan, der Esrachiter, als Heman, Kalkol und Darda, die Söhne Ma-
hols. Sein Name war bekannt bei allen Völkern ringsum. 12 Er ver-
faßte dreitausend Sprichwörter, und die Zahl seiner Lieder betrug
tausendundfünf. 13 Er redete über die Bäume, von der Zeder auf dem
Libanon bis zum Ysop, der an der Mauer wächst. Er redete über das
Vieh, die Vögel, das Gewürm und die Fische. 14 Von allen Völkern
kamen Leute, um die Weisheit Salomos zu hören, Abgesandte von
allen Königen der Erde, die von seiner Weisheit vernommen hatten.

Die Vorbereitungen zum Tempelbau

15 Hiram, der König von Tyrus, sandte seine Diener zu Salomo; denn
er hatte gehört, daß man ihn anstelle seines Vaters zum König gesalbt
habe. Hiram war nämlich zeitlebens ein Freund Davids gewesen.
16 Und Salomo ließ Hiram sagen: 17 Du weißt selbst, daß mein Vater
David durch Kriege verhindert war, dem Namen des Herrn, seines
Gottes, ein Haus zu bauen, da seine Feinde ihn bedrängten, bis der
Herr sie ihm unter die Füße legte. 18 Jetzt aber hat mir der Herr, mein
Gott, ringsum Ruhe verschafft. Es gibt keinen Widersacher mehr und
keine Gefahr. 19 Darum gedenke ich, dem Namen des Herrn, meines
Gottes, ein Haus zu bauen; denn er hat meinem Vater David zugesagt:
Dein Sohn, den ich an deiner Stelle auf deinen Thron setzen werde,
wird meinem Namen das Haus bauen. 20 Befiehl nun, daß man auf
dem Libanon Zedern für mich fällt. Meine Knechte sollen mit deinen
Knechten arbeiten. Den Lohn für deine Knechte werde ich dir geben,
ganz wie du bestimmst. Du weißt ja selbst, daß wir niemand haben,
der so gut Holz fällen kann wie die Leute von Sidon.
21 Als Hiram die Botschaft Salomos vernahm, freute er sich sehr und
rief aus: Gepriesen sei heute Jahwe, der David einen weisen Sohn als
Herrscher über dieses große Volk gegeben hat. 22 Er ließ Salomo
sagen: Ich habe die Botschaft vernommen, die du an mich gesandt
hast, und werde deinen Wunsch nach Zedern- und Zypressenholz
erfüllen. 23 Meine Leute werden es vom Libanon an das Meer schaffen.
Ich lasse es dann auf dem Meer an den Ort flößen, den du mir nennen
wirst. Dort lasse ich es wieder auseinandernehmen, so daß du es
abholen kannst. Du aber erfülle meinen Wunsch, und sende Lebens-
mittel für mein Haus! 24 Also lieferte Hiram so viel Zedern- und
Zypressenholz, wie Salomo wollte, 25 und Salomo gab Hiram zwan-
zigtausend Kor Weizen zum Unterhalt seines Hofes und zwanzig Kor
feinstes Öl. Diese Menge lieferte Salomo Jahr für Jahr an Hiram.
26 Der Herr schenkte Salomo Weisheit, wie er es ihm versprochen
hatte. Zwischen Salomo und Hiram herrschte Friede, und sie schlos-
sen miteinander ein Bündnis.
27 König Salomo ließ Leute aus ganz Israel zum Frondienst ausheben.
Dieser umfaßte 30000 Fronpflichtige. 28 Von ihnen schickte er
abwechselnd jeden Monat 10000 Mann auf den Libanon. Einen
Monat waren sie auf dem Libanon und zwei Monate zu Hause. Adoni-
ram leitete den Frondienst. 29 Ferner hatte Salomo 70000 Lastträger
und 80000 Steinhauer im Gebirge, 30 nicht eingerechnet die 3600
Werkführer unter dem Befehl der Statthalter, denen die Leitung der
Arbeit oblag. Sie führten die Aufsicht über die Arbeiter. 31 Der König
ließ mächtige, kostbare Steine brechen, um mit Quadern das Funda-
ment des Tempels zu legen. 32 Die Bauleute Salomos bearbeiteten mit
den Bauleuten Hirams und den Gebalitern das Holz und die Steine
und richteten sie her für den Bau des Tempels.

Der Tempelbau

6 Im vierhundertachtzigsten Jahr nach dem Auszug der Israeliten
aus Ägypten, im vierten Jahr der Regierung Salomos über Israel,
im Monat Siw, das ist der zweite Monat, begann er das Haus des
Herrn zu bauen.

2 Das Haus, das König Salomo für den Herrn baute, war sechzig Ellen
lang, zwanzig Ellen breit und dreißig Ellen hoch. 3 Die Vorhalle vor
dem Hauptraum des Hauses war zwanzig Ellen breit, entsprechend
der Breite des Hauses, und zehn Ellen tief in der Längsrichtung des
Hauses. 4 Er machte für das Haus Fenster mit Rahmen und Gittern.
5 An die Wände des Hauses, und zwar an die Wände des Hauptraums
und des hinteren Raumes, legte er ringsum einen Anbau mit Kam-
mern. 6 Dieser war im Untergeschoß fünf Ellen, im mittleren sechs
und im dritten sieben Ellen breit; die Außenwand des Hauses hatte er
abgestuft, um sie nachher nicht beschädigen zu müssen. 7 Beim Bau
des Hauses wurden Steine verwendet, die man schon im Steinbruch
fertig behauen hatte; Hämmer, Meißel und sonstige eiserne Werk-
zeuge waren beim Bau des Hauses nicht zu hören. 8 Die Türe zu den
unteren Kammern war an der Südseite des Hauses. Über Treppen
stieg man zum mittleren und vom mittleren zum dritten Stockwerk
hinauf. 9 Als er den Bau des Hauses vollendet hatte, überdeckte er es
mit Balken und Brettern aus Zedernholz. 10 Den Anbau führte er um
das ganze Haus. Seine Höhe betrug (in jedem Stockwerk) fünf Ellen,
und Zedernbalken verbanden ihn mit dem Haus.
11 Das Wort des Herrn erging an Salomo: 12 Dieses Haus, das du baust,
– wenn du meinen Geboten gehorchst und auf meine Vorschriften
achtest und alle meine Befehle ausführst und befolgst, dann werde
ich an dir das Wort wahr machen, das ich zu deinem Vater David
gesprochen habe. 13 Und ich werde inmitten der Israeliten wohnen
und mein Volk Israel nicht verlassen.
14 So vollendete Salomo den Bau des Hauses. 15 Er täfelte seine Innen-
wände mit Zedernholz aus; vom Fußboden bis zu den Balken der
Decke ließ er eine Holzvertäfelung anbringen. Den Fußboden
belegte er mit Zypressenholz. 16 Zwanzig Ellen vor der Rückseite des
Hauses errichtete er vom Fußboden bis zum Gebälk eine Wand aus
Zedernholz und schuf so die Gotteswohnung, das Allerheiligste.
17 Vierzig Ellen lang war der davorliegende Hauptraum. 18 Im Innern
hatte das Haus Zedernverkleidung mit eingeschnitzten Blumenge-
winden und Blütenranken. Alles war aus Zedernholz, kein Stein war
zu sehen. 19 Im Innern des Hauses richtete er die Gotteswohnung ein,
um die Bundeslade des Herrn aufstellen zu können. 20 Die Wohnung
war zwanzig Ellen lang, zwanzig Ellen breit und zwanzig Ellen hoch;
er überzog sie mit bestem Gold. Auch ließ er einen Altar aus Zedern-
holz herstellen. 21 Das Innere des Hauses ließ Salomo mit bestem
Gold auskleiden, und vor der Gotteswohnung ließ er goldene Ketten
anbringen. 22 So überzog er das ganze Haus vollständig mit Gold;
auch den Altar vor der Gotteswohnung überzog er ganz mit Gold.
23 In der Gotteswohnung ließ er zwei Kerubim aus Olivenholz anfer-
tigen. Ihre Höhe betrug zehn Ellen. 24 Fünf Ellen maß der eine Flügel
des Kerubs und fünf Ellen sein anderer Flügel. Von einem Flügelende
bis zum anderen waren es zehn Ellen. 25 Auch der zweite Kerub war
zehn Ellen hoch. Beide hatten gleiches Maß und gleiche Gestalt.
26 Der eine Kerub war zehn Ellen hoch, und ebenso hoch war der
andere. 27 Er stellte die Kerubim mitten in den innersten Raum. Ihre
Flügel waren so ausgespannt, daß der Flügel des einen Kerubs die
eine Wand, der Flügel des zweiten Kerubs die andere Wand, die Flü-
gel in der Mitte des Raumes aber einander berührten. 28 Er ließ die
Kerubim mit Gold überziehen.
29 An allen Wänden des Hauses, im inneren wie im äußeren Raum,
ließ er ringsum Kerubim, Palmen und Blütenranken einschnitzen.
30 Auch die Fußböden des hinteren und des vorderen Raumes ließ er
mit Gold belegen.
31 Für den Eingang zur Gotteswohnung ließ er Türflügel aus Oliven-
holz anfertigen. Die Giebelbalken und die Seitenpfosten bildeten ein
Fünfeck. 32 An den beiden Türflügeln aus Olivenholz ließ er Kerubim,
Palmen und Blütenranken einschnitzen und sie mit Gold überziehen,
indem er auf die Kerubim und die Palmen Gold auftragen ließ.
33 Ebenso ließ er für den Eingang zum Hauptraum Türpfosten aus
Olivenholz anfertigen, die ein Viereck bildeten, 34 dazu zwei Türflügel
aus Zypressenholz. Zwei drehbare Teile hatte der eine Türflügel, und
zwei drehbare Teile der andere. 35 Er ließ auf ihnen Kerubim, Palmen
und Blütenranken einschnitzen und auf das Schnitzwerk dünnes
Blattgold legen.
36 Er legte den inneren Hof an (und umgab ihn mit einer Mauer) aus
drei Lagen Quadern und einer Lage Zedernbalken.
37 Im vierten Jahr, im Monat Siw, war das Fundament für das Haus des
Herrn gelegt worden, 38 und im elften Jahr, im Monat Bul, das ist der
achte Monat, wurde das Haus mit all seinem Zubehör vollendet, ganz
so, wie es geplant war. Sieben Jahre hatte man an ihm gebaut.

Die Palastgebäude

7 An seinem Palast baute Salomo dreizehn Jahre, bis er ihn ganz
vollendet hatte.
2 Er baute das Libanonwaldhaus, hundert Ellen lang, fünfzig Ellen
breit und dreißig Ellen hoch, mit drei Reihen von Zedernsäulen und
mit Zedernbalken über den Säulen. 3 Eine Decke aus Zedernholz war
über den Kammern, die über den Säulen lagen; es waren fünfundvier-
zig Säulen, fünfzehn in jeder Reihe. 4 In drei Reihen waren Fenster so
angebracht, daß dreimal eine Fensterreihe einer anderen gegenüber-
stand. 5 Alle Türen und Fenster waren viereckig gerahmt. Dreimal
stand eine Fensterreihe der anderen gegenüber.
6 Salomo baute die Säulenhalle, fünfzig Ellen lang und dreißig Ellen
breit, davor eine Halle mit Säulen und einem Vordach.
7 Er schuf die Thronhalle, das ist die Gerichtshalle, um darin Recht zu
sprechen. Sie war vom Fußboden bis zum Gebälk mit Zedernholz
ausgetäfelt.
8 Sein eigenes Wohnhaus stand im anderen Hof, von der Halle aus
nach innen zu. Es hatte die gleiche Bauart.
Auch baute Salomo für die Tochter des Pharao, die er geheiratet hatte,
ein Haus, das dieser Halle glich.
9 Alle diese Bauten waren vom Grund bis zu den Gesimsen aus wert-
vollen Steinen aufgeführt, die in der Größe von Quadern an der
Innen- wie Außenseite mit der Säge zugeschnitten waren ... 10 Die
Fundamente bestanden aus wertvollen, mächtigen Steinblöcken, aus
Steinen von zehn und Steinen von acht Ellen. 11 Darüber lagen wert-
volle Steine in der Größe von Quadern sowie Zedernbalken. 12 Der
große Hof war rings von einer Mauer aus drei Lagen Quadern und
einer Lage Zedernbalken umgeben; ebenso der innere Hof um das
Haus des Herrn und der Hof um die Palasthalle.

Die Ausstattung des Tempels

13 König Salomo ließ Hiram aus Tyrus kommen. 14 Dieser war der
Sohn einer Witwe aus dem Stamm Naftali. Sein Vater war ein Bronze-
schmied aus Tyrus. Er war mit Weisheit, Verstand und Geschick
begabt, um jede Bronze-Arbeit auszuführen. Er kam zum König
Salomo und führte alle Arbeiten für ihn aus.
15 Er formte die zwei bronzenen Säulen. Achtzehn Ellen betrug die
Höhe der einen Säule, und ein Band von zwölf Ellen umspannte sie.
Ihre Wandstärke betrug vier Finger; innen war sie hohl. Ebenso war
die zweite Säule. 16 Dazu machte er zwei Kapitelle, um sie oben auf die
Säulen zu setzen; sie waren aus Bronze gegossen. Fünf Ellen betrug
die Höhe des einen Kapitells und fünf Ellen die Höhe des anderen.
17 Auch machte er Geflechte [Flechtwerksarbeit, kettenförmige Bän-
der] für die Kapitelle oben auf den Säulen, und zwar ein Geflecht für
das eine Kapitell und ein Geflecht für das andere. 18 Ferner machte er
Granatäpfel und legte sie in zwei Reihen ringsum über die Geflechte,
so daß sie die Kapitelle oben auf den Säulen bedeckten. Ebenso ver-
fuhr er mit dem zweiten Kapitell. 19 Die Kapitelle oben auf den Säulen
hatten die Form einer Lilienblüte ... 20 ... 21 Er stellte die Säulen an der
Vorhalle des Tempels auf. Die eine Säule stellte er auf die rechte Seite
und nannte sie Jachin, die andere stellte er auf die linke Seite und
nannte sie Boas. 22 Oben auf den Säulen waren lilienförmige Gebilde.
So wurde die Arbeit an den Säulen zu Ende geführt.
23 Dann machte er das »Meer«. Es wurde aus Bronze gegossen und
maß zehn Ellen von einem Rand zum andern; es war völlig rund und

fünf Ellen hoch. Eine Schnur von dreißig Ellen konnte es rings
umspannen. 24 Unterhalb seines Randes waren rundum Rankenge-
bilde. In einer Länge von dreißig Ellen umsäumten sie das Meer
ringsum in zwei Reihen. Sie wurden beim Guß mitgegossen. 25 Das
Meer stand auf zwölf Rindern. Von ihnen schauten drei nach Norden,
drei nach Westen, drei nach Süden und drei nach Osten. Das Meer
ruhte oben auf den Rindern. Ihre Hinterteile waren nach innen
gekehrt. 26 Die Wand des Meeres war eine Handbreit dick. Sein Rand
war wie der Rand eines Bechers geformt, einer Lilienblüte gleich. Es
faßte zweitausend Bat.
27 Er machte die zehn fahrbaren Gestelle aus Bronze. Jedes war vier
Ellen lang, vier Ellen breit und drei Ellen hoch. 28 Und so waren die
Gestelle beschaffen: Sie hatten Querleisten, und zwar Querleisten
zwischen den Eckleisten. 29 Auf den Querleisten zwischen den Ecklei-
sten waren Bilder von Löwen, Rindern und Kerubim, und ebenso auf
den Eckleisten. Über den Löwen und Rindern sowie unter ihnen
waren Kranzgewinde eingehämmert. 30 Jedes Gestell hatte vier bron-
zene Räder und bronzene Achsen. An den vier Füßen waren Ansätze,
die unterhalb des Kessels angegossen waren ... 31 ... (Der Kasten des
Gestells) war eineinhalb Ellen hoch. Auch an seiner Öffnung waren
Verzierungen. Die Querleisten waren nicht rund, sondern viereckig.
32 Die vier Räder waren unter den Querleisten. Ihre Halter waren am
Gestell befestigt. Jedes Rad war eineinhalb Ellen hoch. 33 Sie waren
gearbeitet wie Wagenräder. Ihre Halter, Felgen, Speichen und Naben
waren alle gegossen. 34 Die vier Ansätze waren an den vier Ecken
eines jeden Gestells angebracht und bildeten mit ihm ein Ganzes.
35 Der Aufsatz des Gestells war eine halbe Elle hoch und völlig rund.
An ihm waren seine Halter und Leisten angesetzt. 36 Auf die Wand-
flächen, Halter und Querleisten ließ Salomo Bilder von Kerubim,
Löwen und Palmen eingravieren ... 37 In dieser Weise fertigte Hiram
die zehn Gestelle an. Sie hatten alle gleichen Guß, gleiches Maß und
gleiche Gestalt. 38 Dazu machte er zehn bronzene Kessel. Jeder faßte
vierzig Bat und hatte eine Weite von vier Ellen. Für jedes der zehn
Gestelle war ein Kessel bestimmt. 39 Fünf von den Gestellen brachte
er an die Südseite des Hauses und fünf an die Nordseite. Das »Meer«
stellte er an die Südseite des Hauses, gegen Südosten. 40 Auch machte
Hiram die Töpfe, Schaufeln und Schalen.
So führte Hiram alle Arbeiten zu Ende, die er dem König Salomo für
das Haus des Herrn anzufertigen hatte: 41 zwei Säulen, zwei becken-
förmige Kapitelle oben auf den Säulen, die zwei Flechtwerke, mit
denen man die beiden beckenförmigen Kapitelle oben auf den Säulen
bedeckte, 42 die vierhundert Granatäpfel für die beiden Flechtwerke,
die in zwei Reihen an jedem Flechtwerk angebracht waren und die
beiden beckenförmigen Kapitelle auf den Säulen bedeckten, 43 die
zehn fahrbaren Gestelle, die zehn Kessel für die Gestelle, 44 das eine
Meer, die zwölf Rinder unter dem Meer, 45 die Töpfe, Schaufeln und
Schalen. Alle diese Geräte, die Hiram dem König Salomo für das
Haus des Herrn anfertigte, waren aus glatter Bronze. 46 In der Jordan-
au zwischen Sukkot und Zaretan ließ sie der König in Formen aus
festem Lehm gießen. 47 Und Salomo gab allen Geräten ihren Platz.
Wegen ihrer überaus großen Menge war das Gewicht der Bronze
nicht festzustellen.
48 Salomo ließ alle Geräte, die zum Haus des Herrn gehörten, anferti-
gen: den goldenen Altar, den goldenen Tisch, auf den man die Schau-
brote legte, 49 die fünf Leuchter auf der rechten und die fünf Leuchter
auf der linken Seite vor der Gotteswohnung, aus bestem Gold, dazu
die goldenen Blüten, Lampen und Dochtscheren, 50 ferner die
Becken, Messer, Schalen, Schüsseln und Pfannen aus bestem Gold.
Auch die Stirnseiten der Türen des inneren Raumes zum Allerheilig-
sten und die Stirnseiten der beiden Türflügel, die zum Hauptraum
führten, waren mit Gold verkleidet.
51 So wurden alle Arbeiten, die König Salomo für das Haus des Herrn
ausführen ließ, vollendet. Dann brachte er die Weihegaben seines
Vaters David hinein und legte das Silber, das Gold und die Geräte in
die Schatzkammern des Hauses des Herrn.

Die Übertragung der Bundeslade

8 Damals versammelte Salomo die Ältesten Israels, alle Stammes-
führer und die Häupter der israelitischen Großfamilien bei sich
in Jerusalem, um die Bundeslade des Herrn aus der Stadt Davids, das
ist Zion, heraufzuholen. 2 Am Fest im Monat Etanim, das ist der
siebte Monat, kamen alle Männer Israels bei König Salomo zusam-
men. 3 In Gegenwart aller Ältesten Israels nahmen die Priester die
Lade 4 und brachten sie zugleich mit dem Offenbarungszelt und den
heiligen Geräten, die im Zelt waren, hinauf. Die Priester und die Levi-
ten übernahmen den Trägerdienst. 5 König Salomo aber und die
ganze Gemeinde Israels, die bei ihm vor der Lade versammelt war,
schlachteten Schafe und Rinder, die man wegen ihrer Menge nicht
zählen und nicht berechnen konnte. 6 Darauf stellten die Priester die
Bundeslade des Herrn an ihren Platz, in die Gotteswohnung des Hau-
ses, in das Allerheiligste, unter die Flügel der Kerubim. 7 Denn die
Kerubim breiteten ihre Flügel über den Ort, wo die Lade stand, und
bedeckten sie und ihre Stangen von oben her. 8 Die Stangen waren so
lang, daß man ihre Spitzen im Heiligtum vor der Gotteswohnung
sehen konnte; draußen aber waren sie nicht zu sehen. Sie blieben
dort bis zum heutigen Tag. 9 In der Lade befanden sich nur die zwei
steinernen Tafeln, die Mose am Horeb hineingelegt hatte, die Tafeln
des Bundes, den der Herr mit den Israeliten beim Auszug aus Ägyp-
ten geschlossen hatte. 10 Als dann die Priester aus dem Heiligtum tra-
ten, erfüllte die Wolke das Haus des Herrn. 11 Sie konnten wegen der
Wolke ihren Dienst nicht verrichten; denn die Herrlichkeit des Herrn
erfüllte das Haus des Herrn. 12 Damals sagte Salomo:
Der Herr hat die Sonne an den Himmel gesetzt; / er selbst wollte im
Dunkel wohnen.
13 Ich habe ein fürstliches Haus für dich gebaut, / eine Wohnstätte für
ewige Zeiten.

Die Ansprache des Königs

14 Dann wandte sich der König um und segnete die ganze Versamm-
lung Israels. Alle standen, 15 und er betete: Gepriesen sei der Herr, der
Gott Israels. Seine Hand hat ausgeführt, was sein Mund meinem
Vater David verheißen hat, als er sprach: 16 Seit dem Tag, da ich mein
Volk Israel aus Ägypten führte, habe ich aus keinem der Stämme Isra-
els eine Stadt für den Bau eines Hauses erwählt, um meinen Namen
dort wohnen zu lassen. David aber habe ich zum Herrscher über mein
Volk Israel erwählt. 17 Mein Vater David wollte dem Namen des Herrn,
des Gottes Israels, ein Haus bauen. 18 Doch der Herr sprach zu ihm:
Wenn du dir vorgenommen hast, meinem Namen ein Haus zu bauen,
hast du einen guten Entschluß gefaßt. 19 Doch sollst nicht du das
Haus bauen; sondern erst dein leiblicher Sohn soll meinem Namen
das Haus bauen. 20 Der Herr hat jetzt sein Versprechen, das er gege-
ben hat, wahr gemacht: Ich bin an die Stelle meines Vaters David
getreten und habe den Thron Israels bestiegen, wie es der Herr zuge-
sagt hatte. Ich habe dem Namen des Herrn, des Gottes Israels, das
Haus gebaut 21 und darin einen Raum für die Lade geschaffen. Sie
enthält die Tafeln des Bundes, den der Herr mit unseren Vätern
geschlossen hat, als er sie aus Ägypten führte.

Das Weihegebet

22 Dann trat Salomo in Gegenwart der ganzen Versammlung Israels
vor den Altar des Herrn, breitete seine Hände zum Himmel aus 23 und
betete: Herr, Gott Israels, im Himmel oben und auf der Erde unten
gibt es keinen Gott, der so wie du Bund und Huld seinen Knechten
bewahrt, die mit ungeteiltem Herzen vor ihm leben. 24 Du hast das
Versprechen gehalten, das du deinem Knecht, meinem Vater David,
gegeben hast. Deine Hand hat heute erfüllt, was dein Mund verspro-
chen hat. 25 Und nun, Herr, Gott Israels, halte auch das andere Ver-
sprechen, das du deinem Knecht David, meinem Vater, gegeben hast,
als du sagtest: Es soll dir nie an einem Nachkommen fehlen, der vor
mir auf dem Thron Israels sitzt, wenn nur deine Söhne darauf achten,
ihren Weg so vor mir zu gehen, wie du es getan hast. 26 Gott Israels,

möge sich jetzt dein Wort, das du deinem Knecht David, meinem
Vater, gegeben hast, als wahr erweisen.
27 Wohnt denn Gott wirklich auf der Erde? Siehe, selbst der Himmel
und die Himmel der Himmel fassen dich nicht, wieviel weniger die-
ses Haus, das ich gebaut habe. 28 Wende dich, Herr, mein Gott, dem
Beten und Flehen deines Knechtes zu! Höre auf das Rufen und auf das
Gebet, das dein Knecht heute vor dir verrichtet. 29 Halte deine Augen
offen über diesem Haus bei Nacht und bei Tag, über der Stätte, von
der du gesagt hast, daß dein Name hier wohnen soll. Höre auf das
Gebet, das dein Knecht an dieser Stätte verrichtet. 30 Achte auf das
Flehen deines Knechtes und deines Volkes Israel, wenn sie an dieser
Stätte beten. Höre sie im Himmel, dem Ort, wo du wohnst. Höre sie,
und verzeih!
31 Wenn sich jemand gegen seinen Nächsten verfehlt und dieser ihm
einen Eid abverlangt, den er schwören muß, und er dann kommt und
vor deinem Altar in diesem Haus schwört, 32 so höre du es im Him-
mel, und greif ein! Verschaff deinen Knechten Recht; verurteile den
Schuldigen, und laß sein Tun auf ihn selbst zurückfallen! Den
Schuldlosen aber sprich frei, und vergilt ihm, wie es seiner Gerechtig-
keit entspricht.
33 Wenn dein Volk Israel von einem Feind geschlagen wird, weil es
gegen dich gesündigt hat, und dann wieder zu dir umkehrt, deinen
Namen preist und in diesem Haus zu dir betet und fleht, 34 so höre du
es im Himmel! Vergib deinem Volk Israel seine Sünde; laß sie in das
Land zurückkommen, das du ihren Vätern gegeben hast.
35 Wenn der Himmel verschlossen ist und kein Regen fällt, weil sie
gegen dich gesündigt haben, und wenn sie dann an diesem Ort beten,
deinen Namen preisen und von ihrer Sünde lassen, weil du sie
demütigst, 36 so höre du sie im Himmel! Vergib deinen Knechten und
deinem Volk Israel ihre Sünden; denn du führst sie den guten Weg,
den sie gehen sollen. Spende Regen deinem Land, das du deinem
Volk zum Erbbesitz gegeben hast.
37 Wenn im Land Hungersnot herrscht, wenn Pest ausbricht, wenn
Getreidebrand, Rost, Heuschrecken und Ungeziefer auftreten, wenn
Feinde sie im eigenen Land bedrängen, wenn irgendeine Plage oder
Krankheit sie trifft, 38 (so höre du) jedes Gebet und Flehen eines jeden
einzelnen und deines ganzen Volkes Israel; denn sie alle kennen die
Not ihres Herzens und erheben ihre Hände zu diesem Haus. 39 Höre
sie dann im Himmel, dem Ort, wo du wohnst, und verzeih! Greif ein,
und vergilt jedem, wie es sein Tun verdient. Du kennst ja ihre Herzen;
denn du allein kennst die Herzen aller Menschen. 40 So werden sie
dich fürchten, solange sie in dem Land leben, das du unseren Vätern
gegeben hast.
41 Auch Fremde, die nicht zu deinem Volk Israel gehören, werden
wegen deines Namens aus fernen Ländern kommen; 42 denn sie wer-
den von deinem großen Namen, deiner starken Hand und deinem
hoch erhobenen Arm hören. Sie werden kommen und in diesem
Haus beten. 43 Höre sie dann im Himmel, dem Ort, wo du wohnst,
und tu alles, weswegen der Fremde zu dir ruft. Dann werden alle
Völker der Erde deinen Namen erkennen. Sie werden dich fürchten,
wie dein Volk Israel dich fürchtet, und erfahren, daß dein Name aus-
gerufen ist über diesem Haus, das ich gebaut habe.
44 Wenn dein Volk auf dem Weg, den du es führst, gegen seine Feinde
in den Krieg zieht und wenn es dann zu dir betet, zur Stadt hingewen-
det, die du erwählt hast, und zu dem Haus hin, das ich deinem
Namen gebaut habe, 45 so höre du im Himmel sein Beten und Flehen,
und verschaff ihm Recht.
46 Wenn sie gegen dich sündigen – es gibt ja niemand, der nicht sün-
digt – und du ihnen zürnst, sie ihren Bedrängern preisgibst und ihre
Feinde sie gefangen fortführen in ein fernes oder nahes Land, 47 so
werden sie im Land ihrer Gefangenschaft in sich gehen. Sie werden
im Land ihrer Gefangenschaft umkehren, zu dir flehen und rufen:
Wir haben gesündigt, Unrecht getan und gefrevelt. 48 Mit ganzem
Herzen und ganzer Seele werden sie im Land ihrer Feinde, von denen
sie als Gefangene weggeführt wurden, zu dir umkehren und zu dir
beten, zum Land hingewendet, das du ihren Vätern gegeben hast, zur
Stadt hin, die du erwählt hast, und zum Haus hin, das ich deinem
Namen gebaut habe. 49 Höre dann im Himmel, dem Ort, wo du
wohnst, ihr Beten und Flehen! Verschaff ihnen Recht, 50 und verzeih
deinem Volk, was es gegen dich gesündigt hat; verzeih ihm alle Fre-
vel, die es gegen dich begangen hat. Laß sie bei ihren Unterdrückern
Mitleid und Erbarmen finden! 51 Sie sind ja dein Volk und dein Eigen-
tum, das du aus dem Schmelzofen, aus Ägypten, herausgeführt hast.
52 Halte deine Augen offen für das Flehen deines Knechtes und für
das Flehen deines Volkes Israel! Erhöre sie, sooft sie zu dir rufen.
53 Du hast dir Israel unter allen Völkern der Erde als Eigentum aus-
gewählt, wie du es durch deinen Knecht Mose verkündet hast, als du
unsere Väter aus Ägypten geführt hast, Herr und Gott.

Salomos Segen

54 Als Salomo dieses flehentliche Gebet zum Herrn beendet hatte,
erhob er sich auf dem Platz vor dem Altar des Herrn, wo er niederge-
kniet war und die Hände zum Himmel ausgebreitet hatte. 55 Er trat
vor die ganze Versammlung Israels, segnete sie und rief mit lauter
Stimme: 56 Gepriesen sei der Herr, der seinem Volk Israel Ruhe
geschenkt hat, wie er es versprochen hat. Von all den herrlichen Ver-
heißungen, die er durch seinen Knecht Mose verkündet hat, ist nicht
eine hinfällig geworden. 57 Der Herr, unser Gott, sei mit uns, wie er
mit unseren Vätern war. Er verlasse uns nicht und verstoße uns nicht.
58 Er lenke unsere Herzen zu sich hin, damit wir auf seinen Wegen
gehen und die Gebote, Befehle und Anordnungen befolgen, die er
unseren Vätern gegeben hat. 59 Mögen diese Worte, die ich flehend
vor dem Herrn, unserem Gott, gesprochen habe, ihm Tag und Nacht
gegenwärtig bleiben. Möge er seinem Knecht und seinem Volk Israel
Recht verschaffen, wie es jeder Tag verlangt, 60 damit alle Völker der
Erde erkennen, daß niemand Gott ist als der Herr allein. 61 Euer Herz
aber bleibe ungeteilt beim Herrn, unserem Gott, so daß ihr seinen
Gesetzen folgt und auf seine Gebote achtet, wie es heute geschieht.

Der Abschluß der Feier

62 Dann brachten der König und mit ihm ganz Israel vor dem Herrn
Opfer dar. 63 Zweiundzwanzigtausend Rinder und hundertzwanzig-
tausend Schafe ließ Salomo als Heilsopfer für den Herrn schlachten.
So vollzogen der König und alle Israeliten die Weihe des Hauses des
Herrn. 64 An jenem Tag weihte der König auch die Mitte des Hofes,
der vor dem Haus des Herrn war, als er dort das Brandopfer, das Spei-
seopfer und die Fettstücke der Heilsopfer darbrachte. Der bronzene
Altar, der vor dem (Tempel des) Herrn stand, war nämlich zu klein,
um das Brandopfer, das Speiseopfer und die Fettstücke der Heilsop-
fer fassen zu können.
65 Salomo feierte damals mit ganz Israel, das von Lebo-Hamat bis
zum Grenzbach Ägyptens zu einer großen Versammlung vor dem
Herrn, unserem Gott, erschienen war, das (Laubhütten-)Fest sieben
Tage lang [und nochmals sieben Tage, zusammen vierzehn Tage].
66 Am achten Tag entließ er das Volk. Sie priesen den König und gingen
zu ihren Zelten, frohen Mutes und voll Freude über all das Gute, das der
Herr an seinem Knecht David und seinem Volk Israel getan hatte.

Die Verheißung für den Tempel

9 Nachdem Salomo den Bau des Tempels und des königlichen
Palastes vollendet und alle Pläne, die er auszuführen wünschte,
verwirklicht hatte, 2 erschien ihm der Herr zum zweitenmal, wie er
ihm in Gibeon erschienen war. 3 Er sprach zu ihm: Ich habe dein fle-
hentliches Gebet, das du an mich gerichtet hast, gehört und dieses
Haus, das du gebaut hast, geheiligt. Meinen Namen werde ich für
immer hierher legen, meine Augen und mein Herz werden allezeit
hier weilen. 4 Wenn du mit ungeteiltem und aufrichtigem Herzen vor
mir den Weg gehst, den dein Vater David gegangen ist, und wenn du
alles tust, was ich dir befohlen habe, wenn du auf meine Gebote und
Rechtsvorschriften achtest, 5 dann werde ich deinen Königsthron auf

ewig in Israel bestehen lassen, wie ich es deinem Vater David zugesi-
chert habe, zu dem ich gesagt habe: Es soll dir nie an einem Nach-
kommen auf dem Thron Israels fehlen. 6 Doch wenn ihr und eure
Söhne euch von mir abwendet und die Gebote und Gesetze, die ich
euch gegeben habe, übertretet, wenn ihr euch anschickt, andere Göt-
ter zu verehren und anzubeten, 7 dann werde ich Israel in dem Land
ausrotten, das ich ihm gegeben habe. Das Haus, das ich meinem
Namen geweiht habe, werde ich aus meinem Angesicht wegschaffen,
und Israel soll zum Gespött und zum Hohn unter allen Völkern wer-
den. 8 Dieses Haus wird zu einem Trümmerhaufen werden, und jeder,
der vorübergeht, wird sich entsetzen und zischen. Man wird fragen:
Warum hat der Herr diesem Land und diesem Haus das angetan?
9 Und man wird antworten: Weil sie den Herrn, ihren Gott, der ihre
Väter aus Ägypten geführt hat, verlassen, sich an andere Götter
gehängt, sich vor ihnen niedergeworfen und sie verehrt haben,
darum hat der Herr all dieses Unglück über sie gebracht.

Verschiedene Nachrichten über Salomo

10 Zwanzig Jahre hatte Salomo an den beiden Häusern, dem Tempel
des Herrn und dem königlichen Palast, gebaut. 11 Der König Hiram
von Tyrus hatte ihn dabei mit Zedern- und Zypressenholz sowie mit
Gold in der gewünschten Menge unterstützt. Damals trat König
Salomo zwanzig Städte in der Landschaft Galiläa an Hiram ab. 12 Als
aber Hiram aus Tyrus herüberkam, um die Städte anzusehen, die
Salomo ihm gegeben hatte, gefielen sie ihm nicht. 13 Er meinte: Was
sind das für Städte, die du mir gegeben hast, mein Bruder? – Man
nennt sie Land Kabul bis zum heutigen Tag. 14 Hiram hatte dem
König hundertzwanzig Talente Gold gesandt.
15 So verhielt es sich mit dem Frondienst: König Salomo hatte Fronar-
beiter ausgehoben zum Bau des Tempels, seines Palastes, des Millo
und der Mauern von Jerusalem, Hazor, Megiddo und Geser. 16 Der
Pharao, der König von Ägypten, war nämlich heraufgezogen, hatte
Geser erobert und eingeäschert, die Kanaaniter, die darin wohnten,
getötet und die Stadt als Brautgeschenk seiner Tochter, der Frau Salo-
mos, gegeben. 17 Salomo baute nun Geser wieder auf. Ferner baute er
das untere Bet-Horon aus 18 sowie Baala und Tamar in der Steppe im
Land (Juda), 19 dazu alle Vorratsstädte, die ihm gehörten, die Städte
für die Wagen und ihre Mannschaft und was er sonst in Jerusalem,
auf dem Libanon und im ganzen Bereich seiner Herrschaft zu bauen
wünschte. 20 Die Reste der Amoriter, Hetiter, Perisiter, Hiwiter und
Jebusiter, die nicht zu den Israeliten gehörten 21 und von denen noch
Nachkommen im Land lebten – die Israeliten hatten sie nicht ausrot-
ten können –, hob Salomo als Fronarbeiter aus, und sie blieben es bis
zum heutigen Tag. 22 Von den Israeliten aber machte Salomo nie-
mand zum Sklaven; sie waren seine Krieger und Beamten, seine
Obersten und Hauptleute, die Befehlshaber über seine Wagen und
deren Mannschaft. 23 Die Leitung der Arbeiten Salomos oblag den
fünfhundertfünfzig Werkführern unter dem Befehl der Statthalter.
Sie hatten die Aufsicht über die Leute, die bei den Arbeiten beschäf-
tigt waren.
24 Als die Tochter des Pharao aus der Davidstadt in ihr Haus hinaufge-
zogen war, das Salomo für sie gebaut hatte, baute er den Millo aus.
25 Dreimal im Jahr brachte Salomo auf dem Altar, den er für den
Herrn erbaut hatte, Brand- und Heilsopfer dar und ließ seine Opfer-
gaben vor dem Herrn in Rauch aufgehen. Und er vollendete das Haus.
26 König Salomo baute auch eine Flotte in Ezjon-Geber, das bei Elat
an der Küste des Schilfmeers in Edom liegt. 27 Hiram schickte seine
Leute, geübte Seefahrer, mit den Leuten Salomos zu Schiff aus. 28 Sie
fuhren nach Ofir, holten von dort vierhundertzwanzig Talente Gold
und brachten es dem König Salomo.

Die Königin von Saba

10 Die Königin von Saba hörte vom Ruf Salomos und kam, um
ihn mit Rätselfragen auf die Probe zu stellen. 2 Sie kam nach
Jerusalem mit sehr großem Gefolge, mit Kamelen, die Balsam, eine
gewaltige Menge Gold und Edelsteine trugen, trat bei Salomo ein und
redete mit ihm über alles, was sie sich vorgenommen hatte. 3 Salomo
gab ihr Antwort auf alle Fragen. Es gab nichts, was dem König ver-
borgen war und was er ihr nicht hätte sagen können. 4 Als nun die
Königin von Saba die ganze Weisheit Salomos erkannte, als sie den
Palast sah, den er gebaut hatte, 5 die Speisen auf seiner Tafel, die Sitz-
plätze seiner Beamten, das Aufwarten der Diener und ihre Gewänder,
seine Getränke und sein Opfer, das er im Haus des Herrn darbrachte,
da stockte ihr der Atem. 6 Sie sagte zum König: Was ich in meinem
Land über dich und deine Weisheit gehört habe, ist wirklich wahr.
7 Ich wollte es nicht glauben, bis ich nun selbst gekommen bin und es
mit eigenen Augen gesehen habe. Und wahrlich, nicht einmal die
Hälfte hat man mir berichtet; deine Weisheit und deine Vorzüge über-
treffen alles, was ich gehört habe. 8 Glücklich sind deine Männer,
glücklich diese deine Diener, die allezeit vor dir stehen und deine
Weisheit hören. 9 Gepriesen sei Jahwe, dein Gott, der an dir Gefallen
fand und dich auf den Thron Israels setzte. Weil Jahwe Israel ewig
liebt, hat er dich zum König bestellt, damit du Recht und Gerechtig-
keit übst. 10 Sie gab dem König hundertzwanzig Talente Gold, dazu
eine sehr große Menge Balsam und Edelsteine. Niemals mehr kam so
viel Balsam in das Land, wie die Königin von Saba dem König Salomo
schenkte.
11 Auch die Flotte Hirams, die Gold aus Ofir holte, brachte von dort
große Mengen Almuggimholz und Edelsteine. 12 Der König ließ aus
dem Almuggimholz Schnitzarbeiten für das Haus des Herrn und den
königlichen Palast sowie Zithern und Harfen für die Sänger anferti-
gen. Solches Almuggimholz ist nie wieder in das Land gekommen
und bis zum heutigen Tag nicht mehr gesehen worden.
13 König Salomo gewährte der Königin von Saba alles, was sie
wünschte und begehrte. Dazu beschenkte er sie reichlich, wie es nur
der König Salomo vermochte. Schließlich kehrte sie mit ihrem
Gefolge in ihr Land zurück.

Salomos Reichtum

14 Das Gewicht des Goldes, das alljährlich bei Salomo einging, betrug
sechshundertsechsundsechzig Goldtalente. 15 Dabei sind nicht ein-
gerechnet die Abgaben der Kaufleute und die Einnahmen, die von
den Händlern, von allen Königen Arabiens und von den Statthaltern
des Landes kamen.
16 König Salomo ließ zweihundert Schilde aus gehämmertem Gold
herstellen; sechshundert Goldschekel verwandte er für jeden Schild.
17 Dazu machte er dreihundert kleinere Schilde aus gehämmertem
Gold; drei Minen Gold verwandte er für jeden. Er brachte sie in das
Libanonwaldhaus.
18 Ferner ließ der König einen großen Thron aus Elfenbein anfertigen
und mit bestem Gold überziehen. 19 Sechs Stufen führten zum Thron
hinauf. An seiner Rückseite war der Kopf eines Jungstiers, und zu bei-
den Seiten des Sitzes befanden sich Armlehnen. Zwei Löwen standen
neben den Lehnen 20 und zwölf zu beiden Seiten der sechs Stufen.
Dergleichen ist noch für kein Königreich geschaffen worden.
21 Alle Trinkgefäße des Königs Salomo waren aus Gold; ebenso
waren alle Geräte des Libanonwaldhauses aus bestem Gold. Silber
galt in den Tagen Salomos als wertlos; 22 denn der König hatte eine
Tarschischflotte auf dem Meer, zusammen mit den Schiffen Hirams.
Einmal in drei Jahren kam die Tarschischflotte und brachte Gold, Sil-
ber, Elfenbein, Affen und Perlhühner.
23 So übertraf König Salomo alle Könige der Erde an Reichtum und
Weisheit. 24 Alle Welt begehrte ihn zu sehen und die Weisheit zu
hören, die Gott in sein Herz gelegt hatte. 25 Alle brachten ihm Jahr für
Jahr ihre Gaben: silberne und goldene Gefäße, Gewänder, Waffen,
Balsam, Pferde und Maultiere.
26 Salomo beschaffte sich Wagen und Besatzung dazu. Er hatte vier-
zehnhundert Wagen und zwölftausend Mann als Besatzung und
brachte sie in die Wagenstädte sowie in die Umgebung des Königs
nach Jerusalem. 27 Der König machte das Silber in Jerusalem so häu-

fig wie die Steine und die Zedern so zahlreich wie die Maulbeerfeigen-
bäume in der Schefela. 28 Man bezog die Pferde für Salomo aus Ägyp-
ten und Koë; die Händler des Königs kauften sie in Koë. 29 Ein
Wagen, der aus Ägypten kam, kostete sechshundert und ein Pferd
hundertfünfzig Silberschekel. Ebenso trieb man Handel mit allen
hetitischen und aramäischen Königen.

Salomos Bundesbruch

11 König Salomo liebte neben der Tochter des Pharao noch
viele andere ausländische Frauen: Moabiterinnen, Ammo-
niterinnen, Edomiterinnen, Sidonierinnen, Hetiterinnen. 2 Es waren
Frauen aus den Völkern, von denen der Herr den Israeliten gesagt
hatte: Ihr dürft nicht zu ihnen gehen, und sie dürfen nicht zu euch
kommen; denn sie würden euer Herz ihren Göttern zuwenden. An
diesen hing Salomo mit Liebe. 3 Er hatte siebenhundert fürstliche
Frauen und dreihundert Nebenfrauen. Sie machten sein Herz abtrün-
nig. 4 Als Salomo älter wurde, verführten ihn seine Frauen zur Vereh-
rung anderer Götter, so daß er dem Herrn, seinem Gott, nicht mehr
ungeteilt ergeben war wie sein Vater David. 5 Er verehrte Astarte, die
Göttin der Sidonier, und Milkom, den Götzen der Ammoniter. 6 Er
tat, was dem Herrn mißfiel, und war ihm nicht so vollkommen er-
geben wie sein Vater David. 7 Damals baute Salomo auf dem Berg
östlich von Jerusalem eine Kulthöhe für Kemosch, den Götzen der
Moabiter, und für Milkom, den Götzen der Ammoniter. 8 Dasselbe tat
er für alle seine ausländischen Frauen, die ihren Göttern Rauch- und
Schlachtopfer darbrachten.

Ankündigung des Gerichts

9 Der Herr aber wurde zornig über Salomo, weil sich sein Herz von
ihm, dem Gott Israels, abgewandt hatte, der ihm zweimal erschienen
war 10 und ihm verboten hatte, fremden Göttern zu dienen. Doch
Salomo hielt sich nicht an das, was der Herr von ihm verlangt hatte.
11 Daher sprach der Herr zu ihm: Weil es so mit dir steht, weil du mei-
nen Bund gebrochen und die Gebote nicht befolgt hast, die ich dir
gegeben habe, werde ich dir das Königreich entreißen und es deinem
Knecht geben. 12 Nur deines Vaters David wegen werde ich es nicht
schon zu deinen Lebzeiten tun; erst deinem Sohn werde ich es ent-
reißen. 13 Doch werde ich ihm das Königtum nicht ganz entreißen;
ich lasse deinem Sohn noch einen Stamm wegen meines Knechtes
David und wegen Jerusalem, der Stadt, die ich erwählt habe.

Salomos Gegner

14 Der Herr ließ Salomo einen Widersacher erstehen, den Edomiter
Hadad aus der königlichen Familie von Edom. 15 Als David die Edo-
miter geschlagen hatte und sein Heerführer Joab hinaufzog, um die
Gefallenen zu begraben, tötete er in Edom alles, was männlich war.
16 Sechs Monate hielt sich Joab mit ganz Israel in Edom auf, bis er
alles, was männlich war, ausgerottet hatte. 17 Hadad aber konnte mit
einigen Edomitern, die im Dienst seines Vaters standen, entfliehen
und nach Ägypten entkommen. Er war noch sehr jung. 18 Sie waren
von Midian aufgebrochen und nach Paran gelangt. Dort nahmen sie
noch andere Männer mit und kamen nach Ägypten zum Pharao, dem
König von Ägypten. Dieser gab Hadad ein Haus, sorgte für seinen
Unterhalt und schenkte ihm ein Grundstück. 19 Hadad fand solche
Gnade beim Pharao, daß dieser ihm die Schwester seiner Gemahlin,
der Königin Tachpenes, zur Frau gab. 20 Die Schwester der Tachpenes
gebar ihm den Sohn Genubat, und Tachpenes zog ihn im Haus des
Pharao auf. So lebte Genubat im Haus des Pharao unter dessen Söh-
nen. 21 Als nun Hadad in Ägypten hörte, daß David zu seinen Vätern
entschlafen und der Heerführer Joab tot war, bat er den Pharao: Laß
mich in mein Land zurückkehren! 22 Der Pharao entgegnete ihm: Was
fehlt dir denn bei mir, daß du in dein Land zurückkehren willst? Doch
Hadad antwortete: Laß mich ziehen!
23 Gott ließ Salomo noch einen anderen Widersacher erstehen,
Reson, den Sohn Eljadas, der vor seinem Herrn, dem König Hadad-

Arik Brauer
Salomo und die Königin
(1961)
»Ich wollte es nicht glauben, bis ich nun selbst gekommen bin und es mit eigenen Augen gesehen habe« (1 Kön 10,7). Arik Brauers Gemälde erweckt die Atmosphäre eines orientalischen Märchens, denn märchenhaft ist der Ruf des ebenso weisen wie wohlhabenden Königs, den die Königin in ihrem Land im Süden Arabiens vernommen hat. Nun empfängt Salomo die Huldigung der sabäischen Monarchin, die nach äthiopischer Überlieferung auch in Gondar herrscht und von Salomo ein Kind empfängt; dieser Sohn wird zum Stammvater des äthiopischen Kaiserhauses. Brauers Farbschleier steigern sich vor dem dunklen, durch funkelnde Lichter belebten Hintergrund der königlichen Residenz Jerusalem zu leuchtendem Grün und feurigem Rot über zartem Rosa. Im Neuen Testament erscheint die »Königin des Südens« als Beispiel für vorbehaltlose Suche nach Wahrheit, »denn sie kam vom Ende der Welt, um die Weisheit Salomos zu hören« (Mt 12,42 / Lk 11,31).

Eser von Zoba, geflohen war. 24 Als David viele Aramäer niederma-
chen ließ, sammelte Reson Männer um sich und wurde Anführer
einer Freischar. Später zog er nach Damaskus, ließ sich dort nieder
und wurde König in Damaskus. 25 Er war ein Widersacher Israels,
solange Salomo lebte, und vermehrte das Unglück, das von Hadad
ausging; er haßte Israel und herrschte über Aram. 26 Auch Jerobeam,
der Sohn Nebats, ein Beamter Salomos, erhob sich gegen den König.
Er war ein Efratiter aus Zereda; seine Mutter hieß Zerua und war
Witwe. 27 Mit der Erhebung hatte es folgende Bewandtnis: Salomo
baute den Millo und schloß die Lücke in der Stadt Davids, seines
Vaters. 28 Jerobeam war ein tüchtiger Mann, und als Salomo sah, wie
der junge Mann arbeitete, machte er ihn zum Aufseher über alle Fron-
arbeiten des Hauses Josef. 29 Als in jener Zeit Jerobeam einmal aus
Jerusalem herauskam, begegnete ihm auf dem Weg der Prophet Ahija
aus Schilo. Dieser war mit einem neuen Mantel bekleidet. Während

nun beide allein auf freiem Feld waren, 30 faßte Ahija den neuen Man-
tel, den er anhatte, zerriß ihn in zwölf Stücke 31 und sagte zu Jero-
beam: Nimm dir zehn Stücke; denn so spricht der Herr, der Gott Isra-
els: Ich nehme Salomo das Königtum weg und gebe dir zehn
Stämme. 32 Nur ein Stamm soll ihm verbleiben wegen meines Knech-
tes David und wegen Jerusalem, der Stadt, die ich aus allen Stämmen
Israels erwählt habe. 33 Denn er hat mich verlassen und Astarte, die
Göttin der Sidonier, Kemosch, den Gott der Moabiter, und Milkom,
den Gott der Ammoniter, angebetet. Er ist von meinen Wegen abge-
wichen und hat nicht wie sein Vater David das getan, was mir gefällt;
er hat meine Gebote und Satzungen übertreten. 34 Doch werde ich
ihm das Königtum nicht ganz wegnehmen. Wegen meines Knechtes
David, den ich erwählt habe und der meine Befehle und Gebote
befolgt hat, lasse ich ihm die Herrschaft, solange er lebt. 35 Erst sei-
nem Sohn werde ich das Königreich nehmen und dir zehn Stämme
geben. 36 Seinem Sohn werde ich einen einzigen Stamm geben, damit
meinem Knecht David für immer eine Leuchte vor mir bleibe in Jeru-
salem, der Stadt, die ich erwählt habe, um auf sie meinen Namen zu
legen. 37 Dich aber will ich nehmen, damit du ganz nach deinem
Begehren herrschen kannst; du sollst König von Israel sein. 38 Wenn
du nun auf alles hörst, was ich dir gebiete, auf meinen Wegen gehst
und das tust, was mir gefällt, wenn du meine Gebote und Befehle
befolgst wie mein Knecht David, dann werde ich mit dir sein. Ich
werde dir ein Haus bauen, das Bestand hat, wie ich es für David
gebaut habe, und dir Israel übergeben. 39 Die Nachkommen Davids
werde ich für den Abfall bestrafen, doch nicht für alle Zeiten. 40 Sa-
lomo suchte nun Jerobeam zu töten. Doch dieser machte sich auf und
floh nach Ägypten zu Schischak, dem König von Ägypten. Dort blieb
er bis zum Tod Salomos.

Salomos Tod

41 Die übrige Geschichte Salomos, alle seine Taten und die Beweise
seiner Weisheit, sind aufgezeichnet in der Chronik Salomos. 42 Die
Zeit, in der Salomo in Jerusalem über ganz Israel König war, betrug
vierzig Jahre. 43 Er entschlief zu seinen Vätern und wurde in der Stadt
seines Vaters David begraben. Sein Sohn Rehabeam wurde König an
seiner Stelle.

Die Geschichte der getrennten Reiche
Erster Teil

Der Abfall der zehn Nordstämme

12 Rehabeam begab sich nach Sichem; denn dorthin war ganz
Israel gekommen, um ihn zum König zu machen. 2 Jero-
beam, der Sohn Nebats, hörte davon, während er noch in Ägypten war,
wohin er vor dem König Salomo hatte fliehen müssen; er kehrte jetzt
aus Ägypten zurück. 3 Man sandte zu ihm und ließ ihn rufen. So
kamen also Jerobeam und die ganze Versammlung Israels (nach
Sichem), und sie sagten zu Rehabeam: 4 Dein Vater hat uns ein hartes
Joch auferlegt. Erleichtere du jetzt den harten Dienst deines Vaters
und das schwere Joch, das er uns auferlegt hat. Dann wollen wir dir
dienen. 5 Er antwortete ihnen: Geht weg, und kommt nach drei Tagen
wieder zu mir! Als sich das Volk entfernt hatte, 6 beriet sich König
Rehabeam mit den älteren Männern, die zu Lebzeiten seines Vaters
Salomo in dessen Dienst gestanden hatten. Er fragte sie: Welchen Rat
gebt ihr mir? Was soll ich diesem Volk antworten? 7 Sie sagten zu ihm:
Wenn du dich heute zum Diener dieses Volkes machst, ihnen zu Wil-
len bist, auf sie hörst und freundlich mit ihnen redest, dann werden
sie immer deine Diener sein.
8 Doch er verwarf den Rat, den die Älteren ihm gegeben hatten, und
beriet sich mit den jungen Leuten, die mit ihm groß geworden waren
und jetzt in seinem Dienst standen. 9 Er fragte sie: Welchen Rat gebt
ihr mir? Was sollen wir diesem Volk antworten, das zu mir sagt:
Erleichtere das Joch, das dein Vater uns auferlegt hat? 10 Die jungen
Leute, die mit ihm groß geworden waren, sagten zu ihm: So sollst du
diesem Volk antworten, das zu dir sagt: Dein Vater hat uns ein schwe-
res Joch auferlegt; erleichtere es uns! So sollst du zu ihnen sagen:
Mein kleiner Finger ist stärker als die Lenden meines Vaters. 11 Hat
mein Vater euch ein schweres Joch aufgebürdet, so werde ich es noch
schwerer machen. Mein Vater hat euch mit Peitschen gezüchtigt, ich
werde euch mit Skorpionen züchtigen.
12 Am dritten Tag kamen Jerobeam und das ganze Volk zu Rehabeam;
denn der König hatte ihnen gesagt: Kommt am dritten Tag wieder zu
mir! 13 Der König gab nun dem Volk eine harte Antwort. Er verwarf den
Rat, den die Älteren ihm erteilt hatten, 14 und antwortete ihnen nach
dem Rat der jungen Leute: Mein Vater hat euer Joch schwer gemacht.
Ich werde es noch schwerer machen. Mein Vater hat euch mit Peit-
schen gezüchtigt, ich werde euch mit Skorpionen züchtigen. 15 Der
König hörte also nicht auf das Volk; denn der Herr hatte es so
bestimmt, um das Wort wahr zu machen, das er durch Ahija von
Schilo zu Jerobeam, dem Sohn Nebats, gesprochen hatte.
16 Als die Israeliten sahen, daß der König nicht auf sie hörte, gaben
sie ihm zur Antwort:
Welchen Anteil haben wir an David? / Wir haben keinen Erbbesitz
beim Sohn Isais. / In deine Zelte, Israel! / Nun kümmere dich um dein
Haus, David!
So begab sich Israel zu seinen Zelten. 17 Nur über die Israeliten, die in
den Städten Judas wohnten, blieb Rehabeam König. 18 Und als er den
Fronaufseher Adoniram hinschickte, steinigte ihn ganz Israel zu
Tode. Dem König Rehabeam gelang es, den Wagen zu besteigen und
nach Jerusalem zu entkommen. 19 So fiel Israel vom Haus David ab
und ist abtrünnig bis zum heutigen Tag.

Jerobeam I. von Israel

20 Als die Israeliten erfuhren, daß Jerobeam zurückgekehrt war,
ließen sie ihn zur Versammlung rufen und machten ihn zum König
über ganz Israel. Der Stamm Juda allein hielt noch zum Haus David.
21 Rehabeam kam nach Jerusalem und versammelte das ganze Haus
Juda und den Stamm Benjamin, hundertachtzigtausend auserlesene
Krieger, um gegen das Haus Israel zu kämpfen und das Königtum für
Rehabeam, den Sohn Salomos, zurückzugewinnen. 22 Doch das Wort
Gottes erging an Schemaja, den Mann Gottes: 23 Sag zu Rehabeam,
dem Sohn Salomos, dem König von Juda, und zum ganzen Haus Juda
und Benjamin und zum übrigen Volk: 24 So spricht der Herr: Zieht
nicht in den Krieg gegen eure Brüder, die Israeliten! Jeder kehre in
sein Haus zurück; denn ich habe es so verfügt. Sie hörten auf das
Wort des Herrn und kehrten heim, wie der Herr es befohlen hatte.
25 Jerobeam baute Sichem im Gebirge Efraim aus und ließ sich dort
nieder. Von Sichem zog er nach Penuël und baute auch diese Stadt
aus.

Die religiöse Trennung

26 Jerobeam dachte bei sich: Das Königtum könnte wieder an das
Haus David fallen. 27 Wenn dieses Volk hinaufgeht, um im Haus des
Herrn in Jerusalem Opfer darzubringen, wird sich sein Herz wieder
seinem Herrn, dem König Rehabeam von Juda, zuwenden. Mich wer-
den sie töten und zu Rehabeam, dem König von Juda, zurückkehren.
28 So ging er mit sich zu Rate, ließ zwei goldene Kälber anfertigen
und sagte zum Volk: Ihr seid schon zuviel nach Jerusalem hinaufge-
zogen. Hier ist dein Gott, Israel, der dich aus Ägypten heraufgeführt
hat. 29 Er stellte das eine Kalb in Bet-El auf, das andere brachte er nach
Dan. 30 Dies wurde Anlaß zur Sünde. Das Volk zog sogar bis nach
Dan, vor das eine Kalb. 31 Auch errichtete er Kulthöhen und setzte
Priester ein, die aus allen Teilen des Volkes stammten und nicht zu
den Söhnen Levis gehörten. 32 Für den fünfzehnten Tag des achten
Monats stiftete Jerobeam ein Fest, das dem Fest in Juda entsprach. Er
stieg in Bet-El zum Altar hinauf, um den Kälbern zu opfern, die er
hatte anfertigen lassen. In Bet-El ließ er auch die Priester, die er für

die Kulthöhen bestellt hatte, Dienst tun. 33 Am fünfzehnten Tag des
achten Monats stieg er zum Altar hinauf, den er in Bet-El errichtet
hatte. Er hatte sich diesen Monat eigens ausgedacht und diesen Tag
zu einem Fest für die Israeliten bestimmt. An ihm stieg er zum Altar
hinauf, um zu opfern.

Der ungehorsame Gottesmann

13 Während Jerobeam am Altar stand, um zu opfern, kam ein
Gottesmann aus Juda im Auftrag des Herrn nach Bet-El.
2 Er rief im Auftrag des Herrn gegen den Altar: Altar, Altar! So spricht
der Herr: Dem Haus David wird ein Sohn geboren mit Namen
Joschija. Dieser wird auf dir die Höhenpriester hinschlachten, die auf
dir opfern, und die Gebeine von Menschen wird man auf dir verbren-
nen. 3 Er gab an jenem Tag auch ein Zeichen und sprach: Das ist das
Zeichen dafür, daß der Herr gesprochen hat: Der Altar wird zerber-
sten, und die Asche auf ihm wird zerstreut werden. 4 Als der König die
Worte hörte, die der Gottesmann gegen den Altar in Bet-El ausrief,
streckte er am Altar seine Hand aus und befahl: Nehmt ihn fest! Doch
die Hand, die er gegen ihn ausgestreckt hatte, erstarrte; er konnte sie
nicht mehr zurückziehen. 5 Der Altar aber zerbarst, und die Asche auf
ihm wurde zerstreut, wie es der Gottesmann im Auftrag des Herrn als
Zeichen verkündet hatte. 6 Nun ergriff der König das Wort und sagte
zu dem Gottesmann: Besänftige doch den Herrn, deinen Gott, und
bete für mich, daß ich meine Hand wieder an mich ziehen kann. Da
besänftigte der Gottesmann den Herrn, und der König konnte seine
Hand wieder an sich ziehen; sie war wie zuvor. 7 Darauf sagte der
König zum Gottesmann: Komm in mein Haus, und stärke dich! Auch
möchte ich dir ein Geschenk geben. 8 Der Gottesmann aber erwiderte
dem König: Ich werde nicht mit dir gehen, auch wenn du mir die
Hälfte deines Hauses gibst. Ich werde an diesem Ort weder essen
noch trinken. 9 Denn so wurde mir durch das Wort des Herrn befoh-
len: Du darfst dort weder essen noch trinken; und auf dem Weg, den
du gekommen bist, darfst du nicht zurückkehren. 10 Daher schlug er
einen anderen Weg ein und kehrte nicht auf dem Weg zurück, auf
dem er nach Bet-El gekommen war.
11 In Bet-El aber wohnte ein alter Prophet. Als dessen Söhne heimka-
men, erzählten sie ihm alles, was der Gottesmann an diesem Tag in
Bet-El getan und was er zum König gesagt hatte. 12 Darauf fragte sie
der Vater: Auf welchem Weg ist er fortgezogen? Die Söhne hatten
gesehen, welchen Weg der Gottesmann, der aus Juda gekommen
war, eingeschlagen hatte. 13 Da befahl er ihnen: Sattelt mir den Esel!
Sie taten es, und er stieg auf, 14 ritt dem Gottesmann nach und traf ihn
unter einer Eiche sitzend an. Er fragte ihn: Bist du der Gottesmann,
der aus Juda gekommen ist? Jener antwortete: Ich bin es. 15 Da bat er
ihn: Komm in mein Haus, und iß Brot mit mir! 16 Doch jener entgeg-
nete: Ich kann nicht mit dir zurückkehren und werde an diesem Ort
mit dir weder essen noch trinken. 17 Denn im Auftrag des Herrn ist
das Wort an mich ergangen: Du darfst dort weder essen noch trinken,
und auf dem Weg, den du gekommen bist, darfst du nicht zurückkeh-
ren. 18 Der andere aber sagte: Auch ich bin ein Prophet wie du, und ein
Engel hat mir im Auftrag des Herrn befohlen: Hol ihn zurück! Er soll
in dein Haus kommen, um zu essen und zu trinken. So belog er ihn.
19 Nun kehrte er um und aß und trank im Haus des Propheten.
20 Während sie bei Tisch saßen, erging das Wort des Herrn an den
Propheten, der ihn zurückgeholt hatte, 21 und er rief es dem Gottes-
mann aus Juda zu: So spricht der Herr: Weil du gegen den Befehl des
Herrn gehandelt und das Verbot übertreten hast, das dir der Herr,
dein Gott, auferlegt hat, 22 weil du zurückgekehrt bist und an dem Ort
gegessen und getrunken hast, an dem zu essen und zu trinken er dir
verboten hatte, darum soll deine Leiche nicht in das Grab deiner Väter
kommen. 23 Nachdem der Gottesmann gegessen und getrunken
hatte, sattelte der Prophet, der ihn zurückgeholt hatte, für ihn den
Esel. 24 Er zog fort; doch unterwegs fiel ihn ein Löwe an und tötete
ihn. Seine Leiche lag hingestreckt am Weg, und der Esel stand neben
ihr. Auch der Löwe blieb neben der Leiche stehen. 25 Die Leute, die
vorübergingen, sahen die Leiche am Weg liegen und den Löwen
neben ihr stehen. Sie kamen und erzählten es in der Stadt, in der der
alte Prophet wohnte. 26 Als der Prophet, der ihn vom Weg zurückge-
holt hatte, davon hörte, sagte er: Das ist der Gottesmann, der gegen
den Befehl des Herrn gehandelt hat. Darum hat ihn der Herr dem
Löwen preisgegeben, und dieser hat ihn zerrissen und getötet, wie es
der Herr ihm angekündigt hatte. 27 Dann befahl er seinen Söhnen:
Sattelt mir den Esel! Sie taten es, 28 und er machte sich auf und fand
die Leiche am Weg hingestreckt; der Esel und der Löwe standen
neben ihr. Der Löwe hatte die Leiche nicht gefressen und den Esel
nicht zerrissen. 29 Der Prophet hob nun die Leiche auf, legte sie auf
den Esel und kam mit ihr in die Stadt zurück, um dem Gottesmann
die Totenklage zu halten und ihn zu begraben. 30 Er bestattete ihn in
seinem eigenen Grab, und man klagte um ihn: Ach, mein Bruder!
31 Nachdem er ihn begraben hatte, sagte er zu seinen Söhnen: Wenn
ich gestorben bin, bringt mich in das Grab, in dem der Gottesmann
beigesetzt ist, und legt meine Gebeine neben die seinen! 32 Denn das
Wort, das er im Auftrag des Herrn gegen den Altar in Bet-El und
gegen alle Höhentempel in den Städten Samariens gesprochen hat,
wird in Erfüllung gehen.
33 Jerobeam kehrte auch nach diesem Ereignis von seinem bösen Weg
nicht um. Er bestellte weiterhin aus allen Teilen des Volkes Priester
für die Kulthöhen; jeden, der es wünschte, setzte er als Höhenpriester
ein. 34 Das aber wurde dem Haus Jerobeam als Sünde angerechnet, so
daß es vernichtet und vom Erdboden vertilgt wurde.

Das kranke Kind Jerobeams

14 In jener Zeit erkrankte Jerobeams Sohn Abija. 2 Jerobeam
befahl daher seiner Frau: Mach dich auf, verkleide dich,
damit man nicht erkennt, daß du Jerobeams Frau bist, und geh nach
Schilo! Dort wohnt der Prophet Ahija, der mir verkündet hat, daß ich
König dieses Volkes sein werde. 3 Nimm zehn Brote, Kuchen und
einen Krug Honig mit, und geh zu ihm! Er wird dir sagen, was mit
dem Kind geschehen wird. 4 Die Frau Jerobeams tat so; sie machte
sich auf, ging nach Schilo und kam in das Haus Ahijas. Dieser aber
konnte nicht mehr sehen; denn seine Augen waren im Alter starr
geworden. 5 Doch der Herr hatte ihm gesagt: Die Frau Jerobeams
kommt, um von dir Auskunft über ihren kranken Sohn zu erhalten.
Das und das sollst du zu ihr sagen. Wenn sie kommt, wird sie sich
verstellen. 6 Sobald sie sich nun der Türe näherte und Ahija das
Geräusch ihrer Schritte hörte, rief er: Komm herein, Frau Jerobeams!
Warum verstellst du dich? Ich habe dir eine harte Botschaft zu verkün-
den. 7 Geh heim, und sag zu Jerobeam: So spricht der Herr, der Gott
Israels: Ich habe dich mitten aus dem Volk emporgehoben und zum
Fürsten meines Volkes Israel gemacht. 8 Ich habe das Königtum dem
Haus David entrissen und dir gegeben. Du aber bist nicht wie mein
Knecht David gewesen, der meine Gebote hielt, mir mit ganzem Her-
zen folgte und nur das tat, was mir gefällt. 9 Du hast es schlimmer
getrieben als alle, die vor dir waren, du bist hingegangen, hast dir
andere Götter und Gußbilder gemacht und mich dadurch erzürnt.
Mir hast du den Rücken gekehrt. 10 Darum bringe ich Unglück über
das Haus Jerobeam und rotte von ihm alles, was männlich ist, bis
zum letzten Mann in Israel aus. Ich fege das Haus Jerobeam hinweg,
wie man Kot hinwegfegt, bis nichts mehr vorhanden ist. 11 Wer vom
Haus Jerobeam in der Stadt stirbt, den werden die Hunde fressen;
und wer auf dem freien Feld stirbt, den werden die Vögel des Him-
mels fressen. Ja, der Herr hat gesprochen. 12 Du aber mach dich auf,
und geh in dein Haus! Sobald deine Füße die Stadt betreten, wird der
Knabe sterben. 13 Ganz Israel wird ihm die Totenklage halten und ihn
begraben; denn er allein wird vom Haus Jerobeam ein Grab erhalten,
weil im Haus Jerobeam nur an ihm sich etwas fand, was dem Herrn,
dem Gott Israels, gefiel. 14 Der Herr aber wird sich einen König von
Israel bestellen, der das Haus Jerobeam ausrottet ... 15 Der Herr wird
Israel schlagen, daß es schwankt wie das Rohr im Wasser, und er
wird Israel aus diesem guten Land, das er den Vätern gegeben hat,

ausreißen und es jenseits des Stromes zerstreuen, weil sie sich Kult-
pfähle gemacht und ihn dadurch erzürnt haben. 16 Er wird Israel
preisgeben wegen der Sünden, die Jerobeam begangen und zu denen
er Israel verführt hat. 17 Da stand die Frau Jerobeams auf und ging. Als
sie nach Tirza kam und über die Schwelle des Hauses trat, starb der
Knabe. 18 Ganz Israel begrub ihn und hielt ihm die Totenklage, wie
der Herr durch seinen Knecht, den Propheten Ahija, vorausgesagt
hatte.

Jerobeams Tod

19 Die übrige Geschichte Jerobeams, welche Kriege er führte und
wie er regierte, ist aufgezeichnet in der Chronik der Könige von
Israel. 20 Die Regierungszeit Jerobeams betrug zweiundzwanzig
Jahre. Er entschlief zu seinen Vätern, und sein Sohn Nadab wurde
König an seiner Stelle.

Rehabeam von Juda

21 Rehabeam, der Sohn Salomos, war König in Juda. Er war einund-
vierzig Jahre alt, als er König wurde, und regierte siebzehn Jahre in
Jerusalem, der Stadt, die der Herr aus allen Stämmen Israels erwählt
hatte, um seinen Namen auf sie zu legen. Seine Mutter hieß Naama
und war eine Ammoniterin. 22 Juda aber tat, was dem Herrn mißfiel.
Die Sünden, die sie begingen, reizten ihn mehr als alles, was ihre
Väter getan hatten. 23 Denn auch sie errichteten Kulthöhen, Stein-
male und Kultpfähle auf allen hohen Hügeln und unter jedem üppi-
gen Baum. 24 Sogar Hierodulen gab es im Land. Die Israeliten ahm-
ten alle Greuel der Völker nach, die der Herr vor ihnen vertrieben
hatte.
25 Im fünften Jahr des Königs Rehabeam zog Schischak, der König
von Ägypten, gegen Jerusalem. 26 Er raubte die Schätze des Tempels
und die Schätze des königlichen Palastes und nahm alles weg, auch
alle goldenen Schilde, die Salomo hatte anfertigen lassen. 27 An deren
Stelle ließ König Rehabeam bronzene anfertigen und übergab sie den
Befehlshabern der Läufer, die den Eingang zum Haus des Königs
bewachten. 28 Sooft nun der König in das Haus des Herrn ging, tru-
gen die Läufer die Schilde und brachten sie dann wieder in ihre Wach-
stube zurück.
29 Die übrige Geschichte Rehabeams und alle seine Taten sind aufge-
zeichnet in der Chronik der Könige von Juda. 30 Es war aber dauernd
Krieg zwischen Rehabeam und Jerobeam. 31 Rehabeam entschlief zu
seinen Vätern und wurde bei seinen Vätern in der Davidstadt begra-
ben. Seine Mutter hieß Naama und war eine Ammoniterin. Sein Sohn
Abija wurde König an seiner Stelle.

Abija von Juda

15 Im achtzehnten Jahr des Königs Jerobeam, des Sohnes
Nebats, wurde Abija König von Juda. 2 Er regierte drei Jahre
in Jerusalem. Seine Mutter hieß Maacha und war eine Enkelin
Abschaloms. 3 Er verfiel allen Sünden, die sein Vater vor ihm began-
gen hatte, und sein Herz war nicht ungeteilt beim Herrn, seinem
Gott, wie das Herz seines Vaters David. 4 Nur Davids wegen ließ ihm
der Herr, sein Gott, eine Leuchte in Jerusalem, indem er seinen Sohn
als Nachfolger einsetzte und Jerusalem bestehen ließ. 5 Denn David
hatte getan, was dem Herrn gefiel. Er war sein Leben lang von keinem
Gebot abgewichen, außer in der Sache Urijas, des Hetiters. 6 Es war
aber Krieg zwischen Rehabeam und Jerobeam, solange er lebte.
7 Die übrige Geschichte Abijas und alle seine Taten sind aufgezeich-
net in der Chronik der Könige von Juda. Zwischen Abija und Jero-
beam herrschte Krieg. 8 Abija entschlief zu seinen Vätern; man
begrub ihn in der Davidstadt. Sein Sohn Asa wurde König an seiner
Stelle.

Asa von Juda

9 Im zwanzigsten Jahr Jerobeams, des Königs von Israel, wurde Asa
König von Juda. 10 Er regierte einundvierzig Jahre in Jerusalem. Seine
Großmutter hieß Maacha und war eine Enkelin Abschaloms. 11 Asa
tat, was dem Herrn gefiel, wie sein Vater David. 12 Er entfernte die
Hierodulen aus dem Land und beseitigte alle Götzenbilder, die seine
Väter gemacht hatten. 13 Auch seine Großmutter Maacha enthob er
ihrer Stellung als Herrin, weil sie der Aschera ein Schandbild errichtet
hatte. Er ließ ihr Schandbild umhauen und im Kidrontal verbrennen.
14 Nur die Kulthöhen verschwanden nicht. Doch das Herz Asas war
ungeteilt beim Herrn, solange er lebte. 15 Er brachte auch die Weihe-
gaben seines Vaters und seine eigenen Weihegaben in das Haus des
Herrn: Silber, Gold und allerlei Geräte.
16 Zwischen Asa und Bascha, dem König von Israel, herrschte Krieg,
solange sie lebten. 17 Bascha, der König von Israel, zog gegen Juda
und baute Rama aus, um Asa, den König von Juda, daran zu hindern,
in den Krieg zu ziehen. 18 Da nahm Asa alles Silber und Gold, das in
den Schatzkammern des Tempels noch vorhanden war, dazu alle
Schätze des königlichen Palastes, und ließ sie durch seine Abgesand-
ten zu Ben-Hadad bringen, dem Sohn Tabrimmons und Enkel Hes-
jons, dem König von Aram, der in Damaskus seinen Sitz hatte. Dabei
ließ er ihm sagen: 19 Zwischen mir und dir, zwischen meinem Vater
und deinem Vater, soll ein Bündnis sein. Ich schicke dir Silber und
Gold als Geschenk. Löse also dein Bündnis mit Bascha, dem König
von Israel, damit er von mir abzieht. 20 Ben-Hadad hörte auf König
Asa. Er sandte seine Heerführer gegen die Städte Israels und verwü-
stete Ijon, Dan, Abel-Bet-Maacha, ganz Kinneret sowie das ganze
Land Naftali. 21 Als Bascha dies erfuhr, hörte er auf, Rama auszu-
bauen, und zog sich nach Tirza zurück. 22 König Asa aber bot ganz
Juda bis zum letzten Mann auf und ließ die Steine und Balken weg-
nehmen, mit denen Bascha Rama ausgebaut hatte. Mit ihnen baute
König Asa Geba in Benjamin und Mizpa aus.
23 Die ganze übrige Geschichte Asas, alle seine Erfolge und Taten
sowie die Städte, die er baute, sind aufgezeichnet in der Chronik der
Könige von Juda. In seinem Alter erkrankte er an den Füßen. 24 Asa
entschlief zu seinen Vätern und wurde bei seinen Vätern in der Stadt
seines Vaters David begraben. Sein Sohn Joschafat wurde König an
seiner Stelle.

Nadab von Israel

25 Nadab, der Sohn Jerobeams, wurde König von Israel im zweiten
Jahr des Königs Asa von Juda. Er regierte zwei Jahre über Israel 26 und
tat, was dem Herrn mißfiel. Er folgte den Wegen seines Vaters und
hielt an der Sünde fest, zu der dieser Israel verführt hatte. 27 Bascha,
der Sohn Ahijas, aus dem Stamm Issachar, zettelte eine Ver-
schwörung gegen ihn an und erschlug ihn bei Gibbeton, das den Phi-
listern gehörte. Nadab belagerte nämlich damals Gibbeton mit ganz
Israel. 28 Im dritten Jahr des Königs Asa von Juda tötete ihn Bascha
und wurde König an seiner Stelle. 29 Als er aber König geworden war,
beseitigte er das ganze Haus Jerobeam. Er ließ keinen am Leben,
sondern rottete es völlig aus, wie der Herr durch seinen Knecht Ahija
von Schilo vorausgesagt hatte. 30 Das geschah wegen der Sünden, die
Jerobeam begangen und zu denen er Israel verführt hatte, und wegen
des Ärgers, den er dem Herrn, dem Gott Israels, bereitet hatte.
31 Die übrige Geschichte Nadabs und alle seine Taten sind aufge-
zeichnet in der Chronik der Könige von Israel. 32 Zwischen Asa und
Bascha, dem König von Israel, herrschte Krieg, solange sie lebten.

Bascha von Israel

33 Im dritten Jahr des Königs Asa von Juda wurde Bascha, der Sohn
Ahijas, König über ganz Israel. Er regierte in Tirza vierundzwanzig
Jahre 34 und tat, was dem Herrn mißfiel. Er folgte den Wegen Jerobe-
ams und hielt an der Sünde fest, zu der dieser Israel verführt hatte.

16 Da erging das Wort des Herrn an Jehu, den Sohn Hananis,
gegen Bascha: 2 Ich habe dich aus dem Staub emporgeho-
ben und zum Fürsten meines Volkes Israel gemacht. Du aber bist den
Wegen Jerobeams gefolgt und hast mein Volk Israel zur Sünde verlei-
tet, so daß sie mich durch ihre Sünden erzürnten. 3 Darum werde ich

Bascha und sein Haus wegfegen und sein Haus dem Haus Jerobeams,
des Sohnes Nebats, gleichmachen. 4 Wer vom Haus Bascha in der
Stadt stirbt, den werden die Hunde fressen; und wer auf dem freien
Feld stirbt, den werden die Vögel des Himmels fressen.
5 Die übrige Geschichte Baschas, seine Taten und Erfolge, sind aufge-
zeichnet in der Chronik der Könige von Israel. 6 Bascha entschlief zu
seinen Vätern und wurde in Tirza begraben. Sein Sohn Ela wurde
König an seiner Stelle. 7 Das Wort des Herrn war durch den Propheten
Jehu, den Sohn Hananis, an Bascha und sein Haus ergangen, weil er
tat, was dem Herrn mißfiel, weil er ihn durch das Werk seiner Hände
erzürnte und es dem Haus Jerobeam gleichtat, aber auch weil er die-
ses ausgerottet hatte.

Ela von Israel

8 Im sechsundzwanzigsten Jahr des Königs Asa von Juda wurde Ela,
der Sohn Baschas, König von Israel. Er regierte in Tirza zwei Jahre.
9 Gegen ihn zettelte sein Knecht Simri, der Befehlshaber der einen
Hälfte der Kriegswagen, eine Verschwörung an. Ela war in Tirza und
hatte sich im Haus Arzas, des Palastvorstehers in Tirza, völlig betrun-
ken. 10 Simri drang ein und erschlug ihn im siebenundzwanzigsten
Jahr des Königs Asa von Juda und wurde König an seiner Stelle. 11 Als
er aber König geworden war und den Thron bestiegen hatte, besei-
tigte er das ganze Haus Bascha. Er ließ nichts am Leben, was männ-
lich war, keinen Verwandten und keinen Freund. 12 So rottete Simri
das ganze Haus Bascha aus, wie es der Herr durch den Propheten
Jehu über Bascha vorausgesagt hatte. 13 Dies geschah wegen aller
Sünden, die Bascha und sein Sohn Ela begangen und zu denen sie
Israel verführt hatten. Durch ihre Götzen erzürnten sie den Herrn,
den Gott Israels.
14 Die übrige Geschichte Elas und alle seine Taten sind aufgezeichnet
in der Chronik der Könige von Israel.

Simri von Israel

15 Im siebenundzwanzigsten Jahr des Königs Asa von Juda war Simri
sieben Tage König in Tirza. Das Volk belagerte damals Gibbeton, das
den Philistern gehörte. 16 Als das Kriegsvolk während der Belagerung
hörte, daß Simri eine Verschwörung angezettelt und den König
erschlagen hatte, rief ganz Israel Omri, den Befehlshaber des Heeres,
noch am gleichen Tag im Lager zum König von Israel aus. 17 Omri zog
nun mit ganz Israel von Gibbeton hinauf und schloß Tirza ein. 18 Als
Simri sah, daß die Stadt genommen war, zog er sich in den Wohn-
turm des königlichen Palastes zurück, steckte den Palast über sich in
Brand und fand den Tod. 19 Dies traf ihn zur Strafe für die Sünden, die
er begangen hatte; denn er hatte getan, was dem Herrn mißfiel. Er
war den Wegen Jerobeams gefolgt und hatte an der Sünde festge-
halten, die dieser begangen und zu der er Israel verführt hatte.
20 Die übrige Geschichte Simris und die Verschwörung, die er ange-
zettelt hat, sind aufgezeichnet in der Chronik der Könige von Israel.

Omri von Israel

21 Damals spaltete sich das Volk Israel in zwei Parteien. Die eine
Hälfte des Volkes stand hinter Tibni, dem Sohn Ginats, und machte
ihn zum König; die andere Hälfte schloß sich Omri an. 22 Doch die
Anhänger Omris waren stärker als die Gefolgschaft Tibnis, des
Sohnes Ginats, und als Tibni starb, wurde Omri König.
23 Im einunddreißigsten Jahr des Königs Asa von Juda wurde Omri
König von Israel. Er regierte zwölf Jahre, davon sechs in Tirza.
24 Dann kaufte er von Schemer für zwei Talente Silber den Berg Sama-
ria, errichtete Bauten auf ihm und nannte die Stadt, die er baute,
Samaria, nach dem Namen Schemers, des Besitzers des Berges.
25 Omri tat, was dem Herrn mißfiel, und trieb es noch schlimmer als
alle seine Vorgänger. 26 Er folgte ganz den Wegen Jerobeams, des
Sohnes Nebats, und hielt an der Sünde fest, zu der dieser die Israeli-
ten verführt hatte, so daß sie den Herrn, den Gott Israels, durch ihre
Götzen erzürnten.

Christian Rohlfs
Elija wird vom Raben gespeist
(1921)
»Die Raben brachten ihm Brot und Fleisch am Morgen und ebenso Brot und Fleisch am Abend, und er trank aus dem Bach« (1 Kön 17,6). Der Expressionist Christian Rohlfs rückt das erzählerische Motiv, die Speisung mit Brot und Fleisch, in die rechte untere Ecke: Wie in Trance ergreift die rechte Hand des Propheten das oblatenförmige Brot im Schnabel des Vogels, dessen Körper vom Bildrand überschnitten wird. Alle Aufmerksamkeit richtet sich auf die ausgezehrte Aktgestalt des Propheten im fremden Land, ein Bild tiefer Vereinsamung. Dennoch umhüllt ein heller Schein den Diener Gottes, der ein Strafgericht über die Götzendiener halten wird.

27 Die übrige Geschichte Omris, seine Taten und die Erfolge, die er
errang, sind aufgezeichnet in der Chronik der Könige von Israel.
28 Omri entschlief zu seinen Vätern und wurde in Samaria begraben.
Sein Sohn Ahab wurde König an seiner Stelle.

Ahab von Israel

29 Ahab, der Sohn Omris, wurde König von Israel im achtunddreißig-
sten Jahr des Königs Asa von Juda. Er regierte in Samaria zweiund-
zwanzig Jahre über Israel 30 und tat, was dem Herrn mißfiel, mehr als
alle seine Vorgänger. 31 Es war noch das wenigste, daß er an den Sün-
den Jerobeams, des Sohnes Nebats, festhielt. Er nahm Isebel, die
Tochter Etbaals, des Königs der Sidonier, zur Frau, ging hin, diente
dem Baal und betete ihn an.
32 Im Baalstempel, den er in Samaria baute, errichtete er einen Altar
für den Baal. 33 Auch stellte er einen Kultpfahl auf und tat noch vieles
andere, womit er den Herrn, den Gott Israels, mehr erzürnte als alle
Könige Israels vor ihm. 34 In seinen Tagen baute Hiël aus Bet-El
Jericho wieder auf. Um den Preis seines Erstgeborenen Abiram legte
er die Fundamente, und um den Preis seines jüngsten Sohnes Segub
setzte er die Tore ein, wie es der Herr durch Josua, den Sohn Nuns,
vorausgesagt hatte.

Elija am Bach Kerit

17 Der Prophet Elija aus Tischbe in Gilead sprach zu Ahab: So
wahr der Herr, der Gott Israels, lebt, in dessen Dienst ich
stehe: in diesen Jahren sollen weder Tau noch Regen fallen, es sei
denn auf mein Wort hin.
2 Danach erging das Wort des Herrn an Elija: 3 Geh weg von hier,
wende dich nach Osten, und verbirg dich am Bach Kerit östlich des
Jordan! 4 Aus dem Bach sollst du trinken, und den Raben habe ich
befohlen, daß sie dich dort ernähren. 5 Elija ging weg und tat, was der
Herr befohlen hatte; er begab sich zum Bach Kerit östlich des Jordan
und ließ sich dort nieder. 6 Die Raben brachten ihm Brot und Fleisch
am Morgen und ebenso Brot und Fleisch am Abend, und er trank aus
dem Bach. 7 Nach einiger Zeit aber vertrocknete der Bach; denn es fiel
kein Regen im Land.

Elija in Sarepta

8 Da erging das Wort des Herrn an Elija: 9 Mach dich auf, und geh
nach Sarepta, das zu Sidon gehört, und bleib dort! Ich habe dort einer
Witwe befohlen, dich zu versorgen. 10 Er machte sich auf und ging
nach Sarepta. Als er an das Stadttor kam, traf er dort eine Witwe, die
Holz auflas. Er bat sie: Bring mir in einem Gefäß ein wenig Wasser
zum Trinken! 11 Als sie wegging, um es zu holen, rief er ihr nach:
Bring mir auch einen Bissen Brot mit! 12 Doch sie sagte: So wahr der
Herr, dein Gott, lebt: Ich habe nichts mehr vorrätig als eine Handvoll
Mehl im Topf und ein wenig Öl im Krug. Ich lese hier ein paar Stücke
Holz auf und gehe dann heim, um für mich und meinen Sohn etwas
zuzubereiten. Das wollen wir noch essen und dann sterben. 13 Elija
entgegnete ihr: Fürchte dich nicht! Geh heim, und tu, was du gesagt
hast. Nur mache zuerst für mich ein kleines Gebäck, und bring es zu
mir heraus! Danach kannst du für dich und deinen Sohn etwas zube-
reiten; 14 denn so spricht der Herr, der Gott Israels: Der Mehltopf wird
nicht leer werden und der Ölkrug nicht versiegen bis zu dem Tag, an
dem der Herr wieder Regen auf den Erdboden sendet. 15 Sie ging und
tat, was Elija gesagt hatte. So hatte sie mit ihm und ihrem Sohn viele
Tage zu essen. 16 Der Mehltopf wurde nicht leer, und der Ölkrug
versiegte nicht, wie der Herr durch Elija versprochen hatte.
17 Nach einiger Zeit erkrankte der Sohn der Witwe, der das Haus
gehörte. Die Krankheit verschlimmerte sich so, daß zuletzt kein Atem
mehr in ihm war. 18 Da sagte sie zu Elija: Was habe ich mit dir zu schaf-
fen, Mann Gottes? Du bist nur zu mir gekommen, um an meine Sünde
zu erinnern und meinem Sohn den Tod zu bringen. 19 Er antwortete
ihr: Gib mir deinen Sohn! Und er nahm ihn von ihrem Schoß, trug ihn
in das Obergemach hinauf, in dem er wohnte, und legte ihn auf sein
Bett. 20 Dann rief er zum Herrn und sagte: Herr, mein Gott, willst du
denn auch über die Witwe, in deren Haus ich wohne, Unheil bringen
und ihren Sohn sterben lassen? 21 Hierauf streckte er sich dreimal über
den Knaben hin, rief zum Herrn und flehte: Herr, mein Gott, laß doch
das Leben in diesen Knaben zurückkehren! 22 Der Herr erhörte das
Gebet Elijas. Das Leben kehrte in den Knaben zurück, und er lebte wie-
der auf. 23 Elija nahm ihn, brachte ihn vom Obergemach in das Haus
hinab und gab ihn seiner Mutter zurück mit den Worten: Sieh, dein
Sohn lebt. 24 Da sagte die Frau zu Elija: Jetzt weiß ich, daß du ein Mann
Gottes bist und daß das Wort des Herrn wirklich in deinem Mund ist.

Das Gottesurteil auf dem Karmel

18 Nach langer Zeit – es war im dritten Jahr – erging das Wort
des Herrn an Elija: Geh und zeig dich dem Ahab! Ich will
Regen auf die Erde senden. 2 Da ging Elija hin, um sich Ahab zu
zeigen.
Die Hungersnot war groß in Samaria. 3 Daher rief Ahab den Palast-
vorsteher Obadja. Dieser war sehr gottesfürchtig. 4 Als Isebel die Pro-
pheten des Herrn ausrottete, hatte Obadja hundert von ihnen beiseite
genommen, sie zu je fünfzig in einer Höhle verborgen und mit Brot
und Wasser versorgt. 5 Ahab befahl nun Obadja: Geh an alle Wasser-
quellen und Bäche im Land! Vielleicht finden wir Gras, damit wir
Pferde und Maultiere am Leben erhalten können und nicht einen Teil
des Viehs töten müssen. 6 Sie teilten sich das Land, um es zu durch-
streifen. Ahab ging in die eine und Obadja in die andere Richtung.
7 Als nun Obadja unterwegs war, kam ihm Elija entgegen. Obadja
erkannte ihn, warf sich vor ihm nieder und rief: Bist du es, mein Herr
Elija? 8 Dieser antwortete: Ich bin es. Geh und melde deinem Herrn:
Elija ist da. 9 Obadja entgegnete: Was habe ich mir zuschulden kom-
men lassen, daß du deinen Knecht an Ahab ausliefern und dem Tod
preisgeben willst? 10 So wahr der Herr, dein Gott lebt: Es gibt kein
Volk und kein Reich, wo mein Herr dich nicht hätte suchen lassen.
Und wenn man sagte: Er ist nicht hier, dann ließ er dieses Reich oder
Volk schwören, daß man dich nicht gefunden habe. 11 Und jetzt
befiehlst du: Geh und melde deinem Herrn: Elija ist da. 12 Wenn ich
nun von dir weggehe, könnte ja der Geist des Herrn dich an einen Ort
tragen, den ich nicht kenne. Käme ich dann zu Ahab, um dich zu mel-
den, und könnte er dich nicht finden, so würde er mich töten. Dabei
hat dein Knecht doch von Jugend auf den Herrn gefürchtet. 13 Hat
man dir denn nicht berichtet, was ich getan habe, als Isebel die Pro-
pheten des Herrn umbrachte? Ich habe doch hundert von ihnen, je
fünfzig in einer Höhle, verborgen und mit Brot und Wasser versorgt.
14 Und nun befiehlst du: Geh und melde deinem Herrn: Elija ist da.
Ahab würde mich töten. 15 Doch Elija antwortete: So wahr der Herr
der Heere lebt, in dessen Dienst ich stehe: Heute noch werde ich ihm
vor die Augen treten.
16 Obadja kam zu Ahab und brachte ihm die Nachricht. Ahab ging
Elija entgegen. 17 Sobald er ihn sah, rief er aus: Bist du es, Verderber
Israels? 18 Elija entgegnete: Nicht ich habe Israel ins Verderben
gestürzt, sondern du und das Haus deines Vaters, weil ihr die Gebote
des Herrn übertreten habt und den Baalen nachgelaufen seid. 19 Doch
schick jetzt Boten aus, und versammle mir ganz Israel auf dem Kar-
mel, auch die vierhundertfünfzig Propheten des Baal und die vierhun-
dert Propheten der Aschera, die vom Tisch Isebels essen.
20 Ahab schickte in ganz Israel umher und ließ die Propheten auf dem
Karmel zusammenkommen. 21 Und Elija trat vor das ganze Volk und
rief: Wie lange noch schwankt ihr nach zwei Seiten? Wenn Jahwe der
wahre Gott ist, dann folgt ihm! Wenn aber Baal es ist, dann folgt die-
sem! Doch das Volk gab ihm keine Antwort. 22 Da sagte Elija zum
Volk: Ich allein bin als Prophet des Herrn übriggeblieben; die Prophe-
ten des Baal aber sind vierhundertfünfzig. 23 Man gebe uns zwei
Stiere. Sie sollen sich einen auswählen, ihn zerteilen und auf das Holz
legen, aber kein Feuer anzünden. Ich werde den andern zubereiten,
auf das Holz legen und kein Feuer anzünden. 24 Dann sollt ihr den
Namen eures Gottes anrufen, und ich werde den Namen des Herrn
anrufen. Der Gott, der mit Feuer antwortet, ist der wahre Gott. Da rief
das ganze Volk: Der Vorschlag ist gut.
25 Nun sagte Elija zu den Propheten des Baal: Wählt ihr zuerst den
einen Stier aus, und bereitet ihn zu; denn ihr seid die Mehrheit. Ruft
dann den Namen eures Gottes an, entzündet aber kein Feuer! 26 Sie
nahmen den Stier, den er ihnen überließ, und bereiteten ihn zu. Dann
riefen sie vom Morgen bis zum Mittag den Namen des Baal an und
schrien: Baal, erhöre uns! Doch es kam kein Laut, und niemand gab
Antwort. Sie tanzten hüpfend um den Altar, den sie gebaut hatten.
27 Um die Mittagszeit verspottete sie Elija und sagte: Ruft lauter! Er ist
doch Gott. Er könnte beschäftigt sein, könnte beiseite gegangen oder
verreist sein. Vielleicht schläft er und wacht dann auf. 28 Sie schrien
nun mit lauter Stimme. Nach ihrem Brauch ritzten sie sich mit
Schwertern und Lanzen wund, bis das Blut an ihnen herabfloß. 29 Als
der Mittag vorüber war, verfielen sie in Raserei, und das dauerte bis zu
der Zeit, da man das Speiseopfer darzubringen pflegt. Doch es kam
kein Laut, keine Antwort, keine Erhörung.
30 Nun forderte Elija das ganze Volk auf: Tretet her zu mir! Sie kamen,
und Elija baute den zerstörten Altar Jahwes wieder auf. 31 Er nahm
zwölf Steine, nach der Zahl der Stämme der Söhne Jakobs, zu dem der
Herr gesagt hatte: Israel soll dein Name sein. 32 Er fügte die Steine zu
einem Altar für den Namen des Herrn, zog rings um den Altar einen

Graben und grenzte eine Fläche ab, die zwei Sea Saat hätte aufneh-
men können. 33 Sodann schichtete er das Holz auf, zerteilte den Stier
und legte ihn auf das Holz. 34 Nun befahl er: Füllt vier Krüge mit Was-
ser, und gießt es über das Brandopfer und das Holz! Hierauf sagte er:
Tut es noch einmal! Und sie wiederholten es. Dann sagte er: Tut es
zum drittenmal! Und sie taten es zum drittenmal. 35 Das Wasser lief
rings um den Altar. Auch den Graben füllte er mit Wasser. 36 Zu der
Zeit nun, da man das Speiseopfer darzubringen pflegt, trat der Pro-
phet Elija an den Altar und rief: Herr, Gott Abrahams, Isaaks und
Israels, heute soll man erkennen, daß du Gott bist in Israel, daß ich
dein Knecht bin und all das in deinem Auftrag tue. 37 Erhöre mich,
Herr, erhöre mich! Dieses Volk soll erkennen, daß du, Herr, der
wahre Gott bist und daß du sein Herz zur Umkehr wendest. 38 Da
kam das Feuer des Herrn herab und verzehrte das Brandopfer, das
Holz, die Steine und die Erde. Auch das Wasser im Graben leckte es
auf. 39 Das ganze Volk sah es, warf sich auf das Angesicht nieder und
rief: Jahwe ist Gott, Jahwe ist Gott! 40 Elija aber befahl ihnen: Ergreift
die Propheten des Baal! Keiner von ihnen soll entkommen. Man
ergriff sie, und Elija ließ sie zum Bach Kischon hinabführen und dort
töten.
41 Dann sagte Elija zu Ahab: Geh hinauf, iß und trink; denn ich höre
das Rauschen des Regens. 42 Während Ahab wegging, um zu essen
und zu trinken, stieg Elija zur Höhe des Karmel empor, kauerte sich
auf den Boden nieder und legte seinen Kopf zwischen die Knie.
43 Dann befahl er seinem Diener: Geh hinauf, und schau auf das Meer
hinaus! Dieser ging hinauf, schaute hinaus und meldete: Es ist nichts
zu sehen. Elija befahl: Geh noch einmal hinauf! So geschah es sie-
benmal. 44 Beim siebtenmal meldete der Diener: Eine Wolke, klein
wie eine Menschenhand, steigt aus dem Meer herauf. Darauf sagte
Elija: Geh hinauf, und sag zu Ahab: Spanne an, und fahr hinab, damit
der Regen dich nicht aufhält. 45 Es dauerte nicht lange, da verfinsterte
sich der Himmel durch Sturm und Wolken, und es fiel ein starker
Regen. Ahab bestieg den Wagen und fuhr nach Jesreel. 46 Über Elija
aber kam die Hand des Herrn. Er gürtete sich und lief vor Ahab her bis
dorthin, wo der Weg nach Jesreel abzweigt.

Elija am Horeb

19 Ahab erzählte Isebel alles, was Elija getan, auch daß er alle
Propheten mit dem Schwert getötet habe. 2 Sie schickte
einen Boten zu Elija und ließ ihm sagen: Die Götter sollen mir dies
und das antun, wenn ich morgen um diese Zeit dein Leben nicht
dem Leben eines jeden von ihnen gleich mache. 3 Elija geriet in
Angst, machte sich auf und ging weg, um sein Leben zu retten. Er
kam nach Beerscheba in Juda und ließ dort seinen Diener zurück.
4 Er selbst ging eine Tagereise weit in die Wüste hinein. Dort setzte
er sich unter einen Ginsterstrauch und wünschte sich den Tod. Er
sagte: Nun ist es genug, Herr. Nimm mein Leben; denn ich bin nicht
besser als meine Väter. 5 Dann legte er sich unter den Ginsterstrauch
und schlief ein. Doch ein Engel rührte ihn an und sprach: Steh auf
und iß! 6 Als er um sich blickte, sah er neben seinem Kopf Brot, das
in glühender Asche gebacken war, und einen Krug mit Wasser. Er
aß und trank und legte sich wieder hin. 7 Doch der Engel des Herrn
kam zum zweitenmal, rührte ihn an und sprach: Steh auf und iß!
Sonst ist der Weg zu weit für dich. 8 Da stand er auf, aß und trank
und wanderte, durch diese Speise gestärkt, vierzig Tage und vierzig
Nächte bis zum Gottesberg Horeb. 9 Dort ging er in eine Höhle, um
darin zu übernachten. Doch das Wort des Herrn erging an ihn: Was
willst du hier, Elija? 10 Er sagte: Mit leidenschaftlichem Eifer bin ich
für den Herrn, den Gott der Heere, eingetreten, weil die Israeliten
deinen Bund verlassen, deine Altäre zerstört und deine Propheten
mit dem Schwert getötet haben. Ich allein bin übriggeblieben, und
nun trachten sie auch mir nach dem Leben. 11 Der Herr antwortete:
Komm heraus, und stell dich auf den Berg vor den Herrn! Da zog der
Herr vorüber: Ein starker, heftiger Sturm, der die Berge zerriß und
die Felsen zerbrach, ging dem Herrn voraus. Doch der Herr war
nicht im Sturm. Nach dem Sturm kam ein Erdbeben. Doch der Herr
war nicht im Erdbeben. 12 Nach dem Beben kam ein Feuer. Doch der
Herr war nicht im Feuer. Nach dem Feuer kam ein sanftes, leises
Säuseln. 13 Als Elija es hörte, hüllte er sein Gesicht in den Mantel,
trat hinaus und stellte sich an den Eingang der Höhle.

Neue Aufträge

Da vernahm er eine Stimme, die ihm zurief: Was willst du hier, Elija?
14 Er antwortete: Mit Leidenschaft bin ich für den Herrn, den Gott der
Heere, eingetreten, weil die Israeliten deinen Bund verlassen, deine
Altäre zerstört und deine Propheten mit dem Schwert getötet haben.
Ich allein bin übriggeblieben, und nun trachten sie auch mir nach
dem Leben. 15 Der Herr antwortete ihm: Geh deinen Weg durch die
Wüste zurück, und begib dich nach Damaskus! Bist du dort ange-
kommen, salbe Hasaël zum König über Aram! 16 Jehu, den Sohn Nim-
schis, sollst du zum König von Israel salben, und Elischa, den Sohn
Schafats aus Abel-Mehola, salbe zum Propheten an deiner Stelle. 17 So
wird es geschehen: Wer dem Schwert Hasaëls entrinnt, den wird Jehu
töten. Und wer dem Schwert Jehus entrinnt, den wird Elischa töten.
18 Ich werde in Israel siebentausend übriglassen, alle, deren Knie sich
vor dem Baal nicht gebeugt und deren Mund ihn nicht geküßt hat.

Die Berufung Elischas

19 Als Elija von dort weggegangen war, traf er Elischa, den Sohn
Schafats. Er war gerade mit zwölf Gespannen am Pflügen, und er
selbst pflügte mit dem zwölften. Im Vorbeigehen warf Elija seinen
Mantel über ihn. 20 Sogleich verließ Elischa die Rinder, eilte Elija nach
und bat ihn: Laß mich noch meinem Vater und meiner Mutter den
Abschiedskuß geben; dann werde ich dir folgen. Elija antwortete:
Geh, aber komm dann zurück! Bedenke, was ich an dir getan habe.
21 Elischa ging von ihm weg, nahm seine zwei Rinder und schlachtete
sie. Mit dem Joch der Rinder kochte er das Fleisch und setzte es den
Leuten zum Essen vor. Dann stand er auf, folgte Elija und trat in sei-
nen Dienst.

Aramäerkriege

20 Ben-Hadad, der König von Aram, sammelte sein ganzes
Heer. In seinem Gefolge waren zweiunddreißig Könige mit
Pferden und Wagen. Er zog herauf, belagerte Samaria und bestürmte
es. 2 Dann schickte er Boten in die Stadt zu Ahab, dem König von
Israel, 3 und ließ ihm sagen: So spricht Ben-Hadad: Dein Silber und
dein Gold gehören mir. Auch deine Frauen und deine edlen Söhne
gehören mir. 4 Der König von Israel antwortete: Ganz wie du sagst,
mein Herr und König, soll es geschehen. Ich gehöre dir mit allem,
was ich besitze. 5 Aber die Boten kamen ein zweitesmal und melde-
ten: So spricht Ben-Hadad: Ich habe dir sagen lassen, daß du mir dein
Silber und Gold, deine Frauen und Söhne ausliefern sollst. 6 Doch
morgen um diese Zeit werde ich meine Leute zu dir schicken, damit
sie dein Haus und auch die Häuser deiner Diener durchsuchen und
alles, was wertvoll ist, nehmen und forttragen. 7 Da rief der König von
Israel alle Ältesten des Landes zu sich und sagte: Seht und erkennt,
daß dieser Mann Böses im Sinn hat. Er hat von mir meine Frauen und
Söhne, mein Silber und Gold gefordert, und ich habe ihm nichts ver-
weigert. 8 Da antworteten ihm alle Ältesten und das ganze Volk:
Gehorch ihm nicht, und willige nicht ein! 9 Er gab daher den Abge-
sandten Ben-Hadads den Bescheid: Sagt zu meinem Herrn, dem
König: Alles, was du zuerst von deinem Knecht verlangt hast, will ich
tun; doch diese Forderung kann ich nicht erfüllen. Die Boten zogen
ab und meldeten es ihrem Herrn. 10 Darauf sandte Ben-Hadad aber-
mals Boten (zu Ahab) und ließ ihm sagen: Die Götter sollen mir dies
und das antun, wenn der Staub Samarias ausreicht, um allen Leuten
in meinem Gefolge die Hand zu füllen. 11 Doch der König von Israel
antwortete: Sagt zu ihm: Wer den Gürtel anlegt, soll sich nicht rüh-
men wie einer, der ihn bereits ablegt. 12 Als Ben-Hadad diese Meldung
empfing, hielt er gerade in den Zelten ein Gelage mit den Königen. Er

Keith Haring
Propheten in Ekstase
(1988)
»Sie schrien nun mit lauter Stimme. Nach ihrem Brauch ritzten sie sich mit Schwertern und Lanzen wund, bis das Blut an ihnen herabfloß« (1 Kön 18,28). Wir wissen nicht, ob Keith Haring die Baalspriester auf dem Karmel vor Augen hatte, als er seinen exaltierten ›Propheten‹ über einen Berg springen ließ, triumphierend eine Krone in die Höhe haltend, während ein zweiter wortwörtlich den Kopf verloren hat. Unverkennbar ist jedoch die assoziative Verbindung zwischen archaisch anmutender Ekstase, Magie, Blut, Verderben: Die fallenden Glückswürfel und das durchbohrte Herz sind traditionelle Bildzeichen für diesen Zusammenhang, der auch bildsprachlich in den zerbrochenen Fußketten als ›Entfesselung‹ zur Anschauung kommt. Bekannt wurde der US-amerikanische Künstler Haring, indem er sich auf den Spuren der Pop Art der Gestaltungsmittel der Graffiti-Malerei bediente.

befahl seinen Leuten anzugreifen, und diese begannen den Sturm auf
die Stadt.
13 Doch ein Prophet kam zu Ahab, dem König von Israel, und sagte: So
spricht der Herr: Siehst du diese gewaltige Menge? Ich gebe sie heute
in deine Hand, und du wirst erkennen, daß ich der Herr bin. 14 Ahab
fragte: Durch wen? Er erwiderte: So spricht der Herr: Durch die
Truppe der Provinzstatthalter. Als dann der König weiter wissen
wollte, wer den Kampf eröffnen solle, sprach er: Du selbst. 15 Daraufhin
musterte er die Truppe der Provinzstatthalter; es waren zweihundertzweiunddreißig
Mann. Nach ihnen musterte er das ganze Kriegsvolk,
die Gesamtheit der Israeliten; es waren siebentausend Mann.
16 Als sie um die Mittagszeit ausrückten, zechte Ben-Hadad mit den
zweiunddreißig Königen, seinen Bundesgenossen, in den Zelten.
17 Die Truppe der Provinzstatthalter rückte zuerst aus. Ben-Hadad
hatte Beobachter ausgesandt, und sie meldeten ihm, daß Leute aus
Samaria herauskommen. 18 Er befahl: Wenn sie in friedlicher Absicht
kommen, ergreift sie lebendig! Wenn sie zum Kampf ausrücken,
ergreift sie ebenfalls lebendig! 19 Sobald nun die Truppe der Statthalter
und das Heer, das ihr folgte, aus der Stadt ausgerückt waren,
20 gelang es jedem einzelnen, seinen Gegner zu überwinden. Die
Aramäer mußten fliehen, und die Israeliten setzten ihnen nach. Ben-Hadad,
der König von Aram, konnte zu Pferd entkommen, ebenso
einige Wagenkämpfer. 21 Als dann auch der König von Israel ausrückte,
vernichtete er die Pferde und Kriegswagen und bereitete den
Aramäern eine schwere Niederlage.
22 Da erschien der Prophet wieder beim König von Israel und sagte zu
ihm: Sammle deine Kräfte, und überleg dir gut, was du zu tun hast;
denn um die Jahreswende wird der König von Aram abermals gegen
dich ziehen. 23 Zum König von Aram hatten nämlich seine Ratgeber
gesagt: Ihr Gott ist ein Gott der Berge; darum waren sie uns überlegen.
Wenn wir aber in der Ebene mit ihnen kämpfen, dann werden
wir sie bestimmt besiegen. 24 Tu also folgendes: Entfern die Könige
aus ihrer Stellung, und ersetze sie durch Statthalter! 25 Dann sammle
ein ebenso großes Heer, wie du es verloren hast, und ebensoviele
Pferde und Kriegswagen, wie du zuvor hattest. Wir werden in der
Ebene mit ihnen kämpfen und sie gewiß besiegen.
Ben-Hadad befolgte ihren Rat. 26 Um die Jahreswende musterte er die
Aramäer und rückte zum Krieg gegen Israel bis Afek vor. 27 Auch die
Israeliten wurden gemustert und mit Lebensmitteln versehen. Sie
zogen den Aramäern entgegen und lagerten ihnen gegenüber wie ein
paar kleine Ziegenherden; die Aramäer aber füllten die ganze
Gegend. 28 Nun trat der Gottesmann zum König von Israel hin und
sagte: So spricht der Herr: Weil die Aramäer sagen, daß der Herr ein
Gott der Berge und nicht ein Gott der Ebenen sei, gebe ich diese
ganze gewaltige Menge in deine Hand; und ihr werdet erkennen, daß

ich der Herr bin. 29 Sie lagen dann sieben Tage einander gegenüber.
Am siebten Tag kam es zur Schlacht, und die Israeliten töteten vom
aramäischen Fußvolk hunderttausend Mann an einem Tag. 30 Der
Rest floh in die Stadt Afek; doch die Mauer stürzte über den sieben-
undzwanzigtausend Mann, die übriggeblieben waren, zusammen.
Auch Ben-Hadad war in die Stadt geflohen und irrte von einem
Gemach in das andere. 31 Da sagten seine Ratgeber zu ihm: Wir haben
gehört, daß die Könige des Hauses Israel milde Könige sind. Wir wol-
len daher Trauergewänder anlegen und mit Stricken um den Hals zum
König von Israel hinausgehen. Vielleicht schenkt er dir das Leben.
32 Sie legten also Trauergewänder an, und mit Stricken um den Hals
kamen sie zum König von Israel. Sie flehten ihn an: Dein Knecht Ben-
Hadad bittet dich, ihm das Leben zu schenken. Er antwortete: Lebt er
noch? Er ist mein Bruder. 33 Die Männer nahmen das Wort als gutes
Zeichen, gingen sogleich darauf ein und sagten: Ben-Hadad ist dein
Bruder. Dann befahl der König von Israel: Geht, bringt ihn zu mir! Als
Ben-Hadad kam, nahm er ihn zu sich auf seinen Wagen. 34 Da erklärte
Ben-Hadad: Die Städte, die mein Vater deinem Vater weggenommen
hat, werde ich zurückgeben, und in Damaskus magst du dir Handels-
niederlassungen errichten, wie mein Vater es in Samaria getan hat.
Der König von Israel erwiderte: Auf diese Abmachung hin werde ich
dich freilassen. So schloß er mit ihm einen Vertrag und ließ ihn frei.
35 Einer von den Prophetenjüngern sprach im Auftrag des Herrn zu
seinem Gefährten: Schlag mich! Als dieser sich weigerte, ihn zu
schlagen, 36 sagte er zu ihm: Weil du der Stimme des Herrn nicht
gehorcht hast, wird dich ein Löwe töten, sobald du von mir wegge-
gangen bist. Der Mann hatte sich kaum von ihm entfernt, als ihn ein
Löwe anfiel und tötete. 37 Hierauf traf der Prophet einen andern und
befahl ihm: Schlag mich! Dieser schlug auf ihn ein und verwundete
ihn. 38 Sogleich begab sich der Prophet zum König und stellte sich
ihm in den Weg. Durch eine Binde über den Augen hatte er sich
unkenntlich gemacht. 39 Als der König vorbeikam, rief er ihn und
sagte: Dein Knecht ist in den Kampf gezogen. Da kam jemand herbei,
brachte mir einen Gefangenen und befahl: Bewach diesen Mann!
Wenn er entkommt, dann mußt du es mit deinem Leben büßen, oder
du mußt ein Talent Silber bezahlen. 40 Während nun dein Knecht da
und dort zu tun hatte, konnte der Gefangene entkommen. Da sagte
der König von Israel: Du hast dir dein Urteil selbst gesprochen.
41 Sogleich nahm der Prophet die Binde von den Augen, und der
König von Israel erkannte ihn als einen von den Propheten. 42 Dieser
aber sagte zu ihm: So spricht der Herr: Weil du den Mann, dessen Ver-
derben ich wollte, aus deiner Hand entlassen hast, muß dein Leben
für sein Leben, dein Volk für sein Volk einstehen. 43 Mißmutig und
verdrossen ging der König von Israel nach Hause und kam nach
Samaria.

Nabots Weinberg

21 Danach trug sich folgendes zu. Nabot aus Jesreel hatte
einen Weinberg in Jesreel neben dem Palast Ahabs, des
Königs von Samarien. 2 Ahab verhandelte mit Nabot und schlug ihm
vor: Gib mir deinen Weinberg! Er soll mir als Gemüsegarten dienen;
denn er liegt nahe bei meinem Haus. Ich will dir dafür einen besseren
Weinberg geben. Wenn es dir aber lieber ist, bezahle ich dir den Kauf-
preis in Geld. 3 Doch Nabot erwiderte: Der Herr bewahre mich davor,
daß ich dir das Erbe meiner Väter überlasse. 4 Darauf kehrte Ahab in
sein Haus zurück. Er war mißmutig und verdrossen, weil Nabot aus
Jesreel zu ihm gesagt hatte: Ich werde dir das Erbe meiner Väter nicht
überlassen. Er legte sich auf sein Bett, wandte das Gesicht zur Wand
und wollte nicht essen. 5 Seine Frau Isebel kam zu ihm herein und
fragte: Warum bist du mißmutig und willst nicht essen? 6 Er erzählte
ihr: Ich habe mit Nabot aus Jesreel verhandelt und ihm gesagt: Ver-
kauf mir deinen Weinberg für Geld, oder wenn es dir lieber ist, gebe
ich dir einen anderen dafür. Doch er hat geantwortet: Ich werde dir
meinen Weinberg nicht geben. 7 Da sagte seine Frau Isebel zu ihm:
Du bist doch jetzt König in Israel. Steh auf, iß, und sei guter Dinge!
Ich werde dir den Weinberg Nabots aus Jesreel verschaffen. 8 Sie
schrieb Briefe im Namen Ahabs, versah sie mit seinem Siegel und
schickte sie an die Ältesten und Vornehmen, die mit Nabot zusam-
men in der Stadt wohnten. 9 In den Briefen schrieb sie: Ruft ein
Fasten aus, und laßt Nabot oben vor allem Volk Platz nehmen! 10 Setzt
ihm aber zwei nichtswürdige Männer gegenüber! Sie sollen gegen
ihn als Zeugen auftreten und sagen: Du hast Gott und den König gelä-
stert. Führt ihn dann hinaus, und steinigt ihn zu Tode! 11 Die Männer
der Stadt, die Ältesten und Vornehmen, die mit ihm zusammen in der
Stadt wohnten, taten, was Isebel ihnen geboten hatte, was in den
Briefen stand, die sie ihnen gesandt hatte. 12 Sie riefen ein Fasten aus
und ließen Nabot oben vor allem Volk Platz nehmen. 13 Es kamen
aber auch die beiden nichtswürdigen Männer und setzten sich ihm
gegenüber. Sie standen vor dem Volk als Zeugen gegen Nabot auf und
sagten: Nabot hat Gott und den König gelästert. Sogleich führte man
ihn aus der Stadt hinaus und steinigte ihn zu Tode.
14 Darauf ließen sie Isebel melden: Nabot wurde gesteinigt und ist tot.
15 Sobald sie hörte, daß Nabot gesteinigt wurde und tot war, sagte sie
zu Ahab: Auf, nimm den Weinberg Nabots aus Jesreel in Besitz, den er
dir für Geld nicht verkaufen wollte; denn Nabot lebt nicht mehr; er ist
tot. 16 Als Ahab hörte, daß Nabot tot war, stand er auf und ging zum
Weinberg Nabots aus Jesreel hinab, um von ihm Besitz zu ergreifen.
17 Da erging das Wort des Herrn an Elija aus Tischbe: 18 Mach dich
auf, und geh Ahab, dem König von Israel, entgegen, der in Samaria
seinen Wohnsitz hat. Er ist zum Weinberg Nabots hinabgegangen,
um von ihm Besitz zu ergreifen. 19 Sag ihm: So spricht der Herr:
Durch einen Mord bist du Erbe geworden? Weiter sag ihm: So
spricht der Herr: An der Stelle, wo die Hunde das Blut Nabots geleckt
haben, werden Hunde auch dein Blut lecken. 20 Ahab sagte zu Elija:
Hast du mich gefunden, mein Feind? Er erwiderte: Ich habe dich
gefunden. Weil du dich hergabst, das zu tun, was dem Herrn
mißfällt, 21 werde ich Unheil über dich bringen. Ich werde dein
Geschlecht hinwegfegen und von Ahabs Geschlecht alles, was
männlich ist, bis zum letzten Mann in Israel ausrotten. 22 Weil du
mich zum Zorn gereizt und Israel zur Sünde verführt hast, werde ich
mit deinem Haus verfahren wie mit dem Haus Jerobeams, des Soh-
nes Nebats, und mit dem Haus Baschas, des Sohnes Ahijas. 23 Und
über Isebel verkündet der Herr: Die Hunde werden Isebel an der
Mauer von Jesreel auffressen. 24 Wer von der Familie Ahabs in der
Stadt stirbt, den werden die Hunde fressen, und wer auf dem freien
Feld stirbt, den werden die Vögel des Himmels fressen.
25 Es gab in der Tat niemand, der sich wie Ahab hergab zu tun, was
dem Herrn mißfiel, da seine Frau Isebel ihn verführte. 26 Sein Tun war
überaus verwerflich; er lief den Götzen nach und folgte den Gebräu-
chen der Amoriter, die der Herr vor den Israeliten vertrieben hatte.
27 Als Ahab diese Drohungen hörte, zerriß er seine Kleider, trug ein
Bußgewand auf dem bloßen Leib, fastete, schlief im Bußgewand und
ging bedrückt umher. 28 Da erging das Wort des Herrn an Elija aus
Tischbe: 29 Hast du gesehen, wie Ahab sich vor mir gedemütigt hat?
Weil er sich vor mir gedemütigt hat, will ich das Unglück nicht schon
in seinen Tagen kommen lassen. Erst in den Tagen seines Sohnes
werde ich das Unheil über sein Haus bringen.

Der Krieg mit den Aramäern, Ahabs Tod

22 Drei Jahre hatte das Land Ruhe, und gab es keinen Krieg
zwischen Aram und Israel. 2 Als im dritten Jahr Joschafat,
der König von Juda, zum König von Israel kam, 3 sagte der König von
Israel zu seinen Beamten: Ihr wißt doch, daß Ramot-Gilead uns
gehört. Wir aber zögern, es dem König von Aram zu entreißen. 4 Und
er fragte Joschafat: Würdest du mit mir gegen Ramot-Gilead in den
Krieg ziehen? Dieser antwortete dem König von Israel: Ich ziehe mit
dir, mein Volk mit deinem Volk, meine Pferde mit deinen Pferden.
5 Joschafat bat aber den König von Israel: Befrag doch zuvor den Herrn!
6 Da versammelte der König von Israel die Propheten, gegen vierhun-
dert Mann, und fragte sie: Soll ich gegen Ramot-Gilead zu Felde zie-

hen, oder soll ich es lassen? Sie gaben den Bescheid: Zieh hinauf! Der
Herr gibt die Stadt in die Hand des Königs. 7 Doch Joschafat sagte: Ist
hier sonst kein Prophet des Herrn, den wir befragen könnten? 8 Der
König von Israel antwortete Joschafat: Es ist noch einer da, durch den
wir den Herrn befragen könnten. Doch ich hasse ihn; denn er weissagt
mir nie Gutes, sondern immer nur Schlimmes. Es ist Micha, der Sohn
Jimlas. Joschafat erwiderte: Der König sage das nicht. 9 Da rief der
König von Israel einen Hofbeamten herbei und befahl ihm, unverzüg-
lich Micha, den Sohn Jimlas, zu holen. 10 Der König von Israel und
Joschafat, der König von Juda, saßen in königlichen Gewändern auf
ihren Thronen. Sie befanden sich auf der Tenne beim Tor Samarias,
und alle Propheten weissagten vor ihnen. 11 Zidkija, der Sohn
Kenaanas, hatte sich eiserne Hörner gemacht und rief: So spricht der
Herr: Mit diesen wirst du die Aramäer niederstoßen, bis du sie vernich-
tet hast. 12 Alle Propheten weissagten in gleicher Weise und riefen: Zieh
nach Ramot-Gilead, und sei erfolgreich; der Herr gibt die Stadt in die
Hand des Königs.
13 Der Bote aber, der Micha holen sollte, redete ihm zu: Die Worte der
Propheten waren ohne Ausnahme günstig für den König. Mögen
deine Worte ihren Worten gleichen. Sag daher Gutes an!
14 Doch Micha erwiderte: So wahr der Herr lebt: Nur was der Herr mir
sagt, werde ich sagen. 15 Als er zum König kam, fragte ihn dieser:
Micha, sollen wir gegen Ramot-Gilead zu Felde ziehen, oder sollen
wir es lassen? Micha antwortete: Zieh hinauf, und sei erfolgreich! Der
Herr gibt die Stadt in die Hand des Königs. 16 Doch der König entgeg-
nete: Wie oft muß ich dich beschwören, mir im Namen des Herrn nur
die Wahrheit zu sagen? 17 Da sagte Micha: Ich sah ganz Israel über die
Berge zerstreut wie Schafe, die keinen Hirten haben. Und der Herr
sagte: Sie haben keine Herren mehr. So gehe jeder in Frieden nach
Hause. 18 Da wandte sich der König von Israel an Joschafat: Habe ich
es dir nicht gesagt? Er weissagt mir nie Gutes, sondern immer nur
Schlimmes. 19 Micha aber fuhr fort: Darum – höre das Wort des
Herrn: Ich sah den Herrn auf seinem Thron sitzen; das ganze Heer
des Himmels stand zu seiner Rechten und seiner Linken. 20 Und der
Herr fragte: Wer will Ahab betören, so daß er nach Ramot-Gilead
hinaufzieht und dort fällt? Da hatte der eine diesen, der andere jenen
Vorschlag. 21 Zuletzt trat der Geist vor, stellte sich vor den Herrn und
sagte: Ich werde ihn betören. Der Herr fragte ihn: Auf welche Weise?
22 Er gab zur Antwort: Ich werde mich aufmachen und zu einem
Lügengeist im Mund all seiner Propheten werden. Da sagte der Herr:
Du wirst ihn betören; du vermagst es. Geh und tu es! 23 So hat der
Herr jetzt einen Geist der Lüge in den Mund all deiner Propheten
gelegt; denn er hat über dich Unheil beschlossen. 24 Da trat Zidkija,
der Sohn Kenaanas, zu Micha, schlug ihn ins Gesicht und rief: Wie,
sollte denn der Geist des Herrn von mir gewichen sein, um mit dir
zu reden? 25 Micha erwiderte: Du wirst es an jenem Tag erfahren, an
dem du von einem Gemach in das andere eilst, um dich zu ver-
stecken. 26 Der König von Israel aber gab den Befehl: Nehmt Micha
fest, führt ihn zum Stadtobersten Amon und zum Prinzen Joasch,
27 und meldet: So spricht der König: Werft diesen Mann ins Gefäng-
nis, und haltet ihn streng bei Brot und Wasser, bis ich wohlbehalten
zurückkomme. 28 Doch Micha erwiderte: Wenn du wohlbehalten
zurückkommst, dann hat der Herr nicht durch mich geredet. [Und er
sagte: Hört, alle ihr Völker!]
29 Darauf zog der König von Israel mit Joschafat, dem König von Juda,
gegen Ramot-Gilead. 30 Der König von Israel sagte zu Joschafat: Ich
will mich verkleiden und so in den Kampf ziehen. Du aber behalte
deine Gewänder an! So ging der König von Israel verkleidet in den
Kampf. 31 Der König von Aram hatte aber den zweiunddreißig Ober-
sten seiner Kriegswagen befohlen: Greift niemanden an, er sei hohen
oder niederen Ranges, außer den König von Israel! 32 Als daher die
Obersten der Kriegswagen Joschafat erblickten und ihn für den
König von Israel hielten, stürmten sie auf ihn ein, so daß er um Hilfe
schrie. 33 Doch als sie sahen, daß er nicht der König von Israel war,
ließen sie von ihm ab. 34 Ein Mann aber spannte aufs Geratewohl sei-
nen Bogen und traf den König von Israel zwischen Panzer und Leib-
gurt. Dieser befahl daher seinem Wagenlenker: Wende um, und bring
mich aus der Schlacht; denn ich bin verwundet. 35 Da aber die
Schlacht an jenem Tag heftig wurde, blieb der König im Kampf gegen
die Aramäer aufrecht im Wagen stehen. Am Abend starb er. Das Blut
der Wunde war in das Innere des Wagens geflossen. 36 Bei Sonnenun-
tergang ließ man im Lager ausrufen: Jeder kehre in seine Stadt, in
sein Land zurück! 37 So starb der König; man brachte ihn nach Sama-
ria und begrub ihn dort. 38 Als man im Teich von Samaria den Wagen
ausspülte, leckten Hunde sein Blut, und Dirnen wuschen sich darin,
nach dem Wort, das der Herr gesprochen hatte.
39 Die übrige Geschichte Ahabs und alle seine Taten, der Bericht über
das Elfenbeinhaus, das er gebaut, und die Städte, die er ausgebaut
hat, sind aufgezeichnet in der Chronik der Könige von Israel. 40 Ahab
entschlief zu seinen Vätern, und sein Sohn Ahasja wurde König an
seiner Stelle.

Joschafat von Juda

41 Im vierten Jahr des Königs Ahab von Israel wurde Joschafat, der
Sohn Asas, König von Juda. 42 Er war fünfunddreißig Jahre alt, als er
König wurde, und regierte fünfundzwanzig Jahre in Jerusalem. Seine
Mutter hieß Asuba und war eine Tochter Schilhis. 43 Er folgte ganz
den Wegen seines Vaters Asa, ohne von ihnen abzuweichen, und tat,
was dem Herrn gefiel. 44 Nur die Kulthöhen verschwanden nicht.
Das Volk brachte noch Schlacht- und Rauchopfer auf ihnen dar.
45 Joschafat hatte auch Frieden mit dem König von Israel.
46 Die übrige Geschichte Joschafats, die Erfolge, die er errang, und die
Kriege, die er führte, sind aufgezeichnet in der Chronik der Könige
von Juda. 47 Er entfernte die letzten Hierodulen, die in den Tagen sei-
nes Vaters Asa übriggeblieben waren, aus dem Land. 48 In Edom gab
es damals keinen König; ein Statthalter vertrat den König. 49 Auch
baute Joschafat eine Tarschischflotte, die nach Ofir fahren sollte, um
Gold zu holen. Doch kam es nicht zur Fahrt, da die Schiffe in Ezjon-
Geber zerschellten. 50 Damals sagte Ahasja, der Sohn Ahabs, zu
Joschafat: Meine Leute sollen mit deinen Leuten auf den Schiffen fah-
ren. Doch Joschafat lehnte es ab. – 51 Joschafat entschlief zu seinen
Vätern und wurde bei seinen Vätern in der Stadt seines Vaters David
begraben. Sein Sohn Joram wurde König an seiner Stelle.

Ahasja von Israel

52 Im siebzehnten Jahr des Königs Joschafat von Juda wurde Ahasja,
der Sohn Ahabs, in Samaria König von Israel. Er regierte zwei Jahre
über Israel 53 und tat, was dem Herrn mißfiel. Er folgte den Wegen
seines Vaters und seiner Mutter und den Wegen Jerobeams, des Soh-
nes Nebats, der Israel zur Sünde verführt hatte. 54 Auch diente er Baal
und betete ihn an. So erzürnte er den Herrn, den Gott Israels, ganz so,
wie es sein Vater getan hatte.

Das zweite Buch der Könige

Die Geschichte der getrennten Reiche
Zweiter Teil

Elija und Ahasja

1 Nach dem Tod Ahabs fiel Moab von Israel ab. 2 Ahasja war in
Samaria durch das Gitter seines Obergemachs gefallen und
hatte sich verletzt. Er sandte Boten ab mit dem Auftrag: Geht, befragt
Beelzebul, den Gott von Ekron, ob ich von diesem Leiden genesen
werde. 3 Doch der Engel des Herrn sprach zu Elija aus Tischbe: Mach
dich auf, geh den Boten des Königs von Samaria entgegen, und sag zu
ihnen: Gibt es denn keinen Gott in Israel, so daß ihr fortgehen müßt,
um Beelzebul, den Gott von Ekron, zu befragen? 4 Darum: So spricht
der Herr: Vom Lager, auf das du dich gelegt hast, wirst du nicht mehr
aufstehen; denn du mußt sterben. Elija ging weiter. 5 Die Boten aber
kehrten zum König zurück, und er fragte sie: Wie kommt es, daß ihr
schon zurück seid? 6 Sie antworteten ihm: Ein Mann kam uns entge-
gen und trug uns auf: Kehrt zum König zurück, der euch gesandt hat,
und sagt zu ihm: So spricht der Herr: Gibt es denn keinen Gott in
Israel, so daß du Boten aussenden mußt, die Beelzebul, den Gott von
Ekron, befragen sollen? Darum wirst du von dem Lager, auf das du
dich gelegt hast, nicht mehr aufstehen; denn du mußt sterben. 7 Da
fragte er sie: Wie sah der Mann aus, der euch entgegenkam und diese
Worte zu euch sprach? 8 Sie erwiderten: Er trug einen Mantel aus
Ziegenhaaren und hatte einen ledernen Gurt um die Hüften. Da sagte
er: Das war Elija aus Tischbe.
9 Er sandte nun den Hauptmann über Fünfzig und seine Leute zu ihm.
Dieser stieg zu Elija hinauf, der auf dem Gipfel des Berges saß, und
rief ihm zu: Mann Gottes, der König befiehlt dir herabzukommen.
10 Doch Elija antwortete dem Hauptmann der Fünfzig: Wenn ich ein
Mann Gottes bin, so falle Feuer vom Himmel und verzehre dich und
deine Fünfzig. Sogleich fiel Feuer vom Himmel und verzehrte ihn und
seine Leute. 11 Darauf sandte der König einen anderen Hauptmann
über Fünfzig und seine Leute zu ihm. Auch dieser ergriff das Wort
und rief Elija zu: Mann Gottes, so spricht der König: Komm sofort
herab! 12 Doch Elija antwortete ihnen: Wenn ich ein Mann Gottes bin,
so falle Feuer vom Himmel und verzehre dich und deine Fünfzig.
Sogleich fiel das Feuer Gottes vom Himmel und verzehrte ihn und
seine Leute. 13 Nun schickte der König einen dritten Hauptmann über
Fünfzig und seine Leute. Dieser kam hinauf, kniete vor Elija nieder
und flehte ihn an: Mann Gottes, möchte doch mein Leben und das
Leben deiner fünfzig Knechte kostbar sein in deinen Augen. 14 Feuer
ist vom Himmel gefallen und hat die ersten zwei Hauptleute und ihre
fünfzig Mann verzehrt. Möchte nun mein Leben kostbar sein in dei-
nen Augen. 15 Da sagte der Engel des Herrn zu Elija: Geh mit ihm
hinab, und fürchte dich nicht vor ihm! Elija stand also auf, ging mit
ihm zum König hinab 16 und hielt ihm vor: So spricht der Herr: Du
hast Boten ausgesandt, um Beelzebul, den Gott von Ekron, zu befra-
gen, als gäbe es in Israel keinen Gott, dessen Wort man einholen
könnte. Darum wirst du von dem Lager, auf das du dich gelegt hast,
nicht mehr aufstehen; denn du mußt sterben. 17 So starb Ahasja nach
dem Wort des Herrn, das Elija verkündet hatte.
(Sein Bruder) Joram wurde König an seiner Stelle im zweiten Jahr
Jorams, des Sohnes Joschafats, des Königs von Juda; denn er hatte
keinen Sohn. 18 Die übrige Geschichte Ahasjas und seine Taten sind
aufgezeichnet in der Chronik der Könige von Israel.

Die Entrückung Elijas

2 An dem Tag, da der Herr Elija im Wirbelsturm in den Himmel
aufnehmen wollte, ging Elija mit Elischa von Gilgal weg. 2 Er
sagte zu Elischa: Bleib hier; denn der Herr hat mich nach Bet-El
gesandt. Doch Elischa erwiderte: So wahr der Herr lebt, und so wahr
du lebst: Ich verlasse dich nicht. So gingen sie nach Bet-El. 3 Dort
kamen die Prophetenjünger, die in Bet-El waren, zu Elischa heraus
und sagten zu ihm: Weißt du, daß der Herr heute deinen Meister über
dein Haupt hinweg aufnehmen wird? Er antwortete: Auch ich weiß
es. Seid still! 4 Elija aber sagte zu ihm: Bleib hier, Elischa; denn der
Herr hat mich nach Jericho gesandt. Elischa erwiderte: So wahr der
Herr lebt, und so wahr du lebst: Ich verlasse dich nicht. So kamen sie
nach Jericho. 5 Dort traten die Prophetenjünger, die in Jericho waren,
an Elischa heran und sagten zu ihm: Weißt du, daß der Herr heute
deinen Meister über dein Haupt hinweg aufnehmen wird? Er antwor-
tete ihnen: Auch ich weiß es. Seid still! 6 Elija aber bat ihn: Bleib hier;
denn der Herr hat mich an den Jordan gesandt. Elischa erwiderte: So
wahr der Herr lebt, und so wahr du lebst: Ich verlasse dich nicht. So
gingen beide miteinander. 7 Fünfzig Prophetenjünger folgten ihnen
und blieben dann seitwärts in einiger Entfernung stehen. Die beiden
traten an den Jordan. 8 Hier nahm Elija seinen Mantel, rollte ihn
zusammen und schlug mit ihm auf das Wasser. Dieses teilte sich nach
beiden Seiten, und sie schritten trockenen Fußes hindurch.
9 Als sie drüben angekommen waren, sagte Elija zu Elischa: Sprich
eine Bitte aus, die ich dir erfüllen soll, bevor ich von dir weggenom-
men werde. Elischa antwortete: Möchten mir doch zwei Anteile dei-
nes Geistes zufallen. 10 Elija entgegnete: Du hast etwas Schweres
erbeten. Wenn du siehst, wie ich von dir weggenommen werde, wird
es dir zuteil werden. Sonst aber wird es nicht geschehen. 11 Während
sie miteinander gingen und redeten, erschien ein feuriger Wagen mit
feurigen Pferden und trennte beide voneinander. Elija fuhr im Wirbel-
sturm zum Himmel empor. 12 Elischa sah es und rief laut: Mein Vater,
mein Vater! Wagen Israels und sein Lenker! Als er ihn nicht mehr sah,
faßte er sein Gewand und riß es mitten entzwei. 13 Dann hob er den
Mantel auf, der Elija entfallen war, kehrte um und trat an das Ufer des
Jordan. 14 Er nahm den Mantel, der Elija entfallen war, schlug mit ihm
auf das Wasser und rief: Wo ist der Herr, der Gott des Elija? Als er auf
das Wasser schlug, teilte es sich nach beiden Seiten, und Elischa ging
hinüber.
15 Die Prophetenjünger von Jericho, die in der Nähe standen, sahen
ihn und sagten: Der Geist des Elija ruht auf Elischa. Sie kamen ihm
entgegen und warfen sich vor ihm zur Erde nieder. 16 Dann sagten sie
zu ihm: Unter deinen Knechten sind fünfzig starke Männer. Sie sol-
len auf die Suche nach deinem Meister gehen. Der Geist des Herrn
könnte ihn fortgetragen und auf einem der Berge oder in einem der
Täler niedergesetzt haben. Doch Elischa entgegnete: Schickt nie-

mand! 17 Als sie aber heftig darauf bestanden, sagte er: Schickt sie
also hin! Sie schickten fünfzig Mann aus, und diese suchten drei Tage
lang. Da sie ihn nicht fanden, 18 kehrten sie zu Elischa zurück. Er hielt
sich noch in Jericho auf und sagte zu ihnen: Habe ich euch nicht
gesagt: Ihr sollt nicht hingehen?

Die ersten Taten Elischas

19 Die Männer der Stadt sagten zu Elischa: Unser Herr sieht, daß man
in dieser Stadt gut wohnen kann; nur das Wasser ist ungesund, und in
der Gegend gibt es viele Fehlgeburten. 20 Elischa befahl: Bringt mir
eine neue Schüssel, und schüttet Salz hinein! Man brachte sie ihm,
21 und er ging zur Wasserquelle und warf das Salz hinein mit den Wor-
ten: So spricht der Herr: Ich mache dieses Wasser gesund. Es wird kei-
nen Tod und keine Fehlgeburt mehr verursachen. 22 Daher ist das Was-
ser bis zum heutigen Tag gesund, wie es Elischa vorausgesagt hatte.
23 Von dort ging er nach Bet-El. Während er den Weg hinaufstieg,
kamen junge Burschen aus der Stadt und verspotteten ihn: Sie riefen
ihm zu: Kahlkopf, komm herauf! Kahlkopf, komm herauf! 24 Er
wandte sich um, sah sie an und verfluchte sie im Namen des Herrn.
Da kamen zwei Bären aus dem Wald und zerrissen zweiundvierzig
junge Leute. 25 Von dort ging er zum Berg Karmel und kehrte dann
nach Samaria zurück.

Joram von Israel

3 Im achtzehnten Jahr Joschafats, des Königs von Juda, wurde
Joram, der Sohn Ahabs, in Samaria König von Israel. Er regierte
zwölf Jahre 2 und tat, was dem Herrn mißfiel. Doch trieb er es nicht
so schlimm wie sein Vater und seine Mutter; denn er entfernte das
Steinmal des Baal, das sein Vater errichtet hatte. 3 Nur an der Sünde,
zu der Jerobeam, der Sohn Nebats, Israel verführt hatte, hielt er fest
und ließ nicht von ihr ab.
4 Mescha, der König von Moab, betrieb Schafzucht und mußte dem
König von Israel hunderttausend Lämmer und die Wolle von hundert-
tausend Widdern liefern. 5 Nach dem Tod Ahabs aber fiel der König
von Moab vom König von Israel ab. 6 König Joram rückte daher zu
dieser Zeit von Samaria aus und musterte ganz Israel. 7 Auch ließ er
Joschafat, dem König von Juda, sagen: Der König von Moab ist von
mir abgefallen. Willst du mit mir gegen Moab in den Krieg ziehen?
Joschafat antwortete: Ich ziehe mit dir, mein Volk mit deinem Volk,
meine Pferde mit deinen Pferden. 8 Dann fragte Joram: Auf welchem
Weg sollen wir hinaufziehen? Joschafat entschied: Durch die Wüste
von Edom.
9 Der König von Israel, der König von Juda und der König von Edom
rückten nun aus. Als sie bereits einen Weg von sieben Tagen zurück-
gelegt hatten, fehlte es dem Heer und dem Vieh, das sie mitführten,
an Wasser. 10 Der König von Israel sagte: Weh uns, der Herr hat diese
drei Könige hierher gerufen, um sie in die Gewalt der Moabiter zu
geben. 11 Joschafat aber fragte: Ist hier kein Prophet des Herrn, durch
den wir den Herrn befragen könnten? Einer von den Dienern des
Königs von Israel antwortete: Hier ist Elischa, der Sohn Schafats, der
Elija Wasser über die Hände gegossen hat. 12 Joschafat sagte: Bei ihm
ist das Wort des Herrn.
Da ging der König von Israel mit Joschafat und dem König von Edom
zu ihm hinab. 13 Doch Elischa sagte zum König von Israel: Was habe
ich mit dir zu schaffen? Geh zu den Propheten deines Vaters und zu
den Propheten deiner Mutter! Der König von Israel entgegnete:
Darum geht es jetzt nicht. Der Herr hat diese drei Könige hierher
gerufen, um sie in die Gewalt der Moabiter zu geben. 14 Elischa ant-
wortete: So wahr der Herr der Heere lebt, in dessen Dienst ich stehe:
Wenn ich nicht auf Joschafat, den König von Juda, Rücksicht nähme,
dich würde ich nicht beachten und keines Blickes würdigen. 15 Aber
nun holt mir einen Harfenspieler! Als der Spieler über die Saiten fuhr,
kam die Hand des Herrn über Elischa, 16 und er rief: So spricht der
Herr: Macht in diesem Tal Grube neben Grube! 17 Denn so spricht der
Herr: Ihr werdet weder Wind noch Regen sehen. Doch dieses Tal wird
sich mit Wasser füllen, und ihr werdet trinken, wie auch eure Herden
und euer Vieh. 18 Aber das ist dem Herrn noch zu wenig. Er wird die
Moabiter in eure Gewalt geben. 19 Ihr werdet alle Festungen und ihre
besten Städte erobern, alle wertvollen Bäume fällen, alle Wasserquel-
len zuschütten und alle guten Äcker mit Steinen verderben. 20 Und
wirklich, am nächsten Morgen, zur Zeit, da man das Speiseopfer dar-
zubringen pflegt, kam Wasser von Edom her, und die ganze Gegend
wurde vom Wasser überflutet.
21 Als ganz Moab erfuhr, daß die Könige zum Krieg gegen das Land
anrückten, wurden alle aufgeboten, die Waffen tragen konnten; sie
stellten sich an der Grenze auf. 22 Frühmorgens aber, als die Sonne
über dem Wasser aufging, erschien ihnen das Wasser drüben rot wie
Blut. 23 Sie sagten: Das ist Blut. Die Könige haben sich selbst umge-
bracht; einer hat den andern erschlagen. Auf jetzt, zur Beute, ihr
Moabiter! 24 Doch als sie sich dem Lager der Israeliten näherten,
erhoben sich diese und schlugen die Moabiter in die Flucht. Unauf-
hörlich drängten die Israeliten nach und machten sie nieder. 25 Sie
zerstörten die Städte, und auf alle guten Äcker warf jeder seinen
Stein, bis sie ganz bedeckt waren. Auch schütteten sie alle Wasser-
quellen zu und fällten alle wertvollen Bäume. Zuletzt blieb nur noch
Kir-Heres übrig; diese Stadt umstellten und beschossen die Schleu-
derer. 26 Als der König von Moab sah, daß er dem Angriff nicht mehr
standhalten konnte, sammelte er siebenhundert mit dem Schwert
bewaffnete Männer um sich und versuchte beim König von Edom
durchzubrechen. Doch es gelang ihnen nicht. 27 Nun nahm er seinen
erstgeborenen Sohn, der nach ihm König werden sollte, und brachte
ihn auf der Mauer als Brandopfer dar. Da kam ein gewaltiger Zorn
über Israel. Sie zogen von Moab ab und kehrten in ihr Land zurück.

Das Öl der Witwe

4 Eine von den Frauen der Prophetenjünger wandte sich laut
rufend an Elischa: Mein Mann, dein Knecht, ist gestorben. Du
weißt, daß dein Knecht gottesfürchtig war. Nun kommt der Gläubi-
ger, um sich meine beiden Söhne als Sklaven zu nehmen. 2 Elischa
fragte sie: Was kann ich für dich tun? Sag mir: Was hast du im Haus?
Sie antwortete: Deine Magd hat nichts im Haus als einen Krug Öl.
3 Da sagte er: Geh und erbitte dir auf der Gasse von allen deinen
Nachbarn leere Gefäße, aber nicht zu wenige! 4 Dann geh heim, ver-
schließ die Tür hinter dir und deinen Söhnen, gieß Öl in alle diese
Gefäße, und stell die gefüllten beiseite!
5 Sie ging von ihm weg und verschloß die Tür hinter sich und ihren
Söhnen. Diese reichten ihr die Gefäße hin, und sie füllte ein. 6 Als alle
Gefäße voll waren, sagte sie zu ihrem Sohn: Bring mir noch ein
Gefäß! Er antwortete: Es ist keines mehr da. Da floß das Öl nicht
mehr weiter. 7 Sie aber kam und erzählte es dem Gottesmann. Dieser
befahl ihr: Geh, verkauf das Öl, und bezahl deine Schuld! Von dem,
was übrig bleibt, magst du mit deinen Söhnen leben.

Die Totenerweckung

8 Eines Tages ging Elischa nach Schunem. Dort lebte eine vornehme
Frau, die ihn dringend bat, bei ihr zu essen. Seither kehrte er zum
Essen bei ihr ein, sooft er vorbeikam. 9 Sie aber sagte zu ihrem Mann:
Ich weiß, daß dieser Mann, der ständig bei uns vorbeikommt, ein
heiliger Gottesmann ist. 10 Wir wollen ein kleines, gemauertes Ober-
gemach herrichten und dort ein Bett, einen Tisch, einen Stuhl und
einen Leuchter für ihn bereitstellen. Wenn er dann zu uns kommt,
kann er sich dorthin zurückziehen.
11 Als Elischa eines Tages wieder hinkam, ging er in das Obergemach,
um dort zu schlafen. 12 Dann befahl er seinem Diener Gehasi: Ruf
diese Schunemiterin! Er rief sie, und als sie vor ihm stand, 13 befahl er
dem Diener: Sag zu ihr: Du hast dir so viel Mühe um uns gemacht.
Was können wir für dich tun? Sollen wir beim König oder beim Ober-
sten des Heeres ein Wort für dich einlegen? Doch sie entgegnete: Ich
wohne inmitten meiner Verwandten. 14 Und als er weiter fragte, was
man für sie tun könne, sagte Gehasi: Nun, sie hat keinen Sohn, und

Paul Klee
Tod und Feuer
(1940)
»Sogleich fiel das Feuer Gottes vom Himmel und verzehrte ihn und seine Leute« (2 Kön 1,12). In zweierlei Form verbindet sich in den beiden ersten Kapiteln des zweiten Buchs der Könige Feuer und Tod: bei der Vernichtung der Boten Ahasjas und bei der Entrückung Elijas im »feurigen Wagen mit feurigen Pferden« (2 Kön 2,11). In einem seiner letzten Werke hat Paul Klee, den eigenen Tod vor Augen, ein Bild der Vergänglichkeit geschaffen, das die rote Glut des Feuers und die kalkweiße Maske des Todes zueinander in Beziehung setzt. Am linken Bildrand scheint sich ein Arm befehlend, Einhalt gebietend emporzurecken. Er lenkt den Blick auf eine vom Rot umschlossene Kugel, die an das Symbol der Weltkugel erinnert und insofern als Herrschaftsinsignie zu verstehen ist. Dem hier angedeuteten Machtbereich nähert sich die auf ein Ideogramm reduzierte Gestalt des Menschen.

ihr Mann ist alt. 15 Da befahl er: Ruf sie herein! Er rief sie, und sie blieb
in der Tür stehen. 16 Darauf versicherte ihr Elischa: Im nächsten Jahr
um diese Zeit wirst du einen Sohn liebkosen. Sie aber entgegnete:
Ach nein, Herr, Mann Gottes, täusche doch deiner Magd nichts vor!
17 Doch die Frau wurde schwanger, und im nächsten Jahr, um die Zeit,
die Elischa genannt hatte, gebar sie einen Sohn.

18 Als das Kind herangewachsen war, ging es eines Tages zu seinem
Vater hinaus zu den Schnittern. 19 Dort klagte es ihm: Mein Kopf,
mein Kopf! Der Vater befahl seinem Knecht: Trag das Kind heim zu
seiner Mutter! 20 Der Knecht nahm es und brachte es zu ihr. Es saß
noch bis zum Mittag auf ihren Knien; dann starb es.
21 Sie stieg nun in das obere Gemach hinauf, legte das Kind auf das
Bett des Gottesmannes und schloß die Tür hinter ihm ab. Dann verließ
sie das Haus, 22 rief ihren Mann und bat ihn: Schick mir einen
von den Knechten und einen Esel! Ich will zum Gottesmann eilen und
komme bald zurück. 23 Er wandte ein: Warum gehst du heute zu ihm?
Es ist doch nicht Neumond und nicht Sabbat. Doch sie sagte nur:
Friede mit dir!, 24 sattelte den Esel und befahl dem Knecht: Treib tüchtig
an, und halte mich beim Reiten nicht auf, es sei denn, daß ich es
dir sage.
25 So reiste sie ab und kam zum Gottesmann auf den Karmel. Als er
sie von ferne sah, sagte er zu seinem Diener Gehasi: Da kommt die
Schunemiterin. 26 Lauf ihr entgegen, und frag sie: Geht es dir gut?
Geht es auch deinem Mann und dem Kind gut? Sie antwortete: Es
geht gut. 27 Sobald sie aber zum Gottesmann auf den Berg kam,
umfaßte sie seine Füße. Gehasi trat hinzu, um sie wegzudrängen;
aber der Gottesmann wehrte ab: Laß sie; denn ihre Seele ist betrübt.

Doch der Herr hat mir den Grund verborgen und mir nicht mitgeteilt.
28 Darauf sagte sie: Habe ich denn meinen Herrn um einen Sohn
gebeten? Habe ich nicht gesagt: Mach mir keine falschen Hoffnun-
gen? 29 Elischa befahl nun Gehasi: Gürte dich, nimm meinen Stab in
die Hand, und mach dich auf den Weg! Wenn du jemand begegnest,
so grüß ihn nicht; und wenn dich jemand grüßt, so antworte ihm
nicht! Leg meinen Stab auf das Gesicht des Kindes! 30 Aber die Mutter
des Kindes sagte: So wahr der Herr lebt, und so wahr du lebst: Ich
lasse nicht von dir ab. Da stand er auf und folgte ihr. 31 Gehasi war
vorausgeeilt und hatte den Stab auf das Gesicht des Kindes gelegt;
doch es kam kein Laut und kein Lebenszeichen. Daher lief er zum
Gottesmann zurück und berichtete: Das Kind ist nicht aufgewacht.
32 Als Elischa in das Haus kam, lag das Kind tot auf seinem Bett. 33 Er
ging in das Gemach, schloß die Tür hinter sich und dem Kind und
betete zum Herrn. 34 Dann trat er an das Bett und warf sich über das
Kind; er legte seinen Mund auf dessen Mund, seine Augen auf dessen
Augen, seine Hände auf dessen Hände. Als er sich so über das Kind
hinstreckte, kam Wärme in dessen Leib. 35 Dann stand er auf, ging im
Haus einmal hin und her, trat wieder an das Bett und warf sich über
das Kind. Da nieste es siebenmal und öffnete die Augen. 36 Nun rief
Elischa seinen Diener Gehasi und befahl ihm, die Schunemiterin zu
rufen. Er rief sie, und als sie kam, sagte der Gottesmann zu ihr:
Nimm deinen Sohn! 37 Sie trat hinzu, fiel Elischa zu Füßen und ver-
neigte sich bis zur Erde. Dann nahm sie ihren Sohn und ging hinaus.

Die ungenießbare Speise

38 Elischa kehrte nach Gilgal zurück. Im Land herrschte damals eine
Hungersnot. Als die Prophetenjünger vor ihm saßen, befahl er
seinem Diener: Setz den großen Topf auf, und koch ein Gericht für
die Prophetenjünger! 39 Einer von ihnen ging auf das Feld hinaus, um
Malven zu holen. Dabei fand er ein wildes Rankengewächs und
pflückte davon so viele Früchte, wie sein Gewand fassen konnte.
Dann kam er zurück und schnitt sie in den Kochtopf hinein, da man
sie nicht kannte. 40 Als man sie aber den Männern zum Essen vor-
setzte und sie von der Speise kosteten, schrien sie laut und riefen: Der
Tod ist im Topf, Mann Gottes. Sie konnten nichts essen. 41 Doch er
befahl: Bringt mir etwas Mehl! Er streute das Mehl in den Topf und
sagte: Setzt es nun den Leuten zum Essen vor! Jetzt war nichts Schäd-
liches mehr im Topf.

Die Brotvermehrung

42 Einmal kam ein Mann von Baal-Schalischa und brachte dem Got-
tesmann Brot von Erstlingsfrüchten, zwanzig Gerstenbrote, und
frische Körner in einem Beutel. Elischa befahl seinem Diener: Gib es
den Leuten zu essen! 43 Doch dieser sagte: Wie soll ich das hundert
Männern vorsetzen? Elischa aber sagte: Gib es den Leuten zu essen!
Denn so spricht der Herr: Man wird essen und noch übriglassen.
44 Nun setzte er es ihnen vor; und sie aßen und ließen noch übrig, wie
der Herr gesagt hatte.

Die Heilung des Aramäers Naaman

5 Naaman, der Feldherr des Königs von Aram, galt viel bei seinem
Herrn und war angesehen; denn durch ihn hatte der Herr den
Aramäern den Sieg verliehen. Der Mann war tapfer, aber an Aussatz
erkrankt. 2 Nun hatten die Aramäer bei einem Streifzug ein junges
Mädchen aus dem Land Israel verschleppt. Es war in den Dienst der
Frau Naamans gekommen. 3 Es sagte zu seiner Herrin: Wäre mein
Herr doch bei dem Propheten in Samaria! Er würde seinen Aussatz
heilen. 4 Naaman ging zu seinem Herrn und meldete ihm: Das und
das hat das Mädchen aus Israel gesagt. 5 Der König von Aram antwor-
tete: So geh doch hin; ich werde dir ein Schreiben an den König von
Israel mitgeben. Naaman machte sich auf den Weg. Er nahm zehn
Talente Silber, sechstausend Schekel Gold und zehn Festkleider mit
6 und überbrachte dem König von Israel das Schreiben. Es hatte
folgenden Inhalt: Wenn jetzt dieser Brief zu dir gelangt, so wisse: Ich
habe meinen Knecht Naaman zu dir geschickt, damit du seinen Aus-
satz heilst. 7 Als der König von Israel den Brief gelesen hatte, zerriß er
seine Kleider und rief: Bin ich denn ein Gott, der töten und zum
Leben erwecken kann? Er schickt einen Mann zu mir, damit ich ihn
von seinem Aussatz heile. Merkt doch und seht, daß er nur Streit mit
mir sucht.
8 Als der Gottesmann Elischa hörte, der König von Israel habe seine
Kleider zerrissen, ließ er ihm sagen: Warum hast du deine Kleider
zerrissen? Naaman soll zu mir kommen; dann wird er erfahren, daß
es in Israel einen Propheten gibt. 9 So kam Naaman mit seinen Pfer-
den und Wagen und hielt vor dem Haus Elischas. 10 Dieser schickte
einen Boten zu ihm hinaus und ließ ihm sagen: Geh und wasch dich
siebenmal im Jordan! Dann wird dein Leib wieder gesund, und du
wirst rein. 11 Doch Naaman wurde zornig. Er ging weg und sagte: Ich
dachte, er würde herauskommen, vor mich hintreten, den Namen
Jahwes, seines Gottes, anrufen, seine Hand über die kranke Stelle
bewegen und so den Aussatz heilen. 12 Sind nicht der Abana und der
Parpar, die Flüsse von Damaskus, besser als alle Gewässer Israels?
Kann ich nicht dort mich waschen, um rein zu werden? Voll Zorn
wandte er sich ab und ging weg. 13 Doch seine Diener traten an ihn
heran und redeten ihm zu: Wenn der Prophet etwas Schweres von dir
verlangt hätte, würdest du es tun; wieviel mehr jetzt, da er zu dir nur
gesagt hat: Wasch dich, und du wirst rein. 14 So ging er also zum Jor-
dan hinab und tauchte siebenmal unter, wie ihm der Gottesmann
befohlen hatte. Da wurde sein Leib gesund wie der Leib eines Kindes,
und er war rein.
15 Nun kehrte er mit seinem ganzen Gefolge zum Gottesmann
zurück, trat vor ihn hin und sagte: Jetzt weiß ich, daß es nirgends auf
der Erde einen Gott gibt außer in Israel. So nimm jetzt von deinem
Knecht ein Dankgeschenk an! 16 Elischa antwortete: So wahr der Herr
lebt, in dessen Dienst ich stehe: Ich nehme nichts an. Auch als Naa-
man ihn dringend bat, es zu nehmen, lehnte er ab. 17 Darauf sagte
Naaman: Wenn es also nicht sein kann, dann gebe man deinem
Knecht so viel Erde, wie zwei Maultiere tragen können; denn dein
Knecht wird keinem andern Gott mehr Brand- und Schlachtopfer
darbringen als Jahwe allein. 18 Nur dies möge Jahwe deinem Knecht
verzeihen: Wenn mein Herr zur Anbetung in den Tempel Rimmons
geht, stützt er sich dort auf meinen Arm. Ich muß mich dann im Tem-
pel Rimmons niederwerfen, wenn er sich dort niederwirft. Dann
möge das Jahwe deinem Knecht verzeihen. 19 Elischa antwortete: Geh
in Frieden!
Als Naaman schon eine Strecke Weges von ihm entfernt war, 20 sagte
sich Gehasi, der Diener Elischas, des Gottesmannes: Mein Herr hat
diesen Aramäer Naaman geschont und nichts von dem angenom-
men, was er mitgebracht hatte. So wahr der Herr lebt: Ich werde ihm
nachlaufen und mir etwas von ihm holen. 21 Gehasi eilte ihm also
nach. Als ihn Naaman hinter sich herankommen sah, beugte er sich
ihm vom Wagen aus zu und fragte: Steht alles gut? 22 Er antwortete:
Ja; nur läßt mein Herr sagen: Soeben sind vom Gebirge Efraim zwei
junge Männer, zwei Prophetenjünger, zu mir gekommen. Gib ihnen
doch ein Talent Silber und zwei Festkleider! 23 Naaman erwiderte: Tu
mir den Gefallen, und nimm zwei Talente! Er bat ihn dringend darum
und tat zwei Talente Silber in zwei Beutel, legte zwei Festkleider dazu
und ließ sie durch zwei Diener vor ihm hertragen. 24 Als Gehasi auf
der Höhe angekommen war, nahm er ihnen die Geschenke ab und
brachte sie in das Haus. Die Männer schickte er weg, und sie kehrten
zurück. 25 Er selbst ging hinein und trat vor seinen Herrn. Elischa
fragte ihn: Woher kommst du, Gehasi? Er antwortete: Dein Knecht ist
nirgendwohin gegangen. 26 Da sagte Elischa zu ihm: War nicht mein
Geist zugegen, als sich jemand von seinem Wagen aus dir zuwandte?
Ist es denn Zeit, Geld anzunehmen und Kleider, Ölgärten, Wein-
berge, Schafe und Rinder, Knechte und Mägde zu erwerben? 27 Der
Aussatz Naamans aber soll für immer an dir und deinen Nachkom-
men haften. Gehasi ging hinaus und war vom Aussatz weiß wie
Schnee.

Das verlorene Beil

6 Die Prophetenjünger klagten bei Elischa: Der Raum, in dem wir
vor dir sitzen, ist zu eng für uns. 2 Wir wollen an den Jordan
gehen, und dort soll jeder von uns einen Balken holen, damit wir uns
hier einen Raum errichten, in dem wir wohnen können. Er antwor-
tete: Geht! 3 Einer aber bat ihn: Erweis uns den Gefallen, und geh mit
deinen Knechten! Er erwiderte: Ich gehe mit. 4 Er ging also mit ihnen,
und sie kamen an den Jordan und fällten Bäume. 5 Einem aber fiel
beim Fällen seines Stammes die eiserne Klinge des Beils in das Was-
ser. Er rief laut: Wehe, mein Herr, das Beil ist auch noch geliehen!
6 Der Gottesmann fragte: Wohin ist es gefallen? Er zeigte ihm die
Stelle; Elischa schnitt ein Stück Holz ab, warf es dorthin und brachte
das Eisen zum Schwimmen. 7 Dann befahl er: Hol es herauf! Der
Mann streckte die Hand aus und ergriff es.

Die Gefangenen des Propheten

8 Der König von Aram führte Krieg mit Israel. Er verabredete mit sei-
nen Untergebenen, an einer bestimmten Stelle einen Hinterhalt zu
legen. 9 Aber der Gottesmann ließ dem König von Israel sagen: Hüte
dich, an jener Stelle vorbeizugehen; denn die Aramäer liegen dort im
Hinterhalt. 10 Der König von Israel schickte nun Späher an die Stelle,
die ihm der Gottesmann genannt und vor der er ihn gewarnt hatte,
und nahm sich dort in acht. Als das nicht nur einmal oder zweimal
geschah, 11 wurde der König von Aram beunruhigt. Er rief seine
Untergebenen und fragte sie: Könnt ihr mir nicht angeben, wer von
den Unsrigen zum König von Israel hält? 12 Da sagte einer von seinen
Leuten: Niemand, mein Herr und König, sondern Elischa, der Pro-
phet in Israel, verrät dem König von Israel, was du in deinem Schlaf-
zimmer sprichst. 13 Da befahl er: Geht und erkundet, wo er sich auf-
hält, damit ich ihn festnehmen lasse. Man meldete ihm: Er ist in
Dotan. 14 Er schickte also Pferde und Wagen und eine starke Truppe
dorthin. Sie erreichten die Stadt in der Nacht und umstellten sie.
15 Als der Diener des Gottesmannes am nächsten Morgen aufstand
und hinaustrat, hatte die Truppe die Stadt mit Pferden und Wagen
umstellt. Da sagte der Diener zu seinem Herrn: Wehe, mein Herr, was
sollen wir tun? 16 Doch dieser sagte: Fürchte dich nicht! Bei uns sind
mehr als bei ihnen. 17 Dann betete Elischa: Herr, öffne ihm die Augen,
damit er sieht. Und der Herr öffnete dem Diener die Augen: Er sah
den Berg rings um Elischa voll von feurigen Pferden und Wagen.
18 Als dann die Aramäer anrückten, betete Elischa zum Herrn und
rief: Schlag doch diese Leute mit Verblendung! Und der Herr schlug
sie auf das Wort Elischas hin mit Verblendung. 19 Daraufhin sagte
Elischa zu ihnen: Das ist nicht der richtige Weg und nicht die richtige
Stadt. Folgt mir! Ich werde euch zu dem Mann führen, den ihr sucht.
Er führte sie aber nach Samaria. 20 Als sie dort angekommen waren,
betete Elischa: Herr, öffne ihnen die Augen, damit sie sehen. Der Herr
öffnete ihnen die Augen, und sie sahen, daß sie mitten in Samaria
waren.
21 Sobald nun der König von Israel sie erblickte, rief er Elischa zu: Soll
ich sie totschlagen, mein Vater? 22 Doch dieser erwiderte: Töte sie
nicht! Erschlägst du denn jene, die du mit deinem Schwert und Bogen
gefangennimmst? Setz ihnen Brot und Wasser vor, damit sie essen
und trinken und dann zu ihrem Herrn zurückkehren. 23 Der König
gab ihnen reichlich zu essen und zu trinken und entließ sie zu ihrem
Herrn. Seitdem kamen keine aramäischen Streifscharen mehr in das
Land Israel.

Die Rettung aus Hungersnot

24 Danach sammelte Ben-Hadad, der König von Aram, seine ganze
Streitmacht, zog gegen Samaria und belagerte es. 25 In der einge-
schlossenen Stadt entstand eine große Hungersnot, so daß der Kopf
eines Esels achtzig Silberschekel kostete und ein Viertelkab Milch-
sterne fünf Silberschekel. 26 Als der König von Israel einmal auf der
Mauer vorbeischritt, rief ihm eine Frau zu: Hilf mir, mein Herr und
König! 27 Er antwortete: Wenn dir der Herr nicht hilft, wie soll ich dir
helfen? Soll es etwas von der Tenne oder von der Kelter sein? 28 Dann
fragte er sie: Was fehlt dir? Sie sagte: Diese Frau hat von mir verlangt:
Gib deinen Sohn her, damit wir ihn heute aufessen. Meinen Sohn
werden wir dann morgen verzehren. 29 So haben wir meinen Sohn
gekocht und aufgegessen. Als ich aber am nächsten Tag zu ihr sagte:
Gib jetzt deinen Sohn her, damit wir ihn verzehren, hatte sie ihren
Sohn versteckt. 30 Als der König die Worte der Frau hörte, zerriß er
seine Kleider, und da er auf der Mauer entlang ging, sah das Volk, daß
er ein Bußgewand auf dem bloßen Leib trug. 31 Er rief: Gott soll mir
dies und das antun, wenn Elischa, der Sohn Schafats, bis heute abend
seinen Kopf behält.
32 Elischa hielt sich in seinem Haus auf, und die Ältesten saßen bei
ihm. Der König hatte einen Mann vor sich her gesandt; aber noch
vor der Ankunft des Boten sagte Elischa zu den Ältesten: Merkt ihr,
daß dieser Sohn eines Mörders (seinen Henker) schickt, der mir den
Kopf abschlagen soll? Gebt nun acht! Wenn der Bote kommt, ver-
schließt die Tür, und haltet ihn an der Tür zurück! Sind nicht schon
die Schritte seines Herrn hinter ihm zu hören? 33 Noch während er
mit ihnen redete, kam der König und sagte: Dieses Elend kommt
vom Herrn. Was soll ich noch vom Herrn erwarten?

7 Doch Elischa entgegnete: Hört das Wort des Herrn! So spricht
der Herr: Morgen um diese Zeit kostet am Tor von Samaria ein
Sea Feinmehl nur noch einen Schekel, und auch zwei Sea Gerste
kosten nur noch einen Schekel. 2 Doch der Adjutant, auf dessen Arm
sich der König stützte, antwortete dem Gottesmann: Selbst wenn der
Herr Schleusen am Himmel anbrächte, könnte das nicht geschehen.
Elischa erwiderte: Du wirst es mit deinen eigenen Augen sehen, aber
nicht davon essen.
3 Vor dem Eingang des Stadttors saßen vier aussätzige Männer. Sie
sagten zueinander: Warum sitzen wir hier, bis wir sterben? 4 Wollten
wir in die Stadt gehen, in der Hungersnot herrscht, dann sterben wir
in ihr. Bleiben wir draußen, dann sterben wir auch. Kommt, wir
gehen in das Lager der Aramäer hinüber! Wenn sie uns am Leben las-
sen, bleiben wir am Leben. Wenn sie uns töten, so sterben wir. 5 Sie
machten sich daher in der Abenddämmerung auf, um in das Lager
der Aramäer zu gehen. Doch als sie in den Bereich des aramäischen
Lagers kamen, war dort niemand zu sehen. 6 Der Herr hatte nämlich
das Rollen von Wagen, das Getrampel von Pferden und das Lärmen
eines großen Heeres im Lager vernehmen lassen, so daß einer zum
andern sagte: Der König von Israel hat die Könige der Hetiter und die
Könige von Ägypten gegen uns angeworben, um uns überfallen zu
lassen. 7 Sie waren daher in der Dämmerung aufgebrochen und geflo-
hen. Dabei hatten sie ihre Zelte, Pferde und Esel und das ganze Lager,
so wie es war, zurückgelassen, um durch die Flucht ihr Leben zu
retten. 8 Als nun die Aussätzigen in den Bereich des Lagers kamen,
gingen sie in ein Zelt, aßen und tranken, nahmen Silber, Gold und
Kleider und entfernten sich, um die Beute zu verstecken. Dann kamen
sie zurück, gingen in ein anderes Zelt, machten auch hier ihre Beute
und entfernten sich wieder, um sie zu verstecken. 9 Dann aber sagten
sie zueinander: Wir handeln nicht recht. Heute ist ein Tag froher Bot-
schaft. Wenn wir schweigen und bis zum Morgengrauen warten,
trifft uns Schuld. Kommt also; wir gehen und melden es im Palast des
Königs. 10 Sie machten sich auf, riefen die Wächter der Stadt und
erzählten ihnen: Wir sind in das Lager der Aramäer gekommen. Aber
dort war niemand zu sehen und kein menschlicher Laut zu hören. Die
Pferde und Esel waren angebunden, und die Zelte standen so da, wie
sie waren. 11 Da schlugen die Wächter Lärm, und man meldete es
drinnen im Palast des Königs.
12 Noch in der Nacht stand der König auf und sagte zu seinen Leuten:
Ich will euch erklären, was die Aramäer gegen uns planen. Sie wissen,
daß wir Hunger leiden, und haben das Lager nur verlassen, um sich
auf dem freien Feld zu verstecken mit dem Hintergedanken: Wenn sie
die Stadt verlassen, nehmen wir sie lebendig gefangen und dringen in
die Stadt ein. 13 Doch einer von den Leuten schlug vor: Man nehme

doch fünf von den noch vorhandenen Pferden. Ihnen mag es ergehen
wie den vielen Israeliten, die schon zugrunde gegangen sind. Wir
wollen Männer mit den Pferden hinschicken und dann weiter sehen.
14 Man nahm also zwei Wagen mit den Pferden. Der König schickte
sie der Streitmacht der Aramäer nach und befahl ihnen: Brecht auf,
und seht nach! 15 Sie fuhren hinter ihnen her bis an den Jordan und
fanden den ganzen Weg mit Kleidern und Waffen übersät, die die
Aramäer auf ihrer überstürzten Flucht weggeworfen hatten. Als sie
zurückkamen und dem König Meldung erstatteten, 16 strömte das
Volk hinaus und plünderte das Lager der Aramäer. Jetzt kostete ein
Sea Feinmehl nur noch einen Schekel, und auch zwei Sea Gerste
kosteten nur noch einen Schekel, wie es der Herr vorausgesagt hatte.
17 Der König hatte die Aufsicht über das Tor dem Adjutanten übertra-
gen, auf dessen Arm er sich zu stützen pflegte. Ihn trat das Volk im
Stadttor nieder, und so starb er, wie es ihm der Gottesmann voraus-
gesagt hatte, als der König gekommen war, um mit ihm zu reden.
18 Als nämlich der Gottesmann zum König sagte: Morgen um diese
Zeit kosten am Tor von Samaria zwei Sea Gerste nur noch einen Sche-
kel, und ein Sea Feinmehl kostet nur noch einen Schekel, 19 hatte der
Adjutant dem Gottesmann geantwortet: Selbst wenn der Herr Schleu-
sen am Himmel anbrächte, könnte dies nicht geschehen. Und Elischa
hatte ihm erwidert: Du wirst es mit deinen Augen sehen, aber nicht
davon essen. 20 So geschah es ihm nun: Das Volk trat ihn im Tor nie-
der, so daß er starb.

Die Sorge für die Frau aus Schunem

8 Elischa sagte zu der Frau, deren Sohn er zum Leben erweckt
hatte: Mach dich auf, zieh mit deiner Familie fort, und halte
dich irgendwo in der Fremde auf; denn der Herr hat eine Hungersnot
verhängt. Schon kommt sie über das Land, und sie wird sieben Jahre
dauern. 2 Da machte sich die Frau auf den Weg und tat, was ihr der
Gottesmann geraten hatte. Sie zog mit ihren Angehörigen fort und
hielt sich sieben Jahre im Land der Philister auf. 3 Nach Ablauf von
sieben Jahren kehrte sie aus dem Land der Philister zurück und ging
zum König, um wegen ihres Hauses und ihrer Felder seine Hilfe zu
erbitten.
4 Der König war gerade im Gespräch mit Gehasi, dem Diener des
Gottesmannes, und hatte ihn aufgefordert: Erzähl mir alles Große,
das Elischa vollbracht hat. 5 Während dieser dem König erzählte, wie
Elischa den Toten zum Leben erweckt hatte, kam die Frau, deren
Sohn er zum Leben erweckt hatte, um wegen ihres Hauses und ihrer
Felder die Hilfe des Königs zu erbitten. Da sagte Gehasi: Das, mein
Herr und König, ist die Frau, und das ist ihr Sohn, den Elischa zum
Leben erweckt hat. 6 Nun fragte der König die Frau selbst, und sie
erzählte ihm alles. Darauf gab ihr der König einen Beamten mit und
trug ihm auf: Verschaff ihr alles wieder, was ihr gehört, auch den
ganzen Ertrag ihrer Felder von dem Tag an, da sie das Land verlassen
hat, bis heute.

Elischa in Damaskus

7 Elischa kam nach Damaskus, wo Ben-Hadad, der König von Damas-
kus, krank daniederlag. Man meldete ihm, daß der Gottesmann
gekommen sei. 8 Darauf befahl der König dem Hasaël: Nimm ein
Geschenk, geh dem Gottesmann entgegen und befrag durch ihn
Jahwe, ob ich von dieser Krankheit wieder genesen werde. 9 Hasaël
ging Elischa entgegen; als Geschenk nahm er allerlei Kostbarkeiten
von Damaskus mit, so viel, wie vierzig Kamele tragen konnten. Er
kam zu Elischa, trat vor ihn hin und sagte: Dein Sohn Ben-Hadad, der
König von Aram, hat mich zu dir gesandt und läßt fragen: Werde ich
von dieser Krankheit wieder genesen? 10 Elischa antwortete ihm: Geh
und sag ihm: Du wirst genesen. – Doch der Herr hat mir gezeigt, daß
er sterben muß. 11 Hasaël verzog keine Miene und blickte ihn scharf
an. Der Gottesmann aber weinte. 12 Als Hasaël dann fragte: Warum
weint mein Herr?, gab er zur Antwort: Weil ich weiß, wieviel Leid du
den Israeliten bringen wirst. Du wirst ihre Festungen in Brand
stecken, ihre jungen Männer mit dem Schwert töten, ihre Kinder
zerschmettern, ihren schwangeren Frauen den Leib aufschlitzen.
13 Hasaël entgegnete: Was ist denn dein Knecht, dieser Hund, daß er
so gewaltige Dinge tun könnte? Elischa antwortete: Der Herr hat dich
mir als König von Aram gezeigt. 14 Hasaël verließ Elischa und kehrte
zu seinem Herrn zurück. Dieser fragte ihn: Was hat Elischa zu dir
gesagt? Und er gab zur Antwort: Er hat zu mir gesagt, daß du genesen
wirst. 15 Am folgenden Tag aber nahm er eine Decke, tauchte sie ins
Wasser und legte sie ihm über das Gesicht, so daß er starb. Hasaël
wurde König an seiner Stelle.

Joram von Juda

16 Im fünften Jahr Jorams, des Sohnes Ahabs, des Königs von Israel,
während Joschafat noch König von Juda war, wurde Joram, der Sohn
Joschafats, König von Juda. 17 Er war zweiunddreißig Jahre alt, als er
König wurde, und regierte acht Jahre in Jerusalem. 18 Er folgte den
Wegen der Könige von Israel, wie es das Haus Ahab getan hatte; denn
er hatte eine Tochter Ahabs zur Frau, und er tat, was dem Herrn miß-
fiel. 19 Doch der Herr wollte Juda nicht verderben wegen seines
Knechtes David, dem er versprochen hatte, er werde ihm für immer
eine Leuchte vor seinen Augen geben.
20 In den Tagen Jorams fiel Edom von Juda ab und setzte einen eige-
nen König ein. 21 Joram zog daher mit all seinen Kriegswagen nach
Zaïr. Während der Nacht griff er an und schlug die Edomiter, die ihn
und die Obersten der Kriegswagen umzingelt hatten; seine Leute aber
waren in die Zelte geflohen. 22 Doch Edom fiel von Juda ab und ist
abtrünnig bis zum heutigen Tag. Damals, zur gleichen Zeit, fiel auch
Libna ab.
23 Die übrige Geschichte Jorams und alle seine Taten sind aufgezeich-
net in der Chronik der Könige von Juda. 24 Joram entschlief zu seinen
Vätern und wurde bei seinen Vätern in der Davidstadt begraben. Sein
Sohn Ahasja wurde König an seiner Stelle.

Ahasja von Juda

25 Im zwölften Jahr Jorams, des Sohnes Ahabs, des Königs von Israel,
wurde Ahasja, der Sohn Jorams, König von Juda. 26 Er war zweiund-
zwanzig Jahre alt, als er König wurde, und regierte ein Jahr in Jerusa-
lem. Seine Mutter hieß Atalja; sie war eine Enkelin Omris, des Königs
von Israel. 27 Er folgte den Wegen des Hauses Ahab und tat, was dem
Herrn mißfiel, wie das Haus Ahab; denn er war mit dem Haus Ahab
verschwägert. 28 Er zog auch mit Joram, dem Sohn Ahabs, gegen
Hasaël, den König von Aram, nach Ramot-Gilead in den Krieg. Dabei
verwundeten die Aramäer Joram. 29 König Joram mußte heimkehren,
um in Jesreel von den Wunden Heilung zu suchen, die ihm die
Aramäer geschlagen hatten, als er in Ramot gegen ihren König
Hasaël kämpfte. Ahasja, der Sohn Jorams, der König von Juda, kam
hinab, um Joram, den Sohn Ahabs, in Jesreel zu besuchen, als er
krank daniederlag.

Der Aufstand Jehus

9 Der Prophet Elischa rief einen von den Prophetenjüngern und
trug ihm auf: Gürte dich, nimm diesen Ölkrug, und geh nach
Ramot-Gilead! 2 Wenn du dorthin kommst, such Jehu, den Sohn
Joschafats, des Sohnes Nimschis! Geh zu ihm, ruf ihn aus dem Kreis
seiner Brüder, und begib dich mit ihm in das innerste Gemach!
3 Dann nimm den Ölkrug, gieß ihn über seinem Haupt aus und sag:
So spricht der Herr: Ich salbe dich zum König über Israel. Dann öffne
die Tür, und eile unverzüglich fort! 4 Der Prophetenjünger ging nach
Ramot-Gilead. 5 Als er hinkam, saßen die Obersten des Heeres
gerade beisammen. Er sagte: Ich habe einen Auftrag an dich, Oberst.
Jehu fragte: An wen von uns? Der junge Mann antwortete: An dich,
Oberst. 6 Da stand Jehu auf und ging in das Haus. Der Prophetenjün-
ger goß ihm das Öl über das Haupt mit den Worten: So spricht der
Herr, der Gott Israels: Ich salbe dich zum König über das Volk des
Herrn, über Israel. 7 Du wirst dem Haus Ahabs, deines Herrn,

schwere Schläge versetzen, und ich werde Rache nehmen für das Blut
meiner Knechte, der Propheten, und für das Blut aller Diener des
Herrn, das Isebel vergossen hat. 8 Das ganze Haus Ahab wird
zugrunde gehen. Ich werde vom Haus Ahab alles, was männlich ist,
bis zum letzten Mann in Israel ausrotten 9 und es dem Haus Ahab
ergehen lassen wie dem Haus Jerobeams, des Sohnes Nebats, und
dem Haus Baschas, des Sohnes Ahijas. 10 Isebel werden auf der Flur
von Jesreel die Hunde fressen, und niemand wird sie begraben. Dann
öffnete er die Tür und eilte davon.
11 Als Jehu zu den Leuten seines Herrn herauskam, fragten sie ihn:
Steht es gut? Warum ist denn dieser Verrückte zu dir gekommen? Er
antwortete: Ihr kennt doch den Mann und sein Gerede. 12 Doch sie
sagten: Das sind Ausflüchte. Teil uns nur alles mit! Da gab er zu: So
und so hat er zu mir gesagt: So spricht der Herr: Ich salbe dich zum
König über Israel. 13 Sogleich nahmen alle ihre Kleider, legten sie ihm
zu Füßen auf die bloßen Stufen, stießen in das Horn und riefen: Jehu
ist König. 14 So verschwor sich Jehu, der Sohn Joschafats, des Sohnes
Nimschis, gegen Joram. – Joram hatte mit ganz Israel vor Ramot-
Gilead im Abwehrkampf gegen Hasaël, den König von Aram, gestan-
den. 15 Er war dann heimgekehrt, um in Jesreel Heilung von den
Wunden zu suchen, die ihm die Aramäer geschlagen hatten, als er
gegen ihren König Hasaël kämpfte.

Das Ende der beiden Könige

Jehu sagte nun: Wenn ihr einverstanden seid, lassen wir keinen aus
der Stadt entkommen, der nach Jesreel gehen und dort Meldung
machen könnte. 16 Dann bestieg er seinen Wagen, um selbst nach Jes-
reel zu fahren; denn dort lag Joram danieder. Auch Ahasja, der König
von Juda, war dorthin gekommen, um Joram zu besuchen. 17 Der
Wächter, der in Jesreel auf dem Turm stand, sah die Schar Jehus heran-
kommen und meldete: Ich sehe eine Schar. Da befahl Joram: Hol
einen Reiter, und schick ihn der Schar entgegen! Er soll fragen, ob er
in friedlicher Absicht kommt. 18 Als der Reiter sie erreichte, sagte er:
Der König läßt fragen, ob ihr in friedlicher Absicht kommt. Doch
Jehu antwortete: Was geht es dich an, ob wir in friedlicher Absicht
kommen? Reih dich hinter mir ein! Der Wächter meldete: Der Bote
hat sie erreicht, kehrt aber nicht mehr zurück. 19 Nun schickte der
König einen zweiten Reiter. Dieser kam zu ihnen und sagte: Der
König läßt fragen, ob ihr in friedlicher Absicht kommt. Doch Jehu
antwortete: Was geht es dich an, ob wir in friedlicher Absicht kom-
men? Reih dich hinter mir ein! 20 Der Wächter meldete wieder: Er hat
sie erreicht, kehrt aber nicht mehr zurück. Die Art, wie ihr Anführer
fährt, ist die Art Jehus, des Enkels Nimschis; denn er fährt wie ein
Rasender. 21 Da ließ Joram selbst anspannen. Man machte seinen
Wagen bereit, und Joram, der König von Israel, und Ahasja, der König
von Juda, fuhren, jeder auf seinem Wagen, Jehu entgegen. Sie trafen
ihn beim Acker Nabots aus Jesreel. 22 Als Joram Jehu sah, fragte er:
Kommst du in friedlicher Absicht, Jehu? Doch dieser erwiderte: Wie
sollte ich in friedlicher Absicht kommen, solange die Unzucht deiner
Mutter Isebel und ihre vielen Zaubereien andauern? 23 Da lenkte
Joram um und wollte fliehen, während er Ahasja zurief: Verrat,
Ahasja! 24 Doch Jehu ergriff den Bogen und traf Joram zwischen die
Schultern, so daß der Pfeil sein Herz durchbohrte und er in seinem
Wagen niedersank. 25 Dann befahl Jehu seinem Adjutanten Bidkar:
Nimm ihn, und wirf ihn auf den Acker Nabots aus Jesreel. Denk
daran: Ich und du fuhren auf unseren Gespannen hinter seinem Vater
Ahab her, als der Herr dieses Wort über ihn verkünden ließ: 26 Für-
wahr, ich habe gestern das Blut Nabots und seiner Söhne gesehen –
Spruch des Herrn. Ich werde an dir auf diesem Acker Vergeltung üben
– Spruch des Herrn. Nimm ihn also, und wirf ihn auf den Acker, wie
es der Herr gesagt hat.
27 Als Ahasja, der König von Juda, dies sah, floh er in Richtung Bet-
Gan. Doch Jehu verfolgte ihn und rief: Schlagt auch diesen nieder!
Man schlug ihn beim Anstieg nach Gur, das bei Jibleam liegt, im
Wagen nieder. Er kam noch bis Megiddo, wo er starb. 28 Seine Diener
brachten ihn nach Jerusalem und begruben ihn bei seinen Vätern in
seinem Grab in der Davidstadt. 29 Im elften Jahr Jorams, des Sohnes
Ahabs, war Ahasja König von Juda geworden.

Das Ende Isebels

30 Als Jehu nach Jesreel kam und Isebel dies erfuhr, legte sie Schminke
auf ihre Augen, schmückte ihr Haupt und schaute durch das Fenster
hinab. 31 Während dann Jehu an das Tor trat, rief sie ihm zu: Geht es
Simri, dem Mörder seines Herrn, gut? 32 Jehu schaute zum Fenster
empor und fragte: Ist jemand da, der zu mir hält? Zwei oder drei
Hofleute sahen zu ihm herab, 33 und er befahl ihnen: Werft sie herun-
ter! Sie warfen sie herunter, und Isebels Blut bespritzte die Wand und
die Pferde, die sie zertraten.
34 Dann ging Jehu hinein, um zu essen und zu trinken. Schließlich
befahl er: Seht nach dieser Verfluchten, und begrabt sie; denn sie ist
eine Königstochter. 35 Doch als sie hinkamen, um sie zu begraben,
fanden sie von ihr nur noch den Schädel, die Füße und die Hände.
36 Und sie kamen zurück, um es ihm zu melden. Er aber sagte: Das ist
das Wort, das der Herr durch seinen Knecht Elija aus Tischbe verkün-
det hat: Auf der Flur von Jesreel werden die Hunde das Fleisch Isebels
fressen. 37 Die Leiche Isebels soll wie Mist auf dem Feld in der Flur
Jesreels liegen, so daß man nicht mehr sagen kann: Das ist Isebel.

Der Untergang des Hauses Ahab

10 Ahab hatte siebzig Söhne in Samaria. Jehu sandte nun
Briefe nach Samaria an die Fürsten der Stadt, an die Älte-
sten und die Erzieher der Söhne Ahabs. Darin schrieb er: 2 Wenn
jetzt dieses Schreiben zu euch kommt, bedenkt: Bei euch sind die
Söhne eures Herrn. Ihr habt die Wagen und die Pferde, eine befe-
stigte Stadt und die Waffen. 3 Seht euch nach dem besten und tüch-
tigsten unter den Söhnen eures Herrn um, setzt ihn auf den Thron
seines Vaters, und kämpft für das Haus eures Herrn! 4 Doch sie
bekamen große Angst und sagten: Die beiden Könige konnten ihm
nicht standhalten. Wie sollten wir es können? 5 Daher ließen der
Palastvorsteher, der Stadtoberste, die Ältesten und die Erzieher dem
Jehu melden: Wir sind deine Knechte und wollen alles tun, was du
uns befiehlst; wir werden keinen König aufstellen. Tu, was du für
richtig hältst.
6 Darauf schrieb er einen zweiten Brief an sie mit folgendem Inhalt:
Wenn ihr auf meiner Seite steht und meinen Befehlen gehorchen
wollt, dann nehmt die Köpfe der Söhne eures Herrn, und kommt
morgen um diese Zeit zu mir nach Jesreel! Die siebzig Söhne des
Königs waren bei den Großen der Stadt, die sie erzogen. 7 Sobald der
Brief angekommen war, ergriff man die Söhne des Königs, machte
alle siebzig nieder, legte ihre Köpfe in Körbe und schickte sie zu Jehu
nach Jesreel. 8 Als der Bote mit der Meldung eintraf, daß man die
Köpfe der Königssöhne gebracht habe, befahl Jehu: Schichtet sie bis
zum Morgen in zwei Haufen vor dem Tor auf! 9 Am nächsten Morgen
ging er hinaus, trat vor das Volk und sagte: Ihr seid ohne Schuld. Ich
bin es, der die Verschwörung gegen meinen Herrn angezettelt und
ihn getötet hat. Doch wer hat diese alle erschlagen? 10 Erkennt also,
daß keine der Drohungen unerfüllt bleibt, die der Herr gegen das
Haus Ahab ausgesprochen hat. Der Herr hat das getan, was er durch
seinen Knecht Elija verkündet hat. 11 Hierauf ließ Jehu alle vom Haus
Ahab erschlagen, die noch in Jesreel übriggeblieben waren, alle
Großen und Vertrauten Ahabs, auch alle seine Priester; keinen von
ihnen ließ er entkommen.
12 Dann brach er auf, um nach Samaria zu ziehen. Als er unterwegs
bei Bet-Eked-Roïm war, 13 traf er die Brüder Ahasjas, des Königs von
Juda. Er fragte sie: Wer seid ihr? Sie antworteten: Wir sind die Brüder
Ahasjas und sind gekommen, um die Söhne des Königs und die
Söhne der Herrin zu begrüßen. 14 Da befahl er: Ergreift sie lebendig!
Man ergriff sie lebendig und machte sie am Brunnen von Bet-Eked
nieder. Es waren zweiundvierzig Mann; keinen von ihnen ließ er am
Leben.

15 Von da zog er weiter und traf Jonadab, den Sohn Rechabs, der ihm
entgegenkam. Er grüßte ihn und fragte: Ist dein Herz aufrichtig
gegen mich wie mein Herz gegen dich? Jonadab antwortete: So ist es.
(Da sagte Jehu:) Wenn es so ist, dann reich mir deine Hand! Da
reichte er ihm die Hand, und Jehu nahm ihn zu sich auf den Wagen
16 und sagte: Komm mit mir, und sieh meinen Eifer für den Herrn! So
ließ er ihn bei sich im Wagen fahren. 17 Als er nach Samaria kam, ließ
er alle erschlagen, die vom Haus Ahab dort noch übriggeblieben
waren. Sie wurden ausgerottet, wie es der Herr zu Elija gesagt hatte.

Die Beseitigung der Baalspriester

18 Jehu versammelte das ganze Volk und trug ihm vor: Ahab hat Baal
nur wenig gedient; Jehu wird ihm eifriger dienen. 19 Ruft jetzt alle
Propheten Baals, alle seine Diener und Priester zu mir! Keiner darf
fernbleiben; denn ich will ein großes Schlachtopfer für Baal darbrin-
gen. Wer nicht erscheint, soll sein Leben verlieren. Jehu tat dies aus
Hinterlist, weil er die Baalsdiener vernichten wollte. 20 Darauf befahl
Jehu: Bereitet eine Festversammlung zur Ehre Baals vor! Und um sie
einzuberufen, 21 sandte Jehu Boten durch ganz Israel. Alle Baalsdie-
ner kamen; es gab keinen, der fernblieb. Sie betraten den Baalstem-
pel, der sich von einem Ende zum andern füllte. 22 Nun befahl Jehu
dem Verwalter der Kleiderkammer, jedem Baalsdiener ein Kleid zu
reichen. Nachdem dieser die Gewänder überreicht hatte, 23 betrat
Jehu mit Jonadab, dem Sohn Rechabs, den Baalstempel und forderte
die Baalsdiener auf: Vergewissert euch, daß nur Baalsdiener hier sind
und daß kein Diener Jahwes sich unter euch befindet. 24 Darauf
begannen sie, Schlacht- und Brandopfer darzubringen.
Jehu hatte aber draußen achtzig Mann aufgestellt und ihnen gesagt:
Wer einen von den Männern, die ich in eure Hand gebe, entkommen
läßt, wird mit seinem Leben dafür büßen. 25 Nach Beendigung des
Brandopfers befahl er den Läufern und ihren Hauptleuten: Kommt
her, und macht sie nieder! Keiner darf entrinnen. Die Läufer und ihre
Hauptleute erschlugen sie mit scharfem Schwert und warfen die
Leichen hinaus. Dann machten sie sich über den Tempel des Baal her,
26 schafften das Steinmal des Baalstempels weg und verbrannten es.
27 Sie zerschlugen das Steinmal des Baal, rissen den Baalstempel nie-
der und machten ihn zu einer Stätte des Unrats; das blieb er bis zum
heutigen Tag. 28 So beseitigte Jehu den Baal aus Israel. 29 Doch von
den Sünden, zu denen Jerobeam, der Sohn Nebats, Israel verführt
hatte, den goldenen Kälbern in Bet-El und Dan, ließ Jehu nicht ab.

Verschiedene Angaben über Jehu

30 Der Herr sprach zu Jehu: Weil du mein Vorhaben genau vollstreckt
und am Haus Ahab alles ausgeführt hast, was ich ihm zugedacht
hatte, sollen Nachkommen von dir bis in das vierte Geschlecht auf
dem Thron Israels sitzen. 31 Doch Jehu war nicht darauf bedacht, mit
ganzem Herzen das Gesetz des Herrn, des Gottes Israels, zu befol-
gen. Er ließ nicht von den Sünden ab, zu denen Jerobeam die Israeli-
ten verführt hatte.
32 In jenen Tagen begann der Herr, Israel zu verkleinern. Hasaël
schlug sie in allen Gebieten Israels 33 östlich des Jordan: Er verwü-
stete das ganze Land Gilead, das Gebiet der Stämme Gad, Ruben und
Manasse bis nach Aroër am Arnon, Gilead und den Baschan.
34 Die übrige Geschichte Jehus, alle seine Taten und Erfolge, sind auf-
gezeichnet in der Chronik der Könige von Israel. 35 Jehu entschlief zu
seinen Vätern; man begrub ihn in Samaria. Sein Sohn Joahas wurde
König an seiner Stelle. 36 Die Zeit, die Jehu in Samaria König von
Israel war, betrug achtundzwanzig Jahre.

Atalja

11 Als Atalja, die Mutter Ahasjas, sah, daß ihr Sohn tot war,
ging sie daran, die ganze Nachkommenschaft der königli-
chen Familie auszurotten. 2 Doch Joscheba, die Tochter des Königs
Joram und Schwester Ahasjas, nahm Joasch, den Sohn Ahasjas, aus
dem Kreis der Königssöhne, die ermordet werden sollten, weg und
brachte ihn heimlich mit seiner Amme in die Bettenkammer. Dort
versteckte sie ihn vor Atalja, so daß er nicht getötet wurde. 3 Er blieb
sechs Jahre bei ihr im Haus des Herrn verborgen, während Atalja das
Land regierte.
4 Im siebten Jahr bestellte der Priester Jojada die Hundertschaftsfüh-
rer der Karer und Läufer zu sich. Er führte sie in das Haus des Herrn,
schloß mit ihnen ein Abkommen, ließ sie im Haus des Herrn
schwören und zeigte ihnen den Sohn des Königs. 5 Dann ordnete er
an: Das ist es, was ihr tun sollt: Ein Drittel von der Wache, die am
Sabbat aufzieht, soll den Königspalast bewachen, 6 ein Drittel soll
am Tor Sur und ein Drittel am Tor hinter den Läufern stehen. Auf
diese Weise sollt ihr abwechselnd die Bewachung des Tempels über-
nehmen. 7 Die zwei Abteilungen aber, die am Sabbat abziehen, sol-
len im Haus des Herrn beim König als Wache stehen. 8 Schart euch
mit der Waffe in der Hand um den König! Wer in die Reihen einzu-
dringen versucht, soll getötet werden. Seid beim König, wenn er aus-
zieht und wenn er einzieht. 9 Die Führer der Hundertschaften befolg-
ten alle Weisungen des Priesters Jojada. Jeder holte seine Leute,
sowohl jene, die am Sabbat aufzogen, als auch jene, die am Sabbat
abzogen. Sie kamen zum Priester Jojada, 10 und dieser gab den
Anführern der Hundertschaften die Lanzen und Schilde, die dem
König David gehört hatten und sich jetzt im Haus des Herrn befan-
den. 11 Die Läufer stellten sich mit der Waffe in der Hand von der
Südseite des Tempels bis zur Nordseite vor dem Altar und dem Tem-
pel rings um den König auf. 12 Dann führte Jojada den Königssohn
heraus und überreichte ihm den Stirnreif und das Königsgesetz. So
machten sie ihn zum König, salbten ihn, klatschten in die Hände
und riefen: Es lebe der König!
13 Als Atalja das Geschrei des Volkes hörte, kam sie zu den Leuten in
das Haus des Herrn. 14 Da sah sie den König am gewohnten Platz bei
der Säule stehen; die Obersten und die Trompeter waren bei ihm,
und alle Bürger des Landes waren voller Freude und bliesen die
Trompeten. Atalja zerriß ihre Kleider und schrie: Verrat, Verrat!
15 Doch der Priester Jojada befahl den Hundertschaftsführern, die das
Kommando über die Truppen hatten: Führt sie durch die Reihen hin-
aus, und schlagt jeden mit dem Schwert nieder, der ihr folgen will;
denn – so sagte der Priester – sie soll nicht im Haus des Herrn getötet
werden. 16 Da legte man Hand an sie, und als sie an den Weg kam, auf
dem man die Pferde zum Palast des Königs führt, wurde sie dort
getötet.
17 Jojada schloß nun den Bund des Herrn mit König und Volk. Sie
versprachen, daß sie das Volk des Herrn sein wollten. Auch König
und Volk ließ er einen Bund schließen. 18 Darauf zogen alle Bürger
des Landes zum Baalstempel und rissen ihn nieder. Sie zertrümmer-
ten seine Altäre und Bilder vollständig und erschlugen den Baals-
priester Mattan vor den Altären. Auch stellte Jojada Posten vor das
Haus des Herrn 19 und rief die Hundertschaftsführer, die Karer und
Läufer sowie alle Bürger des Landes herbei. Sie führten den König
aus dem Haus des Herrn durch das Tor der Läufer hinab in den
königlichen Palast. Dort setzte er sich auf den Thron der Könige.
20 Alle Bürger des Landes waren voll Freude, und die Stadt blieb
ruhig. Atalja aber hatte man vor dem Palast des Königs mit dem
Schwert umgebracht.

Joasch von Juda

12 Joasch war sieben Jahre alt, als er König wurde. 2 Im siebten
Jahr Jehus wurde er König, und vierzig Jahre regierte er in
Jerusalem. Seine Mutter hieß Zibja und stammte aus Beerscheba. 3 Er
tat, was dem Herrn gefiel, solange der Priester Jojada ihn unterwies.
4 Nur die Kulthöhen verschwanden nicht. Das Volk brachte noch
Schlacht- und Rauchopfer auf ihnen dar.
5 Joasch gab den Priestern die Weisung: Alles Geld, das als Weihegabe
in das Haus des Herrn gebracht wird, ferner das Geld, das jemandem
durch Schätzung auferlegt wird oder das er nach der Schätzung für
andere zu entrichten hat, endlich das Geld, das jemand freiwillig in

das Haus des Herrn bringt, 6 das alles sollen die Priester an sich neh-
men, jeder von seinen Bekannten. Sie sollen damit die Schäden aus-
bessern, die man am Tempel feststellt. 7 Als aber die Priester im drei-
undzwanzigsten Jahr des Königs Joasch die Schäden des Hauses
noch nicht beseitigt hatten, 8 ließ König Joasch den Priester Jojada
und die übrigen Priester kommen und hielt ihnen vor: Warum bessert
ihr die Schäden am Tempel nicht aus? Von jetzt an dürft ihr das Geld,
das von euren Bekannten kommt, nicht mehr an euch nehmen, son-
dern müßt es unverzüglich zur Ausbesserung der Schäden des Hau-
ses abliefern. 9 Die Priester waren damit einverstanden, daß sie vom
Volk kein Geld mehr annehmen durften, aber auch für die Schäden
des Hauses nicht mehr aufkommen mußten.
10 Der Priester Jojada nahm nun einen Kasten, bohrte ein Loch in sei-
nen Deckel und stellte ihn neben dem Altar rechts vom Eingang zum
Tempel des Herrn auf. Dahinein legten die Priester, die an der Schwelle
Wache hielten, alles Geld, das in den Tempel des Herrn gebracht
wurde. 11 Wenn sie dann sahen, daß viel Geld im Kasten war, kam der
Schreiber des Königs mit dem Hohenpriester. Sie leerten den Kasten,
zählten das Geld, das sich im Haus des Herrn befand, 12 und überga-
ben es abgewogen den Werkmeistern, die die Arbeiten im Haus des
Herrn beaufsichtigten. Diese verwendeten es für die Zimmerleute und
Bauarbeiter, die im Haus des Herrn beschäftigt waren, 13 für die Mau-
rer und Steinmetzen, ebenso zum Ankauf von Holz und Bruchsteinen,
die man zur Beseitigung der Schäden am Haus des Herrn benötigte,
und zur Bestreitung aller Unkosten, die bei der Ausbesserung des
Hauses entstanden. 14 Man ließ jedoch von dem Geld, das in den Tem-
pel kam, keine silbernen Becken, Lichtscheren, Schalen, Trompeten,
auch keinerlei Gold- und Silbergeräte für das Haus des Herrn anferti-
gen, 15 sondern gab alles den Werkmeistern, die damit das Haus des
Herrn instandsetzten. 16 Man rechnete mit den Männern, denen man
das Geld zur Ausbezahlung an die Arbeiter übergab, nicht ab; denn sie
waren zuverlässige Leute. 17 Geld für Schuld- und Sündopfer dagegen
wurde nicht an den Tempel abgeführt, sondern gehörte den Priestern.
18 Damals zog Hasaël, der König von Aram, herauf, griff Gat an und
eroberte es. Als er sich anschickte, auch gegen Jerusalem zu ziehen,
19 nahm Joasch, der König von Juda, alle Weihegaben, die Joschafat,
Joram und Ahasja, seine Vorgänger, die Könige von Juda, gespendet
hatten, dazu seine eigenen Weihegaben und alles Gold, das in den
Schatzkammern des Tempels und des königlichen Palastes war, und
sandte alles an Hasaël, den König von Aram, der daraufhin von Jeru-
salem abzog.
20 Die übrige Geschichte des Joasch und alle seine Taten sind aufge-
zeichnet in der Chronik der Könige von Juda. 21 Seine Diener erhoben
sich gegen ihn; sie zettelten eine Verschwörung an und erschlugen
ihn im Haus am Millo beim Abstieg nach Silla. 22 Sabad, der Sohn
Schimats, und Josabad, der Sohn Schomers, seine Diener, waren es,
die ihn erschlugen. So starb er, und man begrub ihn bei seinen Vätern
in der Davidstadt. Sein Sohn Amazja wurde König an seiner Stelle.

Joahas von Israel

13 Im dreiundzwanzigsten Jahr des Joasch, des Sohnes Ahas-
jas, des Königs von Juda, wurde Joahas, der Sohn Jehus,
König von Israel. Er regierte siebzehn Jahre in Samaria 2 und tat, was
dem Herrn mißfiel; er hielt an der Sünde fest, zu der Jerobeam, der
Sohn Nebats, Israel verführt hatte, und ließ nicht von ihr ab. 3 Deswe-
gen entbrannte der Zorn des Herrn gegen Israel. Er gab sie in die
Gewalt Hasaëls, des Königs von Aram, und seines Sohnes Ben-
Hadad, die ganze Zeit hindurch.
4 Als aber Joahas den Herrn besänftigte, erhörte ihn der Herr; denn er
sah die Bedrängnis, die der König von Aram über Israel brachte. 5 Er
gab Israel einen Helfer, so daß es sich aus der Gewalt Arams befreien
konnte und die Israeliten wieder in ihren Zelten wohnten wie früher.
6 Doch ließen sie nicht von der Sünde ab, zu der das Haus Jerobeam
Israel verführt hatte, sondern hielten an ihr fest. Auch der Kultpfahl
blieb in Samaria stehen.
7 Der Herr ließ vom Heer des Joahas nur fünfzig Wagenkämpfer, zehn
Wagen und zehntausend Mann Fußtruppen übrig. Alles andere hatte
der König von Aram vernichtet und dem Staub gleichgemacht, auf
den man tritt.
8 Die übrige Geschichte des Joahas, alle seine Taten und Erfolge, sind
aufgezeichnet in der Chronik der Könige von Israel. 9 Er entschlief zu
seinen Vätern; man begrub ihn in Samaria. Sein Sohn Joasch wurde
König an seiner Stelle.

Joasch von Israel

10 Im siebenunddreißigsten Jahr des Königs Joasch von Juda wurde
Joasch, der Sohn des Joahas, König von Israel. Er regierte sechzehn
Jahre in Samaria 11 und tat, was dem Herrn mißfiel; er ließ nicht von
der Sünde ab, zu der Jerobeam, der Sohn Nebats, Israel verführt hatte.
12 Die übrige Geschichte des Joasch, alle seine Taten und Erfolge, wie
er mit Amazja, dem König von Juda, Krieg führte, all das ist aufge-
zeichnet in der Chronik der Könige von Israel. 13 Joasch entschlief zu
seinen Vätern, und Jerobeam bestieg seinen Thron. Joasch wurde in
Samaria bei den Königen von Israel begraben.

Die Krankheit und der Tod Elischas

14 Als Elischa von der Krankheit befallen wurde, an der er sterben
sollte, ging Joasch, der König von Israel, zu ihm hinab. Er weinte vor
ihm und rief: Mein Vater, mein Vater! Wagen Israels und sein Lenker!
15 Doch Elischa befahl ihm: Hol einen Bogen und Pfeile! Er holte sie
herbei. 16 Dann sagte Elischa zum König von Israel: Leg deine Hand
auf den Bogen! Da legte er die Hand auf den Bogen, Elischa aber legte
seine Hände auf die Hände des Königs. 17 Hierauf sagte er: Öffne das
Fenster nach Osten! Der König öffnete es, und Elischa forderte ihn
auf zu schießen. Als er abschoß, rief Elischa: Ein Siegespfeil vom
Herrn, ein Siegespfeil gegen Aram. Du wirst Aram bei Afek vernich-
tend schlagen. 18 Weiter sagte er: Nimm die Pfeile! Als der König von
Israel sie genommen hatte, befahl ihm Elischa, auf den Boden zu
schlagen. Der König tat drei Schläge und hielt dann inne. 19 Da wurde
der Gottesmann unwillig über ihn und sagte: Du hättest fünf- oder
sechsmal schlagen sollen; dann hättest du die Aramäer vernichtend
geschlagen. Jetzt aber wirst du sie nur dreimal schlagen.
20 Elischa starb, und man begrub ihn. In jenem Jahr fielen moabiti-
sche Räuberscharen in das Land ein. 21 Als man einmal einen Toten
begrub und eine dieser Scharen erblickte, warf man den Toten in das
Grab Elischas und floh. Sobald aber der Tote die Gebeine Elischas
berührte, wurde er wieder lebendig und richtete sich auf.

Die Erfolge gegen Aram

22 Hasaël, der König von Aram, bedrängte Israel, solange Joahas
lebte. 23 Doch der Herr war seinem Volk gnädig und hatte Erbarmen
mit ihm. Wegen seines Bundes mit Abraham, Isaak und Jakob wandte
er sich ihm wieder zu. Er wollte es nicht verderben und hatte es bis
dahin nicht von seinem Angesicht verstoßen. 24 Als daher Hasaël, der
König von Aram, starb und sein Sohn Ben-Hadad an seiner Stelle
König wurde, 25 konnte Joasch, der Sohn des Joahas, Ben-Hadad,
dem Sohn Hasaëls, die Städte wieder entreißen, die dieser seinem
Vater Joahas im Krieg weggenommen hatte. Dreimal schlug ihn
Joasch und gewann die israelitischen Städte zurück.

Amazja von Juda

14 Im zweiten Jahr des Joasch, des Sohnes des Joahas, des
Königs von Israel, wurde Amazja, der Sohn des Joasch,
König von Juda. 2 Er war fünfundzwanzig Jahre alt, als er König
wurde, und regierte neunundzwanzig Jahre in Jerusalem. Seine Mut-
ter hieß Joaddan und stammte aus Jerusalem. 3 Er tat, was dem Herrn
gefiel, wenn auch nicht in der Weise seines Ahnherrn David; sein Ver-
halten glich dem seines Vaters Joasch. 4 Die Kulthöhen verschwanden
nicht; das Volk brachte noch Schlacht- und Rauchopfer auf ihnen dar.
5 Sobald die Herrschaft fest in seiner Hand war, ließ er die Diener hin-

richten, die seinen Vater, den König, erschlagen hatten. 6 Die Söhne
der Mörder aber verschonte er, wie der Herr es geboten hatte und wie
es im Gesetzbuch des Mose niedergeschrieben ist: Die Väter sollen
nicht für ihre Söhne und die Söhne nicht für ihre Väter mit dem Tod
bestraft werden, sondern jeder soll nur für sein eigenes Verbrechen
sterben.
7 Er besiegte die Edomiter, zehntausend Mann, im Salztal, nahm Sela
im Kampf und nannte es Jokteel, wie es bis heute genannt wird.
8 Damals sandte Amazja Boten an Joasch, den Sohn des Joahas, des
Sohnes Jehus, den König von Israel, und ließ ihm sagen: Komm, wir
wollen (im Kampf) einander gegenübertreten. 9 Doch Joasch, der
König von Israel ließ dem König Amazja von Juda sagen: Der Dorn-
strauch auf dem Libanon ließ der Zeder auf dem Libanon sagen: Gib
deine Tochter meinem Sohn zur Frau! Aber die Tiere des Libanon lie-
fen über den Dornstrauch und zertraten ihn. 10 Du hast Edom besiegt
und bist übermütig geworden. Wahre doch deinen Ruhm, und bleib
zu Hause! Wozu willst du das Unglück herausfordern und zu Fall
kommen, du und Juda mit dir? 11 Doch Amazja wollte nicht hören.
Daraufhin rückte Joasch, der König von Israel, aus. Er und Amazja,
der König von Juda, traten bei Bet-Schemesch, das zu Juda gehört,
einander gegenüber. 12 Die Judäer wurden von den Israeliten geschla-
gen und flohen zu ihren Zelten. 13 Den König Amazja von Juda, den
Sohn des Joasch, des Sohnes Ahasjas, nahm König Joasch von Israel
bei Bet-Schemesch gefangen und brachte ihn nach Jerusalem. Dort
riß er die Mauer der Stadt vom Efraimtor bis zum Ecktor auf einer
Strecke von vierhundert Ellen nieder, 14 nahm alles Gold und Silber
sowie alle Geräte, die sich im Haus des Herrn und in den Schatzkam-
mern des königlichen Palastes befanden, ließ sich Geiseln stellen und
kehrte nach Samaria zurück.
15 Die übrige Geschichte des Joasch, seine Taten und Erfolge, auch
wie er mit Amazja, dem König von Juda, Krieg führte, all das ist auf-
gezeichnet in der Chronik der Könige von Israel. 16 Joasch entschlief
zu seinen Vätern und wurde in Samaria bei den Königen von Israel
begraben. Sein Sohn Jerobeam wurde König an seiner Stelle.
17 Amazja, der Sohn des Joasch, der König von Juda, lebte nach dem
Tod des Joasch, des Sohnes des Joahas, des Königs von Israel, noch
fünfzehn Jahre. 18 Die übrige Geschichte Amazjas ist aufgezeichnet in
der Chronik der Könige von Juda. 19 Gegen ihn zettelte man in Jeru-
salem eine Verschwörung an. Er floh nach Lachisch; aber man
sandte Verfolger hinter ihm her nach Lachisch, die ihn dort erschlu-
gen. 20 Man brachte ihn auf Pferden nach Jerusalem; dort wurde er bei
seinen Vätern in der Davidstadt begraben. 21 Das ganze Volk von Juda
nahm nun Asarja, der damals sechzehn Jahre alt war, und machte ihn
zum König anstelle seines Vaters Amazja. 22 Er baute Elat aus, das er
für Juda zurückgewonnen hatte, nachdem der König zu seinen Vätern
entschlafen war.

Jerobeam II. von Israel

23 Im fünfzehnten Jahr Amazjas, des Sohnes des Joasch, des Königs
von Juda, wurde Jerobeam, der Sohn des Joasch, König von Israel. Er
regierte einundvierzig Jahre in Samaria 24 und tat, was dem Herrn
mißfiel; er ließ nicht von all den Sünden ab, zu denen Jerobeam, der
Sohn Nebats, Israel verführt hatte. 25 Er stellte die Grenzen Israels wie-
der her von Lebo-Hamat bis zum Meer der Araba, wie es der Herr, der
Gott Israels, durch seinen Knecht, den Propheten Jona, den Sohn
Amittais aus Gat-Hefer, vorhergesagt hatte. 26 Denn der Herr sah die
bittere Not Israels: daß bis zum letzten Mann alle dahinschwanden
und daß es für Israel keinen Retter gab. 27 Er hatte nicht im Sinn, den
Namen Israels unter dem Himmel auszutilgen. Darum half er ihnen
durch Jerobeam, den Sohn des Joasch.
28 Die übrige Geschichte Jerobeams, alle seine Taten und Erfolge, wie
er Krieg führte, ... all das ist aufgezeichnet in der Chronik der Könige
von Israel. 29 Jerobeam entschlief zu seinen Vätern, den Königen von
Israel, und sein Sohn Secharja wurde König an seiner Stelle.

Asarja (Usija) von Juda

15 Im siebenundzwanzigsten Jahr Jerobeams, des Königs
von Israel, wurde Asarja, der Sohn Amazjas, König von
Juda. 2 Er war sechzehn Jahre alt, als er König wurde, und regierte
zweiundfünfzig Jahre in Jerusalem. Seine Mutter hieß Jecholja und
stammte aus Jerusalem. 3 Genau wie sein Vater Amazja tat er, was
dem Herrn gefiel. 4 Nur die Kulthöhen verschwanden nicht; das
Volk brachte noch Schlacht- und Rauchopfer auf ihnen dar. 5 Doch
der Herr schlug den König mit Aussatz. Er mußte bis zu seinem Tod
in einem abgesonderten Haus wohnen, während Jotam, der Sohn
des Königs, Vorsteher des Palastes war und die Bürger des Landes
regierte.
6 Die übrige Geschichte Asarjas und alle seine Taten sind aufgezeich-
net in der Chronik der Könige von Juda. 7 Asarja entschlief zu seinen
Vätern; man begrub ihn bei seinen Vätern in der Davidstadt. Sein
Sohn Jotam wurde König an seiner Stelle.

Secharja von Israel

8 Im achtunddreißigsten Jahr des Königs Asarja von Juda wurde
Secharja, der Sohn Jerobeams, König von Israel. Er regierte sechs
Monate in Samaria. 9 Wie seine Väter tat er, was dem Herrn mißfiel.
Er ließ nicht von den Sünden ab, zu denen Jerobeam, der Sohn
Nebats, Israel verführt hatte. 10 Gegen ihn zettelte Schallum, der Sohn
des Jabesch, eine Verschwörung an; er erschlug ihn in Jibleam und
wurde König an seiner Stelle.
11 Die übrige Geschichte Secharjas ist aufgezeichnet in der Chronik
der Könige von Israel. 12 So erfüllte sich das Wort, das der Herr zu
Jehu gesprochen hatte: Nachkommen von dir sollen bis in das vierte
Geschlecht auf dem Thron Israels sitzen. So ist es geschehen.

Schallum von Israel

13 Im neununddreißigsten Jahr Usijas, des Königs von Juda, wurde
Schallum, der Sohn des Jabesch, König und regierte einen Monat in
Samaria. 14 Gegen ihn zog Menahem, der Sohn Gadis, von Tirza
heran, kam nach Samaria, erschlug Schallum, den Sohn des Jabesch,
in Samaria und wurde König an seiner Stelle.
15 Die übrige Geschichte Schallums und die Verschwörung, die er
angezettelt hat, sind aufgezeichnet in der Chronik der Könige von
Israel. 16 Damals eroberte Menahem von Tirza aus die Stadt Tifsach
und tötete alle Bewohner der Stadt und ihrer Umgebung, weil sie ihm
die Tore nicht geöffnet hatten. Er eroberte sie und ließ ihren schwan-
geren Frauen den Leib aufschlitzen.

Menahem von Israel

17 Im neununddreißigsten Jahr Asarjas, des Königs von Juda, wurde
Menahem, der Sohn Gadis, König von Israel. Er regierte zehn Jahre in
Samaria 18 und tat, was dem Herrn mißfiel; er ließ nicht von den
Sünden ab, zu denen Jerobeam, der Sohn Nebats, Israel verführt
hatte. 19 In seinen Tagen kam Pul, der König von Assur, in das Land.
Menahem gab ihm tausend Talente Silber, damit er ihm helfe, seine
Herrschaft zu festigen. 20 Um das Geld dem König von Assur ablie-
fern zu können, mußte er den wohlhabenden Männern in Israel eine
Steuer auferlegen; fünfzig Silberschekel kamen auf jeden. Daraufhin
zog der König von Assur ab und blieb nicht länger im Land.
21 Die übrige Geschichte Menahems und alle seine Taten sind auf-
gezeichnet in der Chronik der Könige von Israel. 22 Er entschlief zu
seinen Vätern, und sein Sohn Pekachja wurde König an seiner Stelle.

Pekachja von Israel

23 Im fünfzigsten Jahr Asarjas, des Königs von Juda, wurde Pekachja,
der Sohn Menahems, König von Israel. Er regierte zwei Jahre in
Samaria 24 und tat, was dem Herrn mißfiel; er ließ nicht von den Sün-
den ab, zu denen Jerobeam, der Sohn Nebats, Israel verführt hatte.
25 Gegen ihn zettelte sein Adjutant Pekach, der Sohn Remaljas, eine
Verschwörung an und erschlug ihn im Wohnturm des königlichen

Palastes in Samaria ... Er hatte fünfzig Mann aus Gilead bei sich,
tötete Pekachja und wurde König an seiner Stelle.
26 Die übrige Geschichte Pekachjas und alle seine Taten sind aufge-
zeichnet in der Chronik der Könige von Israel.

Pekach von Israel

27 Im zweiundfünfzigsten Jahr des Königs Asarja von Juda wurde
Pekach, der Sohn Remaljas, König von Israel. Er regierte zwanzig
Jahre in Samaria 28 und tat, was dem Herrn mißfiel; er ließ nicht von
den Sünden ab, zu denen Jerobeam, der Sohn Nebats, Israel verführt
hatte. 29 In den Tagen Pekachs, des Königs von Israel, zog Tiglat-Pile-
ser, der König von Assur, heran. Er eroberte Ijon, Abel-Bet-Maacha,
Janoach, Kedesch, Hazor, Gilead, Galiläa, das ganze Land Naftali,
und verschleppte ihre Bewohner nach Assur. 30 Hoschea aber, der
Sohn Elas, zettelte eine Verschwörung gegen Pekach, den Sohn
Remaljas, an. Er erschlug ihn und wurde König an seiner Stelle im
zwanzigsten Jahr Jotams, des Sohnes Usijas.
31 Die übrige Geschichte Pekachs und alle seine Taten sind aufge-
zeichnet in der Chronik der Könige von Israel.

Jotam von Juda

32 Im zweiten Jahr Pekachs, des Sohnes Remaljas, des Königs von
Israel, wurde Jotam, der Sohn Usijas, König von Juda. 33 Er war fünf-
undzwanzig Jahre alt, als er König wurde, und regierte sechzehn
Jahre in Jerusalem. Seine Mutter hieß Jeruscha und war eine Tochter
Zadoks. 34 Er tat, was dem Herrn gefiel, genau wie sein Vater Usija.
35 Nur die Kulthöhen verschwanden nicht. Das Volk brachte noch
Schlacht- und Rauchopfer auf ihnen dar. Er baute das obere Tor am
Haus des Herrn.
36 Die übrige Geschichte Jotams und seine Taten sind aufgezeichnet in
der Chronik der Könige von Juda. 37 In jenen Tagen begann der Herr,
Rezin, den König von Aram, und Pekach, den Sohn Remaljas, gegen
Juda ziehen zu lassen. 38 Jotam aber entschlief zu seinen Vätern und
wurde bei seinen Vätern in der Stadt seines Vaters David begraben.
Sein Sohn Ahas wurde König an seiner Stelle.

Ahas von Juda

16 Im siebzehnten Jahr Pekachs, des Sohnes Remaljas, wurde
Ahas, der Sohn Jotams, König von Juda. 2 Er war zwanzig
Jahre alt, als er König wurde, und regierte sechzehn Jahre in Jerusa-
lem. Er tat nicht wie sein Vater David, was dem Herrn, seinem Gott,
gefiel, 3 sondern er folgte den Wegen der Könige von Israel. Er ließ
sogar seinen Sohn durch das Feuer gehen und ahmte so die Greuel
der Völker nach, die der Herr vor den Israeliten vertrieben hatte. 4 Auf
den Kulthöhen und Hügeln und unter jedem üppigen Baum brachte
er Schlacht- und Rauchopfer dar.
5 Damals unternahmen Rezin, der König von Aram, und Pekach, der
Sohn Remaljas, der König von Israel, einen Kriegszug gegen Jerusa-
lem. Sie schlossen Ahas ein, konnten ihn aber nicht zum Kampf
zwingen. 6 Zur gleichen Zeit gewann Rezin, der König von Aram, Elat
für Edom zurück. Er vertrieb die Judäer aus Elat, und die Edomiter
kamen und blieben dort ansässig bis zum heutigen Tag.
7 Ahas aber sandte Boten an Tiglat-Pileser, den König von Assur, und
ließ ihm sagen: Ich bin dein Knecht und dein Sohn; zieh herauf, und
rette mich aus der Hand des Königs von Aram und des Königs von
Israel, die mich bedrohen. 8 Zugleich nahm Ahas das Silber und Gold,
das sich im Haus des Herrn und in den Schatzkammern des königli-
chen Palastes befand, und sandte es als Huldigungsgeschenk an den
König von Assur. 9 Dieser hörte auf ihn, zog gegen Damaskus, nahm
es ein und verschleppte seine Bewohner nach Kir; Rezin aber ließ er
hinrichten.
10 Als König Ahas zu Tiglat-Pileser, dem König von Assur, nach
Damaskus kam und den Altar in Damaskus sah, schickte er dem Prie-
ster Urija ein Abbild und eine genaue Beschreibung des Altars. 11 Dar-
aufhin baute der Priester Urija einen Altar; genau nach dem Auftrag,
den König Ahas von Damaskus aus erteilt hatte, ließ er ihn anferti-
gen, bevor der König aus Damaskus zurückkehrte. 12 Als dann Ahas
nach seiner Rückkehr aus Damaskus den Altar sah, ging er zu ihm
hin, stieg hinauf 13 und verbrannte auf ihm sein Brand- und Speiseop-
fer, goß sein Trankopfer aus und besprengte den Altar mit dem Blut
seiner Heilsopfer. 14 Den bronzenen Altar aber, der zwischen dem
neuen Altar und dem Tempel vor dem Herrn stand, ließ er von seinem
Platz vor dem Tempel wegrücken und nördlich vom neuen Altar auf-
stellen. 15 Zugleich gab er dem Priester Urija die Anweisung: Auf dem
neuen großen Altar sollst du das Brandopfer am Morgen und das
Speiseopfer am Abend, das Brandopfer des Königs und sein Spei-
seopfer sowie das Brandopfer aller Bürger des Landes, ihr Speise-
opfer und ihre Trankopfer darbringen. Auf ihn sollst du auch das Blut
aller Brand- und Schlachtopfer sprengen. Was aber mit dem bronze-
nen Altar geschehen soll, will ich noch überlegen. 16 Der Priester Urija
tat alles, was König Ahas angeordnet hatte.
17 König Ahas ließ die Leisten an den fahrbaren Gestellen abtrennen
und die Kessel aus ihnen nehmen, auch das »Meer« von den bronze-
nen Rindern, auf denen es ruhte, wegnehmen und auf das Steinpfla-
ster setzen. 18 Ferner ließ er den überdachten Sabbatgang, den man
an den Tempel angebaut hatte, und den äußeren Zugang für den
König vom Haus des Herrn entfernen. Er tat dies mit Rücksicht auf
den König von Assur.
19 Die übrige Geschichte des Ahas und seine Taten sind aufgezeichnet
in der Chronik der Könige von Juda. 20 Ahas entschlief zu seinen
Vätern und wurde bei seinen Vätern in der Davidstadt begraben. Sein
Sohn Hiskija wurde König an seiner Stelle.

Die Eroberung Samarias

17 Im zwölften Jahr des Königs Ahas von Juda wurde
Hoschea, der Sohn Elas, in Samaria König von Israel. Er
regierte neun Jahre 2 und tat, was dem Herrn mißfiel, jedoch nicht
in dem Maß wie die Könige von Israel, die vor ihm herrschten.
3 Gegen ihn zog Salmanassar, der König von Assur. Hoschea mußte
sich ihm unterwerfen und Abgaben entrichten. 4 Dann aber erfuhr
der König von Assur, daß Hoschea an einer Verschwörung beteiligt
war. Er hatte nämlich Boten nach So zum König von Ägypten
gesandt und die jährliche Abgabe an den König von Assur nicht
mehr geleistet. Daher ließ ihn dieser festnehmen und ins Gefäng-
nis werfen. 5 Der König von Assur fiel über das ganze Land her,
rückte gegen Samaria vor und belagerte es drei Jahre lang. 6 Im
neunten Jahr Hoscheas eroberte er die Stadt, verschleppte die Isra-
eliten nach Assur und siedelte sie in Halach, am Habor, einem Fluß
von Gosan, und in den Städten der Meder an.
7 Das geschah, weil die Israeliten sich gegen den Herrn, ihren Gott,
versündigten, der sie aus Ägypten, aus der Gewalt des Pharao, des
Königs von Ägypten, heraufgeführt hatte. Sie verehrten fremde Göt-
ter, 8 ahmten die Bräuche der Völker nach, die der Herr vor den Israeli-
ten vertrieben hatte, und folgten dem Beispiel, das die Könige von
Israel gaben. 9 Gegen den Herrn, ihren Gott, ersannen die Israeliten
Dinge, die nicht recht waren. Sie bauten sich Kulthöhen in allen ihren
Städten, vom Wachtturm angefangen bis zur befestigten Stadt, 10 er-
richteten Steinmale und Kultpfähle auf jedem hohen Hügel und unter
jedem üppigen Baum. 11 Auf allen Kulthöhen brachten sie Opfer dar
wie die Völker, die der Herr vor ihnen vertrieben hatte, taten böse
Dinge und erzürnten dadurch den Herrn. 12 Sie dienten den Götzen,
obwohl der Herr es ihnen verboten hatte. 13 Der Herr warnte Israel
und Juda durch alle seine Propheten, durch alle Seher: Kehrt um von
euren bösen Wegen, achtet auf meine Befehle und meine Gebote
genau nach dem Gesetz, das ich euren Vätern gegeben und euch
durch meine Knechte, die Propheten, verkündet habe. 14 Doch sie
wollten nicht hören, sondern versteiften ihre Nacken wie ihre Väter,
die nicht auf den Herrn, ihren Gott, vertrauten. 15 Sie verwarfen seine
Gebote und den Bund, den er mit ihren Vätern geschlossen hatte, und
verschmähten die Warnungen, die er an sie richtete. Sie liefen nichti-

gen Göttern nach und wurden selbst zunichte; sie ahmten die Völker
ihrer Umgebung nach, obwohl der Herr verboten hatte, ihrem Bei-
spiel zu folgen. 16 Sie übertraten alle Gebote des Herrn, ihres Gottes,
schufen sich Gußbilder, zwei Kälber, stellten einen Kultpfahl auf,
beteten das ganze Heer des Himmels an und dienten dem Baal. 17 Ihre
Söhne und Töchter ließen sie durch das Feuer gehen, trieben Wahrsa-
gerei und Zauberei und gaben sich dazu her zu tun, was dem Herrn
mißfiel, und ihn zu erzürnen. 18 Darum wurde der Herr über Israel
sehr zornig. Er verstieß es von seinem Angesicht, so daß der Stamm
Juda allein übrigblieb.
19 Doch auch Juda befolgte nicht die Befehle des Herrn, seines Got-
tes, sondern ahmte die Bräuche nach, die Israel eingeführt hatte.
20 Darum verwarf der Herr das ganze Geschlecht Israels. Er demütigte
sie und gab sie Räubern preis; schließlich verstieß er sie von seinem
Angesicht. 21 Er hatte Israel vom Haus David losgerissen, und sie hat-
ten Jerobeam, den Sohn Nebats, als König eingesetzt. Jerobeam aber
machte Israel vom Herrn abtrünnig und verführte es zu schwerer
Sünde. 22 Die Israeliten begingen all die Sünden, die Jerobeam began-
gen hatte, und ließen nicht von ihnen ab. 23 Schließlich verstieß der
Herr Israel von sich, wie er es durch seine Knechte, die Propheten,
angedroht hatte. So wanderte Israel aus seinem Land weg in die Ver-
bannung nach Assur und blieb dort bis zum heutigen Tag.

Die Umsiedlung der Bevölkerung

24 Der König von Assur brachte Leute aus Babel, Kuta, Awa, Hamat
und Sefarwajim in das Land und siedelte sie anstelle der Israeliten in
den Städten Samariens an. Sie nahmen Samarien in Besitz und ließen
sich in seinen Städten nieder. 25 In der ersten Zeit, in der sie dort
wohnten, erwiesen sie dem Herrn keine Verehrung. Er schickte des-
halb Löwen unter sie, die manche von ihnen töteten. 26 Da meldete
man dem König von Assur: Die Völker, die du weggeführt und in den
Städten Samariens angesiedelt hast, wissen nicht, wie man den Lan-
desgott verehren soll. Er hat daher Löwen unter sie gesandt, von
denen sie getötet werden, weil sie nicht wissen, wie man den Landes-
gott verehren soll. 27 Da befahl der König von Assur: Bringt einen von
den Priestern zurück, die ihr von dort weggeführt habt. Er soll zu
ihnen gehen, bei ihnen wohnen und sie belehren, wie man den Lan-
desgott verehren soll. 28 So kam einer von den Priestern zurück, die
man aus Samarien weggeführt hatte. Er ließ sich in Bet-El nieder und
belehrte sie, wie man den Herrn verehren müsse.

Die Religion der neuen Bevölkerung

29 Jedes Volk aber schuf sich seine eigenen Götter und stellte sie in
den Höhentempeln auf, die von den Bewohnern Samariens erbaut
worden waren. Jedes Volk tat dies in der Stadt, in der es wohnte. 30 Die
Leute aus Babel machten sich Bilder Sukkot-Benots. Die Ansiedler
aus Kuta stellten Bilder Nergals her. Jene aus Hamat schufen Bilder
Aschimas. 31 Die Awiter fertigten Bilder des Nibhas und des Tartak
an. Die, die aus Sefarwajim gekommen waren, verbrannten ihre
Kinder zur Ehre Adrammelechs und Anammelechs, der Götter von
Sefarwajim. 32 Gleichzeitig verehrten sie aber auch den Herrn. Auch
setzten sie aus ihren eigenen Reihen Priester für die Kulthöhen ein,
die für sie in den Höhentempeln Dienst taten. 33 So verehrten sie den
Herrn und dienten daneben ihren Göttern nach den Bräuchen der
Völker, aus denen man sie weggeführt hatte.
34 Bis zum heutigen Tag handeln sie nach ihren früheren Bräuchen.
Sie fürchten den Herrn nicht und halten sich nicht an die Satzungen
und Bräuche, an das Gesetz und die Gebote, auf die der Herr die
Nachkommen Jakobs, dem er den Namen Israel gegeben hatte, ver-
pflichtet hat. 35 Der Herr hat nämlich mit ihnen einen Bund
geschlossen und ihnen befohlen: Ihr dürft keine fremden Götter ver-
ehren, sie nicht anbeten, ihnen nicht dienen und ihnen keine Opfer
darbringen. 36 Den Herrn allein, der euch mit großer Kraft und hoch
erhobenem Arm aus Ägypten heraufgeführt hat, sollt ihr fürchten
und anbeten und ihm eure Opfer darbringen. 37 Die Satzungen und
Bräuche, das Gesetz und die Gebote, die er für euch niedergeschrie-
ben hat, sollt ihr befolgen und alle Tage erfüllen. Fremde Götter aber
dürft ihr nicht verehren. 38 Ihr sollt den Bund, den er mit euch
geschlossen hat, nicht vergessen und fremde Götter nicht verehren.
39 Den Herrn allein, euren Gott, sollt ihr fürchten. Er wird euch aus
der Gewalt all eurer Feinde erretten. 40 Doch sie wollten nicht hören,
sondern sie handelten, wie sie es immer schon gewohnt waren. 41 Sie
verehren den Herrn und dienen zugleich ihren Götzen. Was ihre
Väter getan haben, das tun auch ihre Kinder und Kindeskinder bis
zum heutigen Tag.

Die weitere Geschichte des Reiches Juda

Hiskija

18 Im dritten Jahr Hoscheas, des Sohnes Elas, des Königs von
Israel, wurde Hiskija, der Sohn des Ahas, König von Juda.
2 Er war fünfundzwanzig Jahre alt, als er König wurde, und regierte
neunundzwanzig Jahre in Jerusalem. Seine Mutter hieß Abi und war
eine Tochter Secharjas. 3 Genau wie sein Vater David tat er, was dem
Herrn gefiel. 4 Er schaffte die Kulthöhen ab, zerbrach die Steinmale,
zerstörte den Kultpfahl und zerschlug die Kupferschlange, die Mose
angefertigt hatte und der die Israeliten bis zu jener Zeit Rauchopfer
darbrachten – man nannte sie Nehuschtan (Kupferbild). 5 Er setzte
sein Vertrauen auf den Herrn, den Gott Israels. Unter allen Königen
Judas, die nach ihm kamen oder vor ihm lebten, war keiner wie er. 6 Er
hing dem Herrn an, ohne von ihm abzuweichen, und hielt die
Gebote, die der Herr dem Mose gegeben hatte. 7 Daher war der Herr
mit ihm; in allem, was er unternahm, hatte er Erfolg. So fiel er vom
König von Assur ab und war ihm nicht länger untertan. 8 Auch schlug
er die Philister bis Gaza und den Umkreis dieser Stadt, vom Wacht-
turm bis zur befestigten Stadt.
9 Im vierten Jahr des Königs Hiskija, das ist im siebten Jahr Hoscheas,
des Sohnes Elas, des Königs von Israel, zog Salmanassar, der König
von Assur, gegen Samaria und belagerte es. 10 Nach drei Jahren, das
ist im sechsten Jahr Hiskijas und im neunten Jahr Hoscheas, des
Königs von Israel, wurde Samaria erobert. 11 Der König von Assur
verschleppte die Israeliten nach Assur und brachte sie nach Halach,
an den Habor, einen Fluß von Gosan, und in die Städte der Meder.
12 Denn sie hatten auf die Stimme des Herrn, ihres Gottes, nicht
gehört, seinen Bund gebrochen und die Gebote, die Mose, der Knecht
des Herrn, verkündet hatte, übertreten und sie nicht befolgt.

Sanheribs Feldzug gegen Jerusalem

Erste Gesandtschaft Sanheribs

13 Im vierzehnten Jahr des Königs Hiskija zog Sanherib, der König
von Assur, gegen alle befestigten Städte Judas und nahm sie ein.
14 Hiskija aber, der König von Juda, schickte Boten an den König von
Assur nach Lachisch und ließ ihm sagen: Ich habe gefehlt. Laß ab
von mir! Alles, was du mir auferlegst, will ich tragen. Der König von
Assur verlangte von Hiskija, dem König von Juda, dreihundert Talente
Silber und dreißig Talente Gold. 15 Hiskija mußte alles Geld ablie-
fern, das sich im Haus des Herrn und in den Schatzkammern des
königlichen Palastes befand. 16 Damals ließ Hiskija, der König von
Juda, die Türen am Tempel des Herrn und die Pfosten, die er mit Gold
und Silber überzogen hatte, zerschlagen und lieferte das Metall an
den König von Assur.
17 Doch der König von Assur sandte den Tartan, den Rabsaris und den
Rabschake mit einer großen Streitmacht von Lachisch aus gegen
König Hiskija. Sie zogen nach Jerusalem hinauf, stellten sich an der
Wasserleitung des oberen Teiches auf, der an der Walkerfeldstraße
liegt, 18 und ließen den König rufen. Der Palastvorsteher Eljakim, der

Sohn Hilkijas, der Staatsschreiber Schebna und Joach, der Sohn
Asafs, der Sprecher des Königs, gingen zu ihnen hinaus.
19 Der Rabschake sagte zu ihnen: Sagt zu Hiskija: So spricht der
Großkönig, der König von Assur: Worauf vertraust du denn, daß du
dich so sicher fühlst? 20 Du glaubst wohl, bloßes Gerede sei im Krieg
schon Rat und Stärke? Auf wen vertraust du also, daß du von mir
abgefallen bist? 21 Du vertraust gewiß auf Ägypten, dieses geknickte
Schilfrohr, das jeden, der sich darauf stützt, in die Hand sticht und sie
durchbohrt. Denn so macht es der Pharao, der König von Ägypten,
mit allen, die ihm vertrauen. 22 Wenn ihr aber zu mir sagt: Wir ver-
trauen auf Jahwe, unseren Gott!, dann bedenkt: Ist nicht gerade er der
Gott, dessen Kulthöhen und Altäre Hiskija beseitigt hat? Hat nicht
Hiskija in Juda und Jerusalem angeordnet: Nur vor diesem Altar in
Jerusalem dürft ihr euch niederwerfen? 23 Geh doch mit meinem
Herrn, dem König von Assur, eine Wette ein! Ich gebe dir zweitau-
send Pferde: Kannst du die Reiter für sie stellen? 24 Wie willst du auch
nur einen einzigen Statthalter meines Herrn in die Flucht schlagen,
und wäre es der unbedeutendste seiner Knechte? Du vertraust ja nur
auf Ägypten, auf seine Wagen und deren Besatzung. 25 Außerdem:
Bin ich denn gegen den Willen Jahwes heraufgezogen, um dieses
Land zu verwüsten? Jahwe selbst hat mir befohlen: Zieh gegen dieses
Land, und verwüste es!
26 Da sagten Eljakim, der Sohn Hilkijas, sowie Schebna und Joach zu
dem Rabschake: Sprich doch aramäisch mit deinen Knechten; wir ver-
stehen es. Sprich vor den Ohren des Volkes, das auf der Mauer steht,
nicht judäisch mit uns! 27 Der Rabschake antwortete ihnen: Hat mich
mein Herr etwa beauftragt, das alles nur zu deinem Herrn und zu dir
zu sagen, und nicht vielmehr zu all den Männern, die auf der Mauer
sitzen und ihren eigenen Kot essen und ihren Harn trinken wie ihr?
28 Dann trat der Rabschake vor und rief laut auf judäisch: Hört die
Worte des Großkönigs, des Königs von Assur! 29 So spricht der König:
Laßt euch nicht von Hiskija betören; denn er kann euch nicht aus mei-
ner Hand retten. 30 Er soll euch nicht verleiten, auf Jahwe zu vertrauen,
und sagen: Jahwe wird uns sicher retten, und diese Stadt wird dem
König von Assur nicht in die Hände fallen. 31 Hört nicht auf Hiskija!
Denn so spricht der König von Assur: Trefft mit mir ein Abkommen,
und ergebt euch! Dann kann jeder von euch von seinem Weinstock
und von seinem Feigenbaum essen und Wasser aus seiner Zisterne
trinken, 32 bis ich komme und euch in ein Land bringe, das eurem
Land gleicht: in ein Land voll Getreide und Most, ein Land voll Brot
und Wein, ein Land mit Ölbäumen und Honig. So werdet ihr am
Leben bleiben und nicht umkommen. Hört nicht auf Hiskija; denn er
führt euch in die Irre, wenn er sagt: Jahwe wird uns retten. 33 Hat denn
einer von den Göttern der anderen Völker sein Land vor dem König
von Assur gerettet? 34 Wo sind die Götter von Hamat und Arpad? Wo
sind die Götter von Sefarwajim, Hena und Awa? Haben sie etwa Sama-
ria vor mir gerettet? 35 Wer von all den Göttern der anderen Länder hat
sein Land vor mir gerettet? Wie sollte dann Jahwe Jerusalem vor mir
retten? 36 Das Volk aber schwieg und gab ihm keine Antwort; denn der
König hatte befohlen: Ihr dürft ihm nicht antworten.
37 Der Palastvorsteher Eljakim, der Sohn Hilkijas, der Staatsschreiber
Schebna und Joach, der Sohn Asafs, der Sprecher des Königs, zerris-
sen ihre Kleider, gingen zu Hiskija und berichteten ihm, was der Rab-
schake gesagt hatte.

Die Reaktion des Königs Hiskija

19 Als König Hiskija das hörte, zerriß er seine Kleider, legte
ein Trauergewand an und ging in das Haus des Herrn.
2 Dann sandte er den Palastvorsteher Eljakim, den Staatsschreiber
Schebna und die Ältesten der Priester in Trauergewändern zu dem
Propheten Jesaja, dem Sohn des Amoz. 3 Sie sagten zu ihm: So spricht
Hiskija: Heute ist ein Tag der Not, der Strafe und der Schande. Die
Kinder sind bis an die Öffnung des Mutterschoßes gelangt, doch den
Frauen fehlt die Kraft zum Gebären. 4 Aber vielleicht hört der Herr,
dein Gott, alle Worte des Rabschake, den sein Herr, der König von
Assur, hergesandt hat, damit er den lebendigen Gott beschimpft, und
vielleicht schickt der Herr, dein Gott, eine Strafe für die Worte, die er
gehört hat. Darum bete für den Rest, der noch übrig ist. 5 Jesaja ant-
wortete den Abgesandten des Königs Hiskija, die zu ihm gekommen
waren: 6 Sagt zu eurem Herrn folgendes: So spricht der Herr: Fürchte
dich nicht wegen der Worte, die du gehört hast und mit denen die
Knechte des Königs von Assur mich verhöhnt haben. 7 Seht, ich lege
einen Geist in ihn, so daß er ein Gerücht hört und in sein Land
zurückkehrt; dort bringe ich ihn durch das Schwert zu Fall.

Die zweite Gesandtschaft Sanheribs

8 Der Rabschake trat den Rückweg an und fand den König von Assur
im Kampf gegen die Stadt Libna. Sanherib war inzwischen, wie der
Rabschake gehört hatte, von Lachisch abgezogen. 9 Dann erfuhr
Sanherib, daß Tirhaka, der König von Kusch, zum Kampf gegen ihn
heranzog. Er schickte wiederum Boten zu Hiskija mit dem Auftrag:
10 So sollt ihr zu Hiskija, dem König von Juda, sagen: Laß dir nicht
von deinem Gott, auf den du vertraust, einreden, Jerusalem werde
dem König von Assur nicht in die Hände fallen. 11 Du hast doch
gehört, was die Könige von Assur mit allen anderen Ländern gemacht
haben. Sie haben sie dem Untergang geweiht. Und du meinst, du
wirst gerettet? 12 Sind denn die Völker, die von meinen Vätern vernich-
tet wurden, von ihren Göttern gerettet worden, die Völker von Gosan,
Haran und Rezef, die Söhne von Eden, die in Telassar wohnten? 13 Wo
ist der König von Hamat, der König von Arpad, der König der Stadt
Sefarwajim, wo sind die Könige von Hena und Awa?

Das Gebet des Königs

14 Hiskija nahm das Schreiben von den Boten in Empfang und las es.
Dann ging er zum Haus des Herrn hinauf, breitete das Schreiben vor
dem Herrn aus 15 und betete vor dem Herrn; er sagte: Herr, Gott Isra-
els, der über den Kerubim thront, du allein bist der Gott aller Reiche
der Erde. Du hast den Himmel und die Erde gemacht. 16 Wende mir
dein Ohr zu, Herr, und höre! Öffne, Herr, deine Augen, und sieh her!
Hör alles, was Sanherib sagt, der seinen Boten hergesandt hat, um
den lebendigen Gott zu verhöhnen. 17 Es ist wahr, Herr, die Könige
von Assur haben die Völker vernichtet, ihre Länder verwüstet 18 und
ihre Götter ins Feuer geworfen. Aber das waren keine Götter, sondern
Werke von Menschenhand, aus Holz und Stein; darum konnte man
sie vernichten. 19 Nun aber, Herr, unser Gott, rette uns aus seiner
Hand, damit alle Reiche der Erde erkennen, daß du, Jahwe, Gott bist,
du allein.

Die Verheißung der göttlichen Hilfe durch Jesaja

20 Jesaja, der Sohn des Amoz, schickte zu Hiskija (einen Boten) und
ließ ihm sagen: So spricht der Herr, der Gott Israels: Ich habe gehört,
wie du wegen des Königs Sanherib von Assur zu mir gebetet hast.
21 Das ist das Wort des Herrn gegen ihn:
Dich verachtet, dich verspottet / die Jungfrau, die Tochter Zion.
Die Tochter Jerusalem / schüttelt spöttisch den Kopf über dich.
22 Wen hast du beschimpft und verhöhnt, / gegen wen die Stimme
erhoben, / auf wen voll Hochmut herabgeblickt? / Auf den Heiligen
Israels.
23 Durch deine Gesandten hast du den Herrn verhöhnt; / du hast
gesagt: / Mit meinen zahlreichen Wagen fuhr ich / auf die Höhen der
Berge, / in die fernsten Winkel des Libanon. / Ich fällte seine hohen
Zedern, / seine schönsten Zypressen, / kam bis zu seinen entlegen-
sten Hütten, / in das Dickicht seiner Wälder.
24 Ich habe Brunnen gegraben / und fremdes Wasser getrunken. / Ich
ließ unter dem Schritt meiner Füße / alle Ströme Ägyptens vertrock-
nen.
25 Hast du nicht gehört: / Schon vor langer Zeit habe ich es so gefügt, /
seit den Tagen der Vorzeit habe ich es so geplant; / jetzt ließ ich es
kommen. / So konntest du befestigte Städte zerstören / und in Trüm-
mer verwandeln.

26 Ihre Bewohner waren machtlos, / in Schrecken und Schande
gestoßen. / Sie glichen den Pflanzen auf dem Feld / und dem frischen
Grün, / dem Gras auf den Dächern, / das im Ostwind verdorrt.
27 Ich weiß, ob du ruhst, ob du gehst oder kommst, / ob du dich gegen
mich auflehnst.
28 Weil du gegen mich wütest / und dein Lärm meine Ohren erreicht
hat, / ziehe ich dir einen Ring durch die Nase / und lege dir einen
Zaum in das Maul. / Auf dem Weg, auf dem du herankamst, / treibe
ich dich wieder zurück.
29 Und das soll für dich (Hiskija) ein Vorzeichen sein: In diesem Jahr
ißt man, was von selbst nachwächst, im nächsten Jahr, was wild
wächst; im dritten Jahr aber sollt ihr wieder säen und ernten, die Wein-
berge bepflanzen und ihre Früchte genießen. 30 Wer vom Haus Juda
entronnen und übriggeblieben ist, wird wieder unten Wurzeln treiben
und oben Frucht tragen. 31 Denn von Jerusalem wird ein Rest auszie-
hen, vom Berg Zion ziehen die Geretteten hinaus. Der leidenschaftli-
che Eifer des Herrn wird das vollbringen. 32 Darum – so spricht der
Herr über den König von Assur: Er wird nicht in diese Stadt eindrin-
gen; er wird keinen einzigen Pfeil hineinschießen, er wird nicht unter
dem Schutz seines Schildes gegen sie anrennen und keinen Damm
gegen sie aufschütten. 33 Auf dem Weg, auf dem er gekommen ist,
wird er wieder zurückkehren. Aber in diese Stadt wird er nicht eindrin-
gen – Spruch des Herrn. 34 Ich werde diese Stadt beschützen und ret-
ten, um meinetwillen und um meines Knechtes David willen.

Die Rettung der Stadt

35 In jener Nacht zog der Engel des Herrn aus und erschlug im Lager
der Assyrer hundertfünfundachtzigtausend Mann. Als man am näch-
sten Morgen aufstand, fand man sie alle als Leichen. 36 Da brach San-
herib, der König von Assur, auf und kehrte in sein Land zurück. Er
blieb in Ninive. 37 Als er eines Tages im Tempel seines Gottes Nisroch
betete, erschlugen ihn seine Söhne Adrammelech und Sarezer mit
dem Schwert. Darauf mußten sie in das Land Ararat fliehen, und San-
heribs Sohn Asarhaddon wurde König an seiner Stelle.

Die Krankheit Hiskijas

20 In jenen Tagen wurde Hiskija schwer krank und war dem
Tod nahe. Der Prophet Jesaja, der Sohn des Amoz, kam zu
ihm und sagte: So spricht der Herr: Bestell dein Haus; denn du wirst
sterben, du wirst nicht am Leben bleiben. 2 Da drehte sich Hiskija mit
dem Gesicht zur Wand und betete zum Herrn: 3 Ach, Herr, denk
daran, daß ich mein Leben lang treu und mit aufrichtigem Herzen
meinen Weg vor deinen Augen gegangen bin und daß ich immer
getan habe, was dir gefällt. Und Hiskija begann laut zu weinen.
4 Jesaja hatte aber die innere Stadt noch nicht verlassen, als das Wort
des Herrn an ihn erging: 5 Kehr um, und sag zu Hiskija, dem Fürsten
meines Volkes: So spricht der Herr, der Gott deines Vaters David: Ich
habe dein Gebet gehört und deine Tränen gesehen. Nun heile ich
dich. Übermorgen wirst du zum Haus des Herrn hinaufgehen; 6 zu
deiner Lebenszeit will ich noch fünfzehn Jahre hinzufügen. Und ich
will dich und diese Stadt aus der Hand des Königs von Assur retten
und diese Stadt beschützen, um meinetwillen und um meines Knech-
tes David willen.
8 Hiskija aber fragte Jesaja: Was ist das Zeichen dafür, daß der Herr
mich heilen wird und ich übermorgen zum Haus des Herrn hinaufge-
hen werde? 9 Jesaja antwortete: Das soll für dich das Zeichen des
Herrn sein, daß der Herr sein Versprechen halten wird: Soll der
Schatten zehn Stufen weiter abwärts oder zehn Stufen rückwärts
gehen? 10 Hiskija erwiderte: Für den Schatten ist es ein leichtes, zehn
Stufen weiter abwärts zu gehen. Nein, er soll zehn Stufen rückwärts
gehen. 11 Da rief der Prophet Jesaja zum Herrn, und dieser ließ den
Schatten die zehn Stufen zurückgehen, die er auf den Stufen des Ahas
bereits herabgestiegen war. 7 Darauf sagte Jesaja: Holt einen Feigen-
brei! Man holte ihn, strich ihn auf das Geschwür, und der König
wurde gesund.

Die Gesandtschaft aus Babel

12 Damals sandte Merodach-Baladan, der Sohn Baladans, der König
von Babel, einen Brief und Geschenke an Hiskija; denn er hatte von
seiner Krankheit gehört. 13 Hiskija freute sich darüber und zeigte den
Gesandten sein ganzes Schatzhaus, das Silber und das Gold, die
Vorräte an Balsam und feinem Öl, sein Waffenlager und alle anderen
Schätze, die er besaß. Es gab nichts in seinem Haus und in seinem
Herrschaftsbereich, das er ihnen nicht gezeigt hätte. 14 Danach kam
der Prophet Jesaja zu König Hiskija und fragte ihn: Was haben diese
Männer gesagt? Woher sind sie gekommen? Hiskija antwortete: Sie
sind aus einem fernen Land, aus Babel, gekommen. 15 Er fragte
weiter: Was haben sie in deinem Haus gesehen? Hiskija antwortete:
Sie haben alles gesehen, was in meinem Haus ist. Es gibt nichts in
meinen Schatzkammern, das ich ihnen nicht gezeigt hätte. 16 Da
sagte Jesaja zu Hiskija: Höre das Wort des Herrn: 17 Es werden Tage
kommen, an denen man alles, was in deinem Haus ist, alles, was
deine Väter bis zum heutigen Tag angesammelt haben, nach Babel
bringt. Nichts wird übrigbleiben, spricht der Herr. 18 Auch von deinen
eigenen Söhnen, die du noch bekommen wirst, wird man einige mit-
nehmen, und sie werden als Kämmerer im Palast des Königs von
Babel dienen müssen. 19 Hiskija sagte zu Jesaja: Das Wort des Herrn,
das du mir gesagt hast, ist gut. Und er dachte: Wenn nur zu meinen
Lebzeiten noch Friede und Sicherheit herrschen.
20 Die übrige Geschichte Hiskijas und alle seine Erfolge, wie er den
Teich und die Wasserleitung angelegt und das Wasser in die Stadt
geleitet hat, das alles ist aufgezeichnet in der Chronik der Könige von
Juda. 21 Hiskija entschlief zu seinen Vätern, und sein Sohn Manasse
wurde König an seiner Stelle.

Manasse

21 Manasse war zwölf Jahre alt, als er König wurde, und
regierte fünfundfünfzig Jahre in Jerusalem. Seine Mutter
hieß Hefzi-Bah. 2 Er tat, was dem Herrn mißfiel, und ahmte die
Greuel der Völker nach, die der Herr vor den Israeliten vertrieben
hatte. 3 Er baute die Kulthöhen wieder auf, die sein Vater Hiskija zer-
stört hatte, errichtete Altäre für den Baal, ließ einen Kultpfahl anferti-
gen, wie es schon Ahab, der König von Israel, getan hatte, warf sich
vor dem ganzen Heer des Himmels nieder und diente ihm. 4 Auch
baute er Altäre im Haus des Herrn, obwohl der Herr gesagt hatte: Auf
Jerusalem will ich meinen Namen legen. 5 In den beiden Höfen des
Tempels baute er Altäre für das ganze Heer des Himmels. 6 Er ließ
seinen Sohn durch das Feuer gehen, trieb Zauberei und Wahrsagerei,
bestellte Totenbeschwörer und Zeichendeuter. So tat er vieles, was
dem Herrn mißfiel und ihn erzürnte. 7 Er brachte auch den Kultpfahl,
den er hatte anfertigen lassen, in das Haus, von dem der Herr zu
David und dessen Sohn Salomo gesagt hatte: Auf dieses Haus und auf
Jerusalem, das ich aus allen Stämmen Israels auserwählt habe, will
ich meinen Namen auf ewig legen. 8 Ich werde Israels Fuß nicht mehr
unstet außerhalb des Landes wandern lassen, das ich ihren Vätern
gegeben habe, wenn sie nur alles befolgen, was ich ihnen geboten
habe, und mein ganzes Gesetz einhalten, das ihnen mein Knecht
Mose gegeben hat. 9 Doch sie wollten nicht hören, und Manasse ver-
führte sie, noch Schlimmeres zu tun als die Völker, die der Herr vor
den Augen der Israeliten vernichtet hatte.
10 Da ließ der Herr durch seine Knechte, die Propheten, sagen:
11 Weil Manasse, der König von Juda, diese Greuel verübt und noch
Schlimmeres getrieben hat als die Amoriter vor ihm, weil er auch
Juda durch seine Götzen zur Sünde verführt hat, 12 darum – so
spricht der Herr, der Gott Israels: Ich bringe Unheil über Jerusalem
und Juda, so daß jedem, der davon hört, beide Ohren gellen werden.
13 Ich will an Jerusalem die Meßschnur Samarias und die Waage des
Hauses Ahab anlegen und Jerusalem auswischen, wie man eine
Schüssel auswischt und dann umdreht. 14 Den Rest meines Erbbesit-
zes will ich preisgeben und den Feinden ausliefern. So wird mein
Volk ein Raub und eine Beute all seiner Feinde werden; 15 denn es hat

getan, was mir mißfällt, und mich erzürnt seit dem Tag, da seine
Väter aus Ägypten zogen, bis zum heutigen Tag. 16 Manasse vergoß
unschuldiges Blut in Strömen, bis er Jerusalem von einem Ende zum
andern damit anfüllte; er verführte Juda zur Sünde, so daß es tat, was
dem Herrn mißfiel.
17 Die übrige Geschichte Manasses, alle seine Taten und die Sünden,
die er beging, sind aufgezeichnet in der Chronik der Könige von Juda.
18 Manasse entschlief zu seinen Vätern und wurde im Garten seines
Hauses, im Garten Usas, begraben. Sein Sohn Amon wurde König an
seiner Stelle.

Amon

19 Amon war zweiundzwanzig Jahre alt, als er König wurde, und
regierte zwei Jahre in Jerusalem. Seine Mutter hieß Meschullemet
und war eine Tochter des Haruz aus Jotba. 20 Wie sein Vater Manasse
tat er, was dem Herrn mißfiel, 21 und folgte ganz den Wegen, die sein
Vater gegangen war. Er diente den Götzen, die sein Vater verehrt
hatte, und warf sich vor ihnen nieder. 22 Er verließ den Herrn,
den Gott seiner Väter, und hielt sich nicht an die Wege des Herrn.
23 Gegen ihn zettelten seine Diener eine Verschwörung an und töte-
ten ihn in seinem Haus. 24 Doch die Bürger des Landes erschlugen
alle, die sich gegen den König Amon verschworen hatten, und mach-
ten seinen Sohn Joschija zum König an seiner Stelle.
25 Die übrige Geschichte Amons, seine Taten, sind aufgezeichnet in
der Chronik der Könige von Juda. 26 Man begrub ihn in seinem Grab
im Garten Usas, und sein Sohn Joschija wurde König an seiner
Stelle.

Joschija, Einleitung

22 Joschija war acht Jahre alt, als er König wurde, und regierte
einunddreißig Jahre in Jerusalem. Seine Mutter hieß Jedida
und war eine Tochter Adajas aus Bozkat. 2 Er tat, was dem Herrn
gefiel, und folgte ganz den Wegen seines Vaters David, ohne nach
rechts oder links abzuweichen.

Die Auffindung des Gesetzbuches

3 Im achtzehnten Jahr seiner Regierung sandte König Joschija den
Staatsschreiber Schafan, den Sohn Azaljas, des Sohnes Meschullams,
in das Haus des Herrn mit dem Auftrag: 4 Geh zum Hohenpriester
Hilkija! Er soll das Geld ausschütten, das in das Haus des Herrn
gebracht worden ist und das die Wächter an den Schwellen vom Volk
gesammelt haben. 5 Man soll es den Werkmeistern geben, die im
Haus des Herrn angestellt sind, und diese sollen es für die Arbeiter
verwenden, die im Tempel die Schäden des Hauses zu beseitigen
haben, 6 für die Zimmerleute, Bauarbeiter, Maurer, sowie zum Ankauf
von Holz und Bruchsteinen, die man zur Beseitigung der Schäden am
Haus des Herrn benötigt. 7 Doch soll man über das Geld, das ihnen
übergeben wird, nicht abrechnen. Sie sollen auf Treu und Glauben
handeln.
8 Damals teilte der Hohepriester Hilkija dem Staatsschreiber Schafan
mit: Ich habe im Haus des Herrn das Gesetzbuch gefunden. Hilkija
übergab Schafan das Buch, und dieser las es. 9 Darauf begab sich der
Staatsschreiber Schafan zum König und meldete ihm: Deine Knechte
haben das Geld ausgeschüttet, das sich im Haus vorfand, und es den
Werkmeistern übergeben, die im Haus des Herrn angestellt sind.
10 Dann sagte der Staatsschreiber Schafan zum König: Der Priester
Hilkija hat mir ein Buch gegeben. Schafan las es dem König vor. 11 Als
der König die Worte des Gesetzbuches hörte, zerriß er seine Kleider
12 und befahl dem Priester Hilkija sowie Ahikam, dem Sohn Schafans,
Achbor, dem Sohn Michas, dem Staatsschreiber Schafan und Asaja,
dem Diener des Königs: 13 Geht und befragt den Herrn für mich, für
das Volk und für ganz Juda wegen dieses Buches, das aufgefunden
wurde. Der Zorn des Herrn muß heftig gegen uns entbrannt sein,
weil unsere Väter auf die Worte dieses Buches nicht gehört und weil
sie nicht getan haben, was in ihm niedergeschrieben ist.
14 Da gingen der Priester Hilkija, Ahikam, Achbor, Schafan und Asaja
zur Prophetin Hulda. Sie war die Frau Schallums, des Sohnes Tikwas,
des Sohnes des Harhas, des Verwalters der Kleiderkammer, und
wohnte in Jerusalem in der Neustadt. Die Abgesandten trugen ihr
alles vor, 15 und sie gab ihnen diese Antwort: So spricht der Herr, der
Gott Israels: Sagt zu dem Mann, der euch zu mir geschickt hat: 16 So
spricht der Herr: Ich bringe Unheil über diesen Ort und seine Bewoh-
ner, alle Drohungen des Buches, das der König von Juda gelesen hat.
17 Denn sie haben mich verlassen, anderen Göttern geopfert und
mich durch alle Werke ihrer Hände erzürnt. Darum ist mein Zorn
gegen diesen Ort entbrannt, und er wird nicht erlöschen.
18 Sagt aber zum König von Juda, der euch hergesandt hat, um den
Herrn zu befragen: So spricht der Herr, der Gott Israels: Durch die
Worte, die du gehört hast, 19 wurde dein Herz erweicht. Du hast dich
vor dem Herrn gedemütigt, als du vernahmst, was ich über diesen Ort
und seine Bewohner gesprochen habe: daß sie zu einem Bild des Ent-
setzens und zum Fluch werden sollen. Du hast deine Kleider zerris-
sen und vor mir geweint. Darum habe ich dich erhört – Spruch des
Herrn. 20 Ich werde dich mit deinen Vätern vereinen, und du sollst in
Frieden in deinem Grab beigesetzt werden. Deine Augen sollen all
das Unheil nicht mehr sehen, das ich über diesen Ort bringen werde.
– Sie berichteten dies dem König.

Die Beseitigung von Mißständen

23 Der König ließ alle Ältesten Judas und Jerusalems bei sich
zusammenkommen. 2 Er ging zum Haus des Herrn hinauf
mit allen Männern Judas und allen Einwohnern Jerusalems, den Prie-
stern und Propheten und allem Volk, jung und alt. Er ließ ihnen alle
Worte des Bundesbuches vorlesen, das im Haus des Herrn gefunden
worden war. 3 Dann trat der König an die Säule und schloß vor dem
Herrn diesen Bund: Er wolle dem Herrn folgen, auf seine Gebote, Sat-
zungen und Gesetze von ganzem Herzen und ganzer Seele achten und
die Vorschriften des Bundes einhalten, die in diesem Buch niederge-
schrieben sind. Das ganze Volk trat dem Bund bei.
4 Hierauf befahl der König dem Hohenpriester Hilkija, den Priestern
des zweiten Ranges und den Wächtern an den Schwellen, alle Gegen-
stände aus dem Tempel des Herrn hinauszuschaffen, die für den
Baal, die Aschera und das ganze Heer des Himmels angefertigt wor-
den waren. Er ließ sie außerhalb Jerusalems bei den Terrassen des
Kidrontals verbrennen und die Asche nach Bet-El bringen. 5 Auch
setzte er die Götzenpriester ab, die von den Königen von Juda bestellt
worden waren und die auf den Kulthöhen, in den Städten Judas und
in der Umgebung Jerusalems Opfer verbrannt sowie dem Baal, der
Sonne, dem Mond, den Bildern des Tierkreises und dem ganzen Heer
des Himmels geopfert hatten. 6 Den Kultpfahl schaffte er aus dem
Haus des Herrn und aus Jerusalem hinaus in das Kidrontal und ver-
brannte ihn dort; er zermalmte ihn zu Staub und streute diesen auf
die Gräber des einfachen Volkes. 7 Ferner riß er die Gemächer der
Hierodulen am Tempel nieder, in denen die Frauen Schleier für die
Aschera webten. 8 Er holte alle Priester aus den Städten Judas weg und
machte die Kulthöhen von Geba bis Beerscheba, auf denen die Prie-
ster geopfert hatten, unrein. Er zerstörte die Torhöhen, die am Ein-
gang zum Tor des Stadtobersten Josua auf der linken Seite dessen
waren, der das Stadttor betrat. 9 Doch durften die Höhenpriester
nicht an den Altar des Herrn in Jerusalem treten, sondern nur von den
ungesäuerten Broten inmitten ihrer Brüder essen. 10 Ebenso machte
er das Tofet im Tal der Söhne Hinnoms unrein, damit niemand mehr
seinen Sohn oder seine Tochter für den Moloch durch das Feuer gehen
ließ. 11 Er entfernte die Pferde, die die Könige von Juda zu Ehren der
Sonne am Eingang zum Haus des Herrn bei der Zelle des Kämmerers
Netan-Melech am Parwar aufgestellt hatten, und verbrannte die Son-
nenwagen im Feuer. 12 Auch die Altäre, die die Könige von Juda auf
dem Dach über dem Obergemach des Ahas errichtet hatten, sowie die
Altäre, die Manasse in den beiden Höfen des Tempels aufgestellt
hatte, ließ der König abbrechen. Er schlug sie dort in Trümmer und

Arik Brauer
Die Zerstörung des Tempels
(1973/74)
»...und steckte das Haus des Herrn, den königlichen Palast und alle Häuser Jerusalems in Brand. Jedes große Haus ließ er in Flammen aufgehen« (2 Kön 25,9). Inmitten der feuerroten Landschaft aus glühender Schlacke, über der Rauchfahnen wehen, markieren türkisfarbene Trümmer die vollständige Zerstörung Jerusalems durch die Truppen Nebukadnezzars im Jahr 586 v.Chr. Ein Gestänge, das von einem gefleckten Rind gezogen wird, gemahnt an einen Pferch, aus dem es kein Entrinnen gibt. Links unten symbolisiert ein kriechender Löwe das geschlagene Volk des Stammes Juda, eine Karawane im Mittelgrund deutet ebenfalls auf die Deportation hin. Das Gemälde gehört zu Brauers Bilderzyklus *Die Verfolgung des jüdischen Volkes*, entstanden 1973 bis 1975.

warf ihren Schutt in das Kidrontal. 13 Desgleichen entweihte der König
die Kulthöhen östlich von Jerusalem, südlich vom Berg des Verder-
bens, die Salomo, der König von Israel, für Astarte, die Göttin der
Sidonier, für Kemosch, den Götzen der Moabiter, und für Milkom,
den Greuel der Ammoniter, erbaut hatte. 14 Er zerbrach die Steinmale,
hieb die Kultpfähle um und füllte ihre Stätten mit Menschenknochen.
15 Auch den Altar von Bet-El, die Kulthöhe, die Jerobeam, der Sohn
Nebats, der Verführer Israels, errichtet hatte, auch diesen Altar zer-
störte er samt der Kulthöhe. Er steckte das Höhenheiligtum in Brand,
zermalmte die Steine zu Staub und verbrannte den Kultpfahl. 16 Als
Joschija sich umwandte und die Gräber sah, die dort auf dem Berg
waren, ließ er die Gebeine aus ihnen nehmen und auf dem Altar ver-
brennen. So machte er ihn unrein gemäß dem Wort des Herrn, das der
Gottesmann ausgerufen hatte, der diese Drohung aussprach. 17 Und
als dann der König fragte: Was ist das für ein Denkmal, das ich hier
sehe?, antworteten ihm die Männer der Stadt: Das ist das Grab des
Gottesmannes, der aus Juda gekommen war und vorausgesagt hatte,
was du am Altar von Bet-El getan hast. 18 Da befahl er: Laßt ihn ruhen!
Niemand soll seine Gebeine berühren. So ließ man seine Gebeine
samt den Gebeinen des Propheten, der aus Samaria stammte, unge-
stört. 19 Auch beseitigte Joschija alle Höhentempel in den Städten
Samariens, die die Könige von Israel errichtet und durch die sie den
Herrn erzürnt hatten. Er verfuhr mit ihnen so, wie er es in Bet-El getan
hatte. 20 Alle Höhenpriester, die dort waren, ließ er auf den Altären
niedermachen und Menschengebeine auf den Altären verbrennen.
Darauf kehrte er nach Jerusalem zurück.
21 Nun befahl der König dem ganzen Volk: Feiert das Paschafest zur
Ehre des Herrn, eures Gottes, wie es in diesem Bundesbuch vorge-
schrieben ist. 22 Ein solches Pascha war nämlich nicht gefeiert wor-
den seit den Tagen der Richter, die Israel regierten, auch nicht in der
ganzen Zeit der Könige von Israel und Juda. 23 Erst im achtzehnten
Jahr des Königs Joschija wurde dieses Pascha zur Ehre des Herrn in
Jerusalem begangen. 24 Auch die Totenbeschwörer und Zeichendeu-
ter, die Hausgötter, Götzen und alle Greuel, die im Land Juda und in
Jerusalem zu sehen waren, fegte Joschija hinweg. So führte er die
Worte des Gesetzes aus, die in dem Buch niedergeschrieben waren,
das der Priester Hilkija im Haus des Herrn gefunden hatte. 25 Es gab

vor ihm keinen König, der so mit ganzem Herzen, mit ganzer Seele
und mit all seinen Kräften zum Herrn umkehrte und so getreu das
Gesetz des Mose befolgte, und auch nach ihm war keiner wie er.
26 Doch der Herr ließ von der gewaltigen Glut seines Zornes nicht ab.
Sein Zorn war über Juda entbrannt wegen all der Kränkungen, die
Manasse ihm zugefügt hatte. 27 Darum sprach der Herr: Auch Juda
will ich von meinem Angesicht entfernen, wie ich Israel entfernt
habe. Ich verwerfe diese Stadt Jerusalem, die ich erwählt habe, und
das Haus, von dem ich gesagt habe: Hier wird mein Name sein.

Das Ende Joschijas

28 Die übrige Geschichte Joschijas und alle seine Taten sind aufge-
zeichnet in der Chronik der Könige von Juda. 29 In seinen Tagen unter-
nahm der Pharao Necho, der König von Ägypten, einen Kriegszug
gegen den König von Assur an den Eufrat. König Joschija stellte sich
ihm entgegen. Doch der Pharao tötete ihn bei Megiddo, sobald er ihn
sah. 30 Die Diener Joschijas hoben den Toten auf einen Wagen, brach-
ten ihn von Megiddo weg nach Jerusalem und begruben ihn in seinem
Grab. Dann nahmen die Bürger des Landes Joahas, den Sohn Joschi-
jas, salbten ihn und machten ihn zum König an seines Vaters Stelle.

Joahas

31 Joahas war dreiundzwanzig Jahre alt, als er König wurde, und
regierte drei Monate in Jerusalem. Seine Mutter hieß Hamutal und
war eine Tochter Jirmejas aus Libna. 32 Genau wie seine Väter tat er,
was dem Herrn mißfiel. 33 Doch der Pharao Necho setzte ihn zu Ribla
im Land Hamat als König von Jerusalem ab und legte dem Land eine
Geldbuße von hundert Talenten Silber und einem Talent Gold auf.
34 Dann machte der Pharao Necho Eljakim, den Sohn Joschijas,
anstelle seines Vaters Joschija zum König und änderte seinen Namen
in Jojakim. Joahas aber nahm er fest und brachte ihn nach Ägypten,
wo er starb. 35 Jojakim lieferte dem Pharao das Silber und das Gold
ab. Doch mußte er das Land besteuern, um das Geld aufbringen zu
können, das der Pharao forderte. Nach dem Vermögen eines jeden
Bürgers trieb er von den Bürgern des Landes das Silber und das Gold
ein, um es an den Pharao Necho abzuliefern.

Jojakim

36 Jojakim war fünfundzwanzig Jahre alt, als er König wurde, und
regierte elf Jahre in Jerusalem. Seine Mutter hieß Sebuda und war eine
Tochter Pedajas aus Ruma. 37 Wie seine Väter tat er, was dem Herrn
mißfiel.

24 In seinen Tagen zog Nebukadnezzar, der König von Babel,
herauf. Jojakim war ihm drei Jahre untertan; dann aber fiel
er von ihm ab. 2 Der Herr sandte nun die Räuberscharen der Chaldäer,
Aramäer, Moabiter und Ammoniter gegen ihn. Er ließ sie über Juda
herfallen und es verwüsten, wie er durch seine Diener, die Propheten,
angedroht hatte. 3 Nur weil der Herr zürnte, kam dieses Unglück über
Juda, so daß er es von seinem Angesicht verstieß. Es geschah wegen
der Sünde Manasses, für alles, was dieser getan hatte, 4 auch wegen
des unschuldigen Blutes, das Manasse vergossen und mit dem er
Jerusalem angefüllt hatte. Das wollte der Herr nicht mehr verzeihen.
5 Die übrige Geschichte Jojakims und alle seine Taten sind aufge-
zeichnet in der Chronik der Könige von Juda. 6 Jojakim entschlief zu
seinen Vätern, und sein Sohn Jojachin wurde König an seiner Stelle.
7 Der König von Ägypten unternahm keinen Kriegszug mehr aus sei-
nem Land; denn der König von Babel hatte ihm alles genommen, was
vom Grenzbach Ägyptens bis zum Eufrat den Königen von Ägypten
gehört hatte.

Jojachin

8 Jojachin war achtzehn Jahre alt, als er König wurde, und regierte drei
Monate in Jerusalem. Seine Mutter hieß Nehuschta und war eine
Tochter Elnatans aus Jerusalem. 9 Wie sein Vater tat er, was dem
Herrn mißfiel. 10 In jener Zeit zogen die Truppen Nebukadnezzars,
des Königs von Babel, gegen Jerusalem und belagerten die Stadt.
11 Als dann König Nebukadnezzar von Babel selbst vor der Stadt
erschien, während seine Krieger sie belagerten, 12 ging Jojachin, der
König von Juda, mit seiner Mutter, seinen Dienern, Fürsten und Käm-
merern zum König von Babel hinaus, und dieser nahm ihn im achten
Jahr seiner Regierung fest. 13 Wie der Herr angedroht hatte, nahm
Nebukadnezzar auch alle Schätze des Hauses des Herrn und die
Schätze des königlichen Palastes weg und zerbrach alle goldenen
Geräte, die Salomo, der König von Israel, im Haus des Herrn hatte
anfertigen lassen. 14 Von ganz Jerusalem verschleppte er alle Vorneh-
men und alle wehrfähigen Männer, insgesamt zehntausend Mann,
auch alle Schmiede und Schlosser. Von den Bürgern des Landes blie-
ben nur die geringen Leute zurück. 15 Jojachin verschleppte er nach
Babel. Auch die Mutter des Königs, die königlichen Frauen und Käm-
merer sowie die einflußreichen Männer des Landes verschleppte er
von Jerusalem nach Babel, 16 dazu alle Wehrfähigen, siebentausend
Mann, die Schmiede und Schlosser, tausend an der Zahl, lauter
kriegstüchtige Männer. Sie alle verschleppte der babylonische König
nach Babel. 17 Dann machte der König von Babel den Mattanja, den
Onkel Jojachins, an dessen Stelle zum König und änderte seinen
Namen in Zidkija.

Zidkija

18 Zidkija war einundzwanzig Jahre alt, als er König wurde, und
regierte elf Jahre in Jerusalem. Seine Mutter hieß Hamutal und war
eine Tochter Jirmejas aus Libna. 19 Er tat, was dem Herrn mißfiel,
genau so, wie es Jojakim getan hatte. 20 Weil der Herr über Juda und
Jerusalem erzürnt war, kam es soweit, daß er sie von seinem Ange-
sicht verstieß.

25 Zidkija hatte sich gegen den König von Babel empört. Im
neunten Regierungsjahr, am zehnten Tag des zehnten
Monats, rückte Nebukadnezzar, der König von Babel, mit seiner
ganzen Streitmacht vor Jerusalem und belagerte es. Man errichtete
ringsherum einen Belagerungswall. 2 Bis zum elften Jahr des Königs
Zidkija wurde die Stadt belagert. 3 Am neunten Tag des vierten
Monats war in der Stadt die Hungersnot groß geworden, und die Bür-
ger des Landes hatten kein Brot mehr. 4 Damals wurden Breschen in
die Stadtmauer geschlagen. Der König und alle Krieger verließen die
Stadt bei Nacht auf dem Weg durch das Tor zwischen den beiden Mau-
ern, das zum königlichen Garten hinausführt, obwohl die Chaldäer
rings um die Stadt lagen. Sie schlugen die Richtung nach der Araba
ein. 5 Aber die chaldäischen Truppen setzten dem König nach und hol-
ten ihn in den Niederungen von Jericho ein, nachdem alle seine Trup-
pen ihn verlassen und sich zerstreut hatten. 6 Man ergriff den König
und brachte ihn nach Ribla, zum König von Babel, und dieser sprach
über ihn das Urteil. 7 Die Söhne Zidkijas machte man vor dessen
Augen nieder. Zidkija ließ er blenden, in Fesseln legen und nach Babel
bringen.

Das Ende des Reiches Juda

8 Am siebten Tag des fünften Monats – das ist im neunzehnten Jahr
des Königs Nebukadnezzar, des Königs von Babel – rückte Nebusa-
radan, der Kommandant der Leibwache und Diener des Königs von
Babel, in Jerusalem ein 9 und steckte das Haus des Herrn, den königli-
chen Palast und alle Häuser Jerusalems in Brand. Jedes große Haus
ließ er in Flammen aufgehen. 10 Auch die Umfassungsmauern Jerusa-
lems rissen die chaldäischen Truppen, die dem Kommandanten der
Leibwache unterstanden, nieder. 11 Den Rest der Bevölkerung, der
noch in der Stadt geblieben war, sowie alle, die zum König von Babel
übergelaufen waren, und den Rest der Handwerker schleppte Nebu-
saradan, der Kommandant der Leibwache, in die Verbannung. 12 Nur
von den armen Leuten im Land ließ der Kommandant der Leibwache
einen Teil als Wein- und Ackerbauern zurück.
13 Die bronzenen Säulen am Haus des Herrn, die fahrbaren Gestelle
und das Eherne Meer beim Haus des Herrn zerschlugen die Chaldäer

und nahmen alle Gegenstände aus Bronze mit nach Babel. 14 Auch die
Töpfe, Schaufeln, Messer und Becher sowie alle bronzenen Geräte,
die man beim Tempeldienst verwendete, nahmen sie weg. 15 Ebenso
nahm der Kommandant der Leibwache die Kohlenpfannen und die
Schalen weg, die sämtlich aus Gold oder aus Silber waren, 16 ferner
die zwei Säulen, das eine »Meer«, die Gestelle, die Salomo für das
Haus des Herrn hatte anfertigen lassen – die Bronze von all diesen
Geräten war nicht zu wägen. 17 Achtzehn Ellen betrug die Höhe der
einen Säule, und oben hatte sie ein Kapitell aus Bronze. Die Höhe des
einen Kapitells betrug fünf Ellen; das Kapitell umgaben Flechtwerk
und Granatäpfel, alles aus Bronze. Ebenso war es bei der zweiten
Säule auf dem Flechtwerk.
18 Der Kommandant der Leibwache nahm ferner den Oberpriester
Seraja, den zweiten Priester Zefanja und die drei Schwellenwächter
mit. 19 Aus der Stadt nahm er einen Hofbeamten, der Kommandant
der Soldaten war, und fünf Leute vom persönlichen Dienst des Königs
mit, die sich noch in der Stadt befanden, sowie den Schreiber des
Heerführers, der die Bürger des Landes auszuheben hatte, schließ-
lich sechzig Mann von der Bürgerschaft, die sich noch in der Stadt
befanden. 20 Nebusaradan, der Kommandant der Leibwache nahm
sie fest und schickte sie zum König von Babel nach Ribla. 21 Der
König von Babel ließ sie in Ribla in der Landschaft Hamat hinrichten.
So wurde Juda von seiner Heimat weggeführt.
22 Über das Volk, das im Land Juda geblieben war und das Nebukad-
nezzar, der König von Babel, zurückgelassen hatte, setzte er Gedalja,
den Sohn Ahikams und Enkel Schafans, als Statthalter ein. 23 Als nun
alle Truppenführer und ihre Mannschaften hörten, daß der König
von Babel Gedalja als Statthalter eingesetzt habe, kamen sie zu ihm
nach Mizpa. Es waren Jischmael, der Sohn Netanjas, Johanan, der
Sohn Kareachs, Seraja, der Sohn Tanhumets aus Netofa, und Jaa-
sanja, der Sohn des Maachatiters, mit ihren Leuten. 24 Gedalja schwor
ihnen und ihren Mannschaften und sagte ihnen: Fürchtet euch nicht
vor den chaldäischen Beamten! Bleibt im Land, und dient dem König
von Babel; dann wird es euch gut gehen. 25 Aber im siebten Monat kam
Jischmael, der Sohn Netanjas, des Sohnes Elischamas, ein Mann aus
königlichem Geschlecht, mit zehn Mann. Sie erschlugen Gedalja samt
den Judäern und Chaldäern, die bei ihm in Mizpa waren. 26 Dann
machte sich das ganze Volk vom Kleinsten bis zum Größten mit den
Truppenführern auf und zog nach Ägypten. Sie fürchteten sich nämlich
vor den Chaldäern.

Die Begnadigung Jojachins

27 Im siebenunddreißigsten Jahr nach der Wegführung Jojachins, des
Königs von Juda, am siebenundzwanzigsten Tag des zwölften
Monats, begnadigte Ewil-Merodach, der König von Babel, im Jahr
seines Regierungsantritts Jojachin, den König von Juda, und entließ
ihn aus dem Kerker. 28 Er söhnte sich mit ihm aus und wies ihm
seinen Sitz oberhalb des Sitzes der anderen Könige an, die bei ihm in
Babel waren. 29 Er durfte seine Gefängniskleidung ablegen und stän-
dig bei ihm speisen, solange er lebte. 30 Sein Unterhalt – ein dauern-
der Unterhalt – wurde ihm vom König von Babel in der bestimmten
Menge täglich geliefert, solange er lebte.

Die Bücher der Chronik
Das erste Buch der Chronik

Die Chronik-Bücher tragen in der hebräischen Bibel die Überschrift »Ereignisse der Tage«. Der Name »Chronik« stammt vom Kirchenlehrer Hieronymus, der die Bücher als »Chronik der gesamten göttlichen Geschichte« bezeichnete. Sie behandeln die Geschichte von Adam bis zum Ende des Babylonischen Exils.
Der erste Teil (Kap. 1–9) besteht überwiegend aus Namenslisten, die zumeist genealogisch geordnet sind, die Gliederung des Volkes in Stämme berücksichtigen, eingehender aber nur die königliche und die priesterlich-levitische Linie aufführen. Gelegentlich sind geschichtliche Notizen eingestreut. Erst in 1 Chr 10 beginnt die Darstellung der Geschichte Davids, die bis zum Ende des ersten Buches reicht. Es folgt die Geschichte Salomos (2 Chr 1–9) und die Geschichte Judas bis zum Untergang des Reichs (2 Chr 10–36). Die in 1 Chr 10 beginnende Geschichte umfaßt den gleichen Zeitraum, der auch in 2 Sam und in den Büchern der Könige behandelt wird; größere Abschnitte sind von dort wörtlich übernommen.
Eine umfassende Darstellung der Ereignisse ist nicht angestrebt. Im Mittelpunkt des Interesses stehen das von Gott auserwählte Herrscherhaus David und das auf Gottes Weisung hin gestiftete Heiligtum in Jerusalem. Auf die Geschichte des Nordreichs, das sich von der Dynastie David losgelöst hatte, wird nur selten Bezug genommen, und selbst in der Geschichte Davids bleibt unerwähnt, was nicht dem beabsichtigten Ziel dient, nämlich der Verherrlichung des davidischen Königtums und des Kultes in Jerusalem. Ausführlich werden die Leistungen der einzelnen Könige für den Bau und für die Erhaltung des Tempels und ihre Sorge für den Gottesdienst beschrieben. Der Bericht über den Bau des Tempels, der von David vorbereitet und von Salomo ausgeführt wurde, zeigt durch seinen größeren Umfang und seine Stellung in der Mitte des Werkes die Bedeutung des Heiligtums im Glauben Israels an.
Der Verfasser ist unbekannt. Aus der Vorliebe, mit der er von den Tempelsängern berichtet, hat man geschlossen, daß er aus ihrem Kreis stammt. In 1 Chr 3,19–24 werden fünf Generationen nach Serubbabel, der seit 537 v. Chr. in Jerusalem tätig war, gezählt. Wenn der Verfasser damit die Vertreter der davidischen Linie bis zu seiner Zeit mitgeteilt hat, ergibt sich die Zeit um 400 v. Chr. als Abfassungszeit der Bücher. Doch ist eine spätere Abfassung nicht auszuschließen.
Die Zuverlässigkeit des Chronisten wurde vielfach bestritten. Man warf ihm vor, daß er die geschichtlichen Vorgänge nach seinem rigorosen Vergeltungsglauben einseitig darstelle und Verhältnisse der späteren Zeit in frühere Jahre verlege. Diese Fragen bedürfen in jedem einzelnen Fall einer besonderen Prüfung. Größere Abschnitte der Chronik sind jedenfalls geschichtlich zuverlässigen Berichten der Königsbücher entnommen; an der Geschichtlichkeit zahlreicher Mitteilungen, die der Verfasser anderen Quellen entnimmt, zu zweifeln, besteht kein Grund. Man muß die Arbeitsweise des Verfassers berücksichtigen: Er war von der mosaischen Herkunft der gottesdienstlichen Vorschriften des Pentateuch und ihrer dauernden Geltung überzeugt und hielt es daher für angebracht, mit Urkunden und Ordnungen einer späteren Zeit Vorgänge und Verhältnisse früherer Zeiten zu beschreiben. Daher sind die Bücher der Chronik vor allem für das Verständnis der Zeit des Verfassers bedeutsam. Er selbst will in erster Linie der religiösen Belehrung seiner Zeitgenossen dienen.

Geschlechtsregister und Familienlisten

Die Nachkommen Adams bis Abraham

1 Adam, Set, Enosch, 2 Kenan, Mahalalel, Jered, 3 Henoch, Metu-
schelach, Lamech, 4 Noach, Sem, Ham und Jafet.
5 Die Söhne Jafets waren: Gomer, Magog, Madai, Jawan, Tubal,
Meschech und Tiras. 6 Die Söhne Gomers waren: Aschkenas, Rifat
und Togarma. 7 Die Söhne Jawans waren Elischa, Tarschisch, die Kit-
täer und die Rodaniter.
8 Die Söhne Hams waren: Kusch, Ägypten, Put und Kanaan. 9 Die
Söhne des Kusch waren: Seba, Hawila, Sabta, Ragma und Sabtecha;
und die Söhne Ragmas waren: Saba und Dedan. 10 Kusch zeugte Nim-
rod. Dieser wurde der erste Held auf der Erde. 11 Ägypten zeugte die
Luditer, die Anamiter, die Lehabiter, die Naftuhiter, 12 die Patrositer
und die Kasluhiter, von denen die Philister abstammen, ferner die Kaf-
toriter. 13 Kanaan zeugte Sidon, seinen Erstgeborenen, und Het, 14 fer-
ner die Jebusiter, die Amoriter, die Girgaschiter, 15 die Hiwiter, die
Arkiter, die Siniter, 16 die Arwaditer, die Zemariter und die Hamatiter.
17 Die Söhne Sems waren: Elam, Assur, Arpachschad, Lud, Aram, Uz,
Hul, Geter und Meschech. 18 Arpachschad zeugte Schelach, Schelach
zeugte Eber. 19 Eber wurden zwei Söhne geboren; der eine hieß Peleg
(Teilung), denn zu seiner Zeit wurde das Land geteilt; sein Bruder hieß
Joktan. 20 Joktan zeugte Almodad, Schelef, Hazarmawet, Jerach,
21 Hadoram, Usal, Dikla, 22 Obal, Abimaël, Saba, 23 Ofir, Hawila und
Jobab. Das alles waren Söhne Joktans.
24 Sem, Arpachschad, Schelach, 25 Eber, Peleg, Regu, 26 Serug, Nahor,
Terach, 27 Abram, das ist Abraham.

Die Nachkommen Abrahams

28 Die Söhne Abrahams waren Isaak und Ismael. 29 Das ist die
Geschlechterfolge nach ihnen: Der Erstgeborene Ismaels war Neba-
jot; dann kamen Kedar, Adbeel, Mibsam, 30 Mischma, Duma, Massa,
Hadad, Tema, 31 Jetur, Nafisch und Kedma. Das waren die Söhne
Ismaels.
32 Die Söhne Keturas, der Nebenfrau Abrahams: Sie gebar Simran,
Jokschan, Medan, Midian, Jischbak und Schuach. Die Söhne Jok-
schans waren Saba und Dedan. 33 Die Söhne Midians waren: Efa, Efer,
Henoch, Abida und Eldaa. Sie alle waren Söhne Keturas.
34 Abraham zeugte Isaak. Die Söhne Isaaks waren Esau und Israel.
35 Die Söhne Esaus waren: Elifas, Reguël, Jëusch, Jalam und Korach.
36 Die Söhne des Elifas waren: Teman, Omar, Zefo, Gatam, Kenas,
Timna und Amalek. 37 Die Söhne Reguëls waren: Nahat, Serach,
Schamma und Misa.
38 Die Söhne Seïrs waren: Lotan, Schobal, Zibon, Ana, Dischon, Ezer
und Dischan. 39 Die Söhne Lotans waren Hori und Hemam. Die

Schwester Lotans war Timna. 40 Die Söhne Schobals waren: Alwan,
Manahat, Ebal, Schefi und Onam. Die Söhne Zibons waren Aja und
Ana. 41 Der Sohn Anas war Dischon. Die Söhne Dischons waren: Hem-
dan, Eschban, Jitran und Keran. 42 Die Söhne Ezers waren Bilhan, Saa-
wan und Akan. Die Söhne Dischons waren Uz und Aran.

Die Herrscher in Edom

43 Die Könige, die in Edom regierten, bevor über die Israeliten ein
König regierte, waren folgende: Bela, der Sohn Beors; seine Stadt hieß
Dinhaba. 44 Als Bela starb, wurde König an seiner Stelle Jobab, der
Sohn Serachs, aus Bozra. 45 Als Jobab starb, wurde König an seiner
Stelle Huscham aus dem Land der Temaniter. 46 Als Huscham starb,
wurde König an seiner Stelle Hadad, der Sohn Bedads, der Midian im
Grünland von Moab schlug; seine Stadt hieß Awit. 47 Als Hadad starb,
wurde König an seiner Stelle Samla aus Masreka. 48 Als Samla starb,
wurde König an seiner Stelle Schaul aus Rehobot am Strom (Eufrat).
49 Als Schaul starb, wurde König an seiner Stelle Baal-Hanan, der
Sohn Achbors. 50 Als Baal-Hanan starb, wurde König an seiner Stelle
Hadad; seine Stadt hieß Pagu. Seine Frau hieß Mehetabel; sie war die
Tochter Matreds und die Enkelin Me-Sahabs.
51 Als Hadad starb, regierten Häuptlinge in Edom: Häuptling Timna,
Häuptling Alwa, Häuptling Jetet, 52 Häuptling Oholibama, Häuptling
Ela, Häuptling Pinon, 53 Häuptling Kenas, Häuptling Teman, Häupt-
ling Mibzar, 54 Häuptling Magdiël, Häuptling Iram. Das waren die
Häuptlinge Edoms.

Die Söhne Jakobs

2 Das waren die Söhne Israels: Ruben, Simeon, Levi, Juda,
Issachar, Sebulon, 2 Dan, Josef, Benjamin, Naftali, Gad und
Ascher.

Der Stamm Juda

Die Nachkommen Judas

3 Die Söhne Judas waren: Er, Onan und Schela. Diese drei wurden ihm
von der Tochter Schuas, der Kanaaniterin, geboren. Aber Er, der Erst-
geborene Judas, mißfiel dem Herrn, und so ließ ihn der Herr sterben.
4 Judas Schwiegertochter Tamar gebar Perez und Serach. Juda hatte
insgesamt fünf Söhne. 5 Die Söhne des Perez waren Hezron und
Hamul, 6 und die Söhne Serachs: Simri, Etan, Heman, Kalkol und
Darda, insgesamt fünf. 7 Der Sohn Simris war Karmi, und der Sohn
Karmis Achan. Dieser brachte Unglück über Israel, da er sich an der
geweihten Beute vergriff. 8 Der Sohn Etans war Asarja. 9 Dem Hezron
wurden die Söhne Jerachmeel, Ram und Kaleb geboren.

Die Nachkommen Rams

10 Ram zeugte Amminadab, Amminadab zeugte Nachschon, den
Anführer der Söhne Judas, 11 Nachschon zeugte Salmon, Salmon
zeugte Boas, 12 Boas zeugte Obed, Obed zeugte Isai, 13 Isai zeugte
Eliab als Erstgeborenen, als zweiten Abinadab, als dritten Schima,
14 als vierten Netanel, als fünften Raddai, 15 als sechsten Ozem, als
siebten David. 16 Ihre Schwestern waren Zeruja und Abigajil. Die
Söhne der Zeruja waren Abischai, Joab und Asaël, diese drei. 17 Abiga-
jil gebar Amasa. Der Vater Amasas war der Ismaeliter Jeter.

Die Nachkommen Kalebs

18 Kaleb, der Sohn Hezrons, zeugte mit seiner Frau Asuba die Jeriot.
Deren Söhne waren Jescher, Schobab und Ardon. 19 Als Asuba starb,
heiratete Kaleb Efrata, die ihm den Hur gebar. 20 Hur zeugte Uri, und
Uri zeugte Bezalel.
21 Danach ging Hezron zur Tochter Machirs, des Vaters Gileads. Er
war sechzig Jahre alt, als er sie nahm, und sie gebar ihm Segub.
22 Segub zeugte Jaïr. Dieser besaß dreiundzwanzig Städte im Land
Gilead. 23 Doch die Geschuriter und Aramäer nahmen die Zeltdörfer

Richard Hausner
Adam und seine Richter
(1965)
»Adam, Set, Enosch, Kenan, Mahalalel, Jered, Henoch, Metuschelach, Lamech, Noach, Sem, Ham und Jafet« (1 Chr 1,1-4). Mit einem Geschlechterregister und Familienlisten beginnt das erste Buch der Chronik, ausgehend von Adam, hebräisch »Mensch«. In dieser archetypischen und zugleich autobiografischen Funktion entwickelten sich Richard Hausners Adam-Bilder zu einem Zyklus, der in herausragender Weise Hausners Kunstverständnis entspricht: »Malen ist für mich ein Mittel zur Bewältigung meines Lebens.« Kennzeichnend hierfür sind die Motive aus der Kindheit, die dem Gemälde *Adam und seine Richter* ablesbar sind: die Eltern und ihr Sohn, dessen erhobene Linke mittels eines Sprungseils die beiden Hälften des zerbrochenen (Ehe-) Ringes zusammenhält. Diese Szene spielt in einem Metallbehälter, der schwer auf dem kahlen Adamkopf lastet. Bis übers Kinn ist dieser in einen achteckigen Turm eingemauert, an dessen Vorderseite eine kleine Öffnung den Blick auf drei Richter im Talar freigibt. Insofern steht Hausners surrealistische Bilderzählung in extremem Gegensatz zur kommentarlosen Namenreihung und teilt mit dieser dennoch das Thema der Verkettung innerhalb einer Geschlechterfolge.

Jaïrs sowie Kenat und seine Tochterstädte weg, insgesamt sechzig
Städte. Sie alle hatten den Nachkommen Machirs, des Vaters Gileads,
gehört.
24 Nach dem Tod Hezrons kam Kaleb zu Efrata. Eine Frau Hezrons
war Abija; sie gebar ihm Aschhur, den Vater Tekoas.

Die Nachkommen Jerachmeels

25 Die Söhne Jerachmeels, des Erstgeborenen Hezrons, waren: Ram,
der Erstgeborene, ferner Buna, Oren, Ozem und Ahija. 26 Jerachmeel
hatte noch eine andere Frau namens Atara. Sie war die Mutter Onams.
27 Die Söhne Rams, des Erstgeborenen Jerachmeels, waren: Maaz,
Jamin und Eker. 28 Die Söhne Onams waren Schammai und Jada, und
die Söhne Schammais Nadab und Abischur. 29 Die Frau Abischurs hieß
Abihajil. Sie gebar ihm Achban und Molid. 30 Die Söhne Nadabs waren
Seled und Appajim. Seled starb ohne Nachkommen. 31 Der Sohn Appa-
jims war Jischi, der Sohn Jischis Scheschan und die Tochter Sche-
schans Achlai. 32 Die Söhne Jadas, des Bruders von Schammai, waren
Jeter und Jonatan. Jeter starb ohne Nachkommen. 33 Die Söhne Jona-
tans waren Pelet und Sasa. Das waren die Nachkommen Jerachmeels.
34 Scheschan hatte keine Söhne, sondern nur Töchter. Scheschan hatte
einen ägyptischen Sklaven namens Jarha. 35 Diesem gab Scheschan
seine Tochter zur Frau, und sie gebar ihm Attai. 36 Attai zeugte Natan,
Natan zeugte Sabad, 37 Sabad zeugte Eflal, Eflal zeugte Obed, 38 Obed
zeugte Jehu, Jehu zeugte Asarja, 39 Asarja zeugte Helez, Helez zeugte
Elasa, 40 Elasa zeugte Sismai, Sismai zeugte Schallum, 41 Schallum
zeugte Jekamja, und Jekamja zeugte Elischama.

Die zweite Liste der Nachkommen Kalebs

42 Die Söhne Kalebs, des Bruders Jerachmeels, waren: Mescha, sein
Erstgeborener – er war der Vater Sifs –, und sein zweiter Sohn
Marescha, der Vater Hebrons. 43 Die Söhne Hebrons waren: Korach,
Tappuach, Rekem und Schema. 44 Schema zeugte Raham, den Vater
Jorkoams, und Rekem zeugte Schammai. 45 Der Sohn Schammais war
Maon, und Maon war der Vater von Bet-Zur.
46 Efa, die Nebenfrau Kalebs, gebar Haran, Moza und Gases. Haran
zeugte Jahdai. 47 Die Söhne Jahdais waren: Regem, Jotam, Geschan,
Pelet, Efa und Schaaf. 48 Kalebs Nebenfrau Maacha gebar Scheber und
Tirhana. 49 Sie gebar auch Schaaf, den Vater Madmannas, sowie
Schewa, den Vater Machbenas und Gibeas. Die Tochter Kalebs war
Achsa. 50 Das waren die Nachkommen Kalebs.
Die Söhne Hurs, des Erstgeborenen der Efrata, waren: Schobal, der
Vater von Kirjat-Jearim, 51 Salmon, der Vater von Betlehem, und Haref,
der Vater von Bet-Gader. 52 Schobal, der Vater von Kirjat-Jearim, hatte
als Söhne: Reaja und Hazi, den Manahatiter. 53 Die Sippenverbände
von Kirjat-Jearim waren die Jeteriter, die Putiter, die Schumatiter und
die Mischraïter. Von ihnen zweigten ab die Zoraïter und die Eschtaoli-
ter. 54 Die Söhne Salmons waren: Betlehem, die Netofatiter, Atrot-Bet-
Joab, die Hälfte der Manahatiter und der Zoraïter.
55 Die Sippenverbände von Sofer, die Einwohner von Jabez, die Tirati-
ter, Schimatiter und Suchatiter waren Keniter, die von Hammat, dem
Vater von Bet-Rechab, stammten.

Die Nachkommen Davids

3 Das waren die Söhne Davids, die ihm in Hebron geboren wur-
den: Sein Erstgeborener war Amnon von Ahinoam aus Jesreel,
der zweite Daniel von Abigajil aus Karmel, 2 der dritte Abschalom, der
Sohn der Maacha, der Tochter des Königs Talmai von Geschur, der
vierte Adonija, der Sohn der Haggit, 3 der fünfte Schefatja von Abital,
der sechste Jitream von seiner Frau Egla. 4 Sechs wurden ihm in
Hebron geboren. Er regierte dort sieben Jahre und sechs Monate.
Dreiunddreißig Jahre regierte er in Jerusalem.
5 Und diese wurden ihm in Jerusalem geboren: Schima, Schobab,
Natan, Salomo – diese vier waren Söhne der Batseba, der Tochter
Ammiëls –, 6 ferner Jibhar, Elischua, Elifelet, 7 Nogah, Nefeg, Jafia,
8 Elischama, Eljada und Elifelet, insgesamt neun. 9 Das ist die Gesamt-
heit der Söhne Davids, ohne die Söhne der Nebenfrauen. Ihre Schwe-
ster war Tamar.
10 Der Sohn Salomos war Rehabeam, dessen Sohn war Abija, dessen
Sohn Asa, dessen Sohn Joschafat, 11 dessen Sohn Joram, dessen Sohn
Ahasja, dessen Sohn Joasch, 12 dessen Sohn Amazja, dessen Sohn
Asarja, dessen Sohn Jotam, 13 dessen Sohn Ahas, dessen Sohn Hiskija,
dessen Sohn Manasse, 14 dessen Sohn Amon, dessen Sohn Joschija.
15 Die Söhne Joschijas waren: der Erstgeborene Johanan, der zweite
Jojakim, der dritte Zidkija, der vierte Schallum. 16 Jojakims Söhne
waren: Jojachin und Zidkija. 17 Die Söhne Jojachins, des Gefangenen,
waren: Schealtiël, 18 Malkiram, Pedaja, Schenazzar, Jekamja,
Hoschama und Nedabja. 19 Die Söhne Pedajas waren Serubbabel und
Schimi. Die Söhne Serubbabels waren Meschullam und Hananja. Ihre
Schwester war Schelomit. 20 Meschullams Söhne waren: Haschuba,
Ohel, Berechja, Hasadja und Juschab-Hesed, insgesamt fünf. 21 Die
Söhne Hananjas waren: Pelatja, Jeschaja, Refaja, Arnan, Obadja und
Schechanja. 22 Die Söhne Schechanjas waren Schemaja, Hattusch,
Jigal, Bariach, Nearja und Schafat, insgesamt sechs. 23 Die Söhne
Nearjas waren: Eljoënai, Hiskija und Asrikam, insgesamt drei. 24 Die
Söhne Eljoënais waren: Hodawja, Eljaschib, Pelaja, Akkub, Johanan,
Delaja und Anani, insgesamt sieben.

Einzelne Familien des Stammes Juda

4 Die Söhne Judas waren: Perez, Hezron, Kaleb, Hur und Schobal.
2 Reaja, der Sohn Schobals, zeugte Jahat, und Jahat zeugte Ahu-
mai und Lahad. Das waren die Sippen der Zoraïter.
3 Und das waren die Söhne Etams: Jesreel, Jischma und Jidbasch. Der
Name ihrer Schwester war Hazlelponi.
4 Penuel war der Vater Gedors und Eser der Vater Huschas. Das waren
die Nachkommen Hurs, des Erstgeborenen der Efrata, des Vaters von
Betlehem.
5 Aschhur, der Vater Tekoas, hatte zwei Frauen, Hela und Naara.
6 Naara gebar ihm Ahusam, Hefer, Temni und Ahaschtari. Das waren
die Söhne der Naara. 7 Die Söhne der Hela waren: Zeret, Zohar und
Etnan.
8 Koz zeugte Anub, Zobeba, ferner die Sippen Aharhels, des Sohnes
Harums.
9 Jabez war angesehener als seine Brüder. Seine Mutter hatte ihn Jabez
genannt; denn sie sagte: Ich habe ihn unter Beschwerden geboren.
10 Doch Jabez rief zum Gott Israels und sprach: Möchtest du mich seg-
nen und mein Gebiet erweitern. Möchte deine Hand mit mir sein, daß
du mich freimachst von Unheil und ich ohne Beschwerden bleibe.
Und Gott erfüllte seine Bitte.
11 Kelub, der Bruder Schuhas, zeugte Mehir, den Vater Eschtons.
12 Eschton zeugte Bet-Rafa, Paseach und Tehinna, den Vater von Ir-
Nahasch. Das sind die Männer von Recha.
13 Die Söhne des Kenas waren Otniël und Seraja, die Söhne Otniëls
Hatat und Meonotai. 14 Meonotai zeugte Ofra. Seraja zeugte Joab, den
Vater von Ge-Haraschim (Tal der Handwerker); denn sie waren Hand-
werker.
15 Die Söhne Kalebs, des Sohnes Jefunnes, waren: Iru, Ela und Naam.
Der Sohn Elas war Kenas.
16 Die Söhne Jehallelels waren: Sif, Sifa, Tirja und Asarel.
17 Die Söhne Esras waren: Jeter, Mered, Efer und Jalon. (Bitja, die ägyp-
tische Frau Mereds,) gebar Mirjam, Schammai und Jischbach, den
Vater von Eschtemoa. 18 Seine judäische Frau gebar: Jered, den Vater
von Gedor, Heber, den Vater von Socho, und Jekutiël, den Vater von
Sanoach. Das waren die Söhne der Bitja, der Tochter des Pharao, die
Mered geheiratet hatte, 19 und die Söhne seiner judäischen Frau, der
Schwester Nahams, des Vaters von Keïla, dem Garmiter, und von
Eschtemoa, dem Maachatiter.
20 Die Söhne Schimons waren: Amnon, Rinna, Ben-Hanan und Tilon.
Die Söhne Jischis waren Sohet und Ben-Sohet.
21 Die Söhne Schelas, des Sohnes Judas, waren: Er, der Vater Lechas,
Lada, der Vater Mareschas, sowie die Sippen des Hauses der Byssus-

bearbeiter von Bet-Aschbea, 22 ferner Jokim und die Männer von
Koseba, sowie Joasch und Saraf, die Moab in Besitz genommen hat-
ten, aber wieder nach Betlehem zurückgekehrt waren – die Berichte
sind altüberliefert. 23 Sie sind die Töpfer und Einwohner von Netaïm
und Gedera und wohnen dort im Dienst des Königs.

Der Stamm Simeon

24 Die Söhne Simeons waren: Jemuël, Jamin, Jarib, Serach und Schaul.
25 Dessen Sohn war Schallum, dessen Sohn Mibsam und dessen Sohn
Mischma. 26 Der Sohn Mischmas war Hammuël, dessen Sohn Sakkur
und dessen Sohn Schimi. 27 Schimi hatte sechzehn Söhne und sechs
Töchter. Doch seine Brüder waren nicht kinderreich, und alle ihre Sip-
pen erreichten nicht die Zahl der Söhne Judas.
28 Sie wohnten in Beerscheba, Molada, Hazar-Schual, 29 Baala, Ezem,
Eltolad, 30 Betuël, Horma, Ziklag, 31 Bet-Markabot, Hazar-Susim, Bet-
Biri und Schaarajim. Das waren ihre Städte mit den dazugehörenden
Gehöften, bis David König wurde, 32 dazu noch Etam, Ajin, Rimmon,
Tochen und Aschan, fünf Städte 33 mit all ihren Gehöften im Umkreis
dieser Städte bis nach Baal hin. Das waren ihre Wohnsitze, und sie
hatten ihre eigenen Stammeslisten.
34 Meschobab, Jamlech, Joscha, der Sohn Amazjas, 35 Joël, Jehu, der
Sohn Joschibjas, des Sohnes Serajas, des Sohnes Asiëls, 36 Eljoënai,
Jaakoba, Jeschohaja, Asaja, Adiël, Jesimiël, Benaja, 37 Sisa, der Sohn
Schifis, des Sohnes Allons, des Sohnes Jedajas, des Sohnes Schimris,
des Sohnes Schemajas: 38 Diese namentlich Genannten waren
führende Männer in ihren Sippenverbänden. Ihre Großfamilien hat-
ten sich stark vermehrt. 39 Daher zogen sie, um Weideplätze für ihre
Schafe und Ziegen zu suchen, zum Osten des Tals, wo der Weg nach
Gedor abzweigt. 40 Sie fanden fette und gute Weideplätze. Das Land
war nach allen Seiten hin ausgedehnt, ruhig und friedlich; denn die
früheren Bewohner gehörten zu den Hamiten.
41 So kamen diese mit Namen Aufgezeichneten in den Tagen des
Königs Hiskija von Juda, zerstörten ihre Zelte und erschlugen die
Mëuniter, die sich dort fanden. Sie weihten sie für immer dem Unter-
gang und ließen sich an ihrer Stelle nieder; denn es gab dort Weide-
plätze für ihre Schafe und Ziegen.
42 Von den Nachkommen Simeons zogen fünfhundert Mann in das
Gebirge Seïr. Pelatja, Nearja, Refaja und Usiël, die Söhne Jischis, stan-
den an ihrer Spitze. 43 Sie schlugen die Restbevölkerung, die von den
Amalekitern noch vorhanden war, und wohnen dort bis zum heutigen
Tag.

Der Stamm Ruben

5 Die Söhne Rubens, des Erstgeborenen Israels: Ruben war der
Erstgeborene. Da er aber das Bett seines Vaters entweiht hatte,
wurde sein Erstgeburtsrecht den Söhnen Josefs, des Sohnes Israels,
gegeben. Doch richten sich die Stammeslisten nicht nach dem Erstge-
burtsrecht; 2 Juda erlangte nämlich die Herrschaft über seine Brüder,
und einer aus ihm wurde der Fürst, obwohl das Erstgeburtsrecht bei
Josef war. 3 Die Söhne Rubens, des Erstgeborenen Israels, waren:
Henoch, Pallu, Hezron und Karmi.
4 Der Sohn Joëls war Schemaja, dessen Sohn Gog, dessen Sohn
Schimi, 5 dessen Sohn Micha, dessen Sohn Reaja, dessen Sohn Baal,
6 dessen Sohn Beera, den Tiglat-Pileser, der König von Assur, ver-
schleppte. Er war der Anführer der Rubeniter. 7 Seine Brüder wurden,
als sie sich nach ihren Geschlechterfolgen in die Stammeslisten ein-
tragen ließen, seinen Familien zugezählt. Der erste war Jëiël, ihm
folgte Secharja.
8 Bela war der Sohn des Asas, des Sohnes Schemas, des Sohnes Joëls.
Die Rubeniter wohnten in Aroër bis Nebo und Baal-Meon. 9 Ostwärts
wohnten sie bis an den Rand der Steppe, die sich vom Eufrat her
erstreckt; denn sie besaßen große Herden im Land Gilead. 10 In den
Tagen Sauls führten sie Krieg mit den Hagaritern. Diese fielen in ihre
Hand, und sie besetzten ihre Zelte auf der ganzen Ostseite von Gilead.

Der Stamm Gad

11 Die Nachkommen Gads wohnten ihnen gegenüber im Gebiet des
Baschan bis Salcha. 12 Ihr Oberhaupt war Joël; Schafam war der
Zweite, dazu kamen Janai und Schafat; sie wohnten im Baschan.
13 Ihre Brüder mit ihren Großfamilien waren Michael, Meschullam,
Scheba, Jorai, Jakan, Sia und Eber, insgesamt sieben.
14 Das waren die Söhne Abihajils, des Sohnes Huris, des Sohnes Jaro-
achs, des Sohnes Gileads, des Sohnes Michaels, des Sohnes
Jeschischais, des Sohnes Jachdos, des Sohnes des Bus: ... 15 Ahi, der
Sohn Abdiëls, des Sohnes Gunis, war Haupt ihrer Großfamilien. 16 Sie
wohnten in Gilead, im Baschan und seinen Tochterstädten und an
allen Weideflächen Scharons bis zu ihren Ausläufern. 17 In den Tagen
Jotams, des Königs von Juda, und in den Tagen Jerobeams, des Königs
von Israel, wurden alle in die Stammeslisten eingetragen.

Der Krieg mit Nachbarstämmen

18 Die Krieger von Ruben, Gad und dem halben Stamm Manasse, Män-
ner, die Schild und Schwert trugen, den Bogen spannten und im
Kampf geübt waren, vierundvierzigtausendsiebenhundertsechzig
Mann, die im Heer ausrückten, 19 führten Krieg gegen die Hagariter
und gegen Jetur, Nafisch und Nodab. 20 Sie waren siegreich und konn-
ten die Hagariter und deren Verbündete in ihre Gewalt bringen; denn
sie schrien im Kampf zu Gott, und dieser ließ sich erbitten, da sie auf
ihn vertrauten. 21 So führten sie deren Besitz weg: 50000 Kamele,
250000 Schafe und 2000 Esel, dazu 100000 Personen. 22 Viele Feinde
wurden erschlagen und fielen; denn es war ein Krieg Gottes. Die Isra-
eliten siedelten sich an ihrer Stelle an und blieben dort bis zur Ver-
schleppung.

Der Stamm Ost-Manasse

23 Die Angehörigen des halben Stammes Manasse wohnten in dem
Land, das vom Baschan bis Baal-Hermon, zum Senir und zum Her-
mongebirge reicht. Sie waren sehr zahlreich. 24 Und das waren die
Häupter ihrer Großfamilien: Efer, Jischi, Eliël, Asriël, Jirmeja, Hoda-
wja und Jachdiël. Sie waren tapfere Krieger, Männer von Namen,
Häupter ihrer Großfamilien. 25 Doch wurden sie dem Gott ihrer Väter
untreu und gaben sich den Göttern der Landesbevölkerung hin, die
Gott vor ihnen vertrieben hatte. 26 Darum erweckte der Gott Israels
den Geist Puls, des Königs von Assur, das heißt den Geist Tiglat-Pile-
sers, des Königs von Assur. Dieser führte die Rubeniter, die Gaditer
und den halben Stamm Manasse in die Verbannung und brachte sie
nach Halach, an den Habor, nach Hara und an den Fluß von Gosan.
Dort sind sie bis zum heutigen Tag.

Der Stamm Levi

27 Die Söhne Levis waren: Gerschon, Kehat und Merari. 28 Die Söhne
Kehats waren: Amram, Jizhar, Hebron und Usiël. 29 Die Kinder
Amrams waren: Aaron, Mose und Mirjam. Die Söhne Aarons waren:
Nadab, Abihu, Eleasar und Itamar. 30 Eleasar zeugte Pinhas, Pinhas
zeugte Abischua, 31 Abischua zeugte Bukki, Bukki zeugte Usi, 32 Usi
zeugte Serachja, Serachja zeugte Merajot, 33 Merajot zeugte Amarja,
Amarja zeugte Ahitub, 34 Ahitub zeugte Zadok, Zadok zeugte Ahi-
maaz, 35 Ahimaaz zeugte Asarja, Asarja zeugte Johanan, 36 Johanan
zeugte Asarja – dieser war es, der im Tempel, den Salomo in Jerusalem
erbaute, das Priesteramt verwaltete –, 37 Asarja zeugte Amarja, Amarja
zeugte Ahitub, 38 Ahitub zeugte Zadok, Zadok zeugte Schallum,
39 Schallum zeugte Hilkija, Hilkija zeugte Asarja, 40 Asarja zeugte
Seraja, Seraja zeugte Jozadak. 41 Jozadak zog fort, als der Herr Juda
und Jerusalem durch Nebukadnezzar in die Verbannung führte.

Die Nachkommen der drei Söhne Levis

6 Die Söhne Levis waren: Gerschon, Kehat und Merari. 2 Die
Söhne Gerschons hießen Libni und Schimi. 3 Kehats Söhne
waren: Amram, Jizhar, Hebron und Usiël. 4 Die Söhne Meraris waren:
Machli und Muschi.

Das sind die Sippen der Leviten nach ihren Stammvätern: 5 Der Sohn
Gerschons war Libni, dessen Sohn Jahat, dessen Sohn Simma, 6 dessen Sohn Joach, dessen Sohn Iddo, dessen Sohn Serach und dessen
Sohn Etni. 7 Der Sohn Kehats war Amminadab, dessen Sohn Korach,
dessen Sohn Assir, 8 dessen Sohn Elkana, dessen Sohn Abiasaf, dessen Sohn Assir, 9 dessen Sohn Tahat, dessen Sohn Uriël, dessen Sohn
Usija und dessen Sohn Schaul. 10 Die Söhne Elkanas waren Amasai
und Ahimot. 11 Der Sohn Elkanas war Elkana, dessen Sohn Zuf, dessen
Sohn Tohu, 12 dessen Sohn Eliab, dessen Sohn Jeroham, dessen Sohn
Elkana, dessen Sohn Samuel. 13 Die Söhne Samuels waren: Joël, der
Erstgeborene, und der zweite war Abija. 14 Der Sohn Meraris war
Machli, dessen Sohn Libni, dessen Sohn Schimi, dessen Sohn Usa,
15 dessen Sohn Schima, dessen Sohn Haggija und dessen Sohn Asaja.

Abstammung der Sänger

16 Diese sind es, die David zur Pflege des Gesangs im Haus des Herrn
bestellte, nachdem die Lade eine bleibende Stätte gefunden hatte.
17 Sie versahen ihren Dienst als Sänger vor der Wohnstätte des Offenbarungszeltes, bis Salomo das Haus des Herrn in Jerusalem baute.
Gemäß ihren Satzungen standen sie in ihrem Dienst. 18 Diese sind es,
die mit ihren Söhnen den Dienst besorgten:
Von den Nachkommen der Kehatiter: Heman, der Sänger, der Sohn
Joëls, des Sohnes Samuels, 19 des Sohnes Elkanas, des Sohnes Jerohams, des Sohnes Eliëls, des Sohnes Tohus, 20 des Sohnes Zufs, des
Sohnes Elkanas, des Sohnes Mahats, des Sohnes Amasais, 21 des Sohnes Elkanas, des Sohnes Joëls, des Sohnes Asarjas, des Sohnes Zefanjas, 22 des Sohnes Tahats, des Sohnes Assirs, des Sohnes Abiasafs, des
Sohnes Korachs, 23 des Sohnes Jizhars, des Sohnes Kehats, des Sohnes Levis, des Sohnes Israels.
24 Sein Bruder war Asaf, der zu seiner Rechten stand: Er war der Sohn
Berechjas, des Sohnes Schimas, 25 des Sohnes Michaels, des Sohnes
Maasejas, des Sohnes Malkijas, 26 des Sohnes Etnis, des Sohnes Serachs, des Sohnes Adajas, 27 des Sohnes Etans, des Sohnes Simmas,
des Sohnes Schimis, 28 des Sohnes Jahats, des Sohnes Gerschoms,
des Sohnes Levis.
29 Die Söhne Meraris, ihre Brüder, standen zur Linken: Etan, der Sohn
Kischis, des Sohnes Abdis, des Sohnes Malluchs, 30 des Sohnes
Haschabjas, des Sohnes Amazjas, des Sohnes Hilkijas, 31 des Sohnes
Amzis, des Sohnes Banis, des Sohnes Schemers, 32 des Sohnes Machlis, des Sohnes Muschis, des Sohnes Meraris, des Sohnes Levis.

Die Aufgaben der Leviten und Priester

33 Ihre Brüder, die Leviten, waren für den gesamten Dienst an der
Wohnstätte des Hauses Gottes bestimmt. 34 Aaron aber und seine
Söhne verbrannten die Opfer auf dem Brandopferaltar und dem
Rauchopferaltar. Sie besorgten jeden Dienst am Allerheiligsten und
vollzogen die Sühne für Israel, genau wie Mose, der Knecht Gottes,
angeordnet hatte.

Die Nachkommen Aarons

35 Das sind die Nachkommen Aarons: Sein Sohn war Eleasar, dessen
Sohn Pinhas, dessen Sohn Abischua, 36 dessen Sohn Bukki, dessen
Sohn Usi, dessen Sohn Serachja, 37 dessen Sohn Merajot, dessen Sohn
Amarja, dessen Sohn Ahitub, 38 dessen Sohn Zadok, dessen Sohn Ahimaaz.

Die Wohnsitze der Leviten

39 Das sind ihre Wohnsitze mit ihren Zeltlagern auf ihrem Gebiet: Den
Nachkommen Aarons von der Sippe der Kehatiter, auf die das erste
Los gefallen war, 40 gaben sie Hebron im Land Juda mit seinen Weideflächen ringsum. 41 Das Ackerland der Stadt aber und ihre Gehöfte
gaben sie Kaleb, dem Sohn Jefunnes. 42 Sie gaben den Nachkommen
Aarons die Asylstadt Hebron, ferner Libna mit seinen Weideflächen,
Jattir und Eschtemoa mit seinen Weideflächen, 43 Holon mit seinen
Weideflächen, Debir mit seinen Weideflächen, 44 Aschan mit seinen
Weideflächen (Jutta mit seinen Weideflächen), Bet-Schemesch mit
seinen Weideflächen. 45 Vom Stamm Benjamin gaben sie ihnen:
(Gibeon mit seinen Weideflächen,) Geba mit seinen Weideflächen,
Alemet mit seinen Weideflächen, Anatot mit seinen Weideflächen.
Insgesamt gehörten ihnen dreizehn Städte mit ihren Weideflächen.
46 Den übrigen Sippen von den Nachkommen Kehats gaben sie durch
das Los zehn Städte vom halben Stamm Manasse.
47 Den Nachkommen Gerschoms gaben die Israeliten entsprechend
ihren Sippen aus dem Stamm Issachar, aus dem Stamm Ascher, aus
dem Stamm Naftali und aus dem Stamm Manasse im Baschan dreizehn Städte. 48 Den Nachkommen Meraris gaben sie entsprechend
ihren Sippen aus dem Stamm Ruben, aus dem Stamm Gad und aus
dem Stamm Sebulon durch das Los zwölf Städte.
49 Die Israeliten gaben den Leviten die Städte samt ihren Weideflächen. 50 Durch das Los gaben sie ihnen aus dem Stamm Juda, aus
dem Stamm Simeon und aus dem Stamm Benjamin diese Städte, die
sie namentlich bezeichneten.
51 Die Angehörigen der kehatitischen Sippen erhielten durch das Los
vom Stamm Efraim folgende Städte: 52 Man gab ihnen die Asylstadt
Sichem mit ihren Weideflächen auf dem Gebirge Efraim, ferner Geser
mit seinen Weideflächen, 53 Kibzajim mit seinen Weideflächen, Bet-Horon mit seinen Weideflächen; 54 (vom Stamm Dan: Elteke mit seinen Weideflächen, Gibbeton mit seinen Weideflächen,) Ajalon mit
seinen Weideflächen, Gat-Rimmon mit seinen Weideflächen; 55 vom
halben Stamm Manasse: Taanach mit seinen Weideflächen und
Jibleam mit seinen Weideflächen. Diese gaben sie den Sippen der
übrigen Kehatiter.
56 Den Nachkommen Gerschoms gaben sie von den Sippen des halben Stamms Manasse: Golan im Baschan mit seinen Weideflächen,
Aschtarot mit seinen Weideflächen; 57 vom Stamm Issachar: Kischjon
mit seinen Weideflächen, Daberat mit seinen Weideflächen, 58 Ramot
mit seinen Weideflächen, En-Gannim mit seinen Weideflächen;
59 vom Stamm Ascher: Mischal mit seinen Weideflächen, Abdon mit
seinen Weideflächen, 60 Helkat mit seinen Weideflächen, Rehob mit
seinen Weideflächen; 61 vom Stamm Naftali: Kedesch in Galiläa mit
seinen Weideflächen, Hammon mit seinen Weideflächen, Kirjatajim
mit seinen Weideflächen.
62 Den übrigen Nachkommen Meraris gaben sie vom Stamm Sebulon:
(Jokneam mit seinen Weideflächen, Karta mit seinen Weideflächen,)
Rimmon mit seinen Weideflächen, Tabor mit seinen Weideflächen;
63 im Land jenseits des Jordan bei Jericho, östlich des Jordan, vom
Stamm Ruben: Bezer in der Steppe mit seinen Weideflächen, Jahaz
mit seinen Weideflächen, 64 Kedemot mit seinen Weideflächen,
Mefaat mit seinen Weideflächen; 65 vom Stamm Gad: Ramot in Gilead
mit seinen Weideflächen, Mahanajim mit seinen Weideflächen,
66 Heschbon mit seinen Weideflächen und Jaser mit seinen Weideflächen.

Der Stamm Issachar

7 Die Söhne Issachars waren: Tola, Puwa, Jaschub und Schimron,
zusammen vier. 2 Die Söhne Tolas waren: Usi, Refaja, Jeriël,
Jachmai, Jibsam und Schemuël. Sie waren Häupter der Großfamilien
Tolas, tapfere Krieger, jeder entsprechend seiner Geschlechterfolge.
Zur Zeit Davids zählten sie 22600 Mann. 3 Die Söhne Usis waren: Serachja, Michael, Obadja, Joël und Jischija, insgesamt fünf. Sie alle
waren Oberhäupter. 4 Sie hatten, geordnet nach ihrer Geschlechterfolge und nach ihren Großfamilien, ein Kriegsheer von 36000 Mann
zu stellen; denn sie hatten viele Frauen und Kinder. 5 Ihre Brüder aus
allen Sippen Issachars waren tapfere Krieger. Ihre Aufzeichnung
ergab insgesamt 87000 Mann.

Der Stamm Benjamin

6 Die Söhne Benjamins waren: Bela, Becher und Jediaël, insgesamt
drei. 7 Die Söhne Belas waren: Ezbon, Usi, Usiël, Jerimot und Ir, insgesamt fünf. Sie waren Häupter ihrer Großfamilien und tapfere Krie-

ger. Ihre Aufzeichnung ergab 22034 Mann. 8 Die Söhne Bechers
waren: Semira, Joasch, Eliëser, Eljoënai, Omri, Jeremot, Abija, Anatot
und Alemet. Sie alle waren Söhne Bechers. 9 Die Aufzeichnung ent-
sprechend ihrer Geschlechterfolge nach den Häuptern ihrer Groß-
familien und nach den tapferen Kriegern ergab 20200 Mann. 10 Der
Sohn Jediaëls war Bilhan, und die Söhne Bilhans waren: Jëusch, Ben-
jamin, Ehud, Kenaana, Setan, Tarschisch und Ahischahar. 11 Sie alle
waren Söhne Jediaëls, Häupter ihrer Großfamilien, tapfere Krieger,
17200 Mann, die im Heer zum Krieg ausrückten.
12 Schuppim und Huppim waren Söhne Irs, Huschim der Sohn Ahers.

Der Stamm Naftali

13 Die Söhne Naftalis waren: Jachzeel, Guni, Jezer und Schallum, die
Nachkommen der Bilha.

Der Stamm Manasse

14 Der Sohn Manasses war Asriël. Seine aramäische Nebenfrau gebar
Machir, den Vater Gileads. 15 Machir nahm eine Frau für Huppim und
Schuppim. Der Name seiner Schwester war Maacha. Der Name des
zweiten (Sohnes Hefers) war Zelofhad. Dieser hatte nur Töchter.
16 Maacha, die Frau Machirs, gebar einen Sohn und nannte ihn
Peresch; sein Bruder hieß Scheresch. Dessen Söhne waren Ulam und
Rekem. 17 Der Sohn Ulams war Bedan. Das waren die Söhne Gileads,
des Sohnes Machirs, des Sohnes Manasses. 18 Seine Schwester Mole-
chet gebar Ischhod, Abiëser und Machla. 19 Die Söhne Schemidas
waren Achjan, Schechem, Likhi und Aniam.

Der Stamm Efraim

20 Der Sohn Efraims war Schutelach. Dessen Sohn war Bered, dessen
Sohn Tahat, dessen Sohn Elada, dessen Sohn Tahat, 21 dessen Sohn
Sabad und dessen Sohn Schutelach sowie Eser und Elad. Diese
erschlug die einheimische Bevölkerung von Gat, weil sie hinabgezo-
gen waren, um deren Vieh wegzunehmen. 22 Darüber trauerte ihr
Vater Efraim lange Zeit, und seine Brüder kamen, ihn zu trösten.
23 Dann ging er zu seiner Frau; sie wurde schwanger und gebar einen
Sohn. Er nannte ihn Beria, da er zur Zeit des Unglücks in seinem Haus
geboren wurde. 24 Seine Tochter war Scheera. Sie erbaute das untere
und das obere Bet-Horon sowie Usen-Scheera.
25 Weitere Söhne (Efraims) waren Refach und Reschef. Dessen Sohn
war Telach, dessen Sohn Tahan, 26 dessen Sohn Ladan, dessen Sohn
Ammihud, dessen Sohn Elischama, 27 dessen Sohn Nun und dessen
Sohn Josua.
28 Ihr Besitz und ihre Wohnplätze waren Bet-El mit seinen Tochter-
städten, gegen Osten Naara, gegen Westen Geser mit seinen Tochter-
städten, Sichem mit seinen Tochterstädten bis nach Aja und seinen
Tochterstädten. 29 In der Hand der Nachkommen Manasses waren
Bet-Schean mit seinen Tochterstädten, Taanach mit seinen Tochter-
städten, Megiddo mit seinen Tochterstädten und Dor mit seinen
Tochterstädten. In ihnen wohnten die Nachkommen Josefs, des Soh-
nes Israels.

Der Stamm Ascher

30 Die Söhne Aschers waren: Jimna, Jischwa, Jischwi und Beria. Ihre
Schwester war Serach. 31 Die Söhne Berias waren Heber und Malkiël.
Dieser war der Vater von Birsajit. 32 Heber zeugte Jaflet, Schemer,
Hotam und deren Schwester Schua. 33 Die Söhne Jaflets waren Pasach,
Bimhal und Aschwat. Das waren die Söhne Jaflets. 34 Die Söhne Sche-
mers waren: Ahi, Rohga, Hubba und Aram. 35 Die Söhne seines Bru-
ders Hotam waren: Zofach, Jimna, Schelesch und Amal. 36 Die Söhne
Zofachs waren: Suach, Harnefer, Schual, Beri, Jimra, 37 Bezer, Hod,
Schamma, Schilscha, Jitran und Beera. 38 Die Söhne Jitrans waren:
Jefunne, Pispa und Ara. 39 Die Söhne Ullas waren: Arach, Hanniël und
Rizja. 40 Alle diese waren Nachkommen Aschers, auserlesene Häupter
von Großfamilien, tapfere Krieger, Häupter unter den führenden
Männern. Ihre Aufzeichnung für das Kriegsheer ergab 26000 Mann.

Das zweite Verzeichnis des Stammes Benjamin

8 Benjamin zeugte Bela als seinen Erstgeborenen, Aschbel als
zweiten, Achrach als dritten, 2 Noha als vierten und Rafa als
fünften. 3 Bela hatte folgende Söhne: Ard, Gera, Abihud, 4 Abischua,
Naaman, Ahoach, 5 Gera, Schefufan und Huram.
6 Und das waren die Söhne Ehuds ... Sie waren die Familienhäupter
der Bewohner von Geba ... Man führte sie in die Verbannung nach
Manahat. 7 Naaman, Ahija und Gera ... Dieser führte sie gefangen fort.
Er zeugte Usa und Ahihud.
8 Schaharajim zeugte im Grünland von Moab Söhne, nachdem er seine
Frauen Huschim und Baara entlassen hatte. 9 Mit seiner Frau Hodesch
zeugte er Jobab, Zibja, Mescha, Malkam, 10 Jëuz, Sacheja und Mirma.
Das waren seine Söhne, die Häupter ihrer Großfamilien. 11 Mit
Huschim zeugte er Abitub und Elpaal. 12 Die Söhne Elpaals waren:
Eber, Mischam und Schemed. Dieser baute Ono und Lod mit seinen
Tochterstädten.
13 Beria und Schema waren die Häupter der Großfamilien der Ein-
wohner von Ajalon. Sie vertrieben die Einwohner von Gat. 14 Ihre Brü-
der waren Elpaal, Schaschak und Jeroham. 15 Sebadja, Arad, Eder,
16 Michael, Jischpa und Joha waren Söhne Berias. 17 Sebadja, Meschul-
lam, Hiski, Heber, 18 Jischmerai, Jislia und Jobab waren Söhne Elpaals.
19 Jakim, Sichri, Sabdi, 20 Eliënai, Zilletai, Eliël, 21 Adaja, Beraja und
Schimrat waren Söhne Schimis. 22 Jischpan, Eber, Eliël, 23 Abdon,
Sichri, Hanan, 24 Hananja, Elam, Antotija, 25 Jifdeja und Penuël waren
Söhne Schaschaks. 26 Schamscherai, Scheharja, Atalja, 27 Jaareschja,
Elija und Sichri waren Söhne Jerohams. 28 Sie waren Häupter der
Großfamilien entsprechend ihrer Geschlechterfolge, ihre Oberhäup-
ter, und wohnten in Jerusalem.

Die Familie Sauls

29 In Gibeon wohnte Jëiël, der Vater Gibeons. Seine Frau war Maacha,
30 und sein erstgeborener Sohn war Abdon. Ihm folgten Zur, Kisch,
Baal, Ner, Nadab, 31 Gedor, Achjo, Secher und Miklot. 32 Miklot zeugte
Schima. Auch sie wohnten in Jerusalem bei ihren Brüdern, ihnen
gegenüber. 33 Ner zeugte Abner, und Kisch zeugte Saul. Saul zeugte
Jonatan, Malkischua, Abinadab und Eschbaal. 34 Der Sohn Jonatans
war Merib-Baal. Merib-Baal zeugte Micha. 35 Die Söhne Michas
waren: Piton, Melech, Tachrea und Ahas. 36 Ahas zeugte Joadda, und
Joadda zeugte Alemet, Asmawet und Simri. Simri zeugte Moza,
37 Moza zeugte Bina; dessen Sohn war Rafa, dessen Sohn Elasa und
dessen Sohn Azel. 38 Azel hatte sechs Söhne, und das sind ihre
Namen: Asrikam, Bochru, Jischmael, Schearja, Obadja und Hanan.
Alle diese waren Söhne Azels. 39 Die Söhne seines Bruders Eschek
waren: Ulam, sein Erstgeborener; der zweite war Jëusch und der dritte
Elifelet. 40 Die Söhne Ulams waren tapfere Krieger, die den Bogen
spannten. Sie hatten viele Söhne und Enkel, insgesamt hundertfünf-
zig. Alle diese gehörten zu den Nachkommen Benjamins.
9 So ließ sich ganz Israel in die Stammeslisten eintragen. Sie wur-
den in das Buch der Könige von Israel und Juda aufgenommen.

Jerusalemer Familien nach dem Exil

Juda wurde wegen seiner Treulosigkeit nach Babel weggeführt. 2 Die
ersten Ansiedler, die sich wieder auf ihrem Besitz in ihren Städten nie-
derließen, waren Israeliten, Priester, Leviten und Tempeldiener. 3 In
Jerusalem wohnten von den Angehörigen Judas, Benjamins, Efraims
und Manasses folgende:
4 Utai, der Sohn Ammihuds, des Sohnes Omris, des Sohnes Imris, des
Sohnes Banis, ein Nachkomme des Perez, des Sohnes Judas. 5 Von
den Nachkommen Schelas: Asaja, der Erstgeborene, und dessen
Söhne. 6 Von den Nachkommen Serachs: Jëuël. Die Zahl ihrer Brüder
betrug 690 Mann.
7 Von den Nachkommen Benjamins: Sallu, der Sohn Meschullams,
des Sohnes Hodawjas, des Sohnes Senuas; 8 ferner Jibneja, der Sohn
Jerohams, und Ela, der Sohn Usis, des Sohnes Michris, sowie
Meschullam, der Sohn Schefatjas, des Sohnes Reguëls, des Sohnes

Jibnijas; 9 dazu ihre Brüder nach ihrer Geschlechterfolge, insgesamt
956 Mann. Sie alle waren Oberhäupter ihrer Großfamilien.
10 Von den Priestern: Jedaja, Jojarib, Jachin, 11 Asarja, der Sohn Hilki-
jas, des Sohnes Meschullams, des Sohnes Zadoks, des Sohnes Mera-
jots, des Sohnes Ahitubs, der Fürst des Hauses Gottes; 12 ferner Adaja,
der Sohn Jerohams, des Sohnes Paschhurs, des Sohnes Malkijas, und
Masai, der Sohn Adiëls, des Sohnes Jachseras, des Sohnes Meschul-
lams, des Sohnes Meschillemots, des Sohnes Immers, 13 sowie ihre
Brüder, die Häupter ihrer Großfamilien, insgesamt 1760 Mann. Sie
waren tüchtige Männer in der Besorgung des Dienstes im Haus
Gottes.
14 Von den Leviten: Schemaja, der Sohn Haschubs, des Sohnes Asri-
kams, des Sohnes Haschabjas, von den Nachkommen Meraris; 15 fer-
ner Bakbakar, Heresch, Galal, Mattanja, der Sohn Michas, des Sohnes
Sichris, des Sohnes Asafs, 16 sowie Abda, der Sohn Schammuas, des
Sohnes Galals, des Sohnes Jedutuns, und Berechja, der Sohn Asas,
des Sohnes Elkanas, der in den Dörfern der Netofatiter wohnte.
17 Die Torwächter waren: Schallum, Akkub, Talmon und Ahiman. Ihr
Bruder Schallum war das Oberhaupt. 18 Er hat bis heute die Wache am
Königstor im Osten. Das sind die Torwächter in den Lagern der Levi-
ten.

Levitische Dienste

19 Schallum, der Sohn Kores, des Sohnes Abiasafs, des Sohnes
Korachs, und seine Brüder aus seiner Großfamilie, die Korachiter, hat-
ten als Wächter den Dienst an den Schwellen des Zeltes zu besorgen.
Ihre Väter waren im Lager des Herrn Wächter am Eingang gewesen.
20 Pinhas, der Sohn Eleasars, war einst ihr Anführer – der Herr sei mit
ihm. 21 Secharja, der Sohn Meschelemjas, war Torwächter am Eingang
des Offenbarungszeltes. 22 Die als Torwächter an den Schwellen auser-
sehen waren, zählten insgesamt 212 Mann. Sie hatten sich in ihren
Dörfern in die Stammeslisten eingetragen und waren von David und
dem Seher Samuel in ihr Amt eingesetzt worden. 23 Mit ihren Söhnen
standen sie nach der Dienstordnung als Wächter an den Toren zum
Haus des Herrn, zum Haus des Zeltes. 24 Sie waren nach den vier Him-
melsrichtungen aufgestellt, nach Osten, Westen, Norden und Süden.
25 Ihre Brüder wohnten in ihren Dörfern und mußten jeweils sieben
Tage, von einem Zeitpunkt zum andern, mit ihnen zum Dienst erschei-
nen. 26 Ständig im Dienst waren nur die vier obersten Torwächter.
Einige Leviten hatten die Aufsicht über die Kammern und die Schätze
im Haus Gottes. 27 Sie blieben auch während der Nacht in der Nähe
des Hauses Gottes; denn ihnen war die Wache übertragen, und sie
hatten den Schlüssel, um jeden Morgen zu öffnen. 28 Einige von ihnen
überwachten die Geräte für den Dienst. Sie trugen sie abgezählt hin-
ein und brachten sie abgezählt wieder heraus. 29 Andere waren zur
Aufsicht über die sonstigen Geräte und alle Geräte des Heiligtums
bestellt. Sie hatten das Feinmehl, den Wein und das Öl, den
Weihrauch und verschiedenartigen Balsam zu besorgen. 30 Einige von
den Söhnen der Priester bereiteten die Salben für den Balsam. 31 Mat-
titja, einer der Leviten, der Erstgeborene des Korachiters Schallum,
war amtlich mit der Zubereitung des Backwerks beauftragt. 32 Ein Teil
der Kehatiter, ihrer Amtsbrüder, hatte für die Schaubrote zu sorgen,
die sie jeden Sabbat aufzulegen hatten.
33 Das waren die Sänger, Häupter der Großfamilien bei den Leviten,
die, von anderen Arbeiten befreit, in den Kammern wohnten, da sie
Tag und Nacht im Dienst sein mußten ...
34 Das waren die Häupter der Großfamilien der Leviten nach ihrer
Geschlechterfolge, die Häupter. Sie wohnten in Jerusalem.

Die Familie Sauls

35 In Gibeon wohnte Jëiël, der Vater Gibeons. Seine Frau war Maacha,
36 und sein erstgeborener Sohn war Abdon. Ihm folgten Zur, Kisch,
Baal, Ner, Nadab, 37 Gedor, Achjo, Secher und Miklot. 38 Miklot zeugte
Schima. Auch sie wohnten in Jerusalem bei ihren Brüdern, ihnen
gegenüber. 39 Ner zeugte Abner, und Kisch zeugte Saul. Saul zeugte
Jonatan, Malkischua, Abinadab und Eschbaal. 40 Der Sohn Jonatans
war Merib-Baal. Merib-Baal zeugte Micha. 41 Die Söhne Michas waren:
Piton, Melech, Tachrea und Ahas. 42 Ahas zeugte Joadda, und Joadda
zeugte Alemet, Asmawet und Simri. Simri zeugte Moza, 43 Moza
zeugte Bina; dessen Sohn war Refaja, dessen Sohn Elasa und dessen
Sohn Azel. 44 Azel hatte sechs Söhne, und das sind ihre Namen: Asri-
kam, Bochru, Jischmael, Schearja, Obadja und Hanan. Das waren die
Söhne Azels.

Die Geschichte Davids

Das Ende Sauls

10 Als die Philister gegen Israel kämpften, flohen die Israeliten
vor ihnen. Viele waren gefallen und lagen erschlagen auf
dem Gebirge Gilboa. 2 Die Philister verfolgten Saul und seine Söhne
und erschlugen Sauls Söhne Jonatan, Abinadab und Malkischua. 3 Um
Saul selbst entstand ein schwerer Kampf. Die Bogenschützen hatten
ihn getroffen, und er war schwer verwundet. 4 Da sagte Saul zu seinem
Waffenträger: Zieh dein Schwert, und durchbohre mich damit! Sonst
kommen diese Unbeschnittenen und treiben mit mir ihren Mutwillen.
Der Waffenträger wollte es nicht tun; denn er hatte große Angst. Da
nahm Saul selbst das Schwert und stürzte sich hinein. 5 Als der Waf-
fenträger sah, daß Saul tot war, stürzte auch er sich in sein Schwert
und starb. 6 So kamen Saul und seine drei Söhne ums Leben; sein
ganzes Haus starb mit ihm. 7 Als die Israeliten in der Ebene (Jesreel)
sahen, daß die Krieger Israels geflohen und daß Saul und seine Söhne
tot waren, verließen sie ihre Städte und flohen. Dann kamen die Phili-
ster und besetzten die Städte.
8 Als am nächsten Tag die Philister kamen, um die Erschlagenen aus-
zuplündern, fanden sie Saul und seine Söhne, die auf dem Gebirge
Gilboa gefallen waren. 9 Sie zogen ihn aus, nahmen seinen Kopf und
seine Rüstung und schickten beides im Land der Philister umher, um
ihren Götzen und dem Volk die Siegesnachricht zu übermitteln. 10 Die
Rüstung Sauls legten sie im Tempel ihrer Götter nieder. Seinen Kopf
aber hefteten sie an den Tempel des Dagon.
11 Als die Einwohner von Jabesch-Gilead hörten, was die Philister mit
Saul gemacht hatten, 12 brachen alle kriegstüchtigen Männer auf, nah-
men die Leiche Sauls und die Leichen seiner Söhne und brachten sie
nach Jabesch. Sie begruben ihre Gebeine unter der Terebinthe in
Jabesch und fasteten sieben Tage lang.
13 So starb Saul wegen der Treulosigkeit, die er gegen den Herrn
begangen hatte. Er hatte das Wort des Herrn nicht befolgt und den
Totengeist befragt, um Auskunft zu suchen; 14 an den Herrn aber hatte
er sich nicht gewandt. Darum ließ er ihn sterben und übergab das
Königtum David, dem Sohn Isais.

Die Anerkennung Davids als König

11 Ganz Israel versammelte sich bei David in Hebron und
sagte: Wir sind doch dein Fleisch und Bein. 2 Schon früher,
als Saul noch König war, hast du Israel in den Kampf und wieder nach
Hause geführt. Und der Herr, dein Gott, hat zu dir gesagt: Du sollst
der Hirt meines Volkes Israel sein, du sollst der Fürst meines Volkes
Israel werden. 3 Alle Ältesten Israels kamen zum König nach Hebron;
David schloß mit ihnen in Hebron einen Vertrag vor dem Herrn, und
sie salbten David zum König von Israel gemäß dem Wort, das der Herr
durch Samuel verkündet hatte.

Die Eroberung Jerusalems

4 David zog mit ganz Israel nach Jerusalem, das ist Jebus. Dort saßen
noch die Jebusiter, die damals im Land wohnten. 5 Die Jebusiter aber
sagten zu David: Du wirst nicht in die Stadt hereinkommen. Doch
David eroberte die Burg Zion; sie wurde die Stadt Davids. 6 Damals
sagte David: Wer als erster die Jebusiter schlägt, soll Hauptmann und

Anführer werden. Da stieg Joab, der Sohn der Zeruja, als erster hinauf
und wurde Hauptmann. 7 David ließ sich in der Burg nieder, und
daher nannte man sie Davidstadt. 8 Er baute an der Stadt ringsum vom
Millo an und im Umkreis, während Joab die übrige Stadt wiederher-
stellte. 9 David wurde immer mächtiger, und der Herr der Heere war
mit ihm.

Davids Helden

10 Das sind die Obersten der Helden Davids, die mit ganz Israel in der
Sache des Königtums fest zu ihm hielten, um ihn nach dem Wort des
Herrn zum König von Israel zu machen. 11 Das ist das Verzeichnis der
Helden Davids: Jaschobam, der Sohn Hachmonis, war das Haupt der
Drei; er schwang seine Lanze über dreihundert Männer und erschlug
sie alle auf einmal. 12 Nach ihm kommt der Ahoachiter Eleasar, der
Sohn Dodos. 13 Er war bei David, als die Philister sich bei Pas-Dam-
mim zum Kampf sammelten. Dort war ein Gerstenfeld. Als das Volk
vor den Philistern floh, 14 stellte er sich mitten in das Feld, behauptete
es und schlug die Philister. So verlieh ihm der Herr einen großen Sieg.
15 Als sich einst das Lager der Philister in der Rafaïterebene befand,
kamen drei von den dreißig Helden zu David in das Felsennest, in die
Höhle Adullam. 16 David hielt sich damals in seiner Bergfestung auf,
und ein Posten der Philister lag in Betlehem. 17 Da bekam David
großen Durst, und er sagte: Wer bringt mir Wasser aus der Zisterne
am Tor von Betlehem? 18 Da drangen die drei Helden in das Lager der
Philister ein, schöpften Wasser aus der Zisterne am Tor von Betlehem,
nahmen es mit und brachten es David. Doch er wollte es nicht trinken,
sondern goß es als Trankopfer für den Herrn aus 19 und sagte: Das sei
fern von mir, Gott, daß ich so etwas tue. Soll ich das Blut dieser Män-
ner trinken, die unter Lebensgefahr hingegangen sind? Denn unter
Lebensgefahr haben sie es geholt. Darum wollte er es nicht trinken.
Eine solche Tat vollbrachten die drei Helden.

Weitere Helden Davids

20 Joabs Bruder Abischai war der Anführer der Dreißig. Er schwang
seinen Speer über dreihundert Männer und erschlug sie; er hatte bei
den drei Helden einen großen Namen. 21 Unter den Dreißig war er
hoch geehrt, und er wurde ihr Anführer, aber an die Drei reichte er
nicht heran.
22 Benaja aus Kabzeel, der Sohn Jojadas, war ein tapferer Mann, der
große Taten vollbrachte. Er erschlug die beiden Söhne Ariëls aus
Moab. Als einmal Schnee gefallen war, kam er zu einer Zisterne und
erlegte darin einen Löwen. 23 Auch erschlug er einen riesenhaften
Ägypter, der fünf Ellen groß war. Der Ägypter hatte einen Speer gleich
einem Weberbaum in der Hand. Benaja aber ging nur mit einem Stock
auf ihn los, riß ihm den Speer aus der Hand und tötete ihn mit diesem
Speer. 24 Solche Taten vollbrachte Benaja, der Sohn Jojadas. Er hatte
bei den drei Helden einen großen Namen. 25 Unter den Dreißig war er
hoch geehrt, aber an die Drei reichte er nicht heran. David stellte ihn
an die Spitze seiner Leibwache.
26 Tapfere Helden waren Joabs Bruder Asaël, Elhanan aus Betlehem,
der Sohn Dodos, 27 Schammot aus Harod, Helez aus Bet-Pelet, 28 Ira
aus Tekoa, der Sohn des Ikkesch, Abiëser aus Anatot, 29 Sibbechai aus
Huscha, Ilai der Ahoachiter, 30 Mahrai aus Netofa, Heled aus Netofa,
der Sohn Baanas, 31 Ittai aus Gibea in Benjamin, der Sohn Ribais,
Benaja aus Piraton, 32 Hiddai aus Nahale-Gaasch, Abiël aus Bet-Araba,
33 Asmawet aus Bahurim, Eljachba aus Schaalbim, 34 Jaschen der
Guniter, Jonatan aus Harar, der Sohn Schages, 35 Ahiam aus Harar, der
Sohn Sachars, Elifal, der Sohn Urs, 36 Hefer aus Mechera, Ahija aus
Gilo, 37 Hezro aus Karmel, Naarai, der Sohn Esbais, 38 Joël, der Bruder
Natans, Mibhar, der Sohn Hagris, 39 Zelek, der Ammoniter, Nachrai
aus Beerot, der Waffenträger Joabs, des Sohnes der Zeruja, 40 Ira aus
Jattir, Gareb aus Jattir,
41 Urija, der Hetiter, Sabad, der Sohn Achlais, 42 Adina, der Sohn Schi-
sas, aus dem Stamm Ruben, Haupt der Rubeniter und Anführer von
dreißig Mann, 43 Hanan, der Sohn Maachas, Joschafat aus Meten,
44 Usija aus Aschtarot, Schama und Jëiël, die Söhne Hotams, aus
Aroër, 45 Jediaël, der Sohn Schimris, und sein Bruder Joha aus Tiz,
46 Eliël aus Mahanajim, Jeribai und Joschawja, die Söhne Elnaams,
Jitma, der Moabiter, 47 Eliël, Obed und Jaasiël aus Zoba.

Das dritte Verzeichnis von Anhängern Davids

12 Diese sind es, die zu David nach Ziklag kamen, als er sich
noch von Saul, dem Sohn des Kisch, fernhalten mußte. Sie
gehörten zu den Helden, die ihn im Kampf unterstützten. 2 Sie waren
mit dem Bogen ausgerüstet und konnten mit der rechten und mit der
linken Hand Steine schleudern und Pfeile mit dem Bogen abschießen.
Von den Stammesbrüdern Sauls, von Benjamin, kamen: 3 Ahiëser, ihr
Anführer, ferner Joasch, der Sohn Schemaas, aus Gibea, Jesiël und
Pelet, die Söhne Asmawets, Beracha und Jehu aus Anatot, 4 Jischmaja
aus Gibeon, ein Held unter den Dreißig und ihr Anführer, 5 Jirmeja,
Jahasiël, Johanan und Josabad aus Gedera, 6 Elusai, Jerimot, Bealja,
Schemarja und Schefatja aus Haruf, 7 Elkana, Jischija, Asarel, Joëser
und Jaschobam, die Korachiter, 8 Joëla und Sebadja, die Söhne Jero-
hams, aus Gedor.
9 Auch Gaditer traten zu David über und kamen in die Bergfestung in
der Wüste. Sie waren tapfere Helden, kampfgeübte Krieger mit Schild
und Lanze, waren wie Löwen anzusehen und flink wie Gazellen auf
den Bergen. 10 Eser war der erste, Obadja der zweite, Eliab der dritte,
11 Mischmanna der vierte, Jirmeja der fünfte, 12 Attai der sechste, Eliël
der siebte, 13 Johanan der achte, Elsabad der neunte, 14 Jirmeja der
zehnte, Machbannai der elfte. 15 Diese waren von den Gaditern
gekommen. Sie waren Hauptleute im Heer. Der kleinste von ihnen
nahm es mit hundert, der stärkste mit tausend auf. 16 Sie waren es, die
im ersten Monat den Jordan überquerten, als er über die Ufer getreten
war und die Täler im Osten und Westen abgeschnitten waren.
17 Auch Angehörige Benjamins und Judas kamen zu David in die Berg-
festung. 18 David trat zu ihnen heraus, sprach sie an und sagte: Wenn
ihr in friedlicher Absicht zu mir kommt, um mir zu helfen, so bin ich
zur Gemeinschaft mit euch bereit. Wenn ihr aber kommt, um mich
den Feinden zu verraten, obwohl ich kein Unrecht begangen habe,
dann soll der Gott unserer Väter es sehen und euch strafen. 19 Da
ergriff ein Geist Amasai, das Haupt der Dreißig, so daß er ausrief: Dir,
David, gehören wir. Zu dir, Sohn Isais, stehen wir. Heil, Heil sei dir,
Heil deinem Helfer; denn dir hilft dein Gott. Da nahm sie David auf
und reihte sie ein unter die Anführer seiner Schar.
20 Auch von Manasse gingen einige zu David über. David zog damals
im Heer der Philister gegen Saul in den Krieg, brachte ihnen aber
keine Hilfe, da ihn die Fürsten der Philister nach einer Beratung weg-
schickten. Sie sagten nämlich: Er könnte um den Preis unserer Köpfe
zu seinem Herrn, zu Saul, übergehen. 21 David kehrte daher nach
Ziklag zurück. Zu dieser Zeit stießen von Manasse zu ihm: Adnach,
Josabad, Jediaël, Michael, Josabad, Elihu und Zilletai, die Häupter der
Tausendschaften Manasses. 22 Sie halfen David im Kampf gegen die
Räuberscharen (der Amalekiter); denn sie alle waren tapfere Krieger
und wurden Oberste im Heer. 23 Tag für Tag kamen Leute zu David,
um ihm zu helfen; und so entstand ein großes Heerlager gleich einem
Heerlager Gottes.

Die Gefolgschaft bei der Thronerhebung in Hebron

24 Das sind die Zahlen aller wehrfähigen Männer, die zu David nach
Hebron kamen, um ihm nach dem Wort des Herrn das Königtum
Sauls zu übertragen: 25 Aus Juda kamen 6800 wehrfähige Männer, die
Schild und Lanze trugen. 26 Aus Simeon kamen 7100 tapfere Krieger,
27 aus Levi 4600 Mann, 28 dazu Jojada, der Fürst der Nachkommen
Aarons, mit 3700 Mann 29 und Zadok, ein junger, tapferer Krieger,
dessen Großfamilie 22 Führer stellte. 30 Aus Benjamin, den Stammes-
brüdern Sauls, kamen 3000 Mann. Ihre Mehrheit war bis dahin in der
Gefolgschaft des Hauses Saul geblieben.
31 Aus Efraim kamen 20800 in ihren Großfamilien hochangesehene
Krieger, 32 aus dem halben Stamm Manasse 18000 Mann, die nament-

lich dazu bestimmt waren, zu kommen und David zum König zu
machen. 33 Von den Angehörigen Issachars, die die Zeiten verstanden
und wußten, was Israel zu tun hatte, kamen 200 Oberste mit allen
Stammesbrüdern, die ihrem Befehl unterstanden. 34 Aus Sebulon
kamen 50000 wehrfähige Männer, die mit allen Kriegswaffen zu
kämpfen verstanden und sich ohne Vorbehalt einordneten. 35 Aus
Naftali kamen 1000 Anführer und mit ihnen 37000 Mann mit Schild
und Lanze, 36 aus Dan 28600 kampfbereite Männer, 37 aus Ascher
40000 wehrfähige, kampfbereite Männer. 38 Von jenseits des Jordan,
aus Ruben, Gad und dem halben Stamm Manasse kamen 120000
Mann mit allen Waffen eines Kriegsheeres. 39 Alle diese waren Krie-
ger, die sich willig einordneten. Sie kamen in ehrlicher Gesinnung
nach Hebron, um David zum König von ganz Israel zu machen; aber
auch alle übrigen Israeliten waren einig im Wunsch, David zum König
zu machen. 40 Sie blieben drei Tage dort bei David; sie aßen und tran-
ken, denn ihre Stammesbrüder hatten für sie gesorgt. 41 Auch jene, die
bis nach Issachar, Sebulon und Naftali hin in ihrer Nähe wohnten,
brachten auf Eseln, Kamelen, Maultieren und Rindern Lebensmittel
zum Unterhalt herbei: Mehl, Feigen- und Traubenkuchen, Wein, Öl
und eine große Menge Rinder und Schafe; denn es herrschte Freude in
Israel.

Die Überführung der Bundeslade nach Jerusalem

13 David besprach sich mit den Obersten der Tausend- und
Hundertschaften und mit allen führenden Leuten. 2 Dann
sagte er zur ganzen Versammlung Israels: Wenn ihr einverstanden
seid und wenn es dem Herrn, unserem Gott, gefällt, schicken wir
überallhin Boten zu unseren Brüdern, die in allen Gegenden Israels
geblieben sind, sowie zu den Priestern und Leviten, die in ihren Städ-
ten und auf ihren Weideflächen wohnen. Sie sollen sich bei uns ver-
sammeln, 3 und wir wollen die Lade unseres Gottes zu uns heraufho-
len; denn in den Tagen Sauls haben wir uns nicht um sie gekümmert.
4 Die ganze Versammlung stimmte dem Vorhaben zu; denn der Plan
gefiel dem ganzen Volk.
5 David versammelte nun ganz Israel vom Schihor in Ägypten bis
Lebo-Hamat, um die Lade Gottes von Kirjat-Jearim heraufzuholen.
6 Er zog mit ganz Israel nach Baala bei Kirjat-Jearim, das zu Juda
gehörte, um von dort die Lade Gottes heraufzuholen, über der der
Name des Herrn, der über den Kerubim thront, ausgerufen worden
ist. 7 Sie holten die Lade Gottes auf einem neuen Wagen vom Haus
Abinadabs ab; Usa und Achjo lenkten den Wagen. 8 David und ganz
Israel tanzten und sangen vor Gott mit ganzer Hingabe und spielten
auf Zithern, Harfen und Pauken, mit Zimbeln und Trompeten. 9 Als sie
zur Tenne Kidons kamen, brachen die Rinder aus, und Usa streckte
seine Hand aus, um die Lade festzuhalten. 10 Da entbrannte der Zorn
des Herrn gegen Usa, und er erschlug ihn, weil er seine Hand nach der
Lade ausgestreckt hatte, so daß er dort vor Gott starb. 11 David war
sehr erregt darüber, daß der Herr den Usa so plötzlich dahingerafft
hatte, und man nennt den Ort bis heute darum Perez-Usa (Wegraffung
Usas).
12 An jenem Tag bekam David Angst vor Gott, so daß er sagte: Wie soll
ich die Lade Gottes zu mir bringen? 13 Er ließ sie darum nicht zu sich
in die Davidstadt bringen, sondern stellte sie in das Haus Obed-
Edoms aus Gat. 14 Drei Monate lang blieb die Lade Gottes im Haus
Obed-Edoms, und der Herr segnete das Haus Obed-Edoms und alles,
was ihm gehörte.

Das Erstarken des Königtums

14 Hiram, der König von Tyrus, schickte eine Gesandtschaft zu
David und ließ ihm Zedernholz überbringen; auch Maurer
und Zimmerleute schickte er, die ihm einen Palast bauen sollten. 2 So
erkannte David, daß ihn der Herr als König von Israel bestätigt hatte;
denn wegen seines Volkes Israel war Davids Königtum zu hohem
Ansehen gelangt. 3 David nahm sich noch weitere Frauen in Jerusalem
und zeugte noch Söhne und Töchter. 4 Das sind die Namen der Söhne,
die ihm in Jerusalem geboren wurden: Schima, Schobab, Natan,
Salomo, 5 Jibhar, Elischua, Elpelet, 6 Nogah, Nefeg, Jafia, 7 Elischama,
Beeljada und Elifelet.

Krieg mit den Philistern

8 Die Philister hörten, daß David zum König von ganz Israel gesalbt
worden war. Da zogen alle herauf, um David gefangenzunehmen.
David erfuhr davon und zog ihnen entgegen. 9 Als die Philister heran-
kamen und in der Rafaïterebene umherstreiften, 10 befragte David
Gott: Soll ich die Philister angreifen? Wirst du sie in meine Hand
geben? Der Herr antwortete ihm: Greif sie an, ich will sie in deine
Hand geben. 11 Da zog David nach Baal-Perazim. Dort schlug er die
Philister und sagte: Gott hat durch meine Hand die Reihen meiner
Feinde durchbrochen, wie Wasser (einen Damm) durchbricht. Des-
halb nennt man jenen Ort Baal-Perazim (Herr der Durchbrüche).
12 Die Philister ließen dort ihre Götter zurück, und David befahl, sie im
Feuer zu verbrennen.
13 Doch die Philister streiften noch einmal im Tal der Rafaïter umher.
14 David befragte Gott wieder, und Gott antwortete ihm: Zieh nicht
hinter ihnen her, sondern umgeh sie, und komm von den Baka-Bäu-
men her an sie heran! 15 Wenn du dann in den Wipfeln der Baka-
Bäume ein Geräusch wie von Schritten hörst, dann rück zum Kampf
aus; denn Gott geht vor dir her, um das Heer der Philister zu schlagen.
16 David tat, was Gott ihm befohlen hatte, und er schlug das Heer der
Philister (im ganzen Gebiet) von Gibeon bis Geser. 17 So drang der
Ruhm Davids in alle Länder, und der Herr legte Furcht vor ihm auf alle
Völker.

Die Überführung der Lade in die Davidstadt. Die Vorbereitungen

15 David baute sich Häuser in der Davidstadt; er richtete auch
eine Stätte für die Lade Gottes her und stellte ein Zelt für sie
auf. 2 Damals ordnete er an, daß nur die Leviten die Lade tragen dür-
fen; denn sie hat der Herr erwählt, seine Lade zu tragen und immerfort
bei ihr Dienst zu tun.
3 Hierauf berief David ganz Israel nach Jerusalem, um die Lade des
Herrn an den Ort zu bringen, den er für sie hergerichtet hatte. 4 Er ließ
die Nachkommen Aarons und die Leviten kommen: 5 von den Nach-
kommen Kehats den Vorsteher Uriël und seine Brüder, 120 Mann,
6 von den Nachkommen Meraris den Vorsteher Asaja und seine Brü-
der, 220 Mann, 7 von den Nachkommen Gerschoms den Vorsteher
Joël und seine Brüder, 130 Mann, 8 von den Nachkommen Elizafans
den Vorsteher Schemaja und seine Brüder, 200 Mann, 9 von den Nach-
kommen Hebrons den Vorsteher Eliël und seine Brüder, 80 Mann,
10 von den Nachkommen Usiëls den Vorsteher Amminadab und seine
Brüder, 112 Mann. 11 David rief die Priester Zadok und Abjatar sowie
die Leviten Uriël, Asaja, Joël, Schemaja, Eliël und Amminadab zu sich
12 und befahl ihnen: Ihr seid die Familienhäupter der Leviten. Ihr und
eure Brüder, heiligt euch, und bringt die Lade des Herrn, des Gottes
Israels, herauf an den Ort, den ich für sie hergerichtet habe. 13 Weil ihr
beim erstenmal nicht beteiligt wart, hat der Herr, unser Gott, Unglück
über uns gebracht; denn wir sind nicht auf ihn bedacht gewesen, wie
es sich gehört hätte. 14 Da heiligten sich die Priester und die Leviten,
um die Lade des Herrn, des Gottes Israels, heraufzubringen. 15 Die
Leviten hoben die Lade Gottes mit den Tragstangen auf ihre Schul-
tern, wie es Mose auf Befehl des Herrn angeordnet hatte.
16 Den Vorstehern der Leviten befahl David, sie sollten ihre Stammes-
brüder, die Sänger, mit ihren Instrumenten, mit Harfen, Zithern und
Zimbeln, aufstellen, damit sie zum Freudenjubel laut ihr Spiel ertönen
ließen. 17 Sie stellten daher die Leviten Heman, den Sohn Joëls, und
seinen Stammesbruder Asaf, den Sohn Berechjas, auf, ferner von den
Nachkommen Meraris ihren Stammesbruder Etan, den Sohn Kuscha-
jas. 18 Zu ihnen kamen von ihren Brüdern im zweiten Dienstrang:
Secharja, Jaasiël, Schemiramot, Jehiël, Unni, Eliab, Benaja, Maaseja,
Mattitja, Elifelehu, Mikneja, Obed-Edom und Jëiël, [die Torwächter].
19 Die Sänger Heman, Asaf und Etan schlugen die bronzenen Zim-

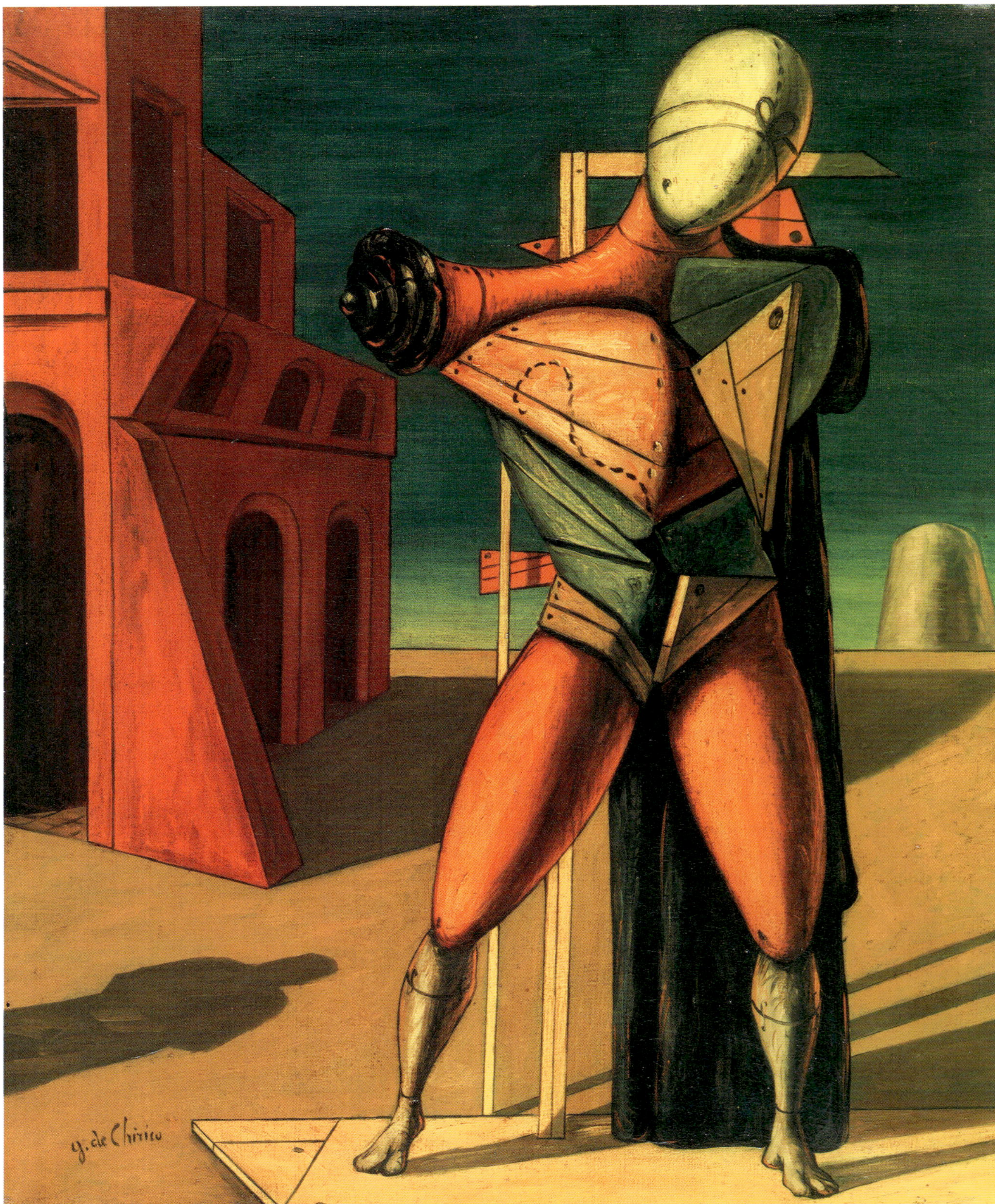

Giorgio de Chirico
Der Troubadour
(1915)
»An jenem Tag bekam David Angst vor Gott, so daß er sagte: Wie soll ich die Lade Gottes zu mir bringen?« (1 Chr 13,12). Die Überführung der Bundeslade nach Jerusalem, die jubelnder Tanz begleitet hatte, erstarrt: Gottes tödlicher Bannstrahl, der Usa getroffen hat, läßt David die eigene Machtlosigkeit erkennen. Eine radikale Absage an den zeitgenössischen Aktionismus, der programmatischen Dynamik des Futurismus, kennzeichnet die Metaphysische Malerei des Italieners Giorgio de Chirico. Seine Figuren, durch Lattengerüste gestützt, sind verdinglichte Objekte, bestehend aus Versatzstücken mit dem Kopf einer Schneiderpuppe. Solch eine gemalte Materialskulptur verkörpert auch den »trovatore«, den Sänger, dessen Gesang ebenso verstummt ist wie jener des eben noch triumphierenden Königs. Der Schatten links deutet auf einen Betrachter hin.

beln. 20 Secharja, Jaasiël, Schemiramot, Jehiël, Unni, Eliab, Maaseja
und Benaja spielten nach elamitischer Weise auf Harfen, 21 und Mat-
titja, Elifelehu, Mikneja, Obed-Edom, Jëiël und Asasja in der achten
Stufe auf Zithern, um den Gesang zu führen. 22 Kenanja, der Vorsteher
der Leviten, leitete den Vortrag. Er gab dazu Anweisungen, da er sich
darauf verstand. 23 Berechja und Elkana waren Torwächter für die
Lade. 24 Die Priester Schebanja, Joschafat, Netanel, Amasai, Secharja,
Benaja und Eliëser bliesen die Trompeten vor der Lade Gottes. Obed-
Edom und Jehija waren Torwächter für die Lade.

Der Einzug der Lade

25 David, die Ältesten Israels und die Führer der Tausendschaften, die
gegangen waren, um die Bundeslade des Herrn aus dem Haus Obed-
Edoms heraufzuholen, waren voller Freude. 26 Damit Gott den Levi-
ten, die die Bundeslade des Herrn trugen, beistand, opferte man sie-
ben Stiere und sieben Widder. 27 David war mit einem Mantel aus
Byssus bekleidet, ebenso alle Leviten, die die Lade trugen, sowie die
Sänger und Kenanja, der den Vortrag der Sänger leitete. Dabei trug
David das leinene Efod. 28 So brachte ganz Israel die Bundeslade des
Herrn hinauf unter großem Jubelgeschrei und unter dem Klang des
Widderhorns, unter dem Lärm der Trompeten und Zimbeln, beim
Spiel der Harfen und Zithern.
29 Als die Bundeslade des Herrn in die Davidstadt kam, schaute
Michal, Sauls Tochter, aus dem Fenster, und als sie sah, wie König
David hüpfte und tanzte, verachtete sie ihn in ihrem Herzen.

16 Man trug die Lade Gottes in das Zelt, das David für sie auf-
gestellt hatte, setzte sie an ihren Platz in der Mitte des Zeltes
und brachte Brand- und Heilsopfer vor Gott dar. 2 Als David mit dem
Darbringen der Brand- und Heilsopfer fertig war, segnete er das Volk
im Namen des Herrn 3 und ließ an alle Israeliten, Männer und Frauen,
je einen Laib Brot, einen Dattelkuchen und einen Traubenkuchen aus-
teilen.

Das Loblied Davids

4 David bestellte für den Dienst vor der Lade des Herrn Leviten, die den
Herrn, den Gott Israels, rühmen, loben und preisen sollten. 5 Er
bestellte Asaf als ersten, Secharja als zweiten, ferner Jaasiël, Schemi-
ramot, Jehiël, Mattitja, Eliab, Benaja, Obed-Edom und Jëiël. Sie sollten
die Harfen und Zithern spielen, Asaf die Zimbeln schlagen 6 und die
Priester Benaja und Jahasiël ständig die Trompeten blasen vor der
Bundeslade Gottes.
7 An jenem Tag ließ David Asaf und seine Amtsbrüder zum erstenmal
diesen Lobpreis zur Ehre des Herrn vortragen:
8 Dankt dem Herrn! Ruft seinen Namen an! / Macht unter den Völkern
seine Taten bekannt!
9 Singt ihm und spielt ihm, / sinnt nach über all seine Wunder!
10 Rühmt euch seines heiligen Namens! / Alle, die den Herrn suchen, /
sollen sich von Herzen freuen.
11 Fragt nach dem Herrn und seiner Macht, / sucht sein Antlitz allezeit!
12 Denkt an die Wunder, die er getan hat, / an seine Zeichen und die
Beschlüsse aus seinem Mund!
13 Bedenkt es, ihr Nachkommen seines Knechtes Abraham, / ihr Kin-
der Jakobs, die er erwählt hat!
14 Er, der Herr, ist unser Gott. / Seine Herrschaft umgreift die Erde.
15 Ewig denkt er an seinen Bund, / an das Wort, das er gegeben hat für
tausend Geschlechter,
16 an den Bund, den er mit Abraham geschlossen, / an den Eid, den er
Isaak geschworen hat.
17 Er bestimmte ihn als Satzung für Jakob, / als ewigen Bund für Israel.
18 Er sprach: Dir will ich Kanaan geben, / das Land, das dir als Erbe
bestimmt ist.
19 Als sie noch gering waren an Zahl, / nur wenige und fremd im Land,
20 und noch zogen von Volk zu Volk, / von einem Reich zum andern,
21 da ließ er sie von niemand bedrücken, / wies ihretwegen Könige
zurecht:
22 Tastet meine Gesalbten nicht an, / tut meinen Propheten nichts
zuleide!
23 Singt dem Herrn, alle Länder der Erde! / Verkündet sein Heil von Tag
zu Tag!
24 Erzählt bei den Völkern von seiner Herrlichkeit, / bei allen Nationen
von seinen Wundern!
25 Denn groß ist der Herr und hoch zu preisen, / mehr zu fürchten als
alle Götter.
26 Alle Götter der Heiden sind nichtig, / der Herr aber hat den Himmel
geschaffen.
27 Hoheit und Pracht sind vor seinem Angesicht, / Macht und Glanz in
seinem Heiligtum.
28 Bringt dar dem Herrn, ihr Stämme der Völker, / bringt dar dem
Herrn Lob und Ehre!
29 Bringt dar dem Herrn die Ehre seines Namens, / spendet Opferga-
ben, und tretet vor ihn hin! / In heiligem Schmuck werft euch nieder
vor dem Herrn,
30 erbebt vor ihm, alle Länder der Erde! / Den Erdkreis hat er gegrün-
det, so daß er nicht wankt.
31 Der Himmel freue sich, die Erde frohlocke. / Verkündet bei den Völ-
kern: Der Herr ist König.
32 Es brause das Meer und alles, was es erfüllt, / es jauchze die Flur und
was auf ihr wächst.
33 Jubeln sollen alle Bäume des Waldes vor dem Herrn, / wenn er
kommt, um die Erde zu richten.
34 Danket dem Herrn, denn er ist gütig, / denn seine Huld währt ewig.
35 Sagt: Hilf uns, du Gott unsres Heils, / führe uns zusammen, rette
uns vor den Völkern!
Wir wollen deinen heiligen Namen preisen, / uns rühmen, weil wir
dich loben dürfen.
36 Gepriesen sei der Herr, der Gott Israels, / vom Anfang bis ans Ende
der Zeiten.
Und das ganze Volk rief: Amen, und: Lob sei dem Herrn.

Der Gottesdienst in Jerusalem und in Gibeon

37 Auf Befehl Davids blieben Asaf und seine Brüder vor der Bundeslade
des Herrn, um dauernd den täglichen Dienst bei ihr zu verrichten.
38 Bei ihnen waren Obed-Edom und seine Brüder, achtundsechzig
Mann. Obed-Edom, der Sohn Jedutuns, und Hosa waren Torwächter.
39 Dem Priester Zadok aber und seinen Amtsbrüdern, den Priestern,
übertrug er den Dienst vor der Wohnstätte des Herrn auf der Kulthöhe
in Gibeon. 40 Sie sollten täglich am Morgen und am Abend auf dem
Brandopferaltar dem Herrn Opfer darbringen und alles ausführen,
was im Gesetz geschrieben steht, auf das der Herr die Israeliten ver-
pflichtet hat. 41 Bei ihnen waren Heman und Jedutun sowie die ande-
ren, die ausgewählt und namentlich dazu bestimmt waren, den Herrn
zu loben: »Denn seine Huld währt ewig.« 42 Heman und Jedutun hat-
ten Trompeten und Zimbeln für die Spieler und Instrumente für die
Gotteslieder. Die Söhne Jedutuns waren für das Tor bestellt.
43 Dann ging das ganze Volk wieder nach Hause. Auch David ging
heim, um seine Familie zu begrüßen.

Die Verheißung an David

17 Als nun David in seinem Haus wohnte, sagte er zu dem Pro-
pheten Natan: Ich wohne in einem Haus aus Zedernholz,
die Bundeslade des Herrn aber steht in einem Zelt. 2 Natan antwortete
David: Tu alles, was du im Sinn hast; denn Gott ist mit dir. 3 Aber in
jener Nacht erging das Wort Gottes an Natan: 4 Geh zu meinem
Knecht David, und sag zu ihm: So spricht der Herr: Nicht du sollst
mir das Haus bauen, damit ich darin wohne. 5 Seit dem Tag, als ich
Israel aus Ägypten herausgeführt habe, habe ich bis zum heutigen
Tag nie in einem Haus gewohnt, sondern bin von Zelt zu Zelt, von
Wohnstätte zu Wohnstätte mitgewandert 6 Habe ich in der Zeit, als
ich bei den Israeliten von Ort zu Ort zog, jemals zu einem der Richter
Israels, die ich als Hirten über mein Volk eingesetzt hatte, ein Wort

gesagt und sie gefragt: Warum habt ihr mir kein Haus aus Zedernholz
gebaut? 7 Sag also jetzt meinem Knecht David: So spricht der Herr der
Heere: Ich habe dich von der Weide und von der Herde weggeholt,
damit du Fürst meines Volkes Israel wirst, 8 und bin überall mit dir
gewesen, wohin du auch gegangen bist. Ich habe alle deine Feinde
vor deinen Augen vernichtet, und ich will dir einen Namen machen,
der dem Namen der Großen auf der Erde gleich ist. 9 Ich will meinem
Volk Israel einen Platz zuweisen und will es einpflanzen, damit es an
seinem Ort (sicher) wohnen kann und sich nicht mehr ängstigen
muß und schlechte Menschen es nicht zugrunde richten wie am
Anfang, 10 seit den Tagen, als ich Richter in meinem Volk Israel ein-
gesetzt habe. Ich werfe alle deine Feinde nieder und mache dich
groß. Der Herr aber wird dir ein Haus bauen. 11 Wenn deine Tage
erfüllt sind und du zu deinen Vätern gehst, dann werde ich einen von
deinen Nachkommen, einen von deinen Söhnen, als deinen Nachfol-
ger einsetzen und seinem Königtum Bestand verleihen. 12 Er wird für
mich ein Haus bauen, und ich werde seinem Thron ewigen Bestand
verleihen. 13 Ich will für ihn Vater sein, und er wird für mich Sohn sein.
Meine Huld will ich ihm nicht entziehen, wie ich sie dem entzogen
habe, der vor dir König war. 14 In meinem Haus und in meinem König-
tum werde ich ihm ewigen Bestand verleihen; sein Thron wird für
immer bestehen bleiben.
15 Natan sprach zu David genau so, wie es (ihm) gesagt und offenbart
worden war.

Das Gebet Davids

16 Da ging König David hin, setzte sich vor dem Herrn nieder und
sagte: Wer bin ich, mein Herr und Gott, und was ist mein Haus, daß
du mich bis hierher geführt hast? 17 Weil das in deinen Augen noch zu
wenig war, o Gott, hast du dem Haus deines Knechtes Zusagen für
eine ferne Zukunft gemacht und mich angeschaut ... mein Herr und
Gott. 18 Was soll David noch weiter zu dir sagen? Du kennst deinen
Knecht. 19 Herr, um deines Knechtes willen und nach der Absicht dei-
nes Herzens hast du alle diese großen Taten getan und alle diese
großen Dinge offenbart. 20 Herr, keiner ist dir gleich, und außer dir
gibt es keinen Gott nach allem, was wir mit unseren Ohren gehört
haben. 21 Welches andere Volk auf der Erde ist wie dein Volk Israel? Wo
wäre ein Gott hingegangen, um ein Volk für sich freizukaufen und
sich den Ruhm großer und erstaunlicher Taten zu verschaffen? Du
hast vor den Augen deines Volkes, das du von den Ägyptern freige-
kauft hast, ganze Völker vertrieben.
22 Du hast Israel für immer zu deinem Volk bestimmt, und du, Herr,
bist sein Gott geworden. 23 Möge doch jetzt auch das Wort, Herr, das
du über deinen Knecht und über sein Haus gesprochen hast, sich für
immer als wahr erweisen. Tu, was du gesagt hast. 24 Dann wird dein
Name sich als wahr erweisen und groß sein für ewige Zeiten, und man
wird sagen: Der Herr der Heere ist Israels Gott!, und das Haus deines
Knechtes David wird vor deinen Augen Bestand haben. 25 Denn du,
mein Gott, hast deinem Knecht offenbart: Ich will dir ein Haus bauen.
Darum fand dein Knecht den Mut, zu dir zu beten. 26 Ja, Herr, du bist
der einzige Gott; du hast deinem Knecht ein solches Glück zugesagt.
27 Du hast jetzt gnädig das Haus deines Knechtes gesegnet, damit es
ewig vor deinen Augen Bestand hat. Denn du, Herr, hast es gesegnet,
und es bleibt für immer gesegnet.

Die Siege Davids

18 Hernach schlug David die Philister. Er unterwarf sie und
nahm ihnen Gat und seine Tochterstädte weg. 2 Auch die
Moabiter schlug er; sie wurden David untertan und tributpflichtig.
3 David schlug auch Hadad-Eser, den König von Zoba, das in Richtung
Hamat liegt, als dieser ausgezogen war, um seine Macht am Eufrat zu
festigen. 4 David erbeutete von ihm tausend Wagen und nahm sieben-
tausend Wagenkämpfer und zwanzigtausend Fußsoldaten gefangen;
er ließ alle Wagenpferde lähmen und behielt nur hundert von ihnen
für sich zurück.
5 Als die Aramäer von Damaskus Hadad-Eser, dem König von Zoba, zu
Hilfe kamen, erschlug David zweiundzwanzigtausend von ihnen 6 und
besetzte das Aramäerreich von Damaskus. So wurden die Aramäer
David untertan und tributpflichtig. Der Herr half David bei allem, was
er unternahm. 7 David erbeutete die goldenen Schilde, die die Krieger
Hadad-Esers trugen, und brachte sie nach Jerusalem. 8 In Tibhat und
Kun, den Städten Hadad-Esers, erbeutete David eine sehr große
Menge Bronze, aus der Salomo später das »Eherne Meer«, die Säulen
und die bronzenen Geräte anfertigen ließ.
9 Als Toï, der König von Hamat, hörte, daß David das ganze Heer
Hadad-Esers, des Königs von Zoba, geschlagen hatte, 10 schickte er
seinen Sohn Hadoram mit Gefäßen aus Gold, Silber und Bronze zu
König David. Er ließ ihm den Friedensgruß entbieten und ihn dazu
beglückwünschen, daß er Hadad-Eser im Krieg geschlagen hatte. Toï
lebte nämlich im Krieg mit Hadad-Eser. 11 König David weihte auch
diese Gefäße dem Herrn, zusammen mit dem Silber und Gold, das er
von allen Völkern, von Edom und Moab, von den Ammonitern, Phili-
stern und Amalekitern erbeutet hatte.
12 Abischai, der Sohn der Zeruja, schlug von Edom im Salztal acht-
zehntausend Mann, 13 und David setzte in Edom Vögte ein. So wurde
ganz Edom von David unterworfen. Der Herr half David bei allem,
was er unternahm.

Die Beamten Davids

14 David war König von ganz Israel und sorgte für Recht und Gerech-
tigkeit in seinem ganzen Volk. 15 Joab, der Sohn der Zeruja, war Heer-
führer. Joschafat, der Sohn Ahiluds, war Sprecher des Königs.
16 Zadok, der Sohn Ahitubs, und Abjatar, der Sohn Ahimelechs, waren
Priester. Schawscha war Staatsschreiber. 17 Benaja, der Sohn Jojadas,
war Befehlshaber der Kereter und Peleter. Die Söhne Davids waren die
Ersten an der Seite des Königs.

Der Krieg mit den Ammonitern und Aramäern

19 Als darauf Nahasch, der König der Ammoniter, starb und
sein Sohn an seiner Stelle König wurde, 2 sagte David: Ich
will Hanun, dem Sohn des Nahasch, mein Wohlwollen zeigen, weil
sein Vater auch mir sein Wohlwollen gezeigt hat. Und David schickte
eine Gesandtschaft zu Hanun und ließ ihm sein Beileid zum Tod sei-
nes Vaters aussprechen. Als die Diener Davids in das Land der Ammo-
niter kamen, um Hanun das Beileid auszusprechen, 3 sagten die Für-
sten der Ammoniter zu Hanun: Will David wirklich deinen Vater vor
deinen Augen ehren, weil er Leute schickt, die dir sein Beileid aus-
sprechen sollen? Sind seine Diener nicht viel eher zu dir gekommen,
um das Land auszukundschaften und zu durchforschen und es dann
zu verwüsten? 4 Darauf ließ Hanun die Diener Davids festnehmen,
ihnen den Bart scheren und ihnen die Kleider zur Hälfte abschneiden,
bis zum Gesäß herauf. So schickte er sie weg. 5 Sie zogen fort, und als
man David meldete, was mit den Männern geschehen war, schickte er
ihnen jemand entgegen und ließ ihnen, weil sie so schwer geschändet
waren, sagen: Bleibt in Jericho, und kehrt erst zurück, wenn euer Bart
wieder gewachsen ist.
6 Als die Ammoniter merkten, daß sie sich bei David verhaßt gemacht
hatten, schickten Hanun und die Ammoniter tausend Talente Silber,
um in Mesopotamien, Aram-Maacha und Zoba Wagenkämpfer samt
Wagen anzuwerben. 7 Sie warben zweiunddreißigtausend Kriegswa-
gen an und gewannen den König von Maacha mit seinen Kriegsleuten.
Diese zogen heran und lagerten vor Medeba. Auch die Ammoniter
sammelten sich aus ihren Städten und zogen in den Kampf. 8 David
erfuhr davon und schickte Joab mit dem ganzen Heer, allen kriegs-
tüchtigen Männern, hin. 9 Die Ammoniter rückten aus und stellten
sich vor der Stadt zum Kampf auf, während die Könige, die gekom-
men waren, jeweils für sich draußen auf dem freien Feld standen.
10 Als Joab sah, daß ihm ein Angriff von vorn und von hinten drohte,
traf er eine Auswahl aus der Kerntruppe Israels und stellte sie gegen
die Aramäer auf. 11 Den Rest des Heeres unterstellte er seinem Bruder

Abischai, damit sie sich den Ammonitern gegenüber aufstellten.
12 Joab sagte: Wenn die Aramäer stärker sind als ich, dann komm du
mir zu Hilfe! Wenn die Ammoniter stärker sind als du, dann werde ich
dir zu Hilfe kommen. 13 Sei tapfer! Wir wollen mutig für unser Volk
und für die Städte unseres Gottes kämpfen. Der Herr aber möge tun,
was er für recht hält. 14 Dann griff Joab mit seinen Leuten die Aramäer
an, und diese ergriffen die Flucht vor ihm. 15 Als die Ammoniter sahen,
daß die Aramäer flohen, ergriffen sie die Flucht vor seinem Bruder
Abischai und zogen sich in die Stadt zurück. Joab kehrte heim nach
Jerusalem.
16 Die Aramäer sahen, daß sie von Israel geschlagen waren. Sie schick-
ten Boten und ließen die Aramäer, die diesseits des Stromes wohnten,
ausrücken; an ihrer Spitze stand Schobach, der Oberbefehlshaber
Hadad-Esers. 17 Als man das David meldete, versammelte er ganz
Israel, überschritt den Jordan, zog gegen sie und nahm ihnen gegen-
über Aufstellung. Während er sich den Aramäern gegenüber zum
Kampf aufstellte, eröffneten sie den Kampf. 18 Doch sie mußten vor
den Israeliten fliehen. David vernichtete siebentausend aramäische
Kriegswagen und tötete vierzigtausend Mann von ihren Fußtruppen.
Auch Schobach, den Oberbefehlshaber des Heeres, tötete er. 19 Die
Vasallen Hadad-Esers sahen nun ein, daß sie von den Israeliten
besiegt waren. Sie schlossen Frieden mit David und unterwarfen sich
ihm. Von da an hatten die Aramäer kein Verlangen mehr, den Ammo-
nitern zu helfen.
20 Um die Jahreswende, zu der Zeit, in der die Könige in den
Krieg ziehen, führte Joab die Streitmacht in das Feld und
verwüstete das Land der Ammoniter. Er rückte bis Rabba vor und bela-
gerte es. David selbst blieb in Jerusalem. Joab eroberte Rabba und zer-
störte es. 2 David nahm ihrem König die Krone vom Haupt. Er stellte
fest, daß ihr Gewicht ein Talent Gold betrug; an ihr war ein kostbarer
Stein. Sie wurde nun Davids Krone. Und er schaffte eine sehr große
Beute aus der Stadt fort. 3 Auch ihre Einwohner führte er fort und
stellte sie an die Steinsägen, an die eisernen Spitzhacken und an die
eisernen Äxte. So machte er es mit allen Städten der Ammoniter. Dann
kehrte David mit dem ganzen Heer nach Jerusalem zurück.

Einzelne Heldentaten

4 Danach kam es bei Geser wieder zum Kampf mit den Philistern.
Damals erschlug Sibbechai aus Huscha den Sippai, der zu den Rafaï-
tern gehörte. Die Philister wurden niedergeworfen.
5 Als es wieder einmal zum Kampf gegen die Philister kam, erschlug
Elhanan, der Sohn Jaïrs, den Lachmi, den Bruder Goljats aus Gat, des-
sen Speer einem Weberbaum glich. 6 Dann kam es noch einmal bei
Gat zum Kampf. Da trat ein Mann von riesenhafter Größe auf; er hatte
je sechs Finger und sechs Zehen, zusammen vierundzwanzig; auch er
stammte von Rafa ab. 7 Als er Israel verhöhnte, erschlug ihn Jonatan,
der Sohn von Davids Bruder Schima. 8 Diese stammten von Rafa aus
Gat ab; sie fielen durch die Hand Davids und seiner Krieger.

Davids Volkszählung

21 Der Satan trat gegen Israel auf und reizte David, Israel zu
zählen. 2 David befahl Joab und den Anführern des Volkes:
Geht, zählt Israel von Beerscheba bis Dan, und bringt mir Bescheid,
damit ich weiß, wie viele es sind. 3 Joab aber sagte zum König: Der
Herr möge sein Volk vermehren, hundertmal mehr, als es jetzt ist.
Sind denn nicht alle, mein Herr und König, Untertanen meines
Herrn? Warum hat mein Herr diesen Wunsch? Warum soll Israel in
Schuld geraten? 4 Doch der König beharrte gegenüber Joab auf sei-
nem Befehl. So ging Joab weg und durchzog ganz Israel. Als er nach
Jerusalem zurückkam, 5 gab er David das Ergebnis der Volkszählung
bekannt. Ganz Israel zählte 1100000 Krieger, die mit dem Schwert
kämpfen konnten, und Juda zählte 470000 Mann, die mit dem
Schwert kämpfen konnten. 6 Levi und Benjamin hatte Joab nicht
zusammen mit ihnen gezählt; denn der Befehl des Königs war ihm
ein Greuel.
7 Doch das mißfiel Gott; darum schlug er Israel. 8 Nun sagte David zu
Gott: Ich habe schwer gesündigt, weil ich das getan habe. Doch vergib
deinem Knecht seine Schuld; denn ich habe sehr unvernünftig gehan-
delt. 9 Der Herr aber sprach zu Gad, dem Seher Davids: 10 Geh und sag
zu David: So spricht der Herr: Dreierlei lege ich dir vor. Wähl dir eines
davon! Das werde ich dir antun. 11 Gad kam zu David und sagte zu ihm:
So spricht der Herr: Wähle dir: 12 drei Jahre Hungersnot, oder drei
Monate, in denen du vor deinen Feinden fliehen mußt und das Schwert
deiner Gegner dich verfolgt, oder drei Tage, in denen das Schwert des
Herrn, die Pest, im Land wütet und der Engel des Herrn über alle
Gebiete Israels Verderben bringt. Überleg nun, was ich dem, der mich
gesandt hat, als Antwort überbringen soll. 13 Da sagte David zu Gad:
Ich habe große Angst. Ich will lieber dem Herrn in die Hände fallen;
denn seine Barmherzigkeit ist groß. Den Menschen aber möchte ich
nicht in die Hände fallen. 14 Da ließ der Herr über Israel eine Pest kom-
men, und es kamen in Israel siebzigtausend Menschen um.
15 Gott sandte einen Engel nach Jerusalem, um es ins Verderben zu
stürzen. Doch als er mit der Vernichtung begann, sah es der Herr, und
das Unheil reute ihn. Er sagte zu dem Engel des Verderbens: Es ist jetzt
genug, laß deine Hand sinken! Der Engel des Herrn stand gerade bei
der Tenne des Jebusiters Arauna. 16 Als David aufblickte, sah er den
Engel des Herrn zwischen Erde und Himmel stehen. Er hielt das
gezückte Schwert in der Hand gegen Jerusalem gerichtet. Da fielen
David und die Ältesten, die in Trauergewänder gehüllt waren, auf ihr
Angesicht nieder, 17 und David rief zu Gott: Habe nicht ich befohlen,
das Volk zu zählen? Ich bin es doch, der gesündigt und Böses getan
hat. Aber diese, die Herde, was haben denn sie getan? Herr, mein
Gott, erheb deine Hand zum Schlag gegen mich und gegen das Haus
meines Vaters, nicht aber gegen dein Volk!

Die Bestimmung des Tempelplatzes

18 Der Engel des Herrn befahl Gad, zu David zu sagen, er solle hinauf-
gehen und dem Herrn auf der Tenne des Jebusiters Arauna einen Altar
errichten. 19 David ging hinauf, wie ihm Gad im Namen des Herrn
befohlen hatte. 20 Arauna hatte sich umgewandt und den Engel
erblickt. Seine vier Söhne, die bei ihm waren, versteckten sich. Er
drosch gerade Weizen. 21 Als nun David zu Arauna kam und dieser auf-
schaute und David sah, kam er aus der Tenne heraus und warf sich vor
David mit dem Gesicht zur Erde nieder. 22 Da sagte David zu Arauna:
Überlaß mir den Platz der Tenne! Ich möchte auf ihm einen Altar für
den Herrn errichten. Um den vollen Kaufpreis sollst du ihn mir geben,
damit die Plage im Volk aufhört. 23 Arauna antwortete David: Du
magst ihn nehmen; mein Herr und König tue, was er für gut findet.
Ich gebe dir die Rinder für die Brandopfer, die Dreschschlitten als
Brennholz und den Weizen zum Speiseopfer; ich will dir alles geben.
24 Doch König David sagte zu Arauna: Nein, ich will dir den Platz zum
vollen Preis abkaufen. Ich will nicht dein Eigentum wegnehmen und
dem Herrn unbezahlte Brandopfer darbringen. 25 So gab David dem
Arauna für den Platz sechshundert abgewogene Goldschekel. 26 Er
baute dort einen Altar für den Herrn, brachte Brand- und Heilsopfer
dar und rief den Herrn an. Dieser antwortete ihm durch Feuer, das
vom Himmel auf den Altar des Brandopfers niederfiel. 27 Dem Engel
aber gebot der Herr, das Schwert in die Scheide zu stecken.
28 Damals merkte David, daß ihn der Herr auf der Tenne des Jebusiters
Arauna erhörte, und brachte dort Opfer dar. 29 Die Wohnstätte des
Herrn aber, die Mose in der Wüste angefertigt hatte, und der Brandop-
feraltar waren zu jener Zeit auf der Kulthöhe von Gibeon. 30 Doch David
konnte sich nicht mehr dorthin begeben, um Gott aufzusuchen; denn
ihn hatte vor dem Schwert des Engels des Herrn Schrecken erfaßt.

Die Vorbereitungen für den Tempelbau

22 Damals sagte David: Hier soll das Haus Gottes, des Herrn,
stehen und hier der Altar für die Brandopfer Israels. 2 Er ließ
daher die Fremden im Land Israel zusammenholen und bestellte sie
als Steinmetzen, die Quadern für den Bau des Hauses Gottes behauen

sollten. 3 Auch ließ er eine Menge Eisen für die Nägel, für die Torflügel
und für die Klammern bereitstellen, dazu Bronze in einer Menge, daß
sie nicht mehr gewogen werden konnte, 4 und ungezählte Zedern-
stämme. Die Bewohner von Sidon und Tyrus lieferten David Zedern-
holz in Menge. 5 David dachte nämlich: Mein Sohn Salomo ist noch
jung und unerfahren; das Haus aber, das dem Herrn gebaut werden
soll, muß groß werden und in aller Welt Lob und Bewunderung fin-
den. Ich will daher Vorbereitungen dazu treffen. So stellte David vor
seinem Tod vieles bereit.
6 Dann rief er seinen Sohn Salomo und trug ihm auf, dem Herrn, dem
Gott Israels, ein Haus zu bauen. 7 Er sagte zu ihm: Ich selbst hatte vor,
dem Namen des Herrn, meines Gottes, ein Haus zu bauen. 8 Da erging
das Wort des Herrn an mich: Du hast viel Blut vergossen und schwere
Kriege geführt. Du sollst meinem Namen kein Haus bauen; denn du
hast vor meinen Augen viel Blut zur Erde fließen lassen. 9 Doch wurde
dir ein Sohn geboren. Dieser wird ein Mann der Ruhe sein: Ich will
ihm Ruhe vor allen seinen Feinden ringsum verschaffen. Salomo ist
sein Name, und in seinen Tagen werde ich Israel Frieden und Ruhe
gewähren. 10 Er wird meinem Namen ein Haus bauen; er wird für mich
Sohn sein, und ich werde für ihn Vater sein. Seinen Königsthron
werde ich in Israel festigen für immer. 11 Möge jetzt der Herr mit dir
sein, mein Sohn, damit du Erfolg hast und das Haus des Herrn, deines
Gottes, baust, wie er es von dir vorausgesagt hat. 12 Nur gebe dir der
Herr Klugheit und Einsicht. Er mache dich zum Gebieter in Israel und
helfe dir, das Gesetz des Herrn, deines Gottes, zu erfüllen. 13 Du wirst
Erfolg haben, wenn du die Gesetze und Rechtsvorschriften gewissen-
haft befolgst, die der Herr dem Mose für Israel aufgetragen hat. Sei
mutig und stark! Fürchte dich nicht, und verzag nicht! 14 Sieh her,
trotz aller Not konnte ich für das Haus des Herrn hunderttausend
Talente Gold und eine Million Talente Silber bereitstellen. Bronze und
Eisen sind in solchen Mengen vorhanden, daß sie nicht gewogen wer-
den können. Auch Holz und Steine habe ich herbeigeschafft; und du
wirst noch mehr dazutun. 15 Du hast Handwerker in großer Anzahl,
Steinmetzen, Maurer, Zimmerleute und zahllose Künstler, die jede
Arbeit 16 in Gold, Silber, Bronze und Eisen ausführen können. Auf
denn, geh ans Werk, und der Herr sei mit dir.
17 Darauf befahl David allen führenden Männern Israels, seinem Sohn
Salomo zu helfen: 18 Ist nicht der Herr, euer Gott, mit euch gewesen,
und hat euch ringsum Ruhe verschafft? Er hat die Bewohner des Lan-
des in meine Gewalt gegeben, so daß nun das Land dem Herrn und
seinem Volk unterworfen ist. 19 Richtet daher euer Herz und euren
Sinn darauf, den Herrn, euren Gott, zu suchen. Auf denn, baut das
Heiligtum Gottes, des Herrn, um dann die Bundeslade des Herrn und
die heiligen Geräte Gottes in das Haus zu bringen, das man seinem
Namen errichtet.

Die Dienstklassen der Leviten

23 David war alt und hochbetagt und bestellte seinen Sohn
Salomo zum König von Israel. 2 Er versammelte dazu alle
führenden Männer Israels, die Priester und Leviten.
3 Die Leviten waren von dreißig Jahren an aufwärts gezählt worden.
Ihre Zahl betrug 38000 Mann. 4 Von diesen hatten 24000 den Dienst
im Haus des Herrn zu leiten, 6000 waren Listenführer und Richter,
5 4000 Torwächter, und 4000 sollten den Herrn mit den Instrumenten
preisen, die David zum Lobpreis anfertigen ließ.
6 David teilte die Leviten in Klassen ein nach den Söhnen Levis: Ger-
schon, Kehat und Merari.
7 Zu den Nachkommen Gerschons gehörten Ladan und Schimi. 8 Von
den Söhnen Ladans war Jehiël der erste; ihm folgten Setam und Joël;
insgesamt waren es drei. 9 Die Söhne Jehiëls waren Schelomit, Hasiël
und Haran, insgesamt drei. Sie waren die Familienhäupter Ladans.
10 Die Söhne Schimis waren Jahat, Sisa, Jëusch und Beria. Das waren
die vier Söhne Schimis. 11 Jahat war der erste, Sisa der zweite. Jëusch
und Beria hatten nur wenige Söhne; sie bildeten daher nur eine
Großfamilie und eine Dienstklasse.
12 Die Söhne Kehats waren: Amram, Jizhar, Hebron und Usiël, insge-
samt vier. 13 Die Söhne Amrams waren Aaron und Mose. Aaron und
seine Söhne wurden für immer dazu bestimmt, Hochheiliges zu
betreuen, Rauchopfer vor dem Herrn zu verbrennen, ihm zu dienen
und allezeit in seinem Namen zu segnen. 14 Die Söhne des Mose aber,
des Mannes Gottes, wurden dem Stamm der Leviten zugerechnet.
15 Die Söhne des Mose waren Gerschom und Eliëser. 16 Von den Söh-
nen Gerschoms war Schubaël der erste. 17 Der Erstgeborene Eliësers
war Rehabja. Andere Söhne hatte er nicht. Die Söhne Rehabjas dage-
gen waren sehr zahlreich. 18 Von den Söhnen Jizhars war Schelomit
der erste. 19 Die Söhne Hebrons waren: der erste Jerija, der zweite
Amarja, der dritte Jahasiël, der vierte Jekamam. 20 Von den Söhnen
Usiëls war Micha der erste und Jischija der zweite.
21 Die Söhne Meraris waren Machli und Muschi. Die Söhne Machlis
waren Eleasar und Kisch. 22 Eleasar hinterließ keine Söhne, als er
starb; er hatte nur Töchter, und diese heirateten die Söhne des Kisch,
ihre Vettern. 23 Die Söhne Muschis waren: Machli, Eder und Jeremot,
insgesamt drei.

Die Aufgaben der Leviten

24 Das waren die Leviten nach ihren Großfamilien mit deren Häup-
tern, wie sie Kopf für Kopf gezählt und bestellt worden waren. Sie
besorgten, von zwanzig Jahren an aufwärts, den Dienst am Haus des
Herrn. 27 Nach den letzten Anordnungen Davids zählte man die Levi-
ten von zwanzig Jahren an aufwärts. 25 David sagte nämlich: Der Herr,
der Gott Israels, hat seinem Volk Israel Ruhe verliehen und für immer
in Jerusalem Wohnung genommen. 26 Die Leviten brauchen das Zelt
und all seine Geräte für den Dienst nicht mehr zu tragen. 28 Ihre Stel-
lung im Dienst des Hauses des Herrn an der Seite der Söhne Aarons
verpflichtet sie vielmehr zur Aufsicht über die Höfe und Kammern,
zur Reinigung alles Heiligen, zum Dienst im Haus Gottes, 29 zur
Besorgung der Schaubrote, des Feinmehls für die Speiseopfer und die
ungesäuerten Brote, der Bratpfannen und des Backwerks sowie zur
Überwachung der Hohl- und Längenmaße. 30 Sie müssen auch jeden
Morgen und Abend bereitstehen, um den Herrn zu loben und zu prei-
sen. 31 Desgleichen sollen sie bei allen Brandopfern, die an den Sabba-
ten, Neumonden und Festen dem Herrn dargebracht werden, vollzäh-
lig, wie es ihre Pflicht ist, immer vor ihm erscheinen. 32 So sollen sie
den Dienst im Offenbarungszelt, den Dienst am Heiligtum und die
Bedienung der Söhne Aarons, ihrer Amtsbrüder, bei ihren Verrichtun-
gen im Haus des Herrn übernehmen.

Die Dienstklassen der Priester

24 Auch die Nachkommen Aarons waren in Abteilungen
gegliedert. Die Söhne Aarons waren: Nadab, Abihu, Eleasar
und Itamar. 2 Nadab und Abihu starben vor ihrem Vater. Da sie keine
Söhne hatten, übernahmen Eleasar und Itamar das Priestertum.
3 David teilte sie gemeinsam mit Zadok, einem Nachkommen Elea-
sars, und mit Ahimelech, einem Nachkommen Itamars, in ihre Dienst-
klassen ein. 4 Dabei ergab sich, daß bei den Nachkommen Eleasars
mehr führende Männer waren als bei den Nachkommen Itamars. Man
teilte daher den Nachkommen Eleasars sechzehn Oberhäupter von
Großfamilien zu und den Nachkommen Itamars nur acht für ihre
Großfamilien. 5 Doch teilte man diese wie jene durch das Los ein;
denn Fürsten des Heiligtums, Fürsten Gottes, waren sowohl unter den
Nachkommen Eleasars wie auch unter den Nachkommen Itamars.
6 Der Schreiber Schemaja, der Sohn Netanels, ein Levit, schrieb sie auf
im Beisein des Königs, der führenden Männer, des Priesters Zadok,
Abjatars, des Sohnes Ahimelechs, sowie der Familienhäupter der Prie-
ster und Leviten. Jeweils zwei Großfamilien wurden aus der Linie
Eleasars und eine aus der Linie Itamars ausgelost.
7 Das erste Los fiel auf Jojarib, das zweite auf Jedaja, 8 das dritte auf
Harim, das vierte auf Seorim, 9 das fünfte auf Malkija, das sechste auf
Mijamin, 10 das siebte auf Koz, das achte auf Abija, 11 das neunte auf
Jeschua, das zehnte auf Schechanja, 12 das elfte auf Eljaschib, das

zwölfte auf Jakim, 13 das dreizehnte auf Huppa, das vierzehnte auf
Jeschebab, 14 das fünfzehnte auf Bilga, das sechzehnte auf Immer,
15 das siebzehnte auf Hesir, das achtzehnte auf Pizzez, 16 das neun-
zehnte auf Petachja, das zwanzigste auf Jeheskel, 17 das einundzwan-
zigste auf Jachin, das zweiundzwanzigste auf Gamul, 18 das dreiund-
zwanzigste auf Delaja, das vierundzwanzigste auf Maasja. 19 Das waren
ihre Dienstklassen, nach denen sie in das Haus des Herrn kommen
mußten, wie es ihre Pflicht war, die sie von ihrem Vater Aaron über-
nommen hatten; so hatte es ihm der Herr, der Gott Israels, befohlen.

Die Levitenordnung

20 Zu den übrigen Leviten, und zwar zu den Söhnen Amrams, gehörte
Schubaël, zu den Söhnen Schubaëls Jechdeja. 21 Von Rehabja, und
zwar von den Söhnen Rehabjas, war Jischija der erste. 22 Zu den Nach-
kommen Jizhars gehörte Schelomit, zu den Söhnen Schelomits Jahat.
23 Von den Söhnen Hebrons war Jerija der erste, Amarja der zweite,
Jahasiël der dritte, Jekamam der vierte. 24 Der Sohn Usiëls war Micha.
Zu den Söhnen Michas gehörte Schamir. 25 Der Bruder Michas war
Jischija. Zu den Söhnen Jischijas gehörte Secharja. 26 Die Söhne Mera-
ris waren Machli und Muschi. Der Sohn Jaasijas war Bani. 27 Meraris
Nachkommen über Jaasija waren: Bani, Schoham, Sakkur und Ibri.
28 Zu Machli gehörten Eleasar, der keine Kinder hatte, und Kisch.
29 Der Sohn des Kisch war Jerachmeel. 30 Die Söhne Muschis waren:
Machli, Eder und Jerimot. – Das waren die Leviten nach ihren Großfa-
milien. 31 Auch sie warfen das Los wie ihre Brüder, die Söhne Aarons,
im Beisein des Königs David, Zadoks und Ahimelechs sowie der Fami-
lienhäupter der Priester und Leviten, und zwar die Familien des Ober-
hauptes wie die seines jüngsten Bruders.

Die Dienstklassen der Sänger

25 David und die Obersten des Heeres sonderten die Söhne
Asafs, Hemans und Jedutuns, die auf Zithern, Harfen und
Zimbeln spielten, für ihren Dienst aus. Und das ist das Verzeichnis der
Männer, die den Dienst versahen: 2 Von den Söhnen Asafs: Sakkur,
Josef, Netanja und Asarela. Die Söhne Asafs standen unter der Leitung
Asafs, der nach der Anweisung des Königs spielte. 3 Von Jedutun: die
Söhne Jedutuns: Gedalja, Zeri, Schimi, Jeschaja, Haschabja und Mat-
titja, insgesamt sechs. Sie standen unter der Leitung ihres Vaters Jedu-
tun, der zum Lob und Preis des Herrn die Zither spielte. 4 Von Heman:
die Söhne Hemans: Bukkija, Mattanja, Usiël, Schubaël, Jerimot,
Hananja, Hanani, Eliata, Giddalti, Romamti-Eser, Joschbekascha,
Malloti, Hotir, Mahasiot. 5 Sie alle waren Söhne Hemans, des Sehers
des Königs, gemäß der Verheißung Gottes, der ihm Erhöhung der
Macht versprach. So schenkte Gott dem Heman vierzehn Söhne und
drei Töchter. 6 Alle diese spielten unter der Leitung ihrer Väter, näm-
lich Asafs, Jedutuns und Hemans, beim Gesang im Haus des Herrn
auf Zimbeln, Harfen und Zithern. Sie hatten den Dienst im Haus
Gottes nach der Weisung des Königs zu besorgen. 7 Sie zählten
zusammen mit ihren Amtsbrüdern, die im Gesang zu Ehren des Herrn
unterrichtet waren, 288 Mann, lauter geübte Leute. 8 Sie warfen das
Los zur Feststellung des Dienstes, und zwar der Geringste wie der
Größte, der Meister wie der Schüler.
9 Das erste Los traf auf Josef,
das zweite auf Gedalja,
seine Brüder und Söhne: 12;
10 das dritte auf Sakkur,
seine Söhne und Brüder: 12;
11 das vierte auf Zeri,
seine Söhne und Brüder: 12;
12 das fünfte auf Netanja,
seine Söhne und Brüder: 12;
13 das sechste auf Bukkija,
seine Söhne und Brüder: 12;
14 das siebte auf Asarela,
seine Söhne und Brüder: 12;
15 das achte auf Jeschaja,
seine Söhne und Brüder: 12;
16 das neunte auf Mattanja,
seine Söhne und Brüder: 12;
17 das zehnte auf Schimi,
seine Söhne und Brüder: 12;
18 das elfte auf Usiël,
seine Söhne und Brüder: 12;
19 das zwölfte auf Haschabja,
seine Söhne und Brüder: 12;
20 das dreizehnte auf Schubael,
seine Söhne und Brüder: 12;
21 das vierzehnte auf Mattitja,
seine Söhne und Brüder: 12;
22 das fünfzehnte auf Jerimot,
seine Söhne und Brüder: 12;
23 das sechzehnte auf Hananja,
seine Söhne und Brüder: 12;
24 das siebzehnte auf Joschbekascha,
seine Söhne und Brüder: 12;
25 das achtzehnte auf Hanani,
seine Söhne und Brüder: 12;
26 das neunzehnte auf Malloti,
seine Söhne und Brüder: 12;
27 das zwanzigste auf Eliata,
seine Söhne und Brüder: 12;
28 das einundzwanzigste auf Hotir,
seine Söhne und Brüder: 12;
29 das zweiundzwanzigste auf Giddalti,
seine Söhne und Brüder: 12;
30 das dreiundzwanzigste auf Mahasiot,
seine Söhne und Brüder: 12;
31 das vierundzwanzigste auf Romamti-Eser,
seine Söhne und Brüder: 12.

Die Torwächter

26 Bei den Abteilungen der Torwächter gehörte Meschelemja,
der Sohn Kores, ein Nachkomme Abiasafs, zu den Korachi-
tern. 2 Von den Söhnen Meschelemjas war Secharja der Erstgeborene,
Jediaël der zweite, Sebadja der dritte, Jatniël der vierte, 3 Elam der
fünfte, Johanan der sechste, Eljoënai der siebte.
4 Von den Söhnen Obed-Edoms war Schemaja der Erstgeborene, Josa-
bad der zweite, Joach der dritte, Sachar der vierte, Netanel der fünfte,
5 Ammiël der sechste, Issachar der siebte, Pëulletai der achte. Gott
hatte ihn nämlich gesegnet. 6 Auch seinem Sohn Schemaja wurden
Söhne geboren. Sie wurden Oberhäupter in ihren Großfamilien; denn
sie waren tüchtige Männer. 7 Die Söhne Schemajas waren Otni, Refaël
und Obed. Die Söhne seines Bruders Elsabad waren Elihu und
Semachja, ebenfalls tüchtige Männer. 8 Diese alle waren Nachkom-
men Obed-Edoms. Sie selbst, ihre Söhne und Brüder, waren tüchtige
Leute und zu ihrem Dienst befähigt: zweiundsechzig Angehörige
Obed-Edoms.
9 Auch Meschelemja hatte Söhne und Brüder, achtzehn tüchtige Män-
ner. 10 Ebenso wurden Hosa, einem Nachkommen Meraris, Söhne ge-
boren. Schimri war ihr Oberhaupt. Sein Vater hatte ihn dazu gemacht,
obwohl er nicht der Erstgeborene war. 11 Sein zweiter Sohn war Hil-
kija, der dritte Tebalja, der vierte Secharja. Insgesamt hatte Hosa drei-
zehn Söhne und Brüder.
12 Diese Abteilungen der Torwächter besorgten die Wache mit der
Gesamtheit ihrer Männer. Wie ihre Brüder taten sie Dienst im Haus
des Herrn. 13 Sie warfen für jedes einzelne Tor das Los in ihren
Großfamilien, der Geringste wie der Größte. 14 Das Los für das Osttor
fiel auf Meschelemja; für seinen Sohn Secharja, einen klugen Berater,
warf man das Los, und es traf auf das Nordtor. 15 Obed-Edom fiel das
Südtor zu und seinen Söhnen das Vorratshaus. 16 Auf Hosa traf das

Westtor mit dem Schallechettor an der aufsteigenden Straße. Eine
Wache entsprach der andern.
17 Im Osten standen täglich sechs Posten, im Norden täglich vier, im
Süden täglich vier, an den Vorratskammern je zwei. 18 Am Parbar im
Westen waren vier für die Straße und zwei für den Parbar bestimmt.
19 Das waren die Abteilungen der Torwächter aus den Nachkommen
der Korachiter und den Nachkommen Meraris.

Die Aufseher über die Schatzkammern

20 Einige von den Leviten, ihren Stammesbrüdern, wachten über die
Schätze des Hauses Gottes und über die Schätze aus den Weihegaben.
21a Es waren dies die Söhne Ladans, eines Nachkommen Gerschons,
nämlich Jehiël 22a mit seinen Söhnen sowie Setam und sein Bruder
Joël. 21b Sie waren die Familienhäupter Ladans, des Sohnes Ger-
schons, 22b und wachten über die Schätze im Haus des Herrn. 23 Zu
ihnen kamen Nachkommen Amrams, Jizhars, Hebrons und Usiëls.
24 Schubaël, der Sohn Gerschoms und Enkel des Mose, war Oberauf-
seher über die Schätze gewesen. 25 Sein Stammesbruder aus der Linie
Eliësers war dessen Sohn Rehabja; dessen Sohn war Jeschaja, dessen
Sohn Joram, dessen Sohn Sichri und dessen Sohn Schelomit. 26 Sche-
lomit und seine Brüder hatten die Aufsicht über alle Schätze aus den
Weihegaben, die König David, die Häupter der Großfamilien, die
Obersten der Tausend- und Hundertschaften und die Obersten des
Heeres gespendet hatten. 27 Diese hatten aus der Kriegsbeute Weihe-
gaben gestiftet, um das Haus des Herrn gut auszustatten. 28 Sie über-
wachten auch alles, was der Seher Samuel, Saul, der Sohn des Kisch,
Abner, der Sohn Ners, und Joab, der Sohn der Zeruja, gespendet hat-
ten. Jeder, der eine Weihegabe darbrachte, legte sie in die Hand Sche-
lomits und seiner Brüder.

Die Verwaltungsdienste

29 Von den Nachkommen Jizhars waren Kenanja und seine Söhne als
Beamte und Richter für die äußeren Angelegenheiten in Israel
bestellt. 30 Von den Nachkommen Hebrons hatten Haschabja und
seine Brüder, siebzehnhundert tüchtige Männer, die Aufsicht über
Israel westlich des Jordan in allen Angelegenheiten des Herrn und im
Dienst des Königs. 31 Haupt der Hebroniter war Jerija. Im vierzigsten
Jahr der Regierung Davids suchte man anhand der Geschlechterlisten
die Großfamilien der Hebroniter ab und fand unter ihnen tüchtige
Männer in Jaser in Gilead. 32 König David setzte Jerija und seine Stam-
mesbrüder, zweitausendsiebenhundert tüchtige Männer, Häupter
ihrer Familien, über die Rubeniter, Gaditer und den halben Stamm
Manasse in allen Angelegenheiten Gottes und des Königs.

Die Heerführer Davids

27 Die Israeliten nach ihrer Anzahl, die Familienhäupter, die
Obersten der Tausend- und Hundertschaften und ihre
Beamten dienten dem König in allen Angelegenheiten der Abteilun-
gen, die Monat für Monat das ganze Jahr hindurch antraten und abzo-
gen. Jede Abteilung war 24000 Mann stark.
2 Die erste Abteilung für den ersten Monat befehligte Jaschobam, der
Sohn Sabdiëls. Zu seiner Abteilung gehörten 24000 Mann. 3 Er war ein
Nachkomme des Perez und Haupt aller Obersten des Heeres im ersten
Monat. 4 Die Abteilung des zweiten Monats befehligte der Ahoachiter
Dodai, ein Fürst. Zu seiner Abteilung gehörten 24000 Mann. 5 Der
dritte Heerführer, für den dritten Monat, war Benaja, der Sohn des
Priesters Jojada, ein Oberhaupt. Zu seiner Abteilung gehörten 24000
Mann. 6 Dieser Benaja war ein Held unter den Dreißig und Anführer
der Dreißig sowie seiner eigenen Abteilung. Sein Sohn war Ammisa-
bad. 7 Der vierte Befehlshaber, für den vierten Monat, war Asaël, der
Bruder Joabs. Nach ihm war es sein Sohn Sebadja. Zu seiner Abteilung
gehörten 24000 Mann. 8 Der fünfte, für den fünften Monat, war der
Oberst Schamhut, ein Nachkomme Serachs. Zu seiner Abteilung
gehörten 24000 Mann. 9 Der sechste, für den sechsten Monat, war Ira,
der Sohn des Ikkesch, aus Tekoa. Zu seiner Abteilung gehörten 24000
Mann. 10 Der siebte, für den siebten Monat, war Helez aus Pelet, ein
Efraimiter. Zu seiner Abteilung gehörten 24000 Mann. 11 Der achte,
für den achten Monat, war der Huschatiter Sibbechai, ein Nach-
komme Serachs. Zu seiner Abteilung gehörten 24000 Mann. 12 Der
neunte, für den neunten Monat, war Abiëser aus Anatot vom Stamm
Benjamin. Zu seiner Abteilung gehörten 24000 Mann. 13 Der zehnte,
für den zehnten Monat, war Mahrai aus Netofa, ein Nachkomme Ser-
achs. Zu seiner Abteilung gehörten 24000 Mann. 14 Der elfte, für den
elften Monat, war Benaja aus Piraton, ein Efraimiter. Zu seiner Abtei-
lung gehörten 24000 Mann. 15 Der zwölfte, für den zwölften Monat,
war Heldai aus Netofa vom Geschlecht Otniël. Zu seiner Abteilung
gehörten 24000 Mann.

Die Oberhäupter der Stämme

16 Diese standen an der Spitze der Stämme Israels: Fürst bei den Rube-
nitern war Eliëser, der Sohn Sichris; bei Simeon war es Schefatja, der
Sohn Maachas; 17 bei Levi Haschabja, der Sohn Kemuëls; bei Aaron
Zadok; 18 bei Juda Elihu, ein Bruder Davids; bei Issachar Omri, der
Sohn Michaels; 19 bei Sebulon Jischmaja, der Sohn Obadjas; bei
Naftali Jerimot, der Sohn Asriëls; 20 bei den Efraimitern Hoschea, der
Sohn Asasjas; bei der einen Hälfte des Stammes Manasse Joël, der
Sohn Pedajas; 21 bei der anderen Hälfte des Stammes Manasse in
Gilead war es Jiddo, der Sohn Secharjas; bei Benjamin Jaasiël, der
Sohn Abners; 22 bei Dan Asarel, der Sohn Jerohams. Das waren die
Anführer der Stämme Israels.
23 Die Zahl derer, die noch nicht zwanzig Jahre alt waren, hatte David
nicht aufnehmen lassen; denn der Herr hatte versprochen, daß er
Israel zahlreich werden lasse wie die Sterne des Himmels. 24 Joab, der
Sohn der Zeruja, hatte die Zählung begonnen, aber nicht zu Ende
geführt, da ihretwegen ein Zorngericht über Israel gekommen war. So
wurde ihre Zahl nicht in die Chronik des Königs David aufgenommen.

Die Verwalter des königlichen Besitzes

25 Asmawet, der Sohn Adiëls, hatte die Aufsicht über die Schätze des
Königs, Jonatan, der Sohn Usijas, über die Vorräte auf dem Land, in
den Städten, Dörfern und Türmen, 26 Esri, der Sohn Kelubs, über die
Feldarbeiter, die den Boden zu bestellen hatten, 27 Schimi aus Rama
über die Weinberge, Sabdi aus Schefam über die Weinvorräte in den
Weinbergen, 28 Baal-Hanan aus Bet-Gader über die Öl- und Maulbeer-
feigenbäume in der Schefela, Joasch über die Ölvorräte, 29 Schitrai,
der Scharoniter, über die Rinder, die in der Scharonebene weideten,
Schafat, der Sohn Adlais, über die Rinder in den Tälern, 30 der Ismaeli-
ter Obil über die Kamele, Jechdeja aus Meronot über die Esel, 31 der
Hagariter Jasis über die Schafe und Ziegen. Sie alle waren Verwalter
des Eigentums, das dem König David gehörte.

Die höchsten Beamten

32 Jonatan, der Onkel Davids, war sein Berater. Er war ein kluger,
schriftkundiger Mann. Jehiël, der Sohn Hachmonis, war bei den Söh-
nen des Königs. 33 Ahitofel war Berater des Königs, der Arkiter
Huschai war Freund des Königs. 34 Nach Ahitofel war Jojada, der Sohn
Benajas (Berater des Königs). Abjatar war Priester und Joab Heerfüh-
rer des Königs.

Der Auftrag zum Tempelbau

28 David versammelte in Jerusalem alle führenden Männer
Israels, die Vorsteher der Stämme und der Abteilungen, die
im Dienst des Königs standen, die Obersten der Tausend- und der
Hundertschaften, die Verwalter des ganzen Eigentums und des Vieh-
besitzes des Königs und seiner Söhne, dazu die Hofbeamten, die Hel-
den und alle tapferen Krieger. 2 Dabei erhob sich König David und
sagte: Hört mich an, meine Brüder und mein Volk! Ich selbst hatte vor,
für die Bundeslade des Herrn, den Fußschemel unseres Gottes, eine
Ruhestätte zu errichten, und traf Vorbereitungen für den Bau. 3 Doch
Gott sprach zu mir: Du sollst meinem Namen kein Haus bauen; denn

du hast Kriege geführt und Blut vergossen. 4 Der Herr, der Gott Israels,
hat mich aus dem ganzen Haus meines Vaters für immer zum König
von Israel auserwählt. Er hat Juda zur Herrschaft bestimmt und im
Haus Juda das Haus meines Vaters. Unter den Söhnen meines Vaters
hat er an mir Gefallen gefunden, so daß er mich zum König über
Israel machte. 5 Unter allen meinen Söhnen aber – der Herr hat mir ja
viele Söhne geschenkt – hat er meinen Sohn Salomo erwählt, daß er
auf dem Königsthron des Herrn über Israel herrscht. 6 Er sprach zu
mir: Dein Sohn Salomo soll mein Haus und meine Höfe bauen; denn
ihn habe ich mir zum Sohn erwählt, und ich werde ihm Vater sein.
7 Ich will seinem Königtum ewigen Bestand verleihen, wenn er mann-
haft meine Gebote und Anordnungen befolgt, wie es heute der Fall ist.
8 Und nun ermahne ich euch vor den Augen ganz Israels, der Ver-
sammlung des Herrn, und vor den Ohren unseres Gottes: Achtet auf
alle Gebote des Herrn, eures Gottes, und befolgt sie, damit ihr im
Besitz des prächtigen Landes bleibt und es für immer auf eure Söhne
nach euch vererben könnt. 9 Du aber, mein Sohn Salomo, erkenne den
Gott deines Vaters; diene ihm mit ungeteiltem Herzen und williger
Seele; denn der Herr erforscht alle Herzen und kennt jedes Sinnen der
Gedanken. Wenn du ihn suchst, läßt er sich von dir finden. Wenn du
ihn aber verläßt, verwirft er dich auf ewig. 10 Sieh nun zu: Der Herr hat
dich erwählt, daß du ihm ein Haus als Heiligtum erbaust. Sei mutig,
und geh ans Werk!
11 Darauf übergab David seinem Sohn Salomo den Plan der Vorhalle,
des Hauptraums mit seinen Schatzkammern, Obergemächern und
Innenräumen und des Raums der Deckplatte 12 sowie den Plan von
allem, was er sich für die Höfe des Tempels und für alle Kammern
ringsum vorgenommen hatte. Er gab Anweisungen über die Schätze
des Gotteshauses und die Schätze aus den Weihegaben, 13 über die
Abteilungen der Priester und Leviten, über den Vollzug des gesamten
Dienstes am Haus des Herrn und über alle Geräte, die man zum
Dienst im Haus des Herrn benötigte. 14 Dazu übergab er ihm seine
Berechnungen über das Gold, mit Angabe des Gewichtes des Goldes
für jedes einzelne Dienstgerät, und über alle silbernen Geräte, mit
Angabe des Gewichtes eines jeden Dienstgerätes. 15 Er nannte ihm das
Gewicht der goldenen Leuchter mit ihren goldenen Lampen, mit
Angabe des Gewichtes eines jeden Leuchters und seiner Lampen,
sowie der silbernen Leuchter, mit Angabe des Gewichtes eines jeden
Leuchters und seiner Lampen, entsprechend der Verwendung eines
jeden Leuchters. 16 Er bestimmte das Gold mit Angabe des Gewichtes
für die einzelnen Schaubrotetische und des Silbers für die silbernen
Tische. 17 Ebenso gab er ihm Auskunft über die Gabeln, Schalen und
Kannen aus purem Gold, über die goldenen Becher, mit Angabe des
Gewichtes eines jeden Bechers, auch über die silbernen Becher, mit
Angabe des Gewichtes eines jeden Bechers. 18 Er verordnete geläuter-
tes Gold für den Räucheraltar, mit Angabe des Gewichtes, und Gold
für den Aufbau des Thronwagens, die Kerubim, die ihre Flügel aus-
breiteten und die Bundeslade des Herrn bedeckten. 19 All das legte er
dar in einer Schrift aus der Hand des Herrn, die über ihm ruhte, und
erörterte alle Arbeiten, die der Plan vorsah.
20 Dann sagte David zu seinem Sohn Salomo: Sei mutig und stark!
Geh ans Werk! Fürchte dich nicht, und verzage nicht! Denn der Herr,
mein Gott, wird mit dir sein. Er wird dich nicht erlahmen lassen und
dich nicht im Stich lassen, bis alle Arbeiten für den Dienst des Hauses
des Herrn zu Ende geführt sind. 21 Sieh, die Abteilungen der Priester
und Leviten stehen da, zu jeder Dienstleistung im Haus Gottes bereit.
Bei jeder Arbeit und zu jedem Dienst werden dir alle willig nach ihren
Fähigkeiten beistehen; ebenso werden dir die führenden Männer und
das ganze Volk in jeder Angelegenheit zur Seite stehen.

Die Spenden für den Tempelbau

29 Darauf wandte sich König David an die ganze Versamm-
lung: Mein Sohn Salomo, den allein Gott erwählt hat, ist
noch jung und unerfahren. Das Werk aber ist groß; denn wir bauen
nicht für Menschen, sondern für Gott, den Herrn. 2 Nach meinen
besten Kräften habe ich nun für das Haus meines Gottes Gold
beschafft für die goldenen, Silber für die silbernen, Bronze für die
bronzenen, Eisen für die eisernen und Holz für die hölzernen Gegen-
stände, dazu Schohamsteine mit Einfassungen, Malachit und buntfar-
bige Steine sowie allerlei Edelsteine und Alabaster in Menge. 3 Aus
Liebe zum Haus meines Gottes spende ich aus meinem Besitz, mei-
nem Gold und Silber, über all das hinaus, was ich für das Haus des
Heiligtums schon bereitgestellt habe, 4 noch weitere 3000 Talente
Gold vom Ofirgold und 7000 Talente geläutertes Silber. Man soll
damit die Wände der Räume verkleiden 5 und Gold zur Verfügung
haben für die goldenen und Silber für die silbernen Gegenstände und
für jede Arbeit von Künstlerhand. Wer ist nun bereit, seine Hand
ebenso für den Herrn zu füllen?
6 Da zeigten die Häupter der Großfamilien, die Vorsteher der israeliti-
schen Stämme, die Obersten der Tausend- und Hundertschaften und
die obersten Beamten des königlichen Dienstes ihre Freigebigkeit.
7 Sie spendeten für den Bau des Hauses Gottes 5000 Talente Gold,
10000 Golddariken, 10000 Talente Silber, 18000 Talente Bronze,
100000 Talente Eisen. 8 Wer Edelsteine besaß, gab sie zum Schatz des
Hauses des Herrn in die Hände Jehiëls, eines Nachkommen Ger-
schons. 9 Das Volk freute sich über diese Freigebigkeit; denn sie hatten
mit ungeteiltem Herzen willig für den Herrn gespendet. Auch König
David hatte eine große Freude.

Das Dankgebet Davids

10 Da pries David den Herrn vor der ganzen Versammlung und rief:
Gepriesen bist du, Herr, Gott unseres Vaters Israel, von Ewigkeit zu
Ewigkeit. 11 Dein, Herr, sind Größe und Kraft, Ruhm und Glanz und
Hoheit; dein ist alles im Himmel und auf Erden. Herr, dein ist das
Königtum. Du erhebst dich als Haupt über alles. 12 Reichtum und Ehre
kommen von dir; du bist der Herrscher über das All. In deiner Hand
liegen Kraft und Stärke; von deiner Hand kommt alle Größe und
Macht. 13 Darum danken wir dir, unser Gott, und rühmen deinen herr-
lichen Namen. 14 Doch wer bin ich, und was ist mein Volk, daß wir die
Kraft besaßen, diese Gaben zu spenden? Von dir kommt ja alles; und
was wir dir gegeben haben, stammt aus deiner Hand. 15 Denn wir sind
nur Gäste bei dir, Fremdlinge, wie alle unsere Väter. Wie ein Schatten
sind unsere Tage auf Erden und ohne Hoffnung. 16 Herr, unser Gott,
diese ganze Fülle, die wir bereitgestellt haben, um dir, deinem heili-
gen Namen, ein Haus zu bauen, kam aus deiner Hand; dir gehört
alles. 17 Ich weiß, mein Gott, daß du die Herzen prüfst und an Auf-
richtigkeit Gefallen hast. Mit aufrichtigem Herzen habe ich dies alles
gegeben, und ich habe mit Freuden gesehen, wie auch dein Volk, das
sich hier eingefunden hat, dir willig spendet. 18 Herr, Gott unserer
Väter Abraham, Isaak und Israel, erhalte diese Gesinnung für immer
im Herzen deines Volkes! Lenke sein Herz auf dich! 19 Gib auch mei-
nem Sohn Salomo ein ungeteiltes Herz, damit er auf deine Gebote,
Anordnungen und Gesetze achtet und alles tut, um den Bau zu errich-
ten, den ich vorbereitet habe.
20 Dann befahl David der ganzen Versammlung: Preist den Herrn,
euren Gott! Und die ganze Versammlung lobte den Herrn, den Gott
ihrer Väter. Sie verneigten sich und warfen sich nieder vor dem Herrn
und dem König.

Salomos Thronbesteigung

21 Am folgenden Tag brachten sie dem Herrn Opfer dar. Sie spendeten
zu Brandopfern tausend Stiere, tausend Widder, tausend Lämmer
sowie die dazugehörenden Trankopfer. Dazu kam eine Menge
Schlachtopfer für ganz Israel. 22 Voller Freude aßen und tranken sie an
jenem Tag vor dem Herrn und machten Salomo, den Sohn Davids,
zum zweitenmal zum König. Sie salbten ihn zum Fürsten des Herrn,
und Zadok salbten sie zum Priester. 23 Salomo setzte sich nun anstelle
seines Vaters David als König auf den Thron des Herrn. Er hatte Glück,
und ganz Israel leistete ihm Gehorsam. 24 Alle hohen Beamten und
Helden, auch alle Söhne des Königs David unterwarfen sich Salomo.

Alexej von Jawlensky
Sonne, Farbe, Leben
(1925)
»Dein, Herr, sind Größe und Kraft, Ruhm und Glanz und Hoheit; dein ist alles im Himmel und auf Erden. Herr, dein ist das Königtum. Du erhebst dich als Haupt über alles« (1 Chr 29,11).
Davids Dankgebet entspricht der gesteigerten Empfindung, die der Expressionist Alexej von Jawlensky in der Leuchtkraft der Farben zum Ausdruck bringt. Dieses Fest der Farben verbinden Jawlenskys konstruktive Kopfbilder der 20er Jahre mit einem strengen Gefüge aus geometrischen Formen. Jawlensky näherte sich damit den Formexperimenten der Bauhaus-Lehrer Wassily Kandinsky, Paul Klee und Lyonel Feininger, mit denen er die Gruppe der Blauen Vier bildete. Davon blieb jedoch sein Thema des menschlichen Antlitzes als ein Spiegel seelischer, ins Religiöse gesteigerter Empfindungen unberührt.

25 Der Herr ließ Salomo überaus mächtig werden vor den Augen Israels. Er verlieh seinem Königtum einen Glanz, wie ihn kein König in Israel vor ihm besessen hatte.

Der Abschluß der Geschichte Davids

26 David, der Sohn Isais, war König von ganz Israel. 27 Die Zeit, die er
in Israel regierte, betrug vierzig Jahre. In Hebron regierte er sieben
und in Jerusalem dreiunddreißig Jahre. 28 Er starb in hohem Alter, satt
an Tagen, Reichtum und Ehre. Sein Sohn Salomo wurde König an sei-
ner Stelle. 29 Die frühere und die spätere Geschichte des Königs David
ist aufgezeichnet in der Geschichte des Sehers Samuel, in der
Geschichte des Propheten Natan und in der Geschichte des Sehers
Gad. 30 Sie berichten von seiner ganzen Regierung, seiner Machtent-
faltung und von den Zeiten, die über ihn, über Israel und alle Reiche
der Länder hinweggegangen sind.

Das zweite Buch der Chronik

Die Geschichte Salomos

Salomos Bitte um Weisheit

1 Salomo, der Sohn Davids, gewann Macht in seinem Königtum, der
Herr, sein Gott, war mit ihm und ließ ihn überaus stark werden.
2 Er sprach mit ganz Israel, den Obersten der Tausend- und Hundert-
schaften, den Richtern, mit allen Fürsten aus ganz Israel und mit den
Häuptern der Großfamilien. 3 Dann ging er mit der ganzen Versamm-
lung, die bei ihm war, zur Kulthöhe von Gibeon; denn hier war das
Offenbarungszelt Gottes, das Mose, der Knecht des Herrn, in der
Wüste angefertigt hatte. 4 Die Lade Gottes jedoch hatte David aus Kir-
jat-Jearim an den Ort bringen lassen, den er für sie hergerichtet hatte.
Er hatte nämlich in Jerusalem ein Zelt für sie aufgestellt. 5 Der bron-
zene Altar, den Bezalel, der Sohn Uris und Enkel Hurs, gemacht hatte,
stand in Gibeon vor der Wohnstätte des Herrn. Ihn suchten Salomo
und die ganze Versammlung Israels auf. 6 Salomo stieg dort auf den
bronzenen Altar vor dem Herrn beim Offenbarungszelt und brachte
auf ihm tausend Brandopfer dar.
7 In jener Nacht erschien Gott dem Salomo und forderte ihn auf: Sprich
eine Bitte aus, die ich dir gewähren soll. 8 Salomo antwortete Gott: Du
hast meinem Vater David große Huld erwiesen und mich an seiner
Stelle zum König gemacht. 9 So möge sich nun, mein Herr und Gott,
dein Wort an meinen Vater David als wahr erweisen; denn du hast mich
zum König gemacht über ein Volk, das zahlreich ist wie der Staub der
Erde. 10 Verleih mir daher Weisheit und Einsicht, damit ich weiß, wie
ich mich vor diesem Volk verhalten soll. Denn wer könnte sonst dieses
mächtige Volk regieren? 11 Gott antwortete Salomo: Weil dir das am
Herzen liegt, weil du nicht um Reichtum, Vermögen, Ehre oder um den
Tod deiner Feinde, auch nicht um langes Leben gebeten hast, sondern
weil du um Weisheit und Einsicht gebeten hast, um mein Volk zu regie-
ren, zu dessen König ich dich bestellt habe, 12 sollen dir Weisheit und
Einsicht zuteil werden. Aber auch Reichtum, Vermögen und Ehre will
ich dir geben, wie sie kein König vor dir erlangt hat und auch nach dir
keiner haben wird. 13 Darauf ging Salomo von der Kulthöhe in Gibeon,
vom Offenbarungszelt, weg nach Jerusalem und herrschte über Israel.

Salomos Reichtum

14 Salomo beschaffte sich Wagen und die Besatzung dazu. Er hatte
vierzehnhundert Wagen und zwölftausend Mann als Besatzung und
brachte sie in die Wagenstädte sowie in die Umgebung des Königs
nach Jerusalem. 15 Der König machte das Silber und das Gold in Jeru-
salem so häufig wie die Steine und die Zedern so zahlreich wie die
Maulbeerfeigenbäume in der Schefela. 16 Man bezog die Pferde für
Salomo aus Ägypten und Koë. Die Händler des Königs kauften sie in
Koë. 17 Einen Wagen brachten sie aus Ägypten für sechshundert und
ein Pferd für hundertfünfzig Silberschekel. Ebenso trieb man Handel
mit allen hetitischen und aramäischen Königen.

Die Vorbereitungen zum Tempelbau

18 Salomo beschloß, einen Tempel für den Namen des Herrn und eine
königliche Residenz für sich zu bauen.

2 Er ließ 70000 Lastträger und 80000 Steinhauer im Gebirge aus-
zählen und setzte 3600 Aufseher über sie. 2 Dann sandte er Boten
zu Hiram, dem König von Tyrus, und ließ ihm sagen: Du hast meinem
Vater David geholfen und ihm Zedern geliefert, damit er sich ein Haus
als Wohnung bauen konnte. 3 Ich möchte jetzt dem Namen des Herrn,
meines Gottes, ein Haus bauen und es ihm weihen. Man soll wohlrie-
chendes Räucherwerk vor ihm anzünden, ständig die Brote auflegen
und jeden Morgen und jeden Abend, an den Sabbaten, Neumond-
tagen und Festen des Herrn, unseres Gottes, Brandopfer darbringen.
So ist es Israel für ewige Zeiten zur Pflicht gemacht worden. 4 Das
Haus, das ich bauen will, soll groß werden, denn unser Gott ist
größer als alle Götter. 5 Wer aber besitzt die Kraft, ihm ein Haus zu
bauen? Der Himmel und die Himmel der Himmel fassen ihn nicht.
Und wer bin ich, daß ich ihm ein Haus baue, wenn auch nur, um
Rauchopfer vor ihm darzubringen?
6 Schick mir nun einen fähigen Mann, der Arbeiten in Gold, Silber,
Bronze, Eisen, rotem Purpur, Karmesin und blauem Purpur ausführen
kann und sich aufs Gravieren versteht. Er soll mit den Künstlern
zusammenarbeiten, die bei mir in Juda und Jerusalem sind und die
mein Vater David bestellt hat. 7 Liefere mir auch Zedern, Zypressen
und Algummimholz vom Libanon! Ich weiß, daß deine Leute die
Bäume des Libanon zu fällen verstehen. Meine Leute sollen deinen
Leuten dabei helfen. 8 Sie sollen eine Menge Holz herrichten; denn das
Haus, das ich bauen will, soll groß und wunderbar werden. 9 Den
Arbeitern, die das Holz fällen, gebe ich zum Unterhalt für deine
Knechte 20000 Kor Weizen, 20000 Kor Gerste, 20000 Bat Wein und
20000 Bat Öl.
10 Hiram, der König von Tyrus, antwortete Salomo in einem Schrei-
ben, das er ihm sandte: Weil der Herr sein Volk liebt, hat er dich ihm
als König gegeben. 11 Ferner schrieb Hiram: Gepriesen sei der Herr,
der Gott Israels, der Himmel und Erde gemacht hat. Er hat dem König
David einen weisen Sohn gegeben, der Einsicht und Verstand besitzt,
um ein Haus für den Herrn und eine königliche Residenz für sich
selbst zu bauen. 12 Ich schicke dir einen fähigen, klugen Mann, Hiram-
Abi, 13 den Sohn einer danitischen Frau. Sein Vater stammt aus Tyrus.
Er versteht es, Arbeiten in Gold, Silber, Bronze, Eisen, Stein, Holz,
rotem und blauem Purpur, Byssus und Karmesin auszuführen, alle
Gravierungen zu besorgen und jeden Plan zu entwerfen, der ihm auf-
getragen wird. Er wird mit deinen Künstlern und den Künstlern mei-
nes Herrn, deines Vaters David, zusammenarbeiten. 14 Den Weizen,
die Gerste, das Öl und den Wein, von denen mein Herr gesprochen
hat, möge er seinen Knechten liefern. 15 Wir aber werden die Bäume
auf dem Libanon fällen, so viele du nötig hast, und sie dir in Flößen
auf dem Meer nach Jafo schaffen. Du magst sie dann nach Jerusalem
hinaufbringen.
16 Salomo ließ nun alle Fremden zählen, die im Land Israel wohnten,
nachdem schon sein Vater David eine Zählung unter ihnen vorgenom-
men hatte. Es fanden sich 153600 Mann. 17 Von diesen machte er
70000 zu Lastträgern, 80000 zu Steinhauern im Gebirge und 3600 zu
Aufsehern, die das Volk zur Arbeit anhalten sollten.

Der Tempelbau

3 Salomo begann, das Haus des Herrn in Jerusalem auf dem Berg
Morija zu bauen, wo der Herr seinem Vater David erschienen
war, an der Stätte, die David bestimmt hatte, auf der Tenne des
Jebusiters Arauna. 2 Er begann den Bau im zweiten Monat, im vierten
Jahr seiner Regierung.
3 Dies sind die Grundmaße, die Salomo für den Bau des Hauses
Gottes festlegte: Die Länge betrug sechzig Ellen – die Elle nach dem
früheren Maß gerechnet – und die Breite zwanzig Ellen. 4 Die Halle
vor dem Hauptraum war zwanzig Ellen breit, entsprechend der Breite
des Hauses, und zwanzig Ellen hoch. Er überzog sie innen mit purem
Gold. 5 Den Hauptraum vertäfelte er mit Zypressenholz, überzog die-
ses mit echtem Gold und brachte Palmen und kettenförmige Bänder
darauf an. 6 Auch schmückte er das Haus mit kostbaren Steinen. Das
Gold war Parwajimgold. 7 So überzog er das Haus, die Balken, die
Schwellen, seine Wände und Türen mit Gold und ließ in die Wände
Kerubim einschnitzen.

Das Allerheiligste

8 Er schuf den Raum des Allerheiligsten. Seine Länge betrug zwanzig
Ellen, der Breite des Hauses entsprechend, und seine Breite zwanzig
Ellen. Er überzog es mit echtem Gold im Gewicht von sechshundert
Talenten. 9 Für die Nägel verwendete er Gold im Gewicht von fünfzig
Schekeln. Auch die Obergemächer ließ er mit Gold verkleiden.
10 Im Raum des Allerheiligsten ließ er zwei Kerubim anfertigen ... und
mit Gold überziehen. 11 Die Flügel der Kerubim hatten zusammen
eine Spannweite von zwanzig Ellen. Der Flügel des einen war fünf
Ellen lang und berührte die Wand des Hauses. Der zweite Flügel war
fünf Ellen lang und berührte den Flügel des anderen Kerubs. 12 Der
Flügel des zweiten Kerubs war fünf Ellen lang und berührte die Wand
des Hauses, und auch der andere Flügel war fünf Ellen lang und stieß
an den Flügel des ersten Kerubs. 13 Die Flügel dieser Kerubim hatten
eine Spannweite von zwanzig Ellen. Sie selbst standen auf ihren
Füßen, und ihre Gesichter waren dem Innenraum zugewandt. 14 Er
verfertigte auch den Vorhang aus blauem und rotem Purpur, aus Kar-
mesin und Byssus und brachte darauf Kerubim an.

Die Ausstattung des Tempels

15 Für die Vorderseite des Hauses machte er zwei Säulen von achtzehn
Ellen Höhe. Das Kapitell auf ihnen maß fünf Ellen. 16 Dazu schuf er
kettenförmige Bänder und brachte sie oben auf den Säulen an. Auch
machte er hundert Granatäpfel und befestigte sie an den kettenförmi-
gen Bändern. 17 Die Säulen stellte er vor dem Tempel auf, die eine auf
der rechten, die andere auf der linken Seite. Die rechte nannte er
Jachin, die linke Boas.

4 Er ließ einen bronzenen Altar herstellen, zwanzig Ellen lang,
zwanzig Ellen breit und zehn Ellen hoch.
2 Dann machte er das »Meer«. Es wurde aus Bronze gegossen, maß
zehn Ellen von einem Rand zum andern, war völlig rund und fünf
Ellen hoch. Eine Schnur von dreißig Ellen konnte es rings umspan-
nen. 3 Unterhalb seines Rands waren rundum Bilder von Rindern. In
einem Band von dreißig Ellen Länge umsäumten sie das Meer
ringsum in zwei Reihen. Sie wurden bei seinem Guß mitgegossen.
4 Das Meer stand auf zwölf Rindern. Von ihnen schauten drei nach
Norden, drei nach Westen, drei nach Süden und drei nach Osten. Das
Meer ruhte oben auf den Rindern. Ihre Hinterteile waren nach innen
gekehrt. 5 Die Wand des Meeres war eine Handbreit dick. Sein Rand
war wie der Rand eines Bechers geformt, einer Lilienblüte gleich. Es
faßte dreitausend Bat. 6 Auch machte er zehn Kessel, von denen er
fünf an die Südseite und fünf an die Nordseite brachte. Sie dienten für
die Waschungen; was zum Brandopfer gehörte, sollte man in ihnen
abspülen. Das Meer war für die Waschungen der Priester bestimmt.
7 Er machte die zehn goldenen Leuchter der Vorschrift gemäß und
stellte sie im Tempel auf, fünf auf der rechten und fünf auf der linken
Seite. 8 Ferner machte er zehn Tische und brachte sie in den Tempel,
fünf auf die rechte und fünf auf die linke Seite. Desgleichen verfertigte
er hundert goldene Schalen.
9 Auch schuf er den Vorhof der Priester und den großen Hof mit sei-
nen Toren. Die Torflügel überzog er mit Bronze. 10 Das Meer stellte er
an die Südseite des Hauses gegen Südosten. 11 Endlich machte Hiram
die Töpfe, Schaufeln und Schalen.
So führte Hiram die Arbeiten zu Ende, die er dem König Salomo für
das Haus Gottes anzufertigen hatte: 12 zwei Säulen, zwei beckenför-
mige Kapitelle oben auf den Säulen, die zwei Flechtwerke, mit denen
man die beiden beckenförmigen Kapitelle oben auf den Säulen
bedeckte, 13 die vierhundert Granatäpfel für die beiden Flechtwerke,
die in zwei Reihen an jedem Flechtwerk angebracht waren und die die
beiden beckenförmigen Kapitelle auf den Säulen bedeckten, 14 die
zehn fahrbaren Gestelle, die zehn Kessel für die Gestelle, 15 das eine
Meer, die zwölf Rinder unter ihm, 16 die Töpfe, Schaufeln und Gabeln.
Alle diese Geräte machte Hiram-Abi dem König Salomo für das Haus
des Herrn aus glatter Bronze. 17 In der Jordanau zwischen Sukkot und
Zereda ließ sie der König in Formen aus festem Lehm gießen.
18 Salomo ließ alle diese Geräte in überaus großer Menge anfertigen;
das Gewicht der Bronze war darum nicht festzustellen.
19 Salomo ließ alle Geräte, die zum Haus Gottes gehörten, anfertigen:
den goldenen Altar, die Tische, auf die man die Schaubrote legte,
20 die Leuchter mit ihren Lampen aus bestem Gold, um sie der Vor-
schrift gemäß vor der Gotteswohnung anzuzünden, 21 die goldenen
Blüten, Lampen und Dochtscheren aus bestem Gold, 22 ferner die
Messer, Schalen, Schüsseln und Pfannen aus bestem Gold. An den
Türen des Hauses waren die Flügel im inneren Raum gegen das Aller-
heiligste und die beiden Türflügel, die zum Hauptraum führten, mit
Gold verkleidet.

5 So wurden alle Arbeiten, die Salomo für das Haus des Herrn aus-
führen ließ, vollendet. Dann brachte er die Weihegaben seines
Vaters David hinein und legte das Silber, das Gold und alle Geräte in
die Schatzkammern des Hauses Gottes.

Die Übertragung der Bundeslade

2 Damals versammelte Salomo die Ältesten Israels, alle Stammesfüh-
rer und die Anführer der israelitischen Großfamilien in Jerusalem,
um die Bundeslade des Herrn aus der Stadt Davids, das ist Zion, her-
aufzuholen. 3 Am Fest, das ist im siebten Monat, kamen alle Männer
Israels beim König zusammen. 4 In Gegenwart aller Ältesten Israels
nahmen die Leviten die Lade 5 und brachten sie zugleich mit dem
Offenbarungszelt und den heiligen Geräten, die im Zelt waren, hin-
auf. Die Priester und die Leviten übernahmen den Trägerdienst.
6 König Salomo aber und die ganze Gemeinde Israels, die bei ihm vor
der Lade versammelt war, schlachteten Schafe und Rinder, die man
wegen ihrer Menge nicht zählen und nicht berechnen konnte. 7 Darauf
stellten die Priester die Bundeslade des Herrn an ihren Platz, in die
Gotteswohnung des Hauses, in das Allerheiligste, unter die Flügel der
Kerubim. 8 Denn die Kerubim breiteten ihre Flügel über den Ort, wo
die Lade stand, und bedeckten sie und ihre Stangen von oben her.
9 Die Stangen waren so lang, daß man ihre Spitzen an der Lade vor der
Gotteswohnung sehen konnte; draußen aber waren sie nicht zu
sehen. Sie blieben dort bis zum heutigen Tag. 10 In der Lade befanden
sich nur die zwei Tafeln, die Mose am Horeb hineingelegt hatte, die
Tafeln des Bundes, den der Herr mit den Israeliten beim Auszug aus
Ägypten geschlossen hatte.
11 Darauf traten die Priester aus dem Heiligtum. Alle, die gekommen
waren, unabhängig davon, zu welcher Abteilung sie gehörten, hatten
sich geheiligt. 12 Die levitischen Sänger, Asaf, Heman, Jedutun, ihre
Söhne und Brüder, standen alle, in Byssus gekleidet, mit Zimbeln,
Harfen und Zithern an der Ostseite des Altars. Bei ihnen waren hun-
dertzwanzig Priester, die auf Trompeten bliesen. 13 Es kam wie aus
einem Mund, wenn die Trompeter und Sänger gleichzeitig zum Lob
und Preis des Herrn sich vernehmen ließen. Als sie mit ihren Trompe-

Otto Dix
Die sieben Todsünden
(1933)

»Auch er folgte den Wegen des Hauses Ahab; denn seine Mutter verführte ihn durch ihren Rat zum Bösen« (2 Chr 22,3). Die Geschichte der Könige im Nordreich (Israel) und im Südreich (Juda) enthält eine fortwährende Folge von Verfehlungen, die in den Jahren 722 v.Chr. zum Untergang Israels, 586 zum Untergang Judas führen. Die Vorahnung des unweigerlichen Untergangs ist das Thema des Gemäldes von Otto Dix aus dem Jahr 1933, entstanden nach seiner Vertreibung aus dem Lehramt an der Dresdner Kunstakademie. Angeführt wird der Maskenzug der *Sieben Todsünden* durch die Verkörperung des Geizes. Auf ihrem Rücken hockt der Neid in Gestalt eines Kindes, das sich eine Hitler-Maske vor das Gesicht hält. Die mittlere Gruppe bilden Zorn, Trägheit des Herzens (das Kostüm des sensenschwingenden Todes ist über der linken Brust zerrissen) und die syphilitische Wollust, gefolgt von Hochmut und Völlerei. Indem sich der Umzug als Figuration der dogmatisch definierten Todsünden maskiert, bleibt sein wahres, vielleicht weit grauenhafteres Treiben noch verborgen. Das Neue Testament enthält im Galaterbrief (5,19-21) den Sündenkatalog.

ten, Zimbeln und Musikinstrumenten einsetzten und den Herrn prie-
sen, »Denn er ist gütig, denn seine Huld währt ewig«, erfüllte eine
Wolke den Tempel, das Haus des Herrn. 14 Die Priester konnten wegen
der Wolke ihren Dienst nicht verrichten; denn die Herrlichkeit des
Herrn erfüllte das Haus Gottes.
6 Damals sagte Salomo: Der Herr sprach, er wolle im Dunkel woh-
nen. 2 Ich habe ein fürstliches Haus für dich gebaut, eine Wohn-
stätte für ewige Zeiten.

Die Ansprache des Königs
3 Dann wandte sich der König um und segnete die ganze Versamm-
lung Israels. Alle standen, 4 und er betete: Gepriesen sei der Herr, der
Gott Israels. Seine Hand hat ausgeführt, was sein Mund meinem Vater
David verheißen hat, als er sprach: 5 Seit dem Tag, da ich mein Volk
aus dem Land Ägypten führte, habe ich aus keinem der Stämme Isra-
els eine Stadt für den Bau eines Hauses erwählt, um meinen Namen
dort wohnen zu lassen. Auch habe ich keinen Mann zum Fürsten mei-
nes Volkes Israel erwählt. 6 Nur Jerusalem habe ich zur Wohnung für
meinen Namen und David zum Herrscher über mein Volk Israel
erwählt. 7 Mein Vater David wollte dem Namen des Herrn, des Gottes
Israels, ein Haus bauen. 8 Doch der Herr sprach zu ihm: Wenn du dir
vorgenommen hast, meinem Namen ein Haus zu bauen, hast du einen
guten Entschluß gefaßt. 9 Doch sollst nicht du das Haus bauen, son-
dern erst dein leiblicher Sohn soll meinem Namen das Haus bauen.
10 Der Herr hat jetzt sein Versprechen, das er gegeben hat, wahr
gemacht: Ich bin an die Stelle meines Vaters David getreten und habe
den Thron Israels bestiegen, wie es der Herr zugesagt hat. Ich habe
dem Namen des Herrn, des Gottes Israels, das Haus gebaut 11 und die
Lade darin aufgestellt. Sie enthält die Tafeln des Bundes, den der Herr
mit den Israeliten geschlossen hat.

Das Weihegebet
12 Dann trat er in Gegenwart der ganzen Versammlung Israels vor den
Altar des Herrn und breitete seine Hände aus. 13 Salomo hatte nämlich
eine bronzene Tribüne anfertigen lassen und sie in der Mitte des Hofes
aufgestellt. Sie war fünf Ellen lang, fünf Ellen breit und drei Ellen
hoch. Er trat auf sie, ließ sich im Angesicht der ganzen Versammlung
Israels auf die Knie nieder, breitete seine Hände zum Himmel aus
14 und betete: Herr, Gott Israels, im Himmel und auf der Erde gibt es
keinen Gott, der so wie du Bund und Huld seinen Knechten bewahrt,
die mit ungeteiltem Herzen vor ihm leben. 15 Du hast das Versprechen
gehalten, das du deinem Knecht, meinem Vater David, gegeben hast.
Deine Hand hat heute erfüllt, was dein Mund versprochen hat. 16 Und
nun, Herr, Gott Israels, halte auch das andere Versprechen, das du
deinem Knecht David, meinem Vater, gegeben hast, als du sagtest: Es
soll dir nie an einem Nachkommen fehlen, der vor mir auf dem Thron
Israels sitzt, wenn nur deine Söhne darauf achten, ihren Weg so nach
meinem Gesetz zu gehen, wie du es getan hast. 17 Herr, Gott Israels,
möge sich jetzt dein Wort, das du deinem Knecht David gegeben hast,
als wahr erweisen.
18 Wohnt denn Gott wirklich bei den Menschen auf der Erde? Siehe,
selbst der Himmel und die Himmel der Himmel fassen dich nicht,
wieviel weniger dieses Haus, das ich gebaut habe. 19 Wende dich, Herr,
mein Gott, dem Beten und Flehen deines Knechtes zu! Hör auf das
Rufen und auf das Gebet, das dein Knecht vor dir verrichtet. 20 Halte
deine Augen offen über diesem Haus bei Tag und bei Nacht, über der
Stätte, von der du gesagt hast, daß du deinen Namen hierher legen
willst. Höre auf das Gebet, das dein Knecht an dieser Stätte verrichtet.
21 Achte auf das Flehen deines Knechtes und deines Volkes Israel,
wenn sie an dieser Stätte beten. Höre sie im Himmel, dem Ort, wo du
wohnst. Höre sie, und verzeih!
22 Wenn sich jemand gegen seinen Nächsten verfehlt und dieser ihm
einen Eid abverlangt, den er schwören muß, und er dann kommt und
vor deinem Altar in diesem Haus schwört, 23 so höre du es im Himmel,
und greif ein! Verschaff deinen Knechten Recht! Vergilt dem Schuldi-
gen, und laß sein Tun auf ihn selbst zurückfallen! Den Schuldlosen
aber sprich frei, und vergilt ihm, wie es seiner Gerechtigkeit ent-
spricht.
24 Wenn dein Volk Israel von einem Feind geschlagen wird, weil es
gegen dich gesündigt hat, und dann wieder umkehrt, deinen Namen
preist und in diesem Haus zu dir betet und fleht, 25 so höre du es im
Himmel! Vergib deinem Volk Israel seine Sünde; laß sie in das Land
zurückkommen, das du ihnen und ihren Vätern gegeben hast.
26 Wenn der Himmel verschlossen ist und kein Regen fällt, weil sie
gegen dich gesündigt haben, und wenn sie dann an diesem Ort beten,
deinen Namen preisen und von ihrer Sünde lassen, weil du sie
demütigst, 27 so höre du sie im Himmel! Vergib deinen Knechten und
deinem Volk Israel ihre Sünden; denn du führst sie den guten Weg,
den sie gehen sollen. Spende Regen deinem Land, das du deinem Volk
zum Erbbesitz gegeben hast.
28 Wenn im Land Hungersnot herrscht, wenn Pest ausbricht, wenn
Getreidebrand, Rost, Heuschrecken und Ungeziefer auftreten, wenn
Feinde sie im eigenen Land bedrängen, wenn irgendeine Plage oder
Krankheit sie trifft, 29 (so höre du) jedes Gebet und Flehen eines jeden
einzelnen und deines ganzen Volkes Israel; denn sie alle kennen ihre
Not und ihr Leid und erheben ihre Hände zu diesem Haus. 30 Höre sie
dann im Himmel, dem Ort, wo du wohnst, und verzeih! Vergilt jedem,
was sein Tun verdient. Du kennst ja ihre Herzen; denn du allein kennst
die Herzen der Menschen. 31 So werden sie dich fürchten und auf dei-
nen Wegen gehen, solange sie in dem Land leben, das du unseren
Vätern gegeben hast.
32 Auch Fremde, die nicht zu deinem Volk Israel gehören, werden
wegen deines großen Namens, deiner starken Hand und deines hoch
erhobenen Armes aus fernem Land kommen. Sie werden kommen
und in diesem Haus beten. 33 Höre sie dann im Himmel, dem Ort, wo
du wohnst, und tu alles, weswegen der Fremde zu dir ruft. Dann wer-
den alle Völker der Erde deinen Namen erkennen. Sie werden dich
fürchten, wie dein Volk Israel dich fürchtet, und erfahren, daß dein
Name ausgerufen ist über diesem Haus, das ich gebaut habe.
34 Wenn dein Volk gegen seine Feinde in den Krieg zieht, auf dem
Weg, den du es sendest, und wenn es dann zu dir betet, zu dieser Stadt
hingewendet, die du erwählt hast, und zu dem Haus hin, das ich dei-
nem Namen gebaut habe, 35 so höre du im Himmel sein Beten und
Flehen, und verschaff ihm Recht!
36 Wenn sie gegen dich sündigen – es gibt ja niemand, der nicht sün-
digte – und du ihnen zürnst, sie ihren Bedrängern preisgibst und ihre
Feinde sie gefangen fortführen in ein fernes oder nahes Land, 37 so
werden sie im Land ihrer Gefangenschaft in sich gehen. Sie werden im
Land ihrer Gefangenschaft umkehren, zu dir flehen und rufen: Wir
haben gesündigt, Unrecht getan und gefrevelt. 38 Mit ganzem Herzen
und ganzer Seele werden sie im Land ihrer Feinde, von denen sie als
Gefangene weggeführt wurden, zu dir umkehren und beten, zu dem
Land hingewendet, das du ihren Vätern gegeben hast, zu der Stadt
hin, die du erwählt hast, und zu dem Haus hin, das ich deinem Namen
gebaut habe. 39 Höre dann im Himmel, dem Ort, wo du wohnst, ihr
Beten und Flehen. Verschaff ihnen Recht, und verzeih deinem Volk,
was es gegen dich gesündigt hat.
40 Laß jetzt, mein Gott, deine Augen für das Gebet an diesem Ort offen
sein 41 Herr und Gott, mach dich nun auf zum Ort deiner Ruhe, du und
deine machtvolle Lade! Deine Priester, Herr und Gott, sollen sich in
Heil kleiden und deine Frommen sich des Glückes freuen. 42 Herr und
Gott, weise deinen Gesalbten nicht ab! Sei eingedenk der Hulderweise
an David, deinen Knecht!

Der Abschluß der Feier
7 Als Salomo sein Gebet beendet hatte, fiel Feuer vom Himmel
und verzehrte das Brandopfer und die Schlachtopfer. Die Herr-
lichkeit des Herrn erfüllte den Tempel. 2 Die Priester konnten das
Haus des Herrn nicht betreten, da die Herrlichkeit des Herrn es
erfüllte. 3 Alle Israeliten sahen, wie das Feuer herabfiel und wie die

Herrlichkeit des Herrn über dem Tempel erschien. Sie warfen sich mit
dem Gesicht zur Erde auf das Steinpflaster nieder, beteten den Herrn
an und priesen ihn: »Denn er ist gütig, denn seine Huld währt ewig.«
4 Dann brachten der König und das ganze Volk vor dem Herrn Opfer
dar. 5 Zweiundzwanzigtausend Rinder und hundertzwanzigtausend
Schafe ließ König Salomo zum Opfer schlachten. So vollzogen der
König und das ganze Volk die Weihe des Hauses Gottes. 6 Die Priester
taten ihren Dienst, und die Leviten spielten die Instrumente für die
Lieder des Herrn. König David hatte diese Geräte anfertigen lassen,
um den Herrn zu preisen: »Denn seine Huld währt ewig.« Während
die Leviten den Lobpreis Davids vortrugen, bliesen die Priester ihnen
gegenüber die Trompeten, und ganz Israel nahm daran teil. 7 Salomo
weihte auch die Mitte des Hofes, der vor dem Haus des Herrn war, als
er dort die Brandopfer und die Fettstücke der Heilsopfer darbrachte.
Der bronzene Altar, den Salomo hatte anfertigen lassen, konnte näm-
lich das Brandopfer, das Speiseopfer und die Fettstücke nicht fassen.
8 Salomo feierte damals mit ganz Israel, das von Lebo-Hamat bis zum
Grenzbach Ägyptens zu einer sehr großen Versammlung erschienen
war, auch das (Laubhütten-)Fest sieben Tage lang. 9 Am achten Tag
hielten sie eine Festversammlung. Die Weihe des Altars hatten sie
nämlich sieben Tage lang gefeiert, und auch das Fest dauerte sieben
Tage. 10 Am dreiundzwanzigsten Tag des siebten Monats entließ der
König das Volk zu seinen Zelten. Sie waren voll Freude und frohen
Mutes über das Gute, das der Herr an David, an Salomo und an seinem
Volk Israel getan hatte.

Die göttliche Verheißung für den Tempel

11 Nachdem Salomo das Haus des Herrn und den königlichen Palast
vollendet und alle seine Pläne für das Haus des Herrn und für seinen
Palast verwirklicht hatte, 12 erschien ihm der Herr in der Nacht und
sprach zu ihm: Ich habe dein Gebet gehört und diesen Ort als Opfer-
stätte für mich erwählt. 13 Wenn ich den Himmel verschließe und kein
Regen fällt oder wenn ich der Heuschrecke gebiete, das Land kahlzu-
fressen, wenn ich die Pest in mein Volk sende 14 und mein Volk, über
das mein Name ausgerufen ist, sich demütigt und betet, mich sucht
und von seinen schlechten Wegen umkehrt, dann höre ich es im Him-
mel. Ich verzeihe seine Sünde und bringe seinem Land Heilung.
15 Meine Augen sollen jetzt für das Gebet an diesem Ort offen sein,
und meine Ohren sollen darauf achten. 16 Ich habe jetzt dieses Haus
erwählt und geheiligt, damit mein Name ewig hier sei. Meine Augen
und mein Herz werden allezeit hier weilen. 17 Wenn du deinen Weg vor
mir gehst, wie ihn dein Vater David gegangen ist, und wenn du alles
tust, was ich dir befohlen habe, wenn du auf meine Gesetze und
Rechtsvorschriften achtest, 18 dann werde ich deinen Königsthron
bestehen lassen, wie ich es deinem Vater David zugesichert habe, zu
dem ich gesagt habe: Es soll dir nie an einem Herrscher über Israel
fehlen. 19 Doch wenn ihr euch von mir abwendet und meine Gesetze
und Gebote, die ich euch gegeben habe, übertretet, wenn ihr euch
anschickt, andere Götter zu verehren und euch vor ihnen niederzu-
werfen, 20 dann werde ich euch aus meinem Land vertreiben, das ich
euch gegeben habe. Dieses Haus, das ich meinem Namen geweiht
habe, werde ich aus meinem Angesicht wegschaffen und zum Gespött
und zum Hohn unter allen Völkern machen.
21 Jeder, der an diesem Haus, das so erhaben war, vorübergeht, wird
sich entsetzen und fragen: Warum hat der Herr diesem Land und die-
sem Haus das angetan? 22 Und man wird antworten: Weil sie den
Herrn, den Gott ihrer Väter, der sie aus Ägypten geführt hat, verlassen
und sich an andere Götter gehängt, sich vor ihnen niedergeworfen
und sie verehrt haben, darum hat er all dieses Unglück über sie
gebracht.

Verschiedene Nachrichten über Salomo

8 Nach Ablauf von zwanzig Jahren, in denen Salomo das Haus des
Herrn und seinen Palast gebaut hatte, 2 baute er auch die Städte
aus, die Hiram ihm (zurück) gegeben hatte, und siedelte Israeliten
darin an. 3 Salomo zog nach Hamat-Zoba und eroberte es. 4 Er baute
Tadmor in der Steppe aus und alle Vorratsstädte, die er in Hamat
anlegte. 5 Er baute auch das obere und das untere Bet-Horon zu Fest-
ungen mit Mauern, Toren und Riegeln aus, 6 ebenso Baala und alle
Vorratsstädte, die ihm gehörten, die Städte für die Wagen und ihre
Mannschaft und was er sonst in Jerusalem, auf dem Libanon und im
ganzen Bereich seiner Herrschaft zu bauen wünschte.
7 Die Reste der Hetiter, Amoriter, Perisiter, Hiwiter und Jebusiter, die
nicht zu den Israeliten gehörten
8 und von denen noch Nachkommen im Land lebten – die Israeliten
hatten sie nicht ausgerottet – hob Salomo als Fronarbeiter aus, und sie
blieben es bis zum heutigen Tag. 9 Von den Israeliten aber machte
Salomo niemand zum Sklaven für seine Arbeit; sie waren seine Krie-
ger, seine Obersten und Hauptleute, die Befehlshaber über seine
Wagen und deren Mannschaft. 10 Zweihundertfünfzig Werkführer, die
unter dem Befehl der Statthalter Salomos standen, hatten die Aufsicht
über die Arbeiter.
11 Salomo brachte die Tochter des Pharao aus der Davidstadt in das
Haus, das er für sie gebaut hatte; denn er sagte: Eine Frau soll nicht im
Haus Davids, des Königs von Israel, wohnen; denn die Räume, in die
die Lade des Herrn gekommen ist, sind heilig.
12 Damals brachte Salomo auf dem Altar, den er vor der Halle für den
Herrn erbaut hatte, Brandopfer dar. 13 Auch an den Sabbaten und Neu-
mondtagen ließ er die Opfer darbringen, die nach dem Befehl des
Mose für diese Tage angeordnet waren. Das gleiche tat er dreimal im
Jahr, jeweils an den Festen, am Fest der Ungesäuerten Brote, am
Wochenfest und am Laubhüttenfest. 14 Dem Auftrag seines Vaters
David folgend, bestellte er die Abteilungen der Priester für ihren
Dienst und die Leviten für ihre Aufgabe, Loblieder zu singen und an
der Seite der Priester Dienst zu tun, wie es für jeden Tag vorgeschrie-
ben war. Auch bestellte er die Torwächter nach ihren Abteilungen für
die einzelnen Tore; denn so lautete der Befehl Davids, des Mannes
Gottes.
15 Man wich in keinem Punkt von den Befehlen ab, die der König für
die Priester und für die Leviten erlassen hatte.
16 So wurde das ganze Werk Salomos planmäßig ausgeführt, vom Tag
der Grundlegung des Hauses des Herrn bis zu seiner Fertigstellung,
bis zur Vollendung des Hauses des Herrn.
17 Damals begab sich Salomo nach Ezjon-Geber und Elat an der Küste
des Meeres in Edom. 18 Hiram schickte ihm durch seine Knechte
Schiffe und geübte Seefahrer. Sie fuhren mit den Leuten Salomos nach
Ofir, holten von dort vierhundertfünfzig Talente Gold und brachten es
dem König Salomo.

Die Königin von Saba

9 Die Königin von Saba hörte vom Ruf Salomos und kam mit sehr
großem Gefolge, mit Kamelen, die Balsam, eine Menge Gold
und Edelsteine trugen, nach Jerusalem, um ihn mit Rätselfragen auf
die Probe zu stellen. Sie trat bei Salomo ein und redete mit ihm über
alles, was sie sich vorgenommen hatte. 2 Salomo gab ihr Antwort auf
alle Fragen. Es gab nichts, was ihm verborgen war und was er ihr
nicht hätte sagen können. 3 Als nun die Königin von Saba die Weisheit
Salomos erkannte, als sie den Palast sah, den er gebaut hatte, 4 die
Speisen auf seiner Tafel, die Sitzplätze seiner Beamten, das Aufwarten
seiner Diener und ihre Gewänder, seine Mundschenken und ihre
Gewänder, sein Opfer, das er im Haus des Herrn darbrachte, da
stockte ihr der Atem. 5 Sie sagte zum König: Was ich in meinem Land
über dich und deine Weisheit gehört habe, ist wirklich wahr. 6 Ich
wollte es nicht glauben, bis ich nun selbst gekommen bin und es mit
eigenen Augen gesehen habe. Und wahrhaftig, nicht einmal die
Hälfte hat man mir berichtet von der Größe deiner Weisheit. Du über-
triffst alles, was ich gehört habe. 7 Glücklich sind deine Männer und
glücklich diese deine Diener, die allezeit vor dir stehen und deine
Weisheit hören. 8 Gepriesen sei Jahwe, dein Gott, der an dir Gefallen
gefunden und dich auf seinen Thron gesetzt hat, damit du König bist

für Jahwe, deinen Gott. Weil dein Gott Israel liebt und ihm ewigen
Bestand verleihen will, hat er dich zum König bestellt, damit du Recht
und Gerechtigkeit übst. 9 Sie gab dem König hundertzwanzig Talente
Gold, dazu eine sehr große Menge Balsam und Edelsteine. Balsam,
wie ihn die Königin von Saba dem König Salomo schenkte, gab es
nicht wieder.
10 Auch die Leute Hirams und die Leute Salomos, die Gold aus Ofir
holten, brachten Algummimholz und Edelsteine. 11 Der König ließ
aus dem Algummimholz Schnitzarbeiten für das Haus des Herrn und
den königlichen Palast sowie Zithern und Harfen für die Sänger anfer-
tigen. Dergleichen hatte man vordem im Land Juda nicht gesehen.
12 König Salomo gewährte der Königin von Saba alles, was sie
wünschte und begehrte, ausgenommen das, was sie dem König
geschenkt hatte. Schließlich kehrte sie mit ihrem Gefolge in ihr Land
zurück.

Salomos Reichtum

13 Das Gewicht des Goldes, das alljährlich bei Salomo einging, betrug
sechshundertsechsundsechzig Goldtalente. 14 Dabei sind nicht ein-
gerechnet die Abgaben, die von den Kaufleuten und Händlern kamen.
Auch alle Könige von Arabien und die Statthalter des Landes brachten
Salomo Gold und Silber.
15 König Salomo ließ zweihundert Schilde aus gehämmertem Gold
herstellen. Sechshundert Schekel gehämmertes Gold verwandte er für
jeden Schild. 16 Dazu machte er dreihundert kleinere Schilde aus
gehämmertem Gold. Dreihundert Schekel Gold verwendete er für
jeden. Er brachte sie in das Libanonwaldhaus.
17 Ferner ließ der König einen großen Thron aus Elfenbein anfertigen
und mit purem Gold überziehen. 18 Sechs Stufen führten zum Thron
hinauf. An seiner Rückseite war ein goldenes Lamm, und zu beiden
Seiten des Sitzes befanden sich Armlehnen. Zwei Löwen standen
neben den Lehnen 19 und zwölf zu beiden Seiten der sechs Stufen.
Dergleichen ist noch für kein Königreich geschaffen worden.
20 Alle Trinkgefäße des Königs Salomo waren aus Gold; ebenso waren
alle Geräte des Libanonwaldhauses aus bestem Gold. Silber galt in
den Tagen Salomos als wertlos; 21 denn der König hatte eine Flotte, die
mit den Leuten Hirams nach Tarschisch fuhr. Einmal in drei Jahren
kam die Tarschischflotte und brachte Gold, Silber, Elfenbein, Affen
und Perlhühner.
22 So übertraf König Salomo alle Könige der Erde an Reichtum und
Weisheit. 23 Alle Könige der Erde begehrten, ihn zu sehen und die
Weisheit zu hören, die Gott in sein Herz gelegt hatte. 24 Alle brachten
ihm Jahr für Jahr ihre Gaben: silberne und goldene Gefäße, Gewän-
der, Waffen, Balsam, Pferde und Maultiere.
25 Salomo hatte viertausend Stallplätze für seine Pferde sowie Wagen
und zwölftausend Mann als Besatzung. Er brachte sie in die Wagen-
städte sowie in die Umgebung des Königs nach Jerusalem. 26 Er war
Herrscher über alle Könige vom Eufrat bis zum Land der Philister und
bis an die Grenze Ägyptens. 27 Salomo machte das Silber in Jerusalem
so häufig wie die Steine und die Zedern so zahlreich wie die Maulbeer-
feigenbäume in der Schefela. 28 Man bezog die Pferde für Salomo aus
Ägypten und aus allen Ländern.

Salomos Tod

29 Die übrige Geschichte Salomos, die frühere und die spätere, ist auf-
gezeichnet in der Geschichte des Propheten Natan, in der Weissagung
Ahijas aus Schilo und in der Vision des Sehers Jedo über Jerobeam,
den Sohn Nebats. 30 Salomo war vierzig Jahre in Jerusalem König über
ganz Israel. 31 Er entschlief zu seinen Vätern, und man begrub ihn in
der Stadt seines Vaters David. Sein Sohn Rehabeam wurde König an
seiner Stelle.

Die Geschichte Judas bis zum Untergang

Der Abfall der zehn Nordstämme

10 Rehabeam begab sich nach Sichem; denn dorthin war ganz
Israel gekommen, um ihn zum König zu machen. 2 Jero-
beam, der Sohn Nebats, hörte davon, während er in Ägypten war,
wohin er vor dem König Salomo hatte fliehen müssen; er kehrte jetzt
aus Ägypten zurück. 3 Man sandte zu ihm und ließ ihn rufen. So
kamen also Jerobeam und ganz Israel (nach Sichem), und sie sagten
zu Rehabeam: 4 Dein Vater hat uns ein hartes Joch auferlegt. Erleich-
tere jetzt den harten Dienst deines Vaters und das schwere Joch, das er
uns auferlegt hat. Dann wollen wir dir dienen. 5 Er antwortete ihnen:
Kommt nach drei Tagen wieder zu mir! Als sich das Volk entfernt
hatte, 6 beriet sich König Rehabeam mit den älteren Männern, die zu
Lebzeiten seines Vaters Salomo in dessen Dienst gestanden hatten. Er
fragte sie: Welchen Rat gebt ihr mir? Was soll ich diesem Volk antwor-
ten? 7 Sie sagten zu ihm: Wenn du gut gegen dieses Volk bist, ihnen zu
Willen bist und freundlich mit ihnen redest, dann werden sie immer
deine Diener sein. 8 Doch er verwarf den Rat, den die Älteren ihm
gegeben hatten, und beriet sich mit den jungen Leuten, die mit ihm
groß geworden waren und jetzt in seinem Dienst standen. 9 Er fragte
sie: Welchen Rat gebt ihr mir? Was sollen wir diesem Volk antworten,
das zu mir sagt: Erleichtere das Joch, das dein Vater uns auferlegt hat.
10 Die jungen Leute, die mit ihm groß geworden waren, sagten zu ihm:
So sollst du dem Volk antworten, das zu dir sagt: Dein Vater hat uns
ein schweres Joch auferlegt. Erleichtere es uns! So sollst du zu ihnen
sagen: Mein kleiner Finger ist stärker als die Lenden meines Vaters.
11 Hat mein Vater euch ein schweres Joch aufgebürdet, so werde ich es
noch schwerer machen. Mein Vater hat euch mit Peitschen gezüchtigt,
ich werde euch mit Skorpionen züchtigen.
12 Am dritten Tag kamen Jerobeam und das ganze Volk zu Rehabeam;
denn der König hatte ihnen gesagt: Kommt am dritten Tag wieder zu
mir! 13 Der König gab ihnen nun eine harte Antwort. Er verwarf den
Rat der Älteren 14 und antwortete ihnen nach dem Rat der jungen
Leute: Mein Vater hat euer Joch schwer gemacht. Ich werde es noch
schwerer machen. Mein Vater hat euch mit Peitschen gezüchtigt, ich
werde euch mit Skorpionen züchtigen. 15 Der König hörte also nicht
auf das Volk; denn Gott hatte es so bestimmt, um das Wort wahr zu
machen, das er durch Ahija von Schilo zu Jerobeam, dem Sohn
Nebats, gesprochen hatte.
16 Als alle Israeliten sahen, daß der König nicht auf sie hörte, gaben sie
ihm zur Antwort:
Welchen Anteil haben wir an David? / Wir haben keinen Erbbesitz
beim Sohn Isais. / In deine Zelte, Israel! / Nun kümmere dich um dein
Haus, David!
So begab sich ganz Israel zu seinen Zelten. 17 Nur über die Israeliten,
die in den Städten Judas wohnten, blieb Rehabeam König. 18 Und als
er den Fronaufseher Hadoram hinschickte, steinigten ihn die Israeli-
ten zu Tode. Dem König Rehabeam gelang es, den Wagen zu bestei-
gen und nach Jerusalem zu entkommen. 19 So fiel Israel vom Haus
David ab und ist abtrünnig bis zum heutigen Tag.
11 Rehabeam kam nach Jerusalem und versammelte das Haus
Juda und Benjamin, hundertachtzigtausend auserlesene
Krieger, um gegen die Israeliten zu kämpfen und das Königtum für
Rehabeam zurückzugewinnen. 2 Doch das Wort des Herrn erging an
Schemaja, den Mann Gottes: 3 Sag zu Rehabeam, dem Sohn Salomos,
dem König von Juda, und zu allen Israeliten in Juda und Benjamin: 4 So
spricht der Herr: Zieht nicht in den Krieg gegen eure Brüder! Jeder
kehre in sein Haus zurück; denn ich habe es so verfügt. Sie hörten auf
die Worte des Herrn und sahen davon ab, gegen Jerobeam zu ziehen.
5 Rehabeam blieb in Jerusalem.

Rehabeam

Rehabeam baute Städte in Juda zu Festungen aus. 6 Er baute aus: Betle-
hem, Etam, Tekoa, 7 Bet-Zur, Socho, Adullam, 8 Gat, Marescha, Sif,

9 Adorajim, Lachisch, Aseka, 10 Zora, Ajalon und Hebron, die alle in
Juda und Benjamin lagen, lauter Festungen. 11 Er machte die Festun-
gen stark, setzte Befehlshaber über sie ein und legte Vorräte an Nah-
rungsmitteln, Öl und Wein in ihnen an. 12 In jede einzelne Stadt
brachte er Schilde und Lanzen. So machte er sie sehr stark.
Rehabeam herrschte über Juda und Benjamin. 13 Auch die Priester und
Leviten, die (zerstreut) in ganz Israel lebten, stellten sich aus all ihren
Gebieten bei ihm ein. 14 Denn die Leviten verließen ihre Weideflächen
und ihren Besitz und zogen nach Juda und Jerusalem, weil Jerobeam
und seine Söhne ihnen den Priesterdienst für den Herrn verwehrten.
15 Jerobeam bestellte sich eigene Priester für die Kulthöhen, für die
Bocksgeister und für die Kälber, die er gemacht hatte. 16 Den Leviten
folgten aus allen Stämmen Israels auch andere, die darauf bedacht
waren, den Herrn, den Gott Israels, zu suchen. Sie kamen nach Jeru-
salem, um dem Herrn, dem Gott ihrer Väter, Opfer darzubringen.
17 Sie stärkten das Reich Juda und waren drei Jahre lang eine Stütze für
Rehabeam, den Sohn Salomos; denn drei Jahre folgten sie den Wegen
Davids und Salomos.
18 Rehabeam nahm sich Mahalat, die Tochter Jerimots, des Sohnes
Davids, und der Abihajil, der Tochter Eliabs, des Sohnes Isais, zur
Frau. 19 Sie gebar ihm die Söhne Jëusch, Schemarja und Saham.
20 Nach ihr nahm er Maacha, die Enkelin Abschaloms. Sie gebar ihm
Abija, Attai, Sisa und Schelomit. 21 Rehabeam aber liebte Maacha, die
Enkelin Abschaloms, mehr als seine anderen Frauen und Neben-
frauen. Er hatte nämlich achtzehn Frauen und sechzig Nebenfrauen
genommen und achtundzwanzig Söhne und sechzig Töchter gezeugt.
22 Abija, den Sohn der Maacha, bestellte Rehabeam zum Oberhaupt
und Fürsten unter seinen Brüdern; denn er hatte vor, ihn zum König
zu machen. 23 In kluger Weise verteilte er alle Gegenden Judas und
Benjamins und alle festen Städte an seine Söhne. Auch verschaffte er
ihnen reichlichen Unterhalt und warb viele Frauen für sie.
12 Als aber seine Herrschaft gefestigt und er stark geworden
war, fiel er mit ganz Israel vom Gesetz des Herrn ab. 2 Im
fünften Jahr des Königs Rehabeam zog Schischak, der König von
Ägypten, gegen Jerusalem, da sie dem Herrn untreu geworden waren.
3 Er kam mit zwölfhundert Wagen und sechzigtausend Wagenkämp-
fern. Zahllos war das Kriegsvolk, das mit ihm aus Ägypten kam:
Libyer, Sukkijiter und Kuschiter. 4 Er eroberte die Festungen in Juda
und rückte vor Jerusalem. 5 Damals kam der Prophet Schemaja zu
Rehabeam und zu den führenden Leuten Judas, die sich vor Schischak
nach Jerusalem zurückgezogen hatten, und sagte zu ihnen: So spricht
der Herr: Ihr habt mich verlassen; darum verlasse auch ich euch und
übergebe euch der Hand Schischaks. 6 Doch nun demütigten sich die
führenden Leute Israels und der König und sagten: Der Herr ist
gerecht. 7 Als der Herr sah, daß sie sich demütigten, erging das Wort
des Herrn an Schemaja: Sie haben sich gedemütigt; darum werde ich
sie nicht verderben. Bald werde ich ihnen Rettung bringen, und mein
Zorn soll sich nicht durch Schischak über Jerusalem ergießen. 8 Doch
sollen sie ihm untertan werden, damit sie den Unterschied zwischen
meinem Dienst und dem Dienst der irdischen Reiche erfahren.
9 Schischak, der König von Ägypten, zog also gegen Jerusalem. Er
raubte die Schätze des Tempels und die Schätze des königlichen
Palastes und nahm alles weg, auch die goldenen Schilde, die Salomo
hatte anfertigen lassen. 10 An deren Stelle ließ König Rehabeam bron-
zene anfertigen und übergab sie den Befehlshabern der Läufer, die
den Eingang zum Haus des Königs bewachten. 11 Sooft nun der König
in das Haus des Herrn ging, kamen die Läufer, trugen die Schilde und
brachten sie dann wieder in ihre Wachstube zurück. 12 Da der König
sich demütigte, ließ der Zorn des Herrn von ihm ab, so daß er ihn
nicht ganz zugrunde richtete. Es gab ja in Juda noch manches Gute.
13 So gewann König Rehabeam wieder festen Halt in Jerusalem und
herrschte weiter als König.
Er war einundvierzig Jahre alt, als er König wurde, und regierte sieb-
zehn Jahre in Jerusalem, der Stadt, die der Herr aus allen Stämmen
Israels erwählt hatte, um seinen Namen dorthin zu legen. Seine Mut-
ter hieß Naama und war eine Ammoniterin. 14 Er tat Böses und war
nicht darauf bedacht, den Herrn zu suchen.
15 Die frühere und die spätere Geschichte Rehabeams ist aufgezeich-
net in der Geschichte des Propheten Schemaja und des Sehers Iddo.
Sie enthalten auch seinen Stammbaum. Der Krieg zwischen Reha-
beam und Jerobeam dauerte die ganze Zeit an. 16 Rehabeam entschlief
zu seinen Vätern und wurde in der Davidstadt begraben. Sein Sohn
Abija wurde König an seiner Stelle.

Abija

13 Im achtzehnten Jahr des Königs Jerobeam wurde Abija
König von Juda. 2 Er regierte drei Jahre in Jerusalem. Seine
Mutter hieß Michaja und war eine Tochter Uriëls aus Gibea.
Es war aber Krieg zwischen Abija und Jerobeam. 3 Abija begann den
Kampf mit einem Heer von vierhunderttausend auserlesenen Krie-
gern. Jerobeam stellte ihm achthunderttausend auserlesene, tapfere
Krieger entgegen. 4 Da stieg Abija auf die Höhe des Berges Zemarajim
im Gebirge Efraim und rief: Hört mich an, Jerobeam und ganz Israel!
5 Wißt ihr denn nicht, daß der Herr, der Gott Israels, David und seinen
Söhnen das Königtum von Israel in einem Salzbund auf ewige Zeiten
verliehen hat? 6 Doch Jerobeam, der Sohn Nebats, der Knecht Salo-
mos, des Sohnes Davids, erhob sich und empörte sich gegen seinen
Herrn. 7 Um ihn sammelten sich haltlose, nichtswürdige Leute, die
Rehabeam, dem Sohn Salomos, überlegen waren. Rehabeam war
eben noch jung und zaghaft und konnte gegen sie nicht aufkommen.
8 Ihr glaubt nun, euch gegen das Königtum des Herrn, das in der Hand
der Söhne Davids liegt, behaupten zu können, weil ihr ein großer
Haufen seid und die goldenen Kälber bei euch habt, die Jerobeam zu
euren Göttern gemacht hat. 9 Habt ihr nicht die Priester des Herrn, die
Nachkommen Aarons, und die Leviten verstoßen und euch Priester
bestellt wie die Völker anderer Länder? Jeder, der mit einem jungen
Stier und sieben Widdern zu euch kam, um sich in das Priesteramt
einsetzen zu lassen, wurde Priester der Nichtgötter. 10 Doch unser
Gott ist der Herr. Wir haben ihn nicht verlassen. Die Nachkommen
Aarons dienen ihm als Priester, und die Leviten versehen ihren Dienst.
11 Jeden Morgen und jeden Abend bringen sie dem Herrn Brandopfer
und wohlriechendes Räucherwerk dar, schichten Brote auf den rei-
nen Tisch und bedienen den goldenen Leuchter mit seinen Lampen,
um sie jeden Abend anzuzünden; denn wir achten auf die Anordnung
des Herrn, unseres Gottes. Doch ihr habt ihn verlassen. 12 Seht: Gott
ist mit uns, er steht an unserer Spitze. Bei uns sind auch seine Priester
mit den Lärmtrompeten, um gegen euch Kriegslärm zu blasen. Israe-
liten, kämpft nicht gegen den Herrn, den Gott eurer Väter; denn ihr
werdet keinen Erfolg haben.
13 Doch Jerobeam ließ die Leute im Hinterhalt eine Umgehung aus-
führen, um den Judäern in den Rücken zu fallen. So stand seine Abtei-
lung vor den Judäern, der Hinterhalt aber in ihrem Rücken. 14 Als
daher die Judäer sich umwandten, sahen sie, daß ihnen der Angriff
von vorne und von hinten drohte. Sie schrien zum Herrn, und die Prie-
ster bliesen die Trompeten. 15 Dann erhoben die Judäer das Kriegsge-
schrei, und während sie lärmten, schlug Gott den Jerobeam und ganz
Israel durch Abija und Juda. 16 Die Israeliten mußten vor den Judäern
fliehen. Gott gab sie in ihre Gewalt, 17 und Abija und seine Leute ver-
setzten ihnen harte Schläge, so daß fünfhunderttausend auserlesene
Krieger von ihnen fielen. 18 So wurden die Israeliten damals
gedemütigt, die Judäer aber gewannen die Oberhand; denn sie stütz-
ten sich auf den Herrn, den Gott ihrer Väter. 19 Abija verfolgte Jero-
beam und nahm ihm folgende Städte weg: Bet-El mit seinen Tochter-
städten, Jeschana mit seinen Tochterstädten und Efron mit seinen
Tochterstädten. 20 Jerobeam kam in den Tagen Abijas nicht wieder zu
Macht. Schließlich schlug ihn der Herr, und er starb. 21 Abija aber
wurde mächtig. Er nahm sich vierzehn Frauen und zeugte zweiund-
zwanzig Söhne und sechzehn Töchter.
22 Die übrige Geschichte Abijas, sein Leben und seine Reden sind auf-
gezeichnet in den Erläuterungen des Propheten Iddo. 23 Abija ent-

schlief zu seinen Vätern; man begrub ihn in der Davidstadt. Sein Sohn
Asa wurde König an seiner Stelle. In seinen Tagen hatte das Land zehn
Jahre Ruhe.

Asas Erfolge

14 Asa tat, was gut und recht war in den Augen des Herrn, sei-
nes Gottes. 2 Er entfernte die fremden Altäre und die
Kulthöhen, zerbrach die Steinmale, hieb die Kultpfähle um 3 und
befahl den Judäern, den Herrn, den Gott ihrer Väter, zu suchen und
das Gesetz und die Gebote zu halten. 4 Er beseitigte die Kulthöhen und
die Rauchopferaltäre aus allen Städten Judas. Das Reich hatte Ruhe
unter ihm.
5 Weil das Land Ruhe hatte und weil er in jenen Jahren keinen Krieg
führen mußte, konnte Asa Festungen in Juda ausbauen. Der Herr
hatte ihm nämlich Ruhe verschafft. 6 Er sagte daher zu den Männern
Judas: Wir wollen diese Städte ausbauen und sie mit Mauern, Türmen,
Toren und Riegeln versehen; denn noch liegt das Land frei vor uns.
Weil wir den Herrn, unseren Gott, eifrig gesucht haben, hat er uns
ringsum Ruhe verschafft. So konnten sie bauen und hatten Erfolg.
7 Asa hatte ein Heer von dreihunderttausend Mann aus Juda, die Schild
und Lanze führten, und zweihundertachtzigtausend Mann aus Ben-
jamin, die den Rundschild trugen und den Bogen spannten. Sie alle
waren tapfere Krieger. 8 Gegen sie zog der Kuschiter Serach mit einem
Heer von einer Million Mann und dreihundert Wagen. Er kam bis
Marescha. 9 Asa zog ihm entgegen, und sie stellten sich im Tal nörd-
lich von Marescha zum Kampf auf. 10 Doch Asa rief zum Herrn, sei-
nem Gott, und sagte: Herr, im Streit zwischen einem Mächtigen und
einem Schwachen kann niemand so helfen wie du. Hilf uns, Herr,
unser Gott; denn du bist unsere Stütze, und in deinem Namen sind wir
gegen diese Übermacht gezogen. Herr, du bist unser Gott, und kein
Mensch soll etwas gegen dich vermögen. 11 Da schlug der Herr die
Kuschiter vor Asa und Juda, und die Kuschiter mußten fliehen; 12 Asa
und seine Leute verfolgten sie bis Gerar. Von den Kuschitern fielen so
viele, daß sie sich nicht mehr erholten. Sie zerbrachen vor dem Herrn
und seinem Heerlager. Die Judäer aber machten reiche Beute. 13 Sie
schlugen alle Städte im Umkreis von Gerar; denn der Schrecken des
Herrn war über sie gekommen. Die Judäer plünderten sie aus; denn es
gab in ihnen viel zu erbeuten. 14 Auch die Zeltlager bei den Herden
überwältigten sie, führten eine Menge Schafe und Ziegen und Kamele
fort und kehrten dann nach Jerusalem zurück.

Die Bundeserneuerung unter Asa

15 Über Asarja, den Sohn Odeds, kam der Geist Gottes. 2 Er
ging zu Asa hinaus und sagte zu ihm: Hört mich an, Asa
und ihr alle von Juda und Benjamin! Der Herr ist mit euch, wenn ihr zu
ihm haltet. Wenn ihr ihn sucht, läßt er sich von euch finden; wenn ihr
ihn aber verlaßt, verläßt er euch. 3 Lange Zeit lebte Israel ohne den
wahren Gott, ohne einen belehrenden Priester, ohne Gesetz. 4 In ihrer
Not bekehrten sie sich zum Herrn, dem Gott Israels, und da sie ihn
suchten, ließ er sich von ihnen finden. 5 In jenen Zeiten konnte nie-
mand sicher aus- und eingehen; denn große Unruhe lag über allen
Bewohnern der Länder. 6 Ein Volk wurde vom andern bedrängt, eine
Stadt von der andern; denn Gott beunruhigte sie durch allerlei Not.
7 Ihr aber, seid stark! Eure Hände sollen nicht erschlaffen; denn euer
Tun wird seinen Lohn finden.
8 Als Asa diese Worte und Weissagungen des Propheten Asarja, des
Sohnes Odeds, hörte, entfernte er mutig die Götzenbilder aus dem
ganzen Gebiet von Juda und Benjamin sowie aus den Städten, die er
im Gebirge Efraim erobert hatte. Auch erneuerte er den Altar des
Herrn, der vor dem Tempel des Herrn stand. 9 Dann versammelte er
ganz Juda und Benjamin sowie die Leute von Efraim, Manasse und
Simeon, die sich bei ihnen aufhielten. Sehr viele waren nämlich aus
Israel zu ihm übergegangen, als sie sahen, daß der Herr, sein Gott,
mit ihm war. 10 Im dritten Monat des fünfzehnten Jahres der Regie-
rung Asas kamen sie in Jerusalem zusammen 11 und opferten an jenem
Tag dem Herrn siebenhundert Rinder und siebentausend Schafe von
der Beute, die sie gemacht hatten. 12 Sie gingen die Verpflichtung ein,
mit ganzem Herzen und ganzer Seele den Herrn, den Gott ihrer Väter,
zu suchen. 13 Wer aber nicht den Herrn, den Gott Israels, suchen
würde, sollte getötet werden, sei er klein oder groß, Mann oder Frau.
14 Das schworen sie dem Herrn mit lauter Stimme, unter Freudenru-
fen, beim Schall der Trompeten und Hörner. 15 Ganz Juda freute sich
über den Schwur; denn sie hatten ihn mit ganzem Herzen geleistet.
Und da sie mit bestem Willen den Herrn suchten, ließ er sich von
ihnen finden und verschaffte ihnen ringsum Ruhe.
16 König Asa enthob auch seine Großmutter Maacha ihrer Stellung
als Herrin, weil sie der Aschera ein Schandbild errichtet hatte. Er ließ
das Schandbild umhauen, es zertrümmern und im Kidrontal verbren-
nen. 17 Nur die Kulthöhen verschwanden nicht aus Israel. Doch das
Herz Asas war ungeteilt (beim Herrn), solange er lebte. 18 Er brachte
auch die Weihegaben seines Vaters und seine eigenen Weihegaben in
das Haus Gottes: Silber, Gold und allerlei Geräte.

Der Krieg Asas mit dem Nordreich

19 Es gab keinen Krieg bis zum fünfunddreißigsten Jahr der Regie-
rung Asas.

16 Im sechsunddreißigsten Regierungsjahr Asas zog Bascha,
der König von Israel, gegen Juda und baute Rama aus, um
Asa, den König von Juda, daran zu hindern, in den Krieg zu ziehen.
2 Da nahm Asa Silber und Gold aus den Schatzkammern des Tempels
und des königlichen Palastes und sandte es an Ben-Hadad, den König
von Aram, der in Damaskus seinen Sitz hatte. Dabei ließ er ihm sagen:
3 Zwischen mir und dir, zwischen meinem Vater und deinem Vater soll
ein Bündnis sein. Ich schicke dir Silber und Gold. Löse also dein
Bündnis mit Bascha, dem König von Israel, damit er von mir abzieht.
4 Ben-Hadad hörte auf König Asa. Er sandte seine Heerführer gegen
die Städte Israels, und diese verwüsteten Ijon, Dan und Abel-Majim
sowie alle Vorratshäuser in den Städten Naftalis. 5 Als Bascha das
erfuhr, hörte er auf, Rama auszubauen, und stellte die Arbeit ein.
6 König Asa aber holte ganz Juda herbei und ließ die Steine und Balken
wegnehmen, mit denen Bascha Rama ausgebaut hatte. Mit ihnen
baute er Geba und Mizpa aus.
7 Damals kam der Seher Hanani zu Asa, dem König von Juda, und
hielt ihm vor: Weil du dich auf den König von Aram gestützt hast und
nicht auf den Herrn, deinen Gott, darum ist das Heer des Königs von
Aram deiner Hand entkommen. 8 Hatten nicht auch die Kuschiter und
Libyer ein gewaltiges Heer mit sehr vielen Wagen und Wagenkämp-
fern? Weil du dich aber auf den Herrn stütztest, gab er es in deine
Gewalt. 9 Denn die Augen des Herrn schweifen über die ganze Erde,
um denen ein starker Helfer zu sein, die mit ungeteiltem Herzen zu
ihm halten. Hierin hast du töricht gehandelt; denn von nun an wirst
du Krieg haben. 10 Asa aber wurde zornig über den Seher. Er ließ ihn
im Gefängnis in den Block legen; denn er war über ihn sehr aufge-
bracht. Auch einige aus dem Volk ließ Asa damals mißhandeln.

Der Tod Asas

11 Die frühere und die spätere Geschichte Asas ist aufgezeichnet im
Buch der Könige von Juda und Israel. 12 Im neununddreißigsten Jahr
seiner Regierung erkrankte Asa an den Füßen. Die Krankheit war sehr
heftig. Aber auch in der Krankheit suchte er nicht den Herrn, sondern
die Ärzte. 13 Asa entschlief zu seinen Vätern; er starb im einundvier-
zigsten Jahr seiner Regierung. 14 Man setzte ihn bei in seiner Grab-
stätte, die er sich in der Davidstadt angelegt hatte. Man legte ihn auf
ein Lager, das mit Balsam und allerlei kunstvoll zubereiteten Salben
ausgestattet war, und zündete zu seiner Ehre ein gewaltiges Feuer an.

Joschafats glückliche Regierung

17 Joschafat, der Sohn Asas, wurde König anstelle seines Vaters.
Er wurde mächtig in Israel, 2 brachte Truppen in alle befe-
stigten Städte Judas und legte eine Besatzung in das Land Juda und in

die Städte Efraims, die sein Vater Asa erobert hatte. 3 Der Herr war mit
Joschafat; denn er folgte den früheren Wegen seines Vaters und suchte
nicht die Baale auf, 4 sondern den Gott seines Vaters. Er befolgte seine
Gebote und machte es nicht wie Israel. 5 Darum festigte der Herr die
Königsherrschaft in seiner Hand. Ganz Juda brachte Joschafat
Geschenke, so daß ihm Reichtum und Ehre in hohem Maß zuteil wur-
den. 6 Da sein Herz den Wegen des Herrn folgte, erstarkte sein Mut,
und so entfernte er auch die Kulthöhen und die Kultpfähle aus Juda.
7 Im dritten Jahr seiner Regierung sandte er seine Beamten Ben-Hajil,
Obadja, Secharja, Netanel und Michaja zur Belehrung des Volkes in
die Städte Judas. 8 Bei ihnen waren die Leviten Schemaja, Netanja,
Sebadja, Asaël, Schemiramot, Jonatan, Adonija, Tobija und Tob-Ado-
nija sowie die Priester Elischama und Joram. 9 Sie lehrten in Juda; mit
dem Gesetzbuch des Herrn durchzogen sie alle Städte Judas und
belehrten das Volk.
10 Über alle Königreiche der Länder rings um Juda kam der Schrecken
des Herrn, so daß sie mit Joschafat keinen Krieg anfingen. 11 Die Phi-
lister brachten ihm Geschenke und zahlten Tribut. Auch die Araber
lieferten ihm Kleinvieh: siebentausendsiebenhundert Widder und sie-
bentausendsiebenhundert Ziegenböcke. 12 So wurde Joschafat immer
mächtiger. Er baute in Juda Burgen und Vorratsstädte 13 und unter-
nahm viel in den Städten Judas. In Jerusalem standen tapfere Krieger
zu seiner Verfügung. 14 Und das war ihre Dienstordnung nach ihren
Großfamilien: Für Juda waren als Tausendschaftsführer bestellt der
Oberst Adna mit 300000 tapferen Kriegern 15 und ihm zur Seite der
Oberst Johanan mit 280000 Mann 16 sowie Amasja, der Sohn Sichris,
der sich freiwillig (zum Kriegsdienst) für den Herrn gestellt hatte, mit
200000 tapferen Kriegern. 17 Aus Benjamin kam Eljada, ein tapferer
Krieger, mit 200000 Mann, die Bogen und Schild trugen. 18 Ihm zur
Seite stand Josabad mit 180000 zum Heeresdienst gerüsteten Män-
nern. 19 Sie dienten dem König zusätzlich zu jenen, die er in die Fest-
ungen in ganz Juda gebracht hatte.

18 So wurden Joschafat Reichtum und Ehre in hohem Maß
zuteil.

Joschafats Teilnahme am Feldzug Ahabs

Joschafat verschwägerte sich mit Ahab. 2 Als er nach einigen Jahren zu
Ahab nach Samaria kam, ließ Ahab für ihn und seine Leute eine
Menge Schafe und Rinder schlachten und überredete ihn, gegen
Ramot-Gilead in den Krieg zu ziehen. 3 Ahab, der König von Israel,
fragte Joschafat, den König von Juda: Würdest du mit mir gegen
Ramot-Gilead ziehen? Er antwortete: Ich ziehe mit dir, mein Volk mit
deinem Volk. Ich nehme mit dir am Krieg teil.
4 Joschafat bat aber den König von Israel: Befrag doch zuvor den Herrn!
5 Da versammelte der König von Israel die Propheten, vierhundert
Mann, und fragte sie: Soll ich gegen Ramot-Gilead zu Felde ziehen,
oder soll ich es lassen? Sie gaben den Bescheid: Zieh hinauf! Gott gibt
die Stadt in die Hand des Königs. 6 Doch Joschafat sagte: Ist hier sonst
kein Prophet des Herrn, den wir befragen könnten? 7 Der König von
Israel antwortete Joschafat: Es ist noch einer da, durch den wir den
Herrn befragen könnten. Doch ich hasse ihn; denn er weissagt mir nie
Gutes, sondern immer nur Schlimmes. Es ist Micha, der Sohn Jimlas.
Joschafat erwiderte: Der König sage das nicht. 8 Da rief der König von
Israel einen Hofbeamten herbei und befahl ihm, unverzüglich Micha,
den Sohn Jimlas, zu holen. 9 Der König von Israel und Joschafat, der
König von Juda, saßen in königlichen Gewändern auf ihren Thronen.
Sie befanden sich auf der Tenne beim Tor Samarias, und alle Propheten
weissagten vor ihnen. 10 Zidkija, der Sohn Kenaanas, hatte sich eiserne
Hörner gemacht und rief: So spricht der Herr: Mit diesen wirst du die
Aramäer niederstoßen, bis du sie vernichtet hast. 11 Alle Propheten
weissagten in gleicher Weise und riefen: Zieh nach Ramot-Gilead, und
sei erfolgreich; der Herr gibt die Stadt in die Hand des Königs.
12 Der Bote aber, der Micha holen sollte, redete ihm zu: Die Worte der
Propheten waren ohne Ausnahme günstig für den König. Mögen
deine Worte ihren Worten gleichen. Sag daher Gutes an!
13 Doch Micha erwiderte: So wahr der Herr lebt: Nur was Gott mir
sagt, werde ich sagen. 14 Als er zum König kam, fragte ihn dieser:
Micha, sollen wir gegen Ramot-Gilead zu Felde ziehen, oder sollen
wir es lassen? Micha antwortete: Zieht hinauf, und seid erfolgreich!
Sie werden eurer Gewalt übergeben werden. 15 Doch der König ent-
gegnete: Wie oft muß ich dich beschwören, mir im Namen des Herrn
nur die Wahrheit zu sagen? 16 Da sagte Micha: Ich sah ganz Israel über
die Berge zerstreut wie Schafe, die keinen Hirten haben. Und der Herr
sagte: Sie haben keine Herren mehr. So gehe jeder in Frieden nach
Hause. 17 Da wandte sich der König von Israel an Joschafat: Habe ich
es dir nicht gesagt? Er weissagt mir nie Gutes, sondern immer nur
Schlimmes. 18 Micha aber fuhr fort: Darum hört das Wort des Herrn:
Ich sah den Herrn auf seinem Thron sitzen; das ganze Heer des Him-
mels stand zu seiner Rechten und seiner Linken. 19 Und der Herr
fragte: Wer will Ahab, den König von Israel, betören, so daß er nach
Ramot-Gilead hinaufzieht und dort fällt? Da hatte der eine diesen, der
andere jenen Vorschlag. 20 Zuletzt trat der Geist vor, stellte sich vor den
Herrn und sagte: Ich werde ihn betören. Der Herr fragte ihn: Auf wel-
che Weise? 21 Er gab zur Antwort: Ich werde mich aufmachen und zu
einem Lügengeist im Mund all seiner Propheten werden. Da sagte der
Herr: Du wirst ihn betören; du vermagst es. Geh und tu es! 22 So hat
der Herr jetzt einen Geist der Lüge in den Mund deiner Propheten
gelegt; denn er hat über dich Unheil beschlossen. 23 Da trat Zidkija,
der Sohn Kenaanas, zu Micha, schlug ihn ins Gesicht und rief: Wie,
sollte denn der Geist des Herrn von mir gewichen sein, um mit dir zu
reden? 24 Micha erwiderte: Du wirst es an jenem Tag erfahren, an dem
du von einem Gemach in das andere eilst, um dich zu verstecken.
25 Der König von Israel aber gab den Befehl: Nehmt Micha fest, führt
ihn zum Stadtobersten Amon und zum Prinzen Joasch 26 und meldet:
So spricht der König: Werft diesen Mann ins Gefängnis, und haltet ihn
streng bei Brot und Wasser, bis ich wohlbehalten zurückkomme.
27 Doch Micha erwiderte: Wenn du wohlbehalten zurückkommst,
dann hat der Herr nicht durch mich geredet. [Und er sagte: Hört, alle
ihr Völker!]
28 Darauf zog der König von Israel mit Joschafat, dem König von Juda,
gegen Ramot-Gilead. 29 Der König von Israel sagte zu Joschafat: Ich
will mich verkleiden und so in den Kampf ziehen. Du aber behalte
deine Gewänder an! So ging der König von Israel verkleidet in den
Kampf. 30 Der König von Aram hatte aber den Obersten seiner Kriegs-
wagen befohlen: Greift niemanden an, er sei hohen oder niederen
Ranges, außer den König von Israel. 31 Als daher die Obersten der
Kriegswagen Joschafat erblickten und ihn für den König von Israel
hielten, stürmten sie auf ihn ein, so daß er um Hilfe schrie. Doch der
Herr half ihm und lenkte sie von ihm weg. 32 Als sie nämlich sahen,
daß er nicht der König von Israel war, ließen sie von ihm ab. 33 Ein
Mann aber spannte aufs Geratewohl seinen Bogen und traf den König
von Israel zwischen Panzer und Leibgurt. Dieser befahl daher dem
Wagenlenker: Wende um, und bring mich aus der Schlacht; denn ich
bin verwundet. 34 Da aber die Schlacht an jenem Tag heftig wurde,
hielt der König von Israel den Aramäern gegenüber im Wagen stand
bis zum Abend. Zur Zeit des Sonnenuntergangs starb er.

19 Joschafat aber, der König von Juda, kehrte wohlbehalten
nach Jerusalem in sein Haus zurück. 2 Da trat ihm der Seher
Jehu, der Sohn Hananis, entgegen und hielt ihm vor: Mußtest du dem
Frevler helfen, und liebst du jene, die den Herrn hassen? So lastet nun
der Zorn des Herrn auf dir. 3 Doch fand sich auch Gutes an dir. Du hast
die Kultpfähle aus dem Land beseitigt und deinen Sinn darauf gerich-
tet, den wahren Gott zu suchen.

Joschafats Sorge für das Recht

4 Joschafat blieb in Jerusalem. Dann zog er wieder von Beerscheba bis
zum Gebirge Efraim unter dem Volk umher und führte es zum Herrn,
dem Gott ihrer Väter, zurück. 5 Er bestellte Richter im Land für jede
einzelne feste Stadt Judas 6 und gab ihnen die Weisung: Seht zu, was
ihr tut; denn nicht im Auftrag von Menschen haltet ihr Gericht, son-

dern im Auftrag des Herrn. Er steht euch in der Rechtsprechung zur
Seite. 7 Laßt euch also von der Furcht des Herrn leiten, und handelt
gewissenhaft; denn beim Herrn, unserem Gott, gibt es keine Unge-
rechtigkeit, kein Ansehen der Person, keine Bestechlichkeit. 8 Außer-
dem bestellte Joschafat in Jerusalem Leviten, Priester und Familien-
häupter für das Gericht des Herrn und für Streitigkeiten unter den
Einwohnern Jerusalems. 9 Er trug ihnen auf: Mit Furcht vor dem
Herrn, mit Festigkeit und ehrlichem Herzen verfahrt folgender-
maßen: 10 Bei jedem Streitfall, den eure Brüder in ihren Städten euch
vorlegen, mag es sich nun um Blutschuld oder um eine Weisung, um
ein Gebot oder um Gesetze und Rechte handeln, sollt ihr die Beteilig-
ten warnen, damit sie nicht vor dem Herrn schuldig werden und ein
Zorngericht über euch und eure Brüder kommt. Das sollt ihr tun,
damit ihr euch nicht versündigt. 11 Seht, der Oberpriester Amarja ist
euer Vorgesetzter in allen Angelegenheiten des Herrn und Sebadja,
der Sohn Jischmaels, der Fürst des Hauses Juda, in allen Angelegen-
heiten des Königs. Als Beamte stehen euch die Leviten zur Verfügung.
Geht mutig an die Arbeit, und der Herr sei mit dem, der seine Pflicht
erfüllt.

Joschafats Sieg über die Feinde

20 Danach zogen die Moabiter und Ammoniter mit einer
Anzahl von Mëunitern zum Krieg gegen Joschafat heran.
2 Boten kamen und meldeten Joschafat: Ein großer Heerhaufen zieht
von jenseits des Meeres, von Edom, gegen dich. Sie stehen schon in
Hazezon-Tamar, das ist En-Gedi. 3 Joschafat geriet in Furcht; er
beschloß, den Herrn zu befragen, und ließ in ganz Juda ein Fasten
ausrufen. 4 Die Judäer versammelten sich, um vom Herrn (Hilfe) zu
erbitten. Auch aus allen Städten Judas kamen sie herbei, um den
Herrn zu bitten. 5 Joschafat aber trat im Haus des Herrn, im neuen
Vorhof, vor die Versammlung Judas und Jerusalems 6 und betete: Herr,
Gott unserer Väter, bist nicht du Gott im Himmel und Herrscher über
alle Reiche der Völker? In deiner Hand liegen Kraft und Stärke; nie-
mand kann dir widerstehen. 7 Hast nicht du, unser Gott, die Bewohner
dieses Landes vor deinem Volk Israel vertrieben und für alle Zeiten ihr
Gebiet den Nachkommen Abrahams, deines Freundes, gegeben? 8 Sie
ließen sich darin nieder, bauten deinem Namen ein Heiligtum und
sagten: 9 Wenn Unglück, Schwert, Überschwemmung, Pest oder Hun-
ger über uns kommen, wollen wir vor dieses Haus und vor dein Ange-
sicht hintreten; denn dein Name ist gegenwärtig in diesem Haus. Wir
wollen in unserer Not zu dir rufen, und du wirst uns dann hören und
wirst helfen. 10 Da stehen nun die Ammoniter, Moabiter und die
Bewohner des Berglands Seïr (an unseren Grenzen). Du hast den Isra-
eliten bei ihrem Auszug aus Ägypten nicht erlaubt, ihr Gebiet zu betre-
ten. Sie haben sich von ihnen ferngehalten und sie nicht ausgerottet.
11 Dafür erweisen sie uns nun Böses; sie kommen, um uns aus deinem
Besitz zu vertreiben, den du uns verliehen hast. 12 Wirst du, unser
Gott, nicht über sie Gericht halten? Wir sind machtlos vor dieser
gewaltigen Menge, die gegen uns zieht, und wissen nicht, was wir tun
sollen. Nur auf dich sind unsere Augen gerichtet.
13 Während ganz Juda, mit Kindern, Frauen und Söhnen, vor dem
Herrn stand, 14 kam mitten in der Versammlung der Geist des Herrn
über Jahasiël, den Sohn Secharjas, des Sohnes Benajas, des Sohnes
Jëiëls, des Sohnes Mattanjas, einen Leviten von den Söhnen Asafs.
15 Er rief: Ihr Judäer alle, ihr Einwohner Jerusalems und du, König
Joschafat, merkt auf! So spricht der Herr zu euch: Fürchtet euch nicht,
und erschreckt nicht vor diesem großen Heerhaufen; denn nicht eure,
sondern Gottes Sache ist der Krieg. 16 Zieht morgen gegen sie hinab!
Sie werden die Steige von Ziz heraufkommen, und ihr werdet am Aus-
gang des Tals vor der Wüste Jeruël auf sie stoßen. 17 Doch werdet ihr
nicht kämpfen müssen. Tretet an, bleibt aber stehen, und seht zu, wie
der Herr euch Rettung verschafft. Juda und Jerusalem, fürchtet euch
nicht, und habt keine Angst! Morgen sollt ihr vor ihren Augen aus-
rücken, und der Herr wird mit euch sein. 18 Da verneigte sich Joschafat
mit dem Gesicht zur Erde. Auch alle Judäer und die Einwohner Jerusa-
lems fielen vor dem Herrn nieder und beteten ihn an. 19 Darauf erho-
ben sich von den Leviten die Nachkommen Kehats, und zwar die
Nachkommen Korachs, um den Herrn, den Gott Israels, mit lauter
und mächtiger Stimme zu preisen.
20 Früh am nächsten Morgen zogen sie in die Wüste von Tekoa. Beim
Aufbruch trat Joschafat hin und rief: Hört mir zu, Juda und ihr Ein-
wohner Jerusalems! Vertraut auf den Herrn, euren Gott, dann werdet
ihr bestehen. Vertraut auf seine Propheten, dann werdet ihr Erfolg
haben. 21 Nachdem er sich mit dem Volk beraten hatte, stellte er Sän-
ger für den Herrn auf, die in heiligem Schmuck dem kampfbereiten
Heer voranzogen, Loblieder sangen und riefen: Dankt dem Herrn;
denn seine Huld währt ewig. 22 Während sie den Jubelruf und Lobpreis
anstimmten, führte der Herr Feinde aus dem Hinterhalt gegen die
Ammoniter, Moabiter und die Bewohner des Berglands Seïr, die gegen
Juda gezogen waren, so daß sie geschlagen wurden. 23 Darauf stellten
sich die Ammoniter und Moabiter gegen die Bewohner des Berglands
Seïr, weihten sie dem Untergang und vernichteten sie. Nachdem sie
die Bewohner Seïrs vollends aufgerieben hatten, gerieten sie selbst
gegeneinander zu ihrem eigenen Verderben. 24 Als daher die Judäer an
die Stelle kamen, von der aus man die Wüste überschauen konnte,
und ihren Blick auf die feindlichen Scharen richteten, sahen sie nur
Leichen am Boden liegen; keiner war entkommen. 25 Da rückte
Joschafat mit seinen Leuten an, um die Beute zu sammeln. Sie fanden
bei ihnen eine Menge Waren, Kleider, kostbare Geräte und nahmen so
viel an sich, daß sie es nicht mehr tragen konnten. Drei Tage plünder-
ten sie; denn die Beute war reichlich. 26 Am vierten Tag sammelten sie
sich im Tal Beracha und priesen dort den Herrn. Darum nennt man
diese Gegend Tal Beracha (Preistal) bis zum heutigen Tag. 27 Darauf
wandten sich alle Männer Judas und Jerusalems mit Joschafat an ihrer
Spitze voller Freude zur Heimkehr nach Jerusalem; denn der Herr
hatte ihnen Freude über ihre Feinde verliehen. 28 Unter dem Spiel der
Harfen, Zithern und Trompeten kamen sie nach Jerusalem zum Haus
des Herrn. 29 Der Schrecken Gottes aber erfaßte alle Reiche der Län-
der, als sie hörten, daß der Herr gegen die Feinde Israels gekämpft
habe. 30 So hatte das Reich Joschafats Frieden, und sein Gott ver-
schaffte ihm ringsum Ruhe.

Weitere Nachrichten über Joschafat

31 Joschafat war König von Juda. Er war fünfunddreißig Jahre alt, als er
König wurde, und regierte fünfundzwanzig Jahre in Jerusalem. Seine
Mutter hieß Asuba und war eine Tochter Schilhis. 32 Er folgte den
Wegen seines Vaters Asa, ohne von ihnen abzuweichen, und tat, was
dem Herrn gefiel. 33 Nur die Kulthöhen verschwanden nicht. Das Volk
hatte seinen Sinn noch nicht auf den Gott seiner Väter gerichtet.
34 Die übrige Geschichte Joschafats, die frühere und die spätere, ist
aufgezeichnet in der Geschichte Jehus, des Sohnes Hananis, die in
das Buch der Könige von Israel aufgenommen wurde.
35 Zuletzt verbündete sich Joschafat, der König von Juda, mit Ahasja,
dem König von Israel, dessen Tun frevelhaft war. 36 Joschafat schloß
mit ihm ein Abkommen, um Schiffe zu bauen, die nach Tarschisch
fahren sollten. Sie bauten die Schiffe in Ezjon-Geber. 37 Doch Eliëser,
der Sohn Dodawas aus Marescha, weissagte gegen Joschafat: Weil du
dich mit Ahasja verbündet hast, wird der Herr dein Werk zerstören. So
zerschellten denn die Schiffe und konnten nicht nach Tarschisch
fahren.

Joram

21 Joschafat entschlief zu seinen Vätern und wurde bei seinen
Vätern in der Davidstadt begraben. Sein Sohn Joram wurde
König an seiner Stelle. 2 Seine Brüder, die Söhne Joschafats, waren:
Asarja, Jehiël, Secharja, Asarja, Michael und Schefatja; sie alle waren
Söhne Joschafats, des Königs von Juda. 3 Ihr Vater gab ihnen reiche
Geschenke an Silber, Gold und anderen Kostbarkeiten, dazu befe-
stigte Städte in Juda. Das Königtum aber verlieh er Joram; denn dieser
war der Erstgeborene. 4 Doch Joram erhob sich gegen das Königtum

seines Vaters, gewann die Oberhand und ließ alle seine Brüder und
auch einige führende Männer Israels mit dem Schwert hinrichten.
5 Joram war zweiunddreißig Jahre alt, als er König wurde, und regierte
acht Jahre in Jerusalem. 6 Er folgte den Wegen der Könige von Israel,
wie es das Haus Ahab getan hatte; denn er hatte eine Tochter Ahabs
zur Frau, und er tat, was dem Herrn mißfiel. 7 Doch der Herr wollte
das Haus David nicht verderben wegen des Bundes, den er mit David
geschlossen hatte, und weil er ihm versprochen hatte, er werde ihm
und seinen Söhnen für immer eine Leuchte geben.
8 In den Tagen Jorams fiel Edom von Juda ab und setzte einen eigenen
König ein. 9 Joram zog daher mit seinen Obersten und allen Kriegswa-
gen gegen sie. Während der Nacht griff er an und schlug die Edomiter,
die ihn und die Obersten der Kriegswagen umzingelt hatten. 10 Doch
Edom fiel von Juda ab und ist abtrünnig bis zum heutigen Tag.
Damals, zur gleichen Zeit, fiel auch Libna von Juda ab; denn Joram
hatte den Herrn, den Gott seiner Väter, verlassen. 11 Auch errichtete er
Kulthöhen auf den Bergen Judas und verführte die Einwohner Jerusa-
lems zur Untreue und Juda zum Abfall.
12 Damals traf ein Schreiben des Propheten Elija bei ihm ein. Es hatte
folgenden Inhalt: So spricht der Herr, der Gott deines Vaters David:
Weil du nicht auf den Wegen deines Vaters Joschafat und auf den
Wegen Asas, des Königs von Juda, 13 sondern auf den Wegen der
Könige von Israel gegangen bist, weil du Juda und die Einwohner Jeru-
salems zur Untreue verführt hast, wie es das Haus Ahab getan hat, und
weil du deine eigenen Brüder aus der Familie deines Vaters, die besser
waren als du, getötet hast, 14 darum wird der Herr dein Volk, deine
Söhne und Frauen und deinen ganzen Besitz mit harten Schlägen tref-
fen. 15 Du selbst wirst in schweres Siechtum verfallen und an deinen
Eingeweiden erkranken, so daß sie nach Jahr und Tag infolge der
Krankheit herausfallen werden.
16 Der Herr reizte nun den Wagemut der Philister und der Araber, die
neben den Kuschitern wohnen, gegen Joram auf. 17 Sie zogen gegen
Juda, überfielen das Land und nahmen den ganzen Besitz weg, der
sich im Palast des Königs fand; auch seine Söhne und Frauen führten
sie weg. Es blieb ihm kein Sohn außer Joahas, dem jüngsten von
ihnen. 18 Nach all dem schlug der Herr den Joram mit einer unheilba-
ren Krankheit in den Eingeweiden. 19 Nach Jahr und Tag, zwei Tage
vor seinem Ende, fielen infolge der Krankheit seine Eingeweide her-
aus, und er starb unter großen Schmerzen. Das Volk zündete zu seiner
Ehre kein Feuer an, wie das bei seinen Vätern geschehen war. 20 Er war
zweiunddreißig Jahre alt, als er König wurde, und regierte acht Jahre
in Jerusalem. Er ging dahin, von niemand bedauert. Man begrub ihn
in der Davidstadt, aber nicht in den Gräbern der Könige.

Ahasja

22 Die Einwohner Jerusalems machten nun seinen jüngsten
Sohn Ahasja zum König an seiner Stelle. Alle älteren Brüder
hatte die Räuberbande getötet, die mit den Arabern in das Lager ein-
gedrungen war. So kam Ahasja, der Sohn Jorams, des Königs von
Juda, zur Herrschaft. 2 Ahasja war zweiundzwanzig Jahre alt, als er
König wurde, und regierte ein Jahr in Jerusalem. Seine Mutter hieß
Atalja; sie war eine Enkelin Omris.
3 Auch er folgte den Wegen des Hauses Ahab; denn seine Mutter ver-
führte ihn durch ihren Rat zum Bösen. 4 Wie die Angehörigen des
Hauses Ahab tat er, was dem Herrn mißfiel; denn diese stürzten ihn
nach dem Tod seines Vaters durch ihren Rat ins Verderben.
5 Ihrem Rat folgend, zog er mit Joram, dem Sohn Ahabs, dem König
von Israel, gegen Hasaël, den König von Aram, nach Ramot-Gilead in
den Krieg. Dabei verwundeten die Aramäer Joram, 6 und er mußte
heimkehren, um in Jesreel von den Wunden Heilung zu suchen, die
ihm die Aramäer geschlagen hatten, als er in Ramot gegen ihren
König Hasaël kämpfte. Ahasja, der Sohn Jorams, der König von Juda,
kam hinab, um Joram, den Sohn Ahabs, in Jesreel zu besuchen, als er
krank daniederlag. 7 Von Gott aber war es zum Verderben Ahasjas
bestimmt, daß er sich zu Joram begab. Mit Joram fuhr er nach seiner
Ankunft Jehu, dem Enkel Nimschis, entgegen, den der Herr gesalbt
hatte, damit er das Haus Ahab ausrotte. 8 Als Jehu seinen Streit mit
dem Haus Ahab austrug, stieß er auf die Hofleute Judas und die Ver-
wandten Ahasjas, die im Dienst Ahasjas standen, und machte sie nie-
der. 9 Dann ließ er Ahasja suchen. Man nahm ihn fest, während er sich
in Samaria verborgen hielt, brachte ihn vor Jehu und tötete ihn. Doch
gab man ihm ein Grab; denn sie sagten: Er ist ein Enkel Joschafats, der
den Herrn mit ganzem Herzen gesucht hat. Im Haus Ahasjas war nun
niemand mehr, der fähig gewesen wäre, die Königsherrschaft zu
übernehmen.

Atalja

10 Als Atalja, die Mutter Ahasjas sah, daß ihr Sohn tot war, ging sie
daran, die ganze Nachkommenschaft der königlichen Familie des
Hauses Juda auszurotten. 11 Doch Joscheba, die Tochter des Königs,
nahm Joasch, den Sohn Ahasjas, aus dem Kreis der Königssöhne, die
ermordet werden sollten, weg und brachte ihn heimlich mit seiner
Amme in die Bettenkammer. Dort versteckte sie ihn vor Atalja, so daß
diese ihn nicht töten konnte. Joscheba, die Tochter des Königs Joram
und Frau des Priesters Jojada, war die Schwester Ahasjas. 12 Joasch
blieb sechs Jahre bei ihr im Haus Gottes verborgen, während Atalja
das Land regierte.

23 Doch im siebten Jahr faßte Jojada Mut und verbündete sich
mit den Hundertschaftsführern, mit Asarja, dem Sohn Jero-
hams, Jischmaël, dem Sohn Johanans, Asarja, dem Sohn Obeds, Maa-
seja, dem Sohn Adajas, und Elischafat, dem Sohn Sichris. 2 Sie durch-
zogen Juda und versammelten die Leviten aus allen Städten Judas
sowie die Häupter der israelitischen Großfamilien in Jerusalem. 3 Dort
schloß die Versammlung im Haus Gottes einen Bund mit dem König.
Jojada legte ihnen dar: Seht da den Sohn des Königs! Er soll herrschen,
wie der Herr den Nachkommen Davids versprochen hat.
4 Das ist es, was ihr tun sollt: Ein Drittel von der Wache, die am Sabbat
aufzieht, soll bei den Priestern und Leviten sein, die an den Schwellen
wachen. 5 Ein Drittel soll am Königspalast und ein Drittel am Jesodtor
stehen. Das ganze Volk aber soll in den Höfen des Hauses des Herrn
bleiben. 6 Niemand darf in das Haus des Herrn kommen als nur die
Priester und die diensttuenden Leviten; diese können eintreten, denn
sie sind heilig. Das ganze Volk aber soll die Anordnungen des Herrn
befolgen. 7 Die Leviten sollen sich mit der Waffe in der Hand um den
König scharen. Wer in das Haus einzudringen versucht, soll getötet
werden. Seid beim König, wenn er einzieht und wenn er auszieht.
8 Die Leviten und Judäer befolgten alle Weisungen des Priesters Jojada.
Jeder holte seine Leute, sowohl jene, die am Sabbat aufzogen, als auch
jene, die am Sabbat abzogen; denn der Priester Jojada hatte die Abtei-
lungen nicht entlassen. 9 Er gab den Anführern der Hundertschaften
die Lanzen sowie die großen und kleinen Schilde, die dem König
David gehört hatten und sich jetzt im Haus Gottes befanden. 10 Die
ganze Mannschaft stellte er mit der Waffe in der Hand von der Süd-
seite des Tempels bis zur Nordseite vor dem Altar und dem Tempel
rings um den König auf. 11 Dann führte man den Königssohn heraus.
Man überreichte ihm den Stirnreif und das Königsgesetz und machte
ihn so zum König. Jojada und seine Söhne salbten ihn und riefen: Es
lebe der König!
12 Als Atalja das Geschrei des Volkes hörte, das herbeilief und dem
König zujubelte, kam sie zu den Leuten in das Haus des Herrn. 13 Da
sah sie den König am Eingang bei seiner Säule stehen; die Obersten
und die Trompeter waren bei ihm, und alle Bürger des Landes waren
voller Freude und bliesen die Trompeten, während die Sänger mit
ihren Instrumenten dastanden und das Zeichen zum Lobpreis gaben.
Atalja zerriß ihre Kleider und schrie: Verrat, Verrat! 14 Doch der Prie-
ster Jojada befahl den Hundertschaftsführern, die das Kommando
über die Truppen hatten: Führt sie durch die Reihen hinaus, und jeder,
der ihr folgen will, soll mit dem Schwert niedergeschlagen werden. Er
sagte: Tötet sie nicht im Haus des Herrn. 15 Da legte man Hand an sie,

und als sie zum Eingang des Roßtores am königlichen Palast kam,
machte man sie dort nieder.
16 Jojada schloß nun den Bund des Herrn mit dem ganzen Volk und
mit dem König. Sie versprachen, daß sie das Volk des Herrn sein woll-
ten. 17 Darauf zog das ganze Volk zum Baalstempel und riß ihn nieder.
Sie zertrümmerten seine Altäre und Bilder und erschlugen den Baals-
priester Mattan vor den Altären.
18 Dann betraute Jojada die Priester und Leviten mit der Aufsicht über
das Haus des Herrn. David hatte sie für das Haus des Herrn in Klassen
eingeteilt; nach seiner Anweisung sollten sie unter Freudengesängen
und Liedern die Brandopfer für den Herrn darbringen, wie sie im
Gesetz des Mose vorgeschrieben sind. 19 Auch stellte er Wächter an die
Tore des Hauses des Herrn, damit niemand hereinkäme, der mit einer
Unreinheit behaftet wäre. 20 Hierauf nahm Jojada die Hundertschafts-
führer, die Vornehmen und Großen des Volkes sowie alle Bürger des
Landes und führte den König vom Haus des Herrn hinab. Sie kamen
durch das obere Tor in den königlichen Palast und setzten Joasch auf
den Königsthron. 21 Alle Bürger des Landes waren voller Freude, und
die Stadt blieb ruhig. Atalja aber hatte man mit dem Schwert umge-
bracht.

Joasch

24 Joasch war sieben Jahre alt, als er König wurde, und regierte
vierzig Jahre in Jerusalem. Seine Mutter hieß Zibja und
stammte aus Beerscheba. 2 Joasch tat, was dem Herrn gefiel, solange
der Priester Jojada lebte. 3 Jojada warb für ihn zwei Frauen, und er
zeugte Söhne und Töchter.
4 Danach faßte Joasch den Entschluß, das Haus des Herrn zu erneu-
ern. 5 Er ließ die Priester und die Leviten zusammenkommen und
sagte zu ihnen: Geht in die Städte Judas, und sammelt Geld von ganz
Israel, um Jahr für Jahr Ausbesserungen am Haus eures Gottes vor-
nehmen zu können. Beeilt euch dabei! Als sich aber die Leviten nicht
beeilten, 6 rief Joasch den Oberpriester Jojada zu sich und hielt ihm
vor: Warum hast du die Leviten nicht angehalten, von Juda und Jeru-
salem die Abgabe zu erheben, die Mose, der Knecht des Herrn, und
die Versammlung Israels für das Zelt der Bundesurkunde vorge-
schrieben haben? 7 Die ruchlose Atalja und ihre Bauleute haben das
Haus Gottes verfallen lassen und sogar die Weihegaben des Hauses
des Herrn für die Baale verwendet. 8 Der König ließ nun einen Kasten
anfertigen und außen am Tor des Hauses des Herrn aufstellen.
9 Dann rief man in Juda und Jerusalem aus, man solle die Abgabe für
den Herrn entrichten, die Mose, der Knecht Gottes, den Israeliten in
der Wüste befohlen hat. 10 Alle führenden Männer und das ganze Volk
waren darüber erfreut. Sie brachten ihre Beiträge und warfen sie in
den Kasten, bis er voll war. 11 Zu bestimmten Zeiten ließ man den
Kasten durch Leviten zur Überprüfung zum König bringen. Wenn
man sah, daß viel Geld darin war, kamen der Schreiber des Königs
und der Beauftragte des Oberpriesters, leerten den Kasten und trugen
ihn wieder an seinen Platz zurück. Das taten sie Tag für Tag und
brachten viel Geld zusammen. 12 Der König und Jojada übergaben es
den Werkmeistern, die am Haus des Herrn tätig waren, und diese
bestellten Maurer und Zimmerleute sowie Eisen- und Bronze-
schmiede, die das Haus des Herrn erneuern und seine Schäden besei-
tigen sollten. 13 Die Werkmeister griffen zu, und unter ihrer Leitung
gingen die Ausbesserungsarbeiten gut voran. Sie stellten das Haus
Gottes nach seinen Plänen wieder her und erhöhten seine Festigkeit.
14 Als sie fertig waren, brachten sie den Rest des Geldes vor den König
und vor Jojada, und dieser ließ dafür Geräte für das Haus des Herrn,
Kult- und Opfergeräte, Schalen und sonstige Gefäße aus Gold und
Silber anfertigen.
Solange Jojada lebte, wurden ständig im Haus des Herrn Opfer darge-
bracht. 15 Jojada aber wurde alt und satt an Lebenstagen; er war hun-
dertdreißig Jahre alt, als er starb. 16 Man begrub ihn bei den Königen
in der Davidstadt; denn er hatte an Israel, für Gott und sein Haus,
Gutes getan.
17 Nach dem Tod Jojadas kamen die führenden Männer Judas zum
König und warfen sich vor ihm nieder. Dieser hörte damals auf sie,
18 so daß sie den Bund des Herrn, des Gottes ihrer Väter, verließen und
die Kultpfähle und Götzenbilder verehrten. Wegen dieser Schuld kam
ein Zorngericht über Juda und Jerusalem. 19 Der Herr schickte Prophe-
ten zu ihnen, um sie zur Umkehr zum Herrn zu bewegen, aber man
hörte nicht auf ihre Warnung. 20 Da kam der Geist Gottes über
Secharja, den Sohn des Priesters Jojada. Er trat vor das Volk und hielt
ihm vor: So spricht Gott: Warum übertretet ihr die Gebote des Herrn?
So könnt ihr kein Glück mehr haben. Weil ihr den Herrn verlassen
habt, wird er euch verlassen. 21 Sie aber taten sich gegen ihn zusammen
und steinigten ihn auf Befehl des Königs im Hof des Hauses des Herrn.
22 König Joasch dachte nicht mehr an die Treue, mit der ihm Jojada, der
Vater Secharjas, gedient hatte, sondern ließ dessen Sohn töten. Dieser
aber rief sterbend aus: Der Herr möge es sehen und vergelten.
23 Um die Jahreswende zog das Heer der Aramäer gegen Joasch. Sie
drangen nach Juda und Jerusalem vor und machten alle führenden
Männer des Volkes nieder. Ihre gesamte Beute brachte man zum
König von Damaskus. 24 Mit nur wenig Kriegern war das Heer der
Aramäer gekommen; aber der Herr gab ein sehr großes Heer in ihre
Gewalt, weil die Israeliten den Herrn, den Gott ihrer Väter, verlassen
hatten. So vollzogen die Aramäer an Joasch das Strafgericht. 25 Als sie
abzogen und ihn schwerkrank zurückließen, verschworen sich seine
Diener gegen ihn wegen der Blutschuld am Sohn des Priesters Jojada
und erschlugen ihn auf seinem Bett. Man begrub ihn in der David-
stadt, aber nicht in den Gräbern der Könige. 26 Die Verschwörer waren
Sabad, der Sohn der Ammoniterin Schimat, und Josabad, der Sohn der
Moabiterin Schomer. 27 Weitere Nachrichten über seine Söhne, über
die vielen Prophetensprüche gegen ihn und über die Wiederherstel-
lung des Hauses Gottes sind aufgezeichnet in den Erläuterungen zum
Buch der Könige. Sein Sohn Amazja wurde König an seiner Stelle.

Amazja

25 Amazja war fünfundzwanzig Jahre alt, als er König wurde,
und regierte neunundzwanzig Jahre in Jerusalem. Seine
Mutter hieß Joaddan und stammte aus Jerusalem. 2 Er tat, was dem
Herrn gefiel, wenn auch nicht mit ungeteiltem Herzen. 3 Sobald die
Herrschaft fest in seiner Hand war, ließ er die Diener hinrichten, die
seinen Vater, den König, erschlagen hatten. 4 Ihre Söhne aber ver-
schonte er, wie es im Gesetz, im Buch des Mose, geschrieben steht,
wo der Herr geboten hat: Die Väter sollen nicht für ihre Söhne und die
Söhne nicht für ihre Väter mit dem Tod bestraft werden, sondern jeder
soll nur für sein eigenes Verbrechen sterben.
5 Amazja versammelte die Judäer aus ganz Juda und Benjamin und
stellte sie nach Großfamilien unter den Führern der Tausend- und
Hundertschaften auf. Er ließ alle, die zwanzig Jahre und darüber
waren, mustern. Ihre Zählung ergab dreihunderttausend auserlesene,
wehrfähige Männer, die Lanze und Schild trugen. 6 Dazu ließ er in
Israel hunderttausend tapfere Krieger um hundert Silbertalente
anwerben. 7 Doch ein Gottesmann kam zu ihm und sagte: Das Heer
Israels, o König, soll nicht mit dir ziehen; denn der Herr ist nicht mit
Israel, er hilft keinem Efraimiter. 8 Rück vielmehr allein aus, und
nimm mutig und entschlossen den Kampf auf! Gott könnte dich sonst
vor dem Feind zu Fall bringen; denn Gott hat die Macht, zu helfen
oder zu stürzen. 9 Amazja erwiderte dem Gottesmann: Wozu habe ich
dann den israelitischen Söldnerscharen hundert Talente gegeben? Der
Gottesmann antwortete: Der Herr kann dir viel mehr als diese geben.
10 Da schied Amazja die Truppe, die aus Efraim zu ihm gekommen
war, aus und ließ sie in ihre Heimat zurückkehren. Sie geriet deswe-
gen in heftigen Zorn über Juda und zog grollend in ihr Land zurück.
11 Amazja aber faßte Mut und führte sein Volk in den Krieg. Er zog
in das Salztal und erschlug von den Seïritern zehntausend Mann.
12 Zehntausend nahmen die Judäer lebend gefangen, führten sie auf
die Höhe eines Felsens und stürzten sie hinab, so daß alle zerschmet-
tert wurden.

13 Die Angehörigen der Söldnertruppe aber, die Amazja zurückge-
schickt und am Kriegszug nicht hatte teilnehmen lassen, überfielen
die Städte Judas zwischen Samaria und Bet-Horon, erschlugen dort
dreitausend Mann und machten reiche Beute.

Amazjas Übermut und Tod

14 Nach der Rückkehr vom Sieg über die Edomiter stellte Amazja die Göt-
ter der Seïriter, die er mitgebracht hatte, als Götter für sich auf, fiel vor
ihnen nieder und brachte ihnen Opfer dar. 15 Da entbrannte der Zorn des
Herrn gegen Amazja. Er sandte einen Propheten zu ihm und ließ ihm
sagen: Warum suchst du die Götter des Volkes, die ihr Volk aus deiner
Hand nicht retten konnten? 16 Amazja fiel ihm ins Wort und rief: Haben
wir dich zum Berater des Königs bestellt? Halt ein! Warum soll man dich
schlagen? Da hielt der Prophet inne und sagte: Ich weiß, daß Gott dein
Verderben plant, weil du das getan und auf meinen Rat nicht gehört hast.
17 Nach einer Beratung sandte Amazja, der König von Juda, Boten an
Joasch, den Sohn des Joahas, des Sohnes Jehus, den König von Israel,
und ließ ihm sagen: Komm, wir wollen (im Kampf) einander gegen-
übertreten. 18 Doch Joasch, der König von Israel, ließ dem König Amaz-
ja von Juda sagen: Der Dornstrauch auf dem Libanon ließ der Zeder
auf dem Libanon sagen: Gib deine Tochter meinem Sohn zur Frau!
Aber die Tiere des Libanon liefen über den Dornstrauch und zertraten
ihn. 19 Du denkst: Ich habe Edom besiegt!, und bist übermütig gewor-
den. Wahre jetzt deinen Ruhm, und bleib zu Hause! Wozu willst du
das Unglück herausfordern und zu Fall kommen, du und Juda mit dir?
20 Doch Amazja wollte nicht hören; denn Gott hatte es so bestimmt,
um sie ihren Feinden preiszugeben, weil sie die Götter der Edomiter
suchten. 21 Joasch, der König von Israel, rückte daraufhin aus. Er und
Amazja, der König von Juda, traten bei Bet-Schemesch, das zu Juda
gehört, einander gegenüber. 22 Die Judäer wurden von den Israeliten
geschlagen und flohen zu ihren Zelten. 23 Den König Amazja von Juda,
den Sohn des Joasch, des Sohnes des Joahas, nahm König Joasch von
Israel bei Bet-Schemesch gefangen und brachte ihn nach Jerusalem.
Dort riß er die Mauer der Stadt vom Efraimtor bis zum Ecktor auf
einer Strecke von vierhundert Ellen nieder, 24 nahm alles Gold und Sil-
ber sowie alle Geräte, die sich im Haus Gottes bei Obed-Edom befan-
den, samt den Schätzen des königlichen Palastes, ließ sich Geiseln
stellen und kehrte nach Samaria zurück.
25 Amazja, der Sohn des Joasch, der König von Juda, lebte nach dem
Tod des Joasch, des Sohnes des Joahas, des Königs von Israel, noch
fünfzehn Jahre.
26 Die übrige Geschichte Amazjas, die frühere und die spätere, ist auf-
gezeichnet im Buch der Könige von Juda und Israel. 27 Zur Zeit, da
Amazja sich vom Herrn abwandte, bildete sich in Jerusalem gegen ihn
eine Verschwörung. Er floh nach Lachisch; aber man sandte Verfolger
hinter ihm her nach Lachisch, die ihn dort erschlugen. 28 Man brachte
ihn auf Pferden nach Jerusalem und begrub ihn bei seinen Vätern in
der Davidstadt.

Usija (Asarja)

26 Das ganze Volk von Juda nahm Usija, der damals sechzehn
Jahre alt war, und machte ihn zum König anstelle seines
Vaters Amazja. 2 Er baute Elat aus, das er für Juda zurückgewonnen
hatte, nachdem Amazja zu seinen Vätern entschlafen war. 3 Usija war
sechzehn Jahre alt, als er König wurde, und regierte zweiundfünfzig
Jahre in Jerusalem. Seine Mutter hieß Jecholja und stammte aus Jerusa-
lem. 4 Genau wie sein Vater Amazja tat er, was dem Herrn gefiel. 5 Er
war bestrebt, Gott zu suchen, solange Secharja lebte, der ihn in der
Furcht Gottes unterwies; und solange er den Herrn suchte, ließ ihn
Gott erfolgreich sein. 6 Er unternahm einen Kriegszug gegen die Phili-
ster, riß die Mauern von Gat, Jabne und Aschdod nieder und baute
Städte bei Aschdod und im übrigen Gebiet der Philister aus. 7 Gott
stand ihm bei gegen die Philister, gegen die Araber, die in Gur-Baal
wohnten, und gegen die Meüniter. 8 Die Ammoniter zahlten ihm Tri-
but, und sein Ruhm reichte bis an die Grenze Ägyptens; denn er war
überaus mächtig geworden. 9 In Jerusalem baute Usija Türme am Eck-
tor und am Taltor sowie im Winkel und befestigte sie. 10 Auch in der
Steppe baute er Türme und grub viele Zisternen. Er besaß nämlich
große Herden in der Schefela und in der Ebene und beschäftigte Acker-
und Weinbauern in den Bergen und im Fruchtland; denn er liebte den
Ackerbau. 11 Usija hatte ein kriegstüchtiges Heer, das, nach Abteilun-
gen gegliedert, in der Stärke ausrückte, die der Staatsschreiber Jëiël
und der Amtmann Maaseja unter Aufsicht Hananjas, eines der Ober-
sten des Königs, bei der Musterung festgestellt hatten. 12 Unter den
Kriegern waren insgesamt zweitausendsechshundert Häupter von
Großfamilien. 13 Sie befehligten ein Heer von dreihundertsiebentau-
sendfünfhundert kampffähigen Männern, die stark genug waren, um
dem König gegen seine Feinde zu helfen. 14 Für das ganze Heer stellte
Usija Schilde, Lanzen, Helme, Panzer, Bogen und Schleudersteine
bereit. 15 In Jerusalem ließ er kunstvolle Wurfmaschinen bauen und auf
den Türmen und Mauerecken aufstellen, um Pfeile und große Steine
abschießen zu können. So wurde er weithin berühmt; denn ihm wurde
außergewöhnliche Hilfe zuteil, so daß er an Macht gewann.
16 Doch als er mächtig geworden war, wurde sein Herz übermütig,
und er handelte verkehrt. Er wurde dem Herrn, seinem Gott, untreu
und drang in den Tempel des Herrn ein, um auf dem Rauchopferaltar
zu opfern. 17 Aber der Priester Asarja folgte ihm mit achtzig mutigen
Priestern des Herrn. 18 Sie traten dem König Usija entgegen und sag-
ten zu ihm: Nicht dir, Usija, steht es zu, dem Herrn Rauchopfer darzu-
bringen, sondern den Priestern, den Söhnen Aarons, die geweiht sind,
das Rauchopfer darzubringen. Verlaß das Heiligtum; denn du bist
untreu geworden, und es gereicht dir nicht zur Ehre vor Gott, dem
Herrn. 19 Usija wurde zornig; er hielt schon die Räucherpfanne in der
Hand, um das Rauchopfer darzubringen. Als er sich aber zornig
gegen die Priester wandte, brach an seiner Stirn der Aussatz hervor. Es
geschah vor den Augen der Priester, während er im Tempel neben dem
Rauchopferaltar stand. 20 Als daher der Oberpriester Asarja und alle
anderen Priester sich ihm zuwandten, zeigte sich der Aussatz an sei-
ner Stirn. Sie drängten ihn eiligst von dort weg, und auch er selbst
beeilte sich hinauszukommen, da der Herr ihn geschlagen hatte. 21 So
war König Usija aussätzig bis zu seinem Tod. Da er vom Haus des
Herrn ausgeschlossen war, mußte er als Aussätziger in einem abge-
sonderten Haus wohnen, während sein Sohn Jotam Vorsteher des
königlichen Palastes war und die Bürger des Landes regierte.
22 Die übrige Geschichte Usijas, die frühere und die spätere, schrieb
der Prophet Jesaja, der Sohn des Amoz. 23 Usija entschlief zu seinen
Vätern, und man begrub ihn bei seinen Vätern auf dem Feld bei der
Grabstätte der Könige; denn man sagte: Er war aussätzig. Sein Sohn
Jotam wurde König an seiner Stelle.

Jotam

27 Jotam war fünfundzwanzig Jahre alt, als er König wurde,
und regierte sechzehn Jahre in Jerusalem. Seine Mutter hieß
Jeruscha und war eine Tochter Zadoks. 2 Er tat, was dem Herrn gefiel,
genau wie sein Vater Usija, aber er drang nicht in den Tempel des
Herrn ein. Das Volk jedoch handelte immer noch verkehrt. 3 Er baute
das obere Tor am Haus des Herrn. Auch an der Mauer des Ofel baute er
viel. 4 Ebenso baute er Städte im Gebirge Juda aus, errichtete Burgen
und Türme in den Waldgebieten, 5 führte Krieg mit dem König der
Ammoniter und besiegte ihn. Die Ammoniter mußten ihm in jenem
Jahr hundert Talente Silber, zehntausend Kor Weizen und zehntau-
send Kor Gerste abliefern. Die gleiche Abgabe leisteten sie auch im
zweiten und dritten Jahr. 6 So wurde Jotam mächtig; denn er achtete in
seinem Verhalten auf den Herrn, seinen Gott.
7 Die übrige Geschichte Jotams, alle seine Kriege und Unternehmun-
gen, sind aufgezeichnet im Buch der Könige von Israel und Juda. 8 Er
war fünfundzwanzig Jahre alt, als er König wurde, und regierte sech-
zehn Jahre in Jerusalem. 9 Jotam entschlief zu seinen Vätern, und man
begrub ihn in der Davidstadt. Sein Sohn Ahas wurde König an seiner
Stelle.

Ahas

28 Ahas war zwanzig Jahre alt, als er König wurde, und regierte sechzehn Jahre in Jerusalem. Er tat nicht wie sein Vater David, was dem Herrn gefiel, 2 sondern er folgte den Wegen der Könige von Israel. Auch ließ er Gußbilder für die Baale anfertigen, 3 opferte im Tal Ben-Hinnom, verbrannte seine Söhne im Feuer und ahmte so die Greuel der Völker nach, die der Herr vor den Augen der Israeliten vertrieben hatte. 4 Auf den Kulthöhen und Hügeln und unter jedem üppigen Baum brachte er Schlacht- und Rauchopfer dar.

5 Darum gab ihn der Herr, sein Gott, in die Hand des Königs der Aramäer. Sie schlugen ihn, führten ihm viele Gefangene weg und brachten sie nach Damaskus. Ebenso geriet er in die Hand des Königs von Israel. Pekach, der Sohn Remaljas, bereitete ihm eine schwere Niederlage. 6 Er erschlug an einem Tag in Juda hundertzwanzigtausend Mann, lauter tapfere Krieger, da sie den Herrn, den Gott ihrer Väter verlassen hatten. 7 Sichri, ein efraimitischer Kriegsheld, tötete den Königssohn Maaseja, den Hausvorsteher Asrikam und Elkana, den Zweiten nach dem König. 8 Die Israeliten führten von ihren Stammesbrüdern zweihunderttausend Frauen, Söhne und Töchter als Gefangene weg, machten bei ihnen auch reiche Beute und brachten sie nach Samaria.

9 Dort lebte ein Prophet des Herrn namens Oded. Dieser ging dem Heer entgegen, das nach Samaria zurückkehrte, und hielt ihm vor: Seht, weil der Herr, der Gott eurer Väter, über Juda erzürnt war, hat er sie in eure Hand gegeben. Ihr habt unter ihnen mit einer Wut gemordet, die zum Himmel schreit. 10 Jetzt wollt ihr euch Leute aus Juda und Jerusalem als Knechte und Mägde untertan machen. Steht denn nicht ihr gerade in Schuld vor dem Herrn, eurem Gott? 11 Hört daher jetzt auf mich! Gebt die Gefangenen zurück, die ihr von euren Stammesbrüdern weggeführt habt. Es würde sonst der glühende Zorn des Herrn euch treffen. 12 Darauf traten einige von den Häuptern der Efraimiter, nämlich Asarja, der Sohn Johanans, Berechja, der Sohn Meschillemots, Jehiskija, der Sohn Schallums, und Amasa, der Sohn Hadlais, zu den Heimkehrern vom Feldzug hin, 13 redeten mit ihnen und sagten: Bringt die Gefangenen nicht hierher! Schon liegt eine Schuld vor dem Herrn auf uns, und ihr wollt unsere Sünde und Schuld noch vermehren. Ist doch unsere Schuld schon groß genug, und der glühende Zorn des Herrn lastet auf Israel. 14 Daraufhin gaben die bewaffneten Krieger in Gegenwart der Obersten und der ganzen Versammlung die Gefangenen und die Beute frei. 15 Männer, die namentlich dazu bestimmt waren, gingen hin und nahmen sich der Gefangenen an. Sie bekleideten alle, die nackt waren, aus der Beute und versahen sie mit Gewändern und Schuhen. Sie gaben ihnen zu essen und zu trinken, salbten die Schwachen unter ihnen und setzten sie auf Esel. So brachten sie die Gefangenen in die Palmenstadt Jericho in die Nähe ihrer Stammesbrüder. Sie selbst kehrten nach Samaria zurück.

Die Bedrängnis durch Assur

16 In jener Zeit sandte König Ahas einen Hilferuf an den König von Assur; 17 denn auch die Edomiter waren eingedrungen, hatten Juda besiegt und Gefangene weggeführt. 18 Zugleich überfielen die Philister die Städte der Schefela und des judäischen Negeb, eroberten Bet-Schemesch, Ajalon, Gederot, Socho mit seinen Tochterstädten, Timna mit seinen Tochterstädten und Gimso mit seinen Tochterstädten und setzten sich darin fest; 19 denn der Herr demütigte Juda wegen Ahas', des Königs von Juda, der die Zügellosigkeit in Juda förderte und gegen den Herrn treulos war. 20 Tiglat-Pileser, der König von Assur, kam zu ihm; doch brachte er ihm nur Bedrängnis, aber keine Stärkung. 21 Ahas mußte den Tempel, den königlichen Palast und die führenden Männer berauben und alles dem König von Assur geben, fand jedoch keine Hilfe. 22 Selbst in der Zeit der Bedrängnis setzte König Ahas seine Treulosigkeit gegen den Herrn fort. 23 Er brachte den Göttern von Damaskus, die ihn geschlagen hatten, Opfer dar und sagte: Die Götter der aramäischen Könige haben ihren Verehrern geholfen. Ihnen will ich opfern, und sie werden mir helfen. Doch sie dienten nur dazu, ihn und ganz Israel zu Fall zu bringen. 24 Ahas ließ die Geräte des Hauses Gottes zusammenholen und zerschlagen, schloß die Tore des Hauses des Herrn und errichtete Altäre an allen Ecken Jerusalems. 25 In jeder einzelnen Stadt Judas baute er Kulthöhen, um anderen Göttern zu opfern. So erzürnte er den Herrn, den Gott seiner Väter.

26 Seine übrige Geschichte und alle seine Unternehmungen, die früheren und die späteren, sind aufgezeichnet im Buch der Könige von Juda und Israel. 27 Ahas entschlief zu seinen Vätern, und man begrub ihn in Jerusalem, innerhalb der Stadt, legte ihn also nicht in die Gräber der Könige von Israel. Sein Sohn Hiskija wurde König an seiner Stelle.

Einleitung zur Geschichte Hiskijas

29 Hiskija war fünfundzwanzig Jahre alt, als er König wurde, und regierte neunundzwanzig Jahre in Jerusalem. Seine Mutter hieß Abi und war eine Tochter Secharjas. 2 Genau wie sein Vater David tat er, was dem Herrn gefiel.

Die Wiederherstellung des Kultes

3 Im ersten Jahr seiner Regierung, im ersten Monat, öffnete er die Tore des Hauses des Herrn und setzte sie wieder instand. 4 Darauf ließ er die Priester und die Leviten kommen, versammelte sie auf dem Platz im Osten 5 und sagte zu ihnen: Leviten, hört mich an! Heiligt euch jetzt, und heiligt das Haus des Herrn, des Gottes eurer Väter! Schafft alles Unreine aus dem Heiligtum! 6 Unsere Väter haben treulos gehandelt und getan, was dem Herrn, unserem Gott, mißfällt. Sie haben ihn verlassen und ihre Blicke von der Wohnstätte des Herrn abgewandt und ihr den Rücken gekehrt. 7 Sogar die Tore der Vorhalle (des Tempels) haben sie geschlossen, die Lampen ausgelöscht, kein Rauchopfer angezündet und dem Gott Israels im Heiligtum kein Brandopfer dargebracht. 8 Darum kam der Zorn des Herrn über Juda und Jerusalem. Er machte sie zum Schreckbild, zum Gegenstand des Entsetzens und zum Gespött, wie ihr es mit eigenen Augen seht. 9 Deswegen sind unsere Väter unter dem Schwert gefallen und sind unsere Söhne, Töchter und Frauen in Gefangenschaft. 10 Ich habe nun vor, einen Bund mit dem Herrn, dem Gott Israels, zu schließen, damit sein glühender Zorn von uns abläßt. 11 Meine Söhne, seid jetzt nicht nachlässig! Euch hat ja der Herr dazu erwählt, daß ihr vor ihm steht und ihm dient. Ihr sollt seine Diener sein und ihm Opfer darbringen.

12 Da standen folgende Leviten auf: Mahat, der Sohn Amasais, und Joël, der Sohn Asarjas, von den Nachkommen der Kehatiter; Kisch, der Sohn Abdis, und Asarja, der Sohn Jehallelels, von den Nachkommen Meraris; Joach, der Sohn Simmas, und Eden, der Sohn Joachs, von den Gerschonitern; 13 Schimri und Jëiël von den Nachkommen Elizafans; Secharja und Mattanja von den Nachkommen Asafs; 14 Jehiël und Schimi von den Nachkommen Hemans; Schemaja und Usiël von den Nachkommen Jedutuns. 15 Sie versammelten ihre Stammesbrüder und heiligten sich. Dann gingen sie auf Befehl des Königs, der sich auf die Worte des Herrn stützte, daran, das Haus des Herrn zu reinigen. 16 Die Priester betraten das Innere des Hauses des Herrn, um es zu reinigen. Sie schafften alles Unreine, das sie im Tempel des Herrn fanden, in den Hof des Hauses des Herrn. Dort übernahmen es die Leviten und trugen es in das Kidrontal hinaus. 17 Am ersten Tag des ersten Monats begannen sie mit der Reinigung; am achten Tag des Monats kamen sie zur Vorhalle des Herrn; dann heiligten sie das Haus des Herrn innerhalb von acht Tagen. Am sechzehnten Tag des ersten Monats hatten sie die Arbeit vollendet.

18 Darauf gingen sie zum König Hiskija hinein und meldeten: Wir haben das ganze Haus des Herrn gesäubert. Den Brandopferaltar mit all seinen Geräten, den Tisch für die Schaubrote mit all seinen Geräten, 19 alle Geräte, die König Ahas während seiner Regierung durch seine Treulosigkeit entweiht hat, haben wir instandgesetzt und geheiligt. Sie stehen nun vor dem Altar des Herrn.

20 Am nächsten Morgen versammelte König Hiskija die führenden Männer der Stadt und ging mit ihnen in das Haus des Herrn hinauf.

21 Man führte sieben Stiere, sieben Widder, sieben Lämmer und sieben
Ziegenböcke als Sündopfer für das Königshaus, für das Heiligtum
und für Juda herbei, und der König befahl den Priestern, den Nach-
kommen Aarons, sie auf dem Altar des Herrn darzubringen. 22 Man
schlachtete die Rinder; die Priester fingen das Blut auf und sprengten
es an den Altar. Dann schlachteten sie die Widder und sprengten das
Blut an den Altar. Dann schlachteten sie die Lämmer und sprengten
das Blut an den Altar. 23 Zuletzt brachte man die Böcke für das Sünd-
opfer vor den König und die Versammlung, damit sie die Hände auf
sie legten. 24 Dann schlachteten die Priester die Böcke und sprengten
das Blut als Sündopfer an den Altar, um für ganz Israel Sühne zu
erwirken; denn der König hatte das Brandopfer und das Sündopfer für
ganz Israel bestimmt. 25 Er stellte die Leviten mit Zimbeln, Harfen und
Zithern im Haus des Herrn auf, wie es der Anordnung Davids, des
königlichen Sehers Gad und des Propheten Natan entsprach. Diese
Weisungen waren vom Herrn durch seine Propheten ergangen. 26 Die
Leviten traten mit den Instrumenten Davids und die Priester mit ihren
Trompeten an. 27 Dann ließ Hiskija das Brandopfer auf dem Altar dar-
bringen. Als das Opfer begann, setzten gleichzeitig auch der Gesang
zur Ehre des Herrn und die Trompeten ein, begleitet von den Instru-
menten Davids, des Königs von Israel. 28 Die ganze Versammlung
warf sich nieder, während der Gesang ertönte und die Trompeten
schmetterten. Dies alles dauerte bis zum Abschluß des Opfers.
29 Nach der Darbringung des Brandopfers verneigten sich der König
und alle, die sich bei ihm eingefunden hatten, und warfen sich nieder.
30 König Hiskija und die führenden Männer befahlen den Leviten, den
Herrn mit den Worten Davids und des Sehers Asaf zu preisen. Diese
sangen den Lobpreis mit Freuden, verneigten sich und warfen sich
nieder.
31 Hierauf nahm Hiskija das Wort und sagte: Ihr steht jetzt mit vollen
Händen vor dem Herrn. Tretet heran, und bringt Schlacht- und Dank-
opfer zum Haus des Herrn! Da brachte die Versammlung Schlacht-
und Dankopfer herbei; manche gaben freiwillig noch Brandopfer
hinzu. 32 Die Anzahl der Brandopfer, die die Versammlung spendete,
betrug siebzig Rinder, hundert Widder und zweihundert Lämmer. Sie
wurden alle als Brandopfer dem Herrn dargebracht. 33 Die Weihega-
ben beliefen sich auf sechshundert Rinder und dreitausend Schafe.
34 Es waren aber zu wenig Priester vorhanden, um alle Brandopfer ent-
häuten zu können. Daher halfen ihnen ihre Amtsbrüder, die Leviten,
bis die Arbeit geschehen war und die Priester sich geheiligt hatten;
denn die Leviten hatten sich eifriger um ihre Heiligung bemüht als die
Priester. 35 Es war aber auch die Anzahl der Brandopfer sehr groß, die
neben den Fettstücken der Heilsopfer und den zum Brandopfer
gehörenden Trankopfern dargebracht werden mußten. So wurde der
Dienst im Haus des Herrn wiederhergestellt. 36 Hiskija und das ganze
Volk freuten sich, daß Gott dies dem Volk gewährt hatte; denn es war
wider Erwarten schnell geschehen.

Die Feier des Paschafestes

30 Hiskija sandte Boten zu ganz Israel und Juda, schrieb auch
Briefe an Efraim und Manasse und forderte sie auf, zum
Haus des Herrn nach Jerusalem zu kommen und zur Ehre des Herrn,
des Gottes Israels, das Pascha zu feiern. 2 Dann beriet er sich mit sei-
nen Hofleuten und der ganzen Versammlung in Jerusalem, ob sie das
Pascha nicht erst im zweiten Monat begehen sollten; 3 denn sie konn-
ten es damals nicht abhalten, da sich nicht genügend Priester geheiligt
hatten und das Volk nicht in Jerusalem versammelt war. 4 Der Plan
gefiel dem König und der ganzen Versammlung. 5 Sie beschlossen,
man solle in ganz Israel von Dan bis Beerscheba ausrufen, daß sie
kommen und in Jerusalem zur Ehre des Herrn, des Gottes Israels, das
Pascha feiern sollten; denn man hatte es bisher nicht vollzählig so
gehalten, wie es vorgeschrieben war.
6 Die Eilboten durchzogen nun mit den Briefen aus der Hand des
Königs und seiner Hofleute ganz Israel und Juda und verkündeten im
Auftrag des Königs: Israeliten, kehrt um zum Herrn, dem Gott Abra-
hams, Isaaks und Israels, damit er sich dem Rest zuwendet, der von
der Hand der Könige von Assur verschont geblieben ist. 7 Seid nicht
wie eure Väter und Brüder, die dem Herrn, dem Gott ihrer Väter,
untreu geworden sind, so daß er sie zu einem Bild des Entsetzens
machte, wie ihr es vor Augen habt. 8 Seid jetzt nicht hartnäckig wie
eure Väter! Reicht dem Herrn die Hand, und kommt in sein Heiligtum,
das er für immer geheiligt hat. Dient dem Herrn, eurem Gott, damit
sein Zorn von euch abläßt. 9 Wenn ihr zum Herrn zurückkehrt, wer-
den eure Brüder und Söhne Erbarmen finden bei denen, die sie als
Gefangene weggeführt haben. Sie werden in dieses Land zurückkeh-
ren dürfen; denn der Herr, euer Gott, ist gnädig und barmherzig. Er
wird sein Angesicht nicht von euch abwenden, wenn ihr zu ihm
umkehrt.
10 Die Eilboten zogen von Stadt zu Stadt durch das Gebiet von Efraim
und Manasse bis nach Sebulon. Doch man lachte und spottete über
sie. 11 Nur einige Männer von Ascher, Manasse und Sebulon beugten
sich und kamen nach Jerusalem. 12 Auch in Juda waltete die Hand
Gottes und bewirkte, daß sie einmütig den Befehl des Königs und der
führenden Männer befolgten, wie es dem Wort des Herrn entsprach.
13 So versammelte sich viel Volk in Jerusalem, um im zweiten Monat
das Fest der Ungesäuerten Brote zu begehen. Es war eine sehr große
Versammlung. 14 Sie machten sich auf, entfernten die Altäre in Jerusa-
lem, beseitigten alle Rauchopferaltäre und warfen sie in das Kidron-
tal. 15 Am vierzehnten Tag des zweiten Monats schlachteten sie das
Pascha. Die Priester und Leviten aber fühlten sich beschämt. Sie hei-
ligten sich, brachten Brandopfer zum Haus des Herrn 16 und begaben
sich pflichtgemäß an ihren Platz, nach dem Gesetz des Mose, des
Mannes Gottes. Die Priester sprengten das Blut (an den Altar), das sie
von den Leviten entgegennahmen. 17 Weil viele in der Versammlung
sich nicht geheiligt hatten, schlachteten die Leviten die Paschalämmer
für alle, denen die Reinheit fehlte, die man für die Weihe an den Herrn
brauchte. 18 Denn ein großer Teil des Volkes, viele nämlich aus Efraim,
Manasse, Issachar und Sebulon, hatten sich nicht gereinigt. Sie aßen
das Pascha nicht in der vorgeschriebenen Weise. Doch Hiskija betete
für sie und sagte: Der Herr, der Gütige, entsühne 19 jeden, der seinen
Sinn darauf richtet, den Herrn, den Gott seiner Väter, zu suchen, auch
wenn er nicht die Reinheit besitzt, die dem Heiligtum gebührt. 20 Der
Herr hörte auf Hiskija und ließ das Volk unversehrt. 21 So feierten die
Israeliten, die sich in Jerusalem eingefunden hatten, das Fest der
Ungesäuerten Brote sieben Tage hindurch mit großer Freude. Tag für
Tag priesen die Leviten und Priester den Herrn mit lauten Instrumen-
ten. 22 Die Leviten zeigten großes Verständnis für den Dienst des
Herrn, und Hiskija ermunterte sie zu ihrer Arbeit. Als dann die sieben
Tage der Festzeit zu Ende waren, an denen sie Heilsopfer darbrachten
und den Herrn, den Gott ihrer Väter, priesen, 23 beschloß die ganze
Versammlung, weitere sieben Tage zu feiern, und so machten sie auch
diese sieben Tage zu einem Freudenfest. 24 Hiskija, der König von
Juda, hatte nämlich tausend Stiere und siebentausend Schafe für die
Versammlung gestiftet, und die führenden Männer hatten tausend
Stiere und zehntausend Schafe für die Versammlung gestiftet; von den
Priestern aber hatten sich sehr viele geheiligt. 25 So freute sich die
ganze Versammlung Judas, die Priester und die Leviten und alle, die
aus Israel gekommen waren, auch die Fremden, die sich aus dem
Gebiet Israels eingefunden hatten oder in Juda wohnten. 26 Die Freude
war groß in Jerusalem; denn seit den Tagen Salomos, des Sohnes
Davids, des Königs von Israel, hatte es dergleichen in Jerusalem nicht
mehr gegeben. 27 Zuletzt standen die levitischen Priester auf und seg-
neten das Volk. Gott hörte ihr Rufen, und ihr Gebet drang zu seiner
heiligen Wohnung, zum Himmel, empor.

31 Nachdem sie dies alles beendet hatten, zogen die anwesen-
den Israeliten insgesamt in die Städte Judas, zertrümmerten
die Steinmale, hieben die Kultpfähle um und zerstörten die Kulthöhen
und Altäre in ganz Juda, Benjamin, Efraim und Manasse vollständig.
Darauf kehrten alle in ihre Städte auf ihren Besitz zurück.

Die Neuordnung des Tempeldienstes
2 Hiskija stellte die Abteilungen der Priester und Leviten nach ihren
Dienstklassen auf. Er wies alle Priester und Leviten einzeln in ihren
Dienst ein und bestellte sie zum Vollzug der Brand- und Heilsopfer, zu
Dienstleistungen und zum Vortrag der Dank- und Lobgesänge an den
Toren des Lagers des Herrn.
3 Der Beitrag, den der König aus seinem Vermögen für die Brandopfer
leistete, betraf die Opfer am Morgen und am Abend sowie die Brand-
opfer an den Sabbaten, Neumondtagen und Festen, die durch das
Gesetz des Herrn vorgeschrieben waren.
4 Hiskija befahl dem Volk, das heißt, den Einwohnern Jerusalems, die
den Priestern und den Leviten zustehenden Anteile abzuliefern, damit
sie sich ganz dem Gesetz des Herrn widmen könnten. 5 Sobald der
Befehl bekannt wurde, brachten die Israeliten die Ersterträge von
Getreide, Most, Öl, Honig und allen Früchten des Feldes reichlich her-
bei und lieferten den Zehnten von allem vollzählig ab. 6 Ebenso brach-
ten die Israeliten und die Judäer, die in den Städten Judas wohnten,
den Zehnten von den Rindern und Schafen sowie den Zehnten von
den Weihegaben, die dem Herrn, ihrem Gott, übergeben wurden. Sie
reihten Stapel an Stapel. 7 Im dritten Monat fingen sie an, die unterste
Schicht zu legen, und im siebten Monat waren sie damit fertig. 8 Als
dann Hiskija und die führenden Männer kamen und die aufgestapel-
ten Mengen sahen, priesen sie den Herrn und sein Volk Israel. 9 His-
kija erkundigte sich bei den Priestern und den Leviten wegen der auf-
gestapelten Mengen, 10 und der Oberpriester Asarja aus dem Haus
Zadok gab zur Antwort: Seitdem man begonnen hat, die Abgaben in
das Haus des Herrn zu bringen, haben wir zu essen, werden satt und
lassen noch reichlich übrig; denn der Herr hat sein Volk gesegnet.
Diese Menge ist übriggeblieben.
11 Hiskija ließ nun Kammern im Haus des Herrn herrichten, und als
man sie hergerichtet hatte, 12 brachte man die Abgaben, die Zehnten
und die Weihegaben gewissenhaft dorthin. Der Levit Konanja war
Aufseher über sie und sein Bruder Schimi sein Stellvertreter. 13 Ihnen
standen auf Anordnung des Königs Hiskija und Asarjas, des Fürsten
des Hauses Gottes, Jehiël, Asasja, Nahat, Asaël, Jerimot, Josabad,
Eliël, Jismachja, Mahat und Benaja als Beamte zur Seite. 14 Der Levit
Kore, der Sohn Jimnas, der Wächter am Osttor, wachte über die frei-
willigen Spenden an Gott, damit die für den Herrn bestimmte Abgabe
und das Hochheilige abgeliefert würden. 15 Ihm standen Eden, Minja-
min, Jeschua, Schemaja, Amarja und Schechanja in den Priesterstäd-
ten gewissenhaft zur Seite, damit ihre Amtsbrüder, die Vornehmen
wie die Geringen, abteilungsweise ihre Anteile erhielten.
16 Außerdem hatte man für alle, die abteilungsweise in das Haus des
Herrn kamen, um aufgrund ihrer Obliegenheiten und entsprechend
den Erfordernissen eines jeden Tages ihren Dienst zu verrichten, Ver-
zeichnisse angelegt. Sie erfaßten alle männlichen Personen, die drei
Jahre und darüber waren. 17 Dabei war die Eintragung der Priester
nach Großfamilien geschehen; die Leviten wurden, von zwanzig Jah-
ren an aufwärts, nach ihren Obliegenheiten und nach ihren Abteilun-
gen aufgeschrieben. 18 Die Eintragung erfaßte bei jeder Gemeinschaft
alle Kinder, Frauen, Söhne und Töchter; denn auch diese wurden
durch deren ständigen Dienst geheiligt. 19 Für die Söhne Aarons, die
Priester, die auf den Weideflächen ihrer Städte wohnten, wurden in
jeder einzelnen Stadt Männer bestellt, die namentlich bestimmt
waren, um allen männlichen Angehörigen der Priester und allen im
Verzeichnis stehenden Leviten ihre Anteile zu geben.
20 So verfuhr Hiskija in ganz Juda. Er tat, was gut, recht und getreu war
vor dem Herrn, seinem Gott.
21 Bei jedem Unternehmen, das er im Dienst des Hauses Gottes oder
für das Gesetz und die Gebote begann, um seinen Gott zu suchen,
handelte er mit Hingabe seines ganzen Herzens und hatte Erfolg.

Sanheribs Feldzug gegen Jerusalem
32 Nach diesen Maßnahmen und diesen Beweisen der Treue
Hiskijas zog Sanherib, der König von Assur, heran. Er fiel in
Juda ein, belagerte die festen Städte und gedachte, sie für sich zu
erobern. 2 Als Hiskija sah, daß Sanherib herankam und sich zum
Krieg gegen Jerusalem anschickte, 3 überlegte er mit seinen Obersten
und Helden, ob man nicht die Wasserquellen außerhalb der Stadt ver-
stopfen solle. Sie unterstützten sein Vorhaben. 4 Man holte viel Volk
zusammen und verstopfte alle Quellen und den Bach, der mitten
durch das Tal fließt; denn man sagte sich: Wozu sollen die Könige von
Assur bei ihrer Ankunft reichlich Wasser finden? 5 Auch unternahm
der König Anstrengungen, um die ganze Mauer auszubessern, in der
Risse entstanden waren. Er erhöhte die Türme, baute draußen die
andere Mauer, befestigte den Millo in der Davidstadt und ließ viele
Wurfspieße und Schilde anfertigen. 6 Dann setzte er Kriegsoberste
über das Volk und versammelte sie vor sich am Platz vor dem Stadttor.
Dort sprach er ihnen Mut zu und sagte: 7 Seid mutig und tapfer! Fürch-
tet euch nicht, und erschreckt nicht vor dem König von Assur und
dem großen Heer, das bei ihm ist; denn bei uns ist mehr als bei ihm.
8 Bei ihm sind Arme aus Fleisch, bei uns aber ist der Herr, unser Gott,
der uns hilft und unsere Kriege führt. Das Volk wurde durch die Worte
Hiskijas, des Königs von Juda, ermutigt.
9 Als dann Sanherib, der König von Assur, später mit seiner ganzen
Streitmacht vor Lachisch stand, sandte er seine Diener nach Jerusalem
zu Hiskija, dem König von Juda, und zu allen Judäern, die in Jerusalem
wohnten. Er ließ ihnen sagen: 10 So spricht Sanherib, der König von
Assur: Worauf vertraut ihr denn, daß ihr im belagerten Jerusalem
bleibt? 11 Hiskija führt euch nur irre, um euch durch Hunger und Durst
umkommen zu lassen, wenn er sagt: Der Herr, unser Gott, wird uns
aus der Hand des Königs von Assur retten. 12 Hat nicht gerade Hiskija
seine Kulthöhen und Altäre beseitigt und in Juda und Jerusalem ange-
ordnet: Nur vor einem einzigen Altar dürft ihr euch niederwerfen und
auf ihm Opfer anzünden? 13 Wißt ihr denn nicht, was ich und meine
Väter mit allen Völkern in anderen Ländern gemacht haben? Konnten
denn die Götter der Völker in diesen Ländern ihr Land aus meiner Hand
retten? 14 Wer von all den Göttern dieser Völker, die meine Väter dem
Untergang geweiht haben, konnte sein Volk aus meiner Hand retten?
Wie sollte dann euer Gott euch aus meiner Hand retten? 15 Laßt euch
jetzt nicht von Hiskija betören und euch nicht auf diese Weise irre-
führen! Glaubt ihm nicht! Denn kein Gott irgendeines anderen Volkes
oder Reiches konnte sein Volk aus meiner Hand und aus der Hand mei-
ner Väter retten. Wieviel weniger wird euer Gott euch aus meiner Hand
retten! 16 Noch vieles andere redeten die Abgesandten Sanheribs gegen
Gott, den Herrn, und seinen Knecht Hiskija. 17 Sanherib schrieb auch
einen Brief, in dem er den Herrn, den Gott Israels, verhöhnte. Er
schrieb darin über ihn: Wie die Götter der Völker in anderen Ländern
ihr Volk nicht aus meiner Hand gerettet haben, so wird auch der Gott
Hiskijas sein Volk nicht aus meiner Hand retten. 18 Der Bevölkerung
Jerusalems, die auf der Mauer stand, riefen die Abgesandten ihren Auf-
trag mit lauter Stimme auf judäisch zu, um sie in Furcht und Schrecken
zu versetzen und so die Stadt erobern zu können. 19 Sie redeten vom
Gott Jerusalems wie von den Göttern der anderen Völker auf der Erde,
die nur ein Werk von Menschen sind. 20 Doch König Hiskija und der
Prophet Jesaja, der Sohn des Amoz, beteten in dieser Angelegenheit
zum Herrn und riefen zum Himmel. 21 Da sandte der Herr einen Engel,
der alle Kriegshelden, Fürsten und Hauptleute im Lager des Königs
von Assur vernichtete. Sanherib mußte, mit Schande bedeckt, in sein
Land zurückkehren. Als er in den Tempel seines Gottes kam, machten
ihn dort seine eigenen Söhne mit dem Schwert nieder. 22 So befreite der
Herr den Hiskija und die Einwohner Jerusalems aus der Hand Sanhe-
ribs, des Königs von Assur, und aus der Hand aller Feinde. Er verlieh
ihnen ringsum Ruhe. 23 Viele brachten Gaben für den Herrn nach Jeru-
salem und kostbare Geschenke für Hiskija, den König von Juda. Er war
seitdem hochgeehrt in den Augen aller Völker.

Weitere Nachrichten über Hiskija
24 In jenen Tagen wurde Hiskija schwer krank und war dem Tod nahe.
Er betete zum Herrn, und dieser erhörte ihn und gab ihm ein Wunder-

zeichen. 25 Doch Hiskija zeigte keine Dankbarkeit für die empfangene
Wohltat und wurde hochmütig. Da kam ein Zorngericht über ihn und
über Juda und Jerusalem. 26 Nun aber demütigte sich Hiskija mit den
Einwohnern Jerusalems in seinem Stolz, und so kam das Zorngericht
des Herrn nicht schon in den Tagen Hiskijas über sie.
27 Hiskija wurden Reichtum und Ehre in hohem Maß zuteil. Er erwarb
Schätze an Silber, Gold, Edelsteinen, Balsam, Schilden und allerlei
kostbaren Geräten. 28 Auch hatte er Speicher für Getreide, Most und
Öl, dazu Ställe für jede Art von Vieh und Hürden für die Herden. 29 Er
hatte sich nämlich Esel und einen reichen Besitz an Schafen und Rin-
dern verschafft; denn Gott hatte ihm ein sehr großes Vermögen verlie-
hen. 30 Hiskija war es auch, der den oberen Abfluß des Gihonwassers
verstopfte und es nach Westen in die Davidstadt hinableitete. Bei
allem, was er unternahm, hatte er Erfolg. 31 So war es auch, als die
babylonischen Obersten ihre Unterhändler zu ihm sandten, um Aus-
kunft über das Zeichen zu erlangen, das im Land erschienen war. Da
überließ ihn Gott sich selbst, um zu erproben, wie er wirklich gesinnt
war.
32 Die übrige Geschichte Hiskijas und seine frommen Taten sind auf-
gezeichnet in der Vision des Propheten Jesaja, des Sohnes des Amoz,
und im Buch der Könige von Juda und Israel. 33 Hiskija entschlief zu
seinen Vätern, und man begrub ihn beim Aufgang zu den Gräbern der
Nachkommen Davids. Bei seinem Tod erwiesen ihm ganz Juda und
die Einwohner Jerusalems die Ehre. Sein Sohn Manasse wurde König
an seiner Stelle.

Manasse

33 Manasse war zwölf Jahre alt, als er König wurde, und
regierte fünfundfünfzig Jahre in Jerusalem. 2 Er tat, was
dem Herrn mißfiel, und ahmte die Greuel der Völker nach, die der
Herr vor den Augen der Israeliten vertrieben hatte. 3 Er baute die
Kulthöhen wieder auf, die sein Vater Hiskija zerstört hatte, errichtete
Altäre für die Baale, ließ Kultpfähle anfertigen, warf sich vor dem
ganzen Heer des Himmels nieder und diente ihm. 4 Auch baute er sol-
che Altäre im Haus des Herrn, obwohl der Herr gesagt hatte: In Jeru-
salem soll mein Name auf ewig bleiben. 5 In den beiden Höfen des
Tempels baute er Altäre für das ganze Heer des Himmels. 6 Er ließ im
Tal Ben-Hinnom seine Söhne durch das Feuer gehen, trieb Zauberei,
Wahrsagerei und andere geheime Künste, bestellte Totenbeschwörer
und Zeichendeuter. So tat er vieles, was dem Herrn mißfiel und ihn
erzürnte. 7 Er brachte auch das Götterbild, das er hatte anfertigen las-
sen, in das Haus Gottes, von dem Gott zu David und dessen Sohn
Salomo gesagt hatte: Auf dieses Haus und auf Jerusalem, das ich aus
allen Stämmen Israels auserwählt habe, will ich meinen Namen auf
ewig legen. 8 Ich werde Israels Fuß nicht mehr außerhalb des Landes
ziehen lassen, das ich für eure Väter bestimmt habe, wenn sie nur
alles befolgen, was ich ihnen im ganzen Gesetz, in den Geboten und
Rechtsvorschriften des Mose befohlen habe. 9 Doch Manasse ver-
führte Juda und die Einwohner Jerusalems, noch Schlimmeres zu tun
als die Völker, die der Herr vor den Augen der Israeliten vernichtet
hatte. 10 Der Herr redete zu Manasse und zu seinem Volk. Doch sie
achteten nicht darauf.
11 Da ließ der Herr die Heerführer des Königs von Assur gegen sie
anrücken. Sie ergriffen Manasse in seinem Versteck, fesselten ihn mit
bronzenen Ketten und führten ihn nach Babel. 12 Als man ihn so
bedrängte, suchte er den Herrn, seinen Gott, zu besänftigen. Er
beugte sich tief vor dem Gott seiner Väter 13 und betete zu ihm. Gott
erbarmte sich seiner; er hörte sein Flehen und ließ ihn als König nach
Jerusalem zurückkehren. So mußte Manasse erfahren, daß der Herr
der wahre Gott ist.
14 Danach baute er draußen an der Davidstadt eine Mauer, die im Tal
westlich vom Gihon gegen das Fischtor lief, so daß er den Ofel
umschloß; er machte sie sehr hoch. Auch bestellte er Kriegsoberste
für alle befestigten Städte Judas. 15 Sodann entfernte er die fremden
Götter und das Götzenbild aus dem Haus des Herrn, auch alle Altäre,
die er auf dem Berg des Hauses des Herrn und in Jerusalem errichtet
hatte, und warf sie vor die Stadt hinaus. 16 Den Altar des Herrn aber
stellte er wieder her, brachte auf ihm Heils- und Dankopfer dar und
befahl Juda, dem Herrn, dem Gott Israels, zu dienen. 17 Doch opferte
das Volk immer noch auf den Kulthöhen, wenn auch nur dem Herrn,
seinem Gott.
18 Die übrige Geschichte Manasses, sein Gebet zu seinem Gott und die
Worte der Seher, die im Namen des Herrn, des Gottes Israels, zu ihm
redeten, sind aufgezeichnet in der Geschichte der Könige von Israel.
19 Sein Gebet und dessen Erhörung, alle seine Sünden und treulosen
Taten, die Orte, an denen er Kulthöhen errichtete und Kultpfähle und
Götzenbilder aufstellte, bevor er sich demütigte, sind aufgezeichnet in
der Geschichte seiner Seher. 20 Manasse entschlief zu seinen Vätern,
und man begrub ihn im Garten seines Hauses. Sein Sohn Amon
wurde König an seiner Stelle.

Amon

21 Amon war zweiundzwanzig Jahre alt, als er König wurde, und
regierte zwei Jahre in Jerusalem. 22 Wie sein Vater Manasse tat er, was
dem Herrn mißfiel; er opferte allen Götzenbildern, die sein Vater
Manasse hatte machen lassen, und verehrte sie. 23 Doch demütigte er
sich nicht vor dem Herrn wie sein Vater Manasse, sondern vermehrte
die Schuld. 24 Gegen ihn zettelten seine Diener eine Verschwörung an
und töteten ihn in seinem Haus. 25 Doch die Bürger des Landes
erschlugen alle, die sich gegen König Amon verschworen hatten, und
machten seinen Sohn Joschija zum König an seiner Stelle.

Joschijas Kampf gegen den Götzendienst

34 Joschija war acht Jahre alt, als er König wurde, und regierte
einunddreißig Jahre in Jerusalem. 2 Er tat, was dem Herrn
gefiel, und folgte den Wegen seines Vaters David, ohne nach rechts
oder links abzuweichen.
3 Im achten Jahr seiner Regierung, als er noch jung war, begann er, den
Gott seines Vaters David zu suchen. Im zwölften Jahr fing er an, Juda
und Jerusalem von den Kulthöhen, den Kultpfählen, den Schnitz- und
Gußbildern zu reinigen. 4 Vor seinen Augen riß man die Altäre der
Baale nieder. Er ließ die Rauchopferaltäre, die auf ihnen standen, zer-
schlagen, die Kultpfähle zerstören, die Schnitz- und Gußbilder zer-
malmen, ihren Staub auf die Gräber derer streuen, die ihnen geopfert
hatten, 5 und Gebeine von Priestern auf ihren Altären verbrennen. So
reinigte er Juda und Jerusalem. 6 Auch in den Städten von Manasse,
Efraim, Simeon bis nach Naftali 7 riß er überall auf ihren Plätzen die
Altäre nieder, zerstörte die Kultpfähle, zermalmte die Götzenbilder
und zertrümmerte die Rauchopferaltäre im ganzen Land Israel. Dann
kehrte er nach Jerusalem zurück.

Die Auffindung des Gesetzbuchs

8 Im achtzehnten Jahr seiner Regierung, während der Säuberung des
Landes und des Tempels, sandte König Joschija Schafan, den Sohn
Azaljas, den Stadtobersten Maaseja und den Sprecher des Königs,
Joach, den Sohn des Joahas, in das Haus des Herrn, seines Gottes, um
es instandsetzen zu lassen. 9 Sie kamen zum Hohenpriester Hilkija,
und man gab das Geld heraus, das in das Haus Gottes gebracht wor-
den war und das die Leviten, die Wächter an den Schwellen, von
Manasse, Efraim und dem ganzen übrigen Israel, von ganz Juda, Ben-
jamin und den Einwohnern Jerusalems gesammelt hatten. 10 Sie gaben
es den Werkmeistern, die im Haus des Herrn angestellt waren, und
diese verwendeten es für die Arbeiter, die im Haus des Herrn tätig
waren, um seine Schäden auszubessern und das Haus instandzuset-
zen. 11 Sie gaben es den Zimmerleuten und Bauarbeitern zum Ankauf
von Bruchsteinen und Holz zur Beschaffung der Klammern und zur
Erneuerung des Gebälks in den Gebäuden, die von den Königen von
Juda vernachlässigt worden waren. 12 Die Männer handelten bei ihrer
Arbeit auf Treu und Glauben. Zu ihrer Leitung waren die Leviten Jahat
und Obadja von den Nachkommen Meraris sowie Secharja und

Meschullam von den Nachkommen Kehats bestellt. Die Leviten, die
sich auf die Musikinstrumente verstanden, 13 befehligten die Lastträ-
ger und hatten die Aufsicht über alle Arbeiter bei verschiedenen
Dienstleistungen. Einzelne Leviten waren Schreiber, Listenführer und
Torwächter.
14 Als man das Geld herausnahm, das in das Haus des Herrn gebracht
worden war, fand der Priester Hilkija das Buch des Gesetzes des
Herrn, das durch Mose verkündet worden war. 15 Hilkija berichtete
darüber dem Staatsschreiber Schafan und sagte: Ich habe im Haus
des Herrn das Gesetzbuch gefunden. Hilkija übergab Schafan das
Buch, 16 und dieser brachte es zum König mit der Meldung: Deine
Knechte haben alles ausgeführt, was ihnen aufgetragen wurde. 17 Sie
haben das Geld ausgeschüttet, das sich im Haus des Herrn vorfand,
und es den Aufsehern und Arbeitern gegeben.
18 Dann sagte der Staatsschreiber zum König: Der Priester Hilkija hat
mir ein Buch gegeben. Schafan las dem König daraus vor.
19 Als der König die Worte des Gesetzes hörte, zerriß er seine Kleider
20 und befahl dem Priester Hilkija sowie Ahikam, dem Sohn Scha-
fans, Abdon, dem Sohn Michas, dem Staatsschreiber Schafan und
Asaja, dem Diener des Königs: 21 Geht und befragt den Herrn für
mich und den Rest Israels und Judas wegen des Buches, das aufge-
funden wurde. Denn der Zorn des Herrn, der sich über uns ergossen
hat, muß groß sein, weil unsere Väter auf das Wort des Herrn nicht
geachtet und weil sie nicht getan haben, was in diesem Buch nieder-
geschrieben ist.
22 Da ging Hilkija mit den Männern, die der König bestimmt hatte, zur
Prophetin Hulda. Sie war die Frau Schallums, des Sohnes Tokhats,
des Sohnes Hasras, des Verwalters der Kleiderkammer, und wohnte in
Jerusalem in der Neustadt. Die Abgesandten trugen ihr die Angele-
genheit vor, 23 und sie gab ihnen diese Antwort: So spricht der Herr,
der Gott Israels: Sagt zu dem Mann, der euch zu mir geschickt hat:
24 So spricht der Herr: Ich bringe Unheil über diesen Ort und seine
Bewohner, alle Flüche, die im Buch geschrieben stehen, das man dem
König von Juda vorgelesen hat. 25 Denn sie haben mich verlassen,
anderen Göttern geopfert und mich durch alle Werke ihrer Hände
erzürnt. Darum hat sich mein Zorn über diesen Ort ergossen, und er
wird nicht erlöschen. 26 Sagt aber zum König von Juda, der euch her-
gesandt hat, um den Herrn zu befragen: So spricht der Herr, der Gott
Israels: Durch die Worte, die du gehört hast, 27 wurde dein Herz
erweicht. Du hast dich vor Gott gedemütigt, als du seine Drohungen
gegen diesen Ort und seine Bewohner vernommen hast. Du hast dich
vor mir gedemütigt, deine Kleider zerrissen und hast vor mir geweint.
Darum habe ich dich erhört – Spruch des Herrn. 28 Ich werde dich mit
deinen Vätern vereinen, und du sollst in Frieden in deinem Grab bei-
gesetzt werden. Deine Augen sollen all das Unheil nicht mehr sehen,
das ich über diesen Ort und seine Bewohner bringen werde. – Sie
berichteten das dem König.

Die Erneuerung des Bundes

29 Der König ließ alle Ältesten Judas und Jerusalems bei sich zusam-
menkommen. 30 Er ging zum Haus des Herrn hinauf mit allen Män-
nern Judas und den Einwohnern Jerusalems, den Priestern und Leviten
und allem Volk, alt und jung. Er ließ ihnen alle Worte des Bundesbu-
ches vorlesen, das im Haus des Herrn gefunden worden war. 31 Dann
trat der König an seinen Platz und schloß vor dem Herrn diesen Bund:
Er wolle dem Herrn folgen, auf seine Gebote, Satzungen und Gesetze
von ganzem Herzen und ganzer Seele achten und die Vorschriften des
Bundes durchführen, die in diesem Buch niedergeschrieben sind.
32 Er ließ auch alle, die sich in Jerusalem und Benjamin befanden, dem
Bund beitreten, und die Einwohner Jerusalems hielten sich an den
Bund Gottes, des Gottes ihrer Väter. 33 Joschija entfernte alle Greuel
aus allen Gebieten der Israeliten und veranlaßte alle, die in Israel leb-
ten, dem Herrn, ihrem Gott, zu dienen. Solange er lebte, fielen sie
nicht mehr vom Herrn, dem Gott ihrer Väter, ab.

Die Feier des Paschafestes

35 Joschija feierte in Jerusalem ein Pascha zur Ehre des Herrn.
Man schlachtete das Pascha am vierzehnten Tag des ersten
Monats. 2 Er ließ die Priester zu ihrem Dienst antreten und ermunterte
sie zu ihrer Tätigkeit im Haus des Herrn. 3 Zu den Leviten, die ganz
Israel zu unterweisen hatten und dem Herrn heilig waren, sagte er:
Die heilige Lade hat man in das Haus gebracht, das Salomo, der Sohn
Davids, der König von Israel, gebaut hat. Ihr braucht sie nicht mehr
auf euren Schultern zu tragen. Dient nun dem Herrn, eurem Gott, und
seinem Volk Israel! 4 Haltet euch bereit nach euren Großfamilien und
euren Abteilungen gemäß der Vorschrift Davids, des Königs von
Israel, und der Weisung seines Sohnes Salomo. 5 Seid den Familien-
gruppen eurer Brüder, den Leuten des Volkes, im Heiligtum zu Dien-
sten; ein Teil einer levitischen Großfamilie (soll jeweils bereitstehen).
6 Schlachtet das Pascha, und heiligt euch! Bereitet es auch für eure
Brüder, damit alles geschieht, was der Herr durch Mose gesagt hat.
7 Joschija spendete den Leuten aus dem Volk, die sich eingefunden
hatten, 30000 Stück Kleinvieh, Lämmer und junge Ziegen zu Pascha-
opfern und 3000 Rinder. Sie stammten aus dem Besitz des Königs.
8 Auch seine hohen Beamten gaben freiwillige Spenden für das Volk,
die Priester und die Leviten. Hilkija, Secharja und Jehiël, die Vorsteher
des Gotteshauses, gaben den Priestern 2600 Stück Kleinvieh zu
Paschaopfern und 300 Rinder. 9 Konanja und seine Brüder Schemaja
und Netanel, ferner Haschabja, Jëiël und Josabad, die Vorsteher der
Leviten, spendeten für die Leviten 5000 Tiere zu Paschaopfern und
500 Rinder. 10 Als man so zum Dienst gerüstet war, traten die Priester
an ihren Platz und die Leviten zu ihren Abteilungen gemäß dem
Befehl des Königs. 11 Die Leviten schlachteten die Paschaopfer, und
die Priester sprengten das Blut aus, das sie aus ihrer Hand empfingen.
Darauf enthäuteten die Leviten die Tiere. 12 Die zum Brandopfer
bestimmten Stücke legten sie beiseite und gaben sie den Familien-
gruppen des Volkes, damit sie dem Herrn dargebracht würden, wie es
im Buch des Mose vorgeschrieben war. Ebenso machten sie es mit
den Rindern. 13 Dann brieten sie das Pascha der Vorschrift gemäß am
Feuer. Die heiligen Gaben kochten sie in Kesseln, Töpfen und Schüs-
seln und brachten sie eilends zu allen Angehörigen des Volkes.
14 Hierauf besorgten sie das Pascha für sich selbst und für die Priester;
denn die Priester, die Nachkommen Aarons, waren mit der Darbrin-
gung der Brandopfer und der Fettstücke bis in die Nacht hinein
beschäftigt. Darum bereiteten es die Leviten für sich und die Priester,
die Nachkommen Aarons. 15 Die Sänger, die Nachkommen Asafs,
waren an ihrem Platz gemäß der Vorschrift Davids, Asafs, Hemans
und Jedutuns, des königlichen Sehers. Ebenso standen die Torwächter
an den einzelnen Toren. Sie brauchten ihren Dienst nicht zu verlassen;
denn ihre Amtsbrüder, die Leviten, bereiteten für sie das Pascha.
16 So war der gesamte Dienst für den Herrn an jenem Tag gut geordnet.
Man feierte das Pascha und brachte auf dem Altar des Herrn Brandop-
fer dar, wie es König Joschija befohlen hatte. 17 Sieben Tage lang
begingen damals die Israeliten, die sich eingefunden hatten, das
Pascha und das Fest der Ungesäuerten Brote. 18 Ein Pascha wie dieses
war seit den Tagen des Propheten Samuel in Israel nicht mehr gefeiert
worden. Keiner von den Königen Israels hat ein Pascha veranstaltet,
wie es Joschija mit den Priestern und Leviten, mit ganz Juda und den
anwesenden Israeliten und den Einwohnern Jerusalems feierte. 19 Im
achtzehnten Jahr der Regierung Joschijas wurde dieses Pascha began-
gen.

Das Ende Joschijas

20 Nachdem Joschija all dies zur Instandsetzung des Hauses getan
hatte, zog Necho, der König von Ägypten, herauf, um bei Karkemisch
am Eufrat zu kämpfen. Joschija stellte sich ihm entgegen. 21 Necho
aber sandte Boten zu ihm und ließ ihm sagen: Was habe ich mit dir zu
tun, König von Juda? Nicht gegen dich ziehe ich heute, sondern gegen
das Herrscherhaus, das mit mir im Krieg steht. Gott hat mir Eile gebo-
ten; laß daher ab von Gott, der auf meiner Seite steht; sonst wird er

dich verderben. 22 Doch Joschija zog sich nicht vor Necho zurück, son-
dern wagte es, ihn anzugreifen. Er hörte nicht auf die Worte Nechos,
die aus dem Mund Gottes kamen, sondern trat in der Ebene von
Megiddo zum Kampf gegen ihn an. 23 Aber die Bogenschützen trafen
den König Joschija, der nun seinen Dienern zurief: Bringt mich weg,
denn ich bin schwer verwundet. 24 Sie hoben ihn vom Kriegswagen,
setzten ihn auf seinen zweiten Wagen und brachten ihn nach Jerusa-
lem. Dort starb er und wurde in den Gräbern seiner Väter beigesetzt.
Ganz Juda und Jerusalem trauerten um Joschija. 25 Jeremia aber hielt
Klage über Joschija, und alle Sänger und Sängerinnen singen auf ihn
Klagelieder bis zum heutigen Tag. Es wurde dies zu einem festen
Brauch in Israel. Sie sind aufgezeichnet in den Klageliedern.
26 Die übrige Geschichte Joschijas und seine frommen Taten, die ganz
dem entsprachen, was im Gesetz des Herrn vorgeschrieben ist,
27 seine frühere und spätere Geschichte, all das ist aufgezeichnet im
Buch der Könige von Israel und Juda.

Joahas

36 Die Bürger des Landes nahmen nun Joahas, den Sohn
Joschijas, und machten ihn anstelle seines Vaters zum König
in Jerusalem. 2 Joahas war dreiundzwanzig Jahre alt, als er König
wurde. Er regierte drei Monate in Jerusalem; 3 dann setzte ihn der
König von Ägypten als König in Jerusalem ab und legte dem Land eine
Geldbuße von hundert Talenten Silber und einem Talent Gold auf. 4 Er
machte Eljakim, den Bruder des Joahas, zum König von Juda und Jeru-
salem und änderte seinen Namen in Jojakim. Seinen Bruder Joahas
aber nahm Necho fest und brachte ihn nach Ägypten.

Jojakim

5 Jojakim war fünfundzwanzig Jahre alt, als er König wurde. Er
regierte elf Jahre in Jerusalem und tat, was dem Herrn, seinem Gott,
mißfiel. 6 Gegen ihn zog Nebukadnezzar, der König von Babel, herauf
und legte ihn in Ketten, um ihn nach Babel wegzuführen. 7 Auch einen
Teil der Geräte des Hauses des Herrn brachte Nebukadnezzar nach
Babel und stellte sie in seinem Palast in Babel auf.
8 Die übrige Geschichte Jojakims, die Greueltaten, die er verübte, und
was sich sonst über ihn findet, das alles ist aufgezeichnet im Buch der
Könige von Israel und Juda. Sein Sohn Jojachin wurde König an seiner
Stelle.

Jojachin

9 Jojachin war achtzehn Jahre alt, als er König wurde. Er regierte drei
Monate und zehn Tage in Jerusalem und tat, was dem Herrn mißfiel.
10 Um die Jahreswende ließ König Nebukadnezzar ihn samt den kost-
baren Geräten des Hauses des Herrn nach Babel bringen. Er machte
Zidkija, den Bruder Jojakims, zum König von Juda und Jerusalem.

Zidkija

11 Zidkija war einundzwanzig Jahre alt, als er König wurde. Er regierte
elf Jahre in Jerusalem 12 und tat, was dem Herrn, seinem Gott, mißfiel;
er beugte sich nicht vor dem Propheten Jeremia, der im Auftrag des
Herrn zu ihm sprach. 13 Auch fiel er vom König Nebukadnezzar ab,
der ihn bei Gott einen Eid hatte schwören lassen. Er versteifte seinen
Nacken, verhärtete sein Herz und kehrte nicht um zum Herrn, dem
Gott Israels. 14 Auch alle führenden Männer Judas und die Priester und
das Volk begingen viel Untreue. Sie ahmten die Greueltaten der Völker
nach und entweihten das Haus, das der Herr in Jerusalem zu seinem
Heiligtum gemacht hatte. 15 Immer wieder hatte der Herr, der Gott
ihrer Väter, sie durch seine Boten gewarnt; denn er hatte Mitleid mit
seinem Volk und seiner Wohnung. 16 Sie aber verhöhnten die Boten
Gottes, verachteten sein Wort und verspotteten seine Propheten, bis
der Zorn des Herrn gegen sein Volk so groß wurde, daß es keine Hei-
lung mehr gab.

Das Ende des Reiches Juda

17 Der Herr ließ nun den König der Chaldäer gegen sie heranziehen.
Dieser tötete ihre jungen Krieger in ihrem Heiligtum mit dem Schwert
und verschonte keinen jungen Mann und keine junge Frau, keinen
Greis und Betagten; alle gab Gott in seine Hand. 18 Nebukadnezzar
ließ die großen und kleinen Geräte des Hauses Gottes, die Tempel-
schätze und die Schätze des Königs und seiner hohen Beamten insge-
samt nach Babel bringen. 19 Die Chaldäer verbrannten das Haus
Gottes, rissen die Mauern Jerusalems nieder, legten Feuer an alle seine
Paläste und zerstörten alle wertvollen Geräte. 20 Alle, die dem Schwert
entgangen waren, führte Nebukadnezzar in die Verbannung nach
Babel. Dort mußten sie ihm und seinen Söhnen als Sklaven dienen,
bis das Reich der Perser zur Herrschaft kam. 21 Da ging das Wort in
Erfüllung, das der Herr durch den Mund Jeremias verkündet hatte.
Das Land bekam seine Sabbate ersetzt, es lag brach während der
ganzen Zeit der Verwüstung, bis siebzig Jahre voll waren.

Der Beginn der Wiederherstellung Israels

22 Im ersten Jahr des Königs Kyrus von Persien sollte sich erfüllen,
was der Herr durch Jeremia gesprochen hatte. Darum erweckte der
Herr den Geist des Königs Kyrus von Persien, und Kyrus ließ in sei-
nem ganzen Reich mündlich und schriftlich den Befehl verkünden:
23 So spricht Kyrus, der König von Persien: Der Herr, der Gott des
Himmels, hat mir alle Reiche der Erde verliehen. Er selbst hat mir auf-
getragen, ihm in Jerusalem in Juda ein Haus zu bauen. Jeder unter
euch, der zu seinem Volk gehört – der Herr, sein Gott, sei mit ihm –,
der soll hinaufziehen.

Die Bücher Esra und Nehemia

Das Buch Esra

Die Bücher Esra und Nehemia bilden nach weit verbreiteter Meinung zusammen mit den Büchern der Chronik das Chronistische Geschichtswerk. Im Rahmen dieser Geschichtsdarstellung, die mit der Begründung der Gottesherrschaft in Israel unter David und Salomo anhebt, um anschließend am Beispiel der Königszeit die Treulosigkeit des Gottesvolkes, aber auch die dem Sünder stets gewährte Möglichkeit der Umkehr zu verdeutlichen, berichten die Bücher Esra und Nehemia von der heilvollen Wende in der Geschichte des Gottesvolkes nach dem Babylonischen Exil.
Die verbannten Judäer erhalten durch den Erlaß des Perserkönigs Kyrus die Erlaubnis, nach Jerusalem heimzukehren und den Tempel wieder aufzubauen (Esra 1–6). Als aber nach der Einweihung des neu errichteten Tempels die Festigung des jungen Gemeinwesens ins Stocken gerät, kommt im Auftrag des persischen Königs der Priester und Schriftgelehrte Esra nach Jerusalem, um in der Heimat die Verhältnisse nach dem Gesetz des Mose zu ordnen (Esra 7–10).
In Verbindung mit ihm bemüht sich auch Nehemia, der bis dahin am persischen Hof eine hohe Beamtenstelle innegehabt hat, um den Wiederaufbau der Mauern Jerusalems (Neh 1–6) sowie um die Reform des religiösen Lebens und um die Beseitigung ärgerniserregender Mißstände (Neh 7–13).
Im Rahmen des Chronistischen Geschichtswerkes stellt der Verfasser der Bücher Esra und Nehemia die Zeit nach dem Babylonischen Exil in Jerusalem und Juda so dar, daß sie deutlich an die Begründung der Gottesherrschaft in Israel nach dem Scheitern des Königtums Sauls erinnert. Der Wiederaufbau Jerusalems, die Einweihung des Tempels und die Neubegründung des religiösen Lebens im Land nach dem Gesetz des Mose bezeichnen darum nach der Meinung des Verfassers die Wende vom Unheil zum Heil, von einer Zeit des Gerichts und des Zorns zu einer Zeit der neuen Zuwendung Gottes zu Israel und Israels zu seinem Gott. Und wie nach chronistischer Darstellung die Zeit Davids nur als Vorstufe zu der als Ideal der Gottesherrschaft geschilderten Zeit Salomos erscheint, so wird auch bei der Neuordnung der Gemeinde unter Esra und Nehemia der Abstand deutlich, der diese Zeit von der noch ausstehenden endgültigen Offenbarung der Herrlichkeit Gottes über Israel trennt.
Die Bücher Esra und Nehemia, die auch aramäisch geschriebene Urkunden aus der Perserzeit verwenden (Esra 4,8–6,18; 7,12–26), sind zusammen mit den Büchern der Chronik um 400 v. Chr. oder etwas später in Jerusalem verfaßt worden.

Die Heimkehr der Juden und der Wiederaufbau des Tempels

Die Erlaubnis zur Heimkehr und zum Tempelbau

1 Im ersten Jahr des Königs Kyrus von Persien sollte sich erfüllen,
was der Herr durch Jeremia gesprochen hatte. Darum erweckte
der Herr den Geist des Königs Kyrus von Persien, und Kyrus ließ in
seinem ganzen Reich mündlich und schriftlich den Befehl verkünden:
2 So spricht der König Kyrus von Persien: Der Herr, der Gott des Him-
mels, hat mir alle Reiche der Erde verliehen. Er selbst hat mir aufge-
tragen, ihm in Jerusalem in Juda ein Haus zu bauen. 3 Jeder unter euch,
der zu seinem Volk gehört – sein Gott sei mit ihm –, der soll nach Jeru-
salem in Juda hinaufziehen und das Haus des Herrn, des Gottes Isra-
els, aufbauen; denn er ist der Gott, der in Jerusalem wohnt. 4 Und
jeden, der irgendwo übriggeblieben ist, sollen die Leute des Ortes, in
dem er ansässig war, unterstützen mit Silber und Gold, mit bewegli-
cher Habe und Vieh, neben den freiwilligen Gaben für das Haus
Gottes in Jerusalem.
5 Die Familienoberhäupter von Juda und Benjamin sowie die Priester
und Leviten, kurz alle, deren Geist Gott erweckte, machten sich auf
den Weg, um nach Jerusalem zu ziehen und dort das Haus des Herrn
zu bauen. 6 Alle ihre Nachbarn unterstützten sie in jeder Weise mit Sil-
ber und Gold, mit beweglicher Habe und mit Vieh sowie mit wertvol-
len Dingen, abgesehen von dem, was jeder für den Tempel spendete.
7 König Kyrus gab auch die Geräte des Hauses des Herrn zurück, die
Nebukadnezzar aus Jerusalem weggeschleppt und in das Haus seines
Gottes gebracht hatte. 8 König Kyrus von Persien übergab sie dem
Schatzmeister Mitredat, und dieser zählte sie Scheschbazzar, dem
Oberen von Juda, vor. 9 Das war ihre Zahl: 30 goldene Opferschalen,
1000 silberne Opferschalen, 29 Räucherpfannen; 10 30 goldene Becher,
410 silberne Becher, 1000 sonstige Geräte. 11 Insgesamt waren es 5400
Geräte aus Gold und Silber. All das brachte Scheschbazzar mit, als er
mit den Verschleppten von Babel nach Jerusalem zurückkehrte.

Das Verzeichnis der heimkehrenden Laien

2 Hier folgt eine Liste der Einwohner der Provinz Juda, die aus der
Gefangenschaft und der Verschleppung heimzogen. Nebukad-
nezzar, der König von Babel, hatte sie nach Babel gebracht; nun kehr-
ten sie nach Jerusalem und Juda zurück, jeder in seine Stadt. 2 Sie
kamen zusammen mit Serubbabel, Jeschua, Nehemja, Seraja, Reelaja,
Mordochai, Bilschan, Misperet, Bigwai, Rehum und Baana.
Das ist die Zahl der Männer des Volkes Israel: 3 Nachkommen des
Parosch: 2172. 4 Nachkommen Schefatjas: 372. 5 Nachkommen
Arachs: 775. 6 Nachkommen des Pahat-Moab, und zwar Nachkom-
men Jeschuas und Joabs: 2812. 7 Nachkommen Elams: 1254. 8 Nach-
kommen Sattus: 945. 9 Nachkommen Sakkais: 760. 10 Nachkommen
Banis: 642. 11 Nachkommen Bebais: 623. 12 Nachkommen Asgads:
1222. 13 Nachkommen Adonikams: 666. 14 Nachkommen Bigwais:
2056. 15 Nachkommen Adins: 454. 16 Nachkommen Aters aus der
Linie Hiskijas: 98. 17 Nachkommen Bezais: 323. 18 Nachkommen
Joras: 112. 19 Nachkommen Haschums: 223. 20 Nachkommen Gib-
bars: 95. 21 Männer aus Betlehem: 123. 22 Männer aus Netofa: 56.
23 Männer aus Anatot: 128. 24 Männer aus Asmawet: 42. 25 Männer aus
Kirjat-Jearim, Kefira und Beerot: 743. 26 Männer aus Rama und Geba:
621. 27 Männer aus Michmas: 122. 28 Männer aus Bet-El und Ai: 223.
29 Männer aus Nebo: 52. 30 Nachkommen des Magbisch: 156. 31 Nach-
kommen eines anderen Elam: 1254. 32 Nachkommen Harims: 320.
33 Männer aus Lod, Hadid und Ono: 725. 34 Männer aus Jericho: 345.
35 Nachkommen Senaas: 3630.

Felix Nussbaum
Das Gefangenenlager
(1940)
»Jeder unter euch, der zu seinem Volk gehört – sein Gott sei mit ihm –, der soll nach Jerusalem in Juda hinaufziehen und das Haus des Herrn, des Gottes Israels, aufbauen; denn er ist der Gott, der in Jerusalem wohnt« (Esra 1,3). Im Jahr 538 v.Chr. beendete ein Edikt des Perserkönigs Kyrus die 48-jährige Verbannung der Israeliten. Das Exil des jüdischen Malers Felix Nussbaum aus Osnabrück, der sich seit 1935 in Belgien aufhielt, endete mit der Ausweisung als »unerwünschter Ausländer«. Sein Gemälde *Das Gefangenenlager* spiegelt die Internierung in einem südfranzösischen Lager wider und die Angst, die bald zur Gewißheit werden sollte, daß »man sie alle umbringen wird« (Nussbaum). Zwar konnte Nussbaum fliehen und lebte in Belgien im Untergrund; 1944 jedoch wurde er 40-jährig in Auschwitz ermordet. Seit 1999 befindet sich im Felix-Nussbaum-Haus in Osnabrück als Dauerausstellung die weltweit größte Sammlung von Arbeiten des Malers. Geprägt wurde er in den 20er Jahren von der Neuen Sachlichkeit.

Das Verzeichnis der heimkehrenden Priester und Leviten

36 Von den Priestern: Nachkommen Jedajas vom Haus Jeschua: 973.
37 Nachkommen Immers: 1052. 38 Nachkommen Paschhurs: 1247.
39 Nachkommen Harims: 1017.
40 Von den Leviten: Nachkommen Jeschuas, und zwar Nachkommen
Kadmiëls, Binnuis und Hodawjas: 74.
41 Von den Sängern: Nachkommen Asafs: 128.
42 Von den Torwächtern: Nachkommen Schallums, Nachkommen
Aters, Nachkommen Talmons, Nachkommen Akkubs, Nachkommen
Hatitas, Nachkommen Schobais, im ganzen: 139.
43 Von den Tempeldienern: Nachkommen Zihas, Nachkommen Hasufas, Nachkommen Tabbaots,
44 Nachkommen des Keros, Nachkommen Sias, Nachkommen
Padons, 45 Nachkommen Lebanas, Nachkommen Hagabas, Nachkommen Akkubs, 46 Nachkommen Hagabs, Nachkommen Salmais,
Nachkommen Hanans, 47 Nachkommen Giddels, Nachkommen
Gahars, Nachkommen Reajas, 48 Nachkommen Rezins, Nachkommen Nekodas, Nachkommen Gasams, 49 Nachkommen Usas, Nachkommen Paseachs, Nachkommen Besais, 50 Nachkommen Asnas,
Nachkommen der Meuniter, Nachkommen der Nefusiter, 51 Nachkommen Bakbuks, Nachkommen Hakufas, Nachkommen Harhurs,

52 Nachkommen Bazluts, Nachkommen Mehidas, Nachkommen Har-
schas, 53 Nachkommen des Barkos, Nachkommen Siseras, Nachkom-
men Temachs, 54 Nachkommen Neziachs, Nachkommen Hatifas.
55 Von den Nachkommen der Knechte Salomos: Nachkommen Sotais,
Nachkommen Soferets, Nachkommen Perudas, 56 Nachkommen
Jaalas, Nachkommen Darkons, Nachkommen Giddels, 57 Nachkom-
men Schefatjas, Nachkommen Hattils, Nachkommen des Pocheret-
Zebajim und Nachkommen des Ami. 58 Die Gesamtzahl der Tempel-
diener und der Nachkommen der Knechte Salomos betrug 392.
59 Die Folgenden kamen aus Tel-Melach, Tel-Harscha, Kerub-Addon
und Immer, konnten aber nicht angeben, ob sie ihrer Familie und Her-
kunft nach aus Israel stammten: 60 Nachkommen Delajas, Nachkom-
men Tobijas und Nachkommen Nekodas, im ganzen 652; 61 dazu bei
den Priestern die Nachkommen Habajas, die Nachkommen des Koz
und die Nachkommen Barsillais; dieser hatte eine von den Töchtern
Barsillais aus Gilead geheiratet und dessen Namen angenommen.
62 Die Genannten suchten ihre Eintragung im Geschlechterverzeich-
nis, aber man fand sie nicht; deshalb wurden sie aus dem Priester-
stand ausgeschlossen. 63 Der Statthalter untersagte ihnen, vom Hoch-
heiligen zu essen, bis ein Priester für den Losentscheid mit Urim und
Tummim zur Verfügung stehe.

Die Volkszählung

64 Die ganze Volksgemeinde zählte insgesamt 42360 Personen.
65 Dabei waren ihre Knechte und Mägde nicht mitgerechnet; das
waren im ganzen 7337 Personen; dazu kamen noch 200 Sänger und
Sängerinnen. 66 Pferde hatten sie 736, Maultiere 245, 67 Kamele 435,
Esel 6720.
68 Als sie zum Haus des Herrn in Jerusalem kamen, machten einige
von den Familienoberhäuptern großzügige Spenden, damit man das
Gotteshaus an seiner alten Stelle wieder errichten könne. 69 Ihrem Ver-
mögen entsprechend gaben sie für den Bauschatz 61000 Golddari-
ken, 5000 Minen Silber und 100 Priestergewänder.
70 Die Priester, die Leviten, ein Teil des Volkes, die Sänger, die Tor-
wächter und die Tempeldiener ließen sich in ihren Städten nieder,
ebenso alle übrigen Israeliten.

Der Beginn des Kults und des Tempelbaus

3 Als der siebte Monat herankam und die Israeliten bereits in ihren
Heimatstädten waren, versammelte sich das ganze Volk
geschlossen in Jerusalem. 2 Jeschua, der Sohn des Jozadak, mit seinen
Brüdern, den Priestern, und Serubbabel, der Sohn Schealtiëls, mit sei-
nen Brüdern gingen daran, den Altar des Gottes Israels wieder aufzu-
bauen, um auf ihm Brandopfer darzubringen, wie es im Gesetz des
Gottesmannes Mose vorgeschrieben ist. 3 Sie errichteten den Altar an
seiner alten Stelle, obwohl die Völker der Nachbarländer sie davon
abzuschrecken suchten, und brachten auf ihm dem Herrn Brandopfer
dar, je ein Brandopfer am Morgen und am Abend. 4 Dann feierten sie
der Vorschrift entsprechend das Laubhüttenfest und brachten Tag für
Tag so viele Opfer dar, wie es für die einzelnen Tage festgesetzt ist.
5 Von da an brachten sie auch das ständige Brandopfer wieder dar, fer-
ner die Opfer an den Neumondtagen und an allen dem Herrn gehei-
ligten Festzeiten sowie alle freiwilligen Opfer, die jemand dem Herrn
spendete. 6 Am ersten Tag des siebten Monats hatten sie begonnen,
dem Herrn Brandopfer darzubringen; aber die Fundamente für den
Tempel des Herrn waren noch nicht gelegt. 7 Darum nahmen sie
Steinhauer und Zimmerleute in Dienst; den Sidoniern und Tyrern lie-
ferten sie Nahrungsmittel, Getränke und Öl, damit sie Zedernstämme
vom Libanon über das Meer nach Jafo brachten; das hatte ihnen der
König Kyrus von Persien erlaubt.
8 Im zweiten Monat des zweiten Jahres nach ihrer Ankunft beim Got-
teshaus in Jerusalem machten sich ans Werk Serubbabel, der Sohn
Schealtiëls, und Jeschua, der Sohn des Jozadak, mit ihren übrigen Brü-
dern, nämlich den Priestern, Leviten und allen, die aus der Gefangen-
schaft nach Jerusalem zurückgekommen waren. Sie bestimmten die
Leviten, die zwanzig Jahre und älter waren, dazu, die Arbeiten am
Haus des Herrn zu leiten.
9 Jeschua, seine Söhne und Brüder, Kadmiël und seine Söhne sowie die
Söhne Hodawjas traten gemeinsam an, um die anzuleiten, die die
Arbeiten am Gotteshaus ausführten; dazu kamen noch die Söhne
Henadads sowie ihre Söhne und Brüder, ebenfalls Leviten. 10 Als die
Bauleute das Fundament für den Tempel des Herrn gelegt hatten,
kamen die Priester in ihren Gewändern und mit den Trompeten,
außerdem die Leviten, die Nachkommen Asafs, mit den Zimbeln, um
den Herrn zu preisen nach der Ordnung Davids, des Königs von
Israel. 11 Sie begannen, den Herrn zu loben und zu preisen: «Denn er
ist gütig und seine Huld gegenüber Israel währt ewig». Und das ganze
Volk erhob ein lautes Jubelgeschrei zum Preis des Herrn, weil das Fun-
dament für das Haus des Herrn gelegt war. 12 Viele betagte Priester,
Leviten und Familienoberhäupter hatten noch den ersten Tempel
gesehen. Als nun vor ihren Augen das Fundament für den neuen Tem-
pel gelegt wurde, weinten sie laut. Viele andere aber schrien vor Jubel
und Freude. 13 Man konnte im lauten Freudenjubel das Weinen der
anderen kaum hören, so laut war das Geschrei des Volkes, und der
Lärm war weithin zu hören.

Die Störung beim Tempelbau

4 Die Feinde von Juda und Benjamin erfuhren, daß die Heimkeh-
rer für den Herrn, den Gott Israels, einen Tempel bauten. 2 Da
kamen sie zu Serubbabel und den Familienoberhäuptern und sagten:
Wir wollen zusammen mit euch bauen. Denn wie ihr verehren auch
wir euren Gott und opfern ihm seit der Zeit des Königs Asarhaddon
von Assur, der uns hierher gebracht hat. 3 Aber Serubbabel, Jeschua
und die übrigen Oberhäupter der Großfamilien Israels erwiderten
ihnen: Es geht nicht, daß wir mit euch zusammen unserem Gott ein
Haus bauen, sondern wir allein wollen für den Herrn, den Gott Isra-
els, bauen, wie es uns König Kyrus von Persien aufgetragen hat. 4 Da
machte das Volk des Landes die Leute von Juda mutlos und schreckte
sie vom Bauen ab. 5 Man bestach sogar königliche Räte gegen sie, um
ihr Vorhaben zu vereiteln; das dauerte die ganze Regierungszeit des
Perserkönigs Kyrus bis zur Regierung des Königs Darius von Persien.
6 Als dann Xerxes König wurde, setzten sie zu Beginn seiner Herr-
schaft eine Anklage gegen die Bewohner von Juda und Jerusalem auf.
7 In der Zeit des Artaxerxes schrieb Bischlam zusammen mit Mitredat,
Tabeel und seinen übrigen Amtsgenossen an den König Artaxerxes
von Persien. Der Brief war ins Aramäische übersetzt und in aramäi-
scher Schrift geschrieben. 8 Der Befehlshaber Rehum und der Schrei-
ber Schimschai schrieben an den König Artaxerxes folgenden Brief
gegen Jerusalem: 9 Die Absender: Der Befehlshaber Rehum und der
Schreiber Schimschai sowie ihre übrigen Amtsgenossen, die Richter,
Gesandten, Aufseher und Verwalter, die Leute aus Erech, Babel und
Susa – das sind Elamiter – 10 und die übrigen Volksgruppen, die der
große und berühmte Asenappar weggeführt und in den Städten von
Samaria und im übrigen Gebiet jenseits des Stroms angesiedelt hat.
11 Dies ist nun eine Abschrift des Briefes, den sie an Artaxerxes schick-
ten: An den König Artaxerxes, von deinen Knechten, den Leuten jen-
seits des Stroms. 12 Dem König sei gemeldet: Die Juden, die aus deiner
Nähe wegzogen, sind zu uns nach Jerusalem gekommen. Sie bauen
die aufrührerische und böse Stadt wieder auf; sie stellen die Mauern
wieder her und sichern die Fundamente. 13 Dem König sei nun gemel-
det: Wenn diese Stadt wieder aufgebaut ist und ihre Mauern vollendet
sind, dann entrichten die Juden keine Steuern, Abgaben und Zölle
mehr. So bringt sie den Königen schließlich nur Schaden. 14 Nun ist
aber das Salz des Palastes unser Salz; darum ist es nicht recht, wenn
wir mitansehen, wie der König erniedrigt wird. Deshalb senden wir
dem König Nachricht: 15 Man möge in der Chronik deiner Väter nach-
forschen; du wirst dann in der Chronik finden und feststellen: Diese
Stadt ist eine aufrührerische Stadt; sie hat Königen und Provinzen
Schaden gebracht, und von jeher hat man in ihr Empörung angestif-
tet. Deshalb ist diese Stadt ja auch zerstört worden. 16 Wir machen

also den König darauf aufmerksam: Wird diese Stadt wieder aufge-
baut und werden ihre Mauern vollendet, dann hast du keinen Anteil
mehr am Gebiet jenseits des Stroms.

Das Verbot der Fortsetzung des Baus

17 Der König schickte folgende Erwiderung: An den Befehlshaber
Rehum und den Schreiber Schimschai sowie ihre übrigen Genossen,
die in Samaria und dem übrigen Gebiet jenseits des Stroms wohnen,
meinen Gruß. 18 Das Schriftstück, das ihr an uns gesandt habt, ist mir
in Übersetzung vorgelesen worden. 19 Daraufhin befahl ich nachzu-
forschen, und man fand: Diese Stadt hat sich von jeher gegen die
Könige erhoben, und in ihr gab es immer wieder Aufruhr und
Empörung. 20 Mächtige Könige geboten über Jerusalem und herrsch-
ten über das ganze Gebiet jenseits des Stroms, und ihnen entrichtete
man Steuern, Abgaben und Zölle. 21 Gebt also Befehl, daß man jenen
Männern ihr Tun verwehrt. Diese Stadt darf nicht wieder aufgebaut
werden, bis weitere Anordnungen von mir ergehen. 22 Hütet euch, in
dieser Sache nachlässig zu sein; sonst könnte großer Schaden zum
Nachteil der Könige entstehen.
23 Sobald das Schreiben des Königs Artaxerxes vor Rehum und dem
Schreiber Schimschai sowie ihren Amtsgenossen verlesen worden
war, gingen diese eilends nach Jerusalem zu den Juden und hinderten
sie mit Waffengewalt an ihrer Arbeit. 24 So kam die Arbeit am Gottes-
haus in Jerusalem zum Stillstand und ruhte bis zum zweiten Jahr der
Herrschaft des Perserkönigs Darius.

Die Wiederaufnahme der Bauarbeiten

5 Damals traten Haggai, der Prophet, und Sacharja, der Sohn
Iddos, auf und sprachen als Propheten zu den Juden in Juda und
Jerusalem im Namen des Gottes Israels, der über ihnen wachte. 2 Dar-
aufhin machten sich Serubbabel, der Sohn Schealtiëls, und Jeschua,
der Sohn des Jozadak, an die Arbeit und nahmen den Bau des Gottes-
hauses in Jerusalem wieder auf. Die Propheten Gottes standen ihnen
bei und unterstützten sie.
3 In dieser Zeit kamen Tattenai, der Statthalter des Gebiets jenseits des
Stroms, und Schetar-Bosnai sowie ihre Amtsgenossen zu den Juden
und fragten sie: Wer hat euch die Erlaubnis erteilt, dieses Haus wieder
aufzubauen und das Holzwerk innen zu vollenden? 4 Und sie fragten
weiter: Wie heißen die Männer, die diesen Bau aufführen? 5 Aber über
die Ältesten der Juden wachte das Auge ihres Gottes; so ließ man sie
weiterarbeiten, bis ein Bericht an Darius abgegangen und die Antwort
darauf zurückgekommen sei.
6 Das ist eine Abschrift des Briefes, den Tattenai, der Statthalter des
Gebiets jenseits des Stroms, und Schetar-Bosnai mit seinen Amtsge-
nossen, den Beamten im Gebiet jenseits des Stroms, an den König
Darius sandten. 7 Sie schickten ihm einen Bericht folgenden Inhalts:
Dem König Darius alles Gute! 8 Dem König sei gemeldet, daß wir in
der Provinz Juda das Haus des großen Gottes besichtigt haben. Die
Leute bauen es mit Quadersteinen und belegen die Wände mit Holz.
Sie betreiben diese Arbeit mit Eifer, und sie geht unter ihren Händen
gut voran. 9 Wir befragten die Ältesten: Wer hat euch die Erlaubnis
erteilt, dieses Haus wieder aufzubauen und das Holzwerk innen zu
vollenden? 10 Wir fragten sie auch nach ihren Namen, um sie dir zu
melden. Was wir schreiben, sind die Namen der Männer, die an ihrer
Spitze stehen. 11 Sie gaben uns folgende Antwort: Wir verehren den
Gott des Himmels und der Erde und bauen das Gotteshaus wieder
auf, das einst viele Jahre lang hier stand; ein großer König von Israel
hat es erbaut und vollendet. 12 Unsere Väter aber erzürnten den Gott
des Himmels; darum gab er sie in die Hand des Chaldäers Nebukad-
nezzar, des Königs von Babel. Er zerstörte dieses Haus und ver-
schleppte das Volk nach Babel. 13 Doch im ersten Jahr, als Kyrus König
von Babel war, gab König Kyrus den Befehl, dieses Gotteshaus wieder
aufzubauen. 14 Nebukadnezzar hatte auch die goldenen und silber-
nen Geräte des Gotteshauses aus dem Tempel von Jerusalem wegge-
nommen und in den Tempel von Babel gebracht. König Kyrus ließ sie
nun wieder aus dem Tempel von Babel holen und einem Mann
namens Scheschbazzar übergeben, den er als Statthalter einsetzte.
15 Er sagte zu ihm: Nimm diese Geräte, zieh heim, und bring sie in den
Tempel zu Jerusalem! Das Gotteshaus soll an seiner alten Stelle wieder
aufgebaut werden. 16 Darauf kam jener Scheschbazzar und legte die
Fundamente für das Gotteshaus in Jerusalem. Seitdem baut man
daran, bis jetzt; aber es ist noch nicht fertig.
17 Wenn es dem König nun recht ist, so forsche man dort in Babel in
den königlichen Schatzhäusern nach, ob wirklich von König Kyrus
ein Befehl vorliegt, jenes Gotteshaus in Jerusalem wieder aufzubauen.
Seinen Entscheid in der Sache sende dann der König uns zu.

Der Weiterbau mit königlicher Unterstützung

6 Auf Befehl des Königs Darius forschte man nun in den Schatz-
häusern nach, dort, wo in Babel die Urkunden aufbewahrt wur-
den. 2 In der Festung Ekbatana in der Provinz Medien fand man eine
Schriftrolle, in der geschrieben war: Beurkundung: 3 Im ersten Jahr
des Königs Kyrus hat König Kyrus einen Befehl erlassen, der das Got-
teshaus in Jerusalem betrifft: Das Haus soll wieder aufgebaut werden
als Ort, an dem man Opfer darbringt. Seine Fundamente sollen erhal-
ten bleiben. Seine Höhe soll sechzig Ellen betragen und seine Breite
zwanzig Ellen. 4 Auf drei Lagen Quadersteinen soll eine Lage Holz
kommen. Die Kosten bestreitet der königliche Hof. 5 Auch soll man
die goldenen und silbernen Geräte des Gotteshauses zurückgeben,
die Nebukadnezzar aus dem Tempel von Jerusalem weggenommen
und nach Babel gebracht hat. Alles soll wieder an seinen alten Platz in
den Tempel von Jerusalem kommen und in das Gotteshaus gebracht
werden.
6 Darum, Tattenai, Statthalter des Gebiets jenseits des Stroms, Sche-
tar-Bosnai und eure Amtsgenossen, die Beamten des Gebiets jenseits
des Stroms: Haltet euch aus der Sache dort heraus! 7 Laßt die Arbeit an
jenem Gotteshaus weitergehen! Der Statthalter der Juden und ihre
Ältesten mögen das Gotteshaus an seiner früheren Stelle wieder auf-
bauen. 8 Auch ordne ich an, wie ihr die Ältesten der Juden dort beim
Bau jenes Gotteshauses unterstützen sollt: Aus den königlichen Ein-
künften, die das Gebiet jenseits des Stroms aufbringt, sollen jenen
Männern pünktlich die Kosten bezahlt werden, damit sie nicht aufge-
halten werden. 9 Auch ist ihnen jeden Tag ohne Versäumnis zu liefern,
was nach den Angaben der Priester von Jerusalem an Stieren, Widdern
und Lämmern als Brandopfer für den Gott des Himmels benötigt
wird, auch Weizen und Salz, Wein und Öl. 10 So mögen sie dem Gott
des Himmels wohlgefällige Opfer darbringen und auch für das Leben
des Königs und seiner Söhne beten. 11 Schließlich befehle ich: Jedem,
der diesen Erlaß mißachtet, reiße man einen Balken aus seinem Haus
und pfähle ihn auf diesem Balken; sein Haus soll wegen seines Verge-
hens zu einem Trümmerhaufen gemacht werden. 12 Der Gott aber, der
seinen Namen dort wohnen läßt, vernichte jeden König und jedes
Volk, die sich unterfangen, den Erlaß zu mißachten und jenes Gottes-
haus in Jerusalem zu zerstören. Ich, Darius, habe den Befehl gegeben;
man befolge ihn genau.

Die Vollendung des Baus und die Tempelweihe

13 Tattenai, der Statthalter des Gebiets jenseits des Stroms, Schetar-
Bosnai und ihre Amtsgenossen befolgten genau den Befehl, den der
König Darius gesandt hatte, 14 und die Ältesten der Juden bauten wei-
ter. Dank der Wirksamkeit Haggais, des Propheten, und Sacharjas,
des Sohnes Iddos, kamen sie gut voran. Sie konnten den Bau vollen-
den, wie der Gott Israels es geboten und wie Kyrus und Darius sowie
der Perserkönig Artaxerxes es befohlen hatten. 15 Das Gotteshaus war
fertig am dritten Tag des Monats Adar, im sechsten Jahr der Regierung
des Königs Darius. 15 Die Israeliten, die Priester, die Leviten und die
übrigen, die heimgekehrt waren, feierten voll Freude die Einweihung
dieses Gotteshauses. 17 Bei der Einweihung des Gotteshauses brach-
ten sie als Opfer dar: hundert Stiere, zweihundert Widder und vier-
hundert Lämmer, dazu als Sündopfer für ganz Israel zwölf Ziegen-

böcke, entsprechend der Zahl der Stämme Israels. 18 Für den Gottes-
dienst in Jerusalem bestellten sie die Priester nach ihren Klassen und
die Leviten nach ihren Abteilungen, wie es das Buch des Mose vor-
schreibt.
19 Am vierzehnten Tag des ersten Monats feierten die Heimkehrer das
Pascha-Fest. 20 Jeder der Priester und Leviten hatte sich gereinigt, so
daß sie alle rein waren. Die Leviten schlachteten das Paschalamm für
alle Heimkehrer und für ihre Brüder, die Priester, und für sich selbst.
21 Dieses Paschalamm aßen die Israeliten, die aus der Verbannung
heimgekehrt waren, sowie alle, die sich von der Unreinheit der Völker
des Landes abgesondert hatten, um mit ihnen zusammen den Herrn,
den Gott Israels, zu suchen. 22 Sieben Tage lang feierten sie voll Freude
das Fest der Ungesäuerten Brote. Denn der Herr hatte sie froh
gemacht und ihnen das Herz des Königs von Assur zugewandt, so
daß er sie bei der Arbeit am Haus Gottes, des Gottes Israels, unter-
stützte.

Esra und die Neuordnung der Gemeinde in Jerusalem

Esra, der Gesetzeslehrer

7 Nach diesen Ereignissen unter der Herrschaft des Perserkönigs
Artaxerxes kam Esra, der Sohn Serajas, des Sohnes Asarjas, des
Sohnes Hilkijas, 2 des Sohnes Schallums, des Sohnes Zadoks, des
Sohnes Ahitubs, 3 des Sohnes Amarjas, des Sohnes Asarjas, des Soh-
nes Merajots, 4 des Sohnes Serachjas, des Sohnes Usis, des Sohnes
Bukkis, 5 des Sohnes Abischuas, des Sohnes des Pinhas, des Sohnes
Eleasars, des Sohnes des Hohenpriesters Aaron. 6 Dieser Esra kam
also von Babel herauf. Er war ein Schriftgelehrter, kundig im Gesetz
des Mose, das der Herr, der Gott Israels, gegeben hatte. Weil die Hand
des Herrn, seines Gottes, über ihm war, gewährte der König ihm alles,
was er wünschte. 7 Mit ihm zog im siebten Jahr des Königs Artaxerxes
auch eine Anzahl von Israeliten sowie von Priestern, Leviten, Sängern,
Torwächtern und Tempeldienern nach Jerusalem. 8 Im fünften Monat
dieses siebten Regierungsjahrs des Königs kam Esra in Jerusalem an.
9 Den Aufbruch von Babel hatte er auf den Ersten des ersten Monats
festgesetzt, und am Ersten des fünften Monats kam er in Jerusalem an,
da die gütige Hand seines Gottes über ihm war. 10 Denn Esra war von
ganzem Herzen darauf aus, das Gesetz des Herrn zu erforschen und
danach zu handeln und es als Satzung und Recht in Israel zu lehren.

Der zweite Befehl zur Rückführung

11 Das ist eine Abschrift des Erlasses, den der König Artaxerxes dem
Priester und Schriftgelehrten Esra mitgab, dem Schriftkundigen in
den Geboten und Satzungen, die der Herr Israel gegeben hatte:
12 Artaxerxes, der König der Könige, wünscht dem Priester Esra, dem
Schriftkundigen im Gesetz des Gottes des Himmels, alles Gute. 13 Das
ist es, was ich befehle: Jeder in meinem Reich, der zum Volk Israel
oder seinen Priestern und Leviten gehört und gewillt ist, nach Jerusa-
lem zu gehen, darf mit dir ziehen. 14 Denn du bist von dem König und
seinen sieben Räten ausgesandt und sollst nach dem Gesetz deines
Gottes, das in deiner Hand ist, untersuchen, wie es in Juda und Jerusa-
lem steht. 15 Auch sollst du das Silber und Gold hinbringen, das der
König und seine Räte dem Gott Israels gespendet haben, der in Jeru-
salem seine Wohnstätte hat. 16 Bring auch alles Silber und Gold dort-
hin, das du in der ganzen Provinz Babel bekommst, samt den Spen-
den, die das Volk Israel und die Priester für das Haus ihres Gottes in
Jerusalem geben. 17 Von diesem Geld sollst du dann gewissenhaft
Stiere, Widder und Lämmer sowie die dazugehörenden Speiseopfer
und Trankopfer kaufen und sie auf dem Altar des Hauses eures Gottes
in Jerusalem darbringen. 18 Das übrige Silber und Gold dürft ihr nach
dem Willen eures Gottes verwenden, wie es dir und deinen Amtsbrü-
dern gut scheint. 19 Auch die Geräte, die man dir für den Dienst im
Haus deines Gottes übergibt, sollst du dem Gott in Jerusalem ablie-
fern. 20 Den restlichen Bedarf für das Haus deines Gottes, den du auf-
zubringen hast, bekommst du aus den königlichen Schatzhäusern.
21 Ich, der König Artaxerxes, befehle allen Schatzmeistern im Gebiet
jenseits des Stroms: Alles, was der Priester Esra, der Schriftkundige im
Gesetz des Gottes des Himmels, von euch fordert, soll man pünktlich
liefern, 22 und zwar bis zu hundert Talenten Silber, bis zu hundert Kor
Weizen, bis zu hundert Bat Wein, bis zu hundert Bat Öl, dazu Salz in
jeder Menge. 23 Alles, was der Gott des Himmels befiehlt, soll man mit
frommem Eifer liefern für das Haus des Gottes des Himmels, damit
nicht ein Strafgericht das Reich des Königs und seiner Söhne trifft.

Neue Anordnungen

24 Auch wird euch folgendes bekannt gemacht: Niemand ist befugt,
irgendeinem Priester, Leviten, Sänger, Torwächter, Tempeldiener oder
Arbeiter dieses Gotteshauses Steuern, Abgaben oder Zölle aufzuer-
legen.
25 Du aber, Esra, bestelle Rechtskundige und Richter nach dem weisen
Gesetz deines Gottes, das in deiner Hand ist; sie sollen dem ganzen
Volk im Gebiet jenseits des Stroms Recht sprechen, allen, die das
Gesetz deines Gottes kennen; wer es aber nicht kennt, den sollt ihr es
lehren. 26 Doch über jeden, der das Gesetz deines Gottes und das
Gesetz des Königs nicht befolgt, halte man streng Gericht und verur-
teile ihn je nachdem zum Tod, zum Ausschluß (aus der Gemeinde), zu
einer Geldstrafe oder zu Gefängnis!
27 Gepriesen sei der Herr, der Gott unserer Väter! Denn er hat dem
König das alles ins Herz gelegt, um das Haus des Herrn in Jerusalem
so herrlich auszustatten. 28 Mir hat er die Gunst des Königs und seiner
Räte sowie all der mächtigen Großen des Königs zugewandt. Ich aber
faßte Mut, da die Hand des Herrn, meines Gottes, über mir war, und
sammelte Familienoberhäupter aus Israel, die bereit waren, mit mir
hinaufzuziehen.

Das Verzeichnis der Heimkehrer

8 Das sind die Familienoberhäupter und die bei ihnen Eingetra-
genen, die unter der Herrschaft des Königs Artaxerxes mit mir
aus Babel hinaufgezogen sind: 2 Von den Nachkommen des Pinhas:
Gerschom; von den Nachkommen Itamars: Daniel; von den Nach-
kommen Davids: Hattusch, 3 der Sohn Schechanjas. Von den Nach-
kommen des Parosch: Secharja und mit ihm 150 eingetragene Män-
ner. 4 Von den Nachkommen des Pahat-Moab: Eljoënai, der Sohn
Serachjas, und mit ihm 200 Männer. 5 Von den Nachkommen Sattus:
Schechanja, der Sohn Jahasiëls, und mit ihm 300 Männer. 6 Von den
Nachkommen Adins: Ebed, der Sohn Jonatans, und mit ihm 50 Män-
ner. 7 Von den Nachkommen Elams: Jeschaja, der Sohn Ataljas, und
mit ihm 70 Männer. 8 Von den Nachkommen Schefatjas: Sebadja, der
Sohn Michaels, und mit ihm 80 Männer. 9 Von den Nachkommen
Joabs: Obadja, der Sohn Jehiëls, und mit ihm 218 Männer. 10 Von den
Nachkommen Banis: Schelomit, der Sohn Josifjas, und mit ihm 160
Männer. 11 Von den Nachkommen Bebais: Secharja, der Sohn Bebais,
und mit ihm 28 Männer. 12 Von den Nachkommen Asgads: Johanan,
der Sohn Katans, und mit ihm 110 Männer. 13 Von den Nachkommen
Adonikams: die letzten; sie heißen: Elifelet, Jëiël und Schemaja, und
mit ihnen 60 Männer. 14 Und von den Nachkommen Bigwais: Utai, der
Sohn Sabbuds, und mit ihm 70 Männer.
15 Ich ließ alle an dem Fluß zusammenkommen, der an Ahawa vor-
beifließt. Dort blieben wir drei Tage. Ich stellte fest, daß zwar Laien-
volk und Priester da waren; doch fand ich dort keine Leviten. 16 Da
schickte ich einige verständige Männer, nämlich Eliëser, Ariël, Sche-
maja, Elnatan, Jarib, Elnatan, Natan, Secharja und Meschullam 17 zu
Iddo, dem Vorsteher der Ortschaft Kasifja; ich sagte ihnen, was sie zu
Iddo und zu seinen Brüdern, die in der Ortschaft Kasifja ansässig
waren, sagen sollten, damit sie uns Diener für das Haus unseres
Gottes überließen. 18 Da die gütige Hand unseres Gottes über uns war,
schickten sie uns einen einsichtigen Mann, einen von den Nachkom-

men Machlis, des Sohnes Levis, des Sohnes Israels, nämlich Sche-
rebja, mit seinen Söhnen und Brüdern, zusammen 18 Männer; 19 fer-
ner von den Nachkommen Meraris den Haschabja und mit ihm
Jeschaja samt ihren Söhnen und Brüdern, 20 Männer; 20 dazu eine
Anzahl von Tempeldienern, die David und die Obersten dem Tempel
geschenkt hatten, damit sie den Leviten dienten, im ganzen 220 Tem-
peldiener. Sie alle sind namentlich aufgezeichnet.

Der Bericht über die Reise

21 Dann rief ich dort am Fluß bei Ahawa ein Fasten aus; so wollten wir
uns vor unserem Gott beugen und von ihm eine glückliche Reise erbit-
ten für uns, unsere Familien und die ganze Habe. 22 Denn ich schämte
mich, vom König Soldaten und Reiter zu fordern, die uns gegen
Feinde auf dem Weg schützen sollten. Vielmehr hatten wir dem König
gesagt: Die Hand unseres Gottes ist schützend über allen, die ihn
suchen; doch seine Macht und sein Zorn kommen über alle, die ihn
verlassen. 23 Wir fasteten also und suchten in dieser Sache Hilfe bei
unserem Gott, und er erhörte uns.
24 Dann wählte ich von den Obersten der Priester zwölf aus, dazu
Scherebja und Haschabja und mit ihnen noch zehn ihrer Brüder. 25 Ich
wog vor ihnen das Silber, das Gold und die Geräte, die Weihegaben,
die der König, seine Räte und Großen sowie alle Israeliten, die dort
lebten, für das Haus unseres Gottes gestiftet hatten. 26 Ich wog alles
und legte es in ihre Hände: sechshundertfünfzig Talente Silber und
hundert silberne Geräte, die zwei Talente wogen; ferner hundert
Talente Gold 27 und zwanzig goldene Becher im Wert von tausend
Golddariken sowie zwei Geräte aus feinster, glänzender Bronze, kost-
bar wie Gold. 28 Und ich sagte zu ihnen: Ihr seid dem Herrn heilig,
auch die Geräte sind heilig; das Silber und das Gold sind Weihegaben
für den Herrn, den Gott eurer Väter. 29 Bewacht und behütet das alles,
bis ihr es vor den Obersten der Priester und Leviten sowie den Ober-
häuptern der Familien Israels in Jerusalem wägt und darbringt, in den
Räumen des Hauses des Herrn. 30 Die Priester und Leviten nahmen
das Silber, das Gold und die Geräte abgewogen in Empfang, um sie
nach Jerusalem in das Haus unseres Gottes zu bringen.
31 Am zwölften Tag des ersten Monats brachen wir von dem Fluß bei
Ahawa auf, um nach Jerusalem zu ziehen. Die Hand unseres Gottes
war über uns, und er beschützte uns unterwegs vor Feinden und Räu-
bern. 32 Als wir nach Jerusalem kamen, ruhten wir dort drei Tage aus.
33 Am vierten Tag wog man im Haus unseres Gottes das Silber und das
Gold sowie die Geräte und übergab sie dem Priester Meremot, dem
Sohn Urijas; bei ihm waren Eleasar, der Sohn des Pinhas, sowie die
Leviten Josabad, der Sohn Jeschuas, und Noadja, der Sohn Binnuis.
34 Man übergab alles, gezählt und gewogen, und verzeichnete gleich-
zeitig das genaue Gewicht.
35 Die Verschleppten, die jetzt aus der Gefangenschaft heimgekehrt
waren, brachten dem Gott Israels Brandopfer dar: zwölf Stiere für
ganz Israel, sechsundneunzig Widder und siebenundsiebzig Lämmer,
ferner zwölf Ziegenböcke für ein Sündopfer – all das als Brandopfer
für den Herrn.
36 Man übergab die Anordnungen des Königs den königlichen Satra-
pen und den Statthaltern im Gebiet jenseits des Stroms. Sie unter-
stützten von nun an das Volk und das Haus Gottes.

Das Verbot von Mischehen

9 Als das vollbracht war, kamen die Obersten zu mir und sagten:
Das Volk Israel und die Priester und die Leviten haben sich nicht
ferngehalten von der Bevölkerung des Landes und ihren Greueltaten,
von den Kanaanitern, Hetitern, Perisitern, Jebusitern, Ammonitern,
Moabitern, Ägyptern und Amoritern. 2 Sie haben von deren Töchtern
Frauen genommen für sich und ihre Söhne. So hat sich der heilige
Same mit den Völkern des Landes vermischt, und die Obersten und
Beamten waren bei diesem Treubruch die ersten. 3 Als ich das hörte,
zerriß ich mein Gewand und meinen Mantel; ich raufte mir die Haare
und den Bart und setzte mich erschüttert nieder. 4 Da versammelten
sich alle um mich, die wegen des Treubruchs der Heimkehrer die Dro-
hungen des Gottes Israels fürchteten. Bis zum Abendopfer saß ich
erschüttert da.

Esras Bußgebe

5 Zur Zeit des Abendopfers erhob ich mich aus meiner Bußübung, mit
zerrissenem Gewand und Mantel. Dann warf ich mich auf die Knie,
breitete die Hände aus und betete zum Herrn, meinem Gott: 6 Mein
Gott, ich schäme mich und wage nicht, die Augen zu dir, mein Gott,
zu erheben. Denn unsere Vergehen sind uns über den Kopf gewach-
sen; unsere Schuld reicht bis zum Himmel. 7 Seit den Tagen unserer
Väter bis heute sind wir in großer Schuld. Wegen unserer Vergehen
wurden wir, unsere Könige und Priester, den Königen der Länder aus-
geliefert, dem Schwert, der Gefangenschaft, der Plünderung und der
Schande, wie es noch heute der Fall ist. 8 Jetzt, für einen kurzen
Augenblick, hat der Herr, unser Gott, uns Erbarmen gezeigt; er hat
einen Rest gerettet und übriggelassen und uns einen Ruheplatz an
seinem heiligen Ort gewährt. So ließ unser Gott unsere Augen auf-
leuchten, er ließ uns ein wenig aufleben in unserer Knechtschaft. 9 Ja,
wir sind Knechte. Aber auch in unserer Knechtschaft hat unser Gott
uns nicht verlassen. Er wandte uns die Gunst der Könige von Persien
zu. Er ließ uns aufleben, so daß wir das Haus unseres Gottes wieder
aufbauen und es aus den Trümmern wieder aufrichten konnten. Er
gewährte uns ein geschütztes Gebiet in Juda und Jerusalem.
10 Aber jetzt, unser Gott, was sollen wir nach all dem sagen? Wir haben
ja deine Gebote verlassen. 11 Du hast durch deine Diener, die Prophe-
ten, geboten: Das Land, in das ihr kommt, um es in Besitz zu nehmen,
ist ein beflecktes Land; denn die Völker im Land haben es befleckt; in
ihrer Unreinheit haben sie es mit ihren Greueltaten erfüllt, vom einen
Ende bis zum andern. 12 Darum dürft ihr eure Töchter nicht ihren Söh-
nen als Frauen geben, noch dürft ihr ihre Töchter für eure Söhne neh-
men. Ihr Glück und ihren Wohlstand sollt ihr nicht begehren. Dann
werdet ihr stark sein und die Güter des Landes genießen und sie euren
Kindern vererben für alle Zeit.
13 Was ist alles über uns gekommen wegen unserer bösen Taten und
unserer großen Schuld! Dabei hast du, unser Gott, unsere Schuld mit
Nachsicht behandelt und uns diese Schar von Geretteten gelassen.
14 Können wir nach alledem von neuem deine Gebote brechen und
uns mit diesen greuelbeladenen Völkern verschwägern? Mußt du uns
dann nicht zürnen, bis wir ganz vernichtet sind, so daß kein Rest von
Geretteten mehr übrig bleibt? 15 Herr, Gott Israels, du bist gerecht;
darum hast du uns als geretteten Rest übrig gelassen, wie es heute der
Fall ist. Nun stehen wir vor dir mit unserer Schuld. Nein, so kann nie-
mand vor dir bestehen.

Die Auflösung der Mischehen

10 Während Esra vor dem Haus Gottes auf den Knien lag und
weinend sein Gebet und sein Bekenntnis sprach, versam-
melte sich um ihn eine sehr große Gemeinde von Männern, Frauen
und Kindern aus Israel. Auch das Volk vergoß viele Tränen.
2 Schechanja, der Sohn Jehiëls, einer der Nachkommen Elams, nahm
das Wort und sagte zu Esra: Ja, wir haben unserem Gott die Treue
gebrochen; wir haben fremde Frauen aus der Bevölkerung des Landes
geheiratet. Doch auch jetzt gibt es noch Hoffnung für Israel: 3 Wir
wollen jetzt mit unserem Gott einen Bund schließen und uns ver-
pflichten, daß wir alle fremden Frauen samt ihren Kindern weg-
schicken nach dem Rat meines Herrn und aller, die das Gebot unseres
Gottes fürchten. Man handle nach dem Gesetz. 4 Steh auf! Denn dir
obliegt die Sache. Wir aber stehen dir bei. Faß Mut, und handle! 5 Da
stand Esra auf; er ließ die Obersten der Priester, der Leviten und ganz
Israels schwören, nach diesem Vorschlag zu handeln, und sie leisteten
den Eid. 6 Dann verließ Esra den Platz vor dem Haus Gottes und ging
in die Kammer Johanans, des Sohnes Eljaschibs. Dort verbrachte er
die Nacht, aß aber kein Brot und trank kein Wasser; denn er trauerte
über den Treubruch der Heimkehrer.

7 Dann machte man in Juda und Jerusalem allen Heimkehrern bekannt,
sie sollten sich in Jerusalem versammeln. 8 Jeder, der nicht binnen drei
Tagen komme, wie es die Vorsteher und Ältesten beschlossen hätten,
dessen ganzer Besitz solle der Vernichtung anheimfallen und er selbst
solle aus der Gemeinde der Heimkehrer ausgeschlossen werden. 9 Da
versammelten sich nach drei Tagen alle Männer von Juda und Benjamin
in Jerusalem; es war am zwanzigsten Tag des neunten Monats. Das
ganze Volk ließ sich auf dem Platz vor dem Haus Gottes nieder. Alle zit-
terten wegen der Sache, um die es ging, aber auch wegen des Regens,
der niederging. 10 Der Priester Esra stand auf und sagte zu ihnen: Ihr
habt dem Herrn die Treue gebrochen; ihr habt fremde Frauen genom-
men und so die Schuld Israels noch größer gemacht. 11 So legt nun vor
dem Herrn, dem Gott eurer Väter, ein Bekenntnis ab, und tut, was er
wünscht: Trennt euch von der Bevölkerung des Landes, insbesondere
von den fremden Frauen! 12 Darauf antwortete die ganze Gemeinde
laut: Alles, was du uns gesagt hast, müssen wir tun. 13 Aber es sind viele
Menschen, und es ist Regenzeit; da kann man nicht im Freien bleiben,
und die Angelegenheit ist nicht an einem oder zwei Tagen abzuma-
chen. Denn viele von uns haben sich in dieser Sache verfehlt. 14 Unsere
Vorsteher sollen darum die ganze Gemeinde vertreten. Alle, die in
unseren Städten fremde Frauen geheiratet haben, sollen dann zu fest-
gesetzten Zeiten herkommen, dazu die Ältesten und Richter jeder ein-
zelnen Stadt, bis wir den Zorn unseres Gottes, der wegen dieser Sache
entbrannt ist, von uns abgewendet haben.
15 Nur Jonatan, der Sohn Asaëls, und Jachseja, der Sohn Tikwas, spra-
chen gegen diesen Vorschlag; Meschullam und der Levit Schabbetai
unterstützten sie. 16 Die Heimkehrer machten es aber so, wie vorge-
schlagen worden war. Der Priester Esra wählte Männer aus, für jede
Großfamilie ein Familienoberhaupt; alle wurden mit Namen aufgeru-
fen. Am ersten Tag des zehnten Monats traten sie zusammen, um die
Sache zu untersuchen, 17 und am ersten Tag des ersten Monats waren
sie fertig mit den Fällen aller Männer, die fremde Frauen geheiratet
hatten.

Die Liste der Betroffenen

18 Unter den Priestern fand man folgende, die fremde Frauen geheira-
tet hatten: Von den Nachkommen Jeschuas, des Sohnes des Jozadak,
und seinen Brüdern: Maaseja, Eliëser, Jarib und Gedalja. 19 Sie gaben
die Hand darauf, ihre Frauen wegzuschicken, und brachten für ihre
Schuld einen Widder als Schuldopfer dar. 20 Von den Nachkommen
Immers fand man schuldig: Hanani und Sebadja; 21 von den Nach-
kommen Harims: Maaseja, Elija, Schemaja, Jehiël und Usija; 22 von
den Nachkommen Paschhurs: Eljoënai, Maaseja, Jischmael, Netanel,
Josabad und Elasa. 23 Von den Leviten: Josabad, Schimi, Kelaja, das ist
Kelita, Petachja, Juda und Eliëser. 24 Von den Sängern: Eljaschib. Von
den Torwächtern: Schallum, Telem und Uri. 25 Unter den Israeliten
von den Nachkommen des Parosch: Ramja, Jisija, Malkija, Mijamin,
Eleasar, Malkija und Benaja; 26 von den Nachkommen Elams: Mat-
tanja, Secharja, Jehiël, Abdi, Jeremot und Elija; 27 von den Nachkom-
men Sattus: Eljoënai, Eljaschib, Mattanja, Jeremot, Sabad und Asisa;
28 von den Nachkommen Bebais: Johanan, Hananja, Sabbai und Atlai;
29 von den Nachkommen Banis: Meschullam, Malluch, Adaja,
Jaschub, Scheal und Jeremot; 30 von den Nachkommen des Pahat-
Moab: Adna, Kelal, Benaja, Maaseja, Mattanja, Bezalel, Binnui und
Manasse; 31 von den Nachkommen Harims: Eliëser, Jischija, Malkija,
Schemaja, Simeon, 32 Benjamin, Malluch und Schemarja; 33 von den
Nachkommen Haschums: Mattenai, Mattatta, Sabad, Elifelet, Jere-
mai, Manasse und Schimi; 34 von den Nachkommen Bigwais: Maadai,
Amram, Uël, 35 Benaja, Bedja, Keluhi, 36 Wanja, Meremot, Eljaschib,
37 Mattanja, Mattenai und Jaasai; 38 von den Nachkommen Binnuis:
Schimi, 39 Schelemja, Natan und Adaja; 40 von den Nachkommen Sak-
kais: Schaschai, Scharai, 41 Asarel, Schelemja, Schemarja, 42 Schallum,
Amarja und Josef; 43 von den Nachkommen Nebos: Jëiël, Mattitja,
Sabad, Sebina, Jaddai, Joël und Benaja. 44 Alle diese hatten fremde
Frauen geheiratet; sie trennten sich nun von ihren Frauen, auch wenn
sie von ihnen Kinder hatten.

Das Buch Nehemia

Der Wiederaufbau durch Nehemia

Das Gebet Nehemias

1 Bericht des Nehemia, des Sohnes Hachaljas. Im Monat Kislew,
im zwanzigsten Jahr des Artaxerxes, war ich in der Festung
Susa; 2 da kam Hanani, einer meiner Brüder, mit einigen Männern
aus Juda. Ich fragte sie, wie es den Juden gehe, den Geretteten, die
von den Gefangenen übriggeblieben waren, und wie es um Jerusalem
stehe. 3 Sie sagten zu mir: Der Rest, der von den Gefangenen übrig-
geblieben ist, lebt dort in der Provinz in großer Not und Schmach.
Die Stadtmauer von Jerusalem ist niedergelegt, und die Tore sind
abgebrannt. 4 Als ich das hörte, setzte ich mich nieder und weinte.
Ich trauerte tagelang, fastete und betete zu dem Gott des Himmels.
5 Ich sagte:
Ach, Herr, Gott des Himmels, du großer und furchtgebietender Gott!
Du hältst deinen Bund und bewahrst deine Gnade denen, die dich lie-
ben und deine Gebote halten. 6 Hab ein aufmerksames Ohr und ein
offenes Auge, und hör das Gebet deines Knechtes! Ich bete jetzt Tag
und Nacht vor dir für die Söhne Israels, deine Diener. Ich lege ein
Bekenntnis ab wegen der Sünden der Söhne Israels. Wir haben gegen
dich gesündigt; auch ich und meine Familie haben gesündigt. 7 Wir
haben sehr schlecht gegen dich gehandelt: Wir haben die Gebote,
Gesetze und Anordnungen mißachtet, die du deinem Diener Mose
gegeben hast. 8 Aber denk an das Wort, das du deinem Diener Mose
aufgetragen hast: Wenn ihr mir die Treue brecht, dann werde ich euch
unter die Völker zerstreuen; 9 wenn ihr aber zu mir umkehrt, meine
Gebote befolgt und sie ausführt, dann sammle ich euch wieder, selbst
die, die bis ans Ende des Himmels verschlagen wurden; ich bringe sie
an den Ort, den ich erwählt habe, um dort meinen Namen wohnen zu
lassen.
10 Sie sind ja deine Knechte, dein Volk, das du erlöst hast mit deiner
großen Kraft und deiner starken Hand. 11 Ach, Herr, dein Ohr höre
aufmerksam auf das Gebet deines Knechtes und das Gebet deiner
Knechte, die von Herzen deinen Namen fürchten: Gewähre deinem
Knecht heute Erfolg, und laß ihn Erbarmen finden bei diesem Mann!
Ich war nämlich Mundschenk beim König.

Die Rückkehr Nehemias

2 Im Monat Nisan, im zwanzigsten Jahr des Königs Artaxerxes,
nahm ich den Wein und reichte ihn dem König – mein Amt war
es nämlich, für den Wein zu sorgen. Nie zuvor hatte der König mein
Aussehen schlecht gefunden; 2 jetzt aber fragte er mich: Warum siehst
du so schlecht aus? Du bist doch nicht etwa krank? Nein, du hast
gewiß Kummer. Ich erschrak sehr; 3 dann sagte ich zum König: Der
König möge ewig leben. Wie sollte ich nicht schlecht aussehen? Die
Stadt, in der die Gräber meiner Väter sind, liegt in Trümmern, und
ihre Tore sind vom Feuer verzehrt. 4 Der König erwiderte: Was möch-
test du also? Da betete ich zum Gott des Himmels; 5 dann sagte ich
zum König: Wenn du, König, es für gut findest und wenn du deinem
Knecht vertraust, so sende mich nach Juda, damit ich die Stadt wieder
aufbaue, in der die Gräber meiner Väter sind.
6 Darauf fragte mich der König, während die Königin neben ihm saß:
Wie lang soll deine Reise dauern? Wann kommst du zurück? Ich
nannte ihm eine bestimmte Zeit; der König war einverstanden und
ließ mich ziehen. 7 Ich sagte dem König noch: Wenn der König es für
gut findet, dann gebe man mir Briefe mit an die Statthalter des
Gebiets jenseits des Stroms, damit sie mich bis nach Juda durch-
reisen lassen; 8 ferner einen Brief an Asaf, den Verwalter der könig-
lichen Wälder: Er soll mir Bauholz liefern für die Tore der Tempel-
burg, für die Stadtmauer und für das Haus, in das ich ziehen will. Der
König bewilligte es mir, weil die gütige Hand meines Gottes über
mir war.
9 So kam ich zu den Statthaltern im Gebiet jenseits des Stroms, und
ich übergab ihnen die Briefe des Königs. Der König hatte mir auch
Hauptleute und Reiter als Geleit gegeben. 10 Sanballat, der Horoniter,
und Tobija, der Knecht von Ammon, hörten davon. Es verdroß sie
sehr, daß da ein Mann kam, der sich für das Wohl der Israeliten ein-
setzte.

Der Entschluß zum Mauerbau

11 So kam ich nach Jerusalem. Dort blieb ich drei Tage. 12 Dann machte
ich mich bei Nacht auf, nahm aber nur einige wenige Männer mit.
Noch hatte ich keinem Menschen mitgeteilt, was mein Gott mir ein-
gegeben hatte, für Jerusalem zu tun. Ich nahm keine Tiere mit außer
dem einen, auf dem ich ritt. 13 So ritt ich bei Nacht zum Taltor hinaus.
An der Drachenquelle vorbei gelangte ich zum Aschentor. Dabei
besichtigte ich die Mauern Jerusalems: Sie waren niedergerissen und
die Tore vom Feuer verzehrt. 14 Ich ritt zum Quelltor und zum Königs-
teich hinüber. Hier konnte ich mit dem Reittier nicht mehr vorwärts
kommen. 15 So ging ich bei Nacht das Bachtal hinauf und besichtigte
die Mauer. Dann kehrte ich um und kam durch das Taltor wieder
zurück.
16 Die Vorsteher wußten nicht, wohin ich gegangen war und was ich
vorhatte. Denn ich hatte bis dahin den Juden nichts mitgeteilt, weder
den Priestern noch den Vornehmen, noch den Beamten und den übri-
gen, die an dem Werk mitwirken sollten. 17 Jetzt aber sagte ich zu
ihnen: Ihr seht selbst, in welchem Elend wir leben: Jerusalem liegt in
Trümmern, und seine Tore sind abgebrannt. Gehen wir daran und
bauen wir die Mauern Jerusalems wieder auf! So machen wir unserer
Schande ein Ende. 18 Dann berichtete ich ihnen, wie die Hand meines
Gottes so gütig über mir gewesen war und was der König mir zuge-
sagt hatte. Da sagten sie: Wir wollen ans Werk gehen und bauen. Und
sie nahmen die gute Sache in die Hand.
19 Als aber Sanballat, der Horoniter, Tobija, der Knecht von Ammon,
und der Araber Geschem davon hörten, verspotteten sie uns und sag-
ten verächtlich: Was soll das, was ihr da macht? Wollt ihr euch etwa
gegen den König auflehnen? 20 Ich ließ ihnen antworten: Der Gott des
Himmels wird uns Erfolg verleihen. Wir, seine Knechte, wollen ans
Werk gehen und bauen. Ihr hingegen habt weder einen Anteil (an der
Stadt) noch Anrecht (auf sie); es gibt keine Erinnerung an euch in
Jerusalem.

Der Bericht über den Bau

3 Der Hohepriester Eljaschib und seine Brüder, die Priester, mach-
ten sich ans Werk und bauten das Schaftor auf. Sie setzten die
Balken ein und brachten die Torflügel an. Sie bauten weiter bis zum
Turm der Hundert, setzten die Balken ein und kamen bis zum Turm
Hananel. 2 Anschließend bauten die Männer von Jericho, und dane-
ben baute Sakkur, der Sohn Imris. 3 Das Fischtor bauten die Söhne
des Senaa; sie setzten die Balken ein und brachten die Torflügel, Rie-
gel und Sperrbalken an. 4 Neben ihnen arbeitete an der Instandset-
zung Meremot, der Sohn Urijas, des Sohnes des Koz. Daneben arbei-
tete Meschullam, der Sohn Berechjas, des Sohnes Meschesabels.
Daneben arbeitete Zadok, der Sohn Baanas. 5 Daneben arbeiteten die
Leute aus Tekoa. Die Vornehmen unter ihnen freilich beugten den
Nacken nicht zum Dienst für ihre Herren. 6 Jojada, der Sohn Pase-
achs, und Meschullam, der Sohn Besodjas, arbeiteten an der Instand-
setzung des Jeschanators; sie setzten die Balken ein und brachten die
Torflügel, Riegel und Sperrbalken an. 7 Daneben arbeitete Melatja
aus Gibeon und Jadon aus Meronot sowie die Leute aus Gibeon und
Mizpa, dort wo der Statthalter des Gebiets jenseits des Stroms seinen
Sitz hatte. 8 Daneben arbeitete Usiël, der Sohn Harhajas, einer von
den Goldschmieden; und daneben arbeitete Hananja, ein Salbenher-
steller. Sie befestigten Jerusalem bis zur Breiten Mauer. 9 Daneben
arbeitete Refaja, der Sohn Hurs, der Vorsteher der einen Hälfte des
Bezirks von Jerusalem. 10 Daneben arbeitete Jedaja, der Sohn Haru-
mafs, gegenüber seinem Haus; und daneben arbeitete Hattusch, der
Sohn Haschabnejas. 11 Malkija, der Sohn Harims, und Haschub, der
Sohn des Pahat-Moab, arbeiteten an der Instandsetzung des folgen-
den Stückes und des Ofenturms. 12 Daneben arbeitete Schallum, der
Sohn des Lohesch, der Vorsteher der anderen Hälfte des Bezirks von
Jerusalem. Ihm halfen seine Töchter. 13 Hanun und die Einwohner
von Sanoach arbeiteten an der Instandsetzung des Taltors; sie bauten
es auf und brachten die Torflügel, Riegel und Sperrbalken an; sie
setzten auch weitere tausend Ellen der Mauer instand, bis zum
Aschentor. 14 Malkija, der Sohn Rechabs, der Vorsteher des Bezirks
von Bet-Kerem, arbeitete an der Instandsetzung des Aschentors; er
baute es auf und brachte die Torflügel, Riegel und Sperrbalken an.
15 Schallun, der Sohn Kolhoses, der Vorsteher des Bezirks von Mizpa,
arbeitete an der Instandsetzung des Quelltors; er baute es auf, versah
es mit einem Dach und brachte die Torflügel, Riegel und Sperrbalken
an. Weiter setzte er die Mauer am Teich der Wasserleitung beim
Königsgarten instand, bis zu den Stufen, die von der Davidstadt her-
abführen. 16 Hinter ihm arbeitete Nehemja, der Sohn des Asbuk, der
Vorsteher der einen Hälfte des Bezirks von Bet-Zur; er arbeitete bis zu
der Stelle gegenüber den Gräbern Davids und weiter bis zum künstli-
chen Teich und zur Kaserne der Leibwache. 17 Hinter ihm arbeiteten
die Leviten, nämlich Rehum, der Sohn Banis, und daneben
Haschabja, der Vorsteher der einen Hälfte des Bezirks von Keïla; er
arbeitete für seinen Bezirk. 18 Hinter ihm arbeiteten die Brüder dieser
Leviten unter Binnui, dem Sohn des Henadad, dem Vorsteher der
anderen Hälfte des Bezirks von Keïla. 19 Neben ihm arbeitete Eser, der
Sohn Jeschuas, der Vorsteher von Mizpa, an der Instandsetzung des
folgenden Stückes, gegenüber dem Aufstieg zum Zeughaus am Win-
kel. 20 Hinter ihm arbeitete Baruch, der Sohn Sabbais, an der Instand-
setzung des anschließenden Stückes, vom Winkel bis an den Ein-
gang zum Haus des Hohenpriesters Eljaschib. 21 Hinter ihm arbeitete
Meremot, der Sohn Urijas, des Sohnes des Koz, am anschließenden
Stück, vom Eingang bis zum Ende des Hauses von Eljaschib. 22 Hinter
ihm arbeiteten die Priester, die im Umkreis wohnten. 23 Dahinter
arbeiteten Benjamin und Haschub gegenüber ihrem Haus, und hinter
ihnen arbeitete Asarja, der Sohn Maasejas, des Sohnes Ananejas,
neben seinem Haus. 24 Dahinter arbeitete Binnui, der Sohn Hena-
dads, an der Instandsetzung des anschließenden Stückes, vom Haus
des Asarja bis zum Winkel und weiter bis zur Ecke. 25 Palal, der Sohn
Usais, arbeitete gegenüber dem Winkel und dem oberen Turm, der
vom königlichen Palast am Wachthof vorspringt. Hinter ihm arbeite-
ten Pedaja, der Sohn des Parosch, 26 und die Tempeldiener, die auf
dem Ofel wohnten, bis zu der Stelle gegenüber dem Wassertor im
Osten und dem vorspringenden Turm. 27 Dahinter arbeiteten die
Leute von Tekoa an der Instandsetzung des anschließenden Stückes,
von der Stelle, die dem großen, vorspringenden Turm gegenüber-
liegt, bis zur Mauer des Ofel. 28 Oberhalb des Roßtors arbeiteten die
Priester, jeder seinem Haus gegenüber. 29 Dahinter arbeitete Zadok,
der Sohn Immers, seinem Haus gegenüber, und hinter ihm arbeitete
Schemaja, der Sohn Schechanjas, der Wächter des Osttors. 30 Dahin-
ter arbeiteten Hananja, der Sohn Schelemjas, und Hanun, der sechste
Sohn Zalafs, an der Instandsetzung eines weiteren Stückes. Dahinter
arbeitete Meschullam, der Sohn Berechjas, gegenüber seiner Zelle.
31 Hinter ihm arbeitete Malkija, einer von den Goldschmieden, bis
zum Haus der Tempeldiener und der Händler, gegenüber dem
Wachttor, und bis zum Obergemach an der Ecke. 32 Und zwischen
dem Obergemach an der Ecke und dem Schaftor arbeiteten die Gold-
schmiede und die Händler.

Der Spott der Feinde

33 Als Sanballat hörte, daß wir die Mauer aufbauten, wurde er zornig
und ärgerte sich sehr. Er spottete über die Juden 34 und sagte vor sei-
nen Brüdern und dem Heer von Samarien: Was machen diese elenden
Juden da? Wollen sie Jerusalem wieder für sich befestigen? Wollen sie
Opfer darbringen? Wollen sie es an einem Tag vollenden? Können sie
die Steine, die doch ausgeglüht sind, aus den Schutthaufen zu neuem
Leben aufrichten? 35 Und Tobija von Ammon, der neben ihm stand,
sagte: Laßt sie nur bauen! Springt ein Fuchs hinauf, dann reißt er ihre
Steinmauer nieder.
36 Hör, unser Gott, wie wir zum Gespött geworden sind. Laß ihren
Hohn auf sie selbst zurückfallen! Gib sie der Plünderung und der
Gefangenschaft preis! 37 Deck ihr Vergehen nicht zu! Ihre Sünde soll
bei dir nicht ausgelöscht sein; denn sie haben die Bauenden beleidigt.
38 Wir bauten an der Mauer weiter, und bald hatte sich die Mauer
ringsum bis zur Hälfte geschlossen. Das ermutigte das Volk zur weite-
ren Arbeit.

Störaktionen von außen

4 Als aber Sanballat und Tobija sowie die Araber, die Ammoniter
und die Leute von Aschdod hörten, daß der Wiederaufbau der
Mauer von Jerusalem voranging – denn die Breschen schlossen sich
allmählich –, wurden sie wütend, 2 und alle zusammen verschworen
sich, gegen Jerusalem in den Krieg zu ziehen und dort Unruhe zu stif-
ten. 3 Wir aber beteten zu unserem Gott und stellten Tag und Nacht
eine Wache auf, um uns vor ihnen zu schützen. 4 Doch dann sagten die
Juden: Den Trägern geht die Kraft aus; denn es liegt zu viel Schutt da;
es wird uns nie gelingen, die Mauer aufzubauen. 5 Unsere Feinde aber
sagten: Sie sollen nichts merken und nichts von uns sehen, bis wir
mitten unter ihnen stehen; dann metzeln wir sie nieder und machen
dem Unternehmen ein Ende.
6 Doch die Juden, die bei ihnen lebten, kamen und sagten uns minde-
stens zehnmal: Aus allen Orten ringsum, wo sie wohnen, ziehen sie
gegen uns heran. 7 Da stellte ich unterhalb der Mauer auf dem freien
Gelände das Volk nach Sippen geordnet auf, mit Schwertern, Lanzen
und Bogen bewaffnet. 8 Ich musterte sie, dann erhob ich mich und
sagte zu den Vornehmen, den Beamten und den übrigen Männern:
Fürchtet euch nicht vor ihnen! Denkt an den Herrn; er ist groß und
furchtgebietend. Kämpft für eure Brüder und Söhne, für eure Töchter
und Frauen und für eure Häuser!
9 Unsere Feinde erfuhren, daß uns ihr Vorhaben bekannt geworden
war. So vereitelte Gott ihren Plan, und wir alle kehrten zu der Mauer
zurück, jeder zu seiner Arbeit. 10 Seit jenem Tag arbeitete nur die
Hälfte meiner Leute am Bau; die andere Hälfte hielt Lanzen, Schilde,
Bogen und Panzer bereit, und die Obersten standen hinter dem
ganzen Volk Juda, 11 das an der Mauer baute. Die Lastträger arbeiteten
so: Mit der einen Hand taten sie ihre Arbeit, in der andern hielten sie

den Wurfspieß. 12 Von den Bauleuten hatte jeder sein Schwert um die
Hüften gegürtet, und so bauten sie. Ständig hatte ich den Hornbläser
bei mir, 13 und ich sagte zu den Vornehmen, den Beamten und den
übrigen: Die Arbeit ist vielfältig und weit ausgedehnt. Wir stehen auf
der Mauer zerstreut und weit voneinander entfernt. 14 Wo ihr also das
Horn ertönen hört, dort sammelt euch um uns! Unser Gott wird für
uns streiten. 15 So arbeiteten wir am Bau, während die Hälfte die Lan-
zen bereit hielt, vom Anbruch der Morgenröte bis zum Aufgang der
Sterne. 16 Damals sagte ich dem Volk noch: Jeder soll mit seinen Leu-
ten auch nachts in Jerusalem bleiben; dann stehen sie uns in der
Nacht als Wache zur Verfügung und am Tag zur Arbeit. 17 Weder ich
noch meine Brüder, weder meine Leute noch die Wachmannschaft,
die mich begleitete, keiner von uns zog seine Kleider aus; jeder hatte
seine Waffe an der Seite.

Unfriede in den eigenen Reihen

5 Die Männer des einfachen Volkes und ihre Frauen erhoben aber
laute Klage gegen ihre jüdischen Stammesbrüder. 2 Die einen
sagten: Wir müssen unsere Söhne und Töchter verpfänden, um
Getreide zu bekommen, damit wir zu essen haben und leben können.
3 Andere sagten: Wir müssen unsere Felder, Weinberge und Häuser
verpfänden, um in der Hungerzeit Getreide zu bekommen. 4 Wieder
andere sagten: Auf unsere Felder und Weinberge mußten wir Geld
aufnehmen für die Steuern des Königs. 5 Wir sind doch vom selben
Fleisch wie unsere Stammesbrüder; unsere Kinder sind ihren Kindern
gleich, und doch müssen wir unsere Söhne und Töchter zu Sklaven
erniedrigen. Einige von unseren Töchtern sind schon erniedrigt wor-
den. Wir sind machtlos, und unsere Felder und Weinberge gehören
anderen.
6 Als ich ihre Klage und diese Worte hörte, wurde ich sehr zornig. 7 Ich
überlegte mir die Sache; dann stellte ich die Vornehmen und die
Beamten zur Rede und sagte zu ihnen: Die eigenen Stammesbrüder
bedrückt ihr mit Schuldforderungen. Und ich berief ihretwegen eine
große Versammlung ein 8 und sagte zu ihnen: Wir haben von unseren
jüdischen Stammesbrüdern, die an andere Völker verkauft worden
waren, so viele wie möglich losgekauft. Ihr aber, ihr wollt eure eigenen
Stammesbrüder verkaufen, damit sie dann wieder an uns verkauft
werden. Da schwiegen sie und wußten nichts zu erwidern. 9 Darauf
sagte ich: Was ihr tut, ist nicht recht. Wollt ihr nicht das Gebot unseres
Gottes gewissenhaft einhalten, um so dem Hohn der uns feindlichen
Völker zu entgehen? 10 Auch ich und meine Brüder und meine Leute
haben Stammesbrüdern Geld und Getreide geliehen. Erlassen wir
ihnen doch diese Schuldforderungen. 11 Gebt ihnen unverzüglich ihre
Äcker und Weinberge, ihre Ölgärten und Häuser zurück, und erlaßt
ihnen die Schuld an Geld und Getreide, Wein und Öl, die sie bei euch
haben. 12 Da erklärten sie: Wir wollen alles zurückgeben und nichts
mehr von ihnen fordern. Wir wollen tun, was du gesagt hast. Darauf
rief ich die Priester herbei und ließ die Leute schwören, daß sie ihre
Zusage halten würden.
13 Dann schüttelte ich den Bausch meines Gewandes aus und sagte:
Genauso schüttle Gott jeden, der diese Zusage nicht hält, aus seinem
Haus und seinem Eigentum; er sei ebenso ausgeschüttelt und leer.
Die ganze Versammlung antwortete: Amen, so sei es!, und pries den
Herrn; und das Volk erfüllte die Zusage.

Nehemia als Statthalter

14 Außerdem verzichtete ich mit meinen Brüdern auf den Unterhalt,
den ich als Statthalter hätte beanspruchen können, und zwar von dem
Tag an, an dem mich der König zum Statthalter in Juda bestellt hatte,
vom zwanzigsten bis zum zweiunddreißigsten Jahr des Artaxerxes,
also zwölf Jahre lang.
15 Die Statthalter, die mir vorangingen, hatten das Volk schwer bela-
stet; sie hatten von ihm täglich vierzig Silberschekel für ihren Unter-
halt erhoben; auch ihre Leute hatten das Volk unterdrückt. Ich hinge-
gen tat das aus Gottesfurcht nicht. 16 Auch beim Bau der Mauer habe
ich selbst Hand angelegt. Wir haben kein Feld gekauft. Alle meine
Leute halfen dort gemeinsam bei der Bauarbeit. 17 An meinem Tisch
speisten die führenden Juden und die Beamten, hundertfünfzig an der
Zahl, sowie die, die von den Völkern ringsumher zu uns kamen.
18 Täglich wurden ein Ochse, sechs auserlesene Schafe und auch
Geflügel zubereitet, und all das ging auf meine Kosten. Dazu kam alle
zehn Tage eine Menge von verschiedenen Weinen. Trotzdem habe ich
den Unterhalt eines Statthalters nicht eingefordert; denn der Fron-
dienst lag schon schwer genug auf diesem Volk.
19 Denk daran, mein Gott, und laß mir all das zugute kommen, was
ich für dieses Volk getan habe.

Die Abwehr der Feinde

6 Sanballat, Tobija, der Araber Geschem und unsere übrigen
Feinde erfuhren, daß ich die Mauer fertig gebaut hatte und daß
in ihr keine Lücke mehr war. Allerdings hatte ich damals die Torflügel
noch nicht in die Tore eingesetzt. 2 Da ließen Sanballat und Geschem
mir sagen: Komm, wir wollen uns in Kefirim in der Ebene von Ono
treffen. Sie hatten aber Böses gegen mich im Sinn. 3 Ich schickte Boten
an sie mit der Antwort: Ich arbeite gerade an einem großen Werk;
darum kann ich nicht kommen. Die Arbeit würde stocken, wenn ich
sie verließe und zu euch käme. 4 Viermal schickten sie mir die gleiche
Einladung, und jedesmal gab ich ihnen die gleiche Antwort. 5 Da
schickte mir Sanballat in gleicher Weise zum fünftenmal seinen Die-
ner; er brachte einen unverschlossenen Brief, 6 in dem stand: Unter
den Völkern geht das Gerücht um – und Geschem bestätigt es –, daß
du mit den Juden einen Aufstand planst. Deshalb baust du die Mauer
auf. Und du willst, wie man sagt, König der Juden werden. 7 Du hast
auch, so hört man, Propheten bestellt, die in Jerusalem von dir sagen
und ausrufen sollen: Juda hat einen König. Solche Gerüchte werden
aber dem König zu Ohren kommen. Darum komm jetzt, wir wollen
zusammen beraten. 8 Ich ließ ihm antworten: Nichts von dem, was du
behauptest, ist geschehen. Das hast du alles selbst erfunden. 9 Sie alle
wollten uns nämlich einschüchtern; sie dachten: Dann lassen sie die
Hände von dem Werk, und es kommt nicht zustande. Nun aber rührte
ich die Hände erst recht.
10 Eines Tages ging ich in das Haus Schemajas, des Sohnes Delajas,
des Sohnes Mehetabels; er war nämlich dort festgehalten. Er sagte:
Gehen wir zusammen in das Haus Gottes, ins Innere des Tempels,
und verschließen wir die Türen des Tempels! Denn man wird kom-
men, um dich zu töten. In der Nacht wird man kommen, um dich zu
töten. 11 Ich erwiderte: Sollte ein Mann wie ich fliehen? Wer von mei-
nesgleichen würde am Leben bleiben, wenn er den Tempel beträte?
Ich gehe nicht hin. 12 Ich erkannte deutlich, daß nicht Gott ihn
geschickt hatte; er hatte vielmehr diese Prophezeiung über mich nur
gesprochen, weil Tobija und Sanballat ihn gedungen hatten. 13 Er war
gedungen, damit ich aus Furcht so handeln und mich versündigen
sollte. Damit wollten sie mich in üblen Ruf bringen, um mich verächt-
lich zu machen. 14 Mein Gott, vergiß dem Tobija und dem Sanballat
nicht, was sie getan haben, auch nicht der Prophetin Noadja und den
übrigen Propheten, die mir Angst machen wollten.
15 Nach zweiundfünfzig Tagen, am Fünfundzwanzigsten des Monats
Elul, war die Mauer vollendet. 16 Als alle unsere Feinde es hörten,
fürchteten sich alle Völker rings um uns her. Ihr Hochmut verging
ihnen, und sie mußten einsehen, daß unser Gott es war, der dieses
Werk vollbracht hatte.
17 In jener Zeit sandten die Vornehmen von Juda auch viele Briefe an
Tobija, und Briefe von Tobija gelangten an sie. 18 Denn viele Men-
schen in Juda waren ihm durch einen Eid verpflichtet. Er war nämlich
der Schwiegersohn Schechanjas, des Sohnes Arachs, und sein Sohn
Johanan hatte die Tochter Meschullams, des Sohnes Berechjas,
geheiratet. 19 Auch rühmten sie vor mir seine Verdienste und trugen
ihm zu, was ich sagte. Tobija schickte auch Briefe, um mir Furcht zu
machen.

Ordnungen und Reformen

Die Fertigstellung der Mauer

7 Als die Mauer gebaut war und ich die Torflügel hatte einsetzen
lassen, wurden die Torwächter bestellt. 2 Zu Befehlshabern über
Jerusalem ernannte ich meinen Bruder Hanani und den Burghaupt-
mann Hananja; denn dieser war ein zuverlässiger und gottesfürchti-
ger Mann, wie es nicht viele gab. 3 Ich sagte zu ihnen: Die Tore Jerusa-
lems dürfen erst geöffnet werden, wenn die Sonne heiß scheint; und
noch während sie am Himmel steht, soll man die Tore schließen und
verriegeln. Auch soll man Wachen aus den Einwohnern Jerusalems
bilden; jeder soll eine bestimmte Zeit des Wachdienstes haben, und
zwar jeweils vor seinem Haus.

Das Verzeichnis der Laienbevölkerung

4 Nun war die Stadt weit ausgedehnt und groß; es war aber wenig Volk
darin, und es gab nicht viele Häuser, die wieder aufgebaut waren. 5 Da
gab mir mein Gott in den Sinn, die Vornehmen, die Beamten und das
Volk zusammenzurufen, um sie nach Familien in Listen einzutragen.
Ich fand das Familienverzeichnis derer, die zuerst heimgekehrt waren;
darin fand ich geschrieben:
6 Hier folgt eine Liste der Einwohner der Provinz Juda, der Verschlepp-
ten, die aus dem Exil heimgekehrt sind. Nebukadnezzar, der König
von Babel, hatte sie verschleppt; nun kehrten sie nach Jerusalem und
Juda zurück, jeder in seine Stadt. 7 Sie kamen mit Serubbabel, Jeschua,
Nehemja, Asarja, Raamja, Nahamani, Mordochai, Bilschan, Mispe-
ret, Bigwai, Rehum und Baana.
Das ist die Zahl der Männer des Volkes Israel: 8 Nachkommen des
Parosch 2172. 9 Nachkommen Schefatjas 372. 10 Nachkommen Arachs
652. 11 Nachkommen Pahat-Moabs, und zwar Nachkommen Jeschuas
und Joabs, 2818. 12 Nachkommen Elams 1254. 13 Nachkommen Sattus
845. 14 Nachkommen Sakkais 760. 15 Nachkommen Binnuis 648.
16 Nachkommen Bebais 628. 17 Nachkommen Asgads 2322. 18 Nach-
kommen Adonikams 667. 19 Nachkommen Bigwais 2067. 20 Nach-
kommen Adins 655. 21 Nachkommen Aters der Linie Hiskija 98.
22 Nachkommen Haschums 328. 23 Nachkommen Bezais 324.
24 Nachkommen Harifs 112. 25 Nachkommen Gibeons 95. 26 Männer
von Betlehem und Netofa 188. 27 Männer von Anatot 128. 28 Männer
von Bet-Asmawet 42. 29 Männer von Kirjat-Jearim, Kefira und Beerot
743. 30 Männer von Rama und Geba 621. 31 Männer von Michmas 122.
32 Männer von Bet-El und Ai 123. 33 Männer von dem andern Nebo 52.
34 Nachkommen des andern Elam 1254. 35 Nachkommen Harims 320.
36 Männer von Jericho 345. 37 Männer von Lod, Hadid und Ono 721.
38 Nachkommen Senaas 3930.

Das Verzeichnis der Priester und Leviten

39 Von den Priestern: Nachkommen Jedajas vom Haus Jeschua 973.
40 Nachkommen Immers 1052.
41 Nachkommen Paschhurs 1247. 42 Nachkommen Harims 1017.
43 Von den Leviten: Nachkommen Jeschuas, nämlich Kadmiël, Binnui
und Hodawja, 74.
44 Von den Sängern: Nachkommen Asafs 148.
45 Von den Torwächtern: Nachkommen Schallums, Nachkommen
Aters, Nachkommen Talmons, Nachkommen Akkubs, Nachkommen
Hatitas, Nachkommen Schobais, zusammen 138.
46 Von den Tempeldienern: Nachkommen Zihas, Nachkommen Hasu-
fas, Nachkommen Tabbaots, 47 Nachkommen des Keros, Nachkom-
men Sias, Nachkommen Padons, 48 Nachkommen Lebanas, Nach-
kommen Hagabas, Nachkommen Salmais, 49 Nachkommen Hanans,
Nachkommen Giddels, Nachkommen Gahars, 50 Nachkommen Rea-
jas, Nachkommen Rezins, Nachkommen Nekodas, 51 Nachkommen
Gasams, Nachkommen Usas, Nachkommen Paseachs, 52 Nachkom-
men Besais, Nachkommen der Mëuniter, Nachkommen der Nefusiter,
53 Nachkommen des Bakbuk, Nachkommen Hakufas, Nachkommen
Harhurs, 54 Nachkommen Bazluts, Nachkommen Mehidas, Nach-
kommen Harschas, 55 Nachkommen des Barkos, Nachkommen
Siseras, Nachkommen Temachs, 56 Nachkommen Neziachs und
Nachkommen Hatifas. 57 Von den Nachkommen der Knechte Salo-
mos: Nachkommen Sotais, Nachkommen Soferets, Nachkommen
Perudas, 58 Nachkommen Jaalas, Nachkommen Darkons, Nachkom-
men Giddels, 59 Nachkommen Schefatjas, Nachkommen Hattils,
Nachkommen des Pocheret-Zebajim und Nachkommen Amons.
60 Zusammen waren es 392 Tempeldiener und Nachkommen der
Knechte Salomos.
61 Die Folgenden sind aus Tel-Melach, Tel-Harscha, Kerub-Addon und
Immer gekommen, konnten aber nicht angeben, ob sie nach Großfa-
milie und Abkunft überhaupt aus Israel stammten: 62 Nachkommen
Delajas, Nachkommen Tobijas und Nachkommen Nekodas, insge-
samt 642; 63 dazu bei den Priestern die Nachkommen Habajas, die
Nachkommen des Koz und die Nachkommen Barsillais; dieser hatte
eine von den Töchtern Barsillais aus Gilead geheiratet und dessen
Namen angenommen. 64 Die Genannten suchten ihre Eintragung im
Geschlechterverzeichnis; aber man fand sie nicht; deshalb wurden sie
aus dem Priesterstand ausgeschlossen; 65 der Statthalter untersagte
ihnen, vom Hochheiligen zu essen, bis der Priester mit den Urim und
Tummim auftrete.

Die Volkszählung

66 Die ganze Volksgemeinde zählte insgesamt 42360 Personen.
67 Dabei waren ihre Knechte und Mägde nicht mitgerechnet; es waren
7337 Personen. Dazu kamen 245 Sänger und Sängerinnen; und sie
hatten 736 Pferde und 245 Maultiere, 68 sowie 435 Kamele und 6720
Esel.
69 Einige von den Familienoberhäuptern brachten Spenden für das
Werk. Der Statthalter spendete für den Bauschatz 1000 Golddariken,
50 Schalen, 30 Priesterkleider und 500 (Minen Silber). 70 Von den
Familienoberhäuptern spendeten einige für den Bauschatz 20000
Golddariken und 2200 Minen Silber. 71 Was das übrige Volk spendete,
betrug 20000 Golddariken, 2000 Minen Silber und 67 Priesterkleider.
72 Die Priester, Leviten, Torwächter und Sänger, auch ein Teil des
Volkes und die Tempeldiener, ließen sich in ihren Städten nieder, und
ebenso alle übrigen Israeliten in ihren Städten. Als der siebte Monat
herankam, waren die Israeliten bereits in ihren Städten.

Die Unterweisung im Gesetz

8 Das ganze Volk versammelte sich geschlossen auf dem Platz vor
dem Wassertor und bat den Schriftgelehrten Esra, das Buch mit
dem Gesetz des Mose zu holen, das der Herr den Israeliten vorge-
schrieben hat. 2 Am ersten Tag des siebten Monats brachte der Priester
Esra das Gesetz vor die Versammlung; zu ihr gehörten die Männer
und die Frauen und alle, die das Gesetz verstehen konnten. 3 Vom
frühen Morgen bis zum Mittag las Esra auf dem Platz vor dem Wasser-
tor den Männern und Frauen und denen, die es verstehen konnten,
das Gesetz vor. Das ganze Volk lauschte auf das Buch des Gesetzes.
4 Der Schriftgelehrte Esra stand auf einer Kanzel aus Holz, die man
eigens dafür errichtet hatte. Neben ihm standen rechts Mattitja,
Schema, Anaja, Urija, Hilkija und Maaseja, und links Pedaja,
Mischaël, Malkija, Haschum, Haschbaddana, Secharja und Meschul-
lam. 5 Esra öffnete das Buch vor aller Augen; denn er stand höher als
das versammelte Volk. Als er das Buch aufschlug, erhoben sich alle.
6 Dann pries Esra den Herrn, den großen Gott; darauf antworteten alle
mit erhobenen Händen: Amen, amen! Sie verneigten sich, warfen sich
vor dem Herrn nieder, mit dem Gesicht zur Erde. 7 Die Leviten
Jeschua, Bani, Scherebja, Jamin, Akkub, Schabbetai, Hodija, Maaseja,
Kelita, Asarja, Josabad, Hanan und Pelaja erklärten dem Volk das
Gesetz; die Leute blieben auf ihrem Platz. 8 Man las aus dem Buch,
dem Gesetz Gottes, in Abschnitten vor und gab dazu Erklärungen, so
daß die Leute das Vorgelesene verstehen konnten.
9 Der Statthalter Nehemia, der Priester und Schriftgelehrte Esra und
die Leviten, die das Volk unterwiesen, sagten dann zum ganzen Volk:

Heute ist ein heiliger Tag zu Ehren des Herrn, eures Gottes. Seid nicht
traurig, und weint nicht! Alle Leute weinten nämlich, als sie die Worte
des Gesetzes hörten. 10 Dann sagte Esra zu ihnen: Nun geht, haltet ein
festliches Mahl, und trinkt süßen Wein! Schickt auch denen etwas, die
selbst nichts haben; denn heute ist ein heiliger Tag zur Ehre des
Herrn. Macht euch keine Sorgen; denn die Freude am Herrn ist eure
Stärke. 11 Auch die Leviten beruhigten das ganze Volk und sagten: Seid
still, denn dieser Tag ist heilig. Macht euch keine Sorgen! 12 Da gingen
alle Leute nach Hause, um zu essen und zu trinken und auch andern
davon zu geben und um ein großes Freudenfest zu begehen; denn sie
hatten die Worte verstanden, die man ihnen verkündet hatte.

Die Feier des Laubhüttenfestes

13 Am zweiten Tag versammelten sich die Familienoberhäupter des
ganzen Volkes sowie die Priester und Leviten bei dem Schriftgelehrten
Esra, um die Worte des Gesetzes weiter kennenzulernen. 14 Da fanden
sie im Gesetz, das der Herr durch Mose geboten hat, die Stelle, an der
es heißt: Die Israeliten sollen während des Festes im siebten Monat in
Laubhütten wohnen. 15 Wie man sie unterrichtet hatte, ließen sie nun
in all ihren Städten und in Jerusalem ausrufen: Geht in die Berge und
holt Zweige von veredelten und von wilden Ölbäumen, Zweige von
Myrten, Palmen und Laubbäumen zum Bau von Laubhütten, wie es
vorgeschrieben ist. 16 Da ging das Volk hinaus; man holte Zweige und
baute sich Laubhütten, der eine auf seinem flachen Dach, andere in
ihren Höfen, in den Vorhöfen des Gotteshauses, auf dem Platz am
Wassertor und auf dem Platz am Efraimtor. 17 Die ganze Gemeinde,
alle, die aus der Gefangenschaft heimgekehrt waren, bauten Laubhüt-
ten und wohnten darin. So hatten die Israeliten es nicht mehr gehalten
seit den Tagen Josuas, des Sohnes Nuns, bis zu diesem Tag, und die
Freude war überaus groß. 18 Jeden Tag las Esra aus dem Buch des
Gesetzes Gottes vor, vom ersten Tag bis zum letzten. So feierte man
das Fest sieben Tage lang; am achten Tag war, wie vorgeschrieben, die
Festversammlung.

Der Bußgottesdienst

9 Am vierundzwanzigsten Tag dieses Monats kamen die Israeliten
zu einem Fasten zusammen, in Bußgewänder gehüllt und das
Haupt mit Staub bedeckt. 2 Die, die ihrer Abstammung nach Israeliten
waren, sonderten sich von allen Fremden ab; sie traten vor und
bekannten ihre Sünden und die Vergehen ihrer Väter. 3 Sie erhoben
sich von ihren Plätzen, und man las drei Stunden lang aus dem Buch
des Gesetzes des Herrn, ihres Gottes, vor. Dann bekannten sie drei
Stunden lang ihre Schuld und warfen sich vor dem Herrn, ihrem Gott,
nieder. 4 Auf der Tribüne der Leviten erhoben sich Jeschua, Bani, Kad-
miël, Schebanja, Bunni, Scherebja, Bani und Kenani und riefen laut
zum Herrn, ihrem Gott. 5 Die Leviten Jeschua, Kadmiël, Bani,
Haschabneja, Scherebja, Hodija, Schebanja und Petachja sagten:
Erhebt euch, und preist den Herrn, euren Gott, von Ewigkeit zu Ewig-
keit! Man preise deinen herrlichen Namen, obwohl er erhaben ist über
allen Preis und Ruhm.

Das Bußgebet

6 Du, Herr, bist der Einzige. Du hast den Himmel geschaffen und den
Himmel der Himmel und sein ganzes Heer, die Erde und alles, was auf
ihr ist, die Meere und alles, was darin lebt. Ihnen allen gibst du das
Leben. Das Heer des Himmels betet dich an. 7 Du, Herr, bist der Gott,
der Abraham auserwählt hat. Du hast ihn aus Ur in Chaldäa herausge-
führt und ihm den Namen Abraham verliehen. 8 Du hast sein Herz
getreu befunden; deshalb hast du mit ihm den Bund geschlossen (und
ihm versprochen), seinen Nachkommen das Land der Kanaaniter,
Hetiter, Amoriter, Perisiter, Jebusiter und Girgaschiter zu geben; und
du hast dein Wort gehalten, denn du bist gerecht. 9 Du hast das Elend
unserer Väter in Ägypten gesehen, und du hast ihren Notschrei am
Schilfmeer gehört. 10 Du hast Zeichen und Wunder getan am Pharao,
an all seinen Dienern und am ganzen Volk in seinem Land; denn du
wußtest, daß sie mit Israel ihren Übermut getrieben hatten. So hast
du dir einen Namen gemacht, der gerühmt wird bis zum heutigen
Tag. 11 Du hast das Meer vor ihnen zerteilt, und sie schritten auf
trockenem Boden mitten durchs Meer; doch ihre Verfolger hast du in
die Tiefe gestürzt, wie einen Stein, der in reißendem Wasser versinkt.
12 Durch eine Wolkensäule hast du sie bei Tag geleitet und durch eine
Feuersäule bei Nacht, um ihnen den Weg zu erhellen, den sie gehen
sollten. 13 Du bist auf den Berg Sinai herabgestiegen und hast vom
Himmel her mit ihnen gesprochen; du hast ihnen klare Ordnungen
und zuverlässige Gesetze gegeben, gute Satzungen und Gebote.
14 Deinen heiligen Sabbat hast du ihnen bekannt gemacht und hast
ihnen durch deinen Diener Mose Gebote, Satzungen und Anweisun-
gen gegeben. 15 Du hast ihnen Brot vom Himmel gegeben, als sie
Hunger hatten, und hast Wasser aus dem Felsen sprudeln lassen, als
sie Durst litten. Endlich hast du ihnen befohlen, in das Land, das du
ihnen unter einem Eid zugesagt hattest, hineinzuziehen und es in
Besitz zu nehmen.
16 Unsere Väter aber wurden hochmütig; sie waren trotzig und hörten
nicht auf seine Gebote. 17 Sie weigerten sich zu gehorchen und dach-
ten nicht mehr an die Wunder, die du an ihnen getan hattest. Hart-
näckig setzten sie sich in den Kopf, als Sklaven nach Ägypten zurück-
zukehren. Doch du bist ein Gott, der verzeiht, du bist gnädig und
barmherzig, langmütig und reich an Huld; darum hast du sie nicht
verlassen. 18 Sie machten sich sogar ein gegossenes Kalb und sagten:
Das ist dein Gott, der dich aus Ägypten herausgeführt hat!, und sie
verübten schwere Frevel. 19 Du aber hast sie in deinem großen Erbar-
men nicht in der Wüste verlassen. Die Wolkensäule wich nicht von
ihnen bei Tag, sondern führte sie auf ihrem Weg; ebenso erhellte die
Feuersäule bei Nacht den Weg, den sie gehen sollten. 20 Du gabst
ihnen deinen guten Geist, um sie zur Einsicht zu bringen. Du ent-
zogst ihnen dein Manna nicht und gabst ihnen Wasser für ihren Durst.
21 Vierzig Jahre lang hast du für sie in der Wüste gesorgt. Sie litten kei-
nen Mangel; ihre Kleider zerfielen nicht, ihre Füße schwollen nicht
an. 22 Du hast ihnen ganze Reiche und Völker ausgeliefert und als
Randgebiet zugeteilt. So nahmen sie das Land des Königs Sihon von
Heschbon in Besitz und das Land des Königs Og des Baschan. 23 Du
hast ihre Nachkommen so zahlreich gemacht wie die Sterne am Him-
mel und hast sie in das Land geführt, von dem du ihren Vätern ver-
sprochen hattest, sie würden dort hineinziehen und es in Besitz neh-
men. 24 Und die Nachkommen zogen in das Land und nahmen es in
Besitz. Du hast ihnen die Kanaaniter, die Bewohner des Landes, unter-
worfen. Du gabst sie in ihre Gewalt, die Völker des Landes samt ihren
Königen, und sie durften mit ihnen machen, was sie wollten. 25 Sie
eroberten befestigte Städte und fruchtbares Ackerland. Häuser mit all
ihrem Reichtum nahmen sie in Besitz, ausgehauene Zisternen, Wein-
berge, Ölbäume und Obstbäume in Menge. Sie aßen sich satt, wurden
fett und lebten gut von deinen reichen Gaben.
26 Dann aber wurden sie trotzig; sie empörten sich gegen dich und
kehrten deinem Gesetz den Rücken. Deine Propheten warnten sie
zwar und wollten sie zu dir zurückführen; doch man tötete sie und ver-
übte schwere Frevel. 27 Da gabst du unsere Väter in die Gewalt ihrer
Feinde, die sie hart bedrängten. Wenn sie dann bedrängt wurden,
schrien sie zu dir, und du erhörtest sie im Himmel. In deinem großen
Erbarmen schicktest du ihnen Retter, die sie aus der Gewalt ihrer
Feinde befreiten. 28 Doch sobald sie Ruhe hatten, taten sie wieder
Dinge, die dir mißfielen. Da liefertest du sie wieder der Gewalt ihrer
Feinde aus, die sie unterdrückten. Nun schrien sie wieder zu dir, und
du erhörtest sie im Himmel; oft hast du sie befreit in deinem großen
Erbarmen. 29 Du warntest sie, um sie zu deinem Gesetz zurückzu-
führen. Sie aber waren stolz; sie hörten nicht auf deine Gebote und
versündigten sich gegen deine Vorschriften; und doch lebt durch sie
der Mensch, der sie befolgt. Sie kehrten dir trotzig den Rücken zu,
waren starrsinnig und gehorchten dir nicht. 30 Viele Jahre hast du mit
ihnen Geduld gehabt, hast sie gewarnt durch deinen Geist, durch
deine Propheten; doch sie hörten nicht. Da gabst du sie in die Gewalt

der benachbarten Völker. 31 In deinem großen Erbarmen hast du sie
aber nicht ausgerottet; du hast sie nicht verlassen, denn du bist ein
gnädiger und barmherziger Gott.
32 Und jetzt, unser Gott, du großer, starker, furchtgebietender Gott,
der den Bund hält und uns seine Gnade bewahrt: Achte nicht gering
all die Mühsal, die uns getroffen hat, unsere Könige und Vorsteher,
unsere Priester und Propheten, unsere Väter und dein ganzes Volk seit
den Tagen der Könige von Assur bis heute. 33 Du warst gerecht bei
allem, was über uns gekommen ist. Du hast uns deine Treue bewie-
sen; wir aber haben gesündigt.
34 Unsere Könige, Vorsteher und Priester und unsere Väter befolgten
dein Gesetz nicht; sie mißachteten deine Gebote und die Warnungen,
die du an sie gerichtet hast. 35 Sie lebten in ihrem eigenen Königreich,
in der Fülle des Reichtums, den du ihnen gewährt hast, in dem weiten,
fruchtbaren Land, das du vor sie hingebreitet hast; sie aber haben dir
trotzdem nicht gedient und sich nicht von ihrem bösen Treiben abge-
wandt. 36 Darum sind wir heute Knechte. Du hast unseren Vätern die-
ses Land gegeben, damit sie seine Früchte und seinen Reichtum
genießen; wir aber leben darin als Knechte. 37 Sein reicher Ertrag geht
an die Könige, die du wegen unserer Sünden über uns gesetzt hast. Sie
verfügen über uns selbst und unser Vieh nach ihrem Belieben. Darum
sind wir in großer Not.

Die Verpflichtung auf das Gesetz

10 Wegen all dem schließen wir nun einen Vertrag und schrei-
ben ihn nieder. Auf der gesiegelten Urkunde stehen die
Namen unserer Obersten, Leviten und Priester. 2 Auf der gesiegelten
Urkunde stehen: der Statthalter Nehemia, der Sohn Hachaljas, und
Zidkija, 3 Seraja, Asarja, Jirmeja, 4 Paschhur, Armarja, Malkija, 5 Hat-
tusch, Schebanja, Malluch, 6 Harim, Meremot, Obadja; 7 Daniel, Gin-
neton, Baruch, 8 Meschullam, Abija, Mijamin, 9 Maasja, Bilga und
Schemaja; das sind die Priester.
10 Dann die Leviten: Jeschua, der Sohn Asanjas, Binnui, der Nach-
komme Henadads, und Kadmiël, 11 sodann ihre Brüder Schebanja,
Hodija, Kelita, Pelaja, Hanan, 12 Micha, Rehob, Haschabja, 13 Sakkur,
Scherebja, Schebanja, 14 Hodija, Bani und Beninu.
15 Dann folgen die Oberhäupter des Volkes: Parosch, Pahat-Moab,
Elam, Sattu, Bani, 16 Bunni, Asgad, Bebai, 17 Adonija, Bigwai, Adin,
18 Ater, Hiskija, Asur, 19 Hodija, Haschum, Bezai, 20 Harif, Anatot,
Nebai, 21 Magpiasch, Meschullam, Hesir, 22 Meschesabel, Zadok, Jad-
dua, 23 Pelatja, Hanan, Anaja, 24 Hoschea, Hananja, Haschub,
25 Lohesch, Pilha, Schobek, 26 Rehum, Haschabna, Maaseja, 27 Ahija,
Hanan, Anan, 28 Malluch, Harim und Baana.
29 Die übrigen vom Volk, von den Priestern und Leviten, die Torwäch-
ter, Sänger und Tempeldiener, alle, die sich von den Völkern der ande-
ren Länder abgesondert und dem Gesetz Gottes zugewandt haben,
ihre Frauen, Söhne und Töchter, alle, die das nötige Verständnis besit-
zen: 30 Sie schließen sich ihren führenden Brüdern an; sie verpflichten
sich unter Eid und Schwur, das Gesetz Gottes zu befolgen, das durch
Mose, den Diener Gottes, gegeben wurde, und alle Gebote des Herrn,
unseres Gottes, seine Vorschriften und Satzungen zu beachten und zu
erfüllen.
31 Wir werden unsere Töchter nicht den Völkern im Land zu Frauen
geben, noch ihre Töchter für unsere Söhne nehmen. 32 Wenn die Völ-
ker des Landes Waren, besonders Getreide jeder Art, am Sabbat zum
Verkauf anbieten, werden wir ihnen am Sabbat oder an einem anderen
heiligen Tag nichts abnehmen. Wir verzichten in jedem siebten Jahr
auf den Ertrag des Bodens und auf jede Schuldforderung. 33 Ferner
übernehmen wir die Pflicht, jährlich ein Drittelschekel für den Dienst
im Haus unseres Gottes zu geben, 34 für die Schaubrote, das tägliche
Speiseopfer und das tägliche Brandopfer, für die Opfer an den Sabba-
ten, Neumondtagen und Festen, für die Weiheopfer und die Sündop-
fer, durch die man Israel Sühne verschafft, und für alle Arbeiten im
Haus unseres Gottes. 35 Die Lieferung des Brennholzes haben wir aus-
gelost unter den Priestern, den Leviten und dem Volk. Jede Familie soll
es jährlich zu der für sie bestimmten Zeit zum Haus unseres Gottes
bringen. Es soll auf dem Altar des Herrn, unseres Gottes, brennen,
wie es im Gesetz vorgeschrieben ist. 36 Ferner bringen wir jährlich
zum Haus des Herrn die ersten Erträge unserer Felder und die ersten
Erträge aller Baumfrüchte, 37 unsere erstgeborenen Söhne und die
ersten Jungen unseres Viehs, wie es im Gesetz vorgeschrieben ist. Die
ersten Jungen unserer Rinder und Schafe bringen wir zum Haus unse-
res Gottes für die Priester, die im Haus unseres Gottes Dienst tun.
38 Den Erstanteil von unserem Brotteig und von den Früchten aller
Bäume sowie von Wein und Öl bringen wir für die Priester in die Kam-
mern des Hauses unseres Gottes. Den Leviten geben wir den Zehnten
vom Ertrag unseres Bodens. Die Leviten selbst erheben den Zehnten
an allen Orten, wo wir das Feld bebauen. 39 Wenn die Leviten den
Zehnten erheben, soll ein Priester, ein Nachkomme Aarons, die Levi-
ten begleiten. Die Leviten bringen dann den Zehnten vom Zehnten
zum Haus unseres Gottes in die Vorratskammern. – 40 In diese Kam-
mern nämlich bringen die Israeliten und die Leviten die Abgaben an
Getreide, Wein und Öl. Dort sind die Vorratsbehälter des Heiligtums,
der Priester, die Dienst tun, der Torwächter und Sänger. – So werden
wir das Haus unseres Gottes nicht im Stich lassen.

Die Liste der Einwohner Jerusalems

11 Die Obersten des Volkes ließen sich in Jerusalem nieder. Die
übrigen Männer warfen das Los und veranlaßten so jeden
Zehnten, sich in der heiligen Stadt Jerusalem niederzulassen. Neun
Zehntel blieben in den Landstädten. 2 Das Volk aber segnete alle Män-
ner, die sich bereit erklärten, in Jerusalem zu wohnen.
3 Das sind die Oberhäupter des Bezirks, die in Jerusalem und in den
Städten Judas wohnten. Alle wohnten in ihren Städten, jeder auf sei-
nem Besitz: die Israeliten, die Priester, die Leviten, die Tempeldiener
und die Nachkommen der Knechte Salomos. 4 In Jerusalem wohnten
von den Angehörigen der Stämme Juda und Benjamin folgende Män-
ner: von den Angehörigen des Stammes Juda: Ataja, der Sohn Usijas,
des Sohnes Secharjas, des Sohnes Amarjas, des Sohnes Schefatjas,
des Sohnes Mahalels, von den Nachkommen des Perez; 5 ferner Maa-
seja, der Sohn Baruchs, des Sohnes Kolhoses, des Sohnes Hasajas, des
Sohnes Adajas, des Sohnes Jojaribs, des Sohnes Secharjas, von den
Nachkommen Schelas. 6 Die Gesamtzahl der Nachkommen des Perez,
die in Jerusalem wohnten, betrug 468 kriegstüchtige Männer. 7 Von
den Angehörigen des Stammes Benjamin waren es folgende Männer:
Sallu, der Sohn Mechullams, des Sohnes Joëds, des Sohnes Pedajas,
des Sohnes Kolajas, des Sohnes Maasejas, des Sohnes Itiëls, des Soh-
nes Jeschajas, 8 und seine Brüder, insgesamt 928 kriegstüchtige Män-
ner. 9 Ihr Vorsteher war Joël, der Sohn Sichris; Juda, der Sohn Senuas,
stand der Stadt als zweiter vor.
10 Von den Priestern: Jedaja, Jojarib, Jachin; 11 Seraja, der Sohn Hilkijas,
des Sohnes Meschullams, des Sohnes Zadoks, des Sohnes Merajots,
des Sohnes Ahitubs, der Fürst des Hauses Gottes; 12 dazu ihre Brüder,
die den Dienst im Tempel versahen, insgesamt 822 Männer; ferner
Adaja, der Sohn Jerohams, des Sohnes Pelaljas, des Sohnes Amzis,
des Sohnes Secharjas, des Sohnes Paschhurs, des Sohnes Malkijas,
13 und seine Brüder, 242 Familienoberhäupter; weiter Amaschsai, der
Sohn Asarels, des Sohnes Achsais, des Sohnes Meschillemots, des
Sohnes Immers, 14 und seine Brüder, 128 kriegstüchtige Männer. Ihr
Vorsteher war Sabdiël, der Sohn Haggedolims. 15 Von den Leviten:
Schemaja, der Sohn Haschubs, des Sohnes Asrikams, des Sohnes
Haschabjas, des Sohnes Bunnis. 16 Von den Oberhäuptern der Leviten:
Schabbetai und Josabad, die dem äußeren Dienst des Hauses Gottes
vorstanden. 17 Mattanja, der Sohn Michas, des Sohnes Sabdis, des
Sohnes Asafs, der den Lobgesang leitete und beim Gebet das Danklied
anstimmte; Bakbukja als zweiter unter seinen Brüdern; ferner Abda,
der Sohn Schammuas, des Sohnes Galals, des Sohnes Jedutuns. 18 Ins-
gesamt wohnten 284 Leviten in der Heiligen Stadt.
19 Dazu die Torwächter: Akkub, Talmon und ihre Brüder, die an den
Toren Wache hielten, insgesamt 172 Männer.

Die Ansiedlungsbestimmungen
21 Die Tempeldiener wohnten auf dem Ofel. Ziha und Gischpa standen
ihnen vor. 22 Vorsteher der Leviten in Jerusalem war Usi, der Sohn
Banis, des Sohnes Haschabjas, des Sohnes Mattanjas, des Sohnes
Michas, einer der Nachkommen Asafs, die nach der Dienstordnung
des Hauses Gottes zu singen hatten. 23 Für sie galt nämlich eine
königliche Vorschrift, die bestimmte, was die Sänger an den einzelnen
Tagen zu singen hatten. 24 Petachja, der Sohn Meschesabels, einer der
Nachkommen Serachs, des Sohnes Judas, stand dem König in allem,
was das Volk betraf, zur Seite.
20 Die übrigen Israeliten, Priester und Leviten wohnten in den anderen
Städten Judas, jeder auf seinem Besitztum, 25 und in den Gehöften auf
ihren Fluren. Angehörige des Stammes Juda wohnten in Kirjat-Arba
und seinen Tochterstädten, in Dibon und seinen Tochterstädten, in
Kabzeel und den dazugehörenden Gehöften, 26 in Jeschua, Molada
und Bet-Pelet, 27 in Hazar-Schual sowie in Beerscheba und seinen
Tochterstädten, 28 in Ziklag sowie in Mechona und seinen Tochter-
städten, 29 in En-Rimmon, Zora, Jarmut, 30 Sanoach, Adullam und den
zu ihnen gehörenden Gehöften, in Lachisch und seiner Gemarkung
sowie in Aseka und seinen Tochterstädten. Sie siedelten also von Beer-
scheba bis zum Hinnomtal.
31 Angehörige des Stammes Benjamin wohnten in Geba, Michmas
und Aja sowie in Bet-El und seinen Tochterstädten, 32 ferner in Anatot,
Nob, Ananeja, 33 Hazor, Rama, Gittajim, 34 Hadid, Zeboim, Neballat,
35 Lod und Ono und im Tal der Werkleute. 36 Von den Leviten kamen
einige Abteilungen Judas zu Benjamin.

Die Listen von Priester- und Levitenfamilien
12 Folgende Priester und Leviten kamen herauf, zusammen mit
Serubbabel, dem Sohn Schealtiëls, und Jeschua: Seraja, Jir-
meja, Esra, 2 Amarja, Malluch, Hattusch, 3 Schechanja, Harim, Mere-
mot, 4 Iddo, Ginneton, Abija, 5 Mijamin, Maadja, Bilga, 6 Schemaja,
Jojarib, Jedaja, 7 Sallu, Amok, Hilkija und Jedaja. Das waren die Ober-
häupter der Priester zur Zeit Jeschuas. Ferner ihre Brüder, 8 die Levi-
ten: Jeschua, Binnui, Kadmiël, Scherebja, Juda und Mattanja; ihm und
seinen Brüdern oblag der Lobgesang. 9 Ihnen gegenüber standen Bak-
bukja und Unni und ihre Brüder, so wie sie für den Dienst eingeteilt
waren.
10 Jeschua zeugte Jojakim, Jojakim zeugte Eljaschib und Eljaschib
Jojada; 11 Jojada zeugte Jonatan und Jonatan zeugte Jaddua.
12 In der Zeit Jojakims waren folgende Priester die Oberhäupter ihrer
Familien: Meraja in der Familie Seraja, Hananja in der Familie Jirmeja,
13 Meschullam in der Familie Esra, Johanan in der Familie Amarja,
14 Jonatan in der Familie Malluch, Josef in der Familie Schebanja,
15 Adna in der Familie Harim, Helkai in der Familie Meremot,
16 Secharja in der Familie Iddo, Meschullam in der Familie Ginneton,
17 Sichri in der Familie Abija, ... in der Familie Mijamin, Piltai in der
Familie Maadja, 18 Schammua in der Familie Bilga, Jonatan in der
Familie Schemaja, 19 Mattenai in der Familie Jojarib, Usi in der Familie
Jedaja, 20 Kallai in der Familie Sallu, Eber in der Familie Amok,
21 Haschabja in der Familie Hilkija, Netanel in der Familie Jedaja.
22 Die Oberhäupter der levitischen Priesterfamilien in der Zeit Elja-
schibs, Jojadas, Johanans und Jadduas sind in der Chronik verzeichnet
bis zur Regierung des Persers Darius. 23 Von den Leviten sind die
Oberhäupter der Familien in der Chronik verzeichnet bis zur Zeit
Johanans, des Sohnes Eljaschibs. 24 Die Oberhäupter der Leviten
waren: Haschabja, Scherebja, Jeschua, Binnui, Kadmiël und ihre Brü-
der, die ihnen beim Lob- und Dankgesang gegenüberstanden, Abtei-
lung für Abteilung, nach der Vorschrift des Gottesmannes David,
25 nämlich Mattanja, Bakbukja und Obadja. Meschullam, Talmon und
Akkub hielten als Torwächter die Wache an den Vorratskammern der
Tore. 26 Diese Leviten waren im Amt zur Zeit Jojakims, des Sohnes
Jeschuas, des Sohnes Jozadaks, und zur Zeit des Statthalters Nehemia
und des Priesters und Schriftgelehrten Esra.

Die Einweihung der Mauer
27 Bei der Einweihung der Mauer Jerusalems holte man die Leviten aus
allen ihren Wohnsitzen nach Jerusalem, um mit frohen Lobgesängen
und mit der Musik von Zimbeln, Harfen und Zithern die Einweihung
zu vollziehen. 28 Da fanden sich die Sänger aus dem Umkreis von Jeru-
salem ein und aus den Gehöften der Leute von Netofa, 29 aus Bet-Gil-
gal und den Gemarkungen von Geba und Asmawet; die Sänger hatten
sich nämlich rings um Jerusalem Gehöfte gebaut. 30 Die Priester und
Leviten reinigten sich selbst; sie reinigten auch das Volk, die Tore und
die Mauer.
31 Dann ließ ich die Vorsteher von Juda auf die Mauer steigen und
stellte zwei große Festchöre auf. Der eine zog oben auf der Mauer
nach rechts dem Aschentor zu. 32 Ihm folgte Hoschaja mit der einen
Hälfte der Vorsteher von Juda. 33 Dann kamen Asarja, Esra, Meschul-
lam, 34 Juda, Benjamin, Schemaja und Jirmeja; 35 sie waren Priester
und bliesen die Trompeten. Dann kamen Secharja, der Sohn Jonatans,
des Sohnes Schemajas, des Sohnes Mattanjas, des Sohnes Michajas,
des Sohnes Sakkurs, des Sohnes Asafs, 36 und seine Brüder Schemaja,
Asarel, Milalai, Gilalai, Maai, Netanel, Juda und Hanani mit den Musik-
instrumenten des Gottesmannes David. Vor ihnen her schritt Esra,
der Schriftgelehrte. 37 Sie zogen zum Quelltor, stiegen dann geradeaus
die Stufen zur Davidstadt und den Aufgang zur Mauer hinauf und
kamen am Palast Davids entlang zum Wassertor im Osten. 38 Der
zweite Festchor ging nach links – ihm folgte ich mit der andern Hälfte
des Volkes –, oben auf der Mauer am Ofenturm vorbei zur Breiten
Mauer, 39 dann über das Efraimtor, das Jeschanator und das Fischtor,
am Turm Hananel und am Tor der Hundert vorbei zum Schaftor; er
machte halt am Wachtor. 40 Dann stellten sich die beiden Festchöre im
Hof des Hauses Gottes auf, auch ich und die Hälfte der Beamten, die
bei mir waren, 41 sowie die Priester Eljakim, Maaseja, Mijamin, Micha-
ja, Eljoënai, Secharja und Hananja mit den Trompeten 42 und (die
Leviten) Maaseja, Schemaja, Eleasar, Usi, Johanan, Malkija, Elam und
Eser. Nun ließen sich die Sänger hören; ihr Leiter war Jisrachja. 43 An
diesem Tag brachte man große Schlachtopfer dar, und alle freuten
sich; denn Gott hatte ihnen eine große Freude bereitet. Auch die
Frauen und Kinder waren fröhlich, und der Jubel in Jerusalem war
weithin zu hören.

Die Ordnung der heiligen Abgaben
44 In jener Zeit wurden Männer bestellt zur Aufsicht über die Kam-
mern, die für die Vorräte, Abgaben, Erstlingsfrüchte und Zehnten
bestimmt waren. In diesen Kammern sammelte man von den Feldern
der einzelnen Städte die Anteile, die den Priestern und Leviten gesetz-
lich zukamen. Denn die Juden waren den Priestern und Leviten, die im
Dienst standen, wohlgesinnt. 45 Sie versahen den Dienst (im Haus)
ihres Gottes und vollzogen die Reinigungsriten; auch die Sänger und
Torwächter taten Dienst nach den Vorschriften Davids und seines
Sohnes Salomo. 46 Denn schon früher, in der Zeit Davids und Asafs,
gab es Vorsteher der Sänger, die zur Ehre Gottes Lob- und Danklieder
vortrugen. 47 Zur Zeit Serubbabels und zur Zeit Nehemias lieferte ganz
Israel die Anteile für die Sänger und Torwächter ab, je nachdem es der
tägliche Bedarf erforderte. Man gab den Leviten einen heiligen Anteil,
und die Leviten gaben davon den Söhnen Aarons einen heiligen
Anteil.

Weitere Reformen Nehemias
13 Zu jener Zeit las man dem Volk aus dem Buch des Mose vor;
da fand man die Stelle, an der steht: Ammoniter und Moabi-
ter dürfen niemals in die Gemeinde Gottes eintreten; 2 denn sie sind
den Israeliten einst nicht mit Brot und Wasser entgegengekommen.
Moab hat gegen sie Bileam gedungen, der sie verfluchen sollte. Doch
unser Gott verwandelte den Fluch in einen Segen. 3 Als man dieses
Gesetz gehört hatte, sonderte man aus Israel alle Mischvölker aus.
4 Früher hatte der Priester Eljaschib die Kammern des Hauses unseres
Gottes betreut; er war verwandt mit Tobija 5 und hatte darum für ihn

eine große Kammer einrichten lassen. Dort bewahrte man früher das
Opfermehl und den Weihrauch auf sowie die Behälter und den Zehn-
ten von Getreide, Wein und Öl, der den Leviten, Sängern und Tor-
wächtern gesetzlich zukam, außerdem die Abgaben für die Priester.
6 Bei all dem war ich aber nicht in Jerusalem gewesen; denn im zwei-
unddreißigsten Jahr des Artaxerxes, des Königs von Babel, war ich
zum König gereist. Nach einiger Zeit erbat ich aber vom König (die
Erlaubnis zur Abreise) 7 und kam wieder nach Jerusalem. Nun
bemerkte ich die Untat, die Eljaschib zugunsten Tobijas begangen
hatte, indem er ihm in den Vorhöfen des Hauses Gottes eine Kammer
eingerichtet hatte. 8 Das mißfiel mir sehr, und ich warf den ganzen
Hausrat Tobijas aus der Kammer hinaus. 9 Dann ließ ich die Kammer
reinigen und brachte die Behälter des Hauses Gottes, das Opfermehl
und den Weihrauch wieder dorthin.
10 Ich erfuhr auch, daß die Anteile der Leviten nicht abgeliefert wur-
den; darum waren die Leviten und die Sänger, die den Dienst zu verse-
hen hatten, weggegangen, jeder auf seinen Landbesitz. 11 Da machte
ich den Beamten Vorwürfe und sagte: Warum wird das Haus Gottes
vernachlässigt? Und ich holte die Leviten wieder zusammen und
stellte sie auf ihren Posten. 12 Nun brachte ganz Juda wieder den Zehn-
ten von Getreide, Wein und Öl zu den Vorratskammern. 13 Zur Auf-
sicht über die Vorratskammern bestimmte ich den Priester Schelemja,
den Schreiber Zadok und den Leviten Pedaja. Ihnen stellte ich Hanan,
den Sohn Sakkurs, des Sohnes Mattanjas, an die Seite, denn sie galten
als zuverlässig. Ihnen oblag es nun, den Zehnten an ihre Brüder zu
verteilen. 14 Denk dafür an mich, mein Gott, und lösch die guten Taten
nicht aus, die ich für das Haus meines Gottes und seine Ordnung voll-
bracht habe.

Die Sabbatordnung

15 Damals sah ich in Juda Leute, die am Sabbat die Kelter traten.
Andere brachten Getreide ein und luden es auf Esel; auch Wein, Trau-
ben, Feigen und Lasten aller Art brachten sie am Sabbattag nach Jeru-
salem. Ich verwarnte sie, weil sie an diesem Tag Lebensmittel verkauf-
ten. 16 Die Leute von Tyrus, die in Juda wohnten, brachten Fische und
allerlei Waren und verkauften sie am Sabbat an die Juden, sogar in
Jerusalem. 17 Da machte ich den Vornehmen von Juda Vorwürfe und
sagte zu ihnen: Wie könnt ihr eine solche Untat begehen und den Sab-
bat entweihen? 18 Haben das nicht schon eure Väter getan? Dafür ließ
unser Gott all dieses Unheil über uns und diese Stadt kommen. Wollt
ihr neuen Zorn über Israel bringen, indem ihr den Sabbat entweiht?
19 Ich ließ von da an vor dem Anbruch des Sabbats, wenn es in den
Toren Jerusalems dunkel wurde, die Tore schließen und befahl, sie
erst nach dem Sabbat wieder zu öffnen. Auch stellte ich einige meiner
Leute an die Tore, damit am Sabbattag keine Lasten hereingebracht
wurden. 20 Einmal und ein zweites Mal übernachteten die Händler und
die Verkäufer von allerlei Waren draußen vor Jerusalem. 21 Da warnte
ich sie und sagte zu ihnen: Wozu übernachtet ihr gerade vor der
Mauer? Wenn ihr es noch einmal tut, lasse ich euch festnehmen. Von
da an kamen sie nicht mehr am Sabbat. 22 Den Leviten aber befahl ich,
sie sollten sich reinigen und sich als Wächter an die Tore stellen, damit
man den Sabbattag heilighalte. Auch dafür denk an mich, mein Gott,
und sei mir gnädig in deiner großen Huld!

Das Verbot der Mischehen

23 Damals sah ich auch Juden, die Frauen von Aschdod, Ammon und
Moab geheiratet hatten. 24 Die Hälfte ihrer Kinder redete in der Spra-
che von Aschdod oder in der Sprache eines der anderen Völker, konn-
ten aber nicht mehr Jüdisch. 25 Ich machte ihnen Vorwürfe und ver-
fluchte sie. Einige von ihnen schlug ich und packte sie bei den Haaren.
Ich beschwor sie bei Gott: Ihr dürft eure Töchter nicht ihren Söhnen
geben noch ihre Töchter zu Frauen für eure Söhne oder für euch selbst
nehmen. 26 Hat sich nicht wegen solcher Frauen Salomo, der König
Israels, versündigt? Unter den vielen Völkern gab es keinen König wie
ihn. Er wurde von seinem Gott geliebt; darum hatte ihn Gott zum
König über ganz Israel gemacht. Aber selbst ihn haben die fremden
Frauen zur Sünde verführt. 27 Und jetzt hört man von euch, daß ihr
genau dieselbe Untat begeht und unserem Gott die Treue brecht,
indem ihr fremde Frauen heiratet.
28 Einer der Söhne des Hohenpriesters Jojada, des Sohnes Eljaschibs,
war der Schwiegersohn des Sanballat von Horon; ihn verwies ich aus
meinem Gebiet. 29 Vergiß es ihnen nicht, mein Gott, daß sie das Prie-
stertum und den Bund der Priester und Leviten befleckt haben.
30 So habe ich das Volk von allem gereinigt, was fremd war. Für die
Priester und Leviten habe ich Ordnungen aufgestellt, die jedem seinen
Dienst zuteilen. 31 Auch habe ich angeordnet, wie man an den festge-
setzten Zeiten das Brennholz liefern und die ersten Erträge bringen
soll. Denk daran, mein Gott, und halt es mir zugute!

Das Buch Tobit

Das Buch erzählt von einem frommen Israeliten namens Tobit, der nach dem Untergang des Nordreichs Israel in Assyrien lebt und während einer schweren Glaubensprüfung die Hilfe seines Gottes erfährt. Tobit, der seinen Stammesbrüdern in der Fremde nach besten Kräften und selbst unter Lebensgefahr jede Art von Barmherzigkeit erweist, wird vom Unglück verfolgt. Auf der Flucht vor dem Zugriff der staatlichen Behörden büßt er seine Habe ein und verliert durch ein Mißgeschick auch noch sein Augenlicht. Statt Mitleid und Liebe erfährt er von seiner Frau nur Vorwürfe und bittere Verkennung (Kap. 1–3). In dieser Not schickt Gott seinen Engel Rafael zu Hilfe. Dieser begleitet Tobias, den Sohn Tobits, auf einer gefahrvollen Reise nach Medien, gewinnt ihm dort Sara, die einzige Tochter des reichen Raguël, zur Frau und heilt schließlich Tobit von seiner Blindheit (Kap. 4–12). Ein Lobpreis des Rettergottes und Ermahnungen Tobits an seinen Sohn schließen das Buch ab (Kap. 13 und 14).
Das Buch hat nicht die Mitteilung wirklich geschehener Ereignisse, sondern religiöse und sittliche Unterweisung zum Ziel. Der Erzähler versetzt Tobit zwar in das Exil Israels nach Assyrien, doch hat er deutlich das Exil Israels zu einer viel späteren Zeit im Auge: Er denkt an die Weltdiaspora, in der sich Israel nach dem Untergang des davidischen Reichs und nach dem Verlust seiner politischen Selbständigkeit befindet. In dieser Diaspora steht der Angehörige des Gottesvolkes oft allein; er lebt dort ohne den Schutz eines eigenen Staatswesens, ist der Willkür fremder Herrscher ausgeliefert und durch die Berührung mit einer heidnischen Umwelt gefährdet. Auf die Frage, wie sich in dieser Lage der einzelne Gläubige verhalten soll, um die Hilfe seines Gottes zu erlangen, antwortet das Buch Tobit, indem es am Beispiel eines frommen Israeliten die entscheidenden Voraussetzungen für das Eingreifen Gottes darstellt. Die literarische Art des Buches ist daher als Lehrschrift im Gewand einer geschichtlichen Erzählung zu bestimmen.
Die theologische Bedeutung des Buches ist in der Glaubensüberzeugung zu sehen, daß jeder Israelit in den Nöten der Weltdiaspora die rettende Hilfe seines Gottes erfahren kann, wenn er in Treue zu diesem Gott und seinem Gesetz, aber auch zum Gottesvolk und den Überlieferungen der Väter steht. Das Buch ist auch bedeutsam geworden für die Lehre von den Schutzengeln.
Das Buch Tobit ist uns in griechischer Sprache überliefert und wahrscheinlich im 2. Jahrhundert v. Chr. in Palästina verfaßt worden. Die in Qumran gefundenen hebräischen und aramäischen Fragmente sind noch nicht endgültig ediert.

Einleitung

1 Buch der Geschichte Tobits: Tobit war der Sohn Tobiëls, des
Sohnes Hananels, des Sohnes Aduëls, des Sohnes Gabaëls. Er
gehörte zum Geschlecht Asiëls und zum Stamm Naftali. 2 Zur Zeit des
assyrischen Königs Salmanassar wurde er als Gefangener aus Tisbe
verschleppt, einem Ort südlich von Kedesch-Naftali in Galiläa, oberhalb Hazor.

Die Anfechtung und Not Tobits

Tobit in der Heimat

3 Ich, Tobit, habe mich mein ganzes Leben lang an den Weg der Wahrheit und Gerechtigkeit gehalten, und ich habe den Brüdern aus meinem Stamm und meinem Volk, die mit mir zusammen in das Land der
Assyrer nach Ninive gekommen waren, aus Barmherzigkeit viel geholfen.
4 Als ich noch in meiner Heimat im Land Israel lebte – ich war
damals ein junger Mann –, sagte sich das ganze Geschlecht meines
Stammvaters Naftali vom Tempel in Jerusalem los. Jerusalem war die
Stadt, die aus dem ganzen Stammesgebiet Israels auserwählt worden
war, damit alle Stämme dort ihre Opfer darbrachten; dort war der
Tempel, die Wohnung des Allerhöchsten, für alle Geschlechter und
für alle Zeiten geweiht und gebaut worden.
5 Alle Stämme, die sich losgesagt hatten, opferten dem Stierbild des Baal, auch das Geschlecht
meines Stammvaters Naftali.
6 Nur ich zog immer wieder zu den
Festen nach Jerusalem, wie es ganz Israel durch ewige Satzung vorgeschrieben ist. Ich brachte die Erstlinge, die Zehnten der Feldfrüchte
und die Wolle von der ersten Schafschur mit
7 und gab sie den Priestern, den Söhnen Aarons, für den Altar. Den ersten Zehnten aller
Feldfrüchte gab ich den Leviten, die in Jerusalem Dienst taten. Den
zweiten Zehnten verkaufte ich und verwendete den Erlös alljährlich für
meine Wallfahrt nach Jerusalem.
8 Den dritten Zehnten gab ich denen,
für die er bestimmt war, wie es Debora, die Mutter meines Vaters,
geboten hatte; denn ich war nach dem Tod meines Vaters völlig verwaist.
9 Als ich ein Mann geworden war, heiratete ich Hanna, die aus
dem Geschlecht unseres Vaters stammte, und wir bekamen einen
Sohn, den wir Tobias nannten.

Tobit in der Verbannung

10 In der Gefangenschaft in Ninive aßen die Brüder meines Stammes
und alle Leute meines Volkes von den Speisen, die auch die Heiden
aßen.
11 Ich aber hütete mich, davon zu essen,
12 denn ich dachte mit
ganzem Herzen an Gott.
13 Der Höchste schenkte mir Gunst und
Ansehen bei Salmanassar, und ich wurde Einkäufer am Hof.
14 Dabei
kam ich auf einer Reise auch nach Medien und vertraute Gabaël, dem
Bruder des Gabrija, in der Stadt Rages in Medien zehn Talente Silber
zur Aufbewahrung an.
15 Als Salmanassar starb, wurde sein Sohn Sanherib an seiner Stelle König. Seine Regierungszeit war von Unruhen
erfüllt, und ich konnte nicht mehr nach Medien reisen.

Pablo Picasso
Der alte Jude
(1903)
»Doch sie antwortete: Wo ist denn der Lohn für deine Barmherzigkeit und Gerechtigkeit? Jeder weiß, was sie dir eingebracht hat« (Tob 2,14). Pablo Picassos Gemälde aus der Blauen Periode, benannt nach dem vorherrschenden Blau in der Darstellung vereinsamter Gestalten, läßt unwillkürlich an den erblindeten und von seiner Frau Hanna verhöhnten Tobit denken, an dessen Seite sich der Sohn Tobias schmiegt. Lauschend neigt der Vater das Haupt zur Seite, als achte er sorgfältig auf das Geräusch, das den Verzehr des Apfels begleitet, den Tobias zum Mund geführt hat. Solche Aufmerksamkeit weist auf die Belehrung voraus, die Tobit im 4. Kapitel seinem Sohn erteilt.

16 Schon zur Zeit Salmanassars hatte ich den Brüdern meines Stammes
aus Barmherzigkeit viel geholfen: 17 Ich gab den Hungernden mein Brot
und den Nackten meine Kleider; wenn ich sah, daß einer aus meinem
Volk gestorben war und daß man seinen Leichnam hinter die Stadt-
mauer von Ninive geworfen hatte, begrub ich ihn. 18 Ich begrub heim-
lich auch alle, die der König Sanherib hinrichten ließ, nachdem er wie
ein Flüchtling aus Judäa heimgekehrt war. Denn viele ließ er in seiner
Wut hinrichten. Wenn aber der König die Leichen suchen ließ, waren
sie nicht mehr zu finden. 19 Ein Einwohner von Ninive ging jedoch zum
König und erstattete Anzeige; er sagte, ich sei es, der sie begrabe. Des-
halb mußte ich mich verstecken. Als ich erfuhr, daß man mich suchte,
um mich zu töten, bekam ich Angst und floh. 20 Damals wurde mir
meine ganze Habe geraubt, und es blieb mir nichts mehr als nur meine
Frau Hanna und mein Sohn Tobias. 21 Doch es dauerte nicht einmal
fünfzig Tage, da wurde Sanherib von seinen beiden Söhnen ermordet.
Sie mußten in das Gebirge Ararat fliehen, aber dann wurde sein Sohn
Asarhaddon an seiner Stelle König. Er machte Achikar, den Sohn mei-
nes Bruders Hanaël, zum Herrn über das ganze Rechnungswesen und
die ganze Verwaltung seines Reiches. 22 Weil Achikar ein gutes Wort für
mich einlegte, durfte ich nach Ninive zurückkehren. Achikar war
Mundschenk und Siegelbewahrer sowie Bevollmächtigter für die Ver-
waltung des Reiches und das Rechnungswesen. Asarhaddon hatte ihm,
meinem Neffen, die zweithöchste Stelle in seinem Reich verliehen.

Tobits Erblindung

2 Als ich heimkehrte und meine Frau Hanna und mein Sohn
Tobias mir wiedergeschenkt waren, veranstaltete man mir zu
Ehren am Pfingsttag – dem Fest der Sieben Wochen – ein Festmahl.
2 Ich setzte mich zu Tisch; als ich aber die vielen Speisen sah, sagte ich
zu meinem Sohn: Geh zu unseren Brüdern, und wenn du einen Armen
findest, der dem Herrn treugeblieben ist, bring ihn her; ich warte auf
dich. 3 Er kam zurück und sagte: Auf dem Marktplatz liegt einer von
unserem Volk, den man erdrosselt hat. 4 Ich sprang auf, noch ehe ich
etwas gegessen hatte, und verbarg den Toten bis zum Sonnenunter-
gang in einer Hütte. 5 Nach meiner Rückkehr wusch ich mich und aß
voll Trauer mein Mahl. 6 Ich erinnerte mich an das Wort des Propheten
Amos: Eure Feste sollen sich in Trauer verwandeln und alle eure Freu-
denlieder in Totenklage. Und ich begann zu weinen. 7 Nach Sonnen-
untergang ging ich hinaus, um ein Grab zu schaufeln, und begrub
den Toten. 8 Meine Nachbarn aber sagten hämisch: Er hat schon gar
keine Angst mehr, wegen dieser Tat hingerichtet zu werden. Eben erst
hat er fliehen müssen, und schon begräbt er wieder die Toten.
9 Als ich ihn begraben hatte und in der Nacht nach Hause kam, legte
ich mich an der Hofmauer zum Schlafen nieder, weil ich unrein
geworden war. Mein Gesicht ließ ich unbedeckt, 10 ohne auf die Sper-
linge zu achten, die in der Mauer nisteten. Da ließen die Sperlinge
ihren warmen Kot in meine offenen Augen fallen, und es bildeten sich
weiße Flecke in meinen Augen. Ich ging zu den Ärzten, doch sie
konnten mir nicht helfen. Achikar sorgte für meinen Unterhalt, bis er
in die Provinz Elymaïs zog.

Tobits Verhöhnung durch seine Frau

11 Meine Frau Hanna fertigte zu Hause Webarbeiten an, wie sie Frauen
zu machen pflegen, 12 und lieferte sie dann bei den Bestellern ab. Ein-
mal geschah es, daß sie ihr nicht nur den Lohn zahlten, sondern auch
noch ein Ziegenböckchen dazuschenkten. 13 Als sie heimkam, fing
das Tier an zu meckern. Ich fragte sie: Wo hast du das Böckchen her?
Es ist doch nicht etwa gestohlen? Dann gib es seinen Eigentümern
zurück! Denn was gestohlen ist, darf man nicht essen. 14 Sie erwiderte:
Es wurde mir zusätzlich zu meinem Lohn geschenkt. Aber ich glaubte
ihr nicht und verlangte, daß sie es seinen Eigentümern zurückbrachte,
und ich schämte mich ihretwegen. Doch sie antwortete: Wo ist denn
der Lohn für deine Barmherzigkeit und Gerechtigkeit? Jeder weiß,
was sie dir eingebracht haben.

Tobits Gebet

3 Da wurde ich traurig und begann zu weinen. In meinem
Schmerz betete ich: 2 Herr, du bist gerecht, alle deine Wege und
Taten zeugen von deiner Barmherzigkeit und Wahrheit; wahr und
gerecht ist dein Gericht in Ewigkeit. 3 Denk an mich, und blick auf
mich herab! Straf mich nicht für die Sünden und Fehler, die ich und
meine Väter dir gegenüber begangen haben. 4 Sie haben nicht auf
deine Gebote gehört. Darum hast du uns der Plünderung, der Gefan-
genschaft und dem Tod preisgegeben; bei allen Völkern, unter die wir
zerstreut worden sind, hast du uns zum Gespött gemacht.
5 Auch jetzt treffen mich zu Recht deine harten Strafen, die du über
mich kommen läßt wegen meiner und meiner Väter Sünden. Denn wir
haben deine Gebote nicht gehalten und haben den Weg deiner Wahr-
heit verlassen. 6 Tu also mit mir, was dir gefällt. Laß meinen Geist von
mir scheiden; laß mich sterben und zu Staub werden! Es ist besser für
mich, tot zu sein als zu leben. Denn ungerechte Vorwürfe mußte ich
anhören, und ich bin sehr betrübt. Laß mich jetzt aus meiner Not zur
ewigen Ruhestatt gelangen! Wende deine Augen nicht von mir ab!

Paul Klee
Der Goldene Fisch
(1925)
»Und wenn jemand weiße Flecken auf den Augen hat, soll man die Augen mit Galle bestreichen; so wird er geheilt« (Tob 6,9). Der Fisch, der Tobias verschlingen will und von diesem gefangen wird, enthält wunderbare Heilmittel und mag insofern mit Paul Klees *Goldenem Fisch* verwandt sein. Bildbeherrschend leuchtet das Wundertier vor tiefblauem Grund, den hellblaue Wellenlinien und bildeinwärts wachsende Pflanzen vorsichtig beleben. Als verdränge dieses Leuchten in der Tiefe alle anderen Lebewesen, streben kleine Fische in bescheidenen, unscheinbaren Brauntönen den Rändern zu. Der Goldfisch selbst – alles andere als ein gewöhnlicher Zierfisch – verharrt in regungsloser Stille. Wer sich seiner bemächtigt, so läßt sich Paul Klees Märchenbild ausdeuten, gewinnt Anteil am Wunderbaren.

Saras Verhöhnung durch ihre Mägde

7 Am gleichen Tag geschah es, daß in Ekbatana in Medien Sara, die
Tochter Raguëls, von den Mägden ihres Vaters ebenfalls beschimpft
wurde. 8 Sie war mit sieben Männern verheiratet gewesen; doch der
böse Dämon Aschmodai hatte sie alle getötet, bevor sie mit ihr
geschlafen hatten. Die Mägde sagten zu ihr: Begreifst du denn nicht,
daß du deine eigenen Männer erwürgst? Sieben hast du gehabt, doch
kein einziger ist dir geblieben. 9 Mit welchem Recht also behandelst
du uns so hart? Wenn sie schon sterben mußten, dann verschwinde du
doch mit ihnen! Hoffentlich bekommen wir nie einen Sohn oder eine
Tochter von dir zu sehen.

Saras Gebet

10 Als Sara das hörte, wurde sie so traurig, daß sie sich erhängen
wollte. Aber sie dachte: Ich bin die einzige Tochter meines Vaters.
Wenn ich das täte, wäre es eine große Schande für ihn, und ich wäre
schuld daran, daß der alte Mann vor Kummer ins Grab sinkt. 11 Darum
trat sie ans Fenster und betete: Gepriesen seist du, Herr, mein Gott.
Gepriesen sei dein heiliger und ehrwürdiger Name in Ewigkeit. Alle
deine Werke sollen dich ewig preisen. 12 Nun aber, Herr, habe ich
meine Augen und mein Gesicht dir zugewandt. 13 Laß mich von dieser
Erde scheiden, damit ich nicht länger solche Beschimpfungen hören
muß. 14 Du weißt, Herr, daß ich frei bin von jeder Sünde mit einem
Mann. 15 Weder meinen eigenen Namen noch den meines Vaters habe
ich befleckt in dem Land, wo ich gefangen bin. Ich bin die einzige
Tochter meines Vaters; er hat kein anderes Kind, das ihn beerben
könnte. Auch ist kein naher Verwandter da und kein Sohn eines Verwandten, dessen Frau ich werden müßte. Schon sieben Männer habe
ich verloren. Was nützt mir da noch das Leben? Doch wenn es dir nicht
gefällt, mich sterben zu lassen, dann blick auf mich herab, und hab
Erbarmen mit mir, damit ich nicht länger solche Beschimpfungen
hören muß.

Gottes Hilfe in Aussicht

16 Das Gebet beider, Tobits und Saras, fand Gehör bei der Majestät des
großen Rafael. 17 Er wurde gesandt, um beide zu heilen: um Tobit von
den weißen Flecken auf seinen Augen zu befreien und um Sara, die
Tochter Raguëls, mit Tobits Sohn Tobias zu vermählen und den bösen
Dämon Aschmodai zu fesseln. Denn Tobias sollte Sara zur Frau
haben. Und Tobit kehrte zur gleichen Zeit in sein Haus zurück, als
Sara, die Tochter Raguëls, aus ihrem Zimmer herabkam.

Die Rettung durch Gottes gütige Führung

Belehrungen für Tobias

4 An diesem Tag erinnerte sich Tobit an das Geld, das er in der
Stadt Rages in Medien bei Gabaël hinterlegt hatte. 2 Er dachte:
Ich habe mir den Tod gewünscht. Warum soll ich nicht meinen Sohn
Tobias rufen und ihm von dem Geld erzählen, bevor ich sterbe? 3 Er
rief ihn also und sagte: Mein Sohn, wenn ich gestorben bin, begrab
mich! Laß deine Mutter nicht im Stich, sondern halte sie in Ehren,
solange sie lebt. Tu, was sie erfreut, und mach ihr keinen Kummer!
4 Denk daran, mein Sohn, daß sie deinetwegen viel Beschwerden
hatte, als sie dich in ihrem Schoß trug. Wenn sie gestorben ist, begrab
sie an meiner Seite im selben Grab! 5 Denk alle Tage an den Herrn,
unseren Gott, mein Sohn, und hüte dich davor, zu sündigen und seine
Gebote zu übertreten. Handle gerecht, solange du lebst; geh nicht auf
den Wegen des Unrechts! 6 Denn wenn du dich an die Wahrheit hältst,
wirst du bei allem, was du tust, erfolgreich sein. 7 Allen, die gerecht
handeln, hilf aus Barmherzigkeit mit dem, was du hast. Sei nicht
kleinlich, wenn du Gutes tust. Wende deinen Blick niemals ab, wenn
du einen Armen siehst, dann wird auch Gott seinen Blick nicht von dir
abwenden. 8 Hast du viel, so gib reichlich von dem, was du besitzt;
hast du wenig, dann zögere nicht, auch mit dem Wenigen Gutes zu
tun. 9 Auf diese Weise wirst du dir einen kostbaren Schatz für die Zeit
der Not ansammeln. 10 Denn Gutes zu tun rettet vor dem Tod und
bewahrt vor dem Weg in die Finsternis. 11 Wer aus Barmherzigkeit
hilft, der bringt dem Höchsten eine Gabe dar, die ihm gefällt.
12 Mein Sohn, hüte dich vor jeder Art von Unzucht! Vor allem: nimm
eine Frau aus dem Stamm deiner Väter! Nimm keine fremde Frau, die
nicht zum Volk deines Vaters gehört; denn wir stammen von Prophe-
ten ab. Mein Sohn, denk an Noach, Abraham, Isaak und Jakob, unsere
ersten Vorfahren! Sie alle haben Frauen aus ihrem Stamm geheiratet
und sind mit Kindern gesegnet worden; ihre Nachkommen werden
das Land besitzen. 13 Darum liebe die Brüder aus deinem Stamm,
mein Sohn, fühle dich nicht erhaben über deine Verwandten und die
Söhne und Töchter deines Volkes, und sei nicht zu stolz, dir aus ihrer
Mitte eine Frau zu nehmen. Denn Stolz führt ins Verderben und bringt
Zerrüttung mit sich. Auch Charakterlosigkeit führt zu Erniedrigung
und großer Not; die Charakterlosigkeit ist nämlich die Mutter des
Hungers.
14 Wenn einer für dich gearbeitet hat, dann enthalt ihm seinen Lohn
nicht vor bis zum nächsten Tag, sondern zahl ihn sofort aus! Wenn du
Gott auf diese Weise dienst, wird man auch dir deinen Lohn auszah-
len. Gib acht auf dich bei allem, was du tust, mein Sohn, und zeig
durch dein Benehmen, daß du gut erzogen bist. 15 Was dir selbst ver-
haßt ist, das mute auch einem anderen nicht zu! Betrink dich nicht;
der Rausch soll nicht dein Begleiter sein. 16 Gib dem Hungrigen von
deinem Brot und dem Nackten von deinen Kleidern! Wenn du Über-
fluß hast, dann tu damit Gutes, und sei nicht kleinlich, wenn du Gutes
tust. 17 Spende dein Brot beim Begräbnis der Gerechten, gib es nicht
den Sündern! 18 Such nur bei Verständigen Rat; einen brauchbaren
Ratschlag verachte nicht! 19 Preise Gott, den Herrn, zu jeder Zeit; bitte
ihn, daß dein Weg geradeaus führt und daß alles, was du tust und
planst, ein gutes Ende nimmt. Denn kein Volk ist Herr seiner Pläne,
sondern der Herr selbst gibt alles Gute, und er erniedrigt, wen er will,
wie es ihm gefällt. Denk also an meine Lehren, mein Sohn! Laß sie dir
nie aus dem Herzen reißen!
20 Und jetzt will ich dir noch etwas sagen: Ich habe Gabaël, dem Bru-
der des Gabrija, in der Stadt Rages in Medien zehn Talente Silber zur
Aufbewahrung anvertraut. 21 Hab also keine Angst, mein Sohn, weil
wir verarmt sind. Du hast ein großes Vermögen, wenn du nur Gott
fürchtest, alle Sünde meidest und das tust, was ihm gefällt.

Ein Reisegefährte

5 Tobias antwortete ihm: Ich will alles tun, Vater, was du mir auf-
getragen hast. 2 Aber wie soll ich das Geld holen? Ich kenne
Gabaël doch nicht. 3 Da gab ihm der Vater den Schuldschein und
sagte: Such jemand, der mit dir auf die Reise geht. Ich will ihn entloh-
nen, solange ich noch am Leben bin. Mach dich also auf den Weg, und
hol das Geld ab! 4 Tobias ging auf die Suche nach einem Begleiter und
traf dabei Rafael; Rafael war ein Engel, aber Tobias wußte es nicht. 5 Er
fragte ihn: Könnte ich mit dir nach Rages in Medien reisen? Bist du
mit der Gegend dort vertraut? 6 Der Engel antwortete: Ich will mit dir
reisen; ich kenne den Weg und war schon bei unserem Bruder Gabaël
zu Gast. 7 Tobias bat ihn: Wart auf mich, ich will es meinem Vater
sagen. 8 Der Engel antwortete ihm: Geh, aber halte dich nicht auf!
9 Tobias ging nach Hause und sagte zu seinem Vater: Ich habe einen
Mann gefunden, der mit mir reisen will. Da sagte der Vater: Ruf ihn
her zu mir! Ich möchte wissen, aus welchem Stamm er kommt und ob
er auch zuverlässig genug ist, um dich zu begleiten. 10 Tobias holte
den Engel; Rafael kam, und sie begrüßten einander. 11 Tobit fragte
ihn: Bruder, aus welchem Stamm und aus welcher Familie kommst
du? Sag es mir! 12 Da erwiderte Rafael: Geht es dir um den Stamm und
die Familie oder um einen Mann, der gegen eine Entlohnung mit dei-
nem Sohn auf die Reise geht? Tobit sagte: Bruder, ich möchte nur
deine Herkunft und deinen Namen wissen. 13 Da antwortete Rafael:
Ich bin Asarja, der Sohn des großen Hananja, einer von den Brüdern
deines Stammes. 14 Darauf sagte Tobit: Sei willkommen, mein Bruder!
Sei mir nicht böse, daß ich nach deinem Stamm und deiner Familie
gefragt habe. Ich sehe, mein Bruder, daß du aus einem guten und
edlen Geschlecht stammst. Denn ich habe Hananja und Natan, die
Söhne des großen Schimi, kennengelernt, als wir zusammen nach
Jerusalem pilgerten, um dort den Herrn anzubeten und das Erstlings-
opfer und den Zehnten unserer Ernte darzubringen. Auch diese bei-
den hatten sich nicht beirren lassen, als unsere Brüder von Gott abfie-
len. Bruder, du stammst von guten Vorfahren. 15 Aber sag mir:
Welchen Lohn soll ich dir geben? Eine Drachme täglich und dazu den
Lebensunterhalt, wie ihn auch mein Sohn erhält? 16 Ich will dir aber
noch etwas zu deinem Lohn hinzugeben, wenn ihr gesund zurück-
kehrt. 17 So einigten sie sich.
Darauf sagte Tobit zu Tobias: Mach dich fertig zur Reise! Ich wünsche
euch alles Gute auf den Weg. Als der Sohn alles für die Reise vorberei-
tet hatte, sagte sein Vater zu ihm: Mach dich mit dem Mann auf den
Weg! Gott, der im Himmel wohnt, wird euch auf eurer Reise behüten;
sein Engel möge euch begleiten. Da brachen die beiden auf, und der
Hund des jungen Tobias lief mit.

Tobits Zuversicht

18 Hanna aber, die Mutter des Tobias, weinte und sagte zu Tobit:
Warum hast du unseren Sohn weggeschickt? War er nicht die Stütze
unseres Alters, als er noch bei uns ein- und ausging? 19 Wir hätten die-
ses Geld gar nicht gebraucht; denn es ist nichts, verglichen mit dem
Leben unseres Sohnes. 20 Was uns der Herr zum Leben gegeben hat,
reicht für uns. 21 Tobit antwortete: Mach dir keine Sorgen, Schwester,
er wird gesund zurückkommen, und du wirst ihn wiedersehen.
22 Denn ein guter Engel begleitet ihn, und seine Reise wird ein gutes
Ende nehmen; er wird sicherlich gesund heimkehren. 23 Da hörte sie
auf zu weinen.

Wunderbare Heilmittel

6 Die beiden kamen auf ihrer Reise abends an den Tigris, wo sie
übernachteten. 2 Als der junge Tobias im Fluß baden wollte,
schoß ein Fisch aus dem Wasser hoch und wollte ihn verschlingen.
3 Der Engel rief Tobias zu: Pack ihn! Da packte der junge Mann zu und
warf den Fisch ans Ufer. 4 Und der Engel sagte zu Tobias: Schneide
den Fisch auf, nimm Herz, Leber und Galle heraus und bewahre sie
gut auf! 5 Der junge Tobias tat, was ihm der Engel sagte. Dann brieten
sie den Fisch und aßen ihn.
6 Als sie weiterreisten und in die Gegend von Ekbatana kamen, 7 fragte
der junge Tobias den Engel: Asarja, lieber Bruder, wozu sollen die
Leber, das Herz und die Galle des Fisches gut sein? 8 Rafael antwor-

tete: Wenn ein Mann oder eine Frau von einem Dämon oder einem
bösen Geist gequält wird, soll man das Herz und die Leber des Fisches
in Gegenwart dieses Menschen verbrennen; dann wird er von der
Plage befreit. 9 Und wenn jemand weiße Flecken in den Augen hat,
soll man die Augen mit der Galle bestreichen; so wird er geheilt.

Der Heiratsplan

10 Als sie in der Nähe der Stadt Ekbatana waren, 11 sagte der Engel zu
dem jungen Tobias: Bruder, heute werden wir bei Raguël übernach-
ten. Es ist ein Verwandter von dir. Er hat nur ein einziges Kind, eine
Tochter namens Sara. 12 Ich will mit ihm reden, daß er sie dir zur
Frau geben soll. Denn dir steht ihr Erbe zu, weil du ihr einziger Ver-
wandter bist. Das Mädchen ist schön und klug. 13 Darum hör mir zu!
Ich will mit ihrem Vater sprechen, und wenn wir aus Rages zurück-
kommen, feiern wir die Hochzeit. Denn ich weiß, daß Raguël sie
nach dem Gesetz des Mose keinem anderen Mann geben darf, sonst
wird er mit dem Tod bestraft; denn du hast vor allen anderen
Anspruch auf ihr Erbe. 14 Der junge Tobias antwortete: Asarja, Bru-
der, ich habe gehört, daß das Mädchen schon mit sieben Männern
verheiratet war, daß aber alle im Brautgemach gestorben sind. 15 Ich
bin der einzige Sohn meines Vaters und habe Angst, daß ich ebenso
sterben muß wie die anderen Männer, wenn ich das Brautgemach
betrete. Ein Dämon liebt sie und bringt alle um, die ihr nahekommen.
Darum habe ich Angst, daß ich sterben muß und daß ich dann mei-
nen Vater und meine Mutter aus Kummer um mich ins Grab bringe.
Sie haben keinen zweiten Sohn, der sie dann begraben könnte. 16 Da
sagte der Engel zu ihm: Erinnerst du dich nicht mehr, wie dein Vater
dir aufgetragen hat, nur eine Frau aus deinem Volk zu heiraten?
Darum hör jetzt auf mich, Bruder! Sie wird deine Frau werden. Und
mach dir keine Sorgen wegen des Dämons! Noch in dieser Nacht
wird sie deine Frau. 17 Wenn du in das Brautgemach gehst, nimm
etwas Glut aus dem Räucherbecken, leg ein Stück vom Herz und von
der Leber des Fisches darauf, und laß es verbrennen! Sobald der
Dämon den Geruch spürt, wird er fliehen und in alle Ewigkeit nicht
mehr zurückkommen. 18 Wenn du dann zu ihr gehst, steht beide auf
und ruft den barmherzigen Gott an; er wird euch helfen und Erbar-
men mit euch haben. Hab also keine Angst; das Mädchen ist schon
immer für dich bestimmt gewesen. Du wirst sie aus ihrer Not
befreien; sie wird mit dir ziehen und wird dir gewiß Kinder schen-
ken. 19 Als Tobias das hörte, faßte er Zuneigung zu dem Mädchen,
und sein Herz gehörte ihr.

Die Ankunft bei den Verwandten

7 Als sie in Ekbatana beim Haus Raguëls angelangt waren, kam
ihnen Sara entgegen und hieß sie willkommen. Sie erwiderten
ihren Gruß, und Sara führte sie ins Haus. 2 Da sagte Raguël zu seiner
Frau Edna: Wie sieht doch dieser junge Mann meinem Vetter Tobit
ähnlich! 3 Raguël fragte die beiden: Woher seid ihr, liebe Brüder? Sie
antworteten: Wir gehören zu den Leuten vom Stamm Naftali, die in
Ninive in der Gefangenschaft leben.
4 Da fragte er sie: Kennt ihr unseren Bruder Tobit? Sie sagten: Wir ken-
nen ihn. 5 Er fragte weiter: Geht es ihm gut? Sie antworteten: Er lebt
und ist gesund. Tobias fügte hinzu: Er ist mein Vater. 6 Da sprang
Raguël auf und umarmte ihn unter Tränen; er segnete ihn und sagte:
Du bist der Sohn eines guten und edlen Mannes. Als er dann hörte,
daß Tobit das Augenlicht verloren hatte, wurde er traurig und weinte;
7 auch seine Frau Edna und seine Tochter Sara brachen in Tränen aus.
Man nahm die beiden Gäste herzlich auf. 8 Man schlachtete einen
Widder und setzte ihnen ein reiches Mahl vor.

Tobias und Sara

9 Da bat Tobias den Rafael: Asarja, mein Bruder, bring doch zur Spra-
che, worüber du unterwegs mit mir geredet hast, damit die Sache zu
einem glücklichen Ende kommt. 10 Rafael teilte Raguël alles mit. Dar-
auf sagte Raguël zu Tobias: Iß und trink, und laß es dir gut gehen! Du
hast einen Anspruch darauf, mein Kind zu heiraten. Ich muß dir aber
die Wahrheit sagen: 11 Ich habe meine Tochter schon sieben Männern
zur Frau gegeben; doch jeder, der zu ihr ins Brautgemach ging, ist
noch in derselben Nacht gestorben. Aber laß es dir jetzt trotzdem gut
gehen! 12 Tobias erwiderte: Ich will nichts essen, ehe ihr sie mir nicht
feierlich zur Frau gegeben habt. Da sagte Raguël: Du sollst sie bekom-
men, sie ist von jetzt an nach Recht und Gesetz deine Frau. Du bist mit
ihr verwandt; sie gehört dir. Der barmherzige Gott schenke euch viel
Glück. 13 Und er ließ seine Tochter Sara rufen, nahm sie bei der Hand
und gab sie Tobias zur Frau; er sagte: Hier, sie ist dein nach dem
Gesetz des Mose. Führ sie zu deinem Vater! Und er segnete sie.
14 Dann rief er seine Frau Edna herbei, nahm ein Blatt Papier, schrieb
den Ehevertrag, und man setzte das Siegel darunter. Darauf begannen
sie mit dem Mahl.
15 Raguël rief seine Frau Edna und sagte zu ihr: Schwester, richte das
andere Zimmer her, und führ Sara hinein. 16 Sie tat, was er sagte, und
führte sie hinein. Sara aber begann zu weinen. Ihre Mutter trocknete
ihr die Tränen und tröstete sie: 17 Hab Vertrauen, mein Kind! Nach so
viel Leid schenke dir der Herr des Himmels und der Erde endlich
Freude. Hab nur Vertrauen, meine Tochter!

Die glücklichen Brautleute

8 Nach der Mahlzeit führten sie Tobias zu Sara. 2 Als er hinein-
ging, erinnerte er sich an die Worte Rafaels; er nahm etwas Glut
aus dem Räucherbecken, legte das Herz und die Leber des Fisches
darauf und ließ sie verbrennen. 3 Sobald der Dämon den Geruch
spürte, floh er in den hintersten Winkel Ägyptens; dort wurde er von
dem Engel gefesselt.
4 Als Tobias und Sara in der Kammer allein waren, erhob sich Tobias
vom Lager und sagte: Steh auf, Schwester, wir wollen beten, damit der
Herr Erbarmen mit uns hat. 5 Und er begann zu beten: Sei gepriesen,
Gott unserer Väter; gepriesen sei dein heiliger und ruhmreicher Name
in alle Ewigkeit. Die Himmel und alle deine Geschöpfe müssen dich
preisen. 6 Du hast Adam erschaffen und hast ihm Eva zur Frau gege-
ben, damit sie ihm hilft und ihn ergänzt. Von ihnen stammen alle
Menschen ab. Du sagtest: Es ist nicht gut, daß der Mensch allein ist;
wir wollen für ihn einen Menschen machen, der ihm hilft und zu ihm
paßt. 7 Darum, Herr, nehme ich diese meine Schwester auch nicht aus
reiner Lust zur Frau, sondern aus wahrer Liebe. Hab Erbarmen mit
mir, und laß mich gemeinsam mit ihr ein hohes Alter erreichen! 8 Und
Sara sagte zusammen mit ihm: Amen. 9 Und beide schliefen die Nacht
über miteinander.

Raguëls Freude

10 Morgens stand Raguël auf, ging hinaus und hob ein Grab aus. Er
dachte: Sicher ist auch dieser Mann gestorben. 11 Als er wieder ins
Haus kam, 12 sagte er zu seiner Frau Edna: Schick eine Magd hinauf;
sie soll nachsehen, ob er noch lebt. Wenn er nicht mehr lebt, wollen
wir ihn begraben, ohne daß es jemand merkt. 13 Die Magd öffnete die
Tür, ging hinein und sah, daß die beiden schliefen. 14 Sie ging wieder
hinaus und berichtete ihnen, Tobias sei noch am Leben. 15 Da pries
Raguël Gott und betete: Sei gepriesen, Gott, mit reinem und heiligem
Lobpreis. Deine Heiligen und alle deine Geschöpfe sollen dich prei-
sen. Alle deine Engel und alle deine Auserwählten sollen dich preisen
in alle Ewigkeit. 16 Sei gepriesen, weil du mir diese Freude bereitet
hast und weil nicht eingetroffen ist, was ich befürchtet habe. Du hast
uns in deiner großen Barmherzigkeit geholfen. 17 Sei gepriesen, weil
du mit diesen beiden Menschen Erbarmen hattest, die die einzigen
Kinder ihrer Eltern sind. Herr, hab Erbarmen mit ihnen, und laß sie
ihr Leben in Gesundheit und Freude verbringen, geschützt von dei-
nem Erbarmen! 18 Dann befahl er seinen Knechten, das Grab wieder
zuzuschütten.
19 Er veranstaltete für das Paar ein Hochzeitsfest, das vierzehn Tage
dauerte, 20 und noch vor Beendigung der Hochzeitsfeier beschwor er
Tobias, nicht abzureisen, ehe die vierzehn Tage des Festes zu Ende

Henri Rousseau
Hochzeit auf dem Lande
(1905)
»Auch Achikar und sein Neffe Nadab kamen, und sieben Tage lang wurde die Hochzeit des Tobias mit einem fröhlichen Fest gefeiert« (Tob 11,19). Dem Wunderbaren folgt die Idylle. Verstohlen zupft die Schwiegermutter den langen Schleier zurecht, bevor der Fotograf die einmütige Hochzeitsgesellschaft auf die Platte bannt. Aber es ist ein Maler, der den Anblick fast ebenso getreulich festhält: den Ehekontrakt in der linken Hand des Schwiegervaters, in dem wir den geheilten Tobit erkennen mögen, die stolzen Mienen des Bräutigams und der Verwandten. Auch der Hund fehlt nicht, der Tobias auf der Reise begleitet hat; er ist zufrieden über den glücklichen Ausgang des Unternehmens. Sara scheint über dem Hund zu schweben, doch steht sie hinter der Schwiegermutter Hanna, die den Schleier nach vorn gezogen hat und über ihrem Schoß gebreitet hält. Bäume rahmen und überwölben die Gruppe.

seien. 21 Dann solle er die Hälfte seines Vermögens in Empfang neh-
men und wohlbehalten zu seinem Vater zurückkehren. Das übrige,
sagte er, wirst du erhalten, wenn ich und meine Frau tot sind.

Rafaels Freundesdienst

9 Tobias rief Rafael und sagte zu ihm: 2 Asarja, mein Bruder, nimm
einen Knecht und zwei Kamele, und reise nach Rages in Medien
zu Gabaël. Hol mir das Geld, und bring Gabaël zur Hochzeit mit!
3 Denn Raguël hat mich beschworen, noch nicht wegzugehen. 4 Mein
Vater zählt die Tage, und wenn ich zu lange fortbleibe, wird er sich
große Sorgen machen. 5 Rafael reiste ab, blieb die Nacht über bei
Gabaël und legte ihm den Schuldschein vor. Gabaël holte die versie-
gelten Beutel und gab sie ihm. 6 Am frühen Morgen brachen sie
gemeinsam auf und kamen zur Hochzeit. Und Tobias pries seine Frau.

Tobit und Hanna in Sorge

10 Inzwischen zählte sein Vater Tobit die Tage. Als die Zeit um
war, die für die Reise vorgesehen war, und die beiden nicht
zurückkamen, 2 dachte er: Vielleicht hat man sie abgewiesen, oder
Gabaël ist gestorben, und niemand ist da, der Tobias das Geld gibt.
3 Und er machte sich große Sorgen. 4 Seine Frau sagte zu ihm: Unse-
rem Sohn ist etwas zugestoßen; deshalb kommt er nicht. Sie begann
schon, ihn zu beweinen, und klagte: 5 Alles ist mir gleichgültig
geworden, mein Kind, seit ich dich, das Licht meiner Augen, weg-
gehen ließ. 6 Tobit sagte zu ihr: Sei ruhig, mach dir keine Sorgen; es
geht ihm gut. 7 Sie aber antwortete: Schweig, du kannst mich nicht
täuschen. Meinem Sohn ist etwas zugestoßen. Und sie lief jeden Tag
hinaus auf den Weg, auf dem er fortgezogen war. Tagsüber aß sie
nichts, und in der Nacht hörte sie nicht auf, um ihren Sohn Tobias zu
klagen, bis schließlich die vierzehn Tage der Hochzeitsfeierlichkeiten
um waren, die Tobias auf die beschwörenden Bitten Raguëls hin in
Ekbatana verbrachte.

Tobias auf der Heimreise

8 Nun aber bat Tobias den Raguël: Laß mich heimreisen, sonst geben
mein Vater und meine Mutter die Hoffnung auf, mich je wiederzuse-
hen. 9 Sein Schwiegervater bat ihn: Bleib bei mir; ich will jemand zu
deinem Vater schicken und ihm sagen lassen, wie es dir geht. Doch
Tobias erwiderte: Nein, laß mich zu meinem Vater zurückkehren!
10 Da stand Raguël auf, vertraute ihm Sara als seine Frau an und gab
ihm die Hälfte seines Vermögens: Sklaven, Vieh und Geld. 11 Zum
Abschied segnete er sie und sagte: Meine Kinder, der Gott des Him-
mels möge euch mit Kindern segnen, ehe ich sterbe. 12 Und zu seiner
Tochter sagte er: Halte deine Schwiegereltern in Ehren; von jetzt an
sind sie deine Eltern. Ich möchte immer nur Gutes von dir hören. Und
er küßte sie. 13 Edna sagte zu Tobias: Lieber Bruder, der Herr des Him-
mels geleite dich nach Hause. Er schenke mir das Glück, daß ich von
dir und meiner Tochter Sara noch Kinder sehe; dann will ich mich
freuen und dem Herrn danken. Ich vertraue dir meine Tochter an.
Mach ihr keinen Kummer! 14 Dann reiste Tobias ab. Er dankte Gott,
daß er seiner Reise so viel Erfolg beschieden hatte, und segnete
Raguël und seine Frau Edna.

Tobits Heilung

11 Als sie auf ihrer Heimreise in die Nähe von Ninive kamen,
sagte Rafael zu Tobias: 2 Weißt du noch, Bruder, wie es dei-
nem Vater ging, als du ihn verlassen hast? 3 Wir wollen deshalb deiner
Frau vorausgehen und das Haus für ihren Empfang vorbereiten.
4 Nimm auch die Galle des Fisches mit! Sie machten sich auf den Weg,
und der Hund lief hinter ihnen her.
5 Hanna saß am Weg und hielt nach ihrem Sohn Ausschau. 6 Als sie
ihn kommen sah, rief sie seinem Vater zu: Dein Sohn kommt zurück
und mit ihm der Mann, der ihn begleitet hat. 7 Rafael aber sagte zu
Tobias: Ich weiß, dein Vater wird wieder sehen können. 8 Streich ihm
die Galle auf die Augen! Sie wird zwar brennen; aber wenn er sich die
Augen reibt, wird er die weißen Flecken wegwischen und wird dich
wieder sehen können.
9 Hanna war inzwischen herbeigeeilt, fiel ihrem Sohn um den Hals
und rief: Ich habe dich wiedergesehen, mein Sohn, jetzt kann ich
ruhig sterben. Und beide brachen in Tränen aus. 10 Auch Tobit ver-
suchte, ihm entgegenzugehen, stolperte aber an der Tür. Da lief ihm
sein Sohn entgegen 11 und fing ihn auf. Und er strich seinem Vater die
Galle auf die Augen und sagte: Hab keine Angst, mein Vater! 12 Tobit
rieb sich die Augen, weil sie brannten; da begannen die weißen
Flecken, sich von den Augenwinkeln aus abzulösen. 13 Und er konnte
seinen Sohn sehen, fiel ihm um den Hals und sagte unter Tränen:
14 Sei gepriesen, Gott, gepriesen sei dein heiliger Name in Ewigkeit.
Gepriesen seien alle deine heiligen Engel. Du hast mich gezüchtigt
und hast wieder Erbarmen mit mir gehabt. Denn ich darf meinen
Sohn Tobias wieder sehen. 15 Voll Freude ging der Sohn mit seinem

Vater ins Haus und erzählte ihm, was für wunderbare Dinge er in
Medien erlebt hatte.

Saras Ankunft

16 Dann ging Tobit seiner Schwiegertochter bis an das Tor von Ninive
entgegen. Er war voll Freude und pries Gott, und alle, die ihn sahen,
staunten, daß er wieder sehen konnte. Tobit aber bezeugte ihnen, daß
Gott Erbarmen mit ihm gehabt hatte. 17 Als Tobit seiner Schwieger-
tochter begegnete, segnete er sie und sagte: Sei willkommen, meine
Tochter! Gepriesen sei Gott, der dich zu uns geführt hat, und gesegnet
seien dein Vater und deine Mutter. 18 Bei allen Brüdern aus seinem
Stamm in Ninive herrschte große Freude. 19 Auch Achikar und sein
Neffe Nadab kamen, und sieben Tage lang wurde die Hochzeit des
Tobias mit einem fröhlichen Fest gefeiert.

Rafaels Selbstoffenbarung

12 Danach rief Tobit seinen Sohn Tobias zu sich und sagte:
Mein Sohn, vergiß nicht den Lohn für den Mann, der dich
begleitet hat. Du mußt ihm aber mehr geben, als wir ihm verspro-
chen haben. 2 Tobias antwortete: Vater, ich werde keinen Schaden
erleiden, wenn ich ihm die Hälfte von all dem gebe, was ich mitge-
bracht habe. 3 Denn er hat mich gesund zu dir zurückgebracht; er hat
meine Frau geheilt; er hat mein Geld abgeholt, und auch dich hat er
geheilt. 4 Da sagte der alte Tobit: Ja, er hat es verdient. 5 Dann rief er
den Engel zu sich und sagte: Nimm die Hälfte von allem, was ihr mit-
gebracht habt. 6 Der Engel aber nahm die beiden beiseite und sagte zu
ihnen: Preist Gott, und lobt ihn! Gebt ihm die Ehre, und bezeugt vor
allen Menschen, was er für euch getan hat. Es ist gut, Gott zu preisen
und seinen Namen zu verherrlichen und voll Ehrfurcht seine Taten zu
verkünden. Hört nie auf, ihn zu preisen. 7 Es ist gut, das Geheimnis
eines Königs zu wahren; die Taten Gottes aber soll man offen rüh-
men. Tut Gutes, dann wird euch kein Unglück treffen. 8 Es ist gut, zu
beten und zu fasten, barmherzig und gerecht zu sein. Lieber wenig,
aber gerecht, als viel und ungerecht. Besser, barmherzig sein, als
Gold aufhäufen. 9 Denn Barmherzigkeit rettet vor dem Tod und rei-
nigt von jeder Sünde. Wer barmherzig und gerecht ist, wird lange
leben. 10 Wer aber sündigt, ist der Feind seines eigenen Lebens. 11 Ich
will euch nichts verheimlichen; ich habe gesagt: Es ist gut, das
Geheimnis eines Königs zu wahren; die Taten Gottes aber soll man
offen rühmen. 12 Darum sollt ihr wissen: Als ihr zu Gott flehtet, du
und deine Schwiegertochter Sara, da habe ich euer Gebet vor den hei-
ligen Gott gebracht. Und ebenso bin ich in deiner Nähe gewesen, als
du die Toten begraben hast. 13 Auch als du ohne zu zögern vom Tisch
aufgestanden bist und dein Essen stehengelassen hast, um einem
Toten den letzten Dienst zu erweisen, blieb mir deine gute Tat nicht
verborgen, sondern ich war bei dir. 14 Nun hat mich Gott auch
gesandt, um dich und deine Schwiegertochter Sara zu heilen. 15 Ich
bin Rafael, einer von den sieben heiligen Engeln, die das Gebet der
Heiligen emportragen und mit ihm vor die Majestät des heiligen
Gottes treten.
16 Da erschraken die beiden und fielen voller Furcht vor ihm nieder.
17 Er aber sagte zu ihnen: Fürchtet euch nicht! Friede sei mit euch.
Preist Gott in Ewigkeit! 18 Nicht weil ich euch eine Gunst erweisen
wollte, sondern weil unser Gott es wollte, bin ich zu euch gekom-
men. Darum preist ihn in Ewigkeit! 19 Während der ganzen Zeit, in
der ihr mich gesehen habt, habe ich nichts gegessen und getrunken;
ihr habt nur eine Erscheinung gesehen. 20 Jetzt aber dankt Gott! Ich
steige wieder auf zu dem, der mich gesandt hat. Doch ihr sollt alles,
was geschehen ist, in einem Buch aufschreiben.
21 Als sie wieder aufstanden, sahen sie ihn nicht mehr. 22 Und sie ver-
kündeten überall, welch große und wunderbare Dinge Gott getan
hatte und daß ihnen der Engel des Herrn erschienen war.

Paul Klee
Erzengel
(1938)
»Und sie verkündeten überall, welch große und wunderbare Dinge Gott getan hatte und daß ihnen der Engel des Herrn erschienen war« (Tob 12,22). Nicht die Idylle behält das letzte Wort. Vielmehr weitet die Erzählung erneut den Blickwinkel und läßt durch die Selbstoffenbarung Rafaels das Hintergründige der Wirklichkeit erahnen. Solche Transzendenz ist Thema der Engelbilder aus Paul Klees letzten Schaffensjahren. Auf farbigem Grund, der mit der »Farbenvielfalt eines verblassenden Regenbogens« verglichen worden ist, bilden kraftvolle schwarze Linien eine anthropomorphe Struktur, die jedoch frei bleibt von jeglichem Dingbezug. Otto K. Werkmeister spricht von einer Verbindung zwischen »mythischem oder religiösem Menschheitsgedächtnis und absolutem Kunstcharakter« in den Engelbildern Paul Klees.

Der Lobpreis des Rettergottes und letzte Mahnungen

Tobits Lobgesang

12 Und Tobit schrieb zum Lobpreis Gottes ein Gebet nieder:
2 Gepriesen sei Gott, der in Ewigkeit lebt, / sein Königtum
sei gepriesen. / Er züchtigt und hat auch wieder Erbarmen; / er führt
hinab in die Unterwelt / und führt auch wieder zum Leben. / Niemand
kann seiner Macht entfliehen.
3 Bekennt euch zu ihm vor allen Völkern, / ihr Kinder Israels; / denn er
selbst hat uns unter die Völker zerstreut.
4 Verkündet dort seine erhabene Größe, / preist ihn laut vor allem,
was lebt. / Denn er ist unser Herr und Gott, / er ist unser Vater in alle
Ewigkeit.

5 Er züchtigt uns wegen unserer Sünden, / doch hat er auch wieder
Erbarmen. / Er führt uns aus allen Völkern zusammen, / von überall
her, wohin ihr verschleppt worden seid.
6 Wenn ihr zu ihm umkehrt, / von ganzem Herzen und aus ganzer
Seele, / und euch an seine Wahrheit haltet, / dann kehrt er sich euch zu /
und verbirgt sein Angesicht nicht mehr vor euch.
7 Wenn ihr dann seht, was er für euch tut, / bekennt euch laut und
offen zu ihm! / Preist den Herrn der Gerechtigkeit, / rühmt den ewigen
König!
8 Ich bekenne mich zum Herrn / im Land der Verbannung, / ich
bezeuge den Sündern seine Macht / und erhabene Größe. / Kehrt um,
ihr Sünder, / tut, was recht ist in seinen Augen. / Vielleicht ist er gnädig
und hat mit euch Erbarmen.
9 Ich will meinen Gott rühmen, / den König des Himmels, / meine
Seele freut sich / über die erhabene Größe meines Gottes.
10 Alle, die in Jerusalem wohnen, / sollen sich zu ihm bekennen und
sagen: / Jerusalem, du heilige Stadt! / Der Herr bestraft die Taten dei-
ner Kinder, / doch er hat wieder Erbarmen / mit den Söhnen der
Gerechten.
11 Bekenne dich zum Herrn in rechter Weise, / preise den ewigen
König, / damit sein Zelt von neuem errichtet wird, / dir zur großen
Freude.
12 Er mache in dir die Gefangenen wieder froh / und schenke denen,
die im Elend leben, seine Liebe, / für alle Zeiten bis in Ewigkeit.
13 Von weither werden die Völker kommen, / um den Namen des
Herrn, unseres Gottes, zu preisen. / Sie tragen Geschenke herbei, /
Geschenke für den himmlischen König. / Alle Menschen jubeln dir zu.
14 Verflucht sind alle, die dich hassen, / auf ewig gesegnet alle, die dich
lieben.
15 Freu dich und juble / über alle Gerechten! / Sie werden vereint sein /
und den Herrn der Gerechten preisen. / Wohl denen, die dich lieben; /
sie werden sich freuen / über den Frieden, den du schenkst.
16 Wohl denen, die betrübt waren / über deine harten Strafen; / denn
sie werden sich über dich freuen, / wenn sie all deine Herrlichkeit
sehen. / Sie werden sich freuen in Ewigkeit. / Meine Seele preise Gott,
den großen König.
17 Denn Jerusalem wird wieder aufgebaut / aus Saphir und Smaragd; /
seine Mauern macht man aus Edelstein, / seine Türme und Wälle aus
reinem Gold; / Jerusalems Plätze werden ausgelegt / mit Beryll und
Rubinen und mit Steinen aus Ofir.
18 Halleluja ruft man in all seinen Gassen / und stimmt in den Lobpreis
ein: / Gepriesen sei Gott; / er hat uns groß gemacht für alle Zeiten.

Letzte Ermahnungen

14 So beendete Tobit seinen Lobpreis. 2 Er war achtundfünfzig
Jahre alt, als er sein Augenlicht verlor; acht Jahre später
konnte er wieder sehen. Er blieb immer wohltätig und hörte nie auf,
Gott, den Herrn, zu fürchten und sich zu ihm zu bekennen. 3 Er wurde
sehr alt. Eines Tages rief er seinen Sohn und dessen Kinder zu sich und
sagte: Mein Sohn, ich bin alt und werde bald aus dem Leben scheiden.
4 Zieh mit deinen Kindern nach Medien, mein Sohn; denn ich bin über-
zeugt, daß der Prophet Jona recht hatte, als er sagte, daß Ninive ganz
zerstört werden wird; in Medien aber wird vorläufig noch Frieden herr-
schen, bis auch für dieses Land die Zeit gekommen ist. Ich bin auch
überzeugt davon, daß unsere Brüder, die noch in der Heimat leben,
aus dem gesegneten Land verjagt werden; Jerusalem wird verlassen
sein, und das Haus Gottes wird niedergebrannt werden und verwüstet
daliegen, bis eine bestimmte Zeit vergangen ist. 5 Dann wird Gott
Erbarmen mit ihnen haben und sie wieder in die Heimat zurück-
führen. Sie werden den Tempel wieder aufbauen, doch nicht so schön,
wie der frühere war; er wird stehen, bis die Zeit dieser Welt abgelaufen
ist. Dann werden alle aus der Gefangenschaft zurückkehren und Jeru-
salem in seiner ganzen Pracht wieder aufbauen. In seiner Mitte wird
das Haus Gottes errichtet, ein herrlicher Bau, der für alle Zeiten
Bestand hat bis in Ewigkeit. Das haben die Propheten über Jerusalem
geweissagt. 6 Und alle Völker werden sich dem Herrn, unserem Gott,
zuwenden und ihm wahre Ehrfurcht entgegenbringen. Man wird die
Götterbilder vergraben, und alle Völker werden den Herrn preisen.
7 Sein Volk wird sich zu Gott bekennen, und der Herr wird sein Volk
großmachen. Alle, die den Weg der Wahrheit und Gerechtigkeit
gehen, werden sich freuen; sie werden Gott, den Herrn, lieben und
ihren Brüdern Gutes tun. 8 Zieh also fort aus Ninive, mein Sohn; denn
es wird alles eintreffen, was der Prophet Jona gesagt hat. 9 Befolge das
Gesetz und die Gebote; sei immer barmherzig und gerecht, dann wird
es dir gutgehen. Begrab mich und deine Mutter in Ehren; gib ihr ein
Grab an meiner Seite! Doch bleibt nicht länger in Ninive! 10 Mein Sohn,
denk daran, wie Nadab an Achikar gehandelt hat, der ihn aufgezogen
hatte; er hat ihn aus dem Licht in die Finsternis gestoßen und ihm
seine Fürsorge übel vergolten. Achikar wurde gerettet; dem Nadab
aber wurde sein übles Verhalten vergolten, und er stürzte selbst in die
Finsternis. Achikar war barmherzig und wurde aus der tödlichen Falle
gerettet, die Nadab ihm gestellt hatte. Nadab aber geriet selber in die
Falle und ging zugrunde. 11 Daran könnt ihr sehen, meine Kinder, daß
die Barmherzigkeit viel vermag und daß die Gerechtigkeit rettet. Als
Tobit das gesagt hatte, verstarb er auf seinem Lager. Er war hundert-
achtundfünfzig Jahre alt geworden, und Tobias begrub ihn in Ehren.

Abschluß

12 Als Hanna gestorben war, begrub er sie an der Seite seines Vaters.
Dann zog er mit seiner Frau und seinen Kindern nach Ekbatana zu sei-
nem Schwiegervater Raguël. 13 Er war von allen geachtet und erreichte
ein hohes Alter. Er begrub seine Schwiegereltern in Ehren und erbte
ihren Besitz ebenso wie zuvor den Besitz seines Vaters Tobit.
14 Im Alter von hundertsiebenundzwanzig Jahren starb er in Ekbatana
in Medien. 15 Vor seinem Tod hörte er noch vom Untergang Ninives,
das von Nebukadnezzar und Xerxes erobert wurde. So konnte er sich
noch vor seinem Tod über den Fall Ninives freuen.

Das Buch Judit

Das Buch Judit schildert am Beispiel der Bedrohung Israels durch die Macht eines Königs Nebukadnezzar die Gefährdung des Gottesvolkes durch das entartete und gottfeindliche Heidentum aller Zeiten (Kap. 1–3).

An der durch den Druck der heidnischen Weltmacht hervorgerufenen Glaubenskrise bei den Einwohnern von Betulia (Kap. 4–7) und ihrer Überwindung durch die fromme Witwe Judit (Kap. 8–16) wird jedoch deutlich, wie sich das Gottesvolk verhalten muß, wenn es in der Bedrängnis die Hilfe Gottes erfahren will. Vorbedingung für das rettende Eingreifen Gottes ist die Umkehr Israels zu seinem göttlichen Herrn und das Vertrauen auf die im göttlichen Heilsplan beschlossene Offenbarung seiner universalen Königsherrschaft. Judit, die als gesetzestreue und gottergebene Frau diese Vorbedingung erfüllt und zur Befreiung Betulias mutig ihr Leben einsetzt, erfährt beispielhaft für ihr Volk die rettende Hilfe Gottes.

Das Buch will nicht von einem bestimmten geschichtlichen Ereignis berichten, sondern zieht gleichsam die Summe aus den Auseinandersetzungen zwischen Israel und seinen heidnischen Widersachern. Man kann deshalb die literarische Art des Buches als Lehrschrift im Gewand einer Geschichtserzählung bezeichnen.

Dem Verfasser geht es nicht darum, den wirklichen Verlauf der Geschichte nachzuzeichnen, sondern in freier Darstellung die Mächte und Kräfte sichtbar zu machen, die den Verlauf der Geschichte bestimmen.

Die Bedeutung des Buches besteht darin, daß sowohl die entartete heidnische Weltmacht als eine übergeschichtliche Wirklichkeit wie auch die Glaubenshaltung des bedrängten Gottesvolkes in Anfechtung und Bewährung deutlich vor Augen gestellt werden. Das Hauptgewicht liegt dabei auf der Darstellung der rettenden Hilfe Gottes, der seine universale Königsherrschaft nicht erst am Ende der Zeiten, sondern schon vorher durch das Gericht über seine Feinde und die Feinde seines Volkes offenbart.

Das Buch ist in griechischer Sprache überliefert und wahrscheinlich an der Wende vom 2. zum 1. Jahrhundert v. Chr. in Palästina verfaßt worden.

Die Bedrohung

Der Krieg zwischen Nebukadnezzar und Arphaxad

1 Es war im zwölften Jahr des Nebukadnezzar, der in der großen
Stadt Ninive als König der Assyrer regierte. Zur gleichen Zeit
regierte damals in Ekbatana Arphaxad als König der Meder. 2 Arpha-
xad hatte aus behauenen Steinen von drei Ellen Breite und sechs Ellen
Länge rings um Ekbatana Mauern errichten lassen, die siebzig Ellen
hoch und fünfzig Ellen breit waren. 3 Die Türme der Mauern hatte er
über den Stadttoren hundert Ellen hoch aufgeführt; ihre Grundfläche
war sechzig Ellen breit.
4 Die Stadttore selber hatte er siebzig Ellen hoch und vierzig Ellen breit
machen lassen, damit die Abteilungen seiner Helden und die Regi-
menter seiner Fußtruppen genügend Raum zum Ausrücken hatten.
5 Zu jener Zeit führte König Nebukadnezzar Krieg gegen König Arpha-
xad in der großen Ebene, das heißt in der Ebene im Gebiet von Regu.
6 Arphaxad schlossen sich alle Bewohner des Berglandes an sowie
alle, die am Eufrat und Tigris, am Hydaspes und im Flachland des Ela-
miterkönigs Arjoch wohnten; es waren viele Völker, die zum Aufgebot
der Söhne Cheleüds zusammenströmten.

Der vergebliche Hilferuf an die Nachbarvölker

7 Der Assyrerkönig Nebukadnezzar schickte Boten zu allen Bewoh-
nern Persiens und zu allen, die ihre Wohnsitze im Westen hatten,
nämlich zu den Bewohnern von Zilizien und von Damaskus, zu allen
Bewohnern des Libanon, des Antilibanon und der Küstengebiete, 8 zu
den Völkerschaften am Karmel und in Gilead, zu den Bewohnern des
oberen Galiläa und der großen Ebene Jesreel, 9 zu allen, die in Samaria
und in seinen Städten und jenseits des Jordan wohnten bis nach Jeru-
salem, Batane, Chelus, Kadesch und zum Grenzbach Ägyptens, zu
den Bewohnern von Tachpanhes und Ramesse und den Bewohnern
des ganzen Landes Goschen, 10 ja, über Zoan und Memfis hinaus zu
allen Bewohnern Ägyptens bis zu den Grenzen Äthiopiens.
11 Doch alle Bewohner der ganzen Erde mißachteten den Befehl des
Assyrerkönigs Nebukadnezzar und leisteten ihm keine Heeresfolge,
denn sie hatten keine Angst vor ihm; er war in ihren Augen nicht mehr
als ein gewöhnlicher Mensch. Darum beschimpften sie seine Boten
und ließen sie mit leeren Händen wieder abziehen.
12 Da entbrannte Nebukadnezzars Zorn über all diese Länder, und er
schwor bei seinem Thron und seinem Reich, an dem ganzen Gebiet
von Zilizien, Damaskus und Syrien Rache zu nehmen und alle Bewoh-
ner Moabs, die Ammoniter, ganz Judäa und alle Bewohner Ägyptens
bis zum Gebiet der beiden Meere mit seinem Schwert auszurotten.

Der Sieg über Arphaxad

13 Im siebzehnten Jahr seiner Regierung griff er König Arphaxad mit
seinem Heer an und konnte den Kampf für sich entscheiden; das
gesamte Heer des Arphaxad, seine ganze Reiterei und all seine Wagen
jagte er in die Flucht. 14 Er eroberte seine Städte und drang bis nach
Ekbatana vor; er besetzte die Türme der Stadt, gab ihre Häuser der
Plünderung preis und machte so ihre Pracht zuschanden. 15 Arphaxad
nahm er im Bergland von Regu gefangen, durchbohrte ihn mit seinen
Speeren und setzte seiner Macht für immer ein Ende. 16 Darauf kehrte
er mit seinem ganzen Gefolge, einer fast unübersehbaren Menge von
Soldaten, nach Ninive zurück. Im Hochgefühl seines Erfolges feierte
er dort mit dem Heer ein Freudenfest, das hundertzwanzig Tage lang
dauerte.

Der Plan Nebukadnezzars

2 Im achtzehnten Jahr seiner Regierung erging am zweiundzwan-
zigsten Tag des ersten Monats im Palast Nebukadnezzars, des
Königs der Assyrer, der Befehl, an der ganzen Erde das Strafgericht zu
vollstrecken, das der König angedroht hatte. 2 Er rief alle seine Mini-
ster und Generäle zusammen, hielt mit ihnen eine geheime Beratung

ab und verfügte mit seinem Wort alles Unheil über die Erde. 3 Auch
seine Berater waren der Meinung, daß alle zu vernichten seien, die
dem Wort des Königs nicht gehorcht hätten.

Der Auftrag des Holofernes

4 Als Nebukadnezzar, der König der Assyrer, die Beratung beendet
hatte, bestellte er Holofernes zu sich, den Oberbefehlshaber seiner
Truppen, der nach ihm den höchsten Rang einnahm, und sagte zu
ihm:
5 So spricht der Großkönig, der Herr der ganzen Erde: Du sollst von
hier ausziehen und Männer mit dir nehmen, die auf ihren Mut ver-
trauen: hundertzwanzigtausend Mann Fußtruppen und ein Aufgebot
von zwölftausend Pferden und Reitern. 6 Du sollst gegen alle Länder im
Westen zu Feld ziehen, weil sie meinem Wort nicht gehorcht haben.
7 Befiehl ihnen, schon Erde und Wasser bereitzuhalten. Denn ich will in
meinem Zorn gegen sie zu Felde ziehen; die ganze Erde werde ich mit
den Füßen meiner Truppen bedecken und den Besitz der Menschen
meinen Männern zur Plünderung preisgeben. 8 Ihre Täler sollen sich
mit Gefallenen füllen; jeder Bach und Fluß soll übervoll werden von
Toten. 9 Ihre Gefangenen will ich bis an die Grenzen der Erde ver-
schleppen. 10 Zieh also aus, und erobere mir ihr ganzes Gebiet! Alle, die
sich dir ergeben, sollst du mir aufbewahren für den Tag ihrer Bestra-
fung. 11 Alle aber, die Widerstand leisten, sollst du schonungslos dem
Tod und der Plünderung preisgeben in deinem ganzen Machtbereich.
12 Bei meinem Leben und bei der Macht meines Königtums – ich habe
gesprochen, und ich werde meinen Entschluß ausführen. 13 Du aber
wag es nicht, auch nur einen einzigen Befehl deines Herrn zu übertre-
ten. Erfülle, was ich dir befohlen habe; führ es unverzüglich aus!

Die Aufstellung des Heeres

14 Holofernes ging von seinem Herrn weg und rief alle Befehlshaber,
Feldherren und Hauptleute der assyrischen Truppen zusammen. 15 Er
hob für das Heer die besten Leute aus, wie ihm sein Herr befohlen
hatte: hundertzwanzigtausend Mann Fußvolk und zwölftausend
berittene Bogenschützen, 16 und teilte sie in Kampftruppen ein. 17 Für
den Transport der Kriegsgeräte beschaffte er sich eine gewaltige
Menge von Kamelen, Eseln und Maultieren; außerdem brachte er eine
unübersehbare Herde von Schafen, Rindern und Ziegen für ihre Ver-
pflegung zusammen, 18 dazu reichlich Proviant für alle und sehr viel
Gold und Silber aus dem Palast des Königs.
19 Darauf setzte er sich mit seinem ganzen Heer in Marsch, um dem
König Nebukadnezzar voranzuziehen und alle Länder im Westen mit
seinen Wagen, Reitern und Elitetruppen zu überfluten. 20 Eine Masse
von Hilfsvölkern schloß sich ihnen an, unübersehbar wie ein Heu-
schreckenschwarm und wie der Sand der Erde; man konnte ihre
Menge nicht zählen.

Der Kriegszug des Holofernes

21 Von Ninive zogen sie drei Tagesmärsche weit bis zur Ebene von Bek-
tilet und schlugen jenseits von Bektilet in der Nähe des Gebirges, das
im Norden von Ober-Zilizien liegt, ihr Lager auf. 22 Von dort rückte
Holofernes mit seiner ganzen Streitmacht, seinen Fußtruppen, Rei-
tern und Wagen, gegen das Bergland vor. 23 Er eroberte Put und Lud
und plünderte die Rassiter und Ismaeliter aus, die am Rand der Wüste
südlich des Cheleërlandes wohnten. 24 Dann überschritt er den Eufrat
und zog durch Mesopotamien; er zerstörte alle befestigten Städte am
Fluß Habor bis hin zum Meer. 25 Er eroberte das Gebiet von Zilizien
und machte alle nieder, die ihm Widerstand leisteten. So kam er in das
Gebiet von Jafet, das im Süden liegt und Arabien vorgelagert ist. 26 Er
kreiste alle Midianiter ein, steckte ihre Zeltlager in Brand und raubte
ihr Vieh.
27 Zur Zeit der Weizenernte stieg er in die Ebene von Damaskus hinab,
brannte die Felder nieder, vernichtete die Herden, das Klein- und
Großvieh, plünderte die Städte, verheerte die Ebenen und erschlug
alle jungen Männer mit scharfem Schwert.

Die Besetzung der Reiche an der Meeresküste

28 Furcht und Zittern befiel alle Bewohner der Küstengebiete, in Sidon
und Tyrus, in Sur und Okina sowie alle Einwohner von Jamnia; auch
die Einwohner von Aschdod und Aschkelon bekamen große Angst
vor ihm.

3 Sie schickten Boten zu ihm mit einem Friedensangebot und
ließen ihm sagen: 2 Wir, die Sklaven des großen Königs Nebu-
kadnezzar, liegen dir zu Füßen. Tu mit uns, wie du willst. 3 Unsere
Gehöfte, alle unsere Ortschaften und Weizenfelder, die Herden, das
Klein- und Großvieh in allen Hürden an unseren Lagerplätzen stehen
dir zur Verfügung. Verfahr damit nach deinem Belieben! 4 Auch unsere
Städte mit ihren Einwohnern sind dir untertan. Komm und verfahr
mit ihnen nach deinem Willen! 5 Mit dieser Botschaft kamen die Män-
ner zu Holofernes. 6 Da stieg er mit seinen Truppen zur Küste hinab,
besetzte die befestigten Städte und hob dort die tüchtigsten Männer
aus zur Verstärkung seines Heeres. 7 Die Einwohner der Städte und
des Landes empfingen ihn mit Kränzen und unter Tanz und Pauken-
schlag. 8 Doch er ließ alle ihre Kulthöhen zerstören und ihre Götter-
haine umhauen. Ihm war die Macht gegeben, alle Götter der Erde zu
vernichten. Alle Völker sollten nur Nebukadnezzar verehren und alle
Stämme und Nationen ihn als Gott anrufen.

Die Bedrohung des Gottesvolkes

9 So kam er in das Gebiet von Jesreel nahe bei Dotan, das vor dem
großen Gebirgszug von Judäa liegt. 10 Er schlug zwischen Gabbai und
Skythopolis sein Lager auf und blieb dort einen Monat, um den
ganzen Troß seines Heeres zusammenzuziehen.

Das Gottesvolk in großer Bedrängnis

Die Gefahr

4 Die Israeliten, die in Judäa wohnten, hörten von allem, was
Holofernes, der oberste Feldherr des Assyrerkönigs Nebukadnez-
zar, den Völkern angetan und wie er alle ihre Heiligtümer geplündert
und vernichtet hatte. 2 Da befiel sie Furcht und Schrecken vor ihm, und
sie hatten Angst um Jerusalem und den Tempel des Herrn, ihres
Gottes. 3 Denn sie waren noch nicht lange aus der Gefangenschaft
heimgekehrt; erst kürzlich hatte sich das ganze Volk von Judäa wieder
gesammelt und waren die heiligen Geräte, der Altar und der Tempel
nach der Entweihung neu geweiht worden.

Die Vorbereitung des Widerstandes

4 Sie schickten Boten in das ganze Gebiet von Samarien und Kona,
nach Bet-Horon, Abel-Majim und Jericho sowie nach Choba, Hazor
und in das Tal von Salim. 5 Sie besetzten alle hohen Bergkuppen, befe-
stigten die Ortschaften und versahen sie mit Lebensmitteln für den
Krieg; denn ihre Felder waren eben abgeerntet worden. 6 Jojakim, der
zu jener Zeit Hoherpriester in Jerusalem war, schrieb an die Einwoh-
ner von Betulia und Betomestajim, das Jesreel gegenüber vor der
Ebene nahe bei Dotan liegt, 7 sie sollten die Gebirgspässe besetzt hal-
ten. Durch sie konnte man nach Judäa vordringen. Es war aber auch
leicht, den Vormarsch der Heranrückenden dort aufzuhalten; die
Gebirgswege waren nämlich so schmal, daß jeweils nur zwei Mann
nebeneinander hindurchgehen konnten. 8 Die Israeliten taten, was
ihnen der Hohepriester Jojakim und die Ältesten des ganzen Volkes
Israel in Jerusalem befohlen hatten.

Das Flehen zu Gott um Rettung

9 Alle Männer Israels aber flehten Gott inständig an und taten Buße
unter strengem Fasten. 10 Sie selbst, ihre Frauen, ihre Kinder und ihr
Vieh, aber auch alle Fremden, die bei ihnen wohnten, die Tagelöhner
und Sklaven, legten Bußgewänder an. 11 Alle Israeliten in Jerusalem,

ihre Frauen und Kinder warfen sich vor dem Tempel nieder, streuten
sich vor dem Herrn Asche auf das Haupt und legten Bußgewänder an.
12 Selbst den Altar umhüllten sie mit einem Bußgewand. Sie schrien
alle einmütig in stürmischen Gebeten zu dem Gott Israels, er möge
doch nicht zulassen, daß man ihre Kinder raube, ihre Frauen als Beute
verteile, die Städte ihres Erbbesitzes zerstöre und das Heiligtum ent-
weihe und verwüste, zum Gespött für die Heiden.
13 Und der Herr hörte ihr Rufen und sah auf ihre Not. Das Volk fastete
mehrere Tage lang in ganz Judäa und in Jerusalem vor dem Heiligtum
des Herrn, des Allmächtigen. 14 Auch der Hohepriester Jojakim mit
der ganzen Priesterschaft im Tempel und den Dienern des Herrn leg-
ten Bußgewänder an; so brachten sie das tägliche Brandopfer dar und
dazu die gelobten und die freiwilligen Opfergaben des Volkes. 15 Auf
ihren Kopfbund hatten sie Asche gestreut, und sie riefen mit aller
Macht zum Herrn, er möge doch gnädig auf das ganze Haus Israel
herabschauen.

Der Kriegsrat bei Holofernes

5 Holofernes, dem Oberbefehlshaber des assyrischen Heeres,
wurde gemeldet, daß die Israeliten sich zum Krieg gerüstet, die
Gebirgspässe gesperrt, alle hohen Bergkuppen befestigt und in der
Ebene Hindernisse angelegt hatten. 2 Da entbrannte sein Zorn. Er
berief alle Fürsten von Moab, die Heerführer von Ammon und alle
Statthalter der Küstengebiete zu sich 3 und sagte zu ihnen: Sagt mir,
ihr Söhne Kanaans, was ist das für ein Volk, das da im Bergland
haust? Wie heißen die Städte, die es bewohnt? Wie groß ist die Streit-
macht dieser Leute, und worin liegt ihre Kraft und Stärke? Wer gebie-
tet über sie als König und Anführer ihres Heeres? 4 Und warum haben
sie allein von allen Bewohnern des Westens es abgelehnt, mir zu hul-
digen?

Die Rede des Ammoniters Achior

5 Da antwortete ihm Achior, der Anführer aller Ammoniter: Möge
mein Herr anhören, was sein Knecht ihm zu sagen hat. Ich will dir die
Wahrheit sagen über dieses Volk, das in dem Bergland hier in deiner
Nähe wohnt; kein falsches Wort soll aus dem Mund deines Knechtes
kommen. 6 Diese Leute stammen von den Chaldäern ab. 7 Sie hatten
sich zuerst in Mesopotamien niedergelassen, weil sie den Göttern
ihrer Väter im Land der Chaldäer nicht mehr dienen wollten. 8 Sie
waren nämlich von dem Glauben ihrer Vorfahren abgewichen und
hatten ihre Verehrung dem Gott des Himmels zugewandt, zu dessen
Erkenntnis sie gelangt waren. Deshalb hatten die Chaldäer sie aus
dem Bereich ihrer Götter vertrieben, und sie waren nach Mesopota-
mien geflohen, wo sie sich einige Zeit aufhielten. 9 Doch ihr Gott
gebot ihnen, ihren Wohnsitz zu verlassen und in das Land Kanaan
weiterzuziehen. Hier ließen sie sich nieder und wurden reich an Gold,
Silber und an riesigen Herden. 10 Weil aber eine Hungersnot über das
Land Kanaan hereinbrach, zogen sie nach Ägypten und blieben dort,
solange sie Nahrung fanden. Dort wuchsen sie zu einer gewaltigen
Menge heran, und ihr Volk war nicht mehr zu zählen. 11 Da schritt der
König von Ägypten gegen sie ein. Arglistig befahl er ihnen, in mühse-
liger Arbeit Ziegel herzustellen. Man unterdrückte sie und machte sie
zu Sklaven. 12 Sie aber schrien zu ihrem Gott, und dieser schlug das
ganze Land Ägypten mit Plagen, gegen die es keine Abhilfe gab. Dar-
auf jagten die Ägypter sie aus ihrem Land fort. 13 Gott aber trocknete
das Rote Meer vor ihnen aus. 14 Er führte sie den Weg zum Sinai und
nach Kadesch-Barnea, und sie vertrieben alle Bewohner der Wüste.
15 Dann ließen sie sich im Land der Amoriter nieder und vernichteten
mit ihrem Heer alle Einwohner von Heschbon. Danach überschritten
sie den Jordan, nahmen das ganze Bergland in Besitz, 16 verjagten die
Kanaaniter, die Perisiter, Jebusiter, Sichemiter und alle Girgaschiter
und ließen sich dort für lange Zeit nieder. 17 Solange sie sich nicht
gegen ihren Gott versündigten, blieb das Glück ihnen treu; denn
ihnen steht ein Gott bei, der das Unrecht haßt. 18 Als sie aber von dem
Weg abwichen, den er ihnen gewiesen hatte, wurden sie in vielen Krie-
gen mehr und mehr aufgerieben und schließlich als Gefangene in ein
fremdes Land verschleppt. Der Tempel ihres Gottes wurde dem Erd-
boden gleichgemacht, und ihre Städte fielen ihren Feinden in die
Hand. 19 Jetzt aber haben sie sich wieder ihrem Gott zugewandt und
sind aus den Ländern heimgekehrt, in die sie verstreut worden waren.
Sie haben Jerusalem, wo ihr Heiligtum steht, wieder in Besitz genom-
men und das verlassene Bergland von neuem besiedelt. 20 Wenn nun,
mein Herr und Gebieter, auf diesem Volk eine Schuld lastet und sie
sich gegen ihren Gott versündigt haben und wenn wir uns vergewis-
sert haben, daß dieser Anlaß zum Unheil bei ihnen vorliegt, dann
können wir hinaufziehen und sie vernichtend schlagen. 21 Wenn aber
ihr Volk sich nichts zuschulden kommen ließ, dann möge mein Herr
nur ja davon Abstand nehmen. Sonst würde ihnen nämlich ihr Herr
und Gott Hilfe leisten, und wir müßten uns dann vor aller Welt schä-
men.

Die feindliche Reaktion des Heeres

22 Diese Rede des Achior rief bei allen Soldaten, die im Umkreis
des Zeltes standen, Empörung hervor. Die Offiziere des Holofernes
sowie alle Bewohner der Küstengebiete und von Moab forderten,
man solle ihn niederhauen. 23 Sie sagten: Wir haben doch keine
Angst vor den Israeliten. Sie sind doch ein Volk, das weder die Macht
noch die Kraft hat für einen harten Feldzug. 24 Darum, Gebieter
Holofernes, wollen wir hinaufziehen; sie sollen deinem ganzen Heer
zum Fraß dienen.

Die Rede des Holofernes an Achior

6 Als sich der Lärm bei den Männern, die um den Kriegsrat her-
umstanden, gelegt hatte, sagte Holofernes, der Oberbefehlsha-
ber der assyrischen Streitmacht, in Gegenwart des ganzen Söldner-
heeres zu Achior und zu allen Moabitern: 2 Wer bist du denn, Achior,
und was bedeuten schon diese Söldner Efraims, daß du dich heute in
unserer Mitte als Prophet aufspielst und erklärst, man dürfe das Volk
Israel nicht bekriegen, weil sein Gott ihm Hilfe leiste? Gibt es denn
überhaupt einen Gott außer Nebukadnezzar? Er wird seine Macht auf-
bieten und sie vom Erdboden vertilgen, ohne daß ihr Gott sie rettet.
3 Wir aber, seine Knechte, werden sie schlagen wie einen einzigen
Mann. Sie werden dem Ansturm unserer Reiterei nicht widerstehen
können; 4 mit ihr werden wir sie vernichten, so daß die Berge von
ihrem Blut getränkt und die Felder mit ihren Leichen übersät sein wer-
den. Sie werden uns nicht standhalten, sondern restlos untergehen.
Das sagt der König Nebukadnezzar, der Herr der ganzen Erde; er hat
es so bestimmt, und seine Worte können nicht zurückgenommen
werden.
5 Aber du, Achior, Söldner aus Ammon, hast diese Worte an deinem
Unglückstag gesprochen. Du sollst mir von heute an nicht mehr unter
die Augen treten, bis ich die Rache an diesem Volk aus Ägypten voll-
streckt habe. 6 Wenn ich dann zurückkomme, soll das Schwert meines
Heeres und die Lanze meiner Gefolgsleute auch deine Rippen durch-
bohren, und du wirst zusammen mit ihren Toten dahinsinken.
7 Meine Diener werden dich auf das Bergland schaffen und dich in
einen der Orte an den Gebirgspässen bringen. 8 Dort sollst du gemein-
sam mit ihnen umkommen. 9 Wenn du aber in deinem Herzen die
Hoffnung hegst, daß sie nicht überwältigt werden, dann brauchst du
nicht vor Angst zu zittern. Ich habe gesprochen, und keines meiner
Worte wird unerfüllt bleiben.

Die Auslieferung Achiors

10 Darauf befahl Holofernes den Dienern, die in seinem Zelt bereit-
standen, Achior festzunehmen, ihn nach Betulia zu bringen und an
die Israeliten auszuliefern. 11 Seine Diener ergriffen ihn, führten ihn
aus dem Lager in die Ebene hinaus und brachten ihn in das Bergland
hinauf. So gelangten sie zu den Quellen unterhalb von Betulia. 12 Als
die Männer in der Stadt sie erblickten, griffen sie zu den Waffen und
liefen aus der Stadt hinaus auf den Gipfel des Berges; die mit Schleu-

dern bewaffneten Männer versperrten den Gegnern den Aufstieg,
indem sie Steine hinabschleuderten. 13 Die Feinde suchten Deckung
im Schutz der Bergwand; dann fesselten sie Achior, ließen ihn am
Fuß des Abhangs liegen und kehrten zu ihrem Herrn zurück.

Achior in Betulia

14 Die Israeliten kamen aus ihrer Stadt herunter zu Achior und
banden ihn los; sie führten ihn nach Betulia und brachten ihn vor die
leitenden Männer ihrer Stadt. 15 Das waren in jenen Tagen Usija, der
Sohn Michas, aus dem Stamm Simeon, Kabri, der Sohn Otniëls, und
Karmi, der Sohn Malkiëls. 16 Sie beriefen alle Ältesten der Stadt zu
einer Versammlung; auch alle jungen Männer und die Frauen liefen
herbei. Sie stellten Achior in die Mitte der versammelten Menge, und
Usija fragte ihn, was vorgefallen sei. 17 Achior berichtete ihnen über
die Verhandlungen im Kriegsrat des Holofernes und teilte ihnen
alles mit, was er im Kreis der assyrischen Heerführer gesagt hatte,
aber auch, was Holofernes prahlerisch gegen das Haus Israel
geäußert hatte. 18 Da warf sich das Volk nieder, betete zu Gott und
rief: 19 Herr, Gott des Himmels, blick herab, und sieh ihre Überheb-
lichkeit, hab Erbarmen mit unserem gedemütigten Volk, und schau
heute gnädig auf die Schar derer, die dir geweiht sind. 20 Dann spra-
chen sie Achior Mut zu und lobten ihn sehr. 21 Usija nahm ihn aus
der Versammlung mit nach Hause und gab ein Gastmahl für die
Ältesten. Während der ganzen Nacht aber riefen sie den Gott Israels
um Hilfe an.

Der Anfang der Belagerung von Betulia

7 Am folgenden Tag befahl Holofernes seinem ganzen Heer und
allen seinen Hilfsvölkern, gegen Betulia vorzurücken, die
Gebirgspässe zu besetzen und den Kampf gegen die Israeliten zu
eröffnen. 2 So begann an jenem Tag der Aufbruch des ganzen Heeres.
Die einsatzfähige Streitmacht zählte zusammen hundertsiebzig-
tausend Mann Fußtruppen und zwölftausend Berittene, nicht einge-
rechnet den Troß und die dazugehörigen Mannschaften; es war eine
gewaltige Menge. 3 Sie schlugen in der Ebene bei Betulia an der Quelle
ihr Lager auf und besetzten ein Gebiet, das sich in der Breite von
Dotan bis Jibleam und in der Länge von Betulia bis Kyamon gegenüber
Jesreel erstreckte. 4 Als die Israeliten ihre große Zahl sahen, waren sie
tief bestürzt, und einer sagte zum andern: Diese Leute werden das
ganze Land auffressen; weder die hohen Berge noch die Täler und
Hügel werden ihre Last tragen können. 5 Dennoch griffen alle zu den
Waffen; sie zündeten auf ihren Stadttürmen Feuer an und hielten die
ganze Nacht hindurch Wache. 6 Am nächsten Tag rückte Holofernes
mit seiner ganzen Reiterei an, vor den Augen der Israeliten in Betulia.
7 Er ließ die Pässe erkunden, die zu ihrer Stadt hinaufführten, spürte
ihre Wasserquellen auf und nahm sie in Besitz. Er stellte dort bewaff-
nete Posten auf und kehrte zu seinem Heer zurück.

Die Rede der Heerführer an Holofernes

8 Da kamen zu ihm alle Heerführer der Edomiter, alle Hauptleute der
Moabiter und die Befehlshaber der Küstengebiete. Sie sagten: 9 Möge
doch unser Gebieter einen Rat anhören, damit deinem Heer kein
Schaden entsteht. 10 Dieses Volk der Israeliten vertraut nämlich weni-
ger auf seine Speere als vielmehr auf die Höhe der Berge, die es
bewohnt; denn es ist gar nicht so leicht, zu den Gipfeln ihrer Berge
vorzudringen. 11 Darum, Gebieter, tritt gegen sie nicht in einer geord-
neten Feldschlacht an; dann wird kein einziger Mann von deinen Leu-
ten fallen. 12 Bleib in deinem Lager, und spar jeden Mann deines Hee-
res! Es genügt, wenn deine Knechte die Wasserquelle in ihren Besitz
bringen, die am Fuß des Berges entspringt. 13 Denn dort holen die
Bewohner Betulias ihr Wasser. Dann wird der Durst sie umbringen,
und sie müssen ihre Stadt ausliefern. Wir aber wollen mit unseren
Leuten auf die benachbarten Berggipfel steigen und dort Wache ste-
hen, damit niemand die Stadt verlassen kann. 14 Dann werden sie mit
ihren Frauen und Kindern vor Hunger verschmachten, und bevor
noch das Schwert über sie kommt, werden sie hingestreckt auf den
Gassen vor ihren Häusern liegen. 15 So wirst du sie schwer dafür
büßen lassen, daß sie dir Widerstand geleistet haben und dir nicht
mit der Bitte um Frieden entgegengekommen sind.

Die Verzögerungstaktik des Holofernes

16 Diese Worte gefielen dem Holofernes und all seinen Offizieren, und
er befahl, den Rat zu befolgen. 17 Darauf machten sich eine Abteilung
der Ammoniter und mit ihnen fünftausend Assyrer auf den Weg; sie
schlugen in der Ebene ein Lager auf und besetzten die Brunnen und
Quellen der Israeliten. 18 Die Edomiter und die Ammoniter aber schlu-
gen im Bergland gegenüber von Dotan ein Lager auf. Außerdem
schickten sie Abteilungen nach Süden und Osten gegen die Stadt
Egrebel, die in der Nähe von Chus am Bach Mochmur liegt. Das übrige
Heer der Assyrer hatte sein Lager in der Ebene und bedeckte das ganze
Land; ihre Zelte und ihr Troß bildeten ein riesiges Heerlager; es war
eine gewaltige Menge.

Der Wassermangel in Betulia

19 Die Israeliten aber schrien zum Herrn, ihrem Gott. Sie hatten allen
Mut verloren, da sie ringsum von ihren Feinden eingeschlossen waren
und es kein Entrinnen mehr gab. 20 Nachdem die Belagerung durch
das ganze Heer der Assyrer mit ihrem Fußvolk, ihren Wagen und Rei-
tern vierunddreißig Tage gedauert hatte, ging in sämtlichen Behäl-
tern der Einwohner von Betulia das Wasser zur Neige. 21 Auch die
Zisternen wurden leer. Die Belagerten konnten sich an keinem einzi-
gen Tag mehr satt trinken, weil sie nur ein bestimmtes Maß an Wasser
zugeteilt bekamen. 22 Ihre Kinder verschmachteten; die Frauen und
jungen Männer wurden ohnmächtig vor Durst, sie fielen auf den
Straßen der Stadt und in den Torwegen um, denn sie hatten keine
Kraft mehr.

Die Verzweiflung der Bewohner von Betulia

23 Da versammelte sich das ganze Volk, die jungen Männer, die Frauen
und Kinder, bei Usija und den leitenden Männern der Stadt, erhoben
ein lautes Geschrei und riefen den Ältesten zu: 24 Gott sei Richter zwi-
schen uns und euch. Ihr habt ein schweres Unrecht an uns begangen,
weil ihr mit den Assyrern nicht friedlich verhandeln wolltet. 25 Jetzt
gibt es für uns keine Rettung mehr; denn Gott hat uns an sie verkauft.
Darum müssen wir verdursten und vor ihren Augen elend zugrunde
gehen. 26 Ruft sie also jetzt herbei, und liefert die ganze Stadt den Sol-
daten des Holofernes und seinem Heer zur Plünderung aus! 27 Es ist
besser für uns, ihnen als Beute in die Hände zu fallen. Wenn wir auch
zu Sklaven gemacht werden, so bleiben wir doch wenigstens am
Leben und brauchen nicht mit eigenen Augen den Tod unserer Säug-
linge und das Dahinsterben unserer Frauen und Kinder mit anzuse-
hen. 28 Wir beschwören euch beim Himmel und bei der Erde, bei
unserem Gott, dem Herrn unserer Väter, der uns für unsere Sünden
und die Vergehen unserer Väter bestraft, Gott möge nicht am heutigen
Tag diese Drohung an uns wahr machen. 29 Und in der Versammlung
erhob sich ein allgemeines heftiges Klagen; alle schrien mit lauter
Stimme zu Gott, dem Herrn.

Usijas ermutigende Antwort

30 Doch Usija sagte zu ihnen: Faßt Mut, Brüder! Wir wollen noch fünf
Tage aushalten. In dieser Zeit wird der Herr, unser Gott, uns sein
Erbarmen wieder zuwenden; er wird uns nicht für immer verlassen.
31 Sollten aber diese Tage vergehen, ohne daß uns geholfen wird, dann
will ich tun, was ihr gefordert habt. 32 Dann ließ er das Volk auseinan-
dergehen, jeden auf seinen Posten, und sie begaben sich wieder auf
die Mauern und Türme der Stadt. Die Frauen und Kinder aber schickte
er in ihre Häuser zurück. In der Stadt herrschte tiefe Niedergeschla-
genheit.

Die Rettung des Gottesvolkes

Herkunft und Leben der Judit

8 Davon hörte in jenen Tagen Judit, die Tochter Meraris, des Soh-
nes des Uz, des Sohnes Josefs, des Sohnes Usiëls, des Sohnes
Hilkijas, des Sohnes Hananjas, des Sohnes Gideons, des Sohnes Raf-
ains, des Sohnes Ahitubs, des Sohnes Elijas, des Sohnes Hilkijas, des
Sohnes Eliabs, des Sohnes Natanaels, des Sohnes Schelumiëls, des
Sohnes Zurischaddais, des Sohnes Simeons, des Sohnes Israels. 2 Ihr
Mann Manasse, der aus ihrem Stamm und ihrer Sippe war, hatte zur
Zeit der Gerstenernte den Tod gefunden. 3 Als er nämlich bei den Gar-
benbindern auf dem Feld stand, traf ihn ein Hitzschlag; er mußte sich
zu Bett legen und starb in seiner Heimatstadt Betulia. Man begrub ihn
bei seinen Vätern auf dem Feld zwischen Dotan und Jibleam. 4 Nun
lebte Judit schon drei Jahre und vier Monate als Witwe in ihrem Haus.
5 Sie hatte für sich auf dem flachen Dach ihres Hauses ein Zelt aufstel-
len lassen, hatte ein Trauergewand angelegt und trug die Kleider einer
Witwe. 6 Sie fastete, seit sie Witwe war, alle Tage, außer am Sabbat und
am Vortag des Sabbats, am Neumond und am Vortag des Neumonds
und an den Festen und Freudentagen des Hauses Israel. 7 Sie hatte
eine schöne Gestalt und ein blühendes Aussehen. Ihr Gatte Manasse
hatte ihr Gold und Silber, Knechte und Mägde, Vieh und Felder hin-
terlassen, die sie in ihrem Besitz hielt. 8 Niemand konnte ihr etwas
Böses nachsagen; denn sie war sehr gottesfürchtig.

Judits Stellung zur Verzweiflung der Bewohner

9 Judit hörte von den Vorwürfen des Volkes gegen das Stadtoberhaupt,
als es wegen des Wassermangels den Mut verlor. Ebenso erfuhr sie,
was Usija den Leuten geantwortet hatte und daß er ihnen unter Eid
versprochen hatte, nach Ablauf von fünf Tagen die Stadt an die Assyrer
auszuliefern. 10 Da ließ sie durch ihre Dienerin, die ihrem ganzen
Hauswesen vorstand, die Ältesten ihrer Heimatstadt, Kabri und
Karmi, herbeiholen.

Judits Gespräch mit den Ältesten der Stadt

11 Als sie zu ihr kamen, sagte sie zu ihnen: Hört mich an, ihr Vorsteher
der Einwohner von Betulia! Es war nicht recht, was ihr heute vor dem
Volk gesagt habt. Durch diesen Eid, den ihr geschworen habt, habt ihr
Gott und euch selbst festgelegt; denn ihr habt erklärt, daß ihr die
Stadt unseren Feinden ausliefern wollt, wenn der Herr euch nicht
inzwischen Hilfe schickt. 12 Wer seid ihr denn, daß ihr am heutigen
Tag Gott auf die Probe stellt und euch vor allen Leuten an die Stelle
Gottes setzt? 13 Ihr wollt den Herrn, den Allmächtigen, auf die Probe
stellen und kommt doch ewig zu keiner Erkenntnis. 14 Nicht einmal
die Tiefe des Menschenherzens könnt ihr ergründen und die Gedan-
ken seines Geistes erfassen. Wie wollt ihr dann Gott erforschen, der
das alles geschaffen hat? Wie wollt ihr seine Gedanken erkennen und
seine Absichten verstehen? Nein, meine Brüder, reizt den Herrn, unse-
ren Gott, nicht zum Zorn! 15 Auch wenn er nicht gewillt ist, uns in die-
sen fünf Tagen Hilfe zu schaffen, so hat doch er zu bestimmen, zu
welcher Zeit er uns helfen oder uns vor den Augen unserer Feinde ver-
nichten will. 16 Versucht nicht, die Entscheidungen des Herrn, unseres
Gottes, zu erzwingen; denn Gott ist nicht wie ein Mensch, dem man
drohen kann, und wie ein Menschenkind, das man beeinflussen kann.
17 Darum wollen wir die Rettung von ihm erwarten und ihn um Hilfe
anrufen. Er wird unser Flehen erhören, wenn es seinem Willen ent-
spricht. 18 Denn eines gab es bei uns nicht und gibt es auch heute
nicht: Es gibt weder einen Stamm noch eine Familie, weder einen Gau
noch eine Stadt, die von Menschen gemachte Götter anbeten, wie es in
früherer Zeit geschah. 19 Damals wurden unsere Väter dem Schwert
und der Plünderung preisgegeben und mußten vor den Augen unserer
Feinde schwere Niederlagen erleiden. 20 Wir aber kennen keinen
anderen Gott als ihn allein. Daher dürfen wir hoffen, daß er uns und
unser Volk nicht im Stich lassen wird. 21 Wenn wir nämlich überwäl-
tigt werden, dann wird auch ganz Judäa erobert und unser Heiligtum
geplündert werden. Von uns aber wird Gott für die Entweihung des
Heiligtums blutige Rechenschaft fordern. 22 Uns wird er die Ermor-
dung unserer Brüder, die Entvölkerung des Landes, die Verwüstung
unseres Erbbesitzes zur Last legen, inmitten der Heiden, bei denen
wir als Sklaven dienen und unseren Herren Anlaß zu Spott und Ver-
achtung sein werden. 23 Unsere Knechtschaft wird dann nicht mehr
zum Guten gewendet werden, sondern der Herr, unser Gott, wird sie
für uns zur Schande werden lassen. 24 Daher, liebe Brüder, wollen wir
jetzt unseren Stammesbrüdern beweisen, daß wir für ihr Leben ein-
stehen und daß das Heiligtum, der Tempel und der Altar, sich auf uns
verlassen können. 25 Bei alldem aber laßt uns dem Herrn, unserem
Gott, danken, daß er uns ebenso prüft wie schon unsere Väter.
26 Denkt daran, was er mit Abraham machte, wie er Isaak prüfte und
was Jakob im syrischen Mesopotamien erlebte, als er die Schafe
Labans, des Bruders seiner Mutter, hütete. 27 Denn wie er diese Män-
ner im Feuer geläutert hat, um ihr Herz zu prüfen, so hat er auch mit
uns kein Strafgericht vor, sondern der Herr züchtigt seine Freunde,
um sie zur Einsicht zu führen.
28 Da sagte Usija zu ihr: Alles, was du gesagt hast, kam aus einem
edlen Herzen, und es gibt niemand, der deinen Worten widerspre-
chen kann. 29 Deine Weisheit wird ja nicht erst heute offenbar, son-
dern schon von deiner frühesten Jugend an kennt das ganze Volk
deine Einsicht und weiß, wie edel die Gedanken deines Herzens sind.
30 Aber das Volk leidet furchtbaren Durst; sie zwangen uns zu tun,
was wir ihnen versprochen haben, und einen Eid auf uns zu laden, den
wir nicht brechen dürfen. 31 Doch bete du jetzt für uns, denn du bist
eine gottesfürchtige Frau. Dann wird der Herr Regen schicken, um
unsere Zisternen zu füllen, und wir brauchen nicht zu verschmachten.
32 Da sagte Judit zu ihnen: Hört mich an! Ich will eine Tat vollbringen,
von der man noch in fernsten Zeiten den Kindern unseres Volkes
erzählen wird. 33 Kommt diese Nacht an das Tor, wenn ich mit meiner
Dienerin hinausgehe. Bevor die Frist abgelaufen ist, die ihr für die
Übergabe der Stadt an unsere Feinde gesetzt habt, wird der Herr durch
meine Hand Israel gnädig Hilfe bringen. 34 Fragt nicht nach meinem
Vorhaben; denn ich werde euch nichts mitteilen, bevor das vollendet
ist, was ich tun will.
35 Da sagten Usija und die Stadtältesten zu ihr: Geh in Frieden! Gott,
der Herr, sei dein Führer bei dem Strafgericht an unseren Feinden.
36 Dann verließen sie das Zelt und kehrten auf ihre Posten zurück.

Judits Gebet

9 Judit warf sich auf ihr Gesicht nieder, streute sich Asche auf das
Haupt und öffnete das Bußgewand, das sie trug. Es war gerade
die Zeit, zu der man an jenem Abend in Jerusalem im Haus Gottes das
Rauchopfer darbrachte. Und Judit rief laut zum Herrn; sie sagte:
2 Herr, du Gott meines Stammvaters Simeon! Du hast ihm das Schwert
in die Hand gegeben zur Bestrafung der Fremden, die den Gürtel der
Jungfrau lösten, um sie zu beflecken, die ihre Schenkel entblößten,
um sie zu schänden, und ihren Schoß entweihten zu ihrer Schande.
Du hattest nämlich geboten: Das darf nicht geschehen. Und dennoch
taten sie es. 3 Deswegen gabst du ihre Fürsten Mördern preis und
tauchtest zur Vergeltung das Lager, das ihrer Arglist gedient hatte, in
Blut; du erschlugst die Knechte samt ihren Herren, ja auch die Herren
auf ihren Thronen. 4 Du gabst ihre Frauen dem Raub und ihre Töchter
der Gefangenschaft preis, und ihren ganzen Besitz gabst du deinen
geliebten Söhnen; denn sie glühten vor Eifer für dich, hatten Abscheu
vor der Befleckung ihres Blutes und riefen zu dir um Hilfe. Gott, mein
Gott, erhöre auch mich, die Witwe! 5 Du hast bewirkt, was damals war
und auch was vorher und später geschah. Doch auch was jetzt
geschieht und noch kommen wird, hast du erdacht, und es ist einge-
troffen, was du geplant hast. 6 Deine Beschlüsse standen da und sag-
ten: Hier sind wir! Denn alle deine Wege sind schon gebahnt, und
dein Gericht ist eine beschlossene Sache. 7 Sieh doch auf die Assyrer!
Sie verfügen über ein gewaltiges Heer, brüsten sich mit ihren Rossen
und Reitern, sind stolz auf die Schlagkraft ihres Fußvolkes, vertrauen

Gustav Klimt
Judith II
(1909)
»Da sagte Judit zu ihnen: Hört mich an! Ich will eine Tat vollbringen, von der man noch in fernsten Zeiten den Kindern unseres Volkes erzählen wird« (Jdt 8,32). Wie durch ein überschlankes Fenster erblicken wir die alttestamentliche Freiheitsheldin als kostbar gekleidete Dame mit zur Hälfte entblößter Brust. Ihr Blick wendet sich energisch von der Trophäe ihrer Heldentat, dem Haupt des Holofernes, ab, das Judits zierliche Hände am Haarschopf halten. Gustav Klimt, der herausragende Vertreter der Wiener Jugendstil-Malerei, zog sich den Vorwurf zu, mit dieser zweiten, bereits gemilderten Fassung weiterhin sein Thema in den Rahmen des Konflikts zwischen weiblichem und männlichem Geschlecht zu pressen, aus dem Judit wie eine zeitgenössische ›Femme fatale‹ als Siegerin hervorgeht. In der Tat reicht der biblische Hinweis auf Judits »schöne Gestalt« und »blühendes Aussehen« (Jdt 8,7) kaum aus, um Klimts Darstellung als wortgetreu zu bezeichnen. Allenfalls präsentiert sie sich hier in einer Sichtweise, die Holofernes eigen ist: »Denn seit er sie gesehen hatte, lauerte er auf eine günstige Gelegenheit, sie zu verführen« (Jdt 13,16).

auf ihre Schilde und Speere, ihre Bogen und Schleudern und wollen
nicht einsehen, daß du der Herr bist, der den Kriegen ein Ende setzt.
8 »Herr« ist dein Name. Brich ihre Stärke mit deiner Macht, und ver-
nichte ihre Kraft in deinem Zorn! Denn sie haben beschlossen, dein
Heiligtum zu entweihen, das Zelt, in dem dein herrlicher Name
wohnt, zu beflecken und die Hörner deines Altars mit dem Schwert
abzuschlagen. 9 Schau dir ihren Übermut an, und laß deinen Zorn auf
ihr Haupt herabfahren! Schenke mir, der Witwe, die Kraft zu der Tat,
die ich plane. 10 Schlag den Knecht wie den Herrn und den Herrn wie
den Diener durch meine listigen Worte; brich ihren Trotz durch die
Hand einer Frau! 11 Denn deine Macht stützt sich nicht auf die große
Zahl, deine Herrschaft braucht keine starken Männer, sondern du bist
der Gott der Schwachen und der Helfer der Geringen; du bist der Bei-
stand der Armen, der Beschützer der Verachteten und der Retter der
Hoffnungslosen. 12 Ja, du Gott meines Vaters und Gott deines Erbbe-
sitzes Israel, du Herr des Himmels und der Erde, Schöpfer der Meere
und König deiner ganzen Schöpfung, erhöre mein Gebet! 13 Laß
meine listigen Worte Wunden und Striemen schlagen bei denen, die
gegen deinen Bund und dein heiliges Haus, gegen den Berg Zion und
den Wohnsitz deiner Söhne Böses beschlossen haben. 14 Laß dein
ganzes Volk und alle Stämme erkennen und wissen, daß du der wahre
Gott bist, der Gott aller Macht und Stärke, und daß es für dein Volk
Israel keinen anderen Beschützer gibt als dich allein.

Judits Gang ins feindliche Lager

10 Als sie ihr flehentliches Gebet zu dem Gott Israels beendet
und alles gesagt hatte, 2 stand sie auf, rief ihre Dienerin und
stieg in das Haus hinab, wo sie sich am Sabbat und an den Festtagen
aufzuhalten pflegte. 3 Dort legte sie das Bußgewand ab, das sie trug,
zog ihre Witwenkleider aus, wusch ihren Körper mit Wasser und
salbte sich mit einer wohlriechenden Salbe. Hierauf ordnete sie ihre
Haare, setzte ein Diadem auf und zog die Festkleider an, die sie zu
Lebzeiten ihres Gatten Manasse getragen hatte. 4 Auch zog sie Sanda-
len an, legte ihre Fußspangen, Armbänder, Fingerringe, Ohrgehänge
und all ihren Schmuck an und machte sich schön, um die Blicke aller
Männer, die sie sähen, auf sich zu ziehen. 5 Ihrer Dienerin gab sie
einen Schlauch Wein und ein Gefäß mit Öl; sie füllte einen Sack mit
Gerstenmehl, getrockneten Feigen und reinen Broten, verpackte all
diese Dinge sorgfältig und lud sie ihrer Dienerin auf. 6 Darauf gingen
sie zum Stadttor von Betulia hinaus. Dort trafen sie Usija sowie Kabri
und Karmi, die Ältesten der Stadt, auf ihrem Posten. 7 Als sie Judits
verwandeltes Aussehen sahen und die Kleider, die sie angelegt hatte,
kamen sie aus dem Staunen über ihre Schönheit nicht mehr heraus
und sagten zu ihr: 8 Der Gott unserer Väter mache dich zu einem
Werkzeug seiner Gnade und lasse dein Vorhaben gelingen, zum
Ruhm Israels und zur Verherrlichung Jerusalems. 9 Sie aber neigte
sich vor Gott im Gebet und sagte dann zu ihnen: Gebt Befehl, daß mir
das Stadttor geöffnet wird; ich will hinausgehen und tun, was ihr mit
mir besprochen habt. Da befahlen sie den jungen Männern, das Tor
für sie zu öffnen, wie es sie gewünscht hatte. 10 Man öffnete das Tor,
und Judit ging mit ihrer Dienerin hinaus. Die Männer in der Stadt aber
sahen ihr nach, bis sie den Berg hinabgestiegen und durch das Tal
gegangen war und man sie nicht mehr sehen konnte.
11 Als sie im Tal weitergingen, begegneten ihr assyrische Vorposten.
12 Sie hielten sie fest und fragten: Zu welchem Volk gehörst du? Woher
kommst du, und wohin gehst du? Sie antwortete: Ich gehöre zum Volk
der Hebräer und laufe von ihnen fort, weil sie euch doch bald zum
Fraß vorgeworfen werden. 13 Ich will zu Holofernes, dem Oberbe-
fehlshaber eures Heeres, gehen und ihm eine zuverlässige Nachricht
bringen; ich will ihm zeigen, welchen Weg er einschlagen muß, um
das ganze Bergland in seinen Besitz zu bringen, ohne daß dabei einer
von seinen Leuten Leib und Leben verliert.
14 Als die Männer ihre Worte hörten und ihr Gesicht betrachteten, des-
sen Schönheit sie bezauberte, sagten sie: 15 Du hast dein Leben geret-
tet, weil du dich beeilt hast, von dort oben unserem Herrn entgegen-

Franz von Stuck
Judith und Holofernes
(1926)
»Jetzt will ich bei dir bleiben, mein Herr; doch in der Nacht wird deine Sklavin in die Schlacht hinausgehen« (Jdt 11,17). Die Doppeldeutigkeit in Judits Rede bleibt Holofernes verborgen. Vielmehr fesseln ihn im wörtlichen Sinne Schönheit und Verstand seiner »Sklavin«: »Wahrhaftig, du bist wunderschön und verstehst ausgezeichnet zu reden.« Aus diesen Motiven des Textes entwickelte der Symbolist Franz von Stuck seine Darstellung der nächtlichen »Schlacht«: Siegesgewiß und höhnisch zugleich blickt Judit auf den trunkenen Schläfer herab, bevor sie mit dem Schwert zum tödlichen Schlag ausholt (Jdt 13,8). Judits Nacktheit symbolisiert in der überlieferten Bildsprache Unschuld, läßt aber auch jene Deutung zu, die zwei Jahrzehnte zuvor Gustav Klimt zur Last gelegt wurde.

zugehen. Komm jetzt zu seinem Zelt! Einige von uns werden dich
begleiten und dich ihm übergeben. 16 Hab keine Angst, wenn du vor
ihm stehst. Sag ihm, was du zu sagen hast, dann wird er dich gnädig
behandeln. 17 Darauf wählten sie von ihren Leuten hundert Männer
zum Geleit für Judit und ihre Dienerin aus; diese führten sie zum Zelt
des Holofernes.
18 Im ganzen Lager entstand eine große Unruhe; denn die Nachricht
von Judits Ankunft hatte sich schon in den Zelten herumgesprochen.
Die Leute eilten herbei und umringten sie, als sie vor dem Zelt des
Holofernes stand, bis man sie ihm angemeldet hatte. 19 Sie bewunder-
ten ihre Schönheit und übertrugen ihre Bewunderung auch auf die
Israeliten. Einer sagte zum andern: Wer kann dieses Volk verachten,
das solche Frauen in seiner Mitte hat? Es wäre nicht klug, auch nur
einen einzigen Mann von ihnen übrig zu lassen; wenn man sie laufen
läßt, sind sie imstande, noch die ganze Welt zu überlisten.

Die Begegnung mit Holofernes

20 Schließlich kamen die Leibwächter des Holofernes und sein ganzes
Gefolge heraus und führten sie in das Zelt. 21 Holofernes lag auf
seinem Lager unter einem Mückennetz aus Purpur und Gold, in das
Smaragde und andere Edelsteine eingewebt waren. 22 Als man ihm
Judit anmeldete, trat er in den Vorraum des Zeltes hinaus, wobei ihm
silberne Leuchter vorangetragen wurden. 23 Sobald er und sein
Gefolge Judit erblickten, gerieten sie alle in Erstaunen über die Schön-
heit ihres Gesichts. Sie warf sich vor ihm nieder und huldigte ihm,
doch seine Diener richteten sie wieder auf.

Das Gespräch des Holofernes mit Judit

11 Holofernes sagte zu ihr: Nur Mut, Frau, fürchte dich nicht!
Ich habe noch keinem Menschen etwas zuleid getan, der
sich für den Dienst Nebukadnezzars, des Königs der ganzen Erde,
entschieden hat. 2 Ich hätte auch jetzt gegen dein Volk, das im Berg-
land wohnt, nie meinen Speer erhoben, wenn es mir nicht seine Ver-
achtung gezeigt hätte; das haben sie sich selbst zu verdanken. 3 Sag
mir jetzt, warum du von ihnen entflohen und zu uns übergelaufen
bist. Es war deine Rettung, daß du hergekommen bist. Sei unbesorgt,
du wirst heute nacht und auch weiterhin am Leben bleiben. 4 Niemand
wird dir ein Leid antun. Im Gegenteil, man wird dich gut behandeln,
wie es die Diener meines Herrn, des Königs Nebukadnezzar, gewohnt
sind.
5 Judit sagte zu ihm: Nimm die Worte deiner Sklavin gnädig auf, und
erlaube deiner Magd, vor dir zu reden. Ich erzähle meinem Herrn in
dieser Nacht keine Lüge. 6 Wenn du dem Rat deiner Magd folgst, dann
wird Gott dein Unternehmen zu einem guten Ende führen, und mein
Herr wird sein Ziel nicht verfehlen. 7 Denn so wahr Nebukadnezzar
lebt, der König der ganzen Erde, und so wahr die Macht dessen gilt,
der dich aussandte, um alle Welt zur Ordnung zu rufen: Du machst
ihm nicht nur die Menschen untertan; auch die wilden Tiere, das Vieh
und die Vögel werden dank deiner Tatkraft unter der Herrschaft Nebu-
kadnezzars und seines ganzen Hauses leben. 8 Wir haben nämlich
von deiner Weisheit und von den großartigen Fähigkeiten deines Gei-
stes gehört; aller Welt ist bekannt, daß du allein im ganzen Reich
tüchtig bist, erfolgreich durch dein Wissen und bewundernswert in
der Kriegführung. 9 Was die Rede betrifft, die Achior in deinem
Kriegsrat gehalten hat, so sind uns seine Ausführungen zu Ohren
gekommen; denn die Männer von Betulia haben ihn am Leben gelas-
sen, und er hat ihnen alles berichtet, was er bei dir gesprochen hat.
10 Darum sage ich dir, mein Herr und Gebieter, verachte seine Rede
nicht, sondern nimm sie dir zu Herzen! Sie entspricht nämlich der
Wahrheit: Unser Volk kann tatsächlich nur dann bestraft werden, und
das Schwert hat nur dann Gewalt über sie, wenn sie sich gegen ihren
Gott versündigt haben.
11 Jetzt aber ist es so, daß mein Herr nicht unverrichteterdinge wieder
abziehen muß. Der Tod wird über sie kommen; denn eine Sünde hat
von ihnen Besitz ergriffen, und sie werden ihren Gott zum Zorn rei-
zen, sobald sie das Unerlaubte wirklich tun. 12 Als ihnen nämlich die
Lebensmittel ausgingen und der Wasservorrat immer knapper wurde,
beschlossen sie, sich über ihr Vieh herzumachen, und sie sind
gewillt, all das zu verzehren, was Gott ihnen in seinem Gesetz als
Nahrung verboten hat. 13 Auch die Ersterträge des Getreides und den
Zehnten von Wein und Öl, die sie als Weihegaben für die diensttuen-
den Priester unseres Gottes in Jerusalem aufbewahrt haben,
beschlossen sie, restlos zu verzehren; dabei darf keiner aus dem Volk
die Weihegaben auch nur mit den Händen anrühren. 14 Sie haben
Boten nach Jerusalem geschickt, weil die dortige Bevölkerung ebenso
gehandelt hat; nun sollen die Boten ihnen den Schulderlaß des Älte-
stenrates besorgen. 15 Doch folgendes wird geschehen: Sobald ihnen
der Schulderlaß mitgeteilt ist und sie zur Tat schreiten, werden sie dir
noch am gleichen Tag zu ihrem Verderben ausgeliefert. 16 Daher bin
ich, deine Sklavin, von ihnen weggelaufen, nachdem ich das alles
durchschaut hatte. Ja, Gott hat mich gesandt, damit ich mit dir die
Dinge vollbringe, über die alle Welt, wenn sie davon erfährt, in Stau-
nen gerät. 17 Deine Sklavin ist eine gottesfürchtige Frau und dient Tag
und Nacht dem Gott des Himmels. Jetzt will ich bei dir bleiben, mein
Herr; doch in der Nacht wird deine Sklavin in die Schlucht hinaus-
gehen. Ich will zu Gott beten, und er wird mir sagen, wann sie ihre
Sünden begangen haben. 18 Dann will ich kommen und es dir mittei-
len. Du aber wirst mit deinen Truppen ausziehen, und keiner von
ihnen wird dir Widerstand leisten. 19 Ich werde dich quer durch Judäa
bis nach Jerusalem führen und dort mitten in der Stadt deinen Feld-
herrnstuhl aufrichten. Du wirst sie wegführen wie Schafe, die keinen
Hirten haben, und kein Hund wird gegen dich bellen. Das wurde mir
kraft meiner Sehergabe offenbart, und ich bin hergesandt worden,
um es dir kundzutun.
20 Ihre Worte gefielen Holofernes und seinem ganzen Gefolge. Sie
staunten über die Weisheit und sagten: 21 Es gibt von einem Ende der
Erde bis zum andern keine zweite Frau, die so bezaubernd aussieht
und so verständig reden kann. 22 Holofernes sagte zu ihr: Dein Gott
hat wohl daran getan, daß er dich aus deinem Volk hersandte; so wird
uns der Sieg zuteil, aber jene, die meinen Herrn verachtet haben, wird
das Verderben treffen. 23 Wahrhaftig, du bist wunderschön und ver-
stehst ausgezeichnet zu reden. Wenn du tust, was du versprochen
hast, dann soll dein Gott auch mein Gott sein; du sollst im Palast des
Königs Nebukadnezzar wohnen und in aller Welt berühmt sein.

Judits Sorge um die rituelle Reinheit

12 Dann ließ er sie in den Raum führen, wo sein silbernes
Tafelgerät aufgestellt war, und befahl, ihr von den feinen
Speisen auf seinem Tisch vorzusetzen und von seinem Wein zu trin-
ken zu geben. 2 Doch Judit sagte: Ich werde nichts davon nehmen,
damit ich keinen Anstoß errege. Man soll mir statt dessen von mei-
nem Vorrat zu essen geben, den ich mitgebracht habe. 3 Da fragte
Holofernes: Wenn aber dein Vorrat erschöpft ist, woher sollen wir
dann solche Nahrungsmittel beschaffen? Wir haben ja niemand aus
deinem Volk bei uns.
4 Judit erwiderte: Bei deinem Leben, mein Herr, noch bevor deine
Magd ihren Vorrat aufgebraucht hat, wird der Herr durch meine Hand
vollbringen, was er beschlossen hat. 5 Darauf führten die Diener des
Holofernes sie in das Zelt, wo sie bis Mitternacht schlief. Um die Zeit
der Morgenwache stand sie auf, 6 schickte einen Boten zu Holofernes
und ließ ihm sagen: Möge mein Herr Anweisung geben, daß man
deine Sklavin zum Gebet hinausgehen läßt. 7 Da befahl Holofernes
seinen Leibwächtern, sie nicht daran zu hindern. So verbrachte sie
drei Tage im Lager und ging jede Nacht in die Schlucht von Betulia
hinaus, um sich im Lager an der Wasserquelle zu baden. 8 Wenn sie
aus dem Bad herausstieg, flehte sie zu dem Herrn, dem Gott Israels, er
möge ihr Vorhaben gelingen lassen und ihrem Volk wieder aufhelfen.
9 Dann kehrte sie im Zustand der Reinheit zurück und blieb in dem
Zelt, bis sie gegen Abend ihr Essen zu sich nahm.

Alfred Hrdlicka
Judith und Holofernes
(1962)
»Und sie schlug zweimal mit ihrer ganzen Kraft auf seinen Nacken und hieb ihm den Kopf ab« (Jdt 13,8). Die Radierung von Alfred Hrdlicka schildert die Rettungstat als Gewalttat, ohne hieraus einen Widerspruch zu entwickeln. Deformierte, in ein Gespinst verknäulter Linien aufgelöste Körperlichkeit löst die Szene aus der Bildtradition der Jahrhundertwende, die von den beiden vorangegangenen Judit-Bildern repräsentiert wird. Nicht zuletzt der Verzicht auf eine emporgereckte Heldin kennzeichnet Hrdlickas expressive Gestaltung des biblischen Themas.

Judit beim Gastmahl des Holofernes
10 Am vierten Tag gab Holofernes ein Gastmahl nur für seine Diener-
schaft; von den Männern, die sonst um ihn waren, lud er keinen ein.
11 Dem Eunuchen Bagoas, der sein ganzes Eigentum zu verwalten hatte,
gab er den Auftrag: Geh und rede der Hebräerin zu, die deiner Obhut
anvertraut ist, daß sie zu uns kommt und mit uns ißt und trinkt. 12 Es
wäre wahrhaftig eine Schande für uns, wenn wir eine solche Frau gehen
ließen, ohne mit ihr zusammengewesen zu sein. Sie selber würde uns
auslachen, wenn wir sie nicht an uns rissen. 13 Bagoas ging weg, trat bei
Judit ein und sagte: Möge das schöne Mädchen nicht zögern, zu mei-
nem Herrn zu kommen; sie soll ihm gegenüber den Ehrenplatz ein-
nehmen, mit uns Wein trinken und fröhlich sein und heute den assyri-
schen Mädchen gleich werden, die im Palast Nebukadnezzars ihren
Dienst tun. 14 Judit entgegnete: Wer bin ich, daß ich meinem Herrn
widersprechen dürfte? Ich will unverzüglich alles tun, was er wünscht;
das soll mir eine Freude sein bis zum Tag meines Todes.
15 Judit stand auf, legte ihr bestes Kleid und ihren ganzen Schmuck an.
Ihre Dienerin eilte voraus und legte für sie gegenüber von Holofernes
die Teppiche auf den Boden, die sie von Bagoas als Lager für ihre tägli-
chen Mahlzeiten erhalten hatte. 16 Darauf trat Judit ein und nahm Platz.
Holofernes aber war über sie ganz außer sich vor Entzücken. Seine
Leidenschaft entbrannte, und er war begierig danach, mit ihr zusam-
menzusein. Denn seit er sie gesehen hatte, lauerte er auf eine günstige
Gelegenheit, um sie zu verführen. 17 Als Holofernes sie aufforderte:
Trink doch, und sei vergnügt mit uns!, 18 erwiderte Judit: Gern will ich
trinken, Herr, denn ich habe in meinem ganzen Leben noch keine
solche Ehre erfahren wie heute. 19 Sie griff zu, aß und trank vor seinen
Augen, was ihre Dienerin zubereitet hatte. 20 Holofernes wurde ihret-
wegen immer fröhlicher und trank so viel Wein, wie er noch nie zuvor
in seinem Leben an einem einzigen Tag getrunken hatte.

Judits Rettungstat

13 Als es dann Nacht geworden war, brachen seine Diener eilig
auf. Bagoas schloß von außen das Zelt und trennte so die
Diener von seinem Herrn. Sie suchten ihr Nachtlager auf, denn sie
waren alle von dem ausgedehnten Mahl ermüdet. 2 Judit allein blieb in
dem Zelt zurück, wo Holofernes, vom Wein übermannt, vornüber auf
sein Lager gesunken war. 3 Judit hatte ihrer Dienerin befohlen,
draußen vor ihrem Schlafgemach stehen zu bleiben und wie alle Tage
zu warten, bis sie herauskäme; sie werde nämlich zum Gebet hinaus-
gehen. Im gleichen Sinne hatte sie auch mit Bagoas gesprochen.
4 Inzwischen hatte sich die ganze Gesellschaft entfernt, und es befand
sich kein Mensch mehr im Schlafgemach des Holofernes. Judit trat an
das Lager des Holofernes und betete still: Herr, du Gott aller Macht,
sieh in dieser Stunde gnädig auf das, was meine Hände zur Verherrli-
chung Jerusalems tun werden. 5 Jetzt ist der Augenblick gekommen,
daß du dich deines Erbbesitzes annimmst und daß ich mein Vorhaben
ausführe, zum Verderben der Feinde, die sich gegen uns erhoben
haben. 6 Dann ging sie zum Bettpfosten am Kopf des Holofernes und
nahm von dort sein Schwert herab. 7 Sie ging ganz nahe zu seinem
Lager hin, ergriff sein Haar und sagte: Mach mich stark, Herr, du Gott
Israels, am heutigen Tag! 8 Und sie schlug zweimal mit ihrer ganzen
Kraft auf seinen Nacken und hieb ihm den Kopf ab. 9 Dann wälzte sie
seinen Rumpf von dem Lager und riß das Mückennetz von den Trag-
stangen herunter. 10 Kurz danach ging sie hinaus und übergab den
Kopf des Holofernes ihrer Dienerin, die ihn in einen Sack steckte. Sie
machten sich dann beide wie gewöhnlich auf den Weg, als wollten sie
zum Beten gehen. Sie gingen jedoch, nachdem sie das Lager durch-
quert hatten, um die Schlucht herum, stiegen den Berg nach Betulia
hinauf und gelangten vor das Stadttor.

Judits Rückkehr nach Betulia und der Jubel des Volkes

11 Schon von weitem rief Judit den Wächtern am Tor zu: Öffnet, öffnet
schnell das Tor! Gott ist mit uns, ja, unser Gott ist mit uns. Er offen-
bart in Israel seine segensreiche Macht, an unseren Feinden aber
seine strafende Gewalt. Das hat er auch heute bewiesen. 12 Als die
Männer in der Stadt ihre Stimme hörten, eilten sie zum Stadttor hin-
unter und riefen die Ältesten der Stadt zusammen. 13 Alle liefen her-
bei, vom Kleinsten bis zum Größten, denn sie konnten es nicht fas-
sen, daß Judit zurückgekommen war. Sie öffneten das Tor und ließen
die beiden Frauen herein. Dann zündeten sie ein Feuer an, um den
Platz zu beleuchten, und umringten sie. 14 Judit aber rief ihnen laut
zu: Lobt Gott, ja, lobt ihn! Lobt Gott! Er hat dem Haus Israel sein
Erbarmen nicht entzogen, sondern er hat in dieser Nacht unsere
Feinde durch meine Hand vernichtend getroffen. 15 Dann zog sie den
Kopf aus dem Sack und zeigte ihn den Männern mit den Worten:
Seht, das ist der Kopf des Holofernes, des Oberbefehlshabers der
assyrischen Truppen, und hier ist das Mückennetz, unter dem er in
seinem Rausch lag. Der Herr hat ihn durch die Hand einer Frau
erschlagen. 16 So wahr der Herr lebt, der mich auf dem Weg beschützt
hat, den ich gegangen bin: Zwar hat ihn mein Anblick verführt und in
das Verderben gestürzt, aber er hat mich durch keine Sünde befleckt
oder geschändet. 17 Das Volk war zutiefst ergriffen; sie verneigten
sich, warfen sich vor Gott nieder und riefen einmütig: Gepriesen seist
du, unser Gott, der du am heutigen Tag die Feinde deines Volkes ver-
nichtet hast.

Usijas Lob für Judit

18 Usija aber sagte: Meine Tochter, du bist von Gott, dem Allerhöch-
sten, mehr gesegnet als alle anderen Frauen auf der Erde. Gepriesen
sei der Herr, unser Gott, der Himmel und Erde geschaffen hat. Durch
seine Hilfe ist es dir gelungen, dem Anführer unserer Feinde den Kopf
abzuschlagen. 19 Die Erinnerung an dein Vertrauen soll in Ewigkeit
nicht aus den Herzen der Menschen entschwinden, die sich an die
Macht Gottes erinnern. 20 Gott möge dir ewigen Ruhm schenken und
dich reich mit seinem Segen belohnen. Denn in der Not unseres
Volkes hast du dein Leben nicht geschont; nein, du hast entschlossen
unseren Untergang von uns abgewehrt, du bist vor unserem Gott auf
geradem Weg gegangen. Und alles Volk rief: Amen, amen.

Judits Anweisungen

14 Da sagte Judit zu ihnen: Hört mich an, meine Brüder! Nehmt
diesen Kopf, und hängt ihn an der Zinne eurer Stadtmauer
auf! 2 Wenn dann der Morgen anbricht und die Sonne über der Erde
aufgeht, greift alle zu den Waffen, und rückt mit allen wehrfähigen
Männern zum Stadttor hinaus! Ihr müßt einen Anführer an ihre Spitze
stellen und dann so tun, als ob ihr hinabsteigen und die assyrischen
Vorposten in der Ebene angreifen wollt; in Wirklichkeit aber dürft ihr
nicht hinabgehen. 3 Dann werden die feindlichen Vorposten sich
kampfbereit machen, in ihr Lager eilen und die Anführer der assyri-
schen Truppen wecken. Wenn sie vor dem Zelt des Holofernes zusam-
menströmen, ihn aber nicht finden, werden sie, von Schrecken
gepackt, vor euch flüchten. 4 Ihr aber und die Bewohner des ganzen
Landes Israel setzt ihnen nach und macht sie auf der Flucht nieder!
5 Doch zuvor ruft mir noch den Ammoniter Achior, damit er sich den
Mann ansieht und ihn wiedererkennt, der das Haus Israel verachtet
und der ihn als einen Todgeweihten zu uns geschickt hat.

Achiors Lob für Judit und seine Bekehrung

6 Da rief man Achior aus dem Haus des Usija herbei. Als er kam und in
der Hand eines Mannes aus der Volksmenge den Kopf des Holofernes
erblickte, fiel er ohnmächtig zu Boden. 7 Nachdem man ihn wieder
aufgerichtet hatte, warf er sich Judit zu Füßen, verneigte sich vor ihr
und sagte: Gepriesen seist du in allen Zelten Judas und bei allen Völ-
kern. Wer immer deinen Namen hört, wird vor Schrecken erzittern.
8 Doch jetzt erzähl mir, was du in diesen Tagen getan hast. Judit
berichtete ihm vor dem ganzen Volk alles, was sie getan hatte, ange-
fangen von dem Tag ihres Weggangs bis zu dem Augenblick ihres jet-
zigen Gesprächs. 9 Als sie mit ihrem Bericht fertig war, brach das Volk
in lauten Jubel aus und erhob in der Stadt ein Freudengeschrei.
10 Achior aber, der begriff, daß der Gott Israels diese Tat vollbracht
hatte, glaubte aus ganzem Herzen an Gott; er ließ sich beschneiden
und wurde von da an dem Haus Israel zugerechnet, und so ist es bis
auf den heutigen Tag geblieben.

Die Verwirrung der Assyrer

11 Sobald der Morgen anbrach, hängte man den Kopf des Holofernes
an der Mauer auf. Alle Männer griffen zu den Waffen und zogen in
Scharen zu den Wegen, die in das Gebirge hinaufführten. 12 Als die
Assyrer sie sahen, meldeten sie es ihren Anführern; diese eilten
zu den Feldherren, Obersten und allen Offizieren. 13 Sie trafen sich
beim Zelt des Holofernes und sagten zu dem Verwalter seines gesam-
ten Eigentums: Weck doch unseren Herrn! Diese Sklaven wagen es
herabzukommen und bieten uns den Kampf an, um vollends in ihr
Verderben zu rennen. 14 Da ging Bagoas hinein und klatschte vor dem
Zeltvorhang; denn er war der Meinung, Holofernes schlafe mit
Judit. 15 Als niemand Gehör gab, schlug er den Vorhang zurück und
trat in das Schlafgemach ein. Da fand er Holofernes tot ausgestreckt
auf der Schwelle liegen und sah, daß ihm der Kopf abgeschlagen
worden war. 16 Er stieß einen lauten Schrei aus und zerriß unter Wei-
nen, Stöhnen und lautem Klagen seine Kleider. 17 Dann eilte er in das
Zelt, wo Judit untergebracht war; als er sie nicht mehr vorfand,
stürzte er unter die Soldaten hinaus und schrie: 18 Diese Sklaven
haben Verrat geübt! Ein einzelnes Weib der Hebräer hat Schande
über das ganze Haus des Königs Nebukadnezzar gebracht. Seht her:
Holofernes liegt am Boden, und er hat keinen Kopf mehr. 19 Als sie
das hörten, zerrissen die Führer des assyrischen Heeres ihre Kleider;
tiefe Bestürzung ergriff sie, und ihr Klagegeschrei schallte laut durch
das Lager.

Die Flucht der Assyrer

15 Als die Männer in den Zelten hörten, was geschehen war,
packte sie das Entsetzen. 2 Furcht und Schrecken überfiel
sie, und keiner wollte mehr bei dem andern bleiben. Sie stoben aus-
einander und liefen auf allen Wegen in der Ebene und im Gebirge
davon. 3 Auch die, die auf den Berghöhen rings um Betulia ihr Lager
hatten, wandten sich zur Flucht. Nun aber machten sich die wehrfähi-
gen Israeliten über sie her. 4 Usija schickte Boten nach Betomestajim,
Bebai, Choba und Kola sowie in das ganze übrige Land Israel. Sie
berichteten, was sich zugetragen hatte, und forderten die Bevölke-
rung auf, sich ebenfalls auf die Feinde zu stürzen und sie zu vernich-
ten. 5 Sobald die Israeliten das hörten, fielen sie einmütig über die
Feinde her, verfolgten sie bis nach Choba und schlugen sie nieder.
Auch die Bewohner Jerusalems und des ganzen Berglandes fanden
sich ein; denn man hatte ihnen gemeldet, was mit dem Heer ihrer
Feinde geschehen war. Die Bewohner von Gilead und Galiläa fielen
den Assyrern in die Flanke. Sie fügten ihnen schwere Verluste zu, bis
sie über das Gebiet von Damaskus hinaus waren. 6 Die zurückgeblie-
benen Einwohner von Betulia machten sich über das Lager der Assyrer
her, plünderten es und verschafften sich großen Reichtum. 7 Was
übrigblieb, nahmen die Israeliten an sich, als sie von der Verfolgung
zurückkehrten. Auch die Dörfer und Gehöfte im Bergland und in der
Ebene machten große Beute; denn es gab davon eine unermeßliche
Menge.

Der Jubel über Judit

8 Der Hohepriester Jojakim und der Ältestenrat von Israel, die in Jeru-
salem wohnten, kamen herbei, um die rettende Tat zu sehen, die der
Herr für Israel getan hatte, aber auch um Judit aufzusuchen und sie zu
beglückwünschen. 9 Sie traten bei ihr ein, lobten sie wie aus einem
Mund und sagten zu ihr: Du bist der Ruhm Jerusalems, du bist die
große Freude Israels und der Stolz unseres Volkes. 10 Mit deiner Hand
hast du das alles getan, du hast segensreiche Taten für Israel voll-
bracht, und Gott hat daran Gefallen gehabt. Sei gesegnet vom Herrn,
dem Allmächtigen, für ewige Zeiten. Und alles Volk rief: Amen.
11 Dreißig Tage lang plünderte die Menge das feindliche Lager. Man
schenkte Judit das Zelt des Holofernes, alle seine silbernen Geräte, die
Ruhebetten, die Gefäße und alle übrigen Einrichtungsgegenstände.
Sie nahm ihren Anteil an der Beute und packte ihn auf ihr Maultier;
auch ihre Wagen ließ sie anspannen und verstaute die Beute darauf.
12 Alle Frauen in Israel eilten herbei, um Judit zu sehen, und sangen ihr
Lob. Als sie sich ihr zu Ehren zu einem Festreigen aufstellten, nahm
Judit belaubte Zweige in die Hand und gab auch den umstehenden
Frauen davon. 13 Sie und ihre Begleiterinnen setzten sich Kränze von
Ölzweigen auf, und so ging sie vor dem ganzen Volk her und führte
den Festreigen der Frauen an. Ihr folgten alle Männer von Israel in
Waffen und mit Kränzen geschmückt. Von allen Lippen ertönten Lob-
lieder. 14 Judit aber stimmte im Beisein von ganz Israel das folgende
Danklied an, und alles Volk sang den Lobpreis mit, im Wechsel mit
ihr.

Judits Lobgesang

16 Judit sang: Stimmt ein Lied an für meinen Gott unter Pau-
kenschall, / singt für den Herrn unter Zimbelklang! / Preist
ihn, und singt sein Lob, / rühmt seinen Namen, und ruft ihn an!
2 Denn der Herr ist ein Gott, / der den Kriegen ein Ende setzt; / er
führte mich heim in sein Lager inmitten des Volkes / und rettete mich
aus der Gewalt der Feinde.
3 Assur kam von den Bergen des Nordens / mit seiner unzählbaren
Streitmacht; / die Masse der Truppen verstopfte die Täler, / sein Reiter-
heer bedeckte die Hügel.
4 Brandschatzen wollten sie mein Gebiet, / die Jugend morden mit
scharfem Schwert, / den zarten Säugling am Boden zerschmettern, /
die Kinder als Beute verschleppen, / als billigen Raub die Mädchen
entführen.
5 Doch der Herr, der Allmächtige, gab sie preis, / er gab sie der Ver-
nichtung preis / durch die Hand einer Frau.
6 Ihr Held fiel nicht durch die Kraft junger Männer, / nicht Söhne von
Riesen erschlugen ihn, / noch traten ihm hohe Recken entgegen. /
Nein, Judit, Meraris Tochter, / bannte seine Macht mit dem Reiz ihrer
Schönheit.
7 Sie legte ihr Witwengewand ab, / um den Bedrängten in Israel zu hel-
fen. / Sie salbte ihr Gesicht mit duftendem Öl,
8 sie schmückte ihre Haare mit einem Diadem / und zog ein Leinen-
kleid an, um ihn zu verführen.
9 Ihre Sandalen bezauberten sein Auge. / So schlug ihre Schönheit sein
Herz in Bann. / Das Schwert traf seinen Nacken mit Wucht.
10 Die Perser erschraken vor ihrer Kühnheit, / die Meder erstarrten vor
ihrem Mut.
11 Jubel erfüllte mein armes Volk – / sie aber gerieten in Schrecken. /
Die Meinen waren schwach – / sie aber packte Entsetzen. / Die einen
stimmten den Schlachtruf an – / die anderen ergriffen die Flucht.
12 Erbärmliches Volk! Man stieß sie nieder / und schlug sie nieder wie
Kinder von Ehebrecherinnen; / sie kamen um durch das Heer meines
Herrn.
13 Ich singe meinem Gott ein neues Lied; / Herr, du bist groß und voll
Herrlichkeit. / Wunderbar bist du in deiner Stärke, / keiner kann dich
übertreffen.
14 Dienen muß dir deine ganze Schöpfung. / Denn du hast gespro-
chen, und alles entstand. / Du sandtest deinen Geist, um den Bau zu
vollenden. / Kein Mensch kann deinem Wort widerstehen.
15 Meere und Berge erbeben in ihrem Grund, / vor dir zerschmelzen
die Felsen wie Wachs. / Doch wer dich fürchtet, der erfährt deine
Gnade.
16 Zu gering ist jedes Opfer, um dich zu erfreuen, / alle Fettstücke sind
nichts beim Opfer für dich. / Wer den Herrn fürchtet, der ist groß für
immer.
17 Doch weh den Völkern, die mein Volk bekämpfen. / Am Tag des
Gerichts straft sie der allmächtige Herr, / er schickt Feuer und Würmer
in ihr Gebein; / in Ewigkeit sollen sie heulen vor Schmerz.

Das Siegesfest in Jerusalem

18 Als sie nach Jerusalem gekommen waren, warfen sie sich vor Gott
zum Gebet nieder. Die Leute reinigten sich und brachten ihre Brand-
opfer, ihre freiwilligen Opfer und ihre sonstigen Gaben dar. 19 Judit
stiftete dem Heiligtum alles, was ihr das Volk aus der Beute des Holo-
fernes überlassen hatte. Auch das Mückennetz, das sie aus seinem
Schlafgemach mitgenommen hatte, schenkte sie Gott als Weihegabe.
20 Drei Monate lang feierte das Volk vor dem Heiligtum in Jerusalem
ein Freudenfest, und Judit blieb bei ihnen.

Die letzten Jahre Judits

21 Nach Ablauf dieser Zeit kehrte jeder in seinen Erbbesitz zurück.
Judit ging nach Betulia und blieb auf ihrem Anwesen. Solange sie
lebte, war sie im ganzen Land hochgerühmt. 22 Viele hätten sie gern
zur Frau gehabt; aber seit ihr Gatte Manasse gestorben und zu seinen
Vätern gerufen war, durfte kein Mann sie mehr berühren, ihr Leben
lang. 23 Sie erlebte ein sehr hohes Alter und wurde im Haus ihres Man-
nes hundertfünf Jahre alt. Ihrer Dienerin schenkte sie die Freiheit. Sie
starb in Betulia, und man bestattete sie in der Grabhöhle ihres Gatten
Manasse. 24 Das Haus Israel betrauerte sie sieben Tage lang. Vor ihrem
Tod hatte sie noch ihren Besitz an alle Verwandten ihres Gatten
Manasse und an die Angehörigen ihrer eigenen Familie verteilt. 25 Nie-
mand aber wagte mehr, die Israeliten zu beunruhigen, solange Judit
lebte, und auch noch lange Zeit nach ihrem Tod.

Das Buch Ester

Die Jüdin Ester und ihr Onkel Mordechai auf der einen, König Artaxerxes und Haman auf der anderen Seite sind die Hauptpersonen des Buches, in dem es um die Abwendung einer drohenden Judenverfolgung im Perserreich geht. Das Buch hat einen geschichtlichen Hintergrund, weil es schon in alter Zeit Judenverfolgungen gab. Es erzählt, wie Ester, die Pflegetochter Mordechais, anstelle der verstoßenen Waschti von Artaxerxes zur Königin erhoben wird. Mordechai hat durch die Aufdeckung einer Verschwörung dem König das Leben gerettet (Kap. 1 und 2). Haman, der zweite Mann im Reich, haßt aus Mißgunst gegen Mordechai die Juden und erwirkt einen königlichen Erlaß zu ihrer Ausrottung; sie wird durch das Los (pûr) auf den 13. Adar (Februar–März) festgesetzt (Kap. 3). Auf Veranlassung Mordechais geht Ester unter Lebensgefahr zum König, erlangt sein Wohlwollen und erreicht den Sturz Hamans (Kap. 4–7). Mordechai tritt an Hamans Stelle, Ester erhält Hamans Besitz und erwirkt gegen den ersten Erlaß des Königs einen zweiten, der den Juden erlaubt, sich ihrer Feinde zu erwehren (Kap. 8). Das geschieht am 13. Adar im Perserreich und am 14. Adar in der Hauptstadt Susa, worauf der 14. Adar für die Juden in den Provinzen und der 15. für die in Susa lebenden Juden zum Festtag erklärt wird (Purimfest, abgeleitet von pûr); Mordechai und Ester rufen in Briefen zur Feier dieses Festes auf (Kap. 9). Ein Bericht über die Taten des Königs und über die Amtsführung Mordechais schließen das Buch ab (Kap. 10).
Der Verfasser ist über die Zustände am persischen Hof und in Susa gut informiert, verfährt aber recht frei und ungenau mit geschichtlichen Tatsachen, was sich besonders daran zeigt, daß er den Perserkönig Artaxerxes unmittelbar auf den Babylonier Nebukadnezzar folgen läßt (2,6). Die novellenartige Erzählung ist mit märchenhaften Zügen ausgeschmückt. Das Buch, dessen Abfassung vermutlich nach der Perserzeit, etwa um 300 v. Chr., anzusetzen ist, erklärt die Entstehung des jüdischen Purimfestes.
Das Buch Ester steht im dritten Teil der hebräischen Bibel unter den »Fünf Festrollen« (vgl. die Einleitung zu Rut). Seine Aufnahme in die Bibel fand es erst nach längeren Diskussionen unter den Schriftgelehrten. Das hängt damit zusammen, daß das Buch recht profan anmutet, wie auch das Purimfest ein weltliches Fest ist. Gott wird im hebräischen Esterbuch nicht erwähnt. Dem suchte die griechische Fassung abzuhelfen, indem sie außer anderen Erweiterungen die Gebete Mordechais und Esters (nach 4,17), den Traum Mordechais (vor 1,1) und seine Deutung (nach 10,3) einfügte. Hier wird ausdrücklich von Gott gesprochen. Diese Erweiterungen, die auch den judenfeindlichen Erlaß (nach 3,13), eine Schilderung der Audienz Esters (in 5,1 und 2) und den Gegenerlaß des Königs (nach 8,12) bringen, stehen in der griechischen Bibel an der jeweils passenden Stelle. In der lateinischen Bibel sind sie gesammelt als Anhang an den Schluß gestellt. Stil, Sprachcharakter und Denkweise zeigen, daß die Zusätze von Anfang an griechisch geschrieben waren.
Das spannend geschriebene Buch bringt, auch wenn es in der hebräischen Fassung Gott nicht nennt, den Glauben an Gott als Retter und Befreier zum Ausdruck; dazu genügt dem gläubigen Leser bereits eine Andeutung (4,14; 6,13). Das Beispiel Esters und Mordechais zeigt auch, was der einzelne im Vertrauen auf Gott zum Besten seines Volkes zu tun vermag.
Die folgende Übersetzung hält sich in der Textanordnung an die griechische Bibel und zählt in den deuterokanonischen Zusätzen die Verse nach Buchstaben.

Mordechai und die Verschwörung gegen König Artaxerxes

Der Traum Mordechais

1 1a Im zweiten Jahr der Regierung des Großkönigs Artaxerxes,
am ersten Tag des Monats Nisan, hatte Mordechai, der Sohn
Jaïrs, des Sohnes Schimis, des Sohnes des Kisch, aus dem Stamm
Benjamin, einen Traum. 1b Der Jude Mordechai wohnte in der Stadt
Susa; er war ein angesehener Mann, der am Hof des Königs diente.
1c Er gehörte zu denen, die der babylonische König Nebukadnezzar
mit Jojachin, dem König von Juda, aus Jerusalem verschleppt hatte.
1d Er hatte folgenden Traum: Es gab Geschrei und Lärm, Donner und
Erdbeben, und ein Tumult entstand auf der Erde. 1e Plötzlich kamen
zwei große Drachen, beide bereit zu kämpfen. Sie brüllten laut,
1f und durch ihr Brüllen wurden alle Völker zum Kampf aufgereizt, so
daß sie gegen das Volk der Gerechten Krieg führten. 1g Es war ein Tag
des Dunkels und der Finsternis; Bedrängnis und Not, Unheil und
großer Tumult waren auf der Erde. 1h Das ganze Volk der Gerechten
geriet in Bestürzung. Sie fürchteten Unheil und rechneten mit ihrem
Untergang. Da schrien sie zu Gott. 1i Auf ihr Rufen hin wurde aus
einer kleinen Quelle ein großer Strom mit viel Wasser. 1k Licht und
Sonne schienen wieder; die Niedrigen wurden erhöht, und sie vernichteten die Angesehenen. 1l Als Mordechai diesen Traum gehabt
hatte, erwachte er. Den ganzen Tag überlegte er, was Gott wohl
beschlossen habe, und versuchte, auf jede nur mögliche Weise den
Traum zu verstehen.

Die Aufdeckung der Verschwörung

1m Mordechai schlief im Palast in der Nähe der zwei Hofbeamten
Gabata und Teresch, die den Palast bewachten. 1n Dabei hörte er, was
sie miteinander überlegten; er versuchte, über ihre Pläne Genaueres
zu erfahren, und entdeckte, daß sie einen Anschlag gegen König Artaxerxes vorbereiteten. Er zeigte sie beim König an, 1o und der König verhörte die beiden Beamten. Sie gestanden und wurden hingerichtet.
1p Zur Erinnerung ließ der König diese Begebenheit aufzeichnen; auch
Mordechai machte Aufzeichnungen darüber. 1q Und der König beauftragte Mordechai, im Palast zu dienen, und belohnte ihn für seine Tat
mit reichen Geschenken. 1r Aber der Bugäer Haman, der Sohn Hammedatas, ein angesehener Mann beim König, suchte wegen der beiden Hofbeamten des Königs Unheil über Mordechai und sein Volk zu
bringen.

Die Erhebung Esters zur Königin

Das Mahl im Königspalast

1 Es war zur Zeit des Artaxerxes, jenes Artaxerxes, der von Indien
bis Kusch über hundertsiebenundzwanzig Provinzen herrschte.
2 Drei Jahre, nachdem König Artaxerxes in der Burg Susa den Thron
seines Reiches bestiegen hatte, 3 gab er ein Festmahl für alle seine
Fürsten und Beamten. Die Obersten des Heeres von Persien und
Medien, die Vornehmen und die Statthalter der Provinzen waren
erschienen, 4 und er stellte viele Tage lang seinen ganzen Reichtum
und seine königliche Pracht, seine Herrlichkeit und seinen ungeheue-
ren Prunk zur Schau, hundertachtzig Tage lang. 5 Am Ende dieser
Tage gab der König allen, die in der Burg Susa waren, vom Größten
bis zum Geringsten, sieben Tage lang im Hofgarten des Palastes ein
Festmahl. 6 Weißes Leinen, violetter Purpurstoff und andere feine
Gewebe waren mit weißen und roten Schnüren in silbernen Ringen an
Alabastersäulen aufgehängt. Auf dem Mosaikboden aus Alabaster,
weißem und buntem Marmor und Perlmuttsteinen standen goldene
und silberne Ruhelager. 7 Man trank aus goldenen Gefäßen, von
denen keines den andern gleich war. Großzügig ließ der König seinen
Wein ausschenken. 8 Bei dem Gelage sollte keinerlei Zwang herr-
schen. Denn der König hatte seinen Palastbeamten befohlen: Jeder
kann tun, was ihm beliebt. 9 Auch Königin Waschti gab ein Festmahl
für die Frauen, die im Palast des Königs Artaxerxes lebten.

Die Verstoßung der Königin Waschti

10 Als König Artaxerxes am siebten Tag vom Wein angeheitert war,
befahl er Mehuman, Biseta, Harbona, Bigta, Abagta, Setar und Kar-
kas, den sieben Hofbeamten, die ihn persönlich bedienten, 11 die
Königin Waschti im königlichen Diadem vor ihn zu bringen, damit
das Volk und die Fürsten ihre Schönheit bewunderten; denn sie war
sehr schön. 12 Aber die Königin Waschti weigerte sich, dem Befehl des
Königs, den die Hofbeamten überbracht hatten, zu folgen und zu
kommen. Da wurde der König erbost, und es packte ihn großer Zorn.
13 Er besprach sich mit den Weisen, die sich in der Geschichte auskem-
nen; denn er pflegte seine Angelegenheiten vor den Kreis der Geset-
zes- und Rechtskundigen zu bringen, 14 die zu ihm Zutritt hatten,
nämlich Karschena, Schetar, Admata, Tarschisch, Meres, Marsena,
Memuchan, die sieben Fürsten Persiens und Mediens. Sie hatten
freien Zugang zum König und nahmen den ersten Rang im König-
reich ein. 15 Er fragte: Was soll man nach dem Gesetz mit der Königin
Waschti tun, nachdem sie dem Befehl des Königs Artaxerxes, den ihr
die Hofbeamten überbracht haben, nicht gefolgt ist? 16 Da sagte
Memuchan zum König und zu den Fürsten: Nicht nur gegen den
König, sondern auch gegen alle Fürsten und alle Völker, die in all den
Provinzen des Königs Artaxerxes leben, hat sich Königin Waschti ver-
fehlt. 17 Denn das Verhalten der Königin wird allen Frauen bekannt
werden, und sie werden die Achtung vor ihren Ehemännern verlieren
und sagen: König Artaxerxes befahl der Königin Waschti, vor ihm zu
erscheinen; aber sie kam nicht. 18 Von heute an werden alle Fürstinnen
Persiens und Mediens, die vom Verhalten der Königin hören, dies
allen Fürsten des Königs vorhalten, und es gibt viel Ärger und Ver-
druß. 19 Wenn es dem König recht ist, möge ein unwiderruflicher
königlicher Erlaß ergehen, der in den Gesetzen der Perser und Meder
aufgezeichnet wird: Waschti darf dem König Artaxerxes nicht mehr
unter die Augen treten. Der König aber verleihe den Rang der Königin
einer anderen, die würdiger ist als sie. 20 Wenn die Anordnung, die der
König erläßt, in seinem ganzen großen Reich bekannt wird, dann
werden alle Frauen ihren Ehemännern, den vornehmsten wie den
geringsten, die gebührende Achtung erweisen. 21 Der Vorschlag gefiel
dem König und den Fürsten, und der König handelte nach Memuch-
ans Worten. 22 Er sandte Schreiben an alle königlichen Provinzen, an
jede Provinz in ihrer eigenen Schrift und an jedes Volk in seiner Spra-
che, damit alle Männer Herr in ihrem Haus blieben [redend in der
Sprache seines Volkes].

Der Entschluß des Königs

2 Als sich nach einiger Zeit der Zorn des Königs gelegt hatte, erin-
nerte er sich wieder an Waschti und an das, was sie getan und
was man über sie beschlossen hatte. 2 Da sagten die Pagen des Königs:
Man sollte für den König schöne junge Mädchen suchen. 3 Der König
soll in jeder Provinz seines Reiches Männer beauftragen, alle schönen
jungen Mädchen in den Frauenpalast auf der Burg Susa zu bringen
und dem königlichen Kämmerer Hegai, dem Aufseher der Frauen, zu
übergeben. Dort sollen sie der nötigen Schönheitspflege unterzogen
werden. 4 Und das Mädchen, das dem König gefällt, soll anstelle
Waschtis Königin werden. Der König fand den Vorschlag gut und
handelte nach ihm.

Ester am königlichen Hof

5 In der Burg Susa lebte ein Jude namens Mordechai. Er war der Sohn
Jaïrs, des Sohnes Schimis, des Sohnes des Kisch, aus dem Stamm
Benjamin. 6 Er war mit den Verschleppten aus Jerusalem gekommen,
die der babylonische König Nebukadnezzar zusammen mit König
Jojachin deportiert hatte. 7 Er war der Vormund von Hadassa, der
Tochter seines Onkels, die auch Ester hieß. Sie hatte keinen Vater und
keine Mutter mehr. Das Mädchen war von schöner Gestalt und großer
Anmut. Nach dem Tod ihres Vaters und ihrer Mutter hatte Mordechai
sie als seine Tochter angenommen. 8 Als der Befehl und Erlaß des
Königs bekannt wurde, brachte man viele Mädchen zur Burg Susa und
gab sie in die Obhut Hegais. Auch Ester wurde in den Königspalast
geholt und Hegai, dem Aufseher der Frauen, übergeben. 9 Das
Mädchen fand sein Gefallen und seine Gunst. Er war sehr darauf
bedacht, daß sie die nötige Pflege und die richtige Kost erhielt; außer-
dem gab er ihr sieben auserlesene Dienerinnen aus dem Königshaus.
Später ließ er sie mit ihren Dienerinnen in die schönsten Räume des
Frauenpalastes umziehen. 10 Ester hatte nichts von ihrem Volk und
ihrer Abstammung erzählt; denn Mordechai hatte sie angewiesen,
nichts davon zu sagen. 11 Jeden Tag ging Mordechai zum Hof des Frau-
enpalastes, um zu erfahren, wie es Ester ging und was mit ihr
geschah. 12 Der Reihe nach wurden alle Mädchen zu König Artaxerxes
geholt. Zuvor waren sie, wie es für die Frauen Vorschrift war, zwölf
Monate lang gepflegt worden; denn so lange dauerte ihre Schönheits-
pflege: sechs Monate Myrrhenöl und sechs Monate Balsam und
andere Schönheitsmittel der Frauen. 13 Dann gingen die Mädchen
zum König, und alles, was sie sich aus dem Haus der Frauen wünsch-
ten, gab man ihnen in den Königspalast mit. 14 Am Abend gingen sie
hinein, und am Morgen kamen sie zurück und wurden in den zweiten
Frauenpalast gebracht und dem königlichen Kämmerer Schaaschgas
anvertraut, dem Aufseher der Nebenfrauen. Sie durften nicht mehr
zum König gehen, außer wenn der König Gefallen an ihnen gefunden
hatte und sie ausdrücklich rufen ließ.

Esters Erhebung zur Königin

15 Eines Tages war Ester, die Tochter Abihajils, des Onkels Morde-
chais, der sie als seine Tochter angenommen hatte, an der Reihe,
zum König zu gehen. Sie wollte nichts mitnehmen, außer was der
königliche Kämmerer Hegai, der Aufseher der Frauen, ihr nahelegte.
Ester aber gefiel allen, die sie sahen. 16 Es war im zehnten Monat,
dem Monat Tebet, im siebten Jahr der Regierung des Königs, als
Ester zu Artaxerxes in den königlichen Palast geholt wurde. 17 Und
der König liebte Ester mehr als alle Frauen zuvor, und sie gewann
seine Gunst und Zuneigung mehr als alle anderen Mädchen. Er setzte
ihr das königliche Diadem auf und machte sie anstelle Waschtis zur
Königin. 18 Der König veranstaltete zu Ehren Esters ein großes Fest-
mahl für alle seine Fürsten und Diener. Den Provinzen gewährte er
einen Steuererlaß, und mit königlicher Freigebigkeit teilte er
Geschenke aus. 19 Damals, als man die Mädchen [zum zweitenmal]
zusammenholte, hatte Mordechai einen Posten am Tor des königli-
chen Palastes. 20 Ester aber erzählte nichts von ihrer Abstammung
und ihrem Volk, wie Mordechai ihr aufgetragen hatte. Ester hielt sich

an die Worte Mordechais, wie früher, als sie noch seine Pflegetochter
war.

Die Aufdeckung einer Verschwörung

21 In jenen Tagen, als Mordechai einen Posten am Tor des königlichen
Palastes hatte, planten Bigtan und Teresch, zwei unzufriedene könig-
liche Kämmerer, die zu den Türhütern gehörten, einen Anschlag auf
König Artaxerxes. 22 Mordechai erfuhr davon und berichtete es der
Königin Ester. Ester sagte es im Auftrag Mordechais dem König wei-
ter. 23 Die Sache wurde untersucht und aufgedeckt. Man hängte die
beiden auf und hielt das Ereignis in der Chronik fest, die für den König
geführt wurde.

Hamans Anschlag gegen die Juden

Der Racheplan

3 Nach diesen Ereignissen zeichnete König Artaxerxes den Agagi-
ter Haman, den Sohn Hammedatas, in besonderer Weise aus
und gab ihm einen höheren Rang als allen anderen Fürsten seiner
Umgebung. 2 Alle königlichen Diener am Tor des Palastes fielen vor
Haman nieder und huldigten ihm; denn so hatte es der König ihm zu
Ehren befohlen. Mordechai aber fiel nicht nieder und huldigte ihm
nicht. 3 Da sagten die königlichen Diener am Tor des Palastes zu Mor-
dechai: Warum setzt du dich über das Gebot des Königs hinweg? 4 Das
sagten sie jeden Tag zu ihm, doch er hörte nicht auf sie. Sie meldeten
es Haman, weil sie sehen wollten, ob Mordechai mit seiner Begrün-
dung Erfolg haben werde; er hatte ihnen nämlich gesagt, er sei Jude.
5 Als Haman merkte, daß Mordechai nicht vor ihm niederfiel und ihm
nicht huldigte, wurde er sehr zornig. 6 Aber es schien ihm nicht
genug, nur Mordechai zu beseitigen. Da man ihm gesagt hatte, wel-
chem Volk Mordechai angehörte, wollte Haman alle Juden im Reich
des Artaxerxes vernichten – das ganze Volk Mordechais.

Der Ausrottungsplan

7 Im ersten Monat, dem Monat Nisan, im zwölften Jahr des Königs
Artaxerxes, warf man in Gegenwart Hamans das Pur, das ist das Los,
über die einzelnen Tage und Monate, und das Los fiel auf den drei-
zehnten Tag des zwölften Monats, des Monats Adar. 8 Darauf sagte
Haman zu König Artaxerxes: Es gibt ein Volk, das über alle Provinzen
deines Reiches verstreut lebt, aber sich von den anderen Völkern
absondert. Seine Gesetze sind von denen aller anderen Völker ver-
schieden; auch die Gesetze des Königs befolgen sie nicht. Es ist nicht
richtig, daß der König ihnen das durchgehen läßt. 9 Wenn der König
einverstanden ist, soll ein schriftlicher Erlaß herausgegeben werden,
sie auszurotten. Dann kann ich den Schatzmeistern zehntausend
Talente Silber übergeben und in die königlichen Schatzkammern
bringen lassen. 10 Da zog der König seinen Siegelring vom Finger und
gab ihn dem Agagiter Haman, dem Sohn Hammedatas, dem Feind
der Juden, 11 und er sagte zu Haman: Das Silber lasse ich dir; mach mit
dem Volk, was dir richtig erscheint.

Der Erlaß

12 Am dreizehnten Tag des ersten Monats wurden die Schreiber des
Königs gerufen. Man schrieb an die Satrapen des Königs, die Statthal-
ter der einzelnen Provinzen und die Fürsten aller Völker der einzelnen
Provinzen in ihrer eigenen Schrift und Sprache alles genau so, wie es
Haman befohlen hatte. Der Erlaß war im Namen des Königs Arta-
xerxes geschrieben und mit dem Siegelring des Königs gesiegelt.
13 Durch Eilboten sandte man das Schreiben an alle königlichen Pro-
vinzen (mit dem Befehl): Man solle alle Juden, jung und alt, auch Kin-
der und Frauen, am gleichen Tag, dem dreizehnten Tag im zwölften
Monat, dem Monat Adar, erschlagen, ermorden und ausrotten und
ihren Besitz plündern.

13a Hier ist eine Abschrift des Briefes: Der Großkönig Artaxerxes
schreibt den Statthaltern der hundertsiebenundzwanzig Provinzen
von Indien bis Kusch und den untergeordneten Behörden: 13b Als
Herrscher über viele Völker und Gebieter über die ganze Welt habe ich
beschlossen – nicht aus überheblicher Willkür, sondern in meinem
allzeit bewiesenen Streben nach Milde und Güte –, meinen Unterta-
nen in jeder Hinsicht ein ruhiges Leben zu sichern, die Entwicklung
des Reiches zu fördern, es bis an die Grenzen mit guten Straßen zu
versehen und allen Menschen wieder den ersehnten Frieden zu schen-
ken. 13c Als ich meine Ratgeber fragte, wie das erreicht werden könnte,
hat Haman, der sich bei uns durch seine Besonnenheit hervorgetan
und seine unwandelbare edle Gesinnung und feste Treue unter Beweis
gestellt hat und der im Reich den zweithöchsten Rang innehat, 13d uns
darauf hingewiesen, daß sich ein bestimmtes heimtückisches Volk
unter alle Nationen der Erde gemischt habe, das durch seine Gesetze
zu jedem anderen Volk in Gegensatz stehe. Es mißachte ununterbro-
chen die Anordnungen unserer Könige, so daß die Verwaltung des
ganzen Reiches beeinträchtigt ist, obwohl sie von uns ausgezeichnet
geleitet wird. 13e So sind wir zu der Ansicht gelangt, daß dieses Volk
als einziges sich gegen alle Menschen ohne Ausnahme feindselig ver-
hält, nach absonderlichen und befremdlichen Gesetzen lebt und sich
gegen die Interessen unseres Landes stellt und die schlimmsten Ver-
brechen begeht, so daß im Reich keine geordneten Verhältnisse ein-
treten können. 13f Darum ordnen wir an: Alle, die euch Haman, der
Leiter der Staatskanzlei, unser zweiter Vater, in seinem Brief näher
beschrieben hat, sollen am vierzehnten Tag des Monats Adar des lau-
fenden Jahres samt ihren Frauen und Kindern ohne Gnade und Erbar-
men durch das Schwert ihrer Feinde radikal ausgerottet werden. 13g So
werden diese seit jeher feindseligen Menschen an einem einzigen Tag
eines gewaltsamen Todes sterben und in die Unterwelt hinabfahren,
unser Land aber wird sich in Zukunft einer beständigen und unge-
störten Ruhe erfreuen.
14 In jede einzelne Provinz wurde eine Abschrift des Erlasses ge-
schickt, und dieser wurde als Gesetz veröffentlicht, damit alle Völker
für diesen Tag bereit seien. 15 Die Boten ritten hinaus, durch königli-
chen Befehl zur Eile gedrängt. Während das Gesetz in der Burg Susa
veröffentlicht wurde, saßen der König und Haman beisammen und
tranken; die Stadt Susa aber war in großer Aufregung.

Die Abwendung der Gefahr

Esters Vermittlung

4 Als Mordechai von allem, was geschehen war, erfuhr, zerriß er
seine Kleider, hüllte sich in Sack und Asche, ging in die Stadt
und erhob ein lautes Klagegeschrei. 2 So kam er bis vor das Tor des
Königspalastes; aber es war nicht erlaubt, im Trauergewand durch
das Tor des Palastes zu gehen. 3 Auch in allen Provinzen herrschte bei
den Juden überall große Trauer, sobald der Erlaß und das Gesetz des
Königs eintrafen. Man fastete, weinte und klagte. Viele schliefen in
Sack und Asche. 4 Als die Dienerinnen und Kämmerer zu Ester kamen
und ihr berichteten, erschrak die Königin sehr. Sie schickte Morde-
chai Gewänder, damit er sich bekleiden und das Trauergewand able-
gen könne. Doch er nahm sie nicht an. 5 Da rief Ester den königlichen
Kämmerer Hatach, den der König zu ihrem Diener bestimmt hatte,
und schickte ihn zu Mordechai, um zu erfahren, was vorgefallen sei
und warum er sich so seltsam verhalte. 6 Hatach ging zu Mordechai
auf den Marktplatz vor das Tor des Palastes hinaus. 7 Und Mordechai
erzählte ihm alles, was geschehen war, und sagte ihm sogar, wieviel
Silber Haman in die königlichen Schatzkammern liefern wollte,
sobald er die Juden ausgerottet hätte. 8 Er gab ihm auch eine Abschrift
des Erlasses über die Ausrottung der Juden, der in Susa veröffentlicht
worden war; ihn sollte Hatach Ester zeigen, ihr alles erzählen und sie
dringend bitten, zum König zu gehen und ihn inständig um Gnade für

Roy Lichtenstein
Frauenkopf
(1977)
»Dann will ich zum König gehen, obwohl es gegen das Gesetz verstößt. Wenn ich umkomme, komme ich eben um« (Est 4,16). Der US-amerikanische Popkünstler Roy Lichtenstein bezieht sich mit seinem *Frauenkopf* demonstrativ auf zwei Techniken: Die in Comics übliche Stilisierung von Gesichtern, deren vergrößerte Wiedergabe ein Punktraster erscheinen läßt, und Pablo Picassos Verbindung von perspektivisch unterschiedlichen Ansichten. Das Resultat gewinnt trotz der Technik des bildhaften Zitierens eigenständige Ausdruckskraft. Diese ›Ester‹ vereint gleichsam unterschiedliche Modalitäten des Verhaltens, die sie befähigen, durch Wachsamkeit, tiefen Ernst und weiblichen Liebreiz in das bedrohlich-verworrene Geschehen am Königshof einzugreifen.

ihr Volk anzuflehen. 9 Hatach kam und berichtete Ester, was Morde-
chai gesagt hatte. 10 Ester schickte Hatach wieder zu Mordechai und
ließ ihm sagen: 11 Alle Diener des Königs und alle Einwohner der
königlichen Provinzen wissen, daß für jeden, Mann oder Frau, der
zum König in den inneren Hof geht, ohne gerufen worden zu sein,
das gleiche Gesetz gilt: Man tötet ihn. Nur wenn der König ihm das
goldene Zepter entgegenstreckt, bleibt er am Leben. Ich bin schon
dreißig Tage nicht mehr zum König gerufen worden. 12 Hatach teilte
Mordechai mit, was Ester gesagt hatte. 13 Mordechai ließ Ester erwi-
dern: Glaub ja nicht, weil du im Königspalast lebst, könntest du dich
als einzige von allen Juden retten. 14 Wenn du in diesen Tagen
schweigst, dann wird den Juden anderswoher Hilfe und Rettung
kommen. Du aber und das Haus deines Vaters werden untergehen.
Wer weiß, ob du nicht gerade dafür in dieser Zeit Königin geworden
bist? 15 Ester ließ Mordechai antworten: 16 Geh und ruf alle Juden
zusammen, die in Susa leben. Fastet für mich! Eßt und trinkt drei
Tage und Nächte lang nichts! Auch ich und meine Dienerinnen wol-
len ebenso fasten. Dann will ich zum König gehen, obwohl es gegen
das Gesetz verstößt. Wenn ich umkomme, komme ich eben um.
17 Mordechai ging weg und tat alles genau so, wie es Ester ihm befoh-
len hatte.

Das Gebet Mordechais

17a Mordechai dachte an alle die Taten des Herrn, und er betete zum
Herrn: 17b Herr, Herr, König, du Herrscher über alles! Deiner Macht ist
das All unterworfen, und niemand kann sich dir widersetzen, wenn du
Israel retten willst; 17c denn du hast Himmel und Erde gemacht und

alles, was wir unter dem Himmel bestaunen. Du bist der Herr über
alles, und niemand kann es wagen, sich dir, dem Herrn, entgegenzu-
stellen. 17d Du kennst alles. Du weißt, Herr, daß es weder aus
Hochmut, noch aus Überheblichkeit, noch aus Ruhmsucht geschah,
wenn ich mich vor dem überheblichen Haman nicht niedergeworfen
habe. Denn ich würde gern seine Fußsohlen küssen, wenn es für die
Rettung Israels von Nutzen wäre. 17e Ich habe so gehandelt, weil ich
nicht die Ehre eines Menschen über die Ehre Gottes stellen wollte. Ich
werde mich vor niemand niederwerfen, außer vor dir, meinem Gott,
und ich handle nicht aus Überheblichkeit so. 17f Und nun, Herr und
Gott, König, Gott Abrahams, verschone dein Volk! Denn sie blicken
voll Haß auf uns und wollen uns ins Verderben stürzen; sie sind dar-
auf aus zu vernichten, was von Anfang an dein Erbbesitz war. 17g Über-
sieh dein Erbteil nicht, das du dir von den Ägyptern losgekauft hast.
17h Hör auf mein Flehen, hab Erbarmen mit deinem Erbbesitz und ver-
wandle unsere Trauer in Freude, damit wir am Leben bleiben und dei-
nen Namen preisen Herr; laß den Mund derer, die dich loben, nicht
verstummen! 17i Auch ganz Israel schrie mit aller Kraft (zum Herrn);
denn der Tod stand ihnen vor Augen.

Das Gebet der Ester

17k Auch die Königin Ester wurde von Todesangst ergriffen und suchte
Zuflucht beim Herrn. Sie legte ihre prächtigen Gewänder ab und zog
die Kleider der Notzeit und Trauer an. Statt der kostbaren Salben tat
sie Asche und Staub auf ihr Haupt, vernachlässigte ihren Körper, und
wo sie sonst ihren prunkvollen Schmuck trug, hingen jetzt ihre Haare
in Strähnen herab. Und sie betete zum Herrn, dem Gott Israels:
17l Herr, unser König, du bist der einzige. Hilf mir! Denn ich bin allein
und habe keinen Helfer außer dir; die Gefahr steht greifbar vor mir.
17m Von Kindheit an habe ich in meiner Familie und meinem Stamm
gehört, daß du, Herr, Israel aus allen Völkern erwählt hast; du hast dir
unsere Väter aus allen ihren Vorfahren als deinen ewigen Erbbesitz
ausgesucht und hast an ihnen gehandelt, wie du es versprochen hat-
test. 17n Wir aber haben uns gegen dich verfehlt, und du hast uns unse-
ren Feinden ausgeliefert, weil wir ihre Götter verehrt haben. Du bist
gerecht, Herr. 17o Jetzt aber ist es unseren Feinden nicht mehr genug,
uns grausam zu unterjochen, sondern sie haben ihren Götzen
geschworen, dein Versprechen zu vereiteln, deinen Erbbesitz zu ver-
nichten, den Mund derer, die dich loben, verstummen zu lassen und
das Licht deines Tempels und das Feuer auf deinem Altar auszulö-
schen. 17p Statt dessen wollen sie den Heiden den Mund öffnen, damit
sie ihre nichtigen Götzen preisen und auf ewige Zeiten einen sterbli-
chen König verherrlichen. 17q Überlaß dein Zepter, Herr, nicht den
nichtigen Götzen! Man soll nicht höhnisch über unseren Sturz lachen.
Laß ihre Pläne sich gegen sie selbst kehren; den aber, der all das gegen
uns veranlaßt hat, mach zum warnenden Beispiel! 17r Denk an uns,
Herr! Offenbare dich in der Zeit unserer Not, und gib mir Mut, König
der Götter und Herrscher über alle Mächte! 17s Leg mir in Gegenwart
des Löwen die passenden Worte in den Mund, und stimm sein Herz
um, damit er unseren Feind haßt und ihn und seine Gesinnungsge-
nossen vernichtet. 17t Uns aber rette mit deiner Hand! Hilf mir, denn
ich bin allein und habe niemand außer dir, o Herr! 17u Du kennst alles.
Du weißt auch, daß ich den Prunk der Heiden hasse und das Bett eines
Unbeschnittenen und Fremden verabscheue. 17v Du weißt, daß ich das
Zeichen meiner Würde verabscheue und es an den Tagen meines
öffentlichen Auftretens nur unter Zwang auf dem Kopf trage. 17w Ich
verabscheue es wie die blutigen Stoffetzen zur Zeit meiner Unreinheit
und trage es nicht an den Tagen, an denen ich meine Ruhe habe.
17x Deine Magd hat nicht am Tisch Hamans gegessen, ich habe keinem
königlichen Gelage durch meine Anwesenheit Glanz verliehen und
habe keinen Opferwein getrunken. 17y Seit deine Magd hierher kam,
bist du für sie der einzige Grund, sich zu freuen, Herr, du Gott Abra-
hams. 17z Gott, du hast Macht über alle: Erhöre das Flehen der Ver-
zweifelten, und befrei uns aus der Hand der Bösen! Befrei mich von
meinen Ängsten!

Die Audienz beim König

5 Am dritten Tag legte Ester ihre königlichen Gewänder an und
ging in den inneren Palasthof, der vor dem Haus des Königs lag.
Der König saß im Königshaus auf seinem Königsthron, dem Eingang
gegenüber. 2 Als der König die Königin Ester im Hof stehen sah, fand
sie Gnade vor seinen Augen. Der König streckte ihr das goldene Zep-
ter entgegen, das er in der Hand hielt. Ester trat näher und berührte
die Spitze des Zepters.
[5,1 Am dritten Tag legte Ester, als sie ihr Gebet beendet hatte, ihr Buß-
gewand ab und zog ihre Prunkgewänder an. 1a Nachdem sie ihre
strahlende Schönheit wieder gewonnen hatte, betete sie zu dem allse-
henden Gott und Retter. Dann nahm sie zwei Dienerinnen mit; auf die
eine stützte sie sich nach der Art der vornehmen Frauen, die andere
ging hinter ihr und trug ihr die Schleppe. 1b Sie selbst strahlte in
blühender Schönheit, ihr Gesicht war bezaubernd und heiter, ihr Herz
aber war beklommen vor Furcht. 1c Sie durchschritt alle Türen und
blieb vor dem König stehen. Er saß auf seinem königlichen Thron,
angetan mit seinen Prunkgewändern voll Gold und Edelsteinen. Der
Anblick war furchterregend. 1d Als er aufblickte und die Königin in
wildem Zorn mit feuerrotem Gesicht ansah, wurde sie bleich, fiel in
Ohnmacht und sank auf die Schulter der Dienerin, die vorausging.
1e Da erweichte Gott das Herz des Königs. Besorgt sprang er vom
Thron auf und nahm sie in seine Arme, bis sie wieder zu sich kam.
Dann redete er ihr mit freundlichen Worten zu und sagte: 1f Was hast
du, Ester? Ich bin dein Bruder, sei unbesorgt! Du sollst nicht sterben;
denn unser Befehl gilt nur für die anderen. Komm her! 2 Dann nahm er
das goldene Zepter, legte es ihr auf den Nacken, küßte sie und sagte:
Nun rede mit mir! 2a Da sagte sie zu ihm: Ich sah dich, Herr, wie einen
Engel Gottes, und mein Herz erschrak aus Furcht vor deinem maje-
stätischen Anblick; denn du bist herrlich, Herr, und dein Gesicht ist
voll Wohlwollen. 2b Während sie mit ihm redete, fiel sie wieder in Ohn-
macht. Der König war sehr bestürzt, und sein ganzes Gefolge suchte
ihr Mut zu machen.] 3 Der König sagte zu ihr: Was willst du, Königin
Ester? Was hast du für einen Wunsch? Auch wenn es die Hälfte meines
Reiches wäre, du sollst es erhalten. 4 Ester antwortete: Wenn es dem
König gefällt, möge er heute mit Haman zu dem Festmahl kommen,
das ich für ihn vorbereitet habe.

Die Einladung zum Festmahl bei Ester

5 Der König sagte: Holt in aller Eile Haman her, damit wir Esters
Wunsch erfüllen können. Und der König kam mit Haman zu dem
Festmahl, das Ester vorbereitet hatte. 6 Als sie beim Wein saßen, sagte
der König zu Ester: Was hast du für eine Bitte? Sie wird dir erfüllt. Was
hast du für einen Wunsch? Selbst wenn es die Hälfte des Reiches wäre,
man wird es dir geben. 7 Ester antwortete: Das ist meine Bitte und
mein Wunsch: 8 Wenn ich beim König Gnade gefunden habe und es
ihm gefällt, mir zu geben, worum ich bitte, und meinen Wunsch zu
erfüllen, dann möge der König auch morgen mit Haman zu dem Fest-
mahl kommen, das ich für sie veranstalte. Morgen will ich dann die
Frage des Königs beantworten.

Hamans Racheplan gegen Mordechai

9 Haman ging an diesem Tag fröhlich und gut gelaunt nach Hause. Als
er aber am Tor des Königspalastes Mordechai sah, der sich nicht
erhob und keinerlei Ehrfurcht vor ihm zeigte, geriet er in Zorn über
Mordechai. 10 Doch er ließ sich nichts anmerken. Er ging nach Hause
und rief seine Freunde und seine Frau Seresch zu sich. 11 Und er
erzählte ihnen von seinem gewaltigen Reichtum und von seinen vielen
Söhnen, von all der Macht, die ihm der König verliehen habe, und wie
er ihn hoch über alle anderen Fürsten und königlichen Diener gestellt
habe. 12 Haman sagte: Auch Königin Ester hat an dem Festmahl, das
sie veranstaltete, nur den König und mich teilnehmen lassen. Und
auch morgen bin ich von ihr zusammen mit dem König eingeladen.
13 Aber mein Glück ist noch nicht vollkommen, solange ich den Juden
Mordechai am Tor des Palastes sitzen sehe. 14 Da sagten seine Frau

Seresch und alle seine Freunde zu ihm: Man könnte doch einen Gal-
gen errichten, fünfzig Ellen hoch. Du aber sag morgen früh dem
König, man solle Mordechai daran aufhängen. Dann kannst du mit
dem König frohen Herzens zu dem Mahl gehen. Der Vorschlag gefiel
Haman sehr, und er ließ den Galgen aufstellen.

Die Erhöhung Mordechais

6 In jener Nacht konnte der König nicht einschlafen. Darum ließ
er sich das Buch der Denkwürdigkeiten, die Chronik, bringen,
und man las ihm daraus vor. 2 Da fand man den Bericht, wie Morde-
chai Bigtan und Teresch anzeigte, die beiden königlichen Kämmerer,
die zu den Türhütern gehörten und einen Anschlag auf den König
Artaxerxes geplant hatten. 3 Der König fragte: Welche Belohnung und
Auszeichnung hat Mordechai dafür erhalten? Die Diener des Königs,
die um ihn waren, antworteten: Er hat nichts erhalten. 4 Da fragte der
König: Wer steht draußen im Hof? Haman aber war gerade in den
äußeren Hof des Königspalastes gekommen, um dem König zu
sagen, man solle Mordechai an dem Galgen aufhängen, den er für ihn
hatte aufstellen lassen. 5 Die Diener antworteten dem König: Haman
steht im Hof. Der König sagte: Er soll hereinkommen. 6 Haman trat
ein. Der König fragte ihn: Was soll mit einem Mann geschehen, den
der König besonders ehren will? Haman dachte: Wen könnte der
König wohl mehr ehren wollen als mich? 7 Deshalb sagte Haman zum
König: Wenn der König einen Mann besonders ehren will, 8 lasse er
ein königliches Gewand holen, das sonst der König selbst trägt, und
ein Pferd, auf dem sonst der König reitet und dessen Kopf königlich
geschmückt ist. 9 Das Gewand und das Pferd soll man einem der vor-
nehmsten Fürsten des Königs geben, und er soll den Mann, den der
König besonders ehren will, bekleiden, ihn auf dem Pferd über den
Platz der Stadt führen und vor ihm ausrufen: So geht es einem Mann,
den der König besonders ehren will. 10 Darauf sagte der König zu
Haman: Hol in aller Eile das Gewand und das Pferd, und tu alles, was
du gesagt hast, mit dem Juden Mordechai, der am Tor des Palastes
sitzt. Und laß nichts von dem aus, was du vorgeschlagen hast.
11 Haman nahm das Gewand und das Pferd, kleidete Mordechai ein,
führte ihn auf dem Pferd über den Platz der Stadt und rief vor ihm aus:
So geht es einem Mann, den der König besonders ehren will. 12 Dann
kehrte Mordechai zum Tor des Palastes zurück. Haman aber eilte nach
Haus, traurig und mit verhülltem Kopf. 13 Und er erzählte seiner Frau
Seresch und seinen Freunden alles, was ihm zugestoßen war. Seine
weisen [Ratgeber] und seine Frau Seresch sagten: Wenn Mordechai,
der dich schon zu stürzen begonnen hat, zum Volk der Juden gehört,
wirst du nichts gegen ihn ausrichten, sondern du wirst gewiß durch
ihn zu Fall kommen. 14 Als sie noch redeten, trafen die königlichen
Kämmerer ein, um Haman in Eile zu dem Festmahl zu holen, das
Ester vorbereitet hatte.

Hamans Ende

7 Der König und Haman kamen zu dem Mahl, das die Königin
Ester gab, 2 und der König sagte auch am zweiten Tag zu Ester,
als sie beim Wein saßen: Was hast du für eine Bitte, Königin Ester? Sie
wird dir erfüllt. Was hast du für einen Wunsch? Selbst wenn es die
Hälfte des Reiches wäre – man wird es dir geben. 3 Die Königin Ester
antwortete: Wenn ich beim König Wohlwollen gefunden habe und
wenn es ihm gefällt, dann möge mir und meinem Volk das Leben
geschenkt werden. Das ist meine Bitte und mein Wunsch. 4 Man hat
mich und mein Volk verkauft, um uns zu erschlagen, zu ermorden
und auszurotten. Wenn man uns als Sklaven und Sklavinnen verkau-
fen würde, hätte ich nichts gesagt; denn dann gäbe es keinen Feind,
der es wert wäre, daß man seinetwegen den König belästigt. 5 Da sagte
der König Artaxerxes zu Königin Ester: Wer ist der Mann? Wo ist der
Mensch, der es wagt, so etwas zu tun? 6 Ester antwortete: Dieser
gefährliche Feind ist der verbrecherische Haman hier. Da erschrak
Haman vor dem König und der Königin. 7 Der König aber stand auf,
verließ voll Zorn das Trinkgelage und ging in den Garten des Palastes.
Haman trat zu Ester und flehte sie um sein Leben an; denn er sah, daß
sein Untergang beim König besiegelt war. 8 Als der König aus dem
Garten wieder in den Raum zurückkam, in dem das Trinkgelage statt-
fand, hatte sich Haman über das Polster geworfen, auf dem Ester lag.
Der König sagte: Tut man jetzt sogar hier in meiner Gegenwart der
Königin Gewalt an? Kaum hatte der König das gesagt, da verhüllte
man schon das Gesicht Hamans. 9 Harbona, einer der Hofbeamten,
sagte zum König: Vor dem Haus Hamans steht schon ein fünfzig Ellen
hoher Galgen; ihn hat Haman für Mordechai aufgestellt, der dem
König durch seine Anzeige einen guten Dienst erwiesen hat. Der
König befahl: Hängt ihn daran auf! 10 Da hängten sie Haman an den
Galgen, den er für Mordechai errichtet hatte, und der Zorn des Königs
legte sich

Die Rettung der Juden

Mordechais Erhöhung und Esters erneute Bitte

8 Noch am gleichen Tag schenkte König Artaxerxes der Königin
Ester das Haus des Judenfeindes Haman. Mordechai aber erhielt
Zutritt zum König; denn Ester hatte dem König gesagt, wie nahe Mor-
dechai mit ihr verwandt war. 2 Der König zog seinen Siegelring, den er
Haman hatte abnehmen lassen, vom Finger und gab ihn Mordechai.
Ester machte Mordechai zum Verwalter von Hamans Haus. 3 Ester
redete noch einmal mit dem König; sie fiel ihm weinend zu Füßen und
flehte ihn an, das drohende Unheil, das der Agagiter Haman gegen die
Juden geplant hatte, von ihnen abzuwenden. 4 Der König streckte
Ester sein goldenes Zepter entgegen, und Ester stand auf und trat vor
den König. 5 Sie sagte: Wenn es dem König gefällt und ich sein Wohl-
wollen gefunden habe, wenn ihm mein Vorschlag richtig erscheint
und ich seine Gunst genieße, dann soll durch einen schriftlichen
Erlaß die Anordnung widerrufen werden, die der Agagiter Haman,
der Sohn Hammedatas, in der Absicht getroffen hat, die Juden in allen
königlichen Provinzen auszurotten. 6 Denn wie könnte ich das
Unglück mit ansehen, das mein Volk trifft, wie könnte ich den Unter-
gang meines Stammes mit ansehen?

Der Erlaß zum Schutz der Juden

7 Da sagte König Artaxerxes zu Königin Ester und zu dem Juden Mor-
dechai: Ich habe Ester das Haus Hamans übergeben, den man am Gal-
gen aufgehängt hat, weil er seine Hand gegen die Juden erhob. 8 Jetzt
aber sollt ihr im Namen des Königs einen schriftlichen Erlaß zugun-
sten der Juden herausgeben, wie er euch richtig erscheint. Siegelt ihn
mit dem königlichen Siegelring; denn ein Schreiben, das im Namen
des Königs verfaßt und mit dem königlichen Siegelring gesiegelt ist,
kann nicht mehr rückgängig gemacht werden. 9 Da rief man die
königlichen Schreiber; es war der dreiundzwanzigste Tag im dritten
Monat, dem Monat Siwan. Und so, wie es Mordechai befahl, wurde
zugunsten der Juden ein schriftlicher Erlaß herausgegeben und an die
Satrapen, Statthalter und Fürsten der hundertsiebenundzwanzig Pro-
vinzen von Indien bis Kusch geschickt, für jede einzelne Provinz in
ihrer eigenen Schrift und für jedes einzelne Volk in seiner eigenen
Sprache. 10 Man verfaßte die Schreiben im Namen des Königs Arta-
xerxes, siegelte mit dem königlichen Siegelring und verschickte sie
mit Eilboten auf Postpferden, die aus den königlichen Gestüten
stammten. 11 Mit diesem Erlaß gestattete der König den Juden in allen
Städten, sich zusammenzutun, um für ihr Leben einzutreten, um in
jedem Volk und in jeder Provinz alle ihre Gegner samt ihren Frauen
und Kindern zu erschlagen, zu ermorden und auszurotten und ihren
Besitz zu plündern; 12 das sollte in allen Provinzen des Königs Arta-
xerxes am gleichen Tag geschehen, am dreizehnten Tag im zwölften
Monat, dem Monat Adar.
12a Dies ist eine Abschrift des Briefes: 12b Der Großkönig Artaxerxes
entbietet den Statthaltern der hundertsiebenundzwanzig Provinzen

von Indien bis Kusch und allen, denen unsere Angelegenheiten am
Herzen liegen, seinen Gruß. 12c Viele, die aufgrund der überreichen
Güte ihrer Wohltäter hoch geehrt waren, waren damit noch nicht
zufrieden; sie versuchten nicht nur, unseren Untertanen zu schaden,
sondern sie konnten auch den Überfluß nicht ertragen und planen
sogar Anschläge gegen ihre eigenen Wohltäter. 12d Sie wollen nicht
nur die Dankbarkeit unter den Menschen beseitigen, sondern sie sind
durch die Prahlerei derer, die vom Guten nichts wissen wollen, über-
heblich geworden und meinen, dem Gericht des alles durchschauen-
den Gottes, der das Böse haßt, entfliehen zu können. 12e Schon viele,
die als Herrscher eingesetzt waren, hat der schlechte Einfluß von
Freunden, die mit den Staatsgeschäften betraut waren, mitschuldig
am Tod Unschuldiger gemacht und sie in schreckliches Unglück
gestürzt. 12f Das lautere Wohlwollen der Herrschenden wurde durch
ihre böswilligen und verlogenen Ratschläge getäuscht. 12g Das ersieht
man schon aus den altüberlieferten Geschichten; noch viel deutlicher
aber wird es, wenn ihr all das untersucht, was vor euren Augen
geschehen ist: Die Niederträchtigkeit derer, die ihr hohes Amt
mißbrauchten, hat zu großem Unrecht geführt. 12h In Anbetracht der
veränderten Lage nehmen wir uns vor, in Zukunft darauf zu achten,
daß alle Menschen im Reich ungestört und in Frieden leben können;
12i alles, was uns zur Kenntnis gebracht wird, werden wir erst nach
genauerem Zusehen entscheiden.
12k So ging es auch mit dem Mazedonier Haman, dem Sohn Hamme-
datas. Obwohl er in Wahrheit dem persischen Volk und unserer Güte
sehr fern stand, wurde er bei uns gastlich aufgenommen. 12l Er erfuhr
unsere Liebe zu den Menschen, die wir allen Völkern erweisen, in so
reichem Maß, daß er sogar als unser Vater ausgerufen wurde und als
der zweite Mann neben dem König bei allen immer höchste Vereh-
rung genoß. 12m Doch er ertrug seine hohe Würde nicht, sondern er
wollte uns die Herrschaft und das Leben rauben. 12n Er versuchte, Mor-
dechai, unseren Retter und steten Wohltäter, und Ester, die untadelige
Mitinhaberin der Königswürde, durch hinterhältige Intrigen mit
ihrem ganzen Volk ins Verderben zu stürzen. 12o Auf diese Weise
glaubte er, uns aller Freunde zu berauben und die Herrschaft über die
Perser den Mazedoniern verschaffen zu können. 12p Wir aber finden,
daß die Juden, die dieser Erzschurke ausrotten wollte, keine Aufrührer
sind, sondern daß sie als Bürger nach sehr gerechten Gesetzen leben,
12q als Kinder des höchsten, größten und lebendigen Gottes, der unser
Reich, wie schon zu Zeiten unserer Vorfahren, in der schönsten Ord-
nung erhält. 12r Es wird daher gut sein, wenn ihr euch nicht nach den
Schreiben richtet, die euch Haman, der Sohn Hammedatas, geschickt
hat. Denn ihr Verfasser ist mit seiner ganzen Familie vor den Toren
Susas gekreuzigt worden; der über alles herrschende Gott hat ihm
nämlich sehr bald die wohlverdiente Strafe geschickt.
12s Ihr sollt überall eine Abschrift dieses Briefes öffentlich aushängen,
damit man die Juden nach ihren eigenen Gesetzen leben läßt. Man
soll ihnen helfen, sich an dem einen Tag, der für ihre Verfolgung fest-
gesetzt war, gegen alle zu verteidigen, von denen sie angegriffen wer-
den; es ist der dreizehnte Tag im zwölften Monat, dem Monat Adar.
12t Diesen Tag hat der alles beherrschende Gott statt zu einem Tag der
Vernichtung für das auserwählte Volk zu einem Tag der Freude
gemacht. 12u Daher sollt ihr neben euren großen Gedenktagen einen
weiteren besonderen Festtag mit aller Freude feiern, damit er von jetzt
an uns und allen uns treu ergebenen Persern Heil bringt; für die aber,
die uns bedrohen, soll er ein Mahnmal des Untergangs sein. 12x Jede
Stadt und jede Provinz, die nicht danach handelt, wird ohne Erbarmen
mit Feuer und Schwert verwüstet. Kein Mensch wird sie mehr betre-
ten, selbst den Tieren und Vögeln soll sie für immer verhaßt sein.
13 In jeder einzelnen Provinz wurde eine Abschrift des Erlasses als
Gesetz für alle Völker veröffentlicht; die Juden sollten bereit sein, sich
an diesem Tag an ihren Feinden zu rächen. 14 Die Boten ritten auf Post-
pferden, die aus den (königlichen) Gestüten stammten, hinaus, durch
königlichen Befehl zu großer Eile gedrängt. Auch in der Burg Susa
wurde das Gesetz veröffentlicht. 15 Als Mordechai den König verließ,
trug er ein königliches Gewand aus violettem Purpur und weißem Lei-
nen, eine große goldene Krone und einen Mantel aus kostbarem Lei-
nen und rotem Purpur, und die Stadt Susa war voll Jubel und Freude.
16 Die Juden waren glücklich, sie jauchzten vor Freude und waren wie-
der angesehen. 17 In jeder Provinz und in jeder Stadt, überall, wo der
Erlaß des Königs und sein Befehl bekannt wurde, jauchzten die Juden
vor Freude, sie aßen und tranken und ließen es sich an diesem Tag gut
gehen. In allen Völkern der Erde bekannten sich viele zum Judentum;
denn ein Schrecken vor den Juden hatte sie befallen.

Der Siegestag der Juden

9 Am dreizehnten Tag im zwölften Monat, dem Monat Adar, sollte
der Erlaß des Königs und sein Befehl ausgeführt werden. Es war
der Tag, an dem die Gegner der Juden gehofft hatten, sie zu überwälti-
gen. Doch nun überwältigten umgekehrt die Juden ihre Feinde. 2 In
allen Provinzen des Königs Artaxerxes taten sich die Juden in den
Städten zusammen und überfielen die, die den Untergang der Juden
geplant hatten. Niemand konnte ihnen standhalten; denn alle Völker
hatte Schrecken vor ihnen befallen; 3 auch alle Fürsten der Provinzen,
die Satrapen, Statthalter und königlichen Beamten, waren auf seiten
der Juden; denn Schrecken vor Mordechai hatte sie befallen. 4 Morde-
chai war nämlich im Königspalast hoch angesehen, und es war in
allen Provinzen bekannt geworden, daß er immer einflußreicher
wurde. 5 So metzelten die Juden alle ihre Feinde mit dem Schwert nie-
der; es gab ein großes Blutbad. Sie machten mit ihren Gegnern, was
sie wollten. 6 In der Burg Susa brachten die Juden fünfhundert Männer
um, 7 und auch Parschandata, Dalfon, Aspata, 8 Porata, Adalja, Ari-
data, 9 Parmaschta, Arisai, Aridai und Wajesata, 10 die zehn Söhne des
Judenfeindes Haman, des Sohnes Hammedatas, töteten sie, aber sie
vergriffen sich nicht an ihrem Besitz. 11 Als man an jenem Tag dem
König meldete, wie viele Menschen in der Burg Susa erschlagen wor-
den waren, 12 sagte er zur Königin Ester: In der Burg Susa haben die
Juden ein Blutbad angerichtet; man hat fünfhundert Männer, auch die
zehn Söhne Hamans, umgebracht. Was haben sie dann wohl in den
übrigen königlichen Provinzen getan? Hast du einen Wunsch? Er wird
dir erfüllt werden. Hast du eine Bitte? Sie soll erfüllt werden. 13 Ester
antwortete: Wenn es dem König gefällt, soll den Juden in Susa erlaubt
werden, auch morgen nach dem Gesetz von heute zu handeln. Außer-
dem soll man die zehn Söhne Hamans an den Galgen hängen. 14 Der
König befahl, es solle so geschehen. Man gab also in Susa noch einen
Erlaß heraus und hängte die zehn Söhne Hamans auf. 15 Auch am vier-
zehnten Tag des Monats Adar taten sich die Juden in Susa zusammen
und töteten dort dreihundert Männer; aber an ihrem Besitz vergriffen
sie sich nicht. 16 Die übrigen Juden in den königlichen Provinzen ver-
sammelten sich, um für ihr Leben einzutreten; sie verschafften sich
Ruhe vor ihren Feinden und töteten fünfundsiebzigtausend ihrer Geg-
ner; aber an ihrem Besitz vergriffen sie sich nicht. 17 Das geschah am
dreizehnten Tag des Monats Adar, am vierzehnten Tag des Monats
jedoch war Ruhe. Sie feierten ihn als Festtag mit Essen und Trinken.
18 Die Juden in Susa aber versammelten sich am Dreizehnten und Vier-
zehnten des Monats; bei ihnen war am Fünfzehnten wieder Ruhe, und
sie feierten ihn als Festtag mit Essen und Trinken. 19 Deswegen bege-
hen die Juden in den unbefestigten Orten auf dem Land den vierzehn-
ten Tag des Monats Adar als Festtag, den sie mit Essen und Trinken
feiern und an dem sie sich gegenseitig beschenken.

Die Einführung des Purimfestes

20 Mordechai schrieb alles auf, was geschehen war. Er schickte Schrei-
ben an alle Juden in allen Provinzen des Königs Artaxerxes nah und
fern 21 und machte ihnen zur Pflicht, den vierzehnten und den fünf-
zehnten Tag des Monats Adar in jedem Jahr als Festtag zu begehen.
22 Das sind die Tage, an denen die Juden wieder Ruhe hatten vor ihren
Feinden; es ist der Monat, in dem sich ihr Kummer in Freude verwan-
delte und ihre Trauer in Glück. Sie sollten sie als Festtage mit Essen
und Trinken begehen und sich gegenseitig beschenken, und auch den

Armen sollten sie Geschenke geben. 23 So wurde bei den Juden das,
was sie damals zum erstenmal taten und was Mordechai ihnen vor-
schrieb, zu einem festen Brauch. 24 Denn der Agagiter Haman, der
Sohn Hammedatas, der Feind aller Juden, hatten den Plan gefaßt, die
Juden auszurotten, und hatte das Pur, das heißt das Los geworfen, um
sie in Schrecken zu versetzen und auszurotten. 25 Als das dem König
bekannt wurde, ordnete er in einem Schreiben an: Sein böser Plan
gegen die Juden solle auf ihn selbst zurückfallen; man hänge ihn und
seine Söhne an den Galgen. 26 Darum nennt man diese Tage das
Purimfest, nach dem Wort Pur. Wegen all dem, was in diesem Schrei-
ben stand und was sie selbst gesehen und erlebt hatten, 27 machten es
sich die Juden zur Pflicht und erklärten es zur unverbrüchlichen Sat-
zung für sich, für ihre Nachkommen und für alle, die sich ihnen
anschließen würden, diese beiden Tage alljährlich, wie vorgeschrie-
ben, zur festgesetzten Zeit zu begehen. 28 Diese Tage sollten in Erin-
nerung bleiben und in jeder Generation, in jeder Familie, in jeder Pro-
vinz und in jeder Stadt begangen werden. Die Juden sollten nie
aufhören, das Purimfest zu feiern, diese Tage sollten bei ihren Nach-
kommen nie vergessen werden. 29 Um den Purim-Erlaß mit allem
Nachdruck zu bestätigen, verfaßten die Königin Ester, die Tochter
Abihajils, und der Jude Mordechai ein zweites Schreiben. 30 Sie schick-
ten es mit Glück- und Segenswünschen an alle Juden in den hundert-
siebenundzwanzig Provinzen des Reiches des Artaxerxes, 31 um das
Datum der Purimtage festzulegen, wie es der Jude Mordechai und
Königin Ester angeordnet und wie sie es selbst sich und ihren Nach-
kommen zur Pflicht gemacht hatten. Das Schreiben enthielt die Vor-
schriften für das Fasten und die Wehklage. 32 Esters Worte bestätigten
die Anordnungen für das Purimfest, und alles wurde in einer Urkunde
aufgezeichnet.

Der Bericht über die Taten des Artaxerxes und die Stellung Mordechais

10 König Artaxerxes verpflichtete das Land und die Inseln zum
Frondienst. 2 Alle großen und eindrucksvollen Taten und
der genaue Bericht über die hohe Stellung Mordechais, die ihm der
König verliehen hatte, sind in der Chronik der Könige von Medien
und Persien aufgezeichnet. 3 Denn der Jude Mordechai war der zweite
Mann nach König Artaxerxes, er war bei den Juden hoch angesehen
und beliebt bei allen seinen Stammesbrüdern. Er suchte das Wohl sei-
nes Volkes und war auf das Wohlergehen all seiner Nachkommen
bedacht.

Die Deutung des Traumes Mordechais

3a Da sagte Mordechai: Durch Gott ist das alles geschehen. 3b Ich erin-
nere mich an den Traum, den ich darüber hatte. Nichts davon ist uner-
füllt geblieben. 3c Die kleine Quelle, die zum großen Strom mit viel
Wasser wurde, als das Licht und die Sonne wieder schienen, dieser
Strom ist Ester; der König heiratete sie und machte sie zur Königin.
3d Die beiden Drachen sind ich und Haman. 3e Die Völker sind die, die
gemeinsam das Andenken an die Juden auslöschen wollten. 3f Mein
Volk aber, das sind die Israeliten; sie haben zu Gott geschrien und
sind gerettet worden. Der Herr hat sein Volk gerettet, der Herr hat uns
von allen diesen Leiden erlöst, Gott hat große Zeichen und Wunder
getan, wie sie unter den Völkern noch nie geschehen sind. 3g Deshalb
machte er zwei Lose, eines für das Volk Gottes und eines für alle ande-
ren Völker. 3h Die beiden Lose fielen auf die Zeit und die Stunde und
den Tag, an dem vor den Augen Gottes und mitten unter allen Völkern
die Entscheidung fiel. 3i Gott hat sich an sein Volk, das sein Erbbesitz
ist, erinnert und ihm zu seinem Recht verholfen. 3k Diese Tage im
Monat Adar, der vierzehnte und der fünfzehnte, sollen zu allen Zeiten
und in allen Generationen unter den Augen Gottes in seinem Volk
Israel mit ausgelassener Freude gemeinsam gefeiert werden.

Die Unterschrift zum griechischen Esterbuch

31 Im vierten Jahr der Regierung des Ptolemäus und der Kleopatra
überbrachten Dositheus, der, wie er sagte, Priester und Levit war, und
sein Sohn Ptolemäus den vorliegenden Purimbericht. Sie sagten, er sei
echt; Lysimachus, der Sohn des Ptolemäus, ein Mann aus Jerusalem,
habe ihn übersetzt.

Die Bücher der Makkabäer

Das erste Buch der Makkabäer

Die beiden Makkabäer-Bücher gehören nicht zum hebräischen Alten Testament, sondern zu den sog. deuterokanonischen, nur griechisch überlieferten Büchern der Bibel. Den Hauptinhalt der beiden Bücher bilden die Kämpfe der Juden gegen die Seleuziden im 2. Jahrhundert v. Chr. Sie werden unternommen, um die religiöse und politische Freiheit des jüdischen Volkes wiederzugewinnen. Benannt sind die Bücher nach dem Ehrennamen Makkaba (= Hämmerer), der Judas, dem Hauptheld dieser Kämpfe, und später auch seinen Brüdern beigelegt wurde.
Das 1. Buch der Makkabäer berichtet über die Zeit von 175 bis 134 v. Chr., vor allem über das Vorhaben des Seleuziden Antiochus Epiphanes, der mit Hilfe jüdischer Parteigänger den Tempel entweiht und dem jüdischen Volk griechische Lebensweise aufzwingen will (Kap. 1). Dagegen erhebt sich Mattatias, der zum Heiligen Krieg aufruft (Kap. 2). Den Hauptteil des Buches nimmt die Schilderung der militärischen Unternehmungen der drei Söhne des Mattatias, Judas, Jonatan und Simeon, ein. Judas gelingt es, 165 v. Chr. den Tempel wieder einzuweihen und den Opferdienst erneut in Gang zu setzen. Er sucht ein Bündnis mit den Römern (3,1–9,22). Jonatan (161–143) wird zum Hohenpriester ernannt und bemüht sich um die Verbindung mit Rom und Sparta (9,23–12,52). Simeon (143–135), von den Seleuziden Demetrius II. und Antiochus VII. anerkannt, erhält das Doppelamt des Hohenpriesters und Fürsten in Israel; unter ihm lebt das Volk in Frieden und Wohlstand (Kap. 13–16).
Das 1. Buch der Makkabäer war ursprünglich hebräisch abgefaßt; erhalten ist es nur in griechischer Übersetzung. Sein Verfasser ist ein palästinensischer Jude, der wohl gegen 100 v. Chr., sicher vor der Eroberung Jerusalems durch Pompeius (63 v. Chr.), sein Werk geschaffen hat. Er steht in der Glaubensüberlieferung seines Volkes und schreibt religiös gedeutete Geschichte. Im Unglück des Volkes sieht er die Strafe für Schuld und Vergehen; nur im Einklang mit der Offenbarung und in Treue zu ihr vermag das jüdische Volk die Feinde zu besiegen, die nationale Selbständigkeit zu erlangen und so der Gottesherrschaft den Weg zu bereiten. Dabei ist der Verfasser ein entschiedener Gegner jeder Anpassung; er lehnt alle Hellenisierungsbestrebungen ab. Voll Bewunderung blickt er auf den Kampf seines Volkes für Gesetz und Tempel in seiner ruhmreichen Geschichte zurück.
Das 2. Buch der Makkabäer ist nicht, wie man erwarten könnte, die Fortsetzung von 1 Makk, vielmehr eine ausgestaltende Parallele (Kap. 1–8 und 11–13) zu den Berichten von 1 Makk 1–7. Auch in der literarischen Gattung ist ein beachtlicher Unterschied festzustellen. Ursprünglich griechisch abgefaßt, stellt 2 Makk sich selbst als Auszug aus einem größeren Werk des Jason von Zyrene dar (2,19–32). Der Verfasser schreibt in einem belehrenden Stil und zeigt sich mit griechischen Persönlichkeiten und Einrichtungen bestens vertraut. Viel betonter als in 1 Makk ist der Rückbezug der Geschichte auf Gott geschildert. Die ganze Sympathie des Verfassers gilt Judas dem Makkabäer. Selbst die Verfolgung ist ihm ein Zeichen der göttlichen Barmherzigkeit, die das Volk auf den rechten Weg zurückführen will.
Das Buch richtet sich an die Juden in Alexandria, um sie für das Geschick ihres Volkes in der Heimat, vor allem für den Tempel und die heiligen Schriften zu interessieren. Dieser Absicht dient der Aufbau des Buches: Nach dem schrecklichen Tod des Antiochus folgt die Einsetzung des Tempelweihfestes (9,1–10,8). Der zweite Teil ist vergleichbar gestaltet: Nach dem Tod Nikanors, der den Tempel bedroht, wird ein Einweihungsfest beschlossen (Kap. 14 und 15).
Das 2. Makkabäerbuch dürfte nach 160 v. Chr. entstanden sein. Wenn auch die Herkunft und Zuverlässigkeit mancher Berichte nicht nachprüfbar ist und der Verfasser seine Darstellung ausgeschmückt hat (vgl. 2,29), so ist die historische Treue nicht zu gering einzuschätzen; sie wird weithin durch Parallelen in 1 Makk bestätigt. Das Buch ist vor allem wegen seiner fortgeschrittenen Lehre über die Auferstehung der Toten, über das Gebet für die Verstorbenen, über die Verdienste der Märtyrer und die Fürbitte der Heiligen bedeutsam. Diese theologischen Aussagen begründen und rechtfertigen die Stellung des Buches im alttestamentlichen Kanon.

Die Verfolgung des Volkes Israel

Der Beginn der griechischen Herrschaft

1 Der Mazedonier Alexander, Sohn des Philippus, zog damals vom
Land der Kittäer aus. Er besiegte Darius, den König der Perser
und Meder, und wurde als erster König von Griechenland sein Nachfolger.
2 Er führte viele Kriege, eroberte zahlreiche Festungen und ließ die
Könige der Erde erschlagen; 3 er kam bis an das Ende der Welt, plünderte viele Völker aus, und die ganze Erde lag ihm wehrlos zu Füßen.
Da wurde sein Herz stolz und überheblich. 4 Er stellte ein sehr großes
Heer auf, herrschte über Länder, Völker und Fürsten und machte sie
sich tributpflichtig. 5 Doch dann sank er aufs Krankenlager und fühlte
seinen Tod nahen. 6 Er rief seine höchsten Offiziere zusammen, die mit
ihm aufgewachsen waren, und verteilte sein Reich unter sie, solange er
noch lebte. 7 Zwölf Jahre hatte Alexander regiert, als er starb.
8 Seine Offiziere übernahmen die Regierung, jeder in seinem Bereich.
9 Nach seinem Tod setzten sich alle die Königskrone auf; ebenso hielten es ihre Nachkommen lange Zeit hindurch. Sie brachten großes
Unglück über die Erde.
10 Aus ihnen ging ein besonders gottloser Sproß hervor, Antiochus
Epiphanes, der Sohn des Königs Antiochus. Er war als Geisel in Rom
gewesen und trat im Jahr 137 der griechischen Herrschaft die Regierung an.

Das Aufkommen der Verräter

11 Zu dieser Zeit traten Verräter am Gesetz in Israel auf, die viele (zum
Abfall) überredeten. Sie sagten: Wir wollen einen Bund mit den fremden Völkern schließen, die rings um uns herum leben; denn seit wir
uns von ihnen abgesondert haben, geht es uns schlecht. 12 Dieser Vorschlag gefiel ihnen, 13 und einige aus dem Volk fanden sich bereit,

zum König zu gehen. Der König gab ihnen die Erlaubnis, nach den
Gesetzen der fremden Völker zu leben. 14 Sie errichteten in Jerusalem
eine Sportschule, wie es bei den fremden Völkern Brauch ist, 15 und
ließen bei sich die Beschneidung rückgängig machen. So fielen sie
vom heiligen Bund ab, vermischten sich mit den fremden Völkern und
gaben sich dazu her, Böses zu tun.

Der Angriff der Heiden auf den Tempel

16 Als Antiochus sah, daß sich seine Herrschaft gefestigt hatte, faßte
er den Plan, auch König von Ägypten zu werden und so über zwei Rei-
che zu herrschen. 17 Er drang mit vielen Soldaten in Ägypten ein, mit
Streitwagen und Kriegselefanten, mit Reitern und einer großen Flotte,
18 und führte Krieg gegen Ptolemäus, den König von Ägypten. Pto-
lemäus wurde von ihm geschlagen und mußte fliehen, nachdem viele
seiner Leute im Kampf gefallen waren. 19 Die befestigten Städte Ägyp-
tens wurden erobert und das Land geplündert.
20 Antiochus wandte sich nach seinem Sieg über Ägypten im Jahr 143
gegen Israel und rückte mit zahlreichen Truppen hinauf vor Jerusa-
lem. 21 In seiner Vermessenheit betrat er sogar das Heiligtum; er
raubte den goldenen Rauchopferaltar, den Leuchter samt seinem
Zubehör, 22 den Tisch für die Schaubrote, die Opfer- und Trinkscha-
len, die goldenen Rauchfässer, den Vorhang, die Kronen und den gol-
denen Schmuck von der Vorderseite des Tempels. Von allem ließ er
das Gold abschlagen.
23 Dann nahm er das Silber, das Gold, die kostbaren Geräte, und was
er von den versteckten Schätzen finden konnte, 24 und ließ alles in sein
Land schleppen. Er richtete ein Blutbad an und führte ganz vermes-
sene Reden.
25 Da kam große Trauer über das ganze Land Israel.
26 Die Vornehmen und Alten stöhnten; / die Mädchen und jungen
Männer verloren ihre Kraft, / und die Schönheit der Frauen verfiel.
27 Jeder Bräutigam stimmte die Totenklage an, / die Braut saß trauernd
in ihrem Gemach.
28 Das Land zitterte um seine Bewohner. / Das ganze Haus Jakob war
mit Schande bedeckt.

Die Verwüstung der Stadt Jerusalem

29 Zwei Jahre später schickte der König einen Beamten in die Städte
von Judäa mit dem Auftrag, die Steuern einzutreiben. Er kam mit zahl-
reichen Truppen nach Jerusalem. 30 Hinterlistig bot er den Einwoh-
nern zunächst Frieden an. Als man ihm Glauben schenkte, fiel er
plötzlich über die Stadt her, richtete großen Schaden in ihr an und
brachte viele Israeliten um. 31 Er ließ die Stadt plündern und in Brand
stecken und die Häuser und Stadtmauern ringsum niederreißen.
32 Frauen und Kinder schleppte man in die Sklaverei, und ihren Besitz
nahm man als Beute mit. 33 Um die Davidstadt bauten sie eine hohe
und feste Mauer mit mächtigen Türmen, damit sie ihnen als Burg die-
nen konnte. 34 Sie legten eine heidnische Besatzung hinein, Männer,
die sich nicht an das Gesetz hielten. Diese setzten sich dort fest, 35 ver-
sahen sich mit Waffen und Proviant und brachten auch die Beute, die
sie in Jerusalem gemacht hatten, dort unter. So wurden sie zu einer
großen Gefahr.
36 Aus dem Hinterhalt bedrohten sie das Heiligtum; / immer waren sie
für Israel ein schlimmer Feind.
37 Rings um den Tempel vergossen sie unschuldiges Blut / und ent-
weihten die heilige Stätte.
38 Jerusalems Einwohner flohen vor ihnen, / und Ausländer zogen in
die Stadt ein. / Ihren eigenen Kindern wurde die Stadt fremd, / und
ihre Söhne verließen sie.
39 Ihr Heiligtum wurde leer wie die Wüste, / ihre Feste verwandelten
sich in Trauer. / Ihre Sabbate wurden verhöhnt; / statt geehrt zu sein,
war sie verachtet.
40 So groß ihre Herrlichkeit gewesen war, / so groß war nun ihre
Schande. / Von ihrer Höhe ist sie herabgestürzt, / jetzt liegt sie in
Trauer.

Die Verfolgung der treuen Israeliten

41 Damals schrieb der König seinem ganzen Reich vor, alle sollen zu
einem einzigen Volk werden, 42 und jeder solle seine Eigenart aufge-
ben. Alle Völker fügten sich dem Erlaß des Königs. 43 Auch vielen
Männern aus Israel gefiel der Gottesdienst, den er angeordnet hatte;
sie opferten den Götterbildern und entweihten den Sabbat. 44 Der
König schickte Boten nach Jerusalem und in die Städte Judäas mit der
schriftlichen Anordnung, man solle eine Lebensform übernehmen,
die dem Land fremd war. 45 Brand-, Schlacht- und Trankopfer im Hei-
ligtum seien einzustellen, Sabbate und Feste zu entweihen, 46 das Hei-
ligtum und die Heiligen zu schänden. 47 Man solle statt dessen Altäre,
Heiligtümer und Tempel für die fremden Götter errichten sowie
Schweine und andere unreine Tiere opfern. 48 Ihre Söhne dürften sie
nicht mehr beschneiden, vielmehr sollten sie sich mit jeder denkbaren
Unreinheit und Schande beflecken. 49 So sollte das Gesetz in Verges-
senheit geraten, und alle seine Vorschriften sollten hinfällig werden.
50 Wer aber des Königs Anordnung nicht befolge, müsse sterben.
51 Ähnliche Anweisungen erließ er für sein ganzes Reich.
Er setzte Beamte ein, die die Durchführung im ganzen Volk überwa-
chen sollten; auch gab er den Befehl, der Reihe nach in allen Städten
Judäas einen Opfergottesdienst zu halten.
52 Viele aus dem Volk schlossen sich ihnen an; sie alle fielen vom
Gesetz ab und trieben es schlimm im Land. 53 Die Israeliten mußten
sich vor ihnen verstecken, wo immer sie Zuflucht fanden.
54 Am fünfzehnten Kislew des Jahres 145 ließ der König auf dem Brand-
opferaltar den unheilvollen Greuel aufstellen; auch in den Städten
Judäas ringsum baute man Altäre. 55 Vor den Haustüren und auf den
Plätzen opferte man Weihrauch. 56 Alle Buchrollen des Gesetzes, die
man fand, wurden zerrissen und verbrannt. 57 Wer im Besitz einer
Bundesrolle angetroffen wurde oder zum Gesetz hielt, wurde auf-
grund der königlichen Anordnung zum Tod verurteilt. 58 Sie ließen
Israel ihre Macht fühlen und gingen mit Gewalt gegen alle vor, die sie
Monat für Monat in den Städten aufspürten. 59 Am fünfundzwanzig-
sten des Monats (Kislew) brachten sie auf dem Altar, den sie über dem
Brandopferaltar errichtet hatten, ein Opfer dar. 60 Frauen, die ihre Kin-
der hatten beschneiden lassen, wurden auf Befehl (des Königs) hinge-
richtet; 61 dabei hängte man die Säuglinge an den Hals ihrer Mütter.
Auch ihre Familien brachte man um samt denen, die die Beschnei-
dung vorgenommen hatten. 62 Dennoch blieben viele aus Israel fest
und stark; sie aßen nichts, was unrein war. 63 Lieber wollten sie ster-
ben, als sich durch die Speisen unrein machen und den heiligen Bund
entweihen. So starben sie. 64 Ein gewaltiger Zorn lag auf Israel.

Der Aufstand gegen die Verfolger

Mattatias und seine Söhne

2 Damals trat ein Priester auf aus dem Geschlecht des Jojarib
namens Mattatias; sein Vater war Johanan, der Sohn Simeons. Er
stammte aus Jerusalem, hatte sich aber in Modeïn niedergelassen. 2 Er
hatte fünf Söhne: Johanan, den man auch Gaddi nannte, 3 Simeon mit
dem Beinamen Tassi, 4 Judas, der als der Makkabäer bekannt wurde,
5 Eleasar, dem man den Namen Awaran gab, und Jonatan, der auch
Apphus hieß.
6 Als er das gotteslästerliche Treiben in Judäa und in Jerusalem sah,
sagte er:
7 Ach, warum bin ich geboren, daß ich erleben muß, / wie man mein
Volk vernichtet / und die heilige Stadt zerstört? / Ohnmächtig mußte
man zusehen, / wie sie in die Gewalt ihrer Feinde geriet, / wie die hei-
lige Stätte Fremden in die Hände fiel.
8 Ihr Tempel wurde wie ein ehrloser Mann,
9 ihre Kostbarkeiten schleppte man als Beute fort. /
Auf den Plätzen erschlug man ihre kleinen Kin-der; / ihre jungen Män-
ner fielen unter dem Schwert des Feindes.

10 Welches Volk hat nicht ein Stück des Reiches erhalten, / hat sich
nicht seinen Anteil an der Beute errafft?
11 Ihren ganzen Schmuck nahm man ihr weg. / Die Freie wurde zur
Sklavin.
12 Seht, unser Heiligtum, / unsere Zierde und unser Ruhm, liegt ver-
ödet; / fremde Völker haben es entweiht.
13 Wozu leben wir noch?
14 Und Mattatias und seine Söhne zerrissen ihre Gewänder, zogen
Bußkleider an und gaben sich tiefer Trauer hin.

Der Aufstand des Mattatias

15 Da kamen die Beamten, die vom König den Auftrag hatten, die Ein-
wohner zum Abfall von Gott zu zwingen, in die Stadt Modeïn, um die
Opfer durchzuführen. 16 Viele Männer aus Israel kamen zu ihnen;
auch Mattatias und seine Söhne mußten erscheinen.
17 Da wandten sich die Leute des Königs an Mattatias und sagten: Du
besitzt in dieser Stadt Macht, Ansehen und Einfluß und hast die
Unterstützung deiner Söhne und Verwandten. 18 Tritt also als erster
vor, und tu, was der König angeordnet hat. So haben es alle Völker
getan, auch die Männer in Judäa und alle, die in Jerusalem geblieben
sind. Dann wirst du mit deinen Söhnen zu den Freunden des Königs
gehören; auch wird man dich und deine Söhne mit Silber, Gold und
vielen Geschenken überhäufen.
19 Mattatias aber antwortete mit lauter Stimme: Auch wenn alle Völker
im Reich des Königs ihm gehorchen und jedes von der Religion seiner
Väter abfällt und sich für seine Anordnungen entscheidet – 20 ich,
meine Söhne und meine Verwandten bleiben beim Bund unserer
Väter. 21 Der Himmel bewahre uns davor, das Gesetz und seine Vor-
schriften zu verlassen. 22 Wir gehorchen den Befehlen des Königs
nicht, und wir weichen weder nach rechts noch nach links von unserer
Religion ab.
23 Kaum hatte er das gesagt, da trat vor aller Augen ein Jude vor und
wollte auf dem Altar von Modeïn opfern, wie es der König angeordnet
hatte. 24 Als Mattatias das sah, packte ihn leidenschaftlicher Eifer; er
bebte vor Erregung und ließ seinem gerechten Zorn freien Lauf: Er
sprang vor und erstach den Abtrünnigen über dem Altar. 25 Zusam-
men mit ihm erschlug er auch den königlichen Beamten, der sie zum
Opfer zwingen wollte, und riß den Altar nieder; 26 der leidenschaftli-
che Eifer für das Gesetz hatte ihn gepackt, und er tat, was einst Pinhas
mit Simri, dem Sohn des Salu, gemacht hatte.
27 Dann ging Mattatias durch die Stadt und rief laut: Wer sich für das
Gesetz ereifert und zum Bund steht, der soll mir folgen. 28 Und er floh
mit seinen Söhnen in die Berge; ihren ganzen Besitz ließen sie in der
Stadt zurück.

Der Kampf am Sabbat

29 Damals gingen viele, die Recht und Gerechtigkeit suchten, in die
Wüste hinunter, um dort zu leben. 30 Ihre Kinder und ihre Frauen
und auch ihr Vieh nahmen sie mit; denn ihre Lage zu Hause war uner-
träglich geworden. 31 Aber man meldete den Beauftragten des Königs
und der Besatzung, die in der Davidstadt von Jerusalem war: Die
Leute, die die Anordnung des Königs mißachtet haben, sind in die
Wüste zu den Höhlen hinabgezogen. 32 Da setzte ihnen eine starke
Truppe nach; als sie die Juden eingeholt hatte, stellte sie sich ihnen
gegenüber auf und machte sich zum Kampf bereit. An jenem Tag war
gerade Sabbat. 33 Die Soldaten riefen ihnen zu: Jetzt ist noch Zeit.
Kommt heraus und tut, was der König sagt; dann bleibt ihr am
Leben.
34 Die Juden antworteten: Wir gehen nicht hinaus und tun nicht, was
der König sagt; wir werden den Sabbat nicht entweihen. 35 Da gingen
die Soldaten sofort zum Angriff über. 36 Die Juden gaben keine Ant-
wort mehr; sie warfen nicht einmal Steine auf sie, noch versperrten
sie die Eingänge der Höhlen. 37 Denn sie sagten: Wir wollen lieber
alle sterben, als schuldig werden. Himmel und Erde sind unsere Zeu-
gen, daß ihr uns gegen jedes Recht umbringt. 38 Am Sabbat began-
nen die Soldaten den Kampf; so starben die Juden mit ihren Frauen
und Kindern, etwa tausend Menschen, und auch ihr Vieh kam
zusammen mit ihnen um.
39 Als Mattatias und seine Anhänger das erfuhren, hielten sie für die
Toten eine große Trauerfeier ab. 40 Sie sagten zueinander: Wenn wir
alle so handeln, wie unsere Brüder gehandelt haben, und nicht gegen
die fremden Völker für unser Leben und unsere Gesetze kämpfen,
dann vertilgen sie uns bald von der Erde. 41 Und sie beschlossen noch
am gleichen Tag: Wenn uns jemand am Sabbat angreift, werden wir
gegen ihn kämpfen, damit wir nicht alle umkommen wie unsere Brü-
der in den Höhlen.

Erste Erfolge der Aufständischen

42 Damals schloß sich ihnen auch die Gemeinschaft der Hasidäer an;
das waren tapfere Männer aus Israel, die alle dem Gesetz treu ergeben
waren. 43 Auch alle anderen, die vor dem Unheil flohen, kamen zu
ihnen und verstärkten ihre Reihen. 44 Sie stellten eine bewaffnete
Streitmacht auf, und sie erschlugen die Sünder in ihrem Zorn, / die
Frevler in ihrem Grimm.
Wer übrig blieb, mußte zu den Nachbarvölkern fliehen, um sein
Leben zu retten. 45 Mattatias und seine Anhänger zogen durch das
ganze Land und rissen die Altäre nieder. 46 Alle unbeschnittenen Kin-
der, die sie in dem Gebiet Israels fanden, beschnitten sie gewaltsam.
47 Sie verfolgten die frechen Frevler; / in allem, was sie taten, hatten sie
Glück.
48 Sie entrissen das Gesetz der Gewalt fremder Völker / und der Hand
der Könige. / Dem Sünder ließen sie keine Macht.

Vermächtnis und Tod des Mattatias

49 Schließlich kam für Mattatias die Zeit, daß er sterben mußte. Da
sagte er zu seinen Söhnen: Nun sind über uns Hochmut und Strafe
gekommen, / die Zeit des Zusammenbruchs und lodernder Zorn.
50 Jetzt ereifert euch für das Gesetz, meine Söhne, / setzt euer Leben
ein für den Bund unserer Väter!
51 Denkt an die Taten, / die unsere Väter zu ihren Zeiten vollbrachten; /
erwerbt euch großen Ruhm / und einen ewigen Namen!
52 Wurde Abraham nicht für treu befunden in der Erprobung, / und
wurde ihm das nicht als Gerechtigkeit angerechnet?
53 Josef hielt das Gebot, als man ihn bedrängte, / und wurde Herr über
Ägypten.
54 Pinhas, unser Ahnherr, ereiferte sich für Gottes Sache / und empfing
den Bund ewigen Priestertums.
55 Weil Josua seinen Auftrag erfüllte, / wurde er Richter in Israel.
56 Kaleb sprach als Zeuge vor dem Volk die Wahrheit; / darum bekam
er ein Erbteil im Land.
57 David hielt die Treue; / darum erhielt er den Königsthron als ewiges
Erbe.
58 Elija kämpfte mit leidenschaftlichem Eifer für das Gesetz / und
wurde in den Himmel aufgenommen.
59 Hananja, Asarja und Mischaël hatten Vertrauen; / darum wurden sie
aus den Flammen gerettet.
60 Weil Daniel unschuldig war, / wurde er dem Rachen der Löwen ent-
rissen.
61 Überdenkt unsere ganze Vergangenheit: / Keiner, der ihm vertraut,
kommt zu Fall.
62 Habt keine Angst vor den Worten eines bösen Menschen! / Seine
Herrlichkeit verfällt der Fäulnis und den Würmern.
63 Heute noch reckt er sich hoch empor, / morgen schon ist er ver-
schwunden; / denn er ist wieder zu Staub geworden, / und mit seinen
Plänen ist's aus.
64 Meine Söhne, seid stark und mutig im Kampf für das Gesetz; / denn
durch das Gesetz werdet ihr euch Ruhm erwerben.
65 Da ist Simeon, euer Bruder. Ich weiß, daß er ein kluger Mann ist.
Hört immer auf ihn! Er soll euer Vater sein. 66 Judas, der Makkabäer,
ist seit seiner Jugend ein tapferer Krieger. Er soll an der Spitze eures

Heeres stehen und den Kampf für sein Volk führen. 67 Schart alle um
euch, die das Gesetz halten. Nehmt Rache für euer Volk! 68 Zahlt es
den fremden Völkern heim! Achtet auf das, was das Gesetz befiehlt.
69 Und nachdem er sie gesegnet hatte, wurde er mit seinen Vätern ver-
eint. 70 Er starb im Jahr 146. Man setzte ihn im Grab seiner Väter in
Modeïn bei, und ganz Israel hielt feierlich die Totenklage um ihn.

Die Taten des Judas

Das Loblied auf Judas

3 An die Stelle des Mattatias trat sein Sohn Judas mit dem Beina-
men der Makkabäer. 2 Alle seine Brüder unterstützten ihn, wie
auch alle, die sich seinem Vater angeschlossen hatten. Freudig kämpf-
ten sie für Israel.
3 Er machte sein Volk weithin berühmt. / Als Kriegsheld zog er seinen
Panzer an, / legte seine Waffen um und führte Krieg; / sein Schwert
war der Schutz seines Heeres.
4 Er glich im Kampf einem Löwen, / einem jungen Löwen, der sich
brüllend auf die Beute stürzt.
5 Er verfolgte die Sünder und spürte sie auf; / er vertilgte alle, die sein
Volk verwirrten.
6 Aus Furcht vor ihm verloren die Sünder den Mut, / alle Übeltäter ver-
gingen vor Angst. Seiner Hand gelang die Befreiung.
7 Vielen Königen schaffte er großen Verdruß, / doch Jakob erfreute er
mit seinen Taten. / Sein Andenken sei ewig gepriesen.
8 Er zog durch die Städte Judäas, / vernichtete die Frevler im Land / und
wandte Gottes Zorn von Israel ab.
9 Man sprach von ihm bis ans Ende der Welt; / er sammelte wieder, was
verloren war.

Abwehr heidnischer Angriffe

10 Apollonius sammelte Truppen aus den fremden Völkern und dazu
ein großes Heer aus Samarien, um gegen Israel Krieg zu führen. 11 Als
Judas davon erfuhr, zog er ihm entgegen und besiegte und erschlug
ihn. Viele kamen in diesem Kampf um; die übrigen flohen. 12 Danach
holte man sich die Beute. Judas nahm das Schwert des Apollonius an
sich; er gebrauchte es in jedem Kampf, solange er lebte.
13 Seron, der Befehlshaber der Streitkräfte in Syrien, hörte, daß Judas
eine Gemeinschaft von Getreuen um sich geschart hatte, die mit ihm in
den Kampf auszogen. 14 Da dachte er: Ich will mir einen Namen
machen und im Reich berühmt werden: Ich werde einen Feldzug
unternehmen gegen Judas und seine Leute, die das Wort des Königs
verachten. 15 Ein großes Heer ruchloser Männer schloß sich ihm an
und zog zu seiner Unterstützung mit ihm hinauf, um an den Israeliten
Rache zu nehmen. 16 Er kam bis zur Steige von Bet-Horon. Judas zog
ihm mit ganz wenigen Männern entgegen. 17 Als diese das Heer sahen,
das gegen sie ausgerückt war, sagten sie zu Judas: Wie können wir mit
so wenigen Leuten gegen eine solche Übermacht kämpfen? Außerdem
sind wir ganz erschöpft; denn wir haben heute noch nichts gegessen.
18 Judas antwortete: Es kann leicht sein, daß viele wenigen in die
Hände fallen; für den Himmel macht es keinen Unterschied, ob er
durch viele oder wenige Rettung bringt. 19 Denn der Sieg im Kampf
liegt nicht an der Größe des Heeres, sondern an der Kraft, die vom
Himmel kommt. 20 Diese Leute da ziehen voll Hochmut und Bosheit
gegen uns in den Kampf, um uns mit unseren Frauen und Kindern
auszurotten und unsere Habe zu plündern. 21 Wir aber kämpfen für
unser Leben und für unsere Gesetze. 22 Der Himmel wird sie vor unse-
ren Augen vernichtend schlagen. Darum habt keine Angst vor ihnen!
23 Kaum hatte er das gesagt, da stürzte er sich überraschend auf die
Feinde, und Seron und sein Heer wurden vor seinen Augen aufgerie-
ben. 24 Sie verfolgten ihn von der Steige von Bet-Horon bis in die
Ebene hinab, und es fielen gegen achthundert Mann von ihnen; die
übrigen flohen ins Land der Philister.
25 Da begann man, sich vor Judas und seinen Brüdern zu fürchten, /
Schrecken befiel die Völker ringsum.
26 Selbst der König hörte seinen Namen; / die ganze Welt erzählte von
den Kämpfen des Judas.

Die Kriegsvorbereitungen des Antiochus Epiphanes

27 Als König Antiochus von diesen Ereignissen hörte, wurde er sehr
zornig. Er schickte Boten aus und zog alle Streitkräfte seines Reiches
zusammen: ein gewaltig großes Heer. 28 Dann öffnete er seine Schatz-
kammer, gab seinen Truppen Sold für ein Jahr und befahl ihnen, sich
für jeden Fall bereitzuhalten. 29 Doch merkte er, daß das Geld im
Staatsschatz ausging. Auch kamen nur noch wenig Steuern aus dem
Land ein, weil er Streit und Unglück über das Land gebracht hatte, als er
die uralten Bräuche aufhob. 30 Er war also besorgt, daß er, wie es schon
einige Male vorgekommen war, nicht mehr so aufwendig wie früher
leben und keine Geschenke mehr verteilen könnte. Er war nämlich bis-
her besonders freigebig gewesen, mehr als die Könige vor ihm. 31 In
seiner großen Verlegenheit beschloß er, nach Persien zu ziehen, um in
jenen Provinzen die Steuern einzutreiben und auf diese Weise viel Geld
zusammenzubringen. 32 Als seinen Statthalter über das Gebiet zwi-
schen dem Eufrat und der Grenze Ägyptens ließ er Lysias zurück, einen
Mann, der sehr angesehen war und aus königlicher Familie stammte.
33 Ihm übertrug er auch bis zu seiner Rückkehr die Erziehung seines
Sohnes Antiochus. 34 Ferner überließ er ihm die Hälfte der Truppen
und die Kriegselefanten und gab ihm Anweisungen über alle anstehen-
den Maßnahmen, auch gegen die Bewohner von Judäa und Jerusalem.
35 Er sagte, er solle ein Heer gegen Israel schicken, um seine Macht zu
brechen, um alles zu vernichten, was von Jerusalem noch übrig sei, und
sogar die Erinnerung an die Juden auslöschen. 36 Er solle Menschen aus
fremden Völkern in ihrem ganzen Gebiet ansiedeln und das Land an sie
verlosen. 37 Die andere Hälfte der Truppen nahm der König mit sich; er
brach im Jahr 147 von seiner Hauptstadt Antiochia auf, überquerte den
Eufrat und marschierte in die östlichen Provinzen.

Der Angriff des Gorgias und des Nikanor

38 Lysias aber wählte Ptolemäus aus, den Sohn des Dorymenes, außer-
dem Nikanor und Gorgias, tapfere Männer, die zu den Freunden des
Königs gehörten, 39 und schickte sie mit vierzigtausend Mann und
siebentausend Reitern auf den Weg. Sie sollten in Judäa einmarschie-
ren und das Land verwüsten, wie es der König befohlen hatte. 40 Sie
brachen also mit ihrem ganzen Heer auf, zogen bis Emmaus und
schlugen dort in der Ebene ihr Lager auf. 41 Als die Händler in jener
Gegend von ihnen hörten, kamen sie mit viel Silber und Gold und mit
Fußfesseln zum Lager, um die Israeliten als Sklaven aufzukaufen.
Dem Heer schlossen sich auch noch Truppen aus Syrien und aus dem
Land der Philister an.
42 Als Judas und seine Brüder sahen, daß großes Unheil drohte und
die feindlichen Truppen schon auf ihrem Gebiet ihr Lager aufschlu-
gen, und als sie erfuhren, welche Befehle der König gegeben hatte, um
das Volk völlig zu vernichten, 43 sagten sie zueinander: Wir wollen die
Trümmer unseres Volkes wiederaufbauen und für unser Volk und das
Heiligtum kämpfen. 44 Und sie kamen zusammen, um sich zum
Kampf zu rüsten, aber auch, um zu beten und Gnade und Mitleid zu
erflehen.
45 Jerusalem war menschenleer wie eine Wüste, / von den Kindern der
Stadt / ging keines mehr ein oder aus. / Die heilige Stätte war ent-
weiht. / Ausländer hausten in der Burg, / sie war ein Gasthaus für
fremde Völker. / Die Freude war aus Jakob verschwunden, / Flöte und
Harfe waren verstummt.

Der Bittgottesdienst in Mizpa

46 Sie versammelten sich also und gingen nach Mizpa. Das ist ein Ort,
der Jerusalem gegenüber liegt und an dem die Israeliten früher eine
Gebetsstätte hatten. 47 Sie fasteten an jenem Tag, zogen Bußkleider
an, streuten sich Staub auf das Haupt und zerrissen ihre Gewänder.

48 Sie breiteten die Gesetzesrolle aus, um eine Entscheidung zu erhal-
ten, so wie die fremden Völker ihre Götterbilder befragen. 49 Auch
brachten sie die priesterlichen Gewänder, die Erstlingsfrüchte und
den Zehnten herbei, befahlen den Nasiräern, deren Zeit abgelaufen
war, sich zu versammeln, 50 und schrien laut zum Himmel: Was sollen
wir mit diesen Dingen und diesen Menschen tun, wo sollen wir sie
hinbringen? 51 Man entweiht und schändet dein Heiligtum; deine Prie-
ster leben in Trauer und Elend. 52 Sieh her: Man führt fremde Völker
zusammen, um uns auszurotten. Du weißt, was sie mit uns vorhaben.
53 Wie können wir ihrem Angriff standhalten, wenn du uns nicht
hilfst? 54 Dabei ließen sie die Trompeten blasen und schrien laut.
55 Danach setzte Judas Heerführer ein, jeweils über tausend, hundert,
fünfzig und zehn. 56 Alle, die (kurz zuvor) ein Haus gebaut, eine Frau
geheiratet oder Weinberge angelegt hatten oder die Angst hatten, ließ
er nach Hause zurückkehren, wie es das Gesetz vorschreibt. 57 Danach
brach das Heer auf und schlug südlich von Emmaus sein Lager auf.
58 Judas sagte: Legt eure Waffen an, und seid tapfer! Macht euch bereit,
morgen früh mit diesen fremden Völkern zu kämpfen, die man
zusammengeführt hat, um uns und unser Heiligtum zu vernichten.
59 Denn wir wollen lieber im Kampf fallen als zusehen, wie Unglück
über unser Volk und über das Heiligtum kommt. 60 Doch wie der Him-
mel will, so soll es geschehen.

Der Sieg über Gorgias

4 Gorgias aber nahm eine Abteilung von fünftausend Mann und
tausend ausgesuchten Reitern und brach mit ihnen in der Nacht
auf. 2 Er wollte nämlich das jüdische Heer überfallen und überra-
schend schlagen; Leute aus der Burg zeigten ihm den Weg. 3 Doch
Judas erfuhr davon und brach selbst mit seinen Männern auf, um das
Lager der königlichen Streitkräfte vor Emmaus anzugreifen, 4 solange
die anderen Truppen vom Lager getrennt waren. 5 Gorgias erreichte
noch in der Nacht das Lager der Juden, fand aber niemand. Daher
suchte er sie in den Bergen, denn er dachte: Sie sind vor uns geflohen.
6 Bei Tagesanbruch erschien Judas mit dreitausend Mann in der
Ebene. Doch sie waren nicht so ausgerüstet und bewaffnet, wie sie es
wünschten. 7 Als sie das Kriegslager der fremden Völker sahen, das
stark, fest gebaut und ringsum von Reiterei umgeben war – lauter gut
ausgebildete Soldaten –, 8 da sagte Judas zu seinen Männern: Habt
keine Angst vor ihrer Übermacht, und fürchtet euch nicht vor ihrer
Kampfkraft! 9 Denkt daran, wie unsere Väter im Roten Meer gerettet
wurden, als der Pharao sie mit seinem Heer verfolgte. 10 Laßt uns den
Himmel anrufen, daß er uns gewogen ist und des Bundes mit unseren
Vätern gedenkt und daß er dieses Heer heute vor unseren Augen ver-
nichtend schlägt. 11 Dann werden alle Völker erkennen, daß es einen
gibt, der Israel loskauft und rettet.
12 Als die fremden Soldaten aufblickten, sahen sie die Juden heran-
rücken. 13 Da kamen sie aus ihrem Lager heraus, um zu kämpfen; die
Männer des Judas aber bliesen die Widderhörner. 14 Die beiden Heere
stießen aufeinander, und die fremden Völker wurden vernichtend
geschlagen und flohen in die Ebene. 15 Alle, die nicht schnell genug
waren, fielen unter dem Schwert. Die Juden verfolgten sie bis nach
Geser und in die Ebene von Idumäa, Aschdod und Jamnia und
erschlugen ungefähr dreitausend von ihnen. 16 Dann hörte Judas mit
seinen Leuten auf, sie zu verfolgen und kehrte um. 17 Er sagte zu sei-
nen Männern: Fallt noch nicht über die Beute her; denn uns steht noch
ein Kampf bevor. 18 Gorgias steht mit seinen Truppen dicht vor uns in
den Bergen. Stellt euch also zum Kampf gegen eure Feinde auf und
greift sie an; nachher könnt ihr in aller Ruhe eure Beute holen.
19 Während Judas noch sprach, sah man eine Abteilung der Feinde
hinter dem Berg auftauchen. 20 Als sie merkten, daß ihre Leute
geschlagen waren und die Juden das Lager angezündet hatten – der
weithin sichtbare Rauch zeigte an, was geschehen war –, 21 bekamen
sie bei diesem Anblick große Angst. Als sie außerdem sahen, daß das
Heer des Judas kampfbereit in der Ebene stand, 22 flohen sie alle ins
Land der Philister.
23 Jetzt erst machte sich Judas an die Plünderung des Lagers. Sie erbeu-
teten viel Gold und Silber, violette und rote Purpurstoffe und andere
reiche Schätze. 24 Auf dem Rückmarsch priesen und lobten sie den
Himmel: »Denn er ist gütig, denn seine Huld währt ewig«. 25 So wurde
Israel an jenem Tag wunderbar gerettet.

Der erste Angriff des königlichen Heeres unter Lysias

26 Die Philister, die sich hatten retten können, kamen zu Lysias und
meldeten ihm, was geschehen war. 27 Auf diese Nachricht hin war er
bestürzt und in großer Sorge. Denn der Feldzug gegen Israel war
nicht so verlaufen, wie er es gewollt hatte; der Auftrag des Königs war
nicht ausgeführt worden. 28 Darum warb er im nächsten Jahr sechzig-
tausend Söldner an, ausgesuchte Männer, dazu fünftausend Reiter,
um wieder gegen die Juden zu Felde zu ziehen. 29 Sie zogen nach
Idumäa und schlugen in Bet-Zur ihr Lager auf. Judas aber kam ihnen
mit zehntausend Mann entgegen.
30 Als Judas das gewaltige Heerlager der Feinde erblickte, sprach er
folgendes Gebet: Gepriesen seist du, Retter Israels. Du hast den
wütenden Riesen durch deinen Knecht David erschlagen; du hast das
Kriegslager der Philister Jonatan, dem Sohn Sauls, und seinem Waf-
fenträger in die Hand gegeben. 31 Gib dieses Heer deinem Volk Israel
preis! Sie sollen beschämt werden samt ihrem Fußvolk und ihrer Rei-
terei. 32 Jag ihnen einen Schrecken ein, und laß ihren kühnen Mut
schwinden! Ihr Untergang soll sie erschüttern. 33 Schlag sie nieder
durch das Schwert derer, die dich lieben. Dann werden alle, die deinen
Namen kennen, dein Lob singen.
34 Als nun die Heere aufeinanderstießen, fielen etwa fünftausend von
den Soldaten des Lysias. 35 Als Lysias sah, welche Niederlage sein Heer
erlitten hatte, und wie kühn die Leute des Judas waren, bereit, tapfer
zu leben oder zu sterben, kehrte er nach Antiochia zurück. Dort warb
er Söldner an, um mit noch stärkerer Macht noch einmal gegen Judäa
zu ziehen.

Die Reinigung und Weihe des Tempels

36 Judas und seine Brüder aber sagten: Unsere Feinde sind nun ver-
nichtend geschlagen. Wir wollen nach Jerusalem hinaufziehen, den
Tempel reinigen und ihn neu weihen. 37 Das ganze Heer versammelte
sich also und zog zum Berg Zion hinauf. 38 Da sahen sie das Heiligtum
verödet daliegen. Der Brandopferaltar war entweiht; die Tore hatte
man verbrannt. In den Vorhöfen wuchs Unkraut wie in einem Wald
oder auf einem Berg, und die Nebengebäude waren verfallen. 39 Da
zerrissen sie ihre Gewänder, begannen laut zu klagen und streuten
sich Staub auf das Haupt. 40 Sie warfen sich nieder, mit dem Gesicht
zur Erde. Sie bliesen die Signaltrompeten und schrien zum Himmel.
41 Dann befahl Judas einer Schar seiner Männer, die Besatzung der
Burg zu belagern, bis das Heiligtum gereinigt sei. 42 Er wählte untade-
lige und gesetzestreue Priester aus, 43 damit sie das Heiligtum reinig-
ten und die entweihten Steine an einen unreinen Ort trugen. 44 Sie
berieten, was sie mit dem entweihten Brandopferaltar tun sollten.
45 Es kam ihnen der gute Gedanke, ihn niederzureißen; denn er hätte
ihnen Schande gebracht, da die fremden Völker ihn entweiht hatten.
So rissen sie den Altar nieder 46 und legten die Steine an einen passen-
den Ort auf dem Tempelberg nieder, bis ein Prophet komme und ent-
scheide, was damit geschehen solle. 47 Dann nahmen sie unbehauene
Steine, wie es das Gesetz vorschreibt, und errichteten einen neuen
Altar, der genauso aussah wie der alte. 48 Auch das Heiligtum und die
Innenräume des Tempels bauten sie wieder auf und reinigten die Vor-
höfe. 49 Sie fertigten neue heilige Geräte an und stellten den Leuchter,
den Rauchopferaltar und den Tisch in den Tempel. 50 Dann brachten
sie auf dem Altar ein Rauchopfer dar, zündeten die Lichter an dem
Leuchter an, so daß der Tempel hell wurde, 51 legten Schaubrote auf
den Tisch und hängten den Vorhang auf. So beendeten sie alle Arbei-
ten, die sie sich vorgenommen hatten.
52 Am Fünfundzwanzigsten des neunten Monats – das ist der Monat
Kislew – im Jahr 148 standen sie früh am Morgen auf 53 und brachten

auf dem neuen Brandopferaltar, den sie errichtet hatten, Opfer dar, so
wie sie das Gesetz vorschreibt. 54 Zur gleichen Zeit und am selben Tag,
an dem ihn die fremden Völker entweiht hatten, wurde er neu geweiht,
unter Liedern, Zither- und Harfenspiel und dem Klang der Zimbeln.
55 Das ganze Volk warf sich nieder auf das Gesicht, sie beteten an und
priesen den Himmel, der ihnen Erfolg geschenkt hatte. 56 Acht Tage
lang feierten sie die Altarweihe, brachten mit Freuden Brandopfer dar
und schlachteten Heils- und Dankopfer. 57 Sie schmückten die Vor-
derseite des Tempels mit Kränzen und kleinen Schilden aus Gold; sie
erneuerten die Tore und auch die Nebengebäude, die sie wieder mit
Türen versahen. 58 Im Volk herrschte sehr große Freude; denn die
Schande, die ihnen die fremden Völker zugefügt hatten, war besei-
tigt. 59 Judas faßte mit seinen Brüdern und mit der ganzen Gemeinde
Israels den Beschluß, Jahr für Jahr zur selben Zeit mit festlichem Jubel
die Tage der Altarweihe zu begehen, und zwar acht Tage lang, vom
fünfundzwanzigsten Kislew an.
60 In jener Zeit errichteten sie rund um den Zionsberg auch hohe Mau-
ern mit festen Türmen, damit die fremden Völker nicht mehr in dieses
Gebiet eindringen und es entweihen konnten, wie sie es vorher getan
hatten. 61 Und Judas ordnete Truppen ab, um ihn zu bewachen. Auch
Bet-Zur ließ er befestigen und legte eine Besatzung hinein, um das
Volk gegen Idumäa abzusichern.

Die Feldzüge gegen die Idumäer und Ammoniter

5 Als aber die Völker ringsum hörten, daß die Juden den Altar neu
errichtet und das Heiligtum wieder geweiht hatten, so daß alles
war wie früher, gerieten sie in heftigen Zorn. 2 Sie beschlossen, alle
aus dem Stamm Jakobs, die bei ihnen wohnten, auszurotten, und
begannen, im Volk Tod und Verderben zu verbreiten.
3 Da griff Judas die Nachkommen Esaus an, die jenen Teil Idumäas
bewohnten, der Akrabattene heißt; sie hatten nämlich die Grenze
nach Israel abgeriegelt. Er brachte ihnen eine schwere Niederlage bei,
ließ sie seine Macht fühlen und ihren Besitz plündern. 4 Auch dachte
er daran, welche Untaten die Beoniter begangen hatten; sie hatten
nämlich den Juden an den Wegen aufgelauert und waren für das Volk
wie ein Netz und eine Falle gewesen. 5 Daher schloß er sie jetzt in ihre
Fliehtürme ein und belagerte sie; er weihte sie dem Untergang und
verbrannte die Türme mit allen, die darin waren. 6 Dann zog er hin-
über gegen die Ammoniter. Er traf auf eine starke Streitmacht mit vie-
len Kriegern; ihr Anführer war Timotheus. 7 Judas verwickelte sie in
zahlreiche Gefechte, und sie wurden von ihm vernichtend geschlagen
und besiegt. 8 Er eroberte auch die Stadt Jaser und ihre Tochterstädte.
Dann kehrte er nach Judäa zurück.

Die Vorbereitungen zur Rettung der Juden in Galiläa und in Gilead

9 Da rotteten sich die Völker des Landes Gilead gegen die Israeliten,
die in ihrem Gebiet lebten, zusammen, um sie zu töten. Doch diese
konnten sich in die Festung Datema flüchten. 10 Sie schrieben an Judas
und seine Brüder einen Brief mit folgendem Inhalt: Die Völker
ringsum haben sich gegen uns zusammengerottet, um uns zu ver-
nichten. 11 Sie stehen bereit, um zu kommen und die Festung zu
erobern, in die wir geflohen sind. Timotheus führt ihre Streitkräfte an.
12 Darum komm her, und rette uns aus ihrer Gewalt, denn viele von
uns sind schon gefallen. 13 Auch unsere Brüder, die unter den Leuten
von Tubi lebten, hat man umgebracht, ihre Frauen gefangengenom-
men, ihre Kinder und ihren Besitz geraubt. Etwa tausend Männer sind
dort umgekommen.
14 Judas und seine Brüder hatten den Brief noch nicht zu Ende gelesen,
da kamen andere Boten aus Galiläa in zerrissenen Kleidern und brach-
ten ihnen die Nachricht: 15 Die Einwohner von Ptolemaïs, Tyrus und
Sidon und dem ganzen oberen Galiläa, soweit es Fremdstämmige
bewohnen, haben sich zusammengetan, um uns auszurotten.
16 Als Judas und das Volk das hörten, beriefen sie eine große Ver-
sammlung ein, um zu beraten, was sie für ihre bedrängten Brüder tun
sollten, die von den Feinden angegriffen wurden. 17 Judas sagte zu sei-
nem Bruder Simeon: Such dir geeignete Männer aus, mach dich auf
den Weg, und befrei deine Brüder in Galiläa; ich und mein Bruder
Jonatan wollen nach Gilead ziehen. 18 Als Anführer des Volkes ließ er
Josef, den Sohn Secharjas, und Asarja mit dem Rest des Heeres zur
Bewachung Judäas zurück.
19 Er gab ihnen den Befehl: Übernehmt die Führung dieser Leute, aber
laßt euch in keinen Kampf mit fremden Völkern ein, bevor wir zurück-
gekehrt sind. 20 Simeon erhielt dreitausend Mann zugeteilt, mit denen
er nach Galiläa ziehen sollte, Judas dagegen achttausend Mann für
Gilead.

Die Feldzüge nach Galiläa und Gilead

21 Simeon zog also nach Galiläa. Dort lieferte er den fremden Völkern
zahlreiche Gefechte, und sie wurden vor seinen Augen vernichtend
geschlagen. 22 Er verfolgte sie bis an die Tore von Ptolemaïs. Von den
fremden Völkern fielen ungefähr dreitausend Mann, und Simeon
machte reiche Beute bei ihnen. 23 Dann führte er die Juden aus Galiläa
und Arbatta mit ihren Frauen und Kindern und ihrem ganzen Besitz
unter großem Jubel nach Judäa zurück.
24 Judas, der Makkabäer, und sein Bruder Jonatan hatten indessen den
Jordan überschritten und waren drei Tagesmärsche durch die Steppe
gezogen. 25 Dort trafen sie auf die Nabatäer, die ihnen freundlich
begegneten und ihnen alles erzählten, was ihren Brüdern in Gilead
zugestoßen war. 26 Viele von ihnen würden in Bosora, Bosor, Alema,
Kaspin, Maked und Karnajim festgehalten, lauter großen, befestigten
Städten. 27 Auch in den übrigen Städten Gileads halte man sie fest,
und morgen wolle man sich anschicken, die Festungen zu belagern
und zu erstürmen. Alle sollten an einem einzigen Tag umgebracht
werden.
28 Da kehrte Judas mit seinem Heer überraschend um. Er nahm den
Weg durch die Steppe von Bosora, eroberte die Stadt, erschlug mit
scharfem Schwert die gesamte männliche Bevölkerung, plünderte die
Stadt völlig aus und brannte sie nieder.
29 Noch in der gleichen Nacht brach er wieder auf, und sie zogen
bis vor die Festung Datema. 30 Als sie gegen Morgen Ausschau hielten,
da sahen sie ein unzählbar großes Heer; die Soldaten schleppten
Sturmleitern und Belagerungsmaschinen heran, um die Festung zu
erstürmen und gingen schon zum Angriff gegen die Juden über.
31 Judas sah, daß der Kampf bereits begonnen hatte: Der Lärm aus
der Stadt, Trompetengeschmetter und lautes Geschrei drangen
bis zum Himmel. 32 Da rief er den Männern in seinem Heer zu:
Kämpft heute für unsere Brüder! 33 Dann griff er die Feinde mit drei
Abteilungen von hinten an; seine Leute bliesen die Trompeten und
beteten laut. 34 Sobald das Heer des Timotheus merkte, daß es der
Makkabäer war, liefen sie vor ihm davon. Er brachte ihnen eine
schwere Niederlage bei; etwa achttausend Mann von ihnen fielen an
diesem Tag.
35 Danach wandte sich Judas gegen Alema. Er griff die Stadt an und
eroberte sie, erschlug die gesamte männliche Bevölkerung, ließ die
Stadt plündern und brannte sie nieder. 36 Von dort brach er auf und
eroberte Kaspin, Maked, Bosor und die übrigen Städte Gileads.
37 Nach diesen Ereignissen sammelte Timotheus ein neues Heer und
schlug gegenüber von Rafon, jenseits der Schlucht, sein Lager auf.
38 Judas schickte Späher aus, die das Lager erkunden sollten. Sie mel-
deten ihm: Alle Völker, die rings um uns wohnen, sind zu ihm
gestoßen; es ist ein gewaltiges Heer. 39 Auch arabische Hilfstruppen
hat er angeworben. Sie haben auf der anderen Seite der Schlucht ihr
Lager bezogen und stehen bereit, gegen dich zum Kampf aus-
zurücken. Da zog Judas ihnen entgegen. 40 Als er sich mit seinem Heer
dem Bach, der durch die Schlucht führte, näherte, sagte Timotheus zu
seinen Heerführern: Wenn er zuerst über den Bach zu uns herüber-
kommt, können wir ihm nicht standhalten; dann wird er uns sicher-
lich überwältigen. 41 Wenn er aber Angst hat und sein Lager jenseits
des Baches aufschlägt, dann gehen wir zu ihm hinüber und werden
ihn überwältigen.

42 Als Judas sich dem Gebirgsbach genähert hatte, ließ er Heeres-
schreiber in der Schlucht antreten und gab ihnen den Befehl: Nie-
mand darf hier haltmachen, sondern alle sollen zum Kampf vor-
rücken. 43 Er selbst ging als erster über den Bach, den Feinden
entgegen, und alle seine Krieger folgten ihm. Und die fremden Völker
wurden von ihm vernichtend geschlagen; sie warfen ihre Waffen weg
und flüchteten sich in das Heiligtum von Karnajim. 44 Aber die Juden
eroberten die Stadt und verbrannten das Heiligtum mit allen, die darin
waren. So wurde Karnajim gedemütigt, und niemand konnte Judas
mehr Widerstand leisten.
45 Nun sammelte Judas alle Israeliten, die in Gilead lebten, jung und
alt, mit ihren Frauen und Kindern und ihrem Besitz, eine gewaltige
Menschenmenge, um mit ihnen nach Judäa zu ziehen. 46 Sie kamen
bis Efron. Diese große und stark befestigte Stadt lag auf ihrem Weg.
Man konnte sie weder links noch rechts umgehen, sondern mußte
mitten durch sie hindurchziehen. 47 Aber die Einwohner der Stadt
schlossen vor ihnen die Tore und versperrten sie außerdem mit Stei-
nen. 48 Da schickte Judas Unterhändler zu ihnen mit dem friedlichen
Vorschlag: Wir wollen durch euer Land ziehen, um in unser Land zu
kommen. Keiner wird euch etwas Böses tun; wir wollen nur durch-
marschieren. Aber die Einwohner wollten ihnen die Tore nicht öffnen.
49 Nun ließ Judas im Heer den Befehl ausrufen, jeder solle dort Stel-
lung beziehen, wo er gerade sei. 50 Da stellten sich die Krieger auf, und
Judas ließ die Stadt den ganzen Tag und die ganze Nacht hindurch
angreifen, bis sie fiel. 51 Er erschlug ihre gesamte männliche Bevölke-
rung mit scharfem Schwert, zerstörte die Stadt völlig und ließ sie
plündern. Dann marschierte er über die Leichen der Erschlagenen
hinweg durch die Stadt.
52 Sie überquerten den Jordan in der großen Ebene gegenüber von
Bet-Schean. 53 Judas sorgte dafür, daß die Nachzügler zusammenblie-
ben, und auf dem ganzen Weg sprach er den Leuten Mut zu, bis sie
Judäa erreichten. 54 Dann zogen sie mit Jubel und Freude zum Berg
Zion hinauf und brachten dort Brandopfer dar; denn keiner von ihnen
war gefallen, alle waren wohlbehalten heimgekehrt.

Die wahren Führer Israels

55 Zu der Zeit, als Judas und Jonatan in Gilead waren und als sein
Bruder Simeon in Galiläa vor Ptolemaïs lag, 56 hörten die Heerführer
Josef, der Sohn Secharjas, und Asarja von den kühnen Taten, die jene
vollbracht hatten. 57 Da sagten sie: Auch wir wollen uns einen
Namen machen und einen Feldzug gegen die fremden Völker
ringsum führen. 58 Sie gaben also den Soldaten, die sie bei sich hat-
ten, den Befehl, gegen Jamnia zu ziehen. 59 Aber Gorgias und seine
Männer rückten ihnen aus der Stadt zum Kampf entgegen. 60 Josef
und Asarja wurden geschlagen und bis an die Grenze von Judäa ver-
folgt. An jenem Tag fielen fast zweitausend aus dem Volk Israel.
61 Das Volk hatte eine schwere Niederlage erlitten, weil sie nicht auf
Judas und seine Brüder gehört hatten, sondern sich einbildeten,
auch sie könnten große Taten vollbringen. 62 Doch sie waren nicht
aus dem Geschlecht derer, die mit der Rettung Israels beauftragt
waren.
63 Der große Judas und seine Brüder dagegen erwarben sich hohen
Ruhm bei ganz Israel und bei allen Völkern, überall wo ihr Name
bekannt wurde. 64 Die Leute kamen herbei, um sie zu beglückwün-
schen. 65 Judas und seine Brüder zogen auch zum Kampf gegen die
Nachkommen Esaus im Süden. Er schlug Hebron und seine Tochter-
städte, eroberte ihre Festungen und brannte ihre Türme ringsum
nieder.
66 Dann zog er gegen das Philisterland. Als das Heer dabei durch
Marescha kam, 67 fielen einige Priester im Kampf. Sie waren schlecht
beraten gewesen, in den Krieg zu ziehen, um Heldentaten zu vollbrin-
gen. 68 Dann machte Judas eine Ausweichbewegung und zog nach
Aschdod im Land der Philister. Dort zerstörte er die Altäre der Phili-
ster, verbrannte ihre Götterbilder, plünderte die Städte und kehrte
dann nach Judäa zurück.

Das Ende des Antiochus Epiphanes und die Thronbesteigung des Antiochus V.

6 König Antiochus durchzog unterdessen die östlichen Provinzen.
Er hörte von einer Stadt in Persien namens Elymaïs, die berühmt
war wegen ihres Reichtums an Silber und Gold. 2 Auch gibt es in ihr
einen sehr reichen Tempel; der mazedonische König Alexander, der
Sohn des Philippus, der als erster Grieche König geworden war, hatte
dort goldene Schilde, Rüstungen und Waffen hinterlassen. 3 Antio-
chus marschierte also hin und versuchte, die Stadt zu erobern und zu
plündern. Doch er blieb ohne Erfolg; denn die Einwohner der Stadt
hatten von seinem Plan erfahren 4 und leisteten ihm bewaffneten
Widerstand. Er mußte fluchtartig abziehen und machte sich sehr nie-
dergeschlagen auf den Rückweg nach Babylon.
5 Noch in Persien erreichte ihn ein Bote mit der Nachricht, daß die
Heere, die in Judäa einmarschiert waren, geschlagen worden waren.
6 Auch Lysias, der an der Spitze einer starken Streitmacht in den
Kampf gezogen war, habe gegen die Juden eine schwere Niederlage
erlitten. Deren Bewaffnung und Kampfkraft habe sich durch die
große Beute, die sie bei den geschlagenen Armeen machten, verstärkt.
7 Den Greuel, den er auf dem Altar in Jerusalem hatte aufstellen lassen,
hätten sie wieder entfernt und den Tempelbezirk wie früher mit hohen
Mauern umgeben, ebenso seine Stadt Bet-Zur.
8 Als der König das hörte, war er bestürzt und sehr beunruhigt. Er
mußte sich niederlegen, da ihn eine Schwäche befiel; so niederge-
schlagen war er, weil seine Pläne gescheitert waren. 9 So ging es meh-
rere Tage. Er bekam immer neue Anfälle tiefer Schwermut und rech-
nete schon damit, daß er sterben müsse. 10 Er rief seine Freunde
zusammen und sagte zu ihnen: Der Schlaf flieht meine Augen, und ich
bin vor Sorgen zusammengebrochen. 11 Ich habe mich gefragt: Wie
bin ich nur in diese große Not und Bedrängnis geraten, in der ich
mich jetzt befinde? Ich war während meiner Regierung doch immer
leutselig und beliebt. 12 Jetzt fallen mir die bösen Dinge ein, die ich in
Jerusalem getan habe. Ich habe dort alle Geräte aus Silber und Gold
mitgenommen, ja, ich habe ohne Grund den Auftrag gegeben, die
Bewohner Judäas auszurotten. 13 Deswegen ist dieses Unglück über
mich gekommen, das weiß ich jetzt. Und nun sterbe ich ganz ver-
zweifelt in einem fremden Land.
14 Er rief Philippus, einen seiner Freunde, zu sich und setzte ihn als
Herrscher über sein ganzes Königreich ein. 15 Er überreichte ihm das
königliche Diadem, sein Gewand und seinen Siegelring und gab ihm
den Auftrag, seinen Sohn Antiochus anzuleiten und zu erziehen, bis er
die Regierung übernehmen könne. 16 Dann starb König Antiochus
dort im Jahr 149.
17 Als Lysias erfuhr, daß der König tot war, setzte er als dessen Nach-
folger seinen Sohn Antiochus ein, dessen Erziehung ihm während sei-
ner Minderjährigkeit oblag, und gab ihm den Beinamen Eupator.

Der zweite Angriff des königlichen Heeres unter Lysias

18 Die Besatzung der Burg in Jerusalem schloß die Israeliten, die im
Tempel waren, von allen Seiten ein. Sie versuchte unaufhörlich,
Unheil anzurichten, und die Fremden hatten an ihnen einen starken
Rückhalt. 19 Judas faßte daher den Plan, sie zu vernichten, und berief
alle wehrfähigen Männer zur Belagerung zusammen. 20 Sie kamen,
und man begann im Jahr 150 mit der Belagerung; dabei baute man
sogar Wurf- und Belagerungsmaschinen. 21 Einige von der Besatzung
konnten den Belagerungsring durchbrechen; zu ihnen stießen meh-
rere Ruchlose aus Israel. 22 Sie begaben sich zum König und sagten:
Wie lange zögerst du, uns unser Recht zu verschaffen und für unsere
Brüder Rache zu nehmen? 23 Wir haben deinem Vater bereitwillig
gedient; wir haben so gelebt, wie er es sagte, und haben seine Anord-
nungen befolgt. 24 Deswegen sind uns unsere eigenen Landsleute
fremd geworden; ja, sie haben jeden von uns, den sie fanden, umge-
bracht und haben unseren Besitz geraubt. 25 Doch nicht allein gegen
uns haben sie die Hand erhoben, sondern auch gegen alle ihre Nach-
barn. 26 Jetzt sind sie sogar vor die Burg von Jerusalem gezogen, um
sie zu erobern; außerdem haben sie den Tempel und Bet-Zur befe-

Pablo Picasso
Guernica
(1937)
»Die Leichen deiner Frommen haben sie rings um Jerusalem zerstreut, und ihr Blut haben sie vergossen, und keiner hat sie begraben« (1 Makk 7,17; vgl. Ps 79,2f.). Das 7. Kapitel des ersten Makkabäerbuches schildert Grausamkeiten, die in Pablo Picassos *Guernica* ihren gesteigerten künstlerischen Ausdruck gefunden haben. Seit Juni 1936 befand sich Spanien im Bürgerkrieg. Am 26. April 1937 bombardierte die deutsche Legion Condor im Auftrag General Francos das baskische Städtchen Guernica. Zum ersten Mal in der Kriegsgeschichte diente die moderne Kriegstechnik dazu, eine Stadt und deren Zivilbevölkerung wahllos zu vernichten. Bereits am 11. Mai vollendete Picasso die erste der acht übereinanderliegenden Fassungen des Gemäldes, das den Namen jener Stadt als Titel erhielt. Als eindringlicher Appell, gegen die faschistische Aggression einzuschreiten, bildete das Gemälde 1937 den Mittelpunkt des Pavillons der spanischen Republik auf der Pariser Weltausstellung. Trotz der Vielzahl von Einzelmotiven, die *Guernica* in flächiger Reihung umfaßt, liegt eine klar strukturierte Komposition zugrunde, mit der Kerze als Spitze eines stumpfwinkligen Dreiecks. Links davon hängt als zweite Lichtquelle eine Glühlampe, deren Oval an das bis zur altägyptischen Kunst zurückreichende Symbol des göttlichen Auges erinnert. Der Schein dieser beiden Lichter erhellt sechs menschliche Figuren, dargestellt im Ausdruck höchster Verzweiflung, in Panik und Qual. Rechts ist es ein Mann, der die Arme zum Himmel reckt, links eine Mutter mit dem gellenden Schrei der Totenklage um ihr Kind. Zwei Frauen stürzen auf den am Boden hingestreckten Krieger zu, dessen rechte Faust ein zerbrochenes Schwert umklammert. Dem Gestürzten (mit weit ausgebreiteten Armen wie ein Gekreuzigter) droht ebenso wie dem Pferd die Vernichtung durch den Stier, dessen Schwanz die Gestalt einer Fackel besitzt: der Fackel des Krieges. Picasso hat testamentarisch verfügt, daß *Guernica* erst nach dem Sturz Francos in Spanien gezeigt werden dürfe. Es befand sich als Leihgabe des Künstlers im Metropolitan Museum of Art in New York. Nach Francos Tod 1975 – zwei Jahre nach dem Tod Picassos – gelangte das großformatige Gemälde nach Madrid.

stigt. 27 Wenn du ihnen nicht bald zuvorkommst, werden sie noch
mehr unternehmen, und du wirst sie nicht mehr aufhalten können.
28 Als der König das hörte, wurde er zornig. Er ließ alle seine Freunde
zu sich kommen, sowohl die Anführer des Fußvolks als auch die der
Reiterei. 29 Auch aus anderen Reichen und von den Inseln kamen
Söldnertruppen zu ihm. 30 Im ganzen bestand sein Heer aus hundert-
tausend Mann Fußvolk, zwanzigtausend Reitern und zweiunddreißig
Kriegselefanten.
31 Sie zogen durch Idumäa und belagerten Bet-Zur. Der Kampf zog
sich lange hin. Sie bauten auch Belagerungsmaschinen; die Belager-
ten machten jedoch einen Ausfall, verbrannten sie und schlugen sich
tapfer. 32 Da zog Judas von der Burg in Jerusalem ab und schlug dem
königlichen Heer gegenüber bei Bet-Sacharja sein Lager auf. 33 Am
nächsten Morgen ließ der König das Heer in aller Frühe aufbrechen
und in einem Eilmarsch nach Bet-Sacharja marschieren. Die Truppen
schwärmten aus, und man stieß in die Trompeten. 34 Den Elefanten
hielt man den Saft von Trauben und Maulbeeren vor, um sie zum
Kampf zu reizen. 35 Darauf verteilte man die Tiere auf die einzelnen
Abteilungen. Zu jedem Elefanten stellten sie tausend Mann; diese hat-
ten Kettenpanzer an und auf dem Kopf bronzene Helme. Außerdem
waren jedem Tier fünfhundert ausgesuchte Reiter zugeordnet; 36 sie
hatten sich schon vorher immer bei den Tieren aufgehalten und waren
ihnen überall gefolgt, wohin sie auch gingen. 37 Jedes Tier trug einen
befestigten, gut gesicherten Turm aus Holz, der kunstfertig ange-
schnallt war, dazu vier Soldaten, die von dem Turm aus kämpften,
sowie seinen indischen Lenker. 38 Die übrige Reiterei stellte der König
außen an die beiden Flügel des Heeres, um die Gegner zu beunruhi-
gen und die eigenen Reihen zu decken. 39 Als die Sonne sich in den
goldenen und ehernen Schilden brach, da strahlten die Berge wider
und leuchteten auf wie brennende Fackeln. 40 Ein Teil des königlichen
Heeres stellte sich oben auf den Bergen, ein anderer unten in der
Ebene auf. Dann begannen sie, sicher und geordnet vorzurücken.
41 Da zitterten alle, die das Getöse der Menge hörten und sahen, wie
die Massen aufmarschierten und die Waffen aneinanderschlugen;
denn es war ein gewaltig großes und starkes Heer.
42 Judas rückte mit seinen Truppen ebenfalls vor, und es kam zum
Kampf; dabei fielen vom Heer des Königs sechshundert Mann.
43 Eleasar Awaran sah einen Elefanten, dessen Panzer königlichen
Schmuck trug und der alle anderen Tiere überragte. Da er glaubte,

darauf sitze der König, 44 opferte er sich, um sein Volk zu retten und
sich ewigen Ruhm zu erwerben. 45 Er lief mutig auf ihn zu, mitten in
die feindliche Schlachtreihe hinein, teilte nach links und rechts tödli-
che Hiebe aus und schlug sich eine Bresche durch die Reihen. 46 So
drang er bis zu dem Elefanten vor, stellte sich unter ihn und durch-
bohrte ihn. Das Tier brach zusammen und fiel auf ihn, so daß er er-
drückt wurde. 47 Als die Juden die Stärke und das Ungestüm der könig-
lichen Truppen sahen, wichen sie ihnen aus.
48 Die Truppen des königlichen Heeres rückten daraufhin nach Jerusa-
lem hinauf, um die Juden dort zum Kampf zu stellen. Der König
schlug in Judäa und am Berg Zion ein Lager auf.
49 Mit der Besatzung von Bet-Zur schloß er Frieden, und sie verließ die
Stadt. Dort waren nämlich während der Belagerung die Nahrungs-
mittel ausgegangen; denn man beging im Land ein Sabbatjahr. 50 Der
König ließ Bet-Zur besetzen und legte eine Garnison hinein, um es zu
sichern.
51 Dann belagerte er viele Tage lang den Tempel. Er ließ Wurf- und
Belagerungsmaschinen, auch Brand- und Steinschleudern aufstellen,
dazu Armbrüste für Pfeile und kleinere Schleudermaschinen. 52 Aber
die Juden bauten ebenfalls Maschinen, und der Kampf zog sich lange
hin. 53 Doch die Vorratsräume waren leer, weil das Jahr ein siebtes Jahr
war; zudem hatten die, die man bei den fremden Völkern gerettet und
nach Judäa gebracht hatte, den Rest der Vorräte aufgebraucht. 54 Die
Besatzung litt daher Hunger, und die Truppen liefen auseinander, jeder
ging nach Hause; nur wenige Männer blieben beim Tempel zurück.

Der Religionsfriede des Lysias

55 Da hörte Lysias, Philippus, den König Antiochus noch zu seinen
Lebzeiten zum Erzieher seines Sohnes Antiochus bestimmt hatte, bis
dieser die Regierung antreten könne, 56 sei aus Persien und Medien
zurückgekehrt, zusammen mit den Truppen, die den (verstorbenen)
König begleitet hatten; er versuche, die Regierung an sich zu bringen.
57 Daher entschloß sich Lysias, möglichst rasch abzuziehen; er sagte
zum König, zu den Offizieren und den Soldaten: Unsere Lage wird von
Tag zu Tag schwieriger. Es gibt wenig zu essen, und der Ort, den wir
belagern, ist stark befestigt. Überdies ruht auf uns die Sorge um das
Reich. 58 Reichen wir darum diesen Leuten die Hand und schließen wir
Frieden mit ihnen und ihrem ganzen Volk! 59 Wir wollen ihnen zuge-
stehen, daß sie wie früher nach ihren Gesetzen leben können. Denn
weil wir ihre Gesetze abschaffen wollten, haben sie sich gegen uns
aufgelehnt und all das getan. 60 Der König und die Heerführer waren
mit diesem Vorschlag einverstanden; er ließ den Juden Frieden anbie-
ten, und sie nahmen ihn an. 61 Der König und die Heerführer leisteten
ihnen einen Eid; darauf verließen die Juden die Festung. 62 Aber als der
König den Berg Zion betrat und sah, wie stark der Ort befestigt war,
brach er den Eid, den er geschworen hatte, und gab den Befehl, die
Mauer ringsum einzureißen. 63 Dann zog er in Eilmärschen ab und
kehrte nach Antiochia zurück. Er fand die Stadt im Besitz des Philip-
pus, eröffnete den Kampf gegen ihn und nahm die Stadt mit Gewalt.

Neue Angriffe auf Israel nach der Thronbesteigung des Demetrius I.

7 Im Jahr 151 floh Demetrius, der Sohn des Seleukus, aus Rom,
landete mit nur wenigen Männern in einer Stadt am Meer und
rief sich dort zum König aus. 2 Als er in den Palast seiner Väter einzog,
nahmen die Truppen Antiochus und Lysias fest, um sie ihm auszulie-
fern. 3 Das wurde ihm mitgeteilt; er aber sagte: Ich will ihr Gesicht
nicht sehen. 4 Da brachten die Truppen die beiden um, und Demetrius
setzte sich auf den Thron seines Reiches.
5 Alle Gesetzlosen und Frevler aus Israel kamen zu ihm. Ihr Anführer
war Alkimus, der Hoherpriester werden wollte. 6 Sie verklagten das
Volk beim König und sagten: Judas und seine Brüder haben alle deine
Freunde umgebracht und uns aus unserer Heimat vertrieben. 7 Schick
darum einen Mann, dem du vertraust, er soll kommen und sich das
ganze Unheil ansehen, das sie uns und dem Land des Königs zugefügt
haben. Dann soll er sie und alle, die sie unterstützen, bestrafen.
8 Der König wählte Bakchides, einen der Freunde des Königs; er hatte
den Befehl jenseits des Stroms, galt viel im Reich und war dem König
treu ergeben. 9 Mit ihm schickte er den ruchlosen Alkimus, den er als
Hohenpriester einsetzte, und gab ihm den Auftrag, an den Israeliten
Vergeltung zu üben.
10 Sie brachen mit einem großen Heer auf und zogen nach Judäa. Er
schickte Boten an Judas und seine Brüder und bot ihnen mit hinterli-
stigen Worten Frieden. 11 Doch diese glaubten ihnen nicht; denn sie
sahen, daß sie mit einem großen Heer gekommen waren.
12 Eine Gruppe von Schriftgelehrten ging indessen gemeinsam zu Al-
kimus und Bakchides, um eine gerechte Lösung zu suchen. 13 Auch
bemühten sich die Hasidäer, als erste von den Israeliten, bei ihnen
um Frieden. 14 Sie sagten sich nämlich: Ein Priester aus der Familie des
Aaron ist zusammen mit den Truppen hergekommen; er wird uns
nichts Böses tun. 15 Alkimus unterhielt sich auch friedlich mit ihnen,
ja, er schwor ihnen: Wir werden euch und euren Freunden kein Leid
zufügen. 16 Sie glaubten ihm; er aber ließ sechzig von ihnen festneh-
men und noch am selben Tag hinrichten, genau wie geschrieben
steht: 17 Die Leichen deiner Frommen haben sie rings um Jerusalem
zerstreut, und ihr Blut haben sie vergossen, und keiner hat sie begra-
ben. 18 Da begann das ganze Volk, sich vor ihnen zu fürchten und zu
zittern. Man sagte: Bei ihnen gibt es weder Treue noch Recht; denn sie
haben den Vertrag gebrochen trotz des Eides, den sie geschworen
haben.
19 Bakchides marschierte von Jerusalem nach Bet-Sajit und schlug dort
sein Lager auf. Er ließ viele von den Männern, die zu ihm übergelaufen
waren, festnehmen, dazu auch einige Männer aus dem Volk, und
befahl, sie an der großen Zisterne niederzumetzeln. 20 Er übergab das
Land dem Alkimus und ließ zu seiner Unterstützung einen Teil der
Truppen zurück. Dann kehrte Bakchides zum König zurück.
21 Alkimus aber kämpfte um das Hohepriesteramt. 22 Alle Unruhestif-
ter im Volk sammelten sich um ihn; sie rissen die Macht über Judäa an
sich und stürzten Israel tief ins Unglück. 23 Judas sah all das Unheil,
das Alkimus und seine Anhänger bei den Israeliten anrichteten; sie
waren schlimmer als die Ausländer.
24 Da brach er auf, zog durch das Gebiet von ganz Judäa und übte an
den Überläufern Vergeltung, so daß sie sich nicht mehr frei im Land
bewegen konnten. 25 Alkimus merkte, daß Judas und seine Leute an
Macht gewannen, und da er einsah, daß er ihnen nicht gewachsen
war, wandte er sich wieder an den König und brachte schwere Ankla-
gen gegen sie vor.

Der Angriff und die Niederlage des Nikanor

26 Da schickte der König einen seiner bedeutendsten Anführer, Ni-
kanor, der ein erbitterter Gegner Israels war; er trug ihm auf, das Volk
zu vernichten. 27 Nikanor kam mit einem großen Heer nach Jerusa-
lem. Er schickte Boten zu Judas und seinen Brüdern und sprach hin-
terlistig von Frieden. Er sagte: 28 Ich will keinen Krieg mit euch.
Darum will ich mich in Begleitung von nur ein paar Leuten in aller
Freundschaft mit euch treffen, um über den Frieden zu reden. 29 Er
kam auch zu Judas, und sie begrüßten einander freundschaftlich.
Seine Soldaten hielten sich indessen bereit, den Judas zu verschlep-
pen. 30 Judas aber erfuhr, daß er in böser Absicht gekommen war. Da
wurde er vorsichtig und wollte nicht mehr mit ihm zusammenkom-
men. 31 Nun merkte Nikanor, daß sein Plan entdeckt worden war, und
er zog aus, um Judas bei Kafar-Salama zum Kampf zu stellen. 32 Aber
fast fünfhundert von den Leuten des Nikanor fielen, und seine Solda-
ten mußten sich in die Davidstadt flüchten.
33 Nach diesen Ereignissen ging Nikanor zum Berg Zion hinauf. Aus
dem Tempelbezirk kamen ihm Priester und Älteste des Volkes entge-
gen, um ihn friedlich zu begrüßen und ihm das Opfer zu zeigen, das
man für den König darbrachte. 34 Er aber verhöhnte und verspottete
sie und machte sie unrein. Er prahlte 35 und schwor voller Zorn: Wenn
Judas und sein Heer mir nicht sofort ausgeliefert werden, dann stecke
ich dieses Haus in Brand, sobald ich heil zurück bin. Dann ging er

wütend weg. 36 Die Priester gingen wieder hinein, stellten sich vor den
Altar und den Tempel, weinten und sagten: 37 Du hast dieses Haus
erwählt, damit dein Name darüber ausgerufen werde; es sollte für dein
Volk ein Haus des Betens und Flehens sein. 38 Übe Vergeltung an die-
sem Menschen und an seinem Heer! Sie sollen unter dem Schwert fal-
len. Denk an ihre Lästerungen, und laß sie nicht weiterleben!
39 Nikanor verließ Jerusalem und schlug in Bet-Horon sein Lager auf;
dort stieß eine Abteilung Soldaten aus Syrien zu ihm. 40 Judas dagegen
hatte mit dreitausend Mann sein Lager bei Hadascha, und er betete:
41 Damals, als die Leute des Königs von Assur über dich gelästert hat-
ten, kam dein Engel und erschlug hundertfünfundachtzigtausend von
ihnen. 42 Schlag heute dieses Heer vor unseren Augen genauso, damit
die, die von ihnen übrig bleiben, erkennen, daß Nikanor schlimme
Worte gegen dein Heiligtum ausgestoßen hat. Richte ihn, wie es sein
Verbrechen verdient.
43 Am Dreizehnten des Monats Adar stießen die Heere aufeinander,
und das Heer des Nikanor wurde vernichtend geschlagen; er selbst fiel
als erster im Kampf. 44 Als sein Heer sah, daß Nikanor gefallen war,
warfen sie die Waffen weg und flohen. 45 Die Juden verfolgten sie
einen Tagesmarsch weit, von Hadascha bis nach Geser, und bliesen
mit den Signaltrompeten hinter ihnen her. 46 Aus allen umliegenden
Dörfern Judäas kamen die Männer heraus und umzingelten die Flüch-
tenden. Da wandten sich die Feinde gegeneinander, und alle fielen
unter dem Schwert; nicht einer von ihnen blieb übrig.
47 Die Juden nahmen ihnen ihre Ausrüstungen weg und machten rei-
che Beute. Dem Nikanor schlugen sie den Kopf ab und ebenso die
rechte Hand, die er so vermessen ausgestreckt hatte; sie brachten bei-
des nach Jerusalem und hängten es dort öffentlich auf. 48 Im Volk herr-
schte große Freude; sie begingen diesen Tag als einen großen Festtag
49 und beschlossen, den dreizehnten Adar künftig jedes Jahr zu feiern.
50 Danach hatte Judäa für kurze Zeit Ruhe.

Das Bündnis des Judas mit Rom

8 Judas hörte, wie man von den Römern erzählte, sie seien geübt
im Kriegführen, erwiesen allen, die zu ihnen hielten, Wohlwol-
len und schlössen Freundschaft mit jedem, der sie darum bitte. Sie
seien in der Tat kriegstüchtige Männer. 2 Man berichtete ihm auch
von ihren Feldzügen und von ihren kühnen Unternehmungen gegen
die Galater, die sie unterworfen und tributpflichtig gemacht hatten,
3 ebenso von ihren Taten in Spanien: Dort hatten sie die Silber- und
Goldbergwerke erobert 4 und durch ihre Klugheit und Ausdauer das
ganze Land an sich gebracht, obgleich es von ihnen weit entfernt
liegt. Die Könige, die vom Ende der Welt gegen sie herangezogen
waren, hatten sie besiegt und ihnen eine vernichtende Niederlage bei-
gebracht; die übrigen mußten ihnen jährlich Tribut zahlen. 5 Philip-
pus und Perseus, die Könige der Kittäer, und alle anderen, die sich
gegen sie auflehnten, hatten sie im Krieg vernichtend geschlagen und
unterworfen. 6 Als Antiochus, der Großkönig von Asien, mit hundert-
zwanzig Elefanten, mit Reiterei, Streitwagen und einem gewaltigen
Heer gegen sie zum Kampf auszog, wurde er von ihnen vernichtend
geschlagen. 7 Sie nahmen ihn lebendig gefangen und erlegten ihm
und seinen Nachfolgern einen hohen Tribut auf; er mußte Geiseln
stellen und einen Teil seines Gebietes abtreten. 8 Sie nahmen ihm die
Provinzen Indien, Medien und Lydien ab, einige der besten Länder,
die er besaß, und schenkten sie dem König Eumenes. 9 Als die
Bewohner von Griechenland den Plan faßten, in den Krieg zu ziehen,
um die Römer zu vernichten, 10 wurde diesen die Sache bekannt. Sie
schickten nur einen einzigen Befehlshaber aus, um gegen sie Krieg zu
führen. Von den Griechen wurden viele verwundet und kamen um.
Die Römer führten ihre Frauen und Kinder gefangen weg, plünderten
ihre Habe und nahmen das Land in Besitz; sie schleiften ihre Festun-
gen und machten sich die Griechen untertan; so ist es geblieben bis
auf den heutigen Tag. 11 Auch alle anderen Reiche und die Inseln, die
sich irgendwann gegen sie erhoben, hatten sie besiegt und sich unter-
tan gemacht. 12 Ihren Freunden aber und allen, die sich auf sie ver-
ließen, hielten sie die Freundschaft. Sie unterwarfen die Könige nah
und fern, und wer ihren Namen hörte, hatte Angst vor ihnen. 13 Wem
sie aber zur Herrschaft verhelfen wollen, der wird König, und ebenso
setzen sie ab, wen sie wollen. Auf diese Weise sind sie sehr groß
geworden.
14 Bei all dem setzt sich keiner von ihnen eine Krone auf oder legt Pur-
purgewänder an, um damit zu prunken. 15 Vielmehr haben sie sich
eine Ratsversammlung (den Senat) geschaffen, und jeden Tag halten
dreihundertundzwanzig Ratsherren darüber Rat, wie das Volk gut zu
regieren sei. 16 Einem einzigen Mann übertragen sie vertrauensvoll für
ein Jahr die Regierung über sich und die Herrschaft über ihr ganzes
Land. Alle gehorchen dem einen, ohne daß es Neid oder Eifersucht
unter ihnen gibt.
17 Judas wählte Eupolemus, den Sohn Johanans und Enkel des Koz,
aus, sowie Jason, den Sohn Eleasars, und schickte sie nach Rom, um
mit den Römern ein Freundschafts- und Waffenbündnis zu schließen,
18 damit das Joch von Judäa genommen werde; denn die Römer sahen
ja, wie die Könige der Griechen Israel in Knechtschaft hielten. 19 Sie
reisten also nach Rom – es war ein sehr weiter Weg –, traten vor den
Senat und sagten: 20 Judas, der Makkabäer, seine Brüder und das jüdi-
sche Volk haben uns zu euch geschickt. Wir wollen mit euch ein Frie-
densbündnis schließen und als eure Bundesgenossen und Freunde
eingeschrieben werden.
21 Der Senat war mit dem Vorschlag einverstanden. 22 Dies ist eine
Abschrift der Urkunde, die sie auf Bronzetafeln aufzeichnen und nach
Jerusalem schicken ließen, damit die Erinnerung an das Friedens-
bündnis ständig gegenwärtig bleibe:
23 Den Römern und dem jüdischen Volk soll es zu Wasser und zu Land
immer wohl ergehen; Schwert und Feind mögen ihnen fern bleiben.
24 Wenn Rom oder irgendeinem seiner Bundesgenossen in seinem
ganzen Machtbereich zuerst ein Krieg droht, 25 wird das jüdische
Volk, je nachdem es die Lage erfordert, bereitwillig mit in den Kampf
ziehen. 26 Den Kriegführenden brauchen keine Nahrungsmittel, keine
Waffen, kein Geld und auch keine Schiffe geliefert zu werden, wenn
Rom es so für richtig hält. Sie werden ihren Verpflichtungen ohne
Gegenleistung nachkommen. 27 Ebenso werden die Römer, wenn das
jüdische Volk zuerst in einen Krieg verwickelt wird, bereitwillig mit-
kämpfen, je nach den Umständen. 28 Den Bundesgenossen brauchen
keine Nahrungsmittel, Waffen, kein Geld und auch keine Schiffe
geliefert zu werden, wenn Rom es so für richtig hält; sie werden ihren
Verpflichtungen ohne Hinterlist nachkommen.
29 Das ist der Wortlaut des Vertrags, den die Römer mit dem Volk der
Juden geschlossen haben.
30 Wenn später die beiden Parteien etwas hinzufügen oder streichen
wollen, können sie es nach ihrem Belieben tun. Die Zusätze oder Strei-
chungen werden gültig sein.
31 Dem König Demetrius aber haben wir geschrieben wegen des
Unrechts, das er den Juden zugefügt hat: Warum lastet dein Joch so
schwer auf unseren Freunden und Bundesgenossen, den Juden?
32 Wenn sie jetzt noch einmal deinetwegen vorstellig werden, verhel-
fen wir ihnen zu ihrem Recht und führen gegen dich Krieg zu Wasser
und zu Land.

Die letzte Schlacht und der Tod des Judas

9 Demetrius erfuhr, daß Nikanor und sein Heer im Kampf gefal-
len waren. Da schickte er Bakchides und Alkimus zum zweiten-
mal nach Judäa und gab ihnen die im Süden stehende Armee mit. 2 Sie
nahmen den Weg nach Gilgal, schlugen vor Mesalot in der Gegend
von Arbela ihr Lager auf, eroberten die Stadt und brachten viele Men-
schen um. 3 Im ersten Monat des Jahres 152 schlugen sie ihr Lager bei
Jerusalem auf. 4 Von dort zogen sie mit zwanzigtausend Mann und
zweitausend Reitern nach Berea. 5 Judas aber hatte mit dreitausend
ausgewählten Soldaten sein Lager bei Elasa.
6 Als die Juden die Übermacht der feindlichen Truppen sahen, beka-
men sie große Angst. Viele liefen aus dem Lager fort, so daß am Ende

nur noch achthundert Mann übrig waren. 7 Judas sah, daß sich sein
Heer auflöste, während der Kampf unmittelbar bevorstand. Er wurde
sehr bestürzt, denn er hatte keine Zeit mehr, seine Leute wieder
zusammenzubringen. 8 Niedergeschlagen sagte er zu denen, die noch
da waren: Auf! Wir wollen gegen unsere Feinde hinaufziehen. Viel-
leicht können wir doch gegen sie kämpfen. 9 Sie aber widersprachen
ihm und sagten: Es ist unmöglich. Wir wollen lieber jetzt unser Leben
retten und dann mit unseren Brüdern zurückkommen und gegen sie
kämpfen. Wir sind zu wenige. 10 Judas antwortete: Auf keinen Fall
werde ich vor ihnen fliehen. Wenn unsere Zeit gekommen ist, dann
wollen wir für unsere Brüder tapfer in den Tod gehen; auf unsere Ehre
soll kein Schatten fallen.
11 Da rückte das feindliche Heer aus seinem Lager aus und bezog
ihnen gegenüber Stellung; die Reiterei wurde in zwei Gruppen
geteilt, die Schleuderer und Bogenschützen gingen vor der Streit-
macht her, ebenso die Reihe der tapferen Vorkämpfer. 12 Bakchides
war auf dem rechten Flügel. Die beiden Flügel der Schlachtreihe
näherten sich, und man blies die Trompeten. Auch die Leute des
Judas stießen in die Trompeten. 13 Die Erde bebte vor dem Getöse,
das die Heere machten, und vom Morgen bis zum Abend dauerte der
Kampf Mann gegen Mann. 14 Als Judas bemerkte, daß Bakchides mit
dem Kern seiner Truppe rechts stand, scharten sich alle tapferen
Männer um ihn, 15 und der rechte Flügel der Feinde wurde von ihnen
vernichtend geschlagen; sie verfolgten sie bis zum Gebirge von Asch-
dod. 16 Als die Truppen auf dem linken Flügel sahen, daß der rechte
geschlagen war, schwenkten sie um und folgten den Spuren des
Judas und seiner Leute. 17 Es entwickelte sich ein erbitterter Kampf, in
dem beide Seiten schwere Verluste erlitten. 18 Auch Judas fiel; die
übrigen flohen.
19 Jonatan und Simeon holten ihren Bruder und bestatteten ihn im
Grab seiner Väter in Modeïn. 20 Ganz Israel beweinte ihn und hielt um
ihn eine große Totenklage ab. Sie trauerten viele Tage lang und sag-
ten: 21 Ach, der Held ist gefallen, Israels Retter.
22 Die übrige Geschichte des Judas, seine anderen Feldzüge und küh-
nen Unternehmungen, die er durchführte, und seine sonstigen
großen Taten – all das ist hier nicht erwähnt worden; es wäre zu viel
geworden.

Die Taten Jonatans

Die Wahl Jonatans zum Anführer Israels
23 Nach dem Tod des Judas erhoben die Abtrünnigen in allen Teilen
Israels wiederum ihr Haupt, und alle Übeltäter wagten sich wieder
ans Licht. 24 In jenen Tagen gab es eine furchtbare Hungersnot; wie die
Verräter, so wurde auch das Land untreu. 25 Bakchides wählte die
abtrünnigen Männer aus und machte sie zu Herren des Landes.
26 Diese spürten die Anhänger des Judas auf, verhörten sie und brach-
ten sie zu Bakchides. Er nahm Rache an ihnen und ließ sie mißhan-
deln. 27 Große Bedrängnis herrschte in Israel, wie seit den Tagen der
Propheten nicht mehr.
28 Da kamen alle Anhänger des Judas zusammen und sagten zu Jona-
tan: 29 Seit dein Bruder Judas tot ist, gibt es keinen mehr, der gegen die
Feinde, gegen Bakchides und gegen die Gegner unseres Volkes in den
Krieg zieht, wie er es getan hat. 30 Darum haben wir dich heute
gewählt. So wie er sollst du uns anführen und leiten in unserem
Kampf. 31 Jonatan übernahm also die Führung und trat die Nachfolge
seines Bruders Judas an.

Kleinkrieg an den Grenzen Judäas
32 Bakchides erfuhr davon und trachtete ihm nach dem Leben. 33 Als
Jonatan und sein Bruder Simeon mit ihrer ganzen Gefolgschaft
das hörten, flohen sie in die Wüste von Tekoa und hielten sich bei der
mit Wasser gefüllten Zisterne von Asfar auf. [34 Aber Bakchides
erfuhr davon, und zwar am Sabbat; er ging mit all seinen Leuten auf
die andere Seite des Jordan.] 35 Er schickte seinen Bruder Johanan
an der Spitze seiner Truppe zu den mit ihm befreundeten Nabatäern
und ließ sie bitten, ihr zahlreiches Gepäck bei ihnen aufbewahren
zu dürfen. 36 Doch die Söhne Jambris aus Medeba zogen aus, er-
griffen Johanan mit allem, was er bei sich hatte, und nahmen ihn mit.
37 Darauf meldete man Jonatan und seinem Bruder Simeon: Die Söhne
Jambris wollen eine große Hochzeit veranstalten und die Braut, die
Tochter eines der vornehmen Herren Kanaans, in einem großen Fest-
zug aus Nadabat heimführen. 38 Da dachten sie daran, daß die Söhne
Jambris das Blut ihres Bruders Johanan vergossen hatten; sie zogen
hinauf und versteckten sich im Gebirge. 39 Plötzlich sahen sie einen
lärmenden Zug mit viel Gepäck daherziehen. Der Bräutigam, seine
Freunde und seine Brüder kamen ihnen mit Pauken, Liedern und in
starker Bewaffnung entgegen.
40 Sie fielen aus dem Hinterhalt über sie her und richteten unter ihnen
ein Blutbad an; viele wurden erschlagen, die übrigen flohen ins
Gebirge. Ihre ganze Habe nahmen sie als Beute mit.
41 Da wurde die Hochzeit zur Trauerfeier und der Klang ihrer Lieder
zur Totenklage.
42 Auf diese Weise rächten sie das Blut ihres Bruders; dann kehrten sie
in das Dickicht am Jordan zurück.
43 Als Bakchides davon erfuhr, kam er am Sabbat mit einem großen
Heer an das Ufer des Jordan. 44 Jonatan sagte zu seinen Leuten:
Kommt, wir müssen um unser Leben kämpfen. Noch nie waren wir in
einer solchen Lage. 45 Die Feinde haben uns eingeschlossen; auf bei-
den Seiten ist das Wasser des Jordan mit seinen Sümpfen und seinem
Dickicht. Wir können nicht ausweichen. 46 Darum schreit laut zum
Himmel, damit ihr aus der Hand eurer Feinde gerettet werdet.
47 Darauf begann der Kampf Mann gegen Mann. Jonatan holte aus,
um Bakchides zu erschlagen, der aber konnte ihm ausweichen.
48 Dann sprangen Jonatan und seine Leute in den Jordan und schwam-
men ans andere Ufer. Die Feinde aber setzten ihnen nicht über den
Jordan nach. 49 Vom Heer des Bakchides fielen an jenem Tag ungefähr
tausend Mann.

Die Festigung der königlichen Herrschaft in Judäa
50 Bakchides kehrte nach Jerusalem zurück. Er legte in Judäa befe-
stigte Städte an: die Festungen bei Jericho, Emmaus, Bet-Horon, Bet-
El, Timna, Faraton und Tefon. Er versah sie mit hohen Mauern und
Toren; an den Toren brachte er Querbalken zum Verriegeln an.
51 Dann legte er Besatzungen hinein, die das Volk Israel im Zaum hal-
ten sollten. 52 Auch in den Städten Bet-Zur und Geser und an der Burg
von Jerusalem ließ er Befestigungsarbeiten ausführen und Truppen
und Proviant hineinbringen. 53 Von den Männern, die eine führende
Stellung im Land innehatten, nahm er die Söhne als Geiseln und hielt
sie in der Burg von Jerusalem gefangen.
54 Im zweiten Monat des Jahres 153 befahl Alkimus, die Mauer des
inneren Tempelvorhofs einzureißen. Er ließ mit den Abbrucharbeiten
beginnen, um zu zerstören, was die Propheten erbaut hatten. 55 Doch
dann wurde Alkimus vom Schlag getroffen, und sein Plan wurde nicht
ausgeführt. Er konnte den Mund nicht mehr öffnen; er war gelähmt
und konnte kein Wort mehr sagen, nicht einmal mehr sein Testament
machen. 56 Wenig später starb Alkimus unter großen Qualen. 57 Als
Bakchides sah, daß Alkimus tot war, kehrte er zum König zurück, und
Judäa hatte zwei Jahre lang Ruhe.

Neuer Kleinkrieg und Erfolge Jonatans
58 Danach kamen alle Verräter zu einer Beratung zusammen. Sie sag-
ten: Jonatan und seine Anhänger leben sorglos in ihren Häusern und
fühlen sich sicher. Wenn wir jetzt Bakchides kommen lassen, kann er
alle in einer einzigen Nacht festnehmen. 59 Sie gingen also zu ihm
und besprachen sich mit ihm. 60 Bakchides machte sich mit einem
großen Heer auf den Weg. Er schickte heimlich Briefe an alle seine
Verbündeten in Judäa mit der Aufforderung, Jonatan und seine

Franz Marc
Kämpfende Formen
(1914)
»Jonatan bemerkte den Hinterhalt, aber die Reiter umzingelten sein Heer und schossen vom frühen Morgen bis zum Abend mit Pfeilen auf seine Leute. Aber die Männer hielten stand, wie Jonatan befohlen hatte, und die Pferde der Feinde wurden müde« (1 Makk 10,80f). Im ersten Kriegsjahr 1914 entstanden, verbildlichen Franz Marcs *Kämpfende Formen* auf abstrakte Weise eine unheilvolle Verklammerung, ein nicht enden wollendes Ringen. Rot und Schwarz symbolisieren nicht Gut und Böse, sondern stehen gleichermaßen in Kontrast zu Blau, der Farbe des geistigen Prinzips. Es dominierte im kristallinen *Turm der blauen Pferde* (verschollen); hier jedoch ist es erloschen. Franz Marc verlor, wie sein Freund August Macke, sein Leben im Ersten Weltkrieg.

Anhänger gefangenzunehmen. Aber es gelang ihnen nicht; denn ihr
Vorhaben war bekannt geworden. 61 Statt dessen ließ Jonatan von den
im Land wohnenden Männern, die für den verbrecherischen Anschlag
verantwortlich waren, fünfzig ergreifen und töten.
62 Dann setzten sich Jonatan und Simeon mit ihren Anhängern in die
Wüste nach Bet-Basi ab. Jonatan ließ dort alles wieder aufbauen, was
in Trümmern lag, und befestigte den Ort. 63 Als Bakchides davon
erfuhr, zog er alle seine Truppen zusammen und erteilte den Leuten
von Judäa entsprechende Anweisungen. 64 Er rückte gegen Bet-Basi
vor und schlug dort sein Lager auf. Er ließ Belagerungsmaschinen
aufstellen und berannte den Ort viele Tage lang. 65 Da ließ Jonatan seinen Bruder Simeon in der Stadt zurück; er selbst ging mit einer Hand-
voll Leute in die Dörfer der Umgebung. 66 Dabei schlug er den Odo-
mera und seine Sippe; auch überfiel er ein Zeltlager des Stammes
Fasiron. Sie begannen zu siegen und rückten verstärkt wieder hinauf.
67 Simeon aber machte mit seinen Leuten einen Ausfall aus der Stadt
und steckte die Belagerungsmaschinen in Brand. 68 Bakchides wurde
von ihnen angegriffen und vernichtend geschlagen. Sie bereiteten ihm
großen Verdruß, weil das von ihm geplante Unternehmen zu einem
völligen Fehlschlag wurde.
69 Da wurde Bakchides sehr wütend über die Verräter, die ihm den Rat
gegeben hatten, in das Land zu kommen. Er brachte viele von ihnen
um und beschloß, in sein Land zurückzukehren. 70 Sobald Jonatan
davon hörte, schickte er Gesandte zu ihm, um einen Friedensvertrag
mit ihm abzuschließen und die Gefangenen freizubekommen.
71 Bakchides nahm die Vorschläge Jonatans an und schwor ihm, nie
wieder in seinem Leben etwas gegen ihn zu unternehmen. 72 Auch
ließ er die Gefangenen frei, die er vorher in Judäa gemacht hatte. Dann
zog er ab und kehrte nach Hause zurück. Judäa betrat er nie wieder.
73 Darauf ruhten in Israel die Waffen. Jonatan ließ sich in Michmas
nieder und begann, als Richter über das Volk zu herrschen. Die Frevler
in Israel aber rottete er aus.

Das Bündnisangebot des Demetrius I.

10 Im Jahr 160 zog Alexander Epiphanes, der Sohn des Antio-
chus, gegen Ptolemaïs und besetzte es. Die Einwohner nah-
men ihn auf, und er trat dort die Herrschaft an. 2 Als König Demetrius
das hörte, sammelte er viele Truppen und zog gegen ihn in den
Kampf.
3 An Jonatan schickte Demetrius einen Brief mit Friedensbeteuerun-
gen und versprach ihm hohe Würden. 4 Denn er dachte: Wir wollen
schnell mit ihm Frieden schließen, bevor er sich mit Alexander gegen
uns verbündet. 5 Sonst erinnert er sich nämlich an all das Unheil, das
wir ihm, seinen Brüdern und seinem Volk angetan haben. 6 Er gab
Jonatan die Vollmacht, Truppen auszuheben und als seine Verbünde-

ten auszurüsten. Auch versprach er, die in der Burg von Jerusalem
festgehaltenen Geiseln freizulassen.
7 Jonatan kam nach Jerusalem und las den Brief der ganzen Bevölke-
rung und der Besatzung der Burg laut vor. 8 Als sie hörten, daß er vom
König die Vollmacht erhalten hatte, Truppen auszuheben, bekamen
sie große Angst. 9 Die Besatzung der Burg lieferte dem Jonatan die
Geiseln aus, und er gab sie ihren Eltern zurück. 10 Jonatan ließ sich in
Jerusalem nieder und begann in der Stadt mit Bauarbeiten und Aus-
besserungen. 11 Er gab den Handwerkern den Auftrag, den Berg Zion
und die Stadtmauern mit Quadersteinen zu befestigen. Das führten
sie auch aus.
12 Darauf flohen die Fremden aus den Festungen, die Bakchides erbaut
hatte. 13 Sie machten sich alle davon und kehrten nach Hause zurück.
14 Nur in Bet-Zur blieben von denen, die vom Gesetz und von den
Geboten abgefallen waren, einige zurück; dort fanden sie nämlich
Zuflucht.

Die Einsetzung Jonatans zum Hohenpriester durch Alexander

15 König Alexander erfuhr, was Demetrius Jonatan alles zugesichert
hatte. Man berichtete ihm auch von den Kriegen und den Heldentaten
Jonatans und seiner Brüder und von den zahlreichen Mühen, die sie
auf sich genommen hatten. 16 Da sagte er: Können wir noch einmal
solch einen Mann finden wie ihn? Wir wollen ihn zu unserem Freund
und Verbündeten machen. 17 Er schrieb also einen Brief und schickte
ihn an Jonatan. Der Brief hatte folgenden Inhalt: 18 König Alexander
grüßt seinen Bruder Jonatan. 19 Wir haben gehört, daß du ein tapferer
Mann bist; du bist es wert, unser Freund zu sein. 20 Darum ernennen
wir dich heute zum Hohenpriester über dein Volk; du darfst den Titel
Freund des Königs führen. Halte zu uns, und bewahre uns die Freund-
schaft! Zugleich übersandte er ihm den Purpurmantel und einen gol-
denen Kranz.
21 Im siebten Monat des Jahres 160 legte Jonatan am Laubhüttenfest
das heilige Gewand an. Er hob Truppen aus und verschaffte sich eine
Menge Waffen.

Die Zugeständnisse des Demetrius I. an Jonatan

22 Als Demetrius davon hörte, war er bestürzt. Er sagte: Was haben wir
da gemacht! 23 Alexander ist uns zuvorgekommen. Er hat die Freund-
schaft der Juden gewonnen, so daß sie ihn unterstützen. 24 Doch ich
will ihnen auch schreiben. Ich will ihnen gut zureden und verspre-
chen, sie auszuzeichnen und zu beschenken. Vielleicht werden sie
mich dann unterstützen.
25 Er schrieb ihnen also folgenden Brief: König Demetrius grüßt das
jüdische Volk. 26 Ihr habt die Verträge, die ihr mit uns geschlossen
habt, gehalten, habt uns die Freundschaft bewahrt und euch nicht
unseren Feinden angeschlossen. Wir haben es vernommen und uns
darüber gefreut. 27 Bleibt uns auch weiterhin treu! Wir werden euch
das Gute vergelten, das ihr uns erweist. 28 Wir werden euch viele Ver-
pflichtungen erlassen und euch Geschenke machen. 29 Von heute an
erkläre ich euch für frei und erlasse allen Juden die Kopfsteuer, die
Salzsteuer und die Lieferung der Kränze. 30 Von heute an verzichte ich
für immer auf den dritten Teil der Erträge der Felder und auf die Hälfte
der Erträge der Bäume, die mir aus Judäa zustehen sowie aus den drei
Bezirken Samariens und Galiläas, die an Judäa angeschlossen worden
sind. 31 Jerusalem sei heilig und unantastbar und soll mit seiner
Umgebung vom Zehnten und von der Steuer befreit sein. 32 Ich ver-
zichte auch auf die Befehlsgewalt über die Burg von Jerusalem. Ich
gestatte dem Hohenpriester, selbst die Männer auszuwählen, die er
als Wache in die Burg legen will. 33 In meinem ganzen Reich lasse ich
alle Juden, die als Gefangene aus Judäa verschleppt worden sind, ohne
Lösegeld frei. Auch ihre Tiere darf niemand zum Frondienst heranzie-
hen. 34 An allen Festen, Sabbaten, Neumonden und Feiertagen sowie
drei Tage vor und nach einem Fest braucht kein Jude in meinem Reich
Steuern oder Schulden zu bezahlen. 35 Niemand soll einen von ihnen
in irgendeiner Sache belangen oder belästigen dürfen. 36 Bis zu
dreißigtausend Juden sollen in das königliche Heer aufgenommen
werden und den gleichen Sold erhalten wie alle anderen Soldaten des
Königs. 37 Sie sollen auch in den großen Festungen des Königs Dienst
tun und Vertrauensstellungen im Reich einnehmen. Ihre Offiziere und
Befehlshaber sind aus ihren eigenen Reihen zu wählen. Sie dürfen
nach ihren eigenen Gesetzen leben, ganz so, wie es der König für
Judäa angeordnet hat. 38 Die drei Bezirke, die von der Provinz Sama-
rien abgetrennt und Judäa angeschlossen worden sind, sollen unter
gemeinsamer Verwaltung zu Judäa gehören und nur dem Hohenprie-
ster unterstellt sein. 39 Ptolemaïs und das angrenzende Gebiet verma-
che ich als Geschenk dem Tempel von Jerusalem; daraus soll der
nötige Aufwand für den Tempeldienst bestritten werden.
40 Auf eigene Rechnung will ich aus geeigneten Orten jährlich fünf-
zehntausend Silberschekel aufbringen. 41 Alles, was die Behörden von
den in den früheren Jahren üblichen Zuwendungen noch nicht bezahlt
haben, sollen sie von nun an für die Arbeiten am Tempel zur Verfügung
stellen. 42 Auch die fünftausend Silberschekel, die bisher vom Jahres-
aufkommen des Tempels als Steuer erhoben wurden, werden erlassen
und sollen den diensttuenden Priestern zukommen. 43 Jeder, der sich in
das Heiligtum von Jerusalem flüchtet oder in das zum Tempel
gehörende Gebiet, wird mit seinem ganzen Besitz, den er in meinem
Reich hat, von jeder Schuld dem König gegenüber und von jeder ande-
ren geschäftlichen Verpflichtung frei sein. 44 Die Kosten für die Arbei-
ten am Heiligtum, sowohl für Neubauten wie für Ausbesserungen,
gehen zu Lasten des Königs, 45 ebenso gehen die Kosten für den Bau
der Mauern in Jerusalem und für die Stadtmauern, die es umgeben, auf
die Rechnung des Königs, schließlich auch die Mauerbauten in Judäa.

Das Bündnis zwischen Jonatan und Alexander

46 Als Jonatan und das Volk diese Versprechungen hörten, glaubten sie
ihnen nicht und gingen nicht darauf ein; denn sie dachten an das
große Unheil, das er in Israel angerichtet, und in welche Not er sie
gebracht hatte. 47 Sie hielten zu Alexander, weil er ihnen zuerst Frie-
den angeboten hatte, und sie kämpften die ganze Zeit auf seiner Seite.
48 König Alexander zog große Truppenmassen zusammen und schlug
Demetrius gegenüber sein Lager auf. 49 Die beiden Könige eröffneten
den Kampf gegeneinander. Das Heer des Demetrius floh; Alexander
setzte ihm nach und gewann die Oberhand. 50 Er kämpfte hartnäckig,
bis die Sonne unterging. An jenem Tag fiel Demetrius in der Schlacht.
51 Alexander schickte Gesandte zu Ptolemäus, dem König von Ägyp-
ten, und ließ ihm folgendes sagen: 52 Ich bin in mein Reich zurückge-
kehrt, habe mich auf den Thron meiner Väter gesetzt und die Herr-
schaft angetreten. Ich habe Demetrius besiegt und unser Land in
meine Gewalt gebracht. 53 Ich habe mit ihm gekämpft; er wurde mit
seinem Heer von uns vernichtend geschlagen. So haben wir uns auf
den Thron seines Reiches gesetzt. 54 Laßt uns nun miteinander
Freundschaft schließen. Gib mir deine Tochter zur Frau, damit wir
uns durch diese Heirat miteinander verschwägern. Ich werde dir und
ihr Geschenke machen, die deiner würdig sind.
55 König Ptolemäus antwortete: Welch glücklicher Tag, an dem du in
das Land deiner Väter zurückgekehrt bist und dich auf den Thron ihres
Reiches gesetzt hast. 56 Ich will auf deinen Vorschlag eingehen. Doch
komm mir bis Ptolemaïs entgegen, damit wir uns kennenlernen.
Dann werde ich mich mit dir verschwägern, wie du geschrieben hast.
57 Ptolemäus verließ Ägypten und nahm seine Tochter Kleopatra mit
sich. Im Jahr 162 kam er nach Ptolemaïs. 58 Als König Alexander mit
ihm zusammenkam, gab er ihm seine Tochter zur Frau. Er veranstal-
tete in Ptolemaïs eine glänzende Hochzeit für sie, wie es bei Königen
üblich ist.
59 König Alexander schrieb an Jonatan, er möge doch zu ihm kommen
und sich mit ihm treffen. 60 Da begab sich Jonatan mit glänzendem
Gefolge nach Ptolemaïs und traf dort die beiden Könige. Er brachte
ihnen und ihren Freunden Silber, Gold und viele Geschenke mit. So
gewann er sie für sich. 61 Aber ehrlose Männer aus Israel, Verräter,
traten gemeinsam auf und klagten ihn an. Doch der König schenkte

ihnen keine Beachtung. 62 Vielmehr gab er die Anweisung, Jonatan
anstelle der Gewänder, die er trug, mit Purpur zu bekleiden. Das
geschah, 63 und der König ließ ihn neben sich Platz nehmen. Dann
sagte er zu seinen höchsten Beamten: Nehmt ihn mit in die Stadt, und
gebt bekannt, daß niemand ihn in irgendeiner Sache anklagen darf;
keiner darf ihm aus irgendeinem Grund Ungelegenheiten bereiten.
64 Als die Ankläger sahen, daß er öffentlich geehrt wurde und mit Pur-
pur bekleidet war, machten sie sich alle davon. 65 Der König ließ Jona-
tan noch weitere Ehrungen zukommen: Er ließ ihn in das Verzeichnis
seiner ersten Freunde aufnehmen und ernannte ihn zum Befehlshaber
und Statthalter. 66 Darauf kehrte Jonatan in Frieden und voll Freude
nach Jerusalem zurück.

Sieg Jonatans über ein Heer des Demetrius II.

67 Im Jahr 165 kam Demetrius, der Sohn des Demetrius, aus Kreta in
das Land seiner Väter. 68 Als König Alexander das hörte, war er sehr
bestürzt und kehrte nach Antiochia zurück. 69 Demetrius ernannte
Apollonius zum Statthalter von Zölesyrien. Dieser brachte ein großes
Heer zusammen und schlug sein Lager bei Jamnia auf. Von dort
schickte er dem Hohenpriester Jonatan diese Botschaft:
70 Nur du allein stellst dich gegen uns. Deinetwegen verlacht und ver-
höhnt man mich. Was maßt du dir uns gegenüber an in deinen Ber-
gen? 71 Wenn du dich auf deine Truppen verlassen kannst, dann
komm doch herunter zu uns in die Ebene; dort wollen wir unsere
Kräfte messen. Denn bei mir befinden sich die Truppen aus den Städ-
ten. 72 Frag doch nach, und erkundige dich, wer ich bin und wer die
Leute sind, die auf meiner Seite stehen. Man wird dir sagen, daß ihr
uns nicht standhalten könnt. Schon zweimal wurden deine Vorfahren
in ihrem Land in die Flucht geschlagen. 73 In der Ebene wirst du dich
auch diesmal gegen die Reiterei und gegen eine solche Streitmacht
nicht halten können; da gibt es nämlich keinen Stein und keinen Kie-
sel und auch keinen Schlupfwinkel, in den man fliehen kann.
74 Als Jonatan die Worte des Apollonius vernahm, war er empört und
rückte mit zehntausend Mann aus Jerusalem aus. Sein Bruder Simeon
ging zu seiner Unterstützung mit. 75 Vor Jafo schlug er sein Lager auf.
Die Einwohner der Stadt verschlossen die Tore vor ihm; denn Apollo-
nius hatte eine Besatzung nach Jafo gelegt. Als die Juden aber angrif-
fen, 76 bekamen die Einwohner Angst und übergaben die Stadt, und
Jonatan nahm Jafo in Besitz. 77 Das erfuhr Apollonius, der mit dreitau-
send Reitern und einem großen Heer ein Lager bezogen hatte. Er zog
auf Aschdod zu, als wolle er durch die Stadt ziehen. Zugleich rückte er
in die Ebene vor, weil er sich auf seine starke Reiterei verließ. 78 Jona-
tan aber setzte ihm nach bis vor Aschdod. Dort gerieten die Heere
aneinander. 79 Apollonius hatte tausend Reiter in einem Hinterhalt
zurückgelassen. 80 Jonatan bemerkte den Hinterhalt, aber die Reiter
umzingelten sein Heer und schossen vom frühen Morgen bis zum
Abend mit Pfeilen auf seine Leute. 81 Aber die Männer hielten stand,
wie Jonatan befohlen hatte, und die Pferde der Feinde wurden müde.
82 Dann ließ Simeon seine Streitkräfte ausschwärmen und griff die
feindlichen Fußtruppen an. Da die Reiterei erschöpft war, wurde das
Heer von ihm in die Flucht geschlagen. 83 Die Reiterei wurde über die
ganze Ebene hin zersprengt und floh nach Aschdod; sie gingen in den
Tempel Dagons, ihres Götzenbildes, um sich zu retten. 84 Jonatan
steckte Aschdod und die Nachbarorte in Brand und plünderte sie; er
brannte auch den Tempel des Dagon nieder mit allen, die sich dorthin
geflüchtet hatten. 85 Es waren etwa achttausend Mann, die durch das
Schwert oder im Feuer umkamen.
86 Von dort brach Jonatan auf und schlug sein Lager bei Aschkelon auf.
Die Einwohner kamen ihm in einem festlichen Zug aus der Stadt ent-
gegen. 87 Dann kehrten Jonatan und seine Leute mit großer Beute
nach Jerusalem zurück.
88 Als König Alexander davon hörte, erwies er ihm noch weitere Ehren.
89 Er übersandte ihm eine goldene Spange, wie man sie Angehörigen
der königlichen Familie verleiht; auch übergab er ihm die Stadt Ekron
mit ihrem ganzen Gebiet zum Besitz.

Der Untergang Alexanders

11 Damals zog der König von Ägypten Truppen zusammen, so
zahlreich wie der Sand am Ufer des Meeres, dazu viele
Schiffe; denn er wollte mit List die Herrschaft über das Reich Alexan-
ders gewinnen, um es seinem Reich anzugliedern. 2 Er rückte in Syrien
ein, aber so, als komme er in friedlicher Absicht. Die Einwohner der
Städte öffneten ihm die Tore und gingen ihm entgegen. König Alex-
ander hatte es so angeordnet, weil Ptolemäus sein Schwiegervater war.
3 Jedesmal, wenn Ptolemäus eine Stadt betreten hatte, ließ er eine
Abteilung seiner Truppen als Besatzung dort. 4 Als er nach Aschdod
zog, zeigte man ihm den niedergebrannten Tempel Dagons und die
durch das Feuer verwüstete Stadt und Umgebung von Aschdod. Dazu
häufte man an seinem Weg die Leichen der Erschlagenen und Ver-
brannten aus dem Krieg mit Jonatan auf. 5 Man erzählte dem König,
was Jonatan getan hatte, um ihn in ein schlechtes Licht zu setzen, aber
der König schwieg dazu. 6 Jonatan kam dem König in Jafo mit einem
glänzenden Gefolge entgegen. Sie begrüßten einander und blieben
die Nacht über dort. 7 Anschließend begleitete Jonatan den König bis
zum Fluß Eleutherus; dann kehrte er nach Jerusalem zurück.
8 König Ptolemäus aber brachte alle Küstenstädte bis nach Seleuzia
am Meer in seine Gewalt; denn er führte gegen Alexander Böses im
Schild. 9 Dem König Demetrius ließ er durch Gesandte mitteilen: Wir
wollen einen Bund miteinander schließen. Ich will dir meine Tochter
geben, die Alexander jetzt zur Frau hat. Du sollst im Reich deines
Vaters als König herrschen. 10 Ich bereue, daß ich ihm meine Tochter
gegeben habe; denn er hat versucht, mich zu ermorden. 11 Ptolemäus
aber machte Alexander deswegen so schlecht, weil er sein Reich haben
wollte. 12 Er nahm ihm seine Tochter weg und gab sie Demetrius zur
Frau. So brach er mit Alexander, und es wurde überall bekannt, daß
sie zu Feinden geworden waren.
13 Ptolemäus zog in Antiochia ein und setzte sich die Krone von Asien
auf; zwei Kronen trug er nun: die von Ägypten und die von Asien.
14 König Alexander war zu dieser Zeit gerade in Zilizien, weil die Bevöl-
kerung jenes Gebietes von ihm abzufallen drohte. 15 Sobald er von den
Vorfällen hörte, zog er zum Kampf gegen Ptolemäus aus. Dieser
rückte ihm mit einem starken Heer entgegen und schlug ihn in die
Flucht. 16 Alexander floh nach Arabien, weil er glaubte, dort einen
Zufluchtsort zu finden; nun stand König Ptolemäus auf der Höhe sei-
ner Macht. 17 Der Araber Sabdiël ließ Alexander den Kopf abschlagen
und an Ptolemäus schicken. 18 Doch drei Tage später starb auch König
Ptolemäus. Seine Besatzungstruppen wurden von den Einwohnern
der befestigten Städte niedergemacht. 19 So kam im Jahr 167 Deme-
trius an die Herrschaft.

Das Bündnis zwischen Jonatan und Demetrius II.

20 Zur selben Zeit rief Jonatan die Männer von Judäa zusammen, um
die Burg von Jerusalem zu belagern. Sie stellten viele Belagerungsma-
schinen gegen sie auf. 21 Da gingen einige Verräter, Feinde ihres eige-
nen Volkes, zum König und berichteten ihm, Jonatan belagere die
Burg. 22 Als der König das hörte, wurde er sehr wütend. Kaum hatte er
die Nachricht erhalten, da begab er sich sofort nach Ptolemaïs. Er
erteilte Jonatan schriftlich den Befehl, die Belagerung abzubrechen
und sofort zu einer Unterredung zu ihm nach Ptolemaïs zu kommen.
23 Als Jonatan die Nachricht erhielt, befahl er, die Belagerung fortzu-
setzen; dann wählte er sich einige Begleiter aus den Ältesten Israels
und den Priestern aus und wagte die Reise. 24 Mit Silber, Gold, Gewän-
dern und mit vielen anderen Geschenken fuhr er zum König nach Pto-
lemaïs. Es gelang ihm, den König umzustimmen. 25 Einige Verräter
aus dem Volk brachten zwar Beschuldigungen gegen ihn vor, 26 aber
der König verhielt sich ihm gegenüber wie seine Vorgänger und erwies
ihm Ehre in Gegenwart all seiner Freunde. 27 Er bestätigte ihn im
Hohenpriesteramt und in allen anderen Würden, die man ihm bis
dahin übertragen hatte, und verlieh ihm den Titel Freund ersten Ran-
ges. 28 Jonatan bat den König, Judäa, die drei Bezirke und Samarien
steuerfrei zu machen, und versprach ihm dafür dreihundert Talente zu

geben. 29 Der König war einverstanden und stellte Jonatan über alle
diese Punkte folgende Urkunde aus:
30 König Demetrius grüßt seinen Bruder Jonatan und das jüdische
Volk. 31 Wir haben euretwegen unserem Verwandten Lasthenes einen
Brief geschrieben, dessen Abschrift wir auch euch zu eurer Unterrich-
tung zukommen lassen: 32 König Demetrius grüßt Vater Lasthenes. 33
Das mit uns befreundete jüdische Volk ist seinen Verpflichtungen uns
gegenüber nachgekommen. Darum haben wir beschlossen, ihnen
ihre Freundschaft zu vergelten. 34 Wir bestätigen ihnen den Besitz von
Judäa und den drei Bezirken Efraim, Lod und Ramatajim. Diese sind
mit allem, was zu ihnen gehört, von Samarien abgetrennt und zu
Judäa geschlagen worden. Für alle, die in Jerusalem opfern, gelte das
als Ersatz für die königlichen Steuern, die der König bei ihnen bisher
jährlich von den Erträgen der Felder und Bäume erhoben hat. 35 Wir
überlassen ihnen auch alle unsere anderen Einkünfte, den Zehnten
und die Steuern, die uns von jetzt an zustehen, ferner die Abgaben aus
den Salzteichen und die Kränze, auf die wir Anspruch haben. 36 Nichts
davon soll je rückgängig gemacht werden. 37 Laßt euch nun eine
Abschrift machen; sie soll Jonatan übergeben und auf dem heiligen
Berg an einem Ort, der allen zugänglich ist, aufgestellt werden.

Jonatans Hilfe für Demetrius II.

38 Als König Demetrius feststellte, daß unter seiner Herrschaft im
Land Ruhe herrschte und daß niemand sich ihm widersetzte, schickte
er alle seine Soldaten nach Hause, außer den Söldnertruppen, die er
bei den Völkern auf den Inseln angeworben hatte. Das nahmen ihm
die Soldaten, die schon unter seinen Vorgängern gedient hatten, sehr
übel. 39 Tryphon, der früher zur Umgebung Alexanders gehört hatte,
merkte, wie unzufrieden alle Soldaten über Demetrius waren. Er reiste
daher zu dem Araber Jamliku, der Antiochus, den kleinen Sohn Alex-
anders, aufzog, 40 und drängte ihn, ihm den Jungen mitzugeben,
damit er seinem Vater als König nachfolgen könne. Er unterrichtete
ihn auch über das Vorgehen des Demetrius, und wie dieser sich die
Feindschaft seiner Truppen zugezogen hatte. Tryphon blieb längere
Zeit dort.
41 Jonatan hatte inzwischen König Demetrius gebeten, die Besat-
zungstruppen aus der Burg von Jerusalem und aus den anderen Fest-
ungen abzuziehen; sie verhielten sich nämlich feindlich gegen Israel.
42 Demetrius ließ Jonatan sagen: Nicht nur das will ich für dich und
dein Volk tun; ich werde dich und dein Volk hoch zu Ehren bringen,
sobald ich Gelegenheit dazu habe. 43 Im Augenblick wäre es aber gut,
wenn du mir Männer schicktest, die mir im Kampf helfen können.
Alle meine Truppen sind nämlich von mir abgefallen.
44 Jonatan sandte ihm dreitausend kampferfahrene Männer nach
Antiochia. Als sie beim König eintrafen, freute er sich sehr über ihre
Ankunft. 45 Da rotteten sich etwa hundertzwanzigtausend Einwohner
mitten in der Stadt zusammen, um den König umzubringen. 46 Der
König flüchtete sich in den Palast, aber die Einwohner besetzten die
Durchgangsstraßen der Stadt und begannen den Kampf. 47 Da rief
der König die Juden zu Hilfe. Sie fanden sich sofort vollzählig bei ihm
ein, schwärmten in die Stadt aus und erschlugen an jenem Tag fast
hunderttausend Menschen. 48 Sie steckten auch die Stadt in Brand und
machten große Beute. So retteten sie den König. 49 Als nun die Ein-
wohner bemerkten, daß die Stadt der Willkür der Juden ausgeliefert
war, verloren sie jeden Mut; sie schrien zum König und flehten:
50 Schließ Frieden mit uns! Wenn nur die Juden aufhören, gegen uns
und die Stadt zu kämpfen! 51 Sie warfen die Waffen weg und schlossen
Frieden. Die Juden aber wurden vom König und von allen seinen
Untertanen geehrt. Man sprach von ihnen in seinem ganzen Reich,
und sie kehrten mit reicher Beute nach Jerusalem zurück.

Jonatans Parteinahme für Antiochus VI.

52 König Demetrius hatte die Macht wieder fest in seiner Hand, und
das Land war ruhig unter seiner Herrschaft. 53 Da hielt er nichts von
dem, was er versprochen hatte. Er brach mit Jonatan und vergalt ihm
die erwiesene Freundschaft nicht, sondern setzte ihm hart zu.
54 Danach kehrte Tryphon mit dem kleinen Antiochus zurück. Der
Knabe trat die Herrschaft an und setzte sich die Krone auf. 55 Alle
Truppen, die Demetrius davongejagt hatte, schlossen sich ihm an. Sie
kämpften gegen Demetrius und schlugen ihn in die Flucht. 56 Tryphon
erbeutete die Elefanten und nahm Antiochia ein.
57 Danach schrieb Antiochus der Jüngere an Jonatan: Ich bestätige
dich im Hohenpriesteramt und unterstelle dir die vier Bezirke. Du
darfst auch den Titel »Freund des Königs« führen. 58 Und er ließ Jona-
tan goldenes Tafelgerät überbringen und gewährte ihm das Vorrecht,
aus goldenen Bechern zu trinken, sich in Purpur zu kleiden und eine
goldene Spange zu tragen. 59 Jonatans Bruder Simeon machte er zum
Befehlshaber über alle Truppen, die zwischen der Tyrischen Steige
und der ägyptischen Grenze ihren Standort hatten. 60 Darauf brach
Jonatan auf, zog durch das Gebiet jenseits des Stroms und wandte
sich dann gegen die Städte in der Küstenebene. Alle Truppen in Syrien
schlossen sich ihm als Verbündete an. Als er vor Aschkelon erschien,
bereiteten ihm die Bürger vor der Stadt einen glänzenden Empfang.
61 Von dort zog er nach Gaza. Doch die Einwohner von Gaza schlossen
die Tore. Jonatan belagerte die Stadt, brannte die Häuser in der Umge-
bung nieder und plünderte sie aus. 62 Daraufhin baten die Einwohner
Gazas Jonatan um Frieden. Er schloß mit ihnen einen Vertrag, nahm
die Söhne der führenden Familien als Geiseln und ließ sie nach Jeru-
salem bringen. Dann zog er durch das Land bis nach Damaskus.
63 Dabei erfuhr Jonatan, daß die Feldherren des Demetrius mit einem
großen Heer nach Kedesch in Galiläa gezogen seien, um seine Maß-
nahmen zu durchkreuzen. 64 Daher rückte er gegen sie vor. Seinen
Bruder Simeon aber hatte er im Land zurückgelassen. 65 Simeon
schlug sein Lager vor Bet-Zur auf, belagerte die Stadt lange Zeit und
schloß sie ein. 66 Schließlich baten sie ihn um Frieden. Er ging darauf
ein, vertrieb die Feinde von dort, besetzte die Stadt und legte Truppen
hinein.
67 Jonatan bezog mit seinem Heer ein Lager am See Gennesaret. Mor-
gens brachen sie früh auf und zogen in die Ebene von Hazor. 68 Dort
stießen sie auf fremde Truppen. Diese hatten einen Teil ihrer Männer
in den Bergen als Hinterhalt gegen Jonatan zurückgelassen und grif-
fen ihn nun von vorn an. 69 Dann brachen die Truppen, die im Hinter-
halt lagen, aus ihrer Stellung hervor und griffen in den Kampf ein.
70 Da liefen alle Soldaten Jonatans davon. Keiner blieb zurück, außer
den Truppenführern Mattatias, dem Sohn Abschaloms, und Judas,
dem Sohn Halfis. 71 Jonatan aber zerriß sein Gewand, streute sich
Staub auf das Haupt und betete. 72 Dann nahm er den Kampf gegen
die Feinde auf und schlug sie in die Flucht. 73 Als seine Leute, die
davongelaufen waren, das sahen, kehrten sie zu ihm zurück und
machten sich mit ihm an die Verfolgung, bis sie das Lager der Feinde
bei Kedesch erreichten. Dort machten sie halt. 74 An jenem Tag fielen
von den fremden Truppen etwa dreitausend Mann. Darauf kehrte
Jonatan nach Jerusalem zurück.

Jonatans Bündnisse mit Rom und Sparta

12 Als Jonatan sah, daß die Zeit für ihn günstig war, wählte er
einige Männer aus und sandte sie nach Rom, um den
Freundschaftsvertrag mit den Römern zu bestätigen und zu erneuern.
2 Auch nach Sparta und nach anderen Orten schickte er Briefe gleicher
Art. 3 Die Abgesandten reisten nach Rom, traten vor den Senat und
sagten: Uns schicken der Hohepriester Jonatan und das jüdische Volk,
um das frühere Freundschaftsbündnis mit den Römern zu erneuern.
4 Man gab ihnen Briefe mit an die Behörden der Orte unterwegs mit
der Anweisung, sie sicher nach Judäa weiterzuleiten.
5 Hier ist eine Abschrift des Briefes, den Jonatan an die Spartaner
schrieb: 6 Der Hohepriester Jonatan, der Ältestenrat des Volkes, die
Priester und das ganze jüdische Volk grüßen ihre Brüder, die Sparta-
ner. 7 Schon vor längerer Zeit hat euer König Arëus an den Hohenprie-
ster Onias einen Brief gerichtet, in dem steht, daß ihr unsere Brüder
seid, wie aus der Abschrift hervorgeht. 8 Onias empfing den Abge-

René Magritte
An der Schwelle zur Freiheit
(1930)
»... sie trugen Palmzweige in den Händen und sangen Freudenlieder. Denn Israel war von einem gefährlichen Feind befreit« (1 Makk 13,51). Die Rückeroberung Jerusalems wird durch ein Freudenfest begangen, während dessen Glöckchen erklungen sein mögen, wie sie der belgische Surrealist René Magritte als Kugeln in einem der quadratischen Felder hüpfen läßt, die den Bildraum umgrenzen.
Der Maler hat jedoch davor gewarnt, seinen Bildgegenständen, ihrer Kombination, ja selbst den Bildtiteln eine Bedeutung abzuverlangen, die als rational erklärbarer Sinnzusammenhang neben dem Bild Bestand haben könnte. Unter dieser Voraussetzung bilden Magrittes Bilder eine Herausforderung, genau das zu unterlassen, was die illusionistische Wiedergabe der, wenn auch in Fragmente zerlegten, Wirklichkeit aufzudrängen scheint: ein ›Bildrätsel‹ zu lösen. Was den Betrachter nicht daran hindern kann, eigene Bildvorstellungen wiederzuerkennen, bildhaft zu denken und so dem Maler auf eigenem Weg zu begegnen.

sandten ehrenvoll und nahm den Brief entgegen, in dem ausdrücklich
vom Freundschaftsbündnis die Rede war. 9 So etwas haben wir zwar
nicht nötig; denn unser Trost sind die heiligen Bücher, die wir besit-
zen. 10 Dennoch wollten wir diese Botschaft an euch senden und die
brüderliche Gemeinschaft und Freundschaft mit euch erneuern,
damit wir euch nicht fremd werden. Viel Zeit ist nämlich verflossen,
seit ihr eure Gesandtschaft zu uns geschickt hattet. 11 Wir haben seit-
her an allen Festen und an allen Tagen, die dafür vorgesehen sind, bei
unseren Opfern und Gebeten ständig an euch gedacht. Denn so
gehört es sich, und es entspricht ja auch der Sitte, an die Brüder zu
denken. 12 Wir freuen uns über euren Ruhm. 13 Wir selbst waren in
großer Not und sind in viele Kämpfe verwickelt worden; denn die
Könige ringsum führten Krieg gegen uns. 14 Dennoch wollten wir
wegen dieser Kriege weder euch noch den anderen Verbündeten und
Freunden zur Last fallen. 15 Denn wir haben den Himmel selbst als
Helfer und Beistand. Darum sind wir vor unseren Feinden gerettet
worden, und unsere Feinde liegen gedemütigt am Boden.
16 Jetzt haben wir Numenius, den Sohn des Antiochus, und Antipater,
den Sohn Jasons, als Gesandte zu den Römern geschickt, um das alte
Freundschaftsbündnis mit ihnen zu erneuern. 17 Wir haben ihnen auf-
getragen, auf ihrer Reise auch euch zu besuchen, euch Grüße zu
bestellen und unseren Brief zu überreichen, in dem wir euch anbieten,
die brüderliche Gemeinschaft mit uns zu erneuern. 18 Es wäre freund-
lich von euch, uns darauf Antwort zu geben.
19 Und hier ist die Abschrift des Briefes, den die Spartaner an Onias
gesandt hatten: 20 Arëus, König der Spartaner, grüßt den Hohenprie-
ster Onias. 21 In einer Schrift über die Spartaner und Juden fand sich
die Nachricht, daß sie Brüder sind und beide von Abraham abstam-
men. 22 Da wir dies erfahren haben, wäre es freundlich von euch, uns
zu schreiben, wie es euch geht. 23 Wir schreiben euch wieder. Eure
Herden und eure Habe gehören uns und unsere euch. Wir geben den
Auftrag, daß man euch darüber Auskunft gibt.

Der Feldzug gegen die Truppen des Demetrius II.
24 Jonatan erfuhr, daß die Feldherren des Demetrius mit einem noch
größeren Heer als zuvor zurückgekehrt waren, um gegen ihn zu
kämpfen. 25 Er brach von Jerusalem auf und traf in der Gegend von
Hamat auf sie. Er wollte ihnen nämlich keine Zeit lassen, in sein Land
einzudringen. 26 Späher, die er in ihr Lager geschickt hatte, meldeten
ihm bei ihrer Rückkehr, daß die Feinde sich zu einem nächtlichen
Überfall vorbereitet hatten. 27 Bei Sonnenuntergang befahl daher
Jonatan seinen Leuten, wach zu bleiben und die ganze Nacht kampf-
bereit unter Waffen zu stehen. Rings um das Lager stellte er Posten
auf. 28 Als die Gegner merkten, daß Jonatan mit seinen Leuten
kampfbereit war, packte sie Furcht und Schrecken. Sie zündeten in
ihrem Lager Wachfeuer an und zogen ab. 29 Jonatan und seine Leute
bemerkten bis zum Morgen nichts; denn sie sahen die Feuer bren-
nen. 30 Jonatan nahm zwar die Verfolgung auf, konnte die Feinde aber
nicht mehr einholen; denn sie hatten den Eleutherus bereits über-
schritten.
31 Jonatan wandte sich nun gegen die sabadäischen Araber, schlug sie
und plünderte sie aus. 32 Dann brach er nach Damaskus auf und zog
durch das ganze dazwischen liegende Gebiet.
33 Auch Simeon war aufgebrochen. Er marschierte auf Aschkelon und
auf die Festungen in jenem Gebiet zu; dann wandte er sich überra-
schend gegen Jafo und besetzte es. 34 Er hatte nämlich gehört, daß die
Einwohner vorhatten, die Festung den Leuten des Demetrius zu überge-
ben. Daher legte er eine Besatzung hinein, um die Stadt zu bewachen.

Die Belagerung der Burg von Jerusalem durch Jonatan
35 Als Jonatan zurückgekehrt war, ließ er die Ältesten des Volkes
zusammenkommen und beriet mit ihnen über die Anlage von Festun-
gen in Judäa. 36 Auch sollten die Mauern von Jerusalem erhöht wer-
den; ferner sei zwischen der Burg und der Stadt eine hohe Mauer zu
errichten, um die Burg völlig von der Stadt abzuschneiden, damit die
Besatzung weder etwas kaufen noch verkaufen könne. 37 So kam man
zum Ausbau der Stadt zusammen. Als ein Teil der Mauer oberhalb des
Tales im Osten einstürzte, besserte man sie wieder aus und gab ihr den
Namen Kafnata. 38 Simeon baute Hadid in der Schefela aus, befestigte
es und versah es mit Toren und die Tore mit Querbalken zum Verrie-
geln.

Der Verrat des Tryphon an Jonatan
39 Tryphon strebte nach der Herrschaft über Asien und wollte sich
selbst die Königskrone aufsetzen; deshalb trachtete er König Antio-
chus nach dem Leben. 40 Doch er fürchtete, daß Jonatan das nicht
zulassen und Krieg gegen ihn führen werde. So suchte er nach Mitteln
und Wegen, ihn in seine Gewalt zu bekommen und umzubringen.
Darum zog er nach Bet-Schean.
41 Jonatan rückte ihm mit vierzigtausend kampferprobten Männern
nach Bet-Schean entgegen. 42 Als Tryphon sah, daß Jonatan ein
großes Heer bei sich hatte, fürchtete er sich, etwas gegen ihn zu
unternehmen. 43 Er bereitete ihm einen glänzenden Empfang, stellte
ihn all seinen Freunden vor, machte ihm Geschenke und befahl seinen
Freunden und Soldaten: Gehorcht ihm wie mir selbst! 44 Dann sagte er
zu Jonatan: Warum hast du dieses ganze Heer bemüht? Es droht doch
kein Krieg. 45 Laß sie nach Hause gehen, wähl dir einige Männer als
Begleitung aus, und geh mit mir nach Ptolemaïs! Ich werde dir die
Stadt und die übrigen Festungen übergeben und auch alle anderen
Truppen und alle Behörden. Nur deswegen bin ich gekommen, dann
ziehe ich wieder ab. 46 Jonatan vertraute ihm und tat, was Tryphon
ihm vorgeschlagen hatte. Er entließ seine Truppen, und sie zogen
nach Judäa ab. 47 Dreitausend Mann behielt er bei sich, von denen er
zweitausend in Galiläa ließ; nur tausend begleiteten ihn. 48 Sobald
Jonatan Ptolemaïs betreten hatte, schlossen die Einwohner die Tore,
nahmen ihn fest und erschlugen alle, die mit ihm gekommen waren,
mit dem Schwert. 49 Tryphon entsandte außerdem Fußvolk und Reite-
rei nach Galiläa und in die Große Ebene, um alle Truppen Jonatans
niederzumachen. 50 Als diese merkten, daß Jonatan mit seinen Beglei-
tern den Feinden in die Hände gefallen und umgekommen war, mach-
ten sie einander Mut und marschierten kampfbereit in bester Ordnung
weiter. 51 Als die Verfolger sahen, daß Jonatans Männer um ihr Leben
kämpfen würden, kehrten sie um. 52 Die jüdischen Truppen kamen
unversehrt in Judäa an. Sie trauerten um Jonatan und seine Begleiter
und waren voller Angst; auch ganz Israel war in großer Trauer.

Die Taten Simeons

Die Wahl Simeons zum Anführer Israels
53 Alle Völker ringsum versuchten, Israel zu vernichten. Denn sie sag-
ten sich: Sie haben keinen Führer und Helfer mehr. Nun wollen wir
gegen sie kämpfen und die Erinnerung an sie austilgen.

13 Simeon erfuhr, daß Tryphon ein großes Heer zusammenge-
bracht hatte, um in Judäa einzufallen und es zu vernichten.
2 Auch merkte er, wie das Volk voller Angst und Furcht war. Darum
ging er nach Jerusalem hinauf und rief das Volk zusammen. 3 Er
sprach ihnen Mut zu und sagte: Ihr wißt selbst, wie ich, meine Brüder
und meine Familie sich für unsere Gesetze und für das Heiligtum ein-
gesetzt und welche Kämpfe und Gefahren wir dafür auf uns genom-
men haben. 4 Alle meine Brüder sind nun für Israel gestorben; ich
allein bin übriggeblieben. 5 Ich denke nicht daran, im Augenblick der
Not mein Leben zu schonen. Denn ich bin nicht mehr wert als meine
Brüder. 6 Vielmehr will ich mein Volk, das Heiligtum, unsere Frauen
und Kinder rächen. Denn alle Völker haben sich zusammengetan, um
uns auszurotten, weil sie uns hassen. 7 Sobald das Volk seine Worte
hörte, faßte es neuen Mut 8 und rief laut: Sei du unser Führer anstelle
deiner Brüder Judas und Jonatan! 9 Nimm unseren Kampf in deine
Hand! Alles, was du befiehlst, wollen wir tun. 10 Simeon rief alle
kampffähigen Männer zusammen, ließ den Bau der Mauern von Jeru-
salem so schnell wie möglich zu Ende führen und sicherte die Stadt
nach allen Seiten. 11 Jonatan, den Sohn des Abschalom, schickte er mit
einem ansehnlichen Heer nach Jafo. Dieser vertrieb die Einwohner
und blieb in der Stadt.

Tryphons Feldzug gegen Jerusalem und Jonatans Tod
12 Tryphon brach mit einem großen Heer von Ptolemaïs auf, um in
Judäa einzufallen. Jonatan nahm er als Gefangenen mit sich.
13 Simeon schlug sein Lager bei Hadid am Rand der Ebene auf. 14 Da
erfuhr Tryphon, Simeon habe anstelle seines Bruders Jonatan die
Führung übernommen und werde den Kampf gegen ihn fortsetzen. Er
schickte zu ihm Unterhändler mit der Botschaft: 15 Wir halten deinen
Bruder Jonatan nur fest, weil er der königlichen Schatzkammer Geld
schuldet für die Ämter, die er innehat. 16 Schick uns also hundert
Talente Silber und zwei seiner Söhne als Geiseln, damit er nicht von
uns abfällt, sobald er wieder frei ist; dann werden wir ihn freilassen.
17 Simeon merkte wohl, daß ihr Vorschlag nicht ehrlich gemeint war.
Dennoch ließ er das Geld und die Kinder holen, um sich beim Volk
nicht verhaßt zu machen. 18 Sonst hätte man nämlich gesagt: Jonatan
mußte sterben, weil Simeon das Geld und die Kinder für ihn nicht
ausgeliefert hat. 19 So lieferte er die Kinder und die hundert Talente
aus; aber es zeigte sich, daß Tryphon ein Lügner war; denn er ließ
Jonatan nicht frei.
20 Danach rückte Tryphon heran, um in Judäa einzufallen und es zu
verwüsten. Er machte dabei einen Umweg über Adora; aber Simeon
trat ihm mit seinem Heer überall entgegen, wo er ins Land eindringen
wollte. 21 Die Besatzung der Burg von Jerusalem schickte Boten zu
Tryphon, die ihn zur Eile drängten und ihn aufforderten, von der
Wüste her einen Durchbruch zu versuchen und Nahrungsmittel für sie
heranzuschaffen. 22 Daraufhin stellte Tryphon die gesamte Reiterei
bereit, um durchzubrechen; aber in jener Nacht fiel sehr viel Schnee,

und er konnte wegen des Schnees nicht durchkommen. Da zog er ab
nach Gilead. 23 In der Nähe von Baskama ließ er Jonatan umbringen
und begraben. 24 Dann zog Tryphon ab und kehrte in sein Land
zurück.
25 Simeon schickte einige Männer, um die Gebeine seines Bruders
Jonatan holen und in Modeïn, der Stadt seiner Väter, bestatten zu las-
sen. 26 Ganz Israel hielt eine große Totenklage für ihn ab und trauerte
viele Tage um ihn. 27 Simeon ließ ein hohes, weithin sichtbares Denk-
mal über dem Grab seines Vaters und seiner Brüder errichten. Für die
Vorder- und Rückseite verwendete er behauene Steine.
28 Auch ließ er sieben Pyramiden bauen, von denen jeweils zwei einan-
der gegenüberstanden: für den Vater, die Mutter und die vier Brüder.
29 Um die Pyramiden ließ er eine kunstvolle Anlage errichten, indem
er sie mit hohen Säulen umgab. An den Säulen ließ er zum ewigen
Gedenken Rüstungen anbringen und neben den Rüstungen Schiffe
einmeißeln. Das Denkmal sollte für alle sichtbar sein, die auf dem
Meer vorüberfahren. 30 Dieses Grabmal, das er in Modeïn errichtete,
steht noch heute dort.

Das Bündnis zwischen Simeon und Demetrius II.

31 Tryphon ließ den jungen König Antiochus heimtückisch ermorden,
32 trat seine Nachfolge an und setzte sich die Krone von Asien auf. Er
richtete im Land großes Unheil an.
33 Simeon legte in Judäa Festungen an, umgab sie mit hohen Türmen
und gewaltigen Mauern, versah sie mit Toren und Riegeln und ließ
Proviant in die Festungen bringen. 34 Dann wählte Simeon einige
Männer aus, die er zu König Demetrius sandte, um einen Steuernach-
laß für das Land zu erwirken. Denn Tryphon war nur auf Ausbeutung
aus. 35 König Demetrius antwortete ihm mit folgendem Brief:
36 König Demetrius grüßt Simeon, den Hohenpriester und Freund der
Könige, sowie die Ältesten und das jüdische Volk. 37 Den goldenen
Kranz und den Palmzweig, den ihr gesandt habt, haben wir erhalten.
Wir sind bereit, ein für allemal Frieden mit euch zu schließen und die
Behörden anzuweisen, euch Nachlaß zu gewähren. 38 Alles, was wir
euch bestätigt haben, bleibt in Kraft; auch die Festungen, die ihr ange-
legt habt, dürfen bestehen bleiben. 39 Wir vergeben euch alle Nachläs-
sigkeiten und Verfehlungen, die ihr bis auf den heutigen Tag began-
gen habt, und erlassen euch den Kranz, den ihr noch schuldet. Sollten
noch andere Abgaben von Jerusalem erhoben worden sein, sollen sie
künftig wegfallen. 40 Wenn ihr Leute habt, die geeignet sind, in unse-
rer Leibgarde Dienst zu tun, sollen sie angenommen werden. Zwi-
schen uns soll Friede herrschen.
41 Im Jahr 170 wurde das Joch der fremden Völker von Israel genom-
men. 42 Das Volk begann, Urkunden und Verträge mit der Formel ein-
zuleiten: Im Jahr 1 der Regierung Simeons, des Hohenpriesters,
Befehlshabers und Führers der Juden.

Die endgültige Befreiung Israels

43 Damals zog Simeon nach Geser, schloß die Stadt mit seinen Trup-
pen ein, errichtete einen Belagerungsturm und ließ ihn an die Stadt
heranschieben. Man schlug eine Bresche in einen Turm der Stadt-
mauer und besetzte ihn. 44 Dann sprang die Mannschaft des Belage-
rungsturms in die Stadt hinein. Es entstand ein großes Durcheinan-
der in der Stadt. 45 Ihre Bürger stiegen mit Frauen und Kindern auf die
Mauern, zerrissen ihre Gewänder, schrien laut und baten Simeon, mit
ihnen Frieden zu schließen. 46 Sie sagten: Vergilt uns nicht nach unse-
rer Schuld, sondern nach deiner Güte!
47 Simeon ließ sich erweichen und stellte den Kampf ein. Er vertrieb
sie jedoch aus der Stadt und ließ die Häuser, in denen Götterbilder
waren, entsühnen; dann zog er feierlich mit Lobliedern und Preisge-
sängen in die Stadt ein. 48 Er entfernte alles Unreine und siedelte
gesetzestreue Männer an. Dann ließ er die Stadt noch stärker befesti-
gen und baute auch für sich ein Haus in der Stadt.
49 Die Besatzung der Burg von Jerusalem war von jeder Verbindung mit
dem Land abgeschnitten; sie konnten weder etwas kaufen noch etwas
verkaufen und hatten fast nichts mehr zu essen; eine beträchtliche
Anzahl von ihnen kam durch den Hunger um. 50 Da baten sie Simeon
um Frieden. Er gewährte ihn, vertrieb sie aber von dort und entsühnte
die Burg von jeder Befleckung. 51 Am dreiundzwanzigsten Tag des
zweiten Monats im Jahr 171 zogen die Israeliten unter der Musik von
Harfen, Zimbeln und Zithern mit Hymnen und Gesängen in die Burg
ein; sie trugen Palmzweige in den Händen und sangen Freudenlieder.
Denn Israel war von einem gefährlichen Feind befreit. 52 Simeon
setzte fest, daß dieser Tag jährlich feierlich begangen werden solle. Er
ließ die zur Burg hin gelegene Seite des Tempelbergs noch stärker
befestigen und nahm mit seinem Gefolge Wohnung in der Burg. 53 Als
Simeon sah, daß sein Sohn Johanan zu einem Mann herangewachsen
war, machte er ihn zum Befehlshaber aller Streitkräfte, und Johanan
ließ sich in Geser nieder.

14 Im Jahr 172 zog König Demetrius seine Truppen zusammen
und brach nach Medien auf, um Hilfstruppen für den Kampf
gegen Tryphon zu gewinnen. 2 Als Arsakes, der König von Persien und
Medien, erfuhr, daß Demetrius in sein Gebiet eingedrungen war,
sandte er einen seiner Feldherren mit dem Auftrag aus, Demetrius
lebendig gefangen zu nehmen. 3 Der Feldherr machte sich auf den
Weg, schlug das Heer des Demetrius, nahm ihn gefangen und brachte
ihn zu Arsakes, der ihn ins Gefängnis warf.

Das Loblied auf Simeon

4 Das Land Judäa hatte Ruhe, solange Simeon lebte. / Er sorgte für das
Wohl seines Volkes. / Sie freuten sich jeden Tag über seine Macht / und
seinen Ruhm.
5 Sein Ruhm wuchs, als er den Hafen von Jafo gewann; / so öffnete er
einen Weg zu den Inseln.
6 Er erweiterte das Gebiet seines Volkes / und gewann die Herrschaft
über das ganze Land.
7 Viele Verbannte führte er wieder zurück. / Er eroberte Geser, Bet-Zur
und die Burg / und vernichtete darin alles, was unrein war. / Niemand
widersetzte sich ihm.
8 Sie bebauten in Frieden ihr Land; / der Boden gab seinen Ertrag, / die
Bäume auf dem Feld ihre Frucht.
9 Auf den Plätzen saßen die Alten; / alle sprachen über ihr Glück. / Die
jungen Männer / gingen im Schmuck ihrer Waffen umher.
10 Er versorgte die Städte mit Nahrung / und baute sie zu Festungen
aus. / Sein Name wurde berühmt bis an das Ende der Welt.
11 Er brachte dem Land den Frieden, / in Israel herrschte Jubel und
Freude.
12 Jeder saß unter seinem Weinstock und seinem Feigenbaum, / und
niemand schreckte sie auf.
13 Der Feind verschwand aus dem Land; / in jenen Tagen wurden die
Könige besiegt.
14 Er stärkte alle Schwachen im Land / und setzte sich ein für das
Gesetz. / Alle Verräter und Sünder aber rottete er aus.
15 Das Heiligtum baute er prachtvoll aus, / viele Geräte für den Tempel
schaffte er an.

Die Erneuerung der Bündnisse mit Sparta und Rom

16 Als man in Rom – und auch in Sparta – erfuhr, daß Jonatan tot war,
war man sehr bestürzt. 17 Als man aber hörte, sein Bruder Simeon
habe seine Nachfolge als Hoherpriester angetreten und das Land mit
seinen Städten sei fest in seiner Hand, 18 schrieben sie ihm auf Bron-
zetafeln einen Brief und boten ihm an, das Freundschaftsbündnis mit
ihm zu erneuern, das sie mit seinen Brüdern Judas und Jonatan
geschlossen hatten. 19 Diese Botschaft wurde vor der Volksversamm-
lung in Jerusalem verlesen.
20 Hier ist eine Abschrift des Briefes, den die Spartaner schickten: Die
Regierung und die Stadt der Spartaner grüßen den Hohenpriester
Simeon, die Ältesten, die Priester und das ganze übrige jüdische Volk,
ihre Brüder. 21 Die Gesandten, die ihr zu unserem Volk geschickt habt,
haben uns von eurem Ruhm und eurem Ansehen berichtet, und wir

haben uns über ihren Besuch sehr gefreut. 22 Was sie vor dem Rat des
Volkes gesagt haben, haben wir, wie folgt, schriftlich festgehalten:
Numenius, der Sohn des Antiochus, und Antipater, der Sohn Jasons,
sind als Gesandte der Juden zu uns gekommen, um die Freundschaft
mit uns zu erneuern. 23 Das Volk hat beschlossen, ihnen einen glän-
zenden Empfang zu bereiten und die Niederschrift ihrer Rede im
Staatsarchiv zu hinterlegen, damit das Volk von Sparta sie nicht ver-
gißt. – Eine Abschrift davon schickten sie an den Hohenpriester
Simeon.
24 Danach sandte Simeon den Numenius mit einem großen goldenen
Schild, der tausend Minen wog, nach Rom, um das Bündnis mit den
Römern zu bekräftigen.

Die Bestätigung Simeons durch das jüdische Volk

25 Als man im Volk davon erfuhr, sagte man: Wie können wir Simeon
und seinen Söhnen danken? 26 Denn er, seine Brüder und seine ganze
Familie waren uns Halt und Stütze. Er hat den Kampf gegen Israels
Feinde geführt und sie vertrieben und mit seinen Brüdern dem Volk
die Freiheit errungen. Man fertigte Bronzetafeln an, die man auf dem
Berg Zion an Säulen befestigte 27 und auf denen folgendes stand:
Am achtzehnten Tag des Monats Elul im Jahr 172 – das ist im dritten
Jahr der Regierung des großen Hohenpriesters Simeon in Asaramel –
28 wurde auf der großen Versammlung der Priester, des Volkes, der
Führer des Volkes und der Ältesten des Landes uns folgendes bekannt-
gegeben: 29 Als wiederholt im Land Krieg ausbrach, scheuten Simeon,
der Sohn des Mattatias, aus der Familie Jojaribs, und seine Brüder
keine Gefahr. Sie stellten sich den Feinden ihres Volkes entgegen, um
ihr Heiligtum und das Gesetz zu erhalten, und verschafften ihrem
Volk großen Ruhm. 30 Jonatan führte sein Volk zusammen; er wurde
ihr Hoherpriester, bis er mit seinen Vätern vereint wurde. 31 Als darauf
ihre Feinde den Plan faßten, in das Land einzufallen, um es zu ver-
nichten und ihr Heiligtum anzutasten, 32 erhob sich Simeon und
kämpfte für sein Volk. Aus eigenen Mitteln brachte er viel Geld auf
und versorgte die Krieger seines Volkes mit Waffen und Verpflegung.
33 Er ließ die Städte Judäas befestigen, besonders Bet-Zur, das an der
Grenze von Judäa liegt; er legte eine jüdische Besatzung dorthin, wo
zuvor ein Waffenlager der Feinde gewesen war. 34 Auch die Städte Jafo
am Meer und Geser bei Aschdod ließ er befestigen. Früher wohnten
dort die Feinde, er aber siedelte Juden an und ließ ihnen alles zukom-
men, was sie zu ihrem Unterhalt brauchten. 35 Als das Volk sah, wie
treu Simeon war und welchen Ruhm er seinem Volk zu verschaffen
suchte, machten sie ihn zu ihrem Führer und Hohenpriester zum
Dank für all diese Taten, für die Gerechtigkeit und Treue, die er sei-
nem Volk bewies, und für sein Bestreben, auf jede Weise sein Volk zu
fördern. 36 Es ist ihm zu seiner Zeit gelungen, die Fremden aus dem
Land zu vertreiben, vor allem die, die in der Davidstadt in Jerusalem
wohnten und sich eine Burg gebaut hatten, aus der sie Ausfälle mach-
ten, die Umgebung des Tempels entweihten und seiner Heiligkeit
großen Schaden zufügten. 37 Er siedelte in der Davidstadt Juden an
und ließ sie befestigen, um Land und Stadt zu sichern. Auch ließ er
die Mauern von Jerusalem höher machen. 38 Demgemäß bestätigte
ihn König Demetrius im Hohenpriesteramt. 39 Er ernannte ihn zu sei-
nem Freund und zeichnete ihn durch hohe Ehren aus. 40 Denn er hatte
gehört, daß Rom die Juden Freunde, Verbündete und Brüder genannt
und den Gesandten Simeons einen glänzenden Empfang bereitet
hatte.
41 Darum beschlossen die Juden und ihre Priester, Simeon solle für
immer ihr Anführer und Hoherpriester sein, bis ein wahrer Prophet
auftrete. 42 Auch solle er ihr Befehlshaber sein und für das Heiligtum
Sorge tragen; durch ihn seien die Beamten zu ernennen für die Arbei-
ten am Tempel, für das Land, das Heer und die Festungen. 43 [Er solle
für das Heiligtum Sorge tragen.] Alle hätten ihm zu gehorchen. Jede
Urkunde im Land müsse in seinem Namen ausgestellt werden. Auch
dürfe er sich in Gold und Purpur kleiden. 44 Keinem aus dem Volk
oder aus der Priesterschaft sei es erlaubt, eine dieser Bestimmungen
außer Kraft zu setzen, gegen seine Anordnungen zu verstoßen, ohne
seine Erlaubnis im Land eine Versammlung einzuberufen, Purpur zu
tragen oder eine goldene Spange anzulegen. 45 Jeder, der dem zuwi-
derhandle oder sich nicht daran halte, mache sich strafbar.
46 Das ganze Volk beschloß, diese Verfügungen zugunsten Simeons
zu erlassen. 47 Simeon nahm an; er willigte ein, Hoherpriester,
Befehlshaber und Fürst der Juden und ihrer Priester zu sein und in
allem den Vorsitz zu führen. 48 Sie ließen diese Urkunde auf Bronzeta-
feln schreiben und im Vorhof des Tempels für alle sichtbar aufstellen.
49 Eine Abschrift davon sei in der Schatzkammer für Simeon und seine
Söhne zu hinterlegen.

Das Bündnis zwischen Simeon und Antiochus VII.

15 Antiochus, der Sohn des Königs Demetrius, schickte von
den Inseln ein Schreiben an Simeon, den Priester und Für-
sten der Juden, und an das ganze Volk. 2 Es hatte folgenden Inhalt:
König Antiochus grüßt Simeon, den Hohenpriester und Fürsten, und
das jüdische Volk. 3 Ein paar Verbrecher haben die Herrschaft über das
Reich unserer Väter an sich gerissen. Ich will nun das Reich wieder
übernehmen und in ihm die alte Ordnung wiederherstellen. Ich habe
zahlreiche Streitkräfte angeworben, mehrere Kriegsschiffe ausgerü-
stet, 4 und will mit ihnen landen, um alle zur Rechenschaft zu ziehen,
die unser Land verwüstet und so viele Städte in meinem Reich entvöl-
kert haben.
5 Ich bestätige dir den Erlaß aller Steuern, auf die die Könige vor mir
verzichtet haben, und aller sonstigen Geschenke, die sie dir erlassen
haben. 6 Hiermit gestatte ich dir, eigene Münzen für dein Land zu prä-
gen. 7 Jerusalem und das Heiligtum sollen frei sein. Du darfst alle Waf-
fen behalten, die du dir beschafft hast, dazu alle Festungen, die du
angelegt hast und die in deiner Hand sind. 8 Alle Schulden an die könig-
liche Kasse, auch die künftigen Forderungen der Krone, seien dir von
jetzt an für immer erlassen. 9 Sobald wir die Herrschaft angetreten
haben, werden wir dich, dein Volk und den Tempel mit hohen Ehren
auszeichnen, so daß sich euer Ruhm über die ganze Welt verbreitet.
10 Im Jahr 174 kam Antiochus in das Land seiner Väter. Alle Truppen
schlossen sich ihm an; nur wenige blieben bei Tryphon. 11 Antiochus
verfolgte ihn, und Tryphon flüchtete nach Dor am Meer. 12 Er hatte
gemerkt, daß für ihn schlimme Zeiten angebrochen waren; denn
seine Truppen hatten ihn verlassen. 13 Antiochus belagerte Dor mit
hundertzwanzigtausend Soldaten und achttausend Reitern. 14 Er
schloß die Stadt ein und ließ sie mit den Schiffen vom Meer her
angreifen. So setzte er ihr zu Wasser und zu Land hart zu und ließ nie-
mand hinein oder heraus.

Nachträge zum Vertrag mit Rom

15 Zu dieser Zeit kam Numenius mit seinen Begleitern aus Rom
zurück; er hatte Briefe mit folgendem Inhalt an verschiedene Könige
und Länder bei sich:
16 Der römische Konsul Luzius grüßt König Ptolemäus. 17 Die jüdi-
schen Gesandten sind als Freunde und Verbündete zu uns gekom-
men, um das alte Freundschaftsbündnis zu erneuern; der Hoheprie-
ster Simeon und das jüdische Volk hatten sie geschickt. 18 Sie brachten
auch einen goldenen Schild im Wert von tausend Minen mit. 19 Wir
haben nun beschlossen, Könige und Länder schriftlich anzuweisen,
nichts gegen die Juden zu unternehmen, gegen sie, ihre Städte und ihr
Land keinen Krieg zu führen und ihre Gegner nicht zu unterstützen.
20 Auch beschlossen wir, den Schild von ihnen anzunehmen. 21 Wenn
nun irgendwelche Verbrecher aus ihrem Land zu euch geflohen sind,
so liefert sie dem Hohenpriester Simeon aus, damit er sie nach dem
jüdischen Gesetz bestrafen kann. 22 Im gleichen Sinn schrieb Luzius
an die Könige Demetrius, Attalus, Ariarathes und Arsakes 23 sowie an
alle folgenden Länder: nach Sampsame, Sparta, Delos, Myndos,
Sikyon, Karien, Samos, Pamphylien, Lyzien, Halikarnaß, Rhodos,
Phaselis, Kos, Side, Arwad, Gortyna, Knidos, Zypern und Zyrene.
24 Eine Abschrift schickten die Römer an den Hohenpriester Simeon.

Die Entfremdung zwischen Simeon und Antiochus VII.
25 König Antiochus belagerte Dor von der Vorstadt aus. Er ließ seine
Truppen ununterbrochen gegen die Stadt anrennen, stellte Belage-
rungsmaschinen auf und hielt Tryphon eingeschlossen, so daß nie-
mand hinein oder heraus konnte. 26 Simeon sandte dem König zu sei-
ner Unterstützung zweitausend ausgesuchte Krieger, dazu Silber und
Gold und viel Kriegsausrüstung. 27 Aber der König wollte es nicht
annehmen; er brach vielmehr mit ihm und machte alles rückgängig,
was er vorher mit ihm vertraglich vereinbart hatte. 28 Er schickte einen
seiner Freunde namens Athenobius als Unterhändler zu ihm und ließ
ihm sagen: Ihr habt Jafo, Geser und die Burg von Jerusalem besetzt,
Städte meines Königreiches. 29 Ihr Gebiet habt ihr verwüstet und
großen Schaden im Land angerichtet, und viele Orte in meinem Reich
habt ihr an euch gerissen. 30 Nun gebt die Städte wieder heraus, die ihr
besetzt habt; ebenso entrichtet die Steuern für die Orte außerhalb
Judäas, die ihr euch angeeignet habt. 31 Andernfalls gebt als Ersatz
fünfhundert Talente Silber, weitere fünfhundert Talente für den Scha-
den, den ihr angerichtet habt, und für die Steuern der Städte. Sonst
kommen wir und führen Krieg gegen euch. 32 Athenobius, der Freund
des Königs, kam nach Jerusalem. Als er die Prachtentfaltung Simeons,
den Schrank mit den goldenen und silbernen Geräten und den großen
Hofstaat sah, war er sehr erstaunt. Er meldete Simeon die Worte des
Königs; 33 doch der gab zur Antwort: Wir haben kein fremdes Land
besetzt und uns nichts angeeignet, was uns nicht gehörte, sondern wir
haben nur das Erbe unserer Väter zurückgeholt, das unsere Feinde zu
Unrecht vorübergehend an sich gerissen hatten. 34 Wir nutzen nur die
Gelegenheit und halten das Erbe unserer Väter fest. 35 Was aber Jafo
und Geser betrifft, auf die du Anspruch erhebst, so ist zu sagen: Diese
Städte haben unserem Volk und Land großen Schaden zugefügt. Wir
wollen für sie hundert Talente zahlen.
Athenobius gab ihm keine Antwort, 36 sondern ging wütend zum
König zurück. Er unterrichtete ihn über die Antwort Simeons, über
seine Prachtentfaltung und über alles, was er gesehen hatte. Da geriet
der König in heftigen Zorn.

Der Sieg der Söhne Simeons über Kendebäus
37 Tryphon entkam auf einem Schiff nach Orthosia. 38 Der König
ernannte Kendebäus zum Befehlshaber über die Küste und teilte ihm
Fußtruppen und Reiterei zu. 39 Er gab ihm den Auftrag, an der Grenze
Judäas ein Lager aufzuschlagen, den Ort Kidron auszubauen und mit
festen Toren zu versehen, um gegen die Juden Krieg zu führen,
während er selbst die Verfolgung des Tryphon aufnahm. 40 Kendebäus
zog nach Jamnia und begann, das jüdische Volk zu reizen, Überfälle
auf Judäa zu machen, Juden gefangenzunehmen und zu ermorden.
41 Er baute Kidron aus und legte Reiter und Fußtruppen hinein. Diese
unternahmen Streifzüge auf den Straßen Judäas, wie ihnen der König
befohlen hatte.

16 Da kam Johanan von Geser herauf und berichtete seinem
Vater Simeon von den Unternehmungen des Kendebäus.
2 Simeon rief seine beiden ältesten Söhne, Judas und Johanan, zu sich
und sagte zu ihnen: Ich, meine Brüder und meine Familie haben von
Jugend an bis auf den heutigen Tag die Kriege Israels geführt. Oft
gelang es uns, Israel zu retten. 3 Nun bin ich alt geworden; ihr aber
seid durch des Himmels Gnade herangewachsen. Tretet an meine und
meines Bruders Stelle, zieht aus, und kämpft für unser Volk! Der Him-
mel möge euch helfen. 4 Er hob im Land zwanzigtausend besonders
kampferprobte Männer aus, dazu Reiter. Sie zogen gegen Kendebäus
und blieben über Nacht in Modeïn. 5 Früh am nächsten Morgen rück-
ten sie aus in die Ebene. Plötzlich trafen sie auf ein großes Heer,
Fußvolk und Reiterei. Es lag aber eine Schlucht zwischen ihnen.
6 Johanan machte mit seinen Leuten dem Feind gegenüber halt. Als er
merkte, daß sie Angst hatten, die Schlucht zu durchqueren, ging er als
erster hinüber. Das sahen seine Männer und folgten ihm auf die
andere Seite. 7 Dann zog er das Heer auseinander und ließ die Reiterei
sich mitten zwischen dem Fußvolk aufstellen; die Reiterei des Feindes
war nämlich sehr stark. 8 Man stieß in die Trompeten, und Kendebäus
wurde samt seinem Heer geschlagen und hatte viele Gefallene zu
beklagen. Der Rest floh in die Festung. 9 Bei dieser Gelegenheit wurde
Judas, der Bruder des Johanan, verwundet. Johanan aber nahm die
Verfolgung auf, bis er nach Kidron kam, das Kendebäus ausgebaut
hatte. 10 Da flohen sie weiter in die Türme bei Aschdod. Johanan ließ
die Stadt in Brand stecken; dabei kamen etwa zweitausend Feinde um.
Johanan aber kehrte wohlbehalten nach Judäa zurück.

Die Ermordung Simeons und der Regierungsantritt Johanans
11 Ptolemäus, der Sohn Abubs, war Befehlshaber in der Ebene von
Jericho. Er besaß viel Silber und Gold; 12 denn er war der Schwieger-
sohn des Hohenpriesters. 13 Da wurde er stolz; er wollte die Herrschaft
über das Land an sich reißen und plante einen heimtückischen
Anschlag, um Simeon und seine Söhne aus dem Weg zu räumen.
14 Als Simeon die Städte in jener Gegend besuchte, um dort nach dem
Rechten zu sehen, kam er mit seinen Söhnen Judas und Mattatias im
elften Monat, das ist der Schebat, des Jahres 177 nach Jericho. 15 Der
Sohn Abubs hatte eine kleine Festung namens Dok erbaut. Dort nahm
er sie voll Hinterlist auf. Er veranstaltete für sie ein großes Gelage,
hielt aber im Hintergrund einige Männer versteckt. 16 Als Simeon und
seine Söhne betrunken waren, sprangen Ptolemäus und seine Leute
auf, griffen zu ihren Waffen, drangen zu Simeon in den Speisesaal ein
und erschlugen ihn und seine beiden Söhne und einige aus seinem
Gefolge. 17 So beging Ptolemäus einen gemeinen Verrat und vergalt
Gutes mit Bösem.
18 Ptolemäus berichtete darüber dem König in einem Brief, und bat
ihn, ihm Truppen zu Hilfe zu schicken und ihm das Land und die
Städte zu übergeben. 19 Auch schickte er einige Männer nach Geser,
um Johanan ermorden zu lassen. Die Hauptleute forderte er schrift-
lich auf, zu ihm zu kommen; er wolle ihnen Silber und Gold und
andere Geschenke geben. 20 Wieder andere schickte er aus, damit sie
Jerusalem und den Tempelberg besetzten. 21 Aber jemand lief voraus
und meldete Johanan in Geser, sein Vater und seine Brüder seien tot;
er sagte: Er hat bereits Leute ausgeschickt, um auch dich umbringen
zu lassen.
22 Als Johanan das hörte, erschrak er sehr. Die Männer aber, die
kamen, um ihn zu ermorden, ließ er ergreifen und niedermachen;
denn er wußte, daß sie ihn umbringen wollten.
23 Die weitere Geschichte Johanans, die Kriege, die er führte, die
Taten, die er vollbrachte, auch wie er die Mauern bauen ließ und was
er sonst unternahm – 24 all das steht in der Chronik seines Hohenprie-
stertums geschrieben, von dem Tag an, da er anstelle seines Vaters
Hoherpriester wurde.

Das zweite Buch der Makkabäer

Briefe der Juden Jerusalems an die Juden in Ägypten

Der erste Brief zum Tempelweihfest

1 Wir, eure Brüder, die Juden aus Jerusalem und aus dem Land
Judäa, grüßen euch, unsere Brüder, die Juden, die in Ägypten
wohnen, und wünschen euch Frieden. 2 Gott möge euch Gutes erwei-
sen und seines Bundes gedenken, den er mit seinen treuen Dienern
Abraham, Isaak und Jakob geschlossen hat. 3 Er gebe euch allen ein
Herz, das euch fähig macht, ihn zu fürchten und seiner Lehre mutig
und bereitwillig zu folgen. 4 Er öffne euer Herz für sein Gesetz und für
die Gebote und schenke euch Frieden. 5 Er erhöre eure Gebete,
schenke euch Versöhnung und verlasse euch nicht in der Not. 6 So
beten wir hier für euch.
7 Unter der Regierung des Demetrius, im Jahr 169, haben wir Juden
euch geschrieben: In der höchsten Not, die in diesen Jahren über uns
kam, als Jason und sein Anhang vom heiligen Land und vom König-
reich abfielen, 8 verbrannten sie das Tempeltor und vergossen
unschuldiges Blut. Wir aber beteten zum Herrn, und er hat uns erhört.
So konnten wir wieder Brand- und Speiseopfer darbringen; wir zün-
deten die Leuchter an und legten die Schaubrote aus. 9 Und nun
begeht die Tage des Laubhüttenfestes im Monat Kislew! Geschrieben
im Jahr 188.

Der zweite Brief zum Tempelweihfest

10 Die Bewohner Jerusalems und Judäas, der Hohe Rat und Judas wün-
schen dem Aristobul, dem Lehrer des Königs Ptolemäus, aus dem
Geschlecht der gesalbten Priester, und den Juden Ägyptens Glück und
Heil. 11 Wir danken Gott von Herzen, der uns aus großen Gefahren
errettet hat. So sind wir bereit, selbst mit einem König zu streiten.
12 Gott selbst nämlich hat alle verjagt, die gegen die Heilige Stadt
gekämpft haben. 13 Denn als der Fürst mit seinem Heer, das als un-
überwindlich galt, nach Persien zog, fanden sie im Tempel der Nanäa
den Tod. Die Priester der Nanäa hatten sie nämlich überlistet. 14 Unter
dem Vorwand, sich mit der Göttin zu vermählen, war Antiochus mit
seinen Freunden, die ihn begleiteten, zum Tempel gekommen; sozu-
sagen als Mitgift wollte er sich dabei die großen Reichtümer aneig-
nen. 15 Die Priester der Nanäa legten die Schätze für sie auch bereit,
und Antiochus ging mit einigen wenigen Männern in den heiligen
Bezirk. Sobald er aber das Heiligtum betreten hatte, schlossen sie das
Tor. 16 Sie öffneten eine geheime Tür an der Decke, warfen schwere
Steine herab, zerschmetterten den Fürsten (und seine Begleiter), zer-
stückelten sie, schnitten ihnen die Köpfe ab und warfen sie hinaus zu
denen, die draußen stehen geblieben waren. 17 Für all das sei unser
Gott gepriesen: Er hat die Sünder dem Untergang preisgegeben.
18 Wir wollen nun am fünfundzwanzigsten Kislew die Reinigung des
Tempels feiern. Darum hielten wir es für unsere Pflicht, euch davon zu
benachrichtigen, damit auch ihr sie wie die Tage des Laubhüttenfestes
feiern könnt und wie die Tage des Feuers. (Letztere erinnern an den
Tag,) an dem Nehemia nach dem Aufbau von Tempel und Altar erst-
mals wieder Opfer darbrachte. 19 Denn als unsere Väter nach Persien in
die Verbannung geführt wurden, nahmen die Priester, die fromm
geblieben waren, etwas von dem Feuer des Altars mit und verbargen es
heimlich im Schacht eines leeren Brunnens. Sie versteckten es so, daß
die Stelle allen unbekannt blieb. 20 Darüber vergingen viele Jahre. Doch
als es Gott gefiel, sandte der König von Persien den Nehemia her. Der
schickte die Nachkommen jener Priester aus, um das Feuer holen zu
lassen, das ihre Väter einst versteckt hatten. 21 Als sie uns erklärten,
kein Feuer gefunden zu haben, sondern nur eine dicke Flüssigkeit,
befahl er ihnen, etwas davon zu schöpfen und zu ihm zu bringen. Das
Opfer wurde hergerichtet. Dann ließ Nehemia von den Priestern das
Brennholz, und was darauf lag, mit diesem zähflüssigen Wasser
begießen. 22 So geschah es. Nach einiger Zeit brach die Sonne hervor,
die von Wolken verdeckt gewesen war. Da flammte ein großes Feuer
auf, und alle staunten. 23 Während das Opfer verbrannte, beteten die
Priester und alle anderen, die bei ihnen waren; Jonatan stimmte an,
und die übrigen, darunter auch Nehemia, beteten laut mit.
24 Das Gebet aber lautete so: Herr, o Herr, du Gott und Schöpfer aller
Dinge, furchtbarer, starker, gerechter und barmherziger Gott! Du
allein bist König, und du bist gütig. 25 Du allein gibst alle Gaben. Nur
du bist gerecht, allmächtig und ewig. Du rettest Israel aus aller Not.
Du hast unsere Väter erwählt und sie heilig gemacht. 26 Nimm dieses
Opfer an für dein ganzes Volk Israel! Behüte dein Erbteil, und mach es
heilig! 27 Sammle uns aus der Zerstreuung, befrei alle, die bei den Hei-
den in Knechtschaft leben, schau auf die Verachteten und Verabscheu-
ten! Dadurch sollen die Heiden erkennen, daß du unser Gott bist.
28 Strafe die stolzen und frechen Unterdrücker! 29 Pflanz dein Volk an
deinem heiligen Ort ein! Denn so hat es Mose zugesagt.
30 Die Priester begleiteten die Loblieder, die man sang, mit Musik.
31 Als das Opfer verbrannt war, ließ Nehemia das übriggebliebene
Wasser auf große Steine schütten. 32 Da entzündete sich eine lodernde
Flamme. Sie verzehrte sich im Schein des Feuers, das vom Altar her
leuchtete. 33 Dieses Ereignis wurde überall bekannt, und man meldete
dem persischen König, an der Stelle, an der die Priester, die in die Ver-
bannung gingen, das Feuer versteckt hätten, sei das Wasser zum Vor-
schein gekommen, das die Leute des Nehemia dann über das Opfer
gossen. 34 Nachdem der König die Sache geprüft hatte, ließ er den Ort
umfrieden und für heilig erklären. 35 Auch nahm der König viele kost-
bare Geschenke und verteilte sie unter die, denen er wohlgesinnt war.
36 Die Leute um Nehemia nannten das Wasser Neftar, das heißt: Rei-
nigung. Bei den meisten aber heißt es Neftai.

2 In den Schriften steht, Jeremia, der Prophet sei es gewesen, der
befohlen habe, etwas von dem Feuer – wie schon gesagt – zu neh-
men, als sie in die Verbannung geführt wurden. 2 Der Prophet habe fer-
ner den Verbannten das Gesetz übergeben und ihnen eingeschärft, die
Gebote des Herrn nicht zu vergessen noch im Herzen irre zu werden,
wenn sie die goldenen und silbernen Götzen und ihren Prunk sähen.
3 Mit manchen Reden solcher Art ermahnte er sie, das Gesetz nicht aus
ihrem Herzen schwinden zu lassen. 4 In dem Buch stand weiter zu
lesen, daß der Prophet einen Gottesspruch empfangen habe und dar-
aufhin das Zelt und die Lade hinter sich hertragen ließ. Er sei hinaus-

gegangen zu dem Berg, auf den Mose gestiegen war, um das von Gott
verheißene Erbteil zu sehen. 5 Dort fand Jeremia eine Höhle wie ein
Haus. Er trug das Zelt, die Lade und den Rauchopferaltar hinein; dann
verschloß er den Eingang. 6 Einige von seinen Begleitern gingen hin,
um sich den Weg zu markieren; aber sie konnten ihn nicht finden. 7 Als
Jeremia davon hörte, schalt er sie und sagte: Die Stelle soll unbekannt
bleiben, bis Gott sein Volk wieder sammelt und ihm wieder gnädig ist.
8 Dann aber bringt der Herr dies alles wieder ans Licht, und die Herr-
lichkeit des Herrn wird erscheinen und auch die Wolke, genauso wie
sie sich in den Tagen des Mose gezeigt hat und in der Zeit, als Salomo
betete, daß der Ort hochheilig werden möge.
9 Es wurde ferner erzählt, wie jener Weise bei der Einweihung und bei
der Vollendung des Tempels opferte. 10 So wie Mose zum Herrn gebe-
tet hatte – und dann war Feuer vom Himmel gefallen und hatte die
Opferstücke verzehrt –, so betete auch Salomo, und das Feuer fiel
herab und verzehrte die Brandopfer. 11 Mose sagte: Weil man das Sünd-
opfer nicht gegessen hat, wurde es verbrannt. 12 Ebenso hat auch
Salomo acht Tage lang gefeiert.
13 Das gleiche wird auch in den Schriften und in den Erinnerungen
Nehemias erzählt; dort steht auch, wie er eine Bücherei anlegte und
die Bücher der Könige und der Propheten und die (Lieder) Davids
sammelte, auch königliche Urkunden über Weihegaben. 14 Genauso
hat auch Judas alle Bücher wieder gesammelt, die in dem Krieg, den
wir führen mußten, zerstreut worden waren. Sie befinden sich heute
bei uns. 15 Sollten euch einige davon fehlen, so laßt sie durch Boten
holen!
16 Wir haben euch geschrieben, weil wir nun die Tempelreinigung
begehen wollen. Ihr werdet gut daran tun, diese Tage mitzufeiern.
17 Gott hat sein ganzes Volk gerettet und allen das Erbe und die
Königsherrschaft und das Priestertum und die Heiligung verliehen,
18 wie er es durch das Gesetz verheißen hat. Darum hoffen wir nun,
daß Gott bald mit uns Erbarmen hat und uns aus der ganzen Welt an
seinen heiligen Ort zusammenführt. Denn er hat uns schon aus
großen Gefahren gerettet und hat den heiligen Ort gereinigt.

Das Vorwort des Verfassers

19 Die Ereignisse um den Makkabäer Judas und seine Brüder – wie sie
den erhabenen Tempel reinigten und den Altar wieder einweihten;
20 ferner die Kriege, die sie gegen Antiochus Epiphanes und seinen
Sohn Eupator führten; 21 die himmlischen Erscheinungen, die den
ruhmreichen und tapferen Verteidigern des Judentums halfen, so
daß es ihnen, obschon sie nur wenige waren, gelang, das ganze Land
zurückzuerobern, die Massen der Barbaren zu verjagen, 22 auch das
auf der ganzen Welt hochberühmte Heiligtum wiederzugewinnen,
die Stadt zu befreien, die Gesetze, die abgeschafft werden sollten,
wieder in Kraft zu setzen – denn der Herr war ihnen in seiner großen
Güte gnädig –, 23 all das hat Jason aus Zyrene in fünf Büchern genau
beschrieben. Wir nun wollen versuchen, es hier in einem einzigen
Buch kurz zusammenzufassen. 24 Wir bemerkten nämlich die Flut
der Zahlen, und wie schwierig es wegen der Menge des Stoffes ist,
sich in die geschichtliche Darstellung einzuarbeiten. 25 So nahmen
wir uns vor, die, die gern lesen, zu unterhalten, denen, die mit Eifer
auswendig lernen, zu helfen, allen aber, die das Buch auf irgendeine
Weise in die Hand bekommen, zu nützen. 26 Uns ist es allerdings
nicht leicht gefallen, in mühseliger Arbeit diesen Auszug anzuferti-
gen; es hat vielmehr Schweiß und durchwachte Nächte gekostet.
27 Wer ein Gastmahl anordnet und den Nutzen anderer sucht, hat es
ja auch nicht leicht. Dennoch haben wir die Mühe gern auf uns
genommen, um uns viele zu Dank zu verpflichten. 28 Die Einzelhei-
ten genau zu untersuchen, überließen wir dem Geschichtsschreiber.
Wir haben uns nur darum bemüht, einen ordentlichen Auszug anzu-
fertigen.
29 Wenn man ein neues Haus baut, muß sich der Architekt um das
ganze Gebäude kümmern; Dekorateur und Maler dagegen müssen nur
das prüfen, was zur Ausschmückung nötig ist. Ähnlich beurteile ich
auch unsere Aufgabe. 30 Sich daran zu machen, die überlieferten Nach-
richten kritisch zu beurteilen und bis ins einzelne genau zu untersu-
chen, ist Sache des Historikers. 31 Wer aber nur nacherzählen will, darf
die Darstellung straffen, auch wenn die genaue Ausarbeitung nach den
Regeln der Geschichtsschreibung dabei zu kurz kommt.
32 Nun aber wollen wir sofort mit unserer Erzählung beginnen; wir
haben uns schon allzu lang mit dem Vorwort aufgehalten, und es wäre
ja unsinnig, vor der Erzählung viele Worte zu machen, die Erzählung
selbst aber zu kürzen.

Jerusalem unter Gottes Schutz

Die Heilige Stadt

3 Die Bewohner der Heiligen Stadt lebten in tiefem Frieden und
hielten die Gesetze aufs treueste; denn der Hohepriester Onias
war ein frommer Mann und haßte alles Böse. 2 Darum ehrten sogar die
Könige den Ort und schmückten das Heiligtum mit den kostbarsten
Weihegaben. 3 So bestritt Seleukus, der König Asiens, aus seinen eige-
nen Einkünften alle Kosten, die durch den Opferdienst entstanden.

Der Verrat Simeons am Tempel

4 Ein gewisser Simeon aus dem Stamm Benjamin war als Tempelvor-
steher eingesetzt worden. Er entzweite sich jedoch mit dem Hohen-
priester wegen der Marktordnung in der Stadt. 5 Weil er sich gegen
Onias nicht durchsetzen konnte, ging er zu Apollonius, dem Sohn des
Tharseas, der damals Befehlshaber in Zölesyrien und Phönizien war.
6 Er erzählte ihm, der Tempelschatz in Jerusalem sei voll von unvor-
stellbaren Reichtümern; unzählbar sei die Menge des Geldes. Sie
stehe in keinem Verhältnis zu dem, was man für die Opfer aufwenden
müsse, und lasse sich leicht für den König beschlagnahmen. 7 Als
Apollonius mit dem König zusammentraf, berichtete er, was man ihm
über die Gelder hinterbracht hatte. Der aber bestimmte seinen Kanz-
ler Heliodor und schickte ihn auf den Weg mit dem Auftrag, sich die
erwähnten Gelder ausliefern zu lassen.

Der Anschlag auf den Tempelschatz

8 Heliodor machte sich sofort auf die Reise, angeblich um die Städte in
Zölesyrien und Phönizien zu besuchen, in Wirklichkeit jedoch, um
das Vorhaben des Königs auszuführen. 9 Als er nach Jerusalem kam,
wurde er vom Hohenpriester der Stadt freundlich empfangen. Da gab
er bekannt, welche Anzeige gemacht worden sei, und teilte den wah-
ren Grund seiner Anwesenheit mit. Er fragte, ob sich die Sache wirk-
lich so verhalte. 10 Der Hohepriester erklärte ihm, es handele sich um
hinterlegtes Gut von Witwen und Waisen; 11 ein Teil gehöre auch Hyr-
kanus, dem Sohn des Tobija, einem sehr einflußreichen Mann. – So
hatte der ruchlose Simeon gelogen. – Alles zusammen belaufe sich
nur auf vierhundert Talente Silber und zweihundert Talente Gold.
12 Man dürfe aber doch denen nicht Unrecht tun, die ihr Vertrauen auf
die Heiligkeit des Ortes und auf die Würde und Unantastbarkeit des
weltberühmten Heiligtums gesetzt hätten. 13 Heliodor berief sich
jedoch auf die Befehle, die er vom König erhalten hatte, und bestand
darauf, alles für die königliche Schatzkammer zu beschlagnahmen.
14 Am festgesetzten Tag schickte er sich an hineinzugehen, um eine
Untersuchung der Schätze anzustellen.

Der Bittgottesdienst um die Rettung des Tempels

Da geriet die ganze Stadt in nicht geringe Bestürzung. 15 Die Priester
warfen sich in ihren heiligen Gewändern vor dem Altar nieder und rie-
fen den Himmel an: Er habe die Hinterlegung von Geld durch Gesetze
geordnet; so solle er es jetzt denen, die es hinterlegt hatten, unversehrt

bewahren. 16 Wer aber die Gestalt des Hohenpriesters sah, dem blu-
tete das Herz. Wie er aussah und wie sein Gesicht sich verfärbt hatte,
verriet seine innere Qual. 17 Furcht und Zittern nämlich hatten den
Mann befallen, und er bebte am ganzen Leib. Allen, die ihn sahen,
wurde der Schmerz seines Herzens offenbar. 18 Die Leute stürzten in
Scharen aus den Häusern heraus zum öffentlichen Gebet; denn dem
Tempel drohte Schande. 19 Die Frauen zogen Trauerkleider an, die die
Brüste freiließen, und drängten sich auf die Straßen. Von den jungen
Mädchen aber, die man sonst eingeschlossen hielt, liefen die einen an
die Türen, die andern auf die Mauern; einige beugten sich aus den
Fenstern heraus. 20 Sie alle streckten die Hände zum Himmel empor
und beteten flehentlich. 21 Es war zum Erbarmen, wie die Menge sich
in heillosem Durcheinander zu Boden warf und wie der Hohepriester
sich in seinem Kummer so schrecklich ängstigte. 22 So riefen sie zum
Herrn, dem Allherrscher, er möge das anvertraute Gut denen, die es
hinterlegt hatten, unversehrt und ganz sicher bewahren.

Die Bestrafung des Tempelräubers

23 Heliodor jedoch machte sich daran, seinen Entschluß auszu-
führen. 24 Schon stand er mit der Leibwache an der Schatzkammer.
Da ließ der Herr der Geister und aller Macht eine gewaltige Erschei-
nung sichtbar werden. Alle, die ihn frech begleitet hatten, erschraken
vor Gottes Macht; ihre Kräfte verließen sie, und sie bekamen große
Angst. 25 Denn es erschien ihnen ein Pferd mit einem schrecklichen
Reiter darauf; das Pferd war mit prächtigem Geschirr geschmückt. Es
stürmte wild auf Heliodor ein und traf ihn heftig mit den Vorder-
hufen. Sein Reiter aber trug eine goldene Rüstung. 26 Noch zwei
andere junge Männer erschienen, voll gewaltiger Kraft, in strahlen-
der Schönheit und herrlich gekleidet. Sie traten auf Heliodor zu und
peitschten von beiden Seiten auf ihn ein; pausenlos schlugen sie ihn
mit vielen Hieben. 27 Da stürzte er zu Boden, und es wurde ihm
schwarz vor den Augen. Man hob ihn schnell auf und legte ihn auf
eine Bahre. 28 Eben noch war er mit großem Gefolge und der ganzen
Leibwache zu der genannten Schatzkammer gekommen; nun trug
man ihn hilflos hinaus. Deutlich hatte man die Herrschermacht
Gottes erkannt. 29 So lag er da, durch Gottes Macht gestürzt, der
Sprache beraubt, ohne jede Hoffnung auf Rettung. 30 Die Juden aber
priesen den Herrn, der an seinem Ort so herrlich seine Macht gezeigt
hatte; und das Heiligtum, das eben noch voll war von Angst und Ver-
wirrung, war erfüllt von Freude und Jubel; denn der allmächtige Herr
hatte sich offenbart.

Die Bekehrung des Tempelräubers

31 Sehr bald kamen ein paar Vertraute Heliodors zu Onias und baten
ihn, er möge doch den Höchsten anrufen und so dem das Leben
schenken, der in den letzten Zügen lag. 32 Aus Sorge, der König könne
der Meinung verfallen, Heliodor sei einem hinterhältigen Anschlag
der Juden zum Opfer gefallen, brachte der Hohepriester ein Opfer dar,
damit der Mann wieder gesund würde. 33 Während der Hohepriester
noch mit dem Versöhnungsopfer beschäftigt war, erschienen dem
Heliodor dieselben jungen Männer wie zuvor, in der gleichen Klei-
dung. Sie traten zu ihm und sagten: Danke dem Hohenpriester Onias
vielmals; denn seinetwegen schenkt der Herr dir gnädig das Leben.
34 Der Himmel hat dich gezüchtigt. Nun verkünde du allen die gewal-
tige Kraft Gottes! Nach diesen Worten entschwanden sie.
35 Da ließ Heliodor dem Herrn ein Opfer darbringen und machte ihm
große Gelübde, weil er ihn am Leben gelassen hatte. Er nahm
Abschied von Onias und zog mit seinen Truppen zum König zurück.
36 Vor allen Menschen bezeugte er die Taten des größten Gottes, die er
mit eigenen Augen gesehen hatte. 37 Als der König ihn fragte, wer
geeignet sei, noch einmal nach Jerusalem geschickt zu werden, gab er
zur Antwort: 38 Wenn du einen Feind oder einen Hochverräter weißt,
dann schick ihn dorthin! Du kannst sicher sein, daß er geprügelt
zurückkommt, wenn er überhaupt am Leben bleibt; denn an jenem
Ort wirkt wahrhaftig eine göttliche Kraft. 39 Er, der im Himmel wohnt,
ist selbst der Wächter und Schützer jenes Ortes; und wer in böser
Absicht dorthin kommt, den schlägt er nieder.
40 Das waren die Ereignisse um Heliodor und um die Rettung des Tem-
pels.

Der Einbruch der Sünde

Neue Umtriebe Simeons

4 Der oben genannte Simeon, der den Tempelschatz und das
Vaterland verraten hatte, verleumdete Onias, er sei es gewesen,
der Heliodor habe schlagen lassen und der das Unheil ins Werk
gesetzt habe. 2 Den Wohltäter der Stadt, den fürsorglichen Beschützer
seiner Mitbürger und Eiferer für die Gesetze, wagte er einen Hochver-
räter zu nennen. 3 Die Feindschaft verschärfte sich derart, daß einer
von den Vertrauten Simeons mehrere Morde verübte. 4 Onias er-
kannte, daß der Streit unerträglich wurde und daß außerdem Apollo-
nius, der Sohn des Menestheus, Befehlshaber von Zölesyrien und Phö-
nizien, die Bosheit Simeons noch unterstützte. 5 Darum begab er sich
zum König, nicht um die Mitbürger zu verklagen, sondern weil er das
allgemeine und das besondere Wohl des ganzen Volkes im Auge hatte.
6 Er erkannte nämlich, daß ohne Einschreiten des Königs der öffentli-
che Friede nicht wiederherzustellen sei; denn Simeon würde nicht von
seiner Raserei ablassen.

Die Einführung heidnischer Sitten in Jerusalem

7 Seleukus starb, und Antiochus mit dem Beinamen Epiphanes über-
nahm die Herrschaft. Da erschlich sich Jason, der Bruder des Onias,
das Hohepriesteramt. 8 Bei einer Unterredung versprach er dem König
nämlich dreihundertsechzig Talente Silber, dazu noch aus anderen
Einkünften achtzig Talente. 9 Außerdem wolle er sich schriftlich ver-
pflichten, weitere hundertfünfzig Talente zu zahlen, wenn er die Voll-
macht erhalte, eine Sportschule und einen Übungsplatz für junge
Leute zu errichten – denn daran sei ihm sehr gelegen – sowie den Ein-
wohnern Jerusalems das antiochenische Bürgerrecht zu verleihen.
10 Der König war einverstanden.
Sobald Jason das Amt an sich gebracht hatte, führte er unter seinen
Landsleuten die griechische Lebensart ein. 11 Er schaffte die günsti-
gen Privilegien ab, die die Juden durch Vermittlung des Johanan vom
König erhalten hatten. Dieser Johanan war der Vater des Eupolemus,
der als Gesandter nach Rom gegangen war, um dort ein Freund-
schaftsbündnis zu schließen. Jason hob die althergebrachte Verfas-
sung auf und führte neue, widerrechtliche Gebräuche ein. 12 Absicht-
lich ließ er unmittelbar unterhalb der Burg eine Sportschule
errichten, und die Söhne der besten Familien brachte er dazu, den
griechischen Hut aufzusetzen. 13 So kam das Griechentum in Mode;
man fiel ab zu der fremden Art. Schuld daran war die maßlose
Schlechtigkeit des ruchlosen Jason, der den Namen des Hohenprie-
sters zu Unrecht trug. 14 Schließlich kümmerten sich die Priester
nicht mehr um den Dienst am Altar; der Tempel galt in ihren Augen
nichts, und für die Opfer hatten sie kaum mehr Zeit. Dafür gingen sie
eilig auf den Sportplatz, sobald die Aufforderung zum Diskuswerfen
erging, um an dem Spiel, das vom Gesetz verboten war, teilzuneh-
men. 15 Die Ehren ihres Vaterlandes achteten sie gering, auf griechi-
sche Auszeichnungen dagegen waren sie ganz versessen. 16 Darum
sollten sie auch in große Not geraten. Gerade die, denen sie alles
nachmachten und denen sie ganz gleich werden wollten, wurden ihre
Feinde und Peiniger. 17 Man kann sich nämlich nicht leichthin über
die göttlichen Gesetze hinwegsetzen. Aber das wird die Folgezeit
deutlich zeigen.
18 Als der König die Wettkämpfe besuchte, die alle fünf Jahre in Tyrus
ausgetragen werden, 19 sandte der nichtswürdige Jason Männer aus
Jerusalem, die das antiochenische Bürgerrecht erworben hatten, als
Zuschauer dorthin und gab ihnen dreihundert Silberdrachmen mit für

Wassily Kandinsky
Apokalyptische Reiter I
(1911)

»Da erschienen fast vierzig Tage lang über der ganzen Stadt Reiter, die durch die Lüfte jagten, in golddurchwirkten Gewändern; Lanzenträger rückten in Abteilungen zum Kampf aus, Schwerter zuckten« (2 Makk 5,2). Das Vorzeichen am Himmel entspricht einem Bildmotiv, das Wassily Kandinsky immer wieder aufgegriffen hat, zumal es durch den Almanachtitel *Der blaue Reiter* (1911) zum Signum der gleichnamigen Künstlergruppe wurde. Der Ausdruckswert der Reiterbilder Kandinskys reicht von zeichenhaft-lockeren Bewegungsstudien mit Titeln wie *Lyrisches* bis zur Dramatik der *Apokalyptischen Reiter* (vgl. Offb 6,1-8). Das Hinterglasbild versieht die Reiter mit den im neutestamentlichen Text genannten Attributen: Pfeil und Bogen, Schwert und Waage. In der linken unteren Ecke erscheinen eine Kirche mit orthodoxen Kreuzen sowie ein Lamm und eine Taube, Symbole also, die sich in beiden Testamenten finden. Mit ihnen wird das friedliche Bild einer neuen Stadt gezeichnet.

das Opfer an Herakles. Doch baten die Überbringer, das Geld nicht
zum Opfer zu verwenden, weil sich das nicht zieme, sondern es für
einen anderen Zweck zurückzulegen. 20 Nach der Absicht des Auftrag-
gebers wäre es also für das Heraklesopfer bestimmt gewesen; es lag
allein an den Überbringern, daß man es zur Ausrüstung der Galeeren
verwendete.
21 Zur Thronbesteigung des Königs Philometor entsandte Antiochus
den Apollonius, den Sohn des Menestheus, nach Ägypten. Dabei
brachte er in Erfahrung, daß der ägyptische König seiner Politik feind-
lich gegenüberstehe, und sorgte sich um seine Sicherheit. Er zog des-
halb nach Jafo und von dort nach Jerusalem. 22 Jason und die Stadt
bereiteten ihm einen großartigen Empfang; unter Fackelschein und
Freudengeschrei hielt er seinen Einzug. Dann brachte er seine Trup-
pen wieder nach Phönizien ins Quartier.

Das Hohepriesteramt in der Hand der Sünder

23 Drei Jahre darauf schickte Jason den Menelaus, den Bruder des vor-
hin erwähnten Simeon, zum König; er sollte ihm das Geld überbrin-
gen und schwebende Verhandlungen über wichtige Staatsgeschäfte
zum Abschluß bringen. 24 Menelaus verschaffte sich jedoch Empfeh-
lungen an den König, trat als bedeutender Mann auf und schmeichelte
ihm, überbot Jason um dreihundert Talente Silber und brachte so das
Amt des Hohenpriesters an sich. 25 Mit der königlichen Ernennungs-
urkunde kam er zurück. Sonst hatte er nichts an sich, was des hohen-
priesterlichen Amtes würdig gewesen wäre. Statt dessen besaß er die
Leidenschaft eines rohen Tyrannen und die Wut eines wilden Tieres.
26 Jason, der seinen eigenen Bruder hinterlistig verdrängt hatte, wurde
nun selbst durch einen anderen hinterlistig verdrängt und als Flücht-
ling ins Ammoniterland vertrieben.
27 Menelaus hatte sich zwar der Herrschaft bemächtigt, machte jedoch
keine Anstalten, das Geld aufzubringen, das er dem König verspro-
chen hatte, 28 obschon Sostratus, der Befehlshaber der Burg, ihn
wiederholt mahnte; dieser hatte nämlich die Gelder einzutreiben.
Deswegen bestellte der König beide vor sich. 29 Menelaus ließ als
Stellvertreter im Hohenpriesteramt seinen Bruder Lysimachus zurück,
Sostratus aber Krates, den Befehlshaber der zyprischen Truppen.

Die Ermordung des rechtmäßigen Hohenpriesters

30 In diesem Augenblick brach in den Städten Tarsus und Mallus ein
Aufstand aus, weil sie Antiochis, der Nebenfrau des Königs, als
Geschenk vermacht worden waren. 31 In großer Eile begab sich der
König dorthin, um die Sache beizulegen, und ließ als seinen Stellver-
treter einen hohen Beamten, Andronikus, zurück. 32 Da glaubte Mene-
laus, eine günstige Gelegenheit gefunden zu haben: Er entwendete
aus dem Tempel einige goldene Geräte und schenkte sie Andronikus;
andere hatte er nach Tyrus und in die benachbarten Städte verkaufen
können. 33 Onias, der davon sichere Kenntnis erhalten hatte, tadelte
ihn scharf; er hatte sich in einen Asylort bei Daphne, einem Vorort
Antiochias, zurückgezogen. 34 Menelaus ging deswegen zu Androni-
kus, sprach mit ihm unter vier Augen und redete ihm zu, Onias aus
dem Weg zu schaffen. Andronikus suchte Onias auf. Da er sich zur
Hinterlist hatte verleiten lassen, erhob er die rechte Hand zum
Schwur, reichte sie dann Onias und überredete ihn, trotz seines Arg-
wohns den Ort zu verlassen. Dann ließ ihn Andronikus, ohne das
Recht zu scheuen, auf der Stelle umbringen. 35 Nicht nur die Juden,
sondern auch viele aus anderen Völkern entsetzten sich über dieses
Unrecht und waren empört über die Ermordung des Mannes.
36 Als der König aus den Orten Ziliziens zurückkam, gingen die Juden
der Stadt zu ihm und beschwerten sich. Wie sie, waren auch die Grie-
chen sehr entrüstet, weil man Onias gegen alle Ordnung ermordet
hatte. 37 Antiochus wurde von Herzen betrübt; es ergriff ihn Mitleid,
und er vergoß Tränen, weil der Verstorbene ein so besonnener und
edler Mann gewesen war. 38 Dann entbrannte sein Zorn; er ließ An-
dronikus sofort den Purpur abnehmen, die Kleider vom Leib reißen
und ihn so durch die ganze Stadt führen, bis zu der Stelle, an der er das
Verbrechen gegen Onias begangen hatte. Dort ließ er den Mörder hin-
richten. So hat ihm der Herr mit der verdienten Strafe vergolten.

Der Raub am Tempelschatz

39 In der Stadt aber verging sich Lysimachus mit Wissen des Menelaus
mehrmals am Tempelschatz. Als sich das Gerücht davon weit verbrei-
tete, rottete sich das Volk gegen Lysimachus zusammen. Viele gol-
dene Geräte waren schon verschleppt worden. 40 Als nun die Menge
sich erhob und in heftigen Zorn geriet, bewaffnete Lysimachus fast
dreitausend Mann und begann, gewaltsam gegen die Leute vorzuge-
hen. Ein gewisser Auranus führte sie an, der ebenso alt wie wahnsin-
nig war. 41 Als die Leute merkten, daß Lysimachus angreifen ließ, raff-
ten sie Steine zusammen oder dicke Stöcke – ein paar füllten ihre
Hände sogar mit der Asche, die dort lag – und schleuderten alles
durcheinander gegen die Männer des Lysimachus. 42 So verwundeten
sie viele von ihnen, einige streckten sie nieder, alle aber jagten sie in
die Flucht. Den Tempelräuber selbst aber schlugen sie beim Schatz-
haus tot.
43 Wegen dieser Sache wurde gegen Menelaus ein gerichtliches Ver-
fahren eingeleitet. 44 Als der König nach Tyrus kam, erhoben drei
Männer, die vom Hohen Rat geschickt waren, vor ihm die Anklage.
45 Menelaus war schon verloren; da versprach er Ptolemäus, dem Sohn
des Dorymenes, viel Geld, damit er den König zu seinen Gunsten
überrede. 46 Ptolemäus nahm also den König in einen Säulengang bei-
seite, als wolle er ihn etwas ausruhen lassen, und stimmte ihn um.
47 Darauf sprach der König den Menelaus, der an dem ganzen Unheil
schuld war, von den Anklagepunkten frei; die Unglücklichen aber,
die, selbst wenn sie vor Skythen gesprochen hätten, wegen erwiesener
Unschuld freigesprochen worden wären, verurteilte er zum Tod.
48 Unverzüglich mußten sie die ungerechte Strafe erleiden, sie, die
doch nur für ihre Stadt, ihr Volk und die heiligen Geräte eingetreten
waren. 49 Sogar Einwohner von Tyrus entrüsteten sich darüber und
gaben ihnen ein prunkvolles Begräbnis.
50 Menelaus aber blieb aufgrund der Habgier der Mächtigen im Amt.
Seine Bosheit nahm immer mehr zu, und er wurde zu einem großen
Feind seiner Mitbürger.

Der Einbruch des Unheils

Ein Vorzeichen

5 Um diese Zeit unternahm Antiochus seinen zweiten Feldzug
gegen Ägypten. 2 Da erschienen fast vierzig Tage lang über der
ganzen Stadt Reiter, die durch die Lüfte jagten, in golddurchwirk-
ten Gewändern; Lanzenträger rückten in Abteilungen zum Kampf
aus, Schwerter zuckten. 3 Reiterscharen ordneten sich zur Schlacht,
Angriffe wurden gemacht, von beiden Seiten rannte man gegen-
einander an, Schilde bewegten sich, Speere gab es in Menge, Wurf-
geschosse flogen, goldener Waffenschmuck blitzte auf, und man sah
Rüstungen aller Art. 4 Alle beteten deshalb, die Erscheinung möge
etwas Gutes bedeuten.

Der Bürgerkrieg in Jerusalem

5 Es kam aber das falsche Gerücht auf, Antiochus sei gestorben. Da
unternahm Jason mit nicht weniger als tausend Mann einen über-
raschenden Angriff auf die Stadt. Er drängte die Verteidiger auf der
Mauer rasch in die Enge; als er die Stadt ganz besetzt hatte, flüchtete
sich Menelaus in die Burg. 6 Jason aber richtete unter seinen Mit-
bürgern ein schonungsloses Blutbad an, ohne zu bedenken, daß
Glück gegenüber den eigenen Leuten das größte Unglück ist. Es sah
aus, als habe er Feinde und nicht Landsleute besiegt und ausgeplün-
dert. 7 Dennoch konnte er die Herrschaft nicht an sich reißen. Sein
Anschlag brachte ihm am Schluß nur Schande, und er mußte zum
zweitenmal in das Ammoniterland fliehen.

8 Er nahm schließlich ein böses Ende. Aretas, der Fürst der Araber,
ließ ihn gefangen setzen; er aber entkam und floh von Stadt zu Stadt.
Von allen gehetzt, als Verräter der Gesetze verhaßt, verwünscht als
Henker des Vaterlandes und seiner Mitbürger, verschlug es ihn nach
Ägypten. 9 Und wie er viele Menschen aus ihrem Vaterland in die
Fremde getrieben hatte, so kam er selbst in der Fremde um, nämlich
bei den Spartanern, zu denen er übers Meer gefahren war, um bei ihnen
Schutz zu finden; die Spartaner waren ja mit den Juden verwandt.
10 So wie er viele ohne Grab hatte daliegen lassen, so trauerte jetzt
auch niemand um ihn; auch er erhielt keinerlei Begräbnis und kein
Grab bei seinen Vätern.

Der Überfall des heidnischen König
11 Als dem König zu Ohren kam, was geschehen war, glaubte er, Judäa
wolle von ihm abfallen. Wütend wie ein wildes Tier brach er daher mit
seinem Heer von Ägypten auf und nahm die Stadt mit Waffengewalt
ein. 12 Er befahl seinen Soldaten, alle, die ihnen begegneten, rück-
sichtslos niederzuhauen und auch die zu erschlagen, die sich auf das
Dach ihrer Häuser geflüchtet hätten. 13 Sie richteten unter jung und alt
ein großes Blutbad an; junge Männer, Frauen und Kinder kamen um,
man erstach Mädchen und Säuglinge. 14 In nur drei Tagen verlor die
Stadt achtzigtausend Einwohner; vierzigtausend fanden im Kampf
den Tod, ebensoviele, wie man ermordet hatte, wurden in die Sklaverei
verkauft.
15 Doch das genügte dem König noch nicht; in seiner Frechheit betrat
er den heiligsten Tempel der ganzen Erde unter der Führung des
Menelaus, der die Gesetze und sein Vaterland verraten hatte. 16 Seine
blutbefleckten Hände griffen nach den heiligen Geräten, und was
andere Könige gestiftet hatten, um Glanz und Würde des Ortes zu
erhöhen, raffte er mit unreinen Händen zusammen.
17 In seinem Übermut erkannte Antiochus nicht, daß der Herr nur für
eine kurze Zeit zornig war, weil die Einwohner der Stadt gesündigt
hatten, und deswegen nicht auf den Ort achtete. 18 Hätten sich die
Juden damals nicht in viele Sünden verstrickt, dann wäre ihm, sobald
er sich vorwagte, seine Frechheit durch Peitschenhiebe ausgetrieben
worden, ähnlich wie dem Heliodor, der von König Seleukus zur
Durchsuchung der Schatzkammer ausgeschickt worden war. 19 Aber
der Herr hat nicht das Volk erwählt wegen des Ortes, sondern den Ort
wegen des Volkes. 20 Deswegen litt auch der Ort mit unter den
Unglücksschlägen, die das Volk trafen, wie er später Anteil hatte an
seinem Glück. Als der Allherrscher zürnte, lag der Ort verlassen da;
als aber der große Herr sich wieder versöhnen ließ, wurde er in aller
Pracht wiederhergestellt.

Jerusalem in der Hand der Heiden
21 Antiochus also ließ tausendachthundert Talente aus dem Tempel
schaffen und zog eilig ab nach Antiochia. In seiner Vermessenheit
glaubte er, das Land schiffbar und das Meer gangbar machen zu kön-
nen – so überheblich war er. 22 Er ließ bei seinem Abzug mehrere
Befehlshaber zurück, die das Volk unterdrücken sollten. In Jerusalem
war es Philippus, seiner Herkunft nach ein Phrygier, seiner Gesin-
nung nach ein Barbar, noch wilder als der, der ihn eingesetzt hatte;
23 auf dem Berg Garizim war es Andronikus. Dazu kam Menelaus, der
sich seinen Mitbürgern gegenüber noch herrischer aufführte als die
anderen; denn er haßte die jüdischen Bürger.
24 Außerdem schickte der König den Anführer der Mysier, Apollonius,
mit einem Heer von zweiundzwanzigtausend Mann; er hatte ihm
befohlen, alle wehrfähigen Männer umzubringen, die Frauen und
Kinder aber in die Sklaverei zu verkaufen. 25 Als Apollonius in Jerusa-
lem ankam, spielte er zunächst den Friedfertigen. Er wartete bis zum
heiligen Sabbattag. Als er nun bemerkte, daß die Juden sich jeder
Arbeit enthielten, gab er seinen Leuten Befehl, zu den Waffen zu grei-
fen und auszurücken. 26 Alle, die zum festlichen Gottesdienst gegan-
gen waren, ließ er niederstechen. Dann fielen sie mit der blanken
Waffe in die Stadt ein und erschlugen viele Menschen.
27 Judas aber, mit dem Beinamen der Makkabäer, schloß sich mit neun
Gefährten zusammen und zog sich in die Wüste zurück. Er lebte mit
seinen Leuten in den Bergen wie die Tiere. Sie ernährten sich die
ganze Zeit nur von Pflanzen, um nicht ebenfalls unrein zu werden.

Die Verfolgung der jüdischen Religion
6 Nicht lange darauf schickte der König einen alten Athener; der
sollte die Juden zwingen, die Gesetze ihrer Väter aufzugeben und
ihr Leben nicht mehr durch Gottes Gesetze lenken zu lassen. 2 Auch
sollte er den Tempel zu Jerusalem schänden und ihn Zeus, dem Herr-
scher des Olymp, weihen; ähnlich sollte er den Tempel auf dem Berg
Garizim nach Zeus, dem Hüter des Gastrechts, benennen, was der
(gastfreundlichen) Art der Einwohner jenes Ortes entgegenkam. 3 Der
Ansturm der Bosheit war kaum zu ertragen und allen zuwider. 4 Denn
die Heiden erfüllten das Heiligtum mit wüstem Treiben und mit Gela-
gen. Sie gaben sich mit Dirnen ab und ließen sich in den heiligen Vor-
höfen mit Frauen ein. Auch brachten sie vieles hinein, was nicht hin-
eingehörte. 5 Auf den Brandopferaltar häuften sie unerlaubte und vom
Gesetz verbotene Dinge. 6 Man konnte weder den Sabbat halten noch
die alten Feste begehen, ja, man durfte sich überhaupt nicht mehr als
Jude bekennen. 7 Zu ihrer Erbitterung mußten die Einwohner sich
jeden Monat am Geburtstag des Königs zum Opfermahl führen las-
sen, und am Fest der Dionysien zwang man sie, zu Ehren des Diony-
sos mit Efeu bekränzt in der Prozession mitzugehen. 8 Auf Vorschlag
der Einwohner von Ptolemaïs wurde in den benachbarten griechi-
schen Städten ein Beschluß bekanntgegeben, sie sollten mit den
Juden ebenso verfahren und Opfermahlzeiten veranstalten. 9 Wer sich
aber nicht entschließen wolle, zur griechischen Lebensweise überzu-
gehen, sei hinzurichten.
Da konnte man nun das Elend sehen, das hereinbrach. 10 Man führte
nämlich zwei Frauen vor, die ihre Kinder beschnitten hatten. Darauf
hängte man ihnen die Säuglinge an die Brüste, führte sie öffentlich in
der Stadt umher und stürzte sie dann von der Mauer. 11 Andere waren
in der Nähe zusammengekommen, um heimlich in Höhlen den Sab-
bat zu begehen. Sie wurden an Philippus verraten, und da sie sich
wegen der Würde des heiligen Tages scheuten, sich zu wehren, wur-
den sie alle zusammen verbrannt.

Eine Geschichtsbetrachtung des Verfassers
12 An dieser Stelle möchte ich die Leser des Buches ermahnen, sich
durch die schlimmen Ereignisse nicht entmutigen zu lassen. Sie
mögen bedenken, daß die Strafen unser Volk nicht vernichten, son-
dern erziehen sollen. 13 Denn wenn die Sünder nicht lange geschont,
sondern sofort bestraft werden, ist das ein Zeichen großer Güte. 14 Bei
den anderen Völkern wartet der Herr geduldig, bis das Maß ihrer Sün-
den voll ist; dann erst schlägt er zu. Mit uns aber beschloß er, anders
zu verfahren, 15 damit er uns nicht am Ende verurteilen müsse, wenn
wir es mit unseren Sünden bis zum Äußersten getrieben hätten.
16 Daher entzieht er uns nie sein Erbarmen, sondern er erzieht sein
Volk durch Unglück und läßt es nicht im Stich. 17 Das soll uns zur
Beherzigung gesagt sein. Nach dieser kurzen Abschweifung aber wol-
len wir mit der Erzählung fortfahren.

Das Martyrium des Eleasar
18 Unter den angesehensten Schriftgelehrten war Eleasar, ein Mann
von hohem Alter und edlen Gesichtszügen. Man sperrte ihm den
Mund auf und wollte ihn zwingen, Schweinefleisch zu essen. 19 Er
aber zog den ehrenvollen Tod einem Leben voll Schande vor, ging frei-
willig auf die Folterbank zu 20 und spuckte das Fleisch wieder aus. In
solcher Haltung mußten alle herantreten, die sich standhaft wehrten
zu essen, was man nicht essen darf – nicht einmal um des geliebten
Lebens willen. 21 Die Leute, die bei dem gesetzwidrigen Opfermahl
Dienst taten und die den Mann von früher her kannten, nahmen ihn
heimlich beiseite und redeten ihm zu, er solle sich doch Fleisch holen
lassen, das er essen dürfe, und es selbst zubereiten. Dann solle er tun,

als ob er von dem Opferfleisch esse, wie es der König befohlen habe.
22 Wenn er es so mache, entgehe er dem Tod; weil sie alte Freunde
seien, würden sie ihn mit Nachsicht behandeln.
23 Er aber faßte einen edlen Entschluß, wie es sich gehörte für einen
Mann, der so alt und wegen seines Alters angesehen war, in Würde
ergraut, der von Jugend an vorbildlich gelebt und – was noch wichtiger
ist – den heiligen, von Gott gegebenen Gesetzen gehorcht hatte. So
erklärte er ohne Umschweife, man solle ihn ruhig zur Unterwelt
schicken. 24 Wer so alt ist wie ich, soll sich nicht verstellen. Viele jungen
Leute könnten sonst glauben, Eleasar sei mit seinen neunzig Jahren
noch zu der fremden Lebensart übergegangen. 25 Wenn ich jetzt heu-
cheln würde, um eine geringe, kurze Zeit länger zu leben, würde ich sie
irreleiten, meinem Alter aber Schimpf und Schande bringen. 26 Viel-
leicht könnte ich mich für den Augenblick der Bestrafung durch die
Menschen entziehen; doch nie, weder lebendig noch tot, werde ich den
Händen des Allherrschers entfliehen. 27 Darum will ich jetzt wie ein
Mann sterben und mich so meines Alters würdig zeigen. 28 Der Jugend
aber hinterlasse ich ein leuchtendes Beispiel, wie man mutig und mit
Haltung für die ehrwürdigen und heiligen Gesetze eines schönen
Todes stirbt. Nach diesen Worten ging er geradewegs zur Folterbank.
29 Da schlug die Freundlichkeit, die ihm seine Begleiter eben noch
erwiesen hatten, in Feindschaft um; denn was er gesagt hatte, hielten
sie für Wahnsinn. 30 Als man ihn zu Tod prügelte, sagte er stöhnend:
Der Herr mit seiner heiligen Erkenntnis weiß, daß ich dem Tod hätte
entrinnen können. Mein Körper leidet qualvoll unter den Schlägen,
meine Seele aber erträgt sie mit Freuden, weil ich ihn fürchte. 31 So
starb er; durch seinen Tod hinterließ er nicht nur der Jugend, sondern
den meisten aus dem Volk ein Beispiel für edle Gesinnung und ein
Denkmal der Tugend.

Das Martyrium der sieben Brüder und ihrer Mutter

7 Ein andermal geschah es, daß man sieben Brüder mit ihrer Mut-
ter festnahm. Der König wollte sie zwingen, entgegen dem gött-
lichen Gesetz Schweinefleisch zu essen, und ließ sie darum mit
Geißeln und Riemen peitschen. 2 Einer von ihnen ergriff für die
andern das Wort und sagte: Was willst du uns fragen und von uns wis-
sen? Eher sterben wir, als daß wir die Gesetze unserer Väter übertre-
ten. 3 Da wurde der König zornig und befahl, Pfannen und Kessel
heißzumachen. 4 Kaum waren sie heiß geworden, ließ er ihrem Spre-
cher die Zunge abschneiden, ihm nach Skythenart die Kopfhaut abzie-
hen und Nase, Ohren, Hände und Füße stückweise abhacken. Dabei
mußten die anderen Brüder und die Mutter zuschauen. 5 Den gräßlich
Verstümmelten, der noch atmete, ließ er ans Feuer bringen und in der
Pfanne braten. Während sich der Dunst aus der Pfanne nach allen Sei-
ten verbreitete, sprachen sie und ihre Mutter einander Mut zu, in edler
Haltung zu sterben. Sie sagten: 6 Gott der Herr schaut auf uns, und
gewiß hat er Erbarmen mit uns. Denn so hat es Mose klar gesagt in
dem Lied, in dem er öffentlich das Volk anklagte: Und er wird mit sei-
nen Dienern Erbarmen haben.
7 Als der erste der Brüder auf diese Weise gestorben war, führten sie
den zweiten zur Folterung. Sie zogen ihm die Kopfhaut samt den Haa-
ren ab und fragten ihn: Willst du essen, bevor wir dich Glied für Glied
foltern? 8 Er antwortete in seiner Muttersprache: Nein! Deshalb wurde
er genauso wie der erste gefoltert. 9 Als er in den letzten Zügen lag,
sagte er: Du Unmensch! Du nimmst uns dieses Leben; aber der König
der Welt wird uns zu einem neuen, ewigen Leben auferwecken, weil
wir für seine Gesetze gestorben sind.
10 Nach ihm folterten sie den dritten. Als sie seine Zunge forderten,
streckte er sie sofort heraus und hielt mutig die Hände hin. 11 Dabei
sagte er gefaßt: Vom Himmel habe ich sie bekommen, und wegen sei-
ner Gesetze achte ich nicht auf sie. Von ihm hoffe ich sie wiederzuer-
langen. 12 Sogar der König und seine Leute staunten über den Mut des
jungen Mannes, dem die Schmerzen nichts bedeuteten.
13 Als er tot war, quälten und mißhandelten sie den vierten genauso.
14 Dieser sagte, als er dem Ende nahe war: Gott hat uns die Hoffnung
gegeben, daß er uns wieder auferweckt. Darauf warten wir gern, wenn
wir von Menschenhand sterben. Für dich aber gibt es keine Auferste-
hung zum Leben.
15 Anschließend nahmen sie sich den fünften vor und mißhandelten
ihn. 16 Der sah den König an und sagte: Du bist ein vergänglicher
Mensch, und doch hast du die Macht unter den Menschen zu tun, was
du willst. Aber glaub nicht, unser Volk sei von Gott verlassen. 17 Mach
nur so weiter! Du wirst seine gewaltige Kraft spüren, wenn er dich
und deine Nachkommen züchtigt.
18 Nach ihm holten sie den sechsten. Sterbend sagte er: Laß dich nicht
täuschen! Du wirst nichts ausrichten. Denn wir sind selbst schuld an
unserem Leid, weil wir gegen unseren Gott gesündigt haben. Darum
konnte so Unfaßbares geschehen. 19 Glaub aber ja nicht, daß du heil
davonkommst; denn du hast es gewagt, mit Gott zu kämpfen.
20 Auch die Mutter war überaus bewundernswert, und sie hat es ver-
dient, daß man sich an sie mit Hochachtung erinnert. An einem einzi-
gen Tag sah sie nacheinander ihre sieben Söhne sterben und ertrug es
tapfer, weil sie dem Herrn vertraute. 21 In edler Gesinnung stärkte sie
ihr weibliches Gemüt mit männlichem Mut, redete jedem von ihnen in
ihrer Muttersprache zu und sagte: 22 Ich weiß nicht, wie ihr in meinem
Leib entstanden seid, noch habe ich euch Atem und Leben geschenkt;
auch habe ich keinen von euch aus den Grundstoffen zusammenge-
fügt. 23 Nein, der Schöpfer der Welt hat den werdenden Menschen
geformt, als er entstand; er kennt die Entstehung aller Dinge. Er gibt
euch gnädig Atem und Leben wieder, weil ihr jetzt um seiner Gesetze
willen nicht auf euch achtet. 24 Antiochus aber glaubte, sie verachte
ihn, und er hatte den Verdacht, sie wolle ihn beschimpfen.
Nun war nur noch der Jüngste übrig. Auf ihn redete der König nicht
nur mit guten Worten ein, sondern versprach ihm unter vielen Eiden,
ihn reich und sehr glücklich zu machen, wenn er von der Lebensart
seiner Väter abfalle; auch wolle er ihn zu seinem Freund machen und
ihn mit hohen Staatsämtern betrauen. 25 Als der Junge nicht darauf
einging, rief der König die Mutter und redete ihr zu, sie solle dem
Knaben doch raten, sich zu retten. 26 Erst nach langem Zureden wil-
ligte sie ein, ihren Sohn zu überreden. 27 Sie beugte sich zu ihm nieder,
und den grausamen Tyrannen verspottend, sagte sie in ihrer Mutter-
sprache: Mein Sohn, hab Mitleid mit mir! Neun Monate habe ich dich
in meinem Leib getragen, ich habe dich drei Jahre gestillt, dich
ernährt, erzogen und für dich gesorgt, bis du nun so groß geworden
bist. 28 Ich bitte dich, mein Kind, schau dir den Himmel und die Erde
an; sieh alles, was es da gibt, und erkenne: Gott hat das aus dem
Nichts erschaffen, und so entstehen auch die Menschen. 29 Hab keine
Angst vor diesem Henker, sei deiner Brüder würdig, und nimm den
Tod an! Dann werde ich dich zur Zeit der Gnade mit deinen Brüdern
wiederbekommen.
30 Kaum hatte sie aufgehört, da sagte der Junge: Auf wen wartet ihr?
Dem Befehl des Königs gehorche ich nicht; ich höre auf den Befehl
des Gesetzes, das unseren Vätern durch Mose gegeben wurde. 31 Du
aber, der sich alle diese Bosheiten gegen die Hebräer ausgedacht hat,
du wirst Gottes Händen nicht entkommen. 32 Denn wir leiden nur,
weil wir gesündigt haben. 33 Wenn auch der lebendige Herr eine kurze
Zeit lang zornig auf uns ist, um uns durch Strafen zu erziehen, so wird
er sich doch mit seinen Dienern wieder versöhnen. 34 Du Ruchloser
aber, du größter Verbrecher der Menschheit, überheb dich nicht, und
werde nicht durch falsche Hoffnungen übermütig, wenn du deine
Hand gegen die Kinder des Himmels erhebst. 35 Denn noch bist du
dem Gericht des allmächtigen Gottes, der alles sieht, nicht entronnen.
36 Unsere Brüder sind nach kurzem Leiden mit der göttlichen Zusiche-
rung ewigen Lebens gestorben; du jedoch wirst beim Gericht Gottes
die gerechte Strafe für deinen Übermut zahlen. 37 Ich gebe wie meine
Brüder Leib und Leben hin für die Gesetze unserer Väter und rufe zu
Gott, er möge seinem Volk bald wieder gnädig sein; du aber sollst
unter Qualen und Schlägen bekennen müssen, daß nur er Gott ist.

38 Bei mir und meinen Brüdern möge der Zorn des Allherrschers auf-
hören, der sich zu Recht über unser ganzes Volk ergossen hat.
39 Da wurde der König zornig und verfuhr mit ihm noch schlimmer als
mit den anderen – so sehr hatte ihn der Hohn verletzt. 40 Auch der
Jüngste starb also mit reinem Herzen und vollendetem Gottvertrauen.
41 Zuletzt starb nach ihren Söhnen die Mutter.
42 Soviel sei über die Opfergelage und die schlimmen Mißhandlungen
berichtet.

Die Wiederherstellung Jerusalems

Der Aufstand des Makkabäers Judas

8 Judas aber, den man auch Makkabäer nennt, und seine Leute
schlichen sich heimlich in die Dörfer und holten ihre Verwand-
ten zu sich; auch gewannen sie die treugebliebenen Juden, so daß sie
etwa sechstausend Mann zusammenbrachten. 2 Sie riefen zum Herrn,
er möge auf das von allen geschundene Volk schauen und Mitleid
haben mit dem Tempel, den ruchlose Menschen entweiht hätten, 3 er
möge auch der Stadt gnädig sein, die zerstört werde und bald dem
Erdboden gleichgemacht sei, und auf das unschuldig vergossene Blut
hören, das (anklagend) zu ihm aufschreie. 4 Er solle daran denken,
daß man entgegen jedem Recht unschuldige Kinder ermordet und
seinen Namen gelästert habe, und zeigen, daß er das Böse hasse.
5 Sobald der Makkabäer eine Streitmacht aufgestellt hatte, konnten
ihn die Heiden nicht mehr aufhalten; denn der Herr hatte seinem Zorn
Gnade folgen lassen. 6 Er überfiel Städte und Dörfer und steckte sie in
Brand. Da er günstige Stellungen bezog, jagte er nicht wenige Feinde
in die Flucht. 7 Meist nutzte er die Nächte zu solchen Unternehmun-
gen, und der Ruf seiner Kühnheit verbreitete sich überall.

Der Sieg des Judas über Nikanor und andere Feinde

8 Philippus merkte, daß der Mann rasch an Macht gewann und von
Tag zu Tag erfolgreicher wurde; er schrieb daher an Ptolemäus, den
Befehlshaber von Zölesyrien und Phönizien, er solle der Sache des
Königs zu Hilfe kommen. 9 Dieser benannte sofort Nikanor, den Sohn
des Patroklus, der zu den ersten Freunden des Königs gehörte, und
ließ ihn an der Spitze eines Heeres von mindestens zwanzigtausend
Mann aus aller Herren Länder ausrücken, mit dem Auftrag, die
gesamte Bevölkerung Judäas auszurotten. Er gab ihm auch Gorgias
mit, einen im Kriegswesen erfahrenen Befehlshaber.
10 Der König mußte den Römern noch zweitausend Talente Kriegs-
schulden auszahlen; Nikanor beschloß, diese Summe aus dem Ver-
kauf gefangener Juden aufzubringen. 11 Unverzüglich ließ er durch
Boten in den Hafenstädten bekanntgeben, man könne zu ihm kom-
men und jüdische Sklaven kaufen; für ein Talent versprach er neunzig
Personen zu liefern. Er ahnte nicht, daß ihn bald die Strafe des All-
herrschers ereilen würde.
12 Judas hörte vom Anmarsch Nikanors und ließ seinen Leuten
bekanntgeben, daß jener mit seinem Heer in der Nähe ein Lager auf-
geschlagen habe. 13 Die Feiglinge und die, die dem Urteil Gottes
mißtrauten, liefen weg und machten sich davon. 14 Die anderen aber
verkauften alles, was sie noch hatten; zugleich baten sie den Herrn, sie
zu retten; denn der verruchte Nikanor habe sie schon verkauft, bevor
er ihnen überhaupt begegnet sei, 15 und wenn er es schon nicht ihret-
wegen tun wolle, dann doch wegen der Bündnisse, die er mit ihren
Vätern geschlossen habe, und weil über ihnen selbst sein heiliger und
herrlicher Name ausgerufen worden sei.
16 Der Makkabäer ließ seine Leute zusammenkommen, sechstausend
an der Zahl. Er redete ihnen zu, sich von den Feinden nicht aus der
Fassung bringen zu lassen und nicht ängstlich zu werden, weil die
Heiden in solchen Massen ohne jeden Grund gegen sie heranrückten.
Sie sollten tapfer kämpfen 17 und sich stets vor Augen halten, mit
welch frechem Übermut man entgegen allem Recht den heiligen Ort
behandelt habe, wie übel man der Stadt mitgespielt und wie schlimm
man sie zugerichtet habe und daß die von den Vorfahren ererbte Ver-
fassung aufgelöst worden sei. 18 Er sagte: Sie verlassen sich auf ihre
Waffen und auf die Kühnheit, mit der sie angreifen; wir aber verlassen
uns auf den allmächtigen Gott, der unsere Angreifer und die ganze
Welt mit einem einzigen Wink vernichten kann. 19 Weiter zählte er
ihnen auf, wie oft Gott ihren Vorfahren geholfen habe, etwa gegen
Sanherib, als hundertfünfundachtzigtausend Mann den Tod fanden.
20 Er erwähnte auch die Schlacht mit den Galatern in Babylon: Da
waren sie, zusammen mit viertausend Mazedoniern nur achttausend
Mann stark, zum Kampf angetreten, und als die Mazedonier in eine
verzweifelte Lage gerieten, schlugen sie, weil der Himmel ihnen half,
mit sechstausend Mann hundertzwanzigtausend vernichtend und
machten reiche Beute.
21 So machte er ihnen Mut, damit sie bereit wären, für die Gesetze und
das Vaterland zu sterben. Dann teilte er sein Heer in vier Abteilungen
ein. 22 An die Spitze der einzelnen Gruppen stellte er seine Brüder
Simeon, Josef und Jonatan, denen er je fünfzehnhundert Mann
zuwies, 23 und außerdem den Eleasar. Er selbst las aus der Heiligen
Schrift vor und gab die Losung aus: Mit Gottes Hilfe! Dann trat er vor
die erste Reihe und griff Nikanor an.
24 Da ihnen der Allherrscher im Kampf half, machten sie mehr als
neuntausend Feinde nieder, verwundeten und verstümmelten den
größten Teil des Heeres Nikanors und zwangen alle übrigen zur
Flucht. 25 Dabei erbeuteten sie auch das Geld der Leute, die gekom-
men waren, um sie zu kaufen. Sie verfolgten sie eine Strecke weit,
kehrten dann aber um, weil sie keine Zeit mehr hatten. 26 Es war näm-
lich am Tag vor dem Sabbat; darum setzten sie ihnen nicht länger
nach. 27 Sie nahmen den Feinden die Waffen weg und zogen ihnen die
Rüstungen aus. Dann feierten sie den Sabbat; begeistert priesen sie
den Herrn und lobten seine Taten. Durch seinen Schutz hatten sie die-
sen Tag erleben können, an dem er ihnen von neuem seine Gnade
zugewandt hatte.
28 Nach dem Sabbat verteilten sie die Beute. Zuerst gaben sie davon
den Mißhandelten und den Witwen und Waisen; den Rest verteilten
sie unter sich selbst und ihre Kinder. 29 Danach hielten sie einen Bitt-
gottesdienst ab und baten den barmherzigen Herrn, er möge sich mit
seinen Dienern wieder völlig aussöhnen.
30 Sie kämpften auch gegen die Truppen des Timotheus und des
Bakchides, töteten von ihnen über zwanzigtausend Mann und erober-
ten einige hoch in den Bergen gelegene Festungen. Die reiche Beute
verteilten sie zu gleichen Teilen unter sich und unter die Mißhandel-
ten, die Waisen und Witwen und unter die alten Leute. 31 Sie sammel-
ten die Waffen der Erschlagenen ein und bewahrten sie sorgfältig an
geeigneten Orten auf. Die übrige Beute schafften sie nach Jerusalem.
32 Auch Phylarches, einen ganz ruchlosen Mann aus der Umgebung
des Timotheus, töteten sie; er hatte den Juden viel Böses getan. 33 Bei
der Siegesfeier in der Vaterstadt verbrannten sie die Männer, die die
heiligen Tore angezündet hatten, sowie den Kallisthenes; er hatte sich
in ein kleines Haus geflüchtet. So erhielt er den verdienten Lohn für
seine Verruchtheit.
34 Der dreimal verfluchte Nikanor aber, der die tausend Händler mit-
gebracht hatte, um die Juden zu verkaufen, 35 wurde von denen, die er
verachtet hatte, mit Hilfe des Herrn gedemütigt. Er mußte sein Pracht-
gewand ausziehen und sich wie ein entlaufener Sklave mitten durch
das Land allein nach Antiochia durchschlagen, wo er völlig niederge-
schlagen über den Verlust seines Heeres ankam. 36 Er, der sich unter-
fangen hatte, den Tribut für die Römer aus den Gefangenen Jerusa-
lems aufzubringen, mußte nun verkünden, daß die Juden jemanden
hätten, der für sie kämpfe, und daß sie deshalb unverwundbar seien;
denn sie achteten auf die Gesetze, die jener erlassen hatte.

Das Gottesgericht über den heidnischen König

9 Etwa zur selben Zeit mußte Antiochus mit Schimpf und Schande
aus Persien abziehen. 2 Er war in die Stadt, die man Persepolis

nennt, einmarschiert. Bei dem Versuch, den Tempel auszurauben und
eine Besatzung in die Stadt zu legen, erhob sich die Bevölkerung in
Massen und griff zu den Waffen. Die Truppen wurden geschlagen und
Antiochus von den Einwohnern verjagt; er mußte schmählich den
Rückzug antreten.
3 In der Gegend von Ekbatana erhielt er die Nachricht von der Nieder-
lage Nikanors und der Truppen des Timotheus. 4 Da geriet er in hefti-
gen Zorn und glaubte, seine Wut über die unglückliche Flucht an den
Juden auslassen zu können. Darum befahl er dem Wagenlenker, ohne
Unterbrechung bis zum Ziel durchzufahren. Aber schon drohte ihm
das Gericht des Himmels; denn in seiner Vermessenheit sagte er:
Sobald ich in Jerusalem bin, mache ich die Stadt zu einem Friedhof für
alle Juden.
5 Doch der Herr, der alles sieht, Israels Gott, traf ihn, ohne daß es
jemand sehen konnte, mit einem Schlag, für den es keine Heilung gab.
Kaum hatte er zu reden aufgehört, da spürte er in seinen Eingeweiden
quälende Schmerzen, die kein Arzt lindern konnte. 6 Damit geschah
ihm ganz recht, hatte er doch die Eingeweide anderer durch zahllose
ausgefallene Foltern gequält. 7 Dennoch blieb sein Stolz ungebrochen;
die Vermessenheit hatte ihn ganz und gar in Besitz genommen.
Glühende Wut gegen die Juden verzehrte ihn, und er befahl dem
Wagenlenker, noch schneller zu fahren. Doch dann geschah es: In
voller Fahrt fiel er aus dem dahinrasenden Wagen und stürzte so
schwer, daß er sich alle Glieder verrenkte. 8 Eben noch hatte er in maß-
loser Aufgeblasenheit geglaubt, er könne den Wogen des Meeres
gebieten und die Gipfel der Berge auf einer Waage wiegen. Nun lag er
auf der Erde, und man mußte ihn auf eine Bahre legen. So zeigte sich
an ihm sichtbar Gottes Macht. 9 Aus den Augen des Verruchten kro-
chen Würmer; während er noch lebte, verfaulte sein Fleisch unter
Schmerzen und Qualen, und der Verwesungsgeruch, der von ihm aus-
ging, verpestete das ganze Lager. 10 Kurz zuvor hatte er noch geglaubt,
er könne nach den Sternen des Himmels greifen; jetzt konnte es nie-
mand mehr bei ihm aushalten, so unerträglich war der Gestank.
11 Da endlich begann der Gepeinigte, von seinem maßlosen Hochmut
abzulassen und unter Gottes Schlägen zur Einsicht zu kommen; denn
seine Schmerzen wurden immer schlimmer. 12 Als er seinen Geruch
selbst nicht mehr ertragen konnte, sagte er: Wenn man nur ein sterb-
licher Mensch ist, soll man sich Gott unterordnen und nicht überheb-
lich sein. 13 Der Verbrecher rief sogar den Herrn an, fand aber bei ihm
kein Erbarmen mehr. Er gelobte, 14 die Heilige Stadt, die er kurzer-
hand hatte dem Erdboden gleichmachen und in einen Friedhof
umwandeln wollen, in den Rang einer freien Stadt zu erheben. 15 Hatte
er zuerst beschlossen, die Juden nicht einmal eines Grabes zu würdi-
gen, sondern sie samt den Säuglingen den Raubvögeln und den
wilden Tieren zum Fraß vorzuwerfen, so wollte er sie nun alle den
Bürgern von Athen gleichstellen. 16 Er versprach, den heiligen Tempel,
den er zuvor geplündert hatte, mit den schönsten Weihegeschenken
auszuschmücken, die heiligen Geräte um ein Vielfaches zu ersetzen
und die nötigen Aufwendungen für die Opfer aus eigenen Mitteln auf-
bringen. 17 Ja, er wollte sogar selbst Jude werden und überall hinge-
hen, wo Menschen wohnen, um Gottes Macht zu verkünden.
18 Trotzdem ließen seine Schmerzen nicht nach; denn das gerechte
Gericht Gottes war über ihn gekommen. Da gab er alle Hoffnung auf
und schrieb den Juden einen Brief, der eigentlich eine Bittschrift war.
Der Brief hatte diesen Inhalt:
19 Seinen guten jüdischen Bürgern wünscht Antiochus, König und
Befehlshaber, viel Freude, Gesundheit und Wohlergehen. 20 Ich danke
Gott sehr, wenn ihr gesund seid und wenn es auch euren Kindern und
eurem Besitz nach Wunsch ergeht. Dafür setze ich meine Hoffnung
auf den Himmel. 21 Ich erinnere mich in Liebe an die Achtung und
freundliche Hochschätzung, die ihr mir entgegengebracht habt. Bei
meiner Rückkehr aus Persien zog ich mir eine Krankheit zu, die mich
sehr belastet. Darum hielt ich es für nötig, für die öffentliche Sicher-
heit aller Bürger zu sorgen. 22 Nicht daß ich mich schon aufgegeben
hätte – ich habe vielmehr gute Hoffnung, wieder gesund zu werden.
23 Aber ich dachte daran, daß schon mein Vater jedesmal einen Nach-
folger bestimmte, wenn er sich mit seinem Heer im Osten aufhielt.
24 Falls dann etwas Unvorhergesehenes eintrat oder ein Mißgeschick
gemeldet wurde, wußten die Bewohner des Reiches, wem die Regie-
rung übertragen worden war, und sie brauchten sich nicht zu beunru-
higen. 25 Auch sehe ich, wie die Machthaber an den Grenzen unseres
Landes, unsere Nachbarn, nur auf eine günstige Gelegenheit lauern
und die kommende Entwicklung abwarten. Darum habe ich in aller
Form meinen Sohn Antiochus zum Nachfolger bestimmt; ihn habe
ich den meisten von euch ja schon oft anvertraut und empfohlen,
wenn ich plötzlich in die östlichen Provinzen hinaufziehen mußte.
An ihn habe ich einen Brief geschrieben, den ich beilege. 26 Ich bitte
euch eindringlich: Denkt daran, wieviel Gutes ich eurer Gemeinschaft
und jedem einzelnen von euch erwiesen habe, und bewahrt mir und
meinem Sohn euer Wohlwollen! 27 Ich bin überzeugt, daß er meine
Politik der Güte und Freundschaft weiterführen und in gutem Einver-
nehmen mit euch bleiben wird.
28 Der Menschenmörder und Gotteslästerer endete also fern seiner
Heimat im Gebirge auf jämmerliche Weise, unter entsetzlichen
Schmerzen, ganz wie er sie anderen zugefügt hatte. 29 Sein Jugend-
freund Philippus ließ den Leichnam überführen; dann begab er sich
nach Ägypten zu Ptolemäus Philometor, weil er dem Sohn des Antio-
chus nicht traute.

Die Reinigung des entweihten Tempels

10 Der Makkabäer aber und seine Leute konnten unter der
Führung des Herrn das Heiligtum und die Stadt wieder in
Besitz nehmen. 2 Sie rissen die Altäre ein, die die Heiden auf dem Tem-
pelplatz errichtet hatten, und legten die Umfriedungsmauern nieder.
3 Den Tempel selbst reinigten sie und bauten einen neuen Brandop-
feraltar. Sie schlugen Feuer aus Steinen und zündeten so die Opfer an,
die sie nach zweijähriger Unterbrechung wieder darbringen konnten.
Auch bemühten sie sich um Räucherwerk, Leuchter und Schaubrote.
4 Dann warfen sie sich auf die Erde nieder und flehten zum Herrn, daß
sie nie wieder in solches Unglück gerieten. Für den Fall, daß sie noch
einmal sündigen sollten, wollten sie lieber von ihm selbst in Güte
gezüchtigt werden als in die Hände frecher und barbarischer Heiden
fallen.
5 Es traf sich, daß die Reinigung des Tempels auf den gleichen Tag fiel,
an dem ihn die Fremden entweiht hatten, nämlich auf den fünfund-
zwanzigsten Kislew. 6 Sie feierten acht Tage lang ein fröhliches Fest
nach Art des Laubhüttenfestes; dabei dachten sie daran, daß sie noch
vor kurzem das Laubhüttenfest wie wilde Tiere in den Höhlen der
Berge verbracht hatten. 7 Sie nahmen Stäbe, die sie mit grünen Blät-
tern umwunden hatten, in die Hand und Laubzweige – auch Palm-
zweige – und brachten dem Loblieder dar, der den Weg zur Reinigung
des Ortes bereitet hatte, der sein Eigentum ist. 8 Sie setzten durch eine
öffentliche Entschließung und Abstimmung fest, daß das ganze jüdi-
sche Volk jedes Jahr diese Tage festlich zu begehen habe.

Die Ereignisse unter Antiochus Eupator

Der Regierungsantritt des Antiochus Eupator

9 So starb Antiochus, den man Epiphanes nannte. 10 Jetzt wollen wir
noch berichten, was unter Antiochus Eupator geschah, dem Sohn die-
ses ruchlosen Menschen. Dabei fassen wir kurz zusammen, welches
Unheil aus den kriegerischen Verwicklungen entstand.
11 Als Eupator seine Herrschaft antrat, ernannte er einen Mann
namens Lysias zum Reichsverweser; außerdem machte er ihn zum
Befehlshaber über Zölesyrien und Phönizien und zum Oberkomman-
dierenden über die dort liegenden Truppen. 12 Ptolemäus, mit dem
Zunamen Makron, hatte als erster den Juden Gerechtigkeit widerfah-
ren lassen, weil ihnen soviel Unrecht geschehen war; er hatte ver-

sucht, den Streit mit ihnen friedlich beizulegen. 13 Seine Vertrauten
verklagten ihn deswegen bei Eupator. Schon vorher hatte er allerorten
als Verräter gegolten; denn er hatte Zypern, das ihm von Philometor
anvertraut worden war, verlassen und war zu Antiochus Epiphanes
übergelaufen. Da er seine ehrenvolle Stellung nicht mehr in Ehren ver-
walten konnte, machte er seinem Leben durch Gift ein Ende.

Die Kämpfe mit den Idumäern und mit Timotheus

14 Gorgias wurde Befehlshaber in dieser Gegend; er warb Söldner an
und führte Krieg gegen die Juden, wo er nur konnte. 15 Außer ihm
machten auch die Idumäer, die eine Reihe gut gelegener Festungen
besaßen, den Juden zu schaffen. Sie hatten Flüchtlinge aus Jerusalem
bei sich aufgenommen und begannen, Krieg zu führen.

16 Die Männer um den Makkabäer hielten einen Bittgottesdienst ab
und baten Gott, ihr Bundesgenosse zu sein. Dann berannten sie die
Festungen der Idumäer. 17 Sie eroberten sie im Sturm, schlugen die
Verteidiger auf den Mauern in die Flucht und machten jeden nieder,
der ihnen in die Hände fiel. Dabei töteten sie mindestens zwanzigtau-
send Mann. 18 Nicht weniger als neuntausend Mann konnten sich in
zwei stark befestigte Burgen flüchten, die für eine Belagerung mit
allem aufs beste ausgerüstet waren. 19 Der Makkabäer zog ab, da seine
Anwesenheit an einem anderen Ort dringend notwendig war. Doch
ließ er Simeon und Josef zurück, ferner Zachäus mit seinen Leuten; sie
reichten aus, um die Burgen zu belagern.

20 Simeons Soldaten nahmen jedoch aus Habgier Bestechungsgel-
der an und ließen für siebzigtausend Drachmen einige Leute aus den
Burgen entweichen. 21 Sobald der Makkabäer davon erfuhr, rief er die
Führer des Volkes zusammen und erhob Anklage: Man habe die
Brüder um Geld verkauft, da man zu deren Schaden die Feinde freige-
lassen habe. 22 Er ließ die Verräter hinrichten und eroberte die beiden
Burgen auf der Stelle. 23 Mit seinen Waffen hatte er überall Erfolg, und
so vernichtete er in den beiden Festungen über zwanzigtausend
Mann.

24 Timotheus – derselbe, den die Juden schon einmal geschlagen hat-
ten – sammelte ein großes Söldnerheer und brachte auch ziemlich
viel Reiterei aus der Provinz Asien zusammen. Damit rückte er an, um
Judäa zu erobern. 25 Als er schon in der Nähe war, riefen die Männer
des Makkabäers Gott um Hilfe an, streuten sich Erde auf das Haupt
und zogen Bußgewänder an. 26 Sie warfen sich vor den Stufen des
Brandopferaltars nieder und baten den, der ihnen wieder gnädig war,
ihren Feinden feindlich gesinnt zu sein und ihren Widersachern zu
widerstehen, wie das Gesetz sagt. 27 Nach diesem Gebet nahmen sie
ihre Waffen, verließen die Stadt und rückten Timotheus entgegen. Als
sie sich den Feinden näherten, hielten sie sich zunächst zurück.
28 Sobald aber die Sonne aufging und es hell wurde, stießen die beiden
Heere aufeinander. Die einen hatten als Bürgschaft für einen glückli-
chen Sieg neben ihrer Tapferkeit nur ihr Gottvertrauen; die anderen
ließen sich im Kampf durch ihre wilde Wut treiben. 29 Schon war die
Schlacht heftig entbrannt, da erschienen den Kämpfenden vom Him-
mel her fünf herrliche Reiter auf goldgezäumten Pferden und stellten
sich an die Spitze der Juden. 30 Zwei von ihnen nahmen den Mak-
kabäer in ihre Mitte, deckten ihn mit ihren Rüstungen und schützten
ihn vor jeder Verwundung; auf die Feinde aber schossen sie Pfeile und
Blitze. Diese wurden geblendet und flohen verwirrt nach allen Seiten.
31 So kamen zwanzigtausendfünfhundert Mann und sechshundert
Reiter um.

32 Timotheus selbst flüchtete sich mit anderen in eine Festung namens
Geser, die sehr stark befestigt war; ihr Kommandant war Chäreas.
33 Die Truppen des Makkabäers belagerten vier Tage lang voll Begei-
sterung die Festung. 34 Die Verteidiger, die sich in ihren Befestigungen
sicher fühlten, führten lästerliche Reden und schrien freche Worte
herunter. 35 Am Morgen des fünften Tages packte zwanzig junge Män-
ner aus dem Heer des Makkabäers der Zorn, als sie die Lästerreden
hörten. Sie stürmten mutig auf die Mauer los und schlugen in wilder
Wut jeden nieder, der sich ihnen in den Weg stellte. 36 Andere umgin-
gen die Stadt und erzwangen sich mit demselben Mut den Zugang zu
den Verteidigern; sie legten Feuer an die Türme und steckten sie in
Brand und verbrannten so die Lästerer bei lebendigem Leib. Wieder
andere brachen die Tore auf, ließen die übrigen Truppen ein und
eroberten die Stadt im Handstreich. 37 Timotheus, der sich in einer
Zisterne versteckt hatte, stachen sie nieder, ebenso seinen Bruder
Chäreas und den Apollophanes. 38 Darauf priesen sie mit Lob- und
Dankliedern den Herrn, der so Großes für Israel getan und ihnen den
Sieg geschenkt hatte.

Der Sieg des Judas über Lysias

11 Der Reichsverweser Lysias, des Königs Vormund und Ver-
wandter, war über diese Ereignisse sehr verärgert. 2 Er zog
daher in kürzester Zeit an die achtzigtausend Mann zusammen, dazu
seine ganze Reiterei, und marschierte gegen die Juden. Er hatte vor,
aus der Stadt Jerusalem eine griechische Siedlung zu machen, 3 das
Heiligtum ebenso wie die heidnischen Kultstätten zu besteuern und
das Amt des Hohenpriesters jedes Jahr für Geld auszuschreiben.
4 Doch rechnete er überhaupt nicht mit der Macht Gottes, sondern
stützte seine Überlegungen allein auf die Zehntausende von Fußtrup-
pen, die Tausende von Reitern und seine achtzig Elefanten. 5 Er drang
in Judäa ein, rückte vor die Festung Bet-Zur, die hundertfünfzig Sta-
dien von Jerusalem entfernt liegt, und bestürmte sie.

6 Als die Leute des Makkabäers von der Belagerung der Festung erfuh-
ren, flehten sie mit dem ganzen Volk unter Klagen und Weinen den
Herrn an, er möge doch einen guten Engel schicken, um Israel zu ret-
ten. 7 Der Makkabäer griff als erster nach den Waffen und hielt eine
anfeuernde Rede an die anderen: Sie sollten, zusammen mit ihm, die
Gefahr auf sich nehmen und ihren Brüdern zu Hilfe eilen. Geschlos-
sen und voll Kampfesmut brachen sie auf.

8 Sie waren noch in der Nähe von Jerusalem da erschien ihnen ein Rei-
ter und zog in einem weißen Gewand und einer blinkenden goldenen
Waffenrüstung vor ihnen her. 9 Gemeinsam priesen sie den barmher-
zigen Gott, und ihr Mut wurde so groß, daß sie bereit gewesen wären,
nicht nur Menschen, sondern auch die wildesten Tiere und eiserne
Mauern zusammenzuschlagen. 10 Sie rückten mit ihrem himmlischen
Bundesgenossen, zum Kampf bereit, vor; denn der Herr hatte Erbar-
men mit ihnen. 11 Sie stürzten sich wie Löwen auf die Feinde und
erschlugen elftausend von ihnen, dazu sechzehnhundert Reiter. Alle
übrigen jagten sie in die Flucht; 12 die meisten davon waren verwundet
und konnten nur das nackte Leben retten. Auch Lysias selbst konnte
sich nur durch eine schimpfliche Flucht retten.

Der Friedensschluß des Lysias mit den Juden

13 Da Lysias jedoch nicht ohne Verstand war und über die erlittene Nie-
derlage nachdachte, begriff er, daß die Hebräer unbesiegbar waren,
weil der starke Gott auf ihrer Seite kämpfte. 14 Darum schickte er
Unterhändler, die auf einen Friedensvertrag drängen und jeder
annehmbaren Bedingung zustimmen sollten; er ließ sagen, er wolle
auch dem König sehr zureden, mit ihnen Freundschaft zu schließen.
15 Der Makkabäer ging auf alle Vorschläge des Lysias ein, ohne indes
seinen Vorteil zu vernachlässigen. Alle Forderungen, die er für die
Juden stellte und dem Lysias schriftlich vorlegte, nahm der König an.
16 Lysias schrieb an die Juden einen Brief, der folgenden Inhalt hatte:
Lysias grüßt das jüdische Volk. 17 Eure Abgesandten Johanan und
Abschalom haben euer Antwortschreiben vorgelegt, das unten beige-
fügt ist, und mich gebeten, die darin geäußerten Forderungen zu
genehmigen. 18 Was in die Zuständigkeit des Königs fällt, habe ich
ihm dargelegt; er ist auf jede annehmbare Bedingung eingegangen.
19 Wenn ihr weiterhin die Politik der Regierung wohlwollend auf-
nehmt, werde ich mich bemühen, euch Vorteile zu verschaffen. 20 Was
die Einzelheiten betrifft, habe ich euren und meinen Unterhändlern
aufgetragen, mit euch zu verhandeln. 21 Lebt wohl! Im Jahr 148, am
Vierundzwanzigsten des Monats Dioskorus.
22 Im Brief des Königs stand dies:

Pablo Picasso
Krieg
(1952)
»Der Makkabäer sah, wie die Massen der Feinde dastanden, die verschiedenen Waffengattungen, die zur Wildheit gereizten Tiere« (2 Makk 15,21). Beherrscht wird Picassos Monumentalgemälde von einem Streitwagen auf blutrotem Boden, dem ein Krieger mit Lanze entgegentritt; sein weißer Schild zeigt das Bild einer Friedenstaube. Das Gegenstück bildet ein dunkler Schild (oder Korb) mit Totenköpfen, der am Hals des Angreifers hängt; seine Rechte umklammert ein blutiges Schwert wie einen Dolch, während die Linke aus einer Schale stachliges, an Skorpione erinnerndes Getier entläßt. Die Pferde zerstampfen ein am Boden liegendes Buch, während die Silhouetten von Bewaffneten gegen den Friedenswächter und ein Kornfeld vordringen, das sich zwischen ihm und den Pferden abzeichnet.

König Antiochus grüßt seinen Bruder Lysias. 23 Nachdem unser Vater
zu den Göttern hinübergegangen ist, wollen wir, daß die Untertanen
des Reichs ungestört ihren Beschäftigungen nachgehen können.
24 Andererseits haben wir erfahren, daß die Juden mit der von meinem
Vater gewünschten Übernahme griechischer Sitten nicht einverstanden sind, es vielmehr vorziehen, auf ihre eigene Art zu leben, und verlangen, daß man ihnen wieder gestattet, ihren Gewohnheiten zu folgen.
25 Wir beschließen darum, daß auch dieses Volk ungestört bleibt,
und verfügen, daß man ihnen ihr Heiligtum zurückgibt, und daß sie
ihr Leben so einrichten können, wie es schon zur Zeit ihrer Vorfahren
Brauch war. 26 Du wirst nun am besten zu ihnen Gesandte schicken
und ihnen die Hand zum Frieden reichen, damit sie die Grundlinien
unserer Politik erkennen, Vertrauen fassen und ihre Angelegenheiten
zu ihrer Zufriedenheit regeln können.
27 Der Brief des Königs an das Volk lautete so:
König Antiochus grüßt den Rat und alle übrigen Juden. 28 Wir hoffen,
daß es euch gut geht; auch wir erfreuen uns guter Gesundheit.
29 Menelaus hat uns wissen lassen, daß ihr nach Hause zu eurer Arbeit
zurückkehren wollt. 30 Jedem also, der bis zum dreißigsten Tag des
Monats Xanthikus heimkehrt, wird Friede angeboten mit der Zusicherung,
31 daß die Juden ihre gewohnten Speisevorschriften und Gesetze
befolgen dürfen; keiner von ihnen darf dabei irgendwie belangt werden für Vergehen, die er in Unkenntnis der Verhältnisse begangen hat.
32 Ich habe Menelaus zu eurer Beruhigung zu euch geschickt.
33 Lebt wohl! Im Jahr 148, am Fünfzehnten des Monats Xanthikus.
34 Auch die Römer schickten ihnen einen Brief; er hatte folgenden
Inhalt:
Die römischen Gesandten Quintus Memmius und Titus Manius
grüßen das jüdische Volk. 35 Auch wir sind einverstanden mit den
Bedingungen, die Lysias, der Verwandte des Königs, mit euch ausgehandelt hat.
36 Laßt uns die Vorschläge, die er dem König unterbreiten
will, zukommen, sobald ihr sie geprüft habt, damit wir eure Sache
vortragen können, wie es für euch am günstigsten ist; wir sind nämlich auf dem Weg nach Antiochia.
37 Teilt uns deswegen auch umgehend durch Boten eure Meinung darüber mit.
38 Lebt wohl! Im Jahr 148, am Fünfzehnten des Monats Xanthikus.

Die Rache an den Judenverfolgern in Jafo und Jamnia

12 Nach dem Abschluß der Verträge kehrte Lysias zum König
zurück. Die Juden begannen, wieder ihre Felder zu bestellen.
2 Die Befehlshaber in jener Gegend aber, Timotheus, Apollonius,
der Sohn des Gennäus, ferner Hieronymus, Demophon und auch Nikanor, der Statthalter von Zypern, ließen die Juden nicht in Ruhe und
Frieden leben.
3 Die Einwohner von Jafo begingen folgendes entsetzliche Verbrechen: Sie luden die Juden, die unter ihnen wohnten, ein, mit ihren
Frauen und Kindern in Schiffe, die sie zur Verfügung stellten, einzusteigen. Sie taten, als ob sie nichts Böses gegen sie im Schild führten,
4 sondern aufgrund eines öffentlichen Beschlusses der Stadt handelten. Die Juden nahmen das Angebot an, da sie den Frieden wollten
und keinen bösen Verdacht hegten. Aber als sie auf dem offenen Meer
waren, wurden die Boote versenkt; mindestens zweihundert Menschen ertranken.
5 Als Judas von der schrecklichen Tat gegen die
Angehörigen seines Volkes erfuhr, gab er sie seinen Männern bekannt,
6 rief Gott, den gerechten Richter, an und überfiel die Mörder,
die sich mit dem Blut seiner Brüder befleckt hatten. In der Nacht
zündete er den Hafen an, verbrannte die Schiffe und stach alle nieder,
die sich dorthin geflüchtet hatten. 7 Die Stadt selbst hatte ihre Tore
verrammelt. So mußte er abziehen, aber er nahm sich vor, wiederzukommen, und die ganze Stadt Jafo zu vernichten.
8 Als er erfuhr, daß
die Bürger von Jamnia mit den Juden, die bei ihnen lebten, dasselbe
tun wollten, 9 überfiel er auch die Leute von Jamnia bei Nacht und
steckte den Hafen samt der Flotte in Brand. Der Feuerschein war zweihundertvierzig Stadien weit bis nach Jerusalem zu sehen.

Die erfolgreichen Feldzüge des Judas jenseits des Jordan

10 Von dort zogen sie weiter gegen Timotheus. Sie waren gerade neun

Pablo Picasso
Frieden
(1952)
»Alle priesen den Herrn im Himmel, der seine Macht so sichtbar gezeigt hatte, und riefen: Gepriesen sei der, der seinen Ort vor der Entweihung bewahrt hat« (2 Makk 15,34).
Die Gegenfigur zu den Pferden des Kriegswagens ist das geflügelte Musenpferd Pegasus; es ist vor einen Pflug gespannt, der von einem Kind geführt wird. Rechts lagert sich unter einem Orangenbaum eine Gruppe, in der eine Mutter ihr Kind säugt und ein Sinnender seine Gedanken zu Papier bringt, während ein dritter mit Kochgeschirr hantiert. Die Figuren der linken Seite vollführen, begleitet von Flötenspiel, Tanz und Akrobatik. Beleuchtet werden die Szenen von einem Gestirn, dessen Strahlen die Form von Federn besitzen. Gemeinsam mit dem Gemälde *Krieg* bildet *Frieden* die auf Holzplatten gemalte Wandgestaltung der ehemaligen Schloßkapelle in Vallauris, die heute den Namen Kapelle des Friedens trägt.

Stadien weit marschiert, da griffen fünftausend Araber mit fünfhun-
dert Reitern Judas an. 11 Nach hitzigem Kampf gewannen die Männer
des Judas die Oberhand; denn Gott half ihnen. Die bedrängten Noma-
den baten Judas um Frieden, versprachen, ihm und seinen Leuten Vieh
zu liefern und ihnen auch sonst gute Dienste zu erweisen. 12 Da Judas
der Ansicht war, ihre Hilfe könne ihnen tatsächlich bei vielen Gele-
genheiten von Nutzen sein, war er damit einverstanden, mit ihnen
Frieden zu schließen. Die Araber verpflichteten sich durch Hand-
schlag und zogen sich zu ihren Zelten zurück.
13 Judas griff auch eine Stadt namens Kaspin an; sie war ringsum mit
Wällen und Mauern befestigt. Ihre Bevölkerung setzte sich aus Men-
schen verschiedenster Völker zusammen. 14 Weil sie sich auf ihre
hohen Mauern und auf ihre Vorräte verließen, wurden sie immer
unverschämter gegen die Leute des Judas, beschimpften sie, lästerten
Gott und schrien unflätige Worte. 15 Die Männer des Judas riefen den
großen Herrn der Welt an, der Jericho zur Zeit Josuas ohne Ramm-
böcke und Belagerungsmaschinen zu Boden geschmettert hatte.
Dann stürmten sie mit dem Mut von Löwen gegen die Mauern an,
16 und weil Gott es so wollte, konnten sie die Stadt einnehmen. Sie
richteten in ihr ein unbeschreibliches Blutbad an, so daß ein zwei Sta-
dien breiter See, der neben der Stadt lag, von dem Blut, das in ihn
geflossen war, angefüllt zu sein schien.
17 Dann marschierten sie siebenhundertfünfzig Stadien weiter, bis sie
zum Charax kamen, wo die sogenannten Tubianer-Juden wohnten.
18 Timotheus trafen sie dort nicht an; denn er war, ohne etwas unter-
nommen zu haben, von dort abgezogen. Aber er hatte in einem stark
befestigten Ort eine Garnison zurückgelassen. 19 Dositheus und Sosi-
pater, zwei Offiziere aus dem Stab des Makkabäers, rückten aus und
töteten die über zehntausend Mann starke Besatzung, die Timotheus
in der Festung zurückgelassen hatte. 20 Dann teilte der Makkabäer
sein Heer in mehrere Gruppen auf, übertrug jeweils einem seiner Offi-
ziere den Befehl über eine Gruppe und zog in Eilmärschen gegen
Timotheus, der über hundertzwanzigtausend Mann an Fußtruppen
und zweitausendfünfhundert Reiter verfügte.
21 Als Timotheus vom Anmarsch des Judas erfuhr, schickte er Frauen,
Kinder und den übrigen Troß in eine Stadt namens Karnajim voraus.
Diesen Ort konnte man kaum belagern, da er wegen zahlreicher Eng-
pässe fast unzugänglich war. 22 Kaum zeigte sich die erste Abteilung
des Judas, da gerieten die Feinde in Furcht und Schrecken, denn der,
der alles überschaut, ließ eine Erscheinung sichtbar werden. Sie rann-
ten in wilder Flucht davon, jeder in eine andere Richtung. Dabei füg-
ten sie vielfach einander selbst Schaden zu, ja, sie durchbohrten sich
gegenseitig mit den Spitzen ihrer Schwerter. 23 Doch Judas setzte
ihnen stürmisch nach und erschlug von den Verruchten gegen
dreißigtausend Mann.
24 Timotheus selbst fiel den Leuten des Dositheus und des Sosipater in
die Hände. Er flehte mit schönen, doch falschen Worten, ihn unbehel-
ligt freizulassen; die Eltern und Brüder sehr vieler Juden seien in der
Gewalt seiner Leute, und es könne sein, daß man auf sie keine Rück-
sicht nehme. 25 Mit vielen Worten brachte er sie dazu, seinen Verspre-
chungen, er werde diese Menschen unversehrt zurückgeben, zu glau-
ben. Um die Brüder zu retten, ließen sie ihn laufen.
26 Darauf zog Judas gegen Karnajim und das Heiligtum der Atargatis
und erschlug fünfundzwanzigtausend Menschen. 27 Als sie geschla-
gen und vernichtet waren, rückte Judas vor das stark befestigte Efron,
dessen große Einwohnerschaft sich aus vielen Völkern zusammen-
setzte. Junge und kräftige Männer standen vor den Mauern und wehr-
ten sich tapfer. In der Stadt selbst war eine große Anzahl von Wurf-
maschinen mit Geschossen aufgestellt. 28 Da riefen die Juden zum
Herrn, der den Ansturm der Feinde mit Macht zermalmt; sie brachten
die Stadt in ihre Gewalt und töteten in ihr etwa fünfundzwanzigtau-
send Menschen.
29 Dann brachen sie auf und zogen in Eilmärschen von dort nach Sky-
thopolis, das sechshundert Stadien von Jerusalem entfernt liegt. 30 Die
Juden, die dort wohnten, stellten jedoch den Einwohnern von Skytho-

polis das Zeugnis aus, sie seien freundlich zu ihnen und hätten ihnen
in der bösen Zeit ihr Mitgefühl bewiesen. 31 Da bedankten sie sich und
forderten sie auf, auch in Zukunft dem jüdischen Volk wohlgesinnt zu
bleiben. Darauf begaben sie sich nach Jerusalem, da das Wochenfest
unmittelbar bevorstand.

Die bestrafte Untreue einiger Juden und das Sühneopfer für die Toten

32 Nach dem sogenannten Pfingstfest zogen sie in Eilmärschen gegen
Gorgias, den Befehlshaber der Idumäer. 33 Er rückte mit dreitausend
Fußsoldaten und vierhundert Reitern aus. 34 Als sie zum Kampf antra-
ten, fielen einige von den Juden. 35 Dositheus, ein Reiter von den Leu-
ten Bakenors, ein sehr starker Mann, packte Gorgias fest am Mantel
und zog mit allen Kräften an ihm. Aber als er den Verfluchten lebendig
gefangennehmen wollte, preschte ein thrakischer Reiter heran und
schlug ihm den Arm ab. Gorgias konnte sich nach Marescha flüchten.
36 Die Leute Esris kämpften weiter bis zur Erschöpfung. Da rief Judas
zum Herrn, er solle als ihr Bundesgenosse und Bahnbrecher im
Kampf erscheinen. 37 In der Sprache seiner Väter erhob er das Kriegs-
geschrei und stimmte Preislieder an, drang unversehens auf die Leute
des Gorgias ein und schlug sie in die Flucht.
38 Daraufhin führte Judas das Heer in die Stadt Adullam. Als der siebte
Tag der Woche anbrach, reinigten sie sich, wie es bei ihnen Brauch
war, und begingen dort den Sabbat. 39 Am nächsten Tag kamen die
Leute des Judas, um die Leichen der Gefallenen zu überführen – es war
inzwischen höchste Zeit geworden – und sie inmitten ihrer Angehöri-
gen in den Familiengräbern zu bestatten. 40 Da entdeckten sie, daß
alle Toten unter ihren Kleidern Amulette der Götter von Jamnia tru-
gen, obwohl das den Juden vom Gesetz her verboten ist. Da wurde
allen klar, daß die Männer deswegen gefallen waren, 41 und sie priesen
nun alle das Wirken des Herrn, des gerechten Richters, der das Ver-
borgene ans Licht bringt. 42 Anschließend hielten sie einen Bittgottes-
dienst ab und beteten, daß die begangene Sünde wieder völlig aus-
gelöscht werde. Der edle Judas aber ermahnte die Leute, sich von
Sünden rein zu halten; sie hätten ja mit eigenen Augen gesehen, wel-
che Folgen das Vergehen der Gefallenen gehabt habe. 43 Er veranstal-
tete eine Sammlung, an der sich alle beteiligten, und schickte etwa
zweitausend Silberdrachmen nach Jerusalem, damit man dort ein
Sündopfer darbringe. Damit handelte er sehr schön und edel; denn er
dachte an die Auferstehung. 44 Hätte er nicht erwartet, daß die Gefal-
lenen auferstehen werden, wäre es nämlich überflüssig und sinnlos
gewesen, für die Toten zu beten. 45 Auch hielt er sich den herrlichen
Lohn vor Augen, der für die hinterlegt ist, die in Frömmigkeit sterben.
Ein heiliger und frommer Gedanke! Darum ließ er die Toten entsüh-
nen, damit sie von der Sünde befreit werden.

Ein erfolgloser Angriff auf Jerusalem

13 Im Jahr 149 erfuhren die Leute des Judas, daß Antiochus
Eupator mit einem großen Heer gegen Judäa marschierte.
2 Er wurde begleitet von dem Reichsverweser Lysias, seinem Vor-
mund. Jeder führte ein Heer von hundertzehntausend griechischen
Fußsoldaten, fünftausenddreihundert Reitern, zweiundzwanzig Ele-
fanten und dreihundert Sichelwagen. 3 Ihnen schloß sich auch Mene-
laus an; er redete heuchlerisch auf den König ein, nicht um das Vater-
land zu retten, sondern weil er glaubte, er habe Aussicht, wieder in
sein Amt (als Hoherpriester) eingesetzt zu werden. 4 Der höchste
König über allen Königen aber ließ Antiochus zornig werden auf den
Verruchten, und als Lysias andeutete, dieser sei an allem Unglück
schuld, befahl er, ihn nach Beröa zu schaffen und dort umzubringen.
So ist es Brauch in jener Gegend. 5 Es gibt dort nämlich einen fünfzig
Ellen hohen Turm, der mit glühender Asche gefüllt ist. In ihm ist eine
drehbare Maschine angebracht, die sich nach allen Seiten schräg zur
Asche neigt. 6 Wer des Tempelraubes schuldig ist oder ein anderes
schweres Verbrechen begangen hat, den stoßen dort alle in den Tod.
7 Auf diese Weise fand der Gesetzesbrecher Menelaus den Tod. Nicht
einmal Erde zum Begräbnis wurde ihm zuteil. 8 Damit geschah ihm
nur recht; denn er hatte viele Verbrechen gegen den Altar begangen,
dessen Feuer und Asche heilig sind. Nun fand er in Asche den Tod.
9 Der König aber hatte das Herz eines Barbaren; er begann, den Juden
noch weit Schlimmeres in Aussicht zu stellen als das, was zur Zeit sei-
nes Vaters geschehen war. 10 Judas hörte davon und ließ dem Volk
bekanntgeben, man solle Tag und Nacht zum Herrn beten. Wenn je zu
einer Zeit, dann müsse er ihnen jetzt helfen. Man wolle ihnen das
Gesetz, das Vaterland und den heiligen Tempel rauben. 11 Gerade erst
habe das Volk ein wenig aufatmen können; Gott möge doch nicht
zulassen, daß sie den ruchlosen Heiden in die Hände fielen. 12 Drei
Tage lang lagen sie ohne Unterbrechung auf den Knien und flehten
unter Tränen und Fasten gemeinsam den barmherzigen Herrn an.
Judas sprach ihnen Mut zu; dann gab er ihnen den Befehl, sich bereit-
zuhalten. 13 Auf einer geheimen Sitzung der Ältesten ließ er den
Beschluß fassen, man solle, bevor der König in Judäa eindringen und
die Stadt in seine Gewalt bringen könne, ausrücken und die Sache mit
Gottes Hilfe entscheiden. 14 Er stellte den Ausgang dem Schöpfer der
Welt anheim und feuerte seine Männer an, bis zum Tod tapfer für
Gesetze, Heiligtum, Stadt, Vaterland und Verfassung zu kämpfen.
Dann schlug er bei Modeïn ein Lager auf. 15 Er gab seinen Truppen als
Losung die Worte: Gottes Sieg. Mit den besten seiner jungen Krieger,
die er eigens ausgewählt hatte, überfiel er nachts das Zelt des Königs,
erschlug etwa zweitausend Mann und erstach den Leitelefanten des
Königs mitsamt seinem Treiber. 16 Als sie schließlich das ganze Lager
in Furcht und Verwirrung gebracht hatten, zogen sie sich siegreich
wieder zurück.
17 Bei Tagesanbruch war alles vorbei; der Herr hatte ihnen mit seiner
schützenden Macht beigestanden.
18 Nachdem der König diese Kostprobe jüdischer Tapferkeit erhalten
hatte, versuchte er, das Land mit Hilfe von List zu besetzen. 19 Er
rückte gegen die starke jüdische Festung Bet-Zur vor, wurde aber
zurückgeschlagen; dann stieß er wieder vor und wurde wieder
geschlagen. 20 Judas ließ die Besatzung mit allem versorgen, was sie
brauchte. 21 Ein jüdischer Soldat namens Rhodokus aber verriet den
Feinden die militärischen Geheimnisse. Er wurde verhört, festgenom-
men und eingekerkert. 22 Dann verhandelte der König zum zweiten-
mal mit der Besatzung von Bet-Zur, schloß mit ihnen einen Vertrag
und zog ab. Dabei stieß er auf das Heer des Judas und erlitt eine
Schlappe.
23 Da erfuhr er, daß Philippus in Antiochia abgefallen sei; er hatte ihn
dort zurückgelassen, um die Regierungsgeschäfte zu führen. Der
König war sehr niedergeschlagen. Er sprach freundlich mit den Juden,
gab ihnen nach, sicherte ihnen eidlich die Erfüllung aller gerechten
Ansprüche zu, versöhnte sich mit ihnen und brachte ein Opfer dar,
ehrte den Tempel und bewies dem Ort sein Wohlwollen. 24 Für den
Makkabäer gab er einen Empfang. Als Befehlshaber über das ganze
Gebiet Ptolemaïs bis zu den Gerrenern ließ er den Hegemonides
zurück 25 und begab sich dann nach Ptolemaïs. Die Einwohner dieser
Stadt waren nämlich über die Verträge sehr verärgert; sie hatten sich
heftig beschwert und wollten die Abmachungen rückgängig machen.
26 Lysias trat auf die Rednerbühne, gab Rechenschaft, so gut er
konnte, überredete, beschwichtigte, stimmte die Leute um und brach
dann nach Antiochia auf.
So verliefen der Anmarsch und der Abzug des Königs.

Der Feldzug Nikanors

Die Intrige des Hohenpriesters Alkimus gegen Judas

14 Drei Jahre später erfuhren die Leute des Judas, daß Deme-
trius, der Sohn des Seleukus, mit starken Truppen und einer
Flotte im Hafen von Tripolis gelandet sei. 2 Antiochus und dessen Vor-
mund Lysias habe er aus dem Weg räumen lassen und das Land in
seine Gewalt gebracht.

3 Damals lebte ein Mensch namens Alkimus; er war früher einmal
Hoherpriester gewesen, hatte sich aber schon vor der Zeit der Religi-
onsvermischung freiwillig unrein gemacht. Wie er wohl wußte, hatte
er sich dadurch in eine ausweglose Lage gebracht, so daß er nie wie-
der an den heiligen Altar treten konnte. 4 Darum kam er um das Jahr
151 zu König Demetrius und überreichte ihm einen goldenen Kranz
mit einem Palmzweig, dazu Ölzweige, wie sie am Heiligtum
gebräuchlich sind. An diesem Tag unternahm er weiter nichts. 5 Als
aber Demetrius ihn vor seinen Rat rufen ließ und ihn fragte, wie die
Stimmung unter den Juden sei und welche Pläne sie hätten, ergriff er
die Gelegenheit, um sie für sein eigenes wahnwitziges Vorhaben zu
nutzen. Er antwortete:
6 Es gibt unter den Juden Leute, die sich Hasidäer nennen; sie stehen
unter der Führung des Makkabäers Judas. Sie hetzen zu Krieg und
Aufruhr und lassen das Reich nicht zur Ruhe kommen. 7 Dadurch
wurde mir meine ehrenvolle Stellung geraubt, die mir aufgrund mei-
ner Abstammung zukommt, nämlich das Amt des Hohenpriesters.
Nun bin ich hierher gekommen, 8 einmal weil ich der königlichen
Sache aufrichtig ergeben bin, dann aber auch aus Sorge für meine Mit-
bürger. Denn der Unverstand der eben genannten Leute hat unser
ganzes Volk in nicht geringes Elend gestürzt. 9 Wenn du, mein König,
dir einen genauen Überblick über die Lage verschafft hast, dann sorge
für das Land und für unser bedrängtes Volk; du bist ja gegen jeder-
mann freundlich und wohlgesinnt. 10 Solange aber Judas noch lebt,
kann es im Reich keinen Frieden geben.
11 Kaum hatte er das vorgebracht, da hetzten die anderen Vertrauten
des Königs, die den Bestrebungen des Judas feindlich gegenüberstan-
den, Demetrius noch mehr auf. 12 Dieser berief sofort Nikanor, dem er
das Kommando über die Elefanten gegeben hatte, und setzte ihn zum
Befehlshaber über Judäa ein. Er schickte ihn weg 13 mit dem schrift-
lichen Auftrag, Judas zu beseitigen, seine Anhänger zu zerstreuen,
Alkimus aber als Hohenpriester über den allerhöchsten Tempel ein-
zusetzen.
14 Dem Nikanor schlossen sich in Scharen die Heiden an, die vor Judas
aus Judäa geflohen waren; denn sie glaubten, das Unglück und Miß-
geschick der Juden werde ihnen Glück bringen.

Die Freundschaft zwischen Nikanor und Judas
15 Als die Juden vom Anmarsch Nikanors erfuhren und hörten, daß
zusammen mit ihm die Heiden anrückten, streuten sie sich Erde auf
das Haupt und flehten Gott an, der sein Volk für ewige Zeiten geschaf-
fen hat und sich immer vor aller Welt sichtbar seines Erbteils
annimmt.
16 Auf Beschluß ihres Anführers brachen sie sofort auf und trafen bei
dem Dorf Dessau auf die Feinde. 17 Simeon, der Bruder des Judas, war
zwar schon mit Nikanor zusammengestoßen und hatte sich langsam
zurückziehen müssen, weil sein Gegner ihn völlig unvermutet über-
rascht hatte.
18 Aber Nikanor kam zu Ohren, wie tapfer die Männer des Judas seien
und wie mutig sie für ihr Vaterland kämpften; darum wich er der Ent-
scheidung in offener Schlacht aus. 19 Er schickte statt dessen Posido-
nius, Theodotus und Mattatias, um Friedensverhandlungen aufzu-
nehmen. 20 Nach langen Überlegungen legte der Anführer den Leuten
seine Ansicht dar. Es zeigte sich, daß man einer Meinung war, und so
billigte man die Verträge. 21 Man verabredete einen Termin, um sich
unter Ausschluß der Öffentlichkeit an einem bestimmten Ort zu
treffen. Von jeder Seite fuhr ein Wagen vor, und man stellte Stühle auf.
22 Auf Anordnung des Judas hielten sich Bewaffnete in günstiger
Stellung bereit, damit die Feinde nicht heimtückisch überraschend
einen Anschlag verüben konnten. Doch die Unterredung verlief ohne
Zwischenfälle.
23 Nikanor hielt sich in Jerusalem auf, ohne irgendwelchen Anstoß zu
erregen; er entließ die Anhänger, die ihm massenweise zugeströmt
waren. 24 Auch hatte er Judas ständig um sich und war ihm herzlich
zugetan. 25 Er redete ihm zu, er solle heiraten und eine Familie grün-
den. So heiratete Judas, und es ging ihm gut, und er freute sich seines
Lebens.
Die Entzweiung zwischen Judas und Nikanor
26 Dem Alkimus blieb nicht verborgen, daß die beiden einander wohl-
gesinnt waren. Er verschaffte sich die abgeschlossenen Verträge,
begab sich zu Demetrius und hinterbrachte ihm, Nikanor handle dem
Staatswohl zuwider: Er habe Judas, den Feind seines Reiches, zum
Nachfolger bestimmt. 27 Der König war sehr aufgebracht und gereizt
durch die Verleumdungen dieses Schurken. Er schrieb an Nikanor,
daß er die Verträge für untragbar halte, und befahl ihm, den Mak-
kabäer auf der Stelle gefesselt nach Antiochia zu schaffen. 28 Nikanor
geriet beim Empfang dieser Nachricht in große Bestürzung. Es war
ihm sehr zuwider, die Vereinbarungen zu brechen; denn Judas hatte ja
kein Unrecht getan. 29 Da er sich aber dem König nicht widersetzen
konnte, wartete er auf eine günstige Gelegenheit, um seinen Auftrag
mit Hilfe einer List ausführen zu können. 30 Doch der Makkabäer
merkte, daß Nikanor ihm gegenüber immer abweisender wurde und
daß seine gewohnte Freundlichkeit sich abkühlte. Er wußte, daß
diese Schroffheit nichts Gutes bedeuten könne. Darum rief er eine
Anzahl von seinen Leuten zusammen und versteckte sich mit ihnen
vor Nikanor.
31 Als Nikanor dahinter kam, daß ihn der Mann geschickt überlistet
hatte, begab er sich zum allerhöchsten, heiligen Tempel, gerade als
die Priester die vorgeschriebenen Opfer darbrachten, und befahl
ihnen, Judas auszuliefern. 32 Als diese unter Eid versicherten, sie wüß-
ten nicht, wo sich der Gesuchte zur Zeit aufhalte, 33 erhob er die rechte
Hand gegen den Tempel und schwor: Wenn ihr mir Judas nicht gefes-
selt herausgebt, werde ich dieses Gotteshaus dem Erdboden gleich-
machen, den Brandopferaltar niederreißen und an seiner Stelle dem
Dionysos einen herrlichen Tempel errichten. 34 Nach diesen Worten
ging er weg.
Die Priester erhoben ihre Hände zum Himmel und riefen zu dem, der
immer unser Volk beschützt. Sie beteten: 35 Herr, du bist auf nichts
angewiesen; dennoch hat es dir gefallen, einen Tempel bauen zu las-
sen, in dem du unter uns wohnst. 36 Nun, heiliger Herr, von dem alle
Heiligung ausgeht, bewahre dieses Haus, das vor kurzem erst ent-
sühnt wurde, unbefleckt in Ewigkeit.

Der Tod Rasis
37 Unter den Ältesten der Stadt Jerusalem gab es einen Mann namens
Rasi. Er war seinen Mitbürgern freundlich zugetan, stand in hohem
Ansehen und hieß wegen seiner Güte Vater der Juden. Dieser Mann
wurde bei Nikanor angezeigt. 38 Er hatte sich nämlich schon vor der
Zeit der Religionsvermischung offen für das Judentum entschieden
und sich dafür bis zum äußersten mit Leib und Leben eingesetzt.
39 Nikanor beschloß, seine Abneigung gegen die Juden sichtbar zu
bekunden, und schickte über fünfhundert Soldaten aus, um ihn ver-
haften zu lassen. 40 Er glaubte nämlich, durch seine Festnahme den
Juden einen schweren Schlag zu versetzen.
41 Schon waren die Truppen dabei, den Turm zu besetzen; sie versuch-
ten, sich den Eingang durch das Hoftor mit Gewalt zu erzwingen, und
riefen nach Feuer, um die Türen in Brand zu setzen. Rasi war von allen
Seiten umzingelt. Da stürzte er sich in das Schwert; 42 denn er wollte
lieber in Ehren sterben als den Verruchten in die Hände fallen und
eine schimpfliche Behandlung erfahren, die seiner edlen Herkunft
unwürdig war. 43 In der Hast aber hatte er sich nicht sofort tödlich
getroffen; die Männer stürmten bereits durch die Türen herein. Da
lief er mutig hinauf auf die Mauer und stürzte sich entschlossen auf
die Menge hinab. 44 Weil diese sofort zurückwich, entstand ein freier
Raum, und er fiel mitten auf den leeren Platz.
45 Doch er lebte immer noch; in höchster Erregung erhob er sich,
während das Blut in Strömen aus seinen schrecklichen Wunden
schoß, durchbrach im Laufschritt die Menge und stellte sich auf einen
steil abfallenden Felsen. 46 Fast schon verblutet, riß er sich die Einge-
weide aus dem Leib, packte sie mit beiden Händen und schleuderte sie

auf die Leute hinunter; dabei rief er den Herrn über Leben und Tod an,
er möge sie ihm wiedergeben. So starb er.

Nikanors Lästerungen

15 Nikanor erfuhr, daß Judas sich mit seinen Männern in der
Gegend von Samaria aufhielt; da beschloß er, sie ohne jede
Gefahr am Ruhetag anzugreifen. 2 Aber die Juden, die gezwungen
waren, ihn zu begleiten, sagten: Bring sie doch nicht um, als seist du
ein wildes Tier oder ein Barbar. Halte den Tag in Ehren, der von dem,
der die ganze Welt überblickt, in besonderer Weise mit Heiligkeit aus-
gezeichnet wurde. 3 Der dreimal Verfluchte fragte, ob es im Himmel
wirklich einen Herrscher gebe, der befohlen habe, den Sabbat zu
begehen. 4 Sie bekannten: Der lebendige Herr selbst, der Herrscher im
Himmel, hat angeordnet, den Sabbat zu halten. 5 Da erwiderte er: Und
ich bin der Herrscher auf der Erde; ich befehle, die Waffen zu ergreifen
und zu tun, was das Staatswohl verlangt. Dennoch gelang es ihm
nicht, seinen verbrecherischen Plan auszuführen.

Die Ermutigung der Kämpfer durch Judas

6 Nikanor, der in seinem Stolz seinen Kopf hoch trug, hatte beschlos-
sen, öffentlich ein Denkmal seines Sieges über die Männer des Judas
zu errichten. 7 Der Makkabäer aber hörte nicht auf, sein Vertrauen und
all seine Hoffnung auf die Hilfe des Herrn zu setzen. 8 Er ermahnte
seine Männer, sich vor den anrückenden Heiden nicht zu fürchten. Sie
sollten daran denken, wie der Himmel ihnen in der Vergangenheit
geholfen habe; auch jetzt dürften sie vom Allherrscher den Sieg erwar-
ten. 9 Mit Worten aus dem Gesetz und aus den Propheten flößte er
ihnen Mut ein, erinnerte sie auch an die Kämpfe, die sie schon bestan-
den hatten, und stärkte so ihren Kampfesmut.
10 Nachdem er ihre Begeisterung geweckt hatte, spornte er sie noch
weiter an, indem er sie daran erinnerte, wie die Heiden die Verträge
nicht gehalten und ihre Schwüre gebrochen hatten. 11 So wappnete er
jeden von ihnen, nicht mit der Sicherheit, die Schild und Lanze verlei-
hen, sondern mit dem Mut, den rechte Worte entfachen. Auch
erzählte er ihnen einen überaus glaubwürdigen Traum, der alle sehr
erfreute. 12 Er hatte folgendes gesehen: Ihm war der frühere Hohepries-
ter Onias erschienen, ein edler und gerechter Mann, bescheiden im
Umgang, von gütigem Wesen und besonnen im Reden, von Kindheit
an in allem aufs Gute bedacht; dieser breitete seine Hände aus und
betete für das ganze jüdische Volk. 13 In gleicher Haltung erschien
dann ein Mann mit grauem Haar, von herrlicher Gestalt; der Glanz
einer wunderbaren, überwältigenden Hoheit ging von ihm aus.
14 Onias begann zu reden und sagte: Das ist der Freund seiner Brüder,
der viel für das Volk und die heilige Stadt betet, Jeremia, der Prophet
Gottes. 15 Dann streckte Jeremia die rechte Hand aus und übergab ihm
ein goldenes Schwert; dabei sagte er: 16 Nimm das heilige Schwert, das
Gott dir schenkt. Mit ihm wirst du die Feinde schlagen.
17 Die Worte des Judas gaben ihnen Zuversicht; denn sie waren sehr
schön und hatten die Kraft, zur Tapferkeit anzuspornen und die
Jugend mit männlichem Mut zu erfüllen. Man beschloß, kein Lager zu
beziehen, sondern kühn anzugreifen und mit allem Mut im Kampf
Mann gegen Mann die Entscheidung herbeizuführen; denn die Stadt,
die Religion und das Heiligtum seien in Gefahr. 18 Sie fürchteten weni-
ger um Frauen und Kinder, um Brüder und Verwandte, als um die Hei-
ligkeit des Tempels. 19 Die in der Stadt Zurückgebliebenen waren
hauptsächlich in Angst wegen des Angriffs draußen auf offenem Feld.
20 Alle warteten, daß die Entscheidung falle. Schon hatten die Feinde
sich vereinigt, und ihr Heer rückte geordnet vor; die Elefanten wurden
aufgestellt, wo es am günstigsten war; die Reiterei verteilte sich auf die
Flügel. 21 Der Makkabäer sah, wie die Massen der Feinde dastanden,
die verschiedenen Waffengattungen, die zur Wildheit gereizten Tiere.
Da erhob er seine Hände zum Himmel und rief zum Herrn, der Wun-
der vollbringt. Denn er wußte, daß es nicht auf die Waffen ankommt,
sondern daß denen der Sieg zufällt, die Gott für würdig erachtet.
22 Dabei sprach er dieses Gebet: Unser Herrscher, du hast zu Hiskija,
dem König von Juda, deinen Engel gesandt, und er erschlug im Heer
Sanheribs hundertfünfundachtzigtausend Mann. 23 Herrscher im
Himmel, sende auch jetzt einen guten Engel vor uns her, damit er
Furcht und Schrecken verbreitet. 24 Vor deinem gewaltigen Arm sollen
alle erschrecken, die lästernd gegen dein heiliges Volk heranziehen.
So sprach er.

Die Niederlage und der Tod Nikanors

25 Die Truppen Nikanors rückten mit Trompetengeschmetter und
Kampfliedern vor. 26 Die Leute des Judas dagegen griffen die Feinde
unter Beten und Flehen an. 27 Mit den Händen kämpften sie, im Her-
zen beteten sie zu Gott. Mindestens fünfunddreißigtausend Mann
streckten sie zu Boden, hocherfreut, daß Gott sich so sichtbar offen-
barte. 28 Schon war der Kampf beendet, und sie wollten voller Freude
aufbrechen, da entdeckten sie Nikanor, der in seiner Rüstung erschla-
gen dalag. 29 Es gab ein großes Geschrei und Getümmel, und sie prie-
sen den Herrn in der Sprache ihrer Väter. 30 Judas, der immer mit Leib
und Seele für seine Mitbürger gestritten hatte, der von Jugend an sei-
nen Landsleuten herzlich zugetan war, gab den Befehl, ihm den Kopf
und eine Hand mitsamt dem Arm abzuschlagen und nach Jerusalem
zu bringen.
31 Sobald er dort angekommen war, rief er seine Landsleute zusammen
und befahl den Priestern, sich vor dem Altar aufzustellen; auch
schickte er Boten zu der Besatzung der Burg. 32 Dann zeigte er den
Kopf des Verbrechers Nikanor und die Hand des Lästerers, die dieser
prahlend gegen das heilige Haus des Allherrschers ausgestreckt hatte.
33 Die Zunge des ruchlosen Nikanor ließ er herausschneiden, zer-
stückeln und den Vögeln zum Fraß vorwerfen; den Arm ließ er vor dem
Tempel aufhängen als Zeichen des bestraften Wahnsinns. 34 Alle prie-
sen den Herrn im Himmel, der seine Macht so sichtbar gezeigt hatte,
und riefen: Gepriesen sei der, der seinen Ort vor der Entweihung
bewahrt hat. 35 Den Kopf Nikanors hängte Judas an die Burg als ein für
alle sichtbares und offenkundiges Zeichen der Hilfe des Herrn. 36 In
einer öffentlichen Abstimmung beschlossen alle einstimmig, diesen
Tag nicht ohne Feier vergehen zu lassen, sondern ihm einen besonde-
ren Rang zu verleihen; es ist der dreizehnte Tag des zwölften Monats,
der auf aramäisch Adar heißt, der Tag vor dem Mordechai-Tag.

Nachwort

37 Das waren die Ereignisse, die mit Nikanor zusammenhingen. Seit
jener Zeit blieb die Stadt im Besitz der Hebräer. Darum höre ich hier
mit der Erzählung auf. 38 Ist sie gut und geschickt erzählt, habe ich
mein Ziel erreicht; ist sie aber schlecht oder mittelmäßig – ich habe
mein Bestes getan. 39 Es ist gleich ungesund, unvermischten Wein
oder pures Wasser zu trinken. Wein mit Wasser vermischt hingegen
schmeckt vorzüglich. Ähnlich hängt es auch vom Aufbau der Erzäh-
lung ab, ob sie den Geist des Lesers erfreut, dem dieses Buch in die
Hände kommt. Damit will ich schließen.

Die Bücher der Lehrweisheit und die Psalmen

Das Buch Ijob

Das Buch Ijob, eines der Hauptwerke der Weltliteratur, ist nach seiner zentralen Gestalt benannt, da uns sein Verfasser unbekannt ist. Die uns heute vorliegende Form hat das Buch in nachexilischer Zeit gefunden. Man hatte sich aber mit der Thematik des Buches schon früher in Israel beschäftigt (vgl. Ez 14,14.20). Um 200 v. Chr. liegt es jedenfalls vor (vgl. Sir 49,9).
Die in Prosa gehaltene Rahmenerzählung (1,1–2,10 und 42,7–17) geht auf eine alte Volksüberlieferung von einem vorbildlichen, frommen und gerechten Mann zurück. In diese Rahmenerzählung ist der Hauptteil in dichterischer Form eingefügt (3,1–42,6)
Als Erweiterungen des ursprünglichen Textes werden vielfach das Lied über die Weisheit (Kap. 28) und die Reden Elihus angesehen. Der Verfasser erweist sich als mit dem Bildungsgut der Weisheitslehre vertraut, er verarbeitet naturkundliches Wissen seiner Zeit und kennt alte Mythen. Auch das biblische Überlieferungsgut hat er stets lebendig vor Augen.
Ob der Verfasser außerbiblische Quellen bei der Abfassung seines Werkes benutzt hat, bleibt umstritten. Zwar besitzen Form und Inhalt des Buches eine außerbiblische Vorgeschichte: Die Form des Dialogs findet sich z. B. in Weisheitsschriften Ägyptens; für den Inhalt wird auf Parallelen in der sog. mesopotamischen Ijobliteratur verwiesen, die sich mit der Ungerechtigkeit und dem Leiden eines Unschuldigen beschäftigt. Doch verbieten es Gesamtkomposition und Aussageabsicht des Buches, von literarischer Abhängigkeit zu sprechen.
Gattungsmäßig gehört das Buch zur Weisheitsliteratur. Es verwendet Redeformen aus den Bereichen der Weisheit, des Rechts und der Psalmen: längere, erörternde Reden mit überwiegend polemischem Charakter, die für »Streitgespräche« unter Weisheitslehrern und »Parteireden« im Gerichtsverfahren charakteristisch sind; Klagen (an Gott gerichtete Klagen, Sich-Beklagen, Verklagen der Gegner); auch fehlen nicht hymnische Elemente. Alle Einzelformen sind der Aussageabsicht des Buches dienstbar gemacht.
Der Hauptteil besteht in einer Auseinandersetzung mit dem im alten Israel verbreiteten Vergeltungsglauben, nach welchem es dem wirklich guten Menschen in seinem Leben gut, dem Sünder dagegen schlecht ergeht. Leid ist dann nur Strafe für begangene Sünden. Ijobs Freunde vertreten diese Ansicht; doch Ijob wehrt sich entschieden gegen ihre Annahme, auch er habe sich verfehlt und deshalb treffe ihn jetzt Gottes Strafe.
Schließlich wendet sich Ijob angesichts des Rätsels seines für ihn unverständlichen und ungerechtfertigten Leids an Gott selber als den Helfer, auf den allein er in seiner Not seine ganze Hoffnung setzt. Gott führt das Rätsel des Leidens des Gerechten keiner eigentlichen Lösung zu, vielmehr weist er Ijob auf sein Unvermögen hin, die Pläne Gottes zu durchschauen. Der Einblick in Gottes Absicht bei der Weltlenkung und in seinen Ratschluß, nach dem er Glück und Unglück, Freud und Leid zuteilt, bleibt dem Menschen versagt. So ergibt sich dann Ijob demütig in Gottes Willen. Er überwindet jeden Gedanken an einen ihm feindlich gesinnten und ihn ungerecht quälenden Gott zugunsten eines immer stärker werdenden Vertrauens auf den immer gerechten Gott, der nicht wie Ijobs Freunde den Menschen verurteilt, sondern ihn jenseits einer engherzigen Vergeltungsvorstellung annimmt und nach dem Leid (vgl. Kap. 19) zu sich führt.
Das Buch Ijob zeigt einen Menschen im Leid, der Gott immer größer als den Menschen sein läßt und sich ganz dieser Größe Gottes anheimgibt. Das Leid bleibt ein ungelöstes Rätsel, das sich aller vernunftgemäßen Erklärung entzieht. Aber durch das Leid stößt Gott neu zur Glaubensentscheidung an.

Die Rahmenerzählung

Ijobs Rechtlichkeit

1 Im Lande Uz lebte ein Mann mit Namen Ijob. Dieser Mann war
untadelig und rechtschaffen; er fürchtete Gott und mied das
Böse. 2 Sieben Söhne und drei Töchter wurden ihm geboren. 3 Er
besaß siebentausend Stück Kleinvieh, dreitausend Kamele, fünfhun-
dert Joch Rinder und fünfhundert Esel, dazu zahlreiches Gesinde. An
Ansehen übertraf dieser Mann alle Bewohner des Ostens. 4 Reihum
hielten seine Söhne ein Gastmahl, ein jeder an seinem Tag in seinem
Haus. Dann schickten sie hin und luden auch ihre Schwestern ein,
mit ihnen zu essen und zu trinken. 5 Wenn die Tage des Gastmahls
vorbei waren, schickte Ijob hin und entsühnte sie. Früh am Morgen
stand er auf und brachte so viele Brandopfer dar, wie er Kinder hatte.
Denn Ijob sagte: Vielleicht haben meine Kinder gesündigt und Gott
gelästert in ihrem Herzen. So tat Ijob jedesmal.

Zwei Bewährungsproben

Der Verlust des Reichtums

6 Nun geschah es eines Tages, da kamen die Gottessöhne, um vor den
Herrn hinzutreten; unter ihnen kam auch der Satan. 7 Der Herr sprach
zum Satan: Woher kommst du? Der Satan antwortete dem Herrn und
sprach: Die Erde habe ich durchstreift, hin und her. 8 Der Herr sprach
zum Satan: Hast du auf meinen Knecht Ijob geachtet? Seinesgleichen
gibt es nicht auf der Erde, so untadelig und rechtschaffen, er fürchtet
Gott und meidet das Böse. 9 Der Satan antwortete dem Herrn und
sagte: Geschieht es ohne Grund, daß Ijob Gott fürchtet? 10 Bist du es
nicht, der ihn, sein Haus und all das Seine ringsum beschützt? Das
Tun seiner Hände hast du gesegnet; sein Besitz hat sich weit ausge-
breitet im Land. 11 Aber streck nur deine Hand gegen ihn aus, und
rühr an all das, was sein ist; wahrhaftig, er wird dir ins Angesicht
fluchen.
12 Der Herr sprach zum Satan: Gut, all sein Besitz ist in deiner Hand,
nur gegen ihn selbst streck deine Hand nicht aus! Darauf ging der
Satan weg vom Angesicht des Herrn.
13 Nun geschah es eines Tages, daß seine Söhne und Töchter im Haus
ihres erstgeborenen Bruders aßen und Wein tranken. 14 Da kam ein

Bote zu Ijob und meldete: Die Rinder waren beim Pflügen, und die
Esel weideten daneben. 15 Da fielen Sabäer ein, nahmen sie weg und
erschlugen die Knechte mit scharfem Schwert. Ich ganz allein bin ent-
ronnen, um es dir zu berichten. 16 Noch ist dieser am Reden, da
kommt schon ein anderer und sagt: Feuer Gottes fiel vom Himmel,
schlug brennend ein in die Schafe und Knechte und verzehrte sie. Ich
ganz allein bin entronnen, um es dir zu berichten. 17 Noch ist dieser
am Reden, da kommt schon ein anderer und sagt: Die Chaldäer stell-
ten drei Rotten auf, fielen über die Kamele her, nahmen sie weg und
erschlugen die Knechte mit scharfem Schwert. Ich ganz allein bin ent-
ronnen, um es dir zu berichten. 18 Noch ist dieser am Reden, da
kommt schon ein anderer und sagt: Deine Söhne und Töchter aßen
und tranken Wein im Haus ihres erstgeborenen Bruders. 19 Da kam ein
gewaltiger Wind über die Wüste und packte das Haus an allen vier
Ecken; es stürzte über die jungen Leute, und sie starben. Ich ganz
allein bin entronnen, um es dir zu berichten. 20 Nun stand Ijob auf,
zerriß sein Gewand, schor sich das Haupt, fiel auf die Erde und betete
an. 21 Dann sagte er:
Nackt kam ich hervor aus dem Schoß meiner Mutter; / nackt kehre ich
dahin zurück. / Der Herr hat gegeben, der Herr hat genommen; /
gelobt sei der Name des Herrn.
22 Bei alldem sündigte Ijob nicht und äußerte nichts Ungehöriges
gegen Gott.

Der Verlust der Gesundheit

2 Nun geschah es eines Tages, da kamen die Gottessöhne, um
vor den Herrn hinzutreten; unter ihnen kam auch der Satan, um
vor den Herrn hinzutreten. 2 Da sprach der Herr zum Satan: Woher
kommst du? Der Satan antwortete dem Herrn: Die Erde habe ich
durchstreift, hin und her. 3 Der Herr sprach zum Satan: Hast du auf
meinen Knecht Ijob geachtet? Seinesgleichen gibt es nicht auf der
Erde, so untadelig und rechtschaffen; er fürchtet Gott und meidet
das Böse. Noch immer hält er fest an seiner Frömmigkeit, obwohl du
mich gegen ihn aufgereizt hast, ihn ohne Grund zu verderben. 4 Der
Satan antwortete dem Herrn und sagte: Haut um Haut! Alles, was der
Mensch besitzt, gibt er hin für sein Leben. 5 Doch streck deine Hand
aus, und rühr an sein Gebein und Fleisch; wahrhaftig, er wird dir ins
Angesicht fluchen. 6 Da sprach der Herr zum Satan: Gut, er ist in dei-
ner Hand. Nur schone sein Leben! 7 Der Satan ging weg vom Ange-
sicht Gottes und schlug Ijob mit bösartigem Geschwür von der Fuß-
sohle bis zum Scheitel. 8 Ijob setzte sich mitten in die Asche und
nahm eine Scherbe, um sich damit zu schaben. 9 Da sagte seine Frau
zu ihm: Hältst du immer noch fest an deiner Frömmigkeit? Lästere
Gott, und stirb! 10 Er aber sprach zu ihr: Wie eine Törin redet, so
redest du. Nehmen wir das Gute an von Gott, sollen wir dann nicht
auch das Böse annehmen? Bei all dem sündigte Ijob nicht mit seinen
Lippen.

Die Streitreden

Der Besuch der Freunde

11 Die drei Freunde Ijobs hörten von all dem Bösen, das über ihn
gekommen war. Und sie kamen, jeder aus seiner Heimat: Elifas aus
Teman, Bildad aus Schuach und Zofar aus Naama. Sie vereinbarten
hinzugehen, um ihm ihre Teilnahme zu bezeigen und um ihn zu
trösten.
12 Als sie von fern aufblickten, erkannten sie ihn nicht; sie schrien auf
und weinten. Jeder zerriß sein Gewand; sie streuten Asche über ihr
Haupt gegen den Himmel. 13 Sie saßen bei ihm auf der Erde sieben
Tage und sieben Nächte; keiner sprach ein Wort zu ihm. Denn sie
sahen, daß sein Schmerz sehr groß war.

Ijobs Klage

Die Last des Lebens

3 Danach tat Ijob seinen Mund auf und verfluchte seinen Tag.
2 Ijob ergriff das Wort und sprach:
3 Ausgelöscht sei der Tag, an dem ich geboren bin, / die Nacht, die
sprach: Ein Mann ist empfangen.
4 Jener Tag werde Finsternis, / nie frage Gott von oben nach ihm, /
nicht leuchte über ihm des Tages Licht.
5 Einfordern sollen ihn Dunkel und Finsternis, / Gewölk über ihn sich
lagern, / Verfinsterung am Tag mache ihn schrecklich.
6 Jene Nacht, das Dunkel raffe sie hinweg, / sie reihe sich nicht in die
Tage des Jahres, / sie füge sich nicht zur Zahl der Monde.
7 Ja, diese Nacht sei unfruchtbar, / kein Jubel komme auf in ihr.
8 Verwünschen sollen sie die Verflucher der Tage, / die es verstehen,
den Levíatan zu wecken.
9 Verfinstert seien ihrer Dämmerung Sterne; / sie harre auf das Licht,
jedoch umsonst; / die Wimpern der Morgenröte schaue sie nicht.
10 Denn sie hat die Pforten / an meiner Mutter Leib nicht verschlossen, /
nicht das Leid verborgen vor meinen Augen.
11 Warum starb ich nicht vom Mutterschoß weg, / kam ich aus dem
Mutterleib und verschied nicht gleich?
12 Weshalb nur kamen Knie mir entgegen, / wozu Brüste, daß ich
daran trank?
13 Still läge ich jetzt und könnte rasten, / entschlafen wäre ich und
hätte Ruhe
14 bei Königen, bei Ratsherren im Land, / die Grabkammern für sich
erbauten,
15 oder bei Fürsten, reich an Gold, / die ihre Häuser mit Silber gefüllt.
16 Wie die verscharrte Fehlgeburt wäre ich nicht mehr, / Kindern
gleich, die das Licht nie geschaut.
17 Dort hören Frevler auf zu toben, / dort ruhen aus, deren Kraft
erschöpft ist.
18 Auch Gefangene sind frei von Sorgen, / hören nicht mehr die
Stimme des Treibers.
19 Klein und groß ist dort beisammen, / der Sklave ist frei von seinem
Herrn.
20 Warum schenkt er dem Elenden Licht / und Leben denen, die verbit-
tert sind?
21 Sie warten auf den Tod, der nicht kommt, / sie suchen ihn mehr als
verborgene Schätze.
22 Sie würden sich freuen über einen Hügel; / fänden sie ein Grab, sie
würden frohlocken.
23 Wozu Licht für den Mann auf verborgenem Weg, / den Gott von
allen Seiten einschließt?
24 Bevor ich noch esse, kommt mir das Seufzen, / wie Wasser strömen
meine Klagen hin.
25 Was mich erschreckte, das kam über mich, / wovor mir bangte, das
traf mich auch.
26 Noch hatte ich nicht Frieden, nicht Rast, nicht Ruhe, / fiel neues
Ungemach mich an.

Die erste Rede des Elifas

Die Vergeltung

4 Da antwortete Elifas von Teman und sprach:
2 Versucht man ein Wort an dich, ist es dir lästig? / Doch die Rede
aufzuhalten, wer vermag es?
3 Sieh, viele hast du unterwiesen / und erschlaffte Hände stark
gemacht.
4 Dem Strauchelnden halfen deine Worte auf, / wankenden Knien
gabst du Halt.
5 Nun kommt es über dich, da gibst du auf, / nun faßt es dich an, da
bist du verstört.

6 Ist deine Gottesfurcht nicht deine Zuversicht, / dein lauterer Lebensweg nicht deine Hoffnung?
7 Bedenk doch! Wer geht ohne Schuld zugrunde? / Wo werden Redliche im Stich gelassen?
8 Wohin ich schaue: Wer Unrecht pflügt, / wer Unheil sät, der erntet es auch.
9 Durch Gottes Atem gehen sie zugrunde, / sie schwinden hin im Hauch seines Zornes.
10 Des Löwen Brüllen, des Leuen Knurren, / des Junglöwen Zähne werden enttäuscht.
11 Der Löwe verendet aus Mangel an Beute, / die Jungen der Löwin zerstreuen sich.

Ein Traum

12 Zu mir hat sich ein Wort gestohlen, / geflüstert hat es mein Ohr erreicht.
13 Im Grübeln und bei Nachtgesichten, / wenn tiefer Schlaf die Menschen überfällt,
14 kam Furcht und Zittern über mich / und ließ erschaudern alle meine Glieder.
15 Ein Geist schwebt an meinem Gesicht vorüber, / die Haare meines Leibes sträuben sich.
16 Er steht, ich kann sein Aussehen nicht erkennen, / eine Gestalt nur vor meinen Augen, ich höre eine Stimme flüstern:
17 Ist wohl ein Mensch vor Gott gerecht, / ein Mann vor seinem Schöpfer rein?
18 Selbst seinen Dienern traut er nicht, / zeiht seine Engel noch des Irrtums.
19 Wie erst jene, die im Lehmhaus wohnen, / die auf den Staub gegründet sind; / schneller als eine Motte werden sie zerdrückt.
20 Vom Morgen bis zum Abend werden sie zerschlagen, / für immer gehen sie zugrunde, unbeachtet.
21 Wird nicht das Zelt über ihnen abgebrochen, / so daß sie sterben, ohne Einsicht?

Die Verantwortlichkeit des Menschen

5 Ruf doch! Ist einer, der dir Antwort gibt? / An wen von den Heiligen willst du dich wenden?
2 Den Toren bringt der Ärger um, / Leidenschaft tötet den Narren.
3 Wohl sah ich einen Toren Wurzel fassen, / doch plötzlich mußte ich seine Wohnstatt verwünschen.
4 Weit weg vom Heil sind seine Kinder, / werden zertreten im Tor, sind ohne Helfer.
5 Seine Ernte verzehrt der Hungernde, / selbst aus Dornen holt er sie heraus, / Durstige lechzen nach seinem Gut.
6 Denn nicht aus dem Staub geht Unheil hervor, / nicht aus dem Ackerboden sproßt die Mühsal,
7 sondern der Mensch ist zur Mühsal geboren, / wie Feuerfunken, die hochfliegen.

Die Unterwerfung unter Gott

8 Ich aber, ich würde Gott befragen / und Gott meine Sache vorlegen,
9 der Großes und Unergründliches tut, / Wunder, die niemand zählen kann.
10 Er spendet Regen über die Erde hin / und sendet Wasser auf die weiten Fluren,
11 um Niedere hoch zu erheben, / damit Trauernde glücklich werden.
12 Er zerbricht die Ränke der Listigen, / damit ihre Hände nichts Rechtes vollbringen.
13 Weise fängt er in ihrer List, / damit der Schlauen Plan sich überstürzt.
14 Am hellen Tag stoßen sie auf Finsternis, / am Mittag tappen sie umher wie in der Nacht.
15 Er rettet vor dem Schwert ihres Mundes, / aus der Hand des Starken den Armen.
16 Hoffnung wird den Geringen zuteil, / die Bosheit muß ihr Maul verschließen.
17 Ja, wohl dem Mann, den Gott zurechtweist. / Die Zucht des Allmächtigen verschmähe nicht!
18 Denn er verwundet, und er verbindet, / er schlägt, doch seine Hände heilen auch.
19 In sechs Drangsalen wird er dich retten, / in sieben rührt kein Leid dich an.
20 In Hungerzeiten rettet er dich vom Tod, / im Krieg aus der Gewalt des Schwertes.
21 Du bist geborgen vor der Geißel der Zunge, / brauchst nicht zu bangen, daß Verwüstung kommt.
22 Über Verwüstung und Hunger kannst du lachen, / von wilden Tieren hast du nichts zu fürchten.
23 Mit den Steinen des Feldes bist du verbündet, / die Tiere des Feldes werden Frieden mit dir halten.
24 Du wirst erfahren, daß dein Zelt in Frieden bleibt; / prüfst du dein Heim, so fehlt dir nichts.
25 Du wirst erfahren, daß deine Nachkommen zahlreich sind, / deine Sprößlinge wie das Gras der Erde.
26 Bei voller Kraft steigst du ins Grab, / wie man Garben einbringt zu ihrer Zeit.
27 Ja, das haben wir erforscht, so ist es. / Wir haben es gehört. Nimm auch du es an!

Ijobs Gegenrede

Das unerträgliche Los

6 Da antwortete Ijob und sprach:
2 Ach, würde doch mein Gram gewogen, / legte man auf die Waage auch mein Leid!
3 Denn nun ist es schwerer als der Sand des Meeres, / darum reden meine Worte irr.
4 Die Pfeile des Allmächtigen stecken in mir, / mein Geist hat ihr Gift getrunken, / Gottes Schrecken stellen sich gegen mich.
5 Schreit denn der Wildesel beim Gras, / oder brüllt der Stier bei seinem Futter?
6 Ißt man denn ungesalzene Speise? / Wer hat Geschmack an fadem Schleim?
7 Ich sträube mich, daran zu rühren, / das alles ist mir wie verdorbenes Brot.
8 Käme doch, was ich begehre, / und gäbe Gott, was ich erhoffe.
9 Und wollte Gott mich doch zermalmen, / seine Hand erheben, um mich abzuschneiden.
10 Das wäre noch ein Trost für mich; / ich hüpfte auf im Leid, mit dem er mich nicht schont. / Denn ich habe die Worte des Heiligen nicht verleugnet.
11 Was ist meine Kraft, daß ich aushalten könnte, / wann kommt mein Ende, daß ich mich gedulde?
12 Ist meine Kraft denn Felsenkraft, / ist mein Fleisch denn aus Erz?
13 Gibt es keine Hilfe mehr für mich, / ist mir jede Rettung entschwunden?

Die Enttäuschung über die Freunde

14 Des Freundes Liebe gehört dem Verzagten, / auch wenn er den Allmächtigen nicht mehr fürchtet.
15 Meine Brüder sind trügerisch wie ein Bach, / wie Wasserläufe, die verrinnen;
16 trüb sind sie vom Eis, / wenn über ihnen der Schnee schmilzt.
17 Zur Zeit der Hitze versiegen sie; / wenn es heiß wird, verdunsten sie in ihrem Bett.
18 Karawanen biegen ab vom Weg, / folgen ihnen in die Wüste und kommen um.
19 Nach ihnen spähen Karawanen aus Tema, / auf sie vertrauen Handelszüge aus Saba.
20 In ihrer Hoffnung werden sie betrogen, / kommen hin und sind enttäuscht.

21 So seid ihr jetzt ein Nein geworden: / Ihr schaut das Entsetzliche und
schaudert.
22 Habe ich denn gesagt: Gebt mir etwas, / von eurem Vermögen zahlt
für mich?
23 Rettet mich aus dem Griff des Bedrängers, / kauft mich los aus der
Hand der Tyrannen!
24 Belehrt mich, so werde ich schweigen, / worin ich fehlte, macht mir
klar!
25 Wie wurden redliche Worte verhöhnt, / was kann euer Tadel rügen?
26 Gedenkt ihr, Worte zu tadeln? / Spricht der Verzweifelte in den
Wind?
27 Selbst um ein Waisenkind würdet ihr würfeln, / sogar euren Freund
verschachern.
28 Habt endlich die Güte, wendet euch mir zu, / ich lüge euch nicht ins
Gesicht.
29 Kehrt um, kein Unrecht soll geschehen, / kehrt um, noch bin ich im
Recht.
30 Ist denn Unrecht auf meiner Zunge, / oder schmeckt mein Gaumen
das Schlechte nicht?

Die Not des Lebens

7 Ist nicht Kriegsdienst des Menschen Leben auf der Erde? / Sind
nicht seine Tage die eines Tagelöhners?
2 Wie ein Knecht ist er, der nach Schatten lechzt, / wie ein Tagelöhner,
der auf den Lohn wartet.
3 So wurden Monde voll Enttäuschung mein Erbe, / und Nächte voller
Mühsal teilte man mir zu.
4 Lege ich mich nieder, sage ich: / Wann darf ich aufstehn? / Wird es
Abend, bin ich gesättigt mit Unrast, bis es dämmert.
5 Mein Leib ist gekleidet in Maden und Schorf, / meine Haut schrumpft
und eitert.
6 Schneller als das Weberschiffchen eilen meine Tage, / der Faden geht
aus, sie schwinden dahin.
7 Denk daran, daß mein Leben nur ein Hauch ist. / Nie mehr schaut
mein Auge Glück.
8 Kein Auge gewahrt mich, das nach mir sieht, / suchen mich deine
Augen, dann bin ich nicht mehr da.
9 Die Wolke schwindet, vergeht, / so steigt nie mehr auf, wer zur
Unterwelt fuhr.
10 Nie kehrt er zurück in sein Haus, / nie mehr erblickt ihn sein Ort.

Die unbegreifliche Heimsuchung

11 So wehre ich nicht meinem Mund, / mit bedrängtem Geist will ich
reden, / mit betrübter Seele will ich klagen.
12 Bin ich das Meer, der Meeresdrache, / daß du gegen mich eine
Wache stellst?
13 Sagte ich: Mein Lager soll mich trösten, / mein Bett trage das Leid
mit mir!,
14 so quältest du mich mit Träumen, / und mit Gesichten jagtest du
mich in Angst.
15 Erwürgt zu werden, zöge ich vor, / den Tod diesem Totengerippe.
16 Ich mag nicht mehr. Ich will nicht ewig leben. / Laß ab von mir;
denn nur ein Hauch sind meine Tage.
17 Was ist der Mensch, daß du groß ihn achtest / und deinen Sinn auf
ihn richtest,
18 daß du ihn musterst jeden Morgen / und jeden Augenblick ihn
prüfst?
19 Wie lange schon schaust du nicht weg von mir, / läßt mich nicht los,
so daß ich den Speichel schlucke?
20 Hab' ich gefehlt? / Was tat ich dir, du Menschenwächter? / Warum
stellst du mich vor dich als Zielscheibe hin? / Bin ich dir denn zur Last
geworden?
21 Warum nimmst du mein Vergehen nicht weg, / läßt du meine
Schuld nicht nach? / Dann könnte ich im Staub mich betten; / suchtest
du mich, wäre ich nicht mehr da.

Die erste Rede Bildads

Das Gesetz der Vergeltung

8 Da antwortete Bildad von Schuach und sprach:
2 Wie lange noch willst du derlei reden? / Nur heftiger Wind sind
die Worte deines Mundes.
3 Beugt etwa Gott das Recht, / oder beugt der Allmächtige die Gerech-
tigkeit?
4 Haben deine Kinder gefehlt gegen ihn, / gab er sie der Gewalt ihres
Frevels preis.
5 Wenn du mit Eifer Gott suchst, / an den Allmächtigen dich flehend
wendest,
6 wenn du rein bist und recht, / dann wird er über dich wachen, / dein
Heim herstellen, wie es dir zusteht.
7 Und war dein Anfang auch gering, / dein Ende wird gewaltig groß.

Das Zeugnis der Erfahrung

8 Ja, frag nur das frühere Geschlecht, / und merk dir, was die Väter
erforschten.
9 Wir sind von gestern nur und wissen nichts, / wie Schatten sind auf
Erden unsre Tage.
10 Unterweisen sie dich nicht, sprechen sie nicht zu dir, / geben sie dir
nicht Worte aus ihrem Herzen:
11 Wächst ohne Sumpf das Schilfrohr hoch, / wird Riedgras ohne Was-
ser groß?
12 In Blüte und noch nicht gemäht, / verwelkt es schon vor allem Gras.
13 So enden alle, die Gott vergessen, / des Ruchlosen Hoffen wird
zunichte.
14 Ein Spinngewebe ist seine Zuversicht, / ein Spinnennetz sein Verlaß.
15 Stützt er sich auf sein Haus, es hält nicht stand, / klammert er sich
daran, es bleibt nicht stehen.
16 Er steht im Saft vor der Sonne, / seine Zweige überwuchern den Garten,
17 im Geröll verflechten sich seine Wurzeln, / zwischen Steinen halten
sie sich fest.
18 Doch Gott tilgt ihn aus an seiner Stätte, / sie leugnet ihn: Nie habe
ich dich gesehen.
19 Siehe, das ist die Freude seines Weges, / und ein anderer sprießt aus
dem Staub.
20 Ja, Gott verschmäht den Schuldlosen nicht, / die Hand der Boshaf-
ten aber hält er nicht fest.
21 Mit Lachen wird er deinen Mund noch füllen, / deine Lippen mit
Jubel.
22 Deine Hasser werden sich kleiden in Schmach, / das Zelt der Frevler
besteht nicht mehr.

Ijobs Gegenrede

Gottes Macht

9 Da antwortete Ijob und sprach:
2 Wahrhaftig weiß ich, daß es so ist: / Wie wäre ein Mensch bei
Gott im Recht!
3 Wenn er mit ihm rechten wollte, / nicht auf eins von tausend könnt'
er ihm Rede stehen.
4 Weisen Sinnes und stark an Macht – / wer böte ihm Trotz und bliebe
heil?
5 Er versetzt Berge; sie merken es nicht, / daß er in seinem Zorn sie
umstürzt.
6 Er erschüttert die Erde an ihrem Ort, / so daß ihre Säulen erzittern.
7 Er spricht zur Sonne, so daß sie nicht strahlt, / er versiegelt die
Sterne.
8 Er spannt allein den Himmel aus / und schreitet einher auf den
Höhen des Meeres.
9 Er schuf das Sternbild des Bären, den Orion, / das Siebengestirn, die
Kammern des Südens.

McDermott & McGough
Antlitz Gottes 1928
(1990)
»Wollte ich rufen, würde er mir Antwort geben? Ich glaube nicht, daß er auf meine Stimme hört« (Ijob 9,16). Ijobs Gegenrede zur ersten Rede Bildads preist Gottes Allmacht, die zugleich eine nicht zu überbrückende Kluft zwischen Mensch und Gott bedeutet. Gott ist konkret und abstrakt, wie die Ziffern, die sich auf dem Gemälde *Antlitz Gottes (Face of God 1928)* reihen. Bilden sie ein Zahlenrätsel? Oder entsprechen sie den willkürlichen Ziffernfolgen eines Glücksspielautomaten? Die häufigste Ziffer ist die Eins, Symbol der ungeteilten Einheit, die als Quelle aller übrigen Ziffern und Zahlen Gott symbolisiert.

10 Er schuf so Großes, es ist nicht zu erforschen, / Wunderdinge, sie sind nicht zu zählen.
11 Zieht er an mir vorüber, ich seh' ihn nicht, / fährt er daher, ich merk' ihn nicht.
12 Rafft er hinweg, wer hält ihn zurück? / Wer darf zu ihm sagen: Was tust du da?
13 Gott hält seinen Zorn nicht zurück, / unter ihm mußten selbst Rahabs Helfer sich beugen.

Die Ohnmacht des Menschen
14 Wie sollte denn ich ihm entgegnen, / wie meine Worte gegen ihn wählen?
15 Und wär' ich im Recht, ich könnte nichts entgegnen, / um Gnade müßte ich bei meinem Richter flehen.
16 Wollte ich rufen, würde er mir Antwort geben? / Ich glaube nicht, daß er auf meine Stimme hört.
17 Er, der im Sturm mich niedertritt, / ohne Grund meine Wunden mehrt,
18 er läßt mich nicht zu Atem kommen, / er sättigt mich mit Bitternis.
19 Geht es um Kraft, er ist der Starke, / geht es um Recht, wer lädt mich vor?
20 Wär' ich im Recht, mein eigener Mund spräche mich schuldig, / wäre ich gerade, er machte mich krumm.
21 Schuldlos bin ich, doch achte ich nicht auf mich, / mein Leben werfe ich hin.
22 Einerlei; so sag' ich es denn: / Schuldlos wie schuldig bringt er um.
23 Wenn die Geißel plötzlich tötet, / spottet er über der Schuldlosen Angst.

24 Die Erde ist in Frevlerhand gegeben, / das Gesicht ihrer Richter
deckt er zu. / Ist er es nicht, wer ist es dann?
25 Schneller als ein Läufer eilen meine Tage, / sie fliehen dahin und
schauen kein Glück.
26 Sie gleiten vorbei wie Kähne aus Schilf, / dem Adler gleich, der auf
Beute stößt.
27 Sage ich: Ich will meine Klage vergessen, / meine Miene ändern und
heiter blicken!,
28 so graut mir vor all meinen Schmerzen; / ich weiß, du sprichst mich
nicht frei.
29 Ich muß nun einmal schuldig sein, / wozu müh' ich mich umsonst?
30 Wollte ich auch mit Schnee mich waschen, / meine Hände mit Lauge
reinigen,
31 du würdest mich doch in die Grube tauchen, / so daß meinen Klei-
dern vor mir ekelt.
32 Denn du bist kein Mensch wie ich, / dem ich entgegnen könnte: /
Laßt uns zusammen zum Gericht gehen!
33 Gäbe es doch einen Schiedsmann zwischen uns! / Er soll seine Hand
auf uns beide legen.
34 Er nehme von mir seine Rute, / sein Schrecken soll mich weiter nicht
ängstigen;
35 dann will ich reden, ohne ihn zu fürchten. / Doch so ist es nicht um
mich bestellt.

Ijobs Klage

10 Zum Ekel ist mein Leben mir geworden, / ich lasse meiner
Klage freien Lauf, / reden will ich in meiner Seele Bitternis.
2 Ich sage zu Gott: Sprich mich nicht schuldig, / laß mich wissen,
warum du mich befehdest.
3 Nützt es dir, daß du Gewalt verübst, / daß du das Werk deiner Hände
verwirfst, / doch über dem Plan der Frevler aufstrahlst?
4 Hast du die Augen eines Sterblichen, / siehst du, wie Menschen
sehen?
5 Sind Menschentagen deine Tage gleich / und deine Jahre wie des
Mannes Tage,
6 daß du Schuld an mir suchst, / nach meiner Sünde fahndest,
7 obwohl du weißt, daß ich nicht schuldig bin / und keiner mich dei-
ner Hand entreißt?
8 Deine Hände haben mich gebildet, mich gemacht; / dann hast du
dich umgedreht und mich vernichtet.
9 Denk daran, daß du wie Ton mich geschaffen hast. / Zum Staub
willst du mich zurückkehren lassen.
10 Hast du mich nicht ausgegossen wie Milch, / wie Käse mich gerin-
nen lassen?
11 Mit Haut und Fleisch hast du mich umkleidet, / mit Knochen und
Sehnen mich durchflochten.
12 Leben und Huld hast du mir verliehen, / deine Obhut schützte mei-
nen Geist.
13 Doch verbirgst du dies in deinem Herzen; / ich weiß, das hattest du
im Sinn.
14 Sündige ich, wirst du mich bewachen, / mich nicht freisprechen von
meiner Schuld.
15 Wenn ich schuldig werde, dann wehe mir! / Bin ich aber im Recht,
darf ich das Haupt nicht erheben, / bin gesättigt mit Schmach und
geplagt mit Kummer.
16 Erhebe ich es doch, jagst du mich wie ein Löwe / und verhältst dich
wieder wunderbar gegen mich.
17 Neue Zeugen stellst du gegen mich, / häufst deinen Unwillen gegen
mich, / immer neue Heere führst du gegen mich.
18 Warum ließest du mich aus dem Mutterschoß kommen, / warum
verschied ich nicht, ehe mich ein Auge sah?
19 Wie nie gewesen wäre ich dann, / vom Mutterleib zum Grab ge-
tragen.
20 Sind wenig nicht die Tage meines Lebens? / Laß ab von mir, damit
ich ein wenig heiter blicken kann,
21 bevor ich fortgehe ohne Wiederkehr / ins Land des Dunkels und des
Todesschattens,
22 ins Land, so finster wie die Nacht, / wo Todesschatten herrscht und
keine Ordnung, / und wenn es leuchtet, ist es wie tiefe Nacht.

Die erste Rede Zofars

Die Größe Gottes

11 Da antwortete Zofar von Naama und sprach:
2 Soll dieser Wortschwall ohne Antwort bleiben, / und soll
der Maulheld recht behalten?
3 Dein Geschwätz läßt Männer schweigen, / du darfst spotten, ohne
daß einer dich beschämt.
4 Du sagtest: Rein ist meine Lehre, / und lauter war ich stets in deinen
Augen.
5 O, daß Gott doch selber spräche, / seine Lippen öffnete gegen dich.
6 Er würde dich der Weisheit Tiefen lehren, / daß sie wie Wunder sind
für den klugen Verstand. / Wisse, daß Gott dich zur Rechenschaft
zieht in deiner Schuld.
7 Die Tiefen Gottes willst du finden, / bis zur Vollkommenheit des All-
mächtigen vordringen?
8 Höher als der Himmel ist sie, was machst du da? / Tiefer als die
Unterwelt, was kannst du wissen?
9 Länger als die Erde ist ihr Maß, / breiter ist sie als das Meer.
10 Wenn er daherfährt und gefangennimmt, / wenn er zusammen-
treibt, wer hält ihn ab?
11 Denn er kennt die falschen Leute, / sieht das Unrecht und nimmt es
wahr.
12 Kommt denn ein Hohlkopf zur Besinnung, / wird ein Wildesel als
ein Mensch geboren?

Die Aufgabe des Menschen

13 Wenn du selbst dein Herz in Ordnung bringst / und deine Hände zu
ihm ausbreitest –
14 wenn Unrecht klebt an deiner Hand, entfern es, / und laß nicht
Schlechtigkeit in deinem Zelte wohnen! –,
15 dann kannst du makellos deine Augen erheben, / fest stehst du da
und brauchst dich nicht zu fürchten.
16 Dann wirst du auch das Ungemach vergessen, / du denkst daran wie
an Wasser, das verlief.
17 Heller als der Mittag erhebt sich dann dein Leben, / die Dunkelheit
wird wie der Morgen sein.
18 Du fühlst dich sicher, weil noch Hoffnung ist; / geborgen bist du, du
kannst in Ruhe schlafen.
19 Du kannst dich lagern, ohne daß jemand dich schreckt, / und viele
mühen sich um deine Gunst.
20 Doch der Frevler Augen verschmachten, / jede Zuflucht schwindet
ihnen; / ihr Hoffen ist, das Leben auszuhauchen.

Ijobs Gegenrede

Das Schweigen Gottes

12 Da antwortete Ijob und sprach:
2 Wahrhaftig, ihr seid besondere Leute, / und mit euch stirbt
die Weisheit aus.
3 Ich habe auch Verstand wie ihr, / ich falle nicht ab im Vergleich mit
euch. / Wer wüßte wohl dergleichen nicht?
4 Zum Spott für die eigenen Freunde soll ich sein, / ich, der Gott
anruft, daß er mich hört, / ein Spott der Fromme, der Gerechte.
5 Dem Unglück Hohn! So denkt, wer ohne Sorge ist, / wer fest sich
weiß, wenn Füße wanken.
6 In Ruhe sind der Gewaltmenschen Zelte, / voll Sicherheit sind sie, die
Gott erzürnen, / die wähnen, Gott mit ihrer Hand zu greifen.

Das unbegreifliche Walten Gottes

7 Doch frag nur die Tiere, sie lehren es dich, / die Vögel des Himmels,
sie künden es dir.
8 Rede zur Erde, sie wird dich lehren, / die Fische des Meeres erzählen
es dir.
9 Wer wüßte nicht bei alledem, / daß die Hand des Herrn dies gemacht
hat?
10 In seiner Hand ruht die Seele allen Lebens / und jeden Menschen-
leibes Geist.
11 Darf nicht das Ohr die Worte prüfen, / wie mit dem Gaumen man die
Speisen schmeckt?
12 Findet sich bei Greisen wirklich Weisheit, / und ist langes Leben
schon Einsicht?
13 Bei ihm allein ist Weisheit und Heldenkraft, / bei ihm sind Rat und
Einsicht.
14 Wenn er einreißt, baut keiner wieder auf; / wen er einschließt, dem
wird nicht mehr geöffnet.
15 Wenn er die Wasser dämmt, versiegen sie, / läßt er sie frei, zer-
wühlen sie das Land.
16 Bei ihm ist Macht und Klugheit, / sein ist, wer irrt und wer irreführt.
17 Er läßt Ratsherren barfuß gehen, / Richter macht er zu Toren.
18 Fesseln von Königen löst er auf / und bindet einen Gurt um ihre
Hüften.
19 Er läßt Priester barfuß gehen, / alte Geschlechter bringt er zu Fall.
20 Das Wort entzieht er den Bewährten, / den Ältesten nimmt er die
Urteilskraft.
21 Verachtung gießt er auf die Edlen, / den Starken lockert er den Gurt.
22 Verborgenes enthüllt er aus dem Dunkel, / Finsternis führt er ans
Licht.
23 Völker läßt er wachsen und tilgt sie aus; / er breitet Völker aus und
rafft sie dann hinweg.
24 Den Häuptern des Landes nimmt er den Verstand, / läßt sie irren in
wegloser Wüste.
25 Sie tappen umher im Dunkel ohne Licht, / er läßt sie irren wie
Trunkene.

Das leere Gerede der Freunde

13 Seht, all das hat mein Auge gesehen, / mein Ohr gehört und
wohl gemerkt.
2 Was ihr wißt, weiß ich auch; / ich falle nicht ab im Vergleich mit
euch.
3 Doch ich will zum Allmächtigen reden, / mit Gott zu rechten ist mein
Wunsch.
4 Ihr aber seid nur Lügentüncher, / untaugliche Ärzte alle.
5 Daß ihr endlich schweigen wolltet; / das würde Weisheit für euch
sein.
6 Hört doch meinen Rechtsbeweis, / merkt auf die Streitreden meiner
Lippen!
7 Wollt ihr für Gott Verkehrtes reden / und seinetwegen Lügen spre-
chen?
8 Wollt ihr für ihn Partei ergreifen, / für Gott den Rechtsstreit führen?
9 Ginge es gut, wenn er euch durchforschte, / könnt ihr ihn täuschen,
wie man Menschen täuscht?
10 In harte Zucht wird er euch nehmen, / wenn ihr heimlich Partei
ergreift.
11 Wird seine Hoheit euch nicht schrecken, / nicht Schrecken vor ihm
euch überfallen?
12 Eure Merksätze sind Sprüche aus Staub, / eure Schilde Schilde aus
Lehm.

Die Verteidigung der eigenen Unschuld

13 Schweigt vor mir, damit ich reden kann. / Dann komme auf mich,
was mag.
14 Meinen Leib nehme ich zwischen die Zähne, / in meine Hand leg'
ich mein Leben.
15 Er mag mich töten, ich harre auf ihn; / doch meine Wege verteidige
ich vor ihm.
16 Schon das wird mir zum Heile dienen, / kein Ruchloser kommt ja
vor sein Angesicht.
17 Hört nun genau auf meine Rede, / was ich erkläre vor euren Ohren.
18 Seht, ich bringe den Rechtsfall vor; / ich weiß, ich bin im Recht.
19 Wer ist es, der mit mir streitet? / Gut, dann will ich schweigen und
verscheiden.
20 Zwei Dinge nur tu mir nicht an, / dann verberge ich mich nicht vor dir:
21 Zieh deine Hand von mir zurück; / nicht soll die Angst vor dir mich
schrecken.
22 Dann rufe, und ich will Rede stehen, / oder ich rede, und du ant-
worte mir!
23 Wieviel habe ich an Sünden und Vergehen? / Meine Schuld und mein
Vergehen sag mir an!
24 Warum verbirgst du dein Angesicht / und siehst mich an als deinen
Feind?
25 Verwehtes Laub willst du noch scheuchen, / dürre Spreu noch fort-
treiben?
26 Denn Bitterkeit verschreibst du mir, / teilst mir die Sünden meiner
Jugend zu.
27 In den Block legst du meine Füße, / du überwachst auch alle meine
Pfade / und zeichnest einen Strich um meiner Füße Sohlen.
28 Er selbst zerfällt wie Verfaultes, / dem Kleide gleich, das die Motte
fraß.

Ijobs Hoffnungslosigkeit

14 Der Mensch, vom Weib geboren, / knapp an Tagen, unruh-
voll,
2 er geht wie die Blume auf und welkt, / flieht wie ein Schatten und
bleibt nicht bestehen.
3 Doch über ihm hältst du dein Auge offen, / und ihn bringst du ins
Gericht mit dir.
4 Kann denn ein Reiner von Unreinem kommen? / Nicht ein einziger.
5 Wenn seine Tage fest bestimmt sind / und die Zahl seiner Monde bei
dir, / wenn du gesetzt hast seine Grenzen, / so daß er sie nicht über-
schreitet,
6 schau weg von ihm! Laß ab, / damit er seines Tags sich freue wie ein
Tagelöhner.
7 Denn für den Baum besteht noch Hoffnung, / ist er gefällt, so treibt
er wieder, / sein Sprößling bleibt nicht aus.
8 Wenn in der Erde seine Wurzel altert / und sein Stumpf im Boden
stirbt,
9 vom Dunst des Wassers sproßt er wieder, / und wie ein Setzling treibt
er Zweige.
10 Doch stirbt ein Mann, so bleibt er kraftlos, / verscheidet ein Mensch,
wo ist er dann?
11 Die Wasser schwinden aus dem Meer, / der Strom vertrocknet und
versiegt.
12 So legt der Mensch sich hin, steht nie mehr auf; / die Himmel wer-
den vergehen, eh' er erwacht, / eh' er aus seinem Schlaf geweckt wird.
13 Daß du mich in der Unterwelt verstecktest, / mich bergen wolltest,
bis dein Zorn sich wendet, / ein Ziel mir setztest und dann an mich
dächtest!
14 Wenn einer stirbt, lebt er dann wieder auf? / Alle Tage meines
Kriegsdienstes harrte ich, / bis einer käme, um mich abzulösen.
15 Du riefest, und ich gäbe Antwort, / du sehntest dich nach deiner
Hände Werk.
16 Dann würdest du meine Schritte zählen, / auf meinen Fehltritt nicht
mehr achten.
17 Versiegelt im Beutel wäre mein Vergehen, / du würdest meinen Fre-
vel übertünchen.
18 Jedoch der Berg, der fällt, zergeht, / von seiner Stätte rückt der Fels.
19 Das Wasser zerreibt Steine, / Platzregen spült das Erdreich fort; / so
machst du das Hoffen des Menschen zunichte.

20 Du bezwingst ihn für immer, so geht er dahin, / du entstellst sein
Gesicht und schickst ihn fort.
21 Sind seine Kinder in Ehren, er weiß es nicht; / sind sie verachtet, er
merkt es nicht.
22 Sein Leib fühlt nur die eigenen Schmerzen, / seine Seele trauert nur
um sich selbst.

Die zweite Rede des Elifas

Die Sündigkeit aller Menschen

15 Da antwortete Elifas von Teman und sprach:
2 Gibt ein Weiser windige Kunde zur Antwort, / füllt er sein
Inneres mit Ostwind an,
3 um zu rechten mit Gerede, das nichts taugt, / mit Worten, in denen
kein Nutzen liegt?
4 Du brichst sogar die Gottesfurcht, / zerstörst das Besinnen vor Gott.
5 Denn deine Schuld belehrt deinen Mund, / die Sprache der Listigen
hast du gewählt.
6 Dein eigener Mund verurteilt dich, / nicht ich, deine Lippen zeugen
gegen dich.
7 Bist du als erster Mensch geboren, / kamst du zur Welt noch vor den
Hügeln?
8 Hast du gelauscht im Rate Gottes / und die Weisheit an dich gerissen?
9 Was weißt du, das wir nicht wissen, / verstehst du, was uns nicht
bekannt ist?
10 Auch unter uns sind Alte, sind Ergraute, / die älter sind an Tagen als
dein Vater.
11 Ist zu gering dir Gottes Tröstung, / ein Wort, das sanft mit dir ver-
fährt?
12 Wie reißt doch dein Herz dich fort, / wie überheben sich deine
Augen,
13 daß gegen Gott deinen Zorn du wendest / und Worte (gegen ihn)
aus deinem Mund stößt?
14 Was ist der Mensch, daß rein er wäre, / der vom Weib Geborene, daß
er im Recht sein könnte?
15 Sieh doch, selbst seinen Heiligen traut er nicht, / und der Himmel ist
nicht rein vor ihm.
16 Geschweige denn ein Unreiner und Verderbter, / ein Mensch, der
Verkehrtes trinkt wie Wasser.

Die Hoffnungslosigkeit des Frevlers

17 Verkünden will ich dir, hör mir zu! / Was ich geschaut, will ich
erzählen,
18 was Weise zu berichten wissen, / was ihre Väter ihnen nicht ver-
hehlten.
19 Ihnen allein war das Land gegeben, / kein Fremder ging unter ihnen
einher.
20 Der Frevler bebt in Ängsten all seine Tage, / die Zahl der Jahre ist
dem Tyrannen verborgen.
21 In seinen Ohren hallen Schreckensrufe, / mitten im Frieden kommt
der Verwüster über ihn.
22 Er kann nicht hoffen, dem Dunkel zu entfliehen, / aufgespart ist er
für das Schwert.
23 Er irrt umher nach Brot, wo (er es finde), / er weiß, daß ihn ein
schwarzer Tag bedroht.
24 Not und Drangsal erschrecken ihn, / sie packen ihn wie ein kampf-
bereiter König.
25 Denn gegen Gott erhebt er seine Hand, / gegen den Allmächtigen
erkühnt er sich.
26 Halsstarrig rennt er gegen ihn an / mit den dicken Buckeln seiner
Schilde.
27 Mit Fett bedeckt er sein Gesicht, / tut Fett um seine Hüfte.
28 Er wohnt in zerstörten Städten, / in Häusern, darin niemand wohnt, /
die man zu Trümmerstätten bestimmt.
29 Er wird nicht reich; sein Besitz hat nicht Bestand; / zur Erde neigt
sich seine Ähre nicht.
30 Der Finsternis entrinnt er nicht, / die Flammenglut dörrt seinen
Schößling aus, / er schwindet dahin beim Hauch seines Mundes.
31 Er baue nicht auf eitlen Trug; / denn sein Erwerb wird nur Enttäu-
schung sein.
32 Bevor sein Tag kommt, welkt er hin, / und sein Palmzweig grünt
nicht mehr.
33 Er stößt ihn ab wie der Weinstock saure Trauben, / wie der Ölbaum
wirft er seine Blüten fort.
34 Unfruchtbar ist der Ruchlosen Rotte, / und Feuer verzehrt die Zelte
der Bestechung.
35 Von Mühsal schwanger, gebären sie nur Unheil; / nur Trug ist, was
ihr Schoß hervorbringt.

Ijobs Gegenrede

Die leidigen Tröster

16 Da antwortete Ijob und sprach:
2 Ähnliches habe ich schon viel gehört; / leidige Tröster seid
ihr alle.
3 Sind nun zu Ende die windigen Worte, / oder was sonst reizt dich
zum Widerspruch?
4 Auch ich könnte reden wie ihr, / wenn ihr an meiner Stelle wäret, /
schöne Worte über euch machen / und meinen Kopf über euch schütteln.
5 Ich könnte euch stärken mit meinem Mund, / nicht sparen das Bei-
leid meiner Lippen.

Gottes ungerechter Angriff

6 Rede ich, hört doch mein Schmerz nicht auf; / schweige ich, so
weicht er nicht vor mir.
7 Jetzt aber hat er mich erschöpft. / Den Kreis der Freunde hast du mir
verstört
8 und mich gepackt. / Mein Verfall erhebt sich / und tritt als Zeuge
gegen mich auf; / er widerspricht mir ins Gesicht.
9 Sein Zorn zerreißt, befehdet mich, / knirscht gegen mich mit den
Zähnen, / mein Gegner schärft die Augen gegen mich.
10 Sie sperren ihr Maul gegen mich auf, / schlagen voll Hohn mich auf
die Wangen, / scharen sich gegen mich zusammen.
11 Gott gibt mich dem Bösen preis, / in die Hand der Frevler stößt er
mich.
12 In Ruhe lebte ich, da hat er mich erschüttert, / mich im Nacken
gepackt, mich zerschmettert, / mich als Zielscheibe für sich aufgestellt.
13 Seine Pfeile umschwirren mich, / schonungslos durchbohrt er mir
die Nieren, / schüttet meine Galle zur Erde.
14 Bresche über Bresche bricht er mir, / stürmt wie ein Krieger gegen
mich an.
15 Ein Trauergewand hab ich meiner Haut genäht, / mein Horn in den
Staub gesenkt.
16 Mein Gesicht ist vom Weinen rot, / und Dunkel liegt auf meinen
Wimpern.
17 Doch kein Unrecht klebt an meinen Händen, / und mein Gebet ist
lauter.

Der Zeuge im Himmel

18 O Erde, deck mein Blut nicht zu, / und ohne Ruhstatt sei mein Hilfe-
schrei!
19 Nun aber, seht, im Himmel ist mein Zeuge, / mein Bürge in den
Höhen.
20 Da meine Freunde mich verspotten, / tränt zu Gott hin mein Auge.
21 Recht schaffe er dem Mann bei Gott / und zwischen Mensch und
Mensch.
22 Denn nur noch wenig Jahre werden kommen, / dann muß ich den
Pfad beschreiten, auf dem man nicht wiederkehrt.

Ferdinand Hodler
Die Lebensmüden
(1892-1904)
»Wo ist dann meine Hoffnung und wo mein Glück? Wer kann es schauen?« (Ijob 17,15). Die Gegenrede zur zweiten Rede des Elifas mündet in Hoffnungslosigkeit, die Ferdinand Hodlers *Lebensmüde* verkörpern. Mit dem biblischen Text verbindet das symbolistische Gemälde vor allem die Gruppierung: Die mittlere, nur mit einem Lendentuch bekleidete Gestalt wird von je zwei in weiße Mäntel gehüllte Gefährten flankiert. Während diese die Hände gefaltet auf den Knien ruhen lassen, hängen die Arme und Hände der mittleren Gestalt kraftlos vom gebeugten Rücken herab. Allen Figuren gemeinsam ist der gesenkte Blick. Kennzeichnend für die symbolistische Konzeption des Gemäldes ist der Verzicht auf die Schilderung einer äußeren Handlung zugunsten der sinnbildlichen Vergegenwärtigung einer Lebenssituation.
Die friesartige Reihung mit den Gestaltungsmitteln der Frontalansicht und Isokephalie (die Häupter befinden sich auf gleicher Höhe) knüpft an die Malerei des Mittelalters an.

Die Klage des Verhöhnten

17 Mein Geist ist verwirrt, / meine Tage sind ausgelöscht, / nur Gräber bleiben mir.
2 Wahrhaftig, nur Spott begleitet mich. / In Bitterkeit verbringt mein Auge die Nacht.
3 Hinterleg die Bürgschaft für mich bei dir! / Wer würde sonst den Handschlag für mich leisten?
4 Ihr Herz hast du der Einsicht verschlossen, / darum läßt du sie nicht triumphieren.
5 Zum Teilen lädt einer die Freunde ein, / während die Augen seiner Kinder verschmachten.
6 Zum Spott für die Leute stellte er mich hin, / ich wurde einer, dem man ins Gesicht spuckt.
7 Vor Kummer ist mein Auge matt, / all meine Glieder schwinden wie Schatten dahin.
8 Darüber entsetzen sich die Redlichen, / der Reine empört sich über den Ruchlosen.
9 Doch der Gerechte hält fest an seinem Weg, / wer reine Hände hat, gewinnt an Kraft.
10 Ihr alle, kehrt um, kommt wieder her, / ich finde ja noch keinen Weisen bei euch.

Die Not des Verzweifelten

11 Dahin sind meine Tage, / zunichte meine Pläne, meine Herzenswünsche.
12 Sie machen mir die Nacht zum Tag, / das Licht nähert sich dem Dunkel.
13 Ich habe keine Hoffnung. / Die Unterwelt wird mein Haus, / in der Finsternis breite ich mein Lager aus.
14 Zur Grube rufe ich:
Mein Vater bist du!, / Meine Mutter, meine Schwester!, zum Wurm.
15 Wo ist dann meine Hoffnung / und wo mein Glück? Wer kann es schauen?
16 Fahren sie zur Unterwelt mit mir hinab, / sinken wir vereint in den Staub?

Die zweite Rede Bildads

Die Selbstverteidigung Bildads

18 Da antwortete Bildad von Schuach und sprach:
2 Wann endlich macht ihr Schluß mit den Reden? / Nehmt Einsicht an, dann reden wir.
3 Warum sind wir wie Vieh geachtet, / gelten als unrein in euren Augen?
4 Du, der sich selbst zerfleischt in seinem Zorn, / soll deinetwegen die Erde sich entvölkern, / der Fels von seiner Stelle rücken?

Das Schicksal des Frevlers

5 Ja, der Frevler Licht erlischt, / die Flamme seines Feuers strahlt nicht auf.
6 Das Licht in seinem Zelte dunkelt, / seine Leuchte über ihm erlischt.
7 Eng wird sein gewaltiger Schritt, / sein eigner Plan bringt ihn zu Fall.
8 Denn mit seinen Füßen gerät er ins Netz, / und über Flechtwerk schreitet er dahin.
9 Das Klappnetz packt ihn an der Ferse, / die Schlinge hält ihn fest.
10 Versteckt am Boden liegt sein Fangstrick, / die Falle für ihn auf dem Pfad.
11 Ringsum ängstigen ihn Schrecken / und scheuchen ihn auf Schritt und Tritt.

12 Hungrig nach ihm ist sein Unheil, / das Verderben steht bereit zu
seinem Sturz.
13 Es frißt die Glieder seines Leibes, / seine Glieder frißt des Todes
Erstgeborener.
14 Ausgerissen wird aus seinem Zelt die Zuversicht, / du treibst ihn
fort zum König der Schrecken.
15 Ihm Fremdes wohnt in seinem Zelt, / Schwefel wird auf seinen Hof
gestreut.
16 Von unten her verdorren seine Wurzeln, / von oben welken seine
Zweige.
17 Sein Andenken schwindet von der Erde, / kein Name bleibt ihm weit
und breit.
18 Sie stoßen ihn vom Licht ins Dunkel / und jagen ihn vom Erdkreis
fort.
19 Kein Sproß, kein Stamm bleibt ihm in seinem Volk, / am Ort seines
Aufenthaltes keiner, der ihn überlebt.
20 Über seinen Tag schaudern die im Westen, / die im Osten packt das
Grauen.
21 Ja, so geht es mit der Wohnung des Frevlers, / mit dem Ort des Men-
schen, der Gott nicht kennt.

Ijobs Gegenrede

Die Zurückweisung der Schmähung

19 Da antwortete Ijob und sprach:
2 Wie lange noch wollt ihr mich quälen / und mich mit Wor-
ten niedertreten?
3 Zum zehntenmal schon schmäht ihr mich / und schämt euch nicht,
mich zu beleidigen.
4 Ging ich wirklich unwissend fehl, / mein Fehltritt weilt doch allein
bei mir.
5 Wollt ihr wirklich großtun gegen mich / und mir meine Schmach
beweisen?

Das unbegreifliche Verhalten Gottes

6 Erkennt doch, daß Gott mich niederdrückt, / da er sein Netz rings
um mich warf.
7 Schrei' ich: Gewalt!, wird mir keine Antwort, / rufe ich um Hilfe, gibt
es kein Recht.
8 Meinen Pfad hat er versperrt; ich kann nicht weiter, / Finsternis legt
er auf meine Wege.
9 Meiner Ehre hat er mich entkleidet, / die Krone mir vom Haupt
genommen.
10 Er brach mich ringsum nieder, ich muß dahin; / er riß mein Hoffen
aus wie einen Baum.
11 Sein Zorn ist gegen mich entbrannt, / gleich seinen Gegnern gelte
ich ihm.
12 Vereint rückten seine Scharen an, / bahnten gegen mich den Weg, /
lagerten sich rings um mein Zelt.

Die Entfremdung der Verwandten und Freunde

13 Meine Brüder hat er von mir entfernt, / meine Bekannten sind mir
entfremdet.
14 Meine Verwandten, Bekannten blieben aus, / die Gäste meines Hau-
ses haben mich vergessen.
15 Als Fremder gelte ich meinen Mägden, / von anderem Stamm bin
ich in ihren Augen.
16 Rufe ich meinen Knecht, so antwortet er nicht; / mit eigenem Mund
muß ich ihn anflehen.
17 Mein Atem ist meiner Frau zuwider; / die Söhne meiner Mutter ekelt
es vor mir.
18 Buben selbst verachten mich, / stehe ich auf, verhöhnen sie mich.
19 Alle meine Gefährten verabscheuen mich, / die ich liebe, lehnen
sich gegen mich auf.
20 An Haut und Fleisch klebt mein Gebein, / nur das Fleisch an meinen
Zähnen blieb.
21 Erbarmt, erbarmt euch meiner, ihr, meine Freunde! / Denn Gottes
Hand hat mich getroffen.
22 Warum verfolgt ihr mich wie Gott, / warum werdet ihr an meinem
Fleisch nicht satt?

Ijobs Hoffnung und Vertrauen

23 Daß doch meine Worte geschrieben würden, / in einer Inschrift ein-
gegraben
24 mit eisernem Griffel und mit Blei, / für immer gehauen in den Fels.
25 Doch ich, ich weiß: mein Erlöser lebt, / als letzter erhebt er sich über
dem Staub.
26 Ohne meine Haut, die so zerfetzte, / und ohne mein Fleisch werde
ich Gott schauen.
27 Ihn selber werde ich dann für mich schauen; / meine Augen werden
ihn sehen, nicht mehr fremd. / Danach sehnt sich mein Herz in mei-
ner Brust.
28 Wenn ihr sagt: Wie wollen wir ihn verfolgen / und den Grund der
Sache an ihm finden!,
29 dann bangt für euch selber vor dem Schwert; / denn heftiger Zorn
verdient das Schwert, / damit ihr wißt: Es gibt ein Gericht.

Die zweite Rede Zofars

Ijobs unbegründeter Vorwurf

20 Da antwortete Zofar von Naama und sprach:
2 Darum drängt mich meine Erregung zur Antwort, / und
deswegen stürmt es in mir.
3 Schmähende Rüge muß ich hören, / doch der Geist meiner Einsicht
läßt mich entgegnen.

Das Schicksal des Frevlers

4 Weißt du das nicht von Urzeit her, / seit Gott Menschen auf die Erde
gesetzt hat:
5 daß kurz nur währt der Frevler Jubel, / einen Augenblick nur des
Ruchlosen Freude?
6 Steigt auch sein Übermut zum Himmel / und rührt sein Kopf bis ans
Gewölk,
7 wie sein Kot vergeht er doch für immer; / die ihn gesehen haben, wer-
den fragen: Wo ist er?
8 Wie ein Traum verfliegt er / und ist nicht mehr zu finden, / wird weg-
gescheucht wie ein Gesicht der Nacht.
9 Das Auge, das ihn sah, erblickt ihn nicht wieder, / seine Stätte schaut
ihn nie mehr.
10 Seine Söhne müssen bei Armen betteln, / ihre Hände geben seine
Habe zurück.
11 Strotzen von Jugendkraft auch seine Glieder, / sie betten sich doch
mit ihm in den Staub.
12 Schmeckt süß das Böse in seinem Mund, / birgt er es unter seiner
Zunge,
13 spart er es auf und will nicht von ihm lassen, / hält er es auch tief in
seinem Gaumen fest,
14 in seinem Innern verwandelt sich die Speise, / sie wird in seinem
Leib ihm zu Natterngift.
15 Das Gut, das er verschlungen hat, speit er aus; / aus seinem Leib
treibt Gott es heraus.
16 Das Gift von Nattern saugt er ein, / es tötet ihn der Viper Zunge.
17 Nicht darf er Bäche von Öl schauen, / nicht Flüsse, die von Milch und
Honig fließen.
18 Zurückgeben muß er seinen Gewinn, / genießen darf er ihn nicht, /
darf sich nicht freuen am ertauschten Gut.
19 Denn Arme schlug er nieder, ließ sie liegen, / raubte das Haus, das
er nicht gebaut.

20 Denn kein Genug kennt er in seinem Bauch, / drum entkommt er
nicht mit seinen Schätzen.
21 Nichts entgeht seinem Fraß, / darum hält sein Glück auch nicht
stand.
22 Trotz vollen Überflusses kommt er in Not, / die ganze Wucht des
Elends fällt ihn an.
23 Und so geschieht es: Um des Frevlers Bauch zu füllen, / läßt Gott auf
ihn die Gluten seines Zornes los, / läßt auf ihn regnen seine Schläge.
24 Flieht er vor dem Eisenpanzer, / durchbohrt ihn der Bogen aus
Bronze.
25 In den Rücken fährt ihm Gottes Geschoß, / ein Blitz in seine Galle. /
Schrecken gehen über ihn hin.
26 Nur finsteres Unheil ist für ihn aufbewahrt, / Feuer, von niemand
entfacht, verzehrt ihn, / frißt noch den letzten Mann in seinem Zelt.
27 Der Himmel enthüllt seine Schuld, / die Erde bäumt sich gegen ihn
auf.
28 Die Flut wälzt sein Haus hinweg, / Wasserströme am Tag seines
Zorns.
29 Das ist des Frevlers Anteil von Gott, / das Erbe, das Gott ihm
zuspricht.

Ijobs Gegenrede

Die Bitte um Geduld

21 Da antwortete Ijob und sprach:
2 Hört, hört doch auf mein Wort, / das wäre mir schon Trost
von euch.
3 Ertragt mich, so daß ich reden kann. / Habe ich geredet, dann könnt
ihr spotten.
4 Richt' ich an Menschen meine Klage, / hab' ich nicht Grund zur
Ungeduld?
5 Wendet euch mir zu, und erstarrt, / und legt die Hand auf den Mund!
6 Denk' ich daran, bin ich erschreckt, / und Schauder packt meinen
Leib.

Das Glück des Frevlers

7 Warum bleiben Frevler am Leben, / werden alt und stark an Kraft?
8 Ihre Nachkommen stehen fest vor ihnen, / ihre Sprößlinge vor ihren
Augen.
9 Ihre Häuser sind in Frieden, ohne Schreck, / die Rute Gottes trifft sie
nicht.
10 Ihr Stier bespringt und fehlt nicht, / die Kühe kalben und verwerfen
nicht.
11 Wie Schafe treiben sie ihre Kinder aus, / ihre Kleinen tanzen und
springen.
12 Sie singen zu Pauke und Harfe, / erfreuen sich am Klang der Flöte,
13 verbrauchen ihre Tage im Glück / und fahren voll Ruhe ins Toten-
reich.
14 Und doch sagten sie zu Gott: Weiche von uns! / Deine Wege wollen
wir nicht kennen.
15 Was ist der Allmächtige, daß wir ihm dienen, / was nützt es uns,
wenn wir ihn angehen?
16 Doch in ihrer Hand liegt nicht das Glück; / der Frevler Denkart ist
mir fern.
17 Wie oft erlischt der Frevler Lampe, / kommt Unheil über sie, / teilt er
Verderben zu in seinem Zorn?
18 Wie oft werden sie wie Stroh vor dem Wind, / wie Spreu, die der
Sturm entführt?
19 Nicht dessen Kindern spare Gott sein Unheil auf, / ihm selbst ver-
gelte er, so daß er es spürt.
20 Mit eigenen Augen soll er sein Unglück schauen, / vom Grimm des
Allmächtigen soll er trinken.
21 Denn was kümmert ihn sein Haus, wenn er dahin ist, / wenn abge-
schnitten seiner Monde Zahl?

Der trügerische Trost

22 Darf man Gott Erkenntnis lehren, / ihn, der die Erhabenen richtet?
23 Der eine stirbt in vollem Glück, / ist ganz in Frieden, sorgenfrei.
24 Seine Schenkel sind voll von Fett, / getränkt mit Mark sind seine
Knochen.
25 Der andere stirbt mit bitterer Seele / und hat kein Glück genossen.
26 Zusammen liegen sie im Staub, / und Gewürm deckt beide zu.
27 Ja, euer Denken kenn' ich wohl, / die Ränke, die ihr sinnt gegen
mich.
28 Ihr sagt: Wo ist das Haus des Edlen / und wo das Zelt, in dem Frevler
wohnen?
29 Habt ihr nie die fahrenden Leute befragt / und ihre Zeichen genau
beachtet?
30 Daß am Unglückstag der Böse verschont wird, / weggebracht am
Tag des Zorns.
31 Wer hält ihm seinen Lebenswandel vor, / was er getan hat, wer ver-
gilt es ihm?
32 Er aber wird zur Gruft geleitet, / bei seinem Grab hält man die
Wacht.
33 Ein Labsal sind für ihn die Schollen des Schachts, / hinter ihm her
zieht alle Welt, / vor ihm die Menge ohne Zahl.
34 Wie wollt ihr mich mit Nichtigem trösten? / Eure Antworten bleiben
Betrug.

Die dritte Rede des Elifas

Ijobs angebliche Freveltaten

22 Da antwortete Elifas von Teman und sprach:
2 Kann denn der Mensch Gott nützen? / Nein, sich selber
nützt der Kluge.
3 Ist es dem Allmächtigen von Wert, / daß du gerecht bist, / ist es für
ihn Gewinn, wenn du unsträfliche Wege gehst?
4 Wegen deiner Gottesfurcht sollte er dich strafen, / vor Gericht mit dir
gehen?
5 Ist nicht groß deine Bosheit, / ohne Ende dein Verschulden?
6 Du pfändest ohne Grund deine Brüder, / ziehst Nackten ihre Kleider
aus.
7 Den Durstigen tränkst du nicht mit Wasser, / dem Hungernden ver-
sagst du das Brot.
8 Dem Mann der Faust gehört das Land, / der Günstling darf darin
wohnen.
9 Witwen hast du weggeschickt mit leeren Händen, / der Verwaisten
Arme zerschlagen.
10 Deswegen liegen Fallstricke rings um dich her, / und jäher
Schrecken ängstigt dich,
11 oder Dunkel, worin du nicht siehst, / und Wasserflut, die dich
bedeckt.

Der allwissende Gott

12 Ist Gott nicht wie der Himmel hoch? / Schau, wie die höchsten
Sterne ragen.
13 Und da sagst du: Was weiß denn Gott? / Richtet er denn durch das
dunkle Gewölk?
14 Wolken umhüllen ihn, so daß er nicht sieht, / am Himmelskreis
geht er einher.
15 Willst du dem Pfad der Vorzeit folgen, / den die Männer des Unheils
zogen,
16 die vor der Zeit dahingerafft wurden, / über deren Grund sich ein
Strom ergoß?
17 Die sagten zu Gott: Weiche von uns!, / und: Was tut uns der All-
mächtige an?
18 Und doch, er hat ihre Häuser mit Gütern gefüllt, / und das Planen
der Bösen blieb ihm fern.

19 Sehen werden, sich freuen die Gerechten, / der Reine wird sie ver-
spotten:
20 Wahrhaftig, vernichtet sind unsere Gegner, / ihren Rest hat das
Feuer verzehrt.

Die Mahnung zu Umkehr und Demut

21 Werde sein Freund, und halte Frieden! / Nur dadurch kommt das
Gute dir zu.
22 Nimm doch Weisung an aus seinem Mund, / leg dir seine Worte ins
Herz:
23 Kehrst du zum Allmächtigen um, / so wirst du aufgerichtet. / Hältst
Unrecht deinem Zelt du fern,
24 wirfst in den Staub das Edelgold, / zum Flußgestein das Feingold,
25 dann wird der Allmächtige dein Edelgold / und erlesenes Silber für
dich sein.
26 Dann wirst du am Allmächtigen dich erfreuen / und zu Gott dein
Angesicht heben.
27 Flehst du ihn an, so hört er dich, / und du wirst deine Gelübde er-
füllen.
28 Beschließt du etwas, dann trifft es ein, / und Licht überstrahlt deine
Wege.
29 Wer hochmütig redet, den duckt er, / doch hilft er dem, der die
Augen senkt.
30 Er rettet den, der schuldlos ist; / durch deiner Hände Reinheit wird
er gerettet.

Ijobs Gegenrede

Der Ruf nach Gott, dem Richter

23 Da antwortete Ijob und sprach:
2 Auch heute ist meine Klage Widerspruch; / schwer lastet
seine Hand auf meinem Seufzen.
3 Wüßte ich doch, wie ich ihn finden könnte, / gelangen könnte zu sei-
ner Stätte.
4 Ich wollte vor ihm das Recht ausbreiten, / meinen Mund mit Bewei-
sen füllen.
5 Wissen möchte ich die Worte, die er mir entgegnet, / erfahren, was er
zu mir sagt.
6 Würde er in der Fülle der Macht mit mir streiten? / Nein, gerade er
wird auf mich achten.
7 Dort würde ein Redlicher mit ihm rechten, / und ich käme für immer
frei von meinem Richter.
8 Geh' ich nach Osten, so ist er nicht da, / nach Westen, so merke ich
ihn nicht,
9 nach Norden, sein Tun erblicke ich nicht; / bieg' ich nach Süden,
sehe ich ihn nicht.
10 Doch er kennt den Weg, den ich gehe; / prüfte er mich, ich ginge wie
Gold hervor.
11 Mein Fuß hielt fest an seiner Spur, / seinen Weg hielt ich ein und bog
nicht ab.
12 Das Gebot seiner Lippen gab ich nicht auf; / seines Mundes Worte
barg ich im Herzen.
13 Doch er bleibt sich gleich. Wer stimmt ihn um? / Wonach ihn ge-
lüstet, das führt er aus.
14 Ja, er vollendet, was er mir bestimmt hat; / und Ähnliches hat er
noch viel im Sinn.
15 Darum erschrecke ich vor seinem Angesicht; / denk' ich daran,
gerate ich in Angst vor ihm.
16 Gott macht mein Herz verzagt, / der Allmächtige versetzt mich in
Schrecken.
17 Denn bin ich nicht von Finsternis umschlossen, / bedeckt nicht
Dunkel mein Angesicht?

Der Übermut der Sünder

24 Warum hat der Allmächtige keine Fristen bestimmt? /
Warum schauen, die ihn kennen, seine Gerichtstage nicht?
2 Jene verrücken die Grenzen, / rauben Herden und führen sie zur
Weide.
3 Den Esel der Waisen treiben sie fort, / pfänden das Rind der Witwe.
4 Vom Weg drängen sie die Armen, / es verbergen sich alle Gebeugten
des Landes.
5 Sieh, wie Wildesel in der Steppe / ziehen sie zu ihrer Arbeit aus; die
Steppe suchen sie nach Nahrung ab, / nach Brot für ihre Kinder.
6 Auf dem Feld schneiden sie des Nachts, / halten im Weinberg des
Frevlers Nachlese.
7 Nackt verbringen sie die Nacht, ohne Kleider, / haben keine Decke in
der Kälte.
8 Vom Regen der Berge sind sie durchnäßt, / klammern sich ohne
Schutz an den Fels.
9 Von der Mutterbrust reißen sie die Waisen, / den Säugling des Armen
nehmen sie zum Pfand.
10 Nackt müssen sie gehen, ohne Kleid, / hungernd tragen sie Garben.
11 Zwischen Mauern pressen sie Öl, / treten die Kelter und müssen
doch dürsten.
12 Aus der Stadt stöhnen Sterbende, / der Erschlagenen Leben schreit
laut. / Doch Gott achtet nicht auf ihr Flehen.
13 Sie sind die Rebellen gegen das Licht; / sie nehmen seine Wege nicht
wahr, / bleiben nicht auf seinen Pfaden.
14 Ist kein Licht, erhebt sich der Mörder, / tötet Elende und Arme; / in
der Nacht gleicht er dem Dieb.
15 Auch des Ehebrechers Auge achtet auf Dämmerung. / Kein Auge,
sagt er, soll mich erspähen!, / eine Hülle legt er aufs Gesicht.
16 Im Finstern bricht er ein in die Häuser; / tagsüber verstecken sie
sich; / sie wollen nichts wissen vom Licht.
17 Denn Finsternis ist für sie der Morgen zugleich, / denn mit ihren
Schrecken sind sie wohl vertraut.

Das Ende der Frevler

18 Schnell reißt ihn das Wasser fort; / verflucht ist ihr Anteil auf Erden; /
nicht wendet er den Weg den Weinbergen zu.
19 Dürre und Hitze raffen das Schneewasser weg, / die Unterwelt den
Sünder.
20 Der Mutterschoß vergißt ihn, / Gewürm labt sich an ihm; nie mehr
wird an ihn gedacht; / ja, wie Holz wird Frevel zerschmettert.
21 Er tut Böses der Unfruchtbaren, der Kinderlosen, / keiner Witwe
erweist er Gutes.
22 Gott reißt die Starken hinweg in seiner Macht; / steht er auf, ist nie-
mand seines Lebens sicher.
23 Sicherheit gibt er ihm, er traue darauf; / aber seine Augen überwa-
chen ihren Weg.
24 Sie kommen hoch für kurze Zeit, dann ist es aus. / Sie werden um-
gebogen, alle mit der Faust gepackt / und wie Ährenspitzen abge-
schnitten.
25 Ist es nicht so? Wer straft mich Lügen / und bringt meine Rede zum
Schweigen?

Die dritte Rede Bildads

Die Sündhaftigkeit aller Menschen

25 Da antwortete Bildad von Schuach und sprach:
2 Herrschaft und Schrecken sind bei ihm, / der Frieden
schafft in seinen Höhen.
3 Kann man seine Scharen zählen, / und über wem erhebt sich nicht
sein Licht?
4 Wie wäre ein Mensch gerecht vor Gott, / wie wäre rein der vom Weib
Geborene?

5 Siehe, selbst der Mond glänzt nicht hell, / die Sterne sind nicht rein in
seinen Augen,
6 geschweige denn der Mensch, die Made, / der Menschensohn, der
Wurm.

Ijobs Gegenrede

Leere Worte ohne Wahrheit

26 Da antwortete Ijob und sprach:
2 Wie hilfst du doch dem Schwachen auf, / stehst du bei dem
kraftlosen Arm!
3 Wie gut rätst du dem, der nicht weise ist, / tust ihm Wissen in Fülle
kund!
4 Wem trägst du die Reden vor, / und wessen Atem geht von dir aus?

Die Größe der Allmacht Gottes

5 Die Totengeister zittern drunten, / die Wasser mit ihren Bewohnern.
6 Nackt liegt die Unterwelt vor ihm, / keine Hülle deckt den Abgrund.
7 Er spannt über dem Leeren den Norden, / hängt die Erde auf am
Nichts.
8 Er bindet das Wasser in sein Gewölk; / doch birst darunter die Wolke
nicht.
9 Er verschließt den Anblick seines Throns / und breitet darüber sein
Gewölk.
10 Eine Grenze zieht er rund um die Wasser / bis an den Rand von Licht
und Finsternis.
11 Die Säulen des Himmels erzittern, / sie erschrecken vor seinem
Drohen.
12 Durch seine Kraft stellt still er das Meer, / durch seine Klugheit
zerschmettert er Rahab.
13 Durch seinen Hauch wird heiter der Himmel, / seine Hand durch-
bohrt die flüchtige Schlange.
14 Siehe, das sind nur die Säume seines Waltens; / wie ein Flüstern ist
das Wort, das wir von ihm vernehmen.
Doch das Donnern seiner Macht, / wer kann es begreifen?

Die Unschuldsbeteuerung vor den Freunden

27 Dann setzte Ijob seine Rede fort und sprach:
2 So wahr Gott lebt, der mir mein Recht entzog, / der All-
mächtige, der meine Seele quälte:
3 Solange noch Atem in mir ist / und Gottes Hauch in meiner Nase,
4 soll Unrecht nicht von meinen Lippen kommen, / noch meine Zunge
Falsches reden.
5 Fern sei es mir, euch recht zu geben, / ich gebe, bis ich sterbe, meine
Unschuld nicht preis.
6 An meinem Rechtsein halt' ich fest und lass' es nicht; / mein Herz
schilt keinen meiner Tage.

Der Untergang der Frevler

7 Mein Feind sei wie ein Frevler, / mein Gegner wie ein Bösewicht.
8 Denn was ist des Ruchlosen Hoffen, / wenn er dahingeht, / wenn
Gott das Leben von ihm nimmt?
9 Wird Gott sein Schreien hören, / wenn über ihn die Drangsal
kommt?
10 Kann er sich des Allmächtigen erfreuen / und Gott anrufen zu jeder
Zeit?
11 Ich will euch belehren über Gottes Tun, / nicht verhehlen, was der
Allmächtige plant.
12 Ihr habt es ja alle selbst gesehen. / Warum führt ihr nichtige Reden?
13 Das ist des Frevlers Anteil bei Gott, / der Gewalttätigen Erbe, / das
sie vom Allmächtigen empfangen:
14 Werden zahlreich seine Söhne, / fürs Schwert sind sie bestimmt; /
nie werden seine Kinder satt an Brot.

Edvard Munch
Der Schrei
(1895)
»Gott macht mein Herz verzagt, der Allmächtige versetzt mich in Schrecken« (Ijob 23,16). Ijobs Gegenrede zur dritten Rede des Elifas handelt von den Wegen des Menschen nach Osten und Westen, Norden und Süden, ohne Gott zu erreichen. Gott kennt diesen Weg, bleibt aber stumm, er richtet, ohne sein Urteil mitzuteilen. Dies ruft jenen Schrecken hervor, den der Norweger Edvard Munch als existentielles Angsterlebnis empfunden und dargestellt hat. Er sprach vom »großen Geschrei durch die Natur«, die in Aufruhr begriffen ist. Die gekurvten Linien und Flächen der Lithographie kontrastieren mit der jäh aus dem Hintergrund nach vorn stoßenden Geraden der Brücke. Diese treiben eine Gestalt in den Vordergrund. Ihr zum Schrei aufgerissener Mund erscheint als Reflex einer Bewegung von Himmel und Erde, die umgekehrt als ein Echo des Schreis verstanden werden kann. Davon unberührt bleiben die Rückenfiguren am anderen Ende der Brücke - moderne Nachfahren der Freunde Ijobs? Das Thema der Angst als Grunderfahrung ordnet Munchs Graphik dem Symbolismus zu, während die Gestaltungsweise auf den Expressionismus vorausweist.

15 Was übrigbleibt, wird durch den Tod begraben, / und seine Witwen
weinen nicht.
16 Häuft er auch Silber auf wie Staub / und beschafft er sich Kleider wie
Lehm:
17 er schafft sie zwar an; / doch anziehen wird sie der Gerechte, / das
Silber wird der Schuldlose erben.
18 Er baut wie die Spinne sein Haus / und wie die Hütte, die der Wäch-
ter aufstellt.
19 Reich legt er sich schlafen, nichts ist ihm genommen. / Macht er die
Augen auf, ist nichts mehr da.

20 Schrecken holt ihn ein wie eine Wasserflut, / der Sturmwind trägt
ihn fort bei Nacht.
21 Der Ostwind hebt ihn hoch, er muß dahin, / er weht ihn weg von sei-
nem Ort.
22 Er stürzt sich auf ihn schonungslos, / seiner Gewalt will er entfliehen.
23 Man klatscht über ihn in die Hände / und zischt ihn fort von seiner
Stätte.

Das Lied über die Weisheit

Die Erhabenheit der Weisheit

28 Wohl gibt es einen Fundort für das Silber, / eine Stätte für
das Gold, wo man es läutert.
2 Eisen holt man aus der Erde, / Gestein wird zu Kupfer geschmolzen.
3 Es setzt der Mensch dem Finstern eine Grenze; / er forscht hinein bis
in das Letzte, / ins düstere, dunkle Gestein.
4 Stollen gräbt ein fremdes Volk; / vergessen, ohne Halt für den Fuß, /
hängt es, schwebt es, den Menschen fern.
5 Die Erde, daraus das Brotkorn kommt, / wird in den Tiefen wie mit
Feuer zerstört.
6 Fundort des Saphirs ist ihr Gestein, / und Goldstaub findet sich
darin.
7 Kein Raubvogel kennt den Weg dahin; / kein Falkenauge hat ihn
erspäht.
8 Das stolze Wild betritt ihn nicht, / kein Löwe schreitet über ihn.
9 An harte Kiesel legt er die Hand, / von Grund auf wühlt er Berge um.
10 In Felsen haut er Stollen ein, / und lauter Kostbarkeiten erblickt sein
Auge.
11 Sickerbäche dämmt er ein, / Verborgenes bringt er ans Licht.
12 Die Weisheit aber, wo ist sie zu finden, / und wo ist der Ort der Einsicht?
13 Kein Mensch kennt die Schicht, / in der sie liegt; / sie findet sich
nicht in der Lebenden Land.
14 Die Urflut sagt: Bei mir ist sie nicht. / Der Ozean sagt: Bei mir weilt
sie nicht.
15 Man kann nicht Feingold für sie geben, / nicht Silber als Preis für sie
wägen.
16 Nicht wiegt sie Gold aus Ofir auf, / kein kostbarer Karneol, kein
Saphir.
17 Gold und Glas stehen ihr nicht gleich, / kein Tausch für sie ist Gold-
gerät,
18 nicht zu reden von Korallen und Kristall; / weit über Perlen geht der
Weisheit Besitz.
19 Der Topas von Kusch kommt ihr nicht gleich, / und reinstes Gold
wiegt sie nicht auf.

Gottes Weg

20 Die Weisheit aber, wo kommt sie her, / und wo ist der Ort der Ein-
sicht?
21 Verhüllt ist sie vor aller Lebenden Auge, / verborgen vor den Vögeln
des Himmels.
22 Abgrund und Tod sagen: / Unser Ohr vernahm von ihr nur ein
Raunen.
23 Gott ist es, der den Weg zu ihr weiß, / und nur er kennt ihren Ort.
24 Denn er blickt bis hin zu den Enden der Erde; / was unter dem All
des Himmels ist, sieht er.
25 Als er dem Wind sein Gewicht schuf / und die Wasser nach Maß
bestimmte,
26 als er dem Regen das Gesetz schuf / und einen Weg dem Donner-
gewölk,
27 damals hat er sie gesehen und gezählt, / sie festgestellt und
erforscht.
28 Doch zum Menschen sprach er: / Seht, die Furcht vor dem Herrn,
das ist Weisheit, / das Meiden des Bösen ist Einsicht.

Ijobs Schlußrede

Die gesegnete Vergangenheit

29 Dann setzte Ijob seine Rede fort und sprach:
2 Daß ich doch wäre / wie in längst vergangenen Monden, /
wie in den Tagen, da mich Gott beschirmte,
3 als seine Leuchte über meinem Haupt erstrahlte, / in seinem Licht ich
durch das Dunkel ging.
4 So, wie ich in den Tagen meiner Frühzeit war, / als Gottes Freund-
schaft über meinem Zelte stand,
5 als der Allmächtige noch mit mir war, / meine Kinder mich umgaben,
6 als meine Schritte sich in Milch gebadet, / Bäche von Öl der Fels mir
ergoß.
7 Ging ich durchs Tor zur Stadt hinauf, / ließ ich auf dem Platz meinen
Sitz aufstellen;
8 sahen mich die Jungen, so traten sie scheu beiseite, / die Alten stan-
den auf und blieben stehen.
9 Fürsten hielten mit Reden sich zurück / und legten ihre Hand auf
ihren Mund.
10 Der Edlen Stimme blieb stumm, / am Gaumen klebte ihre Zunge.
11 Hörte mich ein Ohr, pries es mich glücklich, / das Auge, das mich
sah, stimmte mir zu.
12 Denn ich rettete den Armen, der schrie, / die Waise, die ohne Hilfe war.
13 Der Segen des Verlorenen kam über mich, / und jubeln ließ ich der
Witwe Herz.
14 Ich bekleidete mich mit Gerechtigkeit, / wie Mantel und Kopfbund
umhüllte mich mein Recht.
15 Auge war ich für den Blinden, / dem Lahmen wurde ich zum Fuß.
16 Vater war ich für die Armen, / des Unbekannten Rechtsstreit prüfte
ich.
17 Ich zerschmetterte des Bösen Kiefer, / entriß die Beute seinen
Zähnen.
18 So dachte ich: Mit meinem Nest werde ich verscheiden / und gleich
dem Phönix meine Tage mehren.
19 Meine Wurzel reiche bis an das Wasser, / auf meinen Zweigen näch-
tige Tau.
20 Neu bleibe mir meine Ehre, / mein Bogen verjünge sich in meiner
Hand.
21 Auf mich horchten und warteten sie, / lauschten schweigend mei-
nem Rat.
22 Wenn ich sprach, nahm keiner das Wort; / es träufelte nieder auf sie
meine Rede.
23 Sie harrten auf mich wie auf Regen, / sperrten den Mund wie nach
Spätregen auf.
24 Lächelte ich denen zu, die ohne Vertrauen, / sie wiesen das Leuchten
meines Gesichts nicht ab.
25 Ich bestimmte ihr Tun, ich saß als Haupt, / thronte wie ein König
inmitten der Schar, / wie einer, der Trauernde tröstet.

Die schreckliche Gegenwart

30 Jetzt aber lachen über mich, / die jünger sind als ich an
Tagen, / deren Väter ich nicht für wert geachtet, / sie bei den
Hunden meiner Herde anzustellen.
2 Was sollte mir auch ihrer Hände Kraft? / Geschwunden war ihre
Rüstigkeit
3 durch Mangel und durch harten Hunger; / Leute, die das dürre Land
abnagen, / das Gras der Wüste und der Wüstenei.
4 Sie pflücken Salzmelde im Gesträuch, / und Ginsterwurzeln sind ihr
Brot.
5 Aus der Gemeinschaft wurden sie verjagt; / man schreit ihnen nach
wie einem Dieb.
6 Am Hang der Täler müssen sie wohnen, / in Erdhöhlen und in Fels-
geklüft.
7 Zwischen Sträuchern schreien sie kläglich, / drängen sich zusammen
unter wildem Gestrüpp.

8 Blödes Gesindel, Volk ohne Namen, / wurden sie aus dem Land hin-
ausgepeitscht.
9 Jetzt aber bin ich ihr Spottlied, / bin zum Klatsch für sie geworden.
10 Sie verabscheuen mich, rücken weit von mir weg, / scheuen sich
nicht, mir ins Gesicht zu speien.
11 Denn Gott löste mein Seil und beugte mich nieder, / sie aber ließen
die Zügel vor mir schießen.
12 Zur rechten Seite erhebt sich eine Schar, / treibt meine Füße weg, /
wirft gegen mich ihre Unheilsdämme auf.
13 Meinen Pfad reißen sie auf, helfen zu meinem Verderben, / und
niemand wehrt ihnen.
14 Wie durch eine breite Bresche kommen sie heran, / wälzen sich
unter Trümmern her.
15 Schrecken stürzen auf mich ein, / verjagt wie vom Wind ist mein
Adel, / wie eine Wolke entschwand mein Heil.
16 Und nun zerfließt die Seele in mir, / des Elends Tage packen mich an.
17 Des Nachts durchbohrt es mir die Knochen, / mein nagender
Schmerz kommt nicht zur Ruh.
18 Mit Allgewalt packt er mich am Kleid, / schnürt wie der Gürtel des
Rocks mich ein.
19 Er warf mich in den Lehm, / so daß ich Staub und Asche gleiche.
20 Ich schreie zu dir, und du erwiderst mir nicht; / ich stehe da, doch du
achtest nicht auf mich.
21 Du wandelst dich zum grausamen Feind gegen mich, / mit deiner
starken Hand befehdest du mich.
22 Du hebst mich in den Wind, fährst mich dahin, / läßt mich zergehen
im Sturmgebraus.
23 Ja, ich weiß, du führst mich zum Tod, / zur Sammelstätte aller
Lebenden.
24 Doch nicht an Trümmer legt er die Hand. – / Schreit man nicht um
Hilfe beim Untergang?
25 Weinte ich nicht um den, der harte Tage hatte, / grämte sich nicht
meine Seele über den Armen?
26 Ja, ich hoffte auf Gutes, doch Böses kam, / ich harrte auf Licht, doch
Finsternis kam.
27 Mein Inneres kocht und kommt nicht zur Ruhe, / mich haben die
Tage des Elends erreicht.
28 Geschwärzt, doch nicht von der Sonne gebrannt, / stehe ich auf in
der Gemeinde, schreie laut.
29 Den Schakalen wurde ich zum Bruder, / den Straußenhennen zum
Freund.
30 Die Haut an mir ist schwarz, / von Fieberglut brennen meine
Knochen.
31 Zur Trauer wurde mein Harfenspiel, / mein Flötenspiel zum Klage-
lied.

Erneute Unschuldsbeteuerung vor Gott

31 Einen Bund schloß ich mit meinen Augen, / nie eine Jung-
frau lüstern anzusehen.
2 Was wäre sonst mein Teil von Gott dort oben, / mein Erbe vom All-
mächtigen in der Höhe?
3 Ist nicht Verderben dem Frevler bestimmt / und Mißgeschick den
Übeltätern?
4 Sieht er denn meine Wege nicht, / zählt er nicht alle meine Schritte?
5 Wenn ich in Falschheit einherging, / wenn zum Betrug mein Fuß eilte,
6 dann wäge Gott mich auf gerechter Waage, / so wird er meine
Unschuld anerkennen.
7 Wenn mein Schritt vom Wege wich, / mein Herz meinen Augen
folgte, / an meinen Händen Makel klebte,
8 dann esse ein anderer, was ich säe, / entwurzelt werde, was mir
sproßt.
9 Wenn sich mein Herz von einer Frau betören ließ / und ich an der Tür
meines Nachbarn lauerte,
10 dann mahle meine Frau einem andern, / und andere sollen sich beu-
gen über sie.
11 Denn das wäre eine Schandtat / und ein Verbrechen, von Richtern zu
strafen.
12 Denn das wäre Feuer, das zum Abgrund frißt / und meine ganze
Habe entwurzelt.
13 Wenn ich das Recht meines Knechts mißachtet / und das meiner
Magd im Streit mit mir,
14 was könnt' ich tun, wenn Gott sich erhöbe, / was ihm entgegnen,
wenn er mich prüfte?
15 Hat nicht mein Schöpfer auch ihn im Mutterleib geschaffen, / hat
nicht der Eine uns im Mutterschoß gebildet?
16 Wenn ich der Armen Wunsch versagte, / verschmachten ließ der
Witwe Augen,
17 wenn ganz allein ich meinen Bissen aß, / das Waisenkind aber nicht
davon aß –
18 von Jugend an hat wie ein Vater er mich großgezogen, / vom Mutter-
schoß an mich geleitet –,
19 wenn ich den Verlorenen sah ohne Kleid / und ohne Decke den
Verarmten,
20 wenn nicht seine Lenden mir dankten, / er nicht von der Schur
meiner Lämmer sich wärmte,
21 wenn meine Hand der Waise drohte, / weil ich am Tor Helfer für
mich sah,
22 dann falle die Schulter mir vom Nacken, / breche der Arm mir aus
dem Gelenk.
23 Ja, Schrecken träfe mich, Gottes Verderben, / vor seiner Hoheit
hielte ich nicht stand.
24 Wenn ich auf Gold meine Hoffnung setzte, / zum Feingold sprach:
Du meine Zuversicht!,
25 wenn ich mich freute, daß groß mein Vermögen, / daß viel erreicht
hat meine Hand,
26 wenn ich die leuchtende Sonne sah, wie sie strahlte, / den Mond, wie
er herrlich dahinzog,
27 wenn heimlich sich mein Herz betören ließ / und meine Hand dem
Mund zum Kuß sich bot,
28 auch das wäre ein Verbrechen, vom Richter zu strafen, / denn Gott
da droben hätte ich verleugnet.
29 Wenn ich am Unglück meines Feinds mich freute / und trium-
phierte, daß Unheil ihn traf –
30 habe ich doch meinem Mund zu sündigen verboten, / sein Leben
mit Fluch zu verwünschen –.
31 Wenn meine Zeltgenossen nicht gestanden: / Wer wurde von seinem
Fleisch nicht gesättigt?
32 Kein Fremder mußte draußen übernachten, / dem Wanderer tat
meine Tür ich auf.
33 Wenn ich nach Menschenart meine Frevel verhehlte, / meine Schuld
verbarg in meiner Brust,
34 weil ich die große Menge scheute / und die Verachtung der Sippen
mich schreckte, / so schwiege ich still und ginge nicht zur Tür hinaus.

Ijobs Warten auf Gottes Antwort

35 Gäbe es doch einen, der mich hört. / Das ist mein Begehr, daß der
Allmächtige mir Antwort gibt: / Hier ist das Schriftstück, das mein
Gegner geschrieben.
36 Auf meine Schulter wollte ich es heben, / als Kranz es um den Kopf
mir winden.
37 Ich täte die Zahl meiner Schritte ihm kund, / ich nahte mich ihm wie
ein Fürst.
38 Wenn über mich mein Acker schrie, / seine Furchen miteinander
weinten,
39 wenn seinen Ertrag ich verzehrte, ohne zu bezahlen, / das Verlangen
seines Herrn ich unerfüllt ließ,
40 sollen Dornen wachsen statt Weizen, / statt Gerste stinkendes
Kraut.

Zu Ende sind die Worte Ijobs.

Giorgio de Chirico
Melancholie einer Straße
(1912-14)
»Gäbe es doch einen, der mich hört. Das ist mein Begehr, daß der Allmächtige mir Antwort gibt: Hier ist das Schriftstück, das mein Gegner geschrieben« (Ijob 31,35). In seiner Schlußrede listet Ijob eine Vielzahl von Verfehlungen auf, die er jedoch nicht begangen hat. Um so eindringlicher ist seine Klage über das Schweigen, das über seinem Unglück lastet. Ein Schweigen, in das sich jener Richter hüllt, dessen Existenz als Allmächtiger außer Zweifel steht. Er ähnelt insofern dem Licht, das Giorgio de Chirico auf einem Platz einströmen läßt, ohne dessen Quelle zu zeigen; allein die langen Schatten zeigen an, aus welcher Richtung das Licht einfällt. Vergleichen wir dieses Werk der Metaphysischen Malerei (Pittura metafisica) mit Edvard Munchs Holzschnitt *Der Schrei* (S. 381), so fällt eine Gemeinsamkeit auf: der Kontrast zwischen der ›Hauptfigur‹, hier in Gestalt eines Mädchens mit Springseil, und zwei sich entfernenden Figuren. Umso stärker kommt der Gegensatz zwischen jenem welterschütternden Angstschrei und der lautlosen Stille zur Geltung, die Giorgio de Chiricos Straße suggeriert. Das Gemälde ist Bestandteil einer Werkgruppe mit dem Titel *Italienische Plätze*.

Die Reden Elihus

Die erste Rede Elihus

Die Selbstvorstellung

32 Nun hörten jene drei Männer auf, Ijob zu entgegnen, weil er
gerecht war in seinen Augen. 2 Da entbrannte der Zorn Eli-
hus, des Sohnes Barachels, des Busiters aus dem Geschlecht Ram.
Gegen Ijob entbrannte sein Zorn, weil er sich vor Gott für gerecht
hielt. 3 Auch gegen seine drei Freunde entbrannte sein Zorn, weil sie
keine Antwort mehr fanden, um Ijob schuldig zu sprechen. 4 Elihu
aber hatte Ijob gegenüber mit Worten gezögert, weil jene älter waren
als er. 5 Doch als Elihu sah, daß die drei Männer keine Antwort mehr
wußten, entbrannte sein Zorn.
6 Da ergriff Elihu, der Sohn Barachels, der Busiter, das Wort und
sprach:
Noch bin ich jung an Jahren, / doch ihr seid hochbetagt; / deshalb
hielt ich mich zurück und scheute mich, / euch mein Wissen zu beweisen.
7 Ich dachte: Mag erst das Alter reden, / der Jahre Fülle Weisheit künden.
8 Jedoch, es ist der Geist im Menschen, / des Allmächtigen Hauch, der ihn verständig macht.
9 Die alt an Jahren sind, nicht immer sind sie weise / noch Greise stets des Rechten kundig.
10 Darum sage ich: Hört mich an! / Beweisen will auch ich mein Wissen.
11 Seht, gewartet habe ich auf eure Worte, / gelauscht auf eure klugen Sprüche, / bis ihr die rechten Worte fändet.
12 Ich bin euch aufmerksam gefolgt, / doch seht, keiner hat Ijob widerlegt, / keiner von euch ihm zu entgegnen vermocht.
13 Sagt nicht: Wir haben die Weisheit gefunden: / Gott wird ihn verstoßen, nicht ein Mensch.
14 Nicht gegen mich richten sich seine Reden, / nicht mit euren Worten werd' ich ihm entgegnen.
15 Besiegt sind sie, geben keine Antwort mehr, / die Worte sind ihnen ausgegangen.
16 Soll ich nun warten, wenn sie nicht reden, / wenn sie dastehen, nichts mehr zu sagen wissen?
17 So will auch ich nun meinen Teil erwidern, / beweisen will auch ich mein Wissen.
18 Denn angefüllt bin ich mit Worten, / mich drängt der Geist in meiner Brust.
19 Mein Inneres ist wie Wein, der keine Luft hat, / wie neue Schläuche muß es bersten.
20 Reden will ich, dann wird mir leichter, / ich öffne meine Lippen und entgegne.
21 Ich ergreife für niemand Partei / und sage keinem Schmeichelworte.
22 Denn ich versteh' mich nicht aufs Schmeicheln, / sonst raffte mich mein Schöpfer bald hinweg.

Die Zusammenfassung der Argumente Ijobs

33 Du aber, Ijob, hör doch auf meine Rede, / all meinen Worten leih dein Ohr!
2 Siehe, ich habe meinen Mund geöffnet, / schon spricht am Gaumen meine Zunge.
3 Gerade sind die Worte meines Herzens, / lautere Weisheit reden meine Lippen.
4 Gottes Geist hat mich erschaffen, / der Atem des Allmächtigen mir das Leben gegeben.
5 Wenn du kannst, so gib mir Antwort! / Leg es mir vor, und stell dich!
6 Schau, ich bin wie du vor Gott, / auch ich bin nur aus Lehm geformt.
7 Furcht vor mir braucht dich nicht zu erschrecken, / Druck von mir nicht auf dir lasten.

8 Jedoch, du sprachst vor meinen Ohren, / und ich vernahm der Worte
Laut:
9 Rein bin ich und ohne Sünde, / makellos und ohne Schuld.
10 Vorwürfe sucht Gott gegen mich zu finden, / er sieht mich an als sei-
nen Feind.
11 Meine Füße legt er in den Block, / er überwacht alle meine Pfade.
12 Da bist du nicht im Recht, sage ich dir, / denn Gott ist größer als der
Mensch.
13 Weshalb hast du mit ihm gehadert, / weil er all deinen Worten nicht
erwidert?

Gottes vielfältige Zeichen
14 Denn einmal redet Gott / und zweimal, man achtet nicht darauf.
15 Im Traum, im Nachtgesicht, / wenn tiefer Schlaf auf die Menschen
fällt, / im Schlummer auf dem Lager,
16 da öffnet er der Menschen Ohr / und schreckt sie auf durch War-
nung,
17 um von seinem Tun den Menschen abzubringen, / den Hochmut aus
dem Manne auszutreiben,
18 seine Seele vor dem Grab zu retten, / sein Leben davor, in den Todes-
schacht hinabzusteigen.
19 Er wird gemahnt durch Schmerz auf seinem Lager, / und ständig ist
Kampf in seinen Gliedern.
20 Am Brot verspürt sein Leben Ekel / und seine Seele an der Lieblings-
speise.
21 Es schwindet sein Fleisch, man sieht's nicht mehr. / Abgemagert bis
auf die Knochen, / die man sonst nicht sieht.
22 Dem Grabe nähert sich seine Seele, / sein Leben den Todesboten.
23 Wenn dann ein Engel ihm zur Seite steht, / ein Mittler, einer von den
Tausenden, / dem Menschen zu verkünden, was recht ist,
24 wenn dieser sich erbarmt und spricht: / Erlös ihn, daß er nicht ins
Grab absteige, / Lösegeld hab' ich für ihn gefunden!,
25 dann blüht sein Fleisch in Jugendfrische, / zu Jugendtagen kehrt er
zurück.
26 Betet er zu Gott, so ist er ihm gnädig, / er darf sein Angesicht
schauen in festlichem Jubel. / Dem Menschen gibt er die Gerechtigkeit
wieder.
27 Er singt bei den Menschen und spricht: / Gesündigt hatte ich und
das Recht verkehrt; / doch hat er mir nicht mit Gleichem vergolten,
28 meine Seele erlöst vor dem Abstieg ins Grab, / mein Leben darf
schauen das Licht.
29 Sieh, alles das pflegt Gott zu tun, / zweimal, ja dreimal mit den Men-
schen,
30 um fernzuhalten seine Seele von dem Grab, / um ihm zu leuchten
mit dem Licht des Lebens.
31 Merk auf, Ijob, hör mich an, / schweig still, daß ich rede!
32 Hast Worte du bereit, entgegne mir! / Sprich nur; denn gern gebe ich
dir recht.
33 Wenn aber nicht, hör du mich an! / Schweig still, damit ich dich
Weisheit lehre.

Die zweite Rede Elihus

Die Verwegenheit Ijobs
34 Dann ergriff Elihu das Wort und sprach:
2 Ihr Weisen, hört meine Worte, / ihr Kundigen, leiht mir
Gehör!
3 Denn das Ohr prüft die Worte, / und der Gaumen schmeckt die
Speise.
4 Laßt das Recht uns untersuchen, / erkennen unter uns, was gut ist.
5 Denn Ijob sagt: Ich bin im Recht, / doch Gott hat mir mein Recht ent-
zogen.
6 Meinem Recht zuwider soll ich lügen? / Unheilbar traf mich ohne
Schuld der Pfeil.
7 Wo ist ein Mann wie Ijob, / der Lästerung wie Wasser trinkt,
8 der hingeht, um sich den Übeltätern zuzugesellen, / und mit den
Frevlern Umgang pflegt?
9 Er sagte ja: Es nützt dem Menschen nichts, / daß er in Freundschaft
lebt mit Gott.

Das gerechte Handeln des Allmächtigen
10 Darum hört mir zu, ihr Männer mit Verstand! / Fern ist es, Gott
Unrecht zu tun, / und dem Allmächtigen, Frevel zu üben.
11 Nein, was der Mensch tut, das vergilt er ihm, / nach eines jeden Ver-
halten läßt er es ihn treffen.
12 Nein, wahrhaftig, nie tut Gott unrecht, / und der Allmächtige beugt
nicht das Recht.
13 Wer hat ihm seine Erde anvertraut, / und wer den ganzen Erdkreis
hingestellt?
14 Wenn er auf ihn den Sinn nur richtet, / seinen Geist und Atem zu
sich holt,
15 muß alles Fleisch zusammen sterben, / der Mensch zum Staube
wiederkehren.

Gottes Macht
16 Hast du Verstand, so höre dies, / lausche dem Laut meiner Worte!
17 Kann, wer das Recht haßt, Herrschaft führen? / Und willst du den
Gerechten, / den Erhabenen verklagen,
18 ihn, der zum König sagt: Du Nichtsnutz! / zu Edelmännern: Böse-
wicht!,
19 der nicht auf Fürsten Rücksicht nimmt, / vornehm nicht vor arm
begünstigt; / denn alle sind sie seiner Hände Werk.
20 Sie sterben plötzlich, mitten in der Nacht; / das Volk gerät in Auf-
ruhr, und sie müssen fort. / Starke müssen weichen, / ohne daß eine
Hand sich rührt.
21 Denn seine Augen schauen auf des Menschen Wege, / alle seine
Schritte sieht er wohl.
22 Kein Dunkel gibt es, keine Finsternis, / wo sich die Übeltäter bergen
könnten.
23 Denn dem Menschen setzt er keine Frist / zu Gott ins Gericht zu
gehen.
24 Gewaltige knickt er ohne Verhör / und stellt andere an ihren Platz.

Gottes Recht
25 Wahrhaftig, Gott kennt ja ihre Taten, / er stürzt sie bei Nacht, und
sie sind zermalmt.
26 Wie Frevler schlägt er sie / an einem Ort, wo man es sieht,
27 deshalb, weil sie von ihm wichen, / nicht achteten auf alle seine
Wege.
28 So läßt er der Armen Geschrei zu sich kommen, / er hört das
Geschrei der Gebeugten.
29 Hält er sich still, wer spricht ihn schuldig? / Verbirgt er sein Gesicht,
wer nimmt ihn wahr? / Über Volk und Menschen aber wacht er,
30 damit nicht ruchlose Menschen herrschen, / die dem Volk zum Fall-
strick werden.
31 Denn nicht ist's an Gott, zu sagen: / Geirrt habe ich, ich mach's
nicht wieder falsch.
32 Was ich nicht sehe, lehre du mich! / Tat ich Unrecht, ich will es nicht
mehr tun.
33 Soll er nach deinem Sinn vergelten, / weil du verwirfst?
So mußt ja du entscheiden, nicht ich, / und was du weißt, das sage an!
34 Verständige Männer werden zu mir sagen, / ein jeder Weise, der
mich hört:
35 Bar des Wissens redet Ijob, / und unbedacht sind seine Worte.
36 Wohlan, weiter werde Ijob geprüft, / weil er nach der Frevler Art
erwidert.
37 Denn Frevel fügt er noch zu seiner Sünde, / in unserer Mitte höhnt er
laut, / mehrt seine Worte gegen Gott.

Die dritte Rede Elihus

Gottes Überlegenheit

35 Dann ergriff Elihu das Wort und sprach:
2 Hältst du das für ein Rechtsverfahren? / Du behauptest
bloß: Gerecht bin ich vor Gott.
3 Du sagst: Was nützt es mir, / was habe ich davon, daß ich nicht sün-
dige?
4 Ich will mit Worten dir erwidern / und deinen Freunden auch mit dir.
5 Schau den Himmel an und sieh, / blick zu den Wolken auf hoch über
dir!
6 Wenn du gesündigt hast, was tust du ihm, / sind zahlreich deine Fre-
vel, was schadest du ihm?
7 Tust du recht, was gibst du ihm, / oder was empfängt er aus deiner
Hand?
8 Menschen wie dich trifft dein Frevel, / dein Gerechtsein nur die Men-
schenkinder.

Gottes Langmut
9 Sie schreien über der Bedrücker Menge, / rufen um Hilfe unter dem
Arm der Großen.
10 Doch keiner fragt: Wo ist Gott, mein Schöpfer, / der Loblieder
schenkt bei Nacht,
11 der uns mehr lehrt als die Tiere der Erde / und uns weiser macht als
die Vögel des Himmels?
12 Dort schreien sie, und doch antwortet er nicht / wegen des Über-
muts der Bösen.
13 Wahrhaftig umsonst, Gott hört es nicht, / und der Allmächtige sieht
es nicht an.
14 Gar wenn du sagst, du sähest ihn nicht – / das Gericht steht bei ihm,
du aber harre auf ihn!
15 Jetzt aber, da sein Zorn nicht straft / und er nicht groß des Frevels
achtet,
16 reißt Ijob sinnlos auf den Mund, / macht große Worte im Unver-
stand.

Die vierte Rede Elihus

Über die Vergeltung Gottes

36 Dann fuhr Elihu fort und sprach:
2 Wart ein wenig, ich will es dir künden, / ich hab' für Gott
noch mehr zu sagen.
3 Ich rufe mein Wissen weit hinaus, / meinem Schöpfer verschaff' ich
Recht.
4 Denn wahrhaftig, meine Worte sind kein Trug, / ein Mann vollkom-
menen Wissens steht vor dir.
5 Denn Gott ist gewaltig, doch verwirft er nicht, / gewaltig an Kraft und
an Weisheit.
6 Den Frevler läßt er nicht am Leben, / doch den Gebeugten schafft er
Recht.
7 Er wendet seine Augen nicht von dem Gerechten; / Könige auf dem
Thron: / für immer setzt er sie ein, sie werden groß.
8 Doch sind in Fesseln sie geschlagen, / gefangen in des Elends
Stricken,
9 so hält er ihnen ihr Tun vor / und ihr Vergehen, weil sie stolz geworden.
10 Er öffnet ihr Ohr zur Warnung, / fordert sie auf, vom Bösen zu lassen.
11 Wenn sie gehorchen und ihm dienen, / vollenden sie im Glück ihre
Tage, / in Wonnen ihre Jahre.
12 Hören sie nicht, so fahren sie zum Todesschacht hinab, / verschei-
den im Unverstand.
13 Ruchlos Gesinnte hegen Groll, / schreien nicht um Hilfe, wenn er
sie fesselt.
14 Jung schon muß ihre Seele sterben, / wie das Leben der Lustknaben
ist ihr Leben.

Über das Leid
15 Den Geplagten rettet Gott durch seine Plage / und öffnet durch
Bedrängnis sein Ohr.
16 Auch dich entreißt er dem Rachen der Bedrängnis, / in Weite stehst
du, nicht in Enge, / voll ist deine Tafel von fetten Speisen.
17 Doch wenn du wie ein Frevler richtest, / wird Recht und Gericht
dich treffen.
18 Zornglut verleite dich nicht beim Schicksalsschlag, / und reiches
Lösegeld verführe dich nicht.
19 Wird dein Schreien aus der Not dich führen / und alle Anstrengun-
gen voll Kraft?
20 Sehne nicht die Nacht herbei, / die Völker von ihrer Stätte vertreibt.
21 Hüte dich, und wende dich nicht zum Bösen! / Denn darum wirst du
durch Leid geprüft.

Über Gottes Größe
22 Sieh, groß ist Gott in seiner Macht. / Wer ist ein Lehrer wie er?
23 Wer will ihm weisen seinen Weg? / Wer kann ihm sagen: Du tust
Unrecht?
24 Denk daran, hoch sein Werk zu preisen, / von dem die Menschen
Lieder singen.
25 Alle Welt schaut es voll Staunen, / von ferne nur erblickt es der Mensch.
26 Sieh, Gott ist groß, nicht zu begreifen, / unerforschlich ist die Zahl
seiner Jahre.
27 Denn er zieht die Wassertropfen herauf, / als Regen ergießen sie
sich aus der Flut.
28 Durch ihn rieseln die Wolken, / träufeln nieder auf die vielen Men-
schen.
29 Wer gar versteht der Wolke Schweben, / den Donnerhall aus seinem
Zelt?
30 Sieh, darüber breitet er sein Licht / und deckt des Meeres Wurzeln zu.
31 Denn damit richtet er die Völker, / gibt Speise in reicher Fülle.
32 Mit leuchtenden Blitzen füllt er beide Hände, / bietet sie auf gegen
den, der angreift.
33 Ihn kündigt an sein Donnerhall, / wenn er im Zorn gegen den Frevel
eifert.

Über Gottes Macht

37 Darum erbebt mein Herz sehr heftig, / pocht erregt an seiner
Stelle.
2 Hört, hört das Toben der Stimme Gottes, / welch ein Grollen seinem
Mund entfährt.
3 Unter dem ganzen Himmel läßt er es los / und seinen Blitz über die
Säume der Erde.
4 Hinter ihm brüllt der Donner drein, / er dröhnt mit erhabener
Stimme.
Nicht hält er (die Blitze) zurück, / wenn sein Donner gehört wird.
5 Gott dröhnt mit seiner Stimme, wunderbar, / er schafft große Dinge,
wir verstehen sie nicht:
6 Dem Schnee befiehlt er: Fall zur Erde!, / dem Regenschwall, seinen
mächtigen Güssen.
7 Er versiegelt die Hand aller Menschen, / so daß alle Welt sein Tun
erkennt.
8 Die Tiere verkriechen sich in ihr Versteck, / sie lagern in ihren
Höhlen.
9 Aus seiner Kammer kommt der Sturm, / von den Winden des Nor-
dens die Kälte.
10 Durch Gottes Hauch entsteht das Eis, / liegt starr des Wassers
Fläche.
11 Auch belädt er die Wolken mit Naß, / streut umher die leuchtenden
Wolken.
12 Sie ziehen hin und her, wie er sie lenkt, / um alles, was er gebietet, /
zu wirken auf dem Kreis der Erde.
13 Sei es als Zuchtrute, sei es auch für seine Erde, / sei es als Erweis sei-
ner Huld, / so läßt er es sie treffen.

Über die Furcht vor Gott
14 Hör dir dies an, Ijob! Steh still, / um die Wunder Gottes zu betrachten.
15 Weißt du, wie Gott ihnen Auftrag gibt, / wie das Licht seiner Wolke aufstrahlt?
16 Weißt du um der Wolke Schweben, / um die Wunderwerke des Allwissenden?
17 Du, dem die Kleider vor Hitze glühen, / wenn die Erde unter dem Südwind liegt,
18 wölbst du gleich ihm das Wolkenfirmament, / das fest ist wie ein gegossener Spiegel?
19 Lehre du uns, was wir ihm sagen sollen. / Wir können wegen des Dunkels nichts vorbringen.
20 Muß man ihm erst erzählen, wenn ich rede? / Muß es erst einer sagen, / damit es ihm mitgeteilt wird?
21 Und nun, wenn man das Sonnenlicht nicht sieht, / ist es verdunkelt durch die Wolken, / ein Windhauch bläst und fegt sie weg.
22 Vom Norden naht ein Lichtglanz, / um Gott her ist schreckliche Herrlichkeit.
23 Den Allmächtigen ergründen wir nicht, / er ist erhaben an Macht und Recht, / er ist reich an Gerechtigkeit; Recht beugt er nicht.
24 Darum sollen die Menschen ihn fürchten. / Keinen sieht er an, wie weise sie auch sind.

Die Antwort Gottes

Die erste Rede Gottes

Fragen zum Geheimnis der Schöpfung
38 Da antwortete der Herr dem Ijob aus dem Wettersturm und sprach:
2 Wer ist es, der den Ratschluß verdunkelt / mit Gerede ohne Einsicht?
3 Auf, gürte deine Lenden wie ein Mann: / Ich will dich fragen, du belehre mich!
4 Wo warst du, als ich die Erde gegründet? / Sag es denn, wenn du Bescheid weißt.
5 Wer setzte ihre Maße? Du weißt es ja. / Wer hat die Meßschnur über ihr gespannt?
6 Wohin sind ihre Pfeiler eingesenkt? / Oder wer hat ihren Eckstein gelegt,
7 als alle Morgensterne jauchzten, / als jubelten alle Gottessöhne?
8 Wer verschloß das Meer mit Toren, / als schäumend es dem Mutterschoß entquoll,
9 als Wolken ich zum Kleid ihm machte, / ihm zur Windel dunklen Dunst,
10 als ich ihm ausbrach meine Grenze, / ihm Tor und Riegel setzte
11 und sprach: Bis hierher darfst du und nicht weiter, / hier muß sich legen deiner Wogen Stolz?
12 Hast du je in deinem Leben dem Morgen geboten, / dem Frührot seinen Ort bestimmt,
13 daß es der Erde Säume fasse / und daß die Frevler von ihr abgeschüttelt werden?
14 Sie wandelt sich wie Siegelton, / (die Dinge) stehen da wie ein Gewand.
15 Den Frevlern wird ihr Licht entzogen, / zerschmettert der erhobene Arm.
16 Bist du zu den Quellen des Meeres gekommen, / hast du des Urgrunds Tiefe durchwandert?
17 Haben dir sich die Tore des Todes geöffnet, / hast du der Finsternis Tore geschaut?
18 Hast du der Erde Breiten überblickt? / Sag es, wenn du das alles weißt.
19 Wo ist der Weg zur Wohnstatt des Lichts? / Die Finsternis, wo hat sie ihren Ort,
20 daß du sie einführst in ihren Bereich, / die Pfade zu ihrem Haus sie führst?
21 Du weißt es ja; du wurdest damals ja geboren, / und deiner Tage Zahl ist groß.
22 Bist du zu den Kammern des Schnees gekommen, / hast du die Kammern des Hagels gesehen,
23 den ich für Zeiten der Drangsal aufgespart, / für den Tag des Kampfes und der Schlacht?
24 Wo ist der Weg dorthin, wo das Licht sich verteilt, / der Ostwind sich über die Erde zerstreut?
25 Wer grub der Regenflut eine Rinne, / einen Weg für das Donnergewölk,
26 um Regen zu senden auf unbewohntes Land, / auf die Steppe, darin niemand wohnt,
27 um zu sättigen die Wildnis und Öde / und frisches Gras sprossen zu lassen?
28 Hat der Regen einen Vater, / oder wer zeugte die Tropfen des Taus?
29 Aus wessen Schoß ging das Eis hervor, / des Himmels Reif, wer hat ihn geboren?
30 Wie Stein erstarren die Wasser / und wird fest die Fläche der Flut.
31 Knüpfst du die Bande des Siebengestirns, / oder löst du des Orions Fesseln?
32 Führst du heraus des Tierkreises Sterne zur richtigen Zeit, / lenkst du die Löwin samt ihren Jungen?
33 Kennst du die Gesetze des Himmels, / legst du auf die Erde seine Urkunde nieder?
34 Erhebst du zu den Wolken deine Stimme, / daß dich die Woge des Wassers bedeckt?
35 Entsendest du die Blitze, daß sie eilen / und dir sagen: Wir sind da?
36 Wer verlieh dem Ibis Weisheit, / oder wer gab Einsicht dem Hahn?
37 Wer zählt in Weisheit die Wolken, / und die Schläuche des Himmels, wer schüttet sie aus,
38 wenn der Erdboden hart wird, als sei er gegossen, / und Erdschollen zusammenkleben?
39 Erjagst du Beute für die Löwin, / stillst du den Hunger der jungen Löwen,
40 wenn sie sich ducken in den Verstecken, / im Dickicht auf der Lauer liegen?
41 Wer bereitet dem Raben seine Nahrung, / wenn seine Jungen schreien zu Gott / und umherirren ohne Futter?

39 Kennst du der Steinböcke Wurfzeit, / überwachst du das Werfen der Hirsche?
2 Zählst du die Monde, die tragend sie füllen, / kennst du die Zeit ihres Wurfs?
3 Sie kauern sich, werfen ihre Jungen, / werden los ihre Wehen.
4 Ihre Jungen erstarken, wachsen im Freien, / laufen hinaus und kehren nicht zu ihnen zurück.
5 Wer hat das Maultier freigelassen, / des Wildesels Fesseln, wer schloß sie auf?
6 Ich gab ihm zur Behausung die Steppe, / zu seiner Wohnung die salzige Trift.
7 Er verlacht das Lärmen der Stadt, / hört nicht des Treibers Geschrei.
8 Die Berge sucht er nach Weide ab, / jeglichem Grün spürt er nach.
9 Wird dir der Wildstier dienen wollen, / bleibt er an deiner Krippe zur Nacht?
10 Hältst du am Seil ihn in der Furche, / pflügt er die Täler hinter dir her?
11 Traust du ihm, weil er so stark ist? / Überläßt du ihm deine Arbeit?
12 Glaubst du ihm, daß er wiederkommt / und deine Saat auf die Tenne bringt?
13 Lustig schlägt die Straußenhenne die Flügel. / Ist ihre Schwinge darum so / wie die des Storches und Falken?

14 Nein, sie gibt der Erde ihre Eier preis, / läßt sie erwärmen im Sand,
15 vergißt, daß sie ein Fuß zerdrücken, / das Wild des Feldes sie
zertreten kann;
16 sie behandelt ihre Jungen hart wie Fremde; / war umsonst ihre
Mühe, es erschreckt sie nicht.
17 Denn Gott ließ sie Weisheit vergessen, / gab ihr an Verstand keinen
Teil.
18 Im Augenblick aber, wenn sie hochschnellt, / verlacht sie das Roß
und seinen Reiter.
19 Gabst du dem Roß die Heldenstärke, / kleidest du mit einer Mähne
seinen Hals?
20 Läßt du wie Heuschrecken es springen? / Furchtbar ist sein stolzes
Wiehern.
21 Es scharrt im Tal und freut sich, / zieht mit Macht dem Kampf entgegen.
22 Es spottet der Furcht und kennt keine Angst / und kehrt nicht um vor
dem Schwert.
23 Über ihm klirrt der Köcher, / Speer und Sichelschwert blitzen.
24 Mit Donnerbeben wirbelt es den Staub auf, / steht nicht still beim
Klang des Horns.
25 Sooft das Horn hallt, wiehert es »hui« / und wittert den Kampf schon
von weitem, / der Anführer Lärm und das Schlachtgeschrei.
26 Kommt es von deiner Einsicht, / daß der Falke sich aufschwingt /
und nach Süden seine Flügel ausbreitet?
27 Fliegt auf dein Geheiß der Adler so hoch / und baut seinen Horst in
der Höhe?
28 Auf Felsen wohnt und nächtigt er, / auf der Felsenzacke und an
steiler Wand.
29 Von dort erspäht er die Beute, / seine Augen schauen ins Weite.
30 Nach Blut schon gieren seine Jungen; / wo Erschlagene sind, ist er
zur Stelle.

40 Da antwortete der Herr dem Ijob und sprach:
2 Mit dem Allmächtigen will der Tadler rechten? / Der Gott
anklagt, antworte drauf!

Ijobs Antwort
3 Da antwortete Ijob dem Herrn und sprach:
4 Siehe, ich bin zu gering. Was kann ich dir erwidern? / Ich lege meine
Hand auf meinen Mund.
5 Einmal habe ich geredet, ich tu es nicht wieder; / ein zweites Mal,
doch nun nicht mehr!

Die zweite Rede Gottes

Gottes Weisheit und Macht
6 Da antwortete der Herr dem Ijob aus dem Wettersturm und sprach:
7 Auf, gürte deine Lenden wie ein Mann! / Ich will dich fragen, du
belehre mich!
8 Willst du wirklich mein Recht zerbrechen, / mich schuldig sprechen,
damit du recht behältst?
9 Hast du denn einen Arm wie Gott, / dröhnst du wie er mit Donnerstimme?
10 So schmücke dich mit Hoheit und mit Majestät, / und kleide dich in
Prunk und Pracht!
11 Laß die Fluten deines Zornes sich ergießen, / schau an jeden Stolzen, demütige ihn!
12 Schau an jeden Stolzen, zwing ihn nieder! / Zertritt die Frevler auf
der Stelle!
13 Verbirg sie insgesamt im Staub, / schließ sie leibhaftig im Erdinnern
ein!
14 Dann werde auch ich dich preisen, / weil deine Rechte den Sieg dir
verschaffte.
15 Sieh doch das Nilpferd, das ich wie dich erschuf. / Gras frißt es wie
ein Rind.
16 Sieh doch die Kraft in seinen Lenden / und die Stärke in den Muskeln seines Leibs!
17 Wie eine Zeder läßt es hängen seinen Schwanz; / straff sind verflochten seiner Schenkel Sehnen.
18 Seine Knochen sind Röhren von Erz, / wie Eisenstangen sein
Gebein.
19 Es ist der Anfang der Wege Gottes; / der es gemacht hat, gab ihm
sein Schwert.
20 Doch die Berge tragen ihm Futter zu, / und alle Tiere des Feldes
spielen dort.
21 Es lagert unter Kreuzdornbüschen, / in dem Versteck von Schilf und
Sumpf.
22 Kreuzdornbüsche decken es mit Schatten, / die Pappeln am Fluß
umgeben es.
23 Schwillt auch der Fluß, es zittert nicht, / bleibt ruhig, wenn auch die
Flut ihm ins Maul dringt.
24 Kann man an den Augen es fassen, / mit Haken ihm die Nase durchbohren?
25 Kannst du das Krokodil am Angelhaken ziehen, / mit der Leine
seine Zunge niederdrücken?
26 Legst du ein Binsenseil ihm in die Nase, / durchbohrst du mit einem
Haken seine Backe?
27 Fleht es dich groß um Gnade an? / Richtet es zärtliche Worte an
dich?
28 Schließt es einen Pakt mit dir, / so daß du es dauernd nehmen
kannst zum Knecht?
29 Kannst du mit ihm wie mit einem Vogel spielen, / bindest du es für
deine Mädchen an?
30 Feilschen darum die Jagdgenossen, / verteilen sie es stückweise
unter die Händler?
31 Kannst du seine Haut mit Spießen spicken, / mit einer Fischharpune
seinen Kopf?
32 Leg nur einmal deine Hand daran! / Denk an den Kampf! Du tust es
nie mehr.

41 Sieh, das Hoffen darauf wird enttäuscht; / sein bloßer
Anblick bringt zu Fall.
2 So kühn ist keiner, es zu reizen; / wer könnte ihm wohl trotzen?
3 Wer begegnete ihm und bliebe heil? / Unter dem ganzen Himmel gibt
es so einen nicht.
4 Ich will nicht schweigen von seinen Gliedern, / wie groß und mächtig, wie wohlgeschaffen es ist.
5 Wer öffnet die Hülle seines Kleides, / wer dringt in seinen Doppelpanzer ein?
6 Wer öffnet die Tore seines Mauls? / Rings um seine Zähne lagert
Schrecken.
7 Reihen von Schilden sind sein Rücken, / verschlossen mit Siegel aus
Kieselstein.
8 Einer reiht sich an den andern, / kein Lufthauch dringt zwischen
ihnen durch.
9 Fest haftet jeder an dem andern, / sie sind verklammert, lösen sich
nicht.
10 Sein Niesen läßt Licht aufleuchten; / seine Augen sind wie des
Frührots Wimpern.
11 Aus seinem Maul fahren brennende Fackeln, / feurige Funken
schießen hervor.
12 Rauch dampft aus seinen Nüstern / wie aus kochendem, heißem Topf.
13 Sein Atem entflammt glühende Kohlen, / eine Flamme schlägt aus
seinem Maul hervor.
14 Stärke wohnt in seinem Nacken, / vor ihm her hüpft bange Furcht.
15 Straff liegt seines Wanstes Fleisch, / wie angegossen, unbewegt.
16 Sein Herz ist fest wie Stein, / fest wie der untere Mühlstein.
17 Erhebt es sich, erschrecken selbst die Starken; / vor Schrecken wissen sie nicht aus noch ein.
18 Trifft man es, kein Schwert hält stand, / nicht Lanze noch Geschoß
und Pfeil.

19 Eisen achtet es wie Stroh, / Bronze wie morsch gewordenes Holz.
20 Kein Bogenpfeil wird es verjagen, / in Stoppeln verwandeln sich ihm / die Steine der Schleuder.
21 Wie Stoppeln dünkt ihm die Keule, / es lacht nur über Schwertergerassel.
22 Sein Unteres sind Scherbenspitzen; / ein Dreschbrett breitet es über den Schlamm.
23 Die Tiefe läßt es brodeln wie den Kessel, / macht das Meer zu einem Salbentopf.
24 Es hinterläßt eine leuchtende Spur; / man meint, die Flut sei Greisenhaar.
25 Auf Erden gibt es seinesgleichen nicht, / dazu geschaffen, um sich nie zu fürchten.
26 Alles Hohe blickt es an; / König ist es über alle stolzen Tiere.

Ijobs Umkehr und Unterwerfung

42 Da antwortete Ijob dem Herrn und sprach:
2 Ich hab' erkannt, daß du alles vermagst; / kein Vorhaben ist dir verwehrt.
3 Wer ist es, der ohne Einsicht den Rat verdunkelt? / So habe ich denn im Unverstand geredet über Dinge, / die zu wunderbar für mich und unbegreiflich sind.
4 Hör doch, ich will nun reden, / ich will dich fragen, du belehre mich!
5 Vom Hörensagen nur hatte ich von dir vernommen; / jetzt aber hat mein Auge dich geschaut.
6 Darum widerrufe ich und atme auf, / in Staub und Asche.

Die Rahmenerzählung

Ijobs Rechtfertigung

7 Als der Herr diese Worte zu Ijob gesprochen hatte, sagte der Herr zu Elifas von Teman: Mein Zorn ist entbrannt gegen dich und deine beiden Gefährten; denn ihr habt nicht recht von mir geredet wie mein
Knecht Ijob.
8 So nehmt nun sieben Jungstiere und sieben Widder, geht hin zu meinem Knecht Ijob, und bringt ein Brandopfer für euch dar! Mein Knecht Ijob aber soll für euch Fürbitte einlegen; nur auf ihn nehme ich Rücksicht, daß ich euch nichts Schlimmeres antue. Denn ihr habt nicht recht von mir geredet wie mein Knecht Ijob.
9 Da gingen Elifas von Teman, Bildad von Schuach und Zofar von Naama hin und taten, was der Herr ihnen gesagt hatte. Und der Herr nahm Rücksicht auf Ijob.

Ijobs neues Glück

10 Der Herr wendete das Geschick Ijobs, als er für seinen Nächsten Fürbitte einlegte; und der Herr mehrte den Besitz Ijobs auf das Doppelte.
11 Da kamen zu ihm alle seine Brüder, alle seine Schwestern und alle seine früheren Bekannten und speisten mit ihm in seinem Haus. Sie bezeigten ihm ihr Mitleid und trösteten ihn wegen all des Unglücks, das der Herr über ihn gebracht hatte. Ein jeder schenkte ihm eine Kesita und einen goldenen Ring.
12 Der Herr aber segnete die spätere Lebenszeit Ijobs mehr als seine frühere. Er besaß vierzehntausend Schafe, sechstausend Kamele, tausend Joch Rinder und tausend Esel.
13 Auch bekam er sieben Söhne und drei Töchter.
14 Die erste nannte er Jemima, die zweite Kezia und die dritte Keren-Happuch.
15 Man fand im ganzen Land keine schöneren Frauen als die Töchter Ijobs; ihr Vater gab ihnen Erbbesitz unter ihren Brüdern.
16 Ijob lebte danach noch hundertvierzig Jahre; er sah seine Kinder und Kindeskinder, vier Geschlechter.
17 Dann starb Ijob, hochbetagt und satt an Lebenstagen.

Alexej von Jawlensky
In Andacht
(1937)
»Vom Hörensagen nur hatte ich von dir vernommen; jetzt aber hat mein Auge dich geschaut« (Ijob 42,5). In den zwei Jahrzehnten zwischen den beiden Weltkriegen widmete sich Alexej von Jawlensky dem menschlichen Antlitz. Hierbei weicht alles Porträthafte dem Bildzeichen, das sich am Ende auf ein Achsenkreuz konzentriert. Zugleich dämpfte er »den Zauber der Farbe« (Jawlensky), der seine Landschaften, Stilleben und Bildnisse zur Huldigung an die Pracht der Sinnenwelt gesteigert hatte. Der Farbauftrag der späten Werke gibt die Konzentration zu erkennen, mit der Jawlensky, körperlich schwer leidend, den Pinsel mit beiden Händen über die Bildfläche führte: Das Bild wird selbst zum Gesicht, das ein tief innerliches Schauen widerspiegelt, wobei sich Schauender und Geschautes im Sinne der Mystik vereinen. Diesen geistesgeschichtlichen Zusammenhang verdeutlicht der helle Fleck am Berührungspunkt des senkrechten mit dem oberen waagrechten Balken. Der Fleck dient als Weisheitszeichen in der Tradition des dritten Auges (ein Motiv, das Frida Kahlo auf der Stirn des Mosekindes verwendet hat, Abb. S. 106).
Dem schwarzen Querstrich (den Augenbrauen) entlang des oberen Bildrandes entspricht unten eine Mundlinie. Sie ergänzen das zunächst hervortretende Achsenkreuz aus Augen- und Nasenlinie zur Form des griechisch- bzw. russisch-orthodoxen Kreuzes mit drei Querbalken. Wir dürfen auch hierin ein Bekenntnis zur Mystik erkennen, die in der Ostkirche stärker als im Westen verankert ist. Jawlensky selbst bezeichnete eines dieser Bilder, die häufig den Titel *Meditation* tragen, als »Splitter meiner Seele«.

Die Psalmen

Ähnlich wie die Bücher des Mose ist diese Sammlung von 150 Einzelliedern, die eines der bedeutendsten Bücher der Heiligen Schrift und auch der gesamten Weltliteratur darstellen, in fünf Bücher eingeteilt: Ps 1–41; 42–72; 73–89; 90–106; 107–150. Die griechische und die lateinische Bibel haben eine leicht abweichende Zählweise der Psalmen (vgl. Anhang dieser Bibelausgabe). Die heutige Reihenfolge und Anordnung der Psalmen in der hebräischen Bibel, die eine gewisse Korrespondenz zu den Büchern des Mose aufweist, ist höchstwahrscheinlich von ihrem Gebrauch im Synagogengottesdienst her zu verstehen. Thematisch berühren die Psalmen fast alle Fragen und Probleme der alttestamentlichen Theologie. Die neuere Forschung befaßt sich besonders mit den verschiedenen Psalmengattungen und ihrem »Sitz im Leben« sowie mit der Überlieferung der einzelnen Psalmen bis zu ihrer jetzigen Gestalt. Man unterscheidet heute vor allem folgende Gattungen: Hymnen, Danklieder, Klagelieder eines einzelnen und des Volkes, Bittpsalmen, Wallfahrtslieder, Königslieder, Weisheitslieder, »messianische Psalmen«.
Daß der Psalter eine Sonderstellung unter den Schriften des Alten Testaments einnimmt, wird kaum bezweifelt. Denn die Psalmen lassen einen einzigartigen Einblick in die innere Struktur der Offenbarung tun. Der Psalter gibt nämlich davon Kunde, daß die Offenbarung sich nicht nur als monologes Sprechen und Handeln Gottes ereignet, sondern daß Gott sich im auserwählten Volk einen Partner bereitet hat, der mit in das Offenbarungsgeschehen einbezogen wird. Die Offenbarung ist demnach ein dialogischer Vorgang: Gott handelt und spricht nicht nur auf das Volk hin, sondern Israel spricht und handelt mit (vgl. Ex 19,8, wo das Volk sich einmütig bereit erklärt, Gottes Auserwählung anzunehmen). Von der Aufnahme des Dialogs durch das auserwählte Volk künden wie kein anderes biblisches Buch die Psalmen: Sie sind die in der Offenbarung und aus ihr erfolgte Antwort auf Gottes offenbartes Wort. Das sollen einige Entsprechungen der Psalmen zu wichtigen alttestamentlichen Texten zeigen:
Schöpfungstat und -werk Gottes: Gen 1 – Ps 104.
Der Mensch: Gen 1,26–28 – Ps 8.
Gottes Heiligkeit: Jes 6 – Ps 99.
Das Meerwunder: Ex 13–15 – Ps 66.
Lobpreis des Bundesgottes: Ex 19–24 – Ps 97.
Von Ägypten ins Gelobte Land: Ps 114.
Von der Patriarchenzeit bis zur Landverleihung: Ps 105.
Gottes Heilswerk an Zion: 2 Sam 6 – Ps 48.
Der Neue Bund: Jer 31,31–34; Ez 36,24–28 – Ps 51,12–14.
Der Messias als König: Jes 9,1–6; 11,1–5; Mi 5,1–3 – Ps 2; 72; 110.
Der Messias als Leidensmann: Jes 53 – Ps 22.
Natürlich decken sich die Inhalte der angeführten einander entsprechenden Texte nicht vollauf; aber Hauptmotive werden vom lobpreisenden Gottesvolk aufgegriffen, neu interpretiert, um andere Offenbarungsgehalte vermehrt und weiter entfaltet.
Noch etwas anderes geht aus den Psalmen hervor, nämlich daß Israels wichtigste und vornehmste Aufgabe, ja der Grund seiner Sonderexistenz im Gotteslob, im Gott gemäßen Kult besteht. Vom Kult her dürfte auch Licht auf die heutige Anordnung der Psalmen fallen. In Neh 8,1–6 ist ein Muster für den Synagogengottesdienst enthalten, der im Exil oder in der nachexilischen Zeit neben dem Tempelgottesdienst aufkommt. Weil der Opferdienst auf den Tempel beschränkt bleibt, handelt es sich im Synagogengottesdienst um den Typus eines reinen Lesegottesdienstes, der in etwa unserem Wortgottesdienst vergleichbar ist. Er ist folgendermaßen aufgebaut:
1. Nach Einleitungsgebeten folgt die Lesung des fälligen Abschnitts aus dem Pentateuch. Die fünf Bücher des Mose sind in einer einjährigen oder dreijährigen Leseordnung auf die Sabbate des Jahres verteilt (für die Feste sind besondere Texte ausgesucht).
2. Dann antwortet das Volk mit dem zugeordneten, vielleicht gesungenen Psalm.
3. An den Psalm schließt eine zweite Lesung aus den Propheten und eine Homilie an.
4. Segensgebete beschließen den Gottesdienst.

Mit ziemlicher Sicherheit läßt sich also sagen, daß zur Zeit der Wiederherstellung der nachexilischen Gemeinde unter Esra und Nehemia der Psalter seine heutige Gestalt erhalten hat. Für die einzelnen Psalmen wird man insgesamt eine Entstehungszeit von mehreren Jahrhunderten, von David bis Esra, anzunehmen haben. Weiter deutet ihre Verwendung im Synagogengottesdienst auch eine vom Kult her bestimmte Anordnung und Reihung verschiedener Texteinheiten im Pentateuch an und legt sie nahe.
So hat man also für das Verständnis der einzelnen Psalmen und des gesamten Psalters viel mehr als bisher deren Verwendung im Gottesdienst zu berücksichtigen.
Der Psalter hat seinen hohen Rang als Gebetbuch des alten Bundesvolkes auch für Christus und die junge Kirche behalten.
Die Kirche hat mit den Psalmen auf die in Christus erfüllte Offenbarung geantwortet. Bis heute verwendet sie daher in der Nachfolge des Herrn den Psalter vor allen anderen Gebetstexten für den Gottesdienst in seiner vielfältigen Gestalt.

Das erste Buch

Die beiden Wege

1 Wohl dem Mann, der nicht dem Rat der Frevler folgt, / nicht auf dem Weg der Sünder geht, / nicht im Kreis der Spötter sitzt,
2 sondern Freude hat an der Weisung des Herrn, / über seine Weisung nachsinnt bei Tag und bei Nacht.
3 Er ist wie ein Baum, / der an Wasserbächen gepflanzt ist,
der zur rechten Zeit seine Frucht bringt / und dessen Blätter nicht welken.
Alles, was er tut, / wird ihm gut gelingen.
4 Nicht so die Frevler: / Sie sind wie Spreu, die der Wind verweht.
5 Darum werden die Frevler im Gericht nicht bestehen / noch die Sünder in der Gemeinde der Gerechten.
6 Denn der Herr kennt den Weg der Gerechten, / der Weg der Frevler aber führt in den Abgrund.

Der Herr und sein Gesalbter

2 Warum toben die Völker, warum machen die Nationen vergebliche Pläne?
2 Die Könige der Erde stehen auf, / die Großen haben sich verbündet
gegen den Herrn und seinen Gesalbten.
3 »Laßt uns ihre Fesseln zerreißen / und von uns werfen ihre
Stricke!«
4 Doch er, der im Himmel thront, lacht, / der Herr verspottet sie.
5 Dann aber spricht er zu ihnen im Zorn, / in seinem Grimm wird er sie
erschrecken:
6 »Ich selber habe meinen König eingesetzt / auf Zion, meinem heiligen Berg.«
7 Den Beschluß des Herrn will ich kundtun. / Er sprach zu mir: »Mein
Sohn bist du. Heute habe ich dich gezeugt.
8 Fordere von mir, und ich gebe dir die Völker zum Erbe, / die Enden
der Erde zum Eigentum.
9 Du wirst sie zerschlagen mit eiserner Keule, / wie Krüge aus Ton
wirst du sie zertrümmern.«
10 Nun denn, ihr Könige, kommt zur Einsicht, / laßt euch warnen, ihr
Gebieter der Erde!
11 Dient dem Herrn in Furcht, / und küßt ihm mit Beben die Füße,
12 damit er nicht zürnt / und euer Weg nicht in den Abgrund führt.
Denn wenig nur, und sein Zorn ist entbrannt. / Wohl allen, die ihm
vertrauen!

Hilferuf in Feindesnot

3 [Ein Psalm Davids, als er vor seinem Sohn Abschalom floh.]
2 Herr, wie zahlreich sind meine Bedränger; / so viele stehen
gegen mich auf.
3 Viele gibt es, die von mir sagen: / »Er findet keine Hilfe bei Gott.«
[Sela]
4 Du aber, Herr, bist ein Schild für mich, / du bist meine Ehre und richtest mich auf.
5 Ich habe laut zum Herrn gerufen; / da erhörte er mich von seinem
heiligen Berg. [Sela]
6 Ich lege mich nieder und schlafe ein, / ich wache wieder auf, denn der
Herr beschützt mich.
7 Viele Tausende von Kriegern fürchte ich nicht, / wenn sie mich
ringsum belagern.
8 Herr, erhebe dich, / mein Gott, bring mir Hilfe!
Denn all meinen Feinden hast du den Kiefer zerschmettert, / hast den
Frevlern die Zähne zerbrochen.
9 Beim Herrn findet man Hilfe. / Auf dein Volk komme dein Segen!
[Sela]

Gottes Schutz in der Nacht

4 [Für den Chormeister. Mit Saitenspiel. Ein Psalm Davids.]
2 Wenn ich rufe, erhöre mich, / Gott, du mein Retter!
Du hast mir Raum geschaffen, als mir angst war. / Sei mir gnädig, und
hör auf mein Flehen!
3 Ihr Mächtigen, wie lange noch schmäht ihr meine Ehre, / warum
liebt ihr den Schein und sinnt auf Lügen? [Sela]
4 Erkennt doch: Wunderbar handelt der Herr an den Frommen; / der
Herr erhört mich, wenn ich zu ihm rufe.
5 Ereifert ihr euch, so sündigt nicht! / Bedenkt es auf eurem Lager, und
werdet stille! [Sela]
6 Bringt rechte Opfer dar, / und vertraut auf den Herrn!
7 Viele sagen: »Wer läßt uns Gutes erleben?« / Herr, laß dein Angesicht
über uns leuchten!
8 Du legst mir größere Freude ins Herz, / als andere haben bei Korn
und Wein in Fülle.
9 In Frieden leg' ich mich nieder und schlafe ein; / denn du allein,
Herr, läßt mich sorglos ruhen.

Ein Gebet zum Morgenopfer

5 [Für den Chormeister. Zum Flötenspiel. Ein Psalm Davids.]
2 Höre meine Worte, Herr, / achte auf mein Seufzen!
3 Vernimm mein lautes Schreien, mein König und mein Gott, / denn
ich flehe zu dir.
4 Herr, am Morgen hörst du mein Rufen, / am Morgen rüst' ich das
Opfer zu, halte Ausschau nach dir.
5 Denn du bist kein Gott, dem das Unrecht gefällt; / der Frevler darf
nicht bei dir weilen.
6 Wer sich brüstet, besteht nicht vor deinen Augen; / denn dein Haß
trifft alle, die Böses tun.
7 Du läßt die Lügner zugrunde gehn, / Mörder und Betrüger sind dem
Herrn ein Greuel.
8 Ich aber darf dein Haus betreten / dank deiner großen Güte,
ich werfe mich nieder in Ehrfurcht / vor deinem heiligen Tempel.
9 Leite mich, Herr, in deiner Gerechtigkeit, / meinen Feinden zum
Trotz; / ebne deinen Weg vor mir!
10 Aus ihrem Mund kommt kein wahres Wort, / ihr Inneres ist voll Verderben.
Ihre Kehle ist ein offenes Grab, / aalglatt ist ihre Zunge.
11 Gott, laß sie dafür büßen; / sie sollen fallen durch ihre eigenen
Ränke.
Verstoße sie wegen ihrer vielen Verbrechen; / denn sie empören sich
gegen dich.
12 Doch alle sollen sich freuen, die auf dich vertrauen, / und sollen
immerfort jubeln.
Beschütze alle, die deinen Namen lieben, / damit sie dich rühmen.
13 Denn du, Herr, segnest den Gerechten. / Wie mit einem Schild
deckst du ihn mit deiner Gnade.

Ein Bußgebet in Todesnot

6 [Für den Chormeister. Mit Saitenspiel nach der Achten. Ein Psalm Davids.]
2 Herr, strafe mich nicht in deinem Zorn, / und züchtige mich nicht in
deinem Grimm!
3 Sei mir gnädig, Herr, ich sieche dahin; / heile mich, Herr, denn
meine Glieder zerfallen!
4 Meine Seele ist tief verstört. / Du aber, Herr, wie lange säumst du noch?
5 Herr, wende dich mir zu und errette mich, / in deiner Huld bring mir
Hilfe!
6 Denn bei den Toten denkt niemand mehr an dich. / Wer wird dich in
der Unterwelt noch preisen?
7 Ich bin erschöpft vom Seufzen, / jede Nacht benetzen Ströme von
Tränen mein Bett, / ich überschwemme mein Lager mit Tränen.
8 Mein Auge ist getrübt vor Kummer, / ich bin gealtert wegen all meiner Gegner.
9 Weicht zurück von mir, all ihr Frevler; / denn der Herr hat mein lautes
Weinen gehört.
10 Gehört hat der Herr mein Flehen, / der Herr nimmt mein Beten an.
11 In Schmach und Verstörung geraten all meine Feinde, / sie müssen
weichen und gehen plötzlich zugrunde.

Gebet in Verfolgung

7 [Ein Klagelied Davids, das er dem Herrn sang wegen des Benjaminiters Kusch.]
2 Herr, mein Gott, ich flüchte mich zu dir; / hilf mir vor allen Verfolgern und rette mich,
3 damit mir niemand wie ein Löwe das Leben raubt, / mich zerreißt,
und keiner ist da, der mich rettet.
4 Wenn ich das getan habe, Herr, mein Gott, / wenn an meinen Händen Unrecht klebt,
5 wenn ich meinem Freunde Böses tat, / wenn ich den quälte, der mich
grundlos bedrängt hat,
6 dann soll mich der Feind verfolgen und ergreifen; / er richte mein
Leben zugrunde und trete meine Ehre mit Füßen. [Sela]

7 Herr, steh auf in deinem Zorn, / erheb dich gegen meine wütenden
Feinde!
Wach auf, du mein Gott! / Du hast zum Gericht gerufen. / Der Herr
richtet die Völker.
8 Um dich stehe die Schar der Völker im Kreis; / über ihnen throne du
in der Höhe!
9 Herr, weil ich gerecht bin, verschaff mir Recht, / (und tu an mir
Gutes,) weil ich schuldlos bin!
10 Die Bosheit der Frevler finde ein Ende, / doch gib dem Gerechten
Bestand, / gerechter Gott, der du auf Herz und Nieren prüfst.
11 Ein Schild über mir ist Gott, / er rettet die Menschen mit redlichem
Herzen.
12 Gott ist ein gerechter Richter, / ein Gott, der täglich strafen kann.
13 Wenn der Frevler sein Schwert wieder schärft, / seinen Bogen spannt
und zielt,
14 dann rüstet er tödliche Waffen gegen sich selbst, / bereitet sich
glühende Pfeile.
15 Er hat Böses im Sinn; / er geht schwanger mit Unheil, und Tücke
gebiert er.
16 Er gräbt ein Loch, er schaufelt es aus, / doch er stürzt in die Grube,
die er selber gemacht hat.
17 Seine Untat kommt auf sein eigenes Haupt, / seine Gewalttat fällt
auf seinen Scheitel zurück.
18 Ich will dem Herrn danken, denn er ist gerecht; / dem Namen des
Herrn, des Höchsten, will ich singen und spielen.

Die Herrlichkeit des Schöpfers – die Würde des Menschen

8 [Für den Chormeister. Nach dem Kelterlied. Ein Psalm Davids.]
2 Herr, unser Herrscher, / wie gewaltig ist dein Name auf der
ganzen Erde; / über den Himmel breitest du deine Hoheit aus.
3 Aus dem Mund der Kinder und Säuglinge schaffst du dir Lob, / dei-
nen Gegnern zum Trotz; / deine Feinde und Widersacher müssen ver-
stummen.
4 Seh' ich den Himmel, das Werk deiner Finger, / Mond und Sterne, die
du befestigt:
5 Was ist der Mensch, daß du an ihn denkst, / des Menschen Kind, daß
du dich seiner annimmst?
6 Du hast ihn nur wenig geringer gemacht als Gott, / hast ihn mit Herr-
lichkeit und Ehre gekrönt.
7 Du hast ihn als Herrscher eingesetzt über das Werk deiner Hände, /
hast ihm alles zu Füßen gelegt:
8 All die Schafe, Ziegen und Rinder / und auch die wilden Tiere,
9 die Vögel des Himmels und die Fische im Meer, / alles, was auf den
Pfaden der Meere dahinzieht.
10 Herr, unser Herrscher, / wie gewaltig ist dein Name auf der ganzen
Erde!

Gott, der Retter der Armen und Bedrängten

9 [Für den Chormeister. Nach der Weise »Stirb für den Sohn!« Ein
Psalm Davids.]
2 Ich will dir danken, Herr, aus ganzem Herzen, / verkünden will ich all
deine Wunder.
3 Ich will jauchzen und an dir mich freuen, / für dich, du Höchster, will
ich singen und spielen.
4 Denn zurückgewichen sind meine Feinde, / gestürzt und vergangen
vor deinem Angesicht.
5 Du hast mir Recht verschafft und für mich entschieden, / dich auf
den Thron gesetzt als ein gerechter Richter.
6 Du hast die Völker bedroht, die Frevler vernichtet, / ihren Namen
gelöscht für immer und ewig.
7 Die Feinde sind dahin, zerschlagen für immer. / Du hast Städte ent-
völkert, ihr Ruhm ist versunken.
8 Der Herr aber thront für ewig; / er stellt seinen Thron auf zum Gericht.
9 Er richtet den Erdkreis gerecht, / er spricht den Völkern das Urteil,
das sie verdienen.
10 So wird der Herr für den Bedrückten zur Burg, / zur Burg in Zeiten
der Not.
11 Darum vertraut dir, wer deinen Namen kennt; / denn du, Herr, ver-
läßt keinen, der dich sucht.
12 Singt dem Herrn, der thront auf dem Zion, / verkündet unter den
Völkern seine Taten!
13 Denn er, der jede Blutschuld rächt, denkt an die Armen, / und ihren
Notschrei vergißt er nicht.
14 Sei mir gnädig in meiner Not; / Herr, sieh doch, wie sie mich hassen!
Führ mich herauf von den Pforten des Todes, / 15 damit ich all deinen
Ruhm verkünde in den Toren von Zion / und frohlocke, weil du mir
hilfst.
16 Völker versanken in der Grube, die sie selber gegraben; / im Netz,
das sie heimlich gelegt, hat ihr Fuß sich verfangen.
17 Kundgetan hat sich der Herr: Er hielt sein Gericht; / im eigenen
Werk hat sich der Frevler verstrickt. [Zwischenspiel. Sela]
18 Hinabfahren müssen die Frevler zum Totenreich, / alle Heiden, die
Gott vergessen.
19 Doch der Arme ist nicht auf ewig vergessen, / des Elenden Hoffnung
ist nicht für immer verloren.
20 Erheb dich, Herr, damit nicht der Mensch triumphiert, / damit die
Völker gerichtet werden vor deinem Angesicht.
21 Wirf Schrecken auf sie, o Herr! / Erkennen sollen die Völker: Sie
sind nur Menschen. [Sela]

Ein Hilferuf gegen gewalttätige Menschen

10 Herr, warum bleibst du so fern, / verbirgst dich in Zeiten der
Not?
2 In seinem Hochmut quält der Frevler die Armen. / Er soll sich fangen
in den Ränken, die er selbst ersonnen hat.
3 Denn der Frevler rühmt sich nach Herzenslust, / er raubt, er lästert
und verachtet den Herrn.
4 Überheblich sagt der Frevler: / »Gott straft nicht. Es gibt keinen
Gott.« / So ist sein ganzes Denken.
5 Zu jeder Zeit glückt ihm sein Tun. / Hoch droben und fern von sich
wähnt er deine Gerichte. All seine Gegner faucht er an.
6 Er sagt in seinem Herzen: »Ich werde niemals wanken. / Von
Geschlecht zu Geschlecht trifft mich kein Unglück.«
7 Sein Mund ist voll Fluch und Trug und Gewalttat; / auf seiner Zunge
sind Verderben und Unheil.
8 Er liegt auf der Lauer in den Gehöften / und will den Schuldlosen
heimlich ermorden; / seine Augen spähen aus nach dem Armen.
9 Er lauert im Versteck wie ein Löwe im Dickicht, / er lauert darauf, den
Armen zu fangen; / er fängt den Armen und zieht ihn in sein Netz.
10 Er duckt sich und kauert sich nieder, / seine Übermacht bringt die
Schwachen zu Fall.
11 Er sagt in seinem Herzen: »Gott vergißt es, / er verbirgt sein Gesicht,
er sieht es niemals.«
12 Herr, steh auf, Gott, erheb deine Hand, / vergiß die Gebeugten
nicht!
13 Warum darf der Frevler Gott verachten, / und in seinem Herzen
sagen: »Du strafst nicht«?
14 Du siehst es ja selbst; / denn du schaust auf Unheil und Kummer.
Der Schwache vertraut sich dir an; / du bist den Verwaisten ein Helfer.
15 Zerbrich den Arm des Frevlers und des Bösen, / bestraf seine Frevel, /
so daß man von ihm nichts mehr findet.
16 Der Herr ist König für immer und ewig, / in seinem Land gehen die
Heiden zugrunde.
17 Herr, du hast die Sehnsucht der Armen gestillt, / du stärkst ihr Herz,
du hörst auf sie:
18 Du verschaffst den Verwaisten und Bedrückten ihr Recht. / Kein
Mensch mehr verbreite Schrecken im Land.

Vincent van Gogh
Sternennacht
(1889)

»Herr, unser Herrscher, wie gewaltig ist dein Name auf der ganzen Erde; über den Himmel breitest du deine Hoheit aus« (Ps 8,2). Vincent van Gogh schuf das Gemälde *Sternennacht* während seines freiwilligen Aufenthalts in einer Anstalt in Saint-Remy. Dieser Ort breitet sich im tiefgelegenen Mittelgrund aus. Der Turm seiner Kirche weist spitz zum Himmel empor, während die mächtige Zypresse des Vordergrunds sich in eine schwarze Flamme verwandelt und an jener Bewegung teilnimmt, die das gesamte Firmament ergriffen hat. Aus stilgeschichtlicher Sicht verdeutlicht *Sternennacht* Vincent van Goghs Umformung der sinnlichen Wahrnehmung zum Erlebnisausdruck, dessen Vorrang den Expressionismus des frühen 20. Jahrhunderts kennzeichnet. Worin besteht aber van Goghs Sternenerlebnis? Wird der Maler zum Psalmisten, dessen Gesang am nächtlichen Himmel widerhallt? Ein Brief van Goghs an seinen jungen Malerfreund Emile Bernard nennt die Sterne eine »neue Heimat« nach dem Tod, der kein Ende setzt, sondern der Verwandlung der Raupe in einen Schmetterling gleicht. »Dieses Maler-Schmetterlingsdasein hätte als Tätigkeitsfeld eines der zahllosen Gestirne, welche uns nach dem Tod vielleicht nicht unerreichbarer wären als es die schwarzen Punkte, die uns auf der Landkarte Städte und Dörfer symbolisieren, in unserem irdischen Leben sind.«

Gottes Blick auf den Menschen

11 [Für den Chormeister. Von David.]
Beim Herrn finde ich Zuflucht. / Wie könnt ihr mir sagen:
»In die Berge flieh wie ein Vogel«?
2 Schon spannen die Frevler den Bogen, / sie legen den Pfeil auf die
Sehne, um aus dem Dunkel zu treffen / die Menschen mit redlichem
Herzen.
3 Gerät alles ins Wanken, / was kann da der Gerechte noch tun?
4 Der Herr weilt in seinem heiligen Tempel, / der Thron des Herrn ist
im Himmel.
Seine Augen schauen herab, / seine Blicke prüfen die Menschen.
5 Der Herr prüft Gerechte und Frevler; / wer Gewalttat liebt, den haßt
er aus tiefster Seele.
6 Auf die Frevler lasse er Feuer und Schwefel regnen; / sengender Wind
sei ihr Anteil.
7 Denn der Herr ist gerecht, er liebt gerechte Taten; / wer rechtschaffen
ist, darf sein Angesicht schauen.

Die Falschheit der Menschen – die Treue Gottes

12 [Für den Chormeister. Nach der Achten. Ein Psalm Davids.]
2 Hilf doch, o Herr, die Frommen schwinden dahin, / unter
den Menschen gibt es keine Treue mehr.
3 Sie lügen einander an, einer den andern, / mit falscher Zunge und
zwiespältigem Herzen reden sie.
4 Der Herr vertilge alle falschen Zungen, / jede Zunge, die vermessen
redet.

5 Sie sagen: »Durch unsre Zunge sind wir mächtig; / unsre Lippen sind
unsre Stärke. Wer ist uns überlegen?«
6 Die Schwachen werden unterdrückt, die Armen seufzen. / Darum
spricht der Herr: »Jetzt stehe ich auf, / dem Verachteten bringe ich Heil.«
7 Die Worte des Herrn sind lautere Worte, / Silber, geschmolzen im
Ofen, / von Schlacken geschieden, geläutert siebenfach.
8 Du, Herr, wirst uns behüten / und uns vor diesen Leuten für immer
erretten,
9 auch wenn die Frevler frei umhergehen / und unter den Menschen die
Gemeinheit groß wird.

Klage und Vertrauen in großer Not

13 [Für den Chormeister. Ein Psalm Davids.]
2 Wie lange noch, Herr, vergißt du mich ganz? / Wie lange
noch verbirgst du dein Gesicht vor mir?
3 Wie lange noch muß ich Schmerzen ertragen in meiner Seele, / in
meinem Herzen Kummer Tag für Tag? / Wie lange noch darf mein
Feind über mich triumphieren?
4 Blick doch her, erhöre mich, Herr, mein Gott, / erleuchte meine
Augen, damit ich nicht entschlafe und sterbe,
5 damit mein Feind nicht sagen kann: / »Ich habe ihn überwältigt«,
damit meine Gegner nicht jubeln, / weil ich ihnen erlegen bin.
6 Ich aber baue auf deine Huld, / mein Herz soll über deine Hilfe
frohlocken.
Singen will ich dem Herrn, / weil er mir Gutes getan hat.

Die Torheit der Gottesleugner

14 [Für den Chormeister. Von David.]
Die Toren sagen in ihrem Herzen: / »Es gibt keinen Gott.«
Sie handeln verwerflich und schnöde; / da ist keiner, der Gutes tut.
2 Der Herr blickt vom Himmel herab auf die Menschen, / ob noch ein
Verständiger da ist, der Gott sucht.
3 Alle sind sie abtrünnig und verdorben, / keiner tut Gutes, auch nicht
ein einziger.
4 Haben denn all die Übeltäter keine Einsicht? / Sie verschlingen mein
Volk.
Sie essen das Brot des Herrn, / doch seinen Namen rufen sie nicht an.
5 Es trifft sie Furcht und Schrecken; / denn Gott steht auf der Seite der
Gerechten.
6 Die Pläne der Armen wollt ihr vereiteln, / doch ihre Zuflucht ist der
Herr.
7 Ach, käme doch vom Zion Hilfe für Israel! / Wenn einst der Herr das Ge-
schick seines Volkes wendet, / dann jubelt Jakob, dann freut sich Israel.

Die Bedingungen für den Eintritt ins Heiligtum

15 [Ein Psalm Davids.]
Herr, wer darf Gast sein in deinem Zelt, / wer darf weilen auf
deinem heiligen Berg?
2 Der makellos lebt und das Rechte tut; / der von Herzen die Wahrheit
sagt / 3 und mit seiner Zunge nicht verleumdet;
der seinem Freund nichts Böses antut / und seinen Nächsten nicht
schmäht;
4 der den Verworfenen verachtet, / doch alle, die den Herrn fürchten, in
Ehren hält; der sein Versprechen nicht ändert, / das er seinem Näch-
sten geschworen hat;
5 der sein Geld nicht auf Wucher ausleiht / und nicht zum Nachteil des
Schuldlosen Bestechung annimmt.
Wer sich danach richtet, / der wird niemals wanken.

Gott, der Anteil seiner Getreuen

16 [Ein Lied Davids.]
Behüte mich, Gott, denn ich vertraue dir. / 2 Ich sage zum
Herrn: »Du bist mein Herr; mein ganzes Glück bist du allein.«
3 An den Heiligen im Lande, den Herrlichen, / an ihnen nur hab' ich
mein Gefallen.
4 Viele Schmerzen leidet, wer fremden Göttern folgt. / Ich will ihnen
nicht opfern, / ich nehme ihre Namen nicht auf meine Lippen.
5 Du, Herr, gibst mir das Erbe und reichst mir den Becher; / du hältst
mein Los in deinen Händen.
6 Auf schönem Land fiel mir mein Anteil zu. / Ja, mein Erbe gefällt mir gut.
7 Ich preise den Herrn, der mich beraten hat. / Auch mahnt mich mein
Herz in der Nacht.
8 Ich habe den Herrn beständig vor Augen. / Er steht mir zur Rechten,
ich wanke nicht.
9 Darum freut sich mein Herz und frohlockt meine Seele; / auch mein
Leib wird wohnen in Sicherheit.
10 Denn du gibst mich nicht der Unterwelt preis; / du läßt deinen
Frommen das Grab nicht schauen.
11 Du zeigst mir den Pfad zum Leben. / Vor deinem Angesicht herrscht
Freude in Fülle, / zu deiner Rechten Wonne für alle Zeit.

Das Gebet eines Verfolgten

17 [Ein Gebet Davids.]
Höre, Herr, die gerechte Sache, / achte auf mein Flehen, /
vernimm mein Gebet von Lippen ohne Falsch!
2 Von deinem Angesicht ergehe mein Urteil; / denn deine Augen
sehen, was recht ist.
3 Prüfst du mein Herz, / suchst du mich heim in der Nacht und er-
probst mich, / dann findest du an mir kein Unrecht.
Mein Mund verging sich nicht, / 4 trotz allem, was die Menschen auch
treiben; / ich halte mich an das Wort deiner Lippen.
5 Auf dem Weg deiner Gebote gehn meine Schritte, / meine Füße wan-
ken nicht auf deinen Pfaden.
6 Ich rufe dich an, denn du, Gott, erhörst mich. / Wende dein Ohr mir
zu, vernimm meine Rede!
7 Wunderbar erweise deine Huld! / Du rettest alle, die sich an deiner
Rechten vor den Feinden bergen.
8 Behüte mich wie den Augapfel, den Stern des Auges, / birg mich im
Schatten deiner Flügel
9 vor den Frevlern, die mich hart bedrängen, / vor den Feinden, die
mich wütend umringen.
10 Sie haben ihr hartes Herz verschlossen, / sie führen stolze Worte im
Mund,
11 sie lauern mir auf, jetzt kreisen sie mich ein; / sie trachten danach,
mich zu Boden zu strecken,
12 so wie der Löwe voll Gier ist zu zerreißen, / wie der junge Löwe, der
im Hinterhalt lauert.
13 Erheb dich, Herr, tritt dem Frevler entgegen! / Wirf ihn zu Boden,
mit deinem Schwert entreiß mich ihm!
14 Rette mich, Herr, mit deiner Hand vor diesen Leuten, / vor denen,
die im Leben schon alles haben.
Du füllst ihren Leib mit Gütern, / auch ihre Söhne werden noch satt /
und hinterlassen den Enkeln, was übrigbleibt.
15 Ich aber will in Gerechtigkeit dein Angesicht schauen, / mich satt
sehen an deiner Gestalt, wenn ich erwache.

Ein Danklied des Königs für Rettung und Sieg

18 [Für den Chormeister. Von David, dem Knecht des Herrn,
der dem Herrn die Worte dieses Liedes sang an dem Tag, als
ihn der Herr aus der Gewalt all seiner Feinde und aus der Hand Sauls
errettet hatte.
2 Er sprach:]
Ich will dich rühmen, Herr, meine Stärke, / 3 Herr, du mein Fels, meine
Burg, mein Retter,
mein Gott, meine Feste, in der ich mich berge, / mein Schild und
sicheres Heil, meine Zuflucht.
4 Ich rufe: Der Herr sei gepriesen!, / und ich werde vor meinen Feinden
gerettet.
5 Mich umfingen die Fesseln des Todes, / mich erschreckten die Fluten
des Verderbens.

6 Die Bande der Unterwelt umstrickten mich, / über mich fielen die
Schlingen des Todes.
7 In meiner Not rief ich zum Herrn / und schrie zu meinem Gott.
Aus seinem Heiligtum hörte er mein Rufen, / mein Hilfeschrei drang
an sein Ohr.
8 Da wankte und schwankte die Erde, / die Grundfesten der Berge
erbebten. / Sie wankten, denn sein Zorn war entbrannt.
9 Rauch stieg aus seiner Nase auf, / aus seinem Mund kam verzehren-
des Feuer, / glühende Kohlen sprühten aus von ihm.
10 Er neigte den Himmel und fuhr herab, / zu seinen Füßen dunkle
Wolken.
11 Er fuhr auf dem Kerub und flog daher; / er schwebte auf den Flügeln
des Windes.
12 Er hüllte sich in Finsternis, / in dunkles Wasser und dichtes Gewölk
wie in ein Zelt.
13 Von seinem Glanz erstrahlten die Wolken, / Hagel fiel nieder und
glühende Kohlen.
14 Da ließ der Herr den Donner im Himmel erdröhnen, / der Höchste
ließ seine Stimme erschallen.
15 Er schoß seine Pfeile und streute sie, / er schleuderte Blitze und
jagte sie dahin.
16 Da wurden sichtbar die Tiefen des Meeres, / die Grundfesten der
Erde wurden entblößt
vor deinem Drohen, Herr, / vor dem Schnauben deines zornigen Atems.
17 Er griff aus der Höhe herab und faßte mich, / zog mich heraus aus
gewaltigen Wassern.
18 Er entriß mich meinen mächtigen Feinden, / die stärker waren als
ich und mich haßten.
19 Sie überfielen mich am Tag meines Unheils, / doch der Herr wurde
mein Halt.
20 Er führte mich hinaus ins Weite, / er befreite mich, denn er hatte an
mir Gefallen.
21 Der Herr hat gut an mir gehandelt und mir vergolten, / weil ich
gerecht bin und meine Hände rein sind.
22 Denn ich hielt mich an die Wege des Herrn / und fiel nicht ruchlos
ab von meinem Gott.
23 Ja, ich habe alle seine Gebote vor Augen, / weise seine Gesetze nie-
mals ab.
24 Ich war vor ihm ohne Makel, / ich nahm mich in acht vor der Sünde.
25 Darum hat der Herr mir vergolten, weil ich gerecht bin / und meine
Hände rein sind vor seinen Augen.
26 Gegen den Treuen zeigst du dich treu, / an dem Aufrichtigen han-
delst du recht.
27 Gegen den Reinen zeigst du dich rein, / doch falsch gegen den
Falschen.
28 Dem bedrückten Volk bringst du Heil, / doch die Blicke der Stolzen
zwingst du nieder.
29 Du, Herr, läßt meine Leuchte erstrahlen, / mein Gott macht meine
Finsternis hell.
30 Mit dir erstürme ich Wälle, / mit meinem Gott überspringe ich
Mauern.
31 Vollkommen ist Gottes Weg, / das Wort des Herrn ist im Feuer
geläutert. / Ein Schild ist er für alle, die sich bei ihm bergen.
32 Denn wer ist Gott als allein der Herr, / wer ist ein Fels, wenn nicht
unser Gott?
33 Gott hat mich mit Kraft umgürtet, / er führte mich auf einen Weg
ohne Hindernis.
34 Er ließ mich springen schnell wie Hirsche, / auf hohem Weg ließ er
mich gehen.
35 Er lehrte meine Hände zu kämpfen, / meine Arme, den ehernen
Bogen zu spannen.
36 Du gabst mir deine Hilfe zum Schild, / deine Rechte stützt mich; / du
neigst dich mir zu und machst mich groß.
37 Du schaffst meinen Schritten weiten Raum, / meine Knöchel wan-
ken nicht.
38 Ich verfolge meine Feinde und hole sie ein, / ich kehre nicht um, bis
sie vernichtet sind.
39 Ich schlage sie nieder; / sie können sich nicht mehr erheben, sie fal-
len und liegen unter meinen Füßen.
40 Du hast mich zum Kampf mit Kraft umgürtet, / hast alle in die Knie
gezwungen, die sich gegen mich erhoben.
41 Meine Feinde hast du zur Flucht gezwungen; / ich konnte die ver-
nichten, die mich hassen.
42 Sie schreien, doch hilft ihnen niemand, / sie schreien zum Herrn,
doch er gibt keine Antwort.
43 Ich zermalme sie zu Staub vor dem Wind, / schütte sie auf die Straße
wie Unrat.
44 Du rettest mich vor zahllosem Kriegsvolk, / du machst mich zum
Haupt über ganze Völker.
Stämme, die ich früher nicht kannte, sind mir nun untertan. /
45 Sobald sie mich nur hören, gehorchen sie.
Mir huldigen die Söhne der Fremde, / 46 sie kommen zitternd aus
ihren Burgen hervor.
47 Es lebt der Herr! Mein Fels sei gepriesen. / Der Gott meines Heils sei
hoch erhoben;
48 denn Gott verschaffte mir Vergeltung / und unterwarf mir die Völ-
ker.
49 Du hast mich von meinen Feinden befreit, / mich über meine Geg-
ner erhoben, / dem Mann der Gewalt mich entrissen.
50 Darum will ich dir danken, Herr, vor den Völkern, / ich will deinem
Namen singen und spielen.
51 Seinem König verlieh er große Hilfe, / Huld erwies er seinem
Gesalbten, / David und seinem Stamm auf ewig.

Lob der Schöpfung – Lob des Gesetzes

19 [Für den Chormeister. Ein Psalm Davids.]
2 Die Himmel rühmen die Herrlichkeit Gottes, / vom Werk
seiner Hände kündet das Firmament.
3 Ein Tag sagt es dem andern, / eine Nacht tut es der andern kund,
4 ohne Worte und ohne Reden, / unhörbar bleibt ihre Stimme.
5 Doch ihre Botschaft geht in die ganze Welt hinaus, / ihre Kunde bis
zu den Enden der Erde.
Dort hat er der Sonne ein Zelt gebaut. / 6 Sie tritt aus ihrem Gemach
hervor wie ein Bräutigam;
sie frohlockt wie ein Held / und läuft ihre Bahn.
7 Am einen Ende des Himmels geht sie auf / und läuft bis ans andere
Ende; / nichts kann sich vor ihrer Glut verbergen.
8 Die Weisung des Herrn ist vollkommen, / sie erquickt den Menschen.
Das Gesetz des Herrn ist verläßlich, / den Unwissenden macht es
weise.
9 Die Befehle des Herrn sind richtig, / sie erfreuen das Herz;
das Gebot des Herrn ist lauter, / es erleuchtet die Augen.
10 Die Furcht des Herrn ist rein, / sie besteht für immer.
Die Urteile des Herrn sind wahr, / gerecht sind sie alle.
11 Sie sind kostbarer als Gold, als Feingold in Menge. / Sie sind süßer
als Honig, als Honig aus Waben.
12 Auch dein Knecht läßt sich von ihnen warnen; / wer sie beachtet, hat
reichen Lohn.
13 Wer bemerkt seine eigenen Fehler? / Sprich mich frei von Schuld, die
mir nicht bewußt ist!
14 Behüte deinen Knecht auch vor vermessenen Menschen; / sie sollen
nicht über mich herrschen.
Dann bin ich ohne Makel / und rein von schwerer Schuld.
15 Die Worte meines Mundes mögen dir gefallen; / was ich im Herzen
erwäge, stehe dir vor Augen, / Herr, mein Fels und mein Erlöser.

Bitte für den König

20 [Für den Chormeister. Ein Psalm Davids.]
2 Der Herr erhöre dich am Tage der Not, / der Name von
Jakobs Gott möge dich schützen.

Pablo Picasso
Kreuzigung
(1930)
»Sie sperren gegen mich ihren Rachen auf, reißende, brüllende Löwen« (Ps 22,14). Picassos Darstellung der – oder einer – Kreuzigung vergegenwärtigt den Zusammenhang zwischen dem ›Passionspsalm‹, (gekennzeichnet durch das Motiv der Bedrohung durch wilde Tiere) und dem Bericht über den Tod Jesu bei Johannes. Gemeinsam sind den beiden Texten und Picassos Gemälde das Würfeln um das Gewand (Ps 22,19; Joh 19,24), auf das die Gruppe im Vordergrund hindeutet, und das Durchbohren der Hände (Ps 22,17). Picassos besondere Nähe zur Bildsprache des Psalmisten verdeutlichen »der Leute Spott« in Gestalt der Fratze rechts und der Felsbrocken links, der jene »Last« symbolisiert, die der Gemarterte auf den Herrn wälzen soll (Ps 22,7-9).

3 Er sende dir Hilfe vom Heiligtum / und stehe dir bei vom Zion her.
4 An all deine Speiseopfer denke er, / nehme dein Brandopfer gnädig an. [Sela]
5 Er schenke dir, was dein Herz begehrt, / und lasse all deine Pläne gelingen.
6 Dann wollen wir jubeln über deinen Sieg, / im Namen unsres Gottes das Banner erheben. / All deine Bitten erfülle der Herr.
7 Nun bin ich gewiß: / der Herr schenkt seinem Gesalbten den Sieg; er erhört ihn von seinem heiligen Himmel her / und hilft ihm mit der Macht seiner Rechten.
8 Die einen sind stark durch Wagen, die andern durch Rosse / wir aber sind stark im Namen des Herrn, unsres Gottes.
9 Sie sind gestürzt und gefallen; / wir bleiben aufrecht und stehen.
10 Herr, verleihe dem König den Sieg! / Erhör uns am Tag, da wir rufen!

Dank für den Sieg des Königs

21
[Für den Chormeister. Ein Psalm Davids.]
2 An deiner Macht, Herr, freut sich der König; / über deine Hilfe, wie jubelt er laut!
3 Du hast ihm den Wunsch seines Herzens erfüllt, / ihm nicht versagt, was seine Lippen begehrten. [Sela]
4 Du kamst ihm entgegen mit Segen und Glück, / du kröntest ihn mit einer goldenen Krone.
5 Leben erbat er von dir, du gabst es ihm, / viele Tage, für immer und ewig.
6 Groß ist sein Ruhm durch deine Hilfe, / du hast ihn bekleidet mit Hoheit und Pracht.
7 Du machst ihn zum Segen für immer; / wenn du ihn anblickst, schenkst du ihm große Freude.
8 Denn der König vertraut auf den Herrn, / die Huld des Höchsten läßt ihn niemals wanken.
9 Deine Hand wird all deine Feinde finden; / wer dich haßt, den trifft deine Rechte.
10 Du läßt sie glühen wie einen feurigen Ofen, / sobald du erscheinst. Der Herr verschlingt sie im Zorn, / das Feuer verzehrt sie.
11 Du wirst ihre Brut von der Erde vertilgen; / ihr Geschlecht (verschwindet) aus der Mitte der Menschen.
12 Schmieden sie auch böse und listige Pläne, / richten sie doch nichts aus gegen dich.
13 Du schlägst sie alle in die Flucht, / wenn du mit deinem Bogen auf sie zielst.

14 Erhebe dich, Herr, in deiner Macht! / Deiner siegreichen Kraft wollen wir singen und spielen.

Gottverlassenheit und Heilsgewißheit

22 [Für den Chormeister. Nach der Weise »Hinde der Morgenröte«. Ein Psalm Davids.]
2 Mein Gott, mein Gott, warum hast du mich verlassen, / bist fern meinem Schreien, den Worten meiner Klage?
3 Mein Gott, ich rufe bei Tag, doch du gibst keine Antwort; / ich rufe bei Nacht und finde doch keine Ruhe.
4 Aber du bist heilig, / du thronst über dem Lobpreis Israels.
5 Dir haben unsre Väter vertraut, / sie haben vertraut, und du hast sie gerettet.
6 Zu dir riefen sie und wurden befreit, / dir vertrauten sie und wurden nicht zuschanden.
7 Ich aber bin ein Wurm und kein Mensch, / der Leute Spott, vom Volk verachtet.
8 Alle, die mich sehen, verlachen mich, / verziehen die Lippen, schütteln den Kopf:
9 »Er wälze die Last auf den Herrn, / der soll ihn befreien!
Der reiße ihn heraus, / wenn er an ihm Gefallen hat.«
10 Du bist es, der mich aus dem Schoß meiner Mutter zog, / mich barg an der Brust der Mutter.
11 Von Geburt an bin ich geworfen auf dich, / vom Mutterleib an bist du mein Gott.
12 Sei mir nicht fern, denn die Not ist nahe, / und niemand ist da, der hilft.
13 Viele Stiere umgeben mich, / Büffel von Baschan umringen mich.
14 Sie sperren gegen mich ihren Rachen auf, / reißende, brüllende Löwen.
15 Ich bin hingeschüttet wie Wasser, / gelöst haben sich all meine Glieder. / Mein Herz ist in meinem Leib wie Wachs zerflossen.
16 Meine Kehle ist trocken wie eine Scherbe, / die Zunge klebt mir am Gaumen, / du legst mich in den Staub des Todes.
17 Viele Hunde umlagern mich, / eine Rotte von Bösen umkreist mich. / Sie durchbohren mir Hände und Füße.
18 Man kann all meine Knochen zählen; / sie gaffen und weiden sich an mir.
19 Sie verteilen unter sich meine Kleider / und werfen das Los um mein Gewand.
20 Du aber, Herr, halte dich nicht fern! / Du, meine Stärke, eil mir zu Hilfe!
21 Entreiße mein Leben dem Schwert, / mein einziges Gut aus der Gewalt der Hunde!
22 Rette mich vor dem Rachen des Löwen, / vor den Hörnern der Büffel rette mich Armen!
23 Ich will deinen Namen meinen Brüdern verkünden, / inmitten der Gemeinde dich preisen.
24 Die ihr den Herrn fürchtet, preist ihn, / ihr alle vom Stamm Jakobs, rühmt ihn; / erschauert alle vor ihm, ihr Nachkommen Israels!
25 Denn er hat nicht verachtet, / nicht verabscheut das Elend des Armen.
Er verbirgt sein Gesicht nicht vor ihm; / er hat auf sein Schreien gehört.
26 Deine Treue preise ich in großer Gemeinde; / ich erfülle meine Gelübde vor denen, die Gott fürchten.
27 Die Armen sollen essen und sich sättigen; / den Herrn sollen preisen, die ihn suchen. / Aufleben soll euer Herz für immer.
28 Alle Enden der Erde sollen daran denken / und werden umkehren zum Herrn: / Vor ihm werfen sich alle Stämme der Völker nieder.
29 Denn der Herr regiert als König; / er herrscht über die Völker.
30 Vor ihm allein sollen niederfallen die Mächtigen der Erde, /
vor ihm sich alle niederwerfen, die in der Erde ruhen.
[Meine Seele, sie lebt für ihn; / 31 mein Stamm wird ihm dienen.]
Vom Herrn wird man dem künftigen Geschlecht erzählen, / 32 seine
Heilstat verkündet man dem kommenden Volk; / denn er hat das Werk getan.

Der gute Hirt

23 [Ein Psalm Davids.]
Der Herr ist mein Hirte, / nichts wird mir fehlen.
2 Er läßt mich lagern auf grünen Auen / und führt mich zum Ruheplatz am Wasser.
3 Er stillt mein Verlangen; / er leitet mich auf rechten Pfaden, treu seinem Namen.
4 Muß ich auch wandern in finsterer Schlucht, / ich fürchte kein Unheil;
denn du bist bei mir, / dein Stock und dein Stab geben mir Zuversicht.
5 Du deckst mir den Tisch / vor den Augen meiner Feinde.
Du salbst mein Haupt mit Öl, / du füllst mir reichlich den Becher.
6 Lauter Güte und Huld werden mir folgen mein Leben lang, / und im Haus des Herrn darf ich wohnen für lange Zeit.

Der Einzug des Herrn in sein Heiligtum

24 [Ein Psalm Davids.]
Dem Herrn gehört die Erde und was sie erfüllt, / der Erdkreis und seine Bewohner.
2 Denn er hat ihn auf Meere gegründet, / ihn über Strömen befestigt.
3 Wer darf hinaufziehn zum Berg des Herrn, / wer darf stehn an seiner heiligen Stätte?
4 Der reine Hände hat und ein lauteres Herz, / der nicht betrügt und keinen Meineid schwört.
5 Er wird Segen empfangen vom Herrn / und Heil von Gott, seinem Helfer.
6 Das sind die Menschen, die nach ihm fragen, / die dein Antlitz suchen, Gott Jakobs. [Sela]
7 Ihr Tore, hebt euch nach oben, / hebt euch, ihr uralten Pforten; / denn es kommt der König der Herrlichkeit.
8 Wer ist der König der Herrlichkeit? / Der Herr, stark und gewaltig, / der Herr, mächtig im Kampf.
9 Ihr Tore, hebt euch nach oben, / hebt euch, ihr uralten Pforten; / denn es kommt der König der Herrlichkeit.
10 Wer ist der König der Herrlichkeit? / Der Herr der Heerscharen, / er ist der König der Herrlichkeit. [Sela]

Die Bitte um Vergebung und Leitung

25 [Von David.]
Zu dir, Herr, erhebe ich meine Seele. / 2 Mein Gott, auf dich vertraue ich.
Laß mich nicht scheitern, / laß meine Feinde nicht triumphieren!
3 Denn niemand, der auf dich hofft, wird zuschanden; / zuschanden wird, wer dir schnöde die Treue bricht.
4 Zeige mir, Herr, deine Wege, / lehre mich deine Pfade!
5 Führe mich in deiner Treue und lehre mich; / denn du bist der Gott meines Heiles. / Auf dich hoffe ich allezeit.
6 Denk an dein Erbarmen, Herr, / und an die Taten deiner Huld; / denn sie bestehen seit Ewigkeit.
7 Denk nicht an meine Jugendsünden und meine Frevel! / In deiner Huld denk an mich, Herr, denn du bist gütig.
8 Gut und gerecht ist der Herr, / darum weist er die Irrenden auf den rechten Weg.
9 Die Demütigen leitet er nach seinem Recht, / die Gebeugten lehrt er seinen Weg.
10 Alle Pfade des Herrn sind Huld und Treue / denen, die seinen Bund und seine Gebote bewahren.
11 Um deines Namens willen, Herr, verzeih mir; / denn meine Schuld ist groß.
12 Wer ist der Mann, der Gott fürchtet? / Ihm zeigt er den Weg, den er wählen soll.
13 Dann wird er wohnen im Glück, / seine Kinder werden das Land besitzen.
14 Die sind Vertraute des Herrn, die ihn fürchten; / er weiht sie ein in seinen Bund.

15 Meine Augen schauen stets auf den Herrn; / denn er befreit meine Füße aus dem Netz.
16 Wende dich mir zu und sei mir gnädig; / denn ich bin einsam und gebeugt.
17 Befrei mein Herz von der Angst, / führe mich heraus aus der Bedrängnis!
18 Sieh meine Not und Plage an, / und vergib mir all meine Sünden!
19 Sieh doch, wie zahlreich meine Feinde sind, / mit welch tödlichem Haß sie mich hassen!
20 Erhalte mein Leben und rette mich, / laß mich nicht scheitern! / Denn ich nehme zu dir meine Zuflucht.
21 Unschuld und Redlichkeit mögen mich schützen, / denn ich hoffe auf dich, o Herr.
22 O Gott, erlöse Israel / aus all seinen Nöten!

Die Bitte eines unschuldig Verfolgten

26

[Von David.]
Verschaff mir Recht, o Herr; denn ich habe ohne Schuld gelebt. / Dem Herrn habe ich vertraut, ohne zu wanken.
2 Erprobe mich, Herr, und durchforsche mich, / prüfe mich auf Herz und Nieren!
3 Denn mir stand deine Huld vor Augen, / ich ging meinen Weg in Treue zu dir.
4 Ich saß nicht bei falschen Menschen, / mit Heuchlern hatte ich keinen Umgang.
5 Verhaßt ist mir die Schar derer, die Unrecht tun; / ich sitze nicht bei den Frevlern.
6 Ich wasche meine Hände in Unschuld; / ich umschreite, Herr, deinen Altar,
7 um laut dein Lob zu verkünden / und all deine Wunder zu erzählen.
8 Herr, ich liebe den Ort, wo dein Tempel steht, / die Stätte, wo deine Herrlichkeit wohnt.
9 Raff mich nicht hinweg mit den Sündern, / nimm mir nicht das Leben zusammen mit dem der Mörder!
10 An ihren Händen klebt Schandtat, / ihre Rechte ist voll von Bestechung.
11 Ich aber gehe meinen Weg ohne Schuld. / Erlöse mich, und sei mir gnädig!
12 Mein Fuß steht auf festem Grund. / Den Herrn will ich preisen in der Gemeinde.

Die Gemeinschaft mit Gott

27

[Von David.]
Der Herr ist mein Licht und mein Heil: / Vor wem sollte ich mich fürchten?
Der Herr ist die Kraft meines Lebens: / Vor wem sollte mir bangen?
2 Dringen Frevler auf mich ein, / um mich zu verschlingen,
meine Bedränger und Feinde, / sie müssen straucheln und fallen.
3 Mag ein Heer mich belagern: / Mein Herz wird nicht verzagen.
Mag Krieg gegen mich toben: / Ich bleibe dennoch voll Zuversicht.
4 Nur eines erbitte ich vom Herrn, / danach verlangt mich:
Im Haus des Herrn zu wohnen / alle Tage meines Lebens,
die Freundlichkeit des Herrn zu schauen / und nachzusinnen in seinem Tempel.
5 Denn er birgt mich in seinem Haus / am Tage des Unheils;
er beschirmt mich im Schutz seines Zeltes, / er hebt mich auf einen Felsen empor.
6 Nun kann ich mein Haupt erheben / über die Feinde, die mich umringen.
Ich will Opfer darbringen in seinem Zelt, Opfer mit Jubel; / dem Herrn will ich singen und spielen.
7 Vernimm, o Herr, mein lautes Rufen; / sei mir gnädig, und erhöre mich!
8 Mein Herz denkt an dein Wort: »Sucht mein Angesicht!« / Dein Angesicht, Herr, will ich suchen.
9 Verbirg nicht dein Gesicht vor mir; / weise deinen Knecht im Zorn nicht ab! / Du wurdest meine Hilfe.
Verstoß mich nicht, verlaß mich nicht, / du Gott meines Heiles!
10 Wenn mich auch Vater und Mutter verlassen, / der Herr nimmt mich auf.
11 Zeige mir, Herr, deinen Weg, / leite mich auf ebener Bahn trotz meiner Feinde!
12 Gib mich nicht meinen gierigen Gegnern preis; / denn falsche Zeugen stehen gegen mich auf und wüten.
13 Ich aber bin gewiß, zu schauen / die Güte des Herrn im Land der Lebenden.
14 Hoffe auf den Herrn, und sei stark! / Hab festen Mut, und hoffe auf den Herrn!

Hilferuf in Todesgefahr und Dank für Erhörung

28

[Von David.]
Zu dir rufe ich, Herr, mein Fels. / Wende dich nicht schweigend ab von mir!
Denn wolltest du schweigen, / würde ich denen gleich, die längst begraben sind.
2 Höre mein lautes Flehen, wenn ich zu dir schreie, / wenn ich die Hände zu deinem Allerheiligsten erhebe.
3 Raff mich nicht weg mit den Übeltätern und Frevlern, / die ihren Nächsten freundlich grüßen, / doch Böses hegen in ihrem Herzen.
4 Vergilt ihnen, wie es ihrem Treiben entspricht / und ihren bösen Taten.
Vergilt ihnen, wie es das Werk ihrer Hände verdient. / Wende ihr Tun auf sie selbst zurück!
5 Denn sie achten nicht auf das Walten des Herrn / und auf das Werk seiner Hände.
Darum reißt er sie nieder / und richtet sie nicht wieder auf.
6 Der Herr sei gepriesen. / Denn er hat mein lautes Flehen erhört.
7 Der Herr ist meine Kraft und mein Schild, / mein Herz vertraut ihm.
Mir wurde geholfen. Da jubelte mein Herz; / ich will ihm danken mit meinem Lied.
8 Der Herr ist die Stärke seines Volkes, / er ist Schutz und Heil für seinen Gesalbten.
9 Hilf deinem Volk, und segne dein Erbe, / führe und trage es in Ewigkeit!

Gottes Herrlichkeit im Gewitter

29

[Ein Psalm Davids.]
Bringt dar dem Herrn, ihr Himmlischen, / bringt dar dem Herrn Lob und Ehre!
2 Bringt dar dem Herrn die Ehre seines Namens, / werft euch nieder vor dem Herrn in heiligem Schmuck!
3 Die Stimme des Herrn erschallt über den Wassern. / Der Gott der Herrlichkeit donnert, / der Herr über gewaltigen Wassern.
4 Die Stimme des Herrn ertönt mit Macht, / die Stimme des Herrn voll Majestät.
5 Die Stimme des Herrn zerbricht die Zedern, / der Herr zerschmettert die Zedern des Libanon.
6 Er läßt den Libanon hüpfen wie ein Kalb, / wie einen Wildstier den Sirjon.
7 Die Stimme des Herrn sprüht flammendes Feuer, / 8 die Stimme des Herrn läßt die Wüste beben, / beben läßt der Herr die Wüste von Kadesch.
9 Die Stimme des Herrn wirbelt Eichen empor, / sie reißt ganze Wälder kahl. / In seinem Palast rufen alle: O herrlicher Gott!
10 Der Herr thront über der Flut, / der Herr thront als König in Ewigkeit.
11 Der Herr gebe Kraft seinem Volk. / Der Herr segne sein Volk mit Frieden.

Dank für die Rettung aus Todesnot

30 [Ein Psalm. Ein Lied zur Tempelweihe. Von David.]
2 Ich will dich rühmen, Herr, / denn du hast mich aus der
Tiefe gezogen / und läßt meine Feinde nicht über mich triumphieren.
3 Herr, mein Gott, ich habe zu dir geschrien, / und du hast mich
geheilt.
4 Herr, du hast mich herausgeholt aus dem Reich des Todes, / aus der
Schar der Todgeweihten mich zum Leben gerufen.
5 Singt und spielt dem Herrn, ihr seine Frommen, / preist seinen heili-
gen Namen!
6 Denn sein Zorn dauert nur einen Augenblick, / doch seine Güte ein
Leben lang.
Wenn man am Abend auch weint, / am Morgen herrscht wieder Jubel.
7 Im sicheren Glück dachte ich einst: / Ich werde niemals wanken.
8 Herr, in deiner Güte / stelltest du mich auf den schützenden Berg.
Doch dann hast du dein Gesicht verborgen. / Da bin ich erschrocken.
9 Zu dir, Herr, rief ich um Hilfe, / ich flehte meinen Herrn um Gnade an.
10 (Ich sagte:) / Was nützt dir mein Blut, wenn ich begraben bin? /
Kann der Staub dich preisen, deine Treue verkünden?
11 Höre mich, Herr, sei mir gnädig! / Herr, sei du mein Helfer!
12 Da hast du mein Klagen in Tanzen verwandelt, / hast mir das Trauer-
gewand ausgezogen und mich mit Freude umgürtet.
13 Darum singt dir mein Herz und will nicht verstummen. / Herr, mein
Gott, ich will dir danken in Ewigkeit.

Gott, die sichere Zuflucht

31 [Für den Chormeister. Ein Psalm Davids.]
2 Herr, ich suche Zuflucht bei dir. / Laß mich doch niemals
scheitern; / rette mich in deiner Gerechtigkeit!
3 Wende dein Ohr mir zu, / erlöse mich bald!
Sei mir ein schützender Fels, / eine feste Burg, die mich rettet.
4 Denn du bist mein Fels und meine Burg; / um deines Namens willen
wirst du mich führen und leiten.
5 Du wirst mich befreien aus dem Netz, das sie mir heimlich legten; /
denn du bist meine Zuflucht.
6 In deine Hände lege ich voll Vertrauen meinen Geist; / du hast mich
erlöst, Herr, du treuer Gott.
7 Dir sind alle verhaßt, die nichtige Götzen verehren, / ich aber ver-
lasse mich auf den Herrn.
8 Ich will jubeln und über deine Huld mich freuen; / denn du hast mein
Elend angesehn, / du bist mit meiner Not vertraut.
9 Du hast mich nicht preisgegeben der Gewalt meines Feindes, / hast
meinen Füßen freien Raum geschenkt.
10 Herr, sei mir gnädig, denn mir ist angst; / vor Gram zerfallen mir
Auge, Seele und Leib.
11 In Kummer schwindet mein Leben dahin, / meine Jahre verrinnen
im Seufzen.
Meine Kraft ist ermattet im Elend, / meine Glieder sind zerfallen.
12 Zum Spott geworden bin ich all meinen Feinden, / ein Hohn den
Nachbarn, ein Schrecken den Freunden; / wer mich auf der Straße
sieht, der flieht vor mir.
13 Ich bin dem Gedächtnis entschwunden wie ein Toter, / bin gewor-
den wie ein zerbrochenes Gefäß.
14 Ich höre das Zischeln der Menge – Grauen ringsum. / Sie tun sich
gegen mich zusammen; / sie sinnen darauf, mir das Leben zu rauben.
15 Ich aber, Herr, ich vertraue dir, / ich sage: »Du bist mein Gott.«
16 In deiner Hand liegt mein Geschick; / entreiß mich der Hand meiner
Feinde und Verfolger!
17 Laß dein Angesicht leuchten über deinem Knecht, / hilf mir in dei-
ner Güte!
18 Herr, laß mich nicht scheitern, / denn ich rufe zu dir.
Scheitern sollen die Frevler, / verstummen und hinabfahren ins Reich
der Toten.
19 Jeder Mund, der lügt, soll sich schließen, / der Mund, der frech
gegen den Gerechten redet, / hochmütig und verächtlich.
20 Wie groß ist deine Güte, Herr, / die du bereithältst für alle, die dich
fürchten und ehren;
du erweist sie allen, / die sich vor den Menschen zu dir flüchten.
21 Du beschirmst sie im Schutz deines Angesichts / vor dem Toben der
Menschen.
Wie unter einem Dach bewahrst du sie / vor dem Gezänk der Zungen.
22 Gepriesen sei der Herr, der wunderbar an mir gehandelt / und mir
seine Güte erwiesen hat zur Zeit der Bedrängnis.
23 Ich aber dachte in meiner Angst: / Ich bin aus deiner Nähe ver-
stoßen.
Doch du hast mein lautes Flehen gehört, / als ich zu dir um Hilfe rief.
24 Liebt den Herrn, all seine Frommen! / Seine Getreuen behütet der
Herr, / doch den Hochmütigen vergilt er ihr Tun mit vollem Maß.
25 Euer Herz sei stark und unverzagt, / ihr alle, die ihr wartet auf den
Herrn.

Freude über die Vergebung

32 [Von David. Ein Weisheitslied.]
Wohl dem, dessen Frevel vergeben / und dessen Sünde
bedeckt ist.
2 Wohl dem Menschen, dem der Herr die Schuld nicht zur Last legt /
und dessen Herz keine Falschheit kennt.
3 Solang' ich es verschwieg, waren meine Glieder matt, / den ganzen
Tag mußte ich stöhnen.
4 Denn deine Hand lag schwer auf mir bei Tag und bei Nacht; / meine
Lebenskraft war verdorrt wie durch die Glut des Sommers. [Sela]
5 Da bekannte ich dir meine Sünde / und verbarg nicht länger meine
Schuld vor dir.
Ich sagte: Ich will dem Herrn meine Frevel bekennen. / Und du hast
mir die Schuld vergeben. [Sela]
6 Darum soll jeder Fromme in der Not zu dir beten; / fluten hohe Was-
ser heran, ihn werden sie nicht erreichen.
7 Du bist mein Schutz, bewahrst mich vor Not; / du rettest mich und
hüllst mich in Jubel. [Sela]
8 »Ich unterweise dich und zeige dir den Weg, den du gehen sollst. /
Ich will dir raten; über dir wacht mein Auge.«
9 Werdet nicht wie Roß und Maultier, / die ohne Verstand sind.
Mit Zaum und Zügel muß man ihr Ungestüm bändigen, / sonst folgen
sie dir nicht.
10 Der Frevler leidet viele Schmerzen, / doch wer dem Herrn vertraut,
den wird er mit seiner Huld umgeben.
11 Freut euch am Herrn und jauchzt, ihr Gerechten, / jubelt alle, ihr
Menschen mit redlichem Herzen!

Ein Loblied auf den mächtigen und gütigen Gott

33 Ihr Gerechten, jubelt vor dem Herrn; / für die Frommen
ziemt es sich, Gott zu loben.
2 Preist den Herrn mit der Zither, / spielt für ihn auf der zehnsaitigen
Harfe!
3 Singt ihm ein neues Lied, / greift voll in die Saiten und jubelt laut!
4 Denn das Wort des Herrn ist wahrhaftig, / all sein Tun ist verläßlich.
5 Er liebt Gerechtigkeit und Recht, / die Erde ist erfüllt von der Huld
des Herrn.
6 Durch das Wort des Herrn wurden die Himmel geschaffen, / ihr
ganzes Heer durch den Hauch seines Mundes.
7 Wie in einem Schlauch faßt er das Wasser des Meeres, / verschließt
die Urflut in Kammern.
8 Alle Welt fürchte den Herrn; / vor ihm sollen alle beben, die den Erd-
kreis bewohnen.
9 Denn der Herr sprach, und sogleich geschah es; / er gebot, und alles
war da.
10 Der Herr vereitelt die Beschlüsse der Heiden, / er macht die Pläne
der Völker zunichte.
11 Der Ratschluß des Herrn bleibt ewig bestehen, / die Pläne seines
Herzens überdauern die Zeiten.

12 Wohl dem Volk, dessen Gott der Herr ist, / der Nation, die er sich
zum Erbteil erwählt hat.
13 Der Herr blickt herab vom Himmel, / er sieht auf alle Menschen.
14 Von seinem Thronsitz schaut er nieder / auf alle Bewohner der Erde.
15 Der ihre Herzen gebildet hat, / er achtet auf all ihre Taten.
16 Dem König hilft nicht sein starkes Heer, / der Held rettet sich nicht
durch große Stärke.
17 Nichts nützen die Rosse zum Sieg, / mit all ihrer Kraft können sie
niemand retten.
18 Doch das Auge des Herrn ruht auf allen, die ihn fürchten und ehren, /
die nach seiner Güte ausschaun;
19 denn er will sie dem Tod entreißen / und in der Hungersnot ihr
Leben erhalten.
20 Unsre Seele hofft auf den Herrn; / er ist für uns Schild und Hilfe.
21 Ja, an ihm freut sich unser Herz, / wir vertrauen auf seinen heiligen
Namen.
22 Laß deine Güte über uns walten, o Herr, / denn wir schauen aus
nach dir.

Unter Gottes Schutz

34 [Von David, als er sich vor Abimelech wahnsinnig stellte
und dieser ihn fortjagte und er ging.]
2 Ich will den Herrn allezeit preisen; / immer sei sein Lob in meinem
Mund.
3 Meine Seele rühme sich des Herrn; / die Armen sollen es hören und
sich freuen.
4 Verherrlicht mit mir den Herrn, / laßt uns gemeinsam seinen Namen
rühmen.
5 Ich suchte den Herrn, und er hat mich erhört, / er hat mich all meinen
Ängsten entrissen.
6 Blickt auf zu ihm, so wird euer Gesicht leuchten, / und ihr braucht
nicht zu erröten.
7 Da ist ein Armer; er rief, und der Herr erhörte ihn. / Er half ihm aus all
seinen Nöten.
8 Der Engel des Herrn umschirmt alle, die ihn fürchten und ehren, /
und er befreit sie.
9 Kostet und seht, wie gütig der Herr ist; / wohl dem, der zu ihm sich
flüchtet!
10 Fürchtet den Herrn, ihr seine Heiligen; / denn wer ihn fürchtet, leidet keinen Mangel.
11 Reiche müssen darben und hungern; / wer aber den Herrn sucht,
braucht kein Gut zu entbehren.
12 Kommt, ihr Kinder, hört mir zu! / Ich will euch in der Furcht des
Herrn unterweisen.
13 Wer ist der Mensch, der das Leben liebt / und gute Tage zu sehen
wünscht?
14 Bewahre deine Zunge vor Bösem / und deine Lippen vor falscher
Rede!
15 Meide das Böse, und tu das Gute; / suche Frieden, und jage ihm
nach!
16 Die Augen des Herrn blicken auf die Gerechten, / seine Ohren hören
ihr Schreien.
17 Das Antlitz des Herrn richtet sich gegen die Bösen, / um ihr Andenken von der Erde zu tilgen.
18 Schreien die Gerechten, so hört sie der Herr; / er entreißt sie all
ihren Ängsten.
19 Nahe ist der Herr den zerbrochenen Herzen, / er hilft denen auf, die
zerknirscht sind.
20 Der Gerechte muß viel leiden, / doch allem wird der Herr ihn entreißen.
21 Er behütet all seine Glieder, / nicht eines von ihnen wird zerbrochen.
22 Den Frevler wird seine Bosheit töten; / wer den Gerechten haßt,
muß es büßen.
23 Der Herr erlöst seine Knechte; / straflos bleibt, wer zu ihm sich
flüchtet.

Bitte um Rettung vor falschen Anklägern

35 [Von David.]
Streite, Herr, gegen alle, die gegen mich streiten, / bekämpfe
alle, die mich bekämpfen!
2 Ergreife Schild und Waffen; / steh auf, um mir zu helfen!
3 Schwing den Speer und die Lanze gegen meine Verfolger! / Sag zu
mir: »Ich bin deine Hilfe.«
4 In Schmach und Schande sollen alle fallen, / die mir nach dem Leben
trachten.
Zurückweichen sollen sie und vor Scham erröten, / die auf mein
Unglück sinnen.
5 Sie sollen werden wie Spreu vor dem Wind; / der Engel des Herrn
stoße sie fort.
6 Ihr Weg soll finster und schlüpfrig sein; / der Engel des Herrn verfolge sie.
7 Denn sie haben mir ohne Grund ein Netz gelegt, / mir ohne Grund
eine Grube gegraben.
8 Unvermutet ereile ihn das Verderben; / er fange sich selbst in seinem
Netz, / er falle in die eigene Grube.
9 Meine Seele aber wird jubeln über den Herrn / und sich über seine
Hilfe freuen.
10 Mit Leib und Seele will ich sagen: / Herr, wer ist wie du?
Du entreißt den Schwachen dem, der stärker ist, / den Schwachen und
Armen dem, der ihn ausraubt.
11 Da treten ruchlose Zeugen auf. / Man wirft mir Dinge vor, von denen
ich nichts weiß.
12 Sie vergelten mir Gutes mit Bösem; / ich bin verlassen und einsam.
13 Ich aber zog ein Bußkleid an, als sie erkrankten, / und quälte mich
ab mit Fasten. / Nun kehre mein Gebet zurück in meine Brust.
14 Als wäre es ein Freund oder ein Bruder, / so ging ich betrübt umher,
wie man Leid trägt um die Mutter, / trauernd und tief gebeugt.
15 Doch als ich stürzte, lachten sie / und taten sich zusammen. Sie
taten sich gegen mich zusammen / wie Fremde, die ich nicht kenne.
Sie hören nicht auf, mich zu schmähen; / 16 sie verhöhnen und verspotten mich, / knirschen gegen mich mit den Zähnen.
17 Herr, wie lange noch wirst du das ansehn? / Rette mein Leben vor
den wilden Tieren, / mein einziges Gut vor den Löwen!
18 Ich will dir danken in großer Gemeinde, / vor zahlreichem Volk dich
preisen.
19 Über mich sollen die sich nicht freuen, / die mich ohne Grund
befeinden.
Sie sollen nicht mit den Augen zwinkern, / die mich grundlos hassen.
20 Denn was sie reden, dient nicht dem Frieden; / gegen die Stillen im
Land ersinnen sie listige Pläne.
21 Sie reißen den Mund gegen mich auf und sagen: / »Dir geschieht
recht. Jetzt sehen wir's mit eigenen Augen.«
22 Du hast es gesehen, Herr. So schweig doch nicht! / Herr, bleib mir
nicht fern!
23 Wach auf, tritt ein für mein Recht, / verteidige mich, mein Gott und
mein Herr!
24 Verschaff mir Recht nach deiner Gerechtigkeit, Herr, mein Gott! /
Sie sollen sich über mich nicht freuen.
25 Laß sie nicht denken: »Recht so! Das freut uns.« / Sie sollen nicht
sagen: »Wir haben ihn verschlungen.«
26 In Schmach und Schande sollen alle fallen, / die sich über mein
Unglück freuen,
in Schimpf und Schande sich kleiden, / die gegen mich prahlen.
27 Alle sollen sich freuen und jubeln, / die wünschen, daß ich im Recht
bin.
Sie sollen jederzeit sagen: »Groß ist der Herr, / er will das Heil seines
Knechtes.«
28 Meine Zunge soll deine Gerechtigkeit verkünden, / dein Lob alle
Tage.

Gott, die Quelle des Lebens

36 [Für den Chormeister. Von David, dem Knecht des Herrn.]
2 Der Frevler spricht: »Ich bin entschlossen zum Bösen.« /
In seinen Augen gibt es kein Erschrecken vor Gott.
3 Er gefällt sich darin, / sich schuldig zu machen und zu hassen.
4 Die Worte seines Mundes sind Trug und Unheil; / er hat es aufgegeben, weise und gut zu handeln.
5 Unheil plant er auf seinem Lager, / er betritt schlimme Wege / und scheut nicht das Böse.
6 Herr, deine Güte reicht, so weit der Himmel ist, / deine Treue, so weit die Wolken ziehn.
7 Deine Gerechtigkeit steht wie die Berge Gottes, / deine Urteile sind tief wie das Meer.
Herr, du hilfst Menschen und Tieren. /
8 Gott, wie köstlich ist deine Huld!
Die Menschen bergen sich im Schatten deiner Flügel, /
9 sie laben sich am Reichtum deines Hauses; / du tränkst sie mit dem Strom deiner Wonnen.
10 Denn bei dir ist die Quelle des Lebens, / in deinem Licht schauen wir das Licht.
11 Erhalte denen, die dich kennen, deine Huld / und deine Gerechtigkeit den Menschen mit redlichem Herzen!
12 Laß mich nicht kommen unter den Fuß der Stolzen; / die Hand der Frevler soll mich nicht vertreiben.
13 Dann brechen die Bösen zusammen, / sie werden niedergestoßen und können nie wieder aufstehn.

Gott, der Anwalt der Guten

37 [Von David.]
Errege dich nicht über die Bösen, / wegen der Übeltäter ereifere dich nicht!
2 Denn sie verwelken schnell wie das Gras, / wie grünes Kraut verdorren sie.
3 Vertrau auf den Herrn und tu das Gute, / bleib wohnen im Land und bewahre Treue!
4 Freu dich innig am Herrn! / Dann gibt er dir, was dein Herz begehrt.
5 Befiehl dem Herrn deinen Weg und vertrau ihm; / er wird es fügen.
6 Er bringt deine Gerechtigkeit heraus wie das Licht / und dein Recht so hell wie den Mittag.
7 Sei still vor dem Herrn und harre auf ihn! / Erhitze dich nicht über den Mann, dem alles gelingt, / den Mann, der auf Ränke sinnt.
8 Steh ab vom Zorn und laß den Grimm; / erhitze dich nicht, es führt nur zu Bösem.
9 Denn die Bösen werden ausgetilgt; / die aber auf den Herrn hoffen, werden das Land besitzen.
10 Eine Weile noch, und der Frevler ist nicht mehr da; / schaust du nach seiner Wohnung – sie ist nicht mehr zu finden.
11 Doch die Armen werden das Land bekommen, / sie werden Glück in Fülle genießen.
12 Der Frevler sinnt auf Ränke gegen den Gerechten / und knirscht gegen ihn mit den Zähnen.
13 Der Herr verlacht ihn, / denn er sieht, daß sein Tag kommt.
14 Die Frevler zücken das Schwert / und spannen ihren Bogen;
sie wollen den Schwachen und Armen fällen / und alle hinschlachten, die den rechten Weg gehn.
15 Ihr Schwert dringe in ihr eigenes Herz, / und ihre Bogen sollen zerbrechen.
16 Besser das Wenige, das der Gerechte besitzt, / als der Überfluß vieler Frevler.
17 Denn die Arme der Frevler werden zerschmettert, / doch die Gerechten stützt der Herr.
18 Der Herr kennt die Tage der Bewährten, / ihr Erbe hat ewig Bestand.
19 In bösen Zeiten werden sie nicht zuschanden, / sie werden satt in den Tagen des Hungers.
20 Doch die Frevler gehen zugrunde, / die Feinde des Herrn sind wie die Pracht der Auen: / Sie schwinden dahin, wie Rauch schwinden sie hin.
21 Der Frevler muß borgen und kann nicht bezahlen, / doch freigebig schenkt der Gerechte.
22 Denn wen der Herr segnet, der wird das Land besitzen, / aber wen er verflucht, der wird ausgetilgt.
23 Der Herr festigt die Schritte des Mannes, / er hat Gefallen an seinem Weg.
24 Auch wenn er strauchelt, stürzt er nicht hin; / denn der Herr hält ihn fest an der Hand.
25 Einst war ich jung, nun bin ich alt, / nie sah ich einen Gerechten verlassen / noch seine Kinder betteln um Brot.
26 Allzeit ist er mildtätig, gern leiht er aus, / seine Kinder werden zum Segen.
27 Meide das Böse und tu das Gute, / so bleibst du wohnen für immer.
28 Denn der Herr liebt das Recht / und verläßt seine Frommen nicht.
Doch das Geschlecht der Frevler wird ausgetilgt, / sie werden für immer vernichtet.
29 Die Gerechten werden das Land besitzen / und darin wohnen für alle Zeiten.
30 Der Mund des Gerechten bewegt Worte der Weisheit, / und seine Zunge redet, was recht ist.
31 Er hat die Weisung seines Gottes im Herzen, / seine Schritte wanken nicht.
32 Der Frevler belauert den Gerechten / und sucht ihn zu töten.
33 Der Herr überläßt ihn nicht seiner Hand, / läßt nicht zu, daß man ihn vor Gericht verurteilt.
34 Hoffe auf den Herrn / und bleib auf seinem Weg!
Er wird dich erhöhen zum Erben des Landes; / du wirst sehen, wie der Frevler vernichtet wird.
35 Ich sah einen Frevler, bereit zu Gewalttat, / er reckte sich hoch wie eine grünende Zeder.
36 Wieder ging ich vorüber, und er war nicht mehr da; / ich suchte ihn, doch er war nicht zu finden.
37 Achte auf den Frommen und schau auf den Redlichen! / Denn Zukunft hat der Mann des Friedens.
38 Die Sünder aber werden alle zusammen vernichtet; / die Zukunft der Frevler ist Untergang.
39 Die Rettung der Gerechten kommt vom Herrn, / er ist ihre Zuflucht in Zeiten der Not.
40 Der Herr hilft ihnen und rettet sie, / er rettet sie vor den Frevlern;
er schenkt ihnen Heil / denn sie suchen Zuflucht bei ihm.

Die Klage eines Kranken

38 [Ein Psalm Davids. Zum Weihrauchopfer.]
2 Herr, strafe mich nicht in deinem Zorn, / und züchtige mich nicht in deinem Grimm!
3 Denn deine Pfeile haben mich getroffen, / deine Hand lastet schwer auf mir.
4 Nichts blieb gesund an meinem Leib, weil du mir grollst, / weil ich gesündigt, blieb an meinen Gliedern nichts heil.
5 Denn meine Sünden schlagen mir über den Kopf zusammen, / sie erdrücken mich wie eine schwere Last.
6 Mir schwären, mir eitern die Wunden / wegen meiner Torheit.
7 Ich bin gekrümmt und tief gebeugt, / den ganzen Tag geh' ich traurig einher.
8 Denn meine Lenden sind voller Brand, / nichts blieb gesund an meinem Leib.
9 Kraftlos bin ich und ganz zerschlagen, / ich schreie in der Qual meines Herzens.
10 All mein Sehnen, Herr, liegt offen vor dir, / mein Seufzen ist dir nicht verborgen.
11 Mein Herz pocht heftig, mich hat die Kraft verlassen, / geschwunden ist mir das Licht der Augen.
12 Freunde und Gefährten bleiben mir fern in meinem Unglück, / und meine Nächsten meiden mich.

13 Die mir nach dem Leben trachten, legen mir Schlingen; / die mein
Unheil suchen, planen Verderben, / den ganzen Tag haben sie Arglist
im Sinn.
14 Ich bin wie ein Tauber, der nicht hört, / wie ein Stummer, der den
Mund nicht auftut.
15 Ich bin wie einer, der nicht mehr hören kann, / aus dessen Mund
keine Entgegnung kommt.
16 Doch auf dich, Herr, harre ich; / du wirst mich erhören, Herr, mein
Gott.
17 Denn ich sage: Über mich sollen die sich nicht freuen, / die gegen
mich prahlen, wenn meine Füße straucheln.
18 Ich bin dem Fallen nahe, / mein Leid steht mir immer vor Augen.
19 Ja, ich bekenne meine Schuld, / ich bin wegen meiner Sünde in
Angst.
20 Die mich ohne Grund befehden, sind stark; / viele hassen mich
wegen nichts.
21 Sie vergelten mir Gutes mit Bösem, / sie sind mir feind; denn ich
trachte nach dem Guten.
22 Herr, verlaß mich nicht, bleib mir nicht fern, mein Gott! / 23 Eile mir
zu Hilfe, Herr, du mein Heil!

Die Not des vergänglichen Menschen

39 [Für den Chormeister. Von Jedutun. Ein Psalm Davids.]
2 Ich sagte: Ich will auf meine Wege achten, / damit ich nicht
sündige mit meiner Zunge.
Ich lege meinem Mund einen Zaum an, / solange der Frevler vor mir steht.
3 So blieb ich stumm und still; / ich schwieg, vom Glück verlassen, /
doch mein Schmerz war aufgerührt.
4 Heiß wurde mir das Herz in der Brust, / bei meinem Grübeln ent-
brannte ein Feuer; / da mußte ich reden:
5 Herr, tu mir mein Ende kund und die Zahl meiner Tage! / Laß mich
erkennen, wie sehr ich vergänglich bin!
6 Du machtest meine Tage nur eine Spanne lang, / meine Lebenszeit ist
vor dir wie ein Nichts. / Ein Hauch nur ist jeder Mensch. [Sela]
7 Nur wie ein Schatten geht der Mensch einher, / um ein Nichts macht
er Lärm. / Er rafft zusammen und weiß nicht, wer es einheimst.
8 Und nun, Herr, worauf soll ich hoffen? / Auf dich allein will ich harren.
9 Entreiß mich allen, die mir Unrecht tun, / und überlaß mich nicht
dem Spott der Toren!
10 Ich bin verstummt, ich tue den Mund nicht mehr auf. / Denn so hast
du es gefügt.
11 Nimm deine Plage weg von mir! / Unter der Wucht deiner Hand ver-
gehe ich.
12 Du strafst und züchtigst den Mann wegen seiner Schuld, / du zer-
störst seine Anmut wie Motten das Kleid, / ein Hauch nur ist jeder
Mensch. [Sela]
13 Hör mein Gebet, Herr, vernimm mein Schreien, / schweig nicht zu
meinen Tränen!
Denn ich bin nur ein Gast bei dir, / ein Fremdling wie all meine Väter.
14 Wende dein strafendes Auge ab von mir, / so daß ich heiter blicken
kann, / bevor ich dahinfahre und nicht mehr da bin.

Dank, Hingabe und Bitte

40 [Für den Chormeister. Ein Psalm Davids.]
2 Ich hoffte, ja ich hoffte auf den Herrn. / Da neigte er sich
mir zu und hörte mein Schreien.
3 Er zog mich herauf aus der Grube des Grauens, / aus Schlamm und
Morast.
Er stellte meine Füße auf den Fels, / machte fest meine Schritte.
4 Er legte mir ein neues Lied in den Mund, / einen Lobgesang auf ihn,
unsern Gott.
Viele werden es sehen, sich in Ehrfurcht neigen / und auf den Herrn
vertrauen.
5 Wohl dem Mann, der auf den Herrn sein Vertrauen setzt, / sich nicht
zu den Stolzen hält / noch zu treulosen Lügnern.
6 Zahlreich sind die Wunder, die du getan hast, / und deine Pläne mit
uns; / Herr, mein Gott, nichts kommt dir gleich.
Wollte ich von ihnen künden und reden, / es wären mehr, als man
zählen kann.
7 An Schlacht- und Speiseopfern hast du kein Gefallen, / Brand- und
Sündopfer forderst du nicht.
Doch das Gehör hast du mir eingepflanzt; / 8 darum sage ich: Ja, ich
komme. / In dieser Schriftrolle steht, was an mir geschehen ist.
9 Deinen Willen zu tun, mein Gott, macht mir Freude, / deine Weisung
trag' ich im Herzen.
10 Gerechtigkeit verkünde ich in großer Gemeinde, / meine Lippen
verschließe ich nicht; Herr, du weißt es.
11 Deine Gerechtigkeit verberge ich nicht im Herzen, / ich spreche von
deiner Treue und Hilfe,
ich schweige nicht über deine Huld und Wahrheit / vor der großen
Gemeinde.
12 Du, Herr, verschließ mir nicht dein Erbarmen, / deine Huld und
Wahrheit mögen mich immer behüten!
13 Denn Leiden ohne Zahl umfangen mich, / meine Sünden holen
mich ein, / ich vermag nicht mehr aufzusehn.
Zahlreicher sind sie als die Haare auf meinem Kopf, / der Mut hat mich
ganz verlassen.
14 Gewähre mir die Gunst, Herr, und reiß mich heraus; / Herr, eile mir
zu Hilfe!
15 In Schmach und Schande sollen alle fallen, / die mir nach dem
Leben trachten.
Zurückweichen sollen sie und vor Scham erröten, / die sich über mein
Unglück freuen.
16 Vor Schande sollen alle schaudern, / die zu mir sagen: »Dir
geschieht recht.«
17 Alle, die dich suchen, frohlocken; / sie mögen sich freuen in dir.
Die dein Heil lieben, sollen immer sagen: / Groß ist Gott, der Herr.
18 Ich bin arm und gebeugt; / der Herr aber sorgt für mich.
Meine Hilfe und mein Retter bist du. / Mein Gott, säume doch nicht!

Das Gebet eines Kranken und Verfolgten

41 [Für den Chormeister. Ein Psalm Davids.]
2 Wohl dem, der sich des Schwachen annimmt; / zur Zeit
des Unheils wird der Herr ihn retten.
3 Ihn wird der Herr behüten / und am Leben erhalten.
Man preist ihn glücklich im Land. / Gib ihn nicht seinen gierigen Fein-
den preis!
4 Auf dem Krankenbett wird der Herr ihn stärken; / seine Krankheit
verwandelst du in Kraft.
5 Ich sagte: Herr, sei mir gnädig, / heile mich; denn ich habe gegen
dich gesündigt.
6 Meine Feinde reden böse über mich: / »Wann stirbt er endlich, und
wann vergeht sein Name?«
7 Besucht mich jemand, / so kommen seine Worte aus falschem
Herzen.
Er häuft in sich Bosheit an, / dann geht er hinaus und redet.
8 Im Haß gegen mich sind sich alle einig; / sie tuscheln über mich und
sinnen auf Unheil:
9 »Verderben hat sich über ihn ergossen; / wer einmal daliegt, steht
nicht mehr auf.«
10 Auch mein Freund, dem ich vertraute, / der mein Brot aß, hat gegen
mich geprahlt.
11 Du aber, Herr, sei mir gnädig; / richte mich auf, damit ich ihnen ver-
gelten kann.
12 Daran erkenne ich, daß du an mir Gefallen hast: / wenn mein Feind
nicht über mich triumphieren darf.
13 Weil ich aufrichtig bin, hältst du mich fest / und stellst mich vor dein
Antlitz für immer.
14 Gepriesen sei der Herr, der Gott Israels, / von Ewigkeit zu Ewigkeit.
Amen, ja amen.

Das zweite Buch

Sehnsucht nach dem lebendigen Gott

42 [Für den Chormeister. Ein Weisheitslied der Korachiter.]
2 Wie der Hirsch lechzt nach frischem Wasser, / so lechzt
meine Seele, Gott, nach dir.
3 Meine Seele dürstet nach Gott, / nach dem lebendigen Gott.
Wann darf ich kommen / und Gottes Antlitz schauen?
4 Tränen waren mein Brot bei Tag und bei Nacht; / denn man sagt zu
mir den ganzen Tag: / »Wo ist nun dein Gott?«
5 Das Herz geht mir über, wenn ich daran denke: / wie ich zum Haus
Gottes zog in festlicher Schar, / mit Jubel und Dank in feiernder
Menge.
6 Meine Seele, warum bist du betrübt / und bist so unruhig in mir?
Harre auf Gott; denn ich werde ihm noch danken, / meinem Gott und
Retter, auf den ich schaue.
7 Betrübt ist meine Seele in mir, darum denke ich an dich / im Jordan-
land, am Hermon, am Mizar-Berg.
8 Flut ruft der Flut zu beim Tosen deiner Wasser, / all deine Wellen und
Wogen gehen über mich hin.
9 Bei Tag schenke der Herr seine Huld; / ich singe ihm nachts und
flehe zum Gott meines Lebens.
10 Ich sage zu Gott, meinem Fels: / »Warum hast du mich vergessen?
Warum muß ich trauernd umhergehen, / von meinem Feind
bedrängt?«
11 Wie ein Stechen in meinen Gliedern / ist für mich der Hohn der
Bedränger;
denn sie rufen mir ständig zu: / »Wo ist nun dein Gott?«
12 Meine Seele, warum bist du betrübt / und bist so unruhig in mir?
Harre auf Gott; denn ich werde ihm noch danken, / meinem Gott und
Retter, auf den ich schaue.

43 Verschaff mir Recht, o Gott, / und führe meine Sache gegen
ein treuloses Volk! / Rette mich vor bösen und tückischen
Menschen!
2 Denn du bist mein starker Gott. / Warum hast Du mich verstoßen?
Warum muß ich trauernd umhergehen, / von meinem Feind
bedrängt?
3 Sende dein Licht und deine Wahrheit, / damit sie mich leiten;
sie sollen mich führen zu deinem heiligen Berg / und zu deiner Woh-
nung.
4 So will ich zum Altar Gottes treten, zum Gott meiner Freude. / Jauch-
zend will ich dich auf der Harfe loben, / Gott, mein Gott.
5 Meine Seele, warum bist du betrübt / und bist so unruhig in mir?
Harre auf Gott; denn ich werde ihm noch danken, / meinem Gott und
Retter, auf den ich schaue.

Klage in Kriegsnot

44 [Für den Chormeister. Ein Weisheitslied der Korachiter.]
2 Gott, wir hörten es mit eigenen Ohren, / unsere Väter
erzählten uns
von dem Werk, das du in ihren Tagen vollbracht hast, / in den Tagen
der Vorzeit.
3 Mit eigener Hand hast du Völker vertrieben, / sie aber eingepflanzt.
Du hast Nationen zerschlagen, / sie aber ausgesät.
4 Denn sie gewannen das Land nicht mit ihrem Schwert, / noch ver-
schaffte ihr Arm ihnen den Sieg;
nein, deine Rechte war es, dein Arm und dein leuchtendes Angesicht; /
denn du hattest an ihnen Gefallen.
5 Du, mein König und mein Gott, / du bist es, der Jakob den Sieg ver-
leiht.
6 Mit dir stoßen wir unsere Bedränger nieder, / in deinem Namen zer-
treten wir unsere Gegner.
7 Denn ich verlasse mich nicht auf meinen Bogen, / noch kann mein
Schwert mir helfen;

Marc Chagall
David mit der Harfe
(1956)
»Er legte mir ein neues Lied in den Mund, einen Lobgesang auf ihn, unsern Gott« (Ps 40,4). Marc Chagalls Farblithographie zeigt König David, dem ein Großteil der Psalmen zugewiesen wird, zugleich lauschend und die Harfe spielend. Sein in Profilansicht wiedergegebenes Haupt ist nach links geneigt, während seine Hände die Saiten der nach rechts aufgerichteten Harfe zum Klingen bringen. Chagall stellt sich damit in eine Bildtradition, die Davids Inspiration betont, mit dem Unterschied allerdings, daß die David-Bilder des frühen Mittelalters einen Engel oder die Hand Gottes als Quelle der Inspiration in die Bild-Komposition einbeziehen.

8 nein, du hast uns vor unsern Bedrängern gerettet; / alle, die uns has-
sen, bedeckst du mit Schande.
9 Wir rühmen uns Gottes den ganzen Tag / und preisen deinen Namen
auf ewig. [Sela]
10 Doch nun hast du uns verstoßen und mit Schmach bedeckt, / du
ziehst nicht mit unserm Heer in den Kampf.
11 Du läßt uns vor unsern Bedrängern fliehen, / und Menschen, die uns
hassen, plündern uns aus.
12 Du gibst uns preis wie Schlachtvieh, / unter die Völker zerstreust du
uns.
13 Du verkaufst dein Volk um ein Spottgeld / und hast an dem Erlös kei-
nen Gewinn.
14 Du machst uns zum Schimpf für die Nachbarn, / zu Spott und Hohn
bei allen, die rings um uns wohnen.
15 Du machst uns zum Spottlied der Völker, / die Heiden zeigen uns
nichts als Verachtung.
16 Meine Schmach steht mir allzeit vor Augen, / und Scham bedeckt
mein Gesicht
17 wegen der Worte des lästernden Spötters, / wegen der rachgierigen
Blicke des Feindes.

18 Das alles ist über uns gekommen, / und doch haben wir dich nicht
vergessen, / uns von deinem Bund nicht treulos abgewandt.
19 Unser Herz ist nicht von dir gewichen, / noch hat unser Schritt dei-
nen Pfad verlassen.
20 Doch du hast uns verstoßen an den Ort der Schakale / und uns
bedeckt mit Finsternis.
21 Hätten wir den Namen unseres Gottes vergessen / und zu einem
fremden Gott die Hände erhoben,
22 würde Gott das nicht ergründen? / Denn er kennt die heimlichen
Gedanken des Herzens.
23 Nein, um deinetwillen werden wir getötet Tag für Tag, / behandelt
wie Schafe, / die man zum Schlachten bestimmt hat.
24 Wach auf! Warum schläfst du, Herr? / Erwache, verstoß nicht für
immer!
25 Warum verbirgst du dein Gesicht, / vergißt unsere Not und
Bedrängnis?
26 Unsere Seele ist in den Staub hinabgebeugt, / unser Leib liegt am
Boden.
27 Steh auf und hilf uns! / In deiner Huld erlöse uns!

Ein Lied zur Hochzeit des Königs

45 [Für den Chormeister. Nach der Weise »Lilien«. Ein Weis-
heitslied der Korachiter. Ein Liebeslied.]
2 Mein Herz fließt über von froher Kunde, / ich weihe mein Lied dem
König. / Meine Zunge gleicht dem Griffel des flinken Schreibers.
3 Du bist der Schönste von allen Menschen, / Anmut ist ausgegossen
über deine Lippen; / darum hat Gott dich für immer gesegnet.
4 Gürte, du Held, dein Schwert um die Hüfte, / kleide dich in Hoheit
und Herrlichkeit!
5 Zieh aus mit Glück, kämpfe für Wahrheit und Recht! / Furchtgebie-
tende Taten / soll dein rechter Arm dich lehren.
6 Deine Pfeile sind scharf, dir unterliegen die Völker, / die Feinde des
Königs verlieren den Mut.
7 Dein Thron, du Göttlicher, steht für immer und ewig; / das Zepter
deiner Herrschaft ist ein gerechtes Zepter.
8 Du liebst das Recht und haßt das Unrecht, / darum hat Gott, dein
Gott, dich gesalbt mit dem Öl der Freude / wie keinen deiner Gefährten.
9 Von Myrrhe, Aloe und Kassia duften all deine Gewänder, aus Elfen-
beinhallen erfreut dich Saitenspiel.
10 Königstöchter gehen dir entgegen, / die Braut steht dir zur Rechten /
im Schmuck von Ofirgold.
11 Höre, Tochter, sieh her und neige dein Ohr, / vergiß dein Volk und
dein Vaterhaus!
12 Der König verlangt nach deiner Schönheit; / er ist ja dein Herr, ver-
neig dich vor ihm!
13 Die Töchter von Tyrus kommen mit Gaben, / deine Gunst begehren
die Edlen des Volkes.
14 Die Königstochter ist herrlich geschmückt, / ihr Gewand ist durch-
wirkt mit Gold und Perlen.
15 Man geleitet sie in buntgestickten Kleidern zum König, / Jungfrauen
sind ihr Gefolge, / ihre Freundinnen führt man zu dir.
16 Man geleitet sie mit Freude und Jubel, / sie ziehen ein in den Palast
des Königs.
17 An die Stelle deiner Väter treten einst deine Söhne; / du bestellst sie
zu Fürsten im ganzen Land.
18 Ich will deinen Namen rühmen von Geschlecht zu Geschlecht; /
darum werden die Völker dich preisen immer und ewig.

Gott, unsre Burg

46 [Für den Chormeister. Von den Korachitern. Nach der Weise
»Mädchen«. Ein Lied.]
2 Gott ist uns Zuflucht und Stärke, / ein bewährter Helfer in allen
Nöten.
3 Darum fürchten wir uns nicht, wenn die Erde auch wankt, / wenn
Berge stürzen in die Tiefe des Meeres,
4 wenn seine Wasserwogen tosen und schäumen / und vor seinem
Ungestüm die Berge erzittern.
Der Herr der Heerscharen ist mit uns, / der Gott Jakobs ist unsre Burg.
[Sela]
5 Die Wasser eines Stromes erquicken die Gottesstadt, / des Höchsten
heilige Wohnung.
6 Gott ist in ihrer Mitte, darum wird sie niemals wanken; / Gott hilft
ihr, wenn der Morgen anbricht.
7 Völker toben, Reiche wanken, / es dröhnt sein Donner, da zer-
schmilzt die Erde.
8 Der Herr der Heerscharen ist mit uns, / der Gott Jakobs ist unsre
Burg. [Sela]
9 Kommt und schaut die Taten des Herrn, / der Furchtbares vollbringt
auf der Erde.
10 Er setzt den Kriegen ein Ende / bis an die Grenzen der Erde;
er zerbricht die Bogen, zerschlägt die Lanzen, / im Feuer verbrennt er
die Schilde.
11 »Laßt ab und erkennt, daß ich Gott bin, / erhaben über die Völker,
erhaben auf Erden.«
12 Der Herr der Heerscharen ist mit uns, / der Gott Jakobs ist unsre
Burg. [Sela]

Gott, der König aller Völker

47 [Für den Chormeister. Ein Psalm der Korachiter.]
2 Ihr Völker alle, klatscht in die Hände; / jauchzt Gott zu mit
lautem Jubel!
3 Denn furchtgebietend ist der Herr, der Höchste, / ein großer König
über die ganze Erde.
4 Er unterwirft uns Völker / und zwingt Nationen unter unsre Füße.
5 Er wählt unser Erbland für uns aus, / den Stolz Jakobs, den er liebt.
[Sela]
6 Gott stieg empor unter Jubel, / der Herr beim Schall der Hörner.
7 Singt unserm Gott, ja singt ihm! / Spielt unserm König, spielt ihm!
8 Denn Gott ist König der ganzen Erde. / Spielt ihm ein Psalmenlied!
9 Gott wurde König über alle Völker, / Gott sitzt auf seinem heiligen
Thron.
10 Die Fürsten der Völker sind versammelt / als Volk des Gottes Abra-
hams.
Denn Gott gehören die Mächte der Erde; / er ist hoch erhaben.

Die Stadt des großen Königs

48 [Ein Lied. Ein Psalm der Korachiter.]
2 Groß ist der Herr und hoch zu preisen / in der Stadt unse-
res Gottes.
3 Sein heiliger Berg ragt herrlich empor; / er ist die Freude der ganzen
Welt.
Der Berg Zion liegt weit im Norden; / er ist die Stadt des großen
Königs.
4 Gott ist in ihren Häusern bekannt / als ein sicherer Schutz.
5 Denn seht: Die Könige vereinten sich / und zogen gemeinsam heran;
6 doch als sie aufsahen, erstarrten sie vor Schreck,/ sie waren bestürzt
und liefen davon.
7 Dort packte sie das Zittern, / wie die Wehen eine gebärende Frau,
8 Wie der Sturm vom Osten, / der die Schiffe von Tarschisch zer-
schmettert.
9 Wie wir's gehört hatten, so erlebten wir's jetzt in der Stadt des Herrn
der Heere,
in der Stadt unseres Gottes; / Gott läßt sie ewig bestehen. [Sela]
10 Über deine Huld, o Gott, denken wir nach / in deinem heiligen
Tempel.
11 Wie dein Name, Gott, so reicht dein Ruhm bis an die Enden der
Erde; / deine rechte Hand ist voll von Gerechtigkeit.
12 Der Berg Zion freue sich, / die Töchter Judas sollen über deine
gerechten Urteile jubeln.
13 Umkreist den Zion, / umschreitet ihn, zählt seine Türme!

14 Betrachtet seine Wälle, / geht in seinen Palästen umher, / damit ihr dem kommenden Geschlecht erzählen könnt:
15 »Das ist Gott, unser Gott für immer und ewig. / Er wird uns führen in Ewigkeit.«

Die Vergänglichkeit des Menschen

49 [Für den Chormeister. Ein Psalm der Korachiter.]
2 Hört dies an, ihr Völker alle, / vernehmt es, alle Bewohner der Erde,
3 ihr Leute aus dem Volk und vom Adel, / Reiche und Arme zusammen!
4 Mein Mund spreche weise Worte; / was mein Herz ersinnt, sei voller Einsicht.
5 Ich wende mein Ohr einem Weisheitsspruch zu, / ich enthülle mein Geheimnis beim Harfenspiel.
6 Warum soll ich mich in bösen Tagen fürchten, / wenn mich der Frevel tückischer Feinde umgibt?
7 Sie verlassen sich ganz auf ihren Besitz / und rühmen sich ihres großen Reichtums.
8 Loskaufen kann doch keiner den andern / noch an Gott für ihn ein Sühnegeld zahlen
9 – für das Leben ist jeder Kaufpreis zu hoch; / für immer muß man davon abstehn –
10 damit er auf ewig weiterlebt / und niemals das Grab schaut.
11 Denn man sieht: Weise sterben; / genauso gehen Tor und Narr zugrunde, / sie müssen andern ihren Reichtum lassen.
12 Das Grab ist ihr Haus auf ewig, / ist ihre Wohnung für immer, / ob sie auch Länder nach ihren Namen benannten.
13 Der Mensch bleibt nicht in seiner Pracht; / er gleicht dem Vieh, das verstummt.
14 So geht es denen, die auf sich selbst vertrauen, / und so ist das Ende derer, die sich in großen Worten gefallen. [Sela]
15 Der Tod führt sie auf seine Weide wie Schafe, / sie stürzen hinab zur Unterwelt.
Geradewegs sinken sie hinab in das Grab; / ihre Gestalt zerfällt, die Unterwelt wird ihre Wohnstatt.
16 Doch Gott wird mich loskaufen aus dem Reich des Todes, / ja, er nimmt mich auf. [Sela]
17 Laß dich nicht beirren, wenn einer reich wird / und die Pracht seines Hauses sich mehrt;
18 denn im Tod nimmt er das alles nicht mit, / seine Pracht steigt nicht mit ihm hinab.
19 Preist er sich im Leben auch glücklich / und sagt zu sich: / »Man lobt dich, weil du dir's wohl sein läßt«,
20 so muß er doch zur Schar seiner Väter hinab, / die das Licht nie mehr erblicken.
21 Der Mensch in Pracht, doch ohne Einsicht, / er gleicht dem Vieh, das verstummt.

Der rechte Gottesdienst

50 [Ein Psalm Asafs.]
Der Gott der Götter, der Herr, spricht, / er ruft der Erde zu / vom Aufgang der Sonne bis zum Untergang.
2 Vom Zion her, der Krone der Schönheit, / geht Gott strahlend auf.
3 Unser Gott kommt und schweigt nicht; / Feuer frißt vor ihm her; um ihn stürmt es gewaltig.
4 Dem Himmel droben und der Erde ruft er zu, / er werde sein Volk nun richten:
5 »Versammelt mir all meine Frommen, / die den Bund mit mir schlossen beim Opfer.«
6 Die Himmel sollen seine Gerechtigkeit künden; / Gott selbst wird Richter sein. [Sela]
7 »Höre, mein Volk, ich rede. / Israel, ich klage dich an, / ich, der ich dein Gott bin.
8 Nicht wegen deiner Opfer rüg' ich dich, / deine Brandopfer sind mir immer vor Augen.
9 Doch nehme ich von dir Stiere nicht an / noch Böcke aus deinen Hürden.
10 Denn mir gehört alles Getier des Waldes, / das Wild auf den Bergen zu Tausenden.
11 Ich kenne alle Vögel des Himmels, / was sich regt auf dem Feld, ist mein eigen.
12 Hätte ich Hunger, ich brauchte es dir nicht zu sagen, / denn mein ist die Welt und was sie erfüllt.
13 Soll ich denn das Fleisch von Stieren essen / und das Blut von Böcken trinken?
14 Bring Gott als Opfer dein Lob, / und erfülle dem Höchsten deine Gelübde!
15 Rufe mich an am Tag der Not; / dann rette ich dich, und du wirst mich ehren.«
16 Zum Frevler aber spricht Gott: / »Was zählst du meine Gebote auf / und nimmst meinen Bund in deinen Mund?
17 Dabei ist Zucht dir verhaßt, / meine Worte wirfst du hinter dich.
18 Siehst du einen Dieb, so läufst du mit, / du machst dich mit Ehebrechern gemein.
19 Dein Mund redet böse Worte, / und deine Zunge stiftet Betrug an.
20 Von deinem Bruder redest du schändlich, / auf den Sohn deiner Mutter häufst du Verleumdung.
21 Das hast du getan, und ich soll schweigen? / Meinst du, ich bin wie du? / Ich halte es dir vor Augen und rüge dich.
22 Begreift es doch, ihr, die ihr Gott vergeßt! / Sonst zerreiße ich euch, und niemand kann euch retten.
23 Wer Opfer des Lobes bringt, ehrt mich; / wer rechtschaffen lebt, dem zeig' ich mein Heil.«

Bitte um Vergebung und Neuschaffung

51 [Für den Chormeister. Ein Psalm Davids, 2 als der Prophet Natan zu ihm kam, nachdem sich David mit Batseba vergangen hatte.]
3 Gott, sei mir gnädig nach deiner Huld, / tilge meine Frevel nach deinem reichen Erbarmen!
4 Wasch meine Schuld von mir ab, / und mach mich rein von meiner Sünde!
5 Denn ich erkenne meine bösen Taten, / meine Sünde steht mir immer vor Augen.
6 Gegen dich allein habe ich gesündigt, / ich habe getan, was dir mißfällt.
So behältst du recht mit deinem Urteil, / rein stehst du da als Richter.
7 Denn ich bin in Schuld geboren; / in Sünde hat mich meine Mutter empfangen.
8 Lauterer Sinn im Verborgenen gefällt dir, / im Geheimen lehrst du mich Weisheit.
9 Entsündige mich mit Ysop, dann werde ich rein; / wasche mich, dann werde ich weißer als Schnee.
10 Sättige mich mit Entzücken und Freude! / Jubeln sollen die Glieder, die du zerschlagen hast.
11 Verbirg dein Gesicht vor meinen Sünden, / tilge all meine Frevel!
12 Erschaffe mir, Gott, ein reines Herz, / und gib mir einen neuen, beständigen Geist!
13 Verwirf mich nicht von deinem Angesicht, / und nimm deinen heiligen Geist nicht von mir!
14 Mach mich wieder froh mit deinem Heil; / mit einem willigen Geist rüste mich aus!
15 Dann lehre ich Abtrünnige deine Wege, / und die Sünder kehren um zu dir.
16 Befrei mich von Blutschuld, Herr, du Gott meines Heiles, dann wird meine Zunge jubeln über deine Gerechtigkeit.
17 Herr, öffne mir die Lippen, / und mein Mund wird deinen Ruhm verkünden.
18 Schlachtopfer willst du nicht, ich würde sie dir geben; / an Brandopfern hast du kein Gefallen.

Carl Hofer
Großer Karneval
(1928)
»Gott blickt vom Himmel herab auf die Menschen, ob noch ein Verständiger da ist, der Gott sucht« (Ps 53,3). Der ›Narrenpsalm‹ wurde in Handschriften des Psalters durch das Bild eines Gottesleugners mit Schellenkappe und Narrenwams illustriert, um die »Toren« zu kennzeichnen, die Gott leugnen (Ps 53,2; Ps 14,1). Diese Form der Vereinsamung des Menschen klingt in Carl Hofers *Großem Karneval* nach: Trotz des Gedränges bleiben die Maskenträger isoliert. Allein das Paar links im Vordergrund, verkleidet als Bühnenfiguren Pierrot und Colombine aus der italienischen Comedia dell'arte bzw. der französischen Komödientradition sind einander zugewandt. In Verbindung mit dem Motiv des Vorhangs legt dieses Schauspieler-Paar die Deutung der Szenerie als ›Welttheater‹ nahe, in dem der Einzelne seine Rolle zugewiesen bekommt. Neben dieser allgemeinen Metaphorik besitzt Hofers Gemälde einen konkreten Bezugspunkt: Entstanden im Berlin der ›Goldenen Zwanziger‹, interpretiert es deren Hochgefühl am Vorabend der weltweiten Depression als bloßes Maskenspiel. Zehn Jahre später gehörte der *Große Karneval* zu den als ›entartet‹ verfemten Kunstwerken und wurde aus der Mannheimer Kunsthalle entfernt.

19 Das Opfer, das Gott gefällt, ist ein zerknirschter Geist, / ein zerbrochenes und zerschlagenes Herz wirst du, Gott, nicht verschmähen.
20 In deiner Huld tu Gutes an Zion; / bau die Mauern Jerusalems wieder auf!
21 Dann hast du Freude an rechten Opfern, / an Brandopfern und Ganzopfern, / dann opfert man Stiere auf deinem Altar.

Die Überheblichkeit des Bösen – das Vertrauen des Frommen

52 [Für den Chormeister. Ein Weisheitslied Davids, 2 als der
Edomiter Doëg zu Saul kam und ihm meldete: David ist in
das Haus des Ahimelech gegangen.]
3 Was rühmst du dich deiner Bosheit, du Mann der Gewalt, / was
prahlst du allzeit vor dem Frommen?
4 Du Ränkeschmied, du planst Verderben; / deine Zunge gleicht einem
scharfen Messer.
5 Du liebst das Böse mehr als das Gute / und Lüge mehr als wahrhaf-
tige Rede. [Sela]
6 Du liebst lauter verderbliche Worte, / du tückische Zunge.
7 Darum wird Gott dich verderben für immer, / dich packen und her-
ausreißen aus deinem Zelt, / dich entwurzeln aus dem Land der
Lebenden. [Sela]
8 Gerechte werden es sehen und sich fürchten; / sie werden über ihn
lachen und sagen:
9 »Seht, das ist der Mann, / der nicht zu Gott seine Zuflucht nahm;
auf seinen großen Reichtum hat er sich verlassen / und auf seinen
Frevel gebaut.«

Franz Marc
Traum
(1913)
»Ich muß mich mitten unter die Löwen lagern, die gierig auf Menschen sind« (Ps 57,5). Illustrierte Psalterien deuten diesen Vers durch das Bild eines Schläfers als innere Vorstellung, ähnlich wie Psalm 39. In diesem Sinne verbindet auch Franz Marcs Gemälde *Traum* die Figur des Schläfers im Vordergrund mit der Schilderung dessen, was sich vor seinem inneren Auge abspielt: Im Mittelgrund halb verdeckt, im Hintergrund in voller Größe, durchschreiten Elefanten eine Landschaft. In der rechten oberen Ecke folgen ihnen winzige Figuren mit emporgestreckten Armen. Den Charakter einer Traumschilderung verstärken die Proportionen der Tiere und der Landschaft, deren abstrahierte Berge zu Hügeln zu schrumpfen scheinen, während die Tiere an Größe zunehmen. Neben dem Träumer ruht zu Füßen einer Pflanze ein zweiter Schläfer, den wir nur als dunkle Kugelform wahrnehmen, die sich farblich der Pflanze annähert und so Teil der Traumlandschaft wird. Unwillkürlich ordnen wir daher das Traumgeschehen seinem Gefährten zu, der sich im Schutz einer schwarz konturierten Hügelform gelagert hat und dem Betrachter das Gesicht zuwendet.

10 Ich aber bin im Haus Gottes wie ein grünender Ölbaum; / auf Gottes Huld vertraue ich immer und ewig.
11 Ich danke dir, Herr, in Ewigkeit; / denn du hast das alles vollbracht.
Ich hoffe auf deinen Namen im Kreis der Frommen; / denn du bist gütig.

Die Torheit der Gottesleugner

53 [Für den Chormeister. Nach der Weise »Krankheit«. Ein Weisheitslied Davids.]
2 Die Toren sagen in ihrem Herzen: / »Es gibt keinen Gott.«
Sie handeln verwerflich und schnöde; / da ist keiner, der Gutes tut.
3 Gott blickt vom Himmel herab auf die Menschen, / ob noch ein Verständiger da ist, der Gott sucht.
4 Alle sind sie abtrünnig und verdorben, / keiner tut Gutes, auch nicht ein einziger.
5 Haben denn die Übeltäter keine Einsicht? / Sie verschlingen mein Volk.
Sie essen Gottes Brot, / doch seinen Namen rufen sie nicht an.
6 Es trifft sie Furcht und Schrecken, / obwohl doch nichts zu fürchten ist.
Deinen Bedrängern hat Gott die Glieder zerschlagen. / Gott läßt sie scheitern, denn er hat sie verworfen.
7 Ach käme doch vom Zion Hilfe für Israel! / Wenn Gott einst das Geschick seines Volkes wendet, / dann jubelt Jakob, dann freut sich Israel.

Hilferuf eines Bedrängten

54 [Für den Chormeister. Mit Saitenspiel. Ein Weisheitslied Davids, 2 als die Sifiter kamen und Saul meldeten: David hält sich bei uns verborgen.]
3 Hilf mir, Gott, durch deinen Namen, / verschaff mir Recht mit deiner Kraft!
4 Gott, höre mein Flehen, / vernimm die Worte meines Mundes!
5 Denn es erheben sich gegen mich stolze Menschen, / freche Leute trachten mir nach dem Leben; / sie haben Gott nicht vor Augen. [Sela]

6 Doch Gott ist mein Helfer, / der Herr beschützt mein Leben.
7 Auf meine Gegner falle das Unheil zurück. / Weil du treu bist, vernichte sie!
8 Freudig bringe ich dir dann mein Opfer dar / und lobe deinen Namen, Herr; denn du bist gütig.
9 Der Herr hat mich herausgerissen aus all meiner Not, / und mein Auge kann auf meine Feinde herabsehn.

Klage und Vertrauen eines Alleingelassenen

55

[Für den Chormeister. Mit Saitenspiel. Ein Weisheitslied Davids.]
2 Vernimm, o Gott, mein Beten; / verbirg dich nicht vor meinem Flehen!
3 Achte auf mich, und erhöre mich! / Unstet schweife ich umher und klage.
4 Das Geschrei der Feinde macht mich verstört; / mir ist angst, weil mich die Frevler bedrängen.
Sie überhäufen mich mit Unheil / und befehden mich voller Grimm.
5 Mir bebt das Herz in der Brust; / mich überfielen die Schrecken des Todes.
6 Furcht und Zittern erfaßten mich; / ich schauderte vor Entsetzen.
7 Da dachte ich: »Hätte ich doch Flügel wie eine Taube, / dann flöge ich davon und käme zur Ruhe.«
8 Weit fort möchte ich fliehen, / die Nacht verbringen in der Wüste. [Sela]
9 An einen sicheren Ort möchte ich eilen / vor dem Wetter, vor dem tobenden Sturm.
10 Entzweie sie, Herr, verwirr ihre Sprache! / Denn in der Stadt sehe ich Gewalttat und Hader.
11 Auf ihren Mauern umschleicht man sie bei Tag und bei Nacht; / sie ist voll Unheil und Mühsal.
12 In ihr herrscht Verderben; / Betrug und Unterdrückung weichen nicht von ihren Märkten.
13 Denn nicht mein Feind beschimpft mich, / das würde ich ertragen;
nicht ein Mann, der mich haßt, tritt frech gegen mich auf, / vor ihm könnte ich mich verbergen.
14 Nein, du bist es, ein Mensch aus meiner Umgebung, / mein Freund, mein Vertrauter,
15 mit dem ich, in Freundschaft verbunden, / zum Haus Gottes gepilgert bin inmitten der Menge.
16 Der Tod soll sie überfallen, / lebend sollen sie hinabfahren ins Totenreich. / Denn ihre Häuser und Herzen sind voller Bosheit.
17 Ich aber, zu Gott will ich rufen, / der Herr wird mir helfen.
18 Am Abend, am Morgen, am Mittag seufze ich und stöhne; / er hört mein Klagen.
19 Er befreit mich, bringt mein Leben in Sicherheit / vor denen, die gegen mich kämpfen, / wenn es auch viele sind, die gegen mich angehen.
20 Gott hört mich und beugt sie nieder, / er, der als König thront seit Ewigkeit. [Sela]
Denn sie kehren nicht um / und fürchten Gott nicht.
21 Der Feind legt Hand an Gottes Freunde, / er entweiht Gottes Bund.
22 Glatt wie Butter sind seine Reden, / doch in seinem Herzen sinnt er auf Streit; seine Worte sind linder als Öl / und sind doch gezückte Schwerter.
24 Du aber, Gott, wirst sie hinabstürzen in die tiefste Grube. / Gewalttätige und Betrüger erreichen nicht die Mitte ihres Lebens. / Ich aber setze mein Vertrauen auf dich.
23 Wirf deine Sorge auf den Herrn, er hält dich aufrecht! / Er läßt den Gerechten niemals wanken.

Das Vertrauensbekenntnis eines Angefeindeten

56

[Für den Chormeister. Nach der Weise »Stumme Taube der Ferne«. Ein Lied Davids. Aus der Zeit, als die Philister ihn in Gat ergriffen.]
2 Sei mir gnädig, Gott, denn Menschen stellen mir nach; / meine Feinde bedrängen mich Tag für Tag.
3 Täglich stellen meine Gegner mir nach; / ja, es sind viele, die mich voll Hochmut bekämpfen.
4 An dem Tag, da ich mich fürchten muß, / setze ich auf dich mein Vertrauen.
5 Ich preise Gottes Wort. / Ich vertraue auf Gott und fürchte mich nicht. / Was können Menschen mir antun?
6 Sie verdrehen meine Worte den ganzen Tag; / auf mein Verderben geht ihr ganzes Sinnen.
7 Sie lauern und spähen und beobachten genau meine Schritte; / denn sie trachten mir nach dem Leben.
8 Sie haben gefrevelt; es gibt für sie kein Entrinnen. / In deinem Zorn, o Gott, wirf die Völker zu Boden!
9 Mein Elend ist aufgezeichnet bei dir. / Sammle meine Tränen in einem Krug, / zeichne sie auf in deinem Buch!
10 Dann weichen die Feinde zurück an dem Tag, da ich rufe. / Ich habe erkannt: Mir steht Gott zur Seite.
11 Ich preise Gottes Wort, / ich preise das Wort des Herrn.
12 Ich vertraue auf Gott und fürchte mich nicht. / Was können Menschen mir antun?
13 Ich schulde dir die Erfüllung meiner Gelübde, o Gott; / ich will dir Dankopfer weihen.
14 Denn du hast mein Leben dem Tod entrissen, / meine Füße bewahrt vor dem Fall.
So gehe ich vor Gott meinen Weg / im Licht der Lebenden.

Geborgenheit im Schutz Gottes

57

[Für den Chormeister. Nach der Weise »Zerstöre nicht!«. Ein Lied Davids, als er vor Saul in die Höhle floh.]
2 Sei mir gnädig, o Gott, sei mir gnädig; / denn ich flüchte mich zu dir.
Im Schatten deiner Flügel finde ich Zuflucht, / bis das Unheil vorübergeht.
3 Ich rufe zu Gott, dem Höchsten, / zu Gott, der mir beisteht.
4 Er sende mir Hilfe vom Himmel; / meine Feinde schmähen mich. [Sela] / Gott sende seine Huld und Treue.
5 Ich muß mich mitten unter Löwen lagern, / die gierig auf Menschen sind.
Ihre Zähne sind Spieße und Pfeile, / ein scharfes Schwert ihre Zunge.
7 Sie haben meinen Schritten ein Netz gelegt / und meine Seele gebeugt.
Sie haben mir eine Grube gegraben; / doch fielen sie selbst hinein. [Sela]
6 Erheb dich über die Himmel, o Gott! / Deine Herrlichkeit erscheine über der ganzen Erde.
8 Mein Herz ist bereit, o Gott, / mein Herz ist bereit, / ich will dir singen und spielen.
9 Wach auf, meine Seele! / Wacht auf, Harfe und Saitenspiel! / Ich will das Morgenrot wecken.
10 Ich will dich vor den Völkern preisen, Herr, / dir vor den Nationen lobsingen.
11 Denn deine Güte reicht, so weit der Himmel ist, / deine Treue, so weit die Wolken ziehn.
12 Erheb dich über die Himmel, o Gott; / deine Herrlichkeit erscheine über der ganzen Erde.

Gott, der gerechte Richter

58

[Für den Chormeister. Nach der Weise »Zerstöre nicht!«. Ein Lied Davids.]
2 Sprecht ihr wirklich Recht, ihr Mächtigen? / Richtet ihr die Menschen gerecht?
3 Nein, ihr schaltet im Land nach Willkür, / euer Herz ist voll Bosheit; / eure Hände bahnen dem Unrecht den Weg.
4 Vom Mutterschoß an sind die Frevler treulos, / von Geburt an irren sie vom Weg ab und lügen.
5 Ihr Gift ist wie das Gift der Schlange, / wie das Gift der tauben Natter, die ihr Ohr verschließt,

6 die nicht auf die Stimme des Beschwörers hört, / der sich auf Zauber-
sprüche versteht.
7 O Gott, zerbrich ihnen die Zähne im Mund! / Zerschlage, Herr, das
Gebiß der Löwen!
8 Sie sollen vergehen wie verrinnendes Wasser, / wie Gras, das ver-
welkt auf dem Weg,
9 wie die Schnecke, die sich auflöst in Schleim; / wie eine Fehlgeburt
sollen sie die Sonne nicht schauen.
10 Ehe eure Töpfe das Feuer des Dornstrauchs spüren, / fege Gott die
Feinde hinweg, ob frisch, ob verdorrt.
11 Wenn er die Vergeltung sieht, freut sich der Gerechte; / er badet
seine Füße im Blut des Frevlers.
12 Dann sagen die Menschen: »Der Gerechte erhält seinen Lohn; / es
gibt einen Gott, der auf Erden Gericht hält.«

Klage und Zuversicht eines Verfolgten

59 [Für den Chormeister. Nach der Weise »Zerstöre nicht!«. Ein
Lied Davids, als Saul hinschickte und man das Haus
bewachte, um ihn zu töten.]
2 Entreiß mich den Feinden, mein Gott, / beschütze mich vor meinen
Gegnern!
3 Entreiß mich denen, die Unrecht tun, / rette mich vor den Mördern!
4 Sieh her: Sie lauern mir auf, / Mächtige stellen mir nach.
Ich aber habe keinen Frevel begangen und keine Sünde;
5 Herr, ich bin
ohne Schuld.
Sie stürmen vor und stellen sich auf. Wach auf, / komm mir entgegen,
sieh her!
6 Herr, du Gott der Heerscharen, Gott Israels, / werde wach, suche
alle Völker heim! / Sei keinem treulosen Frevler gnädig! [Sela]
7 Abend für Abend kommen sie wieder, / sie kläffen wie Hunde, durch-
streifen die Stadt.
8 Ja, sie geifern mit ihrem Maul. / Die Schwerter zwischen ihren Lip-
pen, wer nimmt sie wahr?
9 Du aber, Herr, verlachst sie; / du spottest über alle Völker.
10 Meine Stärke, an dich will ich mich halten, / denn du, Gott, bist
meine Burg.
11 Mein huldreicher Gott kommt mir entgegen; / Gott läßt mich her-
absehen auf meine Gegner.
12 Töte sie nicht, / damit mein Volk nicht vergißt. In deiner Kraft zer-
streue sie, / wirf sie nieder, Herr, unser Schild!
13 Wegen der Sünde ihres Mundes, wegen all ihrer Reden / sollen sie
sich in ihrem Hochmut verfangen; / denn sie fluchen und verbreiten
nur Lügen.
14 Vernichte sie im Zorn, / vernichte sie; sie sollen zugrundegehen.
Sie sollen erkennen, daß Gott der Herrscher in Jakob ist / und bis an
das Ende der Erde. [Sela]
15 Abend für Abend kommen sie wieder, / sie kläffen wie Hunde,
durchstreifen die Stadt.
16 Sie streunen umher, gierig nach Fraß; / werden sie nicht satt, dann
knurren sie.
17 Ich aber will deine Macht besingen, / will über deine Huld jubeln am
Morgen.
Denn du bist eine Burg für mich, / bist meine Zuflucht am Tag der Not.
18 Meine Stärke, dir will ich singen und spielen; / denn du, Gott, bist
meine Burg, mein huldreicher Gott.

Bitte um Hilfe nach einer Niederlage

60 [Für den Chormeister. Nach der Weise »Lilie des Zeugnis-
ses«. Ein Lied Davids zum Lehren,
2 als er mit den Aramäern
Mesopotamiens und den Aramäern von Zoba kämpfte und als Joab
umkehrte und die Edomiter im Salztal schlug, zwölftausend Mann.]
3 Du hast uns verworfen, o Gott, und zerschlagen. / Du hast uns
gezürnt. Richte uns wieder auf!
4 Erschüttert hast du das Land und gespalten. / Heile seine Risse! Denn
es kam ins Wanken.
5 Du hast dein Volk hart geprüft, / du gabst uns betäubenden Wein zu
trinken.
6 Für alle, die dich fürchten, hast du ein Zeichen aufgestellt, / zu dem
sie fliehen können vor dem Bogen. [Sela]
7 Hilf mit deiner Rechten, erhöre uns, / damit die gerettet werden, die
du so sehr liebst.
8 Gott hat in seinem Heiligtum gesprochen: / »Ich will triumphieren,
will Sichem verteilen / und das Tal von Sukkot vermessen.
9 Mein ist Gilead, mein auch Manasse, / Efraim ist der Helm auf mei-
nem Haupt, / Juda mein Herrscherstab.
10 Doch Moab ist mein Waschbecken, / auf Edom werfe ich meinen
Schuh, / ich triumphiere über das Land der Philister.«
11 Wer führt mich hin zu der befestigten Stadt, / wer wird mich nach
Edom geleiten?
12 Gott, hast denn du uns verworfen? / Du ziehst ja nicht aus, o Gott,
mit unseren Heeren.
13 Bring uns doch Hilfe im Kampf mit dem Feind! / Denn die Hilfe von
Menschen ist nutzlos.
14 Mit Gott werden wir Großes vollbringen; / er selbst wird unsere
Feinde zertreten.

Fürbitte für den König

61 [Für den Chormeister. Mit Saitenspiel. Von David.]
2 Gott, höre mein Flehen, / achte auf mein Beten!
3 Vom Ende der Erde rufe ich zu dir; / denn mein Herz ist verzagt. /
Führe mich auf den Felsen, der mir zu hoch ist!
4 Du bist meine Zuflucht, / ein fester Turm gegen die Feinde.
5 In deinem Zelt möchte ich Gast sein auf ewig, / mich bergen im
Schutz deiner Flügel. [Sela]
6 Denn du, o Gott, hast meine Gelübde gehört / und denen das Erbe
gegeben, / die deinen Namen fürchten.
7 Füge den Tagen des Königs noch viele hinzu! / Seine Jahre mögen
dauern / von Geschlecht zu Geschlecht.
8 Er throne ewig vor Gottes Angesicht. / Huld und Treue mögen ihn
behüten.
9 Dann will ich allzeit deinem Namen singen und spielen / und Tag für
Tag meine Gelübde erfüllen.

Vertrauen auf Gottes Macht und Huld

62 [Für den Chormeister. Nach Jedutun. Ein Psalm Davids.]
2 Bei Gott allein kommt meine Seele zur Ruhe, / von ihm
kommt mir Hilfe.
3 Nur er ist mein Fels, meine Hilfe, meine Burg; / darum werde ich
nicht wanken.
4 Wie lange rennt ihr an gegen einen einzigen, / stürmt alle heran wie
gegen eine fallende Wand / wie gegen eine Mauer, die einstürzt? Gott,
5 Ja, sie planen, ihn von seiner Höhe zu stürzen; / Lügen ist ihre Lust.
Sie segnen mit ihrem Mund, / doch in ihrem Herzen fluchen sie. [Sela]
6 Bei Gott allein kommt meine Seele zur Ruhe; / denn von ihm kommt
meine Hoffnung.
7 Nur er ist mein Fels, meine Hilfe, meine Burg; / darum werde ich
nicht wanken.
8 Bei Gott ist mein Heil, meine Ehre; / Gott ist mein schützender Fels,
meine Zuflucht.
9 Vertrau ihm, Volk (Gottes), zu jeder Zeit! / Schüttet euer Herz vor ihm
aus! / Denn Gott ist unsere Zuflucht. [Sela]
10 Nur ein Hauch sind die Menschen, / die Leute nur Lug und Trug.
Auf der Waage schnellen sie empor, / leichter als ein Hauch sind sie
alle.
11 Vertraut nicht auf Gewalt, / verlaßt euch nicht auf Raub! Wenn der
Reichtum auch wächst, / so verliert doch nicht euer Herz an ihn!
12 Eines hat Gott gesagt, / zweierlei habe ich gehört:
Bei Gott ist die Macht; / 13 Herr, bei dir ist die Huld.
Denn du wirst jedem vergelten, / wie es seine Taten verdienen.

Sehnsucht nach Gott

63 [Ein Psalm Davids, als er in der Wüste Juda war.]
2 Gott, du mein Gott, dich suche ich, / meine Seele dürstet
nach dir.
Nach dir schmachtet mein Leib / wie dürres, lechzendes Land ohne
Wasser.
3 Darum halte ich Ausschau nach dir im Heiligtum, / um deine Macht
und Herrlichkeit zu sehen.
4 Denn deine Huld ist besser als das Leben; / darum preisen dich
meine Lippen.
5 Ich will dich rühmen mein Leben lang, / in deinem Namen die Hände
erheben.
6 Wie an Fett und Mark wird satt meine Seele, / mit jubelnden Lippen
soll mein Mund dich preisen.
7 Ich denke an dich auf nächtlichem Lager / und sinne über dich nach,
wenn ich wache.
8 Ja, du wurdest meine Hilfe; / jubeln kann ich im Schatten deiner
Flügel.
9 Meine Seele hängt an dir, / deine rechte Hand hält mich fest.
10 Viele trachten mir ohne Grund nach dem Leben, / aber sie müssen
hinabfahren in die Tiefen der Erde.
11 Man gibt sie der Gewalt des Schwertes preis, / sie werden eine Beute
der Schakale.
12 Der König aber freue sich an Gott. / Wer bei ihm schwört, darf sich
rühmen. / Doch allen Lügnern wird der Mund verschlossen.

Bitte um Schutz vor den Feinden

64 [Für den Chormeister. Ein Psalm Davids.]
2 Höre, o Gott, mein lautes Klagen, / schütze mein Leben vor
dem Schrecken des Feindes!
3 Verbirg mich vor der Schar der Bösen, / vor dem Toben derer, die
Unrecht tun.
4 Sie schärfen ihre Zunge wie ein Schwert, / schießen giftige Worte wie
Pfeile,
5 um den Schuldlosen von ihrem Versteck aus zu treffen. / Sie
schießen auf ihn, plötzlich und ohne Scheu.
6 Sie sind fest entschlossen zu bösem Tun. / Sie planen, Fallen zu stel-
len, / und sagen: »Wer sieht uns schon?«
7 Sie haben Bosheit im Sinn, / doch halten sie ihre Pläne geheim.
Ihr Inneres ist heillos verdorben, / ihr Herz ist ein Abgrund.
8 Da trifft sie Gott mit seinem Pfeil; / sie werden jählings verwundet.
9 Ihre eigene Zunge bringt sie zu Fall. / Alle, die es sehen, schütteln
den Kopf.
10 Dann fürchten sich alle Menschen; / sie verkünden Gottes Taten /
und bedenken sein Wirken.
11 Der Gerechte freut sich am Herrn und sucht bei ihm Zuflucht. / Und
es rühmen sich alle Menschen mit redlichem Herzen.

Dank für Gottes Gaben

65 [Für den Chormeister. Ein Psalm Davids. Ein Lied.]
2 Dir gebührt Lobgesang, Gott, auf dem Zion, / dir erfüllt
man Gelübde.
3 Du erhörst die Gebete. / Alle Menschen kommen zu dir 4 unter der
Last ihrer Sünden.
Unsere Schuld ist zu groß für uns, / du wirst sie vergeben.
5 Wohl denen, die du erwählst und in deine Nähe holst, / die in den
Vorhöfen deines Heiligtums wohnen.
Wir wollen uns am Gut deines Hauses sättigen, / am Gut deines
Tempels.
6 Du vollbringst erstaunliche Taten, / erhörst uns in Treue, du Gott
unsres Heiles,
du Zuversicht aller Enden der Erde / und der fernsten Gestade.
7 Du gründest die Berge in deiner Kraft, / du gürtest dich mit Stärke.
8 Du stillst das Brausen der Meere, / das Brausen ihrer Wogen, das
Tosen der Völker.
9 Alle, die an den Enden der Erde wohnen, / erschauern vor deinen Zei-
chen; / Ost und West erfüllst du mit Jubel.
10 Du sorgst für das Land und tränkst es; / du überschüttest es mit
Reichtum.
Der Bach Gottes ist reichlich gefüllt, / du schaffst ihnen Korn; so ord-
nest du alles.
11 Du tränkst die Furchen, ebnest die Schollen, / machst sie weich
durch Regen, segnest ihre Gewächse.
12 Du krönst das Jahr mit deiner Güte, / deinen Spuren folgt Überfluß.
13 In der Steppe prangen die Auen, / die Höhen umgürten sich mit
Jubel.
14 Die Weiden schmücken sich mit Herden, / die Täler hüllen sich in
Korn. / Sie jauchzen und singen.

Aufruf zum Lobpreis

66 [Für den Chormeister. Ein Lied. Ein Psalm.]
Jauchzt vor Gott, alle Länder der Erde! / 2 Spielt zum Ruhm
seines Namens! / Verherrlicht ihn mit Lobpreis!
3 Sagt zu Gott: »Wie ehrfurchtgebietend sind deine Taten; / vor deiner
gewaltigen Macht müssen die Feinde sich beugen.«
4 Alle Welt bete dich an und singe dein Lob, / sie lobsinge deinem
Namen! [Sela]
5 Kommt und seht die Taten Gottes! / Staunenswert ist sein Tun an den
Menschen:
6 Er verwandelte das Meer in trockenes Land, / sie schritten zu Fuß
durch den Strom; / dort waren wir über ihn voll Freude.
7 In seiner Kraft ist er Herrscher auf ewig; / seine Augen prüfen die Völ-
ker. / Die Trotzigen können sich gegen ihn nicht erheben. [Sela]
8 Preist unseren Gott, ihr Völker; laßt laut sein Lob erschallen!
9 Er erhielt uns am Leben / und ließ unseren Fuß nicht wanken.
10 Du hast, o Gott, uns geprüft, / und uns geläutert, wie man Silber läutert.
11 Du brachtest uns in schwere Bedrängnis / und legtest uns eine
drückende Last auf die Schulter.
12 Du ließest Menschen über unsere Köpfe schreiten. / Wir gingen
durch Feuer und Wasser. / Doch du hast uns in die Freiheit hinaus-
geführt.
13 Ich komme mit Opfern in dein Haus; / ich erfülle dir meine Gelübde,
14 die ich einst dir versprach, / die dir mein Mund in der Not gelobte.
15 Fette Tiere bringe ich dir als Brandopfer dar, / zusammen mit dem
Rauch von Widdern; / ich richte dir Rinder und Böcke zu. [Sela]
16 Ihr alle, die ihr Gott fürchtet, kommt und hört; / ich will euch
erzählen, was er mir Gutes getan hat.
17 Zu ihm hatte ich mit lauter Stimme gerufen, / und schon konnte
mein Mund ihn preisen.
18 Hätte ich Böses im Sinn gehabt, / dann hätte der Herr mich nicht
erhört.
19 Gott aber hat mich erhört, / hat auf mein drängendes Beten geachtet.
20 Gepriesen sei Gott; denn er hat mein Gebet nicht verworfen / und
mir seine Huld nicht entzogen.

Dank für den Segen Gottes

67 [Für den Chormeister. Mit Saitenspiel. Ein Psalm. Ein Lied.]
2 Gott sei uns gnädig und segne uns. / Er lasse über uns sein
Angesicht leuchten, [Sela]
3 damit auf Erden sein Weg erkannt wird / und unter allen Völkern
sein Heil.
4 Die Völker sollen dir danken, o Gott, / danken sollen dir die Völker alle.
5 Die Nationen sollen sich freuen und jubeln. / Denn du richtest den
Erdkreis gerecht.
Du richtest die Völker nach Recht / und regierst die Nationen auf
Erden. [Sela]
6 Die Völker sollen dir danken, o Gott, / danken sollen dir die Völker
alle.
7 Das Land gab seinen Ertrag. / Es segne uns Gott, unser Gott.
8 Es segne uns Gott. / Alle Welt fürchte und ehre ihn.

Ernst Fuchs
Psalm 69
(1949-60)

»Himmel und Erde sollen ihn rühmen, die Meere und was sich in ihnen regt. Denn Gott wird Zion retten, wird Judas Städte neu erbauen« (Ps 69,35f). Die Symmetrieachse des Bildes, das der Österreicher Ernst Fuchs dem 69. Psalm gewidmet hat, verbindet die Gestalt eines Priesters im Eingang des Zeltes mit der schwebenden Gestalt Gottes. Beide breiten die Arme aus, wobei die Rechte des Priesters ein Zepter hält, das von einer Hand mit Segensgestus bekrönt wird. Ohne Psalm 69 wörtlich zu illustrieren, greift das Gemälde eine Vielzahl von Motiven auf, die der Psalmist im Wechsel von Klage und Gotteslob verwendet: Links türmt sich über dem Wasser eine hagere Riesenfigur auf, begleitet von einer schwarzen Rauchsäule, über der ein gehörnter Schädel und ein fischförmiges Flugzeug schweben. Rechts deuten architektonische Motive und Statuen sowie am Rand emporschwebende Figuren auf dämonische Riten hin. Das in seinem Inneren lichterfüllte Zelt besitzt eine Plattform als Basis, die auf einem dornengekrönten Schmerzenshaupt lastet. Von diesem Tiefpunkt aus kehrt der Blick zurück zur schwebenden Gottesgestalt zwischen kristallinen Felsformationen und einem runden Säulenbau, der auf das neu zu errichtende Zion hindeutet. Wobei es kein Zufall sein dürfte, daß Ernst Fuchs, aus einer jüdischen Familie stammend, sein Gemälde kurze Zeit nach der Gründung des Staates Israel begonnen hat.

Ein Lied auf Gottes Sieg und Herrschaft

68 [Für den Chormeister. Ein Psalm Davids. Ein Lied.]
2 Gott steht auf, seine Feinde zerstieben; / die ihn hassen,
fliehen vor seinem Angesicht.
3 Sie verfliegen, wie Rauch verfliegt; / wie Wachs am Feuer zerfließt, /
so vergehen die Frevler vor Gottes Angesicht.
4 Die Gerechten aber freuen sich und jubeln vor Gott; / sie jauchzen in
heller Freude.
5 Singt für Gott, spielt seinem Namen; / jubelt ihm zu, ihm, der auf den
Wolken einherfährt!
Preist seinen Namen! / Freut euch vor seinem Angesicht!
6 Ein Vater der Waisen, ein Anwalt der Witwen / ist Gott in seiner heiligen Wohnung.
7 Gott bringt die Verlassenen heim, / führt die Gefangenen hinaus in
das Glück; / doch die Empörer müssen wohnen im dürren Land.
8 Gott, als du deinem Volk voranzogst, / als du die Wüste durchschrittest, [Sela] / 9 da bebte die Erde,
da ergossen sich die Himmel vor Gott, / vor Gott, dem Herrn vom
Sinai, vor Israels Gott.

10 Gott, du ließest Regen strömen in Fülle / und erquicktest dein ver-
schmachtendes Erbland.
11 Deine Geschöpfe finden dort Wohnung; / Gott, in deiner Güte ver-
sorgst du den Armen.
12 Der Herr entsendet sein Wort; / groß ist der Siegesbotinnen Schar.
13 Die Könige der Heere fliehen, sie fliehen. / Im Haus verteilt man die
Beute.
14 Was bleibt ihr zurück in den Hürden? / Du Taube mit silbernen
Schwingen, mit goldenem Flügel!
15 Als der Allmächtige die Könige vertrieb, / fiel Schnee auf dem Zalmon.
16 Ein Gottesberg ist der Baschanberg, / ein Gebirge, an Gipfeln reich,
ist der Baschan.
17 Warum blickt ihr voll Neid, ihr hohen Gipfel, / auf den Berg, den
Gott sich zum Wohnsitz erwählt hat? / Dort wird der Herr wohnen in
Ewigkeit.
18 Die Wagen Gottes sind zahllos, tausendmal tausend. / Vom Sinai
zieht der Herr zu seinem Heiligtum.
19 Du zogst hinauf zur Höhe, / führtest Gefangene mit;
du nahmst Gaben entgegen von den Menschen. / Auch Empörer müs-
sen wohnen bei Gott, dem Herrn.
20 Gepriesen sei der Herr, Tag für Tag! / Gott trägt uns, er ist unsre
Hilfe. [Sela]
21 Gott ist ein Gott, der uns Rettung bringt, / Gott, der Herr, führt uns
heraus aus dem Tod.
22 Denn Gott zerschmettert das Haupt seiner Feinde, / den Kopf des
Frevlers, der in Sünde dahinlebt.
23 Der Herr hat gesprochen: »Ich bringe (sie) vom Baschan zurück, /
ich bringe (sie) zurück aus den Tiefen des Meeres.
24 Dein Fuß wird baden im Blut, / die Zunge deiner Hunde ihren Anteil
bekommen an den Feinden.«
25 Gott, sie sahen deinen Einzug, / den Einzug meines Gottes und
Königs ins Heiligtum:
26 voraus die Sänger, die Saitenspieler danach, / dazwischen Mädchen
mit kleinen Pauken.
27 Versammelt euch und preist unsern Gott, / den Herrn in der
Gemeinde Israels:
28 voran der kleine Stamm Benjamin, / im Zug die Fürsten von Juda, /
die Fürsten von Sebulon, die Fürsten von Naftali.
29 Biete auf, o Gott, deine Macht, / die Gottesmacht, die du an uns
erwiesen hast / 30a von deinem Tempel aus, hoch über Jerusalem.
31 Wehr ab das Untier im Schilf, die Rotte der Starken, / wehr ab die
Herrscher der Völker!
Sie sind gierig nach Silber, tritt sie nieder; / zerstreue die Völker, die
Lust haben am Krieg.
30b Könige kommen mit Gaben, / 32 aus Ägypten bringt man Geräte
von Erz, / Kusch erhebt zu Gott seine Hände.
33 Ihr Königreiche der Erde, singt für Gott, / singt und spielt für den
Herrn, [Sela]
34 der dahinfährt über den Himmel, den uralten Himmel, / der seine
Stimme erhebt, seine machtvolle Stimme.
35 Preist Gottes Macht! / Über Israel ragt seine Hoheit empor, / seine
Macht ragt bis zu den Wolken.
36 Gott in seinem Heiligtum ist voll Majestät, Israels Gott; / seinem
Volk verleiht er Stärke und Kraft. Gepriesen sei Gott.

Der Hilferuf eines unschuldig Verfolgten

69 [Für den Chormeister. Nach der Weise »Lilien«. Von David.]
2 Hilf mir, o Gott! / Schon reicht mir das Wasser bis an die
Kehle.
3 Ich bin in tiefem Schlamm versunken / und habe keinen Halt mehr;
ich geriet in tiefes Wasser, / die Strömung reißt mich fort.
4 Ich bin müde vom Rufen, / meine Kehle ist heiser,
mir versagen die Augen, / während ich warte auf meinen Gott.
5 Zahlreicher als die Haare auf meinem Kopf / sind die, die mich
grundlos hassen.
Zahlreich sind meine Verderber, meine verlogenen Feinde. / Was ich
nicht geraubt habe, soll ich erstatten.
6 Gott, du kennst meine Torheit, / meine Verfehlungen sind dir nicht
verborgen.
7 Wer auf dich hofft, Herr, du Herr der Heere, / soll durch mich nicht
scheitern;
wer dich sucht, Gott Israels, / gerate durch mich nicht in Schande.
8 Denn deinetwegen erleide ich Schmach, / und Schande bedeckt mein
Gesicht.
9 Entfremdet bin ich den eigenen Brüdern, / den Söhnen meiner Mut-
ter wurde ich fremd.
10 Denn der Eifer für dein Haus hat mich verzehrt; / die Schmähungen
derer, die dich schmähen, haben mich getroffen.
11 Ich nahm mich durch Fasten in Zucht, / doch es brachte mir
Schmach und Schande.
12 Ich ging in Sack und Asche, / doch sie riefen Spottverse hinter mir her.
13 Man redet über mich in der Versammlung am Tor, / von mir singen
die Zecher beim Wein.
14 Ich aber bete zu dir, / Herr, zur Zeit der Gnade.
Erhöre mich in deiner großen Huld, / Gott, hilf mir in deiner Treue!
15 Entreiß mich dem Sumpf, / damit ich nicht versinke.
Zieh mich heraus aus dem Verderben, / aus dem tiefen Wasser!
16 Laß nicht zu, daß die Flut mich überschwemmt, / die Tiefe mich ver-
schlingt, / der Brunnenschacht über mir seinen Rachen schließt.
17 Erhöre mich, Herr, in deiner Huld und Güte, / wende dich mir zu in
deinem großen Erbarmen!
18 Verbirg nicht dein Gesicht vor deinem Knecht; / denn mir ist angst.
Erhöre mich bald!
19 Sei mir nah, und erlöse mich! / Befrei mich meinen Feinden zum
Trotz!
20 Du kennst meine Schmach und meine Schande. / Dir stehen meine
Widersacher alle vor Augen.
21 Die Schande bricht mir das Herz, / ganz krank bin ich vor Schmach;
umsonst habe ich auf Mitleid gewartet, / auf einen Tröster, doch ich
habe keinen gefunden.
22 Sie gaben mir Gift zu essen, / für den Durst reichten sie mir Essig.
23 Der Opfertisch werde für sie zur Falle, / das Opfermahl zum Fang-
netz.
24 Blende ihre Augen, so daß sie nicht mehr sehen; / lähme ihre Hüf-
ten für immer!
25 Gieß über sie deinen Grimm aus, / dein glühender Zorn soll sie
treffen!
26 Ihr Lagerplatz soll veröden, / in ihren Zelten soll niemand mehr
wohnen.
27 Denn sie verfolgen den Mann, den du schon geschlagen hast, / und
mehren den Schmerz dessen, der von dir getroffen ist.
28 Rechne ihnen Schuld über Schuld an, / damit sie nicht teilhaben an
deiner Gerechtigkeit.
29 Sie seien aus dem Buch des Lebens getilgt / und nicht bei den
Gerechten verzeichnet.
30 Ich aber bin elend und voller Schmerzen; / doch deine Hilfe, o Gott,
wird mich erhöhen.
31 Ich will den Namen Gottes rühmen im Lied, / in meinem Danklied
ihn preisen.
32 Das gefällt dem Herrn mehr als ein Opferstier, / mehr als Rinder mit
Hörnern und Klauen.
33 Schaut her, ihr Gebeugten, und freut euch; / ihr, die ihr Gott sucht:
euer Herz lebe auf!
34 Denn der Herr hört auf die Armen, / er verachtet die Gefangenen
nicht.
35 Himmel und Erde sollen ihn rühmen, / die Meere und was sich in
ihnen regt.
36 Denn Gott wird Zion retten, / wird Judas Städte neu erbauen. Seine
Knechte werden dort wohnen und das Land besitzen, / 37 ihre Nach-
kommen sollen es erben; / wer seinen Namen liebt, soll darin wohnen.

Bitte um Gottes Hilfe

70 [Für den Chormeister. Von David. Zum Weihrauchopfer.]
2 Gott, komm herbei, um mich zu retten, / Herr, eile mir zu
Hilfe!
3 In Schmach und Schande sollen alle fallen, / die mir nach dem Leben
trachten.
Zurückweichen sollen sie und vor Scham erröten, / die sich über mein
Unglück freuen.
4 Beschämt sollen sich alle abwenden, / die lachen und höhnen / und
sagen: »Dir geschieht recht.«
5 Alle, die dich suchen, frohlocken; / sie mögen sich freuen in dir.
Die dein Heil lieben, sollen immer sagen: / »Groß ist Gott, der Herr.«
6 Ich aber bin arm und gebeugt. / Eile, o Gott, mir zu Hilfe!
Meine Hilfe und mein Retter bist du. / Herr, säume doch nicht!

Gott, die Zuflucht bis ins Alter

71 Herr, ich suche Zuflucht bei dir. Laß mich doch niemals
scheitern!
2 Reiß mich heraus und rette mich in deiner Gerechtigkeit, / wende
dein Ohr mir zu und hilf mir!
3 Sei mir ein sicherer Hort, / zu dem ich allzeit kommen darf.
Du hast mir versprochen zu helfen; / denn du bist mein Fels und
meine Burg.
4 Mein Gott, rette mich aus der Hand des Frevlers, / aus der Faust des
Bedrückers und Schurken!
5 Herr, mein Gott, du bist ja meine Zuversicht, / meine Hoffnung von
Jugend auf.
6 Vom Mutterleib an stütze ich mich auf dich, / vom Mutterschoß an
bist du mein Beschützer; / dir gilt mein Lobpreis allezeit.
7 Für viele bin ich wie ein Gezeichneter, / du aber bist meine starke
Zuflucht.
8 Mein Mund ist erfüllt von deinem Lob, / von deinem Ruhm den
ganzen Tag.
9 Verwirf mich nicht, wenn ich alt bin, / verlaß mich nicht, wenn meine
Kräfte schwinden.
10 Denn meine Feinde reden schlecht von mir, / die auf mich lauern,
beraten gemeinsam;
11 sie sagen: »Gott hat ihn verlassen. / Verfolgt und ergreift ihn! / Für
ihn gibt es keinen Retter.«
12 Gott, bleib doch nicht fern von mir! / Mein Gott, eile mir zu Hilfe!
13 Alle, die mich bekämpfen, / sollen scheitern und untergehn;
über sie komme Schmach und Schande, / weil sie mein Unglück
suchen.
14 Ich aber will jederzeit hoffen, / all deinen Ruhm noch mehren.
15 Mein Mund soll von deiner Gerechtigkeit künden / und von deinen
Wohltaten sprechen den ganzen Tag; / denn ich kann sie nicht zählen.
16 Ich will kommen in den Tempel Gottes, des Herrn, / deine großen
und gerechten Taten allein will ich rühmen.
17 Gott, du hast mich gelehrt von Jugend auf, / und noch heute ver-
künde ich dein wunderbares Walten.
18 Auch wenn ich alt und grau bin, / o Gott, verlaß mich nicht,
damit ich von deinem machtvollen Arm der Nachwelt künde, / den
kommenden Geschlechtern von deiner Stärke / 19 und von deiner
Gerechtigkeit, Gott, die größer ist als alles.
Du hast Großes vollbracht. / Mein Gott, wer ist wie du?
20 Du ließest mich viel Angst und Not erfahren. / Belebe mich neu, /
führe mich herauf aus den Tiefen der Erde!
21 Bring mich wieder zu Ehren! / Du wirst mich wiederum trösten.
22 Dann will ich dir danken mit Saitenspiel / und deine Treue preisen;
mein Gott, du Heiliger Israels, / ich will dir auf der Harfe spielen.
23 Meine Lippen sollen jubeln, / denn dir will ich singen und spielen, /
meine Seele, die du erlöst hast, soll jubeln.
24 Auch meine Zunge soll von deiner Gerechtigkeit reden den ganzen
Tag. / Denn alle, die mein Unglück suchen, müssen vor Scham erröten
und scheitern.

Der Friedenskönig und sein Reich

72 [Von Salomo.]
Verleih dein Richteramt, o Gott, dem König, / dem Königs-
sohn gib dein gerechtes Walten!
2 Er regiere dein Volk in Gerechtigkeit / und deine Armen durch rech-
tes Urteil.
3 Dann tragen die Berge Frieden für das Volk / und die Höhen Gerech-
tigkeit.
4 Er wird Recht verschaffen den Gebeugten im Volk, / Hilfe bringen
den Kindern der Armen, / er wird die Unterdrücker zermalmen.
5 Er soll leben, solange die Sonne bleibt und der Mond, / bis zu den
fernsten Geschlechtern.
6 Er ströme wie Regen herab auf die Felder, / wie Regenschauer, die die
Erde benetzen.
7 Die Gerechtigkeit blühe auf in seinen Tagen / und großer Friede, bis
der Mond nicht mehr da ist.
8 Er herrsche von Meer zu Meer, / vom Strom bis an die Enden der
Erde.
9 Vor ihm sollen seine Gegner sich beugen, / Staub sollen lecken all
seine Feinde.
10 Die Könige von Tarschisch und von den Inseln bringen Geschenke, /
die Könige von Saba und Seba kommen mit Gaben.
11 Alle Könige müssen ihm huldigen, / alle Völker ihm dienen.
12 Denn er rettet den Gebeugten, der um Hilfe schreit, / den Armen
und den, der keinen Helfer hat.
13 Er erbarmt sich des Gebeugten und Schwachen, / er rettet das Leben
der Armen.
14 Von Unterdrückung und Gewalttat befreit er sie, / ihr Blut ist in sei-
nen Augen kostbar.
15 Er lebe, und Gold von Saba soll man ihm geben! / Man soll für ihn
allezeit beten, / stets für ihn Segen erflehen.
16 Im Land gebe es Korn in Fülle. / Es rausche auf dem Gipfel der Berge.
Seine Frucht wird sein wie die Bäume des Libanon. / Menschen blühn
in der Stadt wie das Gras der Erde.
17 Sein Name soll ewig bestehen; / solange die Sonne bleibt, sprosse
sein Name.
Glücklich preisen sollen ihn alle Völker / und in ihm sich segnen.
18 Gepriesen sei der Herr, der Gott Israels! / Er allein tut Wunder.
19 Gepriesen sei sein herrlicher Name in Ewigkeit! / Seine Herrlichkeit
erfülle die ganze Erde. / Amen, ja amen.
[Ende der Gebete Davids, des Sohnes Isais.]

Das dritte Buch

Das scheinbare Glück der Frevler

73 [Ein Psalm Asafs.]
Lauter Güte ist Gott für Israel, / für alle Menschen mit rei-
nem Herzen.
2 Ich aber – fast wären meine Füße gestrauchelt, / beinahe wäre ich
gefallen.
3 Denn ich habe mich über die Prahler ereifert / als ich sah, daß es die-
sen Frevlern so gut ging.
4 Sie leiden ja keine Qualen, / ihr Leib ist gesund und wohlgenährt.
5 Sie kennen nicht die Mühsal der Sterblichen / sind nicht geplagt wie
andere Menschen.
6 Darum ist Hochmut ihr Halsschmuck, / wie ein Gewand umhüllt sie
Gewalttat.
7 Sie sehen kaum aus den Augen vor Fett, / ihr Herz läuft über von
bösen Plänen.
8 Sie höhnen, und was sie sagen, ist schlecht; / sie sind falsch und
reden von oben herab.
9 Sie reißen ihr Maul bis zum Himmel auf / und lassen auf Erden ihrer
Zunge freien Lauf.

10 Darum wendet sich das Volk ihnen zu / und schlürft ihre Worte in
vollen Zügen.
11 Sie sagen: »Wie sollte Gott das merken? / Wie kann der Höchste das
wissen?«
12 Wahrhaftig, so sind die Frevler: / Immer im Glück, häufen sie Reich-
tum auf Reichtum.
13 Also hielt ich umsonst mein Herz rein / und wusch meine Hände in
Unschuld.
14 Und doch war ich alle Tage geplagt / und wurde jeden Morgen
gezüchtigt.
21 Mein Herz war verbittert, / mir bohrte der Schmerz in den Nieren;
22 ich war töricht und ohne Verstand, / war wie ein Stück Vieh vor dir.
15 Hätte ich gesagt: »Ich will reden wie sie«, / dann hätte ich an deinen
Kindern Verrat geübt.
16 Da sann ich nach, um das zu begreifen; / es war eine Qual für mich,
17 bis ich dann eintrat ins Heiligtum Gottes / und begriff, wie sie enden.
18 Ja, du stellst sie auf schlüpfrigen Grund, / du stürzt sie in Täuschung
und Trug.
19 Sie werden plötzlich zunichte, / werden dahingerafft und nehmen
ein schreckliches Ende,
20 wie ein Traum, der beim Erwachen verblaßt, / dessen Bild man ver-
gißt, wenn man aufsteht.
23 Ich aber bleibe immer bei dir, / du hältst mich an meiner Rechten.
24 Du leitest mich nach deinem Ratschluß / und nimmst mich am
Ende auf in Herrlichkeit.
25 Was habe ich im Himmel außer dir? / Neben dir erfreut mich nichts
auf der Erde.
26 Auch wenn mein Leib und mein Herz verschmachten, / Gott ist der
Fels meines Herzens / und mein Anteil auf ewig.
27 Ja, wer dir fern ist, geht zugrunde; / du vernichtest alle, die dich
treulos verlassen.
28 Ich aber – Gott nahe zu sein ist mein Glück. / Ich setze auf Gott, den
Herrn, mein Vertrauen. / Ich will all deine Taten verkünden.

Klage über die Verwüstung des Heiligtums

74

[Ein Weisheitslied Asafs.]
Warum, Gott, hast du uns für immer verstoßen? / Warum ist
dein Zorn gegen die Herde deiner Weide entbrannt?
2 Denk an deine Gemeinde, die du vorzeiten erworben, / als Stamm dir
zu eigen erkauft, / an den Berg Zion, den du zur Wohnung erwählt
hast.
3 Erheb deine Schritte zu den uralten Trümmern! / Der Feind hat im
Heiligtum alles verwüstet.
4 Deine Widersacher lärmten an deiner heiligen Stätte, / stellten ihre
Banner auf als Zeichen des Sieges.
5 Wie einer die Axt schwingt im Dickicht des Waldes, / 6 so zerschlu-
gen sie all das Schnitzwerk mit Beil und Hammer.
7 Sie legten an dein Heiligtum Feuer, / entweihten die Wohnung deines
Namens bis auf den Grund.
8 Sie sagten in ihrem Herzen: »Wir zerstören alles.« / Und sie ver-
brannten alle Gottesstätten ringsum im Land.
9 Zeichen für uns sehen wir nicht, / es ist kein Prophet mehr da, / nie-
mand von uns weiß, wie lange noch.
10 Wie lange, Gott, darf der Bedränger noch schmähen, / darf der
Feind ewig deinen Namen lästern?
11 Warum ziehst du die Hand von uns ab, / hältst deine Rechte im
Gewand verborgen?
12 Doch Gott ist mein König von alters her, / Taten des Heils vollbringt
er auf Erden.
13 Mit deiner Macht hast du das Meer zerspalten, / die Häupter der
Drachen über den Wassern zerschmettert.
14 Du hast die Köpfe des Levíatan zermalmt, / ihn zum Fraß gegeben
den Ungeheuern der See.
15 Hervorbrechen ließest du Quellen und Bäche, / austrocknen
Ströme, die sonst nie versiegen.
16 Dein ist der Tag, dein auch die Nacht, / hingestellt hast du Sonne
und Mond.
17 Du hast die Grenzen der Erde festgesetzt, / hast Sommer und Winter
geschaffen.
18 Denk daran: Der Feind schmäht den Herrn, / ein Volk ohne Einsicht
lästert deinen Namen.
19 Gib dem Raubtier das Leben deiner Taube nicht preis; / das Leben
deiner Armen vergiß nicht für immer!
20 Blick hin auf deinen Bund! / Denn voll von Schlupfwinkeln der
Gewalt ist unser Land.
21 Laß den Bedrückten nicht beschämt von dir weggehn! / Arme und
Gebeugte sollen deinen Namen rühmen.
22 Erheb dich, Gott, und führe deine Sache! / Bedenke, wie die Toren
dich täglich schmähen.
23 Vergiß nicht das Geschrei deiner Gegner, / das Toben deiner Wider-
sacher, das ständig emporsteigt.

Gott, der gerechte Richter

75

[Für den Chormeister. Nach der Weise »Zerstöre nicht!«. Ein
Psalm Asafs. Ein Lied.]
2 Wir preisen dich, Gott, wir preisen dich; / dein Name ist denen nahe,
die deine Wunder erzählen.
3 »Ja, zu der Zeit, die ich selbst bestimme, / halte ich Gericht nach mei-
nem Recht.
4 Die Erde mit allen, die auf ihr wohnen, mag wanken; / doch ich selbst
habe ihre Säulen auf festen Grund gestellt.« [Sela]
5 Ich sage zu den Stolzen: Seid nicht so vermessen!, / und zu den
Frevlern: Brüstet euch nicht mit eurer Macht!
6 Brüstet euch nicht stolz mit eurer Macht, / redet nicht so überheblich
daher!
7 Denn weder vom Osten noch vom Westen / noch aus der Wüste
kommt die Erhöhung.
8 Nein, der Richter ist Gott; / den einen erniedrigt er, den andern
erhöht er.
9 Ja, in der Hand des Herrn ist ein Becher, / herben, gärenden Wein
reicht er dar; ihn müssen alle Frevler der Erde trinken, / müssen ihn
samt der Hefe schlürfen.
10 Ich aber werde jubeln für immer; / dem Gott Jakobs will ich singen
und spielen.
11 »Ich schlage die ganze Macht der Frevler nieder; / doch das Haupt
des Gerechten wird hoch erhoben.«

Der Weltenrichter auf dem Zion

76

[Für den Chormeister. Mit Saitenspiel. Ein Psalm Asafs. Ein
Lied.]
2 Gott gab sich zu erkennen in Juda, / sein Name ist groß in Israel.
3 Sein Zelt erstand in Salem, / seine Wohnung auf dem Zion.
4 Dort zerbrach er die blitzenden Pfeile des Bogens, / Schild und
Schwert, die Waffen des Krieges. [Sela]
5 Du bist furchtbar und herrlich, / mehr als die ewigen Berge.
6 Ausgeplündert sind die tapferen Streiter, / sie sinken hin in den
Schlaf; / allen Helden versagen die Hände.
7 Wenn du drohst, Gott Jakobs, / erstarren Rosse und Wagen.
8 Furchtbar bist du. Wer kann bestehen vor dir, / vor der Gewalt deines
Zornes?
9 Vom Himmel her machst du das Urteil bekannt; / Furcht packt die
Erde, und sie verstummt,
10 wenn Gott sich erhebt zum Gericht, / um allen Gebeugten auf der
Erde zu helfen. [Sela]
11 Denn auch der Mensch voll Trotz muß dich preisen / und der Rest
der Völker dich feiern.
12 Legt Gelübde ab und erfüllt sie dem Herrn, eurem Gott! / Ihr alle
ringsum, bringt Gaben ihm, den ihr fürchtet.
13 Er nimmt den Fürsten den Mut; / furchterregend ist er für die Könige
der Erde.

Gottes Weg mit seinem Volk

77 [Für den Chormeister. Nach Jedutun. Ein Psalm Asafs.]
2 Ich rufe zu Gott, ich schreie, / ich rufe zu Gott, bis er mich hört.
3 Am Tag meiner Not suche ich den Herrn; / unablässig erhebe ich nachts meine Hände, / meine Seele läßt sich nicht trösten.
4 Denke ich an Gott, muß ich seufzen; / sinne ich nach, dann will mein Geist verzagen. [Sela]
5 Du läßt mich nicht mehr schlafen; / ich bin voll Unruhe und kann nicht reden.
6 Ich sinne nach über die Tage von einst, / ich will denken an längst vergangene Jahre.
7 Mein Herz grübelt bei Nacht, / ich sinne nach, es forscht mein Geist.
8 Wird der Herr mich denn auf ewig verstoßen / und mir niemals mehr gnädig sein?
9 Hat seine Huld für immer ein Ende, / ist seine Verheißung aufgehoben für alle Zeiten?
10 Hat Gott seine Gnade vergessen, / im Zorn sein Erbarmen verschlossen? [Sela]
11 Da sagte ich mir: »Das ist mein Schmerz, / daß die Rechte des Höchsten so anders handelt.«
12 Ich denke an die Taten des Herrn, / ich will denken an deine früheren Wunder.
13 Ich erwäge all deine Werke / und will nachsinnen über deine Taten.
14 Gott, dein Weg ist heilig. / Wo ist ein Gott, so groß wie unser Gott?
15 Du allein bist der Gott, der Wunder tut, / du hast deine Macht den Völkern kundgetan.
16 Du hast mit starkem Arm dein Volk erlöst, / die Kinder Jakobs und Josefs. [Sela]
17 Die Wasser sahen dich, Gott, / die Wasser sahen dich und bebten. / Die Tiefen des Meeres tobten.
18 Die Wolken gossen ihr Wasser aus, / das Gewölk ließ die Stimme dröhnen, / auch deine Pfeile flogen dahin.
19 Dröhnend rollte dein Donner, / Blitze erhellten den Erdkreis, / die Erde bebte und wankte.
20 Durch das Meer ging dein Weg, / dein Pfad durch gewaltige Wasser, / doch niemand sah deine Spuren.
21 Du führtest dein Volk wie eine Herde / durch die Hand von Mose und Aaron.

Die Geschichte Israels als Mahnung und Warnung

78 [Ein Weisheitslied Asafs.]
Mein Volk, vernimm meine Weisung! / Wendet euer Ohr zu den Worten meines Mundes!
2 Ich öffne meinen Mund zu einem Spruch; / ich will die Geheimnisse der Vorzeit verkünden.
3 Was wir hörten und erfuhren, / was uns die Väter erzählten,
4 das wollen wir unseren Kindern nicht verbergen, / sondern dem kommenden Geschlecht erzählen:
die ruhmreichen Taten und die Stärke des Herrn, / die Wunder, die er getan hat.
5 Er stellte sein Gesetz auf in Jakob, / gab in Israel Weisung / und gebot unseren Vätern, ihre Kinder das alles zu lehren,
6 damit das kommende Geschlecht davon erfahre, / die Kinder späterer Zeiten; / sie sollten aufstehen und es weitergeben an ihre Kinder,
7 damit sie ihr Vertrauen auf Gott setzen, / die Taten Gottes nicht vergessen / und seine Gebote bewahren
8 und nicht werden wie ihre Väter, / jenes Geschlecht voll Trotz und Empörung, / das wankelmütige Geschlecht, dessen Geist nicht treu zu Gott hielt.
9 Die Söhne Efraims, Kämpfer mit Pfeil und Bogen, / wandten den Rücken am Tag der Schlacht;
10 Gottes Bund hielten sie nicht, / sie weigerten sich, seiner Weisung zu folgen.
11 Sie vergaßen die Taten des Herrn, / die Wunder, die er sie sehen ließ.
12 Vor den Augen ihrer Väter vollbrachte er Wunder / im Land Ägypten, im Gefilde von Zoan.
13 Er spaltete das Meer und führte sie hindurch, / er ließ das Wasser feststehen wie einen Damm.
14 Er leitete sie bei Tag mit der Wolke / und die ganze Nacht mit leuchtendem Feuer.
15 Er spaltete Felsen in der Wüste / und gab dem Volk reichlich zu trinken, wie mit Wassern der Urflut.
16 Er ließ Bäche aus dem Gestein entspringen, / ließ Wasser fließen gleich Strömen.
17 Doch sie sündigten weiter gegen ihn, / sie trotzten in der Wüste dem Höchsten.
18 In ihrem Herzen versuchten sie Gott, / forderten Nahrung für den Hunger.
19 Sie redeten gegen Gott; sie fragten: / »Kann uns denn Gott den Tisch decken in der Wüste?
20 Zwar hat er an den Felsen geschlagen, / so daß Wasser floß und Bäche strömten.
Kann er uns auch Brot verschaffen / und sein Volk mit Fleisch versorgen?«
21 Das hörte der Herr und war voll Grimm; / Feuer flammte auf gegen Jakob, / Zorn erhob sich gegen Israel,
22 weil sie Gott nicht glaubten / und nicht auf seine Hilfe vertrauten.
23 Dennoch gebot er den Wolken droben / und öffnete die Tore des Himmels.
24 Er ließ Manna auf sie regnen als Speise / er gab ihnen Brot vom Himmel.
25 Da aßen die Menschen Wunderbrot; / Gott gab ihnen Nahrung in Fülle.
26 Er ließ den Ostwind losbrechen droben am Himmel, / führte in seiner Macht den Südwind herbei,
27 ließ Fleisch auf sie regnen wie Staub, / gefiederte Vögel wie Sand am Meer.
28 Er ließ sie mitten ins Lager fallen, / rings um Israels Zelte.
29 Da aßen alle und wurden satt; / er hatte ihnen gebracht, was sie begehrten.
30 Noch aber hatten sie ihre Gier nicht gestillt, / noch war die Speise in ihrem Mund,
31 da erhob sich gegen sie Gottes Zorn; / er erschlug ihre Führer / und streckte die jungen Männer Israels nieder.
32 Doch sie sündigten trotz allem weiter / und vertrauten nicht seinen Wundern.
33 Darum ließ er ihre Tage schwinden wie einen Hauch / und ihre Jahre voll Schrecken vergehen.
34 Wenn er dreinschlug, fragten sie nach Gott, / kehrten um und suchten ihn.
35 Sie dachten daran, daß Gott ihr Fels ist, / Gott, der Höchste, ihr Erlöser.
36 Doch sie täuschten ihn mit falschen Worten, / und ihre Zunge belog ihn.
37 Ihr Herz hielt nicht fest zu ihm, / sie hielten seinem Bund nicht die Treue.
38 Er aber vergab ihnen voll Erbarmen die Schuld / und tilgte sein Volk nicht aus.
Oftmals ließ er ab von seinem Zorn / und unterdrückte seinen Groll.
39 Denn er dachte daran, daß sie nichts sind als Fleisch, / nur ein Hauch, der vergeht und nicht wiederkehrt.
40 Wie oft haben sie ihm in der Wüste getrotzt, / ihn gekränkt in der Steppe!
41 Immer wieder stellten sie ihn auf die Probe, / sie reizten den heiligen Gott Israels.
42 Sie dachten nicht mehr an seine mächtige Hand, / an den Tag, als er sie vom Unterdrücker befreite,
43 als er in Ägypten Zeichen tat / und Wunder im Gefilde von Zoan:
44 Er verwandelte ihre Flüsse und Bäche in Blut; / sie konnten daraus nicht mehr trinken.

45 Er schickte einen Schwarm von Fliegen, der fraß sie auf, / ein Heer
von Fröschen, das vertilgte sie.
46 Ihre Ernte überließ er den Grillen / und den Heuschrecken den
Ertrag ihrer Mühen.
47 Ihre Reben zerschlug er mit Hagel, / ihre Maulbeerbäume mit Kör-
nern aus Eis.
48 Ihr Vieh überließ er der Pest / und ihre Herden den Seuchen.
49 Er ließ die Glut seines Zorns auf sie los: / Grimm und Wut und
Bedrängnis, / Boten des Unheils in Scharen.
50 Er ließ seinem Zorn freien Lauf; / er bewahrte sie nicht vor dem Tod /
und lieferte ihr Leben der Pest aus.
51 Er schlug in Ägypten alle Erstgeburt, / in den Zelten Hams die Blüte
der Jugend.
52 Dann führte er sein Volk hinaus wie Schafe, / leitete sie wie eine
Herde durch die Wüste.
53 Er führte sie sicher, sie mußten nichts fürchten, / doch ihre Feinde
bedeckte das Meer.
54 Er brachte sie in sein heiliges Land, / in die Berge, die er erwarb mit
mächtiger Hand.
55 Er vertrieb die Völker vor ihnen, / ließ in ihren Zelten die Stämme
Israels wohnen / und teilte ihnen ihr Erbteil zu.
56 Doch sie versuchten Gott und trotzten dem Höchsten; / sie hielten
seine Satzungen nicht.
57 Wie ihre Väter, fielen sie treulos von ihm ab, / sie wandten sich ab
wie ein Bogen, der versagt.
58 Sie erbitterten ihn mit ihrem Kult auf den Höhen / und reizten seine
Eifersucht mit ihren Götzen.
59 Als Gott es sah, war er voll Grimm / und sagte sich los von Israel.
60 Er verwarf seine Wohnung in Schilo, / das Zelt, wo er unter den
Menschen wohnte.
61 Er gab seine Macht in Gefangenschaft, / seine heilige Lade fiel in die
Hand des Feindes.
62 Er lieferte sein Volk dem Schwert aus; / er war voll Grimm über sein
Eigentum.
63 Die jungen Männer fraß das Feuer; / den jungen Mädchen sang man
kein Brautlied.
64 Die Priester wurden mit dem Schwert erschlagen; / die Witwen
konnten die Toten nicht beweinen.
65 Da erwachte der Herr wie aus dem Schlaf, / wie ein Held, der betäubt
war vom Wein.
66 Er schlug seine Feinde zurück / und gab sie ewiger Schande preis.
67 Das Zelt Josefs verwarf er, / dem Stamm Efraim entzog er die Erwäh-
lung.
68 Doch den Stamm Juda erwählte er, / den Berg Zion, den er liebt.
69 Dort baute er sein hoch aufragendes Heiligtum, / so fest wie die
Erde, / die er für immer gegründet hat.
70 Und er erwählte seinen Knecht David; / er holte ihn weg von den
Hürden der Schafe, / 71 von den Muttertieren nahm er ihn fort,
damit er sein Volk Jakob weide / und sein Erbe Israel.
72 Er sorgte als Hirt für sie mit lauterem Herzen / und führte sie mit
klugen Händen.

Die Klage über die Zerstörung Jerusalems

79

[Ein Psalm Asafs.]
Gott, die Heiden sind eingedrungen in dein Erbe, / sie
haben deinen heiligen Tempel entweiht / und Jerusalem in Trümmer
gelegt.
2 Die Leichen deiner Knechte haben sie zum Fraß gegeben den Vögeln
des Himmels, / die Leiber deiner Frommen den Tieren des Feldes.
3 Ihr Blut haben sie wie Wasser vergossen / rings um Jerusalem, / und
keiner hat sie begraben.
4 Zum Schimpf sind wir geworden / in den Augen der Nachbarn, / zu
Spott und Hohn bei allen, die rings um uns wohnen.
5 Wie lange noch, Herr? Willst du auf ewig zürnen? / Wie lange noch
wird dein Eifer lodern wie Feuer?
6 Gieß deinen Zorn aus über die Heiden, / die dich nicht kennen, / über
jedes Reich, das deinen Namen nicht anruft.
7 Denn sie haben Jakob aufgezehrt / und seine Felder verwüstet.
8 Rechne uns die Schuld der Vorfahren nicht an! / Mit deinem Erbar-
men komm uns eilends entgegen! / Denn wir sind sehr erniedrigt.
9 Um der Ehre deines Namens willen / hilf uns, du Gott unsres Heils! /
Um deines Namens willen reiß uns heraus und vergib uns die Sünden!
10 Warum dürfen die Heiden sagen: / »Wo ist nun ihr Gott?«
Laß kund werden an den Heiden vor unsern Augen, / wie du das ver-
gossene Blut deiner Knechte vergiltst.
11 Das Stöhnen der Gefangenen dringe zu dir. / Befrei die Todgeweih-
ten durch die Kraft deines Armes!
12 Zahl unsern Nachbarn siebenfach heim / die Schmach, die sie dir,
Herr, angetan.
13 Wir aber, dein Volk, die Schafe deiner Weide, / wollen dir ewig dan-
ken, / deinen Ruhm verkünden von Geschlecht zu Geschlecht.

Bitte für Israel, den Weinstock Gottes

80

[Für den Chormeister. Nach der Weise »Lilien«. Ein Zeug-
nis. Ein Psalm Asafs.]
2 Du Hirte Israels, höre, / der du Josef weidest wie eine Herde!
Der du auf den Kerubim thronst, erscheine / 3 vor Efraim, Benjamin
und Manasse!
Biete deine gewaltige Macht auf, / und komm uns zu Hilfe!
4 Gott, richte uns wieder auf! / Laß dein Angesicht leuchten, dann ist
uns geholfen.
5 Herr, Gott der Heerscharen, wie lange noch zürnst du, / während
dein Volk zu dir betet?
6 Du hast sie gespeist mit Tränenbrot, / sie überreich getränkt mit
Tränen.
7 Du machst uns zum Spielball der Nachbarn, / und unsere Feinde ver-
spotten uns.
8 Gott der Heerscharen, richte uns wieder auf! / Laß dein Angesicht
leuchten, dann ist uns geholfen.
9 Du hobst in Ägypten einen Weinstock aus, / du hast Völker vertrie-
ben, ihn aber eingepflanzt.
10 Du schufst ihm weiten Raum; / er hat Wurzeln geschlagen / und das
ganze Land erfüllt.
11 Sein Schatten bedeckte die Berge, / seine Zweige die Zedern
Gottes.
12 Seine Ranken trieb er bis hin zum Meer / und seine Schößlinge bis
zum Eufrat.
13 Warum rissest du seine Mauern ein? / Alle, die des Weges kommen,
plündern ihn aus.
14 Der Eber aus dem Wald wühlt ihn um, / die Tiere des Feldes fressen
ihn ab.
15 Gott der Heerscharen, wende dich uns wieder zu! / Blick vom Him-
mel herab, und sieh auf uns!
Sorge für diesen Weinstock / 16 und für den Garten, den deine Rechte
gepflanzt hat.
17 Die ihn im Feuer verbrannten wie Kehricht, / sie sollen vergehen vor
deinem drohenden Angesicht.
18 Deine Hand schütze den Mann zu deiner Rechten, / den Menschen-
sohn, den du für dich groß und stark gemacht.
19 Erhalt uns am Leben! / Dann wollen wir deinen Namen anrufen und
nicht von dir weichen.
20 Herr, Gott der Heerscharen, richte uns wieder auf! / Laß dein Ange-
sicht leuchten, dann ist uns geholfen.

Aufruf zur Treue gegen Gott

81

[Für den Chormeister. Nach dem Kelterlied. Von Asaf.]
2 Jubelt Gott zu, er ist unsre Zuflucht; / jauchzt dem Gott
Jakobs zu!
3 Stimmt an den Gesang, schlagt die Pauke, / die liebliche Laute, dazu
die Harfe!

4 Stoßt in die Posaune am Neumond / und zum Vollmond, am Tag
unsres Festes!
5 Denn das ist Satzung für Israel, / Entscheid des Gottes Jakobs.
6 Das hat er als Gesetz für Josef erlassen, / als Gott gegen Ägypten aus-
zog.
Eine Stimme höre ich, die ich noch nie vernahm: / 7 Seine Schulter
hab' ich von der Bürde befreit, / seine Hände kamen los vom Last-
korb.
8 Du riefst in der Not, / und ich riß dich heraus;
ich habe dich aus dem Gewölk des Donners erhört, / an den Wassern
von Meríba geprüft. [Sela]
9 Höre, mein Volk, ich will dich mahnen! / Israel, wolltest du doch auf
mich hören!
10 Für dich gibt es keinen andern Gott. / Du sollst keinen fremden Gott
anbeten.
11 Ich bin der Herr, dein Gott, / der dich heraufgeführt hat aus Ägyp-
ten. / Tu deinen Mund auf! Ich will ihn füllen.
12 Doch mein Volk hat nicht auf meine Stimme gehört; / Israel hat
mich nicht gewollt.
13 Da überließ ich sie ihrem verstockten Herzen, / und sie handelten
nach ihren eigenen Plänen.
14 Ach daß doch mein Volk auf mich hörte, / daß Israel gehen wollte
auf meinen Wegen!
15 Wie bald würde ich seine Feinde beugen, / meine Hand gegen seine
Bedränger wenden.
16 Alle, die den Herrn hassen, müßten Israel schmeicheln, / und das
sollte für immer so bleiben.
17 Ich würde es nähren mit bestem Weizen / und mit Honig aus dem
Felsen sättigen.

Bitte um Gottes Eingreifen als Richter

82 [Ein Psalm Asafs.]
Gott steht auf in der Versammlung der Götter, / im Kreis der
Götter hält er Gericht.
2 »Wie lange noch wollt ihr ungerecht richten / und die Frevler begün-
stigen? [Sela]
3 Verschafft Recht den Unterdrückten und Waisen, / verhelft den
Gebeugten und Bedürftigen zum Recht!
4 Befreit die Geringen und Armen, / entreißt sie der Hand der Frevler!«
5 Sie aber haben weder Einsicht noch Verstand, / sie tappen dahin im
Finstern. / Alle Grundfesten der Erde wanken.
6 »Wohl habe ich gesagt: Ihr seid Götter, / ihr alle seid Söhne des
Höchsten.
7 Doch nun sollt ihr sterben wie Menschen, / sollt stürzen wie jeder der
Fürsten.«
8 Erheb dich, Gott, und richte die Erde! / Denn alle Völker werden dein
Erbteil sein.

Eine Bitte um Hilfe gegen Feinde des Volkes

83 [Ein Lied. Ein Psalm Asafs.]
2 Schweig doch nicht, o Gott, bleib nicht still, / o Gott, bleib
nicht stumm!
3 Sieh doch, deine Feinde toben; / die dich hassen, erheben das Haupt.
4 Gegen dein Volk ersinnen sie listige Pläne / und halten Rat gegen die,
die sich bei dir bergen.
5 Sie sagen: »Wir wollen sie ausrotten als Volk; / an den Namen Israel
soll niemand mehr denken.«
6 Ja, sie halten einmütig Rat / und schließen ein Bündnis gegen dich:
7 Edoms Zelte und die Ismaeliter, / Moab und die Hagariter,
8 Gebal, Ammon und Amalek, / das Philisterland und die Bewohner
von Tyrus.
9 Zu ihnen gesellt sich auch Assur / und leiht seinen Arm den Söhnen
Lots. [Sela]
10 Mach es mit ihnen wie mit Midian und Sisera, / wie mit Jabin am
Bach Kischon,
11 die du bei En-Dór vernichtet hast. / Sie wurden zum Dung für die Äcker.
12 Mach ihre Fürsten wie Oreb und Seeb, / wie Sebach und Zalmunna
mach all ihre Führer! / 13 Sie sagten: »Wir wollen Gottes Land
erobern.«
14 Mein Gott, laß sie dahinwirbeln wie Staub, / wie Spreu vor dem
Wind!
15 Wie das Feuer, das ganze Wälder verbrennt, / wie die Flamme, die
Berge versengt,
16 so jage sie davon mit deinem Sturm, / und schrecke sie mit deinem
Wetter!
17 Bedecke mit Schmach ihr Gesicht, / damit sie, Herr, nach deinem
Namen fragen.
18 Beschämt sollen sie sein und verstört für immer, / sollen vor
Schande zugrunde gehn.
19 Sie sollen erkennen, daß du es bist. Herr ist dein Name. / Du allein
bist der Höchste über der ganzen Erde.

Die Freude am Heiligtum

84 [Für den Chormeister. Nach dem Kelterlied. Ein Psalm der
Korachiter.]
2 Wie liebenswert ist deine Wohnung, Herr der Heerscharen! / 3 Meine
Seele verzehrt sich in Sehnsucht / nach dem Tempel des Herrn.
Mein Herz und mein Leib jauchzen ihm zu, / ihm, dem lebendigen Gott.
4 Auch der Sperling findet ein Haus / und die Schwalbe ein Nest für
ihre Jungen – / deine Altäre, Herr der Heerscharen, mein Gott und
mein König.
5 Wohl denen, die wohnen in deinem Haus, / die dich allezeit loben.
[Sela]
6 Wohl den Menschen, die Kraft finden in dir, / wenn sie sich zur Wall-
fahrt rüsten.
7 Ziehen sie durch das trostlose Tal, / wird es für sie zum Quellgrund, /
und Frühregen hüllt es in Segen.
8 Sie schreiten dahin mit wachsender Kraft; / dann schauen sie Gott
auf dem Zion.
9 Herr der Heerscharen, höre mein Beten, / vernimm es, Gott Jakobs!
[Sela]
10 Gott, sieh her auf unsern Schild, / schau auf das Antlitz deines
Gesalbten!
11 Denn ein einziger Tag in den Vorhöfen deines Heiligtums / ist besser
als tausend andere.
Lieber an der Schwelle stehen im Haus meines Gottes / als wohnen in
den Zelten der Frevler.
12 Denn Gott der Herr ist Sonne und Schild. / Er schenkt Gnade und
Herrlichkeit;
der Herr versagt denen, die rechtschaffen sind, keine Gabe. / 13 Herr
der Heerscharen, wohl dem, der dir vertraut!

Bitte um das verheißene Heil

85 [Für den Chormeister. Ein Psalm der Korachiter.]
2 Einst hast du, Herr, dein Land begnadet / und Jakobs
Unglück gewendet,
3 hast deinem Volk die Schuld vergeben, / all seine Sünden zugedeckt,
[Sela]
4 hast zurückgezogen deinen ganzen Grimm / und deinen glühenden
Zorn gedämpft.
5 Gott, unser Retter, richte uns wieder auf, / laß von deinem Unmut
gegen uns ab!
6 Willst du uns ewig zürnen, / soll dein Zorn dauern von Geschlecht zu
Geschlecht?
7 Willst du uns nicht wieder beleben, / so daß dein Volk sich an dir
freuen kann?
8 Erweise uns, Herr, deine Huld, / und gewähre uns dein Heil!
9 Ich will hören, was Gott redet: / Frieden verkündet der Herr seinem
Volk und seinen Frommen, / den Menschen mit redlichem Herzen.
[Sela]

10 Sein Heil ist denen nahe, die ihn fürchten. / Seine Herrlichkeit
wohne in unserm Land.
11 Es begegnen einander Huld und Treue; / Gerechtigkeit und Friede
küssen sich.
12 Treue sproßt aus der Erde hervor; / Gerechtigkeit blickt vom Him-
mel hernieder.
13 Auch spendet der Herr dann Segen, / und unser Land gibt seinen
Ertrag.
14 Gerechtigkeit geht vor ihm her, / und Heil folgt der Spur seiner
Schritte.

Der Hilferuf eines Armen zu Gott

86 [Ein Gebet Davids.]
Wende dein Ohr mir zu, erhöre mich, Herr! / Denn ich bin
arm und gebeugt.
2 Beschütze mich, denn ich bin dir ergeben! / Hilf deinem Knecht, der
dir vertraut!
3 Du bist mein Gott. Sei mir gnädig, o Herr! / Den ganzen Tag rufe ich
zu dir.
4 Herr, erfreue deinen Knecht; / denn ich erhebe meine Seele zu dir.
5 Herr, du bist gütig und bereit zu verzeihen, / für alle, die zu dir rufen,
reich an Gnade.
6 Herr, vernimm mein Beten, / achte auf mein lautes Flehen!
7 Am Tag meiner Not rufe ich zu dir; / denn du wirst mich erhören.
8 Herr, unter den Göttern ist keiner wie du, / und nichts gleicht den
Werken, die du geschaffen hast.
9 Alle Völker kommen und beten dich an, / sie geben, Herr, deinem
Namen die Ehre.
10 Denn du bist groß und tust Wunder; / du allein bist Gott.
11 Weise mir, Herr, deinen Weg; / ich will ihn gehen in Treue zu dir.
Richte mein Herz darauf hin, / allein deinen Namen zu fürchten!
12 Ich will dir danken, Herr, mein Gott, / aus ganzem Herzen, / will dei-
nen Namen ehren immer und ewig.
13 Du hast mich den Tiefen des Totenreichs entrissen. / Denn groß ist
über mir deine Huld.
14 Gott, freche Menschen haben sich gegen mich erhoben, / die Rotte
der Gewalttäter trachtet mir nach dem Leben; / doch dich haben sie
nicht vor Augen.
15 Du aber, Herr, bist ein barmherziger und gnädiger Gott, / du bist
langmütig, reich an Huld und Treue.
16 Wende dich mir zu und sei mir gnädig, / gib deinem Knecht wieder
Kraft, / und hilf dem Sohn deiner Magd!
17 Tu ein Zeichen, und schenke mir Glück! / Alle, die mich hassen, sol-
len es sehen und sich schämen, / weil du, Herr, mich gerettet und
getröstet hast.

Ein Loblied auf Zion, die Mutter aller Völker

87 [Ein Psalm der Korachiter. Ein Lied.]
2 Der Herr liebt (Zion), seine Gründung auf heiligen Bergen; /
mehr als all seine Stätten in Jakob liebt er die Tore Zions.
3 Herrliches sagt man von dir, / du Stadt unseres Gottes. [Sela]
4 Leute aus Ägypten und Babel / zähle ich zu denen, die mich kennen;
auch von Leuten aus dem Philisterland, / aus Tyrus und Kusch / sagt
man: Er ist dort geboren.
5 Doch von Zion wird man sagen: / Jeder ist dort geboren. / Er, der
Höchste, hat Zion gegründet.
6 Der Herr schreibt, wenn er die Völker verzeichnet: / Er ist dort gebo-
ren. [Sela]
7 Und sie werden beim Reigentanz singen: / All meine Quellen ent-
springen in dir.

Die Klage eines Kranken und Einsamen

88 [Ein Lied. Ein Psalm der Korachiter. Für den Chormeister.
Nach der Weise »Krankheit« zu singen. Ein Weisheitslied
Hemans, des Esrachiters.]
2 Herr, du Gott meines Heils, / zu dir schreie ich am Tag und bei Nacht.
3 Laß mein Gebet zu dir dringen, / wende dein Ohr meinem Flehen zu!
4 Denn meine Seele ist gesättigt mit Leid, / mein Leben ist dem Toten-
reich nahe.
5 Schon zähle ich zu denen, die hinabsinken ins Grab, / bin wie ein
Mann, dem alle Kraft genommen ist.
6 Ich bin zu den Toten hinweggerafft, / wie Erschlagene, die im Grabe
ruhen;
an sie denkst du nicht mehr, / denn sie sind deiner Hand entzogen.
7 Du hast mich ins tiefste Grab gebracht, / tief hinab in finstere Nacht.
8 Schwer lastet dein Grimm auf mir, / all deine Wogen stürzen über
mir zusammen. [Sela]
9 Die Freunde hast du mir entfremdet, / mich ihrem Abscheu ausge-
setzt; / ich bin gefangen und kann nicht heraus.
10 Mein Auge wird trübe vor Elend. / Jeden Tag, Herr, rufe ich zu dir; /
ich strecke nach dir meine Hände aus.
11 Wirst du an den Toten Wunder tun, / werden Schatten aufstehn, um
dich zu preisen? [Sela]
12 Erzählt man im Grab von deiner Huld, / von deiner Treue im Toten-
reich?
13 Werden deine Wunder in der Finsternis bekannt, / deine Gerechtig-
keit im Land des Vergessens?
14 Herr, darum schreie ich zu dir, / früh am Morgen tritt mein Gebet
vor dich hin.
15 Warum, o Herr, verwirfst du mich, / warum verbirgst du dein
Gesicht vor mir?
16 Gebeugt bin ich und todkrank von früher Jugend an, / deine
Schrecken lasten auf mir, und ich bin zerquält.
17 Über mich fuhr die Glut deines Zorns dahin, / deine Schrecken ver-
nichten mich.
18 Sie umfluten mich allzeit wie Wasser / und dringen auf mich ein von
allen Seiten.
19 Du hast mir die Freunde und Gefährten entfremdet; / mein Vertrau-
ter ist nur noch die Finsternis.

Das Klagelied über die Verwerfung des Hauses David

89 [Ein Weisheitslied Etans, des Esrachiters.]
2 Von den Taten deiner Huld, Herr, will ich ewig singen, / bis
zum fernsten Geschlecht laut deine Treue verkünden.
3 Denn ich bekenne: Deine Huld besteht für immer und ewig; / deine
Treue steht fest im Himmel.
4 »Ich habe einen Bund geschlossen mit meinem Erwählten / und
David, meinem Knecht, geschworen:
5 Deinem Haus gebe ich auf ewig Bestand, / und von Geschlecht zu
Geschlecht richte ich deinen Thron auf.« [Sela]
6 Die Himmel preisen, Herr, deine Wunder / und die Gemeinde der
Heiligen deine Treue.
7 Denn wer über den Wolken ist wie der Herr, / wer von den Göttern ist
dem Herrn gleich?
8 Gewaltig ist Gott im Rat der Heiligen, / für alle rings um ihn her ist er
groß und furchtbar.
9 Herr, Gott der Heerscharen, wer ist wie du? / Mächtig bist du, Herr,
und von Treue umgeben.
10 Du beherrschst die Empörung des Meeres; / wenn seine Wogen
toben – du glättest sie.
11 Rahab hast du durchbohrt und zertreten, / deine Feinde zerstreut
mit starkem Arm.
12 Dein ist der Himmel, dein auch die Erde; / den Erdkreis und was ihn
erfüllt hast du gegründet.
13 Nord und Süd hast du geschaffen, / Tabor und Hermon jauchzen bei
deinem Namen.
14 Dein Arm ist voll Kraft, / deine Hand ist stark, deine Rechte hoch
erhoben.
15 Recht und Gerechtigkeit sind die Stützen deines Thrones, / Huld
und Treue schreiten vor deinem Antlitz her.

16 Wohl dem Volk, das dich als König zu feiern weiß! / Herr, sie gehen
im Licht deines Angesichts.
17 Sie freuen sich über deinen Namen zu jeder Zeit, / über deine
Gerechtigkeit jubeln sie.
18 Denn du bist ihre Schönheit und Stärke, / du erhöhst unsre Kraft in
deiner Güte.
19 Ja, unser Schild gehört dem Herrn, / unser König dem heiligen Gott
Israels.
20 Einst hast du in einer Vision zu deinen Frommen gesprochen: /
»Einen Helden habe ich zum König gekrönt, einen jungen Mann aus
dem Volk erhöht.
21 Ich habe David, meinen Knecht, gefunden / und ihn mit meinem
heiligen Öl gesalbt.
22 Beständig wird meine Hand ihn halten / und mein Arm ihn stärken.
23 Kein Feind soll ihn täuschen, / kein ruchloser Mensch kann ihn
bezwingen.
24 Vor ihm will ich die Feinde zerschmettern, / und alle, die ihn hassen,
schlage ich nieder.
25 Meine Treue und meine Huld begleiten ihn, / und in meinem
Namen erhebt er sein Haupt.
26 Ich lege seine Hand auf das Meer, / über die Ströme herrscht seine
Rechte.
27 Er wird zu mir rufen: Mein Vater bist du, / mein Gott, der Fels mei-
nes Heiles.
28 Ich mache ihn zum erstgeborenen Sohn, / zum Höchsten unter den
Herrschern der Erde.
29 Auf ewig werde ich ihm meine Huld bewahren, / mein Bund mit ihm
bleibt allzeit bestehen.
30 Sein Geschlecht lasse ich dauern für immer / und seinen Thron,
solange der Himmel währt.
31 Wenn seine Söhne meine Weisung verlassen, / nicht mehr leben
nach meiner Ordnung,
32 wenn sie meine Gesetze entweihen, / meine Gebote nicht mehr halten,
33 dann werde ich ihr Vergehen mit der Rute / strafen und ihre Sünde
mit Schlägen.
34 Doch ich entziehe ihm nicht meine Huld, / breche ihm nicht die
Treue.
35 Meinen Bund werde ich nicht entweihen; / was meine Lippen
gesprochen haben, will ich nicht ändern.
36 Eines habe ich geschworen, / so wahr ich heilig bin, / und niemals
werde ich David belügen:
37 Sein Geschlecht soll bleiben auf ewig, / sein Thron habe Bestand vor
mir wie die Sonne;
38 er soll ewig bestehen wie der Mond, / der verläßliche Zeuge über den
Wolken.« [Sela]
39 Nun aber hast du deinen Gesalbten verstoßen, / ihn verworfen und
mit Zorn überschüttet,
40 hast den Bund mit deinem Knecht zerbrochen, / zu Boden getreten
seine Krone.
41 Eingerissen hast du all seine Mauern, / in Trümmer gelegt seine
Burgen.
42 Alle, die des Weges kommen, plündern ihn aus, / er wird zum
Gespött seiner Nachbarn.
43 Du hast die Hand seiner Bedränger hoch erhoben, / hast all seine
Feinde erfreut.
44 Du hast die Spitze seines Schwertes umgekehrt, / hast im Kampf
ihm den Sieg verweigert.
45 Du hast ein Ende gemacht seinem Glanz / und seinen Thron zu
Boden geworfen.
46 Du hast ihm die Tage der Jugend verkürzt / und ihn bedeckt mit
Schande. [Sela]
47 Wie lange noch, Herr? Verbirgst du dich ewig? / Soll dein Zorn wie
Feuer brennen?
48 Bedenke, Herr: Was ist unser Leben, / wie vergänglich hast du alle
Menschen erschaffen!

Ernst Ludwig Kirchner
Kranker in der Nacht
(1920/22)
»Du hast mich ins tiefste Grab gebracht, tief hinab in finstere Nacht« (Ps 88,7). Ernst Ludwig Kirchner, Mitbegründer der Künstlergruppe Brücke in Dresden und Berlin, ließ sich nach einem seelischen und körperlichen Zusammenbruch 1917 in Davos-Frauenfeld nieder. Sein Gemälde *Kranker in der Nacht*, datiert 1920, aber 1922 entstanden, gehört zu einer Werkgruppe, die eine Wende in der künstlerischen Entwicklung des Expressionismus einleitete. Kirchner charakterisierte sie in einem Brief vom Dezember 1922 mit den Worten: »Ich kämpfe um große ruhige Flächen und tiefe volle Farben. Ich will mehr geben als nur Seherlebnisse.« In diesem Sinne enthält *Kranker in der Nacht* einen Rückgriff auf symbolische Elemente. Die dunkle Kugelform der Katze auf dem Fensterbrett (vor dem Hintergrund der Davoser Bergwelt) bildet den finsteren Gegenpol zum hellen Schirm der Petroleumlampe im Vordergrund. Licht und Dunkelheit bilden eine vergegenständlichte Polarität, die der (hier noch mimisch ausgedrückten) Qual des Krankseins eine existentielle Bedeutung geben.

49 Wo ist der Mann, der ewig lebt und den Tod nicht schaut, / der sich
retten kann vor dem Zugriff der Unterwelt? [Sela]
50 Herr, wo sind die Taten deiner Huld geblieben, / die du David in dei-
ner Treue geschworen hast?
51 Herr, denk an die Schmach deines Knechtes! / Im Herzen brennt mir
der Hohn der Völker,
52 mit dem deine Feinde mich schmähen, Herr, / und die Schritte dei-
nes Gesalbten verhöhnen.
53 Gepriesen sei der Herr in Ewigkeit. / Amen, ja amen.

Das vierte Buch

Der ewige Gott – der vergängliche Mensch

90 [Ein Gebet des Mose, des Mannes Gottes.]
Herr, du warst unsere Zuflucht / von Geschlecht zu Ge-
schlecht.
2 Ehe die Berge geboren wurden, / die Erde entstand und das Weltall, /
bist du, o Gott, von Ewigkeit zu Ewigkeit.
3 Du läßt die Menschen zurückkehren zum Staub / und sprichst:
»Kommt wieder, ihr Menschen!«

4 Denn tausend Jahre sind für dich / wie der Tag, der gestern vergangen
ist, / wie eine Wache in der Nacht.
5 Von Jahr zu Jahr säst du die Menschen aus; / sie gleichen dem spros-
senden Gras.
6 Am Morgen grünt es und blüht, / am Abend wird es geschnitten und
welkt.
7 Denn wir vergehen durch deinen Zorn, / werden vernichtet durch
deinen Grimm.
8 Du hast unsere Sünden vor dich hingestellt, / unsere geheime Schuld
in das Licht deines Angesichts.
9 Denn all unsere Tage gehn hin unter deinem Zorn, / wir beenden
unsere Jahre wie einen Seufzer.
10 Unser Leben währt siebzig Jahre, / und wenn es hoch kommt, sind
es achtzig.
Das Beste daran ist nur Mühsal und Beschwer, / rasch geht es vorbei,
wir fliegen dahin.
11 Wer kennt die Gewalt deines Zornes / und fürchtet sich vor deinem
Grimm?
12 Unsere Tage zu zählen, lehre uns! / Dann gewinnen wir ein weises
Herz.
13 Herr, wende dich uns doch endlich zu! / Hab Mitleid mit deinen
Knechten!
14 Sättige uns am Morgen mit deiner Huld! / Dann wollen wir jubeln
und uns freuen all unsre Tage.
15 Erfreue uns so viele Tage, wie du uns gebeugt hast, / so viele Jahre,
wie wir Unglück erlitten.
16 Zeig deinen Knechten deine Taten / und ihren Kindern deine erha-
bene Macht!
17 Es komme über uns die Güte des Herrn, unsres Gottes. / Laß das
Werk unsrer Hände gedeihen, / ja, laß gedeihen das Werk unsrer
Hände!

Unter dem Schutz des Höchsten

91 Wer im Schutz des Höchsten wohnt / und ruht im Schatten
des Allmächtigen,
2 der sagt zum Herrn: »Du bist für mich Zuflucht und Burg, / mein
Gott, dem ich vertraue.«
3 Er rettet dich aus der Schlinge des Jägers / und aus allem Verderben.
4 Er beschirmt dich mit seinen Flügeln, / unter seinen Schwingen fin-
dest du Zuflucht, / Schild und Schutz ist dir seine Treue.
5 Du brauchst dich vor dem Schrecken der Nacht nicht zu fürchten, /
noch vor dem Pfeil, der am Tag dahinfliegt,
6 nicht vor der Pest, die im Finstern schleicht, / vor der Seuche, die
wütet am Mittag.
7 Fallen auch tausend zu deiner Seite, / dir zur Rechten zehnmal tau-
send, / so wird es doch dich nicht treffen.
8 Ja, du wirst es sehen mit eigenen Augen, / wirst zuschauen, wie den
Frevlern vergolten wird.
9 Denn der Herr ist deine Zuflucht, / du hast dir den Höchsten als
Schutz erwählt.
10 Dir begegnet kein Unheil, / kein Unglück naht deinem Zelt.
11 Denn er befiehlt seinen Engeln, / dich zu behüten auf all deinen
Wegen.
12 Sie tragen dich auf ihren Händen, / damit dein Fuß nicht an einen
Stein stößt;
13 du schreitest über Löwen und Nattern, / trittst auf Löwen und Dra-
chen.
14 »Weil er an mir hängt, will ich ihn retten; / ich will ihn schützen,
denn er kennt meinen Namen.
15 Wenn er mich anruft, dann will ich ihn erhören. / Ich bin bei ihm in
der Not, / befreie ihn und bringe ihn zu Ehren.
16 Ich sättige ihn mit langem Leben / und lasse ihn schauen mein
Heil.«

Ein Loblied auf die Treue Gottes

92 [Ein Psalm. Ein Lied für den Sabbattag.]
2 Wie schön ist es, dem Herrn zu danken, / deinem Namen,
du Höchster, zu singen,
3 am Morgen deine Huld zu verkünden / und in den Nächten deine
Treue
4 zur zehnsaitigen Laute, zur Harfe, / zum Klang der Zither.
5 Denn du hast mich durch deine Taten froh gemacht; / Herr, ich will
jubeln über die Werke deiner Hände.
6 Wie groß sind deine Werke, o Herr, / wie tief deine Gedanken!
7 Ein Mensch ohne Einsicht erkennt das nicht, / ein Tor kann es nicht
verstehen.
8 Wenn auch die Frevler gedeihen / und alle, die Unrecht tun, wachsen, /
so nur, damit du sie für immer vernichtest.
9 Herr, du bist der Höchste, / du bleibst auf ewig.
10 Doch deine Feinde, Herr, wahrhaftig, deine Feinde vergehen; / aus-
einandergetrieben werden alle, die Unrecht tun.
11 Du machtest mich stark wie einen Stier, / du salbtest mich mit
frischem Öl.
12 Mein Auge blickt herab auf meine Verfolger, / auf alle, die sich gegen
mich erheben; / mein Ohr hört vom Geschick der Bösen.
13 Der Gerechte gedeiht wie die Palme, / er wächst wie die Zedern des
Libanon.
14 Gepflanzt im Hause. des Herrn, / gedeihen sie in den Vorhöfen
unseres Gottes.
15 Sie tragen Frucht noch im Alter / und bleiben voll Saft und
Frische;
16 sie verkünden: Gerecht ist der Herr; / mein Fels ist er, an ihm ist kein
Unrecht.

Das Königtum Gottes

93 Der Herr ist König, bekleidet mit Hoheit; / der Herr hat sich
bekleidet und mit Macht umgürtet.
Der Erdkreis ist fest gegründet, / nie wird er wanken.
2 Dein Thron steht fest von Anbeginn, / du bist seit Ewigkeit.
3 Fluten erheben sich, Herr, / Fluten erheben ihr Brausen, / Fluten
erheben ihr Tosen.
4 Gewaltiger als das Tosen vieler Wasser, / gewaltiger als die Brandung
des Meeres / ist der Herr in der Höhe.
5 Deine Gesetze sind fest und verläßlich; / Herr, deinem Haus gebührt
Heiligkeit für alle Zeiten.

Gott, der Anwalt der Gerechten

94 Gott der Vergeltung, o Herr, / du Gott der Vergeltung,
erscheine!
2 Erhebe dich, Richter der Erde, / vergilt den Stolzen ihr Tun!
3 Wie lange noch dürfen die Frevler, o Herr, / wie lange noch dürfen die
Frevler frohlocken?
4 Sie führen freche Reden, / alle, die Unrecht tun, brüsten sich.
5 Herr, sie zertreten dein Volk, / sie unterdrücken dein Erbteil.
6 Sie bringen die Witwen und Waisen um / und morden die Fremden.
7 Sie denken: Der Herr sieht es ja nicht, / der Gott Jakobs merkt es
nicht.
8 Begreift doch, ihr Toren im Volk! / Ihr Unvernünftigen, wann werdet
ihr klug?
9 Sollte der nicht hören, der das Ohr gepflanzt hat, / sollte der nicht
sehen, der das Auge geformt hat?
10 Sollte der nicht strafen, der die Völker erzieht, / er, der die Men-
schen Erkenntnis lehrt?
11 Der Herr kennt die Gedanken der Menschen: / Sie sind nichts als ein
Hauch.
12 Wohl dem Mann, den du, Herr, erziehst, / den du mit deiner Wei-
sung belehrst.
13 Du bewahrst ihn vor bösen Tagen, / bis man dem Frevler die Grube
gräbt.

14 Ja, der Herr wird sein Volk nicht verstoßen / und niemals sein Erbe
verlassen.
15 Nun spricht man wieder Recht nach Gerechtigkeit; / ihr folgen alle
Menschen mit redlichem Herzen.
16 Wer wird sich für mich gegen die Frevler erheben, / wer steht für
mich ein gegen den, der Unrecht tut?
17 Wäre nicht der Herr meine Hilfe, / bald würde ich im Land des
Schweigens wohnen.
18 Wenn ich sage: »Mein Fuß gleitet aus«, / dann stützt mich, Herr,
deine Huld.
19 Mehren sich die Sorgen des Herzens, / so erquickt dein Trost meine
Seele.
20 Kann sich mit dir der bestechliche Richter verbünden, / der willkür-
lich straft, gegen das Gesetz?
21 Sie wollen das Leben des Gerechten vernichten / und verurteilen
schuldlose Menschen.
22 Doch meine Burg ist der Herr, / mein Gott ist der Fels meiner
Zuflucht.
23 Er wird ihnen ihr Unrecht vergelten / und sie wegen ihrer Bosheit
vernichten; / vernichten wird sie der Herr, unser Gott.

Aufruf zur Treue gegen Gott

95
Kommt, laßt uns jubeln vor dem Herrn / und zujauchzen
dem Fels unsres Heiles!
2 Laßt uns mit Lob seinem Angesicht nahen, / vor ihm jauchzen mit
Liedern!
3 Denn der Herr ist ein großer Gott, / ein großer König über allen Göt-
tern.
4 In seiner Hand sind die Tiefen der Erde, / sein sind die Gipfel der Berge.
5 Sein ist das Meer, das er gemacht hat, / das trockene Land, das seine
Hände gebildet.
6 Kommt, laßt uns niederfallen, uns vor ihm verneigen, / laßt uns nie-
derknien vor dem Herrn, unserm Schöpfer!
7 Denn er ist unser Gott, / wir sind das Volk seiner Weide, / die Herde,
von seiner Hand geführt.
Ach, würdet ihr doch heute auf seine Stimme hören! / 8 »Verhärtet euer
Herz nicht wie in Meríba, / wie in der Wüste am Tag von Massa!
9 Dort haben eure Väter mich versucht, / sie haben mich auf die Probe
gestellt und hatten doch mein Tun gesehen.
10 Vierzig Jahre war mir dies Geschlecht zuwider, / und ich sagte: Sie
sind ein Volk, dessen Herz in die Irre geht; / denn meine Wege kennen
sie nicht.
11 Darum habe ich in meinem Zorn geschworen: / Sie sollen nicht
kommen in das Land meiner Ruhe.«

Der Herr, König und Richter aller Welt

96
Singet dem Herrn ein neues Lied, / singt dem Herrn, alle
Länder der Erde!
2 Singt dem Herrn und preist seinen Namen, / verkündet sein Heil von
Tag zu Tag!
3 Erzählt bei den Völkern von seiner Herrlichkeit, / bei allen Nationen
von seinen Wundern!
4 Denn groß ist der Herr und hoch zu preisen, / mehr zu fürchten als
alle Götter.
5 Alle Götter der Heiden sind nichtig, / der Herr aber hat den Himmel
geschaffen.
6 Hoheit und Pracht sind vor seinem Angesicht, / Macht und Glanz in
seinem Heiligtum.
7 Bringt dar dem Herrn, ihr Stämme der Völker, / bringt dar dem Herrn
Lob und Ehre!
8 Bringt dar dem Herrn die Ehre seines Namens, / spendet Opfer-
gaben, und tretet ein in sein Heiligtum!
9 In heiligem Schmuck werft euch nieder vor dem Herrn, / erbebt vor
ihm, alle Länder der Erde!
10 Verkündet bei den Völkern: / Der Herr ist König.
Den Erdkreis hat er gegründet, so daß er nicht wankt. / Er richtet die
Nationen so, wie es recht ist.
11 Der Himmel freue sich, die Erde frohlocke, / es brause das Meer
und alles, was es erfüllt.
12 Es jauchze die Flur und was auf ihr wächst. / Jubeln sollen alle
Bäume des Waldes
13 vor dem Herrn, wenn er kommt, / wenn er kommt, um die Erde zu
richten.
Er richtet den Erdkreis gerecht / und die Nationen nach seiner Treue.

Aufruf zur Freude über den Herrscher der Welt

97
Der Herr ist König. Die Erde frohlocke. / Freuen sollen sich
die vielen Inseln.
2 Rings um ihn her sind Wolken und Dunkel, / Gerechtigkeit und
Recht sind die Stützen seines Throns.
3 Verzehrendes Feuer läuft vor ihm her / und frißt seine Gegner
ringsum.
4 Seine Blitze erhellen den Erdkreis; / die Erde sieht es und bebt.
5 Berge schmelzen wie Wachs vor dem Herrn, / vor dem Antlitz des
Herrschers aller Welt.
6 Seine Gerechtigkeit verkünden die Himmel, / seine Herrlichkeit
schauen alle Völker.
7 Alle, die Bildern dienen, werden zuschanden, / alle, die sich der Göt-
zen rühmen. / Vor ihm werfen sich alle Götter nieder.
8 Zion hört es und freut sich, / Judas Töchter jubeln, Herr, über deine
Gerichte.
9 Denn du, Herr, bist der Höchste über der ganzen Erde, / hoch erha-
ben über alle Götter.
10 Ihr, die ihr den Herrn liebt, haßt das Böse! / Er behütet das Leben
seiner Frommen, / er entreißt sie der Hand der Frevler.
11 Ein Licht erstrahlt den Gerechten / und Freude den Menschen mit
redlichem Herzen.
12 Ihr Gerechten, freut euch am Herrn, / und lobt seinen heiligen Namen!

Ein neues Lied auf den Richter und Retter

98
[Ein Psalm.]
Singet dem Herrn ein neues Lied; / denn er hat wunderbare
Taten vollbracht.
Er hat mit seiner Rechten geholfen / und mit seinem heiligen Arm.
2 Der Herr hat sein Heil bekannt gemacht / und sein gerechtes Wirken
enthüllt vor den Augen der Völker.
3 Er dachte an seine Huld / und an seine Treue zum Hause Israel.
Alle Enden der Erde / sahen das Heil unsres Gottes.
4 Jauchzt vor dem Herrn, alle Länder der Erde, / freut euch, jubelt und
singt!
5 Spielt dem Herrn auf der Harfe, / auf der Harfe zu lautem Gesang!
6 Zum Schall der Trompeten und Hörner / jauchzt vor dem Herrn, dem
König!
7 Es brause das Meer und alles, was es erfüllt, / der Erdkreis und seine
Bewohner.
8 In die Hände klatschen sollen die Ströme, / die Berge sollen jubeln im
Chor
9 vor dem Herrn, wenn er kommt, / um die Erde zu richten.
Er richtet den Erdkreis gerecht, / die Nationen so, wie es recht ist.

Der heilige Gott auf dem Zion

99
Der Herr ist König: Es zittern die Völker. / Er thront auf den
Kerubim: Es wankt die Erde.
2 Groß ist der Herr auf Zion, / über alle Völker erhaben.
3 Preisen sollen sie deinen großen, majestätischen Namen. / Denn er
ist heilig.
4 Stark ist der König, er liebt das Recht. / Du hast die Weltordnung fest
begründet, / hast Recht und Gerechtigkeit in Jakob geschaffen.
5 Rühmt den Herrn, unseren Gott; / werft euch am Schemel seiner
Füße nieder! / Denn er ist heilig.

6 Mose und Aaron sind unter seinen Priestern, / Samuel unter denen,
die seinen Namen anrufen; / sie riefen zum Herrn, und er hat sie
erhört.
7 Aus der Wolkensäule sprach er zu ihnen; / seine Gebote hielten sie, /
die Satzung, die er ihnen gab.
8 Herr, unser Gott, du hast sie erhört; / du warst ihnen ein verzeihen-
der Gott, / aber du hast ihre Frevel vergolten.
9 Rühmt den Herrn, unsern Gott, / werft euch nieder an seinem heili-
gen Berge! / Denn heilig ist der Herr, unser Gott.

Lobgesang des Volkes beim Einzug ins Heiligtum

100

[Ein Psalm zum Dankopfer.]
Jauchzt vor dem Herrn, alle Länder der Erde! / 2 Dient
dem Herrn mit Freude! / Kommt vor sein Antlitz mit Jubel!
3 Erkennt: Der Herr allein ist Gott. / Er hat uns geschaffen, wir sind
sein Eigentum, / sein Volk und die Herde seiner Weide.
4 Tretet mit Dank durch seine Tore ein! / Kommt mit Lobgesang in die
Vorhöfe seines Tempels! / Dankt ihm, preist seinen Namen!
5 Denn der Herr ist gütig, / ewig währt seine Huld, / von Geschlecht zu
Geschlecht seine Treue.

Die Vorsätze eines Königs

101

[Ein Psalm Davids.]
Von Gnade und Recht will ich singen; / dir, o Herr, will
ich spielen.
2 Ich will auf den Weg der Bewährten achten. / Wann kommst du zu
mir? / Ich lebe in der Stille meines Hauses mit lauterem Herzen.
3 Ich richte mein Auge nicht auf Schändliches; / ich hasse es, Unrecht
zu tun, es soll nicht an mir haften.
4 Falschheit sei meinem Herzen fern; / ich will das Böse nicht kennen.
5 Wer den Nächsten heimlich verleumdet, / den bringe ich zum
Schweigen.
Stolze Augen und hochmütige Herzen / kann ich nicht ertragen.
6 Meine Augen suchen die Treuen im Land; / sie sollen bei mir woh-
nen. / Wer auf rechten Wegen geht, der darf mir dienen.
7 In meinem Haus soll kein Betrüger wohnen; / kein Lügner kann vor
meinen Augen bestehen.
8 Morgen für Morgen spreche ich das Urteil / über die Frevler im Land, /
um in der Stadt des Herrn alle auszurotten, die Unrecht tun.

Das Gebet eines Unglücklichen

102

[Gebet eines Unglücklichen, wenn er in Verzweiflung
ist und vor dem Herrn seine Sorge ausschüttet.]
2 Herr, höre mein Gebet! / Mein Schreien dringe zu dir.
3 Verbirg dein Antlitz nicht vor mir! / Wenn ich in Not bin, wende dein
Ohr mir zu! / Wenn ich dich anrufe, erhöre mich bald!
4 Meine Tage sind wie Rauch geschwunden, / meine Glieder wie von
Feuer verbrannt.
5 Versengt wie Gras und verdorrt ist mein Herz, / so daß ich vergessen
habe, mein Brot zu essen.
6 Vor lauter Stöhnen und Schreien / bin ich nur noch Haut und Kno-
chen.
7 Ich bin wie eine Dohle in der Wüste, / wie eine Eule in öden Ruinen.
8 Ich liege wach, und ich klage / wie ein einsamer Vogel auf dem Dach.
9 Den ganzen Tag schmähen mich die Feinde; / die mich verhöhnen,
nennen meinen Namen beim Fluchen.
10 Staub muß ich essen wie Brot, / mit Tränen mische ich meinen
Trank;
11 denn auf mir lasten dein Zorn und dein Grimm. / Du hast mich
hochgerissen und zu Boden geschleudert.
12 Meine Tage schwinden dahin wie Schatten, / ich verdorre wie Gras.
13 Du aber, Herr, du thronst für immer und ewig, / dein Name dauert
von Geschlecht zu Geschlecht.
14 Du wirst dich erheben, dich über Zion erbarmen; / denn es ist Zeit,
ihm gnädig zu sein, die Stunde ist da.
15 An Zions Steinen hängt das Herz deiner Knechte, / um seine Trüm-
mer tragen sie Leid.
16 Dann fürchten die Völker den Namen des Herrn / und alle Könige
der Erde deine Herrlichkeit.
17 Denn der Herr baut Zion wieder auf / und erscheint in all seiner
Herrlichkeit.
18 Er wendet sich dem Gebet der Verlassenen zu, / ihre Bitten ver-
schmäht er nicht.
19 Dies sei aufgeschrieben für das kommende Geschlecht, / damit das
Volk, das noch erschaffen wird, den Herrn lobpreise.
20 Denn der Herr schaut herab aus heiliger Höhe, / vom Himmel blickt
er auf die Erde nieder;
21 er will auf das Seufzen der Gefangenen hören / und alle befreien, die
dem Tod geweiht sind,
22 damit sie den Namen des Herrn auf dem Zion verkünden / und sein
Lob in Jerusalem,
23 wenn sich dort Königreiche und Völker versammeln, / um den
Herrn zu verehren.
24 Er hat meine Kraft auf dem Weg gebrochen, / er hat meine Tage ver-
kürzt.
25 Darum sage ich: Raff mich nicht weg in der Mitte des Lebens, / mein
Gott, dessen Jahre Geschlecht um Geschlecht überdauern!
26 Vorzeiten hast du der Erde Grund gelegt, / die Himmel sind das
Werk deiner Hände.
27 Sie werden vergehen, du aber bleibst; / sie alle zerfallen wie ein
Gewand;
du wechselst sie wie ein Kleid, / und sie schwinden dahin.
28 Du aber bleibst, der du bist, / und deine Jahre enden nie.
29 Die Kinder deiner Knechte werden (in Sicherheit) wohnen, / ihre
Nachkommen vor deinem Antlitz bestehen.

Ein Loblied auf den gütigen und verzeihenden Gott

103

[Von David.]
Lobe den Herrn, meine Seele, / und alles in mir seinen
heiligen Namen!
2 Lobe den Herrn, meine Seele, / und vergiß nicht, was er dir Gutes
getan hat:
3 der dir all deine Schuld vergibt / und all deine Gebrechen heilt,
4 der dein Leben vor dem Untergang rettet / und dich mit Huld und
Erbarmen krönt,
5 der dich dein Leben lang mit seinen Gaben sättigt; / wie dem Adler
wird dir die Jugend erneuert.
6 Der Herr vollbringt Taten des Heiles, / Recht verschafft er allen
Bedrängten.
7 Er hat Mose seine Wege kundgetan, / den Kindern Israels seine
Werke.
8 Der Herr ist barmherzig und gnädig, / langmütig und reich an Güte.
9 Er wird nicht immer zürnen, / nicht ewig im Groll verharren.
10 Er handelt an uns nicht nach unsern Sünden / und vergilt uns nicht
nach unsrer Schuld.
11 Denn so hoch der Himmel über der Erde ist, / so hoch ist seine Huld
über denen, die ihn fürchten.
12 So weit der Aufgang entfernt ist vom Untergang, / so weit entfernt er
die Schuld von uns.
13 Wie ein Vater sich seiner Kinder erbarmt, / so erbarmt sich der Herr
über alle, die ihn fürchten.
14 Denn er weiß, was wir für Gebilde sind; / er denkt daran: Wir sind
nur Staub.
15 Des Menschen Tage sind wie Gras, / er blüht wie die Blume des Feldes.
16 Fährt der Wind darüber, ist sie dahin; / der Ort, wo sie stand, weiß
von ihr nichts mehr.
17 Doch die Huld des Herrn währt immer und ewig / für alle, die ihn
fürchten und ehren;
sein Heil erfahren noch Kinder und Enkel; / 18 alle, die seinen Bund
bewahren, / an seine Gebote denken und danach handeln.

Emil Nolde
Der Große Gärtner
(1940)
»Die Bäume des Herrn trinken sich satt, die Zedern des Libanon, die er gepflanzt hat« (Ps 104,16). Einem Erdgeist vergleichbar, beugt sich der Große Gärtner Emil Noldes über die urtümlichen Gewächse. Seine Aufmerksamkeit gilt einer Pflanze, deren intensives Orange den Bart des Gärtners beleuchtet: Das Geschöpf preist seinen Schöpfer. Noldes Gemälde widmet sich nicht dem Nutzen, den der Mensch aus Gottes Schöpfung zieht (Ps 88,14f), sondern lenkt den Blick auf Gottes eigene Beziehung zu seinen Werken und unterstellt, daß diese ihr Eigenleben entwickeln, das den Großen Gärtner in Staunen zu versetzen vermag. Auf diese Weise verwandelt sich das Loblied des Psalmisten auf den Schöpfer in ein pantheistisches Lob der Natur. Dennoch bleibt bemerkenswert, daß Nolde hier sein Naturerlebnis in eine Erzählung kleidet, die einer abstrakten Vergöttlichung der Natur entgegenwirkt.

19 Der Herr hat seinen Thron errichtet im Himmel, / seine königliche
Macht beherrscht das All.
20 Lobt den Herrn, ihr seine Engel, / ihr starken Helden, die seine
Befehle vollstrecken, / seinen Worten gehorsam!
21 Lobt den Herrn, all seine Scharen, / seine Diener, die seinen Willen
vollziehen!
22 Lobt den Herrn, all seine Werke, / an jedem Ort seiner Herrschaft! /
Lobe den Herrn, meine Seele!

Ein Loblied auf den Schöpfer

104 Lobe den Herrn, meine Seele! / Herr, mein Gott, wie
groß bist du! / Du bist mit Hoheit und Pracht bekleidet.
2 Du hüllst dich in Licht wie in ein Kleid, / du spannst den Himmel aus
wie ein Zelt.
3 Du verankerst die Balken deiner Wohnung im Wasser. / Du nimmst
dir die Wolken zum Wagen, / du fährst einher auf den Flügeln des
Sturmes.
4 Du machst dir die Winde zu Boten / und lodernde Feuer zu deinen
Dienern.
5 Du hast die Erde auf Pfeiler gegründet; / in alle Ewigkeit wird sie
nicht wanken.
6 Einst hat die Urflut sie bedeckt wie ein Kleid, / die Wasser standen
über den Bergen.
7 Sie wichen vor deinem Drohen zurück, / sie flohen vor der Stimme
deines Donners.
8 Da erhoben sich Berge und senkten sich Täler / an den Ort, den du für
sie bestimmt hast.
9 Du hast den Wassern eine Grenze gesetzt, / die dürfen sie nicht über-
schreiten; / nie wieder sollen sie die Erde bedecken.
10 Du läßt die Quellen hervorsprudeln in den Tälern, / sie eilen zwi-
schen den Bergen dahin.
11 Allen Tieren des Feldes spenden sie Trank, / die Wildesel stillen
ihren Durst daraus.
12 An den Ufern wohnen die Vögel des Himmels, / aus den Zweigen
erklingt ihr Gesang.
13 Du tränkst die Berge aus deinen Kammern, / aus deinen Wolken
wird die Erde satt.
14 Du läßt Gras wachsen für das Vieh, / auch Pflanzen für den Men-
schen, die er anbaut,
damit er Brot gewinnt von der Erde / 15 und Wein, der das Herz des
Menschen erfreut,
damit sein Gesicht von Öl erglänzt / und Brot das Menschenherz
stärkt.
16 Die Bäume des Herrn trinken sich satt, / die Zedern des Libanon, die
er gepflanzt hat.
17 In ihnen bauen die Vögel ihr Nest, / auf den Zypressen nistet der
Storch.
18 Die hohen Berge gehören dem Steinbock, / dem Klippdachs bieten
die Felsen Zuflucht.
19 Du hast den Mond gemacht als Maß für die Zeiten, / die Sonne weiß,
wann sie untergeht.
20 Du sendest Finsternis, und es wird Nacht, / dann regen sich alle
Tiere des Waldes.
21 Die jungen Löwen brüllen nach Beute, / sie verlangen von Gott ihre
Nahrung.
22 Strahlt die Sonne dann auf, so schleichen sie heim / und lagern sich
in ihren Verstecken.
23 Nun geht der Mensch hinaus an sein Tagwerk, / an seine Arbeit bis
zum Abend.
24 Herr, wie zahlreich sind deine Werke! / Mit Weisheit hast du sie alle
gemacht, / die Erde ist voll von deinen Geschöpfen.
25 Da ist das Meer, so groß und weit, / darin ein Gewimmel ohne Zahl:
kleine und große Tiere.
26 Dort ziehen die Schiffe dahin, / auch der Leviátan, den du geformt
hast, um mit ihm zu spielen.
27 Sie alle warten auf dich, / daß du ihnen Speise gibst zur rechten Zeit.
28 Gibst du ihnen, dann sammeln sie ein; / öffnest du deine Hand,
werden sie satt an Gutem.
29 Verbirgst du dein Gesicht, sind sie verstört; / nimmst du ihnen den
Atem, so schwinden sie hin / und kehren zurück zum Staub der Erde.
30 Sendest du deinen Geist aus, so werden sie alle erschaffen, / und du
erneuerst das Antlitz der Erde.
31 Ewig währe die Herrlichkeit des Herrn; / der Herr freue sich seiner
Werke.
32 Er blickt auf die Erde, und sie erbebt; / er rührt die Berge an, und sie
rauchen.
33 Ich will dem Herrn singen, solange ich lebe, / will meinem Gott
spielen, solange ich da bin.
34 Möge ihm mein Dichten gefallen. / Ich will mich freuen am Herrn.
35 Doch die Sünder sollen von der Erde verschwinden, / und es sollen
keine Frevler mehr dasein. / Lobe den Herrn, meine Seele! Halleluja!

Ein Loblied auf den Herrn der Geschichte

105 Dankt dem Herrn! Ruft seinen Namen an! / Macht unter
den Völkern seine Taten bekannt!
2 Singt ihm und spielt ihm, / sinnt nach über all seine Wunder!
3 Rühmt euch seines heiligen Namens! / Alle, die den Herrn suchen,
sollen sich von Herzen freuen.
4 Fragt nach dem Herrn und seiner Macht; / sucht sein Antlitz allezeit!
5 Denkt an die Wunder, die er getan hat, / an seine Zeichen und die
Beschlüsse aus seinem Mund.
6 Bedenkt es, ihr Nachkommen seines Knechtes Abraham, / ihr Kinder
Jakobs, die er erwählt hat.
7 Er, der Herr, ist unser Gott. / Seine Herrschaft umgreift die Erde.
8 Ewig denkt er an seinen Bund, / an das Wort, das er gegeben hat für
tausend Geschlechter,
9 an den Bund, den er mit Abraham geschlossen, / an den Eid, den er
Isaak geschworen hat.
10 Er bestimmte ihn als Satzung für Jakob, / als ewigen Bund für Israel.
11 Er sprach: Dir will ich Kanaan geben, / das Land, das dir als Erbe
bestimmt ist.
12 Als sie noch gering waren an Zahl, / nur wenige und fremd im Land,
13 und noch zogen von Volk zu Volk, / von einem Reich zum andern,
14 da ließ er sie von niemand bedrücken, / wies ihretwegen Könige
zurecht:
15 »Tastet meine Gesalbten nicht an, / tut meinen Propheten nichts
zuleide!«
16 Dann aber rief er den Hunger ins Land, / entzog ihnen allen Vorrat
an Brot.
17 Doch hatte er ihnen einen Mann vorausgesandt: / Josef wurde als
Sklave verkauft.
18 Man spannte seine Füße in Fesseln / und zwängte seinen Hals ins
Eisen
19 bis zu der Zeit, als sein Wort sich erfüllte / und der Spruch des Herrn
ihm recht gab.
20 Da sandte der König einen Boten und ließ ihn frei, / der Herrscher
der Völker ließ ihn heraus.
21 Er bestellte ihn zum Herrn über sein Haus, / zum Gebieter über sei-
nen ganzen Besitz.
22 Er sollte die Fürsten lenken nach seinem Sinn / und die Ältesten
Weisheit lehren.
23 Und Israel kam nach Ägypten, / Jakob wurde Gast im Lande Hams.
24 Da mehrte Gott sein Volk gewaltig, / machte es stärker als das Volk
der Bedrücker.
25 Er wandelte ihren Sinn zum Haß gegen sein Volk, / so daß sie an sei-
nen Knechten tückisch handelten.
26 Dann sandte er Mose, seinen Knecht, / und Aaron, den Gott sich
erwählte.
27 Sie wirkten unter ihnen seine Zeichen, / im Lande Hams seine
Wunder.

28 Er sandte Finsternis, da wurde es dunkel; / doch achteten sie nicht
auf sein Wort.
29 Er verwandelte ihre Gewässer in Blut / und ließ ihre Fische sterben.
30 Ihr Land wimmelte von Fröschen / bis hinein in den Palast des
Königs.
31 Er gebot, da kamen Schwärme von Fliegen / und von Stechmücken
über das ganze Gebiet.
32 Er schickte ihnen Hagel statt Regen, / flammendes Feuer auf ihr
Land.
33 Er zerschlug ihnen Weinstock und Feigenbaum / und knickte in
ihrem Gebiet die Bäume um.
34 Er gebot, da kamen Schwärme von Grillen / und Wanderheu-
schrecken in gewaltiger Zahl.
35 Sie fraßen alles Grün in ihrem Land, / sie fraßen die Frucht ihrer
Felder.
36 Er erschlug im Land jede Erstgeburt, / die ganze Blüte der Jugend.
37 Er führte sein Volk heraus mit Silber und Gold; / in seinen Stämmen
fand sich kein Schwächling.
38 Bei ihrem Auszug waren die Ägypter froh; / denn Schrecken vor
ihnen hatte sie alle befallen.
39 Eine Wolke breitete er aus, um sie zu decken, / und Feuer, um die
Nacht zu erleuchten.
40 Als sie ihn baten, schickte er Wachteln / und sättigte sie mit Brot
vom Himmel.
41 Er öffnete den Felsen, und Wasser entquoll ihm, / wie ein Strom floß
es dahin in der Wüste.
42 Denn er dachte an sein heiliges Wort / und an Abraham, seinen
Knecht.
43 Er führte sein Volk heraus in Freude, / seine Erwählten in Jubel.
44 Er gab ihnen die Länder der Völker / und ließ sie den Besitz der
Nationen gewinnen,
45 damit sie seine Satzungen hielten / und seine Gebote befolgten. /
Halleluja!

Gottes Güte – Israels Undank

106 Halleluja!
Danket dem Herrn; denn er ist gütig, / denn seine Huld
währt ewig.
2 Wer kann die großen Taten des Herrn erzählen, / all seinen Ruhm
verkünden?
3 Wohl denen, die das Recht bewahren, / und zu jeder Zeit tun, was
gerecht ist.
4 Denk an mich, Herr, aus Liebe zu deinem Volk, / such mich auf und
bring mir Hilfe!
5 Laß mich das Glück deiner Erwählten schauen, / an der Freude dei-
nes Volkes mich freuen, / damit ich gemeinsam mit deinem Erbe mich
rühmen kann.
6 Wir haben zusammen mit unsern Vätern gesündigt, / wir haben
Unrecht getan und gefrevelt.
7 Unsre Väter in Ägypten begriffen deine Wunder nicht, / dachten nicht
an deine reiche Huld / und trotzten dem Höchsten am Schilfmeer.
8 Er aber hat sie gerettet, um seinen Namen zu ehren / und seine Macht
zu bekunden.
9 Er bedrohte das Schilfmeer, da wurde es trocken; / wie durch eine
Steppe führte er sie durch die Fluten.
10 Er rettete sie aus der Hand derer, die sie haßten, / erlöste sie aus der
Gewalt des Feindes.
11 Ihre Bedränger bedeckte das Wasser, / nicht einer von ihnen blieb
übrig.
12 Nun glaubten sie Gottes Worten / und sangen laut seinen Lob-
preis.
13 Doch sie vergaßen schnell seine Taten, / wollten auf seinen Rat-
schluß nicht warten.
14 Sie wurden in der Wüste begehrlich / und versuchten Gott in der
Öde.
15 Er gab ihnen, was sie von ihm verlangten; / dann aber erfaßte sie
Ekel und Überdruß.
16 Sie wurden im Lager eifersüchtig auf Mose / und auf Aaron, den
Heiligen des Herrn.
17 Die Erde tat sich auf, sie verschlang den Datan / und bedeckte die
Rotte Abírams.
18 Feuer verbrannte die Rotte, / Flammen verzehrten die Frevler.
19 Sie machten am Horeb ein Kalb / und warfen sich vor dem Gußbild
nieder.
20 Die Herrlichkeit Gottes tauschten sie ein / gegen das Bild eines Stie-
res, der Gras frißt.
21 Sie vergaßen Gott, ihren Retter, / der einst in Ägypten Großes voll-
brachte,
22 Wunder im Lande Hams, / furchterregende Taten am Schilfmeer.
23 Da faßte er einen Plan, und er hätte sie vernichtet, / wäre nicht Mose,
sein Erwählter, für sie in die Bresche gesprungen, / so daß Gott sie im
Zorn nicht vertilgte.
24 Sie verschmähten das köstliche Land; / sie glaubten seinen Ver-
heißungen nicht.
25 In ihren Zelten murrten sie, / hörten nicht auf die Stimme des Herrn.
26 Da erhob er gegen sie die Hand, / um sie niederzustrecken noch in
der Wüste,
27 ihre Nachkommen unter die Völker zu zerstreuen, / sie in alle Welt
zu versprengen.
28 Sie hängten sich an den Báal-Pegór / und aßen die Opfer der toten
Götzen.
29 Sie erbitterten Gott mit ihren schändlichen Taten, / bis über sie eine
schwere Plage kam.
30 Pinhas trat auf und hielt Gericht; / so wurde die Plage abgewandt.
31 Das rechnete Gott ihm als Gerechtigkeit an, / ihm und seinem
Geschlecht für immer und ewig.
32 An den Wassern von Meríba reizten sie Gottes Zorn, / ihretwegen
erging es Mose übel.
33 Denn sie hatten seinen Geist erbittert, / sein Mund redete unbe-
dacht.
34 Sie rotteten die Völker nicht aus, / wie ihnen der Herr einst befahl.
35 Sie vermischten sich mit den Heiden / und lernten von ihren
Taten.
36 Sie dienten ihren Götzen; / die wurden ihnen zur Falle.
37 Sie brachten ihre Söhne und Töchter dar / als Opfer für die Dä-
monen.
38 Sie vergossen schuldloses Blut, / das Blut ihrer Söhne und Töchter,
die sie den Götzen Kanaans opferten; / so wurde das Land durch Blut-
schuld entweiht.
39 Sie wurden durch ihre Taten unrein / und brachen Gott mit ihrem
Tun die Treue.
40 Der Zorn des Herrn entbrannte gegen sein Volk, / er empfand
Abscheu gegen sein Erbe.
41 Er gab sie in die Hand der Völker, / und die sie haßten, beherrschten
sie.
42 Ihre Feinde bedrängten sie, / unter ihre Hand mußten sie sich
beugen.
43 Oft hat er sie befreit; / sie aber trotzten seinem Beschluß / und ver-
sanken in ihrer Schuld.
44 Doch als er ihr Flehen hörte, / sah er auf ihre Not
45 und dachte ihnen zuliebe an seinen Bund; / er hatte Mitleid in seiner
großen Gnade.
46 Bei denen, die sie verschleppten, / ließ er sie Erbarmen erfahren.
47 Hilf uns, Herr, unser Gott, / führe uns aus den Völkern zusammen!
Wir wollen deinen heiligen Namen preisen, / uns rühmen, weil wir
dich loben dürfen.
48 Gepriesen sei der Herr, der Gott Israels, / vom Anfang bis ans Ende
der Zeiten. Alles Volk soll sprechen: Amen. / Halleluja!

Das fünfte Buch

Ein Danklied der Erlösten

107 Danket dem Herrn, denn er ist gütig, / denn seine Huld
währt ewig.
2 So sollen alle sprechen, die vom Herrn erlöst sind, / die er von den
Feinden befreit hat.
3 Denn er hat sie aus den Ländern gesammelt, / vom Aufgang und Nie-
dergang, vom Norden und Süden.
4 Sie, die umherirrten in der Wüste, im Ödland, / und den Weg zur
wohnlichen Stadt nicht fanden,
5 die Hunger litten und Durst, / denen das Leben dahinschwand,
6 die dann in ihrer Bedrängnis schrien zum Herrn, / die er ihren Äng-
sten entriß
7 und die er führte auf geraden Wegen, / so daß sie zur wohnlichen
Stadt gelangten:
8 sie alle sollen dem Herrn danken für seine Huld, / für sein wunder-
bares Tun an den Menschen,
9 weil er die lechzende Seele gesättigt, / die hungernde Seele mit sei-
nen Gaben erfüllt hat.
10 Sie, die saßen in Dunkel und Finsternis, / gefangen in Elend und
Eisen,
11 die den Worten Gottes getrotzt / und verachtet hatten den Ratschluß
des Höchsten,
12 deren Herz er durch Mühsal beugte, / die stürzten und denen nie-
mand beistand,
13 die dann in ihrer Bedrängnis schrien zum Herrn, / die er ihren Äng-
sten entriß,
14 die er herausführte aus Dunkel und Finsternis / und deren Fesseln er
zerbrach:
15 sie alle sollen dem Herrn danken für seine Huld, / für sein wunder-
bares Tun an den Menschen,
16 weil er die ehernen Tore zerbrochen, / die eisernen Riegel zerschla-
gen hat.
17 Sie, die dahinsiechten in ihrem sündhaften Treiben, / niedergebeugt
wegen ihrer schweren Vergehen,
18 denen vor jeder Speise ekelte, / die nahe waren den Pforten des
Todes,
19 die dann in ihrer Bedrängnis schrien zum Herrn, / die er ihren Äng-
sten entriß,
20 denen er sein Wort sandte, die er heilte / und vom Verderben
befreite:
21 sie alle sollen dem Herrn danken für seine Huld, / für sein wunder-
bares Tun an den Menschen.
22 Sie sollen ihm Dankopfer weihen, / mit Jubel seine Taten verkünden.
23 Sie, die mit Schiffen das Meer befuhren / und Handel trieben auf den
großen Wassern,
24 die dort die Werke des Herrn bestaunten, / seine Wunder in der
Tiefe des Meeres
25 – Gott gebot und ließ den Sturmwind aufstehn, / der hoch die
Wogen türmte –,
26 die zum Himmel emporstiegen / und hinabfuhren in die tiefste
Tiefe, / so daß ihre Seele in der Not verzagte,
27 die wie Trunkene wankten und schwankten, / am Ende waren mit all
ihrer Weisheit,
28 die dann in ihrer Bedrängnis schrien zum Herrn, / die er ihren Äng-
sten entriß
29 – er machte aus dem Sturm ein Säuseln, / so daß die Wogen des
Meeres schwiegen –,
30 die sich freuten, daß die Wogen sich legten / und er sie zum ersehn-
ten Hafen führte:
31 sie alle sollen dem Herrn danken für seine Huld, / für sein wunder-
bares Tun an den Menschen.
32 Sie sollen ihn in der Gemeinde des Volkes rühmen, / ihn loben im
Kreis der Alten.
33 Er machte Ströme zur dürren Wüste, / Oasen zum dürstenden
Ödland,
34 fruchtbares Land zur salzigen Steppe; / denn seine Bewohner waren
böse.
35 Er machte die Wüste zum Wasserteich, / verdorrtes Land zu
Oasen.
36 Dort siedelte er Hungernde an, / sie gründeten wohnliche Städte.
37 Sie bestellten Felder, pflanzten Reben / und erzielten reiche Ernten.
38 Er segnete sie, so daß sie sich gewaltig vermehrten, / gab ihnen
große Mengen an Vieh.
39 Dann aber wurden sie geringer an Zahl, / gebeugt unter der Last von
Leid und Kummer.
40 Er goß über die Edlen Verachtung aus, / ließ sie umherirren in weg-
loser Wüste.
41 Die Armen hob er aus dem Elend empor / und vermehrte ihre Sip-
pen, einer Herde gleich.
42 Die Redlichen sehn es und freuen sich, / doch alle bösen Menschen
verstummen.
43 Wer ist weise und beachtet das alles, / wer begreift die reiche Huld
des Herrn?

Gott, Hilfe und Schutz seines Volkes

108 [Ein Lied. Ein Psalm Davids.]
2 Mein Herz ist bereit, o Gott, / mein Herz ist bereit, / ich
will dir singen und spielen.
Wach auf, meine Seele! / 3 Wacht auf, Harfe und Saitenspiel! / Ich will
das Morgenrot wecken.
4 Ich will dich vor den Völkern preisen, Herr, / dir vor den Nationen
lobsingen.
5 Denn deine Güte reicht, so weit der Himmel ist, / deine Treue, so weit
die Wolken ziehn.
6 Erheb dich über die Himmel, o Gott! / Deine Herrlichkeit erscheine
über der ganzen Erde.
7 Hilf mit deiner Rechten, erhöre uns, / damit die gerettet werden, die
du so sehr liebst.
8 Gott hat in seinem Heiligtum gesprochen: / »Ich will triumphieren,
will Sichem verteilen / und das Tal von Sukkot vermessen.
9 Mein ist Gilead, mein auch Manasse, / Efraim ist der Helm auf mei-
nem Haupt, / Juda mein Herrscherstab.
10 Doch Moab ist mein Waschbecken, / auf Edom werfe ich meinen
Schuh, / ich triumphiere über das Land der Philister.«
11 Wer führt mich hin zu der befestigten Stadt, / wer wird mich nach
Edom geleiten?
12 Gott, hast denn du uns verworfen? / Du ziehst ja nicht aus, o Gott,
mit unsern Heeren.
13 Bring uns doch Hilfe im Kampf mit dem Feind! / Denn die Hilfe von
Menschen ist nutzlos.
14 Mit Gott werden wir Großes vollbringen; / er selbst wird unsere
Feinde zertreten.

Bitte um Hilfe gegen erbarmungslose Feinde

109 [Für den Chormeister. Ein Psalm Davids.]
Gott, den ich lobe, schweig doch nicht! / 2 Denn ein
Mund voll Frevel, ein Lügenmaul hat sich gegen mich aufgetan.
Sie reden zu mir mit falscher Zunge, / 3 umgeben mich mit Worten voll
Haß / und bekämpfen mich ohne Grund.
4 Sie befeinden mich, während ich für sie bete, / 5 sie vergelten mir
Gutes mit Bösem, / mit Haß meine Liebe.
6 Sein Frevel stehe gegen ihn auf als Zeuge, / ein Ankläger trete an
seine Seite.
7 Aus dem Gericht gehe er verurteilt hervor, / selbst sein Gebet werde
zur Sünde.
8 Nur gering sei die Zahl seiner Tage, / sein Amt soll ein andrer er-
halten.
9 Seine Kinder sollen zu Waisen werden / und seine Frau zur Witwe.

10 Unstet sollen seine Kinder umherziehen und betteln, / aus den
Trümmern ihres Hauses vertrieben.
11 Sein Gläubiger reiße all seinen Besitz an sich, / Fremde sollen plün-
dern, was er erworben hat.
12 Niemand sei da, der ihm die Gunst bewahrt, / keiner, der sich der
Waisen erbarmt.
13 Seine Nachkommen soll man vernichten, / im nächsten Geschlecht
schon erlösche sein Name.
14 Der Herr denke an die Schuld seiner Väter, / ungetilgt bleibe die
Sünde seiner Mutter.
15 Ihre Schuld stehe dem Herrn allzeit vor Augen, / ihr Andenken
lösche er aus auf Erden.
16 Denn dieser Mensch dachte nie daran, Gnade zu üben; / er verfolgte
den Gebeugten und Armen / und wollte den Verzagten töten.
17 Er liebte den Fluch – der komme über ihn; / er verschmähte den
Segen – der bleibe ihm fern.
18 Er zog den Fluch an wie ein Gewand; / der dringe wie Wasser in sei-
nen Leib, / wie Öl in seine Glieder.
19 Er werde für ihn wie das Kleid, in das er sich hüllt, / wie der Gürtel,
der ihn allzeit umschließt.
20 So lohne der Herr es denen, die mich verklagen, / und denen, die
Böses gegen mich reden.
21 Du aber, Herr und Gebieter, / handle an mir, wie es deinem Namen
entspricht, / reiß mich heraus in deiner gütigen Huld!
22 Denn ich bin arm und gebeugt, / mir bebt das Herz in der Brust.
23 Wie ein flüchtiger Schatten schwinde ich dahin; / sie schütteln mich
wie eine Heuschrecke ab.
24 Mir wanken die Knie vom Fasten, / mein Leib nimmt ab und wird
mager.
25 Ich wurde für sie zum Spott und zum Hohn, / sie schütteln den
Kopf, wenn sie mich sehen.
26 Hilf mir, Herr, mein Gott, / in deiner Huld errette mich!
27 Sie sollen erkennen, daß deine Hand dies vollbracht hat, / daß du,
o Herr, es getan hast.
28 Mögen sie fluchen – du wirst segnen. / Meine Gegner sollen schei-
tern, dein Knecht aber darf sich freuen.
29 Meine Ankläger sollen sich bedecken mit Schmach, / wie in einen
Mantel sich in Schande hüllen.
30 Ich will den Herrn preisen mit lauter Stimme, / in der Menge ihn
loben.
31 Denn er steht dem Armen zur Seite, / um ihn vor falschen Richtern
zu retten.

Die Einsetzung des priesterlichen Königs auf dem Zion

110 [Ein Psalm Davids.]
So spricht der Herr zu meinem Herrn: / Setze dich mir
zur Rechten, / und ich lege dir deine Feinde als Schemel unter die
Füße.
2 Vom Zion strecke der Herr das Zepter deiner Macht aus: / »Herrsche
inmitten deiner Feinde!«
3 Dein ist die Herrschaft am Tage deiner Macht, / (wenn du erscheinst)
in heiligem Schmuck;
ich habe dich gezeugt noch vor dem Morgenstern, / wie den Tau in der
Frühe.
4 Der Herr hat geschworen, und nie wird's ihn reuen: / »Du bist Prie-
ster auf ewig nach der Ordnung Melchisedeks.«
5 Der Herr steht dir zur Seite; / er zerschmettert Könige am Tage seines
Zornes.
6 Er hält Gericht unter den Völkern, er häuft die Toten, / die Häupter
zerschmettert er weithin auf Erden.
7 Er trinkt aus dem Bach am Weg; / so kann er (von neuem) das Haupt
erheben.

Ein Preislied auf die Wundertaten des Herrn

111 Halleluja!
Den Herrn will ich preisen von ganzem Herzen / im
Kreis der Frommen, inmitten der Gemeinde.
2 Groß sind die Werke des Herrn, / kostbar allen, die sich an ihnen
freuen.
3 Er waltet in Hoheit und Pracht, / seine Gerechtigkeit hat Bestand für
immer.
4 Er hat ein Gedächtnis an seine Wunder gestiftet, / der Herr ist gnädig
und barmherzig.
5 Er gibt denen Speise, die ihn fürchten, / an seinen Bund denkt er auf
ewig.
6 Er hat seinem Volk seine machtvollen Taten kundgetan, / um ihm das
Erbe der Völker zu geben.
7 Die Werke seiner Hände sind gerecht und beständig, / all seine
Gebote sind verläßlich.
8 Sie stehen fest für immer und ewig, / geschaffen in Treue und Red-
lichkeit.
9 Er gewährte seinem Volk Erlösung / und bestimmte seinen Bund für
ewige Zeiten. / Furchtgebietend ist sein Name und heilig.
10 Die Furcht des Herrn ist der Anfang der Weisheit; / alle, die danach
leben, sind klug. / Sein Ruhm hat Bestand für immer.

Der Segen der Gottesfurcht

112 Halleluja!
Wohl dem Mann, der den Herrn fürchtet und ehrt / und
sich herzlich freut an seinen Geboten.
2 Seine Nachkommen werden mächtig im Land, / das Geschlecht der
Redlichen wird gesegnet.
3 Wohlstand und Reichtum füllen sein Haus, / sein Heil hat Bestand
für immer.
4 Den Redlichen erstrahlt im Finstern ein Licht: / der Gnädige, Barm-
herzige und Gerechte.
5 Wohl dem Mann, der gütig und zum Helfen bereit ist, / der das Seine
ordnet, wie es recht ist.
6 Niemals gerät er ins Wanken; / ewig denkt man an den Gerechten.
7 Er fürchtet sich nicht vor Verleumdung; / sein Herz ist fest, er vertraut
auf den Herrn.
8 Sein Herz ist getrost, er fürchtet sich nie; / denn bald wird er herab-
schauen auf seine Bedränger.
9 Reichlich gibt er den Armen, / sein Heil hat Bestand für immer; / er
ist mächtig und hoch geehrt.
10 Voll Verdruß sieht es der Frevler, / er knirscht mit den Zähnen und
geht zugrunde. / Zunichte werden die Wünsche der Frevler.

Ein Loblied auf Gottes Hoheit und Huld

113 Halleluja!
Lobet, ihr Knechte des Herrn, / lobt den Namen des
Herrn!
2 Der Name des Herrn sei gepriesen / von nun an bis in Ewigkeit.
3 Vom Aufgang der Sonne bis zum Untergang / sei der Name des
Herrn gelobt.
4 Der Herr ist erhaben über alle Völker, / seine Herrlichkeit überragt
die Himmel.
5 Wer gleicht dem Herrn, unserm Gott, / im Himmel und auf Erden,
6 ihm, der in der Höhe thront, / der hinabschaut in die Tiefe,
7 der den Schwachen aus dem Staub emporhebt / und den Armen
erhöht, der im Schmutz liegt?
8 Er gibt ihm einen Sitz bei den Edlen, / bei den Edlen seines Volkes.
9 Die Frau, die kinderlos war, läßt er im Hause wohnen; / sie wird Mut-
ter und freut sich an ihren Kindern. / Halleluja!

Ein Lobpreis auf die Befreiung Israels

114 Als Israel aus Ägypten auszog, / Jakobs Haus aus dem
Volk mit fremder Sprache,

2 da wurde Juda Gottes Heiligtum, / Israel das Gebiet seiner Herrschaft.
3 Das Meer sah es und floh, / der Jordan wich zurück.
4 Die Berge hüpften wie Widder, / die Hügel wie junge Lämmer.
5 Was ist mit dir, Meer, daß du fliehst, / und mit dir, Jordan, daß du
zurückweichst?
6 Ihr Berge, was hüpft ihr wie Widder, / und ihr Hügel, wie junge Lämmer?
7 Vor dem Herrn erbebe, du Erde, / vor dem Antlitz des Gottes Jakobs,
8 der den Fels zur Wasserflut wandelt / und Kieselgestein zu quellendem Wasser.

Der Gott Israels und die Götter der anderen Völker

115 Nicht uns, o Herr, bring zu Ehren, / nicht uns, sondern deinen Namen, / in deiner Huld und Treue!
2 Warum sollen die Völker sagen: / »Wo ist denn ihr Gott?«
3 Unser Gott ist im Himmel; / alles, was ihm gefällt, das vollbringt er.
4 Die Götzen der Völker sind nur Silber und Gold, / ein Machwerk von
Menschenhand.
5 Sie haben einen Mund und reden nicht, / Augen und sehen nicht;
6 sie haben Ohren und hören nicht, / eine Nase und riechen nicht;
7 mit ihren Händen können sie nicht greifen, / mit den Füßen nicht
gehen, / sie bringen keinen Laut hervor aus ihrer Kehle.
8 Die sie gemacht haben, sollen ihrem Machwerk gleichen, / alle, die
den Götzen vertrauen.
9 Israel, vertrau auf den Herrn! / Er ist für euch Helfer und Schild.
10 Haus Aaron, vertrau auf den Herrn! / Er ist für euch Helfer und
Schild.
11 Alle, die ihr den Herrn fürchtet, vertraut auf den Herrn! / Er ist für
euch Helfer und Schild.
12 Der Herr denkt an uns, er wird uns segnen, / er wird das Haus Israel
segnen, / er wird das Haus Aaron segnen.
13 Der Herr wird alle segnen, die ihn fürchten, / segnen Kleine und
Große.
14 Es mehre euch der Herr, / euch und eure Kinder.
15 Seid gesegnet vom Herrn, / der Himmel und Erde gemacht hat.
16 Der Himmel ist der Himmel des Herrn, / die Erde aber gab er den
Menschen.
17 Tote können den Herrn nicht mehr loben, / keiner, der ins Schweigen hinabfuhr.
18 Wir aber preisen den Herrn / von nun an bis in Ewigkeit. / Halleluja!

Der Dank für Rettung aus Todesnot

116 Ich liebe den Herrn; / denn er hat mein lautes Flehen gehört
2 und sein Ohr mir zugeneigt / an dem Tag, als ich zu ihm rief.
3 Mich umfingen die Fesseln des Todes, / mich befielen die Ängste der
Unterwelt, / mich trafen Bedrängnis und Kummer.
4 Da rief ich den Namen des Herrn an: / »Ach Herr, rette mein Leben!«
5 Der Herr ist gnädig und gerecht, / unser Gott ist barmherzig.
6 Der Herr behütet die schlichten Herzen; / ich war in Not, und er
brachte mir Hilfe.
7 Komm wieder zur Ruhe, mein Herz! / Denn der Herr hat dir Gutes
getan.
8 Ja, du hast mein Leben dem Tod entrissen, / meine Tränen (getrocknet), / meinen Fuß (bewahrt vor) dem Gleiten.
9 So gehe ich meinen Weg vor dem Herrn / im Land der Lebenden.

Ein Lied zum Dankopfer

10 Voll Vertrauen war ich, auch wenn ich sagte: / Ich bin so tief gebeugt.
11 In meiner Bestürzung sagte ich: / Die Menschen lügen alle.
12 Wie kann ich dem Herrn all das vergelten, / was er mir Gutes getan hat?
13 Ich will den Kelch des Heils erheben / und anrufen den Namen des
Herrn.
14 Ich will dem Herrn meine Gelübde erfüllen / offen vor seinem
ganzen Volk.
15 Kostbar ist in den Augen des Herrn / das Sterben seiner Frommen.
16 Ach Herr, ich bin doch dein Knecht, / dein Knecht bin ich, der Sohn
deiner Magd. / Du hast meine Fesseln gelöst.
17 Ich will dir ein Opfer des Dankes bringen / und anrufen den Namen
des Herrn.
18 Ich will dem Herrn meine Gelübde erfüllen / offen vor seinem
ganzen Volk,
19 in den Vorhöfen am Hause des Herrn, / in deiner Mitte, Jerusalem. /
Halleluja!

Aufruf an alle Völker zum Lob Gottes

117 Lobet den Herrn, alle Völker, / preist ihn, alle Nationen!
2 Denn mächtig waltet über uns seine Huld, / die Treue
des Herrn währt in Ewigkeit. / Halleluja!

Eine Dankliturgie

118 Danket dem Herrn, denn er ist gütig, / denn seine Huld währt ewig.
2 So soll Israel sagen: / Denn seine Huld währt ewig.
3 So soll das Haus Aaron sagen: / Denn seine Huld währt ewig.
4 So sollen alle sagen, die den Herrn fürchten und ehren: / Denn seine
Huld währt ewig.
5 In der Bedrängnis rief ich zum Herrn; / der Herr hat mich erhört und
mich frei gemacht.
6 Der Herr ist bei mir, ich fürchte mich nicht. / Was können Menschen
mir antun?
7 Der Herr ist bei mir, er ist mein Helfer; / ich aber schaue auf meine
Hasser herab.
8 Besser, sich zu bergen beim Herrn, / als auf Menschen zu bauen.
9 Besser, sich zu bergen beim Herrn, / als auf Fürsten zu bauen.
10 Alle Völker umringen mich; / ich wehre sie ab im Namen des Herrn.
11 Sie umringen, ja, sie umringen mich; / ich wehre sie ab im Namen
des Herrn.
12 Sie umschwirren mich wie Bienen, / wie ein Strohfeuer verlöschen
sie; / ich wehre sie ab im Namen des Herrn.
13 Sie stießen mich hart, sie wollten mich stürzen; / der Herr aber hat
mir geholfen.
14 Meine Stärke und mein Lied ist der Herr; / er ist für mich zum Retter
geworden.
15 Frohlocken und Jubel erschallt in den Zelten der Gerechten: / »Die
Rechte des Herrn wirkt mit Macht!
16 Die Rechte des Herrn ist erhoben, / die Rechte des Herrn wirkt mit
Macht!«
17 Ich werde nicht sterben, sondern leben, / um die Taten des Herrn zu
verkünden.
18 Der Herr hat mich hart gezüchtigt, / doch er hat mich nicht dem Tod
übergeben.
19 Öffnet mir die Tore zur Gerechtigkeit, / damit ich eintrete, um dem
Herrn zu danken.
20 Das ist das Tor zum Herrn, / nur Gerechte treten hier ein.
21 Ich danke dir, daß du mich erhört hast; / du bist für mich zum Retter
geworden.
22 Der Stein, den die Bauleute verwarfen, / er ist zum Eckstein geworden.
23 Das hat der Herr vollbracht, / vor unseren Augen geschah dieses
Wunder.
24 Dies ist der Tag, den der Herr gemacht hat; / wir wollen jubeln und
uns an ihm freuen.
25 Ach, Herr, bring doch Hilfe! / Ach, Herr, gib doch Gelingen!
26 Gesegnet sei er, der kommt im Namen des Herrn. / Wir segnen
euch, vom Haus des Herrn her. /27 Gott, der Herr, erleuchte uns.
Mit Zweigen in den Händen / schließt euch zusammen zum Reigen, /
bis zu den Hörnern des Altars!
28 Du bist mein Gott, dir will ich danken; / mein Gott, dich will ich rühmen.
29 Danket dem Herrn, denn er ist gütig, / denn seine Huld währt ewig.

Ein Lobgesang auf Gottes Wort

119 (Alef)
Wohl denen, deren Weg ohne Tadel ist, die leben nach der Weisung des Herrn.
2 Wohl denen, die seine Vorschriften befolgen / und ihn suchen von ganzem Herzen,
3 die kein Unrecht tun / und auf seinen Wegen gehen.
4 Du hast deine Befehle gegeben, / damit man sie genau beachtet.
5 Wären doch meine Schritte fest darauf gerichtet, / deinen Gesetzen zu folgen!
6 Dann werde ich niemals scheitern, / wenn ich auf all deine Gebote schaue.
7 Mit lauterem Herzen will ich dir danken, / wenn ich deine gerechten Urteile lerne.
8 Deinen Gesetzen will ich immer folgen. / Laß mich doch niemals im Stich!

(Bet)
9 Wie geht ein junger Mann seinen Pfad ohne Tadel? / Wenn er sich hält an dein Wort.
10 Ich suche dich von ganzem Herzen. / Laß mich nicht abirren von deinen Geboten!
11 Ich berge deinen Spruch im Herzen, / damit ich gegen dich nicht sündige.
12 Gepriesen seist du, Herr. / Lehre mich deine Gesetze!
13 Mit meinen Lippen verkünde ich / alle Urteile deines Mundes.
14 Nach deinen Vorschriften zu leben / freut mich mehr als großer Besitz.
15 Ich will nachsinnen über deine Befehle / und auf deine Pfade schauen.
16 Ich habe meine Freude an deinen Gesetzen, / dein Wort will ich nicht vergessen.

(Gimel)
17 Tu deinem Knecht Gutes, erhalt mich am Leben! / Dann will ich dein Wort befolgen.
18 Öffne mir die Augen / für das Wunderbare an deiner Weisung!
19 Ich bin nur Gast auf Erden. / Verbirg mir nicht deine Gebote!
20 In Sehnsucht nach deinem Urteil / verzehrt sich allezeit meine Seele.
21 Du drohst den Stolzen. / Verflucht sei, wer abirrt von deinen Geboten.
22 Nimm von mir Schmach und Verachtung! / Denn was du vorschreibst, befolge ich.
23 Wenn auch Fürsten gegen mich beraten: / dein Knecht sinnt nach über deine Gesetze.
24 Deine Vorschriften machen mich froh; / sie sind meine Berater.

(Dalet)
25 Meine Seele klebt am Boden. / Durch dein Wort belebe mich!
26 Ich habe dir mein Geschick erzählt, und du erhörtest mich. / Lehre mich deine Gesetze!
27 Laß mich den Weg begreifen, den deine Befehle mir zeigen, / dann will ich nachsinnen über deine Wunder.
28 Meine Seele zerfließt vor Kummer. / Richte mich auf durch dein Wort!
29 Halte mich fern vom Weg der Lüge; / begnade mich mit deiner Weisung!
30 Ich wählte den Weg der Wahrheit; / nach deinen Urteilen habe ich Verlangen.
31 Ich halte an deinen Vorschriften fest. / Herr, laß mich niemals scheitern!
32 Ich eile voran auf dem Weg deiner Gebote, denn mein Herz machst du weit.

(He)
33 Herr, weise mir den Weg deiner Gesetze! / Ich will ihn einhalten bis ans Ende.
34 Gib mir Einsicht, damit ich deiner Weisung folge / und mich an sie halte aus ganzem Herzen.
35 Führe mich auf dem Pfad deiner Gebote! / Ich habe an ihm Gefallen.
36 Deinen Vorschriften neige mein Herz zu, / doch nicht der Habgier!
37 Wende meine Augen ab von eitlen Dingen; / durch dein Wort belebe mich!
38 Erfülle deinem Knecht die Verheißung, / die allen gilt, die dich fürchten und ehren.
39 Wende die Schande ab, vor der mir graut; / denn deine Entscheide sind gut.
40 Nach deinen Befehlen habe ich Verlangen. / Gib mir neue Kraft durch deine Gerechtigkeit!

(Waw)
41 Herr, deine Huld komme auf mich herab / und deine Hilfe, wie du es verheißen hast.
42 Dann kann ich dem, der mich schmäht, erwidern; / denn ich vertraue auf dein Wort.
43 Entziehe meinem Mund nicht das Wort der Wahrheit! / Ich hoffe so sehr auf deine Entscheide.
44 Ich will deiner Weisung beständig folgen, / auf immer und ewig.
45 Dann schreite ich aus auf freier Bahn; / denn ich frage nach deinen Befehlen.
46 Deine Gebote will ich vor Königen bezeugen / und mich nicht vor ihnen schämen.
47 An deinen Geboten habe ich meine Freude, / ich liebe sie von Herzen.
48 Ich erhebe meine Hände zu deinen Geboten; / nachsinnen will ich über deine Gesetze.

(Sajin)
49 Denk an das Wort für deinen Knecht, / durch das du mir Hoffnung gabst.
50 Das ist mein Trost im Elend: / Deine Verheißung spendet mir Leben.
51 Frech verhöhnen mich die Stolzen; / ich aber weiche nicht ab von deiner Weisung.
52 Denke ich an deine Urteile seit alter Zeit, / Herr, dann bin ich getröstet.
53 Zorn packt mich wegen der Frevler, / weil sie deine Weisung mißachten.
54 Zum Lobgesang wurden mir deine Gesetze / im Haus meiner Pilgerschaft.
55 In der Nacht denke ich, Herr, an deinen Namen; / ich will deine Weisung beachten.
56 Deine Befehle zu befolgen / ist das Glück, das mir zufiel.

(Chet)
57 Mein Anteil ist der Herr; / ich habe versprochen, dein Wort zu beachten.
58 Ich suche deine Gunst von ganzem Herzen. / Sei mir gnädig nach deiner Verheißung!
59 Ich überdenke meine Wege, / zu deinen Vorschriften lenke ich meine Schritte.
60 Ich eile und säume nicht, / deine Gebote zu halten.
61 Auch wenn mich die Stricke der Frevler fesseln, / vergesse ich deine Weisung nicht.
62 Um Mitternacht stehe ich auf, um dich zu preisen / wegen deiner gerechten Entscheide.
63 Ich bin ein Freund all deren, die dich fürchten und ehren, / und aller, die deine Befehle befolgen.
64 Von deiner Güte, Herr, ist die Erde erfüllt. / Lehre mich deine Gesetze!

(Tet)

65 Du hast deinem Knecht Gutes erwiesen, / o Herr, nach deinem Wort.

66 Lehre mich Erkenntnis und rechtes Urteil! / Ich vertraue auf deine Gebote.

67 Ehe ich gedemütigt wurde, ging mein Weg in die Irre; / nun aber halte ich mich an deine Verheißung.

68 Du bist gut und wirkst Gutes. / Lehre mich deine Gesetze!

69 Stolze verbreiten über mich Lügen, / ich aber halte mich von ganzem Herzen an deine Befehle.

70 Abgestumpft und satt ist ihr Herz, / ich aber ergötze mich an deiner Weisung.

71 Daß ich gedemütigt wurde, war für mich gut; / denn so lernte ich deine Gesetze.

72 Die Weisung deines Mundes ist mir lieb, / mehr als große Mengen von Gold und Silber.

(Jod)

73 Deine Hände haben mich gemacht und geformt. / Gib mir Einsicht, damit ich deine Gebote lerne.

74 Wer dich fürchtet, wird mich sehen und sich freuen; / denn ich warte auf dein Wort.

75 Herr, ich weiß, daß deine Entscheide gerecht sind; / du hast mich gebeugt, weil du treu für mich sorgst.

76 Tröste mich in deiner Huld, / wie du es deinem Knecht verheißen hast.

77 Dein Erbarmen komme über mich, damit ich lebe; / denn deine Weisung macht mich froh.

78 Schande über die Stolzen, die mich zu Unrecht bedrücken! / Ich aber sinne nach über deine Befehle.

79 Mir sollen sich alle zuwenden, die dich fürchten und ehren / und die deine Vorschriften kennen.

80 Mein Herz richte sich ganz nach deinen Gesetzen; / dann werde ich nicht zuschanden.

(Kaf)

81 Nach deiner Hilfe sehnt sich meine Seele; / ich warte auf dein Wort.

82 Meine Augen sehnen sich nach deiner Verheißung, / sie fragen: Wann wirst du mich trösten?

83 Ich bin wie ein Schlauch voller Risse, / doch deine Gesetze habe ich nicht vergessen.

84 Wie viele Tage noch bleiben deinem Knecht? / Wann wirst du meine Verfolger richten?

85 Stolze stellen mir Fallen, / sie handeln nicht nach deiner Weisung.

86 Zuverlässig sind all deine Gebote. / Zu Unrecht verfolgt man mich. Komm mir zu Hilfe!

87 Fast hätte man mich von der Erde ausgetilgt; / dennoch halte ich fest an deinen Befehlen.

88 In deiner großen Huld laß mich leben, / und ich will beachten, was dein Mund mir gebietet.

(Lamed)

89 Herr, dein Wort bleibt auf ewig, / es steht fest wie der Himmel.

90 Deine Treue währt von Geschlecht zu Geschlecht; / du hast die Erde gegründet, sie bleibt bestehen.

91 Nach deiner Ordnung bestehen sie bis heute, / und dir ist alles dienstbar.

92 Wäre nicht dein Gesetz meine Freude, / ich wäre zugrunde gegangen in meinem Elend.

93 Nie will ich deine Befehle vergessen; / denn durch sie schenkst du mir Leben.

94 Ich bin dein, errette mich! / Ich frage nach deinen Befehlen.

95 Frevler lauern mir auf, um mich zu vernichten; / doch mein Sinn achtet auf das, was du gebietest.

96 Ich sah, daß alles Vollkommene Grenzen hat; / doch dein Gebot kennt keine Schranken.

(Mem)

97 Wie lieb ist mir deine Weisung; / ich sinne über sie nach den ganzen Tag.

98 Dein Gebot macht mich weiser als all meine Feinde; / denn immer ist es mir nahe.

99 Ich wurde klüger als all meine Lehrer; / denn über deine Vorschriften sinne ich nach.

100 Mehr Einsicht habe ich als die Alten; / denn ich beachte deine Befehle.

101 Von jedem bösen Weg halte ich meinen Fuß zurück; / denn ich will dein Wort befolgen.

102 Ich weiche nicht ab von deinen Entscheiden, / du hast mich ja selbst unterwiesen.

103 Wie köstlich ist für meinen Gaumen deine Verheißung, / süßer als Honig für meinen Mund.

104 Aus deinen Befehlen gewinne ich Einsicht, / darum hasse ich alle Pfade der Lüge.

(Nun)

105 Dein Wort ist meinem Fuß eine Leuchte, / ein Licht für meine Pfade.

106 Ich tat einen Schwur, und ich will ihn halten: / Ich will deinen gerechten Entscheidungen folgen.

107 Herr, ganz tief bin ich gebeugt. / Durch dein Wort belebe mich!

108 Herr, nimm mein Lobopfer gnädig an, / und lehre mich deine Entscheide!

109 Mein Leben ist ständig in Gefahr, / doch ich vergesse nie deine Weisung.

110 Frevler legen mir Schlingen, / aber ich irre nicht ab von deinen Befehlen.

111 Deine Vorschriften sind auf ewig mein Erbteil; / denn sie sind die Freude meines Herzens.

112 Mein Herz ist bereit, dein Gesetz zu erfüllen / bis ans Ende und ewig.

(Samech)

113 Zwiespältige Menschen sind mir von Grund auf verhaßt, / doch dein Gesetz ist mir lieb.

114 Du bist mein Schutz und mein Schild, / ich warte auf dein Wort.

115 Weicht zurück von mir, ihr Bösen! / Ich will die Gebote meines Gottes befolgen.

116 Stütze mich, damit ich lebe, wie du es verheißen hast. / Laß mich in meiner Hoffnung nicht scheitern!

117 Gib mir Halt, dann finde ich Rettung; / immer will ich auf deine Gesetze schauen.

118 Alle, die sich von deinen Gesetzen entfernen, verwirfst du; / denn ihr Sinnen und Trachten ist Lüge.

119 Alle Frevler im Land sind für dich wie Schlacken, / darum liebe ich, was du gebietest.

120 Aus Ehrfurcht vor dir erschauert mein Leib, / vor deinen Urteilen empfinde ich heilige Scheu.

(Ajin)

121 Ich tue, was recht und gerecht ist. / Gib mich meinen Bedrückern nicht preis!

122 Verbürg dich für das Wohl deines Knechtes, / damit die Stolzen mich nicht unterdrücken.

123 Meine Augen sehnen sich nach deiner Hilfe, / nach deiner gerechten Verheißung.

124 Handle an deinem Knecht nach deiner Huld, / und lehre mich deine Gesetze!

125 Ich bin dein Knecht. Gib mir Einsicht, / damit ich verstehe, was du gebietest.

126 Herr, es ist Zeit zu handeln; / man hat dein Gesetz gebrochen.

127 Darum liebe ich deine Gebote / mehr als Rotgold und Weißgold.

128 Darum lebe ich genau nach deinen Befehlen; / ich hasse alle Pfade der Lüge.

(Pe)
129 Deine Vorschriften sind der Bewunderung wert; / darum bewahrt sie mein Herz.
130 Die Erklärung deiner Worte bringt Erleuchtung, / den Unerfahrenen schenkt sie Einsicht.
131 Weit öffne ich meinen Mund / und lechze nach deinen Geboten; / denn nach ihnen habe ich Verlangen.
132 Wende dich mir zu, sei mir gnädig, / wie es denen gebührt, die deinen Namen lieben.
133 Festige meine Schritte, wie du es verheißen hast. / Laß kein Unrecht über mich herrschen!
134 Erlöse mich aus der Gewalt der Menschen; / dann will ich deine Befehle halten.
135 Laß dein Angesicht leuchten über deinem Knecht, / und lehre mich deine Gesetze!
136 Tränenbäche strömen aus meinen Augen, / weil man dein Gesetz nicht befolgt.

(Zade)
137 Herr, du bist gerecht, / und deine Entscheide sind richtig.
138 Du hast deine Vorschriften erlassen in Gerechtigkeit / und in großer Treue.
139 Der Eifer für dich verzehrt mich; / denn meine Gegner vergessen deine Worte.
140 Deine Worte sind rein und lauter; / dein Knecht hat sie lieb.
141 Ich bin gering und verachtet, / doch ich vergesse nie deine Befehle.
142 Deine Gerechtigkeit bleibt ewig Gerechtigkeit, / deine Weisung ist Wahrheit.
143 Mich trafen Not und Bedrängnis, / doch deine Gebote machen mich froh.
144 Deine Vorschriften sind auf ewig gerecht. / Gib mir Einsicht, damit ich lebe.

(Qof)
145 Erhöre mich, Herr, ich rufe von ganzem Herzen; / deine Gesetze will ich halten.
146 Ich rufe zu dir; errette mich, / dann will ich deinen Vorschriften folgen.
147 Schon beim Morgengrauen komme ich und flehe; / ich warte auf dein Wort.
148 Meine Augen eilen den Nachtwachen voraus; / denn ich sinne nach über deine Verheißung.
149 Höre auf meine Stimme in deiner Huld; / belebe mich, Herr, durch deine Entscheide!
150 Mir nähern sich tückische Verfolger; / sie haben sich weit von deiner Weisung entfernt.
151 Doch du bist nahe, Herr, / und alle deine Gebote sind Wahrheit.
152 Aus deinen Vorschriften weiß ich seit langem, / daß du sie für ewig bestimmt hast.

(Resch)
153 Sieh mein Elend an, und rette mich; / denn ich habe deine Weisung nicht vergessen.
154 Verschaff mir Recht, und erlöse mich; / nach deiner Weisung erhalte mein Leben!
155 Fern bleibt den Frevlern das Heil; / denn sie fragen nicht nach deinen Gesetzen.
156 Herr, groß ist dein Erbarmen; / durch deine Entscheide belebe mich!
157 Viele verfolgen und quälen mich, / doch von deinen Vorschriften weich ich nicht ab.
158 Wenn ich Abtrünnige sehe, empfinde ich Abscheu, / weil sie dein Wort nicht befolgen.
159 Sieh an, wie sehr ich deine Vorschriften liebe; / Herr, in deiner Huld belebe mich!
160 Das Wesen deines Wortes ist Wahrheit, / deine gerechten Urteile haben alle auf ewig Bestand.

(Schin)
161 Fürsten verfolgen mich ohne Grund, / doch mein Herz fürchtet nur dein Wort.
162 Ich freue mich über deine Verheißung, / wie einer, der reiche Beute gemacht hat.
163 Ich hasse die Lüge, sie ist mir ein Greuel, / doch deine Weisung habe ich lieb.
164 Siebenmal am Tag singe ich dein Lob / wegen deiner gerechten Entscheide.
165 Alle, die deine Weisung lieben, empfangen Heil in Fülle; / es trifft sie kein Unheil.
166 Herr, ich hoffe auf deine Hilfe / und befolge deine Gebote.
167 Meine Seele beachtet, was du gebietest, / und liebt es von Herzen.
168 Ich folge deinen Vorschriften und Befehlen; / denn alle meine Wege (liegen offen) vor dir.

(Taw)
169 Herr, zu dir dringe mein Rufen. / Gib mir Einsicht, getreu deinem Wort!
170 Mein Flehen komme vor dein Angesicht. / Reiß mich heraus getreu deiner Verheißung!
171 Meine Lippen sollen überströmen von Lobpreis; / denn du lehrst mich deine Gesetze.
172 Meine Zunge soll deine Verheißung besingen; / denn deine Gebote sind alle gerecht.
173 Deine Hand sei bereit, mir zu helfen; / denn ich habe mir deine Befehle erwählt.
174 Ich sehne mich, Herr, nach deiner Hilfe, / und deine Weisung macht mich froh.
175 Laß meine Seele leben, damit sie dich preisen kann. / Deine Entscheidungen mögen mir helfen.
176 Ich bin verirrt wie ein verlorenes Schaf. / Suche deinen Knecht! / Denn deine Gebote habe ich nicht vergessen.

Ein Hilferuf gegen Verleumder

120 [Ein Wallfahrtslied.]
Ich rief zum Herrn in meiner Not, / und er hat mich erhört.
2 Herr, rette mein Leben vor Lügnern, / rette es vor falschen Zungen!
3 Was soll er dir tun, was alles dir antun, / du falsche Zunge?
4 Scharfe Pfeile von Kriegerhand / und glühende Ginsterkohlen dazu.
5 Weh mir, daß ich als Fremder in Meschech bin / und bei den Zelten von Kedar wohnen muß!
6 Ich muß schon allzu lange wohnen / bei Leuten, die den Frieden hassen.
7 Ich verhalte mich friedlich; / doch ich brauche nur zu reden, dann suchen sie Hader und Streit.

Der Wächter Israels

121 [Ein Wallfahrtslied.]
Ich hebe meine Augen auf zu den Bergen: / Woher kommt mir Hilfe?
2 Meine Hilfe kommt vom Herrn, / der Himmel und Erde gemacht hat.
3 Er läßt deinen Fuß nicht wanken; / er, der dich behütet, schläft nicht.
4 Nein, der Hüter Israels / schläft und schlummert nicht.
5 Der Herr ist dein Hüter, der Herr gibt dir Schatten; / er steht dir zur Seite.
6 Bei Tag wird dir die Sonne nicht schaden / noch der Mond in der Nacht.
7 Der Herr behüte dich vor allem Bösen, / er behüte dein Leben.
8 Der Herr behüte dich, wenn du fortgehst und wiederkommst, / von nun an bis in Ewigkeit.

Ein Lied zur Wallfahrt nach Jerusalem

122 [Ein Wallfahrtslied Davids.]
Ich freute mich, als man mir sagte: / »Zum Haus des
Herrn wollen wir pilgern.«
2 Schon stehen wir in deinen Toren, Jerusalem: / 3 Jerusalem, du starke
Stadt, / dicht gebaut und fest gefügt.
4 Dorthin ziehen die Stämme hinauf, die Stämme des Herrn, / wie es
Israel geboten ist, / den Namen des Herrn zu preisen.
5 Denn dort stehen Throne bereit für das Gericht, / die Throne des
Hauses David.
6 Erbittet für Jerusalem Frieden! / Wer dich liebt, sei in dir geborgen.
7 Friede wohne in deinen Mauern, / in deinen Häusern Geborgenheit.
8 Wegen meiner Brüder und Freunde / will ich sagen: In dir sei Friede.
9 Wegen des Hauses des Herrn, unseres Gottes, / will ich dir Glück
erflehen.

Aufblick zu Gott

123 [Ein Wallfahrtslied.]
Ich erhebe meine Augen zu dir, / der du hoch im Him-
mel thronst.
2 Wie die Augen der Knechte auf die Hand ihres Herrn, / wie die Augen
der Magd auf die Hand ihrer Herrin,
so schauen unsre Augen auf den Herrn, unsern Gott, / bis er uns gnä-
dig ist.
3 Sei uns gnädig, Herr, sei uns gnädig! / Denn übersatt sind wir vom
Hohn der Spötter,
4 übersatt ist unsre Seele von ihrem Spott, / von der Verachtung der
Stolzen.

Israels Dank für die Befreiung

124 [Ein Wallfahrtslied Davids.]
Hätte sich nicht der Herr für uns eingesetzt / – so soll
Israel sagen –,
2 hätte sich nicht der Herr für uns eingesetzt, / als sich gegen uns Men-
schen erhoben,
3 dann hätten sie uns lebendig verschlungen, / als gegen uns ihr Zorn
entbrannt war.
4 Dann hätten die Wasser uns weggespült, / hätte sich über uns ein
Wildbach ergossen.
5 Dann hätten sich über uns die Wasser ergossen, / die wilden und
wogenden Wasser.
6 Gelobt sei der Herr, / der uns nicht ihren Zähnen als Beute über-
ließ.
7 Unsre Seele ist wie ein Vogel dem Netz des Jägers entkommen; / das
Netz ist zerrissen, und wir sind frei.
8 Unsre Hilfe steht im Namen des Herrn, / der Himmel und Erde
gemacht hat.

Gott, der Beschützer seines Volkes

125 [Ein Wallfahrtslied.]
Wer auf den Herrn vertraut, steht fest wie der Zions-
berg, / der niemals wankt, der ewig bleibt.
2 Wie Berge Jerusalem rings umgeben, / so ist der Herr um sein Volk,
von nun an auf ewig.
3 Das Zepter des Frevlers soll nicht auf dem Erbland der Gerechten
lasten, / damit die Hand der Gerechten nicht nach Unrecht greift.
4 Herr, tu Gutes den Guten, / den Menschen mit redlichem Herzen!
5 Doch wer auf krumme Wege abbiegt, / den jage, Herr, samt den
Frevlern davon! / Frieden über Israel!

Tränen und Jubel

126 [Ein Wallfahrtslied.]
Als der Herr das Los der Gefangenschaft Zions wen-
dete, / da waren wir alle wie Träumende.
2 Da war unser Mund voll Lachen / und unsere Zunge voll Jubel.
Da sagte man unter den andern Völkern: / »Der Herr hat an ihnen
Großes getan.«
3 Ja, Großes hat der Herr an uns getan. / Da waren wir fröhlich.
4 Wende doch, Herr, unser Geschick, / wie du versiegte Bäche wieder
füllst im Südland.
5 Die mit Tränen säen, / werden mit Jubel ernten.
6 Sie gehen hin unter Tränen / und tragen den Samen zur Aussaat.
Sie kommen wieder mit Jubel / und bringen ihre Garben ein.

Die Mühe des Menschen und der Segen Gottes

127 [Ein Wallfahrtslied Salomos.]
Wenn nicht der Herr das Haus baut, / müht sich jeder
umsonst, der daran baut.
Wenn nicht der Herr die Stadt bewacht, / wacht der Wächter umsonst.
2 Es ist umsonst, daß ihr früh aufsteht / und euch spät erst niedersetzt,
um das Brot der Mühsal zu essen; / denn der Herr gibt es den Seinen
im Schlaf.
3 Kinder sind eine Gabe des Herrn, / die Frucht des Leibes ist sein
Geschenk.
4 Wie Pfeile in der Hand des Kriegers, / so sind Söhne aus den Jahren
der Jugend.
5 Wohl dem Mann, der mit ihnen den Köcher gefüllt hat! / Beim
Rechtsstreit mit ihren Feinden scheitern sie nicht.

Haussegen

128 [Ein Wallfahrtslied.]
Wohl dem Mann, der den Herrn fürchtet und ehrt / und
der auf seinen Wegen geht!
2 Was deine Hände erwarben, kannst du genießen; / wohl dir, es wird
dir gut ergehn.
3 Wie ein fruchtbarer Weinstock ist deine Frau / drinnen in deinem
Haus.
Wie junge Ölbäume sind deine Kinder / rings um deinen Tisch.
4 So wird der Mann gesegnet, / der den Herrn fürchtet und ehrt.
5 Es segne dich der Herr vom Zion her. / Du sollst dein Leben lang das
Glück Jerusalems schauen
6 und die Kinder deiner Kinder sehen. / Frieden über Israel!

Hoffnung in der Bedrängnis

129 [Ein Wallfahrtslied.]
Sie haben mich oft bedrängt von Jugend auf, / – so soll
Israel sagen –,
2 sie haben mich oft bedrängt von Jugend auf, / doch sie konnten mich
nicht bezwingen.
3 Die Pflüger haben auf meinem Rücken gepflügt, / ihre langen Fur-
chen gezogen.
4 Doch der Herr ist gerecht, / er hat die Stricke der Frevler zerhauen.
5 Beschämt sollen alle weichen, / alle, die Zion hassen.
6 Sie sollen wie das Gras auf den Dächern sein, / das verdorrt, noch
bevor man es ausreißt.
7 Kein Schnitter kann seine Hand damit füllen, / kein Garbenbinder
den Arm.
8 Keiner, der vorübergeht, wird sagen: / »Der Segen des Herrn sei mit
euch.« – / Wir aber segnen euch im Namen des Herrn.

Bitte in tiefer Not

130 [Ein Wallfahrtslied.]
Aus der Tiefe rufe ich, Herr, zu dir: / 2 Herr, höre meine
Stimme!
Wende dein Ohr mir zu, / achte auf mein lautes Flehen!
3 Würdest du, Herr, unsere Sünden beachten, / Herr, wer könnte be-
stehen?
4 Doch bei dir ist Vergebung, / damit man in Ehrfurcht dir dient.
5 Ich hoffe auf den Herrn, es hofft meine Seele, / ich warte voll Ver-
trauen auf sein Wort.

6 Meine Seele wartet auf den Herrn / mehr als die Wächter auf den
Morgen.
Mehr als die Wächter auf den Morgen / 7 soll Israel harren auf den
Herrn.
Denn beim Herrn ist die Huld, / bei ihm ist Erlösung in Fülle.
8 Ja, er wird Israel erlösen / von all seinen Sünden.

Der Frieden in Gott

131 [Ein Wallfahrtslied.]
Herr, mein Herz ist nicht stolz, / nicht hochmütig
blicken meine Augen.
Ich gehe nicht um mit Dingen, / die mir zu wunderbar und zu hoch
sind.
2 Ich ließ meine Seele ruhig werden und still; / wie ein kleines Kind bei
der Mutter ist meine Seele still in mir.
3 Israel, harre auf den Herrn / von nun an bis in Ewigkeit!

Die Erwählung Davids und des Zion

132 [Ein Wallfahrtslied.]
O Herr, denk an David, / denk an all seine Mühen,
2 wie er dem Herrn geschworen, / dem starken Gott Jakobs gelobt
hat:
3 »Nicht will ich mein Zelt betreten / noch mich zur Ruhe betten,
4 nicht Schlaf den Augen gönnen / noch Schlummer den Lidern,
5 bis ich eine Stätte finde für den Herrn, / eine Wohnung für den star-
ken Gott Jakobs.«
6 Wir hörten von seiner Lade in Efrata, / fanden sie im Gefilde von
Jáar.
7 Laßt uns hingehen zu seiner Wohnung / und niederfallen vor dem
Schemel seiner Füße!
8 Erheb dich, Herr, komm an den Ort deiner Ruhe, / du und deine
machtvolle Lade!
9 Deine Priester sollen sich bekleiden mit Gerechtigkeit, / und deine
Frommen sollen jubeln.
10 Weil David dein Knecht ist, / weise deinen Gesalbten nicht ab!
11 Der Herr hat David geschworen, / einen Eid, den er niemals brechen
wird:
»Einen Sproß aus deinem Geschlecht / will ich setzen auf deinen
Thron.
12 Wenn deine Söhne meinen Bund bewahren, / mein Zeugnis, das ich
sie lehre,
dann sollen auch ihre Söhne /auf deinem Thron sitzen für immer.«
13 Denn der Herr hat den Zion erwählt, / ihn zu seinem Wohnsitz
erkoren:
14 »Das ist für immer der Ort meiner Ruhe; / hier will ich wohnen, ich
habe ihn erkoren.
15 Zions Nahrung will ich reichlich segnen, / mit Brot seine Armen sät-
tigen.
16 Seine Priester will ich bekleiden mit Heil, / seine Frommen sollen
jauchzen und jubeln.
17 Dort lasse ich Davids Macht erstarken / und stelle für meinen
Gesalbten ein Licht auf.
18 Ich bedecke seine Feinde mit Schande; / doch auf ihm erglänzt seine
Krone.«

Ein Lob der brüderlichen Eintracht

133 [Ein Wallfahrtslied Davids.]
Seht doch, wie gut und schön ist es, / wenn Brüder mit-
einander in Eintracht wohnen.
2 Das ist wie köstliches Salböl, / das vom Kopf hinabfließt auf den
Bart, auf Aarons Bart, / das auf sein Gewand hinabfließt.
3 Das ist wie der Tau des Hermon, / der auf den Berg Zion niederfällt. /
Denn dort spendet der Herr Segen und Leben in Ewigkeit.

Nächtliches Loblied im Tempel

134 [Ein Wallfahrtslied.]
Wohlan, nun preiset den Herrn, / all ihr Knechte
des Herrn,
die ihr steht im Hause des Herrn, / zu nächtlicher Stunde.
2 Erhebt eure Hände zum Heiligtum, / und preiset den Herrn!
3 Es segne dich der Herr vom Zion her, / (der Herr,) der Himmel und
Erde gemacht hat.

Loblied auf Gottes Wirken in Schöpfung und Geschichte

135 Halleluja!
Lobet den Namen des Herrn, / lobt ihn, ihr Knechte
des Herrn,
2 die ihr steht im Hause des Herrn, / in den Vorhöfen am Haus unsres
Gottes.
3 Lobt den Herrn, denn der Herr ist gütig. / Singt und spielt seinem
Namen, denn er ist freundlich.
4 Der Herr hat sich Jakob erwählt, / Israel wurde sein Eigentum.
5 Ja, das weiß ich: Groß ist der Herr, / unser Herr ist größer als alle
Götter.
6 Alles, was dem Herrn gefällt, vollbringt er, / im Himmel, auf der
Erde, in den Meeren, in allen Tiefen.
7 Er führt Wolken herauf vom Ende der Erde, / er läßt es blitzen und
regnen, / aus seinen Kammern holt er den Sturmwind hervor.
8 Er erschlug Ägyptens Erstgeburt, / bei Menschen und beim Vieh.
9 Gegen dich, Ägypten, sandte er Zeichen und Wunder, / gegen den
Pharao und all seine Knechte.
10 Er schlug viele Völker nieder / und tötete mächtige Könige:
11 Sihon, den König der Amoriter, / Og, den König von Baschan, / und
alle Reiche Kanaans.
12 Ihr Land gab er Israel zum Erbe, / zum Erbe Israel, seinem Volk.
13 Herr, dein Name währt ewig, / das Gedenken an dich, Herr, dauert
von Geschlecht zu Geschlecht.
14 Denn der Herr verschafft Recht seinem Volk; / er hat mit seinen
Knechten Mitleid.
15 Die Götzen der Heiden sind nur Silber und Gold, / ein Machwerk
von Menschenhand.
16 Sie haben einen Mund und reden nicht, / Augen und sehen nicht;
17 sie haben Ohren und hören nicht; / auch ist kein Hauch in ihrem
Mund.
18 Die sie gemacht haben, sollen ihrem Machwerk gleichen, / alle, die
den Götzen vertrauen.
19 Haus Israel, preise den Herrn! / Haus Aaron, preise den Herrn!
20 Haus Levi, preise den Herrn! / Alle, die ihr den Herrn fürchtet, preist
den Herrn!
21 Gepriesen sei der Herr auf Zion, / er, der thront in Jerusalem. / Hal-
leluja!

Danklitanei für Gottes ewige Huld

136 Danket dem Herrn, denn er ist gütig, / denn seine Huld
währt ewig!
2 Danket dem Gott aller Götter, / denn seine Huld währt ewig!
3 Danket dem Herrn aller Herren, / denn seine Huld währt ewig!
4 Der allein große Wunder tut, / denn seine Huld währt ewig,
5 der den Himmel geschaffen hat in Weisheit, / denn seine Huld währt
ewig,
6 der die Erde über den Wassern gegründet hat, / denn seine Huld
währt ewig,
7 der die großen Leuchten gemacht hat, / denn seine Huld währt ewig,
8 die Sonne zur Herrschaft über den Tag, / denn seine Huld währt
ewig,
9 Mond und Sterne zur Herrschaft über die Nacht, / denn seine Huld
währt ewig.
10 Der die Erstgeburt der Ägypter schlug, / denn seine Huld währt
ewig,

11 und Israel herausführte aus ihrer Mitte, / denn seine Huld währt
ewig,
12 mit starker Hand und erhobenem Arm, / denn seine Huld währt
ewig,
13 der das Schilfmeer zerschnitt in zwei Teile, / denn seine Huld währt
ewig,
14 und Israel hindurchführte zwischen den Wassern, / denn seine Huld
währt ewig,
15 und den Pharao ins Meer stürzte samt seinem Heer, / denn seine
Huld währt ewig.
16 Der sein Volk durch die Wüste führte, / denn seine Huld währt ewig,
17 der große Könige schlug, / denn seine Huld währt ewig,
18 und mächtige Könige tötete, / denn seine Huld währt ewig,
19 Sihon, den König der Amoriter, / denn seine Huld währt ewig,
20 und Og, den König von Baschan, / denn seine Huld währt ewig,
21 und der ihr Land zum Erbe gab, / denn seine Huld währt ewig,
22 der es Israel gab, seinem Knecht, / denn seine Huld währt ewig.
23 Der an uns dachte in unsrer Erniedrigung, / denn seine Huld währt
ewig,
24 und uns den Feinden entriß, / denn seine Huld währt ewig,
25 der allen Geschöpfen Nahrung gibt, / denn seine Huld währt ewig.
26 Danket dem Gott des Himmels, / denn seine Huld währt ewig.

Heimweh nach dem Zion in der Verbannung

137 An den Strömen von Babel, / da saßen wir und weinten, /
wenn wir an Zion dachten.
2 Wir hängten unsere Harfen / an die Weiden in jenem Land.
3 Dort verlangten von uns die Zwingherren Lieder, / unsere Peiniger
forderten Jubel: / »Singt uns Lieder vom Zion!«
4 Wie könnten wir singen die Lieder des Herrn, / fern, auf fremder
Erde?
5 Wenn ich dich je vergesse, Jerusalem, / dann soll mir die rechte Hand
verdorren.
6 Die Zunge soll mir am Gaumen kleben, / wenn ich an dich nicht
mehr denke, / wenn ich Jerusalem nicht zu meiner höchsten Freude
erhebe.
7 Herr, vergiß den Söhnen Edoms nicht den Tag von Jerusalem; / sie
sagten: »Reißt nieder, bis auf den Grund reißt es nieder!«
8 Tochter Babel, du Zerstörerin! / Wohl dem, der dir heimzahlt, was du
uns getan hast!
9 Wohl dem, der deine Kinder packt / und sie am Felsen zerschmettert!

Dank für Gottes Hilfe

138 [Von David.]
Ich will dir danken aus ganzem Herzen, / dir vor den
Engeln singen und spielen;
2 ich will mich niederwerfen zu deinem heiligen Tempel hin / und dei-
nem Namen danken für deine Huld und Treue.
Denn du hast die Worte meines Mundes gehört, / deinen Namen und
dein Wort über alles verherrlicht.
3 Du hast mich erhört an dem Tag, als ich rief; / du gabst meiner Seele
große Kraft.
4 Dich sollen preisen, Herr, alle Könige der Welt, / wenn sie die Worte
deines Mundes vernehmen.
5 Sie sollen singen von den Wegen des Herrn; / denn groß ist die Herr-
lichkeit des Herrn.
6 Ja, der Herr ist erhaben; / doch er schaut auf die Niedrigen, / und die
Stolzen erkennt er von fern.
7 Gehe ich auch mitten durch große Not: / du erhältst mich am Leben.
Du streckst die Hand aus gegen meine wütenden Feinde, / und deine
Rechte hilft mir.
8 Der Herr nimmt sich meiner an. / Herr, deine Huld währt ewig. / Laß
nicht ab vom Werk deiner Hände!

Der Mensch vor dem allwissenden Gott

139 [Für den Chormeister. Ein Psalm Davids.]
Herr, du hast mich erforscht und du kennst mich. /
2 Ob
ich sitze oder stehe, du weißt von mir. / Von fern erkennst du meine
Gedanken.
3 Ob ich gehe oder ruhe, es ist dir bekannt; / du bist vertraut mit all
meinen Wegen.
4 Noch liegt mir das Wort nicht auf der Zunge – / du, Herr, kennst es
bereits.
5 Du umschließt mich von allen Seiten / und legst deine Hand auf
mich.
6 Zu wunderbar ist für mich dieses Wissen, / zu hoch, ich kann es nicht
begreifen.
7 Wohin könnte ich fliehen vor deinem Geist, / wohin mich vor deinem
Angesicht flüchten?
8 Steige ich hinauf in den Himmel, so bist du dort; / bette ich mich in
der Unterwelt, bist du zugegen.
9 Nehme ich die Flügel des Morgenrots / und lasse mich nieder am
äußersten Meer,
10 auch dort wird deine Hand mich ergreifen / und deine Rechte mich
fassen.
11 Würde ich sagen: »Finsternis soll mich bedecken, / statt Licht soll
Nacht mich umgeben«, /
12 auch die Finsternis wäre für dich nicht
finster,
die Nacht würde leuchten wie der Tag, / die Finsternis wäre wie Licht.
13 Denn du hast mein Inneres geschaffen, / mich gewoben im Schoß
meiner Mutter.
14 Ich danke dir, daß du mich so wunderbar gestaltet hast. / Ich weiß:
Staunenswert sind deine Werke.
15 Als ich geformt wurde im Dunkeln, / kunstvoll gewirkt in den Tiefen
der Erde, / waren meine Glieder dir nicht verborgen.
16 Deine Augen sahen, wie ich entstand, / in deinem Buch war schon
alles verzeichnet;
meine Tage waren schon gebildet, / als noch keiner von ihnen da war.
17 Wie schwierig sind für mich, o Gott, deine Gedanken, / wie gewaltig
ist ihre Zahl!
18 Wollte ich sie zählen, es wären mehr als der Sand. / Käme ich bis
zum Ende, wäre ich noch immer bei dir.
19 Wolltest du, Gott, doch den Frevler töten! / Ihr blutgierigen Men-
schen, laßt ab von mir!
20 Sie reden über dich voll Tücke / und mißbrauchen deinen Na-
men.
21 Soll ich die nicht hassen, / Herr, die dich hassen, die nicht verab-
scheuen, die sich gegen dich erheben?
22 Ich hasse sie mit glühendem Haß; / auch mir sind sie zu Feinden
geworden.
23 Erforsche mich, Gott, und erkenne mein Herz, / prüfe mich, und
erkenne mein Denken!
24 Sieh her, ob ich auf dem Weg bin, der dich kränkt, / und leite mich
auf dem altbewährten Weg!

Hilferuf zu Gott, dem Anwalt des Armen

140 [Für den Chormeister. Ein Psalm Davids.]
2 Rette mich, Herr, vor bösen Menschen, / vor gewalt-
tätigen Leuten schütze mich!
3 Denn sie sinnen in ihrem Herzen auf Böses, / jeden Tag schüren sie
Streit.
4 Wie die Schlangen haben sie scharfe Zungen / und hinter den Lippen
Gift wie die Nattern. [Sela]
5 Behüte mich, Herr, vor den Händen der Frevler, / vor gewalttätigen
Leuten schütze mich, / die darauf sinnen, mich zu Boden zu stoßen.
6 Hochmütige legen mir heimlich Schlingen, / Böse spannen ein Netz
aus, / stellen mir Fallen am Wegrand. [Sela]
7 Ich sage zum Herrn: Du bist mein Gott. / Vernimm, o Herr, mein
lautes Flehen!

8 Herr, mein Gebieter, meine starke Hilfe, / du beschirmst mein Haupt
am Tag des Kampfes.
9 Herr, erfülle nicht die Wünsche des Frevlers, / laß seine Pläne nicht
gelingen! [Sela]
10 Die mich umzingeln, sollen das Haupt nicht erheben; / die Bosheit
ihrer Lippen treffe sie selbst.
11 Er lasse glühende Kohlen auf sie regnen, / er stürze sie hinab in den
Abgrund, / so daß sie nie wieder aufstehn.
12 Der Verleumder soll nicht bestehen im Land, / den Gewalttätigen
treffe das Unglück Schlag auf Schlag.
13 Ich weiß, der Herr führt die Sache des Armen, / er verhilft den
Gebeugten zum Recht.
14 Deinen Namen preisen nur die Gerechten; / vor deinem Angesicht
dürfen nur die Redlichen bleiben.

Bitte um Bewahrung vor Sünde

141 [Ein Psalm Davids.]
Herr, ich rufe zu dir. Eile mir zu Hilfe; / höre auf meine
Stimme, wenn ich zu dir rufe.
2 Wie ein Rauchopfer steige mein Gebet vor dir auf; / als Abendopfer
gelte vor dir, wenn ich meine Hände erhebe.
3 Herr, stell eine Wache vor meinen Mund, / eine Wehr vor das Tor meiner Lippen!
4 Gib, daß mein Herz sich bösen Worten nicht zuneigt, / daß ich
nichts tue, was schändlich ist,
zusammen mit Menschen, die Unrecht / tun. Von ihren Leckerbissen
will ich nicht kosten.
5 Der Gerechte mag mich schlagen aus Güte: / Wenn er mich bessert,
ist es Salböl für mein Haupt;
da wird sich mein Haupt nicht sträuben. / Ist er in Not, will ich stets
für ihn beten.
6 Haben ihre Richter sich auch die Felsen hinabgestürzt, / sie sollen
hören, daß mein Wort für sie freundlich ist.
7 Wie wenn man Furchen zieht und das Erdreich aufreißt, / so sind
unsre Glieder hingestreut an den Rand der Unterwelt.
8 Mein Herr und Gott, meine Augen richten sich auf dich; / bei dir
berge ich mich. Gieß mein Leben nicht aus!
9 Vor der Schlinge, die sie mir legten, bewahre mich, / vor den Fallen
derer, die Unrecht tun!
10 Die Frevler sollen sich in ihren eigenen Netzen fangen, / während
ich heil entkomme.

Hilferuf in schwerer Bedrängnis

142 [Ein Weisheitslied Davids, als er in der Höhle war. Ein
Gebet.]
2 Mit lauter Stimme schreie. ich zum Herrn, / laut flehe ich zum Herrn
um Gnade.
3 Ich schütte vor ihm meine Klagen aus, / eröffne ihm meine Not.
4 Wenn auch mein Geist in mir verzagt, / du kennst meinen Pfad.
Auf dem Weg, den ich gehe, / legten sie mir Schlingen.
5 Ich blicke nach rechts und schaue aus, / doch niemand ist da, der
mich beachtet.
Mir ist jede Zuflucht genommen, / niemand fragt nach meinem Leben.
6 Herr, ich schreie zu dir, / ich sage: Meine Zuflucht bist du, / mein
Anteil im Land der Lebenden.
7 Vernimm doch mein Flehen; / denn ich bin arm und elend.
Meinen Verfolgern entreiß mich; / sie sind viel stärker als ich.
8 Führe mich heraus aus dem Kerker, / damit ich deinen Namen
preise.
Die Gerechten scharen sich um mich, / weil du mir Gutes tust.

Gebet um Kraft und Hilfe gegen Feinde

143 [Ein Psalm Davids.]
Herr, höre mein Gebet, vernimm mein Flehen; / in deiner Treue erhöre mich, in deiner Gerechtigkeit!
2 Geh mit deinem Knecht nicht ins Gericht; / denn keiner, der lebt, ist
gerecht vor dir.
3 Der Feind verfolgt mich, tritt mein Leben zu Boden, / er läßt mich in
der Finsternis wohnen wie längst Verstorbene.
4 Mein Geist verzagt in mir, / mir erstarrt das Herz in der Brust.
5 Ich denke an die vergangenen Tage, / sinne nach über all deine Taten, /
erwäge das Werk deiner Hände.
6 Ich breite die Hände aus (und bete) zu dir; / meine Seele dürstet nach
dir wie lechzendes Land. [Sela]
7 Herr, erhöre mich bald, / denn mein Geist wird müde;
verbirg dein Antlitz nicht vor mir, / damit ich nicht werde wie Menschen, die längst begraben sind.
8 Laß mich deine Huld erfahren am frühen Morgen; / denn ich vertraue auf dich.
Zeig mir den Weg, den ich gehen soll; / denn ich erhebe meine Seele zu
dir.
9 Herr, entreiß mich den Feinden! / Zu dir nehme ich meine Zuflucht.
10 Lehre mich, deinen Willen zu tun; denn du bist mein Gott. / Dein
guter Geist leite mich auf ebenem Pfad.
11 Um deines Namens willen, Herr, erhalt mich am Leben, / führe mich
heraus aus der Not in deiner Gerechtigkeit!
12 Vertilge in deiner Huld meine Feinde, / laß all meine Gegner untergehn! / Denn ich bin dein Knecht.

Danklied auf das Glück des Gottesvolkes

144 [Von David]
Gelobt sei der Herr, der mein Fels ist, / der meine Hände
den Kampf gelehrt hat, meine Finger den Krieg.
2 Du bist meine Huld und Burg, / meine Festung, mein Retter,
mein Schild, dem ich vertraue. / Er macht mir Völker untertan.
3 Herr, was ist der Mensch, daß du dich um ihn kümmerst, / des Menschen Kind, daß du es beachtest?
4 Der Mensch gleicht einem Hauch, / seine Tage sind wie ein flüchtiger
Schatten.
5 Herr, neig deinen Himmel, und steig herab, / rühre die Berge an, so
daß sie rauchen.
6 Schleudre Blitze, und zerstreue die Feinde, / schieß deine Pfeile ab,
und jag sie dahin!
7 Streck deine Hände aus der Höhe herab, und befreie mich; / reiß
mich heraus aus gewaltigen Wassern, / aus der Hand der Fremden!
8 Alles, was ihr Mund sagt, ist Lüge, / Meineide schwört ihre Rechte.
9 Ein neues Lied will ich, o Gott, dir singen, / auf der zehnsaitigen
Harfe will ich dir spielen,
10 der du den Königen den Sieg verleihst / und David, deinen Knecht,
errettest.
Vor dem bösen Schwert 11 errette mich, / entreiß mich der Hand der
Fremden!
Alles, was ihr Mund sagt, ist Lüge, / Meineide schwört ihre Rechte.
12 Unsre Söhne seien wie junge Bäume, / hochgewachsen in ihrer
Jugend, unsre Töchter wie schlanke Säulen, / die geschnitzt sind für
den Tempel.
13 Unsre Speicher seien gefüllt, / überquellend von vielerlei Vorrat;
unsre Herden mögen sich tausendfach mehren, / vieltausendfach auf
unsren Fluren.
14 Unsre Kühe mögen tragen, ohne zu verwerfen und ohne Unfall; /
kein Wehgeschrei werde laut auf unsern Straßen.
15 Wohl dem Volk, dem es so ergeht, / glücklich das Volk, dessen Gott
der Herr ist!

Lobpreis der Größe und Güte Gottes

145 [Ein Loblied Davids.]
Ich will dich rühmen, mein Gott und König, / und deinen Namen preisen immer und ewig;
2 ich will dich preisen Tag für Tag / und deinen Namen loben immer
und ewig.

3 Groß ist der Herr und hoch zu loben, / seine Größe ist unerforsch-
lich.
4 Ein Geschlecht verkünde dem andern den Ruhm deiner Werke / und
erzähle von deinen gewaltigen Taten.
5 Sie sollen vom herrlichen Glanz deiner Hoheit reden; / ich will deine
Wunder besingen.
6 Sie sollen sprechen von der Gewalt deiner erschreckenden Taten; /
ich will von deinen großen Taten berichten.
7 Sie sollen die Erinnerung an deine große Güte wecken / und über
deine Gerechtigkeit jubeln.
8 Der Herr ist gnädig und barmherzig, / langmütig und reich an
Gnade.
9 Der Herr ist gütig zu allen, / sein Erbarmen waltet über all seinen
Werken.
10 Danken sollen dir, Herr, all deine Werke / und deine Frommen dich
preisen.
11 Sie sollen von der Herrlichkeit deines Königtums reden, / sollen
sprechen von deiner Macht,
12 den Menschen deine machtvollen Taten verkünden / und den herrli-
chen Glanz deines Königtums.
13 Dein Königtum ist ein Königtum für ewige Zeiten, / deine Herr-
schaft währt von Geschlecht zu Geschlecht.
[Der Herr ist treu in all seinen Worten, / voll Huld in all seinen Taten.]
14 Der Herr stützt alle, die fallen, / und richtet alle Gebeugten auf.
15 Aller Augen warten auf dich, / und du gibst ihnen Speise zur rechten
Zeit.
16 Du öffnest deine Hand / und sättigst alles, was lebt, nach deinem
Gefallen.
17 Gerecht ist der Herr in allem, was er tut, / voll Huld in all seinen
Werken.
18 Der Herr ist allen, die ihn anrufen, nahe, / allen, die zu ihm aufrich-
tig rufen.
19 Die Wünsche derer, die ihn fürchten, erfüllt er, / er hört ihr Schreien
und rettet sie.
20 Alle, die ihn lieben, behütet der Herr, / doch alle Frevler vernich-
tet er.
21 Mein Mund verkünde das Lob des Herrn. / Alles, was lebt, preise
seinen heiligen Namen immer und ewig!

Preislied auf Gott, den Herrn und Helfer Israels

146

Halleluja!
Lobe den Herrn, meine Seele! /
2 Ich will den Herrn
loben, solange ich lebe, / meinem Gott singen und spielen, solange
ich da bin.
3 Verlaßt euch nicht auf Fürsten, / auf Menschen, bei denen es doch
keine Hilfe gibt.
4 Haucht der Mensch sein Leben aus / und kehrt er zurück zur Erde, /
dann ist es aus mit all seinen Plänen.
5 Wohl dem, dessen Halt der Gott Jakobs ist / und der seine Hoffnung
auf den Herrn, seinen Gott, setzt.
6 Der Herr hat Himmel und Erde gemacht, / das Meer und alle
Geschöpfe; / er hält ewig die Treue.
7 Recht verschafft er den Unterdrückten, / den Hungernden gibt er
Brot; / der Herr befreit die Gefangenen.
8 Der Herr öffnet den Blinden die Augen, / er richtet die Gebeugten
auf.
9 Der Herr beschützt die Fremden / und verhilft den Waisen und Wit-
wen zu ihrem Recht.
Der Herr liebt die Gerechten, / doch die Schritte der Frevler leitet er in
die Irre.
10 Der Herr ist König auf ewig, / dein Gott, Zion, herrscht von
Geschlecht zu Geschlecht. Halleluja!

Bekenntnis zu Gott, dem Retter Israels

147

Halleluja!
Gut ist es, unserem Gott zu singen; / schön ist es, ihn
zu loben.
2 Der Herr baut Jerusalem wieder auf, / er sammelt die Versprengten
Israels.
3 Er heilt die gebrochenen Herzen / und verbindet ihre schmerzenden
Wunden.
4 Er bestimmt die Zahl der Sterne / und ruft sie alle mit Namen.
5 Groß ist unser Herr und gewaltig an Kraft, / unermeßlich ist seine
Weisheit.
6 Der Herr hilft den Gebeugten auf / und erniedrigt die Frevler.
7 Stimmt dem Herrn ein Danklied an, / spielt unsere.m Gott auf der
Harfe!
8 Er bedeckt den Himmel mit Wolken, / spendet der Erde Regen / und
läßt Gras auf den Bergen sprießen.
9 Er gibt dem Vieh seine Nahrung, / gibt den jungen Raben, wonach sie
schreien.
10 Er hat keine Freude an der Kraft des Pferdes, / kein Gefallen am
schnellen Lauf des Mannes.
11 Gefallen hat der Herr an denen, die ihn fürchten und ehren, / die voll
Vertrauen warten auf seine Huld.
Dank für Gottes Güte
12 Jerusalem, preise den Herrn, / lobsinge, Zion, deinem Gott!
13 Denn er hat die Riegel deiner Tore festgemacht, / die Kinder in dei-
ner Mitte gesegnet;
14 er verschafft deinen Grenzen Frieden, / und sättigt dich mit bestem
Weizen.
15 Er sendet sein Wort zur Erde, / rasch eilt sein Befehl dahin.
16 Er spendet Schnee wie Wolle, / streut den Reif aus wie Asche.
17 Eis wirft er herab in Brocken, / vor seiner Kälte erstarren die Wasser.
18 Er sendet sein Wort aus, und sie schmelzen, / er läßt den Wind
wehen, dann rieseln die Wasser.
19 Er verkündet Jakob sein Wort, / Israel seine Gesetze und Rechte.
20 An keinem andern Volk hat er so gehandelt, / keinem sonst seine
Rechte verkündet. Halleluja!

Danklitanei auf Gott, den Schöpfer und Herrn

148

Halleluja!
Lobet den Herrn vom Himmel her, / lobt ihn in den
Höhen:
2 Lobt ihn, all seine Engel, / lobt ihn, all seine Scharen;
3 lobt ihn, Sonne und Mond, / lobt ihn, all ihr leuchtenden Sterne;
4 lobt ihn, alle Himmel / und ihr Wasser über dem Himmel!
5 Loben sollen sie den Namen des Herrn; / denn er gebot, und sie
waren erschaffen.
6 Er stellte sie hin für immer und ewig, / er gab ihnen ein Gesetz, das
sie nicht übertreten.
7 Lobet den Herrn, ihr auf der Erde, / ihr Seeungeheuer und all ihr Tie-
fen,
8 Feuer und Hagel, Schnee und Nebel, / du Sturmwind, der sein Wort
vollzieht,
9 ihr Berge und all ihr Hügel, / ihr Fruchtbäume und alle Zedern,
10 ihr wilden Tiere und alles Vieh, / Kriechtiere und gefiederte Vögel,
11 ihr Könige der Erde und alle Völker, / ihr Fürsten und alle Richter auf
Erden,
12 ihr jungen Männer und auch ihr Mädchen, / ihr Alten mit den Jun-
gen!
13 Loben sollen sie den Namen des Herrn; / denn sein Name allein ist
erhaben, / seine Hoheit strahlt über Erde und Himmel.
14 Seinem Volk verleiht er Macht, / das ist ein Ruhm für all seine From-
men, / für Israels Kinder, das Volk, das ihm nahen darf. Halleluja!

Oskar Kokoschka
Die Macht der Musik
(1918/19)
»Lobt ihn mit dem Schall der Hörner, lobt ihn mit Harfe und Zitter! Lobt ihn mit Pauken und Tanz, lobt ihn mit Flöten- und Saitenspiel!« (Ps 150,3f) Der Psalter endet mit dem »Halleluja«, der Aufforderung »Preiset Jahwe«. Indem dieser Lobpreis musikalisch erfolgt, ist er zugleich ein Lobpreis der Musik, die würdig ist, Gott zu ehren. Diesem Lob der Musik hat der Expressionist Oskar Kokoschka sein Gemälde gewidmet, das in sattem Rot und Grün erstrahlt. Der Hintergrund deutet durch Berge und eine Alm mit weidenden Tieren auf die Tradition der Pastorale hin, der idyllischen Schilderung von Hirten, deren bevorzugtes Instrument die Schalmei ist. Richten wir die Aufmerksamkeit dagegen auf den Blütenzweig einer Stockrose oder Malve, so stellt sich die Assoziation eines Herolds und somit auch eines Engels ein. Der Klang seiner Posaune überwältigt die nach rechts gebeugte Gestalt, deren kurze Hosen und nackte Beine die Vorstellung vom Hirten bekräftigen. Mimik und Gestik deuten auf enthusiastische Bestürzung.

Ein Kampflied des Gottesvolkes

149 Halleluja!
Singet dem Herrn ein neues Lied! / Sein Lob erschalle in der Gemeinde der Frommen.
2 Israel soll sich über seinen Schöpfer freuen, / die Kinder Zions über ihren König jauchzen.
3 Seinen Namen sollen sie loben beim Reigentanz, / ihm spielen auf Pauken und Harfen.
4 Der Herr hat an seinem Volk Gefallen, / die Gebeugten krönt er mit Sieg.
5 In festlichem Glanz sollen die Frommen frohlocken, / auf ihren Lagern jauchzen:
6 Loblieder auf Gott in ihrem Mund, / ein zweischneidiges Schwert in der Hand,
7 um die Vergeltung zu vollziehn an den Völkern, / an den Nationen das Strafgericht,
8 um ihre Könige mit Fesseln zu binden, / ihre Fürsten mit eisernen Ketten,
9 um Gericht über sie zu halten, so wie geschrieben steht. / Herrlich ist das für all seine Frommen. Halleluja!

Das große Halleluja

150 Halleluja!
Lobet Gott in seinem Heiligtum, / lobt ihn in seiner mächtigen Feste!
2 Lobt ihn für seine großen Taten, / lobt ihn in seiner gewaltigen Größe!
3 Lobt ihn mit dem Schall der Hörner, / lobt ihn mit Harfe und Zither!
4 Lobt ihn mit Pauken und Tanz, / lobt ihn mit Flöten und Saitenspiel!
5 Lobt ihn mit hellen Zimbeln, / lobt ihn mit klingenden Zimbeln!
6 Alles, was atmet, / lobe den Herrn! Halleluja!

Das Buch der Sprichwörter

Sprichwörter sind bei allen Völkern sehr verbreitet und nehmen besonders in den Literaturen des Alten Orients eine bedeutende Stelle ein. Im alten Israel war es vor allem der wegen seiner Weisheit berühmte König Salomo, dem zahlreiche Lieder und gelehrte Aussprüche zugeschrieben wurden (1 Kön 5,12–14). Kein Wunder, daß die spätere Tradition in ihm auch den Verfasser des Buches der Sprichwörter gesehen hat (1,1). Ausdrücklich wird er als Verfasser der beiden Hauptsammlungen 10,1–22,16 und 25,1–29,27 genannt. Weil in den Sammlungen seiner Sprichwörter schriftlich und mündlich überliefertes Material zusammengetragen und fortlaufend erweitert wurde, ist es nicht möglich, den Anteil Salomos an den beiden Hauptsammlungen herauszuschälen. Von der zweiten salomonischen Sammlung wird erwähnt, daß sie von den »Männern Hiskijas, des Königs von Juda«, zusammengestellt wurde (25,1).
Eine zweite Blütezeit erlebte die Weisheitsliteratur in der nachexilischen Epoche. Damals entstanden die Bücher Ijob und Kohelet und etwas später Sirach und Weisheit. In dieser Spätzeit sind auch die Anhänge an die zwei genannten salomonischen Sammlungen angefügt worden: »Worte von Weisen« (22,17–24,34), »Worte Agurs« (30,1–14), die Zahlensprüche (30,15–33), »Worte an Lemuël« (31,1–9) sowie, als Abschluß des Buches, das Loblied auf die tüchtige Frau (31,10–31). Von den Sprichwörtersammlungen hebt sich die lange Einleitung (Kap. 1–9) ab. In ihr stehen größtenteils zusammenhängende Mahnungen eines Weisheitslehrers, der vor Torheit warnt und Weisheit empfiehlt. Für die Endfassung des Buchs kommt somit die Nachexilszeit bis hinab zur griechischen Übersetzung in Frage, also etwa 500 bis 200 v. Chr. Herkunft und Alter der einzelnen Teile und erst recht der einzelnen Sprichwörter können sehr verschieden sein.
Die Schlüsselwörter »Weisheit« und »Torheit« sind nicht allein vom Verstand her aufzufassen. »Weisheit« ist vielmehr der Inbegriff einer charaktervollen, religiös und sittlich intakten Verhaltensweise in allen Lebenslagen. Das ganze Buch hat eine erzieherische Tendenz; daher spricht besonders in den ersten neun Kapiteln der Weisheitslehrer wie ein Vater zu seinem Sohn.
Für die nachexilische Entwicklung der Weisheitsliteratur ist typisch, daß die »Weisheit« (in 9,13–18 auch die »Torheit«) personifiziert wird und selbständig redend und handelnd auftritt (vgl. schon 1,20–33). Im Hymnus 8,22–36 stellt sie sich als Erstling der Schöpfung vor. Da sie in Wirklichkeit die göttliche Weisheit selbst ist, steht sie Gott bei der Weltschöpfung zur Verfügung. Sie kann aber auch den Menschen und dem Volk Israel mitgeteilt werden.
Die eigentlichen Sprichwörter, die den größten Teil des Buches ausfüllen, haben ihre Wurzel im Volksmund. Deshalb sind sie manchmal etwas derb, stellen drastische Vergleiche an und bieten alltägliche und allgemein menschliche Lebenserfahrungen. Gelegentlich formulieren sie, um einprägsame Kürze zu erreichen, einseitig. Der Vorteil und der materielle Nutzen der Weisheit wird im Sprichwort besonders stark betont. Doch steht selbst hinter den profanen Sprichwörtern eine religiöse Grundhaltung, und wenigstens ein Siebtel aller Verse nimmt auf den Gottesglauben Bezug. Der Grundsatz »Anfang der Weisheit ist die Gottesfurcht« (vgl. 1,7; 9,10; Ps 111,10; Sir 1,14) rückt alles Streben nach Weisheit, auch das rein innerweltliche, in eine Beziehung zu Gott. Im Neuen Testament wird unser Buch oft wörtlich oder dem Sinn nach angeführt. Einige Sprichwörter sind auch in den deutschen Sprachschatz eingegangen (vgl. 16,18; 24,16; 25,21f; 26,27).

Einleitung

1 Sprichwörter Salomos, des Sohnes Davids, / des Königs von
Israel:
2 um Weisheit zu lernen und Zucht, / um kundige Rede zu verstehen,
3 um Zucht und Verständnis zu erlangen, / Gerechtigkeit, Rechtssinn
und Redlichkeit,
4 um Unerfahrenen Klugheit zu verleihen, / der Jugend Kenntnis und
Umsicht.
5 Der Weise höre und vermehre sein Wissen, / der Verständige lerne
kluge Führung,
6 um Sinnspruch und Gleichnis zu verstehen, / die Worte und Rätsel
der Weisen.
7 Gottesfurcht ist Anfang der Erkenntnis, / nur Toren verachten Weis-
heit und Zucht.

Eine Sammlung von Weisheitslehren

Die Warnung vor Verführung und Unerfahrenheit
8 Höre, mein Sohn, auf die Mahnung des Vaters, / und die Lehre deiner
Mutter verwirf nicht!
9 Sie sind ein schöner Kranz auf deinem Haupt / und eine Kette für dei-
nen Hals.
10 Mein Sohn, wenn dich Sünder locken, / dann folg ihnen nicht,
11 wenn sie sagen: Geh mit uns, / wir wollen darauf lauern, Blut zu ver-
gießen, / ohne Grund dem Arglosen nachzustellen;
12 wie die Unterwelt wollen wir sie lebendig verschlingen, / Männer in
ihrer Kraft, als wären sie dem Grab verfallen.
13 Manch kostbares Stück werden wir finden, / mit Beute unsere Häu-
ser füllen.
14 Wirf dein Los in unserm Kreis, / gemeinsam sei uns der Beutel.
15 Mein Sohn, geh nicht mit ihnen, / halte deinen Fuß fern von ihrem
Pfad!
16 Denn ihre Füße laufen dem Bösen nach, / sie eilen, Blut zu ver-
gießen.
17 Umsonst wird das Netz ausgespannt / vor den Augen aller Vögel;
18 sie aber lauern auf ihr eigenes Blut, / sie trachten sich selbst nach
dem Leben.
19 So enden alle, die sich durch Raub bereichern: / Wer ihn an sich
nimmt, dem raubt er das Leben.

20 Die Weisheit ruft laut auf der Straße, / auf den Plätzen erhebt sie ihre
Stimme.
21 Am Anfang der Mauern predigt sie, / an den Stadttoren hält sie ihre
Reden:
22 Wie lang noch, ihr Törichten, liebt ihr Betörung, / gefällt den Zucht-
losen ihr dreistes Gerede, / hassen die Toren Erkenntnis?
23 Wendet euch meiner Mahnung zu! / Dann will ich auf euch meinen
Geist ausgießen / und meine Worte euch kundtun.
24 Als ich rief, habt ihr euch geweigert, / meine drohende Hand hat kei-
ner beachtet;
25 jeden Rat, den ich gab, habt ihr ausgeschlagen, / meine Mahnung
gefiel euch nicht.
26 Darum werde auch ich lachen, / wenn euch Unglück trifft, / werde
spotten, wenn Schrecken über euch kommt,
27 wenn der Schrecken euch wie ein Unwetter naht / und wie ein Sturm
euer Unglück hereinbricht, / wenn Not und Drangsal euch überfallen.
28 Dann werden sie nach mir rufen, doch ich höre nicht; / sie werden
mich suchen, aber nicht finden.
29 Weil sie die Einsicht haßten / und nicht die Gottesfurcht wählten,
30 meinen Rat nicht wollten, / meine ganze Mahnung mißachteten,
31 sollen sie nun essen von der Frucht ihres Tuns / und von ihren Plä-
nen sich sättigen.
32 Denn die Abtrünnigkeit der Haltlosen ist ihr Tod, / die Sorglosigkeit
der Toren ist ihr Verderben.
33 Wer aber auf mich hört, wohnt in Sicherheit, / ihn stört kein böser
Schrecken.

2 Mein Sohn, wenn du meine Worte annimmst / und meine
Gebote beherzigst,
2 der Weisheit Gehör schenkst, / dein Herz der Einsicht zuneigst,
3 wenn du nach Erkenntnis rufst, / mit lauter Stimme um Einsicht
bittest,
4 wenn du sie suchst wie Silber, / nach ihr forschst wie nach Schätzen,
5 dann wirst du die Gottesfurcht begreifen / und Gotteserkenntnis
finden.
6 Denn der Herr gibt Weisheit, / aus seinem Mund kommen Erkennt-
nis und Einsicht.
7 Für die Redlichen hält er Hilfe bereit, / den Rechtschaffenen ist er ein
Schild.
8 Er hütet die Pfade des Rechts / und bewacht den Weg seiner Frommen.
9 Dann begreifst du, was Recht und Gerechtigkeit ist, / Redlichkeit
und jedes gute Verhalten;
10 denn Weisheit zieht ein in dein Herz, / Erkenntnis beglückt deine
Seele.
11 Besonnenheit wacht über dir, / und Einsicht behütet dich.
12 Sie bewahrt dich vor dem Weg des Bösen, / vor Leuten, die Verkehr-
tes reden,
13 die den rechten Weg verlassen, / um auf dunklen Pfaden zu gehen,
14 die sich freuen am bösen Tun / und jubeln über die Verkehrtheit des
Schlechten,
15 deren Pfade krumm verlaufen / und deren Straßen in die Irre führen.
16 Sie bewahrt dich vor der Frau des andern, / vor der Fremden, die ver-
führerisch redet,
17 die den Gefährten ihrer Jugend verläßt / und den Bund ihres Gottes
vergißt;
18 ihr Haus sinkt hinunter zur Totenwelt, / ihre Straße führt zu den
Totengeistern hinab.
19 Wer zu ihr geht, kehrt nie zurück, / findet nie wieder die Pfade des
Lebens.
20 Darum geh auf dem Weg der Guten, / halte dich an die Pfade der
Gerechten;
21 denn die Redlichen werden das Land bewohnen, / wer rechtschaffen
ist, wird darin bleiben.
22 Die Frevler aber werden aus dem Land verstoßen, / die Verräter aus
ihm weggerissen.

3 Mein Sohn, vergiß meine Lehre nicht, bewahre meine Gebote in
deinem Herzen!
2 Denn sie vermehren die Tage und Jahre deines Lebens / und bringen
dir Wohlergehen.
3 Nie sollen Liebe und Treue dich verlassen; / binde sie dir um den
Hals, / schreib sie auf die Tafel deines Herzens!
4 Dann erlangst du Gunst und Beifall / bei Gott und den Menschen.
5 Mit ganzem Herzen vertrau auf den Herrn, / bau nicht auf eigene
Klugheit;
6 such ihn zu erkennen auf all deinen Wegen, / dann ebnet er selbst
deine Pfade.
7 Halte dich nicht selbst für weise, / fürchte den Herrn, und fliehe das
Böse!
8 Das ist heilsam für deine Gesundheit / und erfrischt deine Glieder.
9 Ehre den Herrn mit deinem Vermögen, / mit dem Besten von dem,
was du erntest.
10 Dann füllen sich deine Scheunen mit Korn, / deine Fässer laufen
über von Wein.
11 Mein Sohn, verachte nicht die Zucht des Herrn, / widersetz dich
nicht, wenn er dich zurechtweist.
12 Wen der Herr liebt, den züchtigt er, / wie ein Vater seinen Sohn, den
er gern hat.
13 Wohl dem Mann, der Weisheit gefunden, / dem Mann, der Einsicht
gewonnen hat.
14 Denn sie zu erwerben ist besser als Silber, / sie zu gewinnen ist bes-
ser als Gold.
15 Sie übertrifft die Perlen an Wert, / keine kostbaren Steine kommen
ihr gleich.
16 Langes Leben birgt sie in ihrer Rechten, / in ihrer Linken Reichtum
und Ehre;
17 ihre Wege sind Wege der Freude, / all ihre Pfade führen zum Glück.
18 Wer nach ihr greift, dem ist sie ein Lebensbaum, / wer sie festhält, ist
glücklich zu preisen.
19 Der Herr hat die Erde mit Weisheit gegründet / und mit Einsicht den
Himmel befestigt.
20 Durch sein Wissen brechen die tiefen Quellen hervor / und träufeln
die Wolken den Tau herab.
21 Mein Sohn, laß beides nicht aus den Augen: / Bewahre Umsicht und
Besonnenheit!
22 Dann werden sie dir ein Lebensquell, / ein Schmuck für deinen
Hals;
23 dann gehst du sicher deinen Weg / und stößt mit deinem Fuß
nicht an.
24 Gehst du zur Ruhe, so schreckt dich nichts auf, / legst du dich nie-
der, erquickt dich dein Schlaf.
25 Du brauchst dich vor jähem Erschrecken nicht zu fürchten / noch
vor dem Verderben, das über die Frevler kommt.
26 Der Herr wird deine Zuversicht sein, / er bewahrt deinen Fuß vor der
Schlinge.
27 Versag keine Wohltat dem, der sie braucht, / wenn es in deiner Hand
liegt, Gutes zu tun.
28 Wenn du jetzt etwas hast, / sag nicht zu deinem Nächsten: / Geh,
komm wieder, morgen will ich dir etwas geben.
29 Sinne nichts Böses gegen deinen Nächsten, / der friedlich neben dir
wohnt.
30 Bring niemand ohne Grund vor Gericht, / wenn er dir nichts Böses
getan hat.
31 Beneide den Gewalttätigen nicht, / wähle keinen seiner Wege;
32 denn ein Greuel ist dem Herrn der Ränkeschmied, / die Redlichen
sind seine Freunde.
33 Der Fluch des Herrn fällt auf das Haus des Frevlers, / die Wohnung
der Gerechten segnet er.
34 Die Zuchtlosen verspottet er, / den Gebeugten erweist er seine
Gunst.
35 Die Weisen erlangen Ehre, / die Toren aber häufen Schande auf sich.

Die Mahnung zur Weisheit

4 Ihr Söhne, hört auf die Mahnung des Vaters, / merkt auf, damit ihr Einsicht lernt;
2 denn gute Lehre gebe ich euch. / Laßt nicht ab von meiner Weisung!
3 Als ich noch ein Knabe war bei meinem Vater, / das zarte und einzige Kind meiner Mutter,
4 da lehrte er mich und sagte zu mir: / Nimm dir meine Worte zu Herzen, / folge meinen Geboten, und du wirst leben.
5 Erwirb dir Weisheit, erwirb dir Einsicht, / vergiß sie nicht, weich nicht ab von meinen Worten!
6 Laß nicht von ihr, und sie wird dich behüten, / liebe sie, und sie wird dich beschützen.
7 Anfang der Weisheit ist: Erwirb dir Weisheit, / erwirb dir Einsicht mit deinem ganzen Vermögen!
8 Halte sie hoch, dann wird sie dich erhöhen; / sie bringt dich zu Ehren, wenn du sie umarmst.
9 Sie setzt dir einen schönen Kranz auf das Haupt, / eine prächtige Krone wird sie dir schenken.
10 Höre, mein Sohn, und nimm meine Worte an, / dann mehren sich die Jahre deines Lebens.
11 Den Weg der Weisheit zeige ich dir, / ich leite dich auf ebener Bahn.
12 Wenn du gehst, ist dein Schritt nicht beengt, / wenn du läufst, wirst du nicht straucheln.
13 Halt fest an der Zucht, und laß davon nicht ab, / bewahre sie; denn sie ist dein Leben.
14 Betritt nicht den Pfad der Frevler, / beschreite nicht den Weg der Bösen!
15 Meide ihn, geh nicht auf ihm, / kehr dich von ihm ab, und geh vorbei!
16 Denn sie schlafen nicht, ehe sie Böses tun; / der Schlaf flieht sie, bis sie Verbrechen begehen.
17 Sie essen das Brot des Unrechts / und trinken den Wein der Gewalttat.
18 Doch der Pfad der Gerechten / ist wie das Licht am Morgen; / es wird immer heller bis zum vollen Tag.
19 Der Weg der Frevler ist wie dunkle Nacht; / sie merken nicht, worüber sie fallen.
20 Mein Sohn, achte auf meine Worte, / neige dein Ohr meiner Rede zu!
21 Laß sie nicht aus den Augen, / bewahre sie tief im Herzen!
22 Denn Leben bringen sie dem, der sie findet, / und Gesundheit seinem ganzen Leib.
23 Mehr als alles hüte dein Herz; / denn von ihm geht das Leben aus.
24 Vermeide alle Falschheit des Mundes, / und Verkehrtheit der Lippen halt von dir fern!
25 Deine Augen sollen geradeaus schauen, / und deine Blicke richte nach vorn!
26 Ebne die Straße für deinen Fuß, / und alle deine Wege seien geordnet.
27 Bieg nicht ab, weder rechts noch links, / halt deinen Fuß vom Bösen zurück!

Die Warnung vor der fremden Frau

5 Mein Sohn, merk auf meinen weisen Rat, / neige meiner Einsicht dein Ohr zu,
2 damit du Besonnenheit bewahrst / und deine Lippen auf Klugheit achten.
3 Denn die Lippen der fremden Frau triefen von Honig, / glatter als Öl ist ihr Mund.
4 Doch zuletzt ist sie bitter wie Wermut, / scharf wie ein zweischneidiges Schwert.
5 Ihre Füße steigen zur Totenwelt hinab, / ihre Schritte gehen der Unterwelt zu.
6 Den ebenen Pfad zum Leben verfehlt sie, / sie geht krumme Wege und merkt es nicht.
7 Nun denn, ihr Söhne, hört auf mich, / weicht nicht ab von den Worten, die mein Mund spricht.
8 Halte deinen Weg von ihr fern, / komm ihrer Haustür nicht nahe!
9 Sonst schenkst du andern deine Kraft, / deine Jahre einem Rücksichtslosen;
10 sonst sättigen sich Fremde an deinem Besitz, / die Frucht deiner Arbeit / kommt in das Haus eines andern,
11 und am Ende wirst du stöhnen, / wenn dein Leib und dein Fleisch dahinsiechen.
12 Dann wirst du bekennen: / Weh mir, ich habe die Zucht gehaßt, / mein Herz hat die Warnung verschmäht;
13 ich habe nicht auf die Stimme meiner Erzieher gehört, / mein Ohr nicht meinen Lehrern zugeneigt.
14 Fast hätte mich alles Unheil getroffen / in der Versammlung und in der Gemeinde.
15 Trink Wasser aus deiner eigenen Zisterne, / Wasser, das aus deinem Brunnen quillt.
16 Sollen deine Quellen auf die Straße fließen, / auf die freien Plätze deine Bäche?
17 Dir allein sollen sie gehören, / kein Fremder soll teilen mit dir.
18 Dein Brunnen sei gesegnet; / freu dich der Frau deiner Jugendtage,
19 der lieblichen Gazelle, der anmutigen Gemse! / Ihre Liebkosung mache dich immerfort trunken, / an ihrer Liebe berausch dich immer wieder!
20 Warum solltest du dich an einer Fremden berauschen, / den Busen einer andern umfangen?
21 Denn der Weg eines jeden liegt offen vor den Augen des Herrn, / er achtet auf alle seine Pfade.
22 Der Frevler verfängt sich in der eigenen Schuld, / die Stricke seiner Sünde halten ihn fest.
23 Er stirbt aus Mangel an Zucht, / wegen seiner großen Torheit stürzt er ins Verderben.

Die Weisheit im täglichen Leben

6 Mein Sohn, hast du deinem Nächsten Bürgschaft geleistet, / hast du einem Fremden den Handschlag gegeben,
2 hast du dich durch deine Worte gebunden, / bist du gefangen durch deine Worte,
3 dann tu doch dies, mein Sohn: Reiß dich los; / denn du bist in die Hände deines Nächsten geraten. / Geh eilends hin, und bestürm deinen Nächsten!
4 Gönne deinen Augen keinen Schlaf, / keinen Schlummer deinen Wimpern,
5 entreiß dich seiner Hand wie eine Gazelle, / wie ein Vogel der Hand des Jägers!
6 Geh zur Ameise, du Fauler, / betrachte ihr Verhalten, und werde weise!
7 Sie hat keinen Meister, / keinen Aufseher und Gebieter,
8 und doch sorgt sie im Sommer für Futter, / sammelt sich zur Erntezeit Vorrat.
9 Wie lang, du Fauler, willst du noch daliegen, / wann willst du aufstehen von deinem Schlaf?
10 Noch ein wenig schlafen, / noch ein wenig schlummern, / noch ein wenig die Arme verschränken, um auszuruhen.
11 Da kommt schon die Armut wie ein Strolch über dich, / die Not wie ein zudringlicher Bettler.
12 Ein Nichtsnutz, ja ein Gauner, / wer daherkommt mit Lügen im Mund,
13 wer mit den Augen zwinkert, mit den Füßen deutet, / Zeichen gibt mit den Fingern.
14 Tücke im Herzen, stets voll böser Ränke, / zettelt er jederzeit Händel an.
15 Darum wird plötzlich das Verderben über ihn kommen, / im Nu, ohne Rettung, wird er zerschmettert.

16 Sechs Dinge sind dem Herrn verhaßt, / sieben sind ihm ein Greuel:
17 Stolze Augen, eine falsche Zunge, / Hände, die unschuldiges Blut vergießen,
18 ein Herz, das finstere Pläne hegt, / Füße, die schnell dem Bösen nachlaufen,
19 ein falscher Zeuge, der Lügen zuflüstert, / und wer Streit entfacht unter Brüdern.

Die eheliche Treue

20 Achte, mein Sohn, auf das Gebot deines Vaters, / mißachte nicht die Lehre deiner Mutter!
21 Binde sie dir für immer aufs Herz, / und winde sie dir um den Hals!
22 Wenn du gehst, geleitet sie dich, / wenn du ruhst, behütet sie dich, / beim Erwachen redet sie mit dir.
23 Denn eine Leuchte ist das Gebot / und die Lehre ein Licht, / ein Weg zum Leben sind Mahnung und Zucht.
24 Sie bewahren dich vor der Frau des Nächsten, / vor der glatten Zunge der Fremden.
25 Begehre nicht in deinem Herzen ihre Schönheit, / laß dich nicht fangen durch ihre Wimpern!
26 Einer Dirne zahlt man bis zu einem Laib Brot, / die Frau eines andern jagt dir das kostbare Leben ab.
27 Trägt man denn Feuer in seinem Gewand, / ohne daß die Kleider in Brand geraten?
28 Kann man über glühende Kohlen schreiten, / ohne sich die Füße zu verbrennen?
29 So ist es mit dem, der zur Frau seines Nächsten geht. / Keiner bleibt ungestraft, der sie berührt.
30 Verachtet man nicht den Dieb, / auch wenn er nur stiehlt, / um sein Verlangen zu stillen, weil er Hunger hat?
31 Wird er ertappt, so muß er siebenfach zahlen, / den ganzen Besitz seines Hauses geben.
32 Wer Ehebruch treibt, ist ohne Verstand, / nur wer sich selbst vernichten will, / läßt sich darauf ein.
33 Schläge und Schande bringt es ihm ein, / unaustilgbar ist seine Schmach.
34 Denn Eifersucht bringt den Ehemann in Wut, / er kennt keine Schonung am Tag der Rache.
35 Kein Sühnegeld nimmt er an; / magst du auch Geschenke häufen, er willigt nicht ein.

7 Mein Sohn, achte auf meine Worte, / meine Gebote verwahre bei dir!
2 Achte auf meine Gebote, damit du am Leben bleibst, / hüte meine Lehre wie deinen Augapfel!
3 Binde sie dir an die Finger, / schreib sie auf die Tafel deines Herzens!
4 Sag zur Weisheit: Du bist meine Schwester!, / und nenne die Klugheit deine Freundin!
5 Sie bewahrt dich vor der Frau eines andern, / vor der Fremden, die verführerisch redet.
6 Vom Fenster meines Hauses, / durch das Gitter, habe ich ausgeschaut;
7 da sah ich bei den Unerfahrenen, / da bemerkte ich bei den Burschen / einen jungen Mann ohne Verstand:
8 Er ging über die Straße, bog um die Ecke / und nahm den Weg zu ihrem Haus;
9 als der Tag sich neigte, in der Abenddämmerung, / um die Zeit, da es dunkel wird und die Nacht kommt.
10 Da! Eine Frau kommt auf ihn zu, / im Kleid der Dirnen, mit listiger Absicht;
11 voll Leidenschaft ist sie und unbändig, / ihre Füße blieben nicht mehr im Haus;
12 bald auf den Gassen, bald auf den Plätzen, / an allen Straßenecken lauert sie.
13 Nun packt sie ihn, küßt ihn, / sagt zu ihm mit keckem Gesicht:
14 Ich war zu Heilsopfern verpflichtet, / und heute erfüllte ich meine Gelübde.
15 Darum bin ich ausgegangen, dir entgegen, / ich habe dich gesucht und gefunden.
16 Ich habe Decken über mein Bett gebreitet, / bunte Tücher aus ägyptischem Leinen;
17 ich habe mein Lager besprengt / mit Myrrhe, Aloe und Zimt.
18 Komm, wir wollen bis zum Morgen in Liebe schwelgen, / wir wollen die Liebeslust kosten.
19 Denn mein Mann ist nicht zu Hause, / er ist auf Reisen, weit fort.
20 Den Geldbeutel hat er mitgenommen, / erst am Vollmondstag kehrt er heim.
21 So macht sie ihn willig mit viel Überredung, / mit schmeichelnden Lippen verführt sie ihn.
22 Betört folgt er ihr, / wie ein Ochse, den man zum Schlachten führt, / wie ein Hirsch, den das Fangseil umschlingt,
23 bis ein Pfeil ihm die Leber zerreißt; / wie ein Vogel, der in das Netz fliegt / und nicht merkt, daß es um sein Leben geht.
24 Darum, ihr Söhne, hört auf mich, / achtet auf meine Reden!
25 Dein Herz schweife nicht ab auf ihre Wege, / verirre dich nicht auf ihre Pfade!
26 Denn zahlreich sind die Erschlagenen, / die sie gefällt hat; / viele sind es, die sie ermordet hat;
27 ihr Haus ist ein Weg zur Unterwelt, / er führt zu den Kammern des Todes.

Die Weisheit als Gabe Gottes

8 Ruft nicht die Weisheit, / erhebt nicht die Klugheit ihre Stimme?
2 Bei der Stadtburg, auf den Straßen, / an der Kreuzung der Wege steht sie;
3 neben den Toren, wo die Stadt beginnt, / am Zugang zu den Häusern ruft sie laut:
4 Euch, ihr Leute, lade ich ein, / meine Stimme ergeht an alle Menschen:
5 Ihr Unerfahrenen, werdet klug, / ihr Törichten, nehmt Vernunft an!
6 Hört her! Aufrichtig rede ich. / Redlich ist, was meine Lippen reden.
7 Die Wahrheit spricht meine Zunge, / Unrechtes ist meinen Lippen ein Greuel.
8 Alle meine Worte sind recht, / keines von ihnen ist hinterhältig und falsch.
9 Für den Verständigen sind sie alle klar / und richtig für den, der Erkenntnis fand.
10 Nehmt lieber Bildung an als Silber, / lieber Verständnis als erlesenes Gold!
11 Ja, Weisheit übertrifft die Perlen an Wert, / keine kostbaren Steine kommen ihr gleich.
12 Ich, die Weisheit, verweile bei der Klugheit, / ich entdecke Erkenntnis und guten Rat.
13 Gottesfurcht verlangt, Böses zu hassen. / Hochmut und Hoffart, schlechte Taten / und einen verlogenen Mund hasse ich.
14 Bei mir ist Rat und Hilfe; / ich bin die Einsicht, bei mir ist Macht.
15 Durch mich regieren die Könige / und entscheiden die Machthaber, wie es Recht ist;
16 durch mich versehen die Herrscher ihr Amt, / die Vornehmen und alle Verwalter des Rechts.
17 Ich liebe alle, die mich lieben, / und wer mich sucht, der wird mich finden.
18 Reichtum und Ehre sind bei mir, / angesehener Besitz und Glück;
19 meine Frucht ist besser als Gold und Feingold, / mein Nutzen übertrifft wertvolles Silber.
20 Ich gehe auf dem Weg der Gerechtigkeit, / mitten auf den Pfaden des Rechtes,
21 um denen, die mich lieben, Gaben zu verleihen / und ihre Scheunen zu füllen.

22 Der Herr hat mich geschaffen im Anfang seiner Wege, / vor seinen
Werken in der Urzeit;
23 in frühester Zeit wurde ich gebildet, / am Anfang, beim Ursprung
der Erde.
24 Als die Urmeere noch nicht waren, / wurde ich geboren, / als es die
Quellen noch nicht gab, die wasserreichen.
25 Ehe die Berge eingesenkt wurden, / vor den Hügeln wurde ich geboren.
26 Noch hatte er die Erde nicht gemacht und die Fluren / und alle
Schollen des Festlands.
27 Als er den Himmel baute, war ich dabei, / als er den Erdkreis abmaß
über den Wassern,
28 als er droben die Wolken befestigte / und Quellen strömen ließ aus
dem Urmeer,
29 als er dem Meer seine Satzung gab / und die Wasser nicht seinen
Befehl übertreten durften,
30 als er die Fundamente der Erde abmaß, / da war ich als geliebtes
Kind bei ihm.
Ich war seine Freude Tag für Tag / und spielte vor ihm allezeit.
31 Ich spielte auf seinem Erdenrund, / und meine Freude war es, bei
den Menschen zu sein.
32 Nun, ihr Söhne, hört auf mich! / Wohl dem, der auf meine Wege
achtet.
33 Hört die Mahnung, und werdet weise, / lehnt sie nicht ab!
34 Wohl dem, der auf mich hört, / der Tag für Tag an meinen Toren
wacht / und meine Türpfosten hütet.
35 Wer mich findet, findet Leben / und erlangt das Gefallen des Herrn.
36 Doch wer mich verfehlt, der schadet sich selbst; / alle, die mich hassen, lieben den Tod.

9 Die Weisheit hat ihr Haus gebaut, / ihre sieben Säulen behauen.
2 Sie hat ihr Vieh geschlachtet, ihren Wein gemischt / und schon
ihren Tisch gedeckt.
3 Sie hat ihre Mägde ausgesandt / und lädt ein auf der Höhe der Stadtburg:
4 Wer unerfahren ist, kehre hier ein. / Zum Unwissenden sagt sie:
5 Kommt, eßt von meinem Mahl, / und trinkt vom Wein, den ich
mischte.
6 Laßt ab von der Torheit, dann bleibt ihr am Leben, / und geht auf
dem Weg der Einsicht!
7 Wer den Zuchtlosen tadelt, erntet Schimpf, / wer den Frevler rügt,
erntet Schande.
8 Rüge den Zuchtlosen nicht; sonst haßt er dich. / Rüge den Weisen,
dann liebt er dich.
9 Unterrichte den Weisen, damit er noch weiser wird; / belehre den
Gerechten, damit er dazulernt.
10 Anfang der Weisheit ist die Gottesfurcht, / die Kenntnis des Heiligen
ist Einsicht.
11 Ja, durch mich werden deine Tage zahlreich, / nehmen die Jahre deines Lebens zu.
12 Bist du weise, so bist du weise zum eigenen Nutzen, / bist du aber
unbeherrscht, hast du allein es zu tragen.
13 Frau Torheit fiebert nach Verführung; / das ist alles, was sie versteht.
14 Sie sitzt vor der Tür ihres Hauses / auf einem Sessel bei der Stadtburg,
15 um die Vorübergehenden einzuladen, / die geradeaus ihre Pfade
gehen:
16 Wer unerfahren ist, kehre hier ein. / Zum Unwissenden sagt sie:
17 Süß ist gestohlenes Wasser, / heimlich entwendetes Brot schmeckt
lecker.
18 Und er weiß nicht, daß Totengeister dort hausen, / daß ihre Gäste in
den Tiefen der Unterwelt sind.

Die erste salomonische Spruchsammlung

10 Sprichwörter Salomos:
Ein kluger Sohn macht dem Vater Freude, / ein dummer
Sohn ist der Kummer seiner Mutter.
2 Unrecht Gut gedeiht nicht, / Gerechtigkeit aber rettet vor dem Tod.
3 Das Verlangen des Gerechten sättigt der Herr, / die Gier der Frevler
stößt er zurück.
4 Lässige Hand bringt Armut, / fleißige Hand macht reich.
5 Wer im Sommer sammelt, ist ein kluger Mensch; / in Schande gerät,
wer zur Erntezeit schläft.
6 Segen ruht auf dem Haupt des Gerechten, / im Mund der Frevler versteckt sich Gewalttat.
7 Das Andenken des Gerechten ist gesegnet, / der Name der Frevler
vermodert.
8 Verständiger Sinn nimmt die Gebote an, / wer Törichtes redet,
kommt zu Fall.
9 Wer aufrichtig seinen Weg geht, geht sicher, / wer krumme Wege
geht, wird durchschaut.
10 Wer mit den Augen zwinkert, schafft Leid, / wer offen tadelt, stiftet
Frieden.
11 Der Mund des Gerechten ist ein Lebensquell, / im Mund der Frevler
versteckt sich Gewalttat.
12 Haß weckt Streit, / Liebe deckt alle Vergehen zu.
13 Auf den Lippen des Einsichtigen findet man Weisheit, / auf den
Rücken des Unverständigen paßt der Stock.
14 Weise verbergen ihr Wissen, / der Mund des Toren ist drohendes
Verderben.
15 Dem Reichen ist seine Habe eine feste Burg, / dem Armen bringt
seine Armut Verderben.
16 Der Besitz des Gerechten führt zum Leben, / das Einkommen des
Frevlers zur Sünde.
17 Den Weg zum Leben geht, wer Zucht bewahrt; / wer Warnung
mißachtet, geht in die Irre.
18 Wer Haß verbirgt, heuchelt; / wer Verleumdung ausstreut, ist ein
Tor.
19 Bei vielem Reden bleibt die Sünde nicht aus, / wer seine Lippen
zügelt, ist klug.
20 Erlesenes Silber ist die Zunge des Gerechten, / das Sinnen des Frevlers ist wenig wert.
21 Die Lippen des Gerechten leiten viele, / die Toren sterben an Unverstand.
22 Der Segen des Herrn macht reich, / eigene Mühe tut nichts hinzu.
23 Des Toren Freude ist es, Böses zu tun, / des Verständigen Freude,
weise zu sein.
24 Was der Frevler fürchtet, kommt über ihn, / was die Gerechten
ersehnen, wird ihnen zuteil.
25 Wenn der Sturm daherbraust, ist der Frevler verloren, / der Gerechte
ist fest gegründet für immer.
26 Wie Essig für die Zähne und Rauch für die Augen / ist der Faule für
den, der ihn schickt.
27 Gottesfurcht bringt langes Leben, / doch die Jahre der Frevler sind
verkürzt.
28 Die Hoffnung der Gerechten blüht auf, / die Erwartung der Frevler
wird zunichte.
29 Dem Schuldlosen ist der Herr eine Zuflucht, / Verderben aber den
Übeltätern.
30 Der Gerechte wird niemals wanken, / doch die Frevler bleiben nicht
im Land wohnen.
31 Der Mund des Gerechten bringt Weisheit hervor, / eine Zunge voll
Falschheit aber wird abgeschnitten.
32 Die Lippen des Gerechten achten auf das, was gefällt, / der Mund
der Frevler aber auf das, was verkehrt ist.

11 Falsche Waage ist dem Herrn ein Greuel, / volles Gewicht
findet sein Gefallen.
2 Kommt Übermut, kommt auch Schande, / doch bei den Bescheide-
nen ist die Weisheit zu Hause.
3 Die Redlichen leitet ihre Lauterkeit, / die Verräter richtet ihre Falsch-
heit zugrunde.
4 Reichtum hilft nicht am Tag des Zorns, / Gerechtigkeit aber rettet vor
dem Tod.
5 Dem Lauteren ebnet seine Gerechtigkeit den Weg, / der Frevler aber
kommt durch seine Bosheit zu Fall.
6 Die Redlichen rettet ihre Gerechtigkeit, / die Verräter schlägt ihre
eigene Gier in Fesseln.
7 Beim Tod des Frevlers wird sein Hoffen zunichte, / die falsche Erwar-
tung schwindet dahin.
8 Der Gerechte wird aus der Not gerettet, / an seine Stelle tritt der Böse.
9 Vom Mund des Ruchlosen droht dem Nächsten Verderben, / die
Gerechten befreien sich durch ihre Umsicht.
10 Wenn es dem Gerechten gut geht, freut sich die Stadt; / sie jubelt
beim Untergang der Frevler.
11 Eine Stadt kommt hoch durch den Segen der Redlichen, / durch den
Mund der Frevler wird sie niedergerissen.
12 Wer den Nächsten verächtlich macht, / ist ohne Verstand, / doch ein
kluger Mensch schweigt.
13 Wer als Verleumder umhergeht, / gibt Geheimnisse preis, / der Ver-
läßliche behält eine Sache für sich.
14 Fehlt es an Führung, kommt ein Volk zu Fall, / Rettung ist dort, wo
viele Ratgeber sind.
15 Wer für einen Fremden bürgt, ist übel daran; / wer den Handschlag
ablehnt, geht sicher.
16 Eine liebenswerte Frau kommt zu Ehren, / Sitz der Schande ist ein
Weib, das gute Sitten haßt. / Die Faulen bringen es zu nichts, / wer
fleißig ist, kommt zu Reichtum.
17 Die Güte eines Menschen kommt ihm selbst zugute, / der Harther-
zige schneidet sich ins eigene Fleisch.
18 Der Frevler erzielt trügerischen Gewinn, / wer Gerechtigkeit sät, hat
beständigen Ertrag.
19 Wer in der Gerechtigkeit feststeht, erlangt das Leben, / wer dem
Bösen nachjagt, den Tod.
20 Verkehrte Menschen sind dem Herrn ein Greuel, / er hat Gefallen an
denen, die den rechten Weg gehen.
21 Gewiß, der Böse bleibt nicht ungestraft, / doch die Söhne der
Gerechten werden gerettet.
22 Ein goldener Ring im Rüssel eines Schweins / ist ein Weib, schön,
aber sittenlos.
23 Das Begehren der Gerechten führt zu vollem Glück, / die Hoffnung
der Frevler endet im Zorngericht.
24 Mancher teilt aus und bekommt immer mehr, / ein anderer kargt
übers Maß und wird doch ärmer.
25 Wer wohltätig ist, wird reich gesättigt, / wer andere labt, wird selbst
gelabt.
26 Wer Getreide zurückhält, den verwünschen die Leute, / wer Korn auf
den Markt bringt, auf dessen Haupt kommt Segen.
27 Wer Gutes erstrebt, sucht das Gefallen Gottes; / wer nach dem
Bösen trachtet, den trifft es.
28 Wer auf seinen Reichtum vertraut, der fällt, / die Gerechten aber
sprossen wie grünes Laub.
29 Wer sein Haus verkommen läßt, erntet Wind, / und der Tor wird
Sklave des Weisen.
30 Die Frucht der Gerechtigkeit ist ein Lebensbaum, / Gewalttat raubt
die Lebenskraft.
31 Wird dem Gerechten vergolten auf der Erde, / dann erst recht dem
Frevler und Sünder.

12 Wer Zucht liebt, liebt Erkenntnis, / wer Zurechtweisung
haßt, ist dumm.
2 Der Gute findet Gefallen beim Herrn; / den Heimtückischen aber
spricht er schuldig.
3 Wer unrecht tut, hat keinen Bestand, / doch die Wurzel der Gerech-
ten sitzt fest.
4 Eine tüchtige Frau ist die Krone ihres Mannes, / eine schändliche ist
wie Fäulnis in seinen Knochen.
5 Die Gedanken der Gerechten trachten nach Recht, / die Pläne der
Frevler sind auf Betrug aus.
6 Die Reden der Frevler sind ein Lauern auf Blut, / die Redlichen rettet
ihr Mund.
7 Die Frevler werden gestürzt und sind dahin, / das Haus der Gerech-
ten hat Bestand.
8 Nach dem Maß seiner Klugheit wird ein jeder gelobt, / verkehrter
Sinn fällt der Verachtung anheim.
9 Besser unbeachtet bleiben / und seine Arbeit verrichten, / als großtun
und kein Brot haben.
10 Der Gerechte weiß, was sein Vieh braucht, / doch das Herz der Frev-
ler ist hart.
11 Wer sein Feld bestellt, wird satt von Brot, / wer nichtigen Dingen
nachjagt, ist ohne Verstand.
12 Schwankender Lehm ist die Burg der Bösen, / die Wurzel der
Gerechten hat festen Grund.
13 Der Böse verfängt sich im Lügengespinst, / der Gerechte entkommt
der Bedrängnis.
14 Von der Frucht seines Mundes wird der Mensch reichlich gesättigt; /
nach dem Tun seiner Hände wird ihm vergolten.
15 Der Tor hält sein eigenes Urteil für richtig, / der Weise aber hört auf
Rat.
16 Der Tor zeigt sogleich seinen Ärger, / klug ist, wer Schimpfworte
einsteckt.
17 Wer Wahrheit spricht, sagt aus, was recht ist, / der falsche Zeuge
aber betrügt.
18 Mancher Leute Gerede verletzt wie Schwertstiche, / die Zunge der
Weisen bringt Heilung.
19 Ein Mund, der die Wahrheit sagt, / hat für immer Bestand, / eine lüg-
nerische Zunge nur einen Augenblick.
20 Wer auf Böses sinnt, betrügt sich selbst, / wer heilsamen Rat gibt,
erntet Freude.
21 Kein Unheil trifft den Gerechten, / doch die Frevler erdrückt das
Unglück.
22 Lügnerische Lippen sind dem Herrn ein Greuel, / doch wer zuver-
lässig ist in seinem Tun, / der gefällt ihm.
23 Ein kluger Mensch verbirgt sein Wissen, / das Herz der Toren
schreit die Narrheit hinaus.
24 Die Hand der Fleißigen erringt die Herrschaft, / die lässige Hand
muß Frondienste leisten.
25 Kummer im Herzen bedrückt den Menschen, / ein gutes Wort aber
heitert ihn auf.
26 Der Gerechte findet fette Weide; / der Weg der Frevler führt in die
Irre.
27 Bequemlichkeit erjagt sich kein Wild, / kostbare Güter erlangt der
Fleißige.
28 Der Pfad der Gerechtigkeit führt zum Leben, / der Weg der Abtrün-
nigen führt zum Tod.

13 Ein weiser Sohn ist die Frucht der Erziehung des Vaters, / der
zuchtlose aber hört nicht auf Mahnung.
2 Von der Frucht seiner Worte zehrt der Gute, / aber die Verräter begeh-
ren Gewalttat.
3 Wer seine Lippen hütet, bewahrt sein Leben, / wer seinen Mund auf-
reißt, den trifft Verderben.
4 Das Verlangen des Faulen regt sich vergebens, / das Verlangen der
Fleißigen wird befriedigt.

5 Verlogene Worte haßt der Gerechte, / der Frevler handelt schändlich und schimpflich.
6 Gerechtigkeit behütet den Schuldlosen auf seinem Weg, / Frevler bringt die Sünde zu Fall.
7 Mancher stellt sich reich und hat doch nichts, / ein anderer stellt sich arm und hat großen Besitz.
8 Der Reichtum eines Mannes ist das Lösegeld für sein Leben, / der Arme jedoch hört nichts von Loskauf.
9 Das Licht der Gerechten strahlt auf, / die Lampe der Frevler erlischt.
10 Der Leichtsinnige stiftet aus Übermut Zank, / doch wer sich beraten läßt, der ist klug.
11 Schnell errafftes Gut schwindet schnell, / wer Stück für Stück sammelt, wird reich.
12 Hingehaltene Hoffnung macht das Herz krank, / erfülltes Verlangen ist ein Lebensbaum.
13 Wer gute Worte mißachtet, erleidet Schaden, / wer Ehrfurcht hat vor dem Gebot, bleibt unversehrt.
14 Die Lehre des Weisen ist ein Lebensquell, / um den Schlingen des Todes zu entgehen.
15 Rechte Einsicht bringt Gunst, / aber den Verrätern bringt ihr Verhalten den Untergang.
16 Der Kluge tut alles mit Überlegung, / der Tor verbreitet nur Dummheit.
17 Ein gewissenloser Bote richtet Unheil an, / ein zuverlässiger Bote bringt Heilung.
18 Armut und Schande erntet ein Verächter der Zucht, / doch wer Tadel beherzigt, wird geehrt.
19 Ein erfüllter Wunsch tut dem Herzen wohl, / vom Bösen zu lassen ist dem Toren ein Greuel.
20 Wer mit Weisen unterwegs ist, wird weise, / wer mit Toren verkehrt, dem geht es übel.
21 Unglück verfolgt die Sünder, / den Gerechten wird mit Gutem vergolten.
22 Der Gute hinterläßt seinen Enkeln das Erbe, / der Besitz des Sünders wird für den Gerechten aufgespart.
23 In der Hand der Vornehmen ist reichlich Nahrung; / der Arme wird zu Unrecht dahingerafft.
24 Wer die Rute spart, haßt seinen Sohn, / wer ihn liebt, nimmt ihn früh in Zucht.
25 Der Gerechte hat zu essen, bis sein Hunger gestillt ist, / der Bauch der Frevler aber muß darben.

14 Frau Weisheit hat ihr Haus gebaut, / die Torheit reißt es nieder mit eigenen Händen.
2 Wer geradeaus seinen Weg geht, fürchtet den Herrn, / wer krumme Wege geht, verachtet ihn.
3 Im Mund des Toren ist eine Rute für seinen Rücken, / den Weisen behüten seine Lippen.
4 Wo keine Ochsen sind, bleibt die Krippe leer, / reicher Ertrag kommt durch die Kraft des Stieres.
5 Ein zuverlässiger Zeuge lügt nicht, / aber ein falscher Zeuge flüstert Lügen zu.
6 Der Zuchtlose sucht Weisheit, doch vergebens, / dem Verständigen fällt die Erkenntnis leicht.
7 Tritt einem törichten Mann gegenüber, / und du erfährst keine verständigen Worte.
8 Die Weisheit des Klugen gibt ihm Einsicht in seinen Weg, / aber die Dummheit der Toren führt zu Täuschung.
9 In den Zelten der Toren wohnt Schuld, / das Haus der Rechtschaffenen findet Gefallen.
10 Das Herz allein kennt seinen Kummer, / auch in seine Freude mischt sich kein Fremder.
11 Das Haus der Frevler wird zertrümmert, / das Zelt der Redlichen gedeiht.
12 Manch einem scheint sein Weg der rechte, / aber am Ende sind es Wege des Todes.
13 Auch beim Lachen kann ein Herz leiden, / das Ende der Freude ist Gram.
14 Dem Untreuen werden seine Vergehen vergolten, / dem guten Menschen seine edlen Taten.
15 Der Unerfahrene traut jedem Wort, / der Kluge achtet auf seinen Schritt.
16 Der Weise hat Scheu und meidet das Böse, / der Tor läßt sich gehen und ist vermessen.
17 Der Zornige handelt töricht, / der Ränkeschmied ist verhaßt.
18 Die Unerfahrenen verfallen der Torheit, / die Klugen krönen sich mit Erkenntnis.
19 Die Bösen müssen sich bücken vor den Guten / und die Frevler an der Tür des Gerechten.
20 Selbst seinem Nächsten ist der Arme verhaßt, / der Reiche aber hat viele Freunde.
21 Wer seinen Nächsten verachtet, sündigt; / wohl dem, der Erbarmen hat mit den Notleidenden.
22 Gewiß geht in die Irre, wer Böses plant; / Liebe und Treue erlangt, wer Gutes plant.
23 Jede Arbeit bringt Erfolg, / leeres Geschwätz führt nur zu Mangel.
24 Die Krone der Weisen ist ihre Klugheit, / der Kranz der Toren ist ihre Narrheit.
25 Ein verläßlicher Zeuge rettet Leben, / wer Lügen zuflüstert, der täuscht.
26 Der Gottesfürchtige hat feste Zuversicht, / noch seine Söhne haben eine Zuflucht.
27 Die Gottesfurcht ist ein Lebensquell, / um den Schlingen des Todes zu entgehen.
28 Viel Volk ist der Glanz des Königs, / wenig Leute sind des Fürsten Untergang.
29 Der Langmütige ist immer der Klügere, / der Jähzornige treibt die Torheit auf die Spitze.
30 Ein gelassenes Herz bedeutet Leben für den Leib, / doch Knochenfraß ist die Leidenschaft.
31 Wer den Geringen bedrückt, schmäht dessen Schöpfer, / ihn ehrt, wer Erbarmen hat mit dem Bedürftigen.
32 Durch seine Bosheit wird der Frevler gestürzt, / der Gerechte findet Zuflucht in seiner Redlichkeit.
33 Im Herzen des Verständigen ruht Weisheit, / im Innern der Toren ist sie nicht bekannt.
34 Gerechtigkeit erhöht ein Volk, / der Völker Schmach ist die Sünde.
35 Die Gunst des Königs ruht auf dem klugen Diener, / den schändlichen aber trifft sein Zorn.

15 Eine sanfte Antwort dämpft die Erregung, / eine kränkende Rede reizt zum Zorn.
2 Die Zunge der Weisen verkündet Erkenntnis, / der Mund der Narren sprudelt Torheit hervor.
3 An jedem Ort sind die Augen des Herrn, / sie wachen über Gute und Böse.
4 Eine sanfte Zunge ist ein Lebensbaum, / eine falsche Zunge bricht das Herz.
5 Der Tor verschmäht die Zucht seines Vaters, / wer auf Zurechtweisung achtet, ist klug.
6 Im Haus des Gerechten gibt es reichen Vorrat, / was der Frevler erwirbt, wird zerschlagen.
7 Die Lippen der Weisen streuen Erkenntnis aus, / das Herz der Toren ist verkehrt.
8 Das Opfer der Frevler ist dem Herrn ein Greuel, / am Gebet der Rechtschaffenen aber hat er Gefallen.
9 Ein Greuel ist dem Herrn der Weg des Frevlers, / wer aber der Gerechtigkeit nachjagt, den liebt er.
10 Schlimme Strafe trifft den, der den rechten Pfad verläßt, / wer Zurechtweisung haßt, muß sterben.
11 Totenreich und Unterwelt liegen offen vor dem Herrn, / wieviel mehr die Herzen der Menschen.

Max Ernst
Die Jungfrau schlägt das Jesuskind vor drei Zeugen
(1926)

»Wer die Rute spart, haßt seinen Sohn, wer ihn liebt, nimmt ihn früh in Zucht« (Spr 13,24; vgl. 29,17). Max Ernst, der sich 1922 in Paris dem Kreis der Surrealisten um den Schriftsteller André Breton anschloß, hatte bei seinem Gemälde mit den lebensgroßen Figuren Marias und des Jesuskindes, dessen ringförmiger Heiligenschein zu Boden fällt, sicher nicht das alttestamentliche Buch der Sprichwörter vor Augen. In diesem Fall hätte die beabsichtigte Provokation an Schärfe verloren. Er folgte vielmehr einer Bildidee, die ihm Breton vorgeschlagen hatte, um die eigene antiklerikale Haltung zu demonstrieren. Breton gehört gemeinsam mit Paul Eluard und Max Ernst zu den »drei Zeugen«, die im Fenster erscheinen und eher beiläufig die Züchtigung beobachten. Die erhofften Proteste gegen das Bild blieben nicht aus, sowohl 1926 bei der Präsentation im Pariser Salon der Unabhängigen als auch kurz darauf in Köln, der Heimatstadt von Max Ernst. Hier setzte die Kirchenleitung die Schließung der betreffenden Ausstellung durch.

12 Ein Zuchtloser liebt es nicht, daß man ihn rügt, / zu weisen Menschen begibt er sich nicht.
13 Ein fröhliches Herz macht das Gesicht heiter, / Kummer im Herzen bedrückt das Gemüt.
14 Das Herz des Verständigen sucht Erkenntnis, / der Mund der Toren ergeht sich in Torheit.
15 Der Bedrückte hat lauter böse Tage, / der Frohgemute hat ständig Feiertag.
16 Besser wenig in Gottesfurcht / als reiche Schätze und keine Ruhe.
17 Besser ein Gericht Gemüse, wo Liebe herrscht, / als ein gemästeter Ochse und Haß dabei.
18 Ein hitziger Mensch erregt Zank, / ein langmütiger besänftigt den Streit.
19 Der Weg des Faulen ist wie ein Dornengestrüpp, / der Pfad der Redlichen aber ist gebahnt.
20 Ein kluger Sohn macht dem Vater Freude, / nur ein törichter Mensch verachtet seine Mutter.
21 Torheit macht dem Unverständigen Freude, / der einsichtige Mann geht den geraden Weg.
22 Wo es an Beratung fehlt, da scheitern die Pläne, / wo viele Ratgeber sind, gibt es Erfolg.
23 Jeden freut es, wenn er (kluge) Antwort geben kann, / und wie gut ist doch ein Wort zur rechten Zeit.
24 Einen Lebenspfad zur Höhe gibt es für den Klugen, / damit er der Totenwelt drunten entgeht.
25 Das Haus der Stolzen reißt der Herr nieder, / den Grenzstein der Witwe aber macht er fest.
26 Die Pläne des Bösen sind dem Herrn ein Greuel, / aber freundliche Reden gefallen ihm.
27 Wer sich durch Raub bereichert, zerstört sein Haus, / wer Bestechung von sich weist, wird lange leben.
28 Der Gerechte überlegt sich im Herzen jede Antwort, / aber der Mund der Frevler sprudelt Schlechtes hervor.
29 Fern ist der Herr den Frevlern, / doch das Gebet der Gerechten hört er.
30 Strahlende Augen erfreuen das Herz, / frohe Kunde labt den Leib.
31 Ein Ohr, das auf heilsame Mahnungen hört, / hält sich unter den Weisen auf.
32 Wer Zucht abweist, verachtet sich selbst; / wer aber auf Mahnungen hört, erwirbt Verstand.
33 Gottesfurcht erzieht zur Weisheit, / und Demut geht der Ehre voran.

16 Der Mensch entwirft die Pläne im Herzen, / doch vom Herrn kommt die Antwort auf der Zunge.
2 Jeder meint, sein Verhalten sei fehlerlos, / doch der Herr prüft die Geister.
3 Befiehl dem Herrn dein Tun an, / so werden deine Pläne gelingen.
4 Alles hat der Herr für seinen Zweck erschaffen, / so auch den Frevler für den Tag des Unheils.
5 Ein Greuel ist dem Herrn jeder Hochmütige; / er bleibt gewiß nicht ungestraft.
6 Durch Liebe und Treue wird Schuld gesühnt, / durch Gottesfurcht weicht man dem Bösen aus.
7 Gefallen dem Herrn die Wege eines Menschen, / so versöhnt er auch seine Feinde mit ihm.
8 Besser wenig und gerecht / als viel Besitz und Unrecht.
9 Des Menschen Herz plant seinen Weg, / doch der Herr lenkt seinen Schritt.
10 Gottesentscheid kommt von den Lippen des Königs, / sein Mund verfehlt sich nicht, wenn er ein Urteil fällt.
11 Rechte Waage und Waagschalen sind Sache des Herrn, / sein Werk sind alle Gewichtssteine im Beutel.
12 Frevlerisches Tun ist Königen ein Greuel; / denn ein Thron steht fest durch Gerechtigkeit.
13 Gerechte Lippen gefallen dem König, / wer aufrichtig redet, den liebt er.
14 Des Königs Grimm gleicht Todesboten; / aber ein Weiser kann ihn besänftigen.
15 Im leuchtenden Gesicht des Königs liegt Leben, / sein Wohlwollen gleicht der Regenwolke im Frühjahr.
16 Weisheit erwerben ist besser als Gold, / Einsicht erwerben vortrefflicher als Silber.
17 Böses zu meiden ist das Ziel der Rechtschaffenen; / wer auf seinen Weg achtet, bewahrt sein Leben.
18 Hoffart kommt vor dem Sturz, / und Hochmut kommt vor dem Fall.
19 Besser bescheiden sein mit Demütigen, / als Beute teilen mit Stolzen.
20 Wer auf das Wort des Herrn achtet, findet Glück; / wohl dem, der auf ihn vertraut.
21 Wer ein weises Herz hat, den nennt man verständig, / gefällige Rede fördert die Belehrung.
22 Wer Verstand besitzt, dem ist er ein Lebensquell, / die Strafe der Toren ist die Torheit selbst.
23 Das Herz des Weisen macht seinen Mund klug, / es mehrt auf seinen Lippen die Belehrung.
24 Freundliche Worte sind wie Wabenhonig, / süß für den Gaumen, heilsam für den Leib.
25 Manch einem scheint sein Weg der rechte, / aber am Ende sind es Wege des Todes.
26 Der Hunger des Arbeiters arbeitet für ihn; / denn sein Mund treibt ihn an.
27 Ein Taugenichts ist ein Ofen voll Unheil, / auf seinen Lippen ist es wie sengendes Feuer.
28 Ein tückischer Mensch erregt Streit, / ein Verleumder entzweit Freunde.
29 Der Gewalttätige verführt seinen Nächsten, / er bringt ihn auf einen Weg, der nicht gut ist.
30 Wer mit den Augen zwinkert, sinnt auf Tücke; / wer die Lippen verzieht, hat das Böse schon vollbracht.
31 Graues Haar ist eine prächtige Krone, / auf dem Weg der Gerechtigkeit findet man sie.
32 Besser ein Langmütiger als ein Kriegsheld, / besser, wer sich selbst beherrscht, als wer Städte erobert.
33 Im Bausch des Gewandes schüttelt man das Los, / doch jede Entscheidung kommt allein vom Herrn.

17 Besser ein trockenes Stück Brot und Ruhe dabei / als ein Haus voll Braten und dabei Streit.
2 Ein kluger Knecht wird Herr über einen mißratenen Sohn, / und mit den Brüdern teilt er das Erbe.
3 Der Schmelztiegel ist für Silber da, der Ofen für Gold, / die Herzen aber prüft der Herr.
4 Der Übeltäter achtet auf böse Lippen, / der Lügner horcht hin auf eine verderbte Zunge.
5 Wer den Armen verspottet, schmäht dessen Schöpfer, / wer sich über ein Unglück freut, bleibt nicht ungestraft.
6 Eine Krone der Alten sind Kindeskinder; / der Kinder Ruhm sind ihre Väter.
7 Dem Toren stehen hochtönende Worte nicht an, / noch viel weniger dem Edlen die Sprache der Lüge.
8 Bestechungsgeld ist ein Zauberstein in den Augen des Gebers; / wohin er sich wendet, hat er Erfolg.
9 Wer Fehler zudeckt, sucht Freundschaft; / wer eine Sache weiterträgt, trennt Freunde.
10 Tadel erschüttert einen Verständigen mehr / als hundert Schläge einen Toren.
11 Der Böse trachtet nach Aufruhr, /
aber ein strenger Gerichtsbote wird gegen ihn ausgesandt.
12 Lieber einer Bärin begegnen, der man die Jungen geraubt hat, / als einem Toren in seinem Unverstand.
13 Vergilt einer Gutes mit Bösem, / weicht das Unheil nicht von seinem Haus.

14 Wer Streit anfängt, entfesselt eine Wasserflut, / drum halt ein, ehe
der Zank ausbricht.
15 Wer Schuldige freispricht / und wer Unschuldige verurteilt, / beide
sind dem Herrn ein Greuel.
16 Wozu denn Geld in der Hand des Toren? / Etwa um Weisheit zu kau-
fen, da ihm doch der Verstand fehlt?
17 Der Freund erweist zu jeder Zeit Liebe, / als Bruder für die Not ist er
geboren.
18 Ohne Verstand ist, wer Handschlag leistet, / wer Bürgschaft über-
nimmt für einen andern.
19 Verbrechen liebt, wer Streit liebt; / wer seine Tür zu hoch macht, will
den Einsturz.
20 Wer ein unaufrichtiges Herz hat, findet kein Glück, / wer sich beim
Reden verstellt, stürzt ins Unheil.
21 Wer einen Toren zeugt, dem bringt es Gram; / der Vater eines Narren
kann sich nicht freuen.
22 Ein fröhliches Herz tut dem Leib wohl, / ein bedrücktes Gemüt läßt
die Glieder verdorren.
23 Bestechung aus dem Gewandbausch nimmt der Frevler an, / um die
Pfade des Rechts zu verkehren.
24 Vor dem Blick des Verständigen steht Weisheit, / doch die Augen des
Toren schweifen bis ans Ende der Erde.
25 Ein törichter Sohn bereitet seinem Vater Verdruß / und Kummer
seiner Mutter, die ihn geboren hat.
26 Schon eine Geldstrafe für den Unschuldigen ist nicht gut, / aber
Edle schlagen zu lassen ist gegen das Recht.
27 Wer sich zurückhält beim Reden hat tiefe Einsicht, / wer kühl über-
legt, ist ein verständiger Mann.
28 Auch ein Tor kann als weise gelten, wenn er schweigt, / als einsich-
tig, wenn er seine Lippen verschließt.

18 Der Abtrünnige sucht nach einem Vorwand, / um loszubre-
chen mit aller Gewalt.
2 Der Tor hat kein Gefallen an Einsicht, / vielmehr daran, sein Herz zur
Schau zu stellen.
3 Kommt Frevel, kommt auch Verachtung / und mit der Schandtat die
Schmach.
4 Tiefe Wasser sind die Worte aus dem Mund eines Menschen, / ein
sprudelnder Bach, eine Quelle der Weisheit.
5 Es ist nicht gut, einen Schuldigen zu begünstigen / und den Unschul-
digen abzuweisen vor Gericht.
6 Die Lippen des Toren beginnen Streit, / sein Mund schreit nach
Schlägen.
7 Dem Toren wird sein Mund zum Verderben; / seine Lippen werden
ihm selbst zur Falle.
8 Die Worte des Verleumders sind wie Leckerbissen, / sie gleiten hinab
in die Kammern des Leibes.
9 Wer lässig ist bei seiner Arbeit, / ist schon ein Bruder des Mörders.
10 Ein fester Turm ist der Name des Herrn, / dorthin eilt der Gerechte
und ist geborgen.
11 Für den Reichen ist sein Vermögen wie eine feste Stadt, / wie eine
hohe Mauer – in seiner Einbildung.
12 Vor dem Sturz ist das Herz des Menschen überheblich, / aber der
Ehre geht Demut voran.
13 Gibt einer Antwort, bevor er gehört hat, / ist es Torheit und Schande
für ihn.
14 Der Geist des Menschen überwindet die Krankheit, / doch einen
zerschlagenen Geist, wer kann den aufrichten?
15 Das Herz des Verständigen erwirbt sich Erkenntnis, / das Ohr der
Weisen sucht Erkenntnis.
16 Geschenke schaffen dem Geber Raum / und geleiten ihn vor die
Großen.
17 Recht bekommt in seinem Streitfall der erste, / aber dann kommt
der andere und geht der Sache nach.
18 Streitigkeiten beendet das Los; / es entscheidet zwischen Mächtigen.
19 Ein getäuschter Bruder ist verschlossener als eine Festung, / Strei-
tigkeiten sind wie der Sperriegel einer Burg.
20 Von der Frucht seines Mundes wird ein jeder satt, / vom Ertrag sei-
ner Lippen wird er gesättigt.
21 Tod und Leben stehen in der Macht der Zunge; / wer sie liebevoll
gebraucht, genießt ihre Frucht.
22 Wer eine Frau gefunden, hat Glück gefunden / und das Gefallen des
Herrn erlangt.
23 Flehentlich redet der Arme, / der Reiche aber antwortet mit Härte.
24 Manche Freunde führen ins Verderben, / manch ein lieber Freund ist
anhänglicher als ein Bruder.

19 Besser ein Armer, der schuldlos seinen Weg geht, als einer
mit verlogenen Lippen, der ein Tor ist.
2 Schon unvernünftige Begierde ist nicht gut, / und wer hastig rennt,
tritt fehl.
3 Die Torheit verdirbt dem Menschen den Weg, / und dann grollt sein
Herz gegen den Herrn.
4 Besitz vermehrt die Zahl der Freunde, / der Arme aber wird von sei-
nem Freund verlassen.
5 Ein falscher Zeuge bleibt nicht ungestraft, / wer Lügen flüstert, wird
nicht entrinnen.
6 Viele umschmeicheln den Vornehmen, / und jeder will der Freund
eines freigebigen Mannes sein.
7 Vom Armen wollen alle seine Brüder nichts wissen, / erst recht blei-
ben ihm seine Freunde fern. / [Gute Einsicht ist denen nahe, die sich
um sie kümmern, / ein verständiger Mann findet sie. / Wer viel redet,
versündigt sich.] / Wer Worten nachjagt, wird nicht entrinnen.
8 Wer Verstand erwirbt, liebt sich selbst, / wer Einsicht bewahrt, findet
sein Glück.
9 Ein falscher Zeuge bleibt nicht ungestraft, / wer Lügen flüstert, geht
zugrunde.
10 Wohlleben steht dem Toren nicht an, / noch weniger einem Knecht,
über Fürsten zu herrschen.
11 Einsicht macht den Menschen langmütig, / sein Ruhm ist es, über
Verfehlungen hinwegzugehen.
12 Wie das Knurren des Löwen ist der Zorn des Königs, / doch wie Tau
auf dem Gras ist seine Gunst.
13 Ein Unglück für den Vater ist ein törichter Sohn / und wie ein ständig
tropfendes Dach das Gezänk einer Frau.
14 Haus und Habe sind das Erbe der Väter, / doch eine verständige Frau
kommt vom Herrn.
15 Faulheit versenkt in Schlaf, / ein träger Mensch muß hungern.
16 Wer (Gottes) Gebot bewahrt, bewahrt sein Leben, / wer seine Wege
verachtet, muß sterben.
17 Wer Erbarmen hat mit dem Elenden, leiht dem Herrn; / er wird ihm
seine Wohltat vergelten.
18 Züchtige deinen Sohn, solange noch Hoffnung ist, / doch laß dich
nicht hinreißen, ihn zu töten.
19 Der maßlos Jähzornige muß büßen; / denn willst du schlichten,
machst du es noch ärger.
20 Hör auf guten Rat, und nimm Zucht an, / damit du weise wirst für
die Zukunft.
21 Viele Pläne faßt das Herz des Menschen, / doch nur der Ratschluß
des Herrn hat Bestand.
22 Die Menschen streben nach Gewinn, / doch besser ein Armer als ein
Betrüger.
23 Die Gottesfurcht führt zum Leben; / gesättigt geht man zur Ruhe, /
von keinem Übel heimgesucht.
24 Greift der Faule mit der Hand in die Schüssel, / bringt er sie nicht
einmal zum Mund zurück.
25 Schlägst du den Zuchtlosen, so wird der Unerfahrene klug; / weist
man den Verständigen zurecht, gewinnt er Einsicht.
26 Wer den Vater mißhandelt, die Mutter wegjagt, / ist ein verkomme-
ner, schändlicher Sohn.

Carl Hofer
Disput
(1951)
»Tod und Leben stehen in der Macht der Zunge; wer sie liebevoll gebraucht, genießt ihre Frucht« (Spr 18,21). Ein junges Paar und ein älterer Herr bilden auf Carl Hofers Gemälde *Disput* eine eng gefügte Gruppe. Der Bildtitel lenkt die Aufmerksamkeit auf die rechte Figur, die ihre Hand beteuernd an die Brust drückt und damit zugleich auf die Frau zu weisen scheint, von der sich das Profil in entgegengesetzter Richtung abwendet. An die Stelle der Zunge tritt die ›sprechende‹ Gestik: das verlegene Händeringen, die ermutigende Berührung des Armes. Vielleicht ist die abstrahierend gestaltete Figurengruppe durch eine Bühnenszene angeregt worden, die Hofer, ab 1945 Direktor der Kunstakademie in Berlin-Charlottenburg, im Theater erlebt hat.

27 Gibst du es auf, mein Sohn, auf Mahnung zu hören, / so entziehst du dich den Worten der Einsicht.
28 Ein nichtsnutziger Zeuge verspottet das Recht, / der Mund der Frevler sprudelt Unheil hervor.
29 Für die Zuchtlosen stehen Ruten bereit / und Schläge für den Rücken der Toren.

20 Ein Zuchtloser ist der Wein, ein Lärmer das Bier; / wer sich hierin verfehlt, wird nie weise.
2 Wie das Knurren des Löwen ist der Grimm des Königs; / wer ihn erzürnt, verwirkt sein Leben.
3 Es ehrt den Menschen, vom Streit abzulassen, / jeder Tor aber bricht los.
4 Der Faule pflügt nicht im Herbst; / sucht er in der Erntezeit, so ist nichts da.
5 Ein tiefes Wasser sind die Pläne im Herzen des Menschen, / doch der Verständige schöpft es herauf.
6 Viele Menschen rühmen sich ihrer Güte, / aber wer findet einen, auf den Verlaß ist?
7 Wer als Gerechter unbescholten seinen Weg geht: / Wohl den Kindern, die er hinterläßt.
8 Ein König auf dem Richterstuhl / sondert mit seinem Scharfblick alles Böse aus.
9 Wer kann sagen: Ich habe mein Herz geläutert, / rein bin ich von meiner Sünde?
10 Zweierlei Gewicht und zweierlei Maß, / beide sind dem Herrn ein Greuel.
11 An seinem Treiben läßt schon der Knabe erkennen, / ob sein Tun lauter und redlich sein wird.
12 Das Ohr, das hört, und das Auge, das sieht, / der Herr hat sie beide geschaffen.
13 Liebe nicht den Schlaf, damit du nicht arm wirst; / halte deine Augen offen, und du hast Brot genug.
14 Schlecht, schlecht, sagt der Käufer; / geht er aber weg, so rühmt er sich.
15 Gold gibt es und viele Perlen, / ein kostbarer Schmuck aber sind verständige Lippen.
16 Nimm ihm das Kleid, denn er hat für einen andern gebürgt, / fremder Leute wegen pfände bei ihm!
17 Süß schmeckt dem Menschen das Brot der Lüge, / hernach aber füllt sich sein Mund mit Kieseln.
18 Pläne kommen durch Beratung zustande. / Darum führe den Kampf mit Überlegung!
19 Geheimnisse verrät, wer als Verleumder umhergeht. / Darum laß dich nicht ein mit einem Schwätzer!
20 Wer seinem Vater flucht und seiner Mutter, / dessen Lampe erlischt zur Zeit der Finsternis.
21 Ein Besitz, schnell errafft am Anfang, / ist nicht gesegnet an seinem Ende.
22 Sag nicht: Ich will das Böse vergelten. / Vertrau auf den Herrn, er wird dir helfen.
23 Ein Greuel ist dem Herrn zweierlei Gewicht, / eine falsche Waage ist nicht recht.
24 Der Herr lenkt die Schritte eines jeden. / Wie könnte der Mensch seinen Weg verstehen?
25 Eine Falle ist es, unbedacht zu rufen: Geweiht!, / und erst nach dem Gelübde zu überlegen.
26 Ein weiser König sondert die Frevler aus / und vergilt ihnen ihre Untat.
27 Der Herr wacht über den Atem des Menschen, / er durchforscht alle Kammern des Leibes.
28 Güte und Treue behüten den König, / er stützt seinen Thron durch Güte.
29 Der Ruhm der Jungen ist ihre Kraft, / die Zier der Alten ihr graues Haar.
30 Blutige Striemen läutern den Bösen / und Schläge die Kammern des Leibes.

21 Wie ein Wasserbach ist das Herz des Königs in der Hand des Herrn; / er lenkt es, wohin er will.
2 Jeder meint, sein Verhalten sei richtig, / doch der Herr prüft die Herzen.
3 Gerechtigkeit üben und Recht / ist dem Herrn lieber als Schlachtopfer.
4 Hoffart der Augen, Übermut des Herzens – / die Leuchte der Frevler versagt.
5 Die Pläne des Fleißigen bringen Gewinn, / doch der hastige Mensch hat nur Mangel.
6 Wer Schätze erwirbt mit verlogener Zunge, / jagt nach dem Wind, er gerät in die Schlingen des Todes.
7 Gewalttat reißt die Frevler hinweg, / denn sie weigern sich, das Rechte zu tun.
8 Der Weg des Unehrlichen ist gewunden, / aber das Tun des Lauteren ist gerade.
9 Besser in einer Ecke des Daches wohnen / als eine zänkische Frau im gemeinsamen Haus.

10 Das Verlangen des Frevlers geht nach dem Bösen, / sein Nächster findet bei ihm kein Erbarmen.

11 Muß der Zuchtlose büßen, / so wird der Unerfahrene weise, / belehrt man den Weisen, so nimmt er Einsicht an.

12 Der Gerechte handelt klug am Haus des Frevlers, / wenn er die Frevler ins Unheil stürzt.

13 Wer sein Ohr verschließt vor dem Schreien des Armen, / wird selbst nicht erhört, wenn er um Hilfe ruft.

14 Eine heimliche Gabe besänftigt den Zorn, / ein Geschenk aus dem Gewandbausch den heftigen Grimm.

15 Der Gerechte freut sich, wenn Recht geschieht, / doch den Übeltäter versetzt das in Schrecken.

16 Wer abirrt vom Weg der Einsicht, / wird bald in der Versammlung der Totengeister ruhen.

17 Der Not verfällt, wer Vergnügen liebt, / wer Wein und Salböl liebt, wird nicht reich.

18 Für den Gerechten dient der Frevler als Lösegeld, / anstelle des Redlichen der Treulose.

19 Besser in der Wüste hausen / als Ärger mit einer zänkischen Frau.

20 Ein kostbarer Schatz ist in der Wohnung des Weisen, / aber ein törichter Mensch vergeudet ihn.

21 Wer nach Gerechtigkeit und Güte strebt, / findet Leben und Ehre.

22 Der Weise ersteigt die Stadt der Mächtigen / und stürzt das Bollwerk, auf das sie vertraut.

23 Wer seinen Mund und seine Zunge behütet, / der behütet sein Leben vor Drangsal.

24 Der Freche und Stolze, einen Zuchtlosen nennt man ihn, / er handelt in maßlosem Übermut.

25 Den Faulen bringt sein Begehren um, / denn zu arbeiten weigern sich seine Hände;

26 den ganzen Tag begehrt er voll Gier, / der Gerechte aber gibt, ohne zu geizen.

27 Das Opfer der Frevler ist (dem Herrn) ein Greuel, / zumal wenn es in schlechter Absicht dargebracht wird.

28 Ein falscher Zeuge geht zugrunde, / wer aber zu hören versteht, redet erfolgreich.

29 Der Frevler zeigt Trotz in seiner Miene, / der Redliche ordnet seine Wege.

30 Keine Weisheit gibt es, keine Einsicht, / keinen Rat gegenüber dem Herrn.

31 Das Roß wird gerüstet für den Tag der Schlacht,/ doch der Sieg steht beim Herrn.

22 Guter Ruf ist kostbarer als großer Reichtum, / hohes Ansehen besser als Silber und Gold.

2 Reiche und Arme begegnen einander, / doch der Herr hat sie alle erschaffen.

3 Der Kluge sieht das Unheil und verbirgt sich, / die Unerfahrenen laufen weiter und müssen es büßen.

4 Der Lohn für Demut und Gottesfurcht / ist Reichtum, Ehre und Leben.

5 Dornen und Schlingen liegen auf dem Weg des Falschen; / wer sein Leben behütet, bleibt ihnen fern.

6 Erzieh den Knaben für seinen Lebensweg, / dann weicht er auch im Alter nicht davon ab.

7 Der Reiche hat die Armen in seiner Gewalt, / der Schuldner ist seines Gläubigers Knecht.

8 Wer Unrecht sät, erntet Unheil, / der Stecken seines Übermuts versagt.

9 Wer ein gütiges Auge hat, wird gesegnet, / weil er den Armen von seinem Brot gibt.

10 Vertreib den Zuchtlosen, so schwindet der Zank, / Streiten und Schimpfen hören auf.

11 Wer die Lauterkeit des Herzens liebt – / wegen seiner gefälligen Rede wird der König sein Freund.

12 Die Augen des Herrn behüten den Einsichtigen, / das Gerede des Verräters bringt er zu Fall.

13 Der Faule sagt: Ein Löwe ist draußen, / mitten auf der Straße käme ich ums Leben.

14 Der Mund fremder Frauen ist eine tiefe Grube; / wem der Herr zürnt, der fällt hinein.

15 Steckt Torheit im Herzen des Knaben, / die Rute der Zucht vertreibt sie daraus.

16 Wer den Armen bedrückt, macht ihn reich, / wer dem Reichen gibt, macht ihn arm.

Die Worte von Weisen

Eine Sprichwörtersammlung

17 Worte von Weisen:
Neige mir dein Ohr zu, und hör auf meine Worte, / nimm dir meine Lehren zu Herzen!

18 Schön ist es, wenn du sie in deinem Innern bewahrst; / sie mögen fest wie ein Zeltpflock auf deinen Lippen haften.

19 Damit dein Vertrauen auf dem Herrn steht, / lehre ich dich heute seinen Weg.

20 Habe ich nicht dreißig Sätze für dich aufgeschrieben / als wissenswerte Ratschläge,

21 um dir verläßliche Worte mitzuteilen, / damit du deinem Auftraggeber antworten kannst?

22 Beraube den Schwachen nicht, denn er ist ja so schwach, / zertritt den Armen nicht am Tor!

23 Denn der Herr führt den Rechtsstreit für sie / und raubt denen das Leben, die sie berauben.

24 Befreunde dich nicht mit dem Jähzornigen, / verkehre nicht mit einem Hitzkopf,

25 damit du dich nicht an seine Pfade gewöhnst / und dir eine Schlinge legst für dein Leben.

26 Sei nicht unter denen, die sich durch Handschlag verpflichten, / die Bürgschaft leisten für Schulden;

27 wenn du nicht zahlen kannst, / nimmt man dein Bett unter dir weg.

28 Verschieb nicht die alte Grenze, / die deine Väter gesetzt haben.

29 Siehst du einen, der gewandt ist in seinem Beruf: / vor Königen wird er dienen. / [Nicht wird er vor Niedrigen dienen.]

23 Wenn du zu Tisch sitzt bei einem Herrscher, / so achte nur auf das, was vor dir steht.

2 Setz ein Messer an deine Kehle, / wenn du ein gieriger Mensch bist.

3 Sei nicht begierig auf seine Leckerbissen; / sie sind eine trügerische Speise.

4 Müh dich nicht ab, um Reichtum zu erwerben / und dabei deine Einsicht aufzugeben.

5 Flüchtig ist er; schaust du nach ihm, ist er weg; / plötzlich macht er sich Flügel und fliegt wie ein Adler zum Himmel.

6 Iß nicht das Brot des Geizigen, / sei nicht begierig auf seine Leckerbissen!

7 Denn sie schmecken in der Kehle wie etwas Ekliges. / Er sagt zu dir: Iß und trink!, doch sein Herz ist dir nicht zugetan.

8 Den Bissen, den du gegessen hast, mußt du erbrechen, / und deine freundlichen Worte hast du vergeudet.

9 Rede nicht vor den Ohren eines Törichten; / denn er mißachtet deine klugen Worte.

10 Verschieb nicht die alte Grenze, / dring nicht in die Felder der Waisen vor!

11 Denn ihr Anwalt ist mächtig, / er wird ihre Sache gegen dich führen.

Mahnungen
12 Öffne dein Herz für die Zucht, / dein Ohr für verständige Reden!
13 Erspar dem Knaben die Züchtigung nicht; / wenn du ihn schlägst mit dem Stock, wird er nicht sterben.
14 Du schlägst ihn mit dem Stock, / bewahrst aber sein Leben vor der Unterwelt.
15 Mein Sohn, wenn dein Herz weise ist, / so freut sich auch mein eigenes Herz.
16 Mein Inneres ist voll Jubel, / wenn deine Lippen reden, was recht ist.
17 Dein Herz ereifere sich nicht wegen der Sünder, / sondern eifere stets nach Gottesfurcht!
18 Denn sicher gibt es eine Zukunft, / deine Hoffnung wird nicht zerschlagen.
19 Höre, mein Sohn, und sei weise, / lenk dein Herz auf geraden Weg!
20 Gesell dich nicht zu den Weinsäufern, / zu solchen, die im Fleischgenuß schlemmen;
21 denn Säufer und Schlemmer werden arm, / Schläfrigkeit kleidet in Lumpen.
22 Hör auf deinen Vater, der dich gezeugt hat, / verachte deine Mutter nicht, wenn sie alt wird.
23 Erwirb dir Wahrheit, und verkauf sie nicht mehr: / Weisheit, Zucht und Einsicht!
24 Laut jubelt der Vater des Gerechten; / wer einen weisen Sohn hat, kann sich über ihn freuen.
25 Deine Eltern mögen sich freuen; / jubeln möge die Mutter, die dich gebar.
26 Gib mir dein Herz, mein Sohn, / deine Augen mögen an meinen Wegen Gefallen finden;
27 denn die Ehebrecherin ist eine tiefe Grube, / die fremde Frau ein enger Brunnen.
28 Ja, wie ein Räuber lauert sie auf / und mehrt die Verräter unter den Menschen.
29 Wer hat Ach? Wer hat Weh? / Wer Gezänk? Wer Klage? / Wer hat Wunden wegen nichts? / Wer trübe Augen?
30 Jene, die bis in die Nacht beim Wein sitzen, / die kommen, um den Mischwein zu probieren.
31 Schau nicht nach dem Wein, / wie er rötlich schimmert, / wie er funkelt im Becher: / Er trinkt sich so leicht!
32 Zuletzt beißt er wie eine Schlange, / verspritzt Gift gleich einer Viper.
33 Deine Augen sehen seltsame Dinge, / dein Herz redet wirres Zeug.
34 Du bist wie einer, der auf hoher See schläft, / der einschläft über dem Steuer des Schiffes.
35 Man hat mich geschlagen, doch es tat mir nicht weh, / man hat mich gehauen, aber ich habe nichts gespürt.
Wann wache ich auf? / Von neuem will ich zum Wein greifen.

Lebensregeln
24 Sei nicht neidisch auf böse Menschen, / such keinen Umgang mit ihnen!
2 Denn ihr Herz sinnt auf Gewalttat, / Unheil reden ihre Lippen.
3 Durch Weisheit wird ein Haus gebaut, / durch Umsicht gewinnt es Bestand.
4 Durch Klugheit werden die Kammern gefüllt / mit allerlei wertvollen, köstlichen Gütern.
5 Der Weise ist dem Starken überlegen, / ein verständiger Mensch dem robusten.
6 Denn durch Überlegung gewinnst du den Kampf, / viele Ratgeber verhelfen zum Sieg.
7 Zu hoch hängt dem Toren die Weisheit, / am Tor tut er den Mund nicht auf.
8 Wer stets darauf aus ist, Böses zu tun, / den nennt man einen Ränkeschmied.
9 Das Trachten des Toren ist Sünde, / der Zuchtlose ist den Menschen ein Greuel.
10 Zeigst du dich lässig am Tag der Bedrängnis, / so wird auch deine Kraft bedrängt.
11 Befrei jene, die man zum Tod schleppt; / die zur Hinrichtung wanken, rette sie doch!
12 Wolltest du sagen: Gott weiß von uns nichts; – / hat er, der die Herzen prüft, keine Kenntnis? / Hat er, der über dich wacht, kein Wissen? Ja, er vergilt jedem Menschen, / wie sein Tun es verdient.
13 Iß Honig, mein Sohn, denn er ist gut, / Wabenhonig ist süß für den Gaumen.
14 Wisse: Genauso ist die Weisheit für dich. / Findest du sie, dann gibt es eine Zukunft, / deine Hoffnung wird nicht zerschlagen.
15 Belaure nicht frevlerisch die Wohnung des Gerechten, / zerstöre sein Ruhelager nicht!
16 Denn siebenmal fällt der Gerechte und steht wieder auf, / doch die Frevler stürzen ins Unglück.
17 Freu dich nicht über den Sturz deines Feindes, / dein Herz juble nicht, wenn er strauchelt,
18 damit nicht der Herr es sieht und mißbilligt / und seinen Zorn von ihm abwendet.
19 Erhitz dich nicht wegen der Übeltäter, / ereifere dich nicht wegen der Frevler!
20 Denn für den Bösen gibt es keine Zukunft, / die Lampe der Frevler erlischt.
21 Fürchte den Herrn, mein Sohn, und den König; / mit diesen beiden überwirf dich nicht!
22 Denn plötzlich geht von ihnen Verderben aus, / und unvermutet kommt Unheil von beiden.

Weisheitssprüche
23 Auch folgende Sprichwörter stammen von Weisen: / Im Gericht auf die Person sehen ist nicht recht.
24 Wer zum Schuldigen sagt: Unschuldig bist du!, / den verfluchen die Menschen, verwünschen die Leute.
25 Denen aber, die entscheiden, wie es recht ist, geht es gut; / über sie kommt Segen und Glück.
26 Einen Kuß auf die Lippen gibt, / wer richtig antwortet.
27 Nimm draußen deine Arbeit auf und bestell dein Feld, / danach gründe deinen Hausstand!
28 Tritt gegen deinen Nächsten nicht als falscher Zeuge auf, / betrüge nicht mit deinen Worten!
29 Sag nicht: Wie er mir getan hat, / so will ich auch ihm tun, / einem jedem will ich vergelten, / wie es seine Taten verdienen.
30 Am Acker eines Faulen ging ich vorüber, / am Weinberg eines unverständigen Menschen:
31 Sieh da, er war ganz überwuchert von Disteln, / seine Fläche mit Unkraut bedeckt, / seine Steinmauer eingerissen.
32 Ich sah es und machte mir meine Gedanken, / ich betrachtete es und zog die Lehre daraus:
33 Noch ein wenig schlafen, noch ein wenig schlummern, / noch ein wenig die Arme verschränken, um auszuruhen.
34 Da kommt schon die Armut wie ein Strolch über dich, / die Not wie ein zudringlicher Bettler.

Die zweite salomonische Spruchsammlung

25 Auch das sind Sprichwörter Salomos, die die Männer Hiskijas, des Königs von Juda, sammelten.
2 Gottes Ehre ist es, eine Sache zu verhüllen, / des Königs Ehre ist es, eine Sache zu erforschen.
3 Der Himmel so hoch und die Erde so tief / und das Herz des Königs: sie sind nicht zu erforschen.
4 Scheidet man die Schlacken vom Silber, / gelingt dem Feinschmied das Gefäß.

5 Scheidet man den Frevler vom König, / erlangt dessen Thron Bestand
durch Gerechtigkeit.
6 Rühme dich nicht vor dem König, / und stell dich nicht an den Platz
der Großen;
7 denn besser, man sagt zu dir: Rück hier herauf, / als daß man dich
nach unten setzt wegen eines Vornehmen.
Was deine Augen sahen, /
8 bring es nicht übereilt als Streitfall vor;
denn was willst du später tun, / wenn dein Nächster dich bloßstellt?
9 Trag deinen Streit mit deinem Nächsten aus, / doch verrate nicht das
Geheimnis eines andern,
10 sonst wird dich schmähen, wer es hört, / und dein Geschwätz wird
auf dich zurückfallen.
11 Wie goldene Äpfel auf silbernen Schalen / ist ein Wort, gesprochen
zur rechten Zeit.
12 Wie ein goldener Ring und Schmuck aus Feingold / ist ein weiser
Mahner für ein Ohr, das zuhört.
13 Wie kühlender Schnee an einem Sommertag / ist ein verläßlicher
Bote für den, der ihn sendet; / er erquickt die Seele seines Herrn.
14 Aufziehende Wolken mit Wind, doch kein Regen, / so ist ein Mann,
der Versprechungen macht und nicht hält.
15 Mit Geduld wird ein Vorgesetzter umgestimmt, / sanfte Zunge
bricht Knochen.
16 Findest du Honig, iß nur, soviel dir bekommt, / sonst wirst du ihn
satt und erbrichst ihn.
17 Mach dich rar im Haus deines Nächsten, / sonst wird er dich satt
und verabscheut dich.
18 Keule und Schwert und scharfer Pfeil: / das ist einer, der falsch aus-
sagt / gegen seinen Nächsten.
19 Schlechter Zahn und stolpernder Fuß: / der Verräter am Tag der Not.
20 Essig auf Laugensalz – / (so ist,) wer Lieder singt vor einem mißmu-
tigen Herzen.
[Wie die Motte am Kleid, der Wurm im Holz, / so nagt der Kummer
am Herzen des Menschen.]
21 Hat dein Feind Hunger, gib ihm zu essen, / hat er Durst, gib ihm zu
trinken;
22 so sammelst du glühende Kohlen auf sein Haupt, / und der Herr
wird es dir vergelten.
23 Der Nordwind bringt Regen, / eine heimtückische Zunge zornige
Gesichter.
24 Besser in einer Ecke des Daches wohnen / als eine zänkische Frau im
gemeinsamen Haus.
25 Kühles Wasser für eine durstige Kehle / ist eine gute Nachricht aus
fernem Land.
26 Ein getrübter Brunnen, ein verschütteter Quell / ist ein Gerechter,
der vor dem Frevler wankt.
27 Zu viel Honig essen ist nicht gut: / Ebenso spare mit ehrenden Worten!
28 Eine Stadt mit eingerissener Mauer / ist ein Mann, der sich nicht
beherrscht.

26 Wie Schnee im Sommer und Regen zur Erntezeit, / so
unpassend ist Ehre für einen Toren.
2 Wie der Spatz wegflattert und die Schwalbe davonfliegt, / so ist ein
unverdienter Fluch; er trifft nicht ein.
3 Dem Pferd die Peitsche, dem Esel den Zaum, / dem Rücken der Toren
den Stock.
4 Antworte dem Toren nicht, wie es seine Dummheit verdient, / damit
nicht auch du ihm gleich wirst.
5 Antworte dem Toren, wie es seine Dummheit verdient, / damit er
sich nicht einbildet, ein Weiser zu sein.
6 Die Füße haut sich ab, Schaden muß leiden, / wer Botschaft sendet
durch einen Toren.
7 Schlaff wie die Schenkel des Lahmen / ist ein Weisheitsspruch im
Mund der Toren.
8 Den Stein bindet in der Schleuder fest, / wer einem Toren Ehre
erweist.
9 Ein Dornzweig geriet in die Hand eines Betrunkenen: / ein Weis-
heitsspruch in den Mund der Toren.
10 Ein Schütze, der alle verwundet – / ein Tor und ein Betrunkener,
wenn sie vorübergehen.
11 Wie ein Hund, der zurückkehrt zu dem, was er erbrochen hat, / so ist
ein Tor, der seine Dummheit wiederholt.
12 Siehst du jemand, der sich selbst für weise hält – / mehr Hoffnung
gibt es für den Toren als für ihn.
13 Der Faule sagt: Ein Löwe ist auf dem Weg, / ein Raubtier ist auf den
Straßen.
14 Die Tür dreht sich in ihrer Angel / und der Faule in seinem Bett.
15 Greift der Faule mit der Hand in die Schüssel, / ist er zu träg, sie zum
Mund zurückzubringen.
16 Der Faule hält sich selbst für weiser / als sieben, die klug antworten
können.
17 Einen vorbeilaufenden Hund packt bei den Ohren, / wer sich in
einen Streit mischt, der ihn nichts angeht.
18 Wie ein Verrückter, der Brandpfeile schleudert, / Pfeile und tödliche
Waffen,
19 so ist einer, der seinen Nächsten täuscht / und dazu sagt: Ich mach
doch nur Spaß.
20 Ist kein Holz mehr da, erlischt das Feuer; / wo kein Verleumder ist,
legt sich der Streit.
21 Wie Kohlen die Glut und Holz das Feuer, / so schürt ein zänkischer
Mensch den Streit.
22 Die Worte des Verleumders sind wie Leckerbissen, / sie gleiten
hinab in die Kammern des Leibes.
23 Silberglasur über Tongeschirr – / glatte Lippen und ein böses Herz.
24 Mit seinen Reden verstellt sich der Gehässige, / doch in seinem Her-
zen ist er voll Tücke.
25 Klingt seine Stimme auch freundlich, trau ihm nicht, / denn sieben
Greuel sind in seinem Herzen.
26 Hüllt sich sein Haß auch in Heuchelei, / seine Schlechtigkeit wird
bloßgestellt in der Volksversammlung.
27 Wer eine Grube gräbt, fällt selbst hinein, / wer einen Stein hoch-
wälzt, auf den rollt er zurück.
28 Eine verlogene Zunge führt zum Zusammenbruch, / ein heuchleri-
scher Mund verursacht den Sturz.

27 Rühme dich nicht des morgigen Tages, / denn du weißt
nicht, was der Tag gebiert.
2 Rühmen soll dich ein anderer, nicht dein eigener Mund, / ein Frem-
der, nicht deine eigenen Lippen.
3 Schwer ist der Stein, und eine Last ist der Sand, / doch der Ärger mit
einem Toren ist schwerer als beide.
4 Mag der Zorn grausam sein / und überschäumend die Wut, / wer
aber besteht vor der Eifersucht?
5 Besser offener Tadel / als Liebe, die sich nicht zeigt.
6 Treu gemeint sind die Schläge eines Freundes, / doch trügerisch die
Küsse eines Feindes.
7 Der Satte tritt Honig mit Füßen, / doch dem Hungrigen schmeckt
alles Bittere süß.
8 Wie ein Vogel, der aus seinem Nest flüchtet, / so ist ein Mensch, der
aus seiner Heimat fliehen muß.
9 Salböl und Weihrauch erfreuen das Herz, / die Herzlichkeit eines
Freundes erfreut mehr als duftendes Holz.
10 Deinen Freund und deines Vaters Freund gib nicht auf, / geh nicht in
das Haus deines Bruders, wenn du in Not bist.
Besser ein Nachbar in der Nähe / als ein Bruder in der Ferne.
11 Sei weise, mein Sohn, und erfreue mein Herz, / damit ich dem ant-
worten kann, der mich beschimpft.
12 Der Kluge sieht das Unheil und verbirgt sich, / die Unerfahrenen
laufen weiter und müssen es büßen.
13 Nimm ihm das Kleid; / denn er hat für einen andern gebürgt, / frem-
der Leute wegen pfände bei ihm!

14 Wer seinen Nächsten zu laut begrüßt, / dem wird es frühmorgens
als Verwünschung ausgelegt.
15 Ein ständig tropfendes Dach in der Regenzeit / und eine zänkische
Frau gleichen einander.
16 Wer sie festhält, hält den Wind fest, / und seine Hand greift nach Öl.
17 Eisen wird an Eisen geschliffen; / so schleift einer den Charakter des
andern.
18 Wer einen Feigenbaum pflegt, wird seine Frucht essen, / wer auf sei-
nen Herrn achtgibt, wird geehrt.
19 Wie Wasser ein Spiegel ist für das Gesicht, / so ist das Herz des
Menschen ein Spiegel für den Menschen.
20 Unterwelt und Totenreich sind unersättlich, / und unersättlich sind
die Augen des Menschen.
21 Der Schmelztiegel prüft das Silber, der Ofen das Gold, / der Mensch
aber wird geprüft im Urteil dessen, der ihn lobt.
22 Zerstampfst du den Toren auch mit dem Stößel, / [im Mörser zwi-
schen den Körnern,] / seine Torheit weicht nicht von ihm.
23 Kümmere dich um das Aussehen deiner Schafe, / und sorge für
deine Herden;
24 denn Besitz bleibt nicht für ewig / und Reichtum nicht für alle
Zeit.
25 Kommt das Gras hervor, erscheint das Grün, / sammelt man die
Kräuter auf den Bergen,
26 dann gibt es Lämmer für deine Kleidung, / Böcke als Kaufpreis für
Äcker
27 und genug Ziegenmilch für dich als Nahrung, / als Nahrung für
dein Haus [und Lebensunterhalt für deine Mägde].

28 Der Frevler flieht, auch wenn ihn keiner verfolgt, / der
Gerechte fühlt sich sicher wie ein Löwe.
2 Durch seine Frevel bekommt ein Land viele Herrscher, / durch einen
verständigen, einsichtsvollen Mann erhält die Ordnung Bestand.
3 Ein Vornehmer, der die Armen unterdrückt, / ist wie Regen, der alles
wegschwemmt / und kein Brot bringt.
4 Wer die Lehre preisgibt, rühmt den Frevler, / wer die Lehre beachtet,
bekämpft ihn.
5 Böse Menschen verstehen nicht, was recht ist, / die aber, die den
Herrn suchen, verstehen alles.
6 Besser ein Armer, der schuldlos seinen Weg geht, / als ein Reicher,
der krumme Wege geht.
7 Wer sich an die Lehre hält, ist ein verständiger Sohn, / wer mit Ver-
schwendern umgeht, macht seinem Vater Schande.
8 Wer sein Vermögen durch Zins und Aufschlag vermehrt, / sammelt
für den, der Erbarmen hat mit den Armen.
9 Wendet einer sein Ohr ab, um die Lehre nicht zu hören, / dann ist
sogar sein Gebet ein Greuel.
10 Wer Rechtschaffene irreführt auf einen bösen Weg, / der fällt in
seine eigene Grube; / die Schuldlosen aber erlangen Gutes.
11 Der Reiche hält sich selbst für klug, / doch ein verständiger Armer
durchschaut ihn.
12 Haben Gerechte die Oberhand, gibt es glanzvolle Zeiten, / erheben
sich die Frevler, verstecken sich die Menschen.
13 Wer seine Sünden verheimlicht, hat kein Glück, / wer sie bekennt
und meidet, findet Erbarmen.
14 Wohl dem Menschen, der stets Gott fürchtet; / wer aber sein Herz
verhärtet, fällt ins Unglück.
15 Ein grollender Löwe, ein gieriger Bär – / ein frevelhafter Herrscher
über ein schwaches Volk.
16 Mancher Fürst ist klein an Verstand und groß als Unterdrücker; /
wer Ausbeutung haßt, hat ein langes Leben.
17 Ein Mensch, auf dem Blutschuld lastet, / ist flüchtig bis zum Grab;
man halte ihn nicht.
18 Wer schuldlos seinen Weg geht, dem wird geholfen, / wer krumme
Wege geht, fällt in die Grube.
19 Wer sein Feld bestellt, wird satt von Brot, / wer nichtigen Dingen
nachjagt, wird satt von Armut.
20 Ein ehrlicher Mensch erntet vielfachen Segen, / wer aber hastet, um
sich zu bereichern, bleibt nicht ungestraft.
21 Auf die Person sehen ist nicht recht, / für einen Bissen Brot wird
mancher zum Verbrecher.
22 Nach Reichtum giert ein neidischer Mensch / und bedenkt nicht,
daß Mangel über ihn kommen wird.
23 Wer einen andern zurechtweist, findet schließlich Dank, / mehr als
der Schmeichler.
24 Wer Vater oder Mutter beraubt / und meint, er tue kein Unrecht, /
macht sich zum Genossen des Mörders.
25 Der Habgierige erregt Streit, / wer auf den Herrn vertraut, wird
reichlich gelabt.
26 Wer auf seinen eigenen Verstand vertraut, ist ein Tor, / wer in Weis-
heit seinen Weg geht, wird gerettet.
27 Wer dem Armen gibt, hat keinen Mangel, / wer seine Augen ver-
schließt, wird viel verflucht.
28 Erheben sich die Frevler, dann verbergen sich die Menschen, /
gehen sie zugrunde, dann kommen die Gerechten an die Macht.

29 Wer bei Tadel halsstarrig bleibt, wird plötzlich zer-
schmettert, / und es gibt keine Heilung.
2 Kommen die Gerechten an die Macht, dann freut sich das Volk, /
herrscht der Frevler, dann stöhnt das Volk.
3 Wer Weisheit liebt, erfreut seinen Vater; / wer mit Dirnen verkehrt,
verschleudert das Vermögen.
4 Ein König richtet das Land auf durch Pflege des Rechts, / wer Abga-
ben erpreßt, zerstört es.
5 Wer seinem Nächsten schmeichelt, / breitet ihm ein Netz vor die
Füße.
6 In Sünde verstrickt sich der Böse, / doch der Gerechte jubelt und
freut sich.
7 Der Gerechte hat Verständnis für den Rechtsstreit der Armen, / der
Frevler aber kennt kein Verständnis.
8 Hetzer bringen eine Stadt in Aufruhr, / Weise beschwichtigen die
Erregung.
9 Rechtet ein Weiser mit einem Toren, / tobt dieser und lacht und gibt
keine Ruhe.
10 Mörder hassen den Schuldlosen, / Rechtschaffene bemühen sich
um sein Leben.
11 Ein Tor läßt seiner ganzen Erregung freien Lauf, / aber ein Weiser
hält sie zurück.
12 Achtet ein Herrscher auf Lügen, / werden alle seine Beamten zu
Schurken.
13 Der Arme und der Ausbeuter begegnen einander, / der Herr gibt bei-
den das Augenlicht.
14 Spricht ein König den Geringen zuverlässig Recht, / hat sein Thron
für immer Bestand.
15 Rute und Rüge verleihen Weisheit, / ein zügelloser Knabe macht
seiner Mutter Schande.
16 Herrschen die Frevler, dann herrscht die Sünde, / doch die Gerech-
ten erleben ihren Sturz.
17 Züchtige deinen Sohn, so wird er dir Verdruß ersparen / und deinem
Herzen Freude machen.
18 Ohne prophetische Offenbarung verwildert das Volk; / wohl ihm,
wenn es die Lehre bewahrt.
19 Durch Worte wird kein Sklave gebessert, / er versteht sie wohl, aber
kehrt sich nicht daran.
20 Siehst du einen, der eilfertig ist im Reden, / mehr Hoffnung gibt es
für den Toren als für ihn.
21 Ein Sklave, verwöhnt von Jugend an, / wird am Ende wider-
spenstig.
22 Ein aufbrausender Mensch erregt Streit, / ein Jähzorniger begeht
viele Sünden.

23 Hochmut erniedrigt den Menschen, / doch der Demütige kommt zu Ehren.
24 Wer mit dem Dieb teilt, haßt sich selbst, / er hört die Verfluchung, doch er macht keine Anzeige.
25 Die Angst des Menschen führt ihn in die Falle; / wer auf den Herrn vertraut, ist gesichert.
26 Viele suchen die Gunst des Herrschers, / aber das Recht kommt für alle vom Herrn.
27 Der Übeltäter ist den Gerechten ein Greuel. / Der Rechtschaffene ist für den Frevler ein Greuel.

Die Worte Agurs

30 Worte Agurs, des Sohnes des Jake aus Massa. Spruch des Mannes Laïtiël: / Ich mühte mich ab mit Gott und bin am Ende.
2 Denn ich bin zu dumm für einen Menschen, / ich habe keinen Menschenverstand,
3 ich habe keine Weisheit gelernt / und keine Kenntnis des Heiligen erlangt.
4 Wer stieg zum Himmel hinauf und kam wieder herab? / Wer sammelte den Wind in seine Fäuste? / Wer band das Wasser in ein Gewand? / Wer setzte fest alle Enden der Erde? / Wie ist sein Name und wie der Name seines Sohnes, wenn du es weißt?
5 Jede Rede Gottes ist im Feuer geläutert; / ein Schild ist er für alle, die bei ihm sich bergen.
6 Füg seinen Worten nichts hinzu, / sonst überführt er dich, und du stehst als Lügner da.
7 Um zweierlei bitte ich dich, / versag es mir nicht, bevor ich sterbe:
8 Falschheit und Lügenwort halt fern von mir; / gib mir weder Armut noch Reichtum, / nähr mich mit dem Brot, das mir nötig ist,
9 damit ich nicht, satt geworden, dich verleugne / und sage: Wer ist denn der Herr?,
damit ich nicht als Armer zum Dieb werde / und mich am Namen meines Gottes vergreife.
10 Verleumde nicht den Knecht bei seinem Herrn, / sonst verflucht er dich, und du mußt es büßen.
11 Ein Geschlecht, das seinem Vater flucht / und seine Mutter nicht segnet;
12 ein Geschlecht, das rein ist in den eigenen Augen, / doch nicht gewaschen von seinem Schmutz;
13 ein Geschlecht – wie überheblich sind seine Augen / und wie hochmütig seine Wimpern;
14 ein Geschlecht, dessen Zähne Schwerter / und dessen Gebiß Messer sind, / um die Notleidenden aus dem Land wegzufressen / und die Armen weg aus der Menschheit.

Die Zahlensprüche

15 Der Blutegel hat zwei Töchter: Gib! – Gib!
Drei sind es, die nie satt werden, / vier sagen nie: Genug:
16 Die Unterwelt und der unfruchtbare Mutterschoß, / die Erde, die nicht satt wird an Wasser, / und das Feuer, das nie sagt: Genug!
17 Ein Auge, das den Vater verspottet / und die alte Mutter verachtet, / das hacken die Raben am Bach aus, / die jungen Adler fressen es auf.
18 Drei Dinge sind mir unbegreiflich, / vier vermag ich nicht zu fassen:
19 den Weg des Adlers am Himmel, / den Weg der Schlange über den Felsen, / den Weg des Schiffes auf hoher See, / den Weg des Mannes bei der jungen Frau.
20 So benimmt sich die ehebrecherische Frau: / Sie ißt, wischt sich den Mund / und sagt: Ich habe nichts Böses getan.

Paula Modersohn-Becker
Alte Bäuerin
(1907)
»Eine tüchtige Frau, wer findet sie? Sie übertrifft alle Perlen an Wert« (Spr 31,10). Nach einem Aufenthalt in Paris arbeitete Paula Modersohn-Becker 1907 wieder in der Künstlerkolonie Worpswede bei Bremen. Hier entstand das Bildnis einer alten Bäuerin. In sich gekehrt, sitzt sie vor einer Brüstung. Links unten strahlen die kleinen Blüten eines Sträußchens auf dem Blau des Kleides, dessen aus dem Dunkel aufscheinende kühle Tönung die Wärme des Inkarnats von Gesicht und Händen steigert. Über die vor der Brust gekreuzten Arme schreibt Brigitte Uhde-Stahl in ihrer einfühlsamen Monographie (1989): »Diese Geste ist vieldeutig. Sie spricht Ergebenheit, Bereitschaft, Demut und Verinnerlichung aus. Es ist die Gebärde, mit der nach christlicher Bildtradition Maria die Botschaft des Engels vernimmt.« Diese religiöse Assoziation wird durch den hellen Schein verstärkt, der aus dem Blattwerk des Hintergrunds hervorleuchtet und den Kopf der Frau umstrahlt.

21 Unter dreien erzittert das Land, / unter vieren wird es ihm unerträglich:
22 unter einem Sklaven, wenn er König wird, / und einem Toren, wenn er Brot im Überfluß hat,
23 unter einer Verschmähten, wenn sie geheiratet wird, / und einer Sklavin, wenn sie ihre Herrin verdrängt.
24 Vier sind die Kleinsten auf Erden / und sind doch die Allerklügsten:
25 Die Ameisen sind kein starkes Volk / und besorgen sich doch im Sommer ihr Futter;
26 Klippdachse sind ein Volk ohne Macht, / und doch bauen sie ihre Wohnung im Fels;
27 die Heuschrecken haben keinen König, / und doch schwärmen sie alle geordnet aus;
28 Eidechsen fängst du mit der Hand, / und doch wohnen sie in Königspalästen.

29 Drei sind es, die stolz einherschreiten, / vier haben einen stolzen
Gang:
30 der Löwe, der Held unter den Tieren, / der vor keinem umkehrt;
31 der Hahn, der einherstolziert, und der Leitbock / und der König,
wenn er vor seinem Volk auftritt wie ein Gott.
32 Wenn du dich stolz erhoben und dabei blamiert hast / oder wenn du
nachdenkst – so leg die Hand auf den Mund!
33 Denn stößt man Milch, so gibt es Butter, / stößt man die Nase, so
gibt es Blut, / stößt man den Zorn, so gibt es Streit.

Die Worte an Lemuël

31 Worte an Lemuël, den König von Massa, mit denen ihn seine
Mutter ermahnt hat:
2 Was soll ich dir sagen, Lemuël, mein Erstgeborener, / du Sohn mei-
nes Schoßes, / was, du Sohn meiner Gelübde?
3 Gib deine Kraft nicht den Frauen hin, / dein Tun und Treiben nicht
denen, die Könige verderben.
4 Könige sollen sich nicht, Lemuël, / Könige sollen sich nicht mit Wein
betrinken, / Fürsten nicht berauschenden Trank begehren.
5 Er könnte beim Trinken seine Pflicht vergessen / und das Recht aller
Notleidenden verdrehen.
6 Gebt berauschenden Trank dem, der zusammenbricht, / und Wein
denen, die im Herzen verbittert sind.
7 Ein solcher möge trinken und seine Armut vergessen / und nicht
mehr an seine Mühsal denken.
8 Öffne deinen Mund für den Stummen, / für das Recht aller Schwa-
chen!
9 Öffne deinen Mund, richte gerecht, / verschaff dem Bedürftigen und
Armen Recht!

Das Lob der tüchtigen Frau

10 Eine tüchtige Frau, wer findet sie? / Sie übertrifft alle Perlen an Wert.
11 Das Herz ihres Mannes vertraut auf sie, / und es fehlt ihm nicht an
Gewinn.
12 Sie tut ihm Gutes und nichts Böses / alle Tage ihres Lebens.
13 Sie sorgt für Wolle und Flachs / und schafft mit emsigen Händen.
14 Sie gleicht den Schiffen des Kaufmanns: / Aus der Ferne holt sie ihre
Nahrung.
15 Noch bei Nacht steht sie auf, / um ihrem Haus Speise zu geben /
[und den Mägden, was ihnen zusteht].
16 Sie überlegt es und kauft einen Acker, / vom Ertrag ihrer Hände
pflanzt sie einen Weinberg.
17 Sie gürtet ihre Hüften mit Kraft / und macht ihre Arme stark.
18 Sie spürt den Erfolg ihrer Arbeit, / auch des Nachts erlischt ihre
Lampe nicht.
19 Nach dem Spinnrocken greift ihre Hand, / ihre Finger fassen die
Spindel.
20 Sie öffnet ihre Hand für den Bedürftigen / und reicht ihre Hände
dem Armen.
21 Ihr bangt nicht für ihr Haus vor dem Schnee; / denn ihr ganzes Haus
hat wollene Kleider.
22 Sie hat sich Decken gefertigt, / Leinen und Purpur sind ihr Gewand.
23 Ihr Mann ist in den Torhallen geachtet, / wenn er zu Rat sitzt mit den
Ältesten des Landes.
24 Sie webt Tücher und verkauft sie, / Gürtel liefert sie dem Händler.
25 Kraft und Würde sind ihr Gewand, / sie spottet der drohenden
Zukunft.
26 Öffnet sie ihren Mund, dann redet sie klug, / und gütige Lehre ist auf
ihrer Zunge.
27 Sie achtet auf das, was vorgeht im Haus, / und ißt nicht träge ihr
Brot.
28 Ihre Söhne stehen auf und preisen sie glücklich, / auch ihr Mann
erhebt sich und rühmt sie:
29 Viele Frauen erwiesen sich tüchtig, / doch du übertriffst sie alle.
30 Trügerisch ist Anmut, vergänglich die Schönheit, / nur eine gottes-
fürchtige Frau verdient Lob.
31 Preist sie für den Ertrag ihrer Hände, / ihre Werke soll man am Stadt-
tor loben.

Das Buch Kohelet

Das Buch Kohelet wurde um die Mitte des 3. Jahrhunderts v. Chr. geschrieben. Der Verfasser, der sich selbst Kohelet nennt, ist uns nicht bekannt. Palästina gehörte damals zum Ptolemäerreich. Es war die Zeit noch vor den hellenistischen Religionsverfolgungen und vor der nationalen Erhebung der Makkabäer. Die gebildete Oberschicht von Judäa war wohlhabend und weltoffen. Man versuchte, die Traditionen Israels mit der die Welt beherrschenden griechischen Bildung und Lebensform zu einer neuen Einheit zu verschmelzen.
Das Buch Kohelet ist das eindrucksvollste Zeugnis dieses Bemühens. Die Bildungstraditionen Israels, ja des ganzen Orients, besonders auch Ägyptens, sind Kohelet bekannt (zur »Weisheit« vgl. die Einleitung zu Spr). Sein Denken und Fühlen ist von den Schriftstellern, die man in den griechischen Schulen liest, und von der sogenannten Popularphilosophie bestimmt. Seine Sprache ist ein ganz neuartiges Hebräisch, in dem einerseits die aramäische Alltagssprache, andererseits manches griechische Wort- und Satzmuster durchschlägt. Das Buch lehnt sich nur noch teilweise an die poetische Gestalt der alten Lehrschriften an. Es enthält auch schon viele Merkmale der damals aufkommenden Predigt von Wanderphilosophen (»Diatribe«).
Das Buch entwirft zunächst eine Lehre vom Kosmos (1,4–11). Der herrliche, ewig kreisende Kosmos ist die Bühne, auf der die vergänglichen Menschen kommen und gehen. Sprache, Sinne und Gedächtnis der Menschen können die Fülle der Welt nicht erfassen. Es folgt als grundlegender Teil des Buches die Lehre vom Menschen (1,12–3,15). Kohelet versetzt sich in die höchste menschliche Möglichkeit: Er sieht sich als gebildeten, weltgestaltenden und das Leben voll auskostenden Herrscher und fragt dann nach dem Sinn. Angesichts des sicher kommenden Todes erweist sich selbst dann alles als »Windhauch«. Jeder Augenblick ist von Gott her bestimmt; der Mensch kann ihn weder berechnen noch in den Griff bekommen. Er kann nur in Furcht das, was ihm jeweils gegeben wird, annehmen. Dieses Daseinsverständnis bestätigt sich dann in einem anschließenden Teil, der die Übel der Welt anhand ausgewählter Beispiele aus dem öffentlichen, wirtschaftlichen und familiären Leben kritisiert (3,16–6,10). Im nächsten Teil werden Beispiele traditioneller Spruchweisheit und die weisheitliche Theorie über den Zusammenhang von Tun und Ergehen kritisch überprüft (6,11–9,6). Am Ende steht wieder das Thema Tod. Daran schließt sich die Ethik an, die Weisung für die rechte Lebensführung (9,7–12,7). Sie ist sehr vielfältig, doch ist sie geleitet von der Mahnung, in Gottesfurcht die Gabe des jeweiligen Augenblicks zu ergreifen: jede Freude zu genießen und überall da, wo es sich anbietet, tatkräftig zu handeln. Denn jedes »Jetzt« ist die dem Menschen gegebene Zeit. Er soll nie vergessen, daß er auf Alter und Tod zugeht. Aus dieser Ethik sind die Anweisungen über das religiöse Verhalten herausgenommen und schon vorher als eine Art Zwischenstück in die Gesellschaftskritik eingesetzt (4,17–5,6). So bilden sie im Gesamtaufbau des Buches eine Art Mitte.
Im modernen Denken wird man mit dem Buch Kohelet vor allem die Existenzphilosophie vergleichen können. Doch ist im Buch Kohelet bei aller Neigung zur Erfahrungsweisheit und zur kritischen Auseinandersetzung mit gängigen Meinungen zugleich eine sehr radikale Theorie von der Bindung der Welt an Gott vorausgesetzt. Nach ihr kann nichts, auch nicht das Böseste und Schlimmste, von der Allursächlichkeit Gottes ausgenommen werden. Und von Gott her ist letztlich alles »schön«. Dies sollte man nicht übersehen, wenn man beim Lesen des Buches von Melancholie überwältigt wird und Kohelet gerade deshalb als modern empfinden möchte. Wer Kohelet als Teil des ganzen Kanons der heiligen Schriften liest, wird das Buch, ohne dabei die Härte seines Fragens und Denkens preiszugeben, mit der Botschaft vom Handeln Gottes in der Geschichte verbinden.

Buchtitel

1 Worte Kohelets, des Davidsohnes,
der König in Jerusalem war.

Vorspruch

2 Windhauch, Windhauch, sagte Kohelet, Windhauch, Windhauch,
das ist alles Windhauch. 3 Welchen Vorteil hat der Mensch von all sei-
nem Besitz, für den er sich anstrengt unter der Sonne?

Wechsel, Dauer und Vergessen

4 Eine Generation geht, eine andere kommt. / Die Erde steht in Ewig-
keit.
5 Die Sonne, die aufging und wieder unterging, / atemlos jagt sie
zurück an den Ort, wo sie wieder aufgeht.
6 Er weht nach Süden, dreht nach Norden, dreht, dreht, weht, der
Wind. / Weil er sich immerzu dreht, kehrt er zurück, der Wind.
7 Alle Flüsse fließen ins Meer, / das Meer wird nicht voll.
Zu dem Ort, wo die Flüsse entspringen, / kehren sie zurück, um wie-
der zu entspringen.
8 Alle Dinge sind rastlos tätig, / kein Mensch kann alles ausdrücken,
nie wird ein Auge satt, wenn es beobachtet, / nie wird ein Ohr vom
Hören voll.
9 Was geschehen ist, wird wieder geschehen, / was man getan hat,
wird man wieder tun: / Es gibt nichts Neues unter der Sonne.
10 Zwar gibt es bisweilen ein Ding, von dem es heißt: / Sieh dir das an,
das ist etwas Neues – / aber auch das gab es schon in den Zeiten, die
vor uns gewesen sind.
11 Nur gibt es keine Erinnerung an die Früheren, / und auch an die Spä-
teren, die erst kommen werden,
auch an sie wird es keine Erinnerung geben / bei denen, die noch spä-
ter kommen werden.

Paul Cézanne
Stilleben mit Totenkopf und Leuchter
(um 1900)
»Eine Generation geht, eine kommt. Die Erde steht in Ewigkeit« (Koh 1,4). Der Rahmenvers vom »Windhauch« (Koh 1,2 und 12,8) kennzeichnet das Buch Kohelet als Memento mori: als Appell, der Vergänglichkeit alles Irdischen eingedenk zu bleiben. Das bildsprachliche Ausdrucksmittel hierfür ist das Vanitas-Stilleben, das vor allem im Barock zu reicher Entfaltung gelangt ist. In dieser Bildtradition steht das Stilleben, das Paul Cézanne, der ›Postimpressionist‹ und bedeutende Anreger des Kubismus, aus Totenschädel und Kerzenständer gebildet hat. Das Gemälde stammt aus dem Nachlaß Cézannes und ist als Studie zu betrachten. Es wirkt daher unvollendet, doch kann dieser fragmentarische Zustand auch als Teil der Bildaussage verstanden werden. Diese verweist auf das Symbol der sich verzehrenden oder bereits erloschenen Kerze als Lebenslicht.

Die Bedingtheit des Menschen – Die Undurchschaubarkeit Gottes

Drei Überblicke

12 Ich, Kohelet, war in Jerusalem König über Israel.
13 Ich hatte mir vorgenommen, das Wissen daraufhin zu untersuchen und zu erforschen, ob nicht alles, was unter dem Himmel getan wurde, ein schlechtes Geschäft war, für das die einzelnen Menschen durch Gottes Auftrag sich abgemüht haben. 14 Ich beobachtete alle
Taten, die unter der Sonne getan wurden. Das Ergebnis: Das ist alles Windhauch und Luftgespinst.
15 Was krumm ist, kann man nicht gerade biegen; / was nicht da ist, kann man nicht zählen.
16 Ich überlegte mir folgendes: Ich habe mein Wissen immerzu vergrößert, so daß ich jetzt darin jeden übertreffe, der vor mir über Jerusalem geherrscht hat. Oft konnte ich Wissen und Können beobachten. /
17 So habe ich mir vorgenommen zu erkennen, was Wissen wirklich ist, und zu erkennnen, was Verblendung und Unwissen wirklich sind. Ich erkannte, daß auch dies ein Luftgespinst ist. 18 Denn:
Viel Wissen, viel Ärger, / wer das Können mehrt, der mehrt die Sorge.

2 Ich dachte mir: Auf, versuch es mit der Freude, genieß das
Glück! Das Ergebnis: Auch das ist Windhauch.
2 Über das Lachen sagte ich: Wie verblendet!, / über die Freude: Was
bringt sie schon ein?

Menschliches Glück durch Weltgestaltung

3 Ich trieb meine Forschung an mir selbst, indem ich meinen Leib mit
Wein lockte, während mein Verstand das Wissen auf die Weide führte,
und indem ich das Unwissen gefangennahm. Ich wollte dabei beob-
achten, wo es vielleicht für die einzelnen Menschen möglich ist, sich
unter dem Himmel Glück zu verschaffen während der wenigen Tage
ihres Lebens. 4 Ich vollbrachte meine großen Taten:
Ich baute mir Häuser, / ich pflanzte Weinberge.
5 Ich legte mir Gärten und Parks an, / darin pflanzte ich alle Arten von
Bäumen.
6 Ich legte Wasserbecken an, / um aus ihnen den sprossenden Baum-
bestand zu bewässern.
7 Ich kaufte Sklaven und Sklavinnen, / obwohl ich schon hausgebo-
rene Sklaven besaß.
Auch Vieh besaß ich in großer Zahl, Rinder, Schafe, Ziegen, / mehr als
alle meine Vorgänger in Jerusalem.
8 Ich hortete auch Silber und Gold / und, als meinen persönlichen
Schatz, Könige und ihre Provinzen.
Ich besorgte mir Sänger und Sängerinnen / und die Lust jedes Men-
schen: einen großen Harem.
9 Ich war schon groß gewesen, doch ich gewann noch mehr hinzu, so
daß ich alle meine Vorgänger in Jerusalem übertraf. Und noch mehr:
Mein Wissen stand mir zur Verfügung, 10 und was immer meine
Augen sich wünschten, verwehrte ich ihnen nicht. Ich mußte meinem
Herzen keine einzige Freude versagen. Denn mein Herz konnte
immer durch meinen ganzen Besitz Freude gewinnen. Und das war
mein Anteil, den ich durch meinen ganzen Besitz gewinnen konnte.
11 Doch dann dachte ich nach über alle meine Taten, die, die meine
Hände vollbracht hatten, und über den Besitz, für den ich mich bei
diesem Tun angestrengt hatte. Das Ergebnis: Das ist alles Windhauch
und Luftgespinst. Es gibt keinen Vorteil unter der Sonne.

Bildung und Besitz in ihrer Bedingtheit

12 Ich dachte nach, indem ich beobachtete, was Wissen wirklich ist
und was Verblendung und Unwissen wirklich sind. Außerdem: Was
für ein Mann wird auf den König folgen, den sie einst eingesetzt
haben? 13 Ich beobachtete: Es gibt einen Vorteil, den das Wissen bietet,
aber nicht das Unwissen, wie es einen Vorteil gibt, den das Licht bie-
tet, aber nicht die Dunkelheit:
14 Der Gebildete hat Augen im Kopf, der Ungebildete tappt im Dun-
keln.
Aber ich erkannte auch: Beide trifft ein und dasselbe Geschick. 15 Da
dachte ich mir: Was den Ungebildeten trifft, trifft also auch mich.
Warum bin ich dann über die Maßen gebildet? Und ich überlegte mir,
daß auch das Windhauch ist. 16 Denn an den Gebildeten gibt es eben-
sowenig wie an den Ungebildeten eine Erinnerung, die ewig währt,
weil man schon in den Tagen, die bald kommen, beide vergessen
wird. Wie ist es möglich, daß der Gebildete ebenso sterben muß wie
der Ungebildete? 17 Da verdroß mich das Leben. Denn das Tun, das
unter der Sonne getan wurde, lastete auf mir als etwas Schlimmes.
Denn es ist alles Windhauch und Luftgespinst.
18 Mich verdroß auch mein ganzer Besitz, für den ich mich unter der
Sonne anstrenge und den ich dem Menschen lassen muß, der nach
mir kommt. 19 Wer weiß, ob er ein Wissender ist oder ein Unwissen-
der? Jedenfalls wird er über meinen ganzen Besitz verfügen, für den
ich mich unter der Sonne angestrengt und mein Wissen eingesetzt
habe. Auch das ist Windhauch.
20 Ich stellte mich um und überließ mich der Verzweiflung über mei-
nen ganzen Besitz, für den ich mich unter der Sonne angestrengt
hatte. 21 Denn es kommt vor, daß ein Mensch, dessen Besitz durch
Wissen, Können und Erfolg erworben wurde, ihn einem andern, der
sich nicht dafür angestrengt hat, als dessen Anteil überlassen muß.
Auch das ist Windhauch und etwas Schlimmes, das häufig vorkommt.
22 Was erhält der Mensch dann durch seinen ganzen Besitz und durch
das Gespinst seines Geistes, für die er sich unter der Sonne anstrengt?
23 Alle Tage besteht sein Geschäft nur aus Sorge und Ärger, / und
selbst in der Nacht kommt sein Geist nicht zur Ruhe. Auch das ist
Windhauch.

Gottes Handeln in seiner Vollkommenheit und Undurchschaubarkeit

24 Nicht im Menschen selbst gründet das Glück, daß er essen und
trinken und durch seinen Besitz das Glück selbst kennenlernen kann.
Ich habe vielmehr beobachtet, daß dies von Gottes Verfügung
abhängt. 25 Denn wer hat zu essen, wer weiß zu genießen, wenn
nicht ich? 26 Aber es gibt Menschen, denen Gott wohlwill. Es sind die,
denen er Wissen, Können und Freude geschenkt hat. Und es gibt
Menschen, deren Leben verfehlt ist. Es sind diejenigen, die er mit
dem Geschäft beauftragt hat, zu sammeln und zu horten und dann
alles denen zu geben, denen er wohlwill. Auch das ist Windhauch und
Luftgespinst.

3 Alles hat seine Stunde. Für jedes Geschehen unter dem Himmel
gibt es eine bestimmte Zeit
2 eine Zeit zum Gebären / und eine Zeit zum Sterben, / eine Zeit zum
Pflanzen / und eine Zeit zum Abernten der Pflanzen,
3 eine Zeit zum Töten / und eine Zeit zum Heilen, / eine Zeit zum Nie-
derreißen / und eine Zeit zum Bauen,
4 eine Zeit zum Weinen / und eine Zeit zum Lachen, / eine Zeit für die
Klage / und eine Zeit für den Tanz;
5 eine Zeit zum Steinewerfen / und eine Zeit zum Steinesammeln, /
eine Zeit zum Umarmen / und eine Zeit, die Umarmung zu lösen,
6 eine Zeit zum Suchen / und eine Zeit zum Verlie-
ren, / eine Zeit zum Behalten / und eine Zeit zum Wegwerfen,
7 eine Zeit zum Zerreißen / und eine Zeit zum Zusammennähen, / eine
Zeit zum Schweigen / und eine Zeit zum Reden,
8 eine Zeit zum Lieben / und eine Zeit zum Hassen, / eine Zeit für den
Krieg / und eine Zeit für den Frieden.
9 Wenn jemand etwas tut – welchen Vorteil hat er davon, daß er sich
anstrengt? 10 Ich sah mir das Geschäft an, für das jeder Mensch durch
Gottes Auftrag sich abmüht. 11 Gott hat das alles zu seiner Zeit auf
vollkommene Weise getan. Überdies hat er die Ewigkeit in alles hin-
eingelegt, doch ohne daß der Mensch das Tun, das Gott getan hat,
von seinem Anfang bis zu seinem Ende wiederfinden könnte. 12 Ich
hatte erkannt: Es gibt kein in allem Tun gründendes Glück, es sei
denn, ein jeder freut sich, und so verschafft er sich Glück, während er
noch lebt, 13 wobei zugleich immer, wenn ein Mensch ißt und trinkt
und durch seinen ganzen Besitz das Glück kennenlernt, das ein
Geschenk Gottes ist. 14 Jetzt erkannte ich: Alles, was Gott tut,
geschieht in Ewigkeit. Man kann nichts hinzufügen und nichts
abschneiden, und Gott hat bewirkt, daß die Menschen ihn fürchten.
15 Was auch immer geschehen ist, war schon vorher da, und was
geschehen soll, ist schon geschehen, und Gott wird das Verjagte wie-
der suchen.

Die Übel der Welt

Unrecht bei Gericht

16 Noch etwas habe ich beobachtet unter der Sonne: An der Stätte, wo
man Urteil spricht, geschieht Unrecht; an der Stätte, wo man gerech-
tes Urteil sprechen sollte, geschieht Unrecht. 17 Da dachte ich mir:
Gott ist es, der den Unschuldigen wie den Schuldigen verurteilt.
Denn eine bestimmte Zeit für jedes Geschehen und für jedes Tun
gibt es (auch) dort. 18 Was die einzelnen Menschen angeht, dachte

ich mir, daß Gott sie herausgegriffen hat und daß sie selbst (daraus)
erkennen müssen, daß sie eigentlich Tiere sind. 19 Denn jeder
Mensch unterliegt dem Geschick, und auch die Tiere unterliegen
dem Geschick. Sie haben ein und dasselbe Geschick. Wie diese ster-
ben, so sterben jene. Beide haben ein und denselben Atem. Einen
Vorteil des Menschen gegenüber dem Tier gibt es da nicht. Beide
sind Windhauch. 20 Beide gehen an ein und denselben Ort. Beide
sind aus Staub entstanden, beide kehren zum Staub zurück. 21 Wer
weiß, ob der Atem der einzelnen Menschen wirklich nach oben
steigt, während der Atem der Tiere ins Erdreich hinabsinkt? 22 So
habe ich eingesehen: Es gibt kein Glück, es sei denn, der Mensch
kann durch sein Tun Freude gewinnen. Das ist sein Anteil. Wer
könnte es ihm ermöglichen, etwas zu genießen, das erst nach ihm
sein wird?

Ausbeutung und Konkurrenzkampf

4 Dann wieder habe ich alles beobachtet, was unter der Sonne
getan wird, um Menschen auszubeuten. Sieh, die Ausgebeuteten
weinen, und niemand tröstet sie; von der Hand ihrer Ausbeuter geht
Gewalt aus, und niemand tröstet sie. 2 Da preise ich immer wieder die
Toten, die schon gestorben sind, und nicht die Lebenden, die noch
leben müssen. 3 Glücklicher aber als beide preise ich den, der noch
nicht geworden ist, der noch nicht das schlimme Tun gesehen hat, das
unter der Sonne getan wird.
4 Denn ich beobachtete: Jede Arbeit und jedes erfolgreiche Tun bedeu-
tet Konkurrenzkampf zwischen den Menschen. Auch das ist Wind-
hauch und Luftgespinst.
5 Der Ungebildete legt die Hände in den Schoß / und hat doch sein
Fleisch zum Essen.
6 Besser eine Handvoll und Ruhe, / als beide Hände voll und Arbeit und
Luftgespinst.

Der alleinstehende Mensch

7 Und wieder habe ich etwas unter der Sonne beobachtet, das Wind-
hauch ist.
8 Es kommt vor, daß jemand allein steht und niemanden bei sich hat.
Ja, er besitzt nicht einmal einen Sohn oder Bruder. Aber sein Besitz ist
ohne Grenzen, und überdies kann sein Auge vom Reichtum nicht
genug bekommen. Doch für wen strenge ich mich dann an, und
warum gönne ich mir kein Glück? Auch das ist Windhauch und ein
schlechtes Geschäft.
9 Zwei sind besser als einer allein, falls sie nur reichen Ertrag aus
ihrem Besitz ziehen. 10 Denn wenn sie hinfallen, richtet einer den
anderen auf. Doch wehe dem, der allein ist, wenn er hinfällt, ohne daß
einer bei ihm ist, der ihn aufrichtet. 11 Außerdem:
Wenn zwei zusammen schlafen, wärmt einer den andern; / einer allein
– wie soll er warm werden?
12 Und wenn jemand einen einzelnen auch überwältigt, / zwei sind
ihm gewachsen, / und eine dreifache Schnur reißt nicht so schnell.

Wankelmütige Volksgunst

13 Besser ein junger Mann, der niedriger Herkunft, aber gebildet ist,
als ein König, der alt, aber ungebildet ist –
weil er es nicht mehr verstand, auf Ratschläge zu hören. 14 Der junge
Mann wurde aus dem Gefängnis befreit und wurde König, obwohl er,
während der andere schon regierte, arm zur Welt gekommen war.
15 Aber ich habe beobachtet, daß alle Lebenden, die unter der Sonne
umherlaufen, sich auf die Seite des nächsten jungen Mannes stellten,
der statt seiner hochkommt. 16 Die Volksmenge nimmt kein Ende,
gleichgültig, wer an ihre Spitze getreten ist. Im übrigen werden die
Späteren auch mit ihm nicht zufrieden sein. Denn auch das ist Wind-
hauch und Luftgespinst.

Ratschlag für das religiöse Verhalten

Hören, Opfern und Sprechen im Gottesdienst

17 Zügle deinen Schritt, wenn du zum Gotteshaus gehst.
Tritt ein, um zuzuhören, / und nicht, wie die Ungebildeten, um Opfer
abzugeben.
Sie verstehen nicht einmal, Böses zu tun.

5 Sei nicht zu schnell mit dem Mund, ja selbst innerlich fiebere
nicht, vor Gott das Wort zu ergreifen. Gott ist im Himmel, du
bist auf der Erde, also mach wenig Worte!
2 Im Traum schließt man viele Geschäfte ab, der Ungebildete macht
viele Worte.

Gelübde

3 Wenn du Gott ein Gelübde machst, / dann zögere nicht, es zu er-
füllen.
Die Ungebildeten gefallen Gott nicht: / Was du gelobst, erfülle!
4 Es ist besser, wenn du nichts gelobst, / als wenn du etwas gelobst und
nicht erfüllst.
5 Laß nicht zu, daß dein Mund / dein Fleisch in Sünde stürzt.
Erkläre nie vor dem Boten: / Es war ein Versehen.
Warum soll Gott zürnen über das, was du redest, / und vernichten, was
deine Hände tun?
6 Vielmehr, wo Träume sich mehren und Windhauch und viele Worte, /
da fürchte du Gott!

Über Armut und Reichtum

Beamtenherrschaft

7 Wenn du beobachtest, daß in der Provinz die Armen ausgebeutet
und Gericht und Gerechtigkeit nicht gewährt werden, dann wundere
dich nicht über solche Vorgänge:
Ein Mächtiger deckt den andern, / hinter beiden stehen noch Mäch-
tigere,
8 und es ist auf jeden Fall ein Vorteil für das Land, wenn das bebaute
Feld einem König untersteht.

Die Nutzlosigkeit des Reichtums

9 Wer das Geld liebt, / bekommt vom Geld nie genug;
wer den Luxus liebt, / hat nie genug Einnahmen – auch das ist Wind-
hauch.
10 Mehrt sich das Vermögen, / so mehren sich auch die, die es ver-
zehren.
Was für ein Erfolg bleibt dem Besitzer? / Seine Augen dürfen zusehen.
11 Süß ist der Schlaf des Arbeiters, / ob er wenig oder viel zu essen hat.
Dem Reichen raubt sein voller Bauch / die Ruhe des Schlafs.

Verlust des Reichtums

12 Es gibt etwas Schlimmes, etwas wie eine Krankheit, das ich unter
der Sonne beobachtet habe: wenn Reichtum, der für seinen Besitzer
ängstlich gehütet wurde, diesem Schlimmes brachte. 13 Durch ein
schlechtes Geschäft ging ihm dieser Reichtum verloren. Er hatte einen
Sohn gezeugt, aber jetzt hat er nichts mehr, das ihm gehört. 14 Wie er
aus dem Leib seiner Mutter herausgekommen ist – nackt, wie er kam,
muß er wieder gehen. Von seinem Besitz darf er überhaupt nichts
forttragen, nichts, das er als ihm gehörig mitnehmen könnte. 15 So ist
auch dies etwas Schlimmes, etwas wie eine Krankheit. Genau wie er
kam, muß er gehen. Welchen Vorteil bringt es ihm, daß er sich
anstrengt für den Wind? 16 Auch wird er während seines ganzen restli-
chen Lebens sein Essen im Dunkeln einnehmen; er wird sich häufig
ärgern, und Krankheit und Unmut werden ihn plagen.

Unverwerteter Reichtum
17 Dies ist etwas, was ich eingesehen habe: Das vollkommene Glück
besteht darin, daß jemand ißt und trinkt und das Glück kennenlernt
durch seinen eigenen Besitz, für den er sich unter der Sonne anstrengt
während der wenigen Tage seines Lebens, die Gott ihm geschenkt hat.
Denn das ist sein Anteil. 18 Außerdem: Immer wenn Gott einem Men-
schen Reichtum und Wohlstand geschenkt und ihn ermächtigt hat,
davon zu essen und seinen Anteil fortzutragen und durch seinen
Besitz Freude zu gewinnen, besteht das eigentliche Geschenk Gottes
darin, 19 daß dieser Mensch sich nicht so oft daran erinnern muß, wie
wenige Tage sein Leben zählt, weil Gott ihn sich um die Freude seines
Herzens bemühen läßt.
6 Doch es gibt etwas Schlimmes, das ich unter der Sonne beob-
achtet habe; es lastet häufig auf dem Menschen: 2 Gott schenkt
einem Menschen so viel Reichtum, Wohlstand und Geltung, daß ihm
nichts fehlt von allem, was er sich wünschen könnte; aber Gott
ermächtigt ihn nicht, davon zu essen, sondern ein Fremder ißt es auf.
Das ist Windhauch und eine schlimme Krankheit.

Langes Leben und Reichtum ohne Freude
3 Wenn ein Mann hundert Söhne zeugt und viele Jahre lebt, so daß
seine Lebenszeit wirklich lang ist, wenn er sich selbst aber seines Ver-
mögens doch nicht bedienen kann, um sich satt zu essen, auch wenn
niemals ein Grab auf ihn warten würde – ich sage: Eine Fehlgeburt hat
es besser als er. 4 Denn: Als Windhauch kam sie, / ins Dunkel geht sie,
in Dunkel bleibt ihr Name gehüllt.
5 Sie hat auch die Sonne nicht gesehen und nicht gekannt. So hat sie
Ruhe, er nicht.

Langes Leben in Armut und ohne Freude
6 Und wenn er zweimal tausend Jahre lebte, aber das Glück nicht ken-
nenlernte: Gehen nicht beide zu ein und demselben Ort?
7 Alles Arbeiten des Menschen ist für den Rachen des Totenreichs,
und dessen Schlund wird niemals voll. 8 Denn was hat der Gebildete
dem Ungebildeten voraus, was nutzt es dem Armen, auch wenn er
etwas kann, noch unter den Lebenden zu weilen?
9 Besser, etwas vor Augen zu haben, als ein hungriger Rachen.
Aber auch das ist Windhauch und Luftgespinst. 10 Was auch immer
jemand war, er hat vorher schon seinen Namen bekommen; es war
erkannt, daß er nur ein Mensch sein wird, und er kann nicht mit dem
streiten, der mächtiger als er ist.

Alte Spruchweisheiten – kritisch überprüft

Einleitung
11 Es gibt viele Worte, die nur den Windhauch vermehren. Was nützt
das dem Menschen? 12 Denn: Wer kann erkennen, was für den Men-
schen besser ist in seinem Leben, während der wenigen Tage seines
Lebens voll Windhauch, die er wie ein Schatten verbringt? Und wer
kann dem Menschen verkünden, was nach ihm unter der Sonne
geschehen wird?

Zum Thema: Nachruhm
7 Besser ein guter Name als Parfüm – / und der Tag eines Todes als
der Tag einer Geburt;
2 besser der Gang in ein Haus, wo man trauert, / als der Gang in ein
Haus, wo man trinkt.
Weil dies das Ende jedes Menschen ist, / macht, wer noch lebt, sich
Gedanken.
3 Besser sich ärgern als lachen; / denn bei einem vergrämten Gesicht
wird das Herz heiter.
4 Das Herz der Gebildeten ist im Haus, wo man trauert, / das Herz der
Ungebildeten im Haus, wo man sich freut.

Zum Thema: Bildung
5 Besser, die Mahnrede eines Gebildeten anhören, / als dem Gesang
der Ungebildeten lauschen;
6 denn wie das Prasseln der Dornen unter dem Kessel, / so ist das
Lachen des Ungebildeten. – Aber auch das ist Windhauch, denn:
7 Erpressung verblendet den Gebildeten, / und Bestechung verdirbt
den Verstand.

Zum Thema: Zurückhaltung und Hängen am Hergebrachten
8 Besser der Ausgang einer Sache als ihr Anfang, / besser der Vorsich-
tige als der Stürmische.
9 Laß dich nicht aufregen, so daß du dich ärgerst, / denn Ärger steckt
in den Ungebildeten. –
10 Doch frag nicht: Wie kommt es, daß die früheren Zeiten besser
waren als unsere? Denn deine Frage zeugt nicht von Wissen.

Zum Thema: Wissen als Mittel zu langem Leben
11 Wissen ist soviel wert wie Erbbesitz, / es ist sogar mehr wert für die,
welche die Sonne sehen;
12 denn wer sich im Schatten des Wissens birgt, der ist auch im Schat-
ten des Geldes; / aber das ist der Vorteil des Könnens: Das Wissen
erhält seinen Besitzer am Leben. –
13 Doch sieh ein, daß Gottes Tun noch hinzukommt. Denn:
Wer kann gerade biegen, was er gekrümmt hat?
14 Am Glückstag erfreue dich deines Glücks, und am Unglückstag sieh
ein: Auch diesen hat Gott geschaffen, genau wie jenen, so daß der
Mensch von dem, was nach ihm kommt, gar nichts herausfinden
kann. 15 In meinen Tagen voll Windhauch habe ich beides beobachtet:
Es kommt vor, daß ein gesetzestreuer Mensch trotz seiner Gesetzes-
treue elend endet, und es kommt vor, daß einer, der sich nicht um das
Gesetz kümmert, trotz seines bösen Tuns ein langes Leben hat.
16 Halte dich nicht zu streng an das Gesetz, und sei nicht maßlos im
Erwerb von Wissen! Warum solltest du dich selbst ruinieren? 17 Ent-
fern dich nicht zu weit vom Gesetz, und verharre nicht im Unwissen:
Warum solltest du vor der Zeit sterben? 18 Es ist am besten, wenn du an
dem einen festhältst, aber auch das andere nicht losläßt. Wer Gott
fürchtet, wird sich in jedem Fall richtig verhalten.

Zum Thema: Wissen als Schutz
19 Das Wissen ist für den Gebildeten ein stärkerer Schutz / als zehn
Machthaber zusammen, / die in der Stadt geherrscht haben. –
20 Doch gibt es auf der Erde keinen einzigen Menschen, der so gesetzes-
treu wäre, daß er stets richtig handelt, ohne je einen Fehler zu begehen.
21 Hör auch nicht auf all die Worte, die man so sagt. Denn niemals wirst
du einen Untergebenen über dich schimpfen hören, 22 und doch bist du
dir bewußt, daß auch du sehr oft über andere geschimpft hast.

Zum Thema: Überliefertes Wissen und Wissen aus Beobachtung
23 Auf allen Wegen habe ich es mit dem Wissen versucht. Ich habe
gesagt: Ich will lernen und dadurch gebildet werden. Aber das Wissen
blieb für mich in der Ferne.
24 Fern ist alles, was geschehen ist, / und tief, tief versunken – / wer
könnte es wiederfinden?
25 So habe ich, genauer: mein Verstand, mich umgestellt. Ich wollte
forschend und suchend erkennen, was dasjenige Wissen wirklich ist,
das Einzelbeobachtungen zusammenrechnet. Ferner wollte ich erken-
nen, ob Gesetzesübertretung mit mangelnder Bildung und Unwissen
mit Verblendung zusammenhängt. 26 Immer wieder finde ich die
Ansicht, stärker als der Tod sei die Frau. Denn:
Sie ist ein Ring von Belagerungstürmen, / und ihr Herz ist ein Fang-
netz, / Fesseln sind ihre Arme.
Wem Gott wohlwill, der kann sich vor ihr retten, / wessen Leben ver-
fehlt ist, wird von ihr eingefangen.
27 Aber sieh dir an, was ich, Beobachtung um Beobachtung, herausge-
funden habe, sagte Kohelet, bis ich schließlich das Rechenergebnis

Pablo Picasso
Die Armen am Meeresstrand (Die Tragödie)
(1903)

»... was nutzt es dem Armen, auch wenn er etwas kann, noch unter den Lebenden zu weilen?« (Koh 6,8). Wie *Der alte Jude* (Abb. S. 308), so ist dieses Gemälde in Pablo Picassos Blauer Periode entstanden, der 1905 die Rosa Periode mit ihren heiter anmutenden Gestalten und Szenen aus der Welt des Theaters und des Zirkus folgte. Erscheint hier Lebensglück zumindest als denkbar, so sind die vorausgehenden Werke von tiefer Hoffnungslosigkeit geprägt. Auf dieser Ebene treffen sie sich mit dem Buch Kohelet, »der Bibel skeptischer Hintertür« (Norbert Lohfink). Das Gemälde *Die Armen am Meeresstrand* enthält mit der Figur des Knaben ein auffallendes Detail: Seine Hände bemessen eine bestimmte Länge (vielleicht eines Fisches?), die bescheiden genug ist. Um so stärker kontrastieren die beiden kleinen Hände mit der Tatsache, daß Vater und Mutter ihre Hände verborgen halten; sie sind nutzlos geworden.

fand, 28 oder vielmehr: wie ich immer wieder suchte und nichts fand:
Von tausend Menschen habe ich nur einen wiedergefunden, / aber
der, den ich von ihnen allen wiedergefunden habe, war keine Frau.
29 Sieh dir an, was ich als einziges herausgefunden habe:
Gott hat die Menschen rechtschaffen gemacht, / aber sie haben sich in
allen möglichen Berechnungen versucht.

8 Wer ist hier gebildet?
Wer versteht es, ein Wort zu deuten?

Zum Thema: Gebildete und König
Das Wissen eines Menschen macht seine Miene strahlend, / und seine
strengen Züge lösen sich. –
2 Ich (dagegen sage): Achte auf die Befehle des Königs, und zwar im
Hinblick auf den vor Gott geleisteten Eid. 3 Entferne dich nicht hastig
aus seiner Gegenwart, und versteife dich nicht auf eine Sache, wenn
sie schlimm auszugehen droht. Denn alles, wozu er sich entscheidet,
setzt er auch durch. 4 Hinter dem Wort des Königs steht nun einmal
die Macht. Wer also kann ihm sagen: Was tust du?

Zum Thema: Schicksal des gebildeten Gesetzestreuen und des ungebildeten Gesetzesübertreters
5 Wer auf das Gebot achtet, den trifft nichts Schlimmes, / der Verstand
des Gebildeten weiß die rechte Zeit. –
6 Allerdings:
Es gibt die rechte Zeit für jedes Geschehen, und:
Schlimmes Geschick lastet häufig auf dem Menschen, und:
7 Er weiß nicht, was geschehen wird. / Wie es geschehen wird – wer
verkündet es ihm?
8 Es gibt keinen Menschen, der Macht hat über den Wind, / so daß er
den Wind einschließen könnte.
Es gibt keine Macht über den Sterbetag. / Es gibt im Krieg keinen
Urlaub. / Selbst ein Gesetzesbruch kann die Gesetzesbrecher nicht
retten.
9 All dies habe ich beobachtet, als ich mich zu einer Zeit, wo ein
Mensch seine Macht über den andern Menschen dazu benutzte, die-
sem zu schaden, mit jedem Tun beschäftigte, das unter der Sonne
getan wurde. 10 Dabei habe ich beobachtet, wie Menschen, die das
Gesetz übertreten hatten, ein Begräbnis erhielten, während andere,
die recht getan hatten, ankamen und vom Ort des Heiligtums wieder
weggehen und bald in der Stadt vergessen sein werden. Auch das ist
Windhauch. 11 Denn:
Wo keine Strafe verhängt wird, / ist die Bosheit schnell am Werk.
Deshalb wächst im Herzen der Menschen die Lust, Böses zu tun.
12 Denn:
Ein Sünder kann hundertmal Böses tun / und dennoch lange leben.

Weiterführung
Freilich kenne ich das Wort:
Denen, die Gott fürchten, wird es gut gehen, / weil sie sich vor ihm
fürchten;
13 dem, der das Gesetz übertritt, wird es nicht gut gehen, / und er wird
kein langes Leben haben, gleich dem Schatten, / weil er sich nicht vor
Gott fürchtet. –
14 Doch es gibt etwas, das auf der Erde getan wurde und Windhauch ist:
Es gibt gesetzestreue Menschen, denen es so ergeht, / als hätten sie
wie Gesetzesbrecher gehandelt;
und es gibt Gesetzesbrecher, / denen es so ergeht, / als hätten sie wie
Gesetzestreue gehandelt.
Ich schloß daraus, daß auch dies Windhauch ist. 15 Da pries ich die
Freude; denn es gibt für den Menschen kein Glück unter der Sonne, es
sei denn, er ißt und trinkt und freut sich. Das soll ihn begleiten bei sei-
ner Arbeit während der Lebenstage, die Gott ihm unter der Sonne
geschenkt hat.

Zum Thema: Grenzen der Erkenntnis
16/17 Als ich mir vorgenommen hatte zu erkennen, was Wissen wirk-
lich ist, und zu beobachten, welches Geschäft eigentlich auf der Erde
getätigt wird, da sah ich ein, daß der Mensch, selbst wenn er seinen
Augen bei Tag und Nacht keinen Schlaf gönnt, das Tun Gottes in sei-
ner Ganzheit nicht wiederfinden kann, das Tun, das unter der Sonne
getan wurde. Deshalb strengt der Mensch, danach suchend, sich an
und findet es doch nicht wieder. Selbst wenn der Gebildete behauptet,
er erkenne – er kann es doch nicht wiederfinden.

9 Denn ich habe über dies alles nachgedacht und dies alles über-
prüft, wobei sich ergab: Die Gesetzestreuen und Gebildeten mit
ihrem Tun stehen unter Gottes Verfügung. Der Mensch erkennt nicht,
ob er geliebt ist oder ob er verschmäht ist. So liegt auch bei ihnen bei-
des offen vor ihnen. 2 Beides – wie bei allen Menschen. Aber ein und
dasselbe Geschick trifft den Gesetzestreuen und den Gesetzesbrecher,
den Guten, den Reinen und den Unreinen, den Opfernden und den, der
nicht opfert. Dem Guten ergeht es wie dem Sünder, dem Schwörenden
ebenso wie dem, der den Schwur scheut. 3 Das ist das Schlimme an
allem, was unter der Sonne getan wurde, daß alle dann ein und das-
selbe Geschick trifft und daß in den Menschen überdies die Lust zum
Bösen wächst und Verblendung ihren Geist erfaßt, während sie leben
und danach, wenn sie zu den Toten müssen – 4 ja, wer würde da ausge-
nommen? Für jeden Lebenden gibt es noch Zuversicht. Denn:
Ein lebender Hund ist besser als ein toter Löwe.
5 Und: Die Lebenden erkennen, daß sie sterben werden; die Toten aber
erkennen überhaupt nichts mehr. Sie erhalten auch keine Belohnung
mehr; denn die Erinnerung an sie ist in Vergessenheit versunken.
6 Liebe, Haß und Eifersucht gegen sie, all dies ist längst erloschen. Auf
ewig haben sie keinen Anteil mehr an allem, was unter der Sonne
getan wurde.

Ratschläge Kohelets

Freude und kraftvolles Handeln
7 Also: Iß freudig dein Brot, und trink vergnügt deinen Wein; denn
das, was du tust, hat Gott längst so festgelegt, wie es ihm gefiel. 8 Trag
jederzeit frische Kleider, und nie fehle duftendes Öl auf deinem
Haupt. 9 Mit einer Frau, die du liebst, genieß das Leben alle Tage dei-
nes Lebens voll Windhauch, die er dir unter der Sonne geschenkt hat,
alle deine Tage voll Windhauch. Denn das ist dein Anteil am Leben
und an dem Besitz, für den du dich unter der Sonne anstrengst.
10 Alles, was deine Hand, solange du Kraft hast, zu tun vorfindet, das
tu! Denn es gibt weder Tun noch Rechnen noch Können noch Wissen
in der Unterwelt, zu der du unterwegs bist.

Zufall und Zeit
11 Wiederum habe ich unter der Sonne beobachtet:
Nicht den Schnellen gehört im Wettlauf der Sieg, / nicht den Tapferen
der Sieg im Kampf, / auch nicht den Gebildeten die Nahrung, / auch
nicht den Klugen der Reichtum, / auch nicht den Könnern der Beifall, /
sondern jeden treffen Zufall und Zeit.
12 Außerdem: Der Mensch kennt seine Zeit nicht.
Wie Fische, die ins Unglücksnetz geraten sind, / wie Vögel, die ins
Klappnetz geraten sind, / ebenso verfangen sich die einzelnen
Menschen in ihre Unglückszeit, / wenn sie plötzlich über sie herab-
fällt.

Wissen und Macht
13 Auch folgendes habe ich unter der Sonne beobachtet, ein Beispiel
von Wissen, das ich für bedeutsam hielt: 14 Es war eine kleine Stadt.
Die hatte nur wenige Einwohner. Ein mächtiger König zog gegen sie
aus. Er schloß sie ein und baute gegen sie hohe Belagerungstürme.
15 In der Stadt fand sich ein armer, aber gebildeter Mann. Der rettete
die Stadt durch sein Wissen. Später aber erinnerte sich kein Mensch
mehr an diesen armen Mann. 16 Da sagte ich:
Wissen ist besser als Macht, / aber das Wissen des Armen gilt nichts, /
und niemand will seine Worte hören.
17 Bedächtige Worte von Gebildeten hört man sich lieber an / als das
Geschrei des Herrschers der Ungebildeten,
18 und Wissen ist besser als Waffen – / aber ein einziger, der falsch ent-
scheidet, / kann viele Werte zerstören.

Dummheit
10 Sterbende Fliegen – da stinkt und gärt sogar das (duftende)
Öl für die Schönheitspflege; / schwerer als Wissen und Gel-
tung wiegt eine kleine Dummheit.
2 Der Verstand des Gebildeten wählt den rechten Weg, / der Verstand
des Ungebildeten den linken;
3 doch der Dumme – welchen Weg er auch einschlägt, / ihm fehlt der
Verstand, / obwohl er von jedem andern gesagt hat: Er ist dumm.

Gelassenheit
4 Wenn der Herrscher gegen dich in Zorn gerät, bewahre die Ruhe; /
denn Gelassenheit bewahrt vor großen Fehlern.

Ungerechte Behandlung bei Hof
5 Es gibt etwas Schlimmes, das ich unter der Sonne beobachtet habe –
solch ein Versehen, wie es vom Machthaber zu kommen pflegt:
6 Die Dummheit wurde auf höchste Posten gestellt, / und Reiche müs-
sen unten sitzen.
7 Ich habe Sklaven hoch zu Pferd gesehen / und Fürsten, die wie Skla-
ven zu Fuß gehen mußten.

Lauernde Gefahren
8 Wer eine Grube gräbt, kann hineinfallen, / wer eine Mauer einreißt,
den kann die Schlange beißen,
9 wer Steine bricht, kann sich dabei verletzen, / wer Holz spaltet,
bringt sich dadurch in Gefahr.

Anwendung des Wissens
10 Wenn die Axt stumpf geworden ist / und ihr Benutzer hat sie nicht
vorher geschliffen, / dann braucht er mehr Kraft – / Wissen hätte ihm
den Vorteil gebracht, daß er sein Werkzeug vorbereitet hätte.
11 Der Schlangenbeschwörer hat keinen Vorteil, / wenn die Schlange
beißt, bevor er sie beschworen hat.

Der Ungebildete
12 Worte aus dem Mund des Gebildeten finden Beifall, / jedes Wort von
den Lippen des Ungebildeten bringt ihn selbst in Verwirrung.
13 Wenn er redet, steht Dummheit am Anfang, / am Ende schlimme
Verblendung.
14 Und der Dumme redet endlos. Dabei kann doch der Mensch nicht
erkennen, was geschehen wird. Und was nach ihm geschieht – wer
verkündet es ihm? 15 Die Arbeit erschöpft die Ungebildeten: Keiner hat
es verstanden, in die Stadt zu ziehen.

Königshof und Schicksal des Volks
16 Weh dir, Land, / dessen König ein Knabe ist / und dessen Fürsten
schon früh am Morgen tafeln.
17 Wohl dir, Land, / dessen König von edlem Geschlecht ist und dessen
Fürsten zur richtigen Zeit tafeln, / beherrscht und nicht wie Zecher.

Faulheit
18 Ist einer träge, so senkt sich das Gebälk, / läßt er die Hände sinken,
so dringt der Regen ins Haus.

Geld
19 Man schlemmt und will dabei lachen, / der Wein erfreut die Leben-
den, / das Geld macht alles möglich.

Vom Reden über Mächtige
20 Nicht einmal in Gedanken / schimpf auf den König, / nicht einmal
im Schlafzimmer schimpf auf einen Reichen;
denn die Vögel des Himmels können dein Wort verbreiten, / alles, was
Flügel hat, / könnte die Nachricht weitermelden.

Berechenbarkeit und Unberechenbarkeit der Zukunft

11 Leg dein Brot auf die Wasserfläche, / denn noch nach vielen
Tagen wirst du es wiederfinden –
2 verteil dein Kapital auf sieben oder gar auf acht; / denn du weißt
nicht, welches Unglück über das Land kommt.
3 Wenn die Wolken sich mit Regen füllen, / schütten sie ihn auch über
das Land aus;
wenn ein Baum nach Süden oder Norden fällt – / wohin der Baum
auch fällt, da bleibt er liegen.

Tatkräftiges Handeln

4 Wer ständig nach dem Wind schaut, kommt nicht zum Säen, / wer
ständig die Wolken beobachtet, kommt nicht zum Ernten.
5 Wie du den Weg des Windes ebensowenig wie das Werden des Kin-
des im Leib der Schwangeren erkennen kannst, so kannst du auch das
Tun Gottes nicht erkennen, der alles tut. 6 Am Morgen beginne zu
säen, auch gegen Abend laß deine Hand noch nicht ruhen; denn du
kannst nicht im voraus erkennen, was Erfolg haben wird, das eine
oder das andere, oder ob sogar beide zugleich zu guten Ergebnissen
führen.
7 Dann wird das Licht süß sein, / und den Augen wird es wohltun, die
Sonne zu sehen.
8 Denn selbst wenn ein Mensch viele Jahre zu leben hat, / freue er sich
in dieser ganzen Zeit, / und er denke zugleich an die dunklen Tage: /
Auch sie werden viele sein. / Alles, was kommt, ist Windhauch.

Freude in der Jugend im Blick auf Alter und Tod

9 Freu dich, junger Mann, in deiner Jugend, / sei heiteren Herzens in
deinen frühen Jahren!
Geh auf den Wegen, die dein Herz dir sagt, / zu dem, was deine Augen
vor sich sehen.
[Aber sei dir bewußt, daß Gott dich für all das vor Gericht ziehen wird.]
10 Halte deinen Sinn von Ärger frei, / und schütz deinen Leib vor
Krankheit; / denn die Jugend und das dunkle Haar sind Windhauch.

12 Denk an deinen Schöpfer in deinen frühen Jahren, / ehe die
Tage der Krankheit kommen und die Jahre dich erreichen, /
von denen du sagen wirst: Ich mag sie nicht!,
2 ehe Sonne und Licht und Mond und Sterne erlöschen / und auch
nach dem Regen wieder Wolken aufziehen:
3 am Tag, da die Wächter des Hauses zittern, / die starken Männer sich
krümmen, / die Müllerinnen ihre Arbeit einstellen, weil sie zu wenige
sind, / es dunkel wird bei den Frauen, die aus den Fenstern blicken,
4 und das Tor zur Straße verschlossen wird; / wenn das Geräusch der
Mühle verstummt, / steht man auf beim Zwitschern der Vögel, / doch
die Töne des Lieds verklingen;
5 selbst vor der Anhöhe fürchtet man sich und vor den Schrecken am
Weg; / der Mandelbaum blüht, / die Heuschrecke schleppt sich dahin, /
die Frucht der Kaper platzt, / doch ein Mensch geht zu seinem ewigen
Haus, / und die Klagenden ziehen durch die Straßen –
6 ja, ehe die silberne Schnur zerreißt, / die goldene Schale bricht, / der
Krug an der Quelle zerschmettert wird, / das Rad zerbrochen in die
Grube fällt,
7 der Staub auf die Erde zurückfällt als das, was er war, / und der Atem
zu Gott zurückkehrt, / der ihn gegeben hat.

Rahmenvers

8 Windhauch, Windhauch, sagte Kohelet, das ist alles Windhauch.

Zwei Nachworte von Herausgebern

Das erste Nachwort

9 Kohelet war ein Gelehrter. Außerdem hat er einfachen Leuten Kennt-
nisse beigebracht. Er hörte zu und prüfte, er hat viele Sprichwörter
selbst in Form gebracht. 10 Kohelet hat sich bemüht, gut formulierte
Worte zu entdecken, und hier sind diese wahren Worte sorgfältig auf-
geschrieben.
11 Worte von Gelehrten sind wie Ochsenstecken, / Sprüche aus Samm-
lungen aber sitzen wie eingetriebene Nägel – / sie sind die Gabe eines
einzigen Hirten.

Das zweite Nachwort

12 Im übrigen, mein Sohn, laß dich warnen! Es nimmt kein Ende mit
dem vielen Bücherschreiben, und viel Studieren ermüdet den Leib.
13 Hast du alles gehört, so lautet der Schluß:
Fürchte Gott, und achte auf seine Gebote!
Das allein hat jeder Mensch nötig. 14 Denn Gott wird jedes Tun vor das
Gericht bringen, das über alles Verborgene urteilt, es sei gut oder böse.

Das Hohelied

Das Hohelied, wörtlich übersetzt »Das Lied der Lieder«, d. h. »Das schönste Lied«, besingt in einer Folge von Gedichten die Liebe von Mann und Frau, die sich verbinden, sich verlieren, sich suchen und finden. Ähnlich wie das Buch der Sprichwörter und Kohelet gehört es zur Weisheitsliteratur und wird nach der Überlieferung König Salomo zugeschrieben. In der jüdischen Liturgie wurde es die Festrolle für das Paschafest (vgl. die Einleitung zu Rut). Als im 1. Jahrhundert n. Chr. in jüdischen Kreisen Zweifel an seiner kanonischen Geltung erhoben wurden, löste man sie durch die Berufung auf die Tradition. Die Kirche hat das Hohelied immer als Teil der Heiligen Schrift betrachtet.
Bei keinem alttestamentlichen Buch klaffen die Auslegungen so weit auseinander wie hier. Neben der neuen Meinung, das Hohelied entstamme dem Kult der Fruchtbarkeitsgöttin Astarte und übertrage den im Alten Orient weit verbreiteten Ritus der heiligen Hochzeit auf die Jahwe-Verehrung, nimmt die Auffassung zu, es handle sich bei diesem Buch um eine realistische Darstellung und Verherrlichung der ehelichen Liebe (vgl. die Aussage von Gen 2,24). Der »Sitz im Leben« wäre dann eine israelitische Hochzeitsfeier. Dafür sprechen die sogenannten Beschreibungslieder (4,1-7; 5,10-16; 7,2-10), die die Schönheit von Braut und Bräutigam preisen.
Älter ist jedoch die allegorische Auslegung: Die Liebe Gottes zu seinem Volk wird dargestellt unter dem Bild der Liebe zwischen Eheleuten (vgl. Hos 1-3). Von den christlichen Schriftstellern wurde später das Hohelied auf die Verbindung Christi mit der Kirche oder auf die mystische Einheit der Seele mit Gott ausgedeutet.
Der Verfasser des Hohenlieds verfügt über ursprüngliche dichterische Kraft und ist ein guter Kenner der Heiligen Schrift. Vielleicht ist die Form seiner Lieder von Ägypten her beeinflußt. Ähnlich wie in den ägyptischen Liebesliedern ist kein Aufbauplan festzustellen. Wegen sprachlicher Eigentümlichkeiten (Aramaismen, ein persisches Wort in 4,13, ein griechisches Wort in 3,9) ist wohl an nachexilische Abfassungszeit in Palästina zu denken. Mit Blick auf die biblische Theologie ist neben der Deutung auf die gottgewollte eheliche Gemeinschaft die Auslegung auf die Verbindung Christus und Kirche durchaus zu rechtfertigen. Dafür spricht vor allem das Gewicht der Tradition.

1 Das Hohelied Salomos.
2 Mit Küssen seines Mundes bedecke er mich. / Süßer als Wein
ist deine Liebe.
3 Köstlich ist der Duft deiner Salben, / dein Name hingegossenes
Salböl; / darum lieben dich die Mädchen.
4 Zieh mich her hinter dir! Laß uns eilen! / Der König führt mich in
seine Gemächer.
Jauchzen laßt uns, deiner uns freuen, / deine Liebe höher rühmen als
Wein. / Dich liebt man zu Recht.
5 Braun bin ich, doch schön, / ihr Töchter Jerusalems,
wie die Zelte von Kedar, / wie Salomos Decken.
6 Schaut mich nicht so an, / weil ich gebräunt bin. Die Sonne hat mich
verbrannt.
Meiner Mutter Söhne waren mir böse, / ließen mich Weinberge hüten; /
den eigenen Weinberg konnte ich nicht hüten.
7 Du, den meine Seele liebt, / sag mir: Wo weidest du die Herde? / Wo
lagerst du am Mittag?
Wozu soll ich erst umherirren / bei den Herden deiner Gefährten?
8 Wenn du das nicht weißt, / du schönste der Frauen,
dann folge den Spuren der Schafe, / dann weide deine Zicklein / dort,
wo die Hirten lagern.
9 Mit der Stute an Pharaos Wagen / vergleiche ich dich, meine Freundin.
10 Schön sind deine Wangen zwischen den Kettchen, / dein Hals in der
Perlenschnur.
11 Machen wir dir noch goldene Kettchen, / kleine Silberkugeln daran.
12 Solange der König an der Tafel liegt, / gibt meine Narde ihren Duft.
13 Mein Geliebter ruht wie ein Beutel mit Myrrhe / an meiner Brust.
14 Eine Hennablüte ist mein Geliebter mir/ aus den Weinbergen von
En-Gedi.
15 Schön bist du, meine Freundin, / ja, du bist schön. / Zwei Tauben
sind deine Augen.
16 Schön bist du, mein Geliebter, verlockend. / Frisches Grün ist unser
Lager,
17 Zedern sind die Balken unseres Hauses, / Zypressen die Wände.

2 Ich bin eine Blume auf den Wiesen des Scharon, / eine Lilie der
Täler.
2 Eine Lilie unter Disteln / ist meine Freundin unter den Mädchen.
3 Ein Apfelbaum unter Waldbäumen / ist mein Geliebter unter den
Burschen.
In seinem Schatten begehre ich zu sitzen. / Wie süß schmeckt seine
Frucht meinem Gaumen!
4 In das Weinhaus hat er mich geführt. / Sein Zeichen über mir heißt
Liebe.
5 Stärkt mich mit Traubenkuchen, / erquickt mich mit Äpfeln; / denn
ich bin krank vor Liebe.
6 Seine Linke liegt unter meinem Kopf, / seine Rechte umfängt mich.
7 Bei den Gazellen und Hirschen auf der Flur / beschwöre ich euch,
Jerusalems Töchter:
Stört die Liebe nicht auf, / weckt sie nicht, / bis es ihr selbst gefällt.
8 Horch! Mein Geliebter! / Sieh da, er kommt. Er springt über die
Berge, / hüpft über die Hügel.
9 Der Gazelle gleicht mein Geliebter, / dem jungen Hirsch.
Ja, draußen steht er / an der Wand unsres Hauses;
er blickt durch die Fenster, / späht durch die Gitter.
10 Der Geliebte spricht zu mir: / Steh auf, meine Freundin, / meine
Schöne, so komm doch!
11 Denn vorbei ist der Winter, / verrauscht der Regen.
12 Auf der Flur erscheinen die Blumen; / die Zeit zum Singen ist da.
Die Stimme der Turteltaube / ist zu hören in unserem Land.
13 Am Feigenbaum reifen die ersten Früchte; / die blühenden Reben
duften.

Gustav Klimt
Der Kuß
(1907/1908)
»Mit Küssen seines Mundes bedeckte er mich. Süßer als Wein ist deine Liebe» (Hld 1,2). Das Gemälde des Wiener Jugendstil-Künstlers Gustav Klimt ist im Zusammenhang mit den Vorarbeiten für eine monumentale Wanddekoration entstanden: ein Mosaik an allen vier Wänden des Speisesaals des Palais Stoclet in Brüssel (vollendet 1911). Hier sind in das spiralförmige Geäst weit ausladender Lebensbäume zwei figürliche Darstellungen eingefügt: *Erwartung* und *Erfüllung (Der Kuß)*. Das Gemälde hierzu faßt Mann und Frau in einer gemeinsamen Form zusammen, deren ornamentale Musterung auf die Gewänder hindeutet, aber auch Eigenwert gewinnt: Als kostbarer Stoff gibt er einem Hochgefühl Ausdruck. Im Hohelied wechselt die »Erfüllung« mit den Empfindungen der Sehnsucht nach dem Geliebten, der Trennung und Einsamkeit.

Steh auf, meine Freundin, / meine Schöne, so komm doch!
14 Meine Taube im Felsennest, / versteckt an der Steilwand,
dein Gesicht laß mich sehen, / deine Stimme hören!
Denn süß ist deine Stimme, / lieblich dein Gesicht.
15 Fangt uns die Füchse, / die kleinen Füchse!
Sie verwüsten die Weinberge, / unsre blühenden Reben.
16 Der Geliebte ist mein, / und ich bin sein; / er weidet in den Lilien.
17 Wenn der Tag verweht / und die Schatten wachsen,
komm du, mein Geliebter, / der Gazelle gleich,
dem jungen Hirsch / auf den Balsambergen.

3 Des Nachts auf meinem Lager suchte ich ihn, / den meine Seele
liebt. / Ich suchte ihn und fand ihn nicht.
2 Aufstehen will ich, die Stadt durchstreifen, / die Gassen und Plätze, /
ihn suchen, den meine Seele liebt.
Ich suchte ihn und fand ihn nicht.

3 Mich fanden die Wächter / bei ihrer Runde durch die Stadt.
Habt ihr ihn gesehen, / den meine Seele liebt?
4 Kaum war ich an ihnen vorüber, / fand ich ihn, den meine Seele liebt.
Ich packte ihn, ließ ihn nicht mehr los, / bis ich ihn ins Haus meiner
Mutter brachte, / in die Kammer derer, die mich geboren hat.
5 Bei den Gazellen und Hirschen der Flur / beschwöre ich euch, Jerusalems Töchter:
Stört die Liebe nicht auf, / weckt sie nicht, / bis es ihr selbst gefällt.
6 Wer ist sie, / die da aus der Steppe heraufsteigt / in Säulen von Rauch,
umwölkt von Myrrhe und Weihrauch, / von allen Wohlgerüchen der Händler?
7 Sieh da, das ist Salomos Sänfte;
sechzig Helden geleiten sie, / Israels Helden,
8 alle vertraut mit dem Schwert, / geschult für den Kampf;
jeder trägt sein Schwert an der Hüfte / gegen die Schrecken der Nacht.
9 Einen Tragsessel ließ König Salomo zimmern / aus Holz vom Libanon,
10 die Pfosten in Silber, / die Lehne in Gold,
der Sitz in Purpur, / das Innere mit Steinen belegt.
11 Ihr Töchter Jerusalems, kommt heraus / und schaut, ihr Töchter Zions, / König Salomo mit der Krone!
Damit hat ihn seine Mutter gekrönt / am Tage seiner Hochzeit, / an dem Tag seiner Herzensfreude.

4 Schön bist du, meine Freundin, / ja, du bist schön.
Hinter dem Schleier / deine Augen wie Tauben.
Dein Haar gleicht einer Herde von Ziegen, / die herabzieht von Gileads Bergen.
2 Deine Zähne sind wie eine Herde / frisch geschorener Schafe, / die aus der Schwemme steigen.
Jeder Zahn hat sein Gegenstück, / keinem fehlt es.
3 Rote Bänder sind deine Lippen; / lieblich ist dein Mund.
Dem Riß eines Granatapfels gleicht deine Schläfe / hinter dem Schleier.
4 Wie der Turm Davids ist dein Hals, / in Schichten von Steinen erbaut;
tausend Schilde hängen daran, / lauter Waffen von Helden.
5 Deine Brüste sind wie zwei Kitzlein, / wie die Zwillinge einer Gazelle, /
die in den Lilien weiden.
6 Wenn der Tag verweht und die Schatten wachsen, /
will ich zum Myrrhenberg gehen, / zum Weihrauchhügel.
7 Alles an dir ist schön, meine Freundin; / kein Makel haftet dir an.
8 Komm doch mit mir, meine Braut, vom Libanon, / weg vom Libanon
komm du mit mir!
Weg vom Gipfel des Amana, / von den Höhen des Senir und Hermon;
weg von den Lagern der Löwen, / den Bergen der Panther.
9 Verzaubert hast du mich, / meine Schwester Braut; / ja verzaubert
mit einem (Blick) deiner Augen, / mit einer Perle deiner Halskette.
10 Wie schön ist deine Liebe, / meine Schwester Braut;
wieviel süßer ist deine Liebe als Wein, / der Duft deiner Salben köstlicher als alle Balsamdüfte.
11 Von deinen Lippen, Braut, tropft Honig; / Milch und Honig ist unter deiner Zunge.
Der Duft deiner Kleider ist wie des Libanon Duft.
12 Ein verschlossener Garten ist meine Schwester Braut, / ein verschlossener Garten, / ein versiegelter Quell.
13 Ein Lustgarten sproßt aus dir, / Granatbäume mit köstlichen Früchten, / Hennadolden, Nardenblüten,
14 Narde, Krokus, Gewürzrohr und Zimt, / alle Weihrauchbäume,
Myrrhe und Aloe, / allerbester Balsam.
15 Die Quelle des Gartens bist du, / ein Brunnen lebendigen Wassers, /
Wasser vom Libanon.
16 Nordwind, erwache! Südwind, herbei! / Durchweht meinen Garten, /
laßt strömen die Balsamdüfte!
Mein Geliebter komme in seinen Garten / und esse von den köstlichen Früchten.

Georg Baselitz
Pastorale – Der Tag
(1986)
»Ich komme in meinen Garten, Schwester Braut; ich pflücke meine Myrrhe, den Balsam...« (Hld 5,1). Das Gemälde *Pastorale – Der Tag* hat der Neoexpressionist Georg Baselitz gleichzeitig mit einer *Pastorale – Die Nacht* geschaffen. Beide zeigen Mann und Frau, beim Tagbild den weiblichen Akt als sog. Kniestück, den Mann als Büste. Ein Adlerkopf bildet ein waagerechtes Verbindungsglied, das über dem weißen Krug ansetzt, in dem sich die Hand der Frau verbirgt. »Pastoral«, nämlich ländlich-idyllisch mutet beim Tagbild der olivgrüne Fond an, vor dem Mann und Frau frontal in Erscheinung treten. Doch herrscht trotz des Nebeneinanders der Ausdruck aggressiver Spannung vor, verglichen mit der gelösten Stimmung traditioneller Pastoralen. Die anscheinend auf dem Kopf stehenden Bilder von Georg Baselitz erhalten nicht erst beim Aufhängen diese Position; vielmehr entstehen sie auch kopfüber, beginnend 1969 mit einer Baumgruppe, die vom Erdreich oben zum Himmel unten wächst. Gedacht ist die Erschwerung, die den Maler ebenso betrifft wie den Betrachter, als Appell, die bei Baselitz stets gegenständlichen Darstellungen als durch Malerei vermittelt wahrzunehmen.

5 Ich komme in meinen Garten, Schwester Braut; / ich pflücke meine Myrrhe, den Balsam;
esse meine Wabe samt dem Honig, / trinke meinen Wein und die Milch.
Freunde, eßt und trinkt, / berauscht euch an der Liebe!
2 Ich schlief, doch mein Herz war wach. / Horch, mein Geliebter klopft:
Mach auf, meine Schwester und Freundin, / meine Taube, du Makellose!
Mein Kopf ist voll Tau, / aus meinen Locken tropft die Nacht.
3 Ich habe mein Kleid schon abgelegt – / wie soll ich es wieder anziehen?
Die Füße habe ich gewaschen – / soll ich sie wieder beschmutzen?
4 Mein Geliebter streckte die Hand durch die Luke; / da bebte mein
Herz ihm entgegen.
5 Ich stand auf, dem Geliebten zu öffnen. / Da tropften meine Hände
von Myrrhe am Griff des Riegels.

6 Ich öffnete meinem Geliebten: / Doch der Geliebte war weg, verschwunden. / Mir stockte der Atem: Er war weg.
Ich suchte ihn, ich fand ihn nicht. / Ich rief ihn, er antwortete nicht.
7 Da fanden mich die Wächter bei ihrer Runde durch die Stadt; / sie schlugen, sie verletzten mich.
Den Mantel entrissen sie mir, / die Wächter der Mauern.
8 Ich beschwöre euch, Jerusalems Töchter: / Wenn ihr meinen Geliebten findet, sagt ihm, / ich bin krank vor Liebe.
9 Was hat dein Geliebter den andern voraus, / du schönste der Frauen?
Was hat dein Geliebter den andern voraus, / daß du so uns beschwörst?
10 Mein Geliebter ist weiß und rot, / ist ausgezeichnet vor Tausenden.
11 Sein Haupt ist reines Gold. / Seine Locken sind Rispen, rabenschwarz.
12 Seine Augen sind wie Tauben an Wasserbächen; / (die Zähne), in Milch gebadet, sitzen fest.
13 Seine Wangen sind wie Balsambeete, darin Gewürzkräuter sprießen, seine Lippen wie Lilien; / sie tropfen von flüssiger Myrrhe.
14 Seine Finger sind wie Stäbe aus Gold, / mit Steinen aus Tarschisch besetzt.
Sein Leib ist wie eine Platte aus Elfenbein, / mit Saphiren bedeckt.
15 Seine Schenkel sind Marmorsäulen, / auf Sockeln von Feingold.
Seine Gestalt ist wie der Libanon, / erlesen wie Zedern.
16 Sein Mund ist voll Süße;/ alles ist Wonne an ihm.
Das ist mein Geliebter, / ja, das ist mein Freund, / ihr Töchter Jerusalems.

6 Wohin ist dein Geliebter gegangen, / du schönste der Frauen?
Wohin wandte sich dein Geliebter? / Wir wollen ihn suchen mit dir.
2 In seinen Garten ging mein Geliebter / zu den Balsambeeten,
um in den Gartengründen zu weiden, / um Lilien zu pflücken.
3 Meinem Geliebten gehöre ich, / und mir gehört der Geliebte, / der in den Lilien weidet.
4 Schön wie Tirza bist du, meine Freundin, / lieblich wie Jerusalem, / prächtig wie Himmelsbilder.
5 Wende deine Augen von mir, / denn sie verwirren mich.
Dein Haar gleicht einer Herde von Ziegen, / die von Gilead herabziehen.
6 Deine Zähne sind wie eine Herde von Mutterschafen, / die aus der Schwemme steigen.
Jeder Zahn hat sein Gegenstück, / keinem fehlt es.
7 Dem Riß eines Granatapfels gleicht deine Schläfe / hinter deinem Schleier.
8 Sechzig Königinnen (hat Salomo), / achtzig Nebenfrauen / und Mädchen ohne Zahl.
9 Doch einzig ist meine Taube, die Makellose, / die Einzige ihrer Mutter, / die Erwählte ihrer Gebärerin.
Erblicken sie die Mädchen, / sie preisen sie; / Königinnen und Nebenfrauen rühmen sie.
10 Wer ist, die da erscheint wie das Morgenrot, / wie der Mond so schön,
strahlend rein wie die Sonne, / prächtig wie Himmelsbilder?
11 In den Nußgarten stieg ich hinab, / um nach dem Sprossen der Palme zu sehen,
um zu sehen, ob der Weinstock treibt, / die Granatbäume blühen.
12 Da entführte mich meine Seele, / ich weiß nicht wie, / zu den Wagen meines edlen Volkes.

7 Wende dich, wende dich, Schulammit! / Wende dich, wende dich, / damit wir dich betrachten.
Was wollt ihr an Schulammit sehen? / Den Lager-Tanz!
2 Wie schön sind deine Schritte in den Sandalen, / du Edelgeborene.
Deiner Hüften Rund ist wie Geschmeide, / gefertigt von Künstlerhand.
3 Dein Schoß ist ein rundes Becken, / Würzwein mangle ihm nicht.
Dein Leib ist ein Weizenhügel, / mit Lilien umstellt.
4 Deine Brüste sind wie zwei Kitzlein, / wie die Zwillinge einer Gazelle.
5 Dein Hals ist ein Turm aus Elfenbein. / Deine Augen sind wie die Teiche zu Heschbon / beim Tor von Bat-Rabbim.
Deine Nase ist wie der Libanonturm, / der gegen Damaskus schaut.
6 Dein Haupt gleicht oben dem Karmel; / wie Purpur sind deine Haare; / ein König liegt in den Ringeln gefangen.
7 Wie schön bist du und wie reizend, / du Liebe voller Wonnen!
8 Wie eine Palme ist dein Wuchs; / deine Brüste sind wie Trauben.
9 Ich sage: Ersteigen will ich die Palme; / ich greife nach den Rispen.
Trauben am Weinstock seien mir deine Brüste, / Apfelduft sei der Duft deines Atems,
10 dein Mund köstlicher Wein, / der glatt in mich eingeht, / der Lippen und Zähne mir netzt.
11 Ich gehöre meinem Geliebten, / und ihn verlangt nach mir.
12 Komm, mein Geliebter, wandern wir auf das Land, / schlafen wir in den Dörfern.
13 Früh wollen wir dann zu den Weinbergen gehen / und sehen, ob der Weinstock schon treibt,
ob die Rebenblüte sich öffnet, / ob die Granatbäume blühen. / Dort schenke ich dir meine Liebe.
14 Die Liebesäpfel duften; / an unsrer Tür warten alle köstlichen Früchte,
frische und solche vom Vorjahr; / für dich hab' ich sie aufgehoben, Geliebter.

8 Ach, wärst du doch mein Bruder, / genährt an der Brust meiner Mutter.
Träfe ich dich dann draußen, / ich würde dich küssen; / niemand dürfte mich deshalb verachten.
2 Führen wollte ich dich, / in das Haus meiner Mutter dich bringen, / die mich erzogen hat.
Würzwein gäbe ich dir zu trinken, / Granatapfelmost.
3 Seine Linke liegt unter meinem Kopf, / seine Rechte umfängt mich.
4 Ich beschwöre euch, Jerusalems Töchter: / Was stört ihr die Liebe auf, / warum weckt ihr sie, / ehe ihr selbst es gefällt?
5 Wer ist sie, / die aus der Steppe heraufsteigt, / auf ihren Geliebten gestützt?
Unter dem Apfelbaum hab' ich dich geweckt, / dort, wo deine Mutter dich empfing, / wo deine Gebärerin in Wehen lag.
6 Leg mich wie ein Siegel auf dein Herz, / wie ein Siegel an deinen Arm!
Stark wie der Tod ist die Liebe, / die Leidenschaft ist hart wie die Unterwelt.
Ihre Gluten sind Feuergluten, / gewaltige Flammen.
7 Auch mächtige Wasser können die Liebe nicht löschen; / auch Ströme schwemmen sie nicht weg.
Böte einer für die Liebe den ganzen Reichtum seines Hauses, / nur verachten würde man ihn.
8 Wir haben eine kleine Schwester, / noch ohne Brüste.
Was tun wir mit unsrer Schwester, / wenn jemand um sie wirbt?
9 Ist sie eine Mauer, / bauen wir silberne Zinnen auf ihr.
Ist sie eine Tür, / versperren wir sie mit einem Zedernbrett.
10 Ich bin eine Mauer, / meine Brüste gleichen Türmen.
Da hab' ich in seinen Augen / Gefallen gefunden.
11 Salomo besaß einen Weinberg in Baal-Hamon; / den Weinberg übergab er Hütern.
Für seine Frucht würde jeder tausend Silberstücke bezahlen.
12 Mein eigener Weinberg liegt vor mir. / Die tausend laß ich dir, Salomo, / und zweihundert noch denen, / die seine Früchte hüten.
13 Die du in den Gärten weilst, / auf deine Stimme lauschen die Freunde; / laß sie mich hören!
14 Fort, fort, mein Geliebter, / der Gazelle gleich,
dem jungen Hirsch / auf den Balsambergen.

Das Buch der Weisheit

Den Titel »Buch der Weisheit« trägt dieses Buch in der lateinischen Bibel; in der griechischen Bibel heißt es »Weisheit Salomos«. Das Buch stammt aus der jüdischen Diaspora in Ägypten, wahrscheinlich aus Alexandria, dem berühmten Zentrum hellenistischer Wissenschaft. Es ist das späteste Buch des Alten Testaments. Die Verfolgung gesetzestreuer Juden durch abgefallene Juden (Kap. 2) weist in die Zeit zwischen 80 und 30 v. Chr.; damals hatte auch die Weltmacht Rom den Juden ihre Gunst entzogen.

Der Verfasser ist stolz auf seine jüdische Religion und auf sein Volk; er ist aber auch hellenistisch gebildet und offen für die Schönheit der Natur (Kap. 13). Er versteht es, sich in seiner griechischen Muttersprache klar und genau auszudrücken. Die Bibel las er in der griechischen Übersetzung der Septuaginta. Philosophische Gedankengänge, wie sie die Griechen zu seiner Zeit kannten, waren ihm für seine Darstellung der Offenbarung des Alten Testaments hilfreich. Indem er in der Person des Königs Salomo spricht (vgl. 9,7), stellt er sich, wie der Verfasser von Spr 1–9 und wie Kohelet, in die Reihe der Weisheitslehrer Israels. Er nennt Salomo jedoch nicht mit Namen, wie er auch sonst keine Namen nennt, um die allgemein menschliche Geltung dieser Weisheit herauszuheben.

Der Verfasser wendet sich tröstend und mahnend an seine verfolgten Glaubensgenossen, aber auch drohend und warnend an ihre Verfolger, die abgefallenen Juden, und einladend und werbend an seine heidnische Umwelt, indem er die Offenbarungsreligion als Gabe der Weisheit darstellt.

Die herkömmliche Dreiteilung des Buches (Kap. 1–5; 6–9; 10–19) ist zwar inhaltlich berechtigt; der kunstvolle Aufbau ermöglicht aber eine genauere Abgrenzung der Teile:

Der erste Teil gliedert sich in sieben Abschnitte. Er beginnt und schließt mit einer Mahnrede (1,1–15 und 6,1–21); beide Mahnreden richten sich an die Herrscher der Erde, die aufgefordert werden, die Gerechtigkeit zu lieben (1,1–15) und die Weisheit zu suchen (6,1–21). Wie der erste und siebte, so entsprechen sich auch der zweite und sechste Abschnitt (1,16–2,24 und 4,20–5,23): Dem Triumph der Sünder über die Gerechten wird der Triumph der Gerechten über die Sünder gegenübergestellt. Die drei mittleren Abschnitte (3,1–12; 3,13; 4,6; 4,7–19) versuchen mit dem Ausblick auf die Unsterblichkeit eine Lösung der Lebensrätsel, um die sich auch Ijob, Kohelet und Jesus Sirach bemühen.

Im zweiten Teil lassen sich ebenfalls sieben Abschnitte feststellen. Nach einer Einleitung (6,22–25) wird ausgeführt, daß auch der Weise ein sterblicher Mensch ist wie alle anderen (7,1–6). Er hat um Weisheit gebetet und sie als kostbarste Gabe erhalten (7,7–14). Er bittet Gott darum, gemäß der Weisheit denken und lehren zu können (7,15–21). Dann beschreibt er das Wesen der Weisheit in leuchtenden Farben (7,22–8,1). Er stellt die Weisheit als Lehrerin der Tugend vor (8,2–8). Die Weisheit wird ihm zur Lebensgefährtin (8,9–18).

Der dritte Teil (8,19–19,22) ist ein einziges großes Gebet Salomos. Er bittet Gott um die Weisheit (9,1–19). Dann betrachtet er das rettende Wirken der Weisheit an sieben Beispielen (10,1–11,4) und das strafende und rettende Eingreifen Gottes in sieben Gegenüberstellungen (11,5–19,22). Eingeschaltet sind zwei Abschnitte über die Art Gottes zu strafen (11,15–12,27) und über die Torheit des Götzendienstes (13,1–15,19). Die Auszugserzählungen des Buches Exodus schmückt der Verfasser nach Art der jüdischen Schrifterklärung und der griechischen Redekunst frei aus und übersteigert sie, um das Handeln Gottes eindrucksvoll darzustellen. Da er keinen Namen nennt, bekommen die biblischen Ereignisse, auf die er sich bezieht, eine weitreichende, umfassende Bedeutung.

Die griechisch sprechenden Juden der Diaspora haben das Buch der Weisheit wie auch andere deuterokanonische Bücher gern gelesen. Von ihnen hat es die Kirche in ihren Kanon übernommen. Durch seine klare Lehre von der Unsterblichkeit, die erhabene Schau des göttlichen Wirkens im Zusammenklang von Allmacht, Gerechtigkeit und Barmherzigkeit und durch die Aussagen über die aus Gottes Wesen hervorgehende und mit ihm aufs innigste verbundene Weisheit (7,22–8,1) ist das Buch der krönende Abschluß der alttestamentlichen Weisheitsliteratur und führt bis an die Schwelle des Neuen Testaments heran. Paulus spielt öfter auf Texte dieses Buches an, vgl. besonders Röm 1,23–32; 11,33.

Aufforderung zu einem Leben nach der Weisheit

Die Mahnung zu gerechtem Leben

1 Liebt Gerechtigkeit, ihr Herrscher der Erde, / denkt in Frömmigkeit an den Herrn, / sucht ihn mit reinem Herzen!
2 Denn er läßt sich finden von denen, die ihn nicht versuchen, / und zeigt sich denen, die ihm nicht mißtrauen.
3 Verkehrte Gedanken trennen von Gott; / wird seine Macht herausgefordert, / dann weist sie die Toren zurück.
4 In eine Seele, die auf Böses sinnt, / kehrt die Weisheit nicht ein, / noch wohnt sie in einem Leib, / der sich der Sünde hingibt.
5 Denn der heilige Geist, der Lehrmeister, flieht vor der Falschheit, / er entfernt sich von unverständigen Gedanken / und wird verscheucht, wenn Unrecht naht.
6 Die Weisheit ist ein menschenfreundlicher Geist, / doch läßt sie die Reden des Lästerers nicht straflos; / denn Gott ist Zeuge seiner heimlichen Gedanken, / untrüglich durchschaut er sein Herz / und hört seine Worte.
7 Der Geist des Herrn erfüllt den Erdkreis, / und er, der alles zusammenhält, kennt jeden Laut.
8 Darum bleibt keiner verborgen, der Böses redet, / das Strafurteil geht nicht an ihm vorüber.
9 Die Pläne des Frevlers werden untersucht; / der Herr erfährt von seinen Reden / und bestraft seine Vergehen.
10 Denn das eifersüchtige Ohr hört alles, / kein leises Murren bleibt ihm verborgen.
11 Hütet euch also vor unnützem Murren, / und verwehrt eurer Zunge das Verleumden! / Denn euer heimliches Reden verhallt nicht ungehört, / und ein Mund, der lügt, tötet die Seele.

Wilfredo Lam
Licht im Wald
(Der große Dschungel)
(1942)
»Jagt nicht dem Tod nach in den Irrungen eures Lebens, und zieht nicht durch euer Handeln das Verderben herbei!« (Weish 1,12). Das Gemälde stammt aus dem Jahr der Rückkehr des kubanischen Künstlers aus Paris, wo er Pablo Picasso und die Surrealisten kennengelernt hatte, in seine Heimat. Es reflektiert die »Irrungen«, die aus europäischer Sicht mit dem Symbol des Dschungels als einer undurchdringlichen Wildnis verbunden sind, aus der entgegengesetzten Perspektive: Die bildbeherrschende Figur, die mit großen Füßen fest auf dem Boden steht, ist in ihre florale Umgebung eingehüllt. Stämme sind Gliedmaßen, das Blattwerk wird zum weit ausgebreiteten Gewand. Der als Vogelmaske gestaltete Kopf deutet darauf hin, daß diese Beziehung zwischen Mensch und Natur eine magische Dimension besitzt.

12 Jagt nicht dem Tod nach in den Irrungen eures Lebens, / und zieht nicht durch euer Handeln das Verderben herbei!
13 Denn Gott hat den Tod nicht gemacht / und hat keine Freude am Untergang der Lebenden.
14 Zum Dasein hat er alles geschaffen, / und heilbringend sind die Geschöpfe der Welt. / Kein Gift des Verderbens ist in ihnen, / das Reich des Todes hat keine Macht auf der Erde; / 15 denn die Gerechtigkeit ist unsterblich.

Vom Treiben der Frevler

16 Die Frevler aber holen winkend und rufend den Tod herbei / und sehnen sich nach ihm wie nach einem Freund; / sie schließen einen Bund mit ihm, / weil sie es verdienen, ihm zu gehören.

2 Sie tauschen ihre verkehrten Gedanken aus und sagen: Kurz und traurig ist unser Leben; / für das Ende des Menschen gibt es keine Arznei, / und man kennt keinen, der aus der Welt des Todes befreit.

2 Durch Zufall sind wir geworden, / und danach werden wir sein, als
wären wir nie gewesen. / Der Atem in unserer Nase ist Rauch, / und
das Denken ist ein Funke, / der vom Schlag des Herzens entfacht wird;
3 verlöscht er, dann zerfällt der Leib zu Asche, / und der Geist verweht
wie dünne Luft.
4 Unser Name wird bald vergessen, / niemand denkt mehr an unsere
Taten. / Unser Leben geht vorüber wie die Spur einer Wolke / und löst
sich auf wie ein Nebel, / der von den Strahlen der Sonne verscheucht /
und von ihrer Wärme zu Boden gedrückt wird.
5 Unsere Zeit geht vorüber wie ein Schatten, / unser Ende wiederholt
sich nicht; / es ist versiegelt, und keiner kommt zurück.
6 Auf, laßt uns die Güter des Lebens genießen / und die Schöpfung
auskosten, / wie es der Jugend zusteht.
7 Erlesener Wein und Salböl sollen uns reichlich fließen, / keine Blume
des Frühlings darf uns entgehen.
8 Bekränzen wir uns mit Rosen, ehe sie verwelken;
9 keine Wiese bleibe unberührt / von unserem ausgelassenen Treiben. /
Überall wollen wir Zeichen der Fröhlichkeit zurücklassen; / das ist
unser Anteil, das fällt uns zu.
10 Laßt uns den Gerechten unterdrücken, / der in Armut lebt, / die Witwe
nicht schonen / und das graue Haar des betagten Greises nicht scheuen!
11 Unsere Stärke soll bestimmen, was Gerechtigkeit ist; / denn das
Schwache erweist sich als unnütz.
12 Laßt uns dem Gerechten auflauern! / Er ist uns unbequem und steht
unserem Tun im Weg. / Er wirft uns Vergehen gegen das Gesetz vor /
und beschuldigt uns des Verrats an unserer Erziehung.
13 Er rühmt sich, die Erkenntnis Gottes zu besitzen, / und nennt sich
einen Knecht des Herrn.
14 Er ist unserer Gesinnung ein lebendiger Vorwurf, / schon sein
Anblick ist uns lästig;
15 denn er führt ein Leben, / das dem der andern nicht gleicht, / und
seine Wege sind grundverschieden.
16 Als falsche Münze gelten wir ihm; / von unseren Wegen hält er sich
fern wie von Unrat. / Das Ende der Gerechten preist er glücklich / und
prahlt, Gott sei sein Vater.
17 Wir wollen sehen, ob seine Worte wahr sind, / und prüfen, wie es
mit ihm ausgeht.
18 Ist der Gerechte wirklich Sohn Gottes, / dann nimmt sich Gott sei-
ner an / und entreißt ihn der Hand seiner Gegner.
19 Roh und grausam wollen wir mit ihm verfahren, / um seine Sanft-
mut kennenzulernen, / seine Geduld zu erproben.
20 Zu einem ehrlosen Tod wollen wir ihn verurteilen; / er behauptet ja,
es werde ihm Hilfe gewährt.
21 So denken sie, aber sie irren sich; / denn ihre Schlechtigkeit macht
sie blind.
22 Sie verstehen von Gottes Geheimnissen nichts, / sie hoffen nicht auf
Lohn für die Frömmigkeit / und erwarten keine Auszeichnung für
untadelige Seelen.
23 Gott hat den Menschen zur Unvergänglichkeit erschaffen / und ihn
zum Bild seines eigenen Wesens gemacht.
24 Doch durch den Neid des Teufels kam der Tod in die Welt, / und ihn
erfahren alle, die ihm angehören.

Das jenseitige Los der Guten und der Bösen

3 Die Seelen der Gerechten sind in Gottes Hand, / und keine Qual
kann sie berühren.
2 In den Augen der Toren sind sie gestorben, / ihr Heimgang gilt als
Unglück,
3 ihr Scheiden von uns als Vernichtung; / sie aber sind in Frieden.
4 In den Augen der Menschen wurden sie gestraft; / doch ihre Hoff-
nung ist voll Unsterblichkeit.
5 Ein wenig nur werden sie gezüchtigt; / doch sie empfangen große
Wohltat. / Denn Gott hat sie geprüft / und fand sie seiner würdig.
6 Wie Gold im Schmelzofen hat er sie erprobt / und sie angenommen
als ein vollgültiges Opfer.
7 Beim Endgericht werden sie aufleuchten / wie Funken, die durch ein
Stoppelfeld sprühen.
8 Sie werden Völker richten / und über Nationen herrschen, / und der
Herr wird ihr König sein in Ewigkeit.
9 Alle, die auf ihn vertrauen, werden die Wahrheit erkennen, / und die
Treuen werden bei ihm bleiben in Liebe. / Denn Gnade und Erbarmen
wird seinen Erwählten zuteil.
10 Die Frevler aber werden für ihre Pläne bestraft, / sie, die den Gerech-
ten mißachtet haben / und vom Herrn abgefallen sind.
11 Unglücklich sind alle, die Weisheit und Belehrung verachten; / leer ist
ihre Hoffnung, vergeblich sind ihre Mühen / und wertlos ihre Taten.
12 Ihre Frauen sind unverständig / und ihre Kinder böse, / fluchbeladen
ist ihr Geschlecht.

Kinderlose Gerechte und kinderreiche Frevler

13 Selig ist die Kinderlose, die unschuldig blieb / und kein Lager der
Sünde kannte; / sie wird gleich einer Mutter geehrt, / wenn die Seelen
ihren Lohn empfangen.
14 Selig ist auch der Kinderlose, / der sich nicht frevelhaft verging / und
gegen den Herrn nichts Böses plante; / besondere Gnade wird seiner
Treue zuteil / und ein gar köstlicher Anteil am Tempel des Herrn.
15 Denn ruhmreich ist der Lohn guter Mühe / und unvergänglich die
Wurzel der Klugheit.
16 Doch die Kinder von Ehebrechern verkümmern, / und die Nach-
kommen einer sündigen Verbindung schwinden dahin.
17 Auch wenn sie lange leben, gelten sie nichts, / und ehrlos ist am
Ende ihr Alter.
18 Sterben sie früh, so haben sie keine Hoffnung / und keinen Trost am
Tag des Gerichts;
19 denn schlimm ist das Ende eines schuldhaften Geschlechts.

4 Besser ist Kinderlosigkeit mit Tugend: unsterblich ist ihr Ruhm, /
sie steht in Ehren bei Gott und bei den Menschen.
2 Ist sie zugegen, ahmt man sie nach; / ist sie entschwunden, sehnt
man sie herbei. / In der Ewigkeit triumphiert sie, / geschmückt mit
dem Kranz, / Siegerin im Wettstreit um einen edlen Preis.
3 Doch die große Kinderschar der Frevler bringt keinen Nutzen; / sie
ist ein unechtes Gewächs, / treibt keine Wurzeln in die Tiefe / und faßt
keinen sicheren Grund.
4 Breitet es auch eine Zeitlang üppig seine Zweige aus, / so wird es
doch vom Wind hin und her geschüttelt / und von der Gewalt der
Stürme entwurzelt.
5 Die Äste, die noch schwach sind, werden geknickt; / ihre Frucht ist
unbrauchbar, unreif und ungenießbar, / zu gar nichts geeignet.
6 Denn die Kinder eines sündigen Beischlafs / treten im Gericht als
Zeugen auf / für die Schlechtigkeit ihrer Eltern.

Der frühe Heimgang des Gerechten und das lange Leben der Frevler

7 Der Gerechte aber, kommt auch sein Ende früh, / geht in Gottes
Ruhe ein.
8 Denn ehrenvolles Alter besteht nicht in einem langen Leben / und
wird nicht an der Zahl der Jahre gemessen.
9 Mehr als graues Haar bedeutet für die Menschen die Klugheit, / und
mehr als Greisenalter wiegt ein Leben ohne Tadel.
10 Er gefiel Gott und wurde von ihm geliebt; / da er mitten unter
Sündern lebte, wurde er entrückt.
11 Er wurde weggenommen, / damit nicht Schlechtigkeit seine Ein-
sicht verkehrte / und Arglist seine Seele täuschte.
12 Denn der Reiz des Bösen verdunkelt das Gute, / und der Taumel der
Begierde verdirbt den arglosen Sinn.
13 Früh vollendet, hat der Gerechte doch ein volles Leben gehabt;
14 da seine Seele dem Herrn gefiel, / enteilte sie aus der Mitte des
Bösen. / Die Leute sahen es, ohne es zu verstehen; / sie nahmen es sich
nicht zu Herzen,
15 daß Gnade und Erbarmen seinen Auserwählten zuteil wird, / Beloh-
nung seinen Heiligen.

16 Der Gerechte, der entschlafen ist, / verurteilt die Frevler, die noch
leben, / die früh vollendete Jugend / das hohe Alter des Ungerechten.
17 Die Frevler sehen das Ende des Weisen, / verstehen aber nicht, was
der Herr mit ihm wollte / und warum er ihn in Sicherheit brachte.
18 Sie sehen es und gehen darüber hinweg; / doch der Herr lacht über
sie.
19 Dann werden sie verachtete Leichen sein, / ewiger Spott bei den
Toten. / Sie werden verstummen, / wenn er sie kopfüber hinabstürzt /
und aus ihren Grundfesten reißt. / Sie werden völlig vernichtet und
erleiden Qualen; / die Erinnerung an sie verschwindet.

Die Bösen und die Guten im Endgericht

20 Zitternd kommen sie zum Gericht über ihre Sünden; / ihre Vergehen
treten ihnen entgegen und überführen sie.
5 Dann wird der Gerechte voll Zuversicht dastehen vor denen, die
ihn bedrängt / und seine Mühen verachtet haben.
2 Wenn sie ihn sehen, packt sie entsetzliche Furcht, / und sie geraten
außer sich / über seine unerwartete Rettung.
3 Jetzt denken sie anders; / seufzend und voll Angst sagen sie zuein-
ander:
4 Dieser war es, den wir einst verlachten, / verspotteten und verhöhn-
ten, wir Toren. / Sein Leben hielten wir für Wahnsinn / und sein Ende
für ehrlos.
5 Jetzt zählt er zu den Söhnen Gottes, / bei den Heiligen hat er sein Erb-
teil.
6 Also sind wir vom Weg der Wahrheit abgeirrt; / das Licht der Gerech-
tigkeit strahlte uns nicht, / und die Sonne ging nicht für uns auf.
7 Bis zum Überdruß gingen wir die Pfade des Unrechts / und des Ver-
derbens / und wanderten durch weglose Wüsten, / aber den Weg des
Herrn erkannten wir nicht.
8 Was nützte uns der Übermut, / was brachten uns Reichtum und Prah-
lerei?
9 All das ist vorbei wie ein Schatten, / wie eine flüchtige Nachricht.
10 Wie wenn ein Schiff durch die wogende Flut fährt: / Ist es vorüber-
gezogen, so ist von ihm keine Spur mehr zu finden, / kein Pfad seines
Kiels in den Wellen.
11 Wie wenn ein Vogel durch die Luft fliegt: / Kein Zeichen findet sich
von seiner Bahn;
er peitscht die leichte Luft mit seinem Flügelschlag / und durch-
schneidet sie mit gewaltig rauschenden Schwingen, / doch bleibt kein
Zeichen seines Weges in ihr zurück.
12 Oder wie wenn ein Pfeil auf das Ziel geschossen wird: / Die geteilte
Luft strömt sofort wieder zusammen, / so daß man seine Bahn nicht
mehr erkennt.
13 So sind wir ins Dasein getreten, um hinzuschwinden; / wir hatten
keinerlei Tugend aufzuweisen, / sondern wurden von unserer Schlech-
tigkeit verschlungen.
14 Ja, die Hoffnung des Frevlers ist wie die Spreu, die der Wind ver-
weht, / wie der Gischt, den der Sturm verjagt, / wie der Rauch, den der
Wind zerstäubt; sie schwindet wie die Erinnerung an einen flüchtigen
Gast.
15 Die Gerechten aber leben in Ewigkeit, / der Herr belohnt sie, der
Höchste sorgt für sie.
16 Darum werden sie aus der Hand des Herrn / das Reich der Herrlich-
keit empfangen und die Krone der Schönheit.
Denn er wird sie mit seiner Rechten behüten / und mit seinem Arm
beschützen.
17 Er rüstet sich mit seinem Eifer / und macht die Schöpfung zur Waffe,
mit der er die Feinde bestraft.
18 Als Panzer zieht er Gerechtigkeit an, / und als Helm setzt er strenges
Gericht auf.
19 Als Schild nimmt er unüberwindliche Heiligkeit, / 20 und grimmigen
Zorn schärft er zum Schwert; / zusammen mit ihm kämpft die ganze
Welt gegen die Toren.
21 Treffsicher fahren die Blitzespfeile dahin; / abgeschossen aus den
Wolken wie von einem wohlgerundeten Bogen, / fliegen sie auf ihr
Ziel.
22 Eine Steinschleuder entsendet Hagelkörner, / die voll von göttli-
chem Zorn sind.
Das Wasser des Meeres wütet gegen die Feinde, / und Ströme schlagen
grimmig über ihnen zusammen.
23 Der Atem des Allmächtigen erhebt sich gegen sie / und trägt sie wie
ein Sturm davon.
So bringt die Gesetzlosigkeit Verheerung über die ganze Erde, / und
das böse Tun stürzt die Throne der Mächtigen.

Die Mahnung, die Weisheit zu suchen

6 Hört also, ihr Könige, und seid verständig, / lernt, ihr Gebieter
der ganzen Welt!
2 Horcht, ihr Herrscher der Massen, / die ihr stolz seid auf Völkerscha-
ren!
3 Der Herr hat euch die Gewalt gegeben, / der Höchste die Herrschaft, /
er, der eure Taten prüft und eure Pläne durchforscht.
4 Ihr seid Diener seines Reichs, / aber ihr habt kein gerechtes Urteil
gefällt, das Gesetz nicht bewahrt / und die Weisung Gottes nicht
befolgt.
5 Schnell und furchtbar wird er kommen und euch bestrafen; / denn
über die Großen ergeht ein strenges Gericht.
6 Der Geringe erfährt Nachsicht und Erbarmen, / doch die Mächtigen
werden gerichtet mit Macht.
7 Denn der Herrscher des Alls scheut niemand / und weicht vor keiner
Größe zurück.
Er hat klein und groß erschaffen / und trägt gleiche Sorge für alle;
8 den Mächtigen aber droht strenge Untersuchung.
9 An euch also, ihr Herrscher, richten sich meine Worte, / damit ihr
Weisheit lernt und nicht sündigt.
10 Wer das Heilige heilig hält, wird geheiligt, / und wer sich darin
unterweisen läßt, findet Schutz.
11 Verlangt also nach meinen Worten; / sehnt euch danach, und ihr
werdet gute Belehrung empfangen.
12 Strahlend und unvergänglich ist die Weisheit; / wer sie liebt, erblickt
sie schnell, / und wer sie sucht, findet sie.
13 Denen, die nach ihr verlangen, / gibt sie sich sogleich zu erkennen.
14 Wer sie am frühen Morgen sucht, braucht keine Mühe, / er findet sie
vor seiner Türe sitzen.
15 Über sie nachzusinnen ist vollkommene Klugheit; / wer ihretwegen
wacht, wird schnell von Sorge frei.
16 Sie geht selbst umher, um die zu suchen, die ihrer würdig sind; /
freundlich erscheint sie ihnen auf allen Wegen / und kommt jenen
entgegen, die an sie denken.
17 Ihr Anfang ist aufrichtiges Verlangen nach Bildung; / das eifrige
Bemühen um Bildung aber ist Liebe.
18 Liebe ist Halten ihrer Gebote; / Erfüllen der Gebote sichert Unver-
gänglichkeit, / 19 und Unvergänglichkeit bringt in Gottes Nähe.
20 So führt das Verlangen nach Weisheit zur Herrschaft hinauf.
21 Ihr Herrscher der Völker, wenn ihr Gefallen an Thronen und Zep-
tern habt, / dann ehrt die Weisheit, damit ihr ewig herrscht.

Das Wesen und Wirken der Weisheit

Einleitung

22 Ich will verkünden, was die Weisheit ist und wie sie wurde, / und will
euch kein Geheimnis verbergen.
Ich will ihre Spur vom Anfang der Schöpfung an verfolgen, / ihre
Kenntnis will ich verbreiten / und nicht an der Wahrheit vorbeigehen.
23 Verzehrender Neid soll mich nicht auf meinem Weg begleiten; /
denn er hat mit der Weisheit nichts gemein.

24 Eine große Anzahl von Weisen ist Heil für die Welt, / ein kluger
König ist Wohlstand für das Volk.
25 Laßt euch also durch meine Worte unterweisen; / es wird euch von
Nutzen sein.

Der sterbliche Mensch als Empfänger der Weisheit

7 Auch ich bin ein sterblicher Mensch wie alle anderen, / Nach-
komme des ersten, aus Erde gebildeten Menschen.
Im Schoß der Mutter wurde ich zu Fleisch geformt, / 2 zu dem das Blut
in zehn Monaten gerann durch den Samen des Mannes / und die Lust,
die im Beischlaf hinzukam.
3 Geboren atmete auch ich die gemeinsame Luft, / ich fiel auf die Erde,
die Gleiches von allen erduldet, / und Weinen war mein erster Laut wie
bei allen.
4 In Windeln und mit Sorgen wurde ich aufgezogen; / 5 kein König trat
anders ins Dasein.
6 Alle haben den einen gleichen Eingang zum Leben; / gleich ist auch
der Ausgang.

Die Gottesgabe der Weisheit

7 Daher betete ich, und es wurde mir Klugheit gegeben; / ich flehte,
und der Geist der Weisheit kam zu mir.
8 Ich zog sie Zeptern und Thronen vor, / Reichtum achtete ich für
nichts im Vergleich mit ihr.
9 Keinen Edelstein stellte ich ihr gleich; /
denn alles Gold erscheint neben ihr wie ein wenig Sand, / und Silber
gilt ihr gegenüber soviel wie Lehm.
10 Ich liebte sie mehr als Gesundheit und Schönheit / und zog ihren
Besitz dem Lichte vor; / denn niemals erlischt der Glanz, / der von ihr
ausstrahlt.
11 Zugleich mit ihr kam alles Gute zu mir, / unzählbare Reichtümer
waren in ihren Händen.
12 Ich freute mich über sie alle, / weil die Weisheit lehrt, sie richtig zu
gebrauchen, / wußte aber nicht, daß sie auch deren Ursprung ist.
13 Uneigennützig lernte ich, und neidlos gebe ich weiter; / ihren Reich-
tum behalte ich nicht für mich.
14 Ein unerschöpflicher Schatz ist sie für die Menschen; / alle, die ihn
erwerben, erlangen die Freundschaft Gottes. /
Sie sind empfohlen durch die Gaben der Unterweisung.

Bitte um die Gabe der Lehre

15 Mir aber gewähre Gott, nach meiner Einsicht zu sprechen / und zu
denken, wie die empfangenen Gaben es wert sind;
denn er ist der Führer der Weisheit / und hält die Weisen auf dem rech-
ten Weg.
16 Wir und unsere Worte sind in seiner Hand, / auch alle Klugheit und
praktische Erfahrung.
17 Er verlieh mir untrügliche Kenntnis der Dinge, / so daß ich den Auf-
bau der Welt und das Wirken der Elemente verstehe,
18 Anfang und Ende und Mitte der Zeiten, / die Abfolge der Sonnen-
wenden und den Wandel der Jahreszeiten,
19 den Kreislauf der Jahre und die Stellung der Sterne,
20 die Natur der Tiere und die Wildheit der Raubtiere, / die Gewalt der
Geister und die Gedanken der Menschen, / die Verschiedenheit der
Pflanzen und die Kräfte der Wurzeln.
21 Alles Verborgene und alles Offenbare habe ich erkannt; / denn es
lehrte mich die Weisheit, die Meisterin aller Dinge.

Das Wesen der Weisheit

22 In ihr ist ein Geist, / gedankenvoll, heilig, einzigartig, mannigfaltig,
zart, beweglich, / durchdringend, unbefleckt, klar, / unverletzlich, das
Gute liebend, scharf,
23 nicht zu hemmen, wohltätig, menschenfreundlich, / fest, sicher,
ohne Sorge, alles vermögend, alles überwachend / und alle Geister
durchdringend, / die denkenden, reinen und zartesten.
24 Denn die Weisheit ist beweglicher als alle Bewegung; / in ihrer Rein-
heit durchdringt und erfüllt sie alles.
25 Sie ist ein Hauch der Kraft Gottes / und reiner Ausfluß der Herrlich-
keit des Allherrschers; / darum fällt kein Schatten auf sie.
26 Sie ist der Widerschein des ewigen Lichts / der ungetrübte Spiegel
von Gottes Kraft, / das Bild seiner Vollkommenheit.
27 Sie ist nur eine und vermag doch alles; / ohne sich zu ändern, erneu-
ert sie alles.
Von Geschlecht zu Geschlecht tritt sie in heilige Seelen ein / und
schafft Freunde Gottes und Propheten;
28 denn Gott liebt nur den, / der mit der Weisheit zusammenwohnt.
29 Sie ist schöner als die Sonne / und übertrifft jedes Sternbild. / Sie ist
strahlender als das Licht;
30 denn diesem folgt die Nacht, / doch über die Weisheit siegt keine
Schlechtigkeit.

8 Machtvoll entfaltet sie ihre Kraft von einem Ende zum andern /
und durchwaltet voll Güte das All.

Die Weisheit als Lehrerin der Tugend

2 Sie habe ich geliebt und gesucht von Jugend auf, / ich suchte sie als
Braut heimzuführen / und fand Gefallen an ihrer Schönheit.
3 Im Umgang mit Gott beweist sie ihren Adel, / der Herr über das All
gewann sie lieb.
4 Eingeweiht in das Wissen Gottes, / bestimmte sie seine Werke.
5 Ist Reichtum begehrenswerter Besitz im Leben, / was ist dann reicher
als die Weisheit, die in allem wirkt?
6 Wenn Klugheit wirksam ist, / wer in aller Welt ist ein größerer Mei-
ster als sie?
7 Wenn jemand Gerechtigkeit liebt, / in ihren Mühen findet er die
Tugenden.
Denn sie lehrt Maß und Klugheit, / Gerechtigkeit und Tapferkeit, / die
Tugenden, die im Leben der Menschen nützlicher sind als alles
andere.
8 Wenn jemand nach reicher Erfahrung strebt: / sie kennt das Vergan-
gene und errät das Kommende,
sie versteht, die Worte schön zu formen und Rätselhaftes zu deuten; /
sie weiß im voraus Zeichen und Wunder / und kennt den Ausgang von
Perioden und Zeiten.

Die Weisheit als Lebensgefährtin

9 So beschloß ich, sie als Lebensgefährtin heimzuführen; / denn ich
wußte, daß sie mir guten Rat gibt / und Trost in Sorge und Leid.
10 Mit ihr werde ich Ruhm beim Volke haben / und trotz meiner Jugend
vom Alter geehrt sein.
11 Ich werde als scharfsinniger Richter gelten / und in den Augen der
Mächtigen Staunen erregen.
12 Schweige ich, so warten sie in Spannung, / spreche ich, so merken
sie auf, / rede ich länger, so legen sie die Hand auf den Mund.
13 Mit ihr werde ich Unsterblichkeit erlangen / und ewigen Ruhm bei
der Nachwelt hinterlassen.
14 Völker werde ich sorgsam leiten, / und Nationen werden mir unter-
tan sein.
15 Schreckliche Tyrannen werden mich fürchten, wenn sie von mir
hören; / in der Volksversammlung werde ich mich als tüchtig und im
Krieg als tapfer erweisen.
16 Komme ich nach Hause, / dann werde ich bei ihr ausruhen;
denn der Umgang mit ihr hat nichts Bitteres, / das Leben mit ihr kennt
keinen Schmerz, / sondern nur Frohsinn und Freude.
17 Als ich dies bei mir überlegte und in meinem Herzen erwog, / daß
das Leben mit der Weisheit Unsterblichkeit bringt,
18 die Freundschaft mit ihr reine Freude / und die Mühen ihrer Hände
unerschöpflichen Reichtum,
daß stete Gemeinschaft mit ihr Klugheit bringt / und das Zwie-
gespräch mit ihr Ruhm –, / da ging ich auf die Suche nach ihr, um sie
heimzuführen.

Salomos großes Gebet: Das Walten der Weisheit in der Geschichte

Das Gebet um Weisheit

Einleitung

19 Ich war ein begabtes Kind und hatte eine gute Seele erhalten, 20 oder
vielmehr: gut, wie ich war, kam ich in einen unverdorbenen Leib. 21 Ich
erkannte aber, daß ich die Weisheit nur als Geschenk Gottes erhalten
könne – und schon hier war es die Klugheit, die mich erkennen ließ,
wessen Gnadengeschenk sie ist. Daher wandte ich mich an den Herrn
und sprach zu ihm aus ganzem Herzen:

Die Bitte um Weisheit

9 Gott der Väter und Herr des Erbarmens, / du hast das All durch
dein Wort gemacht.
2 Den Menschen hast du durch deine Weisheit erschaffen, / damit er
über deine Geschöpfe herrscht.
3 Er soll die Welt in Heiligkeit und Gerechtigkeit leiten / und Gericht
halten in rechter Gesinnung.
4 Gib mir die Weisheit, die an deiner Seite thront, / und verstoß mich
nicht aus der Schar deiner Kinder!
5 Ich bin ja dein Knecht, der Sohn deiner Magd, / ein schwacher
Mensch, dessen Leben nur kurz ist, / und gering ist meine Einsicht in
Recht und Gesetz.
6 Wäre einer auch vollkommen unter den Menschen, / er wird kein
Ansehen genießen wenn ihm deine Weisheit fehlt.
7 Du bist es, der mich zum König deines Volkes / und zum Richter dei-
ner Söhne und Töchter erwählt hat.
8 Du hast befohlen, einen Tempel auf deinem heiligen Berg zu bauen /
und einen Altar in der Stadt deiner Wohnung, / ein Abbild des heiligen
Zeltes, das du von Anfang an entworfen hast.
9 Mit dir ist die Weisheit, die deine Werke kennt / und die zugegen war,
als du die Welt erschufst.
Sie weiß, was dir gefällt / und was recht ist nach deinen Geboten.
10 Sende sie vom heiligen Himmel / und schick sie vom Thron deiner
Herrlichkeit, damit sie bei mir sei und alle Mühe mit mir teile / und
damit ich erkenne, was dir gefällt.
11 Denn sie weiß und versteht alles; /
sie wird mich in meinem Tun besonnen leiten / und mich in ihrem
Lichtglanz schützen.
12 Dann wird dir mein Handeln gefallen; / ich werde dein Volk gerecht
regieren / und des Throns meines Vaters würdig sein.
13 Denn welcher Mensch kann Gottes Plan erkennen, / oder wer
begreift, was der Herr will?
14 Unsicher sind die Berechnungen der Sterblichen / und hinfällig
unsere Gedanken;
15 denn der vergängliche Leib beschwert die Seele, / und das irdische
Zelt belastet den um vieles besorgten Geist.
16 Wir erraten kaum, was auf der Erde vorgeht, / und finden nur mit
Mühe, was doch auf der Hand liegt; / wer kann dann ergründen, was
im Himmel ist?
17 Wer hat je deinen Plan erkannt, wenn du ihm nicht Weisheit gege-
ben / und deinen heiligen Geist aus der Höhe gesandt hast?
18 So wurden die Pfade der Erdenbewohner gerade gemacht, / und die
Menschen lernten, was dir gefällt;
19 durch die Weisheit wurden sie gerettet.

Die rettende Macht der Weisheit – sieben Beispiele

Adam

10 Sie hat den Urvater der Welt nach seiner Erschaffung behü-
tet, als er noch allein war; sie hat ihn aus seiner Sünde
befreit 2 und ihm die Kraft gegeben, über alles zu herrschen. 3 Ein
Ungerechter aber, der in seinem Zorn von ihr abfiel, ging durch seine
Leidenschaft zugrunde, die ihn zum Brudermord trieb.

Noach

4 Die Weisheit hat die Erde, die seinetwegen überflutet wurde, wieder
gerettet und den Gerechten auf wertlosem Holz durch die Wasser
gesteuert.

Abraham

5 Als die Völker, einmütig nur in ihrer Schlechtigkeit, durch die Ver-
wirrung ihrer Sprache getrennt wurden, erwählte sie den Gerechten
und behütete ihn, so daß er vor Gott ohne Tadel war und trotz der
Liebe zu seinem Kind stark blieb.

Lot

6 Als die Frevler zugrunde gingen, rettete sie einen Gerechten, so daß
er vor dem Feuer fliehen konnte, das auf die fünf Städte fiel; 7 von
ihrer Schlechtigkeit zeugen heute noch rauchendes Ödland und Pflan-
zen, die zur Unzeit Früchte tragen, und eine Salzsäule ragt als Denk-
mal einer ungläubigen Seele empor. 8 Jene, die an der Weisheit achtlos
vorübergingen, erlitten nicht nur Schaden, weil sie das Gute nicht
erkannten, sondern sie hinterließen auch den Lebenden ein Mahnmal
ihrer Torheit, damit nicht verborgen bleibe, worin sie sich verfehlt
hatten. 9 Die Weisheit aber rettete ihre Diener aus jeglicher Mühsal.

Jakob

10 Einen Gerechten, der vor dem Zorn des Bruders floh, geleitete sie
auf geraden Wegen, zeigte ihm das Reich Gottes und enthüllte ihm
heilige Geheimnisse. Sie machte ihn reich bei seiner harten Arbeit
und vermehrte den Ertrag seiner Mühen. 11 Sie half ihm gegen die
Habsucht seiner Unterdrücker und verschaffte ihm Wohlstand. 12 Sie
beschützte ihn vor seinen Feinden und gab ihm Sicherheit vor seinen
Verfolgern. In einem harten Kampf verlieh sie ihm den Siegespreis,
damit er erkannte, daß Gottesfurcht stärker als alles andere ist.

Josef

13 Einen Gerechten, der verkauft worden war, ließ sie nicht im Stich,
sondern bewahrte ihn vor der Sünde. 14 Sie stieg mit ihm in den Kerker
hinab und verließ ihn während seiner Gefangenschaft nicht, bis sie
ihm das königliche Zepter brachte und Gewalt über seine Bedrücker.
Sie überführte alle, die ihn beschuldigt hatten, als Lügner und verlieh
ihm ewigen Ruhm.

Das Volk Israel

15 Sie hat ein heiliges Volk, ein untadeliges Geschlecht, aus der Gewalt
einer Nation gerettet, die es unterdrückte. 16 Sie ging in die Seele eines
Dieners des Herrn ein und widerstand schrecklichen Königen durch
Zeichen und Wunder. 17 Sie gab den Heiligen den Lohn ihrer Mühen
und geleitete sie auf wunderbarem Weg. Sie wurde ihnen am Tag zum
Schutz und in der Nacht zum Sternenlicht.
18 Sie führte sie durch das Rote Meer und geleitete sie durch gewaltige
Wasser. 19 Ihre Feinde aber ließ sie in der Flut ertrinken und spülte sie
aus der Tiefe des Abgrunds ans Land. 20 Darum plünderten die
Gerechten die Frevler aus, sie priesen, Herr, deinen heiligen Namen
und lobten einmütig deine schützende Hand. 21 Denn die Weisheit hat
den Mund der Stummen geöffnet, und die Zungen der Unmündigen
hat sie beredt gemacht.

11 Sie ließ alles gelingen, was sie unter der Führung des heili-
gen Propheten unternahmen. 2 Sie zogen durch eine unbe-
wohnte Wüste und schlugen in unwegsamen Gegenden ihre Zelte auf.
3 Sie leisteten ihren Feinden Widerstand und wehrten ihre Gegner ab.
4 Als sie dürsteten und dich anriefen, wurde ihnen Wasser aus schrof-
fem Fels gegeben, so daß sie ihren Durst stillen konnten aus hartem
Gestein.

Max Beckmann
Mann und Frau (Adam und Eva)
(1932)
»Sie hat den Urvater der Welt nach seiner Erschaffung behütet, als er noch allein war; sie hat ihn aus seiner Sünde befreit...« (Weish 10,1). Die sieben Beispiele für die rettende Macht der Weisheit beginnen bei Adam, »als er noch allein war«. So zeigt ihn der Expressionist Max Beckmann als monumentale Rückenfigur, die hinter einer Anhöhe aufragt. Im Vordergrund lagert, ja schlängelt sich Eva, mit dem rechten Bein eine Astgabel umklammernd, an der sich zwei der verhängnisvollen Früchte befinden. Evas langes Haar fließt zu den Blütenzweigen herab, die sich über ihre Schenkel breiten. All dies spielt sich hinter dem Rücken Adams ab, den »die Weisheit behütet«.

Das Volk Gottes und seine Feinde – sieben Vergleiche

Das Wasser des Nil – das Wasser aus dem Felsen
5 Denn was ihren Feinden zur Strafe wurde, das empfingen sie als Wohl-
tat in ihrer Not. 6 Der ständig fließende Strom wurde durch schmutziges
Blut getrübt. 7 So wurden jene für den befohlenen Kindermord gestraft.
Diesen aber gabst du wider Erwarten reichlich Wasser, 8 nachdem du
ihnen vorher durch ihren Durst gezeigt hattest, wie ihre Gegner von dir
bestraft wurden. 9 Denn als sie geprüft und, wenn auch nur milde,
zurechtgewiesen wurden, da erkannten sie, wie die Frevler im Zorn
gerichtet und gepeinigt worden waren. 10 Sie hast du wie ein mahnender
Vater auf die Probe gestellt, die Frevler aber wie ein strenger König
gerichtet und verurteilt. 11 Fern von den Gerechten wurden sie ebenso
geplagt, wie damals, als sie ihnen noch nahe waren; 12 denn zweifaches
Leid und Seufzen brachte ihnen die Erinnerung an das Vergangene:
13 Als sie nämlich hörten, daß ihre eigene Bestrafung jenen sogar zur
Wohltat geworden war, da erkannten sie das Wirken des Herrn. 14 Den

sie einst ausgesetzt und weggeworfen, den sie mit Hohn abgewiesen
hatten, den mußten sie am Ende von allem bestaunen, nachdem sie
einen viel schlimmeren Durst gelitten hatten als die Gerechten.

Erste Einschaltung: Gottes Art zu strafen

15 Zur Strafe für ihre frevlerische Torheit, in die sie sich verirrt hatten,
als sie vernunftloses Gewürm und armseliges Ungeziefer verehrten,
sandtest du ihnen eine Menge vernunftloser Tiere. 16 Sie sollten erken-
nen: Man wird mit dem gestraft, womit man sündigt.
17 Für deine allmächtige Hand, die aus ungeformtem Stoff die Welt
gestaltet hat, wäre es keine Schwierigkeit gewesen, eine Menge von
Bären gegen sie zu senden oder grimmige Löwen 18 oder unbekannte,
neugeschaffene, wuterfüllte Tiere, die feuersprühenden Atem aushau-
chen oder zischenden Dampf ausstoßen oder schreckliche Funken
aus den Augen sprühen. 19 Nicht nur ihre verderbliche Gewalt hätte sie
zermalmen, schon ihr furchterregender Anblick hätte sie vernichten
können. 20 Aber abgesehen davon hätten sie durch einen einzigen
Hauch fallen können, verfolgt von deinem Strafgericht und fortge-
weht vom Sturm deiner Macht.
Du aber hast alles nach Maß, Zahl und Gewicht geordnet. 21 Denn du
bist immer imstande, deine große Macht zu entfalten. Wer könnte
der Kraft deines Arms widerstehen? 22 Die ganze Welt ist ja vor dir wie
ein Stäubchen auf der Waage, wie ein Tautropfen, der am Morgen zur
Erde fällt.
23 Du hast mit allen Erbarmen, weil du alles vermagst, und siehst über
die Sünden der Menschen hinweg, damit sie sich bekehren. 24 Du
liebst alles, was ist, und verabscheust nichts von allem, was du
gemacht hast; denn hättest du etwas gehaßt, so hättest du es nicht
geschaffen. 25 Wie könnte etwas ohne deinen Willen Bestand haben,
oder wie könnte etwas erhalten bleiben, das nicht von dir ins Dasein
gerufen wäre? 26 Du schonst alles, weil es dein Eigentum ist, Herr, du
Freund des Lebens.

12 Denn in allem ist dein unvergänglicher Geist. 2 Darum
bestrafst du die Sünder nur nach und nach; du mahnst sie
und erinnerst sie an ihre Sünden, damit sie sich von der Schlechtigkeit
abwenden und an dich glauben, Herr.
3 Du hast auch die früheren Bewohner deines heiligen Landes gehaßt,
4 weil sie abscheuliche Verbrechen verübten, Zauberkünste und unhei-
lige Festbräuche; 5 sie waren erbarmungslose Kindermörder und ver-
zehrten beim Opfermahl Menschenfleisch und Menschenblut. Darum
beschlossest du, mitten im Gelage die Teilnehmer 6 und deren Eltern,
die mit eigener Hand hilflose Wesen töteten, durch die Hände unserer
Väter zu vernichten; 7 denn das Land, das dir vor allen anderen teuer
ist, sollte eine seiner würdige Bevölkerung von Gotteskindern erhal-
ten. 8 Doch selbst mit jenen gingst du schonend um, weil sie Men-
schen waren; du sandtest deinem Heer Hornissen voraus, um sie nach
und nach zu vernichten. 9 Obgleich du die Macht hattest, in einer
Schlacht die Frevler den Gerechten in die Hand zu geben, oder sie
durch wilde Tiere oder ein unerbittliches Wort mit einem Schlag aus-
zurotten, 10 vollzogst du doch erst nach und nach die Strafe und
ließest so Zeit für die Umkehr. Dabei wußtest du genau, daß ihr
Ursprung böse und ihre Schlechtigkeit angeboren war und daß sich
ihr Denken in Ewigkeit nicht ändern werde; 11 sie waren schon von
Anfang an ein verfluchter Stamm.
Keine Furcht vor irgend jemand hat dich dazu bestimmt, sie für ihre
Sünden ohne Strafe zu lassen. 12 Denn wer darf sagen: Was hast du
getan? Wer vermag sich deinem Urteilsspruch zu widersetzen? Wer
könnte dich anklagen wegen des Untergangs von Völkern, die du
selbst geschaffen hast? Wer wollte gegen dich auftreten als Anwalt
schuldiger Menschen? 13 Denn es gibt keinen Gott außer dir, der für
alles Sorge trägt; daher brauchst du nicht zu beweisen, daß du gerecht
geurteilt hast. 14 Kein König und kein Herrscher kann dich zur Rede
stellen wegen der Menschen, die du gestraft hast.
15 Gerecht, wie du bist, verwaltest du das All gerecht und hältst es für
unvereinbar mit deiner Macht, den zu verurteilen, der keine Strafe ver-
dient. 16 Deine Stärke ist die Grundlage deiner Gerechtigkeit, und
deine Herrschaft über alles läßt dich gegen alles Nachsicht üben.
17 Stärke beweist du, wenn man an deine unbeschränkte Macht nicht
glaubt, und bei denen, die sie kennen, strafst du die trotzige Aufleh-
nung. 18 Weil du über Stärke verfügst, richtest du in Milde und behan-
delst uns mit großer Nachsicht; denn die Macht steht dir zur Verfü-
gung, wann immer du willst.
19 Durch solches Handeln hast du dein Volk gelehrt, daß der Gerechte
menschenfreundlich sein muß, und hast deinen Söhnen die Hoff-
nung geschenkt, daß du den Sündern die Umkehr gewährst. 20 Du
hast die Feinde deiner Kinder, auch wenn sie den Tod verdienten, sehr
nachsichtig und nur nach und nach gestraft und ihnen Zeit und Mög-
lichkeit gegeben, sich von ihrer Schlechtigkeit abzuwenden. 21 Aber
wieviel umsichtiger noch hast du deine Söhne bestraft, deren Vätern
du Gutes verheißen hast, als du mit ihnen unter Eid den Bund schlos-
sest. 22 Während du uns erziehst, geißelst du unsere Feinde zehntau-
sendfach, damit wir als Richter deine Güte uns zum Vorbild nehmen
und auf Erbarmen hoffen, wenn wir selber vor dem Gericht stehen.
23 Du hast jene, die in Torheit und Unrecht dahinlebten, mit ihren
eigenen Greueln gepeinigt. 24 Allzuweit waren sie in die Irre gegan-
gen, als sie die allerhäßlichsten und verachtetsten Tiere für Götter
hielten und wie unverständige Kinder sich täuschen ließen. 25 Darum
hast du ihnen wie unvernünftigen Kindern eine Strafe gesandt, die sie
zum Gespött machte. 26 Wer sich aber durch eine Strafe, die ihn zum
Gespött macht, nicht warnen läßt, der wird eine Strafe erleiden, die
der Macht Gottes entspricht. 27 In ihren Leiden wurden sie zornig über
die Tiere, die sie für Götter hielten und mit denen sie jetzt gestraft
wurden. So erfuhren sie jenen, von dem sie vorher nichts wissen woll-
ten, und erkannten ihn als den wahren Gott; deshalb war ja auch die
äußerste Strafe über sie gekommen.

Zweite Einschaltung: Die Torheit des Götzendienstes

13 Töricht waren von Natur alle Menschen, denen die Gotteser-
kenntnis fehlte. Sie hatten die Welt in ihrer Vollkommenheit
vor Augen, ohne den wahrhaft Seienden erkennen zu können. Beim
Anblick der Werke erkannten sie den Meister nicht, 2 sondern hielten
das Feuer, den Wind, die flüchtige Luft, den Kreis der Gestirne, die
gewaltige Flut oder die Himmelsleuchten für weltbeherrschende Göt-
ter. 3 Wenn sie diese, entzückt über ihre Schönheit, als Götter ansa-
hen, dann hätten sie auch erkennen sollen, wieviel besser ihr Gebieter
ist; denn der Urheber der Schönheit hat sie geschaffen. 4 Und wenn sie
über ihre Macht und ihre Kraft in Staunen gerieten, dann hätten sie
auch erkennen sollen, wieviel mächtiger jener ist, der sie geschaffen
hat; 5 denn von der Größe und Schönheit der Geschöpfe läßt sich auf
ihren Schöpfer schließen. 6 Dennoch verdienen jene nur geringen
Tadel. Vielleicht suchen sie Gott und wollen ihn finden, gehen aber
dabei in die Irre. 7 Sie verweilen bei der Erforschung seiner Werke und
lassen sich durch den Augenschein täuschen; denn schön ist, was sie
schauen. 8 Doch auch sie sind unentschuldbar: 9 Wenn sie durch ihren
Verstand schon fähig waren, die Welt zu erforschen, warum fanden
sie dann nicht eher den Herrn der Welt?
10 Unselig aber sind jene, die auf Totes ihre Hoffnung setzen und
Werke von Menschenhand als Götter bezeichnen, Gold und Silber,
kunstvolle Gebilde und Tiergestalten oder einen nutzlosen Stein, ein
Werk uralter Herkunft. 11 Da sägte ein Holzschnitzer einen geeigneten
Baum ab, entrindete ihn ringsum geschickt, bearbeitete ihn sorgfältig
und machte daraus ein nützliches Gerät für den täglichen Gebrauch.
12 Die Abfälle seiner Arbeit verwendete er, um sich die Nahrung zu
bereiten, und aß sich satt. 13 Was dann noch übrigblieb und zu nichts
brauchbar war, ein krummes, knotiges Stück Holz, das nahm er,
schnitzte daran so eifrig und fachgemäß, wie man es tut, wenn man
am Abend von der Arbeit abgespannt ist, formte es zum Bild eines
Menschen 14 oder machte es einem armseligen Tier ähnlich,
beschmierte es mit Mennig und roter Schminke, überstrich alle schad-
haften Stellen, 15 machte ihm eine würdige Wohnstatt, stellte es an der

Wand auf und befestigte es mit Eisen. 16 So sorgte er dafür, daß es
nicht herunterfiel, wußte er doch, daß es sich nicht helfen kann; es ist
ein Bild und braucht Hilfe.
17 Aber wenn er um Besitz, Ehe und Kinder betet, dann schämt er sich
nicht, das Leblose anzureden. Um Gesundheit ruft er das Kraftlose an,
18 Leben begehrt er vom Toten. Hilfe erfleht er vom ganz Hilflosen
und gute Reise von dem, was nicht einmal den Fuß bewegen kann.
19 Für seine Arbeit, für Gewinn und Erfolg seines Handwerks bittet er
um Kraft von einem, dessen Hände völlig kraftlos sind.
14 Ein anderer, der sich zu einer Seefahrt rüstet, auf der er
wilde Wogen durchqueren wird, ruft ein Holz an, das
gebrechlicher ist als das Fahrzeug, das ihn trägt. 2 Das Fahrzeug hat
der Erwerbstrieb ersonnen und die Weisheit eines Künstlers herge-
stellt. 3 Deine Vorsehung, Vater, steuert es; denn du hast auch im Meer
einen Weg gebahnt und in den Wogen einen sicheren Pfad. 4 Damit
zeigst du, daß du imstande bist, aus jeder Lage zu retten, so daß auch
jemand, der keine Erfahrung hat, ein Schiff besteigen kann. 5 Du
willst, daß die Werke deiner Weisheit nicht ungenutzt bleiben. Darum
vertrauen Menschen ihr Leben sogar einem winzigen Holz an und fah-
ren wohlbehalten auf einem Floß durch die Brandung. 6 So hat auch in
der Urzeit beim Untergang der übermütigen Riesen die Hoffnung der
Welt sich auf ein Floß geflüchtet und, durch deine Hand gesteuert, der
Welt den Samen eines neuen Geschlechtes hinterlassen. 7 Denn Segen
ruht auf dem Holz, durch das Gerechtigkeit geschieht. 8 Fluch hinge-
gen trifft das von Händen geformte Holz und seinen Bildner, ihn, weil
er es bearbeitet hat, jenes, weil es Gott genannt wurde, obwohl es ver-
gänglich ist. 9 Denn Gott sind in gleicher Weise Frevler wie Frevel ver-
haßt; 10 mit dem Bildner wird sein Werk der Strafe verfallen. 11 Darum
kommt auch über die Götzenbilder der Völker das Gericht, weil sie in
Gottes Schöpfung zum Greuel geworden sind, zum Anstoß für die
Seelen der Menschen und zur Schlinge für die Füße der Toren.
12 Mit dem Gedanken an Götzenbilder beginnt der Abfall, und ihre
Erfindung führt zur Sittenverderbnis. 13 Weder waren sie von Anfang
an da, noch werden sie ewig bleiben. 14 Durch die eitle Ruhmsucht der
Menschen sind sie in die Welt gekommen; darum ist ihnen auch ein
jähes Ende zugedacht. 15 Bedrückt durch allzu frühe Trauer ließ ein
Vater von seinem Kind, das gar schnell hinweggerafft wurde, ein Bild-
nis machen; so ehrte er einen toten Menschen als Gott und führte bei
seinen Leuten geheime Kulte und festliche Bräuche ein. 16 Im Lauf der
Zeit verfestigte sich die frevelhafte Sitte und wurde schließlich als
Gesetz befolgt; 17 die Standbilder erhielten auf Anordnung der Herr-
scher göttliche Verehrung. Konnten die Menschen einen König nicht
unmittelbar ehren, weil er weit weg wohnte, dann vergegenwärtigten
sie den Fernen; sie machten von dem verehrten König ein Bildnis, das
allen sichtbar war, um dem Abwesenden, als ob er gegenwärtig wäre,
mit Eifer zu huldigen. 18 Der Ehrgeiz des Künstlers führte dazu, daß
auch jene, die den König gar nicht kannten, ihm göttliche Verehrung
erwiesen. 19 Wohl um dem Herrscher zu gefallen, bot er seine ganze
Kunst auf, um ihn schöner darzustellen, als er war. 20 Von der Anmut
des Bildes hingerissen, betete die Menge den, der noch kurz zuvor
nur als Mensch geehrt wurde, jetzt wie einen Gott an. 21 Der Welt ist
dies zum Verhängnis geworden: Die Menschen haben, unter dem
Druck von Unglück oder Herrschermacht, Stein und Holz den Namen
beigelegt, der mit niemand geteilt werden kann.
22 Als ob es nicht genug wäre, in der Erkenntnis Gottes zu irren, nen-
nen sie in dem heftigen Zwiespalt, den die Unwissenheit in ihr Leben
bringt, so große Übel auch noch Frieden. 23 Bei kindermörderischen
Festbräuchen, heimlichen Kulten oder wilden Gelagen mit fremdarti-
gen Sitten 24 halten sie weder Leben noch Ehe rein, sondern einer tötet
heimtückisch den andern oder beleidigt ihn durch Ehebruch.
25 Alles ist ein wirres Gemisch von Blut und Mord, Diebstahl und
Betrug, Verdorbenheit, Untreue, Aufruhr und Meineid; 26 es herrscht
Umkehrung der Werte, undankbare Vergeßlichkeit, Befleckung der
Seelen, widernatürliche Unzucht, Zerrüttung der Ehen, Ehebruch und
Zügellosigkeit. 27 Die Verehrung der namenlosen Götzenbilder ist
aller Übel Anfang, Ursache und Höhepunkt. 28 Sie rasen im Freuden-
taumel, weissagen Lügen, leben in Ungerechtigkeit oder schwören
leichthin einen Meineid. 29 Im Vertrauen auf leblose Götzen fürchten
sie nicht, daß ihre Meineide ihnen schaden könnten. 30 Jedoch für bei-
des wird sie die gerechte Strafe treffen: daß sie sich von Gott eine ver-
kehrte Vorstellung machten, indem sie Götzenbilder verehrten, und
daß sie unter Mißachtung der Heiligkeit des Eides hinterlistig und
ungerecht schworen. 31 Es ist nie die Macht derer, bei denen sie
schworen, sondern immer die den Sündern gebührende Strafe, die
die Vergehen der Frevler verfolgt.
15 Du aber, unser Gott, bist gütig, wahrhaftig und langmütig;
voll Erbarmen durchwaltest du das All. 2 Auch wenn wir
sündigen, gehören wir dir, da wir deine Stärke kennen; doch wir wol-
len nicht sündigen, da wir wissen, daß wir dein Eigentum sind. 3 Denn
es ist vollendete Gerechtigkeit, dich zu verstehen; und deine Stärke zu
kennen ist die Wurzel der Unsterblichkeit. 4 Die arglistige Erfindung
der Menschen hat uns nicht verführt, die unfruchtbare Arbeit der
Maler, eine mit bunten Farben besudelte Gestalt. 5 Ihr Anblick erregt
die Sehnsucht der Toren und weckt in ihnen das Verlangen nach der
leblosen Gestalt eines toten Bildes. 6 Liebhaber des Bösen und solcher
Hoffnungen würdig sind alle, die es anfertigen, die nach ihm verlan-
gen und die es anbeten.
7 Der Töpfer knetet mühsam den weichen Ton, um daraus Gefäße zu
unserem Gebrauch zu formen. Aus dem gleichen Lehm bildet er sol-
che, die sauberen Zwecken dienen, und solche für das Gegenteil, alle
in gleicher Weise; über den Gebrauch eines jeden entscheidet der Töp-
fer. 8 Aus dem gleichen Lehm formt er in verkehrter Mühe auch einen
nichtigen Gott, er, der vor kurzem aus Erde entstand und bald dorthin
zurückkehrt, woher er genommen ist, wenn seine Seele, das ihm
anvertraute Darlehen, zurückgefordert wird. 9 Doch es kümmert ihn
nicht, daß er dahinschwinden wird und nur ein kurzes Leben hat. Er
wetteifert mit Goldschmieden und Silbergießern, er ahmt Kupfer-
schmiede nach und sieht seinen Ruhm darin, Trugbilder zu formen.
10 Asche ist sein Herz, noch weniger wert als Erdenstaub seine Hoff-
nung, und sein Leben ist wertloser als Lehm. 11 Seinen eigenen Bildner
hat er nämlich nicht erkannt, den, der ihm eine wirkende Seele einge-
haucht und Lebensatem eingeblasen hat. 12 Nein, er hält unser Leben
für ein Kinderspiel, das Dasein für einen einträglichen Jahrmarkt; er
sagt, man müsse aus allem, auch aus Schlechtem, Gewinn ziehen.
13 Denn er weiß besser als alle, daß er sündigt, wenn er aus dem
gleichen Erdenstoff nicht nur zerbrechliche Gefäße, sondern auch
Götzenbilder fertigt.
14 Ganz unverständig aber und ärmer als eines Kindes Seele waren die
Feinde, die dein Volk knechteten. 15 Sie hielten alle Götzen der Völker
für Götter, Götter, die weder ihre Augen gebrauchen können, um zu
sehen, noch ihre Nase, um die Luft zu atmen, noch ihre Ohren, um zu
hören, noch die Finger ihrer Hände, um zu tasten, und deren Füße
nicht gehen können. 16 Ein Mensch hat sie gemacht, einer, dem der
Geist nur geliehen ist, hat sie gebildet; kein Mensch hat die Kraft,
einen Gott zu bilden, der auch nur ihm selber ähnlich wäre. 17 Als
Sterblicher schafft er mit frevelhaften Händen nur Totes. Er ist besser
als seine angebeteten Gebilde; denn er bekam einmal Leben, diese
aber nie. 18 Sie verehren sogar die widerlichsten Tiere, die dümmsten
im Vergleich mit den anderen, 19 solche, die nicht einmal schön sind,
so daß man an ihnen Gefallen finden könnte, soweit das beim Anblick
von Tieren möglich ist, die zudem Gottes Lob und seinen Segen verlo-
ren haben.

Frösche – Wachteln

16 Darum wurden sie mit Recht durch ähnliche Tiere gezüch-
tigt und durch eine Menge von Ungeziefer gequält.
2 Während sie auf solche Weise gezüchtigt wurden, hast du deinem
Volk eine Wohltat erwiesen und mit den Wachteln seinem heftigen
Verlangen eine fremdartige Nahrung gegeben. 3 Während jenen in
ihrem Hunger die Eßlust verging wegen der Häßlichkeit der gegen sie

gesandten Tiere, bekamen diese nach nur kurzer Entbehrung sogar
eine fremdartige Speise. 4 Über jene Unterdrücker sollte unabwendba-
rer Hunger kommen; diese aber sollten nur kurz spüren, wie ihre
Feinde gequält wurden.

Heuschrecken und Stechfliegen – giftige Schlangen

5 Auch damals, als die schreckliche Wut wilder Tiere über sie herein-
brach und sie durch die Bisse tückischer Schlangen umkamen, dau-
erte dein Zorn nicht bis ans Ende. 6 Zur Warnung wurden sie nur
kurz in Schrecken versetzt und bekamen ein Rettungszeichen, damit
sie sich an die Vorschrift deines Gesetzes erinnerten. 7 Wer sich dort-
hin wandte, wurde nicht durch das gerettet, was er anschaute, son-
dern durch dich, den Retter aller. 8 Dadurch hast du unsere Feinde
überzeugt, daß du es bist, der aus allem Übel erlöst. 9 Denn sie wur-
den durch die Bisse der Heuschrecken und der Stechfliegen getötet,
ohne daß es ein Heilmittel für sie gab; sie verdienten es ja, durch sol-
ches Ungeziefer gezüchtigt zu werden. 10 Deine Söhne aber wurden
nicht einmal durch die Zähne giftspritzender Schlangen überwältigt;
denn dein Erbarmen kam ihnen zu Hilfe und heilte sie. 11 Sie wurden
gebissen, aber schnell wieder gerettet, damit sie sich an deine Worte
erinnerten; denn sie sollten nicht in tiefes Vergessen versinken, son-
dern sich ungehindert deiner Wohltaten erfreuen. 12 Weder Kraut
noch Wundpflaster machte sie gesund, sondern dein Wort, Herr, das
alles heilt. 13 Du hast Gewalt über Leben und Tod; du führst zu den
Toren der Unterwelt hinab und wieder herauf. 14 Ein Mensch kann
zwar in seiner Schlechtigkeit töten; doch den entschwundenen Geist
holt er nicht zurück, und die weggenommene Seele kann er nicht
befreien.

Hagel – Manna

15 Unmöglich ist es, deiner Hand zu entfliehen. 16 Denn die Frevler, die
behaupten, dich nicht zu kennen, wurden durch die Kraft deines
Armes gezüchtigt: Ungewöhnliche Regengüsse, Hagelschauer und
schreckliche Wolkenbrüche peitschten auf sie nieder, und Feuer ver-
zehrte sie. 17 Das seltsamste war, daß das Wasser, das sonst alles
löscht, die Kraft des Feuers noch verstärkte; denn die Natur kämpft für
die Gerechten. 18 Das eine Mal wurde die Flamme gezähmt, damit sie
nicht die Tiere verzehrte, die gegen die Ruchlosen gesandt waren;
diese sollten sehen und erkennen, daß sie von Gottes Strafe verfolgt
wurden. 19 Das andere Mal brannte die Flamme mit ungewöhnlicher
Kraft mitten im Wasser, um die Erzeugnisse des schuldbeladenen
Landes zu vernichten.
20 Dein Volk dagegen nährtest du mit der Speise der Engel, und uner-
müdlich gabst du ihm fertiges Brot vom Himmel. Deine Gabe
gewährte jeden Genuß und entsprach jedem Geschmack; 21 sie offen-
barte deine zarte Liebe zu deinen Kindern. Sie erfüllte das Verlangen
eines jeden, der sie genoß, und verwandelte sich in alles, was einer
wollte. 22 Schnee und Eis hielten dem Feuer stand und schmolzen
nicht. Deine Kinder sollten erkennen, daß nur die Früchte der Feinde
vom Feuer vernichtet wurden, das im Hagel brannte und in den
Regengüssen blitzte, 23 und daß es umgekehrt sogar seine eigene
Kraft vergaß, damit die Gerechten Nahrung hätten. 24 Denn die
Schöpfung, die dir, ihrem Schöpfer, dient, steigert ihre Kräfte, um die
Schuldigen zu bestrafen, und hält sie zurück, um denen Gutes zu tun,
die auf dich vertrauen. 25 Darum diente sie auch damals deinem
Geschenk, das alle ernährte, und verwandelte sich in alles, was die Bit-
tenden wünschten. 26 Deine geliebten Söhne, Herr, sollten daraus ler-
nen: Nicht die verschiedenartigen Früchte ernähren den Menschen,
sondern dein Wort erhält alle, die dir vertrauen. 27 Denn dasselbe, das
vom Feuer nicht vernichtet wurde, schmolz sogleich, wenn es ein
flüchtiger Sonnenstrahl erwärmte. 28 So sollte man erkennen, daß
man, um dir zu danken, der Sonne zuvorkommen und sich noch vor
dem Aufgang des Lichtes an dich wenden muß. 29 Denn die Hoffnung
des Undankbaren schmilzt wie winterlicher Reif und verrinnt wie
unnützes Wasser.

Finsternis – Feuersäule

17 Groß und nicht zu ergründen sind deine Entscheide; darum
verfiel in Irrtum, wer sich nicht belehren ließ. 2 Denn die
Frevler meinten, das heilige Volk knechten zu können; und jetzt lagen
sie da, Gefangene der Finsternis, Gefesselte einer langen Nacht, ein-
geschlossen in den Häusern, von der ewigen Vorsehung verbannt.
3 Sie glaubten, mit ihren geheimen Sünden unter der dunklen Decke
der Vergessenheit verborgen zu sein; da packte sie furchtbares Entset-
zen. Sie wurden durch Trugbilder aufgeschreckt und auseinanderge-
jagt. 4 Auch der geheimste Winkel, in den sie sich flüchteten, konnte
sie nicht vor Furcht bewahren; schreckenerregendes Getöse umbrau-
ste sie, und düstere Gespenster mit finsteren Mienen tauchten auf.
5 Keine Kraft irgendeines Feuers war stark genug, Licht zu bringen;
nicht einmal der strahlende Glanz der Gestirne vermochte es, diese
entsetzliche Nacht zu erhellen. 6 Nur einen schaurigen Feuerherd, der
sich von selbst entzündet hatte, sahen sie aufglühen; verschwand die
Erscheinung, so hielten sie, außer sich vor Entsetzen, die Dinge, die
sie sahen, für noch schlimmer. 7 Da versagten die Gaukeleien der Zau-
berkunst, und die Probe auf das prahlerische Wissen fiel schmählich
aus. 8 Jene, die immer versprachen, Furcht und Verwirrung von der
kranken Seele zu bannen, krankten nun selber an einer lächerlichen
Angst. 9 Auch wenn nichts Schreckliches sie ängstigte, wurden sie
durch raschelndes Getier und zischelnde Schlangen aufgescheucht
und vergingen vor Furcht. Nicht einmal in die Luft wollten sie blicken,
der man doch nirgends entfliehen kann. 10 Denn die Schlechtigkeit
bezeugt selbst ihr feiges Wesen, wenn sie gestraft wird. Unter dem
Druck des Gewissens befürchtet sie immer das Schlimmste. 11 Furcht
ist ja nichts anderes als der Verzicht auf die von der Vernunft angebo-
tene Hilfe. 12 Je weniger man solche Hilfe erwartet, um so schlimmer
erscheint es, die Ursache der Qual nicht zu kennen. 13 In Wahrheit
hatte jene Nacht keine Gewalt; aus den Tiefen der machtlosen Toten-
welt war sie heraufgestiegen. Sie aber, die wie sonst schlafen wollten,
14 wurden bald durch Schreckgespenster aufgescheucht, bald durch
Mutlosigkeit gelähmt; denn plötzliche und unerwartete Furcht hatte
sie befallen. 15 So wurde jeder dort, wo er zu Boden sank, ein Gefange-
ner, der in einen Kerker ohne Eisenfesseln eingeschlossen war. 16 Ob
Bauer oder Hirt oder ein Taglöhner, der einsam arbeitete, alle wurden
überrascht und mußten sich dem unentrinnbaren Zwang fügen, alle
wurden durch die gleiche Kette der Finsternis gefesselt. 17 Das Pfeifen
des Windes, der wohlklingende Gesang der Vögel auf den Zweigen der
Bäume, das Rauschen ungestüm strömender Wasser, das wilde Don-
nern stürzender Felsen, 18 das Laufen hüpfender Tiere, die man nicht
sehen konnte, das laute Gebrüll wilder Raubtiere, das aus den
Schluchten der Berge zurückgeworfene Echo: alles und jedes jagte
ihnen lähmende Furcht ein. 19 Die ganze Welt stand in strahlendem
Licht, und alle gingen ungehindert ihrer Arbeit nach. 20 Nur über jene
breitete sich drückende Nacht aus, Bild der Finsternis, die sie dereinst
aufnehmen sollte. Doch mehr als unter der Finsternis litten sie unter
ihrer eigenen Angst.
18 Deinen Heiligen dagegen strahlte hellstes Licht. Die ande-
ren hörten ihre Stimme, ohne sie selbst zu sehen, und prie-
sen sie glücklich, mochten diese vorher noch so viel erduldet haben.
2 Sie dankten ihnen, daß sie für das früher erlittene Unrecht keine
Rache nahmen, und baten um Verzeihung für ihr feindliches Verhal-
ten. 3 Statt jener Finsternis gabst du den Deinen eine flammende Feu-
ersäule als Führerin auf unbekanntem Weg, als freundliche Sonne auf
ihrer ruhmvollen Wanderung. 4 Jene hingegen hatten es verdient, des
Lichtes beraubt und in Finsternis gefangen zu sein, weil sie einst deine
Söhne eingeschlossen und gefangen hielten, durch die das unver-
gängliche Licht des Gesetzes der Welt gegeben werden sollte.

Tod der Erstgeborenen – Tod in der Wüste

5 Sie hatten beschlossen, die Kinder der Heiligen zu töten, und nur ein
einziges Kind wurde ausgesetzt und gerettet. Zur Strafe hast du ihnen
viele ihrer eigenen Kinder weggenommen und sie alle auf einmal in

gewaltiger Wasserflut vernichtet. 6 Jene Nacht wurde unseren Vätern
vorher angekündigt; denn sie sollten zuversichtlich sein und sicher
wissen, welchen eidlichen Zusagen sie vertrauen konnten. 7 So erwar-
tete dein Volk die Rettung der Gerechten und den Untergang der
Feinde. 8 Während du die Gegner straftest, hast du uns zu dir gerufen
und verherrlicht. 9 Denn im Verborgenen feierten die frommen Söhne
der Guten ihr Opferfest; sie verpflichteten sich einmütig auf das gött-
liche Gesetz, daß die Heiligen in gleicher Weise Güter wie Gefahren
teilen sollten, und sangen schon im voraus die Loblieder der Väter.
10 Da hallte ihnen das wirre Geschrei der Feinde entgegen, und sie
hörten die laute Klage über die toten Kinder. 11 Das gleiche Urteil traf
Herrn und Knecht; der Mann aus dem Volk und der König hatten das
gleiche Leid zu tragen. 12 Durch die gleiche Todesart hatten alle
zusammen unzählige Tote. Es waren nicht genügend Lebende da, um
sie zu begraben; denn mit einem Schlag waren die besten Nachkom-
men vernichtet worden. 13 Bisher waren sie durch die Künste ihrer
Zauberer ungläubig geblieben; jetzt aber mußten sie beim Untergang
der Erstgeborenen bekennen: Dieses Volk ist Gottes Sohn. 14 Als tiefes
Schweigen das All umfing und die Nacht bis zur Mitte gelangt war,
15 da sprang dein allmächtiges Wort vom Himmel, vom königlichen
Thron herab als harter Krieger mitten in das dem Verderben geweihte
Land. 16 Es trug das scharfe Schwert deines unerbittlichen Befehls,
trat hin und erfüllte alles mit Tod; es berührte den Himmel und stand
auf der Erde. 17 Plötzlich schreckten sie furchtbare Traumgesichte auf,
und ungeahnte Ängste überfielen sie. 18 Einer stürzte hier, ein anderer
dort halbtot zu Boden und bekannte, aus welchem Grund er sterben
mußte. 19 Denn die erschreckenden Träume hatten es ihnen vorausge-
sagt; sie sollten nicht umkommen, ohne zu wissen, warum sie so
Schlimmes erlitten.
20 Auch die Gerechten lernten eine Probe des Todes kennen: Eine
große Anzahl wurde in der Wüste dahingerafft; doch der Zorn hielt
nicht lange an. 21 Ein Mann ohne Tadel sprang als Vorkämpfer ein mit
der Waffe seines heiligen Dienstes, mit Gebet und sühnendem Räu-
cherwerk. Er trat dem Zorn entgegen, machte dem Unheil ein Ende
und zeigte so, daß er dein Diener war. 22 Er überwand die Not nicht
durch Körperkraft und nicht durch Waffengewalt, sondern durch das
Wort bezwang er den Strafenden, indem er ihn an die eidlich bekräf-
tigten Bündnisse mit den Vätern erinnerte. 23 Denn als die Toten sich
schon häuften, trat er dazwischen, hielt seinen Ansturm auf und
schnitt ihm den Weg zu den Lebenden ab. 24 Auf seinem langen
Gewand war die ganze Welt dargestellt, auf den vier Reihen der Edel-
steine waren die ruhmreichen Namen der Väter eingeschnitten und
auf seinem Stirnband dein hoheitsvoller Name. 25 Davor wich der Ver-
derber voll Furcht zurück; denn es genügte schon diese Probe des Zor-
nes.

Untergang im Meer – Rettung durch das Meer

19 Über die Frevler kam erbarmungsloser Zorn, bis sie vernich-
tet waren; denn Gott wußte im voraus, wie sie sich verhalten
würden: 2 Sie selbst hatten den Abzug der Gerechten gestattet und sie
sogar dazu gedrängt; dann aber änderten sie ihren Sinn und verfolg-
ten sie. 3 Sie waren noch mit der Bestattung der Toten beschäftigt und
klagten an ihren Gräbern, als sie in ihrer Torheit einen anderen
Entschluß faßten und denen wie Entlaufenen nachsetzten, denen sie
flehentlich zugeredet hatten wegzugehen. 4 Das selbstverschuldete
Verhängnis trieb sie in diesen Untergang und ließ sie alles vergessen,
was geschehen war; denn sie sollten über die bisherigen Plagen hin-
aus die äußerste Strafe erleiden.
5 Deinem Volk aber sollte sich ein unerwarteter Weg eröffnen,
während jene einen ungewöhnlichen Tod fanden. 6 Das Wesen der
ganzen Schöpfung wurde neugestaltet; sie gehorchte deinen Befeh-
len, damit deine Kinder unversehrt bewahrt blieben. 7 Man sah die
Wolke, die das Lager überschattete, trockenes Land tauchte auf, wo
zuvor Wasser war; es zeigte sich ein Weg ohne Hindernisse durch das
Rote Meer, eine grüne Ebene stieg aus der gewaltigen Flut. 8 Von dei-
ner Hand behütet, zogen sie vollzählig hindurch und sahen staunens-
werte Wunder. 9 Sie weideten wie Rosse, hüpften wie Lämmer und
lobten dich, Herr, ihren Retter. 10 Denn sie dachten zudem auch an
das, was im fremden Land geschehen war: wie Mücken nicht von Tie-
ren, sondern von der Erde hervorgebracht wurden, und wie der Fluß
nicht Wassertiere, sondern eine Menge Frösche auswarf. 11 Schließ-
lich sahen sie auch Vögel auf eine neue Weise entstehen, als sie, um
ihre Gier zu befriedigen, nach üppigen Speisen verlangten. 12 Zu
ihrem Trost entstiegen nämlich Wachteln dem Meer.
13 Die Strafen kamen über die Sünder nicht ohne Warnung durch
wuchtige Blitze. Mit Recht mußten sie für ihre bösen Taten leiden,
weil sie einen so schlimmen Fremdenhaß gezeigt hatten. 14 Während
andere die Unbekannten, die zu ihnen kamen, nicht aufnahmen,
machten diese sogar Gäste, die ihre Wohltäter waren, zu Sklaven.
15 Noch mehr: Gewiß wird auch jene eine Strafe treffen, weil sie
Fremde feindselig empfangen hatten; 16 diese aber haben Gäste, die
sie festlich aufgenommen hatten und die schon die gleichen Bürger-
rechte genossen, mit schwerem Frondienst geplagt. 17 Wie jene an der
Türe des Gerechten mit Blindheit geschlagen wurden, so auch diese,
als sie von dichter Finsternis umgeben waren und jeder versuchte,
seine Türe zu finden.

Schluß

18 Die Elemente verändern sich untereinander, wie auf einer Harfe die
Töne den Rhythmus ändern und doch den gleichen Klang behalten.
Dies läßt sich aus der Betrachtung der Geschehnisse deutlich erken-
nen. 19 Landtiere verwandelten sich in Wassertiere, und schwimmende
Tiere stiegen ans Land.
20 Das Feuer steigerte im Wasser die ihm eigene Kraft, und das Wasser
vergaß seine löschende Wirkung. 21 Flammen verzehrten nicht das
Fleisch der hinfälligen Tiere, die hineingerieten, noch schmolz im
Feuer die eisartige, leichtschmelzende himmlische Speise. 22 In allem
hast du, Herr, dein Volk groß gemacht und verherrlicht; du hast es
nicht im Stich gelassen, sondern bist ihm immer und überall beige-
standen.

Das Buch Jesus Sirach

Als Verfasser des Buches wird in 50,27 und 51,30 ein Weisheitslehrer namens »Jesus, Sohn Eleasars, des Sohnes Sirachs« genannt. Die hebräisch-jüdische Bezeichnung des Buches lautet kurz Ben Sira; die griechische Bibel nennt es Siracides, die lateinische Liber Ecclesiasticus. Nach dem Vorwort des griechischen Übersetzers, eines Enkels des Verfassers, kommen als Abfassungszeit die Jahre um 180 v. Chr. in Betracht; Abfassungsort ist Jerusalem (vgl. die Anmerkung zu 50,27b).
Inhaltlich handelt es sich um eine lockere Sammlung von Lebens- und Verhaltensregeln, mit denen sich der Verfasser vor allem an die Jugend wendet, um sie für die Aufgaben und Schwierigkeiten des Lebens zu erziehen. Das Werk ist vom Buch der Sprichwörter abhängig, unterscheidet sich aber von diesem dadurch, daß es die weisheitlichen Themen mehr zusammenhängend und oft in Gegensatzpaaren behandelt: Weisheit und Torheit, Armut und Reichtum, Zucht und Zuchtlosigkeit, Gesundheit, Krankheit und Tod, Sklaven und Herren, Freunde und Frauen. Haupttugend ist immer die Gottesfurcht (Kap. 1). Etwa die Mitte und den Höhepunkt des ganzen Buches bildet der Weisheitshymnus in Kap. 24. Nach der frommen Naturbetrachtung von 42,15–43,33 folgt als letztes Thema das »Lob der Väter« (44,1–50,24), ein kurzer Überblick über die alttestamentliche Heilsgeschichte.
Der Verfasser verbindet harmonisch die Treue zum althergebrachten Glauben mit der Offenheit für die Probleme seiner Zeit. Den Hellenismus, der auch in jüdischen Kreisen mehr und mehr Eingang findet, bekämpft er nicht, soweit er sich mit der jüdischen Religion vereinbaren läßt. Das mosaische Gesetz weitet sich bei ihm zur göttlichen Schöpfungsordnung, die für alle Zeiten Wert und Gültigkeit besitzt. So bietet das Buch Jesus Sirach über die Zeit des damaligen kulturellen Umbruchs hinaus humane und sittlich-religiöse Leitsätze für den Weg zu echter Weisheit.
Als spätes Werk fand dieses Buch keine Aufnahme mehr in den jüdischen Kanon. Die Kirche übernahm es wie die anderen deuterokanonischen Bücher als Heilige Schrift. Im Neuen Testament, besonders im Jakobusbrief, sowie in den frühchristlichen Schriften stehen zahlreiche Anspielungen oder sogar Zitate aus dem Buch Jesus Sirach. Hieronymus behauptet, er habe den hebräischen Text noch gekannt. Später war das Buch jedoch nur noch in den alten Übersetzungen vorhanden. In diesen lassen sich viele erklärende und erweiternde Zusätze nachweisen. Im Jahr 1896 und in der folgenden Zeit wurden fünf hebräische Handschriftenfragmente aus dem 11. oder 12. Jh. n. Chr., die aus einem Abstellraum (»Genisa«) der Synagoge in Alt-Kairo stammen, entdeckt, so daß seither etwa zwei Drittel des hebräischen Textes bekannt sind. Aber auch diese hebräischen Fragmente enthalten einen Text, der Zusätze und Wiederholungen aufweist. Offenbar hat man schon im ersten vorchristlichen und bis ins zweite nachchristliche Jahrhundert den griechischen wie den hebräischen Text der zeitgenössischen Denk- und Sprechweise angepaßt. Nahe an die Zeit des Verfassers reichen einige wertvolle, freilich nur kurze hebräische Fragmente heran, die neuestens in Qumran (6,20–31; 51,12–20) und in Masada (39,27–44,17 mit Lücken) ans Licht kamen.

Das Vorwort zur griechischen Übersetzung

Vieles und Großes ist uns durch das Gesetz, die Propheten und die anderen Schriften, die ihnen folgen, geschenkt worden. Dafür ist Israel zu loben wegen seiner Bildung und Weisheit. Doch soll jeder, der sie zu lesen versteht, nicht nur sich selbst daran bilden, sondern die Gelehrten sollen auch imstande sein, andere durch Wort und Schrift zu fördern.
So befaßte sich mein Großvater Jesus sorgfältig mit dem Gesetz, mit den Propheten und mit den anderen von den Vätern überkommenen Schriften. Er verschaffte sich eine gründliche Kenntnis von ihnen und fühlte sich dann gedrängt, auch selbst etwas zu schreiben, um dadurch Bildung und Weisheit zu fördern. Wer es sich mit Liebe aneignet, wird es in einem gesetzestreuen Leben noch vermehren. Ihr seid nun aufgefordert, mit Wohlwollen und Aufmerksamkeit zu lesen.
Doch mögt ihr Nachsicht üben, wenn wir vielleicht einige der schwer zu übersetzenden Ausdrücke unbefriedigend wiedergegeben haben. Es ist ja nicht gleich, ob man etwas in der hebräischen Grundsprache liest oder ob es in eine andere Sprache übertragen wird. Nicht nur dieses Buch, sondern auch das Gesetz, die Propheten und die übrigen Schriften weisen keinen geringen Unterschied auf, wenn man sie in der Grundsprache liest.
Ich kam im achtunddreißigsten Jahr des Königs Euergetes nach Ägypten und hielt mich dort eine Zeitlang auf. Da ich dort eine ähnlich hohe Bildung vorfand, habe ich es für notwendig gehalten, auch selbst Fleiß und Mühe aufzuwenden, um dieses Buch zu übersetzen. Inzwischen habe ich mit rastlosem Eifer und mit Sachkenntnis das Werk abgeschlossen, um es für jene herauszugeben, die sich auch in der Fremde weiterbilden wollen und sich vorgenommen haben, nach dem Gesetz zu leben.

Erziehung zur Weisheit

Die Quelle der Weisheit

1 Alle Weisheit stammt vom Herrn, / und ewig ist sie bei ihm.
2 Den Sand des Meeres, die Tropfen des Regens / und die Tage der Vorzeit, wer hat sie gezählt?
3 Die Höhe des Himmels, die Breite der Erde / und die Tiefe des Meeres, wer hat sie gemessen?
4 Früher als sie alle ist die Weisheit erschaffen, / von Ewigkeit her die verständige Einsicht.
6 Die Wurzel der Weisheit – wem wurde sie enthüllt, / ihre Pläne – wer hat sie durchschaut?
8 Nur einer ist weise, höchst ehrfurchtgebietend: / der auf seinem Thron sitzt, der Herr.
9 Er hat sie geschaffen, geschaut und gezählt, / sie ausgegossen über all seine Werke.

10 Den Menschen ist sie unterschiedlich zugeteilt; / er spendet sie
denen, die ihn fürchten.

Die Krone der Weisheit

11 Die Gottesfurcht ist Ruhm und Ehre, / Hoheit ist sie und eine präch-
tige Krone.
12 Die Gottesfurcht macht das Herz froh, / sie gibt Freude, Frohsinn
und langes Leben.
13 Dem Gottesfürchtigen geht es am Ende gut, / am Tag seines Todes
wird er gepriesen.
14 Anfang der Weisheit ist die Gottesfurcht, / den Glaubenden ist sie
angeboren.
15 Bei den Frommen hat sie einen dauernden Wohnsitz, / und bei ihren
Nachkommen wird sie bleiben.
16 Fülle der Weisheit ist die Gottesfurcht, / sie labt die Menschen mit
ihren Früchten.
17 Ihr ganzes Haus füllt sie mit Schätzen an, / die Speicher mit ihren
Gütern.
18 Krone der Weisheit ist die Gottesfurcht, / sie läßt Heil und Gesund-
heit sprossen.
19 Verständnis und weise Einsicht gießt sie aus, / sie erhöht den Ruhm
aller, die an ihr festhalten.
20 Wurzel der Weisheit ist die Gottesfurcht, / ihre Zweige sind langes
Leben.

Der Feind der Weisheit

21 Die Gottesfurcht hält Sünden fern, / wer in ihr verbleibt, vertreibt
allen Zorn.
22 Ungerechter Zorn kann nicht Recht behalten, / wütender Zorn
bringt zu Fall.
23 Der Geduldige hält aus bis zur rechten Zeit, / doch dann erfährt er
Freude.
24 Bis zur rechten Zeit hält er mit seinen Worten zurück, / dann werden
viele seine Klugheit preisen.
25 In den Kammern der Weisheit liegen kluge Sinnsprüche, / doch dem
Sünder ist die Gottesfurcht ein Greuel.
26 Begehrst du Weisheit, so halte die Gebote, / und der Herr wird dir
die Weisheit schenken.
27 Denn die Gottesfurcht ist Weisheit und Bildung, / an Treue und
Demut hat Gott Gefallen.
28 Sei nicht mißtrauisch gegen die Gottesfurcht, / und nahe ihr nicht
mit zwiespältigem Herzen!
29 Sei kein Heuchler vor den Menschen, / und hab acht auf deine
Lippen!
30 Überhebe dich nicht, damit du nicht fällst / und Schande über dich
bringst;
sonst enthüllt der Herr, was du verbirgst, / und bringt dich zu Fall
inmitten der Gemeinde,
weil du dich der Gottesfurcht genaht hast, / obwohl dein Herz voll
Trug war.

Vertrauen und Treue gegen Gott

2 Mein Sohn, wenn du dem Herrn dienen willst, / dann mach dich
auf Prüfung gefaßt!
2 Sei tapfer und stark, / zur Zeit der Heimsuchung überstürze nichts!
3 Hänge am Herrn, und weiche nicht ab, / damit du am Ende erhöht
wirst.
4 Nimm alles an, was über dich kommen mag, / halt aus in vielfacher
Bedrängnis!
5 Denn im Feuer wird das Gold geprüft, / und jeder, der Gott gefällt, im
Schmelzofen der Bedrängnis.
6 Vertrau auf Gott, er wird dir helfen, / hoffe auf ihn, er wird deine
Wege ebnen.
7 Ihr, die ihr den Herrn fürchtet, / hofft auf sein Erbarmen, / weicht
nicht ab, damit ihr nicht zu Fall kommt.
8 Ihr, die ihr den Herrn fürchtet, vertraut auf ihn, / und er wird euch
den Lohn nicht vorenthalten.
9 Ihr, die ihr den Herrn fürchtet, hofft auf Heil, / auf immerwährende
Freude und auf Erbarmen!
10 Schaut auf die früheren Generationen und seht: / Wer hat auf den
Herrn vertraut / und ist dabei zuschanden geworden?
Wer hoffte auf ihn und wurde verlassen? / Wer rief ihn an, und er
erhörte ihn nicht?
11 Denn gnädig und barmherzig ist der Herr; / er vergibt die Sünden
und hilft zur Zeit der Not.
12 Weh den mutlosen Herzen und den schlaffen Händen, / dem Men-
schen, der auf zweierlei Wegen geht.
13 Weh dem schlaffen Herzen, weil es nicht glaubt; / darum wird es
keinen Schutz haben.
14 Weh euch, die ihr die Hoffnung verloren habt. / Was werdet ihr tun,
wenn euch der Herr zur Rechenschaft zieht?
15 Wer den Herrn fürchtet, ist nicht ungehorsam gegen sein Wort, /
wer ihn liebt, hält seine Wege ein.
16 Wer den Herrn fürchtet, sucht ihm zu gefallen, / wer ihn liebt, ist
erfüllt von seinem Gesetz.
17 Wer den Herrn fürchtet, macht sein Herz bereit / und demütigt sich
vor ihm.
18 Besser ist es, in die Hände des Herrn zu fallen / als in die Hände der
Menschen.
Denn wie seine Größe, so ist sein Erbarmen, und wie sein Name, so
sind auch seine Werke.

Ehrfurcht gegen die Eltern

3 Hört, ihr Söhne, was das Recht des Vaters ist, / und handelt
danach, damit es euch gut geht.
2 Denn der Herr hat den Kindern befohlen, ihren Vater zu ehren, / und
die Söhne verpflichtet, das Recht ihrer Mutter zu achten.
3 Wer den Vater ehrt, erlangt Verzeihung der Sünden, / 4 und wer seine
Mutter achtet, / gleicht einem Menschen, der Schätze sammelt.
5 Wer den Vater ehrt, wird Freude haben an den eigenen Kindern, / und
wenn er betet, wird er Erhörung finden.
6 Wer den Vater achtet, wird lange leben, / und wer seiner Mutter Ehre
erweist, der erweist sie dem Herrn.
7 Wer den Herrn fürchtet, ehrt seinen Vater / und dient seinen Eltern
wie Vorgesetzten.
8 Mein Sohn, ehre deinen Vater in Wort und Tat, / damit aller Segen
über dich kommt.
9 Der Segen des Vaters festigt die Wurzel, / doch der Fluch der Mutter
reißt die junge Pflanze aus.
10 Such deinen Ruhm nicht darin, den Vater herabzusetzen, / denn das
ist keine Ehre für dich.
11 Die Ehre eines Menschen ist die seines Vaters; / wer seine Mutter ver-
achtet, sündigt schwer.
12 Mein Sohn, wenn dein Vater alt ist, nimm dich seiner an, / und
betrübe ihn nicht, solange er lebt.
13 Wenn sein Verstand abnimmt, sieh es ihm nach, / und beschäme ihn
nicht in deiner Vollkraft!
14 Denn die Liebe zum Vater wird nicht vergessen, / sie wird als Sühne
für deine Sünden eingetragen.
15 Zur Zeit der Bedrängnis wird sie dir vergolten werden; / sie läßt
deine Sünden schmelzen wie Wärme den Reif.
16 Wie ein Gotteslästerer handelt, wer seinen Vater im Stich läßt, / und
von Gott ist verflucht, wer seine Mutter kränkt.

Bescheidenheit

17 Mein Sohn, bei all deinem Tun bleibe bescheiden, / und du wirst
mehr geliebt werden als einer, der Gaben verteilt.
18 Je größer du bist, um so mehr bescheide dich, / dann wirst du Gnade
finden bei Gott.

20 Denn groß ist die Macht Gottes, / und von den Demütigen wird er
verherrlicht.
21 Such nicht zu ergründen, was dir zu wunderbar ist, / untersuch
nicht, was dir verhüllt ist.
22 Was dir zugewiesen ist, magst du durchforschen, / doch das Verbor-
gene hast du nicht nötig.
23 Such nicht hartnäckig zu erfahren, / was deine Kraft übersteigt. / Es
ist schon zu viel, was du sehen darfst.
24 Vielfältig sind die Gedanken der Menschen, / schlimmer Wahn
führt in die Irre.
25 [Wer kein Auge hat, dem fehlt das Licht, / wer keine Einsicht hat,
dem fehlt die Weisheit.]
26 Ein trotziges Herz nimmt ein böses Ende, / wer aber das Gute liebt,
den wird es geleiten.
27 Ein trotziges Herz schafft sich viel Leid, / und der Frevler häuft
Sünde auf Sünde.
28 Für die Wunde des Übermütigen gibt es keine Heilung, / denn ein
giftiges Kraut hat in ihm seine Wurzeln.
29 Ein weises Herz versteht die Sinnsprüche [der Weisen], / ein Ohr,
das auf die Weisheit hört, macht Freude.
30 Wie Wasser loderndes Feuer löscht, / so sühnt Mildtätigkeit Sünde.
31 Wer Gutes tut, dem begegnet es auf seinen Wegen, / sobald er
wankt, findet er eine Stütze.

Mildtätigkeit

4 Mein Sohn, entzieh dem Armen nicht den Lebensunterhalt, /
und laß die Augen des Betrübten nicht vergebens warten!
2 Enttäusche den Hungrigen nicht, / und das Herz des Unglücklichen
errege nicht!
3 Verweigere die Gabe dem Bedürftigen nicht, 4 und mißachte nicht
die Bitten des Geringen!
5 Verbirg dich nicht vor dem Verzweifelten, / und gib ihm keinen
Anlaß, dich zu verfluchen.
6 Schreit der Betrübte im Schmerz seiner Seele, / so wird Gott, sein
Fels, auf sein Wehgeschrei hören.
7 Mach dich beliebt in der Gemeinde, / beuge das Haupt vor dem, der
sie führt.
8 Neige dem Armen dein Ohr zu, / und erwidere ihm freundlich den
Gruß!
9 Rette den Bedrängten vor seinen Bedrängern; / ein gerechtes Gericht
sei dir nicht widerwärtig.
10 Sei den Waisen wie ein Vater / und den Witwen wie ein Gatte!
Dann wird Gott dich seinen Sohn nennen, / er wird Erbarmen mit dir
haben / und dich vor dem Grab bewahren.

Der Weg zum Leben

11 Die Weisheit belehrt ihre Söhne, / sie mahnt eindringlich alle, die
auf sie achten.
12 Wer sie liebt, liebt das Leben, / wer sie sucht, wird Gott gefallen.
13 Wer sie ergreift, findet Ehre beim Herrn / und wird unter Gottes
Segen leben.
14 Der Dienst an ihr ist Dienst am Heiligtum; / wer sie liebt, den liebt
der Herr.
15 Wer auf mich hört, wird gerecht richten, / wer mir zuhört, wohnt in
meinen innersten Kammern.
16 Hat er Vertrauen zu mir, wird er mich erlangen, / auch seine Nach-
kommen werden mich besitzen.
17 Denn unerkannt gehe ich mit ihm / und prüfe ihn durch Versu-
chungen.
Furcht und Bangen lasse ich über ihn kommen, / bis sein Herz von mir
erfüllt ist.
18 Dann wende ich mich ihm zu, / zeige ihm den geraden Weg und ent-
hülle ihm meine Geheimnisse.
19 Weicht er ab, so verwerfe ich ihn / und überlasse ihn denen, die ihn
vernichten.

Die Gottesfurcht im Leben der Gemeinschaft

Die echte und die falsche Scham

20 Mein Sohn, achte auf die rechte Zeit, / und scheue das Unrecht! Dei-
ner selbst sollst du dich nicht schämen müssen.
21 Es gibt eine Scham, die Sünde bringt, / und eine Scham, die Ehre
und Ruhm einträgt.
22 Sei nicht parteiisch, dir selbst zum Schaden, / strauchle nicht, dir
selbst zum Fall.
23 Halte zur rechten Zeit dein Wort nicht zurück, / verbirg deine Weis-
heit nicht!
24 Denn die Weisheit zeigt sich in der Rede / und die Einsicht in der
Antwort der Zunge.
25 Widerstreite der Wahrheit nicht; / deiner Torheit sollst du dich
schämen.
26 Schäme dich nicht, von der Sünde umzukehren, / leiste nicht trotzig
Widerstand!
27 Unterwirf dich nicht dem Toren, / nimm keine Rücksicht auf den
Herrscher!
28 Bis zum Tod setz dich ein für das Recht, / dann wird der Herr für
dich kämpfen.
29 Sei nicht prahlerisch mit deinen Worten / und schlaff und matt in
deinem Tun!
30 Spiel nicht in deinem Haus den Löwen, / vor dem sich deine Knechte
fürchten müssen.

Das rechte Verhalten gegen den Besitz

31 Deine Hand sei nicht ausgestreckt zum Nehmen / und verschlossen
beim Zurückgeben.

5 Verlaß dich nicht auf deinen Reichtum, / und sag nicht: Ich kann
es mir leisten.
2 Folg nicht deinem Herzen und deinen Augen, / um nach dem Begeh-
ren deiner Seele zu leben.
3 Sag nicht: Wer vermag etwas gegen meine Macht? / Denn der Herr
rächt die Verfolgten.
4 Sag nicht: Ich habe gesündigt, doch was ist mir geschehen? / Denn
der Herr hat viel Geduld.
5 Verlaß dich nicht auf die Vergebung, / füge nicht Sünde an Sünde,
6 indem du sagst: Seine Barmherzigkeit ist groß, / er wird mir viele
Sünden verzeihen.
Denn Erbarmen ist bei ihm, aber auch Zorn, / auf den Frevlern ruht
sein Grimm.
7 Zögere nicht, dich zu ihm zu bekehren, / verschieb es nicht Tag
um Tag!
Denn sein Zorn bricht plötzlich aus, / zur Zeit der Vergeltung wirst du
dahingerafft.
8 Vertrau nicht auf trügerische Schätze; / sie nützen nichts am Tag des
Zorns.

Die Verantwortung beim Reden

9 Worfle nicht bei jedem Wind, / und geh nicht auf jedem Pfad!
10 Bleib fest bei deiner Überzeugung, / eindeutig sei deine Rede.
11 Sei schnell bereit zum Hören, / aber bedächtig bei der Antwort!
12 Nur wenn du imstande bist, antworte deinem Mitmenschen, / wenn
nicht, leg die Hand auf den Mund!
13 Ehre und Schmach liegen in der Hand des Schwätzers, / des Men-
schen Zunge ist sein Untergang.
14 Laß dich nicht doppelzüngig nennen, / und verleumde niemand mit
deinen Worten!
Denn für den Dieb ist Schande bestimmt, / schlimme Schmach für den
Doppelzüngigen.
15 Im Kleinen wie im Großen handle nicht unrecht, / sei nicht statt
eines Freundes ein Feind!

Otto Dix
Streichholzhändler I
(1920)
»Verlaß dich nicht auf deinen Reichtum, und sag nicht: Ich kann es mir leisten« (Sir 5,1). Reichtum repräsentieren in der Straßenszene von Otto Dix aus dem zweiten Jahr nach Kriegsende die Schuhe und Beine der nach beiden Seiten flüchtenden Passanten: blitzblanke Halbschuhe, links mit weißen Gamaschen, ein gestreiftes Hosenbein rechts, daneben lange weiße Unterhosen unter transparentem Kleiderstoff. Diese Wohlstandsbeine flüchten vor einem beinamputierten Kriegskrüppel mit schwarzen Gläsern vor den erblindeten Augen. Der Blick von oben fällt auf den Wohlstands-Dackel, der an den Beinstumpf des hilflosen Kriegsopfers pißt, und auf den Inhalt des Kastens, der mit Kreide auf das Bild geschrieben ist: »Streichhölzer«. Das Bild, eine scharfe soziale Anklage gegen alle, die weggehen und wegsehen, gehört zu einer Folge von Straßenszenen, mit denen sich Otto Dix 1920 an der Berliner Dada-Ausstellung in der Kunsthandlung von Otto Burchard, dem »Finanz-Dada«, beteiligte.

6 Schlimmen Ruf und Schande erntet die schmähsüchtige Frau, / ebenso schlecht ist der doppelzüngige Mann.
2 Verfall nicht der Macht deiner Gier; / sie wird wie ein Stier deine Kraft abweiden.
3 Dein Laub wird sie fressen, deine Früchte verderben / und dich zurücklassen wie einen dürren Baum.
4 Freche Gier richtet ihre Opfer zugrunde / und macht sie zum Gespött des Feindes.

Die Freundschaft
5 Sanfte Rede erwirbt viele Freunde, / freundliche Lippen sind willkommen.
6 Viele seien es, die dich grüßen, / dein Vertrauter aber sei nur einer aus tausend.
7 Willst du einen Freund gewinnen, / gewinne ihn durch Erprobung, / schenk ihm nicht zu schnell dein Vertrauen!
8 Mancher ist Freund je nach der Zeit, / am Tag der Not hält er nicht stand.
9 Mancher Freund wird zum Feind, / unter Schmähungen deckt er den Streit mit dir auf.
10 Mancher ist Freund als Gast am Tisch, / am Tag des Unheils ist er nicht zu finden.

11 In deinem Glück ist er eins mit dir, / in deinem Unglück trennt er
sich von dir.
12 Trifft dich ein Unglück, wendet er sich gegen dich / und hält sich vor
dir verborgen.
13 Von deinen Feinden halte dich fern, / vor deinen Freunden sei auf
der Hut!
14 Ein treuer Freund ist wie ein festes Zelt; / wer einen solchen findet,
hat einen Schatz gefunden.
15 Für einen treuen Freund gibt es keinen Preis, / nichts wiegt seinen
Wert auf.
16 Das Leben ist geborgen bei einem treuen Freund, / ihn findet, wer
Gott fürchtet.
17 Wer den Herrn fürchtet, hält rechte Freundschaft, / wie er selbst, so
ist auch sein Freund.

Der Weg zur Weisheit

18 Mein Sohn, lerne Zucht von Jugend an, / und du wirst Weisheit
gewinnen, bis du ergraut bist.
19 Wie ein Pflüger und Schnitter geh auf sie zu, / und warte auf ihren
reichen Ertrag!
Du wirst in ihrem Dienst nur wenig Mühe haben / und bald ihre
Früchte genießen.
20 Rauh ist sie für den Toren, / wer ohne Einsicht ist, erträgt sie nicht.
21 Wie ein schwerer Stein lastet sie auf ihm, / er zögert nicht, sie abzu-
werfen.
22 Denn die Zucht ist wie ihr Name, / vielen ist sie unbequem.
23 Höre, mein Sohn, nimm meine Lehre an, / verschmäh nicht meinen
Rat!
24 Bring deine Füße in ihre Fesseln, / deinen Hals unter ihr Joch!
25 Beuge deinen Nacken, und trage sie, / werde ihrer Stricke nicht
überdrüssig!
26 Mit ganzem Herzen schreite auf sie zu, / mit voller Kraft halte ihre
Wege ein!
27 Frage und forsche, suche und finde! / Hast du sie erfaßt, laß sie
nicht wieder los!
28 Denn schließlich wirst du bei ihr Ruhe finden, / sie wandelt sich dir
in Freude.
29 Ihre Fessel wird dir zum sicheren Schutz, / ihre Stricke werden zu
goldenen Gewändern.
30 Ein Goldschmuck ist ihr Joch, / ihre Garne sind ein Purpurband.
31 Als Prachtgewand kannst du sie anlegen, / sie aufsetzen als herrliche
Krone.
32 Wenn du willst, mein Sohn, kannst du weise werden, / du wirst klug,
wenn du dein Herz darauf richtest.
33 Bist du bereit zu hören, so wirst du belehrt, / neigst du dein Ohr,
erlangst du Bildung.
34 Verweile gern im Kreis der Alten, / wer weise ist, dem schließ dich an!
35 Lausche gern jeder ernsten Rede, / keinen Weisheitsspruch laß dir
entgehen!
36 Achte auf den, der Weisheit hat, und suche ihn auf; / dein Fuß trete
seine Türschwelle aus.
37 Achte auf die Furcht vor dem Herrn, / sinn allezeit über seine Gebote
nach!
Dann gibt er deinem Herzen Einsicht, / er macht dich weise, wie du es
begehrst.

Gefahren für den Weisen

7 Tu nichts Böses, so trifft dich nichts Böses. / 2 Bleib der Sünde
fern, so meidet sie dich.
3 Sä nicht in Furchen des Unrechts, / damit du es nicht siebenfach erntest.
4 Begehr von Gott kein Herrscheramt / und vom König keinen Ehren-
platz!
5 Halte dich nicht für gerecht vor Gott, / nicht für klug vor dem König!
6 Begehr nicht, Herrscher zu werden, / wenn dir die Kraft fehlt, dem
Übermut zu steuern;
du würdest sonst den Vornehmen fürchten / und deine Ehre beflecken.
7 Setz dich nicht ins Unrecht bei der Versammlung am Tor, / bring
dich nicht selbst zu Fall vor der Gemeinde!
8 Sinne nicht darauf, die Sünde zu wiederholen; / schon bei einer
bleibst du nicht straflos.
9 Sag nicht: Auf die Menge meiner Gaben wird Gott sehen, / und wenn
ich dem Höchsten opfere, nimmt er es an.
10 Sei nicht kleinmütig beim Gebet / und nicht säumig beim Wohltun!
11 Blick nicht geringschätzig auf einen Verbitterten; /
bedenk, daß einer da ist, der erhöht und erniedrigt.
12 Sinne nicht auf Unrecht gegen deinen Bruder, / auch nicht gegen
den Freund und Gefährten.
13 Jede Lüge mißfalle dir; / denn sie hat nichts Gutes zu erhoffen.
14 Rede nicht heimlich in der Versammlung der Fürsten, / und wieder-
hol nicht die Worte beim Gebet!
15 Sei nicht leichtfertig bei der schweren Arbeit auf dem Acker, / denn
von Gott ist sie zugewiesen.
16 Überschätz dich nicht vor dem Volk; / bedenk, daß der Zorn nicht
ausbleibt.
17 Demütige deinen Stolz ganz tief, / denn was den Menschen erwartet,
ist die Verwesung.
[Sag nicht vorschnell: Welch ein Widersinn! / Überlaß es Gott, und
willige ein in seinen Weg!]

Das rechte Verhalten im häuslichen Kreis

18 Wechsle keinen Freund für Geld, / einen treuen Bruder nicht für
Gold aus Ofir!
19 Verachte nicht eine kluge Frau; / liebenswürdige Güte ist mehr wert
als Perlen.
20 Mißhandle einen Sklaven nicht, der dir treu dient, / auch nicht einen
Tagelöhner, der sich willig einsetzt.
21 Einen klugen Sklaven liebe wie dich selbst, / verweigere ihm die
Freilassung nicht!
22 Hast du Vieh, so schau darauf; / ist es brauchbar, so behalt es!
23 Hast du Söhne, nimm sie in Zucht, / und gib ihnen Frauen in jungen
Jahren!
24 Hast du Töchter, so behüte ihren Leib; / zeig dich ihnen nicht allzu
freundlich!
25 Bring die Tochter aus dem Haus, dann zieht die Sorge aus; / doch
verheirate sie nur mit einem verständigen Mann!
26 Hast du eine Frau, so verstoße sie nicht, / und schenk dein Ver-
trauen keiner Geschiedenen!
27 Ehre deinen Vater von ganzem Herzen, / vergiß niemals die Schmer-
zen deiner Mutter!
28 Denk daran, daß sie dir das Leben gaben. / Wie kannst du ihnen
vergelten, was sie für dich taten?

Die Erfüllung heiliger Pflichten

29 Fürchte Gott von ganzem Herzen, / seine Priester halt in Ehren!
30 Liebe deinen Schöpfer mit aller Kraft, / und laß seine Diener nie im
Stich!
31 Ehre Gott und achte den Priester, / entrichte ihm den Anteil, wie es
dir geboten ist:
den Speiseanteil vom Schuldopfer und die freiwillige Abgabe, / die
gesetzlichen Schlachtopfer und die heilige Abgabe.
32 Streck deine Hand auch dem Armen entgegen, / damit dein Segen
vollkommen sei.
33 Schenk jedem Lebenden deine Gaben, / und auch dem Toten versag
deine Liebe nicht!
34 Entzieh dich nicht den Weinenden, / vielmehr trauere mit den Trau-
ernden!
35 Säume nicht, den Kranken zu besuchen, / dann wirst du von ihm
geliebt.
36 Bei allem, was du tust, denk an das Ende, / so wirst du niemals sün-
digen.

Takt und Klugheit

8 Streite nicht mit einem Mächtigen, / damit du ihm nicht in die
Hände fällst.
2 Kämpf nicht gegen einen Reichen an, / sonst wirft er zu deinem Verderben sein Geld ins Gewicht.
Schon viele hat das Geld übermütig gemacht, / die Herzen der Großen hat es verführt.
3 Zank nicht mit einem Schwätzer, / und leg nicht noch Holz auf das Feuer!
4 Pflege keinen Umgang mit einem Toren; / er wird die Weisen doch nur verachten.
5 Beschäm keinen, der sich von der Sünde bekehrt hat; / denk daran, daß wir alle schuldig sind.
6 Beschimpf keinen alten Mann; / denn auch mancher von uns wird ein Greis.
7 Freu dich nicht, wenn einer gestorben ist, / bedenk: Wir alle werden sterben.
8 Verwirf die Rede der Weisen nicht, / wirf dich vielmehr auf ihre Sinnsprüche!
Denn dadurch wirst du Bildung lernen, / um vor Fürsten stehen zu können.
9 Verachte nicht die Überlieferung der Alten, / die sie übernommen haben von ihren Vätern.
Dann wirst du Einsicht lernen, / um antworten zu können, sobald es notwendig ist.
10 Entzünde nicht die Glut des Frevlers, / damit du in der Flamme seines Feuers nicht verbrennst.
11 Weich einem Zuchtlosen nicht aus, / sonst lauert er heimlich auf deine Reden.
12 Borge keinem, der mächtiger ist als du. / Hast du geborgt, so hast du verloren.
13 Bürge für keinen, der höher steht als du. / Hast du gebürgt, so mußt du zahlen.
14 Rechte nicht mit einem Richter; / denn er spricht Recht, wie es ihm beliebt.
15 Mit einem Gewalttätigen geh nicht des Wegs, / damit du nicht schweres Unheil über dich bringst. Denn er läuft rücksichtslos weiter, / und du gehst zugrunde durch seinen Unverstand.
16 Einem Jähzornigen biete nicht die Stirn, / und reite mit ihm nicht durch die Wüste!
Leicht wiegt in seinen Augen die Blutschuld; / wenn kein Helfer da ist, bringt er dich um.
17 Führe kein vertrauliches Gespräch mit einem Toren; / er kann dein Geheimnis nicht für sich behalten.
18 Vor einem Fremden tu nichts, was geheim bleiben soll; / du weißt nicht, wie er sich am Ende verhält.
19 Öffne dein Herz nicht jedem Menschen, / und wirf das Glück nicht von dir!

Der rechte Umgang mit Frauen

9 Sei nicht eifersüchtig gegen die Frau an deiner Brust, / damit sie
nicht auf böse Gedanken gegen dich selbst kommt.
2 Liefere dich nicht einer Frau aus, / damit sie nicht Gewalt bekommt über dich.
3 Nah dich nicht einer fremden Frau, / damit du nicht in ihre Netze fällst.
4 Verkehr nicht mit einer Saitenspielerin, / damit du nicht durch ihre Töne gefangen wirst.
5 Denk nicht zuviel an ein Mädchen, / damit du nicht seinetwegen der Strafe verfällst.
6 Gib dich nicht mit einer Dirne ab, / damit sie dich nicht um dein Erbe bringt.
7 Schau nicht umher auf den Wegen zur Stadt, / streif nicht umher in ihren abgelegenen Winkeln!
8 Verhüll dein Auge vor einer reizvollen Frau, / blick nicht auf eine Schönheit, die dir nicht gehört. Wegen einer Frau kamen schon viele ins Verderben, / sie versengt ihre Liebhaber wie Feuer.
9 Streck dich nicht mit einer Verheirateten zum Weingelage hin, / sitz nicht berauscht mit ihr zusammen, / damit du ihr nicht dein Herz zuneigst und verblutend ins Grab sinkst.

Der rechte Umgang von Mann zu Mann

10 Gib einen alten Freund nicht auf; / denn ein neuer hält nicht zu dir.
Neuer Freund, neuer Wein: / Nur alt trinkst du ihn gern.
11 Sei nicht neidisch auf einen bösen Menschen; / denn du weißt nicht, wann sein Tag ihn erreicht.
12 Liebäugle nicht mit einem übermütigen Menschen, der Erfolg hat, / bedenk, daß er nicht bis zum Tod straflos bleibt.
13 Bleib dem Menschen fern, der Macht hat zu töten, / und setz dich nicht Todesängsten aus!
Nahst du dich ihm, so verfehle dich nicht, / sonst nimmt er dir das Leben.
Wisse, daß du dich zwischen Schlingen bewegst / und über eine Fanggrube schreitest.
14 Antworte deinem Nächsten, so gut du kannst, / du selbst aber berate dich mit Weisen!
15 Stell deine Überlegung zusammen mit Verständigen an, / und berate alles in ihrem Kreis!
16 Gerechte Männer seien deine Tischgenossen, / dein Ruhm bestehe in der Gottesfurcht.
17 Die Hände der Weisen fassen das Richtige an, / ein redegewandter Weiser ist Herrscher in seinem Volk.
18 Gefürchtet in der Stadt ist der Schwätzer, / ein prahlerischer Mund ist verhaßt.

Der weise Herrscher

10 Ein weiser Herrscher festigt sein Volk, / die Regierung eines
Verständigen ist wohlgeordnet.
2 Wie der Herrscher des Volkes, so seine Beamten, / wie das Haupt der Stadt, so ihre Bewohner.
3 Ein König ohne Zucht richtet die Stadt zugrunde, / volkreich wird die Stadt durch kluge Fürsten.
4 In Gottes Hand liegt die Herrschaft über den Erdkreis; / er setzt zur rechten Zeit den rechten Mann über ihn.
5 In Gottes Hand liegt der Erfolg eines Menschen, / er verleiht dem Gesetzgeber seine Würde.
6 Füg dem Nächsten keinerlei Unrecht zu, / geh nie den Weg des Übermuts!
7 Dem Herrn und den Menschen ist Übermut verhaßt, / Unterdrückung gilt bei beiden als Untat.
8 Die Herrschaft geht von einem Volk auf das andere über / wegen Gewalttat und Übermut.
9 Warum überhebt sich der Mensch aus Staub und Asche, / dessen Leib schon zu Lebzeiten verwest?
10 Ein wenig Krankheit bringt den Arzt in Erregung: / Heute König, morgen tot!
11 Stirbt der Mensch, so wird ihm Moder zuteil, / Maden, Geschmeiß und Gewürm.
12 Mit dem Trotz des Menschen fängt sein Übermut an, / wenn sich sein Herz abkehrt von seinem Schöpfer.
13 Ein See der Maßlosigkeit ist die Sünde, / aus ihr quillt Unrecht hervor.
Darum wirkt Gott Wunder und Plagen / und schlägt den Sünder bis zur Vernichtung.
14 Gott stürzt den Thron der Stolzen / und setzt an ihre Stelle die Demütigen.
16 Gott verwischt die Spuren der Völker, / ihren Wurzelstock schlägt er ab bis auf den Grund.
17 Er fegt sie aus dem Land und rottet sie aus, / ihr Andenken läßt er von der Erde verschwinden.

18 Maßlosigkeit ziemt dem Menschen nicht, / frecher Zorn nicht dem
von einer Frau Geborenen.

Die wahre und die falsche Ehre

19 Welches Geschlecht ist geachtet? Das des Menschen. / Welches
Geschlecht ist geachtet? Das des Gottesfürchtigen.
Welches Geschlecht ist verachtet? Das des Menschen. / Welches
Geschlecht ist verachtet? Das des Gesetzesübertreters.
20 Unter Brüdern ist ihr Oberhaupt geehrt, / aber in Gottes Augen der
Gottesfürchtige.
22 Gast und Fremder, Ausländer und Armer: / ihr Ruhm ist die Gottes-
furcht.
23 Keinen verständigen Armen soll man verachten / und keinen
Gewalttätigen ehren.
24 Fürsten, Richter und Herrscher sind geehrt, / doch keiner ist größer
als der Gottesfürchtige.
25 Einem verständigen Sklaven müssen Freie dienen, / doch ein kluger
Mann braucht nicht zu klagen.
26 Spiel nicht den Weisen, wenn du arbeiten sollst, / tu nicht vornehm,
wenn du in Not bist.
27 Besser einer, der arbeitet und großen Reichtum gewinnt, / als einer,
der vornehm tut und nichts zu essen hat.
28 Mein Sohn, in Demut ehre dich selbst, / beurteile dich, wie du es ver-
dienst.
29 Wer wird den rechtfertigen, der sich selbst ins Unrecht setzt? / Wer
wird den ehren, der sich selbst die Ehre abspricht?
30 Es gibt Arme, die wegen ihrer Klugheit geehrt sind. / Es gibt Leute,
die wegen ihres Reichtums geehrt sind.
31 Wird einer als Armer geehrt, wieviel mehr, wenn er reich wird. /
Wird einer als Reicher verachtet, wieviel mehr, wenn er arm wird.

11 Weisheit erhebt das Haupt des Armen und läßt ihn unter
Fürsten sitzen.
2 Lobe keinen Menschen wegen seiner (schönen) Gestalt, / verachte
keinen Menschen wegen seines (bescheidenen) Aussehens!
3 Unansehnlich unter den geflügelten Tieren ist die Biene, / und doch
bringt sie den besten Ertrag ein.
4 Spotte nicht über das Kleid eines Betrübten, / verhöhne keinen, der
Trauertag hat.
Denn unbegreiflich sind die Fügungen des Herrn, / verborgen ist den
Menschen sein Tun.
5 Viele, die unterdrückt waren, bestiegen den Thron, / viele, an die nie-
mand dachte, trugen die Krone.
6 Viele, die hoch standen, wurden tief verachtet, / und Angesehene
wurden den Niedrigen ausgeliefert.
7 Tadle nicht, ehe du geprüft hast; / zuerst untersuche, dann weise
zurecht!
8 Gib keine Antwort, bevor du gehört hast, / sprich nicht mitten in
einer Rede!
9 Wenn du nicht beleidigt wirst, reg dich nicht auf! / Nimm nicht teil
am Streit der Übermütigen!

Die rechte Einstellung zum Erwerb

10 Mein Sohn, warum willst du dir soviel Mühe bereiten? / Es bleibt
doch keiner ungestraft, der zu hastig vorandrängt.
Läufst du zu rasch, erreichst du das Ziel nicht; / fliehst du zu schnell,
entkommst du nicht.
11 Da müht sich einer, plagt sich und hastet, / doch um so mehr bleibt
er zurück.
12 Da ermattet einer und bricht unterwegs zusammen, / ist arm an
Kraft und reich an Schwäche,
doch das Auge des Herrn schaut ihn gütig an, / er schüttelt den
schmutzigen Staub von ihm ab.
13 Er richtet sein Haupt auf und erhöht ihn, / so daß viele über ihn staunen.
14 Gutes und Böses, Leben und Tod, / Armut und Reichtum kommen
vom Herrn.
15 [Weisheit, Einsicht und Kenntnis des Gesetzes sind vom Herrn, /
Liebe und Rechtschaffenheit kommen von ihm.
16 Irrtum und Finsternis sind für die Sünder erschaffen; / wer sich des
Bösen rühmt, mit dem wird das Böse alt.]
17 Der Lohn des Herrn für den Gerechten steht fest, / sein Wille setzt
sich für immer durch.
18 Mancher wird reich, weil er sich plagt, / doch verwirkt er seinen
Erwerb.
19 Er sagt zwar zu gegebener Zeit: Ich habe Ruhe gefunden, / nun will
ich meine Güter genießen. Aber er weiß nicht, wie lange es dauert; / er
hinterläßt sie andern und stirbt.
20 Mein Sohn, steh fest in deiner Pflicht, und geh ihr nach, / bei dei-
nem Tun bleibe bis ins Alter!
21 Wundere dich nicht über die Übeltäter; / früh morgens mach dich
auf zum Herrn, und hoffe auf sein Licht!
Denn leicht ist es in den Augen des Herrn, / den Armen plötzlich und
schnell reich zu machen.
22 Gottes Segen ist der Lohn des Gerechten, / zur bestimmten Zeit
blüht seine Hoffnung auf.
23 Sag nicht: Ich habe meine Wünsche erfüllt, / was geht mir noch ab?
24 Sag nicht: Ich bin versorgt, / welches Unheil könnte über mich
kommen?
25 Das Glück von heute läßt das Unglück vergessen, / das Unglück von
heute läßt das Glück vergessen.
26 Denn leicht ist es in den Augen des Herrn, / am Todestag dem Men-
schen nach seinen Taten zu vergelten.
27 Schlimme Zeit läßt die Lust vergessen, / das Ende des Menschen
gibt über ihn Auskunft.
28 Preise niemand glücklich vor seinem Tod; / denn erst an seinem
Ende erkennt man den Menschen.

Die rechte Vorsicht

29 Bring nicht jeden Menschen ins Haus; / denn viele Wunden schlägt
der Verleumder.
30 Wie ein im Korb gefangener Vogel ist das Herz des Übermütigen /
oder wie ein Spion, der eine Bresche erspäht.
31 Der Verleumder verkehrt Gutes in Böses, / und deine besten Absich-
ten bringt er in Verdacht.
32 Einen Funken entfacht er zum Brand, / der Niederträchtige lauert
auf Blut.
33 Hüte dich vor einem Bösen; denn er zeugt Böses. / Warum willst du
für immer einen Makel davontragen?
34 Nimmst du den Fremden auf, entfremdet er dich deiner Lebensart; /
er entzweit dich mit deiner Familie.

12 Wenn du Gutes tust, wisse, wem du es tust, / dann wirst du
Dank ernten für deine Wohltat.
2 Tu dem Gerechten Gutes; dann findest du Lohn, / wenn nicht von
ihm, so doch vom Herrn.
3 Ohne Dank bleibt, wer einen Frevler beschenkt, / auch hat er kein
gutes Werk vollbracht.
4 Gib dem Guten, nicht aber dem Bösen, / unterstütze den Demütigen,
gib nicht dem Hochmütigen!
5 Rüste ihn nicht mit Kampfwaffen aus, / sonst greift er dich selbst mit
ihnen an.
Doppeltes Übel trifft dich [in der Zeit der Not] / für all das Gute, das du
ihm getan hast.
6 Denn auch Gott haßt die Bösen, / den Frevlern vergilt er mit Strafe.
8 Im Glück erkennt man den Freund nicht, / aber im Unglück bleibt
der Feind nicht verborgen.
9 Im Glück ist auch der Feind ein Freund; / im Unglück wendet auch
der Freund sich ab.
10 Trau niemals einem Feind; / denn seine Bosheit gleicht dem rosten-
den Eisen.

11 Zeigt er sich auch willig und tut unterwürfig, / nimm dich in acht,
und hüte dich vor ihm!
Sei zu ihm wie ein Spiegelputzer, / und beachte die letzten Spuren des
Rostes!
12 Laß ihn nicht an deiner Seite stehen, / sonst stürzt er dich und tritt
an deine Stelle.
Laß ihn nicht zu deiner Rechten sitzen, / sonst strebt er nach deinem Sitz.
Zu spät begreifst du dann meine Worte / und stimmst in meine Klage ein.
13 Wer bedauert den Schlangenbeschwörer, wenn er gebissen wird, /
und den, der sich reißenden Tieren nähert?
14 Ihnen gleicht, wer mit einem Schurken verkehrt / und sich in seine
Sünden verstrickt.
15 Solange er neben dir steht, zeigt er sich nicht offen, / wankst du
aber, hält er nicht stand.
16 Auf seinen Lippen hat der Gegner süße Worte, / doch in seinem
Herzen sinnt er auf Verderben.
Mag auch der Feind mit seinen Augen weinen, / findet er Gelegenheit,
wird er an Blut nicht satt.
17 Trifft dich ein Unglück, findet er sich ein; / als heuchelnder Helfer
sucht er dich zu stürzen.
18 Er schüttelt den Kopf und schwingt die Hand, / doch unter viel dun-
klem Gerede ändert er das Gesicht.

13 Wer Pech anrührt, dem klebt es an der Hand; / wer mit
einem Zuchtlosen umgeht, nimmt seine Art an.
2 Wie willst du tragen, was dir zu schwer ist? / Ist einer reicher als du,
wie kannst du mit ihm zusammengehen?
Wie kann der irdene Topf mit dem Kessel zusammengehen? / Der
Kessel stößt an ihn, und er zerbricht.
3 Der Reiche tut Unrecht und prahlt noch damit, / der Arme leidet
Unrecht und muß um Gnade bitten.
4 Bist du ihm nützlich, ist er um dich bemüht, / brichst du zusammen,
läßt er dich im Stich.
5 Hast du etwas, gibt er dir schöne Worte, / doch er macht dich arm,
ohne daß es ihm leid tut.
6 Hat er dich nötig, schmeichelt er dir, / er lächelt dir zu und macht dir
Hoffnung.
7 Solange es Vorteil bringt, hält er dich zum besten, / zweimal, dreimal
täuscht er dich.
Sieht er dich dann wieder, geht er an dir vorbei / und schüttelt den
Kopf über dich.
8 Gib acht, wag dich nicht zu weit vor, / und werde nicht wie die, denen
der Verstand fehlt.
9 Naht sich ein Vornehmer, halte dich fern, / um so mehr wird er dich
an sich ziehen.
10 Dräng dich nicht vor, sonst mußt du dich wieder zurückziehen; /
zieh dich aber nicht ganz zurück, sonst wirst du vergessen.
11 Sei nicht zu sicher im freien Umgang mit ihm, / trau nicht seinen
vielen Reden!
Mit seinen vielen Reden sucht er dich zu verführen, / er lächelt dir zu
und forscht dich aus.
12 Grausam handelt der Mächtige und kennt kein Mitleid, / gegen das
Leben vieler schmiedet er heimliche Pläne.
13 Gib acht, und sei vorsichtig, / geh nicht mit gewalttätigen Men-
schen!
15 Jedes Lebewesen liebt seinesgleichen, / jeder Mensch den, der ihm
ähnlich ist.
16 Jedes Lebewesen hat seinesgleichen um sich, / mit seinesgleichen
gehe auch der Mensch zusammen.
17 Geht etwa der Wolf mit dem Lamm zusammen? / Ebensowenig der
Frevler mit dem Gerechten.
18 Lebt etwa die Hyäne mit dem Hund in Frieden / und der Reiche in
Frieden mit dem Armen?
19 Des Löwen Beute sind die Wildesel in der Wüste; / so sind die Gerin-
gen die Weide des Reichen.

Max Ernst
Ubu Imperator
(1923)
»Dem Herrn und den Menschen ist Übermut verhaßt, Unterdrückung gilt bei beiden als Untat« (Sir 10,7). Max Ernst steigerte mit seinem Bildtitel den Titel eines Dramas von Alfred Jarry: *Ubu roi (König Ubu)*, einer Parodie auf Shakespeares *Macbeth* mit einem absurden Despoten und Gehilfen wie »Kneifschwein« und »Gehirnzertrümmerungsmaschine«. Knapp drei Jahrzehnte nach der Pariser Uraufführung (1896) kam das Stück den Vorstellungen der Pariser Surrealisten von Kunst als Provokation sehr entgegen. Eine weitere Quelle, die Max Ernst anregte, war eine Abbildung der armierten Gußform für ein Reiterstandbild Ludwigs XIV. Aus beiden Vorbildern entwickelte er ein unförmiges Herrschermonstrum mit einem Stachel als Standbein, eisenbewehrt und haltlos zugleich.

20 Ein Greuel für den Stolzen ist die Demut, / ein Greuel für den Rei-
chen ist der Arme.
21 Wankt ein Reicher, wird er vom Freund gestützt, / wankt ein Gerin-
ger, wird er vom Freund gestürzt.
22 Redet ein Reicher, so hat er viele Helfer. / Sein törichtes Gerede nen-
nen sie schön.
Redet ein Geringer, ruft man: Pfui! / Mag er auch klug reden, für ihn ist
kein Platz.
23 Redet ein Reicher, dann schweigen alle, / sie erheben seine Klugheit
bis zu den Wolken.
Redet ein Geringer, heißt es: Wer ist denn das? / Stolpert er, dann
stoßen sie ihn noch.

Der rechte Genuß
24 Gut ist der Reichtum, wenn keine Schuld an ihm klebt; / schlimm ist
die Armut, die aus Übermut entstand.
25 Das Herz des Menschen verändert sein Gesicht / und macht es heiter
oder traurig.
26 Zeichen des glücklichen Herzens ist ein frohes Gesicht; / Sorgen
und Kummer sind quälendes Grübeln.

14 Wohl dem Menschen, dem sein eigener Mund keine Vor-
würfe macht, / der nicht klagen muß vor Kummer über
seine Sünden.
2 Wohl dem Menschen, der sich nicht selbst tadeln muß / und dessen
Hoffnung nicht aufhört.
3 Einem Engherzigen steht Reichtum nicht an. / Wozu braucht ein
Geiziger Gold?
4 Wer gegen sich selbst geizt, sammelt für einen andern; / in seinen
Gütern wird ein Fremder schwelgen.
5 Wer sich selbst nichts gönnt, wem kann der Gutes tun? / Er wird sei-
nem eigenen Glück nicht begegnen.
6 Keiner ist schlimmer daran als einer, der sich selbst nichts gönnt, /
ihn selbst trifft die Strafe für seine Mißgunst.
7 Tut er etwas Gutes, dann tut er es aus Versehen, / und am Ende zeigt
er seine Schlechtigkeit.
8 Schlimm ist ein Geizhals, / der sein Gesicht abwendet und die Hun-
gernden verachtet.
9 Dem Auge des Toren ist sein Besitz zu klein, / ein geiziges Auge
trocknet die Seele aus.
10 Das Auge des Geizigen hastet nach Speise, / Unruhe herrscht an
seinem Tisch.
[Ein gütiges Auge mehrt das Brot, / selbst eine schwache Quelle spen-
det Wasser auf den Tisch.]
11 Mein Sohn, wenn du imstande bist, pflege dich selbst; / soweit du
kannst, laß es dir gutgehen!
12 Denk daran, daß der Tod nicht säumt / und die Frist bis zur Unter-
welt dir unbekannt ist.
13 Bevor du stirbst, tu Gutes dem Freund; / beschenk ihn, soviel du ver-
magst.
14 Versag dir nicht das Glück des heutigen Tages; / an der Lust, die dir
zusteht, geh nicht vorbei!
15 Mußt du nicht einem andern deinen Besitz hinterlassen, / den
Erben, die das Los werfen über das, was du mühsam erworben hast?
16 Beschenk den Bruder, und gönn auch dir etwas; / denn in der Unter-
welt ist kein Genuß mehr zu finden.
17 Wir alle werden alt wie ein Kleid; / es ist ein ewiges Gesetz: Alles
muß sterben.
18 Wie sprossende Blätter am grünen Baum – / das eine welkt, das
andere wächst nach –,
so sind die Geschlechter von Fleisch und Blut: / das eine stirbt, das
andere reift heran.
19 Alle ihre Werke vermodern, / was ihre Hände schufen, folgt ihnen nach.

Das rechte Suchen nach Weisheit

20 Wohl dem Menschen, der nachsinnt über die Weisheit / der sich
bemüht um Einsicht,
21 der seinen Sinn richtet auf ihre Wege / und auf ihre Pfade achtet,
22 der ihr nachgeht wie ein Späher / und an ihren Eingängen lauert,
23 der durch ihre Fenster schaut / und an ihren Türen horcht,
24 der sich bei ihrem Haus niederläßt / und seine Zeltstricke an ihrer
Mauer befestigt,
25 der neben ihr sein Zelt aufstellt / und so eine gute Wohnung hat,
26 der sein Nest in ihr Laub baut / und in ihren Zweigen die Nacht ver-
bringt,
27 der sich in ihrem Schatten vor der Hitze verbirgt / und im Schutz
ihres Hauses wohnt.

15 Wer den Herrn fürchtet, handelt so, / und wer am Gesetz
festhält, erlangt die Weisheit.
2 Sie geht ihm entgegen wie eine Mutter, / wie eine junge Gattin nimmt
sie ihn auf.
3 Sie nährt ihn mit dem Brot der Klugheit / und tränkt ihn mit dem
Wasser der Einsicht.
4 Er stützt sich auf sie und kommt nicht zu Fall, / er vertraut auf sie und
wird nicht enttäuscht.
5 Sie erhöht ihn über seine Gefährten, / sie öffnet ihm den Mund in der
Versammlung.
6 Sie läßt ihn Jubel und Freude finden, / unvergänglichen Ruhm wird
sie ihm verleihen.
7 Für schlechte Menschen ist sie unerreichbar, / Unbeherrschte
werden sie nicht schauen.
8 Den Zuchtlosen ist sie fern. / Lügner denken nicht an sie.
9 Schlecht klingt das Gotteslob im Mund des Frevlers, / es ist ihm von
Gott nicht zugeteilt.
10 Im Mund des Weisen erklinge das Gotteslob, / und wer dazu Voll-
macht hat, unterrichte darin.

Die Verantwortung des Menschen

11 Sag nicht: Meine Sünde kommt von Gott. / Denn was er haßt, das tut
er nicht.
12 Sag nicht: Er hat mich zu Fall gebracht. / Denn er hat keine Freude
an schlechten Menschen.
13 Verabscheuungswürdiges haßt der Herr; / alle, die ihn fürchten,
bewahrt er davor.
14 Er hat am Anfang den Menschen erschaffen /und ihn der Macht der
eigenen Entscheidung überlassen.
15 [Er gab ihm seine Gebote und Vorschriften.] / Wenn du willst,
kannst du das Gebot halten; / Gottes Willen zu tun ist Treue.
16 Feuer und Wasser sind vor dich hingestellt; / streck deine Hände aus
nach dem, was dir gefällt.
17 Der Mensch hat Leben und Tod vor sich; / was er begehrt, wird ihm
zuteil.
18 Überreich ist die Weisheit des Herrn; / stark und mächtig ist er und
sieht alles.
19 Die Augen Gottes schauen auf das Tun des Menschen, / er kennt alle
seine Taten.
20 Keinem gebietet er zu sündigen, / und die Betrüger unterstützt er
nicht.

Die Sünde und ihre Folgen

16 Wünsch dir nicht schöne Kinder, wenn sie nichts taugen, /
und freu dich nicht über mißratene Söhne!
2 Mögen sie auch zahlreich sein, freu dich nicht über sie, / wenn sie
keine Gottesfurcht besitzen.
3 Verlaß dich nicht auf ihre Lebensdauer, / setz kein Vertrauen in ihre
Zukunft!
Besser als tausend ist einer [der Gottes Willen tut], / besser kinderlos
sterben als schlimme Nachkommen haben.
4 Durch einen einzigen Verständigen vermehrt sich die Stadt, / durch
die Sippe der Abtrünnigen verödet sie.
5 Viel von dem hat mein Auge gesehen, / mehr noch hat mein Ohr ver-
nommen:
6 Im Kreis der Frevler flammt Feuer auf; / gegen ein sündiges Volk ent-
brennt der Zorn.
7 Er hat den Fürsten der Vorzeit nicht verziehen, / als sie sich in ihrer
Stärke empörten.
8 Er hat die Mitbürger Lots nicht geschont, / als sie zügellos waren in
ihrem Übermut.
9 Er hat das todgeweihte Volk nicht geschont, / das wegen seiner Sün-
den das Land verlor,
10 auch nicht die sechshunderttausend Mann Fußvolk; / sie wurden
dahingerafft wegen ihres verbrecherischen Herzens.
11 Wie erst ergeht es dem einzelnen, der halsstarrig ist: / Ein Wunder
wäre es, wenn er straflos bliebe.
Denn bei Gott sind Erbarmen und Zorn, / er vergibt und verzeiht, doch
auch den Zorn schüttet er aus.
12 Sein Erbarmen ist so groß wie sein Strafen, / jeden richtet er nach
seinen Taten.
13 Der Verbrecher entkommt nicht mit seinem Raub, / doch der Hoff-
nung des Gerechten setzt Gott kein Ende.

14 Jedem Wohltätigen wird sein Lohn zuteil, / jeder empfängt nach sei-
nen Taten.
15 [Der Herr verhärtete das Herz des Pharao, / der ihn nicht erkannte, /
obwohl seine Werke unter dem Himmel offenbar waren.
16 Sein Erbarmen ist allen seinen Geschöpfen sichtbar, / sein Licht und
sein Dunkel hat er den Menschen zugeteilt.]
17 Sag nicht: Ich bin vor Gott verborgen, / wer denkt an mich in der
Höhe?
In der großen Menge bleibe ich unbemerkt, / was bin ich in der
Gesamtzahl der Menschen?
18 Der Himmel, der höchste Himmel, das Meer und das Land, / sie
wanken, wenn er sie heimsucht.
19 Der Untergrund der Berge und die Grundfesten der Erde, / sie erbe-
ben gewaltig, wenn er sie anschaut.
20 Doch an mich denkt er nicht, / und wer achtet auf meine Wege?
21 Sündige ich, sieht mich kein Auge, / betrüge ich ganz heimlich, wer
weiß es? –
22 Das gerechte Tun, wer macht es bekannt? / Und was darf ich hoffen,
wenn ich das Gebot halte?
23 Nur ein Unvernünftiger behauptet solches, / nur ein törichter
Mensch denkt so.

Gottes Wege mit den Menschen

24 Hört auf mich, und lernt von meiner Erfahrung, / richtet euren Sinn
auf meine Worte!
25 Wohlüberlegt trage ich meine Gedanken vor, / und bescheiden teile
ich mein Wissen mit:
26 Als Gott am Anfang seine Werke erschuf / und ihnen zu ihrem
Dasein Gesetze gab,
27 hat er ihre Aufgabe für immer festgelegt / und ihren Machtbereich
für alle Zeiten.
Sie ermatten nicht und werden nicht müde, / sie lassen nicht nach in
ihrer Kraft.
28 Keines seiner Werke verdrängt das andere, / und bis in Ewigkeit
widerstreben sie seinem Befehl nicht.
29 Dann hat der Herr auf die Erde geblickt / und sie mit seinen Gütern
erfüllt.
30 Mit allerlei Lebewesen bedeckte er ihre Fläche, / und sie kehren wie-
der zu ihr zurück.

17 Der Herr hat die Menschen aus Erde erschaffen / und läßt
sie wieder zu ihr zurückkehren.
2 Gezählte Tage und eine bestimmte Zeit wies er ihnen zu / und gab
ihnen Macht über alles auf der Erde.
3 Ihm selbst ähnlich hat er sie mit Kraft bekleidet / und sie nach sei-
nem Abbild erschaffen.
4 Auf alle Wesen legte er die Furcht vor ihnen, / über Tiere und Vögel
sollten sie herrschen.
6 Er bildete ihnen Mund und Zunge, Auge und Ohr, / und ein Herz zum
Denken gab er ihnen.
7 Mit kluger Einsicht erfüllte er sie / und lehrte sie, Gutes und Böses zu
erkennen.
8 Er zeigte ihnen die Größe seiner Werke, / um die Furcht vor ihm in
ihr Herz zu pflanzen.
9 Sie sollten für immer seine Wunder rühmen / 10 und seinen heiligen
Namen loben.

Die Erwählung Israels

11 Er hat ihnen Weisheit geschenkt / und ihnen das lebenspendende
Gesetz gegeben.
12 Einen ewigen Bund hat er mit ihnen geschlossen / und ihnen seine
Gebote mitgeteilt.
13 Ihre Augen sahen seine machtvolle Herrlichkeit, / ihr Ohr vernahm
seine gewaltige Stimme.
14 Er sprach zu ihnen: Hütet euch vor allem Unrecht! / Er schrieb ihnen
ihr Verhalten gegenüber dem Nächsten vor.
15 Ihre Wege liegen allezeit offen vor ihm, / sie sind nicht verborgen vor
seinen Augen.
17 Für jedes Volk bestellte er einen Herrscher, / Israel aber ist der Erb-
besitz des Herrn.
19 Alle ihre Taten stehen vor ihm wie die Sonne / seine Augen ruhen
stets auf ihren Wegen.
20 Ihre Frevel sind vor ihm nicht verborgen, / alle ihre Sünden stehen
dem Herrn vor Augen.
22 Das Almosen eines jeden ist bei ihm wie ein Siegelring, / des Men-
schen Wohltat behütet er wie einen Augapfel.
23 Schließlich erhebt er sich und vergilt ihnen / er läßt die Vergeltung
über ihr Haupt kommen.

Reue und Umkehr

24 Den Reumütigen aber gewährt er Umkehr / und tröstet die Hoff-
nungslosen [und bestimmte sie für ein Leben in der Wahrheit].
25 Wende dich zum Herrn, laß ab von der Sünde, / bete vor ihm, und
beseitige das Ärgernis!
26 Kehre zum Höchsten zurück, und wende dich ab vom Bösen, / hasse
stets das Schlechte!
27 Wer wird in der Unterwelt den Höchsten loben / anstelle derer, die
leben und ihn preisen?
28 Beim Toten, der nicht mehr ist, / verstummt der Lobgesang; / nur
der Lebende und Gesunde preist den Herrn.
29 Wie groß ist das Erbarmen des Herrn / und seine Nachsicht gegen
alle, die umkehren zu ihm.
30 Denn nicht wie Gott ist der Mensch, / Gottes Gedanken sind nicht
wie die Gedanken der Menschen.
31 Was ist heller als die Sonne? / Und selbst sie verfinstert sich; / so ist
auch das Begehren von Fleisch und Blut böse.
32 Das Heer in der Höhe zieht er zur Rechenschaft, / erst recht die
Menschen, die nur Staub und Asche sind.

Die Größe Gottes

18 Der Herr, der in Ewigkeit lebt, hat alles insgesamt erschaf-
fen, / der Herr allein erweist sich als gerecht.
4 Keiner vermag seine Werke zu verkünden. / Wer ergründet seine
großen Taten?
5 Wer kann seine gewaltige Größe beschreiben / und seine großen
Taten aufzählen bis zum Ende?
6 Man kann nichts wegnehmen und nichts hinzutun, / unmöglich ist
es, die Wunder des Herrn zu ergründen.
7 Ist der Mensch am Ende angelangt, / steht er noch am Anfang, / wenn
er es aufgibt, ist er ratlos.
8 Was ist der Mensch, und wozu nützt er? / Was ist gut an ihm, und was
ist schlecht?
9 Das Leben eines Menschen dauert / höchstens hundert Jahre.
10 Wie ein Wassertropfen im Meer und wie ein Körnchen im Sand, / so
verhalten sich die wenigen Jahre zu der Zeit der Ewigkeit.
11 Darum hat der Herr mit ihnen Geduld, / und er gießt über sie sein
Erbarmen aus.
12 Er sieht und weiß, daß ihr Ende schlimm ist; / darum hat er so viel
Nachsicht mit ihnen.
13 Das Erbarmen des Menschen gilt nur seinem Nächsten, / das Erbar-
men des Herrn allen Menschen.
Er weist zurecht, erzieht und belehrt / und führt wie ein Hirt seine
Herde zurück.
14 Glücklich alle, die auf sein Erbarmen hoffen / und seine Gebote
annehmen.

Verschiedene Mahnungen und Warnungen

Das Verhalten des Weisen
15 Mein Sohn, bring keinen Makel auf deine Wohltaten, / und füg zu
keiner Gabe kränkende Worte!
16 Vertreibt nicht der Tau die Hitze? / So ist das Wort mehr als die Gabe.
17 Ist das Wort nicht mehr wert als die Gabe? / Dem Gütigen steht bei-
des wohl an.
18 Der Tor schmäht in liebloser Weise, / die Gabe des Geizigen macht
die Augen traurig.
19 Bevor du redest, unterrichte dich, / und ehe du krank wirst, sorge für
die Gesundheit!
20 Noch vor dem Gericht erforsche dich selbst, / dann wird dir in der
Stunde der Prüfung verziehen.
21 Demütige dich, ehe du zu Fall kommst; / zur Zeit der Sünde laß
Umkehr erkennen!
22 Säume nicht, ein Gelübde rechtzeitig einzulösen / warte nicht bis
zum Tod, um davon frei zu werden.
23 Ehe du gelobst, überdenk dein Gelübde, / sei nicht wie einer, der
den Herrn versucht.
24 Denk an den Zorn am Ende der Tage, / an die Zeit der Vergeltung,
wenn er sein Gesicht abwendet.
25 Denk zur Zeit des Überflusses an die Zeit des Hungers, / in den
Tagen des Reichtums an Armut und Not!
26 Vom Morgen zum Abend wechselt die Zeit, / alles eilt dahin vor dem
Herrn.
27 Ein Weiser nimmt sich immer in acht, / in Zeiten der Sünde hütet er
sich vor Verfehlung.
28 Jeder Verständige soll Weisheit lehren; / wer sie gefunden hat, soll
ihr Lob verkünden.
29 Wer klug zu reden vermag, ist selbst ein Weisheitslehrer / und trägt
in Bescheidenheit seine Sinnsprüche vor.

Die Beherrschung der Begierden
30 Folg nicht deinen Begierden, / von deinen Gelüsten halte dich fern!
31 Wenn du erfüllst, was deine Seele begehrt, / erfüllst du das Begehren
deines Feindes.
32 Freu dich nicht über ein wenig Lust; / doppelt so schwer wird dann
die Armut sein.
33 Sei kein Fresser und Säufer; / denn sonst bleibt nichts im Beutel.

19 Wer das tut, wird niemals reich, / wer das Wenige gering-
schätzt, richtet sich zugrunde.
2 Wein und Weiber machen das Herz zügellos; / wer sich an Dirnen
hängt, wird frech.
3 [Moder und Würmer nehmen ihn in Besitz, / freche Gier richtet den
zugrunde, über den sie herrscht.]
4 Wer schnell vertraut, ist leichtfertig, / wer sündigt, verfehlt sich
gegen sich selbst.
5 Wer sich über eine Schlechtigkeit freut, wird selbst verachtet, / [wer
den Lüsten widerstrebt, krönt sein Leben.
6 Wer seine Zunge beherrscht, lebt ohne Streit;] / wer Gerede verbrei-
tet, dem fehlt es an Verstand.
7 Verbreite niemals ein Gerede, / dann wird auch dich niemand
schmähen.
8 Rede weder über Freund noch Feind; / wenn du einen Freund hast,
enthülle nichts über ihn!
9 Denn wer dich hört, wird sich vor dir hüten / und dir zur gegebenen
Zeit seinen Groll zeigen.
10 Hast du etwas gehört, so sterbe es in dir; / sei unbesorgt, es wird
dich nicht zerreißen.
11 Um eines Wortes willen kommt der Tor in Wehen / wie eine
Gebärende durch ihre Leibesfrucht.
12 Wie ein Pfeil im Schenkel sitzt, / so steckt das Wort im Leib des
Toren.
13 Stell den Freund zur Rede, ob er etwas getan hat, / und wenn er es
getan hat – damit er es nicht wieder tut.
14 Stell deinen Nächsten zur Rede, ob er etwas gesagt hat, / und wenn
er es gesagt hat – damit er es nicht wiederholt.
15 Stell den Freund zur Rede, denn oft gibt es Verleumdung; / trau nicht
jedem Wort!
16 Mancher gleitet aus, doch ohne Absicht. / Wer hätte noch nie mit
seiner Zunge gesündigt?
17 Stell deinen Nächsten zur Rede, ehe du ihm Vorwürfe machst. / Gib
dem Gesetz des Höchsten Raum!

Rechte und falsche Klugheit
20 Alle Weisheit ist Furcht vor dem Herrn; / in jeder Weisheit liegt
Erfüllung des Gesetzes.
22 Schlechtes zu kennen ist keine Weisheit, / der Rat der Sünder ist
keine Klugheit.
23 Es gibt eine Schläue, die ein Greuel ist, / und es gibt Einfältige, die
nichts Schlechtes tun.
24 Besser ist es, arm an Klugheit und gottesfürchtig zu sein, / als reich
an Einsicht, aber das Gesetz zu übertreten.
25 Es gibt eine listige Schläue, doch sie ist ungerecht; / mancher ver-
stellt sich, um Rechtschaffenheit vorzutäuschen.
26 Mancher geht gebeugt und traurig einher, / doch sein Inneres ist voll
Tücke.
27 Er schlägt den Blick nieder und stellt sich taub; / wo er nicht durch-
schaut wird, tritt er gegen dich auf.
28 Wenn ihm die Kraft fehlt, Unrecht zu tun, / tut er doch Böses, sobald
er Gelegenheit findet.
29 Am Aussehen erkennt man den Menschen, / am Gesichtsausdruck
erkennt ihn der Weise.
30 Die Kleidung des Menschen offenbart sein Verhalten, / die Schritte
des Menschen zeigen, was an ihm ist.

Das rechtzeitige Reden und Schweigen
20 Manche Ermahnung geschieht zur Unzeit; / mancher
schweigt, und der ist weise.
2 Keinen Dank erntet, wer den Zornigen zurechtweist;
3 wer Lob erteilt, bleibt vor Schimpf bewahrt.
4 Wie ein Entmannter, der bei einem Mädchen liegt, / ist einer, der mit
Gewalt das Recht durchsetzen will.
5 Mancher schweigt und gilt als weise, / mancher wird trotz vielen
Redens verachtet.
6 Mancher schweigt, weil er keine Antwort weiß, / mancher schweigt,
weil er die rechte Zeit beachtet.
7 Der Weise schweigt bis zur rechten Zeit, / der Tor aber achtet nicht
auf die rechte Zeit.
8 Wer viele Worte macht, wird zum Ekel, / der Anmaßende wird
gehaßt.
9 Mancher Erfolg wird dem Menschen zum Schaden, / mancher
Gewinn wird zum Verlust.
10 Es gibt Geschenke, von denen man nichts hat, / es gibt Geschenke,
die man doppelt vergüten muß.
11 Es gibt Demütigung um der Ehre willen; / mancher erhob sein
Haupt aus der Erniedrigung.
12 Mancher kauft vieles billig ein / und muß es doch siebenfach be-
zahlen.
13 Wer klug zu reden weiß, macht sich beliebt, / die Liebenswürdigkeit
der Toren ist umsonst.
14 Vom Geschenk eines Toren hast du nichts, / denn sieben Augen hat
er, nicht nur eines.
15 Er gibt wenig und schimpft viel, / er reißt den Mund auf wie ein Aus-
rufer.
Heute leiht er, morgen fordert er zurück; / solch ein Mensch ist verhaßt.
16 Der Tor sagt: Ich habe keinen Freund, / meine Wohltaten finden
keinen Dank.

17 Alle, die sein Brot essen, haben böse Zungen: / Wie oft und wie viel
verlachen sie ihn!
18 Besser ein Fehltritt auf dem Boden als ein Fehltritt durch die Zunge; /
so schnell wird auch der Sturz der Bösen kommen.
19 Ein Wort zur Unzeit ist ein Braten ohne Salz, / im Mund des Unge-
bildeten findet es sich dauernd.
20 Ein Sinnspruch aus dem Mund des Toren wird verachtet, / denn er
spricht ihn nicht zur rechten Zeit.
21 Mancher sündigt nicht, obwohl er arm ist; / er läßt sich in seiner
Ruhe nicht stören.
22 Mancher richtet aus Scham sich selbst zugrunde; / weil er (seine
Not) verbirgt, geht er unter.
23 Mancher gibt aus Scham dem Freund Versprechen / und macht ihn
sich ohne Grund zum Feind.
24 Ein schlimmer Schandfleck am Menschen ist die Lüge; / im Mund
des Ungebildeten findet sie sich dauernd.
25 Besser ein Dieb als einer, der immer nur lügt; / beide aber werden
zugrunde gehen.
26 Das Ende des Lügners ist Schmach, / immerfort haftet seine
Schande an ihm.

Verschiedene Sprichwörter

27 Wer weise ist im Reden, kommt voran, / ein kluger Mann ist bei den
Machthabern beliebt.
28 Wer das Land bebaut, schichtet hohe Garbenstöße auf; / wer den
Machthabern gefällt, kann manches Unrecht gutmachen.
29 Geschenke und Gaben blenden die Augen der Weisen, / wie ein
Zügel im Maul lenken sie Vorwürfe ab.
30 Verborgene Weisheit und versteckter Schatz: / was nützen sie beide?
31 Besser einer, der seine Torheit verbirgt, / als einer, der seine Weisheit
verbirgt.

Die Grundlehre des Weisen

21 Mein Sohn, hast du gesündigt, tu es nicht wieder, / und bete
wegen deiner früheren Sünden!
2 Flieh vor der Sünde wie vor der Schlange; / kommst du ihr zu nahe, so
beißt sie dich.
Löwenzähne sind ihre Zähne, / sie rauben den Menschen das Leben.
3 Wie ein zweischneidiges Schwert ist jedes Unrecht; / für die Wunde,
die es schlägt, gibt es keine Heilung.
4 Gewalttat und Hochmut verwüsten den Wohlstand, / das Haus des
Übermütigen stürzt ein.
5 Das Gebet aus dem Mund des Armen dringt zu den Ohren Gottes, /
und rasch kommt Gottes Gericht.
6 Wer Ermahnung haßt, folgt der Spur des Sünders; / wer den Herrn
fürchtet, nimmt sie sich zu Herzen.
7 Von weitem erkennt man den Schwätzer; / der Erfahrene merkt es,
wenn jener entgleist.
8 Baut einer sein Haus mit fremdem Geld, / sammelt er Steine für
einen Schutthaufen.
9 Ein Bündel Werg ist die Versammlung der Ruchlosen, / ihr Ende ist
die Feuerflamme.
10 Der Weg der Sünder ist frei von Steinen; / doch sein Ende ist die
Tiefe der Unterwelt.

Der Weise und der Tor

11 Wer das Gesetz befolgt, beherrscht seinen Trieb, / und Gottesfurcht
ist vollendete Weisheit.
12 Der Unkluge läßt sich nicht erziehen; / doch es gibt auch Klugheit,
die viel Bitterkeit einträgt.
13 Das Wissen des Weisen schwillt an wie ein Bach, / wie ein lebendiger
Quell ist sein Rat.
14 Das Herz des Toren ist wie eine geborstene Zisterne: / Es hält keine
Weisheit fest.
15 Hört der Verständige ein weises Wort, / lobt er es und fügt andere
hinzu.
Hört es der Leichtfertige, lacht er darüber, / er wirft es weit hinter sich.
16 Das Gespräch des Toren ist wie eine Last auf der Reise, / doch auf
den Lippen des Verständigen findet sich Anmut.
17 Die Rede des Weisen begehrt man in der Versammlung, / und seine
Worte überdenkt man im Herzen.
18 Wie ein Gefängnis ist dem Toren die Weisheit, / Erkenntnis ist dem
Unverständigen wie eine Fessel.
19 Wie Ketten an den Füßen ist dem Unvernünftigen die Zucht / und
wie Handschellen an der rechten Hand.
20 Der Tor lacht mit lauter Stimme, / der Kluge aber lächelt kaum leise.
21 Wie ein goldener Schmuck ist dem Weisen die Zucht / und wie eine
Spange am rechten Arm.
22 Der Fuß des Toren eilt rasch ins Haus, / der Besonnene aber wartet
bescheiden.
23 Der Tor blickt durch die Tür ins Haus hinein, / der Wohlerzogene
bleibt draußen stehen.
24 Ungezogen ist es, an der Tür zu horchen, / der Verständige aber ver-
schließt seine Ohren.
25 Die Lippen der Frevler erzählen ihre eigene Torheit, / die Worte der
Verständigen sind wohlabgewogen.
26 Die Toren haben ihr Herz auf der Zunge, / die Weisen haben ihre
Zunge im Herzen.
27 Verflucht der Ruchlose den Gerechten, / so verflucht er sich selbst.
28 Sich selbst besudelt der Verleumder; / wo er wohnt, ist er verhaßt.

22 Einem beschmutzten Stein gleicht der Faule, / jeder ruft
pfui, weil er ekelhaft ist.
2 Einem Ballen Kot gleicht der Faule, / jeder, der ihn berührt hat, schüt-
telt sich die Hand ab.

Mißratene Kinder und unbelehrbare Toren

3 Schande für den Vater ist ein mißratener Sohn, / eine (mißratene)
Tochter ist ihm zur Schmach geboren.
4 Eine kluge Tochter bringt ihrem Mann Besitz ein, / eine schändliche
macht ihrem Vater Kummer;
5 die trotzige bereitet dem Vater und dem Gatten Schande, / von beiden
wird sie verachtet.
6 Wie Musik zur Trauer ist eine Rede zur falschen Zeit, / Schläge und
Zucht aber zeugen stets von Weisheit.
9 Wer einen Toren belehrt, leimt Scherben zusammen, / er sucht einen
Schlafenden aus tiefem Schlummer zu wecken.
10 Wer mit einem Toren redet, redet einen Schlafenden an; / schließ-
lich fragt dieser: Was ist denn?
11 Über einen Toten weine, / denn das Lebenslicht erlosch ihm;
über einen Toren weine, / denn die Einsicht erlosch ihm.
Weniger weine über einen Toten, denn er ruht aus; / das schlechte
Leben des Toren ist schlimmer als der Tod.
12 Die Trauer um den Toten währt sieben Tage, / die um den Toren und
Ruchlosen alle Tage seines Lebens.
13 Mit einem Unvernünftigen mach nicht viele Worte, / und geh nicht
mit einem Schwein!
Hüte dich vor ihm, damit du dich nicht zu ärgern brauchst / und nicht
besudelt wirst, wenn es sich schüttelt.
Geh ihm aus dem Weg, und du wirst Ruhe finden / und keinen Ver-
druß haben mit seinem Unverstand.
14 Was ist schwerer als Blei? / Wie könnte es anders heißen als: der Tor?
15 Sand, Salz und Eisenblöcke / sind leichter zu tragen als ein unver-
nünftiger Mensch.
16 Holzgebälk, eingelassen ins Mauerwerk, / löst sich bei keiner
Erschütterung:
So ist ein Herz, gestützt auf überlegten Rat; / zu keiner Zeit verzagt es.
17 Ein Herz, das auf kluge Überlegung gegründet ist, / ist (fest) wie
Sandverputz an glatter Mauer.

18 Steinchen, die obenauf liegen, / halten dem Wind nicht stand: So ist
ein feiges Herz mit törichter Gesinnung: / Vor keinem Schrecken hält
es stand.

Die Treue des Weisen

19 Wer ins Auge stößt, treibt Tränen heraus; / wer ins Herz stößt, treibt
Freundschaft hinaus.
20 Wer mit Steinen nach Vögeln wirft, verscheucht sie; / wer den
Freund beschimpft, vertreibt die Freundschaft.
21 Hast du gegen den Freund das Schwert gezogen, / verzweifle nicht:
Es gibt einen Rückweg.
22 Hast du den Mund aufgetan gegen den Freund, / verzage nicht: Es
gibt eine Versöhnung.
Doch bei Beschimpfung, Geheimnisverrat und tückischem Schlag /
entflieht jeder Freund.
23 Halte dem Nächsten in der Armut die Treue, / dann kannst du mit
ihm auch sein Glück genießen.
Halte bei ihm aus in der Zeit der Not, / dann hast du auch Anteil an seinem Besitz.
24 Dem Feuer gehen Rauch und Qualm voraus, / ebenso dem Blutvergießen Streitereien.
25 Ist dein Freund verarmt, beschäme ihn nicht, / und versteck dich
nicht vor ihm!
26 Hast du einen Freund, plaudere von ihm nichts aus, / sonst wird sich
jeder, der dich hört, vor dir hüten.

Gebet um Selbstbeherrschung

27 Wer setzt eine Wache vor meinen Mund, / vor meine Lippen ein
kunstvolles Siegel,
damit ich durch sie nicht zu Fall komme / und meine Zunge mich
nicht ins Verderben stürzt?

23 Herr, Vater und Gebieter meines Lebens, / bring mich durch
sie nicht zu Fall!
2 Wer hält eine Peitsche bereit für mein Denken / und eine Zuchtrute
für mein Herz,
um ihre Vergehen nicht zu schonen / und ihnen keine Sünden zu
gestatten,
3 damit meine Fehler sich nicht mehren, / meine Sünden sich nicht
häufen / und ich nicht zu Fall komme vor meinen Feinden, / so daß
mein Gegner sich über mich freuen könnte?
4 Herr, Vater und Gott meines Lebens, / überlaß mich nicht ihrem
Plan!
5 Übermütige Augen gib mir nicht, / halte fern von mir die Begierde!
6 Unzucht und Sinnenlust sollen mich nicht ergreifen, / schamloser
Gier gib mich nicht preis!

Eine Unterweisung über das Reden

7 Ihr Söhne, vernehmt die Unterweisung über das Reden; / wer sie
beachtet, verfehlt sich nicht.
8 Durch seine Lippen verstrickt sich der Sünder, / Lästerer und Stolze
stürzen durch sie.
9 Gewöhn deinen Mund nicht ans Schwören, / den Namen des Heiligen zu nennen, gewöhn dir nicht an!
10 Wie ein Sklave, der dauernd straffällig wird, / von Striemen nie frei
bleibt, / so bleibt von Sünde nicht rein, / wer immerfort schwört und
Gottes Namen ausspricht.
11 Ein Mensch, der viel schwört, häuft Schuld auf sich, / die Strafrute
weicht nicht von seinem Haus.
Verfehlt er sich unbedacht, / lastet seine Sünde auf ihm;
übersieht er den Schwur, sündigt er doppelt, / schwört er falsch, bleibt
er nicht ungestraft; / ja, sein Haus wird von Leiden erfüllt.
12 Es gibt ein Reden, das der Pest vergleichbar ist; / möge es sich im
Erbland Jakobs nicht finden.
Den Frommen liegt dies alles fern, / sie wälzen sich nicht in Sünden.
13 Gewöhn deinen Mund nicht an Zuchtlosigkeit; / denn es kommt
dabei zu sündhaften Reden.
14 Denk an Vater und Mutter, wenn du im Kreis der Großen sitzt, /
damit du bei ihnen keinen Anstoß erregst / und nicht durch dein
Benehmen dich zum Toren machst / und wünschen mußt, nicht geboren zu sein, / und den Tag deiner Geburt verfluchst.
15 Hat sich einer an schändliche Reden gewöhnt, / nimmt er sein
Leben lang keine Zucht mehr an.

Warnung vor Unzucht

16 Zwei Gruppen von Menschen häufen die Sünden, / drei ziehen den
Zorn herbei:
Leidenschaftliche Begierde, sie brennt wie Feuer / und erlischt nicht,
bis sie sich verzehrt hat;
der Mensch, der am eigenen Leib Unzucht treibt / und nicht aufhört,
bis das Feuer verglüht;
17 der Wollüstige, dem jedes Brot süß schmeckt, / der nicht aufhört,
bis er tot ist;
18 der Mensch, der Ehebruch treibt auf seinem Lager, / der bei sich
denkt: Wer sieht mich?
Dunkel umgibt mich, Wände verbergen mich, / keiner sieht mich,
warum sollte ich mich fürchten zu sündigen?
19 Er denkt nicht an den Höchsten, / nur die Augen der Menschen
fürchtet er.
Er bedenkt nicht, daß die Augen des Herrn / zehntausendmal heller
sind als die Sonne,
daß sie alle Wege des Menschen sehen / und die geheimsten Winkel
durchdringen.
20 Schon ehe es geschieht, ist ihm alles bekannt, / ebenso, wenn es
vollbracht ist.
21 Jener wird auf den Straßen der Stadt verurteilt; / wo er es nicht vermutet, da wird er ergriffen.
22 So auch die Frau, die ihren Mann verläßt / und von einem andern
einen Erben zur Welt bringt:
23 Erstens war sie dem Gesetz des Höchsten untreu, / zweitens hat sie
sich gegen ihren Gatten vergangen,
drittens hat sie in Unzucht die Ehe gebrochen / und von einem andern
Kinder zur Welt gebracht.
24 Sie wird vor die Gemeinde geführt, / und ihre Kinder werden es
büßen müssen.
25 Ihre Sprößlinge werden keine Wurzel treiben, / und ihre Zweige
keine Frucht bringen.
26 Ihr Andenken hinterläßt sie zum Fluch, / ihre Schande wird niemals
getilgt.
27 Alle Bewohner des Landes werden erkennen, / alle Nachkommen
werden einsehen:
Nichts ist besser als die Furcht vor dem Herrn, / nichts süßer, als seine
Gebote zu halten.

Lob der Weisheit

24 Die Weisheit lobt sich selbst, / sie rühmt sich bei ihrem
Volk.
2 Sie öffnet ihren Mund in der Versammlung Gottes / und rühmt sich
vor seinen Scharen:
3 Ich ging aus dem Mund des Höchsten hervor, / und wie Nebel
umhüllte ich die Erde.
4 Ich wohnte in den Höhen, / auf einer Wolkensäule stand mein
Thron.
5 Den Kreis des Himmels umschritt ich allein, / in der Tiefe des
Abgrunds ging ich umher.
6 Über die Fluten des Meeres und über alles Land, / über alle Völker
und Nationen hatte ich Macht.
7 Bei ihnen allen suchte ich einen Ort der Ruhe, / ein Volk, in dessen
Land ich wohnen könnte.

8 Da gab der Schöpfer des Alls mir Befehl; / er, der mich schuf, wußte
für mein Zelt eine Ruhestätte. Er sprach: In Jakob sollst du wohnen, /
in Israel sollst du deinen Erbbesitz haben.
9 Vor der Zeit, am Anfang, hat er mich erschaffen, / und bis in Ewigkeit
vergehe ich nicht.
10 Ich tat vor ihm Dienst im heiligen Zelt / und wurde dann auf dem
Zion eingesetzt.
11 In der Stadt, die er ebenso liebt wie mich, fand ich Ruhe, / Jerusalem
wurde mein Machtbereich.
12 Ich faßte Wurzel bei einem ruhmreichen Volk, / im Eigentum des
Herrn, in seinem Erbbesitz.
13 Wie eine Zeder auf dem Libanon wuchs ich empor, / wie ein wilder
Ölbaum auf dem Hermongebirge.
14 Wie eine Palme in En-Gedi wuchs ich empor, / wie Oleandersträu-
cher in Jericho, wie ein prächtiger Ölbaum in der Schefela, / wie eine
Platane am Wasser wuchs ich empor.
15 Wie Zimt und duftendes Gewürzrohr, / wie beste Myrrhe strömte ich
Wohlgeruch aus, wie Galbanum, Onyx und Stakte, / wie Weihrauch-
wolken im heiligen Zelt.
16 Ich breitete wie eine Terebinthe meine Zweige aus, / und meine
Zweige waren voll Pracht und Anmut.
17 Wie ein Weinstock trieb ich schöne Ranken, / meine Blüten wurden
zu prächtiger und reicher Frucht.
19 Kommt zu mir, die ihr mich begehrt, / sättigt euch an meinen Früch-
ten!
20 An mich zu denken ist süßer als Honig, / mich zu besitzen ist besser
als Wabenhonig. / [Mein Andenken reicht bis zu den fernsten Genera-
tionen.]
21 Wer mich genießt, den hungert noch, /wer mich trinkt, den dürstet
noch.
22 Wer auf mich hört, wird nicht zuschanden, / wer mir dient, fällt
nicht in Sünde. / [Wer mich ans Licht hebt, hat ewiges Leben.]

Weisheit und Gotteswort

23 Dies alles ist das Bundesbuch des höchsten Gottes, / das Gesetz, das
Mose uns vorschrieb als Erbe für die Gemeinde Jakobs.
25 Es ist voll von Weisheit, wie der Pischonfluß (voll Wasser ist), / wie
der Tigris in den Tagen der ersten Ähren;
26 es strömt über von Einsicht, / ähnlich der Flut des Eufrat, / ähnlich
dem Jordan in den Tagen der Ernte;
27 es fließt von Belehrung über, ähnlich dem Nil, / ähnlich dem Gihon
in den Tagen der Weinlese.
28 Wer als erster es erforschte, kam nicht ans Ende, / ebensowenig
ergründet es der letzte.
29 Übervoll wie das Meer ist sein Sinn, / sein Rat ist tiefer als der Ozean.
30 Ich selbst war wie ein Bewässerungsgraben, / wie ein Kanal, der
hinabfließt zum Garten.
31 Ich dachte: Ich will meinen Garten tränken, / meine Beete bewässern.
Da wurde mir der Kanal zum Strom, / und mein Strom wurde zum Meer.
32 So strahle ich weiterhin Belehrung aus wie die Morgenröte, / ich
lasse sie leuchten bis in die Ferne.
33 Weiterhin gieße ich Lehre aus wie Prophetenworte / und hinterlasse
sie den fernsten Generationen.
34 Seht, nicht allein für mich habe ich mich geplagt, / sondern für alle,
die Weisheit suchen.

Die Erfahrungen des Weisheitslehrers

Männer und Frauen

25 Drei Dinge gefallen mir, / sie sind Gott und den Menschen
angenehm:
Eintracht unter Brüdern, Liebe zwischen Freunden, / Mann und Frau,
die einander verstehen.
2 Drei Gruppen von Menschen sind mir verhaßt, / ihre Lebensweise
verabscheue ich sehr: / den hochmütigen Armen, / den betrügerischen
Reichen, / den ehebrecherischen Greis ohne Vernunft.
3 Hast du in der Jugend nicht gesammelt, / wie wirst du im Alter etwas
haben?
4 Wie gut steht Hochbetagten rechtes Urteil an / und den Alten, Rat zu
wissen.
5 Wie gut steht Hochbetagten Weisheit an, / würdigen Männern Über-
legung und Rat.
6 Ein Ehrenkranz der Alten ist reiche Erfahrung, / ihr Ruhm ist die
Gottesfurcht.
7 Neun, die ich im Sinn habe, preise ich, / zehn führe ich rühmend im
Mund:
Einen Mann, der Freude hat an seinen Kindern, / und einen, der den
Sturz seiner Feinde erlebt.
8 Wohl dem Gatten einer klugen Frau, / und der nicht gleichsam mit
einem Gespann von Ochs und Esel pflügen muß.
Wohl dem, der nicht durch seine Zunge zu Fall kommt / und der kei-
nem dienen muß, der unter ihm steht.
9 Wohl dem, der einen Freund fand / und der zu Ohren sprechen darf,
die hören.
10 Wie groß ist einer, der Weisheit fand; / doch keiner übertrifft den
Gottesfürchtigen.
11 Die Furcht vor dem Herrn überragt alles; / wer an ihr festhält, ist mit
niemand vergleichbar.
13 Jede Wunde, nur keine Herzenswunde; / jede Bosheit, nur keine
Frauenbosheit.
14 Jedes Ungemach, nur kein Ungemach durch die zurückgesetzte
Frau, / jede Rache, nur keine Rache durch die Nebenfrau.
15 Kein Gift ist schlimmer als Schlangengift, / kein Zorn schlimmer als
Frauenzorn.
16 Lieber mit einem Löwen oder Drachen zusammenhausen, / als bei
einer bösen Frau wohnen.
17 Die Schlechtigkeit einer Frau macht ihr Aussehen düster / und ver-
finstert ihr Gesicht wie das einer Bärin.
18 Sitzt ihr Mann im Freundeskreis, / muß er unwillkürlich seufzen.
19 Kaum eine Bosheit ist wie Frauenbosheit; / das Los des Sünders
treffe auf sie.
20 Wie ein sandiger Aufstieg für die Füße eines Greises / ist eine zun-
genfertige Frau für einen stillen Mann.
21 Fall nicht herein auf die Schönheit einer Frau, / begehre nicht, was
sie besitzt.
22 Denn harte Knechtschaft und Schande ist es, / wenn eine Frau ihren
Mann ernährt.
23 Bedrücktes Herz und düsteres Gesicht / und ein wundes Herz: eine
böse Frau;
schlaffe Hände und zitternde Knie: / eine Frau, die ihren Mann nicht
glücklich macht.
24 Von einer Frau nahm die Sünde ihren Anfang, / ihretwegen müssen
wir alle sterben.
25 Gib dem Wasser keinen Abfluß / und einer schlechten Frau keine
Freiheit!
26 Geht sie dir nicht zur Seite, / trenn sie von deinem Leib!

26 Eine gute Frau – wohl ihrem Mann! / Die Zahl seiner Jahre
verdoppelt sich.
2 Eine tüchtige Frau pflegt ihren Mann; / so vollendet er seine Jahre in
Frieden.
3 Eine gute Frau ist ein guter Besitz; / er wird dem zuteil, der Gott
fürchtet;
4 ob reich, ob arm, sein Herz ist guter Dinge, / sein Gesicht jederzeit
heiter.
5 Vor drei Dingen bangt mir das Herz, / vor vieren befällt mich die Furcht:
Gerede in der Stadt, Auflauf der Massen und Verleumdung – / schlim-
mer sind sie alle als der Tod.

Egon Schiele
Umarmung
(1917)
»Die Anmut der Frau entzückt ihren Mann, ihre Klugheit erfrischt seine Glieder« (Sir 26,13).
Das Gemälde des österreichischen Malers und Graphikers, dessen Figurenbilder sich aus dem Harmoniebedürfnis des Jugendstils lösten und zu einer expressiven Körpersprache gelangten, dringt in die private Sphäre ein, ohne diese einer unbefugten Sicht preiszugeben. Der Blick von oben verleiht dem ausgebreiteten Tuch den Charakter einer Insel oder gar einer Wolke, die das Paar trägt. Kennzeichnend für Schieles Erfahrung der menschlichen Existenz ist jedoch, daß diese Insel oder Wolke kein utopischer Ort beseligter Geborgenheit ist. Die Umarmung bringt Begeisterung zum Ausdruck, zugleich aber eine Suche nach gegenseitigem Halt – eine Suche, die selbst in diesem sinnenfrohen Gemälde etwas Verzweifeltes hat.

6 Eine eifersüchtige Frau bringt Kummer und Betrübnis, / die Geißel der Zunge ist allen (vieren) gemeinsam.
7 Ein scheuerndes Ochsenjoch ist eine böse Frau; / wer sie nimmt, faßt einen Skorpion an.
8 Großer Verdruß ist eine trunksüchtige Frau; / sie kann ihre Schande nicht verbergen.
9 Die lüsterne Frau verrät sich durch ihren Augenaufschlag, / an ihren Wimpern wird sie erkannt.
10 Gegen eine Schamlose verstärke die Wache, / damit sie keine Gelegenheit findet und ausnützt.
11 Auf eine Frau mit frechem Blick gib acht; / sei nicht überrascht, wenn sie dir untreu wird.
12 Wie ein durstiger Wanderer den Mund auftut und vom ersten besten Wasser trinkt, / so läßt sie sich vor jedem Pfahl nieder und öffnet den Köcher vor dem Pfeil.
13 Die Anmut der Frau entzückt ihren Mann, / ihre Klugheit erfrischt seine Glieder.
14 Eine Gottesgabe ist eine schweigsame Frau, / unbezahlbar ist eine Frau mit guter Erziehung.
15 Anmut über Anmut ist eine schamhafte Frau; / kein Preis wiegt eine auf, die sich selbst beherrscht.
16 Wie die Sonne aufstrahlt in den höchsten Höhen, / so die Schönheit einer guten Frau als Schmuck ihres Hauses.
17 Wie die Lampe auf dem heiligen Leuchter scheint, / so ein schönes Gesicht auf einer edlen Gestalt.
18 Wie goldene Säulen auf silbernem Sockel / sind schlanke Beine auf wohlgeformten Füßen.
19 [Mein Sohn, bewahre die Blüte deiner Jugend gesund, / gib deine Kraft nicht Fremden hin!
20 Hast du auf dem ganzen Feld einen fruchtbaren Acker ausgesucht, / streu getrost deine Saat aus zur Fortpflanzung deines Geschlechts!
21 Dann werden deine Kinder dich umgeben, / sie werden groß werden im Vertrauen auf das edle Geschlecht.
22 Eine käufliche Frau ist dem Auswurf gleichzuachten, / eine Verheiratete ist für ihre Liebhaber wie ein Turm des Todes.
23 Eine ruchlose Frau wird dem Frevler zuteil, / eine fromme erhält, wer den Herrn fürchtet.
24 Eine schamlose Frau zerstört die Scham, / eine anständige Frau hat Scheu auch vor dem eigenen Mann.
25 Eine unverschämte Frau wird wie ein Hund geachtet, / eine schamhafte fürchtet den Herrn.
26 Eine Frau, die ihren Mann ehrt, erscheint allen als weise, / eine Frau, die ihn verachtet, wird von allen als ruchlos erkannt.
27 Eine großsprecherische und zungenfertige Frau / erscheint wie eine schmetternde Kriegstrompete.
Ein jeder Mann, der dazu schweigen [muß, muß sein Leben in Kriegsunruhen verbringen.]

Verschiedene Warnungen
28 Über zwei Dinge ist mein Herz betrübt, / über drei packt mich der Zorn:
Ein vermögender Mann, der arm wird und darben muß, / und angesehene Männer, wenn sie mißachtet werden;
wer von der Gerechtigkeit zur Sünde abweicht, / den bestimmt der Herr für das Schwert.
29 Schwerlich bleibt ein Kaufmann frei von Schuld; / ein Händler wird sich nicht rein halten von Sünde.

27 Des Geldes wegen haben schon viele gesündigt; / wer es anzuhäufen sucht, schaut nicht genau hin.
2 Zwischen zwei Steine läßt sich ein Pflock stecken; / so drängt sich zwischen Kauf und Verkauf die Sünde.
3 Hältst du nicht fest an der Gottesfurcht, / stürzt plötzlich und bald dein Haus zusammen.
4 Im Sieb bleibt, wenn man es schüttelt, der Abfall zurück; / so entdeckt man die Fehler eines Menschen, wenn man über ihn nachdenkt.
5 Töpferware wird nach der Brennhitze des Ofens eingeschätzt, / ebenso der Mensch nach dem Urteil, das man über ihn fällt.
6 Der Art des Baumes entspricht seine Frucht; / so wird ein jeder nach seiner Gesinnung beurteilt.
7 Lobe keinen Menschen, ehe du ihn beurteilt hast; / denn das ist die Prüfung für jeden.
8 Strebst du nach Gerechtigkeit, so erlangst du sie, / wie ein Prachtgewand kannst du sie anlegen.
9 Vögel lassen sich bei ihresgleichen nieder; / Treue kommt zu denen, die sie üben.
10 Der Löwe lauert auf Beute; / so auch die Sünde auf alle, die Unrecht tun.
11 Die Rede des Frommen ist immer klug, / der Tor aber ändert sich wie der Mond.
12 Im Kreis von Toren schau auf die Zeit, / im Kreis von Verständigen aber verweile!
13 Die Rede der Toren ist abscheulich, / ihr Lachen schwelgt in sündhafter Lust.
14 Beim Gerede dessen, der viel schwört, sträuben sich die Haare, / bei seinem Gezänk hält man sich die Ohren zu.
15 Zu Blutvergießen führt der Streit der Übermütigen, / ihr Schimpfen ist unerträglich.

Die Lauterkeit und die Wahrhaftigkeit
16 Wer Geheimes verrät, zerstört das Vertrauen, / er findet keinen Freund, der zu ihm steht.
17 Liebe den Freund, und sei ihm treu! / Hast du aber seine Geheimnisse verraten, / brauchst du ihm nicht mehr nachzugehen.
18 Denn wie ein Mensch, der seinen Besitz vertan hat, / so hast du die Freundschaft des Gefährten vertan.

19 Und wie man einen Vogel aus der Hand wegfliegen läßt, / so hast du
den Freund weggehen lassen und fängst ihn nie wieder ein.
20 Lauf ihm nicht nach, denn er ist schon zu weit, / wie eine Gazelle aus
der Schlinge ist er entflohen.
21 Eine Wunde läßt sich verbinden, ein Streit beilegen, / doch wer ein
Geheimnis verrät, hat keine Hoffnung.
22 Wer mit dem Auge zwinkert, / plant Böses, wer einen solchen Men-
schen sieht, / hält sich von ihm fern.
23 Ins Gesicht hinein macht er dir schöne Worte / und bewundert deine
Reden; nachher aber dreht er seine Worte um / und bringt dich durch
deine eigenen Worte zu Fall.
24 Vieles ist mir verhaßt, aber nichts so wie er; / auch der Herr wird ihn
hassen.
25 Wer einen Stein hochwirft, auf den fällt er zurück, / wer hinterlistig
schlägt, verwundet sich selbst.
26 Wer eine Grube gräbt, fällt selbst hinein, / wer eine Schlinge legt,
verfängt sich in ihr.
27 Wer Unrecht tut, auf den rollt es zurück, / und er weiß nicht, woher
es ihm kommt.
28 Spott und Schimpf treffen den Übermütigen, / wie ein Löwe lauert
die Rache auf ihn.
29 Schlingen und Netze fangen die, die sie machen, / und lassen sie
nicht los bis zum Tag ihres Todes.
30 Groll und Zorn, auch diese sind abscheulich, / nur der Sünder hält
daran fest.

Zwietracht und Vergebung

28 Wer sich rächt, an dem rächt sich der Herr; / dessen Sünden
behält er im Gedächtnis.
2 Vergib deinem Nächsten das Unrecht, / dann werden dir, wenn du
betest, auch deine Sünden vergeben.
3 Der Mensch verharrt im Zorn gegen den andern, / vom Herrn aber
sucht er Heilung zu erlangen?
4 Mit seinesgleichen hat er kein Erbarmen, / aber wegen seiner eige-
nen Sünden bittet er um Gnade?
5 Obwohl er nur ein Wesen aus Fleisch ist, verharrt er im Groll, / wer
wird da seine Sünden vergeben?
6 Denk an das Ende, laß ab von der Feindschaft, / denk an Untergang
und Tod, / und bleib den Geboten treu!
7 Denk an die Gebote, und grolle dem Nächsten nicht, / denk an den
Bund des Höchsten, und verzeih die Schuld!
8 Bleib fern dem Streit, dann verringerst du die Zahl der Sünden; /
denn ein jähzorniger Mensch entfacht Streit.
9 Ein sündiger Mensch bringt Freunde durcheinander, / zwischen
friedliche Leute schleudert er Zwietracht.
10 Je nach dem Brennstoff flammt das Feuer auf, / je nach dem Einfluß
wächst der Streit.
Je nach der Macht eines Menschen wütet sein Zorn, / je nach dem
Reichtum steigert er seine Wut.
11 Ein schneller Funke entzündet das Feuer, / ein schneller Streit führt
zu Blutvergießen.
12 Bläst du den Funken an, flammt er auf; / spuckst du darauf, so
erlischt er: / Beides kommt aus deinem Mund.
13 Der Verleumder sei verflucht; / viele, die friedlich lebten, hat er
zugrunde gerichtet.
14 Der Verleumder hat schon viele zum Wanken gebracht / und sie von
Volk zu Volk getrieben; feste Städte hat er zerstört, / Paläste von
Großen umgestürzt.
15 Der Verleumder hat tüchtige Frauen weggejagt / und sie des Ertrags
ihrer Mühen beraubt.
16 Wer auf ihn achtet, findet keine Ruhe, / er kann nicht in Frieden
wohnen.
17 Peitschenhieb schlägt Striemen, / Zungenhieb zerbricht Knochen.
18 Viele sind gefallen durch ein scharfes Schwert, / noch viel mehr sind
gefallen durch die Zunge.
19 Wohl dem, der vor ihr geschützt ist / und ihrer Wut nicht anheim-
fällt, der nicht ihr Joch ziehen muß, / nicht an ihre Stricke gebunden
ist.
20 Denn ihr Joch ist ein eisernes Joch, / ihre Stricke sind eherne Stricke.
21 Der Tod durch sie ist ein schlimmer Tod, / besser als sie ist die
Unterwelt.
22 Keine Macht hat sie über Fromme, / sie werden nicht versengt durch
ihre Flamme.
23 Wer den Herrn verläßt, verfällt ihr, / sie flammt an ihm auf und
erlischt nicht mehr.
Sie stürzt sich auf ihn wie ein Löwe, / wie ein Panther zerreißt sie ihn.
24 Schau, deinen Weinberg umzäunst du mit Dornen, / mach auch Tür
und Riegel an deinen Mund!
25 Dein Silber und Gold verwahrst du abgewogen,/ mach auch für
deine Worte Waage und Gewicht!
26 Hüte dich, daß du durch sie nicht strauchelst / und nicht zu Fall
kommst vor den Augen dessen, der darauf lauert.

Borgen und Bürgen

29 Wer dem Nächsten borgt, erweist Liebe, / wer ihm unter die
Arme greift, erfüllt die Gebote.
2 Borge dem Nächsten, wenn er in Not ist, / doch gib dem Nächsten
auch zurück zur rechten Zeit!
3 Halte dein Wort, und sei treu gegen ihn, / dann bekommst du stets,
was du nötig hast.
4 Viele Schuldner bitten um ein Darlehen, / doch dann verärgern sie
ihre Helfer.
5 Bis er etwas bekommt, küßt er dem andern die Hand / und redet mit
ihm unterwürfig wegen seines Geldes.
Am Tag der Rückzahlung aber enttäuscht er ihn, / weil er erst nach
langer Zeit zurückerstattet.
6 Ist er auch zahlungsfähig, bringt er kaum die Hälfte / und betrachtet
es wie einen Fund;
ist er es nicht, bringt er ihn um sein Geld / und macht sich ihn leicht-
fertig zum Feind.
Fluchen und Schimpfen zahlt er ihm zurück, / statt mit Ehre vergilt er
mit Schmach.
7 Viele sind nicht aus Härte zurückhaltend, / sie fürchten nur unnöti-
gen Ärger.
8 Hab dennoch Geduld mit dem Bedürftigen, / und laß ihn nicht auf
die Wohltat warten!
9 Um des Gebotes willen nimm dich des Armen an, / laß ihn in seiner
Not nicht leer weggehen!
10 Setz dein Geld ein für den Bruder und Freund, / laß es nicht rosten
unter dem Stein, bis es verdirbt.
11 Leg dir einen Schatz an nach den Geboten des Höchsten; / der wird
dir mehr nützen als Gold.
12 Wohltaten verschnüre, und leg sie in deine Vorratskammer, / sie
werden dich retten aus allem Unheil.
13 Besser als ein fester Schild und eine schwere Lanze / werden sie für
dich gegen den Feind streiten.
14 Der gute Mensch bürgt für den Nächsten; / nur wer die Scham verlo-
ren hat, flieht vor seinem Bürgen.
15 Vergiß nie die Gefälligkeit des Bürgen, / gab er doch sich selbst für
dich hin.
16 Der Sünder mißachtet die Gefälligkeit des Bürgen, / 17 doch seinen
Schöpfer mißachtet, wer seinen Helfer mißachtet.
18 Bürgschaft hat schon viele Vermögende zugrunde gerichtet, / hat sie
umhergeworfen wie eine Woge im Meer;
reiche Männer hat sie heimatlos gemacht, / so daß sie umherirrten bei
fremden Völkern.
19 Der Sünder wird in Bürgschaft verwickelt, / wer trüben Geschäften
nachjagt, fällt in Prozesse.
20 Steh für den Nächsten ein, so gut du kannst, / doch sei auf der Hut,
daß du nicht hereinfällst.

Heimat und Fremde
21 Das Wichtigste zum Leben sind Brot und Wasser, / Kleidung und
Wohnung, um die Blöße zu bedecken.
22 Besser das Leben eines Armen unter schützendem Dach / als köstli-
che Leckerbissen in der Fremde.
23 Ob wenig oder viel, sei zufrieden, / dann hörst du keinen Vorwurf in
der Fremde.
24 Schlimm ist ein Leben von einem Haus zum andern; / wo du fremd
bist, darfst du den Mund nicht auftun.
25 Ohne Dank reichst du Trank und Speise / und mußt noch bittere
Worte hören:
26 Komm, Fremder, deck den Tisch, / und wenn du etwas hast, gib mir
zu essen!
27 Fort, Fremder, ich habe eine Ehrenpflicht: / Ein Bruder kam zu Gast,
ich brauche das Haus.
28 Für einen Mann mit Bildung ist es hart, / geschmäht zu werden,
wenn man in der Fremde lebt, / oder beschimpft zu werden wenn man
einem geborgt hat.

Die Kinder
30 Wer seinen Sohn liebt, hält den Stock für ihn bereit, / damit
er später Freude erleben kann.
2 Wer seinen Sohn in Zucht hält, / wird Freude an ihm haben und kann
sich bei Bekannten seiner rühmen.
3 Wer seinen Sohn unterweist, / erweckt den Neid des Feindes, / bei
seinen Freunden kann er auf ihn stolz sein.
4 Stirbt der Vater, so ist es, als wäre er nicht tot; / denn er hat sein
Abbild hinterlassen.
5 Solange er lebt, sieht er ihn und freut sich, / wenn er stirbt, ist er nicht
betrübt:
6 Er hat seinen Feinden einen Rächer hinterlassen / und seinen Freun-
den einen, der ihnen dankbar ist.
7 Wer den Sohn verzärtelt, muß ihm einst die Wunden verbinden; /
dann zittert bei jedem Aufschrei sein Herz.
8 Ein ungebändigtes Pferd wird störrisch, / ein zügelloser Sohn wird
unberechenbar.
9 Verzärtle den Sohn, und er wird dich enttäuschen; / scherze mit ihm,
und er wird dich betrüben.
10 Lach nicht mit ihm, sonst bekommst du Kummer / und beißt dir am
Ende die Zähne aus.
11 Laß ihn nicht den Herrn spielen in der Jugend; / laß dir seine Bos-
heiten nicht gefallen!
12 Beug ihm den Kopf in Kindestagen; / schlag ihn aufs Gesäß,
solange er noch klein ist, sonst wird er störrisch und widerspenstig
gegen dich, / und du hast Kummer mit ihm.
13 Halte deinen Sohn in Zucht, und mach ihm das Joch schwer, / sonst
überhebt er sich gegen dich in seiner Torheit.

Gesundheit und Reichtum
14 Besser arm und gesunde Glieder / als reich und mit Krankheit
geschlagen.
15 Ein Leben in Gesundheit ist mir lieber als Gold / ein frohes Herz lie-
ber als Perlen.
16 Kein Reichtum geht über den Reichtum gesunder Glieder, / kein
Gut über die Freude des Herzens.
17 Besser sterben als ein unnützes Leben, / besser Ruhe für immer als
dauerndes Leid.
18 Leckerbissen, einem verschlossenen Mund dargereicht, / sind wie
Opfergaben, die man vor ein Götzenbild hinstellt;
19 was nützen sie den Götzen der Heiden, / die nicht essen und nicht
riechen können?
Ihnen gleicht einer, der Reichtum besitzt, / ihn aber nicht genießen
kann.
20 Mit den Augen erblickt er ihn und seufzt / wie ein Entmannter, der
ein Mädchen umarmt.
21 Überlaß dich nicht der Sorge, / schade dir nicht selbst durch dein
Grübeln!
22 Herzensfreude ist Leben für den Menschen, / Frohsinn verlängert
ihm die Tage.
23 Überrede dich selbst, und beschwichtige dein Herz / halte Verdruß
von dir fern!
Denn viele tötet die Sorge, / und Verdruß hat keinen Wert.
24 Neid und Ärger verkürzen das Leben, / Kummer macht vorzeitig alt.
25 Der Schlaf des Fröhlichen wirkt wie eine Mahlzeit, / das Essen
schlägt gut bei ihm an.

31 Schlaflosigkeit wegen des Reichstums zehrt am Fleisch, /
die Sorge um ihn nimmt der Schlummer.
2 Die Sorge um den Lebensunterhalt verscheucht den Schlummer, /
mehr als schwere Krankheit vertreibt sie ihn.
3 Der Reiche müht sich ab, um ein Vermögen zu sammeln; / ist er zur
Ruhe gekommen, frönt er dem Genuß.
4 Der Arme plagt sich und verbraucht seine Kraft; / wenn er ruht, muß
er hungern.
5 Wer das Gold liebt, bleibt nicht ungestraft, / wer dem Geld nachjagt,
versündigt sich.
6 Viele sind es, die sich vom Gold fesseln lassen, / die ihr Vertrauen auf
Perlen setzen.
7 Eine Falle ist das für den Toren, / jeder Einfältige läßt sich damit fan-
gen.
8 Wohl dem Mann, der schuldlos befunden wird, / der sich nicht aus
Habgier versündigt.
9 Wo gibt es den? Wir wollen ihn preisen. / Denn Staunenswertes hat
er in seinem Volk vollbracht.
10 Wo gibt es einen, der sich in solcher Prüfung bewährt hat? / Das wird
ihm zur Ehre gereichen.
Wer konnte sündigen und sündigte nicht, / Böses tun, tat es aber
nicht?
11 Darum ist sein Glück von Dauer, / die Gemeinde verkündet sein Lob.

Das Benehmen bei Tisch
12 Mein Sohn, sitzt du am Tisch eines Großen, / dann reiß den Rachen
nicht auf!
13 Sag nicht: Es ist reichlich da. / Denk daran, wie häßlich ein gieriges
Auge ist.
Schlimmeres als das Auge hat Gott nicht erschaffen; / darum muß es
bei jeder Gelegenheit weinen.
14 Wohin schon ein anderer blickt, / dahin streck deine Hand nicht
aus, / sonst triffst du mit ihm in der Schüssel zusammen.
15 Sorge für einen Nächsten wie für dich selbst, / und denk an all das,
was auch dir zuwider ist.
16 Iß wie ein gesitteter Mann, was vor dir liegt, / und sei nicht gierig,
sonst verabscheut man dich.
17 Hör als erster auf, wie es der Anstand verlangt, / und schlürfe nicht,
sonst erregst du Anstoß.
18 Auch wenn du unter vielen sitzt, / streck die Hand nicht vor dem
Nachbarn aus!
19 Hat ein wohlerzogener Mensch nicht mit wenig genug? / So wird es
ihm in seinem Bett nicht übel.
20 Schmerz, Schlaflosigkeit und Qual / und Magendrücken hat der
törichte Mensch.
Gesunden Schlaf hat einer, der den Magen nicht überlädt; / steht er am
Morgen auf, fühlt er sich wohl.
21 Hast du dich dennoch von Leckerbissen verführen lassen, / steh auf,
erbrich sie, und du hast Ruhe.
22 Höre, mein Sohn, und verachte mich nicht, / und du wirst schließ-
lich meine Worte begreifen.
Bei all deinem Tun sei bescheiden, / so wird dich kein Schaden treffen.
23 Wer bei Tisch anständig ist, wird gelobt, / sein guter Ruf steht
fest.

24 Wer sich bei Tisch schlecht benimmt, / wird öffentlich beschimpft, /
sein schlechter Ruf steht fest.
25 Auch beim Wein spiele nicht den starken Mann! / Schon viele hat der
Rebensaft zu Fall gebracht.
26 Wie der Ofen das Werk des Schmiedes prüft, / so ist der Wein eine
Probe für die Zuchtlosen.
27 Wie ein Lebenswasser ist der Wein für den Menschen, / wenn er ihn
mäßig trinkt.
Was ist das für ein Leben, wenn man keinen Wein hat, / der doch von
Anfang an zur Freude geschaffen wurde?
28 Frohsinn, Wonne und Lust bringt Wein, / zur rechten Zeit und
genügsam getrunken.
29 Kopfweh, Hohn und Schimpf / bringt Wein, getrunken in Erregung
und Zorn.
30 Zu viel Wein ist eine Falle für den Toren, / er schwächt die Kraft und
schlägt viele Wunden.
31 Beim Weingelage nörgle nicht am Nachbarn herum, / verspotte ihn
nicht, wenn er heiter ist.
Sag zu ihm kein schmähendes Wort, / und streite mit ihm nicht vor
den Leuten!

32 Wenn du das Gastmal leitest, überheb dich nicht, / sei unter
den Gästen wie einer von ihnen!
Sorg erst für sie, dann setz dich selbst, / trag erst auf, was sie brau-
chen, dann laß dich nieder,
2 damit du dich über sie freuen kannst, / und für dein gutes Benehmen
Beifall findest.
3 Ergreife das Wort, alter Mann, denn dir steht es an. / Doch schränke
die Belehrung ein, / und halte den Gesang nicht auf!
4 Wo man singt, schenk nicht kluge Reden aus! / Was willst du zur
Unzeit den Weisen spielen?
5 Ein Rubin an goldenem Geschmeide, / das ist ein schönes Lied beim
Weingelage.
6 Ein Smaragdsiegel in goldener Fassung, / das ist ein Gesang bei köst-
lichem Wein.
7 Als Jüngerer ergreife das Wort nur, wenn du mußt, / wenn man dich
nachdrücklich zwei- oder dreimal auffordert.
8 Dräng die Worte zusammen, fasse dich kurz, / sei wie einer, der
etwas weiß, aber auch schweigen kann.
9 Im Kreis der Vornehmen überheb dich nicht, / behellige Ältere nicht
durch viele Fragen!
10 Vor dem Hagel leuchtet der Blitz, / vor dem Bescheidenen leuchtet
die Gunst.
11 Wenn es Zeit ist, bleib nicht länger, / geh nach Haus, und sei nicht
ausgelassen;
12 dort sei lustig, und überlaß dich deiner Stimmung, / in Gottes-
furcht, nicht in Unverstand.
13 Und für all das preise deinen Schöpfer, / der dich mit seinen Gaben
erfreut hat.

Der Weise und das Gesetz Gottes

14 Wer Gott sucht, nimmt Belehrung an, / wer sich ihm zuwendet,
erhält Antwort.
15 Wer im Gesetz forscht, entdeckt seinen Wert, / wer aber heuchelt,
verfängt sich darin.
16 Wer den Herrn fürchtet, weiß, was recht ist, / aus dem Dunkel läßt
er sicheren Rat aufleuchten.
17 Der Ruchlose lehnt Zurechtweisung ab, / er verdreht das Gesetz,
wie er es braucht.
18 Der Weise verbirgt die Einsicht nicht, / der Überhebliche und der
Zuchtlose lehnen Belehrung ab.
19 Tu nichts ohne Rat und Überlegung, / dann hast du dir nach der Tat
nichts vorzuwerfen.
20 Geh nicht auf einem Weg voller Fallstricke, / dann werden deine
Füße nicht anstoßen und straucheln.
21 Fühle dich unterwegs nie sicher vor Räubern, / 22 und sei vorsichtig
auf deinen Pfaden!
23 Bei all deinem Tun achte auf dich selbst; / denn wer dies tut beachtet
das Gebot.
24 Wer das Gesetz hält, achtet auf sich selbst; / wer auf den Herrn ver-
traut, wird nicht zuschanden.

33 Wer den Herrn fürchtet, den trifft kein Unheil; / fällt er in
Versuchung, wird er wieder befreit.
2 Wer das Gesetz verabscheut, ist nicht weise, / er schwankt wie ein
Schiff im Sturm.
3 Ein verständiger Mann ist redekundig, / seine Weisung ist zuverläs-
sig wie ein Losentscheid.
4 Richte deine Rede erst zurecht, dann halte sie! / Zuerst ein Haus zum
Wohnen, dann zieh ein!
5 Wie ein Wagenrad ist das Herz des Toren, / wie ein rollendes Rad
sind seine Gedanken.
6 Wie ein geiles Roß ist ein gehässiger Freund, / unter jedem Reiter
wiehert es.

Die Rangordnung der Dinge

7 Warum unterscheidet sich ein Tag vom andern, / wo doch alles Licht
im Jahr von der Sonne kommt?
8 Durch die Weisheit des Herrn sind sie unterschieden, / und es gibt
unter ihnen Feiertage.
9 Die einen hat er gesegnet und geheiligt, / die andern zu gewöhnli-
chen Tagen gemacht.
10 Alle Menschen sind aus Lehm geformt, / aus Staub ist der Mensch
gemacht.
11 Die Weisheit des Herrn hat sie unterschieden / und ihre Wege ver-
schieden festgesetzt.
12 Die einen von ihnen segnete und erhöhte er, / die einen heiligte er
und ließ sie sich nahekommen;
die andern verfluchte und erniedrigte er / und stieß sie aus ihrem Amt.
13 Wie Ton in der Hand des Töpfers, / geformt nach seinem Belieben,
so ist der Mensch in der Hand seines Schöpfers, / von ihm erhält er
sein Geschick.
14 Neben dem Bösen das Gute, neben dem Leben der Tod, / neben dem
Guten der Frevler.
15 Schau hin auf alle Werke Gottes: / Alle sind sie paarweise geschaf-
fen, eins entspricht dem andern.
16 Auch ich bin als letzter eifrig gewesen, / wie einer, der Nachlese hält
hinter den Winzern.
17 Mit Gottes Segen bin ich vorangekommen, / wie ein Winzer habe ich
die Kelter gefüllt.
18 Seht, nicht für mich allein habe ich mich geplagt, / sondern für alle,
die Bildung suchen.
19 Hört auf mich, ihr Großen des Volkes / ihr Vorsteher der Gemeinde,
horcht auf!

Die Herrschaft im Haus

20 Sohn und Frau, Bruder und Freund, / laß sie nicht herrschen über
dich, solange du lebst.
21 Solange noch Leben und Atem in dir sind, / mach dich von niemand
abhängig!
Übergib keinem dein Vermögen, / sonst mußt du ihn wieder darum
bitten.
22 Besser ist es, daß deine Söhne dich bitten müssen, / als daß du auf
die Hände deiner Söhne schauen mußt.
23 In allen deinen Taten behaupte dich als Herr, / und beschmutze
deine Ehre nicht!
24 Wenn deine Lebenstage gezählt sind, / an deinem Todestag, verteil
das Erbe!
25 Futter, Stock und Last für den Esel, / Brot, Schläge und Arbeit für
den Sklaven!

26 Gib deinem Sklaven Arbeit, sonst sucht er das Nichtstun. / Trägt er
den Kopf hoch, wird er dir untreu.
27 Joch und Strick beugen den Nacken, / dem schlechten Sklaven
gehören Block und Folter.
28 Gib deinem Sklaven Arbeit, damit er sich nicht auflehnt; 29 denn
einem Müßigen fällt viel Schlechtigkeit ein.
30 Befiehl ihn zur Arbeit, wie es ihm gebührt; / gehorcht er nicht, leg
ihn in schwere Ketten!
Aber gegen keinen sei maßlos, / und tu nichts ohne gutes Recht!
31 Hast du nur einen einzigen Sklaven, / halt ihn wie dich selbst; / denn
wie dich selbst hast du ihn nötig.
Hast du nur einen einzigen Sklaven, / betrachte ihn als Bruder, / wüte
nicht gegen dein eigenes Blut!
32 Behandelst du ihn schlecht, / und er läuft weg und ist verschwun-
den, / 33 wie willst du ihn wieder finden?

Leere Träume und Gottesfurcht

34 Nichtige und trügerische Hoffnung ist Sache des Toren, /
und Träume regen nur Törichte auf.
2 Wie einer, der nach Schatten greift und dem Wind nachjagt, / so ist
einer, der sich auf Träume verläßt.
3 Das Traumbild ist ein Spiegel, / das Abbild eines Gesichts gegenüber
dem Gesicht selbst.
4 Wie kann Reines vom Unreinen kommen? / Wie kann Wahres von
der Lüge kommen?
5 Wahrsagung, Zeichendeuterei und Träume sind nichtig: / Was du
erhoffst, macht das Herz sich vor.
6 Sind sie nicht vom Höchsten zur Warnung gesandt, / so schenk
ihnen keine Beachtung!
7 Träume haben schon viele in die Irre geführt, / weil sie ihnen vertrau-
ten, sind sie gestrauchelt.
8 Das Gesetz wird zuverlässig in Erfüllung gehen. / Vollkommen ist
Weisheit in einem ehrlichen Mund.
9 Wer viel gereist ist, hat reiches Wissen, / und der Erfahrene redet ver-
ständig.
10 Wer nichts erfahren hat, weiß wenig, / 11 der Vielgereiste nimmt zu
an Klugheit.
12 Vieles habe ich auf meinen Reisen gesehen, / viele Dinge habe ich
durchgestanden.
13 Oft mußte ich Todesgefahren bestehen, / aber ich wurde gerettet,
und sie gingen vorüber.
14 Der Geist der Gottesfürchtigen wird leben; / 15 denn ihr Hoffen ist
auf ihren Retter gerichtet.
16 Wer den Herrn fürchtet, verzagt nicht / und hat keine Angst, denn
der Herr ist seine Hoffnung.
17 Wohl dem, der den Herrn fürchtet, / 18 Auf wen vertraut er, und wer
ist seine Stütze?
19 Die Augen des Herrn ruhen auf denen, die ihn lieben; / er ist ein star-
ker Schild, eine mächtige Stütze, / Schutz vor dem Glutwind, /
Schatten in der Mittagshitze, / Halt vor dem Straucheln, Hilfe vor
dem Fall,
20 Freude für das Herz, Licht für die Augen, / Heilung, Leben und
Segen.

Opfer und Gebet

21 Ein Brandopfer von unrechtem Gut ist eine befleckte Gabe, /
22 Opfer des Bösen gefallen Gott nicht.
23 Kein Gefallen hat der Höchste an den Gaben der Sünder, / auch für
eine Menge Brandopfer vergibt er die Sünden nicht.
24 Man schlachtet den Sohn vor den Augen des Vaters, / wenn man ein
Opfer darbringt vom Gut der Armen.
25 Kärgliches Brot ist der Lebensunterhalt der Armen, / wer es ihnen
vorenthält, ist ein Blutsauger.
26 Den Nächsten mordet, wer ihm den Unterhalt nimmt, / 27 Blut ver-
gießt, wer dem Arbeiter den Lohn vorenthält.
28 Einer baut auf, einer reißt nieder – / was haben sie mehr davon als
die Mühe?
29 Einer segnet, einer flucht – / auf wessen Stimme wird der Herr
hören?
30 Reinigt sich einer von einem Toten, berührt ihn aber wieder, / was
nützt ihm dann die Waschung?
31 So ist ein Mensch, der seiner Sünden wegen fastet, / aber hingeht
und dasselbe wieder tut.
Wer wird sein Gebet erhören, / und was hat er von seinem Fasten?

35 Viele Opfer bringt dar, wer das Gesetz befolgt; / 2 Heilsopfer
spendet, wer die Gebote hält;
3 Speiseopfer bringt dar, wer Liebe erweist; / 4 Dankopfer spendet, wer
Almosen gibt;
5 Abkehr vom Bösen findet das Gefallen des Herrn: / als Sühne gilt ihm
die Abkehr vom Unrecht.
6 Erscheine nicht mit leeren Händen vor dem Herrn, / 7 denn das alles
muß geschehen, weil es angeordnet ist.
8 Die Opfergabe des Gerechten macht den Altar glänzend von Fett, /
und ihr Wohlgeruch steigt zum Höchsten auf.
9 Das Opfer des Gerechten ist angenehm, / sein Gedenkopfer wird
nicht vergessen werden.
10 Freigebig ehre den Herrn, / nicht gering sei die Gabe in deinen
Händen.
11 Bei all deinen guten Werken zeig ein frohes Gesicht, / und weihe dei-
nen Zehnten mit Freude!
12 Wie Gott dir gegeben hat, so gib auch ihm, / freigebig und so gut,
wie du kannst.
13 Denn er ist ein Gott, der vergilt, / siebenfach wird er es dir erstatten.
14 Versuche nicht, ihn zu bestechen, / denn er nimmt nichts an;
15 vertrau nicht auf Opfergaben, / die durch Unterdrückung erworben
sind.
Er ist ja der Gott des Rechts, / bei ihm gibt es keine Begünstigung.
16 Er ist nicht parteiisch gegen den Armen, / das Flehen des Bedräng-
ten hört er.
17 Er mißachtet nicht das Schreien der Waise / und der Witwe, die viel
zu klagen hat.
18 Rinnt nicht die Träne über die Wange, / 19 und klagt nicht Seufzen
gegen den, der sie verursacht?
[Denn von der Wange steigt sie zum Himmel empor; / der Herr achtet
darauf, und es mißfällt ihm.]
20 Die Nöte des Unterdrückten nehmen ein Ende, / das Schreien des
Elenden verstummt.
21 Das Flehen des Armen dringt durch die Wolken, / es ruht nicht, bis
es am Ziel ist.
Es weicht nicht, bis Gott eingreift / 22 und Recht schafft als gerechter
Richter.

Gottes Hilfe für das Volk

Auch wird der Herr nicht säumen / und wie ein Kriegsheld sich nicht
aufhalten lassen, / bis er die Hüften des Gewalttätigen zerschmettert
23 und an den Völkern Vergeltung geübt hat, / bis er das Zepter des
Hochmuts zerschlagen / und den Stab des Frevels zerbrochen hat,
24 bis er dem Menschen sein Tun vergolten hat / und seine Taten ent-
sprechend seinen Absichten,
25 bis er den Rechtsstreit für sein Volk entschieden / und es durch seine
Hilfe erfreut hat.
26 Köstlich ist das Erbarmen des Herrn in der Zeit der Not, / wie die
Regenwolke in der Zeit der Dürre.

Ein Gebet um Rettung

36 Rette uns, du Gott des Alls, / 2 und wirf deinen Schrecken auf
alle Völker!
3 Schwing deine Hand gegen das fremde Volk, / damit es deine mäch-
tigen Taten sieht.

4 Wie du dich an uns vor ihren Augen als heilig bezeugt hast, / so ver-
herrliche dich an ihnen vor unseren Augen,
5 damit sie erkennen, wie wir es erkannten: / Es gibt keinen Gott außer dir.
6 Erneuere die Zeichen, wiederhole die Wunder, / 7 zeige die Macht dei-
ner Hand und die Kraft deines rechten Armes!
8 Weck deinen Zorn, ergieß deinen Groll, / 9 beuge den Gegner, wirf
den Feind zu Boden!
10 Beschleunige das Ende, und schau auf die Zeit! / Denn wer darf zu
dir sagen: Was tust du?
11 Wer entkommt, der werde von der Glut deines Zornes verzehrt, / die
Peiniger deines Volkes sollen zugrunde gehen.
12 Bring das Haupt der Fürsten Moabs zum Schweigen, / das sagt: Es
gibt keinen außer mir.
13 Sammle alle Stämme Jakobs, / 16 verteil den Erbbesitz wie in den
Tagen der Vorzeit!
17 Hab Erbarmen mit dem Volk, das deinen Namen trägt, / mit Israel,
den du deinen Erstgeborenen nanntest.
18 Hab Erbarmen mit deiner heiligen Stadt, / mit Jerusalem, dem Ort,
wo du wohnst.
19 Erfülle Zion mit deinem Glanz / und deinen Tempel mit deiner Herr-
lichkeit!
20 Leg Zeugnis ab für das, was du ehedem verfügt hast; / erfülle die
Weissagung, / die in deinem Namen ergangen ist.
21 Gib allen ihren Lohn, die auf dich hoffen, / und bestätige so deine
Propheten!
22 Erhöre das Gebet deiner Diener; / du hast doch Gefallen an deinem
Volk.
Alle Enden der Erde sollen erkennen: / Du bist der ewige Gott.

Die kluge Wahl des Vertrauten

23 Der Hals schluckt jede Speise, / doch die eine Speise schmeckt bes-
ser als die andere.
24 Der Gaumen prüft geschenkte Leckerbissen, / das kluge Herz die
Leckerbissen der Lüge.
25 Ein tückischer Sinn verursacht Leid, / doch ein kluger Mann gibt es
ihm zurück.
26 Eine Frau nimmt jeden beliebigen Mann, / doch die eine Frau ist
schöner als die andere.
27 Eine schöne Frau macht das Gesicht strahlend, / sie übertrifft alle
Lust der Augen.
28 Hat sie dazu noch eine friedfertige Sprache, / so zählt ihr Gatte nicht
zu den gewöhnlichen Menschen.
29 Wer eine Frau gewinnt, macht den besten Gewinn: / eine Hilfe, die
ihm entspricht, eine stützende Säule.
30 Fehlt die Mauer, so wird der Weinberg verwüstet, / fehlt die Frau, ist
einer rastlos und ruhelos.
31 Wer traut einer Horde Soldaten, / die dahinstürmt von Stadt zu
Stadt?
So steht es mit einem Mann, der kein Heim hat: / Er geht zur Ruhe, wo
es gerade Abend wird.

37 Jeder Freund sagt: Ich bin dein Freund. / Doch mancher
Freund ist nur dem Namen nach Freund.
2 Ist es nicht ein tödlicher Schmerz, / wenn ein gleichgesinnter Freund
zum Feind wird?
3 Weh, treuloser Freund, wozu bist zu geschaffen? / Um die weite Erde
mit Falschheit zu erfüllen?
4 Übel ist ein Freund, der nur nach dem Tisch sieht; / zur Zeit der Not
hält er sich fern.
5 Ein guter Freund kämpft mit dem Feind, / er hält den Schild gegen
den Widersacher.
6 Vergiß nicht den Kampfgefährten! / Hast du Beute gemacht, laß ihn
nicht leer ausgehen!
7 Jeder Ratgeber weist mit der Hand die Richtung, / doch mancher rät
einen Weg zum eigenen Vorteil.
8 Hüte dich vor dem Ratgeber! / Erforsche zuerst, was seine Absicht
ist.
Denn auch er denkt an sich selbst. / Doch warum soll das Los ihm
zufallen?
9 Er sagt zu dir: Dein Weg ist der rechte. / Dann stellt er sich beiseite
und schaut zu, wie du arm wirst.
10 Berate dich nicht mit deinem Neider; / vor dem, der eifersüchtig ist,
verbirg Geheimes!
11 Berate dich nicht mit einer Frau über ihre Nebenbuhlerin, / mit
einem Feind über den Kampf gegen ihn, / mit einem Händler über das
Geschäft, / mit einem Käufer über die Ware, / mit einem Geizhals über
die Liebestätigkeit, / mit einem Unbarmherzigen über das Glück des
Mitmenschen, / mit einem Faulen über seine Arbeit, / mit einem
Arbeiter über die Aussaat, / mit einem trägen Sklaven über die Menge
der Arbeit.
Vertraue dich nie diesen Menschen an, / wenn du Rat einholst.
12 Doch berate dich mit einem stets Besonnenen, / von dem du weißt,
daß er die Gebote hält, / mit einem, dessen Herz denkt wie dein Herz /
und der dir hilft, wenn du strauchelst.
13 Doch achte auch auf den Rat deines Gewissens. / Wer ist dir treuer
als dieses?
14 Das Gewissen des Menschen gibt ihm bessere Auskunft / als sieben
Wächter auf der Warte.
15 Bei alledem bete zu Gott! / Er wird in Treue deine Schritte lenken.
16 Der Anfang eines jeden Werkes ist das Wort, / der Anfang jeder Tat
die Überlegung.
17 Die Wurzel der Pläne ist das Herz. / 18 Vier Reiser wachsen daraus
hervor:
Gutes und Böses, Leben und Tod. / Doch die Zunge hat Gewalt über
sie alle.
19 Es gibt Weise, die für viele weise sind, / für sich selber aber sind sie
Toren.
20 Es gibt Weise, die trotz ihres Wortes verachtet sind, / von allen
Genüssen sind sie ausgeschlossen.
21 [Denn vom Herrn wurde ihm keine Huld zuteil, / weil ihm alle Weis-
heit fehlt.]
22 Es gibt Weise, die für sich selbst weise sind; / die Frucht ihres Wis-
sens zeigt sich an ihrem Leib.
23 Es gibt Weise, die für ihr Volk weise sind; / die Frucht ihres Wissens
ist von Dauer.
24 Wer weise ist für sich selbst, sättigt sich an Genüssen, / alle, die ihn
sehen, preisen ihn glücklich.
25 [Des Menschen Leben währt zählbare Tage, / das Leben des Volkes
Israel unzählbare Tage.]
26 Wer weise ist für das Volk, erlangt Ehre, / sein Ruhm wird dauernd
weiterleben.

Krankheit und Tod

27 Mein Sohn, prüfe dich in deiner Lebensweise, / beobachte, was dir
schlecht bekommt, und meide es!
28 Denn nicht alles ist für alle gut, / nicht jeder kann jedes wählen.
29 Giere nicht nach jedem Genuß, / stürz dich nicht auf alle Lecker-
bissen!
30 Denn im Übermaß des Essens steckt die Krankheit, / der Unmäßige
verfällt heftigem Erbrechen.
31 Schon viele sind durch Unmäßigkeit gestor-ben, / wer sich aber
beherrscht, verlängert sein Leben.

38 Schätze den Arzt, weil man ihn braucht; / denn auch ihn hat
Gott erschaffen.
2 Von Gott hat der Arzt die Weisheit, / vom König empfängt er
Geschenke.
3 Das Wissen des Arztes erhöht sein Haupt, / bei Fürsten hat er Zutritt.
4 Gott bringt aus der Erde Heilmittel hervor, / der Einsichtige ver-
schmähe sie nicht.

5 Wurde nicht durch ein Holz das Wasser süß, / so daß Gottes Macht
sich zeigte?
6 Er gab dem Menschen Einsicht, / um sich durch seine Wunderkräfte
zu verherrlichen.
7 Durch Mittel beruhigt der Arzt den Schmerz, / ebenso bereitet der
Salbenmischer die Arznei,
8 damit Gottes Werke nicht aufhören / und die Hilfe nicht von der Erde
verschwindet.
9 Mein Sohn, bei Krankheit säume nicht, / bete zu Gott; denn er macht
gesund.
10 Laß ab vom Bösen, mach deine Hände rechtschaffen, / reinige dein
Herz von allen Sünden!
11 Bring den beruhigenden Duft eines Gedenkopfers dar, / mach die
Gabe fett, wenn dein Vermögen es erlaubt.
12 Doch auch dem Arzt gewähre Zutritt! / Er soll nicht fernbleiben;
denn auch er ist notwendig.
13 Zu gegebener Zeit liegt in seiner Hand der Erfolg; / denn auch er
betet zu Gott,
14 er möge ihm die Untersuchung gelingen lassen / und die Heilung
zur Erhaltung des Lebens.
15 Wer gegen seinen Schöpfer sündigt, / muß die Hilfe des Arztes in
Anspruch nehmen.
16 Mein Sohn, um den Toten laß Tränen fließen, / trauere, und stimm
das Klagelied an!
Bestatte seinen Leib, wie es ihm zusteht, / verbirg dich nicht bei seinem Hinscheiden!
17 Sei betrübt, mein Sohn, und überlaß dich heftiger Klage, / halte die
Trauer ein, wie es ihm gebührt, einen Tag oder zwei, der Nachrede
wegen; / dann tröste dich über den Kummer hinweg!
18 Aus Kummer entsteht Unheil; / denn ein trauriges Herz bricht die
Kraft.
19 Schlimmer als der Tod ist dauernder Kummer, / ein leidvolles Leben
ist ein Fluch für das Herz.
20 Lenke deinen Sinn nicht mehr auf den Toten, / laß von der Erinnerung an ihn ab, / und denk an die Zukunft!
21 Denk nicht mehr an ihn; / denn es gibt für ihn keine Hoffnung. /
Was kannst du ihm nützen? Dir aber schadest du.
22 Denk daran, daß seine Bestimmung auch deine Bestimmung ist: /
Gestern er und heute du.
23 Wie der Tote ruht, ruhe auch die Erinnerung an ihn, / tröste dich,
wenn sein Leben erloschen ist.

Aufgabe und Stellung des Schriftgelehrten

24 Die Weisheit des Schriftgelehrten vermehrt das Wissen. / Wer frei ist
von Arbeit, kann sich der Weisheit widmen.
25 Wie kann sich einer der Weisheit widmen, / der den Pflug hält und
mit dem Treiberstachel prahlt,
der Rinder auf die Weide treibt, Ochsen zurückholt, / sich mit den Jungstieren unterhält,
26 der seinen Sinn auf das Eggen der Furchen richtet / und darauf
bedacht ist, die Mast zu vollenden?
27 Arbeiten muß auch der Handwerker und Künstler, / der Tag und
Nacht beschäftigt ist,
der Siegelringe schneidet oder dessen Aufgabe es ist, / in das bunte Gewebe Abwechslung zu bringen,
der seinen Sinn auf die Wiedergabe des Musters richtet / und darauf bedacht ist, das Werk schön zu vollenden.
28 Ebenso der Schmied, der am Amboß sitzt / und auf die eisernen
Geräte achtet,
dem der Hauch des Feuers das Fleisch schmelzen läßt / und den die Hitze des Ofens durchglüht,
dem der Lärm des Hammers das Ohr betäubt / und dessen Augen auf das Muster des Gerätes gebannt sind,
der seinen Sinn auf die Vollendung der Stücke richtet / und darauf bedacht ist, das fertige Werk zu verzieren.
29 Ebenso der Töpfer, der vor seiner Arbeit sitzt / und mit seinen Füßen
die Scheibe dreht, der unaufhörlich um seine Arbeit besorgt ist / und dessen ganzer Eifer der großen Anzahl gilt,
30 der mit dem Arm den Ton knetet / und ihm mit den Füßen die
Zähigkeit nimmt,
der seinen Sinn auf die Vollendung der Glasur richtet / und darauf bedacht ist, den Ofen richtig zu erhitzen.
31 Sie alle verlassen sich auf ihre Hände, / und jeder ist erfahren in seinem Geschäft.
32 Ohne sie wird keine Stadt besiedelt, / und wo sie sich niederlassen,
hungern sie nicht.
33 Aber zur Volksversammlung werden sie nicht hinzugezogen, / in
der Gemeinde ragen sie nicht hervor.
Sie sitzen auf keinem Richterstuhl / und kennen sich nicht aus in Recht und Gesetz.
Weise Bildung offenbaren sie nicht, / Sinnsprüche sind bei ihnen nicht zu finden.
34 Sie kennen sich nur in weltlichen Berufen aus, / ihr Sinnen richtet
sich auf die Ausübung des Gewerbes.
Anders, wer sich der Gottesfurcht widmet / und das Gesetz des Höchsten erforscht.

39 Die Weisheit aller Vorfahren ergründet er / und beschäftigt sich mit den Weissagungen;
2 er achtet auf die Reden berühmter Männer, / und in die Tiefen der
Sinnsprüche dringt er ein.
3 Er erforscht den verborgenen Sinn der Gleichnisse / und verweilt
über den Rätseln der Sinnsprüche.
4 Im Kreis der Großen tut er Dienst / und erscheint vor den Fürsten;
er bereist das Land fremder Völker, / erfährt Gutes und Böses unter den Menschen;
5 er richtet seinen Sinn darauf, / den Herrn, seinen Schöpfer, zu
suchen, / und betet zum Höchsten;
er öffnet seinen Mund zum Gebet / und fleht wegen seiner Sünden.
6 Wenn Gott, der Höchste, es will, / wird er mit dem Geist der Einsicht
erfüllt:
Er bringt eigene Weisheitsworte hervor, / und im Gebet preist er den Herrn.
7 Er versteht sich auf Rat und Erkenntnis / und erforscht die Geheim-
nisse;
8 er trägt verständige Lehre vor, / und das Gesetz des Herrn ist sein
Ruhm.
9 Viele loben seine Einsicht; / sie wird niemals vergehen.
Sein Andenken wird nicht schwinden, / sein Name lebt fort bis in ferne Geschlechter.
10 Von seiner Weisheit erzählt die Gemeinde, / sein Lob verkündet das
versammelte Volk.
11 Solange er lebt, wird er mehr gelobt als tausend andere; / geht er zur
Ruhe ein, genügt ihm sein Nachruhm.

Die Einladung zum Gotteslob

12 Weiterhin will ich mit Überlegung reden; / denn ich bin angefüllt
wie der volle Mond.
13 Hört mich, ihr frommen Söhne, und ihr werdet gedeihen / wie die
Zeder, die am Wasserlauf wächst.
14 Ihr werdet Duft verströmen wie der Weihrauch, / ihr werdet Blüten
treiben wie die Lilie.
Erhebt die Stimme, und singt im Chor, / preist den Herrn für all seine Werke!
15 Verherrlicht seinen Namen, / feiert ihn mit Lobgesang, / mit Liedern
zu Harfe und Saitenspiel!
Sprecht unter lautem Jubel: / 16 Alle Werke Gottes sind gut, / sie genügen zur rechten Zeit für jeden Bedarf.
17 Durch sein Wort stellt er das Meer hin wie einen Wall, / durch den
Befehl seines Mundes seinen Wasserspeicher.

Georg Grosz
Leichenbegängnis
(1917/18)
»Aus Kummer entsteht Unheil; denn ein trauriges Herz bricht die Kraft« (Sir 38,18). Der Weisheitslehrer rät zu angemessener Trauer, nicht zuletzt »der Nachrede wegen« (Sir 38,17). Ersetzen wir im folgenden Vers »Kummer« durch »Verzweiflung«, so läßt sich der Blick auf das Totentanz-Gemälde *Leichenbegängnis* von Georg Grosz lenken. Der Untertitel *Widmung an Oskar Panizza* bezieht sich auf den wegen Gotteslästerung, dann wegen Majestätsbeleidigung verurteilten Autor des Theaterstücks *Das Liebeskonzil*, der zuletzt zwangsweise in ein Sanatorium eingewiesen wurde, wo er 1921 starb. Angeregt wurde Grosz durch das Gemälde *Begräbnis des Anarchisten Galli* von Carlo Carrà, das 1913 in der Berliner Futurismus-Ausstellung gezeigt worden war. Die Assoziation ›Totentanz‹ stellt sich durch die Gerippe ein, die den Sarg im Vordergrund wie ein Spielzeug traktieren. Links daneben lädt eine Tür mit den Worten »Heute Tanz« ein. Davor reckt ein Geistlicher die Arme empor. Vor allem aber läßt der wüste Zug der menschlichen Monster, die zum Bildvokabular des Dadaismus gehören, an die zwanghaften Wanderungen der Lemminge denken, die sich in einen Abgrund stürzen.

18 Was er will, geschieht ohne Verzug, / kein Hindernis gibt es für seine
Hilfe.
19 Das Tun aller Menschen liegt vor ihm, / nichts ist verborgen vor seinen Augen.
20 Von Ewigkeit zu Ewigkeit blickt er hernieder. / Gibt es eine Grenze
für seine Hilfe?
Nichts ist klein und gering bei ihm, / nichts ist für ihn zu unbegreiflich
und zu schwer.
21 Man sage nicht: Wozu dies, wozu das? / Denn alles ist für seinen
besonderen Zweck bestimmt.
Man sage nicht: Dies ist schlechter als das. / Denn alles ist zu seiner
Zeit von Wert.
22 Sein Segen strömt über wie der Nil, / wie der Eufrat tränkt er den
Erdkreis.
23 So hat auch sein Zorn ganze Völker vertrieben, / er hat wasserreiches
Land zur Salzwüste gemacht.

24 Seine Pfade sind für die Rechtschaffenden eben, / wie sie für die Verbrecher unwegsam sind.
25 Von Anbeginn hat er Gutes den Guten zugeteilt, / doch den Schlechten Gutes und Schlechtes.
26 Das Nötigste im Leben des Menschen sind: / Wasser, Feuer, Eisen und Salz, / kräftiger Weizen, Milch und Honig, / Blut der Trauben, Öl und Kleidung.
27 All dies dient den Guten zum Guten, / doch für die Schlechten verwandelt es sich in Schlechtes.
28 Es gibt Winde, die für das Gericht geschaffen sind / und durch ihr Wüten Berge versetzen.
Ihre Kraft schütten sie aus zur Zeit des Verderbens / und stillen den Zorn ihres Schöpfers.
29 Feuer und Hagel, Hunger und Pest, / auch sie sind für das Gericht erschaffen,
30 reißende Tiere, Skorpion und Natter, / rächendes Schwert zur Vernichtung der Frevler:
Alle diese Dinge sind zu ihrem Zweck erschaffen, / sie sind im Speicher aufbewahrt, / und zu ihrer Zeit werden sie losgelassen.
31 Wenn er ihnen befiehlt, jauchzen sie auf, / sie erfüllen ihren Auftrag, / ohne seinem Wort zu widerstreben.
32 Darum stand es bei mir von Anfang an fest, / ich bedachte es und lege es schriftlich nieder:
33 Alle Werke Gottes sind gut, / sie genügen zur rechten Zeit für jeden Bedarf.
34 Man sage nicht: Dies ist schlechter als das. / Denn alles ist zu seiner Zeit von Wert.
35 Nun jubelt von ganzem Herzen, / und preist den Namen des Heiligen!

Das Übel in der Welt

40 Große Mühsal hat Gott den Menschen zugeteilt, / ein schweres Joch ihnen auferlegt
von dem Tag, an dem sie aus dem Schoß ihrer Mutter hervorgehen, / bis zum Tag ihrer Rückkehr zur Mutter aller Lebenden:
2 ihr Grübeln und die Angst ihres Herzens, / der Gedanke an die Zukunft, an den Tag ihres Todes.
3 Von dem, der auf hohem Thron sitzt, / bis zu dem, der in Staub und Asche sitzt,
4 von dem, der Krone und Stirnreif trägt, / bis zu dem, der ein Kleid aus Fellen trägt:
5 Zorn, Eifersucht, Sorge und Schrecken, / Todesangst, Zank und Streit.
Noch auf dem Bett zur Ruhezeit / verwirrt der nächtliche Schlaf ihm den Sinn.
6 Bald wird er, nach einem Augenblick der Ruhe, / von schrecklichen Träumen aufgejagt,
bald in die Irre getrieben durch Vorspiegelungen seiner Seele, / wie ein Flüchtling, der dem Verfolger entrinnt;
7 gerade während er sich rettet, wacht er auf / und wundert sich über die Angst um nichts.
8 Hinzu kommt über alles Lebende, vom Menschen bis zum Vieh, / und über die Sünder siebenfach:
9 Pest und Blut, Fieber und Schwert, / Untergang und Verderben, Hunger und Tod.
10 Für den Frevler ist das Übel erschaffen, / und seinetwegen kommt die Vernichtung.
11 Alles, was von der Erde stammt, / kehrt zur Erde zurück, / was aus der Höhe stammt, zur Höhe.

Der Wert der Treue

12 Jede Bestechung und Ungerechtigkeit wird ausgerottet, / Treue aber besteht für immer.
13 Der Reichtum des Frevlers ist wie ein reißender Bach, / wie ein mächtiger Fluß beim Gewitterregen.
14 Schwillt er an, dann werden Felsen bewegt, / doch plötzlich versiegt er für immer.
15 Der Schößling des Gewalttätigen treibt keinen Sproß; / denn die Wurzel des Ruchlosen liegt auf einem Felsenriff,
16 wie Riedgras am Bachrand, / das schneller als jedes Gras verdorrt.
17 Liebe aber wird in Ewigkeit nicht ausgetilgt, / Barmherzigkeit besteht für immer.

Die höchsten Güter

18 Überfluß und Verdienst machen das Leben angenehm, / doch mehr als beide, einen Schatz zu finden.
19 Nachkommenschaft und Städtebau geben dem Namen Bestand, / doch mehr als beide, Weisheit zu finden.
Viehzucht und Ackerbau lassen den Leib gedeihen, / doch mehr als beide eine treue Frau.
20 Wein und Bier erfreuen das Herz, / doch mehr als beide die Freundesliebe.
21 Flöte und Harfe verschönern das Lied, / doch mehr als beide eine reine Stimme.
22 Anmut und Schönheit entzücken das Auge, / doch mehr als beide die Blumen des Feldes.
23 Freund und Gefährte leiten zur rechten Zeit, / doch mehr als beide eine verständige Frau.
24 Bruder und Helfer nützen in der Zeit der Not, / doch mehr als beide eine rettende Liebesgabe.
25 Gold und Silber stützen den Fuß, / doch mehr als beide ein guter Rat.
26 Reichtum und Macht erheben das Herz, / doch mehr als beide die Gottesfurcht.
Hat man Gottesfurcht, so gibt es keine Not, / neben ihr braucht man keine Stütze zu suchen;
27 die Gottesfurcht ist wie ein gesegnetes Paradies, / über seine ganze Pracht (breitet sich) ihr schirmendes Dach.

Das Betteln

28 Mein Sohn, lebe nicht vom Betteln! / Besser sterben, als aufdringlich sein.
29 Wer nach dem Tisch anderer schauen muß, / dessen Leben ist nicht als Leben zu rechnen.
Geschenkte Leckerbissen beschmutzen die Kehle, / dem verständigen Mann bereiten sie
Magenschmerzen.
30 Im Mund des Frechen ist Betteln süß, / doch in seinem Innern brennt es wie Feuer.

Der Tod

41 Tod, wie bitter ist es, an dich zu denken, / für den, der ruhig sein Heim bewohnt, für den, der ohne Sorge ist und in allem Erfolg hat / und noch kräftig genug ist, die Lust zu genießen.
2 Tod, wie gut ist es, daß du auferlegt bist, / für den betrübten und kraftlosen Menschen, für den, der strauchelt und überall anstößt, / der verzweifelt ist und die Hoffnung verloren hat.
3 Fürchte dich nicht vor dem Tod, / weil er dir auferlegt ist.
Denk daran: / Vorfahren und Nachkommen trifft es wie dich.
4 Er ist das Los, das allen Sterblichen von Gott bestimmt ist. / Was sträubst du dich gegen das Gesetz des Höchsten?
Ob tausend Jahre, ob hundert oder zehn, / im Totenreich gibt es keine Beschwerde über die Lebensdauer.
5 Eine verächtliche Brut ist das Geschlecht der Bösen, / ein törichtes Gezücht haust in der Wohnung des Frevlers.
6 Dem Sohn des Verbrechers geht die Herrschaft verloren, / seine Nachkommen leben für immer in Schande.
7 Einen schlechten Vater verfluchen die Kinder, / denn seinetwegen werden sie verachtet.
8 Weh euch, ihr ruchlosen Männer, / die ihr das Gesetz des Höchsten verlassen habt.

9 Wenn ihr euch vermehrt, ist es zum Unglück, / wenn ihr Kinder
zeugt, ist es zur Trauer; wenn ihr strauchelt, ist es zur dauernden
Freude, / wenn ihr sterbt, ist es zum Fluch.
10 Alles, was aus dem Nichts kommt, / kehrt in das Nichts zurück; / so
auch der Ruchlose aus dem Leeren ins Leere.
11 Ein Hauch ist der Mensch dem Leibe nach, / doch der Name des
Frommen wird nicht getilgt.
12 Sei besorgt um deinen Namen; denn er begleitet dich / treuer als tausend kostbare Schätze.
13 Das Gut des Lebens währt zählbare Tage, / das Gut des Namens
unzählige Tage.

Das Verbergen der Weisheit

14 Verborgene Weisheit und versteckter Schatz, / was nützen sie beide?
15 Besser ist einer, der seine Torheit verbirgt, / als einer, der seine Weisheit verbirgt.

Die rechte und die falsche Scham

16 Hört, Söhne, die Lehre von der Scham, / lernt, was Scham ist nach
meinem Urteil.
Nicht jede Scham ziemt sich, / nicht jedes Schamempfinden ist empfehlenswert.
17 Schäme dich vor Vater und Mutter der Unzucht, / vor Fürst und Herrscher der Lüge,
18 vor dem Herrn und der Herrin des Betrugs, / vor Gemeinde und Volk
der Sünde, / vor dem Gefährten und Freund der Untreue,
19 vor dem Ort, an dem du wohnst, der Unterschlagung. / (Schäme
dich,) Eid und Vertrag zu verletzen,
den Ellbogen aufzustemmen beim Mahl, / eine erbetene Gabe zu verweigern,
21 deinen Bruder abzuweisen, / die Verteilung der Opferanteile zu
unterlassen,
20 einen Gruß nicht zu erwidern, / einer Verheirateten nachzuschauen, /
den Blick auf eine fremde Frau zu werfen,
22 mit deiner Magd dich abzugeben / und dich ihrem Bett zu nähern.
(Schäme dich) der üblen Nachrede gegenüber dem Freund, / und
wenn du geschenkt hast, zu schimpfen,

42 ein Wort, das du gehört hast, weiterzutragen / und ein vertrauliches Gespräch zu verraten.
Dann bist du in der Tat schamhaft / und findest Gunst bei allen Menschen.
Aber nimm keine falsche Rücksicht, / und schäme dich nicht folgender Dinge:
2 des Gesetzes des Höchsten und seiner Satzung, / des gerechten
Urteils, das nicht den Schuldigen freispricht,
3 der Abrechnung mit dem Geschäftsfreund und dem Kaufmann, / der
Verteilung von Erbe und Besitz,
4 der Säuberung von Waagschalen und Waage, / der Reinigung von
Maß und Gewicht, / des Einkaufs, ob viel oder wenig,
5 des Handelns um den Kaufpreis mit dem Krämer, / der häufigen
Züchtigung der Kinder / und der Schläge für einen schlechten und trägen Sklaven.
6 (Schäme dich nicht,) eine schlimme Frau in Gewahrsam zu halten /
und dort abzuschließen, wo viele Hände sind,
7 ein Verzeichnis aufzustellen, wenn du etwas hinterlegt hast, / auch
Einnahme und Ausgabe immer aufzuschreiben,
8 einen Unverständigen und Toren zurechtzuweisen / und einen haltlosen Greis, der Unzucht treibt.
Dann bist du in Wahrheit vorsichtig / und ein behutsamer Mann vor
den Augen aller Menschen.

Die Sorgen des Vaters um seine Tochter

9 Eine Tochter ist für den Vater ein Schatz, den er hütet, / die Sorge um
sie nimmt ihm den Schlaf:
in ihrer Jugend, daß sie nicht verschmäht wird, / nach der Heirat, daß
sie nicht verstoßen wird,
10 als Mädchen, daß sie nicht verführt wird, / bei ihrem Gatten, daß sie
nicht untreu wird,
im Haus ihres Vaters, daß sie nicht schwanger wird, / im Haus ihres
Gatten, daß sie nicht kinderlos bleibt.
11 Mein Sohn, wache streng über deine Tochter, / damit sie dich nicht
in schlechten Ruf bringt,
kein Stadtgespräch und keinen Volksauflauf erregt, / dich nicht
beschämt in der Versammlung am Stadttor.
Wo sie sich aufhält, sei kein Fenster, / kein Ausblick auf die Wege
ringsum.
12 Keinem Mann zeige sie ihre Schönheit, / und unter Frauen halte sie
sich nicht auf.
13 Denn aus dem Kleid kommt die Motte, / aus der einen Frau die
Schlechtigkeit der andern.
14 Besser ein unfreundlicher Mann als eine freundliche Frau / und
(besser) eine gewissenhafte Tochter als jede Art von Schmach.

Der Lobpreis Gottes in Natur und Geschichte

Das Lob des Schöpfers in der Natur

15 Nun will ich der Werke Gottes gedenken; / was ich gesehen habe,
will ich erzählen:
Durch Gottes Wort entstanden seine Werke; / seine Lehre ist ein Ausfluß seiner Liebe.
16 Über allem strahlt die leuchtende Sonne, / die Herrlichkeit des
Herrn erfüllt alle seine Werke.
17 Die Heiligen Gottes vermögen nicht, / alle seine Wunder zu
erzählen.
Gott gibt seinen Heerscharen die Kraft, / vor seiner Herrlichkeit zu
bestehen.
18 Meerestiefe und Menschenherz durchforscht er, / und er kennt alle
ihre Geheimnisse.
Der Höchste hat Kenntnis von allem, / bis in die fernste Zeit sieht er
das Kommende.
19 Vergangenheit und Zukunft macht er kund / und enthüllt die Rätsel
des Verborgenen.
20 Es fehlt ihm keine Einsicht, / kein Ding entgeht ihm.
21 Seine machtvolle Weisheit hat er fest gegründet, / er ist der Einzige
von Ewigkeit her.
Nichts ist hinzuzufügen, nichts wegzunehmen, / er braucht keinen
Lehrmeister.
22 Alle seine Werke sind vortrefflich, / doch sehen wir nur einen Funken und ein Spiegelbild.
23 Alles lebt und besteht für immer, / für jeden Gebrauch ist alles
bereit.
24 Jedes Ding ist vom andern verschieden, / keines von ihnen hat er vergeblich gemacht.
25 Eines ergänzt durch seinen Wert das andere. / Wer kann sich satt
sehen an ihrer Pracht?

Die Größe Gottes in der Schöpfung

43 Die Schönheit der Höhe, das klare Firmament und der gewaltige Himmel / sind ein herrlicher Anblick.
2 Die Sonne geht auf und erglänzt in vollem Licht, / ein staunenswertes
Gestirn, das Werk des Höchsten.
3 Steht sie in der Mittagshöhe, / versetzt sie die Welt in Glut, / wer hält
es aus in ihrer Hitze?
4 Ein brennender Schmelzofen ist das Kunstwerk des Gießers; / der
Pfeil der Sonne setzt Berge in Brand;
ihre Feuerzunge verbrennt das bewohnte Land, / ihr Licht versengt
das Auge.

5 Ja, groß ist der Herr, ihr Schöpfer, / sein Wort läßt seinen Helden
erstrahlen.
6 Der Mond führt die Zeiten herauf; / er herrscht bis ans Ende und
dient für immer als Zeichen.
7 Durch ihn werden Fristen und Festzeiten bestimmt, / ist er erschöpft,
freut er sich wieder auf seinen Umlauf.
8 Der Neumond ist so, wie sein Name sagt: / Er erneuert sich selbst. /
Wie staunenswert ist er in seinem Wechsel.
Er ist ein Fahrzeug für das Heer der Wolken in der Höhe / und läßt
durch seinen Glanz das Himmelsgewölbe erglühen.
9 Des Himmels Schönheit und Pracht sind die Sterne, / ein strahlender
Schmuck in den Höhen Gottes.
10 Durch Gottes Wort stehen sie geordnet da / und ermatten nicht bei
ihrer Nachtwache.
11 Schau den Regenbogen an, und preise seinen Schöpfer; / denn über-
aus schön und herrlich ist er.
12 Über den Himmelskreis erstreckt er sich in seiner Pracht, / Gottes
Hand hat ihn machtvoll ausgespannt.
13 Gottes Machtwort zeichnet den Blitz hin, / läßt die Brandpfeile sei-
nes Gerichtes leuchten.
14 Zu seinem Dienst hat er einen Speicher geöffnet, / läßt er Wolken
fliegen wie Vögel.
15 Seine Allmacht ballt die Wolken zusammen / und schlägt aus ihnen
Hagelsteine.
17a Seines Donners Stimme läßt die Erde beben, / 16 mit seiner Kraft
erschüttert er die Berge.
Sein Wort hetzt den Südwind auf, / 17b den tobenden Nordwind, den
Sturm und Orkan.
Seinen Schnee streut er aus wie Vogelschwärme; / wie einfallende
Heuschrecken wirbelt er herab.
18 Sein weißer Glanz blendet die Augen, / bei seinem Rieseln bebt das
Herz.
19 Auch den Reif schüttet er aus wie Salz / und läßt Eisblumen
sprießen wie Dornen.
20 Den kalten Nordwind läßt er wehen, / wie Erdschollen läßt er die
Quellen erstarren.
Jedes stehende Gewässer überzieht er / und kleidet den Teich wie mit
einem Panzer.
21 Das Grün der Berge versengt er wie durch Hitze, / die sprossende
Flur wie durch Flammenglut.
22 Linderung für alles ist das Träufeln der Wolken, / der Tau, der sich
ergießt, um das Trockene zu erfrischen.
23 Sein kluger Plan bändigte das Meer / und pflanzte Inseln im Ozean ein.
24 Die Seefahrer erzählen von der Weite des Meeres; / hören es unsere
Ohren, so erschaudern wir.
25 Dort gibt es Wunderwesen, die erstaunlichsten seiner Werke, / aller-
lei Getier und die Ungeheuer des Weltmeers.
26 In seinem Dienst hat sein Bote Erfolg, / und durch sein Wort voll-
zieht er seinen Willen.
27 Sagten wir nochmal soviel, wir kämen an kein Ende; / darum sei der
Rede Schluß: Er ist alles!
28 Wir können (ihn) nur loben, aber nie erfassen, / ist er doch größer
als alle seine Werke.
29 Überaus ehrfurchtgebietend ist der Herr, / unbegreiflich ist seine
Stärke.
30 Ihr, die ihr den Herrn lobt, singt laut, soviel ihr könnt; / denn nie
wird es genügen.
Ihr, die ihr ihn preist, schöpft neue Kraft, werdet nicht müde; / denn
fassen könnt ihr es nie.
31 Wer hat ihn gesehen, daß er erzählen könnte, / und wer kann ihn
loben, wie es ihm entspricht?
32 Die Menge des Verborgenen ist größer als das Genannte, / nur
wenige von seinen Werken habe ich gesehen.
33 Alles hat der Herr gemacht, / und den Frommen hat er Weisheit ver-
liehen.

Das Lob der Väter Israels

44 Die ehrwürdigen Männer will ich preisen, / unsere Väter, wie
sie aufeinander folgten.
2 Viel Ehre hat der Höchste ausgeteilt, / viel von seiner Größe, seit den
Tagen der Vorzeit:
3 Männer, die über die Erde als Könige herrschten / und die berühmt
waren durch ihre Macht;
die Rat erteilten durch ihre Einsicht, / die prophetisch alle Dinge
erschauten;
4 Fürsten des Volkes wegen ihrer Klugheit, / angesehen wegen ihres
Scharfsinns;
redekundig durch ihre Kenntnis der Schriften, / Lehrer von Sinn-
sprüchen durch ihre Lebenserfahrung;
5 Dichter von Liedern in Versmaß, / Verfasser von geschriebenen Sinn-
sprüchen;
6 tüchtige Männer, auf Macht gestützt, / unbehelligt in ihrem Wohn-
sitz:
7 Sie alle waren geehrt zu ihrer Zeit, / und ihr Ruhm blühte in ihren
Tagen.
8 Manche hinterließen einen Namen, / so daß man ihr Lob weiterer-
zählte.
9 Andere blieben ohne Nachruhm; / sie sind erloschen, sobald sie
starben.
Sie sind, als wären sie nie gewesen, / und ebenso auch ihre Kinder.
10 Jene aber sind die ehrwürdigen Männer, / deren Hoffnung nicht
vergeht.
11 Bei ihren Nachkommen bleibt ihr Gut, / ihr Erbe bei ihren Enkeln.
12 Ihre Nachkommen halten fest an ihrem Bund, / und ebenso ihre
Kinder, um der Väter willen.
13 Ihre Nachkommen haben für immer Bestand, / ihr Ruhm wird nie-
mals ausgelöscht.
14 Ihr Leib ist in Frieden bestattet, / ihr Name lebt fort von Geschlecht
zu Geschlecht.
15 Von ihrer Weisheit erzählt die Gemeinde, / ihr Lob verkündet das
versammelte Volk.

Das Beispiel Henochs

16 Henoch ging seinen Weg mit dem Herrn und wurde entrückt: / ein
Beispiel der Gotteserkenntnis für alle Zeiten.

Das Vorbild Noachs

17 Der gerechte Noach wurde untadelig befunden, / zur Zeit des Unter-
gangs war er ein neuer Anfang.
Durch ihn blieb ein Rest erhalten, / der Bund mit ihm beendete die
Sintflut.
18 Ein ewiger Bund wurde mit ihm geschlossen: / Nie wieder sollte
alles Leben vernichtet werden.

Die Bedeutung Abrahams

19 Abraham wurde der Vater vieler Völker, / seine Ehre blieb makellos.
20 Er hielt das Gebot des Höchsten / und trat in einen Bund mit ihm.
Wie ihm befohlen wurde, hat er sich beschnitten; / in der Prüfung
wurde er treu befunden.
21 Darum hat ihm Gott mit einem Eid zugesichert, / durch seine Nach-
kommen die Völker zu segnen,
sie zahlreich zu machen wie den Staub auf der Erde / und seine Nach-
kommen zu erhöhen wie die Sterne,
ihnen Besitz zu geben von Meer zu Meer, / vom Eufrat bis an die Gren-
zen der Erde.

Der Segen Isaaks und Jakobs

22 Das gleiche sicherte er Isaak zu / um Abrahams, seines Vaters
willen.
23 Den Bund mit allen Vorfahren übertrug er auf ihn. / Auch auf Israels
Haupt ruhte der Segen.

HAP Grieshaber
Elias
(1957)
»Wie ehrfurchtgebietend warst du, Elija, wer dir gleichkommt, kann sich rühmen« (48,4). Das Buch Jesus Sirach endet mit dem Lobpreis Gottes in Natur und Geschichte. Die hervorragende Gestalt aus der Königszeit ist der Prophet Elija, der nicht nur triumphale Siege über die Baalspriester errang, sondern auch Verfolgung zu erleiden hat. Der expressiv-abstrahierte Farbholzschnitt von HAP Grieshaber bezieht sich auf Elijas Exil im Ostjordanland (1 Kön 17,2-7), wo ihn am Bach Kerit die Raben mit Fleisch und Brot ernähren.

Er bestätigte ihm die Erstgeburt / und übergab ihm sein Erbe.
Er bestimmte es für die Stämme, / zum Anteil für die Zwölf.
Er ließ von ihm einen Mann abstammen, / der bei allen Lebenden in Ansehen stand:

Die Größe des Mose

45 Geliebt von Gott und den Menschen: / Mose, sein Andenken sei zum Segen.
2 Er nannte ihn einen Gott / und stärkte ihn zu furchterregenden Taten.
3 Durch sein Wort ließ er schnell die Zeichen geschehen / und verlieh ihm Macht vor dem König.
Er sandte ihn zum Volk / und zeigte ihm seine Herrlichkeit.
4 Wegen seiner Treue und Bescheidenheit / erwählte er ihn aus allen Sterblichen.
5 Er ließ ihn seine Stimme hören / und zu der dunklen Wolke herantreten.
In seine Hand legte er die Gebote, / die Lehre voll Leben und Einsicht, um Jakob seine Gesetze zu lehren / und Israel seine Satzungen und Vorschriften.

Die Erwählung Aarons

6 Gleich ihm erhöhte er einen Heiligen: / Aaron aus dem Stamm Levi.
7 Er hat ihn bestellt für das ewige Priesteramt / und über ihn seine Hoheit ausgebreitet.

Er beglückte ihn mit seiner Herrlichkeit / und umhüllte ihn mit dem
schönsten Schmuck.
8 Er kleidete ihn ganz in Pracht / und schmückte ihn mit herrlichen
Gewändern: / mit Beinkleidern, Leibrock und Obergewand.
9 Dessen Saum verzierte er mit Glöckchen im Kreis / und mit klingen-
den Granatäpfeln ringsum.
Sie sollten bei seinen Schritten lieblichen Klang geben, / damit er im
Heiligtum zu hören war und sein Volk aufmerksam wurde.
10 Auch schmückte er ihn mit den heiligen Gewändern aus Gold, / aus
violettem und rotem Purpur – einer Kunstweberarbeit –, / mit der
Lostasche für den Schiedsspruch, dem Efod,
11 und dem Gürtel aus Karmesin – einer Weberarbeit –, / mit den Edel-
steinen, gestochen wie Siegel / und eingefaßt – einer Steinschneider-
arbeit –; auf ihnen standen in eingeschnittener Schrift / die Namen der
Stämme Israels, / um sie (bei Gott) in Erinnerung zu bringen;
12 sodann der Goldreif auf dem Kopfbund, / die Rosette mit der ein-
gravierten Inschrift: Heilig!
Eine herrliche Pracht, eine gewaltige Auszeichnung, / eine Augen-
weide, eine vollendete Schönheit.
13 Vorher hat es nichts Ähnliches gegeben, / und niemals darf es ein
Unbefugter tragen.
Nur seinen Söhnen hat er dies anvertraut, / und so halten es seine
Söhne für alle Zeiten.
14 Sein Speiseopfer wird ganz verbrannt, / zweimal täglich, als regel-
mäßiges Opfer.
15 Mose hat ihn in sein Amt eingesetzt / und ihn mit heiligem Öl gesalbt.
So wurde ihm ein ewiger Bund gewährt und auch seinen Nachkom-
men, / solange der Himmel steht:
den Dienst zu tun, für Gott Priester zu sein / und sein Volk in seinem
Namen zu segnen.
16 Er hat ihn erwählt aus allen Lebenden, / damit er Brandopfer und
Fettstücke darbringe,
den beruhigenden Duft des Gedenkopfers aufsteigen lasse / und für
die Söhne Israels Sühne erwirke.
17 Er gab ihm seine Gebote / und Vollmacht über Gesetz und Recht.
So unterwies Aaron sein Volk im Gesetz / und Israels Söhne im Recht.
18 Als sich Unbefugte gegen ihn empörten / und in der Wüste auf ihn
eifersüchtig wurden, die Leute um Datan und Abiram / sowie Korach
und sein Anhang, in heftiger Wut,
19 da sah es der Herr und wurde zornig, / er vernichtete sie in seinem
glühenden Zorn.
Er bewirkte ein Wunder gegen sie / und vertilgte sie in den Flammen
seines Feuers.
20 Das Ansehen Aarons vermehrte er noch / und gab ihm sein Erbteil:
Die heiligen Erstlinge gab er ihm zur Nahrung, / 21a die Gaben für den
Herrn sollten sie essen.
20d Die Schaubrote wurden sein Anteil, / 21b und die Abgaben sollten
ihm und seinen Nachkommen zufallen.
22 Vom Landbesitz des Volkes aber sollte er nichts erben, / in ihrer
Mitte kein Erbteil erhalten;
denn der Herr ist sein Anteil / und sein Erbe inmitten der Söhne Israels.

Die Bestimmung des Pinhas

23 Ferner Pinhas, der Sohn Eleasars: / Er bekam als dritter das hohe
Amt, / weil er sich einsetzte für den Gott des Alls / und für sein Volk in
die Bresche trat, / als er dem Antrieb seines Herzens folgte / und für
die Söhne Israels Sühne erwirkte.
24 Darum hat der Herr auch für ihn eine Bestimmung getroffen, / einen
Heilsbund gestiftet: / Er sollte das Heiligtum versorgen.
So sollte ihm und seinen Söhnen / das Hohepriesteramt gehören für
ewige Zeiten.
25 Sein Bund mit David, dem Sohn Isais aus dem Stamm Juda, /
bestand in der Erbnachfolge eines Herrschers von Gottes Gnaden; /
ebenso gehört die Erbnachfolge Aarons Pinhas und seinen Söhnen.
Nun lobt den gütigen Herrn, / der euch mit Ehre gekrönt hat.
26 Er gebe euch Weisheit ins Herz, / sein Volk in Gerechtigkeit zu
lenken,
damit euer Glück nie endet / noch euer hohes Amt bis in fernste
Zeiten.

Die Tapferkeit Josuas und Kalebs

46 Ein tapferer Kriegsheld war Josua, der Sohn Nuns, / der
Mose im Amt des Propheten zur Seite stand.
Er war dazu geschaffen, seinem Namen entsprechend, / für die
Erwählten Gottes eine große Hilfe zu sein,
an den Feinden Rache zu nehmen / und Israel in sein Erbland zu
führen.
2 Wie herrlich war er, wenn er die Hand erhob / und das Sichelschwert
schwang gegen eine Stadt.
3 Wer konnte ihm standhalten, / wenn er die Kriege des Herrn führte?
4 Blieb nicht auf seinen Befehl die Sonne stehen, / wurde nicht ein Tag
doppelt so lang?
5 Er rief zu Gott, dem Höchsten, / als er in Not war, umringt von seinen
Feinden;
der höchste Gott erhörte ihn / und ließ Hagelsteine und Eis regnen.
6 Er schleuderte sie auf das feindliche Volk, / am Abhang vernichtete er
die Gegner.
So sollten alle dem Untergang geweihten Völker erkennen, / wie
genau der Herr ihre Kämpfe beobachtet.
Auch war er dem Herrn in allem ergeben / 7 und bewies Treue in den
Tagen des Mose.
Josua und Kaleb, der Sohn Jefunnes, / sie blieben standhaft beim Auf-
ruhr des Volkes,
wandten das Zorngericht von der Gemeinde ab / und machten dem
üblen Gerede ein Ende.
8 Darum wurden sie beide auch verschont, / als einzige von den sechs-
hunderttausend Männern des Fußvolks,
und in ihr Erbland geführt, / in das Land, wo Milch und Honig fließen.
9 Gott gab dem Kaleb Kraft, / die ihm bis ins Greisenalter erhalten
blieb,
damit er die Höhen des Landes besetzen konnte; / auch seine Nach-
kommen behielten das Erbe.
10 Dadurch sollten alle Söhne Jakobs erkennen, / wie gut es ist, dem
Herrn in allem ergeben zu sein.

Die Treue der Richter

11 Dann die Richter, jeder mit seinem Namen: / alle, die sich nicht beir-
ren ließen und nicht abtrünnig wurden von Gott. / Ihr Andenken sei
zum Segen.
12 Ihre Gebeine mögen von ihrer Stätte emporsprossen / und ihren
Ruhm erneuern an den Söhnen.

Die Verdienste Samuels

13 Geschätzt von seinem Volk, geliebt von seinem Schöpfer, / mit
Sehnsucht erwartet von Geburt an, / dem Herrn geweiht im Prophe-
tenamt: / Samuel, der Richter und Priester.
Auf Gottes Wort hin führte er das Königtum ein / und salbte Fürsten
für das Volk.
14 Im Auftrag des Herrn berief er die Versammlung ein / und wachte
über die Zelte Jakobs.
15 Als Seher wurde er befragt wegen seiner Zuverlässigkeit / und war in
seinem Wort ein verläßlicher Prophet.
16 Auch er rief zu Gott, / als er das Milchlamm opferte;
17 da donnerte der Herr vom Himmel her, / unter gewaltigem Dröhnen
ließ er seine Stimme hören.
18 Er demütigte die feindlichen Heerführer / und vernichtete alle Für-
sten der Philister.
19 Als Samuel sich dann zur Ruhe legte, / rief er den Herrn und seinen
Gesalbten als Zeugen an:
Von wem nahm ich Geschenke an, / und seien es nur Sandalen?

Aber niemand brachte etwas gegen ihn vor. / [Bis zu seinem Ende
zeigte sich seine Weisheit vor Gott und allen Menschen.]
20 Er wurde sogar befragt, nachdem er schon gestorben war, / und
kündigte dem König sein Schicksal an.
Aus der Erde erhob er seine Stimme und weissagte, / um den Frevel
des Volkes zu beenden.

Die Erwählung Davids

47 Nach ihm stand Natan auf, / um vor David hinzutreten.
2 Wie das Fett herausgehoben ist aus dem Opferfleisch, / so
David aus Israel.
3 Er spielte mit Löwen, als wären es Ziegen, / mit Bären, als wären es
Schafe.
4 In seiner Jugend erschlug er den Riesen / und befreite das Volk von
der Schmach,
indem er mit der Hand die Schleuder schwang / und Goliats Hochmut
zerbrach.
5 Denn er hatte Gott, den Höchsten, angerufen, / und dieser gab seiner
rechten Hand Kraft,
um den kampferprobten Mann niederzustrecken / und die Macht seines Volkes zu mehren.
6 Darum haben ihn die Frauen besungen / und ihm zugerufen: Zehntausend (erschlug er)!
7 Als er die Krone trug, führte er Krieg / und demütigte ringsum die Feinde.
Er schlug die feindlichen Philister / und zerbrach ihre Macht bis heute.
8 Bei allen seinen Taten stimmte er Loblieder an / auf Gott, den Höchsten, mit rühmenden Worten.
Er liebte seinen Schöpfer von ganzem Herzen, / alle Tage pries er ihn
mit Liedern.
9 Vor dem Altar ließ er Saiteninstrumente aufstellen / und schuf
Psalmweisen für die Harfenbegleitung.
10 Den Festen verlieh er Glanz / und verschönerte die Feiertage im
Kreislauf des Jahres.
Vom Lobgesang auf Gottes heiligen Namen / hallte das Heiligtum
wider schon vor dem Morgen.
11 Der Herr verzieh ihm seine Sünde / und begründete seine Macht für
immer.
Er übergab ihm das Königsgesetz / und festigte seinen Thron über
Israel.

Die Weisheit und die Torheit Salomos

12 Seinetwegen erstand ihm als Nachfolger / ein weiser Sohn, der in
Sicherheit leben konnte.
13 Salomo war König in friedlichen Tagen, / Gott verschaffte ihm Ruhe
ringsum.
Er baute ein Haus für den Namen des Herrn / und errichtete ein Heiligtum für immer.
14 Wie weise warst du in deiner Jugend, / von Bildung strömtest du
über wie der Nil.
15 Die Erde bedecktest du mit deinem Wissen, / bis zur Himmelshöhe
ließest du Lieder aufsteigen.
16 Bis zu den fernsten Inseln gelangte dein Ruhm, / und man begehrte
danach, dich zu hören.
17 Durch Lied und Sinnspruch, Rätsel und Gleichnis / hast du die Völker in Staunen versetzt.
18 Du wurdest benannt nach dem Namen des Hochgeehrten, / der
auch über Israel ausgerufen ist.
Gold hast du angehäuft wie Eisen / und das Silber vermehrt wie Blei.
19 Doch gabst du dich den Frauen hin / und ließest sie herrschen über
deinen Leib.
20 Du hast deine Ehre befleckt / und dein Ehebett entweiht.
So hast du Zorn über deine Nachkommen gebracht / und Klage über
dein Ehelager,
21 indem das Volk unter zwei Zepter kam / und aus Efraim ein abtrünniges Reich wurde.
22 Gott aber hat seine Huld nicht aufgegeben / und keines seiner Worte
unerfüllt gelassen.
Er hat seinem Erwählten den Sproß und Sohn nicht ausgerottet, / die
Nachkommen seines Freundes nicht ausgetilgt.
So hat er Jakob einen Rest gelassen / und David einen Wurzelsproß
aus ihm selbst.
23 Salomo entschlief in Verzweiflung / und hinterließ einen starrköpfigen Sohn,
reich an Torheit, arm an Einsicht: / Rehabeam, der durch seinen Entschluß das Volk entzweite.
Dann stand Jerobeam auf, der Sohn Nebats; / sein Andenken sei ausgelöscht.
Er sündigte und verführte Israel zur Sünde. / Er verschuldete Efraims
Fall / 24 und die Vertreibung aus ihrem Land.
Ihre Sünde wurde sehr groß, / 25 allem Bösen gaben sie sich hin.

Der Eifer Elijas

48 Da stand ein Prophet auf wie Feuer, / seine Worte waren wie
ein brennender Ofen.
2 Er entzog ihnen ihren Vorrat an Brot, / durch sein Eifern verringerte
er ihre Zahl.
3 Auf Gottes Wort hin verschloß er den Himmel, / und dreimal ließ er
Feuer herniederfallen.
4 Wie ehrfurchtgebietend warst du, Elija, / wer dir gleichkommt, kann
sich rühmen.
5 Einen Verstorbenen hast du vom Tod erweckt, / aus der Unterwelt,
nach Gottes Willen.
6 Könige hast du ins Grab geschickt, / Vornehme von ihren Lagern
hinweg.
7 Am Sinai hast du Strafbefehle vernommen, / am Horeb Urteile der
Rache.
8 Könige hast du gesalbt für die Vergeltung / und einen Propheten als
deinen Nachfolger.
9 Du wurdest im Wirbelsturm nach oben entrückt, / in Feuermassen
himmelwärts.
10 Von dir sagt die Schrift: / du stehst bereit für die Endzeit,
um den Zorn zu beschwichtigen, bevor er entbrennt, / um den Söhnen
das Herz der Väter zuzuwenden / und Jakobs Stämme wieder aufzurichten.
11 Wohl dem, der dich sieht und stirbt; / denn auch er wird leben.

Die Wundermacht Elischas

12 Elija ist im Wirbelsturm entschwunden, Elischa wurde mit seinem
Geist erfüllt.
Doppelt so viele Zeichen wirkte er, / zu Wundern wurden alle Worte
aus seinem Mund.
Solange er lebte, hat er vor niemand gezittert, / kein Sterblicher hatte
Macht über seinen Geist.
13 Nichts war für ihn unerreichbar, / noch im Grab zeigte sein Leichnam Prophetenkraft.
14 In seinem Leben vollbrachte er Wunder / und bei seinem Tod
erstaunliche Taten.
15 Trotz allem bekehrte das Volk sich nicht; / sie ließen nicht ab von
ihren Sünden,
bis sie aus ihrem Land verschleppt / und in alle Welt verstreut wurden.
Aber für Juda ist ein kleiner Rest geblieben / und dem Haus David
noch ein Fürst.
16 Von ihnen taten einige, was recht ist, / andere verübten unerhörten
Frevel.

Das Werk Hiskijas

17 Hiskija sicherte seine Stadt, / indem er Wasser hineinleitete.
Mit dem Eisen durchbrach er Felsen / und dämmte den Teich zwischen Bergen ein.

18 In seinen Tagen zog Sanherib herauf / und entsandte den Rabschake.
Dieser streckte seine Hand gegen Zion aus, / und übermütig lästerte er Gott.
19 Da zitterten sie trotz allem Übermut ihres Herzens, / und wanden sich wie eine Gebärende.
20 Sie riefen zu Gott, dem Höchsten, / und streckten nach ihm die Hände aus.
Er hörte auf ihr lautes Flehen / und half ihnen durch Jesaja.
21 Er schlug die Assyrer in ihrem Lager / und verwirrte sie durch eine Seuche.

Das Wort Jesajas

22 Denn Hiskija hatte das Rechte getan, / war festgeblieben auf Davids Wegen,
die der Prophet Jesaja ihm gewiesen hatte, / der große und zuverlässige Seher.
23 Auf Jesajas Befehl ging die Sonne zurück, / und er verlängerte dem König das Leben.
24 Mit großer Geisteskraft schaute er die Zukunft / und tröstete die Trauernden in Zion.
25 Für fernste Zeit verkündete er das Kommende / und das Verborgene, bevor es geschah.

Die Treue Joschijas

49 Der Name Joschija gleicht duftendem Weihrauch, / würzig und vom Salbenmischer zubereitet.
Sein Andenken ist süß wie Honig im Mund / und wie ein Lied beim Weingelage.
2 Denn er litt wegen unserer Treulosigkeit / und machte den abscheulichen Götzen ein Ende.
3 Er richtete sein Herz ganz auf Gott / und bewies Treue in Zeiten des Unrechts.

Die Verdienste späterer großer Männer Israels

4 Außer David, Hiskija und Joschija / haben alle Könige ruchlos gehandelt:
Bis zu ihrem Untergang haben die Könige von Juda / das Gesetz des Höchsten verlassen.
5 Ihre Macht gaben sie an andere hin, / ihre Ehre an ein fremdes Volk.
6 Sie zündeten die Heilige Stadt an, / so daß die Straßen verödeten,
7 zur Strafe dafür, daß sie Jeremia mißhandelt haben, / obwohl er vom Mutterleib an zum Propheten geschaffen war,
um auszureißen, niederzureißen und zu vernichten, / aber auch um aufzubauen, einzupflanzen und zu stärken.
8 Ezechiel sah eine Vision / und beschrieb die Gestalten am Thronwagen.
9 Er gedachte auch des Ijob, / der die Wege der Gerechtigkeit einhielt.
10 Ferner die Zwölf Propheten: / Ihre Gebeine mögen von ihrer Stätte emporsprossen.
Sie brachten Heilung für Jakobs Volk / und halfen ihm durch zuverlässige Hoffnung.
11 Wie könnten wir Serubbabel gebührend preisen, / war er doch wie ein Siegelring an der rechten Hand,
12 ebenso Jeschua, den Sohn des Jozadak? / Sie beide erbauten zu ihrer Zeit das Gotteshaus;
sie errichteten den heiligen Tempel, / der zu dauernder Herrlichkeit bestimmt ist.
13 Nehemia, sein Andenken in Ehren! / Er baute unsere Trümmer wieder auf
und stellte das Zerstörte wieder her, / Tore und Riegel setzte er ein.

Rückblick auf die Großen des Anfangs

14 Kaum einer auf Erden kommt Henoch gleich, / darum wurde er auch lebend entrückt.
15 Gab es je einen Mann wie Josef? / Selbst sein Leichnam wurde sorgfältig erhalten.
16 Sem, Set und Enosch sind hoch geehrt, / aber Adam übertrifft alle Menschen an Ruhm.

Die Größe des Hohenpriesters Simeon

50 Der größte unter seinen Brüdern, der Ruhm seines Volkes, / ist der Priester Simeon, der Sohn Johanans.
Zu seiner Zeit wurde das Gotteshaus ausgebessert, / in seinen Tagen der Tempel befestigt.
2 Zu seiner Zeit wurde die Mauer gebaut, / die Zinnen der Gotteswohnung beim Königspalast.
3 In seinen Tagen wurde der Teich gegraben, / ein Becken, groß wie ein Meer.
4 Er hat sein Volk gegen Plünderung gesichert, / seine Stadt gegen den Feind befestigt.
5 Wie herrlich, wenn er herausschaute aus dem Zelt, / wenn er heraustrat zwischen dem Vorhang:
6 wie ein leuchtender Stern zwischen den Wolken, / wie der Vollmond in den Tagen des Festes,
7 wie die strahlende Sonne über dem Königspalast, / wie ein Regenbogen, der in den Wolken erscheint,
8 wie Blütenzweige in den Tagen des Festes, / wie eine Lilie an Wasserläufen, / wie das Grün des Libanon an Sommertagen,
9 wie Weihrauchfeuer auf dem Speiseopfer, / wie ein vergoldetes Gefäß, mit dem Hammer getrieben / und mit Edelsteinen besetzt,
10 wie ein üppiger Ölbaum voll von Früchten, / wie ein wilder Ölbaum mit saftigen Zweigen.
11 (Wie herrlich,) wenn er die Prachtgewänder angelegt / und sich mit allem Schmuck bekleidet hatte, wenn er emporstieg zum erhabenen Altar / und die Einfassung des heiligen Raumes mit Glanz erfüllte,
12 wenn er die Opferstücke aus der Hand seiner Brüder nahm, / während er selbst bei dem aufgeschichteten Holz stand.
Rings umgab ihn der Kranz seiner Söhne / wie junge Zedern auf dem Libanon.
Wie Pappeln am Bach umstanden ihn /
13 alle Söhne Aarons in ihrer Pracht,
die Feueropfer des Herrn in ihrer Hand / vor der ganzen Versammlung Israels,
14 bis er den Dienst am Altar vollendet / und das Opferholz für den Höchsten geordnet hatte.
15 Dann streckte er die Hand nach dem Becher aus / und opferte von dem Blut der Trauben;
er goß es aus an den Fuß des Altars / zum beruhigenden Duft für den Höchsten, den König des Alls.
16 Jetzt stießen die Söhne Aarons in die getriebenen Trompeten, / sie bliesen mit gewaltigem Schall zur Erinnerung vor dem Höchsten.
17 Alle Versammelten beeilten sich / und warfen sich auf ihr Gesicht zur Erde nieder,
um den Höchsten anzubeten, / den Heiligen Israels.
18 Dann stimmte man die Gesänge an / und ließ zur Musik süßen Jubel ertönen.
19 Alles Volk jubelte / im Gebet vor dem Barmherzigen,
bis der Priester den Dienst des Herrn vollendet / und ihm die vorgeschriebenen Opfer dargebracht hatte.
20 Dann stieg er herab und erhob seine Hände / über die ganze Gemeinde Israels.
Der Segen des Herrn war auf seinen Lippen, / den Namen des Herrn nennen zu dürfen war sein Ruhm.
21 Sie aber fielen zum zweitenmal nieder, / um den Segen von ihm zu empfangen.

Aufforderung zum Lobpreis Gottes

22 Nun lobt den Herrn, den Gott des Alls, / der Wunderbares auf der Erde vollbringt,

der einen Menschen erhöht vom Mutterschoß an / und an ihm handelt
nach seinem Gefallen.
23 Er gebe euch Weisheit ins Herz, / und der Friede sei mit euch.
24 Beständig bleibe seine Huld bei Simeon; / er erhalte ihm den Bund
mit Pinhas, der weder ihm gebrochen werden soll / noch seinen Nach-
kommen, solange der Himmel steht.

Die Anhänge

Die Abgrenzung gegen die Nachbarn Israels
25 Zwei Völker verabscheue ich, / und das dritte ist kein Volk:
26 Die Bewohner von Seïr und vom Philisterland / und das törichte
Volk, das in Sichem wohnt.

Das Schlußwort des Verfassers
27 Weise Bildung und passende Sinnsprüche / von Jesus, dem Sohn
Eliasars, des Sohnes Sirachs,
dessen Herz von Schriftauslegung überströmte / und der Einsicht her-
vorquellen ließ.
28 Wohl dem Mann, der hierüber nachsinnt; / wer es sich zu Herzen
nimmt, wird weise.
29 Wer danach handelt, hat Kraft zu allem; / denn die Gottesfurcht ist
ihr tiefster Inhalt.

Das Danklied
51 Ich will dich preisen, mein Herr und König, / ich will dich
loben, Gott meines Heils.
Ich will deinen Namen verkünden, / du Hort meines Lebens,
2 denn du hast mich vom Tod errettet. / Du hast meinen Leib vor dem
Grab bewahrt, / meinen Fuß dem Griff der Unterwelt entrissen.
Du hast mich befreit von der Geißel böser Zungen, / von den Lippen
treuloser Lügner.
Gegen meine Widersacher standest du mir zur Seite, / 3 in deiner
großen Huld hast du mir geholfen
aus der Schlinge derer, die auf meinen Fall lauern, / aus der Hand
jener, die mir nach dem Leben trachten.
Aus vielen Nöten hast du mich erlöst, / 4 aus der Bedrängnis der Flam-
men, die mich umringten, / aus Gluten, die nicht (wirklich) geschürt,
5 aus dem Schoß der Flut, nicht (wirklich) von Wasser, / (sondern)
von schändlichen Lippen und Erfindern von Lüge, / 6 von den Pfeilen
der falschen Zunge.
Schon war ich dem Tod nahe / und mein Leben den Tiefen der Unter-
welt.
7 Ich wandte mich nach allen Seiten und fand keinen Helfer, / ich
spähte nach einem Beistand, doch keiner war da.
8 Da dachte ich an das Erbarmen des Herrn, / an die Taten seiner Huld,
die seit Ewigkeit bestehen. Er hilft allen, die auf ihn vertrauen, / und
erlöst sie aus jeder Gefahr.
9 So erhob ich von der Erde meine Stimme, / ich schrie von den Toren
der Unterwelt her.
10 Ich rief: Herr, mein Vater bist du, / mein Gott, mein rettender Held.
Verlaß mich nicht am Tag der Not, / am Tag der Vernichtung und Ver-
wüstung!
11 Deinen Namen will ich allzeit loben, / an dich denken im Gebet.
Da hörte der Herr meine Stimme / und achtete auf mein Flehen.
12 Er erlöste mich von allem Unheil / und rettete mich am Tag der Not.
Darum danke ich dem Herrn / und will seinen Namen loben und ver-
herrlichen.
Danket dem Herrn, denn er ist gut, / denn seine Huld währt ewig.
Danket dem Gott der Lobgesänge, / denn seine Huld währt ewig.
Danket dem Wächter Israels, / denn seine Huld währt ewig.
Danket dem Schöpfer des Alls, / denn seine Huld währt ewig.
Danket dem Erlöser Israels, / denn seine Huld währt ewig.
Danket dem, der Israels Versprengte sammelt, / denn seine Huld
währt ewig.
Danket dem Erbauer seiner Stadt und seines Heiligtums, / denn seine
Huld währt ewig.
Danket dem, der dem Haus David Macht verlieh, / denn seine Huld
währt ewig.
Danket dem, der Zadoks Söhne zu Priestern erwählt hat, / denn seine
Huld währt ewig.
Danket dem Schild Abrahams, / denn seine Huld währt ewig.
Danket dem Fels Isaaks, / denn seine Huld währt ewig.
Danket dem Starken Jakobs, / denn seine Huld währt ewig.
Danket dem, der Zion erwählt hat, / denn seine Huld währt ewig.
Danket dem König der höchsten Könige, / denn seine Huld währt
ewig.
Seinem Volk verleiht er Macht – / das ist ein Ruhm für all seine From-
men, / für Israels Söhne, das Volk, das sich ihm nahen darf.
Halleluja!

Nachwort auf die Weisheit
13 Als ich jung und noch nicht unstet war, / suchte ich eifrig die
Weisheit.
14 Sie kam zu mir in ihrer Schönheit, / und bis zuletzt will ich sie er-
streben.
15 Und wie nach dem Blühen die Trauben reifen, / die das Herz
erfreuen, so schritt mein Fuß auf geradem Weg; / denn schon von
Jugend an habe ich sie erkannt.
16 Nur kurz hörte ich hin, / und schon fand ich Belehrung in Menge.
17 Sie ist für mich zur Amme geworden; / meinem Lehrer will ich
danken.
18 Ich hatte im Sinn, Freude zu erleben, / ich strebte ohne Rast nach
Glück.
19 Ich verlangte brennend nach ihr / und wandte von ihr meinen Blick
nicht ab.
20 Ich richtete mein Verlangen auf sie, / und auf ihren Höhen wanke
ich nicht.
Meine Hand öffnete ihre Tore, / und ich nahm sie leibhaftig wahr.
Ich habe ihretwegen meine Hände gereinigt, / und ich fand die Weis-
heit in ihrer Reinheit.
Einsicht erwarb ich durch sie von Anfang an, / darum lasse ich nicht
von ihr.
21 Mein Herz war erregt, sie zu schauen, / darum erwarb ich sie als
kostbares Gut.
22 Der Herr gab meinen Lippen Erfolg, / mit meiner Zunge will ich ihm
danken.
23 Kehrt bei mir ein, ihr Unwissenden, / verweilt in meinem Lehrhaus!
24 Wie lange noch wollt ihr das alles entbehren / und eure Seele dür-
sten lassen?
25 Ich öffne meinen Mund und sage von ihr: / Erwerbt euch Weisheit,
es kostet nichts.
26 Beugt euren Nacken unter ihr Joch, / und nehmt ihre Last auf euch!
Denen, die sie suchen, ist sie nahe, / und wer sich ihr ganz hingibt,
findet sie.
27 Seht mit eigenen Augen, daß ich mich nur wenig bemühte, / aber
viel Ruhe gefunden habe.
28 Hört auf meine knapp bemessene Lehre! / Durch sie werdet ihr viel
Silber und Gold erwerben.
29 Eure Seele freue sich an meinem Lehrstuhl, / meines Liedes sollt ihr
euch nicht schämen.
30 Tut eure Werke vor der Zeit (der Vergeltung), / so wird er euch den
Lohn geben zur rechten Zeit.
[Gepriesen sei der Herr auf ewig, / gelobt sei sein Name für alle Zeiten.
Die Weisheit des Jesus, des Sohnes Eleasars, des Sohnes Sirachs.
Der Name des Herrn sei gepriesen / von nun an bis in Ewigkeit.]

Die Bücher der Propheten

Das Buch Jesaja

Der Prophet Jesaja aus Jerusalem (etwa 740–701 v. Chr.) hat mit seiner Verkündigung den Grundstock des Buches geschaffen, das seinen Namen trägt. Aus dem Inhalt der von ihm überlieferten Prophetenworte schließt man, daß er, im Todesjahr des Königs Usija (739 v. Chr.) berufen (Kap. 6), in vier wichtigen Perioden der Geschichte Judas das Wort Jahwes verkündete. Zunächst befaßte er sich in Drohworten (Kap. 1–3 und 5) mit den Zuständen in Juda und Jerusalem. Im Syrisch-efraimitischen Krieg (734/33 v. Chr.) warnte er vor einem Bündnis mit Assur (7,1–9,6). Beim ersten Versuch des Königs Hiskija, sich an einem Aufstand gegen die Assyrer zu beteiligen (716-711 v. Chr.), erhob er warnend seine Stimme (Kap. 18; 20; 28–30; auch Teile von Kap. 14). Endlich trat er beim Angriff des assyrischen Königs Sanherib (um 701 v. Chr.) auf, um das rettende Eingreifen Gottes gegen den überheblichen Feind anzusagen (Worte in den Kapiteln 10; 14; 28–30).

Vom Leben des Propheten ist uns wenig bekannt. Er dürfte den gebildeten höheren Kreisen entstammen; anscheinend war er mit einer prophetisch begabten Frau verheiratet (8,3) und hatte wohl mehrere Kinder (vgl. 7,3; 8,1-3). Die Worte Jesajas, die in Kap. 1–39 überliefert sind, wurden von seinen Schülern (8,16) und anderen vielfach kommentiert und beträchtlich erweitert; so wurden sie später in seinem Geist an jeweils neue Situationen angepaßt. Dem Propheten kam es vor allem darauf an, die Menschen zu Glauben und Vertrauen gegenüber dem heiligen und erhabenen Gott aufzurufen, der nach seinem weisen Plan die Weltgeschichte und besonders die Geschicke seines Volkes lenkt. Dieses gläubige Hinschauen auf den Herrn bedeutet zugleich, seinem Willen zu entsprechen im politischen wie im sozialen Handeln, insbesondere den Armen gegenüber. Der Ernst der prophetischen Botschaft Jesajas drückt sich vor allem in den scharfen Gerichtsworten aus.

Verschiedene Überschriften (1,1; 2,1; 13,1) weisen darauf hin, daß der erste Teil des Buches (Kap. 1–39) eine lange Entstehungsgeschichte hat. Noch heute ist ihm anzusehen, daß einer ersten Sammlung (Kap. 2–5 und 9,6–11,16) die sogenannte Denkschrift des Propheten (6,1–9,5) eingefügt und schließlich Kap. 1 als eine Art Zusammenfassung seiner Worte vorausgestellt wurde. Jes 24–27 sind apokalyptische Texte (die sog. »große Jesaja-Apokalypse«) und tragen das Kolorit einer späten Zeit an sich. Die Jesajaerzählungen (Kap. 36–39) sind fast ganz aus dem zweiten Königsbuch übernommen. So entstand ein Prophetenbuch, das wie bei der Denkschrift in großen Zügen das Grundschema erkennen läßt, nach dem die prophetischen Bücher zusammengestellt wurden: Drohungen gegen das eigen Volk (Kap. 1–12); Drohungen gegen andere Völker (Kap. 13–23); Verheißungen, die hier allerdings Drohreden einschließen, für das eigene Volk (Kap. 24–35); ein geschichtlicher Anhang rundet das Ganze ab (Kap. 36–39). Für das Neue Testament und die christliche Verkündigung sind in besonderer Weise die messianischen Texte wichtig (Kap. 7; 9,1–6; 11; 28,16f).

In eine ganz andere Welt versetzen uns die Kapitel 40–55. Hier befindet sich Juda im Babylonischen Exil; zu ihm spricht ein Prophet, der den Auftrag erhält (40,1–11), das unmittelbar bevorstehende rettende Eingreifen Gottes anzukündigen. Gott erweckt Kyrus (44,28–45,8), damit er das Volk aus der Gefangenschaft entläßt. Dann wird Jahwe, der als der alleinige durch Schöpfung und geschichtliches Handeln ausgewiesene Gott über die Völker herrscht, sein Volk in einem neuen, wunderbaren Exodus nach Zion heimführen. Dort wird er als König Israels herrschen, das er wieder aufblühen läßt. In diese überschwengliche Heilsprophetie sind vier Texte über den »Gottesknecht« eingefügt (42,1–9; 49,1–9; 50,4–9; 52,13–53,12), der als der Erwählte Jahwes zum »Bund des Volkes und Licht der Heiden« bestimmt, wie ein Prophet gesendet, mit Aufgaben für Israel und die Völker betraut, nach Leiden und Todesnot errettet und schließlich verherrlicht wird. Durch die sogenannten Gottesknechttexte hat dieser Teil des Jesajabuches weit in die Zukunft gewirkt. Die neutestamentliche Urgemeinde nahm sie auf und sah sie im Wirken und im Weg Jesu erfüllt. Der Verfasser von Jes 40–55 ist unbekannt. Man nennt ihn Deuterojesaja (Zweiter Jesaja).

In Jes 56–66 wechselt die Situation wieder. Hier sind verschiedenartige Texte zusammengestellt, die sich an die Heimgekehrten richten. Sie schöpfen vielfach aus Jes 40–55, sprechen aber deutlich die veränderte Lage an. Ein Prophet erhebt seine Stimme (Kap. 60–62), der sich durch Gottes Geist zur Verkündigung einer frohen Botschaft gesandt weiß (Kap. 61; vgl. Lk 4,16–19); man nennt ihn Tritojesaja (Dritter Jesaja). Dieser Teil des Jesajabuches enthält in loser Anordnung Heils- und Gerichtsworte. Besonders hervorzuheben sind die Verheißung für die Fremden (56,1–8), die Mahnung zur wahren Frömmigkeit (58,1–14), das leuchtende Bild von der Gottesstadt (Kap. 60 und 62), das Gebet zu Gott, unserem Vater, in Gestalt einer Volksklage (63,7–64,11). Mit dem Blick auf den neuen Himmel und die neue Erde (Kap. 66) schließt das Jesajabuch.

Unter den Funden von Qumran befand sich eine vollständig erhaltene Jesaja-Handschrift aus dem 2. Jahrhundert v. Chr. Sie ist damit etwa tausend Jahre älter als die meisten bisher bekannten hebräischen Handschriften des Alten Testaments.

I. Teil
Der erste Jesaja (Protojesaja)

Worte über Juda und Jerusalem aus der Frühzeit des Propheten

Einleitung

1 Vision des Jesaja, des Sohnes des Amoz, über Juda und Jerusalem, die er zu der Zeit hatte, als Usija, Jotam, Ahas und Hiskija Könige von Juda waren.

Die Untreue des Volkes

2 Hört, ihr Himmel! Erde, horch auf! / Denn der Herr spricht:
Ich habe Söhne großgezogen und emporgebracht, / doch sie sind von mir abgefallen.

3 Der Ochse kennt seinen Besitzer / und der Esel die Krippe seines
Herrn;
Israel aber hat keine Erkenntnis, / mein Volk hat keine Einsicht.
4 Weh dem sündigen Volk, der schuldbeladenen Nation, / der Brut von
Verbrechern, den verkommenen Söhnen!
Sie haben den Herrn verlassen, / den Heiligen Israels haben sie ver-
schmäht / und ihm den Rücken gekehrt.

Die Folgen der Sünde

5 Wohin soll man euch noch schlagen? / Ihr bleibt ja doch abtrünnig.
Der ganze Kopf ist wund, / das ganze Herz ist krank:
6 Vom Kopf bis zum Fuß kein heiler Fleck, / nur Beulen, Striemen und
frische Wunden, sie sind nicht ausgedrückt, nicht verbunden, / nicht
mit Öl gelindert.
7 Euer Land ist verödet, / eure Städte sind niedergebrannt.
Fremde verzehren vor euren Augen den Ertrag eurer Äcker; / verödet
wie das zerstörte Sodom ist euer Land.
8 Die Tochter Zion steht verlassen da / wie eine Hütte im Weinberg,
wie eine Wächterhütte im Gurkenfeld / [wie eine belagerte Stadt].
9 Hätte der Herr der Heere nicht einen Rest für uns übriggelassen, / wir
wären wie Sodom geworden, / wir glichen Gomorra.

Der falsche und der wahre Gottesdienst

10 Hört das Wort des Herrn, ihr Herrscher von Sodom! / Vernimm die
Weisung unseres Gottes, du Volk von Gomorra!
11 Was soll ich mit euren vielen Schlachtopfern?, / spricht der Herr.
Die Widder, die ihr als Opfer verbrennt, / und das Fett eurer Rinder
habe ich satt; / das Blut der Stiere, der Lämmer und Böcke ist mir zu-
wider.
12 Wenn ihr kommt, um mein Angesicht zu schauen – / wer hat von
euch verlangt, daß ihr meine Vorhöfe zertrampelt?
13 Bringt mir nicht länger sinnlose Gaben, / Rauchopfer, die mir ein
Greuel sind.
Neumond und Sabbat und Festversammlung – / Frevel und Feste –
ertrage ich nicht.
14 Eure Neumondfeste und Feiertage / sind mir in der Seele verhaßt,
sie sind mir zur Last geworden, / ich bin es müde, sie zu ertragen.
15 Wenn ihr eure Hände ausbreitet, / verhülle ich meine Augen vor
euch.
Wenn ihr auch noch so viel betet, / ich höre es nicht. / Eure Hände sind
voller Blut.
16 Wascht euch, reinigt euch! / Laßt ab von eurem üblen Treiben! /
Hört auf, vor meinen Augen Böses zu tun!
17 Lernt, Gutes zu tun! / Sorgt für das Recht!
Helft den Unterdrückten! / Verschafft den Waisen Recht, / tretet ein für
die Witwen!

Der Rechtsstreit Gottes mit seinem Volk

18 Kommt her, wir wollen sehen, / wer von uns recht hat, / spricht der
Herr.
Wären eure Sünden auch rot wie Scharlach, / sie sollen weiß werden
wie Schnee.
Wären sie rot wie Purpur, / sie sollen weiß werden wie Wolle.
19 Wenn ihr bereit seid zu hören, / sollt ihr den Ertrag des Landes
genießen.
20 Wenn ihr aber trotzig seid und euch weigert, / werdet ihr vom
Schwert gefressen. / Ja, der Mund des Herrn hat gesprochen.

Das Gericht über Jerusalem

21 Ach, sie ist zur Dirne geworden, die treue Stadt. / Einst war dort das
Recht in voller Geltung,
die Gerechtigkeit war dort zu Hause, / jetzt aber herrschen die Mörder.
22 Dein Silber wurde zu Schlacke, / dein Wein ist verwässert.
23 Deine Fürsten sind Aufrührer / und eine Bande von Dieben,
alle lassen sich gerne bestechen / und jagen Geschenken nach.
Sie verschaffen den Waisen kein Recht, / die Sache der Witwen gelangt
nicht vor sie.
24 Darum – Spruch Gottes, des Herrn der Heere, / des Starken Israels:
Weh meinen Gegnern, / ich will Rache nehmen an ihnen, / mich
rächen an meinen Feinden.
25 Ich will meine Hand gegen dich wenden, / deine Schlacken will ich
mit Lauge ausschmelzen, / all dein Blei schmelze ich aus.
26 Ich will dir wieder Richter geben wie am Anfang / und Ratsherrn wie
zu Beginn.
Dann wird man dich die Burg der Gerechtigkeit nennen, / die treue
Stadt.
27 Zion wird durch das Recht gerettet, / wer dort umkehrt, durch die
Gerechtigkeit.
28 Doch alle Abtrünnigen und Sünder werden zerschmettert. / Wer den
Herrn verläßt, wird vernichtet.
29 Ihr werdet in Schande stürzen / wegen der Eichen, die euch gefallen,
und werdet euch schämen / wegen der (heiligen) Haine, die ihr so
gern habt.
30 Ihr werdet wie eine Eiche, deren Blätter verwelken, / und wie ein
Garten, dessen Wasser versiegt ist.
31 Dann wird der Starke zu Werg, / und sein Tun zum zündenden Fun-
ken; beide verbrennen zusammen, / und niemand kann löschen.

Jerusalem als Mittelpunkt des messianischen Reiches

2 Das Wort, das Jesaja, der Sohn des Amoz, in einer Vision über
Juda und Jerusalem gehört hat.
2 Am Ende der Tage wird es geschehen:
Der Berg mit dem Haus des Herrn / steht fest gegründet als höchster
der Berge;
er überragt alle Hügel. / Zu ihm strömen alle Völker.
3 Viele Nationen machen sich auf den Weg. / Sie sagen: Kommt,
wir ziehen hinauf zum Berg des Herrn / und zum Haus des Gottes
Jakobs.
Er zeige uns seine Wege, / auf seinen Pfaden wollen wir gehen.
Denn von Zion kommt die Weisung des Herrn, / aus Jerusalem sein
Wort.
4 Er spricht Recht im Streit der Völker, / er weist viele Nationen zu-
recht.
Dann schmieden sie Pflugscharen aus ihren Schwertern / und Winzer-
messer aus ihren Lanzen.
Man zieht nicht mehr das Schwert, Volk gegen Volk, / und übt nicht
mehr für den Krieg.
5 Ihr vom Haus Jakob, kommt, / wir wollen unsere Wege gehen im
Licht des Herrn.

Der Tag Jahwes

6 Ja, du hast dein Volk, das Haus Jakob, verstoßen; / denn es ist voll von
Zauberern und Wahrsagern wie das Volk der Philister / und überflutet
von Fremden.
7 Sein Land ist voll Silber und Gold, / zahllos sind seine Schätze.
Sein Land ist voll von Pferden, / zahllos sind seine Wagen.
8 Sein Land ist voll von Götzen. / Alle beten das Werk ihrer Hände an, /
das ihre Finger gemacht haben.
9 Doch die Menschen müssen sich ducken, / jeder Mann muß sich
beugen. / Verzeih ihnen nicht!
10 Verkriech dich im Felsen, / verbirg dich im Staub
vor dem Schrecken des Herrn / und seiner strahlenden Pracht!
11 Da senken sich die stolzen Augen der Menschen, / die hochmütigen
Männer müssen sich ducken, / der Herr allein ist erhaben an jenem
Tag.
12 Denn der Tag des Herrn der Heere kommt / über alles Stolze und
Erhabene, / über alles Hohe – es wird erniedrigt –,
13 über alle hochragenden Zedern des Libanon / und alle Eichen des
Baschan,

14 über alle hohen Berge und alle stattlichen Hügel,
15 über jeden hohen Turm und jede steile Mauer,
16 über alle Tarschisch-Schiffe / und die kostbaren Segler.
17 Die stolzen Menschen müssen sich ducken, / die hochmütigen Männer sich beugen, / der Herr allein ist erhaben an jenem Tag.
18 Die Götzen aber schwinden alle dahin.
19 Verkriecht euch in Felshöhlen und Erdlöchern / vor dem Schrecken des Herrn
und vor seiner strahlenden Pracht, / wenn er sich erhebt, um die Erde zu erschrecken.
20 An jenem Tag nimmt jeder seine silbernen und goldenen Götzen, / die er gemacht hat, um sie anzubeten, / und wirft sie den Fledermäusen und Ratten hin;
21 und man wird sich in den Spalten und Höhlen der Felsen verkriechen / vor dem Schrecken des Herrn
und vor seiner strahlenden Pracht, / wenn er sich erhebt, um die Erde zu erschrecken.
[22 Laßt doch ab vom Menschen; / in seiner Nase ist nur ein Lufthauch. / Was bedeutet er schon?]

Die Beseitigung der führenden Schichten

3 Seht, Gott, der Herr der Heere, / nimmt Jerusalem und Juda jede Stütze und Hilfe
[jede Unterstützung mit Brot / und jede Unterstützung mit Wasser]:
2 den Helden und Krieger, / den Richter und den Propheten, / den Wahrsager und den Ältesten,
3 den Hauptmann, den Höfling, den Ratsherrn, / den weisen Zauberer und den klugen Beschwörer.
4 Ich mache junge Burschen zu ihren Fürsten. / Willkür soll über sie herrschen.
5 Dann bedrängt im Volk einer den andern, / und jeder bedrängt seinen Nächsten.
Die Jungen sind frech zu den Alten, / die Geringen zu den geachteten Männern.
6 Dann faßt einer im Haus seines Vaters / den Bruder am Arm und sagt:
Du hast noch einen Mantel, / du mußt unser Anführer sein. / Sei der Herr dieser Trümmer!
7 Der aber wird an jenem Tag schreien: / Ich bin doch kein Arzt,
und in meinem Haus gibt es kein Brot, / und es gibt keinen Mantel. / Macht mich nicht zum Führer des Volkes!
8 Ja, Jerusalem stürzt, und Juda fällt; / denn ihre Worte und ihre Taten richten sich gegen den Herrn, / sie trotzen den Augen seiner Majestät.
9 Ihre frechen Gesichter klagen sie an, / wie Sodom reden sie ganz offen von ihren Sünden. / Weh ihnen, sie bereiten sich selber ihr Unglück.
10 Wohl dem Gerechten, denn ihm geht es gut; / er wird die Frucht seiner Taten genießen.
11 Weh dem Frevler, ihm geht es schlecht; / denn was er selber getan hat, das wird man ihm antun.
12 Mein Volk – seine Herrscher sind voller Willkür, / Wucherer beherrschen das Volk.
Mein Volk, deine Führer führen dich in die Irre, / sie bringen dich ab vom richtigen Weg.
13 Der Herr steht bereit, um Recht zu sprechen; / er steht da, um sein Volk zu richten.
14 Der Herr geht ins Gericht / mit den Ältesten und den Fürsten seines Volkes:
Ihr, ihr habt den Weinberg geplündert; / eure Häuser sind voll von dem, was ihr den Armen geraubt habt.
15 Wie kommt ihr dazu, mein Volk zu zerschlagen? / Ihr zermalmt das Gesicht der Armen – / Spruch des Herrn der Heere.

Die hochmütigen Frauen von Jerusalem

16 Der Herr sprach: Weil die Töchter Zions hochmütig sind, ihre Hälse
recken und mit verführerischen Blicken daherkommen, immerzu trip-
pelnd daherstolzieren und mit ihren Fußspangen klirren, 17 darum
wird der Herr den Scheitel der Töchter Zions mit Schorf bedecken und
ihre Schläfen kahl werden lassen. 18 An jenem Tag wird ihnen der Herr
ihren Schmuck wegnehmen: die Fußspangen, die kleinen Sonnen
und Monde, 19 die Ohrgehänge und Armkettchen, die Schleier 20 und
Turbane, die Fußkettchen und die Prachtgürtel, die Riechfläschchen
und die Amulette, 21 die Fingerringe und Nasenreife, 22 die Festkleider
und Umhänge, die Umschlagtücher und Täschchen 23 und die Spiegel,
die feinen Schleier, die Schals und Kopftücher.
24 Dann habt ihr Moder statt Balsam, / Strick statt Gürtel, Glatze statt kunstvolle Locken,
Trauergewand statt Festkleid, / ja, Schande statt Schönheit.
25 Deine Männer sterben durchs Schwert, / deine jungen Krieger fallen im Kampf.
26 Zions Tore ächzen und klagen; / ausgeplündert sitzt es am Boden.

4 An jenem Tag klammern sich sieben Frauen an einen einzigen Mann und sagen: Wir wollen unser eigenes Brot essen und uns selber kleiden, nur laß uns deinen Namen tragen, nimm die Schande von uns!

Die Rettung der Übriggebliebenen

2 An jenem Tag wird, was der Herr sprossen läßt, für alle Israeliten, die
entronnen sind, eine Zierde und Ehre sein; die Früchte des Landes
sind ihr Stolz und Ruhm. 3 Dann wird der Rest von Zion, und wer in
Jerusalem noch übrig ist, heilig genannt werden, jeder, der in Jerusa-
lem in das Verzeichnis derer, die am Leben bleiben sollen, eingetragen
ist. 4 Wenn der Herr durch den Sturm des Gerichts und den Sturm der
Läuterung von den Töchtern Zions den Kot abgewaschen und aus
Jerusalems Mitte die Blutschuld weggespült hat, 5 dann kommt er,
und über dem ganzen Gebiet des Berges Zion und seinen Festplätzen erscheint bei Tag eine Wolke und bei Nacht Rauch und eine strahlende Feuerflamme. Denn über allem liegt als Schutz und Schirm die
Herrlichkeit des Herrn; 6 sie spendet bei Tag Schatten vor der Hitze
und ist Zuflucht und Obdach bei Unwetter und Regen.

Das Lied vom Weinberg

5 Ich will ein Lied singen von meinem geliebten Freund, / ein Lied vom Weinberg meines Liebsten.
Mein Freund hatte einen Weinberg / auf einer fruchtbaren Höhe.
2 Er grub ihn um und entfernte die Steine / und bepflanzte ihn mit den edelsten Reben.
Er baute mitten darin einen Turm / und hieb eine Kelter darin aus.
Dann hoffte er, / daß der Weinberg süße Trauben brächte, / doch er brachte nur saure Beeren.
3 Nun sprecht das Urteil, Jerusalems Bürger und ihr Männer von Juda, / im Streit zwischen mir und dem Weinberg!
4 Was konnte ich noch für meinen Weinberg tun, / das ich nicht für ihn tat?
Warum hoffte ich denn auf süße Trauben? / Warum brachte er nur saure Beeren?
5 Jetzt aber will ich euch kundtun, / was ich mit meinem Weinberg mache:
Ich entferne seine schützende Hecke; / so wird er zur Weide.
Seine Mauer reiße ich ein; / dann wird er zertrampelt.
6 Zu Ödland will ich ihn machen. / Man soll seine Reben nicht schneiden / und soll ihn nicht hacken;
Dornen und Disteln werden dort wuchern. / Ich verbiete den Wolken, ihm Regen zu spenden.
7 Ja, der Weinberg des Herrn der Heere / ist das Haus Israel,
und die Männer von Juda sind die Reben, / die er zu seiner Freude gepflanzt hat.

Marc Chagall
Der Prophet Jesaja
(1968)
»Da flog einer der Serafim zu mir; er trug in seiner Hand eine glühende Kohle, die er mit einer Zange vom Altar genommen hatte« (Jes 6,6). Marc Chagalls Ölgemälde verbindet zwei Themen miteinander: die Berufung des Propheten in Form der Lippenreinigung und die Vision des messianischen Friedensreiches. Kompositorisch gliedert sich die Bildfläche in ein Dreieck, dessen Seitenlinien von den beiden unteren Ecken aufsteigen und sich über dem Haupt des Propheten treffen. Die linke Seitenlinie lenkt den Blick vom Becken mit Kohlen, deren Rot den Bildraum nahezu vollständig durchglüht, hinauf zum Haupt des Serafs, dessen Rechte die Lippenreinigung vollzieht, während seine Linke nach rechts oben weist. Hier schwebt ein weiterer Engel gleich einer weißen Wolke über einer Idylle, die die messianische Weissagung verbildlicht: »Kalb und Löwe weiden zusammen, ein kleiner Knabe kann sie hüten« (Jes 11,6). In ganz ähnlichen Bildern schildert der römische Dichter Vergil in seiner 4. Ekloge (um 40 v.Chr.) das Goldene Zeitalter des Friedens, das ein »göttlicher Knabe« herbeiführen wird: »Nimmer fürchtet das weidende Rind den gewaltigen Löwen.«

Er hoffte auf Rechtsspruch – / doch siehe da: Rechtsbruch,
und auf Gerechtigkeit – / doch siehe da: Der Rechtlose schreit.

Sechs Weherufe über das trotzige Israel
8 Weh euch, die ihr Haus an Haus reiht / und Feld an Feld fügt,
bis kein Platz mehr da ist / und ihr allein im Land ansässig seid.
9 Meine Ohren hören das Wort des Herrn der Heere: / Wahrhaftig, alle
eure Häuser sollen veröden.
So groß und schön sie auch sind: / Sie sollen unbewohnt sein.
10 Ein Weinberg von zehn Morgen bringt nur ein Bat Wein, / ein
Hómer Saatgut bringt nur ein Efa Korn.
11 Weh euch, die ihr schon früh am Morgen / hinter dem Bier her seid
und sitzen bleibt bis spät in die Nacht, / wenn euch der Wein erhitzt.
12 Bei ihren Gelagen spielt man Zither und Harfe, / Pauken und Flöten;
aber was der Herr tut, beachten sie nicht, / was seine Hände vollbrin-
gen, sehen sie nicht.
13 Darum muß mein Volk in die Verbannung; / denn es hat keine
Erkenntnis.
Seine Reichen sterben vor Hunger, / die Masse der Armen ver-
schmachtet vor Durst.
14 Darum sperrt die Unterwelt ihren Rachen auf, / maßlos weit reißt
sie ihr Maul auf,
so daß des Volkes Pracht und Reichtum hinabfährt, / der ganze lär-
mende, johlende Haufen.
15 Die Menschen müssen sich ducken, / jeder Mann muß sich beugen, /
die stolzen Augen werden sich senken.
16 Doch der Herr der Heere ist erhaben, / wenn er Gericht hält,
durch seine Gerechtigkeit / erweist der heilige Gott sich als heilig.
17 Dann grasen dort Lämmer wie auf der Weide, / in den Ruinen wei-
den fette Schafe.
18 Weh euch, die ihr die Strafe wie mit Ochsenstricken herbeizieht /
und die Sünde wie mit Wagenseilen.
19 Ihr sagt: Was er tun will, das tue er schnell; / er soll sich beeilen,
damit wir es sehen;
was der Heilige Israels plant, treffe bald ein; / wir wollen es wissen.

20 Weh denen, die das Böse gut und das Gute böse nennen, / die die
Finsternis zum Licht und das Licht zur Finsternis machen, / die das
Bittere süß und das Süße bitter machen.
21 Weh denen, die in ihren eigenen Augen weise sind / und sich selbst
für klug halten.
22 Weh denen, die Helden sind, / wenn es gilt, Wein zu trinken, / und
tapfer, wenn es gilt, starke Getränke zu brauen,
23 die den Schuldigen für Bestechungsgeld freisprechen / und dem
Gerechten sein Recht vorenthalten.
24 Darum: Wie des Feuers Zunge die Stoppeln frißt / und wie das Heu
in der Flamme zusammensinkt,
so soll ihre Wurzel verfaulen / und ihre Blüte wie Staub aufgewirbelt
werden.
Denn sie haben die Weisung des Herrn der Heere von sich gewiesen /
und über das Wort des Heiligen Israels gelästert.

Die Ankündigung der assyrischen Invasion

25 Darum entbrennt der Zorn des Herrn gegen sein Volk; / er streckt
seine Hand aus gegen das Volk und schlägt zu.
Da erzittern die Berge, / und die Leichen liegen auf den Gassen wie
Abfall.
Doch bei all dem läßt sein Zorn nicht nach, / seine Hand bleibt ausge-
streckt.
26 Er stellt ein Feldzeichen auf / für ein Volk in der Ferne,
er pfeift es herbei vom Ende der Erde, / und schon kommen sie eilig
heran.
27 Kein Müder ist unter ihnen, keiner, der stolpert, / keiner, der ein-
nickt und schläft.
Bei keinem löst sich der Gürtel von den Hüften, / noch reißt ein
Schuhriemen ab.
28 Ihre Pfeile sind scharf, / alle ihre Bogen gespannt.
Die Hufe ihrer Pferde sind hart wie Kiesel, / die Räder sausen dahin
wie der Sturm.
29 Es ist ein Lärm wie das Brüllen des Löwen, / wie wenn ein Junglöwe
brüllt.
Er knurrt und packt seine Beute, / er schleppt sie fort, / und niemand
reißt sie ihm weg.
30 Und es dröhnt über ihnen an jenem Tag / wie das Brausen des
Meeres.
Wohin man blickt auf der Erde: / nur Finsternis voller Angst; / das
Licht ist durch Wolken verdunkelt.

Die Berufung des Propheten

6 Im Todesjahr des Königs Usija sah ich den Herrn. Er saß auf
einem hohen und erhabenen Thron. Der Saum seines Gewandes
füllte den Tempel aus. 2 Serafim standen über ihm. Jeder hatte sechs
Flügel: Mit zwei Flügeln bedeckten sie ihr Gesicht, mit zwei bedeckten
sie ihre Füße, und mit zwei flogen sie. 3 Sie riefen einander zu:
Heilig, heilig, heilig ist der Herr der Heere. / Von seiner Herrlichkeit
ist die ganze Erde erfüllt.
4 Die Türschwellen bebten bei ihrem lauten Ruf, und der Tempel füllte
sich mit Rauch.
5 Da sagte ich: Weh mir, ich bin verloren. Denn ich bin ein Mann mit
unreinen Lippen und lebe mitten in einem Volk mit unreinen Lippen,
und meine Augen haben den König, den Herrn der Heere, gesehen.
6 Da flog einer der Serafim zu mir; er trug in seiner Hand eine
glühende Kohle, die er mit einer Zange vom Altar genommen hatte.
7 Er berührte damit meinen Mund und sagte:
Das hier hat deine Lippen berührt: Deine Schuld ist getilgt, / deine
Sünde gesühnt.
8 Danach hörte ich die Stimme des Herrn, der sagte: Wen soll ich sen-
den? Wer wird für uns gehen? Ich antwortete: Hier bin ich, sende
mich! 9 Da sagte er:
Geh und sag diesem Volk: / Hören sollt ihr, hören, aber nicht verste-
hen. / Sehen sollt ihr, sehen, aber nicht erkennen.
10 Verhärte das Herz dieses Volkes, / verstopf ihm die Ohren, / verkleb
ihm die Augen,
damit es mit seinen Augen nicht sieht / und mit seinen Ohren nicht
hört,
damit sein Herz nicht zur Einsicht kommt / und sich nicht bekehrt
und nicht geheilt wird.
11 Ich fragte: Wie lange, Herr? / Er antwortete:
Bis die Städte verödet sind und unbewohnt, / die Häuser menschen-
leer, / bis das Ackerland zur Wüste geworden ist.
12 Der Herr wird die Menschen weit weg treiben; / dann ist das Land
leer und verlassen.
13 Bleibt darin noch ein Zehntel übrig – / auch sie werden schließlich
vernichtet,
wie bei einer Eiche oder Terebinthe, / von der nur der Stumpf bleibt,
wenn man sie fällt. [Ihr Stumpf ist heiliger Same.]

Die Weissagung über den Immanuel

7 In der Zeit, als Ahas, der Sohn Jotams, des Sohnes Usijas, König
von Juda war, zogen Rezin, der König von Aram, und Pekach, der
Sohn Remaljas, der König von Israel, gegen Jerusalem in den Krieg;
aber sie konnten die Stadt nicht einnehmen. 2 Als man dem Haus
David meldete: Aram hat sich mit Efraim verbündet!, da zitterte das
Herz des Königs und das Herz seines Volkes, wie die Bäume des Wal-
des im Wind zittern. 3 Der Herr aber sagte zu Jesaja: Geh zur Walker-
feldstraße hinaus, zusammen mit deinem Sohn Schear-Jaschub (Ein
Rest kehrt um), an das Ende der Wasserleitung des oberen Teiches,
um Ahas zu treffen. 4 Sag zu ihm: Bewahre die Ruhe, fürchte dich
nicht! Dein Herz soll nicht verzagen wegen dieser beiden Holzscheite,
dieser rauchenden Stummel, wegen des glühenden Zorns Rezins von
Aram und des Sohnes Remaljas. 5 Zwar planen Aram, Efraim und der
Sohn Remaljas Böses gegen dich und sagen: 6 Wir wollen gegen Juda
ziehen, es an uns reißen und für uns erobern; dann wollen wir den Sohn
Tabeals dort zum König machen. 7 Doch so spricht Gott, der Herr:
Das kommt nicht zustande, / das wird nicht geschehen.
8 Denn das Haupt von Aram ist Damaskus, / und das Haupt von
Damaskus ist Rezin.
Noch fünfundsechzig Jahre, dann wird Efraim zerschlagen, / es wird
aufhören, ein Volk zu sein.
9 Das Haupt von Efraim ist Samaria, / und das Haupt von Samaria ist
der Sohn Remaljas. / Glaubt ihr nicht, so bleibt ihr nicht.
10 Der Herr sprach noch einmal zu Ahas; er sagte: 11 Erbitte dir vom
Herrn, deinem Gott, ein Zeichen, sei es von unten, aus der Unterwelt,
oder von oben, aus der Höhe. 12 Ahas antwortete: Ich will um nichts
bitten und den Herrn nicht auf die Probe stellen. 13 Da sagte Jesaja:
Hört her, ihr vom Haus David! Genügt es euch nicht, Menschen zu
belästigen? Müßt ihr auch noch meinen Gott belästigen? 14 Darum
wird euch der Herr von sich aus ein Zeichen geben: Seht, die Jungfrau
wird ein Kind empfangen, sie wird einen Sohn gebären, und sie wird
ihm den Namen Immanuel (Gott mit uns) geben. 15 Er wird Butter
und Honig essen bis zu der Zeit, in der er versteht, das Böse zu verwer-
fen und das Gute zu wählen. 16 Denn noch bevor das Kind versteht, das
Böse zu verwerfen und das Gute zu wählen, wird das Land verödet
sein, vor dessen beiden Königen dich das Grauen packt. 17 Der Herr
wird Tage kommen lassen über dich und dein Volk und das Haus dei-
nes Vaters [durch den König von Assur], wie man sie nicht mehr erlebt
hat, seit Efraim von Juda abgefallen ist.
18 An jenem Tag wird der Herr den Fliegen an den Mündungen des Nil
in Ägypten pfeifen und den Bienen im Land Assur, 19 und alle kommen
und lassen sich nieder in den Schluchten und Felsspalten, in allen
Hecken und an allen Wasserstellen. 20 An jenem Tag wird der Herr mit
dem Messer, das er jenseits des Eufrat gekauft hat [mit dem König von
Assur], euch den Kopf kahlscheren und die Schamhaare abrasieren;
auch den Bart schneidet er ab.
21 An jenem Tag wird ein Mann nur eine junge Kuh und ein paar Schafe
halten. 22 Aber sie werden so viel Milch geben, daß man Butter essen

Georges Rouault
Der alte König
(1936)

»Doch aus dem Baumstumpf Isais wächst ein Reis hervor, ein junger Trieb aus seinen Wurzeln bringt Frucht« (Jes 11,1). Der französische Expressionist Georges Rouault läßt offen, ob er einen bestimmten König vor Augen hatte. Es steht uns also frei, an den gealterten König David zu denken. Kräftige schwarze, an die Bleiruten eines Glasfensters erinnernde Binnen- und Außenkonturen betonen die energische Wendung des Hauptes von der Schräg- in die Profilansicht. Wohin, wogegen richtet sich die Wachsamkeit? Je näher wir den weiß leuchtenden, vom König anscheinend unbeachteten Blütenzweig in dessen linker Hand betrachten, desto stärker wird der Eindruck: Hier entwickelt sich das thematische Zentrum des Herrscherbildes. Und unwillkürlich stellt sich die Verbindung zum »jungen Trieb« aus dem Hause Davids ein: An die Stelle des traditionellen Bildthemas der »Wurzel Jesse« bzw. »Isais« (des Vaters Davids) tritt eine neue bildliche Ausdeutung der messianischen Weissagung als zukünftige Überwindung eines »alten« Königtums.

kann. Ja, Butter und Honig essen alle, die im Land übriggeblieben
sind. 23 An jenem Tag wird jedes Grundstück, auf dem jetzt tausend
Weinstöcke im Wert von tausend Silberstücken stehen, voll von Dor-
nen und Disteln sein. 24 Nur mit Pfeil und Bogen geht man dorthin;
denn das ganze Land ist voll von Dornen und Disteln. 25 Aus Angst vor
den Dornen und Disteln geht man auf keinen von all den Bergen mehr,
die man jetzt noch mit der Hacke bearbeitet. Man treibt die Rinder
dorthin und läßt die Schafe dort weiden.

Die Geburt eines Sohnes des Propheten

8 Der Herr sagte zu mir: Nimm eine große Tafel, und schreib dar-
auf mit einem gewöhnlichen Griffel: Maher-Schalal-Hasch-Bas
(Schnelle Beute – Rascher Raub). 2 Und ich nahm mir zuverlässige
Zeugen, den Priester Urija und Secharja, den Sohn Jeberechjas. 3 Dann
ging ich zu der Prophetin, und sie wurde schwanger und gebar einen
Sohn. Da sagte der Herr zu mir: Gib ihm den Namen Maher-Schalal-
Hasch-Bas! 4 Denn noch bevor der Knabe »Vater« und »Mutter« sagen
lernt, wird man den Reichtum von Damaskus und die Beute von Sama-
ria dem König von Assur vorantragen.

Warnung vor Unglauben und Untreue

5 Weiter sagte der Herr zu mir: 6 Weil dieses Volk die ruhig dahin-
fließenden Wasser von Schiloach verachtet und vor Rezin und dem
Sohn Remaljas verzagt, 7 darum wird der Herr die gewaltigen und
großen Wasser des Eufrat [den König von Assur und seine ganze
Macht] über sie dahinfluten lassen. Und der Fluß wird alle seine
Kanäle überfluten und über alle Ufer treten. 8 Auch auf Juda wird er
übergreifen, er wird es überfluten und überschwemmen, bis er den
Leuten an den Hals reicht. Die Ausläufer seiner Fluten bedecken weit
und breit dein Land, Immanuel.
9 Tobt, ihr Völker! Ihr werdet doch zerschmettert. / Horcht auf, ihr
Enden der Erde!
Rüstet nur! Ihr werdet doch zerschmettert. / Rüstet! Ihr werdet zer-
schmettert.
10 Macht nur Pläne! Sie werden vereitelt. / Was ihr auch sagt, es kommt
nicht zustande. / Denn »Gott ist mit uns«.
11 Denn so sprach der Herr, als seine Hand mich packte und er mich
davon abhielt, auf dem Weg dieses Volkes zu gehen:
12 Nennt nicht alles Verschwörung, / was dieses Volk Verschwörung
nennt.
Was es fürchtet, sollt ihr nicht fürchten; / wovor es erschrickt, davor
sollt ihr nicht erschrecken.
13 Den Herrn der Heere sollt ihr heilig halten; / vor ihm sollt ihr euch
fürchten, / vor ihm sollt ihr erschrecken.
14 Er wird das Heiligtum sein für die beiden Reiche Israels: / der Stein,
an dem man anstößt, / der Felsen, an dem man zu Fall kommt.
Eine Schlinge und Falle wird er sein / für alle, die in Jerusalem woh-
nen.
15 Viele stolpern darüber, / sie fallen und zerschellen; / sie verstricken
und verfangen sich.
16 Ich will diese Warnung sorgfältig bewahren / und die Lehre in mei-
nen Jüngern wie mit einem Siegel verschließen.
17 Ich will auf den Herrn warten, / der jetzt sein Angesicht vor dem
Haus Jakob verhüllt, / auf ihn will ich hoffen.
18 Seht, ich und die Kinder, / die der Herr mir geschenkt hat,
wir sind in Israel ein (warnendes) Zeichen, / ein Mahnmal vom Herrn
der Heere, / der auf dem Berg Zion wohnt.
19 Wenn man euch sagt: Befragt die Totengeister und Zauberkundigen,
die flüstern und murmeln!, (dann erwidert:) Soll ein Volk nicht lieber
seinen Gott befragen? Warum soll man für die Lebenden die Toten
befragen?
20 Lehre und Warnung: Wer nicht so denkt, für den gibt es kein Mor-
genrot. 21 Er wandert umher, verdrossen und hungrig. Und wenn er
hungert, dann wird er wütend, und er verflucht seinen König und
seinen Gott. Er blickt nach oben 22 und blickt zur Erde; aber überall
sieht er nur Not, Finsternis und beängstigendes Dunkel. Doch die
Finsternis wird verscheucht; 23 denn wer jetzt in Not ist, bleibt nicht
im Dunkel.
Einst hat er das Land Sebulon und das Land Naftali verachtet, aber
später bringt er die Straße am Meer wieder zu Ehren, das Land jenseits
des Jordan, das Gebiet der Heiden.

Die Verheißung der Geburt des göttlichen Kindes

9 Das Volk, das im Dunkel lebt, / sieht ein helles Licht; über denen,
die im Land der Finsternis wohnen, / strahlt ein Licht auf.
2 Du erregst lauten Jubel / und schenkst große Freude.
Man freut sich in deiner Nähe, / wie man sich freut bei der Ernte, / wie
man jubelt, wenn Beute verteilt wird.
3 Denn wie am Tag von Midian zerbrichst du das drückende Joch, / das
Tragholz auf unserer Schulter und den Stock des Treibers.
4 Jeder Stiefel, der dröhnend daherstampft, / jeder Mantel, der mit Blut
befleckt ist, / wird verbrannt, wird ein Fraß des Feuers.
5 Denn uns ist ein Kind geboren, / ein Sohn ist uns geschenkt.
Die Herrschaft liegt auf seiner Schulter; / man nennt ihn: Wunderba-
rer Ratgeber, Starker Gott, / Vater in Ewigkeit, Fürst des Friedens.
6 Seine Herrschaft ist groß, / und der Friede hat kein Ende.
Auf dem Thron Davids herrscht er über sein Reich; / er festigt und
stützt es durch Recht und Gerechtigkeit, / jetzt und für alle Zeiten.
Der leidenschaftliche Eifer des Herrn der Heere / wird das vollbringen.

Die Ankündigung des Strafgerichts über Israel

7 Der Herr hat ein Wort gegen Jakob geschleudert, / es fiel in Israel
nieder.
8 Das ganze Volk sollte zur Einsicht kommen, / Efraim, und wer in
Samaria wohnt, / alle, die hochmütig prahlten:
9 Die Ziegelmauern sind gefallen, / jetzt bauen wir mit Quadern;
die Maulbeerbäume hat man gefällt, / jetzt pflanzen wir Zedern.
10 Da stachelte der Herr Jakobs Gegner auf / und hetzte seine Feinde
gegen ihn,
11 Aram im Osten, die Philister im Westen, / und sie fraßen Israel mit
gierigem Maul.
Doch bei all dem läßt sein Zorn nicht nach, / seine Hand bleibt ausge-
streckt.
12 Aber das Volk kehrte nicht um zu dem, der es schlug; / sie suchten
den Herrn der Heere nicht.
13 Da schnitt der Herr dem Volk Israel den Kopf und den Schwanz ab, /
Palmzweig und Binse am selben Tag:
14 Die Ältesten und Vornehmen, sie sind der Kopf; / der Schwanz sind
die Propheten, die Lügen verkünden.
15 Die Führer dieses Volks sind Verführer; / wer sich von ihnen führen
läßt, wird in die Irre geleitet.
16 Deshalb verschont der Herr weder die Männer, / noch hat er mit den
Witwen und Waisen Erbarmen.
Denn alle sind ruchlos und böse; / aus jedem Mund kommt verruchtes
Geschwätz.
Doch bei all dem läßt sein Zorn nicht nach, / seine Hand bleibt ausge-
streckt.
17 Denn ihre Bosheit loderte auf wie ein Feuer, / das Dornen und
Disteln verzehrt.
Es entzündete das Dickicht des Waldes, / so daß es in Rauchschwaden
aufging.
18 Der Zorn des Herrn der Heere versengte das Land; / das Volk wurde
ein Raub der Flammen. / Keiner verschonte den andern:
19 Man fraß rechts und blieb hungrig, / man fraß links und wurde
nicht satt. / Jeder fraß seinen Nachbarn.
20 Manasse fraß Efraim und Efraim Manasse, / und beide zusammen
fraßen Juda.
Doch bei all dem läßt sein Zorn nicht nach, / seine Hand bleibt ausge-
streckt.

Ein Wehruf über die ungerechten Richter

10 Weh denen, die unheilvolle Gesetze erlassen / und unerträgliche Vorschriften machen,
2 um die Schwachen vom Gericht fernzuhalten / und den Armen meines Volkes ihr Recht zu rauben,
um die Witwen auszubeuten / und die Waisen auszuplündern.
3 Was wollt ihr tun, wenn die Strafe naht, / wenn das Unwetter von fern heraufzieht?
Zu wem wollt ihr flüchten, um Hilfe zu finden, / wo euren Reichtum verstecken?
4 Ihr werdet euch unter Gefangenen (am Boden) krümmen / und werdet unter Erschlagenen liegen.
Doch bei all dem läßt sein Zorn nicht nach, / seine Hand bleibt ausgestreckt.

Die Androhung der Vernichtung Assurs

5 Weh Assur, dem Stock meines Zorns! / Es ist der Knüppel in meiner wütenden Hand.
6 Gegen ein ruchloses Volk schicke ich ihn, / auf die Nation, der ich zürne, lasse ich ihn los,
damit er Beute erbeutet und raubt wie ein Räuber, / sie zertritt wie den Staub auf den Straßen.
7 Doch Assur stellt es sich nicht so vor, / sein Herz plant es anders,
es hat nur Vernichtung im Sinn, / die Ausrottung nicht weniger Völker.
8 Denn es sagt: Ist nicht jeder meiner Fürsten ein König / 9 Ging es nicht Kalne genau so wie Karkemisch, / Hamat wie Arpad, Samaria wie Damaskus?
10 Wie meine Hand die Königreiche der Götter erobert hat, / deren Götterbilder die von Jerusalem und Samaria übertrafen,
11 wie ich es mit Samaria und seinen Göttern gemacht habe, / so mache ich es auch mit Jerusalem und seinen Göttern.
12 Wenn der Herr sein Werk auf dem Berg Zion und in Jerusalem vollendet hat, dann straft er das hochmütige Gebaren und die dreiste Überheblichkeit des Königs von Assur; 13 denn er hat gesagt:
Das alles habe ich mit meiner starken Hand / und mit meiner Weisheit vollbracht; / denn ich bin klug.
Die Grenzen zwischen den Völkern habe ich aufgehoben, / ihre Schätze geplündert, / wie ein Held habe ich die Könige vom Thron gestoßen.
14 Wie man in ein Nest greift, so griff meine Hand / nach dem Reichtum der Völker.
Wie man verlassene Eier sammelt, / so habe ich alle Länder der Erde gesammelt.
Da war keiner, der mit den Flügeln schlug, / keiner, der den Schnabel aufriß und piepste.
15 Prahlt denn die Axt gegenüber dem, der mit ihr hackt, / oder brüstet die Säge sich vor dem, der mit ihr sägt?
Das wäre, wie wenn der Stock den Mann schwingt, der ihn hochhebt, / oder wie wenn der Knüppel den hochhebt, der nicht aus Holz ist.
16 Darum schickt Gott, der Herr der Heere, / den feisten Männern (von Assur) die Schwindsucht.
Er entfacht ein Feuer unter Assurs Pracht, / ein loderndes Feuer.
17 Israels Licht wird zum Feuer, / sein Heiliger wird zur Flamme.
Sie brennt und verzehrt die Dornen und Disteln von Assur / an einem einzigen Tag.
18 Seinen herrlichen Wald, seinen fruchtbaren Garten, / mit Stumpf und Stiel vernichtet er ihn; / es ist, wie wenn ein Kranker dahinsiecht.
19 Von den Bäumen in seinem Wald / bleiben nur wenige übrig, / selbst ein Kind kann sie zählen.
20 An jenem Tag wird Israels Rest – und wer vom Haus Jakob entkommen ist – sich nicht mehr auf den stützen, der ihn schlägt, sondern er stützt sich in beständiger Treue auf den Herrn, auf den Heiligen Israels.
21 Ein Rest kehrt um zum starken Gott, / ein Rest von Jakob.
22 Israel, wenn auch dein Volk so zahlreich ist / wie der Sand am Meer – / nur ein Rest von ihnen kehrt um.
Die Vernichtung ist beschlossen, / die Gerechtigkeit flutet heran.
23 Ja, Gott, der Herr der Heere, vollstreckt auf der ganzen Erde die Vernichtung, die er beschlossen hat.
24 Darum – so spricht Gott, der Herr der Heere: Fürchte dich nicht, mein Volk, das auf dem Berg Zion wohnt, vor Assur, das dich mit dem Stock schlägt und das seinen Knüppel gegen dich erhebt wie einst die Ägypter. 25 Nur noch ganz kurze Zeit, dann wird mein grimmiger Zorn sie völlig vernichten, 26 dann schwingt der Herr der Heere über sie die Peitsche, wie einst, als er Midian am Rabenfels schlug. Er erhebt seinen Stab über das Meer wie einst in Ägypten.
27 An jenem Tag fällt Assurs Last von deiner Schulter, / sein Joch wird von deinem Nacken genommen.
28 Assur zieht von Rimmon herauf, / rückt gegen Aja vor,
marschiert durch Migron / und läßt seinen Troß in Michmas zurück.
29 Sie passieren den Paß und übernachten in Geba. / Rama erschrickt, und es flieht Gibea-Saul.
30 Laß deine Stimme gellen, Tochter Gallim! / Lausche, Lajescha! Anatot, antworte ihr!
31 Madmena flüchtet, / die Bewohner von Gebim ergreifen die Flucht.
32 Heute noch wird er in Nob Stellung beziehen / und seine Hand drohend gegen den Berg der Tochter Zion erheben, / gegen Jerusalems Hügel.
33 Seht, Gott, der Herr der Heere, / schlägt mit schrecklicher Gewalt die Zweige ab.
Die mächtigen Bäume werden gefällt, / und alles, was hoch ist, wird niedrig.
34 Das Dickicht des Waldes wird mit dem Eisen gerodet, / der Libanon fällt durch die Hand eines Mächtigen.

Die Ankündigung des messianischen Reiches

11 Doch aus dem Baumstumpf Isais wächst ein Reis hervor, / ein junger Trieb aus seinen Wurzeln bringt Frucht.
2 Der Geist des Herrn läßt sich nieder auf ihm: / der Geist der Weisheit und der Einsicht,
der Geist des Rates und der Stärke, / der Geist der Erkenntnis und der Gottesfurcht.
3 [Er erfüllt ihn mit dem Geist der Gottesfurcht.] / Er richtet nicht nach dem Augenschein, / und nicht nur nach dem Hörensagen entscheidet er,
4 sondern er richtet die Hilflosen gerecht / und entscheidet für die Armen des Landes, wie es recht ist.
Er schlägt den Gewalttätigen / mit dem Stock seines Wortes
und tötet den Schuldigen / mit dem Hauch seines Mundes.
5 Gerechtigkeit ist der Gürtel um seine Hüften, / Treue der Gürtel um seinen Leib.
6 Dann wohnt der Wolf beim Lamm, / der Panther liegt beim Böcklein.
Kalb und Löwe weiden zusammen, / ein kleiner Knabe kann sie hüten.
7 Kuh und Bärin freunden sich an, / ihre Jungen liegen beieinander. /
Der Löwe frißt Stroh wie das Rind.
8 Der Säugling spielt vor dem Schlupfloch der Natter, / das Kind streckt seine Hand in die Höhle der Schlange.
9 Man tut nichts Böses mehr / und begeht kein Verbrechen / auf meinem ganzen heiligen Berg;
denn das Land ist erfüllt von der Erkenntnis des Herrn, / so wie das Meer mit Wasser gefüllt ist.
10 An jenem Tag wird es der Sproß aus der Wurzel Isais sein, / der dasteht als Zeichen für die Nationen;
die Völker suchen ihn auf; / sein Wohnsitz ist prächtig.
11 An jenem Tag wird der Herr seine Hand von neuem erheben, / um den übriggebliebenen Rest seines Volkes zurückzugewinnen,
von Assur und Ägypten, von Patros und Kusch, / von Elam, Schinar und Hamat / und von den Inseln des Meeres.
12 Er stellt für die Völker ein Zeichen auf, / um die Versprengten Israels wieder zu sammeln, / um die Zerstreuten Judas zusammenzuführen von den vier Enden der Erde.

13 Dann hört der Neid Efraims auf, / die Feinde Judas werden vernichtet.
Efraim ist nicht mehr eifersüchtig auf Juda, / und Juda ist nicht mehr Efraims Feind.
14 Sie stoßen nach Westen vor wie im Flug, / den Philistern in die Flanke; / vereint plündern sie die Völker des Ostens aus.
Sie ergreifen Besitz von Edom und Moab, / die Ammoniter müssen ihnen gehorchen.
15 Der Herr trocknet die Bucht des ägyptischen Meeres aus; / er schwingt in glühendem Zorn seine Faust gegen den Eufrat
und zerschlägt ihn in sieben einzelne Bäche, / so daß man in Sandalen hindurchgehen kann.
16 So entsteht eine Straße für den Rest seines Volkes, / der übriggelassen wurde von Assur, eine Straße, wie es sie für Israel gab, / als es aus Ägypten heraufzog.

Das Danklied der Geretteten

12 An jenem Tag wirst du sagen: / Ich danke dir, Herr.
Du hast mir gezürnt, / doch dein Zorn hat sich gewendet, / und du hast mich getröstet.
2 Ja, Gott ist meine Rettung; / ihm will ich vertrauen und niemals verzagen.
Denn meine Stärke und mein Lied ist der Herr. / Er ist für mich zum Retter geworden.
3 Ihr werdet Wasser schöpfen voll Freude / aus den Quellen des Heils.
4 An jenem Tag werdet ihr sagen: / Dankt dem Herrn! Ruft seinen Namen an!
Macht seine Taten unter den Völkern bekannt, / verkündet: Sein Name ist groß und erhaben!
5 Preist den Herrn; / denn herrliche Taten hat er vollbracht; / auf der ganzen Erde soll man es wissen.
6 Jauchzt und jubelt, ihr Bewohner von Zion; / denn groß ist in eurer Mitte der Heilige Israels.

Worte über einzelne Völker

Das Gericht über Babel

Die Vernichtung Babels

13 Ausspruch über Babel – eine Vision, die Jesaja, der Sohn des Amoz, hatte:
2 Stellt auf einem kahlen Berg ein Feldzeichen auf, / erhebt die Stimme, und ruft meine Helden herbei!
Winkt mit der Hand: / Sie sollen einziehen durch die Tore der Edlen.
3 Ich selbst habe meine heiligen Krieger aufgeboten, / ich habe sie alle zusammengerufen, meine hochgemuten, jauchzenden Helden, / damit sie meinen Zorn vollstrecken.
4 Horch, es dröhnt im Gebirge / wie der Lärm von zahllosen Menschen.
Horch, ganze Königreiche brausen heran, / viele Völker kommen zusammen. / Der Herr der Heere mustert die Truppen.
5 Sie kommen aus einem fernen Land, vom Ende des Himmels: / der Herr und die Waffen seines Zorns, / um das ganze Land zu verwüsten.
6 Schreit auf, denn der Tag des Herrn ist nahe; / er kommt wie eine zerstörende Macht vom Allmächtigen.
7 Da sinken alle Hände herab, / und das Herz aller Menschen verzagt.
8 Sie sind bestürzt; sie werden von Krämpfen und Wehen befallen, / wie eine Gebärende winden sie sich.
Einer starrt auf den andern, / wie Feuer glüht ihr Gesicht.
9 Seht, der Tag des Herrn kommt, / voll Grausamkeit, Grimm und glühendem Zorn; dann macht er die Erde zur Wüste, / und die Sünder vertilgt er.
10 Die Sterne und Sternbilder am Himmel / lassen ihr Licht nicht mehr leuchten.
Die Sonne ist dunkel, schon wenn sie aufgeht, / der Mond läßt sein Licht nicht mehr scheinen.
11 Dann bestrafe ich den Erdkreis für seine Verbrechen / und die Bösen für ihre Vergehen.
Dem Hochmut der Stolzen mache ich ein Ende / und werfe die hochmütigen Tyrannen zu Boden.
12 Die Menschen mache ich seltener als Feingold, / die Menschenkinder rarer als Golderz aus Ofir.
13 Dann wird der Himmel erzittern, / und die Erde beginnt an ihrem Ort zu wanken
wegen des Grimms des Herrn der Heere / am Tag seines glühenden Zorns.
14 Wie aufgescheuchte Gazellen, / wie eine Schafherde, die niemand zusammenhält,
so eilt dann jeder zu seinem Volk, / so flieht jeder in sein Land.
15 Man sticht jeden nieder, dem man begegnet; / wen man zu fassen bekommt, der fällt unter dem Schwert.
16 Vor ihren Augen werden ihre Kinder zerschmettert, / ihre Häuser geplündert, ihre Frauen geschändet.
17 Seht, ich stachle die Meder gegen sie auf, / denen das Silber nichts gilt / und das Gold nichts bedeutet.
18 Ihre Bogen strecken die jungen Männer nieder; / mit der Leibesfrucht haben sie kein Erbarmen, / mit den Kindern kein Mitleid.
19 Wie es Sodom und Gomorra erging, / als Gott sie zerstörte,
so wird es Babel ergehen, / dem Kleinod unter den Königreichen, / dem Schmuckstück der stolzen Chaldäer.
20 Für immer wird es unbewohnt sein, / bis zu den fernsten Generationen / wird es nicht mehr besiedelt.
Nicht einmal ein Beduine / schlägt dort sein Zelt auf, / kein Hirt läßt seine Herde dort lagern.
21 Dort haben nur Wüstenhunde ihr Lager, / die Häuser sind voller Eulen,
Strauße lassen sich dort nieder, / und Böcke springen umher.
22 Hyänen heulen in Babels Palästen, / in den Lustschlössern heulen Schakale.
Die Zeit (seines Endes) steht nahe bevor, / Babels (letzte) Tage verzögern sich nicht.

Das Spottlied auf den König von Babel

14 Der Herr wird mit Jakob Erbarmen haben und Israel von neuem erwählen. Er wird ihnen Ruhe gewähren in ihrer Heimat; Fremde gesellen sich ihnen bei und schließen sich an das Haus
Jakob an. 2 Die Völker werden Israel nehmen und in seine Heimat zurückführen, und im Land des Herrn wird das Haus Israel sie zu Leibeigenen machen, zu Knechten und Mägden. Es wird die gefangenhalten, die es gefangenhielten, und wird die unterdrücken, die es
einst unterdrückten. 3 Und wenn der Herr dir dann Ruhe gewährt nach deinen Leiden, deiner Unruhe und der harten Knechtschaft, die du
erdulden mußtest, 4 dann wirst du auf den König von Babel dieses Spottlied singen:
Ach, der Unterdrücker fand sein Ende, / ein Ende nahm die Not.
5 Der Herr hat die Knüppel der Frevler zerbrochen, / den Stock der Tyrannen,
6 der in seinem Zorn die Völker erschlug, / sie schlug ohne Ende,
der die Völker in seiner Wut zertrat / und sie verfolgte ohne jedes Erbarmen.
7 Nun hat die ganze Welt Ruhe und Frieden, / man bricht in Jubel aus.
8 Selbst die Zypressen und die Zedern des Libanon / machen sich über dich lustig:
Seit du am Boden liegst, kommt keiner mehr her, / um uns zu fällen.
9 Das Totenreich drunten gerät in Erregung, / wenn du hinabkommst.
Deinetwegen weckt es die Totengeister auf, / alle Fürsten der Erde, alle Könige der Völker läßt es aufstehen / von ihren Thronen.

James Ensor
Die Bestrafung der rebellischen Engel
(1889)
»Ach, du bist vom Himmel gefallen, du strahlender Sohn der Morgenröte« (Jes 14,12). Es ist dies einige der wenigen alttestamentlichen Andeutungen, die auf die außerbiblische Überlieferung vom ›Lichtträger‹ Luzifer hinweist. Diese Überlieferung handelt von der Auflehnung Luzifers gegen Gott und von seiner Bestrafung: Mit seinen Anhängern wird er aus dem Himmel verbannt und wird als ›gefallener Engel‹ zu einer Teufelsgestalt. Die bildende Kunst hat diese Bestrafung der rebellischen Engel vielfach an den Beginn von Schöpfungszyklen gestellt, verbunden mit der Trennung von Licht und Finsternis (Gen 1,3-5). In diesem Sinne hat auch der Belgier James Ensor, ein dem Symbolismus zuzuordnender künstlerischer Einzelgänger, den Engelsturz als kosmische Auseinandersetzung gestaltet. Sie erinnert zugleich an den Engelsturz im letzten Buch der Bibel: beim Sieg des Erzengels Michael über den Drachen und dessen Engel (Offb 12,7-12).

10 Sie alle rufen dir zu: / Auch du bist nun kraftlos geworden wie wir, /
jetzt bist du uns gleich.
11 Hinabgeschleudert zur Unterwelt ist deine Pracht / samt deinen klingenden Harfen.
Auf Würmer bist du gebettet, / Maden sind deine Decke.
12 Ach, du bist vom Himmel gefallen, / du strahlender Sohn der Morgenröte.
Zu Boden bist du geschmettert, / du Bezwinger der Völker.
13 Du aber hattest in deinem Herzen gedacht: / Ich ersteige den Himmel;
dort oben stelle ich meinen Thron auf, / über den Sternen Gottes;
auf den Berg der (Götter)versammlung setze ich mich, / im äußersten Norden.
14 Ich steige weit über die Wolken hinauf, / um dem Höchsten zu gleichen.
15 Doch in die Unterwelt wirst du hinabgeworfen, / in die äußerste Tiefe.
16 Jeder, der dich sieht, starrt dich an, / er blickt genau auf dich hin und denkt:
Ist das der Mann, der die Königreiche in Schrecken versetzte, / der die Erde erbeben ließ,
17 der die Welt zur Wüste gemacht hat, / ihre Städte zerstörte, / der die Gefangenen nicht nach Hause entließ?
18 Alle Könige der Völker ruhen in Ehren, / jeder in seinem Grab;
19 du aber wurdest hingeworfen ohne Begräbnis, / wie ein verachteter Bastard.
Mit Erschlagenen bist du bedeckt, / die vom Schwert durchbohrt sind, / wie ein zertretener Leichnam.
Mit denen, die in steinerne Grüfte hinabsteigen, /
20 bist du nicht vereint im Grab.
Du hast dein eigenes Land zugrunde gerichtet, / hingemordet dein eigenes Volk;

darum soll man die Namen der Nachkommen dieses Verbrechers /
niemals mehr nennen.
21 Richtet eine Schlachtbank her für seine Söhne / wegen der Sünden
des Vaters,
damit sie sich niemals wieder erheben und die Welt erobern / und den
Erdkreis mit Städten erfüllen.

Die völlige Verwüstung Babels

22 Ich will mich gegen Babel erheben – Spruch des Herrn der Heere –,
mit Stumpf und Stiel will ich seinen Namen und Samen vernichten –
Spruch des Herrn. 23 Ich mache es zum Platz für die Eulen und zu
einem sumpfigen Teich, mit meinem vernichtenden Besen fege ich es
hinweg – Spruch des Herrn der Heere.

Das Gericht über andere Völker

Die Ankündigung der Vernichtung des assyrischen Heeres

24 Der Herr der Heere hat geschworen: / Wie ich es erdacht habe, so
wird es geschehen; / wie ich es plante, so wird es auch kommen.
25 In meinem eigenen Land will ich Assur zerschmettern, / ich will es
auf meinen Bergen zertreten.
Dann wird sein Joch von ihnen genommen, / und seine Last fällt von
ihrer Schulter.
26 Das ist der Plan, der für die ganze Erde beschlossen ist, / das ist die
Hand, die über alle Völker ausgestreckt ist.
27 Denn der Herr der Heere hat es beschlossen. / Wer kann es vereiteln?
Seine Hand ist ausgestreckt. / Wer will sie zurückbiegen?

Die Ankündigung des Gerichts über die Philister

28 Im Todesjahr des Königs Ahas erging folgender Ausspruch:
29 Freu dich nicht, Land der Philister, / weil der Stock zerbrochen ist,
der dich schlug;
denn aus der Schlange geht wie aus einer Wurzel eine Natter hervor, /
und ihre Frucht ist ein fliegender Drache.
30 Auf meiner Wiese weiden die Schwachen, / dort leben die Armen in
Sicherheit;
deine Wurzeln aber lasse ich verhungern, / den Rest von dir werde ich
erschlagen.
31 Schreit auf, ihr Tore, jammere, o Stadt, / verzage, Land der Philister!
Denn von Norden kommt Rauch, / und keiner entfernt sich aus den
Reihen des Heeres.
32 Was gibt man den Gesandten der Völker zur Antwort? / Der Herr hat
Zion gegründet, / die Armen seines Volkes finden dort ihre Zuflucht.

Ankündigung des Gerichts über Moab

15 Ausspruch über Moab.
Über Nacht wurde Ar verwüstet, / ging Moab zugrunde.
Über Nacht wurde Kir verwüstet, / ging Moab zugrunde.
2 Die Tochter Dibon steigt zu den Kulthöhen hinauf, / um dort zu
klagen.
Über Nebo und Medeba jammert Moab. / Jeder Kopf ist kahlgescho-
ren, / alle Bärte hat man abgeschnitten.
3 Auf den Gassen geht man in Trauergewändern, / alle weinen auf den
Dächern und Plätzen / und zerfließen in Tränen.
4 Heschbon schreit und Elale, / bis nach Jahaz ist ihre Stimme zu hören.
Darum zittern die Krieger von Moab, / ihre Seele verzagt.
5 Mein Herz schreit auf wegen Moab; / bis nach Zoar fliehen die Men-
schen [bis Eglat-Schelischija].
Die Steige von Luhit steigt man weinend hinauf. / Auf dem Weg nach
Horonajim schreien die Leute über das Unglück.
6 Die Quellen von Nimrim versiegen; / das Gras ist verwelkt;
verdorrt sind die Wiesen; / alles Grün ist verschwunden.
7 Darum schleppen sie ihre letzte Habe / und ihre Vorräte über den
Weidenbach fort.
8 Überallhin dringt das Klagegeschrei, / bis an die Grenzen von Moab.
Bis nach Eglajim hört man das Jammern, / man hört es bis Beer-Elim.
9 Voll Blut sind die Bäche von Dibon. / Doch ich bringe über Dibon
noch größeres Unglück:
Löwen über die aus Moab Entronnenen, / über den Rest von Adama.
16 Schickt Lämmer für den Herrscher des Landes / von Sela
durch die Wüste zum Berg der Tochter Zion!
2 Wie flüchtende Vögel, aus dem Nest verscheucht, / so sind die Töch-
ter Moabs an den Furten des Arnon.
3 Mach einen Plan, triff eine Entscheidung! / Wie die Nacht breite dei-
nen Schatten aus am hellichten Tag,
versteck die Verjagten, / verrate die Flüchtigen nicht!
4 Laß die Flüchtlinge Moabs bei dir verweilen; / versteck sie bei dir vor
ihrem Verfolger!
Ist der Unterdrücker beseitigt, / der Verfolger vernichtet, / und sind die
Eroberer aus dem Land verschwunden,
5 dann wird durch (Gottes) Huld ein Thron errichtet; / darauf sitzt [im
Zelt Davids] ein zuverlässiger Richter, / der das Recht sucht und die
Gerechtigkeit fördert.
6 Wir haben von Moabs Stolz gehört – / es ist stolz über die Maßen –
von seinem Dünkel (haben wir gehört), / von seinem Stolz und Über-
mut, / und sein Geschwätz ist nicht wahr.
7 Darum jammert Moab laut um Moab, / alle jammern laut.
Den Traubenkuchen von Kir-Heres weinen sie nach; /
sie sind ganz niedergeschlagen.
8 Denn die Pflanzungen von Heschbon sind verwelkt, / verwelkt ist
der Weinstock von Sibma.
Die Herren der Völker haben seine Reben zertreten, / die bis Jaser
reichten, bis in die Wüste hinaus sich verloren,
seine Ranken breiteten sich aus, / sie zogen sich hin bis zum Meer.
9 Darum weine ich, wie Jaser um dich weint, Weinstock von Sibma; /
ich benetze euch mit meinen Tränen, Heschbon und Elale. /
Es gibt bei euch keinen Jubel mehr über Weinlese und Ernte;
10 verschwunden sind Freude und Jubelgeschrei aus dem fruchtbaren
Land; / in den Weinbergen jauchzt man nicht mehr / und jubelt nicht
mehr.
Niemand stampft mehr in der Kelter die Trauben. / Verstummt ist das
Jauchzen.
11 Darum jammert mein Herz um Moab wie eine Zither, / mein Inneres
klagt um Kir-Heres.
12 Wenn aber Moab auf seiner Kulthöhe erscheint / und sich abmüht
(mit Opfern), wenn es in sein Heiligtum geht, um zu beten: / Es wird
nichts erreichen.
13 Dieses Wort hat der Herr einst über Moab gesprochen.
14 Jetzt aber hat der Herr so gesprochen: In drei Jahren – drei Söldner-
jahren – wird Moabs Macht und all seine Pracht ganz gering; was aber
übrigbleibt, wird schwach und unansehnlich sein.

Die Ankündigung des Gerichts über Damaskus und über das Nordreich Israel

17 Ausspruch über Damaskus.
Seht hin: Damaskus verschwindet / und wird keine Stadt
mehr sein, / es wird zu einem Haufen von Trümmern.
2 Die Städte um Aroër sind verlassen; / sie gehören den Herden, die
dort ungestört lagern.
3 Mit dem Bollwerk von Efraim ist es zu Ende, / mit dem Königreich
von Damaskus. Dem Rest von Aram wird es gehen wie der Macht der
Israeliten – / Spruch des Herrn der Heere.
4 An jenem Tag schrumpft Jakobs Macht zusammen, / das Fett seines
Leibes schwindet dahin.
5 Dann wird es sein, wie wenn ein Schnitter die Halme packt / und mit
seinem Arm die Ähren abmäht.
Dann wird es sein, wie wenn jemand Ähren aufliest / in der Rafaïter-
ebene:
6 Nur ein Rest bleibt für die Nachlese übrig / wie beim Abernten der
Ölbäume:

zwei, drei reife Oliven an den oberen Ästen des Baumes, / vier oder
fünf an seinen Zweigen – / Spruch des Herrn, des Gottes Israels.
7 An jenem Tag werden die Menschen auf ihren Schöpfer blicken, /
ihre Augen werden auf den Heiligen Israels schauen.
8 Sie blicken nicht mehr auf die Altäre, / das Machwerk ihrer Hände,
sie schauen nicht mehr auf das, was ihre Finger gemacht haben, / auf
die Kultpfähle und die Räucheraltäre.
9 An jenem Tag sind deine befestigten Städte verlassen / wie die Städte
der Hiwiter und Amoriter,
die man verlassen hat aus Furcht vor den Israeliten; / es wird eine
schaurige Öde entstehen.
10 Denn du hast den Gott, der dich rettet, vergessen; / an den Felsen,
auf dem du Zuflucht findest, / hast du nicht mehr gedacht.
Leg nur liebliche Gärten an, / bepflanze sie mit Setzlingen aus der
Fremde,
11 pfleg sie an dem Tag, an dem du sie pflanzt, / laß sie wachsen an
dem Morgen, an dem du sie säst:
Dahin ist die Ernte am Tag deiner Krankheit / und des heillosen
Schmerzes.

Der Wehruf über die Assyrer

12 Weh, welch Getöse von zahlreichen Völkern; / wie das Tosen des
Meeres, so tosen sie.
Man hört das Toben der Nationen; / wie das Toben gewaltiger Fluten,
so toben sie.
13 [Die Nationen toben wie das Toben gewaltiger Fluten.] /
Doch der Herr wird ihnen drohen, / dann fliehen sie weit in die Ferne,
dahingejagt vom Wind wie die Spreu auf den Bergen, / wie Disteln, die
der Sturm vor sich herrollt.
14 Am Abend herrscht plötzlich Schrecken, / doch ehe es Morgen wird
– verschwunden sind sie.
Das ist das Schicksal derer, die uns ausplündern wollen, / das Los
derer, die uns berauben wollen.

Ankündigung des Gerichts über Kusch

18 Weh dem Land der Heuschreckenschwärme / jenseits der
Flüsse von Kusch.
2 Es schickt seine Boten aus auf dem Nil, / in Papyruskähnen über das
Wasser.
Geht, ihr schnellen Boten, / zu dem hochgewachsenen Volk mit der
glänzenden Haut,
zu der Nation, die man weit und breit fürchtet, / zu dem Volk, das
kraftvoll alles zertritt, / dessen Land von den Flüssen durchschnitten
wird.
3 Ihr Bewohner der Welt, ihr Bürger der Erde, / seht alle hin,
wenn man das Zeichen aufstellt auf den Bergen, horcht alle auf, /
wenn man das Widderhorn bläst.
4 Denn so hat der Herr zu mir gesprochen: / Ich will mir alles betrach-
ten von meinem Platz aus,
unbewegt wie die glühende Hitze am Mittag, / wie die Dunstwolken in
der Hitze des Sommers.
5 Ja, noch vor der Ernte, wenn die Blüte vorbei ist / und die Frucht zur
Traube heranreift,
schneidet er die Reben ab mit dem Messer; / er entfernt die Triebe, er
reißt sie ab.
6 Sie alle werden den Raubvögeln der Berge überlassen / und den
wilden Tieren im Land.
Den Sommer über sitzen die Raubvögel darauf, / und im Winter sind
dort die wilden Tiere.
7 In jener Zeit werden von dem hochgewachsenen Volk mit der glän-
zenden Haut dem Herrn der Heere Geschenke gebracht, von der
Nation, die man weit und breit fürchtet, von dem Volk, das kraftvoll
alles zertritt, dessen Land von Flüssen durchschnitten wird. Man
bringt die Geschenke an den Ort, wo der Name des Herrn der Heere
gegenwärtig ist: zum Berg Zion.

Ankündigung des Gerichts über Ägypten

19 Ausspruch über Ägypten.
Seht, der Herr fährt auf einer leichten Wolke daher; / er
kommt nach Ägypten.
Vor seinem Angesicht zittern die Götter Ägyptens, / den Ägyptern ver-
zagt das Herz in der Brust.
2 Ich hetze Ägypter gegen Ägypter, und sie kämpfen gegeneinander:
Bruder gegen Bruder, Nachbar gegen Nachbar, / Stadt gegen Stadt,
Gau gegen Gau.
3 Der Geist Ägyptens gerät mitten in ihm in Verwirrung, / ich vereitle
seine Pläne.
Dann befragen sie die Götter und die Zauberer, / die Totengeister und
die Gelehrten.
4 Doch ich gebe die Ägypter in die Gewalt eines strengen Herrn, / ein
harter König wird über sie herrschen – / Spruch Gottes, des Herrn der
Heere.
5 Das Wasser im Meer versiegt, / der Fluß trocknet aus.
6 Die Kanäle Ägyptens verbreiten üble Gerüche, / seicht und trocken
sind die Arme des Nil, / Binsen und Schilfrohr verwelken.
7 Das Riedgras am Nil, an der Mündung des Nil, / alle Saaten am Nil
sind vertrocknet, / sie sind verweht und dahin.
8 Die Fischer klagen und trauern, / alle, die ihre Angel auswerfen im
Nil.
Wer sein Netz im Wasser auslegen will, / ist bekümmert.
9 Wer Flachs anbaut, erntet Enttäuschung. / Die Hechlerinnen und die
Weber erblassen;
10 die Seiler sind niedergeschlagen; / alle Arbeiter verlieren den Mut.
11 Die Fürsten von Zoan sind Narren; / was die Weisen dem Pharao
raten, ist Unsinn.
Wie könnt ihr zum Pharao sagen: / Ich bin der Sohn eines Weisen, /
der Sohn von königlichen Ahnen?
12 Wo sind denn deine weisen Berater? / Sie sollen dir sagen und
erklären, / was der Herr der Heere beschlossen hat über Ägypten.
13 Die Fürsten von Zoan sind dumm, / und die Fürsten von Memfis
lassen sich täuschen. / Die Führer der Stämme führen Ägypten in die
Irre.
14 Der Herr hat ihnen einen Geist eingegossen, der sie schwindlig
macht, / so daß sie Ägypten in die Irre führen bei allem, was es tut, /
und es nun wie ein Betrunkener taumelt, der sich erbricht.
15 So wird in Ägypten niemand mehr etwas vollbringen, / niemand,
weder Kopf noch Schwanz, / weder Palme noch Binse.
16 An jenem Tag werden die Ägypter wie die Weiber sein: Sie
erschrecken und zittern, wenn der Herr der Heere seine Faust gegen
sie schwingt. 17 Das Land Juda wird für Ägypten zum Schrecken wer-
den. Sooft man Judas Namen erwähnt, erschrickt Ägypten vor dem
Plan, den der Herr der Heere gegen Ägypten gefaßt hat.
18 An jenem Tag werden fünf Städte in Ägypten die Sprache Kanaans
sprechen und beim Herrn der Heere schwören. Eine von ihnen wird Ir-
Heres (Sonnenstadt) heißen. 19 An jenem Tag wird es für den Herrn
mitten in Ägypten einen Altar geben, und an Ägyptens Grenze wird
ein Steinmal für den Herrn aufgestellt. 20 Das wird ein Zeichen und
Zeugnis für den Herrn der Heere in Ägypten sein: Wenn sie beim
Herrn gegen ihre Unterdrücker Klage erheben, wird er ihnen einen
Retter schicken, der für sie kämpft und sie befreit. 21 Der Herr wird
sich den Ägyptern offenbaren, und die Ägypter werden an jenem Tag
den Herrn erkennen; sie werden ihm Schlachtopfer und Speiseopfer
darbringen, sie werden dem Herrn Gelübde ablegen und sie auch
erfüllen. 22 Der Herr wird die Ägypter zwar schlagen, er wird sie aber
auch heilen: Wenn sie zum Herrn umkehren, läßt er sich durch ihre
Bitte erweichen und heilt sie. 23 An jenem Tag wird eine Straße von
Ägypten nach Assur führen, so daß die Assyrer nach Ägypten und die
Ägypter nach Assur ziehen können. Und Ägypten wird zusammen mit
Assur (dem Herrn) dienen. 24 An jenem Tag wird Israel als drittes dem
Bund von Ägypten und Assur beitreten, zum Segen für die ganze Erde.
25 Denn der Herr der Heere wird sie segnen und sagen: Gesegnet ist

Ägypten, mein Volk, und Assur, das Werk meiner Hände, und Israel,
mein Erbbesitz.

Die Verschleppung der Ägypter und der Kuschiter

20 2 Der Herr hatte durch Jesaja, den Sohn des Amoz gespro-
chen und gesagt: Geh, leg dein Bußgewand ab, und zieh
deine Schuhe aus! Jesaja hatte es getan und war nackt und barfuß
umhergegangen. 1 In dem Jahr nun, in dem im Auftrag des Königs
Sargon von Assur ein Feldherr nach Aschdod kam, es belagerte und
eroberte, 3 sagte der Herr: Daß mein Knecht Jesaja drei Jahre lang
nackt und barfuß umherging, ist ein (warnendes) Zeichen und Sinn-
bild für Ägypten und Kusch: 4 So werden die gefangenen Ägypter und
die aus ihrer Heimat vertriebenen Kuschiter, jung und alt, vom König
von Assur nackt und barfuß weggeführt – mit entblößtem Gesäß, zur
Schande Ägyptens. 5 Dann wird man erschrecken und sich schämen,
weil man nach Kusch Ausschau gehalten und mit Ägypten geprahlt
hat. 6 Und die Bewohner der Küstenstädte werden an jenem Tag
sagen: Seht, so geht es denen, nach denen wir Ausschau hielten und
zu denen wir flohen, um Hilfe und Rettung vor dem König von Assur
zu finden. Wie können dann wir noch entkommen?

Erneute Ankündigung des Gerichts über Babel

21 Ausspruch über die Wüste am Meer: Wie die Stürme im
Negeb toben, / so kommt Unheil aus der Wüste, / aus dem
schaurigen Land.
2 Eine schreckliche Vision wurde mir gezeigt: / Der Empörer empört
sich, der Vernichter vernichtet.
Zieh herauf, Elam! / Medien, beginne mit der Belagerung! / Ich mache
allem Seufzen ein Ende.
3 Darum zittert mein ganzer Leib, / Krämpfe befallen mich / wie die
Wehen eine gebärende Frau.
Ich bin betäubt von dem, was ich höre, / bestürzt von dem, was ich
sehe.
4 Mein Herz pocht wild, mich schüttelt ein Schauder. / Das ersehnte
Dunkel des Abends macht der Herr für mich zum Schrecken.
5 Man deckt den Tisch, legt die Polster zurecht / und ißt und trinkt. /
Steht auf, ihr Fürsten, ölt euren Schild ein!
6 Denn so hat der Herr zu mir gesagt: / Geh, stell einen Späher auf! /
Was er sieht, soll er melden.
7 Sieht er Wagen und Pferdegespanne, / einen Zug von Eseln, einen
Zug von Kamelen, / soll er darauf achten, genau darauf achten.
8 Der Späher rief: / Herr, den ganzen Tag stehe ich auf meinem Posten, /
die ganze Nacht halte ich Wache.
9 Seht, dort kommt ein Zug von Männern, dazu Pferdegespanne. / Und
er begann zu rufen:
Gefallen ist Babel, gefallen, / und all seine Götterbilder hat man zu
Boden geschmettert.
10 Du mein zerschlagenes, zerdroschenes Volk! / Was ich hörte vom
Herrn der Heere, / von Israels Gott, das verkünde ich euch.

Der Spruch über Edom

11 Ausspruch über Edom.
Aus Seïr ruft man mir zu: / Wächter, wie lange noch dauert die Nacht? /
Wächter, wie lange noch dauert die Nacht?
12 Der Wächter antwortet: / Es kommt der Morgen, es kommt auch die
Nacht. / Wenn ihr fragen wollt, kommt wieder, und fragt!

Die Ankündigung des Gerichts über Arabien

13 Ausspruch über Arabien.
Übernachtet im Gebüsch, in der Steppe, / ihr Karawanen von Dedan!
14 Bringt den Durstigen Wasser, / ihr Bewohner der Gegend von Tema! /
Kommt den Fliehenden entgegen mit Brot!
15 Denn sie sind vor den Schwertern geflohen, / vor dem gezückten
Schwert,
vor dem gespannten Bogen, / vor dem schweren Kampf.
16 Denn so hat der Herr zu mir gesagt: Noch ein Jahr – ein Söldnerjahr –,
dann ist es mit der ganzen Macht Kedars zu Ende. 17 Von den Bogen-
schützen in Kedar bleiben nur wenige übrig. Der Herr, der Gott Isra-
els, hat gesprochen.

Das Gericht über Jerusalem

Die unverbesserlichen Einwohner Jerusalems

22 Ausspruch über das Tal der Vision.
Was ist mit dir? / Warum sind deine Bewohner alle auf die
Dächer gestiegen,
2 du Stadt voll Lärm und Gedränge, / du fröhliche Burg?
Deine Toten wurden nicht vom Schwert getötet, / sie sind nicht im
Krieg gefallen.
3 Alle deine Anführer sind gemeinsam geflohen, / ohne einen einzigen
Bogenschuß wurden sie gefangen; alle, die man von dir noch fand,
wurden gefesselt, / wenn sie auch noch so weit flohen.
4 Darum sage ich: Blickt von mir weg, / ich weine in bitterem Schmerz.
Bemüht euch nicht, mich zu trösten / über die Mißhandlung der Toch-
ter, meines Volkes.
5 Denn einen Tag der Bestürzung, der Verwüstung und Verwirrung /
schickt Gott, der Herr der Heere.
Im Tal der Vision macht man gewaltigen Lärm / und stürmt mit
Geschrei gegen den Berg an.
6 Elam hat den Köcher umgehängt, / vor die Wagen Arams sind Pferde
gespannt, / Kir hat den Schild aus der Hülle genommen.
7 Deine herrlichen Täler füllten sich mit Wagen, / vor deinem Tor stell-
ten sich die Reiter auf.
8 So nahm er Juda jeden Schutz. / Ihr aber habt an jenem Tag nach
euren Waffen im »Waldhaus« gesehen;
9 ihr habt festgestellt, wie rissig die (Mauer der) Davidstadt war; / ihr
habt im unteren Teich das Wasser gesammelt
10 und habt Jerusalems Häuser gezählt; / ihr habt die Häuser abgeris-
sen / und (mit den Steinen) die Mauer befestigt;
11 ihr habt zwischen den beiden Mauern ein Becken angelegt, / um das
Wasser des alten Teiches zu sammeln,
doch ihr habt nicht auf den geblickt, der alles bewirkt; / ihr habt nicht
auf den geschaut, der alles aus der Ferne bestimmt.
12 An jenem Tag befahl Gott, der Herr der Heere, zu weinen und zu kla-
gen, / sich eine Glatze zu scheren und Trauergewänder zu tragen.
13 Doch was sieht man: Freude und Frohsinn, / Rindertöten und Scha-
feschlachten, / Fleischessen und Weintrinken,
(und ihr sagt:) Laßt uns essen und trinken, / denn morgen sind wir tot.
14 Der Herr der Heere hat mir offenbart: / Diese Schuld wird euch bis
zu eurem Tod nicht vergeben, / spricht Gott, der Herr der Heere.

Die Absetzung Schebnas

15 So spricht Gott, der Herr der Heere: Auf, geh zu dem Verwalter hier,
zu Schebna, dem Palastvorsteher, 16 und sag: Wie kommst du dazu,
und wer bist du denn, daß du dir hier ein Grab aushauen läßt? – Da
läßt er sich hoch oben ein Grab aushauen, im Felsen sich eine Woh-
nung ausmeißeln! – 17 Gib acht, der Herr wird dich in hohem Bogen
wegschleudern. 18 Er wird dich zu einem Knäuel zusammenwickeln
und wie einen Ball in ein geräumiges Land rollen. Dort wirst du ster-
ben; dorthin kommen dann deine Prunkwagen, du Schandfleck im
Haus deines Herrn. 19 Ich verjage dich aus deinem Amt, ich vertreibe
dich von deinem Posten.

Die Einsetzung Eljakims

20 An jenem Tag werde ich meinen Knecht Eljakim, den Sohn Hilkijas,
berufen. 21 Ich bekleide ihn mit deinem Gewand und lege ihm deine
Schärpe um. Ich übergebe ihm dein Amt, und er wird für die Einwoh-
ner Jerusalems und für das Haus Juda ein Vater sein.

Ludwig Meidner
Apokalyptische Landschaft
(1916)
»Seht her! Der Herr verheert und verwüstet die Erde; er verändert ihr Gesicht und zerstreut ihre Bewohner« (Jes 24,1). Aus steiler Vogel- (oder Flugzeug-)Perspektive stürzt der Blick in die Tiefe eines Landschaftskraters. Seinen Rand bildet dunkles, geballtes Gewölk, dessen Ränder der Schein einer Mondsichel schwefelgelb einfärbt. Im Vordergrund schweben drei Gestalten mit verrenkten Gliedmaßen und dunkelroten Gesichtern. Die asymmetrisch-konzentrische Krateröffnung läßt an die Kreise der Hölle in Dantes *Göttlicher Komödie* denken, an deren tiefstem Grund nicht Feuer lodert, sondern Eiseskälte herrscht. Auch hier bedeckt den von Häusern gerahmten tiefsten Grund das kühle Türkisblau eines Flusses, auf dem ein Schiff an den Kahn des Charon gemahnt, der die Verstorbenen ins Totenreich übersetzt. Der expressionistische Maler und Dichter Ludwig Meidner begann seine Bilderserie der *Apokalyptischen Landschaften* bereits 1912 und setzte sie bis 1916 fort, als der Erste Weltkrieg seine Vorahnungen von Tod und Zerstörung längst bestätigt hatte.

22 Ich lege ihm den Schlüssel des Hauses David auf die Schulter. Wenn
er öffnet, kann niemand schließen; wenn er schließt, kann niemand
öffnen. 23 Ich schlage ihn an einer festen Stelle als Pflock ein; er wird
in seinem Vaterhaus den Ehrenplatz einnehmen.
24 Wenn sich aber all die vielen Mitglieder seines Vaterhauses mit Kindern und Kindeskindern an ihn hängen, alle die Kännchen, die Töpfe
und Krüge, 25 an jenem Tag – Spruch des Herrn der Heere – wird der
Pflock, den man an der festen Stelle eingeschlagen hat, nachgeben. Er wird herausbrechen und herunterfallen, so daß alles zerbricht, was an ihm aufgehängt war. Wahrhaftig, der Herr hat gesprochen.

Das Gericht über Tyrus und Sidon

23 Ausspruch über Tyrus.
Jammert, ihr Tarschisch-Schiffe; / denn euer Hafen wurde zerstört.
Bei der Heimfahrt aus dem Land der Kittäer / wurde es ihnen bekannt.
2 Verstummt, ihr Bewohner der Küste, / ihr Kaufleute von Sidon,
die ihr über das Meer fahrt / und deren Boten das große Wasser überqueren.
3 Die Saaten am Fluß, die Ernten am Nil brachten reichen Ertrag; /
Sidon wurde zum Handelsplatz für die Völker.
4 Schäme dich, Sidon; / denn zu dir sagt das Meer [die Festung am Meer]:
Ich lag nicht in Wehen und habe nicht geboren, / und ich zog weder Söhne noch Töchter groß.
5 Wenn das die Ägypter erfahren, / zittern sie wie einst bei der Nachricht aus Tyrus.
6 Fahrt nach Tarschisch hinüber; / jammert, ihr Bewohner der Küste!
7 Ist das eure fröhliche Stadt, / in den Tagen der Vorzeit gegründet, /
die Stadt, die ihre Siedler aussandte in weiteste Fernen?

8 Wer hat das über Tyrus beschlossen, / das einst Kronen verschenkte,
dessen Kaufleute wie Fürsten auftraten / und dessen Händler die vor-
nehmsten Herren der Erde waren?
9 Der Herr der Heere hat beschlossen, / die ganze Pracht zuschanden
zu machen / und den Stolz aller vornehmen Herren der Erde zu bre-
chen.
10 Bebau dein Land [wie am Nil], Tochter Tarschisch, / es gibt keinen
Hafen mehr.
11 Der Herr hat seine Hand ausgestreckt über das Meer, / er hat die
Königreiche erschüttert.
Er hat den Befehl erlassen, / Kanaans Burgen in Trümmer zu legen.
12 Er sagte: Nie mehr sollst du fröhlich sein, / Tochter Sidon, du verge-
waltigte Jungfrau.
Steh auf, fahr zu den Kittäern – / auch dort findest du keine Ruhe.
13 [Denn die Chaldäer waren das Volk – nicht Assur ist es gewesen –,
die Sidon zum Aufenthalt der Wüstentiere machen wollten. Sie stell-
ten ihre Belagerungstürme auf, zerstörten die Paläste und machten sie
zu einem Trümmerhaufen.]
14 Jammert, ihr Tarschisch-Schiffe, / denn euer Hafen wurde zerstört.
15 Dann wird Tyrus siebzig Jahre lang – solange wie ein König lebt –
vergessen sein. Nach siebzig Jahren aber wird es Tyrus gehen, wie es
im Lied von der Dirne heißt:
16 Nimm die Zither, / durchstreife die Stadt, / vergessene Dirne!
Spiele schön, / und singe viel, / damit man an dich denkt.
17 Nach siebzig Jahren wird sich der Herr wieder um Tyrus kümmern:
Die Stadt wird wieder ihren Dirnenlohn erhalten und mit allen Köni-
greichen der Welt, die es auf Erden gibt, Unzucht treiben. 18 Aber ihr
Gewinn und ihr Dirnenlohn wird dem Herrn als heilige Gabe
gehören. Er wird nicht angesammelt und gehortet, sondern wird
denen, die in der Nähe des Herrn wohnen, als reiche Nahrung und
prächtige Kleidung dienen.

Die Jesaja-Apokalypse

Die Ankündigung des Weltgerichts

24 Seht her! Der Herr verheert und verwüstet die Erde; / er ver-
ändert ihr Gesicht / und zerstreut ihre Bewohner.
2 Dann geht es dem Laien wie dem Priester, / dem Knecht wie dem
Herrn,
der Magd wie der Herrin, / dem Käufer wie dem Verkäufer,
dem Gläubiger wie dem Schuldner, / dem, der ausleiht, wie dem, der
leiht.
3 Verheert wird die Erde, verheert, / geplündert wird sie, geplündert. /
Ja, der Herr hat es gesagt.
4 Die Erde welkt, sie verwelkt, / die Welt zerfällt, sie verwelkt, / Himmel
und Erde zerfallen.
5 Die Erde ist entweiht durch ihre Bewohner; / denn sie haben die
Weisungen übertreten, die Gesetze verletzt, / den ewigen Bund ge-
brochen.
6 Darum wird ein Fluch die Erde zerfressen; / ihre Bewohner haben
sich schuldig gemacht.
Darum schwinden die Bewohner der Erde dahin, / nur wenige Men-
schen werden übriggelassen.
7 Der Wein ist dahin, die Rebe verwelkt; / alle, die einst so heiter waren,
seufzen und stöhnen.
8 Verstummt ist der fröhliche Klang der Trommeln, / der Lärm der
Übermütigen ist zu Ende, / verstummt ist der fröhliche Klang der
Zither.
9 Man trinkt keinen Wein mehr bei frohem Gesang, / das Bier der
Zecher ist bitter geworden.
10 Die öde Stadt liegt in Trümmern, / alle Häuser sind für den Zutritt
verschlossen.
11 Auf den Gassen jammern die Leute: / Es gibt keinen Wein mehr!
Jede Freude ist verschwunden, / aller Jubel hat die Erde verlassen.
12 Von der Stadt blieben nur noch Ruinen, / auch das Tor wurde zer-
trümmert.
13 Dann ist es unter den Völkern auf der Erde, / wie wenn man Oliven
abschlägt, / wie bei der Nachlese, wenn die Ernte vorbei ist.
14 Sie beginnen zu jubeln, / sie preisen die Größe des Herrn.
Jauchzt, ihr im Westen, / 15 ehrt den Herrn, ihr im Osten!
Und ihr auf den Inseln im Meer, / preist den Namen des Herrn, des
Gottes Israels!
16 Von den äußersten Enden der Erde hören wir Lieder: / Preis dem
Gerechten!
Ich aber sage: / Weh mir! Elend, Elend kommt über mich.
Treulose handeln treulos, / ja, die Treulosen brechen die Treue.
17 Grauen, Grube und Garn warten auf euch, / ihr Bewohner der Erde.
18 Wer dem Lärm des Grauens entflieht, / fällt in die Grube.
Wer aus der Grube entkommt, / fängt sich im Garn.
Die Schleusen hoch droben werden geöffnet, / die Fundamente der
Erde werden erschüttert.
19 Die Erde birst und zerbirst, / die Erde bricht und zerbricht, / die
Erde wankt und schwankt.
20 Wie ein Betrunkener taumelt die Erde, / sie schwankt wie eine wack-
lige Hütte.
Ihre Sünden lasten auf ihr; / sie fällt und kann sich nicht mehr er-
heben.
21 An jenem Tag wird der Herr hoch droben / das Heer in der Höhe zur
Rechenschaft ziehen / und auf der Erde die Könige der Erde.
22 Sie werden zusammengetrieben / und in eine Grube gesperrt;
sie werden ins Gefängnis geworfen, / und nach einer langen Zeit wird
er sie strafen.
23 Dann muß der Mond sich schämen, / muß die Sonne erbleichen.
Denn der Herr der Heere ist König auf dem Berg Zion und in Jerusa-
lem, / er offenbart seinen Ältesten seine strahlende Pracht.

Der Dank für den Untergang der feindlichen Stadt

25 Herr, du bist mein Gott, / ich will dich rühmen und deinen
Namen preisen.
Denn du hast wunderbare Pläne verwirklicht, / von fern her zuverläs-
sig und sicher.
2 Du hast die Stadt zu einem Steinhaufen gemacht, / die starke Burg zu
einem Trümmerfeld,
die Paläste der Fremden zu einem verwüsteten Ort, / den man in Ewig-
keit nicht mehr aufbaut.
3 Darum ehren dich mächtige Völker; / vor dir fürchten sich die Städte
der gewalttätigen Nationen.
4 Du bist die Zuflucht der Schwachen, / die Zuflucht der Armen in ihrer
Not; du bietest ihnen ein Obdach bei Regen und Sturm / und Schatten
bei glühender Hitze.
Denn der Sturm der Gewaltigen ist wie ein Regenguß im Winter, / wie
die Hitze im trockenen Land.
5 Du bringst den Lärm der Fremden zum Schweigen, / wie ein Wolken-
schatten die Hitze mildert, / das Lied der Gewaltigen läßt du ver-
stummen.

Das Festmahl auf dem Berg Zion

6 Der Herr der Heere wird auf diesem Berg / für alle Völker ein Fest-
mahl geben
mit den feinsten Speisen, / ein Gelage mit erlesenen Weinen,
mit den besten und feinsten Speisen, / mit besten, erlesenen Weinen.
7 Er zerreißt auf diesem Berg die Hülle, die alle Nationen verhüllt, /
und die Decke, die alle Völker bedeckt.
8 Er beseitigt den Tod für immer. / Gott, der Herr, wischt die Tränen ab
von jedem Gesicht.
Auf der ganzen Erde nimmt er von seinem Volk die Schande hinweg. /
Ja, der Herr hat gesprochen.

Der Dank für die Vernichtung Moabs
9 An jenem Tag wird man sagen: / Seht, das ist unser Gott,
auf ihn haben wir unsere Hoffnung gesetzt, / er wird uns retten.
Das ist der Herr, auf ihn setzen wir unsere Hoffnung. / Wir wollen
jubeln und uns freuen über seine rettende Tat.
10 Ja, die Hand des Herrn ruht auf diesem Berg. / Moab aber wird an
Ort und Stelle zerstampft, / wie Stroh in der Jauche zerstampft wird.
11 Wenn Moab darin auch mit den Händen rudert / wie der Schwimmer
beim Schwimmen,
so drückt er den Stolzen doch nieder, / auch wenn seine Hände sich
wehren.
12 Deine festen, schützenden Mauern werden niedergerissen; / der
Herr stürzt sie zu Boden; sie liegen im Staub.

Das Siegeslied
26 An jenem Tag singt man in Juda dieses Lied:
Wir haben eine befestigte Stadt, / zu unserem Schutz baute
der Herr Mauern und Wälle.
2 Öffnet die Tore, / damit ein gerechtes Volk durch sie einzieht, / ein
Volk, das dem Herrn die Treue bewahrt.
3 Sein Sinn ist fest; / du schenkst ihm Ruhe und Frieden; / denn es ver-
läßt sich auf dich.
4 Verlaßt euch stets auf den Herrn; / denn der Herr ist ein ewiger Fels.
5 Er hat die Bewohner des hohen Berges hinabgestürzt, / die hoch auf-
ragende Stadt;
er hat sie zu Boden geworfen, / in den Staub hat er sie gestoßen.
6 Sie wird zermalmt von den Füßen der Armen, / unter den Tritten der
Schwachen.

Das Lied auf die Gerechtigkeit Gottes
7 Der Weg des Gerechten ist gerade, / du ebnest dem Gerechten die
Bahn.
8 Herr, auf das Kommen deines Gerichts / vertrauen wir.
Deinen Namen anzurufen und an dich zu denken / ist unser Ver-
langen.
9 Meine Seele sehnt sich nach dir in der Nacht, / auch mein Geist ist
voll Sehnsucht nach dir.
Denn dein Gericht ist ein Licht für die Welt, / die Bewohner der Erde
lernen deine Gerechtigkeit kennen.
10 Aber der Frevler lernt nie, was gerecht ist, / auch wenn du ihm
Gnade erweist.
Selbst im Land der Gerechtigkeit tut er noch Unrecht, / doch er wird
den erhabenen Glanz des Herrn nicht erblicken.
11 Herr, deine Hand ist erhoben, / doch deine Gegner sehen es nicht;
aber sie werden es sehen, / und sie werden beschämt sein
von deiner leidenschaftlichen Liebe zu deinem Volk; / ja, Feuer wird
sie verzehren.
12 Herr, du wirst uns Frieden schenken; / denn auch alles, was wir bis-
her erreichten, hast du für uns getan.
13 Herr, unser Gott, es beherrschten uns andere Herren als du, / doch
nur deinen Namen werden wir rühmen.
14 Die Toten werden nicht leben, / die Verstorbenen stehen nie wieder
auf;
denn du hast sie bestraft und vernichtet, / jede Erinnerung an sie hast
du getilgt.
15 Du hast dein Volk vermehrt, o Herr, / du hast es vermehrt;
du hast deine Herrlichkeit erwiesen, / auf allen Seiten hast du die
Grenzen des Landes erweitert.
16 Herr, in der Not suchten wir dich; / wir schrien in unserer Qual, als
du uns straftest.
17 Wie eine schwangere Frau, / die nahe daran ist, ihr Kind zu gebären,
die sich in ihren Wehen windet und schreit, / so waren wir, Herr, in
deinen Augen.
18 Wir waren schwanger und lagen in Wehen; / doch als wir gebaren,
war es ein Wind.
Wir brachten dem Land keine Rettung, / kein Erdenbewohner wurde
geboren.
19 Deine Toten werden leben, / die Leichen stehen wieder auf; / wer in
der Erde liegt, wird erwachen und jubeln.
Denn der Tau, den du sendest, / ist ein Tau des Lichts; / die Erde gibt
die Toten heraus.

Das Gericht über die Feinde
20 Auf, mein Volk, geh in deine Kammern, / und verschließ die Tür
hinter dir!
Verbirg dich für kurze Zeit, / bis der Zorn vergangen ist.
21 Denn der Herr verläßt den Ort, wo er ist, / um die Erdenbewohner
für ihre Schuld zu bestrafen.
Dann deckt die Erde das Blut, das sie trank, wieder auf / und verbirgt
die Ermordeten nicht mehr in sich.

27 An jenem Tag bestraft der Herr mit seinem harten, großen,
starken Schwert den Leviatan, die schnelle Schlange, den
Leviatan, die gewundene Schlange. Den Drachen im Meer wird er
töten.

Das Lied vom Weinberg Israel
2 An jenem Tag gibt es einen prächtigen Weinberg. / Besingt ihn in
einem Lied!
3 Ich, der Herr, bin sein Wächter, / immer wieder bewässere ich ihn.
Damit niemand ihm schadet, / bewache ich ihn bei Tag und bei Nacht.
4 Ich habe jetzt keinen Zorn mehr. / Fände ich Dornen und Disteln
darin,
ich würde sie alle bekämpfen, / ich würde sie alle zusammen ver-
brennen,
5 es sei denn, man sucht bei mir Schutz / und schließt mit mir Frieden,
ja Frieden mit mir.
6 In künftigen Tagen schlägt Jakob wieder Wurzel, / Israel blüht und
gedeiht, / und der Erdkreis füllt sich mit Früchten.

Die Entsühnung Israels
7 Hat er sie geschlagen, / wie er ihre Schläger schlug?
Hat er sie umgebracht, / wie er ihre Mörder umgebracht hat?
8 Du hast sie aufgescheucht und verjagt / und so gegen sie den Rechts-
streit geführt.
Mit einem heftigen Sturm / jagte er sie am Tag des Ostwinds davon.
9 Darum sei dadurch Jakobs Schuld wieder gesühnt, / darin bestehe die
volle Befreiung von seiner Sünde,
daß er alle Altarsteine vernichtet, wie man Kalksteine zerschlägt. /
Nie mehr soll man Kultpfähle und Rauchopferaltäre errichten.

Die Bestrafung des Gegners
10 Ja, die befestigte Stadt ist einsam geworden, / ein entvölkerter Ort,
verlassen wie die Steppe.
Dort weiden die Rinder und legen sich nieder. / Sie fressen die Zweige
ab.
11 Wenn dann die Äste verdorren, bricht man sie ab, / und die Frauen
kommen und machen Feuer damit.
Es ist ein Volk ohne Einsicht; / deshalb hat sein Schöpfer kein Erbar-
men mit ihm, / er, der es geformt hat, ist ihm nicht gnädig.

Die Sammlung der verstreuten Israeliten
12 An jenem Tag wird der Herr Ähren ausklopfen / vom Eufrat bis zum
Grenzbach Ägyptens;
dann, ihr Söhne Israels, liest man euch auf, / einen nach dem andern.
13 An jenem Tag wird man das große Widderhorn blasen, / dann kom-
men die Verirrten aus Assur nach Hause, / und die in Ägypten Ver-
streuten kehren zurück; sie fallen vor dem Herrn in Jerusalem nieder, /
auf dem heiligen Berg.

Worte über Israel und Juda aus der späteren Zeit des Propheten

Der Untergang Samarias

28 Weh der stolzen Krone der betrunkenen Efraimiter, / ihrem
verwelkten Kranz von prächtigen Blumen,
auf dem Gipfel über dem fruchtbaren Tal / derer, die der Wein überwältigt hat.
2 Seht, der Herr schickt einen gewaltigen Helden: / Wie ein Hagelschlag, wie ein verheerender Sturm,
wie ein Wolkenbruch mit seinen mächtigen Fluten / wirft er alles mit Macht zu Boden.
3 Mit seinen Füßen zertritt er die stolze Krone / der betrunkenen Efraimiter.
4 Dann geht es dem verwelkten Kranz von prächtigen Blumen, / auf dem Gipfel über dem fruchtbaren Tal, / wie einer frühreifen Feige vor der Ernte:
Wer sie erblickt, der verschlingt sie, / kaum daß er sie in der Hand hat.

Der heilige Rest

5 An jenem Tag wird der Herr der Heere für den Rest seines Volkes / zu einer herrlichen Krone und einem prächtigen Kranz;
6 er verleiht dem, der zu Gericht sitzt, den Geist des Rechts / und gibt denen Kraft, die den Feind zum Stadttor hinausdrängen.

Die untreuen Priester und Propheten in Jerusalem

7 Sogar diese hier schwanken, berauscht vom Wein, / und taumeln, betäubt vom Bier.
Priester und Propheten schwanken vom Bier, / sind überwältigt vom Wein.
Sie taumeln vom Bier, / sie schwanken bei ihren Visionen, / sie torkeln, wenn sie ihr Urteil verkünden.
8 Alle Tische sind voll von Erbrochenem, / sind voll von Kot bis auf den letzten Fleck.
9 Wen will der Mann denn Erkenntnis lehren, / wem das Gehörte erklären?
Kindern, die man eben von der Milch entwöhnte, / die man gerade von der Brust nahm?
10 Was soll sein Gestammel, sein Papperlapapp, / sein Geschwätz bald hier, / sein Geschwätz bald dort?
11 Ja, mit stammelnder Lippe und fremder Zunge / redet er künftig zu diesem Volk.
12 Er hatte zu ihnen gesagt: So findet ihr Ruhe; / gönnt doch den Müden die Rast, / hier ist der Ort der Erholung. / Sie aber wollten nicht hören.
13 Darum ergeht das Wort des Herrn an sie / in Form von Gestammel, von Papperlapapp, von Geschwätz bald hier / und Geschwätz bald dort, damit sie gehen und hintenüber fallen, / damit sie sich verfangen und verstricken / und schließlich zerschellen.
14 Darum hört das Wort des Herrn, ihr Spötter, / ihr Sprüchemacher bei diesem Volk in Jerusalem.
15 Ihr habt gesagt: Wir haben mit dem Tod ein Bündnis geschlossen, / wir haben mit der Unterwelt einen Vertrag gemacht.
Wenn die Flut heranbraust, / erreicht sie uns nicht;
denn wir haben unsere Zuflucht zur Lüge genommen / und uns hinter der Täuschung versteckt.

Die ungläubigen Spötter

16 Darum – so spricht Gott, der Herr:
Seht her, ich lege einen Grundstein in Zion, / einen harten und kostbaren Eckstein,
ein Fundament, das sicher und fest ist: / Wer glaubt, der braucht nicht zu fliehen.
17 Als Senkblei nehme ich das Recht / und als Wasserwaage die Gerechtigkeit.
Aber der Hagelsturm fegt eure Lügenzuflucht hinweg, / und das Wasser schwemmt euer Versteck fort;
18 euer Bündnis mit dem Tod ist dann gelöst, / euer Vertrag mit der Unterwelt hat keinen Bestand.
Wenn die Flut heranbraust, / werdet ihr wie zertrampeltes Weideland.
19 Sooft sie heranbraust, reißt sie euch mit. / Morgen für Morgen braust sie heran, / sie kommt bei Tag und bei Nacht. / Dann wird man nur noch mit Entsetzen das Gehörte erklären.
20 Das Bett ist zu kurz, / man kann sich nicht ausstrecken,
die Decke ist zu schmal, / man kann sich nicht einhüllen.
21 Denn der Herr wird sich erheben wie am Berg Perazim, / wie im Tal bei Gibeon wird er toben
und seine Tat vollbringen, seine seltsame Tat, / sein Werk vollenden, sein befremdliches Werk.
22 Darum laßt jetzt euren Spott, / sonst werden eure Fesseln noch fester.
Denn ich habe es von Gott, dem Herrn der Heere, gehört: / Die Vernichtung der ganzen Welt ist beschlossen.

Das Gleichnis vom Bauern

23 Horcht auf, hört meine Stimme, / gebt acht, hört auf mein Wort!
24 Pflügt denn der Bauer jeden Tag, um zu säen, / beackert und eggt er denn jeden Tag seine Felder?
25 Nein, wenn er die Äcker geebnet hat, / streut er Kümmel und Dill aus, sät Weizen und Gerste / und an den Rändern den Dinkel.
26 So unterweist und belehrt ihn sein Gott, / damit er es recht macht.
27 Auch fährt man nicht mit dem Dreschschlitten über den Dill / und mit den Wagenrädern über den Kümmel, sondern man klopft den Dill mit dem Stock aus / und den Kümmel mit Stecken.
28 Zermalmt man etwa das Getreide (beim Dreschen)? / Nein, man drischt es nicht endlos,
man läßt die Wagenräder und die Hufe der Tiere / nicht darübergehen, bis es zermalmt ist.
29 Auch dies lehrt der Herr der Heere; / sein Rat ist wunderbar, er schenkt großen Erfolg.

Die Belagerung und die Rettung der Stadt

29 Weh dir, Ariël, Ariël, / du Stadt, die David einst belagert hat! /
Fügt nur Jahr an Jahr, feiert nur Fest auf Fest!
2 Ich greife Ariël an, / so daß man jammert und stöhnt. / Du wirst für mich wie ein Opferherd sein.
3 Ringsum werde ich dich belagern, / ich ziehe Gräben um dich herum / und schütte Wälle gegen dich auf.
4 Dann wirst du am Boden liegen und winseln, / deine Worte dringen dumpf aus dem Staub.
Wie wenn aus der Erde ein Totengeist spricht, / so tönt deine Stimme; / deine Worte sind nur noch ein Geflüster im Staub.
5 Doch wie feiner Staub wird der Haufen der Belagerer sein, wie dahinfliegende Spreu die Schar der Unterdrücker. Dann geschieht es – plötzlich, ganz plötzlich:
6 Vom Herrn der Heere wirst du mit Donner und Getöse und mit lautem Dröhnen heimgesucht, mit Wind und Wirbelsturm und mit Flammen verzehrenden Feuers.
7 Dann wird es dem Haufen all der Völker, die gegen Ariël kämpfen, all denen, die es umzingeln, belagern und bestürmen, gehen wie in
einem Traum, einer nächtlichen Vision: 8 Wie wenn ein Hungriger
träumt, daß er ißt, dann aber aufwacht und immer noch hungrig ist, und wie wenn ein Durstiger träumt, daß er trinkt, dann aber aufwacht und immer noch matt ist und Durst hat, so wird es dem Haufen all der Völker gehen, die gegen den Berg Zion in den Krieg ziehen.

Drohungen gegen die Verblendeten

9 Starrt einander an, und erstarrt, / seid verblendet und blind!
Seid berauscht, doch nicht vom Wein, / taumelt, doch nicht vom Bier!
10 Denn der Herr hat über euch einen Geist der Ohnmacht gebracht; /

er hat eure Augen [die Propheten] verschlossen und euren Kopf [die
Seher] verhüllt.
11 So wurde für euch jede Offenbarung wie die Worte in einem versie-
gelten Buch: Wenn man es einem Menschen gibt, der lesen kann, und
zu ihm sagt: Lies es mir vor!, dann antwortet er: Ich kann es nicht
lesen, denn es ist versiegelt. 12 Und wenn man das Buch einem Mann
gibt, der nicht lesen kann, und zu ihm sagt: Lies es mir vor!, dann ant-
wortet er: Ich kann nicht lesen.
13 Der Herr sagte:
Weil dieses Volk sich mir nur mit Worten nähert / und mich bloß mit
den Lippen ehrt, / sein Herz aber fernhält von mir,
weil seine Furcht vor mir / nur auf einem angelernten menschlichen
Gebot beruht,
14 darum will auch ich in Zukunft an diesem Volk seltsam handeln, / so
seltsam, wie es niemand erwartet.
Dann wird die Weisheit seiner Weisen vergehen / und die Klugheit sei-
ner Klugen verschwinden.
15 Weh denen, die ihre geheimen Pläne vor dem Herrn verbergen, /
damit im Dunkel bleibt, was sie tun.
Sie sagen: Wer sieht uns schon, / und wer kennt uns?
16 Weh euch, die ihr alles verdreht. / Ist denn der Ton so viel wie der
Töpfer?
Sagt denn das Werk von dem, der es herstellt: / Er hat mich nicht
gemacht?
Oder sagt der Topf von dem Töpfer: / Er versteht nichts?

Friede und Glück für Israel

17 Nur noch kurze Zeit, / dann verwandelt sich der Libanon in einen
Garten, / und der Garten wird zu einem Wald.
18 An jenem Tag hören alle, die taub sind, / sogar Worte, die nur
geschrieben sind, / und die Augen der Blinden sehen selbst im Dun-
keln und Finstern.
19 Die Erniedrigten freuen sich wieder über den Herrn, / und die
Armen jubeln über den Heiligen Israels.
20 Denn der Unterdrücker ist nicht mehr da, / der Schurke ist erledigt, /
ausgerottet sind alle, die Böses tun wollen,
21 die andere als Verbrecher verleumden, / die dem Richter, der am Tor
sitzt, Fallen stellen / und den Unschuldigen um sein Recht bringen mit
haltlosen Gründen.
22 Darum – so spricht der Herr zum Haus Jakob, / der Herr, der Abra-
ham losgekauft hat: Nun braucht sich Jakob nicht mehr zu schämen, /
sein Gesicht muß nicht mehr erbleichen.
23 Wenn das Volk sieht, was meine Hände in seiner Mitte vollbringen, /
wird es meinen Namen heilighalten.
Es wird den Heiligen Jakobs als heilig verehren / und erschrecken vor
Israels Gott.
24 Dann kommen die Verwirrten zur Einsicht, / und wer aufsässig war,
läßt sich belehren.

Die Nutzlosigkeit des Bündnisses mit Ägypten

30 Weh den trotzigen Söhnen – Spruch des Herrn –, / die einen
Plan ausführen, der nicht von mir ist, und ein Bündnis
schließen, / das nicht nach meinem Sinn ist; / sie häufen Sünde auf
Sünde.
2 Sie machen sich auf den Weg nach Ägypten, / ohne meinen Mund zu
befragen.
Sie suchen beim Pharao Zuflucht und Schutz / und flüchten in den
Schatten Ägyptens.
3 Doch der Schutz des Pharao bringt euch nur Schande, / die Flucht in
den Schatten Ägyptens bringt euch nur Schmach.
4 Wenn auch Israels Fürsten nach Zoan gingen / und seine Boten nach
Hanes:
5 Sie werden doch alle enttäuscht von dem Volk, / das nichts nützt,
das niemand Nutzen und Hilfe verschafft, / sondern nur Schande und
Schmach bringt.
6 Ausspruch über die Tiere des Negeb:
Durch ein Land der Ängste und Nöte, / der jungen Löwen, der knur-
renden Löwen, / der Nattern und fliegenden Schlangen bringen sie
ihren Reichtum / auf dem Rücken der Esel, ihre Schätze auf dem
Höcker der Kamele / zu dem Volk, das nichts nützt.
7 Nichtig und nutzlos ist die Hilfe Ägyptens; / darum nenne ich es: die
untätige Rahab.

Die Bestrafung des trotzigen Volkes

8 Nun geh, schreib es vor ihren Augen auf eine Tafel, / ritz es als
Inschrift ein, / damit es für künftige Zeiten auf immer bezeugt ist:
9 Sie sind ein trotziges Volk, mißratene Söhne, / Söhne, die auf die
Weisung des Herrn nicht hören.
10 Sie sagen zu den Sehern: Seht nichts!, / und zu den Propheten:
Erschaut für uns ja nicht, was wahr ist,
sondern sagt, was uns schmeichelt, / erschaut für uns das, was uns
täuscht.
11 Weicht nur ab vom rechten Weg, / verlaßt den richtigen Pfad, / laßt
uns in Ruhe mit dem Heiligen Israels!
12 Darum – so spricht der Heilige Israels: / Weil ihr dieses Wort
mißachtet,
weil ihr auf Ränke vertraut / und euch auf das Falsche verlaßt,
13 darum wird eure Schuld für euch sein / wie ein herabfallendes
Bruchstück / von einer hoch aufragenden Mauer, / die dann plötzlich,
urplötzlich einstürzt.
14 Sie zerbricht wie der Krug eines Töpfers, / den man ohne Erbarmen
zerschlägt,
so daß sich unter all den Stücken keine Scherbe mehr findet, / mit der
man Feuer vom Herd holen kann / oder Wasser schöpfen aus der
Zisterne.
15 Denn so spricht der Herr, der Heilige Israels:
Nur in Umkehr und Ruhe liegt eure Rettung, / nur Stille und Vertrauen
verleihen euch Kraft.
Doch ihr habt nicht gewollt, / 16 sondern gesagt:
Nein, auf Rossen wollen wir dahinfliegen. / Darum sollt ihr jetzt
fliehen.
Ihr habt gesagt: Auf Rennpferden wollen wir reiten. / Darum rennen
die Verfolger euch nach.
17 Tausende werden zittern, wenn ein einziger droht, / wenn nur fünf
euch drohen, ergreift ihr alle die Flucht,
bis das, was von euch übrig ist, aussieht, / wie ein Fahnenmast auf
dem Gipfel eines Berges, / wie ein Feldzeichen auf dem Hügel.

Die Begnadigung des Volkes

18 Darum wartet der Herr darauf, / euch seine Gnade zu zeigen,
darum erhebt er sich, / um euch sein Erbarmen zu schenken.
Denn der Herr ist ein Gott des Rechtes; / wohl denen, die auf ihn
warten.
19 Ja, du Volk auf dem Berg Zion, / das in Jerusalem wohnt, / du
brauchst jetzt nicht mehr zu weinen.
Der Herr ist dir gnädig, wenn du um Hilfe schreist; / er wird dir ant-
worten, sobald er dich hört.
20 Auch wenn dir der Herr bisher nur wenig Brot und nicht genug Was-
ser gab, / so wird er, dein Lehrer, sich nicht mehr verbergen.
Deine Augen werden deinen Lehrer sehen, / 21 deine Ohren werden es
hören, wenn er dir nachruft:
Hier ist der Weg, auf ihm müßt ihr gehen, / auch wenn ihr selbst
rechts oder links gehen wolltet.
22 Dann wirst du deine Götzen aus Silber / und deine Götterbilder aus
Gold entweihen.
Wie Abfall wirfst du sie weg und sagst: / Hinaus mit euch!
23 Dann spendet er Regen für die Saat, / die du auf den Acker gesät
hast.
Das Korn, das auf dem Acker heranreift, / wird üppig und fett sein. /
Auf weiten Wiesen weidet dein Vieh an jenem Tag.

24 Die Rinder und Esel, die dir bei der Feldarbeit helfen, / bekommen
würziges Futter zu fressen, / das man mit Schaufel und Gabel
gemischt hat.
25 Auf allen hohen Bergen und stattlichen Hügeln / gibt es Bäche voll
Wasser am Tag des großen Mordens, / wenn die Türme einstürzen.
26 Zu der Zeit, wenn der Herr die Leiden seines Volkes heilt und seine
Wunden verbindet, wird das Licht des Mondes so hell sein wie das
Licht der Sonne, und das Licht der Sonne wird siebenmal so stark sein
wie das Licht von sieben Tagen.

Das Gericht über Assur

27 Seht her, der Herr [sein Name] kommt aus der Ferne. / Sein Zorn ist
entflammt, / gewaltig drohend, zieht er heran.
Seine Lippen sind voll grollendem Zorn, / seine Zunge ist wie ein verzehrendes Feuer,
28 sein Atem wie ein reißender Bach, / der bis an den Hals reicht.
Er spannt die Völker ins Joch / und legt den Nationen den Zaum an, /
um sie in die Irre und ins Unheil zu führen.
29 Dann singt ihr Lieder wie in der Nacht, / in der man sich heiligt für
das Fest.
Ihr freut euch von Herzen / wie die Pilger, die unter dem Klang ihrer
Flöten / zum Berg des Herrn, zu Israels Felsen, hinaufziehen.
30 Der Herr läßt seine mächtige Stimme erschallen, / und man sieht,
wie sein Arm herabzuckt
mit zornigem Grollen und verzehrendem Feuer, / mit Sturm, Gewitter
und Hagel.
31 Vor der Stimme des Herrn wird Assur erschrecken, / wenn er
zuschlägt mit seinem Stock,
32 jedesmal, wenn die Zuchtrute auf Assur herabsaust, / mit der der
Herr auf es einschlägt.
Unter dem Klang von Pauken und Zithern / und bei schwungvollem
Reigentanz kämpft er gegen Assur.
33 Ja, schon längst ist eine Feuerstelle bereitet, / auch für den König ist
sie bestimmt; / tief ist sie und weit;
ein Holzstoß ist da, Feuer und Brennholz in Menge, / der Atem des
Herrn brennt darin wie ein Schwefelstrom.

Erneute Warnung vor Ägypten

31 Weh denen, die nach Ägypten ziehen, / um Hilfe zu finden, / und sich auf Pferde verlassen,
die auf die Menge ihrer Wagen vertrauen / und auf ihre zahlreichen
Reiter.
Doch auf den Heiligen Israels blicken sie nicht / und fragen nicht nach
dem Herrn.
2 Aber auch er ist klug; er führt das Unheil herbei; / er nimmt sein Wort
nicht zurück.
Er erhebt sich gegen dieses Haus von Verbrechern / und gegen die
Helfer derer, die Böses tun.
3 Auch der Ägypter ist nur ein Mensch und kein Gott, / seine Pferde
sind nur Fleisch, nicht Geist.
Streckt der Herr seine Hand aus, / dann kommt der Beschützer zu
Fall,
und ebenso fällt auch sein Schützling; / sie gehen alle beide zugrunde.

Jahwes Kampf für seine Getreuen

4 So hat der Herr zu mir gesagt:
Wie der Löwe über seiner Beute knurrt, / der junge Löwe, gegen den
man alle Hirten zusammenruft,
wie er vor ihrem Geschrei nicht erschrickt / und sich bei ihrem Lärm
nicht duckt,
so ist der Herr der Heere, wenn er herabsteigt, / um auf dem Gipfel des
Berges Zion, auf seiner Anhöhe, zu kämpfen.
5 Wie ein Vogel mit ausgebreiteten Flügeln / wird der Herr der Heere
Jerusalem schützen, / es beschirmen und befreien, verschonen und
retten.
6 Kehrt um zu ihm, Israels Söhne, / zu ihm, von dem ihr euch soweit
entfernt habt.
7 An jenem Tag verachtet ihr all die silbernen und goldenen Götzen, /
die ihr mit euren schuldbefleckten Händen gemacht habt.
8 Assur wird fallen durch das Schwert, doch nicht durch das eines
Mannes; / das Schwert wird es vernichten, doch nicht das eines
Menschen.
Es wird vor dem Schwert die Flucht ergreifen, / seine jungen Männer
werden zur Fron gezwungen.
9 Seine starken Helden vergehen vor Grauen, / seine Fürsten lassen die
Feldzeichen im Stich – Spruch des Herrn,
der in Zion einen Feuerherd hat, / in Jerusalem einen glühenden Ofen.

Das Reich der Gerechtigkeit

32 Seht: Ein König wird kommen, der gerecht regiert, / und Fürsten, die herrschen, wie es recht ist.
2 Jeder von ihnen wird wie ein Zufluchtsort vor dem Sturm sein, / wie
ein schützendes Dach beim Gewitter,
wie Wassergräben an einem dürren Ort, / wie der Schatten eines
mächtigen Felsens im trockenen Land.
3 Dann sind die Augen der Sehenden nicht mehr verklebt, / die Ohren
der Hörenden hören wieder zu.
4 Das Herz der Unbesonnenen gewinnt Erkenntnis und Einsicht, / die
Zunge der Stammelnden redet wieder deutlich und klar.
5 Der Dummkopf wird nicht mehr edel genannt, / und der Schurke
wird nicht mehr für vornehm gehalten.
6 Denn der Dummkopf redet nur Unsinn, / und er hat nur Unheil im
Sinn,
er handelt ruchlos / und redet lästerlich über den Herrn.
Er läßt den Hungrigen darben, / den Durstigen läßt er nicht trinken.
7 Die Waffen des Schurken bringen Unglück, / er plant nur Verbrechen,
um die Schwachen durch trügerische Worte ins Verderben zu stürzen, /
selbst wenn der Arme beweist, daß er im Recht ist.
8 Der Edle aber plant nur Edles / und tritt für das Edle ein.

Die leichtsinnigen Frauen

9 Ihr sorglosen Frauen, hört meine Stimme, / ihr selbstsicheren Töchter, hört auf mein Wort!
10 Über Jahr und Tag werdet ihr zittern, / auch wenn ihr jetzt so selbstsicher seid;
denn die Weinernte ist vernichtet, / es gibt keine Obsternte mehr.
11 Zittert, ihr Sorglosen, / erschreckt, ihr selbstsicheren Frauen,
zieht euch aus, entkleidet euch, / und legt das Trauerkleid an!
12 Schlagt euch an die Brust, / und klagt um die prächtigen Felder, / die
fruchtbaren Reben,
13 um die Äcker meines Volkes, / auf denen nur Dornen und Disteln
wachsen,
um all die Häuser voll Jubel, / um die fröhliche Stadt.
14 Denn die Paläste sind verlassen, / der Lärm der Stadt ist verstummt.
Der Hügel der Burg mit dem Wachtturm / ist für immer verödet;
dort tummeln sich die Wildesel, / dort weiden die Herden.

Die Wirkung des Geistes aus der Höhe

15 Wenn aber der Geist aus der Höhe über uns ausgegossen wird, /
dann wird die Wüste zum Garten, / und der Garten wird zu einem Wald.
16 In der Wüste wohnt das Recht, / die Gerechtigkeit weilt in den
Gärten.
17 Das Werk der Gerechtigkeit wird der Friede sein, / der Ertrag der
Gerechtigkeit sind Ruhe und Sicherheit für immer.
18 Mein Volk wird an einer Stätte des Friedens wohnen, / in sicheren
Wohnungen, an stillen und ruhigen Plätzen.
19 Aber der Wald stürzt in jähem Sturz, / die Stadt versinkt in der Tiefe.
20 Wohl euch! Ihr könnt an allen Gewässern säen / und eure Rinder
und Esel frei laufen lassen.

Der Weheruf über den Feind

33 Weh dir, der du immer zerstörst / und selbst nie zerstört
worden bist.
Weh dir, du Empörer, / gegen den sich noch niemand empört hat.
Denn wenn du alles zerstört hast, / wirst du selbst zerstört.
Wenn du das Ziel deiner Empörung erreicht hast, / wirst du selbst zum
Ziel einer Empörung.

Ein Gebet in der Not

2 Herr, hab mit uns Erbarmen; / denn wir hoffen auf dich. Sei uns ein
helfender Arm an jedem Morgen, / sei in der Not unsere Rettung!
3 Vor dem lauten Getöse fliehen die Nationen; / wenn du dich erhebst,
flüchten die Völker nach allen Seiten.
4 Man rafft Beute zusammen, / so wie die Heuschrecken alles erraffen;
wie die Grashüpfer springen, / so springt man und raubt.
5 Der Herr ist erhaben, er wohnt in der Höhe; / er wird Zion mit Recht
und Gerechtigkeit erfüllen.
6 Es wird sichere Zeiten erleben. / Weisheit und Erkenntnis sind der
Reichtum, der es rettet; / sein Schatz ist die Furcht vor dem Herrn.

Die Verödung des Landes

7 Hört: Draußen schreien die Krieger (vor Angst), bitterlich weinen die
Boten des Friedens.
8 Die Wege sind verödet, / die Straßen sind leer.
Den Vertrag hat man gebrochen, / man verachtet die Zeugen (des Bun-
des) / und schätzt die Menschen gering.
9 Das Land welkt in Trauer dahin, / der Libanon ist beschämt, seine
Bäume verdorren.
Die Scharon-Ebene ist zur Steppe geworden, / entlaubt sind Baschan
und Karmel.

Das Gericht über die Sünder

10 Jetzt stehe ich auf, spricht der Herr, / jetzt erhebe ich mich, jetzt
richte ich mich auf.
11 Ihr seid schwanger mit Heu / und bringt Stroh zur Welt. / Mein Atem
ist wie ein Feuer, das euch verzehrt.
12 Die Völker werden zu Kalk verbrannt. / Sie lodern wie abgehauene
Dornen im Feuer.
13 Ihr in der Ferne, hört, was ich tue; / ihr in der Nähe, erkennt meine
Kraft!
14 Die Sünder in Zion beginnen zu zittern, / ein Schauder erfaßt die
ruchlosen Menschen.
Wer von uns hält es aus neben dem verzehrenden Feuer, / wer von uns
hält es aus neben der ewigen Glut?
15 Wer rechtschaffen lebt und immer die Wahrheit sagt, / wer es
ablehnt, Gewinn zu erpressen,
wer sich weigert, Bestechungsgelder zu nehmen, / wer sein Ohr ver-
stopft, um keinen Mordplan zu hören, / und die Augen schließt, um
nichts Böses zu sehen:
16 der wird auf den Bergen wohnen, / Felsenburgen sind seine
Zuflucht;
man reicht ihm sein Brot, / und seine Wasserquelle versiegt nicht.

Die bessere Zukunft

17 Deine Augen werden den König in seiner Schönheit erblicken, / sie
sehen ein weites Land.
18 Dein Herz denkt an die (früheren) Schrecken zurück: / Wo ist der,
der damals zählte,
wo ist der, der abwog? / Wo ist der, der die Türme gezählt hat?
19 Du wirst das freche Volk nicht mehr sehen, / das Volk mit der dun-
klen, unverständlichen Sprache, / mit den gestammelten, sinnlosen
Worten.
20 Schau auf Zion, die Stadt unserer Feste! / Deine Augen werden
Jerusalem sehen, den Ort der Ruhe, / das Zelt, das man nicht ab-
bricht,
dessen Pflöcke man niemals mehr ausreißt, / dessen Stricke nie mehr
zerreißen.
21 Ja, dort wird der Herr unser mächtiger Gott sein. / Es ist ein Ort mit
breiten Flüssen und Strömen.
Keine Ruderboote fahren auf ihnen; / kein Prunkschiff segelt darauf,
23a denn die Taue sind schlaff, / sie halten den Mastbaum nicht fest, /
man kann kein Segel mehr spannen.
22 Ja, der Herr ist unser Richter, / der Herr gibt uns Gesetze; / der Herr
ist unser König, er wird uns retten.
23b Dann verteilen die Blinden große Beute untereinander, / die Lah-
men machen einen ergiebigen Raubzug.
24 Kein Mensch in der Stadt wird mehr sagen: Ich bin krank.
Dem Volk, das in Zion wohnt, / ist seine Schuld vergeben.

Die Ankündigung des Gerichts über Edom

34 Kommt her, ihr Völker, und hört, / horcht auf, ihr Nationen!
Die Erde und alles, was sie erfüllt, / die Welt und alles, was
auf ihr sproßt, sollen es hören,
2 daß der Herr über alle Völker erzürnt ist, / daß er zornig ist auf all
ihre Heere.
Er hat sie dem Untergang geweiht / und zum Schlachtopfer bestimmt.
3 Die Erschlagenen wirft man hinaus, / der Gestank ihrer Leichen
steigt auf,
die Berge triefen von ihrem Blut, / 4 alle Hügel zerfließen.
Wie eine Buchrolle rollt sich der Himmel zusammen, / sein ganzes
Heer welkt dahin,
wie Laub am Weinstock verwelkt, / wie Früchte am Feigenbaum
schrumpfen.
5 Am Himmel erscheint das Schwert des Herrn. / Seht her, es fährt auf
Edom herab, / auf das Volk, das der Herr im Gericht dem Untergang
weiht.
6 Das Schwert des Herrn ist voll Blut, / es trieft von Fett,
vom Blut der Lämmer und Böcke, / vom Nierenfett der Widder;
denn der Herr hält in Bozra ein Opferfest ab, / ein großes Schlachtfest
in Edom.
7 Da fallen die Büffel und Kälber, / die Stiere und Ochsen.
Ihr Land wird betrunken vom Blut, / ihr Erdreich ist getränkt von Fett.
8 Denn der Herr hat einen Tag der Rache bestimmt, / ein Jahr der Ver-
geltung für den Streit um Zion.
9 In Edoms Bächen wird das Wasser zu Pech, / sein Boden verwandelt
sich in Schwefel, / sein Land wird zu brennendem Pech.
10 Es erlischt nicht bei Tag und bei Nacht, / der Rauch steigt unaufhör-
lich empor.
Das Land ist für Generationen verödet, / nie mehr zieht jemand hin-
durch.
11 Dohlen und Eulen nehmen es in Besitz, / Käuze und Raben hausen
darin.
Der Herr spannt die Meßschnur »Öde« darüber, / er legt das Senkblei
»Leere« an.
12 Die Bocksgeister werden dort ihr Unwesen treiben. / Die Edlen
Edoms leben nicht mehr.
Man ruft dort keinen König mehr aus, / mit all seinen Fürsten hat es
ein Ende.
13 An seinen Palästen ranken sich Dornen empor, / in den Burgen
wachsen Nesseln und Disteln.
Das Land wird zu einem Ort für Schakale, / zu einem Platz für die
Strauße.
14 Wüstenhunde und Hyänen treffen sich hier, / die Bocksgeister
begegnen einander.
Auch Lilit (das Nachtgespenst) ruht sich dort aus / und findet für sich
eine Bleibe.
15 Der Kauz hat hier sein sicheres Nest, / er legt seine Eier und brütet
sie aus.
Auch die Geier sammeln sich hier, / einer neben dem andern.
16 Forscht nach im Buch des Herrn, / dort werdet ihr lesen:

Keines dieser Tiere ist ausgeblieben, / keines braucht seinen Gefähr-
ten zu suchen;
denn der Mund des Herrn hat es befohlen, / sein Geist hat sie zusam-
mengeführt.
17 Er selbst hat für sie das Los geworfen, / er hat mit eigener Hand das
Land vermessen und ihnen zugeteilt:
Für immer sollen sie es besitzen, / von Generation zu Generation
darin wohnen.

Die Verheißung des messianischen Heils

35 Die Wüste und das trockene Land sollen sich freuen, / die
Steppe soll jubeln und blühen.
2 Sie soll prächtig blühen wie eine Lilie, / jubeln soll sie, jubeln und
jauchzen.
Die Herrlichkeit des Libanon wird ihr geschenkt, / die Pracht des Kar-
mel und der Ebene Scharon.
Man wird die Herrlichkeit des Herrn sehen, / die Pracht unseres
Gottes.
3 Macht die erschlafften Hände wieder stark / und die wankenden Knie
wieder fest!
4 Sagt den Verzagten: / Habt Mut, fürchtet euch nicht!
Seht, hier ist euer Gott! / Die Rache Gottes wird kommen und seine
Vergeltung; / er selbst wird kommen und euch erretten.
5 Dann werden die Augen der Blinden geöffnet, / auch die Ohren der
Tauben sind wieder offen.
6 Dann springt der Lahme wie ein Hirsch, / die Zunge des Stummen
jauchzt auf.
In der Wüste brechen Quellen hervor, / und Bäche fließen in der
Steppe.
7 Der glühende Sand wird zum Teich / und das durstige Land zu spru-
delnden Quellen.
An dem Ort, wo jetzt die Schakale sich lagern, / gibt es dann Gras,
Schilfrohr und Binsen.
8 Eine Straße wird es dort geben; / man nennt sie den Heiligen Weg.
Kein Unreiner darf ihn betreten. / Er gehört dem, der auf ihm geht. /
Unerfahrene gehen nicht mehr in die Irre.
9 Es wird keinen Löwen dort geben, / kein Raubtier betritt diesen Weg,
keines von ihnen ist hier zu finden. / Dort gehen nur die Erlösten.
10 Die vom Herrn Befreiten kehren zurück / und kommen voll Jubel
nach Zion.
Ewige Freude ruht auf ihren Häuptern. / Wonne und Freude stellen
sich ein, / Kummer und Seufzen entfliehen.

Geschichtlicher Anhang

Sanheribs Feldzug gegen Jerusalem

Die erste Gesandtschaft Sanheribs

36 Im vierzehnten Jahr des Königs Hiskija zog Sanherib, der
König von Assur, gegen alle befestigten Städte Judas und
nahm sie ein. 2 Der König von Assur sandte den Rabschake mit einer
großen Streitmacht von Lachisch aus nach Jerusalem gegen König
Hiskija. Er stellte sich an der Wasserleitung des oberen Teiches auf,
der an der Walkerfeldstraße liegt. 3 Der Palastvorsteher Eljakim, der
Sohn Hilkijas, der Staatsschreiber Schebna und der Sprecher des
Königs Joach, der Sohn Asafs, gingen zu ihm hinaus.
4 Da sagte der Rabschake zu ihnen: Sagt zu Hiskija: So spricht der
Großkönig, der König von Assur: Worauf vertraust du denn, daß du
dich so sicher fühlst? 5 Du glaubst wohl, bloßes Gerede sei im Krieg
schon Rat und Stärke? Auf wen vertraust du also, daß du von mir abge-
fallen bist? 6 Du vertraust gewiß auf Ägypten, dieses geknickte Schilf-
rohr, das jeden, der sich darauf stützt, in die Hand sticht und sie
durchbohrt. Denn so macht es der Pharao, der König von Ägypten, mit
allen, die ihm vertrauen. 7 Wenn ihr aber zu mir sagt: Wir vertrauen auf
Jahwe, unseren Gott, dann bedenkt: Ist nicht gerade er der Gott, des-
sen Kulthöhen und Altäre Hiskija beseitigt hat? Hat nicht Hiskija in
Juda und Jerusalem angeordnet: Nur vor diesem Altar in Jerusalem
dürft ihr euch niederwerfen? 8 Geh doch mit meinem Herrn, dem
König von Assur, eine Wette ein! Ich gebe dir zweitausend Pferde.
Kannst du die Reiter für sie stellen? 9 Wie willst du auch nur einen ein-
zigen Statthalter meines Herrn in die Flucht schlagen, und wäre es
der unbedeutendste seiner Knechte? Du vertraust ja nur auf Ägypten,
auf seine Wagen und deren Besatzung. 10 Außerdem: Bin ich denn
gegen den Willen Jahwes heraufgezogen, um dieses Land zu ver-
wüsten? Jahwe selbst hat mir befohlen: Zieh gegen dieses Land, und
verwüste es!
11 Da sagten Eljakim, Schebna und Joach zu dem Rabschake: Sprich
doch aramäisch mit deinen Knechten! Wir verstehen es. Sprich vor
den Ohren des Volkes, das auf der Mauer steht, nicht judäisch mit uns!
12 Der Rabschake antwortete ihnen: Hat mich mein Herr etwa beauf-
tragt, das alles nur zu deinem Herrn und zu dir zu sagen, und nicht
vielmehr zu all den Männern, die auf der Mauer sitzen und ihren eige-
nen Kot essen und ihren Harn trinken wie ihr?
13 Dann trat der Rabschake vor und rief laut auf judäisch: Hört die
Worte des Großkönigs, des Königs von Assur! 14 So spricht der König:
Laßt euch nicht von Hiskija betören; denn er kann euch nicht retten.
15 Er soll euch nicht verleiten, auf Jahwe zu vertrauen, und sagen: Jahwe
wird uns sicher retten, diese Stadt wird dem König von Assur nicht in
die Hände fallen. 16 Hört nicht auf Hiskija! Denn so spricht der König
von Assur: Trefft mit mir ein Abkommen, und ergebt euch! Dann kann
jeder von euch von seinem Weinstock und von seinem Feigenbaum
essen und Wasser aus seiner Zisterne trinken, 17 bis ich komme und
euch in ein Land bringe, das eurem Land gleicht: in ein Land voll
Getreide und Most, ein Land voll Brot und Wein. 18 Laßt euch von His-
kija nicht in die Irre führen, wenn er sagt: Jahwe wird uns retten. Hat
denn einer von den Göttern der anderen Völker sein Land vor dem
König von Assur gerettet? 19 Wo sind die Götter von Hamat und Arpad?
Wo sind die Götter von Sefarwajim? Haben sie etwa Samaria vor mir
gerettet? 20 Wer von all den Göttern der anderen Länder hat sein Land
vor mir gerettet? Wie sollte denn Jahwe Jerusalem vor mir retten?
21 Die Männer aber schwiegen und gaben ihm keine Antwort; denn der
König hatte befohlen: Ihr dürft ihm nicht antworten.
22 Der Palastvorsteher Eljakim, der Sohn Hilkijas, der Staatsschreiber
Schebna und der Sprecher des Königs Joach, der Sohn Asafs, zerrissen
ihre Kleider, gingen zu Hiskija und berichteten ihm, was der Rab-
schake gesagt hatte.

Die Reaktion des Königs Hiskija

37 Als König Hiskija das hörte, zerriß er seine Kleider, legte ein
Trauergewand an und ging in das Haus des Herrn. 2 Dann
sandte er den Palastvorsteher Eljakim, den Staatsschreiber Schebna
und die Ältesten der Priester in Trauergewändern zum Propheten
Jesaja, dem Sohn des Amoz. 3 Sie sagten zu ihm: So spricht Hiskija:
Heute ist ein Tag der Not, der Strafe und der Schande. Die Kinder sind
bis an die Öffnung des Mutterschoßes gelangt, doch den Frauen fehlt
die Kraft zum Gebären. 4 Aber vielleicht hört der Herr, dein Gott, die
Worte des Rabschake, den sein Herr, der König von Assur, hergesandt
hat, damit er den lebendigen Gott beschimpft; und vielleicht schickt
der Herr, dein Gott, eine Strafe für die Worte, die er gehört hat. Darum
bete für den Rest, der noch übrig ist.
5 Jesaja antwortete den Abgesandten des Königs Hiskija, die zu ihm
gekommen waren: 6 Sagt zu eurem Herrn folgendes: So spricht der
Herr: Fürchte dich nicht wegen der Worte, die du gehört hast und mit
denen die Knechte des Königs von Assur mich verhöhnt haben. 7 Seht,
ich lege einen Geist in ihn, so daß er ein Gerücht hört und in sein Land
zurückkehrt; dort bringe ich ihn durch das Schwert zu Fall.

Die zweite Gesandtschaft Sanheribs

8 Der Rabschake trat den Rückweg an und fand den König von Assur
im Kampf gegen die Stadt Libna. Sanherib war inzwischen, wie der
Rabschake gehört hatte, von Lachisch abgezogen.
9 Dann erfuhr Sanherib, daß Tirhaka, der König von Kusch, zum
Kampf gegen ihn heranzog. Er schickte wiederum Boten zu Hiskija
mit dem Auftrag: 10 So sollt ihr zu Hiskija, dem König von Juda,
sagen: Laß dir nicht von deinem Gott, auf den du vertraust, einreden,
Jerusalem werde dem König von Assur nicht in die Hände fallen.
11 Du hast doch gehört, was die Könige von Assur mit allen anderen
Ländern gemacht haben: Sie haben sie dem Untergang geweiht. Und
du meinst, du wirst gerettet? 12 Sind denn die Völker, die von meinen
Vätern vernichtet wurden, von ihren Göttern gerettet worden, die
Völker von Gosan, Haran und Rezef, die Söhne von Eden, die in
Telassar wohnten? 13 Wo ist der König von Hamat, der König von
Arpad, der König der Stadt Sefarwajim, wo sind die Könige von Hena
und Awa?

Das Gebet des Königs

14 Hiskija nahm das Schreiben von den Boten in Empfang und las es.
Dann ging er zum Haus des Herrn hinauf, breitete das Schreiben vor
dem Herrn aus und 15 betete zum Herrn.
Er sagte: 16 Herr der Heere, Gott Israels, der über den Kerubim thront,
du allein bist der Gott aller Reiche der Erde. Du hast den Himmel und
die Erde gemacht.
17 Wende mir dein Ohr zu, Herr, und höre! Öffne, Herr, deine Augen
und sieh her! Hör alles, was Sanherib sagt, der seinen Boten herge-
sandt hat, um den lebendigen Gott zu verhöhnen. 18 Es ist wahr, Herr,
die Könige von Assur haben alle Völker vernichtet und ihre Länder
verwüstet 19 und ihre Götter ins Feuer geworfen. Aber das waren keine
Götter, sondern Werke von Menschenhand, aus Holz und Stein;
darum konnte man sie vernichten. 20 Nun aber, Herr, unser Gott, rette
uns aus seiner Hand, damit alle Reiche der Erde erkennen, daß du,
Jahwe, Gott bist, du allein.

Die Verheißung der göttlichen Hilfe

21 Jesaja, der Sohn des Amoz, schickte zu Hiskija einen Boten und ließ
ihm sagen: So spricht der Herr, der Gott Israels: Ich habe gehört, wie
du wegen des Königs Sanherib von Assur zu mir gebetet hast. 22 Das
ist das Wort des Herrn gegen ihn:
Dich verachtet, dich verspottet / die Jungfrau, die Tochter Zion.
Die Tochter Jerusalem / schüttelt spöttisch den Kopf über dich.
23 Wen hast du beschimpft und verhöhnt, / gegen wen die Stimme
erhoben, auf wen voll Hochmut herabgeblickt? / Auf den Heiligen
Israels.
24 Durch deine Gesandten hast du den Herrn verhöhnt; / du hast
gesagt:
Mit meinen zahlreichen Wagen fuhr ich auf die Höhen der Berge, / in
die fernsten Winkel des Libanon.
Ich fällte seine hohen Zedern, / seine schönsten Zypressen,
kam bis zu seinen entlegensten Höhen, / in das Dickicht seiner
Wälder.
25 Ich habe Brunnen gegraben / und fremdes Wasser getrunken.
Ich ließ unter dem Schritt meiner Füße / alle Ströme Ägyptens ver-
trocknen.
26 Hast du es nicht gehört? / Schon vor langer Zeit habe ich es so
gefügt,
seit den Tagen der Vorzeit habe ich es so geplant, / jetzt ließ ich es
kommen.
So konntest du befestigte Städte zerstören / und in Trümmer ver-
wandeln.
27 Ihre Bewohner waren machtlos, / in Schrecken und Schande
gestoßen.
Sie glichen den Pflanzen auf dem Feld, / dem frischen Grün,
dem Gras auf den Dächern, / das im Ostwind verdorrt.
28 Ich weiß, ob du ruhst, ob du gehst oder kommst, / ob du dich gegen
mich auflehnst.
29 Weil du gegen mich wütest / und dein Lärm meine Ohren erreicht
hat, ziehe ich dir einen Ring durch die Nase / und lege dir einen Zaum
in das Maul.
Auf dem Weg, auf dem du herankamst, / treibe ich dich wieder zurück.
30 Und das soll für dich (Hiskija) ein Vorzeichen sein: In diesem Jahr
ißt man, was von selbst nachwächst, im nächsten Jahr, was wild
wächst; im dritten Jahr aber sollt ihr wieder säen und ernten, die Wein-
berge bepflanzen und ihre Früchte genießen. 31 Wer vom Haus Juda
entronnen und übriggeblieben ist, wird unten wieder Wurzeln treiben
und oben Frucht tragen. 32 Denn von Jerusalem wird ein Rest (in das
Land) hinausziehen, vom Berg Zion ziehen die Geretteten hinaus. Der
leidenschaftliche Eifer des Herrn der Heere vollbringt das. 33 Darum –
so spricht der Herr über den König von Assur: Er wird nicht in diese
Stadt eindringen; er wird keinen einzigen Pfeil hineinschießen, er
wird nicht unter dem Schutz seines Schildes gegen sie anrennen und
wird keinen Damm gegen sie aufschütten. 34 Auf dem Weg, auf dem er
gekommen ist, wird er wieder zurückkehren. Aber in diese Stadt wird
er nicht eindringen – Spruch des Herrn. 35 Ich werde diese Stadt
beschützen und retten, um meinetwillen und um meines Knechtes
David willen.

Die Rettung der Stadt

36 In jener Nacht zog der Engel des Herrn aus und erschlug im Lager
der Assyrer hundertfünfundachtzigtausend Mann. Als man am näch-
sten Morgen aufstand, fand man sie alle als Leichen. 37 Da brach San-
herib, der König von Assur, auf und kehrte in sein Land zurück. Er
blieb in Ninive. 38 Als er eines Tages im Tempel seines Gottes Nisroch
betete, erschlugen ihn seine Söhne Adrammelech und Sarezer mit
dem Schwert. Darauf mußten sie in das Land Ararat fliehen, und San-
heribs Sohn Asarhaddon wurde an seiner Stelle König.

Weitere Nachrichten über Jesaja und Hiskija

Die Krankheit Hiskijas

38 In jenen Tagen wurde Hiskija schwer krank und war dem
Tod nahe. Der Prophet Jesaja, der Sohn des Amoz, kam zu
ihm und sagte: So spricht der Herr: Bestell dein Haus; denn du wirst
sterben, du wirst nicht am Leben bleiben.
2 Da drehte sich Hiskija mit dem Gesicht zur Wand und betete zum
Herrn: 3 Ach Herr, denk daran, daß ich mein Leben lang treu und mit
aufrichtigem Herzen meinen Weg vor deinen Augen gegangen bin
und daß ich immer getan habe, was dir gefällt. Und Hiskija begann
laut zu weinen.
4 Da erging das Wort des Herrn an Jesaja: 5 Geh zu Hiskija, und sag zu
ihm: So spricht der Herr, der Gott deines Vaters David:
Ich habe dein Gebet gehört und deine Tränen gesehen. Ich will zu dei-
ner Lebenszeit noch fünfzehn Jahre hinzufügen. 6 [Und ich will dich
und diese Stadt aus der Gewalt des Königs von Assur retten und diese
Stadt beschützen.] 7 Das soll für dich das Zeichen des Herrn sein, daß
der Herr sein Versprechen halten wird: 8 Siehe, ich lasse den Schatten,
der auf den Stufen des Ahas bereits herabgestiegen ist, wieder zehn
Stufen hinaufsteigen. Da stieg der Schatten auf den Stufen, die er
bereits herabgestiegen war, wieder zehn Stufen hinauf.

Das Danklied Hiskijas

9 Ein Lied, das König Hiskija von Juda verfaßt hat, als er nach seiner
Krankheit wieder genesen war:
10 Ich sagte: In der Mitte meiner Tage / muß ich hinab zu den Pforten
der Unterwelt, / man raubt mir den Rest meiner Jahre.
11 Ich sagte: Ich darf den Herrn nicht mehr schauen / im Land der
Lebenden, keinen Menschen mehr sehen / bei den Bewohnern der
Erde.

12 Meine Hütte bricht man über mir ab, / man schafft sie weg wie das Zelt eines Hirten.
Wie ein Weber hast du mein Leben zu Ende gewoben, / du schneidest mich ab wie ein fertig gewobenes Tuch.
Vom Anbruch des Tages bis in die Nacht / gibst du mich völlig preis;
13 bis zum Morgen schreie ich um Hilfe. / Wie ein Löwe zermalmt er all meine Knochen.
14 Ich zwitschere wie eine Schwalbe, / ich gurre wie eine Taube.
Meine Augen blicken ermattet nach oben: / Ich bin in Not, Herr. Steh mir bei!
15 Was kann ich ihm sagen, was soll ich reden, / da er es selber getan hat?
Es flieht mich der Schlaf; / denn meine Seele ist verbittert.
16 Herr, ich vertraue auf dich; / du hast mich geprüft. / Mach mich gesund, und laß mich wieder genesen!
17 Du hast mich aus meiner bitteren Not gerettet, / du hast mich vor dem tödlichen Abgrund bewahrt; / denn all meine Sünden warfst du hinter deinen Rücken.
18 Ja, in der Unterwelt dankt man dir nicht, / die Toten loben dich nicht; wer ins Grab gesunken ist, / kann nichts mehr von deiner Güte erhoffen.
19 Nur die Lebenden danken dir, / wie ich am heutigen Tag. / Von deiner Treue erzählt der Vater den Kindern.
20 Der Herr war bereit, mir zu helfen; / wir wollen singen und spielen im Haus des Herrn, / solange wir leben.

Ein Nachtrag über die Krankheit Hiskijas

21 Darauf sagte Jesaja: Man hole einen Feigenbrei und streiche ihn auf
das Geschwür, damit der König gesund wird. 22 Hiskija aber fragte
Jesaja: Was ist das Zeichen dafür, daß ich wieder zum Haus des Herrn hinaufgehen werde?

Die Gesandtschaft aus Babel

39 Damals sandte Merodach-Baladan, der Sohn Baladans, der König von Babel, einen Brief und Geschenke an Hiskija; denn er hatte von seiner Krankheit und von seiner Genesung gehört.
2 Hiskija freute sich darüber und zeigte den Gesandten sein Schatzhaus, das Silber und das Gold, die Vorräte an Balsam und feinem Öl, sein ganzes Waffenlager und alle anderen Schätze, die er besaß. Es gab nichts in seinem Haus und in seinem ganzen Herrschaftsbereich, das
er ihnen nicht gezeigt hätte. 3 Danach kam der Prophet Jesaja zu König
Hiskija und fragte ihn: Was haben diese Männer gesagt? Woher kamen sie? Hiskija antwortete: Sie sind aus einem fernen Land, aus Babel, zu
mir gekommen. 4 Er fragte weiter: Was haben sie in deinem Haus gesehen? Hiskija antwortete: Sie haben alles gesehen, was in meinem Haus ist. Es gibt nichts in meinen Schatzkammern, das ich ihnen nicht
gezeigt hätte. 5 Da sagte Jesaja zu Hiskija: Höre das Wort des Herrn der
Heere: 6 Es werden Tage kommen, an denen man alles, was in deinem Haus ist, alles, was deine Väter bis zum heutigen Tag angesammelt haben, nach Babel bringt. Nichts wird übrigbleiben, spricht der Herr.
7 Auch von deinen eigenen Söhnen, die du noch bekommen wirst, wird man einige mitnehmen, und sie werden als Kämmerer im Palast des
Königs von Babel dienen müssen. 8 Hiskija sagte zu Jesaja: Das Wort des Herrn, das du mir gesagt hast, ist gut. Und er dachte: Zu meinen Lebzeiten herrscht ja noch Friede und Sicherheit.

II. Teil
Der zweite Jesaja (Deuterojesaja)

Einleitung: Die Verheißung der Heimkehr

40 Tröstet, tröstet mein Volk, / spricht euer Gott.
2 Redet Jerusalem zu Herzen / und verkündet der Stadt,
daß ihr Frondienst zu Ende geht, / daß ihre Schuld beglichen ist;
denn sie hat die volle Strafe erlitten / von der Hand des Herrn / für all ihre Sünden.
3 Eine Stimme ruft: / Bahnt für den Herrn einen Weg durch die Wüste!
Baut in der Steppe eine ebene Straße / für unseren Gott!
4 Jedes Tal soll sich heben, / jeder Berg und Hügel sich senken.
Was krumm ist, soll gerade werden, / und was hüglig ist, werde eben.
5 Dann offenbart sich die Herrlichkeit des Herrn, / alle Sterblichen werden sie sehen. / Ja, der Mund des Herrn hat gesprochen.
6 Eine Stimme sagte: Verkünde! / Ich fragte: Was soll ich verkünden?
Alles Sterbliche ist wie das Gras, / und all seine Schönheit ist wie die Blume auf dem Feld.
7 Das Gras verdorrt, die Blume verwelkt, / wenn der Atem des Herrn darüberweht. / Wahrhaftig, Gras ist das Volk.
8 Das Gras verdorrt, die Blume verwelkt, / doch das Wort unseres Gottes bleibt in Ewigkeit.
9 Steig auf einen hohen Berg, / Zion, du Botin der Freude!
Erheb deine Stimme mit Macht, / Jerusalem, du Botin der Freude!
Erheb deine Stimme, fürchte dich nicht! / Sag den Städten in Juda: / Seht, da ist euer Gott.
10 Seht, Gott der Herr, kommt mit Macht, / er herrscht mit starkem Arm.
Seht, er bringt seinen Siegespreis mit: / Alle, die er gewonnen hat, gehen vor ihm her.
11 Wie ein Hirt führt er seine Herde zur Weide, / er sammelt sie mit starker Hand.
Die Lämmer trägt er auf dem Arm, / die Mutterschafe führt er behutsam.

Preis der Erhabenheit Gottes

12 Wer mißt das Meer mit der hohlen Hand? / Wer kann mit der ausgespannten Hand den Himmel vermessen? / Wer mißt den Staub der Erde mit einem Scheffel?
Wer wiegt die Berge mit einer Waage / und mit Gewichten die Hügel?
13 Wer bestimmt den Geist des Herrn? / Wer kann sein Berater sein und ihn unterrichten?
14 Wen fragt er um Rat, / und wer vermittelt ihm Einsicht?
Wer kann ihn über die Pfade des Rechts belehren? / Wer lehrt ihn das Wissen / und zeigt ihm den Weg der Erkenntnis?
15 Seht, die Völker sind wie ein Tropfen am Eimer, / sie gelten soviel wie ein Stäubchen auf der Waage. / Ganze Inseln wiegen nicht mehr als ein Sandkorn.
16 Der Libanon reicht nicht aus für das Brennholz, / sein Wild genügt nicht für die Opfer.
17 Alle Völker sind vor Gott wie ein Nichts, / für ihn sind sie wertlos und nichtig.
18 Mit wem wollt ihr Gott vergleichen / und welches Bild an seine Stelle setzen?
19 Der Handwerker gießt ein Götterbild, / der Goldschmied überzieht es mit Gold / und fertigt silberne Ketten dazu.
20 Wer arm ist, wählt für ein Weihegeschenk / ein Holz, das nicht fault; er sucht einen fähigen Meister, / der ihm das Götterbild aufstellt, / so daß es nicht wackelt.
41,6 Dabei hilft einer dem andern; / er sagt zu seinem Bruder: Pack an!
7 So ermuntert der Handwerker den Goldschmied, / der, der glättet, den Schmied am Amboß;
er sagt: Die Lötung ist gut!, / dann befestigt er das Ganze mit Nägeln, / damit es nicht wackelt.
40,21 Wißt ihr es nicht, hört ihr es nicht, / war es euch nicht von Anfang an bekannt?
Habt ihr es nicht immer wieder erfahren / seit der Grundlegung der Erde?
22 Er ist es, der über dem Erdenrund thront; / wie Heuschrecken sind ihre Bewohner.

Wie einen Schleier spannt er den Himmel aus, / er breitet ihn aus wie
ein Zelt zum Wohnen.
23 Er macht die Fürsten zunichte, / er nimmt den Richtern der Erde
jeden Einfluß.
24 Kaum sind sie gesät und gepflanzt, / kaum wurzelt ihr Stamm in der
Erde, da bläst er sie an, so daß sie verdorren; / der Sturm trägt sie fort
wie Spreu.
25 Mit wem wollt ihr mich vergleichen? / Wem sollte ich ähnlich sein?,
spricht der Heilige.
26 Hebt eure Augen in die Höhe, und seht: / Wer hat die (Sterne) dort
oben erschaffen?
Er ist es, der ihr Heer täglich zählt und heraufführt, / der sie alle beim
Namen ruft.
Vor dem Allgewaltigen und Mächtigen / wagt keiner zu fehlen.
27 Jakob, warum sagst du, / Israel, warum sprichst du:
Mein Weg ist dem Herrn verborgen, / meinem Gott entgeht mein
Recht?
28 Weißt du es nicht, hörst du es nicht? / Der Herr ist ein ewiger Gott, /
der die weite Erde erschuf.
Er wird nicht müde und matt, / unergründlich ist seine Einsicht.
29 Er gibt dem Müden Kraft, / dem Kraftlosen verleiht er große Stärke.
30 Die Jungen werden müde und matt, / junge Männer stolpern und
stürzen.
31 Die aber, die dem Herrn vertrauen, / schöpfen neue Kraft, / sie
bekommen Flügel wie Adler.
Sie laufen und werden nicht müde, / sie gehen und werden nicht matt.

Das Gericht über die Völker

Die Berufung des Kyrus

41 Ihr Inseln, hört schweigend auf mich, / ihr Völker, wartet auf
mich!
Sie sollen kommen und ihre Sache vortragen, / wir wollen vor Gericht
gehen, alle zusammen.
2 Wer hat im Osten den geweckt, / dem Gerechtigkeit folgt auf Schritt
und Tritt?
Wer gibt ihm die Völker preis / und unterwirft ihm die Könige?
Sein Schwert macht sie zu Staub, / sein Bogen macht sie zu Spreu, die
verweht.
3 Er verfolgt sie, rückt unversehrt vor, / berührt kaum mit den Füßen
den Weg.
4 Wer hat das bewirkt und vollbracht? / Er, der von Anfang an die Gene-
rationen (ins Dasein) rief.
Ich, der Herr, bin der Erste, / und noch bei den Letzten bin ich derselbe.
5 Die Inseln sehen es und geraten in Furcht, / die Enden der Erde erzit-
tern; / sie nähern sich und kommen herbei.

Trost für Israel

8 Du, mein Knecht Israel, / du, Jakob, den ich erwählte, / Nachkomme
meines Freundes Abraham:
9 Ich habe dich von den Enden der Erde geholt, / aus ihrem äußersten
Winkel habe ich dich gerufen.
Ich habe zu dir gesagt: Du bist mein Knecht, / ich habe dich erwählt
und dich nicht verschmäht.
10 Fürchte dich nicht, denn ich bin mit dir; / hab keine Angst, denn ich
bin dein Gott.
Ich helfe dir, ja, ich mache dich stark, / ja, ich halte dich mit meiner
hilfreichen Rechten.
11 Schmach und Schande kommt über alle, / die sich über dich erhitzen.
Die Männer, die mit dir streiten, / werden zunichte und gehen
zugrunde.
12 Du wirst sie suchen, aber nicht mehr finden, / die Männer, die mit
dir zanken.
Sie werden zunichte und finden ihr Ende, / die Männer, die dich
bekriegen.
13 Denn ich bin der Herr, dein Gott, / der deine rechte Hand ergreift
und der zu dir sagt: Fürchte dich nicht, / ich werde dir helfen.
14 Fürchte dich nicht, du armer Wurm Jakob, / du Würmlein Israel!
Ich selber werde dir helfen – Spruch des Herrn. / Der Heilige Israels
löst dich aus.
15 Zu einem Dreschschlitten mache ich dich, / zu einem neuen Schlit-
ten mit vielen Schneiden.
Berge wirst du dreschen und sie zermalmen, / und Hügel machst du
zu Spreu.
16 Du worfelst sie, und es verweht sie der Wind, / es zerstreut sie der
Sturm.
Du aber jubelst über den Herrn, / du rühmst dich des Heiligen Israels.

Der wunderbare Auszug aus Babel

17 Die Elenden und Armen suchen Wasser, / doch es ist keines da; / ihre
Zunge vertrocknet vor Durst.
Ich, der Herr, will sie erhören, / ich, der Gott Israels, verlasse sie nicht.
18 Auf den kahlen Hügeln lasse ich Ströme hervorbrechen / und Quel-
len inmitten der Täler.
Ich mache die Wüste zum Teich / und das ausgetrocknete Land zur
Oase.
19 In der Wüste pflanze ich Zedern, / Akazien, Ölbäume und Myrten.
In der Steppe setze ich Zypressen, / Platanen und auch Eschen.
20 Dann werden alle sehen und erkennen, / begreifen und verstehen,
daß die Hand des Herrn das alles gemacht hat, / daß der Heilige Isra-
els es erschaffen hat.

Die Nichtigkeit der heidnischen Götter

21 Bringt eure Sache vor, spricht der Herr, / schafft eure Beweise her-
bei, spricht Jakobs König.
22 Sie sollen vorbringen und uns kundtun, / was sich ereignen wird.
Was bedeutet das Vergangene? Teilt es uns mit, / damit auch wir unse-
ren Sinn darauf richten.
Oder laßt uns das Zukünftige hören, / damit wir das Ende erfahren.
23 Tut kund, was später noch kommt, / damit wir erkennen: Ja, ihr
seid Götter.
Ja, tut Gutes oder Böses, / damit wir alle zusammen es sehen und
staunen.
24 Seht, ihr seid nichts, / euer Tun ist ein Nichts; / einen Greuel wählt,
wer immer euch wählt.
25 Ich habe ihn im Norden geweckt, und er kam; / im Osten habe ich
ihn beim Namen gerufen.
Er hat die Fürsten wie Lehm zertreten, / wie ein Töpfer den Ton
stampft.
26 Wer hat es kundgetan von Anfang an, / so daß wir es wußten?
Wer hat es im voraus kundgetan, / so daß wir sagen konnten: Es ist
richtig? Niemand hat es kundgetan, / niemand hat es gemeldet, / kei-
ner hörte von euch ein einziges Wort.
27 Ich habe Zion als erster (gesagt): / Sieh her, da ist es!, / und habe
Jerusalem einen Freudenboten geschickt.
28 Ich blickte umher, doch niemand war da, / keiner von diesen hier
konnte mir raten / und Antwort geben auf meine Fragen.
29 Seht her: Sie alle sind nichts, / ihr Tun ist ein Nichts; / windig und
wesenlos sind die Bilder der Götter.

Das erste Lied vom Gottesknecht

42 Seht, das ist mein Knecht, den ich stütze; / das ist mein
Erwählter, an ihm finde ich Gefallen.
Ich habe meinen Geist auf ihn gelegt, / er bringt den Völkern das
Recht.

2 Er schreit nicht und lärmt nicht / und läßt seine Stimme nicht auf der
Straße erschallen.
3 Das geknickte Rohr zerbricht er nicht, / und den glimmenden Docht
löscht er nicht aus; / ja, er bringt wirklich das Recht.
4 Er wird nicht müde und bricht nicht zusammen, / bis er auf der Erde
das Recht begründet hat. / Auf sein Gesetz warten die Inseln.
5 So spricht Gott, der Herr, / der den Himmel erschaffen und ausgespannt hat, / der die Erde gemacht hat und alles, was auf ihr wächst,
der den Menschen auf der Erde den Atem verleiht / und allen, die auf ihr leben, den Geist:
6 Ich, der Herr, habe dich aus Gerechtigkeit gerufen, / ich fasse dich an
der Hand.
Ich habe dich geschaffen und dazu bestimmt, / der Bund für mein Volk / und das Licht für die Völker zu sein:
7 blinde Augen zu öffnen, / Gefangene aus dem Kerker zu holen
und alle, die im Dunkel sitzen, / aus ihrer Haft zu befreien.
8 Ich bin Jahwe, das ist mein Name; / ich überlasse die Ehre, die mir
gebührt, keinem andern, / meinen Ruhm nicht den Götzen.
9 Seht, das Frühere ist eingetroffen, / Neues kündige ich an.
Noch ehe es zum Vorschein kommt, / mache ich es euch bekannt.

Verheißung des Auszugs aus Babel

Der Sieg Gottes

10 Singt dem Herrn ein neues Lied, / verkündet seinen Ruhm bis ans Ende der Erde!
Es jauchze das Meer und alles, was es erfüllt, / die Inseln und ihre Bewohner.
11 Die Wüste und ihre Städte sollen sich freuen, / die Dörfer, die Kedar
bewohnt.
Die Bewohner von Sela sollen singen vor Freude / und jubeln auf den Gipfeln der Berge.
12 Sie sollen die Herrlichkeit des Herrn verkünden, / seinen Ruhm auf
den Inseln verbreiten.
13 Der Herr zieht in den Kampf wie ein Held, / er entfacht seine Leidenschaft wie ein Krieger.
Er erhebt den Schlachtruf und schreit, / er zeigt sich als Held gegenüber den Feinden.
14 Ich hatte sehr lange geschwiegen, / ich war still und hielt mich
zurück.
Wie eine Gebärende will ich nun schreien, / ich schnaube und schnaufe.
15 Die Berge und Hügel dörre ich aus / und lasse ihr Gras völlig vertrocknen.
Flüsse mache ich zu festem Boden, / und Teiche lege ich trocken.
16 Blinde führe ich auf Wegen, die sie nicht kennen, / auf unbekannten
Pfaden lasse ich sie wandern.
Die Finsternis vor ihren Augen mache ich zu Licht; / was krumm ist, mache ich gerade.
Das sind die Taten, die ich vollbrachte, / und ich lasse davon nicht mehr ab.
17 Alle müssen weichen und werden beschämt, / die auf Götzenbilder
vertrauen,
die zu gegossenen Bildern sagen: / Ihr seid unsere Götter.

Israel, der blinde und taube Knecht Gottes

18 Ihr, die ihr taub seid, hört, / ihr Blinden, blickt auf, und seht her!
19 Wer ist so blind wie mein Knecht / und so taub wie der Bote, den ich
sende?
Wer ist so blind wie mein Vertrauter / und so taub wie der Knecht des Herrn?
20 Vieles sieht er, aber er beachtet es nicht; / die Ohren hat er offen und
hört doch nicht.
21 Der Herr hatte um seiner Gerechtigkeit willen beschlossen, / das
Gesetz groß und herrlich zu machen.
22 Doch jetzt sind sie ein beraubtes, ausgeplündertes Volk; / alle sind in
den Kerker geworfen, ins Gefängnis gesperrt.
Sie wurden als Beute verschleppt, / und kein Retter war da;
sie wurden ausgeplündert, und niemand sagte: / Gib es zurück!
23 Wer von euch vernimmt diese Worte, / wer merkt auf und hört künftig darauf?
24 Wer lieferte Jakob den Plünderern aus / und Israel den Räubern?
Hat nicht der Herr es getan, / gegen den wir gesündigt hatten?
Sie wollten nicht auf seinen Wegen gehen, / sie hörten nicht auf sein Gesetz.
25 Da goß er über sie seinen glühenden Zorn aus / und den Schrecken
des Krieges:
Ringsum hat er sie umlodert, / doch sie merkten es nicht;
du hast sie in Brand gesetzt, / doch sie nahmen es sich nicht zu Herzen.

Die Heimkehr Israels

43 Jetzt aber – so spricht der Herr, / der dich geschaffen hat,
Jakob, / und der dich geformt hat, Israel:
Fürchte dich nicht, denn ich habe dich ausgelöst, / ich habe dich beim
Namen gerufen, / du gehörst mir.
2 Wenn du durchs Wasser schreitest, bin ich bei dir, / wenn durch
Ströme, dann reißen sie dich nicht fort.
Wenn du durchs Feuer gehst, wirst du nicht versengt, / keine Flamme wird dich verbrennen.
3 Denn ich, der Herr, bin dein Gott, / ich, der Heilige Israels, bin dein
Retter.
Ich gebe Ägypten als Kaufpreis für dich, / Kusch und Seba gebe ich für dich.
4 Weil du in meinen Augen teuer und wertvoll bist / und weil ich dich
liebe,
gebe ich für dich ganze Länder / und für dein Leben ganze Völker.
5 Fürchte dich nicht, denn ich bin mit dir. / Vom Osten bringe ich deine
Kinder herbei, / vom Westen her sammle ich euch.
6 Ich sage zum Norden: Gib her!, / und zum Süden: Halt nicht zurück!
Führe meine Söhne heim aus der Ferne, / meine Töchter vom Ende der Erde!
7 Denn jeden, der nach meinem Namen benannt ist, / habe ich zu meiner Ehre erschaffen, / geformt und gemacht.

Gott, der einzige Retter

8 Bringt das Volk her, das blind ist, obwohl es Augen hat, / und taub,
obwohl es Ohren hat.
9 Alle Völker sollen sich versammeln, / die Nationen sollen zusammenkommen.
Wer von ihnen kündigt dies an, / und wer kann uns sagen, was früher war?
Sie sollen ihre Zeugen stellen, / damit sie recht bekommen, / damit man (die Zeugen) hört und sagt: Es ist wahr.
10 Ihr seid meine Zeugen – Spruch des Herrn – / und auch mein
Knecht, den ich erwählte,
damit ihr erkennt und mir glaubt / und einseht, daß ich es bin.
Vor mir wurde kein Gott erschaffen, / und auch nach mir wird es keinen geben.
11 Ich bin Jahwe, ich, / und außer mir gibt es keinen Retter.
12 Ich habe es selbst angekündet und euch gerettet, / ich habe es euch
zu Gehör gebracht.
Kein fremder (Gott) ist bei euch gewesen. / Ihr seid meine Zeugen – Spruch des Herrn.
Ich allein bin Gott; / 13 auch künftig werde ich es sein.
Niemand kann mir etwas entreißen. / Ich handle. Wer kann es rückgängig machen?

Der Weg durch die Wüste
14 So spricht der Herr, euer Erlöser, / der Heilige Israels:
Um euretwillen schicke ich (Boten) nach Babel / und reiße alle Riegel
heraus, / die Chaldäer aber werden mit Ketten gefesselt.
15 Ich bin der Herr, euer Heiliger, / euer König, Israels Schöpfer.
16 So spricht der Herr, der einen Weg durchs Meer bahnt, / einen Pfad
durch das gewaltige Wasser,
17 der Wagen und Rosse ausziehen läßt, / zusammen mit einem mäch-
tigen Heer;
doch sie liegen am Boden und stehen nicht mehr auf, / sie sind erlo-
schen und verglüht wie ein Docht.
18 Denkt nicht mehr an das, was früher war; / auf das, was vergangen
ist, sollt ihr nicht achten.
19 Seht her, nun mache ich etwas Neues. / Schon kommt es zum Vor-
schein, merkt ihr es nicht?
Ja, ich lege einen Weg an durch die Steppe / und Straßen durch die
Wüste.
20 Die wilden Tiere werden mich preisen, / die Schakale und Strauße,
denn ich lasse in der Steppe Wasser fließen / und Ströme in der Wüste, /
um mein Volk, mein erwähltes, zu tränken.
21 Das Volk, das ich mir erschaffen habe, / wird meinen Ruhm verkün-
den.

Die Schuld Israels und die Gnade Gottes
22 Jakob, du hast mich nicht gerufen, / Israel, du hast dir mit mir keine
Mühe gemacht.
23 Du brachtest mir keine Lämmer als Brandopfer dar, / und mit
Schlachtopfern hast du mich nicht geehrt.
Ich habe dich nicht zu Speiseopfern gezwungen / und von dir keinen
Weihrauch gefordert / und dich dadurch geplagt.
24 Du hast mir für dein Geld kein Gewürzrohr gekauft / und hast mich
nicht gelabt mit dem Fett deiner Opfer.
Nein, du hast mir mit deinen Sünden Arbeit gemacht, / mit deinen
üblen Taten hast du mich geplagt.
25 Ich, ich bin es, der um meinetwillen deine Vergehen auslöscht, / ich
denke nicht mehr an deine Sünden.
26 Lade mich vor, gehen wir miteinander vor Gericht; / verteidige dich,
damit du recht bekommst.
27 Schon dein Urahn hat gesündigt; / deine Anführer sind mir untreu
geworden;
28 deine Fürsten haben mein Heiligtum entweiht. / Darum habe ich
Jakob preisgegeben, / damit man es dem Untergang weiht, / und
Israel, damit man es verspottet.

Die Ausgießung des Geistes
44 Jetzt aber höre, Jakob, mein Knecht, / Israel, den ich er-
wählte.
2 So spricht der Herr, dein Schöpfer, / der dich im Mutterleib geformt
hat, der dir hilft: Fürchte dich nicht, Jakob, mein Knecht, / du, Jeschu-
run, den ich erwählte.
3 Denn ich gieße Wasser auf den dürstenden Boden, / rieselnde Bäche
auf das trockene Land.
Ich gieße meinen Geist über deine Nachkommen aus / und meinen
Segen über deine Kinder.
4 Dann sprossen sie auf wie das Schilfgras, / wie Weidenbäume an
Wassergräben.
5 Der eine sagt: Ich gehöre dem Herrn. / Ein anderer benennt sich mit
dem Namen Jakobs.
Einer schreibt auf seine Hand: Für den Herrn. / Ein anderer wird
ehrenvoll mit dem Namen Israel benannt.

Gottes Ewigkeit und Einzigkeit
6 So spricht der Herr, Israels König, / sein Erlöser, der Herr der Heere:
Ich bin der Erste, ich bin der Letzte, / außer mir gibt es keinen Gott.
7 Wer ist mir gleich? Er soll sich melden, / er tue es mir kund und

Alfred Kubin
Adoration
(1901/02)
»Ein Nichts sind alle, die ein Götterbild formen; ihre geliebten Götzen nützen nichts« (Jes 44,9). Die Anbetungsszene des österreichischen Graphikers und Schriftstellers Alfred Kubin ist von ähnlichem Hohn erfüllt wie die Verse des Propheten. Wie verblendet ist ein Mensch, der Hilfe bei einem gefräßigen, übersättigten Scheusal sucht! Die Tiergestalt, die Kubin dem »Götzen« gibt, verweist auf den im Altertum verbreiteten Tierkult und die vergötterten Mischwesen aus Mensch und Tier, der Wanst kennzeichnet ihn als Moloch. Während hier noch eine karikierende Darstellungsweise vorherrscht, gewinnt das Dämonische in Kubins weiterem Schaffen die Gestalt von Schreckensvisionen, die das Bild der Wirklichkeit ins Spukhafte deformiert.

beweise es mir. Wer hat von Anfang an die Zukunft verkündet? / Sie
sollen uns sagen, was alles noch kommt.
8 Erschreckt nicht, und fürchtet euch nicht! / Habe ich es euch nicht
schon längst zu Gehör gebracht und verkündet?
Ihr seid meine Zeugen: Gibt es einen Gott außer mir? / Es gibt keinen
Fels außer mir, ich kenne keinen.

Die Hilflosigkeit der Götzen
9 Ein Nichts sind alle, die ein Götterbild formen; / ihre geliebten Göt-
zen nützen nichts.
Wer sich zu seinen Göttern bekennt, sieht nichts, / ihm fehlt es an Ein-
sicht; darum wird er beschämt.
10 Wer sich einen Gott macht / und sich ein Götterbild gießt, / hat kei-
nen Nutzen davon.
11 Seht her, alle, die sich ihm anschließen, werden beschämt, / die
Schmiede sind nichts als Menschen.
Sie sollen sich alle versammeln und vor mich treten; / dann werden sie
alle von Schrecken gepackt und beschämt.
12 Der Schmied facht die Kohlenglut an, / er formt (das Götterbild) mit
seinem Hammer / und bearbeitet es mit kräftigem Arm.
Dabei wird er hungrig und hat keine Kraft mehr. / Trinkt er kein Was-
ser, so wird er ermatten.

13 Der Schnitzer mißt das Holz mit der Meßschnur, / er entwirft das
Bild mit dem Stift / und schnitzt es mit seinem Messer;
er umreißt es mit seinem Zirkel / und formt die Gestalt eines Mannes,
das prächtige Bild eines Menschen; / in einem Haus soll es wohnen.
14 Man fällt eine Zeder, wählt eine Eiche / oder sonst einen mächtigen
Baum, den man stärker werden ließ / als die übrigen Bäume im Wald.
Oder man pflanzt einen Lorbeerbaum, / den der Regen groß werden läßt.
15 Das Holz nehmen die Menschen zum Heizen; / man macht ein
Feuer und wärmt sich daran.
Auch schürt man das Feuer und bäckt damit Brot. / Oder man schnitzt
daraus einen Gott / und wirft sich nieder vor ihm;
man macht ein Götterbild / und fällt vor ihm auf die Knie.
16 Den einen Teil des Holzes wirft man ins Feuer / und röstet Fleisch in
der Glut / und sättigt sich an dem Braten.
Oder man wärmt sich am Feuer und sagt: / Oh, wie ist mir warm! Ich
spüre die Glut.
17 Aus dem Rest des Holzes aber macht man sich einen Gott, / ein Göt-
terbild, vor das man sich hinkniet,
zu dem man betet und sagt: / Rette mich, du bist doch mein Gott!
18 Unwissend sind sie und ohne Verstand; / denn ihre Augen sind ver-
klebt, sie sehen nichts mehr, / und ihr Herz wird nicht klug.
19 Sie überlegen nichts, / sie haben keine Erkenntnis und Einsicht, / so
daß sie sich sagen würden:
Den einen Teil habe ich ins Feuer geworfen, / habe Brot in der Glut
gebacken / und Fleisch gebraten und es gegessen.
Aus dem Rest des Holzes aber habe ich mir / einen abscheulichen Göt-
zen gemacht, / und nun knie ich nieder vor einem Holzklotz.
20 Wer Asche hütet, / den hat sein Herz verführt und betrogen.
Er wird sein Leben nicht retten / und wird nicht sagen: / Ich halte ja nur
ein Trugbild in meiner rechten Hand.

Die Erlösung Israels

21 Denk daran, Jakob, und du, Israel, / daß du mein Knecht bist.
Ich habe dich geschaffen, du bist mein Knecht; / Israel, ich vergesse
dich nicht.
22 Ich fege deine Vergehen hinweg wie eine Wolke / und deine Sünden
wie Nebel. / Kehr um zu mir; denn ich erlöse dich.
23 Jauchzt, ihr Himmel, denn der Herr hat gehandelt; / jubelt, ihr
Tiefen der Erde!
Brecht in Jubel aus, ihr Berge, / ihr Wälder mit all euren Bäumen!
Denn der Herr hat Jakob erlöst / und an Israel bewiesen, wie herrlich
er ist.

Die Ankündigung der Befreiung durch Kyrus

Die Berufung und die Aufgabe des Kyrus

24 So spricht der Herr, dein Erlöser, / der dich im Mutterleib geformt hat:
Ich bin der Herr, der alles bewirkt, / der ganz allein den Himmel aus-
gespannt hat, / der die Erde gegründet hat aus eigener Kraft,
25 der das Wirken der Zauberer vereitelt / und die Wahrsager zu Narren
macht,
der die Weisen zum Rückzug zwingt / und ihre Klugheit als Dummheit
entlarvt,
26 der das Wort seiner Knechte erfüllt / und den Plan ausführt, den
seine Boten verkünden,
der zu Jerusalem sagt: Du wirst wieder bewohnt!, / und zu den Städten
Judas: Ihr werdet wieder aufgebaut werden, / ich baue eure Ruinen
wieder auf!,
27 der zum tiefen Meer sagt: Trockne aus, / ich lasse deine Fluten ver-
siegen!,
28 der zu Kyrus sagt: Mein Hirt – / alles, was ich will, wird er vollen-
den!, er zu Jerusalem sagt: Du wirst wieder aufgebaut werden!, / und
zum Tempel: Du wirst wieder dastehen.

45 So spricht der Herr zu Kyrus, seinem Gesalbten, / den er an
der rechten Hand gefaßt hat,
um ihm die Völker zu unterwerfen, um die Könige zu entwaffnen, / um
ihm die Türen zu öffnen und kein Tor verschlossen zu halten:
2 Ich selbst gehe vor dir her / und ebne die Berge ein.
Ich zertrümmere die bronzenen Tore / und zerschlage die eisernen
Riegel.
3 Ich gebe dir verborgene Schätze / und Reichtümer, die im Dunkel
versteckt sind.
So sollst du erkennen, daß ich der Herr bin, / der dich bei deinem
Namen ruft, ich, Israels Gott.
4 Um meines Knechtes Jakob willen, / um Israels, meines Erwählten,
willen / habe ich dich bei deinem Namen gerufen; ich habe dir einen
Ehrennamen gegeben, / ohne daß du mich kanntest.
5 Ich bin der Herr, und sonst niemand; / außer mir gibt es keinen Gott.
Ich habe dir den Gürtel angelegt / ohne daß du mich kanntest,
6 damit man vom Aufgang der Sonne bis zu ihrem Untergang erkennt, /
daß es außer mir keinen Gott gibt. / Ich bin der Herr, und sonst nie-
mand.
7 Ich erschaffe das Licht und mache das Dunkel, / ich bewirke das Heil
und erschaffe das Unheil. / Ich bin der Herr, der das alles vollbringt.
8 Taut, ihr Himmel, von oben, / ihr Wolken, laßt Gerechtigkeit regnen!
Die Erde tue sich auf und bringe das Heil hervor, / sie lasse Gerechtig-
keit sprießen. / Ich, der Herr, will es vollbringen.

Gegen die Unzufriedenen und die Zweifler

9 Weh dem, der mit seinem Schöpfer rechtet, / er, eine Scherbe unter
irdenen Scherben.
Sagt denn der Ton zu dem Töpfer: / Was machst du mit mir?,
und zu dem, der ihn verarbeitet: / Du hast kein Geschick?
10 Weh dem, der zum Vater sagt: Warum zeugtest du mich?, / und zur
Mutter: Warum brachtest du mich zur Welt?
11 So spricht der Herr, / der Heilige Israels und sein Schöpfer:
Wollt ihr mir etwa Vorwürfe machen wegen meiner Kinder / und Vor-
schriften über das Werk meiner Hände?
12 Ich habe die Erde gemacht / und die Menschen auf ihr geschaffen.
Ich habe den Himmel ausgespannt mit meinen Händen, / und ich
befehle seinem ganzen Heer.
13 Ich habe ihn (Kyrus) aus Gerechtigkeit zum Aufbruch veranlaßt. /
Alle Wege ebne ich ihm.
Er baut meine Stadt wieder auf, / mein verschlepptes Volk läßt er frei,
aber nicht für Lösegeld oder Geschenke. / Der Herr der Heere hat
gesprochen.

Die Huldigung der Heidenvölker

14 So spricht der Herr:
Die Ägypter mit ihren Erträgen, / die Kuschiter mit ihrem Gewinn
und die großgewachsenen Sebaiter / werden zu dir kommen und dir
gehören; / in Ketten werden sie hinter dir herziehen.
Sie werfen sich nieder vor dir und bekennen: / Nur bei dir gibt es einen
Gott, / und sonst gibt es keinen.
15 Wahrhaftig, du bist ein verborgener Gott. / Israels Gott ist der
Retter.
16 Schmach und Schande kommt über sie alle, / die Götzenschmiede
geraten in Schande.
17 Israel aber wird vom Herrn gerettet, / wird für immer errettet.
Über euch kommt keine Schande und Schmach mehr / für immer und
ewig.
18 Denn so spricht der Herr, der den Himmel erschuf, / er ist der Gott,
der die Erde geformt und gemacht hat –
er ist es, der sie erhält, / er hat sie nicht als Wüste geschaffen,
er hat sie zum Wohnen gemacht –: / Ich bin der Herr, und sonst nie-
mand.
19 Ich habe nicht im Verborgenen geredet, / irgendwo in einem finste-
ren Land.

Ich habe nicht zum Geschlecht Jakobs gesagt: / Sucht mich im leeren
Raum!
Ich bin der Herr, der die Wahrheit spricht / und der verkündet, was
recht ist.
20 Versammelt euch, kommt alle herbei, / tretet herzu, die ihr aus den
Völkern entkommen seid.
Wer hölzerne Götzen umherträgt, hat keine Erkenntnis, / wer einen
Gott anbetet, der niemanden rettet.
21 Macht es bekannt, bringt es vor, / beratet euch untereinander:
Wer hat das alles seit langem verkündet / und längst im voraus ange-
sagt?
War es nicht ich, der Herr? / Es gibt keinen Gott außer mir; / außer mir
gibt es keinen gerechten und rettenden Gott.
22 Wendet euch mir zu, und laßt euch erretten, / ihr Menschen aus den
fernsten Ländern der Erde; / denn ich bin Gott, und sonst niemand.
23 Ich habe bei mir selbst geschworen, / und mein Mund hat die Wahr-
heit gesprochen, / es ist ein unwiderrufliches Wort: Vor mir wird jedes
Knie sich beugen, / und jede Zunge wird bei mir schwören:
24 Nur beim Herrn – sagt man von mir – gibt es Rettung und Schutz. /
Beschämt kommen alle zu ihm, die sich ihm widersetzten.
25 Alle Nachkommen Israels bekommen ihr Recht / und erlangen
Ruhm durch den Herrn.

Der Sturz der Götzen Babels und die Allmacht Jahwes

46 Bel bricht zusammen, / Nebo krümmt sich am Boden.
Babels Götter werden auf Tiere geladen. / Eine Last seid ihr,
eine aufgebürdete Last für das ermüdete Vieh.
2 Die Tiere krümmen sich und brechen zusammen, / sie können die
Lasten nicht retten; / sie müssen selbst mit in die Gefangenschaft
ziehen.
3 Hört auf mich, ihr vom Haus Jakob, / und ihr alle, die vom Haus
Israel noch übrig sind,
die mir aufgebürdet sind vom Mutterleib an, / die von mir getragen
wurden, seit sie den Schoß ihrer Mutter verließen.
4 Ich bleibe derselbe, so alt ihr auch werdet, / bis ihr grau werdet, will
ich euch tragen.
Ich habe es getan, / und ich werde euch weiterhin tragen, / ich werde
euch schleppen und retten.
5 Mit wem wollt ihr mich vergleichen, / neben wen mich stellen?
An wem wollt ihr mich messen, / um zu sehen, ob wir uns gleichen?
6 Man schüttet Gold aus dem Beutel / und wiegt Silber ab auf der Waage.
Man bezahlt einen Goldschmied, damit er einen Gott daraus macht. /
Man kniet nieder und wirft sich sogar zu Boden.
7 Man trägt ihn auf der Schulter / und schleppt ihn umher; dann stellt
man ihn wieder auf seinen Platz, / und dort bleibt er stehen; / er rührt
sich nicht von der Stelle.
Ruft man ihn an, so antwortet er nicht; / wenn man in Not ist, kann er
nicht helfen.

Kyrus, das Werkzeug Jahwes

8 Denkt daran, und achtet darauf, / ihr Treulosen, nehmt es zu Herzen!
9 Denkt an das, was früher galt, in uralten Zeiten: / Ich bin Gott, und
sonst niemand, / ich bin Gott, und niemand ist wie ich.
10 Ich habe von Anfang an die Zukunft verkündet / und lange vorher
gesagt, was erst geschehen sollte.
Ich sage: Mein Plan steht fest, / und alles, was ich will, führe ich aus.
11 Ich habe aus dem Osten einen Adler gerufen, / aus einem fernen
Land rief ich den Mann, / den ich brauchte für meinen Plan.
Ich habe es gesagt, und ich lasse es kommen. / Ich habe es geplant,
und ich führe es aus.
12 Hört auf mich, ihr Verzagten, / denen das Heil noch fern ist.
13 Ich selbst bringe euch das Heil, / es ist nicht mehr fern; / meine
Hilfe verzögert sich nicht.
Ich bringe Hilfe für Zion / und verleihe Israel meine strahlende Pracht.

Der Sturz Babels

47 Steig herab, Tochter Babel, / Jungfrau, setz dich in den Staub!
Setz dich auf die Erde; / es gibt keinen Thron mehr (für
dich), Tochter Chaldäas. / Jetzt nennt man dich nicht mehr die Feine,
die Zarte.
2 Nimm die Mühle, und mahle das Mehl! / Weg mit dem Schleier!
Heb deine Schleppe hoch, entblöße die Beine, / und wate durchs
Wasser!
3 Deine Scham wird entblößt, / man sieht deine Schande.
Unerbittlich nehme ich Rache, / 4 spricht unser Erlöser;
»Herr der Heere« heißt er / und »Der Heilige Israels«.
5 Setz dich hin, und verstumme! / Geh hinaus ins Dunkel, Tochter
Chaldäas!
Denn nun nennt dich niemand mehr / »Herrin der Reiche«.
6 Ich war zornig über mein Volk, / ich entweihte mein Erbe / und gab es
in deine Gewalt.
Doch du hast ihm kein Erbarmen geschenkt, / du hast den Greisen ein
zu schweres Joch auferlegt.
7 Du dachtest: / Ich bleibe für immer und ewig die Herrin.
Du hast dir das alles nicht zu Herzen genommen, / hast nie an das
Ende gedacht.
8 Nun aber höre, du üppiges Weib, / die du in Sicherheit lebst / und in
deinem Herzen denkst:
Ich und sonst niemand! / Niemals sitze ich da als Witwe, / Kinderlo-
sigkeit kenne ich nicht.
9 Doch beides wird dich ereilen, / plötzlich, am gleichen Tag:
Kinderlos wirst du und Witwe, / in voller Schwere trifft dich das
Unheil, trotz all deiner Zauberei / und trotz der Macht deiner
beschwörenden Formeln.
10 Du hast dich auf deine bösen Taten verlassen / und gedacht: Es sieht
mich ja keiner.
Deine Weisheit und dein Wissen verleiteten dich, in deinem Herzen zu
denken: / Ich und sonst niemand!
11 Doch es wird ein Unheil über dich kommen, / das du nicht wegzau-
bern kannst.
Ein Verderben wird dich überfallen, / das du nicht zu bannen ver-
magst.
Und plötzlich wird dein Untergang kommen, / an den du niemals
gedacht hast.
12 Dann stell dich hin / mit deinen beschwörenden Formeln
und mit deinen vielen Zaubersprüchen, / mit denen du dich seit deiner
Jugend abgemüht hast.
Vielleicht kannst du dir helfen, / vielleicht das Unglück verscheuchen.
13 Du hast dir große Mühe gemacht / mit deinen vielen Beratern;
sollen sie doch auftreten und dich retten, / sie, die den Himmel deuten
und die Sterne betrachten, / die dir an jedem Neumond verkünden,
was kommt.
14 Wie die Spreu werden sie sein, / die das Feuer verbrennt.
Sie können sich nicht retten / vor der Gewalt der Flammen.
Das wird keine Glut sein, an der man sich wärmt, / kein Feuer, um das
man herumsitzt.
15 So geht es all deinen Zauberern, / um die du dich seit deiner Jugend
bemüht hast.
Sie machen sich alle davon, / keiner will dir mehr helfen.

Der Erweis der Gottheit des Herrn durch Weissagungen

48 Hört her, ihr vom Haus Jakob, / die ihr den Namen Israels
tragt / und Judas Nachkommen seid,
die ihr beim Namen des Herrn schwört / und euch bekennt zu Israels
Gott, / aber nicht offen und ehrlich.
2 Sie nennen sich nach der Heiligen Stadt / und verlassen sich auf Isra-
els Gott, / der »Herr der Heere« genannt wird.
3 Was früher war, hatte ich schon längst im voraus verkündet, / es kam
aus meinem Mund, ich ließ es hören; / plötzlich habe ich gehandelt,
und es traf ein.

Lovis Corinth
Ecce Homo
(1925)
»Seht her, Gott, der Herr, wird mir helfen. Wer kann mich für schuldig erklären?« (Jes 50,9). Wie in den messianischen Weissagungen über die Geburt eines Kindes, so berühren sich aus typologischer Sicht auch in den Liedern vom Gottesknecht Altes und Neues Testament. Die Aufforderung »Seht her« bei Jesaja findet ihr Echo in den Worten des Pilatus: »Seht, da ist der Mensch!« (Joh 19,5; lat.: *Ecce homo*). Lovis Corinth hat diese Szene in seinem Todesjahr dargestellt: Jesus in blutrotem Gewand, gefesselt, gemartert und mit der Dornenkrone auf dem Haupt, wird dem Volk vorgeführt. Pilatus im weißen Unschulds-Gewand weist eher beiläufig auf sein Opfer, während ein vierschrötiger Kriegsknecht jene Macht und Gewalt verkörpert, auf die sich Pilatus stützt (Joh 19,10). Corinths Gemälde läßt die Nähe seines Spätwerks zum Expressionismus erkennen. Wie dieser galt es den NS-Machthabern als »entartet«. Und wie das Thema des Ecce Homo-Bildes die schändliche Zurschaustellung bildet, so wurde auch das 1937 beschlagnahmte Werk in der sog. Schandausstellung »Entartete Kunst« dem Publikum vorgeführt.

4 Weil ich wußte, daß du halsstarrig bist, / daß dein Nacken eiserne
Sehnen hat / und deine Stirn aus Bronze ist,
5 hatte ich es dir schon längst im voraus verkündet; / ich ließ es dich
hören, bevor es geschah, damit du nicht sagst:
Mein Götterbild hat das vollbracht, / mein geschnitztes und gegossenes Bild hat es befohlen.
6 Du hast es gehört. Betrachte nun alles! / Willst du es nicht andern verkünden?
Von jetzt an lasse ich dich etwas Neues hören, / etwas Verborgenes,
von dem du nichts weißt.
7 Eben erst kam es zustande, / nicht schon vor langer Zeit.
Zuvor hast du nichts erfahren davon, / damit du nicht sagst: / Das habe
ich längst schon gewußt.
8 Du hast davon nichts gehört und gewußt, / dein Ohr war bisher nicht
offen.
Denn ich wußte, daß du treulos sein wirst, / man nennt dich »abtrünnig vom Mutterleib an«.
9 Doch um meines Namens willen / halte ich meinen Zorn lange
zurück,
um meiner Ehre willen bezähme ich mich, / um dich nicht vernichten
zu müssen.
10 Ich habe dich geläutert, doch nicht wie Silber: / Im Schmelzofen des
Elends prüfte ich dich.
11 Nur um meinetwillen handle ich jetzt, / denn sonst würde mein Name
entweiht; / ich überlasse die Ehre, die mir gebührt, keinem andern.

Kyrus, der Beauftragte Jahwes
12 Jakob, höre auf mich, / höre mich, Israel, den ich berief: / Ich bin es,
ich, der Erste und auch der Letzte.
13 Meine Hand hat die Fundamente der Erde gelegt, / meine Rechte hat
den Himmel ausgespannt; / ich rief ihnen zu, und schon standen sie
alle da.
14 Versammelt euch alle und hört – / wer von den Göttern hat so etwas
jemals verkündet? –:
Der, den der Herr liebt, wird meinen Willen an Babel vollstrecken, /
und sein Arm wird es an den Chaldäern bewirken.
15 Ich habe gesprochen, und ich habe ihn auch berufen, / ich habe ihn
kommen lassen, / und er wird seinen Weg erfolgreich beenden.
16 Kommt her zu mir, und hört, was ich sage: / Ich habe von Anfang an
nicht im Verborgenen geredet; / seit das alles geschieht, bin ich dabei. /
[Und jetzt hat Gott, der Herr, mich und seinen Geist gesandt.]

Die Lehre aus der Vergangenheit
17 So spricht der Herr, dein Erlöser, / der Heilige Israels:
Ich bin der Herr, dein Gott, / der dich lehrt, was Nutzen bringt,
und der dich auf den Weg führt, / den du gehen sollst.
18 Hättest du doch auf meine Gebote geachtet! / Dein Glück wäre wie
ein Strom / und dein Heil wie die Wogen des Meeres.
19 Deine Nachkommen wären (zahlreich) wie der Sand / und deine
leiblichen Kinder wie seine Körner. /
Ihr Name wäre in meinen Augen nicht getilgt und gelöscht.

Die glückliche Heimkehr aus Babel
20 Heraus aus Babel, flieht aus Chaldäa! / Verkündet es jauchzend,
damit man es hört.
Ruft es hinaus bis ans Ende der Erde! / Ruft: Der Herr hat seinen
Knecht Jakob ausgelöst.
21 Sie litten keinen Durst, als er sie durch die Wüste führte; / Wasser
ließ er für sie aus dem Felsen sprudeln, / er spaltete den Felsen, und es
strömte das Wasser.
[22 Die Ruchlosen finden keinen Frieden, spricht der Herr.]

Das zweite Lied vom Gottesknecht

49 Hört auf mich, ihr Inseln, / merkt auf, ihr Völker in der
Ferne!
Der Herr hat mich schon im Mutterleib berufen; / als ich noch im
Schoß meiner Mutter war, hat er meinen Namen genannt.
2 Er machte meinen Mund zu einem scharfen Schwert, / er verbarg
mich im Schatten seiner Hand.
Er machte mich zum spitzen Pfeil / und steckte mich in seinen Köcher.
3 Er sagte zu mir: Du bist mein Knecht, Israel, / an dem ich meine
Herrlichkeit zeigen will.
4 Ich aber sagte: Vergeblich habe ich mich bemüht, / habe meine Kraft
umsonst und nutzlos vertan.
Aber mein Recht liegt beim Herrn / und mein Lohn bei meinem Gott.
5 Jetzt aber hat der Herr gesprochen, / der mich schon im Mutterleib zu
seinem Knecht gemacht hat,

damit ich Jakob zu ihm heimführe / und Israel bei ihm versammle.
So wurde ich in den Augen des Herrn geehrt, / und mein Gott war
meine Stärke.
6 Und er sagte:
Es ist zu wenig, daß du mein Knecht bist, / nur um die Stämme Jakobs
wieder aufzurichten / und die Verschonten Israels heimzuführen.
Ich mache dich zum Licht für die Völker; / damit mein Heil bis an das
Ende der Erde reicht.
7 So spricht der Herr, der Befreier Israels, sein Heiliger, / zu dem tief
verachteten Mann,
dem Abscheu der Leute, / dem Knecht der Tyrannen:
Könige werden es sehen und sich erheben, / Fürsten werfen sich
nieder,
um des Herrn willen, der treu ist, / um des Heiligen Israels willen, der
dich erwählt hat.
8 So spricht der Herr:
Zur Zeit der Gnade will ich dich erhören, / am Tag der Rettung dir
helfen.
Ich habe dich geschaffen und dazu bestimmt, / der Bund zu sein für
das Volk,
aufzuhelfen dem Land / und das verödete Erbe neu zu verteilen,
9 den Gefangenen zu sagen: Kommt heraus!, / und denen, die in der
Finsternis sind: Kommt ans Licht!

Die Wiederherstellung des Zion

Die wunderbare Heimkehr
Auf allen Bergen werden sie weiden, / auf allen kahlen Hügeln finden
sie Nahrung.
10 Sie leiden weder Hunger noch Durst, / Hitze und Sonnenglut scha-
den ihnen nicht.
Denn er leitet sie voll Erbarmen / und führt sie zu sprudelnden Quel-
len.
11 Alle Berge mache ich zu Wegen, / und meine Straßen werden
gebahnt sein.
12 Seht her: Sie kommen von fern, / die einen von Norden und Westen, /
andere aus dem Land der Siniter.
13 Jubelt, ihr Himmel, jauchze, o Erde, / freut euch, ihr Berge!
Denn der Herr hat sein Volk getröstet / und sich seiner Armen
erbarmt.

Gottes Trost für Zion
14 Doch Zion sagt: Der Herr hat mich verlassen, / Gott hat mich ver-
gessen.
15 Kann denn eine Frau ihr Kindlein vergessen, / eine Mutter ihren
leiblichen Sohn?
Und selbst wenn sie ihn vergessen würde: / ich vergesse dich nicht.
16 Sieh her: Ich habe dich eingezeichnet in meine Hände, / deine Mau-
ern habe ich immer vor Augen.
17 Deine Erbauer eilen herbei, / und alle, die dich zerstört und verwü-
stet haben, ziehen davon.
18 Blick auf und schau umher: / Alle versammeln sich und kommen
zu dir.
So wahr ich lebe – Spruch des Herrn: / Du sollst sie alle wie einen
Schmuck anlegen, / du sollst dich mit ihnen schmücken wie eine
Braut.
19 Denn dein ödes, verheertes, zerstörtes Land / wird jetzt zu eng für
seine Bewohner, / weit weg sind alle, die dich verschlingen wollten.
20 Bald wirst du, die du kinderlos warst, / mit eigenen Ohren hören,
wie deine Kinder sagen:
Mir ist der Platz hier zu eng, / rück zur Seite, ich will mich setzen.
21 Dann wirst du dich in deinem Herzen fragen: / Wer hat mir diese
(Kinder) geboren?
Ich war doch kinderlos und unfruchtbar, / war verbannt und ver-
stoßen.
Wer hat mir die Kinder herangezogen? / Ich war doch allein übrigge-
blieben. / Wo kommen sie her?
22 So spricht Gott, der Herr: / Sieh her, ich hebe die Hand in Richtung
der Völker, / ich errichte für die Nationen ein Zeichen, / und sie brin-
gen auf ihren Armen deine Söhne herbei / und tragen deine Töchter
auf ihren Schultern.
23 Könige werden deine Kinder pflegen / und Fürstinnen ihre Ammen
sein.
Mit dem Gesicht zur Erde werfen sie sich nieder vor dir / und lecken
dir den Staub von den Füßen.
Dann wirst du erkennen, daß ich der Herr bin / und daß keiner
beschämt wird, der auf mich hofft.
24 Kann man einem Starken die Beute entreißen? / Kann einem Mäch-
tigen der Gefangene entkommen?
25 So spricht der Herr: / Auch einem Starken entreißt man den Gefan-
genen, / und einem Mächtigen entkommt seine Beute.
Ich selbst will mit deinem Gegner streiten, / ich selbst will deine
Söhne befreien.
26 Deinen Unterdrückern gebe ich ihr eigenes Fleisch zu essen, / sie
sollen sich an ihrem Blut berauschen wie an Most.
Dann werden alle Sterblichen erkennen, / daß ich, der Herr, dein Ret-
ter bin / und ich, der Starke Jakobs, dein Erlöser.

50 So spricht der Herr:
Wo ist denn die Scheidungsurkunde / mit der ich eure Mut-
ter fortgeschickt habe?
Wo ist mein Gläubiger, / dem ich euch verkauft habe?
Seht, wegen eurer bösen Taten wurdet ihr verkauft, / wegen eurer Ver-
gehen wurde eure Mutter fortgeschickt.
2 Warum war niemand da, als ich kam, / warum gab niemand Antwort,
als ich rief?
Ist meine Hand denn zu schwach, um zu befreien, / fehlt mir die Kraft,
um zu retten?
Durch meine Drohung trockne ich das Meer aus. / Ich mache Flüsse
zur Wüste, so daß die Fische verfaulen aus Mangel an Wasser / und
sterben vor Durst.
3 Ich kleide den Himmel in Schwarz / und hülle ihn in ein Trauer-
gewand.

Das dritte Lied vom Gottesknecht

4 Gott, der Herr, gab mir die Zunge eines Jüngers, / damit ich verstehe,
die Müden zu stärken durch ein aufmunterndes Wort.
Jeden Morgen weckt er mein Ohr, / damit ich auf ihn höre wie ein
Jünger.
5 Gott, der Herr, hat mir das Ohr geöffnet. / Ich aber wehrte mich
nicht / und wich nicht zurück.
6 Ich hielt meinen Rücken denen hin, / die mich schlugen,
und denen, die mir den Bart ausrissen, / meine Wangen.
Mein Gesicht verbarg ich nicht / vor Schmähungen und Speichel.
7 Doch Gott, der Herr, wird mir helfen; / darum werde ich nicht in
Schande enden.
Deshalb mache ich mein Gesicht hart wie einen Kiesel; / ich weiß, daß
ich nicht in Schande gerate.
8 Er, der mich freispricht, ist nahe. / Wer wagt es, mit mir zu streiten?
Laßt uns zusammen vortreten! / Wer ist mein Gegner im Rechtsstreit? /
Er trete zu mir heran.
9 Seht her, Gott, der Herr, wird mir helfen. / Wer kann mich für schul-
dig erklären?
Seht: Sie alle zerfallen / wie ein Gewand, das die Motten zerfressen.

Mahnung zum Vertrauen

Die mächtige Hilfe Gottes
10 Wer von euch den Herrn fürchtet, / der höre auf die Stimme seines
Knechtes.
Wer im Dunkel lebt und wem kein Licht leuchtet, / der vertraue auf den
Namen des Herrn / und verlasse sich auf seinen Gott.
11 Ihr alle aber, die ihr Feuer legt / und Brandpfeile entzündet,
sollt in die Glut eures eigenen Feuers laufen / und in die Brandpfeile
geraten, die ihr entflammt habt.
Durch meine Hand kommt das über euch; / am Ort der Qualen werdet
ihr liegen.

51 Hört auf mich, die ihr der Gerechtigkeit nachjagt / und die
ihr den Herrn sucht.
Blickt auf den Felsen, aus dem ihr gehauen seid, / auf den Schacht, aus
dem ihr herausgebohrt wurdet.
2 Blickt auf Abraham, euren Vater, / und auf Sara, die euch gebar.
Er war allein, als ich ihn rief; / doch ich habe ihn gesegnet / und ihm
viele Nachkommen geschenkt.
3 Denn der Herr hat Erbarmen mit Zion, / er hat Erbarmen mit all seinen Ruinen.
Seine Wüste macht er wie Eden, / seine Öde wie den Garten des Herrn.
Freude und Fröhlichkeit findet man dort, / Lobpreis und den Klang
von Liedern.
4 Horcht her, ihr Völker, / hört auf mich, ihr Nationen!
Denn von mir kommt die Weisung, / und mein Recht wird zum Licht
der Völker.
5 Plötzlich ist meine Gerechtigkeit da, / und von mir kommt die Hilfe.
Mein Arm verschafft den Völkern ihr Recht; / auf mich hoffen die
Inseln, / sie warten auf meinen Arm.
6 Blickt auf zum Himmel, / betrachtet die Erde hier unten!
Der Himmel zerflattert wie Rauch, / die Erde zerfällt wie ein Kleid; /
ihre Bewohner sterben wie die Fliegen.
Doch meine hilfreiche Gnade bleibt für immer bestehen, / meine
Gerechtigkeit wird niemals erschüttert.
7 Hört auf mich, die ihr das Recht kennt, / du Volk, das mein Gesetz im
Herzen trägt.
Fürchtet euch nicht vor der Beschimpfung durch Menschen, /
erschreckt nicht vor ihrem Spott!
8 Denn man frißt sie, wie die Motte das Kleid, / man frißt sie, wie die
Schabe die Wolle.
Doch meine Gerechtigkeit bleibt für immer bestehen / und von Generation zu Generation meine hilfreiche Gnade.

Der starke Arm Jahwes
9 Wach auf, wach auf, bekleide dich mit Macht, / Arm des Herrn!
Wach auf wie in den früheren Tagen, / wie bei den Generationen der
Vorzeit!
Warst du es nicht, der die Rahab zerhieb / und den Drachen durchbohrte?
10 Warst du es nicht, der das Meer austrocknen ließ, / die Wasser der
großen Flut,
der die Tiefen des Meeres zum Weg gemacht hat, / damit die Erlösten
hindurchziehen konnten?
11 Die vom Herrn Befreiten kehren zurück / und kommen voll Jubel
nach Zion.
Ewige Freude ruht auf ihren Häuptern. / Wonne und Freude stellen
sich ein, / Kummer und Seufzen entfliehen.
12 Ich bin es, ja, ich, der euch tröstet. / Was hast du, daß du dich fürchtest vor sterblichen Menschen, / vor Menschen, die dahinschwinden
wie Gras?
13 Warum vergißt du den Herrn, deinen Schöpfer, / der den Himmel
ausgespannt und die Fundamente der Erde gelegt hat?
Warum zitterst du dauernd vor der Wut dessen, der dich bedrängt, /
der darauf ausgeht, dich zu vernichten? / Wo ist denn die Wut dessen,
der dich bedrängt?
14 Bald wird der Gefesselte freigelassen; / er wird nicht im Kerker sterben, / und es mangelt ihm nicht mehr an Brot.
15 Ich bin doch der Herr, dein Gott, / der das Meer aufwühlt, so daß die
Wogen tosen. / Herr der Heere ist sein Name.
16 Ich habe dir meine Worte in den Mund gelegt, / im Schatten meiner
Hand habe ich dich verborgen,
als ich den Himmel ausspannte und die Fundamente der Erde legte /
und zu Zion sagte: Du bist mein Volk.

Der Zornbecher Gottes
17 Raff dich auf, raff dich auf, / steh auf, Jerusalem!
Du hast aus dem Becher des Zorns getrunken, / den der Herr in der
Hand hielt.
Du hast aus dem betäubenden Becher getrunken / und ihn geleert.
18 Da war von all den Söhnen, die sie gebar, / keiner, der sie geführt
hat.
Da war von all den Söhnen, die sie aufzog, / keiner, der sie bei der
Hand nahm.
19 Beides hat dich getroffen / – doch wer klagt schon um dich? –:
Verheerung und Zerstörung, Hunger und Schwert. / Doch wer tröstet
dich schon?
20 An allen Straßenecken lagen deine Söhne hilflos da, / wie Wildschafe im Netz,
überwältigt vom Zorn des Herrn, / vom Schelten deines Gottes.
21 Darum hör doch her, du Ärmste, / die du betrunken bist, aber nicht
vom Wein:
22 So spricht der Herr, dein Gott und Gebieter, / der für sein Volk
kämpft:
Schon nehme ich dir den betäubenden Becher aus der Hand, / den
Kelch meines Zorns; / du sollst daraus nicht mehr trinken.
23 Ich reiche ihn denen, die dich quälten, / die zu dir sagten: Wirf dich
zu Boden, / wir schreiten über dich weg.
So mußtest du deinen Rücken zum Fußboden machen, / zum Weg für
die, die über dich schritten.

Das neue Heil für Zion
52 Wach auf, Zion, wach auf, / zieh das Gewand deiner Macht
an!
Zieh deine Prunkkleider an, / Jerusalem, du heilige Stadt! / Denn
Unbeschnittene und Unreine werden dich nicht mehr betreten.
2 Schüttle den Staub von dir ab, / steh auf, du gefangenes Jerusalem!
Löse die Fesseln von deinem Hals, / gefangene Tochter Zion!
3 Denn so spricht der Herr: / Umsonst wurdet ihr verkauft, / und ihr
sollt nicht mit Geld losgekauft werden.
4 Denn so spricht Gott, der Herr: / Nach Ägypten zog mein Volk einst
hinab, / um dort in der Fremde zu leben. /
Auch von Assur wurde es ohne Grund unterdrückt.
5 Aber was erlebe ich jetzt – Spruch des Herrn –? / Man nahm mein
Volk, ohne zu bezahlen,
und nun prahlen seine Beherrscher – Spruch des Herrn –; / ständig,
jeden Tag wird mein Name gelästert.
6 Darum soll mein Volk an jenem Tag meinen Namen erkennen / und
wissen, daß ich es bin, der sagt: Ich bin da.
7 Wie willkommen sind auf den Bergen / die Schritte des Freudenboten,
der Frieden ankündigt, / der eine frohe Botschaft bringt und Rettung
verheißt, / der zu Zion sagt: Dein Gott ist König.
8 Horch, deine Wächter erheben die Stimme, / sie beginnen alle zu
jubeln.
Denn sie sehen mit eigenen Augen, / wie der Herr nach Zion zurückkehrt.
9 Brecht in Jubel aus, jauchzt alle zusammen, / ihr Trümmer Jerusalems!

Denn der Herr tröstet sein Volk, / er erlöst Jerusalem.
10 Der Herr macht seinen heiligen Arm frei / vor den Augen aller Völker.
Alle Enden der Erde / sehen das Heil unseres Gottes.
11 Fort, fort! Zieht von dort weg! / Faßt nichts Unreines an!
Zieht von dort weg! / Haltet euch rein; / denn ihr tragt die Geräte des Herrn.
12 Doch zieht nicht weg in Hast, / geht nicht fort in Eile;
denn der Herr geht vor euch her, / und er, Israels Gott, beschließt auch euren Zug.

Das vierte Lied vom Gottesknecht

13 Seht, mein Knecht hat Erfolg, / er wird groß sein und hoch erhaben.
14 Viele haben sich über ihn entsetzt, / so entstellt sah er aus, nicht mehr wie ein Mensch, / seine Gestalt war nicht mehr die eines Menschen.
15 Jetzt aber setzt er viele Völker in Staunen, / Könige müssen vor ihm verstummen.
Denn was man ihnen noch nie erzählt hat, / das sehen sie nun;
was sie niemals hörten, / das erfahren sie jetzt.

53 Wer hat unserer Kunde geglaubt? / Der Arm des Herrn – wem wurde er offenbar?
2 Vor seinen Augen wuchs er auf wie ein junger Sproß, / wie ein Wurzeltrieb aus trockenem Boden.
Er hatte keine schöne und edle Gestalt, / so daß wir ihn anschauen mochten.
Er sah nicht so aus, / daß wir Gefallen fanden an ihm.
3 Er wurde verachtet und von den Menschen gemieden, / ein Mann voller Schmerzen, / mit Krankheit vertraut.
Wie einer, vor dem man das Gesicht verhüllt, / war er verachtet; wir schätzten ihn nicht.
4 Aber er hat unsere Krankheit getragen / und unsere Schmerzen auf sich geladen.
Wir meinten, er sei von Gott geschlagen, / von ihm getroffen und gebeugt.
5 Doch er wurde durchbohrt wegen unserer Verbrechen, / wegen unserer Sünden zermalmt.
Zu unserem Heil lag die Strafe auf ihm, / durch seine Wunden sind wir geheilt.
6 Wir hatten uns alle verirrt wie Schafe, / jeder ging für sich seinen Weg.
Doch der Herr lud auf ihn / die Schuld von uns allen.
7 Er wurde mißhandelt und niedergedrückt, / aber er tat seinen Mund nicht auf.
Wie ein Lamm, das man zum Schlachten führt, / und wie ein Schaf angesichts seiner Scherer, / so tat auch er seinen Mund nicht auf.
8 Durch Haft und Gericht wurde er dahingerafft, / doch wen kümmerte sein Geschick?
Er wurde vom Land der Lebenden abgeschnitten / und wegen der Verbrechen seines Volkes zu Tode getroffen.
9 Bei den Ruchlosen gab man ihm sein Grab, / bei den Verbrechern seine Ruhestätte, obwohl er kein Unrecht getan hat / und kein trügerisches Wort in seinem Mund war.
10 Doch der Herr fand Gefallen an seinem zerschlagenen (Knecht), / er rettete den, der sein Leben als Sühnopfer hingab.
Er wird Nachkommen sehen und lange leben. / Der Plan des Herrn wird durch ihn gelingen.
11 Nachdem er so vieles ertrug, erblickt er das Licht. / Er sättigt sich an Erkenntnis.
Mein Knecht, der gerechte, macht die vielen gerecht; / er lädt ihre Schuld auf sich.
12 Deshalb gebe ich ihm seinen Anteil unter den Großen, / und mit den Mächtigen teilt er die Beute, weil er sein Leben dem Tod preisgab / und sich unter die Verbrecher rechnen ließ.
Denn er trug die Sünden von vielen / und trat für die Schuldigen ein.

Die Verheißung des Glücks im neuen Zion

Der Segen Gottes für das Volk

54 Freu dich, du Unfruchtbare, die nie gebar, / du, die nie in Wehen lag, brich in Jubel aus und jauchze!
Denn die Einsame hat jetzt viel mehr Söhne / als die Vermählte, spricht der Herr.
2 Mach den Raum deines Zeltes weit, / spann deine Zelttücher aus, ohne zu sparen. / Mach die Stricke lang und die Pflöcke fest!
3 Denn nach rechts und links breitest du dich aus. / Deine Nachkommen werden Völker beerben / und verödete Städte besiedeln.
4 Fürchte dich nicht, du wirst nicht beschämt; / schäme dich nicht, du wirst nicht enttäuscht.
Denn die Schande in deiner Jugend wirst du vergessen, / an die Schmach deiner Witwenschaft wirst du nicht mehr denken.
5 Denn dein Schöpfer ist dein Gemahl, / »Herr der Heere« ist sein Name.
Der Heilige Israels ist dein Erlöser, / »Gott der ganzen Erde« wird er genannt.
6 Ja, der Herr hat dich gerufen / als verlassene, bekümmerte Frau.
Kann man denn die Frau verstoßen, / die man in der Jugend geliebt hat?, / spricht dein Gott.
7 Nur für eine kleine Weile habe ich dich verlassen, / doch mit großem Erbarmen hole ich dich heim.
8 Einen Augenblick nur verbarg ich vor dir mein Gesicht / in aufwallendem Zorn;
aber mit ewiger Huld habe ich Erbarmen mit dir, / spricht dein Erlöser, der Herr.
9 Wie in den Tagen Noachs soll es für mich sein: / So wie ich damals schwor, daß die Flut Noachs die Erde nie mehr überschwemmen wird, / so schwöre ich jetzt, dir nie mehr zu zürnen / und dich nie mehr zu schelten.
10 Auch wenn die Berge von ihrem Platz weichen / und die Hügel zu wanken beginnen – meine Huld wird nie von dir weichen / und der Bund meines Friedens nicht wanken, / spricht der Herr, der Erbarmen hat mit dir.

Das neue Jerusalem

11 Du Ärmste, vom Sturm Gepeitschte, / die ohne Trost ist,
sieh her: Ich selbst lege dir ein Fundament aus Malachit / und Grundmauern aus Saphir.
12 Aus Rubinen mache ich deine Zinnen, / aus Beryll deine Tore / und alle deine Mauern aus kostbaren Steinen.
13 Alle deine Söhne werden Jünger des Herrn sein, / und groß ist der Friede deiner Söhne.
14 Du wirst auf Gerechtigkeit gegründet sein. / Du bist fern von Bedrängnis,
denn du brauchst dich nicht mehr zu fürchten, / und bist fern von Schrecken; / er kommt an dich nicht heran.
15 Wenn dich jemand angreift, mißlingt es, / denn es geschieht ohne mich; / wer dich angreift, fällt im Kampf gegen dich.
16 Ich habe den Schmied erschaffen, / der das Kohlenfeuer entfacht und Waffen erzeugt, / wie es seinem Handwerk entspricht.
Ich habe auch den, der vernichtet, erschaffen, / damit er zerstört.
17 Keine Waffe wird etwas ausrichten, die man gegen dich schmiedet; / jede Zunge, die dich vor Gericht verklagt, strafst du Lügen.
Das ist das Erbteil der Knechte des Herrn: / Von mir kommt ihre Rettung – Spruch des Herrn.

Die Teilnahme des ganzen Volkes am Heil

55 Auf, ihr Durstigen, kommt alle zum Wasser! / Auch wer kein Geld hat, soll kommen.
Kauft Getreide, und eßt, kommt und kauft ohne Geld, / kauft Wein und Milch ohne Bezahlung!
2 Warum bezahlt ihr mit Geld, was euch nicht nährt, / und mit dem Lohn eurer Mühen, / was euch nicht satt macht?
Hört auf mich, dann bekommt ihr das Beste zu essen / und könnt euch laben an fetten Speisen.
3 Neigt euer Ohr mir zu, und kommt zu mir, / hört, dann werdet ihr leben.
Ich will einen ewigen Bund mit euch schließen / gemäß der beständigen Huld, die ich David erwies.
4 Seht her: Ich habe ihn zum Zeugen für die Völker gemacht, / zum Fürsten und Gebieter der Nationen.
5 Völker, die du nicht kennst, wirst du rufen; / Völker, die dich nicht kennen, eilen zu dir,
um des Herrn, deines Gottes, des Heiligen Israels willen, / weil er dich herrlich gemacht hat.

Epilog: Mahnung zur Umkehr und zum Vertrauen auf Gottes Wort

6 Sucht den Herrn, solange er sich finden läßt, / ruft ihn an, solange er nahe ist.
7 Der Ruchlose soll seinen Weg verlassen, / der Frevler seine Pläne.
Er kehre um zum Herrn, / damit er Erbarmen hat mit ihm,
und zu unserem Gott; / denn er ist groß im Verzeihen.
8 Meine Gedanken sind nicht eure Gedanken, / und eure Wege sind nicht meine Wege – / Spruch des Herrn.
9 So hoch der Himmel über der Erde ist, / so hoch erhaben sind meine Wege über eure Wege / und meine Gedanken über eure Gedanken.
10 Denn wie der Regen und der Schnee vom Himmel fällt / und nicht dorthin zurückkehrt,
sondern die Erde tränkt und sie zum Keimen und Sprossen bringt, / wie er dem Sämann Samen gibt und Brot zum Essen,
11 so ist es auch mit dem Wort, / das meinen Mund verläßt:
Es kehrt nicht leer zu mir zurück, / sondern bewirkt, was ich will, / und erreicht all das, wozu ich es ausgesandt habe.
12 Voll Freude werdet ihr fortziehen, / wohlbehalten kehrt ihr zurück.
Berge und Hügel brechen bei eurem Anblick in Jubel aus, / alle Bäume auf dem Feld klatschen Beifall.
13 Statt Dornen wachsen Zypressen, / statt Brennesseln Myrten.
Das geschieht zum Ruhm des Herrn / als ein ewiges Zeichen, das niemals getilgt wird.

III. Teil
Der dritte Jesaja (Tritojesaja)

Verheißung an die Fremden und die Kinderlosen

56 So spricht der Herr:
Wahrt das Recht, und sorgt für Gerechtigkeit; / denn bald kommt von mir das Heil, / meine Gerechtigkeit wird sich bald offenbaren.
2 Wohl dem Mann, der so handelt, / wohl dem Menschen, der daran festhält,
den Sabbat zu halten und nie zu entweihen / und seine Hand vor jeder bösen Tat zu bewahren.
3 Der Fremde, der sich dem Herrn angeschlossen hat, soll nicht sagen: / Sicher wird der Herr mich ausschließen aus seinem Volk.
Der Verschnittene soll nicht sagen: / Ich bin nur ein dürrer Baum.
4 Denn so spricht der Herr: / Den Verschnittenen, die meine Sabbate halten,
die gerne tun, was mir gefällt, / und an meinem Bund festhalten,
5 ihnen allen errichte ich in meinem Haus / und in meinen Mauern ein Denkmal,
ich gebe ihnen einen Namen, / der mehr wert ist als Söhne und Töchter:
Einen ewigen Namen gebe ich ihnen, / der niemals ausgetilgt wird.
6 Die Fremden, die sich dem Herrn angeschlossen haben, / die ihm dienen und seinen Namen lieben,
um seine Knechte zu sein, / alle, die den Sabbat halten
und ihn nicht entweihen, / die an meinem Bund festhalten,
7 sie bringe ich zu meinem heiligen Berg / und erfülle sie in meinem Bethaus mit Freude.
Ihre Brandopfer und Schlachtopfer finden Gefallen auf meinem Altar, / denn mein Haus wird ein Haus des Gebets für alle Völker genannt.
8 Spruch Gottes, des Herrn, / der die verstoßenen Israeliten sammelt:
Noch mehr, als ich schon von ihnen gesammelt habe, / will ich dort versammeln.

Eine Drohung gegen die Führer des Volkes

9 Ihr Tiere auf dem Feld, kommt alle, und freßt, / kommt alle, ihr Tiere im Wald!
10 Die Wächter des Volkes sind blind, / sie merken allesamt nichts.
Es sind lauter stumme Hunde, / sie können nicht bellen.
Träumend liegen sie da / und haben gern ihre Ruhe.
11 Aber gierig sind diese Hunde, sie sind unersättlich. / So sind die Hirten: Sie verstehen nicht aufzumerken.
Jeder geht seinen eigenen Weg / und ist ausschließlich auf seinen eigenen Vorteil bedacht;
12 (er sagt:) Kommt her, ich hole Wein. / Wir trinken uns voll mit Bier.
Und wie heute, so soll es auch morgen sein; / hoch soll es hergehen.

57 Der Gerechte kommt um, / doch niemand nimmt es sich zu Herzen.
Die Frommen werden dahingerafft, / doch es kümmert sich niemand darum.
Weil das Unrecht herrscht, / wird der Gerechte dahingerafft.
2 Aber er gelangt zum Frieden; / und wer seinen Weg geradeaus ging, / ruht aus auf seinem Lager.
3 Ihr aber, ihr Söhne der Zauberin, kommt herbei, / ihr Kinder eines Ehebrechers und einer Dirne!
4 Über wen macht ihr euch lustig, / gegen wen reißt ihr das Maul auf, / wem streckt ihr die Zunge heraus?
Ihr seid doch selbst Kinder des Frevels, / eine Lügenbrut.
5 Ihr geratet in Gier unter den Eichen, / unter jedem üppigen Baum.
Ihr schlachtet Kinder in den Schluchten / und in den Klüften der Felsen.
6 Zwischen den glatten Wänden der Schlucht erfüllt sich dein Schicksal, / doch gerade sie werden dir zum Verhängnis;
auch für sie hast du Trankopfer ausgegossen und Speiseopfer dargebracht. / Und das soll ich ruhig mit ansehen?
7 Auf hoch aufragenden Bergen / hast du dein Lager aufgeschlagen.
Auch dorthin stiegst du hinauf, / um Schlachtopfer darzubringen.
8 Hinter Türen und Pfosten / hast du dein Erinnerungszeichen angebracht.
Du hast dich von mir freigemacht und bist hinaufgestiegen / und hast dir dort ein breites Lager zurechtgemacht.
Dann kauftest du dir Leute, deren Beilager du liebtest; / du hast ihre Kraft bestaunt.
9 Für den Moloch hast du dein Öl verschwendet / und deine Salben aufgehäuft.

Georges Rouault
Verspottung Christi
(1932)
»Er wurde mißhandelt und niedergedrückt, aber er tat seinen Mund nicht auf. Wie ein Lamm, das man zum Schlachten führt, und wie ein Schaf angesichts seiner Scherer, so tat auch er seinen Mund nicht auf« (Jes 53,7). Den neutestamentlichen Bezug verdeutlicht die Erzählung von der Bekehrung des Äthiopiers, dem Philippus diese Verse auslegt (Apg 8,32). Auf vergleichbare Weise hat Georges Rouault sein Werk als Auslegung des Leidens, dem sich Christus fügt, angelegt: In der Tradition des Andachtsbildes schildert das Gemälde nicht eine Handlung (die Spötter sind unbedeutende Randfiguren), sondern spiegelt im leidenden Heiland die Not des Menschen wider.

Du hast deine Boten in die Ferne geschickt, / bis tief hinab in die Unterwelt.
10 Auf dem langen Weg bist du müde geworden, / aber du hast nie gesagt: Es ist umsonst!
Immer wieder hast du neue Kraft gefunden, / darum bist du nicht schwach geworden.
11 Wen hast du denn so sehr gescheut und gefürchtet, / daß du mich betrogen hast?
An mich hast du nicht gedacht, / um mich hast du dich nicht gekümmert.
Nicht wahr, weil ich schwieg und mich verbarg, / hast du mich nicht gefürchtet?
12 Ich will verraten, wie es um deine Gerechtigkeit und um dein Tun bestellt ist: / Sie werden dir nichts mehr nützen.
13 Wenn du um Hilfe schreist, / dann sollen doch deine vielen Götzen dich retten;
aber sie alle trägt der Wind davon, / ein Hauch bläst sie weg.
Doch wer mir vertraut, / wird das Land zum Erbe bekommen / und meinen heiligen Berg besitzen.

Eine Verheißung für die Frommen

14 Bahnt eine Straße, ebnet den Weg, / entfernt die Hindernisse auf
dem Weg meines Volkes!
15 Denn so spricht der Hohe und Erhabene, / der ewig Thronende, des-
sen Name »Der Heilige« ist:
Als Heiliger wohne ich in der Höhe, / aber ich bin auch bei den Zer-
schlagenen und Bedrückten,
um den Geist der Bedrückten wieder aufleben zu lassen / und das Herz
der Zerschlagenen neu zu beleben.
16 Denn ich klage nicht für immer an, / noch will ich für immer zürnen.
Sonst müßte ihr Geist vor mir vergehen / und ihr Atem, den ich
erschuf.
17 Kurze Zeit zürnte ich wegen der Sünde (des Volkes), / ich schlug es
und verbarg mich voll Zorn.
Treulos ging es seine eigenen Wege. / 18 Ich sah, welchen Weg es ging.
Aber ich will es heilen und führen und wiederum trösten, / 19 seinen
Trauernden schaffe ich Lob auf den Lippen.
Friede, Friede den Fernen und den Nahen, spricht der Herr, / ich
werde sie heilen.
20 Aber die Ruchlosen sind wie das aufgewühlte Meer, / das nie zur
Ruhe kommen kann / und dessen Wasser Schmutz aufwühlt und
Schlamm.
21 Die Ruchlosen finden keinen Frieden, / spricht mein Gott.

Die Vorbereitung auf das kommende Heil

Die wahre Frömmigkeit

58 Rufe aus voller Kehle, halte dich nicht zurück! / Laß deine
Stimme ertönen wie eine Posaune!
Halt meinem Volk seine Vergehen vor / und dem Haus Jakob seine
Sünden!
2 Sie suchen mich Tag für Tag; / denn sie wollen meine Wege erken-
nen.
Wie ein Volk, das Gerechtigkeit übt / und das vom Recht seines Gottes
nicht abläßt,
so fordern sie von mir ein gerechtes Urteil / und möchten, daß Gott
ihnen nah ist.
3 Warum fasten wir, und du siehst es nicht? / Warum tun wir Buße,
und du merkst es nicht?
Seht, an euren Fasttagen macht ihr Geschäfte / und treibt alle eure
Arbeiter zur Arbeit an.
4 Obwohl ihr fastet, gibt es Streit und Zank, / und ihr schlagt zu mit
roher Gewalt.
So wie ihr jetzt fastet, / verschafft ihr eurer Stimme droben kein Gehör.
5 Ist das ein Fasten, wie ich es liebe, / ein Tag, an dem man sich der
Buße unterzieht:
wenn man den Kopf hängen läßt, so wie eine Binse sich neigt, / wenn
man sich mit Sack und Asche bedeckt?
Nennst du das ein Fasten / und einen Tag, der dem Herrn gefällt?
6 Nein, das ist ein Fasten, wie ich es liebe: / die Fesseln des Unrechts zu
lösen, / die Stricke des Jochs zu entfernen,
die Versklavten freizulassen, / jedes Joch zu zerbrechen,
7 an die Hungrigen dein Brot auszuteilen, / die obdachlosen Armen ins
Haus aufzunehmen,
wenn du einen Nackten siehst, ihn zu bekleiden / und dich deinen
Verwandten nicht zu entziehen.
8 Dann wird dein Licht hervorbrechen wie die Morgenröte, / und deine
Wunden werden schnell vernarben.
Deine Gerechtigkeit geht dir voran, / die Herrlichkeit des Herrn folgt
dir nach.
9 Wenn du dann rufst, / wird der Herr dir Antwort geben,
und wenn du um Hilfe schreist, wird er sagen: / Hier bin ich.
Wenn du der Unterdrückung bei dir ein Ende machst, / auf keinen mit
dem Finger zeigst und niemand verleumdest,
10 dem Hungrigen dein Brot reichst / und den Darbenden satt machst,
dann geht im Dunkel dein Licht auf, / und deine Finsternis wird hell
wie der Mittag.
11 Der Herr wird dich immer führen, / auch im dürren Land macht er
dich satt / und stärkt deine Glieder.
Du gleichst einem bewässerten Garten, / einer Quelle, deren Wasser
niemals versiegt.
12 Deine Leute bauen die uralten Trümmerstätten wieder auf, / die
Grundmauern aus der Zeit vergangener Generationen stellst du wie-
der her.
Man nennt dich den Maurer, der die Risse ausbessert, / den, der die
Ruinen wieder bewohnbar macht.
13 Wenn du am Sabbat nicht aus dem Haus gehst / und an meinem hei-
ligen Tag keine Geschäfte machst,
wenn du den Sabbat (den Tag der) Wonne nennst, / einen Ehrentag
den heiligen Tag des Herrn,
wenn du ihn ehrst, indem du keine Gänge machst, / keine Geschäfte
betreibst und keine Verhandlungen führst,
14 dann wirst du am Herrn deine Wonne haben, / dann lasse ich dich
über die Höhen der Erde dahinfahren
und das Erbe deines Vaters Jakob genießen. / Ja, der Mund des Herrn
hat gesprochen.

Die Hindernisse für das kommende Heil

59 Seht her, die Hand des Herrn ist nicht zu kurz, / um zu
helfen,
sein Ohr ist nicht schwerhörig, / so daß er nicht hört.
2 Nein, was zwischen euch und eurem Gott steht, / das sind eure Ver-
gehen;
eure Sünden verdecken sein Gesicht, / so daß er euch nicht hört.
3 Denn eure Hände sind mit Blut befleckt, / eure Finger mit Unrecht.
Eure Lippen lügen, / eure Zunge flüstert (Worte voll) Bosheit.
4 Keiner bringt gerechte Klagen vor, / keiner hält ehrlich Gericht.
Man stützt sich auf Nichtigkeiten / und stellt haltlose Behauptungen
auf;
man geht schwanger mit Unheil / und bringt Verderben zur Welt.
5 Schlangeneier brüten sie aus / und weben Spinnengewebe.
Wer von ihren Eiern ißt, muß sterben; / zerdrückt man eines, kriecht
eine Natter heraus.
6 Die Fäden, die sie spinnen, taugen nicht zu Gewändern, / man kann
sich nicht bekleiden mit dem, was sie erzeugen.
Ihre Taten sind Taten des Unheils, / Gewalttat ist in ihren Händen.
7 Sie laufen dem Bösen nach, / schnell sind sie dabei, / unschuldiges
Blut zu vergießen.
Ihre Gedanken sind Gedanken des Unheils, / Scherben und Verderben
sind auf ihren Straßen.
8 Den Weg des Friedens kennen sie nicht, / auf ihren Spuren gibt es
kein Recht.
Sie gehen krumme Pfade; / keiner, der ihnen folgt, lernt den Frieden
kennen.
9 Darum bleibt das Recht von uns fern, / die Gerechtigkeit erreicht uns
nicht.
Wir hoffen auf Licht, / doch es bleibt finster;
wir hoffen auf den Anbruch des Tages, / doch wir gehen im Dunkeln.
10 Wir tasten uns wie Blinde an der Wand entlang / und tappen dahin,
als hätten wir keine Augen.
Wir stolpern am Mittag, als wäre schon Dämmerung, / wir leben im
Finstern wie die Toten.
11 Wir brummen alle wie Bären / und gurren wie Tauben.
Wir hoffen auf unser Recht, doch es kommt nicht, / und auf die Ret-
tung, doch sie bleibt uns fern.
12 Denn unsere Frevel gegen dich sind zahlreich, / unsere Sünden kla-
gen uns an.

Wir sind uns unserer Vergehen bewußt, / wir kennen unsere Schuld:
13 Untreue und Verleugnung des Herrn, / Abkehr von unserem Gott.
Wir reden von Gewalttat und Aufruhr, / wir haben Lügen im Herzen und sprechen sie aus.
14 So weicht das Recht zurück, / die Gerechtigkeit bleibt in der Ferne.
Die Redlichkeit kommt auf dem Marktplatz zu Fall, / die Rechtschaffenheit findet nirgendwo Einlaß.
15 Jede Redlichkeit wird vermißt, / wer das Böse meidet, wird ausgeraubt.
Das hat der Herr gesehen, / und ihm mißfiel, daß es kein Recht mehr gab.
16 Er sah, daß keiner sich regte, / und war entsetzt, daß niemand einschritt.
Da half ihm sein eigener Arm, / seine eigene Gerechtigkeit war seine Stütze.
17 Er legte die Gerechtigkeit an wie einen Panzer / und setzte den Helm der Hilfe auf.
Er machte die Rache zu seinem Gewand / und umhüllte sich mit leidenschaftlichem Eifer wie mit einem Mantel.
18 Wie es die Taten verdienen, so übt er Vergeltung; / er zürnt seinen Gegnern
und vergilt seinen Feinden; / bis hin zu den Inseln übt er Vergeltung.
19 Dann fürchtet man im Westen den Namen des Herrn / und im Osten seine Herrlichkeit.
Ja, er kommt wie ein reißender Strom, / den der Sturm des Herrn vor sich hertreibt.
20 Doch für Zion kommt er als Erlöser / und für alle in Jakob,
die umkehren von ihrer Sünde – / Spruch des Herrn.
21 Das ist der Bund, den ich mit ihnen schließe, spricht der Herr:
Mein Geist, der auf dir ruht, soll nicht von dir weichen, und meine Worte, die ich dir in den Mund gelegt habe, sollen immer in deinem Mund bleiben und im Mund deiner Kinder und im Mund deiner Enkel, jetzt und in Ewigkeit – spricht der Herr.

Die künftige Herrlichkeit Zions

Die Wallfahrt der Völker zum gesegneten Jerusalem

60 Auf, werde licht, denn es kommt dein Licht, / und die Herrlichkeit des Herrn geht leuchtend auf über dir.
2 Denn siehe, Finsternis bedeckt die Erde / und Dunkel die Völker,
doch über dir geht leuchtend der Herr auf, / seine Herrlichkeit erscheint über dir.
3 Völker wandern zu deinem Licht / und Könige zu deinem strahlenden Glanz.
4 Blick auf und schau umher: / Sie alle versammeln sich und kommen zu dir.
Deine Söhne kommen von fern, / deine Töchter trägt man auf den Armen herbei.
5 Du wirst es sehen, und du wirst strahlen, / dein Herz bebt vor Freude und öffnet sich weit.
Denn der Reichtum des Meeres strömt dir zu, / die Schätze der Völker kommen zu dir.
6 Zahllose Kamele bedecken dein Land, / Dromedare aus Midian und Efa.
Alle kommen von Saba, / bringen Weihrauch und Gold / und verkünden die ruhmreichen Taten des Herrn.
7 Alle Schafe von Kedar scharen sich bei dir, / die Widder von Nebajot stehen in deinem Dienst.
Als willkommene Opfer steigen sie auf meinen Altar; / so verherrliche ich mein herrliches Haus.
8 Wer sind die, die heranfliegen wie Wolken, / wie Tauben zu ihrem Schlag?
9 Die Schiffe kommen bei mir zusammen, / voran die Schiffe von Tarschisch,
um deine Söhne mit ihrem Gold und Silber / aus der Ferne zu bringen,
zum Ruhm des Herrn, deines Gottes, / des Heiligen Israels, / weil er dich herrlich gemacht hat.
10 Fremde bauen deine Mauern, / ihre Könige stehen in deinem Dienst.
Denn in meinem Zorn habe ich dich geschlagen, / aber in meinem Wohlwollen zeige ich dir mein Erbarmen.
11 Deine Tore bleiben immer geöffnet, / sie werden bei Tag und bei Nacht nicht geschlossen,
damit man den Reichtum der Völker zu dir hineintragen kann; / auch ihre Könige führt man herbei.
12 Denn jedes Volk und jedes Reich, / das dir nicht dient, geht zugrunde, / die Völker werden völlig vernichtet.
13 Die Pracht des Libanon kommt zu dir, / Zypressen, Platanen und Eschen zugleich,
um meinen heiligen Ort zu schmücken; / dann ehre ich den Platz, wo meine Füße ruhen.
14 Gebückt kommen die Söhne deiner Unterdrücker zu dir, / alle, die dich verachtet haben, werfen sich dir zu Füßen.
Man nennt dich »Die Stadt des Herrn« / und »Das Zion des Heiligen Israels«.
15 Dafür, daß du verlassen warst und verhaßt / und niemand dich besucht hat,
mache ich dich zum ewigen Stolz, / zur Freude für alle Generationen.
16 Du wirst die Milch der Völker saugen / und an der Brust von Königen trinken.
Dann wirst du erkennen, / daß ich, der Herr, dein Retter bin / und ich, der Starke Jakobs, dein Erlöser.
17 Statt Kupfer bringe ich Gold, / statt Eisen bringe ich Silber, / statt Holz Kupfer und statt Steine Eisen.
Ich setze den Frieden als Aufsicht über dich ein / und die Gerechtigkeit als deinen Vogt.
18 Man hört nichts mehr von Unrecht in deinem Land, / von Verheerung und Zerstörung in deinem Gebiet.
Deine Mauern nennst du »Rettung« / und deine Tore »Ruhm«.
19 Bei Tag wird nicht mehr die Sonne dein Licht sein, / und um die Nacht zu erhellen, scheint dir nicht mehr der Mond,
sondern der Herr ist dein ewiges Licht, / dein Gott dein strahlender Glanz.
20 Deine Sonne geht nicht mehr unter, / und dein Mond nimmt nicht mehr ab;
denn der Herr ist dein ewiges Licht, / zu Ende sind deine Tage der Trauer.
21 Dein Volk besteht nur aus Gerechten; / sie werden für immer das Land besitzen / als aufblühende Pflanzung des Herrn,
als das Werk seiner Hände, / durch das er seine Herrlichkeit zeigt.
22 Der Kleinste wird zu einer Tausendschaft, / der Geringste zu einem starken Volk.
Ich, der Herr, führe es schnell herbei, / sobald es Zeit dafür ist.

Die frohe Botschaft des Gesalbten Jahwes

61 Der Geist Gottes, des Herrn, ruht auf mir; / denn der Herr hat mich gesalbt.
Er hat mich gesandt, damit ich den Armen eine frohe Botschaft bringe / und alle heile, deren Herz zerbrochen ist,
damit ich den Gefangenen die Entlassung verkünde / und den Gefesselten die Befreiung,
2 damit ich ein Gnadenjahr des Herrn ausrufe, / einen Tag der Vergeltung unseres Gottes, / damit ich alle Trauernden tröste,
3 die Trauernden Zions erfreue, / ihnen Schmuck bringe anstelle von Schmutz,
Freudenöl statt Trauergewand, / Jubel statt der Verzweiflung.
Man wird sie »Die Eichen der Gerechtigkeit« nennen, / »Die Pflanzung, durch die der Herr seine Herrlichkeit zeigt«.
4 Dann bauen sie die uralten Trümmerstätten wieder auf / und richten die Ruinen ihrer Vorfahren wieder her.

Die verödeten Städte erbauen sie neu, / die Ruinen vergangener Gene-
rationen.
5 Fremde stehen bereit und führen eure Herden auf die Weide, / Aus-
länder sind eure Bauern und Winzer.
6 Ihr alle aber werdet »Priester des Herrn« genannt, / man sagt zu euch
»Diener unseres Gottes«.
Was die Völker besitzen, werdet ihr genießen, / mit ihrem Reichtum
könnt ihr euch brüsten.
7 Doppelte Schande mußten sie ertragen, / sie wurden angespuckt und
verhöhnt;
darum erhalten sie doppelten Besitz in ihrem Land, / ewige Freude
wird ihnen zuteil.
8 Denn ich, der Herr, liebe das Recht, / ich hasse Verbrechen und Raub.
Ich bin treu und gebe ihnen den Lohn, / ich schließe mit ihnen einen
ewigen Bund.
9 Ihre Nachkommen werden bei allen Nationen bekannt sein / und
ihre Kinder in allen Völkern.
Jeder, der sie sieht, wird erkennen: / Das sind die Nachkommen, die
der Herr gesegnet hat.
10 Von Herzen will ich mich freuen über den Herrn. / Meine Seele soll
jubeln über meinen Gott.
Denn er kleidet mich in Gewänder des Heils, / er hüllt mich in den
Mantel der Gerechtigkeit,
wie ein Bräutigam sich festlich schmückt / und wie eine Braut ihr
Geschmeide anlegt.
11 Denn wie die Erde die Saat wachsen läßt / und der Garten die Pflan-
zen hervorbringt, so bringt Gott, der Herr, Gerechtigkeit hervor / und
Ruhm vor allen Völkern.

Die verherrlichte Stadt Gottes

62 Um Zions willen kann ich nicht schweigen, / um Jerusalems
willen nicht still sein,
bis das Recht in ihm aufstrahlt wie ein helles Licht / und sein Heil auf-
leuchtet wie eine brennende Fackel.
2 Dann sehen die Völker deine Gerechtigkeit / und alle Könige deine
strahlende Pracht.
Man ruft dich mit einem neuen Namen, / den der Mund des Herrn für
dich bestimmt.
3 Du wirst zu einer prächtigen Krone / in der Hand des Herrn,
zu einem königlichen Diadem / in der Rechten deines Gottes.
4 Nicht länger nennt man dich »Die Verlassene« / und dein Land nicht
mehr »Das Ödland«,
sondern man nennt dich »Meine Wonne« / und dein Land »Die Ver-
mählte«.
Denn der Herr hat an dir seine Freude, / und dein Land wird mit ihm
vermählt.
5 Wie der junge Mann sich mit der Jungfrau vermählt, / so vermählt
sich mit dir dein Erbauer.
Wie der Bräutigam sich freut über die Braut, / so freut sich dein Gott
über dich.
6 Auf deine Mauern, Jerusalem, stellte ich Wächter. / Weder bei Tag
noch bei Nacht dürfen sie schweigen.
Ihr, die ihr den Herrn (an Zion) erinnern sollt, / gönnt euch keine
Ruhe!
7 Laßt auch ihm keine Ruhe, / bis er Jerusalem wieder aufbaut, / bis er
es auf der ganzen Erde berühmt macht.
8 Der Herr hat geschworen bei seiner rechten Hand / und bei seinem
starken Arm:
Nie mehr gebe ich dein Korn / deinen Feinden zu essen.
Nie mehr trinken Fremde deinen Wein, / für den du so hart gearbeitet
hast.
9 Nein, wer das Korn geerntet hat, soll es auch essen / und den Herrn
dafür preisen.
Wer den Wein geerntet hat, soll ihn auch trinken / in den Vorhöfen
meines Heiligtums.
10 Zieht durch die Tore ein und aus, / und bahnt dem Volk einen Weg!
Baut, ja baut eine Straße, / und räumt die Steine beiseite! / Stellt ein
Zeichen auf für die Völker!
11 Hört, was der Herr bis ans Ende der Erde bekanntmacht: / Sagt der
Tochter Zion:
Sieh her, jetzt kommt deine Rettung. / Siehe, er bringt seinen Sieges-
preis mit:
Alle, die er gewonnen hat, / gehen vor ihm her.
12 Dann nennt man sie »Das heilige Volk«, / »Die Erlösten des Herrn«.
Und dich nennt man / »Die begehrte, die nicht mehr verlassene Stadt«.

Völkergericht und endzeitliches Heil

Die Ankündigung des Gerichts an den Völkern

63 Wer ist jener, der aus Edom kommt, / aus Bozra in rot
gefärbten Gewändern?
Er schreitet in prächtigen Kleidern daher / in seiner gewaltigen Kraft.
Ich bin es, ich verkünde Gerechtigkeit, / ich bin der mächtige Helfer.
2 Warum aber ist dein Gewand so rot, / ist dein Kleid wie das eines
Mannes, der die Kelter tritt?
3 Ich allein trat die Kelter; / von den Völkern war niemand dabei.
Da zertrat ich sie voll Zorn, / zerstampfte sie in meinem Grimm.
Ihr Blut spritzte auf mein Gewand / und befleckte meine Kleider.
4 Denn ein Tag der Rache lag mir im Sinn, / und das Jahr der Erlösung
war gekommen.
5 Ich sah mich um, doch niemand wollte mir helfen; / ich war bestürzt,
weil keiner mir beistand.
Da half mir mein eigener Arm, / mein Zorn war meine Stütze.
6 Ich zertrat die Völker in meinem Zorn, / ich zerschmetterte sie in
meinem Grimm, / und ihr Blut ließ ich zur Erde rinnen.

Das Gebet des Volkes um Gottes Erscheinen

7 Die Huld des Herrn will ich preisen, / die ruhmreichen Taten des
Herrn,
alles, was der Herr für uns tat, / seine große Güte,
die er dem Haus Israel erwies / in seiner Barmherzigkeit und seiner
großen Huld.
8 Er sagte: Sie sind doch mein Volk, / meine Söhne, die nicht enttäu-
schen. / Er wurde ihr Retter in jeder Not.
9 Nicht ein Bote oder ein Engel, / sondern sein Angesicht hat sie ge-
rettet.
In seiner Liebe und seinem Mitleid / hat er selbst sie erlöst.
Er hat sie emporgehoben und sie getragen / in all den Tagen der
Vorzeit.
10 Sie aber lehnten sich gegen ihn auf / und betrübten seinen heiligen
Geist.
Da wandelte er sich und wurde ihr Feind, / ja, er führte Krieg gegen sie.
11 Nun dachten sie an die Tage der Vorzeit, / die Zeit seines Knechtes
Mose:
Wo ist der, der den Hirten seiner Schafe aus dem Meer herausgeführt
hat? / Wo ist der, der seinen heiligen Geist in ihn gelegt hat,
12 der an der rechten Seite des Mose ging / und ihm half mit mächti-
gem Arm,
der das Wasser vor ihnen zerteilte, / um sich ewigen Ruhm zu ver-
schaffen,
13 der sie durch die Fluten führte wie Pferde durch die Steppe, / ohne
daß sie strauchelten?
14 Der Geist des Herrn ließ sie zur Ruhe kommen, / wie das Vieh, das
ins Tal hinabzieht.
So führtest du einst dein Volk, / um dir herrlichen Ruhm zu ver-
schaffen.
15 Blick vom Himmel herab, und sieh her / von deiner heiligen, herrli-
chen Wohnung!

Wo ist dein leidenschaftlicher Eifer / und deine Macht, dein großes
Mitleid und dein Erbarmen? / Halte dich nicht von uns fern!
16 Du bist doch unser Vater; / denn Abraham weiß nichts von uns,
Israel will uns nicht kennen. / Du, Herr, bist unser Vater, / »Unser Erlö-
ser von jeher« wirst du genannt.
17 Warum läßt du uns, Herr, von deinen Wegen abirren / und machst
unser Herz hart, / so daß wir dich nicht mehr fürchten?
Kehre zurück um deiner Knechte willen, / um der Stämme willen, die
dein Eigentum sind.
18 Erst vor kurzem haben unsere Feinde dein heiliges Volk vertrieben; /
dein Heiligtum haben sie zertreten.
19 Uns geht es, als wärest du nie unser Herrscher gewesen, / als wären
wir nicht nach deinem Namen benannt.
Reiß doch den Himmel auf, und komm herab, / so daß die Berge
zittern vor dir.

64 Komm wie ein Feuer, das Reisig entzündet, / wie ein Feuer,
das Wasser zum Sieden bringt.
Mach deinen Feinden deinen Namen bekannt, / so daß die Völker
zittern vor dir,
2 wenn du schreckliche und nie erwartete Taten vollbringst. / [Komm
herab, so daß die Berge zittern vor dir.]
3 Seit Menschengedenken hat man noch nie vernommen, / kein Ohr
hat gehört, kein Auge gesehen, daß es einen Gott gibt außer dir, / der
denen Gutes tut, die auf ihn hoffen.
4 Ach, kämst du doch denen entgegen, / die tun, was recht ist, / und
nachdenken über deine Wege.
Ja, du warst zornig; / denn wir haben gegen dich gesündigt, / von
Urzeit an sind wir treulos geworden.
5 Wie unreine (Menschen) sind wir alle geworden, / unsere ganze
Gerechtigkeit ist wie ein schmutziges Kleid.
Wie Laub sind wir alle verwelkt, / unsere Schuld trägt uns fort wie der
Wind.
6 Niemand ruft deinen Namen an, / keiner rafft sich dazu auf, festzu-
halten an dir.
Denn du hast dein Angesicht vor uns verborgen / und hast uns der
Gewalt unserer Schuld überlassen.
7 Und doch bist du, Herr, unser Vater. / Wir sind der Ton, und du bist
unser Töpfer, / wir alle sind das Werk deiner Hände.
8 Herr, zürne uns doch nicht allzu sehr, / denk nicht für immer an
unsere Schuld! / Sieh doch her: Wir alle sind dein Volk.
9 Deine heiligen Städte sind zur Wüste geworden. / Zion ist eine
Wüste, Jerusalem eine Öde.
10 Unser heiliger, herrlicher Tempel, / wo unsere Väter dich priesen,
ist ein Raub der Flammen geworden; / alles, was uns lieb war, liegt
nun in Trümmern.
11 Kannst du dich bei all dem zurückhalten, Herr, / kannst du schwei-
gen und uns so sehr erniedrigen?

Gegen die Götzendiener

65 Ich wäre zu erreichen gewesen für die, / die nicht nach mir
fragten,
ich wäre zu finden gewesen für die, / die nicht nach mir suchten.
Ich sagte zu einem Volk, / das meinen Namen nicht anrief: / Hier bin
ich, hier bin ich.
2 Den ganzen Tag streckte ich meine Hände aus / nach einem abtrün-
nigen Volk,
das einen Weg ging, der nicht gut war, / nach seinen eigenen Plänen,
3 nach einem Volk, / das in seinem Trotz mich ständig ärgert.
Sie bringen Schlachtopfer dar in Gärten / und Rauchopfer auf Ziegeln;
4 sie sitzen in Grabkammern / und verbringen die Nächte in Höhlen;
sie essen das Fleisch von Schweinen / und haben Brühe von verdorbe-
nem Fleisch in ihren Töpfen;
5 sie sagen: Bleib, wo du bist, komm mir nicht nahe, / sonst bist du
geweiht.
Diese Menschen sind wie Rauch in meiner Nase, / wie ein immer bren-
nendes Feuer.
6 Seht her, alles ist aufgeschrieben bei mir, / und ich werde nicht
schweigen, / sondern zahle ihnen heim, wie sie es verdienen;
7 ich zahle ihnen den Lohn aus für ihre Schuld / und die Schuld ihrer
Väter, spricht der Herr.
Weil sie auf den Bergen Weihrauch verbrannten / und mich auf den
Hügeln verhöhnten, messe ich ihnen ihren Lohn zu / und zahle ihnen
heim, wie sie es verdienen.
8 So spricht der Herr: / Sobald sich Saft in der Traube findet, / sagt
man: Verdirb sie nicht, denn es ist Segen darin.
Ebenso will ich um meiner Knechte willen handeln, / um nicht alle
vernichten zu müssen.
9 Ich lasse aus Jakob Nachkommen hervorgehen / und aus Juda einen
Erben für meine Berge.
Meine Auserwählten sollen das Land besitzen, / und meine Knechte
sollen dort wohnen.
10 Für mein Volk, das nach mir fragt, / wird dann (die Ebene) Scharon
zur Schafweide / und das Achortal zum Lagerplatz der Rinder.
11 Euch aber, die ihr den Herrn verlassen, / meinen heiligen Berg ver-
gessen, dem Glücksgott den Tisch gedeckt / und dem Gott des Schick-
sals den Weinkrug gefüllt habt,
12 überantworte ich dem Schwert: / Ihr müßt euch alle ducken und
werdet geschlachtet.
Denn ihr gabt keine Antwort, als ich euch rief, / als ich zu euch redete,
hörtet ihr nicht,
sondern ihr habt getan, was mir mißfällt, / und habt euch für das ent-
schieden, / was ich nicht will.
13 Darum – so spricht Gott, der Herr: / Meine Knechte sollen essen, /
doch ihr leidet Hunger.
Meine Knechte sollen trinken, / doch ihr leidet Durst.
Meine Knechte sollen sich freuen, / doch ihr müßt euch schämen.
14 Meine Knechte sollen aus Herzenslust jubeln, / doch ihr werdet
schreien vor Herzeleid / und heulen vor Verzweiflung.
15 Ihr müßt euren Namen dazu hergeben, / daß meine Auserwählten
ihn beim Eid / als Fluchwort gebrauchen und sagen:
Genauso töte dich Gott, der Herr. / Meinen Knechten aber wird man
einen anderen Namen geben.
16 Wer sich segnet im Land, / wird sich Segen wünschen von Gott,
dem Getreuen,
und wer schwört im Land, / wird schwören bei Gott, dem Getreuen.

Das endzeitliche Heil

Ja, vergessen sind die früheren Nöte, / sie sind meinen Augen ent-
schwunden.
17 Denn schon erschaffe ich einen neuen Himmel / und eine neue Erde.
Man wird nicht mehr an das Frühere denken, / es kommt niemand
mehr in den Sinn.
18 Nein, ihr sollt euch ohne Ende freuen und jubeln / über das, was ich
erschaffe.
Denn ich mache aus Jerusalem Jubel / und aus seinen Einwohnern
Freude.
19 Ich will über Jerusalem jubeln / und mich freuen über mein Volk.
Nie mehr hört man dort lautes Weinen / und lautes Klagen.
20 Dort gibt es keinen Säugling mehr, / der nur wenige Tage lebt,
und keinen Greis, / der nicht das volle Alter erreicht;
wer als Hundertjähriger stirbt, / gilt noch als jung, / und wer nicht
hundert Jahre alt wird, / gilt als verflucht.
21 Sie werden Häuser bauen / und selbst darin wohnen, / sie werden
Reben pflanzen / und selbst ihre Früchte genießen.
22 Sie bauen nicht, / damit ein anderer in ihrem Haus wohnt,
und sie pflanzen nicht, / damit ein anderer die Früchte genießt.
In meinem Volk werden die Menschen so alt / wie die Bäume.
Was meine Auserwählten mit eigenen Händen erarbeitet haben, / wer-
den sie selber verbrauchen.

23 Sie arbeiten nicht mehr vergebens, / sie bringen nicht Kinder zur
Welt für einen jähen Tod.
Denn sie sind die Nachkommen der vom Herrn Gesegneten / und ihre
Sprößlinge zusammen mit ihnen.
24 Schon ehe sie rufen, gebe ich Antwort, / während sie noch reden,
erhöre ich sie.
25 Wolf und Lamm weiden zusammen, / der Löwe frißt Stroh wie das
Rind / [doch die Schlange nährt sich von Staub].
Man tut nichts Böses mehr / und begeht kein Verbrechen / auf meinem
ganzen heiligen Berg, spricht der Herr.

Die Beschreibung der Endzeit

66 So spricht der Herr:
Der Himmel ist mein Thron / und die Erde der Schemel für
meine Füße.
Was wäre das für ein Haus, / das ihr mir bauen könntet?
Was wäre das für ein Ort, / an dem ich ausruhen könnte?
2 Denn all das hat meine Hand gemacht; / es gehört mir ja schon –
Spruch des Herrn.
Ich blicke auf den Armen und Zerknirschten / und auf den, der zittert
vor meinem Wort.
3 Man opfert Rinder – und erschlägt Menschen; / man opfert Schafe –
und erwürgt Hunde;
man bringt Speiseopfer dar – / und auch Schweineblut;
man spendet Weihrauch – / und preist einen Götzen.
Wie diese Menschen ihre eigenen Wege wählen / und an ihren Götter-
bildern Gefallen haben,
4 so wähle ich für sie die Strafe aus / und bringe über sie Schrecken.
Denn sie gaben keine Antwort, als ich sie rief, / als ich zu ihnen redete,
hörten sie nicht;
sondern sie haben getan, was mir mißfällt, / und haben sich für das
entschieden, was ich nicht will.
5 Hört das Wort des Herrn, / die ihr zittert vor seinem Wort!
Eure Brüder, die euch hassen, / die euch um meines Namens willen
verstoßen,
sie sagen: Der Herr soll doch seine Herrlichkeit zeigen, / damit wir
eure Freude mit erleben. / Aber sie werden beschämt.
6 Horcht: Getöse dringt aus der Stadt, / Getöse aus dem Tempel. /
Horcht: Der Herr vergilt seinen Feinden ihr Tun.
7 Noch ehe die Frau ihre Wehen bekommt, / hat sie schon geboren;
ehe die Wehen über sie kamen, / brachte sie einen Knaben zur Welt.
8 Wer hat so etwas je gehört, / wer hat je dergleichen gesehen?
Wird ein Land an einem einzigen Tag geboren, / kommt ein Volk auf
einmal zur Welt?
Doch Zion, kaum in den Wehen, / hat schon ihre Kinder geboren.
9 Hätte ich ihr etwa den Schoß öffnen sollen, / ohne sie gebären zu las-
sen?, spricht der Herr.
Sollte ich, der die Frauen gebären läßt, / ihnen den Schoß ver-
schließen?, spricht dein Gott.
10 Freut euch mit Jerusalem! / Jubelt in der Stadt, alle, die ihr sie liebt.
Seid fröhlich mit ihr, / alle, die ihr über sie traurig wart.
11 Saugt euch satt an ihrer tröstenden Brust, / trinkt und labt euch an
ihrem mütterlichen Reichtum!
12 Denn so spricht der Herr: / Seht her: Wie einen Strom / leite ich den
Frieden zu ihr
und den Reichtum der Völker / wie einen rauschenden Bach.
Ihre Kinder wird man auf den Armen tragen / und auf den Knien
schaukeln.
13 Wie eine Mutter ihren Sohn tröstet, / so tröste ich euch; / in Jerusa-
lem findet ihr Trost.
14 Wenn ihr das seht, wird euer Herz sich freuen, / und ihr werdet auf-
blühen wie frisches Gras.
So offenbart sich die Hand des Herrn an seinen Knechten, / aber seine
Feinde wird er bedrohen.
15 Ja, seht, der Herr kommt wie das Feuer heran, / wie der Sturm sind
seine Wagen,
um in glühendem Zorn Vergeltung zu üben, / und er droht mit feuri-
gen Flammen.
16 Ja, mit Feuer und Schwert hält der Herr Gericht über alle Sterbli-
chen, / und viele sind es, die der Herr erschlägt.
17 Alle, die sich weihen und reinigen bei den Gärten / für den einen, der
in der Mitte steht,
die Schweinefleisch, Würmer und Mäuse verzehren, / sie alle nehmen
ein Ende – Spruch des Herrn.
18 Ich kenne ihre Taten und ihre Gedanken und komme, um die Völker
aller Sprachen zusammenzurufen, und sie werden kommen und
meine Herrlichkeit sehen.
19 Ich stelle bei ihnen ein Zeichen auf und schicke von ihnen einige, die
entronnen sind, zu den übrigen Völkern: nach Tarschisch, Pul und
Lud, Meschech und Rosch, Tubal und Jawan und zu den fernen Inseln,
die noch nichts von mir gehört und meine Herrlichkeit noch nicht
gesehen haben. Sie sollen meine Herrlichkeit unter den Völkern ver-
künden.
20 Sie werden aus allen Völkern eure Brüder als Opfergabe für den
Herrn herbeiholen auf Rossen und Wagen, in Sänften, auf Maultieren
und Dromedaren, her zu meinem heiligen Berg nach Jerusalem,
spricht der Herr, so wie die Söhne Israels ihr Opfer in reinen Gefäßen
zum Haus des Herrn bringen. 21 Und auch aus ihnen werde ich Män-
ner als Priester und Leviten auswählen, spricht der Herr.
22 Wie der neue Himmel und die neue Erde, / die ich erschaffe, / vor
mir stehen – Spruch des Herrn –, / so wird euer Stamm und euer Name
dastehen.
23 An jedem Neumond und an jedem Sabbat / wird alle Welt kommen,
um mir zu huldigen, / spricht der Herr.
24 Dann wird man hinausgehen, / um die Leichen derer zu sehen, / die
sich gegen mich aufgelehnt haben.
Denn der Wurm in ihnen wird nicht sterben, / und das Feuer in ihnen
wird niemals erlöschen; / ein Ekel sind sie für alle Welt.

Das Buch Jeremia

Das Buch Jeremia hat eine klare Gliederung, die sich jedoch in der griechischen Bibel von der der hebräischen stark unterscheidet. Der hebräische Text hat folgende Anordnung: Prophetenworte gegen Juda und Jerusalem von der Zeit Joschijas bis Zidkija (1,1–25,14); vorwiegend Prosatexte über den Propheten und sein Wirken (Kap. 26–45); hier kann man wieder Prosareden über Israel und Juda, zumeist drohenden Inhalts (Kap. 26–29), Heilsworte (Kap. 32–35) und Berichte Baruchs über Jeremia (Kap. 36–45) unterscheiden; eingeschoben ist die sog. Trostschrift (Kap. 30f); Drohreden gegen fremde Völker (Kap. 46–51; die Einleitung dazu steht bereits in 25,15–38); ein geschichtlicher Anhang, der weitgehend mit 2 Kön 24,18–25,21 übereinstimmt (Kap. 52). Der griechische Text bringt die Drohreden gegen die fremden Völker in anderer Reihenfolge nach Kap. 25 und ordnet erst danach die Prosaberichte ein, die jetzt Kap. 52 nicht mehr als Anhang erkennen lassen. Der griechische Text ist etwa um ein Achtel kürzer als der hebräische, da einzelne Verse oder Versteile, aber auch einige längere Abschnitte fehlen.

Der Prophet selbst hat im Jahr 605 v. Chr. seinem Sekretär und Jünger Baruch eine erste Sammlung von »Worten über Jerusalem und Juda und alle Völker von den Tagen Joschijas an bis heute« (36,2) diktiert. Baruch hat die Buchrolle im Tempelhof vorgelesen; sie wurde beschlagnahmt und von König Jojakim verbrannt. Darauf diktierte der Prophet den Inhalt der Rolle noch einmal seinem Sekretär, und dieser Niederschrift »wurden noch viele ähnliche Worte hinzugefügt« (36,32). Demnach hat Jeremia selbst eine erste Sammlung seiner Verkündigung vorgenommen, die später, teils vielleicht von ihm selbst, teils von Baruch und vielleicht von noch späteren Bearbeitern, ergänzt wurde. Als nachexilische Erweiterungen gelten heute allgemein 10,1–16; 17,19–27; 32,29–35.37–41; 33 sowie die meisten Drohreden gegen fremde Völker (Kap. 46–51) und der Anhang (Kap. 52). Ob die sogenannte Trostschrift (Kap. 30f) von Jeremia selbst stammt, ist umstritten; sie dürfte aber einen echten Kern haben.

Jeremia ist der Prophet, über dessen Leben und Gotteserfahrung wir am besten unterrichtet sind. Das verdanken wir seinen von leidenschaftlichem Mitgefühl mit seinem Volk geprägten Klagen, seinen »Konfessionen« (Bekenntnissen: 11,18–23; 12,1–6; 15,10–21; 16,1–9; 17,12–18; 18,18–23; 20,7–18; 23,9–19) und den Aufzeichnungen Baruchs. Jeremia stammt aus einer Priesterfamilie in Anatot unweit von Jerusalem. Seine Berufung erfährt er als junger Mann um 628 v. Chr. unter König Joschija (641–609). Zunächst wendet er sich gegen die aus der Zeit des ruchlosen Königs Manasse noch nachwirkenden religiösen und sittlichen Mißstände. Als Joschija sich um 622 v. Chr. von dem zerbrechenden Assyrerreich unabhängig macht und eine tiefgreifende Reform des Jahweglaubens durchführt, schweigt Jeremia. Joschija fällt 609 v. Chr. in der Schlacht gegen die Ägypter bei Megiddo. Als unter seinem Nachfolger Jojakim (609–597) die Reform teilweise rückgängig gemacht wird und wieder heidnische Sitten eindringen, kämpft der Prophet leidenschaftlich dagegen an; er überwirft sich mit dem König und wird von ihm verfolgt. In tiefer Enttäuschung über den Mißerfolg seiner Verkündigung, über die Verfolgung durch Jojakim und über die Nachstellungen durch seine eigenen Verwandten und Landsleute ist er der Verzweiflung nahe und wird an Gott fast irre. Aus dieser qualvollen Not entstehen die »Konfessionen«. Von der Verschleppung Jojachins und eines Teils der Einwohner Jerusalems durch Nebukadnezzar 597 v. Chr. bleibt er verschont. In Briefen warnt und tröstet er die nach Babylonien verschleppten Landsleute und versucht Zidkija (597–586) vergeblich von einer antibabylonischen Politik abzuhalten. Während der Belagerung Jerusalems 587/86 v. Chr. wird der Prophet des Verrates verdächtigt, verhaftet und im Wachhof des Königspalastes gefangengehalten. Selbst dort schweigt er nicht. Nach dem Fall der Stadt 586 v. Chr. wird er von der Verschleppung ausgenommen. Nun versucht er sein Volk zu trösten. Als aber gegen seinen Rat die Zurückgebliebenen nach der Ermordung des Statthalters Gedalja (vgl. 40,7–41,15) nach Ägypten fliehen, zwingt man ihn und Baruch mitzugehen. In Ägypten stirbt der Prophet. Seine Botschaft aber wirkt weiter, nicht zuletzt durch die Verheißung des »neuen Bundes« (31,31–34).

Die Gerichtsworte über Jerusalem und Juda

Überschrift

1 Die Worte Jeremias, des Sohnes Hilkijas, aus der Priesterschaft
zu Anatot im Land Benjamin. 2 An ihn erging das Wort des Herrn
zur Zeit des Königs Joschija von Juda, des Sohnes Amons, im dreizehnten Jahr seiner Regierung, 3 ebenso zur Zeit des Königs Jojakim
von Juda, des Sohnes Joschijas, bis das elfte Jahr des Königs Zidkija
von Juda, des Sohnes Joschijas, zu Ende ging, als im fünften Monat
Jerusalem in die Verbannung ziehen mußte.

Die Berufung Jeremias zum Propheten

4 Das Wort des Herrn erging an mich: 5 Noch ehe ich dich im Mutterleib formte, habe ich dich ausersehen, noch ehe du aus dem Mutterschoß hervorkamst, habe ich dich geheiligt, zum Propheten für die
Völker habe ich dich bestimmt. 6 Da sagte ich: Ach, mein Gott und
Herr, ich kann doch nicht reden, ich bin ja noch so jung. 7 Aber der
Herr erwiderte mir: Sag nicht: Ich bin noch so jung. Wohin ich dich auch sende, dahin sollst du gehen, und was ich dir auftrage, das sollst du verkünden.
8 Fürchte dich nicht vor ihnen; denn ich bin mit dir um dich zu retten –
Spruch des Herrn. 9 Dann streckte der Herr seine Hand aus, berührte
meinen Mund und sagte zu mir: Hiermit lege ich meine Worte in deinen Mund. 10 Sieh her! Am heutigen Tag setze ich dich über Völker und
Reiche; du sollst ausreißen und niederreißen, vernichten und einreißen, aufbauen und einpflanzen.

Zwei Visionen

11 Das Wort des Herrn erging an mich: Was siehst du, Jeremia? Ich antwortete: Einen Mandelzweig sehe ich. 12 Da sprach der Herr zu mir:
Du hast richtig gesehen; denn ich wache über mein Wort und führe es

aus. 13 Abermals erging an mich das Wort des Herrn: Was siehst du?
Ich antwortete: Einen dampfenden Kessel sehe ich; sein Rand neigt
sich von Norden her. 14 Da sprach der Herr zu mir: Von Norden her
ergießt sich das Unheil über alle Bewohner des Landes. 15 Ja, ich rufe
alle Stämme der Nordreiche – Spruch des Herrn –, damit sie kommen
und ihre Richterstühle an den Toreingängen Jerusalems aufstellen,
gegen all seine Mauern ringsum und gegen alle Städte von Juda.
16 Dann werde ich mein Urteil über sie sprechen und sie strafen für
alles Böse, das sie getan haben, weil sie mich verlassen, anderen Göt-
tern geopfert und das Werk ihrer eigenen Hände angebetet haben.
17 Du aber gürte dich, tritt vor sie hin, und verkünde ihnen alles, was
ich dir auftrage. Erschrick nicht vor ihnen, sonst setze ich dich vor
ihren Augen in Schrecken. 18 Ich selbst mache dich heute zur befestig-
ten Stadt, zur eisernen Säule und zur ehernen Mauer gegen das ganze
Land, gegen die Könige, Beamten und Priester von Juda und gegen die
Bürger des Landes. 19 Mögen sie dich bekämpfen, sie werden dich
nicht bezwingen; denn ich bin mit dir, um dich zu retten – Spruch des
Herrn.

Das treulose Volk

2 Das Wort des Herrn erging an mich: 2 Auf! Ruf Jerusalem laut ins
Ohr: So spricht der Herr: Ich denke an deine Jugendtreue, an die
Liebe deiner Brautzeit, wie du mir in der Wüste gefolgt bist, im Land
ohne Aussaat. 3 Heiliger Besitz war Israel dem Herrn, Erstlingsfrucht
seiner Ernte. Wer davon aß, machte sich schuldig, Unheil kam über
ihn – Spruch des Herrn.
4 Hört das Wort des Herrn, ihr vom Haus Jakob und all ihr Geschlech-
ter des Hauses Israel! 5 So spricht der Herr: Was fanden eure Väter
Unrechtes an mir, daß sie sich von mir entfernten, nichtigen Göttern
nachliefen und so selber zunichte wurden? 6 Sie fragten nicht: Wo ist
der Herr, der uns aus Ägypten heraufgeführt, der uns in der Wüste den
Weg gewiesen hat, im Land der Steppen und Schluchten, im dürren
und düsteren Land, im Land, das keiner durchwandert und niemand
bewohnt? 7 Ich brachte euch dann in das Gartenland, um euch seine
Früchte und Güter genießen zu lassen. Aber kaum seid ihr dort gewe-
sen, da habt ihr mein Land entweiht und mir mein Eigentum zum
Abscheu gemacht. 8 Die Priester fragten nicht: Wo ist der Herr? Die
Hüter des Gesetzes kannten mich nicht, die Hirten des Volkes wurden
mir untreu. Die Propheten traten im Dienst des Baal auf und liefen
unnützen Götzen nach. 9 Darum muß ich euch weiter anklagen –
Spruch des Herrn – und gegen eure Kindeskinder Klage erheben.
10 Geht doch hinüber zu den Inseln der Kittäer, und seht euch um,
oder schickt nach Kedar, forscht genau nach, und seht zu, ob
irgendwo etwas Ähnliches geschah. 11 Hat je ein Volk seine Götter
gewechselt? Dabei sind es gar keine Götter. Mein Volk aber hat seinen
Ruhm gegen unnütze Götzen vertauscht. 12 Entsetzt euch darüber, ihr
Himmel, erschaudert gewaltig – Spruch des Herrn. 13 Denn mein Volk
hat doppeltes Unrecht verübt: Mich hat es verlassen, den Quell des
lebendigen Wassers, um sich Zisternen zu graben, Zisternen mit Ris-
sen, die das Wasser nicht halten.
14 Ist Israel denn ein Knecht oder ein im Haus geborener Sklave?
Warum wurde es zur Beute, 15 über der Löwen brüllten und knurrten?
Man hat sein Land zur Wüste gemacht; seine Städte sind verbrannt
und menschenleer. 16 Sogar die Leute von Memfis und Tachpanhes
zertrümmern dir den Schädel. 17 Geschieht das nicht deshalb, weil du
den Herrn, deinen Gott, verlassen hast? 18 Was nützt es dir jetzt, nach
Ägypten zu laufen, um Nilwasser zu trinken, oder nach Assur zu lau-
fen, um Eufratwasser zu trinken? 19 Dein böses Tun straft dich, deine
Abtrünnigkeit klagt dich an. So erkenne doch und sieh ein, wie
schlimm und bitter es ist, den Herrn, deinen Gott, zu verlassen und
keine Furcht vor mir zu haben – Spruch Gottes, des Herrn der Heere.
20 Von jeher hast du dein Joch zerbrochen, deine Stricke zerrissen und
gesagt: Ich will nicht dienen. Auf jedem hohen Hügel und unter jedem
üppigen Baum hast du dich als Dirne hingestreckt. 21 Ich aber hatte
dich als Edelrebe gepflanzt, als gutes, edles Gewächs. Wie hast du
dich gewandelt zum Wildling, zum entarteten Weinstock! 22 Selbst
wenn du dich mit Lauge waschen und noch soviel Seife verwenden
wolltest, deine Schuld bliebe doch ein Schmutzfleck vor meinen
Augen – Spruch Gottes, des Herrn. 23 Wie kannst du sagen: Ich bin
nicht unrein geworden, den Baalen bin ich nicht nachgelaufen? Schau
auf dein Treiben im Tal, erkenne, was du verübt hast. Eine schnelle
Kamelstute bist du, die kreuz und quer ihre Wege rennt, 24 eine wilde
Eselin, die an die Wüste gewöhnt ist. In ihrer Brunst schnappt sie nach
Luft. Wer vermag ihre Gier zu hemmen? Jeder, der sie begehrt, findet
sie ohne Mühe zur Zeit ihrer Brunst. 25 Gib acht, daß du dir den Fuß
nicht wund läufst und daß deine Kehle nicht durstig wird. Du aber
sagst: Nein, laß mich! Denn ich bin verliebt in die Fremden und will
ihnen nachlaufen. 26 Wie ein ertappter Dieb sich schämt, so müssen
sich die Leute vom Haus Israel schämen, sie selbst, ihre Könige und
Beamten, ihre Priester und Propheten. 27 Sie sagen ja zum Holz: »Du
bist mein Vater«, und zum Stein: »Du hast mich geboren«. Sie kehren
mir den Rücken zu und nicht das Gesicht; sind sie aber in Not, dann
rufen sie: Erheb dich, und hilf uns! 28 Wo sind nun deine Götter, die du
dir gemacht hast? Sie mögen sich erheben, falls sie dir helfen können,
wenn du in Not bist. Denn so zahlreich wie deine Städte, Juda, sind
auch deine Götter.
29 Warum streitet ihr gegen mich? Ihr alle seid mir untreu geworden –
Spruch des Herrn. 30 Vergeblich schlug ich eure Söhne; sie ließen sich
nicht erziehen. Euer Schwert fraß eure Propheten wie ein reißender
Löwe. 31 Ihr nun, das gegenwärtige Geschlecht, schaut auf das Wort
des Herrn! Bin ich denn für Israel eine Wüste geworden oder ein fin-
steres Land? Warum sagt mein Volk: Wir wollen frei umherschweifen,
wir kommen nicht mehr zu dir? 32 Vergißt denn ein Mädchen seinen
Schmuck, eine Braut ihre Bänder? Mein Volk aber hat mich vergessen
seit ungezählten Tagen. 33 Wie gut findest du deinen Weg, wenn du
Liebe suchst. Sogar an Verbrechen hast du dein Verhalten gewöhnt.
34 Selbst am Saum deiner Kleider klebt das Blut von Armen, von
Unschuldigen, die du nicht etwa beim Einbruch ertappt hast. 35 Und
trotzdem sagst du: Ich bin unschuldig; sein Zorn hat sich ja von mir
abgewandt. –
Aber ich gehe ins Gericht mit dir, weil du sagst: Ich habe mich nicht
versündigt. 36 Wie kannst du nur so leicht bereit sein, deinen Weg zu
wechseln! Auch von Ägypten wirst du enttäuscht, wie du von Assur
enttäuscht worden bist. 37 Auch von dort wirst du wegziehen, die
Hände über dem Kopf. Denn der Herr verwirft alle, denen du ver-
traust; du hast mit ihnen kein Glück.

Der Bundesbruch als Ehebruch

3 Wenn ein Mann seine Frau entläßt und wenn sie von ihm weg-
geht und die Frau eines andern wird, wendet er sich dann ihr
wieder zu? Würde das Land nicht völlig entweiht? Du aber hast mit vie-
len Freunden gebuhlt, und da solltest du zu mir zurückkehren dürfen?
– Spruch des Herrn. 2 Blick hin und schau zu den Höhen hinauf! Wo
hast du dich nicht schänden lassen? An allen Wegen hast du auf sie
gewartet wie ein Araber in der Wüste. Mit deiner Unzucht und Ver-
kommenheit hast du das Land entweiht. 3 Da blieb der Regen aus, und
auch der Frühjahrsregen kam nicht. Doch du hattest die freche Stirn
einer Dirne und wolltest dich nicht schämen. 4 Gewiß, von da an hast
du mir zugerufen: Mein Vater, der Freund meiner Jugend bist du.
5 Wird er denn ewig zürnen oder immerfort nachtragen? Ja, so sagtest
du und tatest Böses, so viel du konntest.
6 Der Herr sprach zu mir zur Zeit des Königs Joschija: Hast du gese-
hen, was Israel, die Abtrünnige, getan hat? Sie begab sich auf jeden
hohen Berg und unter jeden üppigen Baum und trieb dort Unzucht.
7 Ich dachte: Nachdem sie dies alles getan hat, wird sie schließlich zu
mir zurückkehren; aber sie kehrte nicht zurück. Das sah ihre Schwe-
ster Juda, die Treulose. 8 Auch sah sie, daß ich Israel, die Abtrünnige,
wegen ihres Ehebruchs entließ und ihr die Scheidungsurkunde gab.
Aber das schreckte ihre Schwester Juda, die Treulose, nicht ab; sie
ging hin und trieb ebenfalls Unzucht. 9 Durch ihre leichtfertige

Jean Dubuffet
Ich höre dich
(1965)
»Das Wort des Herrn erging an mich: Auf! Rufe Jerusalem laut ins Ohr: So spricht der Herr ...« (Jer 2,1-2). Mit vor dem Leib verschränkten Armen baut sich die Figur des französischen Malers und Bildhauers Jean Dubuffet vor uns auf, frontal und symmetrisch die Bildfläche beherrschend. Die Gestaltungsweise als »rohe« Zeichnung entspricht dem Art brut, einer Stilrichtung, die vor allem durch Dubuffet bekannt geworden ist. In radikaler Abkehr von traditionellen ästhetischen Normen setzte sich Dubuffet bewußt dem Vorwurf aus, seine Bilder seien solchen von Geisteskranken verwandt. In der Tat widmete er sich den bildnerischen Arbeiten psychiatrischer Patienten und deren Ausdrucksmitteln, die ein anderes Hören und Schauen widerspiegeln als die gewöhnliche Wahrnehmungsweise des ›gesunden‹ Menschen.

Unzucht hat sie das Land entweiht und mit Stein und Holz Ehebruch
getrieben. 10 Bei all dem ist auch ihre Schwester Juda, die Treulose,
nicht mit ganzem Herzen zu mir zurückgekehrt, sondern nur zum
Schein – Spruch des Herrn.
11 Auch sagte der Herr zu mir: Israel, die Abtrünnige, trifft weniger
Schuld als Juda, die Treulose. 12 Geh hin, ruf diese Worte gegen Norden,
und sprich: Kehr zurück, Israel, du Abtrünnige – Spruch des
Herrn! Ich schaue dich nicht mehr zornig an; denn ich bin gütig –
Spruch des Herrn –, ich trage nicht ewig nach. 13 Doch erkenne deine
Schuld: Dem Herrn, deinem Gott, hast du die Treue gebrochen, überallhin
bist du zu den fremden Göttern gelaufen [unter jeden üppigen
Baum], auf meine Stimme aber hast du nicht gehört – Spruch des
Herrn.

Die bessere Zukunft
14 Kehrt um, ihr abtrünnigen Söhne – Spruch des Herrn; denn ich bin
euer Gebieter. Ich hole euch, einen aus jeder Stadt und zwei aus jeder
Sippe, und bringe euch nach Zion. 15 Ich gebe euch Hirten nach mei-

nem Herzen; mit Einsicht und Klugheit werden sie euch weiden. 16 In
jenen Tagen, wenn ihr euch im Land vermehrt und fruchtbar seid –
Spruch des Herrn –, wird man nicht mehr rufen: Die Bundeslade des
Herrn! Sie wird niemand in den Sinn kommen; man denkt nicht mehr
an sie, vermißt sie nicht und stellt auch keine neue her. 17 In jener Zeit
wird man Jerusalem »Thron des Herrn« nennen; dort, beim Namen
des Herrn in Jerusalem, werden sich alle Völker versammeln, und sie
werden nicht mehr dem Trieb ihres bösen Herzens folgen. 18 In jenen
Tagen wird das Haus Juda zum Haus Israel gehen, und sie werden ver-
eint aus dem Nordland in das Land kommen, das ich euren Vätern
zum Erbe gegeben habe.

Die Umkehr durch Buße

19 Ich hatte gedacht: / Ja, ich will dich unter die Söhne aufnehmen
und dir ein liebliches Land geben, / das herrlichste Erbteil unter den
Völkern.
Ich dachte, du würdest mich Vater nennen / und dich nicht abwenden
von mir.
20 Doch wie eine Frau ihres Freundes wegen treulos wird, / so seid
auch ihr mir treulos geworden, / ihr vom Haus Israel – Spruch des
Herrn.
21 Horch, man hört auf den Höhen / das Weinen und Flehen der Söhne
Israels,
weil sie krumme Wege gegangen sind / und den Herrn, ihren Gott,
vergessen haben.
22 Kehrt um, ihr abtrünnigen Söhne, / ich will eure Abtrünnigkeit heilen.
»Da sind wir, wir kommen zu dir; / denn du bist der Herr, unser Gott!
23 Fürwahr, Trug sind die Höhen, / der Lärm auf den Bergen.
Fürwahr, beim Herrn, unserm Gott, / ist Israels Rettung.
24 Doch der Baal fraß seit unsrer Jugend alles, / was unsere Väter
erwarben, / ihre Schafe und Rinder, ihre Söhne und Töchter.
25 Wir betten uns in unsere Schmach, / und unsere Schande bedeckt
uns.
Denn wir haben gesündigt gegen den Herrn, unsern Gott, / wir selbst
und unsere Väter, / von Jugend an bis auf den heutigen Tag. / Wir
haben nicht gehört auf die Stimme des Herrn, unseres Gottes.«

4 Wenn du umkehren willst, Israel – Spruch des Herrn –, / darfst
du zu mir zurückkehren;
wenn du deine Greuel entfernst, / brauchst du vor mir nicht zu fliehen.
2 Schwörst du aufrichtig: So wahr der Herr lebt!, / nach Recht und
Gerechtigkeit,
dann werden sich Völker mit ihm segnen / und seiner sich rühmen.
3 Denn so spricht der Herr / zu den Leuten von Juda und zu Jerusalem:
Nehmt Neuland unter den Pflug, / und sät nicht in die Dornen!
4 Beschneidet euch für den Herrn, / und entfernt die Vorhaut eures
Herzens, / ihr Leute von Juda und ihr Einwohner Jerusalems!
Sonst bricht mein Zorn wie Feuer los / wegen eurer bösen Taten; / er
brennt, und niemand kann löschen.

Der Krieg im Land

5 Meldet es in Juda, / verkündet es in Jerusalem,
stoßt überall im Land in die Trompete, / ruft aus voller Kehle und sagt:
Sammelt euch! / Hinein in die befestigten Städte!
6 Stellt Wegzeichen auf: Nach Zion! / Flüchtet, bleibt nicht stehen!
Denn Unheil bringe ich von Norden / und großes Verderben.
7 Der Löwe hat sich aus dem Dickicht erhoben, / der Völkerwürger ist
aufgebrochen;
er hat sein Land verlassen, um dein Land zur Wüste zu machen. /
Deine Städte werden zerstört und entvölkert.
8 Darum legt Trauerkleider an, / klagt und heult:
Nein, der glühende Zorn des Herrn / hat sich nicht von uns abgewandt.
9 An jenem Tag wird es geschehen – Spruch des Herrn: / Vergehen
wird der Mut des Königs / und der Mut der Machthaber.
Die Priester werden starr sein vor Schrecken, / die Propheten werden
sich entsetzen.
10 Sie sagen: Ach, Gebieter und Herr, / wahrhaftig, schwer hast du
getäuscht dieses Volk und Jerusalem.
Du sagtest: Heil werdet ihr finden!, / und nun geht uns das Schwert an
die Kehle.
11 In jener Zeit wird man von diesem Volk / und von Jerusalem sagen:
Ein Glutwind von den Höhen in der Wüste / ist losgebrochen gegen
die Tochter meines Volkes; / kein Wind zum Worfeln und Reinigen;
12 ein Wind, der viel heftiger ist, kommt auf meinen Befehl. / Jetzt
spreche ich selbst das Urteil über sie.
13 Seht, wie Wettergewölk zieht er herauf, / seine Wagen gleichen dem
Sturm,
seine Rosse sind schneller als Adler. / Weh uns, wir sind verloren!
14 Wasche dein Herz vom Bösen rein, Jerusalem, / damit du gerettet
wirst.
Wie lange noch wohnen in dir / deine frevelhaften Gedanken?
15 Horcht nur, man meldet aus Dan, / aus Efraims Bergland kündet
man Unheil:
16 Berichtet: Die Völker sind da! / Gebt Kunde an Jerusalem:
Belagerer kommen aus fernem Land, / sie erheben gegen Judas Städte
ihr Kriegsgeschrei.
17 Wie Feldwächter haben sie Juda umstellt; / denn mir hat es getrotzt –
Spruch des Herrn.
18 Dein Verhalten und Tun haben dir das eingebracht. / Deine bösen
Taten sind schuld, daß es so bitter steht, / daß es dich bis ins Herz
trifft.
19 O mein Leib, mein Leib! / Ich winde mich vor Schmerz.
O meines Herzens Wände! / Mein Herz tobt in mir;
ich kann nicht schweigen. / Denn ich höre Trompetenschall und
Kriegslärm;
20 »Schlag auf Schlag« schreit man, / das ganze Land wird verwüstet.
Plötzlich sind meine Zelte vernichtet, / im Nu sind meine Zeltdecken
dahin.
21 Wie lange noch muß ich die Kriegsfahne sehen, / Trompetenschall
hören?
22 Ach, töricht ist mein Volk; / mich kennen sie nicht.
Sie sind unverständige Kinder, / ja, sie sind ohne Einsicht.
Sie wissen, wie man Böses tut, / aber Gutes zu tun verstehen sie nicht.
23 Ich schaute die Erde an: Sie war wüst und wirr. / Ich schaute zum
Himmel: Er war ohne sein Licht.
24 Ich schaute die Berge an: Sie wankten, / und alle Hügel bebten.
25 Ich schaute hin: Kein Mensch war da, / auch alle Vögel des Himmels
waren verschwunden.
26 Ich schaute hin: Das Gartenland war Wüste, / und all seine Städte
waren zerstört,
zerstört durch den Herrn, / durch seinen glühenden Zorn.
27 Ja, so spricht der Herr: / Das ganze Land soll zur Öde werden; / doch
völlig vernichten will ich es nicht.
28 Mag darüber die Erde vertrocknen / und der Himmel droben sich
verfinstern:
Fürwahr, ich habe gesprochen, / und es reut mich nicht;
ich habe meinen Plan gefaßt / und nehme ihn nicht zurück.
29 Vor dem Lärm der Pferde und Bogenschützen / fliehen alle Bewoh-
ner des Landes;
sie kriechen in Höhlen, / verstecken sich im Dickicht / und klettern die
Felsen hinauf.
Verlassen steht jede Stadt, / niemand wohnt mehr darin.
30 Du aber, was tust du? / Wie kannst du in Purpur dich kleiden,
mit Goldschmuck dich zieren, / dir mit Schminke die Augen weiten?
Umsonst machst du dich schön. / Die Liebhaber verschmähen dich; /
sie trachten dir nach dem Leben.
31 Ja, ich höre Geschrei wie von einer Frau in Wehen, / Stöhnen wie von
einer Erstgebärenden, / das Schreien der Tochter Zion,
die nach Atem ringt und die Hände ausstreckt: / Weh mir, unter Mör-
derhand endet mein Leben!

Die schwere Schuld

5 Zieht durch Jerusalems Straßen, / schaut genau hin, und forscht
nach,
sucht auf seinen Plätzen, ob ihr einen findet, / ob einer da ist, der
Recht übt
und auf Treue bedacht ist: / Dann will ich der Stadt verzeihen – Spruch
des Herrn.
2 Doch selbst wenn sie sagen: / »So wahr der Herr lebt«, / schwören sie
gewiß einen Meineid.
3 Herr, sind deine Augen nicht auf Treue gerichtet? / Du hast sie
geschlagen, / aber es tut ihnen nicht weh;
du hast sie beinahe vernichtet, / aber sie wollen sich nicht erziehen las-
sen.
Ihre Stirn ist härter als Stein, / sie weigern sich umzukehren.
4 Ich aber dachte: Nur die geringen Leute, / nur sie handeln töricht,
weil sie den Weg des Herrn nicht kennen, / das Recht ihres Gottes.
5 Ich will doch lieber zu den Großen gehen / und zu ihnen reden;
denn sie kennen den Weg des Herrn, / das Recht ihres Gottes.
Doch auch sie haben das Joch zerbrochen, / die Stricke zerrissen.
6 Darum schlägt sie der Löwe des Waldes, / der Steppenwolf überwäl-
tigt sie.
Vor ihren Städten lauert der Panther, / alle, die herauskommen, wer-
den zerfleischt.
Denn zahlreich sind ihre Verbrechen, / schwer wiegt ihre Abtrünnig-
keit.
7 Weshalb sollte ich dir vergeben? / Deine Söhne haben mich verlassen /
und bei Nichtgöttern geschworen.
Ich machte sie satt, doch sie trieben Ehebruch / und waren zu Gast im
Dirnenhaus.
8 Hengste sind sie geworden, feist und geil, / jeder wiehert nach der
Frau seines Nächsten.
9 Sollte ich das nicht bestrafen – Spruch des Herrn – / und an einem
solchen Volk keine Rache nehmen?
10 Steigt auf ihre Rebenhänge, und verwüstet sie! / Doch völlig ver-
nichten sollt ihr sie nicht.
Reißt ihre Reben weg; / denn sie gehören nicht dem Herrn.
11 Sie sind mir ja gänzlich untreu geworden, / das Haus Israel und das
Haus Juda – Spruch des Herrn.
12 Sie haben den Herrn verleugnet und gesagt: / Er ist ein Nichts!
Kein Unheil kommt über uns, / weder Schwert noch Hunger werden
wir spüren.
13 Doch diese Propheten werden zunichte; / das Gotteswort ist nicht
bei ihnen. / [So wird es ihnen ergehen.]
14 Darum – so spricht der Herr, / der Gott der Heere:
Weil man solche Reden führt, / seht, darum mache ich meine Worte /
in deinem Mund zu Feuersglut
und dieses Volk da zum Brennholz, / das von ihr verzehrt wird.
15 Seht, ich lasse über euch herfallen, Haus Israel, / ein Volk aus der
Ferne – Spruch des Herrn.
Ein unüberwindliches Volk ist es / ein uraltes Volk,
ein Volk, dessen Sprache du nicht kennst / und dessen Rede du nicht
verstehst.
16 Sein Köcher ist wie ein offenes Grab, / sie alle sind Helden.
17 Es frißt deine Ernte und dein Brot, / es frißt deine Söhne und Töch-
ter,
es frißt deine Schafe und Rinder, / es frißt deinen Weinstock und Fei-
genbaum,
es zerschlägt mit dem Schwert / deine befestigten Städte, auf die du
vertraust.
18 Doch auch in jenen Tagen – Spruch des Herrn – will ich euch nicht
völlig vernichten.
19 Wenn man dann fragt: Weshalb hat der Herr, unser Gott, uns das
alles angetan?, so sag zu ihnen: Wie ihr mich verlassen und fremden
Göttern in eurem Land gedient habt, so müßt ihr Fremden dienen in
einem Land, das euch nicht gehört.
20 Verkündet dies im Haus Jakob, / und ruft es in Juda aus:
21 Hör das, du törichtes Volk ohne Verstand: / Augen haben sie und
sehen nicht; / Ohren haben sie und hören nicht.
22 Fürchtet ihr mich denn nicht – Spruch des Herrn –, / zittert ihr nicht
vor meinem Angesicht?
Ich bin es, der dem Meer die Düne als Grenze gesetzt hat, / als ewige
Schranke, die es nicht überschreiten darf.
Mag es auch toben, es richtet nichts aus; / mögen seine Wogen auch
tosen, / sie können die Schranke nicht überschreiten.
23 Dieses Volk aber hat ein störrisches, trotziges Herz. / Sie wichen
vom Weg ab und gingen davon.
24 Sie sagten nicht bei sich selbst: / Laßt uns den Herrn fürchten, unse-
ren Gott,
der Regen spendet im Herbst / und im Frühjahr zur rechten Zeit, / der
uns die feste Ordnung der Erntewochen bewahrt.
25 Eure Frevel haben diese Ordnung gestört, / eure Sünden haben euch
den Regen vorenthalten.
26 Ja, Frevler gibt es in meinem Volk; / sie lauern, gebückt wie Vogel-
steller,
Fallen stellen sie auf, / Menschen wollen sie fangen.
27 Wie ein Korb mit Vögeln gefüllt ist, / so sind ihre Häuser voll Betrug;
dadurch sind sie mächtig und reich geworden, / 28 fett und feist.
Auch sündigen sie durch ruchloses Tun. / Das Recht pflegen sie nicht,
das Recht der Waisen, die Erfolg erwarten, / und die Sache der Armen
entscheiden sie nicht.
29 Sollte ich das nicht bestrafen – Spruch des Herrn – / und an einem
solchen Volk keine Rache nehmen?
30 Wüstes, Gräßliches geschieht im Land: / 31 Die Propheten weissa-
gen Lüge,
und die Priester richten ihre Lehre nach ihnen aus; / mein Volk aber
liebt es so.
Doch was werdet ihr tun, / wenn es damit zu Ende geht?

Die Kriegsgefahr als Strafe

6 Flieht, ihr Leute von Benjamin, / hinaus aus Jerusalem!
Stoßt in Tekoa in die Trompete, / und richtet über Bet-Kerem ein
Zeichen auf!
Denn von Norden droht Unheil / und großes Verderben.
2 Die Schöne und Verwöhnte, / die Tochter Zion, ich vernichte sie.
3 Hirten kommen zu ihr mit ihren Herden; / sie schlagen rings um sie
ihre Zelte auf, / jeder weidet seinen Bereich ab.
4 Ruft gegen Zion den Heiligen Krieg aus! / Auf! Greifen wir an am
Mittag! –
Weh uns: Schon neigt sich der Tag, / die Abendschatten strecken sich.
5 Auf! Greifen wir an in der Nacht, / zerstören wir ihre Paläste!
6 Denn so spricht der Herr der Heere: Fällt ihre Bäume, / und werft
einen Wall auf gegen Jerusalem!
Das ist die Stadt, von der erwiesen ist: / Alles in ihr ist Unterdrückung.
7 Wie ein Brunnen sein Wasser sprudeln läßt, / so läßt sie ihre
Schlechtigkeit sprudeln.
Von Gewalttat und Unrecht hört man in ihr; / ständig sind mir vor
Augen Leid und Mißhandlung.
8 Laß dich warnen, Jerusalem, / sonst trenne ich mich von dir,
sonst mache ich dich zur Wüste, / zum Land ohne Bewohner.
9 So spricht der Herr der Heere:
Genaue Nachlese wie am Weinstock / soll man halten am Rest Israels.
Leg deine Hand an / wie ein Winzer an die Reben!
10 Zu wem soll ich reden, / und wer wird mich hören, wenn ich mahne?
Ihr Ohr ist ja unbeschnitten, / sie können nichts vernehmen.
Das Wort des Herrn dient ihnen zum Spott; / es gefällt ihnen nicht.
11 Darum bin ich erfüllt vom Zorn des Herrn, / bin es müde, ihn länger
zurückzuhalten. – Gieß ihn aus über das Kind auf der Straße / und
zugleich über die Schar der jungen Männer!
Ja, alle werden gefangengenommen, / Mann und Frau, Greis und
Hochbetagter.

12 Ihre Häuser gehen an andere über, / die Felder und auch die Frauen.
Denn ich strecke meine Hand aus / gegen die Bewohner des Landes –
Spruch des Herrn.
13 Sie sind doch alle, vom Kleinsten bis zum Größten, / nur auf
Gewinn aus;
vom Propheten bis zum Priester / betrügen sie alle.
14 Den Schaden meines Volkes möchten sie leichthin heilen, indem sie
rufen: / Heil, Heil! Aber kein Heil ist da.
15 Schämen müßten sie sich, / weil sie Greuel verüben.
Doch sie schämen sich nicht; / Scham ist ihnen unbekannt.
Deshalb müssen sie fallen, / wenn die anderen fallen.
Sobald ich sie zur Rechenschaft ziehe, / werden sie stürzen, spricht
der Herr.

Jerusalems Trotz

16 So spricht der Herr:
Stellt euch an die Wege, und haltet Ausschau, / fragt nach den Pfaden
der Vorzeit,
fragt, wo der Weg zum Guten liegt; / geht auf ihm, so werdet ihr Ruhe
finden für eure Seele. / Sie aber sagten: Wir gehen nicht.
17 Auch habe ich Wächter für euch aufgestellt: / Achtet auf den Schall
der Trompete! / Sie aber sagten: Wir achten nicht darauf.
18 Darum hört, ihr Völker, und erkennt, / was ich ihnen antun will.
19 Höre es, Erde! / Schon bringe ich Unheil über dieses Volk / als die
Frucht seiner bösen Gesinnung.
Denn auf meine Worte haben sie nicht geachtet, / und meine Weisung
haben sie verschmäht.
20 Was soll mir der Weihrauch aus Saba / und das gute Gewürzrohr aus
fernem Land?
Eure Brandopfer gefallen mir nicht, / eure Schlachtopfer sind mir
nicht angenehm.
21 Darum – so spricht der Herr:
Ich lege diesem Volk Hindernisse in den Weg, / so daß sie darüber
straucheln.
Väter und Söhne zusammen, / einer wie der andere geht zugrunde.
22 So spricht der Herr: Seht, ein Volk zieht vom Nordland heran, / ein
großes Volk bricht auf / von den Grenzen der Erde.
23 Sie kommen mit Bogen und Sichelschwert, / grausam sind sie und
ohne Erbarmen.
Ihr Lärm gleicht dem Brausen des Meeres, / und sie reiten auf Rossen,
Krieger, zum Kampf gerüstet / gegen dich, Tochter Zion.
24 Kaum hörten wir diese Nachricht, / da erschlafften uns die Hände,
es packte uns die Angst, / das Zittern wie eine Gebärende.
25 Geht nicht aufs Feld hinaus, / macht euch nicht auf den Weg; / denn
der Feind greift zum Schwert – Grauen ringsum!
26 Tochter, mein Volk, leg das Trauerkleid an, / und wälz dich im Staub!
Halte Trauer wie um den einzigen Sohn, bitterste Klage: / »Ach, jäh-
lings kam über uns der Verwüster.«

Der Prophet als Prüfer des Volkes

27 Zum Prüfer für mein Volk habe ich dich bestellt [zum Metallprüfer]; /
du sollst sein Verhalten erkennen und prüfen.
28 Sie alle sind schlimme Empörer, / Verleumder sind sie,
Bronze und Eisen sind sie, / alle zusammen Verbrecher.
29 Der Blasebalg schnaubt, / doch das Blei bleibt unberührt vom Feuer.
Umsonst versucht der Schmelzer zu schmelzen; / die Bösen lassen
sich nicht ausscheiden.
30 »Verworfenes Silber« nennt man sie; / denn verworfen hat sie der
Herr.

Die Tempelrede

7 Das Wort, das vom Herrn an Jeremia erging: 2 Stell dich an das
Tor des Hauses des Herrn! Dort ruf dieses Wort aus und sprich:
Hört das Wort des Herrn, ganz Juda, alle, die ihr durch diese Tore
kommt, um dem Herrn zu huldigen. 3 So spricht der Herr der Heere,
der Gott Israels: Bessert euer Verhalten und euer Tun, dann will ich bei
euch wohnen hier an diesem Ort. 4 Vertraut nicht auf die trügerischen
Worte: Der Tempel des Herrn, der Tempel des Herrn, der Tempel des
Herrn ist hier! 5 Denn nur wenn ihr euer Verhalten und euer Tun von
Grund auf bessert, wenn ihr gerecht entscheidet im Rechtsstreit,
6 wenn ihr die Fremden, die Waisen und Witwen nicht unterdrückt,
unschuldiges Blut an diesem Ort nicht vergießt und nicht anderen
Göttern nachlauft zu eurem eigenen Schaden, 7 dann will ich bei euch
wohnen hier an diesem Ort, in dem Land, das ich euren Vätern gege-
ben habe für ewige Zeiten. 8 Freilich, ihr vertraut auf die trügerischen
Worte, die nichts nützen. 9 Wie? Stehlen, morden, die Ehe brechen,
falsch schwören, dem Baal opfern und anderen Göttern nachlaufen,
die ihr nicht kennt –, 10 und dabei kommt ihr und tretet vor mein
Angesicht in diesem Haus, über dem mein Name ausgerufen ist, und
sagt: Wir sind geborgen!, um dann weiter alle jene Greuel zu treiben.
11 Ist denn in euren Augen dieses Haus, über dem mein Name ausge-
rufen ist, eine Räuberhöhle geworden? Gut, dann betrachte auch ich
es so – Spruch des Herrn. 12 Geht doch zu meiner Stätte in Schilo, wo
ich früher meinen Namen wohnen ließ, und schaut, was ich ihr ange-
tan habe wegen des Bösen, das mein Volk Israel verübt hat. 13 Nun
denn, ihr habt genau das gleiche getan – Spruch des Herrn. Als ich
immer wieder zu euch redete, habt ihr nicht gehört; als ich euch rief,
habt ihr nicht geantwortet. 14 Deshalb werde ich mit dem Haus, über
dem mein Name ausgerufen ist und auf das ihr euch verlaßt, und mit
der Stätte, die ich euch und euren Vätern gegeben habe, so verfahren,
wie ich mit Schilo verfuhr. 15 Verstoßen werde ich euch von meinem
Angesicht, wie ich alle eure Brüder, alle Nachkommen Efraims, ver-
stoßen habe.

Die Verwerfung der Abtrünnigen

16 Du aber, bete nicht für dieses Volk! Fang nicht an, für sie zu flehen
und zu bitten! Dränge mich nicht! Denn ich werde dich nicht erhören.
17 Siehst du nicht, was sie in den Städten Judas und auf den Straßen
Jerusalems treiben? 18 Die Kinder sammeln Holz, die Väter zünden das
Feuer an, und die Frauen kneten den Teig, um Opferkuchen für die
Himmelskönigin zu backen. Anderen Göttern spendet man Trank-
kopfer, um mir weh zu tun. 19 Aber tun sie wirklich mir weh – Spruch
des Herrn –, und nicht vielmehr sich selbst, zu ihrer eigenen Schande?
20 Darum – so spricht Gott der Herr: Seht, mein Zorn und Grimm
ergießt sich über diesen Ort, über Menschen und Vieh, über die
Bäume des Feldes und die Früchte des Ackers; er brennt und wird
nicht erlöschen.

Gehorsam, nicht Opfer

21 So spricht der Herr der Heere, der Gott Israels: Häuft nur Brandop-
fer auf Schlachtopfer, und eßt Opferfleisch! 22 Denn ich habe euren
Vätern, als ich sie aus Ägypten herausführte, nichts gesagt und nichts
befohlen, was Brandopfer und Schlachtopfer betrifft. 23 Vielmehr gab
ich ihnen folgendes Gebot: Hört auf meine Stimme, dann will ich euer
Gott sein, und ihr sollt mein Volk sein. Geht in allem den Weg, den ich
euch befehle, damit es euch gut geht. 24 Sie aber hörten nicht und
neigten mir ihr Ohr nicht zu, sondern folgten den Eingebungen und
Trieben ihres bösen Herzens. Sie zeigten mir den Rücken und nicht
das Gesicht. 25 Von dem Tag an, als eure Väter aus Ägypten auszogen,
bis auf den heutigen Tag sandte ich zu euch immer wieder alle meine
Knechte, die Propheten. 26 Aber man hörte nicht auf mich und neigte
mir nicht das Ohr zu, vielmehr blieben sie hartnäckig und trieben es
noch schlimmer als ihre Väter. 27 Auch wenn du ihnen alle diese Worte
sagst, werden sie nicht auf dich hören. Wenn du sie rufst, werden sie
dir nicht antworten. 28 Sag ihnen also: Dies ist das Volk, das nicht auf
die Stimme des Herrn, seines Gottes, hörte und sich nicht erziehen
ließ. Die Treue ist dahin, aus ihrem Mund verschwunden.

Die Greuel des Götzendienstes
29 Schneide dein Haar ab, und wirf es weg, stimm Klage an auf den
Höhen! Denn der Herr hat das Geschlecht, dem er grollt, verworfen
und verstoßen. 30 Ja, die Söhne Judas taten, was mir mißfällt – Spruch
des Herrn. Sie haben in dem Haus, über dem mein Name ausgerufen
ist, ihre Scheusale aufgestellt, um es zu entweihen. 31 Auch haben sie
die Kulthöhe des Tofet im Tal Ben-Hinnom gebaut, um ihre Söhne
und Töchter im Feuer zu verbrennen, was ich nie befohlen habe und
was mir niemals in den Sinn gekommen ist. 32 Seht, darum kommen
Tage – Spruch des Herrn –, da wird man nicht mehr vom Tofet reden
oder vom Tal Ben-Hinnom, sondern vom Mordtal, und im Tofet wird
man Tote begraben, weil anderswo kein Platz mehr ist. 33 Ja, die Lei-
chen dieses Volkes werden den Vögeln des Himmels und den Tieren
des Feldes zum Fraß dienen, und niemand wird sie verscheuchen.
34 Verstummen lasse ich in den Städten Judas und auf den Straßen
Jerusalems Jubelruf und Freudenruf, den Ruf des Bräutigams und den
Ruf der Braut; denn das Land wird zur Wüste werden.

8 In jener Zeit – Spruch des Herrn – wird man die Gebeine der
Könige von Juda, die Gebeine seiner Beamten, die Gebeine der
Priester, die Gebeine der Propheten und die Gebeine der Einwohner
Jerusalems aus ihren Gräbern holen. 2 Man wird sie hinstreuen vor die
Sonne, den Mond und das ganze Himmelsheer, denen ihre Liebe galt,
denen sie dienten und nachliefen, die sie befragten und anbeteten. Sie
werden weder gesammelt noch bestattet werden. Dünger auf dem Acker
sollen sie sein. 3 Besser als das Leben wäre der Tod auch für den Rest, für
alle, die übrigbleiben von diesem bösen Geschlecht an allen Orten,
überall, wohin immer ich sie verstoße – Spruch des Herrn der Heere.

Abkehr und Strafe
4 Du sollst zu ihnen sagen: So spricht der Herr: / Wer hinfällt, steht der
nicht wieder auf?
Wer vom Weg abkommt, / kehrt der nicht wieder zurück?
5 Warum wendet dieses Volk sich ab [Jerusalem] / und beharrt auf der
Abkehr?
Warum hält es am Irrtum fest, / weigert sich umzukehren?
6 Ich horche hin und höre: / Schlechtes reden sie, / keiner bereut sein
böses Tun und sagt: / Was habe ich getan?
Jeder wendet sich ab und läuft weg, / schnell wie ein Roß, das im
Kampf dahinstürmt.
7 Selbst der Storch am Himmel kennt seine Zeiten; / Turteltaube,
Schwalbe und Drossel halten die Frist ihrer Rückkehr ein; / mein Volk
aber kennt nicht die Rechtsordnung des Herrn.
8 Wie könnt ihr sagen: Weise sind wir, / und das Gesetz des Herrn ist
bei uns?
Ja! Aber der Lügengriffel der Schreiber / hat es zur Lüge gemacht.
9 Zuschanden werden die Weisen, / sie stehen bestürzt da und werden
gefangen.
Das Wort des Herrn haben sie verworfen, / und ihre eigene Weisheit,
was nützt sie ihnen?
10 Darum gebe ich ihre Frauen an Fremde, / ihre Felder an Eroberer.
Sind sie doch alle, vom Kleinsten bis zum Größten, nur auf Gewinn
aus; / vom Propheten bis zum Priester betrügen sie alle.
11 Den Schaden der Tochter, meines Volkes, / möchten sie leichthin
heilen, indem sie rufen: / Heil, Heil! Aber kein Heil ist da.
12 Schämen müßten sie sich, weil sie Greuel verüben. / Doch sie schä-
men sich nicht; / Scham ist ihnen unbekannt.
Deshalb müssen sie fallen, / wenn die anderen fallen.
Sobald ich sie zur Rechenschaft ziehe, / werden sie stürzen, spricht
der Herr.
13 Will ich bei ihnen ernten – Spruch des Herrn –, / so sind keine Trau-
ben am Weinstock, keine Feigen am Feigenbaum, / und das Laub ist
verwelkt. / Darum habe ich für sie Verwüster bestellt.
14 Warum sitzen wir da? Sammelt euch! / Hinein in die befestigten
Städte!
Dort werden wir umkommen; / denn der Herr, unser Gott, läßt uns
umkommen.
Er läßt uns Giftwasser trinken, / weil wir gesündigt haben gegen den
Herrn.
15 [Wir hofften auf Heil, / doch kommt nichts Gutes,
auf die Zeit der Heilung, / doch ach, nur Schrecken!]
16 Man hört von Dan her das Schnauben der Rosse, / vom Wiehern sei-
ner Hengste bebt das ganze Land.
Sie kommen und fressen das Land und seinen Ertrag, / die Stadt und
ihre Bewohner.
17 Denn seht, ich sende giftige Schlangen unter euch, / gegen die es
keine Beschwörung gibt;
sie werden euch beißen, / [– Spruch des Herrn –] und es gibt keine
Heilung.
18 Kummer steigt in mir auf, / mein Herz ist krank.
19 Horch! Die Tochter, mein Volk, / schreit aus einem fernen Land:
Ist denn der Herr nicht in Zion, / oder ist sein König nicht dort? –
[Warum haben sie mich erzürnt / mit ihren Götterbildern, mit den
fremden Götzen?]
20 Die Ernte ist vorüber, der Herbst ist vorbei, / uns aber ist nicht gehol-
fen worden.
21 Der Zusammenbruch der Tochter, meines Volkes, / hat mich gebro-
chen, / traurig bin ich, Entsetzen hat mich gepackt.
22 Gibt es denn keinen Balsam in Gilead, / ist dort kein Wundarzt?
Warum schließt sich denn nicht / die Wunde der Tochter, meines
Volkes?
23 Ach, wäre mein Haupt doch Wasser, / mein Auge ein Tränenquell:
Tag und Nacht beweinte ich / die Erschlagenen der Tochter, meines
Volkes.

Die Klage über Juda
9 Hätte ich doch eine Herberge in der Wüste! / Dann könnte ich
mein Volk verlassen und von ihm weggehen.
Denn sie sind alle Ehebrecher, / eine Rotte von Treulosen.
2 Sie machen ihre Zunge zu einem gespannten Bogen; / Lüge, nicht
Wahrhaftigkeit herrscht im Land.
Ja, sie schreiten von Verbrechen zu Verbrechen; / mich aber kennen sie
nicht – Spruch des Herrn.
3 Nehmt euch in acht vor eurem Nächsten, / keiner traue seinem
Bruder!
Denn jeder Bruder betrügt, / und jeder Nächste verleumdet.
4 Ein jeder täuscht seinen Nächsten, / die Wahrheit reden sie nicht.
Sie haben ihre Zunge ans Lügen gewöhnt, / sie handeln verkehrt, zur
Umkehr sind sie zu träge.
5 Überall Unterdrückung, nichts als Betrug! / Sie weigern sich, mich zu
kennen – / Spruch des Herrn.
6 Darum – so spricht der Herr der Heere: / Ja, ich werde sie schmelzen
und prüfen;
denn wie sollte ich sonst verfahren / mit der Tochter, meinem Volk?
7 Ein tödlicher Pfeil ist ihre Zunge, / trügerisch redet ihr Mund;
»Friede« sagt man zum Nächsten, / doch im Herzen plant man den
Überfall.
8 Sollte ich sie dafür nicht bestrafen – Spruch des Herrn – / und an
einem solchen Volk keine Rache nehmen?
9 Erhebt über die Berge hin Weinen und Klagen, / über die Weideplätze
der Steppe ein Totenlied!
Denn sie sind verwüstet, niemand zieht hindurch, / und sie hören die
Stimme der Herden nicht mehr.
Von den Vögeln des Himmels bis zum Vieh / ist alles geflohen, auf und
davon.
10 Jerusalem mache ich zum Trümmerhaufen, / zur Behausung für
Schakale.
Judas Städte mache ich zum Ödland, / das niemand bewohnt.
11 Wer ist so weise, daß er dies einsieht? Zu wem hat der Mund des
Herrn geredet, daß er verkünden kann, warum das Land zugrunde

geht, warum es verwüstet ist gleich der Wüste, die niemand durch-
zieht?
12 Der Herr erwiderte: Weil sie meine Weisung aufgaben, die ich ihnen
vorgelegt habe, nicht auf meine Stimme hörten und nicht meine Wei-
sung befolgten, 13 sondern dem Trieb ihres Herzens folgten und den
Baalen nachliefen, an die ihre Väter sie gewöhnt hatten. 14 Darum – so
spricht der Herr der Heere, der Gott Israels: Ich gebe ihnen [diesem
Volk] Wermut zu essen und Giftwasser zu trinken. 15 Ich zerstreue sie
unter die Völker, von denen weder sie noch ihre Väter wußten, und
schicke das Schwert hinter ihnen her, bis ich sie vernichtet habe.
16 So spricht der Herr der Heere:
Begreift es! Ruft die Klagefrauen herbei! / Schickt nach den weisen
Frauen! Sie sollen kommen.
17 Schnell sollen sie kommen / und Klage über uns anstimmen,
so daß unsre Augen von Tränen fließen / und unsre Wimpern von
Wasser triefen.
18 Da, horch, ein Klagelied ist aus Zion zu hören: / Ach, wie sind wir
mißhandelt, / in große Schande gestürzt!
Wir müssen die Heimat verlassen, / unsre Wohnungen hat man zer-
stört.
19 Ja, hört, ihr Frauen, das Wort des Herrn, / euer Ohr vernehme das
Wort seines Mundes.
Lehrt eure Töchter die Klage, / eine lehre die andere das Totenlied:
20 Der Tod ist durch unsre Fenster gestiegen, / eingedrungen in unsre
Paläste.
Er rafft das Kind von der Straße weg, / von den Plätzen die jungen
Männer.
21 Die Leichen der Leute / liegen wie Dünger auf dem Feld,
wie Garben hinter dem Schnitter; / keiner ist da, der sie sammelt.
22 So spricht der Herr:
Der Weise rühme sich nicht seiner Weisheit, / der Starke rühme sich
nicht seiner Stärke, / der Reiche rühme sich nicht seines Reichtums.
23 Nein, wer sich rühmen will, rühme sich dessen, / daß er Einsicht hat
und mich erkennt,
daß er weiß: Ich, der Herr, bin es, / der auf der Erde Gnade, Recht und
Gerechtigkeit schafft.
Denn an solchen Menschen habe ich Gefallen / – Spruch des Herrn.
24 Fürwahr, es werden Tage kommen – Spruch des Herrn –, da ziehe
ich alle Beschnittenen zur Rechenschaft: 25 Ägypten, Juda, Edom,
Ammon, Moab und alle mit gestutztem Haar, die in der Wüste woh-
nen; denn alle Völker gelten mir als unbeschnitten – auch das ganze
Haus Israel hat ein unbeschnittenes Herz.

Gott und die Götzenbilder

10 Hört das Wort, das der Herr zu euch spricht, ihr vom Haus
Israel.
2 So spricht der Herr:
Gewöhnt euch nicht an den Weg der Völker, / erschreckt nicht vor den
Zeichen des Himmels, / wenn auch die Völker vor ihnen erschrecken.
3 Denn die Gebräuche der Völker sind leerer Wahn. / Ihre Götzen sind
nur Holz,
das man im Wald schlägt, / ein Werk aus der Hand des Schnitzers, /
mit dem Messer verfertigt.
4 Er verziert es mit Silber und Gold, / mit Nagel und Hammer macht er
es fest, so daß es nicht wackelt.
5 Sie sind wie Vogelscheuchen im Gurkenfeld. / Sie können nicht
reden; / man muß sie tragen, weil sie nicht gehen können.
Fürchtet euch nicht vor ihnen; / denn sie können weder Schaden zufü-
gen / noch Gutes bewirken.
6 Niemand, Herr, ist wie du: / Groß bist du, und groß an Kraft ist dein
Name.
7 Wer sollte dich nicht fürchten, du König der Völker? / Ja, das steht
dir zu.
Denn unter allen Weisen der Völker / und in jedem ihrer Reiche ist kei-
ner wie du.
8 Sie alle sind töricht und dumm. / Was die nichtigen Götzen zu bieten
haben – Holz ist es.
9 Sie sind gehämmertes Silber aus Tarschisch und Gold aus Ofir, /
Arbeit des Schnitzers und Goldschmieds;
violetter und roter Purpur ist ihr Gewand; / sie alle sind nur das Werk
kunstfertiger Männer.
10 Der Herr aber ist in Wahrheit Gott, / lebendiger Gott und ewiger König.
Vor seinem Zorn erbebt die Erde, / die Völker halten seinen Groll nicht
aus.
11 Von jenen dagegen sollt ihr sagen: / Die Götter, die weder Himmel
noch Erde erschufen, / sie sollen verschwinden von der Erde und unter
dem Himmel.
12 Er aber hat die Erde erschaffen durch seine Kraft, / den Erdkreis
gegründet durch seine Weisheit, / durch seine Einsicht den Himmel
ausgespannt.
13 Läßt er seine Stimme ertönen, / dann rauschen die Wasser am
Himmel.
Wolken führt er herauf vom Rand der Erde; / er läßt es blitzen und reg-
nen, / aus seinen Kammern entsendet er den Wind.
14 Töricht steht jeder Mensch da, ohne Erkenntnis, / beschämt jeder
Goldschmied mit seinem Götzenbild;
denn seine Bilder sind Trug, / kein Atem ist in ihnen.
15 Nichtig sind sie, ein Spottgebilde. / Zur Zeit ihrer Heimsuchung
gehen sie zugrunde.
16 Anders der Gott, der Jakobs Anteil ist. / Denn er ist der Schöpfer des
Alls
und Israel der Stamm, der ihm gehört. / Herr der Heere ist sein Name.

Klage und Bitte

17 Raff dein Bündel zusammen! Fort aus dem Land, / du schwer
bedrängte Stadt!
18 Denn so spricht der Herr:
Fürwahr, diesmal schleudere ich / die Bewohner des Landes hinweg
und bringe sie in Bedrängnis, / damit sie mich finden.
19 Weh mir ob meines Zusammenbruchs! / Unheilbar ist meine
Wunde.
Ich aber hatte gedacht: / Das ist doch nur eine Krankheit, die ich ertra-
gen kann.
20 Nun ist mein Zelt verwüstet, / alle meine Zeltstricke sind zerrissen.
Meine Kinder gingen von mir fort / und sind nicht mehr.
Niemand schlägt mein Zelt wieder auf / und breitet darüber die Zelt-
decken aus.
21 Denn töricht waren die Hirten, / den Herrn suchten sie nicht;
deshalb hatten sie keinen Erfolg, / und ihre ganze Herde wurde zer-
streut.
22 Horch, eine Kunde trifft eben ein, / großes Getöse vom Nordland
her:
Judas Städte sollen zum Ödland werden, / zur Behausung für Scha-
kale.
23 Ich weiß, Herr, daß der Mensch seinen Weg nicht zu bestimmen
vermag, / daß keiner beim Gehen seinen Schritt lenken kann.
24 Herr, züchtige mich, doch mit rechtem Maß, / nicht in deinem
Zorn, / sonst machst du mich allzu elend.
25 Gieß deinen Zorn aus über die Völker, / die dich nicht kennen,
und über die Stämme, / die deinen Namen nicht anrufen.
Denn sie haben Jakob verschlungen und vernichtet, / seine Wohnstätte
verwüstet.

Der gebrochene Bund

11 Das Wort, das vom Herrn an Jeremia erging: 2 Hört die
Worte dieses Bundes! Du sollst sie den Leuten von Juda und
den Einwohnern Jerusalems verkünden. 3 Du sollst ihnen sagen: So
spricht der Herr, der Gott Israels: Verflucht der Mensch, der nicht hört
auf die Worte dieses Bundes, 4 die ich euren Vätern aufgetragen habe,
als ich sie aus Ägypten herausführte, aus dem Schmelzofen des

Emil Nolde
Prophet
(1912)
»Du bleibst im Recht, Herr, wenn ich mit dir streite; dennoch muß ich mit dir rechten« (Jer 12,1). Emil Noldes Holzschnitt konzentriert sich auf das Haupt des Propheten. Ohne Einzelheiten der Gesichtsbildung und Mimik zu klären, hat der Expressionist einen Seelenzustand sichtbar gemacht, der sich in der Klage Jeremias Ausdruck verschafft. Der Prophet ist von Schatten umfangen, wie ein Stirnjoch trennt ein breiter schwarzer Bogen das Gesicht in Höhe der Augenbrauen. Darunter gewinnt das linke Auge mit seiner kreisrunden Pupille, der einzigen klar definierten Form, die Bedeutung eines Blickpunktes, in dem sich die Bildaussage konzentriert.
Entstanden ist das Werk in demselben Jahr, in dem Noldes Sicht religiöser Themen (im Polyptychon *Das Leben Christi*) von kirchlicher Seite angefeindet wurde.

Eisens: Hört auf meine Stimme, und handelt in allem nach meinen
Geboten; dann werdet ihr mein Volk sein, und ich will euer Gott sein.
5 Nur so kann ich den Eid halten, den ich euren Vätern geschworen
habe: ihnen ein Land zu geben, in dem Milch und Honig fließen, wie
ihr es heute habt. Ich antwortete: Ja, Herr. 6 Darauf sprach der Herr zu
mir: Verkünde alle diese Worte laut in den Städten Judas und auf den
Straßen Jerusalems: Hört die Worte dieses Bundes, und handelt
danach! 7 Denn ich habe eure Väter, schon als ich sie aus Ägypten her-
aufführte und bis zum heutigen Tag, immer wieder beschworen: Hört
auf meine Stimme! 8 Sie aber haben nicht gehört und mir ihr Ohr nicht
zugeneigt; alle folgten dem Trieb ihres bösen Herzens. So mußte ich
an ihnen alle Worte dieses Bundes erfüllen, den zu halten ich ihnen
geboten habe, den sie aber nicht gehalten haben. 9 Der Herr sagte zu
mir: Es gibt eine Verschwörung unter den Leuten von Juda und den
Einwohnern Jerusalems. 10 Sie sind zurückgekehrt zu den Sünden
ihrer Väter, die sich weigerten, meinen Worten zu gehorchen. Auch sie
sind fremden Göttern nachgelaufen, um ihnen zu dienen. Das Haus
Israel und das Haus Juda haben meinen Bund gebrochen, den ich mit
ihren Vätern geschlossen habe.

11 Darum – so spricht der Herr: Jetzt bringe ich Unheil über sie, dem sie
nicht entgehen können. Schreien sie dann zu mir, so werde ich nicht
auf sie hören. 12 Wenn aber die Städte Judas und die Einwohner Jerusa-
lems hingehen und zu den Göttern schreien, denen sie Opfer darbrin-
gen, dann werden diese zur Zeit der Not ihnen ganz gewiß nicht helfen
können. 13 Denn so zahlreich wie deine Städte sind auch deine Götter,
Juda, und so zahlreich wie die Straßen Jerusalems sind die schändli-
chen Altäre, die ihr errichtet habt, um dem Baal zu opfern. 14 Du aber
bete nicht für dieses Volk! Fang nicht an, für sie zu flehen und zu bit-
ten. Denn ich höre nicht, wenn du zu mir rufst wegen ihrer Not.
15 Was hat mein Liebling in meinem Haus zu suchen, wenn er nur
Schlimmes verübt? Können Zehnt und Opferfleisch das Unheil von dir
fernhalten, so daß du dann jubeln könntest? 16 Einen üppigen Ölbaum
von schöner Gestalt hatte der Herr dich genannt. Wenn der gewaltige
(Kriegs-) Lärm ertönt, legt er Feuer an ihn, so daß seine Zweige häß-
lich werden. 17 Der Herr der Heere, der dich pflanzte, hat Unheil über
dich verhängt wegen der bösen Taten, die das Haus Israel und das
Haus Juda verübten; dem Baal opferten sie, um mich zu erzürnen.

Die Mordpläne gegen Jeremia

18 Der Herr ließ es mich wissen, und so wußte ich es; damals ließest du
mich ihr Treiben durchschauen. 19 Ich selbst war wie ein zutrauliches
Lamm, das zum Schlachten geführt wird, und ahnte nicht, daß sie
gegen mich Böses planten: Wir wollen den Baum im Saft verderben; wir
wollen ihn ausrotten aus dem Land der Lebenden, so daß man seinen
Namen nicht mehr erwähnt. 20 Aber der Herr der Heere richtet gerecht,
er prüft Herz und Nieren. Ich werde sehen, wie du Rache an ihnen
nimmst; denn dir habe ich meine Sache anvertraut. 21 Darum – so
spricht der Herr gegen die Leute von Anatot, die mir nach dem Leben
trachten und sagen: Du darfst nicht als Prophet im Namen des Herrn
auftreten, wenn du nicht durch unsere Hand sterben willst. 22 Darum –
so spricht der Herr der Heere: Seht, ich werde sie zur Rechenschaft zie-
hen. Die jungen Männer sterben durchs Schwert, ihre Söhne und Töch-
ter sterben vor Hunger. 23 So wird den Leuten von Anatot kein Rest mehr
bleiben, wenn ich Unheil über sie bringe, das Jahr ihrer Bestrafung.

Der Prophet in seelischer Not

12 Du bleibst im Recht, Herr, wenn ich mit dir streite; / den-
noch muß ich mit dir rechten.
Warum haben die Frevler Erfolg, / weshalb können alle Abtrünnigen
sorglos sein?
2 Du hast sie eingepflanzt, und sie schlagen Wurzel, / sie wachsen
heran und bringen auch Frucht.
Nur ihrem Mund bist du nah, / ihrem Herzen aber fern.
3 Du jedoch, Herr, kennst und durchschaust mich; / du hast mein Herz
erprobt / und weißt, daß es an dir hängt.
Raff sie weg wie Schafe zum Schlachten, / sondere sie aus für den Tag
des Mordens!
4 Wie lange noch soll das Land vertrocknen, / das Grün auf allen Fel-
dern verdorren?
Weil seine Bewohner Böses tun, / schwinden Vieh und Vögel dahin. /
Denn sie denken: Er sieht unsre Zukunft nicht. –
5 Wenn schon der Wettlauf mit Fußgängern dich ermüdet, / wie willst
du mit Pferden um die Wette laufen?
Wenn du nur im friedlichen Land dich sicher fühlst, / wie wirst du
dich verhalten im Dickicht des Jordan?
6 Selbst deine Brüder und das Haus deines Vaters handeln treulos an
dir; / auch sie schreien laut hinter dir her.
Trau ihnen nicht, / selbst wenn sie freundlich mit dir reden.

Die Klage Gottes über sein Land

7 Ich verlasse mein Haus, / ich verstoße mein Erbteil.
Meinen Herzensliebling gebe ich preis / in die Hand seiner Feinde.
8 Mein Erbteil wandte sich gegen mich / wie ein Löwe im Wald.
Es erhob gegen mich seine Stimme; / deshalb bin ich ihm feind.
9 Ist mir mein Erbteil zur Höhle einer Hyäne geworden, / daß Raub-
vögel es umlagern?
Auf, sammelt euch, alle Tiere des Feldes, / kommt zum Fraß!
10 Hirten in großer Zahl / haben meinen Weinberg verwüstet,
mein Feld zertreten, / mein prächtiges Feld zur öden Wüste gemacht.
11 Man hat es in dürres Ödland verwandelt, / verwüstet liegt es vor mir.
Das ganze Land ist verödet, / doch keiner nimmt sich das zu Herzen.
12 Über alle Hügel der Steppe drangen Verderber ein; / denn das
Schwert des Herrn frißt von einem Ende des Landes zum andern. /
Kein Mensch bleibt unversehrt.
13 Sie haben Weizen gesät und Dornen geerntet, / sie haben sich
abgemüht, doch ohne Ertrag.
Enttäuscht sind sie von ihrer Ernte; / (sie ist vernichtet) durch den
glühenden Zorn des Herrn.

Gericht oder Heil für die Nachbarn

14 So spricht der Herr: Alle meine bösen Nachbarn, die das Erbteil
antasten, das ich meinem Volk Israel zum Erbe gegeben habe, für-
wahr, ich reiße sie von ihrem Boden weg; doch auch das Haus Juda
reiße ich aus ihrer Mitte. 15 Aber nachdem ich sie weggerissen habe,
will ich mich ihrer wieder erbarmen und sie zurückbringen, einen
jeden in sein Erbteil und in seine Heimat. 16 Lernen sie dann die rechte
Lebensweise meines Volkes, so daß sie bei meinem Namen schwören:
So wahr der Herr lebt!, wie sie vorher mein Volk gelehrt hatten, beim
Baal zu schwören, dann sollen sie inmitten meines Volkes wiederher-
gestellt werden. 17 Gehorchen sie jedoch nicht, so werde ich dieses
Volk völlig ausreißen und vernichten – Spruch des Herrn.

Gottes Strafe im Gleichnis

13 So hat der Herr zu mir gesagt: Geh, kauf dir einen leinenen
Gürtel, und leg ihn dir um die Hüften, aber tauch ihn nicht
ins Wasser! 2 Da kaufte ich, wie der Herr mir aufgetragen hatte, den
Gürtel und legte ihn mir um die Hüften. 3 Nun erging das Wort des
Herrn zum zweitenmal an mich; er sagte: 4 Nimm den gekauften Gür-
tel, den du um die Hüften trägst, mach dich auf den Weg an den
Eufrat, und verbirg ihn dort in einer Felsspalte! 5 Ich ging hin und ver-
barg ihn am Eufrat, wie mir der Herr befohlen hatte. 6 Nach längerer
Zeit sprach der Herr zu mir: Mach dich auf den Weg an den Eufrat, und
hol den Gürtel zurück, den du dort auf meinen Befehl hin verborgen
hast. 7 Da ging ich zum Eufrat, suchte den Gürtel und holte ihn von der
Stelle, wo ich ihn verborgen hatte. Doch der Gürtel war verdorben, zu
nichts mehr zu gebrauchen. 8 Nun erging das Wort des Herrn an mich:
9 So spricht der Herr: Ebenso verderbe ich die stolze Pracht Judas und
Jerusalems, wie groß sie auch sei. 10 Dieses böse Volk weigert sich, auf
meine Worte zu hören, es folgt dem Trieb seines Herzens und läuft
anderen Göttern nach, um ihnen zu dienen und sie anzubeten; es soll
daher wie dieser Gürtel werden, der zu nichts mehr zu gebrauchen ist.
11 Denn wie sich der Gürtel den Hüften des Mannes anschmiegt, so
wollte ich, daß sich das ganze Haus Juda mir anschmiegte – Spruch
des Herrn –, damit es mein Volk und mein Ruhm, mein Preis und
mein Schmuck wäre. Sie aber haben nicht gehorcht. 12 Du sollst ihnen
das folgende Wort ausrichten: So spricht der Herr, der Gott Israels:
Jeden Krug kann man mit Wein füllen. Wenn sie dir darauf erwidern:
Wissen wir nicht selbst, daß man jeden Krug mit Wein füllen kann?,
13 dann sollst du ihnen antworten: So spricht der Herr: Seht, ich fülle
alle Bewohner dieses Landes mit Trunkenheit, die Könige, die auf
Davids Thron sitzen, die Priester, die Propheten und alle Einwohner
Jerusalems. 14 Ich zerschmettere sie, den einen am andern, Väter und
Söhne zugleich – Spruch des Herrn. Keine Schonung, kein Mitleid
und kein Erbarmen hält mich ab, sie zu vernichten.

Die Warnung vor Hochmut

15 Hört und merkt auf! / Seid nicht hochmütig; denn der Herr redet.
16 Erweist dem Herrn, eurem Gott, die Ehre, / bevor es dunkel wird, /
bevor eure Füße straucheln auf dämmrigen Bergen.

Wartet ihr dann auf das Licht – / er verwandelt es in Finsternis / und
macht es zur Dunkelheit.
17 Wenn ihr aber darauf nicht hört, / so muß ich im Verborgenen wei-
nen über den Hochmut,
und mein Auge muß ohne Unterlaß Tränen vergießen, / da die Herde
des Herrn weggeführt wird.

Die drohende Wegführung

18 Sag zum König und zur Herrin: / Setzt euch tief hinunter;
denn eure prächtige Krone / sinkt euch vom Haupt.
19 Die Städte im Negeb sind verschlossen, / und niemand kann sie öff-
nen. / Weggeführt wird ganz Juda, vollständig weggeführt.

Die Schändung Jerusalems

20 Blick auf [Jerusalem], / und schau, wie sie kommen vom Norden!
Wo bleibt da die Herde, die dir anvertraut war, / deine prächtigen
Schafe?
21 Was wirst du sagen, / wenn man die Freunde,
die du selbst an dich gewöhnt hast, / als Herren über dich setzt?
Werden dich nicht Wehen ergreifen / wie eine gebärende Frau?
22 Und wenn du dich fragst: / Warum hat mich das alles getroffen?,
so wisse: Wegen deiner großen Schuld wird deine Schleppe aufgeho-
ben / und dein Leib vergewaltigt.
23 Ändert wohl ein Neger seine Hautfarbe / oder ein Leopard seine
Flecken?
Dann könntet auch ihr euch noch bessern, / die ihr ans Böse gewöhnt
seid.
24 So aber zerstreue ich euch wie Spreu, / die verfliegt, wenn der
Wüstenwind weht.
25 Das ist dein Los, dein Lohn, / von mir dir zugemessen – Spruch des
Herrn –,
weil du mich vergessen / und dich auf Lügen verlassen hast.
26 Nun hebe auch ich deine Schleppe auf, / bis über dein Gesicht, / so
daß deine Schande offenbar wird,
27 deine Ehebrüche, dein geiles Wiehern, / deine schändliche
Unzucht.
Auf den Hügeln und auf dem Feld / habe ich deine Greuel gesehen.
Weh dir, Jerusalem, / weil du dich nicht reinigst – / wie lange noch?

Die große Dürre

14 Das Wort des Herrn erging an Jeremia wegen der großen
Dürre:
2 Juda ist ausgedörrt; / seine Tore verfallen,
sie sinken trauernd zu Boden, / und Jerusalems Klageschrei steigt
empor.
3 Die Vornehmen schicken ihre Diener nach Wasser; / sie kommen zu
den Brunnen, / finden aber kein Wasser;
sie kehren mit leeren Krügen zurück. / [Sie sind bestürzt und ent-
täuscht / und verhüllen ihr Haupt.]
4 Die Bauern sind um den Ackerboden besorgt; / denn es fiel kein
Regen im Land.
Sie sind bestürzt / und verhüllen ihr Haupt.
5 Selbst die Hirschkuh im Feld / läßt ihr Junges im Stich, / weil kein
Grün mehr da ist.
6 Die Wildesel stehen auf den kahlen Höhen; / sie schnappen nach
Luft wie Schakale.
Ihre Augen erlöschen; / denn nirgends ist Gras.
7 Unsre Sünden klagen uns an. / Doch um deines Namens willen
handle, o Herr!
Ja, zahlreich sind unsre Vergehen; / gegen dich haben wir gesündigt.
8 Du, Israels Hoffnung, / sein Retter zur Zeit der Not,
warum bist du wie ein Fremder im Land / und wie ein Wanderer, der
nur über Nacht einkehrt?
9 Warum bist du wie ein ratloser Mann, / wie ein Krieger, der nicht zu
siegen vermag?
Du bist doch in unsrer Mitte, Herr, / und dein Name ist über uns aus-
gerufen. / Verlaß uns nicht

Von Gott verworfen

10 So spricht der Herr von diesem Volk: Haltlos hin und her zu schwei-
fen, das lieben sie; ihren Füßen gönnen sie keine Ruhe. Doch der Herr
hat kein Gefallen an ihnen. Jetzt denkt er an ihre Schuld und straft ihre
Sünden. 11 Und der Herr sprach zu mir: Bete nicht um das Wohlerge-
hen dieses Volkes! 12 Auch wenn sie fasten, höre ich nicht auf ihr Fle-
hen; wenn sie Brandopfer und Speiseopfer darbringen, habe ich kein
Gefallen an ihnen. Durch Schwert, Hunger und Pest mache ich ihnen
ein Ende. 13 Da sagte ich: Ach, Herr und Gott, die Propheten sagen
doch zu ihnen: Ihr werdet das Schwert nicht sehen, der Hunger wird
nicht über euch kommen, sondern beständiges Heil gewähre ich euch
an diesem Ort. 14 Aber der Herr erwiderte mir: Lüge ist, was die Pro-
pheten in meinem Namen verkünden. Ich habe sie weder gesandt
noch beauftragt, ich habe nicht zu ihnen gesprochen. Erlogene Visio-
nen, leere Wahrsagerei und selbsterdachten Betrug verkünden sie
euch. 15 Darum spreche ich, der Herr, so gegen die Propheten, die in
meinem Namen weissagen, obwohl ich sie nicht gesandt habe, und
die behaupten, Schwert und Hunger werde es nicht geben in diesem
Land: Durch Schwert und Hunger werden diese Propheten enden.
16 Die Leute aber, denen sie weissagen, werden auf den Straßen Jeru-
salems liegen, hingestreckt durch Hunger und Schwert. Niemand
wird sie begraben, sie, ihre Frauen, Söhne und Töchter. So gieße ich
das verdiente Unheil über sie aus.
17 Du sollst zu ihnen dieses Wort sagen: Meine Augen fließen über von
Tränen / bei Tag und bei Nacht / und finden keine Ruhe.
Denn großes Verderben brach herein / über die Jungfrau, die Tochter,
mein Volk, / eine unheilbare Wunde.
18 Gehe ich aufs Feld hinaus – / seht, vom Schwert Durchbohrte!
Komme ich in die Stadt – / seht, vom Hunger Gequälte!
Ja, auch Propheten und Priester werden verschleppt / in ein Land, das
sie nicht kennen.

Die Klage des Volkes

19 Hast du denn Juda ganz verworfen, / wurde dir Zion zum Abscheu?
Warum hast du uns so geschlagen, / daß es für uns keine Heilung
mehr gibt?
Wir hofften auf Heil, / doch kommt nichts Gutes,
auf die Zeit der Heilung, / doch ach, nur Schrecken!
20 Wir erkennen, Herr, unser Unrecht, / die Schuld unsrer Väter: / Ja,
wir haben gegen dich gesündigt.
21 Um deines Namens willen verschmäh nicht, / verstoß nicht den
Thron deiner Herrlichkeit!
Gedenke deines Bundes mit uns, / und löse ihn nicht!
22 Gibt es etwa Regenspender / unter den Götzen der Völker?
Oder ist es der Himmel, der von selbst regnen läßt? / Bist nicht du es,
Herr, unser Gott?
Wir setzen unsre Hoffnung auf dich; / denn du hast dies alles
gemacht.

Das unabänderliche Strafgericht

15 Doch der Herr sprach zu mir: Selbst wenn Mose und Samuel
vor mein Angesicht träten, würde sich mein Herz diesem
Volk nicht mehr zuneigen. Schaff sie mir aus den Augen, sie sollen
gehen. 2 Fragen sie dich dann: Wohin sollen wir gehen?, so sag ihnen:
So spricht der Herr: Wer der Pest verfallen ist, zur Pest! Wer dem
Schwert, zum Schwert! Wer dem Hunger, zum Hunger! Wer der
Gefangenschaft, zur Gefangenschaft! 3 Vier Plagen biete ich gegen sie
auf – Spruch des Herrn: Das Schwert zum Morden, die Hunde zum
Fortschleifen, die Vögel des Himmels und die Tiere des Feldes zum
Fressen und Vertilgen. 4 Ich mache sie zu einem Bild des Schreckens
für alle Reiche der Erde wegen des Manasse, des Sohnes Hiskijas, des
Königs von Juda, zur Strafe für das, was er in Jerusalem verübt hat.

Jerusalems Ende

5 Wer wird mit dir, Jerusalem, Mitleid haben, / und wer wird dich
bedauern?
Wer wird kommen, / um nach deinem Ergehen zu fragen?
6 Du selbst hast mich verworfen – Spruch des Herrn – / du hast mir den
Rücken gekehrt.
Deshalb streckte ich meine Hand gegen dich aus / und zerstörte dich; /
ich bin der Nachsicht müde geworden.
7 Die Bewohner habe ich mit der Schaufel geworfelt / auf den freien
Plätzen des Landes.
Ich habe mein Volk kinderlos gemacht / und es dem Untergang
geweiht,
weil es von seinen schlimmen Wegen / nicht umkehren wollte.
8 Seine Witwen wurden zahlreicher / als der Sand am Meer;
ich brachte über sie [die Mütter der jungen Männer] / am hellen Mittag
den Verwüster,
ließ jählings auf sie fallen / Angst und Schrecken.
9 Die Mutter, die sieben Söhne gebar, / welkte dahin, verhauchte ihr
Leben.
Ihr sank die Sonne mitten am Tag, / sie fiel in Schande und Schmach.
Den Rest des Volkes gebe ich dem Schwerte preis / vor den Augen seiner Feinde – Spruch des Herrn.

Die Klage des Propheten

10 Weh mir, Mutter, daß du mich geboren hast, / einen Mann, der mit
aller Welt in Zank und Streit liegt.
Ich bin niemands Gläubiger und niemands Schuldner, / und doch fluchen mir alle.
11 Fürwahr, Herr, ich habe dir mit gutem Willen gedient, / ich bin für
den Feind bei dir eingetreten / zur Zeit des Unheils und der Bedrängnis.
12 [Kann man Eisen zertrümmern, / Eisen vom Norden, und Kupfer?
13 Dein Vermögen und deine Schätze / gebe ich zur Plünderung preis
als Lohn für all deine Sünden / in deinem ganzen Gebiet.
14 Ich mache dich zum Sklaven deiner Feinde / in einem Land, das du
nicht kennst.
Denn Feuer lodert auf in meinem Zorn, / gegen euch ist es entbrannt.]
15 Du weißt es, Herr; denk an mich, / und nimm dich meiner an! /
Nimm für mich Rache an meinen Verfolgern!
Raff mich nicht hinweg, / sondern schieb deinen Zorn hinaus! /
Bedenke, daß ich deinetwillen Schmach erleide.
16 Kamen Worte von dir, / so verschlang ich sie; / dein Wort war mir
Glück und Herzensfreude;
denn dein Name ist über mir ausgerufen, / Herr, Gott der Heere.
17 Ich sitze nicht heiter im Kreis der Fröhlichen; / von deiner Hand
gepackt, sitze ich einsam; / denn du hast mich mit Groll angefüllt.
18 Warum dauert mein Leiden ewig / und ist meine Wunde so bösartig, /
daß sie nicht heilen will?
Wie ein versiegender Bach bist du mir geworden, / ein unzuverlässiges
Wasser.
19 Darum – so spricht der Herr:
Wenn du umkehrst, lasse ich dich umkehren, / dann darfst du wieder
vor mir stehen.
Redest du Edles und nicht Gemeines, / dann darfst du mir wieder
Mund sein.
Jene sollen sich dir zuwenden, / du aber wende dich ihnen nicht zu.
20 Dann mache ich dich für dieses Volk / zur festen, ehernen Mauer.
Mögen sie dich bekämpfen, / sie werden dich nicht bezwingen;
denn ich bin mit dir, / um dir zu helfen und dich zu retten / – Spruch
des Herrn.
21 Ja, ich rette dich aus der Hand der Bösen, / ich befreie dich aus der
Faust der Tyrannen.

Jeremias Einsamkeit – ein Zeichen für Israel

16 Das Wort des Herrn erging an mich: 2 Du sollst dir keine
Frau nehmen und weder Söhne noch Töchter haben an die-
sem Ort. 3 Denn so spricht der Herr über die Söhne und Töchter, die an
diesem Ort geboren werden, über ihre Mütter, die sie gebären, und
über ihre Väter, die sie zeugen in diesem Land: 4 Eines qualvollen
Todes müssen sie sterben; man wird sie nicht beklagen und nicht
begraben; sie werden zum Dünger auf dem Acker. Durch Schwert und
Hunger kommen sie um; ihre Leichen werden zum Fraß für die Vögel
des Himmels und die Tiere des Feldes. 5 Ja, so hat der Herr gesprochen: Betritt kein Trauerhaus, geh nicht zur Totenklage, und bezeig
niemandem Beileid! Denn ich habe diesem Volk mein Heil entzogen –
Spruch des Herrn –, die Güte und das Erbarmen. 6 Groß und klein
muß sterben in diesem Land; man wird sie nicht begraben und nicht
beklagen. Niemand ritzt sich ihretwegen wund oder schert sich kahl.
7 Keinem wird man das Trauerbrot brechen, um ihn wegen eines Verstorbenen zu trösten; man wird ihm nicht den Trostbecher reichen
wegen seines Vaters oder seiner Mutter. 8 Auch ein Haus, in dem ein
Gastmahl stattfindet, sollst du nicht betreten, um mit den Leuten bei
Speise und Trank zu sitzen. 9 Denn so spricht der Herr der Heere, der
Gott Israels: Seht, verstummen lasse ich an diesem Ort, vor euren
Augen und in euren Tagen, Jubelruf und Freudenruf, den Ruf des
Bräutigams und den Ruf der Braut.

Die Gründe für das Gericht

10 Wenn du nun diesem Volk das alles verkündest und man dich fragt:
Warum droht der Herr uns all dieses schwere Unheil an? Worin
besteht unsre Schuld, und welche Sünde haben wir gegen den Herrn,
unsern Gott, begangen?, 11 so antworte ihnen: Eure Väter haben mich
verlassen – Spruch des Herrn; sie liefen anderen Göttern nach, dienten ihnen und beteten sie an. Mich aber haben sie verlassen und meine
Weisung nicht befolgt. 12 Ihr selbst aber habt es noch schlimmer
getrieben als eure Väter. Seht, jeder von euch folgt dem Trieb seines
bösen Herzens, ohne auf mich zu hören. 13 Darum schleudere ich
euch aus diesem Land hinaus, in das Land, das euch und euren Vätern
unbekannt war. Dort mögt ihr anderen Göttern dienen Tag und Nacht;
ich aber werde euch keine Gnade mehr schenken. 14 [Darum seht, es
werden Tage kommen – Spruch des Herrn –, da sagt man nicht mehr:
So wahr der Herr lebt, der die Söhne Israels aus Ägypten heraufgeführt
hat!, 15 sondern: So wahr der Herr lebt, der die Söhne Israels aus dem
Nordland und aus allen Ländern, in die er sie verstoßen hatte, heraufgeführt hat. Ich bringe sie zurück in ihr Heimatland, das ich ihren
Vätern gegeben habe.] 16 Seht, ich hole viele Fischer – Spruch des
Herrn –, die sollen sie fangen; dann hole ich viele Jäger, die sollen sie
erlegen auf jedem Berg und Hügel und in den Felsenklüften. 17 Denn
meine Augen sehen alle ihre Wege; sie können sich vor mir nicht verstecken, und ihre Schuld ist vor meinen Augen nicht verborgen. 18 So
vergelte ich zunächst nach dem Maß ihrer Schuld und Sünde, weil sie
mein Land durch das Aas ihrer Scheusale entweiht und mein Erbteil
mit ihren abscheulichen Götzen angefüllt haben.

Die Bekehrung der Völker

19 Herr, meine Kraft und meine Burg, / meine Zuflucht am Tag der
Not!
Zu dir kommen Völker von den Enden der Erde / und sagen: Nur Trug
besaßen unsre Väter, / Wahngebilde, die nichts nützen.
20 Kann ein Mensch sich Götter machen? / Das sind doch keine Götter.
21 Darum seht, ich bringe sie zur Erkenntnis; / ja, diesmal bringe ich
sie zur Erkenntnis meiner Macht und meiner Gewalt,
und sie werden erkennen: / Mein Name ist Jahwe, der Herr.

Judas Sünde und Strafe

17 Judas Sünde ist aufgeschrieben mit eisernem Griffel, / mit
diamantenem Stift eingegraben
in die Tafel ihres Herzens / und in die Hörner ihrer Altäre,
2 damit auch ihre Söhne noch denken an ihre Altäre und Kultpfähle /
bei den üppigen Bäumen und auf den hohen Hügeln des Berglands.

3 Dein Vermögen und alle deine Schätze / gebe ich zur Plünderung
preis als Lohn für all deine Sünden / in deinem ganzen Gebiet.
4 Du mußt von deinem Erbteil lassen, / das ich dir gegeben habe.
Ich mache dich zum Sklaven deiner Feinde / in einem Land, das du
nicht kennst.
Denn Feuer lodert auf in meinem Zorn, / für immer ist es entbrannt.

Fluch oder Segen
5 [So spricht der Herr:]
Verflucht der Mann, der auf Menschen vertraut, / auf schwaches
Fleisch sich stützt, / und dessen Herz sich abwendet vom Herrn.
6 Er ist wie ein kahler Strauch in der Steppe, / der nie einen Regen
kommen sieht;
er bleibt auf dürrem Wüstenboden, / im salzigen Land, wo niemand
wohnt.
7 Gesegnet der Mann, der auf den Herrn sich verläßt / und dessen
Hoffnung der Herr ist.
8 Er ist wie ein Baum, der am Wasser gepflanzt ist / und am Bach seine
Wurzeln ausstreckt:
Er hat nichts zu fürchten, wenn Hitze kommt; / seine Blätter bleiben
grün;
auch in einem trockenen Jahr ist er ohne Sorge, / unablässig bringt er
seine Früchte.

Weisheitssprüche
9 Arglistig ohnegleichen ist das Herz und unverbesserlich. / Wer kann
es ergründen?
10 Ich, der Herr, erforsche das Herz / und prüfe die Nieren,
um jedem zu vergelten, wie es sein Verhalten verdient, / entsprechend
der Frucht seiner Taten.
11 Wie ein Rebhuhn, das ausbrütet, / was es nicht gelegt hat,
so ist ein Mensch, / der Reichtum durch Unrecht erwirbt.
In der Mitte seiner Tage muß er ihn verlassen, / und am Ende steht er
als Narr da.

Das Gebet des verfolgten Propheten
12 Ein Thron der Herrlichkeit, erhaben von Anbeginn, / ist die Stätte
unsres Heiligtums.
13 Du Hoffnung Israels, Herr! / Alle, die dich verlassen, werden
zuschanden,
die sich von dir abwenden, / werden in den Staub geschrieben;
denn sie haben den Herrn verlassen, / den Quell lebendigen Wassers.
14 Heile mich, Herr, so bin ich heil, / hilf mir, so ist mir geholfen; / ja,
mein Lobpreis bist du.
15 Jene sagen zu mir: / Wo bleibt denn das Wort des Herrn? / Soll es
doch eintreffen!
16 Ich aber habe dich nie gedrängt wegen des Unheils / und habe den
Unglückstag nicht herbeigewünscht.
Du weißt es selbst; / was mir über die Lippen kam, / liegt dir offen vor
Augen.
17 Werde nicht zum Schrecken für mich, / du meine Zuflucht am Tag
des Unheils!
18 Meine Verfolger sollen zuschanden werden, / nicht aber ich.
Sie sollen erschrecken, / nicht aber ich.
Bring über sie den Tag des Unheils, / zerbrich sie im verdienten
Zusammenbruch!

Die Sabbatheiligung
19 So sprach der Herr zu mir: Geh und stell dich in das Tor der Söhne
des Volkes, durch das die Könige von Juda aus- und einziehen, und in
alle Tore Jerusalems. 20 Sag zu ihnen: Hört das Wort des Herrn, ihr
Könige von Juda, ganz Juda und alle Einwohner Jerusalems, die ihr
durch diese Tore kommt. 21 So spricht der Herr: Hütet euch um eures
Lebens willen, am Tag des Sabbats eine Last zu tragen und durch die
Tore Jerusalems hereinzubringen. 22 Auch dürft ihr am Sabbat keine
Last aus euren Häusern hinaustragen und keinerlei Arbeit verrichten.
Vielmehr sollt ihr den Sabbat heiligen, wie ich es euren Vätern geboten
habe. 23 Doch sie haben nicht gehört und ihr Ohr mir nicht zugeneigt,
sondern ihren Nacken versteift, ohne zu gehorchen und ohne Zucht
anzunehmen. 24 Ihr aber, wenn ihr bereitwillig auf mich hört – Spruch
des Herrn – und am Sabbat keine Last durch die Tore dieser Stadt
bringt, sondern den Sabbat heiligt und an ihm keinerlei Arbeit ver-
richtet, 25 dann werden durch die Tore dieser Stadt Könige einziehen,
die auf dem Thron Davids sitzen; mit Wagen und Rossen werden sie
fahren, sie und ihre Beamten, die Männer von Juda und die Einwohner
Jerusalems, und diese Stadt wird für immer bewohnt sein. 26 Dann
kommen von den Städten Judas und aus der Umgebung Jerusalems,
vom Land Benjamin, von der Schefela, vom Gebirge und vom Negeb
her Wallfahrer, die Brandopfer, Schlachtopfer und Speiseopfer samt
Weihrauch bringen; auch Dankopfer bringen sie dar im Haus des
Herrn. 27 Wenn ihr aber nicht auf mein Gebot hört, den Sabbat zu hei-
ligen, keine Last zu tragen und am Sabbat durch die Tore Jerusalems
zu bringen, dann lege ich Feuer an seine Tore, das Jerusalems Paläste
verzehrt und nie mehr erlischt.

Das Gleichnis vom Töpfer
18 Das Wort, das vom Herrn an Jeremia erging: 2 Mach dich
auf, und geh zum Haus des Töpfers hinab! Dort will ich dir
meine Worte mitteilen. 3 So ging ich zum Haus des Töpfers hinab. Er
arbeitete gerade mit der Töpferscheibe. 4 Mißriet das Gefäß, das er in
Arbeit hatte, wie es beim Ton in der Hand des Töpfers vorkommen
kann, so machte der Töpfer daraus wieder ein anderes Gefäß, ganz
wie es ihm gefiel. 5 Da erging an mich das Wort des Herrn: 6 Kann ich
nicht mit euch verfahren wie dieser Töpfer, Haus Israel? – Spruch des
Herrn. Seht, wie der Ton in der Hand des Töpfers, so seid ihr in meiner
Hand, Haus Israel. 7 Bald drohe ich einem Volk oder einem Reich, es
auszureißen, niederzureißen und zu vernichten. 8 Kehrt aber das
Volk, dem ich gedroht habe, um von seinem bösen Tun, so reut mich
das Unheil, das ich ihm zugedacht hatte. 9 Bald sage ich einem Volk
oder einem Reich zu, es aufzubauen und einzupflanzen. 10 Tut es aber
dann, was mir mißfällt, und hört es nicht auf meine Stimme, so reut
mich das Gute, das ich ihm zugesagt habe. 11 Und nun sag zu den Leu-
ten von Juda und zu den Einwohnern Jerusalems: So spricht der Herr:
Seht, ich bereite Unheil gegen euch vor und fasse einen Plan gegen
euch. Kehrt doch um, ein jeder von seinem bösen Weg, und bessert
euer Verhalten und euer Tun! 12 Aber sie werden sagen: Vergebliche
Mühe! Wir wollen unseren eigenen Plänen folgen, und jeder von uns
will nach dem Trieb seines bösen Herzens handeln. 13 Deshalb spricht
der Herr: Fragt unter den Völkern, wer je Ähnliches gehört hat. Ganz
Abscheuliches hat die Jungfrau Israel getan. 14 Weicht denn das Fels-
gestein von der Landschaft, der Schnee vom Libanon, oder versiegen
immerströmende Wasser, sprudelnde Quellen? 15 Mein Volk aber hat
mich vergessen; nichtigen Götzen bringt es Opfer dar. Doch ich lasse
sie straucheln auf ihren Wegen, den altgewohnten Bahnen, so daß sie
auf ungebahnten Pfaden gehen müssen. 16 Ich will ihr Land zu einem
Ort des Entsetzens machen, zum Gespött für immer. Jeder, der dort
vorbeikommt, wird sich entsetzen und den Kopf schütteln. 17 Wie der
Ostwind zerstreue ich sie vor dem Feind. Ich zeige ihnen den Rücken
und nicht das Gesicht am Tag ihres Verderbens.

Die Bitte um Bestrafung der Gegner
18 Sie aber sagten: / Kommt, laßt uns gegen Jeremia Pläne schmieden!
Denn nie wird dem Priester die Weisung ausgehen, / dem Weisen der
Rat und dem Propheten das Wort.
Kommt, wir wollen ihn mit seinen eigenen Worten schlagen / und
achtgeben auf alles, was er sagt.
19 Gib du, Herr, acht auf mich, / und höre das Gerede meiner Widersa-
cher!
20 Darf man denn Gutes mit Bösem vergelten? / [Denn sie haben (mir)
eine Grube gegraben.]

Max Beckmann
Christus und die Sünderin
(1917)
»Du Hoffnung Israel, Herr! Alle, die dich verlassen, werden zuschanden, die sich von dir abwenden, werden in den Staub geschrieben« (Jer 17,13). Auf den ersten Blick verbindet allenfalls das Thema der Verfolgung das Gebet des Propheten mit Max Beckmanns Darstellung Jesu und der Ehebrecherin (Joh 8,1-11). Steil aufragend, bietet Jesus der Frau Halt, deren rotes Kopftuch und entblößte Brüste die »Sünderin« zu erkennen geben. Doch nicht auf sie deutet die feiste Figur rechts feixend mit dem Finger, sondern auf Jesus, der in die Falle gegangen ist. Schon drängen links die Schergen der Verhaftungsszene ins Bild (Joh 18,1-11). Den Zusammenhang mit dem Gebet des Jeremia stellt ein Detail her: die in den Sand schreibende Hand links unten. Diese Geste (Joh 8,6) gewinnt für den Betrachter der neutestamentlichen Szene ihre Aussage – das über die Feinde Gottes verhängte Urteil – erst in der Zusammenschau mit dem alttestamentlichen prophetischen Wort.

Denk daran, wie ich vor dir stand, / um zu ihren Gunsten zu sprechen / und deinen Zorn von ihnen abzuwenden.
21 Darum gib ihre Kinder dem Hunger preis, / und liefere sie der Gewalt des Schwertes aus!
Ihre Frauen sollen der Kinder beraubt / und zu Witwen werden,
ihre Männer töte die Pest, / ihre jungen Männer erschlage das Schwert in der Schlacht.
22 Geschrei soll man hören aus ihren Häusern, / wenn du plötzlich plündernde Horden über sie kommen läßt.
Denn sie haben (mir) eine Grube gegraben, um mich zu fangen; / meinen Füßen haben sie Schlingen gelegt.
23 Du aber, Herr, / du kennst all ihre Mordpläne gegen mich. Nimm für ihre Schuld keine Sühne an, / lösch bei dir ihre Sünde nicht aus!
Laß sie zu Fall kommen vor deinen Augen, / handle an ihnen zur Zeit deines Zorns!

Drohreden und ihre Folgen

19 Der Herr sprach zu mir: Geh und kauf dir einen irdenen Krug, und nimm einige Älteste des Volkes und der Priester
mit dir! 2 Dann geh hinaus zum Tal Ben-Hinnom am Eingang des

Scherbentors! Dort verkünde die Worte, die ich dir sage. 3 Du sollst
sagen: Hört das Wort des Herrn, ihr Könige und ihr Einwohner Jeru-
salems! So spricht der Herr der Heere, der Gott Israels: Seht, ich
bringe solches Unheil über diesen Ort, daß jedem, der davon hört, die
Ohren gellen. 4 Denn sie haben mich verlassen, mir diesen Ort ent-
fremdet und an ihm anderen Göttern geopfert, die ihnen, ihren Vätern
und den Königen von Juda früher unbekannt waren. Mit dem Blut
Unschuldiger haben sie diesen Ort angefüllt. 5 Sie haben dem Baal
eine Kulthöhe gebaut, um ihre Söhne als Brandopfer für den Baal im
Feuer zu verbrennen, was ich nie befohlen oder angeordnet habe und
was mir niemals in den Sinn gekommen ist. 6 Seht, darum werden
Tage kommen – Spruch des Herrn –, da wird man diesen Ort nicht
mehr Tofet oder Tal Ben-Hinnom nennen, sondern Mordtal. 7 Dann
vereitle ich die Pläne Judas und Jerusalems an diesem Ort. Ich bringe
sie vor den Augen ihrer Feinde durch das Schwert zu Fall und durch
die Hand derer, die ihnen nach dem Leben trachten. Ich gebe ihre Lei-
chen den Vögeln des Himmels und den Tieren des Feldes zum Fraß.
8 Ich mache diese Stadt zu einem Ort des Entsetzens und zum Gespött;
jeder, der dort vorbeikommt, wird sich entsetzen und spotten über
alle Schläge, die sie getroffen haben. 9 Ich gebe ihnen das Fleisch ihrer
Söhne und Töchter zu essen; einer wird das Fleisch des andern ver-
zehren in der Not und Bedrängnis, mit der ihre Feinde und alle, die
ihnen nach dem Leben trachten, sie bedrängen. – 10 Dann zerbrich
den Krug vor den Augen der Männer, die mit dir gehen. 11 Sag ihnen:
So spricht der Herr der Heere: Ebenso zerbreche ich dieses Volk und
diese Stadt, wie man Töpfergeschirr zerbricht, so daß es nie wieder
heil werden kann. Im Tofet wird man Tote bestatten, weil sonst kein
Platz ist zum Begraben. 12 So werde ich mit diesem Ort verfahren –
Spruch des Herrn – und mit seinen Bewohnern, um diese Stadt dem
Tofet gleichzumachen. 13 Die Häuser Jerusalems und die Häuser der
Könige von Juda sollen unrein werden wie der Ort des Tofet, alle Häu-
ser, auf deren Dächern man dem ganzen Heer des Himmels Rauchop-
fer und anderen Göttern Trankopfer dargebracht hat. –
14 Als nun Jeremia vom Tofet zurückkam, wohin der Herr ihn zum
Weissagen gesandt hatte, begab er sich in den Vorhof beim Haus des
Herrn und sagte zu allem Volk: 15 So spricht der Herr der Heere, der
Gott Israels: Seht, ich bringe über diese Stadt und über alle ihre Nach-
barstädte all das Unheil, das ich ihr angedroht habe, weil sie ihren
Nacken versteift haben und nicht auf meine Worte hören wollen.
20 Der Priester Paschhur, der Sohn des Immer, der Oberaufse-
her im Haus des Herrn, hörte, wie Jeremia diese propheti-
schen Worte verkündete. 2 Da ließ Paschhur den Propheten Jeremia
schlagen und in den Block spannen, der im oberen Benjamintor beim
Haus des Herrn war. 3 Als ihn Paschhur am nächsten Morgen aus dem
Block entließ, sagte Jeremia zu ihm: Nicht mehr Paschhur nennt dich
der Herr, sondern: »Grauen ringsum«. 4 Denn so spricht der Herr: Ja,
ich gebe dich dem Grauen preis, dich und alle deine Freunde. Sie wer-
den unter dem Schwert ihrer Feinde fallen, und du mußt mit eigenen
Augen zusehen. Ganz Juda aber gebe ich in die Hand des Königs von
Babel; er wird sie nach Babel wegführen und mit dem Schwert erschla-
gen. 5 Auch allen Besitz dieser Stadt, all ihre Habe, alles Kostbare und
alle Schätze der Könige von Juda gebe ich in die Hand ihrer Feinde; sie
werden alles rauben, wegschleppen und nach Babel bringen. 6 Du
aber, Paschhur, und alle deine Hausgenossen, ihr werdet in die Ver-
bannung ziehen; nach Babel wirst du kommen, dort wirst du sterben
und dort begraben werden, du und alle deine Freunde, denen du
Lügen geweissagt hast.

Das Prophetenschicksal

7 Du hast mich betört, o Herr, / und ich ließ mich betören; / du hast
mich gepackt und überwältigt.
Zum Gespött bin ich geworden den ganzen Tag, / ein jeder verhöhnt
mich.
8 Ja, sooft ich rede, muß ich schreien, / »Gewalt und Unterdrückung!«
muß ich rufen.
Denn das Wort des Herrn bringt mir / den ganzen Tag nur Spott und
Hohn.
9 Sagte ich aber: Ich will nicht mehr an ihn denken / und nicht mehr in
seinem Namen sprechen!,
so war es mir, als brenne in meinem Herzen ein Feuer, / eingeschlos-
sen in meinem Innern.
Ich quälte mich, es auszuhalten, / und konnte nicht;
10 hörte ich doch das Flüstern der Vielen: / Grauen ringsum! Zeigt ihn
an! / Wir wollen ihn anzeigen.
Meine nächsten Bekannten / warten alle darauf, daß ich stürze:
Vielleicht läßt er sich betören, / daß wir ihm beikommen können und
uns an ihm rächen.
11 Doch der Herr steht mir bei wie ein gewaltiger Held. / Darum strau-
cheln meine Verfolger und kommen nicht auf.
Sie werden schmählich zuschanden, da sie nichts erreichen, / in ewi-
ger, unvergeßlicher Schmach.
12 Aber der Herr der Heere prüft den Gerechten, / er sieht Herz und
Nieren.
Ich werde deine Rache an ihnen erleben; / denn dir habe ich meine
Sache anvertraut.
13 Singt dem Herrn, rühmt den Herrn; / denn er rettet das Leben des
Armen aus der Hand der Übeltäter. –
14 Verflucht der Tag, an dem ich geboren wurde; / der Tag, an dem
meine Mutter mich gebar, sei nicht gesegnet.
15 Verflucht der Mann, / der meinem Vater die frohe Kunde brachte:
Ein Kind, ein Knabe ist dir geboren!, / und ihn damit hoch erfreute.
16 Jener Tag gleiche den Städten, / die der Herr ohne Erbarmen zerstört
hat.
Er höre Wehgeschrei am Morgen / und Kriegslärm um die Mittagszeit,
17 weil er mich nicht sterben ließ im Mutterleib. / So wäre meine Mut-
ter mir zum Grab geworden, / ihr Schoß auf ewig schwanger geblie-
ben.
18 Warum denn kam ich hervor aus dem Mutterschoß, / um nur Müh-
sal und Kummer zu erleben / und meine Tage in Schande zu beenden?

Der Beginn der Belagerung Jerusalems

21 Das Wort, das vom Herrn an Jeremia erging, als König Zid-
kija den Paschhur, den Sohn Malkijas, und den Priester
Zefanja, den Sohn Maasejas, zu ihm sandte mit dem Auftrag: 2 Befrag
doch den Herrn für uns! Denn Nebukadnezzar, der König von Babel,
führt gegen uns Krieg; vielleicht handelt der Herr an uns wie bei all
seinen früheren Wundern, so daß Nebukadnezzar von uns abziehen
muß. 3 Jeremia aber antwortete ihnen: Meldet Zidkija folgendes: 4 So
spricht der Herr, der Gott Israels: Fürwahr, ich drehe in eurer Hand die
Waffen um, mit denen ihr vor der Mauer gegen den König von Babel
und die Chaldäer, die euch belagern, kämpft, und hole sie ins Innere
dieser Stadt. 5 Ich selbst kämpfe gegen euch mit hoch erhobener Hand
und starkem Arm, mit Zorn, Grimm und großem Groll. 6 Ich schlage
die Einwohner dieser Stadt, Mensch und Vieh; an schwerer Pest sollen
sie sterben. 7 Und danach – Spruch des Herrn – liefere ich Zidkija, den
König von Juda, seine Diener und das Volk, das in dieser Stadt der
Pest, dem Schwert und dem Hunger entronnen ist, der Hand Nebu-
kadnezzars, des Königs von Babel, aus, der Hand ihrer Feinde und der
Hand derer, die ihnen nach dem Leben trachten. Er wird sie mit schar-
fem Schwert erschlagen, ohne Mitleid, ohne Schonung, ohne Erbar-
men.
8 Zu diesem Volk aber sollst du sagen: So spricht der Herr: Seht, den
Weg des Lebens und den Weg des Todes stelle ich euch zur Wahl.
9 Wer in dieser Stadt bleibt, der stirbt durch Schwert, Hunger und Pest.
Wer aber hinausgeht und sich den Chaldäern, die euch belagern,
ergibt, der wird überleben und sein Leben wie ein Beutestück gewin-
nen. 10 Denn ich habe mein Angesicht gegen diese Stadt gerichtet zu
ihrem Unheil, nicht zu ihrem Heil – Spruch des Herrn. Der Hand des
Königs von Babel wird sie ausgeliefert, und er wird sie mit Feuer ver-
brennen.

Die Botschaft an die Regierung
11 An das Haus des Königs von Juda: / Hört das Wort des Herrn, Haus
David!
12 So spricht der Herr: / Haltet jeden Morgen gerechtes Gericht!
Rettet den Ausgeplünderten / aus der Hand des Gewalttäters!
Sonst bricht mein Zorn wie Feuer los; / er brennt, und niemand kann
löschen.
13 Nun gehe ich gegen dich vor, du Stadt, / die du in der Mulde des Fel-
sengebirges / über der Ebene wohnst – Spruch des Herrn.
Ihr freilich sagt: Wer kann über uns kommen / und eindringen in
unsere Bauten?
14 Ich zahle euch heim, wie es eure Taten verdienen / – Spruch des
Herrn.
Ich lege Feuer an den Wald dieser Stadt, / das ringsum alles verzehrt.

Das Drohwort im Königspalast
22 So hat der Herr gesprochen: Geh hinab in den Palast des
Königs von Juda, und rede dort folgende Worte! 2 Du sollst
sagen: König von Juda, der du auf dem Thron Davids sitzt, höre das
Wort des Herrn, du selbst, deine Diener und deine Leute, die durch
diese Tore kommen. 3 So spricht der Herr: Sorgt für Recht und
Gerechtigkeit, und rettet den Ausgeplünderten aus der Hand des
Gewalttäters! Fremde, Waisen und Witwen bedrängt und mißhandelt
nicht; vergießt kein unschuldiges Blut an diesem Ort! 4 Wenn ihr wirk-
lich dieses Wort erfüllt, dann werden durch die Tore dieses Palastes
Könige einziehen, die auf dem Thron Davids sitzen; mit Wagen und
Rossen werden sie fahren, sie selbst, ihre Beamten und ihre Leute.
5 Hört ihr aber nicht auf diese Worte, so schwöre ich bei mir selbst –
Spruch des Herrn: Zum Trümmerhaufen wird dieser Palast. 6 Ja, so
spricht der Herr gegen den Palast des Königs von Juda: Giltst du mir
auch so viel wie Gilead, wie der Gipfel des Libanon, fürwahr, ich
mache dich zur Wüste, zur unbewohnten Stadt. 7 Ich biete Verwüster
gegen dich auf, die mit ihren Äxten kommen, deine auserlesenen
Zedern umhauen und ins Feuer werfen.
8 Wenn dann Leute aus vielen Völkern an dieser Stadt vorbeikommen
und einander fragen: Warum hat der Herr so an dieser großen Stadt
gehandelt?, 9 wird man erwidern: Weil sie den Bund mit dem Herrn,
ihrem Gott, aufgegeben, andere Götter angebetet und ihnen gedient
haben.

Gegen Schallum
10 Weint nicht um den Toten, und beklagt ihn nicht! Weint vielmehr
um den, der fortmußte; denn er kehrt nie wieder zurück, nie mehr
sieht er sein Heimatland. 11 Denn so spricht der Herr über Schallum,
den Sohn Joschijas, den König von Juda, der seinem Vater Joschija in
der Regierung gefolgt war und wegziehen mußte von diesem Ort:
Nie mehr kommt er hierher zurück. 12 An dem Ort, wohin man ihn
verschleppt hat, dort wird er sterben und dieses Land nie wiederse-
hen.

Gegen Jojakim
13 Weh dem, der seinen Palast mit Ungerechtigkeit baut, / seine
Gemächer mit Unrecht,
der seinen Nächsten ohne Entgelt arbeiten läßt / und ihm seinen Lohn
nicht gibt,
14 der sagt: Ich baue mir einen stattlichen Palast / und weite Gemächer.
Er setzt ihm hohe Fenster ein, / täfelt ihn mit Zedernholz / und bemalt
ihn mit Mennigrot.
15 Bist du König geworden, / um mit Zedern zu prunken?
Hat dein Vater nicht auch gegessen und getrunken, / dabei aber für
Recht und Gerechtigkeit gesorgt? / Und es ging ihm gut.
16 Dem Schwachen und Armen verhalf er zum Recht. / Heißt nicht
das, mich wirklich erkennen? / – Spruch des Herrn.
17 Doch deine Augen und dein Herz / sind nur auf deinen Vorteil
gerichtet,
auf das Blut des Unschuldigen, das du vergießt, / auf Bedrückung und
Erpressung, die du verübst.
18 Darum – so spricht der Herr über Jojakim, / den Sohn Joschijas, den
König von Juda:
Man wird für ihn nicht die Totenklage halten: / »Ach, mein Bruder!
Ach, Schwester!«
Man wird für ihn nicht die Totenklage halten: / »Ach, der Herrscher!
Ach, seine Majestät!«
19 Ein Eselsbegräbnis wird er bekommen. / Man schleift ihn weg und
wirft ihn hin, / draußen vor den Toren Jerusalems.

Jerusalems Sturz
20 (Jerusalem,) steig auf den Libanon, und schrei, / im Baschan erheb
deine Stimme,
schrei vom Abarimgebirge herab, / daß alle deine Freunde zerschmet-
tert sind.
21 Ich habe dir zugeredet, als du dich noch sicher fühltest; / du aber
hast gesagt: Ich höre nicht.
So hast du es getrieben von Jugend an: / Du hast auf meine Stimme
nicht gehört.
22 All deine Hirten wird der Wind weiden, / deine Freunde müssen fort
in die Gefangenschaft.
Dann wirst du Schmach und Schande ernten / wegen all deiner Unta-
ten.
23 Die du auf dem Libanon thronst (Jerusalem), / in Zedern nistest,
wie wirst du stöhnen, wenn Wehen über dich kommen, / Schmerzen
wie die einer Gebärenden.

Gegen Jojachin
24 So wahr ich lebe – Spruch des Herrn –, selbst wenn Jojachin, der
Sohn Jojakims und König von Juda, ein Siegelring an meiner Rechten
wäre, ich risse dich weg. 25 Ich gebe dich in die Hand derer, die dir
nach dem Leben trachten, in die Hand derer, vor denen dir graut, in
die Hand Nebukadnezzars, des Königs von Babel, und in die Hand der
Chaldäer. 26 Ich schleudere dich samt deiner Mutter, die dich gebar, in
ein anderes Land, in dem ihr nicht geboren seid, und dort werdet ihr
sterben. 27 In das Land aber, nach dem ihr Herz sehnlich zurückver-
langt, werden sie nie wieder kommen. –
28 Ist denn dieser Mann Jojachin ein verachtetes, zerschlagenes Gefäß
oder ein Gerät, das niemand mehr mag? Warum wird er fortgeschleu-
dert und hingeworfen in ein Land, das er nicht kennt? 29 Land, Land,
Land, höre das Wort des Herrn! 30 So spricht der Herr: Schreibt diesen
Mann als kinderlos ein, als Mann, der in seinem Leben kein Glück hat.
Denn keinem seiner Nachkommen wird es glücken, sich auf den
Thron Davids zu setzen und wieder über Juda zu herrschen.

Der Davidsproß
23 Weh den Hirten, die die Schafe meiner Weide zugrunde
richten und zerstreuen – Spruch des Herrn. 2 Darum – so
spricht der Herr, der Gott Israels, über die Hirten, die mein Volk wei-
den: Ihr habt meine Schafe zerstreut und versprengt und habt euch
nicht um sie gekümmert. Jetzt ziehe ich euch zur Rechenschaft wegen
eurer bösen Taten – Spruch des Herrn. 3 Ich selbst aber sammle den
Rest meiner Schafe aus allen Ländern, wohin ich sie versprengt habe.
Ich bringe sie zurück auf ihre Weide; sie sollen fruchtbar sein und sich
vermehren. 4 Ich werde für sie Hirten bestellen, die sie weiden, und sie
werden sich nicht mehr fürchten und ängstigen und nicht mehr verlo-
rengehen – Spruch des Herrn.
5 Seht, es kommen Tage – Spruch des Herrn –, da werde ich für David
einen gerechten Sproß erwecken. Er wird als König herrschen und
weise handeln, für Recht und Gerechtigkeit wird er sorgen im Land.
6 In seinen Tagen wird Juda gerettet werden, Israel kann in Sicherheit
wohnen. Man wird ihm den Namen geben: Der Herr ist unsere
Gerechtigkeit. 7 Darum seht, es werden Tage kommen – Spruch des
Herrn –, da sagt man nicht mehr: So wahr der Herr lebt, der die Söhne

Israels aus Ägypten heraufgeführt hat!, 8 sondern: So wahr der Herr
lebt, der das Geschlecht des Hauses Israel aus dem Nordland und aus
allen Ländern, in die er sie verstoßen hatte, heraufgeführt und zurück-
gebracht hat. Dann werden sie wieder in ihrem Heimatland wohnen.

Gegen die falschen Propheten

9 Über die Propheten:
Mir bricht das Herz in der Brust, / alle meine Glieder zittern.
Wie ein Betrunkener bin ich, / wie ein Mann, der vom Wein überwäl-
tigt ist, / wegen des Herrn und seiner heiligen Worte:
10 Voll von Ehebrechern ist das Land; / ja, wegen des Fluches vertrock-
net das Land, / sind die Weideplätze der Steppe verdorrt.
Schlechtigkeit ist ihr Ziel, / Unrecht ihre Stärke.
11 Sogar Prophet und Priester sind ruchlose Frevler, / selbst in meinem
Haus stoße ich auf ihre Schlechtigkeit / – Spruch des Herrn.
12 Deshalb wird ihr Weg für sie / wie ein schlüpfriger Pfad;
sie stürzen in der Finsternis, / sie kommen darin zu Fall.
Denn Unheil bringe ich über sie, / das Jahr ihrer Bestrafung – Spruch
des Herrn.
13 Zwar habe ich auch bei Samarias Propheten / Häßliches gesehen:
Sie weissagten im Namen des Baal / und verführten mein Volk Israel.
14 Aber bei den Propheten Jerusalems / sah ich grauenhafte Dinge:
Sie brechen die Ehe, gehen mit Lügen um und bestärken die Bösen, /
so daß keiner umkehrt von seinem bösen Treiben.
Für mich sind alle wie Sodom, / Jerusalems Einwohner sind für mich
wie Gomorra.
15 Darum – so spricht der Herr der Heere gegen die Propheten:
Ich gebe ihnen Wermut zu essen / und Giftwasser zu trinken;
denn von den Propheten Jerusalems / ist Frevel ausgegangen ins ganze
Land.
16 So spricht der Herr der Heere: / Hört nicht auf die Worte der Prophe-
ten, / die euch weissagen.
Sie betören euch nur; sie verkünden Visionen, / die aus dem eigenen
Herzen stammen, / nicht aus dem Mund des Herrn.
17 Immerzu sagen sie denen, die das Wort des Herrn verachten: / Das
Heil ist euch sicher!;
und jedem, der dem Trieb seines Herzens folgt, / versprechen sie: Kein
Unheil kommt über euch.
18 Doch wer hat an der Ratsversammlung des Herrn teilgenommen, /
hat ihn gesehen und sein Wort gehört?
Wer hat sein Wort vernommen / und kann es verkünden?
19 Hört, der Sturm des Herrn [sein Grimm] bricht los. / Ein Wirbel-
sturm braust hinweg über die Köpfe der Frevler.
20 Der Zorn des Herrn hört nicht auf, / bis er die Pläne seines Herzens
ausgeführt und vollbracht hat. / Am Ende der Tage werdet ihr es klar
erkennen.
21 Ich habe diese Propheten nicht ausgesandt, / dennoch laufen sie;
ich habe nicht zu ihnen gesprochen, / dennoch weissagen sie.
22 Hätten sie an meiner Ratsversammlung teilgenommen, /
so könnten sie meinem Volk meine Worte verkünden, / damit es
umkehrt von seinem schlechten Weg / und von seinen bösen Taten.
23 Bin ich denn ein Gott aus der Nähe – Spruch des Herrn – / und nicht
vielmehr ein Gott aus der Ferne?
24 Kann sich einer in Schlupfwinkeln verstecken, / so daß ich ihn nicht
sähe? – Spruch des Herrn.
Bin nicht ich es, / der Himmel und Erde erfüllt? – Spruch des Herrn.
25 Ich habe gehört, was die Propheten reden, die in meinem Namen
Lügen weissagen und sprechen: Einen Traum habe ich gehabt, einen
Traum. 26 Wie lange noch? Haben sie denn wirklich etwas in sich, die
Propheten, die Lügen weissagen und selbsterdachten Betrug? 27 Durch
ihre Träume, die sie einander erzählen, möchten sie meinen Namen in
Vergessenheit bringen bei meinem Volk, wie ihre Väter meinen
Namen wegen des Baal vergessen haben. 28 Der Prophet, der einen
Traum hat, erzählt nur einen Traum; wer aber mein Wort hat, der ver-
kündet wahrhaftig mein Wort. Was hat das Stroh mit dem Korn zu
tun? – Spruch des Herrn. 29 Ist nicht mein Wort wie Feuer – Spruch des
Herrn – und wie ein Hammer, der Felsen zerschmettert? 30 Darum
gehe ich nun gegen die Propheten vor – Spruch des Herrn –, die einan-
der meine Worte stehlen. 31 Nun gehe ich gegen die Propheten vor –
Spruch des Herrn –, die ihre Zunge gebrauchen, um Sprüche zu
machen. 32 Ja, nun gehe ich gegen die Propheten mit ihren erlogenen
Träumen vor – Spruch des Herrn; sie erzählen die Träume und ver-
führen mein Volk durch ihre Lügen und ihr freches Geschwätz. Ich
aber habe sie weder gesandt noch beauftragt, und sie sind diesem Volk
ganz unnütz – Spruch des Herrn.

Die »Last« des Herrn

33 Fragt dich dieses Volk oder ein Prophet oder ein Priester: Was ist der
»Last-Spruch« des Herrn?, so antworte ihnen: Ihr selbst seid die Last,
und ich werfe euch ab – Spruch des Herrn. 34 Den Propheten aber, den
Priester und das Volk, jeden, der sagt: »Last-Spruch des Herrn«, den
ziehe ich samt seinem Haus zur Rechenschaft – Spruch des Herrn.
35 Vielmehr sollt ihr so zueinander und untereinander sagen: Was hat
der Herr geantwortet?, oder: Was hat der Herr gesagt? 36 Aber den
Ausdruck »Last-Spruch des Herrn« sollt ihr nicht mehr gebrauchen.
Denn »die Last« ist für jeden sein eigenes Wort, weil ihr die Worte des
lebendigen Gottes, des Herrn der Heere, unseres Gottes, verdreht
habt. 37 So soll man zum Propheten sagen: Was hat der Herr dir geant-
wortet?, oder: Was hat der Herr gesagt? 38 Wenn ihr aber »Last-Spruch
des Herrn« sagt, so sagt der Herr darauf: Weil ihr dieses Wort »Last-
Spruch des Herrn« gebraucht, obwohl ich euch verbieten ließ, »Last-
Spruch des Herrn« zu sagen, 39 darum hebe ich euch empor und
schleudere euch samt der Stadt, die ich euch und euren Vätern gege-
ben habe, weg von meinem Angesicht. 40 Ich verhänge über euch
ewige Schande und ewige Schmach, die nie vergessen werden soll.

Die beiden Feigenkörbe

24 Der Herr ließ mich schauen: Da standen zwei Körbe mit Fei-
gen vor dem Tempel des Herrn. Dies geschah, nachdem
Nebukadnezzar, der König von Babel, Jojachin, den Sohn Jojakims,
den König von Juda, sowie die Großen von Juda samt den Schmieden
und Schlossern aus Jerusalem weggeführt und nach Babel gebracht
hatte. 2 In dem einen Korb waren sehr gute Feigen, wie Frühfeigen, im
andern Korb sehr schlechte Feigen, so schlecht, daß sie ungenießbar
waren. 3 Der Herr fragte mich: Was siehst du, Jeremia? Feigen, ant-
wortete ich. Die guten Feigen sind sehr gut, die schlechten aber sehr
schlecht, so schlecht, daß sie ungenießbar sind. 4 Nun erging an mich
das Wort des Herrn: 5 So spricht der Herr, der Gott Israels: Wie auf
diese guten Feigen, so schaue ich liebevoll auf die Verschleppten aus
Juda, die ich von diesem Ort vertrieben habe ins Land der Chaldäer.
6 Ich richte meine Augen liebevoll auf sie und lasse sie in dieses Land
heimkehren. Ich will sie aufbauen, nicht niederreißen, einpflanzen,
nicht ausreißen. 7 Ich gebe ihnen ein Herz, damit sie erkennen, daß
ich der Herr bin. Sie werden mein Volk sein, und ich werde ihr Gott
sein; denn sie werden mit ganzem Herzen zu mir umkehren. 8 Aber
wie mit den schlechten Feigen, die so schlecht sind, daß sie unge-
nießbar sind, [ja, so spricht der Herr] so verfahre ich mit Zidkija, dem
König von Juda, mit seinen Großen und dem Rest Jerusalems, mit
denen, die in diesem Land übriggeblieben sind, und denen, die sich in
Ägypten niedergelassen haben. 9 Ich mache sie zu einem Bild des
Schreckens für alle Reiche der Erde, zum Schimpf und Gespött, zum
Hohn und zum Fluch an allen Orten, an die ich sie verstoße. 10 Ich
sende unter sie Schwert, Hunger und Pest, bis sie ganz ausgerottet
sind aus dem Land, das ich ihnen und ihren Vätern gegeben habe.

Das drohende Exil

25 Das Wort über das ganze Volk von Juda, das an Jeremia
erging im vierten Jahr Jojakims, des Sohnes Joschijas, des
Königs von Juda; es war das erste Jahr Nebukadnezzars, des Königs
von Babel. 2 Der Prophet Jeremia richtete es an das ganze Volk von

Juda und an alle Einwohner Jerusalems; er sagte: 3 Seit dem dreizehn-
ten Jahr Joschijas, des Sohnes Amons, des Königs von Juda, bis zum
heutigen Tag, also dreiundzwanzig Jahre lang, ist an mich das Wort
des Herrn ergangen, und ich habe es euch unermüdlich weitergege-
ben. [Ihr aber habt nicht gehört. 4 Der Herr hat immer wieder alle
seine Knechte, die Propheten, zu euch gesandt. Ihr aber habt nicht
gehört und euer Ohr nicht geneigt, um zu hören.] 5 Ich sagte: Kehrt
doch alle um von eurem schlechten Weg und von euren bösen Taten;
dann dürft ihr in dem Land bleiben, das der Herr euch und euren
Vätern gegeben hat seit jeher und für immer. 6 [Lauft nicht anderen
Göttern nach, um ihnen zu dienen und sie anzubeten, und erzürnt
mich nicht durch das Werk eurer Hände, damit ich euch nicht Schlim-
mes antun muß.] 7 Aber ihr habt nicht auf mich gehört
[– Spruch des Herrn –, um mich zu erzürnen durch das Werk eurer
Hände, zu eurem eigenen Schaden].
8 Darum – so spricht der Herr der Heere: Weil ihr auf meine Worte
nicht gehört habt, 9 darum hole ich alle Stämme des Nordens herbei –
Spruch des Herrn –, auch Nebukadnezzar, den König von Babel, mei-
nen Knecht. Ich lasse sie über dieses Land und seine Bewohner kom-
men und über alle diese Völker ringsum. Ich weihe sie dem Unter-
gang und mache sie zu einem Bild des Entsetzens, zum Gespött und
zur dauernden Schmach. 10 Ich lasse bei ihnen aufhören den Jubelruf
und den Freudenruf, den Ruf des Bräutigams und den Ruf der Braut,
das Geräusch der Handmühle und das Licht der Lampe. 11 Dieses
ganze Land wird zum Trümmerfeld und zu einem Bild des Entsetzens,
und diese Völker werden dem König von Babel siebzig Jahre lang die-
nen. 12 Sind aber die siebzig Jahre vorüber, dann ziehe ich den König
von Babel und jenes Volk zur Rechenschaft für ihre Schuld – Spruch
des Herrn – und auch das Land der Chaldäer, indem ich es für immer
zur schaurigen Wüste mache. 13 Ich lasse über jenes Land all das kom-
men, was ich ihm angedroht habe, alles, was in diesem Buch aufge-
zeichnet ist [was Jeremia über alle Völker geweissagt hat]. 14 Denn
auch sie werden mächtigen Völkern und großen Königen dienen müs-
sen. So vergelte ich ihnen entsprechend ihren Taten und dem Tun
ihrer Hände.

Die Einleitung zu den Gerichtsworten über die Völker

Der Zornbecher für die Völker

15 Ja, so hat der Herr, der Gott Israels, zu mir gesprochen: Nimm die-
sen Becher voll Zornwein aus meiner Hand, und gib ihn allen Völkern
zu trinken, zu denen ich dich sende. 16 Trinken sollen sie, taumeln und
torkeln vor dem Schwert, das ich unter sie schicke. 17 Da nahm ich den
Becher aus der Hand des Herrn und ließ alle Völker trinken, zu denen
der Herr mich sandte: 18 Jerusalem und die Städte Judas – samt seinen
Königen und Fürsten –, um sie zu Trümmerhaufen zu machen, zu
einem Bild des Entsetzens, zum Gespött und zum Fluch [wie es heute
ist], 19 den Pharao, den König von Ägypten, samt seinen Höflingen
und Fürsten und seinem ganzen Volk, 20 das gesamte Völkergemisch,
alle Könige des Landes Uz, alle Könige des Philisterlandes, (die
Städte) Aschkelon, Gaza, Ekron und den Rest von Aschdod, 21 Edom,
Moab und die Ammoniter, 22 alle Könige von Tyrus, alle Könige von
Sidon sowie die Könige der Inseln jenseits des Meeres, 23 Dedan,
Tema, Bus und alle mit gestutztem Haar, 24 alle Könige Arabiens und
alle Könige des Völkergemisches, die in der Wüste wohnen, 25 alle
Könige von Simri, von Elam und Medien, 26 auch alle Könige des Nor-
dens, die in der Nähe und die in der Ferne, einen nach dem andern, ja,
alle Reiche [der Welt], die es auf der Erde gibt; und zuletzt soll der
König von Scheschach trinken. 27 Sag zu ihnen: So spricht der Herr
der Heere, der Gott Israels: Trinkt, berauscht euch, und speit, stürzt
hin, und steht nicht mehr auf vor dem Schwert, das ich unter euch
schicke. 28 Weigern sie sich aber, den Becher aus deiner Hand anzu-
nehmen und zu trinken, dann sag zu ihnen: So spricht der Herr der
Heere: Trinken müßt ihr. 29 Denn seht, bei der Stadt, über der mein
Name ausgerufen ist, beginne ich mit dem Unheil, und da solltet ihr
ungestraft bleiben? Nein, ihr werdet nicht ungestraft bleiben; denn
ich rufe das Schwert gegen alle Bewohner der Erde – Spruch des Herrn
der Heere.

Das Gericht über die Völker

30 Du aber sollst ihnen als Prophet alle diese Worte verkünden und zu
ihnen sagen:
Aus der Höhe herab donnert der Herr, / von seiner heiligen Wohnung
her läßt er seine Stimme erschallen.
Mächtig donnert er über seiner Flur / und ruft wie die Keltertreter.
31 Zu allen Erdbewohnern dringt der Schall, / ja bis ans Ende der Erde; /
denn der Herr hat einen Rechtsstreit mit den Völkern:
Er hält Gericht über alle Sterblichen / und liefert die Schuldigen dem
Schwert aus / – Spruch des Herrn.
32 So spricht der Herr der Heere:
Seht, Unheil schreitet von Volk zu Volk, / ein gewaltiger Sturm bricht
los / von den Grenzen der Erde.
33 Die vom Herrn Erschlagenen liegen an jenem Tag / von einem Ende
der Erde bis zum andern.
Man beklagt sie nicht, / man sammelt sie nicht und begräbt sie nicht; /
sie werden zum Dünger auf dem Acker.
34 Klagt, ihr Hirten, und schreit; / wälzt euch im Staub, ihr Herren der
Herde!
Denn die Zeit ist gekommen, / daß ihr geschlachtet werdet;
ich zerschmettere euch, daß ihr berstet / wie ein Prunkgefäß.
35 Es gibt keine Flucht mehr für die Hirten, / kein Entrinnen für die
Herren der Herde.
36 Horcht, wie die Hirten schreien / und die Herren der Herde wehkla-
gen, / weil der Herr ihre Weide verwüstet.
37 Verdorrt sind die friedlichen Wiesen / vor dem glühenden Zorn des
Herrn.
38 Er verläßt sein Versteck wie ein Löwe; / ihr Land ist zu einem Bild
des Entsetzens geworden
durch sein rasendes Schwert / und durch die Glut seines Zorns.

Die Gerichtsworte über Israel und Juda

Die Tempelrede

26 Im Anfang der Regierung Jojakims, des Sohnes Joschijas,
des Königs von Juda, erging vom Herrn dieses Wort: 2 So
spricht der Herr: Stell dich in den Vorhof des Hauses des Herrn, und
sag zu den Leuten, die aus allen Städten Judas kommen, um im Haus
des Herrn anzubeten, alles, was ich dir ihnen zu verkünden aufgetra-
gen habe; kein Wort sollst du weglassen. 3 Vielleicht hören sie und
kehren um, jeder von seinem bösen Weg, so daß mich das Unheil
reut, das ich ihnen wegen ihrer schlechten Taten zugedacht habe.
4 Sag also zu ihnen: So spricht der Herr: Wenn ihr nicht auf mein Wort
hört und meiner Weisung nicht folgt, die ich euch gegeben habe,
5 wenn ihr nicht auf die Worte meiner Knechte, der Propheten, hört,
die ich immer wieder zu euch sende, obwohl ihr nicht hört, 6 dann ver-
fahre ich mit diesem Haus wie mit Schilo und mache diese Stadt zu
einem Fluch bei allen Völkern der Erde. 7 Die Priester, die Propheten
und das ganze Volk hörten, wie Jeremia diese Worte vor dem Haus des
Herrn vortrug. 8 Als Jeremia alles gesagt hatte, was er im Auftrag des
Herrn vor dem ganzen Volk zu verkünden hatte, ergriffen ihn die Prie-
ster, die Propheten und alles Volk und schrien: Jetzt mußt du sterben.
9 Warum weissagst du im Namen des Herrn: Wie Schilo wird es die-
sem Haus gehen, und diese Stadt wird verwüstet und entvölkert wer-
den? Das ganze Volk rottete sich beim Haus des Herrn um Jeremia
zusammen. 10 Als die Beamten Judas von diesen Vorgängen hörten,

gingen sie vom Königspalast zum Haus des Herrn hinauf und setzten
sich am Eingang des Neuen Tempeltors nieder. 11 Die Priester und
Propheten sagten zu den Beamten und zum ganzen Volk: Dieser Mann
hat den Tod verdient; denn er hat gegen diese Stadt geweissagt, wie ihr
mit eigenen Ohren gehört habt. 12 Jeremia aber erwiderte allen Beam-
ten und dem ganzen Volk: Der Herr hat mich gesandt, damit ich als
Prophet gegen dieses Haus und diese Stadt alle Worte verkünde, die
ihr gehört habt. 13 Nun also, bessert euer Verhalten und euer Tun, und
hört auf die Stimme des Herrn, eures Gottes! Dann wird den Herrn das
Unheil reuen, das er euch angedroht hat. 14 Ich selbst bin in eurer
Hand; macht mit mir, was ihr für gut und recht haltet. 15 Aber das sollt
ihr wissen: Wenn ihr mich tötet, bringt ihr unschuldiges Blut über
euch, über diese Stadt und ihre Einwohner. Denn der Herr hat mich
wirklich zu euch gesandt, damit ich euch alle diese Worte in die Ohren
rufe. 16 Da sagten die Beamten und das ganze Volk zu den Priestern
und Propheten: Dieser Mann hat den Tod nicht verdient; denn er hat
zu uns im Namen des Herrn, unseres Gottes, geredet. 17 Einige von
den Ältesten des Landes standen auf und sagten zu der ganzen Volks-
versammlung: 18 Micha von Moreschet, der zur Zeit Hiskijas, des
Königs von Juda, als Prophet wirkte, hat zum ganzen Volk Juda gesagt:
So spricht der Herr der Heere: Zion wird umgepflügt zu Ackerland,
Jerusalem wird zum Trümmerhaufen, der Tempelberg zur überwu-
cherten Höhe. 19 Haben ihn etwa Hiskija, der König von Juda, und
ganz Juda deshalb hingerichtet? Hat er nicht Gott gefürchtet und den
Zorn des Herrn besänftigt, so daß den Herrn das Unheil reute, das er
ihnen angedroht hatte? Und wir sollten ein so großes Unrecht tun zu
unserem eigenen Schaden?

Die Ermordung des Propheten Urija

20 Damals wirkte noch ein anderer Mann als Prophet im Namen des
Herrn, Urija, der Sohn Schemajas, aus Kirjat-Jearim. Er weissagte
gegen diese Stadt und dieses Land mit ganz ähnlichen Worten wie
Jeremia. 21 Der König Jojakim, alle seine Heerführer und alle Beamten
hörten von seinen Reden. Daher suchte der König ihn zu töten. Als
Urija davon erfuhr, bekam er Angst, floh und gelangte nach Ägypten.
22 Der König Jojakim aber schickte Leute nach Ägypten, nämlich Elna-
tan, den Sohn Achbors, mit einigen Männern. 23 Sie holten Urija aus
Ägypten und brachten ihn zu König Jojakim; dieser ließ ihn mit dem
Schwert erschlagen und seinen Leichnam zu den Gräbern des niedri-
gen Volkes werfen. 24 Ahikam jedoch, der Sohn Schafans, beschützte
Jeremia, so daß man ihn nicht dem Volk auslieferte, das ihn töten
wollte.

Das Joch Babels

27 Im Anfang der Regierung Zidkijas, des Sohnes Joschijas, des
Königs von Juda, erging vom Herrn folgendes Wort an Jere-
mia. 2 So sprach der Herr zu mir: Mach dir Stricke und Jochhölzer, und
leg sie dir auf den Nacken! 3 Dann schick eine Botschaft an den König
von Edom, den König von Moab, den König der Ammoniter, den
König von Tyrus und den König von Sidon, durch die Gesandten, die
zu Zidkija, dem König von Juda, nach Jerusalem gekommen sind.
4 Gib ihnen folgenden Auftrag an ihre Gebieter: So spricht der Herr
der Heere, der Gott Israels: Sagt so zu euren Gebietern: 5 Ich bin es,
der die Erde erschaffen hat samt den Menschen und den Tieren, die
auf der Erde leben, durch meine gewaltige Kraft und meinen hoch
erhobenen Arm, und ich gebe sie, wem ich will. 6 Jetzt gebe ich alle
diese Länder in die Hand meines Knechtes, des Königs Nebukadnez-
zar von Babel; selbst die Tiere des Feldes mache ich ihm dienstbar.
7 Alle Völker sollen ihm untertan sein, ihm, seinem Sohn und seinem
Enkel, bis auch für sein eigenes Land die Zeit kommt, daß große Völ-
ker und mächtige Könige es knechten. 8 Will aber ein Volk oder Reich
dem König Nebukadnezzar von Babel nicht untertan sein und seinen
Nacken nicht unter das Joch des Königs von Babel beugen, so werde
ich dieses Volk mit Schwert, Hunger und Pest heimsuchen – Spruch
des Herrn –, bis ich es seiner Hand ausgeliefert habe. 9 Ihr aber, hört
nicht auf eure Propheten, Wahrsager, Träumer, Zeichendeuter und
Zauberer, wenn sie zu euch sagen: Ihr werdet dem König von Babel
nicht untertan sein. 10 Denn sie lügen, wenn sie euch weissagen, und
damit vertreiben sie euch aus eurer Heimat; denn ich verstoße euch,
so daß ihr zugrunde geht. 11 Das Volk aber, das seinen Nacken unter
das Joch des Königs von Babel beugt und ihm untertan ist, lasse ich
ungestört auf seinem heimatlichen Boden – Spruch des Herrn –; es
kann ihn bebauen und auf ihm wohnen. 12 Auch zu Zidkija, dem König
von Juda, redete ich ganz in diesem Sinn: Beugt euren Nacken unter
das Joch des Königs von Babel, und seid ihm und seinem Volk unter-
tan; dann bleibt ihr am Leben. 13 Warum sollt ihr, du und dein Volk,
durch Schwert, Hunger und Pest umkommen, wie der Herr dem Volk,
das dem König von Babel nicht untertan sein will, angedroht hat?
14 Hört nicht auf die Reden der Propheten, die zu euch sagen: Ihr sollt
dem König von Babel nicht untertan sein. Denn was sie euch weissa-
gen, ist Lüge. 15 Ich habe sie nicht gesandt – Spruch des Herrn –;
darum ist es Lüge, wenn sie in meinem Namen weissagen; die Folge
wird sein, daß ich euch verstoße und daß ihr zugrunde geht, ihr und
die Propheten, die euch weissagen.
16 Zu den Priestern und dem ganzen Volk sagte ich: So spricht der
Herr: Hört nicht auf die Reden eurer Propheten, die euch weissagen:
Die Geräte des Hauses des Herrn werden aus Babel zurückgebracht
werden, und zwar bald. Denn was sie euch weissagen, ist Lüge. 17 Hört
nicht auf sie! Seid dem König von Babel untertan; dann bleibt ihr am
Leben. Warum soll diese Stadt ein Trümmerhaufen werden? 18 Wenn
sie Propheten sind und das Wort des Herrn wirklich bei ihnen ist, so
mögen sie doch den Herrn der Heere bestürmen, daß die Geräte, die
noch im Haus des Herrn, im Palast des Königs von Juda und in Jerusa-
lem verblieben sind, nicht auch nach Babel kommen. 19 Denn so
spricht der Herr der Heere über die Säulen, das Eherne Meer, die fahr-
baren Gestelle und den Rest der in dieser Stadt noch verbliebenen
Geräte, 20 die Nebukadnezzar, der König von Babel, nicht mitgenom-
men hat, als er Jojachin, den Sohn Jojakims, den König von Juda, aus
Jerusalem nach Babel verschleppte samt allen Vornehmen Judas und
Jerusalems: 21 Ja, so spricht der Herr der Heere, der Gott Israels, über
die Geräte, die im Haus des Herrn, im Palast des Königs von Juda und
in Jerusalem verblieben sind: 22 Nach Babel werden sie gebracht, und
dort bleiben sie bis zu dem Tag, an dem ich mich ihrer annehme –
Spruch des Herrn – und sie wieder an diesen Ort heraufbringe.

Der falsche Prophet Hananja

28 Im selben Jahr, im Anfang der Regierung Zidkijas, des
Königs von Juda, im fünften Monat des vierten Jahres, sagte
der Prophet Hananja, der Sohn Asurs aus Gibeon, im Haus des Herrn
vor den Priestern und dem ganzen Volk zu Jeremia: 2 So spricht der
Herr der Heere, der Gott Israels: Ich zerbreche das Joch des Königs
von Babel. 3 Noch zwei Jahre, und ich bringe alle Geräte des Hauses
des Herrn, die Nebukadnezzar, der König von Babel, von diesem Ort
weggenommen und nach Babel gebracht hat, wieder an diesen Ort
zurück. 4 Auch Jojachin, den Sohn Jojakims, den König von Juda, samt
allen Verschleppten aus Juda, die nach Babel gebracht wurden, führe
ich an diesen Ort zurück – Spruch des Herrn –; denn ich zerbreche das
Joch des Königs von Babel. 5 Der Prophet Jeremia antwortete dem Pro-
pheten Hananja vor den Priestern und vor dem ganzen Volk, das im
Haus des Herrn stand. 6 Der Prophet Jeremia sagte: Ganz recht! Mag
der Herr so tun. Der Herr erfülle deine Worte, die du verkündet hast,
und bringe die Geräte des Hauses des Herrn und alle Verschleppten
aus Babel zurück an diesen Ort. 7 Doch höre das Wort, das ich dir und
dem ganzen Volk in die Ohren rufe: 8 Die Propheten, die vor mir und
vor dir je gelebt haben, weissagten Krieg, Unheil und Pest gegen viele
Länder und mächtige Reiche. 9 Der Prophet aber, der Heil weissagt –
an der Erfüllung des prophetischen Wortes erkennt man den Prophe-
ten, den der Herr wirklich gesandt hat. 10 Da nahm der Prophet
Hananja das Jochholz vom Nacken des Propheten Jeremia und brach
es entzwei. 11 Vor dem ganzen Volk erklärte Hananja: So spricht der

Herr: Ebenso nehme ich binnen zwei Jahren das Joch Nebukadnez-
zars, des Königs von Babel, vom Nacken aller Völker und zerbreche es.
Der Prophet Jeremia ging seines Weges.
12 Nachdem nun der Prophet Hananja das Jochholz vom Nacken des
Propheten Jeremia genommen und zerbrochen hatte, erging das Wort
des Herrn an Jeremia: 13 Geh und sag zu Hananja: So spricht der Herr:
Jochstangen aus Holz hast du zerbrochen, dafür aber mußt du nun
Jochstangen aus Eisen machen. 14 Denn so spricht der Herr der Heere,
der Gott Israels: Ein eisernes Joch habe ich auf den Nacken aller dieser
Völker gelegt; sie müssen Nebukadnezzar, dem König von Babel,
untertan sein. [Sie werden ihm untertan sein, und auch die Tiere des
Feldes gebe ich ihm.] 15 Der Prophet Jeremia sagte also zum Propheten
Hananja: Höre, Hananja! Der Herr hat dich nicht gesandt, und du hast
dieses Volk dazu verführt, auf Lügen zu vertrauen. 16 Darum – so
spricht der Herr: Siehe, ich schaffe dich vom Erdboden fort. Noch in
diesem Jahr bist du tot; denn du hast Auflehnung gegen den Herrn
gepredigt. 17 Im siebten Monat desselben Jahres starb der Prophet
Hananja.

Der Brief an die Verbannten

29 Das ist der Wortlaut des Briefes, den der Prophet Jeremia
aus Jerusalem an den Rest der Ältesten der Gemeinde der
Verbannten sandte, an die Priester, Propheten und das ganze Volk,
das Nebukadnezzar von Jerusalem nach Babel verschleppt hatte,
2 nachdem der König Jojachin, die Herrin, die Hofbeamten, die
Großen von Juda und Jerusalem sowie die Schmiede und Schlosser
aus Jerusalem fortgezogen waren; 3 er schickte den Brief durch Elasa,
den Sohn Schafans, und Gemarja, den Sohn Hilkijas, die Zidkija, der
König von Juda, nach Babel zu Nebukadnezzar, dem König von Babel,
sandte: 4 So spricht der Herr der Heere, der Gott Israels, zur ganzen
Gemeinde der Verbannten, die ich von Jerusalem nach Babel wegge-
führt habe: 5 Baut Häuser, und wohnt darin, pflanzt Gärten, und eßt
ihre Früchte! 6 Nehmt euch Frauen, und zeugt Söhne und Töchter,
nehmt für eure Söhne Frauen, und gebt eure Töchter Männern, damit
sie Söhne und Töchter gebären. Ihr sollt euch dort vermehren und
nicht vermindern. 7 Bemüht euch um das Wohl der Stadt, in die ich
euch weggeführt habe, und betet für sie zum Herrn; denn in ihrem
Wohl liegt euer Wohl. 8 Denn so spricht der Herr der Heere, der Gott
Israels: Laßt euch nicht täuschen von den Propheten, die unter euch
sind, und von euren Wahrsagern. Hört nicht auf die Träume, die sie
träumen. 9 Denn Lüge ist das, was sie euch in meinem Namen weissa-
gen; ich habe sie nicht gesandt – Spruch des Herrn. 10 Ja, so spricht der
Herr: Wenn siebzig Jahre für Babel vorüber sind, dann werde ich nach
euch sehen, mein Heilswort an euch erfüllen und euch an diesen Ort
zurückführen. 11 Denn ich, ich kenne meine Pläne, die ich für euch
habe – Spruch des Herrn –, Pläne des Heils und nicht des Unheils;
denn ich will euch eine Zukunft und eine Hoffnung geben. 12 Wenn ihr
mich ruft, wenn ihr kommt und zu mir betet, so erhöre ich euch.
13 Sucht ihr mich, so findet ihr mich. Wenn ihr von ganzem Herzen
nach mir fragt, 14 lasse ich mich von euch finden – Spruch des Herrn.
Ich wende euer Geschick und sammle euch aus allen Völkern und von
allen Orten, wohin ich euch versprengt habe – Spruch des Herrn. Ich
bringe euch an den Ort zurück, von dem ich euch weggeführt habe.
15 Zwar werdet ihr sagen: Auch in Babel hat der Herr für uns Propheten
auftreten lassen. 16 [Fürwahr, so spricht der Herr über den König, der
auf dem Thron Davids sitzt, und über das ganze Volk, das in dieser
Stadt wohnt, eure Brüder, die noch nicht mit euch in die Verbannung
fortgezogen sind, 17 so spricht der Herr der Heere: Seht, ich schicke
unter sie Schwert, Hunger und Pest, und ich behandle sie wie verdor-
bene Feigen, die so schlecht sind, daß sie ungenießbar sind. 18 Ich ver-
folge sie mit Schwert, Hunger und Pest und mache sie zu einem Bild
des Schreckens für alle Reiche der Erde, zum Fluch und zum Entset-
zen, zum Hohn und Gespött aller Völker, zu denen ich sie verstoße,
19 weil sie nicht auf meine Worte gehört haben – Spruch des Herrn –,
obwohl ich immer wieder meine Knechte, die Propheten, zu ihnen
gesandt habe; ihr aber habt nicht gehört – Spruch des Herrn. 20 Ihr
jedoch, hört jetzt das Wort des Herrn, all ihr Verschleppten, die ich
von Jerusalem nach Babel wegführen ließ.] 21 So spricht der Herr der
Heere, der Gott Israels, über Ahab, den Sohn Kolajas, und über Zid-
kija, den Sohn Maasejas, die euch in meinem Namen Lüge weissagen:
Seht, ich liefere sie Nebukadnezzar, dem König von Babel, aus. Er
wird sie vor euren Augen niederhauen lassen. 22 Dann wird man bei
allen Verschleppten Judas, die in Babel sind, von ihnen das Fluchwort
herleiten: Der Herr mache dich Zidkija und Ahab gleich, die der König
von Babel im Feuer rösten ließ. 23 Sie haben nämlich Schändliches in
Israel getrieben, mit den Frauen ihrer Nächsten Ehebruch begangen
und in meinem Namen Worte verkündet, die ich ihnen nicht aufgetra-
gen hatte. Ich bin der Wissende und der Zeuge – Spruch des Herrn.

Das Drohwort gegen Schemaja

24 Zu Schemaja aus Nehelam sollst du sagen: 25 So spricht der Herr der
Heere, der Gott Israels: Du hast in deinem eigenen Namen einen Brief
[an das ganze Volk in Jerusalem und] an den Priester Zefanja, den
Sohn Maasejas, [sowie an alle Priester] geschickt mit diesem Inhalt:
26 Der Herr hat dich anstelle des Priesters Jojada zum Priester bestellt,
damit du im Haus des Herrn achtgibst auf jeden verrückten Propheten
und ihn in Block und Halseisen legst. 27 Warum bist du also nicht
gegen Jeremia aus Anatot eingeschritten, der sich bei euch wie ein
Prophet gebärdet? 28 Deshalb hat er auch an uns nach Babel die Bot-
schaft geschickt: Es wird noch lange dauern; baut Häuser, und wohnt
darin, pflanzt Gärten, und genießt ihre Früchte!
29 Der Priester Zefanja aber hatte diesen Brief dem Propheten Jeremia
vorgelesen. 30 Da erging das Wort des Herrn an Jeremia: 31 Schick eine
Botschaft an alle Verschleppten: So spricht der Herr über Schemaja
aus Nehelam: Weil Schemaja euch geweissagt hat, obwohl ich ihn
nicht gesandt hatte, und weil er euch dazu verführt hat, auf Lügen zu
vertrauen, 32 darum – so spricht der Herr: Seht, ich ziehe Schemaja aus
Nehelam und seine Nachkommen zur Rechenschaft. Keiner von den
Seinen soll unter diesem Volk wohnen bleiben und das Glück
schauen, das ich meinem Volk bereite – Spruch des Herrn –; denn er
hat Auflehnung gegen den Herrn gepredigt.

Die Trostschrift

Die Rettung Israels und Judas

30 Das Wort, das vom Herrn an Jeremia erging: 2 So spricht der
Herr, der Gott Israels: Schreib dir alle Worte, die ich dir
gesagt habe, in ein Buch! 3 Denn seht, es werden Tage kommen –
Spruch des Herrn –, da wende ich das Geschick meines Volkes Israel
und Juda, spricht der Herr. Ich führe sie zurück in das Land, das ich
ihren Vätern zum Besitz gegeben habe. 4 Das sind die Worte, die der
Herr über Israel und Juda gesprochen hat:
5 Ja, so spricht der Herr:
Angstgeschrei vernehmen wir: / Schrecken und kein Friede.
6 Fragt doch und schaut, / ob je ein Mann Kinder zur Welt bringt.
Warum sehe ich alle Männer / mit den Händen auf den Hüften wie eine
Gebärende? / Jedes Gesicht ist verstört und leichenblaß.
7 Denn groß ist jener Tag, / keiner ist ihm gleich.
Eine Notzeit ist es für Jakob, / doch wird er daraus gerettet.
8 An jenem Tag wird es geschehen / – Spruch des Herrn der Heere –, /
da zerbreche ich das Joch auf seinem Nacken; ich zerreiße seine
Stricke, / und Fremde sollen ihn nicht mehr knechten.
9 Vielmehr wird mein Volk dem Herrn, / seinem Gott, dienen / und
David, seinem König, den ich ihm erstehen lasse.
10 Fürchte dich nicht, du, mein Knecht Jakob / – Spruch des Herrn –, /
verzage nicht, Israel!
Denn ich bin es, der dich aus fernem Land errettet, / deine Kinder aus
dem Land ihrer Gefangenschaft.

Jakob wird heimkehren und Ruhe haben; / er wird in Sicherheit leben, / und niemand wird ihn erschrecken.
11 Denn ich bin mit dir / – Spruch des Herrn –, / um dich zu retten.
Ja, ich vernichte alle Völker, / unter die ich dich zerstreut habe.
Nur dich werde ich niemals vernichten; / ich züchtige dich mit rechtem Maß, / doch ganz ungestraft kann ich dich nicht lassen.

Die Heilung für die Wunden
12 Ja, so spricht der Herr:
Arg ist dein Schaden, / unheilbar deine Wunde.
13 [Niemand verschafft dir Recht.] / Für das Geschwür gibt es keine Heilung, / keine Genesung gibt es für dich.
14 Alle deine Freunde haben dich vergessen, / sie kümmern sich nicht mehr um dich.
Denn wie ein Feind schlägt, / so habe ich dich geschlagen mit harter Züchtigung
[wegen deiner vielfachen Schuld / und deiner zahlreichen Sünden].
15 Was schreist du über deinen Schaden / und dein arges Leiden?
Wegen deiner vielfachen Schuld / und deiner zahlreichen Sünden / habe ich dir das getan.
16 Doch alle, die dich fraßen, werden gefressen, / alle deine Bedränger ziehen als Gefangene fort;
wer dich ausplünderte, wird ausgeplündert, / wer dich beraubte, den gebe ich dem Raub preis.
17 Denn ich lasse dich genesen / und heile dich von deinen Wunden / – Spruch des Herrn –,
weil man dich [das ist Zion] die Verstoßene genannt hat, / nach der niemand fragt.

Die Wiederherstellung des Volkes
18 So spricht der Herr:
Seht, ich wende das Geschick der Zelte Jakobs, / seiner Wohnstätten erbarme ich mich.
Die Stadt soll auf ihrem Schutthügel aufgebaut werden, / die Burg auf ihrem alten Platz stehen.
19 Lobgesang wird dort erschallen, / die Stimme fröhlicher Menschen.
Ich will ihre Zahl vermehren, / sie sollen nicht weniger werden;
ich will ihnen Ehre verschaffen, / sie sollen nicht verachtet werden.
20 Die Söhne Jakobs werden sein wie ehedem, / seine Gemeinde wird vor mir bestehen bleiben,
doch alle seine Unterdrücker / ziehe ich zur Rechenschaft.
21 Sein Machthaber wird ihm selbst entstammen, / sein Herrscher aus seiner Mitte hervorgehen.
Ich gewähre ihm Zutritt, so daß er mir nahen kann; / denn wer sonst dürfte sein Leben wagen, um mir zu nahen? / – Spruch des Herrn.
22 Ihr werdet mein Volk sein, / und ich werde euer Gott sein.
23 Hört, der Sturm des Herrn [sein Grimm] bricht los. / Ein Wirbelsturm braust hinweg über die Köpfe der Frevler.
24 Der glühende Zorn des Herrn hört nicht auf, / bis er die Pläne seines Herzens ausgeführt und vollbracht hat. / Am Ende der Tage werdet ihr es klar erkennen.

31 In jener Zeit – Spruch des Herrn – / werde ich der Gott aller Stämme Israels sein, / und sie werden mein Volk sein.

Die Heimkehr aller Versprengten
2 So spricht der Herr:
Gnade fand in der Wüste das Volk, / das vom Schwert verschont blieb; / Israel zieht zum Ort seiner Ruhe.
3 Aus der Ferne ist ihm der Herr erschienen: / Mit ewiger Liebe habe ich dich geliebt, / darum habe ich dir so lange die Treue bewahrt.
4 Ich baue dich wieder auf, / du sollst neu gebaut werden, Jungfrau Israel.
Du sollst dich wieder schmücken mit deinen Pauken, / sollst ausziehen im Reigen der Fröhlichen.
5 Wieder sollst du Weingärten pflanzen / auf Samarias Bergen.

Egon Schiele
Trauernde Frau
(1912)
»Rahel weint um ihre Kinder und will sich nicht trösten lassen, um ihre Kinder, denn sie sind dahin« (Jer 31,15). Dieses frühe Bild des österreichischen Expressionisten Egon Schiele gibt dem hellen, frontal dem Betrachter zugewandten Gesicht einen erstarrten Ausdruck. Er wird durch eine Deformation verstärkt, den die teilweise Verhüllung durch die Haare und das Gewand hervorruft. Dennoch gewinnen wir nicht den Eindruck eines tief nach innen gekehrten Schmerzes. Vielmehr scheinen die Worte des Trostes anzuklingen: »Verwehre deiner Stimme die Klage und deinen Augen die Tränen« (Jer 31,16). Den vorausgehenden Vers zitiert das Evangelium nach Matthäus im Zusammenhang des betlehemitischen Kindermordes (Mt 2,18).

Wer Pflanzungen anlegt, / darf ihre Früchte genießen.
6 Denn es kommt der Tag, / da rufen die Wächter auf Efraims Bergland:
Auf, laßt uns hinaufpilgern nach Zion / zum Herrn, unserem Gott.
7 Ja, so spricht der Herr:
Jubelt Jakob voll Freude zu, / und jauchzt über das Haupt der Völker!
Verkündet, lobsingt und sagt: / Der Herr hat sein Volk gerettet, / den Rest Israels.
8 Seht, ich bringe sie heim aus dem Nordland / und sammle sie von den Enden der Erde,
darunter Blinde und Lahme, / Schwangere und Wöchnerinnen; / als große Gemeinde kehren sie hierher zurück.
9 Weinend kommen sie, / und tröstend geleite ich sie.
Ich führe sie an wasserführende Bäche, / auf einen ebenen Weg, wo sie nicht straucheln.
Denn ich bin Israels Vater, / und Efraim ist mein erstgeborener Sohn.
10 Hört, ihr Völker, das Wort des Herrn, / verkündet es auf den fernsten Inseln und sagt:
Er, der Israel zerstreut hat, wird es auch sammeln / und hüten wie ein Hirt seine Herde.

11 Denn der Herr wird Jakob erlösen / und ihn befreien aus der Hand
des Stärkeren.
12 Sie kommen und jubeln auf Zions Höhe, / sie strahlen vor Freude
über die Gaben des Herrn, / über Korn, Wein und Öl, über Lämmer
und Rinder.
Sie werden wie ein bewässerter Garten sein / und nie mehr ver-
schmachten.
13 Dann freut sich das Mädchen beim Reigentanz, / jung und alt sind
fröhlich.
Ich verwandle ihre Trauer in Jubel, / tröste und erfreue sie nach ihrem
Kummer.
14 Ich labe die Priester mit Opferfett, / und mein Volk wird satt an mei-
nen Gaben / – Spruch des Herrn.

Der Trost durch die Heimkehr

15 So spricht der Herr:
Ein Geschrei ist in Rama zu hören, / bitteres Klagen und Weinen.
Rahel weint um ihre Kinder / und will sich nicht trösten lassen, / um
ihre Kinder, denn sie sind dahin.
16 So spricht der Herr:
Verwehre deiner Stimme die Klage / und deinen Augen die Tränen!
Denn es gibt einen Lohn für deine Mühe – Spruch des Herrn: / Sie wer-
den zurückkehren aus dem Feindesland.
17 Es gibt eine Hoffnung für deine Nachkommen – Spruch des Herrn: /
Die Söhne werden zurückkehren in ihre Heimat.
18 Ich höre gar wohl, wie Efraim klagt: / Du hast mich erzogen,
und ich ließ mich erziehen / wie ein ungezähmter Jungstier.
Führ mich zurück, / umkehren will ich; / denn du bist der Herr, mein
Gott.
19 Ja, nach meiner Umkehr fühle ich Reue; / nachdem ich zur Einsicht
gekommen bin, schlage ich an meine Brust.
Ich bin beschämt und erröte; / denn ich trage die Schande meiner
Jugend. –
20 Ist mir denn Efraim ein so teurer Sohn / oder mein Lieblingskind?
Denn sooft ich ihm auch Vorwürfe mache, / muß ich doch immer wie-
der an ihn denken.
Deshalb schlägt mein Herz für ihn, / ich muß mich seiner erbarmen –
Spruch des Herrn.
21 Stell dir Wegweiser auf, setz dir Wegmarken, / achte genau auf die
Straße, / auf den Weg, den du gegangen bist.
Kehr um, Jungfrau Israel, / kehr zurück in diese deine Städte!
22 Wie lange noch willst du dich sträuben, / du abtrünnige Tochter?
Denn etwas Neues erschafft der Herr im Land: / Die Frau wird den
Mann umgeben.

Die Segensverheißung

23 So spricht der Herr der Heere, der Gott Israels: Man wird im Land
Juda und in seinen Städten, wenn ich ihr Geschick wende, wieder die-
ses Wort sprechen: Es segne dich der Herr, du Hort der Gerechtigkeit,
du heiliger Berg. 24 Juda und alle seine Städte werden zusammen dort
wohnen, Ackerbauern und Wanderhirten. 25 Ja, ich labe den Ermatte-
ten und sättige den Verschmachtenden. 26 Darum heißt es: Ich
erwachte und blickte umher, und mein Schlaf war süß gewesen.
27 Seht, es werden Tage kommen – Spruch des Herrn –, da säe ich über
das Haus Israel und das Haus Juda eine Saat von Menschen und eine
Saat von Vieh. 28 Wie ich über sie gewacht habe, um auszureißen und
einzureißen, zu zerstören, zu vernichten und zu schaden, so werde ich
über sie wachen, um aufzubauen und einzupflanzen – Spruch des
Herrn. 29 In jenen Tagen sagt man nicht mehr: Die Väter haben saure
Trauben gegessen, und den Söhnen werden die Zähne stumpf.
30 Nein, jeder stirbt nur für seine eigene Schuld; nur dem, der die sau-
ren Trauben ißt, werden die Zähne stumpf.

Der neue Bund

31 Seht, es werden Tage kommen – Spruch des Herrn –, in denen ich
mit dem Haus Israel und dem Haus Juda einen neuen Bund schließen
werde, 32 nicht wie der Bund war, den ich mit ihren Vätern geschlossen
habe, als ich sie bei der Hand nahm, um sie aus Ägypten herauszu-
führen. Diesen meinen Bund haben sie gebrochen, obwohl ich ihr
Gebieter war – Spruch des Herrn. 33 Denn das wird der Bund sein, den
ich nach diesen Tagen mit dem Haus Israel schließe – Spruch des
Herrn: Ich lege mein Gesetz in sie hinein und schreibe es auf ihr Herz.
Ich werde ihr Gott sein, und sie werden mein Volk sein. 34 Keiner wird
mehr den andern belehren, man wird nicht zueinander sagen:
Erkennt den Herrn!, sondern sie alle, klein und groß, werden mich
erkennen – Spruch des Herrn. Denn ich verzeihe ihnen die Schuld, an
ihre Sünde denke ich nicht mehr.

Das unvergängliche Heil

35 So spricht der Herr, / der die Sonne bestimmt zum Licht am Tag,
der den Mond und die Sterne bestellt / zum Licht in der Nacht,
der das Meer aufwühlt, / daß die Wogen brausen, / – Herr der Heere ist
sein Name:
36 Nur wenn jemals diese Ordnungen / vor meinen Augen ins Wanken
gerieten / – Spruch des Herrn –,
dann hörten auch Israels Nachkommen auf, / für alle Zeit vor meinen
Augen ein Volk zu sein.
37 So spricht der Herr:
Nur wenn die Himmel droben abgemessen / und unten die Grundfe-
sten der Erde erforscht werden könnten,
dann verwürfe auch ich Israels ganze Nachkommenschaft / zur Strafe
für all das, was sie getan haben / – Spruch des Herrn.
38 Seht, es werden Tage kommen – Spruch des Herrn –, da wird die
Stadt für den Herrn wieder aufgebaut, vom Turm Hananels bis zum
Eckturm. 39 Weiter läuft die Meßschnur geradeaus zum Hügel Gareb
und wendet sich nach Goa. 40 Das ganze Tal der Leichen und der Fett-
Asche und die ganzen Hänge bis zum Kidronbach, bis zur Ecke des
Roßtors im Osten werden dem Herrn heilig sein. Sie werden niemals
wieder zerstört und eingerissen werden.

Die Heilsworte

Der Ackerkauf in der Notzeit

32 Das Wort, das vom Herrn an Jeremia erging im zehnten Jahr
Zidkijas, des Königs von Juda – das ist das achtzehnte Jahr
Nebukadnezzars. 2 Damals belagerte das Heer des Königs von Babel
Jerusalem. Der Prophet Jeremia befand sich im Wachhof am Palast
des Königs von Juda in Haft. 3 Dort hatte ihn Zidkija, der König von
Juda, gefangengesetzt mit der Begründung: Warum hast du geweis-
sagt: So spricht der Herr: Ich gebe diese Stadt in die Hand des Königs
von Babel, und er wird sie erobern. 4 Auch Zidkija, der König von Juda,
wird der Hand der Chaldäer nicht entrinnen, sondern in die Hand des
Königs von Babel gegeben werden, so daß er von Mund zu Mund mit
ihm reden und ihn Auge in Auge sehen wird. 5 Er wird Zidkija nach
Babel bringen; dort wird er bleiben, bis ich ihn zur Rechenschaft ziehe
– Spruch des Herrn. Wenn ihr mit den Chaldäern Krieg führt, werdet
ihr kein Glück haben. 6 Jeremia sagte: Das Wort des Herrn erging an
mich: 7 Hanamel, der Sohn deines Onkels Schallum, wird zu dir kom-
men und sagen: Kauf dir meinen Acker in Anatot; denn dir steht es
nach dem Einlösungsrecht zu, ihn zu kaufen. 8 Tatsächlich kam Hana-
mel, der Sohn meines Onkels, dem Wort des Herrn gemäß zu mir in
den Wachhof und sagte zu mir: Kauf doch meinen Acker in Anatot [im
Land Benjamin]; denn du hast das Erwerbs- und Einlösungsrecht.
Kauf ihn dir! Da erkannte ich, daß es das Wort des Herrn war. 9 So
kaufte ich von Hanamel, dem Sohn meines Onkels, den Acker in Ana-
tot und wog ihm das Geld ab; siebzehn Silberschekel betrug die

Summe. 10 Ich schrieb die Kaufurkunde, versiegelte sie, nahm auch
Zeugen hinzu und wog das Silber auf der Waage ab, alles nach Gesetz
und Vorschrift. 11 Dann nahm ich die Kaufurkunde, die versiegelte und
die offene. 12 Ich übergab die Urkunde Baruch, dem Sohn Nerijas, des
Sohnes Machsejas, in Gegenwart Hanamels, des Sohnes meines
Onkels, und vor den Zeugen, die die Kaufurkunde unterschrieben hat-
ten, sowie in Gegenwart aller Judäer, die sich im Wachhof aufhielten.
13 In ihrer Gegenwart gab ich Baruch den Auftrag: 14 [So spricht der
Herr der Heere, der Gott Israels:] Nimm diese Urkunden, die versie-
gelte Kaufurkunde und auch die offene, und leg sie in ein Tongefäß,
damit sie lange Zeit erhalten bleiben. 15 Denn so spricht der Herr der
Heere, der Gott Israels: Man wird wieder Häuser, Äcker und Wein-
berge kaufen in diesem Land.
16 Nachdem ich die Kaufurkunde Baruch, dem Sohn Nerijas, überge-
ben hatte, betete ich zum Herrn: 17 Ach, mein Herr und Gott! Du hast
Himmel und Erde erschaffen durch deine große Kraft und deinen
hoch erhobenen Arm. Nichts ist dir unmöglich. 18 Du übst Gnade an
Tausenden, doch zahlst du die Schuld der Väter ihren Söhnen heim,
die nach ihnen kommen, du gewaltiger, starker Gott, dessen Name
Herr der Heere ist. 19 Groß bist du an Rat und mächtig an Tat; deine
Augen wachen über alle Wege der Menschen, um jedem entsprechend
seinem Verhalten und seinem Verdienst zu vergelten. 20 Du hast an
Israel und an den Menschen Zeichen und Wunder getan, in Ägypten
und bis auf den heutigen Tag. So hast du dir einen Namen gemacht,
wie du ihn noch heute hast. 21 Du hast dein Volk Israel unter Zeichen
und Wundern, mit starker Hand, mit hoch erhobenem Arm und
gewaltigen Schreckenstaten aus Ägypten herausgeführt. 22 Du hast
ihnen dieses Land gegeben, das du ihren Vätern eidlich zugesichert
hattest, ein Land, in dem Milch und Honig fließen. 23 Als sie aber dort-
hin kamen und es in Besitz nahmen, hörten sie nicht auf deine
Stimme und folgten deiner Weisung nicht. Nichts von alledem, was
du ihnen befohlen hast, haben sie getan; darum hast du über sie all
dies Unheil gebracht. 24 Schon kommen die Wälle bis an die Stadt
heran, bald wird man sie einnehmen; durch Schwert, Hunger und Pest
ist die Stadt den Chaldäern preisgegeben, die gegen sie ankämpfen.
Was du angedroht hast, ist eingetroffen; du siehst es ja selbst. 25 Den-
noch, mein Herr und Gott, sagst du zu mir: Kauf dir den Acker für
Geld, und nimm Zeugen hinzu! Aber die Stadt ist doch den Chaldäern
preisgegeben.
26 Nun erging an mich das Wort des Herrn: 27 Siehe, ich bin der Herr,
der Gott aller Sterblichen. Ist mir denn irgend etwas unmöglich?
28 Darum – so spricht der Herr: Ich gebe diese Stadt in die Hand der
Chaldäer und in die Hand Nebukadnezzars, des Königs von Babel, und
er wird sie einnehmen. 29 Die Chaldäer, die gegen diese Stadt ankämp-
fen, werden eindringen, die Stadt in Brand stecken und einäschern
samt den Häusern, auf deren Dächern man dem Baal Rauchopfer und
fremden Göttern Trankopfer dargebracht hat, um mich zu erzürnen.
30 Denn die Leute von Israel und Juda haben von Jugend an immer nur
das getan, was mir mißfiel, ja, die Leute von Israel haben mich durch
ihr Verhalten stets nur erzürnt – Spruch des Herrn. 31 In der Tat, diese
Stadt hat seit ihrer Gründung bis zum heutigen Tag meinen Zorn und
Grimm erregt, so daß ich sie von meinem Angesicht verstoßen muß
32 wegen all des Bösen, das die Leute von Israel und Juda verübt haben,
um mich zu erzürnen, sie, ihre Könige, ihre Beamten, ihre Priester und
ihre Propheten, die Leute von Juda und die Einwohner Jerusalems.
33 Sie haben mir den Rücken zugewandt und nicht das Gesicht. Ich
habe sie unermüdlich belehrt, aber sie hörten nicht darauf und besser-
ten sich nicht. 34 Vielmehr stellten sie in dem Haus, über dem mein
Name ausgerufen ist, ihre Scheusale auf, um es zu entweihen. 35 Sie
errichteten die Kulthöhe des Baal im Tal Ben-Hinnom, um ihre Söhne
und Töchter für den Moloch durchs Feuer gehen zu lassen. Das habe
ich ihnen nie befohlen, und niemals ist mir in den Sinn gekommen,
solchen Greuel zu verlangen und Juda in Sünde zu stürzen.
36 Jetzt aber – so spricht der Herr, der Gott Israels, über diese Stadt, von
der ihr sagt, sie sei durch Schwert, Hunger und Pest dem König von
Babel preisgegeben: 37 Seht, ich sammle sie aus allen Ländern, wohin
ich sie in meinem Zorn und Grimm und in großem Groll versprengt
habe. Ich bringe sie wieder zurück an diesen Ort und lasse sie in Sicher-
heit wohnen. 38 Sie werden mein Volk sein, und ich werde ihr Gott sein.
39 Ich bringe sie dazu, nur eines im Sinn zu haben und nur eines zu
erstreben: mich alle Tage zu fürchten, ihnen und ihren Nachkommen
zum Heil. 40 Ich schließe mit ihnen einen ewigen Bund, daß ich mich
nicht von ihnen abwenden will, sondern ihnen Gutes erweise. Ich lege
ihnen die Furcht vor mir ins Herz, damit sie nicht von mir weichen.
41 Ich werde mich über sie freuen, wenn ich ihnen Gutes erweise. In
meiner Treue pflanze ich sie ein in diesem Land, aus ganzem Herzen
und aus ganzer Seele. 42 Denn so spricht der Herr: Wie ich über dieses
Volk all das große Unheil gebracht habe, so bringe ich über sie all das
Gute, das ich ihnen verspreche. 43 Man wird wieder Felder kaufen in
diesem Land, von dem ihr sagt: Es ist eine Wüste, ohne Mensch und
Vieh, der Hand der Chaldäer preisgegeben. 44 Äcker wird man wieder
kaufen für Geld, Kaufurkunden ausstellen und versiegeln und Zeugen
hinzunehmen im Land Benjamin, in der Umgebung Jerusalems, in den
Städten Judas und des Gebirges, in den Städten der Schefela und des
Negeb. Denn ich wende ihr Geschick – Spruch des Herrn.

Das neue Heil für Jerusalem und Juda

33 Das Wort des Herrn erging an Jeremia zum zweitenmal,
während er noch im Wachhof eingesperrt war: 2 So spricht
der Herr, der die Erde erschaffen, sie geformt und fest gegründet hat,
Jahwe ist sein Name: 3 Rufe zu mir, so will ich dir antworten und dir
große, unfaßbare Dinge mitteilen, die du nicht kennst. 4 Denn so
spricht der Herr, der Gott Israels, über die Häuser dieser Stadt und die
Häuser der Könige Judas, die man eingerissen hat, um sie gegen die
Belagerungswälle und für Kriegszwecke zu verwenden, 5 und die dazu
dienten, mit den Chaldäern Krieg zu führen und mit den Leichen der
Leute angefüllt zu werden, die ich in meinem Zorn und Grimm
erschlug, weil ich mein Angesicht vor dieser Stadt wegen all ihrer
bösen Taten verborgen hatte: 6 Seht, ich bringe ihnen Genesung und
Heilung; ich mache sie wieder heil und gewähre ihnen beständiges
Wohlergehen. 7 Ich wende das Geschick Judas und Jerusalems und
baue sie auf wie ehedem. 8 Ich reinige sie von all ihrer Schuld, die sie
gegen mich begangen haben, und ich vergebe ihnen alle ihre Verfeh-
lungen, mit denen sie gesündigt und sich gegen mich aufgelehnt
haben. 9 Dann wird Jerusalem meine Freude sein, mein Lobpreis und
Ruhm bei allen Völkern der Erde, wenn sie von all dem Guten hören,
das ich tue; sie werden zittern und beben wegen all des Guten und des
Heils, das ich ihm erweise. 10 So spricht der Herr: An diesem Ort, von
dem ihr sagt: Verwüstet ist er, ohne Mensch und Vieh!, in den Städten
Judas und auf den Straßen Jerusalems, die verödet sind, ohne Men-
schen, ohne Bewohner und ohne Vieh, 11 hört man wieder Jubelruf
und Freudenruf, den Ruf des Bräutigams und den Ruf der Braut; sie
rufen und singen: Dankt dem Herrn der Heere; denn der Herr ist
gütig, denn seine Huld währt ewig!, und bringen Dankopfer zum
Tempel des Herrn. Ich wende das Geschick des Landes: Es soll werden
wie ehedem, spricht der Herr.
12 So spricht der Herr der Heere: An diesem Ort, der verwüstet ist,
ohne Mensch und Vieh, und in allen seinen Städten wird es eine Weide
für Hirten geben, die ihre Herden lagern lassen. 13 In den Städten des
Gebirges, der Schefela und des Negeb, im Land Benjamin, in der
Umgebung Jerusalems und in den Städten Judas ziehen wieder die
Schafe an dem vorbei, der sie mit der Hand zählt, spricht der Herr.
14 Seht, es werden Tage kommen – Spruch des Herrn –, da erfülle ich
das Heilswort, das ich über das Haus Israel und über das Haus Juda
gesprochen habe. 15 In jenen Tagen und zu jener Zeit werde ich für
David einen gerechten Sproß aufsprießen lassen. Er wird für Recht
und Gerechtigkeit sorgen im Land. 16 In jenen Tagen wird Juda gerettet
werden, Jerusalem kann in Sicherheit wohnen. Man wird ihm den
Namen geben: Jahwe ist unsere Gerechtigkeit. 17 Denn so spricht der
Herr: Nie soll es David an einem Nachkommen fehlen, der auf dem

Fernand Léger
Die Hochzeit
(1910/11)
»(In den Städten Israels) hört man wieder Jubelruf und Freudenruf, den Ruf des Bräutigams und den Ruf der Braut« (Jer 33,11). Verwendet der Prophet das Motiv der Hochzeit allegorisch, so dient es dem französischen Kubisten Fernand Léger zu einem reichen Spiel der Assoziationen. Den Ausgangspunkt bilden zwei vom unteren Bildrand zu beiden Seiten der Mittelachse aufsteigende vertikale Formen, die beide auf mittlerer Bildhöhe durch Gesichter als Figuren gekennzeichnet werden. Die linke Form läßt an ein wallendes Brautgewand denken, die rechte, dunkle Form an den Anzug des Bräutigams. Dieses Brautpaar ist in ein Bildgeschehen eingefügt, das formal durch den Kontrast zwischen kleinteilig-eckigen und großflächig-gerundeten Formen bestimmt wird. Die Kleinteiligkeit ist die gleichsam erzählerische Bildebene: Zahlreiche Fragmente von Figuren assoziieren eine große Anzahl von Personen, in denen wir die Hochzeitsgesellschaft vermuten dürfen. Eindeutige Bildgegenstände sind am rechten Rand die Gebäude eines Dorfes und die Bäume einer Allee. Das Bild appelliert auf diese Weise an unsere Vorstellung vom Hochzeitsbild, die sich im Dialog mit Légers optischen Impulsen zu beleben vermag und auf ähnliche Weise zu einer triumphalen Botschaft steigert wie die Weissagung des Propheten.

Thron des Hauses Israel sitzt. 18 Auch den levitischen Priestern soll es
nie an einem Nachkommen fehlen, der alle Tage vor meinen Augen
Brandopfer darbringt, Speiseopfer verbrennt und Schlachtopfer
zurichtet.
19 Das Wort des Herrn erging an Jeremia: 20 So spricht der Herr: Nur
wenn mein Bund mit dem Tag und mein Bund mit der Nacht gebro-
chen werden könnte, so daß es nicht mehr Tag und Nacht würde zur
rechten Zeit, 21 dann könnte auch mein Bund mit meinem Knecht
David gebrochen werden, so daß er keinen Sohn hätte, der auf seinem
Thron König wäre, und ebenso mein Bund mit den levitischen Prie-
stern, die mir dienen. 22 So unzählbar das Heer des Himmels und so
unmeßbar der Sand des Meeres ist, so zahlreich mache ich die Nach-
kommen meines Knechtes David und die Leviten, die mir dienen.
23 Das Wort des Herrn erging an Jeremia: 24 Hast du nicht bemerkt,
was diese Leute reden: Die beiden Stammesverbände, die der Herr
erwählt hatte, hat er verworfen!, und wie sie mein Volk verachten, so
daß es in ihren Augen kein Volk mehr ist? 25 So spricht der Herr: So
gewiß ich meinen Bund mit dem Tag und mit der Nacht und die Ord-
nungen von Himmel und Erde festgesetzt habe, 26 so sicher werde ich

auch die Nachkommen Jakobs und meines Knechtes David nicht ver-
werfen; aus seinen Nachkommen werde ich die Herrscher über die
Nachkommen Abrahams, Isaaks und Jakobs nehmen. Denn ich werde
ihr Geschick wenden und mich ihrer erbarmen.

Zidkijas Ende

34 Das Wort, das vom Herrn an Jeremia erging, als Nebukadne-
zzar, der König von Babel, und sein ganzes Heer, alle König-
reiche seines Herrschaftsgebietes und alle Völkerschaften gegen
Jerusalem und alle seine umliegenden Städte Krieg führten: 2 So
spricht der Herr, der Gott Israels: Mach dich auf, rede mit Zidkija,
dem König von Juda, und sag zu ihm: So spricht der Herr: Ich gebe
diese Stadt in die Hand des Königs von Babel, und er wird sie nieder-
brennen. 3 Auch du wirst seiner Hand nicht entrinnen, sondern ergrif-
fen und in seine Hand gegeben werden. Auge in Auge wirst du den
König von Babel sehen, und von Mund zu Mund wird er mit dir reden,
und nach Babel wirst du kommen. 4 Doch höre das Wort des Herrn,
Zidkija, König von Juda! So spricht der Herr über dich: Du brauchst
nicht durch das Schwert zu sterben. 5 In Frieden kannst du sterben,
und wie deinen Vätern und Vorgängern, den früheren Königen, so
wird man auch dir zu Ehren Totenfeuer anzünden und dir die Toten-
klage halten: »Ach, der Herrscher!« Ich bin es, der dieses Wort gespro-
chen hat – Spruch des Herrn. 6 Der Prophet Jeremia sagte alle diese
Worte zu Zidkija, dem König von Juda, in Jerusalem, 7 als das Heer des
Königs von Babel bereits gegen Jerusalem und die übriggebliebenen
Städte Judas, nämlich Lachisch und Aseka, kämpfte; denn nur diese
befestigten Städte waren in Juda noch übriggeblieben.

Der Widerruf der Sklavenfreilassung

8 Das Wort, das vom Herrn an Jeremia erging, als König Zidkija mit
dem ganzen Volk in Jerusalem das Abkommen getroffen hatte, eine
Freilassung auszurufen. 9 Es sollte nämlich jeder seinen hebräischen
Sklaven und seine hebräische Sklavin freilassen, und keiner sollte
mehr seinen hebräischen Stammesbruder als Sklaven halten. 10 Dem
hatten sich alle Großen gefügt, ebenso das ganze Volk, das dem
Abkommen beigetreten war, daß jeder seinen Sklaven oder seine Skla-
vin freilassen und nicht mehr als Sklave halten werde. Sie hatten
gehorcht und die Sklaven freigelassen. 11 Danach aber holten sie die
Sklaven und Sklavinnen, die sie freigelassen hatten, zurück und mach-
ten sie mit Gewalt wieder zu Sklaven und Sklavinnen.
12 Da erging das Wort des Herrn an Jeremia: 13 So spricht der Herr, der
Gott Israels: Ich habe mit euren Vätern, als ich sie aus Ägypten, dem
Sklavenhaus, herausführte, ein Abkommen getroffen und verlangt:
14 Alle sieben Jahre soll jeder von euch seinen hebräischen Stammes-
bruder, der sich ihm verkauft hat, freilassen; sechs Jahre soll er dein
Sklave sein, dann sollst du ihn freilassen. Aber eure Väter haben mir
nicht gehorcht und mir ihr Ohr nicht zugeneigt. 15 Da seid ihr jetzt
umgekehrt und habt das getan, was in meinen Augen recht ist, indem
jeder für seinen Nächsten die Freilassung ausrief. Vor mir hattet ihr ein
Abkommen getroffen in dem Haus, über dem mein Name ausgerufen
ist. 16 Aber ihr seid wieder umgekehrt und habt meinen Namen ent-
weiht; denn jeder von euch hat seinen Sklaven oder seine Sklavin
zurückgeholt, die ihr doch völlig freigelassen hattet. Ihr habt sie
gezwungen, wieder eure Sklaven und Sklavinnen zu werden. 17 Darum
– so spricht der Herr: Ihr habt mir nicht gehorcht, und keiner hat für
seinen Stammesbruder und seinen Nächsten die Freilassung ausgeru-
fen. Wohlan, so rufe ich euch eine Freilassung aus – Spruch des Herrn –
für Schwert, Pest und Hunger, und ich mache euch zu einem Bild des
Schreckens für alle Reiche der Erde. 18 Ich mache die Männer, die mein
Abkommen verletzt und die Worte der Abmachung, die sie vor mir
getroffen hatten, nicht gehalten haben, dem Kalb gleich, das sie in zwei
Hälften zerschnitten haben und zwischen dessen Stücken sie hin-
durchgegangen sind. 19 Die Großen Judas und Jerusalems, die Höf-
linge, die Priester und alle Bürger des Landes, die zwischen den
Stücken des Kalbes hindurchgegangen sind, 20 sie alle gebe ich in die
Hand ihrer Feinde und derer, die ihnen nach dem Leben trachten. Ihre
Leichen sollen den Vögeln des Himmels und den Tieren des Feldes zum
Fraß dienen. 21 Auch Zidkija, den König von Juda, und seine Großen
liefere ich ihren Feinden aus und denen, die ihnen nach dem Leben
trachten, dem Heer des Königs von Babel, das eben von euch abgezo-
gen ist. 22 Schon gebe ich den Befehl – Spruch des Herrn – und hole sie
zu dieser Stadt zurück, damit sie gegen sie kämpfen, sie erobern und
niederbrennen. Die Städte Judas mache ich zur menschenleeren Wüste.

Das Vorbild der Rechabiter

35 Das Wort, das vom Herrn an Jeremia erging in den Tagen
Jojakims, des Sohnes Joschijas, des Königs von Juda: 2 Geh
hin zur Gemeinschaft der Rechabiter, rede mit ihnen, führ sie zum
Haus des Herrn in eine der Hallen, und gib ihnen Wein zu trinken!
3 Da holte ich Jaasanja, den Sohn Jirmejas, des Sohnes Habazzinjas,
samt seinen Brüdern und allen seinen Söhnen und der ganzen
Gemeinschaft der Rechabiter. 4 Ich führte sie zum Haus des Herrn in
die Halle der Söhne Hanans, des Sohnes Jigdaljas, des Gottesmannes,
die neben der Halle der Großen oberhalb der Halle des Schwellen-
wächters Maaseja, des Sohnes Schallums, gelegen ist. 5 Dann setzte
ich den Leuten von der Gemeinschaft der Rechabiter gefüllte Wein-
krüge und Becher vor und sagte zu ihnen: Trinkt Wein! 6 Sie aber ent-
gegneten: Wir trinken keinen Wein; denn unser Ahnherr Jonadab, der
Sohn Rechabs, hat uns geboten: Ihr sollt niemals Wein trinken, weder
ihr selbst noch eure Söhne. 7 Auch sollt ihr kein Haus bauen, keine
Saat bestellen, keinen Weinberg pflanzen oder besitzen. Vielmehr
sollt ihr euer Leben lang in Zelten wohnen, damit ihr lange lebt in
dem Land, in dem ihr euch als Fremde aufhaltet. 8 Wir gehorchten
dem Auftrag unseres Ahnherrn Jonadab, des Sohnes Rechabs, in
allem, was er uns gebot; wir tranken also zeitlebens keinen Wein,
weder wir noch unsere Frauen, Söhne und Töchter. 9 Wir bauten uns
keine Wohnhäuser, wir besaßen keinen Weinberg, keinen Acker und
keine Saat. 10 Wir wohnten in Zelten, und gehorsam handelten wir
genauso, wie unser Ahnherr Jonadab es uns geboten hat. 11 Als jedoch
Nebukadnezzar, der König von Babel, gegen das Land heranzog, da
sagten wir: Kommt, wir wollen uns vor dem Heer der Chaldäer und
dem Heer der Aramäer nach Jerusalem begeben. So ließen wir uns in
Jerusalem nieder. 12 Nun erging das Wort des Herrn an Jeremia: 13 So
spricht der Herr der Heere, der Gott Israels: Geh hin und sag zu den
Leuten von Juda und zu den Einwohnern Jerusalems: Wollt ihr euch
nicht endlich belehren lassen und auf meine Worte hören? – Spruch
des Herrn. 14 Das Gebot Jonadabs, des Sohnes Rechabs, der seinen
Söhnen das Weintrinken verboten hat, wird treu erfüllt; sie trinken
keinen Wein bis zum heutigen Tag, weil sie dem Befehl ihres Ahn-
herrn gehorchen. Ich aber habe immer wieder zu euch geredet, doch
ihr habt mir nicht gehorcht. 15 Und immer wieder sandte ich zu euch
alle meine Knechte, die Propheten, mit der Mahnung: Kehrt doch alle
um von eurem schlechten Weg! Bessert euer Tun, und lauft nicht
anderen Göttern nach, um ihnen zu dienen. Dann dürft ihr in dem
Land bleiben, das ich euch und euren Vätern gegeben habe. Ihr aber
habt euer Ohr nicht geneigt und nicht auf mich gehört. 16 Ja, die Söhne
Jonadabs, des Sohnes Rechabs, haben das Gebot, das ihnen ihr Ahn-
herr gegeben hat, erfüllt. Dieses Volk aber hat mir nicht gehorcht.
17 Darum – so spricht der Herr, der Gott der Heere, der Gott Israels:
Seht, ich bringe über Juda und über alle Einwohner Jerusalems das
ganze Unheil, das ich ihnen angedroht habe, weil sie nicht hörten,
sooft ich zu ihnen redete, und keine Antwort gaben, sooft ich sie rief.
18 Zur Gemeinschaft der Rechabiter aber sagte Jeremia: So spricht der
Herr der Heere, der Gott Israels: Weil ihr dem Gebot eures Ahnherrn
Jonadab gehorcht, alle seine Gebote gehalten und nach allen seinen
Anordnungen gehandelt habt, 19 darum – so spricht der Herr der
Heere, der Gott Israels: Niemals soll es Jonadab, dem Sohne Rechabs,
an einem Nachkommen fehlen, der in meinem Dienst steht.

Die Berichte Baruchs

Die Verbrennung der Buchrolle

36 Im vierten Jahr Jojakims, des Sohnes Joschijas, des Königs
von Juda, erging vom Herrn dieses Wort an Jeremia: 2 Nimm
dir eine Buchrolle, und schreib darauf alle Worte, die ich zu dir über
Israel und Juda und über alle Völker gesprochen habe, seitdem ich zu
dir rede, von den Tagen Joschijas an bis heute. 3 Vielleicht werden die
Leute vom Haus Juda, wenn sie hören, wieviel Unheil ich ihnen antun
will, umkehren von ihrem bösen Weg, und ich kann ihnen Schuld und
Sünde verzeihen. 4 Da rief Jeremia Baruch, den Sohn Nerijas, und
Baruch schrieb nach dem Diktat Jeremias alle Worte, die der Herr zu
ihm gesprochen hatte, auf eine Buchrolle. 5 Jeremia gab hierauf
Baruch folgenden Auftrag: Mir ist es verwehrt, das Haus des Herrn zu
betreten. 6 Darum geh du hin, und lies am Fasttag aus der Rolle, die du
nach meinem Diktat geschrieben hast, dem Volk im Haus des Herrn
die Worte des Herrn vor. Auch allen Judäern, die aus ihren Städten her-
beiströmen, sollst du sie vorlesen. 7 Vielleicht flehen sie vor dem
Herrn um Erbarmen und kehren um, jeder von seinem bösen Weg;
denn groß ist der Zorn und Grimm, den der Herr diesem Volk ange-
droht hat. 8 Baruch, der Sohn Nerijas, handelte genau nach dem Auf-
trag des Propheten Jeremia und las im Haus des Herrn die Worte des
Herrn aus dem Buch vor.
9 Im fünften Jahr Jojakims, des Sohnes Joschijas, des Königs von Juda,
hatte man im neunten Monat alles Volk in Jerusalem und alle Leute,
die von den Städten Judas nach Jerusalem kommen sollten, zu einem
Fasten vor dem Herrn aufgerufen. 10 Nun las Baruch im Haus des
Herrn dem ganzen Volk aus dem Buch die Worte Jeremias vor, und
zwar in der Halle Gemarjas, des Sohnes des Staatsschreibers Schafan,
im oberen Vorhof am Eingang des Neuen Tempeltores. 11 Als Micha,
der Sohn Gemarjas, des Sohnes Schafans, alle Worte des Herrn aus
dem Buch vernommen hatte, 12 ging er hinab in den Königspalast zur
Halle des Staatsschreibers. Dort waren gerade alle hohen Beamten zu
einer Sitzung versammelt: der Staatsschreiber Elischama, Delaja, der
Sohn Schemajas, Elnatan, der Sohn Achbors, Gemarja, der Sohn
Schafans, Zidkija, der Sohn Hananjas, und alle sonstigen Beamten.
13 Micha teilte ihnen alle Worte mit, die er gehört hatte, als Baruch
dem Volk aus dem Buch vorlas. 14 Da schickten die versammelten
Beamten Jehudi, den Sohn Netanjas, des Sohnes Schelemjas, des Soh-
nes Kuschis, zu Baruch und ließen ihm sagen: Nimm die Rolle, aus
der du dem Volk vorgelesen hast, und komm hierher! Sogleich nahm
Baruch, der Sohn Nerijas, die Rolle und ging zu ihnen. 15 Sie sagten zu
ihm: Setz dich, und lies sie uns vor! Nun las ihnen Baruch vor. 16 Als sie
all die Worte hörten, schauten sie einander erschrocken an und sagten
[zu Baruch]: Wir müssen das alles dem König mitteilen. 17 Sie fragten
Baruch: Sag uns doch, wie hast du alle diese Worte niedergeschrie-
ben? 18 Baruch erwiderte ihnen: Jeremia hat mir alle diese Worte dik-
tiert, und ich habe sie mit Tinte in das Buch geschrieben. 19 Darauf
sagten die Beamten zu Baruch: Geh und verbirg dich, du und auch
Jeremia! Niemand soll wissen, wo ihr seid. 20 Dann begaben sie sich
zum König in den Palasthof, nachdem sie die Rolle in der Halle des
Staatsschreibers Elischama verwahrt hatten, und berichteten das alles
dem König. 21 Da gab der König dem Jehudi den Auftrag, die Rolle zu
holen, und dieser holte sie aus der Halle des Staatsschreibers
Elischama. Und Jehudi las sie dem König vor und allen Beamten, die
um den König herumstanden. 22 Der König wohnte im Winterhaus, es
war ja der neunte Monat, und vor ihm brannte das Feuer auf dem Koh-
lenbecken. 23 Sooft nun Jehudi drei oder vier Spalten gelesen hatte,
schnitt sie der König mit dem Schreibermesser ab und warf sie in das
Feuer auf dem Kohlenbecken, bis das Feuer auf dem Kohlenbecken
die ganze Rolle verzehrt hatte. 24 Niemand erschrak, und niemand
zerriß seine Kleider, weder der König noch irgendeiner seiner Diener,
die all diese Worte gehört hatten. 25 Selbst als Elnatan, Delaja und
Gemarja den König bestürmten, die Rolle nicht zu verbrennen, hörte
er nicht auf sie. 26 Vielmehr befahl der König dem Prinzen Jerachmeël,
ferner Seraja, dem Sohn Asriëls, und Schelemja, dem Sohn Abdeëls,
den Schreiber Baruch und den Propheten Jeremia festzunehmen; aber
der Herr hielt sie verborgen.
27 Nachdem der König die Rolle mit den Worten, die Baruch nach dem
Diktat Jeremias niedergeschrieben hat, verbrannt hatte, erging das
Wort des Herrn an Jeremia: 28 Nimm dir eine andere Rolle, und
schreib all die früheren Worte darauf, die auf der ersten Rolle standen,
die Jojakim, der König von Juda, verbrannt hat. 29 Über Jojakim aber,
den König von Juda, sollst du sagen: So spricht der Herr: Du hast diese
Rolle verbrannt und gesagt: Warum hast du darin geschrieben, der
König von Babel werde bestimmt kommen, dieses Land verheeren
und Mensch und Vieh darin vernichten? 30 Darum – so spricht der
Herr über Jojakim, den König von Juda: Er wird keinen Nachkommen
mehr haben, der auf dem Thron Davids sitzt, und sein Leichnam soll
weggeworfen werden und der Hitze des Tags und der Kälte der Nacht
ausgesetzt sein. 31 Ich ziehe ihn, seine Nachkommen und seine Diener
zur Rechenschaft für ihre Schuld. Ich bringe über sie, über die Ein-
wohner Jerusalems und die Leute von Juda all das Unheil, das ich
ihnen angedroht habe, ohne daß sie hören wollten. 32 Da nahm Jere-
mia eine andere Rolle und übergab sie dem Schreiber Baruch, dem
Sohn Nerijas. Dieser schrieb auf sie nach dem Diktat Jeremias alle
Worte des Buches, das Jojakim, der König von Juda, im Feuer ver-
brannt hatte. Ihnen wurden noch viele ähnliche Worte hinzugefügt.

Die Botschaft an König Zidkija

37 Anstelle Jojachins, des Sohnes Jojakims, wurde Zidkija, der
Sohn Joschijas, König. Ihn hatte Nebukadnezzar, der König
von Babel, als König über das Land Juda eingesetzt. 2 Weder er selbst
noch seine Diener, noch die Bürger des Landes hörten auf die Worte,
die der Herr durch den Propheten Jeremia sprach.
3 König Zidkija sandte einmal Juchal, den Sohn Schelemjas, und den
Priester Zefanja, den Sohn Maasejas, zum Propheten Jeremia und ließ
ihm sagen: Bete doch für uns zum Herrn, unserem Gott! 4 Jeremia
konnte sich noch frei unter dem Volk bewegen; man hatte ihn noch
nicht ins Gefängnis geworfen. 5 Aus Ägypten war damals das Heer des
Pharao aufgebrochen, und als die Chaldäer, die Jerusalem belagerten,
davon Nachricht erhielten, rückten sie von Jerusalem ab. 6 Nun erging
das Wort des Herrn an den Propheten Jeremia: 7 So spricht der Herr, der
Gott Israels: Antwortet dem König von Juda, der euch zu mir gesandt
hat, um mich zu befragen: Fürwahr, das Heer des Pharao, das aufge-
brochen ist, um euch Hilfe zu bringen, wird in sein Land Ägypten
zurückkehren. 8 Dann werden die Chaldäer wieder umkehren, gegen
diese Stadt kämpfen, sie erobern und in Brand stecken. 9 So spricht der
Herr: Täuscht euch nicht selbst mit dem Gedanken: Die Chaldäer zie-
hen endgültig von uns ab. Nein, sie ziehen nicht ab. 10 Selbst wenn ihr
das ganze Heer der Chaldäer, die gegen euch kämpfen, schlagen könn-
tet und nur einige Verwundete von ihnen übrigblieben, sie würden,
jeder in seinem Zelt, aufstehen und diese Stadt in Brand stecken.

Der Prophet im Gefängnis

11 Damals, als das Heer der Chaldäer vor dem Heer des Pharao von
Jerusalem abgerückt war, 12 wollte sich Jeremia von Jerusalem ins Land
Benjamin begeben, um dort mit seinen Verwandten ein Erbe zu teilen.
13 Er war bereits am Benjamintor angelangt. Dort stand ein Wachha-
bender namens Jirija, der Sohn Schelemjas, des Sohnes Hananjas. Er
hielt den Propheten Jeremia an und rief: Du willst zu den Chaldäern
überlaufen. 14 Jeremia entgegnete: Das ist nicht wahr; ich laufe nicht
zu den Chaldäern über. Doch Jirija hörte nicht auf ihn; er nahm Jere-
mia fest und brachte ihn vor die Beamten. 15 Diese waren über Jeremia
wütend, schlugen ihn und warfen ihn in den Kerker, in das Haus des
Staatsschreibers Jonatan; denn dieses hatte man als Gefängnis einge-
richtet. 16 So kam Jeremia in die Zisternenhöhle mit den Gewölben.
Dort saß Jeremia lange Zeit gefangen.
17 Eines Tages ließ ihn König Zidkija holen. Der König fragte ihn
heimlich in seinem Palast: Ist ein Wort vom Herrn da? Jeremia bejahte

es und antwortete: Du wirst in die Hand des Königs von Babel ausge-
liefert werden. 18 Dann sagte Jeremia zum König Zidkija: Welches Ver-
brechen habe ich an dir, an deinen Dienern und an diesem Volk began-
gen, daß ihr mich ins Gefängnis geworfen habt? 19 Und wo sind jetzt
eure Propheten, die euch geweissagt haben: Der König von Babel wird
nicht über euch und dieses Land kommen? 20 Doch nun höre, mein
Herr und König! Möge meine Bitte bei dir Gehör finden. Laß mich
nicht ins Haus des Staatsschreibers zurückbringen, sonst gehe ich
dort zugrunde. 21 Da gab König Zidkija den Befehl, Jeremia im Wach-
hof zu verwahren, und man versorgte ihn täglich mit einem Laib Brot
aus der Bäckergasse, bis alles Brot in der Stadt zu Ende ging. So blieb
also Jeremia im Wachhof.

Jeremia in der Zisterne

38 Schefatja, der Sohn Mattans, Gedalja, der Sohn Paschhurs,
Juchal, der Sohn Schelemjas, und Paschhur, der Sohn Malki-
jas, hörten von den Worten, die Jeremia zum ganzen Volk redete,
indem er sagte: 2 So spricht der Herr: Wer in dieser Stadt bleibt, der
stirbt durch Schwert, Hunger und Pest. Wer aber zu den Chaldäern
hinausgeht, der wird überleben; er wird sein Leben wie ein Beutestück
gewinnen und davonkommen. 3 So spricht der Herr: Diese Stadt wird
ganz sicher dem Heer des Königs von Babel in die Hände fallen, und
er wird sie erobern. 4 Darauf sagten die Beamten zum König: Dieser
Mann muß mit dem Tod bestraft werden; denn er lähmt mit solchen
Reden die Hände der Krieger, die in dieser Stadt noch übriggeblieben
sind, und die Hände des ganzen Volkes. Denn dieser Mensch sucht
nicht Heil, sondern Unheil für dieses Volk. 5 Der König Zidkija erwi-
derte: Nun, er ist in eurer Hand; denn der König vermag nichts gegen
euch. 6 Da ergriffen sie Jeremia und warfen ihn in die Zisterne des
Prinzen Malkija, die sich im Wachhof befand; man ließ ihn an
Stricken hinunter. In der Zisterne war kein Wasser, sondern nur
Schlamm, und Jeremia sank in den Schlamm.

Die Rettung durch den Kuschiter

7 Der Kuschiter Ebed-Melech, ein Höfling, der im königlichen Palast
bedienstet war, hörte, daß man Jeremia in die Zisterne geworfen hatte.
Während der König sich am Benjamintor aufhielt, 8 verließ Ebed-Me-
lech den Palast und sagte zum König: 9 Mein Herr und König, schlecht
war alles, was diese Männer dem Propheten Jeremia angetan haben;
sie haben ihn in die Zisterne geworfen, damit er dort unten verhun-
gert. Denn es gibt in der Stadt kein Brot mehr. 10 Da befahl der König
dem Kuschiter Ebed-Melech: Nimm dir von hier drei Männer mit, und
zieh den Propheten Jeremia aus der Zisterne herauf, bevor er stirbt.
11 Ebed-Melech nahm die Männer mit sich und ging zum Königspalast
in die Kleiderkammer des Vorratshauses. Dort holte er Stücke von
abgelegten und zerrissenen Kleidern und ließ sie an Stricken zu Jere-
mia in die Zisterne hinunter. 12 Dann rief der Kuschiter Ebed-Melech
Jeremia zu: Leg die Stücke der abgelegten und zerrissenen Kleider in
deine Achselhöhlen unter die Stricke! Jeremia tat es. 13 Nun zogen sie
Jeremia an den Stricken hoch und brachten ihn aus der Zisterne her-
auf. Von da an blieb Jeremia im Wachhof.

Letzte Warnung an den König

14 König Zidkija ließ den Propheten Jeremia zu sich an den dritten Ein-
gang beim Haus des Herrn holen. Der König sagte zu Jeremia: Ich
möchte dich nach einem Gotteswort fragen. Verschweig mir nichts!
15 Jeremia antwortete Zidkija: Wenn ich es dir verkünde, läßt du mich
bestimmt umbringen, und wenn ich dir einen Rat gebe, hörst du nicht
auf mich. 16 Da schwor König Zidkija dem Jeremia heimlich und sagte:
So wahr der Herr lebt, der uns dieses Leben gegeben hat, ich lasse dich
nicht umbringen und gebe dich nicht in die Hand jener Männer, die
dir nach dem Leben trachten. 17 Hierauf sagte Jeremia zu Zidkija: So
spricht der Herr, der Gott der Heere, der Gott Israels: Wenn du frei-
willig hinausgehst zu den Heerführern des Königs von Babel, dann ist
dein Leben gerettet, diese Stadt wird nicht in Brand gesteckt, und du
bleibst am Leben, du und dein Haus. 18 Gehst du aber nicht hinaus zu
den Heerführern des Königs von Babel, dann wird diese Stadt den
Chaldäern ausgeliefert. Sie werden sie in Brand stecken, und du selbst
wirst ihrer Hand nicht entrinnen. 19 König Zidkija entgegnete Jeremia:
Ich habe Angst vor den Judäern, die bereits zu den Chaldäern abgefal-
len sind; man könnte mich ihnen ausliefern, und sie würden mir übel
mitspielen. 20 Jeremia versicherte: Man wird dich nicht ausliefern. Hör
doch auf die Stimme des Herrn in meiner Rede! Dann geht es dir gut,
und dein Leben bleibt erhalten. 21 Weigerst du dich aber hinauszuge-
hen, so wird geschehen, was der Herr mich sehen ließ: 22 Ich sah, wie
alle Frauen, die im Palast des Königs von Juda noch übrig waren, zu
den Obersten des Königs von Babel hinausgeführt wurden. Sie klag-
ten:
Überlistet, hereingelegt / haben dich deine guten Freunde;
stecken deine Füße im Sumpf, / so machen sich alle davon.
23 Ja, alle deine Frauen und Kinder wird man zu den Chaldäern hin-
ausführen; auch du wirst ihrer Hand nicht entrinnen, sondern wirst
gefangen dem König von Babel ausgeliefert werden; diese Stadt aber
wird man in Brand stecken. 24 Zidkija sagte zu Jeremia: Niemand darf
von diesem Gespräch erfahren, sonst mußt du sterben. 25 Wenn aber
die Beamten erfahren, daß ich mit dir geredet habe, und wenn sie zu
dir kommen und dich auffordern: Teil uns mit, was du zum König
gesagt hast und was der König zu dir gesagt hat, verheimliche uns
nichts, sonst bringen wir dich um!, 26 dann antworte ihnen: Ich habe
an den König die Bitte gerichtet, mich nicht ins Haus Jonatans zurück-
bringen zu lassen, weil ich dort zugrunde gehe. 27 Tatsächlich kamen
alle Beamten zu Jeremia und fragten ihn. Er antwortete ihnen genau
so, wie ihm der König geboten hatte. Da ließen sie von ihm ab; denn
niemand hatte das Gespräch gehört.
28 So blieb Jeremia im Wachhof bis zu dem Tag, an dem Jerusalem
erobert wurde.

Der Fall Jerusalems

39 [Nach der Eroberung Jerusalems:] 1 Im neunten Jahr Zidki-
jas, des Königs von Juda, im zehnten Monat, rückte Nebu-
kadnezzar, der König von Babel, mit seiner ganzen Streitmacht vor
Jerusalem und belagerte es. 2 Im elften Jahr Zidkijas, am neunten Tag
des vierten Monats, wurden Breschen in die Stadtmauer geschlagen.
3 Da zogen alle Heerführer des Königs von Babel ein und ließen sich
im Mitteltor nieder: [Nergal-Sarezer, der Fürst von Sin-Magir, und]
Nebuschasban, der Oberkämmerer, Nergal-Sarezer, der Oberhofmei-
ster, und alle übrigen Heerführer des Königs von Babel.
4 Als Zidkija, der König von Juda, und alle Krieger dies sahen, ergriffen
sie die Flucht und verließen bei Nacht die Stadt auf dem Weg zum
königlichen Garten; sie gingen durch das Tor zwischen den beiden
Mauern und schlugen die Richtung nach der Araba ein. 5 Aber die
chaldäischen Truppen setzten ihnen nach und holten Zidkija in den
Niederungen von Jericho ein. Sie nahmen ihn gefangen, brachten ihn
vor Nebukadnezzar, den König von Babel, nach Ribla in der Land-
schaft Hamat, und dieser sprach das Urteil über ihn. 6 Der König von
Babel ließ in Ribla die Söhne Zidkijas vor dessen Augen niederma-
chen; auch alle Vornehmen Judas ließ der König von Babel niederma-
chen. 7 Zidkija ließ er blenden und in Fesseln legen, um ihn nach
Babel zu bringen. 8 Den königlichen Palast und die Häuser der Bürger
steckten die Chaldäer in Brand, und die Mauern Jerusalems rissen sie
nieder. 9 Den Rest der Bevölkerung, der noch in der Stadt geblieben
war, sowie alle, die zum König von Babel übergelaufen waren, und
den Rest der Handwerker verschleppte Nebusaradan, der Komman-
dant der Leibwache, nach Babel. 10 Nur von den armen Leuten, die
nichts hatten, ließ Nebusaradan, der Kommandant der Leibwache,
einen Teil im Land Juda zurück und gab ihnen Weinberge und Äcker.

Die Befreiung Jeremias

11 Nebukadnezzar, der König von Babel, hatte Nebusaradan, dem
Kommandanten der Leibwache, über Jeremia folgende Anweisung

gegeben: 12 Laß ihn holen, kümmere dich um ihn, und füg ihm kein
Leid zu, sondern richte dich nach seinen Wünschen! 13 Da schickten
Nebusaradan, der Kommandant der Leibwache, Nebuschasban, der
Oberkämmerer, und Nergal-Sarezer, der Oberhofmeister, sowie alle
Obersten des Königs von Babel Leute zum Wachhof, 14 ließen Jeremia
von dort holen und übergaben ihn Gedalja, dem Sohn Ahikams, des
Sohnes Schafans, damit er ihn nach Hause entlasse. So blieb er mitten
unter dem Volk.

Die Verheißung für den Kuschiter

15 Als Jeremia noch im Wachhof gefangen saß, war an ihn das Wort
des Herrn ergangen: 16 Geh hin und sag zu dem Kuschiter Ebed-Me-
lech: So spricht der Herr der Heere, der Gott Israels: Bald erfülle ich
meine Worte, die ich über diese Stadt gesprochen habe – zu ihrem
Unheil, und nicht zu ihrem Heil; sie werden an jenem Tag vor deinen
Augen eintreffen. 17 Aber dich werde ich retten an jenem Tag – Spruch
des Herrn –, und du wirst den Leuten, vor denen du Angst hast, nicht
in die Hände fallen. 18 Ja, ich werde dich heil entrinnen lassen; du wirst
nicht unter dem Schwert fallen, sondern dein Leben wie ein Beute-
stück gewinnen, weil du auf mich vertraut hast – Spruch des Herrn.

Jeremia beim Statthalter Gedalja

40

Das Wort, das vom Herrn an Jeremia erging, nachdem ihn
Nebusaradan, der Kommandant der Leibwache, in Rama
freigelassen hatte. Dieser hatte ihn nämlich holen lassen, als er, mit
Handschellen gefesselt, sich mitten unter den Gefangenen von Jeru-
salem und Juda befand, die nach Babel weggeführt werden sollten.
2 Der Kommandant der Leibwache holte Jeremia und sagte zu ihm:
Jahwe, dein Gott, hatte diesem Ort dieses Unheil angedroht. 3 Jetzt hat
Jahwe seine Drohung eintreffen lassen und vollstreckt; denn ihr habt
gegen Jahwe gesündigt und nicht auf seine Stimme gehört. So mußte
euch dieses Schicksal treffen. 4 Nun aber löse ich dir heute die Fesseln
an deinen Händen. Wenn es dir beliebt, mit mir nach Babel zu kom-
men, so komm mit, und ich will für dich sorgen. Willst du aber nicht
mit mir nach Babel kommen, so laß es! Siehe, das ganze Land liegt vor
dir; du kannst gehen, wohin du willst. 5 Wenn du es vorziehst dazu-
bleiben, so kehre um zu Gedalja, dem Sohn Ahikams, des Sohnes
Schafans, den der König von Babel über das Land Juda gesetzt hat.
Bleib bei ihm mitten unter dem Volk, oder geh, wohin du willst. Der
Kommandant der Leibwache gab ihm Reisevorrat sowie ein Geschenk
und entließ ihn. 6 Jeremia ging zu Gedalja, dem Sohn Ahikams, nach
Mizpa und blieb bei ihm mitten unter dem Volk, das im Land übrigge-
blieben war.

Gedalja als Statthalter

7 Alle Truppenführer, die samt ihren Mannschaften noch über das
freie Feld verstreut waren, erfuhren, daß der König von Babel Gedalja,
den Sohn Ahikams, als Statthalter im Land eingesetzt und ihm Män-
ner, Frauen und Kinder sowie jenen Teil der armen Bevölkerung unter-
stellt habe, der nicht nach Babel weggeführt worden war. 8 Sie kamen
nun mit ihren Leuten zu Gedalja nach Mizpa, nämlich Jischmael, der
Sohn Netanjas, Johanan und Jonatan, die Söhne Kareachs, Seraja, der
Sohn Tanhumets, ferner die Söhne Efais aus Netofa und Jaasanja, der
Sohn des Maachatiters. 9 Gedalja, der Sohn Ahikams, des Sohnes
Schafans, schwor ihnen und ihren Mannschaften: Fürchtet euch nicht
davor, den Chaldäern untertan zu sein. Bleibt im Land, und dient dem
König von Babel; dann wird es euch gut gehen. 10 Seht, ich selber
bleibe in Mizpa und vertrete euch vor den Chaldäern, die zu uns kom-
men. Ihr aber, erntet Wein, Obst und Öl, sammelt es in euren
Gefäßen, und bleibt in den Ortschaften, die ihr besiedelt. 11 Auch alle
jene Judäer, die sich in Moab, bei den Ammonitern, in Edom oder in
irgendeinem anderen Land aufhielten, erfuhren, daß der König von
Babel Juda eine Restbevölkerung gelassen und über sie Gedalja, den
Sohn Ahikams, des Sohnes Schafans, als Statthalter eingesetzt habe.
12 Daher kehrten alle Judäer aus sämtlichen Orten, wohin sie ver-
sprengt waren, zurück und kamen ins Land Juda zu Gedalja nach
Mizpa. Man erntete Wein und Obst in großer Menge.
13 Eines Tages kamen Johanan, der Sohn Kareachs, und alle Truppen-
führer, die über das freie Feld verstreut waren, zu Gedalja nach Mizpa.
14 Sie fragten ihn: Weißt du schon, daß Baalis, der König der Ammo-
niter, Jischmael, den Sohn Netanjas, geschickt hat, um dich ermorden
zu lassen? Aber Gedalja, der Sohn Ahikams, glaubte es ihnen nicht.
15 Nun machte Johanan, der Sohn Kareachs, dem Gedalja in Mizpa
insgeheim den Vorschlag: Ich will hingehen und Jischmael, den Sohn
Netanjas, erschlagen, ohne daß jemand davon erfährt. Warum soll er
dich umbringen, so daß alle Judäer, die sich um dich geschart haben,
wieder zerstreut werden und der Rest von Juda zugrunde geht? 16 Doch
Gedalja, der Sohn Ahikams, entgegnete Johanan, dem Sohn Kareachs:
Nein, tu das nicht; denn was du über Jischmael sagst, ist nicht wahr.

Die Ermordung Gedaljas

41

Aber im siebten Monat kam Jischmael, der Sohn Netanjas,
des Sohnes Elischamas, ein Mann aus königlichem
Geschlecht und einer von den Großen des Königs, mit zehn Mann zu
Gedalja, dem Sohn Ahikams, nach Mizpa. Während sie dort zusam-
men aßen, 2 erhob sich Jischmael, der Sohn Netanjas, samt den zehn
Männern, die bei ihm waren, und sie erschlugen Gedalja, den Sohn
Ahikams, des Sohnes Schafans, mit dem Schwert. So tötete er den
Mann, den der König von Babel als Statthalter im Land eingesetzt
hatte. 3 Auch alle Judäer, die bei ihm [bei Gedalja] in Mizpa waren, und
die Chaldäer, die sich dort als militärische Besatzung befanden,
erschlug Jischmael.
4 Am zweiten Tag nach Gedaljas Ermordung, als noch niemand etwas
erfahren hatte, 5 kamen Männer aus Sichem, Schilo und Samaria, acht-
zig Mann, mit geschorenen Bärten, zerrissenen Kleidern und einge-
ritzten Wunden. Sie trugen in ihren Händen Opfergaben und
Weihrauch, um sie zum Haus des Herrn zu bringen. 6 Da ging ihnen
Jischmael, der Sohn Netanjas, von Mizpa aus entgegen, wobei er laut
weinte. Sobald er mit ihnen zusammentraf, lud er sie ein: Kommt mit
zu Gedalja, dem Sohn Ahikams! 7 Als sie nun in die Stadtmitte gekom-
men waren, ermordete sie Jischmael, der Sohn Netanjas, mit Hilfe der
Männer, die er bei sich hatte, und warf sie in die Zisterne. 8 Zehn Män-
ner aber, die sich unter jenen befanden, hatten zu Jischmael gesagt:
Töte uns nicht; denn wir haben versteckte Vorräte auf dem Feld: Wei-
zen, Gerste, Öl und Honig. Da sah er davon ab, sie zusammen mit
ihren Stammesbrüdern zu töten. 9 Die Zisterne, in die Jischmael alle
Leichen der Männer warf, die er Gedaljas wegen erschlagen hatte, war
jene, die König Asa im Krieg gegen Bascha, den König von Israel, ange-
legt hatte. Diese füllte nun Jischmael, der Sohn Netanjas, mit Erschla-
genen an. 10 Dann führte Jischmael den ganzen Rest des Volkes, der
sich in Mizpa befand, gefangen hinweg: die Prinzessinnen und die
ganze Bevölkerung, die in Mizpa geblieben war und die Nebusaradan,
der Kommandant der Leibwache, Gedalja, dem Sohn Ahikams, unter-
stellt hatte. Jischmael, der Sohn Netanjas, führte sie gefangen weg und
zog ab, um über die Grenze zu den Ammonitern zu gelangen.
11 Johanan, der Sohn Kareachs, und alle Truppenführer, die bei ihm
waren, hörten von all dem Bösen, das Jischmael, der Sohn Netanjas,
verübt hatte. 12 Sie nahmen ihre gesamte Mannschaft und zogen aus,
um gegen Jischmael, den Sohn Netanjas, zu kämpfen. Am großen
Wasser bei Gibeon stießen sie auf ihn. 13 Als das ganze Volk, das bei
Jischmael war, Johanan, den Sohn Kareachs, und in seiner Begleitung
alle Truppenführer erblickte, war es hoch erfreut. 14 Alle Leute, die
Jischmael gefangen von Mizpa weggeführt hatte, wandten sich von
ihm ab und traten auf die Seite Johanans, des Sohnes Kareachs.
15 Jischmael aber, der Sohn Netanjas, konnte mit acht Mann dem
Johanan entkommen und floh zu den Ammonitern.

Die Sammlung des restlichen Volkes

16 Nun übernahm Johanan, der Sohn Kareachs, zusammen mit allen
Truppenführern, die bei ihm waren, den ganzen Rest des Volkes, den

Jischmael, der Sohn Netanjas, nach der Ermordung Gedaljas, des
Sohnes Ahikams, aus Mizpa weggeführt hatte: Männer, [Krieger]
Frauen, Kinder und Palastbeamte, die er nun alle von Gibeon weg-
brachte. 17 Sie zogen ab und machten in der Herberge des Kimham bei
Betlehem halt, in der Absicht, nach Ägypten weiterzuziehen. 18 So
wollten sie den Chaldäern entkommen; denn sie hatten Angst vor
ihnen, weil Jischmael, der Sohn Netanjas, Gedalja, den Sohn Ahi-
kams, erschlagen hatte, den der König von Babel als Statthalter im
Land eingesetzt hatte.

Die Bitte um ein Gotteswort

42 Da kamen alle Truppenführer und Johanan, der Sohn
Kareachs, ferner Asarja, der Sohn Haschajas, sowie das
ganze Volk, klein und groß, herbei 2 und sagten zum Propheten Jere-
mia: Möge unsere Bitte bei dir Gehör finden: Bete für uns zum Herrn,
deinem Gott, für diesen ganzen Rest; denn von einst so vielen sind nur
wir wenige übriggeblieben, wie du mit eigenen Augen siehst. 3 Möge
der Herr, dein Gott, uns kundtun, welchen Weg wir einschlagen und
was wir tun sollen. 4 Der Prophet Jeremia erwiderte ihnen: Gut, ich
will nach eurem Wunsch zum Herrn, eurem Gott, beten und euch
dann alles, was der Herr antwortet, mitteilen, ohne euch ein Wort vor-
zuenthalten. 5 Sie selbst versicherten Jeremia: Der Herr sei ein wahrer
und treuer Zeuge gegen uns, wenn wir nicht genau nach dem Wort
handeln, mit dem dich der Herr, dein Gott, zu uns sendet. 6 Sei es gut
oder schlimm, auf die Stimme des Herrn, unseres Gottes, zu dem wir
dich senden, werden wir hören, damit es uns gut gehe, weil wir auf die
Stimme des Herrn, unseres Gottes, hören.

Die Warnung vor der Auswanderung nach Ägypten

7 Zehn Tage später erging das Wort des Herrn an Jeremia. 8 Daraufhin
rief er Johanan, den Sohn Kareachs, und alle Truppenführer, die bei
ihm waren, sowie das ganze Volk, klein und groß, zusammen 9 und
sagte zu ihnen: So spricht der Herr, der Gott Israels, zu dem ihr mich
gesandt habt, um ihm eure Bitte vorzutragen: 10 Wenn ihr in diesem
Land wohnen bleibt, so werde ich euch aufbauen und nicht nieder-
reißen, euch einpflanzen und nicht ausreißen; ja, ich bereue das
Unheil, das ich euch angetan habe. 11 Fürchtet euch nicht vor dem
König von Babel, vor dem ihr Angst habt. Fürchtet euch nicht vor ihm
– Spruch des Herrn –; denn ich bin mit euch, um euch zu retten und
seiner Hand zu entreißen. 12 Ich bewirke Erbarmen für euch; er wird
sich euer erbarmen und euch in eure Heimat zurückkehren lassen.
13 Wenn ihr aber sagt: Wir bleiben nicht in diesem Land!, und auf die
Stimme des Herrn, eures Gottes, nicht hört, 14 sondern sagt: Nein,
nach Ägypten wollen wir ziehen, wo wir weder Krieg sehen noch
Trompetenschall hören, noch nach Brot hungern werden, und dort
wollen wir bleiben!, 15 nun, dann hört das Wort des Herrn, ihr, der
Rest Judas: So spricht der Herr der Heere, der Gott Israels: Wenn ihr
darauf besteht, nach Ägypten zu ziehen, und auswandert, um euch
dort niederzulassen, 16 dann wird euch das Schwert, das ihr fürchtet,
dort in Ägypten erreichen, und der Hunger, vor dem euch bangt, wird
euch dort in Ägypten verfolgen, und ihr werdet dort umkommen. 17 Ja,
alle, die darauf bestehen, nach Ägypten zu ziehen, um sich dort nie-
derzulassen, werden durch Schwert, Hunger und Pest umkommen.
Keiner von ihnen wird entkommen, keiner dem Unheil entrinnen, das
ich über sie bringe. 18 Denn so spricht der Herr der Heere, der Gott
Israels: Wie sich mein Zorn und Grimm über die Einwohner Jerusa-
lems ergossen hat, so wird sich mein Grimm auch über euch
ergießen, wenn ihr nach Ägypten zieht. Ihr werdet zum Fluch und zu
einem Bild des Entsetzens, zur Verwünschung und zur Schmach wer-
den. Dieses Land aber werdet ihr nie wieder sehen.

Die Drohung an die Verstockten

19 Der Herr hat zu euch gesprochen, Rest Judas: Zieht nicht nach Ägyp-
ten! Ihr sollt genau wissen: Ich warne euch heute. 20 Denn ihr gebt
euch einer gefährlichen Täuschung hin. Ihr selbst habt mich ja zum
Herrn, eurem Gott, gesandt mit den Worten: Bete für uns zum Herrn,
unserem Gott, und ganz wie der Herr, unser Gott, spricht, gib uns
Bescheid, und wir werden danach handeln. 21 Heute nun habe ich
euch den Bescheid gegeben, aber ihr habt auf die Stimme des Herrn,
eures Gottes, nicht gehört, auf nichts von dem, womit er mich zu euch
gesandt hat. 22 Jetzt aber sollt ihr wissen: Durch Schwert, Hunger und
Pest werdet ihr umkommen an dem Ort, wohin ihr ziehen wollt, um
euch dort niederzulassen.

Der Zug nach Ägypten

43 Als Jeremia dem ganzen Volk alle Worte des Herrn, ihres
Gottes, vollständig mitgeteilt hatte, nämlich all die Worte,
mit denen ihn der Herr zu ihnen gesandt hatte, 2 da sagten Asarja, der
Sohn Hoschajas, und Johanan, der Sohn Kareachs, sowie alle über-
mütigen Männer zu Jeremia: Was du sagst, ist erlogen. Nicht der Herr,
unser Gott, hat dich gesandt mit dem Auftrag: Ihr sollt nicht nach
Ägypten ziehen, um euch dort niederzulassen. 3 Vielmehr hetzt dich
Baruch, der Sohn Nerijas, gegen uns auf, um uns den Chaldäern aus-
zuliefern, so daß sie uns töten oder nach Babel verschleppen.
4 Johanan, der Sohn Kareachs, alle Truppenführer und das ganze Volk
hörten also nicht auf die Stimme des Herrn, im Land Juda zu bleiben.
5 Johanan, der Sohn Kareachs, und alle Truppenführer nahmen den
ganzen Rest Judas, der aus allen Völkern, unter die er versprengt
gewesen, zurückgekehrt war, um sich im Land Juda niederzulassen:
6 Männer, Frauen und Kinder, die Prinzessinnen und alle Leute, die
Nebusaradan, der Kommandant der Leibwache, bei Gedalja, dem
Sohn Ahikams, des Sohnes Schafans, gelassen hatte, auch den Pro-
pheten Jeremia und Baruch, den Sohn Nerijas, 7 und sie zogen nach
Ägypten, weil sie nicht auf die Stimme des Herrn hörten, und kamen
bis Tachpanhes.

Die Heimsuchung auch in Ägypten

8 In Tachpanhes erging das Wort des Herrn an Jeremia: 9 Nimm vor
den Augen judäischer Männer große Steine in die Hand, und maure
sie mit Mörtel in das Ziegelpflaster am Eingang zum Haus des Pharao
in Tachpanhes! 10 Dann sag zu ihnen: So spricht der Herr der Heere,
der Gott Israels: Seht, ich werde meinen Knecht Nebukadnezzar, den
König von Babel, herbeiholen; er wird seinen Thron über diesen Stei-
nen, die ich hier eingemauert habe, aufstellen und sein Prunkzelt dar-
über ausspannen. 11 Er wird kommen und das Land Ägypten schlagen;
wer für den Tod bestimmt ist, verfällt dem Tod, wer für die Gefangen-
schaft, der Gefangenschaft, und wer für das Schwert, dem Schwert.
12 Er wird an die Tempel der Götter Ägyptens Feuer legen und die Göt-
ter verbrennen oder wegführen. Er wird das Land Ägypten ablausen,
wie ein Hirt sein Gewand ablaust; danach wird er unbehelligt ab-
ziehen. 13 Er wird die spitzen Säulen des Sonnentempels in Ägypten
zertrümmern und die Tempel der Götter Ägyptens in Brand stecken.

Die Warnung vor Götzendienst

44 Das Wort, das an Jeremia erging für alle Judäer, die in Ägypten
wohnten und sich in Migdol und Tachpanhes, in Memfis und
im Land Patros angesiedelt hatten: 2 So spricht der Herr der Heere, der
Gott Israels: Ihr selbst habt all das Unheil miterlebt, das ich über Jeru-
salem und alle Städte Judas gebracht habe. Seht, heute sind sie Trüm-
merstätten, die niemand mehr bewohnt. 3 Das ist die Folge ihrer
bösen Taten; sie erzürnten mich, indem sie hingingen, um anderen
Göttern, die sie früher nicht kannten, zu opfern und zu dienen, sie, ihr
und eure Väter. 4 Wohl habe ich immer wieder all meine Knechte, die
Propheten, zu euch gesandt mit der Mahnung: Verübt doch nicht
einen solchen Greuel, den ich so hasse. 5 Sie aber haben nicht gehört
und mir ihr Ohr nicht zugeneigt, so daß sie sich von ihrer Bosheit
bekehrt und nicht mehr anderen Göttern geopfert hätten. 6 Daher
ergoß sich mein Grimm und Zorn und wütete in den Städten Judas
und in den Straßen Jerusalems, so daß sie zur Trümmerstätte und
Wüste wurden, wie sie es heute noch sind. 7 Nun aber spricht so der

Herr, der Gott der Heere, der Gott Israels: Warum tut ihr euch selbst
so schweres Leid an, indem ihr eure Männer und Frauen, Kinder und
Säuglinge aus Juda ausrottet und keinen Rest mehr übriglaßt? 8 Denn
ihr erzürnt mich durch das Tun eurer Hände, weil ihr anderen Göttern
opfert in Ägypten, wohin ihr ausgewandert seid, um euch dort nieder-
zulassen. So rottet ihr euch selbst aus und werdet zum Fluch und
Gespött bei allen Völkern der Erde. 9 Habt ihr denn all das Böse ver-
gessen, das eure Väter und die Könige von Juda und ihre Frauen, dann
auch ihr selbst und eure Frauen im Land Juda und in den Straßen Jeru-
salems getan haben? 10 Sie bereuen es nicht bis zum heutigen Tag,
fürchten sich nicht und leben nicht nach meiner Weisung und nach
meinen Gesetzen, die ich euch und euren Vätern vorgelegt habe.
11 Darum – so spricht der Herr der Heere, der Gott Israels: Seht, ich
richte mein Angesicht gegen euch zu eurem Unheil, um ganz Juda
auszurotten. 12 Ich raffe den Rest Judas hinweg, der darauf bestand,
nach Ägypten auszuwandern, um sich dort niederzulassen. Sie alle
werden in Ägypten umkommen; sie werden fallen durch Schwert und
Hunger; klein und groß wird umkommen. Durch Schwert und Hun-
ger werden sie sterben und zum Fluch und zu einem Bild des Entset-
zens werden, zur Verwünschung und zur Schmach. 13 Wie ich Jerusa-
lem heimgesucht habe, so suche ich die in Ägypten Angesiedelten
heim mit Schwert, Hunger und Pest. 14 Vom Rest Judas, der ausgewan-
dert ist, um sich hier in Ägypten niederzulassen, wird niemand entrin-
nen oder entkommen, um ins Land Juda zurückzukehren, obwohl sie
sich danach sehnen, zurückzukehren und dort zu bleiben. Ja, nur
wenige werden entrinnen und zurückkehren.

Der offene Abfall

15 Da antworteten alle Männer, die wußten, daß ihre Frauen anderen
Göttern opferten, und alle Frauen, die dabeistanden, eine große
Schar, sowie alle Leute, die in Ägypten und in Patros wohnten, dem
Jeremia: 16 Was das Wort betrifft, das du im Namen des Herrn zu uns
gesprochen hast, so hören wir nicht auf dich. 17 Vielmehr werden wir
alles, was wir gelobt haben, gewissenhaft ausführen: Wir werden der
Himmelskönigin Rauchopfer und Trankopfer darbringen, wie wir,
unsere Väter, unsere Könige und unsere Großen in den Städten Judas
und in den Straßen Jerusalems es getan haben. Damals hatten wir
Brot genug; es ging uns gut, und wir litten keine Not. 18 Seit wir aber
aufgehört haben, der Himmelskönigin Rauchopfer und Trankopfer
darzubringen, fehlt es uns an allem, und wir kommen durch Schwert
und Hunger um. 19 Die Frauen aber sagten: Geschieht es etwa ohne
Wissen und Willen unserer Männer, daß wir der Himmelskönigin
Rauchopfer und Trankopfer darbringen, daß wir für sie Opferkuchen
bereiten, die ihr Bild wiedergeben, und Trankopfer spenden?

Das Strafgericht

20 Jeremia entgegnete dem ganzen Volk, den Männern, den Frauen
und allen, die ihm so geantwortet hatten: 21 Die Opfer, die ihr in den
Städten Judas und auf den Straßen Jerusalems verbrannt habt, ihr und
eure Väter, eure Könige und eure Großen und die Bürger des Landes –
waren nicht gerade sie es, an die der Herr gedacht und sich erinnert
hat? 22 Schließlich konnte es der Herr nicht mehr aushalten wegen
eurer Untaten und wegen der Greuel, die ihr verübt habt. Deshalb
wurde euer Land zur Öde, zu einem Bild des Entsetzens und zum
Fluch, unbewohnt, wie es heute noch ist. 23 Weil ihr Rauchopfer dar-
gebracht und gegen den Herrn gesündigt habt, weil ihr auf die
Stimme des Herrn nicht gehört und euch nicht nach seiner Weisung,
seinen Gesetzen und Mahnungen gerichtet habt, darum hat euch die-
ses Unheil getroffen, wie es heute noch besteht. 24 Zum ganzen Volk
und zu allen Frauen sagte Jeremia: Hört das Wort des Herrn, ganz
Juda, das in Ägypten weilt. 25 So spricht der Herr der Heere, der Gott
Israels: Was ihr und eure Frauen mit dem Mund gelobt, das führt ihr
mit den Händen aus. Ihr sagt: Unsere versprochenen Gelübde werden
wir gewissenhaft erfüllen und der Himmelskönigin Rauchopfer und
Trankopfer darbringen. Haltet nur eure Gelübde genau, ja, eure
Gelübde erfüllt gewissenhaft! 26 So höre denn das Wort des Herrn,
ganz Juda, das in Ägypten wohnt: Seht, ich schwöre bei meinem
großen Namen, spricht der Herr: Nie mehr soll mein Name vom
Mund irgendeines Judäers in ganz Ägypten genannt werden; keiner
mehr soll sagen: So wahr Gott, der Herr, lebt! 27 Seht, ich wache über
sie – zu ihrem Unheil, nicht zu ihrem Heil. Alle Judäer in Ägypten wer-
den durch Schwert und Hunger umkommen und völlig vernichtet
werden. 28 Nur wenige werden dem Schwert entrinnen und aus Ägyp-
ten ins Land Juda heimkehren, und der ganze Rest von Juda, der nach
Ägypten ausgezogen ist, um sich dort niederzulassen, wird erkennen,
wessen Wort sich erfüllt, das meine oder das ihre. 29 Dies aber soll
euch als Zeichen dafür dienen – Spruch des Herrn –, daß ich euch
heimsuche an diesem Ort, damit ihr erkennt, daß meine Unheilsworte
über euch bestimmt in Erfüllung gehen: 30 So spricht der Herr: Seht,
ich liefere den Pharao Hofra, den König von Ägypten, in die Hand sei-
ner Gegner und Todfeinde aus, wie ich Zidkija, den König von Juda, in
die Hand Nebukadnezzars, des Königs von Babel, seines Gegners und
Todfeindes, ausgeliefert habe.

Ein Gotteswort an Baruch

45 Das Wort, das der Prophet Jeremia zu Baruch, dem Sohn
Nerijas, sagte, als dieser im vierten Jahr Jojakims, des Soh-
nes Joschijas, des Königs von Juda, jene Reden nach dem Diktat Jere-
mias in ein Buch schrieb: 2 So spricht der Herr, der Gott Israels, über
dich, Baruch: 3 Du hast gesagt: Weh mir! Denn der Herr häuft noch
Kummer auf mein Leid. Ich bin erschöpft vor Stöhnen und finde keine
Ruhe. 4 Sag zu ihm: So spricht der Herr: Was ich gebaut habe, breche
ich nieder, und was ich gepflanzt habe, reiße ich aus. [Das betrifft das
ganze Land] 5 Du aber begehrst Großes für dich? Begehre es nicht!
Denn siehe, ich bringe Unheil über alle Sterblichen – Spruch des
Herrn; dir aber gebe ich dein Leben wie ein Beutestück überall, wohin
du auch gehst.

Die Drohreden über die Völker

Einleitung

46 Das Wort des Herrn gegen die Völker,
das an den Propheten Jeremia erging:

Über Ägypten

Die Niederlage am Eufrat

2 Über Ägypten: Gegen das Heer des Pharao Necho, des Königs von
Ägypten, das bei Karkemisch am Eufrat stand und das Nebukadnez-
zar, der König von Babel, geschlagen hat. Es war im vierten Jahr Joja-
kims, des Sohnes Joschijas, des Königs von Juda.
3 Rüstet Rundschild und Langschild, / rückt aus zum Kampf!
4 Schirrt die Rosse an, besteigt die Pferde! / Tretet an im Helm, macht
die Speere blank, / legt die Panzer an!
5 Was sehe ich? Warum sind sie bestürzt? / Sie weichen zurück. Ihre
Helden sind zersprengt, sie ergreifen die Flucht / und wenden sich
nicht mehr um – / Grauen ringsum! – Spruch des Herrn.
6 Der Schnelle kann nicht entfliehen / und der Held nicht entrinnen.
Im Norden, am Ufer des Eufrat, / stürzen sie hin und fallen.
7 Wer ist es, der anschwoll gleich dem Nil, / dessen Wasser wie Ströme
tosen?
8 Ägypten schwoll an gleich dem Nil, / dessen Wasser wie Ströme
tosen.
Es sagte: Ich schwelle an, überschwemme das Land, / vernichte die
Städte und ihre Einwohner.
9 Bäumt euch, ihr Rosse, stürmt los, ihr Wagen! / Rückt aus, ihr
Helden:

Kusch und Put, ihr Schildbewehrten, / ihr von Lud, ihr Bogenschützen!
10 Doch jener Tag ist ein Tag der Rache / für den Herrn, den Gott der
Heere; / er rächt sich an seinen Gegnern.
Da frißt das Schwert, / wird satt und trunken von ihrem Blut.
Denn ein Schlachtfest hält der Herr, der Gott der Heere, / im Land des Nordens am Eufratstrom.
11 Zieh hinauf nach Gilead, und hole Balsam, / Jungfrau, Tochter
Ägypten!
Umsonst verbrauchst du viele Arzneien, / du findest keine Genesung.
12 Von deiner Schande hören die Völker, / dein Wehgeschrei erfüllt die
Erde. Denn Held an Held ist gestürzt, / miteinander sind beide gefallen.

Die Eroberung Ägyptens
13 Das Wort, das der Herr zum Propheten Jeremia sprach, als Nebukadnezzar, der König von Babel, heranrückte, um Ägypten zu erobern:
14 Meldet es in Ägypten, verkündet es in Migdol, / verkündet es in
Memfis und Tachpanhes!
Sagt: Stell dich auf, und mach dich bereit; / denn schon frißt das Schwert rings um dich her.
15 Warum liegt dein Starker zu Boden gestreckt? / Er hielt nicht stand,
weil der Herr ihn stieß.
16 Viele kamen durch ihn zu Fall, / sie stürzten, Mann für Mann.
Da sagten sie: / Auf, zurück zu unsrem Volk, ins Land unsrer Sippe, / vor dem rasenden Schwert!
17 Gebt dem Pharao, dem König Ägyptens, den Namen: / Getöse, das
die Zeit verpaßte.
18 So wahr ich lebe – Spruch des Königs, / Herr der Heere ist sein
Name –,
wie der Tabor unter den Bergen / und wie der Karmel am Meer, / so mächtig rückt er heran.
19 Rüste dein Gepäck für die Verbannung, / du seßhafte Tochter
Ägypten!
Denn Memfis wird zur Wüste, / wird niedergebrannt und menschenleer.
20 Eine stattliche Jungkuh ist Ägypten, / die Bremse von Norden stürzt
sich auf sie.
21 Auch seine Söldnertruppen mitten im Land / sind wie gemästete
Kälber.
Aber auch sie machen kehrt, / sie fliehen alle und halten nicht stand.
Denn der Tag ihres Verderbens kommt über sie, / die Zeit ihrer Bestrafung.
22 Ägyptens Stimme gleicht dem Zischen der Schlange, / wenn jene
anrücken mit Macht,
wenn sie mit Äxten einfallen, / Holzhackern gleich.
23 Sie fällen seinen Wald – Spruch des Herrn –, / den undurchdringlichen.
Zahlreicher als Heuschrecken sind sie, / man kann sie nicht zählen.
24 Zuschanden wird die Tochter Ägypten, / preisgegeben dem Volk aus
dem Norden.
25 Der Herr der Heere, der Gott Israels, hat gesprochen: Seht, ich
suche heim den Amon von No [und den Pharao], Ägypten und seine Götter, seine Könige und den Pharao samt allen, die sich auf ihn verlassen.
26 Ich gebe sie in die Hand ihrer Todfeinde, in die Hand Nebukadnezzars, des Königs von Babel, und in die Hand seiner Untertanen. Aber danach wird das Land wieder bewohnt sein wie in früheren Zeiten – Spruch des Herrn.

Trost für Israel und Drohungen gegen die Philister

Ein Trostwort für Jakob-Israel
27 Fürchte dich nicht, du, mein Knecht Jakob, / verzage nicht, Israel!
Denn ich bin es, der dich aus fernem Land errettet, / deine Kinder aus dem Land ihrer Gefangenschaft.

Roland Peter Litzenburger
Schutzmantelchristus
(1971)
»Denn ich bin es, der dich aus fernem Land errettet, deine Kinder aus dem Land ihrer Gefangenschaft. Jakob wird heimkehren und Ruhe haben; er wird in Sicherheit leben, und niemand wird ihn erschrecken. Fürchte dich nicht, du, mein Knecht Jakob – Spruch des Herrn –; denn ich bin mit dir« (Jer 46,27f). Die mit wenigen Farbakzenten versehene Zeichnung entwickelt mehrere assoziative Bedeutungsebenen. Über einer Menschengruppe erscheint eine bergende Hülle mit herabfließendem Rot, die Jeremias Trostworte über die Rettung des Volkes aus Gefangenschaft und Not bildhaften Ausdruck verleiht. Diese Hülle wiederum wird von einer knienden Gestalt überragt, die der Titel als *Schutzmantelchristus* bezeichnet – ein Thema des Marienbildes. Folgen wir der Übertragung des Motivs auf die Gestalt Christi, so gibt sich das Rot als Opferblut Jesu zu erkennen.

Jakob wird heimkehren und Ruhe haben; / er wird in Sicherheit leben, / und niemand wird ihn erschrecken.
28 Fürchte dich nicht, du, mein Knecht Jakob – Spruch des Herrn –; /
denn ich bin mit dir.
Ja, ich vernichte alle Völker, / unter die ich dich zerstreut habe.
Nur dich werde ich niemals vernichten; / ich züchtige dich mit rechtem Maß, / doch ganz ungestraft kann ich dich nicht lassen.

Über die Philister
47 Das Wort des Herrn gegen die Philister, das an den Propheten Jeremia erging, bevor der Pharao Gaza eroberte.
2 So spricht der Herr:
Seht, Wasser wogen vom Norden heran / und werden zum flutenden Wildbach.

Sie überfluten das Land und was darin ist, / die Städte und ihre Bewohner.
Da schreien die Menschen, / laut klagen alle Bewohner des Landes
3 vor dem donnernden Hufschlag der Hengste, / vor dem Dröhnen der Streitwagen, / vor dem Rasseln der Räder.
Väter schauen sich nicht um nach den Söhnen; / denn ihre Hände sind schlaff
4 wegen des Tages, der kommt, / um alle Philister zu vernichten,
um auszurotten den letzten Helfer / für Tyrus und Sidon.
Ja, der Herr vernichtet die Philister, / den Rest von der Insel Kaftor.
5 Kahlscheren wird sich Gaza, / Aschkelon wird verstummen.
Wie lange noch, du Rest der Anakiter, / mußt du dich wund ritzen?
6 Weh, du Schwert des Herrn, / wie lange noch willst du nicht rasten?
Fahr zurück in die Scheide, / halt ein, und sei still!
7 Wie sollte es rasten, / da doch der Herr ihm Befehl gab?
Gegen Aschkelon und die Meeresküste, / dorthin hat er es bestellt.

Über Moab

Die Zerstörung

48 Über Moab: So spricht der Herr der Heere, der Gott Israels:
Weh über Nebo, es wird verwüstet, / erobert wird Kirjatajim. /
Zuschanden wird die Hochburg und geschleift.
2 Moabs Ruhm ist dahin. / In Heschbon plante man sein Verderben:
Kommt, wir rotten es aus, / so daß es kein Volk mehr ist.
Auch du, Madmen, wirst verstummen; / das Schwert verfolgt dich.
3 Horch! Wehgeschrei aus Horonajim: / Verwüstung und große Zerstörung!
4 Zerstört ist Moab! / So gellt der Schrei bis nach Zoar.
5 Die Steige von Luhit / steigt man weinend hinauf.
Ja, am Abstieg von Horonajim / hört man über die Zerstörung entsetzliches Schreien.
6 Flieht, rettet euer Leben! / Macht es wie der Wildesel in der Wüste!
7 Weil du auf eigene Werke und Schätze vertraut hast, / wirst auch du erobert werden.
In die Verbannung muß Kemosch ziehen / samt seinen Priestern und Fürsten.
8 Der Verwüster kommt über jede Stadt, / keine Stadt kann sich retten.
Verheert wird das Tal, verwüstet die Ebene, / so spricht der Herr.
9 Setzt ein Grabmal für Moab; / denn es verfällt ganz und gar.
Seine Städte werden zur Wüste, / niemand wohnt mehr darin.
10 Verflucht, wer den Auftrag des Herrn lässig betreibt, / ja, verflucht, wer sein Schwert abhält vom Blutvergießen.

Der Verwüster

11 Ungestört war Moab von Jugend an, / ruhig lag es auf seiner Hefe.
Es wurde nicht umgeschüttet von Gefäß zu Gefäß: / Nie mußte es in die Verbannung ziehen.
Darum blieb ihm sein Wohlgeschmack erhalten, / sein Duft veränderte sich nicht.
12 Darum kommen Tage – Spruch des Herrn –, / da schicke ich Kellermeister zu ihm;
sie gießen es um, / entleeren seine Gefäße und zerschlagen seine Krüge.
13 Moab wird an Kemosch zuschanden, / wie das Haus Israel zuschanden wurde / an Bet-El, auf das es vertraute.
14 Wie könnt ihr sagen: Helden sind wir, / starke Krieger zum Kampf?
15 Der Verwüster Moabs und seiner Städte steigt hinauf; /
da steigen seine besten jungen Männer hinab, um geschlachtet zu werden
– Spruch des Königs, / Herr der Heere ist sein Name.
16 Der Untergang Moabs rückt heran, / schnell eilt sein Unglück herbei.
17 Beklagt es alle, ihr seine Nachbarn, / und alle, die ihr seinen Namen kennt.
Sagt: Ach, wie ist zerbrochen der starke Stab, / das herrliche Zepter!
18 Steig herab von deiner Würde, / setz dich in den Kot, / du thronende Tochter Dibon!
Denn Moabs Verwüster zieht hinauf zu dir, / zerstört deine Burgen.
19 Stellt euch an den Weg und späht aus, / ihr Einwohner von Aroër!
Fragt den Flüchtling und die fliehende Frau, / sagt: Was ist denn geschehen?
20 Zuschanden ist Moab, ja, ganz zerbrochen. / Klagt und schreit! /
Meldet am Arnon: Moab ist verwüstet.
21 Ein Gericht kam über das ebene Land, / über Holon, Jahaz und Mefaat,
22 über Dibon, Nebo und Bet-Diblatajim, / 23 über Kirjatajim, Bet-Gamul und Bet-Meon,
24 über Kerijot und Bozra / und über alle Städte des Landes Moab, / die fernen und die nahen.
25 Abgehauen ist Moabs Horn, / zerschmettert sein Arm [– Spruch des Herrn].
26 Macht es betrunken; / denn es hat geprahlt gegen den Herrn.
So stürze Moab in sein eigenes Gespei / und verfalle nun selbst dem Gespött.
27 Oder diente nicht Israel dir zum Gespött? / Wurde es etwa beim Diebstahl ertappt,
daß du höhnend den Kopf geschüttelt hast, / sooft du von ihm sprachst?
28 Verlaßt die Städte, wohnt in den Felsen, / ihr Bewohner von Moab!
Macht es wie die Taube, die nistet / an den Wänden der offenen Schlucht.

Der Hochmut vor dem Fall

29 Wir haben von Moabs Stolz gehört – / es ist stolz über die Maßen –;
von seinem Hochmut und Stolz haben wir gehört, / von seinem Dünkel und hochfahrenden Sinn.
30 Ich kenne seinen Übermut – Spruch des Herrn –, / sein Geschwätz ist nicht wahr, / sein Tun ist nicht recht.
31 Darum jammere ich laut über Moab, / über ganz Moab klage ich / und seufze über die Leute von Kir-Heres.
32 Mehr als um Jaser weine ich um dich, / Weinstock von Sibma;
bis ans Meer zogen sich deine Ranken hin, / sie reichten bis Jaser.
Über deine Weinlese und Ernte / fiel der Verwüster her.
33 Verschwunden sind Freude und Jubelgeschrei / vom Fruchtland und vom Land Moab.
Die Kufen sind leer von Wein, / kein Winzer keltert, / kein Jauchzen ertönt.
34 Das Schreien von Heschbon und Elale dringt bis Jahaz, laut klagt
man von Zoar bis Horonajim und Eglat-Schelischija; denn selbst das
Wasser von Nimrim versiegt. 35 Ich mache es für Moab unmöglich –
Spruch des Herrn –, daß jemand auf der Kulthöhe opfert und seinen
Göttern Rauchopfer darbringt. 36 Darum jammert mein Herz um
Moab wie eine Flöte, ja mein Herz jammert um die Leute von Kir-
Heres wie eine Flöte, weil sie ihre ganze Habe verloren. 37 Jedes Haupt
ist kahlgeschoren und jeder Bart abgeschnitten, an allen Händen sind
Trauermale, und um die Hüften Trauerkleider. 38 Auf allen Dächern
und Plätzen Moabs hört man nichts als Klage. Ja, ich zerschlage Moab
wie ein Gefäß, das niemand mehr will – Spruch des Herrn. 39 Ach, wie
ist es zerbrochen, wie hat Moab sich schmählich zur Flucht gewandt!
So wird Moab zum Gespött und zu einem Bild des Entsetzens für all seine Nachbarn.

Das unabwendbare Strafgericht

40 Denn so spricht der Herr:
Seht, wie ein Adler schwebt es heran / und breitet seine Schwingen über Moab aus.
41 Die Städte werden erobert, / die Festungen eingenommen.
Das Herz der Helden Moabs ist an jenem Tag / wie das Herz einer Frau in Wehen.

42 Vernichtet wird Moab, so daß es kein Volk mehr ist; / denn es hat
geprahlt gegen den Herrn.
43 Grauen, Grube und Garn warten auf dich, / Bewohner von Moab –
Spruch des Herrn.
44 Wer dem Grauen entflieht, fällt in die Grube, / wer aus der Grube
steigt, fängt sich im Garn.
Ja, das werde ich über Moab bringen / im Jahr seiner Bestrafung –
Spruch des Herrn.
45 Im Schatten von Heschbon bleiben erschöpft Flüchtlinge stehen. /
Doch Feuer geht aus von Heschbon, / eine Flamme von Sihons Haus.
Es verzehrt die Schläfe Moabs, / den Scheitel der lärmenden Schreier.
46 Wehe dir, Moab, / verloren bist du, Volk des Kemosch.
Denn deine Söhne schleppt man in die Verbannung, / deine Töchter in
die Gefangenschaft.
47 Aber in ferner Zukunft wende ich Moabs Geschick / – Spruch des
Herrn. / [Bis hierher geht das Gerichtswort über Moab.]

Über andere Nachbarvölker

Über die Ammoniter

49 Über die Ammoniter: So spricht der Herr:
Hat denn Israel keine Söhne, / oder besitzt es keinen Erben?
Warum hat Milkom den Stamm Gad beerbt, / warum ließ sich sein
Volk in dessen Städten nieder?
2 Darum seht, es kommen Tage – Spruch des Herrn –, / da lasse ich
gegen das ammonitische Rabba Kriegslärm ertönen.
Zum wüsten Trümmerhaufen wird es werden, / seine Tochterstädte
brennen im Feuer nieder, und Israel wird die beerben, / die ihm sein
Erbteil raubten – spricht der Herr.
3 Klage laut, Heschbon, denn die Stadt ist zerstört. / Schreit, ihr Töch-
ter von Rabba!
Legt Trauerkleider an, haltet die Totenklage, / lauft umher mit einge-
ritzten Wunden!
Denn Milkom muß in die Verbannung gehen / zusammen mit seinen
Priestern und Fürsten.
4 Was rühmst du dich deiner Kräfte? / Deine Kraft wird zerrinnen, du
abtrünnige Tochter,
die auf ihre Schätze vertraut und sagt: / Wer kommt an mich heran?
5 Schon lasse ich über dich kommen Schrecken von allen Seiten / –
Spruch des Herrn, des Gottes der Heere.
Ihr stoßt einander vorwärts (auf der Flucht), / und niemand wird die
Flüchtlinge sammeln.
6 Aber danach wende ich das Geschick der Ammoniter / – Spruch des
Herrn.

Über Edom

7 Über Edom: So spricht der Herr der Heere:
Gibt es keine Weisheit mehr in Teman? / Ging den Klugen der Rat ver-
loren, / ist ihre Weisheit verdorben?
8 Flieht, macht kehrt, / tief unten versteckt euch, Einwohner von Dedan!
Denn ich bringe über Esau Verderben, / die Zeit seiner Bestrafung.
9 Wenn Winzer zu dir kommen, / lassen sie keine Nachlese übrig.
Wenn Diebe in der Nacht kommen, / zerstören sie nach Lust.
10 Ja, ich selbst hole Esau aus dem Versteck, / decke seine Schlupfwin-
kel auf, / so daß er sich nicht mehr verbergen kann.
Seine Brut wird vernichtet, / seine Verwandtschaft und seine Nach-
barn, / so daß keiner mehr sagt:
11 Laß deine Waisen! Ich will für sie sorgen, / deine Witwen können
sich verlassen auf mich.
12 Denn so spricht der Herr: Sogar jene, die es nicht verdient hätten,
aus dem Becher zu trinken, müssen daraus trinken, und da solltest du
verschont bleiben? Du bleibst nicht verschont, du mußt trinken.
13 Denn ich schwöre bei mir selbst – Spruch des Herrn: Zu einem Bild
des Entsetzens, zum Hohn, zur Öde und zum Fluch wird Bozra, und
alle seine Nachbarstädte werden für immer zu Trümmerhaufen.
14 Ich habe vom Herrn eine Kunde gehört, / ein Bote ist zu den Völkern
gesandt:
Schart euch zusammen, rückt aus gegen Edom, / tretet an zum
Kampf!
15 Ja, ich mache dich klein unter den Völkern, / verachtet unter den
Menschen.
16 Deine furchterregende Macht hat dich betört, / dein vermessener
Sinn,
weil du in Felsklüften wohnst, / an Bergeshöhen dich klammerst.
Baust du dein Nest auch hoch wie der Adler, / ich stürze dich von dort
hinab – Spruch des Herrn.
17 Edom wird zu einem Bild des Entsetzens; / jeder, der vorbeikommt,
ist entsetzt / und spottet über alle Schläge, die es erlitt.
18 Wie beim Untergang von Sodom und Gomorra / und ihrer Nachbar-
städte, spricht der Herr,
so wird auch dort niemand mehr wohnen, / kein Mensch darin leben.
19 Wie ein Löwe, der heraufkommt / aus dem Dickicht des Jordan / zu
den immergrünen Auen,
so jage ich sie jählings davon / und setze meinen Erwählten dort ein.
Denn wer ist mir gleich / wer zieht mich zur Rechenschaft, / und wo
ist der Hirt, der vor mir standhält?
20 Darum hört den Beschluß, / den der Herr gegen Edom gefaßt hat,
und die Pläne, die er ersann / gegen Temans Bewohner:
Wegschleppen wird man die Hirtenknaben, / ihr Weideplatz wird sich
über sie entsetzen.
21 Von Edoms dröhnendem Fall erbebt die Erde, / bis zum Schilfmeer
hört man sein Schreien.
22 Seht, wie ein Adler steigt es empor, / schwebt es heran / und breitet
seine Schwingen über Bozra aus.
Das Herz der Helden Edoms ist an jenem Tag / wie das Herz einer
Frau in Wehen.

Über Damaskus

23 Über Damaskus:
Bestürzt sind Hamat und Arpad; / denn böse Nachricht mußten sie
hören.
Sie wanken vor Kummer wie das Meer, / das nicht zur Ruhe kommen
kann.
24 Damaskus wird schwach, es wendet sich zur Flucht, / Schrecken
erfaßt es, / Angst und Wehen ergreifen es wie eine Gebärende.
25 Wie ist doch die ruhmreiche Stadt verlassen, / die Burg der Freude!
26 Darum fallen ihre jungen Männer auf den Plätzen, / alle Krieger
kommen um an jenem Tag / – Spruch des Herrn der Heere.
27 Ich lege Feuer an die Mauer von Damaskus; / es verzehrt die Paläste
Ben-Hadads.

Über die arabischen Stämme

28 Über Kedar und die Reiche von Hazor, die Nebukadnezzar, der
König von Babel, erobert hat.
So spricht der Herr:
Auf, zieht gegen Kedar, / bezwingt die Söhne des Ostens!
29 Man raubt ihre Zelte und Herden, / ihre Decken und ihr ganzes Gerät;
auch ihre Kamele nimmt man mit, / und man ruft über sie: Grauen
ringsum!
30 Flieht, macht euch eilends davon, / tief unten versteckt euch, / ihr
Bewohner von Hazor – Spruch des Herrn.
Denn Nebukadnezzar, der König von Babel, / hat gegen euch einen
Beschluß gefaßt / und einen Plan gegen euch ersonnen.
31 Auf, zieht gegen das sorglose Volk, / das in Sicherheit lebt
– Spruch des Herrn –,
das keine Tore und Riegel hat; / man haust ja einsam für sich.
32 Ihre Kamele werden erbeutet, / ihre vielen Herden geraubt.
In alle Winde zerstreue ich sie, / die Leute mit gestutztem Haar,
von allen Seiten bringe ich ihnen Verderben / – Spruch des Herrn.

33 Hazor wird zur Behausung für die Schakale, / eine Wüste für immer.
Niemand wird mehr dort wohnen, / kein Mensch darin leben.

Über Elam

34 Das Wort des Herrn gegen Elam, das zu Beginn der Regierung Zid-
kijas, des Königs von Juda, an den Propheten Jeremia erging.
35 So spricht der Herr der Heere:
Seht, ich zerbreche den Bogen Elams, / seine stärkste Waffe.
36 Ich bringe über Elam vier Winde / von den vier Enden des Himmels.
In alle diese Winde zerstreue ich sie, / so daß es kein Volk gibt, / zu
dem nicht Versprengte aus Elam kommen.
37 Ich jage den Elamitern Schrecken ein vor ihren Feinden, / vor allen,
die ihnen nach dem Leben trachten.
Unheil lasse ich über sie kommen, / meinen glühenden Zorn – Spruch
des Herrn.
Ich schicke das Schwert hinter ihnen her, / bis ich sie vernichtet habe.
38 Ich stelle meinen Thron in Elam auf / und vernichte dort König und
Fürsten – / Spruch des Herrn.
39 Aber in ferner Zukunft wende ich Elams Geschick / – Spruch des Herrn.

Über Babel

50 Das Wort gegen Babel, das Land der Chaldäer, das der Herr
durch den Propheten Jeremia gesprochen hat.

Das Ende des Exils

2 Verkündet unter den Völkern und meldet, / [errichtet ein Wegzei-
chen und meldet] / verheimlicht nichts, sondern sagt:
Erobert ist Babel, zuschanden ist Bel, / zerschmettert Merodach
[zuschanden sind seine Götterbilder, / zerschmettert seine Götzen].
3 Denn ein Volk aus dem Norden rückt gegen Babel heran; / das macht
sein Land zur Wüste.
Niemand mehr wohnt darin, / Mensch und Vieh ergreifen die Flucht /
und laufen davon.
4 In jenen Tagen und zu jener Zeit – Spruch des Herrn – / kommen die
Söhne Israels gemeinsam mit den Söhnen Judas.
Weinend gehen sie ihren Weg / und suchen den Herrn, ihren Gott.
5 Nach Zion fragen sie, / dorthin ist ihr Blick gerichtet.
Sie kommen und verbünden sich mit dem Herrn / zu einem ewigen,
unvergeßlichen Bund.
6 Eine verlorene Herde war mein Volk, / ihre Hirten führten sie in die
Irre, / trieben sie ziellos in die Berge.
Von Berg zu Hügel zogen sie weiter / und vergaßen ihren Lagerplatz.
7 Wer auf sie stieß, fraß sie auf, / und ihre Feinde sagten:
Wir begehen kein Unrecht; / sie haben ja gegen den Herrn gesündigt, /
den Hort der Gerechtigkeit, die Hoffnung ihrer Väter.

Der Entscheidungskampf

8 Flieht aus Babel und aus dem Land der Chaldäer! / Zieht aus, und seid
wie Leitböcke, die der Herde vorangehen.
9 Denn seht, ich selbst stachle auf / und führe gegen Babel / eine Schar
großer Völker vom Nordland her;
sie greifen es an, / und von dort wird es erobert.
Ihre Pfeile sind wie die eines siegreichen Helden, / der nie zurück-
kehrt ohne Erfolg.
10 Plünderung trifft Chaldäa, / alle, die es plündern, werden satt / –
Spruch des Herrn.
11 Freut euch nur, und jubelt, / ihr, die ihr mein Erbteil geraubt habt.
Ja, hüpft wie Kälber auf der Wiese, / und wiehert wie Hengste!
12 Große Schmach trifft eure Mutter; / sie, die euch geboren hat, muß
sich schämen.
Seht doch, das letzte unter den Völkern: / Wüste, Dürre und Steppe.
13 Durch den Zorn des Herrn bleibt Babel unbewohnt / und wird völlig
zur Wüste;
jeder, der an Babel vorbeikommt, ist entsetzt / und spottet über alle
Schläge, die es erlitt.
14 Rüstet euch ringsum zum Kampf gegen Babel, / all ihr Bogenschüt-
zen!
Schießt, und spart die Pfeile nicht! / [Denn gegen den Herrn hat es
gesündigt.]
15 Schreit ihm von allen Seiten – / den Kampfruf entgegen!
Es muß sich ergeben, seine Säulen fallen, / seine Mauern werden nie-
dergerissen.
Ja, das ist die Rache des Herrn. / Nehmt Rache an Babel! / Was es sel-
ber getan hat, das tut jetzt an ihm!
16 Rottet in Babel den Sämann aus / und den, der zur Erntezeit mäht.
Vor dem rasenden Schwert / wendet sich jeder zu seinem Volk, / jeder
flieht in sein Land.
17 Ein versprengtes Schaf war Israel, / von Löwen gehetzt.
Zuerst hat es der König von Assur gefressen, / zuletzt hat ihm Nebu-
kadnezzar, der König von Babel, die Knochen abgenagt.
18 Darum – so spricht der Herr der Heere, der Gott Israels: / Fürwahr,
ich rechne ab mit dem König von Babel und seinem Land,
wie ich abgerechnet habe / mit dem König von Assur.
19 Israel aber bringe ich zurück auf seinen Weideplatz; / es soll auf
dem Karmel und im Baschan weiden, / sich im Bergland Efraim und in
Gilead sättigen.
20 In jenen Tagen und zu jener Zeit / – Spruch des Herrn – / wird man
nach der Schuld Israels suchen,
doch sie ist nicht mehr vorhanden, / nach den Sünden Judas, / doch
man findet sie nicht mehr.
Denn ich verzeihe dem Rest, / den ich übriglasse.

Die völlige Zerstörung

21 Zieh gegen Meratajim, / zieh gegen das Land / und gegen die
Bewohner von Pekod!
Erschlag sie, und gib sie dem Untergang preis – Spruch des Herrn; / tu
genau, was ich dir befehle!
22 Kriegslärm herrscht im Land / und großer Zusammenbruch.
23 Wie wurde zerschlagen und zerschmettert / der Hammer der
ganzen Welt!
Welch ein Bild des Entsetzens ist Babel geworden / unter den Völkern!
24 Du, Babel, hast dir selbst eine Falle gestellt, / und bist auch gefan-
gen worden, ehe du es merktest.
Du wurdest erwischt und gepackt; / denn du hattest den Herrn heraus-
gefordert.
25 Der Herr hat seine Rüstkammer geöffnet / und die Waffen seines
Zornes hervorgeholt.
Denn das ist ein Werk, / das der Herr, der Gott der Heere, / im Land der
Chaldäer vollbringt.
26 Kommt nach Babel vom Ende der Erde! / Öffnet seine Speicher,
werft alles auf einen Haufen zusammen, / wie man Haufen von Korn
aufschüttet.
Dann gebt es dem Untergang preis; / kein Rest soll ihm bleiben.
27 Erschlagt all seine Jungstiere, / hinunter mit ihnen zum Schlachten!
Weh über sie; denn ihr Tag ist gekommen, / die Zeit ihrer Bestrafung.
28 Horcht! Entronnene Flüchtlinge aus dem Land Babel! / Sie verkün-
den in Zion die Rache des Herrn, unseres Gottes, / [die Rache für sei-
nen Tempel].
29 Ruft Schützen auf gegen Babel, / alle Bogenschützen!
Belagert die Stadt ringsum, / laßt keinen entrinnen!
Vergeltet ihr nach ihrem Tun; / alles, was sie selber getan hat, / das tut
auch an ihr!
Denn gegen den Herrn hat sie frech gehandelt, / gegen den Heiligen
Israels.
30 Darum fallen ihre jungen Männer auf den Plätzen, / all ihre Krieger
kommen um an jenem Tag / – Spruch des Herrn.
31 Nun gehe ich gegen dich vor, du Freche, / – Spruch des Herrn, des
Gottes der Heere.

Denn dein Tag ist gekommen, / die Zeit deiner Bestrafung.
32 Die Freche strauchelt und fällt, / niemand richtet sie auf.
Ich lege Feuer an ihre Städte, / das ringsum alles verzehrt.

Die Befreiung Israels
33 So spricht der Herr der Heere:
Unterdrückt sind die Söhne Israels / zusammen mit den Söhnen Judas.
Von allen, die sie in Gefangenschaft führten, / werden sie festgehalten; / man weigert sich, sie zu entlassen.
34 Doch ihr Erlöser ist stark, / Herr der Heere ist sein Name.
Er führt ihre Sache mit Kraft, / um der Erde Ruhe zu schaffen, / Unruhe aber Babels Bewohnern.
35 Das Schwert über die Chaldäer – Spruch des Herrn – / und über die Bewohner von Babel, / über seine Fürsten und seine Weisen!
36 Das Schwert über die Wahrsager, / sie werden zu Narren!
Das Schwert über seine Helden, / sie brechen zusammen!
37 Das Schwert [über seine Rosse und Wagen und] / über alles Völkergemisch in seinen Reihen, / es wird zu Weibern!
Das Schwert über seine Schätze, / sie werden geraubt!
38 Das Schwert über seine Wasser, / sie vertrocknen!
Denn es ist ein Land voll von Götzenbildern, / und durch die Schreckbilder werden sie toll.
39 Darum werden Wüstenhunde und Hyänen dort hausen, / und Strauße werden sich dort niederlassen.
Nie mehr soll es bewohnt sein, / ewig nicht mehr besiedelt werden.
40 Wie Gott einst Sodom und Gomorra / und ihre Nachbarstädte zerstört hat / – Spruch des Herrn –,
so wird auch dort niemand wohnen, / kein Mensch darin leben.
41 Seht, ein Volk zieht von Norden heran, / ein großes Volk und viele Könige / brechen auf von den Grenzen der Erde.
42 Sie kommen mit Bogen und Sichelschwert; / grausam sind sie und ohne Erbarmen.
Ihr Lärm gleicht dem Brausen des Meeres, / und sie reiten auf Rossen, Krieger, zum Kampf gerüstet / gegen dich, Tochter Babel.
43 Sobald der König von Babel von ihnen hört, / da erschlaffen ihm die Hände; es packt ihn die Angst, / das Zittern, wie eine Gebärende.
44 Wie ein Löwe, der heraufkommt aus dem Dickicht des Jordan / zu den immergrünen Auen,
so jage ich sie jählings davon / und setze meinen Erwählten dort ein.
Denn wer ist mir gleich, / wer zieht mich zur Rechenschaft, / und wo ist der Hirt, der vor mir standhält?
45 Darum hört den Beschluß, / den der Herr gegen Babel gefaßt hat,
und die Pläne, die er ersann / gegen das Land der Chaldäer:
Wegschleppen wird man die Hirtenknaben, / ihr Weideplatz wird sich über sie entsetzen.
46 Vom Ruf »Erobert ist Babel« erbebt die Erde, / unter den Völkern hört man sein Schreien.

Gottes Strafgericht
51 So spricht der Herr:
Seht, gegen Babel und die Bewohner Chaldäas / wecke ich den Geist eines Verwüsters.
2 Ich sende Worfler nach Babel; / die werden es worfeln und sein Land auskehren, / wenn sie es umzingeln am Tag des Unheils.
3 Nicht erschlaffe, wer den Bogen spannt, / der Gepanzerte werde nicht müde.
Schont seine jungen Männer nicht, / gebt sein ganzes Heer dem Untergang preis!
4 Erschlagene liegen herum im Land der Chaldäer, / Durchbohrte auf seinen Straßen.
5 Denn nicht verwitwet sind Israel und Juda, / nicht verlassen von ihrem Gott, / dem Herrn der Heere.
Doch das Chaldäerland ist voll von Schuld / gegen den Heiligen Israels.
6 Flieht aus Babel, jeder rette sein Leben, / damit ihr nicht umkommt bei seinem Schuldgericht.
Denn es ist die Zeit der Rache für den Herrn; / was Babel verübt hat, zahlt er ihm heim.
7 Babel war in der Hand des Herrn / ein goldener Becher, / der die ganze Erde berauschte.
Von seinem Wein haben die Völker getrunken; / deshalb haben sie den Verstand verloren.
8 Jählings fällt Babel und wird zerschmettert. / Klagt laut darüber!
Holt Balsam für seine Wunde, / vielleicht ist es zu heilen.
9 Wir wollten Babel Heilung bringen, / es war aber nicht mehr zu heilen.
Verlaßt es! Gehen wir, jeder in sein Land! / Denn sein Gericht reicht bis zum Himmel hinauf, / ragt bis zu den Wolken empor.
10 Der Herr hat unsre gerechte Sache / ans Licht gebracht.
Kommt, laßt uns in Zion erzählen, / was der Herr, unser Gott, getan hat.
11 Schärft die Pfeile, füllt die Köcher! / Der Herr hat den Geist der Könige von Medien erweckt;
denn er hegt den Plan, / Babel zu vernichten.
Ja, das ist die Rache des Herrn, / die Rache für seinen Tempel.
12 Errichtet ein Feldzeichen gegen Babels Mauern, / verstärkt die Wache!
Stellt Posten auf, / legt Leute in den Hinterhalt!
Denn der Herr hat seinen Plan gefaßt, / und er führt auch aus, / was er Babels Einwohnern angedroht hat.
13 Die du an großen Wassern wohnst, so reich an Schätzen, / dein Ende ist da, dein Maß ist voll.
14 Geschworen hat der Herr der Heere bei sich selbst: / Wärst du auch mit Menschen angefüllt wie mit Heuschrecken, / man stimmt doch den Kampfruf gegen dich an.

Gottes Größe
15 Er hat die Erde erschaffen durch seine Kraft, / den Erdkreis gegründet durch seine Weisheit, / durch seine Einsicht den Himmel ausgespannt.
16 Läßt er seine Stimme ertönen, / dann rauschen die Wasser am Himmel.
Wolken führt er herauf vom Rand der Erde, / er läßt es blitzen und regnen, / aus seinen Kammern entsendet er den Wind.
17 Töricht steht jeder Mensch da, ohne Erkenntnis, / beschämt jeder Goldschmied mit seinem Götzenbild;
denn seine Bilder sind Trug, / kein Atem ist in ihnen.
18 Nichtig sind sie, ein Spottgebilde. / Zur Zeit ihrer Heimsuchung gehen sie zugrunde.
19 Anders der Gott, der Jakobs Anteil ist. / Denn er ist der Schöpfer des Alls / und Israel der Stamm, der ihm gehört. / Herr der Heere ist sein Name.

Babel als Hammer Gottes
20 Du warst mein Hammer, meine Waffe für den Krieg. / Mit dir zerschlug ich Völker, / mit dir stürzte ich Königreiche,
21 mit dir zerschlug ich Roß und Lenker, / mit dir zerschlug ich Wagen und Fahrer,
22 mit dir zerschlug ich Mann und Frau, / mit dir zerschlug ich Greis und Kind, / mit dir zerschlug ich Knabe und Mädchen,
23 mit dir zerschlug ich Hirt und Herde, / mit dir zerschlug ich Bauer und Gespann, / mit dir zerschlug ich Statthalter und Vorsteher.
24 Aber ich übe Vergeltung an Babel und an allen Bewohnern Chaldäas / für alles Böse, das sie an Zion vor euren Augen verübten – Spruch des Herrn.
25 Nun gehe ich gegen dich vor, / du Berg des Verderbens, / der die ganze Erde verdarb – Spruch des Herrn.
Ich strecke meine Hand gegen dich aus, / ich wälze dich weg von den Felsen / und mache dich zum ausgebrannten Berg.

26 Man wird von dir keinen Eckstein / und keinen Grundstein mehr
holen,
nein, Wüste bleibst du für immer / – Spruch des Herrn.

Die Strafe für die Schuld

27 Errichtet ein Feldzeichen auf der Erde, / stoßt ins Horn unter den
Völkern!
Bietet Völker zum Heiligen Krieg auf gegen die Stadt, / ruft Königrei-
che herbei gegen sie!
Ararat, Minni und Aschkenas, / hebt Truppen aus gegen sie,
laßt Rosse anrücken, / borstigen Heuschrecken gleich!
28 Bietet Völker zum Heiligen Krieg auf gegen sie, / die Könige von
Medien,
seine Statthalter und Vorsteher / und das ganze Land ihrer Herrschaft!
29 Da bebt und zittert die Erde, / wenn sich an Babel der Plan des Herrn
erfüllt,
das Land von Babel zur Wüste zu machen, / die niemand bewohnt.
30 Die Helden Babels geben den Kampf auf / und hocken in ihren Bur-
gen.
Ihre Heldenkraft ist versiegt, / Weiber sind sie geworden.
Seine Wohnungen steckt man in Brand, / seine Riegel zerbricht man.
31 Läufer über Läufer stürmt heran, / Bote über Bote,
um dem König von Babel zu melden, / seine Stadt sei von allen Seiten
erobert,
32 die Flußübergänge seien besetzt, / die Kähne im Feuer verbrannt, /
die Krieger entmutigt.
33 Denn so spricht der Herr der Heere, / der Gott Israels:
Die Tochter Babel gleicht der Tenne, / wenn sie festgestampft wird;
noch eine kurze Frist, / dann ist für sie die Erntezeit da.
34 Nebukadnezzar, der König von Babel, / hat mich gefressen und
weggerafft, / mich beiseite gestellt wie ein leeres Gefäß.
Er hat mich wie ein Drache verschlungen, / hat sich den Bauch gefüllt /
und mich aus dem Ort meiner Wonne vertrieben.
35 Was ich an Unrecht und Schaden erlitt, / komme über Babel!, / so
sollen die Bürger Zions sagen.
Mein Blut komme über die Bewohner Chaldäas!, / so soll Jerusalem
sagen.
36 Darum – so spricht der Herr:
Ich selber führe deine Sache / und will dich rächen.
Ich lasse seinen Strom vertrocknen / und seine Quelle versiegen.
37 Babel wird ein Trümmerhaufen, / eine Behausung für die Schakale,
ein Ort des Entsetzens und des Spottes, / wo niemand wohnt.
38 Alle zusammen brüllen sie wie Löwen, / knurren wie Junglöwen.
39 Ihrer Gier bereite ich das Gelage, / berausche sie, daß sie betäubt
werden,
in ewigen Schlaf versinken / und nie mehr erwachen – Spruch des
Herrn.
40 Ich führe sie hinab wie Lämmer zum Schlachten, / wie Widder und
Böcke.

Die endgültige Vernichtung

41 Weh, genommen und erobert / ist der Ruhm der ganzen Erde.
Weh, Babel ist zu einem Bild des Entsetzens geworden / unter den
Völkern.
42 Das Meer überflutet Babel, / vom Schwall seiner Wogen wird es
bedeckt.
43 Seine Städte werden zur Wüste, / ein Land der Dürre und Steppe,
wo niemand wohnt / und wo kein Mensch mehr hindurchzieht.
44 Den Bel von Babel suche ich heim / und entreiße seinem Rachen,
was er verschlungen hat.
Die Völker strömen nicht mehr zu ihm. / Auch die Mauer von Babel
muß fallen. –
45 Zieh weg aus seiner Mitte, mein Volk! / Jeder rette sein Leben vor
dem glühenden Zorn des Herrn.
46 Euer Herz soll nicht verzagen. / Fürchtet euch nicht bei dem
Gerücht, das man im Land hört
– man wird im einen Jahr dieses / und im andern Jahr jenes Gerücht
hören –,
und wenn Gewalttat im Land regiert / und Herrscher gegen Herrscher
steht.
47 Darum seht, es kommen Tage, / da suche ich die Götzen Babels
heim;
sein ganzes Land wird zuschanden, / und alle seine Erschlagenen,
seine Gefallenen, liegen in seinem Gebiet.
48 Dann jubeln über Babel Himmel und Erde / und alles, was in ihnen
ist,
wenn von Norden her die Verwüster einfallen / – Spruch des Herrn.
49 Babel muß fallen für die Erschlagenen Israels, / ebenso wie die
Erschlagenen der ganzen Welt für Babel gefallen sind.
50 Ihr, die ihr dem Schwert entronnen seid, / zieht weg, haltet euch
nicht auf!
Denkt in der Ferne an den Herrn, / und tragt Jerusalem in eurem Her-
zen!
51 Schämen müssen wir uns; / denn Schmach mußten wir hören.
Schamröte bedeckt unser Gesicht; / denn Fremde sind gekommen /
über die Heiligtümer des Hauses des Herrn.
52 Darum seht, es kommen Tage / – Spruch des Herrn –,
da suche ich seine Götzen heim, / und in seinem ganzen Land röcheln
Erschlagene.
53 Wenn Babel auch bis zum Himmel emporsteigt / und sich in unzu-
gänglicher Höhe verschanzt, / so werden doch auf meinen Wink Ver-
wüster es überfallen – Spruch des Herrn.
54 Horch, lautes Schreien von Babel her, / großer Zusammenbruch im
Land der Chaldäer.
55 Denn der Herr verwüstet Babel / und macht seinem lauten Lärmen
ein Ende,
mögen seine Wogen brausen wie gewaltige Wasser, / mag tosend ihr
Lärm erschallen.
56 Ja, der Verwüster kommt über Babel. / Seine Helden werden gefan-
gengenommen, / ihre Bogen zerbrochen.
Denn der Herr ist ein Gott der Vergeltung; / genau rechnet er ab.
57 Die Fürsten und Weisen Babels, / seine Statthalter, Vorsteher und
Kriegshelden mache ich betrunken,
in ewigen Schlaf sollen sie sinken / und nie mehr erwachen – Spruch
des Königs, / Herr der Heere ist sein Name.
58 So spricht der Herr der Heere:
Die breite Mauer von Babel wird geschleift bis auf den Grund, / seine
hohen Tore werden niedergebrannt.
So mühen sich Völker um nichts, / Nationen plagen sich ab für das
Feuer.

Ein geschichtlicher Nachtrag

59 Der Auftrag, den der Prophet Jeremia dem Seraja, dem Sohn Nerijas,
des Sohnes Machsejas, erteilt hat, als dieser mit Zidkija, dem König
von Juda, in dessen viertem Regierungsjahr nach Babel reiste. Seraja
war oberster Quartiermeister. 60 Jeremia hatte all das Unheil, das über
Babel kommen sollte, in einer einzigen Buchrolle aufgeschrieben, alle
jene Worte, die über Babel aufgezeichnet sind. 61 Jeremia sagte zu
Seraja: Wenn du nach Babel kommst, sieh zu, daß du alle diese Worte
laut vorliest. 62 Dann sag: Herr, du selbst hast diesem Ort angedroht,
ihn zu vernichten, so daß niemand mehr darin wohnt, weder Mensch
noch Vieh; für immer soll er zur Wüste werden. 63 Sobald du diese
Buchrolle zu Ende gelesen hast, binde an sie einen Stein, und wirf sie
in den Eufrat! 64 Sprich dabei: So soll Babel versinken und nicht wieder
hochkommen, wegen des Unheils, das ich über die Stadt bringe. [So
weit reichen die Worte Jeremias.]

Anhang: Die Zerstörung Jerusalems

Die Eroberung Jerusalems

52 Zidkija war einundzwanzig Jahre alt, als er König wurde,
und regierte elf Jahre in Jerusalem. Seine Mutter hieß
Hamutal und war eine Tochter Jirmejas aus Libna. 2 Er tat, was dem
Herrn mißfiel, ganz so, wie es Jojakim getan hatte. 3 Weil der Herr zor-
nig war, kam es mit Jerusalem und Juda so weit, daß er sie von seinem
Angesicht verstieß.
Zidkija hatte sich gegen den König von Babel empört. 4 Im neunten
Regierungsjahr Zidkijas, am zehnten Tag des zehnten Monats, rückte
Nebukadnezzar, der König von Babel, mit seiner ganzen Streitmacht
vor Jerusalem und belagerte es. Man errichtete ringsherum einen Bela-
gerungswall. 5 Bis zum elften Jahr des Königs Zidkija wurde die Stadt
belagert. 6 Am neunten Tag des vierten Monats war in der Stadt die
Hungersnot groß geworden, und die Bürger des Landes hatten kein
Brot mehr. 7 Damals wurden Breschen in die Stadtmauer geschlagen.
Als der König und alle Krieger das sahen, ergriffen sie die Flucht und
verließen die Stadt bei Nacht auf dem Weg durch das Tor zwischen
den beiden Mauern, das zum königlichen Garten hinausführt, obwohl
die Chaldäer rings um die Stadt lagen. Sie schlugen die Richtung nach
der Araba ein. 8 Aber die chaldäischen Truppen setzten dem König
nach und holten Zidkija in den Niederungen von Jericho ein, nachdem
alle seine Truppen ihn verlassen und sich zerstreut hatten. 9 Man
ergriff den König und brachte ihn nach Ribla in der Landschaft Hamat
zum König von Babel, und dieser sprach über ihn das Urteil. 10 Der
König von Babel ließ die Söhne Zidkijas vor dessen Augen niederma-
chen; auch alle Großen Judas ließ er in Ribla niedermachen. 11 Zidkija
ließ er blenden und in Fesseln legen. Der König von Babel brachte ihn
nach Babel und hielt ihn in Haft bis zu seinem Tod.

Die Wegführung in die Verbannung

12 Am zehnten Tag des fünften Monats – das ist im neunzehnten Jahr des
Königs Nebukadnezzar, des Königs von Babel – rückte Nebusaradan,
der Kommandant der Leibwache, der zum engeren Dienst des Königs
von Babel gehörte, in Jerusalem ein 13 und steckte das Haus des Herrn,
den königlichen Palast und alle Häuser Jerusalems in Brand. Jedes
große Haus ließ er in Flammen aufgehen. 14 Auch alle Umfassungs-
mauern Jerusalems rissen die chaldäischen Truppen, die dem Kom-
mandanten der Leibwache unterstanden, nieder. 15 Den Rest der Bevöl-
kerung, der noch in der Stadt geblieben war, sowie alle, die zum König
von Babel übergelaufen waren, und den Rest der Handwerker schleppte
Nebusaradan, der Kommandant der Leibwache, in die Verbannung.
16 Nur von den armen Leuten im Land ließ Nebusaradan, der Komman-
dant der Leibwache, einen Teil als Wein- und Ackerbauern zurück.
17 Die bronzenen Säulen am Haus des Herrn, die fahrbaren Gestelle
und das Eherne Meer beim Haus des Herrn zerschlugen die Chaldäer
und nahmen alle Gegenstände aus Bronze mit nach Babel. 18 Auch die
Töpfe, Schaufeln, Messer, Schalen und Becher sowie alle bronzenen
Geräte, die man beim Tempeldienst verwendete, nahmen sie weg.
19 Ebenso nahm der Kommandant der Leibwache die Becken, Kohlen-
pfannen, Schalen, Töpfe, Leuchter, Becher und Schüsseln weg, die
sämtlich aus Gold oder aus Silber waren, 20 ferner die zwei Säulen, das
eine «Meer» [die zwölf bronzenen Rinder unter dem Meer], die
Gestelle, die König Salomo für das Haus des Herrn hatte anfertigen
lassen – die Bronze von all diesen Geräten war nicht zu wiegen. 21 Was
die Säulen betrifft, so hatte jede Säule eine Höhe von achtzehn Ellen,
und ein Band von zwölf Ellen umschlang sie; ihre Dicke betrug vier
Finger; innen war sie hohl. 22 Oben hatte sie ein Kapitell aus Bronze.
Die Höhe des einen Kapitells betrug fünf Ellen; das Kapitell umgaben
Flechtwerk und Granatäpfel, alles aus Bronze. Ebenso war es bei der
zweiten Säule [und den Granatäpfeln]. 23 Es waren sechsundneunzig
frei hängende Granatäpfel; im ganzen waren hundert Granatäpfel
rings um das Flechtwerk.
24 Der Kommandant der Leibwache nahm ferner den Oberpriester
Seraja, den zweiten Priester Zefanja und die drei Schwellenwächter
mit. 25 Aus der Stadt nahm er einen Hofbeamten, der Kommandant
der Soldaten war, und sieben Leute vom persönlichen Dienst des
Königs mit, die sich noch in der Stadt befanden, sowie den Schreiber
des Heerführers, der die Bürger des Landes auszuheben hatte,
schließlich sechzig Mann von der Bürgerschaft, die sich noch in der
Stadt befanden. 26 Nebusaradan, der Kommandant der Leibwache,
nahm sie fest und schickte sie zum König von Babel nach Ribla. 27 Der
König von Babel ließ sie in Ribla in der Landschaft Hamat hinrichten.
So wurde Juda von seiner Heimat weggeführt.
28 Das ist die Anzahl der Leute, die Nebukadnezzar wegführen ließ: in
seinem siebten Regierungsjahr 3023 Judäer, 29 im achtzehnten Jahr
Nebukadnezzars 832 Personen aus Jerusalem; 30 im dreiundzwanzig-
sten Jahr Nebukadnezzars führte Nebusaradan, der Kommandant der
Leibwache, an Judäern 745 Personen weg; im ganzen waren es 4600
Personen.

Ausblick: Die Begnadigung Jojachins

31 Im siebenunddreißigsten Jahr nach der Wegführung Jojachins, des
Königs von Juda, am fünfundzwanzigsten Tag des zwölften Monats,
begnadigte Ewil-Merodach, der König von Babel, im Jahr seines
Regierungsantritts Jojachin, den König von Juda, und entließ ihn aus
dem Kerker. 32 Er söhnte sich mit ihm aus und wies ihm seinen Sitz
oberhalb des Sitzes der anderen Könige an, die bei ihm in Babel
waren. 33 Er durfte seine Gefängniskleidung ablegen und ständig bei
ihm speisen, solange er lebte. 34 Sein Unterhalt – ein dauernder Unter-
halt – wurde ihm bis zu seinem Todestag vom König von Babel in der
bestimmten Menge täglich geliefert, solange er lebte.

Die Klagelieder

Die hebräische Bibel reiht dieses poetische Buch in den dritten Teil des Kanons, die »Schriften«, ein und zählt es zu den fünf »Festrollen« (vgl. die Einleitung zu Rut).
Es wurde am 9. Ab (im Mai) während des Tempelfastens gelesen, zur Erinnerung an die Zerstörung des Tempels durch Titus im Jahr 70 n. Chr.
Die griechische und die lateinische Bibel weisen den Klageliedern ihren Platz unmittelbar nach dem Buch Jeremia zu. Die Überschrift deutet auf Jeremia als Verfasser hin. Dabei stützt man sich auf 2 Chr 35,25, wonach das Buch tatsächlich in die Zeit des Propheten zu datieren ist. Doch ist aus inneren Gründen die Verfasserschaft Jeremias abzulehnen (vgl. 2,9; 4,17.20). Auch ist das streng gebundene Versmaß der alphabetischen Lieder, bei denen immer der folgende Vers oder die folgende Strophe mit dem nächsten Buchstaben des hebräischen Alphabets beginnt, dem Propheten fremd.
Die Kapitel 1, 2 und 4 sind der literarischen Form nach Totenlieder; Kap. 3 ist ein individuelles Klagelied, Kap. 5, in der lateinischen Bibel mit der Überschrift »Gebet des Jeremia«, ein Volksklagelied.
Die Klagelieder dürften in Juda bald nach dem Untergang des Südreichs und der Zerstörung des Tempels (586 v. Chr.) entstanden sein. Wahrscheinlich sind sie alle dem gleichen Verfasser zuzuschreiben, der vielleicht zu priesterlichen Kreisen gehörte. In packenden Bildern schildert er den übergroßen Schmerz Jerusalems und seiner Einwohner über die Katastrophe des Jahres 586 v. Chr. Dabei ist das Buch getragen von einem unbesiegbaren Vertrauen auf Gott. Es will Reue und Umkehr bei denen wecken, die den Untergang der Stadt und des Tempels erlebt haben.
Da Bedeutung und Vorrechte des alttestamentlichen Tempels im Neuen Testament auf Christus übertragen werden (vgl. Joh 2,19), wendet die Kirche in der Liturgie der Karwoche die Klagelieder auf das Leiden und Sterben Christi an.

Das erste Lied

1 Weh, wie einsam sitzt da / die einst so volkreiche Stadt.
Einer Witwe wurde gleich / die Große unter den Völkern.
Die Fürstin über die Länder / ist zur Fron erniedrigt.
2 Sie weint und weint des Nachts, / Tränen auf ihren Wangen.
Keinen hat sie als Tröster / von all ihren Geliebten.
Untreu sind all ihre Freunde, / sie sind ihr zu Feinden geworden.
3 Gefangen ist Juda im Elend, / in harter Knechtschaft.
Nun weilt sie unter den Völkern / und findet nicht Ruhe.
All ihre Verfolger holten sie ein / mitten in der Bedrängnis.
4 Die Wege nach Zion trauern, / niemand pilgert zum Fest, / verödet sind all ihre Tore.
Ihre Priester seufzen, / ihre Jungfrauen sind voll Gram, / sie selbst trägt Weh und Kummer.
5 Ihre Bedränger sind an der Macht, / ihre Feinde im Glück.
Denn Trübsal hat der Herr ihr gesandt / wegen ihrer vielen Sünden.
Ihre Kinder zogen fort, / gefangen, vor dem Bedränger.
6 Gewichen ist von der Tochter Zion / all ihre Pracht.
Ihre Fürsten sind wie Hirsche geworden, / die keine Weide finden.
Kraftlos zogen sie dahin / vor ihren Verfolgern.
7 Jerusalem denkt an die Tage / ihres Elends, ihrer Unrast,
an all ihre Kostbarkeiten, / die sie einst besessen,
als ihr Volk in Feindeshand fiel / und keiner ihr beistand.
Die Feinde sahen sie an, / lachten über ihre Vernichtung.
8 Schwer gesündigt hatte Jerusalem, / deshalb ist sie zum Abscheu geworden.
All ihre Verehrer verachten sie, / weil sie ihre Blöße gesehen.
Sie selbst aber seufzt / und wendet sich ab (von ihnen).
9 Ihre Unreinheit klebt an ihrer Schleppe, / ihr Ende bedachte sie nicht.
Entsetzlich ist sie gesunken, / keinen hat sie als Tröster.
Sieh doch mein Elend, o Herr, / denn die Feinde prahlen.
10 Der Bedränger streckte die Hand aus / nach all ihren Schätzen.
Zusehen mußte sie, / wie Heiden in ihr Heiligtum drangen;
ihnen hattest du doch verboten, / sich dir zu nahen in der Gemeinde.
11 All ihre Bewohner seufzen, / verlangen nach Brot.
Sie geben ihre Schätze für Nahrung, / nur um am Leben zu bleiben.
Herr, sieh doch und schau, / wie sehr ich verachtet bin.
12 Ihr alle, die ihr des Weges zieht, / schaut doch und seht, ob ein Schmerz ist wie mein Schmerz, / den man mir angetan, mit dem der Herr mich geschlagen hat / am Tag seines glühenden Zornes.
13 Aus der Höhe sandte er Feuer, / in meine Glieder ließ er es fallen.
Er spannte ein Netz meinen Füßen, / rücklings riß er mich nieder.
Er machte mich zunichte / und siech für alle Zeit.
14 Schwer ist das Joch meiner Sünden, / von seiner Hand aufgelegt.
Sie stiegen mir über den Hals; / da brach meine Kraft.
Preisgegeben hat mich der Herr, / ich kann mich nicht erheben.
15 Verworfen hat all meine Helden / der Herr in meiner Mitte.
Ein Fest rief er aus gegen mich, / meine Jungmannschaft zu zerschlagen.
Die Kelter trat der Herr / gegen die Jungfrau, Tochter Juda.
16 Darüber muß ich weinen, / von Tränen fließt mein Auge.
Fern sind alle Tröster, / mich zu erquicken.
Verstört sind meine Kinder; / denn der Feind ist stark.
17 Zion ringt die Hände, / sie hat keinen Tröster. Aufgeboten hat der Herr gegen Jakob / seine Nachbarn, ihn zu bedrängen.
Jerusalem ist unter ihnen / zum Schandfleck geworden.
18 Er, der Herr, ist im Recht. / Ich habe seinem Wort getrotzt.
Hört doch, alle ihr Völker, / und seht meinen Schmerz:
Meine Mädchen, meine jungen Männer / zogen in die Gefangenschaft.
19 Ich rief nach meinen Geliebten; / doch sie betrogen mich.
Meine Priester, meine Ältesten / sind in der Stadt verschmachtet,
als sie Nahrung suchten, / um am Leben zu bleiben.
20 Herr, sieh an, wie mir angst ist. / Es glüht mir in der Brust;
mir dreht sich das Herz im Leibe, / weil ich so trotzig war.
Draußen raubte die Kinder das Schwert, / drinnen raffte sie die Pest dahin.

Pablo Picasso
Weinende Frau
(1937)
»Auf die Tochter Juda hat er gehäuft Jammer über Jammer« (Klgl 2,5). Pablo Picassos Gemälde gehört zu einer Serie mit dem Thema *Weinende Frau*. Es stammt aus demselben Jahr wie *Guernica* (Abb. S. 341). Dieser zeitliche Zusammenhang deutet darauf hin, daß Picasso nicht dem individuellen Schmerz, der privaten Trauer bildhaften Ausdruck verleiht, sondern der tiefen Erschütterung durch Zerstörung und Tod. Diese Erschütterung betrifft allerdings den Einzelnen. In diesem Sinne hat Ernest Hemingway seinem Roman aus dem Spanischen Bürgerkrieg *For Whome the Bell Tolls* (1940, dt. 1941, *Wem die Stunde schlägt*) ein Zitat des englischen Barocklyrikers John Donne vorangestellt: » (...) jedes Menschen Tod vermindert mich, denn ich bin ein Teil der Menschheit.«
In seiner Gestaltungsweise hat Picasso die 20 Jahre zuvor begonnene kubistische Zergliederung von Gegenständen in eine expressive Verwendung von Form und Farbe verwandelt: Grelles Rot, Schwefelgelb und Giftgrün sind auf ähnliche Weise schmerzhaft wie die spitzwinkligen Einzelformen, der deformierte Mund oder die aus ihren Höhlen tretenden Augen.

21 Hör, wie ich stöhne; / ich habe keinen Tröster.
All meine Feinde hörten von meinem Unglück, / freuten sich, daß du
es bewirkt hast.
Bring deinen angekündigten Tag, / damit es ihnen ergeht wie mir;
22 all ihre Bosheit komme vor dich.
Tu dann an ihnen, / wie du an mir getan / wegen all meiner Sünden.
Denn ich stöhne ohne Ende, / und mein Herz ist krank.

Das zweite Lied

2 Weh, mit seinem Zorn umwölkt / der Herr die Tochter Zion.
Er schleudert vom Himmel zur Erde / die Pracht Israels.
Nicht dachte er an den Schemel seiner Füße / am Tag seines Zornes.
2 Schonungslos hat der Herr vernichtet / alle Fluren Jakobs,
niedergerissen in seinem Grimm / die Bollwerke der Tochter Juda,

zu Boden gestreckt, entweiht / das Königtum und seine Fürsten.
3 Abgehauen hat er in Zornesglut / jedes Horn in Israel.
Er zog seine Rechte zurück / angesichts des Feindes und brannte in Jakob wie flammendes Feuer, / ringsum alles verzehrend.
4 Er spannte den Bogen wie ein Feind, / stand da, erhoben die Rechte.
Wie ein Gegner erschlug er alles, / was das Auge erfreut.
Im Zelt der Tochter Zion / goß er seinen Zorn aus wie Feuer.
5 Wie ein Feind ist geworden der Herr, / Israel hat er vernichtet.
Vernichtet hat er alle Paläste, / zerstört seine Burgen.
Auf die Tochter Juda hat er gehäuft / Jammer über Jammer.
6 Er zertrat wie einen Garten seine Wohnstatt, / zerstörte seinen Festort.
Vergessen ließ der Herr auf Zion / Festtag und Sabbat.
In glühendem Zorn verwarf er / König und Priester.
7 Seinen Altar hat der Herr verschmäht, / entweiht sein Heiligtum,
überliefert in die Hand des Feindes / die Mauern von Zions Palästen.
Man lärmte im Haus des Herrn / wie an einem Festtag
8 Zu schleifen plante der Herr / die Mauer der Tochter Zion.
Er spannte die Meßschnur und zog nicht zurück / die Hand vom Vertilgen.
Trauern ließ er Wall und Mauer; / miteinander sanken sie nieder.
9 In den Boden sanken ihre Tore, / ihre Riegel hat er zerstört und zerbrochen.
Ihr König und ihre Fürsten sind unter den Völkern, / keine Weisung ist da, auch keine Offenbarung / schenkt der Herr ihren Propheten.
10 Am Boden sitzen, verstummt, / die Ältesten der Tochter Zion,
streuen sich Staub aufs Haupt, / legen Trauerkleider an.
Zu Boden senken den Kopf / die Mädchen von Jerusalem.
11 Meine Augen ermatten vor Tränen, / mein Inneres glüht.
Ausgeschüttet auf die Erde ist mein Herz / über den Zusammenbruch der Tochter, meines Volkes.
Kind und Säugling verschmachten / auf den Plätzen der Stadt.
12 Sie sagen zu ihren Müttern: / Wo ist Brot und Wein?,
da sie erschöpft verschmachten / auf den Plätzen der Stadt,
da sie ihr Leben aushauchen / auf dem Schoß ihrer Mütter.
13 Wie soll ich dir zureden, was dir gleichsetzen, / du Tochter Jerusalem?
Womit kann ich dich vergleichen, wie dich trösten, / Jungfrau, Tochter Zion?
Dein Zusammenbruch ist groß wie das Meer, / wer kann dich heilen?
14 Deine Propheten schauten dir Lug und Trug. / Deine Schuld haben sie nicht aufgedeckt, / um dein Schicksal zu wenden.
Sie schauten dir als Prophetenworte / nur Trug und Verführung.
15 Über dich klatschen in die Hände / alle, die des Weges ziehen.
Sie zischeln und schütteln den Kopf / über die Tochter Jerusalem:
Ist das die Stadt, die man nannte: / Entzücken der ganzen Welt, / Krone der Schönheit?
16 Über dich reißen ihr Maul auf / all deine Feinde.
Sie zischeln und fletschen die Zähne, / sie sprechen: Wir haben sie verschlungen.
Das ist der Tag, auf den wir hofften. / Wir haben ihn erreicht und gesehen.
17 Getan hat der Herr, was er geplant, / seinen Drohspruch vollzogen, / den er seit alters verkündet hat.
Eingerissen hat er, nicht geschont. / Den Feind ließ er über dich jubeln, / erhöhte die Macht deiner Gegner.
18 Schrei laut zum Herrn, / stöhne, Tochter Zion!
Wie einen Bach laß fließen die Tränen / Tag und Nacht!
Niemals gewähre dir Ruhe, / nie laß dein Auge rasten!
19 Steh auf, klage bei Nacht, / zu jeder Nachtwache Anfang!
Schütte aus wie Wasser dein Herz / vor dem Angesicht des Herrn!
Erhebe zu ihm die Hände / für deiner Kinder Leben,
die vor Hunger verschmachten / an den Ecken aller Straßen.
20 Herr, sieh doch und schau: / Wem hast du solches getan?
Dürfen Frauen ihre Leibesfrucht essen, / ihre sorgsam gehegten Kinder?
Darf man erschlagen im Heiligtum des Herrn / Priester und Propheten?
21 Am Boden liegen in den Gassen / Kind und Greis.
Die Mädchen und die jungen Männer / fielen unter dem Schwert.
Du hast sie erschlagen am Tag deines Zorns, / geschlachtet, ohne zu schonen.
22 Wie zum Festtag hast du gerufen, / die Schrecken ringsum.
Am Zorntag des Herrn gab es keinen, / der entkam und entrann.
Die ich hegte und großzog, / mein Feind hat sie vernichtet.

Das dritte Lied

3 Ich bin der Mann, der Leid erlebt hat / durch die Rute seines Grimms.
2 Er hat mich getrieben und gedrängt / in Finsternis, nicht ins Licht.
3 Täglich von neuem kehrt er die Hand / nur gegen mich.
4 Er zehrte aus mein Fleisch und meine Haut, / zerbrach meine Glieder,
5 umbaute und umschloß mich / mit Gift und Erschöpfung.
6 Im Finstern ließ er mich wohnen / wie längst Verstorbene.
7 Er hat mich ummauert, ich kann nicht entrinnen. / Er hat mich in schwere Fesseln gelegt.
8 Wenn ich auch schrie und flehte, / er blieb stumm bei meinem Gebet.
9 Mit Quadern hat er mir den Weg verriegelt, / meine Pfade irregeleitet.
10 Ein lauernder Bär war er mir, / ein Löwe im Versteck.
11 Er hat mich vom Weg vertrieben, / mich zerfleischt und zerrissen.
12 Er spannte den Bogen und stellte mich hin / als Ziel für den Pfeil.
13 In die Nieren ließ er mir dringen / die Geschosse seines Köchers.
14 Ein Gelächter war ich all meinem Volk, / ihr Spottlied den ganzen Tag.
15 Er speiste mich mit bitterer Kost / und tränkte mich mit Wermut.
16 Meine Zähne ließ er auf Kiesel beißen, / er drückte mich in den Staub.
17 Du hast mich aus dem Frieden hinausgestoßen; / ich habe vergessen, was Glück ist.
18 Ich sprach: Dahin ist mein Glanz / und mein Vertrauen auf den Herrn.
19 An meine Not und Unrast denken / ist Wermut und Gift.
20 Immer denkt meine Seele daran / und ist betrübt in mir.
21 Das will ich mir zu Herzen nehmen, / darauf darf ich harren:
22 Die Huld des Herrn ist nicht erschöpft, / sein Erbarmen ist nicht zu Ende.
23 Neu ist es an jedem Morgen; / groß ist deine Treue.
24 Mein Anteil ist der Herr, sagt meine Seele, / darum harre ich auf ihn.
25 Gut ist der Herr zu dem, der auf ihn hofft, / zur Seele, die ihn sucht.
26 Gut ist es, schweigend zu harren / auf die Hilfe des Herrn.
27 Gut ist es für den Mann, / ein Joch zu tragen in der Jugend.
28 Er sitze einsam und schweige, / wenn der Herr es ihm auflegt.
29 Er beuge in den Staub seinen Mund; / vielleicht ist noch Hoffnung.
30 Er biete die Wange dem, der ihn schlägt, / und lasse sich sättigen mit Schmach.
31 Denn nicht für immer / verwirft der Herr.
32 Hat er betrübt, erbarmt er sich auch wieder / nach seiner großen Huld.
33 Denn nicht freudigen Herzens / plagt und betrübt er die Menschen.
34 Daß man mit Füßen tritt / alle Gefangenen des Landes,
35 daß man das Recht des Mannes beugt / vor dem Antlitz des Höchsten,
36 daß man im Rechtsstreit den Menschen bedrückt, / sollte der Herr das nicht sehen?
37 Wer hat gesprochen, und es geschah? / Hat nicht der Herr es geboten?
38 Geht nicht hervor aus des Höchsten Mund / das Gute wie auch das Böse?
39 Wie dürfte denn ein Lebender klagen, / ein Mann über die Folgen seiner Sünden?
40 Prüfen wir unsre Wege, erforschen wir sie, / und kehren wir um zum Herrn.
41 Erheben wir Herz und Hand / zu Gott im Himmel.
42 Wir haben gesündigt und getrotzt; / du aber hast nicht vergeben.
43 Du hast dich in Zorn gehüllt und uns verfolgt, / getötet und nicht geschont.
44 Du hast dich in Wolken gehüllt, / kein Gebet kann sie durchstoßen.
45 Zu Unrat und Auswurf hast du uns gemacht / inmitten der Völker.

46 Ihren Mund rissen gegen uns auf / all unsre Feinde.
47 Grauen und Grube wurde uns zuteil, / Verwüstung und Verderben.
48 Tränenströme vergießt mein Auge / über den Zusammenbruch der Tochter, meines Volkes.
49 Mein Auge ergießt sich und ruht nicht; / es hört nicht auf,
50 bis der Herr vom Himmel her / sieht und schaut.
51 Mein Auge macht mich elend / vor lauter Weinen in meiner Stadt.
52 Wie auf einen Vogel machten sie Jagd auf mich, / die ohne Grund meine Feinde sind.
53 Sie stürzten in die Grube mein Leben / und warfen Steine auf mich.
54 Das Wasser ging mir über den Kopf; / ich sagte: Ich bin verloren.
55 Da rief ich deinen Namen, Herr, / tief unten aus der Grube.
56 Du hörst meine Stimme. / Verschließ nicht dein Ohr / vor meinem Seufzen, meinem Schreien!
57 Du warst nahe am Tag, da ich dich rief; / du sagtest: Fürchte dich nicht!
58 Du, Herr, hast meine Sache geführt, / hast mein Leben erlöst.
59 Du, Herr, hast meine Bedrückung gesehen, / hast mir Recht verschafft.
60 Du hast gesehen ihre ganze Rachgier, / all ihr Planen gegen mich.
61 Du hast ihr Schmähen gehört, o Herr, / all ihr Planen gegen mich.
62 Das Denken und Reden meiner Gegner / ist gegen mich den ganzen Tag.
63 Blick auf ihr Sitzen und Stehen! / Ein Spottlied bin ich für sie.
64 Du wirst ihnen vergelten, Herr, / nach dem Tun ihrer Hände.
65 Du wirst ihren Sinn verblenden. / Dein Fluch über sie!
66 Du wirst sie im Zorn verfolgen und vernichten / unter deinem Himmel, o Herr.

Das vierte Lied

4 Weh, wie glanzlos ist das Gold, / gedunkelt das köstliche Feingold, hingeschüttet die heiligen Steine / an den Ecken aller Straßen.
2 Die edlen Kinder Zions, / einst aufgewogen mit reinem Gold,
weh, wie Krüge aus Ton sind sie geachtet, / wie Werk von Töpferhand.
3 Selbst Schakale reichen die Brust, / säugen ihre Jungen.
Die Töchter meines Volkes sind grausam / wie Strauße in der Wüste.
4 Des Säuglings Zunge klebt / an seinem Gaumen vor Durst.
Kinder betteln um Brot; / keiner bricht es ihnen.
5 Die einst Leckerbissen schmausten, / verschmachten auf den Straßen.
Die einst auf Purpur lagen, / wälzen sich jetzt im Unrat.
6 Größer ist die Schuld der Tochter, meines Volkes, / als die Sünde Sodoms, das plötzlich vernichtet wurde, / ohne daß eine Hand sich rührte.
7 Ihre jungen Männer waren reiner als Schnee, / weißer als Milch,
ihr Leib rosiger als Korallen, / saphirblau ihre Adern.
8 Schwärzer als Ruß sehen sie aus, / man erkennt sie nicht auf den Straßen.
Die Haut schrumpft ihnen am Leib, / trocken wie Holz ist sie geworden.
9 Besser die vom Schwert Getöteten / als die vom Hunger Getöteten;
sie sind verschmachtet, / vom Mißertrag der Felder getroffen.
10 Die Hände liebender Mütter / kochten die eigenen Kinder.
Sie dienten ihnen als Speise / beim Zusammenbruch der Tochter, meines Volkes.
11 Randvoll gemacht hat der Herr seinen Grimm, / ausgegossen seinen glühenden Zorn.
Er entfachte in Zion ein Feuer, / das bis auf den Grund alles verzehrte.
12 Kein König eines Landes, kein Mensch auf der Erde / hätte jemals geglaubt,
daß ein Bedränger und Feind / durchschritte die Tore Jerusalems.
13 Wegen der Sünden ihrer Propheten, / wegen der Verfehlung ihrer Priester, die in ihrer Mitte vergossen haben / das Blut von Gerechten,
14 wankten sie blind durch die Gassen, / besudelt mit Blut, so daß man nicht berühren mochte / ihre Kleider.
15 Fort, unrein!, rief man ihnen zu. / Fort, fort! Rührt mich nicht an!
Da flohen sie, da wankten sie. / Unter den Völkern sagte man: / Sie durften nicht länger bleiben.
16 Der Herr selbst hat sie zerstreut, / schaut sie nicht mehr an.
Keine Ehrfurcht zollte man den Priestern, / Greise fanden keine Gnade.
17 Als wir uns noch die Augen nach Hilfe ausschauten, / war es umsonst.
Auf unserer Warte spähten wir nach einem Volk, / das dann doch keine Hilfe brachte.
18 Man horchte auf unsere Schritte, / wir konnten nicht auf die Straßen.
Unser Ende war nah, die Tage voll, / ja, unser Ende kam.
19 Schneller waren unsere Verfolger, / als Adler am Himmel.
Sie jagten uns auf den Bergen, / lauerten uns auf in der Wüste.
20 Unser Lebensatem, der Gesalbte des Herrn, / ist gefangen in ihren Gruben.
Wir aber hatten gedacht: / In seinem Schatten werden wir leben unter den Völkern.
21 Juble nur, und freue dich, Tochter Edom, / die du wohnst im Lande Uz.
Auch zu dir wird der Becher kommen, / du wirst dich betrinken und dich entblößen.
22 Zu Ende ist deine Schuld, Tochter Zion; / nicht wieder führt er dich in Verbannung.
Deine Schuld bestraft er, Tochter Edom, / deckt deine Sünden auf.

Das fünfte Lied

5 Herr, denk daran, was uns geschehen, / blick her, und sieh unsre Schmach!
2 An Ausländer fiel unser Erbe, / unsre Häuser kamen an Fremde.
3 Wir wurden Waisen, Kinder ohne Vater, / unsere Mütter wurden Witwen.
4 Unser Wasser trinken wir für Geld, / unser Holz müssen wir bezahlen.
5 Wir werden getrieben, das Joch auf dem Nakken, / wir sind müde, man versagt uns die Ruhe.
6 Nach Ägypten streckten wir die Hand, / nach Assur, um uns mit Brot zu sättigen.
7 Unsere Väter haben gesündigt; sie sind nicht mehr. / Wir müssen ihre Sünden tragen.
8 Sklaven herrschen über uns, / niemand entreißt uns ihren Händen.
9 Unter Lebensgefahr holen wir unser Brot, / bedroht vom Schwert der Wüste.
10 Unsere Haut glüht wie ein Ofen / von den Gluten des Hungers.
11 Frauen hat man in Zion geschändet, / Jungfrauen in den Städten von Juda.
12 Fürsten wurden von Feindeshand gehängt, / den Ältesten nahm man die Ehre.
13 Junge Männer mußten die Handmühlen schleppen, / unter der Holzlast brachen Knaben zusammen.
14 Die Alten blieben fern vom Tor, / die Jungen vom Saitenspiel.
15 Dahin ist unseres Herzens Freude, / in Trauer gewandelt unser Reigen.
16 Die Krone ist uns vom Haupt gefallen. / Weh uns, wir haben gesündigt.
17 Darum ist krank unser Herz, / darum sind trüb unsere Augen
18 über den Zionsberg, der verwüstet liegt; / Füchse laufen dort umher.
19 Du aber, Herr, bleibst ewig, / dein Thron von Geschlecht zu Geschlecht.
20 Warum willst du uns für immer vergessen, / uns verlassen fürs ganze Leben?
21 Kehre uns, Herr, dir zu, / dann können wir uns zu dir bekehren. / Erneuere unsere Tage, damit sie werden wie früher.
22 Oder hast du uns denn ganz verworfen, / zürnst du uns über alle Maßen?

Das Buch Baruch

Das Buch Baruch gehört zu den sog. deuterokanonischen Schriften des Alten Testaments. In der griechischen Bibel folgt es unmittelbar auf das Buch Jeremia, die lateinische Bibel hat es hinter die Klagelieder gestellt. Nach eigener Angabe (1,1–14) soll das Buch vom Sekretär des Propheten Jeremia nach der Wegführung in Babel verfaßt und dann nach Jerusalem geschickt worden sein, damit es dort während liturgischer Versammlungen gelesen werde (zu Baruch, dem Sekretär Jeremias, vgl. die Einleitung zu Jer). Sein Inhalt besteht in der Hauptsache aus einem Gebet mit einem Schuldbekenntnis, einer Bitte um Vergebung und einer Vertrauensbekundung (1,15–3,8), aus einem Lob auf die Weisheit (3,9–4,4), aus der Klage Jerusalems mit einer Aufmunterung zur Hoffnung (4,5–5,9). Schließlich enthält Kap. 6 (in der griechischen Bibel eine eigene Schrift mit dem Titel »Brief des Jeremia«) eine Abhandlung gegen die Götzen und ihre Verehrer. Teile des Buches gehen vielleicht auf ein hebräisches Original zurück. Die heutige Gestalt dürfte das Buch im ersten vorchristlichen Jahrhundert erhalten haben. In diese Zeit weist auch ein kleines griechisches Fragment des Buches unter den Funden von Qumran.

Die theologische Bedeutung des Buches besteht darin, daß es Einblick gewährt in das Leben des Gottesvolkes in der Diaspora und daß es zeigt, wie das religiöse Leben in Gebet und Liturgie, in der Einstellung zum mosaischen Gesetz und zu den messianischen Erwartungen auch dort mit Jerusalem verbunden blieb. Ähnlich wie die Klagelieder bezeugt das Buch Baruch den nachhaltigen Einfluß, den der Prophet Jeremia über den Untergang Jerusalems hinaus im Volk Israel ausgeübt hat. Dank seines prophetischen Wirkens kommt es nach dem Exil zur Neuerrichtung der Gemeinde Israel, der Hoffnung und Zukunft verheißen wird.

Einleitung

1 Das ist der Wortlaut des Buches, das Baruch, der Sohn Nerijas,
des Sohnes Machsejas, des Sohnes Zidkijas, des Sohnes Hasad-
jas, des Sohnes Hilkijas, in Babel geschrieben hat. 2 Es war im fünften
Jahr, am siebten Tag des fünften Monats, zur selben Zeit, als die
Chaldäer Jerusalem eingenommen und in Brand gesteckt hatten.
3 Baruch verlas den Wortlaut dieses Buches vor König Jojachin von
Juda, dem Sohn Jojakims, und vor dem ganzen Volk, das zusammen-
gekommen war, um die Schrift zu hören. 4 Er las vor den königlichen
Beamten und Prinzen, vor den Ältesten und dem ganzen Volk, vom
Kleinsten bis zum Größten, vor allen, die in Babel am Fluß Sud ange-
siedelt waren.

5 Da weinten, fasteten und flehten sie vor dem Herrn. 6 Dann legten sie
Geld zusammen, so viel ein jeder vermochte, 7 und sandten es nach
Jerusalem an den Priester Jojakim, den Sohn Hilkijas, des Sohnes
Schallums, an die übrigen Priester und an das ganze Volk, das sich mit
ihm in Jerusalem befand. 8 Baruch selbst hatte bereits am zehnten
Siwan die Geräte des Hauses des Herrn, die aus dem Tempel ver-
schleppt worden waren, erhalten, um sie in das Land Juda zurückzu-
bringen. Es waren jene silbernen Geräte, die König Zidkija von Juda,
der Sohn Joschijas, hatte anfertigen lassen, 9 nachdem Nebukad-
nezzar, der König von Babel, Jojachin aus Jerusalem verschleppt und
nach Babel gebracht hatte, samt den Beamten, den Schmieden, der
Oberschicht und den Bürgern des Landes. 10 Dazu ließen (die Spen-
der) sagen: Hier senden wir euch Geld. Kauft dafür Brandopfer, Sünd-
opfer und Weihrauch, und bereitet Speiseopfer; bringt sie dar auf
dem Altar des Herrn, unseres Gottes, 11 und betet für das Leben des
Königs Nebukadnezzar von Babel und für das Leben seines Sohnes
Belschazzar, daß ihre Tage so zahlreich seien wie die Tage des Him-
mels über der Erde. 12 Uns aber verleihe der Herr Kraft und lasse
unsere Augen leuchten. So werden wir leben unter dem Schutz des
Königs Nebukadnezzar von Babel und unter dem Schutz seines Soh-
nes Belschazzar, wir werden ihnen lange Zeit dienen und Gunst vor
ihnen finden. 13 Betet auch für uns zum Herrn, unserem Gott; denn
wir haben gesündigt gegen den Herrn, unseren Gott, und bis heute
hat der Herr seinen Grimm und Zorn noch nicht von uns abgewendet.
14 Lest dann dieses Buch vor, das wir euch senden; es soll am Tag des
Festes, und zwar an den Versammlungstagen, im Haus des Herrn vor-
getragen werden.

Das Gebet der Verbannten

Das Bekenntnis der Schuld

15 Sprecht: Der Herr, unser Gott, ist im Recht; uns aber treibt es bis
heute die Schamröte ins Gesicht, den Leuten von Juda und den Bewoh-
nern Jerusalems, 16 unseren Königen und Beamten, unseren Priestern
und Propheten und unseren Vätern; 17 denn wir haben gegen den
Herrn gesündigt 18 und ihm nicht gehorcht. Wir haben auf die Stimme
des Herrn, unseres Gottes, nicht gehört und die Gebote nicht befolgt,
die der Herr uns vorgelegt hat. 19 Von dem Tag an, als der Herr unsere
Väter aus Ägypten herausführte, bis auf den heutigen Tag waren wir
ungehorsam gegen den Herrn, unseren Gott. Wir hörten sehr bald
nicht mehr auf seine Stimme. 20 So hefteten sich an uns das Unheil
und der Fluch, den der Herr durch seinen Diener Mose androhen ließ
am Tag, als er unsere Väter aus Ägypten herausführte, um uns ein
Land zu geben, in dem Milch und Honig fließen, und so ist es noch
heute. 21 Wir haben nicht auf die Stimme des Herrn, unseres Gottes,
gehört und auf alle Reden der Propheten, die er zu uns gesandt hat.
22 Jeder von uns folgte der Neigung seines bösen Herzens; wir dienten
anderen Göttern und taten, was dem Herrn, unserem Gott, mißfällt.

2 So hat denn der Herr sein Wort erfüllt, das er über uns gespro-
chen hat, über unsere Richter, die Israel regierten, über unsere
Könige und Beamten und über die Leute von Israel und Juda. 2 Unter
dem ganzen Himmel ist noch nie so etwas geschehen, wie der Herr es
jetzt in Jerusalem geschehen ließ, ganz wie es im Gesetz des Mose
geschrieben steht: 3 daß der eine von uns das Fleisch des eigenen Soh-
nes, der andere das Fleisch der eigenen Tochter essen werde. 4 Der
Herr übergab sie allen Königreichen rings um uns und machte sie

Christian Rohlfs
Der Prophet
(1917)
»Nun aber, Herr, Gott Israels! Du hast dein Volk aus Ägypten geführt, mit starker Hand, mit Zeichen und Wundern, mit großer Macht und erhobenem Arm, und hast dir einen Namen gemacht bis auf den heutigen Tag« (Bar 2,11). Wie der Holzschnitt Emil Noldes (Abb. S. 555), der wohl Christian Rohlfs als Anregung gedient hat, ist auch diese Gestalt nicht auf einen bestimmten Propheten bezogen. Mit erhobenen Händen in Gebetshaltung dargestellt, verkörpert sie die Vermittlerrolle zwischen Gott und den Menschen, die am unteren Bildrand sichtbar werden. Indem diese in Reih und Glied und mit Waffen wiedergegeben sind, wird ein bevorstehender Kampf angedeutet. Insofern läßt sich Rohlfs Prophet mit Mose und den Kämpfen während der Wüstenwanderung in Verbindung bringen, an die Baruchs Gebet erinnert.

zum Gespött und zum Fluch bei allen Völkern im Umkreis, unter die
er sie zerstreute. 5 Aus Herrschern wurden Unterdrückte; denn wir
haben gegen den Herrn, unseren Gott, gesündigt und nicht auf seine
Stimme gehört.
6 Der Herr, unser Gott, ist im Recht; uns aber und unseren Vätern
treibt es bis heute die Schamröte ins Gesicht. 7 Alles Unheil, das der
Herr uns angedroht hat, ist über uns gekommen. 8 Wir haben den
Herrn nicht dadurch besänftigt, daß jeder sich von den Wünschen sei-
nes bösen Herzens abgewandt hätte. 9 Der Herr aber wachte und
brachte das Unheil über uns; denn der Herr ist gerecht in all seinen
Fügungen, die er über uns verhängt hat. 10 Wir aber hörten nicht auf
seine Stimme und befolgten nicht die Gebote, die der Herr uns vorge-
legt hat.

Die Bitte um Vergebung

11 Nun aber, Herr, Gott Israels! Du hast dein Volk aus Ägypten geführt
mit starker Hand, mit Zeichen und Wundern, mit großer Macht und
erhobenem Arm, und hast dir einen Namen gemacht bis auf den heu-
tigen Tag. 12 Herr, unser Gott, wir haben gesündigt, gefrevelt, Unrecht
getan trotz all deiner Satzungen. 13 Nun wende sich dein Zorn von
uns. Denn nur wenige von uns sind noch übrig unter den Völkern,
wohin du uns zerstreut hast. 14 Erhöre, Herr, unser Gebet und unsere
Bitte! Rette uns um deinetwillen! Laß uns Gnade finden bei denen, die
uns aus der Heimat weggeführt haben. 15 So soll die ganze Welt erken-
nen, daß du der Herr, unser Gott, bist. Dein Name ist ja über Israel
und seinem Stamm ausgerufen. 16 Herr, schau herab von deiner heili-
gen Wohnung, und achte auf uns! Neige, Herr, dein Ohr, und höre!
17 Öffne, Herr, deine Augen, und schau! Denn nicht die Toten in der
Unterwelt, aus deren Leib der Atem weggenommen ist, preisen die
Ehre und Gerechtigkeit des Herrn, 18 sondern die Menschen, die in
großer Bedrängnis leben, gebeugt und kraftlos einhergehen und
deren Augen schwach sind, die Menschen, die hungern, sie preisen
deine Ehre und Gerechtigkeit, Herr. 19 Denn nicht im Vertrauen auf die
Verdienste unserer Väter und unserer Könige tragen wir dir unsere
Bitte um Erbarmen vor, Herr, unser Gott. 20 Du hast ja deinen Grimm
und Zorn gegen uns gerichtet, wie du durch deine Diener, die Prophe-
ten, gesprochen hast: 21 So spricht der Herr: Beugt euren Nacken, und
seid dem König von Babel untertan; dann dürft ihr in dem Land blei-
ben, das ich euren Vätern gegeben habe. 22 Hört ihr aber nicht auf die
Weisung des Herrn, dem König von Babel untertan zu sein, 23 dann
lasse ich in den Städten Judas und in den Straßen Jerusalems Jubelruf
und Freudenruf verstummen, den Ruf des Bräutigams und den Ruf
der Braut, und das ganze Land wird zur menschenleeren Wüste wer-
den. 24 Doch wir hörten nicht auf deine Weisung, dem König von
Babel untertan zu sein. Da hast du deine Worte in Kraft gesetzt, die du
durch deine Diener, die Propheten, gesprochen hast, daß man die
Gebeine unserer Könige und die Gebeine unserer Väter aus ihrer
Grabstätte holen werde. 25 Und wirklich wurden sie herausgeworfen
und liegen in der Hitze des Tages und in der Kälte der Nacht. Auch
waren sie unter schrecklichen Qualen umgekommen durch Hunger,
Schwert und Pest. 26 Wegen der Verruchtheit des Hauses Israel und des
Hauses Juda hast du das Haus, über dem dein Name ausgerufen ist, zu
dem gemacht, was es heute ist.

Das Vertrauen auf die Verheißung

27 Doch hast du, Herr, unser Gott, an uns nach deiner ganzen Güte
gehandelt und nach all deinem großen Erbarmen, 28 so wie du durch
deinen Diener Mose gesprochen hast an dem Tag, als du ihm auf-
trugst, deine Weisung für die Israeliten aufzuzeichnen: 29 Hört ihr
nicht auf meine Stimme, dann wird diese unzählbar große Volks-
menge zu einer kleinen Minderheit werden unter den Völkern, wohin
ich sie zerstreue. 30 Denn ich weiß, daß sie nicht auf mich hören wer-
den; sie sind ja ein halsstarriges Volk. Doch im Land ihrer Verbannung
werden sie es sich zu Herzen nehmen. 31 Sie werden erkennen, daß ich
der Herr, ihr Gott, bin. Dann gebe ich ihnen ein verständiges Herz und
Ohren, die hören. 32 Im Land ihrer Verbannung werden sie mich prei-
sen und meines Namens gedenken. 33 Sie werden sich abwenden von
ihrer Hartnäckigkeit und von ihren bösen Taten; denn sie werden sich
erinnern, wie es ihren Vätern erging, die gegen den Herrn gesündigt
haben. 34 Dann werde ich sie in das Land zurückführen, das ich ihren
Vätern Abraham, Isaak und Jakob unter Eid versprochen habe, und sie
werden (wieder) seine Besitzer sein. Ich mache sie zahlreich, und sie
werden nie mehr vermindert. 35 Dann schließe ich mit ihnen einen
ewigen Bund: Ich will ihr Gott sein, und sie sollen mein Volk sein; und
nie wieder werde ich mein Volk Israel aus dem Land verstoßen, das ich
ihnen gegeben habe.

3 Herr, Allmächtiger, Gott Israels! Eine Seele in Ängsten, ein Geist
voll Kummer schreit zu dir. 2 Höre, Herr, erbarme dich, da wir
gegen dich gesündigt haben. 3 Du thronst in Ewigkeit; uns aber droht
ewige Vernichtung. 4 Herr, Allmächtiger, Gott Israels! Höre doch das
Flehen der Todgeweihten Israels, der Söhne derer, die gegen dich
gesündigt und auf die Stimme des Herrn, ihres Gottes, nicht gehört
haben; so hat sich das Unheil an uns geheftet. 5 Denk nicht mehr an
die schlechten Taten unserer Väter, sondern denk jetzt an deine
(starke) Hand und an deinen Namen! 6 Du bist ja der Herr, unser Gott,
und wir wollen dich preisen, Herr. 7 Denn dazu hast du uns die Furcht
vor dir ins Herz gelegt, daß wir deinen Namen anrufen. Auch in unse-
rer Verbannung wollen wir dich preisen. Wir haben unser Herz abge-
kehrt von aller Bosheit unserer Väter, die gegen dich gesündigt haben.
8 Siehe, wir sind noch heute in den Ländern unserer Verbannung, in
die du uns versprengt hast, zum Schimpf, zum Fluchwort und zur Ver-
wünschung, entsprechend allen schlechten Taten unserer Väter, die
abtrünnig wurden vom Herrn, unserem Gott.

Die göttliche Weisheit, Israels Vorrecht

Die Empfehlung der Weisheit

9 Höre, Israel, die Gebote des Lebens; merkt auf, um Einsicht zu erlan-
gen. 10 Warum, Israel, warum lebst du im Gebiet der Feinde, siechst
dahin in einem fremden Land, 11 bist unrein geworden, den Toten
gleich, wurdest zu den Abgeschiedenen gezählt? 12 Du hast den Quell
der Weisheit verlassen. 13 Wärest du auf Gottes Weg gegangen, du
wohntest in Frieden für immer. 14 Nun lerne, wo die Einsicht ist, wo
Kraft und wo Klugheit, dann erkennst du zugleich, wo langes Leben
und Lebensglück, wo Licht für die Augen und Frieden zu finden sind.

Der Hymnus auf die Weisheit

15 Wer hat je den Ort (der Weisheit) gefunden? Wer ist zu ihren Schatz-
kammern vorgedrungen? 16 Wo sind die Gebieter der Völker? Sie herr-
schten sogar über die Tiere der Erde 17 und spielten mit den Vögeln des
Himmels; sie häuften Silber und Gold, worauf die Menschen ver-
trauen, und ihr Besitz hatte keine Grenzen. 18 Wo sind sie, die das Sil-
ber so kunstvoll schmiedeten, daß ihre Werke unbegreiflich sind?
19 Verschwunden sind sie, hinabgestiegen zur Unterwelt; andere tra-
ten an ihre Stelle. 20 Andere erblickten nach ihnen das Licht und
wohnten auf der Erde; doch auch sie haben den Weg der Weisheit
nicht erkannt, 21 ihre Pfade nicht verstanden und ihre Spur nicht auf-
genommen. Auch ihre Söhne blieben ihrem Weg fern. 22 Nicht hörte
man die Weisheit in Kanaan, nicht erschien sie in Teman. 23 Auch die
Söhne der Hagar, die überall auf der Erde nach Einsicht suchen, die
Kaufleute von Midian und Teman, die Fabeldichter und die Forscher
nach Einsicht, auch sie haben den Weg der Weisheit nicht erkannt
und ihre Pfade nicht entdeckt.
24 Israel, wie groß ist das Haus Gottes, wie weit das Gebiet seiner
Herrschaft! 25 Unendlich groß und unermeßlich hoch. 26 Dort wurden
die Riesen geboren, die berühmten Männer der Urzeit, hoch an
Wuchs und Meister im Kampf. 27 Und doch hat Gott nicht diese
erwählt, nicht ihnen den Weg der Weisheit gezeigt. 28 Sie gingen
zugrunde, weil sie ohne Einsicht waren; ihrer Torheit wegen gingen
sie unter. 29 Wer stieg zum Himmel hinauf, holte die Weisheit und
brachte sie aus den Wolken herab? 30 Wer fuhr über das Meer und ent-
deckte sie und brachte sie her gegen lauteres Gold? 31 Keiner weiß
ihren Weg, niemand kennt ihren Pfad. 32 Doch der Allwissende kennt
sie; er hat sie in seiner Einsicht entdeckt. Er hat ja die Erde für immer
gegründet, er hat sie mit Tieren bevölkert. 33 Er entsendet das Licht,
und es eilt dahin; er ruft es zurück, und zitternd gehorcht es ihm.
34 Froh leuchten die Sterne auf ihren Posten. 35 Ruft er sie, so antwor-
ten sie: Hier sind wir. Sie leuchten mit Freude für ihren Schöpfer.
36 Das ist unser Gott; kein anderer gilt neben ihm. 37 Er hat den Weg
der Weisheit ganz erkundet und hat sie Jakob, seinem Diener, verlie-
hen, Israel, seinem Liebling. 38 Dann erschien sie auf der Erde und
hielt sich unter den Menschen auf.

Das Glück der Weisheit

4 Sie ist das Buch der Gebote Gottes, das Gesetz, das ewig besteht.
Alle, die an ihr festhalten, finden das Leben; doch alle, die sie
verlassen, verfallen dem Tod. 2 Kehr um, Jakob, ergreif sie! Geh deinen
Weg im Glanz ihres Lichtes! 3 Überlaß deinen Ruhm keinem andern,
dein Vorrecht keinem fremden Volk! 4 Glücklich sind wir, das Volk
Israel; denn wir wissen, was Gott gefällt.

Jerusalems Klage und Hoffnung

Jerusalems Klage

5 Hab Vertrauen, mein Volk, du trägst den Namen Israel. 6 Ihr wurdet
verkauft an die Völker, doch nicht zur Vernichtung. Weil ihr Gott
erzürnt habt, wurdet ihr den Feinden preisgegeben. 7 Denn ihr habt
euren Schöpfer zum Zorn gereizt, da ihr den Dämonen und nicht Gott
Opfer darbrachtet. 8 Euren Ernährer habt ihr vergessen, den ewigen
Gott. Ihr habt auch Jerusalem betrübt, die euch aufzog. 9 Denn sie hat
mit angesehen, wie Gottes Zorn über euch hereinbrach; da sprach sie:
Hört, ihr Nachbarn Zions! Gott hat großes Leid über mich gebracht.
10 Denn ich mußte sehen, daß meine Söhne und Töchter verschleppt
wurden, wie es der Ewige über sie verhängt hat. 11 Mit Freude habe ich
sie großgezogen, mit Weinen und Klagen mußte ich sie ziehen las-
sen. 12 Keiner juble, daß ich Witwe bin und von so vielen verlassen; der
Sünden meiner Kinder wegen bin ich vereinsamt, denn sie sind abge-
wichen vom Gesetz Gottes. 13 Seine Satzungen haben sie nicht aner-
kannt. Sie gingen nicht die Wege der Gottesgebote. Die Pfade der
Zucht nach seiner rechten Weisung beschritten sie nicht.
14 Kommt, ihr Nachbarn Zions! Bedenkt die Gefangenschaft, die der
Ewige über meine Söhne und Töchter verhängt hat. 15 Denn er ließ ein
Volk von weit her über sie kommen, ein rohes Volk mit fremder Spra-
che; es hatte keine Scheu vor Greisen, kein Mitleid mit Kindern. 16 Es
führte die Lieblinge der Witwe weg, raubte der Vereinsamten die Töch-
ter. 17 Ich aber, wie könnte ich euch helfen? 18 Nur er, der das Unheil
über euch brachte, kann euch der Hand eurer Feinde entreißen. 19 So
geht, meine Kinder, geht fort! Ich bleibe ja einsam zurück. 20 Abgelegt
habe ich das Gewand froher Zeiten, angezogen das Bußkleid meines
Elends. Zum Ewigen will ich rufen, solange ich lebe.

Jerusalems Hoffnung

21 Habt Vertrauen, meine Kinder, schreit zu Gott! Er wird euch der
Gewalt entreißen, den Händen der Feinde. 22 Denn ich erhoffe vom
Ewigen eure Rettung; schon wurde mir vom Heiligen Freude zuteil
wegen der Erbarmung, die bald zu euch kommt vom Ewigen, eurem
Retter. 23 In Trauer und in Tränen ließ ich euch ziehen, doch wird
mir Gott euch wiederschenken zur Freude und zum Jubel für immer.
24 Wie jetzt die Nachbarn Zions eure Gefangenschaft vor Augen
haben, so werden sie bald die Rettung sehen, die von eurem Gott
kommt; mit großer Herrlichkeit kommt sie zu euch und mit dem
Glanz des Ewigen. 25 Meine Kinder, ertragt geduldig den Zorn, der
von Gott her über euch kam. Der Feind hat dich verfolgt, bald aber
wirst du seinen Untergang sehen und den Fuß auf seinen Nacken
setzen.
26 Meine zarten Kinder mußten auf rauhen Wegen ziehen. Sie wurden
fortgeschleppt wie eine Herde, von Feinden geraubt. 27 Habt Ver-
trauen, meine Kinder, schreit zu Gott! Denn er, der es verhängt hat,
wird wieder an euch denken. 28 Wie euer Sinn auf den Abfall von Gott
gerichtet war, so zeigt nun zehnfachen Eifer, umzukehren und ihn zu
suchen. 29 Er, der über euch das Unheil gebracht hat, wird mit eurer
Rettung euch ewige Freude bringen.

30 Hab Vertrauen, Jerusalem! Der dir den Namen gab, er wird dich trö-
sten. 31 Unglück über jene, die dir Böses taten und über deinen Sturz
sich freuten! 32 Unglück über die Städte, zu deren Sklaven deine Kin-
der wurden! Unglück über jene Stadt, die deine Söhne als Sklaven auf-
genommen hat! 33 Wie sie sich freute über deinen Sturz, frohlockte
über deinen Fall, so wird sie ihre eigene Verwüstung betrauern müs-
sen. 34 Ich nehme ihr den Jubel der Volksmenge; ihr Prahlen wandelt
sich in Jammer. 35 Denn Feuer vom Ewigen wird über sie kommen für
viele Tage, und Dämonen werden dort hausen für lange Zeit. 36 Blick
nach Osten, Jerusalem! Schau die Freude, die von Gott zu dir kommt.
37 Siehe, deine Söhne, die du einst fortziehen ließest, kehren zurück;
sie kommen, vom Aufgang der Sonne bis zum Untergang, gesammelt
durch das Wort des Heiligen; sie freuen sich über die Herrlichkeit des
Herrn.

5 Leg ab, Jerusalem, das Kleid deiner Trauer und deines Elends,
und bekleide dich mit dem Schmuck der Herrlichkeit, die Gott
dir für immer verleiht. 2 Leg den Mantel der göttlichen Gerechtigkeit
an; setz dir die Krone der Herrlichkeit des Ewigen aufs Haupt! 3 Denn
Gott will deinen Glanz dem ganzen Erdkreis unter dem Himmel zei-
gen. 4 Gott gibt dir für immer den Namen: Friede der Gerechtigkeit
und Herrlichkeit der Gottesfurcht.
5 Steh auf, Jerusalem, und steig auf die Höhe! Schau nach Osten, und
sieh deine Kinder: Vom Untergang der Sonne bis zum Aufgang hat das
Wort des Heiligen sie gesammelt. Sie freuen sich, daß Gott an sie
gedacht hat. 6 Denn zu Fuß zogen sie fort von dir, weggetrieben von
Feinden; Gott aber bringt sie heim zu dir, ehrenvoll getragen wie in
einer königlichen Sänfte. 7 Denn Gott hat befohlen: Senken sollen
sich alle hohen Berge und die ewigen Hügel, und heben sollen sich die
Täler zu ebenem Land, so daß Israel unter der Herrlichkeit Gottes
sicher dahinziehen kann. 8 Wälder und duftende Bäume aller Art spen-
den Israel Schatten auf Gottes Geheiß. 9 Denn Gott führt Israel heim
in Freude, im Licht seiner Herrlichkeit; Erbarmen und Gerechtigkeit
kommen von ihm.

Der Brief des Jeremia

Einleitung

6 Abschrift des Briefes, den Jeremia an jene gesandt hat, die vom
König der Babylonier als Gefangene nach Babel weggeführt wer-
den sollten; darin teilte er ihnen mit, was Gott ihm aufgetragen hatte.
1 Wegen der Sünden, die ihr gegen Gott begangen habt, werdet ihr von
Nebukadnezzar, dem König der Babylonier, als Gefangene nach Babel
geführt.
2 Seid ihr dann nach Babel gekommen, so müßt ihr dort viele Jahre
bleiben, für lange Zeit, bis zu sieben Generationen; danach führe ich
euch von dort in Frieden wieder heraus. 3 Nun werdet ihr in Babel Göt-
terbilder aus Silber, Gold und Holz sehen, die man auf den Schultern
trägt und die den Völkern Furcht einflößen. 4 Hütet euch dann, euch
den Fremden anzugleichen und euch von Furcht vor diesen Göttern
erfassen zu lassen, 5 wenn ihr seht, wie die Menge sich vor und hinter
ihnen niederwirft; sprecht vielmehr im Herzen: Herr, dir allein
gebührt Anbetung. 6 Denn mein Engel ist bei euch; er wird über euer
Leben wachen.

Die Nichtigkeit der Götzenbilder

7 Ein Handwerker hat ihnen eine glatte Zunge angefertigt; sie selbst
wurden mit Gold und Silber überzogen; doch sind sie Fälschungen und
können nicht reden. 8 Wie für ein Mädchen, das Schmuck liebt, nimmt
man Gold 9 und fertigt Kronen für die Häupter ihrer Götter. Manchmal
nehmen aber die Priester Gold und Silber heimlich von ihren Göttern
weg und verwenden es für sich selber; sie geben davon auch den Dirnen
in der Kammer. 10 Man schmückt sie auch, die Götter aus Silber, Gold
und Holz, mit Gewändern wie Menschen. Diese Götter können sich
aber nicht vor Schmutz und Wurmfraß schützen. 11 Sie sind in Purpur-
gewänder gehüllt, 12 und doch muß man ihnen den Staub aus dem
Gesicht wischen, der im Tempel aufwirbelt und sich dick auf sie legt.
13 Sogar ein Zepter trägt ein solcher Gott, wie ein Mann, der das Land
regiert; doch kann er niemand töten, der sich gegen ihn verfehlt. 14 Er
hat in der Rechten ein Schwert oder eine Streitaxt, kann aber nicht ein-
mal sich selbst vor Krieg oder Räubern retten. So zeigen sie deutlich,
daß sie keine Götter sind. Fürchtet sie also nicht!
15 Wie ein zerbrochenes Tongefäß unbrauchbar wird, 16 so geht es auch
mit ihren Göttern, die in ihren Tempeln aufgestellt sind: Ihre Augen
sind voll vom Staub, den die Füße der Besucher hineintragen. 17 Und wie
die Höfe rings verschlossen sind, sobald ein Mann, der sich am König
vergangen hat, zur Hinrichtung abgeführt werden soll, so sichern die
Priester die Tempel der Götter mit Türen, Schlössern und Riegeln, damit
sie nicht von Räubern geplündert werden. 18 Die Priester zünden Lichter
an, mehr sogar als für sich selbst, doch die Götter können keines davon
sehen. 19 Es geht ihnen wie einem Balken am Tempel: Ihr Inneres wird,
wie man sagt, zerfressen. Sie aber bemerken nicht die Würmer, die aus
der Erde kommen und sie selbst samt ihren Gewändern aufzehren.
20 Ihre Gesichter sind geschwärzt vom Rauch, der im Tempel aufsteigt.
21 Auf ihrem Körper und auf ihrem Kopf lassen sich Fledermäuse,
Schwalben und andere Vögel nieder, ebenso auch Katzen. 22 Daran
erkennt ihr, daß sie keine Götter sind. Fürchtet sie also nicht!
23 Sie sind mit Gold überzogen, damit sie schön aussehen; wenn aber
niemand den Schmutz wegputzt, glänzen sie nicht. Nicht einmal, als
sie gegossen wurden, spürten sie es. 24 Jeden Preis zahlte man für sie,
obwohl sie keinen Lebensatem besitzen. 25 Da sie ihre Füße nicht
gebrauchen können, werden sie auf den Schultern getragen und
zeigen so den Menschen ihren eigenen Unwert. Auch ihre Diener
müssen sich schämen; 26 denn (der Götze) muß von ihnen aufgestellt
werden, damit er nicht zu Boden fällt. Stellt man ihn aufrecht hin, so
kann er sich selbst nicht bewegen; steht er schief, kann er sich nicht
aufrichten. Vielmehr setzt man ihnen die Gaben vor wie den Toten.
27 Mit ihren Opfern aber treiben ihre Priester Mißbrauch und verkau-
fen sie. Nicht besser handeln ihre Frauen Sie pökeln davon ein, aber
einem Armen oder Schwachen geben sie nichts. 28 Sogar unreine
Frauen und Wöchnerinnen berühren ihre Opfer. Daran erkennt ihr,
daß sie keine Götter sind. Fürchtet sie also nicht!
29 Wie könnte man sie Götter nennen? Sogar Frauen bringen ihnen
Opfer dar, diesen Göttern aus Silber, Gold und Holz. 30 In ihren Tem-
peln hocken die Priester, das Gewand zerrissen, Kopf und Bart
geschoren und das Haupt entblößt. 31 Sie heulen und schreien vor
ihren Göttern wie andere beim Totenmahl. 32 Von ihren Gewändern
nehmen die Priester und kleiden damit ihre Frauen und Kinder. 33 Ob
jemand diesen Göttern Böses oder Gutes antut, sie sind nicht
imstande, es zu vergelten. Einen König können sie weder einsetzen
noch absetzen. 34 Ebensowenig können sie Reichtum oder auch nur
Geld verschaffen. Hat ihnen jemand ein Gelübde gemacht, erfüllt es
aber nicht, so können sie keine Rechenschaft fordern. 35 Sie können
keinen Menschen vom Tod erretten noch einen Schwachen dem Star-
ken entreißen. 36 Einen Blinden können sie nicht sehend machen,
einen Bedrängten nicht befreien. 37 Mit der Witwe haben sie kein Mit-
leid, dem Waisenkind helfen sie nicht.
38 Den Steinen aus den Bergen gleichen die hölzernen, mit Gold und
Silber überzogenen Götter. Wer sie verehrt, wird zuschanden. 39 Wie
kann einer da glauben oder behaupten, sie seien wirklich Götter?
40 Ihrer Ehre schaden die Chaldäer sogar selbst. Sehen sie nämlich
einen Stummen, der nicht sprechen kann, so bringen sie ihn zu Bel
und bitten, daß er die Sprache erhalte, als ob Bel ihn auch nur wahr-
nehmen könnte. 41 Und obwohl sie das wissen, bringen sie es doch
nicht über sich, die Götter zu verlassen; sie haben ja keinen Verstand.
42 Die Frauen aber sitzen, mit Schnüren umwunden, an den Wegen
und lassen Kleie in Rauch aufgehen. 43 Sobald nun eine aus ihrer Mitte
von einem Vorübergehenden mitgenommen worden ist und sich ihm
hingegeben hat, schmäht sie ihre Nachbarin, weil diese nicht gleich

ihr für würdig befunden und ihre Schnur noch nicht zerrissen wurde.
44 Was immer bei diesen Göttern geschieht, ist Trug. Wie kann einer
da glauben oder behaupten, daß sie wirklich Götter seien?
45 Von Handwerkern und Goldschmieden sind sie verfertigt. Sie wer-
den nichts anderes, als was sie nach dem Willen der Künstler werden
sollten. 46 Ihre Hersteller erreichen selbst kein hohes Alter; 47 wie soll-
ten da ihre Erzeugnisse Götter sein? Nein, nur Trug und Schande hin-
terlassen sie ihren Nachkommen. 48 Nähern sich nämlich Krieg und
Unheil diesen Göttern, dann beraten die Priester miteinander, wo sie
sich mit ihnen verstecken können. 49 Wie sollte man da nicht merken,
daß sie keine Götter sind, da sie sich selbst weder vor Krieg noch vor
Unheil retten können? 50 Sie sind ja nur hölzerne, mit Gold und Silber
überzogene Gebilde; man wird nach alldem erkennen, daß sie Trug
sind. Allen Völkern und Königen wird es dann offenbar, daß jene
keine Götter sind, sondern Werke von Menschenhand, und daß ihnen
keine göttliche Wirkkraft innewohnt. 51 Wer sieht da nicht, daß sie
keine Götter sind?
52 Sie können weder einen König im Land einsetzen noch den Men-
schen Regen spenden. 53 Sie halten nicht Gericht bei ihnen und
befreien keinen, dem Unrecht geschah; denn sie sind machtlos 54 wie
die Krähen zwischen Himmel und Erde. Ergreift gar Feuer den Tempel
der hölzernen, mit Gold und Silber überzogenen Götter, dann fliehen
zwar ihre Priester und retten sich, sie selbst aber verbrennen darin wie
die Balken. 55 Keinem König und keinem Feind bieten sie Widerstand.
56 Wie kann einer da annehmen oder glauben, daß sie Götter sind?
Weder vor Dieben noch vor Räubern können sie sich retten, diese höl-
zernen, mit Silber und Gold überzogenen Götter. 57 Jene sind stärker
und nehmen ihnen das Gold und Silber ringsum ab, samt den Gewän-
dern, die ihnen umgelegt sind, und machen sich damit fort, ohne daß
die Götter auch nur sich selber helfen könnten. 58 Besser ist darum ein
König, der seine Stärke zeigt, besser ein nützliches Hausgerät, das
der Besitzer brauchen kann, als solche trügerischen Götter; besser im
Haus eine Tür, die das, was drinnen ist, schützt, als solche trügeri-
schen Götter; besser im Königspalast eine hölzerne Säule als solche
trügerischen Götter. 59 Sonne, Mond und Sterne, die bestellt sind, um
als Leuchten zu nützen, gehorchen willig. 60 Ebenso ist auch der Blitz,
wenn er aufleuchtet, schön anzusehen. Genauso ist es beim Wind,
der über das ganze Land weht. 61 Wenn den Wolken von Gott befohlen
wird, über die ganze Erde dahinzuziehen, so vollführen sie den Auf-
trag. 62 Wird endlich das Feuer von oben ausgesandt, um Berge und
Wälder zu verzehren, so tut es, was befohlen war. All dem kommen
aber diese Götter weder an Schönheit gleich noch an Kraft. 63 Daher
kann man weder glauben noch behaupten, daß sie wirklich Götter
sind; sie sind ja nicht imstande, Gericht zu halten oder den Menschen
Gutes zu tun. 64 Da ihr nun wißt, daß sie keine Götter sind, so fürchtet
sie nicht!
65 Sie können den Königen weder fluchen noch sie segnen. 66 Sie las-
sen bei den Völkern keine Zeichen am Himmel erscheinen. Sie können
nicht strahlen wie die Sonne noch leuchten wie der Mond. 67 Die Tiere
sind besser daran als jene; denn sie können an einen schützenden Ort
fliehen und sich selber helfen. 68 So ist uns auf gar keine Weise sicht-
bar, daß sie Götter sind. Darum fürchtet sie nicht!
69 Wie im Gurkenfeld eine Vogelscheuche, die nichts behütet, so sind
ihre hölzernen, mit Gold und Silber überzogenen Götter. 70 Ebenso
gleichen sie einem Dornbusch im Garten, auf den sich Vögel jeder
Art niederlassen; oder auch einem Toten, der ins Dunkel geworfen
ist, gleichen diese hölzernen, mit Gold und Silber überzogenen Göt-
ter. 71 Auch an den Purpur- und Byssusgewändern, die auf ihnen ver-
modern, erkennt ihr, daß sie keine Götter sind. Zuletzt werden sie
selbst zerfressen und zum Gespött im Land. 72 Besser ist also ein
gerechter Mann, der keine Götterbilder hat; denn er ist sicher vor
dem Gespött.

Das Buch Ezechiel

Zusammen mit König Jojachin und vielen aus seinem Volk wurde Ezechiel, der einer priesterlichen Familie entstammte, 597 v. Chr. von Nebukadnezzar in die Verbannung nach Babylonien geführt. Dort bei Tel-Abib, an einem Eufratkanal, wurde er von Gott zum Propheten berufen. Er wirkte unter den Verschleppten in Babylonien. Ihnen mußte er die falsche Hoffnung, daß sie bald wieder nach Jerusalem zurückkehren könnten, nehmen, indem er Gottes Gericht über die Stadt und den Tempel ansagte. Nachdem die Stadt erobert und zerstört war (586 v. Chr.), verkündete er Gottes rettendes Eingreifen und stellte die Wiederherstellung des Volkes um den neu erbauten Tempel in Aussicht. Für seine Aufgabe brachte Ezechiel eine besondere Begabung mit. Er war ein Visionär, wußte sich von Gottes Geist ergriffen, von seiner Hand gepackt, nach Jerusalem oder in die Ebene hinaus entrückt und wiederholt bis in merkwürdig erscheinende körperliche Zustände hinein von seinem Verkündigungsauftrag beansprucht. Manches, was er über sich sagt oder was andere über ihn berichten, dürfte jedoch Ausgestaltung seiner prophetischen Worte und Berichte durch spätere Bearbeiter sein. Daß seinen Aussagen vieles hinzugefügt wurde, zeigt sich allenthalben, am auffallendsten vielleicht bei der Findelkindgeschichte (Kap. 16) und dem Gleichnis von den beiden Schwestern (Kap. 23). Da er manche seiner Worte mit Datum versehen hat und demnach selbst schriftlich festgehalten haben muß, ergibt sich für seine Wirksamkeit etwa der Zeitraum von 592–571 v. Chr.

Für seine Verkündigung standen dem Propheten eine große Zahl von Ausdrucksmöglichkeiten und Redeformen zur Verfügung. Neben Droh- und Scheltworten stehen Visionsberichte, von denen drei besonders hervorzuheben sind: die Berufung (Kap. 1–3); der sündhafte Tempelkult, der die Zerstörung von Tempel und Stadt nach sich zieht (Kap. 8–11); die Wiederherstellung des Tempels und die Neuverteilung des Landes an die Stämme Israels (Kap. 40–48). Wie kein anderer Prophet führte Ezechiel viele symbolische Handlungen aus (Kap. 3,22–27; 4f; 12; 21; 24; 37). Die Geschichtsdarstellung (Kap. 20) macht er ebenso zum Mittel der Verkündigung wie die Totenklage (z. B. Kap. 19; 27; 32), die Bildrede und das Gleichnis (z. B. Kap. 17; 21; 27; 31). Er beherrscht die Diskussionsrede (Kap. 14; 18), kennt sich in den gesetzlichen Vorschriften aus (Kap. 18; 44) und versteht es, wie ein Architekt einen Bau zu beschreiben (Kap. 40–43). Auch Mahnworte und prophetische Belehrung fehlen nicht. Die Verheißung nimmt in der zweiten Periode seiner Verkündigung einen breiten Raum ein.

Das Buch Ezechiel läßt sich in folgende große Teile gliedern: Berufungsvision (Kap. 1–3); Drohungen gegen Juda und Jerusalem (Kap. 4–24); Drohungen gegen fremde Völker (Kap. 25–32); Verheißungen für das eigene Volk (Kap. 33–37); endzeitlicher Kampf Jahwes gegen Gog (Kap. 38f); das neue Jerusalem (der sog. Verfassungsentwurf Ezechiels, Kap. 40–48). Zunächst werden verschiedene kleinere Sammlungen entstanden sein, wie etwa die Berichte über symbolische Handlungen (Kap. 4f; 12; 24); Worte gegen die Götzen (Kap. 6), über die Nähe des Gerichts (Kap. 7), über die Propheten (12,21–13,21), über Sünde, Strafe und Verantwortlichkeit (Kap. 15–20), gegen Israels Nachbarn Ammon, Moab, Edom und die Philister (Kap. 25); Visionen über Gottes Strafgericht an Tempel und Stadt (Kap. 8–11); Gleichnisreden gegen Ägypten (Kap. 29–32) und über Hirten und Schafe (Kap. 34); Verheißungen über das Werden eines neuen Israel (Kap. 36f). Auch in der großen abschließenden Vision vom neuen Israel (Kap. 40–48) sind ekstatische Erlebnisse zusammen mit Anweisungen, theologischen Erörterungen und Mahnungen festgehalten. Apokalyptische Züge tragen die Worte über Gog und Magog (Kap. 38 f).

Die prophetische Botschaft des Buches Ezechiel hat eine große Spannweite. Da wird nicht nur von Schuld, Gericht und Umkehr, von Heil, Wiederherstellung und göttlichem Erbarmen gesprochen, sondern auch von menschlicher Verantwortung. Jahwe, der Gott Israels, ist nicht an sein Land gebunden; er ist überall, er ist der Herr über alle Völker. Ihm soll ein innerlich erneuertes, heiliges Volk dienen; er will es als Hirt führen. Auch die messianische Hoffnung klingt an (17,22; 34,23f; 37,22–25).

Die Berufung Ezechiels zum Propheten

Ort und Zeit der Berufung

1 Am fünften Tag des vierten Monats im dreißigsten Jahr, als ich
unter den Verschleppten am Fluß Kebar lebte, öffnete sich der
Himmel, und ich sah eine Erscheinung Gottes. 2 Am fünften Tag des
Monats – es war im fünften Jahr nach der Verschleppung des Königs
Jojachin – 3 erging das Wort des Herrn an Ezechiel, den Sohn Busis,
den Priester, im Land der Chaldäer, am Fluß Kebar. Dort kam die
Hand des Herrn über ihn.

Die Erscheinung Gottes

4 Ich sah: Ein Sturmwind kam von Norden, eine große Wolke mit
flackerndem Feuer, umgeben von einem hellen Schein. Aus dem Feuer
strahlte es wie glänzendes Gold. 5 Mitten darin erschien etwas wie vier
Lebewesen. Und das war ihre Gestalt: Sie sahen aus wie Menschen.
6 Jedes der Lebewesen hatte vier Gesichter und vier Flügel. 7 Ihre Beine
waren gerade und ihre Füße wie die Füße eines Stieres; sie glänzten
wie glatte und blinkende Bronze. 8 Unter den Flügeln an ihren vier
Seiten hatten sie Menschenhände. [Auch Gesichter und Flügel hatten
die vier.] 9 Ihre Flügel berührten einander. Die Lebewesen änderten
beim Gehen ihre Richtung nicht: Jedes ging in die Richtung, in die
eines seiner Gesichter wies. 10 Und ihre Gesichter sahen so aus: Ein
Menschengesicht (blickte bei allen vier nach vorn), ein Löwengesicht
bei allen vier nach rechts, ein Stiergesicht bei allen vier nach links und
ein Adlergesicht bei allen vier (nach hinten). 11 Ihre Flügel waren nach
oben ausgespannt. Mit zwei Flügeln berührten sie einander, und mit
zwei bedeckten sie ihren Leib. 12 Jedes Lebewesen ging in die Rich-
tung, in die eines seiner Gesichter wies. Sie gingen, wohin der Geist
sie trieb, und änderten beim Gehen ihre Richtung nicht. 13 Zwischen
den Lebewesen war etwas zu sehen wie glühende Kohlen, etwas wie

Fackeln, die zwischen den Lebewesen hin- und herzuckten. Das Feuer
gab einen hellen Schein, und aus dem Feuer zuckten Blitze. 14 Die
Lebewesen liefen vor und zurück, und es sah aus wie Blitze.
15 Ich schaute auf die Lebewesen: Neben jedem der vier sah ich ein Rad
auf dem Boden. 16 Die Räder sahen aus, als seien sie aus Chrysolith
gemacht. Alle vier Räder hatten die gleiche Gestalt. Sie waren so
gemacht, daß es aussah, als laufe ein Rad mitten im andern. 17 Sie
konnten nach allen vier Seiten laufen und änderten beim Laufen ihre
Richtung nicht. 18 Ihre Felgen waren so hoch, daß ich erschrak; sie
waren voll Augen, ringsum bei allen vier Rädern. 19 Gingen die Lebe-
wesen, dann liefen die Räder an ihrer Seite mit. Hoben sich die Lebe-
wesen vom Boden, dann hoben sich auch die Räder. 20 Sie liefen,
wohin der Geist sie trieb. Die Räder hoben sich zugleich mit ihnen;
denn der Geist der Lebewesen war in den Rädern. 21 Gingen die Lebe-
wesen, dann liefen auch die Räder; blieben jene stehen, dann standen
auch sie still. Hoben sich jene vom Boden, dann hoben sich die Räder
zugleich mit ihnen; denn der Geist der Lebewesen war in den Rädern.
22 Über den Köpfen der Lebewesen war etwas wie eine gehämmerte
Platte befestigt, furchtbar anzusehen, wie ein strahlender Kristall,
oben über ihren Köpfen. 23 Unter der Platte waren ihre Flügel ausge-
spannt, einer zum andern hin. Mit zwei Flügeln bedeckte jedes Lebe-
wesen seinen Leib. 24 Ich hörte das Rauschen ihrer Flügel; es war wie
das Rauschen gewaltiger Wassermassen, wie die Stimme des All-
mächtigen. Wenn sie gingen, glich das tosende Rauschen dem Lärm
eines Heerlagers. Wenn sie standen, ließen sie ihre Flügel herabhän-
gen. 25 Ein Rauschen war auch oberhalb der Platte, die über ihren Köp-
fen war. Wenn sie standen, ließen sie ihre Flügel herabhängen.
26 Oberhalb der Platte über ihren Köpfen war etwas, das wie Saphir
aussah und einem Thron glich. Auf dem, was einem Thron glich, saß
eine Gestalt, die wie ein Mensch aussah. 27 Oberhalb von dem, was
wie seine Hüften aussah, sah ich etwas wie glänzendes Gold in einem
Feuerkranz. Unterhalb von dem, was wie seine Hüften aussah, sah
ich etwas wie Feuer und ringsum einen hellen Schein. 28 Wie der
Anblick des Regenbogens, der sich an einem Regentag in den Wolken
zeigt, so war der helle Schein ringsum. So etwa sah die Herrlichkeit
des Herrn aus. Als ich diese Erscheinung sah, fiel ich nieder auf mein
Gesicht. Und ich hörte, wie jemand redete.

Die Sendung Ezechiels

2 Er sagte zu mir: Stell dich auf deine Füße, Menschensohn; ich
will mit dir reden. 2 Als er das zu mir sagte, kam der Geist in
mich und stellte mich auf die Füße. Und ich hörte den, der mit mir
redete. 3 Er sagte zu mir: Menschensohn, ich sende dich zu den
abtrünnigen Söhnen Israels, die sich gegen mich aufgelehnt haben.
Sie und ihre Väter sind immer wieder von mir abgefallen, bis zum heu-
tigen Tag. 4 Es sind Söhne mit trotzigem Gesicht und hartem Herzen.
Zu ihnen sende ich dich. Du sollst zu ihnen sagen: So spricht Gott, der
Herr. 5 Ob sie dann hören oder nicht – denn sie sind ein widerspensti-
ges Volk –, sie werden erkennen müssen, daß mitten unter ihnen ein
Prophet war. 6 Du aber, Menschensohn, fürchte dich nicht vor ihnen,
hab keine Angst vor ihren Worten! Wenn dich auch Dornen umgeben
und du auf Skorpionen sitzt, hab keine Angst vor ihren Worten, und
erschrick nicht vor ihrem Blick; denn sie sind ein widerspenstiges
Volk. 7 Du sollst ihnen meine Worte sagen, ob sie hören oder nicht,
denn sie sind widerspenstig.
8 Du aber, Menschensohn, höre, was ich zu dir sage. Sei nicht wider-
spenstig wie dieses widerspenstige Volk! Öffne deinen Mund, und iß,
was ich dir gebe.
9 Und ich sah: Eine Hand war ausgestreckt zu mir; sie hielt eine Buch-
rolle. 10 Er rollte sie vor mir auf. Sie war innen und außen beschrieben,
und auf ihr waren Klagen, Seufzer und Weherufe geschrieben.
3 Er sagte zu mir: Menschensohn, iß, was du vor dir hast. Iß diese
Rolle! Dann geh, und rede zum Haus Israel! 2 Ich öffnete meinen
Mund, und er ließ mich die Rolle essen. 3 Er sagte zu mir: Menschen-
sohn, gib deinem Bauch zu essen, fülle dein Inneres mit dieser Rolle, die
ich dir gebe. Ich aß sie, und sie wurde in meinem Mund süß wie Honig.
4 Er sagte zu mir: Geh zum Haus Israel, Menschensohn, und sprich
mit meinen Worten zu ihnen! 5 Nicht zu einem Volk mit fremder Spra-
che und unverständlicher Rede wirst du gesandt, sondern zum Haus
Israel, 6 auch nicht zu vielen Völkern mit fremder Sprache und unver-
ständlicher Rede, deren Worte du nicht verstehst. Würde ich dich zu
ihnen senden, sie würden auf dich hören. 7 Doch das Haus Israel will
nicht auf dich hören, es fehlt ihnen der Wille, auf mich zu hören; denn
jeder vom Haus Israel hat eine harte Stirn und ein trotziges Herz. 8 Ich
aber mache dein Gesicht ebenso hart wie ihr Gesicht und deine Stirn
ebenso hart wie ihre Stirn. 9 Wie Diamant und härter als Kieselstein
mache ich deine Stirn. Fürchte sie nicht, erschrick nicht vor ihrem
Blick; denn sie sind ein widerspenstiges Volk. 10 Er sagte zu mir: Men-
schensohn, nimm alle meine Worte, die ich dir sage, mit deinem Her-
zen auf, und höre mit deinen Ohren! 11 Geh zu den Verschleppten, zu
den Söhnen deines Volkes, und ob sie hören oder nicht, sprich zu
ihnen, und sag zu ihnen: So spricht Gott, der Herr.
12 Da hob mich der Geist empor, und ich hörte hinter mir ein
Geräusch, ein gewaltiges Dröhnen, als sich die Herrlichkeit des Herrn
von ihrem Ort erhob, 13 das Geräusch von den Flügeln der Lebewesen,
die einander berührten, und das Geräusch der Räder neben ihnen, ein
lautes, gewaltiges Dröhnen. 14 Der Geist, der mich emporgehoben
hatte, trug mich fort. Ich ging dahin, mit bitterem und grollendem
Herzen, und die Hand des Herrn lag schwer auf mir. 15 So kam ich zu
den Verschleppten, [die am Fluß Kebar wohnten,] die in Tel-Abib
wohnten, und ich saß dort sieben Tage lang verstört mitten unter
ihnen.

Ezechiel als Wächter Israels

16 Am Ende der sieben Tage erging das Wort des Herrn an mich:
17 Menschensohn, ich gebe dich dem Haus Israel als Wächter. Wenn
du ein Wort aus meinem Mund hörst, mußt du sie vor mir warnen.
18 Wenn ich zu einem, der sich schuldig gemacht hat, sage: Du mußt
sterben!, und wenn du ihn nicht warnst und nicht redest, um den
Schuldigen von seinem schuldhaften Weg abzubringen, damit er am
Leben bleibt, dann wird der Schuldige seiner Sünde wegen sterben;
von dir aber fordere ich Rechenschaft für sein Blut. 19 Wenn du aber
den Schuldigen warnst und er sich von seiner Schuld und seinem
schuldhaften Weg nicht abwendet, dann wird er seiner Sünde wegen
sterben; du aber hast dein Leben gerettet. 20 Und wenn ein Gerechter
sein rechtschaffenes Leben aufgibt und Unrecht tut, werde ich ihn zu
Fall bringen, und er wird sterben, weil du ihn nicht gewarnt hast. Sei-
ner Sünde wegen wird er sterben, und an seine gerechten Taten von
einst wird man nicht mehr denken. Von dir aber fordere ich Rechen-
schaft für sein Blut. 21 Wenn du aber den Gerechten davor warnst zu
sündigen, und er sündigt nicht, dann wird er am Leben bleiben, weil
er gewarnt wurde, und du hast dein Leben gerettet.

Das Verstummen Ezechiels

22 Dann legte sich die Hand des Herrn auf mich. Er sagte zu mir: Steh
auf, und geh hinaus in die Ebene! Ich will dort mit dir reden. 23 Ich
stand auf und ging in die Ebene hinaus. Und siehe, dort stand die Herr-
lichkeit des Herrn, so wie ich sie schon am Fluß Kebar gesehen hatte,
und ich fiel nieder auf mein Gesicht. 24 Doch der Geist kam in mich und
stellte mich wieder auf die Füße. Er redete mit mir und sagte zu mir:
Geh in dein Haus, und schließ dich ein! 25 Und du, Menschensohn – sie
werden dich fesseln und mit Stricken binden, so daß du nicht mehr
zum Volk hinausgehen kannst. 26 Deine Zunge lasse ich dir am Gaumen
kleben. Du wirst verstummen und nicht mehr ihr Mahner sein können;
denn sie sind ein widerspenstiges Volk. 27 Wenn ich aber mit dir rede,
werde ich deinen Mund öffnen. Dann sag zu ihnen: So spricht Gott, der
Herr. Wer hören will, der höre, wer nicht hören will, der lasse es;
denn sie sind ein widerspenstiges Volk.

Die Drohsprüche gegen Juda und Jerusalem

Symbolische Handlungen

Die Belagerung Jerusalems
4 Du, Menschensohn, nimm dir einen Lehmziegel, leg ihn vor
dich hin, und ritze eine Stadt darauf ein [nämlich Jerusalem]!
2 Belagere sie; bau ihr gegenüber einen Belagerungswall; schütte
einen Damm gegen sie auf; leg vor ihr ein Truppenlager an, und stell
gegen sie ringsum Sturmböcke auf! 3 Nimm eine Eisenplatte, und stell
sie als eiserne Mauer zwischen dich und die Stadt! Richte dein Gesicht
auf die Stadt: Nun ist sie belagert, und du belagerst sie. Das ist ein
(warnendes) Zeichen für das Haus Israel.

Die Dauer der Verbannung
4 Du, leg dich auf deine linke Seite! Dann lege ich die Schuld des Hau-
ses Israel auf dich. So viele Tage, wie du auf dieser Seite liegst, trägst
du ihre Schuld. 5 Und ich setze für dich fest: So viele Jahre, wie die
Schuld des Hauses Israel dauert, so viele Tage sollst du ihre Schuld tra-
gen: dreihundertneunzig Tage. 6 Wenn du diese Zeit beendet hast, leg
dich auf die andere, die rechte Seite, und trag vierzig Tage lang die
Schuld des Hauses Juda: einen Tag für jedes Jahr; so setze ich es für
dich fest. 7 Dann sollst du dein Gesicht unbeweglich auf das belagerte
Jerusalem richten und mit erhobenem Arm gegen die Stadt weissagen.
8 Ich aber lege dir Stricke an, so daß du dich nicht von einer Seite auf
die andere drehen kannst, solange bis du die Tage der Belagerung
beendet hast.

Hungersnot und Unreinheit
9 Du, nimm dir Weizen, Gerste, Bohnen, Linsen, Hirse und Dinkel; tu
sie zusammen in ein Gefäß, und mach dir Brot daraus! Solange du auf
der Seite liegst, dreihundertneunzig Tage lang, sollst du davon essen.
10 Das Brot, das du ißt, soll genau abgewogen sein, zwanzig Schekel
am Tag; davon sollst du von Zeit zu Zeit essen. 11 Auch das Wasser, das
du trinkst, soll genau abgemessen sein: ein sechstel Hin; davon sollst
du von Zeit zu Zeit trinken.
12 Das Brot sollst du wie Gerstenbrot zubereiten und essen; auf Men-
schenkot sollst du es vor aller Augen backen. 13 Und der Herr sprach:
Ebenso werden die Israeliten unreines Brot essen bei den Völkern, zu
denen ich sie verstoße. 14 Ich aber sagte: Ach, Herr und Gott, ich habe
mich noch nie unrein gemacht. Seit meiner Jugend habe ich noch nie
von verendeten oder zerrissenen Tieren gegessen. Niemals ist verdor-
benes Fleisch in meinen Mund gekommen.
15 Da sagte er zu mir: Gut, ich erlaube dir, dein Brot auf Rindermist
statt auf Menschenkot zu backen.
16 Dann sagte er zu mir: Menschensohn, ich entziehe Jerusalem seinen
Vorrat an Brot. Sie werden ihr Brot wiegen und es mit Sorgen essen;
das Wasser werden sie genau abmessen und mit Schaudern trinken;
17 denn sie sollen an Brot und Wasser Mangel haben und sich entset-
zen, einer wie der andere, und sollen dahinsiechen wegen ihrer Schuld.

Die Vernichtung
5 Du, Menschensohn, nimm ein scharfes Schwert! Benutz es als
Schermesser, und schneide dir damit das Haar und den Bart ab!
Dann nimm eine Waage, und wiege die Haare! 2 Ein Drittel verbrenne
mitten in der Stadt, wenn die Tage ihrer Belagerung zu Ende sind. Ein
anderes Drittel zerhau mit dem Schwert in der Umgebung der Stadt!
Das letzte Drittel streu in den Wind! Ich will hinter ihnen das Schwert
zücken. 3 Einige wenige davon nimm, und binde sie in einen Zipfel
deines Mantels! 4 Aber auch von diesen nimm noch ein paar Haare,
wirf sie ins Feuer, und verbrenn sie! Von dort wird sich das Feuer aus-
dehnen auf das ganze Haus Israel.

Paul Klee
Armer Engel
(1939)
»Deine Zunge lasse ich dir am Gaumen kleben. Du wirst verstummen und nicht mehr ihr Mahner sein können; denn sie sind ein widerspenstiges Volk« (Ez 3,26). Ein zweites Mal wird dem Propheten eine Vision der Herrlichkeit Gottes zuteil. Zu ihr gehören die vier geflügelten Wesen, die in der Offenbarung des Johannes wiederkehren (Offb 4,7) und die vier Evangelistensymbole bilden: Adler und Engel, Löwe und Stier. Hier jedoch tritt Ernüchterung ein: Der dröhnenden Bewegung im Himmel folgen die Lähmung und das von Gott verhängte Verstummen des Propheten. Auf vergleichbare Weise thematisiert Paul Klees Bild aus der Serie der späten Darstellungen von Engeln die Erfahrung von Einsamkeit und Gebundenheit.

Die Deutung der symbolischen Handlungen
5 So spricht Gott, der Herr: Das ist Jerusalem. Ich habe es mitten unter
die Völker und die Länder ringsum gesetzt. 6 Aber es war böse und
widersetzte sich meinen Rechtsvorschriften mehr als die Völker und
meinen Gesetzen mehr als die Länder ringsum; meine Rechtsvor-
schriften haben sie verachtet und nicht nach meinen Gesetzen gelebt.
7 Darum – so spricht Gott, der Herr: Weil ihr noch aufsässiger gewe-
sen seid als die Völker rings um euch, weil ihr nicht nach meinen
Gesetzen gelebt und meine Rechtsvorschriften nicht befolgt habt, ja,
weil ihr nicht einmal nach den Bräuchen der Völker ringsum gehan-

delt habt, 8 darum – so spricht Gott, der Herr: Nun gehe ich gegen
dich (Jerusalem) vor. Vor den Augen der Völker werde ich mitten in dir
Gericht halten. 9 Wegen all deiner Greueltaten werde ich mit dir tun,
was ich noch nie getan habe und auch nie wieder tun werde. 10 Dann
werden mitten in dir (Jerusalem) Väter ihre Kinder essen und Kinder
ihre Väter. Ich werde ein Strafgericht über dich abhalten und werde die
Menschen, die in dir noch übrig sind, in alle Winde zerstreuen. 11 So
wahr ich lebe – Spruch Gottes, des Herrn –, weil du mein Heiligtum
mit all deinen Götzen und Greueltaten unrein gemacht hast, will ich
dich kahlscheren. Mein Auge wird kein Mitleid zeigen, und ich werde
keine Schonung üben. 12 Ein Drittel deiner Einwohner wird an der Pest
sterben und durch den Hunger in der Stadt zugrunde gehen. Ein ande-
res Drittel wird vor deinen Mauern durch das Schwert umkommen.
Das letzte Drittel werde ich in alle Winde zerstreuen, und ich werde
hinter ihnen das Schwert zücken. 13 So tobt sich mein Zorn aus, und
ich stille meinen Grimm an ihnen und verschaffe mir Genugtuung.
Wenn ich meinen Zorn an ihnen auslasse, dann erkennen sie, daß
ich, der Herr, mit leidenschaftlichem Eifer gesprochen habe.
14 Vor den Augen aller, die vorübergehen, mache ich dich zum Trüm-
merhaufen, zum Gespött für die Völker ringsum. 15 Zum Gespött und
zum Hohn, zur Warnung und zum Schreckbild wirst du für die Völker
ringsum, wenn ich an dir voll Zorn, Grimm und Groll mein Strafge-
richt vollziehe. Ich, der Herr, habe gesprochen.
16 Ich schieße die quälenden, vernichtenden Pfeile des Hungers gegen
euch ab; ich schicke sie ab, um euch zu vernichten. Um euren Hunger
zu vergrößern, entziehe ich euch euren Vorrat an Brot. 17 Hungersnot
und wilde Tiere schicke ich gegen dich, damit sie dir deine Kinder
rauben. Pest und Blutvergießen sollen über dich kommen. Ich bringe
das Schwert über dich. Ich, der Herr, habe gesprochen.

Gerichtsworte

Die Zerstörung der Kultstätten

6 Das Wort des Herrn erging an mich: 2 Menschensohn, richte
dein Gesicht auf die Berge Israels; sprich als Prophet zu ihnen,
3 und sag: Ihr Berge Israels, hört das Wort Gottes, des Herrn! So
spricht Gott, der Herr, zu den Bergen und Hügeln, zu den Schluchten
und Tälern: Ich selbst werde das Schwert über euch bringen und eure
Kulthöhen zerstören. 4 Eure Opferaltäre werden vernichtet und eure
Räuchertische zerbrochen. Eure Erschlagenen werfe ich vor eure Göt-
zen hin. 5 Die Leichen der Israeliten lege ich ihren Götzen zu Füßen.
Eure Gebeine verstreue ich rings um eure Altäre. 6 Überall, wo ihr
wohnt, werden die Städte verwüstet, und die Kulthöhen veröden; denn
eure Altäre sollen verwüstet und öde sein, eure Götzen zerbrochen
und verschwunden, eure Räuchertische zerschlagen, eure Machwerke
vernichtet. 7 Mitten unter euch liegen die Erschlagenen. Dann werdet
ihr erkennen, daß ich der Herr bin.
8 Wenn ihr in alle Länder vertrieben seid, lasse ich einen Rest von euch
übrig. Bei den Völkern werden einige von euch sein, die dem Schwert
entronnen sind. 9 Doch die von euch, die davongekommen sind, wer-
den bei den Völkern, zu denen sie verschleppt wurden, an mich den-
ken; denn ich zerbreche ihr Herz, das mir untreu geworden ist, und
zermalme ihre Augen, die treulos nach den Götzen schielten. Dann
werden sie vor sich selbst Abscheu empfinden wegen der bösen Greu-
eltaten, die sie begangen haben, 10 und sie werden erkennen, daß ich
der Herr bin und nicht umsonst gedroht habe, dieses Unheil über sie
zu bringen.
11 So spricht Gott, der Herr: Schlag die Hände zusammen, stampf mit
dem Fuß auf den Boden, und schrei: Weh über all die bösen Greuelta-
ten des Hauses Israel! Ihretwegen werden sie durch Schwert, Hunger
und Pest umkommen. 12 Wer in der Ferne ist, wird an der Pest sterben;
wer nahe ist, wird unter dem Schwert fallen. Wer übrig und verschont
geblieben ist, wird vor Hunger sterben. So lasse ich meinen Grimm an
ihnen aus. 13 Wenn die Erschlagenen mitten unter ihren Götzenbil-
dern liegen, rings um ihre Altäre, auf allen Hügeln, auf allen Berges-
höhen, unter jedem üppigen Baum und jeder schattigen Eiche, an den
Stellen, wo sie all ihren Götzen den beruhigenden Duft ihrer Opfer
spendeten, dann werdet ihr erkennen, daß ich der Herr bin. 14 Ich
strecke meine Hand gegen sie aus und mache ihr Land zur öden
Wüste, von der Steppe bis nach Ribla, überall, wo sie wohnen. Dann
werden sie erkennen, daß ich der Herr bin.

Die Ankündigung des Gerichts

7 Das Wort des Herrn erging an mich: 2 Du, Menschensohn, sag:
So spricht Gott, der Herr, zum Land Israel: Das Ende kommt,
das Ende kommt über die vier Ecken der Erde. 3 Jetzt ist das Ende für
dich da; ich lasse meinen Zorn gegen dich los, ich spreche dir das
Urteil, das dein Verhalten verdient, und strafe dich für alle deine Greu-
eltaten. 4 Mein Auge zeigt kein Mitleid, und ich übe keine Schonung,
sondern dein Verhalten lasse ich auf dich zurückfallen, und deine
Greueltaten sollen sich in deiner Mitte auswirken. Dann werdet ihr
erkennen, daß ich der Herr bin.
5 So spricht Gott, der Herr: Schon kommt Unglück auf Unglück. 6 Das
Ende kommt. Es kommt das Ende. Das Ende nähert sich dir. Siehe, es
kommt. 7 Jetzt ist die Reihe an dir, Bewohner des Landes. Die Zeit ist
da, der Tag ist nahe: Tumult, kein Jauchzen mehr auf den Bergen!
8 Bald gieße ich meinen Zorn über dich aus. Ich stille meinen Zorn an
dir, ich spreche dir das Urteil, das dein Verhalten verdient, und lasse
alle deine Greueltaten auf dich zurückfallen. 9 Mein Auge zeigt kein
Mitleid, und ich übe keine Schonung, nach deinem Verhalten vergelte
ich dir. Deine Greueltaten sollen sich in deiner Mitte auswirken. Dann
werdet ihr erkennen, daß ich der Herr bin und daß ich zuschlage.
10 Der Tag ist da. Die Reihe ist an dir; es hat schon begonnen. Der
Rechtsbruch gedeiht, die Anmaßung wächst. 11 Die Gewalttat erhebt
sich und wird zum Zepter der Bösen. Nichts bleibt von ihnen, nichts
von ihrem Reichtum, nichts von ihrer Pracht und Herrlichkeit. 12 Die
Zeit kommt; der Tag ist nahe. Der Käufer soll sich nicht freuen, der
Verkäufer nicht traurig sein; denn glühender Zorn trifft das ganze
Volk. 13 Der Verkäufer wird das Verkaufte nicht wiedererlangen, auch
wenn sie am Leben bleiben; denn glühender Zorn trifft das ganze
Volk. Er erlangt es nicht wieder. Und weil alle schuldig sind, wird kei-
ner sein Leben festhalten können.
14 Blast nur die Trompete, und bietet alles auf – es zieht doch keiner in
den Kampf; denn mein glühender Zorn trifft das ganze Volk.
15 Draußen das Schwert, drinnen die Pest und der Hunger. Wer auf
dem Feld ist, der stirbt durch das Schwert. Wer in der Stadt ist, den
fressen Hunger und Pest. 16 Wer entrinnt und verschont wird, haust im
Gebirge wie die Tauben in den Felsen; jeder stöhnt wegen seiner
Schuld. 17 Alle Hände sinken kraftlos herunter, und an allen Knien
läuft das Wasser herab. 18 Sie legen Trauergewänder an, und Schauder
erfaßt sie. Alle Gesichter sind voll Scham, und alle Köpfe sind kahlge-
schoren. 19 Sie werfen ihr Silber auf die Straße, und ihr Gold ekelt sie
an. Ihr Silber und Gold kann sie nicht retten am Tag des Zornes des
Herrn. Sie werden damit ihre Gier nicht sättigen und ihren Bauch
nicht füllen; denn all das war für sie der Anlaß, in Sünde zu fallen.
20 Ihren kostbaren Schmuck haben sie in ihrer Anmaßung genom-
men und daraus ihre abscheulichen Bilder, ihre Götzen gemacht. Des-
halb verekle ich ihnen ihren Schmuck. 21 Ich gebe ihn den Fremden
zur Beute, die Bösen der Erde sollen ihn rauben und entweihen. 22 Ich
wende mein Angesicht von ihnen ab, und man wird meinen kostbaren
Besitz entweihen. Räuber werden kommen und ihn entweihen. 23 Sie
werden ein Blutbad anrichten; denn das Land ist voll von Todesurtei-
len, und die Stadt ist voll von Gewalttat. 24 Ich führe die schlimmsten
Völker herbei, damit sie die Häuser besetzen. Ich mache dem
Hochmut der Mächtigen ein Ende, ihre Heiligtümer werden entweiht.
25 Dann bekommen sie Angst und suchen Frieden; doch es wird kei-
nen geben. 26 Unglück kommt über Unglück, und eine Schreckens-
nachricht folgt der andern. Sie verlangen vom Propheten Visionen.
Doch der Priester gibt keinen Bescheid, die Ältesten wissen keinen

Rat. 27 Der König ist voll Trauer, der Fürst in Entsetzen gehüllt, den Bürgern des Landes erlahmen die Hände.
Ich will sie behandeln, wie es ihr Verhalten verdient, und will ihnen das Urteil sprechen, das ihren Urteilen entspricht. Dann werden sie erkennen, daß ich der Herr bin.

Visionen

Die Entrückung des Propheten nach Jerusalem

8 Am fünften Tag des sechsten Monats im sechsten Jahr saß ich in meinem Haus, und die Ältesten von Juda saßen vor mir. Da legte sich die Hand Gottes, des Herrn, auf mich. 2 Und ich sah eine Gestalt, die wie ein Mann aussah. Unterhalb von dem, was wie seine Hüften aussah, war Feuer, und oberhalb von seinen Hüften schien etwas zu leuchten, wie glänzendes Gold. 3 Er streckte etwas aus, das wie eine Hand aussah, und packte mich an meinen Haaren. Und der Geist hob mich empor zwischen Erde und Himmel und brachte mich in einer göttlichen Vision nach Jerusalem, an den Eingang des inneren Nordtors, dorthin, wo das Bild steht, das die Eifersucht (des Herrn) erregt. 4 Dort sah ich die Herrlichkeit des Gottes Israels, wie in der Vision, die ich in der Ebene gesehen hatte.

Die Entweihung des Tempels

5 Er sagte zu mir: Menschensohn, richte deinen Blick nach Norden! Ich blickte nach Norden; da sah ich nördlich des Tores, beim Eingang, den Altar mit jenem Bild, das die Eifersucht (des Herrn) erregt. 6 Er sagte zu mir: Menschensohn, siehst du, was man hier treibt? Es sind große Greueltaten, die das Haus Israel hier begeht; sie bleiben meinem Heiligtum fern. Aber du wirst noch größere Greueltaten sehen.
7 Dann brachte er mich zum Eingang des Vorhofs. Ich sah: Ein Loch war in der Wand. 8 Er sagte zu mir: Menschensohn, durchbrich die Wand! Ich durchbrach die Wand – da war ein Eingang. 9 Er sagte zu mir: Geh hinein, sieh dir die schlimmen Greueltaten an, die man dort begeht. 10 Ich ging hinein und sah: viele Bilder von abscheulichen kleinen und großen Tieren und allen Götzen des Hauses Israel; sie waren ringsum in die Wand eingeritzt. 11 Siebzig Männer von den Ältesten des Hauses Israel, darunter auch Jaasanja, der Sohn Schafans, standen davor. Jeder hatte seine Räucherpfanne in der Hand, und der Duft der Weihrauchwolken stieg empor. 12 Er sagte zu mir: Hast du gesehen, Menschensohn, was die Ältesten des Hauses Israel im Finstern treiben, jeder in der Kammer seines Götterbildes? Sie denken: Der Herr sieht uns nicht; der Herr hat das Land verlassen. 13 Er sagte zu mir: Du wirst sehen, daß sie noch größere Greueltaten begehen.
14 Dann brachte er mich zum Nordtor am Haus des Herrn. Dort saßen Frauen, die Tammus beweinten. 15 Er sagte zu mir: Hast du es gesehen, Menschensohn? Aber du wirst noch größere Greueltaten sehen.
16 Dann brachte er mich zum Innenhof des Hauses des Herrn. Am Eingang zum Tempel des Herrn, zwischen Vorhalle und Altar, standen etwa fünfundzwanzig Männer, mit dem Rücken zum Tempel des Herrn, mit dem Gesicht nach Osten. Sie beteten, nach Osten gewandt, die Sonne an. 17 Er sagte zu mir: Hast du es gesehen, Menschensohn? Waren dem Haus Juda die Greueltaten, die es hier beging, immer noch nicht genug? Mußten sie auch noch das Land mit ihrer Gewalttätigkeit anfüllen, mußten sie mich immer wieder beleidigen und sich den Zweig an die Nase halten? 18 Darum werde auch ich voll Zorn handeln. Mein Auge wird kein Mitleid zeigen, und ich werde keine Schonung üben. Auch wenn sie mir laut in die Ohren schreien, werde ich sie nicht hören.

Die Zerstörung der Stadt

9 Und er schrie mir laut in die Ohren: Das Strafgericht über die Stadt ist nahe. Jeder soll sein Werkzeug zum Zertrümmern in die Hand nehmen. 2 Da kamen sechs Männer vom oberen Tor, das im Norden liegt. Jeder hatte sein Werkzeug zum Zertrümmern in der Hand. Unter ihnen war auch ein Mann, der ein leinenes Gewand anhatte; an seinem Gürtel hing Schreibzeug. Sie kamen herein und stellten sich neben den Altar aus Bronze. 3 Die Herrlichkeit des Gottes Israels schwebte von den Kerubim, über denen sie war, hinüber zur Schwelle des Tempels. Er rief den Mann, der das leinene Gewand anhatte und an dessen Gürtel das Schreibzeug hing. 4 Der Herr sagte zu ihm: Geh mitten durch die Stadt Jerusalem und schreib ein T auf die Stirn aller Männer, die über die in der Stadt begangenen Greueltaten seufzen und stöhnen. 5 Und ich hörte, wie er zu den anderen sagte: Geht hinter ihm her durch die Stadt, und schlagt zu! Euer Auge soll kein Mitleid zeigen, gewährt keine Schonung! 6 Alt und jung, Mädchen, Kinder und Frauen sollt ihr erschlagen und umbringen. Doch von denen, die das T auf der Stirn haben, dürft ihr keinen anrühren. Beginnt in meinem Heiligtum! Da begannen sie bei den Ältesten, die vor dem Tempel standen. 7 Er sagte zu ihnen: Macht den Tempel unrein, füllt seine Höfe mit Erschlagenen! Dann geht hinaus, und schlagt in der Stadt zu! 8 Sie schlugen zu, und ich allein blieb übrig; da fiel ich nieder auf mein Gesicht und schrie: Ach, Herr und Gott, willst du deinen ganzen Zorn über Jerusalem ausschütten und auch noch den letzten Rest Israels vernichten? 9 Er sagte zu mir: Die Schuld des Hauses Israel und des Hauses Juda ist groß, ja übergroß. Das Land ist voll Blutschuld, die Stadt ist voll Unrecht. Sie sagen: Der Herr sieht es nicht; der Herr hat das Land verlassen. 10 Darum zeigt mein Auge kein Mitleid, und ich übe keine Schonung. Ihr Verhalten lasse ich auf sie selbst zurückfallen. 11 Und der Mann, der das leinene Gewand anhatte und an dessen Gürtel das Schreibzeug hing, (kam und) berichtete: Ich habe getan, was du mir befohlen hast.

10 Ich sah: Oberhalb der gehämmerten Platte über den Köpfen der Kerubim war etwas, das wie Saphir aussah und einem Thron glich. 2 Er sagte zu dem Mann, der das leinene Gewand anhatte: Geh zwischen die Räder unter den Kerubim, nimm zwei Hände voll von den glühenden Kohlen, die zwischen den Kerubim sind, und streu sie über die Stadt! Da ging der Mann vor meinen Augen 3 zu den Kerubim. Sie standen rechts vom Tempel, als der Mann zu ihnen ging, und die Wolke erfüllte den Innenhof. 4 Die Herrlichkeit des Herrn schwebte von den Kerubim hinüber zur Schwelle des Tempels. Der Tempel wurde von der Wolke erfüllt, und der Vorhof war voll vom Glanz der Herrlichkeit des Herrn. 5 Das Rauschen der Flügel der Kerubim war bis zum Vorhof zu hören; es war wie die Stimme des allmächtigen Gottes, wenn er spricht. 6 Als er dem Mann, der das leinene Gewand anhatte, befahl: Nimm von dem Feuer, das zwischen den Rädern und zwischen den Kerubim ist!, ging der Mann und stellte sich neben das Rad. 7 Und ein Kerub streckte seine Hand aus, nahm von dem Feuer, das zwischen den Kerubim war, und legte es in die Hände des Mannes, der das leinene Gewand anhatte. Der Mann nahm das Feuer und ging hinaus.

Der Thronwagen Gottes

8 Unter den Flügeln der Kerubim wurde etwas sichtbar, das wie eine Menschenhand aussah. 9 Und ich sah neben den Kerubim vier Räder, ein Rad neben jedem Kerub. Die Räder waren wie glitzernder Chrysolith. 10 Alle vier sahen gleich aus, und es schien so, als laufe ein Rad mitten im andern. 11 Sie konnten nach allen vier Seiten laufen und änderten beim Laufen ihre Richtung nicht; denn der Richtung, die das vordere Rad einschlug, folgten die anderen. Sie änderten beim Laufen ihre Richtung nicht. 12 Ihr ganzer Leib, ihr Rücken, ihre Hände und Flügel und auch die Räder waren bei allen vier ringsum voll Augen. 13 Die Räder wurden, wie ich deutlich hörte, »Wirbel« genannt. 14 Jedes Lebewesen hatte vier Gesichter. Das erste war ein Kerubgesicht, das zweite ein Menschengesicht, das dritte ein Löwengesicht und das vierte ein Adlergesicht. 15 Die Kerubim konnten emporschweben. Es waren die Lebewesen, die ich am Fluß Kebar gesehen hatte. 16 Wenn die Kerubim gingen, dann liefen die Räder an ihrer Seite mit. Auch wenn die Kerubim ihre Flügel bewegten, um sich von der Erde zu

erheben, lösten sich die Räder nicht von ihrer Seite. 17 Blieben die
Kerubim stehen, dann standen auch die Räder still. Hoben sich die
Kerubim empor, dann hoben sich die Räder mit ihnen; denn der Geist
der Lebewesen war in den Rädern.

Der Auszug des Herrn aus dem Tempel

18 Da verließ die Herrlichkeit des Herrn die Schwelle des Tempels und
nahm wieder ihren Platz über den Kerubim ein. 19 Die Kerubim
bewegten ihre Flügel und hoben sich vor meinen Augen vom Boden
empor. Sie gingen hinaus, und die Räder liefen an ihrer Seite mit. Vor
dem östlichen Tor am Haus des Herrn blieben sie stehen. Und die
Herrlichkeit des Gottes Israels schwebte über ihnen. 20 Es waren die
Lebewesen, die ich unter dem Thron des Gottes Israels am Fluß Kebar
gesehen hatte, und ich erkannte, daß es Kerubim waren. 21 Jedes die-
ser Lebewesen hatte vier Gesichter und vier Flügel. Unter ihren Flü-
geln hatten sie etwas, das wie Menschenhände aussah. 22 Ihre Gesich-
ter glichen den Gesichtern, die ich am Fluß Kebar gesehen hatte. Jedes
Lebewesen ging in die Richtung, in die eines seiner Gesichter wies.

Das Strafgericht über die führenden Männer Jerusalems

11 Da hob mich der Geist empor und brachte mich zum Osttor
am Haus des Herrn, das nach Osten schaut. Vor dem Tor
standen fünfundzwanzig Männer. Unter ihnen sah ich Jaasanja, den
Sohn Asurs, und Pelatja, den Sohn Benajas, führende Männer im Volk.
2 Er sagte zu mir: Menschensohn, das sind die Männer, die in der Stadt
Unheil ersinnen und böse Pläne fassen. 3 Sie sagen: In nächster Zeit
braucht man keine Häuser zu bauen. Die Stadt ist der Topf, und wir
sind das Fleisch. 4 Darum tritt als Prophet gegen sie auf, Menschen-
sohn, tritt als Prophet auf! 5 Da überfiel mich der Geist des Herrn,
und er sagte zu mir: Sag: So spricht der Herr: Das habt ihr gesagt, ihr
vom Haus Israel. Ich weiß sehr gut, was ihr im Sinn hattet. 6 Ihr habt
viele in dieser Stadt erschlagen, die Straßen der Stadt sind voll von
Erschlagenen. 7 Darum – so spricht Gott, der Herr: Das Fleisch, das
sind die Erschlagenen, die ihr mitten in der Stadt getötet habt. Der
Topf, das ist die Stadt. Euch aber werde ich aus ihr vertreiben. 8 Das
Schwert fürchtet ihr; darum werde ich das Schwert über euch bringen
– Spruch Gottes, des Herrn. 9 Ich vertreibe euch aus der Stadt, ich lie-
fere euch den Fremden aus und halte ein Strafgericht über euch ab.
10 Unter dem Schwert werdet ihr fallen. An Israels Grenze halte ich
Gericht über euch. Dann werdet ihr erkennen, daß ich der Herr bin.
11 Die Stadt wird für euch nicht der Topf sein und ihr nicht das Fleisch
darin. An Israels Grenze halte ich Gericht über euch. 12 Daran werdet
ihr erkennen, daß ich der Herr bin, dessen Gesetze ihr nicht gehalten
und dessen Rechtsvorschriften ihr nicht befolgt habt. Stattdessen
habt ihr nach den Bräuchen der Völker ringsum gehandelt.
13 Während ich diese prophetischen Worte sprach, starb Pelatja, der
Sohn Benajas. Da fiel ich nieder auf mein Gesicht, schrie laut auf und
rief: Ach, Herr und Gott, willst du auch noch den Rest Israels aus-
rotten?

Die Erneuerung Israels

14 Das Wort des Herrn erging an mich: 15 Menschensohn, die Einwoh-
ner Jerusalems sagen von deinen Brüdern, deinen Verwandten und
dem ganzen Haus Israel: Sie sind fern vom Herrn; das Land ist uns
zum Besitz gegeben. 16 Darum sag: So spricht Gott, der Herr: Auch
wenn ich sie weit weg unter die Völker geführt und in alle Länder zer-
streut habe, so bin ich doch in den Ländern, wohin sie gekommen
sind, beinahe zum Heiligtum für sie geworden.
17 Darum sag: So spricht Gott, der Herr: Ich führe euch aus allen Völ-
kern zusammen, sammle euch aus den Ländern, in die ihr zerstreut
seid, und gebe euch das Land Israel. 18 Und sie werden dorthin kom-
men und alle ihre abscheulichen Götzen aus dem Land entfernen.
19 Ich schenke ihnen ein anderes Herz und schenke ihnen einen neuen
Geist. Ich nehme das Herz von Stein aus ihrer Brust und gebe ihnen
ein Herz von Fleisch, 20 damit sie nach meinen Gesetzen leben und auf
meine Rechtsvorschriften achten und sie erfüllen. Sie werden mein
Volk sein, und ich werde ihr Gott sein. 21 Die aber, deren Herz an ihren
Götzen und an ihren Greueltaten hängt – Spruch Gottes, des Herrn:
Ihr Verhalten lasse ich auf sie selbst zurückfallen.
22 Dann hoben die Kerubim ihre Flügel. Die Räder bewegten sich
zugleich mit den Kerubim, und die Herrlichkeit des Gottes Israels war
über ihnen. 23 Die Herrlichkeit des Herrn stieg aus der Mitte der Stadt
empor; auf dem Berg im Osten der Stadt blieb sie stehen. 24 Der Geist
hob mich empor und brachte mich in dieser göttlichen Vision nach
Chaldäa zur Gemeinde der Verschleppten. Dann hob sich das, was ich
in der Vision gesehen hatte, empor und verschwand vor meinen
Augen. 25 Und ich erzählte den Verschleppten alles, was der Herr mich
hatte sehen lassen.

Weitere symbolische Handlungen

Die Verschleppung

12 Das Wort des Herrn erging an mich: 2 Menschensohn, du
wohnst mitten unter einem widerspenstigen Volk, das
Augen hat, um zu sehen, und doch nicht sieht, das Ohren hat, um zu
hören, und doch nicht hört; denn sie sind ein widerspenstiges Volk.
3 Du, Menschensohn, pack deine Sachen, als würdest du verschleppt,
und geh am hellen Tag vor ihren Augen weg, als ob du vor ihren Augen
von deinem Wohnsitz an einen andern verschleppt würdest. Vielleicht
sehen sie es; aber sie sind ja ein widerspenstiges Volk. 4 Trag dein
Gepäck bei Tag vor ihren Augen hinaus, wie ein Mann, der verschleppt
wird. Am Abend aber geh selbst vor ihren Augen hinaus, wie die
Leute, die in die Verbannung ziehen. 5 Brich dir vor ihren Augen ein
Loch in die Wand, und kriech hindurch! 6 Vor ihren Augen nimm das
Gepäck auf die Schulter! Bring es in der Dunkelheit weg! Verhülle dein
Gesicht, damit du das Land nicht mehr siehst. Denn ich habe dich
zum Mahnzeichen für das Haus Israel gemacht.
7 Ich tat, was mir befohlen wurde. Bei Tag trug ich mein Gepäck hin-
aus, wie ein Mann, der verschleppt wird. Am Abend brach ich mit den
Händen ein Loch durch die Wand; in der Dunkelheit kroch ich hin-
durch. Dann nahm ich vor ihren Augen das Gepäck auf die Schulter.
8 Am nächsten Morgen erging das Wort des Herrn an mich: 9 Men-
schensohn, hat nicht das Haus Israel, das widerspenstige Volk, zu dir
gesagt: Was machst du da? 10 Sag zu ihnen: So spricht Gott, der Herr:
Dieses drohende Wort gilt dem Fürsten von Jerusalem und dem
ganzen Volk Israel, das in Jerusalem wohnt. 11 Sag: Ich bin ein Mahn-
zeichen für euch: Was ich getan habe, das wird mit ihnen geschehen;
in die Verbannung, in die Gefangenschaft werden sie ziehen. 12 Ihr
Fürst wird in der Dunkelheit sein Gepäck auf die Schulter nehmen
und hinausgehen. In die Mauer wird man ein Loch brechen, um hin-
durchzugehen. Er wird sein Gesicht verhüllen, um mit seinen Augen
das Land nicht zu sehen. 13 Ich aber werfe mein Netz über ihn, damit
er sich in meinen Schlingen fängt. Dann bringe ich ihn nach Babel, ins
Land der Chaldäer; doch er wird nichts davon sehen. Dort wird er ster-
ben. 14 Alle, die bei ihm sind und ihm helfen wollen, alle seine Trup-
pen zerstreue ich in alle Winde, und ich zücke das Schwert hinter
ihnen.
15 Dann werden sie erkennen, daß ich der Herr bin. Wenn ich sie unter
die Völker zerstreue und in alle Länder vertreibe, 16 lasse ich einige von
ihnen das Schwert, den Hunger und die Pest überleben, damit sie bei
den Völkern, zu denen sie kommen, von all ihren Greueltaten
erzählen. Dann werden sie erkennen, daß ich der Herr bin.

Die Not der Belagerten

17 Das Wort des Herrn erging an mich: 18 Menschensohn, iß dein Brot
mit Zittern, und trink dein Wasser mit Angst und Entsetzen! 19 Dann
sag zum Volk im Land: So spricht Gott, der Herr, zu den Einwohnern
Jerusalems über das Land Israel: Sie werden ihr Brot mit Angst essen
und ihr Wasser mit Schaudern trinken; denn ihr Land wird verwüstet

und ausgeplündert wegen der Gewalttaten all seiner Bewohner. 20 Die
bewohnten Städte sollen verheert und das Land verwüstet werden.
Dann werdet ihr erkennen, daß ich der Herr bin.

Drohungen und Mahnungen

Gegen die Verächter des Propheten

21 Das Wort des Herrn erging an mich: 22 Menschensohn, was habt ihr
da für ein Sprichwort im Land Israel? Ihr sagt: Die Zeit zieht sich hin,
die Visionen erfüllen sich nie. 23 Darum sag zu ihnen: So spricht Gott,
der Herr: Ich werde mit diesem Sprichwort Schluß machen, und man
wird es in Israel nicht mehr gebrauchen. Sag stattdessen zu ihnen: Die
Zeit und alles, was die Visionen verkünden, ist nahe. 24 Denn nichtige
Sehersprüche und trügerische Orakel wird es im Haus Israel nicht
mehr geben. 25 Denn ich, der Herr, sage, was ich sage, damit es
geschieht. Es läßt nicht mehr lange auf sich warten; denn, du wider-
spenstiges Volk, wenn ich in euren Tagen spreche, dann führe ich
auch aus, was ich sage – Spruch Gottes, des Herrn.
26 Das Wort des Herrn erging an mich: 27 Menschensohn, das Haus
Israel sagt: Die Vision, die er hat, handelt von späteren Tagen, er weis-
sagt für ferne Zeiten.
28 Darum sag zu ihnen: So spricht Gott, der Herr: Nichts von dem, was
ich sage, läßt lange auf sich warten; was ich sage, geschieht – Spruch
Gottes, des Herrn.

Gegen die falschen Propheten

13 Das Wort des Herrn erging an mich: 2 Menschensohn,
sprich als Prophet gegen die Propheten Israels, und sag zu
denen, die aus ihrem eigenen Herzen heraus prophetisch reden: Hört
das Wort des Herrn! 3 So spricht Gott, der Herr: Weh den törichten
Propheten, die nur ihrem eigenen Geist folgen und nichts geschaut
haben. 4 Wie Füchse in Ruinen sind deine Propheten, Israel. 5 Ihr seid
nicht in die Bresche gesprungen. Ihr habt keine Mauer für das Haus
Israel errichtet, damit es am Tag des Herrn im Kampf standhalten
kann. 6 Sie haben nichtige Visionen, verkünden falsche Orakel und
sagen: Spruch des Herrn – obwohl der Herr sie nicht gesandt hat.
Trotzdem warten sie darauf, daß er ihre Worte erfüllt. 7 Ist es nicht so,
daß ihr nichtige Visionen gehabt, falsche Orakel verkündet und
gesagt habt: Spruch des Herrn – obwohl ich gar nicht gesprochen
hatte? 8 Darum – so spricht Gott, der Herr: Weil ihr leere Worte
gemacht habt und trügerische Visionen hattet, darum gehe ich gegen
euch vor – Spruch Gottes, des Herrn. 9 Ich strecke meine Hand gegen
die Propheten aus, die nichtige Visionen haben und falsche Orakel
verkünden. Sie gehören nicht in die Gemeinschaft meines Volkes und
sollen nicht in der Liste des Hauses Israel verzeichnet sein; sie werden
nicht in das Land Israel kommen. Dann werdet ihr erkennen, daß ich
Gott, der Herr, bin. 10 Sie führen mein Volk in die Irre und verkünden
Heil, wo es kein Heil gibt, und wenn das Volk eine Mauer aufrichtet,
dann übertünchen sie sie. 11 Deshalb sag denen, die sie übertünchen:
Sie wird einstürzen. Es kommt ein Wolkenbruch, Hagel fällt wie
Steine vom Himmel, ein Sturm bricht los, 12 und schon stürzt die
Mauer ein. Wird man dann nicht zu euch sagen: Wo ist jetzt eure Tün-
che? 13 Darum – so spricht Gott, der Herr: Ich lasse in meinem Zorn
einen Sturm losbrechen, in meinem Groll schicke ich einen Wolken-
bruch, in meinem Zorn einen verheerenden Hagelschlag. 14 Ich reiße
die Wand ein, die ihr übertüncht habt, ich lasse sie zu Boden stürzen,
und ihr Fundament wird bloßgelegt. Und wenn sie einstürzt, werdet
ihr in ihren Trümmern umkommen. Dann werdet ihr erkennen, daß
ich der Herr bin. 15 Ich lasse meinen Zorn an der Mauer aus und an
denen, die sie übertüncht haben, und ich sage euch: Die Mauer ist
weg, und weg sind die, die sie übertüncht haben, 16 die Propheten Isra-
els, die über Jerusalem prophezeien und der Stadt mit ihren Visionen
Heil versprechen, obwohl es kein Heil gibt – Spruch Gottes, des
Herrn.
17 Du, Menschensohn, richte dein Gesicht auf die Töchter deines
Volkes, die aus ihrem eigenen Herzen heraus prophetisch reden.
Sprich als Prophet gegen sie! 18 Sag: So spricht Gott, der Herr: Weh
den Frauen, die Zauberbinden für alle Handgelenke nähen und Zau-
bermützen für Leute jeder Größe anfertigen, um damit auf Menschen-
jagd zu gehen. Meint ihr, ihr könnt in meinem Volk Menschen jagen
und Menschen verschonen, je nachdem, wie es euch paßt? 19 Ihr habt
mich entweiht in meinem Volk für ein paar Hände voll Gerste und für
ein paar Bissen Brot: Ihr habt Menschen getötet, die nicht sterben
sollten, und Menschen verschont, die nicht am Leben bleiben sollten;
ihr habt mein Volk belogen, das so gern auf Lügen hört. 20 Darum – so
spricht Gott, der Herr: Ich gehe gegen eure Zauberbinden vor, mit
denen ihr die Menschen jagt wie Vögel, und reiße sie von euren Armen
und lasse die Menschen frei, die ihr gefangen habt wie Vögel. 21 Ich
reiße die Zaubermützen, die ihr gemacht habt, herunter und befreie
mein Volk aus eurer Gewalt. Es wird nicht länger in eurer Gewalt blei-
ben. Dann werdet ihr erkennen, daß ich der Herr bin. 22 Ihr habt dem
Herzen des Gerechten durch eure Lügen Kummer bereitet; ich aber
wollte ihm keinen Kummer bereiten. Statt das Leben des Bösen zu
retten, habt ihr ihn ermutigt, sein verkehrtes Verhalten nicht zu
ändern. 23 Darum sollt ihr keine nichtigen Visionen mehr haben und
keine Orakel mehr verkünden. Ich werde mein Volk aus eurer Gewalt
befreien. Dann werdet ihr erkennen, daß ich der Herr bin.

Gegen die Götzendiener

14 Einige von den Ältesten Israels kamen zu mir und setzten
sich vor mir nieder. 2 Da erging das Wort des Herrn an mich:
3 Menschensohn, diese Männer haben die Götzen in ihr Herz ge-
schlossen, sie haben sie vor sich aufgestellt; das wurde für sie der
Anlaß, in Schuld zu fallen. Und jetzt soll ich mich von ihnen befragen
lassen? 4 Darum sprich mit ihnen, und sag zu ihnen: Wenn jemand aus
dem Haus Israel die Götzen in sein Herz geschlossen und sie vor sich
aufgestellt hat – was für ihn der Anlaß geworden ist, in Schuld zu fal-
len – und wenn er dann zum Propheten kommt, dann werde ich, der
Herr, dem, der mit seinen vielen Götzen zu mir kommt, in eigener
Person antworten: 5 Ich werde das Haus Israel hart anfassen, weil sie
alle sich um ihrer Götzen willen von mir abgewandt haben. 6 Darum
sag zum Haus Israel: So spricht Gott, der Herr: Kehrt um! Verlaßt eure
Götzen, und wendet eure Augen ab von all euren abscheulichen Göt-
tern! 7 Wenn jemand aus dem Haus Israel oder aus den in Israel leben-
den Fremden sich von mir abwendet, wenn er die Götzen in sein Herz
schließt und sie vor sich aufstellt – was für ihn der Anlaß wird, in
Schuld zu fallen – und wenn er dann zum Propheten kommt, um mich
zu befragen, dann werde ich, der Herr, ihm in eigener Person antwor-
ten: 8 Ich richte meinen Blick gegen diesen Mann und mache ihn zum
sprichwörtlichen (warnenden) Zeichen, ich merze ihn aus meinem
Volk aus. Dann werdet ihr erkennen, daß ich der Herr bin. 9 Wenn der
Prophet sich jedoch dazu verleiten läßt, etwas zu sagen, dann habe
ich, der Herr, diesen Propheten verleitet, und ich werde meine Hand
gegen ihn ausstrecken und ihn mitten in meinem Volk Israel vernich-
ten. 10 Sie werden beide die Folgen ihrer Schuld tragen müssen; denn
die Schuld dessen, der mich befragt, und die Schuld des Propheten
sind gleich. 11 Dann wird sich das Haus Israel nicht mehr davon
abbringen lassen, mir zu folgen, und wird sich nicht länger durch all
seine Sünden unrein machen. Sie werden mein Volk sein, und ich
werde ihr Gott sein – Spruch Gottes, des Herrn.

Das unerbittliche Gericht Gottes

12 Das Wort des Herrn erging an mich: 13 Menschensohn, wenn sich
ein Land gegen mich versündigt und mir die Treue bricht und wenn
ich dann meine Hand gegen das Land ausstrecke, ihm seinen Vorrat
an Brot entziehe, den Hunger ins Land schicke und Mensch und Tier
ausrotte 14 und wenn in diesem Land die drei Männer Noach, Daniel
und Ijob leben würden, dann würden nur diese drei um ihrer Gerech-
tigkeit willen ihr Leben retten – Spruch Gottes, des Herrn. 15 Oder

wenn ich wilde Tiere gegen das Land losließe, die es entvölkern, so
daß es zur Wüste würde und wegen der wilden Tiere kein Mensch
mehr durch das Land reisen könnte, 16 und wenn diese drei Männer
darin wären – so wahr ich lebe, Spruch Gottes, des Herrn: sie würden
nicht einmal ihre eigenen Söhne und Töchter retten. Nur sie selbst
könnten sich retten, das Land aber würde zur Wüste werden. 17 Oder
wenn ich das Schwert über dieses Land bringen und sagen würde: Ein
Schwert soll durch das Land fahren, ich will Mensch und Tier darin
ausrotten!, 18 und wenn diese drei Männer darin wären – so wahr ich
lebe, Spruch Gottes, des Herrn: sie würden nicht einmal ihre eigenen
Söhne und Töchter retten. Nur sie selbst könnten sich retten. 19 Oder
wenn ich die Pest in jenes Land schicken und meinen Zorn darüber
ausgießen würde, um Mensch und Tier in einem Blutbad zu vernich-
ten, 20 und wenn Noach, Daniel und Ijob in dem Land wären – so wahr
ich lebe, Spruch Gottes, des Herrn: nicht einmal ihren Sohn und ihre
Tochter würden sie retten. Sie würden nur ihr eigenes Leben retten,
um ihrer Gerechtigkeit willen.
21 Wahrhaftig, so spricht Gott, der Herr: Selbst wenn ich die vier
schlimmsten Strafen, Schwert, Hunger, wilde Tiere und Pest, über
Jerusalem bringe, um Mensch und Tier auszurotten, 22 werden einige
in der Stadt verschont werden und übrigbleiben und ihre Söhne und
Töchter zu euch herausführen. Wenn ihr dann ihr Verhalten und ihre
Taten seht, werdet ihr euch über das Unheil hinwegtrösten, das ich
über Jerusalem verhängt habe, über alles, was ich über die Stadt kom-
men ließ. 23 Sie trösten euch darüber hinweg, weil ihr ihr Verhalten
und ihre Taten seht und daran erkennt, daß ich all das, was ich mit der
Stadt machte, nicht ohne Grund getan habe – Spruch Gottes, des
Herrn.

Gegen Jerusalem, das unnütze Holz vom Weinstock

15 Das Wort des Herrn erging an mich: 2 Menschensohn, was
hat das Holz des Weinstocks / vor dem Holz aller anderen
Sträucher voraus, / die zwischen den Bäumen des Waldes wachsen?
3 Nimmt man es etwa, um daraus etwas zu machen? / Oder gebraucht
man es als Pflock / und hängt allerlei Geräte daran auf?
4 Nein, man wirft es dem Feuer zum Fraß vor. / Sind dann die beiden
Enden des Holzes vom Feuer verzehrt
und hat die Glut seine Mitte erfaßt, / ist es dann noch geeignet, / um
etwas daraus zu machen?
5 Schon als es noch ganz war, / konnte man nichts daraus machen.
Hat das Feuer es aber gefressen und ist es verglüht, / kann man erst
recht nichts daraus machen.
6 Darum – so spricht Gott, der Herr: / Wie ich das Holz des Wein-
stocks, / das zwischen den Bäumen des Waldes heranwuchs,
dem Feuer zum Fraß übergab, / so behandle ich auch die, die in Jeru-
salem wohnen.
7 Wenn ich meinen Blick auf sie richte, / dann wird sie, auch wenn sie
dem Feuer entkommen, das Feuer verzehren.
Ihr werdet erkennen, daß ich der Herr bin, / wenn ich meinen Blick
auf sie richte.
8 Ich mache das Land zur Wüste; / denn sie haben die Treue gebrochen
– / Spruch Gottes, des Herrn.

Gegen Jerusalem, die treulose Frau

16 Das Wort des Herrn erging an mich: 2 Menschensohn, mach
Jerusalem seine Greueltaten bewußt! 3 Sag: So spricht Gott,
der Herr, zu Jerusalem: Deiner Herkunft und deiner Geburt nach
stammst du aus dem Land der Kanaaniter. Dein Vater war ein Amori-
ter, deine Mutter eine Hetiterin. 4 Bei deiner Geburt, als du geboren
wurdest, hat man deine Nabelschnur nicht abgeschnitten. Man hat
dich nicht mit Wasser abgewaschen, nicht mit Salz eingerieben, nicht
in Windeln gewickelt. 5 Nichts von all dem hat man getan, kein Auge
zeigte dir Mitleid, niemand übte Schonung an dir, sondern am Tag
deiner Geburt hat man dich auf freiem Feld ausgesetzt, weil man dich
verabscheute. 6 Da kam ich an dir vorüber und sah dich in deinem Blut
zappeln; und ich sagte zu dir, als du blutverschmiert dalagst: Bleib am
Leben! 7 Wie eine Blume auf der Wiese ließ ich dich wachsen. Und du
bist herangewachsen, bist groß geworden und herrlich aufgeblüht.
Deine Brüste wurden fest; dein Haar wurde dicht. Doch du warst nackt
und bloß. 8 Da kam ich an dir vorüber und sah dich, und siehe, deine
Zeit war gekommen, die Zeit der Liebe. Ich breitete meinen Mantel
über dich und bedeckte deine Nacktheit. Ich leistete dir den Eid und
ging mit dir einen Bund ein – Spruch Gottes, des Herrn –, und du wur-
dest mein. 9 Dann habe ich dich gebadet, dein Blut von dir abgewa-
schen und dich mit Öl gesalbt. 10 Ich kleidete dich in bunte Gewänder,
zog dir Schuhe aus Tahasch-Leder an und hüllte dich in Leinen und
kostbare Gewänder. 11 Ich legte dir prächtigen Schmuck an, legte dir
Spangen an die Arme und eine Kette um den Hals. 12 Deine Nase
schmückte ich mit einem Reif, Ohrringe hängte ich dir an die Ohren
und setzte dir eine herrliche Krone auf. 13 Mit Gold und Silber konntest
du dich schmücken, in Byssus, Seide und bunte Gewebe dich kleiden.
Feinmehl, Honig und Öl war deine Nahrung. So wurdest du strahlend
schön und wurdest sogar Königin. 14 Der Ruf deiner Schönheit drang
zu allen Völkern; denn mein Schmuck, den ich dir anlegte, hatte deine
Schönheit vollkommen gemacht – Spruch Gottes, des Herrn.
15 Doch dann hast du dich auf deine Schönheit verlassen, du hast dei-
nen Ruhm mißbraucht und dich zur Dirne gemacht. Jedem, der vor-
beiging, hast du dich angeboten, jedem bist du zu Willen gewesen.
16 Du hast deine bunten Gewänder genommen und dir an den
Kulthöhen ein Lager bereitet und darauf Unzucht getrieben. 17 Deinen
prächtigen Schmuck aus meinem Gold und Silber, den ich dir
geschenkt hatte, hast du genommen und hast dir daraus männliche
Figuren gemacht, um mit ihnen Unzucht zu treiben. 18 Deine bunten
Gewänder hast du genommen und sie damit bekleidet. Mein Öl und
meinen Weihrauch hast du vor sie hingestellt. 19 Das Brot, das ich dir
gab – mit Feinmehl, Öl und Honig nährte ich dich –, das hast du ihnen
als beruhigenden Duft dargebracht [ja, so war es] – Spruch Gottes, des
Herrn. 20 Du hast deine Söhne und Töchter, die du mir geboren hast,
genommen und ihnen als Schlachtopfer zum Essen vorgesetzt. War
dir dein unzüchtiges Treiben noch nicht genug? 21 Mußtest du auch
noch meine Söhne schlachten, um sie ihnen darzubringen und für sie
durch das Feuer gehen zu lassen? 22 Bei all deinen Greueltaten und
deiner Unzucht hast du die Zeit deiner Jugend vergessen, in der du
noch nackt und bloß und zappelnd in deinem Blut lagst.
23 Nach all diesen schändlichen Taten – wehe, weh dir! Spruch Gottes,
des Herrn – 24 hast du dir auf jedem freien Platz ein Bett und eine
Kulthöhe errichtet. 25 An jeder Straßenecke hast du deine Kulthöhen
errichtet, du hast deine Schönheit schändlich mißbraucht, hast dich
jedem angeboten, der vorbeiging, und hast unaufhörlich Unzucht
getrieben. 26 Du hast dich den Ägyptern, deinen Nachbarn mit dem
großen Glied, hingegeben und mit ihnen unaufhörlich Unzucht
getrieben, um mich zu erzürnen. 27 Da streckte ich meine Hand aus
und nahm dir weg, was dir zustand. Ich lieferte dich deinen rachgieri-
gen Feindinnen aus, den Philisterinnen; sogar sie schämten sich
wegen deines schändlichen Treibens. 28 Dann hast du dich mit den
Assyrern eingelassen, weil du noch nicht genug hattest. Du hast dich
mit ihnen eingelassen, doch auch dann hattest du noch nicht genug.
29 Immer mehr Unzucht hast du getrieben und bist sogar den chaldäi-
schen Krämern nachgelaufen; doch auch dann hattest du noch nicht
genug. 30 Wie fiebert dein Herz – Spruch Gottes, des Herrn –, weil du
all das getan hast, du selbstherrliche Dirne. 31 Du hast dir an jeder
Straßenecke ein Bett und auf jedem freien Platz eine Kulthöhe errich-
tet. Du warst keine gewöhnliche Dirne; denn du hast es verschmäht,
dich bezahlen zu lassen. 32 [Die Ehebrecherin nimmt sich statt ihres
Mannes fremde Männer.] 33 Jede Dirne bezahlt man; du aber hast all
deinen Liebhabern Geschenke gegeben und sie bestochen, damit sie
von überall kamen, um mit dir Unzucht zu treiben. 34 Bei deiner
Unzucht hast du es gerade umgekehrt gemacht wie andere Frauen: Dir
lief niemand nach; du hast selbst bezahlt und dich nicht bezahlen las-
sen. So hast du es umgekehrt gemacht wie andere.

35 Darum, du Dirne, höre das Wort des Herrn! 36 So spricht Gott, der
Herr: Weil du deinen Körper schamlos entblößt hast bei der Unzucht
mit deinen Liebhabern, mit all deinen abscheulichen Götzen, und weil
du ihnen das Blut deiner Kinder hingegeben hast, 37 deshalb will ich
alle deine Liebhaber zusammenrufen, denen du gefallen hast, alle, die
du geliebt hast, und auch alle, die du verachtet hast. Und wenn ich sie
von allen Seiten bei dir zusammengerufen habe, dann entblöße ich
vor ihren Augen deine Scham, damit sie deine Scham unverhüllt
sehen. 38 Ich spreche dir das Urteil nach den Rechtsvorschriften für
Ehebrecherinnen und Mörderinnen, voll Zorn zahle ich dir heim mit
Blut, Grimm und Eifersucht. 39 Ich gebe dich in ihre Hand, damit sie
dein Bett zerstören und deine Kulthöhen einreißen, damit sie dir
deine Gewänder ausziehen, deinen prächtigen Schmuck wegnehmen
und dich nackt und bloß daliegen lassen. 40 Sie berufen eine Volksver-
sammlung gegen dich ein, steinigen dich und hauen dich mit ihren
Schwertern in Stücke. 41 Sie werden deine Häuser anzünden und vor
den Augen vieler Frauen das Urteil an dir vollstrecken. So mache ich
deiner Unzucht ein Ende. Keinem wirst du mehr Dirnenlohn zahlen.
42 Wenn ich meinen Zorn an dir gestillt habe, wird meine Eifersucht
aufhören, gegen dich zu wüten. Ich werde Ruhe haben und mich nicht
mehr ärgern. 43 Weil du die Tage deiner Jugend vergessen und mich
durch dein Treiben gereizt hast, darum lasse ich dein Verhalten auf
dich selbst zurückfallen – Spruch Gottes, des Herrn. Hast du nicht
neben all deinen Greueln auch noch andere Schandtaten verübt?
44 Wer ein Sprichwort auf dich anwenden will, der sagt: Wie die Mut-
ter, so die Tochter! 45 Du bist die Tochter deiner Mutter, die vor ihrem
Mann und ihren Söhnen Abscheu empfand. Du bist die Schwester dei-
ner Schwestern, die vor ihren Männern und Söhnen Abscheu emp-
fanden. Eure Mutter war eine Hetiterin und euer Vater ein Amoriter.
46 Deine ältere Schwester ist Samaria mit ihren Töchtern, die links von
dir wohnt; deine jüngere Schwester ist Sodom mit ihren Töchtern, die
rechts von dir wohnt. 47 Du bist nicht nur ihrem Beispiel gefolgt und
hast nicht nur die gleichen Greueltaten begangen, sondern in kurzer
Zeit hast du es in allem noch schlimmer getrieben als sie. 48 So wahr
ich lebe – Spruch Gottes, des Herrn: Deine Schwester Sodom und ihre
Töchter haben es nicht so getrieben wie du und deine Töchter. 49 Die
Schuld deiner Schwester Sodom war, daß sie und ihre Töchter
hochmütig waren, daß sie in Überfluß zu essen hatten und in sorglo-
ser Ruhe dahinlebten, ohne den Elenden und Armen zu helfen. 50 Sie
wurden hochmütig und begingen Greueltaten vor meinen Augen.
Darum habe ich sie verstoßen, wie du selbst gesehen hast. 51 Samaria
hat nicht die Hälfte deiner Sünden begangen. Du hast mehr Greuelta-
ten verübt als sie beide zusammen, und du läßt deine Schwestern
gerecht erscheinen, sieht man auf all die Greueltaten, die du begangen
hast. 52 Darum trag auch du deine Schande, die du deine Schwestern
durch deine Sünden entlastet und abscheulicher als sie gehandelt
hast; deshalb erscheinen sie gerechter als du. Darum schäme auch du
dich, und trag deine Schande, weil du deine Schwestern gerecht
erscheinen läßt.
53 Aber ich werde ihr Schicksal wenden, das Schicksal Sodoms und
ihrer Töchter, das Schicksal Samarias und ihrer Töchter, und ich
werde auch dein Schicksal wenden zusammen mit ihrem Schicksal;
54 denn du sollst deine Schande tragen, und du sollst dich schämen
über all das, was du getan und wodurch du sie in Sicherheit gewiegt
hast. 55 Deine Schwestern werden wieder sein wie früher, Sodom und
ihre Töchter, Samaria und ihre Töchter werden wieder sein wie früher.
Auch deine Töchter werden wieder sein wie früher. 56 Hast du nicht
über deine Schwester Sodom gelästert, als du hochmütig warst,
57 bevor deine Schlechtigkeit offenbar wurde? So lästern jetzt ringsum
über dich all deine Nachbarinnen, die Edomiterinnen und die Philiste-
rinnen, die dich verachten. 58 Die Folgen deines schamlosen Treibens
und deiner Greueltaten hast du zu tragen – Spruch des Herrn.
59 Denn so spricht Gott, der Herr: Ich habe mit dir gemacht, was du
gemacht hast; du hast den Eid mißachtet und den Bund gebrochen.
60 Aber ich will meines Bundes gedenken, den ich mit dir in deiner
Jugend geschlossen habe, und will einen ewigen Bund mit dir einge-
hen. 61 Du sollst dich an dein Verhalten erinnern und dich schämen,
wenn ich deine älteren und jüngeren Schwestern nehme und sie dir zu
Töchtern gebe, aber nicht deshalb, weil du den Bund gehalten hättest.
62 Ich selbst gehe einen Bund mit dir ein, damit du erkennst, daß ich
der Herr bin. 63 Dann sollst du dich erinnern, sollst dich schämen und
vor Scham nicht mehr wagen, den Mund zu öffnen, weil ich dir alles
vergebe, was du getan hast – Spruch Gottes, des Herrn.

Das Lied von der Untreue des Königs

17 Das Wort des Herrn erging an mich: 2 Menschensohn, trag
dem Haus Israel ein Rätsel vor, erzähl ihm ein Gleichnis!
3 Sag: So spricht Gott, der Herr:
Ein mächtiger Adler mit gewaltigen Flügeln, / mit weiten Schwingen,
mit dichtem, buntem Gefieder kam zum Libanon / und nahm den
Wipfel der Zeder weg
4 Den obersten Zweig riß er ab. / Ins Land der Krämer brachte er ihn, /
in die Stadt der Händler legte er ihn.
5 Dann nahm er vom Samen des Landes / und streute ihn auf ein Saat-
feld.
Er setzte ihn an reichlich strömendes Wasser, / als Uferpflanze
pflanzte er ihn,
6 und er wuchs heran / und wurde zum üppigen Weinstock / von nied-
rigem Wuchs.
Er sollte seine Ranken dem Adler zuwenden, / seine Wurzeln sollten in
die Tiefe wachsen.
Und er wurde zum Weinstock, / bildete Triebe, entfaltete Zweige.
7 Doch es kam noch ein anderer mächtiger Adler / mit gewaltigen Flü-
geln und dichtem Gefieder.
Da drehte jener Weinstock seine Wurzeln ihm zu, / trieb ihm seine
Ranken entgegen:
Der Adler sollte ihn tränken, / mehr als das Beet, in das der Weinstock
gepflanzt war.
8 Er war doch auf guten Boden gepflanzt, / an reichlich fließendem
Wasser,
um Zweige zu treiben und Früchte zu tragen / und ein herrlicher Wein-
stock zu werden.
9 Sag: So spricht Gott, der Herr: / Wird das gelingen?
Wird der Adler nicht seine Wurzeln ausreißen / und seine Früchte ver-
nichten, / so daß all seine grünenden Triebe verdorren?
Man braucht keinen starken Arm und nicht viele Menschen, / um ihn
von den Wurzeln zu reißen.
10 Wohl ist er gepflanzt, / doch wird er gedeihen?
Wird er nicht völlig verdorren, / wenn der Ostwind ihn trifft? / Auf
dem Beet, wo er wuchs, wird er verdorren.
11 Und das Wort des Herrn erging an mich:
12 Sag doch dem widerspenstigen Volk: / Merkt ihr denn nicht, was all
das bedeutet?
Sag ihnen: / Seht, nach Jerusalem kam der König von Babel;
er nahm ihren König und ihre Beamten gefangen / und führte sie mit
sich nach Babel.
13 Und er nahm einen Mann aus königlichem Stamm / und schloß mit
ihm einen Bund,
und er ließ ihn schwören. / Doch die Mächtigen des Landes nahm er
gefangen,
14 damit das Königreich klein blieb / und keinen Aufstand begann,
damit es den Bund auch hielt, / so daß er Bestand haben konnte.
15 Doch jener erhob sich gegen den König von Babel / und schickte
seine Boten ins Land der Ägypter, / damit man ihm Pferde und viele
Krieger entsandte.
Aber wird es gelingen? / Kommt er davon, wenn er das unternimmt? /
Wenn er den Bund bricht, kommt er dann noch davon?
16 So wahr ich lebe – Spruch Gottes, des Herrn: In der Residenz des
Königs, der ihn zum König gemacht hat, dessen Eid er mißachtet und
dessen Bund er gebrochen hat, in Babel wird er sterben. 17 Denn der

Pharao wird ihn nicht mit einer starken Streitmacht und mit einem
großen Heer im Kampf unterstützen, sondern man wird einen Damm
aufschütten, einen Belagerungswall bauen und viele Menschen
umbringen. 18 Er hat den Eid mißachtet und den Bund gebrochen.
Obwohl er sich mit Handschlag verpflichtet hatte, hat er all das getan.
Er kommt nicht davon.
19 Darum – so spricht Gott, der Herr:
So wahr ich lebe – / meinen Eid, den er mißachtet,
und meinen Bund, den er gebrochen hat, / ich lasse sie auf ihn selbst
zurückfallen.
20 Ich werfe mein Netz über ihn, er gerät in mein Garn. / Nach Babel
führe ich ihn und gehe dort mit ihm ins Gericht, / denn er hat mir die
Treue gebrochen.
21 Die tapfersten Krieger in all seinen Truppen / fallen unter dem
Schwert.
Die Übriggebliebenen aber / werden in alle Winde zerstreut.
Dann werdet ihr erkennen, / daß ich, der Herr, gesprochen habe.
22 So spricht Gott, der Herr:
Ich selbst nehme ein Stück / vom hohen Wipfel der Zeder / und pflanze
es ein.
Einen zarten Zweig aus den obersten Ästen breche ich ab, / ich pflanze
ihn auf einen hoch aufragenden Berg.
23 Auf die Höhe von Israels Bergland pflanze ich ihn. / Dort treibt er
dann Zweige, / er trägt Früchte und wird zur prächtigen Zeder.
Allerlei Vögel wohnen darin; / alles, was Flügel hat, wohnt im Schatten
ihrer Zweige.
24 Dann werden alle Bäume auf den Feldern erkennen, / daß ich der
Herr bin.
Ich mache den hohen Baum niedrig, / den niedrigen mache ich hoch.
Ich lasse den grünenden Baum verdorren, / den verdorrten erblühen. /
Ich, der Herr, habe gesprochen, und ich führe es aus.

Schuld und Gerechtigkeit

18 Das Wort des Herrn erging an mich: 2 Wie kommt ihr dazu,
im Land Israel das Sprichwort zu gebrauchen: Die Väter
essen saure Trauben, und den Söhnen werden die Zähne stumpf? 3 So
wahr ich lebe – Spruch Gottes, des Herrn –, keiner von euch in Israel
soll mehr dieses Sprichwort gebrauchen. 4 Alle Menschenleben sind
mein Eigentum, das Leben des Vaters ebenso wie das Leben des Soh-
nes, sie gehören mir. Nur wer sündigt, soll sterben.
5 Ist jemand gerecht, so handelt er nach Recht und Gerechtigkeit. 6 Er
hält auf den Bergen keine Opfermahlzeiten ab. Er blickt nicht zu den
Götzen des Hauses Israel auf. Er schändet nicht die Frau seines Näch-
sten. Einer Frau tritt er nicht nahe während ihrer Blutung. 7 Er unter-
drückt niemand. Er gibt dem Schuldner das Pfand zurück. Er begeht
keinen Raub. Dem Hungrigen gibt er von seinem Brot, und den Nack-
ten bekleidet er. 8 Er leiht nicht gegen Zins und treibt keinen Wucher.
Er hält seine Hand vom Unrecht fern. Zwischen Streitenden fällt er ein
gerechtes Urteil. 9 Er lebt nach meinen Gesetzen, er achtet auf meine
Rechtsvorschriften und befolgt sie treu. Er ist gerecht, und deshalb
wird er am Leben bleiben – Spruch Gottes, des Herrn.
10 Angenommen aber, er zeugt einen Sohn, der gewalttätig wird, der
Blut vergießt oder eine andere von diesen Sünden begeht, 11 während
er (der Vater), all das nicht getan hat, (einen Sohn,) der auf den Bergen
Opfermahlzeiten abhält, der die Frau seines Nächsten schändet, 12 der
die Elenden und Armen unterdrückt, andere beraubt und dem Schuld-
ner das Pfand nicht zurückgibt, der zu den Götzen aufblickt und Greu-
eltaten verübt, 13 der gegen Zins leiht und Wucher treibt – soll der
dann am Leben bleiben? Er soll nicht am Leben bleiben. Er hat alle
diese Greueltaten verübt, darum muß er sterben. Er ist selbst schuld
an seinem Tod.
14 Nun hat auch dieser Sohn wieder einen Sohn gezeugt, und der Sohn
sieht alle die Sünden, die sein Vater begeht. Er sieht sie, begeht sie
aber nicht. 15 Er hält auf den Bergen keine Opfermahlzeiten ab. Er
blickt nicht zu den Götzen des Hauses Israel auf. Er schändet nicht die
Frau seines Nächsten. 16 Er unterdrückt niemand. Er fordert kein
Pfand und begeht keinen Raub. Dem Hungrigen gibt er von seinem
Brot, und den Nackten bekleidet er. 17 Er hält seine Hand vom Unrecht
fern. Er nimmt keinen Zins und treibt keinen Wucher. Er befolgt
meine Rechtsvorschriften und lebt nach meinen Gesetzen. Dieser
Sohn wird nicht wegen der Schuld seines Vaters sterben; er wird
bestimmt am Leben bleiben. 18 Sein Vater aber mußte wegen seiner
Schuld sterben; denn er hat andere erpreßt und beraubt und in seiner
Familie getan, was nicht recht ist.
19 Ihr aber fragt: Warum trägt der Sohn nicht mit an der Schuld seines
Vaters? Weil der Sohn nach Recht und Gerechtigkeit gehandelt hat. Er
hat auf alle meine Gesetze geachtet und sie befolgt. Er wird bestimmt
am Leben bleiben. 20 Nur wer sündigt, soll sterben. Ein Sohn soll nicht
die Schuld seines Vaters tragen und ein Vater nicht die Schuld seines
Sohnes. Die Gerechtigkeit kommt nur dem Gerechten zugute, und
die Schuld lastet nur auf dem Schuldigen.
21 Wenn der Schuldige sich von allen Sünden, die er getan hat, abwen-
det, auf alle meine Gesetze achtet und nach Recht und Gerechtigkeit
handelt, dann wird er bestimmt am Leben bleiben und nicht sterben.
22 Keines der Vergehen, deren er sich schuldig gemacht hat, wird ihm
angerechnet. Wegen seiner Gerechtigkeit wird er am Leben bleiben.
23 Habe ich etwa Gefallen am Tod des Schuldigen – Spruch Gottes, des
Herrn – und nicht vielmehr daran, daß er seine bösen Wege verläßt
und so am Leben bleibt?
24 Wenn jedoch ein Gerechter sein rechtschaffenes Leben aufgibt,
wenn er Unrecht tut und all die Greueltaten begeht, die auch der Böse
verübt, sollte er dann etwa am Leben bleiben? Keine seiner gerechten
Taten wird ihm angerechnet. Wegen seiner Treulosigkeit und wegen
der Sünde, die er begangen hat, ihretwegen muß er sterben. 25 Ihr
aber sagt: Das Verhalten des Herrn ist nicht richtig. Hört doch, ihr
vom Haus Israel: Mein Verhalten soll nicht richtig sein? Nein, euer
Verhalten ist nicht richtig.
26 Wenn der Gerechte sein rechtschaffenes Leben aufgibt und Unrecht
tut, muß er dafür sterben. Wegen des Unrechts, das er getan hat, wird
er sterben. 27 Wenn sich der Schuldige von dem Unrecht abwendet,
das er begangen hat, und nach Recht und Gerechtigkeit handelt, wird
er sein Leben bewahren. 28 Wenn er alle Vergehen, deren er sich schul-
dig gemacht hat, einsieht und umkehrt, wird er bestimmt am Leben
bleiben. Er wird nicht sterben. 29 Das Haus Israel aber sagt: Das Ver-
halten des Herrn ist nicht richtig. Mein Verhalten soll nicht richtig
sein, ihr vom Haus Israel? Nein, euer Verhalten ist nicht richtig.
30 Darum will ich euch richten, jeden nach seinem Verhalten, ihr vom
Haus Israel – Spruch Gottes, des Herrn. Kehrt um, wendet euch ab von
all euren Vergehen! Sie sollen für euch nicht länger der Anlaß sein, in
Sünde zu fallen. 31 Werft alle Vergehen von euch, die ihr verübt habt!
Schafft euch ein neues Herz und einen neuen Geist! Warum wollt ihr
sterben, ihr vom Haus Israel? 32 Ich habe doch kein Gefallen am Tod
dessen, der sterben muß – Spruch Gottes, des Herrn. Kehrt um, damit
ihr am Leben bleibt.

Die Totenklage über den Fürsten von Israel

19 Du aber, stimm die Totenklage an über den Fürsten von
Israel, 2 und sag:
Was war doch deine Mutter für eine Löwin / unter den Löwen!
Bei jungen Löwen hatte sie ihr Lager / und zog ihren Nachwuchs auf.
3 Eins von ihren Jungen zog sie groß, / und es wurde ein starker Löwe.
Er lernte, zu reißen und zu rauben, / er fraß Menschen.
4 Da bot man Völker gegen ihn auf. / In ihrer Grube fingen sie ihn / und
schleppten ihn an Haken ins Land Ägypten.
5 Als sie sah, daß ihre Hoffnung vereitelt, / daß sie zunichte war,
nahm sie von ihren Jungen ein anderes / und machte es zum starken
Löwen.
6 Er tummelte sich unter den Löwen / und wurde ein starker Löwe.
Er lernte, zu reißen und zu rauben, / er fraß Menschen.
7 Er zerbrach ihre Burgen / und verheerte ihre Städte;

Gustav Klimt
Tod und Leben
(vollendet 1916)
»Dann werden alle Sterblichen erkennen, daß ich, der Herr, mein Schwert aus der Scheide gezogen habe. Es wird nicht mehr in die Scheide zurückkehren« (Ez 21,10). In warmen Farben leuchtet der rechte Teil des Gemäldes. Blüten am oberen Rand dieser bildbeherrschenden Zone lassen an das ›blühende Leben‹ denken, und auch die ornamental gemusterten Stoffe besitzen etwas Blühendes. Mit ihnen verwoben erscheinen die Figuren: Links eine junge Frau, die sich an ein Kind schmiegt; darunter Mann und Frau, ein einander zugewandtes (Liebes-) Paar; dazwischen eine alte Frau mit gesenktem Blick. Je länger wir diesen ›Berg des Lebens‹, der alle Lebensalter des Menschen repräsentiert, betrachten, desto unausweichlicher geht der Blick nach links. Dort ragt der dürre Tod in einem Gewand mit schwarzen Grabkreuzen und einem Zepter oder Stock in den Händen hoch auf.

das Land, und was in ihm lebte, / entsetzte sich bei seinem lauten Gebrüll.
8 Da setzte man Völker gegen ihn ein / aus den Ländern ringsum.
Sie warfen ihr Netz über ihn; / in ihrer Grube fingen sie ihn.
9 Sie zerrten ihn an Haken in einen Käfig / und brachten ihn zum König von Babel,
[sie brachten ihn in Gewahrsam,] / damit man seine Stimme nicht mehr hörte / auf Israels Bergen.
10 Deine Mutter war wie ein Weinstock im Garten, / der am Wasser gepflanzt ist.
Voll von Früchten und Ranken war er / wegen des Reichtums an Wasser.
11 Er hatte kräftige Zweige, / für Zepter von Herrschern geeignet;
sein Wuchs war hoch, / er ragte bis in die Wolken.
Weithin war er sichtbar wegen seiner Höhe / und wegen seines dichten Laubes.
12 Doch im Zorn riß man ihn aus / und warf ihn auf die Erde.
Der Ostwind dörrte ihn aus, / seine Früchte riß man ab.
Sein kräftiger Stamm verdorrte. / Feuer verzehrte ihn.
13 Nun verpflanzte man ihn in die Wüste, / in trockenes, dürstendes Land.
14 Und Feuer ging aus von den Zweigen am Stamm / und fraß seine Früchte.

Kein kräftiger Zweig war mehr an ihm, / kein Zepter für Herrscher. –
Eine Totenklage ist dieses Lied; / zur Totenklage ist es geworden.

Die zahlreichen Treulosigkeiten Israels

20 Im fünften Monat des siebten Jahres kamen am zehnten Tag
des Monats einige von den Ältesten Israels, um den Herrn zu
befragen. Sie setzten sich vor mir nieder. 2 Da erging das Wort des
Herrn an mich: 3 Menschensohn, rede mit den Ältesten Israels, und
sag zu ihnen: So spricht Gott, der Herr: Seid ihr gekommen, um mich
zu befragen? So wahr ich lebe, ich lasse mich von euch nicht befragen
– Spruch Gottes, des Herrn. 4 Willst du nicht über sie Gericht halten,
Menschensohn, willst nicht du Gericht halten? Mach ihnen die Greu-
eltaten ihrer Väter bewußt, 5 und sag zu ihnen: So spricht Gott, der
Herr: An dem Tag, als ich Israel erwählt habe, erhob ich meine Hand,
(um) den Nachkommen des Hauses Jakob (einen Eid zu leisten). Ich
offenbarte mich ihnen in Ägypten. Ich erhob meine Hand (zum
Schwur) und sprach: Ich bin der Herr, euer Gott.
6 An jenem Tag erhob ich meine Hand (zum Schwur), daß ich sie aus
Ägypten herausführe in ein Land, das ich für sie erkundete, in dem
Milch und Honig fließen, ein Schmuckstück unter allen Ländern.
7 Und ich sagte zu ihnen: Ihr alle, werft die Götzen weg, an denen eure
Augen hängen. Macht euch nicht unrein durch die Greueltaten Ägyp-
tens! Ich bin der Herr, euer Gott. 8 Sie aber widersetzten sich mir und
wollten nicht auf mich hören. Keiner warf die Götzen weg, an denen
seine Augen hingen, und sie sagten sich nicht los von den Götzen
Ägyptens. Da sagte ich: Ich will meinen Zorn über sie ausgießen und
meinen Grimm an ihnen auslassen, mitten in Ägypten. 9 Aber dann
handelte ich um meines Namens willen anders; ich wollte ihn nicht
entweihen vor den Augen der Völker, in deren Mitte sie lebten und vor
deren Augen ich mich ihnen offenbarte, als ich sie aus Ägypten her-
ausführte.
10 Ich führte sie aus Ägypten heraus, brachte sie in die Wüste 11 und
gab ihnen meine Gesetze. Ich gab ihnen meine Rechtsvorschriften
bekannt, die der Mensch befolgen muß, damit er durch sie am Leben
bleibt. 12 Auch meine Sabbat-Tage gab ich ihnen zum Zeichen (des
Bundes) zwischen mir und ihnen. Daran sollte man erkennen, daß
ich, der Herr, Israel heilige. 13 Aber das Haus Israel widersetzte sich
mir in der Wüste. Sie lebten nicht nach meinen Gesetzen und wiesen
meine Rechtsvorschriften zurück, die der Mensch befolgen muß,
damit er durch sie am Leben bleibt. Auch meine Sabbat-Tage entweih-
ten sie völlig. Da sagte ich: Ich will in der Wüste über sie meinen Zorn
ausgießen und sie vernichten. 14 Aber ich handelte anders um meines
Namens willen; ich wollte ihn nicht entweihen vor den Völkern, vor
deren Augen ich sie (aus Ägypten) herausgeführt hatte. 15 Doch in der
Wüste erhob ich meine Hand (zum Schwur), daß ich sie nicht in das
Land bringe, das ich für sie bestimmt hatte, in das Land, wo Milch und
Honig fließen, das Schmuckstück unter allen Ländern. 16 Denn sie
wiesen meine Rechtsvorschriften zurück, sie lebten nicht nach mei-
nen Gesetzen und entweihten meine Sabbat-Tage, weil ihr Herz hinter
den Götzen her war. 17 Aber mein Auge zeigte Mitleid mit ihnen: Ich
rottete sie nicht völlig aus in der Wüste.
18 Zu ihren Söhnen sagte ich in der Wüste: Lebt nicht nach den Geset-
zen eurer Väter, achtet nicht auf ihre Rechtsvorschriften, und macht
euch nicht unrein an ihren Götzen! 19 Ich bin der Herr, euer Gott. Lebt
nach meinen Gesetzen, achtet auf meine Rechtsvorschriften, und
befolgt sie! 20 Haltet meine Sabbat-Tage heilig; sie sollen das Zeichen
(des Bundes) zwischen mir und euch sein. Daran wird man erkennen,
daß ich, der Herr, euer Gott bin. 21 Aber die Söhne widersetzten sich
mir. Sie lebten nicht nach meinen Gesetzen, und sie beachteten und
befolgten meine Rechtsvorschriften nicht, die der Mensch befolgen
muß, damit er durch sie am Leben bleibt. Meine Sabbat-Tage entweih-
ten sie. Da sagte ich: Ich werde in der Wüste meinen Zorn über sie
ausgießen und meinen Grimm an ihnen auslassen. 22 Aber ich zog
meine Hand zurück und handelte anders, um meines Namens willen;
ich wollte ihn nicht vor all den Völkern entweihen, vor deren Augen
ich sie (aus Ägypten) herausgeführt hatte. 23 Doch ich erhob in der
Wüste meine Hand (zum Schwur), daß ich sie unter die Völker zer-
streuen und in alle Länder vertreiben werde, 24 weil sie meine Rechts-
vorschriften nicht befolgten, meine Gesetze ablehnten und meine
Sabbat-Tage entweihten und weil ihre Augen hinter den Götzen ihrer
Väter her waren. 25 Auch gab ich ihnen Gesetze, die nicht gut waren,
und Rechtsvorschriften, die es ihnen unmöglich machten, am Leben
zu bleiben. 26 Ich machte sie unrein durch ihre Opfergaben; sie ließen
nämlich alle Erstgeborenen durch das Feuer gehen. Ich wollte ihnen
Entsetzen einjagen; denn sie sollten erkennen, daß ich der Herr bin.
27 Darum sprich zum Haus Israel, Menschensohn, und sag zu ihnen:
So spricht Gott, der Herr: Eure Väter haben mich auch dadurch ver-
höhnt, daß sie mir untreu wurden. 28 Als ich sie in das Land gebracht
hatte – ich hatte ja meine Hand erhoben (und geschworen), es ihnen
zu geben –, schlachteten sie, sobald sie irgendeinen hohen Hügel und
einen dichtbelaubten Baum sahen, dort ihre Opfer; dort brachten sie
ihre ärgerlichen Gaben dar, legten ihre duftenden Spenden nieder,
um mich zu beruhigen, und gossen dort ihre Trankopfer aus. 29 Da
sagte ich zu ihnen: Was ist das schon, die Höhe, zu der ihr kommt? –
Deshalb wird ein solcher Platz bis zum heutigen Tag Kulthöhe
genannt.
30 Darum sag zum Haus Israel: So spricht Gott, der Herr: Wie schon
eure Väter, so macht auch ihr euch unrein und lauft in eurer Untreue
ihren Götzen nach. 31 Wenn ihr eure Gaben darbringt, eure Söhne
durch das Feuer gehen laßt, wenn ihr euch bis zum heutigen Tag
immer wieder unrein macht mit all euren Götzen, soll ich mich dann
von euch befragen lassen, ihr vom Haus Israel? So wahr ich lebe –
Spruch Gottes, des Herrn –, ich lasse mich von euch nicht befragen.
32 Niemals soll geschehen, was euch eingefallen ist, als ihr sagtet: Wir
wollen wie die anderen Völker sein, wie die Völkerstämme in anderen
Ländern, und wollen Holz und Stein verehren. 33 So wahr ich lebe –
Spruch Gottes, des Herrn: Ich will mit starker Hand und hoch erhobe-
nem Arm über euch als König herrschen und dabei meinen Zorn über
euch ausgießen. 34 Ich will euch mit starker Hand und hoch erhobe-
nem Arm aus den Völkern herausführen und aus den Ländern, in die
ihr zerstreut seid, sammeln und dabei meinen Zorn über euch aus-
gießen. 35 Ich bringe euch in die Wüste der Völker; dort trete ich euch
von Angesicht zu Angesicht als Richter gegenüber. 36 Wie ich mit
euren Vätern in der Wüste Ägyptens ins Gericht gegangen bin, so will
ich auch mit euch ins Gericht gehen – Spruch Gottes, des Herrn. 37 Ich
lasse euch unter dem Hirtenstab an mir vorbeiziehen und zähle euch
ab. 38 Die Abtrünnigen und alle, die sich gegen mich auflehnten, son-
dere ich von euch ab. Ich führe sie zwar aus dem Land, in dem sie als
Fremde leben, heraus, in das Land Israel aber werden sie nicht kom-
men; dann werdet ihr erkennen, daß ich der Herr bin.
39 Ihr aber vom Haus Israel – so spricht Gott, der Herr –, geht doch
alle, und dient euren Götzen! Doch später werdet ihr auf mich hören
und meinen heiligen Namen nicht mehr mit euren Opfergaben und
mit euren Götzen entweihen. 40 Denn auf meinem heiligen Berg, auf
dem hohen Berg Israels – Spruch Gottes, des Herrn –, dort im Land
wird mir das ganze Haus Israel dienen. Dort will ich sie gnädig anneh-
men, und dort fordere ich eure Abgaben und Erstlingsopfer mit all
euren heiligen Gaben. 41 Beim beruhigenden Duft eurer Opfer will ich
euch gnädig annehmen. Wenn ich euch aus den Völkern herausführe
und aus den Ländern sammle, in die ihr zerstreut seid, werde ich mich
vor den Augen der Völker an euch als heilig erweisen. 42 Ihr sollt
erkennen, daß ich der Herr bin, wenn ich euch in das Land Israel
bringe; denn ich habe meine Hand erhoben (zum Schwur), dieses
Land euren Vätern zu geben. 43 Dort werdet ihr euch an euer Verhalten
und an all eure Taten erinnern, durch die ihr euch unrein gemacht
habt, und es wird euch ekeln vor euch selbst wegen all der bösen
Taten, die ihr begangen habt. 44 Ihr werdet erkennen, daß ich der Herr
bin, wenn ich um meines Namens willen so an euch handle und nicht
nach eurem verkehrten Verhalten und nach euren verwerflichen Taten,
ihr vom Haus Israel – Spruch Gottes, des Herrn.

Das Gleichnis vom Waldbrand

21 Das Wort des Herrn erging an mich: 2 Menschensohn, richte
dein Gesicht nach Süden, weissage gegen das Südland, tritt
als Prophet auf gegen den Wald im Süden, 3 und sag zum Wald des
Südlands: Höre das Wort des Herrn: So spricht Gott, der Herr:
Ich will Feuer an dich legen, jeden grünen Baum und jeden dürren Baum
in dir wird es verzehren. Seine lodernde Flamme wird nicht erlöschen.
Alle Gesichter sollen von ihr versengt werden, vom Süden bis zum Nor-
den. 4 Dann wird jeder Sterbliche sehen, daß ich, der Herr, das Feuer
entfacht habe. Und es wird nicht erlöschen. 5 Da sagte ich: Ach, Herr
und Gott, sie sagen über mich: Er redet ja immer nur in Gleichnissen.

Das Lied vom Schwert des Herrn

6 Das Wort des Herrn erging an mich: 7 Menschensohn, richte dein
Gesicht gegen Jerusalem, weissage gegen sein Heiligtum, tritt als Pro-
phet auf gegen das Land Israel, 8 und sag zu ihm: So spricht Gott, der
Herr: Nun gehe ich gegen dich vor. Ich ziehe mein Schwert aus der
Scheide und rotte bei dir die Gerechten ebenso wie die Schuldigen
aus. 9 Weil ich bei dir die Gerechten und die Schuldigen ausrotten will,
deshalb wird mein Schwert aus seiner Scheide fahren, gegen jeden
Sterblichen vom Süden bis zum Norden. 10 Dann werden alle Sterbli-
chen erkennen, daß ich, der Herr, mein Schwert aus der Scheide gezo-
gen habe. Es wird nicht mehr in die Scheide zurückkehren. 11 Du,
Menschensohn, stöhne: Stöhne mit gebrochenen Hüften und in bitte-
rem Schmerz vor ihren Augen. 12 Wenn sie dann zu dir sagen: Warum
stöhnst du?, antworte: Weil eine Nachricht kommt, bei der jedes Herz
verzagt, alle Hände kraftlos heruntersinken, bei der jeder Atem stockt
und an allen Knien das Wasser herabläuft. Seht, es kommt und
geschieht – Spruch Gottes, des Herrn.
13 Das Wort des Herrn erging an mich: 14 Menschensohn, tritt als Pro-
phet auf, und sag: So spricht Gott, der Herr: Sag:
Ein Schwert, ein Schwert, / geschärft und poliert.
15 Zum Schlachten, zum Schlachten ist es geschärft; / um wie ein Blitz
zu leuchten, ist es poliert.
[Oder sollen wir uns freuen? / Der Stock meines Sohnes verachtet
jedes andere Holz.]
16 Man gab es zum Polieren, dann packt es die Faust, / ein Schwert,
geschärft und poliert / für des Henkers Hand.
17 Schrei und heule, Menschensohn! / Denn es richtet sich gegen mein
Volk, / gegen alle Fürsten von Israel.
Dem Schwert sind sie verfallen, / sie und mein Volk.
Darum schlag auf die Hüfte! / 18 Denn es wurde erprobt.
[Doch was wird, wenn auch der verachtende Stock nicht mehr ist?] – /
Spruch Gottes, des Herrn.
19 Du, Menschensohn, sprich als Prophet, / und schlag die Hände
zusammen!
Verdoppelt wird das Schwert, ja verdreifacht. / Ein Schwert zum Mor-
den ist es, zum Morden, / das gewaltige Schwert, das sie durchbohrt.
20 Das Herz soll verzagen, und viele sollen straucheln. / An all ihren
Toren habe ich dem Schwert zu schlachten befohlen.
Ja, zum Blitzen bist du gemacht, / zum Schlachten poliert.
21 Zeig, daß du scharf bist! / Zucke nach rechts und nach links, / wohin
deine Schneide gelenkt wird.
22 Auch ich schlage die Hände zusammen; / meinen Zorn will ich stil-
len. – / Ich, der Herr, habe gesprochen.

Eine weitere symbolische Handlung: Das Schwert des Königs von Babel

23 Das Wort des Herrn erging an mich: 24 Du, Menschensohn, mach
dir zwei Wege, auf denen das Schwert des Königs von Babel kommt.
Sie sollen beide vom gleichen Land ausgehen. Am Anfang der beiden
Wege stell einen Wegweiser zu je einer Stadt auf! 25 Gib die Richtung
an, die das Schwert einschlagen kann: entweder Rabbat-Ammon oder
Juda mit dem befestigten Jerusalem. 26 Denn der König von Babel steht
an der Wegscheide, am Anfang der zwei Wege, und läßt das Orakel
entscheiden: Er schüttelt die Pfeile, befragt die Götterbilder und hält
Leberschau. 27 In seiner rechten Hand hält er den Entscheid des Ora-
kels: Jerusalem. Jetzt wird er die Sturmböcke aufstellen, das Kampf-
lied anstimmen, das Kriegsgeschrei erheben, die Sturmböcke auf die
Tore richten, einen Damm aufschütten und Belagerungstürme bauen.
28 Doch in den Augen der Leute (von Jerusalem) ist das Orakel bedeu-
tungslos. Für sie galten heilige Eide, darum wird er (der König von
Babel) sie an ihre Schuld erinnern und sie packen. 29 Darum – so
spricht Gott, der Herr: Ihr habt selbst an eure Schuld erinnert – eure
Vergehen liegen offen zutage, eure Sünden sind samt all euren Unta-
ten ans Licht gekommen –, und weil ihr überführt seid, wird man euch
mit Gewalt packen. 30 Du entweihter, verbrecherischer Fürst von
Israel, für den der Tag gekommen ist, die Zeit der endgültigen Abrech-
nung! 31 So spricht Gott, der Herr: Weg mit dem Turban, herunter mit
der Krone! Nichts soll bleiben, wie es ist. Das Niedrige wird hoch, das
Hohe wird niedrig. 32 Zu Trümmern, Trümmern, Trümmern mache
ich die Stadt. [Auch dies geschieht nicht, bis der kommt, der auf sie
ein Anrecht hat und dem ich sie geben will.]
33 Du aber, Menschensohn, sprich als Prophet, und sag: So spricht
Gott, der Herr, über die Ammoniter und ihr Hohngelächter. Du sollst
sagen: Schwert, Schwert, gezückt zum Schlachten, poliert, um ganze
Arbeit zu tun, um wie ein Blitz einzuschlagen. 34 Während sie noch für
dich leere Visionen haben und dir falsche Orakel verkünden, ist den
todgeweihten Verbrechern das Schwert schon an den Hals gelegt; jetzt
ist für sie der Tag gekommen, die Zeit der endgültigen Abrechnung.
35 Steck das Schwert in die Scheide! An dem Ort, wo du erschaffen
wurdest, im Land deiner Herkunft will ich dich richten. 36 Ich gieße
meinen Groll über dich aus, das Feuer meines Zorns will ich gegen
dich entfachen. Ich liefere dich grausamen Menschen aus, die ihr
mörderisches Handwerk verstehen. 37 Das Feuer soll dich verzehren.
Mitten im Land soll dein Blut fließen. An dich wird sich niemand erin-
nern. Denn ich, der Herr, habe gesprochen.

Anklage gegen Jerusalem

22 Das Wort des Herrn erging an mich: 2 Du, Menschensohn,
willst du das Urteil sprechen, willst du das Urteil sprechen
über die Stadt voll Blutschuld, willst du ihr alle ihre Greueltaten
bewußt machen, 3 dann sag zu ihr: So spricht Gott, der Herr: Du Stadt,
die in ihrer Mitte Blut vergießt, so daß die Zeit (des Gerichts) über sie
kommt, und die sich Götzen macht und dadurch unrein wird: 4 Durch
das Blut, das du vergossen hast, bist du schuldig geworden, und durch
die Götzen, die du gemacht hast, bist du unrein geworden. Du hast
dafür gesorgt, daß die Tage (deines Gerichts) nahe gerückt sind; so bist
du ans Ende deiner Jahre gekommen. Deshalb mache ich dich zu
einem Zeichen der Schande unter den Völkern und des höhnischen
Spottes in allen Ländern. 5 Nah und Fern verhöhnt dich; denn dein
Name ist befleckt, und deine Bestürzung ist groß. 6 Jeder der Fürsten
Israels strebt mit aller Macht danach, in dir Blut zu vergießen. 7 In dir
verachtet man Vater und Mutter. In deiner Mitte beutet man die Frem-
den aus. In dir unterdrückt man Waisen und Witwen. 8 Was mir heilig
ist, verachtest du. Meine Sabbat-Tage entweihst du. 9 In dir gibt es Ver-
leumder, die Blut vergießen wollen. Man hält bei dir auf den Bergen
Opfermahlzeiten ab. Schandtaten verübt man bei dir: 10 Man schändet
die Frau des Vaters, man mißbraucht bei dir Frauen während ihrer Blu-
tung. 11 Der eine treibt abscheuliche Dinge mit der Frau seines Näch-
sten; ein anderer begeht die Schandtat, seine Schwiegertochter unrein
zu machen, wieder ein anderer mißbraucht seine Schwester, die Toch-
ter seines Vaters. 12 Bei dir läßt man sich bestechen und vergießt
dadurch Blut. Du nimmst Zins und treibst Wucher und erpreßt deinen
Nächsten. Mich aber hast du vergessen – Spruch Gottes, des Herrn.
13 Ich schlage meine Hände zusammen wegen des Gewinns, den du
gemacht hast, und wegen der Morde, die in deiner Mitte geschehen
sind. 14 Wird dein Herz standhalten können, werden deine Hände
stark bleiben in den Tagen, in denen ich gegen dich vorgehe? Ich, der
Herr, habe gesprochen, und ich führe es aus. 15 Ich zerstreue deine
Einwohner unter die Völker und vertreibe sie in alle Länder, ich mache

der Unreinheit bei dir ein Ende. 16 Durch deine eigene Schuld bist du
entweiht vor den Augen der Völker, und du wirst erkennen, daß ich
der Herr bin.

Der Schmelzofen des göttlichen Zorns

17 Das Wort des Herrn erging an mich: 18 Menschensohn, das Haus
Israel ist für mich zu Schlacke geworden. Sie alle sollten Silber, Kupfer
und Zinn, Eisen und Blei im Schmelzofen sein; doch sie sind Schlacke.
19 Darum – so spricht Gott, der Herr: Weil ihr alle zu Schlacke gewor-
den seid, werde ich euch mitten in Jerusalem sammeln. 20 Wie man
Silber, Kupfer, Eisen, Blei und Zinn im Schmelzofen zusammentut
und darunter das Feuer anzündet, um alles zum Schmelzen zu brin-
gen, so will ich euch in meinem Zorn und Grimm zusammentun, will
euch in den Ofen legen und euch zum Schmelzen bringen. 21 Ich tue
euch alle zusammen hinein und lasse das Feuer meines Zorns gegen
euch auflodern; darin werdet ihr dann schmelzen. 22 Wie Silber im
Schmelzofen schmilzt, so werdet ihr darin zum Schmelzen gebracht.
Dann erkennt ihr, daß ich, der Herr, meinen Zorn über euch aus-
schütte.

Die Verderbtheit aller Schichten des Volkes

23 Das Wort des Herrn erging an mich: 24 Menschensohn, sag zu dem
Land: Du bist ein Land, das nicht vom Regen begossen, nicht benetzt
wird am Tag des Zorns. 25 Mitten in ihm sind seine Fürsten wie brül-
lende Löwen, die auf Beute aus sind. Sie fressen Menschen, nehmen
Schätze und Kostbarkeiten an sich und machen viele Frauen im Land
zu Witwen. 26 Seine Priester vergewaltigen mein Gesetz. Sie entwei-
hen, was mir heilig ist. Zwischen heilig und nicht heilig machen sie
keinen Unterschied. Sie belehren niemand mehr über unrein und rein,
und vor meinen Sabbat-Tagen verschließen sie die Augen. So werde
ich mitten unter ihnen entweiht. 27 Mitten in ihm sind seine Beamten
wie Wölfe, die auf Beute aus sind; sie vergießen Blut und richten Men-
schenleben zugrunde, um Gewinn zu machen. 28 Seine Propheten
aber übertünchen ihnen alles. Sie haben nichtige Visionen, verkünden
ihnen falsche Orakel und sagen: So spricht Gott, der Herr – obwohl
der Herr gar nicht gesprochen hat.
29 Die Bürger des Landes erpressen und rauben. Sie beuten die Schwa-
chen und Armen aus und erpressen die Fremden gegen jedes Recht.
30 Da suchte ich unter ihnen einen Mann, der eine Mauer baut oder für
das Land in die Bresche springt und mir entgegentritt, damit ich es
nicht vernichten muß; aber ich fand keinen. 31 Darum schütte ich mei-
nen Groll über sie aus. Ich vernichte sie im Feuer meines Zorns. Ihr
Verhalten lasse ich auf sie selbst zurückfallen – Spruch Gottes, des
Herrn.

Das Gleichnis von den schamlosen Schwestern Israel und Juda

23 Das Wort des Herrn erging an mich: 2 Menschensohn! Es
waren einst zwei Frauen, Töchter der gleichen Mutter. 3 Sie
trieben Unzucht in Ägypten, schon in ihrer Jugend trieben sie
Unzucht; dort griff man nach ihren Brüsten, dort streichelte man ihre
jugendliche Brust. 4 Die ältere hieß Ohola, ihre Schwester Oholiba. Sie
wurden meine Frauen und gebaren Söhne und Töchter. Der Name
Ohola meint Samaria, Oholiba Jerusalem. 5 Ohola wurde mir untreu.
Sie hatte Verlangen nach ihren Liebhabern, den kriegerischen Assy-
rern, 6 den in Purpur gekleideten Statthaltern und Herren; alle waren
begehrenswerte junge Männer, Reiter hoch zu Roß. 7 Auf sie richtete
sie ihr unzüchtiges Verlangen. Sie alle gehörten zu den Tüchtigsten
unter den Assyrern. Mit allen, nach denen sie Verlangen hatte, und mit
all ihren Götzen machte sie sich unrein. 8 Die Unzucht, die sie in
Ägypten getrieben hatte, gab sie nicht auf; denn schon als sie noch
jung war, lagen die Ägypter bei ihr, drückten ihre jugendlichen Brüste
und besudelten sie mit ihrer Unzucht. 9 Darum gab ich sie in die
Gewalt ihrer Liebhaber, in die Gewalt der Assyrer, nach denen sie Ver-
langen hatte. 10 Sie entblößten ihre Scham, nahmen ihr die Söhne und
Töchter weg und erschlugen sie selbst mit dem Schwert. So wurde sie
zum warnenden Beispiel für alle Frauen, und man vollstreckte an ihr
das Urteil.
11 All das sah ihre Schwester Oholiba; trotzdem trieb sie es in ihrer
Gier noch toller als sie und war in ihrer Schamlosigkeit noch schlim-
mer als sie. 12 Auch sie hatte Verlangen nach den Assyrern, nach den
Statthaltern und Herren, den prächtig gekleideten Kriegern, den Rei-
tern hoch zu Roß. Alle waren begehrenswerte junge Männer. 13 Ich
sah, daß sie sich unrein machte. Beide trieben es gleich. 14 Doch Oho-
liba ging noch weiter in ihrem unzüchtigen Treiben: Sie sah mit Men-
nig gemalte Wandzeichnungen chaldäischer Männer, 15 die um die
Hüften einen Lendenschurz und auf dem Kopf einen herabhängenden
Kopfbund trugen. Alle sahen aus wie Helden, wie Babylonier [Chaldäa
ist ihre Heimat]. 16 Als ihre Augen sie sahen, erwachte in ihr die Gier,
und sie schickte Boten zu ihnen nach Chaldäa. 17 Die Söhne Babels
kamen zu ihrem Liebeslager und machten sie unrein mit ihrer
Unzucht. Als sie aber durch sie unrein geworden war, wandte sie sich
jäh von ihnen ab.
18 Weil sie so offen ihre Unzucht trieb und ihre Scham entblößte,
wandte auch ich mich jäh von ihr ab, wie ich mich von ihrer Schwester
abgewandt hatte. 19 Sie jedoch ging noch weiter in ihrem unzüchtigen
Treiben. Sie dachte an die Tage ihrer Jugend, als sie in Ägypten
Unzucht getrieben hatte. 20 Und es erwachte in ihr die Gier nach ihren
Liebhabern, deren Glieder wie die Glieder der Esel und deren Erguß
wie der Erguß der Hengste waren. 21 Du hattest nämlich das schändli-
che Treiben deiner Jugend vermißt, als die Ägypter nach deinen Brü-
sten griffen und deine jugendliche Brust streichelten.
22 Darum, Oholiba – so spricht Gott, der Herr –, hetze ich deine Lieb-
haber, von denen du dich jäh abgewandt hast, gegen dich auf, von
allen Seiten führe ich sie gegen dich heran: 23 die Söhne Babels und
alle Chaldäer, Männer aus Pekod, Schoa und Koa, dazu alle Assyrer,
begehrenswerte junge Männer, lauter Statthalter und Herren, Helden
und Krieger, alle hoch zu Roß. 24 In Scharen überfallen sie dich mit
Reitern und Wagen und einem Heer aus vielen Völkern. Mit Lang-
schilden, Rundschilden und Helmen bewaffnet, umstellen sie dich.
Dann lege ich ihnen den Fall vor, damit sie nach ihrem Recht über dich
richten. 25 Ich lasse dich meine Eifersucht fühlen, damit sie an dir voll
Grimm die Strafe vollziehen: Nase und Ohren werden sie dir
abschneiden. Was von dir übrigbleibt, fällt unter dem Schwert. Sie
nehmen dir die Söhne und Töchter weg. Was dann noch übrig ist von
dir, wird vom Feuer verzehrt. 26 Sie ziehen dir die Kleider aus und neh-
men dir deinen Schmuck weg. 27 So mache ich deinem schändlichen
Treiben und deiner Unzucht, die du schon in Ägypten getrieben hast,
ein Ende. Du sollst deine Liebhaber nicht mehr ansehen und nie mehr
an Ägypten denken.
28 Denn – so spricht Gott, der Herr – ich will dich in die Gewalt derer
geben, gegen die du jetzt voll Haß bist, in die Gewalt derer, von denen
du dich jäh abgewandt hast. 29 Sie werden voll Haß gegen dich vorge-
hen und dir alles nehmen, was du mühsam erworben hast. Sie werden
dich nackt und bloß zurücklassen, deine lüsterne, schändliche und
unzüchtige Scham wird entblößt sein. 30 Das tut man dir an, weil du
den Völkern so unzüchtig nachgelaufen bist und dich mit ihren Göt-
zen unrein gemacht hast. 31 Auf dem Weg deiner Schwester bist du
gegangen, darum gebe ich dir ihren Becher in die Hand.
32 So spricht Gott, der Herr:
Den Becher deiner Schwester sollst du leeren, / den tiefen und weiten,
der viel faßt. / [Zum Gelächter und Gespött sollst du werden.]
33 Von Trunkenheit und Qual wirst du voll sein. / Ein Becher des Grau-
ens und des Schauderns / ist der Becher deiner Schwester Samaria.
34 Du sollst ihn leertrinken, ja ausschlürfen, / du sollst seine Scherben
zerbeißen / und dir die Brüste zerreißen.
Denn ich habe gesprochen – Spruch Gottes, des Herrn.
35 Darum – so spricht Gott, der Herr: Weil du mich vergessen und
mich gänzlich verworfen hast, sollst auch du die Strafe für deine
Unzucht und dein schändliches Treiben erleiden.

Emil Nolde
Maria Aegyptica
(1912)
»Sie trieben Unzucht in Ägypten, schon in ihrer Jugend trieben sie Unzucht; dort griff man nach ihren Brüsten, dort streichelte man ihre jugendliche Brust« (Ez 23,3). Die Bildvorstellung am Beginn des »Gleichnisses von den schamlosen Schwestern Israel und Juda« findet sich auch auf der linken Tafel des Triptychons, das Emil Nolde der Legende der Maria Aegyptica gewidmet hat: Sie lebte 17 Jahre in Alexandria als Dirne, bis sie sich aus Neugier einem Pilgerzug nach Jerusalem anschließt. Von unsichtbarer Gewalt am Betreten der heiligen Stätten gehindert, wird sie sich ihrer Sündhaftigkeit bewußt und wandelt sich zur Eremitin. Sie zieht sich in die Wüste östlich des Jordan zurück. Dort findet sie der Mönch Zosimus; ihr Körper ist vollständig in Haare eingehüllt. Nach Jahresfrist kehrt Zosimus zurück und begräbt die Verstorbene, nachdem ein Löwe das Grab ausgehoben hat.

36 Der Herr sagte zu mir: Menschensohn, willst du über Ohola und
Oholiba zu Gericht sitzen? Dann halt ihnen ihre Greueltaten vor: 37 Sie
haben die Ehe gebrochen, und an ihren Händen klebt Blut. Mit ihren
Götzen haben sie Ehebruch begangen, sogar ihre Söhne, die sie mir
geboren hatten, ließen sie durch das Feuer gehen, den Götzen zum
Fraß. 38 Noch mehr taten sie mir an: Am gleichen Tag haben sie mein
Heiligtum unrein gemacht und meine Sabbat-Tage entweiht. 39 Denn
noch am selben Tag, an dem sie ihre Söhne den Götzen schlachteten,
kamen sie in mein Heiligtum und entweihten es. Ja, so trieben sie es in
meinem Haus.
40 Sogar in weite Ferne hast du Boten geschickt und Männer zu dir eingeladen. Als sie kamen, hast du ihretwegen gebadet, deine Augen
geschminkt und deinen Schmuck angelegt. 41 Du hast dich auf ein
prunkvolles Lager gesetzt; davor stand ein Tisch bereit, auf den du
meinen Weihrauch und mein Öl gestellt hattest. 42 Der Lärm einer
sorglosen Menge umgab sie; denn laut zechten die Männer, die
Unzahl von Menschen, die man aus der Wüste herbeigeholt hatte. Sie
legten den beiden Schwestern Spangen an die Arme und setzten ihnen
prächtige Kronen auf. 43 Ich dachte: So haben sie die Ehe gebrochen;
wie eine Dirne es treibt, so treiben sie Unzucht. 44 Die Männer gingen
zu ihr, wie man zu einer Dirne geht. So gingen sie zu Ohola und Oholiba, den schamlosen Frauen. 45 Doch gerechte Männer werden ihnen
das Urteil sprechen nach der Rechtsvorschrift für Ehebrecherinnen
und Mörderinnen. Denn sie haben Ehebruch begangen, und an ihren
Händen klebt Blut.
46 Ja, so spricht Gott, der Herr: Man berufe eine Volksversammlung
gegen sie ein; sie sollen mißhandelt und ausgeraubt werden. 47 Die
Volksversammlung soll sie steinigen und mit Schwertern in Stücke
hauen. Ihre Söhne und Töchter soll man töten und ihre Häuser ver-

brennen. 48 So mache ich dem schändlichen Treiben im Land ein Ende,
damit alle Frauen gewarnt sind und nicht ebenso schamlos handeln
wie ihr. 49 Man wird euch für euer schändliches Treiben bestrafen, und
ihr müßt für die Sünden büßen, die ihr mit euren Götzen begangen
habt. Dann werdet ihr erkennen, daß ich Gott, der Herr, bin.

Weitere symbolische Handlungen

Die vergebliche Reinigung der Stadt

24 Am zehnten Tag des zehnten Monats im neunten Jahr
erging das Wort des Herrn an mich: 2 Menschensohn,
schreib dir das Datum dieses Tages auf, genau den heutigen Tag! Am
heutigen Tag begann der König von Babel seinen Angriff auf Jerusa-
lem. 3 Leg dem widerspenstigen Volk ein Gleichnis vor, und sag zu
ihnen: So spricht Gott, der Herr:
Stell einen Kessel aufs Feuer, / stell ihn auf; auch Wasser gieß ein!
4 Leg Fleisch hinein, / lauter gute Stücke, Lende und Schulter! / Gib die
besten Knochen dazu!
5 Nimm auserlesene Schafe! / Auch Brennholz leg ringsum unter den
Kessel!
Laß die Fleischstücke kochen! / Auch die Knochen koch mit!
6 Darum – so spricht Gott, der Herr: Weh der Stadt voll Blutschuld, /
weh dem verrosteten Kessel
und weh dem Rost, der nicht abgeht. / Stück für Stück nimm wahllos
heraus!
7 Denn das Blut, das die Stadt vergoß, / ist noch mitten in ihr.
An den nackten Felsen hat sie es hingeschüttet. / Nicht auf die Erde hat
sie es vergossen / und nicht mit Erde bedeckt,
8 so daß mein Zorn entbrannte und ich Rache nahm: / Auf dem nack-
ten Felsen vergieße ich ihr Blut; / es wird nicht mit Erde bedeckt.
9 Darum – so spricht Gott, der Herr:
Weh der Stadt voll Blutschuld. / Auch ich schichte einen großen Holz-
stoß auf,
10 ich häufe das Holz, / ich entzünde das Feuer,
ich koche das Fleisch, / ich gieße die Brühe ab / [und die Knochen sol-
len verbrennen].
11 Dann stelle ich den Kessel leer auf die Glut, damit das Metall sich
erhitzt und glüht, damit schmilzt, was an ihm unrein ist, und der Rost
verschwindet. 12 Doch umsonst die Mühe: Der starke Rost geht im
Feuer nicht ab.
13 Wegen deiner Schandtaten und deiner Unreinheit – weil ich dich
rein machen wollte, du aber nicht frei wurdest von deiner Unreinheit –
sollst du nicht mehr rein werden, bis ich meinen Zorn an dir gestillt
habe. 14 Ich, der Herr, habe gesprochen. Jetzt ist es soweit, ich führe es
aus. Ich sehe nicht tatenlos zu. Ich habe kein Mitleid, es reut mich
nicht. Nach deinem Verhalten und deinen Taten will ich dich richten –
Spruch Gottes, des Herrn.

Die Zerstörung der Stadt

15 Das Wort des Herrn erging an mich: 16 Menschensohn, ich nehme
dir die Freude deiner Augen durch einen jähen Tod. Doch du sollst
weder klagen noch weinen. Keine Träne darfst du vergießen, 17 nur
leise stöhnen. Keine Trauerfeier sollst du halten. Binde deinen Kopf-
bund um, und zieh deine Schuhe an! Verhülle deinen Bart nicht, und
iß kein Trauerbrot!
18 Ich redete am Morgen zum Volk. Meine Frau starb am Abend, und
ich tat am Morgen, was mir befohlen war. 19 Da sagte das Volk zu mir:
Willst du uns nicht erklären, was dein Verhalten für uns zu bedeuten
hat? 20 Ich antwortete ihnen: Das Wort des Herrn ist an mich ergan-
gen. 21 Sag zum Haus Israel: So spricht Gott, der Herr: Ich will mein
Heiligtum entweihen, den Zufluchtsort, auf den ihr so stolz seid, die
Freude eurer Augen und die Sehnsucht eurer Seele. Eure Söhne und
Töchter, die ihr zurückgelassen habt, werden unter dem Schwert fal-
len. 22 Dann werdet ihr genauso handeln wie ich: Ihr werdet den Bart
nicht verhüllen und kein Trauerbrot essen. 23 Euren Kopfbund werdet
ihr auf dem Kopf behalten und eure Schuhe an den Füßen. Ihr werdet
weder klagen noch weinen, sondern wegen eurer Sünden dahinsie-
chen und miteinander stöhnen. 24 Ezechiel wird ein Mahnzeichen für
euch sein. Genauso wie er gehandelt hat, werdet ihr handeln; wenn
das eintrifft, werdet ihr erkennen, daß ich Gott, der Herr, bin.
25 Du aber, Menschensohn, an jenem Tag, wenn ich ihnen ihren
Zufluchtsort nehme, ihre Pracht und Wonne, die Freude ihrer Augen
und die Sehnsucht ihrer Seele, ihre Söhne und Töchter, 26 an jenem
Tag wird zu dir ein Flüchtling kommen, um dir die Nachricht zu brin-
gen. 27 Und an jenem Tag wird in Gegenwart des Flüchtlings dein
Mund geöffnet. Du wirst reden und nicht mehr stumm sein. So wirst
du zu einem Mahnzeichen für sie, und sie werden erkennen, daß ich
der Herr bin.

Die Drohsprüche gegen die Nachbarvölker

Gegen die unmittelbaren Nachbarn Israels

Gegen Ammon, Moab, Edom und die Philister

25 Das Wort des Herrn erging an mich: 2 Menschensohn, richte
dein Gesicht gegen die Ammoniter, sprich als Prophet über
sie, 3 und sag zu ihnen: Hört das Wort Gottes, des Herrn: So spricht
Gott, der Herr: Weil du gegen mein Heiligtum hin »Ha, ha« geschrien
hast, als es entweiht wurde, und gegen das Land Israel, als es verwüstet
wurde, und gegen das Haus Juda, als es verschleppt wurde, 4 darum
gebe ich dich jetzt den Völkern des Ostens zum Besitz. Sie werden ihre
Zelte bei dir aufschlagen und ihre Siedlungen bei dir errichten. Sie wer-
den deine Früchte essen und deine Milch trinken. 5 Rabba mache ich
zum Weideplatz der Kamele und die Städte der Ammoniter zum Lager
der Schafe und Ziegen. Dann werdet ihr erkennen, daß ich der Herr bin.
6 Denn so spricht Gott, der Herr: Weil du in die Hände geklatscht und
mit dem Fuß auf den Boden gestampft hast, voll höhnischer Schaden-
freude über das Land Israel, 7 darum strecke ich jetzt meine Hand
gegen dich aus, ich überlasse dich den Völkern zur Plünderung, ich
rotte dich aus unter den Nationen und sorge dafür, daß du aus der
Zahl der Länder verschwindest; ich vernichte dich. Dann wirst du
erkennen, daß ich der Herr bin.
8 So spricht Gott, der Herr: Weil Moab und Seïr sagen: Dem Haus Juda
geht es wie allen anderen Völkern!, 9 darum will ich die Flanke Moabs
aufreißen, so daß es bei ihm keine Stadt mehr gibt von einem Ende
zum andern, nicht mehr Bet-Jeschimot, Baal-Meon und Kirjatajim,
die Zierde des Landes. 10 Zusammen mit den Ammonitern gebe ich es
den Völkern des Ostens zum Besitz, so daß die Ammoniter unter den
Nationen nicht mehr erwähnt werden 11 und ich an Moab das Urteil
vollstrecke. Dann werden sie erkennen, daß ich der Herr bin.
12 So spricht Gott, der Herr: Weil Edom sich am Haus Juda gerächt hat,
weil es Schuld auf sich geladen und Rache an ihm genommen hat,
13 darum – so spricht Gott, der Herr: Ich strecke meine Hand gegen
Edom aus, ich vernichte darin Mensch und Tier und mache es zur
Wüste. Von Teman bis Dedan sollen sie unter dem Schwert fallen. 14 Ich
lege meine Rache an Edom in die Hand meines Volkes Israel. Sie wer-
den an Edom meinem Zorn und Grimm entsprechend handeln. Dann
wird Edom meine Rache kennenlernen – Spruch Gottes, des Herrn.
15 So spricht Gott, der Herr: Weil die Philister rachsüchtig waren und
voll Verachtung Rache nahmen, um Juda aus uralter Feindschaft zu
vernichten, 16 darum – so spricht Gott, der Herr: Ich will jetzt meine
Hand gegen die Philister ausstrecken, ich will die Kereter ausrotten
und die übrigen Völker an der Küste vernichten. 17 Ich nehme an ihnen
gewaltige Rache, mit grimmigen Strafen. Dann werden sie erkennen,
daß ich der Herr bin, wenn ich mich an ihnen räche.

Gegen Tyrus

26 Am ersten Tag des (zwölften) Monats im elften Jahr erging
das Wort des Herrn an mich:
2 Menschensohn, weil Tyrus über Jerusalem sagte: / Ha, das Tor zu den
Völkern ist zerbrochen;
alles fällt mir zu, jetzt kann ich mich mästen; / denn die Stadt ist ver-
wüstet!,
3 darum – so spricht Gott, der Herr: / Jetzt gehe ich gegen dich vor,
Tyrus, und lasse viele Völker gegen dich anbranden, / wie das Meer
seine Wogen anbranden läßt.
4 Sie zerstören die Mauern von Tyrus, / und seine Türme reißen sie ein.
Sein Erdreich schwemme ich weg, / zum nackten Felsen mache ich
Tyrus.
5 Ein Platz zum Trocknen der Netze / wird es mitten im Meer;
denn ich habe gesprochen – Spruch Gottes, des Herrn. / Es wird eine
Beute der Völker.
6 Seine Töchter auf dem Festland werden / vom Schwert erschlagen. /
Dann wird man erkennen, daß ich der Herr bin.
7 Denn so spricht Gott, der Herr:
Nebukadnezzar, den König von Babel, / den König der Könige,
führe ich von Norden gegen Tyrus heran, / mit Rossen und Wagen
und Reitern, / mit einem großen Aufgebot, einem gewaltigen Heer.
8 Deine Töchter auf dem Festland / wird er mit dem Schwert er-
schlagen.
Er baut dir gegenüber einen Belagerungswall, / schüttet einen Damm
gegen dich auf / und errichtet ein Schilddach.
9 Seinen Sturmbock setzt er an / zum Stoß gegen deine Mauern, /
deine Türme reißt er mit Brecheisen ein.
10 Eine Staubwolke wird dich bedecken, / so viele Pferde hat er.
Unter dem Dröhnen der Reiter und Räder und Wagen / erzittern deine
Mauern,
wenn er durch deine Tore eindringt, / wie man eindringt in eine Stadt
voller Breschen.
11 Mit den Hufen seiner Pferde / zerstampft er all deine Straßen.
Mit dem Schwert erschlägt er dein Volk, / und deine mächtigen Säulen
stürzt er zu Boden.
12 Sie plündern deinen Besitz / und rauben dir deine Waren.
Deine Mauern reißen sie ein. / Sie zerstören die prächtigen Bauten.
Deine Steine, deine Balken, deinen ganzen Schutt / werfen sie mitten
ins Meer.
13 So mache ich deinen lärmenden Liedern ein Ende, / vom Klang dei-
ner Zithern ist nichts mehr zu hören.
14 Zum nackten Felsen mache ich dich. / Du wirst ein Platz zum Trock-
nen der Netze.
Man baut dich nie wieder auf; / denn ich, der Herr, habe gesprochen – /
Spruch Gottes, des Herrn.
15 So spricht Gott, der Herr, zu Tyrus: Ist es nicht so, daß die Inseln
erzittern beim Getöse deines Sturzes, beim Gestöhn der zu Tode
Getroffenen, beim mörderischen Blutbad in deiner Mitte? 16 Dann
steigen alle Fürsten der Küstenländer von ihren Thronen herab, sie
legen ihre Gewänder ab und ziehen ihre bunt gewebten Kleider aus.
Sie hüllen sich in Schrecken und setzen sich auf den Boden; immer
wieder erfaßt sie ein Zittern, und sie sind entsetzt über dich. 17 Sie
stimmen die Totenklage über dich an und sagen zu dir:
Ach, wie bist du zerstört, / du Bewohnerin der Meere, ruhmreiche
Stadt, einst eine Macht auf dem Meer, / du und deine Bewohner, / die
alle ihre Nachbarn in Schrecken versetzten.
18 Nun aber beben die Inseln / seit dem Tag deines Sturzes. / Bestürzt
sind die Inseln des Meeres über dein Ende.
19 Denn so spricht Gott, der Herr: Ich mache dich zur verwüsteten
Stadt; dann wirst du wie die Städte sein, die nicht mehr bewohnt sind.
Die Urflut lasse ich steigen, so daß gewaltige Wassermassen dich
zudecken. 20 Ich stoße dich zu denen hinab, die ins Grab gesunken
sind, zum Volk der Vorzeit. Ich weise dir einen Wohnsitz zu in den Tie-
fen der Erde, in der ewigen Einöde bei denen, die ins Grab gesunken
sind. Denn du sollst nicht mehr bewohnt sein und dich nicht mehr
erheben im Land der Lebenden. 21 Zu einem Bild des Schreckens
mache ich dich. Du bist nicht mehr da, und wer dich sucht, wird dich
in Ewigkeit nicht finden – Spruch Gottes, des Herrn.

Die Totenklage über Tyrus, das prächtige Schiff

27 Das Wort des Herrn erging an mich: 2 Du, Menschensohn,
stimm die Totenklage über Tyrus an! 3 Sag zu Tyrus:
Du, die du wohnst am Zugang zum Meer, / die du Handel treibst mit
den Völkern / bis hin zu den vielen Inseln,
so spricht Gott, der Herr: Tyrus, du sagst: / Ich bin (ein Schiff) von
vollendeter Schönheit.
4 Im Herzen der Meere liegt dein Gebiet / Vollendet schön schufen
dich deine Erbauer.
5 Aus Zypressenholz vom Senirgebirge / bauten sie all deine Planken,
eine Zeder vom Libanon nahmen sie, / um auf dir den Mast zu er-
richten.
6 Deine Ruder machten sie aus Eichen vom Baschan, / dein Deck aus
Elfenbein und Eschenholz / von den Inseln der Kittäer.
7 Dein Segel war bunt gewebtes ägyptisches Leinen. / Es sollte dein
Erkennungszeichen sein.
Deine Planen waren aus violettem und rotem Purpur / von den Küsten
Elischas.
8 Deine Ruderer stammten aus Sidon und Arwad. / Erfahrene Männer,
Tyrus, gab es bei dir. / Sie waren deine Matrosen.
9 Die Ältesten von Gebal / und seine erfahrensten Männer / fuhren auf
dir, um deine Risse zu dichten.
Alle Schiffe des Meeres und ihre Matrosen / kamen zu dir, um mit dir
Handel zu treiben.
10 Leute von Paras, Lud und Put / dienten in deiner Mannschaft als
Krieger.
Schilde und Helme hängten sie auf an dir; / diese verliehen dir prächti-
gen Glanz.
11 Die Söhne von Arwad und deine Mannschaft standen ringsum auf
deinen Mauern und die Wächter auf deinen Türmen. Ihre Schilde
hängten sie rings an deinen Mauern auf. Sie mach-
ten deine Schönheit vollkommen. 12 Tarschisch kaufte bei dir wegen
der Fülle deiner Güter; Silber, Eisen, Zinn und Blei gaben sie für deine
Waren. 13 Jawan, Tubal und Meschech waren deine Händler. Men-
schen und Kupfergeräte gaben sie für deine Handelswaren. 14 Die von
Bet-Togarma gaben Zugpferde und Reitpferde und Maultiere für deine
Waren. 15 Die Söhne von Rhodos waren deine Händler. Viele Inseln
standen als Kaufleute in deinem Dienst; als Abgaben brachten sie dir
Elfenbein und Ebenholz. 16 Edom kaufte bei dir wegen der Fülle deiner
Erzeugnisse. Karfunkelstein, Purpur, bunte Stoffe, Byssus, Korallen
und Rubine gaben sie für deine Waren. 17 Juda und das Land Israel
waren deine Händler. Weizen, Oliven, Wachs, Honig, Öl und Mastix
gaben sie für deine Handelswaren. 18 Damaskus kaufte bei dir wegen
der Fülle deiner Erzeugnisse, wegen der Fülle deiner Güter. Wein aus
Helbon und Wolle aus Zahar, 19 Wein aus Usal gaben sie für deine
Waren. Gehämmertes Eisen, Zimt und Gewürzrohr gehörte zu deinen
Handelswaren. 20 Dedan war dein Händler für Satteldecken. 21 Arabien
und alle Fürsten von Kedar, sie waren Kaufleute in deinen Diensten.
Sie zahlten mit Lämmern, Widdern und Böcken. 22 Händler von Saba
und Ragma trieben Handel mit dir. Für den besten Balsam, für alle
Arten von Edelsteinen und Gold gaben sie deine Waren. 23 Haran,
Kanne und Eden, die Händler von Saba, Assur, ganz Medien trieben
Handel mit dir. 24 Sie waren deine Händler. Prunkgewänder und Män-
tel aus violettem Purpur, bunte Stoffe und mehrfarbige Tücher, feste
gedrehte Seile kauften sie ein für dich.
25 Die Schiffe von Tarschisch dienten dir / als Karawanen für deine
Waren.
So fülltest du dich, / wurdest schwer beladen mitten im Meer.
26 Über gewaltige Wasser brachten dich deine Ruderer. / Da zerbrach
dich der Ostwind mitten im Meer.

27 Dein Reichtum, deine Waren, dein Handelsgut, / deine Seeleute und
deine Matrosen, die Männer, die deine Risse dichten, / die deine
Waren eintauschen, alle deine Soldaten auf dir / und das ganze Heer,
das du hast, / fallen mitten ins Meer am Tag deines Sturzes.
28 Beim lauten Geschrei deiner Matrosen / zittern die Küsten.
29 Alle, die das Ruder führen, verlassen ihr Schiff. / Alle Seefahrer und
alle Matrosen bleiben an Land.
30 Deinetwegen schreien sie laut, / bitterlich jammern sie.
Sie streuen sich Staub auf das Haupt / und wälzen sich auf dem Boden.
31 Deinetwegen scheren sie sich eine Glatze, / Trauerkleider legen sie
an und weinen über dich mit verbitterter Seele, / mit bitterer Klage.
32 In ihrem Jammer stimmen sie über dich / ein Totenlied an
und halten die Totenklage für dich: / Wer war Tyrus vergleichbar, mitten im Meer?
33 Als deine Waren vom Meer her kamen, / hast du viele Völker gesättigt.
Die Könige der Erde machtest du reich / mit deinem gewaltigen Reichtum / und deinen Handelswaren.
34 Jetzt liegst du zerbrochen im Meer, / in den Tiefen der Fluten.
Deine Handelswaren, dein ganzes Heer / sind mit dir versunken.
35 Alle Bewohner der Küsten sind entsetzt über dich; / ihren Königen
sträubt sich das Haar. / Verstört sind ihre Gesichter.
36 Deine Kaufleute unter den Völkern / zischen (voll Hohn) über dich.
Zu einem Bild des Schreckens bist du geworden, / für immer dahin.

Gegen den Fürsten von Tyrus

28 Das Wort des Herrn erging an mich: 2 Menschensohn, sag
zum Fürsten von Tyrus: So spricht Gott, der Herr: Dein Herz
war stolz, und du sagtest: Ich bin ein Gott, einen Wohnsitz für Götter
bewohne ich mitten im Meer.
Doch du bist nur ein Mensch und kein Gott, obwohl du im Herzen
geglaubt hast, daß du wie Gott bist.
3 Gewiß, du bist weiser als Daniel. / Kein Geheimnis war dir zu dunkel.
4 Durch deine Weisheit und Einsicht schufst du dir Reichtum. / Mit
Gold und Silber fülltest du deine Kammern.
5 Durch deine gewaltige Weisheit, durch deinen Handel / hast du deinen Reichtum vermehrt.
Doch dein Herz wurde stolz / wegen all deines Reichtums.
6 Darum – so spricht Gott, der Herr:
Weil du im Herzen geglaubt hast, / daß du wie Gott bist,
7 darum schicke ich Fremde gegen dich, / tyrannische Völker.
Sie zücken das Schwert gegen all deine prächtige Weisheit, / entweihen deinen strahlenden Glanz.
8 Man stößt dich hinab in das Grab; / wie einer durchbohrt wird und
stirbt, / so stirbst du mitten im Meer.
9 Willst du dann angesichts deiner Mörder noch sagen: / Ich bin ein Gott?
Du bist nur ein Mensch und kein Gott / in der Hand deiner Mörder.
10 Wie Unbeschnittene sterben, / so stirbst du durch Fremde;
Denn ich habe gesprochen – / Spruch Gottes, des Herrn.

Die Totenklage über den König von Tyrus

11 Das Wort des Herrn erging an mich: 12 Menschensohn, stimm die
Totenklage an über den König von Tyrus, und sag zu ihm: So spricht
Gott, der Herr:
Du warst ein vollendet gestaltetes Siegel, / voll Weisheit und vollkommener Schönheit.
13 Im Garten Gottes, in Eden, bist du gewesen. / Allerlei kostbare
Steine umgaben dich:
Rubin, Topas, dazu Jaspis, / Chrysolith, Karneol und Onyx, / Saphir,
Karfunkelstein und Smaragd.
Aus Gold war alles gemacht, / was an dir erhöht und vertieft war,
all diese Zierden brachte man an, / als man dich schuf.
14 Einem Kerub mit ausgebreiteten, schützenden Flügeln gesellte ich
dich bei. / Auf dem heiligen Berg der Götter bist du gewesen. / Zwischen den feurigen Steinen gingst du umher.
15 Ohne Tadel war dein Verhalten / seit dem Tag, an dem man dich
schuf, / bis zu dem Tag, an dem du Böses getan hast.
16 Durch deinen ausgedehnten Handel / warst du erfüllt von Gewalttat, /
in Sünde bist du gefallen.
Darum habe ich dich vom Berg der Götter verstoßen, / aus der Mitte
der feurigen Steine / hat dich der schützende Kerub verjagt.
17 Hochmütig warst du geworden, / weil du so schön warst.
Du hast deine Weisheit vernichtet, / verblendet vom strahlenden
Glanz.
Ich stieß dich auf die Erde hinab. / Den Blicken der Könige gab ich
dich preis, / damit sie dich alle begaffen.
18 Du hast durch gewaltige Schuld, / durch unredliche Handelsgeschäfte / deine Heiligtümer entweiht.
So ließ ich mitten in dir ein Feuer ausbrechen, / das dich verzehrt hat.
Vor den Augen all derer, die dich sahen, / machte ich dich zu Asche auf
der Erde.
19 All deine Freunde unter den Völkern / waren entsetzt über dich.
Zu einem Bild des Schreckens bist du geworden, / du bist für immer
dahin.

Gegen Sidon

20 Das Wort des Herrn erging an mich: 21 Menschensohn, richte dein
Gesicht auf Sidon, tritt als Prophet gegen die Stadt auf, 22 und sag: So
spricht Gott, der Herr:
Jetzt gehe ich gegen dich vor, Sidon, / und verherrliche mich in deiner
Mitte.
Dann werden sie erkennen, daß ich der Herr bin, / wenn ich an der
Stadt das Urteil vollstrecke / und mich so als heilig erweise.
23 Ich schicke Pest und Mord in die Gassen der Stadt. / Viele fallen in
ihr, erschlagen vom Schwert, das von überall her auf sie einschlägt. /
Dann werden sie erkennen, daß ich der Herr bin.

Verheißung für Israel

24 Dann droht dem Haus Israel kein stechender Dorn und kein verletzender Stachel mehr von all seinen feindlichen Nachbarn. Daran werden sie erkennen, daß ich Gott, der Herr, bin.
25 So spricht Gott, der Herr: Wenn ich die vom Haus Israel aus all den
Ländern zusammenführe, in die sie zerstreut sind, dann erweise ich
mich an ihnen vor den Augen der Völker als heilig. Sie werden in
ihrem Land wohnen, das ich meinem Knecht Jakob gegeben habe.
26 Dort werden sie in Sicherheit leben; sie werden Häuser bauen und
Weinberge pflanzen. Sie wohnen in Sicherheit, sobald ich an all ihren
Feinden ringsum das Urteil vollstrecke. Dann werden sie erkennen,
daß ich, der Herr, ihr Gott bin.

Gegen den Pharao und Ägypten

Das Gericht über den König und sein Land

29 Am zwölften Tag des zehnten Monats im zehnten Jahr
erging das Wort des Herrn an mich: 2 Menschensohn, richte
dein Gesicht auf den Pharao, den König von Ägypten, tritt als Prophet
auf gegen ihn und gegen ganz Ägypten, 3 und sag: So spricht Gott, der
Herr: Jetzt gehe ich gegen dich vor, Pharao, du König Ägyptens, du
großes Krokodil, das zwischen den Armen des Nil liegt und sagt:
Mir gehören die Arme des Nil, / ich habe sie selber erschaffen.
4 Aber ich schlage dir Haken durch die Kinnbacken und lasse die
Fische deines Nil an deinen Schuppen kleben. Ich ziehe dich herauf
aus deinem Nil samt all den Fischen deines Nil, die an deinen Schuppen kleben.
5 Dann werfe ich dich in die Wüste hinaus, / dich und all die Fische des
Nil.
Aufs trockene Land wirst du fallen. / Niemand holt dich von dort und
begräbt dich.

Den wilden Tieren und den Vögeln des Himmels / werfe ich dich vor
zum Fraß.
6 Dann werden alle Ägypter erkennen, / daß ich der Herr bin.
Eine Stütze aus Schilfrohr bist du / für das Haus Israel.
7 Nehmen sie dich in die Hand, dann zerbrichst du / und durchbohrst
ihnen die Schulter; stützen sie sich auf dich, dann zerbrichst du, / und
allen beginnen die Hüften zu wanken.
8 Darum – so spricht Gott, der Herr: Ich bringe das Schwert über dich
und rotte Mensch und Vieh bei dir aus. 9 Ägypten wird zu Wüste und
Ödland. Dann werden sie erkennen, daß ich der Herr bin. Du hast
gesagt:
Mir gehören die Arme des Nil; / ich habe sie selber erschaffen.
10 Darum gehe ich jetzt gegen dich und deine Nilarme vor. Ich mache
Ägypten zum dürren Ödland, zur Wüste von Migdol bis Syene und bis
an die Grenzen von Kusch. 11 Weder Mensch noch Tier geht mehr dar-
über hin. Vierzig Jahre lang wird es nicht mehr bewohnt sein. 12 Ich
mache Ägypten zur Wüste inmitten verwüsteter Länder. Seine Städte
sollen vierzig Jahre lang verwüstet daliegen inmitten verödeter Städte.
Ich zerstreue die Ägypter unter die Völker und vertreibe sie in alle
Länder.
13 Denn so spricht Gott, der Herr: Nach vierzig Jahren führe ich die
Ägypter aus den Völkern zusammen, unter die sie zerstreut wurden.
14 Ich wende das Geschick Ägyptens und bringe sie zurück in das Land
Patros, das Land ihrer Herkunft. Dort werden sie ein unbedeutendes
Reich gründen. 15 Es wird unbedeutend sein im Vergleich zu den ande-
ren Königreichen, und es wird sich nicht mehr über die anderen Völ-
ker erheben. Ich mache sie ganz klein, damit sie nicht mehr über die
Völker herrschen können. 16 Das Haus Israel wird ihnen nicht mehr
vertrauen und sich ihnen nicht mehr anschließen; es wird sich hüten,
seine alte Schuld wieder in Erinnerung zu rufen. Sie werden erkennen,
daß ich Gott, der Herr, bin.

Der Sieg Nebukadnezzars

17 Am ersten Tag des ersten Monats im siebenundzwanzigsten Jahr
erging das Wort des Herrn an mich: 18 Menschensohn! Nebukadnez-
zar, der König von Babel, hat sein Heer vor Tyrus schwere Arbeit
verrichten lassen; alle Köpfe wurden kahl, und jede Schulter war zer-
schunden. Aber Tyrus hat ihn und sein Heer nicht belohnt für die
Arbeit, die sie geleistet haben.
19 Darum – so spricht Gott, der Herr: Ich gebe Nebukadnezzar, dem
König von Babel, das Land Ägypten. Er wird seine Schätze wegschlep-
pen; er wird alles plündern und reiche Beute machen. Das wird der
Lohn seines Heeres sein. 20 Als Belohnung für seine Arbeit gebe ich
ihm Ägypten; denn sie haben für mich gearbeitet – Spruch Gottes, des
Herrn.
21 An jenem Tag werde ich dem Haus Israel neue Kraft verleihen, und
du sollst wieder zu ihnen reden. Dann werden sie erkennen, daß ich
der Herr bin.

Das Gericht über Ägypten

30 Das Wort des Herrn erging an mich: 2 Menschensohn, tritt
als Prophet auf, und sag: So spricht Gott, der Herr:
Jammert und schreit: / Weh über diesen Tag!
3 Denn der Tag ist nahe, / der Tag des Herrn ist nahe,
ein Tag dunkler Wolken. / Die Zeit für die Völker ist da.
4 Das Schwert dringt ein in Ägypten. / Ein Zittern überfällt die Kuschi-
ter, / wenn in Ägypten die Menschen erschlagen werden und fallen.
Man schleppt seine Schätze hinweg / und reißt seine Grundmauern
nieder.
5 (Die Männer aus) Kusch, aus Put und Lud, / das ganze Völkerge-
misch,
(die Männer aus) Kub und die Söhne des Landes, / mit dem ich einst
meinen Bund schloß, / fallen wie sie unter dem Schwert.
6 So spricht der Herr:
Es fallen die Helfer Ägyptens, / seine herrliche Macht sinkt dahin.
Von Migdol bis hin nach Syene / fallen die Krieger unter dem
Schwert – / Spruch Gottes, des Herrn.
7 Verwüstet liegt es dann da / inmitten verwüsteter Länder / und seine
Städte inmitten verödeter Städte.
8 Sie werden erkennen, daß ich der Herr bin, / wenn ich Ägypten ver-
brenne, / wenn all seine Helfer zusammenbrechen.
9 An jenem Tag schicke ich meine Boten auf Schiffen hinaus, / um
Kusch aus seiner Ruhe zu schrecken.
Ein Zittern überfällt sie am Gerichtstag Ägyptens; / schon trifft all das
ein.
10 So spricht Gott, der Herr:
Ich mache der Pracht Ägyptens ein Ende / durch die Hand Nebukad-
nezzars, / des Königs von Babel.
11 Er und sein Heer, / die gewalttätigsten unter den Völkern, / werden
herbeigeholt, um das Land zu vernichten.
Sie zücken ihr Schwert und schlagen Ägypten / und füllen das Land
mit erschlagenen Menschen.
12 Ich lege die Nilarme trocken, / verkaufe das Land an Verbrecher,
ich verwüste das Land und alles darin / durch die Hände von Fremden. /
Ich, der Herr, habe gesprochen.
13 So spricht Gott, der Herr:
Ich will die Götzen vernichten. / Ich führe das Ende der Götter von
Memfis herbei.
Der Fürst von Ägypten wird (bald) nicht mehr leben. / Ich stürze Ägyp-
ten in Angst.
14 Patros will ich verwüsten, / Zoan will ich verbrennen, / an No voll-
strecke ich das Urteil.
15 Über Sin, die Festung Ägyptens, gieße ich meinen Zorn aus, und ich
vernichte die Pracht von No. 16 Ägypten will ich verbrennen. Sin wird
sich in Krämpfen winden; No wird man erstürmen, und Memfis wird
am hellen Tag von Feinden bedrängt. 17 Die jungen Männer von On
und Pi-Beset fallen unter dem Schwert, und die Einwohner dieser
Städte ziehen in die Gefangenschaft. 18 Es wird ein schwarzer Tag für
Tachpanhes, wenn ich dort die Zepter Ägyptens zerbreche; dann ist es
mit seiner herrlichen Macht zu Ende. Finstere Wolken werden Ägyp-
ten bedecken, und seine Töchter ziehen in die Gefangenschaft. 19 So
vollstrecke ich an Ägypten das Urteil, und sie werden erkennen, daß
ich der Herr bin.
20 Am siebten Tag des ersten Monats im elften Jahr erging das Wort
des Herrn an mich: 21 Menschensohn, ich habe dem Pharao, dem
König von Ägypten, den Arm zerbrochen. Man hat ihn nicht verbun-
den und nicht geschient und ihm keine Heilung gegönnt, damit er
nicht wieder zu Kräften kommt und zum Schwert greift.
22 Darum – so spricht Gott, der Herr: Jetzt gehe ich gegen den Pharao
vor, den König von Ägypten: Ich zerbreche ihm beide Arme, den
gesunden und den bereits zerbrochenen, und schlage ihm das
Schwert aus der Hand. 23 Ich zerstreue die Ägypter unter die Völker
und vertreibe sie in alle Länder. 24 Ich stärke die Arme des Königs von
Babel und gebe ihm mein Schwert in die Hand. Dem Pharao aber zer-
breche ich die Arme, so daß er vor ihm stöhnt wie ein tödlich Verletz-
ter. 25 Ich stärke die Arme des Königs von Babel; doch die Arme des
Pharao sinken kraftlos herunter. Wenn ich dem König von Babel mein
Schwert in die Hand gebe und er es über Ägypten schwingt, dann wer-
den sie erkennen, daß ich der Herr bin. 26 Ich zerstreue die Ägypter
unter die Völker und vertreibe sie in alle Länder. Dann werden sie
erkennen, daß ich der Herr bin.

Das Gleichnis vom Pharao, dem prächtigen Baum

31 Am ersten Tag des dritten Monats im elften Jahr erging das
Wort des Herrn an mich: 2 Menschensohn, sag zum Pharao,
dem König von Ägypten und zu seinem Gefolge:
Wem war deine Größe vergleichbar? / 3 Auf dem Libanon stand eine
[Esche] Zeder.
Die Pracht ihrer Äste gab reichlichen Schatten. / Hoch war ihr Wuchs, /
und in die Wolken ragte ihr Wipfel.

4 Das Wasser machte sie groß. / Die Flut in der Tiefe ließ sie hoch emporwachsen.
Die Tiefe ließ ihre Ströme fließen / rings um den Ort, wo sie gepflanzt war,
sie leitete (von dort) ihre Kanäle / zu allen anderen Bäumen des Feldes.
5 So war sie höher gewachsen / als alle anderen Bäume des Feldes.
Ihre Zweige wurden sehr zahlreich, / und ihre Äste breiteten sich aus
wegen des Reichtums an Wasser, / als sie emporwuchs.
6 Alle Vögel des Himmels / hatten ihr Nest in den Zweigen.
Alle wilden Tiere brachten unter den Ästen ihre Jungen zur Welt. / All die vielen Völker wohnten in ihrem Schatten.
7 Schön war sie in ihrer Größe mit ihrem breiten Geäst; / denn ihre Wurzeln hatten viel Wasser.
8 Keine Zeder im Garten Gottes war ihr vergleichbar. / Keine Zypresse hatte Zweige wie sie, / keine Platane so mächtige Äste.
Keiner der Bäume im Garten Gottes / glich ihr an Schönheit.
9 Ja, ich hatte sie herrlich gemacht / mit ihren zahlreichen Zweigen.
Voll Eifersucht auf sie waren im Garten Gottes / alle Bäume von Eden.
10 Darum – so spricht Gott, der Herr: Weil sie so hoch emporwuchs
und mit ihrem Wipfel in die Wolken ragte und wegen ihrer Höhe über-
heblich wurde, 11 deshalb liefere ich sie dem mächtigsten Herrscher
der Völker aus. Er behandelt sie so, wie sie es in ihrer Schlechtigkeit
verdient hat; ich beseitige sie. 12 Fremde, die gewalttätigsten unter den
Völkern, werden sie umhauen und hinwerfen. Ihre Zweige fallen auf die Berge und in alle Täler, ihre Äste zerbrechen in allen Schluchten der Erde. Alle Völker der Erde verlassen den Schatten der Zeder und lassen sie liegen.
13 Auf ihren gefällten Stamm setzen sich alle Vögel des Himmels, die wilden Tiere hausen in ihren Zweigen.
14 Darum soll kein Baum mehr am Wasser emporwachsen und mit seinem Wipfel in die Wolken ragen, keiner der Bäume am Wasser soll mehr so mächtig und hoch dastehen. Denn alle werden dem Tod ausgeliefert, sie müssen hinab in die Unterwelt zu den Menschen, die ins Grab gesunken sind.
15 So spricht Gott, der Herr: Wenn die Zeder in die Unterwelt stürzt, dann lasse ich die Flut in der Tiefe versiegen, ich decke sie zu; ich halte ihre Ströme zurück, so daß der Reichtum an Wasser versiegt. Ihretwegen hülle ich den Libanon in Trauer, und alle Bäume des Fel-
des sinken in Ohnmacht. 16 Durch das Getöse ihres Sturzes lasse ich
die Völker erzittern, wenn ich den Baum in die Unterwelt stürze, hinab zu denen, die ins Grab gesunken sind. Dann trösten sich in der Unterwelt alle Bäume von Eden, die erlesenen und besten Bäume des Liba-
non, alle Bäume am Wasser. 17 Denn auch sie stürzen zusammen mit
ihr in die Unterwelt, hinab zu denen, die vom Schwert erschlagen wurden. Alle aber, die im Schatten der Zeder wohnten, werden unter die Völker zerstreut.
18 Welcher der Bäume von Eden glich dir an Größe und Pracht? Und doch wirst du zusammen mit den Bäumen von Eden in die Unterwelt gestürzt. Dort wirst du mitten unter den Unbeschnittenen liegen, unter denen, die vom Schwert erschlagen wurden. So geht es dem Pharao und seinem ganzen Gefolge – Spruch Gottes, des Herrn.

Die Totenklage über den Pharao, das gefangene Krokodil

32 Am ersten Tag des zwölften Monats im zwölften Jahr erging
das Wort des Herrn an mich: 2 Menschensohn, stimm die
Totenklage an über den Pharao, den König von Ägypten, und sag zu ihm:
Löwe der Völker, jetzt bist du verstummt. / Und doch warst du wie ein Krokodil in den Seen,
hast die Flüsse aufgepeitscht, / das Wasser mit deinen Füßen verschmutzt / und die Fluten aufgewühlt.
3 So spricht Gott, der Herr: / Ich werfe über dich mein Netz,
ein Heer von vielen Völkern, / die ziehen dich herauf in meinem Schleppnetz.
4 Dann werfe ich dich aufs Land, / schleudere dich aufs freie Feld.
Alle Vögel des Himmels sollen sich auf dich setzen, / und ich sättige mit dir alle Tiere der Erde.
5 Ich lege dein Fleisch auf den Bergen aus / und fülle die Täler mit deinem Aas.
6 Ich tränke das Land bis hin zu den Bergen / mit der Flut deines Blutes; / die Schluchten sollen sich damit füllen.
7 Wenn dein Leben erlischt, / will ich den Himmel bedecken / und die Sterne verdüstern.
Die Sonne decke ich zu mit Wolken, / der Mond läßt sein Licht nicht mehr leuchten.
8 Deinetwegen verdunkle ich / alle die strahlenden Lichter am Himmel und lege Finsternis über dein Land – / Spruch Gottes, des Herrn.
9 Ich versetze viele Völker in Kummer, / wenn ich ihnen und all den Ländern, die du nicht kanntest, / deinen Zusammenbruch melde.
10 Über dich werden viele Völker entsetzt sein, / ihren Königen sträuben sich deinetwegen die Haare, / wenn ich mein Schwert gegen sie schwinge.
Sie zittern erregt am Tag deines Sturzes, / jeder hat Angst um sein Leben.
11 Denn so spricht Gott, der Herr: / Das Schwert des Königs von Babel kommt über dich.
12 Durch das Schwert der Krieger / bringe ich dein Gefolge zu Fall.
Sie sind die gewalttätigsten unter den Völkern. / Sie verwüsten den Stolz von Ägypten, / all seine Pracht wird zerstört.
13 All sein Vieh lasse ich sterben / an den großen Gewässern.
Keines Menschen Fuß wird das Wasser mehr trüben, / noch werden die Hufe der Tiere es trüben.
14 Dann mache ich die Gewässer klar, / und die Flüsse lasse ich dahingleiten wie Öl – / Spruch Gottes, des Herrn.
15 Wenn ich Ägypten zum Ödland mache, / wenn das Land und alles, was darin ist, verödet,
wenn ich alle seine Bewohner erschlage, / dann werden sie erkennen, daß ich der Herr bin.
16 Das ist eine Totenklage, die man anstimmen soll; die Töchter der Völker sollen sie anstimmen. Die Totenklage über Ägypten und all seine Pracht sollen sie singen – Spruch Gottes, des Herrn.

Die Totenklage über den Pharao und sein Gefolge

17 Am fünfzehnten Tag des ersten Monats im zwölften Jahr erging das
Wort des Herrn an mich: 18 Menschensohn, jammre über die Pracht
Ägyptens, und geleite sie hinab in die Unterwelt, sie und die Töchter mächtiger Völker, bring sie zu denen, die ins Grab gesunken sind.
19 Wen hast du an Schönheit übertroffen? / Stürz hinab, und lieg bei den unbeschnittenen Männern!
20 Mitten unter die, die das Schwert erschlug, / werden sie fallen ...
21 Dann sagen die starken Helden in der Unterwelt über die Ägypter: / Samt ihren Helfern sind sie herabgestürzt
und liegen da wie die unbeschnittenen Männer, / wie die, die das Schwert erschlug.
22 Dort liegt Assur und sein ganzes Heer, / ringsum sind seine Gräber.
Sie alle hat man erschlagen, / sie fielen unter dem Schwert.
23 Im tiefsten Grund einer Grube / gab man ihm sein Grab.
Sein Heer liegt rings um sein Grab. / Sie alle hat man erschlagen,
sie fielen unter dem Schwert, /
sie, die einst im Land der Lebenden Schrecken verbreitet haben.
24 Dort liegt Elam und all sein Gefolge / rings um sein Grab.
Sie alle hat man erschlagen, / sie fielen unter dem Schwert,
in die Unterwelt sind sie hinabgestürzt / wie die unbeschnittenen Männer,
sie, die einst im Land der Lebenden / ihren Schrecken verbreitet haben.
Jetzt aber haben sie ihre Schande zu tragen / zusammen mit denen, die ins Grab gesunken sind.
25 Mitten unter denen, die man erschlug, / hat man ihm und seinem ganzen Gefolge das Lager bereitet.

Rings um ihn her sind die Gräber / von all den Unbeschnittenen, / die man mit dem Schwert erschlug.
Im Land der Lebenden haben sie Schrecken verbreitet, / jetzt aber haben sie ihre Schande zu tragen, / zusammen mit denen, die ins Grab gesunken sind.
Mitten unter Erschlagene legte man sie. / 26 Dort liegen Meschech und Tubal und all ihr Gefolge.
Rings um sie her sind die Gräber / von all den Unbeschnittenen, / die man mit dem Schwert erschlug; / und doch haben sie einst im Land der Lebenden Schrecken verbreitet.
27 Aber sie liegen nicht bei den gefallenen Kriegern aus früheren Zeiten, / die mit ihrer Rüstung in die Unterwelt hinabgestiegen sind,
denen man das Schwert unter den Kopf / und den Schild auf die Gebeine gelegt hat; / denn die Krieger hatten im Land der Lebenden Schrecken verbreitet.
28 Auch du wirst inmitten der Unbeschnittenen zerbrochen / und liegst bei denen, die das Schwert erschlug.
29 Dort liegt Edom, mit seinen Königen / und all seinen Fürsten,
die man trotz ihrer Stärke zu denen gelegt hat, / die das Schwert erschlug.
Sie liegen da bei den unbeschnittenen Männern, / bei denen, die ins Grab gesunken sind.
30 Dort liegen alle Fürsten des Nordens / und alle Männer von Sidon; / sie stürzten hinab wie alle, die man erschlug.
Trotz ihrer schreckenerregenden Stärke / sind sie zuschanden geworden;
bei den Unbeschnittenen liegen sie, / bei denen, die das Schwert erschlug.
Jetzt haben sie ihre Schande zu tragen / zusammen mit denen, die ins Grab gesunken sind.
31 Der Pharao wird sie sehen, / und er tröstet sich über den Verlust / seines ganzen Gefolges.
Jetzt sind sie vom Schwert erschlagen, / der Pharao und seine ganze Streitmacht – / Spruch Gottes, des Herrn.
32 Denn ich habe vor ihm im Land der Lebenden Schrecken verbreitet. / Doch jetzt liegt der Pharao da mit seinem ganzen Gefolge / inmitten der unbeschnittenen Männer,
bei denen, die das Schwert erschlug – / Spruch Gottes, des Herrn.

Das Gericht und das neue Heil

Der Prophet als Wächter

33 Das Wort des Herrn erging an mich: 2 Menschensohn,
sprich zu den Söhnen deines Volkes, und sag zu ihnen:
Wenn ich über ein Land das Schwert kommen lasse und das Volk in
dem Land aus seiner Mitte einen Mann wählt und ihn zu seinem
Wächter macht, 3 und wenn dieser Wächter das Schwert über das Land
kommen sieht, in das Widderhorn bläst und das Volk warnt, 4 und
wenn dann jemand den Schall des Horns zwar hört, sich aber nicht
warnen läßt, so daß das Schwert kommt und ihn dahinrafft, dann ist
er selbst schuld an seinem Tod. 5 Denn er hat den Schall des Horns
zwar gehört, sich aber nicht warnen lassen; deshalb ist er selbst
schuld an seinem Tod. Wenn er sich jedoch warnen läßt, dann hat er
sein Leben gerettet. 6 Wenn aber der Wächter das Schwert kommen
sieht und nicht in das Widderhorn bläst und das Volk nicht gewarnt
wird, und wenn das Schwert kommt und irgendeinen dahinrafft, dann
wird dieser zwar wegen seiner eigenen Schuld dahingerafft, aber ich
fordere für sein Blut Rechenschaft von dem Wächter.
7 Du aber, Menschensohn, ich gebe dich dem Haus Israel als Wächter;
wenn du ein Wort aus meinem Mund hörst, mußt du sie vor mir warnen.
8 Wenn ich zu einem, der sich schuldig gemacht hat, sage: Du
mußt sterben!, und wenn du nicht redest und den Schuldigen nicht
warnst, um ihn von seinem Weg abzubringen, dann wird der Schuldige seiner Sünde wegen sterben. Von dir aber fordere ich Rechenschaft für sein Blut.
9 Wenn du aber den Schuldigen vor seinem Weg
gewarnt hast, damit er umkehrt, und wenn er dennoch auf seinem
Weg nicht umkehrt, dann wird er seiner Sünde wegen sterben; du aber
hast dein Leben gerettet.

Die Freiheit zur Umkehr

10 Du aber, Menschensohn, sag zum Haus Israel: Ihr behauptet:
Unsere Vergehen und unsere Sünden lasten auf uns, wir siechen ihretwegen dahin. Wie sollen wir da am Leben bleiben?
11 Sag zu ihnen: So
wahr ich lebe – Spruch Gottes, des Herrn –, ich habe kein Gefallen am
Tod des Schuldigen, sondern daran, daß er auf seinem Weg umkehrt
und am Leben bleibt. Kehrt um, kehrt um auf euren bösen Wegen!
Warum wollt ihr sterben, ihr vom Haus Israel?
12 Du aber, Menschensohn, sag zu den Söhnen deines Volkes: Den
Gerechten wird seine Gerechtigkeit nicht retten, sobald er Böses tut.
Und der Schuldige wird durch seine Schuld nicht zu Fall kommen,
sobald er sein schuldhaftes Leben aufgibt. Der Gerechte aber kann
trotz seiner Gerechtigkeit nicht am Leben bleiben, sobald er sündigt.
13 Wenn ich zu dem Gerechten sage: Du wirst am Leben bleiben!, er
aber im Vertrauen auf seine Gerechtigkeit Unrecht tut, dann wird ihm
seine ganze (bisherige) Gerechtigkeit nicht angerechnet. Wegen des
Unrechts, das er getan hat, muß er sterben.
14 Wenn ich aber zu dem
Schuldigen sage: Du mußt sterben!, und er gibt sein sündhaftes Leben
auf, handelt nach Recht und Gerechtigkeit,
15 gibt (dem Schuldner)
das Pfand zurück, ersetzt, was er geraubt hat, richtet sich nach den
Gesetzen, die zum Leben führen, und tut kein Unrecht mehr, dann
wird er gewiß am Leben bleiben und nicht sterben.
16 Keine der Sünden, die er früher begangen hat, wird ihm angerechnet. Er hat nach
Recht und Gerechtigkeit gehandelt, darum wird er gewiß am Leben
bleiben.
17 Die Söhne deines Volkes aber sagen: Das Verhalten des
Herrn ist nicht richtig. Dabei ist gerade ihr Verhalten nicht richtig.
18 Wenn der Gerechte seine Gerechtigkeit aufgibt und Unrecht tut,
muß er dafür sterben.
19 Und wenn der Schuldige sein sündhaftes
Leben aufgibt und nach Recht und Gerechtigkeit handelt, so wird er
deswegen am Leben bleiben.
20 Ihr aber sagt: Das Verhalten des Herrn
ist nicht richtig. Doch ich werde euch richten, ihr vom Haus Israel,
jeden nach seinem Verhalten.

Die Nachricht von der Eroberung Jerusalems

21 Am fünften Tag des zehnten Monats im elften Jahr nach unserer
Verschleppung kam ein Flüchtling aus Jerusalem zu mir und sagte:
Die Stadt ist gefallen.
22 Aber am Abend, bevor der Flüchtling eintraf,
hatte sich die Hand des Herrn auf mich gelegt. Ehe am Morgen der
Flüchtling kam, öffnete der Herr meinen Mund, und mein Mund
wurde geöffnet, und ich war nicht mehr stumm.

Die Erwartung der nicht Verschleppten

23 Das Wort des Herrn erging an mich:
24 Menschensohn, die Bewohner der Ruinen im Land Israel sagen: Abraham war nur ein einzelner
Mann und bekam doch das ganze Land; wir aber sind viele. Um so
mehr ist das Land uns zum Besitz gegeben.
25 Deshalb sag zu ihnen:
So spricht Gott, der Herr: Ihr eßt (das Opferfleisch) mitsamt dem
Blut, ihr blickt zu euren Göttern auf und vergießt Blut. Und ihr wollt
das Land in Besitz nehmen?
26 Ihr verlaßt euch auf euer Schwert,
begeht Greueltaten, und einer schändet die Frau des andern. Und ihr
wollt das Land in Besitz nehmen?
27 Darum sag zu ihnen: So spricht
Gott, der Herr: So wahr ich lebe, wer in den Ruinen ist, fällt unter dem
Schwert, wer auf dem freien Feld ist, den werfe ich den wilden Tieren
zum Fraß vor, und wer sich in den Burgen und Höhlen aufhält, stirbt
an der Pest.
28 Ich mache das Land zur Öde und Wüste; seine stolze
Macht hat ein Ende; das Bergland Israels verödet, so daß niemand
mehr durchreist.
29 Dann werden sie erkennen, daß ich der Herr bin,
wenn ich das Land zur Öde und Wüste mache wegen all der Greueltaten, die sie begangen haben.

Die unaufrichtigen Hörer

30 Du, Menschensohn, die Söhne deines Volkes reden über dich an
den Mauern und Toren der Häuser. Einer sagt zum andern: Komm
doch und höre, was für ein Wort vom Herrn ausgeht. 31 Dann kommen
sie zu dir wie bei einem Volksauflauf, setzen sich vor dich hin [als
mein Volk] und hören deine Worte an, aber sie befolgen sie nicht;
denn ihr Mund ist voller Lügen, und so handeln sie auch, und ihr Herz
ist nur auf Gewinn aus. 32 Du bist für sie wie ein Mann, der mit wohl-
klingender Stimme von der Liebe singt und dazu schön auf der Harfe
spielt. Sie hören deine Worte an, aber befolgen sie nicht. 33 Wenn das
aber kommt (was du sagst) – und es kommt –, dann werden sie erken-
nen, daß mitten unter ihnen ein Prophet war.

Die schlechten Hirten

34 Das Wort des Herrn erging an mich: 2 Menschensohn,
sprich als Prophet gegen die Hirten Israels, sprich als Pro-
phet, und sag zu ihnen: So spricht Gott, der Herr: Weh den Hirten
Israels, die nur sich selbst weiden. Müssen die Hirten nicht die Herde
weiden? 3 Ihr trinkt die Milch, nehmt die Wolle für eure Kleidung und
schlachtet die fetten Tiere; aber die Herde führt ihr nicht auf die
Weide. 4 Die schwachen Tiere stärkt ihr nicht, die kranken heilt ihr
nicht, die verletzten verbindet ihr nicht, die verscheuchten holt ihr
nicht zurück, die verirrten sucht ihr nicht, und die starken mißhandelt
ihr. 5 Und weil sie keinen Hirten hatten, zerstreuten sich meine Schafe
und wurden eine Beute der wilden Tiere. 6 Meine Herde irrte auf allen
Bergen und Höhen umher und war über das ganze Land verstreut.
Doch keiner kümmerte sich um sie; niemand suchte sie. 7 Darum ihr
Hirten, hört das Wort des Herrn: 8 So wahr ich lebe – Spruch Gottes,
des Herrn: Weil meine Herde geraubt wurde und weil meine Schafe
eine Beute der wilden Tiere wurden – denn sie hatten keinen Hirten –
und weil meine Hirten nicht nach meiner Herde fragten, sondern nur
sich selbst und nicht meine Herde weideten, 9 darum, ihr Hirten, hört
das Wort des Herrn: 10 So spricht Gott, der Herr: Nun gehe ich gegen
die Hirten vor und fordere meine Schafe von ihnen zurück. Ich setze
sie ab, sie sollen nicht mehr die Hirten meiner Herde sein. Die Hirten
sollen nicht länger nur sich selbst weiden: Ich reiße meine Schafe aus
ihrem Rachen, sie sollen nicht länger ihr Fraß sein.

Der gute Hirt

11 Denn so spricht Gott, der Herr: Jetzt will ich meine Schafe selber
suchen und mich selber um sie kümmern. 12 Wie ein Hirt sich um die
Tiere seiner Herde kümmert an dem Tag, an dem er mitten unter den
Schafen ist, die sich verirrt haben, so kümmere ich mich um meine
Schafe und hole sie zurück von all den Orten, wohin sie sich am dun-
klen, düsteren Tag zerstreut haben. 13 Ich führe sie aus den Völkern
heraus, ich hole sie aus den Ländern zusammen und bringe sie in ihr
Land. Ich führe sie in den Bergen Israels auf die Weide, in den Tälern
und an allen bewohnten Orten des Landes. 14 Auf gute Weide will ich
sie führen, im Bergland Israels werden ihre Weideplätze sein. Dort
sollen sie auf guten Weideplätzen lagern, auf den Bergen Israels sollen
sie fette Weide finden. 15 Ich werde meine Schafe auf die Weide führen,
ich werde sie ruhen lassen – Spruch Gottes, des Herrn. 16 Die verloren-
gegangenen Tiere will ich suchen, die vertriebenen zurückbringen,
die verletzten verbinden, die schwachen kräftigen, die fetten und star-
ken behüten. Ich will ihr Hirt sein und für sie sorgen, wie es recht ist.
17 Ihr aber, meine Herde – so spricht Gott, der Herr –, ich sorge für
Recht zwischen Schafen und Schafen, zwischen Widdern und Böcken.
18 War es euch nicht genug, auf der besten Weide zu weiden? Mußtet
ihr auch noch euer übriges Weideland mit euren Füßen zertrampeln?
War es euch nicht genug, das klare Wasser zu trinken? Mußtet ihr den
Rest des Wassers mit euren Füßen verschmutzen? 19 Meine Schafe
mußten abweiden, was eure Füße zertrampelt hatten, und trinken,
was eure Füße verschmutzt hatten. 20 Darum – so spricht Gott, der
Herr, zu euch: Ich selbst sorge für Recht zwischen den fetten und den
mageren Schafen. 21 Weil ihr mit eurem breiten Körper und eurer
Schulter alle schwachen Tiere zur Seite gedrängt und weil ihr sie mit
euren Hörnern weggestoßen habt, bis ihr sie weggetrieben hattet,
22 deshalb will ich meinen Schafen zu Hilfe kommen. Sie sollen nicht
länger eure Beute sein; denn ich werde für Recht sorgen zwischen
Schafen und Schafen.

Das messianische Reich

23 Ich setze für sie einen einzigen Hirten ein, der sie auf die Weide
führt, meinen Knecht David. Er wird sie weiden, und er wird ihr
Hirt sein. 24 Ich selbst, der Herr, werde ihr Gott sein, und mein Knecht
David wird in ihrer Mitte der Fürst sein. Ich, der Herr, habe ge-
sprochen.
25 Ich schließe mit ihnen einen Friedensbund: Ich rotte die wilden
Tiere im Land aus. Dann kann man in der Steppe sicher wohnen und
in den Wäldern schlafen. 26 Ich werde sie und die Umgebung meines
Berges segnen. Ich schicke Regen zur rechten Zeit, und der Regen
wird Segen bringen. 27 Die Bäume des Feldes werden ihre Früchte tra-
gen, und das Land wird seinen Ertrag geben. Sie werden auf ihrem
Grund und Boden sicher sein. Wenn ich die Stangen ihres Jochs zer-
breche und sie der Gewalt derer entreiße, von denen sie versklavt wur-
den, werden sie erkennen, daß ich der Herr bin. 28 Sie werden nicht
länger eine Beute der Völker sein, von den wilden Tieren werden sie
nicht gefressen. Sie werden in Sicherheit wohnen, und niemand wird
sie erschrecken. 29 Ich pflanze ihnen einen Garten des Heils. Sie wer-
den in ihrem Land nicht mehr vom Hunger dahingerafft werden, und
die Schmähungen der Völker müssen sie nicht mehr ertragen. 30 Sie
werden erkennen, daß ich, der Herr, ihr Gott, mit ihnen bin und daß
sie, das Haus Israel, mein Volk sind – Spruch Gottes, des Herrn. 31 Ihr
seid meine Schafe, ihr seid die Herde meiner Weide. Ich bin euer Gott
– Spruch Gottes, des Herrn.

Der Drohspruch gegen Edom

35 Das Wort des Herrn erging an mich: 2 Menschensohn, richte
dein Gesicht auf die Berge von Seïr, tritt als Prophet gegen
sie auf, 3 und sag zu ihnen: So spricht Gott, der Herr:
Ich gehe gegen dich vor, Bergland von Seïr. / Ich strecke meine Hand
gegen dich aus / und mache dich zur Wüste und Öde.
4 Deine Städte lege ich in Trümmer, / und du sollst zur Wüste werden. /
Dann wirst du erkennen, daß ich der Herr bin.
5 Weil du eine ewige Feindschaft mit den Söhnen Israels hattest und
sie zur Zeit ihres Unglücks, zur Zeit der endgültigen Abrechnung, dem
Schwert ausgeliefert hast, 6 darum lasse ich dich bluten, so wahr ich
lebe – Spruch Gottes, des Herrn; Blut soll dich verfolgen. Du hast dich
nicht gescheut, Blut zu vergießen; darum soll Blut dich verfolgen.
7 Ich mache die Berge von Seïr zur Öde und Wüste und vernichte alles,
was sich dort bewegt und regt. 8 Ich fülle sein Bergland mit Erschla-
genen; auf deinen Hügeln, in deinen Tälern und all deinen Schluchten
werden die Menschen vom Schwert erschlagen und fallen.
9 Für immer mache ich dich zum Ödland, / deine Städte sollen nicht
mehr bewohnt sein. / Dann wirst du erkennen, daß ich der Herr bin.
10 Weil du sagst: Beide Völker und beide Länder gehören mir; sie sind
mein Besitz!, (weil du das sagst) obwohl doch der Herr dort ist,
11 darum will ich gegen dich – so wahr ich lebe, Spruch Gottes, des
Herrn – mit dem gleichen leidenschaftlichen Zorn vorgehen, mit dem
du gegen sie in deinem Haß vorgegangen bist. Ich werde dir zeigen,
wer ich bin, wenn ich dich richte. 12 Dann wirst du erkennen, daß ich
der Herr bin und daß ich gehört habe, wie oft du die Berge Israels
geschmäht und gesagt hast: Sie sind völlig verödet. Sie sind uns zum
Fraß vorgeworfen. 13 So habt ihr geprahlt und seid frech gegen mich
gewesen; ich habe es selbst gehört. 14 So spricht Gott, der Herr: Weil
du dich darüber freust, daß das ganze Land verödet daliegt, darum
will ich auch dich (zur Wüste) machen: 15 Weil du dich darüber freust,
daß der Erbbesitz des Hauses Israel verödet daliegt, darum will ich
auch dich (zur Wüste) machen; das Bergland von Seïr und ganz Edom
sollen veröden. Dann wird man erkennen, daß ich der Herr bin.

Fernand Léger
Friedenstaube
(1943)
»Ich schließe mit ihnen einen Friedensbund: Ich rotte die wilden Tiere im Land aus« (Ez 34,25). Im biblischen Zusammenhang ist die Taube eng mit der Erzählung von der Sintflut, der Vernichtung allen Lebens auf der Erde, verbunden (Gen 8,8-12) und insofern auch mit jenem Friedensbund, den Gott mit Noach geschlossen hat. Als Zeichen der Friedenshoffnung im Krieg schuf Fernand Léger dieses Bild 1943: Noch ist der Taube der freie Flug verwehrt; doch zeichnen lebhafte Farben und verspielte Formen, die Schmetterlinge und Blumen erkennen lassen und den dunklen Grund überdecken, eine aufsteigende Freude, ja Idylle.

Die Weissagung über Israels Berge

36 Du aber, Menschensohn, sprich als Prophet zu den Bergen
Israels, und sag: Ihr Berge Israels, hört das Wort des Herrn!
2 So spricht Gott, der Herr: Die Feinde haben von euch gesagt: Ha, ihr
seid für immer verödet; jetzt gehört ihr uns. 3 Darum tritt als Prophet
auf, und sag: So spricht Gott, der Herr: Weil ihr verödet seid, weil man
von allen Seiten nach euch geschnappt hat, so daß ihr jetzt Besitz der
übrigen Völker seid, weil ihr ins Gerede gekommen und zum Gespött
der Leute geworden seid, 4 darum, ihr Berge Israels, hört das Wort
Gottes, des Herrn: So spricht Gott, der Herr, zu den Bergen und
Hügeln, den Schluchten und Tälern, zu den verfallenen Ruinen und
den verlassenen Städten: Weil ihr von den übrigen Völkern ringsum
ausgeplündert und verspottet worden seid, 5 darum – so spricht Gott,
der Herr – werde ich mit glühender Leidenschaft über die übrigen Völ-
ker und über ganz Edom reden. Voll Frohlocken haben sie sich mein
Land angeeignet. Voll Schadenfreude haben sie das Weideland erbeu-
tet. 6 Darum sprich als Prophet zum Land Israel, und sag zu den Ber-
gen und Hügeln, zu den Schluchten und Tälern: So spricht Gott, der
Herr: Ich rede voll Leidenschaft und Grimm, weil ihr von den Völkern
so viel Schimpf ertragen müßt. 7 Darum – so spricht Gott, der Herr:
Ich erhebe meine Hand (zum Schwur) und sage: Die Völker rings um
euch werden den gleichen Schimpf ertragen müssen. 8 Ihr aber, ihr
Berge Israels, sollt wieder grün werden und Früchte hervorbringen
für mein Volk Israel; denn es wird bald zurückkommen. 9 Seht, ich
wende mich euch wieder zu, und dann ackert und sät man wieder auf
euch, 10 und ich lasse viele Menschen dort leben, das ganze Haus
Israel. Die Städte werden wieder bewohnt sein und die Ruinen aufge-
baut. 11 Ich lasse viele Menschen und Tiere auf euch leben, und sie
werden sich vermehren und fruchtbar sein. Ich will dafür sorgen, daß
ihr wieder bewohnt seid, wie ihr es früher wart; ich will euch mehr
Gutes erweisen als je zuvor. Dann werdet ihr erkennen, daß ich der
Herr bin. 12 Viele Menschen, mein ganzes Volk Israel, lasse ich zu euch
kommen, und sie werden euch in Besitz nehmen; ihr werdet für
immer ihr Erbbesitz sein und ihnen nie mehr ihre Kinder wegneh-
men. 13 So spricht Gott, der Herr: Man sagt zu dir: Du bist eine Men-
schenfresserin und hast deinem eigenen Volk die Kinder weggenom-
men. 14 Aber du sollst keine Menschen mehr fressen und deinem
eigenen Volk nicht mehr die Kinder wegnehmen – Spruch Gottes, des
Herrn. 15 Du sollst nie mehr anhören müssen, wie die Völker dich
beschimpfen, und nie mehr ertragen müssen, daß die Nationen dich
verhöhnen. Du wirst deinem eigenen Volk nicht mehr die Kinder weg-
nehmen – Spruch Gottes, des Herrn.

Die Verheißung eines neuen Lebens

16 Das Wort des Herrn erging an mich: 17 (Hör zu), Menschensohn! Als
Israel in seinem Land wohnte, machten sie das Land durch ihr Verhal-
ten und ihre Taten unrein. Wie die monatliche Unreinheit der Frau war
ihr Verhalten in meinen Augen. 18 Da goß ich meinen Zorn über sie
aus, weil sie Blut vergossen im Land und das Land mit ihren Götzen
befleckten. 19 Ich zerstreute sie unter die Völker; in alle Länder wurden
sie vertrieben. Nach ihrem Verhalten und nach ihren Taten habe ich sie
gerichtet. 20 Als sie aber zu den Völkern kamen, entweihten sie überall,
wohin sie kamen, meinen heiligen Namen; denn man sagte von
ihnen: Das ist das Volk Jahwes, und doch mußten sie sein Land verlas-
sen. 21 Da tat mir mein heiliger Name leid, den das Haus Israel bei den
Völkern entweihte, wohin es auch kam.

22 Darum sag zum Haus Israel: So spricht Gott, der Herr: Nicht euret-
wegen handle ich, Haus Israel, sondern um meines heiligen Namens
willen, den ihr bei den Völkern entweiht habt, wohin ihr auch gekom-
men seid. 23 Meinen großen, bei den Völkern entweihten Namen, den
ihr mitten unter ihnen entweiht habt, werde ich wieder heiligen. Und
die Völker – Spruch Gottes, des Herrn – werden erkennen, daß ich der
Herr bin, wenn ich mich an euch vor ihren Augen als heilig erweise.
24 Ich hole euch heraus aus den Völkern, ich sammle euch aus allen
Ländern und bringe euch in euer Land. 25 Ich gieße reines Wasser über
euch aus, dann werdet ihr rein. Ich reinige euch von aller Unreinheit
und von allen euren Götzen. 26 Ich schenke euch ein neues Herz und
lege einen neuen Geist in euch. Ich nehme das Herz von Stein aus
eurer Brust und gebe euch ein Herz von Fleisch. 27 Ich lege meinen
Geist in euch und bewirke, daß ihr meinen Gesetzen folgt und auf
meine Gebote achtet und sie erfüllt. 28 Dann werdet ihr in dem Land
wohnen, das ich euren Vätern gab. Ihr werdet mein Volk sein, und ich
werde euer Gott sein. 29 Ich befreie euch von allem, womit ihr euch
unrein gemacht habt. Ich rufe dem Getreide zu und befehle ihm zu
wachsen. Ich verhänge über euch keine Hungersnot mehr. 30 Ich ver-
mehre die Früchte der Bäume und den Ertrag des Feldes, damit ihr
nicht mehr unter den Völkern die Schande einer Hungersnot ertragen
müßt.

31 Dann werdet ihr an euer verkehrtes Verhalten und an eure bösen
Taten denken, und es wird euch ekeln vor euch selbst wegen eurer
Greueltaten. 32 Doch nicht euretwegen handle ich so – Spruch Gottes,
des Herrn –, das sollt ihr wissen. Errötet und vergeht vor Scham
wegen eures Treibens, ihr vom Haus Israel.

33 So spricht Gott, der Herr: Wenn ich euch von all euren Sünden ge-
reinigt habe, mache ich die Städte wieder bewohnbar, und die Ruinen
werden wieder aufgebaut. 34 Das verödete Land wird bestellt, es liegt
nicht mehr öde vor den Augen all derer, die vorübergehen. 35 Dann
wird man sagen: Dieses verödete Land ist wie der Garten Eden gewor-
den; die zerstörten, verödeten, vernichteten Städte sind wieder befe-
stigt und bewohnt. 36 Dann werden die Völker, die rings um euch noch
übrig sind, erkennen, daß ich, der Herr, das Zerstörte wieder aufge-
baut und das Ödland wieder bepflanzt habe. Ich, der Herr, habe
gesprochen, und ich führe es aus.

37 So spricht Gott, der Herr: Ich lasse mich vom Haus Israel dazu
bewegen, auch noch das zu tun: Ich werde die Menschen vermehren
wie eine Schafherde. 38 Wie die zum Opfer geweihten Schafe, wie die
Schafe an den Festen Jerusalem füllen, so sollen Herden von Men-
schen die zerstörten Städte bevölkern. Dann wird man erkennen, daß
ich der Herr bin.

Die Vision von der Auferweckung Israels

37 Die Hand des Herrn legte sich auf mich, und der Herr
brachte mich im Geist hinaus und versetzte mich mitten in
die Ebene. Sie war voll von Gebeinen. 2 Er führte mich ringsum an
ihnen vorüber, und ich sah sehr viele über die Ebene verstreut liegen;
sie waren ganz ausgetrocknet. 3 Er fragte mich: Menschensohn, kön-
nen diese Gebeine wieder lebendig werden? Ich antwortete: Herr und
Gott, das weißt nur du. 4 Da sagte er zu mir: Sprich als Prophet über
diese Gebeine, und sag zu ihnen: Ihr ausgetrockneten Gebeine, hört
das Wort des Herrn! 5 So spricht Gott, der Herr, zu diesen Gebeinen:
Ich selbst bringe Geist in euch, dann werdet ihr lebendig. 6 Ich spanne
Sehnen über euch und umgebe euch mit Fleisch; ich überziehe euch
mit Haut und bringe Geist in euch, dann werdet ihr lebendig. Dann
werdet ihr erkennen, daß ich der Herr bin. 7 Da sprach ich als Prophet,
wie mir befohlen war; und noch während ich redete, hörte ich auf ein-
mal ein Geräusch: Die Gebeine rückten zusammen, Bein an Bein.
8 Und als ich hinsah, waren plötzlich Sehnen auf ihnen, und Fleisch
umgab sie, und Haut überzog sie. Aber es war noch kein Geist in
ihnen. 9 Da sagte er zu mir: Rede als Prophet zum Geist, rede, Men-
schensohn, sag zum Geist: So spricht Gott, der Herr: Geist, komm
herbei von den vier Winden! Hauch diese Erschlagenen an, damit sie
lebendig werden. 10 Da sprach ich als Prophet, wie er mir befohlen
hatte, und es kam Geist in sie. Sie wurden lebendig und standen auf –
ein großes, gewaltiges Heer.

11 Er sagte zu mir: Menschensohn, diese Gebeine sind das ganze Haus
Israel. Jetzt sagt Israel: Ausgetrocknet sind unsere Gebeine, unsere
Hoffnung ist untergegangen, wir sind verloren. 12 Deshalb tritt als
Prophet auf, und sag zu ihnen: So spricht Gott, der Herr: Ich öffne
eure Gräber und hole euch, mein Volk, aus euren Gräbern herauf. Ich
bringe euch zurück in das Land Israel. 13 Wenn ich eure Gräber öffne
und euch, mein Volk, aus euren Gräbern heraufhole, dann werdet ihr
erkennen, daß ich der Herr bin. 14 Ich hauche euch meinen Geist ein,
dann werdet ihr lebendig, und ich bringe euch wieder in euer Land.
Dann werdet ihr erkennen, daß ich der Herr bin. Ich habe gespro-
chen, und ich führe es aus – Spruch des Herrn.

Eine weitere symbolische Handlung:
Die Wiedervereinigung Israels und Judas

15 Das Wort des Herrn erging an mich: 16 Du, Menschensohn, nimm
dir ein Holz, und schreib darauf: Juda und die mit ihm verbündeten
Israeliten. Dann nimm dir ein anderes Holz, und schreib darauf: Josef
[Holz Efraims] und das ganze mit ihm verbündete Haus Israel.
17 Dann füge beide zu einem einzigen Holz zusammen, so daß sie eins
werden in deiner Hand. 18 Und wenn die Söhne deines Volkes dich fra-
gen: Willst du uns nicht erklären, was das bedeuten soll?, 19 dann ant-
worte ihnen: So spricht Gott, der Herr: Ich nehme das Holz Josefs
[das in der Hand Efraims ist] und der mit ihm verbündeten Stämme
Israels und lege es auf das Holz Judas. Ich mache sie zu einem einzi-
gen Holz, und sie werden eins in meiner Hand. 20 Die Hölzer, auf die
du geschrieben hast, sollst du vor ihren Augen in deiner Hand halten.
21 Dann sag zu ihnen: So spricht Gott, der Herr: Ich hole die Israeliten
aus den Völkern heraus, zu denen sie gehen mußten; ich sammle sie
von allen Seiten und bringe sie in ihr Land. 22 Ich mache sie in meinem
Land, auf den Bergen Israels, zu einem einzigen Volk. Sie sollen alle
einen einzigen König haben. Sie werden nicht länger zwei Völker sein
und sich nie mehr in zwei Reiche teilen. 23 Sie werden sich nicht mehr
unrein machen durch ihre Götzen und Greuel und durch all ihre Unta-
ten. Ich befreie sie von aller Sünde, die sie in ihrer Untreue begangen
haben, und ich mache sie rein. Dann werden sie mein Volk sein, und
ich werde ihr Gott sein. 24 Mein Knecht David wird ihr König sein, und
sie werden alle einen einzigen Hirten haben. Sie werden nach meinen
Rechtsvorschriften leben und auf meine Gesetze achten und sie erfül-
len. 25 Sie werden in dem Land wohnen, das ich meinem Knecht Jakob
gegeben habe und in dem ihre Väter gewohnt haben. Sie und ihre Kin-
der und Kindeskinder werden für immer darin wohnen, und mein
Knecht David wird für alle Zeit ihr Fürst sein.

26 Ich schließe mit ihnen einen Friedensbund; es soll ein ewiger Bund
sein. Ich werde sie zahlreich machen. Ich werde mitten unter ihnen für
immer mein Heiligtum errichten, 27 und bei ihnen wird meine Woh-
nung sein. Ich werde ihr Gott sein, und sie werden mein Volk sein.
28 Wenn mein Heiligtum für alle Zeit in ihrer Mitte ist, dann werden
die Völker erkennen, daß ich der Herr bin, der Israel heiligt.

Der Kampf Gottes gegen Gog

Die Kriegsvorbereitungen Gogs

38 Das Wort des Herrn erging an mich: 2 Menschensohn,
richte dein Gesicht auf Gog im Land Magog, auf den
Großfürsten von Meschech und Tubal, tritt als Prophet gegen ihn
auf, 3 und sag: So spricht Gott, der Herr: Ich will gegen dich vorge-
hen, Gog, gegen dich, den Großfürsten von Meschech und Tubal.
4 Ich reiße dich herum und schlage dir Haken durch deine Kinn-
backen und führe dich und deine ganze Streitmacht heraus: Pferde
und Reiter, alle prächtig gekleidet, ein großes Heer, mit Langschild
und Rundschild; alle haben ihr Schwert in der Hand. 5 Auch Paras,
Kusch und Put sind dabei, alle ausgerüstet mit Schild und Helm, dazu
6 Gomer und all seine Truppen, Bet-Togarma aus dem äußersten Nor-
den und all seine Truppen. Viele Völker ziehen mit dir. 7 Rüste dich,
halte dich bereit, du und dein ganzes Heer, das bei dir versammelt ist;
sei mit ihnen auf dem Posten. 8 Nach langer Zeit wirst du deinen Auf-
trag erhalten. Nach vielen Jahren wirst du in ein Land kommen, des-
sen Volk dem Schwert entronnen ist und aus vielen Völkern wieder
auf den Bergen Israels zusammengeführt wurde, die lange verödet
waren. Mitten aus den Völkern wurde es herausgeführt, und alle
leben in Sicherheit. 9 Wie ein Unwetter ziehst du herauf; wie eine
Wolke, die das ganze Land bedeckt – du und all deine Truppen und
viele Völker mit dir.
10 So spricht Gott, der Herr: An jenem Tag steigen (unheilvolle)
Gedanken in deinem Herzen auf, und du ersinnst einen bösen Plan.
11 Du sagst: Ich will gegen das ungeschützte Land hinaufziehen und
die friedlichen Menschen überfallen, die dort in Sicherheit leben; alle
leben sie ohne Mauern, und sie haben keine Riegel und Tore. 12 Ich
will Beute machen und plündern, ich will diese wieder bewohnten
Trümmer angreifen und das Volk überfallen, das aus den Völkern
zusammengeführt wurde, das sich wieder Herden und Besitz erwor-
ben hat und jetzt auf dem Nabel der Erde wohnt. 13 Dann werden dich
Saba und Dedan und die Kaufleute und Händler von Tarschisch fra-
gen: Kommst du, um Beute zu machen? Hast du deine Heere versam-
melt, um zu plündern, um Silber und Gold wegzuschleppen, Herden
und Besitz zu rauben und große Beute zu machen?
14 Darum tritt als Prophet auf, Menschensohn, und sag zu Gog: So
spricht Gott, der Herr: Dann, wenn mein Volk Israel sich in Sicherheit
wähnt, brichst du auf 15 und ziehst aus deinem Land heran, aus dem
äußersten Norden, du und viele Völker mit dir, alle zu Pferd, ein
großes Heer, eine gewaltige Streitmacht. 16 Du ziehst gegen mein Volk
Israel heran wie eine Wolke, die das ganze Land bedeckt. Am Ende der
Tage wird es geschehen: Ich lasse dich gegen mein Land heranzie-
hen; denn die Völker sollen mich erkennen, wenn ich mich vor ihren
Augen an dir, Gog, als heilig erweise.

Der Drohspruch gegen Gog

17 So spricht Gott, der Herr: Du bist der, von dem ich in früherer Zeit
durch meine Knechte gesprochen habe, durch die Propheten Israels,
die in jenen Tagen und Jahren weissagten, daß ich dich gegen Israel
heranziehen lasse. 18 Und an jenem Tag, wenn Gog gegen das Land
Israel heranzieht – Spruch Gottes, des Herrn –, wird der Groll in mir
aufsteigen. 19 In meinem leidenschaftlichen Eifer, im Feuer meines
Zorns, schwöre ich: An jenem Tag wird es im ganzen Land Israel ein
gewaltiges Erdbeben geben. 20 Dann zittern die Fische im Meer und
die Vögel am Himmel vor mir, das Wild auf dem Feld und alle kleinen
Tiere, die auf dem Erdboden kriechen, und alle Menschen auf Erden.
Es bersten die Berge, die Felswände stürzen ein, und alle Mauern fal-
len zu Boden. 21 Dann rufe ich mein ganzes Bergland zum Krieg gegen
Gog auf – Spruch Gottes, des Herrn. Da wird sich das Schwert des
einen gegen den andern wenden. 22 Ich richte ihn durch Pest und
(Ströme von) Blut; ich lasse Wolkenbrüche und Hagel, Feuer und
Schwefel über ihn und seine Truppen und über die vielen Völker, die
bei ihm sind, herabregnen. 23 So werde ich mich als groß und heilig
erweisen und mich vor den Augen vieler Völker zu erkennen geben.
Dann werden sie erkennen, daß ich der Herr bin.

Der Untergang Gogs

39 Du, Menschensohn, tritt als Prophet gegen Gog auf, und
sag: So spricht Gott, der Herr: Ich will gegen dich vorge-
hen, Gog, gegen dich, den Großfürsten von Meschech und Tubal.
2 Ich führe dich und locke dich herbei, ich lasse dich aus dem äußer-
sten Norden heranziehen und führe dich ins Bergland von Israel.
3 Dann schlage ich dir den Bogen aus der linken Hand und lasse deiner
rechten die Pfeile entfallen. 4 Im Bergland von Israel wirst du umkom-
men, du und alle deine Truppen und die Völker, die bei dir sind. Raub-
vögeln aller Art und den wilden Tieren werfe ich dich zum Fraß vor.
5 Auf dem freien Feld wirst du fallen; denn ich habe gesprochen –
Spruch Gottes, des Herrn.
6 Gegen Magog und die sorglosen Küstenbewohner sende ich Feuer.
Dann werden sie erkennen, daß ich der Herr bin. 7 Meinen heiligen
Namen offenbare ich in meinem Volk Israel; ich will meinen heiligen
Namen nie mehr entweihen. Dann werden die Völker erkennen, daß
ich der Herr bin, heilig in Israel. 8 Es kommt und geschieht – Spruch
Gottes, des Herrn.
Das ist der Tag, von dem ich gesprochen habe: 9 Die Einwohner der
Städte Israels werden hinausgehen; mit den Waffen, mit Langschild
und Rundschild, mit Bogen und Pfeilen, mit Keulen und Lanzen
machen sie Feuer und heizen. Sieben Jahre lang machen sie Feuer
damit. 10 Sie sammeln kein Holz auf den Feldern, sie schlagen kein
Holz im Wald, sondern verbrennen die Waffen. Sie plündern die Plün-
derer und berauben die Räuber – Spruch Gottes, des Herrn.
11 An jenem Tag weise ich Gog einen Platz für sein Grab in Israel zu:
das Tal der Durchreisenden, östlich vom (Toten) Meer. Das Grab ver-
sperrt dann den Durchreisenden den Weg. Dort wird man Gog und all
seine Pracht begraben und den Ort »Tal der Pracht Gogs« nennen.
12 Sieben Monate wird das Haus Israel brauchen, um alle zu begraben,
um das Land wieder rein zu machen. 13 Das ganze Volk im Land wird
helfen, sie zu begraben, und das wird ihm großes Ansehen verschaf-
fen an dem Tag, an dem ich mich als herrlich erweise – Spruch Gottes,
des Herrn. 14 Man wird Männer auswählen, die ständig durch das
Land ziehen und alle bestatten sollen, die im Land verstreut liegenge-
blieben sind. So soll man das Land wieder rein machen. Und am Ende
der sieben Monate sollen sie das Land gründlich durchsuchen.
15 Wenn diese Männer durch das Land ziehen und einer von ihnen
einen Menschenknochen findet, soll er die Stelle kennzeichnen, bis
die Totengräber ihn im Tal der Pracht Gogs begraben. 16 [Auch eine
Stadt trägt den Namen Hamona, »Die Pracht«.] So wird man das Land
rein machen.
17 Du aber, Menschensohn – so spricht Gott, der Herr –, sag zu allen
Vögeln und zu allen wilden Tieren: Versammelt euch, und kommt her!
Von überall kommt zu meinem großen Opfer zusammen, das ich für
euch schlachte, zu meinem großen Opfer auf den Bergen Israels,
kommt, und freßt Fleisch und trinkt Blut! 18 Das Fleisch der Helden
sollt ihr fressen, das Blut der Fürsten der Erde sollt ihr trinken. Lauter
Widder, Lämmer und Böcke, Stiere und gemästete Rinder aus dem
Baschan sind es. 19 Freßt euch satt am Fett, und berauscht euch am
Blut meines Opfers, das ich für euch geschlachtet habe. 20 An meinem
Tisch könnt ihr euch sättigen mit Pferden und Reitern, mit Helden
und Kriegern aller Art – Spruch Gottes, des Herrn.
21 So zeige ich unter den Völkern meine Herrlichkeit. Alle Völker
sehen, wie ich mein Strafgericht abhalte, sie sehen, wie ich meine
Hand auf sie lege. 22 Dann wird das Haus Israel erkennen, daß ich der
Herr, sein Gott, bin, von jenem Tag an und auch weiterhin.

Die Wiederherstellung Israels

23 Die Völker werden erkennen, daß das Haus Israel wegen seiner
Schuld verschleppt wurde. Denn sie sind mir untreu geworden; darum
habe ich mein Angesicht vor ihnen verborgen und sie ihren Feinden

David Bomberg
Vision Ezechiels
(1912)
»Da sprach ich als Prophet, wie er mir befohlen hatte, und es kam Geist in sie. Sie wurden lebendig und standen auf – ein großes, gewaltiges Heer« (Ez 37,10). Der englische Maler polnisch-jüdischer Abstammung David Bomberg hat sich dem Thema auf abstrahierende und zugleich wortgetreue Weise gewidmet: Es sind ›Gliederpuppen‹, die zum Leben erweckt werden. Dieses Motiv steht in einer Tradition, die sich in das 16. Jahrhundert zurückverfolgen läßt: Bereits Albrecht Dürer hat Figuren-Schemata gezeichnet, die sich aus Quadern und Kanthölzern zusammensetzen. Zwei Manieristen des 17. Jahrhunderts, Erhard Schön und Luca Cambiaso, fügten derlei Klötzchen-Gestalten zu figürlichen Szenen zusammen. Gleichgültig, ob Bomberg hier Anregungen erhalten hat oder auf eigenen Wegen zu seiner Bildlösung gefunden hat: Es gelingt ihm, die Glieder zum Leben zu erwecken, ohne die biblische Parabel durch naturalistische Verweise zu entstellen. Naheliegend ist ein Blick auf die verdinglichten Figuren-Gerüste Giorgio de Chiricos (*Der Troubadour*, Abb. S. 264).

ausgeliefert, so daß alle unter dem Schwert fielen. 24 Wie ihre Unrein-
heit und ihre Vergehen es verdienten, so habe ich sie behandelt und
mein Angesicht vor ihnen verborgen.
25 Darum – so spricht Gott, der Herr: Jetzt werde ich das Geschick
Jakobs wenden, ich will Erbarmen haben mit dem ganzen Haus Israel
und will mit leidenschaftlichem Eifer für meinen heiligen Namen ein-
treten. 26 Sie werden ihre Schande vergessen, vergessen, wie oft sie mir
untreu waren, wenn sie auf ihrem Grund und Boden in Sicherheit
leben, ohne daß sie jemand erschreckt, 27 wenn ich sie aus den Völ-
kern zurückgeholt und aus den Ländern ihrer Feinde gesammelt habe
und so mich an ihnen vor den Augen vieler Völker als heilig erweise.
28 Dann werden sie erkennen, daß ich, der Herr, ihr Gott bin; denn
nachdem ich sie zu den Völkern weggeführt hatte, habe ich sie wieder
in ihrem Land versammelt und keinen von ihnen in der Fremde
zurückgelassen. 29 Ich verberge mein Gesicht nicht mehr vor ihnen;
denn ich habe meinen Geist über das Haus Israel ausgegossen – Wort
Gottes, des Herrn.

Die Vision vom neuen Israel

Der neue Tempel

Die Entrückung des Propheten

40 Am zehnten Tag des Monats am Jahresanfang im fünfundzwanzigsten Jahr nach unserer Verschleppung und im vierzehnten Jahr nach der Eroberung der Stadt (Jerusalem), genau an diesem Tag legte sich die Hand des Herrn auf mich, und er brachte mich dorthin. 2 In göttlichen Visionen brachte er mich ins Land Israel und stellte mich auf einen sehr hohen Berg. In südlicher Richtung war auf dem Berg etwas wie eine Stadt erbaut. 3 Dorthin brachte er mich. Da sah ich einen Mann, der aussah, als sei er aus Bronze. Er hatte eine leinene Schnur und eine Meßlatte in der Hand und stand im Tor. 4 Der Mann sagte zu mir: Menschensohn, öffne deine Augen und Ohren, sieh und höre, und achte auf alles, was ich dir zeige. Denn du bist hierher gebracht worden, damit ich es dir zeige. Berichte alles, was du siehst, dem Haus Israel.

Der Tempel, seine Tore und Höfe

5 Da stand eine Mauer, die den Tempel ringsum außen umgab. Der Mann hatte in der Hand eine Meßlatte von sechs Ellen, die je eine gewöhnliche Elle und eine Handbreit maßen. Und er maß die Dicke der Mauer – eine Latte – und die Höhe – eine Latte. 6 Dann ging er zum Osttor, stieg seine Stufen hinauf und maß die Schwellen des Tores: Sie waren eine Latte breit [jede Schwelle war eine Latte breit]. 7 Dann maß er die Torkammer: Sie war eine Latte lang und eine Latte breit. Der Abstand zwischen den Torkammern betrug fünf Ellen. Und er maß die Schwelle des Tors auf der Tempelseite der Vorhalle des Tors. 8 [Er maß die Vorhalle des Tors auf der Tempelseite – eine Latte.] 9 Dann maß er die Vorhalle des Tors – acht Ellen – sowie die Pfeiler des Tors – zwei Ellen. Die Vorhalle des Tors lag auf der Tempelseite des Tors. 10 Drei Torkammern des Osttors lagen auf der einen Seite, drei auf der andern; alle drei hatten jeweils die gleichen Maße, und auch die Pfeiler hüben und drüben hatten die gleichen Maße. 11 Dann maß er die Breite der Toröffnung – zehn Ellen – und die Länge des Torgebäudes – dreizehn Ellen. 12 Vor allen Torkammern war eine Schranke, jeweils eine Elle hoch. Die Torkammern auf beiden Seiten maßen jeweils sechs Ellen. 13 Dann maß er die Breite des Torbaus vom Dachansatz einer Torkammer bis zum Dachansatz der gegenüberliegenden Torkammer von Tür zu Tür – fünfundzwanzig Ellen. 14 [Dann maß er die Vorhalle – zwanzig Ellen. An das Tor stieß ringsum der Vorhof.] 15 Von der Vorderseite des Toreingangs bis zur Tempelseite der Vorhalle des Tors innen waren es fünfzig Ellen. 16 Die Torkammern ringsum hatten verschließbare Fenster, ebenso innen die Pfeiler und die Vorhalle. Ringsum befanden sich innen Fenster. Die Pfeiler waren mit Palmen verziert.

17 Dann brachte er mich in den Vorhof. Rings um den Vorhof lagen Räume, und davor war ringsum ein Steinpflaster angelegt; dreißig Räume grenzten an das Pflaster. 18 Das Steinpflaster schloß sich seitlich an die Tore an, und es war genauso breit wie der Vorsprung der Tore (in den Vorhof). Das war das untere Steinpflaster. 19 Dann maß er den Abstand von der Innenseite der Außentore zur Außenseite der Innentore im Osten und Norden – je hundert Ellen.

20 Auch das Nordtor des Vorhofs maß er der Länge und Breite nach. 21 Es hatte je drei Torkammern auf beiden Seiten. Seine Pfeiler und seine Torkammern hatten die gleichen Maße wie die des ersten Tors. Im ganzen war es fünfzig Ellen lang und fünfundzwanzig Ellen breit. 22 Seine Fenster, seine Vorhalle und sein Palmenschmuck hatten die gleichen Maße wie die des Osttors. Man mußte sieben Stufen zu ihm hinaufsteigen. Auf der Innenseite lag seine Vorhalle. 23 Wie beim Osttor lag auch dem Nordtor ein Tor gegenüber, das zum Innenhof führte, und er maß den Abstand von Tor zu Tor – hundert Ellen.

24 Dann führte er mich nach Süden, und auch im Süden war ein Tor.

Kasimir Malewitsch
Komplexe Vorahnung
(1928-32)
»Der Mann sagte zu mir: Menschensohn, öffne deine Augen und Ohren, sieh und höre, und achte auf alles, was ich dir zeige« (Ez 40,4). 1910 hatte der russische Maler Kasimir Malewitsch mit dem Gemälde *Schwarzes Quadrat* den radikalsten Schritt gewagt, die Kunst vom »Ballast der Wirklichkeit« zu befreien. Die Bildelemente beschränkten sich auf geometrische Grundformen. Erst im Spätwerk kehrte Malewitsch zu gegenständlichen Motiven zurück, ohne sich jenem »Ballast« zu beugen, den ab 1932 der Sozialistische Realismus verordnete.
Die *Komplexe Vorahnung* (auch prosaisch *Figur in gelbem Hemd* genannt) bewahrt den strengen Formalismus der gegenstandsfreien Bilder und schafft auf diese Weise eine Atmosphäre, die ein verinnerlichtes Sehen und Hören suggeriert.

Und er maß seine Pfeiler und seine Vorhalle; sie entsprachen den Maßen der anderen. 25 Auch die Fenster des Tors und seiner Vorhalle ringsum entsprachen den anderen Fenstern. Im ganzen war es fünfzig Ellen lang und fünfundzwanzig Ellen breit. 26 Sieben Stufen führten zu ihm hinauf. Auf der Innenseite lag seine Vorhalle. Die beiden Pfeiler dieses Tors waren hüben und drüben mit je einer Palme verziert. 27 Auch auf der Südseite war ein Tor zum Innenhof, und er maß den Abstand von Tor zu Tor im Süden – hundert Ellen.

28 Dann brachte er mich durch das Südtor in den Innenhof und maß das Südtor. Es hatte die gleichen Maße wie die anderen Tore: 29 Seine Torkammern, seine Pfeiler und seine Vorhalle hatten die gleichen Maße wie dort. Auch dieses Tor und seine Vorhalle hatten ringsum Fenster. Im ganzen war es fünfzig Ellen lang und fünfundzwanzig Ellen breit.

30 [Ringsherum waren Vorhallen, fünfundzwanzig Ellen lang und fünf Ellen breit.] 31 Seine Vorhalle lag auf der Seite zum Vorhof. Seine Pfeiler waren mit Palmen verziert, und acht Stufen führten zu ihm hinauf. 32 Dann brachte er mich zur Ostseite des Innenhofs und maß das Tor ab. Es hatte die gleichen Maße wie die anderen Tore: 33 Seine Torkam-

mern, seine Pfeiler und seine Vorhalle hatten die gleichen Maße wie
dort. Auch dieses Tor und seine Vorhalle hatten ringsum Fenster. Im
ganzen war es fünfzig Ellen lang und fünfundzwanzig Ellen breit.
34 Seine Vorhalle lag auf der Seite zum Vorhof. Seine beiden Pfeiler
waren hüben und drüben mit je einer Palme verziert, und acht Stufen
führten zu ihm hinauf.
35/36 Dann brachte er mich zum (inneren) Nordtor und stellte auch bei
seinen Torkammern, seinen Pfeilern und seiner Vorhalle die gleichen
Maße fest. Auch dieses Tor hatte ringsum Fenster. Im ganzen war es
fünfzig Ellen lang und fünfundzwanzig Ellen breit. 37 Seine Vorhalle
lag auf der Seite zum Vorhof, seine beiden Pfeiler waren hüben und
drüben mit je einer Palme verziert, und acht Stufen führten zu ihm
hinauf.
38 An den Pfeilern des Tors war der Eingang zu einem besonderen
Raum, in dem man das Brandopfer abspülte. 39 In der Vorhalle des
Tors standen an beiden Seiten je zwei Tische, auf denen die Brand-,
Sünd- und Schuldopfer geschlachtet wurden. 40 An der Außenwand
standen neben dem Toreingang im Norden je zwei Tische, und an der
gegenüberliegenden Wand der Vorhalle des Tors ebenfalls je zwei
Tische; 41 je vier Tische standen also an den beiden Stirnwänden (der
Vorhalle) des Tors, zusammen acht Tische. Auf ihnen schlachtete man
(die Opfertiere).
42/43 Die vier Tische für das Brandopfer waren aus behauenen Steinen.
Sie waren anderthalb Ellen lang, anderthalb Ellen breit und eine Elle
hoch. Innen (in der Vorhalle) hatte man ringsum handbreite Randlei-
sten angebracht. Auf sie legte man die Geräte, mit denen man die
Brand- und Schlachtopfer schlachtete, und auf die Tische legte man
das Opferfleisch. 44 Neben dem (nördlichen und südlichen) Innentor
lagen zwei Räume; der neben dem Nordtor liegende öffnete sich nach
Süden zum Innenhof, der neben dem Südtor liegende öffnete sich
nach Norden zum Innenhof. 45 Er sagte zu mir: Der Raum, der sich
nach Süden öffnet, gehört den Priestern, die im Tempel dienen. 46 Der
Raum aber, der sich nach Norden öffnet, gehört den Priestern, die am
Altar dienen; das sind die Nachkommen Zadoks, die als einzige aus
dem Stamm Levi vor den Herrn hintreten dürfen, um ihm zu dienen.
47 Dann maß er den Innenhof – ein Quadrat von hundert Ellen Länge
und hundert Ellen Breite. Vor dem Tempelgebäude stand der Altar.
48 Darauf führte er mich zur Vorhalle des Tempels und maß die Pfeiler
der Vorhalle zu beiden Seiten – je fünf Ellen. Die Breite der Toröffnung
betrug vierzehn Ellen und die Breite der beiden Seitenwände (neben
der Toröffnung) je drei Ellen. 49 Die Vorhalle war zwanzig Ellen breit
und zwölf Ellen lang. Zehn Stufen mußte man zu ihr hinaufsteigen.
An den Pfeilern standen außen Säulen, je eine auf jeder Seite.
41 Dann brachte er mich zur Tempelhalle und maß die Pfeiler
zu beiden Seiten (des Eingangs); jeder war sechs Ellen dick.
[So dick waren die Pfeiler.] 2 Die Breite der Türöffnung betrug zehn
Ellen und die der beiden Seitenwände neben der Türöffnung je fünf
Ellen. Darauf maß er die Länge der Tempelhalle – vierzig Ellen – und
ihre Breite – zwanzig Ellen. 3 Er trat ins Innere und maß die Pfeiler der
Türöffnung (zum Allerheiligsten) – zwei Ellen – und die Türöffnung –
sechs Ellen – sowie die Breite der Seitenwände neben der Türöffnung
– sieben Ellen. 4 Und er maß seine Länge – zwanzig Ellen – und seine
Breite an der Seite der Tempelhalle – zwanzig Ellen. Und er sagte zu
mir: Das ist das Allerheiligste.

Die Nebengebäude des Tempels

5 Dann maß er die Mauer des Tempelgebäudes – sechs Ellen dick –
und die Breite des Anbaus rings um das Tempelgebäude – vier Ellen.
6 (In dem Anbau waren) Nebenräume, einer am andern, im ganzen
dreißig in drei Stockwerken. An der Mauer des Tempelgebäudes
waren ringsum Vorsprünge für die (Deckenbalken der) Nebenräume;
die Vorsprünge dienten als Auflagen; es brauchten also in der Wand
des Tempelgebäudes keine Auflagen zu sein. 7 Durch die Nebenräume
ergab sich bis zu einer bestimmten Höhe hinauf eine Verbreiterung,
denn das Tempelgebäude war ringsum umbaut; durch diesen Anbau
ergab sich eine Verbreiterung bis zu einer bestimmten Höhe. Vom
untersten Stockwerk konnte man (im Innern) über das mittlere zum
oberen hinaufsteigen. 8 Das Tempelgebäude selbst konnte man von
allen Seiten (über die Anbauten) herausragen sehen. Die Fundamente
der Nebenräume waren eine ganze Meßlatte dick – sechs Ellen. 9 Die
Außenmauer des Anbaus war fünf Ellen dick. Zwischen den Neben-
räumen des Tempelgebäudes 10 und den (Priester-)Räumen war ein
freier Platz von zwanzig Ellen Breite, der rings um den Tempel herum-
lief. 11 Aus dem Anbau führten zwei Türen ins Freie, eine im Norden
und eine im Süden. Die Mauer des freien Platzes war ringsum fünf
Ellen dick. 12 Vor dem eingefriedeten Platz lag auf der Westseite ein
(großes) Gebäude, das neunzig Ellen breit und siebzig Ellen lang war.
Die Mauer dieses Gebäudes war ringsum fünf Ellen dick.

Die Maße des Tempels

13 Dann maß er das Tempelgebäude – hundert Ellen lang – sowie den
eingefriedeten Platz, das andere Gebäude und seine Mauern – auch
hundert Ellen lang. 14 Die Breite der Vorderseite des Tempels und des
eingefriedeten Platzes betrug im Osten zusammen ebenfalls hundert
Ellen. 15 Und er maß die Breite des (großen) Gebäudes, das vor dem
eingefriedeten Platz lag, auf der Rückseite und (die Länge) der Terras-
senbauten auf seinen beiden Seiten – wieder je hundert Ellen.

Das Innere des Tempels

Das Innere der Tempelhalle und der Vorhalle, die aus dem Innenhof in
den Tempel führt, 16 waren getäfelt. Die Rahmen der verschließbaren
Fenster und die drei Gesimse, die von der Schwelle an ringsum liefen,
waren aus Holz; ebenso gab es vom Fußboden bis zu den Fenstern –
die Fenster waren verdeckbar – 17 und bis über die Türöffnungen hin-
auf eine Holztäfelung. Auf allen Wänden ringsum, auch auf den Wän-
den zum Innenraum und nach draußen, war die Täfelung in Felder
eingeteilt, auf denen 18 geschnitzte Kerubim und Palmen zu sehen
waren, je eine Palme zwischen zwei Kerubim. Jeder Kerub hatte zwei
Gesichter: 19 Ein Menschengesicht (blickte) zur einen Palme und ein
Löwengesicht zur andern. So war das ganze Haus ringsum ausgestal-
tet. 20 Vom Fußboden bis über die Türöffnungen hinauf waren an der
Tempelwand Kerubim und Palmen angebracht. 21 Die Tür der Tempel-
halle hatte einen vierfach gestuften Türrahmen. Vor dem Allerheilig-
sten war etwas, das aussah wie 22 ein Altar aus Holz, drei Ellen hoch,
zwei Ellen lang und zwei Ellen breit. Seine Ecken, sein Sockel und
seine Wände waren aus Holz. Der Mann sagte zu mir: Das ist der
Tisch, der vor dem Herrn steht. 23 Die Tempelhalle und das Allerhei-
ligste hatten je eine Doppeltür. 24 Die Türen hatten zwei Türflügel,
zwei drehbare Türflügel, zwei die eine Tür und zwei die andere Tür.
25 An den Türen der Tempelhalle waren Kerubim und Palmen ange-
bracht wie an den Wänden. Außen, an der Vorderseite der Vorhalle,
war ein Vordach aus Holz. 26 An den beiden Seitenwänden der Vor-
halle und an den Nebenräumen des Tempels [und an den Vordächern]
waren verschließbare Fenster und Palmen.

Die Räume für die Priester

42 Dann führte er mich in den nördlichen Teil des Vorhofs hin-
aus und brachte mich zu einem Bau mit Einzelräumen, der
gegenüber dem eingefriedeten Platz und im Norden des (großen)
Gebäudes lag. 2 An seiner Längsseite gegenüber dem Nordeingang
(des großen Gebäudes) maß dieser Bau hundert Ellen; seine Breite
betrug fünfzig Ellen. 3 Der Bau lag gegenüber dem freien Platz von
zwanzig Ellen, der zum Innenhof gehörte, und gegenüber dem Stein-
pflaster, das zum Vorhof gehörte. Er war terrassenartig angelegt, mit
drei Stockwerken. 4 Vor den Räumen lief ein Gang entlang, zehn Ellen
breit und hundert Ellen lang. Die Eingänge der Räume lagen im Nor-
den. 5 Die oberen Räume des Baus waren kürzer als die mittleren und
die unteren; denn die Terrassen nahmen ihnen Platz weg. 6 Das Ganze
war dreistöckig; die Stockwerke hatten aber keine Säulen wie der Vor-
hof; deswegen wurden sie von unten nach oben, vom unteren über das

mittlere (bis zum oberen) immer kürzer. 7 Außen zog sich an den Räu-
men zum Vorhof hin eine Mauer entlang. An der Vorderseite der
Räume war sie fünfzig Ellen lang; 8 da die Räume, die zum Vorhof
gehörten, ebenfalls fünfzig Ellen lang waren, war die ganze Mauer
hundert Ellen lang. 9 Der Zugang zu den unteren Räumen (des Terras-
senbaus) lag im Osten, dort, wo man vom Vorhof herkam, 10 an der
Breitseite der Mauer zum Vorhof.
Im Süden des eingefriedeten Platzes und des (großen) Gebäudes war
ebenfalls ein Bau mit Einzelräumen, 11 und auch an ihrer Vorderseite
lief ein Weg entlang. Sie hatten dasselbe Aussehen, die gleiche Länge
und Breite, die gleichen Eingänge, dieselbe Anordnung und ebenso-
viele Türen wie die Räume im Norden. 12 Der Zugang zu den Türen der
Räume im Süden lag am Anfang des nach Osten führenden Weges,
der am Kopfende der Schutzmauer begann.
13 Der Mann sagte zu mir: Die Räume im Norden und die Räume im
Süden, die vor dem umfriedeten Platz liegen, sind heilige Räume. Dort
sollen die Priester, die vor den Herrn hintreten dürfen, die hochheili-
gen Gaben verzehren, und dort sollen sie die hochheiligen Gaben, die
Speise-, Sünd- und Schuldopfer niederlegen; denn der Ort ist heilig.
14 Wenn die Priester in das Heiligtum gegangen sind, sollen sie von
dort nicht zum Vorhof hinausgehen, sondern ihre Gewänder, in
denen sie Dienst getan haben, in diesen Räumen ablegen; denn die
Gewänder sind heilig. Sie sollen andere Kleider anziehen und erst
dann auf den Platz hinaustreten, der für das Volk vorgesehen ist.

Die Maße des Tempelbezirks

15 Als er den inneren Tempelbezirk vermessen hatte, führte er mich
zum Osttor hinaus und vermaß den ganzen Tempelbezirk ringsum.
16 Er maß mit seiner Meßlatte die Ostseite – fünfhundert Ellen [mit
der Meßlatte]. Dann wandte er sich (der Nordseite zu) 17 und maß mit
der Meßlatte die Nordseite – fünfhundert Ellen. Dann wandte er sich
18 der Südseite zu und maß mit der Meßlatte wieder fünfhundert
Ellen. 19 Dann wandte er sich der Westseite zu und maß mit der
Meßlatte wieder fünfhundert Ellen. 20 Nach allen vier Windrichtungen
vermaß er den Tempelbezirk: Der Tempelbezirk hatte ringsum eine
Mauer, fünfhundert Ellen in der Länge und fünfhundert Ellen in der
Breite; sie sollte das Heilige vom Unheiligen trennen.

Der Einzug des Herrn in den Tempel

43 Dann führte er mich zu einem der Tore, dem Tor, das im
Osten lag. 2 Da sah ich, wie die Herrlichkeit des Gottes Isra-
els aus dem Osten herankam. Ihr Rauschen war wie das Rauschen
gewaltiger Wassermassen, und die Erde leuchtete auf von seiner Herr-
lichkeit. 3 Die Erscheinung, die ich sah, war wie die Erscheinung, die
ich damals sah, als er kam, um die Stadt zu vernichten, und wie die
Erscheinung, die ich am Fluß Kebar gesehen hatte. Da fiel ich nieder
auf mein Gesicht. 4 Und die Herrlichkeit des Herrn zog in den Tempel
ein durch das Tor, das im Osten lag.
5 Der Geist hob mich empor und brachte mich in den Innenhof. Und
die Herrlichkeit des Herrn erfüllte den Tempel. 6 Dann hörte ich vom
Tempel her, während der Mann neben mir stand, einen, der mit mir
redete; 7 er sagte zu mir: Menschensohn, das ist der Ort, wo mein
Thron steht, und der Ort, wo meine Füße ruhen; hier will ich für
immer mitten unter den Israeliten wohnen. Das Haus Israel aber und
seine Könige sollen meinen heiligen Namen nie mehr beflecken mit
ihrer Unzucht und mit den Leichen ihrer Könige [wenn sie tot sind].
8 Sie legten ihre Schwelle neben meine Schwelle und setzten ihre Tür-
pfosten neben meine Türpfosten, so daß zwischen mir und ihnen nur
eine Wand war. So befleckten sie meinen heiligen Namen durch die
Greueltaten, die sie begingen, und ich mußte sie in meinem Zorn ver-
nichten. 9 Jetzt aber sollen sie ihre Unzucht und die Leichen ihrer
Könige von mir fernhalten, so daß ich für immer mitten unter ihnen
wohnen kann.
10 Du, Menschensohn, berichte dem Haus Israel über den Tempel,
damit sie sich wegen ihrer bösen Taten schämen. Sie sollen den Ent-
wurf des Tempels kennen lernen. 11 Wenn sie sich all dessen schä-
men, was sie getan haben, dann mach ihnen den Plan des Tempels
bekannt, seine Einrichtung, seine Ausgänge und Eingänge und seinen
ganzen Plan, alle ihn betreffenden Gesetze [meine ganzen Pläne] und
alle ihn betreffenden Anweisungen. Zeichne alles vor ihren Augen
auf! Sie sollen darauf achten, daß sie seinen ganzen Plan ausführen
und alle ihn betreffenden Gesetze befolgen.
12 Das ist meine Anweisung für den Tempelbezirk. Das ganze Gebiet
auf dem Gipfel des Berges ringsum ist hochheiliger Boden. [Siehe,
das ist die Anweisung für den Tempelbezirk.]

Der Altar im Innenhof und die Altarweihe

13 Das waren die Maße des Altars, gemessen in Ellen, die Elle zu einer
gewöhnlichen Elle und einer Handbreit gerechnet: Der Graben (um
den Altar) war eine Elle tief und eine Elle breit, und die gemauerte
Einfassung an seinem Rand war eine Spanne breit. Die Höhe des
Altars maß: 14 vom Boden des Grabens bis zur unteren Stufe zwei
Ellen; die Stufe war eine Elle breit; auf diese niedrige Stufe folgte eine
höhere Stufe von vier Ellen, die oben wieder eine Elle zurücksprang.
15 Der (darauf folgende) Opferherd war vier Ellen hoch, und an dem
Opferherd ragten vier Hörner empor. 16 Der Opferherd hatte eine
Länge von zwölf Ellen und eine Breite von zwölf Ellen; er war quadra-
tisch. 17 Auch die (mittlere) Stufe war quadratisch, vierzehn Ellen lang
und vierzehn Ellen breit. Rings um die untere Stufe lief eine gemauerte
Einfassung von einer halben Elle (Höhe). Der Graben, der sie umgab,
maß ringsum eine Elle. Im Osten führte eine Treppe zum Altar hinauf.
18 Dann sagte er zu mir: Menschensohn, so spricht Gott, der Herr: Das
sind die Gesetze für den Tag, an dem der Altar fertiggestellt wird,
damit man Brandopfer auf ihm darbringen und Blut auf ihn sprengen
kann: 19 Du sollst den levitischen Priestern, den Nachkommen
Zadoks, die vor mich hintreten dürfen, um mir zu dienen – Spruch
Gottes, des Herrn –, einen jungen Stier zum Sündopfer geben. 20 Dann
sollst du etwas von seinem Blut nehmen und es auf die vier Hörner
und auf die vier Ecken der (mittleren) Stufe sowie ringsum auf die
gemauerte Einfassung tun. So sollst du den Altar entsündigen und
entsühnen. 21 Dann sollst du den Stier des Sündopfers nehmen, und
man soll ihn auf dem dafür vorgesehenen Platz beim Tempel außer-
halb des Heiligtums verbrennen. 22 Am zweiten Tag sollst du einen
Ziegenbock, der ohne Fehler ist, als Sündopfer darbringen, und man
soll den Altar damit entsündigen, wie man ihn mit dem Stier entsün-
digt hat.
23 Wenn du die Entsündigung vollzogen hast, sollst du einen jungen
Stier, der ohne Fehler ist, sowie einen Widder aus der Herde, der ohne
Fehler ist, darbringen. 24 Du sollst beide vor den Herrn bringen, und
die Priester sollen sie mit Salz bestreuen und dem Herrn als Brandop-
fer darbringen. 25 Sieben Tage lang sollst du täglich einen Bock als
Sündopfer darbringen, und man soll (täglich) einen jungen Stier und
einen Widder aus der Herde – Tiere ohne Fehler – darbringen. 26 Sie-
ben Tage lang soll man den Altar entsühnen, rein machen und einwei-
hen. 27 Man soll diese Tage genau einhalten. Vom achten Tag an sollen
dann die Priester auf dem Altar eure Brand- und Heilsopfer darbrin-
gen. Dann will ich euch gnädig sein – Spruch Gottes, des Herrn.

Das verschlossene Tor

44 Dann führte er mich zum äußeren Osttor des Heiligtums
zurück. Es war geschlossen. 2 Da sagte der Herr zu mir: Die-
ses Tor soll geschlossen bleiben, es soll nie geöffnet werden, niemand
darf hindurchgehen; denn der Herr, der Gott Israels, ist durch dieses
Tor eingezogen; deshalb bleibt es geschlossen. 3 Nur der Fürst darf,
weil er der Fürst ist, sich dort niedersetzen, um vor den Augen des
Herrn die Opfermahlzeit abzuhalten. Dabei soll er von der Vorhalle
des Tores aus eintreten und auf dem gleichen Weg wieder hinaus-
gehen.

Die Vorschriften für den Kult und die Verteilung des Landes

Die Leviten und Priester

4 Dann führte er mich zum Nordtor, zur Vorderseite des Tempels. Ich
sah: Die Herrlichkeit des Herrn erfüllte den Tempel des Herrn. Und
ich fiel nieder auf mein Gesicht. 5 Der Herr sagte zu mir: Menschen-
sohn, gib acht, öffne deine Augen und deine Ohren, und hör auf alles,
was ich zu dir sage, vernimm alle Gesetze und Anweisungen über den
Tempel des Herrn! Achte an allen Eingängen des Heiligtums darauf,
wer den Tempel betritt. 6 Sag zu dem widerspenstigen Haus Israel: So
spricht Gott, der Herr: Hört endlich auf mit all euren Greueltaten, ihr
vom Haus Israel! 7 Fremde, die unbeschnitten sind am Herzen und
unbeschnitten am Körper, sie habt ihr eintreten lassen, sie waren in
meinem Heiligtum und haben meinen Tempel entweiht, wenn ihr mir
meine Opferspeise, Fett und Blut, dargebracht habt. So habt ihr mit all
euren Greueltaten meinen Bund gebrochen. 8 Ihr wolltet den Dienst in
meinem Heiligtum nicht verrichten, sondern ihr habt sie an eurer
Stelle den Dienst in meinem Heiligtum verrichten lassen.
9 So spricht Gott, der Herr: Kein Fremder, der unbeschnitten ist am
Herzen und unbeschnitten am Körper, darf mein Heiligtum betreten,
keiner von all den Fremden, die bei den Israeliten leben, 10 sondern
nur die Leviten. Doch weil sie mich verlassen haben, als Israel in die
Irre ging, und weil sie statt mir ihren Götzen gefolgt sind, müssen sie
die Folgen ihrer Schuld tragen: 11 Sie dürfen in meinem Heiligtum nur
Wächter an den Tempeltoren und Tempeldiener sein; sie dürfen (die
Tiere für) das Brandopfer und das Schlachtopfer des Volkes schlach-
ten und sollen vor den Leuten bereitstehen, um ihnen zu dienen.
12 Weil sie ihnen bei ihrem Götzendienst geholfen haben und für das
Haus Israel der Anlaß wurden, in Schuld zu fallen, darum habe ich
meine Hand gegen sie erhoben – Spruch Gottes, des Herrn –; sie müs-
sen die Folgen ihrer Schuld tragen. 13 Sie dürfen nicht mehr vor mich
hintreten, um mir als Priester zu dienen und alle meine heiligen
Geräte und hochheiligen Opfer zu berühren. Sie müssen ihre Schande
und die Folgen der Greueltaten tragen, die sie begangen haben. 14 Ich
setze sie als Tempeldiener ein, damit sie alles erledigen, was im Tem-
pel zu tun ist. 15 Die levitischen Priester, die Nachkommen Zadoks, die
mir in meinem Heiligtum treu gedient haben, als die Israeliten mich
verließen und in die Irre gingen, sie sollen vor mich hintreten und mir
dienen, sie sollen vor mir stehen, um mir Fett und Blut darzubringen –
Spruch Gottes, des Herrn. 16 Sie dürfen in mein Heiligtum kommen
und an meinen Tisch herantreten, um mir zu dienen; sie sollen mei-
nen Dienst verrichten.
17 Wenn sie durch die Tore des Innenhofs hineingehen, sollen sie Lei-
nengewänder tragen. Sie dürfen nichts Wollenes tragen, wenn sie in
den Toren des Innenhofs und im Tempel Dienst tun. 18 Sie sollen einen
Kopfbund aus Leinen aufsetzen und leinene Hosen anziehen; sie sol-
len keine Kleider tragen, in denen man schwitzt. 19 Wenn sie in den
Vorhof zum Volk hinausgehen, sollen sie die Leinengewänder auszie-
hen, in denen sie Dienst getan haben; sie sollen sie in die heiligen
Räume legen und andere Kleider anziehen, damit sie das Volk nicht
durch ihre Leinengewänder heilig machen.
20 Sie sollen weder ihren Kopf kahlscheren, noch ihre Haare lang her-
abhängen lassen, sondern sie sollen ihr Haar kurz schneiden. 21 Ein
Priester darf keinen Wein trinken, wenn er den Innenhof betreten
muß. 22 Die Priester dürfen keine Witwe und keine verstoßene Frau
heiraten, sondern nur Jungfrauen aus der Nachkommenschaft des
Hauses Israel. Eine Witwe aber, die mit einem Priester verheiratet war,
dürfen sie zur Frau nehmen.
23 Sie sollen mein Volk über den Unterschied zwischen heilig und
nicht heilig belehren und ihnen den Unterschied zwischen unrein und
rein deutlich machen. 24 Bei einem Rechtsstreit sind sie die Richter;
nach meinen Rechtsvorschriften sollen sie ihn entscheiden. An allen
meinen Festen sollen sie auf meine Weisungen und meine Gesetze
achten, und sie sollen meine Sabbat-Tage heilig halten. 25 Einem Toten
sollen sie sich nicht nähern; denn sie werden dadurch unrein. Nur
beim Tod von Vater und Mutter, Sohn und Tochter, Bruder und unver-
heirateter Schwester dürfen sie sich unrein machen; 26 wenn der Prie-
ster dann wieder rein geworden ist, soll er noch sieben Tage warten.
27 Wenn er danach wieder in den Innenhof des Heiligtums geht, um
dort Dienst zu tun, dann soll er ein Sündopfer für sich darbringen –
Spruch Gottes, des Herrn.
28 Erbbesitz dürfen sie nicht haben; ich bin ihr Erbbesitz. Auch Eigen-
tum sollt ihr ihnen in Israel nicht geben; ich bin ihr Eigentum. 29 Sie
dürfen das Speise-, Sünd- und Schuldopfer essen. Jede Gabe, die man
in Israel Gott weiht, gehört ihnen. 30 Das Beste von allen Erstlingsop-
fern, all eure Abgaben, die ihr entrichten müßt, gehören den Prie-
stern; auch das Beste von dem, was ihr backt, sollt ihr dem Priester
geben, damit ihr Segen über eure Häuser bringt. 31 Verendete und (von
Raubtieren) zerrissene Vögel und Tiere dürfen die Priester nicht essen.

Die Aufteilung des Kerngebietes

45 Wenn ihr das Land durch das Los verteilt, sollt ihr ein Stück
von fünfundzwanzigtausend Ellen Länge und zwanzigtau-
send Ellen Breite als eine Abgabe für den Herrn zurückbehalten. Es
soll in seinem ganzen Umfang heilig sein. 2 Davon gehört um den
Tempel herum ein Quadrat von fünfhundert mal fünfhundert Ellen
dem Heiligtum, dazu ringsum fünfzig Ellen unbestelltes Land. 3 Von
diesem abgemessenen Stück Land sollt ihr wiederum ein Stück von
fünfundzwanzigtausend Ellen Länge und zehntausend Ellen Breite
abmessen, auf dem das hochheilige Heiligtum stehen soll. 4 Das ist
das heilige Gebiet des Landes, und es soll den Priestern gehören, die
den Dienst im Heiligtum verrichten und sich beim Gottesdienst dem
Herrn nähern dürfen. Es ist der Platz für ihre Häuser und die Weide-
fläche für ihre Herden. 5 Das (übrige) Stück von fünfundzwanzigtau-
send Ellen Länge und zehntausend Ellen Breite soll den Leviten
gehören, die den Tempeldienst verrichten. Es ist ihr Eigentum; dort
können sie ihre Städte bauen und darin wohnen.
6 Als Eigentum der Stadt sollt ihr ein (weiteres) Stück von fünftausend
Ellen Breite und fünfundzwanzigtausend Ellen Länge abmessen,
genauso lang wie die heilige Abgabe. Dieses Stück gehört dem ganzen
Haus Israel. 7 Dem Fürsten soll auf beiden Seiten der heiligen Abgabe
und des Eigentums der Stadt, im Westen und Osten, ein Gebiet
gehören, das an die heilige Abgabe und das Eigentum der Stadt
angrenzt und in der Länge einem der Stammesanteile von der West-
grenze bis zur Ostgrenze 8 des Landes entspricht. Es gehört dem Für-
sten als Eigentum in Israel. Meine Fürsten werden mein Volk nicht
mehr unterdrücken, sondern das Land dem Haus Israel und seinen
Stämmen überlassen.

Mahnung an die Fürsten

9 So spricht Gott, der Herr: Genug, ihr Fürsten Israels! Beseitigt Ge-
walt und Unterdrückung! Sorgt für Recht und Gerechtigkeit! Hört auf,
mein Volk von seinem Grund und Boden zu vertreiben – Spruch
Gottes, des Herrn.
10 Verwendet richtige Waagen, richtiges Efa und richtiges Bat! 11 Das
Efa und das Bat sollen das gleiche Maß haben; das Bat soll der zehnte
Teil eines Hómer sein und ebenso das Efa der zehnte Teil eines
Hómer; nach dem Hómer sollen sich die anderen Maße richten. 12 Ein
Schekel soll bei euch zwanzig Gera entsprechen. Zehn Schekel sind
ein Fünftel einer Mine, fünf Schekel ein Zehntel; fünfzig Schekel sind
eine ganze Mine.
13 Folgende Abgaben sollt ihr erheben: von jedem Hómer Weizen ein
Sechstel Efa und ebenso von jedem Hómer Gerste ein Sechstel Efa;
14 und für das Öl gilt: von jedem Kor ein Zehntel Bat; das Bat ist das
Ölmaß; zehn Bat entsprechen einem Hómer, und zehn Bat entspre-
chen auch einem Kor; 15 ferner aus jeder Herde ein Schaf auf je zwei-
hundert Tiere vom Viehbesitz Israels. (Diese Abgabe ist) für die
Speise-, Brand- und Heilsopfer (bestimmt), die euch entsühnen sollen
– Spruch Gottes, des Herrn. 16 Das ganze Volk im Land hat diese Abga-
ben an den Fürsten von Israel zu entrichten. 17 Der Fürst aber hat an

allen Feiertagen des Hauses Israel, an den Festen und an den Neu-
mond- und Sabbat-Tagen für Brandopfer, Speiseopfer und Trankopfer
zu sorgen. Er veranstaltet die Sünd-, Speise-, Brand- und Heilsopfer,
die das Haus Israel entsühnen sollen.

Die großen Feste
18 So spricht Gott, der Herr: Am ersten Tag des ersten Monats sollst du
einen jungen Stier nehmen, der ohne Fehler ist, und das Heiligtum
entsündigen. 19 Der Priester nimmt etwas Blut von dem Sündopfer
und bestreicht damit die Türpfosten des Tempels und die vier Ecken
der (mittleren) Stufe des Altars und die Türpfosten des Tors zum
Innenhof. 20 Dasselbe sollst du am siebten Tag des Monats tun für die,
die sich aus Versehen oder aus Unwissenheit verfehlt haben. So sollt
ihr den Tempel entsühnen.
21 Am vierzehnten Tag des ersten Monats sollt ihr das Pascha feiern,
ein Fest von sieben Tagen. Da soll man ungesäuerte Brote essen. 22 Der
Fürst soll an diesem Tag für sich und für das ganze Volk im Land einen
Stier zum Sündopfer bereitstellen. 23 An den sieben Festtagen soll er
als Brandopfer für den Herrn sieben Stiere und sieben Widder, die
ohne Fehler sind, bereitstellen, und zwar an jedem der sieben Tage,
dazu täglich einen Ziegenbock als Sündopfer. 24 Für das Speiseopfer
soll er ein Efa Mehl je Stier und ein Efa Mehl je Widder bereitstellen,
dazu je Efa Mehl ein Hin Öl. 25 Genau dasselbe soll er sieben Tage
lang mit dem Sünd-, Brand- und Speiseopfer und mit dem Öl an dem
Fest machen, das am fünfzehnten Tag des siebten Monats beginnt.

Die Opfer
46 So spricht Gott, der Herr: Das Osttor des Innenhofs soll an
den sechs Werktagen geschlossen bleiben, nur am Sabbat
und am Neumondtag soll es geöffnet werden.
2 Der Fürst soll von außen her durch die Vorhalle den Torbau betreten
und sich an den Torpfosten stellen. Dann sollen die Priester sein
Brand- und Heilsopfer darbringen, er aber soll sich an der Schwelle
des Tors niederwerfen und wieder hinausgehen. Das Tor soll erst am
Abend geschlossen werden. 3 Die Bürger des Landes sollen sich an
den Sabbat- und Neumond-Tagen am Eingang dieses Tors ebenfalls
vor dem Herrn niederwerfen. 4 Das Brandopfer, das der Fürst dem
Herrn darbringen läßt, soll am Sabbat-Tag aus sechs Lämmern und
einem Widder bestehen, die ohne Fehler sind. 5 Zu dem Widder gehört
ein Speiseopfer von einem Efa Mehl, zu den Lämmern ein Speiseopfer,
dessen Menge er selbst bestimmen kann, dazu ein Hin Öl je Efa Mehl.
6 Am Neumond-Tag sollen es ein junger Stier, sechs Lämmer und ein
Widder sein, die alle ohne Fehler sind. 7 Zu dem Stier und zu dem
Widder soll er je ein Efa Mehl als Speiseopfer besorgen, außerdem zu
den Lämmern so viel, wie er gerade zur Verfügung hat, und dazu je Efa
Mehl ein Hin Öl.
8 Wenn der Fürst den Torbau betritt, soll er ihn durch die Vorhalle
betreten, und auf dem gleichen Weg muß er wieder hinausgehen.
9 Wenn aber das Volk an den Festen vor den Herrn tritt, dann soll der,
der durch das Nordtor gekommen ist, um (den Herrn) anzubeten,
durch das Südtor hinausgehen, und wer durch das Südtor gekommen
ist, soll durch das Nordtor hinausgehen. Niemand soll durch das Tor
wieder hinausgehen, durch das er gekommen ist, sondern jeder soll
durch das gegenüberliegende Tor hinausgehen. 10 Der Fürst soll mit-
ten unter ihnen sein; wenn sie hineingehen, soll auch er hineingehen,
und wenn sie hinausgehen, soll auch er hinausgehen.
11 An den Fest- und Feiertagen gehört zu dem Stier und zu dem Widder
ein Speiseopfer von je einem Efa Mehl und zu den Lämmern ein Spei-
seopfer, dessen Menge er selbst bestimmen kann, dazu ein Hin Öl je
Efa Mehl. 12 Wenn der Fürst dem Herrn von sich aus ein Brandopfer
oder ein Heilsopfer darbringen lassen will, soll man für ihn das Osttor
öffnen. Dann soll er sein Brand- und Heilsopfer genauso darbringen
lassen wie am Sabbat. Daraufhin soll er hinausgehen, und wenn er
hinausgegangen ist, soll man das Tor schließen.
13 Täglich sollst du dem Herrn ein einjähriges Lamm, das ohne Fehler
ist, als Brandopfer darbringen, und zwar jeden Morgen. 14 Dazu sollst
du als Speiseopfer jeden Morgen ein Sechstel Efa Mehl und ein Drittel
Hin Öl herrichten, mit dem das Mehl besprengt wird. Das soll das
Speiseopfer für den Herrn sein. Diese Vorschrift über das tägliche
Opfer soll für immer gelten. 15 Bringt also jeden Morgen das Lamm,
das Speiseopfer und das Öl als das tägliche Brandopfer dar!

Der Besitz des Fürsten
16 So spricht Gott, der Herr: Wenn der Fürst einem seiner Söhne etwas
von seinem Erbbesitz schenkt, gehört es seinen Söhnen; es ist ihr
Eigentum, und sie können es weitervererben. 17 Wenn er aber etwas
von seinem Erbbesitz einem seiner Diener schenkt, gehört es diesem
nur bis zum nächsten Erlaßjahr; dann fällt es an den Fürsten zurück.
Nur seine Söhne dürfen behalten, was er ihnen von seinem Erbbesitz
geschenkt hat. 18 Vom Erbbesitz des Volkes darf der Fürst nichts neh-
men; er darf sie nicht mit Gewalt von ihrem Eigentum verdrängen.
Wenn er seinen Söhnen etwas vererben will, muß er es von seinem
Eigentum nehmen, damit die Angehörigen meines Volkes nicht von
ihrem Eigentum vertrieben werden.

Die Opferküchen des Tempels
19 Dann brachte er mich durch den Eingang auf der Torseite zu den
heiligen Priesterräumen im Norden (des Tempels), und zwar zu einer
Stelle am äußersten Ende (der Räume) im Westen. 20 Dort sagte er zu
mir: Das ist die Stelle, wo die Priester das Schuld- und das Sündopfer
kochen und das Speiseopfer backen, damit sie es nicht in den Vorhof
hinausbringen müssen und dadurch das Volk heiligen. 21 Dann führte
er mich in den Vorhof hinaus und brachte mich zu den vier Ecken des
Vorhofs. Und an jeder Ecke des Vorhofs war noch ein Hof. 22 An allen
vier Ecken des Vorhofs waren kleine Höfe, vierzig Ellen lang und
dreißig Ellen breit. Alle vier Höfe an den Ecken hatten das gleiche
Maß. 23 Und ringsum lief in den vier Höfen eine Steinmauer, und
unten an den Steinmauern waren ringsum Kochstellen angelegt.
24 Da sagte er zu mir: Das sind die Küchen, wo die Tempeldiener das
Schlachtopfer des Volkes kochen.

Die Tempelquelle
47 Dann führte er mich zum Eingang des Tempels zurück, und
ich sah, wie unter der Tempelschwelle Wasser hervor-
strömte und nach Osten floß; denn die vordere Seite des Tempels
schaute nach Osten. Das Wasser floß unterhalb der rechten Seite des
Tempels herab, südlich vom Altar. 2 Dann führte er mich durch das
Nordtor hinaus und ließ mich außen herum zum äußeren Osttor
gehen. Und ich sah das Wasser an der Südseite hervorrieseln. 3 Der
Mann ging nach Osten hinaus, mit der Meßschnur in der Hand, maß
tausend Ellen ab und ließ mich durch das Wasser gehen; das Wasser
reichte mir bis an die Knöchel. 4 Dann maß er wieder tausend Ellen ab
und ließ mich durch das Wasser gehen; das Wasser reichte mir bis zu
den Knien. Darauf maß er wieder tausend Ellen ab und ließ mich hin-
durchgehen; das Wasser ging mir bis an die Hüften. 5 Und er maß
noch einmal tausend Ellen ab. Da war es ein Fluß, den ich nicht mehr
durchschreiten konnte; denn das Wasser war tief, ein Wasser, durch
das man schwimmen mußte, ein Fluß, den man nicht mehr durch-
schreiten konnte. 6 Dann fragte er mich: Hast du es gesehen, Men-
schensohn? Darauf führte er mich zurück, am Ufer des Flusses ent-
lang. 7 Als ich zurückging, sah ich an beiden Ufern des Flusses sehr
viele Bäume. 8 Er sagte zu mir: Dieses Wasser fließt in den östlichen
Bezirk, es strömt in die Araba hinab und läuft in das Meer, in das Meer
mit dem salzigen Wasser. So wird das salzige Wasser gesund. 9 Wohin
der Fluß gelangt, da werden alle Lebewesen, alles, was sich regt, leben
können, und sehr viele Fische wird es geben. Weil dieses Wasser dort
hinkommt, werden (die Fluten) gesund; wohin der Fluß kommt, dort
bleibt alles am Leben. 10 Von En-Gedi bis En-Eglajim werden Fischer
am Ufer des Meeres stehen und ihre Netze zum Trocknen ausbreiten.
Alle Arten von Fischen wird es geben, so zahlreich wie die Fische im

großen Meer. 11 Die Lachen und Tümpel aber sollen nicht gesund wer-
den; sie sind für die Salzgewinnung bestimmt. 12 An beiden Ufern des
Flusses wachsen alle Arten von Obstbäumen. Ihr Laub wird nicht wel-
ken, und sie werden nie ohne Frucht sein. Jeden Monat tragen sie fri-
sche Früchte; denn das Wasser des Flusses kommt aus dem Heilig-
tum. Die Früchte werden als Speise und die Blätter als Heilmittel
dienen.

Die Verteilung des Landes

13 So spricht Gott, der Herr: Das ist die Grenze, innerhalb derer ihr das
Land als Erbbesitz an die zwölf Stämme Israels verteilen sollt. Josef
erhält das Doppelte. 14 Jeder einzelne soll darin seinen Erbbesitz erhal-
ten; denn ich habe meine Hand (zum Schwur) erhoben, es euren
Vätern zu geben. Darum soll euch dieses Land als Erbbesitz zufallen.
15 Das ist die Grenze des Landes im Norden: vom großen Meer in
Richtung Hetlon bis Lebo-Hamat, Zedad, 16 Berota, Sibrajim, das zwi-
schen dem Gebiet von Damaskus und dem Gebiet von Hamat liegt,
und bis Hazar-Enan am Rand des Haurangebirges. 17 Die Grenze läuft
also vom Meer nach Hazar-Enan, wobei das Gebiet von Damaskus
und Zafon und ebenso das Gebiet von Hamat im Norden liegt. Das ist
die Nordgrenze. 18 Im Osten bildet der Jordan die Grenze zwischen
Gilead und dem Land Israel (von Hazar-Enan), das zwischen dem
Haurangebirge und Damaskus liegt, bis hinab zum östlichen Meer
und Tamar: Das ist die Ostgrenze. 19 Die Südgrenze im Negeb: von
Tamar bis zu den Quellen von Meribat-Kadesch und dem Bach, der ins
große Meer fließt. Das ist die Südgrenze im Negeb. 20 Im Westen bil-
det das große Meer die Grenze bis zur Höhe von Lebo-Hamat. Das ist
die Westgrenze.
21 Dieses Land sollt ihr unter die Stämme Israels aufteilen. 22 Ihr sollt
es als Erbbesitz unter euch und unter die Fremden verlosen, die bei
euch leben und die bei euch Söhne und Töchter gezeugt haben. Sie
sollen für euch wie einheimische Israeliten sein und sollen sich mit
euch zusammen ihren Erbbesitz mitten unter den Stämmen Israels
erlosen. 23 In dem Stamm, bei dem der Fremde lebt, sollt ihr ihm sei-
nen Erbbesitz zuteilen – Spruch Gottes, des Herrn.

48 Das sind die Namen der Stämme: Im Norden, entlang dem
Weg von Hetlon nach Lebo-Hamat und nach Hazar-Enan –
das Gebiet von Damaskus liegt dabei nördlich, seitlich von Hamat –
gehört von Osten nach Westen Dan ein Anteil. 2 Neben dem Gebiet
Dans von Osten nach Westen Ascher – ein Anteil; 3 neben dem Gebiet
Aschers von Osten nach Westen Naftali – ein Anteil; 4 neben dem
Gebiet Naftalis von Osten nach Westen Manasse – ein Anteil; 5 neben
dem Gebiet Manasses von Osten nach Westen Efraim – ein Anteil;
6 neben dem Gebiet Efraims von Osten nach Westen Ruben – ein
Anteil; 7 neben dem Gebiet Rubens von Osten nach Westen Juda – ein
Anteil. 8 Neben dem Gebiet Judas liegt von Osten nach Westen das
Land, das ihr (dem Herrn) als Abgabe entrichten sollt, 25000 Ellen
breit und genauso lang wie jeder andere Anteil von Osten nach
Westen. In der Mitte dieses Stückes liegt das Heiligtum.
9 Das Land, das ihr dem Herrn als Abgabe entrichtet, hat eine Länge
von 25000 Ellen und eine Breite von 20000 Ellen. 10 Die heilige Abgabe
soll, wie folgt, eingeteilt werden: Den Priestern soll ein Stück gehören,
das im Norden 25000 Ellen lang ist, im Westen und im Osten 10000
Ellen breit und im Süden auch 25000 Ellen lang. Das Heiligtum des
Herrn soll in der Mitte liegen. 11 Den geweihten Priestern aus den
Nachkommen Zadoks, die ihren Dienst verrichtet und mich nicht ver-
lassen haben, als die Israeliten ebenso in die Irre gingen wie die Levi-
ten, 12 ihnen soll als Abgabe ein Stück von dem Land gehören, das ihr
(dem Herrn) als Abgabe entrichtet habt; dieses Stück ist hochheilig
und liegt neben dem Gebiet der Leviten. 13 Den Leviten soll wie den
Priestern ein Gebiet von 25000 Ellen Länge und 10000 Ellen Breite
gehören. Das Ganze hat also eine Länge von 25000 Ellen und eine
Breite von 20000 Ellen. 14 Man darf nichts davon verkaufen oder zum
Tausch anbieten, noch darf man dieses beste Stück des Landes auf
andere übertragen; denn es ist dem Herrn heilig.
15 Die 5000 Ellen, die längs der 25000 Ellen in der Breite noch übrig-
bleiben, sind nicht heilig, sondern gehören der Stadt als Wohngebiet
und Weidefläche. Die Stadt soll mitten darin liegen. 16 Ihre Maße sol-
len im Norden 4500 Ellen und im Süden 4500 Ellen betragen, ebenso
4500 Ellen im Osten und 4500 Ellen im Westen. 17 Die Weidefläche der
Stadt erstreckt sich 250 Ellen nach Norden, 250 Ellen nach Süden,
250 Ellen nach Osten und 250 Ellen nach Westen. 18 Was dann der
Länge nach noch übrig ist längs der heiligen Abgabe – 10000 Ellen
nach Osten und 10000 Ellen nach Westen [es liegt längs der heiligen
Abgabe] –, von dessen Erträgen sollen sich die Arbeiter der Stadt
ernähren. 19 Die Arbeiter der Stadt, die dieses Stück bebauen, sollen
aus allen Stämmen Israels sein.
20 Die ganze Abgabe soll 25000 mal 25000 Ellen betragen. Dieses
ganze Quadrat einschließlich des Eigentums der Stadt sollt ihr als hei-
lige Abgabe entrichten.
21 Was zu beiden Seiten der heiligen Abgabe und des Besitzes der Stadt
übrigbleibt, von den 25000 Ellen der (Ostseite der ganzen) Abgabe bis
zur Ostgrenze (des Landes) und von den 25000 Ellen der Westseite
(der Abgabe) bis zur Westgrenze (des Landes), diese (beiden) Stücke
entlang den Stammesanteilen sollen dem Fürsten gehören. Die heilige
Abgabe und das Tempelheiligtum liegen mitten darin. 22 Der Besitz
der Leviten und der Besitz der Stadt soll mitten in dem Gebiet liegen,
das dem Fürsten gehört, und das Gebiet des Fürsten liegt zwischen
dem Gebiet Judas und dem Gebiet Benjamins.
23 Nun folgen die übrigen Stämme: Von Osten nach Westen Benjamin
– ein Anteil; 24 neben dem Gebiet Benjamins von Osten nach Westen
Simeon – ein Anteil; 25 neben dem Gebiet Simeons von Osten nach
Westen Issachar – ein Anteil; 26 neben dem Gebiet Issachars von Osten
nach Westen Sebulon – ein Anteil; 27 neben dem Gebiet Sebulons von
Osten nach Westen Gad – ein Anteil. 28 Neben dem Gebiet Gads ver-
läuft im Negeb die Südgrenze; sie führt von Tamar zu den Quellen von
Meribat-Kadesch und zu dem Bach, der ins große Meer fließt.
29 Das ist das Land, das ihr als Erbbesitz an die Stämme Israels verlo-
sen sollt, und das sind ihre Anteile – Spruch Gottes, des Herrn.

Die heilige Stadt

30/31 Das sind die Ausgänge der Stadt. Die Stadttore sind nach den
Stämmen Israels benannt: auf der Nordseite, die 4500 Ellen mißt,
drei Tore: ein Tor ist nach Ruben benannt, ein Tor nach Juda und ein
Tor nach Levi; 32 auf der Ostseite, die 4500 Ellen mißt, drei Tore: ein
Tor nach Josef, ein Tor nach Benjamin und ein Tor nach Dan; 33 auf
der Südseite, die 4500 Ellen mißt, drei Tore: ein Tor nach Simeon, ein
Tor nach Issachar und ein Tor nach Sebulon; 34 auf der Westseite, die
4500 Ellen mißt, drei Tore: ein Tor nach Gad, ein Tor nach Ascher
und ein Tor nach Naftali. 35 Der Umfang der Stadt beträgt 18000
Ellen. Und der Name der Stadt soll von heute an sein: Hier ist der
Herr.

Das Buch Daniel

Das Buch Daniel berichtet zunächst, wie im Zusammenhang mit der Verschleppung vornehmer Judäer durch Nebukadnezzar auch Daniel und seine drei Freunde nach Babylonien kommen, wo sie trotz ihrer Erziehung im Geist der heidnischen Weltmacht dem Glauben ihrer Väter treu bleiben. Anschließend erzählt das Buch, wie einerseits Daniel als Empfänger und Deuter göttlicher Offenbarungen Aufschluß über den Gang der Weltgeschichte und ihre Vollendung in der Königsherrschaft Gottes gibt, wobei er sein Augenmerk besonders dem Auftreten und Schicksal der gottwidrigen Vertreter der einzelnen heidnischen Weltmächte zuwendet, und wie andererseits Daniel und seine Freunde in der Verfolgung durch diese heidnischen Weltmächte sich als Anhänger des Gottes Israels beispielhaft bewähren (Kap. 1–7). Daniel berichtet danach selbst von drei weiteren Offenbarungen, die ihm den Verlauf der Geschichte Gottes mit seinem Volk vom Babylonischen Exil bis zur Verfolgung der Juden in der Zeit des syrischen Königs Antiochus IV. Epiphanes (175–164 v. Chr.) offenlegen (Kap. 8–12). Im folgenden Abschnitt, der sich mit dem Wirken Daniels in der babylonischen Diaspora beschäftigt, wird sodann erzählt, wie er eine zu Unrecht angeklagte Frau vor ihren verkommenen Richtern rettet und wie er, nachdem er wegen seiner offenkundigen Mißachtung des heidnischen Götzenkultes in Todesgefahr geraten ist, selbst die rettende Macht seines Gottes erfährt (Kap. 13f).

Die Abfassung des Buches in seiner heutigen Gestalt fällt in die Makkabäerzeit. Jedoch ist eine längere Entstehungszeit des Buches anzunehmen, in deren Verlauf ältere Überlieferungen mit jeweils verschiedener Aussageabsicht aufgenommen und überarbeitet worden sind. Dafür spricht der Umstand, daß Teile des Buches in Hebräisch (1,1–2,4a; 8–12), andere in Aramäisch (2,4b – 7,28) und wieder andere in Griechisch (3,26–90; Kap. 13 und 14) abgefaßt wurden. Die nur griechisch vorhandenen Abschnitte waren ursprünglich selbständige Texteinheiten. Der Lobgesang der drei jungen Männer im Feuerofen (3,26–90) wurde bereits in die griechische Übersetzung des Danielbuches eingefügt, während die Erzählungen der Kapitel 13 und 14 erst in der lateinischen Bibel mit dem Buch zu einer Einheit verbunden wurden.

Literarisch gehört das Buch Daniel trotz verschiedenartiger Literaturformen in den Einzeldarstellungen als ganzes zur Apokalyptik. Darunter versteht man eine Geistesströmung der alttestamentlichen Spätzeit, die sich mit der Offenbarung der himmlischen Welt und mit der Erschließung göttlicher Geheimnisse im Hinblick auf das Ende beschäftigt. Mit dieser apokalyptischen Eigenart des Buches hängt es zusammen, daß die Darstellung der Geschichte bewußte Schematisierungen und historische Unrichtigkeiten aufweist, die jedoch im Rahmen der übergeordneten Glaubensaussage eine gleichnishafte Bedeutung erlangen.

Die theologische Bedeutung des Buches ist in der Überzeugung zu sehen, daß Gott den gesamten Verlauf der Weltgeschichte, auch wenn dort das Gottesvolk keine beherrschende Rolle spielt, fest in der Hand hat und daß er in dem Augenblick, in dem seine Getreuen von heidnischen Machthabern aufgerieben zu werden drohen, seine endzeitliche Königsherrschaft offenbart. Als Träger dieser Königsherrschaft Gottes erscheint der »Menschensohn auf den Wolken des Himmels« (Kap. 7). Im Endgericht werden sodann die Gerechten durch die Auferstehung von den Toten der Herrlichkeit Gottes teilhaftig, während die Bösen zu ewiger Schmach verurteilt werden (Kap. 12,1–3).

Daniel und seine Freunde am babylonischen Hof

1 Im dritten Jahr der Herrschaft des Königs Jojakim von Juda zog
Nebukadnezzar, der König von Babel, gegen Jerusalem und
belagerte es. 2 Und der Herr gab König Jojakim von Juda sowie einen
Teil der Geräte aus dem Haus Gottes in Nebukadnezzars Gewalt. Er
verschleppte sie in das Land Schinar, in den Tempel seines Gottes, die
Geräte aber brachte er in das Schatzhaus seines Gottes.
3 Dann befahl der König seinem Oberkämmerer Aschpenas, einige
junge Israeliten an den Hof zu bringen, Söhne von königlicher
Abkunft oder wenigstens aus vornehmer Familie; 4 sie sollten frei von
jedem Fehler sein, schön an Gestalt, in aller Weisheit unterrichtet und
reich an Kenntnissen; sie sollten einsichtig und verständig sein und
geeignet, im Palast des Königs Dienst zu tun; Aschpenas sollte sie
auch in Schrift und Sprache der Chaldäer unterrichten. 5 Als tägliche
Kost wies ihnen der König Speisen und Wein von der königlichen
Tafel zu. Sie sollten drei Jahre lang ausgebildet werden und dann in
den Dienst des Königs treten.
6 Unter diesen jungen Männern waren aus dem Stamm Juda Daniel,
Hananja, Mischaël und Asarja. 7 Der Oberkämmerer gab ihnen andere
Namen: Daniel nannte er Beltschazzar, Hananja Schadrach, Mischaël
Meschach und Asarja Abed-Nego.
8 Daniel war entschlossen, sich nicht mit den Speisen und dem Wein
der königlichen Tafel unrein zu machen, und er bat den Oberkämme-
rer darum, sich nicht unrein machen zu müssen. 9 Gott ließ ihn beim
Oberkämmerer Wohlwollen und Nachsicht finden. 10 Der Oberkäm-
merer sagte aber zu Daniel: Ich fürchte mich vor meinem Herrn, dem
König, der euch die Speisen und Getränke zugewiesen hat; er könnte
finden, daß ihr schlechter ausseht als die anderen jungen Leute eures
Alters; dann wäre durch eure Schuld mein Kopf beim König verwirkt.
11 Da sagte Daniel zu dem Mann, den der Oberkämmerer als Aufseher
für ihn selbst sowie für Hananja, Mischaël und Asarja eingesetzt hatte:
12 Versuch es doch einmal zehn Tage lang mit deinen Knechten! Laß
uns nur pflanzliche Nahrung zu essen und Wasser zu trinken geben!
13 Dann vergleiche unser Aussehen mit dem der jungen Leute, die von
den Speisen des Königs essen. Je nachdem, was du dann siehst, ver-
fahr weiter mit deinen Knechten! 14 Der Aufseher nahm ihren Vor-
schlag an und machte mit ihnen eine zehntägige Probe. 15 Am Ende
der zehn Tage sahen sie besser und wohlgenährter aus als all die jun-
gen Leute, die von den Speisen des Königs aßen. 16 Da ließ der Aufse-
her ihre Speisen und auch den Wein, den sie trinken sollten, beiseite
und gab ihnen Pflanzenkost. 17 Und Gott verlieh diesen vier jungen

Leuten Wissen und Verständnis in jeder Art Schrifttum und Weisheit;
Daniel verstand sich auch auf Visionen und Träume aller Art.
18 Als ihre Zeit zu Ende war und man sie vor den König bringen mußte,
wie er es bestimmt hatte, stellte sie der Oberkämmerer dem Nebukad-
nezzar vor. 19 Der König unterhielt sich mit ihnen und fand Daniel,
Hananja, Mischaël und Asarja allen anderen überlegen. Sie traten also
in den Dienst des Königs. 20 Sooft der König in Fragen, die Weisheit
und Einsicht erfordern, ihren Rat einholte, fand er sie allen Zeichen-
deutern und Wahrsagern in seinem ganzen Reich zehnmal überlegen.
21 Daniel blieb im königlichen Dienst bis ins erste Jahr des Königs
Kyrus.

Nebukadnezzars Traum von den Weltreichen

2 Im zweiten Jahr der Herrschaft Nebukadnezzars hatte dieser
einen Traum. Sein Geist wurde davon so beunruhigt, daß er
nicht mehr schlafen konnte. 2 Da ließ der König die Zeichendeuter
und Wahrsager, die Beschwörer und Chaldäer zusammenrufen; sie
sollten ihm Aufschluß geben über seinen Traum. Sie kamen und tra-
ten vor den König.
3 Der König sagte zu ihnen: Ich habe einen Traum gehabt; mein Geist
ist voll Unruhe, und ich möchte den Traum verstehen. 4 Die Chaldäer
sagten zu ihm [aramäisch]: O König, mögest du ewig leben. Erzähl
deinen Knechten den Traum, dann geben wir dir die Deutung. 5 Der
König antwortete den Chaldäern: Das ist mein unwiderruflicher Ent-
schluß: Wenn ihr mir nicht den Traum und seine Deutung sagen
könnt, dann werdet ihr in Stücke gerissen und eure Häuser werden in
Schutthaufen verwandelt. 6 Sagt ihr mir aber den Traum und seine
Deutung, dann empfangt ihr von mir Geschenke, Gaben und hohe
Ehrungen. Gebt mir also den Traum und seine Deutung an! 7 Sie ant-
worteten zum zweitenmal: Der König erzähle seinen Knechten den
Traum, dann geben wir ihm die Deutung. 8 Da erwiderte der König:
Nun bin ich sicher, daß ihr nur Zeit gewinnen wollt; denn ihr seht,
daß mein Entschluß unwiderruflich ist. 9 Wenn ihr mir den Traum
nicht sagen könnt, gibt es nur ein Urteil über euch, nämlich: Ihr habt
euch verabredet, mir einen erlogenen und verkehrten Spruch vorzu-
tragen, in der Hoffnung, daß sich die Lage ändert. Erzählt mir also
den Traum; daran werde ich erkennen, daß ihr ihn auch deuten
könnt.
10 Die Chaldäer hielten dem König entgegen: Es gibt keinen Menschen
auf der Welt, der sagen könnte, was der König verlangt. Auch hat noch
nie ein König, mag er noch so groß und mächtig gewesen sein, ein
solches Ansinnen an irgendeinen Zeichendeuter, Wahrsager oder
Chaldäer gestellt. 11 Was der König verlangt, ist zu schwierig. Es gibt
auch sonst niemand, der es dem König sagen könnte, außer den Göt-
tern; doch diese wohnen nicht bei den Sterblichen. 12 Darüber wurde
der König so wütend und zornig, daß er befahl, alle Weisen in Babel
umzubringen.
13 Als der Befehl erging, die Weisen zu töten, waren auch Daniel und
seine Freunde in Gefahr, getötet zu werden. 14 Aber Daniel, klug und
rechtskundig, wandte sich an Arjoch, den Obersten der königlichen
Leibwache, der schon unterwegs war, um die Weisen Babels zu töten.
15 Daniel fragte den Bevollmächtigten des Königs, warum der König
einen so harten Befehl gegeben habe. Da erklärte ihm Arjoch die
Sache. 16 Daniel ging darauf zum König und bat ihn, er möge ihm eine
Frist bewilligen, damit er ihm die Deutung des Traumes geben könne.
17 Dann eilte Daniel nach Hause, teilte seinen Gefährten Hananja,
Mischaël und Asarja alles mit 18 und sagte, sie sollten wegen dieses
Geheimnisses den Gott des Himmels um Erbarmen bitten, damit
nicht Daniel und seine Gefährten samt den anderen Weisen Babels
umkämen. 19 Darauf wurde ihm das Geheimnis in einer nächtlichen
Vision enthüllt, und Daniel pries den Gott des Himmels dafür. 20 Er
betete: Der Name Gottes sei gepriesen von Ewigkeit zu Ewigkeit.
Denn er hat die Weisheit und die Macht. 21 Er bestimmt den Wechsel
der Zeiten und Fristen; er setzt Könige ab und setzt Könige ein. Er gibt
den Weisen die Weisheit und den Einsichtigen die Erkenntnis. 22 Er
enthüllt tief verborgene Dinge; er weiß, was im Dunkeln ist, und bei
ihm wohnt das Licht. 23 Dich, Gott meiner Väter, preise und rühme
ich; denn du hast mir Weisheit und Macht verliehen, und jetzt hast du
mich wissen lassen, was wir von dir erfleht haben: Du hast uns die
Sache des Königs wissen lassen.
24 Darauf ging Daniel zu Arjoch, dem der König aufgetragen hatte, die
Weisen Babels umzubringen; er trat ein und sagte zu ihm: Bring die
Weisen Babels nicht um! Führe mich vor den König! Ich werde dem
König die Deutung seines Traumes geben. 25 In aller Eile brachte
Arjoch Daniel vor den König und meldete ihm: Ich habe unter den
verschleppten Juden einen Mann gefunden, der dem König die Deu-
tung des Traums geben will. 26 Darauf sagte der König zu Daniel, den
man auch Beltschazzar nannte: Bist du wirklich imstande, mir das
Traumgesicht, das ich hatte, und seine Deutung zu sagen? 27 Daniel
antwortete dem König: Weise und Wahrsager, Zeichendeuter und
Astrologen vermögen dem König das Geheimnis, nach dem er fragt,
nicht zu enthüllen. 28 Aber es gibt im Himmel einen Gott, der Geheim-
nisse offenbart; er ließ den König Nebukadnezzar wissen, was am
Ende der Tage geschehen wird. Der Traum, den dein Geist auf deinem
Lager hatte, war so:
29 Auf deinem Lager kamen dir, König, Gedanken darüber, was der-
einst geschehen werde; da ließ er, der die Geheimnisse enthüllt, dich
wissen, was geschehen wird. 30 Dieses Geheimnis wurde mir enthüllt,
nicht durch eine Weisheit, die ich vor allen anderen Lebenden voraus
hätte, sondern nur, damit du, König, die Deutung erfährst und die
Gedanken deines Herzens verstehst. 31 Du, König, hattest eine Vision:
Du sahst ein gewaltiges Standbild. Es war groß und von außerge-
wöhnlichem Glanz; es stand vor dir und war furchtbar anzusehen.
32 An diesem Standbild war das Haupt aus reinem Gold; Brust und
Arme waren aus Silber, der Körper und die Hüften aus Bronze. 33 Die
Beine waren aus Eisen, die Füße aber zum Teil aus Eisen, zum Teil aus
Ton. 34 Du sahst, wie ohne Zutun von Menschenhand sich ein Stein
von einem Berg löste, gegen die eisernen und tönernen Füße des
Standbildes schlug und sie zermalmte. 35 Da wurden Eisen und Ton,
Bronze, Silber und Gold mit einemmal zu Staub. Sie wurden wie
Spreu auf dem Dreschplatz im Sommer. Der Wind trug sie fort, und
keine Spur war mehr von ihnen zu finden. Der Stein aber, der das
Standbild getroffen hatte, wurde zu einem großen Berg und erfüllte
die ganze Erde.
36 Das war der Traum. Nun wollen wir dem König sagen, was er
bedeutet. 37 Du, König, bist der König der Könige; dir hat der Gott des
Himmels Herrschaft und Macht, Stärke und Ruhm verliehen. 38 Und
in der ganzen bewohnten Welt hat er die Menschen, die Tiere auf dem
Feld und die Vögel am Himmel in deine Hand gegeben; dich hat er
zum Herrscher über sie alle gemacht: Du bist das goldene Haupt.
39 Nach dir kommt ein anderes Reich, geringer als deines; dann ein
drittes Reich, von Bronze, das die ganze Erde beherrschen wird.
40 Ein viertes endlich wird hart wie Eisen sein; Eisen zerschlägt und
zermalmt ja alles; und wie Eisen alles zerschmettert, so wird dieses
Reich alle anderen zerschlagen und zerschmettern. 41 Die Füße und
Zehen waren, wie du gesehen hast, teils aus Töpferton, teils aus Eisen;
das bedeutet: Das Reich wird geteilt sein; es wird aber etwas von der
Härte des Eisens haben, darum hast du das Eisen mit Ton vermischt
gesehen. 42 Daß aber die Zehen teils aus Eisen, teils aus Ton waren,
bedeutet: Zum Teil wird das Reich hart sein, zum Teil brüchig.
43 Wenn du das Eisen mit Ton vermischt gesehen hast, so heißt das:
Sie werden sich zwar durch Heiraten miteinander verbinden; doch das
eine wird nicht am anderen haften, wie sich Eisen nicht mit Ton ver-
bindet. 44 Zur Zeit jener Könige wird aber der Gott des Himmels ein
Reich errichten, das in Ewigkeit nicht untergeht; dieses Reich wird er
keinem anderen Volk überlassen. Es wird alle jene Reiche zermalmen
und endgültig vernichten; es selbst aber wird in alle Ewigkeit beste-

Piet Mondrian
Der graue Baum
(1912)
»Der Baum wuchs zusehends und wurde immer mächtiger; seine Höhe reichte bis an den Himmel; er war bis ans Ende der Erde zu sehen« (Dan 4,8). Dieses Wachstum des Baumes im Traum Nebukadnezzars findet seine Parallele in den frühen Baumbildern des niederländischen Konstruktivisten Piet Mondrian: Er entwickelte aus der waagrechten und senkrechten Struktur der Stämme, Äste und Zweige schrittweise ein abstraktes Gitterwerk. Indem die horizontalen und vertikalen Begrenzungen rechtwinkliger Flächen in der Konzeption Mondrians über die Bildgrenzen hinausführen, verkörpern sie den sichtbaren Teil einer weltumspannenden kosmischen Ordnung (*Gemälde Nr. 1*, Abb. S. 79).

hen. 45 Du hast ja gesehen, daß ohne Zutun von Menschenhand ein
Stein vom Berg losbrach und Eisen, Bronze und Ton, Silber und Gold
zermalmte. Der große Gott hat den König wissen lassen, was dereinst
geschehen wird. Der Traum ist sicher und die Deutung zuverlässig.
46 Da warf sich König Nebukadnezzar auf sein Gesicht nieder, huldigte Daniel und befahl, man sollte ihm Opfer und Weihrauch dar-
bringen. 47 Und der König sagte zu Daniel: Es ist wahr: Euer Gott ist
der Gott der Götter und der Herr der Könige, und er kann Geheimnisse offenbaren; nur deshalb konntest du dieses Geheimnis enthül-
len. 48 Dann verlieh der König dem Daniel einen hohen Rang und gab
ihm viele, reiche Geschenke; er machte ihn zum Gebieter über die
ganze Provinz Babel und zum obersten Präfekten aller Weisen von
Babel. 49 Auf Daniels Bitte betraute der König Schadrach, Meschach
und Abed-Nego mit der Verwaltung der Provinz Babel; Daniel selbst
aber blieb am königlichen Hof.

Die drei jungen Männer im Feuerofen

Die Standhaftigkeit der drei Freunde

3 König Nebukadnezzar ließ ein goldenes Standbild machen,
sechzig Ellen hoch und sechs Ellen breit, und ließ es in der
Ebene von Dura in der Provinz Babel aufstellen. 2 Dann berief König
Nebukadnezzar die Satrapen, Präfekten und Statthalter ein, die Räte,
Schatzmeister, Richter und Polizeiobersten und alle anderen hohen
Beamten der Provinzen; sie sollten zur Einweihung des Standbildes
kommen, das König Nebukadnezzar errichtet hatte. 3 Da versammel-
ten sich die Satrapen, Präfekten und Statthalter, die Räte, Schatzmei-
ster, Richter und Polizeiobersten und alle anderen hohen Beamten der
Provinzen zur Einweihung des Standbildes, das König Nebukadnez-
zar errichtet hatte. Sie stellten sich vor dem Standbild auf, das König
Nebukadnezzar errichtet hatte. 4 Nun verkündete der Herold mit
mächtiger Stimme: Ihr Männer aus allen Völkern, Nationen und Spra-
chen, hört den Befehl! 5 Sobald ihr den Klang der Hörner, Pfeifen und
Zithern, der Harfen, Lauten und Sackpfeifen und aller anderen
Instrumente hört, sollt ihr niederfallen und das goldene Standbild
anbeten, das König Nebukadnezzar errichtet hat. 6 Wer aber nicht nie-
derfällt und es anbetet, wird noch zur selben Stunde in den glühenden
Feuerofen geworfen. 7 Sobald daher alle Völker den Klang der Hörner,
Pfeifen und Zithern, der Harfen, Lauten und Sackpfeifen und der
anderen Instrumente hörten, fielen die Männer aus allen Völkern,
Nationen und Sprachen sogleich nieder und beteten das goldene
Standbild an, das König Nebukadnezzar errichtet hatte.

8 Sogleich traten einige Chaldäer auf und verklagten die Juden. 9 Sie
sagten zum König Nebukadnezzar: O König, mögest du ewig leben.
10 Du, König, hast doch selbst den Befehl erlassen: Jeder soll nieder-
fallen und das goldene Standbild anbeten, wenn er den Klang der Hör-
ner, Pfeifen und Zithern, der Harfen, Lauten und Sackpfeifen und aller
anderen Instrumente hört. 11 Wer aber nicht niederfällt und es anbetet,
wird in den glühenden Feuerofen geworfen. 12 Nun sind da einige
Juden, denen du die Verwaltung der Provinz Babel anvertraut hast:
Schadrach, Meschach und Abed-Nego. Diese Männer mißachten
dich, König. Sie verehren deine Götter nicht und beten das goldene
Standbild, das du errichtet hast, nicht an. 13 Da befahl Nebukadnezzar
voll Zorn und Wut, Schadrach, Meschach und Abed-Nego herbeizu-
holen. Man führte die Männer also vor den König.
14 Nebukadnezzar sagte zu ihnen: Ist es wahr, Schadrach, Meschach
und Abed-Nego: Ihr verehrt meine Götter nicht und betet das goldene
Standbild nicht an, das ich errichtet habe? 15 Nun, wenn ihr bereit
seid, sobald ihr den Klang der Hörner, Pfeifen und Zithern, der Har-
fen, Lauten und Sackpfeifen und aller anderen Instrumente hört,
sofort niederzufallen und das Standbild anzubeten, das ich habe
machen lassen, ist es gut; betet ihr es aber nicht an, dann werdet ihr
noch zur selben Stunde in den glühenden Feuerofen geworfen. Wel-
cher Gott kann euch dann aus meiner Gewalt erretten? 16 Schadrach,
Meschach und Abed-Nego erwiderten dem König Nebukadnezzar:
Wir haben es nicht nötig, dir darauf zu antworten: 17 Wenn überhaupt
jemand, so kann nur unser Gott, den wir verehren, uns erretten; auch
aus dem glühenden Feuerofen und aus deiner Hand, König, kann er
uns retten. 18 Tut er es aber nicht, so sollst du, König, wissen: Auch
dann verehren wir deine Götter nicht und beten das goldene Standbild
nicht an, das du errichtet hast.
19 Da wurde Nebukadnezzar wütend; sein Gesicht verzerrte sich vor
Zorn über Schadrach, Meschach und Abed-Nego. Er ließ den Ofen
siebenmal stärker heizen, als man ihn gewöhnlich heizte. 20 Dann
befahl er, einige der stärksten Männer aus seinem Heer sollten
Schadrach, Meschach und Abed-Nego fesseln und in den glühenden
Feuerofen werfen. 21 Da wurden die Männer, wie sie waren – in ihren
Mänteln, Röcken und Mützen und den übrigen Kleidungsstücken –
gefesselt und in den glühenden Feuerofen geworfen. 22 Nach dem
strengen Befehl des Königs war aber der Ofen übermäßig geheizt
worden, und die herausschlagenden Flammen töteten die Männer, die
Schadrach, Meschach und Abed-Nego hingebracht hatten. 23 Die drei
Männer aber, Schadrach, Meschach und Abed-Nego, fielen gefesselt
in den glühenden Feuerofen.

Das Gebet des Asarja

24 Doch sie gingen mitten in den Flammen umher, lobten Gott und
priesen den Herrn. 25 Asarja blieb stehen, öffnete den Mund und
sprach mitten im Feuer folgendes Gebet: 26 Gepriesen und gelobt bist
du, Herr, Gott unserer Väter; herrlich ist dein Name in alle Ewigkeit.
27 Denn du bist gerecht in allem, was du getan hast. All deine Taten
sind richtig, deine Wege gerade. Alle deine Urteile sind wahr. 28 Du hast
gerechte Strafen verhängt, in allem, was du über uns gebracht hast
und über Jerusalem, die heilige Stadt unserer Väter. Ja, nach Wahrheit
und Recht hast du all dies wegen unserer Sünden herbeigeführt.
29 Denn wir haben gesündigt und durch Treubruch gefrevelt und haben
in allem gefehlt. 30 Wir haben deinen Geboten nicht gehorcht, haben
weder beachtet noch getan, was du uns zu unserem Wohl befohlen
hast. 31 Alles, was du uns geschickt hast, alles, was du uns getan hast,
das hast du nach deiner gerechten Entscheidung getan. 32 Du hast uns
der Gewalt gesetzloser Feinde und gehässiger Verräter preisgegeben
und einem ungerechten König, dem schlimmsten König der ganzen
Welt. 33 Und jetzt dürfen wir nicht einmal den Mund auftun. Schande
und Schmach kam über deine Diener und Verehrer. 34 Um deines
Namens willen verwirf uns nicht für immer; löse deinen Bund nicht
auf! 35 Versag uns nicht dein Erbarmen, deinem Freund Abraham
zuliebe, deinem Knecht Isaak und Israel, deinem Heiligen, 36 denen
du Nachkommen verheißen hast so zahlreich wie die Sterne am Him-
mel und wie der Sand am Ufer des Meeres. 37 Ach, Herr, wir sind
geringer geworden als alle Völker. In aller Welt sind wir heute wegen
unserer Sünden erniedrigt. 38 Wir haben in dieser Zeit weder Vorsteher
noch Propheten und keinen, der uns anführt, weder Brandopfer noch
Schlachtopfer, weder Speiseopfer noch Räucherwerk, noch einen Ort,
um dir die Erstlingsgaben darzubringen und um Erbarmen zu finden
bei dir. 39 Du aber nimm uns an! Wir kommen mit zerknirschtem Her-
zen und demütigem Sinn. 40 Wie Brandopfer von Widdern und Stie-
ren, wie Tausende fetter Lämmer, so gelte heute unser Opfer vor dir
und verschaffe uns bei dir Sühne. Denn wer dir vertraut, wird nicht
beschämt. 41 Wir folgen dir jetzt von ganzem Herzen, fürchten dich
und suchen dein Angesicht. 42 Überlaß uns nicht der Schande, son-
dern handle an uns nach deiner Milde, nach deinem überreichen
Erbarmen!
43 Errette uns, deinen wunderbaren Taten entsprechend; verschaff dei-
nem Namen Ruhm, Herr! 44 Doch alle, die deinen Dienern Böses tun,
sollen beschämt werden. Sie sollen zuschanden werden und ihre
Herrschaft verlieren. Ihre Stärke soll zerschlagen werden. 45 Sie sollen
erkennen, daß du allein der Herr und Gott bist, ruhmreich auf der
ganzen Erde.
46 Die Knechte des Königs, die die drei Männer in den Ofen geworfen
hatten, hörten inzwischen nicht auf, den Ofen mit Harz und Werg,
Pech und Reisig zu heizen. 47 So schlugen die Flammen bis zu neun-
undvierzig Ellen hoch aus dem Ofen heraus. 48 Sie griffen um sich und
verbrannten jeden Chaldäer, den sie im Umkreis des Ofens erfassen
konnten. 49 Aber der Engel des Herrn war zusammen mit Asarja und
seinen Gefährten in den Ofen hinabgestiegen. Er trieb die Flammen
des Feuers aus dem Ofen hinaus 50 und machte das Innere des Ofens
so, als wehte ein taufrischer Wind. Das Feuer berührte sie gar nicht; es
tat ihnen nichts zuleide und belästigte sie nicht.

Der Lobgesang der drei jungen Männer

51 Da sangen die drei im Ofen wie aus einem Mund, sie rühmten und
priesen Gott mit den Worten:
52 Gepriesen bist du, Herr, du Gott unserer Väter, / gelobt und gerühmt
in Ewigkeit.
Gepriesen ist dein heiliger, herrlicher Name, / hoch gelobt und ver-
herrlicht in Ewigkeit.
53 Gepriesen bist du im Tempel deiner heiligen Herrlichkeit, / hoch
gerühmt und verherrlicht in Ewigkeit.
54 Gepriesen bist du, der in die Tiefen schaut und auf Kerubim thront, /
gelobt und gerühmt in Ewigkeit.
55 Gepriesen bist du auf dem Thron deiner Herrschaft, / hoch gerühmt
und gefeiert in Ewigkeit.
56 Gepriesen bist du am Gewölbe des Himmels, / gerühmt und ver-
herrlicht in Ewigkeit.
57 Preist den Herrn, all ihr Werke des Herrn; / lobt und rühmt ihn in
Ewigkeit!
58 Preist den Herrn, ihr Himmel; / lobt und rühmt ihn in Ewigkeit!
59 Preist den Herrn, ihr Engel des Herrn; / lobt und rühmt ihn in
Ewigkeit!
60 Preist den Herrn, all ihr Wasser über dem Himmel; / lobt und rühmt
ihn in Ewigkeit!
61 Preist den Herrn, all ihr Mächte des Herrn; / lobt und rühmt ihn in
Ewigkeit!
62 Preist den Herrn, Sonne und Mond; / lobt und rühmt ihn in Ewig-
keit!
63 Preist den Herrn, ihr Sterne am Himmel; / lobt und rühmt ihn in
Ewigkeit!
64 Preist den Herrn, aller Regen und Tau; / lobt und rühmt ihn in
Ewigkeit!
65 Preist den Herrn, all ihr Winde; / lobt und rühmt ihn in Ewigkeit!
66 Preist den Herrn, Feuer und Glut; / lobt und rühmt ihn in Ewigkeit!
67 Preist den Herrn, Frost und Hitze; / lobt und rühmt ihn in Ewigkeit!

68 Preist den Herrn, Tau und Schnee; / lobt und rühmt ihn in Ewigkeit!
69 Preist den Herrn, Eis und Kälte; / lobt und rühmt ihn in Ewigkeit!
70 Preist den Herrn, Rauhreif und Schnee; / lobt und rühmt ihn in
Ewigkeit!
71 Preist den Herrn, ihr Nächte und Tage; / lobt und rühmt ihn in
Ewigkeit!
72 Preist den Herrn, Licht und Dunkel; / lobt und rühmt ihn in
Ewigkeit!
73 Preist den Herrn, ihr Blitze und Wolken; / lobt und rühmt ihn in
Ewigkeit!
74 Die Erde preise den Herrn; / sie lobe und rühme ihn in Ewigkeit.
75 Preist den Herrn, ihr Berge und Hügel; / lobt und rühmt ihn in
Ewigkeit!
76 Preist den Herrn, all ihr Gewächse auf Erden; / lobt und rühmt ihn in
Ewigkeit!
77 Preist den Herrn, ihr Quellen; / lobt und rühmt ihn in Ewigkeit!
78 Preist den Herrn, ihr Meere und Flüsse; / lobt und rühmt ihn in
Ewigkeit!
79 Preist den Herrn, ihr Tiere des Meeres / und alles, was sich regt im
Wasser; / lobt und rühmt ihn in Ewigkeit!
80 Preist den Herrn, all ihr Vögel am Himmel; / lobt und rühmt ihn in
Ewigkeit!
81 Preist den Herrn, all ihr Tiere, wilde und zahme; / lobt und rühmt
ihn in Ewigkeit!
82 Preist den Herrn, ihr Menschen; / lobt und rühmt ihn in Ewigkeit!
83 Preist den Herrn, ihr Israeliten; / lobt und rühmt ihn in Ewigkeit!
84 Preist den Herrn, ihr seine Priester; / lobt und rühmt ihn in Ewigkeit!
85 Preist den Herrn, ihr seine Knechte; / lobt und rühmt ihn in
Ewigkeit!
86 Preist den Herrn, ihr Geister und Seelen der Gerechten; / lobt und
rühmt ihn in Ewigkeit!
87 Preist den Herrn, ihr Demütigen und Frommen; / lobt und rühmt
ihn in Ewigkeit!
88 Preist den Herrn, Hananja, Asarja und Mischaël; / lobt und rühmt
ihn in Ewigkeit!
Denn er hat uns der Unterwelt entrissen / und aus der Gewalt des
Todes errettet.
Er hat uns aus dem lodernden Ofen befreit, / uns mitten aus dem Feuer
erlöst.
89 Dankt dem Herrn, denn er ist gütig; / denn seine Huld währt ewig.
90 Preist alle den Herrn, ihr seine Verehrer, / preist den Gott der Götter;
singt ihm Lob und Dank; / denn ewig währt seine Güte.

Die Rettung der drei Freunde

91(24) Da erschrak der König Nebukadnezzar; er sprang auf und fragte
seine Räte: Haben wir nicht drei Männer gefesselt ins Feuer geworfen?
Sie gaben dem König zur Antwort: Gewiß, König! 92(25) Er erwiderte:
Ich sehe aber vier Männer frei im Feuer umhergehen. Sie sind unver-
sehrt, und der vierte sieht aus wie ein Göttersohn. 93(26) Dann ging
Nebukadnezzar zu der Tür des glühenden Ofens und rief: Schadrach,
Meschach und Abed-Nego, ihr Diener des höchsten Gottes, steigt her-
aus, kommt her! Da kamen Schadrach, Meschach und Abed-Nego aus
dem Feuer heraus. 94(27) Nun drängten auch die Satrapen, Präfekten,
Statthalter und die königlichen Räte herbei. Sie sahen sich die Männer
an und fanden, daß das Feuer keine Macht über ihren Körper gehabt
hatte. Kein Haar auf ihrem Kopf war versengt. Ihre Mäntel waren
unversehrt, und nicht einmal Brandgeruch haftete ihnen an. 95(28) Da
rief Nebukadnezzar aus: Gepriesen sei der Gott Schadrachs,
Meschachs und Abed-Negos. Denn er hat seinen Engel gesandt und
seine Diener gerettet. Im Vertrauen auf ihn haben sie lieber den Befehl
des Königs mißachtet und ihr Leben dahingegeben, als daß sie
irgendeinen anderen als ihren eigenen Gott verehrten und anbeteten.
96(29) Darum ordne ich an: Jeder, der vom Gott des Schadrach,
Meschach und Abed-Nego verächtlich spricht, zu welcher Völker-
schaft, Nation oder Sprache er auch gehört, soll in Stücke geris-
sen und sein Haus soll in einen Trümmerhaufen verwandelt werden.
Denn es gibt keinen anderen Gott, der auf diese Weise retten kann.
97(30) Darauf sorgte der König dafür, daß es Schadrach, Meschach und
Abed-Nego in der Provinz Babel gut ging.

Nebukadnezzars Traum vom stolzen Baum

98(31) Der König Nebukadnezzar an alle Völker, Nationen und Spra-
chen auf der ganzen Erde: Friede sei mit euch in Fülle. 99(32) Es ist mir
eine Freude, die Zeichen und Wunder zu verkünden, die der höchste
Gott an mir getan hat. 100(33) Wie groß sind seine Zeichen, wie gewal-
tig seine Wunder! Sein Reich ist ein ewiges Reich; seine Herrschaft
überdauert alle Generationen.
4 Ich, Nebukadnezzar, lebte ohne Sorge in meinem Haus und war
glücklich in meinem Palast. 2 Da hatte ich einen Traum, der mich
erschreckte. Was ich auf meinem Lager sah, was meine Augen da
erblickten, versetzte mich in Angst. 3 Darum ließ ich alle Weisen
Babels zu mir rufen, damit sie mir den Traum deuteten. 4 Da kamen
die Zeichendeuter, Wahrsager, Chaldäer und Astrologen herbei. Ich
erzählte ihnen den Traum; aber sie konnten ihn mir nicht deuten.
5 Zuletzt erschien Daniel vor mir, der nach dem Namen meines Gottes
auch Beltschazzar heißt und in dem der Geist der heiligen Götter ist.
Ihm erzählte ich nun den Traum und sagte: 6 Beltschazzar, Oberster
der Zeichendeuter, von dir weiß ich, daß der Geist der heiligen Götter
in dir ist und daß dir kein Geheimnis verschlossen bleibt. Hör also,
was ich im Traum gesehen habe, und deute es mir! 7 Was ich auf mei-
nem Lager vor Augen hatte, war dies: Da stand ein Baum mitten auf
der Erde; er war sehr hoch. 8 Der Baum wuchs zusehends und wurde
immer mächtiger; seine Höhe reichte bis an den Himmel; er war bis
ans Ende der ganzen Erde zu sehen. 9 Er hatte prächtiges Laub und
trug so viele Früchte, daß er Nahrung für alle bot. Unter ihm fanden
die wilden Tiere des Feldes Schatten; die Vögel nisteten in seinen
Zweigen; alle Lebewesen ernährten sich von ihm. 10 Während ich auf
meinem Lager noch das Traumbild sah, stieg ein Wächter, ein Heili-
ger, vom Himmel herab. 11 Er befahl mit mächtiger Stimme: Fällt den
Baum, und schlagt seine Äste ab! Streift sein Laubwerk ab, und zer-
streut seine Früchte! Die Tiere sollen aus seinem Schatten fliehen und
die Vögel aus seinen Zweigen. 12 Aber laßt ihm den Wurzelstock in der
Erde, im Gras des Feldes, mit einer Fessel aus Eisen und Bronze. Der
Tau des Himmels soll ihn benetzen, und mit den Tieren soll er teilha-
ben am Gras der Erde. 13 Sein Herz sei nicht mehr ein Menschenherz;
ein Tierherz soll ihm gegeben werden, und sieben Zeiten sollen über
ihn hingehen. 14 Dieser Befehl beruht auf einem Beschluß der Wäch-
ter; ein Spruch der Heiligen fordert es. Die Lebenden sollen erkennen:
Über die Herrschaft bei den Menschen gebietet der Höchste; er ver-
leiht sie, wem er will, selbst den Niedrigsten der Menschen kann er
dazu erheben.
15 Das ist der Traum, den ich, König Nebukadnezzar, gehabt habe.
Nun deute ihn, Beltschazzar! Von allen Weisen meines Reiches konnte
ihn mir keiner auslegen; du aber kannst es, denn in dir ist der Geist
der heiligen Götter.
16 Da war Daniel, der auch Beltschazzar heißt, eine Zeitlang ganz ver-
stört; denn seine Gedanken machten ihm Angst. Doch der König
sagte: Beltschazzar, laß dich von dem Traum und seiner Deutung
nicht ängstigen! Beltschazzar erwiderte: Mein Herr, der Traum gelte
deinen Feinden; seine Deutung treffe deine Widersacher. 17 Du hast
einen Baum gesehen; er wuchs zusehends und wurde immer mächti-
ger. Seine Höhe reichte bis an den Himmel, und er war auf der ganzen
Erde zu sehen. 18 Er hatte prächtiges Laub und trug so viele Früchte,
daß er Nahrung für alle bot. Unter ihm fanden die wilden Tiere des
Feldes Zuflucht, und in seinen Zweigen wohnten die Vögel des Him-
mels. 19 Dieser Baum bist du, König; du bist groß und mächtig gewor-
den; deine Größe ist immer mehr gewachsen; sie reicht bis zum Him-

mel und deine Herrschaft bis ans Ende der Erde. 20 Dann hat der König
gesehen, wie ein Wächter, ein Heiliger, vom Himmel herabstieg und
befahl: Fällt den Baum, und vernichtet ihn! Aber laßt ihm in der Erde,
im Gras des Feldes, den Wurzelstock, mit einer Fessel aus Eisen und
Bronze. Der Tau des Himmels soll ihn benetzen, und mit den Tieren
des Feldes soll er teilhaben (am Gras der Erde), bis sieben Zeiten über
ihn hingegangen sind. 21 Das, o König, bedeutet – es ist ein Beschluß
des Höchsten, der meinen Herrn, den König, betrifft –:
22 Man wird dich aus der Gemeinschaft der Menschen verstoßen, und
du mußt bei den wilden Tieren des Feldes leben. Du wirst dich von
Gras ernähren wie die Ochsen, und der Tau des Himmels wird dich
benetzen. So gehen sieben Zeiten über dich hin, bis du erkennst, daß
der Höchste über die Herrschaft bei den Menschen gebietet und sie
verleiht, wem er will. 23 Schließlich hieß es, man solle den Wurzel-
stock des Baumes stehen lassen; das bedeutet: Deine Herrschaft bleibt
dir erhalten, sobald du anerkennst, daß der Himmel die Macht hat.
24 Darum, o König, nimm meinen Rat an: Lösch deine Sünden aus
durch rechtes Tun, tilge deine Vergehen, indem du Erbarmen hast mit
den Armen. Dann mag dein Glück vielleicht von Dauer sein.
25 All das kam dann über König Nebukadnezzar. 26 Als er nämlich
zwölf Monate später auf (der Dachterrasse) des königlichen Palastes
zu Babel spazierenging, 27 sagte der König: Ist das nicht das großar-
tige Babel, das ich durch meine gewaltige Macht als Königsstadt
erbaut habe, zum Ruhm meiner Herrlichkeit? 28 Noch hatte der König
diese Worte auf den Lippen, da fiel eine Stimme vom Himmel: Dir,
König Nebukadnezzar, sei gesagt: Die Herrschaft wird dir genom-
men. 29 Man wird dich aus der Gemeinschaft der Menschen aus-
stoßen. Du mußt bei den wilden Tieren leben und dich von Gras
ernähren wie die Ochsen. So werden sieben Zeiten über dich hinge-
hen, bis du erkennst, daß der Höchste über die Herrschaft bei den
Menschen gebietet und sie verleiht, wem er will. 30 Noch in derselben
Stunde erfüllte sich dieser Spruch an Nebukadnezzar: Man verstieß
ihn aus der Gemeinschaft der Menschen, und er mußte sich von Gras
ernähren wie die Ochsen. Der Tau des Himmels benetzte seinen Kör-
per, bis seine Haare so lang wie Adlerfedern waren und seine Nägel
wie Vogelkrallen.
31 Als die Zeit verstrichen war, erhob ich, Nebukadnezzar, meine
Augen zum Himmel, und mein Verstand kehrte zurück. Da pries ich
den Höchsten; ich lobte und verherrlichte den, der ewig lebt. Ja, seine
Herrschaft ist eine ewige Herrschaft; sein Reich überdauert alle Gene-
rationen. 32 Alle Bewohner der Erde gelten vor ihm wie nichts. Er
macht mit dem Heer des Himmels und mit den Bewohnern der Erde,
was er will. Es gibt niemand, der seiner Hand wehren und zu ihm
sagen dürfte: Was tust du da? 33 Zu derselben Zeit kehrte mein Ver-
stand zurück, und ich erhielt zum Ruhm meines Königtums auch
meine Herrlichkeit und meinen königlichen Glanz zurück. Meine
Räte und Großen suchten mich auf; man setzte mich wieder in meine
Herrschaft ein, und meine Macht wurde noch größer.
34 Ich, Nebukadnezzar, lobe, preise und rühme nun den König des
Himmels. Denn alle seine Taten sind vortrefflich und seine Wege
gerecht. Die Menschen, die in stolzer Höhe dahinschreiten, kann er
erniedrigen.

Das Gastmahl Belschazzars

5 König Belschazzar gab ein großes Gastmahl für seine Großen;
es waren tausend Menschen, und zusammen mit den Tausend
sprach er dem Wein zu. 2 In seiner Weinlaune nun ließ Belschazzar die
goldenen und silbernen Gefäße holen, die sein Vater Nebukadnezzar
aus dem Tempel in Jerusalem mitgenommen hatte. Jetzt sollten der
König und seine Großen, seine Frauen und Nebenfrauen daraus trin-
ken. 3 Man holte also die goldenen Gefäße, die man aus dem Tempel
des Gotteshauses in Jerusalem mitgenommen hatte, und der König
und seine Großen, seine Frauen und Nebenfrauen tranken daraus.
4 Sie tranken Wein und lobten die Götter aus Gold und Silber, aus
Bronze, Eisen, Holz und Stein.
5 In derselben Stunde erschienen die Finger einer Menschenhand und
schrieben gegenüber dem Leuchter etwas auf die weißgetünchte
Wand des königlichen Palastes. Der König sah den Rücken der Hand,
als sie schrieb. 6 Da erbleichte er, und seine Gedanken erschreckten
ihn. Seine Glieder wurden schwach, und ihm schlotterten die Knie.
7 Der König schrie laut, man solle die Wahrsager, Chaldäer und Astro-
logen holen. Dann sagte er zu den Weisen von Babel: Wer diese Schrift
lesen und mir deuten kann – was er auch sei: er soll in Purpur geklei-
det werden, eine goldene Kette um den Hals tragen und als der Dritte
in meinem Reich herrschen.
8 Da kamen alle Weisen des Königs herbei; aber sie waren nicht
imstande, die Schrift zu lesen oder dem König zu sagen, was sie
bedeutete. 9 Darüber erschrak König Belschazzar noch mehr, und sein
Gesicht wurde bleich. Auch seine Großen gerieten in Angst. 10 Da die
Rufe des Königs und seiner Großen bis zur Königin drangen, kam sie
in den Festsaal und sagte: O König, mögest du ewig leben. Laß dich
von deinen Gedanken nicht erschrecken; du brauchst nicht zu erblei-
chen. 11 In deinem Reich gibt es einen Mann, in dem der Geist der hei-
ligen Götter wohnt. Schon zu deines Vaters Zeiten fand man bei ihm
Erleuchtung und Einsicht und Weisheit, wie nur die Götter sie haben;
deshalb hat König Nebukadnezzar, dein Vater, ihn zum Obersten der
Zeichendeuter, Wahrsager, Chaldäer und Astrologen ernannt, dein
eigener Vater, o König! 12 Bei diesem Daniel also, dem der König den
Namen Beltschazzar gegeben hat, fand man außergewöhnlichen
Geist sowie Erkenntnis und Einsicht und die Gabe, Träume auszule-
gen, Rätsel zu erklären und schwierige Fragen zu lösen. Darum laß
jetzt Daniel herrufen; er wird die Deutung geben.
13 Daniel wurde vor den König gebracht, und der König sagte zu ihm:
Du also bist Daniel, einer von den verschleppten Juden, die mein Vater,
der König, aus Juda hierher gebracht hat. 14 In dir, so habe ich gehört,
ist der Geist der Götter, und bei dir fand man Erleuchtung und Einsicht
und außergewöhnliche Weisheit. 15 Man hat die Weisen und die Wahr-
sager vor mich gebracht, damit sie diese Schrift lesen und mir deuten.
Sie konnten mir aber nicht sagen, was das Geschriebene bedeutet.
16 Doch du, so habe ich gehört, kannst Deutungen geben und schwie-
rige Fragen lösen. Wenn du nun die Schrift lesen und mir deuten
kannst, sollst du in Purpur gekleidet werden, um den Hals eine gol-
dene Kette tragen und als der Dritte in meinem Reich herrschen.
17 Daniel gab dem König zur Antwort: Behalte deine Gaben oder
schenk sie einem andern! Aber die Schrift will ich für den König lesen
und deuten. 18 Mein König! Der höchste Gott hat deinem Vater Nebu-
kadnezzar Herrschaft und Macht, Herrlichkeit und Majestät gegeben.
19 Vor der Macht, die ihm verliehen war, zitterten und bebten alle Völ-
ker, Nationen und Sprachen. Er tötete, wen er wollte, und ließ am
Leben, wen er wollte. Er erhöhte, wen er wollte, und stürzte, wen er
wollte. 20 Als aber sein Herz überheblich und sein Geist hochmütig
wurde, stürzte man ihn von seinem königlichen Thron, und er verlor
die Herrscherwürde. 21 Man verstieß ihn aus der Gemeinschaft der
Menschen. Sein Herz wurde dem der Tiere gleichgemacht. Er mußte
bei den wilden Eseln hausen und sich von Gras ernähren wie die Och-
sen. Der Tau des Himmels benetzte seinen Körper, bis er erkannte: Der
höchste Gott gebietet über die Herrschaft bei den Menschen und gibt
sie, wem er will. 22 Obgleich nun du, sein Sohn Belschazzar, das alles
weißt, bist du in deinem Herzen doch nicht bescheiden geblieben.
23 Du hast dich gegen den Herrn des Himmels erhoben und dir die
Gefäße aus seinem Tempel herbeischaffen lassen. Du und deine
Großen, deine Frauen und Nebenfrauen, ihr habt daraus Wein getrun-
ken. Du hast die Götter aus Gold und Silber, aus Bronze, Eisen, Holz
und Stein gepriesen, die weder sehen noch hören können und keinen
Verstand haben. Aber den Gott, der deinen Lebensatem in seiner Hand
hat und dem all deine Wege gehören, den hast du nicht verherrlicht.
24 Darum hat er diese Hand geschickt und diese Schrift geschrieben.

Carl Hofer
Daniel in der Löwengrube
(1910)
»Darauf befahl der König, Daniel herbeizubringen, und man warf ihn zu den Löwen in die Grube« (Dan 6,17). Carl Hofer hat seine Daniel-Szene zu einer Zeit gestaltet, in der bereits der Expressionismus für Aufsehen sorgte; 1910 gilt darüber hinaus als Entstehungsjahr der gegenstandsfreien, abstrakten Kunst. Doch sollte nicht übersehen werden, daß daneben Stilrichtungen lebendig waren, die einerseits vom Impressionismus, andererseits vom Idealismus ausgingen. Letzterer kennzeichnet Hofers Bild des jungen Daniel, dessen hoch aufgerichtete Gestalt als Verkörperung des Gottvertrauens zu betrachten ist. Vor allem diese Figur beansprucht unsere Aufmerksamkeit, während die Löwen allzu offenkundig die zugrundeliegenden Studien im Tiergarten erkennen lassen. Das Motiv des Voranschreitens (das mit der »Grube« nur schwer in Einklang zu bringen ist) erinnert an den Psalm vom guten Hirt: »Muß ich auch wandern in finsterer Schlucht, ich fürchte kein Unheil; denn du bist bei mir, dein Stecken und dein Stab geben mir Zuversicht« (Ps 23,4).

25 Das Geschriebene lautet aber: Mene mene tekel u-parsin. 26 Diese
Worte bedeuten: Mene: Gezählt hat Gott die Tage deiner Herrschaft
und macht ihr ein Ende. 27 Tekel: Gewogen wurdest du auf der Waage
und zu leicht befunden. 28 Peres: Geteilt wird dein Reich und den
Medern und Persern gegeben.
29 Da befahl Belschazzar, Daniel in Purpur zu kleiden und ihm eine
goldene Kette um den Hals zu legen, und er ließ verkünden, daß
Daniel als der Dritte im Reich herrschen sollte. 30 Aber noch in derselben Nacht wurde Belschazzar, der König der Chaldäer, getötet,
6 und der Meder Darius übernahm die Königsherrschaft im Alter
von zweiundsechzig Jahren.

Daniel in der Löwengrube

2 Darius fand es für gut, über das Reich hundertzwanzig Satrapen einzusetzen, die über das ganze Reich verteilt sein sollten. 3 Über diese
wieder setzte er drei oberste Beamte, zu denen auch Daniel gehörte.
Ihnen sollten die Satrapen Rechenschaft ablegen, damit der König
keinen Schaden erleide. 4 Daniel nun zeichnete sich vor den anderen

obersten Beamten und den Satrapen aus; denn in ihm war ein außer-
gewöhnlicher Geist. Der König erwog sogar, ihn zum höchsten Beam-
ten des ganzen Reiches zu machen. 5 Da suchten die obersten Be-
amten und die Satrapen einen Grund, um Daniel wegen seiner
Amtsführung anzuklagen. Sie konnten aber keinen Grund zur
Anklage und kein Vergehen finden; denn er war zuverlässig; keine
Nachlässigkeit und kein Vergehen konnte man ihm nachweisen. 6 Da
sagten jene Männer: Wir werden keinen Grund finden, um diesen
Daniel anzuklagen, es sei denn, wir finden gegen ihn etwas wegen des
Gesetzes seines Gottes. 7 Darum bestürmten die obersten Beamten
und Satrapen den König und sagten zu ihm: König Darius, mögest du
ewig leben. 8 Alle obersten Beamten des Reiches, die Präfekten, Satra-
pen, Räte und Statthalter raten dem König, ein Dekret zu erlassen und
folgendes Verbot in Kraft zu setzen: Jeder, der innerhalb von dreißig
Tagen an irgendeinen Gott oder Menschen außer an dich, König, eine
Bitte richtet, der soll in die Löwengrube geworfen werden. 9 Erlaß die-
ses Verbot, o König, und fertige ein Schreiben darüber aus! Es soll
nach dem unwandelbaren Gesetz der Meder und Perser unabänder-
lich sein. 10 König Darius unterzeichnete das Verbot.
11 Als Daniel erfuhr, daß das Schreiben unterzeichnet war, ging er in
sein Haus. In seinem Obergemach waren die Fenster nach Jerusalem
hin offen. Dort kniete er dreimal am Tag nieder und richtete sein
Gebet und seinen Lobpreis an seinen Gott, ganz so, wie er es gewohnt
war. 12 Nun schlichen sich jene Männer heran und fanden Daniel, wie
er zu seinem Gott betete und flehte. 13 Darauf gingen sie zum König
und erinnerten ihn an sein Verbot; sie sagten: O König, hast du nicht
ein Verbot unterzeichnet, nach dem jeder, der innerhalb von dreißig
Tagen an irgendeinen Gott oder Menschen außer an dich, König, eine
Bitte richtet, in die Löwengrube geworfen werden soll? Der König gab
zur Antwort: Die Anordnung steht fest nach dem unwandelbaren
Gesetz der Meder und Perser. 14 Da berichteten sie dem König: Daniel,
einer von den verschleppten Juden, achtet weder dich, König, noch
das Verbot, das du unterschrieben hast, sondern verrichtet dreimal
am Tag sein Gebet. 15 Als der König das hörte, war es ihm sehr pein-
lich, und er dachte nach, wie er Daniel retten könne. Bis Sonnenunter-
gang bemühte er sich, ihn freizubekommen. 16 Doch jene Männer
bestürmten ihn und sagten: Bedenke, König, es ist bei den Medern
und Persern Gesetz, daß jedes Verbot und Dekret, das der König
erläßt, unabänderlich ist. 17 Darauf befahl der König, Daniel herzu-
bringen, und man warf ihn zu den Löwen in die Grube. Der König
sagte noch zu Daniel: Möge dein Gott, dem du so unablässig dienst,
dich erretten. 18 Und man nahm einen großen Stein und wälzte ihn auf
die Öffnung der Grube. Der König versiegelte ihn mit seinem Siegel
und den Siegeln seiner Großen, um zu verhindern, daß an der Lage
Daniels etwas verändert würde.
19 Dann ging der König in seinen Palast; fastend verbrachte er die
Nacht; er ließ sich keine Speisen bringen und konnte keinen Schlaf
finden. 20 Früh am Morgen, als es gerade hell wurde, stand der König
auf und ging in Eile zur Löwengrube. 21 Als er sich der Grube näherte,
rief er mit schmerzlicher Stimme nach Daniel und fragte: Daniel, du
Diener des lebendigen Gottes! Hat dein Gott, dem du so unablässig
dienst, dich vor den Löwen erretten können? 22 Daniel antwortete ihm:
O König, mögest du ewig leben. 23 Mein Gott hat seinen Engel gesandt
und den Rachen der Löwen verschlossen. Sie taten mir nichts zuleide;
denn in seinen Augen war ich schuldlos, und auch dir gegenüber,
König, bin ich ohne Schuld. 24 Darüber war der König hoch erfreut
und befahl, Daniel aus der Grube herauszuholen. So wurde Daniel
aus der Grube herausgeholt; man fand an ihm nicht die geringste Ver-
letzung, denn er hatte seinem Gott vertraut. 25 Nun aber ließ der
König die Männer herbeiholen, die Daniel verklagt hatten, und ließ sie
mit ihren Kindern und Frauen in die Löwengrube werfen. Sie waren
noch nicht am Boden der Grube angelangt, da stürzten sich die Löwen
auf sie und zermalmten ihnen alle Knochen.
26 Daraufhin schrieb König Darius an alle Völker, Nationen und Spra-
chen auf der ganzen Erde: Friede sei mit euch in Fülle! 27 Hiermit
ordne ich an: Im ganzen Gebiet meines Reiches soll man vor dem Gott
Daniels zittern und sich vor ihm fürchten. Denn er ist der lebendige
Gott; er lebt in Ewigkeit. Sein Reich geht niemals unter; seine Herr-
schaft hat kein Ende. 28 Er rettet und befreit; er wirkt Zeichen und
Wunder am Himmel und auf der Erde; er hat Daniel aus den Tatzen
der Löwen errettet.
29 Daniel aber ging es gut unter dem König Darius und auch unter
dem Perserkönig Kyrus.

Daniels Vision von den vier Tieren und vom Menschensohn

7 Im ersten Jahr Belschazzars, des Königs von Babel, hatte Daniel
einen Traum; auf seinem Lager hatte er eine Vision. Er schrieb
den Traum auf, und sein Bericht hat folgenden Inhalt: 2 Ich hatte
während der Nacht eine Vision: Die vier Winde des Himmels wühlten
das große Meer auf. 3 Dann stiegen aus dem Meer vier große Tiere
herauf; jedes hatte eine andere Gestalt. 4 Das erste war einem Löwen
ähnlich, hatte jedoch Adlerflügel. Während ich es betrachtete, wurden
ihm die Flügel ausgerissen; es wurde vom Boden emporgehoben und
wie ein Mensch auf zwei Füße gestellt, und es wurde ihm ein mensch-
liches Herz gegeben. 5 Dann erschien ein zweites Tier; es glich einem
Bären und war nach einer Seite hin aufgerichtet. Es hielt drei Rippen
zwischen den Zähnen in seinem Maul, und man ermunterte es: Auf,
friß noch viel mehr Fleisch! 6 Danach sah ich ein anderes Tier; es glich
einem Panther, hatte aber auf dem Rücken vier Flügel, wie die Flügel
eines Vogels; auch hatte das Tier vier Köpfe; ihm wurde die Macht
eines Herrschers verliehen. 7 Danach sah ich in meinen nächtlichen
Visionen ein viertes Tier; es war furchtbar und schrecklich anzusehen
und sehr stark; es hatte große Zähne aus Eisen. Es fraß und zer-
malmte alles, und was übrig blieb, zertrat es mit den Füßen. Von den
anderen Tieren war es völlig verschieden. Auch hatte es zehn Hörner.
8 Als ich die Hörner betrachtete, da wuchs zwischen ihnen ein ande-
res, kleineres Horn empor, und vor ihm wurden drei von den früheren
Hörnern ausgerissen; und an diesem Horn waren Augen wie Men-
schenaugen und ein Maul, das anmaßend redete.
9 Ich sah immer noch hin; da wurden Throne aufgestellt, und ein
Hochbetagter nahm Platz. Sein Gewand war weiß wie Schnee, sein
Haar wie reine Wolle. Feuerflammen waren sein Thron, und dessen
Räder waren loderndes Feuer. 10 Ein Strom von Feuer ging von ihm
aus. Tausendmal Tausende dienten ihm, zehntausendmal Zehntau-
sende standen vor ihm. Das Gericht nahm Platz, und es wurden
Bücher aufgeschlagen. 11 Ich sah immer noch hin, bis das Tier –
wegen der anmaßenden Worte, die das Horn redete – getötet wurde.
Sein Körper wurde dem Feuer übergeben und vernichtet. 12 Auch den
anderen Tieren wurde die Herrschaft genommen. Doch ließ man
ihnen das Leben bis zu einer bestimmten Frist. 13 Immer noch hatte
ich die nächtlichen Visionen:
Da kam mit den Wolken des Himmels / einer wie ein Menschensohn.
Er gelangte bis zu dem Hochbetagten / und wurde vor ihn geführt.
14 Ihm wurden Herrschaft, / Würde und Königtum gegeben.
Alle Völker, Nationen und Sprachen / müssen ihm dienen.
Seine Herrschaft ist eine ewige, / unvergängliche Herrschaft. / Sein
Reich geht niemals unter.
15 Darüber war ich, Daniel, im Geist bekümmert, und was mir vor
Augen stand, erschreckte mich. 16 Ich wandte mich an einen der
Umstehenden und bat ihn, mir das alles genau zu erklären. Er deutete
mir die Vorgänge und sagte: 17 Diese großen Tiere, vier an der Zahl,
bedeuten vier Könige, die sich auf der Erde erheben werden. 18 Das
Königtum aber werden die Heiligen des Höchsten erhalten, und sie
werden es behalten für immer und ewig. 19 Dann wollte ich noch
Genaueres über das vierte Tier erfahren, das Tier, das anders war als
alle anderen, ganz furchtbar anzusehen, mit Zähnen aus Eisen und

mit Klauen aus Bronze, das alles fraß und zermalmte, und was übrig-
blieb, mit den Füßen zertrat. 20 Auch (wollte ich Genaueres erfahren)
über die zehn Hörner an seinem Kopf und über das andere Horn, das
emporgewachsen war und vor dem die drei Hörner abgefallen waren,
das Horn, das Augen und einen Mund hatte, der anmaßend redete,
und das schließlich größer als die anderen zu sein schien. 21 Ich sah
dieses Horn gegen die Heiligen kämpfen. Es überwältigte sie, 22 bis
der Hochbetagte kam. Da wurde den Heiligen des Höchsten Recht
verschafft, und es kam die Zeit, in der die Heiligen das Königtum
erhielten. 23 Der (Engel) antwortete mir: Das vierte Tier bedeutet: Ein
viertes Reich wird sich auf der Erde erheben, ganz anders als alle ande-
ren Reiche. Es wird die ganze Erde verschlingen, sie zertreten und zer-
malmen. 24 Die zehn Hörner bedeuten: In jenem Reich werden zehn
Könige regieren; doch nach ihnen kommt ein anderer. Dieser ist ganz
anders als die früheren. Er stürzt drei Könige, 25 er lästert über den
Höchsten und unterdrückt die Heiligen des Höchsten. Die Festzeiten
und das Gesetz will er ändern. Ihm werden die Heiligen für eine Zeit
und zwei Zeiten und eine halbe Zeit ausgeliefert. 26 Dann aber wird
Gericht gehalten. Jenem König wird seine Macht genommen; er wird
endgültig ausgetilgt und vernichtet. 27 Die Herrschaft und Macht und
die Herrlichkeit aller Reiche unter dem ganzen Himmel werden dem
Volk der Heiligen des Höchsten gegeben. Sein Reich ist ein ewiges
Reich, und alle Mächte werden ihm dienen und gehorchen.
28 Hier endet die Mitteilung. Mich, Daniel, erschreckten meine Gedan-
ken sehr, und ich erbleichte. Aber ich bewahrte die Mitteilung in mei-
nem Herzen.

Daniels Vision vom Widder und Ziegenbock

8 Im dritten Jahr der Herrschaft des Königs Belschazzar hatte ich,
Daniel, eine Vision, nach jener anderen, die ich früher gehabt
hatte. 2 Ich hatte eine Vision, und während ich sie sah, befand ich mich
in der Burg Susa, die in der Provinz Elam liegt, am Ulai-Kanal. 3 Ich
blickte auf und sah, wie ein Widder am Kanal stand; er hatte zwei Hör-
ner. Beide Hörner waren sehr hoch; doch das eine war noch höher als
das andere, und das höhere wuchs ihm zuletzt. 4 Ich sah, wie der Wid-
der nach Westen, Norden und Süden stieß; kein Tier hielt ihm stand,
und es gab keinen, der sich aus seiner Gewalt retten konnte. Er tat,
was er wollte, und machte sich groß. 5 Dann bemerkte ich einen Zie-
genbock; er überquerte von Westen her die ganze Erde, ohne aber den
Boden zu berühren; der Bock hatte ein auffallendes Horn zwischen
den Augen.
6 Er lief zu dem Widder mit den zwei Hörnern, den ich am Kanal ste-
hen sah, und rannte mit grimmiger Kraft auf ihn los. 7 Ich sah, wie er
auf den Widder losging und ihm wütend zusetzte. Er stieß gegen den
Widder und brach ihm beide Hörner ab. Der Widder hatte nicht die
Kraft, ihm standzuhalten. Da warf der Ziegenbock ihn zu Boden und
zertrat ihn; und niemand war da, um den Widder aus seiner Gewalt zu
retten. 8 Der Ziegenbock wurde über die Maßen groß. Als er aber am
stärksten war, brach das große Horn ab. An seiner Stelle wuchsen
ihm vier auffallende Hörner, und zwar nach den vier Himmelsrichtun-
gen. 9 Aus einem der Hörner ging dann ein anderes Horn hervor.
Anfangs klein, wuchs es gewaltig nach Süden und Osten, nach dem
Ort der Zierde hin. 10 Es wuchs bis zum Sternenheer am Himmel hin-
auf und warf einige aus dem Sternenheer auf die Erde herab und zer-
trat sie. 11 Ja, bis zum Gebieter des Himmelsheeres reckte es sich
empor; es entzog ihm das tägliche Opfer und verwüstete sein Heilig-
tum. 12 Ein Heer wurde verbrecherisch gegen das tägliche Opfer ein-
gesetzt. Das Horn stürzte die Wahrheit zu Boden, und was es unter-
nahm, das gelang ihm.
13 Da hörte ich einen Heiligen (einen Engel) reden, und ein anderer
Heiliger fragte den Redenden: Wie lange gilt die Vision vom täglichen
Opfer, wie lange bleibt der Greuel der Verwüstung bestehen und wer-
den das Heiligtum und der Ort der Zierde zertreten? 14 Er sagte zu mir:
Zweitausenddreihundert Abende und Morgen wird es dauern; dann
erhält das Heiligtum wieder sein Recht.
15 Während ich, Daniel, noch diese Vision hatte und sie zu verstehen
suchte, da stand vor mir einer, der aussah wie ein Mann. 16 Und über
dem Ulai-Kanal hörte ich eine Menschenstimme, die rief: Gabriel,
erkläre ihm die Vision! 17 Da kam er auf mich zu. Als er näher trat,
erschrak ich und fiel mit dem Gesicht zu Boden. Er sagte zu mir:
Mensch, versteh: Die Vision betrifft die Zeit des Endes. 18 Während er
mit mir redete, lag ich ohnmächtig da, mit dem Gesicht am Boden. Da
berührte er mich und stellte mich wieder auf die Beine. 19 Dann sagte
er: Siehe, ich kündige dir an, was in der letzten Zeit, der Zeit des Zorns,
geschehen wird; denn die Vision bezieht sich auf die Zeit des Endes.
20 Der Widder mit den zwei Hörnern, den du gesehen hast, bedeutet
die Könige von Medien und Persien. 21 Der Ziegenbock ist der König
von Jawan. Das große Horn zwischen seinen Augen ist der erste
König. 22 Das Horn brach ab, und vier andere traten an seine Stelle;
das bedeutet: Aus seinem Volk entstehen vier Reiche; sie haben aber
nicht die gleiche Kraft wie er. 23 In der letzten Zeit ihrer Herrschaft,
wenn die Frevler ihr Maß vollgemacht haben, kommt ein König voll
Härte und Verschlagenheit. 24 Er wird mächtig und stark und richtet
ungeheures Verderben an; alles, was er unternimmt, gelingt ihm.
Mächtige Herrscher wird er vernichten, auch das Volk der Heiligen.
25 Dank seiner Schlauheit gelingt ihm sein Betrug. Er wird überheblich
und bringt über viele unversehens Verderben. Selbst gegen den höch-
sten Gebieter steht er auf; doch ohne Zutun eines Menschen wird er
zerschmettert. 26 Die Vision von den Abenden und den Morgen, die dir
offenbart wurde, ist wahr; doch du sollst sie geheimhalten; denn sie
bezieht sich auf eine ferne Zeit.
27 Darauf war ich, Daniel, erschöpft und lag mehrere Tage krank zu
Bett. Dann stand ich auf und versah wieder meinen Dienst beim
König. Doch die Vision bedrückte mich, und ich verstand sie nicht.

Die Weissagung von den siebzig Jahrwochen

9 Im ersten Jahr, nachdem Darius, der Sohn des Xerxes, aus dem
Stamm der Meder, König über das Reich der Chaldäer geworden
war, 2 in diesem ersten Jahr seiner Herrschaft suchte ich, Daniel, in
den Schriften die Zahl der Jahre zu ergründen, die Jerusalem nach dem
Wort des Herrn an den Propheten Jeremia verwüstet sein sollte; es
waren siebzig Jahre. 3 Ich richtete mein Gesicht zu Gott, dem Herrn,
um ihn mit Gebet und Flehen, bei Fasten in Sack und Asche, zu bitten.
4 Ich betete zum Herrn, meinem Gott, legte ein Bekenntnis ab und
sagte: Herr, du großer und furchterregender Gott, du bewahrst denen,
die dich lieben und deine Gebote halten, deinen Bund und deine
Gnade. 5 Wir haben gesündigt und Unrecht getan, wir sind treulos
gewesen und haben uns gegen dich empört; von deinen Geboten und
Gesetzen sind wir abgewichen. 6 Wir haben nicht auf deine Diener, die
Propheten, gehört, die in deinem Namen zu unseren Königen und
Vorstehern, zu unseren Vätern und zu allen Bürgern des Landes gere-
det haben. 7 Du, Herr, bist im Recht; uns aber steht bis heute die
Schamröte im Gesicht, den Leuten von Juda, den Einwohnern Jerusa-
lems und allen Israeliten, seien sie nah oder fern in all den Ländern,
wohin du sie verstoßen hast; denn sie haben dir die Treue gebrochen.
8 Ja, Herr, uns steht die Schamröte im Gesicht, unseren Königen, Obe-
ren und Vätern; denn wir haben uns gegen dich versündigt. 9 Aber der
Herr, unser Gott, schenkt Erbarmen und Vergebung. Ja, wir haben
uns gegen ihn empört. 10 Wir haben nicht auf die Stimme des Herrn,
unseres Gottes, gehört und seine Befehle nicht befolgt, die er uns
durch seine Diener, die Propheten, gegeben hat. 11 Ganz Israel hat
dein Gesetz übertreten, ist davon abgewichen und hat nicht auf deine
Stimme gehört. Darum kamen der Fluch und die Verwünschung über
uns, die im Gesetz des Mose, des Dieners Gottes, geschrieben stehen;

denn wir haben uns gegen Gott versündigt. 12 Gott machte seine Dro-
hung wahr, die er gegen uns und unsere Richter, die uns regierten, aus-
gesprochen hatte: Er werde so schweres Unheil über uns bringen, daß
unter dem ganzen Himmel nie solche Dinge geschehen sein werden
wie in Jerusalem. 13 Wie es im Gesetz des Mose geschrieben steht, ist all
dieses Unheil über uns gekommen. Und doch haben wir den Herrn,
unseren Gott, nicht begütigt, haben uns nicht von unserem bösen Tun
abgewandt und nicht auf deine Wahrheit geachtet. 14 Der Herr aber war
wach und ließ dieses Unheil über uns kommen. Denn der Herr, unser
Gott, ist gerecht in allem, was er tut. Wir aber hörten nicht auf seine
Stimme. 15 Jetzt aber, Herr, unser Gott, der du dein Volk mit starker
Hand aus Ägypten geführt und dir damit einen Namen gemacht hast
bis auf den heutigen Tag! Wir haben gesündigt; wir haben gefrevelt.
16 Herr, wende jetzt deinen grimmigen Zorn von deiner Stadt Jerusalem
und von deinem heiligen Berg ab, wie es deinen früheren hilfreichen
Taten entspricht. Wegen unserer Sünden und der bösen Taten unserer
Väter sind Jerusalem und dein Volk zum Gespött für alle geworden, die
rings um uns wohnen. 17 Darum höre jetzt, unser Gott, das Gebet und
Flehen deines Knechtes: Herr, laß auch um deiner selbst willen dein
Angesicht über deinem Heiligtum leuchten, das verwüstet daliegt.
18 Mein Gott, neig mir dein Ohr zu, und höre mich; öffne deine Augen,
und sieh auf die Trümmer, auf unsere Stadt, über der dein Name ausge-
rufen ist. Nicht im Vertrauen auf unsere guten Taten legen wir dir
unsere Bitten vor, sondern im Vertrauen auf dein großes Erbarmen.
19 Herr, erhöre! Herr, verzeih! Herr, vernimm das Gebet, und handle!
Mein Gott, auch um deiner selbst willen zögere nicht! Dein Name ist
doch über deiner Stadt und deinem Volk ausgerufen.
20 Während ich noch redete und betete, meine Sünden und die Sünden
meines Volkes Israel bekannte und meine Bitte für den heiligen Berg
meines Gottes vor den Herrn, meinen Gott, brachte, 21 während ich
also noch mein Gebet sprach, da kam im Flug der Mann Gabriel, den
ich früher in der Vision gesehen hatte; er kam um die Zeit des Abend-
opfers zu mir, 22 redete mit mir und sagte: Daniel, ich bin gesandt
worden, um dir klare Einsicht zu geben. 23 Schon zu Beginn deines
Gebets erging ein Gotteswort, und ich bin gekommen, um es dir zu
verkünden; denn du bist (von Gott) geliebt. Achte also auf das Wort,
und begreife die Vision!
24 Siebzig Wochen sind für dein Volk / und deine heilige Stadt
bestimmt,
bis der Frevel beendet ist, / bis die Sünde versiegelt und die Schuld
gesühnt ist,
bis ewige Gerechtigkeit gebracht wird, / bis Visionen und Weissagun-
gen besiegelt werden / und ein Hochheiliges gesalbt wird.
25 Nun begreif und versteh: Von der Verkündigung des Wortes über die
Rückführung des Volkes und den Wiederaufbau Jerusalems bis zur
Ankunft eines Gesalbten, eines Fürsten, sind es sieben Wochen; und
zweiundsechzig Wochen lang baut man die Stadt wieder auf mit ihren
Plätzen und Gräben, obwohl es eine bedrängte Zeit sein wird. 26 Nach
den zweiundsechzig Wochen wird ein Gesalbter umgebracht, aber
ohne (Richterspruch). Das Volk eines Fürsten, der kommen wird,
bringt Verderben über die Stadt und das Heiligtum. Er findet sein
Ende in der Flut; bis zum Ende werden Krieg und Verwüstung herr-
schen, wie es längst beschlossen ist. 27 Vielen macht er den Bund
schwer, eine Woche lang. In der Mitte dieser Woche setzt er den
Schlachtopfern und Speiseopfern ein Ende. Oben auf dem Heiligtum
wird ein unheilvoller Greuel stehen, bis das Verderben, das beschlos-
sen ist, über den Verwüster kommt.

Die letzten Offenbarungen an Daniel

10 Im dritten Jahr des Königs Kyrus von Persien empfing
Daniel, der auch Beltschazzar heißt, eine Offenbarung. Das
Wort ist zuverlässig und kündigt große Not an. Er suchte das Wort zu
verstehen, und das Verständnis wurde ihm in einer Vision gegeben.
2 In jenen Tagen hielt ich, Daniel, drei Wochen lang Trauer. 3 Nahrung,
die mir sonst schmeckte, aß ich nicht; Fleisch und Wein kamen nicht
in meinen Mund; auch salbte ich mich nicht, bis drei volle Wochen
vorbei waren. 4 Am vierundzwanzigsten Tag des ersten Monats stand
ich am Ufer des großen Flusses, des Tigris. 5 Ich blickte auf und sah,
wie ein Mann vor mir stand, der in Leinen gekleidet war und einen
Gürtel aus feinstem Gold um die Hüften trug. 6 Sein Körper glich
einem Chrysolith, sein Gesicht leuchtete wie ein Blitz, und die Augen
waren wie brennende Fackeln. Seine Arme und Beine glänzten wie
polierte Bronze. Seine Worte waren wie das Getöse einer großen Men-
schenmenge. 7 Nur ich, Daniel, sah diese Erscheinung; die Männer,
die bei mir waren, sahen die Erscheinung nicht; doch ein großer
Schrecken befiel sie, so daß sie wegliefen und sich versteckten.
8 So blieb ich allein zurück und sah diese gewaltige Erscheinung.
Meine Kräfte verließen mich; ich wurde totenbleich und konnte mich
nicht mehr aufrecht halten. 9 Ich hörte den Schall seiner Worte; beim
Schall seiner Worte fiel ich betäubt zu Boden und blieb, mit dem
Gesicht am Boden, liegen. 10 Doch eine Hand faßte mich an und half
mir auf Knie und Hände. 11 Dann sagte er zu mir: Daniel, du (von Gott)
geliebter Mann, achte auf die Worte, die ich dir zu sagen habe. Stell
dich aufrecht hin; denn ich bin jetzt zu dir gesandt. Als er so mit mir
redete, erhob ich mich zitternd. 12 Dann sagte er zu mir: Fürchte dich
nicht, Daniel! Schon vom ersten Tag an, als du dich um Verständnis
bemühtest und dich deswegen vor deinem Gott beugtest, wurden
deine Worte gehört, und wegen deiner Worte bin ich gekommen.
13 Der Engelfürst des Perserreiches hat sich mir einundzwanzig Tage
lang entgegengestellt, aber Michael, einer der ersten unter den Engel-
fürsten, kam mir zu Hilfe. Darum war ich dort bei den Königen von
Persien entbehrlich. 14 Und jetzt bin ich gekommen, um dich verste-
hen zu lassen, was deinem Volk in den letzten Tagen zustoßen wird.
Denn auch diese Vision bezieht sich auf jene fernen Tage.
15 Während er das zu mir sagte, blickte ich zu Boden und blieb stumm.
16 Da berührte eine Gestalt, die aussah wie ein Mensch, meine Lippen.
Nun konnte ich den Mund wieder öffnen und sprechen. Ich sagte zu
dem, der vor mir stand: Mein Herr, als ich die Vision sah, wand ich
mich in Schmerzen und verlor alle Kraft. 17 Wie kann ich, der Knecht
meines Herrn, mit meinem Herrn reden? Mir fehlt seitdem jede Kraft,
selbst der Atem stockt mir. 18 Da berührte mich die Gestalt, die wie ein
Mensch aussah, von neuem, stärkte mich 19 und sagte: Fürchte dich
nicht, du (von Gott) geliebter Mann! Friede sei mit dir. Sei stark, und
hab Vertrauen! Als er so mit mir redete, fühlte ich mich gestärkt und
sagte: Nun rede, mein Herr! Du hast mich gestärkt. 20 Er sagte: Weißt
du, warum ich zu dir gekommen bin? Ich muß bald zurückkehren und
mit dem Engelfürsten von Persien kämpfen. Wenn ich mit ihm fertig
bin, dann wird der Engelfürst von Jawan kommen. 21 Vorher aber will
ich dir mitteilen, was im Buch der Wahrheit aufgezeichnet ist. Doch
keiner hilft mir tatkräftig gegen sie außer eurem Engelfürsten Michael.
11 Im ersten Jahr des Meders Darius stand ich ihm helfend und
schützend zur Seite. 2 Und jetzt will ich dir die Wahrheit mit-
teilen: Noch drei Könige kommen in Persien; der vierte aber wird
größeren Reichtum erwerben als alle anderen vor ihm. Nachdem er
reich und mächtig geworden ist, bietet er all seine Macht gegen das
Reich von Jawan auf. 3 Dann wird ein kraftvoller König kommen; er
herrscht mit großer Macht und tut, was er will. 4 Doch kaum ist er auf-
getreten, da bricht sein Reich auseinander und teilt sich nach den vier
Himmelsrichtungen. Es fällt aber nicht seinen Nachkommen zu und
ist nicht mehr so mächtig wie unter seiner Herrschaft. Denn sein
Reich wird vernichtet; es fällt anderen zu, nicht seinen Erben. 5 Dann
erstarkt der König des Südens; aber einer von seinen Feldherrn wird
mächtiger als er und tritt die Herrschaft an, und seine Herrschaft wird
noch gewaltiger sein. 6 Nach Jahren schließen sie dann ein Bündnis,
und um den Frieden zu bekräftigen, kommt die Tochter des Königs
des Südens zum König des Nordens. Doch sie verliert die Macht, und
auch ihr Kind bleibt nicht am Leben; zur (bestimmten) Zeit wird sie

dem Untergang preisgegeben, sie, ihre Begleiter, auch der, der sie
gezeugt hat, und der, der sie zur Frau genommen hat. 7 Aber an seiner
Stelle tritt ein Sproß aus ihren Wurzeln auf; er zieht gegen das Heer
aus, dringt in die Festung des Königs des Nordens ein und verfährt
mit ihnen, wie es ein Sieger tut. 8 Sogar ihre Götter nimmt er als Beute
nach Ägypten mit, ebenso ihre Götterbilder und die kostbaren Geräte
aus Silber und Gold. Dann läßt er den König des Nordens einige Jahre
in Ruhe. 9 Darauf zieht dieser gegen das Reich des Königs des Südens,
muß aber in sein Land zurückkehren.
10 Doch seine Söhne rüsten zum Krieg und bringen gewaltige Heere
zusammen. Einer (von ihnen) zieht gegen (den König des Südens); er
rückt vor und überflutet alles. Dann rüstet er nochmals und dringt bis
zu seiner Festung vor. 11 Das erbittert den König des Südens; er zieht
gegen den König des Nordens aus und kämpft gegen ihn. Dieser hat
zwar ein großes Heer aufgestellt, aber das Heer fällt dem andern in die
Hand 12 und wird aufgerieben. Da wird sein Herz stolz; er wirft Zehn-
tausende zu Boden, aber er bleibt nicht stark. 13 Der König des Nor-
dens stellt nochmals ein Heer auf, noch größer als das erste, und nach
einigen Jahren zieht er gegen jenen mit einer großen Streitmacht und
einem riesigen Troß ins Feld. 14 In jener Zeit erheben sich viele gegen
den König des Südens; auch gewalttätige Leute aus deinem Volk ste-
hen auf, und so erfüllt sich eine Vision. Aber sie kommen zu Fall. 15 Da
zieht der König des Nordens heran, schüttet einen Wall auf und
erobert eine stark befestigte Stadt. Die Kräfte des Königs des Südens
halten nicht stand; selbst die Truppe seiner auserlesenen Kämpfer ist
nicht stark genug, um sich zu halten. 16 Der, der gegen ihn vorrückt,
tut (mit ihnen), was er will. Keiner kann ihm widerstehen; so faßt er
Fuß im Land der Zierde, und seine Hand bringt Vernichtung. 17 Dann
faßt er den Plan, das ganze Reich (des Königs des Südens) zu unterjo-
chen. Er schließt einen Vergleich mit ihm und gibt ihm eine seiner
Töchter zur Frau, um seine Macht zu zerstören. Doch das kommt
nicht zustande, es gelingt ihm nicht. 18 Jetzt wendet er sich gegen die
Inseln und erobert viele von ihnen. Aber ein Feldherr macht seiner
Herausforderung ein Ende, ja, er vergilt ihm seine Herausforderung.
19 Nun wendet er sich den Festungen des eigenen Landes zu. Er stol-
pert jedoch, fällt und ist nicht mehr zu finden. 20 An seine Stelle tritt
einer, der einen Steuereintreiber durch die Zierde des Reiches ziehen
läßt. Doch wird er schon nach kurzer Zeit beseitigt, aber nicht öffent-
lich und nicht im Kampf.
21 An seine Stelle tritt ein verächtlicher Mensch. Ihm überträgt man die
Würde des Königtums nicht; er kommt aber unversehens und reißt die
Herrschaft durch List an sich. 22 Ganze Heere werden vor ihm hinweg-
geschwemmt und vernichtet, auch der Fürst des Bundes. 23 Wer sich
mit ihm verbündet, gegen den handelt er heimtückisch. Er kommt
empor, und obwohl er nur wenige Anhänger hat, wird er stark.
24 Unversehens dringt er in die reichsten Bezirke einer Provinz ein und
tut, was weder seine Väter noch seine Ahnen getan haben: Er raubt,
macht Beute und verteilt den Besitz an seine Leute. Er denkt Anschläge
gegen die Festungen aus, aber das dauert nur eine bestimmte Zeit. 25 Er
bietet seine ganze Kraft und seinen ganzen Mut auf und zieht mit
einem großen Heer gegen den König des Südens. Darauf rüstet auch
der König des Südens mit einem großen und sehr starken Heer zum
Krieg; er kann aber nicht standhalten; denn man plant Anschläge
gegen ihn. 26 Die eigenen Tischgenossen führen seinen Sturz herbei.
Sein Heer wird weggeschwemmt, viele werden erschlagen und fallen.
27 Beide Könige sinnen auf Böses; sie sitzen am selben Tisch zusam-
men und belügen einander. Aber sie erreichen nichts, denn das Ende
steht noch aus, bis zur bestimmten Zeit. 28 Mit großem Troß tritt dann
der König des Nordens den Rückweg in sein Land an; sein Sinn ist
gegen den Heiligen Bund gerichtet. Er handelt auch entsprechend und
kehrt schließlich in sein Land zurück. 29 Zu einer bestimmten Zeit fällt
er wieder in den Süden ein. Doch das zweite Mal geht es nicht wie das
erste Mal. 30 Kittäische Schiffe greifen ihn an, und er kehrt einge-
schüchtert um. Nun wendet er seine Wut gegen den Heiligen Bund
und handelt entsprechend. Dann kehrt er heim und erkennt jene an,

Wassily Kandinsky
Große Auferstehung
(1911)
»Von denen, die im Land des Staubes schlafen, werden viele erwachen, die einen zum ewigen Leben, die anderen zur Schmach, zu ewigem Abscheu« (Dan 12,2). Dieser Daniel-Text sowie Schilderungen der Auferstehung zum Jüngsten Gericht im Neuen Testament werden in Kandinskys Zeichnung in einer Weise paraphrasiert, die auf die »automatische Zeichenschrift«, ein spontanes, assoziatives Malen der Surrealisten vorausweist. Eine links schützend über eine Gruppe kerzenhaltender Menschen gewölbte Linie mündet rechts unten in schmerzhaftes Zickzack, weist jedoch ebenso auf eine blühende Rose. Oben ragen zu beiden Seiten drohende Gesichter mit wilden Haarmähnen ins Bild, zu denen eine schemenhafte Figur die Arme emporreckt.

die den Heiligen Bund verlassen. 31 Er stellt Streitkräfte auf, die das
Heiligtum auf der Burg entweihen, das tägliche Opfer abschaffen und
den unheilvollen Greuel aufstellen. 32 Er verführt mit seinen glatten
Worten die Menschen dazu, vom Bund abzufallen; doch die Schar
derer, die ihrem Gott treu sind, bleibt fest und handelt entsprechend.
33 Die Verständigen im Volk bringen viele zur Einsicht; aber eine Zeit-
lang zwingt man sie nieder mit Feuer und Schwert, mit Haft und Plün-
derung. 34 Doch während man sie niederzwingt, erfahren sie eine
kleine Hilfe; viele schließen sich ihnen an, freilich nur zum Schein.
35 Aber auch manche von den Verständigen kommen zu Fall; so sollen
sie geprüft, geläutert und gereinigt werden bis zur Zeit des Endes; denn
es dauert noch eine Weile bis zu der bestimmten Zeit.
36 Der König tut, was er will. Er wird übermütig und prahlt gegenüber
allen Göttern, auch gegenüber dem höchsten Gott führt er unglaubli-
che Reden. Dabei hat er Erfolg, bis der Zorn (Gottes) zu Ende ist. Denn
was beschlossen ist, muß ausgeführt werden. 37 Er mißachtet sogar
die Götter seiner Väter, auch den Liebling der Frauen achtet er nicht
und überhaupt keinen Gott; er prahlt gegenüber allen. 38 Statt dessen
verehrt er den Gott der Festungen; einen Gott, den seine Väter nicht
gekannt haben, verehrt er mit Gold und Silber, mit Edelsteinen und
Kostbarkeiten. 39 Starke Festungen greift er an mit Hilfe des fremden
Gottes. Alle, die ihn anerkennen, überhäuft er mit Ehren; er verleiht
ihnen die Herrschaft über viele Menschen und teilt ihnen als Beloh-
nung Land zu.

40 Zur Zeit des Endes streitet mit ihm der König des Südens. Da stürmt
der König des Nordens gegen ihn heran mit Wagen und Reitern und
mit vielen Schiffen. Er dringt in die Länder ein, überschwemmt sie
und rückt vor. 41 Auch ins Land der Zierde dringt er ein. Viele werden
niedergezwungen; nur Edom und Moab und der Hauptteil der Ammo-
niter entgehen ihm. 42 Er streckt seine Hand nach den Ländern aus;
auch für Ägypten gibt es keine Rettung. 43 Er wird Herr über die
Schätze von Gold und Silber und über alle Kostbarkeiten Ägyptens.
Libyer und Kuschiter leisten ihm Gefolgschaft. 44 Da erschrecken ihn
Gerüchte aus dem Osten und dem Norden. In großem Zorn zieht er
aus, um viele zu vernichten und auszurotten. 45 Zwischen dem Meer
und dem Berg der heiligen Zierde schlägt er seine Prunkzelte auf.
Dann geht er seinem Ende zu, und niemand ist da, der ihm hilft.

12 In jener Zeit tritt Michael auf, der große Engelfürst, der für
die Söhne deines Volkes eintritt. Dann kommt eine Zeit der
Not, wie noch keine da war, seit es Völker gibt, bis zu jener Zeit. Doch
dein Volk wird in jener Zeit gerettet, jeder, der im Buch verzeichnet ist.
2 Von denen, die im Land des Staubes schlafen, werden viele erwa-
chen, die einen zum ewigen Leben, die anderen zur Schmach, zu ewi-
gem Abscheu. 3 Die Verständigen werden strahlen, wie der Himmel
strahlt; und die Männer, die viele zum rechten Tun geführt haben,
werden immer und ewig wie die Sterne leuchten. 4 Du, Daniel, halte
diese Worte geheim, und versiegle das Buch bis zur Zeit des Endes!
Viele werden nachforschen, und die Erkenntnis wird groß sein.
5 Als ich, Daniel, aufblickte, standen noch zwei andere Männer da, der
eine diesseits des Flußufers, der andere jenseits. 6 Einer fragte den
Mann, der in Leinen gekleidet war und über dem Wasser des Flusses
stand: Wie lange dauert es noch bis zum Ende der unbegreiflichen
Geschehnisse? 7 Darauf hörte ich die Stimme des Mannes, der in Lei-
nen gekleidet war und über dem Wasser des Flusses stand; er erhob
seine rechte und seine linke Hand zum Himmel, schwor bei dem, der
ewig lebt, und sagte: Es dauert noch eine Zeit, zwei Zeiten und eine
halbe Zeit. Wenn der am Ende ist, der die Macht des heiligen Volkes
zerschlägt, dann wird sich das alles vollenden. 8 Ich hörte es, verstand
es aber nicht. Darum fragte ich: Mein Herr, was wird das letzte von all
dem sein? 9 Er erwiderte: Geh, Daniel! Diese Worte bleiben verschlos-
sen und versiegelt bis zur Zeit des Endes. 10 Viele werden geläutert, ge-
reinigt und geprüft. Doch die ruchlosen Sünder sündigen weiter. Von
den Sündern wird es keiner verstehen; aber die Verständigen verstehen
es. 11 Von der Zeit an, in der man das tägliche Opfer abschafft und
den unheilvollen Greuel aufstellt, sind es zwölfhundertneunzig Tage.
12 Wohl dem, der aushält und dreizehnhundertfünfunddreißig Tage
erreicht! 13 Du aber geh nun dem Ende zu! Du wirst ruhen, und am
Ende der Tage wirst du auferstehen, um dein Erbteil zu empfangen.

Die Anhänge zum Buch Daniel

Die Rettung der Susanna durch Daniel

13 In Babylon wohnte ein Mann mit Namen Jojakim. 2 Er hatte
Susanna, die Tochter Hilkijas, zur Frau; sie war sehr schön
und gottesfürchtig. 3 Auch ihre Eltern waren gerecht und hatten ihre
Tochter nach dem Gesetz des Mose erzogen. 4 Jojakim war sehr reich;
er besaß einen Garten nahe bei seinem Haus. Die Juden pflegten bei
ihm zusammenzukommen, weil er der Angesehenste von allen war.
5 Als Richter amtierten in jenem Jahr zwei Älteste aus dem Volk, von
denen galt, was der Herr gesagt hat: Ungerechtigkeit ging von Baby-
lon aus, von den Ältesten, von den Richtern, die als Leiter des Volkes
galten. 6 Sie hielten sich regelmäßig im Haus Jojakims auf, und alle,
die eine Rechtssache hatten, kamen zu ihnen. 7 Hatten sich nun die
Leute um die Mittagszeit wieder entfernt, dann kam Susanna und ging
im Garten ihres Mannes spazieren. 8 Die beiden Ältesten sahen sie
täglich kommen und umhergehen; da regte sich in ihnen die Begierde
nach ihr. 9 Ihre Gedanken gerieten auf Abwege, und ihre Augen gin-
gen in die Irre; sie sahen weder zum Himmel auf, noch dachten sie an
die gerechten Strafen Gottes. 10 Beide hatten wegen Susanna Liebes-
kummer; doch keiner sagte dem anderen etwas von seinem Schmerz.
11 Denn sie schämten sich darüber, daß sie so begierig waren, mit ihr
zusammenzusein. 12 Ungeduldig warteten sie jeden Tag darauf, sie zu
sehen. 13 Eines Tages sagte der eine zum andern: Gehen wir nach
Hause, es ist Zeit zum Essen. Sie trennten sich also und gingen weg,
14 dann aber kehrte jeder um, und sie trafen wieder zusammen. Sie
fragten einander nach der Ursache und gestanden sich ihre Leiden-
schaft. Daraufhin verabredeten sie eine Zeit, zu der es ihnen möglich
sein sollte, Susanna allein anzutreffen. 15 Während sie auf einen gün-
stigen Tag warteten, kam Susanna eines Tages wie gewöhnlich in den
Garten, nur von zwei Mädchen begleitet, und wollte baden; denn es
war heiß. 16 Niemand war dort außer den beiden Ältesten, die sich ver-
steckt hatten und ihr auflauerten. 17 Sie sagte zu den Mädchen: Holt
mir Öl und Salben und verriegelt das Gartentor, damit ich baden kann.
18 Die Mädchen taten, wie ihnen befohlen war. Sie verriegelten das Tor
und verließen den Garten durch die Seitenpforte, um zu holen, was
ihnen aufgetragen war. Von den Ältesten bemerkten sie nichts, denn
diese hatten sich versteckt. 19 Als die Mädchen weg waren, standen die
beiden Ältesten auf, liefen zu Susanna hin 20 und sagten: Das Garten-
tor ist verschlossen, und niemand sieht uns; wir brennen vor Verlan-
gen nach dir: Sei uns zu Willen, und gib dich uns hin! 21 Weigerst du
dich, dann bezeugen wir gegen dich, daß ein junger Mann bei dir war
und daß du deshalb die Mädchen weggeschickt hast. 22 Da seufzte
Susanna und sagte: Ich bin bedrängt von allen Seiten: Wenn ich es tue,
so droht mir der Tod; tue ich es aber nicht, so werde ich euch nicht ent-
rinnen. 23 Es ist besser für mich, es nicht zu tun und euch in die Hände
zu fallen, als gegen den Herrn zu sündigen. 24 Dann schrie Susanna,
so laut sie konnte. Aber zugleich mit ihr schrien auch die beiden Älte-
sten, 25 und einer von ihnen lief zum Gartentor und öffnete es. 26 Als
die Leute im Haus das Geschrei im Garten hörten, eilten sie durch die
Seitentür herbei, um zu sehen, was ihr zugestoßen sei. 27 Als die Älte-
sten ihre Erklärung gaben, schämten sich die Diener sehr; denn noch
nie war so etwas über Susanna gesagt worden.
28 Als am nächsten Morgen das Volk bei Jojakim, ihrem Mann, zusam-
menkam, erschienen auch die beiden Ältesten. Sie kamen mit der ver-
brecherischen Absicht, gegen Susanna die Todesstrafe zu erwirken. Sie
sagten vor dem Volk: 29 Schickt nach Susanna, der Tochter Hilkijas, der
Frau Jojakims! Man schickte nach ihr. 30 Sie kam, begleitet von ihren
Eltern, ihren Kindern und allen Verwandten. 31 Susanna war anmutig
und sehr schön. 32 Sie war aber verschleiert. Um sich an ihrer Schönheit
zu weiden, befahlen die Gewissenlosen, sie zu entschleiern. 33 Da wein-
ten ihre Angehörigen, und alle, die sie sahen, begannen ebenfalls zu
weinen. 34 Vor dem ganzen Volk standen nun die beiden Ältesten auf
und legten die Hände auf den Kopf Susannas. 35 Sie aber blickte weinend
zum Himmel auf; denn ihr Herz vertraute dem Herrn. 36 Die Ältesten
sagten: Während wir allein im Garten spazierengingen, kam diese Frau
mit zwei Mägden herein. Sie ließ das Gartentor verriegeln und schickte
die Mägde fort. 37 Dann kam ein junger Mann zu ihr, der sich versteckt
hatte, und legte sich zu ihr. 38 Wir waren gerade in einer abgelegenen
Ecke des Gartens; als wir aber die Sünde sahen, eilten wir zu ihnen hin
39 und sahen, wie sie zusammen waren. Den Mann konnten wir nicht
festhalten; denn er war stärker als wir; er öffnete das Tor und entkam.
40 Aber diese da hielten wir fest und fragten sie, wer der junge Mann war.
41 Sie wollte es uns aber nicht verraten. Das alles können wir bezeugen.
Die versammelte Gemeinde glaubte ihnen, weil sie Älteste des Volkes
und Richter waren, und verurteilte Susanna zum Tod. 42 Da rief sie laut:
Ewiger Gott, du kennst auch das Verborgene; du weißt alles, noch bevor
es geschieht. 43 Du weißt auch, daß sie eine falsche Aussage gegen mich
gemacht haben. Darum muß ich jetzt sterben, obwohl ich nichts von
dem getan habe, was diese Menschen mir vorwerfen.
44 Der Herr erhörte ihr Rufen. 45 Als man sie zur Hinrichtung führte,
erweckte Gott den heiligen Geist in einem jungen Mann namens
Daniel. 46 Dieser rief laut: Ich bin unschuldig am Tod dieser Frau. 47 Da

wandten sich alle Leute nach ihm um und fragten ihn: Was soll das
heißen, was du da gesagt hast? 48 Er trat mitten unter sie und sagte:
Seid ihr so töricht, ihr Söhne Israels? Ohne Verhör und ohne Prüfung
der Beweise habt ihr eine Tochter Israels verurteilt. 49 Kehrt zurück zum
Ort des Gerichts! Denn diese Ältesten haben eine falsche Aussage
gegen Susanna gemacht. 50 Eilig kehrten alle Leute wieder um, und die
Ältesten sagten zu Daniel: Setz dich hier mitten unter uns, und sag
uns, was du zu sagen hast. Denn dir hat Gott den Vorsitz verliehen.
51 Daniel sagte zu ihnen: Trennt diese beiden Männer, bringt sie weit
auseinander! Ich will sie verhören. 52 Als man sie voneinander getrennt
hatte, rief er den einen von ihnen her und sagte zu ihm: In Schlechtig-
keit bist du alt geworden; doch jetzt kommt die Strafe für die Sünden,
die du bisher begangen hast. 53 Ungerechte Urteile hast du gefällt,
Schuldlose verurteilt, aber Schuldige freigesprochen; und doch hat der
Herr gesagt: Einen Schuldlosen und Gerechten sollst du nicht töten.
54 Wenn du also diese Frau wirklich gesehen hast, dann sag uns: Was
für ein Baum war das, unter dem du die beiden zusammen gesehen
hast? Er antwortete: Unter einer Zeder. 55 Da sagte Daniel: Mit deiner
Lüge hast du dein eigenes Haupt getroffen. Der Engel Gottes wird dich
zerspalten; schon hat er von Gott den Befehl dazu erhalten. 56 Dann
ließ er ihn wegbringen und befahl, den andern vorzuführen. Zu ihm
sagte er: Du Sohn Kanaans, nicht Judas, dich hat die Schönheit ver-
führt, die Leidenschaft hat dein Herz verdorben. 57 So konntet ihr an
den Töchtern Israels handeln, sie fürchteten sich und waren euch zu
Willen. Aber die Tochter Judas hat eure Gemeinheit nicht geduldet.
58 Nun sag mir: Was für ein Baum war das, unter dem du die beiden
ertappt hast? Er antwortete: Unter einer Eiche. 59 Da sagte Daniel zu
ihm: Mit deiner Lüge hast auch du dein eigenes Haupt getroffen. Der
Engel Gottes wartet schon mit dem Schwert in der Hand, um dich mit-
ten entzweizuhauen. So wird er euch beide vernichten.
60 Da schrie die ganze Gemeinde laut auf und pries Gott, der alle rettet,
die auf ihn hoffen. 61 Dann erhoben sie sich gegen die beiden Ältesten,
die Daniel durch ihre eigenen Worte als falsche Zeugen entlarvt hatte.
Das Böse, das sie ihrem Nächsten hatten antun wollen, tat man
62 nach dem Gesetz des Mose ihnen an: Man tötete sie. So wurde an
jenem Tag unschuldiges Blut gerettet. 63 Hilkija und seine Frau priesen
Gott wegen ihrer Tochter Susanna, ebenso ihr Mann Jojakim und alle
Verwandten, weil sich zeigte, daß sie nichts Schändliches getan hatte.
64 Daniel aber gewann seit jenem Tag und auch weiterhin beim Volk
großes Ansehen.

Daniel und die Priester des Bel

14 Der König Astyages ging zu seinen Vätern heim, und sein
Reich übernahm der Perser Kyrus. 2 Daniel war der Vertraute
des Königs, der ihn höher schätzte als alle seine Freunde. 3 Nun hatten
die Babylonier ein Bild des Gottes Bel. Sie wendeten für ihn täglich
zwölf Scheffel Feinmehl auf, dazu vierzig Schafe und sechs Krüge
Wein. 4 Auch der König verehrte ihn und kam jeden Tag, um ihn anzu-
beten. Daniel aber betete seinen eigenen Gott an. Der König sagte zu
ihm: Warum betest du Bel nicht an? 5 Er erwiderte: Ich verehre keine
Standbilder, die von Menschen gemacht worden sind, sondern nur
den lebendigen Gott, der den Himmel und die Erde erschaffen hat
und die Herrschaft besitzt über alles, was lebt. 6 Der König entgegnete
ihm: Du meinst also, Bel sei kein lebendiger Gott? Siehst du nicht,
welche Mengen er Tag für Tag ißt und trinkt? 7 Da lachte Daniel und
sagte: Laß dich nicht täuschen, König! Dieser Bel ist innen von Lehm
und außen von Bronze; er hat niemals gegessen oder getrunken. 8 Da
wurde der König zornig; er rief die Priester des Bel herbei und sagte zu
ihnen: Wenn ihr mir nicht sagt, wer all diese Mengen verzehrt, müßt
ihr sterben. 9 Beweist ihr aber, daß Bel das alles verzehrt, dann muß
Daniel sterben, weil er über Bel gelästert hat. Daniel sagte zum König:
Es soll geschehen, was du gesagt hast. 10 Es waren aber siebzig Bel-
priester, nicht gerechnet die Frauen und Kinder. Der König ging nun
mit Daniel in den Tempel Bels. 11 Die Belpriester sagten: Wir gehen
jetzt hinaus. Trag du, König, selbst die Speisen auf, mische den Wein,
und stell ihn hin! Verschließ dann die Tür, und versiegle sie mit dei-
nem Ring! 12 Wenn du morgen früh wiederkommst und dich nicht
davon überzeugen kannst, daß Bel alles verzehrt hat, dann wollen wir
sterben, andernfalls aber Daniel, der uns verleumdet hat. 13 Sie waren
unbesorgt; denn sie hatten sich zum Opfertisch einen verborgenen
Zugang gemacht, durch den sie jeweils hereinkamen, um alles zu ver-
zehren. 14 Als die Priester hinausgegangen waren, trug der König die
Speisen für Bel auf. Daniel aber ließ durch seine Diener Asche holen
und damit den ganzen Boden des Tempels bestreuen, wobei nur der
König zusah. Dann gingen sie hinaus, verschlossen die Tür, versiegel-
ten sie mit dem Ring des Königs und entfernten sich. 15 In der Nacht
kamen wie gewöhnlich die Priester mit ihren Frauen und Kindern; sie
aßen alles auf und tranken den Wein. 16 Früh am Morgen aber ging der
König mit Daniel zum Tempel. 17 Der König fragte: Sind die Siegel
unversehrt, Daniel? Er antwortete: Sie sind unversehrt, mein König.
18 Kaum war das Portal geöffnet, da blickte der König auf den Opfer-
tisch und rief laut: Groß bist du, Bel! Bei dir gibt es nie einen Betrug.
19 Doch Daniel lachte; er hinderte den König, das Innere zu betreten
und sagte: Sieh dir doch den Fußboden an und prüfe, von wem diese
Fußspuren sind. 20 Der König sagte: Ich sehe Fußspuren von Männern,
Frauen und Kindern. 21 Und er wurde zornig und ließ die Priester mit
ihren Frauen und Kindern festnehmen. Sie mußten ihm die geheime
Tür zeigen, durch die sie hereingekommen waren, um das, was auf
dem Tisch stand, zu verzehren. 22 Darauf ließ sie der König töten. Den
Bel aber übergab er Daniel, der ihn und sein Heiligtum zerstörte.

Daniel und der Drache

23 Es gab auch einen großen Drachen, den die Babylonier wie einen
Gott verehrten. 24 Der König sagte zu Daniel: Von diesem Drachen
kannst du nicht sagen, er sei kein lebendiger Gott. Bete ihn also an!
25 Daniel erwiderte: Nur den Herrn, meinen Gott, bete ich an; denn er
ist wirklich ein lebendiger Gott. 26 Du aber, König, gib mir die Erlaub-
nis, den Drachen zu töten, ohne Schwert und Keule! Der König sagte:
Ich gebe sie dir. 27 Da nahm Daniel Pech, Talg und Haare, schmolz
alles zusammen, formte Kuchen daraus und warf sie dem Drachen ins
Maul. Der Drache fraß sie und zerbarst. Da sagte Daniel: Seht, was ihr
für Götter verehrt! 28 Als die Babylonier davon hörten, waren sie empört
und taten sich gegen den König zusammen. Sie sagten: Der König ist
Jude geworden. Den Bel hat er zertrümmert, den Drachen getötet und
die Priester hingeschlachtet. 29 Sie gingen zum König und verlangten:
Liefere uns Daniel aus! Sonst töten wir dich und deine Familie. 30 Da
sich der König aufs äußerste bedroht sah, lieferte er ihnen Daniel not-
gedrungen aus. 31 Sie aber warfen ihn in die Löwengrube. Dort blieb er
sechs Tage lang. 32 In der Grube waren sieben Löwen; man gab ihnen
täglich zwei Menschen und zwei Schafe zu fressen. Jetzt aber gab man
ihnen nichts, damit sie Daniel fressen sollten.
33 In Judäa lebte damals der Prophet Habakuk. Er hatte sich eine Mahl-
zeit gekocht und Brot in einen Napf gebrockt und ging gerade auf das
Feld, um das Essen den Arbeitern zu bringen. 34 Da sagte der Engel
des Herrn zu Habakuk: Bring das Essen, das du in der Hand hast, dem
Daniel nach Babylon in die Löwengrube! 35 Habakuk antwortete: Herr,
ich habe Babylon nie gesehen, und die Grube kenne ich nicht. 36 Da
faßte ihn der Engel des Herrn am Schopf, trug ihn an seinen Haaren
fort und versetzte ihn mit der Gewalt seines Geistes nach Babylon an
den Rand der Grube. 37 Habakuk rief: Daniel, Daniel, nimm das
Essen, das Gott dir geschickt hat. 38 Da sagte Daniel: Gott, du hast also
an mich gedacht; du läßt die nicht im Stich, die dich lieben. 39 Dann
stand Daniel auf und aß. Den Habakuk aber versetzte der Engel Gottes
sogleich an seinen früheren Ort zurück.
40 Am siebten Tag kam der König, um Daniel zu betrauern. Er trat an
die Grube und schaute hinein. Da sah er Daniel sitzen, 41 und er rief
laut: Groß bist du, Herr, du Gott Daniels. Außer dir gibt es keinen
anderen Gott. 42 Dann ließ er Daniel herausziehen und statt seiner die
Männer in die Grube werfen, die ihn hatten vernichten wollen. Und
vor seinen Augen wurden sie sofort aufgefressen.

Einführung in das Zwölfprophetenbuch
Das Buch Hosea

Bei der Sammlung und Sichtung der Prophetenschriften haben die jüdischen Autoritäten die kleineren Schriften auf eine einzige Buchrolle schreiben lassen und damit ein Prophetenbuch für die liturgische Vorlesung geschaffen, das dem Umfang nach etwa dem Buch eines der großen Propheten entspricht. Die Zahl Zwölf wird dabei kein Zufall sein. Jedenfalls sind unter den Texten auch solche, die nicht auf den jeweils genannten Autor zurückgehen (vgl. die Einleitung zu Sach). Gleichwohl haben auch diese »anonymen« Prophetentexte als Heilige Schrift zu gelten.
Die Reihenfolge der einzelnen Bücher ist wohl hauptsächlich nach der in der Spätzeit herrschenden Auffassung über die geschichtliche Abfolge der »Zwölf« vorgenommen worden, ist aber in der griechischen Bibel eine etwas andere als im jüdischen Kanon. In Wirklichkeit trifft diese Datierungsfolge nur im groben zu. Die Einzelschriften fügen sich in den Geschichtsbogen vom 8. bis zum 4. Jahrhundert v. Chr. ein. Darum sind ihre Themen außerordentlich vielfältig und nicht auf einen Nenner zu bringen.
Die später üblich gewordene Benennung der Zwölf als »Kleine Propheten« darf nicht als Wertung aufgefaßt werden; die Bezeichnung bezieht sich ausschließlich auf den Umfang der Bücher. Es finden sich unter ihnen bedeutende Gestalten (z. B. Hosea, Amos, Micha), deren Botschaft nicht weniger ins Gewicht fällt als die von Jesaja, Jeremia und Ezechiel.

Die vierzehn Kapitel des nach Hosea benannten Buches gliedern sich deutlich in zwei Abschnitte: Kap. 1–3 und Kap. 4–14. Der erste Abschnitt kreist um das Thema der Ehe des Propheten und damit der »Ehe« Gottes mit seinem Volk; der zweite Abschnitt reiht die übrigen Verkündungseinheiten, meist in relativ großen Reden und mit reichem Themenwechsel, ohne größere Systematik aneinander. Die Hauptmasse des Textes geht auf Hosea selbst oder seinen unmittelbaren Jüngerkreis zurück. Es gibt allerdings einige spätere Ergänzungen (z. B. 5,5; 6,11; 8,14; 12,1) aus dem Reich Juda. Ein weisheitlicher Zusatz ist in 14,10 greifbar. Wahrscheinlich ist auch 2,1–3 ein im Geist Hoseas eingefügter Einschub.
Aus der Überschrift (1,1) und dem Inhalt ergibt sich, daß Hosea als Angehöriger der Nordstämme, wahrscheinlich des Stammes Efraim, um 750 v. Chr. im Nordreich Israel seine Tätigkeit aufnahm und sie bis gegen Ende des Reichs (722 v. Chr.) weiterführte. Seine Epoche ist gekennzeichnet durch die politische und wirtschaftliche Blüte unter Jerobeam II. (etwa 782–747 v. Chr.), mit der jedoch zugleich eine fortschreitende Kanaanisierung der gesellschaftlichen Verhältnisse (vgl. Amos), aber auch der Offenbarungsreligion einherging. Dazu kam in den letzten Jahrzehnten eine politische Unbeständigkeit (Hinwendung bald zu Ägypten, bald zu Assur; vier Königsmorde innerhalb von fünfzehn Jahren), die Hosea ebenfalls als Abfall von Jahwe brandmarkte.
Hosea muß die Untreue gegenüber Jahwe nicht nur anklagen, sondern auch in einer symbolischen Handlung, nämlich in seiner Ehe, darstellen (vgl. Kap. 1–3) und zugleich mit Strafe bedrohen (vgl. die Namen der Kinder in Kap. 1). Doch wird diese Androhung durch die Verheißung der endzeitlichen »Gottesehe« zwischen Jahwe und Israel (2,18–25) überboten. Hosea hat damit eine theologische Botschaft ersten Ranges geschaffen, die bei Jeremia, Ezechiel und Deuterojesaja ihr Echo findet und tief ins Neue Testament hineinreicht (vgl. Mk 2,19f und die Paralleltexte; Joh 3,29; Offb 19,7; 21,9). Auch die Vaterschaft Gottes wird von Hosea eindrucksvoll verkündet (Kap. 11). Die von ihm geforderte wahre Gottesverehrung (»Liebe will ich, nicht Schlachtopfer« 6,6) wird von Jesus zweimal bestätigt (Mt 9,13; 12,7). Hosea ist der erste Prophet, der die Zuwendung Gottes zum Menschen mit dem Wort »lieben« kennzeichnet (3,1; 11,1; 14,5), was im Neuen Testament besonders die johanneischen Schriften aufgreifen und ausgestalten.

Überschrift

1 Das Wort des Herrn, das an Hosea, den Sohn Beeris, in der Zeit erging, als Usija, Jotam, Ahas und Hiskija Könige von Juda waren und als Jerobeam, der Sohn des Joasch, König von Israel war.

Die Ehe Hoseas

Die symbolische Botschaft Gottes

2 So begann der Herr durch Hosea zu reden: Der Herr sagte zu Hosea:
Geh, nimm dir eine Kultdirne zur Frau, und (zeuge) Dirnenkinder!
Denn das Land hat den Herrn verlassen und ist zur Dirne geworden.
3 Da ging Hosea und nahm Gomer, die Tochter Diblajims, zur Frau; sie
wurde schwanger und gebar ihm einen Sohn. 4 Der Herr sagte zu
Hosea: Gib ihm den Namen Jesreel! Denn es dauert nicht mehr lange,
dann werde ich das Haus Jehu für die Blutschuld von Jesreel bestrafen
und dem Königtum in Israel ein Ende machen. 5 An jenem Tag werde
ich den Bogen Israels in der Ebene Jesreel zerbrechen.
6 Als Gomer wieder schwanger wurde und eine Tochter gebar, sagte
der Herr zu Hosea: Gib ihr den Namen Lo-Ruhama (Kein Erbarmen)!
Denn von jetzt an habe ich kein Erbarmen mehr mit dem Haus Israel,
nein, ich entziehe es ihnen. 7 Mit dem Haus Juda jedoch will ich Erbar-
men haben und ihnen Hilfe bringen; ich helfe ihnen als der Herr, ihr
Gott, aber nicht mit Bogen, Schwert und Krieg, nicht mit Rossen und
Reitern.
8 Als Gomer Lo-Ruhama entwöhnt hatte, wurde sie wieder schwanger
und gebar einen Sohn. 9 Da sagte der Herr: Gib ihm den Namen Lo-
Ammi (Nicht mein Volk)! Denn ihr seid nicht mein Volk, und ich bin
nicht der »Ich-bin-da« für euch.

Die kommende Rettung

2 Einst werden die Söhne Israels so zahlreich sein / wie der Sand am Meer, der nicht zu messen und nicht zu zählen ist.
Und statt daß man zu ihnen sagt: / Ihr seid »nicht mein Volk«,

wird man zu ihnen sagen: / Die Söhne des lebendigen Gottes (seid
ihr).
2 Die Söhne Judas und die Söhne Israels werden sich zusammen-
schließen; / sie werden sich ein gemeinsames Oberhaupt geben / und
die Macht im Land wiedergewinnen.
Wahrhaftig, ein großer Tag / wird der Tag von Jesreel sein.
3 Nennt eure Brüder: Ammi (Mein Volk), / und eure Schwestern:
Ruhama (Erbarmen).

Der Prozeß gegen das treulose Israel
4 Verklagt eure Mutter, verklagt sie! / Denn sie ist nicht meine Frau, /
und ich bin nicht ihr Mann.
Sie soll von ihrem Gesicht das Dirnenzeichen entfernen / und von
ihren Brüsten die Male des Ehebruchs.
5 Sonst ziehe ich sie nackt aus / und stelle sie hin wie am Tag ihrer
Geburt;
ich mache sie der Wüste gleich, / wie verdorrtes Land mache ich sie /
und lasse sie verdursten.
6 Auch mit ihren Kindern habe ich kein Erbarmen; / denn es sind Dir-
nenkinder.
7 Ja, ihre Mutter war eine Dirne, / die Frau, die sie gebar, trieb schänd-
liche Dinge.
Sie sagte: Ich will meinen Liebhabern folgen; / sie geben mir Brot und
Wasser, / Wolle und Leinen, Öl und Getränke.
8 Darum versperre ich ihr den Weg / mit Dornengestrüpp
und verbaue ihn mit einer Mauer, / so daß sie ihren Pfad nicht mehr
findet.
9 Dann rennt sie ihren Liebhabern nach, holt sie aber nicht ein. / Sie
sucht nach ihnen, findet sie aber nicht.
Dann wird sie sagen: Ich kehre um / und gehe wieder zu meinem
ersten Mann; / denn damals ging es mir besser als jetzt.
10 Aber sie hat nicht erkannt, daß ich es war, / der ihr das Korn und den
Wein und das Öl gab,
der sie mit Silber überhäufte / und mit Gold, aus dem man dann Baals-
bilder machte.
11 Darum hole ich mir mein Korn zurück, / wenn es Zeit dafür ist, / und
auch meinen Wein, wenn es Zeit ist;
ich nehme ihr meine Wolle und mein Leinen, / die ihre Blöße verhül-
len sollten.
12 Dann entblöße ich ihre Scham / vor den Augen ihrer Liebhaber. /
Niemand kann sie meiner Gewalt entreißen.
13 Ich mache all ihren Freuden ein Ende, / ihren Feiern und Neumond-
festen, / ihren Sabbaten und den anderen festlichen Tagen.
14 Ich verwüste ihre Reben und Feigenbäume, / von denen sie sagte:
Das ist mein Lohn, / den mir meine Liebhaber gaben.
Ich mache ihre Weingärten zur Wildnis; / die wilden Tiere fressen
sie kahl.
15 Ich bestrafe sie für all die Feste, / an denen sie den Baalen Rauchop-
fer dargebracht hat;
sie hat ihre Ringe und ihren Schmuck angelegt / und ist ihren Lieb-
habern gefolgt, / mich aber hat sie vergessen – Spruch des Herrn.
16 Darum will ich selbst sie verlocken. / Ich will sie in die Wüste hin-
ausführen / und sie umwerben.
17 Dann gebe ich ihr dort ihre Weinberge wieder, / und das Achor-Tal
mache ich für sie zum Tor der Hoffnung.
Sie wird mir dorthin bereitwillig folgen / wie in den Tagen ihrer
Jugend, / wie damals, als sie aus Ägypten heraufzog.

Der neue Bund
18 An jenem Tag – Spruch des Herrn – / wirst du zu mir sagen: Mein
Mann!, / und nicht mehr: Mein Baal!
19 Ich lasse die Namen der Baale aus ihrem Mund verschwinden, / so
daß niemand mehr ihre Namen anruft.
20 Ich schließe für Israel an jenem Tag einen Bund / mit den Tieren des
Feldes
und den Vögeln des Himmels / und mit allem, was auf dem Erdboden
kriecht.
Ich zerbreche Bogen und Schwert, / es gibt keinen Krieg mehr im
Land, / ich lasse sie Ruhe und Sicherheit finden.
21 Ich traue dich mir an auf ewig; / ich traue dich mir an
um den Brautpreis von Gerechtigkeit und Recht, / von Liebe und
Erbarmen,
22 ich traue dich mir an / um den Brautpreis meiner Treue: / Dann wirst
du den Herrn erkennen.
23 An jenem Tag – Spruch des Herrn – / will ich erhören:
Ich will den Himmel erhören, / und der Himmel wird die Erde
erhören,
24 und die Erde erhört das Korn, / den Wein und das Öl, / und diese
erhören Jesreel.
25 Ich säe sie aus in meinem Land. / Ich habe Erbarmen mit Lo-
Ruhama (Kein Erbarmen),
und zu Lo-Ammi (Nicht mein Volk) sage ich: / Du bist mein Volk!, /
und er wird sagen: (Du bist) mein Gott!

Die Wiederannahme der treulosen Frau
3 Der Herr sagte zu mir: / Geh noch einmal hin und liebe die Frau, /
die einen Liebhaber hat und Ehebruch treibt.
(Liebe sie) so, / wie der Herr die Söhne Israels liebt,
obwohl sie sich anderen Göttern zuwenden / und Opferkuchen aus
Rosinen lieben.
2 Da kaufte ich sie für fünfzehn Silberstücke / und anderthalb Homer
Gerste.
3 Ich sagte zu ihr: / Du bleibst jetzt viele Tage bei mir,
ohne als Dirne einem Mann zu gehören. / Und so mache auch ich es
mit dir.
4 Denn viele Tage bleiben Israels Söhne / ohne König und Fürst,
ohne Opfer und Steinmal, / ohne Efod und ohne Terafim.
5 Danach werden die Söhne Israels umkehren / und den Herrn, ihren
Gott, suchen / und ihren König David.
Zitternd werden sie zum Herrn kommen / und seine Güte suchen am
Ende der Tage.

Schuld und Rettung

Das Gericht über die Priester
4 Hört das Wort des Herrn, ihr Söhne Israels! / Denn der Herr
erhebt Klage / gegen die Bewohner des Landes:
Es gibt keine Treue und keine Liebe / und keine Gotteserkenntnis im
Land.
2 Nein, Fluch und Betrug, / Mord, Diebstahl und Ehebruch machen
sich breit, / Bluttat reiht sich an Bluttat.
3 Darum soll das Land verdorren, / jeder, der darin wohnt, soll ver-
welken,
samt den Tieren des Feldes / und den Vögeln des Himmels; / auch die
Fische im Meer sollen zugrundegehen.
4 Doch nicht irgendeiner wird verklagt, / nicht irgendwer wird gerügt, /
sondern dich, Priester, klage ich an.
5 Am hellichten Tag kommst du zu Fall, / und ebenso wie du stürzt in
der Nacht der Prophet. / Auch deine Mutter lasse ich umkommen.
6 Mein Volk kommt um, weil ihm die Erkenntnis fehlt. / Weil du die
Erkenntnis verworfen hast, / darum verwerfe auch ich dich als meinen
Priester.
Du hast die Weisung deines Gottes vergessen; / deshalb vergesse auch
ich deine Söhne.
7 Je mehr sie wurden, / um so mehr sündigten sie gegen mich. / Ihre
Ehre tauschen sie ein gegen Schande.
8 Sie nähren sich von der Sünde meines Volkes / und sind gierig nach
seinen ruchlosen Opfern.

9 Darum wird es dem Priester ergehen wie dem Volk: / Ich bestrafe ihn
für sein Verhalten, / seine Taten vergelte ich ihm.
10 Sie werden zwar essen, doch sie werden nicht satt, / sie treiben
Unzucht, aber sie vermehren sich nicht.
Ja, sie haben den Herrn verlassen / und sich an Unzucht gehalten.

Die Sünde Israels

11 Der Opferwein raubt meinem Volk den Verstand: 12 Es befragt sein
Götzenbild aus Holz, / von seinem Stock erwartet es Auskunft.
Ja, der Geist der Unzucht führt es irre. / Es hat seinen Gott verlassen /
und ist zur Dirne geworden.
13 Sie feiern Schlachtopfer auf den Höhen der Berge, / auf den Hügeln
bringen sie Rauchopfer dar,
unter Eichen, Storaxbäumen und Terebinthen, / deren Schatten so
angenehm ist.
So werden eure Töchter zu Dirnen, / und eure Schwiegertöchter brechen die Ehe.
14 Aber ich strafe nicht eure Töchter dafür, / daß sie zu Dirnen werden,
und nicht eure Schwiegertöchter dafür, / daß sie die Ehe brechen;
denn sie (die Priester) selbst / gehen mit den Dirnen beiseite,
mit den Weihedirnen feiern sie Schlachtopfer. / So kommt das unwissende Volk zu Fall.
15 Auch wenn du, Israel, zur Dirne wirst, / so soll sich doch Juda nicht
schuldig machen.
Kommt nicht nach Gilgal, / zieht nicht nach Bet-Awen hinauf! /
Schwört nicht: So wahr der Herr lebt!
16 Ja, Israel ist störrisch wie eine störrische Kuh. / Und da sollte der
Herr sie auf die Weide führen / wie die Lämmer auf der weiten Flur?
17 Efraim ist im Bund mit den Götzen, / 18 es sitzt da, ein Haufen von
Zechern;
sie treiben es mit den Dirnen, / sie lieben ihre schändliche Schamlosigkeit.
19 Doch ein Sturm rafft sie mit seinen Flügeln dahin, / sie gehen mit
Schande zugrunde wegen ihrer Altäre.

Die Abrechnung mit den Führern und dem Volk

5 Hört her, ihr Priester! / Gebt acht, ihr vom Haus Israel!
Horcht auf, ihr aus dem Königshaus! / Denn ihr seid die Hüter
des Rechts.
Doch ihr wurdet (für das Volk) zu einer Falle in Mizpa, / zu einem
Netz, das auf dem Tabor ausgespannt ist,
2 zu einer tiefen Grube in Schittim. / Ich aber werde euch alle bestrafen.
3 Ich kenne Efraim gut, / Israel kann sich vor mir nicht verstecken:
Efraim hat es mit den Dirnen getrieben, / Israel hat sich befleckt.
4 Ihre Taten verhindern, / daß sie umkehren zu ihrem Gott.
Denn der Geist der Unzucht steckt in ihnen, / so daß sie den Herrn
nicht erkennen.
5 Sein eigener Hochmut klagt Israel an, / Efraim kommt zu Fall durch
seine eigene Schuld; / zusammen mit ihm stürzt auch Juda zu Boden.
6 Sie werden ausziehen mit ihren Schafen und Rindern, / um den
Herrn zu suchen,
doch sie werden ihn nicht finden; / er zieht sich vor ihnen zurück.
7 Sie haben dem Herrn die Treue gebrochen, / sie haben Bastarde
geboren. / Nun frißt ein glühender Wind ihren ererbten Besitz.

Die Schuld der Bruderstämme

8 Blast in Gibea das Widderhorn, / in Rama die Trompete!
Schlagt Lärm in Bet-Awen, / schreckt Benjamin auf!
9 Efraim wird zu einer schauerlichen Wüste, / wenn der Tag der Züchtigung kommt.
Ich mache bei Israels Stämmen bekannt, / was fest beschlossen ist.
10 Die Führer Judas handeln wie Menschen, die Grenzsteine versetzen. /
Ich gieße meinen Groll wie Wasser über sie aus.
11 Efraim wird unterdrückt, / das Recht wird zertreten.
Denn sie waren darauf aus, / dem »Unflat« zu folgen.
12 Ich aber bin wie Eiter für Efraim, / wie Fäulnis für das Haus Juda.
13 Als Efraim seine Krankheit sah / und Juda sein Geschwür,
da ging Efraim nach Assur, / und (Juda) schickte zum Großkönig.
Aber der kann euch nicht heilen, / er befreit euch nicht von eurem
Geschwür.
14 Denn ich bin für Efraim wie ein Löwe, / wie ein junger Löwe für das
Haus Juda.
Ich, ja, ich reiße (die Beute), / dann gehe ich davon;
ich schleppe sie weg, / und keiner kann sie mir entreißen.
15 Ich gehe weg, ich kehre an meinen Ort zurück, / (und warte,) bis sie
mich schuldbewußt suchen,
bis sie in ihrer Not / wieder Ausschau halten nach mir.

Das Bußgebet des Volkes und die Antwort Gottes

6 Kommt, wir kehren zum Herrn zurück! / Denn er hat (Wunden)
gerissen, er wird uns auch heilen; / er hat verwundet, er wird
auch verbinden.
2 Nach zwei Tagen gibt er uns das Leben zurück, / am dritten Tag richtet er uns wieder auf, / und wir leben vor seinem Angesicht.
3 Laßt uns streben nach Erkenntnis, / nach der Erkenntnis des Herrn.
Er kommt so sicher wie das Morgenrot; / er kommt zu uns wie der
Regen, / wie der Frühjahrsregen, der die Erde tränkt.
4 Was soll ich tun mit dir, Efraim? / Was soll ich tun mit dir, Juda?
Eure Liebe ist wie eine Wolke am Morgen / und wie der Tau, der bald
vergeht.
5 Darum schlage ich drein durch die Propheten, / ich töte sie durch die
Worte meines Mundes. / Dann leuchtet mein Recht auf wie das Licht.
6 Liebe will ich, nicht Schlachtopfer, / Gotteserkenntnis statt Brandopfer.

Das treulose Gottesvolk

7 Sie haben bei Adam den Bund übertreten; / dort haben sie mir die
Treue gebrochen.
8 Gilead ist eine Stadt voller Übeltäter, / mit Blut befleckt.
9 Die Rotte der Priester liegt auf der Lauer / wie eine Bande von
Räubern,
sie morden auf dem Weg, der nach Sichem führt, / ja, sie treiben
schändliche Dinge.
10 In Bet-El habe ich gräßliche Dinge gesehen; / dort treibt es Efraim
mit den Dirnen, / dort befleckt sich Israel.
11 Auch dir, Juda, steht die Ernte bevor. / Wenn ich das Geschick meines Volkes wende,
7 wenn ich Israel heile, / dann wird die Schuld Efraims sichtbar /
und die Bosheit Samarias.
Denn was sie tun, ist Betrug: / Der Dieb bricht in die Häuser ein, / auf
der Straße plündern die Banden.
2 Sie bedenken nicht, / daß ich all ihr böses Tun im Gedächtnis
behalte.
Jetzt werden sie umringt von ihren Taten, / die mir vor Augen stehen.

Die Königsmacher und Königsmörder

3 In ihrer Schlechtigkeit erheitern sie den König, / in ihrer Falschheit
seine Fürsten.
4 Sie alle sind Ehebrecher. / Sie sind wie ein angeheizter Backofen,
dessen Feuer der Bäcker nicht mehr schürt, / wenn er den Teig knetet
und ihn aufgehen läßt.
5 Am »Tag unseres Königs« / machen sie die Fürsten schwach
mit der Glut des Weins, / dessen Kraft die Wortführer umwirft.
6 Ja, hinterhältig nähern sie sich, / mit einem Herzen, das wie ein
Backofen glüht:
Die ganze Nacht über schläft ihr Zorn, / am Morgen aber entbrennt er
wie ein loderndes Feuer.
7 Sie alle glühen wie ein Backofen; / sie fressen ihre Regenten.
Alle ihre Könige stürzen; / doch zu mir ruft keiner von ihnen.

Die verfehlte Politik
8 Efraim läßt sich unter die Völker verrühren, / Efraim ist ein Brot, das
man beim Backen nicht wendet.
9 Fremde zehren an seiner Kraft, / ohne daß er es merkt.
Auch werden seine Haare grau, / ohne daß er es merkt.
10 Sein eigener Hochmut klagt Israel an; / doch es kehrt nicht um zum
Herrn, seinem Gott, / und sucht ihn trotz alledem nicht.
11 Efraim ist wie eine Taube, / leicht zu betören, ohne Verstand.
Sie rufen Ägypten zu Hilfe / und laufen nach Assur.
12 Während sie laufen, werfe ich mein Netz über sie, / ich hole sie her-
unter wie die Vögel des Himmels; / sobald ihr Schwarm sich hören
läßt, fange ich sie.
13 Weh ihnen, weil sie mir weggelaufen sind. / Verderben über sie, weil
sie mir abtrünnig wurden.
Und da sollte ich sie loskaufen, / ich, über den sie nur Lügen verbrei-
ten?
14 Wenn sie zu mir schreien, / kommt es nicht aus dem Herzen; / sie
liegen nur da und heulen.
Sie ritzen sich wund, um Korn und Wein zu erflehen; / sie widersetzen
sich mir.
15 Ich bin es, der ihre Arme geübt und gestärkt hat, / aber gegen mich
planen sie Böses.
16 Sie wenden sich dem »Nichtsnutz« zu, / sie sind wie ein Bogen, der
versagt.
Ihre Fürsten kommen um durch das Schwert / wegen ihrer frechen
Zunge. / Deshalb wird man in Ägypten über sie spotten.

Die Tage der Abrechnung
8 Stoß ins Horn! / Denn wie ein Geier kommt das Unheil / über das
Haus des Herrn,
weil sie meinen Bund nicht halten / und mein Gesetz mißachten.
2 Sie schreien zwar zu mir: Mein Gott! / Wir, Israel, kennen dich doch.
3 Aber Israel hat das Gute verworfen. / Darum soll der Feind es ver-
folgen.
4 Sie setzen Könige ein, aber gegen meinen Willen; / sie wählen Für-
sten, doch ich erkenne sie nicht an.
Sie machen sich Götzen aus ihrem Silber und Gold – / wohl damit es
vernichtet wird.
5 Samaria, dein Kalb ist verworfen. / Mein Zorn ist entbrannt gegen
sie; / wie lange noch sind sie unfähig, sich zu läutern?
6 Denn wer sind Israel und das Kalb? / Ein Handwerker hat das Kalb
gemacht, / und es ist kein Gott.
Ja, zersplittert soll es am Boden liegen, / das Kalb von Samaria.
7 Denn sie säen Wind, / und sie ernten Sturm.
Halme ohne Ähren bringen kein Mehl. / Und wenn sie es bringen, /
verschlingen es Fremde.
8 Israel ist schon verschlungen. / Jetzt gilt es im Kreis der Völker / als
wertloses Zeug.
9 Denn Israel ist nach Assur gelaufen. / Ein Wildesel bleibt für sich
allein; / Efraim aber macht Liebesgeschenke.
10 Auch wenn sie sich unter den Völkern preisgeben, / treibe ich sie
jetzt zusammen;
schon bald sollen sie sich krümmen / unter der Last des Königs der
Fürsten.
11 Efraim hat viele Altäre gebaut, / um sich zu entsündigen, / doch die
Altäre sind ihm zur Sünde geworden.
12 Ich kann ihnen noch so viele Gesetze aufschreiben, / sie gelten
ihnen so wenig wie die eines Fremden.
13 Schlachtopfer lieben sie, / sie opfern Fleisch und essen davon; / der
Herr aber hat kein Gefallen an ihnen.
Jetzt denkt er an ihre Schuld / und straft sie für ihre Sünden: / Sie müs-
sen zurück nach Ägypten.
14 Israel hat seinen Schöpfer vergessen / und große Paläste gebaut, /
Juda hat viele Festungen errichtet.
Doch ich sende Feuer in seine Städte; / es soll seine Paläste verzehren.

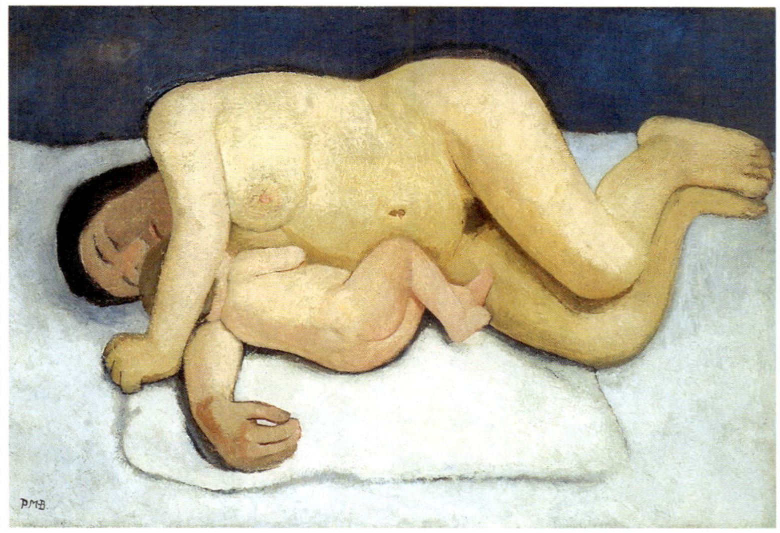

Paula Modersohn-Becker
Liegende Mutter mit Kind
(1906)
»Mit menschlichen Fesseln zog ich sie an mich, mit den Ketten der Liebe. Ich war für sie da wie die (Eltern), die den Säugling an ihre Wange heben. Ich neigte mich ihm zu und gab ihm zu essen« (Hos 11,4). Paula Modersohn-Becker hat dieses Gemälde aus der Reihe ihrer Darstellungen von Mutterschaft (siehe auch Abb. S. 182) während eines Aufenthaltes in Paris geschaffen. Alles Beiwerk, das an Häuslichkeit, alltägliche Mühe erinnern könnte, ist aus dem Bild verbannt. Geblieben sind die »menschlichen Fesseln« liebender Zuwendung, die sich im gemeinsamen Dasein von Mutter und Kind den einfachsten und stärksten Ausdruck verschafft.

9 Israel, freue dich nicht, / jauchze nicht wie die Völker!
Denn eine Dirne bist du, / du hast deinen Gott verlassen; / auf
allen Dreschtennen liebst du Dirnenlohn.
2 Tenne und Kelter werden ihnen die Freundschaft entziehen, / und
der Wein wird sie verleugnen.
3 Im Land des Herrn dürfen sie nicht mehr wohnen; / Efraim muß
zurück nach Ägypten, / und in Assur müssen sie unreine Speisen
essen.
4 Sie können dem Herrn kein Weinopfer mehr spenden, / ihre
Schlachtopfer werden von ihm nicht angenommen.
Ihr Brot wird Trauerbrot sein, / alle, die davon essen, werden unrein.
Ja, ihr Brot reicht nur für den eigenen Hunger, / nichts davon kommt
in das Haus des Herrn.
5 Was wollt ihr dann tun für den Feiertag, / für den Festtag des Herrn?
6 Ja, sie müssen fort, denn ihr Land ist verwüstet; / Ägypten sammelt
sie ein, Memfis begräbt sie.
So kostbar ihr Silber auch ist, / das Unkraut wird es von ihnen erben, /
in ihren Zelten wachsen die Dornen.

Die Verfolgung des Propheten
7 Die Tage der Abrechnung sind gekommen, / gekommen sind die
Tage der Vergeltung; / Israel wird es erleben.
Der Prophet ist ein Narr, / der Geistesmann ist verrückt.
So große Anfeindung zeigt, / wie groß deine Schuld ist.
8 Efraim, das Volk meines Gottes, / lauert dem Propheten auf:
Fangnetze bedrohen ihn auf all seinen Wegen; / auf Feindschaft stößt
er sogar im Haus seines Gottes.
9 Sie haben ihm eine tiefe Grube gegraben / wie in den Tagen von
Gibea.
Doch der Herr denkt an ihre Schuld, / er wird sie strafen für ihre
Sünden.

Die Verwerfung Efraims
10 Wie man Trauben findet in der Wüste, / so fand ich Israel;
wie die erste Frucht am jungen Feigenbaum, / so sah ich eure Väter.
Sie aber kamen nach Baal-Pegor / und weihten sich dem schändlichen Gott; / sie wurden so abscheulich wie der, den sie liebten.
11 Efraim – wie ein Vogelschwarm / fliegt seine Macht davon:
keine Geburt mehr, / keine Schwangerschaft, keine Empfängnis.
12 Selbst wenn sie ihre Kinder großziehen, / mache ich sie kinderlos und verlassen.
Ja, weh auch ihnen selbst, / wenn ich mich abwende von ihnen.
13 Ich sehe, wie Efraim seine Kinder zur Beute der Jäger macht, / wie Efraim seine Söhne dem Schlächter zuführt.
14 Gib ihnen, Herr, was du ihnen geben willst: / Gib den Müttern einen unfruchtbaren Schoß und vertrocknete Brüste!
15 Ihre ganze Bosheit hat sich in Gilgal enthüllt, / dort habe ich sie hassen gelernt.
Ihrer bösen Taten wegen / vertreibe ich sie aus meinem Haus.
Nie mehr werde ich sie lieben. / Aufrührer sind alle ihre Führer.
16 Efraim ist zerschlagen, seine Wurzeln sind verdorrt, / sie bringen keine Frucht mehr hervor.
Auch wenn sie gebären, / töte ich die geliebte Frucht ihres Schoßes.
17 Mein Gott wird sie verstoßen, / weil sie nicht auf ihn hörten; / unstet müssen sie umherirren unter den Völkern.

Der Untergang von Kult und Königtum
10 Israel war ein üppiger Weinstock, / der seine Frucht brachte. Je fruchtbarer er war, / desto mehr opferte man auf den Altären.
Je schöner sein Land wurde, / um so schöner schmückten sie die Steinmale.
2 Ihr Herz ist geteilt, / jetzt müssen sie büßen.
Der Herr selbst zerschlägt ihre Altäre / und zerstört ihre Steinmale.
3 Dann werden sie sagen: / Wir haben keinen König mehr;
denn wir haben den Herrn nicht gefürchtet. / Aber auch ein König – was könnte er für uns tun?
4 Sprüche machen, Meineide schwören, / Bündnisse schließen;
und die Rechtsprechung wuchert / wie in den Ackerfurchen das giftige Unkraut.
5 Um das Kalb von Bet-Awen / müssen die Einwohner von Samaria zittern. / Sein Volk wird darum trauern.
Mögen auch seine Priester jubeln über seine Pracht, / wahrhaftig, sie wird ihm genommen.
6 Das Kalb selbst wird nach Assur geschafft / als Geschenk für den Großkönig.
Efraim erntet Schmach, / Israel geht an seinen eigenen Beschlüssen zugrunde.
7 Samaria wird vernichtet, / sein König gleicht einem abgebrochenen Zweig auf dem Wasser.
8 Verwüstet werden die unheilvollen Kulthöhen, / diese Sünde Israels.
Dornen und Disteln überwuchern ihre Altäre. / Dann wird man zu den Bergen sagen: Deckt uns zu!, / und zu den Hügeln: Fallt auf uns!
9 Seit den Tagen von Gibea dauert Israels Sünde, / sie sind seither nicht anders geworden.
Wird nicht wie in Gibea / der Krieg über sie kommen wegen ihrer Verbrechen?
10 Ich komme, um sie zu züchtigen. / Ich werde Völker versammeln gegen sie, / sie gefangennehmen wegen ihrer doppelten Schuld.
11 Efraim war ein gelehriges Rind, / willig zum Dreschen.
Als ich vorbeiging und seinen kräftigen Nacken sah, / spannte ich Efraim ein, um zu pflügen; / Jakob sollte mir eggen:
12 Sät als eure Saat Gerechtigkeit aus, / so werdet ihr ernten, / wie es der (göttlichen) Liebe entspricht.
Nehmt Neuland unter den Pflug! / Es ist Zeit, den Herrn zu suchen;
dann wird er kommen / und euch mit Heil überschütten.
13 Ihr aber habt Schlechtigkeit eingepflügt; / darum habt ihr Verbrechen geerntet / und die Frucht der Lüge gegessen.
Du hast auf deine Macht vertraut / und auf die Menge deiner Krieger;
14 darum erhebt sich Kriegslärm gegen dein Volk, / und alle deine Festungen werden zerstört,
wie Schalman im Krieg Bet-Arbeel zerstörte, am Tag der Schlacht, / an dem man die Mutter niederstreckte / über ihren Kindern.
15 Das bringt euch Bet-El ein / wegen eurer grenzenlosen Bosheit.
Beim Morgengrauen / wird der König von Israel völlig vernichtet.

Gottes große Liebe
11 Als Israel jung war, gewann ich ihn lieb, / ich rief meinen Sohn aus Ägypten.
2 Je mehr ich sie rief, / desto mehr liefen sie von mir weg.
Sie opferten den Baalen / und brachten den Götterbildern Rauchopfer dar.
3 Ich war es, der Efraim gehen lehrte, / ich nahm ihn auf meine Arme.
Sie aber haben nicht erkannt, / daß ich sie heilen wollte.
4 Mit menschlichen Fesseln zog ich sie an mich, / mit den Ketten der Liebe.
Ich war da für sie wie die (Eltern), / die den Säugling an ihre Wangen heben. / Ich neigte mich ihm zu und gab ihm zu essen.
5 Doch er muß wieder zurück nach Ägypten, / Assur wird sein König sein; / denn sie haben sich geweigert umzukehren.
6 Das Schwert wird in seinen Städten wüten; / es wird seinen Schwätzern den Garaus machen / und sie wegen ihrer Pläne vernichten.
7 Mein Volk verharrt in der Treulosigkeit; / sie rufen zu Baal, / doch er hilft ihnen nicht auf.
8 Wie könnte ich dich preisgeben, Efraim, / wie dich aufgeben, Israel?
Wie könnte ich dich preisgeben wie Adma, / dich behandeln wie Zebojim?
Mein Herz wendet sich gegen mich, / mein Mitleid lodert auf.
9 Ich will meinen glühenden Zorn nicht vollstrecken / und Efraim nicht noch einmal vernichten.
Denn ich bin Gott, nicht ein Mensch, / der Heilige in deiner Mitte. / Darum komme ich nicht in der Hitze des Zorns.
10 Sie werden hinter Jahwe herziehen. / Er brüllt wie ein Löwe, ja, er brüllt, daß die Söhne vom Westmeer / zitternd herbeikommen.
11 Wie Vögel kommen sie zitternd herbei aus Ägypten, / wie Tauben aus dem Land Assur.
Ich lasse sie heimkehren in ihre Häuser – / Spruch des Herrn.

Das unzuverlässige Volk
12 Mit Lügen umzingelt mich Efraim, / mit Betrug das Haus Israel.
[Aber Juda hält auch in der Fremde zu Gott / und bleibt dem Hochheiligen treu.]
2 Efraim weidet den Wind, / immer läuft es dem Ostwind nach.
Es häuft Lüge auf Lüge, Gewalt auf Gewalt. / Es schließt mit Assur ein Bündnis / und liefert Öl nach Ägypten.
3 Darum geht der Herr mit Israel ins Gericht, / er straft Jakob für sein Verhalten / und zahlt ihm heim, wie es seine Taten verdienen.
4 Schon im Mutterleib hinterging er seinen Bruder, / und als er ein Mann war, rang er mit Gott.
5 [Er wurde Herr über den Engel und siegte.] / Weinend flehte er ihn um Gnade an.
Er fand ihn in Bet-El, / und dort sprach er mit ihm.
6 Der Herr, der Gott der Heere, / dessen Name Jahwe ist, (sagte:)
7 Du wirst mit Hilfe deines Gottes heimkehren; / bewahre die Liebe und das Recht, /und hoffe immer auf deinen Gott!
8 Doch dieser Händler hat eine falsche Waage in der Hand, / er liebt den Betrug.
9 Efraim sagt: Ich bin reich geworden / und habe mir ein Vermögen erworben.
Nichts, was ich erwarb, / gilt mir als Unrecht und Sünde.

10 Aber ich, der Herr, / dein Gott seit der Zeit in Ägypten,
ich lasse dich wieder in Zelten wohnen / wie in den Tagen der (ersten)
Begegnung.
11 Ich rede zu den Propheten, / ich lasse sie viele Visionen sehen, / und
durch die Propheten sende ich Vernichtung.
12 Schon in Gilead beging man Verbrechen, / und auch jetzt handeln
sie völlig verkehrt.
Sie opfern in Gilgal den Stieren; / darum werden auch ihre Altäre den
Steinhaufen gleichen, / die man neben den Äckern aufhäuft.
13 Jakob floh in die Gegend von Aram; / wegen eines Weibes wurde
Israel zum Knecht, / wegen eines Weibes hütete er Schafe.
14 Aber durch einen Propheten führte der Herr Israel aus Ägypten her-
aus, / und durch einen Propheten wurde es behütet.
15 Efraim hat Gott bitter gekränkt, / darum wird sein Herr ihn die Blut-
schuld büßen lassen / und ihm die Beschimpfung heimzahlen.

Die letzte Abrechnung

13 Wenn Efraim redete, zitterten alle. / Er war in Israel mächtig.
Dann aber machte er sich schuldig durch Baal, / und er ver-
fiel dem Tod.
2 Nun sündigen sie weiter / und machen sich aus ihrem Silber gegos-
sene Bilder,
kunstfertig stellen sie Götzen her – / alles nur ein Machwerk von
Schmieden.
Ihnen, so sagen sie, müßt ihr opfern. / Menschen küssen Kälber.
3 Darum sollen sie werden wie die Wolken am Morgen / und wie der
Tau, der bald vergeht,
wie die Spreu, die aus der Tenne stiebt, / und wie Rauch, der aus der
Luke zieht.
4 Ich aber, ich bin der Herr, dein Gott, / seit der Zeit in Ägypten;
du sollst keinen anderen Gott kennen als mich. / Es gibt keinen Retter
außer mir.
5 Ich habe dich in der Wüste auf die Weide geführt, / im Land der
glühenden Hitze.
6 Als sie ihre Weide hatten, wurden sie satt. / Als sie satt waren, wurde
ihr Herz überheblich, / darum vergaßen sie mich.
7 Deshalb wurde ich für sie zu einem Löwen, / wie ein Panther lauere
ich am Weg.
8 Ich falle sie an wie eine Bärin, / der man die Jungen geraubt hat, / und
zerreiße ihnen die Brust und das Herz.
Die Hunde fressen sie dann, / und die wilden Tiere zerfleischen sie.
9 Ich vernichte dich, Israel. / Wer kommt dir zu Hilfe?
10 Wo ist denn dein König, der dich retten könnte, / dich und all deine
Städte?
Wo sind deine Regenten, von denen du sagtest: / Gib mir einen König
und Fürsten!
11 In meinem Zorn gab ich dir einen König, / in meinem Groll nahm
ich ihn weg.
12 Efraims Schuld wird gebündelt verwahrt, / seine Sünden werden
gespeichert.
13 Es kommen die Wehen für seine Geburt; / aber er ist ein törichtes
Kind;
denn wenn die Zeit da ist, / kommt er nicht heraus aus dem Mutter-
schoß.
14 Aus der Gewalt der Unterwelt / sollte ich sie befreien?
Vom Tod sollte ich sie erlösen? / Tod, wo sind deine Seuchen?
Unterwelt, wo ist dein Stachel? / Meine Augen kennen kein Mitleid.
15 Auch wenn Efraim im Kreis seiner Brüder prächtig gedeiht, / es
kommt ein Ostwind, ein Sturm des Herrn;
er steigt aus der Wüste auf / und läßt Efraims Brunnen versiegen / und
seine Quellen vertrocknen.
Er plündert die Schatzkammern aus / und raubt den ganzen kostbaren
Besitz.
14 Samaria verfällt seiner Strafe, / weil es sich empört hat
gegen seinen Gott.
Seine Bewohner fallen unter dem Schwert, / ihre Kinder werden zer-
schmettert, / die schwangeren Frauen werden aufgeschlitzt.

Die Umkehr als Bedingung für die Rettung

2 Kehr um, Israel, zum Herrn, deinem Gott! / Denn du bist zu Fall
gekommen durch deine Schuld.
3 Kehrt um zum Herrn, / nehmt Worte (der Reue) mit euch, und sagt
zu ihm:
Nimm alle Schuld von uns, / und laß uns Gutes erfahren! / Wir danken
es dir mit der Frucht unserer Lippen.
4 Assur kann uns nicht retten. / Wir wollen nicht mehr auf Pferden rei-
ten, und zum Machwerk unserer Hände sagen wir nie mehr: Unser
Gott. / Denn nur bei dir findet der Verwaiste Erbarmen.
5 Ich will ihre Untreue heilen / und sie aus lauter Großmut wieder lie-
ben. / Denn mein Zorn hat sich von Israel abgewandt.
6 Ich werde für Israel da sein wie der Tau, / damit es aufblüht wie eine
Lilie / und Wurzeln schlägt wie der Libanon.
7 Seine Zweige sollen sich ausbreiten, / seine Pracht soll der Pracht des
Ölbaums gleichen / und sein Duft dem Duft des Libanon.
8 Sie werden wieder in meinem Schatten wohnen; / sie bauen Getreide
an und gedeihen wie die Reben, / deren Wein so berühmt ist wie der
Wein vom Libanon.
9 Was hat Efraim noch mit den Götzen zu tun? / Ich, ja, ich erhöre ihn,
ich schaue nach ihm.
Ich bin wie der grünende Wacholder, / an mir findest du reiche Frucht

Nachwort

10 Wer weise ist, begreife dies alles, / wer klug ist, erkenne es.
Ja, die Wege des Herrn sind gerade; / die Gerechten gehen auf ihnen, /
die Treulosen aber kommen auf ihnen zu Fall.

Das Buch Joël

Die unter der Überschrift »Wort des Herrn an Joël, den Sohn Petuëls« überlieferte Schrift enthält Teile, die sich stark unterscheiden. Die beiden ersten Kapitel spiegeln eine Bußfeier wider, die durch eine Heuschreckenplage und eine Dürre veranlaßt ist, während die Kapitel 3 und 4 vom zukünftigen Heil Israels handeln. Die Klammer zwischen beiden Teilen bildet das Thema vom »Tag des Herrn« (vgl. 1,15 und 2,1–11), auf den die jetzigen Katastrophen hinweisen. Ihre verheißene Abwendung (2,18–27: neuer Segen) ist ein Vorausbild der künftigen Heilszeit, in der, nach dem Gericht über die heidnischen Weltmächte, Juda und Jerusalem einen dauerhaften Frieden erfahren. Die Frage, ob der Text von einem einzigen Autor stammt, wird von der Forschung zumeist bejaht. Über die Zeit der Abfassung ist man verschiedener Meinung. Gute Gründe sprechen für eine Datierung ins 5. oder 4. Jhdt v. Chr. Von der Person des Propheten ist nichts Näheres bekannt. Er zeigt sich sehr vertraut mit dem Kult am Tempel, ohne daß er deswegen als sog. Kultprophet gilt. Öfter zitiert er prophetische Vorgänger, obwohl er sich in der ihm eigenen dichterischen Kraft als Mann von Originalität erweist. Besonders wichtig ist seine Verkündigung der Ausgießung des Gottesgeistes über alle Glieder des endzeitlichen Gottesvolkes (Kap. 3), die in der Predigt des Petrus am ersten christlichen Pfingstfest als erfüllt verkündigt wird (Apg 2,17–21).

Überschrift

1 Das Wort des Herrn, das an Joël,
den Sohn Petuëls, erging.

Die Bußfeier wegen der Heuschreckenplage

Die Heuschreckenplage als Anlaß zur Buße

2 Hört her, ihr Ältesten, / horcht alle auf, ihr Bewohner des Landes! Ist
so etwas jemals geschehen / in euren Tagen oder in den Tagen eurer Väter?
3 Erzählt euren Kindern davon, / und eure Kinder sollen es ihren Kin-
dern erzählen / und deren Kinder dem folgenden Geschlecht.
4 Was der Grashüpfer übrigließ, / hat die Wanderheuschrecke gefres-
sen; was die Wanderheuschrecke übrigließ, / hat die Larve gefressen;
was die Larve übrigließ, / hat der Nager gefressen.
5 Wacht auf, ihr Betrunkenen, und weint! / Jammert alle, ihr Zecher! /
Euer Mund bekommt keinen Wein mehr zu trinken.
6 Denn ein Volk zog heran gegen mein Land, / gewaltig groß und nicht
zu zählen; seine Zähne sind Zähne von Löwen, / sein Gebiß ist das
Gebiß einer Löwin.
7 Es hat meinen Weinstock verwüstet, / meinen Feigenbaum völlig ver-
stümmelt.
Abgeschält ließ es ihn liegen, / die Zweige starren bleich in die Luft.
8 Klagt wie eine Jungfrau im Trauergewand, / die den Bräutigam ihrer
Jugend beweint.
9 Aus ist es mit dem Speiseopfer, / mit dem Trankopfer im Haus des
Herrn. / Es trauern die Priester, die Diener des Herrn.
10 Kahl liegt das Feld, der Acker trauert; / denn das Korn ist vernichtet,
vertrocknet der Wein, / das Öl ist versiegt.
11 Die Bauern sind ganz geschlagen, / es jammern die Winzer;
denn Weizen und Gerste, / die Ernte des Feldes ist verloren.
12 Der Weinstock ist dürr, der Feigenbaum welk. / Granatbaum,
Dattelpalme und Apfelbaum, alle Bäume auf dem Feld sind verdorrt; /
ja, verdorrt ist die Freude der Menschen.
13 Legt Trauer an, und klagt, ihr Priester! / Jammert, ihr Diener des
Altars! Kommt, verbringt die Nacht im Trauergewand, / ihr Diener
meines Gottes! Denn Speiseopfer und Trankopfer / bleiben dem Haus
eures Gottes versagt.
14 Ordnet ein heiliges Fasten an, / ruft einen Gottesdienst aus!
Versammelt die Ältesten / und alle Bewohner des Landes
beim Haus des Herrn, eures Gottes, / und schreit zum Herrn:
15 Weh, was für ein Tag! / Denn der Tag des Herrn ist nahe; / er kommt
mit der Allgewalt des Allmächtigen.
16 Vor unseren Augen wurde uns die Nahrung entrissen, / aus dem
Haus unseres Gottes sind Freude und Jubel verschwunden.
17 Die Saat liegt vertrocknet unter den Schollen; / die Scheunen sind
verödet, die Speicher zerfallen; / denn das Korn ist verdorrt.
18 Wie brüllt das Vieh! / Die Rinderherden irren umher,
denn sie finden kein Futter; / selbst die Schafherden leiden Not.
19 Zu dir rufe ich, Herr; / denn Feuer hat das Gras der Steppe gefressen, /
die Flammen haben alle Bäume der Felder verbrannt.
20 Auch die wilden Tiere schreien lechzend zu dir; / denn die Bäche
sind vertrocknet, / und Feuer hat das Gras der Steppe gefressen.

Der Tag des Herrn

2 Auf dem Zion stoßt in das Horn, / schlagt Lärm auf meinem hei-
ligen Berg! Alle Bewohner des Landes sollen zittern; / denn es
kommt der Tag des Herrn, ja, er ist nahe, /
2 der Tag des Dunkels und der Finsternis, / der Tag der Wolken und Wetter.
Wie das Morgenrot, das sich über die Berge hinbreitet, / kommt ein
Volk, groß und gewaltig, wie es vor ihm noch nie eines gab / und nach
ihm keines mehr geben wird / bis zu den fernsten Geschlechtern.
3 Vor ihm her verzehrendes Feuer, / hinter ihm lodernde Flammen; vor
ihm ist das Land wie der Garten Eden, / hinter ihm schaurige Wüste – /
nichts kann ihm entrinnen.
4 Wie Rosse sehen sie aus, / wie Reiter stürmen sie dahin.
5 Wie rasselnde Streitwagen / springen sie über die Kuppen der Berge,
wie eine prasselnde Feuerflamme, die die Stoppeln frißt, / wie ein
mächtiges Heer, gerüstet zur Schlacht.
6 Bei ihrem Anblick winden sich Völker, / alle Gesichter glühen vor Angst.
7 Wie Helden stürmen sie dahin, / wie Krieger erklettern sie die Mauer.
Jeder verfolgt seinen Weg, / keiner verläßt seine Bahn.
8 Keiner stößt den andern; / Mann für Mann ziehen sie ihre Bahn. Mitten
durch die Wurfspeere stürmen sie vor, / ihre Reihen nehmen kein Ende.
9 Sie überfallen die Stadt, erstürmen die Mauern, / klettern an den
Häusern empor, / steigen durch die Fenster ein wie ein Dieb.

10 Die Erde zittert vor ihnen, der Himmel erbebt; / Sonne und Mond
verfinstern sich, / die Sterne halten ihr Licht zurück.
11 Und der Herr läßt vor seinem Heer / seine Stimme dröhnen; sein
Heer ist gewaltig, / mächtig ist der Vollstrecker seines Befehls. Ja, groß
ist der Tag des Herrn und voll Schrecken. / Wer kann ihn ertragen?

Der Aufruf zur Buße

12 Auch jetzt noch – Spruch des Herrn: / Kehrt um zu mir von ganzem
Herzen / mit Fasten, Weinen und Klagen.
13 Zerreißt eure Herzen, nicht eure Kleider, / und kehrt um zum Herrn,
eurem Gott! Denn er ist gnädig und barmherzig, / langmütig und
reich an Güte, / und es reut ihn, daß er das Unheil verhängt hat.
14 Vielleicht kehrt er um, und es reut ihn, / und er läßt Segen zurück,
so daß ihr Speise- und Trankopfer darbringen könnt / für den Herrn,
euren Gott.
15 Auf dem Zion stoßt in das Horn, / ordnet ein heiliges Fasten an, /
ruft einen Gottesdienst aus!
16 Versammelt das Volk, / heiligt die Gemeinde!
Versammelt die Alten, / holt die Kinder zusammen, auch die Säuglinge!
Der Bräutigam verlasse seine Kammer / und die Braut ihr Gemach.
17 Zwischen Vorhalle und Altar / sollen die Priester klagen, / die Diener
des Herrn sollen sprechen: Hab Mitleid, Herr, mit deinem Volk, / und
überlaß dein Erbe nicht der Schande, / damit die Völker nicht über uns
spotten. Warum soll man bei den Völkern sagen: / Wo ist denn ihr Gott?

Die Erhörung durch Gott

18 Da erwachte im Herrn die Leidenschaft für sein Land, / und er hatte
Erbarmen mit seinem Volk.
19 Der Herr antwortete seinem Volk und sprach: / Seht, ich sende euch
Korn, Wein und Öl, / damit ihr euch daran sättigen könnt.
Ich gebe euch nicht mehr der Schande preis / unter den Völkern.
20 Den Feind aus dem Norden / schicke ich weit von euch weg,
ich treibe ihn in ein dürres, verödetes Land, / seine Vorhut treibe ich
zum östlichen Meer / und seine Nachhut zum westlichen Meer.
Dann erhebt sich ein Gestank, / Verwesungsgeruch steigt von ihm
auf / [denn er hat sich gebrüstet].
21 Fürchte dich nicht, fruchtbares Land! / Freu dich und juble; / denn
der Herr hat Großes getan.
22 Fürchtet euch nicht, ihr Tiere auf dem Feld! / Denn das Gras in der
Steppe wird wieder grün, der Baum trägt seine Frucht, / Feigenbaum
und Weinstock bringen ihren Ertrag.
23 Jubelt, ihr Söhne Zions, / und freut euch über den Herrn, euren Gott!
Denn er gibt euch Nahrung, wie es recht ist. / Er schickt euch den
Regen, Herbstregen und Frühjahrsregen / wie in früherer Zeit.
24 Die Tennen sind voll von Getreide, / die Keltern fließen über von
Wein und Öl.
25 Ich ersetze euch die Ernten, / die von der Wanderheuschrecke und
der Larve, / vom Nager und vom Grashüpfer gefressen wurden, von
meinem großen Heer, / das ich gegen euch sandte.
26 Ihr werdet essen und satt werden / und den Namen des Herrn, eures
Gottes, preisen, / der für euch solche Wunder getan hat. / [Mein Volk
braucht sich nie mehr zu schämen.]
27 Dann werdet ihr erkennen, / daß ich mitten in Israel bin und daß ich
der Herr, euer Gott, bin, / ich und sonst niemand. / Mein Volk braucht
sich nie mehr zu schämen.

Das kommende Heil

Die Ausgießung des Geistes

3 Danach aber wird es geschehen, / daß ich meinen Geist aus-
gieße über alles Fleisch.
Eure Söhne und Töchter werden Propheten sein, / eure Alten werden
Träume haben, / und eure jungen Männer haben Visionen.
2 Auch über Knechte und Mägde / werde ich meinen Geist ausgießen
in jenen Tagen.
3 Ich werde wunderbare Zeichen wirken / am Himmel und auf der
Erde: / Blut und Feuer und Rauchsäulen.
4 Die Sonne wird sich in Finsternis verwandeln / und der Mond in Blut,
ehe der Tag des Herrn kommt, / der große und schreckliche Tag.
5 Und es wird geschehen: / Wer den Namen des Herrn anruft, wird
gerettet.
Denn auf dem Berg Zion / und in Jerusalem gibt es Rettung, wie der
Herr gesagt hat, / und wen der Herr ruft, der wird entrinnen.

Das Gericht über die Völker

4 Denn seht, in jenen Tagen, in jener Zeit, / wenn ich das Geschick
Judas und Jerusalems wende,
2 versammle ich alle Völker / und führe sie hinab zum Tal Joschafat;
dort streite ich im Gericht mit ihnen / um Israel, mein Volk und mei-
nen Erbbesitz.
Denn sie haben es unter die Völker zerstreut / und mein Land aufgeteilt.
3 Sie haben über mein Volk das Los geworfen, / einen Knaben haben
sie der Dirne als Lohn gegeben / und Mädchen für Wein verkauft, um
zu zechen.
4 Und auch ihr, Tyrus und Sidon, und alle ihr Gaue der Philister, was
wollt ihr von mir? Wollt ihr mir vergelten, was ich euch angetan habe?
Oder wollt ihr mir selbst etwas antun?
Leicht und schnell lasse ich eure Taten auf euch selbst zurückfallen.
5 Denn ihr habt mein Silber und Gold genommen und meine kostbaren
Schätze in eure Paläste gebracht. 6 Ihr habt Judas und Jerusalems Söhne
an die Jawaniter verkauft, um sie aus ihrer Heimat zu entfernen. 7 Seht
her, ich lasse sie aufbrechen von dem Ort, wohin ihr sie verkauft habt,
und lasse eure Taten auf euch selbst zurückfallen. 8 Und ich verkaufe
eure Söhne und Töchter an die Söhne Judas, und diese verkaufen sie wei-
ter an die Sabäer, ein Volk in weiter Ferne. Ja, der Herr hat gesprochen.
9 Ruft den Völkern zu: / Ruft den Heiligen Krieg aus! Bietet eure Kämp-
fer auf! / Alle Krieger sollen anrücken und heraufziehen.
10 Schmiedet Schwerter aus euren Pflugscharen / und Lanzen aus
euren Winzermessern! / Der Schwache soll sagen: Ich bin ein Kämpfer.
11 Eilt alle herbei, / versammelt euch, ihr Völker ringsum! / Dorthin
führe, Herr, deine Kämpfer hinab!
12 Die Völker sollen aufbrechen und heraufziehen zum Tal Joschafat. /
Denn dort will ich zu Gericht sitzen über alle Völker ringsum.
13 Schwingt die Sichel; / denn die Ernte ist reif.
Kommt, tretet die Kelter; / denn sie ist voll, die Tröge fließen über. /
Denn ihre Bosheit ist groß.
14 Getöse und Getümmel herrscht / im Tal der Entscheidung;
denn der Tag des Herrn ist nahe / im Tal der Entscheidung.
15 Sonne und Mond verfinstern sich, / die Sterne halten ihr Licht
zurück.
16 Der Herr brüllt vom Zion her, / aus Jerusalem dröhnt seine Stimme, /
so daß Himmel und Erde erbeben.
Doch für sein Volk ist der Herr eine Zuflucht, / er ist eine Burg für Isra-
els Söhne.
17 Dann werdet ihr erkennen, / daß ich der Herr, euer Gott, bin
und daß ich auf dem Zion wohne, / meinem heiligen Berg.
Jerusalem wird heilig sein, / Fremde werden nie mehr hindurchziehen.
18 An jenem Tag triefen die Berge von Wein, / die Hügel fließen über
von Milch, / und in allen Bächen Judas strömt Wasser. Eine Quelle
entspringt im Haus des Herrn / und tränkt das Schittim-Tal.
19 Ägypten wird zur Wüste, / Edom wird zur verödeten Steppe,
wegen der Gewalttat an Judas Söhnen, / in deren Land sie unschuldi-
ges Blut vergossen.
20 Juda aber bleibt für immer bewohnt, / und Jerusalem besteht von
Geschlecht zu Geschlecht,
21 [ich erkläre ihr Blut für unschuldig, / das ich vorher nicht für
unschuldig erklärte] / und der Herr wohnt auf dem Zion.

Das Buch Amos

Die neun Kapitel dieses Buches lassen einen klaren Aufbau erkennen. Die beiden ersten Kapitel stellen einen Zyklus von Gerichtsreden über die Völker und Israel dar, dann folgen in Kap. 3–6 die konkreten Anklagen und Strafansagen des Propheten gegen führende Kreise des Nordreichs. In Kap. 7–9 treffen wir, nur unterbrochen durch den Bericht, in dem von Amos in der dritten Person erzählt wird (7,10–17), auf einen Zyklus von fünf Visionen. Den Abschluß bildet die Heilsverheißung von 9,11–15, die die Wiederaufrichtung der »zerfallenen Hütte Davids« in Aussicht stellt; ob sie auf Amos selbst zurückgeht, ist in der Forschung umstritten und wird häufig verneint. Die Lobpreisungen in 4,13; 5,8f; 9,5f sind sicher erst später eingefügt worden, wahrscheinlich auch der Juda-Spruch in 2,4f.
Amos war von Haus aus ein Viehzüchter und Maulbeerfeigenpflanzer (1,1; 7,14) aus Tekoa, südlich von Betlehem. Er wurde durch göttliche Berufung gegen Ende der Regierungszeit des politisch und wirtschaftlich überaus erfolgreichen Königs Jerobeam II. nach 760 v. Chr. als Prophet ins Nordreich Israel gesandt (3,3–8; 7,15), wo er für kurze Zeit bis zu seiner Ausweisung am Reichsheiligtum von Bet-El wirkte. Die Hauptanklage dieses ältesten Schriftpropheten richtet sich gegen die des Gottesvolkes unwürdigen Zustände im Staat, in der Verwaltung, im Gerichtswesen und in der Wirtschaft. Weil die oberen Schichten die Menschen niederer Herkunft und ungesicherter sozialer Lage zu bloßen Objekten ihres Erwerbs-, Macht- und Genußtriebs herabwürdigen und so das »Gottesrecht« brechen, muß Amos das Todesurteil Gottes für das Reich Israel verkünden. Eine auf den Kult beschränkte Verehrung Gottes wird von Amos verworfen (5,21–26). Jahwe ist nach ihm so sehr ein »Gott für den Menschen«, daß selbst die Völkerwelt wegen Unmenschlichkeit und Zertretung der fundamentalen Menschenrechte seinem Strafgericht verfällt (1,3–2,3). Amos kündigt einen »Tag des Herrn« an, der »Finsternis bringen wird und nicht Licht« (5,18–20). Höchstens ein »Rest« wird gerettet werden (5,15).
Im Neuen Testament erfährt die Botschaft des Amos ein Echo vor allem in der Rede des Stephanus in Apg 7,42f (= Am 5,25–27). Das Vermächtnis des Amos bleibt ein fundamentales Anliegen auch für das Gottesvolk des Neuen Bundes. Das mitmenschliche Ethos gehört zum Wesen gelebter Offenbarungsreligion.

Überschrift

1 Die Worte, die Amos, ein Schafzüchter aus Tekoa, in Visionen über Israel gehört hat, in der Zeit, als Usija König von Juda und Jerobeam, der Sohn des Joasch, König von Israel waren, zwei Jahre vor dem Erdbeben.

Das Gericht über die Völker

Über die Nachbarvölker
2 Er sprach:
Der Herr brüllt vom Zion her, / aus Jerusalem läßt er seine Stimme erschallen.
Da welken die Auen der Hirten, / und der Gipfel des Karmel verdorrt.
3 So spricht der Herr:
Wegen der drei Verbrechen, die Damaskus beging, / wegen der vier nehme ich es nicht zurück:
Weil sie Gilead mit eisernen Dreschschlitten zermalmten, / 4 darum
schicke ich Feuer gegen Hasaëls Haus; / es frißt Ben-Hadads Paläste.
5 Ich zerbreche die Riegel von Damaskus, / ich vernichte den Herrscher von Bikat-Awen / und den Zepterträger von Bet-Eden;
das Volk von Aram muß in die Verbannung nach Kir, / spricht der Herr.
6 So spricht der Herr:
Wegen der drei Verbrechen, die Gaza beging, / wegen der vier nehme ich es nicht zurück:
Weil sie ganze Gebiete entvölkerten, / um die Verschleppten an Edom auszuliefern,
7 darum schicke ich Feuer in Gazas Mauern; / es frißt seine Paläste.
8 Ich vernichte den Herrscher von Aschdod / und den Zepterträger von Aschkelon.
Dann wende ich meine Hand gegen Ekron, / und der Rest der Philister wird verschwinden, / spricht der Herr.
9 So spricht der Herr:
Wegen der drei Verbrechen, die Tyrus beging, / wegen der vier nehme ich es nicht zurück:
Weil sie Verschleppte scharenweise an Edom auslieferten / und nicht mehr an den Bund mit ihren Brüdern dachten,
10 darum schicke ich Feuer in die Mauern von Tyrus; / es frißt seine Paläste.
11 So spricht der Herr:
Wegen der drei Verbrechen, die Edom beging, / wegen der vier nehme ich es nicht zurück:
Weil Edom seinen Bruder mit dem Schwert verfolgte / und jedes Mitleid unterdrückte,
weil es unversöhnlich festhielt an seinem Zorn / und nie abließ von seinem Groll,
12 schicke ich Feuer gegen Teman; / es frißt Bozras Paläste.
13 So spricht der Herr:

Wegen der drei Verbrechen, die die Ammoniter begingen, / wegen der
vier nehme ich es nicht zurück:
Weil sie in Gilead die schwangeren Frauen aufschlitzten, / als sie ihr
Gebiet erweitern wollten,
14 darum lege ich Feuer an die Mauern von Rabba; / es frißt seine
Paläste
beim Kriegsgeschrei am Tag der Schlacht, / beim Getöse am Tag des
Sturms.
15 Ihr König muß in die Verbannung, / er und alle seine Großen, /
spricht der Herr.

2 So spricht der Herr:
Wegen der drei Verbrechen, die Moab beging, / wegen der vier
nehme ich es nicht zurück:
Weil Moab die Gebeine des Königs von Edom / zu Kalk verbrannte,
2 darum schicke ich Feuer gegen Moab; / es frißt die Paläste von Kerijot,
und Moab geht im Getümmel zugrunde, / beim Kriegsgeschrei, beim
Schall der Hörner.
3 Ich vernichte in Moab den Herrscher / und erschlage zusammen mit
ihm alle seine Großen, / spricht der Herr.

Über Juda und Israel

4 So spricht der Herr:
Wegen der drei Verbrechen, die Juda beging, / wegen der vier nehme
ich es nicht zurück:
Weil sie die Weisung des Herrn mißachteten / und seine Gesetze nicht
befolgten,
weil sie sich irreführen ließen von ihren Lügengöttern, / denen schon
ihre Väter gefolgt sind,
5 darum schicke ich Feuer gegen Juda; / es frißt Jerusalems Paläste.
6 So spricht der Herr:
Wegen der drei Verbrechen, die Israel beging, / wegen der vier nehme
ich es nicht zurück:
Weil sie den Unschuldigen für Geld verkaufen / und den Armen für ein
Paar Sandalen,
7 weil sie die Kleinen in den Staub treten / und das Recht der Schwa-
chen beugen.
Sohn und Vater gehen zum selben Mädchen, / um meinen heiligen
Namen zu entweihen.
8 Sie strecken sich auf gepfändeten Kleidern aus / neben jedem Altar,
von Bußgeldern kaufen sie Wein / und trinken ihn im Haus ihres
Gottes.
9 Dabei bin ich es gewesen, / der vor ihren Augen die Amoriter ver-
nichtete,
die groß waren wie die Zedern / und stark wie die Eichen;
ich habe oben ihre Frucht vernichtet / und unten ihre Wurzeln.
10 Ich bin es gewesen, / der euch aus Ägypten heraufgeführt
und euch vierzig Jahre lang / durch die Wüste geleitet hat,
damit ihr das Land der Amoriter / in Besitz nehmen konntet.
11 Ich habe einige eurer Söhne zu Propheten gemacht / und einige von
euren jungen Männern zu Nasiräern.
Ist es nicht so, ihr Söhne Israels? – / Spruch des Herrn.
12 Ihr aber habt den Nasiräern / Wein zu trinken gegeben,
und den Propheten habt ihr befohlen: / Ihr dürft nicht mehr als Pro-
pheten auftreten.
13 Seht, ich lasse den Boden unter euch schwanken, / wie ein Wagen
schwankt, der voll ist von Garben.
14 Dann gibt es auch für den Schnellsten keine Flucht mehr, / dem
Starken versagen die Kräfte, / auch der Held kann sein Leben nicht
retten.
15 Kein Bogenschütze hält stand, / dem schnellen Läufer helfen seine
Beine nichts, / noch rettet den Reiter sein Pferd.
16 Selbst der Tapferste unter den Kämpfern, / nackt muß er fliehen an
jenem Tag – / Spruch des Herrn.

Die Anklagen gegen die Oberschicht in Israel

Israels Erwählung und Verantwortung

3 Hört dieses Wort, das der Herr gesprochen hat / über euch, ihr
Söhne Israels, über den ganzen Stamm, / den ich aus Ägypten
heraufgeführt habe.
2 Nur euch habe ich erwählt / aus allen Stämmen der Erde;
darum ziehe ich euch zur Rechenschaft / für alle eure Vergehen.

Gott und die Propheten

3 Gehen zwei den gleichen Weg, / ohne daß sie sich verabredet haben?
4 Brüllt der Löwe im Wald, / und er hat keine Beute?
Gibt der junge Löwe Laut in seinem Versteck, / ohne daß er einen Fang
getan hat?
5 Fällt ein Vogel zur Erde, / wenn niemand nach ihm geworfen hat?
Springt die Klappfalle vom Boden auf, / wenn sie nichts gefangen hat?
6 Bläst in der Stadt jemand ins Horn, / ohne daß das Volk erschrickt?
Geschieht ein Unglück in einer Stadt, / ohne daß der Herr es bewirkt
hat?
7 Nichts tut Gott, der Herr, / ohne daß er seinen Knechten, den Pro-
pheten, / zuvor seinen Ratschluß offenbart hat.
8 Der Löwe brüllt – wer fürchtet sich nicht? / Gott, der Herr, spricht – /
wer wird da nicht zum Propheten?

Das Gericht über Samaria

9 Ruft es aus über den Palästen von Aschdod / und über den Palästen in
Ägypten!
Sagt: Versammelt euch auf den Bergen rings um Samaria, / seht euch
das wilde Treiben in der Stadt an / und die Unterdrückung, die dort
herrscht.
10 Sie kennen die Rechtschaffenheit nicht – Spruch des Herrn –, / sie
sammeln Schätze in ihren Palästen / mit Gewalt und Unterdrückung.
11 Darum – so spricht Gott, der Herr:
Ein Feind wird das Land umzingeln; / er wird deine Macht nieder-
reißen, / und deine Paläste werden geplündert.
12 So spricht der Herr:
Wie ein Hirt aus dem Rachen des Löwen / (von einem Schaf) nur zwei
Wadenknochen rettet oder den Zipfel eines Ohres,
so werden Israels Söhne gerettet, / die in Samaria auf ihrem Diwan
sitzen / und auf ihren Polstern aus Damaskus.
13 Hört und bezeugt es dem Haus Jakob – / Spruch Gottes, des Herrn,
des Gottes der Heere:
14 Ja, an dem Tag, an dem ich Israel / für seine Verbrechen zur Rechen-
schaft ziehe, / werde ich an den Altären von Bet-El die Strafe voll-
ziehen;
die Hörner des Altars werden abgehauen / und fallen zu Boden.
15 Ich zerschlage den Winterpalast und den Sommerpalast, / die Elfen-
beinhäuser werden verschwinden,
und mit den vielen Häusern ist es zu Ende – / Spruch des Herrn.

Die Unterdrückung der Armen

4 Hört dieses Wort, / ihr Baschankühe auf dem Berg von Samaria,
die ihr die Schwachen unterdrückt / und die Armen zermalmt
und zu euren Männern sagt: / Schafft Wein herbei, wir wollen trinken.
2 Bei seiner Heiligkeit / hat Gott, der Herr, geschworen:
Seht, Tage kommen über euch, / da holt man euch mit Fleischerhaken
weg,
und was dann noch von euch übrig ist, / mit Angelhaken.
3 Ihr müßt durch die Breschen der Mauern hinaus, / eine hinter der
andern;
man jagt euch dem Hermon zu – / Spruch des Herrn.

Umkehr – nicht äußerlicher Kult

4 Kommt nach Bet-El, und sündigt, / kommt nach Gilgal, und sündigt
noch mehr!

Bringt jeden Morgen eure Schlachtopfer herbei, / bringt am dritten
Tag euren Zehnten!
5 Verbrennt als Dankopfer gesäuertes Brot! / Ruft zu freiwilligen
Opfern auf, / verkündet es laut, damit man es hört!
Denn so gefällt es euch, ihr Söhne Israels – / Spruch Gottes, des
Herrn.
6 Ich ließ euch hungern in all euren Städten, / ich gab euch kein Brot
mehr in all euren Dörfern,
und dennoch seid ihr nicht umgekehrt zu mir – / Spruch des Herrn.
7 Ich versagte euch den Regen / drei Monate vor der Ernte.
Über der einen Stadt ließ ich es regnen, / über der anderen nicht;
das eine Feld bekam Regen, / das andere nicht, so daß es verdorrte.
8 Zwei, drei Städte taumelten zu der einen; / sie wollten Wasser trinken
und blieben doch durstig.
Und dennoch seid ihr nicht umgekehrt zu mir – / Spruch des Herrn.
9 Ich vernichtete euer Getreide durch Rost und Mehltau, / ich verwüstete eure Gärten und Weinberge;
eure Feigenbäume und eure Ölbäume / fraßen die Heuschrecken kahl.
Und dennoch seid ihr nicht umgekehrt zu mir – / Spruch des Herrn.
10 Ich ließ die Pest gegen euch los wie gegen Ägypten, / eure jungen
Männer tötete ich mit dem Schwert / und gab eure Pferde (den Feinden) zur Beute;
den Leichengestank von eurem Heerlager / ließ ich euch in die Nase
steigen.
Und dennoch seid ihr nicht umgekehrt zu mir – / Spruch des Herrn.
11 Ich brachte über euch eine gewaltige Zerstörung /
wie die, die Gott einst über Sodom und Gomorra verhängte;
ihr wart wie ein Holzscheit, / das man aus dem Feuer herausholt.
Und dennoch seid ihr nicht umgekehrt zu mir – / Spruch des Herrn.
12 Darum will ich dir all das antun, Israel, / und weil ich dir all das
antun werde, / mach dich bereit, deinem Gott gegenüberzutreten.
13 Denn siehe, er formt die Berge, / er erschafft den Wind,
er verkündet den Menschen, was er im Sinn hat; / er macht das Morgenrot und die Finsternis,
er schreitet über die Höhen der Erde dahin – / Jahwe, Gott der Heere,
ist sein Name.

5 Hört dieses Wort, ihr vom Haus Israel, / hört die Totenklage, die
ich über euch anstimme:
2 Gefallen ist sie und steht nicht mehr auf, / die Jungfrau Israel;
sie liegt zerschmettert am Boden in ihrem Land, / und niemand richtet
sie auf.
3 Denn so spricht Gott, der Herr:
In die Stadt, aus der tausend Männer auszogen, / kehren nur hundert
zurück,
und wo hundert auszogen, / kehren nur zehn zurück.
4 Ja, so spricht der Herr zum Haus Israel: / Sucht mich, dann werdet ihr
leben.
5 Doch sucht nicht Bet-El auf, / geht nicht nach Gilgal, / zieht nicht
nach Beerscheba!
Denn Gilgal droht die Verbannung / und Bet-El der Untergang.
6 Sucht den Herrn, dann werdet ihr leben. / Sonst dringt er in das Haus
Josef ein wie ein Feuer, das frißt, / und niemand löscht Bet-Els Brand.
8 Er hat das Siebengestirn und den Orion erschaffen; / er verwandelt
die Finsternis in den hellen Morgen,
er verdunkelt den Tag zur Nacht, / er ruft das Wasser des Meeres
und gießt es aus über die Erde – / Jahwe ist sein Name.
9 Plötzlich wird er den Starken vernichten, / und über die befestigten
Städte bricht die Vernichtung herein.

Die Beugung des Rechts

7 Weh denen, die das Recht in bitteren Wermut verwandeln / und die
Gerechtigkeit zu Boden schlagen.
10 Bei Gericht hassen sie den, / der zur Gerechtigkeit mahnt, / und wer
Wahres redet, den verabscheuen sie.
11 Weil ihr von den Hilflosen Pachtgeld annehmt / und ihr Getreide mit
Steuern belegt,
darum baut ihr Häuser aus behauenen Steinen – / und wohnt nicht
darin,
legt ihr euch prächtige Weinberge an – / und werdet den Wein nicht
trinken.
12 Denn ich kenne eure vielen Vergehen / und eure zahlreichen Sünden.
Ihr bringt den Unschuldigen in Not, / ihr laßt euch bestechen / und
weist den Armen ab bei Gericht.
13 Darum schweigt in dieser Zeit, wer klug ist; / denn es ist eine böse
Zeit.
14 Sucht das Gute, nicht das Böse; / dann werdet ihr leben, und dann
wird, wie ihr sagt, / der Herr, der Gott der Heere, bei euch sein.
15 Haßt das Böse, liebt das Gute, / und bringt bei Gericht das Recht zur
Geltung!
Vielleicht ist der Herr, der Gott der Heere, / dem Rest Josefs dann
gnädig.

Der kommende Tag des Herrn

16 Darum – so spricht der Herr, der Gott der Heere: Auf allen Plätzen
herrscht Trauer, / und auf allen Gassen schreit man: Wehe! Wehe!
Den Ackerknecht holt man zur Totenklage, / den Kenner der Totenlieder ruft man zum Klagen.
17 In allen Weinbergen herrscht Trauer; / denn ich schreite durch deine
Mitte, / spricht der Herr.
18 Weh denen, die den Tag des Herrn herbeisehnen. / Was nützt euch
denn der Tag des Herrn? / Finsternis ist er, nicht Licht.
19 Es ist, wie wenn jemand einem Löwen entflieht / und ihn dann ein
Bär überfällt;
kommt er nach Hause / und stützt sich mit der Hand auf die Mauer, /
dann beißt ihn eine Schlange.
20 Ja, Finsternis ist der Tag des Herrn, nicht Licht, / ohne Helligkeit ist
er und dunkel.

Der wahre Gottesdienst

21 Ich hasse eure Feste, ich verabscheue sie / und kann eure Feiern
nicht riechen.
22 Wenn ihr mir Brandopfer darbringt, / ich habe kein Gefallen an
euren Gaben, / und eure fetten Heilsopfer will ich nicht sehen.
23 Weg mit dem Lärm deiner Lieder! / Dein Harfenspiel will ich nicht
hören,
24 sondern das Recht ströme wie Wasser, / die Gerechtigkeit wie ein
nie versiegender Bach.
25 Habt ihr mir etwa Schlachtopfer und Gaben dargebracht /während
der vierzig Jahre in der Wüste, / ihr vom Haus Israel?
26 Ihr werdet (den Gott) Sakkut als euren König vor euch hertragen
müssen / und den Kewan, euren Sterngott, / eure Götter, die ihr euch
selber gemacht habt.
27 Ich will euch in die Gebiete jenseits von Damaskus verbannen, /
spricht der Herr; / Gott der Heere ist sein Name.

Die leichtlebige Oberschicht

6 Weh den Sorglosen auf dem Zion / und den Selbstsicheren auf
dem Berg von Samaria.
Weh den Vornehmen des ersten unter den Völkern. / [Weh denen, bei
denen sich die Israeliten versammeln.]
2 Zieht hinüber nach Kalne, und seht euch dort um! / Geht von da nach
Hamat, in die große Stadt, / und steigt hinunter nach Gat, ins Land der
Philister!
Seid ihr besser als diese Reiche? / Ist euer Gebiet größer als ihr Gebiet?
3 Ihr, die ihr den Tag des Unheils hinausschieben wollt, / führt die
Herrschaft der Gewalt herbei.
4 Ihr liegt auf Betten aus Elfenbein / und faulenzt auf euren Polstern.
Zum Essen holt ihr euch Lämmer aus der Herde / und Mastkälber aus
dem Stall.

5 Ihr grölt zum Klang der Harfe, / ihr wollt Lieder erfinden wie David.
6 Ihr trinkt den Wein aus großen Humpen, / ihr salbt euch mit dem feinsten Öl / und sorgt euch nicht über den Untergang Josefs.
7 Darum müssen sie jetzt in die Verbannung, / allen Verbannten voran. / Das Fest der Faulenzer ist nun vorbei.
8 Gott, der Herr, hat bei sich selbst geschworen – / Spruch des Herrn, des Gottes der Heere:
Ich verabscheue Jakobs Stolz / und hasse seine Paläste;
die Stadt und alles, was in ihr ist, / gebe ich preis.
9 Wenn dann in einem einzigen Haus noch zehn Menschen übrig sind, / müssen auch sie sterben.
10 Und hebt ein Verwandter oder der Leichenbestatter einen Toten auf, / um die Gebeine aus dem Haus zu schaffen,
und fragt er den, / der im hintersten Winkel des Hauses sitzt:
Ist noch jemand bei dir?, / dann antwortet dieser: Nein! und sagt: / Still! Sprich ja nicht den Namen des Herrn aus!
11 Denn der Herr befiehlt, / und man schlägt das große Haus in Trümmer / und das kleine in Stücke.
12 Rennen denn Pferde über die Felsen, / oder pflügt man mit Ochsen das Meer?
Ihr aber habt das Recht in Gift verwandelt / und die Frucht der Gerechtigkeit in bitteren Wermut.
13 Ihr jubelt über (die Eroberung von) Lo-Dabar und sagt: / Haben wir nicht aus eigener Kraft Karnajim erobert?
14 Doch seht, ihr vom Haus Israel, / ich schicke ein Volk gegen euch, / das euch quälen wird
von Lebo-Hamat bis zum Bach der Araba-Steppe – / Spruch des Herrn, des Gottes der Heere.

Die Visionen und ein biographischer Bericht

Die erste Vision: Die Heuschreckenplage

7 Dies zeigte mir Gott, der Herr, in einer Vision: Er ließ Heuschrecken entstehen, als gerade die Frühjahrssaat zu wachsen begann [die Frühjahrssaat folgt auf den Schnitt für den König].
2 Sie machten sich daran, alles Grün im Land zu vertilgen. Da rief ich: Gott, mein Herr, vergib doch! Was soll denn aus Jakob werden? Er ist ja so klein.
3 Da reute es den Herrn, und er sagte: Es soll nicht geschehen.

Die zweite Vision: Die Feuersglut

4 Dies zeigte mir Gott, der Herr, in einer Vision: Gott, der Herr, rief zur Strafe das Feuer herbei, und das Feuer fraß die große Flut und wollte schon das Land Jakobs verschlingen.
5 Da rief ich: Gott, mein Herr, halte doch ein! Was soll denn aus Jakob werden? Er ist ja so klein.
6 Da reute es den Herrn, und er sagte: Auch das soll nicht geschehen.

Die dritte Vision: Das Senkblei

7 Dies zeigte mir Gott, der Herr, in einer Vision: Er stand auf einer Mauer und hatte ein Senkblei in der Hand.
8 Und der Herr fragte mich: Was siehst du, Amos? Ich antwortete: Ein Senkblei. Da sagte der Herr: Sieh her, mit dem Senkblei prüfe ich mein Volk Israel. Ich verschone es nicht noch einmal.
9 Isaaks Kulthöhen werden verwüstet und Israels Heiligtümer zerstört; mit dem Schwert in der Hand erhebe ich mich gegen das Haus Jerobeam.

Die Ausweisung des Propheten

10 Amazja, der Priester von Bet-El, ließ Jerobeam, dem König von Israel, melden: Mitten im Haus Israel ruft Amos zum Aufruhr gegen dich auf; seine Worte sind unerträglich für das Land.
11 Denn so sagt Amos: Jerobeam stirbt durch das Schwert, und Israel muß sein Land verlassen und in die Verbannung ziehen.
12 Zu Amos aber sagte Amazja: Geh, Seher, flüchte ins Land Juda! Iß dort dein Brot, und tritt dort als Prophet auf!
13 In Bet-El darfst du

Egon Schiele
Der Prophet
(1911)
»Nichts tut Gott, der Herr, ohne daß er seinen Knechten, den Propheten, zuvor seinen Ratschluß offenbart hat« (Am 3,7).
Gemeinsam ist dem Prophetenbild Schieles und dem Vers des Propheten Amos die Doppelgestalt: Das prophetische Wort ist das Wort Gottes. Daneben thematisiert Schiele, der hier ein Doppel-Selbstbildnis geschaffen hat, die Zwiespältigkeit als einen Wesenszug des Prophetenamtes: Ein Mensch wird zur Stimme Gottes. Und dieser Mensch verkündet Unheil und Heil. Dies gilt für die großen Propheten wie auch für Amos, dessen Verheißungen im 9. Kapitel vom Apostelkonzil in Jerusalem als erfüllt betrachtet werden (Am 1,11 und Apg 15,16f).

nicht mehr als Prophet reden; denn das hier ist ein Heiligtum des
Königs und ein Reichstempel.
14 Amos antwortete Amazja: Ich bin
kein Prophet und kein Prophetenschüler, sondern ich bin ein Viehzüchter, und ich ziehe Maulbeerfeigen.
15 Aber der Herr hat mich von
meiner Herde weggeholt und zu mir gesagt: Geh und rede als Prophet
zu meinem Volk Israel!
16 Darum höre jetzt das Wort des Herrn! Du sagst: Tritt nicht als Prophet gegen Israel auf, und prophezei nicht gegen das Haus Isaak!
17 Darum – so spricht der Herr: Deine Frau wird in der Stadt als Dirne
leben, deine Söhne und Töchter fallen unter dem Schwert, dein Ackerland wird mit der Meßschnur verteilt, du selbst aber stirbst in einem
unreinen Land, und Israel muß sein Land verlassen und in die Verbannung ziehen.

Die vierte Vision: Der Obstkorb

8 Dies zeigte mir Gott, der Herr, in einer Vision: Ich sah einen
Korb mit reifem Obst.
2 Er fragte: Was siehst du, Amos? Ich antwortete: Einen Korb mit reifem Obst. Da sagte der Herr zu mir: Mein
Volk Israel ist reif für das Ende. Ich verschone es nicht noch einmal.
3 An jenem Tag werden die Sängerinnen des Palastes Klagelieder
singen – Spruch des Herrn. Alles ist voller Leichen, überall wirft man
sie hin. Still!

Gegen die Ausbeutung

4 Hört dieses Wort, die ihr die Schwachen verfolgt / und die Armen im
Land unterdrückt.
5 Ihr sagt: Wann ist das Neumondfest vorbei? / Wir wollen Getreide
verkaufen.
Und wann ist der Sabbat vorbei? / Wir wollen den Kornspeicher
öffnen,
das Maß kleiner und den Preis größer machen / und die Gewichte
fälschen.
6 Wir wollen mit Geld die Hilflosen kaufen, / für ein paar Sandalen die
Armen.
Sogar den Abfall des Getreides / machen wir zu Geld.
7 Beim Stolz Jakobs hat der Herr geschworen: / Keine ihrer Taten
werde ich jemals vergessen.
8 Sollte deshalb die Erde nicht beben, / sollten nicht alle ihre Bewohner
voll Trauer sein?
Sollte nicht die ganze Erde sich heben wie der Nil: / [aufgewühlt sein]
und sich wieder senken wie der Strom von Ägypten?
9 An jenem Tag – Spruch Gottes, des Herrn – / lasse ich am Mittag die
Sonne untergehen
und breite am hellichten Tag / über die Erde Finsternis aus.
10 Ich verwandle eure Feste in Trauer / und all eure Lieder in Totenklage.
Ich lege allen ein Trauergewand um / und schere alle Köpfe kahl.
Ich bringe Trauer über das Land / wie die Trauer um den einzigen
Sohn,
und das Ende wird sein / wie der bittere Tag (des Todes).
11 Seht, es kommen Tage – Spruch Gottes, des Herrn –, / da schicke ich
den Hunger ins Land,
nicht den Hunger nach Brot, nicht Durst nach Wasser, / sondern nach
einem Wort des Herrn.
12 Dann wanken die Menschen von Meer zu Meer, / sie ziehen von Norden nach Osten,
um das Wort des Herrn zu suchen; / doch sie finden es nicht.
13 An jenem Tag werden die schönen jungen Mädchen / und die jungen
Männer ohnmächtig vor Durst,
14 alle, die beim Götzenbild von Samaria schwören und sagen: / So
wahr dein Gott lebt, Dan, / so wahr dein Geliebter lebt, Beerscheba!,
sie werden zu Boden stürzen / und sich nicht mehr erheben.

Die fünfte Vision: Der Untergang des Tempels und des Volkes

9 Ich sah den Herrn beim Altar stehen. / Er sagte: Zerschlag den
Knauf der Säule, / so daß die Tragbalken zittern.
Ich zerschmettere allen den Kopf. / Was dann von ihnen noch übrig
ist, / töte ich mit dem Schwert.
Keiner von ihnen kann entfliehen, / keiner entrinnt, keiner entkommt.
2 Wenn sie in die Totenwelt einbrechen: / meine Hand packt sie auch
dort.
Und wenn sie zum Himmel aufsteigen: / ich hole sie von dort herunter.
3 Wenn sie sich auf dem Gipfel des Karmel verstecken: / ich spüre sie
dort auf und ergreife sie.
Wenn sie sich vor mir auf dem Grund des Meeres verbergen, / dann
gebiete ich der Seeschlange, sie zu beißen.
4 Und wenn sie vor ihren Feinden her in die Gefangenschaft ziehen, /
dann befehle ich dort dem Schwert, sie zu töten.
Ich habe meine Augen auf sie gerichtet / zu ihrem Unheil, nicht zu
ihrem Glück.
5 Gott, der Herr der Heere, / er berührt die Erde, so daß sie vergeht /
und all ihre Bewohner voll Trauer sind, so daß die ganze Erde sich
hebt wie der Nil / und sich senkt wie der Strom von Ägypten.
6 Er erbaut seine Hallen im Himmel / und gründet sein Gewölbe auf
die Erde; er ruft das Wasser des Meeres / und gießt es aus über die
Erde – / Jahwe ist sein Name.

Gericht und Heil

Erwählung und Gericht

7 Seid ihr für mich mehr als die Kuschiter, ihr Israeliten? – / Spruch des
Herrn.
Wohl habe ich Israel aus Ägypten heraufgeführt, / aber ebenso die
Philister aus Kaftor / und die Aramäer aus Kir.
8 Die Augen Gottes, des Herrn, / sind auf das sündige Königreich
gerichtet.
Ich lasse es vom Erdboden verschwinden; / doch ich werde das Haus
Jakob nicht völlig vernichten – / Spruch des Herrn.
9 Ja, seht, ich selbst gebe den Befehl, / ich schüttle unter allen Völkern
das Haus Israel, wie man (Korn) schüttelt in einem Sieb, / ohne daß
ein Stein zu Boden fällt.
10 Alle Sünder meines Volkes / sollen durch das Schwert umkommen,
alle, die sagen: Das Unheil erreicht uns nicht, / es holt uns nicht ein.

Die Verheißung des künftigen Heils

11 An jenem Tag richte ich die zerfallene Hütte Davids wieder auf / und
bessere ihre Risse aus, ich richte ihre Trümmer auf / und stelle alles
wieder her / wie in den Tagen der Vorzeit,
12 damit sie den Rest von Edom unterwerfen / und alle Völker,
über denen mein Name ausgerufen ist – / Spruch des Herrn, der das
alles bewirkt.
13 Seht, es kommen Tage – Spruch des Herrn –, / da folgt der Pflüger
dem Schnitter auf dem Fuß / und der Keltertreter dem Sämann;
da triefen die Berge von Wein, / und alle Hügel fließen über.
14 Dann wende ich das Geschick meines Volkes Israel. / Sie bauen die
verwüsteten Städte wieder auf und wohnen darin;
sie pflanzen Weinberge und trinken den Wein, / sie legen Gärten an
und essen die Früchte.
15 Und ich pflanze sie ein in ihrem Land, / und nie mehr werden sie
ausgerissen aus ihrem Land, das ich ihnen gegeben habe, spricht der
Herr, dein Gott.

Das Buch Obadja

Dieser kürzeste Text des Zwölfprophetenbuches, bestehend aus nur 21 Versen, knapp mit »Vision Obadjas« betitelt, handelt in VV. 1–15 vom Gericht über Edom, ein südlich vom Toten Meer zu beiden Seiten der Araba-Senke wohnendes Volk, das die Patriarchenerzählungen mit Esau, dem Bruder Jakobs, in Verbindung bringen (Gen 36). In V. 15 wird der Gerichtstag über Edom ausgeweitet zum »Tag des Herrn«, der die Völker am Berg Zion scheitern läßt. Nach VV. 17–21 übt Israel Vergeltung an Edom, erobert sein Gebiet und nimmt die frühere Region der Nordstämme bis nach Phönizien hinein in Besitz. Der Text, wie er uns vorliegt, gibt zur häufig geäußerten Vermutung Anlaß, daß die Verse 15ab.16–21 eine spätere Erweiterung des Grundbestands von VV. 1–15 sind, der seinerseits mehrfach wörtlich mit Jer 49,7–22 übereinstimmt. In der Tat muß zwischen Obd 1–15 und Jer 49,7–22 ein Abhängigkeitsverhältnis (zumindest über eine gemeinsame Vorlage) bestehen, wobei der Jeremiatext – vielleicht Ausgestaltung eines Edom-Wortes Jeremias durch einen Redaktor – wohl als der zeitlich spätere anzusehen ist. Die Anklage gegen Edom hat die Teilnahme der Edomiter an der Eroberung Jerusalems (586 v. Chr.) und ihr Einrücken in südjudäisches Gebiet zur Voraussetzung. Dabei wird Edom zum Typus der Feinde Israels (vgl. Ez 25,12f; 35,1–15; Mal 1,2f). Das gibt die Basis für den zweiten Teil mit seiner national-apokalyptischen Einfärbung ab, der wohl erst aus dem 4. Jahrhundert v. Chr. stammt. Die Verkündigung des uns sonst unbekannten Obadja bewegt sich auf der Linie der Heilsprophetie, die die Vergewaltigung Israels durch andere Völker unter das göttliche Gericht stellt.

Überschrift

1 Vision Obadjas

Das Gericht über Edom

Als ein Bote zu den Völkern gesandt wurde mit dem Ruf: Auf zum
Kampf gegen Edom!, da haben wir vom Herrn eine Kunde gehört.
So spricht Gott, der Herr, zu Edom:
2 Siehe, ich mache dich klein unter den Völkern, / du wirst tief verach-
tet sein.
3 Dein vermessener Sinn hat dich betört; / du wohnst in Felsenklüften,
du sitzt auf dem hohen Berg / und denkst: Wer stürzt mich hinab?
4 Erhebst du dich auch wie der Adler / und baust dein Nest zwischen
den Sternen, ich stürze dich von dort hinab – / Spruch des Herrn.
5 Wenn in der Nacht Diebe oder Räuber bei dir einbrechen, / ja, dann
bist du verloren. Stehlen sie nicht, was sie wollen? / Und wenn zu dir
Winzer kommen, / lassen sie eine Nachlese übrig?
6 Wie wird man Esau durchsuchen / und seine Verstecke durch-
stöbern!
7 Man treibt dich fort an die Grenzen; / alle deine Bundesgenossen
betrügen dich, / deine Freunde überwältigen dich.
Einst aßen sie dein Brot, / jetzt legen sie dir heimlich eine Schlinge.
8 Ja, an jenem Tag – Spruch des Herrn – / vernichte ich die Weisen in
Edom / und die Klugen im Bergland von Esau.
9 Da packt deine Helden der Schrecken, Teman; / da werden alle ver-
nichtet im Bergland von Esau.
Wegen des Mordens, / 10 wegen der Gewalttat an Jakob, deinem Bru-
der, bedeckt dich die Schande, / wirst du ausgerottet für immer.
11 Als die Fremden sein Heer gefangennahmen, / als die Feinde seine
Tore besetzten / und das Los warfen über Jerusalem, da standest du
dabei, / du wurdest wie einer von ihnen.
12 Sei nicht schadenfroh am Tag deines Bruders, / am Tag seines
Unheils!
Freu dich nicht über Judas Söhne / am Tag ihres Untergangs!
Reiß deinen Mund nicht so auf / am Tag der Not!
13 Dring nicht ein in das Tor meines Volkes / am Tag seines Unglücks!
Sei nicht auch du schadenfroh über sein Unheil / am Tag seines
Unglücks!
Streck nicht die Hand aus nach seinem Gut / am Tag seines Unglücks!
14 Stell dich nicht an der Wegkreuzung auf, / um die Fliehenden nie-
derzumachen. Liefere die Flüchtlinge nicht aus / am Tag der Not!
15 Denn er ist nahe, der Tag des Herrn, / für alle Völker. Was du getan
hast, das tut man dir an; / dein Tun fällt zurück auf dich selbst.

Das Gericht über die anderen Völker

16 Ja, wie ihr getrunken habt auf meinem heiligen Berg, / so müssen
alle Völker jetzt unaufhörlich trinken:
Sie trinken und taumeln, / sie werden, als seien sie niemals gewesen.

Die Rettung Israels

17 Auf dem Berg Zion aber gibt es Rettung, / er wird ein Heiligtum
sein, und das Haus Jakob nimmt die in Besitz, / die es besetzten.
18 Dann wird das Haus Jakob zu Feuer / und das Haus Josef zur
Flamme. Das Haus Esau wird zum Stroh, / das vom Brand erfaßt und
verzehrt wird. Und vom Haus Esau wird keiner entkommen. / Denn
der Herr hat gesprochen.
19 Den Negeb nehmen sie in Besitz, / das Bergland von Esau, / die
Schefela und das Land der Philister. Sie nehmen Efraims Flur in Besitz /
und die Fluren von Samarien, Benjamin und Gilead.
20 Die Verbannten von Halach, Söhne Israels, / nehmen das Land der
Kanaaniter in Besitz bis nach Sarepta; die Verbannten Jerusalems, die
in Sefarad sind, / besetzen die Städte des Negeb.
21 Befreier ziehen auf den Berg Zion, / um Gericht zu halten über das
Bergland von Esau. / Und der Herr wird herrschen als König.

Das Buch Jona

Das Buch Jona ist keine Prophetenschrift, sondern eine Lehrerzählung über den in 2 Kön 14,25 erwähnten Propheten Jona. Der Verfasser ist unbekannt, ist aber wegen des Spätcharakters seiner Sprache und wegen der Bezugnahme auf die ihm bereits vorliegende Heilige Schrift unter den Schriftgelehrten des 4. bis 3. Jahrhunderts v. Chr. zu suchen.
Diese theologisch außerordentlich bedeutsame Parabel will nicht historisch ausgelegt werden, weil sie offensichtlich jeden geschichtlichen Rahmen sprengt. Das 612 v. Chr. zerstörte Ninive ist bereits zum Typus der gottfeindlichen Stadt geworden, die aber – anders als Jerusalem – nach einem einzigen Tag prophetischer Predigt sich bekehrt und Buße tut (vgl. 3,4f). Im ganzen Verlauf der Erzählung reiht sich Wunder an Wunder, womit Gott den engstirnigen und widerspenstigen Jona zwingt, dem göttlichen Willen zum universalen Erbarmen zu dienen. Am Ende ist Gott sogar nachsichtig gegenüber seinem eigenartigen Propheten.
Auch Parabeln können, ähnlich wie die Gleichnisse Jesu im Neuen Testament, eine bedeutsame Gottesbotschaft verkünden. Das Buch Jona ist einschließlich des Dankpsalms für die rettende Bergung im Bauch des Fisches (Kap. 2) ein inspiriertes Lehrzeugnis für den alle Schranken durchbrechenden allgemeinen Heilswillen Gottes, den auch seine Berufenen nicht eigenmächtig einschränken dürfen. Wenn Mt 12,41 und Lk 11,29–32 die Bekehrung der Niniviten als nachzuahmendes Beispiel hinstellen und Mt 12,40 die Erzählung von Jona im Bauch des Fisches auf Jesu Begräbnis und Auferstehung hindeuten läßt, folgt daraus nicht die Geschichtlichkeit des Buches Jona, vielmehr seine große theologische Bedeutung.

Die Berufung Jonas

1 Das Wort des Herrn erging an Jona, den Sohn Amittais: 2 Mach
dich auf den Weg, und geh nach Ninive, in die große Stadt, und
droh ihr (das Strafgericht) an! Denn die Kunde von ihrer Schlechtig-
keit ist bis zu mir heraufgedrungen.

Jonas Flucht

3 Jona machte sich auf den Weg; doch er wollte nach Tarschisch flie-
hen, weit weg vom Herrn. Er ging also nach Jafo hinab und fand dort
ein Schiff, das nach Tarschisch fuhr. Er bezahlte das Fahrgeld und
ging an Bord, um nach Tarschisch mitzufahren, weit weg vom Herrn.
4 Aber der Herr ließ auf dem Meer einen heftigen Wind losbrechen; es
entstand ein gewaltiger Seesturm, und das Schiff drohte auseinander-
zubrechen. 5 Die Seeleute bekamen Angst, und jeder schrie zu seinem
Gott um Hilfe. Sie warfen sogar die Ladung ins Meer, damit das Schiff
leichter wurde.
Jona war in den untersten Raum des Schiffes hinabgestiegen, hatte
sich hingelegt und schlief fest. 6 Der Kapitän ging zu ihm und sagte:
Wie kannst du schlafen? Steh auf, ruf deinen Gott an; vielleicht denkt
dieser Gott an uns, so daß wir nicht untergehen. 7 Dann sagten sie
zueinander: Kommt, wir wollen das Los werfen, um zu erfahren, wer
an diesem unserem Unheil schuld ist. Sie warfen das Los, und es fiel
auf Jona. 8 Da fragten sie ihn: Sag uns, was treibst du für ein Gewerbe,
und woher kommst du, aus welchem Land und aus welchem Volk? 9 Er
antwortete ihnen: Ich bin ein Hebräer und verehre Jahwe, den Gott des
Himmels, der das Meer und das Festland gemacht hat. 10 Da bekamen
die Männer große Angst und sagten zu ihm: Warum hast du das
getan? Denn sie erfuhren, daß er vor Jahwe auf der Flucht war; er hatte
es ihnen erzählt. 11 Und sie sagten zu ihm: Was sollen wir mit dir
machen, damit das Meer sich beruhigt und uns verschont? Denn das
Meer wurde immer stürmischer. 12 Jona antwortete ihnen: Nehmt
mich und werft mich ins Meer, damit das Meer sich beruhigt und euch
verschont. Denn ich weiß, daß dieser gewaltige Sturm durch meine
Schuld über euch gekommen ist. 13 Die Männer aber ruderten mit aller
Kraft, um wieder an Land zu kommen; doch sie richteten nichts aus,
denn das Meer stürmte immer heftiger gegen sie an.
14 Da riefen sie zu Jahwe: Ach Herr, laß uns nicht untergehen wegen
dieses Mannes, und rechne uns, was wir jetzt tun, nicht als Vergehen
an unschuldigem Blut an. Denn wie du wolltest, Herr, so hast du
gehandelt. 15 Dann nahmen sie Jona und warfen ihn ins Meer, und das
Meer hörte auf zu toben.
16 Da ergriff die Männer große Furcht vor Jahwe und sie schlachteten
für Jahwe ein Opfer und machten ihm viele Gelübde.

Die Rettung des Propheten

2 Der Herr aber schickte einen großen Fisch, der Jona verschlang.
Jona war drei Tage und drei Nächte im Bauch des Fisches, 2 und
er betete im Bauch des Fisches zum Herrn, seinem Gott:
3 In meiner Not rief ich zum Herrn, / und er erhörte mich.
Aus der Tiefe der Unterwelt schrie ich um Hilfe, / und du hörtest mein
Rufen.
4 Du hast mich in die Tiefe geworfen, / in das Herz der Meere;
mich umschlossen die Fluten, / all deine Wellen und Wogen schlugen
über mir zusammen.
5 Ich dachte: Ich bin aus deiner Nähe verstoßen. / Wie kann ich deinen
heiligen Tempel wieder erblicken?
6 Das Wasser reichte mir bis an die Kehle, / die Urflut umschloß mich; /
Schilfgras umschlang meinen Kopf.
7 Bis zu den Wurzeln der Berge, / tief in die Erde kam ich hinab; / ihre
Riegel schlossen mich ein für immer.
Doch du holtest mich lebendig aus dem Grab herauf, / Herr, mein
Gott.
8 Als mir der Atem schwand, dachte ich an den Herrn, / und mein
Gebet drang zu dir, / zu deinem heiligen Tempel.

9 Wer nichtige Götzen verehrt, / der handelt treulos.
10 Ich aber will dir opfern / und laut dein Lob verkünden.
Was ich gelobt habe, will ich erfüllen. / Vom Herrn kommt die
Rettung.
11 Da befahl der Herr dem Fisch, Jona ans Land zu speien.

Jona in Ninive

3 Das Wort des Herrn erging zum zweitenmal an Jona: 2 Mach dich
auf den Weg, und geh nach Ninive, in die große Stadt, und droh
ihr all das an, was ich dir sagen werde. 3 Jona machte sich auf den Weg
und ging nach Ninive, wie der Herr es ihm befohlen hatte. Ninive war
eine große Stadt vor Gott; man brauchte drei Tage, um sie zu durch-
queren. 4 Jona begann, in die Stadt hineinzugehen; er ging einen Tag
lang und rief: Noch vierzig Tage, und Ninive ist zerstört! 5 Und die
Leute von Ninive glaubten Gott. Sie riefen ein Fasten aus, und alle,
groß und klein, zogen Bußgewänder an. 6 Als die Nachricht davon
den König von Ninive erreichte, stand er von seinem Thron auf, legte
seinen Königsmantel ab, hüllte sich in ein Bußgewand und setzte sich
in die Asche. 7 Er ließ in Ninive ausrufen: Befehl des Königs und seiner
Großen: Alle Menschen und Tiere, Rinder, Schafe und Ziegen, sollen
nichts essen, nicht weiden und kein Wasser trinken. 8 Sie sollen sich in
Bußgewänder hüllen, Menschen und Tiere. Sie sollen laut zu Gott
rufen, und jeder soll umkehren und sich von seinen bösen Taten
abwenden und von dem Unrecht, das an seinen Händen klebt. 9 Wer
weiß, vielleicht reut es Gott wieder, und er läßt ab von seinem glühen-
den Zorn, so daß wir nicht zugrunde gehen. 10 Und Gott sah ihr Ver-
halten; er sah, daß sie umkehrten und sich von ihren bösen Taten
abwandten. Da reute Gott das Unheil, das er ihnen angedroht hatte,
und er führte die Drohung nicht aus.

Die Belehrung des Propheten

4 Das mißfiel Jona ganz und gar, und er wurde zornig. 2 Er betete
zum Herrn und sagte: Ach Herr, habe ich das nicht schon
gesagt, als ich noch daheim war? Eben darum wollte ich ja nach
Tarschisch fliehen; denn ich wußte, daß du ein gnädiger und barm-
herziger Gott bist, langmütig und reich an Huld und daß deine Dro-
hungen dich reuen. 3 Darum nimm mir jetzt lieber das Leben, Herr!
Denn es ist für mich besser zu sterben als zu leben. 4 Da erwiderte der
Herr: Ist es recht von dir, zornig zu sein?
5 Da verließ Jona die Stadt und setzte sich östlich vor der Stadt nieder.
Er machte sich dort ein Laubdach und setzte sich in seinen Schatten,
um abzuwarten, was mit der Stadt geschah. 6 Da ließ Gott, der Herr,
einen Rizinusstrauch über Jona emporwachsen, der seinem Kopf
Schatten geben und seinen Ärger vertreiben sollte. Jona freute sich
sehr über den Rizinusstrauch. 7 Als aber am nächsten Tag die Morgen-
röte heraufzog, schickte Gott einen Wurm, der den Rizinusstrauch
annagte, so daß er verdorrte. 8 Und als die Sonne aufging, schickte
Gott einen heißen Ostwind. Die Sonne stach Jona auf den Kopf, so
daß er fast ohnmächtig wurde. Da wünschte er sich den Tod und
sagte: Es ist besser für mich zu sterben als zu leben. 9 Gott aber fragte
Jona: Ist es recht von dir, wegen des Rizinusstrauches zornig zu sein?
Er antwortete: Ja, es ist recht, daß ich zornig bin und mir den Tod
wünsche. 10 Darauf sagte der Herr: Dir ist es leid um den Rizinus-
strauch, für den du nicht gearbeitet und den du nicht großgezogen
hast. Über Nacht war er da, über Nacht ist er eingegangen. 11 Mir aber
sollte es nicht leid sein um Ninive, die große Stadt, in der mehr als
hundertzwanzigtausend Menschen leben, die nicht einmal rechts und
links unterscheiden können – und außerdem so viel Vieh?

Max Beckmann
Reise auf dem Fisch
(1934)
»Du hast mich in die Tiefe geworfen, in das Herz des Meeres; mich umschlossen die Fluten, all deine Wellen und Wogen schlugen über mir zusammen« (Jona 2,4). Intensiver als jeder andere Künstler des Expressionismus hat Max Beckmann seine stets gegenständliche Bilderwelt symbolisch vertieft. Das hier dem Gebet des im Fisch gefangenen Jona zugeordnete Gemälde stammt aus der Zeit zwischen Beckmanns Entlassung als Leiter eines Meisterateliers in Frankfurt (1933) und der Emigration nach Amsterdam (1937). In diesen Jahren entstand in Berlin das erste von Beckmanns Triptychen: *Abfahrt*. Wie die *Reise auf dem Fisch* enthält es das Motiv von Mann und Frau, die aneinander gefesselt sind. Zwei Fische verdeutlichen die Fessel als triebhafte Sinnlichkeit. Ein Tagebucheintrag aus dem Jahr 1946 fragt und stellt zugleich fest: »Soll man denn nie von dieser ewigen scheußlichen vegetativen Körperlichkeit loskommen? Sollen alle unsere Taten immer nur lächerliche Belanglosigkeiten im Verhältnis zum grenzenlosen Universum bleiben?«

Das Buch Micha

In seiner jetzigen Gestalt hat das Buch Micha mit seinen sieben Kapiteln insofern einen durchsichtigen Aufbau, als zweimal auf Gerichtsankündigungen (Kap. 1–3 und 6,1–7,7) Heilsaussagen folgen (4,1–5,14 und 7,8–20). Nach heute vorherrschender Auffassung ist diese Gestalt des Buches erst das Ergebnis einer mit Einschüben und Zusätzen arbeitenden Redaktion. In der Bestimmung der echten Michatexte gehen die Meinungen allerdings auseinander. Kap. 1–3 sind mit Ausnahme von 2,12f sicher Micha zuzuschreiben. In Kap. 4–7 stammen 4,1–5 (= Jes 2,2–5); 5,6–8 und 7,8–20 mit hoher Wahrscheinlichkeit nicht von Micha. Von den übrigen Texten stammt 4,14–5,5 (»Der messianische Herrscher«) mit Ausnahme von 4b.5a mit großer Wahrscheinlichkeit von Micha; dasselbe gilt für 5,9–14 und 6,1–7,7.
Da 1,2–7 gegen Samaria gesprochen ist, hat Micha seine Tätigkeit vor dem Untergang Samarias im Jahr 722 v. Chr. begonnen. Dafür spricht auch die Überschrift in 1,1. Die Klage über Juda in 1,8–16, deren Text schlecht erhalten ist, hat wohl die Ereignisse von 701 v. Chr., den Einfall des Assyrers Sanherib, zum Hintergrund. Jer 26,17–19 bezeugt, daß Micha unter König Hiskija (etwa 728-699 v. Chr.) den Untergang Jerusalems und des Tempels (vgl. 3,12) angekündigt hat. Micha ist also ein jüngerer Zeitgenosse Jesajas. Der Prophet stammt aus Moreschet-Gat südwestlich von Jerusalem und gehört augenscheinlich zur dortigen Bauernschaft. Seiner Herkunft nach ist er also mit Amos vergleichbar. Auch in seiner Verkündigung steht er dem Propheten aus Tekoa nahe. Er klagt durchweg die Oberschicht von Jerusalem und Juda an und zeiht sie des Rechtsbruchs (3,1–4.9–12) und auch der Besitzgier (2,1–3.6–11). Den Propheten und Priestern wirft er Bestechlichkeit vor (3,5–8). Die beklagten Zustände fordern das Gericht Gottes heraus. Dieses wird selbst den Tempel nicht verschonen (3,12). Aus der Kritik am Jerusalemer Königtum ist wohl der Rückgriff auf die Erwartung eines neuen »David aus Betlehem« (5,1–4) zu begreifen, die im Neuen Testament in Mt 2,6 (vgl. Joh 7,42) als in Jesus erfüllt verkündigt wird. In 6,8 wird in lapidarer Kürze die ideale Partnerschaft mit Gott gekennzeichnet als »Recht tun, Güte und Treue lieben, in Ehrfurcht den Weg gehen mit deinem Gott«. Hier wird die Weisung der Zehn Gebote und der Propheten Amos, Hosea und Jesaja zu einem großartigen Vermächtnis auch an das neue Gottesvolk zusammengefaßt.

Überschrift

1 Das Wort des Herrn, das an Micha aus Moreschet erging in der Zeit, als Jotam, Ahas und Hiskija Könige von Juda waren; er hörte es in Visionen über Samaria und Jerusalem.

Die Drohreden

Gegen Samaria

2 Hört, alle ihr Völker, / horch auf, Erde, und alles, was sie erfüllt:
Gott, der Herr, tritt als Zeuge gegen euch auf, / der Herr tritt heraus
aus seinem heiligen Palast.
3 Seht, der Herr verläßt seinen erhabenen Ort, / er steigt herab und
schreitet dahin / über die Höhen der Erde.
4 Die Berge zerschmelzen unter ihm / wie Wachs in der Hitze des
Feuers; die Talgründe werden aufgerissen, / wie wenn Wasser den
Abhang herabstürzt.
5 Das alles geschieht wegen Jakobs Vergehen / und wegen der Sünde
des Hauses Israel.
Was ist Jakobs Vergehen? / Ist es nicht Samaria?
Und was ist die Sünde Judas? / Ist es nicht Jerusalem?
6 Darum mache ich Samaria zu einem Trümmerfeld, / zu einem Acker,
auf dem man Reben pflanzt.
Ich stürze seine Steine zu Tal / und lege seine Grundmauern bloß.
7 Alle seine geschnitzten Bilder werden zerschlagen, / alle seine Weihegaben im Feuer verbrannt, / alle seine Götzen zerstöre ich.
Denn mit Dirnenlohn wurden sie zusammengekauft, / und zu Dirnenlohn werden sie wieder.

Die Klage des Propheten

8 Klagen muß ich und jammern, / barfuß und nackt gehe ich umher;
ich erhebe ein Geheul wie die Schakale, / ein Klagegeschrei wie die
Strauße.
9 Denn unheilbar ist die Wunde meines Volkes; / sie reicht bis nach
Juda, bis zum Tor meines Volkes, / bis hin nach Jerusalem.
10 Meldet es nicht in Gat! / Weint nicht in Akko! / Wälzt euch im Staub
in Bet-Leafra!
11 Zieht fort, ihr Bewohner von Schafir! / Die Einwohner Zaanans sind
schändlich entblößt / und können ihre Stadt nicht verlassen.
Es klagt Bet-Ezel. / Er nimmt euch jede Stütze weg.
12 Ja, die Einwohner von Marot bangen um ihr Wohl; / denn vom Herrn
kam Unheil herab / auf Jerusalems Tore.
13 Spannt die Pferde vor die Wagen, / ihr Einwohner von Lachisch!
Ja, das war der Anfang der Sünde der Tochter Zion; / denn in dir trat
die Gottlosigkeit Israels zutage.
14 Darum mußt du dich trennen von Moreschet-Gat. / Die Häuser von
Achsib werden für Israels Könige eine große Enttäuschung.
15 Wieder soll der Eroberer über euch herfallen, / ihr Einwohner von
Marescha; / bis nach Adullam bringt man die Herrlichkeit Israels.

16 Scher dich kahl, Tochter Zion, / trauere über deine geliebten Kinder!
Scher dir eine Glatze, / so kahl wie die eines Geiers; / denn man hat deine Kinder verschleppt.

Gegen die Habsucht der Reichen

2 Weh denen, die auf ihrem Lager Unheil planen / und Böses ersinnen.
Wenn es Tag wird, führen sie es aus; / denn sie haben die Macht dazu.
2 Sie wollen Felder haben / und reißen sie an sich, / sie wollen Häuser haben / und bringen sie in ihren Besitz.
Sie wenden Gewalt an gegen den Mann und sein Haus, / gegen den Besitzer und sein Eigentum.
3 Darum – so spricht der Herr: / Seht, ich plane Unheil gegen diese Sippe.
Dann könnt ihr den Hals / nicht mehr aus der Schlinge ziehen,
und ihr werdet den Kopf nicht mehr so hoch tragen; / denn es wird eine böse Zeit sein.
4 An jenem Tag singt man ein Spottlied auf euch, / und es ertönt die Klage: / Vernichtet sind wir, vernichtet!
Den Besitz seines Volkes veräußert der Herr, / und niemand gibt ihn zurück; / an Treulose verteilt er unsere Felder.
5 Darum wird in der Gemeinde des Herrn keiner mehr sein, / der euch einen Acker zuteilt mit der Meßschnur.
6 Sie geifern: Prophezeit nicht! und sagen: / Man soll nicht prophezeien: / Diese Schmach wird nicht enden.
7 Ist etwa das Haus Jakob verflucht? / Hat der Herr die Geduld verloren? / Sind das seine Taten?
Sind seine Worte nicht voll Güte / gegenüber dem, der geradeaus geht?
8 Gestern noch war es mein Volk, / jetzt steht es da als mein Feind.
Friedlichen Menschen reißt ihr den Mantel herunter, / arglose Wanderer nehmt ihr gefangen, als wäre Krieg.
9 Die Frauen meines Volkes vertreibt ihr / aus ihrem behaglichen Heim, ihren Kindern nehmt ihr für immer / mein herrliches Land.
10 (Ihr sagt:) Auf, fort mit euch! / Hier ist für euch kein Ort der Ruhe mehr.
Wegen einer Kleinigkeit pflegt ihr zu pfänden; / diese Pfändung ist grausam.
11 Würde einer sich nach dem Wind drehen / und dir vorlügen:
Ich prophezeie dir Wein und Bier!, / das wäre ein Prophet für dieses Volk.

Die Rettung Israels

12 Ich werde ganz Jakob versammeln, / den Rest von Israel will ich vereinen.
Ich führe sie zusammen wie die Schafe im Pferch, / wie die Herde mitten auf der Weide – / eine wogende Menschenmenge.
13 Ein Vorkämpfer bricht ihnen die Bahn, / sie brechen durch das Tor in die Stadt ein; / dann ziehen sie weiter.
Ihr König geht vor ihnen her, / der Herr schreitet an ihrer Spitze.

Gegen die Rechtsbrecher

3 Ich habe gesagt:
Hört doch, ihr Häupter Jakobs / und ihr Richter aus dem Haus Israel!
Ist es nicht eure Pflicht, das Recht zu kennen? / 2a Sie aber hassen das Gute und lieben das Böse.
3 Sie fressen mein Volk auf, / sie ziehen den Leuten die Haut ab / und zerbrechen ihnen die Knochen; sie zerlegen sie wie Fleisch für den Kochtopf, / wie Braten für die Pfanne.
2b Darum zieht man auch ihnen die Haut ab / und reißt ihnen das Fleisch von den Knochen.
4 Dann werden sie zum Herrn schreien; / er aber wird ihnen nicht antworten.
Er wird sein Angesicht vor ihnen verbergen; / denn ihre Taten sind böse.

Gegen die habgierigen Propheten

5 So spricht der Herr gegen die Propheten: / Sie verführen mein Volk.
Haben sie etwas zu beißen, / dann rufen sie: Friede!
Wer ihnen aber nichts in den Mund steckt, / dem sagen sie den Heiligen Krieg an.
6 Darum kommt die Nacht über euch, / in der ihr keine Visionen mehr habt, und die Finsternis, / in der ihr nicht mehr wahrsagen könnt.
Die Sonne geht unter für diese Propheten, / und der Tag wird schwarz über ihnen.
7 Die Seher werden zuschanden, / die Wahrsager müssen sich schämen.
Sie müssen alle ihren Bart verhüllen; / denn Gottes Antwort bleibt aus.
8 Ich aber, ich bin voller Kraft, / ich bin erfüllt vom Geist des Herrn, / voll Eifer für das Recht und voll Mut,
Jakob seine Vergehen vorzuhalten / und Israel seine Sünden.

Gegen die bestechlichen Führer Israels

9 Hört doch, ihr Häupter des Hauses Jakob / und ihr Richter aus dem Haus Israel!
Ihr verabscheut das Recht / und macht alles krumm, was gerade ist.
10 Ihr erbaut Zion mit Blut / und Jerusalem mit lauter Unrecht.
11 Die Häupter dieser Stadt sprechen Recht / und nehmen dafür Geschenke an, / ihre Priester lehren gegen Bezahlung.
Ihre Propheten wahrsagen für Geld, / und doch berufen sie sich auf den Herrn und sagen:
Ist nicht der Herr in unserer Mitte? / Kein Unheil kann über uns kommen.
12 Darum wird Zion euretwegen / zum Acker, den man umpflügt,
Jerusalem wird zu einem Trümmerhaufen, / der Tempelberg zur überwucherten Höhe.

Die Verheißungen

Die Völkerwallfahrt zum Zion

4 Am Ende der Tage wird es geschehen: / Der Berg mit dem Haus des Herrn / steht fest gegründet als höchster der Berge;
er überragt alle Hügel. / Zu ihm strömen die Völker.
2 Viele Nationen machen sich auf den Weg. / Sie sagen: Kommt,
wir ziehen hinauf zum Berg des Herrn / und zum Haus des Gottes Jakobs.
Er zeige uns seine Wege, / auf seinen Pfaden wollen wir gehen.
Denn von Zion kommt die Weisung, / aus Jerusalem kommt das Wort des Herrn.
3 Er spricht Recht im Streit vieler Völker, / er weist mächtige Nationen zurecht [bis in die Ferne].
Dann schmieden sie Pflugscharen aus ihren Schwertern / und Winzermesser aus ihren Lanzen.
Man zieht nicht mehr das Schwert, Volk gegen Volk, / und übt nicht mehr für den Krieg.
4 Jeder sitzt unter seinem Weinstock / und unter seinem Feigenbaum,
und niemand schreckt ihn auf. / Ja, der Mund des Herrn der Heere hat gesprochen.
5 Denn alle Völker gehen ihren Weg, / jedes ruft den Namen seines Gottes an;
wir aber gehen unseren Weg im Namen Jahwes, unseres Gottes, / für immer und ewig.

Die Bedrohung und Rettung Zions

6 An jenem Tag – Spruch des Herrn – / will ich versammeln, was hinkt,
und zusammenführen, was versprengt ist, / und alle, denen ich Böses zugefügt habe.
7 Ich mache die Hinkenden zum (heiligen) Rest / und die Schwachen zu einem mächtigen Volk.

Und der Herr wird ihr König sein auf dem Berg Zion / von da an auf
ewig.
8 Und du, (schützender) Turm für die Herde, / Felsenhöhe der Tochter
Zion, du erhältst wieder die Herrschaft wie früher, / das Königtum
kommt wieder zur Tochter Jerusalem.
9 Jetzt aber, warum schreist du so laut? / Gibt es keinen König bei dir?
Ist kein Berater mehr da, / daß dich Wehen ergreifen wie eine gebärende Frau?
10 Winde dich, stöhne, Tochter Zion, / wie eine gebärende Frau!
Denn jetzt mußt du hinaus aus der Stadt, / auf freiem Feld mußt du
wohnen.
Du mußt fort bis nach Babel. / Dort wirst du gerettet,
dort wird der Herr dich loskaufen / aus der Hand deiner Feinde.
11 Jetzt versammeln sich viele Völker gegen dich / und sagen: Zion wird
entweiht, / und unser Auge soll sich daran weiden.
12 Aber sie kennen nicht die Gedanken des Herrn / und verstehen nicht
seine Absicht:
daß er sie sammeln wollte / wie Garben auf einer Tenne.
13 Steh auf, um zu dreschen, Tochter Zion! / Denn ich gebe dir Hörner
aus Eisen / und mache dir bronzene Hufe, damit du viele Völker zermalmst / und ihren Besitz dem Herrn weihst, / ihren Reichtum dem
Herrn der ganzen Erde.

Der messianische Herrscher

14 Jetzt ritze dich wund, Tochter der Trauer! / Wir werden von Feinden
belagert;
sie schlagen dem Richter Israels / mit dem Stock ins Gesicht.
5 Aber du, Betlehem-Efrata, / so klein unter den Gauen Judas, aus
dir wird mir einer hervorgehen, / der über Israel herrschen soll.
Sein Ursprung liegt in ferner Vorzeit, / in längst vergangenen Tagen.
2 Darum gibt der Herr sie preis, / bis die Gebärende einen Sohn geboren hat.
Dann wird der Rest seiner Brüder heimkehren / zu den Söhnen Israels.
3 Er wird auftreten und ihr Hirt sein / in der Kraft des Herrn, / im
hohen Namen Jahwes, seines Gottes.
Sie werden in Sicherheit leben; / denn nun reicht seine Macht / bis an
die Grenzen der Erde.
4 Und er wird der Friede sein. / [Wenn Assur in unser Land einfällt /
und in unsere Paläste eindringt,
stellen wir ihm sieben Hirten entgegen / und acht fürstliche Männer.
5 Sie werden das Land Assur / mit dem Schwert regieren,
Nimrods Land mit gezückter Waffe.] / Er wird uns vor Assur retten,
wenn es unser Land überfällt / und in unser Gebiet eindringt.

Der heilige Rest

6 Dann ist der Rest Jakobs inmitten vieler Völker / wie der Tau, der
vom Herrn kommt, / wie der Regen, der auf die Pflanzen fällt,
der auf niemand angewiesen ist / und auf keinen Menschen zu warten
braucht.
7 Unter den Nationen, inmitten vieler Völker, / ist dann der Rest Jakobs
wie der Löwe unter den Tieren im Wald, / wie der junge Löwe unter
den Schafen im Pferch:
Wenn er einbricht, / schlägt er zu und zerreißt sie, / und niemand ist
da, der sie rettet.
8 Du wirst die Hand gegen deine Feinde erheben, / und alle deine Gegner werden ausgerottet.
9 An jenem Tag – Spruch des Herrn – / werde ich die Pferde in deiner
Mitte vernichten / und deine Kriegswagen zerstören.
10 Ich vernichte die Städte in deinem Land / und reiße alle deine Festungen nieder.
11 Ich vernichte die Zaubermittel in deiner Hand, / und es wird bei dir
keine Zeichendeuter mehr geben.
12 Ich vernichte deine Götterbilder / und deine geweihten Steinmale,
und du wirst dich nicht mehr niederwerfen / vor dem Werk deiner
Hände.
13 Die Kultpfähle in deiner Mitte reiße ich aus / und zerstöre deine
Städte.
14 In meinem glühenden Zorn nehme ich Rache / an den Völkern, die
nicht gehorchen.

Weitere Drohreden

Gottes Forderung an sein Volk

6 Hört doch, was der Herr sagt: / Auf, tritt an zum Rechtsstreit!
Die Berge sollen Zeugen sein, / die Hügel sollen deine Worte
hören.
2 Hört zu, ihr Berge, beim Rechtsstreit des Herrn, / gebt acht, ihr Fundamente der Erde!
Denn der Herr hat einen Rechtsstreit mit seinem Volk, / er geht mit
Israel ins Gericht:
3 Mein Volk, was habe ich dir getan, / oder womit bin ich dir zur Last
gefallen? / Antworte mir!
4 Ich habe dich doch aus Ägypten heraufgeführt / und dich freigekauft
aus dem Sklavenhaus.
Ich habe Mose vor dir hergesandt / und Aaron und Mirjam.
5 Mein Volk, denk daran, / was Balak plante, der König von Moab, /
und was ihm Bileam antwortete, der Sohn Beors;
denk an den Zug von Schittim nach Gilgal, / und erkenne die rettenden
Taten des Herrn.
6 Womit soll ich vor den Herrn treten, / wie mich beugen vor dem Gott
in der Höhe?
Soll ich mit Brandopfern vor ihn treten, / mit einjährigen Kälbern?
7 Hat der Herr Gefallen an Tausenden von Widdern, / an zehntausend
Bächen von Öl?
Soll ich meinen Erstgeborenen hingeben für meine Vergehen, / die
Frucht meines Leibes für meine Sünde?
8 Es ist dir gesagt worden, Mensch, was gut ist / und was der Herr von
dir erwartet:
Nichts anderes als dies: Recht tun, / Güte und Treue lieben, / in Ehrfurcht den Weg gehen mit deinem Gott.

Gerichtsrede gegen Jerusalem

9 Horcht! Der Herr ruft der Stadt zu: / [Klug ist es, deinen Namen zu
fürchten.] / Hört, ihr Bürger und Räte der Stadt!
10 Kann ich die ungerecht erworbenen Schätze vergessen, / du Haus
voller Unrecht, / und das geschrumpfte Maß, das verfluchte?
11 Soll ich die gefälschte Waage ungestraft lassen / und den Beutel mit
den falschen Gewichten?
12 Ja, die Reichen in der Stadt / kennen nichts als Gewalttat,
ihre Einwohner belügen einander, / jedes Wort, das sie sagen, ist
Betrug.
13 Deshalb hole ich aus, um dich zu schlagen / und dich wegen deiner
Sünden in Schrecken zu stürzen.
14 Du wirst essen, doch du wirst nicht satt; / Schwindel wird dich befallen.
Was du beiseite schaffst, rettest du nicht; / was du rettest, übergebe ich
dem Schwert.
15 Du wirst säen, aber nicht ernten; / du wirst Oliven pressen, / aber
dich mit dem Öl nicht salben;
du wirst Trauben keltern, / aber den Wein nicht trinken.
16 Du hast dich nach Omris Gesetzen gerichtet / und nach all den
bösen Taten des Hauses Ahab; / nach ihren Ratschlägen habt ihr
gelebt.
Darum mache ich dich zur schauerlichen Wüste / und deine Bewohner
zum Gespött. / Ihr müßt es ertragen, daß euch die Völker verhöhnen.

Die Klage des Propheten über sein Volk

7 Weh mir! Es geht mir wie nach der Obsternte, / wie bei der Nach-
lese im Weinberg:
Keine Traube ist mehr da zum Essen, / keine von den Frühfeigen, die
mein Herz begehrt.
2 Verschwunden sind die Treuen im Land, / kein Redlicher ist mehr
unter den Menschen.
Alle lauern auf Blut, / einer macht Jagd auf den andern.
3 Sie trachten nach bösem Gewinn / und lassen sich's gut gehen:
Die hohen Beamten fordern Geschenke, / die Richter sind für Geld zu
haben,
und die Großen entscheiden nach ihrer Habgier – / so verdrehen sie
das Recht.
4 Noch der Beste unter ihnen ist wie eine Distel, / der Redlichste ist
schlimmer als Dornengestrüpp.
Doch der Tag deiner Bestrafung kommt; / dann werden alle bestürzt
sein.
5 Traut eurem Nachbarn nicht, / verlaßt euch nicht auf den Freund! /
Hüte deinen Mund vor der Frau in deinen Armen!
6 Denn der Sohn verachtet den Vater, / die Tochter stellt sich gegen die
Mutter,
die Schwiegertochter gegen die Schwiegermutter; / jeder hat die eige-
nen Hausgenossen zum Feind.
7 Ich aber schaue aus nach dem Herrn, / ich warte voll Vertrauen auf
Gott, meinen Retter. / Mein Gott wird mich erhören.

Neue Verheißungen

Die Zuversicht Jerusalems

8 Freu dich nicht über mich, meine Feindin! / Zwar liege ich am Boden, /
doch ich stehe wieder auf.
Zwar sitze ich in der Finsternis, / aber der Herr ist mein Licht.
9 Ich habe mich gegen den Herrn versündigt; / deshalb muß ich seinen
Zorn ertragen,
bis er meine Sache vertritt / und mir Recht verschafft.
Er wird mich hinausführen ins Licht, / ich werde seine Heilstat er-
leben.
10 Meine Feindin wird es sehen / und vor Scham vergehen; / denn sie
sagte zu mir:
Wo ist Jahwe, dein Gott? / Und meine Augen werden sich an ihr wei-
den. / Dann wird sie zertreten wie Gassenkot.

Der Wiederaufbau der Stadt

11 Es kommt der Tag, / an dem man deine Mauern wieder aufbaut, / der
Tag, an dem deine Grenzen sich weiten.
12 An jenem Tag kommen alle zu dir, / von Assur bis Ägypten / und von
Ägypten bis zum Eufrat,
von einem Meer zum andern / und von einem Gebirge zum andern.
13 Die Erde aber wird zur Wüste / wegen (der Sünden) ihrer Bewohner; /
so ernten sie die Frucht ihrer Taten.

Das Gebet Jerusalems

14 Führe mit deinem Stab dein Volk auf die Weide, / die Schafe, die dein
Erbbesitz sind,
die einsam lagern in einer Wildnis / mitten im fruchtbaren Land.
Sie sollen wieder im Baschan und in Gilead weiden / wie in den Tagen
der Vorzeit.
15 Wie in den Tagen, als du aus Ägypten auszogst, / laß uns deine Wun-
der schauen!
16 Die Völker mit all ihrer Macht / sollen sich schämen, wenn sie es
sehen.
Sie sollen die Hand auf den Mund legen, / ihre Ohren sollen taub
werden.
17 Staub sollen sie fressen wie die Schlange, / wie das Gewürm am
Boden.
Zitternd sollen sie herauskommen aus ihren Burgen, / vor den Herrn
treten, unseren Gott, / voll Schrecken und Furcht vor dir.
18 Wer ist ein Gott wie du, / der du Schuld verzeihst und dem Rest
deines Erbvolkes / das Unrecht vergibst?
Gott hält nicht für immer fest an seinem Zorn; / denn er liebt es,
gnädig zu sein.
19 Er wird wieder Erbarmen haben mit uns / und unsere Schuld zer-
treten.
Ja, du wirfst all unsere Sünden / in die Tiefe des Meeres hinab.
20 Du wirst Jakob deine Treue beweisen / und Abraham deine Huld,
wie du unseren Vätern geschworen hast / in den Tagen der Vorzeit.

Das Buch Nahum

Nach einem Hymnus auf Gott als den strengen und gerechten Richter des ganzen Weltgeschehens (1,2–8) kündigt der Prophet Nahum die Vernichtung Ninives, der Hauptstadt des assyrischen Weltreichs, an (1,9–14) und schildert in prophetischer Vorausschau den Untergang der Stadt (2,1–14), die für ihr gottwidriges Treiben den verdienten Lohn erhält (3,1–19).
Das Buch Nahum hat die Form einer Drohweissagung gegen Ninive und ist wohl noch zu einer Zeit entstanden, als die Völker Vorderasiens schwer unter dem Druck der Macht Assurs zu leiden hatten. Da einerseits die Eroberung von No-Amon (Theben in Ägypten) vorausgesetzt wird (3,8), die im Jahr 667 v. Chr. erfolgte, und andererseits die Zerstörung Ninives im Jahr 612 v. Chr. noch aussteht, wird man die Abfassung des Buches zu Beginn der zweiten Hälfte des 7. Jahrhunderts v. Chr. ansetzen dürfen.
Der Prophet Nahum verkündet ganz im Sinn prophetischer Geschichtsbetrachtung (vgl. Jes 10,5–15), also ohne religiöse Selbstgerechtigkeit und nationale Engstirnigkeit, den Untergang Assurs, das Jahrhunderte hindurch die Völker Vorderasiens mit Gewalt unterdrückt und grausam mißhandelt hat. So ist Nahum der Prophet eines Gottes, dessen Gericht jede Vergewaltigung des Menschen bestraft, die durch entartete politische Mächte geschieht.

Überschrift

1 Ausspruch über Ninive. Das Buch der Visionen Nahums aus Elkosch.

Gottes Macht in Gnade und Gericht

2 Ein eifernder und rächender Gott ist der Herr. / Der Herr übt Rache und ist voll Zorn.
Der Herr übt Rache an seinen Gegnern / und hält fest am Zorn gegen seine Feinde.
3 Der Herr ist langmütig und von großer Macht; / doch läßt der Herr gewiß keinen ungestraft.
In Wirbel und Sturm nimmt er seinen Weg, / die Wolken sind der Staub seiner Füße.
4 Er droht dem Meer und macht es trocken, / alle Flüsse läßt er versiegen.
Welk sind Baschan und Karmel, / auch die Blüten des Libanon sind verwelkt.
5 Berge beben vor ihm, / und Hügel geraten ins Wanken.
Die Welt schreit vor ihm auf, / die Erde und all ihre Bewohner.
6 Vor seinem Groll – wer kann da bestehen? / Wer hält stand in der Glut seines Zorns?
Sein Grimm greift um sich wie Feuer, / und die Felsen bersten vor ihm.
7 Gut ist der Herr, / eine feste Burg am Tag der Not. / Er kennt alle, die Schutz suchen bei ihm.
8 Doch in reißender Flut / macht er seinen Gegnern ein Ende, / und Finsternis verfolgt seine Feinde.

Das Gericht über Ninive

Ninives vergebliche Auflehnung gegen Gott
9 Was plant ihr gegen den Herrn? / Er macht doch ein Ende. / Es soll nicht wieder Not aufkommen.
10 Wie dichtes Dornengestrüpp / und wie wirres Windengerank werden sie verbrannt, / wie dürre Spreu; nichts bleibt übrig.
11 Von dir stammt der Mann, / der Böses plant gegen den Herrn, / der Übles im Schild führt.
12 So spricht der Herr:
Auch wenn sie unversehrt sind und zahlreich, / sie werden abgeschnitten, sie gehen vorüber.
Habe ich dich auch gedemütigt, / ich werde dich nicht mehr demütigen.
13 Ja, jetzt zerbreche ich sein Joch, / das auf dir lastet, / und deine Fesseln werde ich sprengen.
14 Der Herr hat über dich bestimmt: / Von dir soll es keinen Nachkommen mehr geben.
Aus dem Haus deines Gottes / reiße ich Götze und Gußbild.
Ich schaufle dein Grab; / denn du bist verächtlich geworden.
2 Seht auf den Bergen die Schritte des Freudenboten! / Er verkündet Frieden! Juda, feiere deine Feste, / erfülle deine Gelübde!
Denn der Unheilstifter durchstreift dein Land nicht mehr; / er ist völlig vernichtet.

Die Zerstörung der Stadt
2 Ein Mann zieht hinauf gegen dich, / der dich zerschmettern wird.
Halt Wache! / Beobachte die Wege!
Mach deine Hüften stark! / Rüste dich mit Macht und Kraft!
3 Wahrhaftig, der Herr / stellt die Pracht Jakobs wieder her / wie die Pracht Israels; denn Verwüster haben sie verwüstet / und ihre jungen Pflanzen vernichtet.
4 Rot leuchtet der Schild seiner Helden. / Seine Krieger sind in Scharlach gekleidet.
Wie funkelnder Stahl glänzen die Wagen / am Tag, an dem er sie aufbietet, / und die Speere wiegen sich.
5 Durch die Gassen rasen die Kriegswagen, / sie stürmen über die Plätze.
Ihr Anblick gleicht Fackeln, / wie Blitze jagen sie daher.
6 Er denkt an seine Mächtigen; / sie aber straucheln beim Ansturm.
Sie eilen zur Stadtmauer; / doch unbeweglich steht die Sperre.
7 Die Flußtore sind geöffnet, / schon wankt der Palast.
8 Die Königin wird zur Schau gestellt, / wird entblößt, wird weggeführt;

ihre Mägde jammern wie gurrende Tauben / und schlagen sich an die Brust.
9 Ninive ist wie ein voller Teich, / dessen Wasser davonfließt.
Halt! Halt! (ruft man), / doch keiner wendet sich um.
10 Plündert das Silber, plündert das Gold! / Kostbarkeiten ohne Ende!
Welche Pracht aller Art / an bezaubernden Schätzen!
11 Alles leer, entleert, verheert; / das Herz verzagt.
Es wanken die Knie, / ein Zittern in allen Hüften, / alle Gesichter glühen rot.
12 Wo ist jetzt das Versteck der Löwen, / der Tummelplatz der jungen Löwen, wohin der Löwe geht, um sich zu verbergen, / wo der junge Löwe bleibt, / ohne daß jemand ihn aufschreckt?
13 Reichen Raub machte der Löwe für seine Jungen. / Er würgte für seine Löwinnen.
Mit Raub füllte er seine Höhlen, / seine Verstecke mit Raubgut.
14 Nun gehe ich gegen dich vor / – Spruch des Herrn der Heere.
Ich lasse deine Wagen in Rauch aufgehen, / deine jungen Löwen frißt das Schwert.
Ich mache deinem Rauben auf der Erde ein Ende, / nie mehr hört man den Ruf deiner Boten.

Weheruf und Klage

3 Weh der Stadt voll Blutschuld; / sie ist nichts als Lüge.
Voll von Raffgier ist sie, / vom Rauben läßt sie nicht ab.
2 Knallen von Peitschen / und Gedröhn rasselnder Räder, / rennende Pferde und holpernde Wagen.
3 Hetzende Reiter, flammende Schwerter, / blitzende Lanzen,
eine Menge Erschlagener / eine Masse von Toten,
kein Ende der Leichen, / man stolpert über die Leiber.
4 Und all das wegen der zahllosen Buhlschaften / der Buhlerin, die von Anmut strahlte, / die in Zauberkünsten Meisterin war;
Völker verkaufte sie durch ihr Buhlen, / Stämme durch ihre Zauberei.
5 Nun gehe ich gegen dich vor / – Spruch des Herrn der Heere.
Deine Schleppe hebe ich auf / bis über dein Gesicht und lasse die Völker deine Blöße sehen; / die Königreiche sehen deine Schande.
6 Mit Kot bewerfe ich dich, / gebe dich der Verachtung preis / und mache dich zum Schaustück.
7 Dann wird es geschehen: Wer immer dich sieht, / schreckt vor dir zurück und sagt:
Verwüstet ist Ninive. Wer zeigt ihr Teilnahme? / Wo soll ich dir einen Tröster suchen?

Spott über Ninive
8 Bist du denn besser als No-Amon, / das an Strömen lag, / von Wasser rings umgeben,
dessen Schutzwall ein Meer, / dessen Mauern die Wasser waren?
9 Kusch war mächtig, / und Ägypten kannte keine Grenze. / Put und die Libyer zählten zu seinen Helfern.
10 Doch auch No-Amon mußte in die Verbannung, / zog in die Gefangenschaft.
Auch seine Kinder wurden zerschmettert an den Ecken aller Gassen, / und über seine Vornehmen warf man das Los. / Alle seine Großen wurden in Fesseln gelegt.
11 Auch du wirst betrunken, wirst ohnmächtig sein. / Auch du wirst Schutz suchen vor dem Feind.
12 All deine Festungen sind Bäume mit frühen Feigen: / Schüttelt man sie, dann fallen sie dem, der sie essen will, in den Mund.
13 Die Krieger in deiner Mitte – / Weiber sind sie.
Weit stehen deinen Feinden / die Tore deines Landes offen; Feuer frißt deine Riegel.
14 Schöpf dir Wasser für die Belagerung, / mach fest deine Festungen!
Tritt in den Lehm, stampfe den Ton, / halte die Ziegelform fest!
15 Dann wird das Feuer dich fressen, / wird das Schwert dich vertilgen, / wird dich fressen wie ein Heuschreckenschwarm.
Werde zahlreich wie die Heuschrecken, / zahlreich wie die Wanderheuschrecken!
16 Du hast deine Händler zahlreicher gemacht / als die Sterne am Himmel.
Die Heuschrecken häuten sich / und fliegen davon.
17 Deine Wächter sind wie Wanderheuschrecken, / deine Beamten wie ein Schwarm von Heuschrecken, / die sich an den Mauern lagern an einem kalten Tag.
Geht die Sonne auf, / so fliehen sie eilig davon.
Man kennt ihren Ort nicht – / wo sind sie hin?
18 Deine Hirten schlummern, König von Assur; / deine Mächtigen ruhen.
Dein Volk ist über die Berge zerstreut, / und keiner sammelt es.
19 Keine Linderung gibt es für deinen Zusammenbruch, / unheilbar ist deine Wunde.
Jeder, der hört, was man von dir erzählt, / klatscht über dich in die Hände.
Denn wen traf nicht / deine Schlechtigkeit zu jeder Zeit?

Das Buch Habakuk

Dieses kleine Buch weist eine klare Struktur auf: Auf zwei Klagen des Propheten (1,2–4.12–17) folgen zwei göttliche Antworten (1,5–11; 2,1–5). Die zweite Antwort mündet in fünf Wehe-Rufe aus (2,6–20). Das abschließende »Gebet Habakuks« (Kap. 3) stellt die hymnische Schilderung der Gotteserscheinung dar, auf die der Prophet klagend und hoffend wartet. Dieser Schluß gehört unabdingbar zum Buch, auch wenn er als Gebet der Gemeinde verwendet wurde und in V. 17 einen nachträglichen Einschub erhielt. Der rhetorische Stil mit seiner eindrucksvollen Bildersprache macht das Buch zu einer Perle der prophetischen Literatur.
Die Erwähnung der Chaldäer, d. h. der Träger des Neubabylonischen Reichs (1,6), weist auf den historischen Hintergrund des Buches hin: die heraufkommende Chaldäergefahr vor 598 v. Chr. Der Prophet, von dem sonst nichts bekannt ist – Dan 14,33–39 paßt nicht auf ihn –, beklagt zunächst den schlimmen Zustand des Gottesvolkes, wohl unter König Jojakim (609–598 v. Chr.), und erhält zur Antwort, die Chaldäer kämen deshalb als Strafwerkzeug Gottes über Israel (vgl. auch 1,12). Nach der Klage über die Grausamkeit des Feindes deckt Gott das Geheimnis seines Geschichtswaltens auf: Auch durch anscheinend widersprüchliche Geschichtsabläufe hindurch garantiert er den endgültigen Sieg von Recht und Gerechtigkeit über Habsucht, Ausbeutung, Gewalttat und Götzendienst. Das gilt gerade auch auf der Ebene der Völkergeschichte. Die Verkündigung des Propheten gipfelt in der Gottesaussage: »Der Gerechte bleibt wegen seiner Treue am Leben« (2,4); gemeint ist die Treue im tätigen Glauben. Diese Zusage hat durch Paulus (Röm 1,17; Gal 3,11) besondere Bedeutung gewonnen (vgl. auch Hebr 10,38).

Überschrift

1 Ausspruch, den der Prophet Habakuk
in einer Vision hörte.

Der Dialog des Propheten mit Gott

Die Klage des Propheten
2 Wie lange, Herr, soll ich noch rufen, / und du hörst nicht?
Ich schreie zu dir: Hilfe, Gewalt! / Aber du hilfst nicht.
3 Warum läßt du mich die Macht des Bösen erleben / und siehst der Unterdrückung zu?
Wohin ich blicke, sehe ich Gewalt und Mißhandlung, / erhebt sich Zwietracht und Streit.
4 Darum ist das Gesetz ohne Kraft, / und das Recht setzt sich gar nicht mehr durch.
Die Bösen umstellen den Gerechten, / und so wird das Recht verdreht.

Die Antwort Gottes
5 Seht auf die Völker, schaut hin, / staunt und erstarrt!
Denn ich vollbringe in euren Tagen eine Tat – / würde man euch davon erzählen, ihr glaubtet es nicht.
6 Denn seht, ich stachle die Chaldäer auf, / das grausame, ungestüme Volk, das die Weiten der Erde durchzieht, / um Wohnplätze zu erobern, die ihm nicht gehören,
7 ein furchtbares und schreckliches Volk, / das selbst sein Recht und seinen Rang bestimmt.
8 Seine Pferde sind schneller als Panther, / wilder als die Wölfe der Steppe.
Seine Rosse und Reiter stürmen heran, / sie kommen aus der Ferne, sie fliegen herbei wie ein Geier, / der sich auf seinen Fraß stürzt.
9 Sie rücken an, entschlossen zu roher Gewalt, / alle Gesichter vorwärts gerichtet. / Gefangene raffen sie zusammen wie Sand.
10 Sie machen sich sogar über Könige lustig / und lachen über mächtige Fürsten;
ja, sie spotten über jede Festung, / sie schütten einen Erdwall auf und nehmen sie ein.
11 Dann ziehen sie weiter, / wie der Sturmwind sausen sie dahin.
Doch sie werden es büßen, / denn sie haben ihre Kraft zu ihrem Gott gemacht.

Erneute Klage des Propheten
12 Herr, bist nicht du von Ewigkeit her mein heiliger Gott? / Wir wollen nicht sterben.
Herr, du hast sie doch nur dazu gerufen, / an uns das Gericht zu vollziehen:
Du, unser Fels, du hast sie dazu bestimmt, / uns zu bestrafen.
13 Deine Augen sind zu rein, um Böses mit anzusehen, / du kannst der Unterdrückung nicht zusehen.
Warum siehst du also den Treulosen zu und schweigst, / wenn der Ruchlose den Gerechten verschlingt?
14 Warum behandelst du die Menschen / wie die Fische im Meer, / wie das Gewürm, das keinen Herrn hat?
15 Mit der Angel holt er sie alle herauf, / er schleppt sie weg in seinem Netz und rafft sie fort in seinem Fischgarn; / er freut sich darüber und jubelt.
16 Deshalb opfert er seinem Netz / und bringt seinem Fischgarn Rauchopfer dar;
denn durch sie hat er reichen Gewinn / und ein üppiges Mahl.
17 Darum zückt er unablässig sein Schwert, / um ohne Erbarmen die Völker zu morden.

Die Antwort Gottes
2 Ich will auf meinem Wachtturm stehen, / ich stelle mich auf den Wall und spähe aus, um zu sehen, was er mir sagt, / was er auf meine Klage entgegnet.
2 Der Herr gab mir Antwort und sagte: / Schreib nieder, was du siehst, schreib es deutlich auf die Tafeln, / damit man es mühelos lesen kann.
3 Denn erst zu der bestimmten Zeit trifft ein, / was du siehst;

aber es drängt zum Ende und ist keine Täuschung; / wenn es sich verzögert, so warte darauf; / denn es kommt, es kommt und bleibt nicht aus.
4 Sieh her: Wer nicht rechtschaffen ist, schwindet dahin, / der Gerechte aber bleibt wegen seiner Treue am Leben.
5 Wahrhaftig, der Reichtum ist trügerisch, / wer hochmütig ist, kommt nicht ans Ziel, wenn er auch seinen Rachen aufsperrt wie die Unterwelt / und unersättlich ist wie der Tod,
wenn er auch alle Völker zusammentreibt / und alle Nationen um sich vereinigt.

Die Weherufe

Über den Habsüchtigen
6 Werden sie nicht alle ein Spottlied auf ihn anstimmen? / Ja, sie werden ihn verhöhnen und sagen:
Weh dem, der zusammenrafft, was nicht ihm gehört, / und sich hohe Pfänder geben läßt. / Wie lange wird er es noch treiben?
7 Plötzlich werden vor dir deine Gläubiger stehen, / deine Bedränger werden erwachen, und du wirst ihre Beute.
8 Du hast viele Völker ausgeplündert; / deshalb plündern jetzt die Völker dich aus, die übrigblieben, wegen des Blutes, das du vergossen hast / unter den Menschen, wegen der Gewalttaten, die du verübt hast / an Ländern und Städten und an all ihren Bewohnern.

Über den Ausbeuter
9 Weh dem, der für sein Haus unrechten Gewinn sucht / und sich hoch droben sein Nest baut, / um dem drohenden Unheil zu entgehen.
10 Zur Schande für dein eigenes Haus / hast du beschlossen, viele Völker niederzuschlagen; / damit sündigst du gegen dich selbst.
11 Es schreit der Stein in der Mauer, / und der Sparren im Gebälk gibt ihm Antwort.
12 Weh dem, der eine Stadt mit Blut erbaut / und eine Festung auf Unrecht gründet.
13 Bewirkt es nicht der Herr der Heere, / daß die Völker sich plagen nur für das Feuer, / Nationen sich abmühen für nichts?
14 Ja, das Land wird erfüllt sein von der Erkenntnis der Herrlichkeit des Herrn, / so wie das Meer mit Wasser gefüllt ist.

Über den Gewalttätigen
15 Weh dem, der seinen Freund / aus dem Becher seines Zorns trinken läßt, ja, ihn betrunken macht, / damit man ihn nackt sieht.
16 Du sollst dich an Schande sättigen, nicht an Ehre; / auch du sollst trinken und taumeln.
Der Becher in der Hand des Herrn kommt nun zu dir; / Schmach und Schande bedecken deine Ehre.
17 Denn dich erdrückt dein Verbrechen / gegen den Libanonwald,
und die Vernichtung des Großwilds lastet auf dir, / wegen des Blutes, das du vergossen hast unter den Menschen, wegen der Gewalttaten, die du verübt hast an Ländern und Städten / und an allen ihren Bewohnern.

Über den Götzendiener
18 Was nützt ein Götterbild, das ein Bildhauer macht, / ein gegossenes Bild, ein Lügenorakel?
Wie kann der Bildhauer auf den Götzen vertrauen, / auf das stumme Gebilde, das er selber gemacht hat?
19 Weh dem, der zum Holz sagt: Erwache!, / und zum stummen Stein: Wach auf!
Gibt der Götze denn Auskunft? / Gewiß, er ist mit Silber und Gold überzogen, / doch er hat keinen Geist, keinen Atem.
20 Der Herr aber wohnt in seinem heiligen Tempel. / Alle Welt schweige in seiner Gegenwart.

Das Gebet des Habakuk

3 Gebet des Propheten Habakuk, nach der Melodie von Schigjonot.
2 Herr, ich höre die Kunde, / ich sehe, Herr, was du früher getan hast.
Laß es in diesen Jahren wieder geschehen, / offenbare es in diesen Jahren! / Auch wenn du zürnst, denk an dein Erbarmen!
3 Gott kommt von Teman her, / der Heilige kommt vom Gebirge Paran.
Seine Hoheit überstrahlt den Himmel, / sein Ruhm erfüllt die Erde [Sela]
4 Er leuchtet wie das Licht der Sonne, / ein Kranz von Strahlen umgibt ihn, / in ihnen verbirgt sich seine Macht.
5 Die Seuche zieht vor ihm her, / die Pest folgt seinen Schritten.
6 Wenn er kommt, wird die Erde erschüttert, / wenn er hinblickt zittern die Völker.
Da zerbersten die ewigen Berge, / versinken die uralten Hügel. / [Das sind von jeher seine Wege.]
7 Die Zelte Kuschans sehe ich voll Unheil; / auch in Midian zittern die Zelte.
8 Herr, ist dein Zorn gegen die Flüsse entbrannt / [gegen die Flüsse dein Zorn]
und dein Groll gegen das Meer, / daß du mit deinen Rossen heranstürmst / und mit deinen siegreichen Wagen?
9 Du hast den Bogen aus der Hülle genommen, / du hast die Pfeile auf die Sehne gelegt. [Sela]
Du spaltest die Erde, / und es brechen Ströme hervor;
10 dich sehen die Berge und zittern, / tosender Regen prasselt nieder; die Urflut brüllt auf / und reckt ihre Hände empor.
11 Sonne und Mond bleiben in ihrer Wohnung; / sie vergehen im grellen Licht deiner Pfeile, / im Glanz deiner blitzenden Lanze.
12 Voll Zorn schreitest du über die Erde, / in deinem Groll zerstampfst du die Völker.
13 Du ziehst aus, um dein Volk zu retten, / um deinem Gesalbten zu helfen.
Vom Haus des Ruchlosen schlägst du das Dach weg / und legst das Fundament frei / bis hinab auf den Felsen. [Sela]
14 Mit deinen Pfeilen durchbohrst du den Kopf seiner Krieger, / die heranstürmen, um uns zu verjagen.
Sie freuen sich schon voll Übermut, / in ihrem Versteck den Armen zu fressen.
15 Du bahnst mit deinen Rossen den Weg durch das Meer, / durch das gewaltig schäumende Wasser.
16 Ich zitterte am ganzen Leib, als ich es hörte, / ich vernahm den Lärm, und ich schrie.
Fäulnis befällt meine Glieder, / und es wanken meine Schritte.
Doch in Ruhe erwarte ich den Tag der Not, / der dem Volk bevorsteht, das über uns herfällt.
17 Zwar blüht der Feigenbaum nicht, / an den Reben ist nichts zu ernten, der Ölbaum bringt keinen Ertrag, / die Kornfelder tragen keine Frucht;
im Pferch sind keine Schafe, / im Stall steht kein Rind mehr.
18 Dennoch will ich jubeln über den Herrn, / und mich freuen über Gott, meinen Retter.
19 Gott, der Herr, ist meine Kraft. / Er macht meine Füße schnell wie die Füße der Hirsche / und läßt mich schreiten auf den Höhen.
(Dem Chormeister. Zum Saitenspiel.)

Das Buch Zefanja

Das relativ kleine Buch weist drei Teile auf: Strafankündigung gegen Juda und gegen die anderen Völker (1,2–2,15); Strafankündigung gegen Jerusalem (3,1–8); Ankündigung der Bekehrung der Völker und des Heils für Jerusalem (3,9–20). Das Buch läßt eine exilisch-nachexilische Bearbeitung erkennen. Der Schlußabschnitt 3,16–20 ist sicher erst längere Zeit nach dem Exil angefügt worden. Die Annahme einer bereits früheren Überarbeitung legen 1,18; 2,7.9f; 3,8f nahe.

Die Überschrift gibt als Zeit Zefanjas die Epoche des Königs Joschija (641–609 v. Chr.) an. In dessen frühe Regierungsjahre passen auch die als echt geltenden Texte. Während der langen Regierungszeit des Gott untreuen Manasse (699–643 v. Chr.) trat ein religiöser und sozialer Verfall im Südreich ein, der Gegenkräfte auf den Plan rief, die den jungen Joschija zu einem reformwilligen König zu machen vermochten (ab 627 oder 622 v. Chr.). Mit ihnen muß Zefanja um 630 v. Chr. als Prophet zusammengearbeitet haben.

Von Zefanja ist außer den Angaben in 1,1 nichts Weiteres bekannt. Warum seine Abstammung bis zum Urgroßvater zurück angegeben wird, bleibt unklar. Er nimmt die Botschaft vom »Tag des Herrn« von Amos (Am 5,16–20) und Jesaja (Jes 2,6–22) auf und gestaltet jenen »Tag« zu einem universalen Ereignis aus (1,14–18; 2,1–3). Die Sequenz der Totenmesse, das »Dies irae«, ist hauptsächlich von Zef 1,14–18 inspiriert. In seiner Grundforderung nach Gerechtigkeit und Demut stimmt Zefanja ebenfalls mit Amos und Jesaja überein; demgemäß verkündigt er das ideale Israel der Zukunft, den »heiligen Rest«, als »demütiges und armes Volk, das seine Zuflucht sucht beim Namen des Herrn« (3,12). Diese Stelle schlägt eine Brücke zum Neuen Testament.

Überschrift

1 Wort des Herrn, das an Zefanja, den Sohn Kuschis, des Sohnes
Gedaljas, des Sohnes Amarjas, des Sohnes Hiskijas, erging in
der Zeit, als Joschija, der Sohn Amons, König von Juda war.

Das Gericht über Juda und die Völker

Das Gericht über Juda

2 Ich raffe alles vom Erdboden weg, / ich raffe es weg – Spruch des
Herrn.
3 Mensch und Vieh raffe ich weg, / die Vögel des Himmels raffe ich weg
und die Fische im Meer, / [nämlich alles, was die Frevler zu Fall
gebracht hat,]
und ich rotte die Menschen auf der Erde aus – / Spruch des Herrn.
4 Ich strecke meine Hand gegen Juda aus / und gegen alle Einwohner
Jerusalems, und ich rotte an diesem Ort die Reste des Baalsdienstes
aus, / samt den Namen der Götzenpriester,
5 alle, die sich auf den Dächern niederwerfen / vor dem Heer des Him-
mels, auch alle, die sich vor dem Herrn niederwerfen, / zugleich aber
bei ihrem Moloch schwören,
6 und alle, die dem Herrn den Rücken kehren, / die ihn nicht suchen
und nicht nach ihm fragen.
7 Schweigt vor Gott, dem Herrn! / Denn der Tag des Herrn ist nahe.
Ja, der Herr hat ein Schlachtopfer vorbereitet, / er hat die eingeladenen
Gäste schon (dem Tod) geweiht.
8 Am Tag des Schlachtopfers des Herrn / rechne ich ab mit den großen
Herren und den Königssöhnen / und allen, die fremdländische Kleider
tragen;
9 an jenem Tag rechne ich ab mit jedem, / der über die Schwelle
springt, mit allen, die das Haus ihres Herrn / mit Betrug und Gewalt
anfüllen.
10 An jenem Tag – Spruch des Herrn – / hört man vom Fischtor her
Geschrei und aus der Neustadt lautes Jammern / und von den Hügeln
her großes Getöse.
11 Jammert, ihr Bewohner der Senke! / Denn das ganze Krämervolk
verstummt, / alle Geldwechsler sind ausgerottet.
12 In jener Zeit durchsuche ich Jerusalem mit der Laterne / und rechne
ab mit den Herren, die dick geworden sind auf ihrer Hefe und denken: /
Der Herr tut weder Gutes noch Böses.
13 Darum werden ihre Reichtümer geraubt / und ihre Häuser ver-
wüstet.
Sie werden Häuser bauen, aber nicht darin wohnen; / sie werden
Weinberge anlegen, aber den Wein nicht trinken.

Der Tag des Herrn

14 Der Tag des Herrn ist nahe, der gewaltige Tag, / er ist nahe, schnell
kommt er herbei.
Horch, der Tag des Herrn ist bitter, / da schreit sogar der Kriegsheld auf.
15 Ein Tag des Zorns ist jener Tag, / ein Tag der Not und Bedrängnis,
ein Tag des Krachens und Berstens, / ein Tag des Dunkels und der Fin-
sternis, / ein Tag der Wolken und der schwarzen Nacht,
16 ein Tag des Widderhorns und des Kriegsgeschreis in den befestig-
ten Städten / und auf den hohen Zinnen.
17 Da jage ich den Menschen Angst ein, / so daß sie wie blind umher-
laufen; / denn sie haben sich gegen den Herrn versündigt.
Ihr Blut wird hingeschüttet wie Schutt / und ihr fettes Mark wie Kot.
18 Weder ihr Silber noch ihr Gold kann sie retten / am Tag des Zornes
des Herrn.
Vom Feuer seines leidenschaftlichen Eifers / wird die ganze Erde ver-
zehrt.
Denn er bereitet allen Bewohnern der Erde ein Ende, / ein schreckli-
ches Ende.

Hoffnung nach Umkehr

2 Du gleichgültiges Volk, / sammelt euch, tut euch zusammen,
2 ehe ihr zerstreut werdet und zerstiebt wie Spreu, / ehe der
glühende Zorn des Herrn über euch kommt, / ehe über euch der Tag
des glühenden Zornes des Herrn kommt.

3 Sucht den Herrn, ihr Gedemütigten im Land, / die ihr nach dem
Recht des Herrn lebt.
Sucht Gerechtigkeit, sucht Demut! / Vielleicht bleibt ihr geborgen / am
Tag des Zornes des Herrn.

Das Gericht über die Nachbarvölker

4 Ja, Gaza wird verlassen sein / und Aschkelon wird eine Wüste,
am hellen Mittag treibt man Aschdods Einwohner fort, / und Ekron
ackert man um.
5 Weh euch, die ihr das Gebiet am Meer bewohnt,/ ihr Volk der Kereter.
Das Wort des Herrn richtet sich gegen euch: / Kanaan, Land der Phi-
lister, ich richte dich zugrunde, / keiner deiner Bewohner bleibt übrig.
6 Das Kereterland wird zum Weideland der Hirten, / es gibt nur noch
Pferche für Schafe und Ziegen.
7 Das Gebiet am Meer / fällt dem Rest des Hauses Juda zu.
Sie treiben ihre Herden dorthin / und suchen am Abend ein Lager / in
Aschkelons Häusern.
Denn der Herr, ihr Gott, kümmert sich um sie / und wendet ihr
Geschick.
8 Ich habe den Hohn Moabs gehört / und die Schimpfworte der
Ammoniter, die mein Volk verhöhnten / und große Reden führten
gegen sein Land.
9 Darum – Spruch des Herrn der Heere, / des Gottes Israels:
So wahr ich lebe: Moab wird wie Sodom werden / und die Ammoniter
wie Gomorra, ein Ort des Unkrauts, eine Salzgrube / und eine Wüste
für immer.
Der Rest meines Volkes wird sie ausplündern, / der Überrest meines
Volkes wird sie beerben.
10 Das ist die Strafe für ihren Hochmut; / denn sie höhnten und führten
große Reden / gegen das Volk des Herrn der Heere.
11 Furchterregend tritt der Herr gegen sie auf. / Ja, er vernichtet alle
Götter der Erde, und alle Völker der Inseln werfen sich nieder vor ihm, /
jedes an seinem Ort.
12 Auch ihr Kuschiter werdet / von meinem Schwert durchbohrt.
13 Er streckt seine Hand auch nach Norden aus / und vernichtet Assur,
und Ninive macht er zur Öde, / es verdorrt wie die Wüste.
14 Dort lagern Herden, Tiere aller Art, / auf den Kapitellen der Säulen
nächtigen Eule und Dohle.
Laut schreit es im Fenster, / ein Rabe krächzt auf der Schwelle. / [Denn
das Zederngetäfel ist weg.]
15 Das also ist die fröhliche Stadt, / die sich in Sicherheit wiegte, / die
dachte: Ich und sonst niemand!
Welch eine Wüste ist sie geworden, / ein Lager für die wilden Tiere.
Jeder, der dort vorbeikommt, / pfeift und hebt entsetzt seine Hand.

Das Gericht über Jerusalem

3 Weh der trotzigen, der schmutzigen, / der gewalttätigen Stadt.
2 Sie will nicht hören / und nimmt sich keine Warnung zu Herzen.
Sie verläßt sich nicht auf den Herrn / und sucht nicht die Nähe ihres
Gottes.
3 Ihre Fürsten sind brüllende Löwen. / Ihre Richter sind wie Wölfe der
Steppe, / die bis zum Morgen keinen Knochen mehr übriglassen.
4 Ihre Propheten sind freche Betrüger. / Ihre Priester entweihen das
Heilige / und tun Gewalt dem Gesetz an.
5 Aber der Herr tritt für das Recht ein in ihrer Mitte, / er tut kein
Unrecht.
Morgen für Morgen fällt er das Urteil, / es fehlt nie beim Aufgang des
Lichts. / Doch der Böse kennt keine Scham.
6 Ich habe ganze Völker ausgerottet, / ihre Zinnen liegen zertrümmert
am Boden.
Ich habe ihre Straßen entvölkert, / keiner geht dort mehr umher;
ihre Städte sind verwüstet, / ohne Menschen, ohne Bewohner.
7 Ich dachte: Sicher fürchtest du mich jetzt, / nimmst dir die Warnung
zu Herzen; und alles, was ich ihnen auftrug, / werden sie immer vor
Augen haben.
Aber nein, sie begingen immer wieder / all ihre schändlichen Taten.
8 Darum wartet nur – Spruch des Herrn – / auf den Tag, an dem ich auf-
treten werde als Kläger.
Denn ich habe beschlossen: / Völker will ich versammeln, / und
Königreiche biete ich auf; dann schütte ich meinen Groll über sie aus,
/ die ganze Glut meines Zorns.
Denn vom Feuer meines Eifers / wird die ganze Erde verzehrt.

Die Verheißung für Jerusalem und die Völker

9 Dann werde ich die Lippen der Völker / verwandeln in reine Lippen,
damit alle den Namen des Herrn anrufen / und ihm einmütig dienen.
10 Von jenseits der Ströme von Kusch / bringen mir meine Verehrer
dann als Gabe / die Gemeinde meiner Verstreuten.
11 An jenem Tag / brauchst du dich nicht mehr zu schämen,
wegen all deiner schändlichen Taten, / die du gegen mich verübt hast.
Ja, dann entferne ich aus deiner Mitte / die überheblichen Prahler,
und du wirst nicht mehr hochmütig sein / auf meinem heiligen Berg.
12 Und ich lasse in deiner Mitte übrig ein demütiges und armes Volk, /
das seine Zuflucht sucht beim Namen des Herrn.
13 Der Rest von Israel wird kein Unrecht mehr tun / und wird nicht
mehr lügen, / in ihrem Mund findet man kein unwahres Wort mehr.
Ja, sie gehen friedlich auf die Weide, / und niemand schreckt sie auf,
wenn sie ruhen.
14 Juble, Tochter Zion! Jauchze, Israel! / Freu dich, und frohlocke von
ganzem Herzen, / Tochter Jerusalem!
15 Der Herr hat das Urteil gegen dich aufgehoben / und deine Feinde
zur Umkehr gezwungen.
Der König Israels, der Herr, ist in deiner Mitte; / du hast kein Unheil
mehr zu fürchten.
16 An jenem Tag wird man zu Jerusalem sagen: / Fürchte dich nicht,
Zion! / Laß die Hände nicht sinken!
17 Der Herr, dein Gott, ist in deiner Mitte, / ein Held, der Rettung
bringt.
Er freut sich und jubelt über dich, / er erneuert seine Liebe zu dir,
er jubelt über dich und frohlockt, / wie man frohlockt an einem
Festtag.
18 Ich mache deinem Unglück ein Ende, / ich nehme die Schmach
von dir.
19 In jener Zeit vernichte ich alle, die dich unterdrücken. / Ich helfe den
Hinkenden und sammle die Verstreuten.
Ich verschaffe ihnen Ruhm und Ansehen / überall auf der Erde, wo sie
Schmach erlitten.
20 In jener Zeit bringe ich euch heim, / in jener Zeit führe ich euch wie-
der zusammen.
Ja, ich verleihe euch Ansehen und Ruhm / bei allen Völkern der Erde,
wenn ich euer Geschick wende. / Ihr werdet es sehen, spricht der Herr.

Das Buch Haggai

Das Buch Haggai enthält in seinen zwei Kapiteln fünf prophetische Reden, die schon in der Form von der Verkündigung der vorexilischen Propheten abweichen. Sie beziehen die Zuhörer und ihre Äußerungen stärker in die Prophetenrede mit ein und verbinden mit den Ankündigungen in breiterem Maß Diskussionsworte und Mahnungen. Auch sind die Reden Haggais genau datiert: Sie wurden den Angaben nach (1,1; 2,1.10.20) in der zweiten Hälfte des Jahres 520 v. Chr. in Jerusalem gehalten. Ihr einziges Thema ist der Wiederaufbau des Tempels. Weil man nach der Rückkehr aus dem Babylonischen Exil (ab 538 v. Chr.) nur für das eigene Haus, aber nicht für das in Trümmern liegende Haus Gottes sorgte, so der Prophet, herrscht Dürre und Hungersnot. Ein neuer Tempel, von reinen Händen erbaut (2,10–14), wird, auch wenn er den alten an äußerem Glanz nicht erreicht, Segen bringen und zugleich Unterpfand für die kommende messianische Zeit sein. Haggai rechnet damit, daß Serubbabel, der Nachkomme Davids, sie einleitet (2,20–23).
Über den Propheten ist nichts weiter bekannt, als daß er noch bis zur Einweihung des neuen Tempels (um 515 v. Chr.) gewirkt hat (vgl. Esra 6,14f). Die den Wiederaufbau auslösenden Reden sind offenbar von seinem Jüngerkreis aufgezeichnet und genau datiert worden. Die überarbeitende Hand eines Redaktors ist noch in 1,3.5.13 und vielleicht in 2,4–6 zu erkennen. Die vielfach vorgenommene Umstellung von 2,15–19 hinter 1,15a ist nicht genügend gerechtfertigt. Das unreine Volk von 2,14 bezieht sich nicht in erster Linie auf die Samariter, die am Tempel mitbauen wollten; Haggai wendet sich hier vielmehr gegen alle kultische Unreinheit und hat dabei vor allem Einwohner Jerusalems und Judas vor Augen. Den Tempel, dessen Wiedererrichtung Haggai mit ins Werk setzte und den er in seinem Wort mit messianischem Glanz ausstattete, hat Jesus das »Haus seines Vaters« genannt (Joh 2,16).

Der Aufruf zum Tempelbau

1 Im zweiten Jahr des Königs Darius erging am ersten Tag des
sechsten Monats das Wort des Herrn durch den Propheten Hag-
gai an den Statthalter von Juda, Serubbabel, den Sohn Schealtiëls, und
an den Hohenpriester Jeschua, den Sohn des Jozadak:
2 So spricht der Herr der Heere: Dieses Volk sagt: Noch ist die Zeit
nicht gekommen, das Haus des Herrn aufzubauen. 3 Da erging das
Wort des Herrn durch den Propheten Haggai: 4 Ist etwa die Zeit
gekommen, daß ihr in euren getäfelten Häusern wohnt, während die-
ses Haus in Trümmern liegt? 5 Nun aber spricht der Herr der Heere:
Überlegt doch, wie es euch geht. 6 Ihr sät viel und erntet wenig; ihr eßt
und werdet nicht satt; ihr trinkt, aber zum Betrinken reicht es euch
nicht; ihr zieht Kleider an, aber sie halten nicht warm, und wer etwas
verdient, verdient es für einen löcherigen Beutel.
7 So spricht der Herr der Heere: Überlegt also, wie es euch geht. 8 Geht
ins Gebirge, schafft Holz herbei, und baut den Tempel wieder auf! Das
würde mir gefallen und mich ehren, spricht der Herr. 9 Ihr habt viel
erhofft und doch nur wenig geerntet; und wenn ihr es einbrachtet,
blies ich es weg. Warum wohl? – Spruch des Herrn der Heere. Weil
mein Haus in Trümmern liegt, während jeder von euch für sein eige-
nes Haus rennt. 10 Deshalb hält der Himmel über euch den Tau
zurück, und die Erde hält ihren Ertrag zurück. 11 Ich rief die Dürre
über das Land und über die Berge, über das Getreide, über den Wein
und das Öl, über alles, was der Boden hervorbringt, über Mensch und
Vieh und über alle Arbeit eurer Hände.

Der Neuanfang

12 Serubbabel, der Sohn Schealtiëls, und der Hohepriester Jeschua, der
Sohn des Jozadak, und alle, die vom Volk noch übrig waren, hörten auf
die Stimme des Herrn, ihres Gottes, und auf die Worte des Propheten
Haggai; denn der Herr, ihr Gott, hatte ihn gesandt, und das Volk
fürchtete sich vor dem Herrn. 13 Darum verkündete Haggai, der Bote
des Herrn, dem Volk im Auftrag des Herrn: Ich bin bei euch – Spruch
des Herrn. 14 Und der Herr weckte den Geist des Statthalters von Juda,
Serubbabel, des Sohnes Schealtiëls, und den Geist des Hohenprie-
sters Jeschua, des Sohnes des Jozadak, und den Geist all derer, die
vom Volk noch übrig waren, so daß sie kamen und die Arbeit am Tem-
pel ihres Gottes, des Herrn der Heere, aufnahmen; 15 das war am vier-
undzwanzigsten Tag des sechsten Monats im zweiten Jahr des Königs
Darius.

Der neue Tempel

2 Am einundzwanzigsten Tag des siebten Monats erging das Wort
des Herrn durch den Propheten Haggai: 2 Sag zu Serubbabel, dem
Sohn Schealtiëls, dem Statthalter von Juda, und zum Hohenpriester
Jeschua, dem Sohn des Jozadak, und zu denen, die vom Volk übrig sind:
3 Ist unter euch noch einer übrig, der diesen Tempel in seiner früheren
Herrlichkeit gesehen hat? Und was seht ihr jetzt? Erscheint er euch
nicht wie ein Nichts? 4 Aber nun fasse Mut, Serubbabel – Spruch des
Herrn –, fasse Mut, Hoherpriester Jeschua, Sohn des Jozadak, faßt alle
Mut, ihr Bürger des Landes – Spruch des Herrn –, und macht euch an
die Arbeit! Denn ich bin bei euch – Spruch des Herrn der Heere. 5 Der
Bund, den ich bei eurem Auszug aus Ägypten mit euch geschlossen
habe, bleibt bestehen, und mein Geist bleibt in eurer Mitte. Fürchtet
euch nicht! 6 Denn so spricht der Herr der Heere: Nur noch kurze Zeit,
dann lasse ich den Himmel und die Erde, das Meer und das Festland,
erbeben, 7 und ich lasse alle Völker erzittern. Dann strömen die Schätze
aller Völker herbei, und ich erfülle dieses Haus mit Herrlichkeit, spricht
der Herr der Heere. 8 Mir gehört das Silber und mir das Gold – Spruch
des Herrn der Heere. 9 Die künftige Herrlichkeit dieses Hauses wird
größer sein als die frühere, spricht der Herr der Heere. An diesem Ort
schenke ich die Fülle des Friedens – Spruch des Herrn der Heere.

Das neue Heil

10 Im zweiten Jahr des Darius erging am vierundzwanzigsten Tag des
neunten Monats dieses Wort des Herrn an den Propheten Haggai:
11 So spricht der Herr der Heere: Erbitte von den Priestern eine Wei-
sung in folgender Frage: 12 Wenn jemand heiliges Opferfleisch im Zip-
fel seines Gewandes trägt und mit dem Zipfel zufällig Brot oder etwas
Gekochtes berührt oder Wein oder Öl oder sonst etwas Eßbares, wird
dieses dadurch geheiligt? Die Priester antworteten: Nein. 13 Da fragte
Haggai: Wenn jemand, der durch eine Leiche unrein geworden ist,
das alles berührt, wird es dann unrein? Die Priester antworteten: Ja, es
wird unrein. 14 Darauf erwiderte Haggai: Ebenso sind in meinen
Augen dieses Volk und diese Leute – Spruch des Herrn – und ebenso
alles, was sie tun; und was sie als Opfer darbringen: unrein ist es.
15 Nun aber gebt acht, was von heute an geschieht. Bevor man am
Tempel des Herrn Stein auf Stein legte, 16 wie ist es euch da ergangen?
Kam man zu einem Kornhaufen, der zwanzig Efa haben sollte, so
waren es nur zehn; kam man zur Kelter, um fünfzig Bat zu schöpfen,
waren es nur zwanzig. 17 Mit Getreidebrand und Mehltau und Hagel
schlug ich euch und machte alle eure Arbeit zunichte, und doch wand-
tet ihr euch mir nicht zu – Spruch des Herrn.
18 Gebt acht, was von heute an geschieht, vom vierundzwanzigsten
Tag des neunten Monats an, dem Tag, an dem der Grundstein zum
Tempel des Herrn gelegt wurde. Gebt acht, 19 ob das Saatkorn weiter-
hin im Speicher bleibt und ob Weinstock und Feigenbaum, Granat-
baum und Ölbaum immer noch keine Frucht tragen. Von heute an
spende ich Segen.

Die Verheißung an den Davidsohn

20 Am vierundzwanzigsten Tag des Monats erging das Wort des Herrn
ein zweites Mal an Haggai:
21 Sag zu Serubbabel, dem Statthalter von Juda: Ich lasse den Himmel
und die Erde erbeben. 22 Ich stürze die Throne der Könige und zer-
schlage die Macht der Königreiche der Völker. Ich stoße die Kriegswa-
gen samt ihren Fahrern um, die Pferde sinken samt ihren Reitern zu
Boden, einer vom Schwert des andern getroffen. 23 An jenem Tag –
Spruch des Herrn der Heere – nehme ich dich, mein Knecht Serubba-
bel, Sohn Schealtiëls, – Spruch des Herrn – und mache dich zu meinem
Siegelring; denn ich habe dich erwählt – Spruch des Herrn der Heere.

Das Buch Sacharja

Das Buch Sacharja zerfällt in zwei deutlich voneinander geschiedene Teile. Den Schwerpunkt des ersten Teils (Kap. 1–8) bilden acht Visionen, die den Plan Gottes zur Wiederherstellung des zerstörten Jerusalem und zur Neuordnung des begnadigten Gottesvolkes darlegen. Im Anschluß daran ermahnt der Prophet das Volk von Juda, sich durch ein Leben nach der Weisung Gottes auf die Erfüllung der endzeitlichen Verheißungen vorzubereiten. Der zweite Teil des Buches (Kap. 9–14) wendet sich direkt dem Endgeschehen zu. Dementsprechend ist dort die Rede von der Bedrängnis Jerusalems durch die gottwidrige Heidenwelt und von der damit verbundenen Läuterung des Gottesvolkes, aber auch von dem Auftreten des Messias und von der Offenbarung der Gottesherrschaft für die ganze Welt.

Die Abfassung des ersten Teils geht zweifellos auf die Verkündigung des Propheten Sacharja zurück, der nach 1,1.7 und 7,1 in den Jahren 520–518 v. Chr. in Jerusalem aufgetreten ist. Die Entstehung des zweiten Teils dagegen fällt offensichtlich in eine spätere Zeit, wie der andersartige geschichtliche Hintergrund und die weiterentwickelten Vorstellungen über die Endzeit erkennen lassen.

Die Bedeutung der Botschaft Sacharjas erkennt man, wenn man sie auf dem Hintergrund der ersten Zeit nach der Rückkehr der verbannten Judäer aus Babylonien sieht. Angesichts der Hoffnungslosigkeit des Volkes, das nach den Schicksalsschlägen der Vergangenheit und den trostlosen Erfahrungen der Gegenwart in der Versuchung lebt, sich selbst und seine Sendung aufzugeben, entfacht Sacharja im Blick auf das Kommen der endzeitlichen Gottesherrschaft den Eifer seiner Zeitgenossen für ein mutiges und opferbereites Handeln beim Wiederaufbau Jerusalems und bei der Neuordnung des Gottesvolkes.

Erster Teil: Die Visionen und Worte Sacharjas

Der Aufruf zur Umkehr

1 Im zweiten Jahr des Darius erging im achten Monat das Wort des
Herrn an den Propheten Sacharja, den Sohn Berechjas, des Soh-
nes Iddos: 2 Schwer hat der Herr euren Vätern gezürnt. 3 Deshalb sag
zu ihnen: So spricht der Herr der Heere: Kehrt um zu mir – Spruch des
Herrn der Heere –, dann kehre ich um zu euch, spricht der Herr der
Heere. 4 Seid nicht wie eure Väter, denen die früheren Propheten ver-
kündeten: So spricht der Herr der Heere: Kehrt doch um von euren
heillosen Wegen und von euren heillosen Taten. Aber sie hörten nicht
und schenkten mir kein Gehör – Spruch des Herrn. 5 Wo sind nun eure
Väter? Und die Propheten – leben sie ewig? 6 Meine Worte und meine
Entschlüsse, die ich durch meine Knechte, die Propheten, verkünden
ließ, haben sie sich nicht an euren Vätern erfüllt?
Darauf kehrten sie um und sagten: Wie unsere Wege und unsere Taten
es verdienten, gedachte der Herr der Heere an uns zu handeln, und so
hat er gehandelt.

Die erste Vision: Das Gericht über die Völker

7 Am vierundzwanzigsten Tag des elften Monats – das ist der Monat
Schebat – im zweiten Jahr des Darius erging das Wort des Herrn an
den Propheten Sacharja, den Sohn Berechjas, des Sohnes Iddos. 8 In
dieser Nacht hatte ich eine Vision: Ich sah einen Mann auf einem rot-
braunen Pferd. Er stand zwischen den Myrtenbäumen in der Tiefe,
und hinter ihm waren rotbraune, blutrote und weiße Pferde. 9 Ich
fragte: Herr, was bedeuten diese Pferde? Und der Engel, der mit mir
redete, sprach: Ich will dich sehen lassen, was sie bedeuten. 10 Da
ergriff der Mann, der zwischen den Myrtenbäumen stand, das Wort
und sagte: Der Herr hat diese Pferde gesandt, damit sie die Erde
durchziehen. 11 Und sie antworteten dem Engel des Herrn, der zwi-
schen den Myrtenbäumen stand: Wir haben die Erde durchzogen – die
ganze Erde ruht und liegt still. 12 Da sagte der Engel des Herrn: Herr
der Heere, wie lange versagst du noch Jerusalem und den Städten
Judas dein Erbarmen, denen du nun siebzig Jahre grollst? 13 Der Herr
antwortete dem Engel, der mit mir redete, in freundlichen Worten,
Worten voll Trost.
14 Da sagte mir der Engel, der mit mir redete: Verkünde: So spricht der
Herr der Heere: Mit großem Eifer trete ich für Jerusalem und Zion ein;
15 aber ich bin voll glühendem Zorn gegen die Völker, die sich in
falscher Sicherheit wiegen. Ich war nur ein wenig erzürnt; doch sie
wollten vernichten, als sie mir halfen. 16 Darum – so spricht der Herr:
Voll Erbarmen wende ich mich Jerusalem wieder zu. Man wird mein
Haus dort aufbauen – Spruch des Herrn der Heere – und die Richt-
schnur über Jerusalem spannen. 17 Weiter verkünde: So spricht der
Herr der Heere: Meine Städte werden wieder überfließen von allen
Gütern. Der Herr wird Zion wieder trösten, und er wird Jerusalem wie-
der auserwählen.

Die zweite Vision: Das Gericht über die Zerstörer Jerusalems

2 Danach blickte ich hin und sah: Da waren vier Hörner. 2 Ich
fragte den Engel, der mit mir redete: Was bedeuten diese Hör-
ner? Er antwortete mir: Das sind die vier Hörner, die Juda, Israel und
Jerusalem zerstreut haben. 3 Darauf ließ mich der Herr vier Schmiede
sehen. 4 Ich fragte: Wozu sind sie da? Was sollen sie tun? Und er ant-
wortete: Die Hörner haben Juda zerstreut, so daß kein Mensch mehr
sein Haupt erhob; die Schmiede aber sind gekommen, um sie zu
erschrecken und die Hörner aller Völker niederzuwerfen, die ihre
Macht gegen Juda aufgeboten haben, um es zu zerstreuen.

Die dritte Vision: Jerusalem unter Gottes Schutz

5 Danach blickte ich hin und sah: Da war ein Mann mit einer
Meßschnur in der Hand. 6 Ich fragte: Wohin gehst du? Er antwortete
mir: Ich gehe, um Jerusalem auszumessen und zu sehen, wie breit
und wie lang es sein wird. 7 Da trat der Engel, der mit mir redete, vor,
und ein anderer Engel kam ihm entgegen 8 und sagte zu ihm: Lauf und
sag dem jungen Mann dort: Jerusalem wird eine offene Stadt sein
wegen der vielen Menschen und Tiere, die darin wohnen. 9 Ich selbst –
Spruch des Herrn – werde für die Stadt ringsum eine Mauer von Feuer
sein und in ihrem Innern ihr Ruhm und ihre Ehre.

Der Aufruf an die Verbannten
10 Auf, auf! Flieht aus dem Land des Nordens – Spruch des Herrn.
Denn wie die vier Winde des Himmels habe ich euch zerstreut –
Spruch des Herrn. 11 Auf, Zion, die du in Babel wohnst, rette dich!
12 Denn so spricht der Herr der Heere – er hat mich mit Herrlichkeit zu
den Völkern gesandt, die euch ausgeplündert haben –: Wer euch antastet,
tastet meinen Augapfel an. 13 Ja, jetzt hole ich mit meiner Hand
zum Schlag gegen sie aus, so daß sie eine Beute ihrer eigenen Knechte
werden. Und ihr werdet erkennen, daß der Herr der Heere mich
gesandt hat.
14 Juble und freue dich, Tochter Zion; denn siehe, ich komme und
wohne in deiner Mitte – Spruch des Herrn. 15 An jenem Tag werden sich
viele Völker dem Herrn anschließen, und sie werden mein Volk sein,
und ich werde in deiner Mitte wohnen. Dann wirst du erkennen, daß
der Herr der Heere mich zu dir gesandt hat. 16 Der Herr aber wird Juda in
Besitz nehmen; es wird sein Anteil im Heiligen Land sein. Und er wird
Jerusalem wieder auserwählen. 17 Alle Welt schweige in der Gegenwart
des Herrn. Denn er tritt hervor aus seiner heiligen Wohnung.

Die vierte Vision: Der Priesterdienst in der messianischen Zeit
3 Danach ließ er mich den Hohenpriester Jeschua sehen, der vor dem
Engel des Herrn stand. Der Satan aber stand rechts von Jeschua, um
ihn anzuklagen. 2 Der Engel des Herrn sagte zum Satan: Der Herr weise
dich in die Schranken, Satan; ja, der Herr, der Jerusalem auserwählt hat,
weise dich in die Schranken. Ist dieser Mann nicht ein Holzscheit, das
man aus dem Feuer gerissen hat? 3 Jeschua hatte nämlich schmutzige
Kleider an, als er vor dem Engel stand. 4 Der Engel wandte sich an seine
Diener und befahl: Zieht ihm die schmutzigen Kleider aus! Zu ihm aber
sagte er: Hiermit nehme ich deine Schuld von dir und bekleide dich mit
festlichen Gewändern. 5 Und ich befehle: Man soll ihm einen reinen Turban
aufsetzen. Da setzten sie ihm den reinen Turban auf und bekleideten
ihn mit Festgewändern, und der Engel des Herrn stand dabei.
6 Der Engel des Herrn versicherte Jeschua: 7 So spricht der Herr der
Heere: Wenn du auf meinen Wegen gehst und wenn du meine Ordnung
einhältst, dann wirst du es sein, der mein Haus regiert und meine
Vorhöfe verwaltet, und ich gebe dir Zutritt zu meinen Dienern hier.
8 Höre, Hoherpriester Jeschua: Du und deine Gefährten, die vor dir sitzen,
ihr seid Männer, die Wahrzeichen sind. Denn siehe, ich will meinen
Knecht kommen lassen, den Sproß. 9 Denn der Stein, den ich vor
Jeschua hingelegt habe – auf diesem einen Stein sind sieben Augen.
Ich ritze in ihn eine Inschrift ein – Spruch des Herrn der Heere –, und
ich tilge die Schuld dieses Landes an einem einzigen Tag. 10 An jenem
Tag – Spruch des Herrn der Heere – werdet ihr einander einladen unter
Weinstock und Feigenbaum.

Die fünfte Vision: Der Hohepriester und der Davidsohn
4 Danach kehrte der Engel, der mit mir redete, zurück, weckte
mich, wie man jemand vom Schlaf aufweckt, 2 und sagte zu mir:
Was hast du gesehen? Ich antwortete: Ich hatte eine Vision: Da stand
ein Leuchter, ganz aus Gold, darauf eine Schale und auf ihr sieben
Lampen mit je sieben Schnäbeln für die Flammen auf den Lampen.
3 Zwei Ölbäume standen daneben, der eine rechts, der andere links
von der Schale. 4 Und ich sprach weiter und fragte den Engel, der mit
mir redete: Herr, was bedeuten diese Ölbäume? 5 Der Engel, der mit
mir redete, antwortete mir: Weißt du nicht, was sie bedeuten? Ich
erwiderte: Nein, Herr. 6 Da erwiderte er und sagte zu mir: So lautet das
Wort des Herrn an Serubbabel: Nicht durch Macht, nicht durch Kraft,
allein durch meinen Geist! – spricht der Herr der Heere.
7 Wer bist du, großer Berg? Vor Serubbabel wirst du zur Ebene. Er holt
den Schlußstein hervor, und man ruft: Wie schön ist er, wie schön!
8 Da erging das Wort des Herrn an mich: 9 Serubbabels Hände haben
den Grund zu diesem Haus gelegt, und seine Hände werden es vollenden,
damit man erkennt, daß mich der Herr der Heere zu euch
gesandt hat. 10 Denn wer gering dachte von der Zeit der kleinen
Anfänge, wird sich freuen, wenn er den auserlesenen Stein in Serubbabels
Hand sieht. Das sind die sieben Augen des Herrn, die über die
ganze Erde schweifen.
11 Ich fragte ihn weiter: Was bedeuten die zwei Ölbäume auf der rechten
und auf der linken Seite des Leuchters? 12 Und weiter fragte ich ihn:
Was bedeuten die zwei Büschel von Olivenzweigen bei den beiden goldenen
Röhren, durch die das goldene Öl herabfließt? 13 Er sagte zu
mir: Weißt du nicht, was sie bedeuten? Ich erwiderte: Nein, Herr. 14 Er
sagte: Das sind die beiden Gesalbten, die vor dem Herrn der ganzen
Erde stehen.

Die sechste Vision: Die Ausrottung der Diebe
5 Wieder blickte ich hin und sah eine fliegende Schriftrolle. 2 Er
fragte mich: Was siehst du? Ich antwortete: Ich sehe eine fliegende
Schriftrolle, zwanzig Ellen lang und zehn Ellen breit. 3 Da sagte
er zu mir: Das ist der Fluch, der über die ganze Erde dahinfliegt. An
jedem, der stiehlt, wird Rache genommen, dem Fluch entsprechend;
und an jedem, der schwört, wird Rache genommen, dem Fluch entsprechend.
4 Ich habe den Fluch dahinfliegen lassen – Spruch des Herrn der Heere
–, und er wird eindringen in das Haus des Diebes und in das Haus dessen,
der bei meinem Namen einen Meineid schwört. Und der Fluch
wird im Innern seines Hauses bleiben und wird es vernichten samt
Holz und Steinen.

Die siebte Vision: Die Befreiung vom Bösen
5 Der Engel des Herrn, der mit mir redete, kam und sagte zu mir: Blick
hin und sieh, was sich zeigt! 6 Ich fragte: Was ist das? Er antwortete:
Was sich dort zeigt, ist ein Faß. Und er fuhr fort: Das ist ihre Schuld
auf der ganzen Erde. 7 Und siehe: Ein Deckel aus Blei wurde (von dem
Faß) gehoben, und in dem Faß saß eine Frau. 8 Er sagte: Das ist die
Ruchlosigkeit. Darauf stieß er sie in das Faß zurück und warf den
bleiernen Deckel auf die Öffnung. 9 Als ich aufblickte und hinsah, da
traten zwei Frauen hervor, und ein Wind füllte ihre Flügel – sie hatten
nämlich Flügel wie Storchenflügel –, und sie trugen das Faß zwischen
Erde und Himmel fort. 10 Darauf fragte ich den Engel, der mit mir
redete: Wohin bringen sie das Faß? 11 Er antwortete mir: Im Land
Schinar soll für die Frau ein Tempel gebaut werden. Er wird auf festem
Grund stehen, und dort wird sie an ihrem Platz aufgestellt werden.

Die achte Vision: Das Gericht über die Feinde
6 Wieder blickte ich hin und sah vier Wagen. Sie fuhren zwischen
zwei Bergen hervor, und die Berge waren aus Bronze. 2 Am
ersten Wagen waren rote Pferde, am zweiten Wagen schwarze Pferde,
3 am dritten Wagen weiße Pferde und am vierten Wagen gescheckte
Pferde, alles starke Tiere. 4 Darauf fragte ich den Engel, der mit mir
redete: Was bedeutet das, Herr? 5 Der Engel gab mir zur Antwort: Das
sind die vier Winde des Himmels, die vor dem Herrn der ganzen Erde
standen und nun losstürmen. 6 Die schwarzen Pferde gehen in das
Land des Nordens, die weißen gehen nach Westen, die gescheckten
gehen in das Land des Südens. 7 Die starken Tiere stürmen los, begierig,
die Erde zu durchziehen. Darauf sagte er: Auf, durchzieht die
Erde! Und sie durchzogen die Erde. 8 Und er rief mir zu: Sieh dir die
Pferde an, die in das Land des Nordens ziehen – sie bringen meinen
Geist über das Land des Nordens.

Die Zeichen der Heilszeit
9 Danach erging an mich das Wort des Herrn: 10 Nimm einige der
Heimkehrer von den Familien Heldai, Tobija und Jedaja, und komm
selbst an diesem Tag zum Haus Joschijas, des Sohnes Zefanjas! Es
sind Leute, die aus Babel zurückgekommen sind. 11 Nimm Silber und
Gold, mach eine Krone, setze sie dem Hohenpriester Jeschua, dem
Sohn des Jozadak, aufs Haupt, 12 und sag zu ihm: So spricht der Herr
der Heere: Da ist ein Mann, Sproß ist sein Name; denn wo er steht,
wird es sprossen, und er wird den Tempel des Herrn bauen. 13 Er ist es,
der den Tempel des Herrn baut. Er ist mit Hoheit bekleidet. Er sitzt auf

seinem Thron und herrscht. Ein Priester steht an seinem Thron, und
gemeinsam sorgen sie für den Frieden. 14 Die Krone wird zur Erinne-
rung an Heldai, Tobija, Jedaja und Hen, den Sohn Zefanjas, im Tempel
des Herrn liegen. 15 Aus der Ferne werden sie kommen und am Tempel
des Herrn bauen. Dann werdet ihr erkennen, daß mich der Herr der
Heere zu euch gesandt hat. Das wird geschehen, wenn ihr beharrlich
auf die Stimme des Herrn, eures Gottes, hört.

Das wahre Fasten

7 Im vierten Jahr des Königs Darius erging das Wort des Herrn an
Sacharja, am vierten Tag im neunten Monat, dem Monat Kislew.
2 Bet-El sandte Sarezer und Regem-Melech mit seinen Leuten, um den
Zorn des Herrn zu besänftigen 3 und um die Priester im Haus des Herrn
der Heere und die Propheten zu fragen: Soll ich weiterhin im fünften
Monat weinen und enthaltsam sein, wie ich es so viele Jahre getan habe?
4 Da erging an mich das Wort des Herrn der Heere: 5 Sag dem ganzen
Volk auf dem Land und den Priestern: Ihr habt gefastet und Klage abge-
halten im fünften und im siebten Monat, und das siebzig Jahre lang –
aber bin ich es, für den ihr so streng gefastet habt? 6 Und wenn ihr eßt
und trinkt, eßt ihr dann nicht für euch, und trinkt ihr nicht für euch?
7 Kennt ihr nicht die Worte, die der Herr durch die früheren Propheten
verkünden ließ, als man Jerusalem und die Städte ringsum sorglos
bewohnte, als der Negeb und die Schefela noch bewohnt waren? 8 Und
das Wort des Herrn erging an Sacharja: 9 So spricht der Herr der Heere:
Haltet gerechtes Gericht, jeder zeige seinem Bruder gegenüber Güte
und Erbarmen; 10 unterdrückt nicht die Witwen und Waisen, die Frem-
den und Armen, und plant in eurem Herzen nichts Böses gegeneinan-
der! 11 Doch sie weigerten sich hinzuhören, sie zeigten sich störrisch
und verstopften ihre Ohren, um nicht zu hören. 12 Sie machten ihr Herz
hart wie Diamant, um die Weisung und die Worte nicht hören zu müs-
sen, die der Herr der Heere in der Kraft seines Geistes durch die frühe-
ren Propheten gesandt hat. Deshalb kam der große Zorn des Herrn der
Heere über sie, 13 und es geschah dies: Wie er einst rief und sie nicht hör-
ten, so riefen nun sie, und ich hörte nicht, spricht der Herr der Heere.
14 Ich habe sie unter alle Völker verweht, die ihnen unbekannt waren.
Nach ihnen verödete das Land, so daß niemand mehr darin hin- und
herzog, und so haben sie das Land der Freuden zur Wüste gemacht.

Die künftige Rettung

8 Es erging das Wort des Herrn der Heere: 2 So spricht der Herr der
Heere: Mit großem Eifer trete ich ein für Zion, ich setze mich
glühend ein für Jerusalem. 3 So spricht der Herr: Ich kehre zurück
nach Zion und wohne wieder in Jerusalem. Dann wird Jerusalem
»Stadt der Treue« heißen und der Berg des Herrn der Heere »Heiliger
Berg«. 4 So spricht der Herr der Heere: Greise und Greisinnen werden
wieder auf den Plätzen Jerusalems sitzen; jeder hält wegen seines
hohen Alters einen Stock in der Hand. 5 Die Straßen der Stadt werden
voll Knaben und Mädchen sein, die auf den Straßen Jerusalems spie-
len. 6 So spricht der Herr der Heere: Wenn das dem Rest dieses Volkes
in jenen Tagen zu wunderbar erscheint, muß es dann auch mir zu
wunderbar erscheinen? – Spruch des Herrn der Heere.
7 So spricht der Herr der Heere: Seht, ich werde mein Volk befreien aus
dem Land des Sonnenaufgangs und aus dem Land des Sonnenunter-
gangs. 8 Ich werde sie heimbringen, und sie werden in Jerusalem woh-
nen. Sie werden mein Volk sein, und ich werde ihr Gott sein, unwan-
delbar und treu.
9 So spricht der Herr der Heere: Macht eure Hände stark, wenn ihr in
diesen Tagen die Worte aus dem Mund des Propheten hört. Die Pro-
pheten treten seit dem Tag auf, an dem das Fundament für das Haus
des Herrn der Heere gelegt wurde, damit der Tempel gebaut werde.
10 Vor diesen Tagen brachte die Arbeit des Menschen keinen Ertrag,
und es gab keine Nahrung für das Vieh. Wer aus dem Haus ging und heim-
kehrte, fand keine Sicherheit vor dem Feind. Alle Menschen ließ ich
gegeneinander los. 11 Jetzt aber bin ich zum Rest des Volkes nicht mehr
so wie in den früheren Tagen – Spruch des Herrn der Heere; 12 denn ich
säe das Heil: Der Weinstock gibt seine Frucht, das Land gibt seinen
Ertrag, der Himmel gibt seinen Tau. Das alles will ich dem Rest dieses
Volkes zu eigen geben. 13 Und wie ihr, Haus Juda und Haus Israel, ein
Fluch unter den Völkern gewesen seid, so werde ich euch erretten,
damit ihr ein Segen seid. Fürchtet euch nicht! Macht eure Hände stark!
14 Denn so spricht der Herr der Heere: Wie ich plante, euch Böses zu
tun, und es mich nicht reute, weil eure Väter mich erzürnten, spricht
der Herr der Heere, 15 so kehre ich jetzt um und plane in diesen Tagen,
Jerusalem und dem Haus Juda Gutes zu tun. Fürchtet euch nicht!
16 Das sind die Dinge, die ihr tun sollt: Sagt untereinander die Wahr-
heit! Fällt an euren Stadttoren Urteile, die der Wahrheit entsprechen
und dem Frieden dienen. 17 Plant in eurem Herzen nichts Böses gegen
euren Nächsten, und liebt keine verlogenen Schwüre! Denn das alles
hasse ich – Spruch des Herrn.
18 Und es erging an mich das Wort des Herrn der Heere: 19 So spricht
der Herr der Heere: Das Fasten des vierten, das Fasten des fünften, das
Fasten des siebten und das Fasten des zehnten Monats werden für das
Haus Juda Tage des Jubels und der Freude und froher Feste sein.
Darum liebt die Treue und den Frieden!
20 So spricht der Herr der Heere: Es wird noch geschehen, daß Völker
herbeikommen und die Einwohner vieler Städte. 21 Die Einwohner der
einen Stadt werden zur andern gehen und sagen: Wir wollen gehen,
um den Zorn des Herrn zu besänftigen und den Herrn der Heere zu
suchen. – Auch ich will hingehen. – 22 Viele Völker und mächtige
Nationen werden kommen, um in Jerusalem den Herrn der Heere zu
suchen und den Zorn des Herrn zu besänftigen.
23 So spricht der Herr der Heere: In jenen Tagen werden zehn Männer
aus Völkern aller Sprachen einen Mann aus Juda an seinem Gewand
fassen, ihn festhalten und sagen: Wir wollen mit euch gehen; denn wir
haben gehört: Gott ist mit euch.

Zweiter Teil: Verheißungen und Gerichtsworte aus späterer Zeit

Die Rettung eines Restes der Nachbarvölker

9 Ausspruch. Das Wort des Herrn ruht auf dem Land Hadrach,
Damaskus ist seine Ruhestätte. Denn dem Herrn gehören die
Hauptstadt von Aram und alle Stämme Israels, 2 auch Hamat, das daran
grenzt, selbst Tyrus und Sidon, so klug sie auch sind. 3 Tyrus baute sich
eine Festung, häufte Silber auf wie Staub und Gold wie Schlamm in den
Gassen. 4 Seht, der Herr läßt es verarmen, er schlägt seine Streitmacht
auf dem Meer; die Stadt wird vom Feuer verzehrt. 5 Aschkelon soll es
sehen und sich fürchten, auch Gaza, und sie sollen gewaltig zittern,
auch Ekron; denn er läßt dahinschwinden, wonach sie Ausschau hiel-
ten. Verschwunden ist der König aus Gaza, Aschkelons Thron steht
leer. 6 Ein Bastard herrscht in Aschdod, ich zerschlage die Größe der
Philister. 7 Ich werde das Blut (das sie trinken) aus ihrem Mund nehmen
und das, was ich verabscheue, aus ihren Zähnen. So werden auch sie zu
dem Rest gehören, der unserem Gott zu eigen ist. Sie sind wie eine
Sippe in Juda, Ekron ist wie das Volk der Jebusiter. 8 Ich selbst werde der
Wachtposten sein, der mein Haus vor Feinden schützt, die in den Krieg
und wieder nach Hause ziehen. Kein Bedrücker greift sie mehr an; denn
jetzt sehe ich auf sie mit meinen eigenen Augen.

Der kommende Friedenskönig

9 Juble laut, Tochter Zion! Jauchze, Tochter Jerusalem! Siehe, dein
König kommt zu dir. Er ist gerecht und hilft; er ist demütig und reitet
auf einem Esel, auf einem Fohlen, dem Jungen einer Eselin. 10 Ich ver-
nichte die Streitwagen aus Efraim und die Rosse aus Jerusalem, ver-
nichtet wird der Kriegsbogen.
Er verkündet für die Völker den Frieden; seine Herrschaft reicht von
Meer zu Meer und vom Eufrat bis an die Enden der Erde.

11 Auch deine Gefangenen werde ich um des Blutes deines Bundes wil-
len freilassen aus ihrem Kerker, der wasserlosen Zisterne. 12 Kehrt in
Scharen zurück, ihr Gefangenen voll Hoffnung! Ja, heute verkünde ich:
Die doppelte Zahl führe ich zu dir zurück. 13 Denn ich spanne mir Juda
als Bogen und lege Efraim als Pfeil darauf. Ich rufe deine Söhne, Zion,
zum Kampf gegen die Söhne Jawans, ich mache dich zum Schwert eines
Helden. 14 Der Herr selbst wird über ihnen erscheinen. Wie der Blitz
schießt sein Pfeil dahin. Gott, der Herr, bläst ins Horn, er kommt in den
Stürmen des Südens. 15 Der Herr der Heere beschirmt die Seinen. Die
Schleudersteine fressen und zermalmen. (Seine Krieger) trinken und
lärmen wie beim Wein; sie sind voll Blut wie eine Opferschale, wie die
Ecken eines Altars. 16 Der Herr, ihr Gott, wird sie an jenem Tag retten; er
wird sein Volk retten, wie man Schafe rettet. Edelsteine glänzen auf sei-
nem Land. 17 Wie groß sind seine Schätze, wie herrlich ist seine Schön-
heit! Korn gibt den jungen Männern Kraft und Most den Mädchen.

Gottes Erbarmen nach dem Gericht

10 Bittet den Herrn um Regen zur Regenzeit im Frühjahr! Der
Herr läßt Gewitterwolken entstehen, er füllt sie mit Regen
und gibt den Menschen das Grün auf dem Feld.
2 Die Hausgötzen redeten Falsches; die Wahrsager schauten Lügen. Sie
verkündeten nichtige Träume und spendeten leeren Trost. Darum
wurde das Volk weggetrieben wie Schafe und geriet ins Elend; denn es
hatte keinen Hirten. 3 Gegen die Hirten ist mein Zorn entbrannt, die
Leithammel ziehe ich zur Rechenschaft. Denn der Herr der Heere sieht
nach seiner Herde, nach dem Haus Juda, er macht es zu seinem prächti-
gen Streitroß. 4 Aus dem Haus Juda kommt ein Edelstein, aus ihm ein
Zeltpflock, aus ihm ein Kriegsbogen; aus ihm kommt jeder, der Macht
hat. 5 Sie alle werden wie Helden sein, die im Krieg den Feind in den
Gassenkot treten. Sie werden kämpfen; denn der Herr ist mit ihnen.
Dann müssen sich alle schämen, die auf Pferden reiten. 6 Das Haus Juda
will ich stark machen und das Haus Josef retten. Ich führe sie zurück;
denn ich habe Erbarmen mit ihnen. Es wird sein, als ob ich sie nicht ver-
stoßen hätte; denn ich bin Jahwe, ihr Gott; ich werde sie erhören. 7 Die
Söhne Efraims werden Helden sein. Sie werden sich freuen wie beim
Wein. Ihre Kinder werden es sehen und sich freuen, und ihr Herz wird
jubeln über den Herrn. 8 Ich werde ihnen pfeifen und sie zusammenho-
len; denn ich habe sie losgekauft. Sie werden so zahlreich sein, wie sie
zahlreich waren. 9 Ich habe sie unter die Völker gesät; doch in der Ferne
werden sie an mich denken. Sie werden mit ihren Kindern am Leben
bleiben und heimkehren. 10 Ja, ich werde sie zurückführen aus Ägypten,
und aus Assur werde ich sie sammeln. Ich werde sie nach Gilead und
zum Libanon bringen, und es wird nicht genug Platz für sie dasein.
11 Wenn sie aus dem Land der Not durch das Meer ziehen, wird der Herr
die Wellen im Meer schlagen, und die Tiefen des Nil werden austrock-
nen. Dann wird die Größe Assurs in den Staub getreten, und das Zepter
Ägyptens wird beseitigt. 12 Ich mache sie stark durch den Herrn, und sie
werden in seinem Namen ihren Weg gehen – Spruch des Herrn.

11 Öffne deine Tore, Libanon, damit das Feuer deine Zedern
frißt. 2 Klage, Zypresse! Denn die Zeder ist gefallen; ja, die
Mächtigen wurden vernichtet. Klagt, ihr Eichen des Baschan, denn
der undurchdringliche Wald ist dahingesunken. 3 Horch, die Hirten
klagen; denn ihre prächtige Weide ist vernichtet. Horch, die jungen
Löwen brüllen; denn das Dickicht am Jordan ist vernichtet.

Das Drohwort gegen die schlechten Herrscher

4 So spricht der Herr, mein Gott: Hüte die Schafe, die geschlachtet
werden sollen. 5 Ihre Käufer töten sie, ohne es zu büßen. Ihre Verkäu-
fer sagen: Gepriesen sei der Herr; denn ich bin reich geworden. Ihre
Hirten haben kein Mitleid mit ihnen. 6 Wahrhaftig, ich habe kein Mit-
leid mehr mit den Bewohnern des Landes – Spruch des Herrn. Seht,
jeden Menschen liefere ich seinem Nächsten aus und seinem König.
Sie zerschlagen das Land, und ich rette es nicht aus ihrer Hand.
7 Ich hütete die Schafe, die geschlachtet werden sollten, für die Schaf-
händler, und ich nahm mir zwei Ruten. Eine nannte ich Noam

Otto Dix
Einzug in Jerusalem
(1959/60)
»Siehe, dein König kommt zu dir. Er ist gerecht und hilft; er ist demütig und reitet auf einem Esel« (Sach 9,9). Die messianische Weissagung des Propheten Sacharja deutet aus christlicher Sicht auf den Einzug Jesu in Jerusalem voraus und wird im Evangelium nach Matthäus zitiert (Mt 21,5). Otto Dix hat in seiner Gestaltung der neutestamentlichen Szene das Augenmerk auf die Demut des »Königs« gelenkt; sie ist mit der Gerechtigkeit verschwistert, entspricht aber vor allem dem Passionsgeschehen, das durch Jesu Einzug in Jerusalem eingeleitet wird. Die Lithographie ist Bestandteil einer Folge von 33 Illustrationen zum Matthäus-Evangelium, die 1960 erschienen sind und die Auseinandersetzung des Künstlers mit biblischen Themen zu einem Abschluß gebracht haben.

(Freundlichkeit), die andere nannte ich Hobelim (Verbindung), und
ich hütete die Herde.
8 Nach meinem Willen verschwanden in einem einzigen Monat drei
Hirten. Ich war zornig auf sie, auch sie waren meiner überdrüssig. 9 Ich
sagte: Ich hüte euch nicht. Was im Sterben liegt, soll sterben; was sich
verloren hat, sei verloren; und von den übriggebliebenen soll einer des
andern Fleisch fressen. 10 Dann nahm ich meine Rute Noam und hieb
sie in Stücke, um meinen Bund zu zerbrechen, den ich mit allen Völ-
kern geschlossen hatte. 11 So wurde er an diesem Tag zerbrochen. Da
erkannten die Schafhändler, die auf mich achtgaben, daß dies ein Wort
des Herrn war. 12 Ich sagte zu ihnen: Wenn es euch recht scheint, so
bringt mir meinen Lohn; wenn nicht, so laßt es! Doch sie wogen mir
meinen Lohn ab, dreißig Silberstücke. 13 Da sagte der Herr zu mir:
Wirf ihn dem Schmelzer hin! Hoch ist der Preis, den ich ihnen wert bin.
Und ich nahm die dreißig Silberstücke und warf sie im Haus des Herrn
dem Schmelzer hin. 14 Danach hieb ich meine zweite Rute, Hobelim, in
Stücke, um den brüderlichen Bund zwischen Juda und Israel zu zerbre-
chen. 15 Der Herr sagte zu mir: Nimm nochmals das Gerät des nichts-
nutzigen Hirten! 16 Denn ich lasse einen Hirten im Land auftreten. Um
das Vermißte kümmert er sich nicht, das Verlorene sucht er nicht, das
Gebrochene heilt er nicht, das Gesunde versorgt er nicht. Statt dessen

ißt er das Fleisch der gemästeten Schafe und reißt ihnen die Klauen ab.
17 Weh meinem nichtsnutzigen Hirten, der die Herde im Stich läßt.
Das Schwert über seinen Arm und über sein rechtes Auge! Sein Arm
soll völlig verdorren, sein rechtes Auge soll gänzlich erblinden.

Jerusalems Not und Errettung

12 Ausspruch. Das Wort des Herrn über Israel. Der Spruch des
Herrn, der den Himmel ausgespannt, die Erde gegründet und
den Geist im Innern des Menschen geformt hat: 2 Seht, ich mache Jeru-
salem zur Schale voll berauschendem Getränk für alle Völker ringsum
[und auch für Juda wird dies gelten bei der Belagerung Jerusalems]. 3 An
jenem Tag mache ich Jerusalem für alle Völker zum Stein, den man hoch-
stemmen will: Jeder, der ihn hebt, wird schwer zerschunden. Alle Völker
der Erde werden sich gegen Jerusalem verbünden. 4 An jenem Tag –
Spruch des Herrn – bringe ich alle Pferde in Verwirrung und ihre Reiter
zur Raserei. Über dem Haus Juda aber halte ich meine Augen offen,
während ich alle Pferde der Völker mit Blindheit schlage. 5 Dann werden
die Anführer Judas denken: Die Einwohner Jerusalems sind stark durch
den Herrn der Heere, ihren Gott. 6 An jenem Tag mache ich Judas Anfüh-
rer gleich einem Feuerbecken im Holzhaufen und gleich brennenden
Fackeln in den Garben. Sie fressen alle Völker ringsum, rechts und links.
Jerusalem aber wird weiterhin an seinem Ort bleiben, in Jerusalem.
7 Dann wird der Herr zuerst die Zelte Judas retten, damit der Stolz des
Hauses David und der Stolz der Einwohner Jerusalems nicht zu groß
wird gegenüber Juda. 8 An jenem Tag beschirmt der Herr die Einwohner
Jerusalems, und dann wird selbst der von ihnen, der strauchelt, wie
David sein und das Haus David an ihrer Spitze wie Gott, wie der Engel
des Herrn. 9 An jenem Tag werde ich danach trachten, alle Völker zu ver-
nichten, die gegen Jerusalem anrücken. 10 Doch über das Haus David
und über die Einwohner Jerusalems werde ich den Geist des Mitleids
und des Gebets ausgießen. Und sie werden auf den blicken, den sie
durchbohrt haben. Sie werden um ihn klagen, wie man um den einzigen
Sohn klagt; sie werden bitter um ihn weinen, wie man um den Erstgebo-
renen weint. 11 An jenem Tag wird die Totenklage in Jerusalem so laut
sein wie die Klage um Hadad-Rimmon in der Ebene von Megiddo.
12 Das Land wird trauern, jede Sippe für sich: die Sippe des Hauses
David für sich und ihre Frauen für sich; die Sippe des Hauses Natan für
sich und ihre Frauen für sich; 13 die Sippe des Hauses Levi für sich und
ihre Frauen für sich; die Sippe des Hauses Schimi für sich und ihre
Frauen für sich; 14 alle überlebenden Sippen, jede Sippe für sich und
ihre Frauen für sich.
13 An jenem Tag wird für das Haus David und für die Einwoh-
ner Jerusalems eine Quelle fließen zur Reinigung von Sünde
und Unreinheit.

Die Vernichtung der Götter und der falschen Propheten

2 An jenem Tag – Spruch des Herrn der Heere – werde ich die Namen
der Götzenbilder im Land ausrotten, so daß man sich nicht mehr an
sie erinnert. Auch die Propheten und den Geist der Unreinheit werde
ich aus dem Land vertreiben. 3 Wenn dann noch einer als Prophet auf-
tritt, so werden sein Vater und seine Mutter, die ihn hervorgebracht
haben, zu ihm sagen: Du sollst nicht am Leben bleiben; denn du hast
im Namen des Herrn Falsches gesagt. Sein Vater und seine Mutter, die
ihn hervorgebracht haben, werden ihn durchbohren, weil er als Pro-
phet auftrat. 4 An jenem Tag wird jeder Prophet sich wegen der Visio-
nen schämen, die er verkündet hat. Um sich zu verleugnen, wird er
seinen härenen Mantel nicht anziehen. 5 Er wird sagen: Ich bin kein
Prophet, ich bin nur ein Mann, der seinen Acker bebaut; schon von
Jugend an besitze ich Ackerland. 6 Wenn man dann zu ihm sagt: Was
sind denn das für Wunden auf deiner Brust?, wird er antworten: Ich
wurde im Haus meiner Freunde verwundet.

Die Läuterung des geheiligten Restes

7 Schwert, erheb dich gegen meinen Hirten, gegen den Mann meines
Vertrauens – Spruch des Herrn der Heere. Schlag den Hirten, dann
werden sich die Schafe zerstreuen. Ich richte meine Hand gegen die
Kleinen. 8 Im ganzen Land – Spruch des Herrn – werden zwei Drittel
vernichtet, sie werden umkommen, nur der dritte Teil wird übriglei-
ben. 9 Dieses Drittel will ich ins Feuer werfen, um es zu läutern, wie
man Silber läutert, um es zu prüfen, wie man Gold prüft. Sie werden
meinen Namen anrufen, und ich werde sie erhören. Ja, ich werde
sagen: Es ist mein Volk. Und das Volk wird sagen: Jahwe ist mein Gott.

Der Tag des Herrn

14 Siehe, es kommt ein Tag für den Herrn, an dem man in dei-
ner Mitte verteilt, was man bei dir erbeutet hat. 2 Denn ich
versammle alle Völker zum Krieg gegen Jerusalem. Die Stadt wird
erobert, die Häuser werden geplündert, die Frauen geschändet. Die
Hälfte der Stadt zieht in die Verbannung; aber der Rest des Volkes
wird nicht aus der Stadt vertrieben. 3 Doch dann wird der Herr hinaus-
ziehen und gegen diese Völker Krieg führen und kämpfen, wie nur er
kämpft am Tag der Schlacht.
4 Seine Füße werden an jenem Tag auf dem Ölberg stehen, der im
Osten gegenüber von Jerusalem liegt. Der Ölberg wird sich in der Mitte
spalten, und es entsteht ein gewaltiges Tal von Osten nach Westen. Die
eine Hälfte des Berges weicht nach Norden und die andere Hälfte nach
Süden. 5 Ihr aber werdet zum Tal meiner Berge fliehen; denn das Tal der
Berge reicht bis zum Jasol. Ja, ihr werdet fliehen, wie ihr vor dem Erd-
beben geflohen seid in den Tagen Usijas, des Königs von Juda. Dann
wird der Herr, mein Gott, kommen und alle Heiligen mit ihm. 6 An
jenem Tag wird es kein Licht geben, sondern Kälte und Frost. 7 Dann
wird es einen Tag lang – er ist dem Herrn bekannt – weder Tag noch
Nacht werden, sondern am Abend wird Licht sein. 8 An jenem Tag wird
aus Jerusalem lebendiges Wasser fließen, eine Hälfte zum Meer im
Osten und eine Hälfte zum Meer im Westen; im Sommer und im Win-
ter wird es fließen. 9 Dann wird der Herr König sein über die ganze
Erde. An jenem Tag wird der Herr der einzige sein und sein Name der
einzige. 10 Das ganze Land von Geba bis Rimmon im Süden Jerusalems
wird sich in eine Ebene verwandeln, Jerusalem aber wird hoch empor-
ragen und an seinem Platz bleiben vom Benjamintor bis zum Ort des
alten Tores, bis zum Ecktor, und vom Turm Hananel bis zu den Keltern
des Königs. 11 Man wird darin wohnen. Es wird keine Vernichtung
mehr geben, und Jerusalem wird sicher sein.
12 Dies aber wird der Schlag sein, den der Herr gegen alle Völker führt,
die gegen Jerusalem in den Krieg gezogen sind: Er läßt ihren Körper
verfaulen, noch während sie auf den Füßen stehen; die Augen verfaulen
ihnen in den Augenhöhlen und die Zunge im Mund. 13 An jenem Tag
wird die Verwirrung groß sein, die der Herr unter ihnen bewirkt. Einer
wird den andern bei der Hand packen, einer seine Hand gegen den
andern erheben. 14 Selbst Juda wird gegen Jerusalem kämpfen, und die
Macht aller Völker ringsum wird sich vereinen: Gold, Silber und
Gewänder in großer Menge. 15 Wie der Schlag gegen die Völker wird
der Schlag sein, der die Pferde, Maultiere, Kamele, Esel und das ganze
Vieh in diesen Lagern trifft. 16 Doch wer dann übrigbleibt von allen Völ-
kern, die gegen Jerusalem gezogen sind, wird Jahr für Jahr hinaufzie-
hen, um den König, den Herrn der Heere, anzubeten und das Laubhüt-
tenfest zu feiern. 17 Wer aber nicht nach Jerusalem hinaufzieht von allen
Stämmen der Erde, um den König, den Herrn der Heere, anzubeten,
bei dem wird kein Regen fallen. 18 Wenn das Volk Ägyptens nicht hin-
aufzieht und nicht zu ihm kommt, so ereilt es der gleiche Schlag, den
der Herr gegen alle Völker führt, die nicht hinaufziehen, um das Laub-
hüttenfest zu feiern. 19 Das wird die Strafe Ägyptens sein und die Strafe
aller Völker, die nicht hinaufziehen, um das Laubhüttenfest zu feiern.
20 An jenem Tag wird auf den Pferdeschellen stehen: Dem Herrn hei-
lig. Die Kochtöpfe im Haus des Herrn werden gebraucht wie die
Opferschalen vor dem Altar. 21 Jeder Kochtopf in Jerusalem und Juda
wird dem Herrn der Heere geweiht sein. Alle, die zum Opfer kommen,
nehmen die Töpfe und kochen in ihnen. Und kein Händler wird an
jenem Tag mehr im Haus des Herrn der Heere sein.

Das Buch Maleachi

Die drei Kapitel des Buches Maleachi enthalten sechs zumeist größere Reden des Propheten, die in 3,23f durch einen nachträglich angefügten Schluß ergänzt wurden. Die üblichen Gattungen der Prophetenreden sind bei diesem nachexilischen Buch durch die sogenannte Diskussionsrede abgelöst. In ihr werden nicht nur die Zuhörer angesprochen, sondern auch ihre eigenen Worte aufgegriffen. Die literarischen Gattungen Schelte, Drohung, Verheißung, Warn- und Mahnspruch begegnen in den Maleachireden in wechselnder Folge.
Der Prophet beginnt mit einer Drohung gegen Edom und einer grundsätzlichen Verheißung für Israel (1,2–5). Es folgt eine Belehrung über die rechte Gottesverehrung (1,6–14). Dann wird der Bundesbruch der Priester, die ihren Dienst in Kult und Lehre nachlässig und ehrfurchtslos versehen, angeprangert (2,1–9). Eine Schelt- und Mahnrede gegen die Gemeinde wegen Mischehen und wegen Ehescheidung folgt in 2,10–16. Eine Gerichtsrede richtet sich gegen die »Meineidigen und gegen alle, die die Taglöhner, Witwen und Waisen ausbeuten, den Fremden im Land ihr Recht verweigern« (3,5), sowie gegen diejenigen, die bei Abgaben für den Kult Betrug begehen (2,17–3,12). Die letzte Rede (3,13–21) ist dem »Tag des Herrn« gewidmet, der den Frevlern das Gericht, den Gerechten aber den großen Triumph bringen wird.
Ob Maleachi Eigenname ist oder ob das Wort, das »mein Bote« bedeutet, nur einen unbekannten Propheten als Boten bezeichnet (vgl. 3,1), ist umstritten. Allen Anzeichen nach hat der Prophet im 5. Jahrhundert v. Chr. gewirkt. Er ist nicht nur ein Eiferer für den rechten Kult, sondern tritt mit Macht für das Recht und Gesetz Gottes ein. Dabei wird die Treue zur ersten Frau, der »Ehebund« (2,14), mit dem Bund Gottes mit seinem Volk in engen Zusammenhang gebracht, was an die Ehelehre des Neuen Testaments heranführt. Mt 11,10 (vgl. Mk 1,2; Lk 7,17) bezieht das in Mal 3,1 angesagte Kommen des »Boten« auf Johannes den Täufer. Die kirchliche Lehre sieht den Hinweis Maleachis auf ein universales »reines Opfer« (1,11) als Ankündigung des eucharistischen Opfers an.

Überschrift

1 Ausspruch. Wort des Herrn an Israel
durch Maleachi.

Das Gericht über Edom und Heil für Israel

2 Ich liebe euch, spricht der Herr. / Doch ihr sagt: Worin zeigt sich
deine Liebe? – Ist nicht Esau Jakobs Bruder? – / Spruch des Herrn –, /
und doch liebe ich Jakob,
3 Esau aber hasse ich. / Darum mache ich seine Berge zur Öde
und überlasse sein Erbland / den Schakalen der Wüste.
4 Edom sagt: Wir sind zerschmettert, – / aber wir bauen die Trümmer
wieder auf.
Doch so spricht der Herr der Heere: / Sie sollen nur aufbauen; ich
reiße es wieder ein.
Man wird sie das Land des Unrechts nennen / und das Volk, dem der
Herr ewig zürnt.
5 Mit eigenen Augen werdet ihr es sehen und werdet sagen: / Groß ist
der Herr, weit über Israels Grenzen hinaus.

Die rechte Gottesverehrung

6 Der Sohn ehrt seinen Vater / und der Knecht seinen Herrn.
Wenn ich der Vater bin – / wo bleibt dann die Ehrerbietung?
Wenn ich der Herr bin – / wo bleibt dann die Furcht vor mir?,
spricht der Herr der Heere zu euch, ihr Priester, / die ihr meinen
Namen verachtet.
Doch ihr sagt: / Wodurch verachten wir denn deinen Namen?
7 Ihr bringt auf meinem Altar eklige Speisen dar. / Ihr sagt: Wodurch
erregen wir deinen Ekel?
Dadurch, daß ihr sagt: / Der Tisch des Herrn ist nicht so wichtig.
8 Wenn ihr ein blindes Tier als Schlachtopfer darbringt, / ist das nicht
schlecht?
Und wenn ihr ein lahmes und krankes Tier darbringt, / ist das nicht
schlecht?
Biete das einmal deinem Statthalter an! / Ob er wohl Gefallen an dir hat
und dich freundlich ansieht?, / spricht der Herr der Heere.
9 Und nun versucht, Gott damit zu besänftigen / und gnädig zu
stimmen!
Wenn eure Hände ihm solche Dinge anbieten, / wie kann er euch dann
freundlich ansehen? – / spricht der Herr der Heere.
10 Wäre doch jemand bei euch, / der die Tore (des Tempels) verschließt, /
damit ihr kein nutzloses Feuer mehr entfacht auf meinem Altar.
Ich habe kein Gefallen an euch, / spricht der Herr der Heere, / und ich
mag kein Opfer aus eurer Hand.
11 Denn vom Aufgang der Sonne bis zu ihrem Untergang / steht mein
Name groß da bei den Völkern, und an jedem Ort wird meinem
Namen ein Rauchopfer dargebracht / und eine reine Opfergabe; ja,
mein Name steht groß da bei den Völkern, / spricht der Herr der
Heere.
12 Ihr aber entweiht ihn, ihr sagt: / Auf dem Tisch des Herrn darf man
eklige Speisen darbringen, / er ist nicht so wichtig.
13 Ihr sagt: Welch eine Mühsal!, / und facht das Feuer an – / spricht der
Herr der Heere; ihr bringt von geraubten Tieren / die lahmen und
kranken als Opfer dar.
Soll ich das vielleicht annehmen aus eurer Hand?, / spricht der Herr.
14 Verflucht ist der Betrüger, der dem Herrn ein männliches Tier seiner
Herde gelobt, / dann aber ein fehlerhaftes Tier schlachtet.
Denn ein großer König bin ich, / spricht der Herr der Heere, / und
mein Name ist bei den Völkern gefürchtet.

Drohwort gegen die Priester

2 Jetzt ergeht über euch dieser Beschluß, ihr Priester:
2 Wenn ihr nicht hört / und nicht von Herzen darauf bedacht
seid, meinen Namen in Ehren zu halten / – spricht der Herr der Heere –,
dann schleudere ich meinen Fluch gegen euch / und verfluche den
Segen, der auf euch ruht, ja, ich verfluche ihn, / weil ihr nicht von Her-
zen darauf bedacht seid.
3 Seht, ich schlage euch den Arm ab / und werfe euch Unrat ins Gesicht,
den Unrat eurer Feste, / und man wird euch zu ihm hinausschaffen.
4 Dann werdet ihr erkennen, daß ich es bin, / der diesen Beschluß
über euch ergehen ließ, weil ich einen Bund mit Levi habe, / spricht
der Herr der Heere.
5 Mein Bund bedeutete für ihn Leben und Heil; / beides gab ich ihm,
dazu die Furcht: Er sollte mich fürchten / und vor meinem Namen
erschrecken.
6 Zuverlässige Belehrung kam aus seinem Mund, / nichts Verkehrtes
fand sich auf seinen Lippen, in Frieden und Aufrichtigkeit ging er mit
mir seinen Weg, / und viele hielt er davon ab, schuldig zu werden.
7 Denn die Lippen des Priesters bewahren die Erkenntnis, / und aus
seinem Mund erwartet man Belehrung; / denn er ist der Bote des
Herrn der Heere.
8 Ihr aber, ihr seid abgewichen vom Weg / und habt viele zu Fall
gebracht durch eure Belehrung; ihr habt den Bund Levis zunichte
gemacht, / spricht der Herr der Heere.
9 Darum mache ich euch verächtlich / und erniedrige euch vor dem
ganzen Volk, weil ihr euch nicht an meine Wege haltet / und auf die
Person seht bei der Belehrung.

Gegen Mischehe und Ehescheidung

10 Haben wir nicht alle denselben Vater? / Hat nicht der eine Gott uns
alle erschaffen?
Warum handeln wir dann treulos, / einer gegen den andern, / und ent-
weihen den Bund unserer Väter?
11 Treulos hat Juda gehandelt, / und Greueltaten sind [in Israel und] in
Jerusalem geschehen:
Juda hat das Heiligtum des Herrn [das er liebt] entweiht / und die
Tochter eines fremden Gottes zur Frau genommen.
12 Der Herr versage dem, der so handelt, / einen, der für ihn zeugt und
für ihn spricht, in den Zelten Jakobs einen, / der dem Herrn der Heere
Opfer darbringt.
13 Außerdem bedeckt ihr den Altar des Herrn mit Tränen, / ihr weint
und klagt, weil er sich eurem Opfer nicht mehr zuwendet / und es
nicht mehr gnädig annimmt aus eurer Hand.
14 Und wenn ihr fragt: Warum?: / Weil der Herr Zeuge war zwischen dir
und der Frau deiner Jugend, / an der du treulos handelst, obwohl sie
deine Gefährtin ist, / die Frau, mit der du einen Bund geschlossen
hast.
15 Hat er nicht eine Einheit geschaffen, / ein lebendiges Wesen? Was ist
das Ziel dieser Einheit? / Nachkommen von Gott.
Nehmt euch also um eures Lebens willen in acht! / Handle nicht treu-
los an der Frau deiner Jugend!
16 Wenn einer seine Frau aus Abneigung verstößt, / [spricht der Herr,
Israels Gott]
dann befleckt er sich mit einer Gewalttat, / spricht der Herr der Heere.
Nehmt euch also um eures Lebens willen in acht / und handelt nicht
treulos!

Gottes Erscheinen zum Gericht

17 Ihr ermüdet den Herrn mit euren Reden, / und ihr fragt: Wodurch
ermüden wir ihn?
Dadurch, daß ihr sagt: / Jeder, der Böses tut, / ist gut in den Augen des
Herrn, an solchen Leuten hat er Gefallen. / Oder auch: Wo ist denn
Gott, der Gericht hält?
3 Seht, ich sende meinen Boten; / er soll den Weg für mich bahnen.
Dann kommt plötzlich zu seinem Tempel / der Herr, den ihr
sucht, und der Bote des Bundes, den ihr herbeiwünscht. / Seht, er
kommt!, spricht der Herr der Heere.
2 Doch wer erträgt den Tag, an dem er kommt? / Wer kann bestehen,
wenn er erscheint?
Denn er ist wie das Feuer im Schmelzofen / und wie die Lauge im
Waschtrog.
3 Er setzt sich, / um das Silber zu schmelzen und zu reinigen:
Er reinigt die Söhne Levis, / er läutert sie wie Gold und Silber.
Dann werden sie dem Herrn / die richtigen Opfer darbringen.
4 Und dem Herrn wird das Opfer Judas und Jerusalems angenehm
sein / wie in den Tagen der Vorzeit, wie in längst vergangenen Jahren.
5 Ich komme herbei, um euch zu richten; / schon bald komme ich und
trete als Zeuge auf gegen die Zauberer und die Ehebrecher, / gegen die
Meineidigen und gegen alle, welche die Taglöhner, / Witwen und Wai-
sen ausbeuten, den Fremden im Land ihr Recht verweigern / und mich
nicht fürchten, / spricht der Herr der Heere.
6 Ich, der Herr, habe mich nicht geändert, / und ihr habt nicht aufge-
hört, Söhne Jakobs zu sein.
7 Seit den Tagen eurer Väter seid ihr von meinen Gesetzen abgewichen /
und habt auf sie nicht geachtet.
Kehrt um zu mir, dann kehre ich mich euch zu, / spricht der Herr der
Heere. Doch ihr sagt: / Worin soll denn unsere Umkehr bestehen? –
8 Darf der Mensch Gott betrügen? / Denn ihr betrügt mich.
Doch ihr sagt: Womit betrügen wir dich? – / Mit den Zehnten und
Abgaben!
9 Dem Fluch seid ihr verfallen, / doch ihr betrügt mich weiter, ihr, das
ganze Volk.
10 Bringt den ganzen Zehnten ins Vorratshaus, / damit in meinem
Haus Nahrung vorhanden ist.
Ja, stellt mich auf die Probe damit, / spricht der Herr der Heere, und
wartet, ob ich euch dann nicht / die Schleusen des Himmels öffne /
und Segen im Übermaß auf euch herabschütte.
11 Den Fresser wehre ich von euch ab, / damit er nicht die Früchte eurer
Äcker vertilgt und damit der Weinstock auf eurem Feld / nicht ohne
Ertrag bleibt, / spricht der Herr der Heere.
12 Dann werden alle Völker euch glücklich preisen; / denn ihr seid ein
glückliches Land, / spricht der Herr der Heere.

Der Tag der göttlichen Gerechtigkeit

13 Was ihr über mich sagt, ist kühn, spricht der Herr. / Doch ihr fragt:
Was sagen wir denn über dich?
14 Ihr sagt: Es hat keinen Sinn, Gott zu dienen. / Was haben wir davon,
wenn wir auf seine Anordnungen achten / und vor dem Herrn der
Heere in Trauergewändern umhergehen?
15 Darum preisen wir die Überheblichen glücklich, / denn die Frevler
haben Erfolg; sie stellen Gott auf die Probe / und kommen doch straf-
los davon. –
16 Darüber redeten die miteinander, / die den Herrn fürchten.
Der Herr horchte auf und hörte hin, / und man schrieb vor ihm ein
Buch, das alle in Erinnerung hält, / die den Herrn fürchten und seinen
Namen achten.
17 Sie werden an dem Tag, den ich herbeiführe / – spricht der Herr der
Heere –, / mein besonderes Eigentum sein.

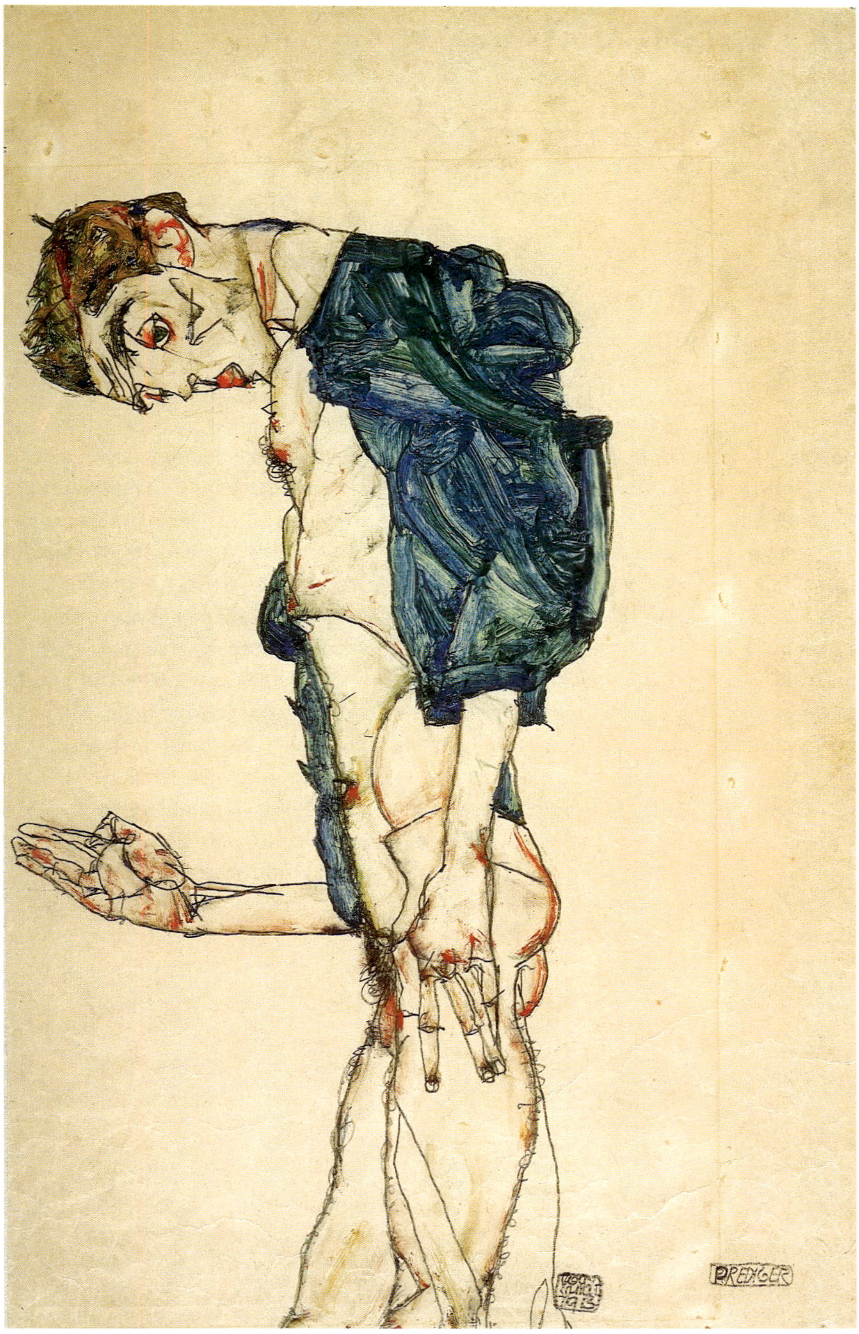

Egon Schiele
Prediger
(1913)
»Seht, ich sende meinen Boten; er soll den Weg für mich bahnen« (Mal 3,1).
Dieses Bild ist wie viele ein Rollen-Selbstbildnis Schieles. Er verkündet, ja fordert die schonungslose (Selbst-) Erkenntnis und Einsicht in die Disharmonie menschlicher Existenz. Solche Radikalität verbindet ihn mit dem Bußprediger Johannes, auf den Jesus im Matthäus-Evangelium die Weissagung des Maleachi bezieht (Mt 11,10). Schiele selbst mag die weisende Geste der rechten Hand im Sinne der Wegbereitung verwendet haben, die sich auf neue Wege der Kunst bezieht.

Ich werde gut zu ihnen sein, / wie ein Mann gut ist zu seinem Sohn,
der ihm dient.
18 Dann werdet ihr wieder den Unterschied sehen / zwischen dem
Gerechten und dem, der Unrecht tut, zwischen dem, der Gott dient, /
und dem, der ihm nicht dient.
19 Denn seht, der Tag kommt, er brennt wie ein Ofen: / Da werden alle
Überheblichen und Frevler zu Spreu, und der Tag, der kommt, wird sie
verbrennen, / spricht der Herr der Heere. / Weder Wurzel noch Zweig
wird ihnen bleiben.
20 Für euch aber, die ihr meinen Namen fürchtet, / wird die Sonne der
Gerechtigkeit aufgehen, / und ihre Flügel bringen Heilung.
Ihr werdet hinausgehen und Freudensprünge machen, / wie Kälber,
die aus dem Stall kommen.
21 An dem Tag, den ich herbeiführe, / werdet ihr die Ruchlosen unter
euren Fußsohlen zertreten, so daß sie zu Asche werden, / spricht der
Herr der Heere.
22 Denkt an das Gesetz meines Knechtes Mose; / am Horeb habe ich
ihm Satzung und Recht übergeben, / die für ganz Israel gelten.

Der Wegbereiter

23 Bevor aber der Tag des Herrn kommt, / der große und furchtbare
Tag, / seht, da sende ich zu euch den Propheten Elija.
24 Er wird das Herz der Väter wieder den Söhnen zuwenden / und das
Herz der Söhne ihren Vätern, damit ich nicht kommen / und das Land
dem Untergang weihen muß.

Die Schriften des Neuen Testaments

Jesus Christus erhob den Anspruch, der Retter und Heilbringer zu sein, den Gott im Alten Testament verheißen hatte. So übernahm die christliche Kirche das Alte Testament als Heilige Schrift; daneben überlieferte sie die Worte Jesu und die Berichte über seine Taten und sein Schicksal. Die Worte Jesu wurden schon früh aufgezeichnet, um sie für die Glaubensunterweisung, die Verkündigung im Gottesdienst und für die Missionspredigt verwenden zu können. Bald wurden auch die Berichte über das Leiden Jesu und über die Ereignisse nach seinem Tod niedergeschrieben. Markus verfaßte als erster ein Evangelium. Weitere Evangelienbücher folgten. Daneben entstanden auch andere urchristliche Schriften verschiedenster Art: Briefe von Aposteln und führenden Männern der Kirche an christliche Gemeinden und einzelne Persönlichkeiten; eine Geschichte der jungen Kirche bis zum Aufenthalt des Apostels Paulus in Rom; theologische Lehrschriften, seelsorgliche Anweisungen und ein prophetisches Buch über das Schicksal der Kirche in Gegenwart und Zukunft. Alle diese Schriften wurden etwa zwischen 50 und 120 n. Chr. abgefaßt.

Die im Neuen Testament, dem Buch des Neuen Bundes, enthaltenen urchristlichen Schriften wurden von der Kirche des 2. Jahrhunderts gesammelt, weil sie den Glauben der apostolischen und nachapostolischen Zeit auf zuverlässige Weise bezeugen. Nach Auffassung der Kirche sind sie unter dem Beistand des Heiligen Geistes abgefaßt worden. Sie galten von früh an als für den Glauben und das Leben der Kirche maßgebliche Urkunden (kanonische, das heißt maßgebliche Schriften). Obwohl einige Schriften (Hebr, Jak, 2 Petr, Offb) noch bis ins 4. Jahrhundert umstritten blieben, hat sich der in der Kirche gültige »Kanon« (Maßstab, verbindliches Verzeichnis) im wesentlichen in der 2. Hälfte des 2. Jahrhunderts durchgesetzt. Er weist heute folgende Ordnung auf: die vier Evangelien und die Apostelgeschichte, dreizehn Briefe des Apostels Paulus, der Brief an die Hebräer, die sieben sog. Katholischen Briefe und die Offenbarung des Johannes.

Paul Gauguin
Der gelbe Christus
(1889)

»Bei dem Kreuz Jesu standen seine Mutter und die Schwester seiner Mutter, Maria, die Frau des Klopas, und Maria aus Magdala« (Joh 19,25). Die Bilderfolge zum Neuen Testament eröffnet ein Gemälde mit dem zentralen Thema des Kreuzes. An dieses werden sich weitere Darstellungen des Kreuzes und des gekreuzigten Jesus Christus anschließen: von Francis Bacon, Joseph Beuys, Marc Chagall, Kasimir Malewitsch und Wilhelm Morgner. Mit Paul Gauguin kehren wir an den Beginn der Zeitspanne zurück, die wir als Epoche der modernen Kunst betrachten, als Kunst des 20. Jahrhunderts. Unmittelbar vorbereitet wird sie in den beiden letzten Jahrzehnten des 19. Jahrhunderts durch die unterschiedlichen, unter dem Begriff Postimpressionismus zusammengefaßten Gegenbewegungen zum Impressionismus. In diesem Zusammenhang kommt Paul Gauguin die Bedeutung zu, das religiöse Bild als etwas Mittelbares, als Vermitteltes bewußt zu machen: Das Gemälde *Der gelbe Christus*, das während eines Aufenthaltes in der Bretagne entstanden ist, hat eine polychrom bemalte Skulptur in der Kirche von Trémalo bei Pont-Aven zum Vorbild, ohne es freilich zu kopieren. Das Gelb des Körpers kontrastiert mit der herbstlichen Landschaft und gewinnt somit bildhaft die spirituelle Bedeutung, die der Gekreuzigte in der Andacht der bretonischen Bäuerinnen besitzt. Das einleitende Zitat aus dem Johannes-Evangelium deutet darauf hin, daß Gauguin die Tradition des christlichen Glaubens und der christlichen Kunst als Vermittlungsinstanzen des Religiösen in die Konzeption des Gemäldes einbezogen hat: Die drei bretonischen Bäuerinnen sind Nachfolgerinnen der drei Marien unter dem Kreuz, die auch als erste die Osterbotschaft empfangen haben.

Die Evangelien

Das Evangelium nach Matthäus

Vier Evangelienbücher fanden Aufnahme in das Neue Testament. Sie bezeugen, jedes auf seine Weise, das eine Evangelium von Jesus Christus. Ihre literarische Form zeigt an, daß die Evangelien sog. Sammelwerke sind; ursprünglich einzeln weitergegebene Überlieferungsstücke über Worte und Taten Jesu sind von den Evangelisten gesammelt und durch redaktionelle Überleitungen zu einem Ganzen zusammengefügt worden. Diese Bücher wurden von der frühen Kirche wahrscheinlich nach der damals angenommenen Abfassungszeit geordnet. Das Wort »Evangelium« stammt aus dem Griechischen (euangélion) und bedeutet »gute Nachricht«, »frohe Botschaft«. Mit diesem Wort benannten die Christen ihre Verkündigung von dem endgültigen Heil, das Gott durch Jesus Christus allen Menschen anbietet. Markus verwendete als erster dieses Wort als Überschrift seines Berichts über die Worte, die Taten und das Schicksal Jesu (1,1). Damit entstand eine neue Form religiöser Schriften, die Evangelien. Die Überschriften der kanonischen Evangelien lauten seit dem 2. Jahrhundert: Das Evangelium nach Matthäus, nach Markus, nach Lukas, nach Johannes. Die ersten drei Evangelien sind untereinander nach Inhalt, Aufbau und Sprache eng verknüpft; darum werden sie »synoptische« Evangelien genannt (synopsis, das heißt Zusammenschau).

Die Überschrift des ersten Evangeliums nennt einen Matthäus als Verfasser und will wohl auf den Zöllner von Kafarnaum verweisen, den Jesus nach Mt 9,9 und 10,3 in den Kreis der Zwölf berief. Matthäus setzt ihn mit dem Levi des Markus- und des Lukasevangeliums gleich (vgl. Mk 2,13–17; Lk 5,27–32). Nach alter kirchlicher Überlieferung soll Matthäus als erster ein Evangelium in hebräischer Sprache verfaßt haben. Es sind aber keine Texte von einem solchen hebräischen Evangelium erhalten.
Das uns überlieferte Evangelium wurde in griechischer Sprache abgefaßt, und es benutzt das griechisch geschriebene Markusevangelium als Vorlage. Es schöpft außerdem aus einer anderen griechischen Vorlage, die auch Lukas verwertet hat, einer heute verlorengegangenen Sammlung von Worten Jesu (sog. Spruch- oder Redequelle). Daraus sind die Bergpredigt, das Vaterunser und eine Reihe von Gleichnissen genommen, die sich bei Matthäus und Lukas, nicht aber bei Markus finden. Außerdem bietet Matthäus Überlieferungen, die weder bei Markus noch bei Lukas begegnen (sog. Sondergut).
Das Evangelium setzt den Untergang Jerusalems (70 n. Chr.) voraus; es ist wohl um 80 n. Chr. verfaßt worden, vermutlich in Syrien (eher als in Palästina). Seinem Inhalt ist zu entnehmen, daß es in einem Gebiet entstanden sein muß, in dem Christen und Juden zusammenlebten. Als Verfasser nimmt man heute einen uns nicht näher bekannten judenchristlichen Lehrer an, der noch Schüler der Apostel war. Matthäus sammelt Überlieferungen über Jesus, vor allem Worte Jesu, und ordnet sie zeitlich und thematisch in den dreistufigen Aufbau ein, den das Markusevangelium bietet: Anfang in Galiläa; Unterweisung der Jünger und Zug nach Jerusalem; Leiden und Tod in dieser Stadt. An den Anfang stellt er die Vorgeschichte Jesu, an das Ende einen Bericht von der abschließenden Erscheinung des Auferstandenen in Galiläa.

Im einzelnen läßt sich folgender Aufbau feststellen: Die Herkunft und Kindheit Jesu (1,1–2,23). Das Wirken Jesu in Galiläa (3,1–18,35) mit den Abschnitten: Vorbereitung (3,1–4,11: Taufe, Versuchung), erstes Auftreten in Galiläa und Berufung der ersten Jünger (4,12–25), die Verkündigung des Messias (5,1–7,29) und seine Taten (8,1–9,34), Aussendungsrede (9,35–11,1), Beginn der Entscheidung (11,2–12,50), die Rede über das Himmelreich (13,1–53), Belehrung der Jünger (13,54–17,27), die Rede über das Leben in der Gemeinde (18,1–35). Das Wirken Jesu in Judäa und Jerusalem (19,1–25,46) mit den Abschnitten: der Weg nach Jerusalem (19,1–20,34), die Auseinandersetzung mit den Gegnern (21,1–23,39) und die Rede über die Endereignisse (24,1 -25,46). Darauf folgen das Leiden Jesu (26,1–27,66) und die Ostergeschichte (28,1–20).
Der Evangelist wollte offenbar seiner Kirche eine Art Handbuch über Jesus und seine Lehre bieten. Seine Darstellung ist von der Absicht geprägt, Jesus als den Erben Abrahams zu erweisen, den verheißenen Messias Israels, der von Anfang an von den religiösen Führern seines Volkes abgelehnt und verfolgt, von Sündern und Heiden aber anerkannt wurde (vgl. 1,1.17.22f; 8,11f; 23,34–39). Diesem Zweck dienen auch die vielen Zitate aus dem Alten Testament. An die Stelle Israels ist nun die Kirche getreten als das wahre Volk Gottes, bestehend aus Juden und Heiden, aufgebaut auf dem Fels Petrus (22,1- 14; 21,43; 27,42; 23,38; 16,13–20). Jesus ist als der Sohn des lebendigen Gottes (16,16; 11,25–27) der endgültige Offenbarer, Gesetzgeber und Lehrer (1,21; 11,25–27; 28,16–20). Das zeigen vor allem die fünf großen Reden: die Bergpredigt (Kap. 5–7), die Aussendungsrede (9,35–11,1), die Reich-Gottes-Rede (Kap. 13), die Rede über die rechte Ordnung in der Gemeinde (18,1–35), die Gerichtsrede über die Schriftgelehrten und Pharisäer und über die letzten Dinge (Kap. 23–25). Die Mitte der Forderungen Gottes bildet das Liebesgebot (22,34–40), das nicht nur dem Nächsten, sondern auch dem Feind gegenüber gilt (5,43–48); als Goldene Regel steht es auch an zentraler Stelle der Bergpredigt (7,12; vgl. 18,23–35 und 19,19). Mit der Auferstehung Jesu ist der Weg des Heils zu allen Menschen offen, alle sollen Jünger Jesu und Kinder des Vaters im Himmel werden (28,18–20).
In der Alten Kirche wurde das erste Evangelium am meisten gelesen und beachtet und wurde so zu dem Evangelium der Kirche.

Die Vorgeschichte

Der Stammbaum Jesu

1 Stammbaum Jesu Christi, des Sohnes Davids, des Sohnes Abrahams:
2 Abraham war der Vater von Isaak, / Isaak von Jakob, / Jakob von Juda und seinen Brüdern.
3 Juda war der Vater von Perez und Serach; ihre Mutter war Tamar. / Perez war der Vater von Hezron, / Hezron von Aram,
4 Aram von Amminadab, / Amminadab von Nachschon, / Nachschon von Salmon.

Edvard Munch
Madonna (Empfängnis)
(1895-1902)
»Josef, ihr Mann, der gerecht war und sie nicht bloßstellen wollte, beschloß, sich in aller Stille von ihr zu trennen« (Mt 1,19). Die Farblithographie des Norwegers Edvard Munch gibt zu erkennen, was auch Josef weiß: Schwangerschaft ist ein natürliches Ereignis, an dem der Mann, hier symbolisiert durch Spermata, ursächlich beteiligt ist. Auch Maria entgegnet dem Engel, als dieser ihr die Schwangerschaft verkündet: »Wie soll das geschehen, da ich keinen Mann erkenne?« Munch greift den Zweifel Josefs und Marias auf, indem er den in Klammern gesetzten zweiten Teil des Bildtitels im Rahmen verbildlicht. Innerhalb dieses gleichsam physiologischen Rahmens huldigt die Darstellung jedoch der »Madonna« als Inbegriff der Frau. Insofern besteht ein Zusammenhang mit der im Symbolismus vielfach zentralen Frage nach der sinnlich-übersinnlichen Sphäre des Weiblichen.

5 Salmon war der Vater von Boas; dessen Mutter war Rahab. / Boas
war der Vater von Obed; dessen Mutter war Rut. / Obed war der Vater
von Isai,
6 Isai der Vater des Königs David. / David war der Vater von Salomo,
dessen Mutter die Frau des Urija war.
7 Salomo war der Vater von Rehabeam, / Rehabeam von Abija, / Abija
von Asa,
8 Asa von Joschafat, Joschafat von Joram, / Joram von Usija.
9 Usija war der Vater von Jotam, / Jotam von Ahas, / Ahas von Hiskija,
10 Hiskija von Manasse, / Manasse von Amos, / Amos von Joschija.
11 Joschija war der Vater von Jojachin und seinen Brüdern; das war zur
Zeit der Babylonischen Gefangenschaft
12 Nach der Babylonischen Gefangenschaft war Jojachin der Vater von
Schealtiël, / Schealtiël von Serubbabel,
13 Serubbabel von Abihud, / Abihud von Eljakim, / Eljakim von Azor.
14 Azor war der Vater von Zadok, / Zadok von Achim, / Achim von Eliud,
15 Eliud von Eleasar, / Eleasar von Mattan, / Mattan von Jakob.
16 Jakob war der Vater von Josef, dem Mann Marias; / von ihr wurde
Jesus geboren, / der der Christus (der Messias) genannt wird.
17 Im ganzen sind es also von Abraham bis David vierzehn Generationen, von David bis zur Babylonischen Gefangenschaft vierzehn Generationen und von der Babylonischen Gefangenschaft bis zu Christus vierzehn Generationen.

Paula Modersohn-Becker
Anbetung der Könige
(1907)
»Als sie den Stern sahen, wurden sie von sehr großer Freude erfüllt« (Mt 2,10). Paula Modersohn-Becker erzählt in diesem Bild von einer langen Reise, die an ihr Ziel gelangt ist: Ein langgestreckter Hügel trifft links auf eine Einhalt gebietende Kegelform. So gesehen wecken die beiden Kamelhöcker im Mittelteil die Vorstellung von Berg und Tal. Die Malerin verzichtet darauf, die Magier, Könige, Sterndeuter mit jener Pracht auszustatten, die sich aus ihren Gaben Gold, Weihrauch und Myrrhe erschließen läßt. Auch fehlt der traditionelle Segensgruß, mit dem sich das Jesuskind den Anbetenden zuwendet. Vielmehr ist es Maria, die den Worten der Fremden lauscht, während sie ihr ahnungsloses Wickelkind fest im Arm hält. Rechts oben leuchtet der wegweisende Stern von Betlehem.

Die Geburt Jesu
18 Mit der Geburt Jesu Christi war es so: Maria, seine Mutter, war mit
Josef verlobt; noch bevor sie zusammengekommen waren, zeigte sich,
daß sie ein Kind erwartete – durch das Wirken des Heiligen Geistes.
19 Josef, ihr Mann, der gerecht war und sie nicht bloßstellen wollte,
beschloß, sich in aller Stille von ihr zu trennen.
20 Während er noch darüber nachdachte, erschien ihm ein Engel des
Herrn im Traum und sagte: Josef, Sohn Davids, fürchte dich nicht, Maria
als deine Frau zu dir zu nehmen; denn das Kind, das sie erwartet, ist vom
Heiligen Geist. 21 Sie wird einen Sohn gebären; ihm sollst du den Namen
Jesus geben; denn er wird sein Volk von seinen Sünden erlösen.
22 Dies alles ist geschehen, damit sich erfüllte, was der Herr durch den
Propheten gesagt hat:
23 *Seht, die Jungfrau wird ein Kind empfangen, / einen Sohn wird sie gebären, /*
und man wird ihm den Namen Immanuel geben, / das heißt übersetzt: Gott
ist mit uns.
24 Als Josef erwachte, tat er, was der Engel des Herrn ihm befohlen
hatte, und nahm seine Frau zu sich. 25 Er erkannte sie aber nicht, bis
sie ihren Sohn gebar. Und er gab ihm den Namen Jesus.

Die Huldigung der Sterndeuter
2 Als Jesus zur Zeit des Königs Herodes in Betlehem in Judäa
geboren worden war, kamen Sterndeuter aus dem Osten nach
Jerusalem 2 und fragten: Wo ist der neugeborene König der Juden?
Wir haben seinen Stern aufgehen sehen und sind gekommen, um ihm
zu huldigen. 3 Als König Herodes das hörte, erschrak er und mit ihm
ganz Jerusalem. 4 Er ließ alle Hohenpriester und Schriftgelehrten des
Volkes zusammenkommen und erkundigte sich bei ihnen, wo der
Messias geboren werden solle. 5 Sie antworteten ihm: In Betlehem in
Judäa; denn so steht es bei dem Propheten:
6 *Du, Betlehem* im Gebiet von Juda, / bist keineswegs *die unbedeutendste /*
unter den führenden Städten von Juda; / denn aus dir wird ein Fürst hervorgehen, /
der Hirt meines Volkes Israel.
7 Danach rief Herodes die Sterndeuter heimlich zu sich und ließ sich
von ihnen genau sagen, wann der Stern erschienen war. 8 Dann
schickte er sie nach Betlehem und sagte: Geht und forscht sorgfältig
nach, wo das Kind ist; und wenn ihr es gefunden habt, berichtet mir,
damit auch ich hingehe und ihm huldige. 9 Nach diesen Worten des
Königs machten sie sich auf den Weg. Und der Stern, den sie hatten
aufgehen sehen, zog vor ihnen her bis zu dem Ort, wo das Kind war;
dort blieb er stehen. 10 Als sie den Stern sahen, wurden sie von sehr
großer Freude erfüllt. 11 Sie gingen in das Haus und sahen das Kind
und Maria, seine Mutter; da fielen sie nieder und huldigten ihm. Dann
holten sie ihre Schätze hervor und brachten ihm Gold, Weihrauch und
Myrrhe als Gaben dar. 12 Weil ihnen aber im Traum geboten wurde,

nicht zu Herodes zurückzukehren, zogen sie auf einem anderen Weg
heim in ihr Land.

Die Flucht nach Ägypten
13 Als die Sterndeuter wieder gegangen waren, erschien dem Josef im
Traum ein Engel des Herrn und sagte: Steh auf, nimm das Kind und
seine Mutter, und flieh nach Ägypten; dort bleibe, bis ich dir etwas
anderes auftrage; denn Herodes wird das Kind suchen, um es zu
töten. 14 Da stand Josef in der Nacht auf und floh mit dem Kind und
dessen Mutter nach Ägypten. 15 Dort blieb er bis zum Tod des Hero-
des. Denn es sollte sich erfüllen, was der Herr durch den Propheten
gesagt hat: *Aus Ägypten habe ich meinen Sohn gerufen.*

Der Kindermord in Betlehem
16 Als Herodes merkte, daß ihn die Sterndeuter getäuscht hatten,
wurde er sehr zornig, und er ließ in Betlehem und der ganzen Umge-
bung alle Knaben bis zum Alter von zwei Jahren töten, genau der Zeit
entsprechend, die er von den Sterndeutern erfahren hatte. 17 Damals
erfüllte sich, was durch den Propheten Jeremia gesagt worden ist:
18 *Ein Geschrei war in Rama zu hören, lautes Weinen und Klagen: / Rahel weinte
um ihre Kinder / und wollte sich nicht trösten lassen, / denn sie waren dahin.*

Die Rückkehr aus Ägypten
19 Als Herodes gestorben war, erschien dem Josef in Ägypten ein Engel
des Herrn im Traum 20 und sagte: Steh auf, nimm das Kind und seine
Mutter, und zieh in das Land Israel; denn die Leute, die dem Kind nach
dem Leben getrachtet haben, sind tot. 21 Da stand er auf und zog mit
dem Kind und dessen Mutter in das Land Israel. 22 Als er aber hörte,
daß in Judäa Archelaus an Stelle seines Vaters Herodes regierte, fürch-
tete er sich, dorthin zu gehen. Und weil er im Traum einen Befehl
erhalten hatte, zog er in das Gebiet von Galiläa 23 und ließ sich in einer
Stadt namens Nazaret nieder. Denn es sollte sich erfüllen, was durch
die Propheten gesagt worden ist: Er wird Nazoräer genannt werden.

Die Vorbereitung des Wirkens Jesu

Johannes der Täufer
3 In jenen Tagen trat Johannes der Täufer auf und verkündete in
der Wüste von Judäa: 2 Kehrt um! Denn das Himmelreich ist
nahe. 3 Er war es, von dem der Prophet Jesaja gesagt hat:
*Eine Stimme ruft in der Wüste: / Bereitet dem Herrn den Weg! / Ebnet ihm die
Straßen!*
4 Johannes trug ein Gewand aus Kamelhaaren und einen ledernen
Gürtel um seine Hüften; Heuschrecken und wilder Honig waren seine
Nahrung.
5 Die Leute von Jerusalem und ganz Judäa und aus der ganzen Jordan-
gegend zogen zu ihm hinaus; 6 sie bekannten ihre Sünden und ließen
sich im Jordan von ihm taufen.
7 Als Johannes sah, daß viele Pharisäer und Sadduzäer zur Taufe
kamen, sagte er zu ihnen: Ihr Schlangenbrut, wer hat euch denn
gelehrt, daß ihr dem kommenden Gericht entrinnen könnt? 8 Bringt
Frucht hervor, die eure Umkehr zeigt, 9 und meint nicht, ihr könntet
sagen: Wir haben ja Abraham zum Vater. Denn ich sage euch: Gott
kann aus diesen Steinen Kinder Abrahams machen. 10 Schon ist die
Axt an die Wurzel der Bäume gelegt; jeder Baum, der keine gute Frucht
hervorbringt, wird umgehauen und ins Feuer geworfen. 11 Ich taufe
euch nur mit Wasser (zum Zeichen) der Umkehr. Der aber, der nach
mir kommt, ist stärker als ich, und ich bin es nicht wert, ihm die
Schuhe auszuziehen. Er wird euch mit dem Heiligen Geist und mit
Feuer taufen. 12 Schon hält er die Schaufel in der Hand; er wird die
Spreu vom Weizen trennen und den Weizen in seine Scheune bringen;
die Spreu aber wird er in nie erlöschendem Feuer verbrennen.

Egon Schiele
Heilige Familie
(1913)
»Da stand Josef in der Nacht auf und floh mit dem Kind und dessen Mutter nach Ägypten« (Mt 2,14).
Das Bildthema der Heiligen Familie füllt eine Lücke in der neutestamentlichen Überlieferung, in der Josef und Maria als die Eltern Jesu kein gemeinsames ›Bild‹ abgeben. Am ehesten erweckt der Bericht des Matthäus über die Flucht nach Ägypten die Vorstellung von Josef als treusorgendem Familienvater.
In dieselbe Richtung weist am Ende der Genealogie Jesu der Hinweis: »Jakob war der Vater von Josef, dem Mann Marias, von ihr wurde Jesus geboren« (Mt 1,16; vgl. Lk 1,23).
Egon Schieles Interpretation des Themas der Heiligen Familie bedient sich der ausdrucksvollen Gestik: Während Marias Rechte das umhüllte Kind hält, die Linke zu einem Segensgruß erhoben ist, gibt Josef mit beiden Händen eine Richtung an, einen Weg, auf den er gewiesen worden ist.

Die Taufe Jesu
13 Zu dieser Zeit kam Jesus von Galiläa an den Jordan zu Johannes, um
sich von ihm taufen zu lassen. 14 Johannes aber wollte es nicht zulas-
sen und sagte zu ihm: Ich müßte von dir getauft werden, und du
kommst zu mir? 15 Jesus antwortete ihm: Laß es nur zu! Denn nur so
können wir die Gerechtigkeit (die Gott fordert) ganz erfüllen. Da gab
Johannes nach. 16 Kaum war Jesus getauft und aus dem Wasser gestie-
gen, da öffnete sich der Himmel, und er sah den Geist Gottes wie eine
Taube auf sich herabkommen. 17 Und eine Stimme aus dem Himmel
sprach: *Das ist mein geliebter Sohn, an dem ich Gefallen gefunden habe.*

Die Versuchung Jesu
4 Dann wurde Jesus vom Geist in die Wüste geführt; dort sollte er
vom Teufel in Versuchung geführt werden. 2 Als er vierzig Tage
und vierzig Nächte gefastet hatte, bekam er Hunger. 3 Da trat der
Versucher an ihn heran und sagte: Wenn du Gottes Sohn bist, so
befiehl, daß aus diesen Steinen Brot wird. 4 Er aber antwortete: In der
Schrift heißt es: *Der Mensch lebt nicht nur von Brot, sondern von jedem*

Wort, das aus Gottes Mund kommt. 5 Darauf nahm ihn der Teufel mit sich
in die Heilige Stadt, stellte ihn oben auf den Tempel 6 und sagte zu
ihm: Wenn du Gottes Sohn bist, so stürz dich hinab; denn es heißt in
der Schrift:
Seinen Engeln befiehlt er, / dich auf ihren Händen zu tragen, / damit dein Fuß
nicht an einen Stein stößt.
7 Jesus antwortete ihm: In der Schrift heißt es auch: *Du sollst den Herrn,*
deinen Gott, nicht auf die Probe stellen. 8 Wieder nahm ihn der Teufel mit
sich und führte ihn auf einen sehr hohen Berg; er zeigte ihm alle Rei-
che der Welt mit ihrer Pracht 9 und sagte zu ihm: Das alles will ich dir
geben, wenn du dich vor mir niederwirfst und mich anbetest.
10 Da sagte Jesus zu ihm: Weg mit dir, Satan! Denn in der Schrift steht:
Vor dem Herrn, deinem Gott, sollst du dich niederwerfen und ihm allein dienen.
11 Darauf ließ der Teufel von ihm ab, und es kamen Engel und dienten
ihm.

Das Wirken Jesu in Galiläa

Erstes Auftreten in Galiläa
12 Als Jesus hörte, daß man Johannes ins Gefängnis geworfen hatte,
zog er sich nach Galiläa zurück. 13 Er verließ Nazaret, um in Ka-
farnaum zu wohnen, das am See liegt, im Gebiet von Sebulon und
Naftali. 14 Denn es sollte sich erfüllen, was durch den Propheten Jesaja
gesagt worden ist:
15 *Das Land Sebulon und das Land Naftali, / die Straße am Meer, das Gebiet jen-*
seits des Jordan, / das heidnische Galiläa:
16 *das Volk, das im Dunkel lebte, / hat ein helles Licht gesehen; / denen, die im*
Schattenreich des Todes wohnten, / ist ein Licht erschienen.
17 Von da an begann Jesus zu verkünden: Kehrt um! Denn das Him-
melreich ist nahe.

Die Berufung der ersten Jünger
18 Als Jesus am See von Galiläa entlangging, sah er zwei Brüder,
Simon, genannt Petrus, und seinen Bruder Andreas; sie warfen gerade
ihr Netz in den See, denn sie waren Fischer. 19 Da sagte er zu ihnen:
Kommt her, folgt mir nach! Ich werde euch zu Menschenfischern
machen. 20 Sofort ließen sie ihre Netze liegen und folgten ihm. 21 Als
er weiterging, sah er zwei andere Brüder, Jakobus, den Sohn des Zebe-
däus, und seinen Bruder Johannes; sie waren mit ihrem Vater Zebe-
däus im Boot und richteten ihre Netze her. Er rief sie, 22 und sogleich
verließen sie das Boot und ihren Vater und folgten Jesus.

Die Wirkung des ersten Auftretens
23 Er zog in ganz Galiläa umher, lehrte in den Synagogen, verkündete
das Evangelium vom Reich und heilte im Volk alle Krankheiten und
Leiden. 24 Und sein Ruf verbreitete sich in ganz Syrien. Man brachte
Kranke mit den verschiedensten Gebrechen und Leiden zu ihm,
Besessene, Mondsüchtige und Gelähmte, und er heilte sie alle.
25 Scharen von Menschen aus Galiläa, der Dekapolis, aus Jerusalem
und Judäa und aus dem Gebiet jenseits des Jordan folgten ihm.

Die Bergpredigt: Die Rede von der wahren Gerechtigkeit

5 Als Jesus die vielen Menschen sah, stieg er auf einen Berg.
Er setzte sich, und seine Jünger traten zu ihm.
2 Dann begann er zu reden und lehrte sie.

Die Seligpreisungen
3 Er sagte:
Selig, die arm sind vor Gott; / denn ihnen gehört das Himmelreich.
4 Selig die Trauernden; / denn sie werden getröstet werden.
5 Selig, die keine Gewalt anwenden; / denn sie werden das Land erben.
6 Selig, die hungern und dürsten nach der Gerechtigkeit; / denn sie
werden satt werden.
7 Selig die Barmherzigen; / denn sie werden Erbarmen finden.
8 Selig, die ein reines Herz haben; / denn sie werden Gott schauen.
9 Selig, die Frieden stiften; / denn sie werden Söhne Gottes genannt
werden.
10 Selig, die um der Gerechtigkeit willen verfolgt werden; / denn ihnen
gehört das Himmelreich.
11 Selig seid ihr, wenn ihr um meinetwillen beschimpft und verfolgt
und auf alle mögliche Weise verleumdet werdet.
12 Freut euch und jubelt: Euer Lohn im Himmel wird groß sein.
Denn so wurden schon vor euch die Propheten verfolgt.

Vom Salz der Erde und vom Licht der Welt
13 Ihr seid das Salz der Erde. Wenn das Salz seinen Geschmack verliert,
womit kann man es wieder salzig machen? Es taugt zu nichts mehr; es
wird weggeworfen und von den Leuten zertreten.
14 Ihr seid das Licht der Welt. Eine Stadt, die auf einem Berg liegt, kann
nicht verborgen bleiben. 15 Man zündet auch nicht ein Licht an und stülpt
ein Gefäß darüber, sondern man stellt es auf den Leuchter; dann leuch-
tet es allen im Haus. 16 So soll euer Licht vor den Menschen leuchten,
damit sie eure guten Werke sehen und euren Vater im Himmel preisen.

Vom Gesetz und von den Propheten
17 Denkt nicht, ich sei gekommen, um das Gesetz und die Propheten
aufzuheben. Ich bin nicht gekommen, um aufzuheben, sondern um
zu erfüllen. 18 Amen, das sage ich euch: Bis Himmel und Erde verge-
hen, wird auch nicht der kleinste Buchstabe des Gesetzes vergehen,
bevor nicht alles geschehen ist. 19 Wer auch nur eines von den klein-
sten Geboten aufhebt und die Menschen entsprechend lehrt, der wird
im Himmelreich der Kleinste sein. Wer sie aber hält und halten lehrt,
der wird groß sein im Himmelreich.
20 Darum sage ich euch: Wenn eure Gerechtigkeit nicht weit größer ist
als die der Schriftgelehrten und der Pharisäer, werdet ihr nicht in das
Himmelreich kommen.

Vom Töten und von der Versöhnung
21 Ihr habt gehört, daß zu den Alten gesagt worden ist: *Du sollst nicht*
töten; wer aber jemand tötet, soll dem Gericht verfallen sein. 22 Ich
aber sage euch: Jeder, der seinem Bruder auch nur zürnt, soll dem
Gericht verfallen sein; und wer zu seinem Bruder sagt: Du Dumm-
kopf!, soll dem Spruch des Hohen Rates verfallen sein; wer aber zu
ihm sagt: Du (gottloser) Narr!, soll dem Feuer der Hölle verfallen sein.
23 Wenn du deine Opfergabe zum Altar bringst und dir dabei einfällt,
daß dein Bruder etwas gegen dich hat, 24 so laß deine Gabe dort vor
dem Altar liegen; geh und versöhne dich zuerst mit deinem Bruder,
dann komm und opfere deine Gabe. 25 Schließ ohne Zögern Frieden
mit deinem Gegner, solange du mit ihm noch auf dem Weg zum
Gericht bist. Sonst wird dich dein Gegner vor den Richter bringen,
und der Richter wird dich dem Gerichtsdiener übergeben, und du
wirst ins Gefängnis geworfen. 26 Amen, das sage ich dir: Du kommst
von dort nicht heraus, bis du den letzten Pfennig bezahlt hast.

Vom Ehebruch
27 Ihr habt gehört, daß gesagt worden ist: *Du sollst nicht die Ehe brechen.*
28 Ich aber sage euch: Wer eine Frau auch nur lüstern ansieht, hat in
seinem Herzen schon Ehebruch mit ihr begangen.
29 Wenn dich dein rechtes Auge zum Bösen verführt, dann reiß es aus
und wirf es weg! Denn es ist besser für dich, daß eines deiner Glieder
verlorengeht, als daß dein ganzer Leib in die Hölle geworfen wird.
30 Und wenn dich deine rechte Hand zum Bösen verführt, dann hau
sie ab und wirf sie weg! Denn es ist besser für dich, daß eines deiner
Glieder verlorengeht, als daß dein ganzer Leib in die Hölle kommt.

Von der Ehescheidung
31 Ferner ist gesagt worden: *Wer seine Frau aus der Ehe entläßt, muß ihr eine*
Scheidungsurkunde geben. 32 Ich aber sage euch: Wer seine Frau entläßt,
obwohl kein Fall von Unzucht vorliegt, liefert sie dem Ehebruch aus;
und wer eine Frau heiratet, die aus der Ehe entlassen worden ist,
begeht Ehebruch.

Vom Schwören
33 Ihr habt gehört, daß zu den Alten gesagt worden ist: *Du sollst keinen*
Meineid schwören, und: Du sollst halten, was du dem Herrn geschworen
hast. 34 Ich aber sage euch: Schwört überhaupt nicht, weder beim *Him-*
mel, denn er *ist Gottes Thron*, 35 noch bei der *Erde*, denn sie *ist der Schemel*
für seine Füße, noch bei Jerusalem, denn *es ist die Stadt des großen Königs*.
36 Auch bei deinem Haupt sollst du nicht schwören; denn du kannst
kein einziges Haar weiß oder schwarz machen. 37 Euer Ja sei ein Ja,
euer Nein ein Nein; alles andere stammt vom Bösen.

Von der Vergeltung
38 Ihr habt gehört, daß gesagt worden ist: *Auge für Auge und Zahn für*
Zahn. 39 Ich aber sage euch: Leistet dem, der euch etwas Böses antut,
keinen Widerstand, sondern wenn dich einer auf die rechte Wange
schlägt, dann halt ihm auch die andere hin. 40 Und wenn dich einer vor
Gericht bringen will, um dir das Hemd wegzunehmen, dann laß ihm
auch den Mantel. 41 Und wenn dich einer zwingen will, eine Meile mit
ihm zu gehen, dann geh zwei mit ihm. 42 Wer dich bittet, dem gib, und
wer von dir borgen will, den weise nicht ab.

Von der Liebe zu den Feinden
43 Ihr habt gehört, daß gesagt worden ist: *Du sollst deinen Nächsten lieben*
und deinen Feind hassen. 44 Ich aber sage euch: Liebt eure Feinde und
betet für die, die euch verfolgen, 45 damit ihr Söhne eures Vaters im
Himmel werdet; denn er läßt seine Sonne aufgehen über Bösen und
Guten, und er läßt regnen über Gerechte und Ungerechte. 46 Wenn ihr
nämlich nur die liebt, die euch lieben, welchen Lohn könnt ihr dafür
erwarten? Tun das nicht auch die Zöllner? 47 Und wenn ihr nur eure
Brüder grüßt, was tut ihr damit Besonderes? Tun das nicht auch die
Heiden?
48 Ihr sollt also vollkommen sein, wie es auch euer himmlischer Vater ist.

Vom Almosen
6 Hütet euch, eure Gerechtigkeit vor den Menschen zur Schau zu
stellen; sonst habt ihr keinen Lohn von eurem Vater im Himmel
zu erwarten.
2 Wenn du Almosen gibst, laß es also nicht vor dir herposaunen, wie es
die Heuchler in den Synagogen und auf den Gassen tun, um von den
Leuten gelobt zu werden. Amen, das sage ich euch: Sie haben ihren Lohn
bereits erhalten. 3 Wenn du Almosen gibst, soll deine linke Hand nicht
wissen, was deine rechte tut. 4 Dein Almosen soll verborgen bleiben,
und dein Vater, der auch das Verborgene sieht, wird es dir vergelten.

Vom Beten – Das Vaterunser
5 Wenn ihr betet, macht es nicht wie die Heuchler. Sie stellen sich beim
Gebet gern in die Synagogen und an die Straßenecken, damit sie von
den Leuten gesehen werden. Amen, das sage ich euch: Sie haben ihren
Lohn bereits erhalten. 6 Du aber geh in deine Kammer, wenn du
betest, und schließ die Tür zu; dann bete zu deinem Vater, der im Ver-
borgenen ist. Dein Vater, der auch das Verborgene sieht, wird es dir
vergelten.
7 Wenn ihr betet, sollt ihr nicht plappern wie die Heiden, die meinen,
sie werden nur erhört, wenn sie viele Worte machen. 8 Macht es nicht
wie sie; denn euer Vater weiß, was ihr braucht, noch ehe ihr ihn bittet.
9 So sollt ihr beten:
Unser Vater im Himmel, / dein Name werde geheiligt,
10 dein Reich komme, / dein Wille geschehe / wie im Himmel, so auf
der Erde.
11 Gib uns heute das Brot, das wir brauchen.
12 Und erlaß uns unsere Schulden, / wie auch wir sie unseren Schuld-
nern erlassen haben.
13 Und führe uns nicht in Versuchung, / sondern rette uns vor dem Bösen.
14 Denn wenn ihr den Menschen ihre Verfehlungen vergebt, dann wird
euer himmlischer Vater auch euch vergeben. 15 Wenn ihr aber den
Menschen nicht vergebt, dann wird euch euer Vater eure Verfehlungen
auch nicht vergeben.

Vom Fasten
16 Wenn ihr fastet, macht kein finsteres Gesicht wie die Heuchler. Sie
geben sich ein trübseliges Aussehen, damit die Leute merken, daß sie
fasten. Amen, das sage ich euch: Sie haben ihren Lohn bereits erhal-
ten. 17 Du aber salbe dein Haar, wenn du fastest, und wasche dein
Gesicht, 18 damit die Leute nicht merken, daß du fastest, sondern nur
dein Vater, der auch das Verborgene sieht; und dein Vater, der das Ver-
borgene sieht, wird es dir vergelten.

Von der falschen und der rechten Sorge
19 Sammelt euch nicht Schätze hier auf der Erde, wo Motte und Wurm
sie zerstören und wo Diebe einbrechen und sie stehlen, 20 sondern
sammelt euch Schätze im Himmel, wo weder Motte noch Wurm sie
zerstören und keine Diebe einbrechen und sie stehlen. 21 Denn wo
dein Schatz ist, da ist auch dein Herz.
22 Das Auge gibt dem Körper Licht. Wenn dein Auge gesund ist, dann
wird dein ganzer Körper hell sein. 23 Wenn aber dein Auge krank ist,
dann wird dein ganzer Körper finster sein. Wenn nun das Licht in dir
Finsternis ist, wie groß muß dann die Finsternis sein!
24 Niemand kann zwei Herren dienen; er wird entweder den einen hassen
und den andern lieben, oder er wird zu dem einen halten und den andern
verachten. Ihr könnt nicht beiden dienen, Gott und dem Mammon.
25 Deswegen sage ich euch: Sorgt euch nicht um euer Leben und
darum, daß ihr etwas zu essen habt, noch um euren Leib und darum,
daß ihr etwas anzuziehen habt. Ist nicht das Leben wichtiger als die
Nahrung und der Leib wichtiger als die Kleidung? 26 Seht euch die
Vögel des Himmels an: Sie säen nicht, sie ernten nicht und sammeln
keine Vorräte in Scheunen; euer himmlischer Vater ernährt sie. Seid
ihr nicht viel mehr wert als sie? 27 Wer von euch kann mit all seiner
Sorge sein Leben auch nur um eine kleine Zeitspanne verlängern?
28 Und was sorgt ihr euch um eure Kleidung? Lernt von den Lilien, die
auf dem Feld wachsen: Sie arbeiten nicht und spinnen nicht. 29 Doch
ich sage euch: Selbst Salomo war in all seiner Pracht nicht gekleidet
wie eine von ihnen. 30 Wenn aber Gott schon das Gras so prächtig
kleidet, das heute auf dem Feld steht und morgen ins Feuer geworfen
wird, wieviel mehr dann euch, ihr Kleingläubigen! 31 Macht euch also
keine Sorgen und fragt nicht: Was sollen wir essen? Was sollen wir
trinken? Was sollen wir anziehen? 32 Denn um all das geht es den Hei-
den. Euer himmlischer Vater weiß, daß ihr das alles braucht. 33 Euch
aber muß es zuerst um sein Reich und um seine Gerechtigkeit gehen;
dann wird euch alles andere dazugegeben.
34 Sorgt euch also nicht um morgen; denn der morgige Tag wird für
sich selbst sorgen. Jeder Tag hat genug eigene Plage.

Vom Richten
7 Richtet nicht, damit ihr nicht gerichtet werdet! 2 Denn wie ihr
richtet, so werdet ihr gerichtet werden, und nach dem Maß, mit
dem ihr meßt und zuteilt, wird euch zugeteilt werden. 3 Warum siehst
du den Splitter im Auge deines Bruders, aber den Balken in deinem
Auge bemerkst du nicht? 4 Wie kannst du zu deinem Bruder sagen:
Laß mich den Splitter aus deinem Auge herausziehen! – und dabei
steckt in deinem Auge ein Balken? 5 Du Heuchler! Zieh zuerst den Bal-
ken aus deinem Auge, dann kannst du versuchen, den Splitter aus dem
Auge deines Bruders herauszuziehen.

Max Pechstein
Fischerboot
(1913)
»Plötzlich brach auf dem See ein gewaltiger Sturm los, so daß das Boot von den Wellen überflutet wurde« (Mt 8,24). Die beiden Diagonalen gliedern die hochrechteckige Bildfläche: nach rechts oben weist der Mast, von links oben peitscht der Regen herab und weist durch die Ruder in die rechte untere Ecke. Kein Zweifel: Die Fischer befinden sich in höchster Gefahr, gegen die sie mit allen Kräften ankämpfen. Der Ausgang erscheint als ungewiß. Insofern hat der Expressionist Max Pechstein, von 1906 bis 1912 Mitglied der Künstlergruppe Brücke, nicht ein Gegenbild zum Bericht des Evangelisten Matthäus geschaffen, sondern schildert die Situation, in der sich die Jünger sehen.

Von der Entweihung des Heiligen

6 Gebt das Heilige nicht den Hunden, und werft eure Perlen nicht den
Schweinen vor, denn sie könnten sie mit ihren Füßen zertreten und
sich umwenden und euch zerreißen.

Vom Vertrauen beim Beten

7 Bittet, dann wird euch gegeben; sucht, dann werdet ihr finden; klopft
an, dann wird euch geöffnet. 8 Denn wer bittet, der empfängt; wer
sucht, der findet; und wer anklopft, dem wird geöffnet. 9 Oder ist einer
unter euch, der seinem Sohn einen Stein gibt, wenn er um Brot bittet,
10 oder eine Schlange, wenn er um einen Fisch bittet? 11 Wenn nun
schon ihr, die ihr böse seid, euren Kindern gebt, was gut ist, wieviel
mehr wird euer Vater im Himmel denen Gutes geben, die ihn bitten.

Die Goldene Regel

12 Alles, was ihr also von anderen erwartet, das tut auch ihnen! Darin
besteht das Gesetz und die Propheten.

Von den zwei Wegen

13 Geht durch das enge Tor! Denn das Tor ist weit, das ins Verderben
führt, und der Weg dahin ist breit, und viele gehen auf ihm. 14 Aber das
Tor, das zum Leben führt, ist eng, und der Weg dahin ist schmal, und
nur wenige finden ihn.

Von den falschen Propheten

15 Hütet euch vor den falschen Propheten; sie kommen zu euch wie
(harmlose) Schafe, in Wirklichkeit aber sind sie reißende Wölfe. 16 An
ihren Früchten werdet ihr sie erkennen. Erntet man etwa von Dornen
Trauben oder von Disteln Feigen? 17 Jeder gute Baum bringt gute
Früchte hervor, ein schlechter Baum aber schlechte. 18 Ein guter Baum
kann keine schlechten Früchte hervorbringen und ein schlechter
Baum keine guten. 19 Jeder Baum, der keine guten Früchte hervor-
bringt, wird umgehauen und ins Feuer geworfen. 20 An ihren Früchten
also werdet ihr sie erkennen.

21 Nicht jeder, der zu mir sagt: Herr! Herr!, wird in das Himmelreich
kommen, sondern nur, wer den Willen meines Vaters im Himmel
erfüllt. 22 Viele werden an jenem Tag zu mir sagen: Herr, Herr, sind wir
nicht in deinem Namen als Propheten aufgetreten, und haben wir
nicht mit deinem Namen Dämonen ausgetrieben und mit deinem
Namen viele Wunder vollbracht? 23 Dann werde ich ihnen antworten:
Ich kenne euch nicht. *Weg von mir, ihr Übertreter des Gesetzes!*

Vom Haus auf dem Felsen

24 Wer diese meine Worte hört und danach handelt, ist wie ein kluger
Mann, der sein Haus auf Fels baute. 25 Als nun ein Wolkenbruch kam
und die Wassermassen heranfluteten, als die Stürme tobten und an
dem Haus rüttelten, da stürzte es nicht ein; denn es war auf Fels
gebaut. 26 Wer aber meine Worte hört und nicht danach handelt, ist
wie ein unvernünftiger Mann, der sein Haus auf Sand baute. 27 Als
nun ein Wolkenbruch kam und die Wassermassen heranfluteten, als
die Stürme tobten und an dem Haus rüttelten, da stürzte es ein und
wurde völlig zerstört.

Die Wirkung der Bergpredigt

28 Als Jesus diese Rede beendet hatte, war die Menge sehr betroffen
von seiner Lehre; 29 denn er lehrte sie wie einer, der (göttliche) Voll-
macht hat, und nicht wie ihre Schriftgelehrten.

Die Taten des Messias

Die Heilung eines Aussätzigen

8 Als Jesus von dem Berg herabstieg, folgten ihm viele Menschen.
2 Da kam ein Aussätziger, fiel vor ihm nieder und sagte: Herr,
wenn du willst, kannst du machen, daß ich rein werde. 3 Jesus streckte

die Hand aus, berührte ihn und sagte: Ich will es – werde rein! Im glei-
chen Augenblick wurde der Aussätzige rein.
4 Jesus aber sagte zu ihm: Nimm dich in acht! Erzähl niemand davon,
sondern geh, *zeig dich dem Priester* und bring das Opfer dar, das Mose
angeordnet hat. Das soll für sie ein Beweis (deiner Heilung) sein.

Der Hauptmann von Kafarnaum

5 Als er nach Kafarnaum kam, trat ein Hauptmann an ihn heran und
bat ihn: 6 Herr, mein Diener liegt gelähmt zu Hause und hat große
Schmerzen. 7 Jesus sagte zu ihm: Ich will kommen und ihn gesund
machen. 8 Da antwortete der Hauptmann: Herr, ich bin es nicht wert,
daß du mein Haus betrittst; sprich nur ein Wort, dann wird mein Die-
ner gesund. 9 Auch ich muß Befehlen gehorchen, und ich habe selber
Soldaten unter mir; sage ich nun zu einem: Geh!, so geht er, und zu
einem andern: Komm!, so kommt er, und zu meinem Diener: Tu das!,
so tut er es.
10 Jesus war erstaunt, als er das hörte, und sagte zu denen, die ihm
nachfolgten: Amen, das sage ich euch: Einen solchen Glauben habe
ich in Israel noch bei niemand gefunden. 11 Ich sage euch: Viele wer-
den von Osten und Westen kommen und mit Abraham, Isaak und
Jakob im Himmelreich zu Tisch sitzen; 12 die aber, für die das Reich
bestimmt war, werden hinausgeworfen in die äußerste Finsternis;
dort werden sie heulen und mit den Zähnen knirschen. 13 Und zum
Hauptmann sagte Jesus: Geh! Es soll geschehen, wie du geglaubt hast.
Und in derselben Stunde wurde der Diener gesund.

Die Heilung der Schwiegermutter des Petrus

14 Jesus ging in das Haus des Petrus und sah, daß dessen Schwieger-
mutter im Bett lag und Fieber hatte. 15 Da berührte er ihre Hand, und
das Fieber wich von ihr. Und sie stand auf und sorgte für ihn.

Die Heilung von Besessenen und Kranken

16 Am Abend brachte man viele Besessene zu ihm. Er trieb mit seinem
Wort die Geister aus und heilte alle Kranken. 17 Dadurch sollte sich
erfüllen, was durch den Propheten Jesaja gesagt worden ist: *Er hat
unsere Leiden auf sich genommen und unsere Krankheiten getragen.*

Von der Nachfolge

18 Als Jesus die vielen Menschen sah, die um ihn waren, befahl er, ans
andere Ufer zu fahren. 19 Da kam ein Schriftgelehrter zu ihm und
sagte: Meister, ich will dir folgen, wohin du auch gehst. 20 Jesus ant-
wortete ihm: Die Füchse haben ihre Höhlen und die Vögel ihre Nester;
der Menschensohn aber hat keinen Ort, wo er sein Haupt hinlegen
kann. 21 Ein anderer aber, einer seiner Jünger, sagte zu ihm: Herr, laß
mich zuerst heimgehen und meinen Vater begraben! 22 Jesus erwi-
derte: Folge mir nach; laß die Toten ihre Toten begraben!

Der Sturm auf dem See

23 Er stieg in das Boot, und seine Jünger folgten ihm. 24 Plötzlich brach
auf dem See ein gewaltiger Sturm los, so daß das Boot von den Wellen
überflutet wurde. Jesus aber schlief. 25 Da traten die Jünger zu ihm und
weckten ihn; sie riefen: Herr, rette uns, wir gehen zugrunde! 26 Er
sagte zu ihnen: Warum habt ihr solche Angst, ihr Kleingläubigen?
Dann stand er auf, drohte den Winden und dem See, und es trat völlige
Stille ein.
27 Die Leute aber staunten und sagten: Was ist das für ein Mensch, daß
ihm sogar die Winde und der See gehorchen?

Die Heilung der Besessenen von Gadara

28 Als Jesus an das andere Ufer kam, in das Gebiet von Gadara, liefen
ihm aus den Grabhöhlen zwei Besessene entgegen. Sie waren so
gefährlich, daß niemand den Weg benutzen konnte, der dort vor-
beiführte. 29 Sofort begannen sie zu schreien: Was haben wir mit dir
zu tun, Sohn Gottes? Bist du hergekommen, um uns schon vor der
Zeit zu quälen? 30 In einiger Entfernung weidete gerade eine große
Schweineherde. 31 Da baten ihn die Dämonen: Wenn du uns aus-
treibst, dann schick uns in die Schweineherde! 32 Er sagte zu ihnen:
Geht! Da verließen sie die beiden und fuhren in die Schweine. Und die
ganze Herde stürzte sich den Abhang hinab in den See und kam in den
Fluten um. 33 Die Hirten flohen, liefen in die Stadt und erzählten dort
alles, auch das, was mit den Besessenen geschehen war. 34 Und die
ganze Stadt zog zu Jesus hinaus; als sie ihn trafen, baten sie ihn, ihr
Gebiet zu verlassen.

Die Heilung eines Gelähmten

9 Jesus stieg in das Boot, fuhr über den See und kam in seine Stadt.
2 Da brachte man auf einer Tragbahre einen Gelähmten zu ihm.
Als Jesus ihren Glauben sah, sagte er zu dem Gelähmten: Hab Ver-
trauen, mein Sohn, deine Sünden sind dir vergeben! 3 Da dachten
einige Schriftgelehrte: Er lästert Gott. 4 Jesus wußte, was sie dachten,
und sagte: Warum habt ihr so böse Gedanken im Herzen? 5 Was ist
leichter, zu sagen: Deine Sünden sind dir vergeben!, oder zu sagen:
Steh auf und geh umher? 6 Ihr sollt aber erkennen, daß der Menschen-
sohn die Vollmacht hat, hier auf der Erde Sünden zu vergeben. Darauf
sagte er zu dem Gelähmten: Steh auf, nimm deine Tragbahre, und
geh nach Hause! 7 Und der Mann stand auf und ging heim. 8 Als die
Leute das sahen, erschraken sie und priesen Gott, der den Menschen
solche Vollmacht gegeben hat.

Die Berufung des Matthäus und das Mahl mit den Zöllnern

9 Als Jesus weiterging, sah er einen Mann namens Matthäus am Zoll
sitzen und sagte zu ihm: Folge mir nach! Da stand Matthäus auf und
folgte ihm. 10 Und als Jesus in seinem Haus beim Essen war, kamen
viele Zöllner und Sünder und aßen zusammen mit ihm und seinen
Jüngern. 11 Als die Pharisäer das sahen, sagten sie zu seinen Jüngern:
Wie kann euer Meister zusammen mit Zöllnern und Sündern essen?
12 Er hörte es und sagte: Nicht die Gesunden brauchen den Arzt, son-
dern die Kranken. 13 Darum lernt, was es heißt: *Barmherzigkeit will ich,
nicht Opfer.* Denn ich bin gekommen, um die Sünder zu rufen, nicht die
Gerechten.

Die Frage nach dem Fasten

14 Da kamen die Jünger des Johannes zu ihm und sagten: Warum fasten
deine Jünger nicht, während wir und die Pharisäer fasten? 15 Jesus ant-
wortete ihnen: Können denn die Hochzeitsgäste trauern, solange der
Bräutigam bei ihnen ist? Es werden aber Tage kommen, da wird ihnen
der Bräutigam genommen sein; dann werden sie fasten. 16 Niemand
setzt ein Stück neuen Stoff auf ein altes Kleid; denn der neue Stoff reißt
doch wieder ab, und es entsteht ein noch größerer Riß. 17 Auch füllt
man nicht neuen Wein in alte Schläuche. Sonst reißen die Schläuche,
der Wein läuft aus, und die Schläuche sind unbrauchbar. Neuen Wein
füllt man in neue Schläuche, dann bleibt beides erhalten.

Die Auferweckung der Tochter eines Synagogenvorstehers und die Heilung einer kranken Frau

18 Während Jesus so mit ihnen redete, kam ein Synagogenvorsteher, fiel
vor ihm nieder und sagte: Meine Tochter ist eben gestorben; komm
doch, leg ihr deine Hand auf, dann wird sie wieder lebendig. 19 Jesus
stand auf und folgte ihm mit seinen Jüngern. 20 Da trat eine Frau, die
schon zwölf Jahre an Blutungen litt, von hinten an ihn heran und
berührte den Saum seines Gewandes; 21 denn sie sagte sich: Wenn ich
auch nur sein Gewand berühre, werde ich geheilt. 22 Jesus wandte sich
um, und als er sie sah, sagte er: Hab keine Angst, meine Tochter, dein
Glaube hat dir geholfen. Und von dieser Stunde an war die Frau geheilt.
23 Als Jesus in das Haus des Synagogenvorstehers kam und die Flöten-
spieler und die Menge der klagenden Leute sah, 24 sagte er: Geht hinaus!
Das Mädchen ist nicht gestorben, es schläft nur. Da lachten sie ihn aus.
25 Als man die Leute hinausgedrängt hatte, trat er ein und faßte das
Mädchen an der Hand; da stand es auf. 26 Und die Kunde davon ver-
breitete sich in der ganzen Gegend.

Die Heilung von zwei Blinden
27 Als Jesus weiterging, folgten ihm zwei Blinde und schrien: Hab
Erbarmen mit uns, Sohn Davids! 28 Nachdem er ins Haus gegangen
war, kamen die Blinden zu ihm. Er sagte zu ihnen: Glaubt ihr, daß ich
euch helfen kann? Sie antworteten: Ja, Herr. 29 Darauf berührte er ihre
Augen und sagte: Wie ihr geglaubt habt, so soll es geschehen. 30 Da
wurden ihre Augen geöffnet. Jesus aber befahl ihnen: Nehmt euch in
acht! Niemand darf es erfahren. 31 Doch sie gingen weg und erzählten
von ihm in der ganzen Gegend.

Die Heilung eines Stummen
32 Als sie gegangen waren, brachte man zu Jesus einen Stummen, der
von einem Dämon besessen war. 33 Er trieb den Dämon aus, und der
Stumme konnte reden. Alle Leute staunten und sagten: So etwas ist in
Israel noch nie geschehen. 34 Die Pharisäer aber sagten: Mit Hilfe des
Anführers der Dämonen treibt er die Dämonen aus.

Die Aussendungsrede

Von der Größe der Ernte
35 Jesus zog durch alle Städte und Dörfer, lehrte in ihren Synagogen,
verkündete das Evangelium vom Reich und heilte alle Krankheiten
und Leiden. 36 Als er die vielen Menschen sah, hatte er Mitleid mit
ihnen; denn sie waren müde und erschöpft *wie Schafe, die keinen Hirten
haben.* 37 Da sagte er zu seinen Jüngern: Die Ernte ist groß, aber es gibt
nur wenig Arbeiter. 38 Bittet also den Herrn der Ernte, Arbeiter für
seine Ernte auszusenden.

Die Wahl der Zwölf
10 Dann rief er seine zwölf Jünger zu sich und gab ihnen die
Vollmacht, die unreinen Geister auszutreiben und alle
Krankheiten und Leiden zu heilen. 2 Die Namen der zwölf Apostel
sind: an erster Stelle Simon, genannt Petrus, und sein Bruder Andreas,
dann Jakobus, der Sohn des Zebedäus, und sein Bruder Johannes,
3 Philippus und Bartholomäus, Thomas und Matthäus, der Zöllner,
Jakobus, der Sohn des Alphäus, und Thaddäus, 4 Simon Kananäus
und Judas Iskariot, der ihn später verraten hat.

Anweisung für die Mission
5 Diese Zwölf sandte Jesus aus und gebot ihnen: Geht nicht zu den
Heiden, und betretet keine Stadt der Samariter, 6 sondern geht zu den
verlorenen Schafen des Hauses Israel. 7 Geht und verkündet: Das Him-
melreich ist nahe. 8 Heilt Kranke, weckt Tote auf, macht Aussätzige
rein, treibt Dämonen aus! Umsonst habt ihr empfangen, umsonst
sollt ihr geben. 9 Steckt nicht Gold, Silber und Kupfermünzen in euren
Gürtel. 10 Nehmt keine Vorratstasche mit auf den Weg, kein zweites
Hemd, keine Schuhe, keinen Wanderstab; denn wer arbeitet, hat ein
Recht auf seinen Unterhalt.
11 Wenn ihr in eine Stadt oder in ein Dorf kommt, erkundigt euch, wer
es wert ist, euch aufzunehmen; bei ihm bleibt, bis ihr den Ort wieder
verlaßt. 12 Wenn ihr in ein Haus kommt, dann wünscht ihm Frieden.
13 Wenn das Haus es wert ist, soll der Friede, den ihr ihm wünscht, bei
ihm einkehren. Ist das Haus es aber nicht wert, dann soll der Friede zu
euch zurückkehren.
14 Wenn man euch aber in einem Haus oder in einer Stadt nicht auf-
nimmt und eure Worte nicht hören will, dann geht weg, und schüttelt
den Staub von euren Füßen. 15 Amen, das sage ich euch: Dem Gebiet
von Sodom und Gomorra wird es am Tag des Gerichts nicht so
schlimm ergehen wie dieser Stadt.

Aufforderung zu furchtlosem Bekenntnis
16 Seht, ich sende euch wie Schafe mitten unter die Wölfe; seid daher
klug wie die Schlangen und arglos wie die Tauben!
17 Nehmt euch aber vor den Menschen in acht! Denn sie werden euch
vor die Gerichte bringen und in ihren Synagogen auspeitschen. 18 Ihr
werdet um meinetwillen vor Statthalter und Könige geführt, damit ihr
vor ihnen und den Heiden Zeugnis ablegt. 19 Wenn man euch vor
Gericht stellt, macht euch keine Sorgen, wie und was ihr reden sollt;
denn es wird euch in jener Stunde eingegeben, was ihr sagen sollt.
20 Nicht ihr werdet dann reden, sondern der Geist eures Vaters wird
durch euch reden. 21 Brüder werden einander dem Tod ausliefern und
Väter ihre Kinder, und die Kinder werden sich gegen ihre Eltern auf-
lehnen und sie in den Tod schicken. 22 Und ihr werdet um meines
Namens willen von allen gehaßt werden; wer aber bis zum Ende
standhaft bleibt, der wird gerettet. 23 Wenn man euch in der einen
Stadt verfolgt, so flieht in eine andere. Amen, ich sage euch: Ihr wer-
det nicht zu Ende kommen mit den Städten Israels, bis der Menschen-
sohn kommt. 24 Ein Jünger steht nicht über seinem Meister und ein
Sklave nicht über seinem Herrn. 25 Der Jünger muß sich damit begnü-
gen, daß es ihm geht wie seinem Meister, und der Sklave, daß es ihm
geht wie seinem Herrn. Wenn man schon den Herrn des Hauses Beel-
zebul nennt, dann erst recht seine Hausgenossen.
26 Darum fürchtet euch nicht vor ihnen! Denn nichts ist verhüllt, was
nicht enthüllt wird, und nichts ist verborgen, was nicht bekannt wird.
27 Was ich euch im Dunkeln sage, davon redet am hellen Tag, und was
man euch ins Ohr flüstert, das verkündet von den Dächern. 28 Fürchtet
euch nicht vor denen, die den Leib töten, die Seele aber nicht töten
können, sondern fürchtet euch vor dem, der Seele und Leib ins Ver-
derben der Hölle stürzen kann. 29 Verkauft man nicht zwei Spatzen für
ein paar Pfennig? Und doch fällt keiner von ihnen zur Erde ohne den
Willen eures Vaters. 30 Bei euch aber sind sogar die Haare auf dem
Kopf alle gezählt. 31 Fürchtet euch also nicht! Ihr seid mehr wert als
viele Spatzen. 32 Wer sich nun vor den Menschen zu mir bekennt, zu
dem werde auch ich mich vor meinem Vater im Himmel bekennen.
33 Wer mich aber vor den Menschen verleugnet, den werde auch ich
vor meinem Vater im Himmel verleugnen.
34 Denkt nicht, ich sei gekommen, um Frieden auf die Erde zu brin-
gen. Ich bin nicht gekommen, um Frieden zu bringen, sondern das
Schwert. 35 Denn ich bin gekommen, um *den Sohn mit seinem Vater zu
entzweien und die Tochter mit ihrer Mutter und die Schwiegertochter mit ihrer
Schwiegermutter;* 36 und *die Hausgenossen eines Menschen werden seine Feinde
sein.*
37 Wer Vater oder Mutter mehr liebt als mich, ist meiner nicht würdig,
und wer Sohn oder Tochter mehr liebt als mich, ist meiner nicht wür-
dig. 38 Und wer nicht sein Kreuz auf sich nimmt und mir nachfolgt, ist
meiner nicht würdig. 39 Wer das Leben gewinnen will, wird es verlie-
ren; wer aber das Leben um meinetwillen verliert, wird es gewinnen.

Vom Lohn für die Aufnahme der Jünger
40 Wer euch aufnimmt, der nimmt mich auf, und wer mich aufnimmt,
nimmt den auf, der mich gesandt hat. 41 Wer einen Propheten auf-
nimmt, weil es ein Prophet ist, wird den Lohn eines Propheten erhal-
ten. Wer einen Gerechten aufnimmt, weil es ein Gerechter ist, wird
den Lohn eines Gerechten erhalten. 42 Und wer einem von diesen Klei-
nen auch nur einen Becher frisches Wasser zu trinken gibt, weil es ein
Jünger ist – amen, ich sage euch: Er wird gewiß nicht um seinen Lohn
kommen.

11 Als Jesus die Unterweisung der zwölf Jünger beendet hatte,
zog er weiter, um in den Städten zu lehren und zu predigen.

Der Beginn der Entscheidung

Die Frage des Täufers
2 Johannes hörte im Gefängnis von den Taten Christi. Da schickte er
seine Jünger zu ihm 3 und ließ ihn fragen: Bist du der, der kommen
soll, oder müssen wir auf einen andern warten? 4 Jesus antwortete

ihnen: Geht und berichtet Johannes, was ihr hört und seht: 5 *Blinde*
sehen wieder, und *Lahme gehen*; *Aussätzige werden rein*, und *Taube*
hören; Tote stehen auf, und *den Armen wird das Evangelium verkündet*. 6 Selig
ist, wer an mir keinen Anstoß nimmt.

Das Urteil Jesu über den Täufer

7 Als sie gegangen waren, begann Jesus zu der Menge über Johannes
zu reden; er sagte: Was habt ihr denn sehen wollen, als ihr in die
Wüste hinausgegangen seid? Ein Schilfrohr, das im Wind schwankt?
8 Oder was habt ihr sehen wollen, als ihr hinausgegangen seid? Einen
Mann in feiner Kleidung? Leute, die fein gekleidet sind, findet man in
den Palästen der Könige. 9 Oder wozu seid ihr hinausgegangen? Um
einen Propheten zu sehen? Ja, ich sage euch: Ihr habt sogar mehr
gesehen als einen Propheten. 10 Er ist der, von dem es in der Schrift
heißt:
Ich sende meinen Boten vor dir her; / er soll den Weg für dich bahnen.
11 Amen, das sage ich euch: Unter allen Menschen hat es keinen
größeren gegeben als Johannes den Täufer; doch der Kleinste im
Himmelreich ist größer als er. 12 Seit den Tagen Johannes' des Täufers
bis heute wird dem Himmelreich Gewalt angetan; die Gewalttätigen
reißen es an sich. 13 Denn bis hin zu Johannes haben alle Propheten
und das Gesetz (über diese Dinge) geweissagt. 14 Und wenn ihr es gel-
ten lassen wollt: Ja, er ist Elija, der wiederkommen soll. 15 Wer Ohren
hat, der höre!
16 Mit wem soll ich diese Generation vergleichen? Sie gleicht Kin-
dern, die auf dem Marktplatz sitzen und anderen Kindern zurufen:
17 Wir haben für euch auf der Flöte (Hochzeitslieder) gespielt, und ihr
habt nicht getanzt; wir haben Klagelieder gesungen, und ihr habt
euch nicht an die Brust geschlagen. 18 Johannes ist gekommen, er
ißt nicht und trinkt nicht, und sie sagen: Er ist von einem Dämon
besessen.
19 Der Menschensohn ist gekommen, er ißt und trinkt; darauf sagen
sie: Dieser Fresser und Säufer, dieser Freund der Zöllner und Sünder!
Und doch hat die Weisheit durch die Taten, die sie bewirkt hat, recht
bekommen.

Vom Gericht über die galiläischen Städte

20 Dann begann er den Städten, in denen er die meisten Wunder getan
hatte, Vorwürfe zu machen, weil sie sich nicht bekehrt hatten: 21 Weh
dir, Chorazin! Weh dir, Betsaida! Wenn einst in Tyrus und Sidon die
Wunder geschehen wären, die bei euch geschehen sind – man hätte
dort in Sack und Asche Buße getan. 22 Ja, das sage ich euch: Tyrus und
Sidon wird es am Tag des Gerichts nicht so schlimm ergehen wie
euch. 23 Und du, Kafarnaum, meinst du etwa, *du wirst bis zum Himmel*
erhoben? Nein, in die Unterwelt wirst du hinabgeworfen. Wenn in Sodom die
Wunder geschehen wären, die bei dir geschehen sind, dann stünde es
noch heute. 24 Ja, das sage ich euch: Dem Gebiet von Sodom wird es
am Tag des Gerichts nicht so schlimm ergehen wie dir.

Der Dank Jesu an den Vater

25 In jener Zeit sprach Jesus: Ich preise dich, Vater, Herr des Himmels
und der Erde, weil du all das den Weisen und Klugen verborgen, den
Unmündigen aber offenbart hast. 26 Ja, Vater, so hat es dir gefallen.
27 Mir ist von meinem Vater alles übergeben worden; niemand kennt
den Sohn, nur der Vater, und niemand kennt den Vater, nur der Sohn
und der, dem es der Sohn offenbaren will.

Vom leichten Joch Jesu

28 Kommt alle zu mir, die ihr euch plagt und schwere Lasten zu tragen
habt. Ich werde euch Ruhe verschaffen. 29 Nehmt mein Joch auf euch
und lernt von mir; denn ich bin gütig und von Herzen demütig; *so wer-*
det ihr Ruhe finden für eure Seele. 30 Denn mein Joch drückt nicht, und
meine Last ist leicht.

Das Abreißen der Ähren am Sabbat

12 In jener Zeit ging Jesus an einem Sabbat durch die Kornfel-
der. Seine Jünger hatten Hunger; sie rissen deshalb Ähren
ab und aßen davon. 2 Die Pharisäer sahen es und sagten zu ihm: Sieh
her, deine Jünger tun etwas, das am Sabbat verboten ist. 3 Da sagte er
zu ihnen: Habt ihr nicht gelesen, was David getan hat, als er und seine
Begleiter hungrig waren – 4 wie er in das Haus Gottes ging und wie sie
die heiligen Brote aßen, die weder er noch seine Begleiter, sondern
nur die Priester essen durften? 5 Oder habt ihr nicht im Gesetz gelesen,
daß am Sabbat die Priester im Tempel den Sabbat entweihen, ohne
sich schuldig zu machen? 6 Ich sage euch: Hier ist einer, der größer ist
als der Tempel. 7 Wenn ihr begriffen hättet, was das heißt: *Barmherzig-*
keit will ich, nicht Opfer, dann hättet ihr nicht Unschuldige verurteilt;
8 denn der Menschensohn ist Herr über den Sabbat.

Die Heilung eines Mannes am Sabbat

9 Darauf verließ er sie und ging in ihre Synagoge. 10 Dort saß ein
Mann, dessen Hand verdorrt war. Sie fragten ihn: Ist es am Sabbat
erlaubt zu heilen? Sie suchten nämlich einen Grund zur Anklage
gegen ihn. 11 Er antwortete: Wer von euch wird, wenn ihm am Sabbat
sein Schaf in eine Grube fällt, es nicht sofort wieder herausziehen?
12 Und wieviel mehr ist ein Mensch wert als ein Schaf! Darum ist es am
Sabbat erlaubt, Gutes zu tun. 13 Dann sagte er zu dem Mann: Streck
deine Hand aus! Er streckte sie aus, und die Hand war wieder ebenso
gesund wie die andere. 14 Die Pharisäer aber gingen hinaus und faßten
den Beschluß, Jesus umzubringen.

Jesus als der Knecht Gottes

15 Als Jesus das erfuhr, ging er von dort weg. Viele folgten ihm, und er
heilte alle Kranken. 16 Aber er verbot ihnen, in der Öffentlichkeit von
ihm zu reden. 17 Auf diese Weise sollte sich erfüllen, was durch den
Propheten Jesaja gesagt worden ist:
18 *Seht, das ist mein Knecht, den ich erwählt habe, / mein Geliebter, an dem ich*
Gefallen gefunden habe.
Ich werde meinen Geist auf ihn legen, / und er wird den Völkern das Recht ver-
künden.
19 *Er wird nicht zanken und nicht schreien, / und man wird seine Stimme nicht*
auf den Straßen hören.
20 *Das geknickte Rohr wird er nicht zerbrechen / und den glimmenden Docht nicht*
auslöschen, / bis er dem Recht zum Sieg verholfen hat.
21 *Und auf seinen Namen werden die Völker ihre Hoffnung setzen.*

Verteidigungsrede Jesu

22 Damals brachte man zu ihm einen Besessenen, der blind und
stumm war. Jesus heilte ihn, so daß der Stumme wieder reden und
sehen konnte. 23 Da gerieten alle Leute außer sich und sagten: Ist er
etwa der Sohn Davids? 24 Als die Pharisäer das hörten, sagten sie: Nur
mit Hilfe von Beelzebul, dem Anführer der Dämonen, kann er die
Dämonen austreiben. 25 Doch Jesus wußte, was sie dachten, und sagte
zu ihnen: Jedes Reich, das in sich gespalten ist, geht zugrunde, und
keine Stadt und keine Familie, die in sich gespalten ist, wird Bestand
haben. 26 Wenn also der Satan den Satan austreibt, dann liegt der
Satan mit sich selbst im Streit. Wie kann sein Reich dann Bestand
haben? 27 Und wenn ich die Dämonen durch Beelzebul austreibe,
durch wen treiben dann eure Anhänger sie aus? Sie selbst also spre-
chen euch das Urteil. 28 Wenn ich aber die Dämonen durch den Geist
Gottes austreibe, dann ist das Reich Gottes schon zu euch gekom-
men. 29 Wie kann einer in das Haus eines starken Mannes einbrechen
und ihm den Hausrat rauben, wenn er den Mann nicht vorher fesselt?
Erst dann kann er sein Haus plündern. 30 Wer nicht für mich ist, der ist
gegen mich; wer nicht mit mir sammelt, der zerstreut.
31 Darum sage ich euch: Jede Sünde und Lästerung wird den Menschen
vergeben werden, aber die Lästerung gegen den Geist wird nicht ver-
geben. 32 Auch dem, der etwas gegen den Menschensohn sagt, wird
vergeben werden; wer aber etwas gegen den Heiligen Geist sagt, dem

wird nicht vergeben, weder in dieser noch in der zukünftigen Welt.
33 Entweder: der Baum ist gut – dann sind auch seine Früchte gut.
Oder: der Baum ist schlecht – dann sind auch seine Früchte schlecht.
An den Früchten also erkennt man den Baum. 34 Ihr Schlangenbrut,
wie könnt ihr Gutes reden, wenn ihr böse seid? Denn wovon das Herz
voll ist, davon spricht der Mund. 35 Ein guter Mensch bringt Gutes
hervor, weil er Gutes in sich hat, und ein böser Mensch bringt Böses
hervor, weil er Böses in sich hat.
36 Ich sage euch: Über jedes unnütze Wort, das die Menschen reden,
werden sie am Tag des Gerichts Rechenschaft ablegen müssen;
37 denn aufgrund deiner Worte wirst du freigesprochen, und aufgrund
deiner Worte wirst du verurteilt werden.

Die Verweigerung eines Zeichens

38 Zu dieser Zeit sagten einige Schriftgelehrte und Pharisäer zu ihm:
Meister, wir möchten von dir ein Zeichen sehen. 39 Er antwortete
ihnen: Diese böse und treulose Generation fordert ein Zeichen, aber es
wird ihr kein anderes gegeben werden als das Zeichen des Propheten
Jona. 40 Denn wie *Jona drei Tage und drei Nächte im Bauch des Fisches* war, so
wird auch der Menschensohn drei Tage und drei Nächte im Innern der
Erde sein. 41 Die Männer von Ninive werden beim Gericht gegen diese
Generation auftreten und sie verurteilen; denn sie haben sich nach
der Predigt des Jona bekehrt. Hier aber ist einer, der mehr ist als Jona.
42 Die Königin des Südens wird beim Gericht gegen diese Generation
auftreten und sie verurteilen; denn sie kam vom Ende der Erde, um die
Weisheit Salomos zu hören. Hier aber ist einer, der mehr ist als
Salomo.

Von der Rückkehr der unreinen Geister

43 Ein unreiner Geist, der einen Menschen verlassen hat, wandert
durch die Wüste und sucht einen Ort, wo er bleiben kann. Wenn er
aber keinen findet, 44 dann sagt er: Ich will in mein Haus zurückkeh-
ren, das ich verlassen habe. Und wenn er es bei seiner Rückkehr leer
antrifft, sauber und geschmückt, 45 dann geht er und holt sieben
andere Geister, die noch schlimmer sind als er selbst. Sie ziehen dort
ein und lassen sich nieder. So wird es mit diesem Menschen am Ende
schlimmer werden als vorher. Dieser bösen Generation wird es
genauso gehen.

Von den wahren Verwandten Jesu

46 Als Jesus noch mit den Leuten redete, standen seine Mutter und seine
Brüder vor dem Haus und wollten mit ihm sprechen. 47 Da sagte
jemand zu ihm: Deine Mutter und deine Brüder stehen draußen und
wollen mit dir sprechen. 48 Dem, der ihm das gesagt hatte, erwiderte er:
Wer ist meine Mutter, und wer sind meine Brüder? 49 Und er streckte
die Hand über seine Jünger aus und sagte: Das hier sind meine Mutter
und meine Brüder. 50 Denn wer den Willen meines himmlischen Vaters
erfüllt, der ist für mich Bruder und Schwester und Mutter.

Die Rede über das Himmelreich

Das Gleichnis vom Sämann

13 An jenem Tag verließ Jesus das Haus und setzte sich an das
Ufer des Sees. 2 Da versammelte sich eine große Men-
schenmenge um ihn. Er stieg deshalb in ein Boot und setzte sich; die
Leute aber standen am Ufer. 3 Und er sprach lange zu ihnen in Form
von Gleichnissen. Er sagte: Ein Sämann ging aufs Feld, um zu säen.
4 Als er säte, fiel ein Teil der Körner auf den Weg, und die Vögel kamen
und fraßen sie. 5 Ein anderer Teil fiel auf felsigen Boden, wo es nur
wenig Erde gab, und ging sofort auf, weil das Erdreich nicht tief war;
6 als aber die Sonne hochstieg, wurde die Saat versengt und verdorrte,
weil sie keine Wurzeln hatte. 7 Wieder ein anderer Teil fiel in die Dor-
nen, und die Dornen wuchsen und erstickten die Saat. 8 Ein anderer
Teil schließlich fiel auf guten Boden und brachte Frucht, teils hun-
dertfach, teils sechzigfach, teils dreißigfach. 9 Wer Ohren hat, der
höre!

Sinn und Zweck der Gleichnisse

10 Da kamen die Jünger zu ihm und sagten: Warum redest du zu ihnen
in Gleichnissen? 11 Er antwortete: Euch ist es gegeben, die Geheim-
nisse des Himmelreichs zu erkennen; ihnen aber ist es nicht gegeben.
12 Denn wer hat, dem wird gegeben, und er wird im Überfluß haben;
wer aber nicht hat, dem wird auch noch weggenommen, was er hat.
13 Deshalb rede ich zu ihnen in Gleichnissen, weil sie sehen und doch
nicht sehen, weil sie hören und doch nicht hören und nichts verste-
hen. 14 An ihnen erfüllt sich die Weissagung Jesajas:
*Hören sollt ihr, hören, aber nicht verstehen; / sehen sollt ihr, sehen, aber nicht
erkennen.*
15 *Denn das Herz dieses Volkes ist hart geworden, / und mit ihren Ohren hören sie
nur schwer, / und ihre Augen halten sie geschlossen, / damit sie mit ihren Augen
nicht sehen / und mit ihren Ohren nicht hören, / damit sie mit ihrem Herzen / nicht
zur Einsicht kommen, / damit sie sich nicht bekehren und ich sie nicht heile.*
16 Ihr aber seid selig, denn eure Augen sehen und eure Ohren hören.
17 Amen, ich sage euch: Viele Propheten und Gerechte haben sich
danach gesehnt zu sehen, was ihr seht, und haben es nicht gesehen,
und zu hören, was ihr hört, und haben es nicht gehört.

Die Deutung des Gleichnisses vom Sämann

18 Hört also, was das Gleichnis vom Sämann bedeutet. 19 Immer wenn
ein Mensch das Wort vom Reich hört und es nicht versteht, kommt der
Böse und nimmt alles weg, was diesem Menschen ins Herz gesät
wurde; hier ist der Samen auf den Weg gefallen. 20 Auf felsigen Boden
ist der Samen bei dem gefallen, der das Wort hört und sofort freudig
aufnimmt, 21 aber keine Wurzeln hat, sondern unbeständig ist; sobald
er um des Wortes willen bedrängt oder verfolgt wird, kommt er zu
Fall. 22 In die Dornen ist der Samen bei dem gefallen, der das Wort
zwar hört, aber dann ersticken es die Sorgen dieser Welt und der trü-
gerische Reichtum, und es bringt keine Frucht. 23 Auf guten Boden ist
der Samen bei dem gesät, der das Wort hört und es auch versteht; er
bringt dann Frucht, hundertfach oder sechzigfach oder dreißigfach.

Das Gleichnis vom Unkraut unter dem Weizen

24 Und Jesus erzählte ihnen noch ein anderes Gleichnis: Mit dem Him-
melreich ist es wie mit einem Mann, der guten Samen auf seinen
Acker säte. 25 Während nun die Leute schliefen, kam sein Feind, säte
Unkraut unter den Weizen und ging wieder weg. 26 Als die Saat auf-
ging und sich die Ähren bildeten, kam auch das Unkraut zum Vor-
schein. 27 Da gingen die Knechte zu dem Gutsherrn und sagten: Herr,
hast du nicht guten Samen auf deinen Acker gesät? Woher kommt
dann das Unkraut? 28 Er antwortete: Das hat ein Feind von mir getan.
Da sagten die Knechte zu ihm: Sollen wir gehen und es ausreißen?
29 Er entgegnete: Nein, sonst reißt ihr zusammen mit dem Unkraut
auch den Weizen aus. 30 Laßt beides wachsen bis zur Ernte. Wenn
dann die Zeit der Ernte da ist, werde ich den Arbeitern sagen: Sammelt
zuerst das Unkraut und bindet es in Bündel, um es zu verbrennen;
den Weizen aber bringt in meine Scheune.

Das Gleichnis vom Senfkorn

31 Er erzählte ihnen ein weiteres Gleichnis und sagte: Mit dem Him-
melreich ist es wie mit einem Senfkorn, das ein Mann auf seinen Acker
säte. 32 Es ist das kleinste von allen Samenkörnern; sobald es aber
hochgewachsen ist, ist es größer als die anderen Gewächse und wird
zu einem *Baum*, so daß *die Vögel des Himmels* kommen und *in seinen Zwei-
gen nisten.*

Das Gleichnis vom Sauerteig

33 Und er erzählte ihnen noch ein Gleichnis: Mit dem Himmelreich ist
es wie mit dem Sauerteig, den eine Frau unter einen großen Trog Mehl
mischte, bis das Ganze durchsäuert war.

Franz von Stuck
Salome
(1906)
»Als aber der Geburtstag des Herodes gefeiert wurde, tanzte die Tochter der Herodias vor den Gästen« (Mt 14,6). Das Bild des Symbolisten Franz von Stuck hält den Moment fest, in dem alle Aufmerksamkeit auf den Tanz der Prinzessin gerichtet ist. Der szenische Zusammenhang wie die blutigen Folgen der Darbietung sind ausgeblendet: Salome beherrscht in der subjektiven Sicht der Geburtstagsgäste und vor allem des Herodes den gesamten Festsaal und ebenso die Bildfläche. Entstanden 1906, reflektiert Stucks Gemälde das ›Salome-Fieber‹ der Jahrhundertwende: In München kam Oscar Wildes Tragödie *Salome* 1903 zur deutschen Erstaufführung, 1905 folgte in Dresden die Opernfassung von Richard Strauss.

Die Bedeutung der Gleichnisse

34 Dies alles sagte Jesus der Menschenmenge durch Gleichnisse; er
redete nur in Gleichnissen zu ihnen. 35 Damit sollte sich erfüllen, was
durch den Propheten gesagt worden ist:
Ich öffne meinen Mund und rede in Gleichnissen, / ich verkünde, was seit der
Schöpfung *verborgen war.*

Die Deutung des Gleichnisses vom Unkraut

36 Dann verließ er die Menge und ging nach Hause. Und seine Jünger
kamen zu ihm und sagten: Erkläre uns das Gleichnis vom Unkraut auf
dem Acker. 37 Er antwortete: Der Mann, der den guten Samen sät, ist
der Menschensohn; 38 der Acker ist die Welt; der gute Samen, das sind
die Söhne des Reiches; das Unkraut sind die Söhne des Bösen; 39 der
Feind, der es gesät hat, ist der Teufel; die Ernte ist das Ende der Welt;
die Arbeiter bei dieser Ernte sind die Engel. 40 Wie nun das Unkraut
aufgesammelt und im Feuer verbrannt wird, so wird es auch am Ende
der Welt sein: 41 Der Menschensohn wird seine Engel aussenden, und
sie werden aus seinem Reich alle zusammenholen, die andere verführt

René Magritte
Die unsichtbare Welt
(1953/54)
»Ich aber sage dir: Du bist Petrus, und auf diesen Felsen werde ich meine Kirche bauen, und die Mächte der Unterwelt werden sie nicht überwältigen« (Mt 16,18).
In der Bildsprache des Surrealisten Magritte ist der Felsbrocken ein hervorragendes Motiv, den Augenschein als Täuschung zu thematisieren: Seine bildbeherrschende Präsenz beansprucht eine Glaubwürdigkeit, die der Bildzusammenhang verneint.
Die Bewahrung zur Fähigkeit des Glaubens wider allen Schein ist das Thema, unter dem sich die einzelnen Aspekte des neutestamentlichen Petrusbildes zusammenfassen lassen.

und Gottes Gesetz übertreten haben, 42 und werden sie in den Ofen
werfen, in dem das Feuer brennt. Dort werden sie heulen und mit den
Zähnen knirschen. 43 Dann werden die Gerechten im Reich ihres
Vaters wie die Sonne leuchten. Wer Ohren hat, der höre!
Die Gleichnisse vom Schatz und von der Perle
44 Mit dem Himmelreich ist es wie mit einem Schatz, der in einem
Acker vergraben war. Ein Mann entdeckte ihn, grub ihn aber wieder
ein. Und in seiner Freude verkaufte er alles, was er besaß, und kaufte
den Acker. 45 Auch ist es mit dem Himmelreich wie mit einem Kauf-
mann, der schöne Perlen suchte. 46 Als er eine besonders wertvolle
Perle fand, verkaufte er alles, was er besaß, und kaufte sie.

Das Gleichnis vom Fischnetz
47 Weiter ist es mit dem Himmelreich wie mit einem Netz, das man ins
Meer warf, um Fische aller Art zu fangen. 48 Als es voll war, zogen es
die Fischer ans Ufer; sie setzten sich, lasen die guten Fische aus und
legten sie in Körbe, die schlechten aber warfen sie weg.

49 So wird es auch am Ende der Welt sein: Die Engel werden kommen
und die Bösen von den Gerechten trennen 50 und in den Ofen werfen,
in dem das Feuer brennt. Dort werden sie heulen und mit den Zähnen
knirschen.
Abschluß der Rede
51 Habt ihr das alles verstanden? Sie antworteten: Ja. 52 Da sagte er zu
ihnen: Jeder Schriftgelehrte also, der ein Jünger des Himmelreichs
geworden ist, gleicht einem Hausherrn, der aus seinem reichen Vorrat
Neues und Altes hervorholt.
53 Als Jesus diese Gleichnisse beendet hatte, zog er weiter.

Weitere Taten – Belehrung der Jünger

Die Ablehnung Jesu in seiner Heimat
54 Jesus kam in seine Heimatstadt und lehrte die Menschen dort in der
Synagoge. Da staunten alle und sagten: Woher hat er diese Weisheit
und die Kraft, Wunder zu tun? 55 Ist das nicht der Sohn des Zimmer-
manns? Heißt nicht seine Mutter Maria, und sind nicht Jakobus, Josef,
Simon und Judas seine Brüder? 56 Leben nicht alle seine Schwestern
unter uns? Woher also hat er das alles? 57 Und sie nahmen Anstoß an
ihm und lehnten ihn ab. Da sagte Jesus zu ihnen: Nirgends hat ein
Prophet so wenig Ansehen wie in seiner Heimat und in seiner Familie.
58 Und wegen ihres Unglaubens tat er dort nur wenige Wunder.

Das Urteil des Herodes über Jesus
14 Zu dieser Zeit hörte der Tetrarch Herodes, was man von
Jesus erzählte. 2 Er sagte zu seinem Gefolge: Das ist Johan-
nes der Täufer. Er ist von den Toten auferstanden; deshalb wirken
solche Kräfte in ihm.

Die Enthauptung des Täufers
3 Herodes hatte nämlich Johannes festnehmen und in Ketten ins
Gefängnis werfen lassen. Schuld daran war Herodias, die Frau seines
Bruders Philippus. 4 Denn Johannes hatte zu Herodes gesagt: Du hat-
test nicht das Recht, sie zur Frau zu nehmen. 5 Der König wollte ihn
deswegen töten lassen, fürchtete sich aber vor dem Volk; denn man
hielt Johannes für einen Propheten. 6 Als aber der Geburtstag des
Herodes gefeiert wurde, tanzte die Tochter der Herodias vor den
Gästen. Und sie gefiel Herodes so sehr, 7 daß er schwor, ihr alles zu
geben, was sie sich wünschte. 8 Da sagte sie auf Drängen ihrer Mutter:
Laß mir auf einer Schale den Kopf des Täufers Johannes herbringen.
9 Der König wurde traurig; aber weil er einen Schwur geleistet hatte –
noch dazu vor allen Gästen –, befahl er, ihr den Kopf zu bringen.
10 Und er ließ Johannes im Gefängnis enthaupten. 11 Man brachte den
Kopf auf einer Schale und gab ihn dem Mädchen, und sie brachte ihn
ihrer Mutter. 12 Die Jünger des Johannes aber holten den Leichnam
und begruben ihn. Dann gingen sie zu Jesus und berichteten ihm
alles.

Die Speisung der Fünftausend
13 Als Jesus all das hörte, fuhr er mit dem Boot in eine einsame Ge-
gend, um allein zu sein. Aber die Leute in den Städten hörten davon
und gingen ihm zu Fuß nach.
14 Als er ausstieg und die vielen Menschen sah, hatte er Mitleid mit
ihnen und heilte die Kranken, die bei ihnen waren.
15 Als es Abend wurde, kamen die Jünger zu ihm und sagten: Der Ort
ist abgelegen, und es ist schon spät geworden. Schick doch die Men-
schen weg, damit sie in die Dörfer gehen und sich etwas zu essen kau-
fen können. 16 Jesus antwortete: Sie brauchen nicht wegzugehen. Gebt
ihr ihnen zu essen! 17 Sie sagten zu ihm: Wir haben nur fünf Brote und
zwei Fische bei uns. 18 Darauf antwortete er: Bringt sie her!
19 Dann ordnete er an, die Leute sollten sich ins Gras setzen. Und er
nahm die fünf Brote und die zwei Fische, blickte zum Himmel auf,
sprach den Lobpreis, brach die Brote und gab sie den Jüngern; die

Jünger aber gaben sie den Leuten, 20 und alle aßen und wurden satt.
Als die Jünger die übriggebliebenen Brotstücke einsammelten, wur-
den zwölf Körbe voll. 21 Es waren etwa fünftausend Männer, die an
dem Mahl teilnahmen, dazu noch Frauen und Kinder.

Der Gang Jesu auf dem Wasser

22 Gleich darauf forderte er die Jünger auf, ins Boot zu steigen und an
das andere Ufer vorauszufahren. Inzwischen wollte er die Leute nach
Hause schicken. 23 Nachdem er sie weggeschickt hatte, stieg er auf
einen Berg, um in der Einsamkeit zu beten. Spät am Abend war er
immer noch allein auf dem Berg. 24 Das Boot aber war schon viele Sta-
dien vom Land entfernt und wurde von den Wellen hin und her gewor-
fen; denn sie hatten Gegenwind. 25 In der vierten Nachtwache kam
Jesus zu ihnen; er ging auf dem See. 26 Als ihn die Jünger über den See
kommen sahen, erschraken sie, weil sie meinten, es sei ein Gespenst,
und sie schrien vor Angst. 27 Doch Jesus begann mit ihnen zu reden
und sagte: Habt Vertrauen, ich bin es; fürchtet euch nicht! 28 Darauf
erwiderte ihm Petrus: Herr, wenn du es bist, so befiehl, daß ich auf
dem Wasser zu dir komme. 29 Jesus sagte: Komm! Da stieg Petrus aus
dem Boot und ging über das Wasser auf Jesus zu. 30 Als er aber sah,
wie heftig der Wind war, bekam er Angst und begann unterzugehen.
Er schrie: Herr, rette mich! 31 Jesus streckte sofort die Hand aus, ergriff
ihn und sagte zu ihm: Du Kleingläubiger, warum hast du gezweifelt?
32 Und als sie ins Boot gestiegen waren, legte sich der Wind. 33 Die
Jünger im Boot aber fielen vor Jesus nieder und sagten: Wahrhaftig, du
bist Gottes Sohn.

Krankenheilungen in Gennesaret

34 Sie fuhren auf das Ufer zu und kamen nach Gennesaret. 35 Als die
Leute dort ihn erkannten, schickten sie Boten in die ganze Umgebung.
Und man brachte alle Kranken zu ihm 36 und bat ihn, er möge sie
wenigstens den Saum seines Gewandes berühren lassen. Und alle, die
ihn berührten, wurden geheilt.

Von Reinheit und Unreinheit

15 Da kamen von Jerusalem Pharisäer und Schriftgelehrte zu
Jesus und sagten: 2 Warum mißachten deine Jünger die
Überlieferung der Alten? Denn sie waschen sich nicht die Hände vor
dem Essen. 3 Er entgegnete ihnen: Warum mißachtet denn ihr Gottes
Gebot um eurer Überlieferung willen? 4 Gott hat gesagt: *Ehre Vater und
Mutter!*, und: *Wer Vater oder Mutter verflucht, soll mit dem Tod bestraft werden.*
5 Ihr aber lehrt: Wer zu Vater oder Mutter sagt: Was ich dir schulde,
erkläre ich zur Opfergabe!, 6 der braucht seinen Vater oder seine Mut-
ter nicht mehr zu ehren. Damit habt ihr Gottes Wort um eurer Über-
lieferung willen außer Kraft gesetzt. 7 Ihr Heuchler! Der Prophet Jesaja
hatte recht, als er über euch sagte:
8 *Dieses Volk ehrt mich mit den Lippen, / sein Herz aber ist weit weg von mir.*
9 *Es ist sinnlos, wie sie mich verehren; / was sie lehren, sind Satzungen von Men-
schen.*
10 Und er rief die Leute zu sich und sagte: Hört und begreift: 11 Nicht
das, was durch den Mund in den Menschen hineinkommt, macht ihn
unrein, sondern was aus dem Mund des Menschen herauskommt, das
macht ihn unrein.
12 Da kamen die Jünger zu ihm und sagten: Weißt du, daß die Pha-
risäer über deine Worte empört sind? 13 Er antwortete ihnen: Jede
Pflanze, die nicht mein himmlischer Vater gepflanzt hat, wird ausge-
rissen werden. 14 Laßt sie, es sind blinde Blindenführer. Und wenn ein
Blinder einen Blinden führt, werden beide in eine Grube fallen.
15 Da sagte Petrus zu ihm: Erkläre uns jenes rätselhafte Wort! 16 Er ant-
wortete: Seid auch ihr noch immer ohne Einsicht? 17 Begreift ihr nicht,
daß alles, was durch den Mund (in den Menschen) hineinkommt, in
den Magen gelangt und dann wieder ausgeschieden wird? 18 Was aber
aus dem Mund herauskommt, das kommt aus dem Herzen, und das
macht den Menschen unrein. 19 Denn aus dem Herzen kommen böse
Gedanken, Mord, Ehebruch, Unzucht, Diebstahl, falsche Zeugenaus-
sagen und Verleumdungen. 20 Das ist es, was den Menschen unrein
macht; aber mit ungewaschenen Händen essen macht ihn nicht
unrein.

Die Erhörung der Bitte einer heidnischen Frau

21 Von dort zog sich Jesus in das Gebiet von Tyrus und Sidon zurück.
22 Da kam eine kanaanäische Frau aus jener Gegend zu ihm und rief:
Hab Erbarmen mit mir, Herr, du Sohn Davids! Meine Tochter wird
von einem Dämon gequält. 23 Jesus aber gab ihr keine Antwort. Da tra-
ten seine Jünger zu ihm und baten: Befrei sie (von ihrer Sorge), denn
sie schreit hinter uns her. 24 Er antwortete: Ich bin nur zu den verlore-
nen Schafen des Hauses Israel gesandt. 25 Doch die Frau kam, fiel vor
ihm nieder und sagte: Herr, hilf mir! 26 Er erwiderte: Es ist nicht recht,
das Brot den Kindern wegzunehmen und den Hunden vorzuwerfen.
27 Da entgegnete sie: Ja, du hast recht, Herr! Aber selbst die Hunde
bekommen von den Brotresten, die vom Tisch ihrer Herren fallen.
28 Darauf antwortete ihr Jesus: Frau, dein Glaube ist groß. Was du willst,
soll geschehen. Und von dieser Stunde an war ihre Tochter geheilt.

Die Heilung vieler Kranker

29 Jesus zog weiter und kam an den See von Galiläa. Er stieg auf einen
Berg und setzte sich. 30 Da kamen viele Menschen und brachten
Lahme, Krüppel, Blinde, Stumme und viele andere Kranke zu ihm; sie
legten sie vor ihn hin, und er heilte sie. 31 Als die Menschen sahen, daß
Stumme plötzlich redeten, Krüppel gesund wurden, Lahme gehen
und Blinde sehen konnten, waren sie erstaunt und priesen den Gott
Israels.

Die Speisung der Viertausend

32 Jesus rief seine Jünger zu sich und sagte: Ich habe Mitleid mit diesen
Menschen; sie sind schon drei Tage bei mir und haben nichts mehr zu
essen. Ich will sie nicht hungrig wegschicken, sonst brechen sie
unterwegs zusammen. 33 Da sagten die Jünger zu ihm: Wo sollen wir
in dieser unbewohnten Gegend so viel Brot hernehmen, um so viele
Menschen satt zu machen? 34 Jesus sagte zu ihnen: Wie viele Brote
habt ihr? Sie antworteten: Sieben, und noch ein paar Fische. 35 Da for-
derte er die Leute auf, sich auf den Boden zu setzen. 36 Und er nahm
die sieben Brote und die Fische, sprach das Dankgebet, brach die
Brote und gab sie den Jüngern, und die Jünger verteilten sie an die
Leute. 37 Und alle aßen und wurden satt. Dann sammelte man die
übriggebliebenen Brotstücke ein, sieben Körbe voll. 38 Es waren vier-
tausend Männer, die an dem Mahl teilgenommen hatten, dazu noch
Frauen und Kinder. 39 Danach schickte er die Menge nach Hause, stieg
ins Boot und fuhr in die Gegend von Magadan.

Die Verweigerung eines Zeichens

16 Da kamen die Pharisäer und Sadduzäer zu Jesus, um ihn auf
die Probe zu stellen. Sie baten ihn: Laß uns ein Zeichen vom
Himmel sehen. 2 Er antwortete ihnen:
[3] 4 Diese böse und treulose Generation fordert ein Zeichen, aber es
wird ihr kein anderes gegeben werden als das Zeichen des Jona. Und
er ließ sie stehen und ging weg.

Warnung vor den Pharisäern und Sadduzäern

5 Die Jünger fuhren an das andere Ufer. Sie hatten aber vergessen, Brot
mitzunehmen. 6 Und Jesus sagte zu ihnen: Gebt acht, hütet euch vor
dem Sauerteig der Pharisäer und Sadduzäer! 7 Sie aber machten sich
Gedanken und sagten zueinander: Wir haben kein Brot mitgenom-
men. 8 Als Jesus das merkte, sagte er: Ihr Kleingläubigen, was macht
ihr euch darüber Gedanken, daß ihr kein Brot habt? 9 Begreift ihr
immer noch nicht? Erinnert ihr euch nicht an die fünf Brote für die
Fünftausend und daran, wie viele Körbe voll ihr wieder eingesammelt
habt? 10 Auch nicht an die sieben Brote für die Viertausend, und wie
viele Körbe voll ihr da eingesammelt habt? 11 Warum begreift ihr denn
nicht, daß ich nicht von Brot gesprochen habe, als ich zu euch sagte:
Hütet euch vor dem Sauerteig der Pharisäer und Sadduzäer? 12 Da

verstanden sie, daß er nicht gemeint hatte, sie sollten sich vor dem
Sauerteig hüten, mit dem man Brot backt, sondern vor der Lehre der
Pharisäer und Sadduzäer.

Das Messiasbekenntnis des Petrus und die Antwort Jesu
13 Als Jesus in das Gebiet von Cäsarea Philippi kam, fragte er seine
Jünger: Für wen halten die Leute den Menschensohn? 14 Sie sagten:
Die einen für Johannes den Täufer, andere für Elija, wieder andere für
Jeremia oder sonst einen Propheten. 15 Da sagte er zu ihnen: Ihr aber,
für wen haltet ihr mich?
16 Simon Petrus antwortete: Du bist der Messias, der Sohn des leben-
digen Gottes! 17 Jesus sagte zu ihm: Selig bist du, Simon Barjona; denn
nicht Fleisch und Blut haben dir das offenbart, sondern mein Vater im
Himmel. 18 Ich aber sage dir: Du bist Petrus, und auf diesen Felsen
werde ich meine Kirche bauen, und die Mächte der Unterwelt werden
sie nicht überwältigen. 19 Ich werde dir die Schlüssel des Himmel-
reichs geben; was du auf Erden binden wirst, das wird auch im Him-
mel gebunden sein, und was du auf Erden lösen wirst, das wird auch
im Himmel gelöst sein. 20 Dann befahl er den Jüngern, niemand zu
sagen, daß er der Messias sei.

Die erste Ankündigung von Leiden und Auferstehung
21 Von da an begann Jesus, seinen Jüngern zu erklären, er müsse nach
Jerusalem gehen und von den Ältesten, den Hohenpriestern und den
Schriftgelehrten vieles erleiden; er werde getötet werden, aber am drit-
ten Tag werde er auferstehen. 22 Da nahm ihn Petrus beiseite und
machte ihm Vorwürfe; er sagte: Das soll Gott verhüten, Herr! Das darf
nicht mit dir geschehen! 23 Jesus aber wandte sich um und sagte zu
Petrus: Weg mit dir, Satan, geh mir aus den Augen! Du willst mich zu
Fall bringen; denn du hast nicht das im Sinn, was Gott will, sondern
was die Menschen wollen.

Von Nachfolge und Selbstverleugnung
24 Darauf sagte Jesus zu seinen Jüngern: Wer mein Jünger sein will, der
verleugne sich selbst, nehme sein Kreuz auf sich und folge mir nach.
25 Denn wer sein Leben retten will, wird es verlieren; wer aber sein
Leben um meinetwillen verliert, wird es gewinnen. 26 Was nützt es
einem Menschen, wenn er die ganze Welt gewinnt, dabei aber sein
Leben einbüßt? Um welchen Preis kann ein Mensch sein Leben
zurückkaufen? 27 Der Menschensohn wird mit seinen Engeln in der
Hoheit seines Vaters kommen und *jedem* Menschen *vergelten, wie es seine
Taten verdienen.*
28 Amen, ich sage euch: Von denen, die hier stehen, werden einige
den Tod nicht erleiden, bis sie den Menschensohn in seiner königli-
chen Macht kommen sehen.

Die Verklärung Jesu
17 Sechs Tage danach nahm Jesus Petrus, Jakobus und dessen
Bruder Johannes beiseite und führte sie auf einen hohen
Berg. 2 Und er wurde vor ihren Augen verwandelt; sein Gesicht leuch-
tete wie die Sonne, und seine Kleider wurden blendend weiß wie das
Licht. 3 Da erschienen plötzlich vor ihren Augen Mose und Elija und
redeten mit Jesus. 4 Und Petrus sagte zu ihm: Herr, es ist gut, daß wir
hier sind. Wenn du willst, werde ich hier drei Hütten bauen, eine für
dich, eine für Mose und eine für Elija.
5 Noch während er redete, warf eine leuchtende Wolke ihren Schatten
auf sie, und aus der Wolke rief eine Stimme: Das ist *mein geliebter Sohn,
an dem ich Gefallen gefunden habe; auf ihn sollt ihr hören.* 6 Als die Jünger
das hörten, bekamen sie große Angst und warfen sich mit dem
Gesicht zu Boden. 7 Da trat Jesus zu ihnen, faßte sie an und sagte:
Steht auf, habt keine Angst! 8 Und als sie aufblickten, sahen sie nur
noch Jesus.
9 Während sie den Berg hinabstiegen, gebot ihnen Jesus: Erzählt nie-
mand von dem, was ihr gesehen habt, bis der Menschensohn von den
Toten auferstanden ist.

Von der Wiederkunft des Elija
10 Da fragten ihn die Jünger: Warum sagen denn die Schriftgelehrten,
zuerst müsse Elija kommen? 11 Er gab zur Antwort: Ja, Elija kommt,
und er wird alles wiederherstellen. 12 Ich sage euch aber: Elija ist schon
gekommen, doch sie haben ihn nicht erkannt, sondern mit ihm
gemacht, was sie wollten. Ebenso wird auch der Menschensohn durch
sie leiden müssen. 13 Da verstanden die Jünger, daß er von Johannes
dem Täufer sprach.

Die Heilung eines mondsüchtigen Jungen
14 Als sie zurückkamen, begegneten sie einer großen Zahl von Men-
schen. Da trat ein Mann auf ihn zu, fiel vor ihm auf die Knie 15 und
sagte: Herr, hab Erbarmen mit meinem Sohn! Er ist mondsüchtig und
hat schwer zu leiden. Immer wieder fällt er ins Feuer oder ins Wasser.
16 Ich habe ihn schon zu deinen Jüngern gebracht, aber sie konnten
ihn nicht heilen. 17 Da sagte Jesus: O du ungläubige und unbelehrbare
Generation! Wie lange muß ich noch bei euch sein? Wie lange muß
ich euch noch ertragen? Bringt ihn her zu mir! 18 Dann drohte Jesus
dem Dämon. Der Dämon verließ den Jungen, und der Junge war von
diesem Augenblick an geheilt.
19 Als die Jünger mit Jesus allein waren, wandten sie sich an ihn und
fragten: Warum konnten denn wir den Dämon nicht austreiben? 20 Er
antwortete: Weil euer Glaube so klein ist. Amen, das sage ich euch:
Wenn euer Glaube auch nur so groß ist wie ein Senfkorn, dann werdet
ihr zu diesem Berg sagen: Rück von hier nach dort!, und er wird weg-
rücken. Nichts wird euch unmöglich sein. [21]

Die zweite Ankündigung von Leiden und Auferstehung
22 Als sie in Galiläa zusammenwaren, sagte Jesus zu ihnen: Der Men-
schensohn wird den Menschen ausgeliefert werden, 23 und sie werden
ihn töten; aber am dritten Tag wird er auferstehen. Da wurden sie sehr
traurig.

Von der Tempelsteuer
24 Als Jesus und die Jünger nach Kafarnaum kamen, gingen die Män-
ner, die die Tempelsteuer einzogen, zu Petrus und fragten: Zahlt euer
Meister die Doppeldrachme nicht? 25 Er antwortete: Doch! Als er
dann ins Haus hineinging, kam ihm Jesus mit der Frage zuvor: Was
meinst du, Simon, von wem erheben die Könige dieser Welt Zölle
und Steuern? Von ihren eigenen Söhnen oder von den anderen Leu-
ten? 26 Als Petrus antwortete: Von den anderen!, sagte Jesus zu ihm:
Also sind die Söhne frei. 27 Damit wir aber bei niemand Anstoß erre-
gen, geh an den See und wirf die Angel aus; den ersten Fisch, den du
heraufholst, nimm, öffne ihm das Maul, und du wirst ein Vierdrach-
menstück finden. Das gib den Männern als Steuer für mich und für
dich.

Die Rede über das Leben in der Gemeinde

Der Rangstreit der Jünger
18 In jener Stunde kamen die Jünger zu Jesus und fragten: Wer
ist im Himmelreich der Größte? 2 Da rief er ein Kind herbei,
stellte es in ihre Mitte 3 und sagte: Amen, das sage ich euch: Wenn
ihr nicht umkehrt und wie die Kinder werdet, könnt ihr nicht in das
Himmelreich kommen. 4 Wer so klein sein kann wie dieses Kind, der
ist im Himmelreich der Größte. 5 Und wer ein solches Kind um mei-
netwillen aufnimmt, der nimmt mich auf.

Warnung vor der Verführung und der Verachtung von Jüngern
6 Wer einen von diesen Kleinen, die an mich glauben, zum Bösen ver-
führt, für den wäre es besser, wenn er mit einem Mühlstein um den
Hals im tiefen Meer versenkt würde. 7 Wehe der Welt mit ihrer Ver-
führung! Es muß zwar Verführung geben; doch wehe dem Menschen,
der sie verschuldet.

8 Wenn dich deine Hand oder dein Fuß zum Bösen verführt, dann hau
sie ab und wirf sie weg! Es ist besser für dich, verstümmelt oder lahm
in das Leben zu gelangen, als mit zwei Händen und zwei Füßen in das
ewige Feuer geworfen zu werden. 9 Und wenn dich dein Auge zum
Bösen verführt, dann reiß es aus und wirf es weg! Es ist besser für
dich, einäugig in das Leben zu gelangen, als mit zwei Augen in das
Feuer der Hölle geworfen zu werden. 10 Hütet euch davor, einen von
diesen Kleinen zu verachten! Denn ich sage euch: Ihre Engel im Him-
mel sehen stets das Angesicht meines himmlischen Vaters. [11]

Das Gleichnis vom verlorenen Schaf

12 Was meint ihr? Wenn jemand hundert Schafe hat und eines von
ihnen sich verirrt, läßt er dann nicht die neunundneunzig auf den Ber-
gen zurück und sucht das verirrte? 13 Und wenn er es findet – amen,
ich sage euch: er freut sich über dieses eine mehr als über die neun-
undneunzig, die sich nicht verirrt haben. 14 So will auch euer himmli-
scher Vater nicht, daß einer von diesen Kleinen verlorengeht.

Von der Verantwortung für den Bruder

15 Wenn dein Bruder sündigt, dann geh zu ihm und weise ihn unter
vier Augen zurecht. Hört er auf dich, so hast du deinen Bruder zurück-
gewonnen. 16 Hört er aber nicht auf dich, dann nimm einen oder zwei
Männer mit, denn *jede Sache muß durch die Aussage von zwei oder drei Zeugen
entschieden werden.* 17 Hört er auch auf sie nicht, dann sag es der
Gemeinde. Hört er aber auch auf die Gemeinde nicht, dann sei er für
dich wie ein Heide oder ein Zöllner.
18 Amen, ich sage euch: Alles, was ihr auf Erden binden werdet, das
wird auch im Himmel gebunden sein, und alles, was ihr auf Erden
lösen werdet, das wird auch im Himmel gelöst sein.
19 Weiter sage ich euch: Alles, was zwei von euch auf Erden gemein-
sam erbitten, werden sie von meinem himmlischen Vater erhalten.
20 Denn wo zwei oder drei in meinem Namen versammelt sind, da bin
ich mitten unter ihnen.

Von der Pflicht zur Vergebung

21 Da trat Petrus zu ihm und fragte: Herr, wie oft muß ich meinem Bru-
der vergeben, wenn er sich gegen mich versündigt? Siebenmal?
22 Jesus sagte zu ihm: Nicht *siebenmal*, sondern *siebenundsiebzigmal*.

Das Gleichnis vom unbarmherzigen Gläubiger

23 Mit dem Himmelreich ist es deshalb wie mit einem König, der
beschloß, von seinen Dienern Rechenschaft zu verlangen. 24 Als er
nun mit der Abrechnung begann, brachte man einen zu ihm, der ihm
zehntausend Talente schuldig war. 25 Weil er aber das Geld nicht
zurückzahlen konnte, befahl der Herr, ihn mit Frau und Kindern und
allem, was er besaß, zu verkaufen und so die Schuld zu begleichen.
26 Da fiel der Diener vor ihm auf die Knie und bat: Hab Geduld mit mir!
Ich werde dir alles zurückzahlen. 27 Der Herr hatte Mitleid mit dem
Diener, ließ ihn gehen und schenkte ihm die Schuld.
28 Als nun der Diener hinausging, traf er einen anderen Diener seines
Herrn, der ihm hundert Denare schuldig war. Er packte ihn, würgte
ihn und rief: Bezahl, was du mir schuldig bist!
29 Da fiel der andere vor ihm nieder und flehte: Hab Geduld mit mir!
Ich werde es dir zurückzahlen. 30 Er aber wollte nicht, sondern ging
weg und ließ ihn ins Gefängnis werfen, bis er die Schuld bezahlt habe.
31 Als die übrigen Diener das sahen, waren sie sehr betrübt; sie gingen
zu ihrem Herrn und berichteten ihm alles, was geschehen war. 32 Da
ließ ihn sein Herr rufen und sagte zu ihm: Du elender Diener! Deine
ganze Schuld habe ich dir erlassen, weil du mich so angefleht hast.
33 Hättest nicht auch du mit jenem, der gemeinsam mit dir in meinem
Dienst steht, Erbarmen haben müssen, so wie ich mit dir Erbarmen
hatte? 34 Und in seinem Zorn übergab ihn der Herr den Folterknech-
ten, bis er die ganze Schuld bezahlt habe. 35 Ebenso wird mein himm-
lischer Vater jeden von euch behandeln, der seinem Bruder nicht von
ganzem Herzen vergibt.

Jesu Wirken in Judäa und in Jerusalem

Der Weg nach Jerusalem

Aufbruch nach Judäa

19 Als Jesus diese Reden beendet hatte, verließ er Galiläa und
zog in das Gebiet von Judäa jenseits des Jordan. 2 Viele Men-
schen folgten ihm dorthin, und er heilte sie.

Von Ehescheidung und Ehelosigkeit

3 Da kamen Pharisäer zu ihm, die ihm eine Falle stellen wollten, und
fragten: Darf man seine Frau aus jedem beliebigen Grund aus der Ehe
entlassen? 4 Er antwortete: Habt ihr nicht gelesen, daß der Schöpfer
die Menschen am Anfang *als Mann und Frau geschaffen hat* 5 und daß er
gesagt hat: *Darum wird der Mann Vater und Mutter verlassen und sich an
seine Frau binden, und die zwei werden ein Fleisch sein?* 6 Sie sind also nicht
mehr zwei, sondern eins. Was aber Gott verbunden hat, das darf der
Mensch nicht trennen. 7 Da sagten sie zu ihm: Wozu hat dann Mose
vorgeschrieben, daß man (der Frau) *eine Scheidungsurkunde geben muß*,
wenn man sich trennen will? 8 Er antwortete: Nur weil ihr so harther-
zig seid, hat Mose euch erlaubt, eure Frauen aus der Ehe zu entlassen.
Am Anfang war das nicht so. 9 Ich sage euch: Wer seine Frau entläßt,
obwohl kein Fall von Unzucht vorliegt, und eine andere heiratet, der
begeht Ehebruch.
10 Da sagten die Jünger zu ihm: Wenn das die Stellung des Mannes in
der Ehe ist, dann ist es nicht gut zu heiraten. 11 Jesus sagte zu ihnen:
Nicht alle können dieses Wort erfassen, sondern nur die, denen es
gegeben ist. 12 Denn es ist so: Manche sind von Geburt an zur Ehe
unfähig, manche sind von den Menschen dazu gemacht, und manche
haben sich selbst dazu gemacht – um des Himmelreiches willen. Wer
das erfassen kann, der erfasse es.

Die Segnung der Kinder

13 Da brachte man Kinder zu ihm, damit er ihnen die Hände auflegte
und für sie betete. Die Jünger aber wiesen die Leute schroff ab. 14 Doch
Jesus sagte: Laßt die Kinder zu mir kommen; hindert sie nicht daran!
Denn Menschen wie ihnen gehört das Himmelreich. 15 Dann legte er
ihnen die Hände auf und zog weiter.

Von Reichtum und Nachfolge

16 Es kam ein Mann zu Jesus und fragte: Meister, was muß ich Gutes
tun, um das ewige Leben zu gewinnen? 17 Er antwortete: Was fragst du
mich nach dem Guten? Nur einer ist »der Gute«. Wenn du aber das
Leben erlangen willst, halte die Gebote! 18 Darauf fragte er ihn: Wel-
che? Jesus antwortete: *Du sollst nicht töten, du sollst nicht die Ehe brechen, du
sollst nicht stehlen, du sollst nicht falsch aussagen;* 19 *ehre Vater und Mutter!*
Und: *Du sollst deinen Nächsten lieben wie dich selbst!* 20 Der junge Mann
erwiderte ihm: Alle diese Gebote habe ich befolgt. Was fehlt mir jetzt
noch? 21 Jesus antwortete ihm: Wenn du vollkommen sein willst, geh,
verkauf deinen Besitz und gib das Geld den Armen; so wirst du einen
bleibenden Schatz im Himmel haben; dann komm und folge mir
nach. 22 Als der junge Mann das hörte, ging er traurig weg; denn er
hatte ein großes Vermögen. 23 Da sagte Jesus zu seinen Jüngern:
Amen, das sage ich euch: Ein Reicher wird nur schwer in das Himmel-
reich kommen. 24 Nochmals sage ich euch: Eher geht ein Kamel durch
ein Nadelöhr, als daß ein Reicher in das Reich Gottes gelangt. 25 Als
die Jünger das hörten, erschraken sie sehr und sagten: Wer kann dann
noch gerettet werden? 26 Jesus sah sie an und sagte zu ihnen: Für Men-
schen ist das unmöglich, *für Gott aber ist alles möglich.*
27 Da antwortete Petrus: Du weißt, wir haben alles verlassen und
sind dir nachgefolgt. Was werden wir dafür bekommen? 28 Jesus
erwiderte ihnen: Amen, ich sage euch: Wenn die Welt neu geschaf-
fen wird und der Menschensohn sich auf den Thron der Herrlichkeit
setzt, werdet ihr, die ihr mir nachgefolgt seid, auf zwölf Thronen sit-

zen und die zwölf Stämme Israels richten. 29 Und jeder, der um mei-
nes Namens willen Häuser oder Brüder, Schwestern, Vater, Mutter,
Kinder oder Äcker verlassen hat, wird dafür das Hundertfache erhal-
ten und das ewige Leben gewinnen. 30 Viele aber, die jetzt die Ersten
sind, werden dann die Letzten sein, und die Letzten werden die
Ersten sein.

Das Gleichnis von den Arbeitern im Weinberg

20 Denn mit dem Himmelreich ist es wie mit einem Gutsbesit-
zer, der früh am Morgen sein Haus verließ, um Arbeiter für
seinen Weinberg anzuwerben. 2 Er einigte sich mit den Arbeitern auf
einen Denar für den Tag und schickte sie in seinen Weinberg. 3 Um die
dritte Stunde ging er wieder auf den Markt und sah andere dastehen,
die keine Arbeit hatten. 4 Er sagte zu ihnen: Geht auch ihr in meinen
Weinberg! Ich werde euch geben, was recht ist. 5 Und sie gingen. Um
die sechste und um die neunte Stunde ging der Gutsherr wieder auf
den Markt und machte es ebenso. 6 Als er um die elfte Stunde noch
einmal hinging, traf er wieder einige, die dort herumstanden. Er sagte
zu ihnen: Was steht ihr hier den ganzen Tag untätig herum? 7 Sie ant-
worteten: Niemand hat uns angeworben. Da sagte er zu ihnen: Geht
auch ihr in meinen Weinberg! 8 Als es nun Abend geworden war, sagte
der Besitzer des Weinbergs zu seinem Verwalter: Ruf die Arbeiter, und
zahl ihnen den Lohn aus, angefangen bei den letzten, bis hin zu den
ersten. 9 Da kamen die Männer, die er um die elfte Stunde angeworben
hatte, und jeder erhielt einen Denar. 10 Als dann die ersten an der Reihe
waren, glaubten sie, mehr zu bekommen. Aber auch sie erhielten nur
einen Denar. 11 Da begannen sie, über den Gutsherrn zu murren,
12 und sagten: Diese letzten haben nur eine Stunde gearbeitet, und du
hast sie uns gleichgestellt; wir aber haben den ganzen Tag über die
Last der Arbeit und die Hitze ertragen. 13 Da erwiderte er einem von
ihnen: Mein Freund, dir geschieht kein Unrecht. Hast du nicht einen
Denar mit mir vereinbart? 14 Nimm dein Geld und geh! Ich will dem
letzten ebensoviel geben wie dir. 15 Darf ich mit dem, was mir gehört,
nicht tun, was ich will? Oder bist du neidisch, weil ich (zu anderen)
gütig bin? 16 So werden die Letzten die Ersten sein und die Ersten die
Letzten.

Die dritte Ankündigung von Leiden und Auferstehung

17 Als Jesus nach Jerusalem hinaufzog, nahm er unterwegs die zwölf
Jünger beiseite und sagte zu ihnen: 18 Wir gehen jetzt nach Jerusalem
hinauf; dort wird der Menschensohn den Hohenpriestern und Schrift-
gelehrten ausgeliefert; sie werden ihn zum Tod verurteilen 19 und den
Heiden übergeben, damit er verspottet, gegeißelt und gekreuzigt
wird; aber am dritten Tag wird er auferstehen.

Vom Herrschen und vom Dienen

20 Damals kam die Frau des Zebedäus mit ihren Söhnen zu Jesus und
fiel vor ihm nieder, weil sie ihn um etwas bitten wollte. 21 Er fragte sie:
Was willst du? Sie antwortete: Versprich, daß meine beiden Söhne in
deinem Reich rechts und links neben dir sitzen dürfen. 22 Jesus erwi-
derte: Ihr wißt nicht, um was ihr bittet. Könnt ihr den Kelch trinken,
den ich trinken werde? Sie sagten zu ihm: Wir können es. 23 Da ant-
wortete er ihnen: Ihr werdet meinen Kelch trinken; doch den Platz zu
meiner Rechten und zu meiner Linken habe nicht ich zu vergeben;
dort werden die sitzen, für die mein Vater diese Plätze bestimmt hat.
24 Als die zehn anderen Jünger das hörten, wurden sie sehr ärgerlich
über die beiden Brüder. 25 Da rief Jesus sie zu sich und sagte: Ihr wißt,
daß die Herrscher ihre Völker unterdrücken und die Mächtigen ihre
Macht über die Menschen mißbrauchen. 26 Bei euch soll es nicht so
sein, sondern wer bei euch groß sein will, der soll euer Diener sein,
27 und wer bei euch der Erste sein will, soll euer Sklave sein. 28 Denn
auch der Menschensohn ist nicht gekommen, um sich dienen zu las-
sen, sondern um zu dienen und sein Leben hinzugeben als Lösegeld
für viele.

Die Heilung von zwei Blinden bei Jericho

29 Als sie Jericho verließen, folgte ihm eine große Zahl von Menschen.
30 An der Straße aber saßen zwei Blinde, und als sie hörten, daß Jesus
vorbeikam, riefen sie laut: Herr, Sohn Davids, hab Erbarmen mit uns!
31 Die Leute aber wurden ärgerlich und befahlen ihnen zu schweigen.
Sie aber schrien noch lauter: Herr, Sohn Davids, hab Erbarmen mit
uns! 32 Jesus blieb stehen, rief sie zu sich und sagte: Was soll ich euch
tun? 33 Sie antworteten: Herr, wir möchten, daß unsere Augen geöff-
net werden. 34 Da hatte Jesus Mitleid mit ihnen und berührte ihre
Augen. Im gleichen Augenblick konnten sie wieder sehen, und sie
folgten ihm.

Die Auseinandersetzung mit den Gegnern in Jerusalem

Der Einzug in Jerusalem

21 Als sich Jesus mit seinen Begleitern Jerusalem näherte und
nach Betfage am Ölberg kam, schickte er zwei Jünger voraus
2 und sagte zu ihnen: Geht in das Dorf, das vor euch liegt; dort werdet
ihr eine Eselin angebunden finden und ein Fohlen bei ihr. Bindet sie
los, und bringt sie zu mir! 3 Und wenn euch jemand zur Rede stellt,
dann sagt: Der Herr braucht sie, er läßt sie aber bald zurückbringen.
4 Das ist geschehen, damit sich erfüllte, was durch den Propheten
gesagt worden ist:
5 *Sagt der Tochter Zion: / Siehe, dein König kommt zu dir. / Er ist friedfertig, /*
und er reitet auf einer Eselin / und auf einem Fohlen, / dem Jungen eines Last-
tiers.
6 Die Jünger gingen und taten, was Jesus ihnen aufgetragen hatte. 7 Sie
brachten die Eselin und das Fohlen, legten ihre Kleider auf sie, und er
setzte sich darauf. 8 Viele Menschen breiteten ihre Kleider auf der
Straße aus, andere schnitten Zweige von den Bäumen und streuten sie
auf den Weg. 9 Die Leute aber, die vor ihm hergingen und die ihm folg-
ten, riefen:
Hosanna dem Sohn Davids! / *Gesegnet sei er, der kommt im Namen des*
Herrn. / *Hosanna* in der Höhe!
10 Als er in Jerusalem einzog, geriet die ganze Stadt in Aufregung, und
man fragte: Wer ist das? 11 Die Leute sagten: Das ist der Prophet Jesus
von Nazaret in Galiläa.

Die Tempelreinigung

12 Jesus ging in den Tempel und trieb alle Händler und Käufer aus dem
Tempel hinaus; er stieß die Tische der Geldwechsler und die Stände
der Taubenhändler um 13 und sagte: In der Schrift steht: *Mein Haus soll*
ein Haus des Gebetes sein. Ihr aber macht daraus *eine Räuberhöhle.* 14 Im
Tempel kamen Lahme und Blinde zu ihm, und er heilte sie. 15 Als nun
die Hohenpriester und die Schriftgelehrten die Wunder sahen, die er
tat, und die Kinder im Tempel rufen hörten: Hosanna dem Sohn
Davids!, da wurden sie ärgerlich 16 und sagten zu ihm: Hörst du, was
sie rufen? Jesus antwortete ihnen: Ja, ich höre es. Habt ihr nie gelesen:
Aus dem Mund der Kinder und Säuglinge schaffst du dir Lob? 17 Und er ließ sie
stehen und ging aus der Stadt hinaus nach Betanien; dort übernach-
tete er.

Die Verfluchung eines Feigenbaums

18 Als er am Morgen in die Stadt zurückkehrte, hatte er Hunger. 19 Da
sah er am Weg einen Feigenbaum und ging auf ihn zu, fand aber nur
Blätter daran. Da sagte er zu ihm: In Ewigkeit soll keine Frucht mehr
an dir wachsen. Und der Feigenbaum verdorrte auf der Stelle. 20 Als
die Jünger das sahen, fragten sie erstaunt: Wie konnte der Feigen-
baum so plötzlich verdorren? 21 Jesus antwortete ihnen: Amen, das
sage ich euch: Wenn ihr Glauben habt und nicht zweifelt, dann werdet
ihr nicht nur das vollbringen, was ich mit dem Feigenbaum getan
habe; selbst wenn ihr zu diesem Berg sagt: Heb dich empor, und stürz
dich ins Meer!, wird es geschehen. 22 Und alles, was ihr im Gebet
erbittet, werdet ihr erhalten, wenn ihr glaubt.

James Ensor
Der Einzug Jesu in Brüssel im Jahre 1888
(1888)

»Als er in Jerusalem einzog, geriet die ganze Stadt in Aufregung, und man fragte: Wer ist das?« (Mt 21,10) Der Belgier James Ensor erweist sich mit diesem Gemälde als geistesverwandter Nachfolger von Hieronymus Bosch und Pieter Bruegel d. Ä.: Biblische Gestalten treten in einem Zusammenhang in Erscheinung, der sie und ihre traditionelle Bild-Botschaft überformt. Wer ist eigentlich dieser Jesus, dem wir zujubeln, fragen die Leute in Jerusalem. Der Betrachter des Bildes fragt vor allem: Wo ist er? Ebenso sucht der Vertreter des Empfangskomitees rechts auf dem Podest, der seine Begrüßungsworte schon auf der Zunge hat, den Ehrengast in der Menge. Den Tenor der zu erwartenden Ansprache läßt das rote Spruchband entlang des oberen Bildrandes vermuten: »Es lebe der Sozialismus«. Wir entdecken Jesus als winzige Gestalt mit Heiligenschein auf seinem Esel. Nimmt er das sprichwörtliche ›Bad in der Menge‹, das Prominente so lieben? Dies ist augenscheinlich nicht der Fall. Vielmehr drängt sich die Prominenz in den Vordergrund: ein Bischof, die Honoratioren aus Politik und Gesellschaft. Die Frage »Wer ist das?« dürfte ihnen fremd sein; sie wissen, wozu Jesus gut ist.

Die Frage nach der Vollmacht Jesu

23 Als er in den Tempel ging und dort lehrte, kamen die Hohenpriester
und die Ältesten des Volkes zu ihm und fragten: Mit welchem Recht
tust du das alles? Wer hat dir dazu die Vollmacht gegeben? 24 Jesus ant-
wortete ihnen: Auch ich will euch eine Frage stellen. Wenn ihr mir dar-
auf antwortet, dann werde ich euch sagen, mit welchem Recht ich das
tue. 25 Woher stammte die Taufe des Johannes? Vom Himmel oder von
den Menschen? Da überlegten sie und sagten zueinander: Wenn wir
antworten: Vom Himmel!, so wird er zu uns sagen: Warum habt ihr
ihm dann nicht geglaubt? 26 Wenn wir aber antworten: Von den Men-
schen!, dann müssen wir uns vor den Leuten fürchten; denn alle hal-
ten Johannes für einen Propheten. 27 Darum antworteten sie Jesus:
Wir wissen es nicht. Da erwiderte er: Dann sage auch ich euch nicht,
mit welchem Recht ich das alles tue.

Das Gleichnis von den ungleichen Söhnen

28 Was meint ihr? Ein Mann hatte zwei Söhne. Er ging zum ersten und
sagte: Mein Sohn, geh und arbeite heute im Weinberg! 29 Er antwor-
tete: Ja, Herr!, ging aber nicht. 30 Da wandte er sich an den zweiten
Sohn und sagte zu ihm dasselbe. Dieser antwortete: Ich will nicht.
Später aber reute es ihn, und er ging doch. 31 Wer von den beiden hat
den Willen seines Vaters erfüllt? Sie antworteten: Der zweite. Da sagte
Jesus zu ihnen: Amen, das sage ich euch: Zöllner und Dirnen gelangen
eher in das Reich Gottes als ihr. 32 Denn Johannes ist gekommen, um
euch den Weg der Gerechtigkeit zu zeigen, und ihr habt ihm nicht
geglaubt; aber die Zöllner und die Dirnen haben ihm geglaubt. Ihr
habt es gesehen, und doch habt ihr nicht bereut und ihm nicht
geglaubt.

Das Gleichnis von den bösen Winzern

33 Hört noch ein anderes Gleichnis: Es war ein Gutsbesitzer, der *legte
einen Weinberg an, zog ringsherum einen Zaun, hob eine Kelter aus und baute
einen Turm*. Dann verpachtete er den Weinberg an Winzer und reiste
in ein anderes Land. 34 Als nun die Erntezeit kam, schickte er seine
Knechte zu den Winzern, um seinen Anteil an den Früchten holen zu
lassen. 35 Die Winzer aber packten seine Knechte; den einen prügel-
ten sie, den andern brachten sie um, einen dritten steinigten sie.
36 Darauf schickte er andere Knechte, mehr als das erstemal; mit
ihnen machten sie es genauso. 37 Zuletzt sandte er seinen Sohn zu
ihnen; denn er dachte: Vor meinem Sohn werden sie Achtung haben.
38 Als die Winzer den Sohn sahen, sagten sie zueinander: Das ist der
Erbe. Auf, wir wollen ihn töten, damit wir seinen Besitz erben.
39 Und sie packten ihn, warfen ihn aus dem Weinberg hinaus und
brachten ihn um. 40 Wenn nun der Besitzer des Weinbergs kommt:
Was wird er mit solchen Winzern tun? 41 Sie sagten zu ihm: Er wird
diesen bösen Menschen ein böses Ende bereiten und den Weinberg
an andere Winzer verpachten, die ihm die Früchte abliefern, wenn es
Zeit dafür ist. 42 Und Jesus sagte zu ihnen: Habt ihr nie in der Schrift
gelesen:

Ludwig Meidner
Der Jüngste Tag
(1916)
»Sofort nach den Tagen der großen Not wird sich die Sonne verfinstern, und der Mond wird nicht mehr scheinen« (Mt 24,29). Mit diesem Gemälde beendete der Expressionist Ludwig Meidner den 1912 begonnenen Zyklus der *Apokalyptischen Landschaften*. Mit der sog. Matthäus-Apokalype verbindet es die Schilderung der völligen Verfinsterung der Erde, auf der Menschenmassen in Furcht und Schrecken umherirren. Die braungelben Lichtbahnen erinnern an die Schützengräben eines Schlachtfeldes, die zu Massengräbern wurden. Ruinen in fahlem Grau lassen an den Beton riesiger Bunker denken, aber auch an die Zerstörung des Tempels in Jerusalem (Mt 24,2), die Jesu Schilderung der »Tage der großen Not« einleitet.

Der Stein, den die Bauleute verworfen haben, / er ist zum Eckstein geworden; / das hat der Herr vollbracht, / vor unseren Augen geschah dieses Wunder?
44 Und wer auf diesen Stein fällt, der wird zerschellen; auf wen der
Stein aber fällt, den wird er zermalmen. 43 Darum sage ich euch: Das
Reich Gottes wird euch weggenommen und einem Volk gegeben werden, das die erwarteten Früchte bringt.
45 Als die Hohenpriester und die Pharisäer seine Gleichnisse hörten,
merkten sie, daß er von ihnen sprach. 46 Sie hätten ihn gern verhaften
lassen; aber sie fürchteten sich vor den Leuten, weil alle ihn für einen Propheten hielten.

Das Gleichnis vom königlichen Hochzeitsmahl
22 Jesus erzählte ihnen noch ein anderes Gleichnis: 2 Mit dem
Himmelreich ist es wie mit einem König, der die Hochzeit
seines Sohnes vorbereitete. 3 Er schickte seine Diener, um die eingela-
denen Gäste zur Hochzeit rufen zu lassen. Sie aber wollten nicht kom-
men. 4 Da schickte er noch einmal Diener und trug ihnen auf: Sagt den
Eingeladenen: Mein Mahl ist fertig, die Ochsen und das Mastvieh sind
geschlachtet, alles ist bereit. Kommt zur Hochzeit! 5 Sie aber küm-
merten sich nicht darum, sondern der eine ging auf seinen Acker, der
andere in seinen Laden, 6 wieder andere fielen über seine Diener her,
mißhandelten sie und brachten sie um. 7 Da wurde der König zornig;
er schickte sein Heer, ließ die Mörder töten und ihre Stadt in Schutt
und Asche legen. 8 Dann sagte er zu seinen Dienern: Das Hochzeits-
mahl ist vorbereitet, aber die Gäste waren es nicht wert (eingeladen zu
werden). 9 Geht also hinaus auf die Straßen und ladet alle, die ihr
trefft, zur Hochzeit ein. 10 Die Diener gingen auf die Straßen hinaus
und holten alle zusammen, die sie trafen, Böse und Gute, und der Festsaal füllte sich mit Gästen.
11 Als sie sich gesetzt hatten und der König eintrat, um sich die Gäste
anzusehen, bemerkte er unter ihnen einen Mann, der kein Hochzeits-
gewand anhatte. 12 Er sagte zu ihm: Mein Freund, wie konntest du
hier ohne Hochzeitsgewand erscheinen? Darauf wußte der Mann
nichts zu sagen. 13 Da befahl der König seinen Dienern: Bindet ihm
Hände und Füße, und werft ihn hinaus in die äußerste Finsternis!
Dort wird er heulen und mit den Zähnen knirschen. 14 Denn viele sind
gerufen, aber nur wenige auserwählt.

Die Frage nach der kaiserlichen Steuer
15 Damals kamen die Pharisäer zusammen und beschlossen, Jesus mit
einer Frage eine Falle zu stellen. 16 Sie veranlaßten ihre Jünger, zusam-
men mit den Anhängern des Herodes zu ihm zu gehen und zu sagen:
Meister, wir wissen, daß du immer die Wahrheit sagst und wirklich
den Weg Gottes lehrst, ohne auf jemand Rücksicht zu nehmen; denn
du siehst nicht auf die Person. 17 Sag uns also: Ist es nach deiner Mei-
nung erlaubt, dem Kaiser Steuer zu zahlen, oder nicht? 18 Jesus aber
erkannte ihre böse Absicht und sagte: Ihr Heuchler, warum stellt ihr
mir eine Falle? 19 Zeigt mir die Münze, mit der ihr eure Steuern
bezahlt! Da hielten sie ihm einen Denar hin. 20 Er fragte sie: Wessen
Bild und Aufschrift ist das? 21 Sie antworteten: Des Kaisers. Darauf
sagte er zu ihnen: So gebt dem Kaiser, was dem Kaiser gehört, und
Gott, was Gott gehört! 22 Als sie das hörten, waren sie sehr überrascht,
wandten sich um und gingen weg.

Die Frage nach der Auferstehung der Toten
23 Am selben Tag kamen zu Jesus einige von den Sadduzäern, die
behaupten, es gebe keine Auferstehung. Sie fragten ihn: 24 Meister,
Mose hat gesagt: *Wenn ein Mann stirbt, ohne Kinder zu haben, dann soll sein
Bruder dessen Frau heiraten und seinem Bruder Nachkommen verschaffen.* 25 Bei
uns lebten einmal sieben Brüder. Der erste heiratete und starb, und
weil er keine Nachkommen hatte, hinterließ er seine Frau seinem Bru-
der, 26 ebenso der zweite und der dritte und so weiter bis zum siebten.
27 Als letzte von allen starb die Frau. 28 Wessen Frau wird sie nun bei
der Auferstehung sein? Alle sieben haben sie doch zur Frau gehabt.
29 Jesus antwortete ihnen: Ihr irrt euch; ihr kennt weder die Schrift
noch die Macht Gottes. 30 Denn nach der Auferstehung werden die
Menschen nicht mehr heiraten, sondern sein wie die Engel im Him-
mel. 31 Habt ihr im übrigen nicht gelesen, was Gott euch über die Auf-
erstehung der Toten mit den Worten gesagt hat: 32 *Ich bin der Gott Abra-
hams, der Gott Isaaks und der Gott Jakobs?* Er ist doch nicht der Gott der
Toten, sondern der Gott der Lebenden. 33 Als das Volk das hörte, war
es über seine Lehre bestürzt.

Die Frage nach dem wichtigsten Gebot
34 Als die Pharisäer hörten, daß Jesus die Sadduzäer zum Schweigen
gebracht hatte, kamen sie (bei ihm) zusammen. 35 Einer von ihnen,
ein Gesetzeslehrer, wollte ihn auf die Probe stellen und fragte ihn:
36 Meister, welches Gebot im Gesetz ist das wichtigste? 37 Er antwor-
tete ihm: *Du sollst den Herrn, deinen Gott, lieben mit ganzem Herzen, mit
ganzer Seele* und mit all deinen Gedanken. 38 Das ist das wichtigste und
erste Gebot. 39 Ebenso wichtig ist das zweite: *Du sollst deinen Nächsten
lieben wie dich selbst.* 40 An diesen beiden Geboten hängt das ganze
Gesetz samt den Propheten.

Die Frage nach dem Messias
41 Danach fragte Jesus die Pharisäer, die bei ihm versammelt waren:
42 Was denkt ihr über den Messias? Wessen Sohn ist er? Sie antworte-
ten ihm: Der Sohn Davids. 43 Er sagte zu ihnen: Wie kann ihn dann
David, vom Geist (Gottes) erleuchtet, »Herr« nennen? Denn er sagt:
44 *Der Herr sprach zu meinem Herrn: Setze dich mir zur Rechten, und ich lege dir
deine Feinde unter die Füße.* 45 Wenn ihn also David »Herr« nennt, wie
kann er dann Davids Sohn sein? 46 Niemand konnte ihm darauf etwas
erwidern, und von diesem Tag an wagte keiner mehr, ihm eine Frage
zu stellen.

Worte gegen die Schriftgelehrten und die Pharisäer

23 Darauf wandte sich Jesus an das Volk und an seine Jünger
2 und sagte: Die Schriftgelehrten und die Pharisäer haben
sich auf den Stuhl des Mose gesetzt. 3 Tut und befolgt also alles, was
sie euch sagen, aber richtet euch nicht nach dem, was sie tun; denn sie
reden nur, tun selbst aber nicht, was sie sagen. 4 Sie schnüren schwere
Lasten zusammen und legen sie den Menschen auf die Schultern, wol-
len selber aber keinen Finger rühren, um die Lasten zu tragen. 5 Alles,
was sie tun, tun sie nur, damit die Menschen es sehen: Sie machen ihre
Gebetsriemen breit und die Quasten an ihren Gewändern lang, 6 bei
jedem Festmahl möchten sie den Ehrenplatz und in der Synagoge die
vordersten Sitze haben, 7 und auf den Straßen und Plätzen lassen sie
sich gern grüßen und von den Leuten Rabbi (Meister) nennen. 8 Ihr
aber sollt euch nicht Rabbi nennen lassen; denn nur einer ist euer Mei-
ster, ihr alle aber seid Brüder. 9 Auch sollt ihr niemand auf Erden euren
Vater nennen; denn nur einer ist euer Vater, der im Himmel. 10 Auch
sollt ihr euch nicht Lehrer nennen lassen; denn nur einer ist euer Leh-
rer, Christus. 11 Der Größte von euch soll euer Diener sein. 12 Denn wer
sich selbst erhöht, wird erniedrigt, und wer sich selbst erniedrigt, wird
erhöht werden.
13 Weh euch, ihr Schriftgelehrten und Pharisäer, ihr Heuchler! Ihr ver-
schließt den Menschen das Himmelreich. Ihr selbst geht nicht hinein;
aber ihr laßt auch die nicht hinein, die hineingehen wollen. [14]
15 Weh euch, ihr Schriftgelehrten und Pharisäer, ihr Heuchler! Ihr zieht
über Land und Meer, um einen einzigen Menschen für euren Glauben
zu gewinnen; und wenn er gewonnen ist, dann macht ihr ihn zu einem
Sohn der Hölle, der doppelt so schlimm ist wie ihr selbst.
16 Weh euch, ihr seid blinde Führer! Ihr sagt: Wenn einer beim Tempel
schwört, so ist das kein Eid; wer aber beim Gold des Tempels schwört,
der ist an seinen Eid gebunden. 17 Ihr blinden Narren! Was ist wichti-
ger: das Gold oder der Tempel, der das Gold erst heilig macht? 18 Auch
sagt ihr: Wenn einer beim Altar schwört, so ist das kein Eid; wer aber
bei dem Opfer schwört, das auf dem Altar liegt, der ist an seinen Eid
gebunden. 19 Ihr Blinden! Was ist wichtiger: das Opfer oder der Altar,
der das Opfer erst heilig macht? 20 Wer beim Altar schwört, der
schwört bei ihm und bei allem, was darauf liegt. 21 Und wer beim
Tempel schwört, der schwört bei ihm und bei dem, der darin wohnt.
22 Und wer beim Himmel schwört, der schwört beim Thron Gottes
und bei dem, der darauf sitzt.
23 Weh euch, ihr Schriftgelehrten und Pharisäer, ihr Heuchler! Ihr gebt
den Zehnten von Minze, Dill und Kümmel und laßt das Wichtigste im
Gesetz außer acht: Gerechtigkeit, Barmherzigkeit und Treue. Man
muß das eine tun, ohne das andere zu lassen. 24 Blinde Führer seid ihr:
Ihr siebt Mücken aus und verschluckt Kamele.
25 Weh euch, ihr Schriftgelehrten und Pharisäer, ihr Heuchler! Ihr hal-
tet Becher und Schüsseln außen sauber, innen aber sind sie voll von
dem, was ihr in eurer Maßlosigkeit zusammengeraubt habt. 26 Du
blinder Pharisäer! Mach den Becher zuerst innen sauber, dann ist er
auch außen rein.
27 Weh euch, ihr Schriftgelehrten und Pharisäer, ihr Heuchler! Ihr seid
wie die Gräber, die außen weiß angestrichen sind und schön ausse-
hen; innen aber sind sie voll Knochen, Schmutz und Verwesung. 28 So
erscheint auch ihr von außen den Menschen gerecht, innen aber seid
ihr voll Heuchelei und Ungehorsam gegen Gottes Gesetz.
29 Weh euch, ihr Schriftgelehrten und Pharisäer, ihr Heuchler! Ihr
errichtet den Propheten Grabstätten und schmückt die Denkmäler der
Gerechten 30 und sagt dabei: Wenn wir in den Tagen unserer Väter
gelebt hätten, wären wir nicht wie sie am Tod der Propheten schuldig
geworden. 31 Damit bestätigt ihr selbst, daß ihr die Söhne der Prophe-
tenmörder seid. 32 Macht nur das Maß eurer Väter voll! 33 Ihr Nattern,
ihr Schlangenbrut! Wie wollt ihr dem Strafgericht der Hölle entrinnen?
34 Darum hört: Ich sende Propheten, Weise und Schriftgelehrte zu
euch; ihr aber werdet einige von ihnen töten, ja sogar kreuzigen,
andere in euren Synagogen auspeitschen und von Stadt zu Stadt ver-
folgen. 35 So wird all das unschuldige Blut über euch kommen, das auf
Erden vergossen worden ist, vom Blut Abels, des Gerechten, bis zum
Blut des Zacharias, Barachias' Sohn, den ihr im Vorhof zwischen dem
Tempelgebäude und dem Altar ermordet habt. 36 Amen, das sage ich
euch: Das alles wird über diese Generation kommen.
37 Jerusalem, Jerusalem, du tötest die Propheten und steinigst die
Boten, die zu dir gesandt sind. Wie oft wollte ich deine Kinder um
mich sammeln, so wie eine Henne ihre Küken unter ihre Flügel
nimmt; aber ihr habt nicht gewollt. 38 Darum wird euer Haus (von
Gott) verlassen. 39 Und ich sage euch: Von jetzt an werdet ihr mich
nicht mehr sehen, bis ihr ruft: *Gesegnet sei er, der kommt im Namen des
Herrn!*

Die Rede über die Endzeit

Die Ankündigung der Zerstörung des Tempels

24 Als Jesus den Tempel verlassen hatte, wandten sich seine
Jünger an ihn und wiesen ihn auf die gewaltigen Bauten des
Tempels hin. 2 Er sagte zu ihnen: Seht ihr das alles? Amen, das sage
ich euch: Kein Stein wird hier auf dem andern bleiben; alles wird nie-
dergerissen werden.

Vom Anfang der Not

3 Als er auf dem Ölberg saß, wandten sich die Jünger, die mit ihm
allein waren, an ihn und fragten: Sag uns, wann wird das geschehen,
und was ist das Zeichen für deine Ankunft und das Ende der Welt?
4 Jesus antwortete: Gebt acht, daß euch niemand irreführt! 5 Denn
viele werden unter meinem Namen auftreten und sagen: Ich bin der
Messias!, und sie werden viele irreführen.
6 Ihr werdet von Kriegen hören, und Nachrichten über Kriege werden
euch beunruhigen. Gebt acht, laßt euch nicht erschrecken! Das *muß
geschehen.* Es ist aber noch nicht das Ende. 7 Denn ein Volk wird sich
gegen das andere erheben und ein Reich gegen das andere, und an vie-
len Orten wird es Hungersnöte und Erdbeben geben. 8 Doch das alles
ist erst der Anfang der Wehen.
9 Dann wird man euch in große Not bringen und euch töten, und ihr
werdet von allen Völkern um meines Namens willen gehaßt. 10 Dann
werden viele zu Fall kommen und einander hassen und verraten.
11 Viele falsche Propheten werden auftreten, und sie werden viele irre-
führen. 12 Und weil die Mißachtung von Gottes Gesetz überhand-
nimmt, wird die Liebe bei vielen erkalten. 13 Wer jedoch bis zum Ende
standhaft bleibt, der wird gerettet. 14 Aber dieses Evangelium vom
Reich wird auf der ganzen Welt verkündet werden, damit alle Völker es
hören; dann erst kommt das Ende.

Vom Höhepunkt der Not

15 Wenn ihr dann am heiligen Ort den *unheilvollen Greuel* stehen seht,
der durch den Propheten Daniel vorhergesagt worden ist – der Leser
begreife –, 16 dann sollen die Bewohner von Judäa in die Berge fliehen;
17 wer gerade auf dem Dach ist, soll nicht mehr ins Haus gehen, um
seine Sachen mitzunehmen; 18 wer auf dem Feld ist, soll nicht zurück-
kehren, um seinen Mantel zu holen. 19 Weh aber den Frauen, die in
jenen Tagen schwanger sind oder ein Kind stillen. 20 Betet darum, daß
ihr nicht im Winter oder an einem Sabbat fliehen müßt. 21 Denn es
wird eine so große Not kommen, *wie es noch nie eine gegeben hat, seit die
Welt besteht, und wie es auch keine mehr geben wird.* 22 Und wenn jene Zeit
nicht verkürzt würde, dann würde kein Mensch gerettet; doch um der
Auserwählten willen wird jene Zeit verkürzt werden.
23 Wenn dann jemand zu euch sagt: Seht, hier ist der Messias!, oder:
Da ist er!, so glaubt es nicht! 24 Denn es wird mancher falsche Messias
und mancher falsche Prophet auftreten, und sie werden große Zei-
chen und Wunder tun, um, wenn möglich, auch die Auserwählten
irrezuführen.
25 Denkt daran: Ich habe es euch vorausgesagt. 26 Wenn sie also zu
euch sagen: Seht, er ist draußen in der Wüste!, so geht nicht hinaus;

und wenn sie sagen: Seht, er ist im Haus!, so glaubt es nicht. 27 Denn
wie der Blitz bis zum Westen hin leuchtet, wenn er im Osten auf-
flammt, so wird es bei der Ankunft des Menschensohnes sein. 28 Über-
all wo ein Aas ist, da sammeln sich die Geier.

Vom Kommen des Menschensohnes

29 Sofort nach den Tagen der großen Not *wird sich die Sonne verfinstern,*
und der Mond wird nicht mehr scheinen; die Sterne werden vom Himmel
fallen, und die Kräfte des Himmels werden erschüttert werden.
30 Danach wird das Zeichen des Menschensohnes am Himmel erschei-
nen; *dann werden alle Völker der Erde jammern und klagen*, und sie werden
den *Menschensohn* mit großer Macht und Herrlichkeit *auf den Wolken des*
Himmels kommen sehen. 31 Er wird seine Engel unter lautem Posaunen-
schall aussenden, und sie werden die von ihm Auserwählten *aus allen*
vier Windrichtungen zusammenführen, von einem Ende des Himmels bis
zum andern.

Mahnungen im Hinblick auf das Ende

32 Lernt etwas aus dem Vergleich mit dem Feigenbaum! Sobald seine
Zweige saftig werden und Blätter treiben, wißt ihr, daß der Sommer
nahe ist. 33 Genauso sollt ihr erkennen, wenn ihr das alles seht, daß
das Ende vor der Tür steht. 34 Amen, ich sage euch: Diese Generation
wird nicht vergehen, bis das alles eintrifft. 35 Himmel und Erde wer-
den vergehen, aber meine Worte werden nicht vergehen. 36 Doch jenen
Tag und jene Stunde kennt niemand, auch nicht die Engel im Himmel,
nicht einmal der Sohn, sondern nur der Vater.
37 Denn wie es in den Tagen des Noach war, so wird es bei der Ankunft
des Menschensohnes sein. 38 Wie die Menschen in den Tagen vor der
Flut aßen und tranken und heirateten, bis zu dem Tag, *an dem Noach in*
die Arche ging, 39 und nichts ahnten, bis die Flut hereinbrach und alle
wegraffte, so wird es auch bei der Ankunft des Menschensohnes sein.
40 Dann wird von zwei Männern, die auf dem Feld arbeiten, einer mit-
genommen und einer zurückgelassen. 41 Und von zwei Frauen, die
mit derselben Mühle mahlen, wird eine mitgenommen und eine
zurückgelassen. 42 Seid also wachsam! Denn ihr wißt nicht, an wel-
chem Tag euer Herr kommt.

Das Gleichnis vom wachsamen Hausherrn

43 Bedenkt: Wenn der Herr des Hauses wüßte, zu welcher Stunde in
der Nacht der Dieb kommt, würde er wach bleiben und nicht zulassen,
daß man in sein Haus einbricht. 44 Darum haltet auch ihr euch bereit!
Denn der Menschensohn kommt zu einer Stunde, in der ihr es nicht
erwartet.

Das Gleichnis vom treuen und vom schlechten Knecht

45 Wer ist nun der treue und kluge Knecht, den der Herr eingesetzt hat,
damit er dem Gesinde zur rechten Zeit gibt, was sie zu essen brau-
chen? 46 Selig der Knecht, den der Herr damit beschäftigt findet, wenn
er kommt! 47 Amen, das sage ich euch: Er wird ihn zum Verwalter sei-
nes ganzen Vermögens machen. 48 Wenn aber der Knecht schlecht ist
und denkt: Mein Herr kommt noch lange nicht!, 49 und anfängt, seine
Mitknechte zu schlagen, wenn er mit Trinkern Gelage feiert, 50 dann
wird der Herr an einem Tag kommen, an dem der Knecht es nicht
erwartet, und zu einer Stunde, die er nicht kennt; 51 und der Herr wird
ihn in Stücke hauen und ihm seinen Platz unter den Heuchlern zuwei-
sen. Dort wird er heulen und mit den Zähnen knirschen.

Das Gleichnis von den zehn Jungfrauen

25 Dann wird es mit dem Himmelreich sein wie mit zehn Jung-
frauen, die ihre Lampen nahmen und dem Bräutigam entge-
gengingen. 2 Fünf von ihnen waren töricht, und fünf waren klug. 3 Die
törichten nahmen ihre Lampen mit, aber kein Öl, 4 die klugen aber
nahmen außer den Lampen noch Öl in Krügen mit. 5 Als nun der
Bräutigam lange nicht kam, wurden sie alle müde und schliefen ein.
6 Mitten in der Nacht aber hörte man plötzlich laute Rufe: Der Bräuti-
gam kommt! Geht ihm entgegen! 7 Da standen die Jungfrauen alle auf
und machten ihre Lampen zurecht. 8 Die törichten aber sagten zu den
klugen: Gebt uns von eurem Öl, sonst gehen unsere Lampen aus. 9 Die
klugen erwiderten ihnen: Dann reicht es weder für uns noch für euch;
geht doch zu den Händlern und kauft, was ihr braucht. 10 Während sie
noch unterwegs waren, um das Öl zu kaufen, kam der Bräutigam; die
Jungfrauen, die bereit waren, gingen mit ihm in den Hochzeitssaal,
und die Tür wurde zugeschlossen. 11 Später kamen auch die anderen
Jungfrauen und riefen: Herr, Herr, mach uns auf! 12 Er aber antwortete
ihnen: Amen, ich sage euch: Ich kenne euch nicht.
13 Seid also wachsam! Denn ihr wißt weder den Tag noch die Stunde.

Das Gleichnis vom anvertrauten Geld

14 Es ist wie mit einem Mann, der auf Reisen ging: Er rief seine Diener
und vertraute ihnen sein Vermögen an. 15 Dem einen gab er fünf
Talente Silbergeld, einem anderen zwei, wieder einem anderen eines,
jedem nach seinen Fähigkeiten. Dann reiste er ab. Sofort 16 begann der
Diener, der fünf Talente erhalten hatte, mit ihnen zu wirtschaften, und
er gewann noch fünf dazu. 17 Ebenso gewann der, der zwei erhalten
hatte, noch zwei dazu. 18 Der aber, der das eine Talent erhalten hatte,
ging und grub ein Loch in die Erde und versteckte das Geld seines
Herrn. 19 Nach langer Zeit kehrte der Herr zurück, um von den Die-
nern Rechenschaft zu verlangen. 20 Da kam der, der die fünf Talente
erhalten hatte, brachte fünf weitere und sagte: Herr, fünf Talente hast
du mir gegeben; sieh her, ich habe noch fünf dazugewonnen. 21 Sein
Herr sagte zu ihm: Sehr gut, du bist ein tüchtiger und treuer Diener.
Du bist im Kleinen ein treuer Verwalter gewesen, ich will dir eine
große Aufgabe übertragen. Komm, nimm teil an der Freude deines
Herrn! 22 Dann kam der Diener, der zwei Talente erhalten hatte, und
sagte: Herr, du hast mir zwei Talente gegeben; sieh her, ich habe noch
zwei dazugewonnen. 23 Sein Herr sagte zu ihm: Sehr gut, du bist ein
tüchtiger und treuer Diener. Du bist im Kleinen ein treuer Verwalter
gewesen, ich will dir eine große Aufgabe übertragen. Komm, nimm
teil an der Freude deines Herrn! 24 Zuletzt kam auch der Diener, der
das eine Talent erhalten hatte, und sagte: Herr, ich wußte, daß du ein
strenger Mann bist; du erntest, wo du nicht gesät hast, und sammelst,
wo du nicht ausgestreut hast; 25 weil ich Angst hatte, habe ich dein
Geld in der Erde versteckt. Hier hast du es wieder. 26 Sein Herr antwor-
tete ihm: Du bist ein schlechter und fauler Diener! Du hast doch
gewußt, daß ich ernte, wo ich nicht gesät habe, und sammle, wo ich
nicht ausgestreut habe. 27 Hättest du mein Geld wenigstens auf die
Bank gebracht, dann hätte ich es bei meiner Rückkehr mit Zinsen
zurückerhalten. 28 Darum nehmt ihm das Talent weg und gebt es dem,
der die zehn Talente hat! 29 Denn wer hat, dem wird gegeben, und er
wird im Überfluß haben; wer aber nicht hat, dem wird auch noch weg-
genommen, was er hat. 30 Werft den nichtsnutzigen Diener hinaus in
die äußerste Finsternis! Dort wird er heulen und mit den Zähnen knir-
schen.

Vom Weltgericht

31 Wenn der Menschensohn in seiner Herrlichkeit *kommt* und alle *Engel*
mit ihm, dann wird er sich auf den Thron seiner Herrlichkeit setzen.
32 Und alle Völker werden vor ihm zusammengerufen werden, und er
wird sie voneinander scheiden, wie der Hirt die Schafe von den Böcken
scheidet. 33 Er wird die Schafe zu seiner Rechten versammeln, die
Böcke aber zur Linken. 34 Dann wird der König denen auf der rechten
Seite sagen: Kommt her, die ihr von meinem Vater gesegnet seid,
nehmt das Reich in Besitz, das seit der Erschaffung der Welt für euch
bestimmt ist. 35 Denn ich war hungrig, und ihr habt mir zu essen gege-
ben; ich war durstig, und ihr habt mir zu trinken gegeben; ich war
fremd und obdachlos, und ihr habt mich aufgenommen; 36 ich war
nackt, und ihr habt mir Kleidung gegeben; ich war krank, und ihr habt
mich besucht; ich war im Gefängnis, und ihr seid zu mir gekommen.
37 Dann werden ihm die Gerechten antworten: Herr, wann haben wir

dich hungrig gesehen und dir zu essen gegeben, oder durstig und dir
zu trinken gegeben? 38 Und wann haben wir dich fremd und obdach-
los gesehen und aufgenommen, oder nackt und dir Kleidung gege-
ben? 39 Und wann haben wir dich krank oder im Gefängnis gesehen
und sind zu dir gekommen? 40 Darauf wird der König ihnen antwor-
ten: Amen, ich sage euch: Was ihr für einen meiner geringsten Brüder
getan habt, das habt ihr mir getan.
41 Dann wird er sich auch an die auf der linken Seite wenden und zu
ihnen sagen: Weg von mir, ihr Verfluchten, in das ewige Feuer, das für
den Teufel und seine Engel bestimmt ist! 42 Denn ich war hungrig, und
ihr habt mir nichts zu essen gegeben; ich war durstig, und ihr habt mir
nichts zu trinken gegeben; 43 ich war fremd und obdachlos, und ihr
habt mich nicht aufgenommen; ich war nackt, und ihr habt mir keine
Kleidung gegeben; ich war krank und im Gefängnis, und ihr habt
mich nicht besucht. 44 Dann werden auch sie antworten: Herr, wann
haben wir dich hungrig oder durstig oder obdachlos oder nackt oder
krank oder im Gefängnis gesehen und haben dir nicht geholfen?
45 Darauf wird er ihnen antworten: Amen, ich sage euch: Was ihr für
einen dieser Geringsten nicht getan habt, das habt ihr auch mir nicht
getan. 46 Und sie werden weggehen und die ewige Strafe erhalten, die
Gerechten aber das ewige Leben.

Das Leiden und die Auferstehung Jesu

Der Beschluß des Hohen Rates

26 Als Jesus seine Reden beendet hatte, sagte er zu seinen Jün-
gern: 2 Ihr wißt, daß in zwei Tagen das Paschafest beginnt;
da wird der Menschensohn ausgeliefert und gekreuzigt werden.
3 Um die gleiche Zeit versammelten sich die Hohenpriester und die
Ältesten des Volkes im Palast des Hohenpriesters, der Kajaphas hieß,
4 und beschlossen, Jesus mit List in ihre Gewalt zu bringen und ihn zu
töten. 5 Sie sagten aber: Ja nicht am Fest, damit kein Aufruhr im Volk
entsteht.

Die Salbung in Betanien

6/7 Als Jesus in Betanien im Haus Simons des Aussätzigen bei Tisch
war, kam eine Frau mit einem Alabastergefäß voll kostbarem, wohl-
riechendem Öl zu ihm und goß es über sein Haar. 8 Die Jünger wurden
unwillig, als sie das sahen, und sagten: Wozu diese Verschwendung?
9 Man hätte das Öl teuer verkaufen und das Geld den Armen geben
können. 10 Jesus bemerkte ihren Unwillen und sagte zu ihnen: Warum
laßt ihr die Frau nicht in Ruhe? Sie hat ein gutes Werk an mir getan.
11 Denn die Armen habt ihr immer bei euch, mich aber habt ihr nicht
immer. 12 Als sie das Öl über mich goß, hat sie meinen Leib für das
Begräbnis gesalbt. 13 Amen, ich sage euch: Überall auf der Welt, wo
dieses Evangelium verkündet wird, wird man sich an sie erinnern und
erzählen, was sie getan hat.

Der Verrat durch Judas

14 Darauf ging einer der Zwölf namens Judas Iskariot zu den Hohen-
priestern 15 und sagte: Was wollt ihr mir geben, wenn ich euch Jesus
ausliefere? Und *sie zahlten ihm dreißig Silberstücke.* 16 Von da an suchte er
nach einer Gelegenheit, ihn auszuliefern.

Die Vorbereitung des Paschamahls

17 Am ersten Tag des Festes der Ungesäuerten Brote gingen die Jünger
zu Jesus und fragten: Wo sollen wir das Paschamahl für dich vorberei-
ten? 18 Er antwortete: Geht in die Stadt zu dem und dem und sagt zu
ihm: Der Meister läßt dir sagen: Meine Zeit ist da; bei dir will ich mit
meinen Jüngern das Paschamahl feiern. 19 Die Jünger taten, was Jesus
ihnen aufgetragen hatte, und bereiteten das Paschamahl vor.

Das Mahl

20 Als es Abend wurde, begab er sich mit den zwölf Jüngern zu Tisch.
21 Und während sie aßen, sprach er: Amen, ich sage euch: Einer von
euch wird mich verraten und ausliefern. 22 Da waren sie sehr betrof-
fen, und einer nach dem andern fragte ihn: Bin ich es etwa, Herr? 23 Er
antwortete: Der, der die Hand mit mir in die Schüssel getaucht hat,
wird mich verraten. 24 Der Menschensohn muß zwar seinen Weg
gehen, wie die Schrift über ihn sagt. Doch weh dem Menschen, durch
den der Menschensohn verraten wird. Für ihn wäre es besser, wenn er
nie geboren wäre. 25 Da fragte Judas, der ihn verriet: Bin ich es etwa,
Rabbi? Jesus sagte zu ihm: Du sagst es.
26 Während des Mahls nahm Jesus das Brot und sprach den Lobpreis;
dann brach er das Brot, reichte es den Jüngern und sagte: Nehmt und
eßt; das ist mein Leib. 27 Dann nahm er den Kelch, sprach das Dank-
gebet und reichte ihn den Jüngern mit den Worten: Trinkt alle daraus;
28 das ist mein Blut, *das Blut des Bundes*, das für viele vergossen wird zur
Vergebung der Sünden. 29 Ich sage euch: Von jetzt an werde ich nicht
mehr von der Frucht des Weinstocks trinken, bis zu dem Tag, an dem
ich mit euch von neuem davon trinke im Reich meines Vaters.

Der Gang zum Ölberg

30 Nach dem Lobgesang gingen sie zum Ölberg hinaus. 31 Da sagte
Jesus zu ihnen: Ihr alle werdet in dieser Nacht an mir Anstoß
nehmen und zu Fall kommen; denn in der Schrift steht: *Ich werde den
Hirten erschlagen, dann werden sich die Schafe der Herde zerstreuen.* 32 Aber
nach meiner Auferstehung werde ich euch nach Galiläa vorausge-
hen. 33 Petrus erwiderte ihm: Und wenn alle an dir Anstoß nehmen –
ich niemals! 34 Jesus entgegnete ihm: Amen, ich sage dir: In dieser
Nacht, noch ehe der Hahn kräht, wirst du mich dreimal verleugnen.
35 Da sagte Petrus zu ihm: Und wenn ich mit dir sterben müßte – ich
werde dich nie verleugnen. Das gleiche sagten auch alle anderen
Jünger.

Das Gebet in Getsemani

36 Darauf kam Jesus mit den Jüngern zu einem Grundstück, das man
Getsemani nennt, und sagte zu ihnen: Setzt euch und wartet hier,
während ich dort bete. 37 Und er nahm Petrus und die beiden Söhne
des Zebedäus mit sich. Da ergriff ihn Angst und Traurigkeit, 38 und er
sagte zu ihnen: Meine Seele ist zu Tode betrübt. Bleibt hier und wacht
mit mir! 39 Und er ging ein Stück weiter, warf sich zu Boden und
betete: Mein Vater, wenn es möglich ist, gehe dieser Kelch an mir
vorüber. Aber nicht wie ich will, sondern wie du willst. 40 Und er ging
zu den Jüngern zurück und fand sie schlafend. Da sagte er zu Petrus:
Konntet ihr nicht einmal eine Stunde mit mir wachen? 41 Wacht und
betet, damit ihr nicht in Versuchung geratet. Der Geist ist willig, aber
das Fleisch ist schwach. 42 Dann ging er zum zweitenmal weg und
betete: Mein Vater, wenn dieser Kelch an mir nicht vorübergehen
kann, ohne daß ich ihn trinke, geschehe dein Wille. 43 Als er zurück-
kam, fand er sie wieder schlafend, denn die Augen waren ihnen zuge-
fallen. 44 Und er ging wieder von ihnen weg und betete zum drittenmal
mit den gleichen Worten. 45 Danach kehrte er zu den Jüngern zurück
und sagte zu ihnen: Schlaft ihr immer noch und ruht euch aus? Die
Stunde ist gekommen; jetzt wird der Menschensohn den Sündern aus-
geliefert. 46 Steht auf, wir wollen gehen! Seht, der Verräter, der mich
ausliefert, ist da.

Die Gefangennahme

47 Während er noch redete, kam Judas, einer der Zwölf, mit einer
großen Schar von Männern, die mit Schwertern und Knüppeln
bewaffnet waren; sie waren von den Hohenpriestern und den Älte-
sten des Volkes geschickt worden. 48 Der Verräter hatte mit ihnen ein
Zeichen verabredet und gesagt: Der, den ich küssen werde, der ist es;
nehmt ihn fest. 49 Sogleich ging er auf Jesus zu und sagte: Sei
gegrüßt, Rabbi! Und er küßte ihn. 50 Jesus erwiderte ihm: Freund,
dazu bist du gekommen? Da gingen sie auf Jesus zu, ergriffen ihn

Emil Nolde
Abendmahl
(1909)
»Dann nahm er den Kelch, sprach das Dankgebet und reichte ihn den Jüngern mit den Worten: Trinkt alle daraus« (Mt 26,27). Der Titel des Gemäldes, das Emil Nolde aus dem Bericht über die Einsetzung des Abendmahls, vor allem aber aus innerer Anschauung entwickelt hat, könnte auch lauten: Gemeinschaft. Den Mittelpunkt bildet zwar der Kelch, doch in unmittelbarer Nähe zu Jesu Händen geben zwei Gesten ein Streben nach Verbindung untereinander zu erkennen: ein nach rechts ausgestreckter Arm und eine auf die Schulter des anderen gelegte Hand. Gemeinschaft wird auch durch die Farbgestaltung evoziert: Statt distanzierender Räumlichkeit sind die zwölf um Jesus versammelten Jünger auf eine gemeinsame Fläche projiziert – ein Eindruck, der vor allem durch das Zurücktreten der grünen Tischfläche und das Hervorleuchten des gelb über dem weißen Untergewand erstrahlenden Antlitzes Jesu hervorgerufen wird.
Im Rückblick auf die Entstehung des Bildes schreibt Nolde: »Ich mußte künstlerisch frei sein – nicht Gott vor mir haben wie einen stahlharten assyrischen Herrscher, sondern Gott in mir, heiß und heilig wie die Liebe Christi« (*Jahre der Kämpfe*, 1934).

und nahmen ihn fest. 51 Doch einer von den Begleitern Jesu zog sein
Schwert, schlug auf den Diener des Hohenpriesters ein und hieb ihm
ein Ohr ab. 52 Da sagte Jesus zu ihm: Steck dein Schwert in die
Scheide; denn alle, die zum Schwert greifen, werden durch das
Schwert umkommen. 53 Oder glaubst du nicht, mein Vater würde mir
sogleich mehr als zwölf Legionen Engel schicken, wenn ich ihn
darum bitte? 54 Wie würde dann aber die Schrift erfüllt, nach der es so
geschehen muß? 55 Darauf sagte Jesus zu den Männern: Wie gegen
einen Räuber seid ihr mit Schwertern und Knüppeln ausgezogen, um
mich festzunehmen. Tag für Tag saß ich im Tempel und lehrte, und
ihr habt mich nicht verhaftet. 56 Das alles aber ist geschehen, damit
die Schriften der Propheten in Erfüllung gehen. Da verließen ihn alle
Jünger und flohen.

Das Verhör vor dem Hohen Rat

57 Nach der Verhaftung führte man Jesus zum Hohenpriester Kajaphas, bei dem sich die Schriftgelehrten und die Ältesten versammelt
hatten. 58 Petrus folgte Jesus von weitem bis zum Hof des hohepriesterlichen Palastes; er ging in den Hof hinein und setzte sich zu den
Dienern, um zu sehen, wie alles ausgehen würde.
59 Die Hohenpriester und der ganze Hohe Rat bemühten sich um
falsche Zeugenaussagen gegen Jesus, um ihn zum Tod verurteilen zu
können. 60 Sie erreichten aber nichts, obwohl viele falsche Zeugen auftraten. Zuletzt kamen zwei Männer 61 und behaupteten: Er hat gesagt:
Ich kann den Tempel Gottes niederreißen und in drei Tagen wieder
aufbauen. 62 Da stand der Hohepriester auf und fragte Jesus: Willst du
nichts sagen zu dem, was diese Leute gegen dich vorbringen? 63 Jesus
aber schwieg. Darauf sagte der Hohepriester zu ihm: Ich beschwöre
dich bei dem lebendigen Gott, sag uns: Bist du der Messias, der Sohn
Gottes? 64 Jesus antwortete: Du hast es gesagt. Doch ich erkläre euch:

Von nun an werdet ihr *den Menschensohn zur Rechten* der Macht *sitzen* und
auf den Wolken des Himmels kommen sehen. 65 Da zerriß der Hoheprie-
ster sein Gewand und rief: Er hat Gott gelästert! Wozu brauchen wir
noch Zeugen? Jetzt habt ihr die Gotteslästerung selbst gehört. 66 Was
ist eure Meinung? Sie antworteten: Er ist schuldig und muß sterben.
67 Dann spuckten sie ihm ins Gesicht und schlugen ihn. Andere ohr-
feigten ihn 68 und riefen: Messias, du bist doch ein Prophet! Sag uns:
Wer hat dich geschlagen?

Die Verleugnung durch Petrus

69 Petrus aber saß draußen im Hof. Da trat eine Magd zu ihm und
sagte: Auch du warst mit diesem Jesus aus Galiläa zusammen. 70 Doch
er leugnete es vor allen Leuten und sagte: Ich weiß nicht, wovon du
redest. 71 Und als er zum Tor hinausgehen wollte, sah ihn eine andere
Magd und sagte zu denen, die dort standen: Der war mit Jesus aus
Nazaret zusammen. 72 Wieder leugnete er und schwor: Ich kenne den
Menschen nicht. 73 Kurz darauf kamen die Leute, die dort standen, zu
Petrus und sagten: Wirklich, auch du gehörst zu ihnen, deine Mundart
verrät dich. 74 Da fing er an, sich zu verfluchen und schwor: Ich kenne
den Menschen nicht. Gleich darauf krähte ein Hahn, 75 und Petrus
erinnerte sich an das, was Jesus gesagt hatte: Ehe der Hahn kräht,
wirst du mich dreimal verleugnen. Und er ging hinaus und weinte bit-
terlich.

Die Auslieferung an Pilatus

27 Als es Morgen wurde, faßten die Hohenpriester und die
Ältesten des Volkes gemeinsam den Beschluß, Jesus hin-
richten zu lassen. 2 Sie ließen ihn fesseln und abführen und lieferten
ihn dem Statthalter Pilatus aus.

Das Ende des Judas

3 Als nun Judas, der ihn verraten hatte, sah, daß Jesus zum Tod verur-
teilt war, reute ihn seine Tat. Er brachte den Hohenpriestern und den
Ältesten die dreißig Silberstücke zurück 4 und sagte: Ich habe gesün-
digt, ich habe euch einen unschuldigen Menschen ausgeliefert. Sie
antworteten: Was geht das uns an? Das ist deine Sache. 5 Da warf er die
Silberstücke in den Tempel; dann ging er weg und erhängte sich. 6 Die
Hohenpriester nahmen die Silberstücke und sagten: Man darf das
Geld nicht in den Tempelschatz tun; denn es klebt Blut daran. 7 Und
sie beschlossen, von dem Geld den Töpferacker zu kaufen als Begräb-
nisplatz für die Fremden. 8 Deshalb heißt dieser Acker bis heute
Blutacker. 9 So erfüllte sich, was durch den Propheten Jeremia gesagt
worden ist: *Sie nahmen die dreißig Silberstücke – das ist der Preis, den er den*
Israeliten wert war – 10 *und kauften für das Geld den Töpferacker, wie mir der*
Herr befohlen hatte.

Die Verhandlung vor Pilatus

11 Als Jesus vor dem Statthalter stand, fragte ihn dieser: Bist du der
König der Juden? Jesus antwortete: Du sagst es. 12 Als aber die Hohen-
priester und die Ältesten ihn anklagten, gab er keine Antwort. 13 Da
sagte Pilatus zu ihm: Hörst du nicht, was sie dir alles vorwerfen? 14 Er
aber antwortete ihm auf keine einzige Frage, so daß der Statthalter
sehr verwundert war.
15 Jeweils zum Fest pflegte der Statthalter einen Gefangenen freizulas-
sen, den sich das Volk auswählen konnte. 16 Damals war gerade ein
berüchtigter Mann namens Barabbas im Gefängnis. 17 Pilatus fragte
nun die Menge, die zusammengekommen war: Was wollt ihr? Wen
soll ich freilassen, Barabbas oder Jesus, den man den Messias nennt?
18 Er wußte nämlich, daß man Jesus nur aus Neid an ihn ausgeliefert
hatte.
19 Während Pilatus auf dem Richterstuhl saß, ließ ihm seine Frau
sagen: Laß die Hände von diesem Mann, er ist unschuldig. Ich hatte
seinetwegen heute nacht einen schrecklichen Traum.
20 Inzwischen überredeten die Hohenpriester und die Ältesten die
Menge, die Freilassung des Barabbas zu fordern, Jesus aber hinrichten
zu lassen. 21 Der Statthalter fragte sie: Wen von beiden soll ich freilas-
sen? Sie riefen: Barabbas! 22 Pilatus sagte zu ihnen: Was soll ich dann
mit Jesus tun, den man den Messias nennt? Da schrien sie alle: Ans
Kreuz mit ihm! 23 Er erwiderte: Was für ein Verbrechen hat er denn
begangen? Da schrien sie noch lauter: Ans Kreuz mit ihm! 24 Als Pila-
tus sah, daß er nichts erreichte, sondern daß der Tumult immer
größer wurde, ließ er Wasser bringen, wusch sich vor allen Leuten die
Hände und sagte: Ich bin unschuldig am Blut dieses Menschen. Das
ist eure Sache! 25 Da rief das ganze Volk: Sein Blut komme über uns
und unsere Kinder! 26 Darauf ließ er Barabbas frei und gab den Befehl,
Jesus zu geißeln und zu kreuzigen.

Die Verspottung Jesu durch die Soldaten

27 Da nahmen die Soldaten des Statthalters Jesus, führten ihn in das
Prätorium, das Amtsgebäude des Statthalters, und versammelten die
ganze Kohorte um ihn. 28 Sie zogen ihn aus und legten ihm einen pur-
purroten Mantel um. 29 Dann flochten sie einen Kranz aus Dornen;
den setzten sie ihm auf und gaben ihm einen Stock in die rechte Hand.
Sie fielen vor ihm auf die Knie und verhöhnten ihn, indem sie riefen:
Heil dir, König der Juden! 30 Und sie spuckten ihn an, nahmen ihm
den Stock wieder weg und schlugen ihm damit auf den Kopf. 31a Nach-
dem sie so ihren Spott mit ihm getrieben hatten, nahmen sie ihm den
Mantel ab und zogen ihm seine eigenen Kleider wieder an.

Die Kreuzigung

31b Dann führten sie Jesus hinaus, um ihn zu kreuzigen. 32 Auf dem
Weg trafen sie einen Mann aus Zyrene namens Simon; ihn zwangen
sie, Jesus das Kreuz zu tragen. 33 So kamen sie an den Ort, der Golgota
genannt wird, das heißt Schädelhöhe. 34 Und *sie gaben* ihm *Wein zu*
trinken, der mit *Galle* vermischt war; als er aber davon gekostet hatte,
wollte er ihn nicht trinken.
35 Nachdem sie ihn gekreuzigt hatten, *warfen sie das Los und verteilten*
seine Kleider unter sich. 36 Dann setzten sie sich nieder und bewachten
ihn. 37 Über seinem Kopf hatten sie eine Aufschrift angebracht, die
seine Schuld angab: Das ist Jesus, der König der Juden. 38 Zusammen
mit ihm wurden zwei Räuber gekreuzigt, der eine rechts von ihm, der
andere links. 39 Die Leute, die vorbeikamen, verhöhnten ihn, *schüttelten*
den Kopf 40 und riefen: Du willst den Tempel niederreißen und in drei
Tagen wieder aufbauen? Wenn du Gottes Sohn bist, hilf dir selbst,
und steig herab vom Kreuz! 41 Auch die Hohenpriester, die Schriftge-
lehrten und die Ältesten verhöhnten ihn und sagten: 42 Anderen hat er
geholfen, sich selbst kann er nicht helfen. Er ist doch der König von
Israel! Er soll vom Kreuz herabsteigen, dann werden wir an ihn glau-
ben. 43 *Er hat auf Gott vertraut: der soll ihn jetzt retten, wenn er an ihm Gefallen*
hat; er hat doch gesagt: Ich bin Gottes Sohn. 44 Ebenso beschimpften
ihn die beiden Räuber, die man zusammen mit ihm gekreuzigt hatte.

Der Tod Jesu

45 Von der sechsten bis zur neunten Stunde herrschte eine Finsternis
im ganzen Land. 46 Um die neunte Stunde rief Jesus laut: *Eli, Eli, lema*
sabachtani?, das heißt: *Mein Gott, mein Gott, warum hast du mich verlassen?*
47 Einige von denen, die dabeistanden und es hörten, sagten: Er ruft
nach Elija. 48 Sogleich lief einer von ihnen hin, tauchte einen
Schwamm in *Essig*, steckte ihn auf einen Stock und *gab* Jesus *zu trinken*.
49 Die anderen aber sagten: Laß doch, wir wollen sehen, ob Elija
kommt und ihm hilft. 50 Jesus aber schrie noch einmal laut auf. Dann
hauchte er den Geist aus.
51 Da riß der Vorhang im Tempel von oben bis unten entzwei. Die Erde
bebte, und die Felsen spalteten sich. 52 Die Gräber öffneten sich, und
die Leiber vieler Heiligen, die entschlafen waren, wurden auferweckt.
53 Nach der Auferstehung Jesu verließen sie ihre Gräber, kamen in die
Heilige Stadt und erschienen vielen.
54 Als der Hauptmann und die Männer, die mit ihm zusammen Jesus
bewachten, das Erdbeben bemerkten und sahen, was geschah,
erschraken sie sehr und sagten: Wahrhaftig, das war Gottes Sohn!

Alexej von Jawlensky
Dornenkrone
(1918)
»Dann flochten sie einen Kranz aus Dornen; den setzen sie ihm auf und gaben ihm einen Stock in die rechte Hand« (Mt 27,29). Zwar beziehen sich der Titel und einzelne Bildzeichen auf die Verspottung Jesu nach dem Matthäusevangelium. Alexej von Jawlensky hat jedoch auf jegliche Form der Ereignisschilderung verzichtet. Sein Gemälde *Dornenkrone* steht am Anfang einer Bildgattung, die in neuer Weise an die Tradition des Andachtsbildes, beispielsweise mit der Darstellung Jesu als leidenden Schmerzensmann, anknüpft: Es sind Meditationen, die sich auf die abstrahierte Gestaltung eines Gesichtes konzentrieren, das die gesamte Bildfläche einnimmt.

55 Auch viele Frauen waren dort und sahen von weitem zu; sie waren
Jesus seit der Zeit in Galiläa nachgefolgt und hatten ihm gedient. 56 Zu
ihnen gehörten Maria aus Magdala, Maria, die Mutter des Jakobus und
des Josef, und die Mutter der Söhne des Zebedäus.

Das Begräbnis Jesu

57 Gegen Abend kam ein reicher Mann aus Arimathäa namens Josef;
auch er war ein Jünger Jesu. 58 Er ging zu Pilatus und bat um den Leich-
nam Jesu. Da befahl Pilatus, ihm den Leichnam zu überlassen. 59 Josef
nahm ihn und hüllte ihn in ein reines Leinentuch. 60 Dann legte er ihn
in ein neues Grab, das er für sich selbst in einen Felsen hatte hauen
lassen. Er wälzte einen großen Stein vor den Eingang des Grabes und
ging weg. 61 Auch Maria aus Magdala und die andere Maria waren
dort; sie saßen dem Grab gegenüber.

Die Bewachung des Grabes

62 Am nächsten Tag gingen die Hohenpriester und die Pharisäer
gemeinsam zu Pilatus; es war der Tag nach dem Rüsttag. 63 Sie sagten:
Herr, es fiel uns ein, daß dieser Betrüger, als er noch lebte, behauptet
hat: Ich werde nach drei Tagen auferstehen. 64 Gib also den Befehl,
daß das Grab bis zum dritten Tag sicher bewacht wird. Sonst könnten
seine Jünger kommen, ihn stehlen und dem Volk sagen: Er ist von den
Toten auferstanden. Und dieser letzte Betrug wäre noch schlimmer als
alles zuvor. 65 Pilatus antwortete ihnen: Ihr sollt eine Wache haben.
Geht und sichert das Grab, so gut ihr könnt. 66 Darauf gingen sie, um
das Grab zu sichern. Sie versiegelten den Eingang und ließen die
Wache dort.

Die Botschaft des Engels am leeren Grab

28 Nach dem Sabbat kamen in der Morgendämmerung des
ersten Tages der Woche Maria aus Magdala und die andere
Maria, um nach dem Grab zu sehen. 2 Plötzlich entstand ein gewalti-
ges Erdbeben; denn ein Engel des Herrn kam vom Himmel herab, trat
an das Grab, wälzte den Stein weg und setzte sich darauf. 3 Seine
Gestalt leuchtete wie ein Blitz, und sein Gewand war weiß wie Schnee.
4 Die Wächter begannen vor Angst zu zittern und fielen wie tot zu
Boden. 5 Der Engel aber sagte zu den Frauen: Fürchtet euch nicht! Ich
weiß, ihr sucht Jesus, den Gekreuzigten. 6 Er ist nicht hier; denn er ist
auferstanden, wie er gesagt hat. Kommt her und seht euch die Stelle
an, wo er lag. 7 Dann geht schnell zu seinen Jüngern und sagt ihnen:
Er ist von den Toten auferstanden. Er geht euch voraus nach Galiläa,
dort werdet ihr ihn sehen. Ich habe es euch gesagt. 8 Sogleich ver-
ließen sie das Grab und eilten voll Furcht und großer Freude zu seinen
Jüngern, um ihnen die Botschaft zu verkünden.

Die Erscheinung Jesu vor den Frauen

9 Plötzlich kam ihnen Jesus entgegen und sagte: Seid gegrüßt! Sie gin-
gen auf ihn zu, warfen sich vor ihm nieder und umfaßten seine Füße.
10 Da sagte Jesus zu ihnen: Fürchtet euch nicht! Geht und sagt meinen
Brüdern, sie sollen nach Galiläa gehen, und dort werden sie mich
sehen.

Der Betrug der Hohenpriester

11 Noch während die Frauen unterwegs waren, kamen einige von den
Wächtern in die Stadt und berichteten den Hohenpriestern alles, was
geschehen war. 12 Diese faßten gemeinsam mit den Ältesten den
Beschluß, die Soldaten zu bestechen. Sie gaben ihnen viel Geld 13 und
sagten: Erzählt den Leuten: Seine Jünger sind bei Nacht gekommen
und haben ihn gestohlen, während wir schliefen. 14 Falls der Statthal-
ter davon hört, werden wir ihn beschwichtigen und dafür sorgen, daß
ihr nichts zu befürchten habt. 15 Die Soldaten nahmen das Geld und

Mark Rothko
Rot, Weiß und Braun
(1957)
»Seine Gestalt leuchtete wie ein Blitz, und sein Gewand war weiß wie Schnee« (Mt 28,3). Während die vier Evangelien sehr zurückhaltend von der Auferstehung sprechen – allein Matthäus deutet sie als konkretes Ereignis an –, hat die christliche Kunst vor allem im Westen das Osterwunder bildhaft in Szene gesetzt. Im ostkirchlich-byzantinischen Kulturraum ersetzt die Anastasis, die im apokryphen Nikodemus-Evangelium geschilderte »Höllenfahrt Jesu«, das Auferstehungsbild. Jener Zurückhaltung entspricht die meditative Abstraktion, die vor allem der amerikanische Maler Mark Rothko entwickelt hat. Gegenüber erdhaftem Braun und einem Rot, das Energie ausdrückt, behauptet sich die ›Nichtfarbe‹ Weiß in ihrem immateriellen Leuchten.

machten alles so, wie man es ihnen gesagt hatte. So kommt es, daß
dieses Gerücht bei den Juden bis heute verbreitet ist.

Der Auftrag des Auferstandenen

16 Die elf Jünger gingen nach Galiläa auf den Berg, den Jesus ihnen
genannt hatte. 17 Und als sie Jesus sahen, fielen sie vor ihm nieder.
Einige aber hatten Zweifel. 18 Da trat Jesus auf sie zu und sagte zu
ihnen: Mir ist alle Macht gegeben im Himmel und auf der Erde.
19 Darum geht zu allen Völkern, und macht alle Menschen zu meinen
Jüngern; tauft sie auf den Namen des Vaters und des Sohnes und des
Heiligen Geistes, 20 und lehrt sie, alles zu befolgen, was ich euch
geboten habe. Seid gewiß: Ich bin bei euch alle Tage bis zum Ende der
Welt.

Das Evangelium nach Markus

Das älteste, griechisch geschriebene Evangelium wird nach altkirchlicher Überlieferung Markus zugeschrieben. Damit ist gemeint Johannes Markus aus Jerusalem, Sohn einer Maria, in deren Haus sich die Urgemeinde in Jerusalem versammelte; er war ein Vetter des Barnabas, Mitarbeiter des Paulus und später auch des Petrus (Phlm 24; Kol 4,10; Apg 12,12; 13,5; 15,36–39; 1 Petr 5,13). Ebenfalls nach altkirchlicher Überlieferung schrieb er sein Evangelium in Rom. Es steht in zeitlichem Zusammenhang mit der Zerstörung Jerusalems (Mk 13) und ist deshalb um 70 n. Chr. verfaßt, und zwar für Heiden und Heidenchristen (vgl. 7,3f).

Markus sammelte Überlieferungen über Jesus, vor allem Wundererzählungen, Gleichnisse, Geschichten, die in einem Jesuswort gipfeln, Einzelworte und Zeugnisse über die Passion. Er ordnete diese Stoffe zeitlich und sachlich und verarbeitete sie so zu einem Evangelium.

Der geographisch bestimmte Aufriß ist folgender: Wirken Jesu in Galiläa (1,14–5,43); Wanderung durch jüdisch-heidnisches Gebiet mit Belehrung der Jünger (6,1–9,50); Zug nach Jerusalem, Ringen mit den jüdischen Führern und Tod am Kreuz (10,1–15,47). Sein Evangelium beginnt mit dem Auftreten des Täufers (1,1–13) und endet mit dem Auffinden des leeren Grabes durch Frauen am Ostermorgen (16,1–8).

Der Anhang (16,9–20) wurde erst im 2. Jahrhundert von unbekannter Hand angefügt, vermutlich weil der jähe Schluß 16,8 nicht befriedigte. Die Annahme, daß ein ursprünglicher Schluß verlorenging, ist wenig wahrscheinlich.

Indem Markus vom Wirken und vom Schicksal Jesu berichtet, verkündet er, daß Gott durch diesen Jesus seinen Willen offenbart hat, die Menschen zu retten: Jesus ist der verheißene Messias, der Sohn Gottes; durch sein Wirken ist die Heilszeit angebrochen (1,14). Er überwindet das Unheil, die Herrschaft des Satan und seiner Helfer (Dämonenaustreibungen und Krankenheilungen), er vergibt Sünden (2,1–12), verkündet den unverfälschten Willen Gottes (2,27f; 7,1–23) und richtet das Reich Gottes auf (Kap. 4). Weil in seiner Person Gottes Vollmacht in menschlicher Niedrigkeit auftritt, wird sein Geheimnis nicht begriffen, nicht von den Juden, aber auch nicht von den Jüngern vor der Auferstehung Jesu (6,4–6; 8,14–21; 14,26–42; vgl. auch die Schweigegebote Jesu 5,43; 8,30; 9,9). Die einzig angemessene Haltung der Botschaft Jesu gegenüber ist unbedingter Glaube (5,36; 9,19–24; 11,22–25). Christsein heißt, Jesus in Glaube, Selbstlosigkeit, Bereitschaft zum Dienen und Mut zum Leiden nachzufolgen (8,31–33; 9,42–48; 10,17–27.41–45) und so die Kraft des Reiches Gottes zu erfahren. Der erste Heide, der das Geheimnis Jesu erkannte, ist der Hauptmann unter dem Kreuz: »Wahrhaftig, dieser Mensch war Gottes Sohn« (15,39). In ihm sieht Markus die Heidenkirche beim Kreuz Christi vertreten. Die bedrängten Heidenchristen will Markus durch sein Evangelium in ihrem Glauben stärken und ermutigen, Christus auch in Verfolgungen treu zu bleiben.

Die Vorbereitung des Wirkens Jesu

Johannes der Täufer

1 Anfang des Evangeliums von Jesus Christus, dem Sohn Gottes:
2 Es begann, wie es bei dem Propheten Jesaja steht:
Ich sende meinen Boten vor dir her; / er soll den Weg für dich bahnen.
3 *Eine Stimme ruft in der Wüste: / Bereitet dem Herrn den Weg! / Ebnet ihm die Straßen!*
4 So trat Johannes der Täufer in der Wüste auf und verkündigte
Umkehr und Taufe zur Vergebung der Sünden. 5 Ganz Judäa und alle
Einwohner Jerusalems zogen zu ihm hinaus; sie bekannten ihre Sünden und ließen sich im Jordan von ihm taufen. 6 Johannes trug ein
Gewand aus Kamelhaaren und einen ledernen Gürtel um seine Hüften, und er lebte von Heuschrecken und wildem Honig. 7 Er verkündete: Nach mir kommt einer, der ist stärker als ich; ich bin es nicht
wert, mich zu bücken, um ihm die Schuhe aufzuschnüren. 8 Ich habe
euch nur mit Wasser getauft, er aber wird euch mit dem Heiligen Geist
taufen.

Die Taufe Jesu

9 In jenen Tagen kam Jesus aus Nazaret in Galiläa und ließ sich von
Johannes im Jordan taufen. 10 Und als er aus dem Wasser stieg, sah er,
daß der Himmel sich öffnete und der Geist wie eine Taube auf ihn herabkam. 11 Und eine Stimme aus dem Himmel sprach: *Du bist mein
geliebter Sohn, an dir habe ich Gefallen gefunden.*

Die Versuchung Jesu

12 Danach trieb der Geist Jesus in die Wüste. 13 Dort blieb Jesus vierzig
Tage lang und wurde vom Satan in Versuchung geführt. Er lebte bei
den wilden Tieren, und die Engel dienten ihm.

Das Wirken Jesu in Galiläa

Erstes Auftreten in Galiläa

14 Nachdem man Johannes ins Gefängnis geworfen hatte, ging Jesus
wieder nach Galiläa; er verkündete das Evangelium Gottes 15 und
sprach: Die Zeit ist erfüllt, das Reich Gottes ist nahe. Kehrt um, und
glaubt an das Evangelium!

Die Berufung der ersten Jünger

16 Als Jesus am See von Galiläa entlangging, sah er Simon und Andreas, den Bruder des Simon, die auf dem See ihr Netz auswarfen; sie
waren nämlich Fischer. 17 Da sagte er zu ihnen: Kommt her, folgt mir
nach! Ich werde euch zu Menschenfischern machen. 18 Sogleich
ließen sie ihre Netze liegen und folgten ihm.
19 Als er ein Stück weiterging, sah er Jakobus, den Sohn des Zebedäus,
und seinen Bruder Johannes; sie waren im Boot und richteten ihre
Netze her. 20 Sofort rief er sie, und sie ließen ihren Vater Zebedäus mit
seinen Tagelöhnern im Boot zurück und folgten Jesus nach.

Jesus in der Synagoge von Kafarnaum
21 Sie kamen nach Kafarnaum. Am folgenden Sabbat ging er in die
Synagoge und lehrte. 22 Und die Menschen waren sehr betroffen von
seiner Lehre; denn er lehrte sie wie einer, der (göttliche) Vollmacht
hat, nicht wie die Schriftgelehrten.
23 In ihrer Synagoge saß ein Mann, der von einem unreinen Geist
besessen war. Der begann zu schreien: 24 Was haben wir mit dir zu
tun, Jesus von Nazaret? Bist du gekommen, um uns ins Verderben zu
stürzen? Ich weiß, wer du bist: der Heilige Gottes. 25 Da befahl ihm
Jesus: Schweig und verlaß ihn! 26 Der unreine Geist zerrte den Mann
hin und her und verließ ihn mit lautem Geschrei. 27 Da erschraken
alle, und einer fragte den andern: Was hat das zu bedeuten? Hier wird
mit Vollmacht eine ganz neue Lehre verkündet. Sogar die unreinen
Geister gehorchen seinem Befehl. 28 Und sein Ruf verbreitete sich
rasch im ganzen Gebiet von Galiläa.

Die Heilung der Schwiegermutter des Petrus
29 Sie verließen die Synagoge und gingen zusammen mit Jakobus und
Johannes gleich in das Haus des Simon und Andreas. 30 Die Schwie-
germutter des Simon lag mit Fieber im Bett. Sie sprachen mit Jesus
über sie, 31 und er ging zu ihr, faßte sie an der Hand und richtete sie
auf. Da wich das Fieber von ihr, und sie sorgte für sie.

Die Heilung von Besessenen und Kranken
32 Am Abend, als die Sonne untergegangen war, brachte man alle
Kranken und Besessenen zu Jesus. 33 Die ganze Stadt war vor der
Haustür versammelt, 34 und er heilte viele, die an allen möglichen
Krankheiten litten, und trieb viele Dämonen aus. Und er verbot den
Dämonen zu reden; denn sie wußten, wer er war.

Aufbruch aus Kafarnaum
35 In aller Frühe, als es noch dunkel war, stand er auf und ging an
einen einsamen Ort, um zu beten. 36 Simon und seine Begleiter eilten
ihm nach, 37 und als sie ihn fanden, sagten sie zu ihm: Alle suchen
dich. 38 Er antwortete: Laßt uns anderswohin gehen, in die benach-
barten Dörfer, damit ich auch dort predige; denn dazu bin ich gekom-
men. 39 Und er zog durch ganz Galiläa, predigte in den Synagogen
und trieb die Dämonen aus.

Die Heilung eines Aussätzigen
40 Ein Aussätziger kam zu Jesus und bat ihn um Hilfe; er fiel vor ihm
auf die Knie und sagte: Wenn du willst, kannst du machen, daß ich
rein werde. 41 Jesus hatte Mitleid mit ihm; er streckte die Hand aus,
berührte ihn und sagte: Ich will es – werde rein! 42 Im gleichen Augen-
blick verschwand der Aussatz, und der Mann war rein. 43 Jesus
schickte ihn weg und schärfte ihm ein: 44 Nimm dich in acht! Erzähl
niemand etwas davon, sondern geh, *zeig dich dem Priester* und bring das
Reinigungsopfer dar, das Mose angeordnet hat. Das soll für sie ein
Beweis (meiner Gesetzestreue) sein. 45 Der Mann aber ging weg und
erzählte bei jeder Gelegenheit, was geschehen war; er verbreitete die
ganze Geschichte, so daß sich Jesus in keiner Stadt mehr zeigen
konnte; er hielt sich nur noch außerhalb der Städte an einsamen Orten
auf. Dennoch kamen die Leute von überallher zu ihm.

Die Heilung eines Gelähmten
2 Als er einige Tage später nach Kafarnaum zurückkam, wurde
bekannt, daß er (wieder) zu Hause war. 2 Und es versammelten
sich so viele Menschen, daß nicht einmal mehr vor der Tür Platz war;
und er verkündete ihnen das Wort. 3 Da brachte man einen Gelähmten
zu ihm; er wurde von vier Männern getragen. 4 Weil sie ihn aber wegen
der vielen Leute nicht bis zu Jesus bringen konnten, deckten sie dort,
wo Jesus war, das Dach ab, schlugen (die Decke) durch und ließen den
Gelähmten auf seiner Tragbahre durch die Öffnung hinab. 5 Als Jesus
ihren Glauben sah, sagte er zu dem Gelähmten: Mein Sohn, deine
Sünden sind dir vergeben! 6 Einige Schriftgelehrte aber, die dort

Carl Hofer
Der Rufer
(um 1924)
»Eine Stimme ruft in der Wüste: Bereitet dem Herrn den Weg! Ebnet ihm die Straßen!« (Mk 1,3). Der Beginn des Evangeliums nach Markus zitiert die Verheißung der Heimkehr aus dem Exil (Jes 40,3) und deutet sie als Weissagung über das Auftreten des Täufers Johannes als Wegbereiter Jesu. Carl Hofers Gemälde läßt sich zum alttestamentlichen wie zum neutestamentlichen Wegbereiter in Beziehung setzen: Gemeinsam ist die Finsternis und Zerstörung, die Hofer mit den Motiven eines geborstenen und eines entlaubten, in ein Stachelgewächs verwandelten Baumes kennzeichnet. Wüste ist Ort der Besinnung und Umkehr, bedeutet aber auch Not, deren Überwindung die Stimme des Rufers verheißt.

saßen, dachten im stillen: 7 Wie kann dieser Mensch so reden? Er
lästert Gott. Wer kann Sünden vergeben außer dem einen Gott? 8 Jesus
erkannte sofort, was sie dachten, und sagte zu ihnen: Was für Gedan-
ken habt ihr im Herzen? 9 Ist es leichter, zu dem Gelähmten zu sagen:
Deine Sünden sind dir vergeben!, oder zu sagen: Steh auf, nimm deine
Tragbahre, und geh umher? 10 Ihr sollt aber erkennen, daß der Men-
schensohn die Vollmacht hat, hier auf der Erde Sünden zu vergeben.
Und er sagte zu dem Gelähmten: 11 Ich sage dir: Steh auf, nimm deine
Tragbahre, und geh nach Hause! 12 Der Mann stand sofort auf, nahm
seine Tragbahre und ging vor aller Augen weg. Da gerieten alle außer
sich; sie priesen Gott und sagten: So etwas haben wir noch nie ge-
sehen.

Die Berufung des Levi und das Mahl mit den Zöllnern
13 Jesus ging wieder hinaus an den See. Da kamen Scharen von Men-
schen zu ihm, und er lehrte sie. 14 Als er weiterging, sah er Levi, den
Sohn des Alphäus, am Zoll sitzen und sagte zu ihm: Folge mir nach!
Da stand Levi auf und folgte ihm. 15 Und als Jesus in seinem Haus
beim Essen war, aßen viele Zöllner und Sünder zusammen mit ihm
und seinen Jüngern; denn es folgten ihm schon viele. 16 Als die Schrift-
gelehrten, die zur Partei der Pharisäer gehörten, sahen, daß er mit
Zöllnern und Sündern aß, sagten sie zu seinen Jüngern: Wie kann er

Natalja Gontscharowa
Das vierfache Ackerfeld
(1912-14)
»Hört! Ein Sämann ging aufs Feld, um zu säen« (Mk 4,3). Die russische Malerin Natalja Gontscharowa verbindet zwei Gestaltungsmittel, um die verschiedenen Motive des Gleichnisses in einem Bild vereinen zu können: die kubistische Zergliederung der Bildfläche und die simultane Wiedergabe unterschiedlicher Ereignisse. Ausgehend vom Sämann, der mit kräftiger Hand die Samenkörner ausstreut, führen die Bildparzellen zum Weg, auf dem die Vögel das Saatgut aufpicken, zum felsigen Boden und zum Dorngesträuch, schließlich zum fruchtbaren Boden, auf dem vor blauem Himmel drei goldene Garben leuchten. Das Bild vom vierfachen Ackerfeld gehört zu einem zwölfteiligen Zyklus, in dem sich Natalja Gontscharowa in den Jahren 1912 bis 1914 den Evangelien gewidmet hat.

zusammen mit Zöllnern und Sündern essen? 17 Jesus hörte es und
sagte zu ihnen: Nicht die Gesunden brauchen den Arzt, sondern die
Kranken. Ich bin gekommen, um die Sünder zu rufen, nicht die
Gerechten.

Die Frage nach dem Fasten

18 Da die Jünger des Johannes und die Pharisäer zu fasten pflegten,
kamen Leute zu Jesus und sagten: Warum fasten deine Jünger nicht,
während die Jünger des Johannes und die Jünger der Pharisäer fasten?
19 Jesus antwortete ihnen: Können denn die Hochzeitsgäste fasten,
solange der Bräutigam bei ihnen ist? Solange der Bräutigam bei
ihnen ist, können sie nicht fasten. 20 Es werden aber Tage kommen,
da wird ihnen der Bräutigam genommen sein; an jenem Tag werden
sie fasten.
21 Niemand näht ein Stück neuen Stoff auf ein altes Kleid; denn der
neue Stoff reißt doch vom alten Kleid ab, und es entsteht ein noch
größerer Riß. 22 Auch füllt niemand neuen Wein in alte Schläuche.
Sonst zerreißt der Wein die Schläuche; der Wein ist verloren, und
die Schläuche sind unbrauchbar. Neuer Wein gehört in neue
Schläuche.

Das Abreißen der Ähren am Sabbat

23 An einem Sabbat ging er durch die Kornfelder, und unterwegs ris-
sen seine Jünger Ähren ab. 24 Da sagten die Pharisäer zu ihm: Sieh dir
an, was sie tun! Das ist doch am Sabbat verboten. 25 Er antwortete:
Habt ihr nie gelesen, was David getan hat, als er und seine Begleiter
hungrig waren und nichts zu essen hatten – 26 wie er zur Zeit des
Hohenpriesters Abjatar in das Haus Gottes ging und die heiligen
Brote aß, die außer den Priestern niemand essen darf, und auch
seinen Begleitern davon gab? 27 Und Jesus fügte hinzu: Der Sabbat ist
für den Menschen da, nicht der Mensch für den Sabbat. 28 Deshalb ist
der Menschensohn Herr auch über den Sabbat.

Die Heilung eines Mannes am Sabbat

3 Als er ein andermal in eine Synagoge ging, saß dort ein Mann,
dessen Hand verdorrt war. 2 Und sie gaben acht, ob Jesus ihn am
Sabbat heilen werde; sie suchten nämlich einen Grund zur Anklage
gegen ihn. 3 Da sagte er zu dem Mann mit der verdorrten Hand: Steh
auf und stell dich in die Mitte! 4 Und zu den anderen sagte er: Was ist
am Sabbat erlaubt: Gutes zu tun oder Böses, ein Leben zu retten oder
es zu vernichten? Sie aber schwiegen. 5 Und er sah sie der Reihe nach
an, voll Zorn und Trauer über ihr verstocktes Herz, und sagte zu dem
Mann: Streck deine Hand aus! Er streckte sie aus, und seine Hand
war wieder gesund. 6 Da gingen die Pharisäer hinaus und faßten
zusammen mit den Anhängern des Herodes den Beschluß, Jesus
umzubringen.

Der Andrang des Volkes

7 Jesus zog sich mit seinen Jüngern an den See zurück. Viele Men-
schen aus Galiläa aber folgten ihm. Auch aus Judäa, 8 aus Jerusalem
und Idumäa, aus dem Gebiet jenseits des Jordan und aus der Gegend
von Tyrus und Sidon kamen Scharen von Menschen zu ihm, als sie von
all dem hörten, was er tat. 9 Da sagte er zu seinen Jüngern, sie sollten
ein Boot für ihn bereithalten, damit er von der Menge nicht erdrückt
werde. 10 Denn er heilte viele, so daß alle, die ein Leiden hatten, sich
an ihn herandrängten, um ihn zu berühren. 11 Wenn die von unreinen
Geistern Besessenen ihn sahen, fielen sie vor ihm nieder und schrien:
Du bist der Sohn Gottes! 12 Er aber verbot ihnen streng, bekannt zu
machen, wer er sei.

Die Wahl der Zwölf

13 Jesus stieg auf einen Berg und rief die zu sich, die er erwählt hatte,
und sie kamen zu ihm. 14 Und er setzte zwölf ein, die er bei sich haben
und die er dann aussenden wollte, damit sie predigten 15 und mit sei-
ner Vollmacht Dämonen austrieben. 16 Die Zwölf, die er einsetzte,
waren: Petrus – diesen Beinamen gab er dem Simon –, 17 Jakobus, der
Sohn des Zebedäus, und Johannes, der Bruder des Jakobus – ihnen
gab er den Beinamen Boanerges, das heißt Donnersöhne –, 18 dazu
Andreas, Philippus, Bartholomäus, Matthäus, Thomas, Jakobus, der
Sohn des Alphäus, Thaddäus, Simon Kananäus 19 und Judas Iskariot,
der ihn dann verraten hat.

Jesus und seine Angehörigen

20 Jesus ging in ein Haus, und wieder kamen so viele Menschen
zusammen, daß er und die Jünger nicht einmal mehr essen konnten.
21 Als seine Angehörigen davon hörten, machten sie sich auf den Weg,
um ihn mit Gewalt zurückzuholen; denn sie sagten: Er ist von Sinnen.

Verteidigungsrede Jesu

22 Die Schriftgelehrten, die von Jerusalem herabgekommen waren,
sagten: Er ist von Beelzebul besessen; mit Hilfe des Anführers der
Dämonen treibt er die Dämonen aus. 23 Da rief er sie zu sich und
belehrte sie in Form von Gleichnissen: Wie kann der Satan den Satan
austreiben? 24 Wenn ein Reich in sich gespalten ist, kann es keinen
Bestand haben. 25 Wenn eine Familie in sich gespalten ist, kann sie
keinen Bestand haben. 26 Und wenn sich der Satan gegen sich selbst

erhebt und mit sich selbst im Streit liegt, kann er keinen Bestand
haben, sondern es ist um ihn geschehen. 27 Es kann aber auch keiner
in das Haus eines starken Mannes einbrechen und ihm den Hausrat
rauben, wenn er den Mann nicht vorher fesselt; erst dann kann er sein
Haus plündern. 28 Amen, das sage ich euch: Alle Vergehen und Läste-
rungen werden den Menschen vergeben werden, so viel sie auch
lästern mögen; 29 wer aber den Heiligen Geist lästert, der findet in
Ewigkeit keine Vergebung, sondern seine Sünde wird ewig an ihm
haften. 30 Sie hatten nämlich gesagt: Er ist von einem unreinen Geist
besessen.

Von den wahren Verwandten Jesu
31 Da kamen seine Mutter und seine Brüder; sie blieben vor dem Haus
stehen und ließen ihn herausrufen. 32 Es saßen viele Leute um ihn
herum, und man sagte zu ihm: Deine Mutter und deine Brüder stehen
draußen und fragen nach dir. 33 Er erwiderte: Wer ist meine Mutter,
und wer sind meine Brüder?
34 Und er blickte auf die Menschen, die im Kreis um ihn herumsaßen,
und sagte: Das hier sind meine Mutter und meine Brüder. 35 Wer den
Willen Gottes erfüllt, der ist für mich Bruder und Schwester und
Mutter.

Die Gleichnisse vom Reich Gottes

Das Gleichnis vom Sämann
4 Ein andermal lehrte er wieder am Ufer des Sees, und sehr viele
Menschen versammelten sich um ihn. Er stieg deshalb in ein
Boot auf dem See und setzte sich; die Leute aber standen am Ufer.
2 Und er sprach lange zu ihnen und lehrte sie in Form von Gleichnis-
sen. Bei dieser Belehrung sagte er zu ihnen: 3 Hört! Ein Sämann ging
aufs Feld, um zu säen. 4 Als er säte, fiel ein Teil der Körner auf den
Weg, und die Vögel kamen und fraßen sie. 5 Ein anderer Teil fiel auf
felsigen Boden, wo es nur wenig Erde gab, und ging sofort auf, weil
das Erdreich nicht tief war; 6 als aber die Sonne hochstieg, wurde die
Saat versengt und verdorrte, weil sie keine Wurzeln hatte. 7 Wieder ein
anderer Teil fiel in die Dornen, und die Dornen wuchsen und erstick-
ten die Saat, und sie brachte keine Frucht. 8 Ein anderer Teil schließ-
lich fiel auf guten Boden und brachte Frucht; die Saat ging auf und
wuchs empor und trug dreißigfach, ja sechzigfach und hundertfach.
9 Und Jesus sprach: Wer Ohren hat zum Hören, der höre!

Sinn und Zweck der Gleichnisse
10 Als er mit seinen Begleitern und den Zwölf allein war, fragten sie ihn
nach dem Sinn seiner Gleichnisse. 11 Da sagte er zu ihnen: Euch ist das
Geheimnis des Reiches Gottes anvertraut; denen aber, die draußen
sind, wird alles in Gleichnissen gesagt; 12 denn *sehen sollen sie, sehen, aber
nicht erkennen; / hören sollen sie, hören, aber nicht verstehen, / damit sie sich
nicht bekehren / und ihnen nicht vergeben wird.*

Die Deutung des Gleichnisses vom Sämann
13 Und er sagte zu ihnen: Wenn ihr schon dieses Gleichnis nicht ver-
steht, wie wollt ihr dann all die anderen Gleichnisse verstehen? 14 Der
Sämann sät das Wort. 15 Auf den Weg fällt das Wort bei denen, die es
zwar hören, aber sofort kommt der Satan und nimmt das Wort weg,
das in sie gesät wurde. 16 Ähnlich ist es bei den Menschen, bei denen
das Wort auf felsigen Boden fällt: Sobald sie es hören, nehmen sie es
freudig auf; 17 aber sie haben keine Wurzeln, sondern sind unbestän-
dig, und wenn sie dann um des Wortes willen bedrängt oder verfolgt
werden, kommen sie sofort zu Fall. 18 Bei anderen fällt das Wort in die
Dornen: sie hören es zwar, 19 aber die Sorgen der Welt, der trügerische
Reichtum und die Gier nach all den anderen Dingen machen sich breit
und ersticken es, und es bringt keine Frucht. 20 Auf guten Boden ist
das Wort bei denen gesät, die es hören und aufnehmen und Frucht
bringen, dreißigfach, ja sechzigfach und hundertfach.

Vom rechten Hören
21 Er sagte zu ihnen: Zündet man etwa ein Licht an und stülpt ein
Gefäß darüber oder stellt es unter das Bett? Stellt man es nicht auf den
Leuchter? 22 Es gibt nichts Verborgenes, das nicht offenbar wird, und
nichts Geheimes, das nicht an den Tag kommt. 23 Wenn einer Ohren
hat zum Hören, so höre er!
24 Weiter sagte er: Achtet auf das, was ihr hört! Nach dem Maß, mit
dem ihr meßt und zuteilt, wird euch zugeteilt werden, ja, es wird euch
noch mehr gegeben. 25 Denn wer hat, dem wird gegeben; wer aber
nicht hat, dem wird auch noch weggenommen, was er hat.

Das Gleichnis vom Wachsen der Saat
26 Er sagte: Mit dem Reich Gottes ist es so, wie wenn ein Mann Samen
auf seinen Acker sät; 27 dann schläft er und steht wieder auf, es wird
Nacht und wird Tag, der Samen keimt und wächst, und der Mann
weiß nicht, wie. 28 Die Erde bringt von selbst ihre Frucht, zuerst den
Halm, dann die Ähre, dann das volle Korn in der Ähre. 29 Sobald aber
die Frucht reif ist, *legt er die Sichel an; denn die Zeit der Ernte ist da.*

Das Gleichnis vom Senfkorn
30 Er sagte: Womit sollen wir das Reich Gottes vergleichen, mit wel-
chem Gleichnis sollen wir es beschreiben? 31 Es gleicht einem Senf-
korn. Dieses ist das kleinste von allen Samenkörnern, die man in die
Erde sät. 32 Ist es aber gesät, dann geht es auf und wird größer als alle
anderen Gewächse und treibt große *Zweige*, so daß *in seinem Schatten die
Vögel des Himmels nisten* können.

Schlußbemerkung zu den Gleichnissen
33 Durch viele solche Gleichnisse verkündete er ihnen das Wort, so
wie sie es aufnehmen konnten. 34 Er redete nur in Gleichnissen zu
ihnen; seinen Jüngern aber erklärte er alles, wenn er mit ihnen allein
war.

Taten und Worte Jesu

Der Sturm auf dem See
35 Am Abend dieses Tages sagte er zu ihnen: Wir wollen ans andere
Ufer hinüberfahren. 36 Sie schickten die Leute fort und fuhren mit ihm
in dem Boot, in dem er saß, weg; einige andere Boote begleiteten ihn.
37 Plötzlich erhob sich ein heftiger Wirbelsturm, und die Wellen schlu-
gen in das Boot, so daß es sich mit Wasser zu füllen begann. 38 Er aber
lag hinten im Boot auf einem Kissen und schlief. Sie weckten ihn und
riefen: Meister, kümmert es dich nicht, daß wir zugrunde gehen? 39 Da
stand er auf, drohte dem Wind und sagte zu dem See: Schweig, sei
still! Und der Wind legte sich, und es trat völlige Stille ein. 40 Er sagte
zu ihnen: Warum habt ihr solche Angst? Habt ihr noch keinen
Glauben? 41 Da ergriff sie große Furcht, und sie sagten zueinander:
Was ist das für ein Mensch, daß ihm sogar der Wind und der See
gehorchen?

Die Heilung des Besessenen von Gerasa
5 Sie kamen an das andere Ufer des Sees, in das Gebiet von
Gerasa. 2 Als er aus dem Boot stieg, lief ihm ein Mann entgegen,
der von einem unreinen Geist besessen war. Er kam von den Grab-
höhlen, 3 in denen er lebte. Man konnte ihn nicht bändigen, nicht ein-
mal mit Fesseln. 4 Schon oft hatte man ihn an Händen und Füßen
gefesselt, aber er hatte die Ketten gesprengt und die Fesseln zerrissen;
niemand konnte ihn bezwingen. 5 Bei Tag und Nacht schrie er unauf-
hörlich in den Grabhöhlen und auf den Bergen und schlug sich mit
Steinen. 6 Als er Jesus von weitem sah, lief er zu ihm hin, warf sich vor
ihm nieder 7 und schrie laut: Was habe ich mit dir zu tun, Jesus, Sohn
des höchsten Gottes? Ich beschwöre dich bei Gott, quäle mich nicht!
8 Jesus hatte nämlich zu ihm gesagt: Verlaß diesen Mann, du unreiner
Geist! 9 Jesus fragte ihn: Wie heißt du? Er antwortete: Mein Name ist

Legion; denn wir sind viele. 10 Und er flehte Jesus an, sie nicht aus die-
ser Gegend zu verbannen.
11 Nun weidete dort an einem Berghang gerade eine große Schweine-
herde. 12 Da baten ihn die Dämonen: Laß uns doch in die Schweine
hineinfahren! 13 Jesus erlaubte es ihnen. Darauf verließen die unreinen
Geister den Menschen und fuhren in die Schweine, und die Herde
stürzte sich den Abhang hinab in den See. Es waren etwa zweitausend
Tiere, und alle ertranken. 14 Die Hirten flohen und erzählten alles in
der Stadt und in den Dörfern. Darauf eilten die Leute herbei, um zu
sehen, was geschehen war. 15 Sie kamen zu Jesus und sahen bei ihm
den Mann, der von der Legion Dämonen besessen gewesen war. Er
saß ordentlich gekleidet da und war wieder bei Verstand. Da fürchte-
ten sie sich. 16 Die, die alles gesehen hatten, berichteten ihnen, was
mit dem Besessenen und mit den Schweinen geschehen war. 17 Darauf
baten die Leute Jesus, ihr Gebiet zu verlassen.
18 Als er ins Boot stieg, bat ihn der Mann, der zuvor von den Dämonen
besessen war, bei ihm bleiben zu dürfen. 19 Aber Jesus erlaubte es ihm
nicht, sondern sagte: Geh nach Hause, und berichte deiner Familie
alles, was der Herr für dich getan und wie er Erbarmen mit dir gehabt
hat. 20 Da ging der Mann weg und verkündete in der ganzen Dekapo-
lis, was Jesus für ihn getan hatte, und alle staunten.

Die Auferweckung der Tochter des Jaïrus und die Heilung einer kranken Frau

21 Jesus fuhr im Boot wieder ans andere Ufer hinüber, und eine große
Menschenmenge versammelte sich um ihn. Während er noch am See
war, 22 kam ein Synagogenvorsteher namens Jaïrus zu ihm. Als er
Jesus sah, fiel er ihm zu Füßen 23 und flehte ihn um Hilfe an; er sagte:
Meine Tochter liegt im Sterben. Komm und leg ihr die Hände auf,
damit sie wieder gesund wird und am Leben bleibt. 24 Da ging Jesus
mit ihm.
Viele Menschen folgten ihm und drängten sich um ihn. 25 Darunter
war eine Frau, die schon zwölf Jahre an Blutungen litt. 26 Sie war von
vielen Ärzten behandelt worden und hatte dabei sehr zu leiden; ihr
ganzes Vermögen hatte sie ausgegeben, aber es hatte ihr nichts
genutzt, sondern ihr Zustand war immer schlimmer geworden. 27 Sie
hatte von Jesus gehört. Nun drängte sie sich in der Menge von hinten
an ihn heran und berührte sein Gewand. 28 Denn sie sagte sich: Wenn
ich auch nur sein Gewand berühre, werde ich geheilt. 29 Sofort hörte
die Blutung auf, und sie spürte deutlich, daß sie von ihrem Leiden
geheilt war. 30 Im selben Augenblick fühlte Jesus, daß eine Kraft von
ihm ausströmte, und er wandte sich in dem Gedränge um und fragte:
Wer hat mein Gewand berührt? 31 Seine Jünger sagten zu ihm: Du
siehst doch, wie sich die Leute um dich drängen, und da fragst du: Wer
hat mich berührt? 32 Er blickte umher, um zu sehen, wer es getan
hatte. 33 Da kam die Frau, zitternd vor Furcht, weil sie wußte, was mit
ihr geschehen war; sie fiel vor ihm nieder und sagte ihm die ganze
Wahrheit. 34 Er aber sagte zu ihr: Meine Tochter, dein Glaube hat dir
geholfen. Geh in Frieden! Du sollst von deinem Leiden geheilt sein.
35 Während Jesus noch redete, kamen Leute, die zum Haus des Syn-
agogenvorstehers gehörten, und sagten (zu Jaïrus): Deine Tochter ist
gestorben. Warum bemühst du den Meister noch länger? 36 Jesus, der
diese Worte gehört hatte, sagte zu dem Synagogenvorsteher: Sei ohne
Furcht; glaube nur! 37 Und er ließ keinen mitkommen außer Petrus,
Jakobus und Johannes, den Bruder des Jakobus. 38 Sie gingen zum
Haus des Synagogenvorstehers. Als Jesus den Lärm bemerkte und
hörte, wie die Leute laut weinten und jammerten, 39 trat er ein und
sagte zu ihnen: Warum schreit und weint ihr? Das Kind ist nicht
gestorben, es schläft nur. 40 Da lachten sie ihn aus. Er aber schickte
alle hinaus und nahm außer seinen Begleitern nur die Eltern mit in
den Raum, in dem das Kind lag. 41 Er faßte das Kind an der Hand und
sagte zu ihm: Talita kum!, das heißt übersetzt: Mädchen, ich sage dir,
steh auf! 42 Sofort stand das Mädchen auf und ging umher. Es war
zwölf Jahre alt. Die Leute gerieten außer sich vor Entsetzen. 43 Doch er
schärfte ihnen ein, niemand dürfe etwas davon erfahren; dann sagte
er, man solle dem Mädchen etwas zu essen geben.

Die Ablehnung Jesu in seiner Heimat

6 Von dort brach Jesus auf und kam in seine Heimatstadt; seine
Jünger begleiteten ihn. 2 Am Sabbat lehrte er in der Synagoge.
Und die vielen Menschen, die ihm zuhörten, staunten und sagten:
Woher hat er das alles? Was ist das für eine Weisheit, die ihm gegeben
ist! Und was sind das für Wunder, die durch ihn geschehen! 3 Ist das
nicht der Zimmermann, der Sohn der Maria und der Bruder von Jako-
bus, Joses, Judas und Simon? Leben nicht seine Schwestern hier unter
uns? Und sie nahmen Anstoß an ihm und lehnten ihn ab. 4 Da sagte
Jesus zu ihnen: Nirgends hat ein Prophet so wenig Ansehen wie in sei-
ner Heimat, bei seinen Verwandten und in seiner Familie. 5 Und er
konnte dort kein Wunder tun; nur einigen Kranken legte er die Hände
auf und heilte sie. 6a Und er wunderte sich über ihren Unglauben.

Die Aussendung der zwölf Jünger

6b Jesus zog durch die benachbarten Dörfer und lehrte. 7 Er rief die
Zwölf zu sich und sandte sie aus, jeweils zwei zusammen. Er gab
ihnen die Vollmacht, die unreinen Geister auszutreiben, 8 und er gebot
ihnen, außer einem Wanderstab nichts auf den Weg mitzunehmen,
kein Brot, keine Vorratstasche, kein Geld im Gürtel, 9 kein zweites
Hemd und an den Füßen nur Sandalen. 10 Und er sagte zu ihnen:
Bleibt in dem Haus, in dem ihr einkehrt, bis ihr den Ort wieder ver-
laßt. 11 Wenn man euch aber in einem Ort nicht aufnimmt und euch
nicht hören will, dann geht weiter, und schüttelt den Staub von euren
Füßen, zum Zeugnis gegen sie. 12 Die Zwölf machten sich auf den
Weg und riefen die Menschen zur Umkehr auf. 13 Sie trieben viele
Dämonen aus und salbten viele Kranke mit Öl und heilten sie.

Das Urteil des Herodes über Jesus

14 Der König Herodes hörte von Jesus; denn sein Name war bekannt
geworden, und man sagte: Johannes der Täufer ist von den Toten auf-
erstanden; deshalb wirken solche Kräfte in ihm. 15 Andere sagten: Er
ist Elija. Wieder andere: Er ist ein Prophet, wie einer von den alten Pro-
pheten. 16 Als aber Herodes von ihm hörte, sagte er: Johannes, den ich
enthaupten ließ, ist auferstanden.

Die Enthauptung des Täufers

17 Herodes hatte nämlich Johannes festnehmen und ins Gefängnis
werfen lassen. Schuld daran war Herodias, die Frau seines Bruders
Philippus, die er geheiratet hatte. 18 Denn Johannes hatte zu Herodes
gesagt: Du hattest nicht das Recht, die Frau deines Bruders zur Frau zu
nehmen. 19 Herodias verzieh ihm das nicht und wollte ihn töten lassen.
Sie konnte ihren Plan aber nicht durchsetzen, 20 denn Herodes fürch-
tete sich vor Johannes, weil er wußte, daß dieser ein gerechter und hei-
liger Mann war. Darum schützte er ihn. Sooft er mit ihm sprach, wurde
er unruhig und ratlos, und doch hörte er ihm gern zu. 21 Eines Tages
ergab sich für Herodias eine günstige Gelegenheit. An seinem
Geburtstag lud Herodes seine Hofbeamten und Offiziere zusammen
mit den vornehmsten Bürgern von Galiläa zu einem Festmahl ein.
22 Da kam die Tochter der Herodias und tanzte, und sie gefiel dem
Herodes und seinen Gästen so sehr, daß der König zu ihr sagte:
Wünsch dir, was du willst; ich werde es dir geben. 23 Er schwor ihr
sogar: Was du auch von mir verlangst, ich will es dir geben, und *wenn es
die Hälfte meines Reiches wäre.* 24 Sie ging hinaus und fragte ihre Mutter:
Was soll ich mir wünschen? Herodias antwortete: Den Kopf des Täu-
fers Johannes. 25 Da lief das Mädchen zum König hinein und sagte: Ich
will, daß du mir sofort auf einer Schale den Kopf des Täufers Johannes
bringen läßt. 26 Da wurde der König sehr traurig, aber weil er vor allen
Gästen einen Schwur geleistet hatte, wollte er ihren Wunsch nicht
ablehnen. 27 Deshalb befahl er einem Scharfrichter, sofort ins Gefäng-
nis zu gehen und den Kopf des Täufers herzubringen. Der Scharfrich-
ter ging und enthauptete Johannes. 28 Dann brachte er den Kopf auf
einer Schale, gab ihn dem Mädchen, und das Mädchen gab ihn seiner
Mutter. 29 Als die Jünger des Johannes das hörten, kamen sie, holten
seinen Leichnam und legten ihn in ein Grab.

Lovis Corinth
Salome
(1899)
»Dann brachte er den Kopf auf einer Schale, gab ihn dem Mädchen, und das Mädchen gab ihn seiner Mutter« (Mk 6,28). Mit lockeren Pinselstrichen und impressionistisch hellen Farben skizziert Lovis Corinth eine barbarische Szene: Um das Haupt des hingerichteten Täufers und Mahners gruppieren sich der Henker, dessen mit dem Wegschaffen des Leichnams beschäftigter Gehilfe und Salome, das Werkzeug ihrer Mutter Herodias. Das triumphierende Lächeln auf Salomes Lippen deutet auf eine um die Jahrhundertwende verbreitete Deutung der Prinzessin als von Johannes zurückgewiesene Verführerin, die sich nun an der Bestrafung ihres Beleidigers weidet.

Die Rückkehr der Jünger und die Speisung der Fünftausend
30 Die Apostel versammelten sich wieder bei Jesus und berichteten
ihm alles, was sie getan und gelehrt hatten. 31 Da sagte er zu ihnen:
Kommt mit an einen einsamen Ort, wo wir allein sind, und ruht ein
wenig aus. Denn sie fanden nicht einmal Zeit zum Essen, so zahlreich
waren die Leute, die kamen und gingen. 32 Sie fuhren also mit dem
Boot in eine einsame Gegend, um allein zu sein. 33 Aber man sah sie
abfahren, und viele erfuhren davon; sie liefen zu Fuß aus allen Städten
dorthin und kamen noch vor ihnen an. 34 Als er ausstieg und die vielen
Menschen sah, hatte er Mitleid mit ihnen; denn sie waren *wie Schafe, die
keinen Hirten haben*. Und er lehrte sie lange.
35 Gegen Abend kamen seine Jünger zu ihm und sagten: Der Ort ist
abgelegen, und es ist schon spät. 36 Schick sie weg, damit sie in die
umliegenden Gehöfte und Dörfer gehen und sich etwas zu essen kau-
fen können. 37 Er erwiderte: Gebt ihr ihnen zu essen! Sie sagten zu
ihm: Sollen wir weggehen, für zweihundert Denare Brot kaufen und es
ihnen geben, damit sie zu essen haben? 38 Er sagte zu ihnen: Wie viele
Brote habt ihr? Geht und seht nach! Sie sahen nach und berichteten:
Fünf Brote, und außerdem zwei Fische. 39 Dann befahl er ihnen, den
Leuten zu sagen, sie sollten sich in Gruppen ins grüne Gras setzen.
40 Und sie setzten sich in Gruppen zu hundert und zu fünfzig. 41 Dar-
auf nahm er die fünf Brote und die zwei Fische, blickte zum Himmel
auf, sprach den Lobpreis, brach die Brote und gab sie den Jüngern,
damit sie sie an die Leute austeilten. Auch die zwei Fische ließ er unter
allen verteilen. 42 Und alle aßen und wurden satt. 43 Als die Jünger die
Reste der Brote und auch der Fische einsammelten, wurden zwölf
Körbe voll. 44 Es waren fünftausend Männer, die von den Broten
gegessen hatten.

Der Gang Jesu auf dem Wasser
45 Gleich darauf forderte er seine Jünger auf, ins Boot zu steigen und
ans andere Ufer nach Betsaida vorauszufahren. Er selbst wollte inzwi-
schen die Leute nach Hause schicken. 46 Nachdem er sich von ihnen
verabschiedet hatte, ging er auf einen Berg, um zu beten. 47 Spät am

Abend war das Boot mitten auf dem See, er aber war allein an Land.
48 Und er sah, wie sie sich beim Rudern abmühten, denn sie hatten
Gegenwind. In der vierten Nachtwache ging er auf dem See zu ihnen
hin, wollte aber an ihnen vorübergehen. 49 Als sie ihn über den See
gehen sahen, meinten sie, es sei ein Gespenst, und schrien auf. 50 Alle
sahen ihn und erschraken. Doch er begann mit ihnen zu reden und
sagte: Habt Vertrauen, ich bin es; fürchtet euch nicht! 51 Dann stieg er
zu ihnen ins Boot, und der Wind legte sich. Sie aber waren bestürzt
und außer sich. 52 Denn sie waren nicht zur Einsicht gekommen, als
das mit den Broten geschah; ihr Herz war verstockt.

Krankenheilungen in Gennesaret

53 Sie fuhren auf das Ufer zu, kamen nach Gennesaret und legten dort
an. 54 Als sie aus dem Boot stiegen, erkannte man ihn sofort. 55 Die
Menschen eilten durch die ganze Gegend und brachten die Kranken
auf Tragbahren zu ihm, sobald sie hörten, wo er war. 56 Und immer,
wenn er in ein Dorf oder eine Stadt oder zu einem Gehöft kam, trug
man die Kranken auf die Straße hinaus und bat ihn, er möge sie
wenigstens den Saum seines Gewandes berühren lassen. Und alle, die
ihn berührten, wurden geheilt.

Von Reinheit und Unreinheit

7 Die Pharisäer und einige Schriftgelehrte, die aus Jerusalem
gekommen waren, hielten sich bei Jesus auf. 2 Sie sahen, daß
einige seiner Jünger ihr Brot mit unreinen, das heißt mit ungewasche-
nen Händen aßen. 3 Die Pharisäer essen nämlich wie alle Juden nur,
wenn sie vorher mit einer Handvoll Wasser die Hände gewaschen
haben, wie es die Überlieferung der Alten vorschreibt. 4 Auch wenn sie
vom Markt kommen, essen sie nicht, ohne sich vorher zu waschen.
Noch viele andere überlieferte Vorschriften halten sie ein, wie das
Abspülen von Bechern, Krügen und Kesseln. 5 Die Pharisäer und die
Schriftgelehrten fragten ihn also: Warum halten sich deine Jünger
nicht an die Überlieferung der Alten, sondern essen ihr Brot mit unrei-
nen Händen? 6 Er antwortete ihnen: Der Prophet Jesaja hatte recht mit
dem, was er über euch Heuchler sagte:
Dieses Volk ehrt mich mit den Lippen, / sein Herz aber ist weit weg von mir.
7 *Es ist sinnlos, wie sie mich verehren; / was sie lehren, sind Satzungen von Men-
schen.*
8 Ihr gebt Gottes Gebot preis und haltet euch an die Überlieferung der
Menschen. 9 Und weiter sagte Jesus: Sehr geschickt setzt ihr Gottes
Gebot außer Kraft und haltet euch an eure eigene Überlieferung.
10 Mose hat zum Beispiel gesagt: *Ehre deinen Vater und deine Mutter!*, und:
Wer Vater oder Mutter verflucht, soll mit dem Tod bestraft werden. 11 Ihr aber
lehrt: Es ist erlaubt, daß einer zu seinem Vater oder seiner Mutter sagt:
Was ich dir schulde, ist Korbán, das heißt: eine Opfergabe. 12 Damit
hindert ihr ihn daran, noch etwas für Vater oder Mutter zu tun. 13 So
setzt ihr durch eure eigene Überlieferung Gottes Wort außer Kraft.
Und ähnlich handelt ihr in vielen Fällen.
14 Dann rief er die Leute wieder zu sich und sagte: Hört mir alle zu und
begreift, was ich sage: 15 Nichts, was von außen in den Menschen hin-
einkommt, kann ihn unrein machen, sondern was aus dem Menschen
herauskommt, das macht ihn unrein. [16]
17 Er verließ die Menge und ging in ein Haus. Da fragten ihn seine Jün-
ger nach dem Sinn dieses rätselhaften Wortes. 18 Er antwortete ihnen:
Begreift auch ihr nicht? Seht ihr nicht ein, daß das, was von außen in
den Menschen hineinkommt, ihn nicht unrein machen kann? 19 Denn
es gelangt ja nicht in sein Herz, sondern in den Magen und wird wie-
der ausgeschieden. Damit erklärte Jesus alle Speisen für rein. 20 Weiter
sagte er: Was aus dem Menschen herauskommt, das macht ihn
unrein. 21 Denn von innen, aus dem Herzen der Menschen, kommen
die bösen Gedanken, Unzucht, Diebstahl, Mord, 22 Ehebruch, Hab-
gier, Bosheit, Hinterlist, Ausschweifung, Neid, Verleumdung,
Hochmut und Unvernunft. 23 All dieses Böse kommt von innen und
macht den Menschen unrein.

Die Erhörung der Bitte einer heidnischen Frau

24 Jesus brach auf und zog von dort in das Gebiet von Tyrus. Er ging in
ein Haus, wollte aber, daß niemand davon erfuhr; doch es konnte
nicht verborgen bleiben. 25 Eine Frau, deren Tochter von einem unrei-
nen Geist besessen war, hörte von ihm; sie kam sogleich herbei und
fiel ihm zu Füßen. 26 Die Frau, von Geburt Syrophönizierin, war eine
Heidin. Sie bat ihn, aus ihrer Tochter den Dämon auszutreiben. 27 Da
sagte er zu ihr: Laßt zuerst die Kinder satt werden; denn es ist nicht
recht, das Brot den Kindern wegzunehmen und den Hunden vorzu-
werfen. 28 Sie erwiderte ihm: Ja, du hast recht, Herr! Aber auch für die
Hunde unter dem Tisch fällt etwas von dem Brot ab, das die Kinder
essen. 29 Er antwortete ihr: Weil du das gesagt hast, sage ich dir: Geh
nach Hause, der Dämon hat deine Tochter verlassen. 30 Und als sie
nach Hause kam, fand sie das Kind auf dem Bett liegen und sah, daß
der Dämon es verlassen hatte.

Die Heilung eines Taubstummen

31 Jesus verließ das Gebiet von Tyrus wieder und kam über Sidon an
den See von Galiläa, mitten in das Gebiet der Dekapolis. 32 Da brachte
man einen Taubstummen zu Jesus und bat ihn, er möge ihn berühren.
33 Er nahm ihn beiseite, von der Menge weg, legte ihm die Finger in die
Ohren und berührte dann die Zunge des Mannes mit Speichel;
34 danach blickte er zum Himmel auf, seufzte und sagte zu dem Taub-
stummen: Effata!, das heißt: Öffne dich! 35 Sogleich öffneten sich
seine Ohren, seine Zunge wurde von ihrer Fessel befreit, und er
konnte richtig reden. 36 Jesus verbot ihnen, jemand davon zu erzählen.
Doch je mehr er es ihnen verbot, desto mehr machten sie es bekannt.
37 Außer sich vor Staunen sagten sie: Er hat alles gut gemacht; er
macht, daß die Tauben hören und die Stummen sprechen.

Die Speisung der Viertausend

8 In jenen Tagen waren wieder einmal viele Menschen um Jesus
versammelt. Da sie nichts zu essen hatten, rief er die Jünger zu
sich und sagte: 2 Ich habe Mitleid mit diesen Menschen; sie sind schon
drei Tage bei mir und haben nichts mehr zu essen. 3 Wenn ich sie
hungrig nach Hause schicke, werden sie unterwegs zusammenbre-
chen; denn einige von ihnen sind von weither gekommen. 4 Seine Jün-
ger antworteten ihm: Woher soll man in dieser unbewohnten Gegend
Brot bekommen, um sie alle satt zu machen? 5 Er fragte sie: Wie viele
Brote habt ihr? Sie antworteten: Sieben. 6 Da forderte er die Leute auf,
sich auf den Boden zu setzen. Dann nahm er die sieben Brote, sprach
das Dankgebet, brach die Brote und gab sie seinen Jüngern zum Ver-
teilen; und die Jünger teilten sie an die Leute aus. 7 Sie hatten auch
noch ein paar Fische bei sich. Jesus segnete sie und ließ auch sie aus-
teilen. 8 Die Leute aßen und wurden satt. Dann sammelte man die
übriggebliebenen Brotstücke ein, sieben Körbe voll. 9 Es waren etwa
viertausend Menschen beisammen. Danach schickte er sie nach
Hause. 10 Gleich darauf stieg er mit seinen Jüngern ins Boot und fuhr
in das Gebiet von Dalmanuta.

Die Verweigerung eines Zeichens

11 Da kamen die Pharisäer und begannen ein Streitgespräch mit ihm;
sie forderten von ihm ein Zeichen vom Himmel, um ihn auf die Probe
zu stellen. 12 Da seufzte er tief auf und sagte: Was fordert diese Gene-
ration ein Zeichen? Amen, das sage ich euch: Dieser Generation wird
niemals ein Zeichen gegeben werden. 13 Und er verließ sie, stieg in das
Boot und fuhr ans andere Ufer.

Warnung vor den Pharisäern und vor Herodes

14 Die Jünger hatten vergessen, bei der Abfahrt Brote mitzunehmen;
nur ein einziges hatten sie dabei. 15 Und er warnte sie: Gebt acht, hütet
euch vor dem Sauerteig der Pharisäer und dem Sauerteig des Herodes!
16 Sie aber machten sich Gedanken, weil sie kein Brot bei sich hatten.
17 Als er das merkte, sagte er zu ihnen: Was macht ihr euch darüber
Gedanken, daß ihr kein Brot habt? Begreift und versteht ihr immer

noch nicht? Ist denn euer Herz verstockt? 18 *Habt ihr denn keine Augen,*
um zu sehen, und keine Ohren, um zu hören? Erinnert ihr euch nicht: 19 Als
ich die fünf Brote für die Fünftausend brach, wie viele Körbe voll Brot-
stücke habt ihr da aufgesammelt? Sie antworteten ihm: Zwölf. 20 Und
als ich die sieben Brote für die Viertausend brach, wie viele Körbe voll
habt ihr da aufgesammelt? Sie antworteten: Sieben. 21 Da sagte er zu
ihnen: Versteht ihr immer noch nicht?

Die Heilung eines Blinden bei Betsaida

22 Sie kamen nach Betsaida. Da brachte man einen Blinden zu Jesus
und bat ihn, er möge ihn berühren. 23 Er nahm den Blinden bei der
Hand, führte ihn vor das Dorf hinaus, bestrich seine Augen mit Spei-
chel, legte ihm die Hände auf und fragte ihn: Siehst du etwas? 24 Der
Mann blickte auf und sagte: Ich sehe Menschen; denn ich sehe etwas,
das wie Bäume aussieht und umhergeht. 25 Da legte er ihm nochmals
die Hände auf die Augen; nun sah der Mann deutlich. Er war geheilt
und konnte alles ganz genau sehen. 26 Jesus schickte ihn nach Hause
und sagte: Geh aber nicht in das Dorf hinein!

Auf dem Weg nach Jerusalem

Das Messiasbekenntnis des Petrus

27 Jesus ging mit seinen Jüngern in die Dörfer bei Cäsarea Philippi.
Unterwegs fragte er die Jünger: Für wen halten mich die Menschen?
28 Sie sagten zu ihm: Einige für Johannes den Täufer, andere für Elija,
wieder andere für sonst einen von den Propheten. 29 Da fragte er sie:
Ihr aber, für wen haltet ihr mich? Simon Petrus antwortete ihm: Du
bist der Messias! 30 Doch er verbot ihnen, mit jemand über ihn zu
sprechen.

Die erste Ankündigung von Leiden und Auferstehung

31 Dann begann er, sie darüber zu belehren, der Menschensohn müsse
vieles erleiden und von den Ältesten, den Hohenpriestern und den
Schriftgelehrten verworfen werden; er werde getötet, aber nach drei
Tagen werde er auferstehen. 32 Und er redete ganz offen darüber. Da
nahm ihn Petrus beiseite und machte ihm Vorwürfe. 33 Jesus wandte
sich um, sah seine Jünger an und wies Petrus mit den Worten zurecht:
Weg mit dir, Satan, geh mir aus den Augen! Denn du hast nicht das im
Sinn, was Gott will, sondern was die Menschen wollen.

Von Nachfolge und Selbstverleugnung

34 Er rief die Volksmenge und seine Jünger zu sich und sagte: Wer
mein Jünger sein will, der verleugne sich selbst, nehme sein Kreuz auf
sich und folge mir nach. 35 Denn wer sein Leben retten will, wird es
verlieren; wer aber sein Leben um meinetwillen und um des Evangeli-
ums willen verliert, wird es retten. 36 Was nützt es einem Menschen,
wenn er die ganze Welt gewinnt, dabei aber sein Leben einbüßt? 37 Um
welchen Preis könnte ein Mensch sein Leben zurückkaufen? 38 Denn
wer sich vor dieser treulosen und sündigen Generation meiner und
meiner Worte schämt, dessen wird sich auch der Menschensohn schä-
men, wenn er mit den heiligen Engeln in der Hoheit seines Vaters
kommt.

9 Und er sagte zu ihnen: Amen, ich sage euch: Von denen, die hier
stehen, werden einige den Tod nicht erleiden, bis sie gesehen
haben, daß das Reich Gottes in (seiner ganzen) Macht gekommen ist.

Die Verklärung Jesu

2 Sechs Tage danach nahm Jesus Petrus, Jakobus und Johannes bei-
seite und führte sie auf einen hohen Berg, aber nur sie allein. Und er
wurde vor ihren Augen verwandelt; 3 seine Kleider wurden strahlend
weiß, so weiß, wie sie auf Erden kein Bleicher machen kann. 4 Da
erschien vor ihren Augen Elija und mit ihm Mose, und sie redeten mit
Jesus. 5 Petrus sagte zu Jesus: Rabbi, es ist gut, daß wir hier sind. Wir
wollen drei Hütten bauen, eine für dich, eine für Mose und eine für
Elija. 6 Er wußte nämlich nicht, was er sagen sollte; denn sie waren vor
Furcht ganz benommen. 7 Da kam eine Wolke und warf ihren Schatten
auf sie, und aus der Wolke rief eine Stimme: *Das ist mein geliebter Sohn;*
auf ihn sollt ihr hören. 8 Als sie dann um sich blickten, sahen sie auf ein-
mal niemand mehr bei sich außer Jesus.
9 Während sie den Berg hinabstiegen, verbot er ihnen, irgend jemand
zu erzählen, was sie gesehen hatten, bis der Menschensohn von den
Toten auferstanden sei. 10 Dieses Wort beschäftigte sie, und sie fragten
einander, was das sei: von den Toten auferstehen.

Von der Wiederkunft des Elija

11 Da fragten sie ihn: Warum sagen die Schriftgelehrten, zuerst müsse
Elija kommen? 12 Er antwortete: Ja, Elija kommt zuerst und *stellt* alles
wieder her. Aber warum heißt es dann vom Menschensohn in der
Schrift, er werde viel leiden müssen und verachtet werden? 13 Ich sage
euch: Elija ist schon gekommen, doch sie haben mit ihm gemacht,
was sie wollten, wie es in der Schrift steht.

Die Heilung eines besessenen Jungen

14 Als sie zu den anderen Jüngern zurückkamen, sahen sie eine große
Menschenmenge um sie versammelt und Schriftgelehrte, die mit
ihnen stritten. 15 Sobald die Leute Jesus sahen, liefen sie in großer
Erregung auf ihn zu und begrüßten ihn. 16 Er fragte sie: Warum strei-
tet ihr mit ihnen? 17 Einer aus der Menge antwortete ihm: Meister, ich
habe meinen Sohn zu dir gebracht. Er ist von einem stummen Geist
besessen; 18 immer wenn der Geist ihn überfällt, wirft er ihn zu Boden,
und meinem Sohn tritt Schaum vor den Mund, er knirscht mit den
Zähnen und wird starr. Ich habe schon deine Jünger gebeten, den
Geist auszutreiben, aber sie hatten nicht die Kraft dazu. 19 Da sagte er
zu ihnen: O du ungläubige Generation! Wie lange muß ich noch bei
euch sein? Wie lange muß ich euch noch ertragen? Bringt ihn zu mir!
20 Und man führte ihn herbei. Sobald der Geist Jesus sah, zerrte er den
Jungen hin und her, so daß er hinfiel und sich mit Schaum vor dem
Mund auf dem Boden wälzte. 21 Jesus fragte den Vater: Wie lange hat er
das schon? Der Vater antwortete: Von Kind auf; 22 oft hat er ihn sogar
ins Feuer oder ins Wasser geworfen, um ihn umzubringen. Doch
wenn du kannst, hilf uns; hab Mitleid mit uns! 23 Jesus sagte zu ihm:
Wenn du kannst? Alles kann, wer glaubt. 24 Da rief der Vater des Jun-
gen: Ich glaube; hilf meinem Unglauben! 25 Als Jesus sah, daß die
Leute zusammenliefen, drohte er dem unreinen Geist und sagte: Ich
befehle dir, du stummer und tauber Geist: Verlaß ihn, und kehr nicht
mehr in ihn zurück! 26 Da zerrte der Geist den Jungen hin und her und
verließ ihn mit lautem Geschrei. Der Junge lag da wie tot, so daß alle
Leute sagten: Er ist gestorben. 27 Jesus aber faßte ihn an der Hand und
richtete ihn auf, und der Junge erhob sich.
28 Als Jesus nach Hause kam und sie allein waren, fragten ihn seine
Jünger: Warum konnten denn wir den Dämon nicht austreiben? 29 Er
antwortete ihnen: Diese Art kann nur durch Gebet ausgetrieben
werden.

Die zweite Ankündigung von Leiden und Auferstehung

30 Sie gingen von dort weg und zogen durch Galiläa. Er wollte aber
nicht, daß jemand davon erfuhr; 31 denn er wollte seine Jünger über
etwas belehren. Er sagte zu ihnen: Der Menschensohn wird den Men-
schen ausgeliefert, und sie werden ihn töten; doch drei Tage nach sei-
nem Tod wird er auferstehen. 32 Aber sie verstanden den Sinn seiner
Worte nicht, scheuten sich jedoch, ihn zu fragen.

Der Rangstreit der Jünger

33 Sie kamen nach Kafarnaum. Als er dann im Haus war, fragte er sie:
Worüber habt ihr unterwegs gesprochen? 34 Sie schwiegen, denn sie
hatten unterwegs miteinander darüber gesprochen, wer (von ihnen)
der Größte sei. 35 Da setzte er sich, rief die Zwölf und sagte zu ihnen:
Wer der Erste sein will, soll der Letzte von allen und der Diener aller

Georges Rouault
Lasset die Kindlein zu mir kommen
(1952)
»Amen, das sage ich euch: Wer das Reich Gottes nicht so annimmt, wie ein Kind, der wird nicht hineinkommen« (Mk 10,15). Der französische Expressionist Georges Rouault stellt die im Bildtitel genannte Szene in den weiträumigen Zusammenhang einer ›Biblischen Landschaft‹, ein Thema, das im Spätwerk Georges Rouaults häufig vertreten ist. Die zumeist gefühlsbetonte Darstellung der Hinwendung Jesu zu den Kindern, verbunden mit der Zurechtweisung der Jünger, gewinnt auf diese Weise gleichnishaften Charakter: Der Blick erfaßt den weiten Horizont, innerhalb dessen sich die Lebenswege entwickeln. Die Kirche ist nicht ihr Zielpunkt, nicht das »Himmelreich«, aber eine Orientierungshilfe.

sein. 36 Und er stellte ein Kind in ihre Mitte, nahm es in seine Arme
und sagte zu ihnen: 37 Wer ein solches Kind um meinetwillen auf-
nimmt, der nimmt mich auf; wer aber mich aufnimmt, der nimmt
nicht nur mich auf, sondern den, der mich gesandt hat.

Der fremde Wundertäter
38 Da sagte Johannes zu ihm: Meister, wir haben gesehen, wie jemand
in deinem Namen Dämonen austrieb; und wir versuchten, ihn daran
zu hindern, weil er uns nicht nachfolgt. 39 Jesus erwiderte: Hindert ihn
nicht! Keiner, der in meinem Namen Wunder tut, kann so leicht
schlecht von mir reden. 40 Denn wer nicht gegen uns ist, der ist für
uns. 41 Wer euch auch nur einen Becher Wasser zu trinken gibt, weil
ihr zu Christus gehört – amen, ich sage euch: er wird nicht um seinen
Lohn kommen.

Warnung vor der Verführung
42 Wer einen von diesen Kleinen, die an mich glauben, zum Bösen ver-
führt, für den wäre es besser, wenn er mit einem Mühlstein um den
Hals ins Meer geworfen würde. 43 Wenn dich deine Hand zum Bösen
verführt, dann hau sie ab; es ist besser für dich, verstümmelt in das
Leben zu gelangen, als mit zwei Händen in die Hölle zu kommen, in
das nie erlöschende Feuer. [44] 45 Und wenn dich dein Fuß zum Bösen
verführt, dann hau ihn ab; es ist besser für dich, verstümmelt in das
Leben zu gelangen, als mit zwei Füßen in die Hölle geworfen zu wer-
den. [46] 47 Und wenn dich dein Auge zum Bösen verführt, dann reiß
es aus; es ist besser für dich, einäugig in das Reich Gottes zu kommen,
als mit zwei Augen in die Hölle geworfen zu werden, 48 *wo ihr Wurm*
nicht stirbt und das Feuer nicht erlischt.

Vom Salz
49 Denn jeder wird mit Feuer gesalzen werden. 50 Das Salz ist etwas
Gutes. Wenn das Salz die Kraft zum Salzen verliert, womit wollt ihr
ihm seine Würze wiedergeben? Habt Salz in euch, und haltet Frieden
untereinander!

Aufbruch nach Judäa
10 Von dort brach Jesus auf und kam nach Judäa und in das
Gebiet jenseits des Jordan. Wieder versammelten sich viele
Leute bei ihm, und er lehrte sie, wie er es gewohnt war.

Von der Ehescheidung
2 Da kamen Pharisäer zu ihm und fragten: Darf ein Mann seine Frau
aus der Ehe entlassen? Damit wollten sie ihm eine Falle stellen. 3 Er
antwortete ihnen: Was hat euch Mose vorgeschrieben? 4 Sie sagten:

Mose hat erlaubt, *eine Scheidungsurkunde auszustellen und* (die Frau) aus
der Ehe zu entlassen. 5 Jesus entgegnete ihnen: Nur weil ihr so hart-
herzig seid, hat er euch dieses Gebot gegeben. 6 Am Anfang der
Schöpfung aber *hat Gott sie als Mann und Frau geschaffen.* 7 *Darum wird der*
Mann Vater und Mutter verlassen, 8 *und die zwei werden ein Fleisch sein.* Sie
sind also nicht mehr zwei, sondern eins. 9 Was aber Gott verbunden
hat, das darf der Mensch nicht trennen.
10 Zu Hause befragten ihn die Jünger noch einmal darüber. 11 Er ant-
wortete ihnen: Wer seine Frau aus der Ehe entläßt und eine andere
heiratet, begeht ihr gegenüber Ehebruch. 12 Auch eine Frau begeht
Ehebruch, wenn sie ihren Mann aus der Ehe entläßt und einen ande-
ren heiratet.

Die Segnung der Kinder

13 Da brachte man Kinder zu ihm, damit er ihnen die Hände auflegte.
Die Jünger aber wiesen die Leute schroff ab. 14 Als Jesus das sah, wurde
er unwillig und sagte zu ihnen: Laßt die Kinder zu mir kommen; hin-
dert sie nicht daran! Denn Menschen wie ihnen gehört das Reich
Gottes. 15 Amen, das sage ich euch: Wer das Reich Gottes nicht so
annimmt, wie ein Kind, der wird nicht hineinkommen. 16 Und er
nahm die Kinder in seine Arme; dann legte er ihnen die Hände auf und
segnete sie.

Von Reichtum und Nachfolge

17 Als sich Jesus wieder auf den Weg machte, lief ein Mann auf ihn zu,
fiel vor ihm auf die Knie und fragte ihn: Guter Meister, was muß ich
tun, um das ewige Leben zu gewinnen? 18 Jesus antwortete: Warum
nennst du mich gut? Niemand ist gut außer Gott, dem Einen. 19 Du
kennst doch die Gebote: *Du sollst nicht töten, du sollst nicht die Ehe brechen,*
du sollst nicht stehlen, du sollst nicht falsch aussagen, du sollst keinen Raub
begehen; *ehre deinen Vater und deine Mutter!* 20 Er erwiderte ihm: Meister,
alle diese Gebote habe ich von Jugend an befolgt. 21 Da sah ihn Jesus
an, und weil er ihn liebte, sagte er: Eines fehlt dir noch: Geh, verkaufe,
was du hast, gib das Geld den Armen, und du wirst einen bleibenden
Schatz im Himmel haben; dann komm und folge mir nach! 22 Der
Mann aber war betrübt, als er das hörte, und ging traurig weg; denn er
hatte ein großes Vermögen. 23 Da sah Jesus seine Jünger an und sagte
zu ihnen: Wie schwer ist es für Menschen, die viel besitzen, in das
Reich Gottes zu kommen! 24 Die Jünger waren über seine Worte
bestürzt. Jesus aber sagte noch einmal zu ihnen: Meine Kinder, wie
schwer ist es, in das Reich Gottes zu kommen! 25 Eher geht ein Kamel
durch ein Nadelöhr, als daß ein Reicher in das Reich Gottes gelangt.
26 Sie aber erschraken noch mehr und sagten zueinander: Wer kann
dann noch gerettet werden? 27 Jesus sah sie an und sagte: Für Men-
schen ist das unmöglich, aber nicht für Gott; *denn für Gott ist alles*
möglich.
28 Da sagte Petrus zu ihm: Du weißt, wir haben alles verlassen und
sind dir nachgefolgt. 29 Jesus antwortete: Amen, ich sage euch: Jeder,
der um meinetwillen und um des Evangeliums willen Haus oder Brü-
der, Schwestern, Mutter, Vater, Kinder oder Äcker verlassen hat,
30 wird das Hundertfache dafür empfangen: Jetzt in dieser Zeit wird er
Häuser, Brüder, Schwestern, Mütter, Kinder und Äcker erhalten, wenn
auch unter Verfolgungen, und in der kommenden Welt das ewige
Leben. 31 Viele aber, die jetzt die Ersten sind, werden dann die Letzten
sein, und die Letzten werden die Ersten sein.

Die dritte Ankündigung von Leiden und Auferstehung

32 Während sie auf dem Weg hinauf nach Jerusalem waren, ging Jesus
voraus. Die Leute wunderten sich über ihn, die Jünger aber hatten
Angst. Da versammelte er die Zwölf wieder um sich und kündigte
ihnen an, was ihm bevorstand. 33 Er sagte: Wir gehen jetzt nach Jeru-
salem hinauf; dort wird der Menschensohn den Hohenpriestern und
den Schriftgelehrten ausgeliefert; sie werden ihn zum Tod verurteilen
und den Heiden übergeben; 34 sie werden ihn verspotten, anspucken,
geißeln und töten. Aber nach drei Tagen wird er auferstehen.

Vom Herrschen und vom Dienen

35 Da traten Jakobus und Johannes, die Söhne des Zebedäus, zu ihm
und sagten: Meister, wir möchten, daß du uns eine Bitte erfüllst. 36 Er
antwortete: Was soll ich für euch tun? 37 Sie sagten zu ihm: Laß in dei-
nem Reich einen von uns rechts und den andern links neben dir sit-
zen. 38 Jesus erwiderte: Ihr wißt nicht, um was ihr bittet. Könnt ihr den
Kelch trinken, den ich trinke, oder die Taufe auf euch nehmen, mit der
ich getauft werde? 39 Sie antworteten: Wir können es. Da sagte Jesus
zu ihnen: Ihr werdet den Kelch trinken, den ich trinke, und die Taufe
empfangen, mit der ich getauft werde. 40 Doch den Platz zu meiner
Rechten und zu meiner Linken habe nicht ich zu vergeben; dort
werden die sitzen, für die diese Plätze bestimmt sind.
41 Als die zehn anderen Jünger das hörten, wurden sie sehr ärgerlich
über Jakobus und Johannes. 42 Da rief Jesus sie zu sich und sagte: Ihr
wißt, daß die, die als Herrscher gelten, ihre Völker unterdrücken und
die Mächtigen ihre Macht über die Menschen mißbrauchen. 43 Bei
euch aber soll es nicht so sein, sondern wer bei euch groß sein will,
der soll euer Diener sein, 44 und wer bei euch der Erste sein will, soll
der Sklave aller sein. 45 Denn auch der Menschensohn ist nicht
gekommen, um sich dienen zu lassen, sondern um zu dienen und
sein Leben hinzugeben als Lösegeld für viele.

Die Heilung eines Blinden bei Jericho

46 Sie kamen nach Jericho. Als er mit seinen Jüngern und einer großen
Menschenmenge Jericho wieder verließ, saß an der Straße ein blinder
Bettler, Bartimäus, der Sohn des Timäus. 47 Sobald er hörte, daß es
Jesus von Nazaret war, rief er laut: Sohn Davids, Jesus, hab Erbarmen
mit mir! 48 Viele wurden ärgerlich und befahlen ihm zu schweigen. Er
aber schrie noch viel lauter: Sohn Davids, hab Erbarmen mit mir!
49 Jesus blieb stehen und sagte: Ruft ihn her! Sie riefen den Blinden
und sagten zu ihm: Hab nur Mut, steh auf, er ruft dich. 50 Da warf er
seinen Mantel weg, sprang auf und lief auf Jesus zu. 51 Und Jesus fragte
ihn: Was soll ich dir tun? Der Blinde antwortete: Rabbuni, ich möchte
wieder sehen können. 52 Da sagte Jesus zu ihm: Geh! Dein Glaube hat
dir geholfen. Im gleichen Augenblick konnte er wieder sehen, und er
folgte Jesus auf seinem Weg.

Die letzten Tage Jesu in Jerusalem

Der Einzug in Jerusalem

11 Als sie in die Nähe von Jerusalem kamen, nach Betfage und
Betanien am Ölberg, schickte er zwei seiner Jünger voraus.
2 Er sagte zu ihnen: Geht in das Dorf, das vor euch liegt; gleich wenn
ihr hineinkommt, werdet ihr einen jungen Esel angebunden finden,
auf dem noch nie ein Mensch gesessen hat. Bindet ihn los, und bringt
ihn her! 3 Und wenn jemand zu euch sagt: Was tut ihr da?, dann ant-
wortet: Der Herr braucht ihn; er läßt ihn bald wieder zurückbringen.
4 Da machten sie sich auf den Weg und fanden außen an einer Tür an
der Straße einen jungen Esel angebunden, und sie banden ihn los.
5 Einige, die dabeistanden, sagten zu ihnen: Wie kommt ihr dazu, den
Esel loszubinden? 6 Sie gaben ihnen zur Antwort, was Jesus gesagt
hatte, und man ließ sie gewähren. 7 Sie brachten den jungen Esel zu
Jesus, legten ihre Kleider auf das Tier, und er setzte sich darauf. 8 Und
viele breiteten ihre Kleider auf der Straße aus; andere rissen auf den
Feldern Zweige (von den Büschen) ab und streuten sie auf den Weg.
9 Die Leute, die vor ihm hergingen und die ihm folgten, riefen:
Hosanna! / Gesegnet sei er, der kommt im Namen des Herrn!
10 Gesegnet sei das Reich unseres Vaters David, / das nun kommt. /
Hosanna in der Höhe!
11 Und er zog nach Jerusalem hinein, in den Tempel; nachdem er sich
alles angesehen hatte, ging er spät am Abend mit den Zwölf nach
Betanien hinaus.

Die Verfluchung eines Feigenbaums

12 Als sie am nächsten Tag Betanien verließen, hatte er Hunger. 13 Da
sah er von weitem einen Feigenbaum mit Blättern und ging hin, um
nach Früchten zu suchen. Aber er fand an dem Baum nichts als
Blätter; denn es war nicht die Zeit der Feigenernte.
14 Da sagte er zu ihm: In Ewigkeit soll niemand mehr eine Frucht von
dir essen. Und seine Jünger hörten es.

Die Tempelreinigung

15 Dann kamen sie nach Jerusalem. Jesus ging in den Tempel und
begann, die Händler und Käufer aus dem Tempel hinauszutreiben; er
stieß die Tische der Geldwechsler und die Stände der Taubenhändler
um 16 und ließ nicht zu, daß jemand irgend etwas durch den Tempel-
bezirk trug. 17 Er belehrte sie und sagte: Heißt es nicht in der Schrift:
Mein Haus soll ein Haus des Gebetes für alle Völker sein? Ihr aber habt daraus
eine Räuberhöhle gemacht. 18 Die Hohenpriester und die Schriftgelehr-
ten hörten davon und suchten nach einer Möglichkeit, ihn umzubrin-
gen. Denn sie fürchteten ihn, weil alle Leute von seiner Lehre sehr
beeindruckt waren. 19 Als es Abend wurde, verließ Jesus mit seinen
Jüngern die Stadt.

Vom Glauben

20 Als sie am nächsten Morgen an dem Feigenbaum vorbeikamen,
sahen sie, daß er bis zu den Wurzeln verdorrt war. 21 Da erinnerte sich
Petrus und sagte zu Jesus: Rabbi, sieh doch, der Feigenbaum, den du
verflucht hast, ist verdorrt. 22 Jesus sagte zu ihnen: Ihr müßt Glauben
an Gott haben. 23 Amen, das sage ich euch: Wenn jemand zu diesem
Berg sagt: Heb dich empor, und stürz dich ins Meer!, und wenn er in
seinem Herzen nicht zweifelt, sondern glaubt, daß geschieht, was er
sagt, dann wird es geschehen. 24 Darum sage ich euch: Alles, worum
ihr betet und bittet – glaubt nur, daß ihr es schon erhalten habt, dann
wird es euch zuteil. 25 Und wenn ihr beten wollt und ihr habt einem
anderen etwas vorzuwerfen, dann vergebt ihm, damit auch euer Vater
im Himmel euch eure Verfehlungen vergibt. [26]

Die Frage nach der Vollmacht Jesu

27 Sie kamen wieder nach Jerusalem. Als er im Tempel umherging,
kamen die Hohenpriester, die Schriftgelehrten und die Ältesten zu
ihm 28 und fragten ihn: Mit welchem Recht tust du das alles? Wer hat
dir die Vollmacht gegeben, das zu tun? 29 Jesus sagte zu ihnen: Zuerst
will ich euch eine Frage vorlegen. Antwortet mir, dann werde ich euch
sagen, mit welchem Recht ich das tue. 30 Stammte die Taufe des
Johannes vom Himmel oder von den Menschen? Antwortet mir! 31 Da
überlegten sie und sagten zueinander: Wenn wir antworten: Vom
Himmel!, so wird er sagen: Warum habt ihr ihm dann nicht geglaubt?
32 Sollen wir also antworten: Von den Menschen? Sie fürchteten sich
aber vor den Leuten; denn alle glaubten, daß Johannes wirklich ein
Prophet war. 33 Darum antworteten sie Jesus: Wir wissen es nicht.
Jesus erwiderte: Dann sage auch ich euch nicht, mit welchem Recht
ich das alles tue.

Das Gleichnis von den bösen Winzern

12 Jesus begann zu ihnen (wieder) in Form von Gleichnissen zu
reden. (Er sagte:) Ein Mann *legte einen Weinberg an, zog rings-*
herum einen Zaun, hob eine Kelter aus und baute einen Turm. Dann verpach-
tete er den Weinberg an Winzer und reiste in ein anderes Land. 2 Als
nun die Zeit dafür gekommen war, schickte er einen Knecht zu den
Winzern, um bei ihnen seinen Anteil an den Früchten des Weinbergs
holen zu lassen. 3 Sie aber packten und prügelten ihn und jagten ihn
mit leeren Händen fort. 4 Daraufschickte er einen anderen Knecht zu
ihnen; auch ihn mißhandelten und beschimpften sie. 5 Als er einen
dritten schickte, brachten sie ihn um. Ähnlich ging es vielen anderen;
die einen wurden geprügelt, die andern umgebracht. 6 Schließlich
blieb ihm nur noch einer: sein geliebter Sohn. Ihn sandte er als letzten
zu ihnen, denn er dachte: Vor meinem Sohn werden sie Achtung
haben. 7 Die Winzer aber sagten zueinander: Das ist der Erbe. Auf, wir
wollen ihn töten, dann gehört sein Erbgut uns. 8 Und sie packten ihn
und brachten ihn um und warfen ihn aus dem Weinberg hinaus. 9 Was
wird nun der Besitzer des Weinbergs tun? Er wird kommen und die
Winzer töten und den Weinberg anderen geben. 10 Habt ihr nicht das
Schriftwort gelesen:
Der Stein, den die Bauleute verworfen haben, / er ist zum Eckstein geworden;
11 *das hat der Herr vollbracht, / vor unseren Augen geschah dieses Wunder?*
12 Daraufhin hätten sie Jesus gern verhaften lassen; aber sie fürchteten
die Menge. Denn sie hatten gemerkt, daß er mit diesem Gleichnis sie
meinte. Da ließen sie ihn stehen und gingen weg.

Die Frage nach der kaiserlichen Steuer

13 Einige Pharisäer und einige Anhänger des Herodes wurden zu Jesus
geschickt, um ihn mit einer Frage in eine Falle zu locken. 14 Sie kamen
zu ihm und sagten: Meister, wir wissen, daß du immer die Wahrheit
sagst und dabei auf niemand Rücksicht nimmst; denn du siehst nicht
auf die Person, sondern lehrst wirklich den Weg Gottes. Ist es erlaubt,
dem Kaiser Steuer zu zahlen, oder nicht? Sollen wir sie zahlen oder
nicht zahlen? 15 Er aber durchschaute ihre Heuchelei und sagte zu
ihnen: Warum stellt ihr mir eine Falle? Bringt mir einen Denar, ich will
ihn sehen. 16 Man brachte ihm einen. Da fragte er sie: Wessen Bild und
Aufschrift ist das? Sie antworteten ihm: Des Kaisers. 17 Da sagte Jesus
zu ihnen: So gebt dem Kaiser, was dem Kaiser gehört, und Gott, was
Gott gehört! Und sie waren sehr erstaunt über ihn.

Die Frage nach der Auferstehung der Toten

18 Von den Sadduzäern, die behaupten, es gebe keine Auferstehung,
kamen einige zu Jesus und fragten ihn: 19 Meister, Mose hat uns vor-
geschrieben: *Wenn ein Mann, der einen Bruder hat, stirbt und eine Frau*
hinterläßt, *aber kein Kind, dann soll sein Bruder die Frau heiraten und seinem*
Bruder Nachkommen verschaffen. 20 Es lebten einmal sieben Brüder. Der
erste nahm sich eine Frau, und als er starb, hinterließ er keine Nach-
kommen. 21 Da nahm sie der zweite; auch er starb, ohne Nachkom-
men zu hinterlassen, und ebenso der dritte. 22 Keiner der sieben hatte
Nachkommen. Als letzte von allen starb die Frau. 23 Wessen Frau wird
sie nun bei der Auferstehung sein? Alle sieben haben sie doch zur Frau
gehabt. 24 Jesus sagte zu ihnen: Ihr irrt euch, ihr kennt weder die
Schrift noch die Macht Gottes. 25 Wenn nämlich die Menschen von
den Toten auferstehen, werden sie nicht mehr heiraten, sondern sie
werden sein wie die Engel im Himmel. 26 Daß aber die Toten auferste-
hen, habt ihr das nicht im Buch des Mose gelesen, in der Geschichte
vom Dornbusch, in der Gott zu Mose spricht: *Ich bin der Gott Abrahams,*
der Gott Isaaks und der Gott Jakobs? 27 Er ist doch nicht ein Gott von Toten,
sondern von Lebenden. Ihr irrt euch sehr.

Die Frage nach dem wichtigsten Gebot

28 Ein Schriftgelehrter hatte ihrem Streit zugehört; und da er bemerkt
hatte, wie treffend Jesus ihnen antwortete, ging er zu ihm hin und
fragte ihn: Welches Gebot ist das erste von allen? 29 Jesus antwortete:
Das erste ist: *Höre, Israel, der Herr, unser Gott, ist der einzige Herr.* 30 *Darum*
sollst du den Herrn, deinen Gott, lieben mit ganzem Herzen und ganzer Seele,
mit all deinen Gedanken *und all deiner Kraft.* 31 Als zweites kommt
hinzu: *Du sollst deinen Nächsten lieben wie dich selbst.* Kein anderes Gebot
ist größer als diese beiden. 32 Da sagte der Schriftgelehrte zu ihm:
Sehr gut, Meister! Ganz richtig hast du gesagt: Er allein ist der Herr,
und es gibt keinen anderen außer ihm, 33 und ihn mit ganzem Herzen,
ganzem Verstand und ganzer Kraft zu lieben und den Nächsten zu lie-
ben wie sich selbst, ist weit mehr als alle Brandopfer und anderen
Opfer. 34 Jesus sah, daß er mit Verständnis geantwortet hatte, und
sagte zu ihm: Du bist nicht fern vom Reich Gottes. Und keiner wagte
mehr, Jesus eine Frage zu stellen.

Die Frage nach dem Messias
35 Als Jesus im Tempel lehrte, sagte er: Wie können die Schriftgelehr-
ten behaupten, der Messias sei der Sohn Davids? 36 Denn David hat,
vom Heiligen Geist erfüllt, selbst gesagt: *Der Herr sprach zu meinem
Herrn: Setze dich mir zur Rechten, und ich lege dir deine Feinde unter die Füße.*
37a David selbst also nennt ihn «Herr». Wie kann er dann Davids Sohn
sein?

Worte gegen die Schriftgelehrten
37b Es war eine große Menschenmenge versammelt und hörte ihm mit
Freude zu. 38 Er lehrte sie und sagte: Nehmt euch in acht vor den
Schriftgelehrten! Sie gehen gern in langen Gewändern umher, lieben
es, wenn man sie auf den Straßen und Plätzen grüßt, 39 und sie wollen
in der Synagoge die vordersten Sitze und bei jedem Festmahl die
Ehrenplätze haben. 40 Sie bringen die Witwen um ihre Häuser und
verrichten in ihrer Scheinheiligkeit lange Gebete. Aber um so härter
wird das Urteil sein, das sie erwartet.

Das Opfer der Witwe
41 Als Jesus einmal dem Opferkasten gegenübersaß, sah er zu, wie die
Leute Geld in den Kasten warfen. Viele Reiche kamen und gaben viel.
42 Da kam auch eine arme Witwe und warf zwei kleine Münzen hinein.
43 Er rief seine Jünger zu sich und sagte: Amen, ich sage euch: Diese
arme Witwe hat mehr in den Opferkasten hineingeworfen als alle
andern. 44 Denn sie alle haben nur etwas von ihrem Überfluß hergege-
ben; diese Frau aber, die kaum das Nötigste zum Leben hat, sie hat
alles gegeben, was sie besaß, ihren ganzen Lebensunterhalt.

Die Rede über die Endzeit

Die Ankündigung der Zerstörung des Tempels
13 Als Jesus den Tempel verließ, sagte einer von seinen Jün-
gern zu ihm: Meister, sieh, was für Steine und was für Bau-
ten! 2 Jesus sagte zu ihm: Siehst du diese großen Bauten? Kein Stein
wird auf dem andern bleiben, alles wird niedergerissen.

Vom Anfang der Not
3 Und als er auf dem Ölberg saß, dem Tempel gegenüber, fragten ihn
Petrus, Jakobus, Johannes und Andreas, die mit ihm allein waren:
4 Sag uns, wann wird das geschehen, und an welchem Zeichen wird
man erkennen, daß das Ende von all dem bevorsteht? 5 Jesus sagte zu
ihnen: Gebt acht, daß euch niemand irreführt! 6 Viele werden unter
meinem Namen auftreten und sagen: Ich bin es! Und sie werden viele
irreführen.
7 Wenn ihr dann von Kriegen hört und Nachrichten über Kriege euch
beunruhigen, laßt euch nicht erschrecken! Das *muß geschehen.* Es ist
aber noch nicht das Ende. 8 Denn ein Volk wird sich gegen das andere
erheben und ein Reich gegen das andere. Und an vielen Orten wird es
Erdbeben und Hungersnöte geben. Doch das ist erst der Anfang der
Wehen.
9 Ihr aber, macht euch darauf gefaßt: Man wird euch um meinetwillen
vor die Gerichte bringen, in den Synagogen mißhandeln und vor
Statthalter und Könige stellen, damit ihr vor ihnen Zeugnis ablegt.
10 Vor dem Ende aber muß allen Völkern das Evangelium verkündet
werden. 11 Und wenn man euch abführt und vor Gericht stellt, dann
macht euch nicht im voraus Sorgen, was ihr sagen sollt; sondern was
euch in jener Stunde eingegeben wird, das sagt! Denn nicht ihr werdet
dann reden, sondern der Heilige Geist. 12 Brüder werden einander
dem Tod ausliefern und Väter ihre Kinder, und die Kinder werden sich
gegen ihre Eltern auflehnen und sie in den Tod schicken. 13 Und ihr
werdet um meines Namens willen von allen gehaßt werden; wer aber
bis zum Ende standhaft bleibt, der wird gerettet.

Vom Höhepunkt der Not
14 Wenn ihr aber den *unheilvollen Greuel* an dem Ort seht, wo er nicht ste-
hen darf – der Leser begreife –, dann sollen die Bewohner von Judäa in
die Berge fliehen; 15 wer gerade auf dem Dach ist, soll nicht hinabstei-
gen und ins Haus gehen, um etwas mitzunehmen; 16 wer auf dem Feld
ist, soll nicht zurückkehren, um seinen Mantel zu holen. 17 Weh aber
den Frauen, die in jenen Tagen schwanger sind oder ein Kind stillen.
18 Betet darum, daß dies alles nicht im Winter eintritt. 19 Denn jene
Tage werden eine Not bringen, *wie es noch nie eine gegeben hat, seit Gott die
Welt erschuf, und wie es auch keine mehr geben wird.*
20 Und wenn der Herr diese Zeit nicht verkürzen würde, dann würde
kein Mensch gerettet; aber um seiner Auserwählten willen hat er diese
Zeit verkürzt.
21 Wenn dann jemand zu euch sagt: Seht, hier ist der Messias!, oder:
Seht, dort ist er!, so glaubt es nicht! 22 Denn es wird mancher falsche
Messias und mancher falsche Prophet auftreten, und sie werden Zei-
chen und Wunder tun, um, wenn möglich, die Auserwählten irrezu-
führen. 23 Ihr aber, seht euch vor! Ich habe euch alles vorausgesagt.

Vom Kommen des Menschensohnes
24 Aber in jenen Tagen, nach der großen Not, *wird sich die Sonne verfin-
stern, und der Mond wird nicht mehr scheinen;* 25 *die Sterne werden* vom Him-
mel *fallen,* und die Kräfte des Himmels werden erschüttert werden.
26 Dann wird man den *Menschensohn* mit großer Macht und Herrlich-
keit *auf den Wolken kommen* sehen. 27 Und er wird die Engel aussenden
und die von ihm Auserwählten *aus allen vier Windrichtungen zusammen-
führen,* vom Ende der Erde bis zum Ende des Himmels.

Mahnungen im Hinblick auf das Ende
28 Lernt etwas aus dem Vergleich mit dem Feigenbaum! Sobald seine
Zweige saftig werden und Blätter treiben, wißt ihr, daß der Sommer
nahe ist. 29 Genauso sollt ihr erkennen, wenn ihr (all) das geschehen
seht, daß das Ende vor der Tür steht. 30 Amen, ich sage euch: Diese
Generation wird nicht vergehen, bis das alles eintrifft. 31 Himmel
und Erde werden vergehen, aber meine Worte werden nicht ver-
gehen. 32 Doch jenen Tag und jene Stunde kennt niemand, auch
nicht die Engel im Himmel, nicht einmal der Sohn, sondern nur der
Vater.
33 Seht euch also vor, und bleibt wach! Denn ihr wißt nicht, wann die
Zeit da ist. 34 Es ist wie mit einem Mann, der sein Haus verließ, um auf
Reisen zu gehen: Er übertrug alle Verantwortung seinen Dienern,
jedem eine bestimmte Aufgabe; dem Türhüter befahl er, wachsam zu
sein. 35 Seid also wachsam! Denn ihr wißt nicht, wann der Hausherr
kommt, ob am Abend oder um Mitternacht, ob beim Hahnenschrei
oder erst am Morgen. 36 Er soll euch, wenn er plötzlich kommt, nicht
schlafend antreffen. 37 Was ich aber euch sage, das sage ich allen: Seid
wachsam!

Das Leiden und die Auferstehung Jesu

Der Beschluß des Hohen Rates
14 Es war zwei Tage vor dem Pascha und dem Fest der Unge-
säuerten Brote. Die Hohenpriester und die Schriftgelehrten
suchten nach einer Möglichkeit, Jesus mit List in ihre Gewalt zu brin-
gen, um ihn zu töten. 2 Sie sagten aber: Ja nicht am Fest, damit es im
Volk keinen Aufruhr gibt.

Die Salbung in Betanien
3 Als Jesus in Betanien im Haus Simons des Aussätzigen bei Tisch war,
kam eine Frau mit einem Alabastergefäß voll echtem, kostbarem Nar-
denöl, zerbrach es und goß das Öl über sein Haar. 4 Einige aber wur-
den unwillig und sagten zueinander: Wozu diese Verschwendung?
5 Man hätte das Öl um mehr als dreihundert Denare verkaufen und das

Otto Dix
Petrus und der Hahn
(1958)
»Gleich darauf krähte der Hahn zum zweitenmal, und Petrus erinnerte sich, daß Jesus zu ihm gesagt hatte: Ehe der Hahn zweimal kräht, wirst du mich dreimal verleugnen. Und er begann zu weinen« (Mk 14,72). Otto Dix läßt Petrus buchstäblich im Boden versinken. Die Augen sind verschlossen, und beide Hände sind an den Kopf gepreßt, als müßten sie ihm Halt geben. Über dem zutiefst Gedemütigten triumphiert der Hahn, der mit seinem Krähen die aufgehende Sonne begrüßt. Dix hat seine Bildidee sowohl in dieser Farblithographie als auch in einem Ölgemälde verwirklicht und schließlich in einem Fenster der Petruskirche von Kattenhorn am Bodensee (1959) variiert. Im Glasbild tritt der Hahn neben Petrus und überragt den in sich Zusammengesunkenen in voller Größe.

Geld den Armen geben können. Und sie machten der Frau heftige
Vorwürfe. 6 Jesus aber sagte: Hört auf! Warum laßt ihr sie nicht in
Ruhe? Sie hat ein gutes Werk an mir getan. 7 Denn die Armen habt ihr
immer bei euch, und ihr könnt ihnen Gutes tun, so oft ihr wollt; mich
aber habt ihr nicht immer. 8 Sie hat getan, was sie konnte. Sie hat im
voraus meinen Leib für das Begräbnis gesalbt. 9 Amen, ich sage euch:
Überall auf der Welt, wo das Evangelium verkündet wird, wird man
sich an sie erinnern und erzählen, was sie getan hat.

Der Verrat durch Judas
10 Judas Iskariot, einer der Zwölf, ging zu den Hohenpriestern. Er
wollte Jesus an sie ausliefern. 11 Als sie das hörten, freuten sie sich und
versprachen, ihm Geld dafür zu geben. Von da an suchte er nach einer
günstigen Gelegenheit, ihn auszuliefern.

Die Vorbereitung des Paschamahls
12 Am ersten Tag des Festes der Ungesäuerten Brote, an dem man das
Paschalamm schlachtete, sagten die Jünger zu Jesus: Wo sollen wir
das Paschamahl für dich vorbereiten? 13 Da schickte er zwei seiner Jün-
ger voraus und sagte zu ihnen: Geht in die Stadt; dort wird euch ein
Mann begegnen, der einen Wasserkrug trägt. Folgt ihm, 14 bis er in ein
Haus hineingeht; dann sagt zu dem Herrn des Hauses: Der Meister
läßt dich fragen: Wo ist der Raum, in dem ich mit meinen Jüngern das
Paschalamm essen kann? 15 Und der Hausherr wird euch einen
großen Raum im Obergeschoß zeigen, der schon für das Festmahl
hergerichtet und mit Polstern ausgestattet ist. Dort bereitet alles für
uns vor! 16 Die Jünger machten sich auf den Weg und kamen in die
Stadt. Sie fanden alles so, wie er es ihnen gesagt hatte, und bereiteten
das Paschamahl vor.

Das Mahl
17 Als es Abend wurde, kam Jesus mit den Zwölf. 18 Während sie nun
bei Tisch waren und aßen, sagte er: Amen, ich sage euch: Einer von
euch wird mich verraten und ausliefern, *einer von denen, die zusammen
mit mir essen.* 19 Da wurden sie traurig, und einer nach dem andern
fragte ihn: Doch nicht etwa ich? 20 Er sagte zu ihnen: Einer von euch
Zwölf, der mit mir aus derselben Schüssel ißt. 21 Der Menschensohn
muß zwar seinen Weg gehen, wie die Schrift über ihn sagt. Doch weh
dem Menschen, durch den der Menschensohn verraten wird. Für ihn
wäre es besser, wenn er nie geboren wäre.
22 Während des Mahls nahm er das Brot und sprach den Lobpreis;
dann brach er das Brot, reichte es ihnen und sagte: Nehmt, das ist
mein Leib. 23 Dann nahm er den Kelch, sprach das Dankgebet, reichte
ihn den Jüngern, und sie tranken alle daraus. 24 Und er sagte zu ihnen:
Das ist mein Blut, *das Blut des Bundes*, das für viele vergossen wird.
25 Amen, ich sage euch: Ich werde nicht mehr von der Frucht des
Weinstocks trinken bis zu dem Tag, an dem ich von neuem davon
trinke im Reich Gottes.

Der Gang zum Ölberg
26 Nach dem Lobgesang gingen sie zum Ölberg hinaus. 27 Da sagte
Jesus zu ihnen: Ihr werdet alle (an mir) Anstoß nehmen und zu Fall
kommen; denn in der Schrift steht: *Ich werde den Hirten erschlagen, dann
werden sich die Schafe zerstreuen.* 28 Aber nach meiner Auferstehung werde
ich euch nach Galiläa vorausgehen. 29 Da sagte Petrus zu ihm: Auch
wenn alle (an dir) Anstoß nehmen – ich nicht! 30 Jesus antwortete ihm:
Amen, ich sage dir: Noch heute nacht, ehe der Hahn zweimal kräht,
wirst du mich dreimal verleugnen. 31 Petrus aber beteuerte: Und wenn
ich mit dir sterben müßte – ich werde dich nie verleugnen. Das gleiche
sagten auch alle anderen.

Das Gebet in Getsemani
32 Sie kamen zu einem Grundstück, das Getsemani heißt, und er sagte
zu seinen Jüngern: Setzt euch und wartet hier, während ich bete.
33 Und er nahm Petrus, Jakobus und Johannes mit sich. Da ergriff ihn
Furcht und Angst, 34 und er sagte zu ihnen: Meine Seele ist zu Tode
betrübt. Bleibt hier und wacht! 35 Und er ging ein Stück weiter, warf
sich auf die Erde nieder und betete, daß die Stunde, wenn möglich, an
ihm vorübergehe. 36 Er sprach: Abba, Vater, alles ist dir möglich.
Nimm diesen Kelch von mir! Aber nicht, was ich will, sondern was du
willst (soll geschehen). 37 Und er ging zurück und fand sie schlafend.
Da sagte er zu Petrus: Simon, du schläfst? Konntest du nicht einmal
eine Stunde wach bleiben? 38 Wacht und betet, damit ihr nicht in Ver-
suchung geratet. Der Geist ist willig, aber das Fleisch ist schwach.
39 Und er ging wieder weg und betete mit den gleichen Worten. 40 Als
er zurückkam, fand er sie wieder schlafend, denn die Augen waren
ihnen zugefallen; und sie wußten nicht, was sie ihm antworten soll-
ten. 41 Und er kam zum drittenmal und sagte zu ihnen: Schlaft ihr
immer noch und ruht euch aus? Es ist genug. Die Stunde ist gekom-
men; jetzt wird der Menschensohn den Sündern ausgeliefert. 42 Steht
auf, wir wollen gehen! Seht, der Verräter, der mich ausliefert, ist da.

Die Gefangennahme
43 Noch während er redete, kam Judas, einer der Zwölf, mit einer Schar
von Männern, die mit Schwertern und Knüppeln bewaffnet waren; sie

waren von den Hohenpriestern, den Schriftgelehrten und den Ältesten
geschickt worden. 44 Der Verräter hatte mit ihnen ein Zeichen verein-
bart und gesagt: Der, den ich küssen werde, der ist es. Nehmt ihn fest,
führt ihn ab, und laßt ihn nicht entkommen. 45 Und als er kam, ging er
sogleich auf Jesus zu und sagte: Rabbi! Und er küßte ihn. 46 Da ergrif-
fen sie ihn und nahmen ihn fest. 47 Einer von denen, die dabeistanden,
zog das Schwert, schlug auf den Diener des Hohenpriesters ein und
hieb ihm ein Ohr ab. 48 Da sagte Jesus zu ihnen: Wie gegen einen Räu-
ber seid ihr mit Schwertern und Knüppeln ausgezogen, um mich fest-
zunehmen. 49 Tag für Tag war ich bei euch im Tempel und lehrte, und
ihr habt mich nicht verhaftet; aber (das ist geschehen), damit die
Schrift in Erfüllung geht. 50 Da verließen ihn alle und flohen. 51 Ein
junger Mann aber, der nur mit einem leinenen Tuch bekleidet war,
wollte ihm nachgehen. Da packten sie ihn; 52 er aber ließ das Tuch
fallen und lief nackt davon.

Das Verhör vor dem Hohen Rat

53 Darauf führten sie Jesus zum Hohenpriester, und es versammelten
sich alle Hohenpriester und Ältesten und Schriftgelehrten. 54 Petrus aber
war Jesus von weitem bis in den Hof des hohepriesterlichen Palastes
gefolgt; nun saß er dort bei den Dienern und wärmte sich am Feuer.
55 Die Hohenpriester und der ganze Hohe Rat bemühten sich um Zeu-
genaussagen gegen Jesus, um ihn zum Tod verurteilen zu können; sie
fanden aber nichts. 56 Viele machten zwar falsche Aussagen über ihn,
aber die Aussagen stimmten nicht überein. 57 Einige der falschen Zeu-
gen, die gegen ihn auftraten, behaupteten: 58 Wir haben ihn sagen
hören: Ich werde diesen von Menschen erbauten Tempel niederreißen
und in drei Tagen einen anderen errichten, der nicht von Men-
schenhand gemacht ist. 59 Aber auch in diesem Fall stimmten die Aus-
sagen nicht überein. 60 Da stand der Hohepriester auf, trat in die Mitte
und fragte Jesus: Willst du denn nichts sagen zu dem, was diese Leute
gegen dich vorbringen? 61 Er aber schwieg und gab keine Antwort. Da
wandte sich der Hohepriester nochmals an ihn und fragte: Bist du der
Messias, der Sohn des Hochgelobten? 62 Jesus sagte: Ich bin es. Und
ihr werdet *den Menschensohn zur Rechten* der Macht *sitzen* und *mit den Wol-*
ken des Himmels kommen sehen. 63 Da zerriß der Hohepriester sein
Gewand und rief: Wozu brauchen wir noch Zeugen? 64 Ihr habt die
Gotteslästerung gehört. Was ist eure Meinung? Und sie fällten ein-
stimmig das Urteil: Er ist schuldig und muß sterben.
65 Und einige spuckten ihn an, verhüllten sein Gesicht, schlugen ihn
und riefen: Zeig, daß du ein Prophet bist! Auch die Diener schlugen
ihn ins Gesicht.

Die Verleugnung durch Petrus

66 Als Petrus unten im Hof war, kam eine von den Mägden des Hohen-
priesters. 67 Sie sah, wie Petrus sich wärmte, blickte ihn an und sagte:
Auch du warst mit diesem Jesus aus Nazaret zusammen. 68 Doch er
leugnete es und sagte: Ich weiß nicht und verstehe nicht, wovon du
redest. Dann ging er in den Vorhof hinaus. 69 Als die Magd ihn dort
bemerkte, sagte sie zu denen, die dabeistanden, noch einmal: Der
gehört zu ihnen. 70 Er aber leugnete es wieder ab. Wenig später sagten
die Leute, die dort standen, von neuem zu Petrus: Du gehörst wirklich
zu ihnen; du bist doch auch ein Galiläer. 71 Da fing er an zu fluchen
und schwor: Ich kenne diesen Menschen nicht, von dem ihr redet.
72 Gleich darauf krähte der Hahn zum zweitenmal, und Petrus erin-
nerte sich, daß Jesus zu ihm gesagt hatte: Ehe der Hahn zweimal
kräht, wirst du mich dreimal verleugnen. Und er begann zu weinen.

Die Verhandlung vor Pilatus

15 Gleich in der Frühe faßten die Hohenpriester, die Ältesten und
die Schriftgelehrten, also der ganze Hohe Rat, über Jesus einen
Beschluß: Sie ließen ihn fesseln und abführen und lieferten ihn Pilatus
aus. 2 Pilatus fragte ihn: Bist du der König der Juden? Er antwortete ihm:
Du sagst es. 3 Die Hohenpriester brachten viele Anklagen gegen ihn vor.
4 Da wandte sich Pilatus wieder an ihn und fragte: Willst du denn nichts

Herbert Falken
Kreuz und Engel
(1983)
»Da wandte sich der Hohepriester nochmals an ihn und fragte: Bist du der Messias, der Sohn des Hochgelobten? Jesus antwortete: Ich bin es. Und ihr werdet den Menschensohn zur Rechten der Macht sitzen und mit den Wolken des Himmels kommen sehen« (Mk 14,61f). Das auf Sand und Leinwand gestaltete Materialbild des Malers und Priesters Herbert Falken taucht das von einem Engel gehaltene Kreuz in das Schwarz des Schweigens – ein Schweigen, das Jesus im Verhör durch den Hohepriester nur einmal bricht, vergleichbar dem Licht, das Falkens Komposition keilförmig aufreißt. Dieses Schweigen hat seine vielleicht bedeutendste literarische Gestaltung durch Dostojewski gefunden: In Aljoschas Erzählung vom Großinquisitor und Jesus in den *Brüdern Karamasow*.

dazu sagen? Sieh doch, wie viele Anklagen sie gegen dich vorbringen.
5 Jesus aber gab keine Antwort mehr, so daß Pilatus sich wunderte.
6 Jeweils zum Fest ließ Pilatus einen Gefangenen frei, den sie sich aus-
bitten durften. 7 Damals saß gerade ein Mann namens Barabbas im
Gefängnis, zusammen mit anderen Aufrührern, die bei einem Auf-
stand einen Mord begangen hatten. 8 Die Volksmenge zog (zu Pilatus)
hinauf und bat, ihnen die gleiche Gunst zu gewähren wie sonst. 9 Pila-
tus fragte sie: Wollt ihr, daß ich den König der Juden freilasse? 10 Er
merkte nämlich, daß die Hohenpriester nur aus Neid Jesus an ihn aus-
geliefert hatten. 11 Die Hohenpriester aber wiegelten die Menge auf,
lieber die Freilassung des Barabbas zu fordern. 12 Pilatus wandte sich
von neuem an sie und fragte: Was soll ich dann mit dem tun, den ihr
den König der Juden nennt? 13 Da schrien sie: Kreuzige ihn! 14 Pilatus
entgegnete: Was hat er denn für ein Verbrechen begangen? Sie schrien
noch lauter: Kreuzige ihn! 15 Darauf ließ Pilatus, um die Menge zufrie-
denzustellen, Barabbas frei und gab den Befehl, Jesus zu geißeln und
zu kreuzigen.

Antoni Tàpies
Auferstehung der Füße
(1988)

»Er aber sagte zu ihnen: Erschreckt nicht! Ihr sucht Jesus von Nazaret, den Gekreuzigten. Er ist auferstanden, er ist nicht hier« (Mk 16,6). Der spanische Maler Antoni Tàpies, ursprünglich ein Vertreter des Tachismus, erzeugt auf seinem Osterbild durch wenige Bildzeichen den Eindruck des Schwebens, der Verflüchtigung und Entgrenzung. Schwer lastet am unteren Bildrand die schwarze Kasten- oder Grabform, aus der links ein tachistischer Pinselschwung in Gelb zu entweichen scheint und eine gekrümmte Aufwärtsbewegung angibt. Gegenüber deutet ein schwarzes (griechisches) Kreuz auf den Zusammenhang hin, in dem die *Auferstehung der Füße* zu sehen ist. Darüber weist eine schwarze Linie übereck in die Richtung, in der ein Körper zu vermuten ist; ob er (noch) existiert, ist ebenso rätselhaft wie die mathematische Formel unter dem Kreuz. Die Bildidee der vom oberen Bildrand abgeschnittenen Füße ist übrigens keine Bilderfindung unserer Zeit. Sie gehört zum Bildvokabular der Buchmalerei bei Bildern der Himmelfahrt, getreu der Textvorgabe: » ... und eine Wolke nahm ihn auf und entzog ihn ihren Blicken« (Apg 1,9).

Die Verspottung Jesu durch die Soldaten

16 Die Soldaten führten ihn in den Palast hinein, das heißt in das Präto-
rium, und riefen die ganze Kohorte zusammen. 17 Dann legten sie ihm
einen Purpurmantel um und flochten einen Dornenkranz; den setzten
sie ihm auf 18 und grüßten ihn: Heil dir, König der Juden! 19 Sie schlu-
gen ihm mit einem Stock auf den Kopf und spuckten ihn an, knieten
vor ihm nieder und huldigten ihm. 20a Nachdem sie so ihren Spott mit
ihm getrieben hatten, nahmen sie ihm den Purpurmantel ab und
zogen ihm seine eigenen Kleider wieder an.

Die Kreuzigung

20b Dann führten sie Jesus hinaus, um ihn zu kreuzigen. 21 Einen
Mann, der gerade vom Feld kam, Simon von Zyrene, den Vater des
Alexander und des Rufus, zwangen sie, sein Kreuz zu tragen. 22 Und
sie brachten Jesus an einen Ort namens Golgota, das heißt übersetzt:
Schädelhöhe. 23 Dort reichten sie ihm Wein, der mit Myrrhe gewürzt
war; er aber nahm ihn nicht. 24 Dann kreuzigten sie ihn. *Sie warfen das
Los und verteilten seine Kleider unter sich* und gaben jedem, was ihm zufiel.
25 Es war die dritte Stunde, als sie ihn kreuzigten. 26 Und eine Auf-
schrift (auf einer Tafel) gab seine Schuld an: Der König der Juden.
27 Zusammen mit ihm kreuzigten sie zwei Räuber, den einen rechts von
ihm, den andern links. [28] 29 Die Leute, die vorbeikamen, verhöhnten
ihn, *schüttelten den Kopf* und riefen: Ach, du willst den Tempel nieder-
reißen und in drei Tagen wieder aufbauen? 30 Hilf dir doch selbst, und

steig herab vom Kreuz! 31 Auch die Hohenpriester und die Schriftge-
lehrten verhöhnten ihn und sagten zueinander: Anderen hat er gehol-
fen, sich selbst kann er nicht helfen. 32 Der Messias, der König von
Israel! Er soll doch jetzt vom Kreuz herabsteigen, damit wir sehen und
glauben. Auch die beiden Männer, die mit ihm zusammen gekreuzigt
wurden, beschimpften ihn.

Der Tod Jesu

33 Als die sechste Stunde kam, brach über das ganze Land eine Finster-
nis herein. Sie dauerte bis zur neunten Stunde. 34 Und in der neunten
Stunde rief Jesus mit lauter Stimme: *Eloï, Eloï, lema sabachtani?*, das
heißt übersetzt: *Mein Gott, mein Gott, warum hast du mich verlassen?*
35 Einige von denen, die dabeistanden und es hörten, sagten: Hört, er
ruft nach Elija! 36 Einer lief hin, tauchte einen Schwamm in *Essig*,
steckte ihn auf einen Stock und *gab* Jesus *zu trinken*. Dabei sagte er:
Laßt uns doch sehen, ob Elija kommt und ihn herabnimmt. 37 Jesus
aber schrie laut auf. Dann hauchte er den Geist aus.
38 Da riß der Vorhang im Tempel von oben bis unten entzwei.
39 Als der Hauptmann, der Jesus gegenüberstand, ihn auf diese Weise
sterben sah, sagte er: Wahrhaftig, dieser Mensch war Gottes Sohn.
40 Auch einige Frauen sahen von weitem zu, darunter Maria aus Mag-
dala, Maria, die Mutter von Jakobus dem Kleinen und Joses, sowie
Salome; 41 sie waren Jesus schon in Galiläa nachgefolgt und hatten
ihm gedient. Noch viele andere Frauen waren dabei, die mit ihm nach
Jerusalem hinaufgezogen waren.

Das Begräbnis Jesu

42 Da es Rüsttag war, der Tag vor dem Sabbat, und es schon Abend
wurde, 43 ging Josef von Arimathäa, ein vornehmer Ratsherr, der
auch auf das Reich Gottes wartete, zu Pilatus und wagte es, um den
Leichnam Jesu zu bitten. 44 Pilatus war überrascht, als er hörte, daß
Jesus schon tot sei. Er ließ den Hauptmann kommen und fragte ihn,
ob Jesus bereits gestorben sei. 45 Als der Hauptmann ihm das
bestätigte, überließ er Josef den Leichnam. 46 Josef kaufte ein Leinen-
tuch, nahm Jesus vom Kreuz, wickelte ihn in das Tuch und legte ihn
in ein Grab, das in einen Felsen gehauen war. Dann wälzte er einen
Stein vor den Eingang des Grabes. 47 Maria aus Magdala aber und
Maria, die Mutter des Joses, beobachteten, wohin der Leichnam
gelegt wurde.

Die Botschaft des Engels im leeren Grab

16 Als der Sabbat vorüber war, kauften Maria aus Magdala,
Maria, die Mutter des Jakobus, und Salome wohlriechende
Öle, um damit zum Grab zu gehen und Jesus zu salben. 2 Am ersten
Tag der Woche kamen sie in aller Frühe zum Grab, als eben die Sonne
aufging. 3 Sie sagten zueinander: Wer könnte uns den Stein vom Ein-
gang des Grabes wegwälzen? 4 Doch als sie hinblickten, sahen sie,
daß der Stein schon weggewälzt war; er war sehr groß. 5 Sie gingen in
das Grab hinein und sahen auf der rechten Seite einen jungen Mann
sitzen, der mit einem weißen Gewand bekleidet war; da erschraken
sie sehr. 6 Er aber sagte zu ihnen: Erschreckt nicht! Ihr sucht Jesus von
Nazaret, den Gekreuzigten. Er ist auferstanden; er ist nicht hier. Seht,
da ist die Stelle, wo man ihn hingelegt hatte. 7 Nun aber geht und sagt
seinen Jüngern, vor allem Petrus: Er geht euch voraus nach Galiläa;
dort werdet ihr ihn sehen, wie er es euch gesagt hat. 8 Da verließen sie
das Grab und flohen; denn Schrecken und Entsetzen hatte sie
gepackt. Und sie sagten niemand etwas davon; denn sie fürchteten
sich.

[Die Erscheinungen des Auferstandenen

9 Als Jesus am frühen Morgen des ersten Wochentages auferstanden
war, erschien er zuerst Maria aus Magdala, aus der er sieben Dämonen
ausgetrieben hatte. 10 Sie ging und berichtete es denen, die mit ihm
zusammengewesen waren und die nun klagten und weinten. 11 Als sie
hörten, er lebe und sei von ihr gesehen worden, glaubten sie es nicht.
12 Darauf erschien er in einer anderen Gestalt zweien von ihnen, als sie
unterwegs waren und aufs Land gehen wollten. 13 Auch sie gingen
und berichteten es den anderen, und auch ihnen glaubte man nicht.
14 Später erschien Jesus auch den Elf, als sie bei Tisch waren; er tadelte
ihren Unglauben und ihre Verstocktheit, weil sie denen nicht glaub-
ten, die ihn nach seiner Auferstehung gesehen hatten. 15 Dann sagte er
zu ihnen: Geht hinaus in die ganze Welt, und verkündet das Evange-
lium allen Geschöpfen! 16 Wer glaubt und sich taufen läßt, wird geret-
tet; wer aber nicht glaubt, wird verdammt werden. 17 Und durch die,
die zum Glauben gekommen sind, werden folgende Zeichen gesche-
hen: In meinem Namen werden sie Dämonen austreiben; sie werden
in neuen Sprachen reden; 18 wenn sie Schlangen anfassen oder tödli-
ches Gift trinken, wird es ihnen nicht schaden; und die Kranken,
denen sie die Hände auflegen, werden gesund werden.
19 Nachdem Jesus, der Herr, dies zu ihnen gesagt hatte, *wurde er in den
Himmel aufgenommen* und *setzte sich zur Rechten* Gottes. 20 Sie aber zogen
aus und predigten überall. Der Herr stand ihnen bei und bekräftigte
die Verkündigung durch die Zeichen, die er geschehen ließ.]

Das Evangelium nach Lukas

Die altkirchliche Überlieferung nennt als Verfasser des dritten Evangeliums und der Apostelgeschichte »Lukas, den geliebten Arzt« (vgl. Kol 4,14; Phlm 24; auch 2 Tim 4,11), der Heidenchrist war und mit Paulus in Verbindung stand. Lukas benutzt das Evangelium des Markus und schöpft aus einer mit Matthäus gemeinsamen Sammlung von Jesusworten; er blickt auf den Untergang Jerusalems (70 n. Chr.) zurück (21,20–24) und erwartet die Wiederkunft Christi nicht mehr als unmittelbar bevorstehend (17,20f; 21,24; Apg 1,8). Die Abfassung des Evangeliums (wie der Apostelgeschichte) fällt wohl in die Jahre 80–90. Ob es in Kleinasien oder in Griechenland entstanden ist, läßt sich nicht sicher bestimmen.

Lukas legt seinem Evangelium den dreistufigen Aufriß des Markusevangeliums zugrunde und ordnet seinen übrigen Stoff vor allem in zwei Blöcken in diesen Rahmen ein: 6,20–8,3 und 9,51–18,14. Die »kleine Einschaltung« (6,20–8,3) enthält die Bergpredigtüberlieferung; die »große Einschaltung« (9,51–18,14) hat er zu einem umfänglichen Bericht über die letzte Reise Jesu nach Jerusalem ausgestaltet (»Reisebericht«). Vorangestellt hat er wie Matthäus eine Vorgeschichte über Herkunft und Kindheit des Täufers und Jesu (Kap. 1–2), angeschlossen mehrere Berichte von Erscheinungen des Auferstandenen in und bei Jerusalem (Kap. 24).

Lukas will ein Schriftwerk für gebildete Heiden und Heidenchristen schaffen, wie das kunstvoll gestaltete Vorwort (1,1–4) zeigt. Darin berichtet er, daß schon viele vor ihm die auf Augenzeugen zurückgehenden Überlieferungen über Jesus zusammengestellt hätten, er also verschiedene schriftliche Vorlagen hatte, und daß er allem genau nachgegangen sei, um die Verkündigung der Kirche historisch und theologisch als zuverlässig zu erweisen.

Lukas verdanken wir verschiedene wertvolle Überlieferungen, die sich in den anderen Evangelien nicht finden, darunter die Gleichnisse vom barmherzigen Samariter, vom verlorenen Sohn, vom klugen Verwalter, vom Pharisäer und Zöllner, eine Reihe von urchristlichen Gebeten und Hymnen (Lobgesang Marias: 1,46–55; Lobgesang des Zacharias: 1,68–79; Lobgesang des Simeon: 2,29–32), wichtige Hinweise auf das Verhalten Jesu gegenüber Frauen, Zöllnern und Sündern, auch bedeutsame Einzelzüge des Passionsgeschehens.

Die Sonderüberlieferungen des Lukas stehen im Dienst seiner theologischen Aussagen. Er zeigt in Jesus den Heiland der Verlorenen, der sozial Entrechteten, der Frauen, der Zöllner und Sünder. Jesus offenbarte die Menschenliebe Gottes auf bezwingende Weise. Alle Christen müssen daher ebenso wie Jesus handeln. Wo jemand sich dem Wort Jesu öffnet, wird er zu einem guten und edlen Menschen (8,15). Das Leben des Christen hat seine Mitte in der dienenden Liebe, die auch dem Feind und dem Fremden gelten (6,27–36; 10,25–37) und sich besonders an der Einstellung zu Reichtum und Besitz bewähren muß (12,13–21.33f; 14,12–14; 16,9–13.19–31). Jesus zeigt im Leben und im Sterben, wie sich ein Mensch gut und richtig verhalten soll. Durch Jesus ist die entscheidende Wende der Heilsgeschichte eingetreten (16,16f). Jesus, nicht der als Friedensbringer verehrte Kaiser in Rom, ist der wahre Heiland der Welt (2,11: »Heute ist euch der Retter geboren«). Darum verknüpfte Lukas die Geschichte Jesu mit der Weltgeschichte (1,5; 2,1f; 3,1f). Der Alte Bund und die Geschichte Israels finden ihre Vollendung in der Kirche Christi, die aus Juden und Heiden besteht.

Mit der Auferstehung Jesu und dem Untergang Jerusalems ist die Epoche der Heidenmission, die Zeit der Sammlung aller Menschen zum einen Volk Gottes angebrochen. Wenn die »Zeit der Heiden« zu Ende ist (21,24), wird auch Israel Jesus als Messias anerkennen (13,35). Das Christusbild des Lukas und sein Aufruf zu sozialem Verhalten sind bis heute maßgebend für die christliche Vorstellung vom Menschen und vom rechten Verhalten in der Gemeinschaft.

Das Vorwort

1 Schon viele haben es unternommen, einen Bericht über all das
abzufassen, was sich unter uns ereignet und erfüllt hat. 2 Dabei
hielten sie sich an die Überlieferung derer, die von Anfang an Augen-
zeugen und Diener des Wortes waren. 3 Nun habe auch ich mich ent-
schlossen, allem von Grund auf sorgfältig nachzugehen, um es für
dich, hochverehrter Theophilus, der Reihe nach aufzuschreiben. 4 So
kannst du dich von der Zuverlässigkeit der Lehre überzeugen, in der
du unterwiesen wurdest.

Die Vorgeschichte

Die Verheißung der Geburt des Täufers

5 Zur Zeit des Herodes, des Königs von Judäa, lebte ein Priester
namens Zacharias, der zur Priesterklasse Abija gehörte. Seine Frau
stammte aus dem Geschlecht Aarons; sie hieß Elisabet. 6 Beide lebten
so, wie es in den Augen Gottes recht ist, und hielten sich in allem
streng an die Gebote und Vorschriften des Herrn. 7 Sie hatten keine
Kinder, denn Elisabet war unfruchtbar, und beide waren schon in vor-
gerücktem Alter.
8 Eines Tages, als seine Priesterklasse wieder an der Reihe war und er
beim Gottesdienst mitzuwirken hatte, 9 wurde, wie nach der Priester-
ordnung üblich, das Los geworfen, und Zacharias fiel die Aufgabe zu,
im Tempel des Herrn das Rauchopfer darzubringen. 10 Während er nun
zur festgelegten Zeit das Opfer darbrachte, stand das ganze Volk
draußen und betete. 11 Da erschien dem Zacharias ein Engel des Herrn;
er stand auf der rechten Seite des Rauchopferaltars. 12 Als Zacharias ihn
sah, erschrak er, und es befiel ihn Furcht. 13 Der Engel aber sagte zu
ihm: Fürchte dich nicht, Zacharias! Dein Gebet *ist erhört worden. Deine*
Frau Elisabet wird dir einen Sohn gebären; dem sollst du den Namen Johan-
nes *geben.* 14 Große Freude wird dich erfüllen, und auch viele andere
werden sich über seine Geburt freuen. 15 Denn er wird groß sein vor
dem Herrn. *Wein und andere berauschende Getränke wird er nicht trinken,*
und schon im Mutterleib wird er vom Heiligen Geist erfüllt sein.
16 Viele Israeliten wird er zum Herrn, ihrem Gott, bekehren. 17 Er wird

Oskar Kokoschka
Verkündigung an Maria
(1911)
»Der Engel trat bei ihr ein und sagte: Sei gegrüßt, du Begnadete, der Herr ist mit dir« (Lk 1,28). Kaum ein Thema der christlichen Kunst hat eine solche Fülle unterschiedlicher Deutungen durch bildhafte Gestaltung erfahren wie die Verkündigungsszene: Maria als verschüchterte Mädchengestalt oder als bereits machtvolle Himmelskönigin sind nur zwei der gegensätzlichen Auffassungen, die in zahlreichen Varianten verbreitet sind. Ohne Vorbild ist jedoch Oskar Kokoschkas Darstellung einer bereits hochschwangeren Maria, deren Leib von einem nackten Verkündigungsengel mit der rechten Hand berührt wird, während die linke in seltsamer Verkrümmung den herkömmlichen Gestus des Grußes mühsam nachzuahmen scheint. Es ist nicht anzunehmen, daß Kokoschka den einleitenden, auf Elisabet bezogenen Hinweis (»Im sechsten Monat« wurde Gabriel nach Nazaret geschickt; Lk 1,26) vor Augen hat. Vielmehr gibt der Gruß Gabriels Anlaß genug, Maria in ›gesegneten Umständen‹ darzustellen. Nachdem auf diese Weise der Blickwinkel verschoben ist, läßt die Nacktheit des Engels an die Bildtradition antiker Allegorien denken, etwa an eine Personifikation der Fruchtbarkeit.

mit dem Geist und mit der Kraft des Elija dem Herrn vorangehen, um
das Herz der Väter wieder den Kindern zuzuwenden und die Ungehorsamen
zur Gerechtigkeit zu führen und so das Volk für den Herrn bereit zu
machen. 18 Zacharias sagte zu dem Engel: Woran soll ich erkennen,
daß das wahr ist? Ich bin ein alter Mann, und auch meine Frau ist in
vorgerücktem Alter. 19 Der Engel erwiderte ihm: Ich bin Gabriel, der vor
Gott steht, und ich bin gesandt worden, um mit dir zu reden und dir
diese frohe Botschaft zu bringen. 20 Aber weil du meinen Worten nicht
geglaubt hast, die in Erfüllung gehen, wenn die Zeit dafür da ist, sollst
du stumm sein und nicht mehr reden können, bis zu dem Tag, an dem
all das eintrifft. 21 Inzwischen wartete das Volk auf Zacharias und wun-
derte sich, daß er so lange im Tempel blieb. 22 Als er dann herauskam,
konnte er nicht mit ihnen sprechen. Da merkten sie, daß er im Tempel
eine Erscheinung gehabt hatte. Er gab ihnen nur Zeichen mit der Hand
und blieb stumm.
23 Als die Tage seines Dienstes (im Tempel) zu Ende waren, kehrte er
nach Hause zurück. 24 Bald darauf empfing seine Frau Elisabet einen
Sohn und lebte fünf Monate lang zurückgezogen. Sie sagte: 25 Der
Herr hat mir geholfen; er hat in diesen Tagen gnädig auf mich
geschaut und mich von der Schande befreit, mit der ich in den Augen
der Menschen beladen war.

Die Verheißung der Geburt Jesu

26 Im sechsten Monat wurde der Engel Gabriel von Gott in eine Stadt
in Galiläa namens Nazaret 27 zu einer Jungfrau gesandt. Sie war mit
einem Mann namens Josef verlobt, der aus dem Haus David stammte.
Der Name der Jungfrau war Maria. 28 Der Engel trat bei ihr ein und
sagte: Sei gegrüßt, du Begnadete, der Herr ist mit dir. 29 Sie erschrak
über die Anrede und überlegte, was dieser Gruß zu bedeuten habe.
30 Da sagte der Engel zu ihr: Fürchte dich nicht, Maria; denn du hast
bei Gott Gnade gefunden. 31 *Du wirst ein Kind empfangen, einen Sohn wirst*
du gebären: dem sollst du den Namen Jesus *geben.* 32 Er wird groß sein und
Sohn des Höchsten genannt werden. Gott, der Herr, wird ihm *den*
Thron seines Vaters *David* geben. 33 Er wird über das Haus Jakob *in*
Ewigkeit herrschen, und *seine Herrschaft* wird kein Ende haben. 34 Maria
sagte zu dem Engel: Wie soll das geschehen, da ich keinen Mann
erkenne? 35 Der Engel antwortete ihr: Der Heilige Geist wird über dich
kommen, und die Kraft des Höchsten wird dich überschatten. Des-
halb wird auch das Kind heilig und Sohn Gottes genannt werden.
36 Auch Elisabet, deine Verwandte, hat noch in ihrem Alter einen Sohn
empfangen; obwohl sie als unfruchtbar galt, ist sie jetzt schon im
sechsten Monat. 37 Denn *für Gott ist nichts unmöglich.* 38 Da sagte Maria:

Ich bin die Magd des Herrn; mir geschehe, wie du es gesagt hast.
Danach verließ sie der Engel.

Der Besuch Marias bei Elisabet
39 Nach einigen Tagen machte sich Maria auf den Weg und eilte in
eine Stadt im Bergland von Judäa. 40 Sie ging in das Haus des Zacha-
rias und begrüßte Elisabet. 41 Als Elisabet den Gruß Marias hörte,
hüpfte das Kind in ihrem Leib. Da wurde Elisabet vom Heiligen Geist
erfüllt 42 und rief mit lauter Stimme: Gesegnet bist du mehr als alle
anderen Frauen, und gesegnet ist die Frucht deines Leibes.
43 Wer bin ich, daß die Mutter meines Herrn zu mir kommt? 44 In dem
Augenblick, als ich deinen Gruß hörte, hüpfte das Kind vor Freude in
meinem Leib. 45 Selig ist die, die geglaubt hat, daß sich erfüllt, was der
Herr ihr sagen ließ. 46 Da sagte Maria:
Meine Seele preist die Größe des Herrn, / 47 und mein Geist *jubelt über*
Gott, meinen Retter.
48 *Denn auf die Niedrigkeit seiner Magd hat er geschaut.* / Siehe, von nun an
preisen mich selig alle Geschlechter.
49 Denn der Mächtige *hat Großes* an mir *getan,* / *und sein Name ist heilig.*
50 *Er erbarmt sich von Geschlecht zu Geschlecht / über alle, die ihn*
fürchten.
51 Er vollbringt mit *seinem Arm* machtvolle Taten: / *Er zerstreut,* die im
Herzen *voll Hochmut sind;*
52 *er stürzt die Mächtigen* vom Thron / und *erhöht die Niedrigen.*
53 *Die Hungernden beschenkt er mit seinen Gaben* / und läßt die Reichen leer
ausgehen.
54 *Er nimmt sich seines Knechtes Israel an / und denkt an sein Erbarmen,*
55 *das er unsern Vätern* verheißen hat, / *Abraham und seinen Nachkommen*
auf ewig.
56 Und Maria blieb etwa drei Monate bei ihr; dann kehrte sie nach
Hause zurück.

Die Geburt des Täufers
57 Für Elisabet kam die Zeit der Niederkunft, und sie brachte einen
Sohn zur Welt. 58 Ihre Nachbarn und Verwandten hörten, welch
großes Erbarmen der Herr ihr erwiesen hatte, und freuten sich mit ihr.
59 Am achten Tag kamen sie zur Beschneidung des Kindes und wollten
ihm den Namen seines Vaters Zacharias geben. 60 Seine Mutter aber
widersprach ihnen und sagte: Nein, er soll Johannes heißen. 61 Sie
antworteten ihr: Es gibt doch niemand in deiner Verwandtschaft, der
so heißt. 62 Da fragten sie seinen Vater durch Zeichen, welchen Namen
das Kind haben solle. 63 Er verlangte ein Schreibtäfelchen und schrieb
zum Erstaunen aller darauf: Sein Name ist Johannes. 64 Im gleichen
Augenblick konnte er Mund und Zunge wieder gebrauchen, und er
redete und pries Gott. 65 Und alle, die in jener Gegend wohnten,
erschraken, und man sprach von all diesen Dingen im ganzen Berg-
land von Judäa. 66 Alle, die davon hörten, machten sich Gedanken dar-
über und sagten: Was wird wohl aus diesem Kind werden? Denn es
war deutlich, daß die Hand des Herrn mit ihm war.
67 Sein Vater Zacharias wurde vom Heiligen Geist erfüllt und begann
prophetisch zu reden:
68 *Gepriesen sei der Herr, der Gott Israels!* / Denn er hat *sein Volk* besucht und
ihm Erlösung geschaffen;
69 er hat uns *einen starken Retter* erweckt / im Hause seines Knechtes
David.
70 So hat er verheißen von alters her / durch den Mund seiner heiligen
Propheten.
71 Er hat uns *errettet vor unseren Feinden* / *und aus der Hand* aller, *die uns*
hassen;
72 er hat *das Erbarmen mit den Vätern* an uns vollendet / und *an seinen hei-*
ligen Bund gedacht,
73 *an den Eid, den er unserm Vater Abraham geschworen hat;* / 74 er hat uns
geschenkt, daß wir, aus Feindeshand befreit, / ihm furchtlos dienen
75 in Heiligkeit und Gerechtigkeit / vor seinem Angesicht all unsre
Tage.

76 Und du, Kind, wirst Prophet des Höchsten heißen; / denn du wirst
dem Herrn vorangehen und ihm *den Weg bereiten.*
77 Du wirst sein Volk mit der Erfahrung des Heils beschenken / in der
Vergebung der Sünden.
78 Durch die barmherzige Liebe unseres Gottes / wird uns besuchen
das aufstrahlende Licht aus der Höhe,
79 um *allen zu leuchten, die in Finsternis sitzen und im Schatten des Todes,* /
und unsre Schritte zu lenken *auf den Weg des Friedens.*
80 Das Kind wuchs heran, und sein Geist wurde stark. Und Johannes
lebte in der Wüste bis zu dem Tag, an dem er den Auftrag erhielt, in
Israel aufzutreten.

Die Geburt Jesu
2 In jenen Tagen erließ Kaiser Augustus den Befehl, alle Bewohner
des Reiches in Steuerlisten einzutragen. 2 Dies geschah zum
erstenmal; damals war Quirinius Statthalter von Syrien. 3 Da ging
jeder in seine Stadt, um sich eintragen zu lassen.
4 So zog auch Josef von der Stadt Nazaret in Galiläa hinauf nach Judäa
in die Stadt Davids, die Betlehem heißt; denn er war aus dem Haus
und Geschlecht Davids. 5 Er wollte sich eintragen lassen mit Maria,
seiner Verlobten, die ein Kind erwartete.
6 Als sie dort waren, kam für Maria die Zeit ihrer Niederkunft, 7 und sie
gebar ihren Sohn, den Erstgeborenen. Sie wickelte ihn in Windeln
und legte ihn in eine Krippe, weil in der Herberge kein Platz für sie
war.
8 In jener Gegend lagerten Hirten auf freiem Feld und hielten Nacht-
wache bei ihrer Herde. 9 Da trat der Engel des Herrn zu ihnen, und der
Glanz des Herrn umstrahlte sie. Sie fürchteten sich sehr, 10 der Engel
aber sagte zu ihnen: Fürchtet euch nicht, denn ich verkünde euch eine
große Freude, die dem ganzen Volk zuteil werden soll: 11 Heute ist
euch in der Stadt Davids der Retter geboren; er ist der Messias, der
Herr. 12 Und das soll euch als Zeichen dienen: Ihr werdet ein Kind fin-
den, das, in Windeln gewickelt, in einer Krippe liegt. 13 Und plötzlich
war bei dem Engel ein großes himmlisches Heer, das Gott lobte und
sprach:
14 Verherrlicht ist Gott in der Höhe, / und auf Erden ist Friede / bei den
Menschen seiner Gnade.
15 Als die Engel sie verlassen hatten und in den Himmel zurückge-
kehrt waren, sagten die Hirten zueinander: Kommt, wir gehen nach
Betlehem, um das Ereignis zu sehen, das uns der Herr verkünden
ließ. 16 So eilten sie hin und fanden Maria und Josef und das Kind, das
in der Krippe lag. 17 Als sie es sahen, erzählten sie, was ihnen über
dieses Kind gesagt worden war. 18 Und alle, die es hörten, staunten
über die Worte der Hirten. 19 Maria aber bewahrte alles, was gesche-
hen war, in ihrem Herzen und dachte darüber nach. 20 Die Hirten
kehrten zurück, rühmten Gott und priesen ihn für das, was sie gehört
und gesehen hatten; denn alles war so gewesen, wie es ihnen gesagt
worden war.

Das Zeugnis des Simeon und der Hanna über Jesus
21 Als acht Tage vorüber waren und das Kind beschnitten werden
sollte, gab man ihm den Namen Jesus, den der Engel genannt hatte,
noch ehe das Kind im Schoß seiner Mutter empfangen wurde.
22 Dann kam für sie der Tag der vom Gesetz des Mose vorgeschrie-
benen Reinigung. Sie brachten das Kind nach Jerusalem hinauf, um
es dem Herrn zu weihen, 23 gemäß dem Gesetz des Herrn, in dem
es heißt: *Jede männliche Erstgeburt soll dem Herrn geweiht sein.* 24 Auch woll-
ten sie ihr Opfer darbringen, wie es das Gesetz des Herrn vorschreibt:
ein Paar Turteltauben oder zwei junge Tauben.
25 In Jerusalem lebte damals ein Mann namens Simeon. Er war gerecht
und fromm und wartete auf die Rettung Israels, und der Heilige Geist
ruhte auf ihm. 26 Vom Heiligen Geist war ihm offenbart worden, er
werde den Tod nicht schauen, ehe er den Messias des Herrn gesehen
habe. 27 Jetzt wurde er vom Geist in den Tempel geführt; und als die
Eltern Jesus hereinbrachten, um zu erfüllen, was nach dem Gesetz

Emil Nolde
Heilige Nacht
(1912)

»Maria aber bewahrte alles, was geschehen war, in ihrem Herzen und dachte darüber nach« (Lk 2,19). Emil Nolde nannte als Thema seines Weihnachtsbildes »höchstes Mutterglück«. Das Ziel seiner Gestaltungsweise sah er in der »absoluten Ursprünglichkeit, dem intensiven, oft grotesken Ausdruck in allereinfachster Form«. Solche Einfachheit äußert sich in der Diagonalkomposition, die Marias ausgestreckte Arme, ihr Kind und den Stern am nächtlichen Himmel verbindet, und in der Verwendung der komplementären Farbpaare Rot und Grün, Blau und Orange, gelber Stern und violetter Rock. Randfiguren sind Josef und der Esel, der bereits im Mittelalter aus dem Buch Jesaja in die Weihnachtsbilder gelangt ist (»Der Ochse kennt seinen Besitzer und der Esel die Krippe seines Herrn«; Jes 1,3). Im Hintergrund stapfen die Hirten heran. Vielleicht war es gerade diese Reverenz gegenüber der Bildtradition, durch die Nolde empörten Protest hervorrief. Denn was konnte stärker als ›grotesk‹ empfunden werden als das zwar in Rosenfarben leuchtende, doch als ›Erdenkloß‹ anmutende Jesuskind auf den Händen einer Zigeunerin? In der Tat hat Nolde hier der Begriff der Inkarnation, der Fleischwerdung Gottes, in nie zuvor gesehener Unmittelbarkeit im Bild zum Ausdruck gebracht.

üblich war, 28 nahm Simeon das Kind in seine Arme und pries Gott mit
den Worten:
29 Nun läßt du, Herr, deinen Knecht, / wie du gesagt hast, in Frieden
scheiden.
30 Denn meine Augen haben *das Heil gesehen*, / 31 das du *vor allen Völkern*
bereitet hast,
32 *ein Licht*, das *die Heiden* erleuchtet, / und *Herrlichkeit* für dein Volk
Israel.
33 Sein Vater und seine Mutter staunten über die Worte, die über Jesus
gesagt wurden. 34 Und Simeon segnete sie und sagte zu Maria, der
Mutter Jesu: Dieser ist dazu bestimmt, daß in Israel viele durch ihn zu
Fall kommen und viele aufgerichtet werden, und er wird ein Zeichen
sein, dem widersprochen wird. 35 Dadurch sollen die Gedanken vieler
Menschen offenbar werden. Dir selbst aber wird ein Schwert durch die
Seele dringen.
36 Damals lebte auch eine Prophetin namens Hanna, eine Tochter
Penuëls, aus dem Stamm Ascher. Sie war schon hochbetagt. Als junges
Mädchen hatte sie geheiratet und sieben Jahre mit ihrem Mann gelebt;
37 nun war sie eine Witwe von vierundachtzig Jahren. Sie hielt sich stän-
dig im Tempel auf und diente Gott Tag und Nacht mit Fasten und Beten.
38 In diesem Augenblick nun trat sie hinzu, pries Gott und sprach über
das Kind zu allen, die auf die Erlösung Jerusalems warteten.
39 Als seine Eltern alles getan hatten, was das Gesetz des Herrn vor-
schreibt, kehrten sie nach Galiläa in ihre Stadt Nazaret zurück. 40 Das
Kind wuchs heran und wurde kräftig; Gott erfüllte es mit Weisheit,
und seine Gnade ruhte auf ihm.

Der zwölfjährige Jesus im Tempel

41 Die Eltern Jesu gingen jedes Jahr zum Paschafest nach Jerusalem.
42 Als er zwölf Jahre alt geworden war, zogen sie wieder hinauf, wie es
dem Festbrauch entsprach. 43 Nachdem die Festtage zu Ende waren,
machten sie sich auf den Heimweg. Der junge Jesus aber blieb in Jeru-
salem, ohne daß seine Eltern es merkten. 44 Sie meinten, er sei irgend-
wo in der Pilgergruppe, und reisten eine Tagesstrecke weit; dann
suchten sie ihn bei den Verwandten und Bekannten. 45 Als sie ihn nicht
fanden, kehrten sie nach Jerusalem zurück und suchten ihn dort.
46 Nach drei Tagen fanden sie ihn im Tempel; er saß mitten unter den
Lehrern, hörte ihnen zu und stellte Fragen. 47 Alle, die ihn hörten,
waren erstaunt über sein Verständnis und über seine Antworten. 48 Als
seine Eltern ihn sahen, waren sie sehr betroffen, und seine Mutter
sagte zu ihm: Kind, wie konntest du uns das antun? Dein Vater und ich
haben dich voll Angst gesucht. 49 Da sagte er zu ihnen: Warum habt
ihr mich gesucht? Wußtet ihr nicht, daß ich in dem sein muß, was
meinem Vater gehört? 50 Doch sie verstanden nicht, was er damit
sagen wollte. 51 Dann kehrte er mit ihnen nach Nazaret zurück und
war ihnen gehorsam. Seine Mutter bewahrte alles, was geschehen
war, in ihrem Herzen. 52 Jesus aber wuchs heran, und seine Weisheit
nahm zu, und *er fand Gefallen bei Gott und den Menschen*.

Die Vorbereitung des Wirkens Jesu

Johannes der Täufer

3 Es war im fünfzehnten Jahr der Regierung des Kaisers Tiberius;
Pontius Pilatus war Statthalter von Judäa, Herodes Tetrarch von
Galiläa, sein Bruder Philippus Tetrarch von Ituräa und Trachonitis,
Lysanias Tetrarch von Abilene; 2 Hohepriester waren Hannas und
Kajaphas. Da erging in der Wüste das Wort Gottes an Johannes, den
Sohn des Zacharias. 3 Und er zog in die Gegend am Jordan und ver-
kündigte dort überall Umkehr und Taufe zur Vergebung der Sünden.
4 (So erfüllte sich,) was im Buch der Reden des Propheten Jesaja steht:
Eine Stimme ruft in der Wüste: / Bereitet dem Herrn den Weg! Ebnet ihm die
Straßen!
5 *Jede Schlucht soll aufgefüllt werden, jeder Berg und Hügel sich senken.*
Was krumm ist, soll gerade werden, was uneben ist, soll zum ebenen Weg
werden.
6 *Und alle Menschen werden das Heil sehen, das von Gott kommt.*
7 Das Volk zog in Scharen zu ihm hinaus, um sich von ihm taufen zu
lassen. Er sagte zu ihnen: Ihr Schlangenbrut, wer hat euch denn
gelehrt, daß ihr dem kommenden Gericht entrinnen könnt? 8 Bringt
Früchte hervor, die eure Umkehr zeigen, und fangt nicht an zu sagen:
Wir haben ja Abraham zum Vater. Denn ich sage euch: Gott kann aus
diesen Steinen Kinder Abrahams machen. 9 Schon ist die Axt an die
Wurzel der Bäume gelegt; jeder Baum, der keine gute Frucht hervor-
bringt, wird umgehauen und ins Feuer geworfen.
10 Da fragten ihn die Leute: Was sollen wir also tun? 11 Er antwortete
ihnen: Wer zwei Gewänder hat, der gebe eines davon dem, der keines
hat, und wer zu essen hat, der handle ebenso. 12 Es kamen auch Zöll-
ner zu ihm, um sich taufen zu lassen, und fragten: Meister, was sollen
wir tun? 13 Er sagte zu ihnen: Verlangt nicht mehr, als festgesetzt ist.
14 Auch Soldaten fragten ihn: Was sollen denn wir tun? Und er sagte zu
ihnen: Mißhandelt niemand, erpreßt niemand, begnügt euch mit
eurem Sold!
15 Das Volk war voll Erwartung, und alle überlegten im stillen, ob
Johannes nicht vielleicht selbst der Messias sei. 16 Doch Johannes gab
ihnen allen zur Antwort: Ich taufe euch nur mit Wasser. Es kommt
aber einer, der stärker ist als ich, und ich bin es nicht wert, ihm die
Schuhe aufzuschnüren. Er wird euch mit dem Heiligen Geist und mit
Feuer taufen. 17 Schon hält er die Schaufel in der Hand, um die Spreu
vom Weizen zu trennen und den Weizen in seine Scheune zu bringen;
die Spreu aber wird er in nie erlöschendem Feuer verbrennen. 18 Mit
diesen und vielen anderen Worten ermahnte er das Volk in seiner
Predigt.
19 Johannes tadelte auch den Tetrarchen Herodes wegen (der Sache
mit) Herodias, der Frau seines Bruders, und wegen all der anderen
Schandtaten, die er verübt hatte. 20 Deshalb ließ Herodes Johannes ins
Gefängnis werfen und lud so noch mehr Schuld auf sich.

Die Taufe Jesu

21 Zusammen mit dem ganzen Volk ließ auch Jesus sich taufen. Und
während er betete, öffnete sich der Himmel, 22 und der Heilige Geist
kam sichtbar in Gestalt einer Taube auf ihn herab, und eine Stimme
aus dem Himmel sprach: *Du bist mein geliebter Sohn, an dir habe ich Gefal-*
len gefunden.

Die Vorfahren Jesu

23 Jesus war etwa dreißig Jahre alt, als er zum erstenmal öffentlich
auftrat. Man hielt ihn für den Sohn Josefs. Die Vorfahren Josefs waren:
Eli, 24 Mattat, Levi, Melchi, Jannai, Josef, 25 Mattitja, Amos, Nahum,
Hesli, Naggai, 26 Mahat, Mattitja, Schimi, Josech, Joda, 27 Johanan,
Resa, Serubbabel, Schealtiël, Neri, 28 Melchi, Addi, Kosam, Elmadam,
Er, 29 Joschua, Eliëser, Jorim, Mattat, Levi, 30 Simeon, Juda, Josef,
Jonam, Eljakim, 31 Melea, Menna, Mattata, Natan, David, 32 Isai, Obed,
Boas, Salmon, Nachschon, 33 Amminadab, Admin, Arni, Hezron,
Perez, Juda, 34 Jakob, Isaak, Abraham, Terach, Nahor, 35 Serug, Regu,
Peleg, Eber, Schelach, 36 Kenan, Arpachschad, Sem, Noach, Lamech,
37 Metuschelach, Henoch, Jered, Mahalalel, Kenan, 38 Enosch, Set,
Adam; (der stammte von) Gott.

Die Versuchung Jesu

4 Erfüllt vom Heiligen Geist, verließ Jesus die Jordangegend. Dar-
auf führte ihn der Geist vierzig Tage lang in der Wüste umher,
2 und dabei wurde Jesus vom Teufel in Versuchung geführt. Die ganze
Zeit über aß er nichts; als aber die vierzig Tage vorüber waren, hatte er
Hunger. 3 Da sagte der Teufel zu ihm: Wenn du Gottes Sohn bist, so
befiehl diesem Stein, zu Brot zu werden. 4 Jesus antwortete ihm: In der
Schrift heißt es: *Der Mensch lebt nicht nur von Brot*. 5 Da führte ihn der
Teufel (auf einen Berg) hinauf und zeigte ihm in einem einzigen

Augenblick alle Reiche der Erde. 6 Und er sagte zu ihm: All die Macht
und Herrlichkeit dieser Reiche will ich dir geben; denn sie sind mir
überlassen, und ich gebe sie, wem ich will. 7 Wenn du dich vor mir nie-
derwirfst und mich anbetest, wird dir alles gehören. 8 Jesus antwortete
ihm: In der Schrift steht: *Vor dem Herrn, deinem Gott, sollst du dich nieder-
werfen und ihm allein dienen.* 9 Darauf führte ihn der Teufel nach Jeru-
salem, stellte ihn oben auf den Tempel und sagte zu ihm: Wenn du
Gottes Sohn bist, so stürz dich von hier hinab; 10 denn es heißt in der
Schrift:
Seinen Engeln befiehlt er, dich zu behüten;
11 und: *Sie werden dich auf ihren Händen tragen, / damit dein Fuß nicht an
einen Stein stößt.*
12 Da antwortete ihm Jesus: Die Schrift sagt: *Du sollst den Herrn, deinen
Gott, nicht auf die Probe stellen.* 13 Nach diesen Versuchungen ließ der
Teufel für eine gewisse Zeit von ihm ab.

Das Wirken Jesu in Galiläa

Erstes Auftreten in Galiläa
14 Jesus kehrte, erfüllt von der Kraft des Geistes, nach Galiläa zurück.
Und die Kunde von ihm verbreitete sich in der ganzen Gegend. 15 Er
lehrte in den Synagogen und wurde von allen gepriesen.

Die Ablehnung Jesu in seiner Heimat
16 So kam er auch nach Nazaret, wo er aufgewachsen war, und ging,
wie gewohnt, am Sabbat in die Synagoge. Als er aufstand, um aus der
Schrift vorzulesen, 17 reichte man ihm das Buch des Propheten Jesaja.
Er schlug das Buch auf und fand die Stelle, wo es heißt:
18 *Der Geist des Herrn ruht auf mir; / denn der Herr hat mich gesalbt.
Er hat mich gesandt, / damit ich den Armen eine gute Nachricht bringe;
damit ich den Gefangenen die Entlassung verkünde / und den Blinden das
Augenlicht;
damit ich die Zerschlagenen in Freiheit setze* 19 *und ein Gnadenjahr des Herrn
ausrufe.*
20 Dann schloß er das Buch, gab es dem Synagogendiener und setzte
sich. Die Augen aller in der Synagoge waren auf ihn gerichtet. 21 Da
begann er, ihnen darzulegen: Heute hat sich das Schriftwort, das ihr
eben gehört habt, erfüllt. 22 Seine Rede fand bei allen Beifall; sie staun-
ten darüber, wie begnadet er redete, und sagten: Ist das nicht der Sohn
Josefs? 23 Da entgegnete er ihnen: Sicher werdet ihr mir das Sprichwort
vorhalten: Arzt, heile dich selbst! Wenn du in Kafarnaum so große
Dinge getan hast, wie wir gehört haben, dann tu sie auch hier in deiner
Heimat! 24 Und er setzte hinzu: Amen, das sage ich euch: Kein Prophet
wird in seiner Heimat anerkannt. 25 Wahrhaftig, das sage ich euch: In
Israel gab es viele Witwen in den Tagen des Elija, als der Himmel für
drei Jahre und sechs Monate verschlossen war und eine große
Hungersnot über das ganze Land kam. 26 Aber zu keiner von ihnen
wurde Elija gesandt, nur zu einer Witwe in Sarepta bei Sidon. 27 Und
viele Aussätzige gab es in Israel zur Zeit des Propheten Elischa. Aber
keiner von ihnen wurde geheilt, nur der Syrer Naaman. 28 Als die Leute
in der Synagoge das hörten, gerieten sie alle in Wut. 29 Sie sprangen auf
und trieben Jesus zur Stadt hinaus; sie brachten ihn an den Abhang des
Berges, auf dem ihre Stadt erbaut war, und wollten ihn hinabstürzen.
30 Er aber schritt mitten durch die Menge hindurch und ging weg.

Jesus in der Synagoge von Kafarnaum
31 Jesus ging hinab nach Kafarnaum, einer Stadt in Galiläa, und lehrte
die Menschen am Sabbat. 32 Sie waren sehr betroffen von seiner Lehre,
denn er redete mit (göttlicher) Vollmacht.
33 In der Synagoge saß ein Mann, der von einem Dämon, einem unrei-
nen Geist, besessen war. Der begann laut zu schreien: 34 Was haben
wir mit dir zu tun, Jesus von Nazaret? Bist du gekommen, um uns ins
Verderben zu stürzen? Ich weiß, wer du bist: der Heilige Gottes! 35 Da
befahl ihm Jesus: Schweig und verlaß ihn! Der Dämon warf den Mann
mitten in der Synagoge zu Boden und verließ ihn, ohne ihn jedoch zu
verletzen. 36 Da waren alle erstaunt und erschrocken, und einer fragte
den andern: Was ist das für ein Wort? Mit Vollmacht und Kraft befiehlt
er den unreinen Geistern, und sie fliehen. 37 Und sein Ruf verbreitete
sich in der ganzen Gegend.

Die Heilung der Schwiegermutter des Petrus
38 Jesus stand auf, verließ die Synagoge und ging in das Haus des
Simon. Die Schwiegermutter des Simon hatte hohes Fieber, und sie
baten ihn, ihr zu helfen. 39 Er trat zu ihr hin, beugte sich über sie und
befahl dem Fieber zu weichen. Da wich es von ihr, und sie stand sofort
auf und sorgte für sie.

Die Heilung von Besessenen und Kranken
40 Als die Sonne unterging, brachten die Leute ihre Kranken, die alle
möglichen Leiden hatten, zu Jesus. Er legte jedem Kranken die Hände
auf und heilte alle. 41 Von vielen fuhren auch Dämonen aus und
schrien: Du bist der Sohn Gottes! Da fuhr er sie schroff an und ließ sie
nicht reden; denn sie wußten, daß er der Messias war.

Aufbruch aus Kafarnaum
42 Bei Tagesanbruch verließ er die Stadt und ging an einen einsamen
Ort. Aber die Menschen suchten ihn, und als sie ihn fanden, wollten
sie ihn daran hindern wegzugehen. 43 Er sagte zu ihnen: Ich muß auch
den anderen Städten das Evangelium vom Reich Gottes verkünden;
denn dazu bin ich gesandt worden. 44 Und er predigte in den Synago-
gen Judäas.

Die Berufung der ersten Jünger
5 Als Jesus am Ufer des Sees Gennesaret stand, drängte sich das
Volk um ihn und wollte das Wort Gottes hören. 2 Da sah er zwei
Boote am Ufer liegen. Die Fischer waren ausgestiegen und wuschen
ihre Netze. 3 Jesus stieg in das Boot, das dem Simon gehörte, und bat
ihn, ein Stück weit vom Land wegzufahren. Dann setzte er sich und
lehrte das Volk vom Boot aus. 4 Als er seine Rede beendet hatte, sagte
er zu Simon: Fahr hinaus auf den See! Dort werft eure Netze zum Fang
aus! 5 Simon antwortete ihm: Meister, wir haben die ganze Nacht gear-
beitet und nichts gefangen. Doch wenn du es sagst, werde ich die
Netze auswerfen. 6 Das taten sie, und sie fingen eine so große Menge
Fische, daß ihre Netze zu reißen drohten. 7 Deshalb winkten sie ihren
Gefährten im anderen Boot, sie sollten kommen und ihnen helfen. Sie
kamen, und gemeinsam füllten sie beide Boote bis zum Rand, so daß
sie fast untergingen. 8 Als Simon Petrus das sah, fiel er Jesus zu Füßen
und sagte: Herr, geh weg von mir; ich bin ein Sünder. 9 Denn er und
alle seine Begleiter waren erstaunt und erschrocken, weil sie so viele
Fische gefangen hatten; 10 ebenso ging es Jakobus und Johannes, den
Söhnen des Zebedäus, die mit Simon zusammenarbeiteten. Da sagte
Jesus zu Simon: Fürchte dich nicht! Von jetzt an wirst du Menschen
fangen. 11 Und sie zogen die Boote an Land, ließen alles zurück und
folgten ihm nach.

Die Heilung eines Aussätzigen
12 Als Jesus in einer der Städte war, kam ein Mann, der am ganzen
Körper Aussatz hatte. Sobald er Jesus sah, warf er sich vor ihm zu
Boden und bat ihn: Herr, wenn du willst, kannst du machen, daß ich
rein werde. 13 Da streckte Jesus die Hand aus, berührte ihn und sagte:
Ich will es – werde rein! Im gleichen Augenblick verschwand der Aus-
satz. 14 Jesus befahl ihm: Erzähl niemand davon, sondern geh, *zeig dich
dem Priester* und bring das Reinigungsopfer dar, wie es Mose angeord-
net hat. Das soll für sie ein Beweis (deiner Heilung) sein.
15 Sein Ruf verbreitete sich immer mehr, so daß die Menschen von
überall herbeiströmten. Sie alle wollten ihn hören und von ihren
Krankheiten geheilt werden. 16 Doch er zog sich an einen einsamen
Ort zurück, um zu beten.

Karl Schmidt-Rottluff
Der wunderbare Fischzug
(1918)
»Als Simon Petrus das sah, fiel er Jesus zu Füßen und sagte: Herr, geh weg von mir, ich bin ein Sünder« (Lk 5,8). Der Holzschnitt des Expressionisten Karl Schmidt-Rottluff trennt und verbindet Jesus und seinen Jünger Petrus. Trennend, ja gegensätzlich erscheinen die säulenhafte Gestalt Jesu und die heftig agierende Gestalt des Petrus: Ohne äußeres Handeln hat Jesus das Wunder des überreichen Fischfangs vollbracht, nachdem Petrus mit seinen starken Armen und Händen vergeblich dem Beruf des Fischers nachgegangen ist. Dieser Gegensatz wird durch die Erschütterung überwunden, die jenes Wunder bei Petrus bewirkt hat. Schmidt-Rottluff deutet das Sündenbekenntnis des Petrus als rückhaltlose Zuwendung zu Jesus, als Hingabe, die eine klare Konsequenz zur Folge hat: Petrus und seine Gefährten »ließen alles zurück und folgten ihm nach« (Lk 8,11). Das Motiv des wunderbaren Fischzugs kehrt im Anhang zum Evangelium nach Johannes wieder (Joh 21,1-7).

Die Heilung eines Gelähmten
17 Eines Tages, als Jesus wieder lehrte, saßen unter den Zuhörern auch
Pharisäer und Gesetzeslehrer; sie waren aus allen Dörfern Galiläas
und Judäas und aus Jerusalem gekommen. Und die Kraft des Herrn
drängte ihn dazu, zu heilen. 18 Da brachten einige Männer einen
Gelähmten auf einer Tragbahre. Sie wollten ihn ins Haus bringen und
vor Jesus hinlegen. 19 Weil es ihnen aber wegen der vielen Leute nicht
möglich war, ihn hineinzubringen, stiegen sie aufs Dach, deckten die
Ziegel ab und ließen ihn auf seiner Tragbahre in die Mitte des Raumes
hinunter, genau vor Jesus hin. 20 Als er ihren Glauben sah, sagte er zu
dem Mann: Deine Sünden sind dir vergeben. 21 Da dachten die Schrift-
gelehrten und die Pharisäer: Wer ist das, daß er eine solche Gotteslä-
sterung wagt? Wer außer Gott kann Sünden vergeben? 22 Jesus aber
merkte, was sie dachten, und sagte zu ihnen: Was habt ihr für Gedan-
ken im Herzen? 23 Was ist leichter, zu sagen: Deine Sünden sind dir
vergeben!, oder zu sagen: Steh auf und geh umher? 24 Ihr sollt aber
erkennen, daß der Menschensohn die Vollmacht hat, hier auf der Erde
Sünden zu vergeben. Und er sagte zu dem Gelähmten: Ich sage dir:
Steh auf, nimm deine Tragbahre, und geh nach Hause!
25 Im gleichen Augenblick stand der Mann vor aller Augen auf. Er nahm
die Tragbahre, auf der er gelegen hatte, und ging heim, Gott lobend
und preisend. 26 Da gerieten alle außer sich; sie priesen Gott und sagten
voller Furcht: Heute haben wir etwas Unglaubliches gesehen.

Die Berufung des Levi und das Mahl mit den Zöllnern
27 Als Jesus von dort wegging, sah er einen Zöllner namens Levi am
Zoll sitzen und sagte zu ihm: Folge mir nach! 28 Da stand Levi auf, ver-
ließ alles und folgte ihm. 29 Und er gab für Jesus in seinem Haus ein
großes Festmahl. Viele Zöllner und andere Gäste waren mit ihnen bei
Tisch. 30 Da sagten die Pharisäer und ihre Schriftgelehrten voll Unwil-
len zu seinen Jüngern: Wie könnt ihr zusammen mit Zöllnern und
Sündern essen und trinken? 31 Jesus antwortete ihnen: Nicht die
Gesunden brauchen den Arzt, sondern die Kranken. 32 Ich bin gekom-
men, um die Sünder zur Umkehr zu rufen, nicht die Gerechten.

Die Frage nach dem Fasten
33 Sie sagten zu ihm: Die Jünger des Johannes fasten und beten viel,
ebenso die Jünger der Pharisäer; deine Jünger aber essen und trinken.
34 Jesus erwiderte ihnen: Könnt ihr denn die Hochzeitsgäste fasten
lassen, solange der Bräutigam bei ihnen ist? 35 Es werden aber Tage
kommen, da wird ihnen der Bräutigam genommen sein; in jenen
Tagen werden sie fasten.
36 Und er erzählte ihnen auch noch ein Gleichnis: Niemand schneidet
ein Stück von einem neuen Kleid ab und setzt es auf ein altes Kleid;
denn das neue Kleid wäre zerschnitten, und zu dem alten Kleid würde
das Stück von dem neuen nicht passen. 37 Auch füllt niemand neuen
Wein in alte Schläuche. Denn der neue Wein zerreißt die Schläuche; er
läuft aus, und die Schläuche sind unbrauchbar. 38 Neuen Wein muß
man in neue Schläuche füllen. 39 Und niemand, der alten Wein getrun-
ken hat, will neuen; denn er sagt: Der alte Wein ist besser.

Das Abreißen der Ähren am Sabbat
6 Als er an einem Sabbat durch die Kornfelder ging, rissen seine
Jünger Ähren ab, zerrieben sie mit den Händen und aßen sie.
2 Da sagten einige Pharisäer: Was tut ihr da? Das ist doch am Sabbat
verboten! 3 Jesus erwiderte ihnen: Habt ihr nicht gelesen, was David
getan hat, als er und seine Begleiter hungrig waren – 4 wie er in das
Haus Gottes ging und die heiligen Brote nahm, die nur die Priester
essen dürfen, und wie er sie aß und auch seinen Begleitern davon gab?
5 Und Jesus fügte hinzu: Der Menschensohn ist Herr über den Sabbat.

Die Heilung eines Mannes am Sabbat
6 An einem anderen Sabbat ging er in die Synagoge und lehrte. Dort
saß ein Mann, dessen rechte Hand verdorrt war. 7 Die Schriftgelehrten
und die Pharisäer gaben acht, ob er am Sabbat heilen werde; sie such-
ten nämlich einen Grund zur Anklage gegen ihn. 8 Er aber wußte, was
sie im Sinn hatten, und sagte zu dem Mann mit der verdorrten Hand:
Steh auf und stell dich in die Mitte! Der Mann stand auf und trat vor.
9 Dann sagte Jesus zu ihnen: Ich frage euch: Was ist am Sabbat erlaubt:
Gutes zu tun oder Böses, ein Leben zu retten oder es zugrunde gehen
zu lassen? 10 Und er sah sie alle der Reihe nach an und sagte dann zu
dem Mann: Streck deine Hand aus! Er tat es, und seine Hand war wie-
der gesund. 11 Da wurden sie von sinnloser Wut erfüllt und berieten,
was sie gegen Jesus unternehmen könnten.

Die Wahl der Zwölf
12 In diesen Tagen ging er auf einen Berg, um zu beten. Und er ver-
brachte die ganze Nacht im Gebet zu Gott.
13 Als es Tag wurde, rief er seine Jünger zu sich und wählte aus ihnen
zwölf aus; sie nannte er auch Apostel. 14 (Es waren) Simon, dem er den
Namen Petrus gab, und sein Bruder Andreas, dazu Jakobus und Johan-
nes, Philippus und Bartholomäus, 15 Matthäus und Thomas, Jakobus,
der Sohn des Alphäus, und Simon, genannt der Zelot, 16 Judas, der
Sohn des Jakobus, und Judas Iskariot, der zum Verräter wurde.

Der Andrang des Volkes
17 Jesus stieg mit ihnen den Berg hinab. In der Ebene blieb er mit einer
großen Schar seiner Jünger stehen, und viele Menschen aus ganz
Judäa und Jerusalem und dem Küstengebiet von Tyrus und Sidon

18 strömten herbei. Sie alle wollten ihn hören und von ihren Krank-
heiten geheilt werden. Auch die von unreinen Geistern Geplagten
wurden geheilt. 19 Alle Leute versuchten, ihn zu berühren; denn es
ging eine Kraft von ihm aus, die alle heilte.

Die Feldrede

Seligpreisungen und Weherufe

20 Er richtete seine Augen auf seine Jünger und sagte:
Selig, ihr Armen, denn euch gehört das Reich Gottes.
21 Selig, die ihr jetzt hungert, denn ihr werdet satt werden. / Selig, die
ihr jetzt weint, denn ihr werdet lachen.
22 Selig seid ihr, wenn euch die Menschen hassen und aus ihrer
Gemeinschaft ausschließen, wenn sie euch beschimpfen und euch in
Verruf bringen um des Menschensohnes willen. 23 Freut euch und
jauchzt an jenem Tag; euer Lohn im Himmel wird groß sein. Denn
ebenso haben es ihre Väter mit den Propheten gemacht.
24 Aber weh euch, die ihr reich seid; denn ihr habt keinen Trost mehr
zu erwarten.
25 Weh euch, die ihr jetzt satt seid; denn ihr werdet hungern.
Weh euch, die ihr jetzt lacht; denn ihr werdet klagen und weinen.
26 Weh euch, wenn euch alle Menschen loben; denn ebenso haben es
ihre Väter mit den falschen Propheten gemacht.

Von der Vergeltung und von der Liebe zu den Feinden

27 Euch, die ihr mir zuhört, sage ich: Liebt eure Feinde; tut denen
Gutes, die euch hassen. 28 Segnet die, die euch verfluchen; betet für
die, die euch mißhandeln. 29 Dem, der dich auf die eine Wange
schlägt, halt auch die andere hin, und dem, der dir den Mantel weg-
nimmt, laß auch das Hemd. 30 Gib jedem, der dich bittet; und wenn
dir jemand etwas wegnimmt, verlang es nicht zurück. 31 Was ihr von
anderen erwartet, das tut ebenso auch ihnen. 32 Wenn ihr nur die liebt,
die euch lieben, welchen Dank erwartet ihr dafür? Auch die Sünder lie-
ben die, von denen sie geliebt werden. 33 Und wenn ihr nur denen
Gutes tut, die euch Gutes tun, welchen Dank erwartet ihr dafür? Das
tun auch die Sünder. 34 Und wenn ihr nur denen etwas leiht, von denen
ihr es zurückzubekommen hofft, welchen Dank erwartet ihr dafür?
Auch die Sünder leihen Sündern in der Hoffnung, alles zurückzube-
kommen. 35 Ihr aber sollt eure Feinde lieben und sollt Gutes tun und
leihen, auch wo ihr nichts dafür erhoffen könnt. Dann wird euer Lohn
groß sein, und ihr werdet Söhne des Höchsten sein; denn auch er ist
gütig gegen die Undankbaren und Bösen. 36 Seid barmherzig, wie es
auch euer Vater ist!

Vom Richten

37 Richtet nicht, dann werdet auch ihr nicht gerichtet werden. Verur-
teilt nicht, dann werdet auch ihr nicht verurteilt werden. Erlaßt einan-
der die Schuld, dann wird auch euch die Schuld erlassen werden.
38 Gebt, dann wird auch euch gegeben werden. In reichem, vollem,
gehäuftem, überfließendem Maß wird man euch beschenken; denn
nach dem Maß, mit dem ihr meßt und zuteilt, wird auch euch zuge-
teilt werden.
39 Er gebrauchte auch einen Vergleich und sagte: Kann ein Blinder
einen Blinden führen? Werden nicht beide in eine Grube fallen? 40 Der
Jünger steht nicht über seinem Meister; jeder aber, der alles gelernt
hat, wird wie sein Meister sein. 41 Warum siehst du den Splitter im
Auge deines Bruders, aber den Balken in deinem eigenen Auge
bemerkst du nicht? 42 Wie kannst du zu deinem Bruder sagen: Bruder,
laß mich den Splitter aus deinem Auge herausziehen!, während du
den Balken in deinem eigenen Auge nicht siehst? Du Heuchler! Zieh
zuerst den Balken aus deinem Auge; dann kannst du versuchen, den
Splitter aus dem Auge deines Bruders herauszuziehen.

Von der wahren Frömmigkeit

43 Es gibt keinen guten Baum, der schlechte Früchte hervorbringt,
noch einen schlechten Baum, der gute Früchte hervorbringt. 44 Jeden
Baum erkennt man an seinen Früchten: Von den Disteln pflückt man
keine Feigen, und vom Dornstrauch erntet man keine Trauben. 45 Ein
guter Mensch bringt Gutes hervor, weil in seinem Herzen Gutes ist;
und ein böser Mensch bringt Böses hervor, weil in seinem Herzen
Böses ist. Wovon das Herz voll ist, davon spricht der Mund. 46 Was
sagt ihr zu mir: Herr! Herr!, und tut nicht, was ich sage?

Vom Haus auf dem Felsen

47 Ich will euch zeigen, wem ein Mensch gleicht, der zu mir kommt
und meine Worte hört und danach handelt. 48 Er ist wie ein Mann, der
ein Haus baute und dabei die Erde tief aushob und das Fundament auf
einen Felsen stellte. Als nun ein Hochwasser kam und die Flutwelle
gegen das Haus prallte, konnte sie es nicht erschüttern, weil es gut
gebaut war. 49 Wer aber hört und nicht danach handelt, ist wie ein
Mann, der sein Haus ohne Fundament auf die Erde baute. Die Flut-
welle prallte dagegen, das Haus stürzte sofort in sich zusammen und
wurde völlig zerstört.

Zeichen und Worte Jesu

Der Hauptmann von Kafarnaum

7 Als Jesus diese Rede vor dem Volk beendet hatte, ging er nach
Kafarnaum hinein. 2 Ein Hauptmann hatte einen Diener, der tod-
krank war und den er sehr schätzte. 3 Als der Hauptmann von Jesus
hörte, schickte er einige von den jüdischen Ältesten zu ihm mit der
Bitte, zu kommen und seinen Diener zu retten. 4 Sie gingen zu Jesus
und baten ihn inständig. Sie sagten: Er verdient es, daß du seine Bitte
erfüllst; 5 denn er liebt unser Volk und hat uns die Synagoge gebaut.
6 Da ging Jesus mit ihnen. Als er nicht mehr weit von dem Haus ent-
fernt war, schickte der Hauptmann Freunde und ließ ihm sagen: Herr,
bemüh dich nicht! Denn ich bin es nicht wert, daß du mein Haus
betrittst. 7 Deshalb habe ich mich auch nicht für würdig gehalten,
selbst zu dir zu kommen. Sprich nur ein Wort, dann muß mein Diener
gesund werden. 8 Auch ich muß Befehlen gehorchen, und ich habe
selber Soldaten unter mir; sage ich nun zu einem: Geh!, so geht er,
und zu einem andern: Komm!, so kommt er, und zu meinem Diener:
Tu das!, so tut er es. 9 Jesus war erstaunt über ihn, als er das hörte. Und
er wandte sich um und sagte zu den Leuten, die ihm folgten: Ich sage
euch: Nicht einmal in Israel habe ich einen solchen Glauben gefun-
den. 10 Und als die Männer, die der Hauptmann geschickt hatte, in das
Haus zurückkehrten, stellten sie fest, daß der Diener gesund war.

Die Auferweckung eines jungen Mannes in Naïn

11 Einige Zeit später ging er in eine Stadt namens Naïn; seine Jünger
und eine große Menschenmenge folgten ihm. 12 Als er in die Nähe des
Stadttors kam, trug man gerade einen Toten heraus. Es war der ein-
zige Sohn seiner Mutter, einer Witwe. Und viele Leute aus der Stadt
begleiteten sie. 13 Als der Herr die Frau sah, hatte er Mitleid mit ihr und
sagte zu ihr: Weine nicht! 14 Dann ging er zu der Bahre hin und faßte
sie an. Die Träger blieben stehen, und er sagte: Ich befehle dir, junger
Mann: Steh auf! 15 Da richtete sich der Tote auf und begann zu spre-
chen, und Jesus *gab ihn seiner Mutter zurück*. 16 Alle wurden von Furcht
ergriffen; sie priesen Gott und sagten: Ein großer Prophet ist unter
uns aufgetreten: Gott hat sich seines Volkes angenommen. 17 Und die
Kunde davon verbreitete sich überall in Judäa und im ganzen Gebiet
ringsum.

Die Frage des Täufers

18 Johannes erfuhr das alles von seinen Jüngern. Da rief er zwei von
ihnen zu sich, 19 schickte sie zum Herrn und ließ ihn fragen: Bist du
der, der kommen soll, oder müssen wir auf einen andern warten?

20 Als die beiden Männer zu Jesus kamen, sagten sie: Johannes der Täu-
fer hat uns zu dir geschickt und läßt dich fragen: Bist du der, der kom-
men soll, oder müssen wir auf einen andern warten? 21 Damals heilte
Jesus viele Menschen von ihren Krankheiten und Leiden, befreite sie
von bösen Geistern und schenkte vielen Blinden das Augenlicht. 22 Er
antwortete den beiden: Geht und berichtet Johannes, was ihr gesehen
und gehört habt: *Blinde sehen wieder, Lahme* gehen, und Aussätzige wer-
den rein; *Taube hören, Tote stehen auf,* und *den Armen wird das Evangelium
verkündet.* 23 Selig ist, wer an mir keinen Anstoß nimmt.

Das Urteil Jesu über den Täufer

24 Als die Boten des Johannes weggegangen waren, begann Jesus zu
der Menge über Johannes zu reden; er sagte: Was habt ihr denn sehen
wollen, als ihr in die Wüste hinausgegangen seid? Ein Schilfrohr, das
im Wind schwankt? 25 Oder was habt ihr sehen wollen, als ihr hinaus-
gegangen seid? Einen Mann in feiner Kleidung? Leute, die vornehm
gekleidet sind und üppig leben, findet man in den Palästen der
Könige. 26 Oder was habt ihr sehen wollen, als ihr hinausgegangen
seid? Einen Propheten? Ja, ich sage euch: Ihr habt sogar mehr gesehen
als einen Propheten. 27 Er ist der, von dem es in der Schrift heißt:
Ich sende meinen Boten vor dir her; / er soll den Weg für dich *bahnen.*
28 Ich sage euch: Unter allen Menschen gibt es keinen größeren als
Johannes; doch der Kleinste im Reich Gottes ist größer als er. 29 Das
ganze Volk, das Johannes hörte, selbst die Zöllner, sie alle haben den
Willen Gottes anerkannt und sich von Johannes taufen lassen. 30 Doch
die Pharisäer und die Gesetzeslehrer haben den Willen Gottes
mißachtet und sich von Johannes nicht taufen lassen.
31 Mit wem soll ich also die Menschen dieser Generation vergleichen?
Wem sind sie ähnlich? 32 Sie sind wie Kinder, die auf dem Marktplatz
sitzen und einander zurufen: Wir haben für euch auf der Flöte (Hoch-
zeitslieder) gespielt, und ihr habt nicht getanzt; wir haben Klagelieder
gesungen, und ihr habt nicht geweint. 33 Johannes der Täufer ist
gekommen, er ißt kein Brot und trinkt keinen Wein, und ihr sagt: Er
ist von einem Dämon besessen. 34 Der Menschensohn ist gekommen,
er ißt und trinkt; darauf sagt ihr: Dieser Fresser und Säufer, dieser
Freund der Zöllner und Sünder! 35 Und doch hat die Weisheit durch
alle ihre Kinder recht bekommen.

Die Begegnung Jesu mit der Sünderin

36 Jesus ging in das Haus eines Pharisäers, der ihn zum Essen eingela-
den hatte, und legte sich zu Tisch. 37 Als nun eine Sünderin, die in der
Stadt lebte, erfuhr, daß er im Haus des Pharisäers bei Tisch war, kam
sie mit einem Alabastergefäß voll wohlriechendem Öl 38 und trat von
hinten an ihn heran. Dabei weinte sie, und ihre Tränen fielen auf seine
Füße. Sie trocknete seine Füße mit ihrem Haar, küßte sie und salbte
sie mit dem Öl. 39 Als der Pharisäer, der ihn eingeladen hatte, das sah,
dachte er: Wenn er wirklich ein Prophet wäre, müßte er wissen, was
das für eine Frau ist, von der er sich berühren läßt; er wüßte, daß sie
eine Sünderin ist. 40 Da wandte sich Jesus an ihn und sagte: Simon, ich
möchte dir etwas sagen. Er erwiderte: Sprich, Meister! 41 (Jesus sagte:)
Ein Geldverleiher hatte zwei Schuldner; der eine war ihm fünfhundert
Denare schuldig, der andere fünfzig. 42 Als sie ihre Schulden nicht
bezahlen konnten, erließ er sie beiden. Wer von ihnen wird ihn nun
mehr lieben? 43 Simon antwortete: Ich nehme an, der, dem er mehr
erlassen hat. Jesus sagte zu ihm: Du hast recht. 44 Dann wandte er sich
der Frau zu und sagte zu Simon: Siehst du diese Frau? Als ich in dein
Haus kam, hast du mir kein Wasser zum Waschen der Füße gegeben;
sie aber hat ihre Tränen über meinen Füßen vergossen und sie mit
ihrem Haar abgetrocknet. 45 Du hast mir (zur Begrüßung) keinen Kuß
gegeben; sie aber hat mir, seit ich hier bin, unaufhörlich die Füße
geküßt. 46 Du hast mir nicht das Haar mit Öl gesalbt; sie aber hat mir
mit ihrem wohlriechenden Öl die Füße gesalbt. 47 Deshalb sage ich
dir: Ihr sind ihre vielen Sünden vergeben, weil sie (mir) so viel Liebe
gezeigt hat. Wem aber nur wenig vergeben wird, der zeigt auch nur
wenig Liebe. 48 Dann sagte er zu ihr: Deine Sünden sind dir vergeben.
49 Da dachten die anderen Gäste: Wer ist das, daß er sogar Sünden ver-
gibt? 50 Er aber sagte zu der Frau: Dein Glaube hat dir geholfen. Geh in
Frieden!

Frauen im Gefolge Jesu

8 In der folgenden Zeit wanderte er von Stadt zu Stadt und von
Dorf zu Dorf und verkündete das Evangelium vom Reich Gottes.
Die Zwölf begleiteten ihn, 2 außerdem einige Frauen, die er von bösen
Geistern und von Krankheiten geheilt hatte: Maria Magdalene, aus
der sieben Dämonen ausgefahren waren, 3 Johanna, die Frau des Chu-
zas, eines Beamten des Herodes, Susanna und viele andere. Sie alle
unterstützten Jesus und die Jünger mit dem, was sie besaßen.

Das Gleichnis vom Sämann

4 Als die Leute aus allen Städten zusammenströmten und sich viele
Menschen um ihn versammelten, erzählte er ihnen dieses Gleichnis:
5 Ein Sämann ging aufs Feld, um seinen Samen auszusäen. Als er säte,
fiel ein Teil der Körner auf den Weg; sie wurden zertreten, und die
Vögel des Himmels fraßen sie. 6 Ein anderer Teil fiel auf Felsen, und
als die Saat aufging, verdorrte sie, weil es ihr an Feuchtigkeit fehlte.
7 Wieder ein anderer Teil fiel mitten in die Dornen, und die Dornen
wuchsen zusammen mit der Saat hoch und erstickten sie. 8 Ein ande-
rer Teil schließlich fiel auf guten Boden, ging auf und brachte hun-
dertfach Frucht. Als Jesus das gesagt hatte, rief er: Wer Ohren hat zum
Hören, der höre!

Sinn und Zweck der Gleichnisse

9 Seine Jünger fragten ihn, was das Gleichnis bedeute. 10 Da sagte er:
Euch ist es gegeben, die Geheimnisse des Reiches Gottes zu erken-
nen. Zu den anderen Menschen aber wird nur in Gleichnissen geredet;
denn *sie sollen sehen und doch nicht sehen, hören und doch nicht verstehen.*

Die Deutung des Gleichnisses vom Sämann

11 Das ist der Sinn des Gleichnisses: Der Samen ist das Wort Gottes.
12 Auf den Weg ist der Samen bei denen gefallen, die das Wort zwar
hören, denen es aber der Teufel dann aus dem Herzen reißt, damit sie
nicht glauben und nicht gerettet werden. 13 Auf den Felsen ist der Samen
bei denen gefallen, die das Wort freudig aufnehmen, wenn sie es hören;
aber sie haben keine Wurzeln: Eine Zeitlang glauben sie, doch in der Zeit
der Prüfung werden sie abtrünnig. 14 Unter die Dornen ist der Samen bei
denen gefallen, die das Wort zwar hören, dann aber weggehen und in
den Sorgen, dem Reichtum und den Genüssen des Lebens ersticken,
deren Frucht also nicht reift. 15 Auf guten Boden ist der Samen bei denen
gefallen, die das Wort mit gutem und aufrichtigem Herzen hören, daran
festhalten und durch ihre Ausdauer Frucht bringen.

Vom rechten Hören

16 Niemand zündet ein Licht an und deckt es mit einem Gefäß zu oder
stellt es unter das Bett, sondern man stellt das Licht auf den Leuchter,
damit alle, die eintreten, es leuchten sehen. 17 Es gibt nichts Verborge-
nes, das nicht offenbar wird, und nichts Geheimes, das nicht bekannt
wird und an den Tag kommt. 18 Gebt also acht, daß ihr richtig zuhört!
Denn wer hat, dem wird gegeben; wer aber nicht hat, dem wird auch
noch weggenommen, was er zu haben meint.

Von den wahren Verwandten Jesu

19 Eines Tages kamen seine Mutter und seine Brüder zu ihm; sie konn-
ten aber wegen der vielen Leute nicht zu ihm gelangen. 20 Da sagte
man ihm: Deine Mutter und deine Brüder stehen draußen und möch-
ten dich sehen. 21 Er erwiderte: Meine Mutter und meine Brüder sind
die, die das Wort Gottes hören und danach handeln.

Der Sturm auf dem See

22 Eines Tages stieg er mit seinen Jüngern in ein Boot und sagte zu
ihnen: Wir wollen ans andere Ufer des Sees hinüberfahren. Und sie

fuhren ab. 23 Während der Fahrt aber schlief er ein. Plötzlich brach
über dem See ein Wirbelsturm los; das Wasser schlug in das Boot,
und sie gerieten in große Gefahr. 24 Da traten sie zu ihm und weckten
ihn; sie riefen: Meister, Meister, wir gehen zugrunde! Er stand auf,
drohte dem Wind und den Wellen, und sie legten sich, und es trat
Stille ein. 25 Dann sagte er zu den Jüngern: Wo ist euer Glaube? Sie
aber fragten einander voll Schrecken und Staunen: Was ist das für ein
Mensch, daß sogar die Winde und das Wasser seinem Befehl gehorchen?

Die Heilung des Besessenen von Gerasa

26 Sie fuhren in das Gebiet von Gerasa, das dem galiläischen Ufer
gegenüberliegt. 27 Als Jesus an Land ging, lief ihm ein Mann aus der
Stadt entgegen, der von Dämonen besessen war. Schon seit langem
trug er keine Kleider mehr und lebte nicht mehr in einem Haus, sondern in den Grabhöhlen. 28 Als er Jesus sah, schrie er auf, fiel vor ihm
nieder und rief laut: Was habe ich mit dir zu tun, Jesus, Sohn des höchsten Gottes? Ich bitte dich: Quäle mich nicht! 29 Jesus hatte nämlich
dem unreinen Geist befohlen, den Mann zu verlassen. Denn schon
seit langem hatte ihn der Geist in seiner Gewalt, und man hatte ihn
wie einen Gefangenen an Händen und Füßen gefesselt. Aber immer
wieder zerriß er die Fesseln und wurde von dem Dämon in menschenleere Gegenden getrieben. 30 Jesus fragte ihn: Wie heißt du? Er antwortete: Legion. Denn er war von vielen Dämonen besessen. 31 Und
die Dämonen baten Jesus, sie nicht zur Hölle zu schicken.
32 Nun weidete dort an einem Berg gerade eine große Schweineherde.
Die Dämonen baten Jesus, ihnen zu erlauben, in die Schweine hineinzufahren. Er erlaubte es ihnen. 33 Da verließen die Dämonen den Menschen und fuhren in die Schweine, und die Herde stürzte sich den
Abhang hinab in den See und ertrank. 34 Als die Hirten das sahen, flohen sie und erzählten alles in der Stadt und in den Dörfern. 35 Darauf
eilten die Leute herbei, um zu sehen, was geschehen war. Sie kamen
zu Jesus und sahen, daß der Mann, den die Dämonen verlassen hatten, wieder bei Verstand war und ordentlich gekleidet Jesus zu Füßen
saß. Da fürchteten sie sich. 36 Die, die alles gesehen hatten, berichteten ihnen, wie der Besessene geheilt wurde. 37 Darauf baten alle, die
im Gebiet von Gerasa wohnten, Jesus, sie zu verlassen; denn es hatte
sie große Angst gepackt. Da stieg Jesus ins Boot und fuhr zurück.
38 Der Mann, den die Dämonen verlassen hatten, bat Jesus, bei ihm
bleiben zu dürfen. Doch Jesus schickte ihn weg und sagte: 39 Kehr in
dein Haus zurück, und erzähl alles, was Gott für dich getan hat. Da
ging er weg und verkündete in der ganzen Stadt, was Jesus für ihn
getan hatte.

Die Auferweckung der Tochter des Jaïrus und die Heilung einer kranken Frau

40 Als Jesus (ans andere Ufer) zurückkam, empfingen ihn viele Menschen; sie hatten alle schon auf ihn gewartet. 41 Da kam ein Mann
namens Jaïrus, der Synagogenvorsteher war. Er fiel Jesus zu Füßen
und bat ihn, in sein Haus zu kommen. 42 Denn sein einziges Kind, ein
Mädchen von etwa zwölf Jahren, lag im Sterben.
Während Jesus auf dem Weg zu ihm war, drängten sich die Menschen
um ihn und erdrückten ihn beinahe. 43 Darunter war eine Frau, die
schon seit zwölf Jahren an Blutungen litt und bisher von niemand
geheilt werden konnte. 44 Sie drängte sich von hinten an ihn heran
und berührte den Saum seines Gewandes. Im gleichen Augenblick
kam die Blutung zum Stillstand. 45 Da fragte Jesus: Wer hat mich
berührt? Als alle es abstritten, sagten Petrus und seine Gefährten:
Meister, die Leute drängen sich doch von allen Seiten um dich und
erdrücken dich fast. 46 Jesus erwiderte: Es hat mich jemand berührt;
denn ich fühlte, wie eine Kraft von mir ausströmte. 47 Als die Frau
merkte, daß sie es nicht verheimlichen konnte, kam sie zitternd zu
ihm, fiel vor ihm nieder und erzählte vor allen Leuten, warum sie ihn
berührt hatte und wie sie durch die Berührung sofort gesund geworden war. 48 Da sagte er zu ihr: Meine Tochter, dein Glaube hat dir
geholfen. Geh in Frieden!

Vincent van Gogh
Der Sämann
(1888)
»Ein Sämann ging aufs Feld, um seinen Samen auszusäen« (Lk 8,5). Vincent van Gogh, der 1879/80 als Evangelist in eigenem Auftrag als geistlicher »Sämann« tätig war, hat sich während seines zehnjährigen künstlerischen Schaffens wiederholt dem Thema des Bauern zugewandt, der sein Saatgut ausbringt. Zweifellos besaß das Thema für ihn symbolische Bedeutung. Im Brief an seinen Bruder Theo vom Oktober 1888, in dem er auf das hier wiedergegebene Gemälde eingeht, spricht er jedoch ausschließlich von der Farbgebung: »Eine riesige zitronengelbe Scheibe als Sonne, ein grüngelber Himmel mit rosaroten Wolken, das Feld violett, der Sämann und der Baum preußischblau.« Er mußte jedoch gegenüber dem Bruder nicht eigens betonen, daß diese Sonne, die genau hinter dem Kopf des Sämanns den Horizont berührt, nicht als Lichtquelle im physikalischen Verständnis am Himmel erstrahlt, sondern in einem (natur-) religiösen Sinn die Welt erhellt. Ein Hinweis ist die Darstellung der Auferweckung des Lazarus nach einer Radierung von Rembrandt. In Vincent van Goghs Nachgestaltung wird Jesus durch eine gelbe Sonne ersetzt.

49 Während Jesus noch redete, kam einer, der zum Haus des Synagogenvorstehers gehörte, und sagte (zu Jaïrus): Deine Tochter ist gestorben. Bemüh den Meister nicht länger! 50 Jesus hörte es und sagte zu
Jaïrus: Sei ohne Furcht; glaube nur, dann wird sie gerettet. 51 Als er in
das Haus ging, ließ er niemand mit hinein außer Petrus, Johannes
und Jakobus und die Eltern des Mädchens. 52 Alle Leute weinten und
klagten über ihren Tod. Jesus aber sagte: Weint nicht! Sie ist nicht
gestorben, sie schläft nur. 53 Da lachten sie ihn aus, weil sie wußten,
daß sie tot war. 54 Er aber faßte sie an der Hand und rief: Mädchen,
steh auf! 55 Da kehrte das Leben in sie zurück, und sie stand sofort auf.
Und er sagte, man solle ihr etwas zu essen geben. 56 Ihre Eltern aber
waren außer sich. Doch Jesus verbot ihnen, irgend jemand zu
erzählen, was geschehen war.

Die Aussendung der zwölf Jünger

9 Dann rief er die Zwölf zu sich und gab ihnen die Kraft und die
Vollmacht, alle Dämonen auszutreiben und die Kranken gesund
zu machen. 2 Und er sandte sie aus mit dem Auftrag, das Reich Gottes
zu verkünden und zu heilen. 3 Er sagte zu ihnen: Nehmt nichts mit auf
den Weg, keinen Wanderstab und keine Vorratstasche, kein Brot, kein
Geld und kein zweites Hemd. 4 Bleibt in dem Haus, in dem ihr einkehrt, bis ihr den Ort wieder verlaßt. 5 Wenn euch aber die Leute in

einer Stadt nicht aufnehmen wollen, dann geht weg, und schüttelt
den Staub von euren Füßen, zum Zeugnis gegen sie. 6 Die Zwölf
machten sich auf den Weg und wanderten von Dorf zu Dorf. Sie ver-
kündeten das Evangelium und heilten überall die Kranken.

Das Urteil des Herodes über Jesus

7 Der Tetrarch Herodes hörte von allem, was geschah, und wußte
nicht, was er davon halten sollte. Denn manche sagten: Johannes ist
von den Toten auferstanden. 8 Andere meinten: Elija ist wiederer-
schienen. Wieder andere: Einer der alten Propheten ist auferstanden.
9 Herodes aber sagte: Johannes habe ich selbst enthaupten lassen. Wer
ist dann dieser Mann, von dem man mir solche Dinge erzählt? Und er
hatte den Wunsch, ihn einmal zu sehen.

Die Rückkehr der Jünger und die Speisung der Fünftausend

10 Die Apostel kamen zurück und erzählten Jesus alles, was sie getan
hatten. Dann nahm er sie beiseite und zog sich in die Nähe der Stadt
Betsaida zurück, um mit ihnen allein zu sein. 11 Aber die Leute erfuh-
ren davon und folgten ihm. Er empfing sie freundlich, redete zu ihnen
vom Reich Gottes und heilte alle, die seine Hilfe brauchten.
12 Als der Tag zur Neige ging, kamen die Zwölf zu ihm und sagten:
Schick die Menschen weg, damit sie in die umliegenden Dörfer und
Gehöfte gehen, dort Unterkunft finden und etwas zu essen bekom-
men; denn wir sind hier an einem abgelegenen Ort. 13 Er antwortete:
Gebt ihr ihnen zu essen! Sie sagten: Wir haben nicht mehr als fünf
Brote und zwei Fische; wir müßten erst weggehen und für all diese
Leute Essen kaufen. 14 Es waren etwa fünftausend Männer. Er erwi-
derte seinen Jüngern: Sagt ihnen, sie sollen sich in Gruppen zu unge-
fähr fünfzig zusammensetzen. 15 Die Jünger taten, was er ihnen sagte,
und veranlaßten, daß sich alle setzten. 16 Jesus aber nahm die fünf
Brote und die zwei Fische, blickte zum Himmel auf, segnete sie und
brach sie; dann gab er sie den Jüngern, damit sie diese an die Leute
austeilten. 17 Und alle aßen und wurden satt. Als man die übriggeblie-
benen Brotstücke einsammelte, waren es zwölf Körbe voll.

Das Messiasbekenntnis des Petrus und die erste Ankündigung von Leiden und Auferstehung

18 Jesus betete einmal in der Einsamkeit, und die Jünger waren bei
ihm. Da fragte er sie: Für wen halten mich die Leute? 19 Sie antworte-
ten: Einige für Johannes den Täufer, andere für Elija; wieder andere
sagen: Einer der alten Propheten ist auferstanden. 20 Da sagte er zu
ihnen: Ihr aber, für wen haltet ihr mich? Petrus antwortete: Für den
Messias Gottes. 21 Doch er verbot ihnen streng, es jemand weiterzu-
sagen.
22 Und er fügte hinzu: Der Menschensohn muß vieles erleiden und
von den Ältesten, den Hohenpriestern und den Schriftgelehrten ver-
worfen werden; er wird getötet werden, aber am dritten Tag wird er
auferstehen.

Von Nachfolge und Selbstverleugnung

23 Zu allen sagte er: Wer mein Jünger sein will, der verleugne sich
selbst, nehme täglich sein Kreuz auf sich und folge mir nach. 24 Denn
wer sein Leben retten will, wird es verlieren; wer aber sein Leben um
meinetwillen verliert, der wird es retten. 25 Was nützt es einem Men-
schen, wenn er die ganze Welt gewinnt, dabei aber sich selbst verliert
und Schaden nimmt? 26 Denn wer sich meiner und meiner Worte
schämt, dessen wird sich der Menschensohn schämen, wenn er in
seiner Hoheit kommt und in der Hoheit des Vaters und der heiligen
Engel. 27 Wahrhaftig, das sage ich euch: Von denen, die hier stehen,
werden einige den Tod nicht erleiden, bis sie das Reich Gottes gese-
hen haben.

Die Verklärung Jesu

28 Etwa acht Tage nach diesen Reden nahm Jesus Petrus, Johannes und
Jakobus beiseite und stieg mit ihnen auf einen Berg, um zu beten.
29 Und während er betete, veränderte sich das Aussehen seines
Gesichtes, und sein Gewand wurde leuchtend weiß. 30 Und plötzlich
redeten zwei Männer mit ihm. Es waren Mose und Elija; 31 sie erschie-
nen in strahlendem Licht und sprachen von seinem Ende, das sich in
Jerusalem erfüllen sollte. 32 Petrus und seine Begleiter aber waren ein-
geschlafen, wurden jedoch wach und sahen Jesus in strahlendem
Licht und die zwei Männer, die bei ihm standen. 33 Als die beiden sich
von ihm trennen wollten, sagte Petrus zu Jesus: Meister, es ist gut, daß
wir hier sind. Wir wollen drei Hütten bauen, eine für dich, eine für
Mose und eine für Elija. Er wußte aber nicht, was er sagte. 34 Während
er noch redete, kam eine Wolke und warf ihren Schatten auf sie. Sie
gerieten in die Wolke hinein und bekamen Angst. 35 Da rief eine
Stimme aus der Wolke: *Das ist mein auserwählter Sohn, auf ihn sollt ihr
hören.* 36 Als aber die Stimme erklang, war Jesus wieder allein. Die Jün-
ger schwiegen jedoch über das, was sie gesehen hatten, und erzählten
in jenen Tagen niemand davon.

Die Heilung eines besessenen Jungen

37 Als sie am folgenden Tag den Berg hinabstiegen, kam ihnen eine
große Menschenmenge entgegen. 38 Da schrie ein Mann aus der
Menge: Meister, ich bitte dich, hilf meinem Sohn! Es ist mein einziger.
39 Er ist von einem Geist besessen; plötzlich schreit er auf, wird hin
und her gezerrt, und Schaum tritt ihm vor den Mund, und der Geist
quält ihn fast unaufhörlich. 40 Ich habe schon deine Jünger gebeten,
ihn auszutreiben, aber sie konnten es nicht. 41 Da sagte Jesus: O du
ungläubige und unbelehrbare Generation! Wie lange muß ich noch
bei euch sein und euch ertragen? Bring deinen Sohn her! 42 Als der
Sohn herkam, warf der Dämon ihn zu Boden und zerrte ihn hin und
her. Jesus aber drohte dem unreinen Geist, heilte den Jungen und gab
ihn seinem Vater zurück. 43a Und alle gerieten außer sich über die
Macht und Größe Gottes.

Die zweite Ankündigung von Leiden und Auferstehung

43b Alle Leute staunten über das, was Jesus tat; er aber sagte zu seinen
Jüngern: 44 Merkt euch genau, was ich jetzt sage: Der Menschensohn
wird den Menschen ausgeliefert werden. 45 Doch die Jünger verstan-
den den Sinn seiner Worte nicht; er blieb ihnen verborgen, so daß sie
ihn nicht begriffen. Aber sie scheuten sich, Jesus zu fragen, was er
damit sagen wollte.

Der Rangstreit der Jünger

46 Unter den Jüngern kam die Frage auf, wer von ihnen der Größte sei.
47 Jesus wußte, was in ihrem Herzen vorging. Deshalb nahm er ein
Kind, stellte es neben sich 48 und sagte zu ihnen: Wer dieses Kind um
meinetwillen aufnimmt, der nimmt mich auf; wer aber mich auf-
nimmt, der nimmt den auf, der mich gesandt hat. Denn wer unter
euch allen der Kleinste ist, der ist groß.

Der fremde Wundertäter

49 Da sagte Johannes: Meister, wir haben gesehen, wie jemand in dei-
nem Namen Dämonen austrieb, und wir versuchten, ihn daran zu hin-
dern, weil er nicht mit uns zusammen dir nachfolgt. 50 Jesus antwortete
ihm: Hindert ihn nicht! Denn wer nicht gegen euch ist, der ist für euch.

Auf dem Weg nach Jerusalem

Von der wahren Jüngerschaft

Die ungastlichen Samariter

51 Als die Zeit herankam, in der er (in den Himmel) aufgenommen
werden sollte, entschloß sich Jesus, nach Jerusalem zu gehen. 52 Und
er schickte Boten vor sich her. Diese kamen in ein samaritisches Dorf

und wollten eine Unterkunft für ihn besorgen. 53 Aber man nahm ihn
nicht auf, weil er auf dem Weg nach Jerusalem war. 54 Als die Jünger
Jakobus und Johannes das sahen, sagten sie: Herr, sollen wir befeh-
len, daß Feuer vom Himmel fällt und sie vernichtet? 55 Da wandte er
sich um und wies sie zurecht. 56 Und sie gingen zusammen in ein
anderes Dorf.

Von der Nachfolge

57 Als sie auf ihrem Weg weiterzogen, redete ein Mann Jesus an und
sagte: Ich will dir folgen, wohin du auch gehst. 58 Jesus antwortete
ihm: Die Füchse haben ihre Höhlen und die Vögel ihre Nester; der
Menschensohn aber hat keinen Ort, wo er sein Haupt hinlegen kann.
59 Zu einem anderen sagte er: Folge mir nach! Der erwiderte: Laß mich
zuerst heimgehen und meinen Vater begraben. 60 Jesus sagte zu ihm:
Laß die Toten ihre Toten begraben; du aber geh und verkünde das
Reich Gottes! 61 Wieder ein anderer sagte: Ich will dir nachfolgen,
Herr. Zuvor aber laß mich von meiner Familie Abschied nehmen.
62 Jesus erwiderte ihm: Keiner, der die Hand an den Pflug gelegt hat
und nochmals zurückblickt, taugt für das Reich Gottes.

Die Aussendung der zweiundsiebzig Jünger

10 Danach suchte der Herr zweiundsiebzig andere aus und
sandte sie zu zweit voraus in alle Städte und Ortschaften, in
die er selbst gehen wollte. 2 Er sagte zu ihnen: Die Ernte ist groß, aber
es gibt nur wenig Arbeiter. Bittet also den Herrn der Ernte, Arbeiter für
seine Ernte auszusenden. 3 Geht! Ich sende euch wie Schafe mitten
unter die Wölfe. 4 Nehmt keinen Geldbeutel mit, keine Vorratstasche
und keine Schuhe! Grüßt niemand unterwegs! 5 Wenn ihr in ein Haus
kommt, so sagt als erstes: Friede diesem Haus! 6 Und wenn dort ein
Mann des Friedens wohnt, wird der Friede, den ihr ihm wünscht, auf
ihm ruhen; andernfalls wird er zu euch zurückkehren. 7 Bleibt in die-
sem Haus, eßt und trinkt, was man euch anbietet; denn wer arbeitet,
hat ein Recht auf seinen Lohn. Zieht nicht von einem Haus in ein ande-
res! 8 Wenn ihr in eine Stadt kommt und man euch aufnimmt, so eßt,
was man euch vorsetzt. 9 Heilt die Kranken, die dort sind, und sagt den
Leuten: Das Reich Gottes ist euch nahe. 10 Wenn ihr aber in eine Stadt
kommt, in der man euch nicht aufnimmt, dann stellt euch auf die
Straße und ruft: 11 Selbst den Staub eurer Stadt, der an unseren Füßen
klebt, lassen wir euch zurück; doch das sollt ihr wissen: Das Reich
Gottes ist nahe. 12 Ich sage euch: Sodom wird es an jenem Tag nicht so
schlimm ergehen wie dieser Stadt.
13 Weh dir, Chorazin! Weh dir, Betsaida! Wenn einst in Tyrus und
Sidon die Wunder geschehen wären, die bei euch geschehen sind –
man hätte dort in Sack und Asche Buße getan. 14 Tyrus und Sidon wird
es beim Gericht nicht so schlimm ergehen wie euch.
15 Und du, Kafarnaum, meinst du etwa, *du wirst bis zum Himmel erhoben?
Nein, in die Unterwelt wirst du hinabgeworfen.*
16 Wer euch hört, der hört mich, und wer euch ablehnt, der lehnt mich
ab; wer aber mich ablehnt, der lehnt den ab, der mich gesandt hat.

Der Lohn der Jünger

17 Die Zweiundsiebzig kehrten zurück und berichteten voll Freude:
Herr, sogar die Dämonen gehorchen uns, wenn wir deinen Namen
aussprechen. 18 Da sagte er zu ihnen: Ich sah den Satan wie einen Blitz
vom Himmel fallen. 19 Seht, ich habe euch die Vollmacht gegeben, auf
Schlangen und Skorpione zu treten und die ganze Macht des Feindes
zu überwinden. Nichts wird euch schaden können. 20 Doch freut euch
nicht darüber, daß euch die Geister gehorchen, sondern freut euch
darüber, daß eure Namen im Himmel verzeichnet sind.

Der Dank Jesu an den Vater

21 In dieser Stunde rief Jesus, vom Heiligen Geist erfüllt, voll Freude
aus: Ich preise dich, Vater, Herr des Himmels und der Erde, weil du all
das den Weisen und Klugen verborgen, den Unmündigen aber offen-
bart hast. Ja, Vater, so hat es dir gefallen. 22 Mir ist von meinem Vater
alles übergeben worden; niemand weiß, wer der Sohn ist, nur der
Vater, und niemand weiß, wer der Vater ist, nur der Sohn und der,
dem es der Sohn offenbaren will.

Die Seligpreisung der Jünger

23 Jesus wandte sich an die Jünger und sagte zu ihnen allein: Selig sind
die, deren Augen sehen, was ihr seht. 24 Ich sage euch: Viele Propheten
und Könige wollten sehen, was ihr seht, und haben es nicht gesehen,
und wollten hören, was ihr hört, und haben es nicht gehört.

Das Beispiel vom barmherzigen Samariter

25 Da stand ein Gesetzeslehrer auf, und um Jesus auf die Probe zu stel-
len, fragte er ihn: Meister, was muß ich tun, um das ewige Leben zu
gewinnen? 26 Jesus sagte zu ihm: Was steht im Gesetz? Was liest du
dort? 27 Er antwortete: *Du sollst den Herrn, deinen Gott, lieben mit ganzem
Herzen und ganzer Seele, mit all deiner Kraft* und all deinen Gedanken, und:
Deinen Nächsten sollst du lieben wie dich selbst. 28 Jesus sagte zu ihm: Du
hast richtig geantwortet. Handle danach, und du wirst leben. 29 Der
Gesetzeslehrer wollte seine Frage rechtfertigen und sagte zu Jesus:
Und wer ist mein Nächster?
30 Darauf antwortete ihm Jesus: Ein Mann ging von Jerusalem nach
Jericho hinab und wurde von Räubern überfallen. Sie plünderten ihn
aus und schlugen ihn nieder; dann gingen sie weg und ließen ihn
halbtot liegen. 31 Zufällig kam ein Priester denselben Weg herab; er
sah ihn und ging weiter. 32 Auch ein Levit kam zu der Stelle; er sah ihn
und ging weiter. 33 Dann kam ein Mann aus Samarien, der auf der
Reise war. Als er ihn sah, hatte er Mitleid, 34 ging zu ihm hin, goß Öl
und Wein auf seine Wunden und verband sie. Dann hob er ihn auf sein
Reittier, brachte ihn zu einer Herberge und sorgte für ihn. 35 Am
andern Morgen holte er zwei Denare hervor, gab sie dem Wirt und
sagte: Sorge für ihn, und wenn du mehr für ihn brauchst, werde ich es
dir bezahlen, wenn ich wiederkomme.
36 Was meinst du: Wer von diesen dreien hat sich als der Nächste des-
sen erwiesen, der von den Räubern überfallen wurde? 37 Der Gesetzes-
lehrer antwortete: Der, der barmherzig an ihm gehandelt hat. Da sagte
Jesus zu ihm: Dann geh und handle genauso!

Maria und Marta

38 Sie zogen zusammen weiter, und er kam in ein Dorf. Eine Frau
namens Marta nahm ihn freundlich auf. 39 Sie hatte eine Schwester,
die Maria hieß. Maria setzte sich dem Herrn zu Füßen und hörte sei-
nen Worten zu. 40 Marta aber war ganz davon in Anspruch genom-
men, für ihn zu sorgen. Sie kam zu ihm und sagte: Herr, kümmert es
dich nicht, daß meine Schwester die ganze Arbeit mir allein überläßt?
Sag ihr doch, sie soll mir helfen! 41 Der Herr antwortete: Marta, Marta,
du machst dir viele Sorgen und Mühen. 42 Aber nur eines ist notwen-
dig. Maria hat das Bessere gewählt, das soll ihr nicht genommen
werden.

Das Gebet des Herrn

11 Jesus betete einmal an einem Ort; und als er das Gebet been-
det hatte, sagte einer seiner Jünger zu ihm: Herr, lehre uns
beten, wie schon Johannes seine Jünger beten gelehrt hat. 2 Da sagte er
zu ihnen: Wenn ihr betet, so sprecht:
Vater, / dein Name werde geheiligt. / Dein Reich komme.
3 Gib uns täglich das Brot, das wir brauchen.
4 Und erlaß uns unsere Sünden; / denn auch wir erlassen jedem, was er
uns schuldig ist. / Und führe uns nicht in Versuchung.

Das Gleichnis vom bittenden Freund

5 Dann sagte er zu ihnen: Wenn einer von euch einen Freund hat und
um Mitternacht zu ihm geht und sagt: Freund, leih mir drei Brote;
6 denn einer meiner Freunde, der auf Reisen ist, ist zu mir gekommen,
und ich habe ihm nichts anzubieten!, 7 wird dann etwa der Mann drin-
nen antworten: Laß mich in Ruhe, die Tür ist schon verschlossen, und

Paula Modersohn-Becker
Der barmherzige Samariter
(1907)
»Dann kam ein Mann aus Samarien, der auf der Reise war. Als er ihn sah, hatte er Mitleid« (Lk 10,33). Paula Modersohn-Becker widmet dem Beispiel vom barmherzigen Samariter ein Erzählbild, das geeignet ist, die Frage nach dem Nächsten zu beantworten. Im Mittelgrund ziehen der Priester und der Levit ungerührt ihres Weges, im Vordergrund beugt sich der Mann aus Samarien über das Opfer der Räuber. Das Reittier des barmherzigen Samariters ist bereits in Richtung der Herberge orientiert, in deren Obhut der Verwundete gelangen wird. Der große Kugelbaum gibt der Szene zu seinen Füßen optisches Gewicht. Die inhaltliche Dimension verdeutlicht die Erzählung vom Gespräch am Jakobsbrunnen in Samarien. Auf Jesu Bitte um einen Schluck Wasser erwidert die angesprochene Frau: »Wie kannst du als Jude mich, eine Samariterin, um Wasser bitten?« Und der Evangelist erläutert: »Die Juden verkehrten nämlich nicht mit den Samaritern« (Joh 4,9).

meine Kinder schlafen bei mir; ich kann nicht aufstehen und dir etwas
geben? 8 Ich sage euch: Wenn er schon nicht deswegen aufsteht und
ihm seine Bitte erfüllt, weil er sein Freund ist, so wird er doch wegen
seiner Zudringlichkeit aufstehen und ihm geben, was er braucht.

Vom Vertrauen beim Beten

9 Darum sage ich euch: Bittet, dann wird euch gegeben; sucht, dann
werdet ihr finden; klopft an, dann wird euch geöffnet. 10 Denn wer bit-
tet, der empfängt; wer sucht, der findet; und wer anklopft, dem wird
geöffnet. 11 Oder ist unter euch ein Vater, der seinem Sohn eine
Schlange gibt, wenn er um einen Fisch bittet, 12 oder einen Skorpion,
wenn er um ein Ei bittet? 13 Wenn nun schon ihr, die ihr böse seid,
euren Kindern gebt, was gut ist, wieviel mehr wird der Vater im Him-
mel den Heiligen Geist denen geben, die ihn bitten.

Verteidigungsrede Jesu

14 Jesus trieb einen Dämon aus, der stumm war. Als der Dämon den
Stummen verlassen hatte, konnte der Mann reden. Alle Leute staun-
ten. 15 Einige von ihnen aber sagten: Mit Hilfe von Beelzebul, dem
Anführer der Dämonen, treibt er die Dämonen aus. 16 Andere wollten
ihn auf die Probe stellen und forderten von ihm ein Zeichen vom Him-
mel. 17 Doch er wußte, was sie dachten, und sagte zu ihnen: Jedes

Karl Schmidt-Rottluff
Die Pharisäer
(1912)
»Weh euch Gesetzeslehrern! Ihr habt den Schlüssel (der Tür) zur Erkenntnis weggenommen« (Lk 11,52). Jesu erhobene Linke gebietet dem Treiben der Pharisäer, die sich durch penible Gesetzestreue hervortun und daher Vorrechte in Anspruch nehmen, energisch Einhalt. Sie befinden sich auf einem Irrweg, sind aber zugleich darauf aus, den unbequemen Mahner Jesus bloßzustellen und zu beseitigen. Nicht zufällig erinnert das Wange-an-Wange Motiv an den Judaskuß des Verräters, denn die Pharisäer begannen, »ihn mit vielerlei Fragen hartnäckig zu bedrängen; sie versuchten, ihm eine Falle zu stellen, damit er sich in seinen eigenen Worten verfange« (Lk 11,53f).

Reich, das in sich gespalten ist, wird veröden, und ein Haus ums
andere stürzt ein. 18 Wenn also der Satan mit sich selbst im Streit liegt,
wie kann sein Reich dann Bestand haben? Ihr sagt doch, daß ich die
Dämonen mit Hilfe von Beelzebul austreibe. 19 Wenn ich die Dämonen
durch Beelzebul austreibe, durch wen treiben dann eure Anhänger sie
aus? Sie selbst also sprechen euch das Urteil. 20 Wenn ich aber die
Dämonen durch den Finger Gottes austreibe, dann ist doch das Reich
Gottes schon zu euch gekommen. 21 Solange ein bewaffneter starker
Mann seinen Hof bewacht, ist sein Besitz sicher; 22 wenn ihn aber ein
Stärkerer angreift und besiegt, dann nimmt ihm der Stärkere all seine
Waffen weg, auf die er sich verlassen hat, und verteilt die Beute.
23 Wer nicht für mich ist, der ist gegen mich; wer nicht mit mir sammelt, der zerstreut.

Von der Rückkehr der unreinen Geister

24 Ein unreiner Geist, der einen Menschen verlassen hat, wandert durch
die Wüste und sucht einen Ort, wo er bleiben kann. Wenn er keinen findet, sagt er: Ich will in mein Haus zurückkehren, das ich verlassen habe.
25 Und wenn er es bei seiner Rückkehr sauber und geschmückt antrifft,
26 dann geht er und holt sieben andere Geister, die noch schlimmer sind
als er selbst. Sie ziehen dort ein und lassen sich nieder. So wird es mit
diesem Menschen am Ende schlimmer werden als vorher.

Zweierlei Seligpreisungen

27 Als er das sagte, rief eine Frau aus der Menge ihm zu: Selig die Frau,
deren Leib dich getragen und deren Brust dich genährt hat. 28 Er aber
erwiderte: Selig sind vielmehr die, die das Wort Gottes hören und es
befolgen.

Die Verweigerung eines Zeichens

29 Als immer mehr Menschen zu ihm kamen, sagte er: Diese Generation ist böse. Sie fordert ein Zeichen; aber es wird ihr kein anderes
gegeben werden als das Zeichen des Jona. 30 Denn wie Jona für die Einwohner von Ninive ein Zeichen war, so wird es auch der Menschensohn für diese Generation sein. 31 Die Königin des Südens wird beim
Gericht gegen die Männer dieser Generation auftreten und sie verurteilen; denn sie kam vom Ende der Erde, um die Weisheit Salomos zu
hören. Hier aber ist einer, der mehr ist als Salomo. 32 Die Männer von
Ninive werden beim Gericht gegen diese Generation auftreten und sie
verurteilen; denn sie haben sich nach der Predigt des Jona bekehrt.
Hier aber ist einer, der mehr ist als Jona.

Vom Licht und vom Auge
33 Niemand zündet ein Licht an und stellt es in einen versteckten Win-
kel oder stülpt ein Gefäß darüber, sondern man stellt es auf einen
Leuchter, damit alle, die eintreten, es leuchten sehen. 34 Dein Auge
gibt dem Körper Licht. Wenn dein Auge gesund ist, dann wird auch
dein ganzer Körper hell sein. Wenn es aber krank ist, dann wird dein
Körper finster sein. 35 Achte also darauf, daß in dir nicht Finsternis
statt Licht ist. 36 Wenn dein ganzer Körper von Licht erfüllt und nichts
Finsteres in ihm ist, dann wird er so hell sein, wie wenn die Lampe
dich mit ihrem Schein beleuchtet.

Worte gegen die Pharisäer und die Schriftgelehrten
37 Nach dieser Rede lud ein Pharisäer Jesus zum Essen ein. Jesus ging
zu ihm und setzte sich zu Tisch. 38 Als der Pharisäer sah, daß er sich
vor dem Essen nicht die Hände wusch, war er verwundert.
39 Da sagte der Herr zu ihm: O ihr Pharisäer! Ihr haltet zwar Becher
und Teller außen sauber, innen aber seid ihr voll Raubgier und Bos-
heit. 40 Ihr Unverständigen! Hat nicht der, der das Äußere schuf, auch
das Innere geschaffen? 41 Gebt lieber, was in den Schüsseln ist, den
Armen, dann ist für euch alles rein.
42 Doch weh euch Pharisäern! Ihr gebt den Zehnten von Minze,
Gewürzkraut und allem Gemüse, die Gerechtigkeit aber und die Liebe
zu Gott vergeßt ihr. Man muß das eine tun, ohne das andere zu unter-
lassen.
43 Weh euch Pharisäern! Ihr wollt in den Synagogen den vordersten Sitz
haben und auf den Straßen und Plätzen von allen gegrüßt werden.
44 Weh euch: Ihr seid wie Gräber, die man nicht mehr sieht; die Leute
gehen darüber, ohne es zu merken.
45 Darauf erwiderte ihm ein Gesetzeslehrer: Meister, damit beleidigst
du auch uns. 46 Er antwortete:
Weh auch euch Gesetzeslehrern! Ihr ladet den Menschen Lasten auf,
die sie kaum tragen können, selbst aber rührt ihr keinen Finger dafür.
47 Weh euch! Ihr errichtet Denkmäler für die Propheten, die von euren
Vätern umgebracht wurden. 48 Damit bestätigt und billigt ihr, was eure
Väter getan haben. Sie haben die Propheten umgebracht, ihr errichtet
ihnen Bauten. 49 Deshalb hat auch die Weisheit Gottes gesagt: Ich
werde Propheten und Apostel zu ihnen senden, und sie werden einige
von ihnen töten und andere verfolgen, 50 damit das Blut aller Prophe-
ten, das seit der Erschaffung der Welt vergossen worden ist, an dieser
Generation gerächt wird, 51 vom Blut Abels bis zum Blut des Zacha-
rias, der im Vorhof zwischen Altar und Tempel umgebracht wurde. Ja,
das sage ich euch: An dieser Generation wird es gerächt werden.
52 Weh euch Gesetzeslehrern! Ihr habt den Schlüssel (der Tür) zur
Erkenntnis weggenommen. Ihr selbst seid nicht hineingegangen, und
die, die hineingehen wollten, habt ihr daran gehindert.
53 Als Jesus das Haus verlassen hatte, begannen die Schriftgelehrten
und die Pharisäer, ihn mit vielerlei Fragen hartnäckig zu bedrängen;
54 sie versuchten, ihm eine Falle zu stellen, damit er sich in seinen
eigenen Worten verfange.

Warnung vor der Heuchelei der Pharisäer
12 Unterdessen strömten Tausende von Menschen zusammen,
so daß es ein gefährliches Gedränge gab. Jesus wandte sich
zuerst an seine Jünger und sagte: Hütet euch vor dem Sauerteig der
Pharisäer, das heißt vor der Heuchelei. 2 Nichts ist verhüllt, was nicht
enthüllt wird, und nichts ist verborgen, was nicht bekannt wird. 3 Des-
halb wird man alles, was ihr im Dunkeln redet, am hellen Tag hören,
und was ihr einander hinter verschlossenen Türen ins Ohr flüstert, das
wird man auf den Dächern verkünden.

Aufforderung zum furchtlosen Bekenntnis
4 Euch aber, meinen Freunden, sage ich: Fürchtet euch nicht vor
denen, die den Leib töten, euch aber sonst nichts tun können. 5 Ich
will euch zeigen, wen ihr fürchten sollt: Fürchtet euch vor dem, der
nicht nur töten kann, sondern die Macht hat, euch auch noch in die
Hölle zu werfen. Ja, das sage ich euch: Ihn sollt ihr fürchten. 6 Verkauft
man nicht fünf Spatzen für ein paar Pfennig? Und doch vergißt Gott
nicht einen von ihnen. 7 Bei euch aber sind sogar die Haare auf dem
Kopf alle gezählt. Fürchtet euch nicht! Ihr seid mehr wert als viele
Spatzen.
8 Ich sage euch: Wer sich vor den Menschen zu mir bekennt, zu dem
wird sich auch der Menschensohn vor den Engeln Gottes bekennen.
9 Wer mich aber vor den Menschen verleugnet, der wird auch vor den
Engeln Gottes verleugnet werden. 10 Jedem, der etwas gegen den Men-
schensohn sagt, wird vergeben werden; wer aber den Heiligen Geist
lästert, dem wird nicht vergeben. 11 Wenn man euch vor die Gerichte
der Synagogen und vor die Herrscher und Machthaber schleppt, dann
macht euch keine Sorgen, wie ihr euch verteidigen oder was ihr sagen
sollt. 12 Denn der Heilige Geist wird euch in der gleichen Stunde ein-
geben, was ihr sagen müßt.

Das Beispiel von der falschen Selbstsicherheit des reichen Mannes
13 Einer aus der Volksmenge bat Jesus: Meister, sag meinem Bruder, er
soll das Erbe mit mir teilen. 14 Er erwiderte ihm: Mensch, wer hat mich
zum Richter oder Schlichter bei euch gemacht? 15 Dann sagte er zu den
Leuten: Gebt acht, hütet euch vor jeder Art von Habgier. Denn der
Sinn des Lebens besteht nicht darin, daß ein Mensch aufgrund seines
großen Vermögens im Überfluß lebt.
16 Und er erzählte ihnen folgendes Beispiel: Auf den Feldern eines rei-
chen Mannes stand eine gute Ernte. 17 Da überlegte er hin und her:
Was soll ich tun? Ich weiß nicht, wo ich meine Ernte unterbringen
soll. 18 Schließlich sagte er: So will ich es machen: Ich werde meine
Scheunen abreißen und größere bauen; dort werde ich mein ganzes
Getreide und meine Vorräte unterbringen. 19 Dann kann ich zu mir
selber sagen: Nun hast du einen großen Vorrat, der für viele Jahre
reicht. Ruh dich aus, iß und trink, und freu dich des Lebens! 20 Da
sprach Gott zu ihm: Du Narr! Noch in dieser Nacht wird man dein
Leben von dir zurückfordern. Wem wird dann all das gehören, was du
angehäuft hast? 21 So geht es jedem, der nur für sich selbst Schätze
sammelt, aber vor Gott nicht reich ist.

Von der falschen und der rechten Sorge
22 Und er sagte zu seinen Jüngern: Deswegen sage ich euch: Sorgt
euch nicht um euer Leben und darum, daß ihr etwas zu essen habt,
noch um euren Leib und darum, daß ihr etwas anzuziehen habt.
23 Das Leben ist wichtiger als die Nahrung und der Leib wichtiger als
die Kleidung. 24 Seht auf die Raben: Sie säen nicht und ernten nicht,
sie haben keinen Speicher und keine Scheune; denn Gott ernährt sie.
Wieviel mehr seid ihr wert als die Vögel! 25 Wer von euch kann mit all
seiner Sorge sein Leben auch nur um eine kleine Zeitspanne verlän-
gern? 26 Wenn ihr nicht einmal etwas so Geringes könnt, warum
macht ihr euch dann Sorgen um all das übrige? 27 Seht euch die Lilien
an: Sie arbeiten nicht und spinnen nicht. Doch ich sage euch: Selbst
Salomo war in all seiner Pracht nicht gekleidet wie eine von ihnen.
28 Wenn aber Gott schon das Gras so prächtig kleidet, das heute auf
dem Feld steht und morgen ins Feuer geworfen wird, wieviel mehr
dann euch, ihr Kleingläubigen! 29 Darum fragt nicht, was ihr essen
und was ihr trinken sollt, und ängstigt euch nicht! 30 Denn um all das
geht es den Heiden in der Welt. Euer Vater weiß, daß ihr das braucht.
31 Euch jedoch muß es um sein Reich gehen; dann wird euch das
andere dazugegeben.
32 Fürchte dich nicht, du kleine Herde! Denn euer Vater hat beschlos-
sen, euch das Reich zu geben.

Vom wahren Schatz
33 Verkauft eure Habe, und gebt den Erlös den Armen! Macht euch
Geldbeutel, die nicht zerreißen. Verschafft euch einen Schatz, der
nicht abnimmt, droben im Himmel, wo kein Dieb ihn findet und keine
Motte ihn frißt. 34 Denn wo euer Schatz ist, da ist auch euer Herz.

Das Gleichnis vom treuen und vom schlechten Knecht
35 Legt euren Gürtel nicht ab, und laßt eure Lampen brennen! 36 Seid
wie Menschen, die auf die Rückkehr ihres Herrn warten, der auf einer
Hochzeit ist, und die ihm öffnen, sobald er kommt und anklopft.
37 Selig die Knechte, die der Herr wach findet, wenn er kommt! Amen,
ich sage euch: Er wird sich gürten, sie am Tisch Platz nehmen lassen
und sie der Reihe nach bedienen. 38 Und kommt er erst in der zweiten
oder dritten Nachtwache und findet sie wach – selig sind sie.
39 Bedenkt: Wenn der Herr des Hauses wüßte, in welcher Stunde der
Dieb kommt, so würde er verhindern, daß man in sein Haus einbricht.
40 Haltet auch ihr euch bereit! Denn der Menschensohn kommt zu
einer Stunde, in der ihr es nicht erwartet.
41 Da sagte Petrus: Herr, meinst du mit diesem Gleichnis nur uns oder
auch all die anderen? 42 Der Herr antwortete: Wer ist denn der treue
und kluge Verwalter, den der Herr einsetzen wird, damit er seinem
Gesinde zur rechten Zeit die Nahrung zuteilt? 43 Selig der Knecht, den
der Herr damit beschäftigt findet, wenn er kommt! 44 Wahrhaftig, das
sage ich euch: Er wird ihn zum Verwalter seines ganzen Vermögens
machen. 45 Wenn aber der Knecht denkt: Mein Herr kommt noch
lange nicht zurück!, und anfängt, die Knechte und Mägde zu schla-
gen; wenn er ißt und trinkt und sich berauscht, 46 dann wird der Herr
an einem Tag kommen, an dem der Knecht es nicht erwartet, und zu
einer Stunde, die er nicht kennt; und der Herr wird ihn in Stücke
hauen und ihm seinen Platz unter den Ungläubigen zuweisen.
47 Der Knecht, der den Willen seines Herrn kennt, sich aber nicht
darum kümmert und nicht danach handelt, der wird viele Schläge
bekommen. 48 Wer aber, ohne den Willen des Herrn zu kennen, etwas
tut, was Schläge verdient, der wird wenig Schläge bekommen. Wem viel
gegeben wurde, von dem wird viel zurückgefordert werden, und wem
man viel anvertraut hat, von dem wird man um so mehr verlangen.

Von Frieden und Zwietracht
49 Ich bin gekommen, um Feuer auf die Erde zu werfen. Wie froh wäre
ich, es würde schon brennen! 50 Ich muß mit einer Taufe getauft wer-
den, und ich bin sehr bedrückt, solange sie noch nicht vollzogen ist.
51 Meint ihr, ich sei gekommen, um Frieden auf die Erde zu bringen?
Nein, sage ich euch, nicht Frieden, sondern Spaltung. 52 Denn von
nun an wird es so sein: Wenn fünf Menschen im gleichen Haus leben,
wird Zwietracht herrschen: Drei werden gegen zwei stehen und zwei
gegen drei, 53 der Vater gegen den Sohn und *der Sohn gegen den Vater*, die
Mutter gegen die Tochter und *die Tochter gegen die Mutter*, die Schwie-
germutter gegen ihre Schwiegertochter und *die Schwiegertochter gegen die
Schwiegermutter*.

Von den Zeichen der Zeit
54 Außerdem sagte Jesus zu den Leuten: Sobald ihr im Westen Wolken
aufsteigen seht, sagt ihr: Es gibt Regen. Und es kommt so. 55 Und
wenn der Südwind weht, dann sagt ihr: Es wird heiß. Und es trifft ein.
56 Ihr Heuchler! Das Aussehen der Erde und des Himmels könnt ihr
deuten. Warum könnt ihr dann die Zeichen dieser Zeit nicht deuten?
57 Warum findet ihr nicht schon von selbst das rechte Urteil?

Von der Versöhnung
58 Wenn du mit deinem Gegner vor Gericht gehst, bemüh dich noch
auf dem Weg, dich mit ihm zu einigen. Sonst wird er dich vor den
Richter schleppen, und der Richter wird dich dem Gerichtsdiener
übergeben, und der Gerichtsdiener wird dich ins Gefängnis werfen.
59 Ich sage dir: Du kommst von dort nicht heraus, bis du auch den letz-
ten Pfennig bezahlt hast.

Mahnung zur Umkehr
13 Zu dieser Zeit kamen einige Leute zu Jesus und berichteten
ihm von den Galiläern, die Pilatus beim Opfern umbringen
ließ, so daß sich ihr Blut mit dem ihrer Opfertiere vermischte. 2 Da
sagte er zu ihnen: Meint ihr, daß nur diese Galiläer Sünder waren,
weil das mit ihnen geschehen ist, alle anderen Galiläer aber nicht?
3 Nein, im Gegenteil: Ihr alle werdet genauso umkommen, wenn ihr
euch nicht bekehrt. 4 Oder jene achtzehn Menschen, die beim Ein-
sturz des Turms von Schiloach erschlagen wurden – meint ihr, daß
nur sie Schuld auf sich geladen hatten, alle anderen Einwohner von
Jerusalem aber nicht? 5 Nein, im Gegenteil: Ihr alle werdet genauso
umkommen, wenn ihr euch nicht bekehrt. 6 Und er erzählte ihnen
dieses Gleichnis: Ein Mann hatte in seinem Weinberg einen Feigen-
baum; und als er kam und nachsah, ob er Früchte trug, fand er keine.
7 Da sagte er zu seinem Weingärtner: Jetzt komme ich schon drei Jahre
und sehe nach, ob dieser Feigenbaum Früchte trägt, und finde nichts.
Hau ihn um! Was soll er weiter dem Boden seine Kraft nehmen? 8 Der
Weingärtner erwiderte: Herr, laß ihn dieses Jahr noch stehen; ich will
den Boden um ihn herum aufgraben und düngen. 9 Vielleicht trägt er
doch noch Früchte; wenn nicht, dann laß ihn umhauen.

Die Heilung einer Frau am Sabbat
10 Am Sabbat lehrte Jesus in einer Synagoge. 11 Dort saß eine Frau, die
seit achtzehn Jahren krank war, weil sie von einem Dämon geplagt
wurde; ihr Rücken war verkrümmt, und sie konnte nicht mehr auf-
recht gehen. 12 Als Jesus sie sah, rief er sie zu sich und sagte: Frau, du
bist von deinem Leiden erlöst. 13 Und er legte ihr die Hände auf. Im
gleichen Augenblick richtete sie sich auf und pries Gott. 14 Der Syn-
agogenvorsteher aber war empört darüber, daß Jesus am Sabbat
heilte, und sagte zu den Leuten: Sechs Tage sind zum Arbeiten da.
Kommt also an diesen Tagen und laßt euch heilen, nicht am Sabbat!
15 Der Herr erwiderte ihm: Ihr Heuchler! Bindet nicht jeder von euch
am Sabbat seinen Ochsen oder Esel von der Krippe los und führt ihn
zur Tränke? 16 Diese Tochter Abrahams aber, die der Satan schon seit
achtzehn Jahren gefesselt hielt, sollte am Sabbat nicht davon befreit
werden dürfen? 17 Durch diese Worte wurden alle seine Gegner
beschämt; das ganze Volk aber freute sich über all die großen Taten,
die er vollbrachte.

Das Gleichnis vom Senfkorn
18 Er sagte: Wem ist das Reich Gottes ähnlich, womit soll ich es ver-
gleichen? 19 Es ist wie ein Senfkorn, das ein Mann in seinem Garten in
die Erde steckte; es wuchs und wurde zu einem Baum, und *die Vögel des
Himmels nisteten in seinen Zweigen*.

Das Gleichnis vom Sauerteig
20 Außerdem sagte er: Womit soll ich das Reich Gottes vergleichen?
21 Es ist wie der Sauerteig, den eine Frau unter einen großen Trog Mehl
mischte, bis das Ganze durchsäuert war.

Von der neuen Ordnung im Reich Gottes

Von der engen und von der verschlossenen Tür
22 Auf seinem Weg nach Jerusalem zog er von Stadt zu Stadt und von
Dorf zu Dorf und lehrte. 23 Da fragte ihn einer: Herr, sind es nur
wenige, die gerettet werden? Er sagte zu ihnen: 24 Bemüht euch mit
allen Kräften, durch die enge Tür zu gelangen; denn viele, sage ich
euch, werden versuchen hineinzukommen, aber es wird ihnen nicht
gelingen.
25 Wenn der Herr des Hauses aufsteht und die Tür verschließt, dann
steht ihr draußen, klopft an die Tür und ruft: Herr, mach uns auf! Er
aber wird euch antworten: Ich weiß nicht, woher ihr seid. 26 Dann
werdet ihr sagen: Wir haben doch mit dir gegessen und getrunken,
und du hast auf unseren Straßen gelehrt. 27 Er aber wird erwidern: Ich
sage euch, ich weiß nicht, woher ihr seid. *Weg von mir, ihr habt alle
Unrecht getan!* 28 Da werdet ihr heulen und mit den Zähnen knirschen,
wenn ihr seht, daß Abraham, Isaak und Jakob und alle Propheten im
Reich Gottes sind, ihr selbst aber ausgeschlossen seid. 29 Und man
wird von Osten und Westen und von Norden und Süden kommen und

im Reich Gottes zu Tisch sitzen. 30 Dann werden manche von den
Letzten die Ersten sein und manche von den Ersten die Letzten.

Der Abschied von Galiläa

31 Zu dieser Zeit kamen einige Pharisäer zu ihm und sagten: Geh weg,
verlaß dieses Gebiet, denn Herodes will dich töten. 32 Er antwortete
ihnen: Geht und sagt diesem Fuchs: Ich treibe Dämonen aus und heile
Kranke, heute und morgen, und am dritten Tag werde ich mein Werk
vollenden. 33 Doch heute und morgen und am folgenden Tag muß ich
weiterwandern; denn ein Prophet darf nirgendwo anders als in Jerusa-
lem umkommen.
34 Jerusalem, Jerusalem, du tötest die Propheten und steinigst die
Boten, die zu dir gesandt sind. Wie oft wollte ich deine Kinder um
mich sammeln, so wie eine Henne ihre Küken unter ihre Flügel
nimmt; aber ihr habt nicht gewollt. 35 Darum wird euer Haus (von
Gott) verlassen. Ich sage euch: Ihr werdet mich nicht mehr sehen, bis
die Zeit kommt, in der ihr ruft: *Gesegnet sei er, der kommt im Namen des
Herrn!*

Die Heilung eines Wassersüchtigen am Sabbat

14 Als Jesus an einem Sabbat in das Haus eines führenden Pha-
risäers zum Essen kam, beobachtete man ihn genau. 2 Da
stand auf einmal ein Mann vor ihm, der an Wassersucht litt. 3 Jesus
wandte sich an die Gesetzeslehrer und die Pharisäer und fragte: Ist es
am Sabbat erlaubt zu heilen, oder nicht? 4 Sie schwiegen. Da berührte
er den Mann, heilte ihn und ließ ihn gehen. 5 Zu ihnen aber sagte er:
Wer von euch wird seinen Sohn oder seinen Ochsen, der in den Brun-
nen fällt, nicht sofort herausziehen, auch am Sabbat? 6 Darauf konn-
ten sie ihm nichts erwidern.

Mahnung zur Bescheidenheit

7 Als er bemerkte, wie sich die Gäste die Ehrenplätze aussuchten,
nahm er das zum Anlaß, ihnen eine Lehre zu erteilen. Er sagte zu
ihnen: 8 Wenn du zu einer Hochzeit eingeladen bist, such dir nicht den
Ehrenplatz aus. Denn es könnte ein anderer eingeladen sein, der vor-
nehmer ist als du, 9 und dann würde der Gastgeber, der dich und ihn
eingeladen hat, kommen und zu dir sagen: Mach diesem hier Platz!
Du aber wärst beschämt und müßtest den untersten Platz einnehmen.
10 Wenn du also eingeladen bist, setz dich lieber, wenn du hinkommst,
auf den untersten Platz; dann wird der Gastgeber zu dir kommen und
sagen: Mein Freund, rück weiter hinauf! Das wird für dich eine Ehre
sein vor allen anderen Gästen. 11 Denn wer sich selbst erhöht, wird
erniedrigt, und wer sich selbst erniedrigt, wird erhöht werden.

Von den rechten Gästen

12 Dann sagte er zu dem Gastgeber: Wenn du mittags oder abends ein
Essen gibst, so lade nicht deine Freunde oder deine Brüder, deine Ver-
wandten oder reiche Nachbarn ein; sonst laden auch sie dich ein, und
damit ist dir wieder alles vergolten. 13 Nein, wenn du ein Essen gibst,
dann lade Arme, Krüppel, Lahme und Blinde ein. 14 Du wirst selig
sein, denn sie können es dir nicht vergelten; es wird dir vergolten wer-
den bei der Auferstehung der Gerechten.

Das Gleichnis vom Festmahl

15 Als einer der Gäste das hörte, sagte er zu Jesus: Selig, wer im Reich
Gottes am Mahl teilnehmen darf. 16 Jesus sagte zu ihm: Ein Mann ver-
anstaltete ein großes Festmahl und lud viele dazu ein. 17 Als das Fest
beginnen sollte, schickte er seinen Diener und ließ den Gästen, die er
eingeladen hatte, sagen: Kommt, es steht alles bereit! 18 Aber einer
nach dem andern ließ sich entschuldigen. Der erste ließ ihm sagen:
Ich habe einen Acker gekauft und muß jetzt gehen und ihn besichti-
gen. Bitte, entschuldige mich! 19 Ein anderer sagte: Ich habe fünf Och-
sengespanne gekauft und bin auf dem Weg, sie mir genauer anzuse-
hen. Bitte, entschuldige mich! 20 Wieder ein anderer sagte: Ich habe
geheiratet und kann deshalb nicht kommen. 21 Der Diener kehrte
zurück und berichtete alles seinem Herrn. Da wurde der Herr zornig
und sagte zu seinem Diener: Geh schnell auf die Straßen und Gassen
der Stadt und hol die Armen und die Krüppel, die Blinden und die
Lahmen herbei. 22 Bald darauf meldete der Diener: Herr, dein Auftrag
ist ausgeführt; aber es ist immer noch Platz. 23 Da sagte der Herr zu
dem Diener: Dann geh auf die Landstraßen und vor die Stadt hinaus
und nötige die Leute zu kommen, damit mein Haus voll wird. 24 Das
aber sage ich euch: Keiner von denen, die eingeladen waren, wird an
meinem Mahl teilnehmen.

Vom Ernst der Nachfolge

25 Viele Menschen begleiteten ihn; da wandte er sich an sie und sagte:
26 Wenn jemand zu mir kommt und nicht Vater und Mutter, Frau und
Kinder, Brüder und Schwestern, ja sogar sein Leben gering achtet,
dann kann er nicht mein Jünger sein. 27 Wer nicht sein Kreuz trägt und
mir nachfolgt, der kann nicht mein Jünger sein.
28 Wenn einer von euch einen Turm bauen will, setzt er sich dann nicht
zuerst hin und rechnet, ob seine Mittel für das ganze Vorhaben ausrei-
chen? 29 Sonst könnte es geschehen, daß er das Fundament gelegt
hat, dann aber den Bau nicht fertigstellen kann. Und alle, die es sehen,
würden ihn verspotten 30 und sagen: Der da hat einen Bau begonnen
und konnte ihn nicht zu Ende führen.
31 Oder wenn ein König gegen einen anderen in den Krieg zieht, setzt
er sich dann nicht zuerst hin und überlegt, ob er sich mit seinen zehn-
tausend Mann dem entgegenstellen kann, der mit zwanzigtausend
gegen ihn anrückt? 32 Kann er es nicht, dann schickt er eine Gesandt-
schaft, solange der andere noch weit weg ist, und bittet um Frieden.
33 Darum kann keiner von euch mein Jünger sein, wenn er nicht auf
seinen ganzen Besitz verzichtet.
34 Das Salz ist etwas Gutes. Wenn aber das Salz seinen Geschmack ver-
liert, womit kann man ihm die Würze wiedergeben? 35 Es taugt weder
für den Acker noch für den Misthaufen, man wirft es weg. Wer Ohren
hat zum Hören, der höre!

Die Gleichnisse vom verlorenen Schaf und von der verlorenen Drachme

15 Alle Zöllner und Sünder kamen zu ihm, um ihn zu hören.
2 Die Pharisäer und die Schriftgelehrten empörten sich dar-
über und sagten: Er gibt sich mit Sündern ab und ißt sogar mit ihnen.
3 Da erzählte er ihnen ein Gleichnis und sagte: 4 Wenn einer von euch
hundert Schafe hat und eins davon verliert, läßt er dann nicht die
neunundneunzig in der Steppe zurück und geht dem verlorenen nach,
bis er es findet? 5 Und wenn er es gefunden hat, nimmt er es voll
Freude auf die Schultern, 6 und wenn er nach Hause kommt, ruft er
seine Freunde und Nachbarn zusammen und sagt zu ihnen: Freut
euch mit mir; ich habe mein Schaf wiedergefunden, das verloren war.
7 Ich sage euch: Ebenso wird auch im Himmel mehr Freude herrschen
über einen einzigen Sünder, der umkehrt, als über neunundneunzig
Gerechte, die es nicht nötig haben umzukehren.
8 Oder wenn eine Frau zehn Drachmen hat und eine davon verliert,
zündet sie dann nicht eine Lampe an, fegt das ganze Haus und sucht
unermüdlich, bis sie das Geldstück findet? 9 Und wenn sie es gefun-
den hat, ruft sie ihre Freundinnen und Nachbarinnen zusammen und
sagt: Freut euch mit mir; ich habe die Drachme wiedergefunden, die
ich verloren hatte. 10 Ich sage euch: Ebenso herrscht auch bei den
Engeln Gottes Freude über einen einzigen Sünder, der umkehrt.

Das Gleichnis vom verlorenen Sohn

11 Weiter sagte Jesus: Ein Mann hatte zwei Söhne. 12 Der jüngere von
ihnen sagte zu seinem Vater: Vater, gib mir das Erbteil, das mir
zusteht. Da teilte der Vater das Vermögen auf. 13 Nach wenigen Tagen
packte der jüngere Sohn alles zusammen und zog in ein fernes Land.
Dort führte er ein zügelloses Leben und verschleuderte sein Vermö-
gen. 14 Als er alles durchgebracht hatte, kam eine große Hungersnot
über das Land, und es ging ihm sehr schlecht. 15 Da ging er zu einem
Bürger des Landes und drängte sich ihm auf; der schickte ihn aufs
Feld zum Schweinehüten. 16 Er hätte gern seinen Hunger mit den Fut-

Max Beckmann
Der verlorene Sohn
(1949)
»Dann führte er ein zügelloses Leben und verschleuderte sein Vermögen« (Lk 15,13). Max Beckmann veranschaulicht in der Tradition barocker Sittenbilder, was der biblische Text summarisch mit einem »zügellosen Leben« bezeichnet. Doch seiner Bordellszene fehlt alles, was frühere Maler mit Vergnügen inszeniert haben: lustvolle Ausschweifung. Statt dessen erscheint der Protagonist in einer Haltung stummer Abwehr, in sich gekehrter Ratlosigkeit inmitten der Gesellschaft von drei Frauen, die sich um ihn bemühen. Eine fünfte Gestalt wird am rechten Bildrand sichtbar: ein Profil, beobachtend oder lauernd, vielleicht aber auch jene Instanz, die der Vater verkörpert. Peter Beckmann hat das Bild mit einer Tagebuchnotiz seines Vaters aus dem Jahr 1944 in Verbindung gebracht: »Mein Gott, wie oft werden wir dieses furchtbare Martyrium noch über uns ergehen lassen müssen, bis endlich die ewige Bewußtseinsklarheit über uns kommt.«

terschoten gestillt, die die Schweine fraßen; aber niemand gab ihm
davon. 17 Da ging er in sich und sagte: Wie viele Tagelöhner meines
Vaters haben mehr als genug zu essen, und ich komme hier vor Hun-
ger um. 18 Ich will aufbrechen und zu meinem Vater gehen und zu ihm
sagen: Vater, ich habe mich gegen den Himmel und gegen dich ver-
sündigt. 19 Ich bin nicht mehr wert, dein Sohn zu sein; mach mich zu
einem deiner Tagelöhner. 20 Dann brach er auf und ging zu seinem
Vater. Der Vater sah ihn schon von weitem kommen, und er hatte Mit-
leid mit ihm. Er lief dem Sohn entgegen, fiel ihm um den Hals und
küßte ihn. 21 Da sagte der Sohn: Vater, ich habe mich gegen den Him-
mel und gegen dich versündigt; ich bin nicht mehr wert, dein Sohn zu
sein. 22 Der Vater aber sagte zu seinen Knechten: Holt schnell das
beste Gewand, und zieht es ihm an, steckt ihm einen Ring an die
Hand, und zieht ihm Schuhe an. 23 Bringt das Mastkalb her, und
schlachtet es; wir wollen essen und fröhlich sein. 24 Denn mein Sohn
war tot und lebt wieder; er war verloren und ist wiedergefunden wor-
den. Und sie begannen, ein fröhliches Fest zu feiern.
25 Sein älterer Sohn war unterdessen auf dem Feld. Als er heimging
und in die Nähe des Hauses kam, hörte er Musik und Tanz. 26 Da rief er
einen der Knechte und fragte, was das bedeuten solle. 27 Der Knecht
antwortete: Dein Bruder ist gekommen, und dein Vater hat das Mast-
kalb schlachten lassen, weil er ihn heil und gesund wiederbekommen
hat. 28 Da wurde er zornig und wollte nicht hineingehen. Sein Vater

aber kam heraus und redete ihm gut zu. 29 Doch er erwiderte dem
Vater: So viele Jahre schon diene ich dir, und nie habe ich gegen deinen
Willen gehandelt; mir aber hast du nie auch nur einen Ziegenbock
geschenkt, damit ich mit meinen Freunden ein Fest feiern konnte.
30 Kaum aber ist der hier gekommen, dein Sohn, der dein Vermögen
mit Dirnen durchgebracht hat, da hast du für ihn das Mastkalb
geschlachtet. 31 Der Vater antwortete ihm: Mein Kind, du bist immer
bei mir, und alles, was mein ist, ist auch dein. 32 Aber jetzt müssen wir
uns doch freuen und ein Fest feiern; denn dein Bruder war tot und lebt
wieder; er war verloren und ist wiedergefunden worden.

Das Gleichnis vom klugen Verwalter

16 Jesus sagte zu den Jüngern: Ein reicher Mann hatte einen Ver-
walter. Diesen beschuldigte man bei ihm, er verschleudere
sein Vermögen. 2 Darauf ließ er ihn rufen und sagte zu ihm: Was höre
ich über dich? Leg Rechenschaft ab über deine Verwaltung! Du kannst
nicht länger mein Verwalter sein. 3 Da überlegte der Verwalter: Mein
Herr entzieht mir die Verwaltung. Was soll ich jetzt tun? Zu schwerer
Arbeit tauge ich nicht, und zu betteln schäme ich mich. 4 Doch – ich
weiß, was ich tun muß, damit mich die Leute in ihre Häuser aufneh-
men, wenn ich als Verwalter abgesetzt bin. 5 Und er ließ die Schuldner
seines Herrn, einen nach dem andern, zu sich kommen und fragte den
ersten: Wieviel bist du meinem Herrn schuldig? 6 Er antwortete: Hun-
dert Faß Öl. Da sagte er zu ihm: Nimm deinen Schuldschein, setz dich
gleich hin, und schreib »fünfzig«. 7 Dann fragte er einen andern: Wie-
viel bist du schuldig? Der antwortete: Hundert Sack Weizen. Da sagte er
zu ihm: Nimm deinen Schuldschein, und schreib »achtzig«.
8 Und der Herr lobte die Klugheit des unehrlichen Verwalters und
sagte: Die Kinder dieser Welt sind im Umgang mit ihresgleichen klü-
ger als die Kinder des Lichtes.

Vom rechten Gebrauch des Reichtums

9 Ich sage euch: Macht euch Freunde mit Hilfe des ungerechten Mam-
mons, damit ihr in die ewigen Wohnungen aufgenommen werdet,
wenn es (mit euch) zu Ende geht.
10 Wer in den kleinsten Dingen zuverlässig ist, der ist es auch in den
großen, und wer bei den kleinsten Dingen Unrecht tut, der tut es auch
bei den großen. 11 Wenn ihr im Umgang mit dem ungerechten Reich-
tum nicht zuverlässig gewesen seid, wer wird euch dann das wahre
Gut anvertrauen?
12 Und wenn ihr im Umgang mit dem fremden Gut nicht zuverlässig
gewesen seid, wer wird euch dann euer (wahres) Eigentum geben?
13 Kein Sklave kann zwei Herren dienen; er wird entweder den einen
hassen und den andern lieben, oder er wird zu dem einen halten und
den andern verachten. Ihr könnt nicht beiden dienen, Gott und dem
Mammon.

Das Urteil Jesu über die Pharisäer

14 Das alles hörten auch die Pharisäer, die sehr am Geld hingen, und
sie lachten über ihn. 15 Da sagte er zu ihnen: Ihr redet den Leuten ein,
daß ihr gerecht seid; aber Gott kennt euer Herz. Denn was die Men-
schen für großartig halten, das ist in den Augen Gottes ein Greuel.

Vom Gesetz und von der Ehescheidung

16 Bis zu Johannes hatte man nur das Gesetz und die Propheten.
Seitdem wird das Evangelium vom Reich Gottes verkündet, und alle
drängen sich danach, hineinzukommen.
17 Aber eher werden Himmel und Erde vergehen, als daß auch nur der
kleinste Buchstabe im Gesetz wegfällt. 18 Wer seine Frau aus der Ehe
entläßt und eine andere heiratet, begeht Ehebruch; auch wer eine Frau
heiratet, die von ihrem Mann aus der Ehe entlassen worden ist, begeht
Ehebruch.

Das Beispiel vom reichen Mann und vom armen Lazarus

19 Es war einmal ein reicher Mann, der sich in Purpur und feines Lei-
nen kleidete und Tag für Tag herrlich und in Freuden lebte. 20 Vor der
Tür des Reichen aber lag ein armer Mann namens Lazarus, dessen
Leib voller Geschwüre war. 21 Er hätte gern seinen Hunger mit dem
gestillt, was vom Tisch des Reichen herunterfiel. Statt dessen kamen
die Hunde und leckten an seinen Geschwüren. 22 Als nun der Arme
starb, wurde er von den Engeln in Abrahams Schoß getragen. Auch
der Reiche starb und wurde begraben. 23 In der Unterwelt, wo er qual-
volle Schmerzen litt, blickte er auf und sah von weitem Abraham, und
Lazarus in seinem Schoß. 24 Da rief er: Vater Abraham, hab Erbarmen
mit mir, und schick Lazarus zu mir; er soll wenigstens die Spitze sei-
nes Fingers ins Wasser tauchen und mir die Zunge kühlen, denn ich
leide große Qual in diesem Feuer. 25 Abraham erwiderte: Mein Kind,
denk daran, daß du schon zu Lebzeiten deinen Anteil am Guten erhal-
ten hast, Lazarus aber nur Schlechtes. Jetzt wird er dafür getröstet, du
aber mußt leiden. 26 Außerdem ist zwischen uns und euch ein tiefer,
unüberwindlicher Abgrund, so daß niemand von hier zu euch oder
von dort zu uns kommen kann, selbst wenn er wollte. 27 Da sagte der
Reiche: Dann bitte ich dich, Vater, schick ihn in das Haus meines
Vaters! 28 Denn ich habe noch fünf Brüder. Er soll sie warnen, damit
nicht auch sie an diesen Ort der Qual kommen. 29 Abraham aber sagte:
Sie haben Mose und die Propheten, auf die sollen sie hören. 30 Er erwi-
derte: Nein, Vater Abraham, nur wenn einer von den Toten zu ihnen
kommt, werden sie umkehren. 31 Darauf sagte Abraham: Wenn sie
auf Mose und die Propheten nicht hören, werden sie sich auch nicht
überzeugen lassen, wenn einer von den Toten aufersteht.

Warnung vor der Verführung

17 Er sagte zu seinen Jüngern: Es ist unvermeidlich, daß Ver-
führungen kommen. Aber wehe dem, der sie verschuldet.
2 Es wäre besser für ihn, man würde ihn mit einem Mühlstein um den
Hals ins Meer werfen, als daß er einen von diesen Kleinen zum Bösen
verführt. 3a Seht euch vor!

Von der Pflicht zur Vergebung

3b Wenn dein Bruder sündigt, weise ihn zurecht; und wenn er sich
ändert, vergib ihm. 4 Und wenn er sich siebenmal am Tag gegen dich
versündigt und siebenmal wieder zu dir kommt und sagt: Ich will
mich ändern!, so sollst du ihm vergeben.

Von der Macht des Glaubens

5 Die Apostel baten den Herrn: Stärke unseren Glauben! 6 Der Herr
erwiderte: Wenn euer Glaube auch nur so groß wäre wie ein Senf-
korn, würdet ihr zu dem Maulbeerbaum hier sagen: Heb dich samt
deinen Wurzeln aus dem Boden, und verpflanz dich ins Meer!, und er
würde euch gehorchen.

Das Gleichnis vom unnützen Sklaven

7 Wenn einer von euch einen Sklaven hat, der pflügt oder das Vieh
hütet, wird er etwa zu ihm, wenn er vom Feld kommt, sagen: Nimm
gleich Platz zum Essen? 8 Wird er nicht vielmehr zu ihm sagen: Mach
mir etwas zu essen, gürte dich, und bediene mich; wenn ich gegessen
und getrunken habe, kannst auch du essen und trinken. 9 Bedankt er
sich etwa bei dem Sklaven, weil er getan hat, was ihm befohlen wurde?
10 So soll es auch bei euch sein: Wenn ihr alles getan habt, was euch
befohlen wurde, sollt ihr sagen: Wir sind unnütze Sklaven; wir haben
nur unsere Schuldigkeit getan.

Der dankbare Samariter

11 Auf dem Weg nach Jerusalem zog Jesus durch das Grenzgebiet von
Samarien und Galiläa. 12 Als er in ein Dorf hineingehen wollte, kamen
ihm zehn Aussätzige entgegen. Sie blieben in der Ferne stehen 13 und
riefen: Jesus, Meister, hab Erbarmen mit uns! 14 Als er sie sah, sagte er
zu ihnen: Geht, *zeigt euch den Priestern*! Und während sie zu den Prie-

stern gingen, wurden sie rein. 15 Einer von ihnen aber kehrte um, als er
sah, daß er geheilt war; und er lobte Gott mit lauter Stimme. 16 Er warf
sich vor den Füßen Jesu zu Boden und dankte ihm. Dieser Mann war
aus Samarien. 17 Da sagte Jesus: Es sind doch alle zehn rein geworden.
Wo sind die übrigen neun? 18 Ist denn keiner umgekehrt, um Gott zu
ehren, außer diesem Fremden? 19 Und er sagte zu ihm: Steh auf und
geh! Dein Glaube hat dir geholfen.

Vom Kommen des Gottesreiches

20 Als Jesus von den Pharisäern gefragt wurde, wann das Reich Gottes
komme, antwortete er: Das Reich Gottes kommt nicht so, daß man es
an äußeren Zeichen erkennen könnte. 21 Man kann auch nicht sagen:
Seht, hier ist es!, oder: Dort ist es! Denn: Das Reich Gottes ist (schon)
mitten unter euch.

Vom Kommen des Menschensohnes

22 Er sagte zu den Jüngern: Es wird eine Zeit kommen, in der ihr euch
danach sehnt, auch nur einen von den Tagen des Menschensohnes zu
erleben; aber ihr werdet ihn nicht erleben. 23 Und wenn man zu euch
sagt: Dort ist er! Hier ist er!, so geht nicht hin, und lauft nicht hinter-
her! 24 Denn wie der Blitz von einem Ende des Himmels bis zum
andern leuchtet, so wird der Menschensohn an seinem Tag erschei-
nen. 25 Vorher aber muß er vieles erleiden und von dieser Generation
verworfen werden. 26 Und wie es zur Zeit des Noach war, so wird es
auch in den Tagen des Menschensohnes sein. 27 Die Menschen aßen
und tranken und heirateten bis zu dem Tag, an dem *Noach in die Arche
ging*; dann kam die Flut und vernichtete alle. 28 Und es wird ebenso
sein, wie es zur Zeit des Lot war: Sie aßen und tranken, kauften und
verkauften, pflanzten und bauten. 29 Aber an dem Tag, als Lot Sodom
verließ, *regnete es Feuer und Schwefel vom Himmel*, und alle kamen um.
30 Ebenso wird es an dem Tag sein, an dem sich der Menschensohn
offenbart. 31 Wer dann auf dem Dach ist und seine Sachen im Haus
hat, soll nicht hinabsteigen, um sie zu holen, und wer auf dem Feld ist,
soll nicht zurückkehren. 32 Denkt an die Frau des Lot! 33 Wer sein
Leben zu bewahren sucht, wird es verlieren; wer es dagegen verliert,
wird es gewinnen. 34 Ich sage euch: Von zwei Männern, die in jener
Nacht auf einem Bett liegen, wird der eine mitgenommen und der
andere zurückgelassen. 35 Von zwei Frauen, die mit derselben Mühle
Getreide mahlen, wird die eine mitgenommen und die andere zurück-
gelassen. [36] 37 Da fragten sie ihn: Wo wird das geschehen, Herr? Er
antwortete: Wo ein Aas ist, da sammeln sich auch die Geier.

Das Gleichnis vom gottlosen Richter und der Witwe

18 Jesus sagte ihnen durch ein Gleichnis, daß sie allezeit beten
und darin nicht nachlassen sollten: 2 In einer Stadt lebte ein
Richter, der Gott nicht fürchtete und auf keinen Menschen Rücksicht
nahm. 3 In der gleichen Stadt lebte auch eine Witwe, die immer wieder
zu ihm kam und sagte: Verschaff mir Recht gegen meinen Feind!
4 Lange wollte er nichts davon wissen. Dann aber sagte er sich: Ich
fürchte zwar Gott nicht und nehme auch auf keinen Menschen Rück-
sicht; 5 trotzdem will ich dieser Witwe zu ihrem Recht verhelfen, denn
sie läßt mich nicht in Ruhe. Sonst kommt sie am Ende noch und
schlägt mich ins Gesicht. 6 Und der Herr fügte hinzu: Bedenkt, was
der ungerechte Richter sagt. 7 Sollte Gott seinen Auserwählten, die
Tag und Nacht zu ihm schreien, nicht zu ihrem Recht verhelfen, son-
dern zögern? 8 Ich sage euch: Er wird ihnen unverzüglich ihr Recht
verschaffen. Wird jedoch der Menschensohn, wenn er kommt, auf der
Erde (noch) Glauben vorfinden?

Das Beispiel vom Pharisäer und vom Zöllner

9 Einigen, die von ihrer eigenen Gerechtigkeit überzeugt waren und
die anderen verachteten, erzählte Jesus dieses Beispiel: 10 Zwei Männer
gingen zum Tempel hinauf, um zu beten; der eine war ein Pharisäer,
der andere ein Zöllner. 11 Der Pharisäer stellte sich hin und sprach
leise dieses Gebet: Gott, ich danke dir, daß ich nicht wie die anderen
Menschen bin, die Räuber, Betrüger, Ehebrecher oder auch wie dieser
Zöllner dort. 12 Ich faste zweimal in der Woche und gebe dem Tempel
den zehnten Teil meines ganzen Einkommens. 13 Der Zöllner aber
blieb ganz hinten stehen und wagte nicht einmal, seine Augen zum
Himmel zu erheben, sondern schlug sich an die Brust und betete:
Gott, sei mir Sünder gnädig! 14 Ich sage euch: Dieser kehrte als
Gerechter nach Hause zurück, der andere nicht. Denn wer sich selbst
erhöht, wird erniedrigt, wer sich aber selbst erniedrigt, wird erhöht
werden.

Die Segnung der Kinder

15 Man brachte auch kleine Kinder zu ihm, damit er ihnen die Hände
auflegte. Als die Jünger das sahen, wiesen sie die Leute schroff ab.
16 Jesus aber rief die Kinder zu sich und sagte: Laßt die Kinder zu mir
kommen; hindert sie nicht daran! Denn Menschen wie ihnen gehört
das Reich Gottes. 17 Amen, das sage ich euch: Wer das Reich Gottes
nicht so annimmt, wie ein Kind, der wird nicht hineinkommen.

Von Reichtum und Nachfolge

18 Einer von den führenden Männern fragte ihn: Guter Meister, was
muß ich tun, um das ewige Leben zu gewinnen? 19 Jesus antwortete:
Warum nennst du mich gut? Niemand ist gut außer Gott, dem Einen.
20 Du kennst doch die Gebote: *Du sollst nicht die Ehe brechen, du sollst nicht
töten, du sollst nicht stehlen, du sollst nicht falsch aussagen; ehre deinen Vater
und deine Mutter!* 21 Er erwiderte: Alle diese Gebote habe ich von Jugend
an befolgt. 22 Als Jesus das hörte, sagte er: Eines fehlt dir noch: Ver-
kauf alles, was du hast, verteil das Geld an die Armen, und du wirst
einen bleibenden Schatz im Himmel haben; dann komm und folge
mir nach! 23 Der Mann aber wurde sehr traurig, als er das hörte; denn
er war überaus reich. 24 Jesus sah ihn an und sagte: Wie schwer ist es
für Menschen, die viel besitzen, in das Reich Gottes zu kommen!
25 Denn eher geht ein Kamel durch ein Nadelöhr, als daß ein Reicher
in das Reich Gottes gelangt. 26 Die Leute, die das hörten, fragten: Wer
kann dann noch gerettet werden? 27 Er erwiderte: Was für Menschen
unmöglich ist, ist *für Gott möglich*.
28 Da sagte Petrus: Du weißt, wir haben unser Eigentum verlassen und
sind dir nachgefolgt. 29 Jesus antwortete ihnen: Amen, ich sage euch:
Jeder, der um des Reiches Gottes willen Haus oder Frau, Brüder, Eltern
oder Kinder verlassen hat, 30 wird dafür schon in dieser Zeit das Viel-
fache erhalten und in der kommenden Welt das ewige Leben.

Die dritte Ankündigung von Leiden und Auferstehung

31 Jesus versammelte die Zwölf um sich und sagte zu ihnen: Wir gehen
jetzt nach Jerusalem hinauf; dort wird sich alles erfüllen, was bei den
Propheten über den Menschensohn steht: 32 Er wird den Heiden aus-
geliefert, wird verspottet, mißhandelt und angespuckt werden, 33 und
man wird ihn geißeln und töten. Aber am dritten Tag wird er auferste-
hen. 34 Doch die Zwölf verstanden das alles nicht; der Sinn der Worte
war ihnen verschlossen, und sie begriffen nicht, was er sagte.

Die Heilung eines Blinden bei Jericho

35 Als Jesus in die Nähe von Jericho kam, saß ein Blinder an der Straße
und bettelte. 36 Er hörte, daß viele Menschen vorbeigingen, und
fragte: Was hat das zu bedeuten? 37 Man sagte ihm: Jesus von Nazaret
geht vorüber. 38 Da rief er: Jesus, Sohn Davids, hab Erbarmen mit mir!
39 Die Leute, die vorausgingen, wurden ärgerlich und befahlen ihm zu
schweigen. Er aber schrie noch viel lauter: Sohn Davids, hab Erbar-
men mit mir! 40 Jesus blieb stehen und ließ ihn zu sich herführen. Als
der Mann vor ihm stand, fragte ihn Jesus: 41 Was soll ich dir tun? Er
antwortete: Herr, ich möchte wieder sehen können. 42 Da sagte Jesus
zu ihm: Du sollst wieder sehen. Dein Glaube hat dir geholfen. 43 Im
gleichen Augenblick konnte er wieder sehen. Da pries er Gott und
folgte Jesus. Und alle Leute, die das gesehen hatten, lobten Gott.

Wilhelm Morgner
Einzug in Jerusalem
(1912)
»Sie riefen: Gesegnet sei der König, der kommt im Namen des Herrn. Im Himmel Frieden und Herrlichkeit in der Höhe!« (Lk 19,38). Wilhelm Morgners Thema ist die Leuchtkraft der Farbe. Ihr ordnet sich die Form unter, die erst in dritter Hinsicht erzählende Aufgabe besitzt: Von links reitet Jesus heran, abstrahiert zu einem roten Bildzeichen. Der türkisfarbene Kopf des Esels nimmt die Mitte der Bildfläche ein. Jesus farblich zugeordnet ist eine rechts am Boden hockende Figur, die beide Arme zum Willkommensgruß ausstreckt. Reiter und Sitzender sind in Profilansicht flächenparallel angeordnet. Eine zweite Bildebene ergibt sich aus dicht gereihten Figuren, über und neben denen gekrümmte Formen an Bäume und Tore denken lassen. Vorherrschend bleibt jedoch die Farbkomposition mit expressiver Lichtwirkung. In ihr spiegelt sich der Einfluß, den Robert Delaunay und dessen Orphismus auf die sogenannten rheinischen Expressionisten wie August Macke und Wilhelm Morgner ausgeübt hat.

Jesus im Haus des Zöllners Zachäus

19 Dann kam er nach Jericho und ging durch die Stadt. 2 Dort
wohnte ein Mann namens Zachäus; er war der oberste Zoll-
pächter und war sehr reich. 3 Er wollte gern sehen, wer dieser Jesus
sei, doch die Menschenmenge versperrte ihm die Sicht; denn er war
klein. 4 Darum lief er voraus und stieg auf einen Maulbeerfeigen-
baum, um Jesus zu sehen, der dort vorbeikommen mußte. 5 Als Jesus
an die Stelle kam, schaute er hinauf und sagte zu ihm: Zachäus,
komm schnell herunter! Denn ich muß heute in deinem Haus zu
Gast sein. 6 Da stieg er schnell herunter und nahm Jesus freudig bei
sich auf. 7 Als die Leute das sahen, empörten sie sich und sagten: Er
ist bei einem Sünder eingekehrt. 8 Zachäus aber wandte sich an den
Herrn und sagte: Herr, die Hälfte meines Vermögens will ich den
Armen geben, und wenn ich von jemand zu viel gefordert habe, gebe
ich ihm das Vierfache zurück. 9 Da sagte Jesus zu ihm: Heute ist die-
sem Haus das Heil geschenkt worden, weil auch dieser Mann ein
Sohn Abrahams ist. 10 Denn der Menschensohn ist gekommen, um
zu suchen und zu retten, was verloren ist.

Das Gleichnis vom anvertrauten Geld

11 Weil Jesus schon nahe bei Jerusalem war, meinten die Menschen, die
von all dem hörten, das Reich Gottes werde sofort erscheinen. Daher
erzählte er ihnen ein weiteres Gleichnis. 12 Er sagte: Ein Mann von
vornehmer Herkunft wollte in ein fernes Land reisen, um die Königs-
würde zu erlangen und dann zurückzukehren. 13 Er rief zehn seiner
Diener zu sich, verteilte unter sie Geld im Wert von zehn Minen und
sagte: Macht Geschäfte damit, bis ich wiederkomme. 14 Da ihn aber
die Einwohner seines Landes haßten, schickten sie eine Gesandt-
schaft hinter ihm her und ließen sagen: Wir wollen nicht, daß dieser
Mann unser König wird. 15 Dennoch wurde er als König eingesetzt.
Nach seiner Rückkehr ließ er die Diener, denen er das Geld gegeben
hatte, zu sich rufen. Er wollte sehen, welchen Gewinn jeder bei sei-
nen Geschäften erzielt hatte. 16 Der erste kam und sagte: Herr, ich
habe mit deiner Mine zehn Minen erwirtschaftet. 17 Da sagte der
König zu ihm: Sehr gut, du bist ein tüchtiger Diener. Weil du im
Kleinsten zuverlässig warst, sollst du Herr über zehn Städte werden.
18 Der zweite kam und sagte: Herr, ich habe mit deiner Mine fünf
Minen erwirtschaftet. 19 Zu ihm sagte der König: Du sollst über fünf
Städte herrschen. 20 Nun kam ein anderer und sagte: Herr, hier hast
du dein Geld zurück. Ich habe es in ein Tuch eingebunden und aufbe-
wahrt; 21 denn ich hatte Angst vor dir, weil du ein strenger Mann bist:
Du hebst ab, was du nicht eingezahlt hast, und erntest, was du nicht
gesät hast. 22 Der König antwortete: Aufgrund deiner eigenen Worte
spreche ich dir das Urteil. Du bist ein schlechter Diener. Du hast
gewußt, daß ich ein strenger Mann bin? Daß ich abhebe, was ich
nicht eingezahlt habe, und ernte, was ich nicht gesät habe? 23 Warum
hast du dann mein Geld nicht auf die Bank gebracht? Dann hätte ich
es bei der Rückkehr mit Zinsen abheben können. 24 Und zu den ande-
ren, die dabeistanden, sagte er: Nehmt ihm das Geld weg, und gebt
es dem, der die zehn Minen hat. 25 Sie sagten zu ihm: Herr, er hat
doch schon zehn. 26 (Da erwiderte er:) Ich sage euch: Wer hat, dem
wird gegeben werden; wer aber nicht hat, dem wird auch noch weg-
genommen, was er hat. 27 Doch meine Feinde, die nicht wollten, daß
ich ihr König werde – bringt sie her, und macht sie vor meinen Augen
nieder!

Die letzten Tage in Jerusalem

Die Auseinandersetzung mit den Gegnern in Jerusalem

Der Einzug in Jerusalem

28 Nach dieser Rede zog Jesus weiter und ging nach Jerusalem hinauf.
29 Als er in die Nähe von Betfage und Betanien kam, an den Berg, der
Ölberg heißt, schickte er zwei seiner Jünger voraus 30 und sagte: Geht
in das Dorf, das vor uns liegt. Wenn ihr hineinkommt, werdet ihr dort
einen jungen Esel angebunden finden, auf dem noch nie ein Mensch
gesessen hat. Bindet ihn los, und bringt ihn her! 31 Und wenn euch
jemand fragt: Warum bindet ihr ihn los?, dann antwortet: Der Herr
braucht ihn. 32 Die beiden machten sich auf den Weg und fanden alles
so, wie er es ihnen gesagt hatte. 33 Als sie den jungen Esel losbanden,
sagten die Leute, denen er gehörte: Warum bindet ihr den Esel los?
34 Sie antworteten: Der Herr braucht ihn. 35 Dann führten sie ihn zu
Jesus, legten ihre Kleider auf das Tier und halfen Jesus hinauf.
36 Während er dahinritt, breiteten die Jünger ihre Kleider auf der Straße
aus. 37 Als er an die Stelle kam, wo der Weg vom Ölberg hinabführt,
begannen alle Jünger freudig und mit lauter Stimme Gott zu loben
wegen all der Wundertaten, die sie erlebt hatten. 38 Sie riefen: *Gesegnet
sei* der König, *der kommt im Namen des Herrn.* Im Himmel Friede und
Herrlichkeit in der Höhe!
39 Da riefen ihm einige Pharisäer aus der Menge zu: Meister, bring
deine Jünger zum Schweigen! 40 Er erwiderte: Ich sage euch: Wenn sie
schweigen, werden die Steine schreien.

Die Ankündigung der Zerstörung Jerusalems

41 Als er näher kam und die Stadt sah, weinte er über sie 42 und sagte:
Wenn doch auch du an diesem Tag erkannt hättest, was dir Frieden
bringt. Jetzt aber bleibt es vor deinen Augen verborgen. 43 Es wird eine
Zeit für dich kommen, in der deine Feinde rings um dich einen Wall
aufwerfen, dich einschließen und von allen Seiten bedrängen. 44 Sie

werden dich und deine Kinder zerschmettern und keinen Stein auf
dem andern lassen; denn du hast die Zeit der Gnade nicht erkannt.

Die Tempelreinigung

45 Dann ging er in den Tempel und begann, die Händler hinauszutrei-
ben. 46 Er sagte zu ihnen: In der Schrift steht: *Mein Haus soll ein Haus des*
Gebetes sein. Ihr aber habt daraus *eine Räuberhöhle* gemacht.
47 Er lehrte täglich im Tempel. Die Hohenpriester, die Schriftgelehrten
und die übrigen Führer des Volkes aber suchten ihn umzubringen.
48 Sie wußten jedoch nicht, wie sie es machen sollten, denn das ganze
Volk hing an ihm und hörte ihn gern.

Die Frage nach der Vollmacht Jesu

20 Als er eines Tages im Tempel das Volk lehrte und das Evan-
gelium verkündete, kamen die Hohenpriester und die
Schriftgelehrten mit den Ältesten hinzu 2 und fragten ihn: Sag uns:
Mit welchem Recht tust du das alles? Wer hat dir dazu die Vollmacht
gegeben? 3 Er antwortete ihnen: Auch ich will euch eine Frage stellen.
Sagt mir: 4 Stammte die Taufe des Johannes vom Himmel oder von den
Menschen? 5 Da überlegten sie und sagten zueinander: Wenn wir ant-
worten: Vom Himmel!, so wird er sagen: Warum habt ihr ihm dann
nicht geglaubt? 6 Wenn wir aber antworten: Von den Menschen!, dann
wird das ganze Volk uns steinigen; denn sie sind überzeugt, daß
Johannes ein Prophet gewesen ist. 7 Darum antworteten sie: Wir wis-
sen nicht, woher. 8 Jesus erwiderte: Dann sage auch ich euch nicht, mit
welchem Recht ich das alles tue.

Das Gleichnis von den bösen Winzern

9 Er erzählte dem Volk dieses Gleichnis: Ein Mann legte einen Wein-
berg an, verpachtete ihn an Winzer und reiste für längere Zeit in ein
anderes Land. 10 Als nun die Zeit dafür gekommen war, schickte er
einen Knecht zu den Winzern, damit sie ihm seinen Anteil am Ertrag
des Weinbergs ablieferten. Die Winzer aber prügelten ihn und jagten
ihn mit leeren Händen fort. 11 Darauf schickte er einen anderen
Knecht; auch ihn prügelten und beschimpften sie und jagten ihn mit
leeren Händen fort. 12 Er schickte noch einen dritten Knecht; aber
auch ihn schlugen sie blutig und warfen ihn hinaus. 13 Da sagte der
Besitzer des Weinbergs: Was soll ich tun? Ich will meinen geliebten
Sohn zu ihnen schicken. Vielleicht werden sie vor ihm Achtung
haben. 14 Als die Winzer den Sohn sahen, überlegten sie und sagten
zueinander: Das ist der Erbe; wir wollen ihn töten, damit das Erbgut
uns gehört. 15 Und sie warfen ihn aus dem Weinberg hinaus und
brachten ihn um. Was wird nun der Besitzer des Weinbergs mit ihnen
tun? 16 Er wird kommen und diese Winzer töten und den Weinberg
anderen geben. Als sie das hörten, sagten sie: Das darf nicht gesche-
hen! 17 Da sah Jesus sie an und sagte: Was bedeutet das Schriftwort:
Der Stein, den die Bauleute verworfen haben, / er ist zum Eckstein geworden?
18 Jeder, der auf diesen Stein fällt, wird zerschellen; auf wen der Stein
aber fällt, den wird er zermalmen.
19 Die Schriftgelehrten und die Hohenpriester hätten ihn gern noch in
derselben Stunde festgenommen; aber sie fürchteten das Volk. Denn
sie hatten gemerkt, daß er sie mit diesem Gleichnis meinte.

Die Frage nach der kaiserlichen Steuer

20 Daher lauerten sie ihm auf und schickten Spitzel, die sich fromm
stellen und ihn bei einer (unüberlegten) Antwort ertappen sollten.
Denn sie wollten ihn der Gerichtsbarkeit des Statthalters übergeben.
21 Die Spitzel fragten ihn: Meister, wir wissen, daß du aufrichtig redest
und lehrst und nicht auf die Person siehst, sondern wirklich den Weg
Gottes lehrst. 22 Ist es uns erlaubt, dem Kaiser Steuer zu zahlen, oder
nicht? 23 Er aber durchschaute ihre Hinterlist und sagte zu ihnen:
24 Zeigt mir einen Denar! Wessen Bild und Aufschrift sind darauf? Sie
antworteten: Die des Kaisers. 25 Da sagte er zu ihnen: Dann gebt dem
Kaiser, was dem Kaiser gehört, und Gott, was Gott gehört! 26 So
gelang es ihnen nicht, ihn öffentlich bei einem (unüberlegten) Wort
zu ertappen. Sie waren von seiner Antwort sehr überrascht und
schwiegen.

Die Frage nach der Auferstehung der Toten

27 Von den Sadduzäern, die die Auferstehung leugnen, kamen einige
zu Jesus und fragten ihn: 28 Meister, Mose hat uns vorgeschrieben:
Wenn ein Mann, der einen Bruder hat, stirbt und eine Frau hinterläßt, ohne
Kinder zu haben, dann soll sein Bruder die Frau heiraten und seinem Bruder
Nachkommen verschaffen. 29 Nun lebten einmal sieben Brüder. Der erste
nahm sich eine Frau, starb aber kinderlos. 30 Da nahm sie der zweite,
31 danach der dritte, und ebenso die anderen bis zum siebten; sie alle
hinterließen keine Kinder, als sie starben. 32 Schließlich starb auch
die Frau. 33 Wessen Frau wird sie nun bei der Auferstehung sein? Alle
sieben haben sie doch zur Frau gehabt. 34 Da sagte Jesus zu ihnen: Nur
in dieser Welt heiraten die Menschen. 35 Die aber, die Gott für würdig
hält, an jener Welt und an der Auferstehung von den Toten teilzuha-
ben, werden dann nicht mehr heiraten. 36 Sie können auch nicht mehr
sterben, weil sie den Engeln gleich und durch die Auferstehung zu
Söhnen Gottes geworden sind. 37 Daß aber die Toten auferstehen, hat
schon Mose in der Geschichte vom Dornbusch angedeutet, in der er
den Herrn *den Gott Abrahams, den Gott Isaaks und den Gott Jakobs* nennt.
38 Er ist doch kein Gott von Toten, sondern von Lebenden; denn für ihn
sind alle lebendig. 39 Da sagten einige Schriftgelehrte: Meister, du hast
gut geantwortet. 40 Und man wagte nicht mehr, ihn etwas zu fragen.

Die Frage nach dem Messias

41 Da fragte er sie: Wie kann man behaupten, der Messias sei der Sohn
Davids? 42 Denn David selbst sagt im Buch der Psalmen: *Der Herr sprach*
zu meinem Herrn: Setze dich mir zur Rechten, 43 *und ich lege dir deine Feinde als*
Schemel unter die Füße. 44 David nennt ihn also »Herr«. Wie kann er dann
Davids Sohn sein?

Worte gegen die Schriftgelehrten

45 Jesus sagte vor dem ganzen Volk zu seinen Jüngern: 46 Hütet euch
vor den Schriftgelehrten! Sie gehen gern in langen Gewändern umher,
lieben es, wenn man sie auf den Straßen und Plätzen grüßt, und wol-
len in der Synagoge die vordersten Sitze und bei jedem Festmahl die
Ehrenplätze haben. 47 Sie bringen die Witwen um ihre Häuser und
verrichten in ihrer Scheinheiligkeit lange Gebete. Aber um so härter
wird das Urteil sein, das sie erwartet.

Das Opfer der Witwe

21 Er blickte auf und sah, wie die Reichen ihre Gaben in den
Opferkasten legten. 2 Dabei sah er auch eine arme Witwe,
die zwei kleine Münzen hineinwarf. 3 Da sagte er: Wahrhaftig, ich sage
euch: Diese arme Witwe hat mehr hineingeworfen als alle anderen.
4 Denn sie alle haben nur etwas von ihrem Überfluß geopfert; diese
Frau aber, die kaum das Nötigste zum Leben hat, sie hat ihren ganzen
Lebensunterhalt hergegeben.

Die Rede über die Endzeit

Die Ankündigung der Zerstörung des Tempels

5 Als einige darüber sprachen, daß der Tempel mit schönen Steinen
und Weihegeschenken geschmückt sei, sagte Jesus: 6 Es wird eine Zeit
kommen, da wird von allem, was ihr hier seht, kein Stein auf dem
andern bleiben; alles wird niedergerissen werden.

Vom Anfang der Not

7 Sie fragten ihn: Meister, wann wird das geschehen, und an welchem
Zeichen wird man erkennen, daß es beginnt? 8 Er antwortete: Gebt
acht, daß man euch nicht irreführt! Denn viele werden unter meinem
Namen auftreten und sagen: Ich bin es!, und: Die Zeit ist da. – Lauft
ihnen nicht nach!

9 Und wenn ihr von Kriegen und Unruhen hört, laßt euch dadurch
nicht erschrecken! Denn das *muß* als erstes *geschehen*; aber das Ende
kommt noch nicht sofort. 10 Dann sagte er zu ihnen: Ein Volk wird
sich gegen das andere erheben und ein Reich gegen das andere. 11 Es
wird gewaltige Erdbeben und an vielen Orten Seuchen und Hungers-
nöte geben; schreckliche Dinge werden geschehen, und am Himmel
wird man gewaltige Zeichen sehen.
12 Aber bevor das alles geschieht, wird man euch festnehmen und euch
verfolgen. Man wird euch um meines Namens willen den Gerichten
der Synagogen übergeben, ins Gefängnis werfen und vor Könige und
Statthalter bringen. 13 Dann werdet ihr Zeugnis ablegen können.
14 Nehmt euch fest vor, nicht im voraus für eure Verteidigung zu sor-
gen; 15 denn ich werde euch die Worte und die Weisheit eingeben, so
daß alle eure Gegner nicht dagegen ankommen und nichts dagegen
sagen können. 16 Sogar eure Eltern und Geschwister, eure Verwandten
und Freunde werden euch ausliefern, und manche von euch wird man
töten. 17 Und ihr werdet um meines Namens willen von allen gehaßt
werden. 18 Und doch wird euch kein Haar gekrümmt werden. 19 Wenn
ihr standhaft bleibt, werdet ihr das Leben gewinnen.

Vom Gericht über Jerusalem
20 Wenn ihr aber seht, daß Jerusalem von einem Heer eingeschlossen
wird, dann könnt ihr daran erkennen, daß die Stadt bald verwüstet
wird. 21 Dann sollen die Bewohner von Judäa in die Berge fliehen; wer
in der Stadt ist, soll sie verlassen, und wer auf dem Land ist, soll nicht
in die Stadt gehen. 22 Denn das sind die *Tage der Vergeltung*, an denen
alles in Erfüllung gehen soll, was in der Schrift steht. 23 Wehe den
Frauen, die in jenen Tagen schwanger sind oder ein Kind stillen. Denn
eine große Not wird über das Land hereinbrechen: Der Zorn (Gottes)
wird über dieses Volk kommen. 24 Mit scharfem Schwert wird man sie
erschlagen, als Gefangene wird man sie in alle Länder verschleppen,
und *Jerusalem* wird von *den Heiden zertreten* werden, bis die Zeiten der
Heiden sich erfüllen.

Vom Kommen des Menschensohnes
25 Es werden Zeichen sichtbar werden an Sonne, Mond und Sternen,
und auf der Erde werden die Völker bestürzt und ratlos sein über das
Toben und Donnern des Meeres. 26 Die Menschen werden vor Angst
vergehen in der Erwartung der Dinge, die über die Erde kommen;
denn die Kräfte des Himmels werden erschüttert werden. 27 Dann
wird man den *Menschensohn* mit großer Macht und Herrlichkeit *auf
einer Wolke kommen* sehen. 28 Wenn (all) das beginnt, dann richtet euch
auf, und erhebt eure Häupter; denn eure Erlösung ist nahe.

Mahnungen im Hinblick auf das Ende
29 Und er gebrauchte einen Vergleich und sagte: Seht euch den Feigen-
baum und die anderen Bäume an: 30 Sobald ihr merkt, daß sie Blätter
treiben, wißt ihr, daß der Sommer nahe ist. 31 Genauso sollt ihr erken-
nen, wenn ihr (all) das geschehen seht, daß das Reich Gottes nahe ist.
32 Amen, ich sage euch: Diese Generation wird nicht vergehen, bis
alles eintrifft. 33 Himmel und Erde werden vergehen, aber meine
Worte werden nicht vergehen.
34 Nehmt euch in acht, daß Rausch und Trunkenheit und die Sorgen
des Alltags euch nicht verwirren und daß jener Tag euch nicht plötz-
lich überrascht, 35 (so) wie (man in) eine Falle (gerät); denn er wird
über alle Bewohner der ganzen Erde hereinbrechen. 36 Wacht und
betet allezeit, damit ihr allem, was geschehen wird, entrinnen und vor
den Menschensohn hintreten könnt.

Die Lehrtätigkeit Jesu im Tempel
37 Tagsüber lehrte Jesus im Tempel; abends aber ging er zum Ölberg
hinaus und verbrachte dort die Nacht. 38 Schon früh am Morgen kam
das ganze Volk zu ihm in den Tempel, um ihn zu hören.

Das Leiden und die Auferstehung Jesu

Der Beschluß des Hohen Rates
22 Das Fest der Ungesäuerten Brote, das Pascha genannt wird,
war nahe. 2 Und die Hohenpriester und die Schriftgelehrten
suchten nach einer Möglichkeit, Jesus (unauffällig) zu beseitigen;
denn sie fürchteten sich vor dem Volk.

Der Verrat durch Judas
3 Der Satan aber ergriff Besitz von Judas, genannt Iskariot, der zu den
Zwölf gehörte. 4 Judas ging zu den Hohenpriestern und den Hauptleu-
ten und beriet mit ihnen, wie er Jesus an sie ausliefern könnte. 5 Da
freuten sie sich und kamen mit ihm überein, ihm Geld dafür zu geben.
6 Er sagte zu und suchte von da an nach einer Gelegenheit, ihn an sie
auszuliefern, ohne daß das Volk es merkte.

Die Vorbereitung des Paschamahls
7 Dann kam der Tag der Ungesäuerten Brote, an dem das Paschalamm
geschlachtet werden mußte. 8 Jesus schickte Petrus und Johannes in
die Stadt und sagte: Geht und bereitet das Paschamahl für uns vor,
damit wir es gemeinsam essen können. 9 Sie fragten ihn: Wo sollen
wir es vorbereiten? 10 Er antwortete ihnen: Wenn ihr in die Stadt
kommt, wird euch ein Mann begegnen, der einen Wasserkrug trägt.
Folgt ihm in das Haus, in das er hineingeht, 11 und sagt zu dem Herrn
des Hauses: Der Meister läßt dich fragen: Wo ist der Raum, in dem ich
mit meinen Jüngern das Paschalamm essen kann? 12 Und der Haus-
herr wird euch einen großen Raum im Obergeschoß zeigen, der mit
Polstern ausgestattet ist. Dort bereitet alles vor! 13 Sie gingen und fan-
den alles so, wie er es ihnen gesagt hatte, und bereiteten das Pascha-
mahl vor.

Das Mahl
14 Als die Stunde gekommen war, begab er sich mit den Aposteln zu
Tisch. 15 Und er sagte zu ihnen: Ich habe mich sehr danach gesehnt,
vor meinem Leiden dieses Paschamahl mit euch zu essen. 16 Denn ich
sage euch: Ich werde es nicht mehr essen, bis das Mahl seine Erfül-
lung findet im Reich Gottes. 17 Und er nahm den Kelch, sprach das
Dankgebet und sagte: Nehmt den Wein, und verteilt ihn untereinan-
der! 18 Denn ich sage euch: Von nun an werde ich nicht mehr von der
Frucht des Weinstocks trinken, bis das Reich Gottes kommt. 19 Und er
nahm Brot, sprach das Dankgebet, brach das Brot und reichte es
ihnen mit den Worten: Das ist mein Leib, der für euch hingegeben
wird. Tut dies zu meinem Gedächtnis! 20 Ebenso nahm er nach dem
Mahl den Kelch und sagte: Dieser Kelch ist *der Neue Bund* in meinem
Blut, das für euch vergossen wird. 21 Doch seht, der Mann, der mich
verrät und ausliefert, sitzt mit mir am Tisch. 22 Der Menschensohn
muß zwar den Weg gehen, der ihm bestimmt ist. Aber weh dem Men-
schen, durch den er verraten wird. 23 Da fragte einer den andern, wer
von ihnen das wohl sei, der so etwas tun werde.

Vom Herrschen und vom Dienen
24 Es entstand unter ihnen ein Streit darüber, wer von ihnen wohl der
Größte sei. 25 Da sagte Jesus: Die Könige herrschen über ihre Völker,
und die Mächtigen lassen sich Wohltäter nennen. 26 Bei euch aber soll
es nicht so sein, sondern der Größte unter euch soll werden wie der
Kleinste, und der Führende soll werden wie der Dienende. 27 Welcher
von beiden ist größer: wer bei Tisch sitzt oder wer bedient? Natürlich
der, der bei Tisch sitzt. Ich aber bin unter euch wie der, der bedient.
28 In allen meinen Prüfungen habt ihr bei mir ausgeharrt. 29 Darum
vermache ich euch das Reich, wie es mein Vater mir vermacht hat:
30 Ihr sollt in meinem Reich mit mir an meinem Tisch essen und trinken,
und ihr sollt auf Thronen sitzen und die zwölf Stämme Israels richten.

Alfred Hrdlicka
Gefangennahme Christi
(1948)
»Während er noch redete, kam eine Schar von Männern; Judas, einer der Zwölf, ging ihnen voran« (Lk 22,47). Die Ölberg-Szene erfährt im Gemälde von Alfred Hrdlicka eine konsequente Vergegenwärtigung. Der Trupp der »Männer« setzt sich aus Soldaten, Agenten und feisten Zivilisten zusammen – ein Mob, dessen Brutalität der Sternenkolben im Vordergrund links explizit bezeichnet. Die Waffe gehört zu einem hemdsärmeligen Kerl, der auf Jesus eindringt, während ein anderer Schlägertyp diesen von hinten an der Schulter packt. Am rechten Bildrand macht sich ein Passant, indem er einen letzten Blick zurück riskiert, eilig davon. Links irritiert ein Plakat an der Wand und dessen Pendant in einer Faust. Es sind offensichtlich Steckbriefe mit dem Zeichen eines Mundes und verweisen somit auf das Erkennungszeichen, das Judas vereinbart hat: »Jesus aber sagte zu ihm: Judas, mit einem Kuß verrätst du den Menschensohn?« (Lk 22,48)

Die Ankündigung der Verleugnung und der Umkehr des Petrus
31 Simon, Simon, der Satan hat verlangt, daß er euch wie Weizen sie-
ben darf. 32 Ich aber habe für dich gebetet, daß dein Glaube nicht
erlischt. Und wenn du dich wieder bekehrt hast, dann stärke deine
Brüder. 33 Darauf sagte Petrus zu ihm: Herr, ich bin bereit, mit dir
sogar ins Gefängnis und in den Tod zu gehen. 34 Jesus erwiderte: Ich
sage dir, Petrus, ehe heute der Hahn kräht, wirst du dreimal leugnen,
mich zu kennen.

Die Stunde der Entscheidung
35 Dann sagte Jesus zu ihnen: Als ich euch ohne Geldbeutel aussandte,
ohne Vorratstasche und ohne Schuhe, habt ihr da etwa Not gelitten?
Sie antworteten: Nein. 36 Da sagte er: Jetzt aber soll der, der einen
Geldbeutel hat, ihn mitnehmen, und ebenso die Tasche. Wer aber kein
Geld hat, soll seinen Mantel verkaufen und sich dafür ein Schwert
kaufen. 37 Ich sage euch: An mir muß sich das Schriftwort erfüllen: *Er
wurde zu den Verbrechern gerechnet*. Denn alles, was über mich gesagt ist,
geht in Erfüllung. 38 Da sagten sie: Herr, hier sind zwei Schwerter. Er
erwiderte: Genug davon!

Das Gebet am Ölberg
39 Dann verließ Jesus die Stadt und ging, wie er es gewohnt war, zum
Ölberg; seine Jünger folgten ihm. 40 Als er dort war, sagte er zu ihnen:
Betet darum, daß ihr nicht in Versuchung geratet! 41 Dann entfernte er
sich von ihnen ungefähr einen Steinwurf weit, kniete nieder und
betete: 42 Vater, wenn du willst, nimm diesen Kelch von mir! Aber
nicht mein, sondern dein Wille soll geschehen. 43 Da erschien ihm ein
Engel vom Himmel und gab ihm (neue) Kraft. 44 Und er betete in sei-
ner Angst noch inständiger, und sein Schweiß war wie Blut, das auf
die Erde tropfte. 45 Nach dem Gebet stand er auf, ging zu den Jüngern
zurück und fand sie schlafend; denn sie waren vor Kummer erschöpft.
46 Da sagte er zu ihnen: Wie könnt ihr schlafen? Steht auf und betet,
damit ihr nicht in Versuchung geratet.

Die Gefangennahme
47 Während er noch redete, kam eine Schar Männer; Judas, einer der
Zwölf, ging ihnen voran. Er näherte sich Jesus, um ihn zu küssen.
48 Jesus aber sagte zu ihm: Judas, mit einem Kuß verrätst du den Men-
schensohn? 49 Als seine Begleiter merkten, was (ihm) drohte, fragten
sie: Herr, sollen wir mit dem Schwert dreinschlagen? 50 Und einer von
ihnen schlug auf den Diener des Hohenpriesters ein und hieb ihm das
rechte Ohr ab. 51 Jesus aber sagte: Hört auf damit! Und er berührte das
Ohr und heilte den Mann. 52 Zu den Hohenpriestern aber, den Haupt-
leuten der Tempelwache und den Ältesten, die vor ihm standen, sagte
Jesus: Wie gegen einen Räuber seid ihr mit Schwertern und Knüppeln
ausgezogen. 53 Tag für Tag war ich bei euch im Tempel, und ihr habt
nicht gewagt, gegen mich vorzugehen. Aber das ist eure Stunde, jetzt
hat die Finsternis die Macht.

Die Verleugnung durch Petrus
54 Darauf nahmen sie ihn fest, führten ihn ab und brachten ihn in das
Haus des Hohenpriesters. Petrus folgte von weitem. 55 Mitten im Hof
hatte man ein Feuer angezündet, und Petrus setzte sich zu den Leuten,
die dort beieinandersaßen. 56 Eine Magd sah ihn am Feuer sitzen,
schaute ihn genau an und sagte: Der war auch mit ihm zusammen.

Graham Sutherland
Studie zu einer Kreuzigung
(1947)
»Und alle, die zu diesem Schauspiel herbeigeströmt waren und sahen, was sich ereignet hatte, schlugen sich an die Brust und gingen betroffen weg« (Lk 23,48). Die *Studie zu einer Kreuzigung* in der vatikanischen Sammlung moderner religiöser Kunst gehört zu den ersten Versuchen des englischen Expressionisten Graham Sutherland, sich dem Thema der Passion Jesu künstlerisch zu widmen. Noch dient ihm ein Werk des 16. Jahrhunderts als Vorbild: Matthias Grünewalds Gekreuzigter auf dem Isenheimer Altar (1512-1515). Gemeinsam sind die Körperhaltung und zwei Einzelmotive, nämlich das auf die Brust gesenkte dornengekrönte Haupt und die im Todeskampf erstarrten Hände. Gemeinsam ist aber auch die Gestaltungsaufgabe eines Altarbildes, das jene Betroffenheit bewirken soll, die jene ersten ›Zuschauer‹ ergriffen hat. Das auf der Grundlage dieser Vorstudie entstandene Gemälde befindet sich in St. Matthews in Northampton.

57 Petrus aber leugnete es und sagte: Frau, ich kenne ihn nicht. 58 Kurz
danach sah ihn ein anderer und bemerkte: Du gehörst auch zu ihnen.
Petrus aber sagte: Nein, Mensch, ich nicht! 59 Etwa eine Stunde später
behauptete wieder einer: Wahrhaftig, der war auch mit ihm zusammen; er ist doch auch ein Galiläer. 60 Petrus aber erwiderte: Mensch,
ich weiß nicht, wovon du sprichst. Im gleichen Augenblick, noch
während er redete, krähte ein Hahn. 61 Da wandte sich der Herr um
und blickte Petrus an. Und Petrus erinnerte sich an das, was der Herr
zu ihm gesagt hatte: Ehe heute der Hahn kräht, wirst du mich dreimal
verleugnen. 62 Und er ging hinaus und weinte bitterlich.

Die Verspottung durch die Wächter

63 Die Wächter trieben ihren Spott mit Jesus. Sie schlugen ihn, 64 verhüllten ihm das Gesicht und fragten ihn: Du bist doch ein Prophet!
Sag uns: Wer hat dich geschlagen? 65 Und noch mit vielen anderen
Lästerungen verhöhnten sie ihn.

Das Verhör vor dem Hohen Rat

66 Als es Tag wurde, versammelten sich die Ältesten des Volkes, die
Hohenpriester und die Schriftgelehrten, also der Hohe Rat, und sie
ließen Jesus vorführen. 67 Sie sagten zu ihm: Wenn du der Messias
bist, dann sag es uns! Er antwortete ihnen: Auch wenn ich es euch
sage – ihr glaubt mir ja doch nicht; 68 und wenn ich euch etwas frage,
antwortet ihr nicht. 69 Von nun an wird *der Menschensohn zur Rechten* des
allmächtigen *Gottes sitzen*. 70 Da sagten alle: Du bist also der Sohn
Gottes. Er antwortete ihnen: Ihr sagt es – ich bin es. 71 Da riefen sie:
Was brauchen wir noch Zeugenaussagen? Wir haben es selbst aus seinem eigenen Mund gehört.

Die Auslieferung an Pilatus

23 Daraufhin erhob sich die ganze Versammlung, und man
führte Jesus zu Pilatus. 2 Dort brachten sie ihre Anklage

gegen ihn vor; sie sagten: Wir haben festgestellt, daß dieser Mensch
unser Volk verführt, es davon abhält, dem Kaiser Steuer zu zahlen,
und behauptet, er sei der Messias und König. 3 Pilatus fragte ihn: Bist
du der König der Juden? Er antwortete ihm: Du sagst es. 4 Da sagte
Pilatus zu den Hohenpriestern und zum Volk: Ich finde nicht, daß
dieser Mensch eines Verbrechens schuldig ist. 5 Sie aber blieben hart-
näckig und sagten: Er wiegelt das Volk auf und verbreitet seine Lehre
im ganzen jüdischen Land von Galiläa bis hierher.

Die Verspottung durch Herodes

6 Als Pilatus das hörte, fragte er, ob der Mann ein Galiläer sei. 7 Und als
er erfuhr, daß Jesus aus dem Gebiet des Herodes komme, ließ er ihn
zu Herodes bringen, der in jenen Tagen ebenfalls in Jerusalem war.
8 Herodes freute sich sehr, als er Jesus sah; schon lange hatte er sich
gewünscht, mit ihm zusammenzutreffen, denn er hatte von ihm
gehört. Nun hoffte er, ein Wunder von ihm zu sehen.
9 Er stellte ihm viele Fragen, doch Jesus gab ihm keine Antwort. 10 Die
Hohenpriester und die Schriftgelehrten, die dabeistanden, erhoben
schwere Beschuldigungen gegen ihn. 11 Herodes und seine Soldaten
zeigten ihm offen ihre Verachtung. Er trieb seinen Spott mit Jesus,
ließ ihm ein Prunkgewand umhängen und schickte ihn so zu Pilatus
zurück. 12 An diesem Tag wurden Herodes und Pilatus Freunde; vorher
waren sie Feinde gewesen.

Die Verhandlung vor Pilatus

13 Pilatus rief die Hohenpriester und die anderen führenden Männer
und das Volk zusammen 14 und sagte zu ihnen: Ihr habt mir diesen
Menschen hergebracht und behauptet, er wiegle das Volk auf. Ich
selbst habe ihn in eurer Gegenwart verhört und habe keine der Ankla-
gen, die ihr gegen diesen Menschen vorgebracht habt, bestätigt
gefunden, 15 auch Herodes nicht, denn er hat ihn zu uns zurückge-
schickt. Ihr seht also: Er hat nichts getan, worauf die Todesstrafe
steht. 16 Daher will ich ihn nur auspeitschen lassen, und dann werde
ich ihn freilassen. [17] 18 Da schrien sie alle miteinander: Weg mit ihm;
laß den Barabbas frei! 19 Dieser Mann war wegen eines Aufruhrs in der
Stadt und wegen Mordes ins Gefängnis geworfen worden. 20 Pilatus
aber redete wieder auf sie ein, denn er wollte Jesus freilassen. 21 Doch
sie schrien: Kreuzige ihn, kreuzige ihn! 22 Zum drittenmal sagte er zu
ihnen: Was für ein Verbrechen hat er denn begangen? Ich habe nichts
feststellen können, wofür er den Tod verdient. Daher will ich ihn aus-
peitschen lassen, und dann werde ich ihn freilassen. 23 Sie aber
schrien und forderten immer lauter, er solle Jesus kreuzigen lassen,
und mit ihrem Geschrei setzten sie sich durch: 24 Pilatus entschied,
daß ihre Forderung erfüllt werden solle. 25 Er ließ den Mann frei, der
wegen Aufruhr und Mord im Gefängnis saß und den sie gefordert
hatten. Jesus aber lieferte er ihnen aus, wie sie es verlangten.

Die Kreuzigung

26 Als sie Jesus hinausführten, ergriffen sie einen Mann aus Zyrene
namens Simon, der gerade vom Feld kam. Ihm luden sie das Kreuz
auf, damit er es hinter Jesus hertrage. 27 Es folgte eine große Men-
schenmenge, darunter auch Frauen, die um ihn klagten und weinten.
28 Jesus wandte sich zu ihnen um und sagte: Ihr Frauen von Jerusalem,
weint nicht über mich; weint über euch und eure Kinder! 29 Denn es
kommen Tage, da wird man sagen: Wohl den Frauen, die unfruchtbar
sind, die nicht geboren und nicht gestillt haben. 30 Dann wird man *zu
den Bergen sagen: Fallt auf uns!, und zu den Hügeln: Deckt uns zu!* 31 Denn
wenn das mit dem grünen Holz geschieht, was wird dann erst mit
dem dürren werden?
32 Zusammen mit Jesus wurden auch zwei Verbrecher zur Hinrichtung
geführt.
33 Sie kamen zur Schädelhöhe; dort kreuzigten sie ihn und die Verbre-
cher, den einen rechts von ihm, den andern links. 34 Jesus aber betete:
Vater, vergib ihnen, denn sie wissen nicht, was sie tun. Dann *warfen sie
das Los und verteilten seine Kleider unter sich.* 35 Die Leute standen dabei
und *schauten zu*; auch die führenden Männer des Volkes *verlachten* ihn
und sagten: Anderen hat er geholfen, nun soll er sich selbst helfen,
wenn er der erwählte Messias Gottes ist. 36 Auch die Soldaten verspot-
teten ihn; sie traten vor ihn hin, reichten ihm Essig 37 und sagten:
Wenn du der König der Juden bist, dann hilf dir selbst! 38 Über ihm
war eine Tafel angebracht; auf ihr stand: Das ist der König der Juden.
39 Einer der Verbrecher, die neben ihm hingen, verhöhnte ihn: Bist du
denn nicht der Messias? Dann hilf dir selbst und auch uns! 40 Der
andere aber wies ihn zurecht und sagte: Nicht einmal du fürchtest
Gott? Dich hat doch das gleiche Urteil getroffen. 41 Uns geschieht
recht, wir erhalten den Lohn für unsere Taten; dieser aber hat nichts
Unrechtes getan. 42 Dann sagte er: Jesus, denk an mich, wenn du in
dein Reich kommst. 43 Jesus antwortete ihm: Amen, ich sage dir:
Heute noch wirst du mit mir im Paradies sein.

Der Tod Jesu

44 Es war etwa um die sechste Stunde, als eine Finsternis über das
ganze Land hereinbrach. Sie dauerte bis zur neunten Stunde. 45 Die
Sonne verdunkelte sich. Der Vorhang im Tempel riß mitten entzwei,
46 und Jesus rief laut: *Vater, in deine Hände lege ich meinen Geist.* Nach die-
sen Worten hauchte er den Geist aus.
47 Als der Hauptmann sah, was geschehen war, pries er Gott und
sagte: Das war wirklich ein gerechter Mensch.
48 Und alle, die zu diesem Schauspiel herbeigeströmt waren und
sahen, was sich ereignet hatte, schlugen sich an die Brust und gingen
betroffen weg.
49 Alle seine *Bekannten* aber *standen in einiger Entfernung* (vom Kreuz),
auch die Frauen, die ihm seit der Zeit in Galiläa nachgefolgt waren und
die alles mit ansahen.

Das Begräbnis Jesu:

50/51 Damals gehörte zu den Mitgliedern des Hohen Rates ein Mann
namens Josef, der aus der jüdischen Stadt Arimathäa stammte. Er war-
tete auf das Reich Gottes und hatte dem, was die anderen beschlossen
und taten, nicht zugestimmt, weil er gut und gerecht war. 52 Er ging zu
Pilatus und bat um den Leichnam Jesu. 53 Und er nahm ihn vom Kreuz,
hüllte ihn in ein Leinentuch und legte ihn in ein Felsengrab, in dem
noch niemand bestattet worden war. 54 Das war am Rüsttag, kurz
bevor der Sabbat anbrach. 55 Die Frauen, die mit Jesus aus Galiläa
gekommen waren, gaben ihm das Geleit und sahen zu, wie der Leich-
nam in das Grab gelegt wurde. 56 Dann kehrten sie heim und bereite-
ten wohlriechende Öle und Salben zu. Am Sabbat aber hielten sie die
vom Gesetz vorgeschriebene Ruhe ein.

Die Botschaft der Engel im leeren Grab

24 Am ersten Tag der Woche gingen die Frauen mit den wohl-
riechenden Salben, die sie zubereitet hatten, in aller Frühe
zum Grab. 2 Da sahen sie, daß der Stein vom Grab weggewälzt war;
3 sie gingen hinein, aber den Leichnam Jesu, des Herrn, fanden sie
nicht. 4 Während sie ratlos dastanden, traten zwei Männer in leuch-
tenden Gewändern zu ihnen. 5 Die Frauen erschraken und blickten zu
Boden. Die Männer aber sagten zu ihnen: Was sucht ihr den Lebenden
bei den Toten? 6 Er ist nicht hier, sondern er ist auferstanden. Erinnert
euch an das, was er euch gesagt hat, als er noch in Galiläa war: 7 Der
Menschensohn muß den Sündern ausgeliefert und gekreuzigt werden
und am dritten Tag auferstehen.
8 Da erinnerten sie sich an seine Worte. 9 Und sie kehrten vom Grab in
die Stadt zurück und berichteten alles den Elf und den anderen Jün-
gern. 10 Es waren Maria Magdalene, Johanna und Maria, die Mutter
des Jakobus; auch die übrigen Frauen, die bei ihnen waren, erzählten
es den Aposteln. 11 Doch die Apostel hielten das alles für Geschwätz
und glaubten ihnen nicht. 12 Petrus aber stand auf und lief zum Grab.
Er beugte sich vor, sah aber nur die Leinenbinden (dort liegen). Dann
ging er nach Hause, voll Verwunderung über das, was geschehen war.

Karl Schmidt-Rottluff
Der Gang nach Emmaus
(1918)
»Doch sie waren wie mit Blindheit geschlagen, so daß sie ihn nicht erkannten« (Lk 24,16). Zwei gebeugte Wanderer, die nackten Füße mechanisch vorwärts bewegend, haben einen dritten in ihre Mitte genommen. Dieser hat die linke Hand in einem Redegestus erhoben, doch wir wissen nicht, ob seine Worte die beiden Begleiter erreichen. Wir erkennen jedoch, daß diese mittlere Gestalt den auferstandenen Jesus verkörpert: Sein Gewand verdeckt die Füße, so daß der Eindruck des Schwebens entsteht, die weit geöffneten Augen sind auf ein fernes Ziel gerichtet, Strahlenbündel gehen von seinem Haupt aus. Sie unterscheiden sich von den Strahlen, welche die Sonne den Wanderern über den zurückgelegten Weg nachsendet. Es ist später Nachmittag, denn nachdem sie ihr Dorf Emmaus erreicht haben, werden die beiden Jünger den Unbekannten auffordern: »Bleib doch bei uns; denn es wird bald Abend, der Tag hat sich schon geneigt« (Lk 24,29). Die Übereinstimmung zwischen Text und Bild verdeutlicht die Nähe, die Karl Schmidt-Rottluff in seinem Holzschnitt zum Bericht des Lukas gewahrt hat.

Die Begegnung mit dem Auferstandenen auf dem Weg nach Emmaus

13 Am gleichen Tag waren zwei von den Jüngern auf dem Weg in ein Dorf
namens Emmaus, das sechzig Stadien von Jerusalem entfernt ist. 14 Sie
sprachen miteinander über all das, was sich ereignet hatte. 15 Während
sie redeten und ihre Gedanken austauschten, kam Jesus hinzu und ging
mit ihnen. 16 Doch sie waren wie mit Blindheit geschlagen, so daß sie
ihn nicht erkannten. 17 Er fragte sie: Was sind das für Dinge, über die ihr
auf eurem Weg miteinander redet? Da blieben sie traurig stehen, 18 und
der eine von ihnen – er hieß Kleopas – antwortete ihm: Bist du so fremd
in Jerusalem, daß du als einziger nicht weißt, was in diesen Tagen dort
geschehen ist? 19 Er fragte sie: Was denn? Sie antworteten ihm: Das mit
Jesus aus Nazaret. Er war ein Prophet, mächtig in Wort und Tat vor Gott
und dem ganzen Volk. 20 Doch unsere Hohenpriester und Führer haben
ihn zum Tod verurteilen und ans Kreuz schlagen lassen. 21 Wir aber hat-
ten gehofft, daß er der sei, der Israel erlösen werde. Und dazu ist heute
schon der dritte Tag, seitdem das alles geschehen ist. 22 Aber nicht nur
das: Auch einige Frauen aus unserem Kreis haben uns in große Aufre-
gung versetzt. Sie waren in der Frühe beim Grab, 23 fanden aber seinen
Leichnam nicht. Als sie zurückkamen, erzählten sie, es seien ihnen
Engel erschienen und hätten gesagt, er lebe. 24 Einige von uns gingen
dann zum Grab und fanden alles so, wie die Frauen gesagt hatten; ihn
selbst aber sahen sie nicht.
25 Da sagte er zu ihnen: Begreift ihr denn nicht? Wie schwer fällt es
euch, alles zu glauben, was die Propheten gesagt haben. 26 Mußte
nicht der Messias all das erleiden, um so in seine Herrlichkeit zu
gelangen? 27 Und er legte ihnen dar, ausgehend von Mose und allen
Propheten, was in der gesamten Schrift über ihn geschrieben steht.
28 So erreichten sie das Dorf, zu dem sie unterwegs waren. Jesus tat,
als wolle er weitergehen, 29 aber sie drängten ihn und sagten: Bleib
doch bei uns; denn es wird bald Abend, der Tag hat sich schon
geneigt. Da ging er mit hinein, um bei ihnen zu bleiben. 30 Und als er
mit ihnen bei Tisch war, nahm er das Brot, sprach den Lobpreis, brach
das Brot und gab es ihnen. 31 Da gingen ihnen die Augen auf, und sie
erkannten ihn; dann sahen sie ihn nicht mehr. 32 Und sie sagten zuein-
ander: Brannte uns nicht das Herz in der Brust, als er unterwegs mit
uns redete und uns den Sinn der Schrift erschloß? 33 Noch in dersel-
ben Stunde brachen sie auf und kehrten nach Jerusalem zurück, und
sie fanden die Elf und die anderen Jünger versammelt. 34 Diese sagten:
Der Herr ist wirklich auferstanden und ist dem Simon erschienen.
35 Da erzählten auch sie, was sie unterwegs erlebt und wie sie ihn
erkannt hatten, als er das Brot brach.

Die Erscheinung des Auferstandenen in Jerusalem

36 Während sie noch darüber redeten, trat er selbst in ihre Mitte und
sagte zu ihnen: Friede sei mit euch! 37 Sie erschraken und hatten große
Angst, denn sie meinten, einen Geist zu sehen. 38 Da sagte er zu ihnen:
Was seid ihr so bestürzt? Warum laßt ihr in eurem Herzen solche
Zweifel aufkommen? 39 Seht meine Hände und meine Füße an: Ich bin
es selbst. Faßt mich doch an, und begreift: Kein Geist hat Fleisch und
Knochen, wie ihr es bei mir seht. 40 Bei diesen Worten zeigte er ihnen
seine Hände und Füße. 41 Sie staunten, konnten es aber vor Freude
immer noch nicht glauben. Da sagte er zu ihnen: Habt ihr etwas zu
essen hier? 42 Sie gaben ihm ein Stück gebratenen Fisch; 43 er nahm es
und aß es vor ihren Augen. 44 Dann sprach er zu ihnen: Das sind die
Worte, die ich zu euch gesagt habe, als ich noch bei euch war: Alles
muß in Erfüllung gehen, was im Gesetz des Mose, bei den Propheten
und in den Psalmen über mich gesagt ist. 45 Darauf öffnete er ihnen
die Augen für das Verständnis der Schrift. 46 Er sagte zu ihnen: So
steht es in der Schrift: Der Messias wird leiden und am dritten Tag von
den Toten auferstehen, 47 und in seinem Namen wird man allen Völ-
kern, angefangen in Jerusalem, verkünden, sie sollen umkehren,
damit ihre Sünden vergeben werden.
48 Ihr seid Zeugen dafür. 49 Und ich werde die Gabe, die mein Vater ver-
heißen hat, zu euch herabsenden. Bleibt in der Stadt, bis ihr mit der
Kraft aus der Höhe erfüllt werdet.
50 Dann führte er sie hinaus in die Nähe von Betanien. Dort erhob er
seine Hände und segnete sie. 51 Und während er sie segnete, verließ er
sie und wurde zum Himmel emporgehoben; 52 sie aber fielen vor ihm
nieder.
Dann kehrten sie in großer Freude nach Jerusalem zurück. 53 Und sie
waren immer im Tempel und priesen Gott.

Das Evangelium nach Johannes

Das letzte der vier Evangelien wird von der altkirchlichen Überlieferung dem Apostel Johannes, dem Sohn des Fischers Zebedäus und Bruder des Jakobus (Mk 1,19f; 3,17), zugeschrieben. Es hat erst am Ausgang des 1. Jahrhunderts seine jetzige Gestalt gefunden. Träger und Gewährsmann der in ihm bezeugten Überlieferung ist »der Jünger, den Jesus liebte« (vgl. 13,23; 19,26; 20,2; 21,7.20.24). Manche Anzeichen weisen darauf hin, daß dieses Evangelium einen längeren Entstehungsprozeß durchlaufen hat.
Das Johannesevangelium unterscheidet sich in Anlage, Auswahl und Darbietung des Stoffes erheblich von den drei früheren (»synoptischen«) Evangelien. Es berichtet wiederholt von Reisen Jesu zu Festen in Jerusalem (2,13; 5,1; 7,2.10; 11,55; 12,12) und erzählt hauptsächlich vom Auftreten Jesu in diesem Zentrum des Judentums. Vom Wirken Jesu in Galiläa bringt es nur eine knappe Auswahl, fügt aber andererseits ein langes Kapitel über einen Aufenthalt in Samarien ein (4,1–42). Doch ist das alles nur der äußere Rahmen für die Selbstoffenbarung Jesu in Wort und »Zeichen«, in der er sich als der von Gott gesandte Sohn, als Licht und Leben der Menschen bezeugt. Die ganze Darstellung soll den Glauben begründen, daß Jesus »der Messias, der Sohn Gottes ist«, durch den die Glaubenden ewiges Leben gewinnen (20,31).
Die großen Linien des Aufbaus sind deutlich erkennbar. Auf den einleitenden Abschnitt (Prolog: 1,1–18), der von Jesu ewigem Sein beim Vater (Präexistenz) zur Menschwerdung (Inkarnation) hinführt, folgt das Zeugnis Johannes' des Täufers und der Bericht über die Berufung der Jünger (1,19–51). Dann beschreibt der Evangelist die Anfänge des Wirkens Jesu auf der Hochzeit in Kana (2,1–11), in Jerusalem (Tempelreinigung 2,13–22; Nikodemusgespräch 3,1–21), Judäa (3,22–36), Samarien (4,1–42) und wieder in Galiläa (4,43–54).
Das Mittelstück (Kap. 5–12) dient der Selbstoffenbarung Jesu vor der Welt: in Jerusalem Heilung eines Kranken und Offenbarungsrede als der Sohn, der lebendig macht und richtet (Kap. 5); in Galiläa die große Speisung und Offenbarung als das vom Himmel gekommene Lebensbrot (Kap. 6); auf dem Laubhüttenfest in Jerusalem Gespräche über seine Messianität (Kap. 7), Offenbarung als Licht der Welt, Auseinandersetzung mit dem Judentum, Heilung eines Blindgeborenen (Kap. 8–9); weitere Selbstoffenbarung als der wahre Hirt und Führer seiner Herde (Kap. 10); vor dem letzten Pascha Erweckung des Lazarus als Zeichen seiner Macht über Leben und Tod (Kap. 11), Salbung in Betanien, Einzug in Jerusalem, Begegnung mit Griechen und letzte Selbstoffenbarung (Kap. 12).
Vom Wirken in der Welt (vgl. den Rückblick 12,37–50) wird das letzte Zusammensein mit den Jüngern abgehoben (Kap. 13–17). Im Rahmen des Abschiedsmahls mit der Fußwaschung (Kap. 13) dienen die Abschiedsreden (Kap. 14–16) sowie das große Gebet zum Vater (Kap. 17) der Unterweisung und Zurüstung der Gemeinde für die Zeit nach Jesu Tod, in der der Erhöhte durch den verheißenen Heiligen Geist in der Gemeinde weiterwirkt. Nach diesem Teil (Kap. 13–17), der in den anderen Evangelien keine direkte Entsprechung hat, folgt die Leidensgeschichte mit ausführlicher Darstellung des Prozesses vor Pilatus (Kap. 18–19) und der Bericht über das Ostergeschehen (Kap. 20). Kap. 21 ist eine Zufügung der Herausgeber des Evangeliums.
Das Johannesevangelium mit seiner Entfaltung der Selbstoffenbarung Jesu und seinen Aussagen über die Sendung Jesu als Retter der Welt hat auf den Glauben und die Theologie der Kirche in allen Jahrhunderten größten Einfluß gehabt. Klemens von Alexandria hat es das »pneumatische« (geistige) Evangelium genannt.

Der Prolog

1 Im Anfang war das Wort, / und das Wort war bei Gott, / und das
Wort war Gott.
2 Im Anfang war es bei Gott.
3 Alles ist durch das Wort geworden, / und ohne das Wort wurde
nichts, was geworden ist.
4 In ihm war das Leben, / und das Leben war das Licht der Menschen.
5 Und das Licht leuchtet in der Finsternis, / und die Finsternis hat es
nicht erfaßt.
6 Es trat ein Mensch auf, der von Gott gesandt war; sein Name war
Johannes. 7 Er kam als Zeuge, um Zeugnis abzulegen für das Licht,
damit alle durch ihn zum Glauben kommen. 8 Er war nicht selbst das
Licht, er sollte nur Zeugnis ablegen für das Licht.
9 Das wahre Licht, das jeden Menschen erleuchtet, / kam in die Welt.
10 Er war in der Welt, / und die Welt ist durch ihn geworden, / aber die
Welt erkannte ihn nicht.
11 Er kam in sein Eigentum, / aber die Seinen nahmen ihn nicht auf.
12 Allen aber, die ihn aufnahmen, / gab er Macht, Kinder Gottes zu
werden, / allen, die an seinen Namen glauben,
13 die nicht aus dem Blut, / nicht aus dem Willen des Fleisches, / nicht
aus dem Willen des Mannes, / sondern aus Gott geboren sind.
14 Und das Wort ist Fleisch geworden / und hat unter uns gewohnt, /
und wir haben seine Herrlichkeit gesehen, / die Herrlichkeit des einzigen Sohnes vom Vater, / voll Gnade und Wahrheit.
15 Johannes legte Zeugnis für ihn ab und rief: Dieser war es, über den
ich gesagt habe: Er, der nach mir kommt, ist mir voraus, weil er vor
mir war.
16 Aus seiner Fülle haben wir alle empfangen, / Gnade über Gnade.
17 Denn das Gesetz wurde durch Mose gegeben, die Gnade und die
Wahrheit kamen durch Jesus Christus. 18 Niemand hat Gott je gesehen. Der Einzige, der Gott ist und am Herzen des Vaters ruht, er hat
Kunde gebracht.

Robert Delaunay
Kreisformen
(1912)
»Das wahre Licht, das jeden Menschen erleuchtet, kam in die Welt« (Joh 1,9). Die Lichtsymbolik verbindet den Johannes-Prolog, der wohl als selbständiger Hymnus entstanden ist, mit den Selbstaussagen Jesu im Evangelium nach Johannes. Symbolik bedeutet, daß nicht ein bloßer Vergleich angestellt wird, sondern Wesenhaftes zum Ausdruck kommt. Hierin entspricht der johanneischen Lichtsymbolik die Lichtmalerei des Franzosen Robert Delaunay: Während Kreisformen die Assoziation von Gestirnen hervorrufen, gewinnt die Farbe die Qualität des Lichtes als dynamische Energie. Die Farben leuchten nicht wie das Licht, sondern sie sind Licht. Und dieses Licht dient nicht mehr als Lichtquelle dazu, etwas zu beleuchten oder zu erhellen, sondern sammelt die Welt der Erscheinungen in sich. Der Schriftsteller Guillaume Apollinaire bezeichnete die Lichtmalerei seines Zeitgenossen Delaunay als »Orphismus«, da sie – vergleichbar der elementaren Musik des mythologischen Sängers Orpheus – den Kern des Lebens künstlerisch zur Anschauung bringt. Am Rande bemerkt: Die frühchristliche Kunst stellt mitunter Christus in der Gestalt des Orpheus dar.

Das öffentliche Wirken Jesu

Die Kennzeichnung der Person und des Auftrags Jesu – Die Anfänge seines Wirkens

Die Aussage Johannes' des Täufers
19 Dies ist das Zeugnis des Johannes: Als die Juden von Jerusalem aus
Priester und Leviten zu ihm sandten mit der Frage: Wer bist du?,
20 bekannte er und leugnete nicht; er bekannte: Ich bin nicht der Mes-
sias. 21 Sie fragten ihn: Was bist du dann? Bist du Elija? Und er sagte:
Ich bin es nicht. Bist du der Prophet? Er antwortete: Nein. 22 Da frag-
ten sie ihn: Wer bist du? Wir müssen denen, die uns gesandt haben,
Auskunft geben. Was sagst du über dich selbst? 23 Er sagte: *Ich bin die
Stimme, die in der Wüste ruft: Ebnet den Weg für den Herrn!*, wie der Prophet
Jesaja gesagt hat. 24 Unter den Abgesandten waren auch Pharisäer.

25 Sie fragten Johannes: Warum taufst du dann, wenn du nicht der
Messias bist, nicht Elija und nicht der Prophet? 26 Er antwortete ihnen:
Ich taufe mit Wasser. Mitten unter euch steht der, den ihr nicht kennt
27 und der nach mir kommt; ich bin es nicht wert, ihm die Schuhe auf-
zuschnüren. 28 Dies geschah in Betanien, auf der anderen Seite des
Jordan, wo Johannes taufte.

Das Zeugnis des Täufers für Jesus

29 Am Tag darauf sah er Jesus auf sich zukommen und sagte: Seht, das
Lamm Gottes, das die Sünde der Welt hinwegnimmt. 30 Er ist es, von
dem ich gesagt habe: Nach mir kommt ein Mann, der mir voraus ist,
weil er vor mir war. 31 Auch ich kannte ihn nicht; aber ich bin gekom-
men und taufe mit Wasser, um Israel mit ihm bekanntzumachen.
32 Und Johannes bezeugte: Ich sah, daß der Geist vom Himmel herab-
kam wie eine Taube und auf ihm blieb. 33 Auch ich kannte ihn nicht;
aber er, der mich gesandt hat, mit Wasser zu taufen, er hat mir gesagt:
Auf wen du den Geist herabkommen siehst und auf wem er bleibt, der
ist es, der mit dem Heiligen Geist tauft. 34 Das habe ich gesehen, und
ich bezeuge: Er ist der Sohn Gottes.

Die ersten Jünger

35 Am Tag darauf stand Johannes wieder dort, und zwei seiner Jünger
standen bei ihm. 36 Als Jesus vorüberging, richtete Johannes seinen
Blick auf ihn und sagte: Seht, das Lamm Gottes! 37 Die beiden Jünger
hörten, was er sagte, und folgten Jesus. 38 Jesus aber wandte sich um,
und als er sah, daß sie ihm folgten, fragte er sie: Was wollt ihr? Sie sag-
ten zu ihm: Rabbi – das heißt übersetzt: Meister –, wo wohnst du? 39 Er
antwortete: Kommt und seht! Da gingen sie mit und sahen, wo er
wohnte, und blieben jenen Tag bei ihm; es war um die zehnte Stunde.
40 Andreas, der Bruder des Simon Petrus, war einer der beiden, die das
Wort des Johannes gehört hatten und Jesus gefolgt waren. 41 Dieser traf
zuerst seinen Bruder Simon und sagte zu ihm: Wir haben den Messias
gefunden. Messias heißt übersetzt: der Gesalbte (Christus). 42 Er führte
ihn zu Jesus. Jesus blickte ihn an und sagte: Du bist Simon, der Sohn des
Johannes, du sollst Kephas heißen. Kephas bedeutet: Fels (Petrus).
43 Am Tag darauf wollte Jesus nach Galiläa aufbrechen; da traf er Phi-
lippus. Und Jesus sagte zu ihm: Folge mir nach! 44 Philippus war aus
Betsaida, dem Heimatort des Andreas und Petrus. 45 Philippus traf
Natanaël und sagte zu ihm: Wir haben den gefunden, über den Mose
im Gesetz und auch die Propheten geschrieben haben: Jesus aus Naza-
ret, den Sohn Josefs. 46 Da sagte Natanaël zu ihm: Aus Nazaret? Kann
von dort etwas Gutes kommen? Philippus antwortete: Komm und sieh!
47 Jesus sah Natanaël auf sich zukommen und sagte über ihn: Da
kommt ein echter Israelit, ein Mann ohne Falschheit. 48 Natanaël
fragte ihn: Woher kennst du mich? Jesus antwortete ihm: Schon bevor
dich Philippus rief, habe ich dich unter dem Feigenbaum gesehen.
49 Natanaël antwortete ihm: Rabbi, du bist der Sohn Gottes, du bist
der König von Israel! 50 Jesus antwortete ihm: Du glaubst, weil ich dir
sagte, daß ich dich unter dem Feigenbaum sah? Du wirst noch Größe-
res sehen. 51 Und er sprach zu ihm: Amen, amen, ich sage euch: Ihr
werdet den Himmel geöffnet und die Engel Gottes auf- und nieder-
steigen sehen über dem Menschensohn.

Die Hochzeit in Kana als Zeichen

2 Am dritten Tag fand in Kana in Galiläa eine Hochzeit statt, und
die Mutter Jesu war dabei. 2 Auch Jesus und seine Jünger waren
zur Hochzeit eingeladen. 3 Als der Wein ausging, sagte die Mutter Jesu
zu ihm: Sie haben keinen Wein mehr. 4 Jesus erwiderte ihr: Was willst
du von mir, Frau? Meine Stunde ist noch nicht gekommen. 5 Seine
Mutter sagte zu den Dienern: Was er euch sagt, das tut! 6 Es standen
dort sechs steinerne Wasserkrüge, wie es der Reinigungsvorschrift
der Juden entsprach; jeder faßte ungefähr hundert Liter. 7 Jesus sagte
zu den Dienern: Füllt die Krüge mit Wasser! Und sie füllten sie bis zum
Rand. 8 Er sagte zu ihnen: Schöpft jetzt, und bringt es dem, der für das
Festmahl verantwortlich ist. Sie brachten es ihm. 9 Er kostete das Was-
ser, das zu Wein geworden war. Er wußte nicht, woher der Wein kam;
die Diener aber, die das Wasser geschöpft hatten, wußten es. Da ließ
er den Bräutigam rufen 10 und sagte zu ihm: Jeder setzt zuerst den
guten Wein vor und erst, wenn die Gäste zuviel getrunken haben, den
weniger guten. Du jedoch hast den guten Wein bis jetzt zurückgehal-
ten. 11 So tat Jesus sein erstes Zeichen, in Kana in Galiläa, und offen-
barte seine Herrlichkeit, und seine Jünger glaubten an ihn. 12 Danach
zog er mit seiner Mutter, seinen Brüdern und seinen Jüngern nach
Kafarnaum hinab. Dort blieben sie einige Zeit.

Die Vertreibung der Händler aus dem Tempel

13 Das Paschafest der Juden war nahe, und Jesus zog nach Jerusalem
hinauf. 14 Im Tempel fand er die Verkäufer von Rindern, Schafen und
Tauben und die Geldwechsler, die dort saßen. 15 Er machte eine
Geißel aus Stricken und trieb sie alle aus dem Tempel hinaus, dazu die
Schafe und Rinder; das Geld der Wechsler schüttete er aus, und ihre
Tische stieß er um. 16 Zu den Taubenhändlern sagte er: Schafft das
hier weg, macht das Haus meines Vaters nicht zu einer Markthalle!
17 Seine Jünger erinnerten sich an das Wort der Schrift: *Der Eifer für dein
Haus verzehrt mich.* 18 Da stellten ihn die Juden zur Rede: Welches Zei-
chen läßt du uns sehen als Beweis, daß du dies tun darfst? 19 Jesus ant-
wortete ihnen: Reißt diesen Tempel nieder, in drei Tagen werde ich
ihn wieder aufrichten. 20 Da sagten die Juden: Sechsundvierzig Jahre
wurde an diesem Tempel gebaut, und du willst ihn in drei Tagen wie-
der aufrichten? 21 Er aber meinte den Tempel seines Leibes. 22 Als er
von den Toten auferstanden war, erinnerten sich seine Jünger, daß er
dies gesagt hatte, und sie glaubten der Schrift und dem Wort, das
Jesus gesprochen hatte.

Jesus beim Paschafest in Jerusalem

23 Während er zum Paschafest in Jerusalem war, kamen viele zum
Glauben an seinen Namen, als sie die Zeichen sahen, die er tat.
24 Jesus aber vertraute sich ihnen nicht an, denn er kannte sie alle
25 und brauchte von keinem ein Zeugnis über den Menschen; denn er
wußte, was im Menschen ist.

Das Gespräch mit Nikodemus

3 Es war ein Pharisäer namens Nikodemus, ein führender Mann
unter den Juden. 2 Der suchte Jesus bei Nacht auf und sagte zu
ihm: Rabbi, wir wissen, du bist ein Lehrer, der von Gott gekommen ist;
denn niemand kann die Zeichen tun, die du tust, wenn nicht Gott mit
ihm ist. 3 Jesus antwortete ihm: Amen, amen, ich sage dir: Wenn
jemand nicht von neuem geboren wird, kann er das Reich Gottes nicht
sehen. 4 Nikodemus entgegnete ihm: Wie kann ein Mensch, der schon
alt ist, geboren werden? Er kann doch nicht in den Schoß seiner Mutter
zurückkehren und ein zweites Mal geboren werden. 5 Jesus antwor-
tete: Amen, amen, ich sage dir: Wenn jemand nicht aus Wasser und
Geist geboren wird, kann er nicht in das Reich Gottes kommen. 6 Was
aus dem Fleisch geboren ist, das ist Fleisch; was aber aus dem Geist
geboren ist, das ist Geist. 7 Wundere dich nicht, daß ich dir sagte: Ihr
müßt von neuem geboren werden. 8 Der Wind weht, wo er will; du
hörst sein Brausen, weißt aber nicht, woher er kommt und wohin er
geht. So ist es mit jedem, der aus dem Geist geboren ist. 9 Nikodemus
erwiderte ihm: Wie kann das geschehen? 10 Jesus antwortete: Du bist
der Lehrer Israels und verstehst das nicht? 11 Amen, amen, ich sage dir:
Was wir wissen, davon reden wir, und was wir gesehen haben, das
bezeugen wir, und doch nehmt ihr unser Zeugnis nicht an. 12 Wenn ich
zu euch über irdische Dinge gesprochen habe und ihr nicht glaubt, wie
werdet ihr glauben, wenn ich zu euch über himmlische Dinge spreche?
13 Und niemand ist in den Himmel hinaufgestiegen außer dem, der
vom Himmel herabgestiegen ist: der Menschensohn.

Das Ziel der Sendung Jesu

14 Und wie Mose die Schlange in der Wüste erhöht hat, so muß der
Menschensohn erhöht werden, 15 damit jeder, der (an ihn) glaubt, in

ihm das ewige Leben hat. 16 Denn Gott hat die Welt so sehr geliebt,
daß er seinen einzigen Sohn hingab, damit jeder, der an ihn glaubt,
nicht zugrunde geht, sondern das ewige Leben hat. 17 Denn Gott hat
seinen Sohn nicht in die Welt gesandt, damit er die Welt richtet, son-
dern damit die Welt durch ihn gerettet wird. 18 Wer an ihn glaubt, wird
nicht gerichtet; wer nicht glaubt, ist schon gerichtet, weil er an den
Namen des einzigen Sohnes Gottes nicht geglaubt hat. 19 Denn mit
dem Gericht verhält es sich so: Das Licht kam in die Welt, und die
Menschen liebten die Finsternis mehr als das Licht; denn ihre Taten
waren böse. 20 Jeder, der Böses tut, haßt das Licht und kommt nicht
zum Licht, damit seine Taten nicht aufgedeckt werden. 21 Wer aber die
Wahrheit tut, kommt zum Licht, damit offenbar wird, daß seine Taten
in Gott vollbracht sind.

Der Täufer und der Messias

22 Darauf ging Jesus mit seinen Jüngern nach Judäa. Dort hielt er sich
mit ihnen auf und taufte. 23 Aber auch Johannes taufte damals, und
zwar in Änon bei Salim, weil dort viel Wasser war; und die Leute
kamen und ließen sich taufen. 24 Johannes war nämlich noch nicht ins
Gefängnis geworfen worden. 25 Da kam es zwischen den Jüngern des
Johannes und einem Juden zum Streit über die Frage der Reinigung.
26 Sie gingen zu Johannes und sagten zu ihm: Rabbi, der Mann, der auf
der anderen Seite des Jordan bei dir war und für den du Zeugnis abge-
legt hast, der tauft jetzt, und alle laufen zu ihm. 27 Johannes antwor-
tete: Kein Mensch kann sich etwas nehmen, wenn es ihm nicht vom
Himmel gegeben ist. 28 Ihr selbst könnt mir bezeugen, daß ich gesagt
habe: Ich bin nicht der Messias, sondern nur ein Gesandter, der ihm
vorausgeht. 29 Wer die Braut hat, ist der Bräutigam; der Freund des
Bräutigams aber, der dabeisteht und ihn hört, freut sich über die
Stimme des Bräutigams. Diese Freude ist nun für mich Wirklichkeit
geworden. 30 Er muß wachsen, ich aber muß kleiner werden.
31 Er, der von oben kommt, steht über allen; wer von der Erde stammt,
ist irdisch und redet irdisch. Er, der aus dem Himmel kommt, steht
über allen. 32 Was er gesehen und gehört hat, bezeugt er, doch nie-
mand nimmt sein Zeugnis an. 33 Wer sein Zeugnis annimmt, beglau-
bigt, daß Gott wahrhaftig ist. 34 Denn der, den Gott gesandt hat, ver-
kündet die Worte Gottes; denn er gibt den Geist unbegrenzt. 35 Der
Vater liebt den Sohn und hat alles in seine Hand gegeben. 36 Wer an den
Sohn glaubt, hat das ewige Leben; wer aber dem Sohn nicht gehorcht,
wird das Leben nicht sehen, sondern Gottes Zorn bleibt auf ihm.

Das Gespräch am Jakobsbrunnen

4 Jesus erfuhr, daß die Pharisäer gehört hatten, er gewinne und
taufe mehr Jünger als Johannes – 2 allerdings taufte nicht Jesus
selbst, sondern seine Jünger –; 3 daraufhin verließ er Judäa und ging
wieder nach Galiläa. 4 Er mußte aber den Weg durch Samarien neh-
men. 5 So kam er zu einem Ort in Samarien, der Sychar hieß und nahe
bei dem Grundstück lag, das Jakob seinem Sohn Josef vermacht hatte.
6 Dort befand sich der Jakobsbrunnen. Jesus war müde von der Reise
und setzte sich daher an den Brunnen; es war um die sechste Stunde.
7 Da kam eine samaritische Frau, um Wasser zu schöpfen. Jesus sagte
zu ihr: Gib mir zu trinken! 8 Seine Jünger waren nämlich in den Ort
gegangen, um etwas zum Essen zu kaufen. 9 Die samaritische Frau
sagte zu ihm: Wie kannst du als Jude mich, eine Samariterin, um Was-
ser bitten? Die Juden verkehren nämlich nicht mit den Samaritern.
10 Jesus antwortete ihr: Wenn du wüßtest, worin die Gabe Gottes
besteht und wer es ist, der zu dir sagt: Gib mir zu trinken!, dann hät-
test du ihn gebeten, und er hätte dir lebendiges Wasser gegeben. 11 Sie
sagte zu ihm: Herr, du hast kein Schöpfgefäß, und der Brunnen ist
tief; woher hast du also das lebendige Wasser? 12 Bist du etwa größer
als unser Vater Jakob, der uns den Brunnen gegeben und selbst daraus
getrunken hat, wie seine Söhne und seine Herden? 13 Jesus antwortete
ihr: Wer von diesem Wasser trinkt, wird wieder Durst bekommen;
14 wer aber von dem Wasser trinkt, das ich ihm geben werde, wird nie-
mals mehr Durst haben; vielmehr wird das Wasser, das ich ihm gebe,
in ihm zur sprudelnden Quelle werden, deren Wasser ewiges Leben
schenkt. 15 Da sagte die Frau zu ihm: Herr, gib mir dieses Wasser,
damit ich keinen Durst mehr habe und nicht mehr hierher kommen
muß, um Wasser zu schöpfen. 16 Er sagte zu ihr: Geh, ruf deinen
Mann, und komm wieder her! 17 Die Frau antwortete: Ich habe keinen
Mann. Jesus sagte zu ihr: Du hast richtig gesagt: Ich habe keinen
Mann. 18 Denn fünf Männer hast du gehabt, und der, den du jetzt hast,
ist nicht dein Mann. Damit hast du die Wahrheit gesagt.
19 Die Frau sagte zu ihm: Herr, ich sehe, daß du ein Prophet bist.
20 Unsere Väter haben auf diesem Berg Gott angebetet; ihr aber sagt, in
Jerusalem sei die Stätte, wo man anbeten muß. 21 Jesus sprach zu ihr:
Glaube mir, Frau, die Stunde kommt, zu der ihr weder auf diesem
Berg noch in Jerusalem den Vater anbeten werdet. 22 Ihr betet an, was
ihr nicht kennt, wir beten an, was wir kennen; denn das Heil kommt
von den Juden. 23 Aber die Stunde kommt, und sie ist schon da, zu der
die wahren Beter den Vater anbeten werden im Geist und in der Wahr-
heit; denn so will der Vater angebetet werden. 24 Gott ist Geist, und
alle, die ihn anbeten, müssen im Geist und in der Wahrheit anbeten.
25 Die Frau sagte zu ihm: Ich weiß, daß der Messias kommt, das ist:
der Gesalbte (Christus). Wenn er kommt, wird er uns alles verkünden.
26 Da sagte Jesus zu ihr: Ich bin es, ich, der mit dir spricht.

Die Aufnahme Jesu bei den Samaritern

27 Inzwischen waren seine Jünger zurückgekommen. Sie wunderten
sich, daß er mit einer Frau sprach, aber keiner sagte: Was willst du?,
oder: Was redest du mit ihr? 28 Da ließ die Frau ihren Wasserkrug ste-
hen, eilte in den Ort und sagte zu den Leuten: 29 Kommt her, seht, da ist
ein Mann, der mir alles gesagt hat, was ich getan habe: Ist er vielleicht
der Messias? 30 Da liefen sie hinaus aus dem Ort und gingen zu Jesus.
31 Währenddessen drängten ihn seine Jünger: Rabbi, iß! 32 Er aber sagte
zu ihnen: Ich lebe von einer Speise, die ihr nicht kennt. 33 Da sagten die
Jünger zueinander: Hat ihm jemand etwas zu essen gebracht? 34 Jesus
sprach zu ihnen: Meine Speise ist es, den Willen dessen zu tun, der
mich gesandt hat, und sein Werk zu Ende zu führen. 35 Sagt ihr nicht:
Noch vier Monate dauert es bis zur Ernte? Ich aber sage euch: Blickt
umher und seht, daß die Felder weiß sind, reif zur Ernte. 36 Schon emp-
fängt der Schnitter seinen Lohn und sammelt Frucht für das ewige
Leben, so daß sich der Sämann und der Schnitter gemeinsam freuen.
37 Denn hier hat das Sprichwort recht: Einer sät, und ein anderer erntet.
38 Ich habe euch gesandt, zu ernten, wofür ihr nicht gearbeitet habt;
andere haben gearbeitet, und ihr erntet die Frucht ihrer Arbeit.
39 Viele Samariter aus jenem Ort kamen zum Glauben an Jesus auf das
Wort der Frau hin, die bezeugt hatte: Er hat mir alles gesagt, was ich
getan habe. 40 Als die Samariter zu ihm kamen, baten sie ihn, bei
ihnen zu bleiben; und er blieb dort zwei Tage. 41 Und noch viel mehr
Leute kamen zum Glauben an ihn aufgrund seiner eigenen Worte.
42 Und zu der Frau sagten sie: Nicht mehr aufgrund deiner Aussage
glauben wir, sondern weil wir ihn selbst gehört haben und nun wis-
sen: Er ist wirklich der Retter der Welt.

Ein Heilungswunder in Galiläa

43 Nach diesen beiden Tagen ging er von dort nach Galiläa. 44 Jesus
selbst hatte nämlich bestätigt: Ein Prophet wird in seiner eigenen Hei-
mat nicht geehrt. 45 Als er nun nach Galiläa kam, nahmen ihn die
Galiläer auf, weil sie alles gesehen hatten, was er in Jerusalem
während des Festes getan hatte; denn auch sie waren zum Fest
gekommen. 46 Jesus kam wieder nach Kana in Galiläa, wo er das Was-
ser in Wein verwandelt hatte.
In Kafarnaum lebte ein königlicher Beamter; dessen Sohn war krank.
47 Als er hörte, daß Jesus von Judäa nach Galiläa gekommen war,
suchte er ihn auf und bat ihn, herabzukommen und seinen Sohn zu
heilen; denn er lag im Sterben. 48 Da sagte Jesus zu ihm: Wenn ihr
nicht Zeichen und Wunder seht, glaubt ihr nicht. 49 Der Beamte bat
ihn: Herr, komm herab, ehe mein Kind stirbt. 50 Jesus erwiderte ihm:
Geh, dein Sohn lebt! Der Mann glaubte dem Wort, das Jesus zu ihm

Mario Sironi
Jesus und die Samariterin
(1947/48)
»Die samaritische Frau sagte zu ihm: Wie kannst du als Jude mich, eine Samariterin, um Wasser bitten? Die Juden verkehrten nämlich nicht mit den Samaritern« (Joh 4,9). Als dunkle Silhouette stellt Mario Sironi die Samariterin an den linken Bildrand. Sie befindet sich aus jüdischer Sicht im Schatten, während das Licht auf die Gestalt Jesu fällt. Doch die Rollenverteilung im Gespräch am Jakobsbrunnen, von dem allein das Evangelium nach Johannes zu berichten weiß, widerspricht den Erwartungen: Ohne Scheu spricht die Frau von der Diskriminierung ihres Volkes und wird zur ersten christlichen Missionarin in Samarien. Den Wendepunkt bildet zum einen die prophetische Fähigkeit Jesu, das Vorleben seiner Gesprächspartnerin aufzudecken, zum anderen die Fähigkeit der Frau, die Doppelbedeutung des Wassers als Getränk und als »Wasser des Lebens« zu erfassen. Den Mittelpunkt der Komposition bildet daher der Brunnen. Seine symbolische Bedeutung läßt sich zurückverfolgen bis zu mittelalterlichen Darstellungen des Gartens von Eden, in dem ein kostbarer Brunnen jenes »Wasser des Lebens« spendet.

gesagt hatte, und machte sich auf den Weg. 51 Noch während er unter-
wegs war, kamen ihm seine Diener entgegen und sagten: Dein Junge
lebt. 52 Da fragte er sie genau nach der Stunde, in der die Besserung ein-
getreten war. Sie antworteten: Gestern in der siebten Stunde ist das
Fieber von ihm gewichen. 53 Da erkannte der Vater, daß es genau zu der
Stunde war, als Jesus zu ihm gesagt hatte: Dein Sohn lebt. Und er
wurde gläubig mit seinem ganzen Haus. 54 So tat Jesus sein zweites Zei-
chen, und zwar nachdem er von Judäa nach Galiläa gekommen war.

Die Selbstoffenbarung Jesu vor der Welt

Die Heilung eines Gelähmten am Sabbat in Jerusalem

5 Einige Zeit später war ein Fest der Juden, und Jesus ging hinauf
nach Jerusalem. 2 In Jerusalem gibt es beim Schaftor einen Teich,
zu dem fünf Säulenhallen gehören; dieser Teich heißt auf hebräisch
Betesda. 3 In diesen Hallen lagen viele Kranke, darunter Blinde, Lahme
und Verkrüppelte. [3b.4] 5 Dort lag auch ein Mann, der schon achtund-
dreißig Jahre krank war. 6 Als Jesus ihn dort liegen sah und erkannte,
daß er schon lange krank war, fragte er ihn: Willst du gesund werden?
7 Der Kranke antwortete ihm: Herr, ich habe keinen Menschen, der
mich, sobald das Wasser aufwallt, in den Teich trägt. Während ich
mich hinschleppe, steigt schon ein anderer vor mir hinein. 8 Da sagte
Jesus zu ihm: Steh auf, nimm deine Bahre und geh! 9 Sofort wurde der
Mann gesund, nahm seine Bahre und ging.

Carl Hofer
Der Hungrige
(1936)
»Philippus antwortete ihm: Brot für zweihundert Denare reicht nicht aus, wenn jeder von ihnen auch nur ein kleines Stück bekommen soll« (Joh 6,7). Carl Hofers Gemälde bringt mit expressiver Deutlichkeit die Notwendigkeit des Menschen zum Ausdruck, seinen Hunger zu stillen. Brot ist in den Evangelien der Sammelbegriff für die leibliche Nahrung, die Jesus durch seine Speisungswunder ausdrücklich in ihrer Notwendigkeit bestätigt. Zugleich verweist die leibliche Nahrung auf das »Brot des Lebens« (Joh 6,48) und schließlich auf den Opfertod: »Das Brot, das ich geben werde, ist mein Fleisch, (ich gebe es hin) für das Leben der Welt« (Joh 6,51).

Dieser Tag war aber ein Sabbat. 10 Da sagten die Juden zu dem Geheil-
ten: Es ist Sabbat, du darfst deine Bahre nicht tragen. 11 Er erwiderte:
Der Mann, der mich gesund gemacht hat, sagte zu mir: Nimm deine
Bahre und geh! 12 Sie fragten ihn: Wer ist das denn, der zu dir gesagt
hat: Nimm deine Bahre und geh? 13 Der Geheilte wußte aber nicht, wer
es war. Jesus war nämlich weggegangen, weil sich dort eine große
Menschenmenge angesammelt hatte. 14 Später traf ihn Jesus im Tem-
pel und sagte zu ihm: Jetzt bist du gesund; sündige nicht mehr, damit
dir nicht noch Schlimmeres zustößt. 15 Der Mann ging fort und teilte
den Juden mit, daß es Jesus war, der ihn gesund gemacht hatte.
16 Daraufhin verfolgten die Juden Jesus, weil er das an einem Sabbat
getan hatte. 17 Jesus aber entgegnete ihnen: Mein Vater ist noch immer
am Werk, und auch ich bin am Werk. 18 Darum waren die Juden noch
mehr darauf aus, ihn zu töten, weil er nicht nur den Sabbat brach,
sondern auch Gott seinen Vater nannte und sich damit Gott gleich-
stellte.

Jesu Rede über seine Vollmacht

19 Jesus aber sagte zu ihnen: Amen, amen, ich sage euch: Der Sohn
kann nichts von sich aus tun, sondern nur, wenn er den Vater etwas
tun sieht. Was nämlich der Vater tut, das tut in gleicher Weise der
Sohn. 20 Denn der Vater liebt den Sohn und zeigt ihm alles, was er tut,
und noch größere Werke wird er ihm zeigen, so daß ihr staunen wer-
det. 21 Denn wie der Vater die Toten auferweckt und lebendig macht,
so macht auch der Sohn lebendig, wen er will. 22 Auch richtet der Vater
niemand, sondern er hat das Gericht ganz dem Sohn übertragen,
23 damit alle den Sohn ehren, wie sie den Vater ehren. Wer den Sohn
nicht ehrt, ehrt auch den Vater nicht, der ihn gesandt hat. 24 Amen,
amen, ich sage euch: Wer mein Wort hört und dem glaubt, der mich
gesandt hat, hat das ewige Leben; er kommt nicht ins Gericht, son-
dern ist aus dem Tod ins Leben hinübergegangen. 25 Amen, amen, ich
sage euch: Die Stunde kommt, und sie ist schon da, in der die Toten
die Stimme des Sohnes Gottes hören werden; und alle, die sie hören,
werden leben. 26 Denn wie der Vater das Leben in sich hat, so hat er
auch dem Sohn gegeben, das Leben in sich zu haben. 27 Und er hat
ihm Vollmacht gegeben, Gericht zu halten, weil er der Menschensohn
ist. 28 Wundert euch nicht darüber! Die Stunde kommt, in der alle, die
in den Gräbern sind, seine Stimme hören 29 und herauskommen wer-
den: Die das Gute getan haben, werden zum Leben auferstehen, die
das Böse getan haben, zum Gericht. 30 Von mir selbst aus kann ich
nichts tun; ich richte, wie ich es (vom Vater) höre, und mein Gericht ist
gerecht, weil es mir nicht um meinen Willen geht, sondern um den
Willen dessen, der mich gesandt hat.
31 Wenn ich über mich selbst als Zeuge aussage, ist mein Zeugnis nicht
gültig; 32 ein anderer ist es, der über mich als Zeuge aussagt, und ich
weiß: Das Zeugnis, das er über mich ablegt, ist gültig. 33 Ihr habt zu
Johannes geschickt, und er hat für die Wahrheit Zeugnis abgelegt.
34 Ich aber nehme von keinem Menschen ein Zeugnis an, sondern ich
sage dies nur, damit ihr gerettet werdet. 35 Jener war die Lampe, die
brennt und leuchtet, und ihr wolltet euch eine Zeitlang an seinem
Licht erfreuen. 36 Ich aber habe ein gewichtigeres Zeugnis als das des
Johannes: Die Werke, die mein Vater mir übertragen hat, damit ich sie
zu Ende führe, diese Werke, die ich vollbringe, legen Zeugnis dafür ab,
daß mich der Vater gesandt hat. 37 Auch der Vater selbst, der mich
gesandt hat, hat über mich Zeugnis abgelegt. Ihr habt weder seine
Stimme gehört noch seine Gestalt je gesehen, 38 und auch sein Wort
bleibt nicht in euch, weil ihr dem nicht glaubt, den er gesandt hat.
39 Ihr erforscht die Schriften, weil ihr meint, in ihnen das ewige Leben
zu haben; gerade sie legen Zeugnis über mich ab. 40 Und doch wollt
ihr nicht zu mir kommen, um das Leben zu haben. 41 Meine Ehre emp-
fange ich nicht von Menschen. 42 Ich habe erkannt, daß ihr die Liebe
zu Gott nicht in euch habt. 43 Ich bin im Namen meines Vaters gekom-
men, und doch lehnt ihr mich ab. Wenn aber ein anderer in seinem
eigenen Namen kommt, dann werdet ihr ihn anerkennen. 44 Wie
könnt ihr zum Glauben kommen, wenn ihr eure Ehre voneinander
empfangt, nicht aber die Ehre sucht, die von dem einen Gott kommt?
45 Denkt nicht, daß ich euch beim Vater anklagen werde; Mose klagt
euch an, auf den ihr eure Hoffnung gesetzt habt. 46 Wenn ihr Mose
glauben würdet, müßtet ihr auch mir glauben; denn über mich hat er
geschrieben. 47 Wenn ihr aber seinen Schriften nicht glaubt, wie könnt
ihr dann meinen Worten glauben?

Die wunderbare Speisung einer Volksmenge am See von Tiberias

6 Danach ging Jesus an das andere Ufer des Sees von Galiläa, der
auch See von Tiberias heißt. 2 Eine große Menschenmenge
folgte ihm, weil sie die Zeichen sahen, die er an den Kranken tat.
3 Jesus stieg auf den Berg und setzte sich dort mit seinen Jüngern nie-
der. 4 Das Pascha, das Fest der Juden, war nahe. 5 Als Jesus aufblickte
und sah, daß so viele Menschen zu ihm kamen, fragte er Philippus:
Wo sollen wir Brot kaufen, damit diese Leute zu essen haben? 6 Das
sagte er aber nur, um ihn auf die Probe zu stellen; denn er selbst
wußte, was er tun wollte. 7 Philippus antwortete ihm: Brot für zwei-
hundert Denare reicht nicht aus, wenn jeder von ihnen auch nur ein
kleines Stück bekommen soll. 8 Einer seiner Jünger, Andreas, der Bru-
der des Simon Petrus, sagte zu ihm: 9 Hier ist ein kleiner Junge, der hat
fünf Gerstenbrote und zwei Fische; doch was ist das für so viele!
10 Jesus sagte: Laßt die Leute sich setzen! Es gab dort nämlich viel
Gras. Da setzten sie sich; es waren etwa fünftausend Männer. 11 Dann
nahm Jesus die Brote, sprach das Dankgebet und teilte an die Leute

aus, soviel sie wollten; ebenso machte er es mit den Fischen. 12 Als die
Menge satt war, sagte er zu seinen Jüngern: Sammelt die übriggeblie-
benen Brotstücke, damit nichts verdirbt. 13 Sie sammelten und füllten
zwölf Körbe mit den Stücken, die von den fünf Gerstenbroten nach
dem Essen übrig waren. 14 Als die Menschen das Zeichen sahen, das er
getan hatte, sagten sie: Das ist wirklich der Prophet, der in die Welt
kommen soll. 15 Da erkannte Jesus, daß sie kommen würden, um ihn
in ihre Gewalt zu bringen und zum König zu machen. Daher zog er
sich wieder auf den Berg zurück, er allein.

Der Gang Jesu auf dem Wasser

16 Als es aber spät geworden war, gingen seine Jünger zum See hinab,
17 bestiegen ein Boot und fuhren über den See, auf Kafarnaum zu. Es
war schon dunkel geworden, und Jesus war noch nicht zu ihnen
gekommen. 18 Da wurde der See durch einen heftigen Sturm aufge-
wühlt. 19 Als sie etwa fünfundzwanzig oder dreißig Stadien gefahren
waren, sahen sie, wie Jesus über den See ging und sich dem Boot
näherte; und sie fürchteten sich. 20 Er aber rief ihnen zu: Ich bin es;
fürchtet euch nicht! 21 Sie wollten ihn zu sich in das Boot nehmen,
aber schon war das Boot am Ufer, das sie erreichen wollten.

Die Rede über das Himmelsbrot in der Synagoge von Kafarnaum

22 Am nächsten Tag sah die Menge, die am anderen Ufer des Sees
geblieben war, daß nur noch ein Boot dort lag, und sie erfuhren, daß
Jesus nicht mit seinen Jüngern ins Boot gestiegen war, sondern daß
die Jünger allein abgefahren waren. 23 Von Tiberias her kamen andere
Boote in die Nähe des Ortes, wo sie nach dem Dankgebet des Herrn
das Brot gegessen hatten. 24 Als die Leute sahen, daß weder Jesus noch
seine Jünger dort waren, stiegen sie in die Boote, fuhren nach Ka-
farnaum und suchten Jesus. 25 Als sie ihn am anderen Ufer des Sees
fanden, fragten sie ihn: Rabbi, wann bist du hierher gekommen?
26 Jesus antwortete ihnen: Amen, amen, ich sage euch: Ihr sucht mich
nicht, weil ihr Zeichen gesehen habt, sondern weil ihr von den Broten
gegessen habt und satt geworden seid. 27 Müht euch nicht ab für die
Speise, die verdirbt, sondern für die Speise, die für das ewige Leben
bleibt und die der Menschensohn euch geben wird. Denn ihn hat Gott,
der Vater, mit seinem Siegel beglaubigt. 28 Da fragten sie ihn: Was
müssen wir tun, um die Werke Gottes zu vollbringen? 29 Jesus antwor-
tete ihnen: Das ist das Werk Gottes, daß ihr an den glaubt, den er
gesandt hat. 30 Sie entgegneten ihm: Welches Zeichen tust du, damit
wir es sehen und dir glauben? Was tust du? 31 Unsere Väter haben das
Manna in der Wüste gegessen, wie es in der Schrift heißt: *Brot vom
Himmel gab er ihnen zu essen.*
32 Jesus sagte zu ihnen: Amen, amen, ich sage euch: Nicht Mose hat
euch das Brot vom Himmel gegeben, sondern mein Vater gibt euch
das wahre Brot vom Himmel. 33 Denn das Brot, das Gott gibt, kommt
vom Himmel herab und gibt der Welt das Leben. 34 Da baten sie ihn:
Herr, gib uns immer dieses Brot! 35 Jesus antwortete ihnen: Ich bin das
Brot des Lebens; wer zu mir kommt, wird nie mehr hungern, und wer
an mich glaubt, wird nie mehr Durst haben.
36 Aber ich habe euch gesagt: Ihr habt (mich) gesehen, und doch
glaubt ihr nicht. 37 Alles, was der Vater mir gibt, wird zu mir kommen,
und wer zu mir kommt, den werde ich nicht abweisen; 38 denn ich bin
nicht vom Himmel herabgekommen, um meinen Willen zu tun, son-
dern den Willen dessen, der mich gesandt hat. 39 Es ist aber der Wille
dessen, der mich gesandt hat, daß ich keinen von denen, die er mir
gegeben hat, zugrunde gehen lasse, sondern daß ich sie auferwecke
am Letzten Tag. 40 Denn es ist der Wille meines Vaters, daß alle, die
den Sohn sehen und an ihn glauben, das ewige Leben haben und daß
ich sie auferwecke am Letzten Tag. 41 Da murrten die Juden gegen ihn,
weil er gesagt hatte: Ich bin das Brot, das vom Himmel herabgekom-
men ist. 42 Und sie sagten: Ist das nicht Jesus, der Sohn Josefs, dessen
Vater und Mutter wir kennen? Wie kann er jetzt sagen: Ich bin vom
Himmel herabgekommen? 43 Jesus sagte zu ihnen: Murrt nicht! 44 Nie-
mand kann zu mir kommen, wenn nicht der Vater, der mich gesandt
hat, ihn zu mir führt; und ich werde ihn auferwecken am Letzten Tag.
45 Bei den Propheten heißt es: *Und alle werden Schüler Gottes sein.* Jeder,
der auf den Vater hört und seine Lehre annimmt, wird zu mir kom-
men. 46 Niemand hat den Vater gesehen außer dem, der von Gott ist;
nur er hat den Vater gesehen. 47 Amen, amen, ich sage euch: Wer
glaubt, hat das ewige Leben.
48 Ich bin das Brot des Lebens. 49 Eure Väter haben in der Wüste das
Manna gegessen und sind gestorben. 50 So aber ist es mit dem Brot,
das vom Himmel herabkommt: Wenn jemand davon ißt, wird er nicht
sterben. 51 Ich bin das lebendige Brot, das vom Himmel herabgekom-
men ist. Wer von diesem Brot ißt, wird in Ewigkeit leben. Das Brot,
das ich geben werde, ist mein Fleisch, (ich gebe es hin) für das Leben
der Welt.
52 Da stritten sich die Juden und sagten: Wie kann er uns sein Fleisch
zu essen geben? 53 Jesus sagte zu ihnen: Amen, amen, das sage ich
euch: Wenn ihr das Fleisch des Menschensohnes nicht eßt und sein
Blut nicht trinkt, habt ihr das Leben nicht in euch. 54 Wer mein Fleisch
ißt und mein Blut trinkt, hat das ewige Leben, und ich werde ihn auf-
erwecken am Letzten Tag. 55 Denn mein Fleisch ist wirklich eine
Speise, und mein Blut ist wirklich ein Trank. 56 Wer mein Fleisch ißt
und mein Blut trinkt, der bleibt in mir, und ich bleibe in ihm. 57 Wie
mich der lebendige Vater gesandt hat und wie ich durch den Vater
lebe, so wird jeder, der mich ißt, durch mich leben. 58 Dies ist das
Brot, das vom Himmel herabgekommen ist. Mit ihm ist es nicht wie
mit dem Brot, das die Väter gegessen haben; sie sind gestorben. Wer
aber dieses Brot ißt, wird leben in Ewigkeit. 59 Diese Worte sprach
Jesus, als er in der Synagoge von Kafarnaum lehrte.

Die Spaltung unter den Jüngern

60 Viele seiner Jünger, die ihm zuhörten, sagten: Was er sagt, ist uner-
träglich. Wer kann das anhören? 61 Jesus erkannte, daß seine Jünger
darüber murrten, und fragte sie: Daran nehmt ihr Anstoß?
62 Was werdet ihr sagen, wenn ihr den Menschensohn hinaufsteigen
seht, dorthin, wo er vorher war? 63 Der Geist ist es, der lebendig
macht; das Fleisch nützt nichts. Die Worte, die ich zu euch gespro-
chen habe, sind Geist und sind Leben. 64 Aber es gibt unter euch
einige, die nicht glauben. Jesus wußte nämlich von Anfang an, welche
es waren, die nicht glaubten, und wer ihn verraten würde. 65 Und er
sagte: Deshalb habe ich zu euch gesagt: Niemand kann zu mir kom-
men, wenn es ihm nicht vom Vater gegeben ist.
66 Daraufhin zogen sich viele Jünger zurück und wanderten nicht
mehr mit ihm umher. 67 Da fragte Jesus die Zwölf: Wollt auch ihr weg-
gehen? 68 Simon Petrus antwortete ihm: Herr, zu wem sollen wir
gehen? Du hast Worte des ewigen Lebens. 69 Wir sind zum Glauben
gekommen und haben erkannt: Du bist der Heilige Gottes. 70 Jesus
erwiderte: Habe ich nicht euch, die Zwölf, erwählt? Und doch ist einer
von euch ein Teufel. 71 Er sprach von Judas, dem Sohn des Simon Iska-
riot; denn dieser sollte ihn verraten: einer der Zwölf.

Die Selbstoffenbarung Jesu beim Laubhüttenfest in Jerusalem

Jesu Flucht vor der Öffentlichkeit

7 Danach zog Jesus in Galiläa umher; denn er wollte sich nicht in
Judäa aufhalten, weil die Juden darauf aus waren, ihn zu töten.
2 Das Laubhüttenfest der Juden war nahe. 3 Da sagten seine Brüder zu
ihm: Geh von hier fort, und zieh nach Judäa, damit auch deine Jünger
die Werke sehen, die du vollbringst. 4 Denn niemand wirkt im Verbor-
genen, wenn er öffentlich bekannt sein möchte. Wenn du dies tust,
zeig dich der Welt! 5 Auch seine Brüder glaubten nämlich nicht an ihn.
6 Jesus sagte zu ihnen: Meine Zeit ist noch nicht gekommen, für euch
aber ist immer die rechte Zeit. 7 Euch kann die Welt nicht hassen, mich
aber haßt sie, weil ich bezeuge, daß ihre Taten böse sind. 8 Geht ihr
nur hinauf zum Fest; ich gehe nicht zu diesem Fest hinauf, weil meine
Zeit noch nicht erfüllt ist. 9 Das sagte er zu ihnen, und er blieb in

Galiläa. 10 Als aber seine Brüder zum Fest hinaufgegangen waren, zog
auch er hinauf, jedoch nicht öffentlich, sondern heimlich. 11 Die Juden
suchten beim Fest nach ihm und sagten: Wo ist er? 12 Und in der Volks-
menge wurde viel über ihn hin und her geredet. Die einen sagten: Er
ist ein guter Mensch. Andere sagten: Nein, er führt das Volk in die Irre.
13 Aber niemand redete öffentlich über ihn, denn man fürchtete sich
vor den Juden.

Jesu Auftreten im Tempel

14 Schon war die Hälfte der Festwoche vorüber, da ging Jesus zum
Tempel hinauf und lehrte. 15 Die Juden wunderten sich und sagten:
Wie kann der die Schrift verstehen, ohne dafür ausgebildet zu sein?
16 Darauf antwortete ihnen Jesus: Meine Lehre stammt nicht von mir,
sondern von dem, der mich gesandt hat. 17 Wer bereit ist, den Willen
Gottes zu tun, wird erkennen, ob diese Lehre von Gott stammt oder ob
ich in meinem eigenen Namen spreche. 18 Wer im eigenen Namen
spricht, sucht seine eigene Ehre; wer aber die Ehre dessen sucht, der
ihn gesandt hat, der ist glaubwürdig, und in ihm ist keine Falschheit.
19 Hat Mose euch nicht das Gesetz gegeben? Aber keiner von euch
befolgt das Gesetz. Warum wollt ihr mich töten? 20 Die Menge ant-
wortete: Du bist wohl von einem Dämon besessen – wer will dich denn
töten? 21 Jesus entgegnete ihnen: Ich habe nur ein einziges Werk voll-
bracht, und ihr alle wundert euch darüber. 22 Mose hat euch die
Beschneidung gegeben – sie stammt freilich nicht von Mose, sondern
von den Vätern –, und ihr beschneidet einen Menschen auch am Sab-
bat. 23 Wenn ein Mensch am Sabbat die Beschneidung empfangen
darf, damit das Gesetz des Mose nicht mißachtet wird, warum zürnt
ihr mir, weil ich am Sabbat einen Menschen als ganzen gesund
gemacht habe? 24 Urteilt nicht nach dem Augenschein, sondern urteilt
gerecht!

Mutmaßungen des Volkes über Jesus

25 Da sagten einige Leute aus Jerusalem: Ist das nicht der, den sie töten
wollen? 26 Und doch redet er in aller Öffentlichkeit, und man läßt ihn
gewähren. Sollte der Hohe Rat wirklich erkannt haben, daß er der
Messias ist? 27 Aber von dem hier wissen wir, woher er stammt; wenn
jedoch der Messias kommt, weiß niemand, woher er stammt.
28 Während Jesus im Tempel lehrte, rief er: Ihr kennt mich und wißt,
woher ich bin; aber ich bin nicht in meinem eigenen Namen gekom-
men, sondern er, der mich gesandt hat, bürgt für die Wahrheit. Ihr
kennt ihn nur nicht. 29 Ich kenne ihn, weil ich von ihm komme und
weil er mich gesandt hat. 30 Da wollten sie ihn festnehmen; aber keiner
wagte ihn anzufassen, denn seine Stunde war noch nicht gekommen.
31 Aus der Menge kamen viele Leute zum Glauben an ihn; sie sagten:
Wird der Messias, wenn er kommt, mehr Zeichen tun, als dieser getan
hat? 32 Die Pharisäer hörten, was die Leute heimlich über ihn redeten.
Da schickten die Hohenpriester und die Pharisäer Gerichtsdiener aus,
um ihn festnehmen zu lassen. 33 Jesus aber sagte: Ich bin nur noch
kurze Zeit bei euch; dann gehe ich fort, zu dem, der mich gesandt hat.
34 Ihr werdet mich suchen, und ihr werdet mich nicht finden; denn wo
ich bin, dorthin könnt ihr nicht gelangen. 35 Da sagten die Juden
zueinander: Wohin will er denn gehen, daß wir ihn nicht mehr finden
können? Will er in die Diaspora zu den Griechen gehen und die Grie-
chen lehren? 36 Was bedeutet es, wenn er gesagt hat: Ihr werdet mich
suchen, aber nicht finden; denn wo ich bin, dorthin könnt ihr nicht
gelangen?

Der Streit im Hohen Rat um Jesus

37 Am letzten Tag des Festes, dem großen Tag, stellte sich Jesus hin
und rief: Wer Durst hat, komme zu mir, und es trinke, 38 wer an mich
glaubt. Wie die Schrift sagt: Aus seinem Inneren werden Ströme von
lebendigem Wasser fließen. 39 Damit meinte er den Geist, den alle
empfangen sollten, die an ihn glauben; denn der Geist war noch nicht
gegeben, weil Jesus noch nicht verherrlicht war. 40 Einige aus dem
Volk sagten, als sie diese Worte hörten: Er ist wahrhaftig der Prophet.
41 Andere sagten: Er ist der Messias. Wieder andere sagten: Kommt
denn der Messias aus Galiläa? 42 Sagt nicht die Schrift: Der Messias
kommt aus dem Geschlecht Davids und aus dem Dorf *Betlehem*, wo
David lebte? 43 So entstand seinetwegen eine Spaltung in der Menge.
44 Einige von ihnen wollten ihn festnehmen; aber keiner wagte ihn
anzufassen. 45 Als die Gerichtsdiener zu den Hohenpriestern und den
Pharisäern zurückkamen, fragten diese: Warum habt ihr ihn nicht
hergebracht? 46 Die Gerichtsdiener antworteten: Noch nie hat ein
Mensch so gesprochen. 47 Da entgegneten ihnen die Pharisäer: Habt
auch ihr euch in die Irre führen lassen? 48 Ist etwa einer vom Hohen
Rat oder von den Pharisäern zum Glauben an ihn gekommen? 49 Die-
ses Volk jedoch, das vom Gesetz nichts versteht, verflucht ist es.
50 Nikodemus aber, einer aus ihren eigenen Reihen, der früher einmal
Jesus aufgesucht hatte, sagte zu ihnen: 51 Verurteilt etwa unser Gesetz
einen Menschen, bevor man ihn verhört und festgestellt hat, was er
tut? 52 Sie erwiderten ihm: Bist du vielleicht auch aus Galiläa? Lies
doch nach: Der Prophet kommt nicht aus Galiläa.

[Jesus und die Ehebrecherin

53 Dann gingen alle nach Hause.

8 Jesus aber ging zum Ölberg. 2 Am frühen Morgen begab er sich
wieder in den Tempel. Alles Volk kam zu ihm. Er setzte sich und
lehrte es. 3 Da brachten die Schriftgelehrten und die Pharisäer eine
Frau, die beim Ehebruch ertappt worden war. Sie stellten sie in die
Mitte 4 und sagten zu ihm: Meister, diese Frau wurde beim Ehebruch
auf frischer Tat ertappt. 5 Mose hat uns im Gesetz vorgeschrieben, sol-
che Frauen zu steinigen. Nun, was sagst du? 6 Mit dieser Frage wollten
sie ihn auf die Probe stellen, um einen Grund zu haben, ihn zu verkla-
gen. Jesus aber bückte sich und schrieb mit dem Finger auf die Erde.
7 Als sie hartnäckig weiterfragten, richtete er sich auf und sagte zu
ihnen: Wer von euch ohne Sünde ist, werfe als erster einen Stein auf
sie. 8 Und er bückte sich wieder und schrieb auf die Erde. 9 Als sie
seine Antwort gehört hatten, ging einer nach dem anderen fort, zuerst
die Ältesten. Jesus blieb allein zurück mit der Frau, die noch in der
Mitte stand. 10 Er richtete sich auf und sagte zu ihr: Frau, wo sind sie
geblieben? Hat dich keiner verurteilt? 11 Sie antwortete: Keiner, Herr.
Da sagte Jesus zu ihr: Auch ich verurteile dich nicht. Geh und sündige
von jetzt an nicht mehr!]

Streitgespräche Jesu mit den Juden

Jesu Selbstzeugnis

12 Als Jesus ein andermal zu ihnen redete, sagte er: Ich bin das Licht
der Welt. Wer mir nachfolgt, wird nicht in der Finsternis umhergehen,
sondern wird das Licht des Lebens haben. 13 Da sagten die Pharisäer
zu ihm: Du legst über dich selbst Zeugnis ab; dein Zeugnis ist nicht
gültig. 14 Jesus erwiderte ihnen: Auch wenn ich über mich selbst Zeug-
nis ablege, ist mein Zeugnis gültig. Denn ich weiß, woher ich gekom-
men bin und wohin ich gehe. Ihr aber wißt nicht, woher ich komme
und wohin ich gehe. 15 Ihr urteilt, wie Menschen urteilen, ich urteile
über keinen. 16 Wenn ich aber urteile, ist mein Urteil gültig; denn ich
urteile nicht allein, sondern ich und der Vater, der mich gesandt hat.
17 Auch in eurem Gesetz heißt es: Erst das Zeugnis von zwei Men-
schen ist gültig. 18 Ich bin es, der über mich Zeugnis ablegt, und auch
der Vater, der mich gesandt hat, legt über mich Zeugnis ab. 19 Da frag-
ten sie ihn: Wo ist dein Vater? Jesus antwortete: Ihr kennt weder mich
noch meinen Vater; würdet ihr mich kennen, dann würdet ihr auch
meinen Vater kennen. 20 Diese Worte sagte er, als er im Tempel bei der
Schatzkammer lehrte. Aber niemand nahm ihn fest; denn seine
Stunde war noch nicht gekommen.

Die Herkunft und Bestimmung Jesu

21 Ein andermal sagte Jesus zu ihnen: Ich gehe fort, und ihr werdet
mich suchen, und ihr werdet in eurer Sünde sterben. Wohin ich gehe,

dorthin könnt ihr nicht gelangen. 22 Da sagten die Juden: Will er sich
etwa umbringen? Warum sagt er sonst: Wohin ich gehe, dorthin
könnt ihr nicht gelangen? 23 Er sagte zu ihnen: Ihr stammt von unten,
ich stamme von oben; ihr seid aus dieser Welt, ich bin nicht aus die-
ser Welt. 24 Ich habe euch gesagt: Ihr werdet in euren Sünden sterben;
denn wenn ihr nicht glaubt, daß ich es bin, werdet ihr in euren Sün-
den sterben. 25 Da fragten sie ihn: Wer bist du denn? Jesus antwortete:
Warum rede ich überhaupt noch mit euch? 26 Ich hätte noch viel über
euch zu sagen und viel zu richten, aber er, der mich gesandt hat,
bürgt für die Wahrheit, und was ich von ihm gehört habe, das sage
ich der Welt. 27 Sie verstanden nicht, daß er damit den Vater meinte.
28 Da sagte Jesus zu ihnen: Wenn ihr den Menschensohn erhöht habt,
dann werdet ihr erkennen, daß Ich es bin. Ihr werdet erkennen, daß
ich nichts im eigenen Namen tue, sondern nur das sage, was mich
der Vater gelehrt hat. 29 Und er, der mich gesandt hat, ist bei mir; er
hat mich nicht allein gelassen, weil ich immer das tue, was ihm
gefällt.

Die wahren Kinder Abrahams

30 Als Jesus das sagte, kamen viele zum Glauben an ihn. 31 Da sagte er
zu den Juden, die an ihn glaubten: Wenn ihr in meinem Wort bleibt,
seid ihr wirklich meine Jünger. 32 Dann werdet ihr die Wahrheit erken-
nen, und die Wahrheit wird euch befreien. 33 Sie erwiderten ihm: Wir
sind Nachkommen Abrahams und sind noch nie Sklaven gewesen.
Wie kannst du sagen: Ihr werdet frei werden? 34 Jesus antwortete
ihnen: Amen, amen, das sage ich euch: Wer die Sünde tut, ist Sklave
der Sünde. 35 Der Sklave aber bleibt nicht für immer im Haus; nur der
Sohn bleibt für immer im Haus. 36 Wenn euch also der Sohn befreit,
dann seid ihr wirklich frei.
37 Ich weiß, daß ihr Nachkommen Abrahams seid. Aber ihr wollt
mich töten, weil mein Wort in euch keine Aufnahme findet. 38 Ich
sage, was ich beim Vater gesehen habe, und ihr tut, was ihr von eurem
Vater gehört habt. 39 Sie antworteten ihm: Unser Vater ist Abraham.
Jesus sagte zu ihnen: Wenn ihr Kinder Abrahams wärt, würdet ihr so
handeln wie Abraham. 40 Jetzt aber wollt ihr mich töten, einen Men-
schen, der euch die Wahrheit verkündet hat, die Wahrheit, die ich von
Gott gehört habe. So hat Abraham nicht gehandelt. 41 Ihr vollbringt
die Werke eures Vaters. Sie entgegneten ihm: Wir stammen nicht aus
einem Ehebruch, sondern wir haben nur den einen Vater: Gott.
42 Jesus sagte zu ihnen: Wenn Gott euer Vater wäre, würdet ihr mich
lieben; denn von Gott bin ich ausgegangen und gekommen. Ich bin
nicht in meinem eigenen Namen gekommen, sondern er hat mich
gesandt. 43 Warum versteht ihr nicht, was ich sage? Weil ihr nicht
imstande seid, mein Wort zu hören. 44 Ihr habt den Teufel zum Vater,
und ihr wollt das tun, wonach es euren Vater verlangt. Er war ein Mör-
der von Anfang an. Und er steht nicht in der Wahrheit; denn es ist
keine Wahrheit in ihm. Wenn er lügt, sagt er das, was aus ihm selbst
kommt; denn er ist ein Lügner und ist der Vater der Lüge. 45 Mir aber
glaubt ihr nicht, weil ich die Wahrheit sage. 46 Wer von euch kann mir
eine Sünde nachweisen? Wenn ich die Wahrheit sage, warum glaubt
ihr mir nicht? 47 Wer aus Gott ist, hört die Worte Gottes; ihr hört sie
deshalb nicht, weil ihr nicht aus Gott seid.

Jesus und Abraham

48 Da antworteten ihm die Juden: Sagen wir nicht mit Recht: Du bist
ein Samariter und von einem Dämon besessen? 49 Jesus erwiderte: Ich
bin von keinem Dämon besessen, sondern ich ehre meinen Vater; ihr
aber schmäht mich. 50 Ich bin nicht auf meine Ehre bedacht; doch es
gibt einen, der darauf bedacht ist und der richtet. 51 Amen, amen, ich
sage euch: Wenn jemand an meinem Wort festhält, wird er auf ewig
den Tod nicht schauen. 52 Da sagten die Juden zu ihm: Jetzt wissen wir,
daß du von einem Dämon besessen bist. Abraham und die Propheten
sind gestorben, du aber sagst: Wenn jemand an meinem Wort festhält,
wird er auf ewig den Tod nicht erleiden. 53 Bist du etwa größer als
unser Vater Abraham? Er ist gestorben, und die Propheten sind gestor-
ben. Für wen gibst du dich aus? 54 Jesus antwortete: Wenn ich mich
selbst ehre, so gilt meine Ehre nichts. Mein Vater ist es, der mich ehrt,
er, von dem ihr sagt: Er ist unser Gott. 55 Doch ihr habt ihn nicht
erkannt. Ich aber kenne ihn, und wenn ich sagen würde: Ich kenne ihn
nicht, so wäre ich ein Lügner wie ihr. Aber ich kenne ihn und halte an
seinem Wort fest. 56 Euer Vater Abraham jubelte, weil er meinen Tag
sehen sollte. Er sah ihn und freute sich. 57 Die Juden entgegneten: Du
bist noch keine fünfzig Jahre alt und willst Abraham gesehen haben?
58 Jesus erwiderte ihnen: Amen, amen, ich sage euch: Noch ehe Abra-
ham wurde, bin ich. 59 Da hoben sie Steine auf, um sie auf ihn zu wer-
fen. Jesus aber verbarg sich und verließ den Tempel.

Die Heilung eines Blinden und der Streit der Juden

Die Heilung eines Blinden

9 Unterwegs sah Jesus einen Mann, der seit seiner Geburt blind
war. 2 Da fragten ihn seine Jünger: Rabbi, wer hat gesündigt? Er
selbst? Oder haben seine Eltern gesündigt, so daß er blind geboren
wurde? 3 Jesus antwortete: Weder er noch seine Eltern haben gesün-
digt, sondern das Wirken Gottes soll an ihm offenbar werden. 4 Wir
müssen, solange es Tag ist, die Werke dessen vollbringen, der mich
gesandt hat; es kommt die Nacht, in der niemand mehr etwas tun
kann. 5 Solange ich in der Welt bin, bin ich das Licht der Welt. 6 Als er
dies gesagt hatte, spuckte er auf die Erde; dann machte er mit dem
Speichel einen Teig, strich ihn dem Blinden auf die Augen 7 und sagte
zu ihm: Geh und wasch dich in dem Teich Schiloach! Schiloach heißt
übersetzt: Der Gesandte. Der Mann ging fort und wusch sich. Und als
er zurückkam, konnte er sehen.
8 Die Nachbarn und andere, die ihn früher als Bettler gesehen hatten,
sagten: Ist das nicht der Mann, der dasaß und bettelte? 9 Einige sag-
ten: Er ist es. Andere meinten: Nein, er sieht ihm nur ähnlich. Er selbst
aber sagte: Ich bin es. 10 Da fragten sie ihn: Wie sind deine Augen
geöffnet worden? 11 Er antwortete: Der Mann, der Jesus heißt, machte
einen Teig, bestrich damit meine Augen und sagte zu mir: Geh zum
Schiloach, und wasch dich! Ich ging hin, wusch mich und konnte wie-
der sehen. 12 Sie fragten ihn: Wo ist er? Er sagte: Ich weiß es nicht.

Das Eingreifen der Pharisäer

13 Da brachten sie den Mann, der blind gewesen war, zu den Pha-
risäern. 14 Es war aber Sabbat an dem Tag, als Jesus den Teig gemacht
und ihm die Augen geöffnet hatte. 15 Auch die Pharisäer fragten ihn,
wie er sehend geworden sei. Der Mann antwortete ihnen: Er legte mir
einen Teig auf die Augen; dann wusch ich mich, und jetzt kann ich
sehen. 16 Einige der Pharisäer meinten: Dieser Mensch kann nicht von
Gott sein, weil er den Sabbat nicht hält. Andere aber sagten: Wie kann
ein Sünder solche Zeichen tun? So entstand eine Spaltung unter ihnen.
17 Da fragten sie den Blinden noch einmal: Was sagst du selbst über
ihn? Er hat doch deine Augen geöffnet. Der Mann antwortete: Er ist
ein Prophet.
18 Die Juden aber wollten nicht glauben, daß er blind gewesen und
sehend geworden war. Daher riefen sie die Eltern des Geheilten
19 und fragten sie: Ist das euer Sohn, von dem ihr behauptet, daß er
blind geboren wurde? Wie kommt es, daß er jetzt sehen kann?
20 Seine Eltern antworteten: Wir wissen, daß er unser Sohn ist und
daß er blind geboren wurde. 21 Wie es kommt, daß er jetzt sehen
kann, das wissen wir nicht. Und wer seine Augen geöffnet hat, das
wissen wir auch nicht. Fragt doch ihn selbst, er ist alt genug und
kann selbst für sich sprechen. 22 Das sagten seine Eltern, weil sie sich
vor den Juden fürchteten; denn die Juden hatten schon beschlossen,
jeden, der ihn als den Messias bekenne, aus der Synagoge auszu-
stoßen. 23 Deswegen sagten seine Eltern: Er ist alt genug, fragt doch
ihn selbst.
24 Da riefen die Pharisäer den Mann, der blind gewesen war, zum zwei-
tenmal und sagten zu ihm: Gib Gott die Ehre! Wir wissen, daß dieser

Mensch ein Sünder ist. 25 Er antwortete: Ob er ein Sünder ist, weiß ich
nicht. Nur das eine weiß ich, daß ich blind war und jetzt sehen kann.
26 Sie fragten ihn: Was hat er mit dir gemacht? Wie hat er deine Augen
geöffnet? 27 Er antwortete ihnen: Ich habe es euch bereits gesagt, aber
ihr habt nicht gehört. Warum wollt ihr es noch einmal hören? Wollt
auch ihr seine Jünger werden? 28 Da beschimpften sie ihn: Du bist ein
Jünger dieses Menschen; wir aber sind Jünger des Mose. 29 Wir wis-
sen, daß zu Mose Gott gesprochen hat; aber von dem da wissen wir
nicht, woher er kommt. 30 Der Mann antwortete ihnen: Darin liegt ja
das Erstaunliche, daß ihr nicht wißt, woher er kommt; dabei hat er
doch meine Augen geöffnet. 31 Wir wissen, daß Gott einen Sünder
nicht erhört; wer aber Gott fürchtet und seinen Willen tut, den erhört
er. 32 Noch nie hat man gehört, daß jemand die Augen eines Blindge-
borenen geöffnet hat. 33 Wenn dieser Mensch nicht von Gott wäre,
dann hätte er gewiß nichts ausrichten können. 34 Sie entgegneten
ihm: Du bist ganz und gar in Sünden geboren, und du willst uns
belehren? Und sie stießen ihn hinaus.

Jesu Selbstoffenbarung vor dem Geheilten

35 Jesus hörte, daß sie ihn hinausgestoßen hatten, und als er ihn traf,
sagte er zu ihm: Glaubst du an den Menschensohn? 36 Der Mann
antwortete: Wer ist das, Herr? (Sag es mir,) damit ich an ihn glaube.
37 Jesus sagte zu ihm: Du siehst ihn vor dir; er, der mit dir redet, ist es.
38 Er aber sagte: Ich glaube, Herr! Und er warf sich vor ihm nieder.
39 Da sprach Jesus: Um zu richten, bin ich in diese Welt gekommen:
damit die Blinden sehend und die Sehenden blind werden. 40 Einige
Pharisäer, die bei ihm waren, hörten dies. Und sie fragten ihn: Sind
etwa auch wir blind? 41 Jesus antwortete ihnen: Wenn ihr blind wärt,
hättet ihr keine Sünde. Jetzt aber sagt ihr: Wir sehen. Darum bleibt
eure Sünde.

Die Bildworte vom Hirten und von den Schafen

Der gute Hirt als Gegenbild zu Dieben und Räubern

10 Amen, amen, das sage ich euch: Wer in den Schafstall nicht
durch die Tür hineingeht, sondern anderswo einsteigt, der
ist ein Dieb und ein Räuber. 2 Wer aber durch die Tür hineingeht, ist
der Hirt der Schafe. 3 Ihm öffnet der Türhüter, und die Schafe hören
auf seine Stimme; er ruft die Schafe, die ihm gehören, einzeln beim
Namen und führt sie hinaus. 4 Wenn er alle seine Schafe hinaus-
getrieben hat, geht er ihnen voraus, und die Schafe folgen ihm;
denn sie kennen seine Stimme. 5 Einem Fremden aber werden sie
nicht folgen, sondern sie werden vor ihm fliehen, weil sie die Stimme
des Fremden nicht kennen. 6 Dieses Gleichnis erzählte ihnen Jesus;
aber sie verstanden nicht den Sinn dessen, was er ihnen gesagt
hatte.
7 Weiter sagte Jesus zu ihnen: Amen, amen, ich sage euch: Ich bin die
Tür zu den Schafen. 8 Alle, die vor mir kamen, sind Diebe und Räuber;
aber die Schafe haben nicht auf sie gehört. 9 Ich bin die Tür; wer durch
mich hineingeht, wird gerettet werden; er wird ein- und ausgehen und
Weide finden. 10 Der Dieb kommt nur, um zu stehlen, zu schlachten
und zu vernichten; ich bin gekommen, damit sie das Leben haben und
es in Fülle haben.

Der gute Hirt als Gegenbild zum Tagelöhner

11 Ich bin der gute Hirt. Der gute Hirt gibt sein Leben hin für die
Schafe. 12 Der bezahlte Knecht aber, der nicht Hirt ist und dem die
Schafe nicht gehören, läßt die Schafe im Stich und flieht, wenn er den
Wolf kommen sieht; und der Wolf reißt sie und jagt sie auseinander.
Er flieht, 13 weil er nur ein bezahlter Knecht ist und ihm an den Scha-
fen nichts liegt. 14 Ich bin der gute Hirt; ich kenne die Meinen, und die
Meinen kennen mich, 15 wie mich der Vater kennt und ich den Vater
kenne; und ich gebe mein Leben hin für die Schafe. 16 Ich habe noch
andere Schafe, die nicht aus diesem Stall sind; auch sie muß ich
führen, und sie werden auf meine Stimme hören; dann wird es nur
eine Herde geben und einen Hirten. 17 Deshalb liebt mich der Vater,
weil ich mein Leben hingebe, um es wieder zu nehmen. 18 Niemand
entreißt es mir, sondern ich gebe es aus freiem Willen hin. Ich habe
Macht, es hinzugeben, und ich habe Macht, es wieder zu nehmen.
Diesen Auftrag habe ich von meinem Vater empfangen.
19 Wegen dieser Rede kam es unter den Juden erneut zu einer Spal-
tung. 20 Viele von ihnen sagten: Er ist von einem Dämon besessen und
redet im Wahn. Warum hört ihr ihm zu? 21 Andere sagten: So redet
kein Besessener. Kann ein Dämon die Augen von Blinden öffnen?

Das Streitgespräch beim Tempelweihfest

22 Um diese Zeit fand in Jerusalem das Tempelweihfest statt. Es war
Winter, 23 und Jesus ging im Tempel in der Halle Salomos auf und ab.
24 Da umringten ihn die Juden und fragten ihn: Wie lange noch willst
du uns hinhalten? Wenn du der Messias bist, sag es uns offen! 25 Jesus
antwortete ihnen: Ich habe es euch gesagt, aber ihr glaubt nicht. Die
Werke, die ich im Namen meines Vaters vollbringe, legen Zeugnis für
mich ab; 26 ihr aber glaubt nicht, weil ihr nicht zu meinen Schafen
gehört. 27 Meine Schafe hören auf meine Stimme; ich kenne sie, und
sie folgen mir. 28 Ich gebe ihnen ewiges Leben. Sie werden niemals
zugrunde gehen, und niemand wird sie meiner Hand entreißen.
29 Mein Vater, der sie mir gab, ist größer als alle, und niemand kann
sie der Hand meines Vaters entreißen. 30 Ich und der Vater sind eins.
31 Da hoben die Juden wiederum Steine auf, um ihn zu steinigen.
32 Jesus hielt ihnen entgegen: Viele gute Werke habe ich im Auftrag
des Vaters vor euren Augen getan. Für welches dieser Werke wollt ihr
mich steinigen? 33 Die Juden antworteten ihm: Wir steinigen dich
nicht wegen eines guten Werkes, sondern wegen Gotteslästerung;
denn du bist nur ein Mensch und machst dich selbst zu Gott. 34 Jesus
erwiderte ihnen: Heißt es nicht in eurem Gesetz: *Ich habe gesagt: Ihr
seid Götter?* 35 Wenn er jene Menschen Götter genannt hat, an die das
Wort Gottes ergangen ist, und wenn die Schrift nicht aufgehoben
werden kann, 36 dürft ihr dann von dem, den der Vater geheiligt und
in die Welt gesandt hat, sagen: Du lästerst Gott – weil ich gesagt
habe: Ich bin Gottes Sohn? 37 Wenn ich nicht die Werke meines Vaters
vollbringe, dann glaubt mir nicht. 38 Aber wenn ich sie vollbringe,
dann glaubt wenigstens den Werken, wenn ihr mir nicht glaubt.
Dann werdet ihr erkennen und einsehen, daß in mir der Vater ist und
ich im Vater bin. 39 Wieder wollten sie ihn festnehmen; er aber entzog
sich ihrem Zugriff.

Die Auferweckung des Lazarus und ihre Folgen

Jesus im Gebiet östlich des Jordan

40 Dann ging Jesus wieder weg auf die andere Seite des Jordan, an den
Ort, wo Johannes zuerst getauft hatte; und dort blieb er. 41 Viele kamen
zu ihm. Sie sagten: Johannes hat kein Zeichen getan; aber alles, was
Johannes über diesen Mann gesagt hat, ist wahr. 42 Und viele kamen
dort zum Glauben an ihn.

Die Nachricht vom Tod des Lazarus

11 Ein Mann war krank, Lazarus aus Betanien, dem Dorf, in
dem Maria und ihre Schwester Marta wohnten. 2 Maria ist
die, die den Herrn mit Öl gesalbt und seine Füße mit ihrem Haar abge-
trocknet hat; deren Bruder Lazarus war krank. 3 Daher sandten die
Schwestern Jesus die Nachricht: Herr, dein Freund ist krank. 4 Als
Jesus das hörte, sagte er: Diese Krankheit wird nicht zum Tod führen,
sondern dient der Verherrlichung Gottes: Durch sie soll der Sohn
Gottes verherrlicht werden. 5 Denn Jesus liebte Marta, ihre Schwester
und Lazarus. 6 Als er hörte, daß Lazarus krank war, blieb er noch zwei
Tage an dem Ort, wo er sich aufhielt.
7 Danach sagte er zu den Jüngern: Laßt uns wieder nach Judäa gehen.
8 Die Jünger entgegneten ihm: Rabbi, eben noch wollten dich die

Juden steinigen, und du gehst wieder dorthin? 9 Jesus antwortete: Hat
der Tag nicht zwölf Stunden? Wenn jemand am Tag umhergeht, stößt
er nicht an, weil er das Licht dieser Welt sieht; 10 wenn aber jemand in
der Nacht umhergeht, stößt er an, weil das Licht nicht in ihm ist. 11 So
sprach er. Dann sagte er zu ihnen: Lazarus, unser Freund, schläft; aber
ich gehe hin, um ihn aufzuwecken. 12 Da sagten die Jünger zu ihm:
Herr, wenn er schläft, dann wird er gesund werden. 13 Jesus hatte aber
von seinem Tod gesprochen, während sie meinten, er spreche von
dem gewöhnlichen Schlaf. 14 Darauf sagte ihnen Jesus unverhüllt:
Lazarus ist gestorben. 15 Und ich freue mich für euch, daß ich nicht
dort war; denn ich will, daß ihr glaubt. Doch wir wollen zu ihm gehen.
16 Da sagte Thomas, genannt Didymus (Zwilling), zu den anderen Jün-
gern: Dann laßt uns mit ihm gehen, um mit ihm zu sterben.

Die Auferweckung des Lazarus als Zeichen

17 Als Jesus ankam, fand er Lazarus schon vier Tage im Grab liegen.
18 Betanien war nahe bei Jerusalem, etwa fünfzehn Stadien entfernt.
19 Viele Juden waren zu Marta und Maria gekommen, um sie wegen
ihres Bruders zu trösten. 20 Als Marta hörte, daß Jesus komme, ging
sie ihm entgegen, Maria aber blieb im Haus. 21 Marta sagte zu Jesus:
Herr, wärst du hier gewesen, dann wäre mein Bruder nicht gestorben.
22 Aber auch jetzt weiß ich: Alles, worum du Gott bittest, wird Gott dir
geben. 23 Jesus sagte zu ihr: Dein Bruder wird auferstehen. 24 Marta
sagte zu ihm: Ich weiß, daß er auferstehen wird bei der Auferstehung
am Letzten Tag. 25 Jesus erwiderte ihr: Ich bin die Auferstehung und
das Leben. Wer an mich glaubt, wird leben, auch wenn er stirbt, 26 und
jeder, der lebt und an mich glaubt, wird auf ewig nicht sterben.
Glaubst du das? 27 Marta antwortete ihm: Ja, Herr, ich glaube, daß du
der Messias bist, der Sohn Gottes, der in die Welt kommen soll.
28 Nach diesen Worten ging sie weg, rief heimlich ihre Schwester
Maria und sagte zu ihr: Der Meister ist da und läßt dich rufen. 29 Als
Maria das hörte, stand sie sofort auf und ging zu ihm. 30 Denn Jesus
war noch nicht in das Dorf gekommen; er war noch dort, wo ihn
Marta getroffen hatte. 31 Die Juden, die bei Maria im Haus waren und
sie trösteten, sahen, daß sie plötzlich aufstand und hinausging. Da
folgten sie ihr, weil sie meinten, sie gehe zum Grab, um dort zu wei-
nen. 32 Als Maria dorthin kam, wo Jesus war, und ihn sah, fiel sie ihm
zu Füßen und sagte zu ihm: Herr, wärst du hier gewesen, dann wäre
mein Bruder nicht gestorben. 33 Als Jesus sah, wie sie weinte und wie
auch die Juden weinten, die mit ihr gekommen waren, war er im
Innersten erregt und erschüttert. 34 Er sagte: Wo habt ihr ihn bestattet?
Sie antworteten ihm: Herr, komm und sieh! 35 Da weinte Jesus. 36 Die
Juden sagten: Seht, wie lieb er ihn hatte! 37 Einige aber sagten: Wenn er
dem Blinden die Augen geöffnet hat, hätte er dann nicht auch verhin-
dern können, daß dieser hier starb? 38 Da wurde Jesus wiederum
innerlich erregt, und er ging zum Grab. Es war eine Höhle, die mit
einem Stein verschlossen war.
39 Jesus sagte: Nehmt den Stein weg! Marta, die Schwester des Ver-
storbenen, entgegnete ihm: Herr, er riecht aber schon, denn es ist
bereits der vierte Tag. 40 Jesus sagte zu ihr: Habe ich dir nicht gesagt:
Wenn du glaubst, wirst du die Herrlichkeit Gottes sehen? 41 Da nah-
men sie den Stein weg. Jesus aber erhob seine Augen und sprach:
Vater, ich danke dir, daß du mich erhört hast. 42 Ich wußte, daß du
mich immer erhörst; aber wegen der Menge, die um mich herum
steht, habe ich es gesagt; denn sie sollen glauben, daß du mich
gesandt hast. 43 Nachdem er dies gesagt hatte, rief er mit lauter
Stimme: Lazarus, komm heraus! 44 Da kam der Verstorbene heraus;
seine Füße und Hände waren mit Binden umwickelt, und sein Gesicht
war mit einem Schweißtuch verhüllt. Jesus sagte zu ihnen: Löst ihm
die Binden, und laßt ihn weggehen!

Der Tötungsbeschluß des Hohen Rates –
Das prophetische Wort des Hohenpriesters

45 Viele der Juden, die zu Maria gekommen waren und gesehen hatten,
was Jesus getan hatte, kamen zum Glauben an ihn. 46 Aber einige von
ihnen gingen zu den Pharisäern und berichteten ihnen, was er getan
hatte. 47 Da beriefen die Hohenpriester und die Pharisäer eine Ver-
sammlung des Hohen Rates ein. Sie sagten: Was sollen wir tun? Die-
ser Mensch tut viele Zeichen. 48 Wenn wir ihn gewähren lassen, wer-
den alle an ihn glauben. Dann werden die Römer kommen und uns die
heilige Stätte und das Volk nehmen. 49 Einer von ihnen, Kajaphas, der
Hohepriester jenes Jahres, sagte zu ihnen: Ihr versteht überhaupt
nichts. 50 Ihr bedenkt nicht, daß es besser für euch ist, wenn ein einzi-
ger Mensch für das Volk stirbt, als wenn das ganze Volk zugrunde
geht. 51 Das sagte er nicht aus sich selbst; sondern weil er der Hohe-
priester jenes Jahres war, sagte er aus prophetischer Eingebung, daß
Jesus für das Volk sterben werde. 52 Aber er sollte nicht nur für das
Volk sterben, sondern auch, um die versprengten Kinder Gottes wie-
der zu sammeln. 53 Von diesem Tag an waren sie entschlossen, ihn zu
töten.

Erneute Flucht Jesu

54 Jesus bewegte sich von nun an nicht mehr öffentlich unter den
Juden, sondern zog sich von dort in die Gegend nahe der Wüste
zurück, an einen Ort namens Efraim. Dort blieb er mit seinen Jüngern.
55 Das Paschafest der Juden war nahe, und viele zogen schon vor dem
Paschafest aus dem ganzen Land nach Jerusalem hinauf, um sich zu
heiligen. 56 Sie fragten nach Jesus und sagten zueinander, während sie
im Tempel zusammenstanden: Was meint ihr? Er wird wohl kaum
zum Fest kommen. 57 Die Hohenpriester und die Pharisäer hatten
nämlich, um ihn festnehmen zu können, angeordnet: Wenn jemand
weiß, wo er sich aufhält, soll er es melden.

Alfred Hrdlicka
Studie zu Lazarus
(1979)
»Nachdem er dies gesagt hatte, rief er mit lauter Stimme: Lazarus, komm heraus!« (Joh 11,43). Wenn wir versuchen, Alfred Hrdlickas Zeichnung (Kohle über Rötel) mit dem Bericht des Johannes in Deckung zu bringen, zeigt sich eine provozierende Verlagerung der Gewichte: Nur als vager Umriß erscheint die Profilansicht Jesu, mit geöffnetem Mund, über Lazarus, der sich in seinem Grab aufrichtet. In der dominierenden Gestalt links erkennen wir Marta, die Schwester des Lazarus. Ihr Gesicht ist in schwarze Trauer gehüllt: Noch ist sie davon überzeugt, daß Jesus ihrem Bruder die Hilfe versagt hat. Dagegen ist es die Schwester Maria, die das Wunder der Auferweckung gläubig wahrnimmt.

Jesus auf dem Weg zum letzten Osterfest in Jerusalem

Die Salbung in Betanien

12 Sechs Tage vor dem Paschafest kam Jesus nach Betanien,
wo Lazarus war, den er von den Toten auferweckt hatte.
2 Dort bereiteten sie ihm ein Mahl; Marta bediente, und Lazarus war
unter denen, die mit Jesus bei Tisch waren. 3 Da nahm Maria ein Pfund
echtes, kostbares Nardenöl, salbte Jesus die Füße und trocknete sie
mit ihrem Haar. Das Haus wurde vom Duft des Öls erfüllt. 4 Doch
einer von seinen Jüngern, Judas Iskariot, der ihn später verriet, sagte:
5 Warum hat man dieses Öl nicht für dreihundert Denare verkauft und
den Erlös den Armen gegeben? 6 Das sagte er aber nicht, weil er ein
Herz für die Armen gehabt hätte, sondern weil er ein Dieb war; er
hatte nämlich die Kasse und veruntreute die Einkünfte. 7 Jesus erwi-
derte: Laß sie, damit sie es für den Tag meines Begräbnisses tue. 8 Die
Armen habt ihr immer bei euch, mich aber habt ihr nicht immer bei
euch.
9 Viele Juden hatten erfahren, daß Jesus dort war, und sie kamen,
jedoch nicht nur um Jesu willen, sondern auch um Lazarus zu sehen,
den er von den Toten auferweckt hatte. 10 Die Hohenpriester aber
beschlossen, auch Lazarus zu töten, 11 weil viele Juden seinetwegen
hingingen und an Jesus glaubten.

Der Einzug in Jerusalem

12 Am Tag darauf hörte die Volksmenge, die sich zum Fest eingefun-
den hatte, Jesus komme nach Jerusalem. 13 Da nahmen sie Palm-
zweige, zogen hinaus, um ihn zu empfangen, und riefen: *Hosanna! /
Gesegnet sei er, der kommt im Namen des Herrn,* / der König Israels!
14 Jesus fand einen jungen Esel und setzte sich darauf – wie es in der
Schrift heißt: 15 *Fürchte dich nicht, Tochter Zion! Siehe, dein König kommt; er
sitzt auf dem Fohlen einer Eselin.* 16 Das alles verstanden seine Jünger
zunächst nicht; als Jesus aber verherrlicht war, da wurde ihnen
bewußt, daß es so über ihn in der Schrift stand und daß man so an
ihm gehandelt hatte. 17 Die Leute, die bei Jesus gewesen waren, als er
Lazarus aus dem Grab rief und von den Toten auferweckte, legten
Zeugnis für ihn ab. 18 Eben deshalb war die Menge ihm entgegengezo-
gen: weil sie gehört hatte, er habe dieses Zeichen getan. 19 Die Pha-
risäer aber sagten zueinander: Ihr seht, daß ihr nichts ausrichtet; alle
Welt läuft ihm nach.

Die letzte öffentliche Rede Jesu – Die Stunde der Entscheidung

20 Auch einige Griechen waren anwesend – sie gehörten zu den Pil-
gern, die beim Fest Gott anbeten wollten. 21 Sie traten an Philippus
heran, der aus Betsaida in Galiläa stammte, und sagten zu ihm: Herr,
wir möchten Jesus sehen. 22 Philippus ging und sagte es Andreas;
Andreas und Philippus gingen und sagten es Jesus. 23 Jesus aber ant-
wortete ihnen: Die Stunde ist gekommen, daß der Menschensohn ver-
herrlicht wird. 24 Amen, amen, ich sage euch: Wenn das Weizenkorn
nicht in die Erde fällt und stirbt, bleibt es allein; wenn es aber stirbt,
bringt es reiche Frucht. 25 Wer an seinem Leben hängt, verliert es; wer
aber sein Leben in dieser Welt gering achtet, wird es bewahren bis ins
ewige Leben. 26 Wenn einer mir dienen will, folge er mir nach; und wo
ich bin, dort wird auch mein Diener sein. Wenn einer mir dient, wird
der Vater ihn ehren.
27 Jetzt ist meine Seele erschüttert. Was soll ich sagen: Vater, rette
mich aus dieser Stunde? Aber deshalb bin ich in diese Stunde gekom-
men. 28 Vater, verherrliche deinen Namen! Da kam eine Stimme vom
Himmel: Ich habe ihn schon verherrlicht und werde ihn wieder ver-
herrlichen. 29 Die Menge, die dabeistand und das hörte, sagte: Es hat
gedonnert. Andere sagten: Ein Engel hat zu ihm geredet. 30 Jesus ant-
wortete und sagte: Nicht mir galt diese Stimme, sondern euch. 31 Jetzt
wird Gericht gehalten über diese Welt; jetzt wird der Herrscher dieser
Welt hinausgeworfen werden. 32 Und ich, wenn ich über die Erde
erhöht bin, werde alle zu mir ziehen. 33 Das sagte er, um anzudeuten,
auf welche Weise er sterben werde. 34 Die Menge jedoch hielt ihm ent-
gegen: Wir haben aus dem Gesetz gehört, daß der Messias bis in
Ewigkeit bleiben wird. Wie kannst du sagen, der Menschensohn
müsse erhöht werden? Wer ist dieser Menschensohn? 35 Da sagte
Jesus zu ihnen: Nur noch kurze Zeit ist das Licht bei euch. Geht euren
Weg, solange ihr das Licht habt, damit euch nicht die Finsternis über-
rascht. Wer in der Finsternis geht, weiß nicht, wohin er gerät.
36 Solange ihr das Licht bei euch habt, glaubt an das Licht, damit ihr
Söhne des Lichts werdet. Dies sagte Jesus. Und er ging fort und ver-
barg sich vor ihnen.

Jesu Urteil über den Unglauben der Juden

37 Obwohl Jesus so viele Zeichen vor ihren Augen getan hatte, glaubten
sie nicht an ihn. 38 So sollte sich das Wort erfüllen, das der Prophet
Jesaja gesprochen hat: *Herr, wer hat unserer Botschaft geglaubt? Und der
Arm des Herrn – wem wurde* seine Macht *offenbar?* 39 Denn sie konnten
nicht glauben, weil Jesaja an einer anderen Stelle gesagt hat:
40 *Er hat ihre Augen blind gemacht und ihr Herz hart, damit sie mit ihren Augen
nicht sehen und mit ihrem Herzen nicht zur Einsicht kommen, damit sie sich nicht
bekehren und ich sie nicht heile.* 41 Das sagte Jesaja, weil er Jesu Herrlichkeit
gesehen hatte; über ihn nämlich hat er gesprochen. 42 Dennoch
kamen sogar von den führenden Männern viele zum Glauben an ihn;
aber wegen der Pharisäer bekannten sie es nicht offen, um nicht aus
der Synagoge ausgestoßen zu werden. 43 Denn sie liebten das Anse-
hen bei den Menschen mehr als das Ansehen bei Gott.

Aufforderung zur Entscheidung zwischen Glauben und Unglauben

44 Jesus aber rief aus: Wer an mich glaubt, glaubt nicht an mich, son-
dern an den, der micht gesandt hat, 45 und wer mich sieht, sieht den,
der mich gesandt hat. 46 Ich bin das Licht, das in die Welt gekommen
ist, damit jeder, der an mich glaubt, nicht in der Finsternis bleibt.
47 Wer meine Worte nur hört und sie nicht befolgt, den richte nicht ich;
denn ich bin nicht gekommen, um die Welt zu richten, sondern um sie
zu retten. 48 Wer mich verachtet und meine Worte nicht annimmt, der
hat schon seinen Richter: Das Wort, das ich gesprochen habe, wird
ihn richten am Letzten Tag. 49 Denn was ich gesagt habe, habe ich
nicht aus mir selbst, sondern der Vater, der mich gesandt hat, hat mir
aufgetragen, was ich sagen und reden soll. 50 Und ich weiß, daß sein
Auftrag ewiges Leben ist. Was ich also sage, sage ich so, wie es mir der
Vater gesagt hat.

Der Abschied Jesu von seinen Jüngern

Das Abschiedsmahl

Die Fußwaschung

13 Es war vor dem Paschafest. Jesus wußte, daß seine Stunde
gekommen war, um aus dieser Welt zum Vater hinüberzuge-
hen. Da er die Seinen, die in der Welt waren, liebte, erwies er ihnen
seine Liebe bis zur Vollendung. 2 Es fand ein Mahl statt, und der Teufel
hatte Judas, dem Sohn des Simon Iskariot, schon ins Herz gegeben,
ihn zu verraten und auszuliefern. 3 Jesus, der wußte, daß ihm der Vater
alles in die Hand gegeben hatte und daß er von Gott gekommen war
und zu Gott zurückkehrte, 4 stand vom Mahl auf, legte sein Gewand
ab und umgürtete sich mit einem Leinentuch. 5 Dann goß er Wasser in
eine Schüssel und begann, den Jüngern die Füße zu waschen und mit
dem Leinentuch abzutrocknen, mit dem er umgürtet war. 6 Als er zu
Simon Petrus kam, sagte dieser zu ihm: Du, Herr, willst mir die Füße
waschen? 7 Jesus antwortete ihm: Was ich tue, verstehst du jetzt noch
nicht; doch später wirst du es begreifen. 8 Petrus entgegnete ihm: Nie-
mals sollst du mir die Füße waschen! Jesus erwiderte ihm: Wenn ich
dich nicht wasche, hast du keinen Anteil an mir. 9 Da sagte Simon
Petrus zu ihm: Herr, dann nicht nur meine Füße, sondern auch die

Hände und das Haupt. 10 Jesus sagte zu ihm: Wer vom Bad kommt, ist
ganz rein und braucht sich nur noch die Füße zu waschen. Auch ihr
seid rein, aber nicht alle. 11 Er wußte nämlich, wer ihn verraten würde;
darum sagte er: Ihr seid nicht alle rein.
12 Als er ihnen die Füße gewaschen, sein Gewand wieder angelegt und
Platz genommen hatte, sagte er zu ihnen: Begreift ihr, was ich an euch
getan habe? 13 Ihr sagt zu mir Meister und Herr, und ihr nennt mich
mit Recht so; denn ich bin es. 14 Wenn nun ich, der Herr und Meister,
euch die Füße gewaschen habe, dann müßt auch ihr einander die
Füße waschen. 15 Ich habe euch ein Beispiel gegeben, damit auch ihr
so handelt, wie ich an euch gehandelt habe. 16 Amen, amen, ich sage
euch: Der Sklave ist nicht größer als sein Herr, und der Abgesandte ist
nicht größer als der, der ihn gesandt hat. 17 Selig seid ihr, wenn ihr das
wißt und danach handelt. 18 Ich sage das nicht von euch allen. Ich
weiß wohl, welche ich erwählt habe, aber das Schriftwort muß sich
erfüllen: *Einer, der mein Brot aß, hat mich hintergangen.* 19 Ich sage es euch
schon jetzt, ehe es geschieht, damit ihr, wenn es geschehen ist, glaubt:
Ich bin es. 20 Amen, amen, ich sage euch: Wer einen aufnimmt, den
ich sende, nimmt mich auf; wer aber mich aufnimmt, nimmt den auf,
der mich gesandt hat.

Jesu Hinweis auf den Verräter

21 Nach diesen Worten war Jesus im Innersten erschüttert und bekräf-
tigte: Amen, amen, das sage ich euch: Einer von euch wird mich verra-
ten. 22 Die Jünger blickten sich ratlos an, weil sie nicht wußten, wen er
meinte. 23 Einer von den Jüngern lag an der Seite Jesu; es war der, den
Jesus liebte. 24 Simon Petrus nickte ihm zu, er solle fragen, von wem
Jesus spreche. 25 Da lehnte sich dieser zurück an die Brust Jesu und
fragte ihn: Herr, wer ist es? 26 Jesus antwortete: Der ist es, dem ich den
Bissen Brot, den ich eintauche, geben werde. Dann tauchte er das Brot
ein, nahm es und gab es Judas, dem Sohn des Simon Iskariot. 27 Als
Judas den Bissen Brot genommen hatte, fuhr der Satan in ihn. Jesus
sagte zu ihm: Was du tun willst, das tu bald! 28 Aber keiner der Anwe-
senden verstand, warum er ihm das sagte. 29 Weil Judas die Kasse
hatte, meinten einige, Jesus wolle ihm sagen: Kaufe, was wir zum Fest
brauchen!, oder Jesus trage ihm auf, den Armen etwas zu geben. 30 Als
Judas den Bissen Brot genommen hatte, ging er sofort hinaus. Es war
aber Nacht.

Das neue Gebot

31 Als Judas hinausgegangen war, sagte Jesus: Jetzt ist der Menschen-
sohn verherrlicht, und Gott ist in ihm verherrlicht. 32 Wenn Gott in
ihm verherrlicht ist, wird auch Gott ihn in sich verherrlichen, und er
wird ihn bald verherrlichen. 33 Meine Kinder, ich bin nur noch kurze
Zeit bei euch. Ihr werdet mich suchen, und was ich den Juden gesagt
habe, sage ich jetzt auch euch: Wohin ich gehe, dorthin könnt ihr
nicht gelangen. 34 Ein neues Gebot gebe ich euch: Liebt einander! Wie
ich euch geliebt habe, so sollt auch ihr einander lieben. 35 Daran wer-
den alle erkennen, daß ihr meine Jünger seid: wenn ihr einander liebt.

Jesu Wort an Petrus

36 Simon Petrus sagte zu ihm: Herr, wohin willst du gehen? Jesus ant-
wortete: Wohin ich gehe, dorthin kannst du mir jetzt nicht folgen. Du
wirst mir aber später folgen. 37 Petrus sagte zu ihm: Herr, warum kann
ich dir jetzt nicht folgen? Mein Leben will ich für dich hingeben.
38 Jesus entgegnete: Du willst für mich dein Leben hingeben? Amen,
amen, das sage ich dir: Noch bevor der Hahn kräht, wirst du mich
dreimal verleugnen.

Das Gespräch über den Weg zum Vater

14 Euer Herz lasse sich nicht verwirren. Glaubt an Gott, und
glaubt an mich! 2 Im Haus meines Vaters gibt es viele Woh-
nungen. Wenn es nicht so wäre, hätte ich euch dann gesagt: Ich gehe,
um einen Platz für euch vorzubereiten? 3 Wenn ich gegangen bin und
einen Platz für euch vorbereitet habe, komme ich wieder und werde
euch zu mir holen, damit auch ihr dort seid, wo ich bin. 4 Und wohin
ich gehe – den Weg dorthin kennt ihr. 5 Thomas sagte zu ihm: Herr,
wir wissen nicht, wohin du gehst. Wie sollen wir dann den Weg ken-
nen? 6 Jesus sagte zu ihm: Ich bin der Weg und die Wahrheit und das
Leben; niemand kommt zum Vater außer durch mich. 7 Wenn ihr
mich erkannt habt, werdet ihr auch meinen Vater erkennen. Schon
jetzt kennt ihr ihn und habt ihn gesehen. 8 Philippus sagte zu ihm:
Herr, zeig uns den Vater; das genügt uns. 9 Jesus antwortete ihm:
Schon so lange bin ich bei euch, und du hast mich nicht erkannt, Phi-
lippus? Wer mich gesehen hat, hat den Vater gesehen. Wie kannst du
sagen: Zeig uns den Vater? 10 Glaubst du nicht, daß ich im Vater bin
und daß der Vater in mir ist? Die Worte, die ich zu euch sage, habe ich
nicht aus mir selbst. Der Vater, der in mir bleibt, vollbringt seine
Werke. 11 Glaubt mir doch, daß ich im Vater bin und daß der Vater in
mir ist; wenn nicht, glaubt wenigstens aufgrund der Werke! 12 Amen,
amen, ich sage euch: Wer an mich glaubt, wird die Werke, die ich voll-
bringe, auch vollbringen, und er wird noch größere vollbringen, denn
ich gehe zum Vater. 13 Alles, um was ihr in meinem Namen bittet,
werde ich tun, damit der Vater im Sohn verherrlicht wird. 14 Wenn ihr
mich um etwas in meinem Namen bittet, werde ich es tun.

Trostworte an die Jünger

15 Wenn ihr mich liebt, werdet ihr meine Gebote halten. 16 Und ich
werde den Vater bitten, und er wird euch einen anderen Beistand
geben, der für immer bei euch bleiben soll. 17 Es ist der Geist der
Wahrheit, den die Welt nicht empfangen kann, weil sie ihn nicht sieht
und nicht kennt. Ihr aber kennt ihn, weil er bei euch bleibt und in
euch sein wird. 18 Ich werde euch nicht als Waisen zurücklassen, son-
dern ich komme wieder zu euch. 19 Nur noch kurze Zeit, und die Welt
sieht mich nicht mehr; ihr aber seht mich, weil ich lebe und weil auch
ihr leben werdet. 20 An jenem Tag werdet ihr erkennen: Ich bin in mei-
nem Vater, ihr seid in mir und ich bin in euch. 21 Wer meine Gebote hat
und sie hält, der ist es, der mich liebt; wer mich aber liebt, wird von
meinem Vater geliebt werden und auch ich werde ihn lieben und mich
ihm offenbaren. 22 Judas – nicht der Judas Iskariot – fragte ihn: Herr,
warum willst du dich nur uns offenbaren und nicht der Welt? 23 Jesus
antwortete ihm: Wenn jemand mich liebt, wird er an meinem Wort
festhalten; mein Vater wird ihn lieben, und wir werden zu ihm kom-
men und bei ihm wohnen. 24 Wer mich nicht liebt, hält an meinen
Worten nicht fest. Und das Wort, das ihr hört, stammt nicht von mir,
sondern vom Vater, der mich gesandt hat.
25 Das habe ich zu euch gesagt, während ich noch bei euch bin. 26 Der
Beistand aber, der Heilige Geist, den der Vater in meinem Namen sen-
den wird, der wird euch alles lehren und euch an alles erinnern, was
ich euch gesagt habe. 27 Frieden hinterlasse ich euch, meinen Frieden
gebe ich euch; nicht einen Frieden, wie die Welt ihn gibt, gebe ich
euch. Euer Herz beunruhige sich nicht und verzage nicht. 28 Ihr habt
gehört, daß ich zu euch sagte: Ich gehe fort und komme wieder zu
euch zurück. Wenn ihr mich lieb hättet, würdet ihr euch freuen, daß
ich zum Vater gehe; denn der Vater ist größer als ich. 29 Jetzt schon
habe ich es euch gesagt, bevor es geschieht, damit ihr, wenn es
geschieht, zum Glauben kommt. 30 Ich werde nicht mehr viel zu euch
sagen; denn es kommt der Herrscher der Welt. Über mich hat er keine
Macht, 31 aber die Welt soll erkennen, daß ich den Vater liebe und so
handle, wie es mir der Vater aufgetragen hat. Steht auf, wir wollen
weggehen von hier.

Weitere Reden Jesu zu seinen Jüngern

Die Bildrede vom Fruchtbringen

15 Ich bin der wahre Weinstock, und mein Vater ist der Winzer.
2 Jede Rebe an mir, die keine Frucht bringt, schneidet er ab,
und jede Rebe, die Frucht bringt, reinigt er, damit sie mehr Frucht
bringt. 3 Ihr seid schon rein durch das Wort, das ich zu euch gesagt

habe. 4 Bleibt in mir, dann bleibe ich in euch. Wie die Rebe aus sich
keine Frucht bringen kann, sondern nur, wenn sie am Weinstock
bleibt, so könnt auch ihr keine Frucht bringen, wenn ihr nicht in mir
bleibt. 5 Ich bin der Weinstock, ihr seid die Reben. Wer in mir bleibt
und in wem ich bleibe, der bringt reiche Frucht; denn getrennt von mir
könnt ihr nichts vollbringen. 6 Wer nicht in mir bleibt, wird wie die
Rebe weggeworfen, und er verdorrt. Man sammelt die Reben, wirft sie
ins Feuer, und sie verbrennen. 7 Wenn ihr in mir bleibt und wenn
meine Worte in euch bleiben, dann bittet um alles, was ihr wollt: Ihr
werdet es erhalten. 8 Mein Vater wird dadurch verherrlicht, daß ihr rei-
che Frucht bringt und meine Jünger werdet.
9 Wie mich der Vater geliebt hat, so habe auch ich euch geliebt. Bleibt
in meiner Liebe! 10 Wenn ihr meine Gebote haltet, werdet ihr in meiner
Liebe bleiben, so wie ich die Gebote meines Vaters gehalten habe und
in seiner Liebe bleibe. 11 Dies habe ich euch gesagt, damit meine
Freude in euch ist und damit eure Freude vollkommen wird. 12 Das ist
mein Gebot: Liebt einander, so wie ich euch geliebt habe. 13 Es gibt
keine größere Liebe, als wenn einer sein Leben für seine Freunde hin-
gibt. 14 Ihr seid meine Freunde, wenn ihr tut, was ich euch auftrage.
15 Ich nenne euch nicht mehr Knechte; denn der Knecht weiß nicht,
was sein Herr tut. Vielmehr habe ich euch Freunde genannt; denn ich
habe euch alles mitgeteilt, was ich von meinem Vater gehört habe.
16 Nicht ihr habt mich erwählt, sondern ich habe euch erwählt und
dazu bestimmt, daß ihr euch aufmacht und Frucht bringt und daß
eure Frucht bleibt. Dann wird euch der Vater alles geben, um was ihr
ihn in meinem Namen bittet. 17 Dies trage ich euch auf: Liebt einander!

Der Haß der Welt gegen die Jünger

18 Wenn die Welt euch haßt, dann wißt, daß sie mich schon vor euch
gehaßt hat. 19 Wenn ihr von der Welt stammen würdet, würde die Welt
euch als ihr Eigentum lieben. Aber weil ihr nicht von der Welt stammt,
sondern weil ich euch aus der Welt erwählt habe, darum haßt euch die
Welt. 20 Denkt an das Wort, das ich euch gesagt habe: Der Sklave ist
nicht größer als sein Herr. Wenn sie mich verfolgt haben, werden sie
auch euch verfolgen; wenn sie an meinem Wort festgehalten haben,
werden sie auch an eurem Wort festhalten. 21 Das alles werden sie euch
um meines Namens willen antun; denn sie kennen den nicht, der mich
gesandt hat. 22 Wenn ich nicht gekommen wäre und nicht zu ihnen
gesprochen hätte, wären sie ohne Sünde; jetzt aber haben sie keine
Entschuldigung für ihre Sünde. 23 Wer mich haßt, haßt auch meinen
Vater. 24 Wenn ich bei ihnen nicht die Werke vollbracht hätte, die kein
anderer vollbracht hat, wären sie ohne Sünde. Jetzt aber haben sie (die
Werke) gesehen, und doch hassen sie mich und meinen Vater. 25 Aber
das Wort sollte sich erfüllen, das in ihrem Gesetz steht: *Ohne Grund
haben sie mich gehaßt.* 26 Wenn aber der Beistand kommt, den ich euch
vom Vater aus senden werde, der Geist der Wahrheit, der vom Vater
ausgeht, dann wird er Zeugnis für mich ablegen. 27 Und auch ihr sollt
Zeugnis ablegen, weil ihr von Anfang an bei mir seid.
16 Das habe ich euch gesagt, damit ihr keinen Anstoß nehmt.
2 Sie werden euch aus der Synagoge ausstoßen, ja es kommt
die Stunde, in der jeder, der euch tötet, meint, Gott einen heiligen
Dienst zu leisten. 3 Das werden sie tun, weil sie weder den Vater noch
mich erkannt haben. 4a Ich habe es euch gesagt, damit ihr, wenn deren
Stunde kommt, euch an meine Worte erinnert.

Der Geist als Beistand und Lehrer

4b Das habe ich euch nicht gleich zu Anfang gesagt; denn ich war ja bei
euch. 5 Jetzt aber gehe ich zu dem, der mich gesandt hat, und keiner
von euch fragt mich: Wohin gehst du? 6 Vielmehr ist euer Herz von
Trauer erfüllt, weil ich euch das gesagt habe. 7 Doch ich sage euch die
Wahrheit: Es ist gut für euch, daß ich fortgehe. Denn wenn ich nicht
fortgehe, wird der Beistand nicht zu euch kommen; gehe ich aber, so
werde ich ihn zu euch senden. 8 Und wenn er kommt, wird er die Welt
überführen (und aufdecken), was Sünde, Gerechtigkeit und Gericht
ist; 9 Sünde: daß sie nicht an mich glauben; 10 Gerechtigkeit: daß ich
zum Vater gehe und ihr mich nicht mehr seht; 11 Gericht: daß der
Herrscher dieser Welt gerichtet ist. 12 Noch vieles habe ich euch zu
sagen, aber ihr könnt es jetzt nicht tragen. 13 Wenn aber jener kommt,
der Geist der Wahrheit, wird er euch in die ganze Wahrheit führen.
Denn er wird nicht aus sich selbst heraus reden, sondern er wird
sagen, was er hört, und euch verkünden, was kommen wird. 14 Er wird
mich verherrlichen; denn er wird von dem, was mein ist, nehmen und
es euch verkünden. 15 Alles, was der Vater hat, ist mein; darum habe
ich gesagt: Er nimmt von dem, was mein ist, und wird es euch ver-
künden.

Der Schmerz der Trennung – Die Freude des Wiedersehens

16 Noch kurze Zeit, dann seht ihr mich nicht mehr, und wieder eine
kurze Zeit, dann werdet ihr mich sehen. 17 Da sagten einige von seinen
Jüngern zueinander: Was meint er damit, wenn er zu uns sagt: Noch
kurze Zeit, dann seht ihr mich nicht mehr, und wieder eine kurze Zeit,
dann werdet ihr mich sehen? Und was bedeutet: Ich gehe zum Vater?
18 Sie sagten: Was heißt das: eine kurze Zeit? Wir wissen nicht, wovon
er redet. 19 Jesus erkannte, daß sie ihn fragen wollten, und sagte zu
ihnen: Ihr macht euch Gedanken darüber, daß ich euch gesagt habe:
Noch kurze Zeit, dann seht ihr mich nicht mehr, und wieder eine
kurze Zeit, dann werdet ihr mich sehen. 20 Amen, amen, ich sage euch:
Ihr werdet weinen und klagen, aber die Welt wird sich freuen; ihr wer-
det bekümmert sein, aber euer Kummer wird sich in Freude verwan-
deln. 21 Wenn die Frau gebären soll, ist sie bekümmert, weil ihre
Stunde da ist; aber wenn sie das Kind geboren hat, denkt sie nicht
mehr an ihre Not über der Freude, daß ein Mensch zur Welt gekom-
men ist. 22 So seid auch ihr jetzt bekümmert, aber ich werde euch wie-
dersehen; dann wird euer Herz sich freuen, und niemand nimmt euch
eure Freude.
23 An jenem Tag werdet ihr mich nichts mehr fragen. Amen, amen, ich
sage euch: Was ihr vom Vater erbitten werdet, das wird er euch in mei-
nem Namen geben. 24 Bis jetzt habt ihr noch nichts in meinem Namen
erbeten. Bittet, und ihr werdet empfangen, damit eure Freude voll-
kommen ist.

Bedrängnis und Friede

25 Dies habe ich in verhüllter Rede zu euch gesagt; es kommt die
Stunde, in der ich nicht mehr in verhüllter Rede zu euch spreche, son-
dern euch offen den Vater verkünden werde. 26 An jenem Tag werdet
ihr in meinem Namen bitten, und ich sage nicht, daß ich den Vater für
euch bitten werde; 27 denn der Vater selbst liebt euch, weil ihr mich
geliebt und weil ihr geglaubt habt, daß ich von Gott ausgegangen bin.
28 Vom Vater bin ich ausgegangen und in die Welt gekommen; ich ver-
lasse die Welt wieder und gehe zum Vater.
29 Da sagten seine Jünger: Jetzt redest du offen und sprichst nicht
mehr in Gleichnissen. 30 Jetzt wissen wir, daß du alles weißt und von
niemand gefragt zu werden brauchst. Darum glauben wir, daß du von
Gott gekommen bist. 31 Jesus erwiderte ihnen: Glaubt ihr jetzt? 32 Die
Stunde kommt, und sie ist schon da, in der ihr versprengt werdet,
jeder in sein Haus, und mich werdet ihr allein lassen. Aber ich bin
nicht allein, denn der Vater ist bei mir. 33 Dies habe ich zu euch gesagt,
damit ihr in mir Frieden habt. In der Welt seid ihr in Bedrängnis; aber
habt Mut: Ich habe die Welt besiegt.

Das Abschiedsgebet des Herrn

Jesu Rechenschaft vor dem Vater

17 Dies sagte Jesus. Und er erhob seine Augen zum Himmel
und sprach: Vater, die Stunde ist da. Verherrliche deinen
Sohn, damit der Sohn dich verherrlicht. 2 Denn du hast ihm Macht
über alle Menschen gegeben, damit er allen, die du ihm gegeben hast,
ewiges Leben schenkt. 3 Das ist das ewige Leben: dich, den einzigen
wahren Gott, zu erkennen und Jesus Christus, den du gesandt hast.

4 Ich habe dich auf der Erde verherrlicht und das Werk zu Ende geführt,
das du mir aufgetragen hast. 5 Vater, verherrliche du mich jetzt bei dir
mit der Herrlichkeit, die ich bei dir hatte, bevor die Welt war.
6 Ich habe deinen Namen den Menschen offenbart, die du mir aus der
Welt gegeben hast. Sie gehörten dir, und du hast sie mir gegeben, und
sie haben an deinem Wort festgehalten. 7 Sie haben jetzt erkannt, daß
alles, was du mir gegeben hast, von dir ist. 8 Denn die Worte, die du
mir gegeben hast, gab ich ihnen, und sie haben sie angenommen. Sie
haben wirklich erkannt, daß ich von dir ausgegangen bin, und sie
sind zu dem Glauben gekommen, daß du mich gesandt hast.

Jesu Fürbitte für die Jünger

9 Für sie bitte ich; nicht für die Welt bitte ich, sondern für alle, die du
mir gegeben hast; denn sie gehören dir. 10 Alles, was mein ist, ist dein,
und was dein ist, ist mein; in ihnen bin ich verherrlicht. 11 Ich bin nicht
mehr in der Welt, aber sie sind in der Welt, und ich gehe zu dir. Heili-
ger Vater, bewahre sie in deinem Namen, den du mir gegeben hast,
damit sie eins sind wie wir. 12 Solange ich bei ihnen war, bewahrte ich
sie in deinem Namen, den du mir gegeben hast. Und ich habe sie
behütet, und keiner von ihnen ging verloren, außer dem Sohn des Ver-
derbens, damit sich die Schrift erfüllt. 13 Aber jetzt gehe ich zu dir.
Doch dies rede ich noch in der Welt, damit sie meine Freude in Fülle in
sich haben. 14 Ich habe ihnen dein Wort gegeben, und die Welt hat sie
gehaßt, weil sie nicht von der Welt sind, wie auch ich nicht von der
Welt bin. 15 Ich bitte nicht, daß du sie aus der Welt nimmst, sondern
daß du sie vor dem Bösen bewahrst. 16 Sie sind nicht von der Welt, wie
auch ich nicht von der Welt bin. 17 Heilige sie in der Wahrheit; dein
Wort ist Wahrheit. 18 Wie du mich in die Welt gesandt hast, so habe
auch ich sie in die Welt gesandt. 19 Und ich heilige mich für sie, damit
auch sie in der Wahrheit geheiligt sind.

Jesu Fürbitte für alle Glaubenden

20 Aber ich bitte nicht nur für diese hier, sondern auch für alle, die
durch ihr Wort an mich glauben. 21 Alle sollen eins sein: Wie du, Vater,
in mir bist und ich in dir bin, sollen auch sie in uns sein, damit die
Welt glaubt, daß du mich gesandt hast. 22 Und ich habe ihnen die
Herrlichkeit gegeben, die du mir gegeben hast; denn sie sollen eins
sein, wie wir eins sind, 23 ich in ihnen und du in mir. So sollen sie voll-
endet sein in der Einheit, damit die Welt erkennt, daß du mich gesandt
hast und die Meinen ebenso geliebt hast wie mich. 24 Vater, ich will,
daß alle, die du mir gegeben hast, dort bei mir sind, wo ich bin. Sie
sollen meine Herrlichkeit sehen, die du mir gegeben hast, weil du
mich schon geliebt hast vor der Erschaffung der Welt. 25 Gerechter
Vater, die Welt hat dich nicht erkannt, ich aber habe dich erkannt, und
sie haben erkannt, daß du mich gesandt hast. 26 Ich habe ihnen deinen
Namen bekannt gemacht und werde ihn bekannt machen, damit die
Liebe, mit der du mich geliebt hast, in ihnen ist und damit ich in ihnen
bin.

Die Erhöhung Jesu

Das Leiden Jesu

Die Verhaftung

18 Nach diesen Worten ging Jesus mit seinen Jüngern hinaus,
auf die andere Seite des Baches Kidron. Dort war ein Garten;
in den ging er mit seinen Jüngern hinein. 2 Auch Judas, der Verräter,
der ihn auslieferte, kannte den Ort, weil Jesus dort oft mit seinen Jün-
gern zusammengekommen war. 3 Judas holte die Soldaten und die
Gerichtsdiener der Hohenpriester und der Pharisäer, und sie kamen
dorthin mit Fackeln, Laternen und Waffen. 4 Jesus, der alles wußte,
was mit ihm geschehen sollte, ging hinaus und fragte sie: Wen sucht
ihr? 5 Sie antworteten ihm: Jesus von Nazaret. Er sagte zu ihnen: Ich
bin es. Auch Judas, der Verräter, stand bei ihnen. 6 Als er zu ihnen
sagte: Ich bin es!, wichen sie zurück und stürzten zu Boden. 7 Er fragte
sie noch einmal: Wen sucht ihr? Sie sagten: Jesus von Nazaret. 8 Jesus
antwortete: Ich habe euch gesagt, daß ich es bin. Wenn ihr mich
sucht, dann laßt diese gehen! 9 So sollte sich das Wort erfüllen, das er
gesagt hatte: Ich habe keinen von denen verloren, die du mir gegeben
hast. 10 Simon Petrus aber, der ein Schwert bei sich hatte, zog es,
schlug nach dem Diener des Hohenpriesters und hieb ihm das rechte
Ohr ab; der Diener hieß Malchus. 11 Da sagte Jesus zu Petrus: Steck das
Schwert in die Scheide! Der Kelch, den mir der Vater gegeben hat – soll
ich ihn nicht trinken?

Das Verhör vor Hannas und die Verleugnung durch Petrus

12 Die Soldaten, ihre Befehlshaber und die Gerichtsdiener der Juden
nahmen Jesus fest, fesselten ihn 13 und führten ihn zuerst zu Hannas;
er war nämlich der Schwiegervater des Kajaphas, der in jenem Jahr
Hoherpriester war. 14 Kajaphas aber war es, der den Juden den Rat
gegeben hatte: Es ist besser, daß ein einziger Mensch für das Volk
stirbt.
15 Simon Petrus und ein anderer Jünger folgten Jesus. Dieser Jünger
war mit dem Hohenpriester bekannt und ging mit Jesus in den Hof
des hohepriesterlichen Palastes. 16 Petrus aber blieb draußen am Tor
stehen. Da kam der andere Jünger, der Bekannte des Hohenpriesters,
heraus; er sprach mit der Pförtnerin und führte Petrus hinein. 17 Da
sagte die Pförtnerin zu Petrus: Bist du nicht auch einer von den Jün-
gern dieses Menschen? Er antwortete: Nein. 18 Die Diener und die
Knechte hatten sich ein Kohlenfeuer angezündet und standen dabei,
um sich zu wärmen; denn es war kalt. Auch Petrus stand bei ihnen und
wärmte sich.
19 Der Hohepriester befragte Jesus über seine Jünger und über seine
Lehre. 20 Jesus antwortete ihm: Ich habe offen vor aller Welt gespro-
chen. Ich habe immer in der Synagoge und im Tempel gelehrt, wo alle
Juden zusammenkommen. Nichts habe ich im geheimen gesprochen.
21 Warum fragst du mich? Frag doch die, die mich gehört haben, was
ich zu ihnen gesagt habe; sie wissen, was ich geredet habe. 22 Auf
diese Antwort hin schlug einer von den Knechten, der dabeistand,
Jesus ins Gesicht und sagte: Redest du so mit dem Hohenpriester?
23 Jesus entgegnete ihm: Wenn es nicht recht war, was ich gesagt habe,
dann weise es nach; wenn es aber recht war, warum schlägst du mich?
24 Danach schickte ihn Hannas gefesselt zum Hohenpriester Kaja-
phas.
25 Simon Petrus aber stand (am Feuer) und wärmte sich. Sie sagten zu
ihm: Bist nicht auch du einer von seinen Jüngern? Er leugnete und
sagte: Nein. 26 Einer von den Dienern des Hohenpriesters, ein Ver-
wandter dessen, dem Petrus das Ohr abgehauen hatte, sagte: Habe ich
dich nicht im Garten bei ihm gesehen? 27 Wieder leugnete Petrus, und
gleich darauf krähte ein Hahn.

Das Verhör und die Verurteilung durch Pilatus

28 Von Kajaphas brachten sie Jesus zum Prätorium; es war früh am
Morgen. Sie selbst gingen nicht in das Gebäude hinein, um nicht
unrein zu werden, sondern das Paschalamm essen zu können.
29 Deshalb kam Pilatus zu ihnen heraus und fragte: Welche Anklage
erhebt ihr gegen diesen Menschen? 30 Sie antworteten ihm: Wenn er
kein Übeltäter wäre, hätten wir ihn dir nicht ausgeliefert. 31 Pilatus
sagte zu ihnen: Nehmt ihr ihn doch, und richtet ihn nach eurem
Gesetz! Die Juden antworteten ihm: Uns ist es nicht gestattet, jemand
hinzurichten. 32 So sollte sich das Wort Jesu erfüllen, mit dem er
angedeutet hatte, auf welche Weise er sterben werde. 33 Pilatus ging
wieder in das Prätorium hinein, ließ Jesus rufen und fragte ihn: Bist
du der König der Juden? 34 Jesus antwortete: Sagst du das von dir aus,
oder haben es dir andere über mich gesagt? 35 Pilatus entgegnete:
Bin ich denn ein Jude? Dein eigenes Volk und die Hohenpriester
haben dich an mich ausgeliefert. Was hast du getan? 36 Jesus antwor-

Otto Dix
Die Kreuztragung
(Christus und Veronika)
(1943)
»Er trug sein Kreuz und ging hinaus zur sogenannten Schädelstätte, die auf hebräisch Golgota heißt« (Joh 19,17). Otto Dix nimmt die knappe Notiz im Evangelium nach Johannes zum Anlaß, eine Legende einzubeziehen: die Entstehung des Schweißtuchs der Veronika. In ihrer ursprünglichen Fassung handelt die Erzählung von einer Frau namens Beronike, die von einem Maler ein Bildnis Jesu anfertigen lassen möchte, um ihn auf diese Weise stets bei sich zu haben. Auf dem Weg zum Maler begegnet sie Jesus, und er drückt sein Antlitz in das für den Maler bestimmte Tuch. Dieses Motiv bleibt erhalten, als die Legende um 1300 eine neue Fassung erhält. Nun ist es eine Frau namens Veronika, die Jesus, als er unter der Last des Kreuzes zusammenbricht, das Gesicht trocknet. Das Schweißtuch bewahrt Jesu Antlitz. Die Auffassung dieses Abdrucks als »vera eikon« (wahres, authentisches Bild) hat vermutlich zur Namensbildung »Veronika« geführt. Was veranlaßte Otto Dix, diese Legende zu schildern? Sie bot ihm Gelegenheit zu gesteigerter Polarisierung: Mit erbarmungsloser Gewalt zerrt ein Kerl an Jesu Schulter, während sich die Engelsgestalt der Veronika dem Gepeinigten dienend zuneigt. Den Mittelgrund füllt eine dunkle Mauer des Schweigens. Am linken Bildrand fügte Dix in der Tradition synchroner Bilderzählungen die »Ecce homo«-Szene der Verhandlung vor Pilatus ein (Joh 19,5).

tete: Mein Königtum ist nicht von dieser Welt. Wenn es von dieser
Welt wäre, würden meine Leute kämpfen, damit ich den Juden nicht
ausgeliefert würde. Aber mein Königtum ist nicht von hier. 37 Pilatus
sagte zu ihm: Also bist du doch ein König? Jesus antwortete: Du sagst
es, ich bin ein König. Ich bin dazu geboren und dazu in die Welt
gekommen, daß ich für die Wahrheit Zeugnis ablege. Jeder, der aus
der Wahrheit ist, hört auf meine Stimme. 38 Pilatus sagte zu ihm: Was
ist Wahrheit?
Nachdem er das gesagt hatte, ging er wieder zu den Juden hinaus und
sagte zu ihnen: Ich finde keinen Grund, ihn zu verurteilen. 39 Ihr seid
gewohnt, daß ich euch am Paschafest einen Gefangenen freilasse.
Wollt ihr also, daß ich euch den König der Juden freilasse? 40 Da
schrien sie wieder: Nicht diesen, sondern Barabbas! Barabbas aber
war ein Straßenräuber.

19 Darauf ließ Pilatus Jesus geißeln. 2 Die Soldaten flochten
einen Kranz aus Dornen; den setzten sie ihm auf und legten
ihm einen purpurroten Mantel um. 3 Sie stellten sich vor ihn hin und
sagten: Heil dir, König der Juden! Und sie schlugen ihm ins Gesicht.
4 Pilatus ging wieder hinaus und sagte zu ihnen: Seht, ich bringe ihn
zu euch heraus; ihr sollt wissen, daß ich keinen Grund finde, ihn zu
verurteilen. 5 Jesus kam heraus; er trug die Dornenkrone und den pur-
purroten Mantel. Pilatus sagte zu ihnen: Seht, da ist der Mensch! 6 Als
die Hohenpriester und ihre Diener ihn sahen, schrien sie: Ans Kreuz mit
ihm, ans Kreuz mit ihm! Pilatus sagte zu ihnen: Nehmt ihr ihn, und

kreuzigt ihn! Denn ich finde keinen Grund, ihn zu verurteilen. 7 Die
Juden entgegneten ihm: Wir haben ein Gesetz, und nach diesem
Gesetz muß er sterben, weil er sich als Sohn Gottes ausgegeben hat.
8 Als Pilatus das hörte, wurde er noch ängstlicher. 9 Er ging wieder in
das Prätorium hinein und fragte Jesus: Woher stammst du? Jesus aber
gab ihm keine Antwort. 10 Da sagte Pilatus zu ihm: Du sprichst nicht
mit mir? Weißt du nicht, daß ich Macht habe, dich freizulassen, und
Macht, dich zu kreuzigen? 11 Jesus antwortete: Du hättest keine Macht
über mich, wenn es dir nicht von oben gegeben wäre; darum liegt
größere Schuld bei dem, der mich dir ausgeliefert hat. 12 Daraufhin
wollte Pilatus ihn freilassen, aber die Juden schrien: Wenn du ihn
freiläßt, bist du kein Freund des Kaisers; jeder, der sich als König aus-
gibt, lehnt sich gegen den Kaiser auf. 13 Auf diese Worte hin ließ Pila-
tus Jesus herausführen, und er setzte sich auf den Richterstuhl an dem
Platz, der Lithostrotos, auf hebräisch Gabbata, heißt. 14 Es war am
Rüsttag des Paschafestes, ungefähr um die sechste Stunde. Pilatus
sagte zu den Juden: Da ist euer König! 15 Sie aber schrien: Weg mit
ihm, kreuzige ihn! Pilatus aber sagte zu ihnen: Euren König soll ich
kreuzigen? Die Hohenpriester antworteten: Wir haben keinen König
außer dem Kaiser. 16a Da lieferte er ihnen Jesus aus, damit er gekreu-
zigt würde.

Die Hinrichtung Jesu

16b Sie übernahmen Jesus. 17 Er trug sein Kreuz und ging hinaus zur
sogenannten Schädelhöhe, die auf hebräisch Golgota heißt. 18 Dort
kreuzigten sie ihn und mit ihm zwei andere, auf jeder Seite einen, in
der Mitte Jesus. 19 Pilatus ließ auch ein Schild anfertigen und oben am
Kreuz befestigen; die Inschrift lautete: Jesus von Nazaret, der König
der Juden. 20 Dieses Schild lasen viele Juden, weil der Platz, wo Jesus
gekreuzigt wurde, nahe bei der Stadt lag. Die Inschrift war hebräisch,
lateinisch und griechisch abgefaßt. 21 Die Hohenpriester der Juden
sagten zu Pilatus: Schreib nicht: Der König der Juden, sondern daß er
gesagt hat: Ich bin der König der Juden. 22 Pilatus antwortete: Was ich
geschrieben habe, habe ich geschrieben.
23 Nachdem die Soldaten Jesus ans Kreuz geschlagen hatten, nahmen
sie seine Kleider und machten vier Teile daraus, für jeden Soldaten
einen. Sie nahmen auch sein Untergewand, das von oben her ganz
durchgewebt und ohne Naht war. 24 Sie sagten zueinander: Wir wollen
es nicht zerteilen, sondern darum losen, wem es gehören soll. So
sollte sich das Schriftwort erfüllen: *Sie verteilten meine Kleider unter sich
und warfen das Los um mein Gewand.* Dies führten die Soldaten aus.
25 Bei dem Kreuz Jesu standen seine Mutter und die Schwester seiner
Mutter, Maria, die Frau des Klopas, und Maria von Magdala. 26 Als
Jesus seine Mutter sah und bei ihr den Jünger, den er liebte, sagte er zu
seiner Mutter: Frau, siehe, dein Sohn! 27 Dann sagte er zu dem Jünger:
Siehe, deine Mutter! Und von jener Stunde an nahm sie der Jünger zu
sich.
28 Danach, als Jesus wußte, daß nun alles vollbracht war, sagte er,
damit sich die Schrift erfüllte: Mich dürstet. 29 Ein Gefäß mit Essig
stand da. Sie steckten einen Schwamm mit Essig auf einen Ysopzweig
und hielten ihn an seinen Mund. 30 Als Jesus von dem Essig genom-
men hatte, sprach er: Es ist vollbracht! Und er neigte das Haupt und
gab seinen Geist auf.

Die Bestattung des Leichnams

31 Weil Rüsttag war und die Körper während des Sabbats nicht am
Kreuz bleiben sollten, baten die Juden Pilatus, man möge den Gekreu-
zigten die Beine zerschlagen und ihre Leichen dann abnehmen; denn
dieser Sabbat war ein großer Feiertag.
32 Also kamen die Soldaten und zerschlugen dem ersten die Beine,
dann dem andern, der mit ihm gekreuzigt worden war. 33 Als sie aber
zu Jesus kamen und sahen, daß er schon tot war, zerschlugen sie ihm
die Beine nicht, 34 sondern einer der Soldaten stieß mit der Lanze in
seine Seite, und sogleich floß Blut und Wasser heraus. 35 Und der, der
es gesehen hat, hat es bezeugt, und sein Zeugnis ist wahr. Und er
weiß, daß er Wahres berichtet, damit auch ihr glaubt. 36 Denn das ist
geschehen, damit sich das Schriftwort erfüllte: *Man soll an ihm kein
Gebein zerbrechen.* 37 Und ein anderes Schriftwort sagt: *Sie werden auf den
blicken, den sie durchbohrt haben.*
38 Josef aus Arimathäa war ein Jünger Jesu, aber aus Furcht vor den
Juden nur heimlich. Er bat Pilatus, den Leichnam Jesu abnehmen zu
dürfen, und Pilatus erlaubte es. Also kam er und nahm den Leichnam
ab. 39 Es kam auch Nikodemus, der früher einmal Jesus bei Nacht auf-
gesucht hatte. Er brachte eine Mischung aus Myrrhe und Aloe, etwa
hundert Pfund. 40 Sie nahmen den Leichnam Jesu und umwickelten
ihn mit Leinenbinden, zusammen mit den wohlriechenden Salben,
wie es beim jüdischen Begräbnis Sitte ist. 41 An dem Ort, wo man ihn
gekreuzigt hatte, war ein Garten, und in dem Garten war ein neues
Grab, in dem noch niemand bestattet worden war. 42 Wegen des Rüst-
tages der Juden und weil das Grab in der Nähe lag, setzten sie Jesus
dort bei.

Osterberichte

Die Entdeckung des leeren Grabes

20 Am ersten Tag der Woche kam Maria von Magdala
frühmorgens, als es noch dunkel war, zum Grab und sah,
daß der Stein vom Grab weggenommen war. 2 Da lief sie schnell zu
Simon Petrus und dem Jünger, den Jesus liebte, und sagte zu ihnen:
Man hat den Herrn aus dem Grab weggenommen, und wir wissen
nicht, wohin man ihn gelegt hat. 3 Da gingen Petrus und der andere
Jünger hinaus und kamen zum Grab; 4 sie liefen beide zusammen
dorthin, aber weil der andere Jünger schneller war als Petrus, kam er
als erster ans Grab. 5 Er beugte sich vor und sah die Leinenbinden lie-
gen, ging aber nicht hinein. 6 Da kam auch Simon Petrus, der ihm
gefolgt war, und ging in das Grab hinein. Er sah die Leinenbinden lie-
gen 7 und das Schweißtuch, das auf dem Kopf Jesu gelegen hatte; es
lag aber nicht bei den Leinenbinden, sondern zusammengebunden
daneben an einer besonderen Stelle. 8 Da ging auch der andere Jün-
ger, der zuerst an das Grab gekommen war, hinein; er sah und
glaubte. 9 Denn sie wußten noch nicht aus der Schrift, daß er von den
Toten auferstehen mußte. 10 Dann kehrten die Jünger wieder nach
Hause zurück.

Die Erscheinung Jesu vor Maria aus Magdala

11 Maria aber stand draußen vor dem Grab und weinte. Während sie
weinte, beugte sie sich in die Grabkammer hinein. 12 Da sah sie zwei
Engel in weißen Gewändern sitzen, den einen dort, wo der Kopf,
den anderen dort, wo die Füße des Leichnams Jesu gelegen hatten.
13 Die Engel sagten zu ihr: Frau, warum weinst du? Sie antwortete
ihnen: Man hat meinen Herrn weggenommen, und ich weiß nicht,
wohin man ihn gelegt hat. 14 Als sie das gesagt hatte, wandte sie sich
um und sah Jesus dastehen, wußte aber nicht, daß es Jesus war.
15 Jesus sagte zu ihr: Frau, warum weinst du? Wen suchst du? Sie
meinte, es sei der Gärtner, und sagte zu ihm: Herr, wenn du ihn weg-
gebracht hast, sag mir, wohin du ihn gelegt hast. Dann will ich ihn
holen. 16 Jesus sagte zu ihr: Maria! Da wandte sie sich ihm zu und
sagte auf hebräisch zu ihm: Rabbuni!, das heißt: Meister. 17 Jesus
sagte zu ihr: Halte mich nicht fest; denn ich bin noch nicht zum Vater
hinaufgegangen. Geh aber zu meinen Brüdern, und sag ihnen: Ich
gehe hinauf zu meinem Vater und zu eurem Vater, zu meinem Gott
und zu eurem Gott. 18 Maria von Magdala ging zu den Jüngern und
verkündete ihnen: Ich habe den Herrn gesehen. Und sie richtete aus,
was er ihr gesagt hatte.

Die Beauftragung der Jünger

19 Am Abend dieses ersten Tages der Woche, als die Jünger aus Furcht
vor den Juden die Türen verschlossen hatten, kam Jesus, trat in ihre
Mitte und sagte zu ihnen: Friede sei mit euch! 20 Nach diesen Worten

zeigte er ihnen seine Hände und seine Seite. Da freuten sich die Jün-
ger, daß sie den Herrn sahen.
21 Jesus sagte noch einmal zu ihnen:
Friede sei mit euch! Wie mich der Vater gesandt hat, so sende ich euch.
22 Nachdem er das gesagt hatte, hauchte er sie an und sprach zu ihnen:
Empfangt den Heiligen Geist!
23 Wem ihr die Sünden vergebt, dem
sind sie vergeben; wem ihr die Vergebung verweigert, dem ist sie ver-
weigert.

Jesus und Thomas

24 Thomas, genannt Didymus (Zwilling), einer der Zwölf, war nicht
bei ihnen, als Jesus kam.
25 Die anderen Jünger sagten zu ihm: Wir
haben den Herrn gesehen. Er entgegnete ihnen: Wenn ich nicht die
Male der Nägel an seinen Händen sehe und wenn ich meinen Finger
nicht in die Male der Nägel und meine Hand nicht in seine Seite lege,
glaube ich nicht.
26 Acht Tage darauf waren seine Jünger wieder ver-
sammelt, und Thomas war dabei. Die Türen waren verschlossen. Da
kam Jesus, trat in ihre Mitte und sagte: Friede sei mit euch!
27 Dann
sagte er zu Thomas: Streck deinen Finger aus – hier sind meine
Hände! Streck deine Hand aus und leg sie in meine Seite, und sei nicht
ungläubig, sondern gläubig!
28 Thomas antwortete ihm: Mein Herr
und mein Gott!
29 Jesus sagte zu ihm: Weil du mich gesehen hast,
glaubst du. Selig sind, die nicht sehen und doch glauben.

Der Epilog

30 Noch viele andere Zeichen, die in diesem Buch nicht aufgeschrieben
sind, hat Jesus vor den Augen seiner Jünger getan.
31 Diese aber sind
aufgeschrieben, damit ihr glaubt, daß Jesus der Messias ist, der Sohn
Gottes, und damit ihr durch den Glauben das Leben habt in seinem
Namen.

Nachtrag zum Evangelium

Die Erscheinung des Auferstandenen am See

21 Danach offenbarte sich Jesus den Jüngern noch einmal. Es
war am See von Tiberias, und er offenbarte sich in folgen-
der Weise.
2 Simon Petrus, Thomas, genannt Didymus (Zwilling),
Natanaël aus Kana in Galiläa, die Söhne des Zebedäus und zwei
andere von seinen Jüngern waren zusammen.
3 Simon Petrus sagte zu
ihnen: Ich gehe fischen. Sie sagten zu ihm: Wir kommen auch mit.
Sie gingen hinaus und stiegen in das Boot. Aber in dieser Nacht fin-
gen sie nichts.
4 Als es schon Morgen wurde, stand Jesus am Ufer.
Doch die Jünger wußten nicht, daß es Jesus war.
5 Jesus sagte zu
ihnen: Meine Kinder, habt ihr nicht etwas zu essen? Sie antworteten
ihm: Nein.
6 Er aber sagte zu ihnen: Werft das Netz auf der rechten
Seite des Bootes aus, und ihr werdet etwas fangen. Sie warfen das
Netz aus und konnten es nicht wieder einholen, so voller Fische war
es.
7 Da sagte der Jünger, den Jesus liebte, zu Petrus: Es ist der Herr!
Als Simon Petrus hörte, daß es der Herr sei, gürtete er sich das Ober-
gewand um, weil er nackt war, und sprang in den See.
8 Dann kamen
die anderen Jünger mit dem Boot – sie waren nämlich nicht weit vom
Land entfernt, nur etwa zweihundert Ellen – und zogen das Netz mit
den Fischen hinter sich her.
9 Als sie an Land gingen, sahen sie am
Boden ein Kohlenfeuer und darauf Fisch und Brot.
10 Jesus sagte zu
ihnen: Bringt von den Fischen, die ihr gerade gefangen habt.
11 Da
ging Simon Petrus und zog das Netz an Land. Es war mit hundert-
dreiundfünfzig großen Fischen gefüllt, und obwohl es so viele
waren, zerriß das Netz nicht.
12 Jesus sagte zu ihnen: Kommt her und
eßt! Keiner von den Jüngern wagte ihn zu fragen: Wer bist du? Denn
sie wußten, daß es der Herr war.
13 Jesus trat heran, nahm das Brot
und gab es ihnen, ebenso den Fisch.
14 Dies war schon das dritte Mal,
daß Jesus sich den Jüngern offenbarte, seit er von den Toten aufer-
standen war.

Das Wort des Auferstandenen an Petrus

15 Als sie gegessen hatten, sagte Jesus zu Simon Petrus: Simon, Sohn
des Johannes, liebst du mich mehr als diese? Er antwortete ihm: Ja,
Herr, du weißt, daß ich dich liebe. Jesus sagte zu ihm: Weide meine
Lämmer!
16 Zum zweitenmal fragte er ihn: Simon, Sohn des Johannes,
liebst du mich? Er antwortete ihm: Ja, Herr, du weißt, daß ich dich
liebe. Jesus sagte zu ihm: Weide meine Schafe!
17 Zum drittenmal
fragte er ihn: Simon, Sohn des Johannes, liebst du mich? Da wurde
Petrus traurig, weil Jesus ihn zum drittenmal gefragt hatte: Hast du
mich lieb? Er gab ihm zu Antwort: Herr, du weißt alles; du weißt, daß
ich dich liebhabe. Jesus sagte zu ihm: Weide meine Schafe!
18 Amen,
amen, das sage ich dir: Als du noch jung warst, hast du dich selbst
gegürtet und konntest gehen, wohin du wolltest. Wenn du aber alt
geworden bist, wirst du deine Hände ausstrecken, und ein anderer
wird dich gürten und dich führen, wohin du nicht willst.
19 Das sagte
Jesus, um anzudeuten, durch welchen Tod er Gott verherrlichen
würde. Nach diesen Worten sagte er zu ihm: Folge mir nach!
20 Petrus wandte sich um und sah, wie der Jünger, den Jesus liebte,
(diesem) folgte. Es war der Jünger, der sich bei jenem Mahl an die
Brust Jesu gelehnt und ihn gefragt hatte: Herr, wer ist es, der dich ver-
raten wird?
21 Als Petrus diesen Jünger sah, fragte er Jesus: Herr, was
wird denn mit ihm?
22 Jesus antwortete ihm: Wenn ich will, daß er bis
zu meinem Kommen bleibt, was geht das dich an? Du aber folge mir
nach!
23 Da verbreitete sich unter den Brüdern die Meinung: Jener Jün-
ger stirbt nicht. Doch Jesus hatte zu Petrus nicht gesagt: Er stirbt
nicht, sondern: Wenn ich will, daß er bis zu meinem Kommen bleibt,
was geht das dich an?

Schlußbemerkung der Herausgeber des Evangeliums

24 Dieser Jünger ist es, der all das bezeugt und der es aufgeschrieben
hat; und wir wissen, daß sein Zeugnis wahr ist.
25 Es gibt aber noch
vieles andere, was Jesus getan hat. Wenn man alles aufschreiben
wollte, so könnte, wie ich glaube, die ganze Welt die Bücher nicht fas-
sen, die man schreiben müßte.

Joseph Beuys
Irisches Kreuz
(1958)

»Als Jesus von dem Essig genommen hatte, sprach er: Es ist vollbracht! Und er neigte sein Haupt und gab seinen Geist auf« (Joh 19,30). Der Tod Jesu am Kreuz nach dem Evangelisten Johannes unterscheidet sich von der Schilderung der drei Synoptiker durch die Erhabenheit im Leiden. Sie fand ihren bildhaften Ausdruck in frühen Darstellungen der Kreuzigung, die sich auf die christologische Lehre von der Unberührtheit des Gottessohnes von menschlicher Leidensfähigkeit gründen. An diese Tradition erinnert das *Irische Kreuz* von Joseph Beuys. Allein schon die Verwendung von Pflanzenabsud als Farbmaterial deutet auf die Intention hin, dem Kreuz eine naturhafte Substanz zu verleihen. Daneben deuten der Titel und die entsprechende Anspielung auf die Form der irischen Kreuzsteine auf eine kosmische Dimension, symbolisiert durch die Kreisform, in der sich der Kreuzesstamm und die Kreuzesarme durchdringen.

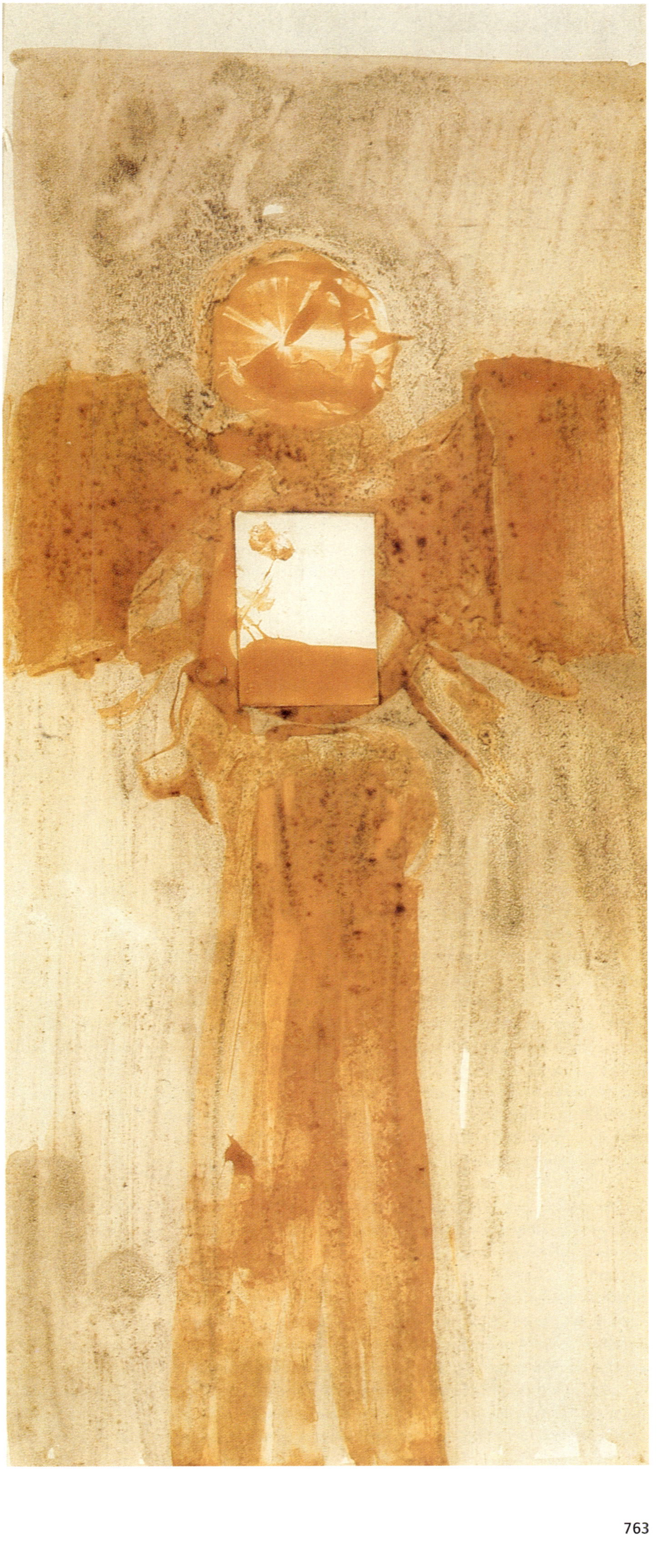

Die Apostelgeschichte

Das Buch trägt in den griechischen Textausgaben seit dem 2. Jahrhundert den Titel »Taten der Apostel«. Es wird in ihm jedoch hauptsächlich von der Tätigkeit der Apostel Petrus und Johannes und von dem missionarischen Wirken des Paulus erzählt, darüber hinaus noch vor allem von Stephanus, Philippus, Barnabas und Jakobus. Als Verfasser gilt der altkirchlichen Tradition Lukas, dem auch das dritte Evangelium zugeschrieben wird (entstanden zwischen 80 und 90 n. Chr.), das er in Apg 1,1 sein »erstes Buch« nennt.
Den unmittelbaren Anlaß zur Abfassung des Werkes kennen wir nicht mehr. Lukas berichtet über die Zeit nach Ostern: wie der »Missionsbefehl« Jesu (Lk 24,47; Apg 1,8) von Jerusalem aus »in ganz Judäa und Samarien und bis an die Grenzen der Erde« ausgeführt wurde, wobei »die Grenzen der Erde« mit Rom, der Hauptstadt des römischen Reiches, erreicht sind (28,16–31). Doch wird dabei nicht alles erzählt, sondern nur wichtige Episoden, Einzelereignisse (wie die Ausgießung des Geistes an Pfingsten, die »Bekehrung« des Paulus und das »Apostelkonzil«) werden erwähnt. Breiten Raum in der Schilderung nehmen die »Missionsreisen« ein. Die Apostelgeschichte ist deshalb keine »Geschichte der Urkirche«, sondern eine »Missionschronik«, die den Weg des Evangeliums von den Juden und Samaritern zu den Heiden zeigt.
Diese Missionschronik weist drei Teile auf, die geographisch orientiert sind: die Kirche in Jerusalem (1,4–8,3), die Kirche in Judäa und Samarien (8,4–12,25), die Kirche unter den Völkern (13,1–28,31). Ihre »Mitte« bildet die Erzählung über das »Apostelkonzil« (Apg 15), auf dem die mit Paulus und Barnabas in Jerusalem versammelten Apostel und Ältesten die Entscheidung fällen, daß die Heidenchristen sich nicht der Beschneidung und den Weisungen des jüdischen Gesetzes zu unterwerfen haben.
Woher Lukas sein Wissen über das von ihm Erzählte hat, entzieht sich unserer Kenntnis. Es besteht jedoch kein Zweifel, daß er auf Überlieferungen zurückgreifen konnte; deren Umfang und Inhalt sind aber nur schwer zu bestimmen. Sicher ist jedenfalls, daß er die Briefe des Paulus bei der Abfassung der Apostelgeschichte nicht benutzt hat.
Was Lukas seinen Lesern theologisch sagen will, geht vor allem aus den Reden hervor, die in der Apostelgeschichte eine wichtige Rolle spielen: Jetzt ist die Zeit der Kirche, und das ist für Lukas die Zeit des Heiligen Geistes, die die Zeit des Alten Bundes abgelöst hat und die Zeit Jesu in die Gegenwart verlängert. Der Heilige Geist lenkt das Leben der Kirche und die Wege der Missionare. Die »Naherwartung« der Wiederkunft Jesu tritt deshalb zurück; jedoch ist Lukas wie die Verfasser der übrigen Schriften des Neuen Testaments überzeugt, daß die Endzeit bereits angebrochen ist.
Das Heil, das Christus gebracht hat, wird von den Missionaren nochmals den Juden angeboten, aber bald auch den Heiden. Mit der Ankunft des Paulus in Rom wird endgültig sichtbar, daß das Herz des jüdischen Volkes dem Evangelium gegenüber »verstockt« bleibt und das Heil den Heiden gesandt wird, »und sie werden es hören« (28,28; vgl. auch 13,46f; 18,6). So ist ein Hauptziel der »Geschichtsschreibung« des Lukas in der Apostelgeschichte, die allmähliche Loslösung der Kirche von Israel zu beschreiben. Am Ende stehen sich Kirche und Judentum als zwei voneinander getrennte Größen gegenüber.

Das Vorwort

1 Im ersten Buch, lieber Theophilus, habe ich über alles berichtet,
was Jesus getan und gelehrt hat, 2 bis zu dem Tag, an dem er (in
den Himmel) aufgenommen wurde. Vorher hat er durch den Heiligen
Geist den Aposteln, die er sich erwählt hatte, Anweisungen gegeben.
3 Ihnen hat er nach seinem Leiden durch viele Beweise gezeigt, daß er
lebt; vierzig Tage hindurch ist er ihnen erschienen und hat vom Reich
Gottes gesprochen.

Die Kirche in Jerusalem

Letzte Anweisungen und Belehrungen des Auferstandenen

4 Beim gemeinsamen Mahl gebot er ihnen: Geht nicht weg von Jerusa-
lem, sondern wartet auf die Verheißung des Vaters, die ihr von mir ver-
nommen habt. 5 Johannes hat mit Wasser getauft, ihr aber werdet
schon in wenigen Tagen mit dem Heiligen Geist getauft. 6 Als sie nun
beisammen waren, fragten sie ihn: Herr, stellst du in dieser Zeit das
Reich für Israel wieder her? 7 Er sagte zu ihnen: Euch steht es nicht zu,
Zeiten und Fristen zu erfahren, die der Vater in seiner Macht festge-
setzt hat. 8 Aber ihr werdet die Kraft des Heiligen Geistes empfangen,
der auf euch herabkommen wird; und ihr werdet meine Zeugen sein in
Jerusalem und in ganz Judäa und Samarien und bis an die Grenzen der
Erde.

Die Himmelfahrt Jesu

9 Als er das gesagt hatte, wurde er vor ihren Augen emporgehoben,
und eine Wolke nahm ihn auf und entzog ihn ihren Blicken.
10 Während sie unverwandt ihm nach zum Himmel emporschauten,
standen plötzlich zwei Männer in weißen Gewändern bei ihnen 11 und
sagten: Ihr Männer von Galiläa, was steht ihr da und schaut zum Him-
mel empor? Dieser Jesus, der von euch ging und in den Himmel auf-
genommen wurde, wird ebenso wiederkommen, wie ihr ihn habt zum
Himmel hingehen sehen.

Betende Gemeinde

12 Dann kehrten sie vom Ölberg, der nur einen Sabbatweg von Jerusa-
lem entfernt ist, nach Jerusalem zurück. 13 Als sie in die Stadt kamen,
gingen sie in das Obergemach hinauf, wo sie nun ständig blieben:
Petrus und Johannes, Jakobus und Andreas, Philippus und Thomas,
Bartholomäus und Matthäus, Jakobus, der Sohn des Alphäus, und
Simon, der Zelot, sowie Judas, der Sohn des Jakobus. 14 Sie alle ver-
harrten dort einmütig im Gebet, zusammen mit den Frauen und mit
Maria, der Mutter Jesu, und mit seinen Brüdern.

Die Wahl des Matthias zum Apostel

15 In diesen Tagen erhob sich Petrus im Kreis der Brüder – etwa hun-
dertzwanzig waren zusammengekommen – und sagte: 16 Brüder! Es
mußte sich das Schriftwort erfüllen, das der Heilige Geist durch den

Salvador Dalí
Himmelfahrt (Pietà)
(1958)
»Als er das gesagt hatte, wurde er vor ihren Augen emporgehoben, und eine Wolke nahm ihn auf und entzog ihn ihren Blicken« (Apg 1,9). Durch die Wiedergabe von zwei nackten Fußsohlen kennzeichnet Salvador Dalí die Perspektive des Betrachters als extreme Untersicht; der Blick geht hinauf zu einer senkrecht über dem Betrachter mit ausgebreiteten Armen schwebenden Gestalt. Sie entschwebt in konzentrische Lichtkreise. Doch die Perspektive ändert sich, sobald wir das Gesicht wahrnehmen, das sich über den obersten Lichtkreis beugt: Aus dieser Sicht liegt die schwebende Gestalt auf einem imaginären Bodengrund. Der in Klammern gesetzte Teil des Bildtitels bestätigt den sowohl perspektivischen als auch thematischen Wechsel. Nicht zufällig erinnern die dem Betrachter entgegengestreckten Fußsohlen an ein Gemälde von Andrea Mantegna aus der Zeit um 1520 mit der Darstellung der Beweinung Jesu. Verbindet Dalís Gemälde die Beweinung (und durch die ausgebreiteten Arme auch die Kreuzigung) mit der Himmelfahrt Jesu, so deutet sich darüber hinaus ein weiteres Thema der christlichen Ikonographie an: Die Kinnspitze jenes Frauenkopfes am oberen Bildrand, das die Züge von Dalís Gemahlin Gala trägt, berührt eine frontal gesehene fliegende Taube. Sie ist das traditionelle Symbol des Heiligen Geistes und verweist auf das Pfingstwunder, von dem die Apostelgeschichte im Anschluß an Jesu Himmelfahrt berichtet.

Mund Davids im voraus über Judas gesprochen hat. Judas wurde zum
Anführer derer, die Jesus gefangennahmen. 17 Er wurde zu uns gezählt
und hatte Anteil am gleichen Dienst. 18 Mit dem Lohn für seine Untat
kaufte er sich ein Grundstück. Dann aber stürzte er vornüber zu
Boden, sein Leib barst auseinander, und alle Eingeweide fielen heraus.
19 Das wurde allen Einwohnern von Jerusalem bekannt; deshalb nannten sie jenes Grundstück in ihrer Sprache Hakeldamach, das heißt
Blutacker. 20 Denn es steht im Buch der Psalmen: *Sein Gehöft soll veröden, niemand soll darin wohnen!* und: *Sein Amt soll ein anderer erhalten!*
21 Einer von den Männern, die die ganze Zeit mit uns zusammen
waren, als Jesus, der Herr, bei uns ein und aus ging, 22 angefangen von
der Taufe durch Johannes bis zu dem Tag, an dem er von uns ging und
(in den Himmel) aufgenommen wurde, – einer von diesen muß nun
zusammen mit uns Zeuge seiner Auferstehung sein. 23 Und sie stellten
zwei Männer auf: Josef, genannt Barsabbas, mit dem Beinamen
Justus, und Matthias. 24 Dann beteten sie: Herr, du kennst die Herzen
aller; zeige, wen von diesen beiden du erwählt hast, 25 diesen Dienst
und dieses Apostelamt zu übernehmen. Denn Judas hat es verlassen
und ist an den Ort gegangen, der ihm bestimmt war. 26 Dann gaben sie
ihnen Lose; das Los fiel auf Matthias, und er wurde den elf Aposteln
zugerechnet.

Emil Nolde
Pfingsten
(1909)
»Und es erschienen ihnen Zungen wie von Feuer, die sich verteilten; auf jeden von ihnen ließ sich eine nieder« (Apg 2,3). Emil Noldes Pfingstbild ist kompositorisch und somit auch inhaltlich eng verwandt mit dem Gemälde *Abendmahl* (Abb. S. 699). Hier wie dort bildet das Motiv des ausgestreckten Armes eine untere Begrenzung, die Gemeinschaft zum Ausdruck bringt. Darüber richten sich zwei im Gebet aneinander gelegte Hände empor – der Bildtradition gemäß müßte diese zentrale Gestalt Petrus darstellen, doch gibt Nolde keinen zusätzlichen Hinweis. Seinen bildhaften Ausdruck findet das Ergriffensein vom Heiligen Geist, der auf herkömmliche Weise durch »Zungen wie von Feuer« symbolisiert wird, in der maskenhaften Gestaltung der Gesichter mit weit geöffneten Augen. Ebenso glüht im Rot und Gelb die wörtlich zu verstehende ›Begeisterung‹. »Mit den Bildern *Abendmahl* und *Pfingsten* erfolgte die Wende vom optisch äußerlichen Reiz zum empfundenen inneren Wert. Marksteine wurden sie«, erinnert sich Nolde (*Jahre der Kämpfe*, 1934). Daß diese Wende auf Ablehnung stieß, zeigt der Ausschluß des Pfingstbildes von der Ausstellung der Berliner Sezession 1909. Präsident dieser Künstlervereinigung war Max Liebermann, der 1879 selbst mit einem religiösen Bild einen Skandal erregt hatte, als im Münchner Glaspalast sein im Stil des Realismus gestaltetes Gemälde *Der zwölfjahrige Jesus im Tempel* gezeigt wurde. Noldes Pfingstbild, heute im Besitz der Neuen Nationalgalerie in Berlin, erwarb 1913 der mit Nolde befreundete Sammler Hans Fehr.

Das Pfingstereignis

2 Als der Pfingsttag gekommen war, befanden sich alle am gleichen Ort. 2 Da kam plötzlich vom Himmel her ein Brausen, wie
wenn ein heftiger Sturm daherfährt, und erfüllte das ganze Haus, in
dem sie waren. 3 Und es erschienen ihnen Zungen wie von Feuer, die
sich verteilten; auf jeden von ihnen ließ sich eine nieder. 4 Alle wurden
mit dem Heiligen Geist erfüllt und begannen, in fremden Sprachen zu
reden, wie es der Geist ihnen eingab.
5 In Jerusalem aber wohnten Juden, fromme Männer aus allen Völkern
unter dem Himmel. 6 Als sich das Getöse erhob, strömte die Menge
zusammen und war ganz bestürzt; denn jeder hörte sie in seiner Sprache reden. 7 Sie gerieten außer sich vor Staunen und sagten: Sind das
nicht alles Galiläer, die hier reden? 8 Wieso kann sie jeder von uns in seiner Muttersprache hören: 9 Parther, Meder und Elamiter, Bewohner von
Mesopotamien, Judäa und Kappadozien, von Pontus und der Provinz
Asien, 10 von Phrygien und Pamphylien, von Ägypten und dem Gebiet
Libyens nach Zyrene hin, auch die Römer, die sich hier aufhalten,
11 Juden und Proselyten, Kreter und Araber, wir hören sie in unseren
Sprachen Gottes große Taten verkünden. 12 Alle gerieten außer sich
und waren ratlos. Die einen sagten zueinander: Was hat das zu bedeuten? 13 Andere aber spotteten: Sie sind vom süßen Wein betrunken.

Die Pfingstpredigt des Petrus

14 Da trat Petrus auf, zusammen mit den Elf; er erhob seine Stimme
und begann zu reden: Ihr Juden und alle Bewohner von Jerusalem!

Dies sollt ihr wissen, achtet auf meine Worte! 15 Diese Männer sind
nicht betrunken, wie ihr meint; es ist ja erst die dritte Stunde am Mor-
gen; 16 sondern jetzt geschieht, was durch den Propheten Joël gesagt
worden ist:
17 In den letzten Tagen *wird es geschehen, /* so spricht Gott: */ Ich werde von*
meinem Geist ausgießen / über alles Fleisch. / Eure Söhne und eure Töchter wer-
den Propheten sein, / eure jungen Männer werden Visionen haben, / und eure
Alten werden Träume haben.
18 *Auch über meine Knechte und Mägde / werde ich von meinem Geist ausgießen /*
in jenen Tagen, und sie werden Propheten sein.
19 *Ich werde Wunder erscheinen lassen droben am Himmel / und Zeichen unten*
auf der Erde: / Blut und Feuer und qualmenden Rauch.
20 *Die Sonne wird sich in Finsternis verwandeln / und der Mond in Blut, / ehe der*
Tag des Herrn kommt, / der große und herrliche Tag.
21 *Und es wird geschehen: / Jeder, der den Namen des Herrn anruft, / wird ge-*
rettet.
22 Israeliten, hört diese Worte: Jesus, den Nazoräer, den Gott vor euch
beglaubigt hat durch machtvolle Taten, Wunder und Zeichen, die er
durch ihn in eurer Mitte getan hat, wie ihr selbst wißt – 23 ihn, der
nach Gottes beschlossenem Willen und Vorauswissen hingegeben
wurde, habt ihr durch die Hand von Gesetzlosen ans Kreuz geschla-
gen und umgebracht. 24 Gott aber hat ihn von den Wehen des Todes
befreit und auferweckt; denn es war unmöglich, daß er vom Tod fest-
gehalten wurde. 25 David nämlich sagt über ihn:
Ich habe den Herrn beständig vor Augen. / Er steht mir zur Rechten, ich wanke
nicht.
26 *Darum freut sich mein Herz / und frohlockt meine Zunge, / und auch mein Leib*
wird in sicherer Hoffnung ruhen;
27 *denn du gibst mich nicht der Unterwelt preis, / noch läßt du deinen Frommen*
die Verwesung schauen.
28 *Du zeigst mir die Wege zum Leben, / du erfüllst mich mit Freude vor deinem*
Angesicht.
29 Brüder, ich darf freimütig zu euch über den Patriarchen David
reden: Er starb und wurde begraben, und sein Grabmal ist bei uns
erhalten bis auf den heutigen Tag. 30 Da er ein Prophet war und wußte,
daß Gott ihm den Eid *geschworen hatte, einer von seinen Nachkommen werde*
auf seinem Thron sitzen, 31 sagte er vorausschauend über die Auferste-
hung des Christus: *Er gibt ihn nicht der Unterwelt preis, und sein Leib schaut*
die Verwesung nicht. 32 Diesen Jesus hat Gott auferweckt, dafür sind wir
alle Zeugen. 33 Nachdem er durch die rechte Hand Gottes erhöht wor-
den war und vom Vater den verheißenen Heiligen Geist empfangen
hatte, hat er ihn ausgegossen, wie ihr seht und hört. 34 David ist nicht
zum Himmel aufgestiegen; vielmehr sagt er selbst:
Es sprach der Herr zu meinem Herrn: / Setze dich mir zur Rechten,
35 *und ich lege dir deine Feinde / als Schemel unter die Füße.*
36 Mit Gewißheit erkenne also das ganze Haus Israel: Gott hat ihn
zum Herrn und Messias gemacht, diesen Jesus, den ihr gekreuzigt
habt.

Erste Bekehrungen
37 Als sie das hörten, traf es sie mitten ins Herz, und sie sagten zu
Petrus und den übrigen Aposteln: Was sollen wir tun, Brüder?
38 Petrus antwortete ihnen: Kehrt um, und jeder von euch lasse sich auf
den Namen Jesu Christi taufen zur Vergebung seiner Sünden; dann
werdet ihr die Gabe des Heiligen Geistes empfangen. 39 Denn euch
und euren Kindern gilt die Verheißung und all *denen in der Ferne,* die der
Herr, unser Gott, herbeirufen wird. 40 Mit noch vielen anderen Worten
beschwor und ermahnte er sie: Laßt euch retten aus dieser verdorbe-
nen Generation! 41 Die nun, die sein Wort annahmen, ließen sich tau-
fen. An diesem Tag wurden (ihrer Gemeinschaft) etwa dreitausend
Menschen hinzugefügt. 42 Sie hielten an der Lehre der Apostel fest
und an der Gemeinschaft, am Brechen des Brotes und an den Ge-
beten.

Das Leben der jungen Gemeinde
43 Alle wurden von Furcht ergriffen; denn durch die Apostel gescha-
hen viele Wunder und Zeichen. 44 Und alle, die gläubig geworden
waren, bildeten eine Gemeinschaft und hatten alles gemeinsam.
45 Sie verkauften Hab und Gut und gaben davon allen, jedem so viel,
wie er nötig hatte. 46 Tag für Tag verharrten sie einmütig im Tempel,
brachen in ihren Häusern das Brot und hielten miteinander Mahl in
Freude und Einfalt des Herzens. 47 Sie lobten Gott und waren beim
ganzen Volk beliebt. Und der Herr fügte täglich ihrer Gemeinschaft
die hinzu, die gerettet werden sollten.

Die Heilung des Gelähmten im Tempel
3 Petrus und Johannes gingen um die neunte Stunde zum Gebet in
den Tempel hinauf. 2 Da wurde ein Mann herbeigetragen, der
von Geburt an gelähmt war. Man setzte ihn täglich an das Tor des
Tempels, das man die Schöne Pforte nennt; dort sollte er bei denen,
die in den Tempel gingen, um Almosen betteln. 3 Als er nun Petrus
und Johannes in den Tempel gehen sah, bat er sie um ein Almosen.
4 Petrus und Johannes blickten ihn an, und Petrus sagte: Sieh uns an!
5 Da wandte er sich ihnen zu und erwartete, etwas von ihnen zu
bekommen. 6 Petrus aber sagte: Silber und Gold besitze ich nicht. Doch
was ich habe, das gebe ich dir: Im Namen Jesu Christi, des Nazoräers,
geh umher! 7 Und er faßte ihn an der rechten Hand und richtete ihn
auf. Sogleich kam Kraft in seine Füße und Gelenke; 8 er sprang auf,
konnte stehen und ging umher. Dann ging er mit ihnen in den Tempel,
lief und sprang umher und lobte Gott. 9 Alle Leute sahen ihn umherge-
hen und Gott loben. 10 Sie erkannten ihn als den, der gewöhnlich an der
Schönen Pforte des Tempels saß und bettelte. Und sie waren voll Ver-
wunderung und Staunen über das, was mit ihm geschehen war.

Die Rede des Petrus auf dem Tempelplatz
11 Da er sich Petrus und Johannes anschloß, lief das ganze Volk bei
ihnen in der sogenannten Halle Salomos zusammen, außer sich vor
Staunen. 12 Als Petrus das sah, wandte er sich an das Volk: Israeliten,
was wundert ihr euch darüber? Was starrt ihr uns an, als hätten wir aus
eigener Kraft oder Frömmigkeit bewirkt, daß dieser gehen kann?
13 Der Gott Abrahams, Isaaks und Jakobs, der Gott unserer Väter, hat
seinen Knecht Jesus verherrlicht, den ihr verraten und vor Pilatus ver-
leugnet habt, obwohl dieser entschieden hatte, ihn freizulassen. 14 Ihr
aber habt den Heiligen und Gerechten verleugnet und die Freilassung
eines Mörders gefordert. 15 Den Urheber des Lebens habt ihr getötet,
aber Gott hat ihn von den Toten auferweckt. Dafür sind wir Zeugen.
16 Und weil er an seinen Namen geglaubt hat, hat dieser Name den
Mann hier, den ihr seht und kennt, zu Kräften gebracht; der Glaube,
der durch ihn kommt, hat ihm vor euer aller Augen die volle Gesund-
heit geschenkt. 17 Nun, Brüder, ich weiß, ihr habt aus Unwissenheit
gehandelt, ebenso wie eure Führer. 18 Gott aber hat auf diese Weise
erfüllt, was er durch den Mund aller Propheten im voraus verkündigt
hat: daß sein Messias leiden werde. 19 Also kehrt um, und tut Buße,
damit eure Sünden getilgt werden 20 und der Herr Zeiten des Aufat-
mens kommen läßt und Jesus sendet als den für euch bestimmten
Messias. 21 Ihn muß freilich der Himmel aufnehmen bis zu den Zeiten
der Wiederherstellung von allem, die Gott von jeher durch den Mund
seiner heiligen Propheten verkündet hat. 22 Mose hat gesagt: *Einen Pro-*
pheten wie mich wird euch der Herr, euer Gott, aus euren Brüdern erwecken. Auf
ihn sollt ihr hören in allem, was er zu euch sagt. 23 *Jeder, der auf jenen Prophe-*
ten nicht hört, wird aus dem Volk ausgemerzt werden. 24 Und auch alle Pro-
pheten von Samuel an und alle, die später auftraten, haben diese Tage
angekündigt. 25 Ihr seid die Söhne der Propheten und des Bundes, den
Gott mit euren Vätern geschlossen hat, als er zu Abraham sagte: *Durch*
deinen Nachkommen sollen alle Geschlechter der Erde Segen erlangen. 26 Für
euch zuerst hat Gott seinen Knecht erweckt und gesandt, damit er
euch segnet und jeden von seiner Bosheit abbringt.

Petrus und Johannes vor dem Hohen Rat

4 Während sie zum Volk redeten, traten die Priester, der Tempel-
hauptmann und die Sadduzäer zu ihnen. 2 Sie waren aufge-
bracht, weil die Apostel das Volk lehrten und in Jesus die Auferstehung
von den Toten verkündeten. 3 Sie nahmen sie fest und hielten sie bis
zum nächsten Morgen in Haft. Es war nämlich schon Abend. 4 Viele
aber, die das Wort gehört hatten, wurden gläubig; und die Zahl der
Männer stieg auf etwa fünftausend.
5 Am anderen Morgen versammelten sich ihre Führer sowie die Älte-
sten und die Schriftgelehrten in Jerusalem, 6 dazu Hannas, der Hohe-
priester, Kajaphas, Johannes, Alexander und alle, die aus dem
Geschlecht der Hohenpriester stammten. 7 Sie stellten die beiden in
die Mitte und fragten sie: Mit welcher Kraft oder in wessen Namen
habt ihr das getan? 8 Da sagte Petrus zu ihnen, erfüllt vom Heiligen
Geist: Ihr Führer des Volkes und ihr Ältesten! 9 Wenn wir heute wegen
einer guten Tat an einem kranken Menschen darüber vernommen
werden, durch wen er geheilt worden ist, 10 so sollt ihr alle und das
ganze Volk Israel wissen: im Namen Jesu Christi, des Nazoräers, den
ihr gekreuzigt habt und den Gott von den Toten auferweckt hat. Durch
ihn steht dieser Mann gesund vor euch. 11 Er (Jesus) ist *der Stein, der von
euch Bauleuten verworfen wurde, der aber zum Eckstein geworden ist.* 12 Und in
keinem anderen ist das Heil zu finden. Denn es ist uns Menschen kein
anderer Name unter dem Himmel gegeben, durch den wir gerettet
werden sollen.
13 Als sie den Freimut des Petrus und des Johannes sahen und merk-
ten, daß es ungelehrte und einfache Leute waren, wunderten sie sich.
Sie erkannten sie als Jünger Jesu, 14 sahen aber auch, daß der Geheilte
bei ihnen stand; so konnten sie nichts dagegen sagen. 15 Sie befahlen
ihnen, den Hohen Rat zu verlassen; dann berieten sie miteinander
16 und sagten: Was sollen wir mit diesen Leuten anfangen? Daß offen-
sichtlich ein Wunder durch sie geschehen ist, ist allen Einwohnern
von Jerusalem bekannt; wir können es nicht abstreiten. 17 Damit aber
die Sache nicht weiter im Volk verbreitet wird, wollen wir ihnen bei
Strafe verbieten, je wieder in diesem Namen zu irgendeinem Men-
schen zu sprechen. 18 Und sie riefen sie herein und verboten ihnen,
jemals wieder im Namen Jesu zu predigen und zu lehren. 19 Doch
Petrus und Johannes antworteten ihnen: Ob es vor Gott recht ist, mehr
auf euch zu hören als auf Gott, das entscheidet selbst. 20 Wir können
unmöglich schweigen über das, was wir gesehen und gehört haben.
21 Jene aber drohten ihnen noch mehr und ließen sie dann gehen; denn
sie sahen keine Möglichkeit, sie zu bestrafen, mit Rücksicht auf das
Volk, da alle Gott wegen des Geschehenen priesen. 22 Denn der Mann,
an dem das Wunder der Heilung geschah, war über vierzig Jahre alt.

Gebet der Urgemeinde um Furchtlosigkeit

23 Nach ihrer Freilassung gingen sie zu den Ihren und berichteten
alles, was die Hohenpriester und die Ältesten zu ihnen gesagt hatten.
24 Als sie das hörten, erhoben sie einmütig ihre Stimme zu Gott und
sprachen: *Herr, du hast den Himmel, die Erde und das Meer geschaffen und
alles, was dazugehört;* 25 du hast durch den Mund unseres Vaters David,
deines Knechtes, durch den Heiligen Geist gesagt:
Warum toben die Völker, / warum machen die Nationen vergebliche Pläne?
26 *Die Könige der Erde stehen auf, / und die Herrscher haben sich verbündet /
gegen den Herrn und seinen Gesalbten.*
27 Wahrhaftig, *verbündet haben sich* in dieser Stadt *gegen* deinen heiligen
Knecht Jesus, *den du gesalbt hast,* Herodes und Pontius Pilatus mit den
Heiden und den Stämmen Israels, 28 um alles auszuführen, was deine
Hand und dein Wille im voraus bestimmt haben. 29 Doch jetzt, Herr,
sieh auf ihre Drohungen und gib deinen Knechten die Kraft, mit allem
Freimut dein Wort zu verkünden. 30 Streck deine Hand aus, damit Hei-
lungen und Zeichen und Wunder geschehen durch den Namen deines
heiligen Knechtes Jesus. 31 Als sie gebetet hatten, bebte der Ort, an dem
sie versammelt waren, und alle wurden mit dem Heiligen Geist erfüllt,
und sie verkündeten freimütig das Wort Gottes.

Die Gütergemeinschaft der Urgemeinde

32 Die Gemeinde der Gläubigen war ein Herz und eine Seele. Keiner
nannte etwas von dem, was er hatte, sein Eigentum, sondern sie hat-
ten alles gemeinsam. 33 Mit großer Kraft legten die Apostel Zeugnis ab
von der Auferstehung Jesu, des Herrn, und reiche Gnade ruhte auf
ihnen allen. 34 Es gab auch keinen unter ihnen, der Not litt. Denn alle,
die Grundstücke oder Häuser besaßen, verkauften ihren Besitz,
brachten den Erlös 35 und legten ihn den Aposteln zu Füßen. Jedem
wurde davon so viel zugeteilt, wie er nötig hatte. 36 Auch Josef, ein
Levit aus Zypern, der von den Aposteln Barnabas, das heißt übersetzt
Sohn des Trostes, genannt wurde, verkaufte einen Acker, der ihm
gehörte, brachte das Geld und legte es den Aposteln zu Füßen.

Der Betrug des Hananias und der Saphira

5 Ein Mann namens Hananias aber und seine Frau Saphira ver-
kauften zusammen ein Grundstück, 2 und mit Einverständnis
seiner Frau behielt er etwas von dem Erlös für sich. Er brachte nur
einen Teil und legte ihn den Aposteln zu Füßen. 3 Da sagte Petrus:
Hananias, warum hat der Satan dein Herz erfüllt, daß du den Heiligen
Geist belügst und von dem Erlös des Grundstücks etwas für dich
behältst? 4 Hätte es nicht dein Eigentum bleiben können, und konn-
test du nicht auch nach dem Verkauf frei über den Erlös verfügen?
Warum hast du in deinem Herzen beschlossen, so etwas zu tun? Du
hast nicht Menschen belogen, sondern Gott. 5 Als Hananias diese
Worte hörte, stürzte er zu Boden und starb. Und über alle, die es hör-
ten, kam große Furcht. 6 Die jungen Männer standen auf, hüllten ihn
ein, trugen ihn hinaus und begruben ihn.
7 Nach etwa drei Stunden kam seine Frau herein, ohne zu wissen, was
geschehen war. 8 Petrus fragte sie: Sag mir, habt ihr das Grundstück
für soviel verkauft? Sie antwortete: Ja, für soviel. 9 Da sagte Petrus zu
ihr: Warum seid ihr übereingekommen, den Geist des Herrn auf die
Probe zu stellen? Siehe, die Füße derer, die deinen Mann begraben
haben, stehen vor der Tür; auch dich wird man hinaustragen. 10 Im sel-
ben Augenblick brach sie vor seinen Füßen zusammen und starb. Die
jungen Männer kamen herein, fanden sie tot, trugen sie hinaus und
begruben sie neben ihrem Mann. 11 Da kam große Furcht über die
ganze Gemeinde und über alle, die davon hörten.

Zeichen und Wunder der Apostel

12 Durch die Hände der Apostel geschahen viele Zeichen und Wunder
im Volk. Alle kamen einmütig in der Halle Salomos zusammen. 13 Von
den übrigen wagte niemand, sich ihnen anzuschließen; aber das Volk
schätzte sie hoch. 14 Immer mehr wurden im Glauben zum Herrn
geführt, Scharen von Männern und Frauen. 15 Selbst die Kranken trug
man auf die Straßen hinaus und legte sie auf Betten und Bahren,
damit, wenn Petrus vorüberkam, wenigstens sein Schatten auf einen
von ihnen fiel. 16 Auch aus den Nachbarstädten Jerusalems strömten
die Leute zusammen und brachten Kranke und von unreinen Geistern
Geplagte mit. Und alle wurden geheilt.

Verhaftung und Befreiung der Apostel

17 Da erhoben sich voll Eifersucht der Hohepriester und alle, die auf
seiner Seite standen, nämlich die Gruppe der Sadduzäer. 18 Sie ließen
die Apostel verhaften und in das öffentliche Gefängnis werfen. 19 Ein
Engel des Herrn aber öffnete nachts die Gefängnistore, führte sie her-
aus und sagte: 20 Geht, tretet im Tempel auf, und verkündet dem Volk
alle Worte dieses Lebens! 21a Sie gehorchten und gingen bei Tagesan-
bruch in den Tempel und lehrten.

Die Apostel vor dem Hohen Rat

21b Währenddessen kam der Hohepriester mit seinen Begleitern. Sie
riefen den Hohen Rat und alle Ältesten der Söhne Israels zusammen;
man schickte Boten zum Gefängnis, um die Apostel vorführen zu
lassen. 22 Die Diener gingen, fanden sie aber nicht im Gefängnis. Sie
kehrten zurück und meldeten: 23 Wir fanden das Gefängnis sorgfältig

verschlossen und die Wachen vor den Toren stehen; als wir aber öffne-
ten, fanden wir niemand darin. 24 Der Tempelhauptmann und die
Hohenpriester waren ratlos, als sie das hörten, und wußten nicht, was
nun werden sollte. 25 Da kam jemand und meldete ihnen: Die Männer,
die ihr ins Gefängnis geworfen habt, stehen im Tempel und lehren das
Volk. 26 Da ging der Tempelhauptmann mit seinen Leuten hin und
holte sie, allerdings nicht mit Gewalt; denn sie fürchteten, vom Volk
gesteinigt zu werden. 27 Man führte sie herbei und stellte sie vor den
Hohen Rat. Der Hohepriester verhörte sie 28 und sagte: Wir haben
euch streng verboten, in diesem Namen zu lehren; ihr aber habt Jeru-
salem mit eurer Lehre erfüllt; ihr wollt das Blut dieses Menschen über
uns bringen. 29 Petrus und die Apostel antworteten: Man muß Gott
mehr gehorchen als den Menschen. 30 Der Gott unserer Väter hat Jesus
auferweckt, den ihr ans Holz gehängt und ermordet habt. 31 Ihn hat
Gott als Herrscher und Retter an seine rechte Seite erhoben, um Israel
die Umkehr und Vergebung der Sünden zu schenken. 32 Zeugen dieser
Ereignisse sind wir und der Heilige Geist, den Gott allen verliehen
hat, die ihm gehorchen. 33 Als sie das hörten, gerieten sie in Zorn und
beschlossen, sie zu töten.
34 Da erhob sich im Hohen Rat ein Pharisäer namens Gamaliël, ein
beim ganzen Volk angesehener Gesetzeslehrer; er ließ die Apostel für
kurze Zeit hinausführen. 35 Dann sagte er: Israeliten, überlegt euch
gut, was ihr mit diesen Leuten tun wollt. 36 Vor einiger Zeit nämlich
trat Theudas auf und behauptete, er sei etwas Besonderes. Ihm schlos-
sen sich etwa vierhundert Männer an. Aber er wurde getötet, und sein
ganzer Anhang wurde zerstreut und aufgerieben. 37 Nach ihm trat in
den Tagen der Volkszählung Judas, der Galiläer, auf; er brachte viel
Volk hinter sich und verleitete es zum Aufruhr. Auch er kam um, und
alle seine Anhänger wurden zerstreut. 38 Darum rate ich euch jetzt:
Laßt von diesen Männern ab, und gebt sie frei; denn wenn dieses Vor-
haben oder dieses Werk von Menschen stammt, wird es zerstört wer-
den; 39 stammt es aber von Gott, so könnt ihr sie nicht vernichten;
sonst werdet ihr noch als Kämpfer gegen Gott dastehen. Sie stimmten
ihm zu, 40 riefen die Apostel herein und ließen sie auspeitschen; dann
verboten sie ihnen, im Namen Jesu zu predigen, und ließen sie frei.
41 Sie aber gingen weg vom Hohen Rat und freuten sich, daß sie
gewürdigt worden waren, für seinen Namen Schmach zu erleiden.
42 Und Tag für Tag lehrten sie unermüdlich im Tempel und in den
Häusern und verkündeten das Evangelium von Jesus, dem Christus.

Die Wahl der Sieben

6 In diesen Tagen, als die Zahl der Jünger zunahm, begehrten die
Hellenisten gegen die Hebräer auf, weil ihre Witwen bei der täg-
lichen Versorgung übersehen wurden. 2 Da riefen die Zwölf die ganze
Schar der Jünger zusammen und erklärten: Es ist nicht recht, daß wir
das Wort Gottes vernachlässigen und uns dem Dienst an den Tischen
widmen. 3 Brüder, wählt aus eurer Mitte sieben Männer von gutem Ruf
und voll Geist und Weisheit; ihnen werden wir diese Aufgabe übertra-
gen. 4 Wir aber wollen beim Gebet und beim Dienst am Wort bleiben.
5 Der Vorschlag fand den Beifall der ganzen Gemeinde, und sie wähl-
ten Stephanus, einen Mann, erfüllt vom Glauben und vom Heiligen
Geist, ferner Philippus und Prochorus, Nikanor und Timon, Par-
menas und Nikolaus, einen Proselyten aus Antiochia. 6 Sie ließen sie
vor die Apostel hintreten, und diese beteten und legten ihnen die
Hände auf. 7 Und das Wort Gottes breitete sich aus, und die Zahl der
Jünger in Jerusalem wurde immer größer; auch eine große Anzahl
von den Priestern nahm gehorsam den Glauben an.

Die Verhaftung des Stephanus

8 Stephanus aber, voll Gnade und Kraft, tat Wunder und große Zei-
chen unter dem Volk. 9 Doch einige von der sogenannten Synagoge
der Libertiner und Zyrenäer und Alexandriner und Leute aus Zilizien
und der Provinz Asien erhoben sich, um mit Stephanus zu streiten;
10 aber sie konnten der Weisheit und dem Geist, mit dem er sprach,
nicht widerstehen. 11 Da stifteten sie Männer zu der Aussage an: Wir
haben gehört, wie er gegen Mose und Gott lästerte. 12 Sie hetzten das
Volk, die Ältesten und die Schriftgelehrten auf, drangen auf ihn ein,
packten ihn und schleppten ihn vor den Hohen Rat. 13 Und sie brach-
ten falsche Zeugen bei, die sagten: Dieser Mensch hört nicht auf,
gegen diesen heiligen Ort und das Gesetz zu reden. 14 Wir haben ihn
nämlich sagen hören: Dieser Jesus, der Nazoräer, wird diesen Ort zer-
stören und die Bräuche ändern, die uns Mose überliefert hat. 15 Und
als alle, die im Hohen Rat saßen, auf ihn blickten, erschien ihnen sein
Gesicht wie das Gesicht eines Engels.

Die Rede des Stephanus

7 Der Hohepriester aber fragte: Ist das wahr? 2 Stephanus antwor-
tete: Brüder und Väter, hört mich an! Der Gott der Herrlichkeit
erschien unserem Vater Abraham, als er in Mesopotamien lebte, ehe
er sich in Haran niederließ, 3 und sagte zu ihm: *Zieh weg aus deinem Land
und aus deiner Verwandtschaft, und geh in das Land, das ich dir zeigen werde.*
4 Da zog er aus dem Land der Chaldäer fort und ließ sich in Haran nie-
der. Von dort ließ Gott ihn nach dem Tod seines Vaters in dieses Land
übersiedeln, in dem ihr jetzt wohnt. 5 Er hat ihm darin kein Erbteil
gegeben, auch nicht einen Fußbreit, doch hat er verheißen, *das Land
ihm und seinen Nachkommen zum Besitz zu geben*, obwohl er kinderlos
war. 6 So sprach Gott: *Seine Nachkommen werden als Fremde in einem Land
wohnen, das ihnen nicht gehört; und man wird sie zu Sklaven machen und sie
vierhundert Jahre lang hart behandeln.* 7 *Aber auch über das Volk, dem sie als
Sklaven dienen, werde ich Gericht halten*, sprach Gott, *und nachher werden sie
ausziehen und mich an diesem Ort verehren.* 8 Und er gab ihm den Bund der
Beschneidung. So wurde Abraham der Vater Isaaks und beschnitt ihn
am achten Tag, ebenso Isaak den Jakob, und Jakob die zwölf Patriar-
chen. 9 Die Patriarchen aber *waren eifersüchtig auf* Josef *und verkauften ihn
nach Ägypten; doch Gott war mit ihm.* 10 Er rettete ihn aus allen seinen
Nöten, *schenkte ihm* Weisheit und *die Gunst* des Pharao, des Königs von
Ägypten, und *er bestellte ihn zum Herrscher* über Ägypten und *über sein
ganzes Haus.* 11 Es kam aber eine Hungersnot über ganz Ägypten und
Kanaan, und das Elend war groß. Auch unsere Väter hatten keine Nah-
rung mehr. 12 Als Jakob hörte, daß es in Ägypten Getreide gab,
schickte er unsere Väter ein erstes Mal dorthin. 13 Beim zweiten Mal
gab Josef sich seinen Brüdern zu erkennen, und dem Pharao wurde
Josefs Herkunft bekannt. 14 Josef aber ließ seinen Vater Jakob und
seine ganze Familie holen: fünfundsiebzig Menschen. 15 So zog Jakob
nach Ägypten hinab; und er starb, und auch unsere Väter starben.
16 Man brachte sie nach Sichem und bestattete sie in dem Grab, das
Abraham von den Söhnen Hamors in Sichem für Silbergeld gekauft
hatte.
17 Als aber die Zeit der Verheißung herankam, die Gott dem Abraham
zugesagt hatte, vermehrte sich das Volk und breitete sich in Ägypten
aus, 18 bis ein anderer über Ägypten König wurde, der von Josef nichts
wußte. 19 Er ging gegen unser Volk heimtückisch vor und zwang
unsere Väter, ihre Kinder auszusetzen; sie sollten nicht am Leben blei-
ben. 20 In dieser Zeit wurde Mose geboren, und Gott hatte Gefallen an
ihm. Drei Monate lang wurde er im Haus seines Vaters aufgezogen;
21 als er aber ausgesetzt wurde, nahm ihn die Tochter des Pharao auf
und erzog ihn als ihren Sohn. 22 Und Mose wurde in aller Weisheit der
Ägypter ausgebildet, und er war mächtig in Wort und Tat. 23 Als er vier-
zig Jahre alt war, reifte in ihm der Gedanke, nach seinen Brüdern, den
Söhnen Israels, zu sehen. 24 Und als er sah, wie einem von ihnen
Unrecht geschah, kam er dem Unterdrückten zu Hilfe und rächte ihn,
indem er den Ägypter erschlug. 25 Er dachte, seine Brüder würden
begreifen, daß Gott ihnen durch seine Hand Rettung bringen wolle;
doch sie begriffen es nicht. 26 Am folgenden Tag kam er dazu, wie sie
sich stritten; er versuchte, sie auszusöhnen und Frieden zu stiften,
und sagte: Männer, ihr seid doch Brüder. Warum tut ihr einander
Unrecht? 27 Der Mann aber, der seinem Nächsten Unrecht getan hatte,
stieß ihn weg und sagte: *Wer hat dich zum Anführer und Schiedsrichter
über uns bestellt?* 28 *Willst du mich etwa umbringen, wie du gestern den Ägypter
umgebracht hast?* 29 Daraufhin floh Mose und hielt sich als Fremder

in Midian auf; dort wurden ihm zwei Söhne geboren. 30 Als vierzig
Jahre vergangen waren, *erschien ihm in der Wüste beim Berg Sinai ein Engel*
im Feuer eines brennenden Dornbusches. 31 Als Mose die Erscheinung sah,
wunderte er sich darüber. Er ging näher hin, um sie genauer zu
betrachten. Da ertönte die Stimme des Herrn: 32 *Ich bin der Gott deiner*
Väter, der Gott Abrahams, Isaaks und Jakobs. Mose begann zu zittern und
wagte nicht hinzusehen. 33 Da sagte der Herr zu ihm: *Zieh deine Schuhe*
aus! Denn der Ort, wo du stehst, ist heiliger Boden. 34 *Ich habe das Elend meines*
Volkes in Ägypten gesehen und seine Klage gehört. Ich bin herabgestiegen, um sie
zu retten. Und jetzt geh, ich sende dich nach Ägypten. 35 Diesen Mose, den sie
verleugnet hatten mit den Worten: *Wer hat dich zum Anführer und Schieds-*
richter bestellt?, ihn hat Gott als Anführer und Befreier gesandt durch die
Hand des Engels, der ihm im Dornbusch erschien. 36 Dieser Mose hat
sie herausgeführt, indem er Zeichen und Wunder tat in Ägypten und
im Roten Meer und in der Wüste, vierzig Jahre lang. 37 Dies ist der
Mose, der zu den Söhnen Israels gesagt hat: *Einen Propheten wie mich*
wird Gott euch aus euren Brüdern erwecken. 38 Dieser stand bei der Ver-
sammlung des Volkes in der Wüste zwischen dem Engel, der mit ihm
auf dem Berg Sinai redete, und unseren Vätern. Er hat Worte des
Lebens empfangen, um sie uns zu geben. 39 Aber unsere Väter wollten
sich ihm nicht unterordnen; sie wiesen ihn ab und wandten ihr Herz
nach Ägypten zurück. 40 Sie sagten zu Aaron: *Mach uns Götter, die vor uns*
herziehen! Denn dieser Mose, der uns aus Ägypten herausgeführt hat – wir wis-
sen nicht, was mit ihm geschehen ist. 41 Und sie fertigten in jenen Tagen
das Standbild eines Kalbes an, brachten dem Götzen Opfer dar und
freuten sich über das Werk ihrer Hände. 42 Da wandte sich Gott ab und
überließ sie dem Sternenkult, wie es im Buch der Propheten heißt:
Habt ihr mir etwa Schlachtopfer und Gaben dargebracht während der vierzig
Jahre in der Wüste, ihr vom Haus Israel? 43 *Das Zelt des Moloch und den Stern*
des Gottes Romfa habt ihr herumgetragen, die Bilder, die ihr gemacht habt, um
sie anzubeten. Darum will ich euch in die Gebiete jenseits von Babylon ver-
bannen.
44 Unsere Väter hatten in der Wüste das Bundeszelt. So hat Gott es
angeordnet; er hat dem Mose befohlen, es nach dem Vorbild zu errich-
ten, das er geschaut hatte. 45 Und unsere Väter haben es übernommen
und mitgebracht, als sie unter Josua das Land der Heidenvölker
besetzten, die Gott vor den Augen unserer Väter vertrieb, bis zu den
Tagen Davids. 46 Dieser fand Gnade vor Gott und bat für das Haus
Jakob um ein Zeltheiligtum. 47 Salomo aber baute ihm ein Haus.
48 Doch der Höchste wohnt nicht in dem, was von Menschenhand
gemacht ist, wie der Prophet sagt: 49 *Der Himmel ist mein Thron und die*
Erde der Schemel für meine Füße. Was für ein Haus könnt ihr mir bauen?, spricht
der Herr. Oder welcher Ort kann mir als Ruhestätte dienen? 50 *Hat nicht meine*
Hand dies alles gemacht?
51 Ihr Halsstarrigen, ihr, die ihr euch mit Herz und Ohr immerzu dem
Heiligen Geist widersetzt, eure Väter schon und nun auch ihr. 52 Wel-
chen der Propheten haben eure Väter nicht verfolgt? Sie haben die
getötet, die die Ankunft des Gerechten geweissagt haben, dessen Ver-
räter und Mörder ihr jetzt geworden seid, 53 ihr, die ihr durch die
Anordnung von Engeln das Gesetz empfangen, es aber nicht gehalten
habt.

Die Steinigung des Stephanus
54 Als sie das hörten, waren sie aufs äußerste über ihn empört und
knirschten mit den Zähnen. 55 Er aber, erfüllt vom Heiligen Geist,
blickte zum Himmel empor, sah die Herrlichkeit Gottes und Jesus zur
Rechten Gottes stehen 56 und rief: Ich sehe den Himmel offen und den
Menschensohn zur Rechten Gottes stehen. 57 Da erhoben sie ein lau-
tes Geschrei, hielten sich die Ohren zu, stürmten gemeinsam auf ihn
los, 58 trieben ihn zur Stadt hinaus und steinigten ihn. Die Zeugen leg-
ten ihre Kleider zu Füßen eines jungen Mannes nieder, der Saulus
hieß. 59 So steinigten sie Stephanus; er aber betete und rief: Herr
Jesus, nimm meinen Geist auf! 60 Dann sank er in die Knie und schrie
laut: Herr, rechne ihnen diese Sünde nicht an! Nach diesen Worten
starb er. 1a Saulus aber war mit dem Mord einverstanden.

Verfolgung und Zerstreuung der Urgemeinde
8 1b An jenem Tag brach eine schwere Verfolgung über die Kirche
in Jerusalem herein. Alle wurden in die Gegenden von Judäa
und Samarien zerstreut, mit Ausnahme der Apostel. 2 Fromme
Männer bestatteten Stephanus und hielten eine große Totenklage für
ihn. 3 Saulus aber versuchte die Kirche zu vernichten; er drang in die
Häuser ein, schleppte Männer und Frauen fort und lieferte sie ins
Gefängnis ein.

Die Kirche in Judäa und Samarien

Philippus als Missionar in Samaria
4 Die Gläubigen, die zerstreut worden waren, zogen umher und ver-
kündeten das Wort. 5 Philippus aber kam in die Hauptstadt Samariens
hinab und verkündigte dort Christus. 6 Und die Menge achtete ein-
mütig auf die Worte des Philippus; sie hörten zu und sahen die Wun-
der, die er tat. 7 Denn aus vielen Besessenen fuhren unter lautem
Geschrei die unreinen Geister aus; auch viele Lahme und Krüppel
wurden geheilt. 8 So herrschte große Freude in jener Stadt.
9 Ein Mann namens Simon wohnte schon länger in der Stadt; er trieb
Zauberei und verwirrte das Volk von Samarien, da er sich als etwas
Großes ausgab. 10 Alle hörten auf ihn, jung und alt, und sie sagten:
Das ist die Kraft Gottes, die man die Große nennt. 11 Und sie schlos-
sen sich ihm an, weil er sie lange Zeit mit seinen Zauberkünsten
betörte. 12 Als sie jedoch dem Philippus Glauben schenkten, der das
Evangelium vom Reich Gottes und vom Namen Jesu Christi verkün-
dete, ließen sie sich taufen, Männer und Frauen. 13 Auch Simon
wurde gläubig, ließ sich taufen und schloß sich dem Philippus an;
und als er die großen Zeichen und Wunder sah, geriet er außer sich
vor Staunen.

Petrus und Johannes in Samarien
14 Als die Apostel in Jerusalem hörten, daß Samarien das Wort Gottes
angenommen hatte, schickten sie Petrus und Johannes dorthin.
15 Diese zogen hinab und beteten für sie, sie möchten den Heiligen
Geist empfangen. 16 Denn er war noch auf keinen von ihnen herabge-
kommen; sie waren nur auf den Namen Jesu, des Herrn, getauft.
17 Dann legten sie ihnen die Hände auf, und sie empfingen den Heili-
gen Geist.
18 Als Simon sah, daß durch die Handauflegung der Apostel der
Geist verliehen wurde, brachte er ihnen Geld 19 und sagte: Gebt auch
mir diese Macht, damit jeder, dem ich die Hände auflege, den Heili-
gen Geist empfängt. 20 Petrus aber sagte zu ihm: Dein Silber fahre
mit dir ins Verderben, wenn du meinst, die Gabe Gottes lasse sich
für Geld kaufen. 21 Du hast weder einen Anteil daran noch ein Recht
darauf, denn dein Herz ist nicht aufrichtig vor Gott. 22 Wende dich
von deiner Bosheit ab, und bitte den Herrn; vielleicht wird dir dein
Ansinnen vergeben. 23 Denn ich sehe dich voll bitterer Galle und
Bosheit.
24 Da antwortete Simon: Betet ihr für mich zum Herrn, damit mich
nichts von dem trifft, was ihr gesagt habt. 25 Nachdem sie so das Wort
des Herrn bezeugt und verkündet hatten, machten sie sich auf den
Weg zurück nach Jerusalem und verkündeten in vielen Dörfern der
Samariter das Evangelium.

Die Taufe des Äthiopiers
26 Ein Engel des Herrn sagte zu Philippus: Steh auf und zieh nach
Süden auf der Straße, die von Jerusalem nach Gaza hinabführt. Sie
führt durch eine einsame Gegend. 27 Und er brach auf. Nun war da ein
Äthiopier, ein Kämmerer, Hofbeamter der Kandake, der Königin der
Äthiopier, der ihren ganzen Schatz verwaltete. Dieser war nach Jerusa-
lem gekommen, um Gott anzubeten, 28 und fuhr jetzt heimwärts. Er
saß auf seinem Wagen und las den Propheten Jesaja. 29 Und der Geist

Joan Miró
Die Fluchtleiter
(1939)

»Aber seine Jünger nahmen ihn und ließen ihn bei Nacht in einem Korb die Stadtmauer hinab« (Apg 9,25). Der erste Eindruck, den das Gemälde des Katalanen Joan Miró hervorruft, entspricht dessen Ruf als verspielter Surrealist, als Jongleur mit gegenständlich anmutenden Gebilden, die ein Eigenleben führen. Doch was auf den ersten Blick als irrational erscheint, gewinnt bei genauerer Betrachtung eine Struktur. Ein Paar schwarzer Beine trägt eine quer-ovale Büchse als Leib, mit nach oben gereckten Armen und gespreizten Händen. Ein dünner Halsschlauch verbindet diesen Leib mit einer nach links oben geschnellten Sackform, die in einen Kopf mit Auge, Mund und Nase übergeht. Büchsenleib und Sackkopf werden von den Tentakeln eines Gebildes berührt, das einem Seestern ähnelt. Es schwebt über zwei Figuren mit erhobenen Armen. Zwischen diesen von jenen Tentakeln ebenfalls berührten Figuren steht die Leiter, die dem auf grobe Sackleinwand gemalten Bild den Titel gegeben hat. Wohin diese Fluchtleiter führen soll, verschweigt das Bild. Oder dürfen wir vermuten, daß wir lediglich den oberen Teil einer langen Leiter sehen, die hinter dem schwarzen Plateau tief hinabreicht und bereits dazu gedient hat, den in helle Aufregung geratenen Monstern durch Flucht zu entkommen?

sagte zu Philippus: Geh und folge diesem Wagen. 30 Philippus lief hin
und hörte ihn den Propheten Jesaja lesen. Da sagte er: Verstehst du
auch, was du liest? 31 Jener antwortete: Wie könnte ich es, wenn mich
niemand anleitet? Und er bat den Philippus, einzusteigen und neben
ihm Platz zu nehmen. 32 Der Abschnitt der Schrift, den er las, lautete:
Wie ein Schaf wurde er zum Schlachten geführt; / und wie ein Lamm, das verstummt, / wenn man es schert, / so tat er seinen Mund nicht auf.
33 *In der Erniedrigung wurde seine Verurteilung aufgehoben. / Seine Nachkommen, wer kann sie zählen? / Denn sein Leben wurde von der Erde fortgenommen.*
34 Der Kämmerer wandte sich an Philippus und sagte: Ich bitte dich,
von wem sagt der Prophet das? Von sich selbst oder von einem anderen? 35 Da begann Philippus zu reden, und ausgehend von diesem
Schriftwort verkündete er ihm das Evangelium von Jesus. 36 Als sie
nun weiterzogen, kamen sie zu einer Wasserstelle. Da sagte der Kämmerer: Hier ist Wasser. Was steht meiner Taufe noch im Weg? [37] 38 Er
ließ den Wagen halten, und beide, Philippus und der Kämmerer, stiegen in das Wasser hinab, und er taufte ihn. 39 Als sie aber aus dem

Wasser stiegen, entführte der Geist des Herrn den Philippus. Der
Kämmerer sah ihn nicht mehr, und er zog voll Freude weiter.
40 Den Philippus aber sah man in Aschdod wieder. Und er wanderte
durch alle Städte und verkündete das Evangelium, bis er nach Cäsarea
kam.

Die Bekehrung des Saulus

9 Saulus wütete immer noch mit Drohung und Mord gegen die
Jünger des Herrn. Er ging zum Hohenpriester 2 und erbat sich
von ihm Briefe an die Synagogen in Damaskus, um die Anhänger des
(neuen) Weges, Männer und Frauen, die er dort finde, zu fesseln und
nach Jerusalem zu bringen. 3 Unterwegs aber, als er sich bereits
Damaskus näherte, geschah es, daß ihn plötzlich ein Licht vom Him-
mel umstrahlte. 4 Er stürzte zu Boden und hörte, wie eine Stimme zu
ihm sagte: Saul, Saul, warum verfolgst du mich? 5 Er antwortete: Wer
bist du, Herr? Dieser sagte: Ich bin Jesus, den du verfolgst. 6 Steh auf
und geh in die Stadt; dort wird dir gesagt werden, was du tun sollst.
7 Seine Begleiter standen sprachlos da; sie hörten zwar die Stimme,
sahen aber niemand. 8 Saulus erhob sich vom Boden. Als er aber die
Augen öffnete, sah er nichts. Sie nahmen ihn bei der Hand und führ-
ten ihn nach Damaskus hinein. 9 Und er war drei Tage blind, und er aß
nicht und trank nicht.
10 In Damaskus lebte ein Jünger namens Hananias. Zu ihm sagte der
Herr in einer Vision: Hananias! Er antwortete: Hier bin ich, Herr.
11 Der Herr sagte zu ihm: Steh auf und geh zur sogenannten Geraden
Straße, und frag im Haus des Judas nach einem Mann namens Saulus
aus Tarsus. Er betet gerade 12 und hat in einer Vision gesehen, wie ein
Mann namens Hananias hereinkommt und ihm die Hände auflegt,
damit er wieder sieht. 13 Hananias antwortete: Herr, ich habe von vie-
len gehört, wieviel Böses dieser Mann deinen Heiligen in Jerusalem
angetan hat. 14 Auch hier hat er Vollmacht von den Hohenpriestern,
alle zu verhaften, die deinen Namen anrufen. 15 Der Herr aber sprach
zu ihm: Geh nur! Denn dieser Mann ist mein auserwähltes Werkzeug:
Er soll meinen Namen vor Völker und Könige und die Söhne Israels
tragen. 16 Ich werde ihm auch zeigen, wie viel er für meinen Namen
leiden muß. 17 Da ging Hananias hin und trat in das Haus ein; er legte
Saulus die Hände auf und sagte: Bruder Saul, der Herr hat mich
gesandt, Jesus, der dir auf dem Weg hierher erschienen ist; du sollst
wieder sehen und mit dem Heiligen Geist erfüllt werden. 18 Sofort fiel
es wie Schuppen von seinen Augen, und er sah wieder; er stand auf
und ließ sich taufen. 19 Und nachdem er etwas gegessen hatte, kam er
wieder zu Kräften.
Einige Tage blieb er bei den Jüngern in Damaskus; 20 und sogleich
verkündete er Jesus in den Synagogen und sagte: Er ist der Sohn
Gottes. 21 Alle, die es hörten, gerieten in Aufregung und sagten: Ist das
nicht der Mann, der in Jerusalem alle vernichten wollte, die diesen
Namen anrufen? Und ist er nicht auch hierher gekommen, um sie zu
fesseln und vor die Hohenpriester zu führen? 22 Saulus aber trat um so
kraftvoller auf und brachte die Juden in Damaskus in Verwirrung, weil
er ihnen bewies, daß Jesus der Messias ist.

Die Flucht des Saulus aus Damaskus

23 So verging einige Zeit; da beschlossen die Juden, ihn zu töten.
24 Doch ihr Plan wurde dem Saulus bekannt. Sie bewachten sogar Tag
und Nacht die Stadttore, um ihn zu beseitigen. 25 Aber seine Jünger
nahmen ihn und ließen ihn bei Nacht in einem Korb die Stadtmauer
hinab.
26 Als er nach Jerusalem kam, versuchte er, sich den Jüngern anzu-
schließen. Aber alle fürchteten sich vor ihm und konnten nicht glau-
ben, daß er ein Jünger war. 27 Barnabas jedoch nahm sich seiner an
und brachte ihn zu den Aposteln. Er erzählte ihnen, wie Saulus auf
dem Weg den Herrn gesehen habe und daß dieser mit ihm gespro-
chen habe und wie er in Damaskus mutig und offen im Namen Jesu
aufgetreten sei. 28 So ging er bei ihnen in Jerusalem ein und aus, trat
unerschrocken im Namen des Herrn auf 29 und führte auch Streitge-
spräche mit den Hellenisten. Diese aber planten, ihn zu töten. 30 Als
die Brüder das merkten, brachten sie ihn nach Cäsarea hinab und
schickten ihn von dort nach Tarsus.
31 Die Kirche in ganz Judäa, Galiläa und Samarien hatte nun Frieden;
sie wurde gefestigt und lebte in der Furcht vor dem Herrn. Und sie
wuchs durch die Hilfe des Heiligen Geistes.

Die Aufnahme von Heiden in die Kirche

Petrus in Lydda und Joppe

32 Auf einer Reise zu den einzelnen Gemeinden kam Petrus auch zu
den Heiligen in Lydda. 33 Dort fand er einen Mann namens Äneas, der
seit acht Jahren lahm und bettlägerig war. 34 Petrus sagte zu ihm:
Äneas, Jesus Christus heilt dich. Steh auf, und richte dir dein Bett!
Sogleich stand er auf. 35 Und alle Bewohner von Lydda und der Scha-
ron-Ebene sahen ihn und bekehrten sich zum Herrn.
36 In Joppe lebte eine Jüngerin namens Tabita, das heißt übersetzt:
Gazelle. Sie tat viele gute Werke und gab reichlich Almosen. 37 In
jenen Tagen aber wurde sie krank und starb. Man wusch sie und
bahrte sie im Obergemach auf. 38 Weil aber Lydda nahe bei Joppe liegt
und die Jünger hörten, daß Petrus dort war, schickten sie zwei Männer
zu ihm und ließen ihn bitten: Komm zu uns, zögere nicht! 39 Da stand
Petrus auf und ging mit ihnen. Als er ankam, führten sie ihn in das
Obergemach hinauf; alle Witwen traten zu ihm, sie weinten und zeig-
ten ihm die Röcke und Mäntel, die Gazelle gemacht hatte, als sie noch
bei ihnen war. 40 Petrus aber schickte alle hinaus, kniete nieder und
betete. Dann wandte er sich zu dem Leichnam und sagte: Tabita, steh
auf! Da öffnete sie ihre Augen, sah Petrus an und setzte sich auf. 41 Er
gab ihr die Hand und ließ sie aufstehen; dann rief er die Heiligen und
die Witwen und zeigte ihnen, daß sie wieder lebte. 42 Das wurde in
ganz Joppe bekannt, und viele kamen zum Glauben an den Herrn.
43 Petrus aber blieb längere Zeit in Joppe bei einem gewissen Simon,
einem Gerber.

Die Vision des Hauptmanns Kornelius in Cäsarea

10 In Cäsarea lebte ein Mann namens Kornelius, Hauptmann
in der sogenannten Italischen Kohorte; 2 er lebte mit seinem
ganzen Haus fromm und gottesfürchtig, gab dem Volk reichlich
Almosen und betete beständig zu Gott. 3 Er sah um die neunte Tages-
stunde in einer Vision deutlich, wie ein Engel Gottes bei ihm eintrat
und zu ihm sagte: Kornelius! 4 Kornelius blickte ihn an und fragte
erschrocken: Was ist, Herr? Er sagte zu ihm: Deine Gebete und Almo-
sen sind zu Gott gelangt, und er hat sich an sie erinnert. 5 Schick jetzt
einige Männer nach Joppe, und laß einen gewissen Simon herbeiho-
len, der den Beinamen Petrus hat. 6 Er ist zu Gast bei einem Gerber
namens Simon, der ein Haus am Meer hat. 7 Als der Engel, der mit ihm
sprach, weggegangen war, rief Kornelius zwei seiner Haussklaven
und einen frommen Soldaten aus seinem Gefolge. 8 Er erzählte ihnen
alles und schickte sie nach Joppe.

Die Vision des Petrus in Joppe

9 Am folgenden Tag, als jene unterwegs waren und sich der Stadt
näherten, stieg Petrus auf das Dach, um zu beten; es war um die sech-
ste Stunde. 10 Da wurde er hungrig und wollte essen. Während man
etwas zubereitete, kam eine Verzückung über ihn. 11 Er sah den Him-
mel offen und eine Schale auf die Erde herabkommen, die aussah wie
ein großes Leinentuch, das an den vier Ecken gehalten wurde. 12 Darin
lagen alle möglichen Vierfüßler, Kriechtiere der Erde und Vögel des
Himmels. 13 Und eine Stimme rief ihm zu: Steh auf, Petrus, schlachte,
und iß! 14 Petrus aber antwortete: Niemals, Herr! Noch nie habe ich
etwas Unheiliges und Unreines gegessen. 15 Da richtete sich die
Stimme ein zweites Mal an ihn: Was Gott für rein erklärt, nenne du
nicht unrein! 16 Das geschah dreimal, dann wurde die Schale plötzlich
in den Himmel hinaufgezogen.

17 Petrus war noch ratlos und überlegte, was die Vision, die er gehabt
hatte, wohl bedeutete; inzwischen hatten sich die von Kornelius
gesandten Männer zum Haus des Simon durchgefragt und standen
am Tor. 18 Sie riefen und fragten, ob Simon mit dem Beinamen Petrus
hier zu Gast sei. 19 Während Petrus noch über die Vision nachdachte,
sagte der Geist zu ihm: Da sind zwei Männer und suchen dich. 20 Steh
auf, geh hinunter, und zieh ohne Bedenken mit ihnen; denn ich habe
sie geschickt. 21 Petrus stieg zu den Männern hinab und sagte: Ich bin
der, den ihr sucht. Aus welchem Grund seid ihr hier? 22 Sie antworte-
ten: Der Hauptmann Kornelius, ein gerechter und gottesfürchtiger
Mann, der beim ganzen Volk der Juden in gutem Ruf steht, hat von
einem heiligen Engel die Weisung erhalten, dich in sein Haus holen zu
lassen und zu hören, was du ihm zu sagen hast. 23a Da ließ er sie ein-
treten und bewirtete sie.

Die Taufe des Kornelius

23b Tags darauf machte sich Petrus mit ihnen auf den Weg, und einige
Brüder aus Joppe begleiteten ihn. 24 Am folgenden Tag kamen sie
nach Cäsarea. Kornelius erwartete sie schon und hatte seine Ver-
wandten und seine nächsten Freunde zusammengerufen. 25 Als nun
Petrus ankam, ging ihm Kornelius entgegen und warf sich ehrfürch-
tig vor ihm nieder. 26 Petrus aber richtete ihn auf und sagte: Steh auf!
Auch ich bin nur ein Mensch. 27 Während er sich mit ihm unterhielt,
ging er hinein und fand dort viele Menschen versammelt. 28 Da sagte
er zu ihnen: Ihr wißt, daß es einem Juden nicht erlaubt ist, mit einem
Nichtjuden zu verkehren oder sein Haus zu betreten; mir aber hat
Gott gezeigt, daß man keinen Menschen unheilig oder unrein nen-
nen darf. 29 Darum bin ich auch ohne Widerspruch gekommen, als
nach mir geschickt wurde. Nun frage ich: Warum habt ihr mich holen
lassen?
30 Da sagte Kornelius: Vor vier Tagen um diese Zeit war ich zum Gebet
der neunten Stunde in meinem Haus; da stand plötzlich ein Mann in
einem leuchtenden Gewand vor mir 31 und sagte: Kornelius, dein
Gebet wurde erhört, und deine Almosen wurden vor Gott in Erinne-
rung gebracht. 32 Schick jemand nach Joppe, und laß Simon, der den
Beinamen Petrus hat, holen; er ist Gast im Haus des Gerbers Simon
am Meer. 33 Sofort habe ich nach dir geschickt, und es ist gut, daß du
gekommen bist. Jetzt sind wir alle hier vor Gott zugegen, um all das
anzuhören, was dir vom Herrn aufgetragen worden ist.
34 Da begann Petrus zu reden und sagte: Wahrhaftig, jetzt begreife
ich, daß Gott nicht auf die Person sieht, 35 sondern daß ihm in jedem
Volk willkommen ist, wer ihn fürchtet und tut, was recht ist. 36 Er hat
das Wort den Israeliten gesandt, indem er den Frieden verkündete
durch Jesus Christus; dieser ist der Herr aller.
37 Ihr wißt, was im ganzen Land der Juden geschehen ist, angefangen
in Galiläa, nach der Taufe, die Johannes verkündet hat: 38 wie Gott
Jesus von Nazaret gesalbt hat mit dem Heiligen Geist und mit Kraft,
wie dieser umherzog, Gutes tat und alle heilte, die in der Gewalt des
Teufels waren; denn Gott war mit ihm. 39 Und wir sind Zeugen für
alles, was er im Land der Juden und in Jerusalem getan hat. Ihn haben
sie *an den Pfahl gehängt* und getötet. 40 Gott aber hat ihn am dritten Tag
auferweckt und hat ihn erscheinen lassen, 41 zwar nicht dem ganzen
Volk, wohl aber den von Gott vorherbestimmten Zeugen: uns, die wir
mit ihm nach seiner Auferstehung von den Toten gegessen und
getrunken haben. 42 Und er hat uns geboten, dem Volk zu verkündigen
und zu bezeugen: Das ist der von Gott eingesetzte Richter der Leben-
den und der Toten. 43 Von ihm bezeugen alle Propheten, daß jeder, der
an ihn glaubt, durch seinen Namen die Vergebung der Sünden emp-
fängt.
44 Noch während Petrus dies sagte, kam der Heilige Geist auf alle
herab, die das Wort hörten. 45 Die gläubig gewordenen Juden, die mit
Petrus gekommen waren, konnten es nicht fassen, daß auch auf die
Heiden die Gabe des Heiligen Geistes ausgegossen wurde. 46 Denn sie
hörten sie in Zungen reden und Gott preisen. Petrus aber sagte:
47 Kann jemand denen das Wasser zur Taufe verweigern, die ebenso
wie wir den Heiligen Geist empfangen haben? 48 Und er ordnete an,
sie im Namen Jesu Christi zu taufen. Danach baten sie ihn, einige Tage
zu bleiben.

Die Rechenschaft des Petrus vor der Gemeinde in Jerusalem

11 Die Apostel und die Brüder in Judäa erfuhren, daß auch die
Heiden das Wort Gottes angenommen hatten. 2 Als nun
Petrus nach Jerusalem hinaufkam, hielten ihm die gläubig geworde-
nen Juden vor: 3 Du hast das Haus von Unbeschnittenen betreten und
hast mit ihnen gegessen.
4 Da begann Petrus, ihnen der Reihe nach zu berichten: 5 Ich war in der
Stadt Joppe und betete; da hatte ich in einer Verzückung eine Vision:
Eine Schale, die aussah wie ein großes Leinentuch, das an den vier
Ecken gehalten wurde, senkte sich aus dem Himmel bis zu mir herab.
6 Als ich genauer hinschaute, sah ich darin die Vierfüßler der Erde, die
wilden Tiere, die Kriechtiere und die Vögel des Himmels. 7 Ich hörte
auch eine Stimme, die zu mir sagte: Steh auf, Petrus, schlachte, und
iß! 8 Ich antwortete: Niemals, Herr! Noch nie ist etwas Unheiliges oder
Unreines in meinen Mund gekommen. 9 Doch zum zweitenmal kam
eine Stimme vom Himmel; sie sagte: Was Gott für rein erklärt hat,
nenne du nicht unrein! 10 Das geschah dreimal, dann wurde alles wie-
der in den Himmel hinaufgezogen. 11 Da standen auf einmal drei Män-
ner vor dem Haus, in dem ich wohnte; sie waren aus Cäsarea zu mir
geschickt worden. 12 Der Geist aber sagte mir, ich solle ohne Beden-
ken mit ihnen gehen. Auch diese sechs Brüder zogen mit mir, und wir
kamen in das Haus jenes Mannes. 13 Er erzählte uns, wie er in seinem
Haus den Engel stehen sah, der zu ihm sagte: Schick jemand nach
Joppe, und laß Simon, der Petrus genannt wird, holen. 14 Er wird dir
Worte sagen, durch die du mit deinem ganzen Haus gerettet werden
wirst. 15 Während ich redete, kam der Heilige Geist auf sie herab, wie
am Anfang auf uns. 16 Da erinnerte ich mich an das Wort des Herrn:
Johannes hat mit Wasser getauft, ihr aber werdet mit dem Heiligen
Geist getauft werden. 17 Wenn nun Gott ihnen, nachdem sie zum
Glauben an Jesus Christus, den Herrn, gekommen sind, die gleiche
Gabe verliehen hat wie uns: wer bin ich, daß ich Gott hindern könnte?
18 Als sie das hörten, beruhigten sie sich, priesen Gott und sagten:
Gott hat also auch den Heiden die Umkehr zum Leben geschenkt.

Die Entstehung einer christlichen Gemeinde in Antiochia

19 Bei der Verfolgung, die wegen Stephanus entstanden war, kamen
die Versprengten bis nach Phönizien, Zypern und Antiochia; doch ver-
kündeten sie das Wort nur den Juden. 20 Einige aber von ihnen, die aus
Zypern und Zyrene stammten, verkündeten, als sie nach Antiochia
kamen, auch den Griechen das Evangelium von Jesus, dem Herrn.
21 Die Hand des Herrn war mit ihnen, und viele wurden gläubig und
bekehrten sich zum Herrn. 22 Die Nachricht davon kam der Gemeinde
von Jerusalem zu Ohren, und sie schickten Barnabas nach Antiochia.
23 Als er ankam und die Gnade Gottes sah, freute er sich und ermahnte
alle, dem Herrn treu zu bleiben, wie sie es sich vorgenommen hatten.
24 Denn er war ein trefflicher Mann, erfüllt vom Heiligen Geist und
von Glauben. So wurde für den Herrn eine beträchtliche Zahl hinzu-
gewonnen. 25 Barnabas aber zog nach Tarsus, um Saulus aufzusu-
chen. 26 Er fand ihn und nahm ihn nach Antiochia mit. Dort wirkten
sie miteinander ein volles Jahr in der Gemeinde und unterrichteten
eine große Zahl von Menschen. In Antiochia nannte man die Jünger
zum erstenmal Christen.

Die Spende der Gemeinde von Antiochia für die Christen in Judäa

27 In jenen Tagen kamen von Jerusalem Propheten nach Antiochia
hinab. 28 Einer von ihnen namens Agabus trat auf und weissagte durch
den Geist, eine große Hungersnot werde über die ganze Erde kom-
men. Sie brach dann unter Klaudius aus. 29 Man beschloß, jeder von
den Jüngern solle nach seinem Vermögen den Brüdern in Judäa etwas
zur Unterstützung senden. 30 Das taten sie auch und schickten ihre
Gaben durch Barnabas und Saulus an die Ältesten.

Die Hinrichtung des Jakobus und die Verhaftung des Petrus
12 Um jene Zeit ließ der König Herodes einige aus der
Gemeinde verhaften und mißhandeln. 2 Jakobus, den Bru-
der des Johannes, ließ er mit dem Schwert hinrichten. 3 Als er sah, daß
es den Juden gefiel, ließ er auch Petrus festnehmen. Das geschah in
den Tagen der Ungesäuerten Brote. 4 Er nahm ihn also fest und warf
ihn ins Gefängnis. Die Bewachung übertrug er vier Abteilungen von je
vier Soldaten. Er beabsichtigte, ihn nach dem Paschafest dem Volk
vorführen zu lassen. 5 Petrus wurde also im Gefängnis bewacht. Die
Gemeinde aber betete inständig für ihn zu Gott.

Die wunderbare Befreiung des Petrus
6 In der Nacht, ehe Herodes ihn vorführen lassen wollte, schlief Petrus,
mit zwei Ketten gefesselt, zwischen zwei Soldaten; vor der Tür aber
bewachten Posten den Kerker. 7 Plötzlich trat ein Engel des Herrn ein,
und ein helles Licht strahlte in den Raum. Er stieß Petrus in die Seite,
weckte ihn und sagte: Schnell, steh auf! Da fielen die Ketten von seinen
Händen. 8 Der Engel aber sagte zu ihm: Gürte dich, und zieh deine
Sandalen an! Er tat es. Und der Engel sagte zu ihm: Wirf deinen Mantel
um, und folge mir! 9 Dann ging er hinaus, und Petrus folgte ihm, ohne
zu wissen, daß es Wirklichkeit war, was durch den Engel geschah; es
kam ihm vor, als habe er eine Vision. 10 Sie gingen an der ersten und an
der zweiten Wache vorbei und kamen an das eiserne Tor, das in die
Stadt führt; es öffnete sich ihnen von selbst. Sie traten hinaus und gin-
gen eine Gasse weit; und auf einmal verließ ihn der Engel.
11 Da kam Petrus zu sich und sagte: Nun weiß ich wahrhaftig, daß der
Herr seinen Engel gesandt und mich der Hand des Herodes entrissen
hat und all dem, was das Volk der Juden erhofft hat. 12 Als er sich dar-
über klar geworden war, ging er zum Haus der Maria, der Mutter des
Johannes mit dem Beinamen Markus, wo nicht wenige versammelt
waren und beteten. 13 Als er am Außentor klopfte, kam eine Magd
namens Rhode, um zu öffnen. 14 Sie erkannte die Stimme des Petrus,
doch vor Freude machte sie das Tor nicht auf, sondern lief hinein und
berichtete: Petrus steht vor dem Tor. 15 Da sagten sie zu ihr: Du bist
nicht bei Sinnen. Doch sie bestand darauf, es sei so. Da sagten sie: Es
ist sein Engel. 16 Petrus aber klopfte noch immer. Als sie öffneten und
ihn sahen, staunten sie. 17 Er gab ihnen mit der Hand ein Zeichen zu
schweigen und erzählte ihnen, wie der Herr ihn aus dem Gefängnis
herausgeführt hatte. Er sagte: Berichtet das dem Jakobus und den Brü-
dern! Dann verließ er sie und ging an einen anderen Ort.
18 Als es Tag wurde, herrschte bei den Soldaten große Aufregung dar-
über, was wohl mit Petrus geschehen sei. 19a Herodes aber ließ ihn
suchen, und da man ihn nicht fand, verhörte er die Wachen und
befahl, sie abzuführen.

Der Tod des Herodes Agrippa
19b Dann zog Herodes von Judäa nach Cäsarea hinab und blieb dort.
20 Er war über die Bewohner von Tyrus und Sidon sehr aufgebracht. Sie
kamen gemeinsam zu ihm, gewannen Blastus, den Kämmerer des
Königs, für sich und baten um Frieden, weil sie ihre Nahrung aus dem
Land des Königs bezogen. 21 Am festgesetzten Tag nahm Herodes im
Königsgewand auf der Tribüne Platz und hielt vor ihnen eine feierliche
Ansprache. 22 Das Volk aber schrie: Die Stimme eines Gottes, nicht
eines Menschen! 23 Im selben Augenblick schlug ihn ein Engel des
Herrn, weil er nicht Gott die Ehre gegeben hatte. Und von Würmern
zerfressen, starb er.

Die Rückkehr des Barnabas und des Saulus nach Antiochia
24 Das Wort des Herrn aber wuchs und breitete sich aus. 25 Nachdem
Barnabas und Saulus in Jerusalem ihre Aufgabe erfüllt hatten, kehrten
sie zurück; Johannes mit dem Beinamen Markus nahmen sie mit.

Die Kirche unter den Völkern

Die Aussendung des Barnabas und des Saulus
13 In der Gemeinde von Antiochia gab es Propheten und Leh-
rer: Barnabas und Simeon, genannt Niger, Luzius von
Zyrene, Manaën, ein Jugendgefährte des Tetrarchen Herodes, und
Saulus. 2 Als sie zu Ehren des Herrn Gottesdienst feierten und faste-
ten, sprach der Heilige Geist: Wählt mir Barnabas und Saulus zu dem
Werk aus, zu dem ich sie mir berufen habe. 3 Da fasteten und beteten
sie, legten ihnen die Hände auf und ließen sie ziehen.

Die erste Missionsreise des Paulus

Von Antiochia über Zypern bis Perge
4 Vom Heiligen Geist ausgesandt, zogen sie nach Seleuzia hinab und
segelten von da nach Zypern. 5 Als sie in Salamis angekommen waren,
verkündeten sie das Wort Gottes in den Synagogen der Juden. Johannes
hatten sie als Helfer bei sich. 6 Sie durchzogen die ganze Insel bis
Paphos. Dort trafen sie einen Mann namens Barjesus, einen Zauberer
und falschen Propheten, der Jude war 7 und zum Gefolge des Prokon-
suls Sergius Paulus, eines verständigen Mannes, gehörte. Dieser ließ
Barnabas und Saulus rufen und wünschte, von ihnen das Wort Gottes zu
hören. 8 Aber Elymas, der Zauberer – so wird nämlich der Name Elymas
übersetzt –, trat gegen sie auf und wollte den Prokonsul vom Glauben
abhalten. 9 Saulus, der auch Paulus heißt, blickte ihn, vom Heiligen
Geist erfüllt, an 10 und sagte: Du elender und gerissener Betrüger, du
Sohn des Teufels, du Feind aller Gerechtigkeit, willst du nicht endlich
aufhören, die geraden Wege des Herrn zu durchkreuzen? 11 Jetzt kommt
die Hand des Herrn über dich. Du wirst blind sein und eine Zeitlang die
Sonne nicht mehr sehen. Im selben Augenblick fiel Finsternis und Dun-
kel auf ihn, er tappte umher und suchte jemand, der ihn an der Hand
führte. 12 Als der Prokonsul das alles sah, wurde er gläubig, denn er war
betroffen von der Lehre des Herrn. 13 Von Paphos fuhr Paulus mit seinen
Begleitern ab und kam nach Perge in Pamphylien. Johannes aber trennte
sich von ihnen und kehrte nach Jerusalem zurück.

Das Wirken des Barnabas und des Paulus in Antiochia in Pisidien
14 Sie selbst wanderten von Perge weiter und kamen nach Antiochia in
Pisidien. Dort gingen sie am Sabbat in die Synagoge und setzten sich.
15 Nach der Lesung aus dem Gesetz und den Propheten schickten die
Synagogenvorsteher zu ihnen und ließen ihnen sagen: Brüder, wenn
ihr ein Wort des Trostes für das Volk habt, so redet.
16 Da stand Paulus auf, gab mit der Hand ein Zeichen und sagte: Ihr
Israeliten und ihr Gottesfürchtigen, hört! 17 Der Gott dieses Volkes
Israel hat unsere Väter erwählt und das Volk in der Fremde erhöht, in
Ägypten; *er hat sie mit hoch erhobenem Arm von dort herausgeführt* 18 *und*
fast vierzig Jahre durch die Wüste getragen. 19 *Sieben Völker hat er im Land*
Kanaan vernichtet und ihr Land ihnen zum Besitz gegeben, 20 für etwa vier-
hundertfünfzig Jahre. Danach hat er ihnen Richter gegeben bis zum
Propheten Samuel. 21 Dann verlangten sie einen König, und Gott gab
ihnen Saul, den Sohn des Kisch, einen Mann aus dem Stamm Benja-
min, für vierzig Jahre. 22 Nachdem er ihn verworfen hatte, erhob er
David zu ihrem König, von dem er bezeugte: *Ich habe David, den Sohn*
des Isai, als einen Mann nach meinem Herzen gefunden, der alles, was ich
will, vollbringen wird. 23 Aus seinem Geschlecht hat Gott dem Volk
Israel, der Verheißung gemäß, Jesus als Retter geschickt. 24 Vor des-
sen Auftreten hat Johannes dem ganzen Volk Israel Umkehr und
Taufe verkündigt. 25 Als Johannes aber seinen Lauf vollendet hatte,
sagte er: Ich bin nicht der, für den ihr mich haltet; aber seht, nach
mir kommt einer, dem die Sandalen von den Füßen zu lösen ich
nicht wert bin.
26 Brüder, ihr Söhne aus Abrahams Geschlecht und ihr Gottesfürchti-
gen! Uns wurde das Wort dieses Heils gesandt. 27 Denn die Einwoh-
ner von Jerusalem und ihre Führer haben Jesus nicht erkannt, aber sie

Marc Chagall
Die weiße Kreuzigung
(1938)

»Da erhoben sich einige aus dem Kreis der Pharisäer, die gläubig geworden waren, und sagten: Man muß sie beschneiden und von ihnen fordern, am Gesetz des Mose festzuhalten« (Apg 15,5). Jesus war Jude. Verlangt der Glaube an Christus folglich die Konversion zum Judentum? Dies ist die Kernfrage des Apostelkonzils in Jerusalem, das am Ende den von Paulus beschrittenen Weg der außerjüdischen Mission bestätigt. Marc Chagalls Gemälde aus dem Jahr 1938 schließt sich jener Feststellung an. Jesu Leiden und Tod am Kreuz erfährt seine vieltausendfache Widerspiegelung in den Leiden des verfolgten jüdischen Volkes. Rechts oben steht eine geplünderte Synagoge – mit dem Davidstern am halbrunden Giebelfeld und den beiden Gesetzestafeln darüber – in Flammen. Dem deutschen (»Reichskristallnacht« 1938) entspricht links das russische Judenpogrom unter wehenden roten Fahnen. Die Figuren im Vordergrund verkörpern das Elend der Vertreibung; noch konnte Chagall nicht ahnen, daß diese sich in Völkermord verwandeln würde. Inmitten der Leidenslandschaft fällt weißes Licht auf das Kreuz. Aus dieser Lichtbahn heraus wendet sich eine über dem Kreuz schwebende, auf den Gekreuzigten deutende Gestalt mit lautem Ruf einer Gruppe von Vertriebenen zu. Sollen sie in Jesus ihren Erlöser erkennen? Wir können, aus der Sicht von Chagalls Gesamtwerk, sowohl eine messianische als auch – im Sinne der paulinischen Verkündigung – eine national-religiöse Deutung jener Geste der prophetisch anmutenden Gestalt ausschließen. Jesus ist der Menschenbruder, dessen Kreuz allerdings in das Licht des Mysteriums getaucht ist. Im Licht, das von oben kommt und am Fuß des Kreuzes auf den Schein von Kerzen trifft, wird die Verwurzelung Chagalls im mystisch geprägten Chassidismus spürbar.

haben die Worte der Propheten, die an jedem Sabbat vorgelesen wer-
den, erfüllt und haben ihn verurteilt. 28 Obwohl sie nichts fanden,
wofür er den Tod verdient hätte, forderten sie von Pilatus seine Hin-
richtung. 29 Als sie alles vollbracht hatten, was in der Schrift über ihn
gesagt ist, nahmen sie ihn vom Kreuzesholz und legten ihn ins Grab.
30 Gott aber hat ihn von den Toten auferweckt, 31 und er ist viele Tage
hindurch denen erschienen, die mit ihm zusammen von Galiläa nach
Jerusalem hinaufgezogen waren und die jetzt vor dem Volk seine Zeu-
gen sind. 32 So verkünden wir euch das Evangelium: Gott hat die Ver-
heißung, die an die Väter ergangen ist, 33 an uns, ihren Kindern,
erfüllt, indem er Jesus auferweckt hat, wie es schon im zweiten Psalm
heißt: *Mein Sohn bist du, heute habe ich dich gezeugt.* 34 Daß er ihn aber
von den Toten auferweckt hat, um ihn nicht mehr zur Verwesung
zurückkehren zu lassen, hat er so ausgedrückt: *Ich will euch die Heils-
gaben gewähren, die ich David fest zugesagt habe.* 35 Darum sagt er auch an
einer anderen Stelle: *Du läßt deinen Frommen nicht die Verwesung schauen.*
36 David aber ist, nachdem er seinen Zeitgenossen gedient hatte,
nach Gottes Willen entschlafen und mit seinen Vätern vereint wor-
den. Er hat die Verwesung gesehen; 37 der aber, den Gott aufer-
weckte, hat die Verwesung nicht gesehen. 38 Ihr sollt also wissen,
meine Brüder: Durch diesen wird euch die Vergebung der Sünden
verkündet, und in allem, worin euch das Gesetz des Mose nicht
gerecht machen konnte, 39 wird jeder, der glaubt, durch ihn gerecht
gemacht. 40 Gebt also acht, daß nicht eintrifft, was bei den Propheten
gesagt ist: 41 *Schaut hin, ihr Verächter, staunt und erstarrt! Denn ich voll-*

bringe in euren Tagen eine Tat – würde man euch von dieser Tat erzählen, ihr
glaubtet es nicht.
42 Als sie hinausgingen, bat man sie, am nächsten Sabbat über diese
Worte zu ihnen zu sprechen. 43 Und als die Versammlung sich aufge-
löst hatte, schlossen sich viele Juden und fromme Proselyten Paulus
und Barnabas an. Diese redeten mit ihnen und ermahnten sie, der
Gnade Gottes treu zu bleiben.
44 Am folgenden Sabbat versammelte sich fast die ganze Stadt, um
das Wort des Herrn zu hören. 45 Als die Juden die Scharen sahen, wur-
den sie eifersüchtig, widersprachen den Worten des Paulus und
stießen Lästerungen aus.
46 Paulus und Barnabas aber erklärten freimütig: Euch mußte das
Wort Gottes zuerst verkündet werden. Da ihr es aber zurückstoßt und
euch des ewigen Lebens unwürdig zeigt, wenden wir uns jetzt an die
Heiden. 47 Denn so hat uns der Herr aufgetragen:
Ich habe dich zum Licht für die Völker gemacht,
bis an das Ende der Erde sollst du das Heil sein.
48 Als die Heiden das hörten, freuten sie sich und priesen das Wort des
Herrn; und alle wurden gläubig, die für das ewige Leben bestimmt
waren. 49 Das Wort des Herrn aber verbreitete sich in der ganzen
Gegend. 50 Die Juden jedoch hetzten die vornehmen gottesfürchtigen
Frauen und die Ersten der Stadt auf, veranlaßten eine Verfolgung
gegen Paulus und Barnabas und vertrieben sie aus ihrem Gebiet.
51 Diese aber schüttelten gegen sie den Staub von ihren Füßen und
zogen nach Ikonion. 52 Und die Jünger waren voll Freude und erfüllt
vom Heiligen Geist.

In Ikonion, Lystra und Derbe

14 In Ikonion gingen sie ebenfalls in die Synagoge der Juden
und redeten in dieser Weise, und eine große Zahl von Juden
und Griechen wurde gläubig. 2 Die Juden aber, die sich widersetzten,
erregten und erbitterten die Heiden gegen die Brüder. 3 Längere Zeit
nun blieben sie dort und predigten freimütig im Vertrauen auf den
Herrn; er legte Zeugnis ab für das Wort seiner Gnade, indem er durch
die Hände der Apostel Zeichen und Wunder geschehen ließ. 4 Doch
das Volk in der Stadt spaltete sich; die einen hielten zu den Juden, die
andern zu den Aposteln. 5 Als die Apostel merkten, daß die Heiden
und die Juden zusammen mit ihren Führern entschlossen waren, sie
zu mißhandeln und zu steinigen, 6 flohen sie in die Städte von Lykao-
nien, Lystra und Derbe, und in deren Umgebung. 7 Dort verkündeten
sie das Evangelium.
8 In Lystra war ein Mann, der von Geburt an gelähmt war; er saß ohne
Kraft in den Füßen da und hatte nie gehen können. 9 Er hörte der Pre-
digt des Paulus zu. Dieser blickte ihm fest ins Auge; und da er sah, daß
der Mann darauf vertraute, gerettet zu werden, 10 rief er laut: Steh auf!
Stell dich aufrecht auf deine Füße! Da sprang der Mann auf und ging
umher. 11 Als die Menge sah, was Paulus getan hatte, fing sie an zu
schreien und rief auf lykaonisch: Die Götter sind in Menschengestalt
zu uns herabgestiegen. 12 Und sie nannten den Barnabas Zeus, den
Paulus aber Hermes, weil er der Wortführer war. 13 Der Priester des
»Zeus vor der Stadt« brachte Stiere und Kränze an die Tore und wollte
zusammen mit der Volksmenge ein Opfer darbringen. 14 Als die Apo-
stel Barnabas und Paulus davon hörten, zerrissen sie ihre Kleider,
sprangen unter das Volk und riefen: 15 Männer, was tut ihr? Auch wir
sind nur Menschen, von gleicher Art wie ihr; wir bringen euch das
Evangelium, damit ihr euch von diesen nichtigen Götzen zu dem
lebendigen Gott bekehrt, der *den Himmel, die Erde und das Meer geschaf-*
fen hat und alles, was dazugehört. 16 Er ließ in den vergangenen Zeiten
alle Völker ihre Wege gehen. 17 Und doch hat er sich nicht unbezeugt
gelassen: Er tat Gutes, gab euch vom Himmel her Regen und frucht-
bare Zeiten; mit Nahrung und mit Freude erfüllte er euer Herz. 18 Doch
selbst mit diesen Worten konnten sie die Volksmenge kaum davon
abbringen, ihnen zu opfern.
19 Von Antiochia und Ikonion aber kamen Juden und überredeten die
Volksmenge. Und sie steinigten den Paulus und schleiften ihn zur
Stadt hinaus, in der Meinung, er sei tot. 20 Als aber die Jünger ihn
umringten, stand er auf und ging in die Stadt. Am anderen Tag zog er
mit Barnabas nach Derbe weiter.

Rückkehr nach Syrien

21 Als sie dieser Stadt das Evangelium verkündet und viele Jünger
gewonnen hatten, kehrten sie nach Lystra, Ikonion und Antiochia
zurück. 22 Sie sprachen den Jüngern Mut zu und ermahnten sie, treu
am Glauben festzuhalten; sie sagten: Durch viele Drangsale müssen
wir in das Reich Gottes gelangen. 23 In jeder Gemeinde bestellten sie
durch Handauflegung Älteste und empfahlen sie mit Gebet und
Fasten dem Herrn, an den sie nun glaubten. 24 Nachdem sie durch
Pisidien gezogen waren, kamen sie nach Pamphylien, 25 verkündeten
in Perge das Wort und gingen dann nach Attalia hinab. 26 Von dort
fuhren sie mit dem Schiff nach Antiochia, wo man sie für das Werk,
das sie nun vollbracht hatten, der Gnade Gottes empfohlen hatte.
27 Als sie dort angekommen waren, riefen sie die Gemeinde zusam-
men und berichteten alles, was Gott mit ihnen zusammen getan und
daß er den Heiden die Tür zum Glauben geöffnet hatte. 28 Und sie
blieben noch längere Zeit bei den Jüngern.

Das Apostelkonzil in Jerusalem

Die Streitfrage

15 Es kamen einige Leute von Judäa herab und lehrten die Brü-
der: Wenn ihr euch nicht nach dem Brauch des Mose
beschneiden laßt, könnt ihr nicht gerettet werden. 2 Nach großer Auf-
regung und heftigen Auseinandersetzungen zwischen ihnen und Pau-
lus und Barnabas beschloß man, Paulus und Barnabas und einige
andere von ihnen sollten wegen dieser Streitfrage zu den Aposteln und
den Ältesten nach Jerusalem hinaufgehen. 3 Sie wurden von der
Gemeinde feierlich verabschiedet und zogen durch Phönizien und
Samarien; dabei berichteten sie den Brüdern von der Bekehrung der
Heiden und bereiteten damit allen große Freude. 4 Bei ihrer Ankunft in
Jerusalem wurden sie von der Gemeinde und von den Aposteln und den
Ältesten empfangen. Sie erzählten alles, was Gott mit ihnen zusam-
men getan hatte. 5 Da erhoben sich einige aus dem Kreis der Pharisäer,
die gläubig geworden waren, und sagten: Man muß sie beschneiden
und von ihnen fordern, am Gesetz des Mose festzuhalten.

Die Versammlung der Apostel und der Ältesten mit der Gemeinde

6 Die Apostel und die Ältesten traten zusammen, um die Frage zu prü-
fen. 7 Als ein heftiger Streit entstand, erhob sich Petrus und sagte zu
ihnen: Brüder, wie ihr wißt, hat Gott schon längst hier bei euch die
Entscheidung getroffen, daß die Heiden durch meinen Mund das
Wort des Evangeliums hören und zum Glauben gelangen sollen.
8 Und Gott, der die Herzen kennt, bestätigte dies, indem er ihnen
ebenso wie uns den Heiligen Geist gab. 9 Er machte keinerlei Unter-
schied zwischen uns und ihnen; denn er hat ihre Herzen durch den
Glauben gereinigt. 10 Warum stellt ihr also jetzt Gott auf die Probe
und legt den Jüngern ein Joch auf den Nacken, das weder unsere Väter
noch wir tragen konnten? 11 Wir glauben im Gegenteil, durch die
Gnade Jesu, des Herrn, gerettet zu werden, auf die gleiche Weise wie
jene. 12 Da schwieg die ganze Versammlung. Und sie hörten Barnabas
und Paulus zu, wie sie erzählten, welch große Zeichen und Wunder
Gott durch sie unter den Heiden getan hatte.
13 Als sie geendet hatten, nahm Jakobus das Wort und sagte: Brüder,
hört mich an! 14 Simon hat berichtet, daß Gott selbst zuerst eingegrif-
fen hat, um aus den Heiden ein Volk für seinen Namen zu gewinnen.
15 Damit stimmen die Worte der Propheten überein, die geschrieben
haben:
16 *Danach werde ich mich umwenden / und die zerfallene Hütte Davids wieder*
aufrichten; / ich werde sie aus ihren Trümmern wieder aufrichten / und werde
sie wiederherstellen,

17 *damit die übrigen Menschen den Herrn suchen, / auch alle Völker, / über*
denen mein Name ausgerufen ist – / spricht der Herr, der das ausführt,
18 was ihm seit Ewigkeit bekannt ist.
19 Darum halte ich es für richtig, den Heiden, die sich zu Gott bekeh-
ren, keine Lasten aufzubürden; 20 man weise sie nur an, Verunreini-
gung durch Götzen(opferfleisch) und Unzucht zu meiden und weder
Ersticktes noch Blut zu essen. 21 Denn Mose hat seit ältesten Zeiten in
jeder Stadt seine Verkündiger, da er in den Synagogen an jedem Sabbat
verlesen wird.

Die Beschlüsse der Versammlung

22 Da beschlossen die Apostel und die Ältesten zusammen mit der
ganzen Gemeinde, Männer aus ihrer Mitte auszuwählen und sie
zusammen mit Paulus und Barnabas nach Antiochia zu senden, näm-
lich Judas, genannt Barsabbas, und Silas, führende Männer unter den
Brüdern. 23 Sie gaben ihnen folgendes Schreiben mit: Die Apostel und
die Ältesten, eure Brüder, grüßen die Brüder aus dem Heidentum in
Antiochia, in Syrien und Zilizien. 24 Wir haben gehört, daß einige von
uns, denen wir keinen Auftrag erteilt haben, euch mit ihren Reden
beunruhigt und eure Gemüter erregt haben. 25 Deshalb haben wir uns
geeinigt und beschlossen, Männer auszuwählen und zusammen mit
unseren lieben Brüdern Barnabas und Paulus zu euch zu schicken,
26 die beide für den Namen Jesu Christi, unseres Herrn, ihr Leben ein-
gesetzt haben. 27 Wir haben Judas und Silas abgesandt, die euch das
Gleiche auch mündlich mitteilen sollen. 28 Denn der Heilige Geist und
wir haben beschlossen, euch keine weitere Last aufzuerlegen als diese
notwendigen Dinge: 29 Götzenopferfleisch, Blut, Ersticktes und
Unzucht zu meiden. Wenn ihr euch davor hütet, handelt ihr richtig.
Lebt wohl!

Die Mitteilung der Beschlüsse an die Gemeinde von Antiochia

30 Man verabschiedete die Abgesandten, und sie zogen hinab nach
Antiochia, riefen die Gemeinde zusammen und übergaben ihr den
Brief. 31 Die Brüder lasen ihn und freuten sich über die Ermunterung.
32 Judas und Silas, selbst Propheten, sprachen ihnen mit vielen Worten
Mut zu und stärkten sie. 33 Nach einiger Zeit wurden sie von den Brü-
dern in Frieden wieder zu denen entlassen, die sie abgesandt hatten.
[34] 35 Paulus aber und Barnabas blieben in Antiochia und lehrten und
verkündeten mit vielen anderen das Wort des Herrn.

Die zweite Missionsreise des Paulus

Die Trennung des Paulus von Barnabas

36 Nach einiger Zeit sagte Paulus zu Barnabas: Wir wollen wieder auf-
brechen und sehen, wie es den Brüdern in all den Städten geht, in
denen wir das Wort des Herrn verkündet haben. 37 Barnabas wollte
auch den Johannes, genannt Markus, mitnehmen; 38 doch Paulus
bestand darauf, ihn nicht mitzunehmen, weil er sie in Pamphylien im
Stich gelassen hatte, nicht mit ihnen gezogen war und an ihrer Arbeit
nicht mehr teilgenommen hatte. 39 Es kam zu einer heftigen Ausein-
andersetzung, so daß sie sich voneinander trennten; Barnabas nahm
Markus mit und segelte nach Zypern. 40 Paulus aber wählte sich Silas
und reiste ab, nachdem die Brüder ihn der Gnade des Herrn empfoh-
len hatten. 41 Er zog durch Syrien und Zilizien und stärkte die
Gemeinden.

Paulus in Lykaonien

16 Er kam auch nach Derbe und nach Lystra. Dort war ein Jün-
ger namens Timotheus, der Sohn einer gläubig gewordenen
Jüdin und eines Griechen. 2 Er war Paulus von den Brüdern in Lystra
und Ikonion empfohlen worden. 3 Paulus wollte ihn als Begleiter mit-
nehmen und ließ ihn mit Rücksicht auf die Juden, die in jenen Gegen-
den wohnten, beschneiden; denn alle wußten, daß sein Vater ein
Grieche war. 4 Als sie nun durch die Städte zogen, überbrachten sie
ihnen die von den Aposteln und den Ältesten in Jerusalem gefaßten
Beschlüsse und trugen ihnen auf, sich daran zu halten. 5 So wurden
die Gemeinden im Glauben gestärkt und wuchsen von Tag zu Tag.

Durch Kleinasien bis Troas

6 Weil ihnen aber vom Heiligen Geist verwehrt wurde, das Wort in der
Provinz Asien zu verkünden, reisten sie durch Phrygien und das gala-
tische Land. 7 Sie zogen an Mysien entlang und versuchten, Bithynien
zu erreichen; doch auch das erlaubte ihnen der Geist Jesu nicht. 8 So
durchwanderten sie Mysien und kamen nach Troas hinab. 9 Dort hatte
Paulus in der Nacht eine Vision. Ein Mazedonier stand da und bat ihn:
Komm herüber nach Mazedonien, und hilf uns! 10 Auf diese Vision
hin wollten wir sofort nach Mazedonien abfahren; denn wir waren
überzeugt, daß uns Gott dazu berufen hatte, dort das Evangelium zu
verkünden.

Das Wirken des Paulus in Philippi

11 So brachen wir von Troas auf und fuhren auf dem kürzesten Weg
nach Samothrake und am folgenden Tag nach Neapolis. 12 Von dort
gingen wir nach Philippi, in eine Stadt im ersten Bezirk von Maze-
donien, eine Kolonie. In dieser Stadt hielten wir uns einige Tage auf.
13 Am Sabbat gingen wir durch das Stadttor hinaus an den Fluß, wo
wir eine Gebetsstätte vermuteten. Wir setzten uns und sprachen zu
den Frauen, die sich eingefunden hatten. 14 Eine Frau namens Lydia,
eine Purpurhändlerin aus der Stadt Thyatira, hörte zu; sie war eine
Gottesfürchtige, und der Herr öffnete ihr das Herz, so daß sie den
Worten des Paulus aufmerksam lauschte. 15 Als sie und alle, die zu
ihrem Haus gehörten, getauft waren, bat sie: Wenn ihr überzeugt seid,
daß ich fest an den Herrn glaube, kommt in mein Haus, und bleibt da.
Und sie drängte uns.
16 Als wir einmal auf dem Weg zur Gebetsstätte waren, begegnete uns
eine Magd, die einen Wahrsagegeist hatte und mit der Wahrsagerei
ihren Herren großen Gewinn einbrachte. 17 Sie lief Paulus und uns
nach und schrie: Diese Menschen sind Diener des höchsten Gottes;
sie verkünden euch den Weg des Heils. 18 Das tat sie viele Tage lang.
Da wurde Paulus ärgerlich, wandte sich um und sagte zu dem Geist:
Ich befehle dir im Namen Jesu Christi: Verlaß diese Frau! Und im glei-
chen Augenblick verließ er sie.
19 Als aber ihre Herren sahen, daß sie keinen Gewinn mehr erwarten
konnten, ergriffen sie Paulus und Silas, schleppten sie auf den Markt
vor die Stadtbehörden, 20 führten sie den obersten Beamten vor und
sagten: Diese Männer bringen Unruhe in unsere Stadt. Es sind Juden;
21 sie verkünden Sitten und Bräuche, die wir als Römer weder anneh-
men können noch ausüben dürfen. 22 Da erhob sich das Volk gegen
sie, und die obersten Beamten ließen ihnen die Kleider vom Leib
reißen und befahlen, sie mit Ruten zu schlagen. 23 Sie ließen ihnen
viele Schläge geben und sie ins Gefängnis bringen; dem Gefängnis-
wärter befahlen sie, sie in sicherem Gewahrsam zu halten. 24 Auf die-
sen Befehl hin warf er sie in das innere Gefängnis und schloß zur
Sicherheit ihre Füße in den Block. 25 Um Mitternacht beteten Paulus
und Silas und sangen Loblieder; und die Gefangenen hörten ihnen
zu. 26 Plötzlich begann ein gewaltiges Erdbeben, so daß die Grund-
mauern des Gefängnisses wankten. Mit einem Schlag sprangen die
Türen auf, und allen fielen die Fesseln ab. 27 Als der Gefängniswärter
aufwachte und alle Türen des Gefängnisses offen sah, zog er sein
Schwert, um sich zu töten; denn er meinte, die Gefangenen seien ent-
flohen. 28 Da rief Paulus laut: Tu dir nichts an! Wir sind alle noch da.
29 Jener rief nach Licht, stürzte hinein und fiel Paulus und Silas zitternd
zu Füßen. 30 Er führte sie hinaus und sagte: Ihr Herren, was muß ich
tun, um gerettet zu werden? 31 Sie antworteten: Glaube an Jesus, den
Herrn, und du wirst gerettet werden, du und dein Haus. 32 Und sie ver-
kündeten ihm und allen in seinem Haus das Wort Gottes. 33 Er nahm
sie in jener Nachtstunde bei sich auf, wusch ihre Striemen und ließ
sich sogleich mit allen seinen Angehörigen taufen. 34 Dann führte er
sie in seine Wohnung hinauf, ließ ihnen den Tisch decken und war

mit seinem ganzen Haus voll Freude, weil er zum Glauben an Gott
gekommen war.
35 Als es Tag wurde, schickten die obersten Beamten die Amtsdiener
und ließen sagen: Laß jene Männer frei! 36 Der Gefängniswärter über-
brachte Paulus die Nachricht: Die obersten Beamten haben (die Amts-
diener) hergeschickt und befohlen, euch freizulassen. Geht also, zieht
in Frieden! 37 Paulus aber sagte zu ihnen: Sie haben uns ohne Urteil
öffentlich auspeitschen lassen, obgleich wir römische Bürger sind,
und haben uns ins Gefängnis geworfen. Und jetzt möchten sie uns
heimlich fortschicken? Nein! Sie sollen selbst kommen und uns hin-
ausführen. 38 Die Amtsdiener meldeten es den obersten Beamten.
Diese erschraken, als sie hörten, es seien römische Bürger. 39 Und sie
kamen, um sie zu beschwichtigen, führten sie hinaus und baten sie,
die Stadt zu verlassen. 40 Vom Gefängnis aus gingen die beiden zu
Lydia. Dort fanden sie die Brüder, sprachen ihnen Mut zu und zogen
dann weiter.

Paulus in Thessalonich und Beröa

17 Auf dem Weg über Amphipolis und Apollonia kamen sie
nach Thessalonich. Dort hatten die Juden eine Synagoge.
2 Nach seiner Gewohnheit ging Paulus zu ihnen und redete an drei
Sabbaten zu ihnen, wobei er von den Schriften ausging. 3 Er legte sie
ihnen aus und erklärte, daß der Messias leiden und von den Toten
auferstehen mußte. Und er sagte: Jesus, den ich euch verkünde, ist
dieser Messias. 4 Einige von ihnen ließen sich überzeugen und schlos-
sen sich Paulus und Silas an, außerdem eine große Schar gottesfürch-
tiger Griechen, darunter nicht wenige Frauen aus vornehmen Krei-
sen.
5 Die Juden wurden eifersüchtig, holten sich einige nichtsnutzige
Männer, die sich auf dem Markt herumtrieben, wiegelten mit ihrer
Hilfe das Volk auf und brachten die Stadt in Aufruhr. Sie zogen zum
Haus des Jason und wollten die beiden vor das Volk führen. 6 Sie fan-
den sie aber nicht. Daher schleppten sie den Jason und einige Brüder
vor die Stadtpräfekten und schrien: Diese Leute, die die ganze Welt in
Aufruhr gebracht haben, sind jetzt auch hier, 7 und Jason hat sie auf-
genommen. Sie alle verstoßen gegen die Gesetze des Kaisers; denn sie
behaupten, ein anderer sei König, nämlich Jesus. 8 So brachten sie die
Menge und die Stadtpräfekten, die das hörten, in Erregung. 9 Diese
nahmen von Jason und den anderen eine Bürgschaft und ließen sie
frei.
10 Die Brüder schickten noch in der Nacht Paulus und Silas weiter nach
Beröa. Nach ihrer Ankunft gingen sie in die Synagoge der Juden.
11 Diese waren freundlicher als die in Thessalonich; mit großer Bereit-
schaft nahmen sie das Wort auf und forschten Tag für Tag in den
Schriften nach, ob sich dies wirklich so verhielte. 12 Viele von ihnen
wurden gläubig, und ebenso nicht wenige der vornehmen griechi-
schen Frauen und Männer. 13 Als aber die Juden von Thessalonich
erfuhren, daß Paulus auch in Beröa das Wort Gottes verkündete,
kamen sie dorthin, um das Volk aufzuwiegeln und aufzuhetzen. 14 Da
schickten die Brüder Paulus sogleich weg zum Meer hinunter. Silas
und Timotheus aber blieben zurück. 15 Die Begleiter des Paulus brach-
ten ihn nach Athen. Mit dem Auftrag an Silas und Timotheus, Paulus
möglichst rasch nachzukommen, kehrten sie zurück.

Paulus in Athen

16 Während Paulus in Athen auf sie wartete, erfaßte ihn heftiger Zorn;
denn er sah die Stadt voll von Götzenbildern. 17 Er redete in der Syna-
goge mit den Juden und Gottesfürchtigen, und auf dem Markt sprach
er täglich mit denen, die er gerade antraf. 18 Einige von den epikurei-
schen und stoischen Philosophen diskutierten mit ihm, und manche
sagten: Was will denn dieser Schwätzer? Andere aber: Es scheint ein
Verkünder fremder Gottheiten zu sein. Er verkündete nämlich das
Evangelium von Jesus und von der Auferstehung. 19 Sie nahmen ihn
mit, führten ihn zum Areopag und fragten: Können wir erfahren, was
das für eine neue Lehre ist, die du vorträgst? 20 Du bringst uns recht
befremdliche Dinge zu Gehör. Wir wüßten gern, worum es sich han-
delt. 21 Alle Athener und die Fremden dort taten nichts lieber, als die
letzten Neuigkeiten zu erzählen oder zu hören.
22 Da stellte sich Paulus in die Mitte des Areopags und sagte: Athener,
nach allem, was ich sehe, seid ihr besonders fromme Menschen.
23 Denn als ich umherging und mir eure Heiligtümer ansah, fand ich
auch einen Altar mit der Aufschrift: EINEM UNBEKANNTEN GOTT.
Was ihr verehrt, ohne es zu kennen, das verkünde ich euch. 24 Gott,
der die Welt erschaffen hat und alles in ihr, er, der Herr über Himmel
und Erde, wohnt nicht in Tempeln, die von Menschenhand gemacht
sind. 25 Er läßt sich auch nicht von Menschen bedienen, als brauche er
etwas: er, der allen das Leben, den Atem und alles gibt. 26 Er hat aus
einem einzigen Menschen das ganze Menschengeschlecht erschaf-
fen, damit es die ganze Erde bewohne. Er hat für sie bestimmte Zeiten
und die Grenzen ihrer Wohnsitze festgesetzt. 27 Sie sollten Gott
suchen, ob sie ihn ertasten und finden könnten; denn keinem von uns
ist er fern. 28 Denn in ihm leben wir, bewegen wir uns und sind wir,
wie auch einige von euren Dichtern gesagt haben: Wir sind von seiner
Art. 29 Da wir also von Gottes Art sind, dürfen wir nicht meinen, das
Göttliche sei wie ein goldenes oder silbernes oder steinernes Gebilde
menschlicher Kunst und Erfindung. 30 Gott, der über die Zeiten der
Unwissenheit hinweggesehen hat, läßt jetzt den Menschen verkün-
den, daß überall alle umkehren sollen. 31 Denn er hat einen Tag fest-
gesetzt, an dem *er den Erdkreis in Gerechtigkeit richten wird*, durch einen
Mann, den er dazu bestimmt und vor allen Menschen dadurch ausge-
wiesen hat, daß er ihn von den Toten auferweckte.
32 Als sie von der Auferstehung der Toten hörten, spotteten die einen,
andere aber sagten: Darüber wollen wir dich ein andermal hören. 33 So
ging Paulus aus ihrer Mitte weg. 34 Einige Männer aber schlossen sich
ihm an und wurden gläubig, unter ihnen auch Dionysius, der Areopa-
git, außerdem eine Frau namens Damaris und noch andere mit ihnen.

Paulus in Korinth

18 Hierauf verließ Paulus Athen und ging nach Korinth. 2 Dort
traf er einen aus Pontus stammenden Juden namens Aquila,
der vor kurzem aus Italien gekommen war, und dessen Frau Priszilla.
Klaudius hatte nämlich angeordnet, daß alle Juden Rom verlassen
müßten. Diesen beiden schloß er sich an, 3 und da sie das gleiche
Handwerk betrieben, blieb er bei ihnen und arbeitete dort. Sie waren
Zeltmacher von Beruf. 4 An jedem Sabbat lehrte er in der Synagoge und
suchte Juden und Griechen zu überzeugen. 5 Als aber Silas und Timo-
theus aus Mazedonien eingetroffen waren, widmete sich Paulus ganz
der Verkündigung und bezeugte den Juden, daß Jesus der Messias sei.
6 Als sie sich dagegen auflehnten und Lästerungen ausstießen, schüt-
telte er seine Kleider aus und sagte zu ihnen: Euer Blut komme über
euer Haupt! Ich bin daran unschuldig. Von jetzt an werde ich zu den
Heiden gehen.
7 Und er ging von da in das Haus eines gewissen Titius Justus hinüber,
eines Gottesfürchtigen, dessen Haus an die Synagoge grenzte. 8 Kris-
pus aber, der Synagogenvorsteher, kam mit seinem ganzen Haus zum
Glauben an den Herrn; und viele Korinther, die (Paulus) hörten, wur-
den gläubig und ließen sich taufen. 9 Der Herr aber sagte nachts in
einer Vision zu Paulus: Fürchte dich nicht! Rede nur, schweige nicht!
10 Denn ich bin mit dir, niemand wird dir etwas antun. Viel Volk näm-
lich gehört mir in dieser Stadt. 11 So blieb Paulus ein Jahr und sechs
Monate und lehrte bei ihnen das Wort Gottes.
12 Als aber Gallio Prokonsul von Achaia war, traten die Juden einmütig
gegen Paulus auf, brachten ihn vor den Richterstuhl 13 und sagten:
Dieser verführt die Menschen zu einer Gottesverehrung, die gegen
das Gesetz verstößt. 14 Als Paulus etwas erwidern wollte, sagte Gallio
zu den Juden: Läge hier ein Vergehen oder Verbrechen vor, ihr Juden,
so würde ich eure Klage ordnungsgemäß behandeln. 15 Streitet ihr
jedoch über Lehre und Namen und euer Gesetz, dann seht selber zu!
Darüber will ich nicht Richter sein. 16 Und er wies sie vom Richterstuhl
weg. 17 Da ergriffen alle den Synagogenvorsteher Sosthenes und ver-

prügelten ihn vor dem Richterstuhl. Gallio aber kümmerte sich nicht
darum.

Die Rückkehr des Paulus über Ephesus nach Antiochia

18 Paulus blieb noch längere Zeit. Dann verabschiedete er sich von den
Brüdern und segelte zusammen mit Priszilla und Aquila nach Syrien
ab. In Kenchreä hatte er sich aufgrund eines Gelübdes den Kopf kahl-
scheren lassen. 19 Sie gelangten nach Ephesus. Dort trennte er sich
von den beiden; er selbst ging in die Synagoge und redete zu den
Juden. 20 Sie baten ihn, noch länger zu bleiben; aber er wollte nicht,
21 sondern verabschiedete sich und sagte: Ich werde wieder zu euch
kommen, wenn Gott es will. So fuhr er von Ephesus ab, 22 landete in
Cäsarea, zog (nach Jerusalem) hinauf, begrüßte dort die Gemeinde
und ging dann nach Antiochia hinab.

Die dritte Missionsreise des Paulus

23 Nachdem er dort einige Zeit geblieben war, zog er weiter, durch-
wanderte zuerst das galatische Land, dann Phrygien, und stärkte alle
Jünger.

Die Missionsarbeit des Apollos in Ephesus

24 Ein Jude namens Apollos kam nach Ephesus. Er stammte aus Alex-
andria, war redekundig und in der Schrift bewandert. 25 Er war unter-
wiesen im Weg des Herrn. Er sprach mit glühendem Geist und trug die
Lehre von Jesus genau vor; doch kannte er nur die Taufe des Johannes.
26 Er begann, offen in der Synagoge zu sprechen. Priszilla und Aquila
hörten ihn, nahmen ihn zu sich und legten ihm den Weg Gottes noch
genauer dar. 27 Als er nach Achaia gehen wollte, ermunterten ihn die
Brüder dazu und schrieben den Jüngern, sie möchten ihn freundlich
aufnehmen. Nach seiner Ankunft wurde er den Gläubigen durch die
Gnade eine große Hilfe. 28 Denn mit Nachdruck widerlegte er die Juden,
indem er öffentlich aus der Schrift nachwies, daß Jesus der Messias sei.

Die Begegnung des Paulus mit Johannesjüngern

19 Während Apollos sich in Korinth aufhielt, durchwanderte
Paulus das Hochland und kam nach Ephesus hinab. 2 Er traf
einige Jünger und fragte sie: Habt ihr den Heiligen Geist empfangen,
als ihr gläubig wurdet? Sie antworteten ihm: Wir haben noch nicht
einmal gehört, daß es einen Heiligen Geist gibt. 3 Da fragte er: Mit
welcher Taufe seid ihr denn getauft worden? Sie antworteten: Mit der
Taufe des Johannes. 4 Paulus sagte: Johannes hat mit der Taufe der
Umkehr getauft und das Volk gelehrt, sie sollten an den glauben, der
nach ihm komme: an Jesus. 5 Als sie das hörten, ließen sie sich auf den
Namen Jesu, des Herrn, taufen. 6 Paulus legte ihnen die Hände auf,
und der Heilige Geist kam auf sie herab; sie redeten in Zungen und
weissagten. 7 Es waren im ganzen ungefähr zwölf Männer.

Das Wirken des Paulus in Ephesus

8 Er ging in die Synagoge und lehrte drei Monate lang freimütig und
suchte sie vom Reich Gottes zu überzeugen. 9 Da aber einige verstockt
waren, sich widersetzten und vor allen Leuten den (neuen) Weg ver-
spotteten, trennte er sich mit den Jüngern von ihnen und unterwies sie
täglich im Lehrsaal des Tyrannus. 10 Das geschah zwei Jahre lang; auf
diese Weise hörten alle Bewohner der Provinz Asien, Juden wie Grie-
chen, das Wort des Herrn.

Die Wundertaten des Paulus in Ephesus

11 Auch ungewöhnliche Wunder tat Gott durch die Hand des Paulus.
12 Sogar seine Schweiß- und Taschentücher nahm man ihm vom Kör-
per weg und legte sie den Kranken auf; da wichen die Krankheiten,
und die bösen Geister fuhren aus. 13 Auch einige der umherziehenden
jüdischen Beschwörer versuchten, den Namen Jesu, des Herrn, über
den von bösen Geistern Besessenen anzurufen, indem sie sagten: Ich
beschwöre euch bei dem Jesus, den Paulus verkündet. 14 Das taten sie-
ben Söhne eines gewissen Skeuas, eines jüdischen Oberpriesters.
15 Aber der böse Geist antwortete ihnen: Jesus kenne ich, und auch Pau-
lus ist mir bekannt. Doch wer seid ihr? 16 Und der Mensch, in dem der
böse Geist hauste, sprang auf sie los, überwältigte sie und setzte ihnen
so zu, daß sie nackt und zerschunden aus dem Haus fliehen mußten.
17 Das wurde allen Juden und Griechen, die in Ephesus wohnten,
bekannt; alle wurden von Furcht gepackt, und der Name Jesu, des
Herrn, wurde hoch gepriesen. 18 Viele, die gläubig geworden waren,
kamen und bekannten offen, was sie (früher) getan hatten. 19 Und
nicht wenige, die Zauberei getrieben hatten, brachten ihre Zauber-
bücher herbei und verbrannten sie vor aller Augen. Man berechnete
den Wert der Bücher auf fünfzigtausend Silberdrachmen. 20 So wuchs
das Wort des Herrn mit Macht und wurde stark.

Der Aufruhr der Silberschmiede

21 Nach diesen Ereignissen nahm sich Paulus vor, über Mazedonien
und Achaia nach Jerusalem zu reisen. Er sagte: Wenn ich dort gewesen
bin, muß ich auch Rom sehen. 22 Er sandte zwei seiner Helfer, Timo-
theus und Erastus, nach Mazedonien voraus und blieb selbst noch
eine Zeitlang in der Provinz Asien.
23 Um jene Zeit aber wurde der (neue) Weg Anlaß zu einem schweren
Aufruhr. 24 Denn ein Silberschmied namens Demetrius, der silberne
Artemistempel herstellte und den Künstlern viel zu verdienen gab,
25 rief diese und die anderen damit beschäftigten Arbeiter zusammen
und sagte: Männer, ihr wißt, daß wir unseren Wohlstand diesem
Gewerbe verdanken. 26 Nun seht und hört ihr, daß dieser Paulus nicht
nur in Ephesus, sondern fast in der ganzen Provinz Asien viele Leute
verführt und aufgehetzt hat mit seiner Behauptung, die mit Händen
gemachten Götter seien keine Götter. 27 So kommt nicht nur unser
Geschäft in Verruf, sondern auch dem Heiligtum der großen Göttin
Artemis droht Gefahr, nichts mehr zu gelten, ja sie selbst, die von der
ganzen Provinz Asien und von der ganzen Welt verehrt wird, wird ihre
Hoheit verlieren. 28 Als sie das hörten, wurden sie wütend und schrien:
Groß ist die Artemis von Ephesus! 29 Die ganze Stadt geriet in Auf-
ruhr; alles stürmte ins Theater, und sie schleppten die Mazedonier
Gaius und Aristarch, Reisegefährten des Paulus, mit sich.
30 Als aber Paulus in die Volksversammlung gehen wollte, hielten ihn
die Jünger zurück. 31 Auch einige hohe Beamte der Provinz Asien, die
mit ihm befreundet waren, schickten zu ihm und rieten ihm, nicht ins
Theater zu gehen.
32 Dort schrien die einen dies, die andern das; denn in der Versamm-
lung herrschte ein großes Durcheinander, und die meisten wußten
gar nicht, weshalb man überhaupt zusammengekommen war. 33 Die
Juden schickten Alexander nach vorn, und aus der Menge gab man
ihm noch Hinweise. Alexander gab mit der Hand ein Zeichen und
wollte vor der Volksversammlung eine Verteidigungsrede halten.
34 Doch als sie merkten, daß er ein Jude war, schrien sie alle fast zwei
Stunden lang wie aus einem Mund: Groß ist die Artemis von Ephesus!
35 Der Stadtschreiber aber brachte die Menge zur Ruhe und sagte:
Männer von Ephesus! Wer wüßte nicht, daß die Stadt der Epheser die
Tempelhüterin der Großen Artemis und ihres vom Himmel gefallenen
Bildes ist? 36 Dies ist unbestreitbar; ihr müßt also Ruhe bewahren und
dürft nichts Unüberlegtes tun. 37 Ihr habt diese Männer herge-
schleppt, die weder Tempelräuber noch Lästerer unserer Göttin sind.
38 Wenn also Demetrius und seine Zunftgenossen eine Klage gegen
irgend jemand haben, so gibt es dafür Gerichtstage und Prokonsuln;
dort mögen sie einander verklagen. 39 Wenn ihr aber noch etwas ande-
res vorzubringen habt, so kann das in der gesetzmäßigen Volksver-
sammlung geklärt werden. 40 Sonst sind wir in Gefahr, daß man uns
nach dem heutigen Vorfall des Aufruhrs anklagt, weil kein Grund vor-
liegt, mit dem wir diesen Volksauflauf rechtfertigen könnten. Nach
diesen Worten löste er die Versammlung auf.

Paulus in Mazedonien und Griechenland

20 Nachdem der Tumult sich gelegt hatte, rief Paulus die Jün-
ger zusammen und sprach ihnen Mut zu. Dann verabschie-
dete er sich und ging weg, um nach Mazedonien zu reisen. 2 Er zog
durch die dortigen Gegenden und sprach oft und eindringlich zu den
Jüngern. Dann begab er sich nach Griechenland; 3 dort blieb er drei
Monate. Als er mit dem Schiff nach Syrien fahren wollte, planten die
Juden einen Anschlag auf ihn. So entschloß er sich, den Rückweg über
Mazedonien zu nehmen. 4 Dabei begleiteten ihn Sopater, der Sohn
des Pyrrhus, aus Beröa, Aristarch und Sekundus aus Thessalonich,
Gaius aus Derbe und Timotheus sowie Tychikus und Trophimus aus
der Provinz Asien. 5 Diese reisten voraus und warteten auf uns in
Troas. 6 Nach den Tagen der Ungesäuerten Brote segelten wir von
Philippi ab und kamen in fünf Tagen zu ihnen nach Troas, wo wir uns
sieben Tage aufhielten.

Der Abschiedsbesuch des Paulus in Troas

7 Als wir am ersten Wochentag versammelt waren, um das Brot zu
brechen, redete Paulus zu ihnen, denn er wollte am folgenden Tag
abreisen; und er dehnte seine Rede bis Mitternacht aus. 8 In dem Ober-
gemach, in dem wir versammelt waren, brannten viele Lampen.
9 Ein junger Mann namens Eutychus saß im offenen Fenster und sank,
als die Predigt des Paulus sich länger hinzog, in tiefen Schlaf. Und er
fiel im Schlaf aus dem dritten Stock hinunter; als man ihn aufhob, war
er tot. 10 Paulus lief hinab, warf sich über ihn, umfaßte ihn und sagte:
Beunruhigt euch nicht: Er lebt! 11 Dann stieg er wieder hinauf, brach
das Brot und aß und redete mit ihnen bis zum Morgengrauen. So ver-
ließ er sie. 12 Den jungen Mann aber führten sie lebend von dort weg.
Und sie wurden voll Zuversicht.

Von Troas nach Milet

13 Wir gingen voraus zum Schiff und fuhren nach Assos, wo wir Paulus
an Bord nehmen sollten; so hatte er es angeordnet, weil er selbst zu
Fuß gehen wollte. 14 Als er in Assos zu uns stieß, nahmen wir ihn an
Bord und erreichten Mitylene. 15 Von dort segelten wir am nächsten
Tag ab und kamen bis auf die Höhe von Chios. Am anderen Tag liefen
wir Samos an und landeten am folgenden Tag in Milet. 16 Paulus hatte
sich entschlossen, an Ephesus vorbeizufahren, um in der Provinz
Asien keine Zeit zu verlieren. Denn er hatte es eilig, weil er, wenn mög-
lich, am Pfingstfest in Jerusalem sein wollte.

Die Abschiedsrede des Paulus in Milet

17 Von Milet aus schickte er jemand nach Ephesus und ließ die Ältesten
der Gemeinde zu sich rufen. 18 Als sie bei ihm eingetroffen waren,
sagte er: Ihr wißt, wie ich vom ersten Tag an, seit ich die Provinz Asien
betreten habe, die ganze Zeit in eurer Mitte war 19 und wie ich dem
Herrn in aller Demut diente unter Tränen und vielen Prüfungen, die
ich durch die Nachstellungen der Juden erlitten habe, 20 wie ich nichts
verschwiegen habe von dem, was heilsam ist. Ich habe es euch ver-
kündigt und habe euch gelehrt, öffentlich und in den Häusern. 21 Ich
habe Juden und Griechen beschworen, sich zu Gott zu bekehren und
an Jesus Christus, unseren Herrn, zu glauben. 22 Nun ziehe ich,
gebunden durch den Geist, nach Jerusalem, und ich weiß nicht, was
dort mit mir geschehen wird. 23 Nur das bezeugt mir der Heilige Geist
von Stadt zu Stadt, daß Fesseln und Drangsale auf mich warten.
24 Aber ich will mit keinem Wort mein Leben wichtig nehmen, wenn
ich nur meinen Lauf vollende und den Dienst erfülle, der mir von
Jesus, dem Herrn, übertragen wurde: das Evangelium von der Gnade
Gottes zu bezeugen. 25 Nun aber weiß ich, daß ihr mich nicht mehr
von Angesicht sehen werdet, ihr alle, zu denen ich gekommen bin
und denen ich das Reich verkündet habe. 26 Darum bezeuge ich euch
am heutigen Tag: Ich bin unschuldig, wenn einer von euch allen verlo-
rengeht. 27 Denn ich habe mich der Pflicht nicht entzogen, euch den
ganzen Willen Gottes zu verkünden. 28 Gebt acht auf euch und auf die
ganze Herde, in der euch der Heilige Geist zu Bischöfen bestellt hat,
damit ihr als Hirten für die Kirche Gottes sorgt, die er sich durch das
Blut seines eigenen Sohnes erworben hat. 29 Ich weiß: Nach meinem
Weggang werden reißende Wölfe bei euch eindringen und die Herde
nicht schonen. 30 Und selbst aus eurer Mitte werden Männer auftreten,
die mit ihren falschen Reden die Jünger auf ihre Seite ziehen. 31 Seid
also wachsam, und denkt daran, daß ich drei Jahre lang Tag und
Nacht nicht aufgehört habe, unter Tränen jeden einzelnen zu ermah-
nen. 32 Und jetzt vertraue ich euch Gott und dem Wort seiner Gnade
an, das die Kraft hat, aufzubauen und das Erbe in der Gemeinschaft
der Geheiligten zu verleihen. 33 Silber oder Gold oder Kleider habe ich
von keinem verlangt; 34 ihr wißt selbst, daß für meinen Unterhalt und
den meiner Begleiter diese Hände hier gearbeitet haben. 35 In allem
habe ich euch gezeigt, daß man sich auf diese Weise abmühen und
sich der Schwachen annehmen soll, in Erinnerung an die Worte Jesu,
des Herrn, der selbst gesagt hat: Geben ist seliger als nehmen.
36 Nach diesen Worten kniete er nieder und betete mit ihnen allen.
37 Und alle brachen in lautes Weinen aus, fielen Paulus um den Hals
und küßten ihn; 38 am meisten schmerzte sie sein Wort, sie würden ihn
nicht mehr von Angesicht sehen. Dann begleiteten sie ihn zum Schiff.

Von Milet über Cäsarea nach Jerusalem

21 Als die Zeit zur Abfahrt gekommen war, trennten wir uns
von ihnen, fuhren auf dem kürzesten Weg nach Kos, am
anderen Tag nach Rhodos und von dort nach Patara. 2 Hier fanden wir
ein Schiff, das nach Phönizien fuhr; wir gingen an Bord und fuhren
ab. 3 Als wir Zypern sichteten, ließen wir es zur Linken liegen, segelten
nach Syrien und landeten in Tyrus; hier sollte das Schiff seine Ladung
löschen. 4 Nachdem wir die Jünger ausfindig gemacht hatten, blieben
wir sieben Tage bei ihnen. Auf eine Eingebung des Geistes hin warn-
ten sie Paulus davor, nach Jerusalem zu gehen.
5 Als die Tage um waren, brachen wir zur Weiterreise auf, und alle,
auch Frauen und Kinder, begleiteten uns bis vor die Stadt. Am Strand
knieten wir nieder, beteten 6 und nahmen Abschied voneinander.
Dann gingen wir an Bord; jene aber kehrten nach Hause zurück.
7 So fuhren wir von Tyrus ab und beendeten unsere Seereise in Ptole-
maïs. Wir begrüßten die Brüder und blieben einen Tag bei ihnen. 8 Am
folgenden Tag kamen wir nach Cäsarea. Wir gingen in das Haus des
Evangelisten Philippus, der einer von den Sieben war, und blieben bei
ihm. 9 Er hatte vier Töchter, prophetisch begabte Jungfrauen.
10 Wir blieben mehrere Tage. Da kam von Judäa ein Prophet namens
Agabus herab 11 und besuchte uns. Er nahm den Gürtel des Paulus,
band sich Füße und Hände und sagte: So spricht der Heilige Geist:
Den Mann, dem dieser Gürtel gehört, werden die Juden in Jerusalem
ebenso fesseln und den Heiden ausliefern. 12 Als wir das hörten, rede-
ten wir ihm zusammen mit den Einheimischen zu, nicht nach Jerusa-
lem hinaufzuziehen. 13 Doch Paulus antwortete: Warum weint ihr und
macht mir das Herz schwer? Ich bin bereit, mich in Jerusalem für den
Namen Jesu, des Herrn, fesseln zu lassen und sogar zu sterben. 14 Da
er sich nicht überreden ließ, gaben wir nach und sagten: Der Wille des
Herrn geschehe.
15 Nach diesen Tagen bereiteten wir uns zur Reise vor und zogen hin-
auf nach Jerusalem. 16 Auch einige Jünger aus Cäsarea begleiteten uns
und brachten uns zu einem gewissen Mnason aus Zypern, bei dem wir
wohnen sollten; er war ein Jünger aus der Anfangszeit. 17 Als wir nach
Jerusalem kamen, wurden wir von den Brüdern freudig empfangen.

Verhaftung und Gefangenschaft des Paulus

Paulus bei Jakobus und das Nasiräatsgelübde

18 Am folgenden Tag ging Paulus mit uns zu Jakobus; auch alle Älte-
sten fanden sich ein. 19 Er begrüßte sie und berichtete im einzelnen
alles, was Gott durch seinen Dienst unter den Heiden getan hatte.
20 Als sie das hörten, priesen sie Gott und sagten zu ihm: Du siehst,
Bruder, wie viele Tausende unter den Juden gläubig geworden sind,

und sie alle sind Eiferer für das Gesetz. 21 Nun hat man ihnen von dir
erzählt: Du lehrst alle unter den Heiden lebenden Juden, von Mose
abzufallen, und forderst sie auf, ihre Kinder nicht zu beschneiden und
sich nicht an die Bräuche zu halten. 22 Was nun? Sicher werden sie
hören, daß du gekommen bist. 23 Tu also, was wir dir sagen: Bei uns
sind vier Männer, die ein Gelübde auf sich genommen haben.
24 Nimm sie mit, und weihe dich zusammen mit ihnen; trag die
Kosten für sie, damit sie sich das Haar abscheren lassen können. So
wird jeder einsehen, daß an dem, was man von dir erzählt hat, nichts
ist, sondern daß auch du das Gesetz genau beachtest. 25 Über die gläu-
big gewordenen Heiden aber haben wir ja einen Beschluß gefaßt und
ihnen geschrieben, sie sollten sich vor Götzenopferfleisch, Blut,
Ersticktem und Unzucht hüten.
26 Da nahm Paulus die Männer mit und weihte sich am nächsten Tag
zusammen mit ihnen, ging dann in den Tempel und meldete das Ende
der Weihetage an, damit für jeden von ihnen das Opfer dargebracht
werde.

Die Verhaftung des Paulus

27 Als die sieben Tage zu Ende gingen, sahen ihn die Juden aus der Pro-
vinz Asien im Tempel. Sie brachten das ganze Volk in Aufruhr, ergrif-
fen ihn 28 und schrien: Israeliten! Kommt zu Hilfe! Das ist der Mensch,
der in aller Welt Lehren verbreitet, die sich gegen das Volk und das
Gesetz und gegen diesen Ort richten; er hat sogar Griechen in den
Tempel mitgenommen und diesen heiligen Ort entweiht. 29 Sie hatten
nämlich kurz zuvor den Epheser Trophimus mit ihm zusammen in
der Stadt gesehen und meinten, Paulus habe ihn in den Tempel mitge-
nommen. 30 Da geriet die ganze Stadt in Aufregung, und das Volk lief
zusammen. Sie ergriffen Paulus und zerrten ihn aus dem Tempel, und
sofort wurden die Tore geschlossen.
31 Schon wollten sie ihn umbringen, da brachte man dem Obersten der
Kohorte die Meldung hinauf: Ganz Jerusalem ist in Aufruhr! 32 Er eilte
sofort mit Soldaten und Hauptleuten zu ihnen hinunter. Als sie den
Obersten und die Soldaten sahen, hörten sie auf, Paulus zu schlagen.
33 Der Oberst trat hinzu, verhaftete ihn, ließ ihn mit zwei Ketten fes-
seln und fragte, wer er sei und was er getan habe. 34 In der Menge
schrien die einen dies, die andern das. Da er bei dem Lärm nichts
Sicheres ermitteln konnte, befahl er, ihn in die Kaserne zu führen.
35 Als Paulus an die Freitreppe kam, mußten ihn die Soldaten wegen
des Andrangs der Menge tragen. 36 Denn das Volk lief hinterher und
schrie: Weg mit ihm!
37 Als man Paulus in die Kaserne bringen wollte, sagte er zum Ober-
sten: Darf ich ein Wort mit dir reden? Der antwortete: Du verstehst
Griechisch? 38 Dann bist du also nicht der Ägypter, der vor einiger Zeit
die viertausend Sikarier aufgewiegelt und in die Wüste hinausgeführt
hat? 39 Paulus antwortete: Ich bin ein Jude aus Tarsus in Zilizien, Bür-
ger einer nicht unbedeutenden Stadt. Ich bitte dich, gestatte mir, zum
Volk zu sprechen. 40 Als der Oberst es erlaubte, stellte sich Paulus auf
die Freitreppe und gab dem Volk mit der Hand ein Zeichen. Alles
wurde still, und er redete sie in hebräischer Sprache an:

Die Rede des Paulus im Tempelvorhof

22 Brüder und Väter! Hört, was ich euch zu meiner Verteidi-
gung zu sagen habe. 2 Als sie hörten, daß er in hebräischer
Sprache zu ihnen redete, waren sie noch ruhiger. Und er sagte: 3 Ich
bin ein Jude, geboren in Tarsus in Zilizien, hier in dieser Stadt erzo-
gen, zu Füßen Gamaliëls genau nach dem Gesetz der Väter ausgebil-
det, ein Eiferer für Gott, wie ihr alle es heute seid. 4 Ich habe den
(neuen) Weg bis auf den Tod verfolgt, habe Männer und Frauen gefes-
selt und in die Gefängnisse eingeliefert. 5 Das bezeugen mir der Hohe-
priester und der ganze Rat der Ältesten. Von ihnen erhielt ich auch
Briefe an die Brüder und zog nach Damaskus, um dort ebenfalls die
Anhänger (der neuen Lehre) zu fesseln und zur Bestrafung nach Jeru-
salem zu bringen. 6 Als ich nun unterwegs war und mich Damaskus
näherte, da geschah es, daß mich um die Mittagszeit plötzlich vom
Himmel her ein helles Licht umstrahlte. 7 Ich stürzte zu Boden und
hörte eine Stimme zu mir sagen: Saul, Saul, warum verfolgst du mich?
8 Ich antwortete: Wer bist du, Herr? Er sagte zu mir: Ich bin Jesus, der
Nazoräer, den du verfolgst. 9 Meine Begleiter sahen zwar das Licht, die
Stimme dessen aber, der zu mir sprach, hörten sie nicht. 10 Ich sagte:
Herr, was soll ich tun? Der Herr antwortete: Steh auf, und geh nach
Damaskus, dort wird dir alles gesagt werden, was du nach Gottes Wil-
len tun sollst. 11 Da ich aber vom Glanz jenes Lichtes geblendet war, so
daß ich nicht mehr sehen konnte, wurde ich von meinen Begleitern an
der Hand geführt und gelangte so nach Damaskus.
12 Ein gewisser Hananias, ein frommer und gesetzestreuer Mann, der
bei allen Juden dort in gutem Ruf stand, 13 kam zu mir, trat vor mich
und sagte: Bruder Saul, du sollst wieder sehen! Und im gleichen
Augenblick konnte ich ihn sehen. 14 Er sagte: Der Gott unserer Väter
hat dich dazu erwählt, seinen Willen zu erkennen, den Gerechten zu
sehen und die Stimme seines Mundes zu hören; 15 denn du sollst vor
allen Menschen sein Zeuge werden für das, was du gesehen und
gehört hast. 16 Was zögerst du noch? Steh auf, laß dich taufen und
deine Sünden abwaschen, und rufe seinen Namen an! 17 Als ich später
nach Jerusalem zurückgekehrt war und im Tempel betete, da geriet ich
in eine Verzückung. 18 Und ich sah ihn, wie er zu mir sagte: Beeil dich,
verlasse sofort Jerusalem; denn sie werden dein Zeugnis über mich
nicht annehmen. 19 Da sagte ich: Herr, sie wissen doch, daß ich es
war, der deine Gläubigen ins Gefängnis werfen und in den Synagogen
auspeitschen ließ. 20 Auch als das Blut deines Zeugen Stephanus ver-
gossen wurde, stand ich dabei; ich stimmte zu und paßte auf die Klei-
der derer auf, die ihn umbrachten. 21 Aber er sagte zu mir: Brich auf,
denn ich will dich in die Ferne zu den Heiden senden.

Paulus und der römische Oberst

22 Bis zu diesem Wort hörten sie ihm zu, dann fingen sie an zu
schreien: Weg mit so einem Menschen! Er darf nicht am Leben blei-
ben. 23 Sie lärmten, zerrissen ihre Kleider und warfen Staub in die
Luft. 24 Da befahl der Oberst, ihn in die Kaserne zu führen, und ord-
nete an, ihn unter Geißelschlägen zu verhören. Auf diese Weise wollte
er herausfinden, warum sie derart gegen ihn tobten. 25 Als sie ihn aber
für die Geißelung festbanden, sagte Paulus zu dem Hauptmann, der
dabeistand: Dürft ihr jemand, der das römische Bürgerrecht besitzt,
geißeln, noch dazu ohne Verurteilung?
26 Als der Hauptmann das hörte, ging er zum Obersten, meldete es
und sagte: Was hast du vor? Der Mann ist ein Römer. 27 Der Oberst
kam zu Paulus und fragte ihn: Sag mir, bist du ein Römer? Er antwor-
tete: Ja. 28 Da antwortete der Oberst: Ich habe für dieses Bürgerrecht
ein Vermögen gezahlt. Paulus sagte: Ich bin sogar als Römer geboren.
29 Sofort ließen die, die ihn verhören sollten, von ihm ab. Und der
Oberst erschrak, als er erfuhr, daß es ein Römer war, den er hatte
fesseln lassen.

Paulus vor dem Hohen Rat

30 Weil er genau wissen wollte, was die Juden ihm vorwarfen, ließ er
ihn am nächsten Tag aus dem Gefängnis holen und befahl, die
Hohenpriester und der ganze Hohe Rat sollten sich versammeln. Und
er ließ Paulus hinunterführen und ihnen gegenüberstellen.

23 Paulus schaute mit festem Blick auf den Hohen Rat und
sagte: Brüder! Bis zum heutigen Tag lebe ich vor Gott mit
völlig reinem Gewissen. 2 Der Hohepriester Hananias aber befahl
denen, die bei ihm standen, ihn auf den Mund zu schlagen. 3 Da sagte
Paulus zu ihm: Dich wird Gott schlagen, du übertünchte Wand! Du
sitzt hier, um mich nach dem Gesetz zu richten, und entgegen dem
Gesetz befiehlst du, mich zu schlagen? 4 Die Umstehenden sagten: Du
wagst es, den Hohenpriester Gottes zu schmähen? 5 Paulus antwor-
tete: Ich wußte nicht, Brüder, daß er der Hohepriester ist. Denn es
heißt in der Schrift: *Einen Fürsten deines Volkes sollst du nicht verfluchen.*
6 Da Paulus aber wußte, daß der eine Teil zu den Sadduzäern, der
andere zu den Pharisäern gehörte, rief er vor dem Hohen Rat aus:

Brüder, ich bin Pharisäer und ein Sohn von Pharisäern; wegen der
Hoffnung und wegen der Auferstehung der Toten stehe ich vor
Gericht.
7 Als er das sagte, brach ein Streit zwischen den Pharisäern und den
Sadduzäern aus, und die Versammlung spaltete sich. 8 Die Sadduzäer
behaupten nämlich, es gebe weder eine Auferstehung noch Engel
noch Geister, die Pharisäer dagegen bekennen sich zu all dem. 9 Es
erhob sich ein lautes Geschrei, und einige Schriftgelehrte aus dem
Kreis der Pharisäer standen auf und verfochten ihre Ansicht. Sie sag-
ten: Wir finden nichts Schlimmes an diesem Menschen. Vielleicht hat
doch ein Geist oder ein Engel zu ihm gesprochen. 10 Als der Streit hef-
tiger wurde, befürchtete der Oberst, sie könnten Paulus zerreißen.
Daher ließ er die Wachtruppe herabkommen, ihn mit Gewalt aus ihrer
Mitte herausholen und in die Kaserne bringen.
11 In der folgenden Nacht aber trat der Herr zu Paulus und sagte: Hab
Mut! Denn so wie du in Jerusalem meine Sache bezeugt hast, sollst du
auch in Rom Zeugnis ablegen.

Die Verschwörung der Juden gegen Paulus

12 Nach Tagesanbruch rotteten sich die Juden zusammen und schwo-
ren einen heiligen Eid, weder zu essen noch zu trinken, bis sie Paulus
getötet hätten. 13 An dieser Verschwörung waren mehr als vierzig
Männer beteiligt. 14 Sie gingen zu den Hohenpriestern und den Älte-
sten und sagten: Wir haben mit einem heiligen Eid geschworen,
nichts zu essen, bis wir Paulus getötet haben. 15 Geht also jetzt zusam-
men mit dem Hohen Rat zum Obersten, und bittet ihn, Paulus zu euch
herunterzuführen, da ihr den Fall noch genauer untersuchen wollt;
wir aber halten uns bereit, um ihn, noch bevor er hierher kommt,
umzubringen.
16 Der Neffe des Paulus, der Sohn seiner Schwester, erfuhr jedoch von
dem Anschlag. Er ging in die Kaserne und verständigte Paulus.
17 Paulus ließ einen der Hauptleute rufen und sagte: Bring diesen jun-
gen Mann zum Obersten, denn er hat ihm etwas zu melden. 18 Der
nahm ihn mit sich, brachte ihn zum Obersten und sagte: Der Gefan-
gene Paulus hat mich gerufen und gebeten, diesen jungen Mann zu
dir zu führen, da er dir etwas mitzuteilen habe. 19 Der Oberst faßte
ihn bei der Hand, nahm ihn beiseite und fragte: Was hast du mir zu
melden? 20 Er antwortete: Die Juden haben verabredet, dich zu bitten,
du mögest morgen den Paulus vor den Hohen Rat hinunterführen
lassen. Angeblich wollen sie Genaueres über ihn erfahren. 21 Trau
ihnen nicht! Denn mehr als vierzig Männer von ihnen lauern ihm auf.
Sie haben sich geschworen, weder zu essen noch zu trinken, bis sie
ihn umgebracht haben; schon stehen sie bereit und warten auf deine
Anordnung. 22 Der Oberst befahl dem jungen Mann: Sag niemand
etwas darüber, daß du mir das angezeigt hast. Dann ließ er ihn
gehen.

Die Überführung des Paulus nach Cäsarea

23 Er rief zwei von den Hauptleuten und gab ihnen den Befehl: Haltet
von der dritten Stunde der Nacht an zweihundert Soldaten zum
Marsch nach Cäsarea bereit, außerdem siebzig Reiter und zweihun-
dert Leichtbewaffnete; 24 auch Tragtiere soll man bereitstellen, Paulus
aufsitzen lassen und sicher zum Statthalter Felix bringen. 25 Und er
schrieb einen Brief mit folgendem Inhalt: 26 Klaudius Lysias entbietet
dem erlauchten Statthalter Felix seinen Gruß! 27 Dieser Mann wurde
von den Juden ergriffen und wäre beinahe von ihnen umgebracht wor-
den; da habe ich mit der Wachtruppe eingegriffen und ihn befreit. Ich
hatte nämlich erfahren, daß er Römer ist. 28 Und weil ich ermitteln
wollte, wessen sie ihn beschuldigen, brachte ich ihn vor ihren Hohen
Rat. 29 Ich fand heraus, daß er wegen Streitfragen über ihr Gesetz
angeschuldigt wird, daß aber keine Anklage gegen ihn vorliegt, auf
die Tod oder Haft steht. 30 Da mir aber angezeigt wurde, gegen den
Mann sei ein Anschlag geplant, schicke ich ihn sogleich zu dir; auch
habe ich die Kläger angewiesen, ihre Sache gegen ihn bei dir vorzu-
bringen.
31 Die Soldaten übernahmen Paulus, wie ihnen befohlen war, und
brachten ihn bei Nacht bis Antipatris. 32 Am anderen Tag ließen sie die
Reiter mit ihm weiterziehen und kehrten in die Kaserne zurück.
33 Diese gaben nach ihrer Ankunft in Cäsarea den Brief beim Statt-
halter ab und führten ihm Paulus vor. 34 Er las (den Brief) und fragte
Paulus, aus welcher Provinz er stamme. Als er hörte, er sei aus Zili-
zien, 35 sagte er: Ich werde dich vernehmen, sobald deine Ankläger
eingetroffen sind. Dann befahl er, ihn im Prätorium des Herodes in
Gewahrsam zu halten.

Paulus vor dem römischen Statthalter Felix

24 Nach fünf Tagen kam der Hohepriester Hananias mit eini-
gen Ältesten und dem Anwalt Tertullus herab, und sie
brachten beim Statthalter ihre Klage gegen Paulus vor. 2 Er wurde her-
beigeholt, und Tertullus erhob Anklage mit folgenden Worten: Tiefen
Frieden genießen wir durch dich, und durch deine Umsicht hat sich
für dieses Volk vieles gebessert. 3 Das erkennen wir immer und überall
mit großer Dankbarkeit an, erlauchter Felix. 4 Um dich aber nicht län-
ger bemühen zu müssen, bitte ich dich, uns in deiner Milde kurz
anzuhören. 5 Wir finden nämlich, dieser Mann ist eine Pest, ein Unru-
hestifter bei allen Juden in der Welt und ein Rädelsführer der
Nazoräersekte. 6 Er hat sogar versucht, den Tempel zu entweihen. Wir
haben ihn festgenommen [6b-8a]. 8b Wenn du ihn verhörst, wirst du
selbst alles ermitteln können, wessen wir ihn anklagen. 9 Und die
Juden unterstützten ihn, indem sie behaupteten, so sei es.
10 Auf einen Wink des Statthalters erwiderte Paulus: Da ich dich seit
vielen Jahren als Richter für dieses Volk kenne, verteidige ich meine
Sache voll Zuversicht. 11 Wie du feststellen kannst, sind erst zwölf Tage
vergangen, seit ich nach Jerusalem hinaufgezogen bin, um Gott anzu-
beten. 12 Sie haben mich weder im Tempel noch in den Synagogen
noch anderswo in der Stadt dabei angetroffen, daß ich ein Streitge-
spräch mit jemand geführt oder einen Aufruhr im Volk erregt hätte.
13 Sie können dir auch nichts von dem beweisen, was sie mir jetzt vor-
werfen. 14 Das allerdings bekenne ich dir: Dem (neuen) Weg entspre-
chend, den sie eine Sekte nennen, diene ich dem Gott meiner Väter.
Ich glaube an alles, was im Gesetz und in den Propheten steht, 15 und
ich habe dieselbe Hoffnung auf Gott, die auch diese hier haben: daß
es eine Auferstehung der Gerechten und Ungerechten geben wird.
16 Deshalb bemühe auch ich mich, vor Gott und den Menschen immer
ein reines Gewissen zu haben. 17 Nach mehreren Jahren bin ich nun zu
meinem Volk gekommen, um Spenden zu überbringen und zu opfern.
18 Als ich mich zu diesem Zweck im Tempel hatte weihen lassen, trafen
mich – nicht mit einer Volksmenge und nicht bei einem Tumult –
19 einige Juden aus der Provinz Asien; sie müßten vor dir erscheinen
und Anklage erheben, wenn sie etwas gegen mich vorzubringen
haben. 20 Oder diese hier sollen doch selbst sagen, was für ein Verge-
hen sie herausgefunden haben, als ich vor dem Hohen Rat stand, 21 es
sei denn der eine Satz, den ich in ihrer Mitte ausgerufen habe: Wegen
der Auferstehung der Toten stehe ich heute vor eurem Gericht.
22 Felix, der den (neuen) Weg genau kannte, vertagte den Fall mit den
Worten: Sobald der Oberst Lysias herabkommt, werde ich eure Sache
entscheiden. 23 Den Hauptmann wies er an, Paulus weiter in Gewahr-
sam zu halten, jedoch in leichter Haft, und niemand von den Seinen
daran zu hindern, für ihn zu sorgen.
24 Einige Tage darauf erschien Felix mit seiner Gemahlin Drusilla,
einer Jüdin, ließ Paulus rufen und hörte an, was er ihm über den Glau-
ben an Christus Jesus berichtete. 25 Als aber die Rede auf Gerechtig-
keit, Enthaltsamkeit und das bevorstehende Gericht kam, erschrak
Felix und unterbrach ihn: Für jetzt kannst du gehen; wenn ich Zeit
finde, werde ich dich wieder rufen. 26 Dabei hoffte er, von Paulus Geld
zu erhalten. Deshalb ließ er ihn auch häufig kommen und unterhielt
sich mit ihm. 27 Nach zwei Jahren aber wurde Porzius Festus Nachfol-
ger des Felix; und weil Felix den Juden einen Gefallen erweisen wollte,
ließ er Paulus in der Haft zurück.

Paulus vor dem Statthalter Festus – Seine Berufung an den Kaiser

25 Als Festus in der Provinz eingetroffen war, zog er drei Tage
später von Cäsarea nach Jerusalem hinauf. 2 Da erstatteten
die Hohenpriester und die Vornehmsten der Juden bei ihm Anzeige
gegen Paulus. Sie ersuchten ihn, gegen Paulus vorzugehen, 3 und
baten ihn um den Gefallen, Paulus nach Jerusalem bringen zu lassen.
Sie wollten ihn nämlich unterwegs aus einem Hinterhalt heraus
ermorden. 4 Festus jedoch antwortete, Paulus bleibe in Cäsarea in
Haft und er selbst wolle in Kürze abreisen. 5 Die unter euch, die dafür
zuständig sind, sagte er, können mit hinabkommen, und wenn gegen
den Mann etwas vorliegt, sollen sie gegen ihn Anklage erheben.
6 Er hielt sich nicht länger als acht oder zehn Tage bei ihnen auf, dann
reiste er nach Cäsarea hinab. Am folgenden Tag setzte er sich auf den
Richterstuhl und ließ Paulus vorführen. 7 Als dieser erschien,
umringten ihn die Juden, die von Jerusalem herabgekommen waren,
und brachten viele schwere Beschuldigungen vor, konnten sie aber
nicht beweisen. 8 Paulus verteidigte sich: Ich habe mich weder gegen
das Gesetz der Juden noch gegen den Tempel noch gegen den Kaiser
vergangen. 9 Festus jedoch wollte den Juden einen Gefallen erweisen
und antwortete dem Paulus: Willst du nach Jerusalem hinaufgehen
und dich dort unter meinem Vorsitz dieser Sache wegen richten las-
sen? 10 Paulus sagte: Ich stehe vor dem Richterstuhl des Kaisers, und
da muß ich gerichtet werden. Den Juden habe ich kein Unrecht
getan, wie auch du sehr wohl weißt. 11 Wenn ich wirklich ein Unrecht
begangen und etwas getan habe, worauf die Todesstrafe steht, wei-
gere ich mich nicht zu sterben. Wenn aber ihre Anklage gegen mich
unbegründet ist, kann mich niemand ihnen ausliefern. Ich lege Beru-
fung beim Kaiser ein! 12 Da besprach sich Festus mit seinen Ratge-
bern und antwortete: An den Kaiser hast du appelliert; zum Kaiser
sollst du gehen.

Paulus vor dem Statthalter Festus und König Agrippa

13 Einige Tage später trafen König Agrippa und Berenike in Cäsarea
ein, um Festus ihre Aufwartung zu machen. 14 Sie blieben mehrere
Tage dort. Da trug Festus dem König den Fall des Paulus vor und
sagte: Von Felix ist ein Mann als Gefangener zurückgelassen worden,
15 gegen den die Hohenpriester und die Ältesten der Juden, als ich in
Jerusalem war, vorstellig wurden. Sie forderten seine Verurteilung,
16 ich aber erwiderte ihnen, es sei bei den Römern nicht üblich, einen
Menschen auszuliefern, bevor nicht der Angeklagte den Anklägern
gegenübergestellt sei und Gelegenheit erhalten habe, sich gegen die
Anschuldigungen zu verteidigen. 17 Als sie dann zusammen hierher
kamen, setzte ich mich gleich am nächsten Tag auf den Richterstuhl
und ließ den Mann vorführen. 18 Bei der Gegenüberstellung brachten
die Kläger keine Anklage wegen solcher Verbrechen vor, die ich ver-
mutet hatte; 19 sie führten nur einige Streitfragen gegen ihn ins Feld,
die ihre Religion und einen gewissen Jesus betreffen, der gestorben
ist, von dem Paulus aber behauptet, er lebe. 20 Da ich mich auf die
Untersuchung dieser Dinge nicht verstand, fragte ich, ob er nach Jeru-
salem gehen wolle, um sich dort deswegen richten zu lassen. 21 Paulus
jedoch legte Berufung ein; er wollte bis zur Entscheidung der kaiserli-
chen Majestät in Haft bleiben. Daher gab ich Befehl, ihn in Haft zu
halten, bis ich ihn zum Kaiser schicken kann. 22 Da sagte Agrippa zu
Festus: Ich würde den Mann gern selbst hören. Morgen, antwortete er,
sollst du ihn hören.
23 So kamen am folgenden Tag Agrippa und Berenike mit großem
Gepränge und betraten die Empfangshalle, zusammen mit den Ober-
sten und den vornehmsten Männern der Stadt. Auf Befehl des Festus
wurde Paulus vorgeführt, 24 und Festus sagte: König Agrippa und all
ihr Männer, die ihr hier bei uns seid! Da seht ihr den Mann, dessent-
wegen mich alle Juden in Jerusalem und auch hier bestürmt haben
mit ihrem Geschrei, er dürfe nicht länger am Leben bleiben. 25 Ich
aber konnte bei ihm nichts feststellen, worauf die Todesstrafe steht.
Da er jedoch selbst an die kaiserliche Majestät appelliert hat, habe ich
beschlossen, ihn hinzuschicken. 26 Etwas Genaues über ihn weiß ich
meinem Herrn allerdings nicht zu schreiben. Darum habe ich ihn
euch und vor allem dir, König Agrippa, vorführen lassen, um nach
dem Verhör zu wissen, was ich schreiben kann. 27 Denn es scheint
mir unsinnig, einen Gefangenen zu schicken, ohne anzugeben, was
man ihm vorwirft.

26 Da sagte Agrippa zu Paulus: Du hast die Erlaubnis, in eige-
ner Sache zu reden. Paulus erhob die Hand und sagte zu sei-
ner Verteidigung: 2 Ich schätze mich glücklich, König Agrippa, daß
ich mich heute vor dir verteidigen darf wegen all der Dinge, die mir die

Kasimir Malewitsch
Suprematismus
(1925-27)
»Wir alle stürzten zu Boden, und ich hörte eine Stimme auf hebräisch zu mir sagen: Saul, Saul, warum verfolgst du mich?« (Apg 26 14). Das Damaskus-Erlebnis hat dem Leben des Saulus/Paulus eine neue Richtung gegeben, orientiert am Kreuz und an der Auferstehung Jesu Christi (Apg 9,1-9). Paulus hat eine neue Sicht gewonnen, die ähn ich elementar ist wie die geometrischen Grundformen, die Kasimir Malewitsch in seinen Gemälden mit dem Gattungstitel *Suprematismus* verwendet hat. Hier sind es die geometrisierten Symbole von Kreuz und Nimbus in Form der Mandorla. Suprematismus ist im Sinne von »Vorherrschaft der reinen Empfindung« zu verstehen. Der Maler strebt danach, die Wirklichkeit der Erscheinungen auf der Leinwand erkennbar zu machen, indem er sie nach inneren Beziehungen ordnet. »Erst dann wird die Feierlichkeit der unendlichen Erregung, die Feierlichkeit des Weltalls spürbar« (Malewitsch).

Juden vorwerfen, 3 besonders, da du ein Kenner aller jüdischen Sat-
zungen und Streitfragen bist. Deshalb bitte ich, mich geduldig
anzuhören.
4 Das Leben, das ich seit meiner Jugend bei meinem Volk und in Jeru-
salem geführt habe, ist allen Juden von Anfang an bekannt. 5 Ich bin
ihnen von früher her bekannt, und wenn sie wollen, können sie bezeu-
gen, daß ich nach der strengsten Richtung unserer Religion gelebt
habe, nämlich als Pharisäer. 6 Und jetzt stehe ich vor Gericht wegen
der Hoffnung auf die Verheißung, die von Gott an unsere Väter ergan-
gen ist. 7 Unser Zwölfstämmevolk hofft, sie zu erlangen, und deshalb
dient es Gott unablässig, bei Tag und Nacht. Dieser Hoffnung wegen,
König, werde ich von den Juden angeklagt. 8 Warum haltet ihr es für
unglaubhaft, daß Gott Tote auferweckt? 9 Ich selbst meinte, ich müßte
den Namen Jesu, des Nazoräers, heftig bekämpfen. 10 Das habe ich in
Jerusalem auch getan: Ich ließ mir von den Hohenpriestern Vollmacht
geben und sperrte viele der Heiligen ins Gefängnis; und wenn sie hin-
gerichtet werden sollten, stimmte ich dafür. 11 Und in allen Synagogen
habe ich oft versucht, sie durch Strafen zur Lästerung zu zwingen; in
maßloser Wut habe ich sie sogar bis in Städte außerhalb des Landes
verfolgt.
12 So zog ich auch mit der Vollmacht und Erlaubnis der Hohenpriester
nach Damaskus. 13 Da sah ich unterwegs, König, mitten am Tag ein
Licht, das mich und meine Begleiter vom Himmel her umstrahlte, hel-
ler als die Sonne. 14 Wir alle stürzten zu Boden, und ich hörte eine
Stimme auf hebräisch zu mir sagen: Saul, Saul, warum verfolgst du
mich? Es wird dir schwerfallen, gegen den Stachel auszuschlagen.
15 Ich antwortete: Wer bist du, Herr? Der Herr sagte: Ich bin Jesus, den
du verfolgst. 16 Steh auf, stell dich auf deine Füße! Denn ich bin dir
erschienen, um dich zum Diener und Zeugen dessen zu erwählen, was
du gesehen hast und was ich dir noch zeigen werde. 17 Ich will dich vor
dem Volk und den Heiden retten, zu denen ich dich sende, 18 um ihnen
die Augen zu öffnen. Denn sie sollen sich von der Finsternis zum Licht
und von der Macht des Satans zu Gott bekehren und sollen durch den
Glauben an mich die Vergebung der Sünden empfangen und mit den
Geheiligten am Erbe teilhaben.
19 Daher, König Agrippa, habe ich mich der himmlischen Erscheinung
nicht widersetzt, 20 sondern zuerst denen in Damaskus und in Jerusa-
lem, dann im ganzen Land Judäa und bei den Heiden verkündet, sie
sollten umkehren, sich Gott zuwenden und der Umkehr entsprechend
handeln. 21 Aus diesem Grund haben mich einige Juden im Tempel
ergriffen und versucht, mich umzubringen. 22 Doch ich habe Gottes
Hilfe erfahren bis zum heutigen Tag; so stehe ich da als Zeuge für
groß und klein und sage nichts anderes als das, was nach dem Wort
der Propheten und des Mose geschehen soll: 23 daß der Christus lei-
den müsse und daß er, als erster von den Toten auferstanden, dem
Volk und den Heiden ein Licht verkünden werde.
24 Als er sich mit diesen Worten verteidigte, rief Festus laut: Du bist
verrückt, Paulus! Das viele Studieren in den (heiligen) Schriften treibt
dich zum Wahnsinn. 25 Paulus erwiderte: Ich bin nicht verrückt,
erlauchter Festus; was ich sage, ist wahr und vernünftig. 26 Der König
versteht sich auf diese Dinge; deshalb spreche ich auch freimütig zu
ihm. Ich bin überzeugt, daß ihm nichts davon entgangen ist; das alles
hat sich ja nicht in irgendeinem Winkel zugetragen. 27 König Agrippa,
glaubst du den Propheten? Ich weiß, du glaubst. 28 Darauf sagte
Agrippa zu Paulus: Fast überredest du mich dazu, mich als Christ aus-
zugeben. 29 Paulus antwortete: Ich wünschte mir von Gott, daß früher
oder später nicht nur du, sondern alle, die mich heute hören, das wer-
den, was ich bin, freilich ohne diese Fesseln.
30 Da erhoben sich der König und der Statthalter, auch Berenike und
alle, die bei ihnen saßen. 31 Sie zogen sich zurück, besprachen sich
miteinander und sagten: Dieser Mann tut nichts, worauf Tod oder
Haft steht. 32 Und Agrippa sagte zu Festus: Der Mann könnte freige-
lassen werden, wenn er nicht an den Kaiser appelliert hätte.

Die Abfahrt des gefangenen Apostels nach Rom

27 Als unsere Abfahrt nach Italien feststand, wurden Paulus
und einige andere Gefangene einem Hauptmann der kaiser-
lichen Kohorte namens Julius übergeben. 2 Wir bestiegen ein Schiff
aus Adramyttium, das die Orte entlang der Küste Kleinasiens anlaufen
sollte, und fuhren ab; bei uns war Aristarch, der Mazedonier aus Thes-
salonich. 3 Am anderen Tag liefen wir in Sidon ein, und Julius, der
Paulus wohlwollend behandelte, erlaubte ihm, zu seinen Freunden zu
gehen und sich versorgen zu lassen. 4 Von dort fuhren wir weiter und
umsegelten, weil wir Gegenwind hatten, Zypern. 5 Wir fuhren durch
das Meer von Zilizien und Pamphylien und erreichten Myra in Lyzien.
6 Dort fand der Hauptmann ein alexandrinisches Schiff, das nach Ita-
lien fuhr, und er brachte uns an Bord. 7 Viele Tage lang kamen wir nur
langsam vorwärts, und mit Mühe erreichten wir die Höhe von Knidos.
Da uns der Wind nicht herankommen ließ, umsegelten wir Kreta bei
Salmone, 8 fuhren unter großer Mühe an Kreta entlang und erreichten
einen Ort namens Kalói Liménes, in dessen Nähe die Stadt Lasäa liegt.
9 Da inzwischen längere Zeit vergangen und die Schiffahrt bereits
unsicher geworden war – sogar das Fasten war schon vorüber –,
warnte Paulus und sagte: 10 Männer, ich sehe, die Fahrt wird mit
Gefahr und großem Schaden verbunden sein, nicht nur für die
Ladung und das Schiff, sondern auch für unser Leben. 11 Der Haupt-
mann aber vertraute dem Steuermann und dem Kapitän mehr als den
Worten des Paulus. 12 Da der Hafen zum Überwintern ungeeignet war,
beschloß die Mehrheit weiterzufahren, um nach Möglichkeit Phönix
zu erreichen, einen nach Südwesten und Nordwesten offenen Hafen
von Kreta; dort wollten sie überwintern. 13 Als leichter Südwind auf-
kam, meinten sie, ihr Vorhaben sei schon geglückt; sie lichteten den
Anker und fuhren dicht an Kreta entlang.

Der Seesturm

14 Doch kurz darauf brach von der Insel her ein Orkan los, Eurakylon
genannt. 15 Das Schiff wurde mitgerissen, und weil es nicht mehr
gegen den Wind gedreht werden konnte, gaben wir auf und ließen
uns treiben. 16 Während wir unter einer kleinen Insel namens Kauda
hinfuhren, konnten wir das Beiboot nur mit Mühe in die Gewalt
bekommen. 17 Die Matrosen hoben es hoch, dann sicherten sie das
Schiff, indem sie Taue darum herumspannten. Weil sie fürchteten, in
die Syrte zu geraten, ließen sie den Treibanker hinab und trieben
dahin. 18 Da wir vom Sturm hart bedrängt wurden, erleichterten sie am
nächsten Tag das Schiff, 19 und am dritten Tag warfen sie eigenhändig
die Schiffsausrüstung über Bord. 20 Mehrere Tage hindurch zeigten
sich weder Sonne noch Sterne, und der heftige Sturm hielt an.
Schließlich schwand uns alle Hoffnung auf Rettung.
21 Niemand wollte mehr essen; da trat Paulus in ihre Mitte und sagte:
Männer, man hätte auf mich hören und von Kreta nicht abfahren sol-
len, dann wären uns dieses Unglück und der Schaden erspart geblie-
ben. 22 Doch jetzt ermahne ich euch: Verliert nicht den Mut! Niemand
von euch wird sein Leben verlieren, nur das Schiff wird untergehen.
23 Denn in dieser Nacht ist ein Engel des Gottes, dem ich gehöre und
dem ich diene, zu mir gekommen 24 und hat gesagt: Fürchte dich
nicht, Paulus! Du mußt vor den Kaiser treten. Und Gott hat dir alle
geschenkt, die mit dir fahren. 25 Habt also Mut, Männer! Denn ich
vertraue auf Gott, daß es so kommen wird, wie mir gesagt worden ist.
26 Wir müssen allerdings an einer Insel stranden.

Der Schiffbruch vor Malta

27 Als wir schon die vierzehnte Nacht auf der Adria trieben, merkten
die Matrosen um Mitternacht, daß sich ihnen Land näherte. 28 Sie war-
fen das Lot hinab und maßen zwanzig Faden; kurz danach loteten sie
nochmals und maßen fünfzehn Faden. 29 Aus Furcht, wir könnten auf
Klippen laufen, warfen sie vom Heck aus vier Anker und wünschten
den Tag herbei. 30 Als aber die Matrosen unter dem Vorwand, sie woll-
ten vom Bug aus Anker auswerfen, vom Schiff zu fliehen versuchten
und das Beiboot ins Meer hinunterließen, 31 sagte Paulus zum Haupt-

mann und zu den Soldaten: Wenn sie nicht auf dem Schiff bleiben,
könnt ihr nicht gerettet werden. 32 Da kappten die Soldaten die Taue
des Beibootes und ließen es forttreiben. 33 Bis in die Morgendämme-
rung hinein ermunterte Paulus alle, etwas zu essen, und sagte: Heute
ist schon der vierzehnte Tag, daß ihr ausharrt, ohne auch nur die
geringste Nahrung zu euch zu nehmen. 34 Deshalb rate ich euch: Eßt
etwas; das ist gut für eure Rettung. Denn keinem von euch wird auch
nur ein Haar von seinem Kopf verlorengehen.
35 Nach diesen Worten nahm er Brot, dankte Gott vor den Augen aller,
brach es und begann zu essen. 36 Da faßten alle Mut und aßen eben-
falls. 37 Wir waren im ganzen zweihundertsechsundsiebzig Menschen
an Bord. 38 Nachdem sie sich satt gegessen hatten, warfen sie das
Getreide ins Meer, um das Schiff zu erleichtern.
39 Als es nun Tag wurde, entdeckten die Matrosen eine Bucht mit fla-
chem Strand; auf ihn wollten sie, wenn möglich, das Schiff auflaufen
lassen; das Land selbst war ihnen unbekannt. 40 Sie machten die
Anker los und ließen sie im Meer zurück. Zugleich lösten sie die Hal-
tetaue der Steuerruder, hißten das Vorsegel und hielten mit dem
Wind auf den Strand zu. 41 Als sie aber auf eine Sandbank gerieten,
strandeten sie mit dem Schiff; der Bug bohrte sich ein und saß unbe-
weglich fest; das Heck aber begann in der Brandung zu zerbrechen.
42 Da beschlossen die Soldaten, die Gefangenen zu töten, damit kei-
ner schwimmend entkommen könne. 43 Der Hauptmann aber wollte
Paulus retten und hinderte sie an ihrem Vorhaben. Er befahl, daß
zuerst alle, die schwimmen konnten, über Bord springen und an
Land gehen sollten, 44 dann die übrigen, teils auf Planken, teils auf
anderen Schiffstrümmern. So kam es, daß alle ans Land gerettet
wurden.

Die Überwinterung auf Malta

28 Als wir gerettet waren, erfuhren wir, daß die Insel Malta
heißt. 2 Die Einheimischen waren uns gegenüber unge-
wöhnlich freundlich; sie zündeten ein Feuer an und holten uns alle zu
sich, weil es zu regnen begann und kalt war. 3 Als Paulus einen Haufen
Reisig zusammenraffte und auf das Feuer legte, fuhr infolge der Hitze
eine Viper heraus und biß sich an seiner Hand fest. 4 Als die Einheimi-
schen das Tier an seiner Hand hängen sahen, sagten sie zueinander:
Dieser Mensch ist gewiß ein Mörder; die Rachegöttin läßt ihn nicht
leben, obwohl er dem Meer entkommen ist. 5 Er aber schleuderte das
Tier ins Feuer und erlitt keinen Schaden. 6 Da erwarteten sie, er werde
anschwellen oder plötzlich tot umfallen. Als sie aber eine Zeitlang
gewartet hatten und sahen, daß ihm nichts Schlimmes geschah,
änderten sie ihre Meinung und sagten, er sei ein Gott.
7 In jener Gegend lagen Landgüter, die dem Publius, dem Ersten der
Insel, gehörten; er nahm uns auf und bewirtete uns drei Tage lang
freundlich als seine Gäste. 8 Der Vater des Publius lag gerade mit Fie-
ber und Ruhr im Bett. Paulus ging zu ihm hinein und betete; dann
legte er ihm die Hände auf und heilte ihn. 9 Daraufhin kamen auch die
anderen Kranken der Insel herbei und wurden geheilt. 10 Sie erwiesen
uns viele Ehren, und bei der Abfahrt gaben sie uns alles mit, was wir
brauchten.

Von Malta nach Rom

11 Drei Monate später fuhren wir mit einem alexandrinischen Schiff
ab, das auf der Insel überwintert hatte und die Dioskuren als Schiffs-
zeichen trug. 12 Wir liefen in Syrakus ein und blieben drei Tage; 13 von
dort fuhren wir die Küste entlang weiter und erreichten Rhegion.
Nach einem Tag setzte Südwind ein, und so kamen wir in zwei Tagen
nach Puteoli. 14 Hier trafen wir Brüder; sie baten uns, sieben Tage bei
ihnen zu bleiben. Und so kamen wir nach Rom. 15 Von dort waren uns
die Brüder, die von uns gehört hatten, bis Forum Appii und Tres
Tabernae entgegengereist. Als Paulus sie sah, dankte er Gott und
faßte Mut.

Ankunft und Wirken des Völkerapostels in Rom

16 Nach unserer Ankunft in Rom erhielt Paulus die Erlaubnis, für sich
allein zu wohnen, zusammen mit dem Soldaten, der ihn bewachte.
17 Drei Tage später rief er die führenden Männer der Juden zusammen.
Als sie versammelt waren, sagte er zu ihnen: Brüder, obwohl ich mich
nicht gegen das Volk oder die Sitten der Väter vergangen habe, bin ich
von Jerusalem aus als Gefangener den Römern ausgeliefert worden.
18 Diese haben mich verhört und wollten mich freilassen, da nichts
gegen mich vorlag, worauf der Tod steht. 19 Weil aber die Juden Ein-
spruch erhoben, war ich gezwungen, Berufung beim Kaiser einzule-
gen, jedoch nicht, um mein Volk anzuklagen. 20 Aus diesem Grund
habe ich darum gebeten, euch sehen und sprechen zu dürfen. Denn
um der Hoffnung Israels willen trage ich diese Fesseln. 21 Sie antwor-
teten ihm: Wir haben über dich weder Briefe aus Judäa erhalten, noch
ist einer von den Brüdern gekommen, der uns etwas Belastendes über
dich berichtet oder erzählt hätte. 22 Wir wünschen aber von dir zu
hören, was du denkst; denn von dieser Sekte ist uns bekannt, daß sie
überall auf Widerspruch stößt.
23 Sie vereinbarten mit ihm einen bestimmten Tag, an dem sie in noch
größerer Zahl zu ihm in die Wohnung kamen. Vom Morgen bis in den
Abend hinein erklärte und bezeugte er ihnen das Reich Gottes und
versuchte, sie vom Gesetz des Mose und von den Propheten aus für
Jesus zu gewinnen. 24 Die einen ließen sich durch seine Worte über-
zeugen, die andern blieben ungläubig. 25 Ohne sich einig geworden zu
sein, brachen sie auf, nachdem Paulus noch das eine Wort gesagt
hatte: Treffend hat der Heilige Geist durch den Propheten Jesaja zu
euren Vätern gesagt:
26 *Geh zu diesem Volk und sag: / Hören sollt ihr, hören, aber nicht verstehen; /
sehen sollt ihr, sehen, aber nicht erkennen.*
27 *Denn das Herz dieses Volkes ist hart geworden, / und mit ihren Ohren hören
sie nur schwer, / und ihre Augen halten sie geschlossen, / damit sie mit ihren
Augen nicht sehen / und mit ihren Ohren nicht hören, / damit sie mit ihrem
Herzen nicht zur Einsicht kommen, / damit sie sich nicht bekehren und ich sie
nicht heile.*
28 Darum sollt ihr nun wissen: Den Heiden ist dieses Heil Gottes
gesandt worden. Und sie werden hören! [29]
30 Er blieb zwei volle Jahre in seiner Mietwohnung und empfing alle,
die zu ihm kamen. 31 Er verkündete das Reich Gottes und trug unge-
hindert und mit allem Freimut die Lehre über Jesus Christus, den
Herrn, vor.

Die Paulinischen Briefe

An der Spitze der Briefsammlung des Neuen Testaments stehen 14 Briefe, die den Namen des Apostels Paulus in der Anschrift tragen oder doch – wie der Brief an die Hebräer – einen Bezug zu Paulus aufweisen. Der Apostel bediente sich auch des Briefes, um auf Glaubensfragen zu antworten, Schwierigkeiten im Gemeindeleben zu lösen, seelsorgliche Anweisungen zu geben und die neubekehrten Christen zu ermahnen, zu trösten und zu stärken. Diese Briefe waren (abgesehen von den Schreiben an Philemon, Timotheus und Titus) dazu bestimmt, in der Gemeindeversammlung vorgelesen zu werden. Sie schenken uns wichtige Einblicke in das Denken des großen Apostels, auch seiner Mitarbeiter, und in das Leben wichtiger urchristlicher Gemeinden seines Missionsgebietes.
Manche Forscher nehmen heute an, daß einige Schreiben dieser Sammlung von Mitarbeitern und Schülern des Apostels verfaßt wurden (s. die Einleitungen zu den Briefen an die Epheser und Kolosser, an Timotheus und Titus).
Wichtige Briefe des Apostels wurden schon früh gesammelt. Ein Hinweis auf eine solche Sammlung paulinischer Briefe findet sich bereits im Neuen Testament (2 Petr 3,15: »Das hat euch auch unser geliebter Bruder Paulus mit der ihm verliehenen Weisheit geschrieben; es steht in allen seinen Briefen, in denen er davon spricht. In ihnen ist manches schwer zu verstehen«).
Die heutige Sammlung von Paulusbriefen ist aber unvollständig, da eine Anzahl paulinischer Briefe verlorengegangen ist (vgl. 1 Kor 5,9; 2 Kor 2,3f und Kol 3,16f).
Die einzelnen Briefe dieser Schriftgruppe sind dem Umfang nach angeordnet, die umfangreichsten stehen an der Spitze. Der Hebräerbrief wurde an das Ende gestellt, da er nicht von Paulus selbst stammt, sein Verfasser aber deutlich von paulinischen Gedanken beeinflußt ist.
In der Briefsammlung unterscheidet man noch die Gruppe der Gefangenschaftsbriefe, die Hinweise darauf enthalten, daß Paulus bei deren Abfassung sich in Haft befand (so die Briefe an die Gemeinden in Ephesus, Philippi und Kolossä und an Philemon) – der Apostel befand sich mehrmals in Haft –, und die Briefe an Timotheus und Titus, die Pastoral-(Hirten-)Briefe genannt werden, da sie nicht an Gemeinden, sondern an Gemeindehirten (pastores) gerichtet sind und diesen seelsorgliche Anweisungen geben.

Der Brief an die Römer

Wann die christliche Gemeinde in Rom entstanden ist und wer sie gegründet hat, ist nicht bekannt. Der Brief an die Römer ist das früheste Zeugnis ihrer Existenz und Bedeutung. Paulus schreibt an die römische Gemeinde, kurz bevor er seine Reise nach Jerusalem antritt, bei der er die Kollekte der heidenchristlichen Gemeinden von Mazedonien und Griechenland überbringen will. (Röm 15,25–32; vgl. Apg 20,3ff). Er trat diese Reise zwischen 56 und 58 n. Chr. an. Vermutlich ist der Brief während des vorangehenden dreimonatigen Aufenthalts in Griechenland geschrieben worden (Apg 20,2f), und zwar in Korinth, dem Zentrum seiner Griechenlandmission.
Paulus hatte schon lange die Absicht, in die Hauptstadt Rom zu kommen, um die dortige Gemeinde zu besuchen (Röm 8,1–15).
Nach der Tätigkeit im östlichen Teil des römischen Reichs will er in Spanien eine neue Missionsarbeit beginnen; hierfür erwartet er von der römischen Gemeinde Unterstützung (15,14–24).
Mit seinem Brief will er sich, auch weil über ihn mancherlei Nachrichten verbreitet waren, persönlich vorstellen. Er legt deshalb eingehend dar, wie er die Botschaft von Jesus Christus versteht und verkündigt. Der Römerbrief ist eine ausführliche Erklärung dessen, was das »Evangelium Jesu Christi« ist. Deswegen beginnt er mit einem auch römischen Christen vertrauten Bekenntnissatz (Röm 1,3b–4a) und entfaltet diesen mit Hilfe der Lehre von der Rechtfertigung des Sünders (1,16f; 1,18–8,39). Er spricht zunächst vom Zorn Gottes über die Sünde der Menschen (1,18–3,20). Darauf folgen die zentralen Ausführungen über das rechtfertigende Handeln Gottes und den Glauben des Menschen (3,21–5,11). Diese Gedanken werden weiterentfaltet in einem Abschnitt über das neue Leben und die Hoffnung des Christen (5,12–8,39). Im besonderen geht er dann auf die Frage nach der Rettung Israels ein (Kap 9–11), was darauf schließen läßt, daß zur Gemeinde in Rom viele Judenchristen gehörten. Allerdings geht es dem Apostel auch immer wieder um das Heil für die Heiden. Wir müssen also mit einer gemischten Gemeinde rechnen. Im einzelnen kennt Paulus die Situation der römischen Gemeinde nicht genau; nur in dem ermahnenden Schlußteil (12,1–15,13) behandelt er eine aktuelle Streitfrage (14,1–15,13). Kap. 16 ist ein Nachtrag mit einer Empfehlung, zahlreichen Grüßen und Ermahnungen sowie einem abschließenden Lobpreis (16,25–27).
Der Römerbrief stellt eine Zusammenfassung der Verkündigung und Theologie des Apostels dar. Man hat ihn daher das »Testament des Paulus« genannt. Wegen seines Umfangs wurde er später an den Anfang der Sammlung paulinischer Briefe gestellt.

Anschrift und Gruß

1 Paulus, Knecht Christi Jesu, berufen zum Apostel, auserwählt,
das Evangelium Gottes zu verkündigen, 2 das er durch seine
Propheten im voraus verheißen hat in den heiligen Schriften: 3 das
Evangelium von seinem Sohn, der dem Fleisch nach geboren ist als
Nachkomme Davids, 4 der dem Geist der Heiligkeit nach eingesetzt ist
als Sohn Gottes in Macht seit der Auferstehung von den Toten, das
Evangelium von Jesus Christus, unserem Herrn.
5 Durch ihn haben wir Gnade und Apostelamt empfangen, um in sei-
nem Namen alle Heiden zum Gehorsam des Glaubens zu führen; 6 zu
ihnen gehört auch ihr, die ihr von Jesus Christus berufen seid.
7 An alle in Rom, die von Gott geliebt sind, die berufenen Heiligen:
Gnade sei mit euch und Friede von Gott, unserem Vater, und dem
Herrn Jesus Christus.

Dankgebet – Thema des Briefes

8 Zunächst danke ich meinem Gott durch Jesus Christus für euch alle,
weil euer Glaube in der ganzen Welt verkündet wird. 9 Denn Gott, den
ich im Dienst des Evangeliums von seinem Sohn mit ganzem Herzen
ehre, ist mein Zeuge: Unablässig denke ich an euch 10 in allen meinen
Gebeten und bitte darum, es möge mir durch Gottes Willen endlich
gelingen, zu euch zu kommen. 11 Denn ich sehne mich danach, euch zu
sehen; ich möchte euch geistliche Gaben vermitteln, damit ihr dadurch
gestärkt werdet, 12 oder besser: damit wir, wenn ich bei euch bin, mit-
einander Zuspruch empfangen durch euren und meinen Glauben.
13 Ihr sollt wissen, Brüder, daß ich mir schon oft vorgenommen habe,
zu euch zu kommen, aber bis heute daran gehindert wurde; denn wie
bei den anderen Heiden soll meine Arbeit auch bei euch Frucht brin-
gen. 14 Griechen und Nichtgriechen, Gebildeten und Ungebildeten bin
ich verpflichtet; 15 so liegt mir alles daran, auch euch in Rom das Evan-
gelium zu verkündigen. 16 Denn ich schäme mich des Evangeliums
nicht: Es ist eine Kraft Gottes, die jeden rettet, der glaubt, zuerst den
Juden, aber ebenso den Griechen. 17 Denn im Evangelium wird die
Gerechtigkeit Gottes offenbart aus Glauben zum Glauben, wie es in
der Schrift heißt: Der aus Glauben Gerechte wird leben.

Die Rettung der Menschen

Sünde und Verlorenheit

Gottes Zorn über die Ungerechtigkeit der Menschen
18 Der Zorn Gottes wird vom Himmel herab offenbart wider alle Gott-
losigkeit und Ungerechtigkeit der Menschen, die die Wahrheit durch
Ungerechtigkeit niederhalten. 19 Denn was man von Gott erkennen

Erma Barrera-Bossi
Beweinung Christi
(1911)
»Schnell sind sie dabei, Blut zu vergießen; Verderben und Unheil sind auf ihren Wegen, und den Weg des Friedens kennen sie nicht« (Röm 3,15-17). Paulus zitiert das Buch Jesaja, das von den Hindernissen für das kommende Heil spricht: »Sie laufen dem Bösen nach, schnell sind sie dabei, unschuldiges Blut zu vergießen« (Jes 59,7). Erma Barrera-Bossis Darstellung der Beweinung Jesu handelt von solchem Tod eines Unschuldigen: Nichts deutet auf einen religiösen Zusammenhang hin, weder das Kreuz, zu dessen Füßen zumeist die Szene der Beweinung dargestellt wurde, noch ein Heiligenschein. Ist es also allein menschliches Leid, menschliche Trauer, die hier zum Ausdruck kommt? Je stärker diese Sicht die Oberhand gewinnt, desto nachhaltiger ist der Widerspruch des Paulus: Jesus Christus »hat Gott dazu bestimmt, Sühne zu leisten mit seinem Blut, Sühne, wirksam durch den Glauben« (Röm 3,25).

kann, ist ihnen offenbar; Gott hat es ihnen offenbart. 20 Seit Erschaf-
fung der Welt wird seine unsichtbare Wirklichkeit an den Werken der
Schöpfung mit der Vernunft wahrgenommen, seine ewige Macht und
Gottheit. Daher sind sie unentschuldbar. 21 Denn sie haben Gott
erkannt, ihn aber nicht als Gott geehrt und ihm nicht gedankt. Sie
verfielen in ihrem Denken der Nichtigkeit, und ihr unverständiges
Herz wurde verfinstert. 22 Sie behaupteten, weise zu sein, und wurden
zu Toren. 23 Sie vertauschten die Herrlichkeit des unvergänglichen
Gottes mit Bildern, die einen vergänglichen Menschen und fliegende,
vierfüßige und kriechende Tiere darstellen. 24 Darum lieferte Gott sie
durch die Begierden ihres Herzens der Unreinheit aus, so daß sie
ihren Leib durch ihr eigenes Tun entehrten. 25 Sie vertauschten die
Wahrheit Gottes mit der Lüge, sie beteten das Geschöpf an und ver-
ehrten es anstelle des Schöpfers – gepriesen ist er in Ewigkeit. Amen.
26 Darum lieferte Gott sie entehrenden Leidenschaften aus: Ihre
Frauen vertauschten den natürlichen Verkehr mit dem widernatürli-
chen; 27 ebenso gaben die Männer den natürlichen Verkehr mit der
Frau auf und entbrannten in Begierde zueinander; Männer trieben mit
Männern Unzucht und erhielten den ihnen gebührenden Lohn für
ihre Verirrung. 28 Und da sie sich weigerten, Gott anzuerkennen, lie-
ferte Gott sie einem verworfenen Denken aus, so daß sie tun, was sich
nicht gehört: 29 Sie sind voll Ungerechtigkeit, Schlechtigkeit, Habgier
und Bosheit, voll Neid, Mord, Streit, List und Tücke, sie verleumden
30 und treiben üble Nachrede, sie hassen Gott, sind überheblich,
hochmütig und prahlerisch, erfinderisch im Bösen und ungehorsam
gegen die Eltern, 31 sie sind unverständig und haltlos, ohne Liebe und
Erbarmen. 32 Sie erkennen, daß Gottes Rechtsordnung bestimmt:
Wer so handelt, verdient den Tod. Trotzdem tun sie es nicht nur selber,
sondern stimmen bereitwillig auch denen zu, die so handeln.

Der Mensch vor Gottes Gericht

2 Darum bist du unentschuldbar – wer du auch bist, Mensch –,
wenn du richtest. Denn worin du den andern richtest, darin ver-
urteilst du dich selber, da du, der Richtende, dasselbe tust. 2 Wir wis-
sen aber, daß Gottes Gericht über alle, die solche Dinge tun, der
Wahrheit entspricht. 3 Meinst du etwa, du könntest dem Gericht
Gottes entrinnen, wenn du die richtest, die solche Dinge tun, und
dasselbe tust wie sie? 4 Verachtest du etwa den Reichtum seiner Güte,
Geduld und Langmut? Weißt du nicht, daß Gottes Güte dich zur
Umkehr treibt? 5 Weil du aber starrsinnig bist und dein Herz nicht
umkehrt, sammelst du Zorn gegen dich für den »Tag des Zornes«,
den Tag der Offenbarung von Gottes gerechtem Gericht. 6 *Er wird*
jedem vergelten, wie es seine Taten verdienen: 7 denen, die beharrlich Gutes
tun und Herrlichkeit, Ehre und Unvergänglichkeit erstreben, gibt er
ewiges Leben, 8 denen aber, die selbstsüchtig nicht der Wahrheit,

sondern der Ungerechtigkeit gehorchen, widerfährt Zorn und
Grimm. 9 Not und Bedrängnis wird jeden Menschen treffen, der das
Böse tut, zuerst den Juden, aber ebenso den Griechen; 10 Herrlichkeit,
Ehre und Friede werden jedem zuteil, der das Gute tut, zuerst dem
Juden, aber ebenso dem Griechen; 11 denn Gott richtet ohne Ansehen
der Person.

Die Heiden und das Gesetz

12 Alle, die sündigten, ohne das Gesetz zu haben, werden auch ohne
das Gesetz zugrunde gehen, und alle, die unter dem Gesetz sündig-
ten, werden durch das Gesetz gerichtet werden. 13 Nicht die sind vor
Gott gerecht, die das Gesetz hören, sondern er wird die für gerecht
erklären, die das Gesetz tun. 14 Wenn Heiden, die das Gesetz nicht
haben, von Natur aus das tun, was im Gesetz gefordert ist, so sind sie,
die das Gesetz nicht haben, sich selbst Gesetz. 15 Sie zeigen damit,
daß ihnen die Forderung des Gesetzes ins Herz geschrieben ist; ihr
Gewissen legt Zeugnis davon ab, ihre Gedanken klagen sich gegen-
seitig an und verteidigen sich – 16 an jenem Tag, an dem Gott, wie ich
es in meinem Evangelium verkündige, das, was im Menschen verbor-
gen ist, durch Jesus Christus richten wird.

Die Juden und das Gesetz

17 Du nennst dich zwar Jude und verläßt dich auf das Gesetz, du
rühmst dich deines Gottes, 18 du kennst seinen Willen, und du willst,
aus dem Gesetz belehrt, beurteilen, worauf es ankommt; 19 du traust
dir zu, Führer zu sein für Blinde, Licht für die in der Finsternis,
20 Erzieher der Unverständigen, Lehrer der Unmündigen, einer, für
den im Gesetz Erkenntnis und Wahrheit feste Gestalt besitzen. 21 Du
belehrst andere Menschen, dich selbst aber belehrst du nicht. Du pre-
digst: Du sollst nicht stehlen!, und stiehlst. 22 Du sagst: Du sollst die
Ehe nicht brechen!, und brichst die Ehe. Du verabscheust die Götzen-
bilder, begehst aber Tempelraub. 23 Du rühmst dich des Gesetzes, ent-
ehrst aber Gott durch Übertreten des Gesetzes. 24 Denn in der Schrift
steht: *Euretwegen wird unter den Heiden der Name Gottes gelästert.*
25 Die Beschneidung ist nützlich, wenn du das Gesetz befolgst; über-
trittst du jedoch das Gesetz, so bist du trotz deiner Beschneidung zum
Unbeschnittenen geworden. 26 Wenn aber der Unbeschnittene die
Forderungen des Gesetzes beachtet, wird dann nicht sein Unbe-
schnittensein als Beschneidung angerechnet werden? 27 Der leiblich
Unbeschnittene, der das Gesetz erfüllt, wird dich richten, weil du trotz
Buchstabe und Beschneidung ein Übertreter des Gesetzes bist. 28 Jude
ist nicht, wer es nach außen hin ist, und Beschneidung ist nicht, was
sichtbar am Fleisch geschieht, 29 sondern Jude ist, wer es im Verbor-
genen ist, und Beschneidung ist, was am Herzen durch den Geist,
nicht durch den Buchstaben geschieht. Der Ruhm eines solchen Juden
kommt nicht von Menschen, sondern von Gott.

Gottes Treue angesichts der Sünde der Menschen

3 Was ist nun der Vorzug der Juden, der Nutzen der Beschnei-
dung? 2 Er ist groß in jeder Hinsicht. Vor allem: Ihnen sind die
Worte Gottes anvertraut. 3 Wenn jedoch einige Gott die Treue gebro-
chen haben, wird dann etwa ihre Untreue die Treue Gottes aufheben?
4 Keineswegs! Gott soll sich als der Wahrhaftige erweisen, *jeder Mensch*
aber als *Lügner*, wie es in der Schrift heißt: *So behältst du recht mit deinen
Worten und trägst den Sieg davon, wenn man mit dir rechtet.* 5 Wenn aber
unsere Ungerechtigkeit die Gerechtigkeit Gottes bestätigt, was sagen
wir dann? Ist Gott – ich frage sehr menschlich – nicht ungerecht,
wenn er seinen Zorn walten läßt? 6 Keineswegs! Denn wie könnte Gott
die Welt sonst richten? 7 Wenn aber die Wahrheit Gottes sich durch
meine Unwahrheit als noch größer erweist und so Gott verherrlicht
wird, warum werde ich dann als Sünder gerichtet? 8 Gilt am Ende das,
womit man uns verleumdet und was einige uns in den Mund legen:
Laßt uns Böses tun, damit Gutes entsteht? Diese Leute werden mit
Recht verurteilt.
9 Was heißt das nun? Sind wir als Juden im Vorteil? Ganz und gar
nicht. Denn wir haben vorher die Anklage erhoben, daß alle, Juden
wie Griechen, unter der Herrschaft der Sünde stehen, 10 wie es in der
Schrift heißt:
Es gibt keinen, der gerecht ist, / auch nicht einen;
11 *es gibt keinen Verständigen, / keinen, der Gott sucht.*
12 *Alle sind abtrünnig geworden, / alle miteinander taugen nichts. / Keiner tut
Gutes, / auch nicht ein einziger.*
13 *Ihre Kehle ist ein offenes Grab, / mit ihrer Zunge betrügen sie; / Schlangengift ist
auf ihren Lippen.*
14 *Ihr Mund ist voll Fluch und Gehässigkeit.*
15 *Schnell sind sie dabei, Blut zu vergießen; /* 16 *Verderben und Unheil sind auf
ihren Wegen, /* 17 *und den Weg des Friedens kennen sie nicht.*
18 *Die Gottesfurcht steht ihnen nicht vor Augen.*
19 Wir wissen aber: Was das Gesetz sagt, sagt es denen, die unter dem
Gesetz leben, damit jeder Mund verstummt und die ganze Welt vor
Gott schuldig wird. 20 Denn durch Werke des Gesetzes wird *niemand
vor ihm gerecht werden*; durch das Gesetz kommt es vielmehr zur
Erkenntnis der Sünde.

Gerechtigkeit und neues Leben

Das Kreuz Christi als Grund der neuen Gerechtigkeit

21 Jetzt aber ist unabhängig vom Gesetz die Gerechtigkeit Gottes
offenbart worden, bezeugt vom Gesetz und von den Propheten: 22 die
Gerechtigkeit Gottes aus dem Glauben an Jesus Christus, offenbart
für alle, die glauben. Denn es gibt keinen Unterschied: 23 Alle haben
gesündigt und die Herrlichkeit Gottes verloren. 24 Ohne es verdient zu
haben, werden sie gerecht, dank seiner Gnade, durch die Erlösung in
Christus Jesus. 25 Ihn hat Gott dazu bestimmt, Sühne zu leisten mit
seinem Blut, Sühne, wirksam durch Glauben. So erweist Gott seine
Gerechtigkeit durch die Vergebung der Sünden, die früher, in der Zeit
seiner Geduld, begangen wurden; 26 er erweist seine Gerechtigkeit in
der gegenwärtigen Zeit, um zu zeigen, daß er gerecht ist und den
gerecht macht, der an Jesus glaubt.
27 Kann man sich da noch rühmen? Das ist ausgeschlossen. Durch
welches Gesetz? Durch das der Werke? Nein, durch das Gesetz des
Glaubens. 28 Denn wir sind der Überzeugung, daß der Mensch
gerecht wird durch Glauben, unabhängig von Werken des Gesetzes.
29 Ist denn Gott nur der Gott der Juden, nicht auch der Heiden? Ja,
auch der Heiden, 30 da doch gilt: Gott ist der »Eine«. Er wird aufgrund
des Glaubens sowohl die Beschnittenen wie die Unbeschnittenen
gerecht machen. 31 Setzen wir nun durch den Glauben das Gesetz
außer Kraft? Im Gegenteil, wir richten das Gesetz auf.

Die Anrechnung des Glaubens als Gerechtigkeit: das Beispiel Abrahams

4 Müssen wir nun nicht fragen: Was hat dann unser leiblicher
Stammvater Abraham erlangt? 2 Wenn Abraham aufgrund von
Werken Gerechtigkeit erlangt hat, dann hat er zwar Ruhm, aber nicht
vor Gott. 3 Denn die Schrift sagt: *Abraham glaubte Gott, und das wurde ihm
als Gerechtigkeit angerechnet.* 4 Dem, der Werke tut, werden diese nicht
aus Gnade angerechnet, sondern er bekommt den Lohn, der ihm
zusteht. 5 Dem aber, der keine Werke tut, sondern an den glaubt, der
den Gottlosen gerecht macht, dem wird sein Glaube als Gerechtigkeit
angerechnet. 6 Auch David preist den Menschen selig, dem Gott
Gerechtigkeit unabhängig von Werken anrechnet:
7 *Selig sind die, deren Frevel vergeben / und deren Sünden bedeckt sind.*
8 *Selig ist der Mensch, / dem der Herr die Sünde nicht anrechnet.*
9 Gilt nun diese Seligpreisung nur den Beschnittenen oder auch den
Unbeschnittenen? Wir haben gesagt: *Abraham wurde der Glaube als
Gerechtigkeit angerechnet.* 10 Wann wurde er ihm angerechnet: als er
beschnitten oder als er unbeschnitten war? Nicht als er beschnitten,
sondern als er noch unbeschnitten war. 11 Das Zeichen der Beschnei-
dung empfing er zur Besiegelung der Glaubensgerechtigkeit, die ihm
als Unbeschnittenem zuteil wurde; also ist er der Vater aller, die als

Unbeschnittene glauben und denen daher Gerechtigkeit angerechnet
wird, 12 und er ist der Vater jener Beschnittenen, die nicht nur
beschnitten sind, sondern auch den Weg des Glaubens gehen, des
Glaubens, den unser Vater Abraham schon vor seiner Beschneidung
hatte.
13 Denn Abraham und seine Nachkommen erhielten nicht aufgrund
des Gesetzes die Verheißung, Erben der Welt zu sein, sondern auf-
grund der Glaubensgerechtigkeit. 14 Wenn nämlich jene Erben sind,
die das Gesetz haben, dann ist der Glaube entleert und die Verheißung
außer Kraft gesetzt. 15 Das Gesetz bewirkt Zorn; wo es aber das Gesetz
nicht gibt, da gibt es auch keine Übertretung. 16 Deshalb gilt: »aus
Glauben«, damit auch gilt: »aus Gnade«. Nur so bleibt die Verheißung
für alle Nachkommen gültig, nicht nur für die, welche das Gesetz
haben, sondern auch für die, welche wie Abraham den Glauben
haben. 17 Nach dem Schriftwort: *Ich habe dich zum Vater vieler Völker
bestimmt*, ist er unser aller Vater vor Gott, dem er geglaubt hat, dem
Gott, der die Toten lebendig macht und das, was nicht ist, ins Dasein
ruft. 18 Gegen alle Hoffnung hat er voll Hoffnung geglaubt, daß er der
Vater vieler Völker werde, nach dem Wort: *So zahlreich werden deine Nach-
kommen sein.* 19 Ohne im Glauben schwach zu werden, war er, der fast
Hundertjährige, sich bewußt, daß sein Leib und auch Saras Mutter-
schoß erstorben waren. 20 Er zweifelte nicht im Unglauben an der Ver-
heißung Gottes, sondern wurde stark im Glauben, und er erwies Gott
Ehre, 21 fest davon überzeugt, daß Gott die Macht besitzt zu tun, was
er verheißen hat. 22 Darum wurde der Glaube *ihm als Gerechtigkeit ange-
rechnet.*
23 Doch nicht allein um seinetwillen steht in der Schrift, daß der
Glaube ihm angerechnet wurde, 24 sondern auch um unseretwillen; er
soll auch uns angerechnet werden, die wir an den glauben, der Jesus,
unseren Herrn, von den Toten auferweckt hat.
25 Wegen unserer Verfehlungen wurde er hingegeben, / wegen unserer
Gerechtmachung wurde er auferweckt.

Die Hoffnung der Glaubenden

5 Gerecht gemacht aus Glauben, haben wir Frieden mit Gott
durch Jesus Christus, unseren Herrn. 2 Durch ihn haben wir
auch den Zugang zu der Gnade erhalten, in der wir stehen, und rüh-
men uns unserer Hoffnung auf die Herrlichkeit Gottes. 3 Mehr noch,
wir rühmen uns ebenso unserer Bedrängnis; denn wir wissen:
Bedrängnis bewirkt Geduld, 4 Geduld aber Bewährung, Bewährung
Hoffnung. 5 Die Hoffnung aber läßt nicht zugrunde gehen; denn die
Liebe Gottes ist ausgegossen in unsere Herzen durch den Heiligen
Geist, der uns gegeben ist. 6 Christus ist schon zu der Zeit, da wir noch
schwach und gottlos waren, für uns gestorben. 7 Dabei wird nur
schwerlich jemand für einen Gerechten sterben; vielleicht wird er
jedoch für einen guten Menschen sein Leben wagen. 8 Gott aber hat
seine Liebe zu uns darin erwiesen, daß Christus für uns gestorben ist,
als wir noch Sünder waren. 9 Nachdem wir jetzt durch sein Blut
gerecht gemacht sind, werden wir durch ihn erst recht vor dem
Gericht Gottes gerettet werden. 10 Da wir mit Gott versöhnt wurden
durch den Tod seines Sohnes, als wir noch (Gottes) Feinde waren,
werden wir erst recht, nachdem wir versöhnt sind, gerettet werden
durch sein Leben. 11 Mehr noch, wir rühmen uns Gottes durch Jesus
Christus, unseren Herrn, durch den wir jetzt schon die Versöhnung
empfangen haben.

Der alte und der neue Mensch

12 Durch einen einzigen Menschen kam die Sünde in die Welt und
durch die Sünde der Tod, und auf diese Weise gelangte der Tod zu
allen Menschen, weil alle sündigten. 13 Sünde war schon vor dem
Gesetz in der Welt, aber Sünde wird nicht angerechnet, wo es kein
Gesetz gibt; 14 dennoch herrschte der Tod von Adam bis Mose auch
über die, welche nicht wie Adam durch Übertreten eines Gebots
gesündigt hatten; Adam aber ist die Gestalt, die auf den Kommenden
hinweist. 15 Doch anders als mit der Übertretung verhält es sich mit
der Gnade; sind durch die Übertretung des einen die vielen dem Tod
anheimgefallen, so ist erst recht die Gnade Gottes und die Gabe, die
durch die Gnadentat des einen Menschen Jesus Christus bewirkt wor-
den ist, den vielen reichlich zuteil geworden. 16 Anders als mit dem,
was durch den einen Sünder verursacht wurde, verhält es sich mit die-
ser Gabe: Das Gericht führt wegen der Übertretung des einen zur Ver-
urteilung, die Gnade führt aus vielen Übertretungen zur Gerechtspre-
chung. 17 Ist durch die Übertretung des einen der Tod zur Herrschaft
gekommen, durch diesen einen, so werden erst recht alle, denen die
Gnade und die Gabe der Gerechtigkeit reichlich zuteil wurde, leben
und herrschen durch den einen, Jesus Christus. 18 Wie es also durch
die Übertretung eines einzigen für alle Menschen zur Verurteilung
kam, so wird es auch durch die gerechte Tat eines einzigen für alle
Menschen zur Gerechtsprechung kommen, die Leben gibt. 19 Wie
durch den Ungehorsam des einen Menschen die vielen zu Sündern
wurden, so werden auch durch den Gehorsam des einen die vielen zu
Gerechten gemacht werden. 20 Das Gesetz aber ist hinzugekommen,
damit die Übertretung mächtiger werde; wo jedoch die Sünde mächtig
wurde, da ist die Gnade übergroß geworden. 21 Denn wie die Sünde
herrschte und zum Tod führte, so soll auch die Gnade herrschen und
durch Gerechtigkeit zu ewigem Leben führen, durch Jesus Christus,
unseren Herrn.

Die Gemeinschaft der Getauften mit Christus

6 Heißt das nun, daß wir an der Sünde festhalten sollen, damit die
Gnade mächtiger werde? 2 Keineswegs! Wie können wir, die wir
für die Sünde tot sind, noch in ihr leben? 3 Wißt ihr denn nicht, daß
wir alle, die wir auf Christus Jesus getauft wurden, auf seinen Tod
getauft worden sind? 4 Wir wurden mit ihm begraben durch die Taufe
auf den Tod; und wie Christus durch die Herrlichkeit des Vaters von
den Toten auferweckt wurde, so sollen auch wir als neue Menschen
leben. 5 Wenn wir nämlich ihm gleich geworden sind in seinem Tod,
dann werden wir mit ihm auch in seiner Auferstehung vereinigt sein.
6 Wir wissen doch: Unser alter Mensch wurde mitgekreuzigt, damit
der von der Sünde beherrschte Leib vernichtet werde und wir nicht
Sklaven der Sünde bleiben. 7 Denn wer gestorben ist, der ist frei
geworden von der Sünde. 8 Sind wir nun mit Christus gestorben, so
glauben wir, daß wir auch mit ihm leben werden. 9 Wir wissen, daß
Christus, von den Toten auferweckt, nicht mehr stirbt; der Tod hat
keine Macht mehr über ihn. 10 Denn durch sein Sterben ist er ein für
allemal gestorben für die Sünde, sein Leben aber lebt er für Gott. 11 So
sollt auch ihr euch als Menschen begreifen, die für die Sünde tot sind,
aber für Gott leben in Christus Jesus.
12 Daher soll die Sünde euren sterblichen Leib nicht mehr beherr-
schen, und seinen Begierden sollt ihr nicht gehorchen. 13 Stellt eure
Glieder nicht der Sünde zur Verfügung als Waffen der Ungerechtig-
keit, sondern stellt euch Gott zur Verfügung als Menschen, die vom
Tod zum Leben gekommen sind, und stellt eure Glieder als Waffen der
Gerechtigkeit in den Dienst Gottes. 14 Die Sünde soll nicht über euch
herrschen; denn ihr steht nicht unter dem Gesetz, sondern unter der
Gnade.

Die Freiheit der Christen von der Sünde

15 Heißt das nun, daß wir sündigen dürfen, weil wir nicht unter dem
Gesetz stehen, sondern unter der Gnade? Keineswegs! 16 Ihr wißt
doch: Wenn ihr euch als Sklaven zum Gehorsam verpflichtet, dann
seid ihr Sklaven dessen, dem ihr gehorchen müßt; ihr seid entweder
Sklaven der Sünde, die zum Tod führt, oder des Gehorsams, der zur
Gerechtigkeit führt. 17 Gott aber sei Dank; denn ihr wart Sklaven der
Sünde, seid jedoch von Herzen der Lehre gehorsam geworden, an die
ihr übergeben wurdet. 18 Ihr wurdet aus der Macht der Sünde befreit
und seid zu Sklaven der Gerechtigkeit geworden. 19 Wegen eurer
Schwachheit rede ich nach Menschenweise: Wie ihr eure Glieder in
den Dienst der Unreinheit und der Gesetzlosigkeit gestellt habt, so
daß ihr gesetzlos wurdet, so stellt jetzt eure Glieder in den Dienst der

Gerechtigkeit, so daß ihr heilig werdet. 20 Denn als ihr Sklaven der
Sünde wart, da wart ihr der Gerechtigkeit gegenüber frei. 21 Welchen
Gewinn hattet ihr damals? Es waren Dinge, deren ihr euch jetzt
schämt; denn sie bringen den Tod. 22 Jetzt, da ihr aus der Macht der
Sünde befreit und zu Sklaven Gottes geworden seid, habt ihr einen
Gewinn, der zu eurer Heiligung führt und das ewige Leben bringt.
23 Denn der Lohn der Sünde ist der Tod, die Gabe Gottes aber ist das
ewige Leben in Christus Jesus, unserem Herrn.

Die Freiheit der Christen vom Gesetz

7 Wißt ihr denn nicht, Brüder – ich rede doch zu Leuten, die das
Gesetz kennen –, daß das Gesetz für einen Menschen nur Gel-
tung hat, solange er lebt? 2 So ist die Ehefrau durch das Gesetz an
ihren Mann gebunden, solange er am Leben ist; wenn ihr Mann aber
stirbt, ist sie frei von dem Gesetz, das die Frau an den Mann bindet.
3 Wenn sie darum zu Lebzeiten des Mannes einem anderen gehört,
wird sie Ehebrecherin genannt; ist aber der Mann gestorben, dann ist
sie frei vom Gesetz und wird nicht zur Ehebrecherin, wenn sie einem
anderen gehört. 4 Ebenso seid auch ihr, meine Brüder, durch das Ster-
ben Christi tot für das Gesetz, so daß ihr einem anderen gehört, dem,
der von den Toten auferweckt wurde; ihm gehören wir, damit wir Gott
Frucht bringen. 5 Denn als wir noch dem Fleisch verfallen waren,
wirkten sich die Leidenschaften der Sünden, die das Gesetz hervorrief,
so in unseren Gliedern aus, daß wir dem Tod Frucht brachten. 6 Jetzt
aber sind wir frei geworden von dem Gesetz, an das wir gebunden
waren, wir sind tot für das Gesetz und dienen in der neuen Wirklich-
keit des Geistes, nicht mehr in der alten des Buchstabens.

Die Mächte des Unheils: Gesetz, Sünde und Tod

7 Heißt das nun, daß das Gesetz Sünde ist? Keineswegs! Jedoch habe
ich die Sünde nur durch das Gesetz erkannt. Ich hätte ja von der
Begierde nichts gewußt, wenn nicht das Gesetz gesagt hätte: Du sollst
nicht begehren. 8 Die Sünde erhielt durch das Gebot den Anstoß und
bewirkte in mir alle Begierde, denn ohne das Gesetz war die Sünde tot.
9 Ich lebte einst ohne das Gesetz; aber als das Gebot kam, wurde die
Sünde lebendig, 10 ich dagegen starb und mußte erfahren, daß dieses
Gebot, das zum Leben führen sollte, den Tod bringt. 11 Denn nachdem
die Sünde durch das Gebot den Anstoß erhalten hatte, täuschte und
tötete sie mich durch das Gebot. 12 Das Gesetz ist heilig, und das Gebot
ist heilig, gerecht und gut. 13 Ist dann etwa das Gute mein Tod gewor-
den? Keineswegs! Sondern die Sünde verursachte, damit sie als Sünde
offenbar werde, durch das Gute meinen Tod; denn durch das Gebot
sollte die Sünde sich in ihrem ganzen Ausmaß als Sünde erweisen.
14 Wir wissen, daß das Gesetz selbst vom Geist bestimmt ist; ich aber
bin Fleisch, das heißt: verkauft an die Sünde. 15 Denn ich begreife
mein Handeln nicht: Ich tue nicht das, was ich will, sondern das, was
ich hasse. 16 Wenn ich aber das tue, was ich nicht will, erkenne ich an,
daß das Gesetz gut ist. 17 Dann aber bin nicht mehr ich es, der so han-
delt, sondern die in mir wohnende Sünde. 18 Ich weiß, daß in mir, das
heißt in meinem Fleisch, nichts Gutes wohnt; das Wollen ist bei mir
vorhanden, aber ich vermag das Gute nicht zu verwirklichen. 19 Denn
ich tue nicht das Gute, das ich will, sondern das Böse, das ich nicht
will. 20 Wenn ich aber das tue, was ich nicht will, dann bin nicht mehr
ich es, der so handelt, sondern die in mir wohnende Sünde. 21 Ich
stoße also auf das Gesetz, daß in mir das Böse vorhanden ist, obwohl
ich das Gute tun will. 22 Denn in meinem Innern freue ich mich am
Gesetz Gottes, 23 ich sehe aber ein anderes Gesetz in meinen Gliedern,
das mit dem Gesetz meiner Vernunft im Streit liegt und mich gefan-
genhält im Gesetz der Sünde, von dem meine Glieder beherrscht wer-
den. 24 Ich unglücklicher Mensch! Wer wird mich aus diesem dem Tod
verfallenen Leib erretten? 25 Dank sei Gott durch Jesus Christus, unse-
ren Herrn! Es ergibt sich also, daß ich mit meiner Vernunft dem
Gesetz Gottes diene, mit dem Fleisch aber dem Gesetz der Sünde.

Das Leben der Christen im Geist

8 Jetzt gibt es keine Verurteilung mehr für die, welche in Christus
Jesus sind. 2 Denn das Gesetz des Geistes und des Lebens in
Christus Jesus hat dich frei gemacht vom Gesetz der Sünde und des
Todes. 3 Weil das Gesetz, ohnmächtig durch das Fleisch, nichts ver-
mochte, sandte Gott seinen Sohn in der Gestalt des Fleisches, das
unter der Macht der Sünde steht, zur Sühne für die Sünde, um an sei-
nem Fleisch die Sünde zu verurteilen; 4 dies tat er, damit die Forderung
des Gesetzes durch uns erfüllt werde, die wir nicht nach dem Fleisch,
sondern nach dem Geist leben. 5 Denn alle, die vom Fleisch bestimmt
sind, trachten nach dem, was dem Fleisch entspricht, alle, die vom
Geist bestimmt sind, nach dem, was dem Geist entspricht. 6 Das
Trachten des Fleisches führt zum Tod, das Trachten des Geistes aber
zu Leben und Frieden. 7 Denn das Trachten des Fleisches ist Feind-
schaft gegen Gott; es unterwirft sich nicht dem Gesetz Gottes und
kann es auch nicht. 8 Wer vom Fleisch bestimmt ist, kann Gott nicht
gefallen. 9 Ihr aber seid nicht vom Fleisch, sondern vom Geist
bestimmt, da ja der Geist Gottes in euch wohnt. Wer den Geist Christi
nicht hat, der gehört nicht zu ihm. 10 Wenn Christus in euch ist, dann
ist zwar der Leib tot aufgrund der Sünde, der Geist aber ist Leben auf-
grund der Gerechtigkeit. 11 Wenn der Geist dessen in euch wohnt, der
Jesus von den Toten auferweckt hat, dann wird er, der Christus Jesus
von den Toten auferweckt hat, auch euren sterblichen Leib lebendig
machen, durch seinen Geist, der in euch wohnt.
12 Wir sind also nicht dem Fleisch verpflichtet, Brüder, so daß wir nach
dem Fleisch leben müßten. 13 Wenn ihr nach dem Fleisch lebt, müßt
ihr sterben; wenn ihr aber durch den Geist die (sündigen) Taten des
Leibes tötet, werdet ihr leben. 14 Denn alle, die sich vom Geist Gottes
leiten lassen, sind Söhne Gottes. 15 Denn ihr habt nicht einen Geist
empfangen, der euch zu Sklaven macht, so daß ihr euch immer noch
fürchten müßtet, sondern ihr habt den Geist empfangen, der euch zu
Söhnen macht, den Geist, in dem wir rufen: Abba, Vater! 16 So bezeugt
der Geist selber unserem Geist, daß wir Kinder Gottes sind. 17 Sind
wir aber Kinder, dann auch Erben; wir sind Erben Gottes und sind
Miterben Christi, wenn wir mit ihm leiden, um mit ihm auch verherr-
licht zu werden.

Die Hoffnung auf die Erlösung der Welt

18 Ich bin überzeugt, daß die Leiden der gegenwärtigen Zeit nichts
bedeuten im Vergleich zu der Herrlichkeit, die an uns offenbar werden
soll. 19 Denn die ganze Schöpfung wartet sehnsüchtig auf das Offen-
barwerden der Söhne Gottes. 20 Die Schöpfung ist der Vergänglichkeit
unterworfen, nicht aus eigenem Willen, sondern durch den, der sie
unterworfen hat; aber zugleich gab er ihr Hoffnung: 21 Auch die Schöp-
fung soll von der Sklaverei und Verlorenheit befreit werden zur Freiheit
und Herrlichkeit der Kinder Gottes. 22 Denn wir wissen, daß die
gesamte Schöpfung bis zum heutigen Tag seufzt und in Geburtswehen
liegt. 23 Aber auch wir, obwohl wir als Erstlingsgabe den Geist haben,
seufzen in unserem Herzen und warten darauf, daß wir mit der Erlö-
sung unseres Leibes als Söhne offenbar werden. 24 Denn wir sind geret-
tet, doch in der Hoffnung. Hoffnung aber, die man schon erfüllt sieht,
ist keine Hoffnung. Wie kann man auf etwas hoffen, das man sieht?
25 Hoffen wir aber auf das, was wir nicht sehen, dann harren wir aus in
Geduld. 26 So nimmt sich auch der Geist unserer Schwachheit an. Denn
wir wissen nicht, worum wir in rechter Weise beten sollen; der Geist
selber tritt jedoch für uns ein mit Seufzen, das wir nicht in Worte fassen
können. 27 Und Gott, der die Herzen erforscht, weiß, was die Absicht
des Geistes ist: Er tritt so, wie Gott es will, für die Heiligen ein. 28 Wir
wissen, daß Gott bei denen, die ihn lieben, alles zum Guten führt, bei
denen, die nach seinem ewigen Plan berufen sind; 29 denn alle, die er
im voraus erkannt hat, hat er auch im voraus dazu bestimmt, an Wesen
und Gestalt seines Sohnes teilzuhaben, damit dieser der Erstgeborene
von vielen Brüdern sei. 30 Die aber, die er vorausbestimmt hat, hat er
auch berufen, und die er berufen hat, hat er auch gerecht gemacht; die
er aber gerecht gemacht hat, die hat er auch verherrlicht.

Die Gewißheit der Glaubenden
31 Was ergibt sich nun, wenn wir das alles bedenken? Ist Gott für uns,
wer ist dann gegen uns? 32 Er hat seinen eigenen Sohn nicht verschont,
sondern ihn für uns alle hingegeben – wie sollte er uns mit ihm nicht
alles schenken? 33 Wer kann die Auserwählten Gottes anklagen? Gott
ist es, der gerecht macht. 34 Wer kann sie verurteilen? Christus Jesus,
der gestorben ist, mehr noch: der auferweckt worden ist, sitzt zur
Rechten Gottes und tritt für uns ein. 35 Was kann uns scheiden von der
Liebe Christi? Bedrängnis oder Not oder Verfolgung, Hunger oder
Kälte, Gefahr oder Schwert? 36 In der Schrift steht: *Um deinetwillen sind
wir den ganzen Tag dem Tod ausgesetzt; wir werden behandelt wie Schafe, die
man zum Schlachten bestimmt hat.* 37 Doch all das überwinden wir durch
den, der uns geliebt hat. 38 Denn ich bin gewiß: Weder Tod noch
Leben, weder Engel noch Mächte, weder Gegenwärtiges noch Zukünf-
tiges, weder Gewalten 39 der Höhe oder Tiefe noch irgendeine andere
Kreatur können uns scheiden von der Liebe Gottes, die in Christus
Jesus ist, unserem Herrn.

Die endgültige Rettung Israels

Paulus und Israel
9 Ich sage in Christus die Wahrheit und lüge nicht, und mein
Gewissen bezeugt es mir im Heiligen Geist: 2 Ich bin voll Trauer,
unablässig leidet mein Herz. 3 Ja, ich möchte selber verflucht und von
Christus getrennt sein um meiner Brüder willen, die der Abstammung
nach mit mir verbunden sind. 4 Sie sind Israeliten; damit haben sie die
Sohnschaft, die Herrlichkeit, die Bundesordnungen, ihnen ist das
Gesetz gegeben, der Gottesdienst und die Verheißungen, 5 sie haben
die Väter, und dem Fleisch nach entstammt ihnen der Christus, der
über allem als Gott steht, er ist gepriesen in Ewigkeit. Amen.

Die bleibende Erwählung durch Gott
6 Es ist aber keineswegs so, daß Gottes Wort hinfällig geworden ist.
Denn nicht alle, die aus Israel stammen, sind Israel; 7 auch sind nicht
alle, weil sie Nachkommen Abrahams sind, deshalb schon seine Kin-
der, sondern es heißt: Nur *die Nachkommen Isaaks werden deine Nach-
kommen heißen.* 8 Das bedeutet: Nicht die Kinder des Fleisches sind
Kinder Gottes, sondern die Kinder der Verheißung werden als Nach-
kommen anerkannt; 9 denn es ist eine Verheißung, wenn gesagt wird:
In einem Jahr werde ich wiederkommen, dann wird Sara einen Sohn haben.
10 So war es aber nicht nur bei ihr, sondern auch bei Rebekka: Sie hatte
von einem einzigen Mann empfangen, von unserem Vater Isaak,
11 und ihre Kinder waren noch nicht geboren und hatten weder Gutes
noch Böses getan; damit aber Gottes freie Wahl und Vorherbestim-
mung gültig bleibe, 12 nicht abhängig von Werken, sondern von ihm,
der beruft, wurde ihr gesagt: *Der Ältere muß dem Jüngeren dienen;* 13 denn
es steht in der Schrift: *Jakob habe ich geliebt, Esau aber gehaßt.*

Die Freiheit und das Erbarmen Gottes
14 Heißt das nun, daß Gott ungerecht handelt? Keineswegs! 15 Denn
zu Mose sagt er: *Ich schenke Erbarmen, wem ich will, und erweise Gnade,
wem ich will.* 16 Also kommt es nicht auf das Wollen und Streben des
Menschen an, sondern auf das Erbarmen Gottes. 17 In der Schrift wird
zum Pharao gesagt: *Eben dazu habe ich dich bestimmt, daß ich an dir meine
Macht zeige und daß auf der ganzen Erde mein Name verkündet wird.* 18 Er
erbarmt sich also, wessen er will, und macht verstockt, wen er will.
19 Nun wirst du einwenden: Wie kann er dann noch anklagen, wenn
niemand seinem Willen zu widerstehen vermag? 20 Wer bist du denn,
daß du als Mensch mit Gott rechten willst? *Sagt etwa das Werk zu dem,
der es geschaffen hat:* Warum hast du mich so gemacht? 21 Ist nicht viel-
mehr der Töpfer Herr über den Ton? Kann er nicht aus derselben
Masse ein Gefäß herstellen für Reines, ein anderes für Unreines?
22 Gott, der seinen Zorn zeigen und seine Macht erweisen wollte, hat
die Gefäße des Zorns, die zur Vernichtung bestimmt sind, mit großer
Langmut ertragen; 23 und um an den Gefäßen des Erbarmens, die er
zur Herrlichkeit vorherbestimmt hat, den Reichtum seiner Herrlich-
keit zu erweisen, 24 hat er uns berufen, nicht allein aus den Juden, son-
dern auch aus den Heiden.
25 So spricht er auch bei Hosea: *Ich werde als mein Volk berufen, was nicht
mein Volk war, und als Geliebte jene, die nicht geliebt war.* 26 *Und dort, wo
ihnen gesagt wurde: Ihr seid nicht mein Volk, dort werden sie Söhne des leben-
digen Gottes genannt werden.*
27 Und Jesaja ruft über Israel aus: *Wenn auch die Israeliten so zahlreich
wären wie der Sand am Meer – nur der Rest wird gerettet werden.*
28 *Denn der Herr wird handeln, indem er sein Wort auf der Erde erfüllt und
durchsetzt.*
29 Ebenso hat Jesaja vorhergesagt: *Hätte nicht der Herr der himmlischen
Heere uns Nachkommenschaft übrig gelassen, wir wären wie Sodom geworden,
wir wären Gomorra gleich.*

Israels falscher Eifer für Gott
30 Was heißt das nun? Heiden, die die Gerechtigkeit nicht erstrebten,
haben Gerechtigkeit empfangen, die Gerechtigkeit aus Glauben.
31 Israel aber, das nach dem Gesetz der Gerechtigkeit strebte, hat das
Gesetz verfehlt. 32 Warum? Weil es ihm nicht um die Gerechtigkeit aus
Glauben, sondern um die Gerechtigkeit aus Werken ging. Sie stießen
sich am »Stein des Anstoßes«, 33 wie es in der Schrift heißt: *Siehe, ich
richte in Zion einen Stein auf, an dem man anstößt, einen Fels, an dem man zu
Fall kommt. Wer an ihn glaubt, wird nicht zugrunde gehen.*
10 Brüder, ich wünsche von ganzem Herzen und bete zu Gott,
daß sie gerettet werden. 2 Denn ich bezeuge ihnen, daß sie
Eifer haben für Gott; aber es ist ein Eifer ohne Erkenntnis. 3 Da sie die
Gerechtigkeit Gottes verkannten und ihre eigene aufrichten wollten,
haben sie sich der Gerechtigkeit Gottes nicht unterworfen. 4 Denn
Christus ist das Ende des Gesetzes, und jeder, der an ihn glaubt, wird
gerecht.

Die rettende Botschaft für alle
5 Mose schreibt: *Wer sich an die Gesetzesgerechtigkeit hält* in seinem Tun,
wird durch sie leben. 6 Die Glaubensgerechtigkeit aber spricht: *Sag nicht in
deinem Herzen: Wer wird in den Himmel hinaufsteigen?* Das hieße: Christus
herabholen. 7 Oder: *Wer wird in den Abgrund hinabsteigen?* Das hieße:
Christus von den Toten heraufführen. 8 Was also sagt sie? *Das Wort ist
dir nahe, es ist in deinem Mund und in deinem Herzen.* Gemeint ist das Wort
des Glaubens, das wir verkündigen; 9 denn wenn du mit deinem Mund
bekennst: »Jesus ist der Herr« und in deinem Herzen glaubst: »Gott
hat ihn von den Toten auferweckt«, so wirst du gerettet werden. 10 Wer
mit dem Herzen glaubt und mit dem Mund bekennt, wird Gerechtig-
keit und Heil erlangen. 11 Denn die Schrift sagt: *Wer an ihn glaubt, wird
nicht zugrunde gehen.* 12 Darin gibt es keinen Unterschied zwischen
Juden und Griechen. Alle haben denselben Herrn; aus seinem Reich-
tum beschenkt er alle, die ihn anrufen. 13 Denn *jeder, der den Namen des
Herrn anruft, wird gerettet werden.* 14 Wie sollen sie nun den anrufen, an
den sie nicht glauben? Wie sollen sie an den glauben, von dem sie
nichts gehört haben? Wie sollen sie hören, wenn niemand verkündigt?
15 Wie soll aber jemand verkündigen, wenn er nicht gesandt ist?
Darum heißt es in der Schrift: *Wie sind die Freudenboten willkommen, die
Gutes verkündigen!*

Israels Ungehorsam
16 Doch nicht alle sind dem Evangelium gehorsam geworden. Denn
Jesaja sagt: *Herr, wer hat unserer Botschaft geglaubt?* 17 So gründet der
Glaube in der Botschaft, die Botschaft im Wort Christi. 18 Aber, so
frage ich, haben sie die Boten etwa nicht gehört? Doch, sie haben sie
gehört; denn *ihre Stimme war in der ganzen Welt zu hören und ihr Wort bis an
die Enden der Erde.* 19 Hat dann Israel, so frage ich, die Botschaft nicht
verstanden?

Graham Sutherland
Dornenkreuz
(1954)

»Er hat seinen eigenen Sohn nicht verschont, sondern ihn für uns alle hingegeben – wie sollte er uns mit ihm nicht alles schenken?« (Röm 8,32). Als sich Graham Sutherland nach 1945 dem Thema der Passion Christi widmete, bewahrte er zunächst die ikonographische Tradition der Kreuzigung als Darstellung physischer Qual. Im *Dornenkreuz* scheint sich ein Detail dieser Bildtradition, die Dornenkrone, zum vorherrschenden Zeichen verwandelt zu haben: Der Körper des Gekreuzigten wird zum kreuzförmig wuchernden Dornengestrüpp. Sutherland begnügt sich jedoch nicht mit einer derartigen Verdinglichung durch die zeichenhafte und abstrahierte Verwendung von Formen, die Verletzung, aber auch Verrenkung und Zerbrechen evozieren. Vielmehr gewinnt dieses Dornengestrüpp den Ausdruck einer Barriere, hinter der das Kreuz zu verschwinden droht, einer Barriere des Zweifels. Paulus kennt diese Barriere, wenn er fragt: »Was kann uns scheiden von der Liebe Christi? Bedrängnis oder Not oder Verfolgung, Hunger oder Kälte, Gefahr oder Schwert?« (Röm 8,35).

Zunächst antwortet Mose: *Ich will euch eifersüchtig machen auf ein Volk, das
kein Volk ist; auf ein unverständiges Volk will ich euch zornig machen.*
20 Und Jesaja wagt sogar zu sagen: *Ich ließ mich finden von denen, die nicht
nach mir suchten; ich offenbarte mich denen, die nicht nach mir fragten.* 21 Über
Israel aber sagt er: *Den ganzen Tag habe ich meine Hände ausgestreckt nach
einem ungehorsamen und widerspenstigen Volk.*

Der erwählte »Rest« und das verblendete Volk

11 Ich frage also: Hat Gott sein Volk verstoßen? Keineswegs!
Denn auch ich bin ein Israelit, ein Nachkomme Abrahams,
aus dem Stamm Benjamin. 2 *Gott hat sein Volk nicht verstoßen*, das er einst
erwählt hat. Oder wißt ihr nicht, was die Schrift von Elija berichtet?
Elija führte Klage gegen Israel und sagte: 3 *Herr, sie haben deine Propheten
getötet und deine Altäre zerstört. Ich allein bin übriggeblieben, und nun trachten
sie auch mir nach dem Leben.* 4 Gott aber antwortete ihm: *Ich habe siebentau-
send Männer für mich übriggelassen, die ihr Knie nicht vor Baal gebeugt haben.*
5 Ebenso gibt es auch in der gegenwärtigen Zeit einen Rest, der aus
Gnade erwählt ist – 6 aus Gnade, nicht mehr aufgrund von Werken;
sonst wäre die Gnade nicht mehr Gnade. 7 Das bedeutet: Was Israel
erstrebt, hat nicht das ganze Volk, sondern nur der erwählte Rest
erlangt; die übrigen wurden verstockt, 8 wie es in der Schrift heißt: *Gott
gab ihnen einen Geist der Betäubung, Augen, die nicht sehen, und Ohren, die nicht
hören, bis zum heutigen Tag.* 9 Und David sagt: *Ihr Opfertisch werde für sie zur
Schlinge und zur Falle, zur Ursache des Sturzes und der Bestrafung.* 10 *Ihre Augen
sollen erblinden, so daß sie nichts mehr sehen; ihren Rücken beuge für immer!*
11 Nun frage ich: Sind sie etwa gestrauchelt, damit sie zu Fall kom-
men? Keineswegs! Vielmehr kam durch ihr Versagen das Heil zu den
Heiden, um sie selbst eifersüchtig zu machen. 12 Wenn aber schon
durch ihr Versagen die Welt und durch ihr Verschulden die Heiden
reich werden, dann wird das erst recht geschehen, wenn ganz Israel
zum Glauben kommt.

Das Bild vom Ölbaum

13 Euch, den Heiden, sage ich: Gerade als Apostel der Heiden preise ich
meinen Dienst, 14 weil ich hoffe, die Angehörigen meines Volkes eifer-
süchtig zu machen und wenigstens einige von ihnen zu retten. 15 Denn
wenn schon ihre Verwerfung für die Welt Versöhnung gebracht hat,
dann wird ihre Annahme nichts anderes sein als Leben aus dem Tod.
16 Ist die Erstlingsgabe vom Teig heilig, so ist es auch der ganze Teig; ist
die Wurzel heilig, so sind es auch die Zweige. 17 Wenn aber einige
Zweige herausgebrochen wurden und wenn du als Zweig vom wilden
Ölbaum in den edlen Ölbaum eingepfropft wurdest und damit Anteil
erhieltest an der Kraft seiner Wurzel, 18 so erhebe dich nicht über die
anderen Zweige. Wenn du es aber tust, sollst du wissen: Nicht du trägst
die Wurzel, sondern die Wurzel trägt dich. 19 Nun wirst du sagen: Die
Zweige wurden doch herausgebrochen, damit ich eingepfropft werde.
20 Gewiß, sie wurden herausgebrochen, weil sie nicht glaubten. Du
aber stehst an ihrer Stelle, weil du glaubst. Sei daher nicht überheblich,
sondern fürchte dich! 21 Hat Gott die Zweige, die von Natur zum edlen
Baum gehören, nicht verschont, so wird er auch dich nicht verschonen.
22 Erkenne die Güte Gottes und seine Strenge! Die Strenge gegen jene,
die gefallen sind, Gottes Güte aber gegen dich, sofern du in seiner Güte
bleibst; sonst wirst auch du herausgehauen werden. 23 Ebenso werden
auch jene, wenn sie nicht am Unglauben festhalten, wieder einge-
pfropft werden; denn Gott hat die Macht, sie wieder einzupfropfen.
24 Wenn du aus dem von Natur wilden Ölbaum herausgehauen und
gegen die Natur in den edlen Ölbaum eingepfropft wurdest, dann wer-
den erst recht sie als die von Natur zugehörigen Zweige ihrem eigenen
Ölbaum wieder eingepfropft werden.

Die Errettung ganz Israels

25 Damit ihr euch nicht auf eigene Einsicht verlaßt, Brüder, sollt ihr
dieses Geheimnis wissen: Verstockung liegt auf einem Teil Israels, bis
die Heiden in voller Zahl das Heil erlangt haben; 26 dann wird ganz
Israel gerettet werden, wie es in der Schrift heißt:
*Der Retter wird aus Zion kommen, / er wird alle Gottlosigkeit von Jakob ent-
fernen.*
27 *Das ist der Bund, den ich ihnen gewähre, / wenn ich ihre Sünden wegnehme.*
28 Vom Evangelium her gesehen sind sie Feinde Gottes, und das um
euretwillen; von ihrer Erwählung her gesehen sind sie von Gott
geliebt, und das um der Väter willen. 29 Denn unwiderruflich sind
Gnade und Berufung, die Gott gewährt. 30 Und wie ihr einst Gott
ungehorsam wart, jetzt aber infolge ihres Ungehorsams Erbarmen
gefunden habt, 31 so sind sie infolge des Erbarmens, das ihr gefunden
habt, ungehorsam geworden, damit jetzt auch sie Erbarmen finden.
32 Gott hat alle in den Ungehorsam eingeschlossen, um sich aller zu
erbarmen.
33 O Tiefe des Reichtums, der Weisheit und der Erkenntnis Gottes!
Wie unergründlich sind seine Entscheidungen, wie unerforschlich
seine Wege! 34 Denn *wer hat die Gedanken des Herrn erkannt? Oder wer ist sein
Ratgeber gewesen?* 35 *Wer hat ihm etwas gegeben, so daß Gott ihm etwas zurück-
geben müßte?* 36 Denn aus ihm und durch ihn und auf ihn hin ist die
ganze Schöpfung. Ihm sei Ehre in Ewigkeit! Amen.

Das Leben der Glaubenden

Die Gemeinde und ihre Dienste

12 Angesichts des Erbarmens Gottes ermahne ich euch, meine
Brüder, euch selbst als lebendiges und heiliges Opfer darzu-
bringen, das Gott gefällt; das ist für euch der wahre und angemessene
Gottesdienst. 2 Gleicht euch nicht dieser Welt an, sondern wandelt
euch und erneuert euer Denken, damit ihr prüfen und erkennen
könnt, was der Wille Gottes ist: was ihm gefällt, was gut und voll-
kommen ist.
3 Aufgrund der Gnade, die mir gegeben ist, sage ich einem jeden von
euch: Strebt nicht über das hinaus, was euch zukommt, sondern strebt
danach, besonnen zu sein, jeder nach dem Maß des Glaubens, das
Gott ihm zugeteilt hat. 4 Denn wie wir an dem einen Leib viele Glieder
haben, aber nicht alle Glieder denselben Dienst leisten, 5 so sind wir,
die vielen, ein Leib in Christus, als einzelne aber sind wir Glieder, die
zueinander gehören. 6 Wir haben unterschiedliche Gaben, je nach der
uns verliehenen Gnade. Hat einer die Gabe prophetischer Rede, dann
rede er in Übereinstimmung mit dem Glauben; 7 hat einer die Gabe des
Dienens, dann diene er. Wer zum Lehren berufen ist, der lehre; 8 wer
zum Trösten und Ermahnen berufen ist, der tröste und ermahne. Wer
gibt, gebe ohne Hintergedanken; wer Vorsteher ist, setze sich eifrig
ein; wer Barmherzigkeit übt, der tue es freudig.

Aufforderungen zu einem Leben aus dem Geist

9 Eure Liebe sei ohne Heuchelei. Verabscheut das Böse, haltet fest am
Guten! 10 Seid einander in brüderlicher Liebe zugetan, übertrefft euch
in gegenseitiger Achtung! 11 Laßt nicht nach in eurem Eifer, laßt euch
vom Geist entflammen und dient dem Herrn! 12 Seid fröhlich in der
Hoffnung, geduldig in der Bedrängnis, beharrlich im Gebet! 13 Helft
den Heiligen, wenn sie in Not sind; gewährt jederzeit Gastfreund-
schaft! 14 Segnet eure Verfolger; segnet sie, verflucht sie nicht! 15 Freut
euch mit den Fröhlichen und weint mit den Weinenden! 16 Seid un-
tereinander eines Sinnes; strebt nicht hoch hinaus, sondern bleibt
demütig! *Haltet euch nicht selbst für weise!*
17 Vergeltet niemand Böses mit Bösem! *Seid allen Menschen gegenüber auf
Gutes bedacht!* 18 Soweit es euch möglich ist, haltet mit allen Menschen
Frieden! 19 Rächt euch nicht selber, liebe Brüder, sondern laßt Raum
für den Zorn (Gottes); denn in der Schrift steht: *Mein ist die Rache, ich
werde vergelten,* spricht der Herr. 20 Vielmehr: *Wenn dein Feind Hunger hat,
gib ihm zu essen, wenn er Durst hat, gib ihm zu trinken; tust du das, dann sam-
melst du glühende Kohlen auf sein Haupt.* 21 Laß dich nicht vom Bösen
besiegen, sondern besiege das Böse durch das Gute!

Der Christ und die staatliche Ordnung

13 Jeder leiste den Trägern der staatlichen Gewalt den schuldi-
gen Gehorsam. Denn es gibt keine staatliche Gewalt, die
nicht von Gott stammt; jede ist von Gott eingesetzt. 2 Wer sich daher
der staatlichen Gewalt widersetzt, stellt sich gegen die Ordnung
Gottes, und wer sich ihm entgegenstellt, wird dem Gericht verfallen.
3 Vor den Trägern der Macht hat sich nicht die gute, sondern die böse
Tat zu fürchten; willst du also ohne Furcht vor der staatlichen Gewalt
leben, dann tue das Gute, so daß du ihre Anerkennung findest. 4 Sie
steht im Dienst Gottes und verlangt, daß du das Gute tust. Wenn du
aber Böses tust, fürchte dich! Denn nicht ohne Grund trägt sie das
Schwert. Sie steht im Dienst Gottes und vollstreckt das Urteil an dem,
der Böses tut. 5 Deshalb ist es notwendig, Gehorsam zu leisten, nicht
allein aus Furcht vor der Strafe, sondern vor allem um des Gewissens
willen. 6 Das ist auch der Grund, weshalb ihr Steuern zahlt; denn in
Gottes Auftrag handeln jene, die Steuern einzuziehen haben. 7 Gebt
allen, was ihr ihnen schuldig seid, sei es Steuer oder Zoll, sei es Furcht
oder Ehre.

Das grundlegende Gebot

8 Bleibt niemand etwas schuldig; nur die Liebe schuldet ihr einander
immer. Wer den andern liebt, hat das Gesetz erfüllt. 9 Denn die
Gebote: *Du sollst nicht die Ehe brechen, du sollst nicht töten, du sollst nicht steh-
len, du sollst nicht begehren!*, und alle anderen Gebote sind in dem einen
Satz zusammengefaßt: *Du sollst deinen Nächsten lieben wie dich selbst.*
10 Die Liebe tut dem Nächsten nichts Böses. Also ist die Liebe die
Erfüllung des Gesetzes.
11 Bedenkt die gegenwärtige Zeit: Die Stunde ist gekommen, aufzuste-
hen vom Schlaf. Denn jetzt ist das Heil uns näher als zu der Zeit, da wir
gläubig wurden. 12 Die Nacht ist vorgerückt, der Tag ist nahe. Darum
laßt uns ablegen die Werke der Finsternis und anlegen die Waffen des
Lichts. 13 Laßt uns ehrenhaft leben wie am Tag, ohne maßloses Essen
und Trinken, ohne Unzucht und Ausschweifung, ohne Streit und
Eifersucht. 14 Legt (als neues Gewand) den Herrn Jesus Christus an,
und sorgt nicht so für euren Leib, daß die Begierden erwachen.

»Starke« und »Schwache« in der Gemeinde

14 Nehmt den an, der im Glauben schwach ist, ohne mit ihm
über verschiedene Auffassungen zu streiten. 2 Der eine
glaubt, alles essen zu dürfen, der Schwache aber ißt kein Fleisch.
3 Wer Fleisch ißt, verachte den nicht, der es nicht ißt; wer kein Fleisch
ißt, richte den nicht, der es ißt. Denn Gott hat ihn angenommen.
4 Wie kannst du den Diener eines anderen richten? Sein Herr entschei-
det, ob er steht oder fällt. Er wird aber stehen; denn der Herr bewirkt,
daß er steht. 5 Der eine bevorzugt bestimmte Tage, der andere macht
keinen Unterschied zwischen den Tagen. Jeder soll aber von seiner
Auffassung überzeugt sein. 6 Wer einen bestimmten Tag bevorzugt,
tut es zur Ehre des Herrn. Wer Fleisch ißt, tut es zur Ehre des Herrn;
denn er dankt Gott dabei. Wer kein Fleisch ißt, unterläßt es zur Ehre
des Herrn, und auch er dankt Gott. 7 Keiner von uns lebt sich selber,
und keiner stirbt sich selber: 8 Leben wir, so leben wir dem Herrn,
sterben wir, so sterben wir dem Herrn. Ob wir leben oder ob wir ster-
ben, wir gehören dem Herrn. 9 Denn Christus ist gestorben und leben-
dig geworden, um Herr zu sein über Tote und Lebende. 10 Wie kannst
also du deinen Bruder richten? Und du, wie kannst du deinen Bruder
verachten? Wir werden doch alle vor dem Richterstuhl Gottes stehen.
11 Denn es heißt in der Schrift: *So wahr ich lebe*, spricht der Herr, *vor mir
wird jedes Knie sich beugen, und jede Zunge wird Gott preisen.* 12 Also wird
jeder von uns vor Gott Rechenschaft über sich selbst ablegen.
13 Daher wollen wir uns nicht mehr gegenseitig richten. Achtet viel-
mehr darauf, dem Bruder keinen Anstoß zu geben und ihn nicht zu
Fall zu bringen. 14 Auf Jesus, unseren Herrn, gründet sich meine feste
Überzeugung, daß an sich nichts unrein ist; unrein ist es nur für den,
der es als unrein betrachtet. 15 Wenn wegen einer Speise, die du ißt,
dein Bruder verwirrt und betrübt wird, dann handelst du nicht mehr
nach dem Gebot der Liebe. Richte durch deine Speise nicht den
zugrunde, für den Christus gestorben ist. 16 Es darf doch euer wahres
Gut nicht der Lästerung preisgegeben werden; 17 denn das Reich
Gottes ist nicht Essen und Trinken, es ist Gerechtigkeit, Friede und
Freude im Heiligen Geist. 18 Und wer Christus so dient, wird von Gott
anerkannt und ist bei den Menschen geachtet. 19 Laßt uns also nach
dem streben, was zum Frieden und zum Aufbau (der Gemeinde)
beiträgt. 20 Reiß nicht wegen einer Speise das Werk Gottes nieder!
Alle Dinge sind rein; schlecht ist es jedoch, wenn ein Mensch durch
sein Essen dem Bruder Anstoß gibt. 21 Es ist nicht gut, Fleisch zu
essen oder Wein zu trinken oder sonst etwas zu tun, wenn dein Bruder
daran Anstoß nimmt. 22 Die Überzeugung, die du selbst hast, sollst du
vor Gott haben. Wohl dem, der sich nicht zu verurteilen braucht bei
dem, was er für recht hält. 23 Wer aber Zweifel hat, wenn er etwas ißt,
der ist gerichtet, weil er nicht aus der Überzeugung des Glaubens han-
delt. Alles, was nicht aus Glauben geschieht, ist Sünde.

Aufruf zur Einmütigkeit in der Gemeinde

15 Wir müssen als die Starken die Schwäche derer tragen, die
schwach sind, und dürfen nicht für uns selbst leben. 2 Jeder
von uns soll Rücksicht auf den Nächsten nehmen, um Gutes zu tun
und (die Gemeinde) aufzubauen. 3 Denn auch Christus hat nicht für
sich selbst gelebt; in der Schrift heißt es vielmehr: *Die Schmähungen
derer, die dich schmähen, haben mich getroffen.* 4 Und alles, was einst
geschrieben worden ist, ist zu unserer Belehrung geschrieben, damit
wir durch Geduld und durch den Trost der Schrift Hoffnung haben.
5 Der Gott der Geduld und des Trostes schenke euch die Einmütigkeit,
die Christus Jesus entspricht, 6 damit ihr Gott, den Vater unseres
Herrn Jesus Christus, einträchtig und mit einem Munde preist.
7 Darum nehmt einander an, wie auch Christus uns angenommen hat,
zur Ehre Gottes. 8 Denn, das sage ich, Christus ist um der Wahrhaftig-
keit Gottes willen Diener der Beschnittenen geworden, damit die Ver-
heißungen an die Väter bestätigt werden. 9 Die Heiden aber rühmen
Gott um seines Erbarmens willen; es steht ja in der Schrift:
Darum will ich dich bekennen unter den Heiden / und deinem Namen lobsingen.
10 An anderer Stelle heißt es:
Ihr Heiden, freut euch mit seinem Volk!
11 Und es heißt auch:
Lobt den Herrn, alle Heiden, / preisen sollen ihn alle Völker.
12 Und Jesaja sagt:
*Kommen wird der Sproß aus der Wurzel Isais; / er wird sich erheben, / um über
die Heiden zu herrschen. / Auf ihn werden die Heiden hoffen.*
13 Der Gott der Hoffnung aber erfülle euch mit aller Freude und mit
allem Frieden im Glauben, damit ihr reich werdet an Hoffnung in der
Kraft des Heiligen Geistes.

Der Schluß des Briefes

Die Reisepläne des Paulus

14 Meine Brüder, ich bin fest davon überzeugt, daß ihr viel Gutes tut,
daß ihr reiche Erkenntnis besitzt und selbst imstande seid, einander
zurechtzuweisen.
15 Um euch aber einiges in Erinnerung zu rufen, habe ich euch einen
teilweise sehr deutlichen Brief geschrieben. Ich tat es kraft der Gnade,
die mir von Gott gegeben ist, 16 damit ich als Diener Christi Jesu für die
Heiden wirke und das Evangelium Gottes wie ein Priester verwalte;
denn die Heiden sollen eine Opfergabe werden, die Gott gefällt, gehei-
ligt im Heiligen Geist.
17 In Christus Jesus kann ich mich also vor Gott rühmen. 18 Denn ich
wage nur von dem zu reden, was Christus, um die Heiden zum Gehor-
sam zu führen, durch mich in Wort und Tat bewirkt hat, 19 in der Kraft
von Zeichen und Wundern, in der Kraft des Geistes Gottes. So habe
ich von Jerusalem aus in weitem Umkreis bis nach Illyrien überallhin

das Evangelium Christi gebracht. 20 Dabei habe ich darauf geachtet,
das Evangelium nicht dort zu verkündigen, wo der Name Christi
schon bekannt gemacht war, um nicht auf einem fremden Fundament
zu bauen; 21 denn es heißt in der Schrift:
Sehen werden die, denen nichts über ihn verkündet wurde, / und die werden verstehen, die nichts gehört haben.
22 Das ist es auch, was mich immer wieder gehindert hat, zu euch zu
kommen. 23 Jetzt aber habe ich in diesen Gegenden kein neues
Arbeitsfeld mehr. Außerdem habe ich mich seit vielen Jahren danach
gesehnt, zu euch zu kommen, 24 wenn ich einmal nach Spanien reise;
auf dem Weg dorthin hoffe ich euch zu sehen und dann von euch für
die Weiterreise ausgerüstet zu werden, nachdem ich mich einige Zeit
an euch erfreut habe. 25 Doch jetzt gehe ich zuerst nach Jerusalem,
um den Heiligen einen Dienst zu erweisen. 26 Denn Mazedonien und
Achaia haben eine Sammlung beschlossen für die Armen unter den
Heiligen in Jerusalem. 27 Sie haben das beschlossen, weil sie ihre
Schuldner sind. Denn wenn die Heiden an ihren geistlichen Gütern
Anteil erhalten haben, so sind sie auch verpflichtet, ihnen mit irdischen Gütern zu dienen. 28 Wenn ich diese Aufgabe erfüllt und ihnen
den Ertrag der Sammlung ordnungsgemäß übergeben habe, will ich
euch besuchen und dann nach Spanien weiterreisen. 29 Ich weiß aber,
wenn ich zu euch komme, werde ich mit der Fülle des Segens Christi kommen.

Aufforderung zur Fürbitte

30 Ich bitte euch, meine Brüder, im Namen Jesu Christi, unseres Herrn,
und bei der Liebe des Geistes: Steht mir bei, und betet für mich zu
Gott, 31 daß ich vor den Ungläubigen in Judäa gerettet werde, daß
mein Dienst in Jerusalem von den Heiligen dankbar aufgenommen
wird 32 und daß ich, wenn es Gottes Wille ist, voll Freude zu euch
kommen kann, um mit euch eine Zeit der Ruhe zu verbringen.
33 Der Gott des Friedens sei mit euch allen! Amen.

Grüße und Ermahnungen

16 Ich empfehle euch unsere Schwester Phöbe, die Dienerin
der Gemeinde von Kenchreä: 2 Nehmt sie im Namen des
Herrn auf, wie es Heilige tun sollen, und steht ihr in jeder Sache bei, in der sie euch braucht; sie selbst hat vielen, darunter auch mir, geholfen.
3 Grüßt Priska und Aquila, meine Mitarbeiter in Christus Jesus, 4 die
für mich ihr eigenes Leben aufs Spiel gesetzt haben; nicht allein ich,
sondern alle Gemeinden der Heiden sind ihnen dankbar. 5 Grüßt auch
die Gemeinde, die sich in ihrem Haus versammelt. Grüßt meinen lieben Epänetus, der die Erstlingsgabe der Provinz Asien für Christus
ist. 6 Grüßt Maria, die für euch viel Mühe auf sich genommen hat.
7 Grüßt Andronikus und Junias, die zu meinem Volk gehören und mit
mir zusammen im Gefängnis waren; sie sind angesehene Apostel und
haben sich schon vor mir zu Christus bekannt. 8 Grüßt Ampliatus, mit
dem ich im Herrn verbunden bin. 9 Grüßt Urbanus, unseren Mitarbeiter in Christus, und meinen lieben Stachys. 10 Grüßt Apelles, der sich
in Christus bewährt hat. Grüßt das ganze Haus des Aristobul. 11 Grüßt
Herodion, der zu meinem Volk gehört. Grüßt alle aus dem Haus des
Narzissus, die sich zum Herrn bekennen. 12 Grüßt Tryphäna und
Tryphosa, die für den Herrn viel Mühe auf sich nehmen. Grüßt die
liebe Persis; sie hat für den Herrn große Mühe auf sich genommen.
13 Grüßt Rufus, der vom Herrn auserwählt ist; grüßt seine Mutter, die
auch mir zur Mutter geworden ist. 14 Grüßt Asynkritus, Phlegon, Hermes, Patrobas, Hermas und die Brüder, die bei ihnen sind. 15 Grüßt
Philologus und Julia, Nereus und seine Schwester, Olympas und alle
Heiligen, die bei ihnen sind. 16 Grüßt einander mit dem heiligen Kuß.
Es grüßen euch alle Gemeinden Christi.
17 Ich ermahne euch, meine Brüder, auf die acht zu geben, die im
Widerspruch zu der Lehre, die ihr gelernt habt, Spaltung und Verwirrung verursachen: Haltet euch von ihnen fern! 18 Denn diese Leute
dienen nicht Christus, unserem Herrn, sondern ihrem Bauch, und sie
verführen durch ihre schönen und gewandten Reden das Herz der
Arglosen. 19 Doch euer Gehorsam ist allen bekannt; daher freue ich
mich über euch und wünsche nur, daß ihr verständig bleibt, offen für
das Gute, unzugänglich für das Böse. 20 Der Gott des Friedens wird
den Satan bald zertreten und unter eure Füße legen. Die Gnade Jesu, unseres Herrn, sei mit euch!
21 Es grüßen euch Timotheus, mein Mitarbeiter, und Luzius, Jason
und Sosipater, die zu meinem Volk gehören. 22 Ich, Tertius, der Schreiber dieses Briefes, grüße euch im Namen des Herrn. 23 Es grüßt euch
Gaius, der mich und die ganze Gemeinde gastlich aufgenommen hat. Es grüßt euch der Stadtkämmerer Erastus und der Bruder Quartus.
[24 Die Gnade Jesu Christi, unseres Herrn, sei mit euch allen! Amen.]

Abschließender Lobpreis Gottes

25 Ehre sei dem, der die Macht hat, euch Kraft zu geben – / gemäß meinem Evangelium und der Botschaft von Jesus Christus, / gemäß der Offenbarung jenes Geheimnisses, / das seit ewigen Zeiten unausgesprochen war,
26 jetzt aber nach dem Willen des ewigen Gottes offenbart / und durch prophetische Schriften kundgemacht wurde, / um alle Heiden zum Gehorsam des Glaubens zu führen.
27 Ihm, dem einen, weisen Gott, / sei Ehre durch Jesus Christus in alle Ewigkeit! Amen.

Der erste Brief an die Korinther

Nach Ausweis der Apostelgeschichte (18,1–18) kam Paulus auf der zweiten Missionsreise im Jahr 50 oder 51 n. Chr. nach Korinth. Die dortige Christengemeinde ist von ihm gegründet. Nach seinem Wegzug blieb er mit der Gemeinde in persönlicher Verbindung. In den beiden erhaltenen Korintherbriefen werden noch andere Schreiben an die Gemeinde erwähnt (vgl. 1 Kor 5,9; 2 Kor 2,4f).
Paulus hat den 1. Korintherbrief zwischen 53 und 55 n. Chr. in Ephesus geschrieben. Den Anlaß bildeten Fragen, die in der jungen Christengemeinde aufgetreten waren. Der Apostel erhielt davon Kenntnis durch «die Leute der Chloe» (1,11) und durch eine schriftliche Anfrage, die ihm wahrscheinlich von einer Abordnung der Gemeinde überbracht wurde (7,1; 16,17). Die «Leute der Chloe» berichteten von Spaltungen, die das Weiterbestehen der Gemeinde gefährdeten (1,12–17). Sie erzählten von einem schweren Fall von Blutschande (5,1–13), von Streitigkeiten der Christen vor heidnischen Richtern (6,1–11) und von sexuellen Verfehlungen (6,12–20). Ausführlich erörtert werden Fragen über Ehe und Ehelosigkeit (7,1–40), den Genuß von Götzenopferfleisch (8,1–11,1) und die Ordnung in der gottesdienstlichen Versammlung (11,2–14,40); nachdrücklich wendet sich Paulus gegen Mißstände beim Herrenmahl (11,17–34). Das 15. Kapitel hat die Auferweckung Christi und der Christen zum Thema. Das abschließende Kapitel 16 enthält persönliche Mitteilungen und eine ausführliche Grußliste.
Der 1. Korintherbrief gibt Einblick in das Leben und in die Probleme einer jungen heidenchristlichen Gemeinde. Aus der Stellungnahme des Paulus wird vor allem sichtbar, was für Glauben und Leben der Christen maßgebend ist: das Kreuz (1,18–2,5) und die Auferweckung Christi (15,1–28), das Wirken des Geistes Gottes (2,10–16; 12,1–31), die Ordnung der Gemeinde (3,5–4,21; 12,27–30; 16,15- 18) und der rechte Gebrauch der Geistesgaben (12,1–11.27–31; 14,1–40). Wie kein anderer Brief zeigt dieses Schreiben, in welcher Weise Paulus sich als Gemeindegründer den Fragen einer jungen Gemeinde stellt und wie stark seine Entscheidungen von Christus, dem Gekreuzigten und Auferstandenen, her bestimmt sind.

Anschrift und Gruß

1 Paulus, durch Gottes Willen berufener Apostel Christi Jesu, und
der Bruder Sosthenes 2 an die Kirche Gottes, die in Korinth ist, –
an die Geheiligten in Christus Jesus, berufen als Heilige mit allen, die
den Namen Jesu Christi, unseres Herrn, überall anrufen, bei ihnen
und bei uns. 3 Gnade sei mit euch und Friede von Gott, unserem Vater,
und dem Herrn Jesus Christus.

Dank an Gott

4 Ich danke Gott jederzeit euretwegen für die Gnade Gottes, die euch
in Christus Jesus geschenkt wurde, 5 daß ihr an allem reich geworden
seid in ihm, an aller Rede und aller Erkenntnis. 6 Denn das Zeugnis
über Christus wurde bei euch gefestigt, 7 so daß euch keine Gnaden-
gabe fehlt, während ihr auf die Offenbarung Jesu Christi, unseres
Herrn, wartet. 8 Er wird euch auch festigen bis ans Ende, so daß ihr
schuldlos dasteht am Tag Jesu, unseres Herrn. 9 Treu ist Gott, durch
den ihr berufen worden seid zur Gemeinschaft mit seinem Sohn Jesus
Christus, unserem Herrn.

Die Spaltungen in der Gemeinde

Mahnung zur Einheit

10 Ich ermahne euch aber, Brüder, im Namen Jesu Christi, unseres
Herrn: Seid alle einmütig, und duldet keine Spaltungen unter euch;
seid ganz eines Sinnes und einer Meinung. 11 Es wurde mir nämlich,
meine Brüder, von den Leuten der Chloë berichtet, daß es Zank und
Streit unter euch gibt. 12 Ich meine damit, daß jeder von euch etwas
anderes sagt: Ich halte zu Paulus – ich zu Apollos – ich zu Kephas – ich
zu Christus. 13 Ist denn Christus zerteilt? Wurde etwa Paulus für euch
gekreuzigt? Oder seid ihr auf den Namen des Paulus getauft worden?
14 Ich danke Gott, daß ich niemand von euch getauft habe, außer Kris-
pus und Gaius, 15 so daß keiner sagen kann, ihr seiet auf meinen
Namen getauft worden. 16 Ich habe allerdings auch die Familie des
Stephanas getauft. Ob ich sonst noch jemand getauft habe, weiß ich
nicht mehr. 17 Denn Christus hat mich nicht gesandt zu taufen, son-
dern das Evangelium zu verkünden, aber nicht mit gewandten und
klugen Worten, damit das Kreuz Christi nicht um seine Kraft gebracht
wird.

Die Botschaft vom Kreuz

18 Denn das Wort vom Kreuz ist denen, die verlorengehen, Torheit;
uns aber, die gerettet werden, ist es Gottes Kraft. 19 Es heißt nämlich
in der Schrift:
Ich lasse die Weisheit der Weisen vergehen / und die Klugheit der Klugen verschwinden.

20 *Wo ist ein Weiser? Wo ein Schriftgelehrter?* Wo ein Wortführer in dieser
Welt? Hat Gott nicht die Weisheit der Welt als Torheit entlarvt? 21 Denn
da die Welt angesichts der Weisheit Gottes auf dem Weg ihrer Weis-
heit Gott nicht erkannte, beschloß Gott, alle, die glauben, durch die
Torheit der Verkündigung zu retten. 22 Die Juden fordern Zeichen, die
Griechen suchen Weisheit. 23 Wir dagegen verkündigen Christus als
den Gekreuzigten: für Juden ein empörendes Ärgernis, für Heiden
eine Torheit, 24 für die Berufenen aber, Juden wie Griechen, Christus,
Gottes Kraft und Gottes Weisheit.
25 Denn das Törichte an Gott ist weiser als die Menschen, und das
Schwache an Gott ist stärker als die Menschen. 26 Seht doch auf eure
Berufung, Brüder! Da sind nicht viele Weise im irdischen Sinn, nicht
viele Mächtige, nicht viele Vornehme, 27 sondern das Törichte in der
Welt hat Gott erwählt, um die Weisen zuschanden zu machen, und das
Schwache in der Welt hat Gott erwählt, um das Starke zuschanden zu
machen. 28 Und das Niedrige in der Welt und das Verachtete hat Gott
erwählt: das, was nichts ist, um das, was etwas ist, zu vernichten,
29 damit kein Mensch sich rühmen kann vor Gott. 30 Von ihm her seid
ihr in Christus Jesus, den Gott für uns zur Weisheit gemacht hat, zur
Gerechtigkeit, Heiligung und Erlösung. 31 *Wer sich* also *rühmen will, der
rühme sich* des Herrn; so heißt es schon in der Schrift.

Paulus, Verkünder der Weisheit Gottes

2 Als ich zu euch kam, Brüder, kam ich nicht, um glänzende
Reden oder gelehrte Weisheit vorzutragen, sondern um euch das
Zeugnis Gottes zu verkündigen. 2 Denn ich hatte mich entschlossen,
bei euch nichts zu wissen außer Jesus Christus, und zwar als den
Gekreuzigten. 3 Zudem kam ich in Schwäche und in Furcht, zitternd
und bebend zu euch. 4 Meine Botschaft und Verkündigung war nicht
Überredung durch gewandte und kluge Worte, sondern war mit dem
Erweis von Geist und Kraft verbunden, 5 damit sich euer Glaube nicht
auf Menschenweisheit stützte, sondern auf die Kraft Gottes.
6 Und doch verkündigen wir Weisheit unter den Vollkommenen, aber
nicht Weisheit dieser Welt oder der Machthaber dieser Welt, die einst
entmachtet werden. 7 Vielmehr verkündigen wir das Geheimnis der
verborgenen Weisheit Gottes, die Gott vor allen Zeiten vorausbe-
stimmt hat zu unserer Verherrlichung. 8 Keiner der Machthaber dieser
Welt hat sie erkannt; denn hätten sie die Weisheit Gottes erkannt, so
hätten sie den Herrn der Herrlichkeit nicht gekreuzigt. 9 Nein, wir ver-
kündigen, wie es in der Schrift heißt, was *kein Auge gesehen und kein Ohr
gehört hat,* was keinem Menschen in den Sinn gekommen ist: das
Große, das Gott denen bereitet hat, die ihn lieben.
10 Denn uns hat es Gott enthüllt durch den Geist. Der Geist ergründet
nämlich alles, auch die Tiefen Gottes. 11 Wer von den Menschen kennt
den Menschen, wenn nicht der Geist des Menschen, der in ihm ist? So
erkennt auch keiner Gott – nur der Geist Gottes. 12 Wir aber haben
nicht den Geist der Welt empfangen, sondern den Geist, der aus Gott
stammt, damit wir das erkennen, was uns von Gott geschenkt worden
ist. 13 Davon reden wir auch, nicht mit Worten, wie menschliche Weis-
heit sie lehrt, sondern wie der Geist sie lehrt, indem wir den Geist-
erfüllten das Wirken des Geistes deuten. 14 Der irdisch gesinnte
Mensch aber läßt sich nicht auf das ein, was vom Geist Gottes kommt.
Torheit ist es für ihn, und er kann es nicht verstehen, weil es nur mit
Hilfe des Geistes beurteilt werden kann. 15 Der geisterfüllte Mensch
urteilt über alles, ihn aber vermag niemand zu beurteilen. 16 Denn *wer
begreift den Geist des Herrn? Wer kann ihn belehren?* Wir aber haben den
Geist Christi.

3 Vor euch, Brüder, konnte ich aber nicht wie vor Geisterfüllten
reden; ihr wart noch irdisch eingestellt, unmündige Kinder in
Christus. 2 Milch gab ich euch zu trinken statt fester Speise; denn diese
konntet ihr noch nicht vertragen. Ihr könnt es aber auch jetzt noch
nicht; 3 denn ihr seid immer noch irdisch eingestellt. Oder seid ihr nicht
irdisch eingestellt, handelt ihr nicht sehr menschlich, wenn Eifersucht
und Streit unter euch herrschen? 4 Denn wenn einer sagt: Ich halte zu
Paulus!, ein anderer: Ich zu Apollos!, seid ihr da nicht Menschen?

Die Verantwortung des Apostels und seiner Mitarbeiter

5 Was ist denn Apollos? Und was ist Paulus? Ihr seid durch sie zum
Glauben gekommen. Sie sind also Diener, jeder, wie der Herr es ihm
gegeben hat: 6 Ich habe gepflanzt, Apollos hat begossen, Gott aber
ließ wachsen. 7 So ist weder der etwas, der pflanzt, noch der, der
begießt, sondern nur Gott, der wachsen läßt. 8 Wer pflanzt und wer
begießt: beide arbeiten am gleichen Werk, jeder aber erhält seinen
besonderen Lohn, je nach der Mühe, die er aufgewendet hat. 9 Denn
wir sind Gottes Mitarbeiter; ihr seid Gottes Ackerfeld, Gottes Bau.
10 Der Gnade Gottes entsprechend, die mir geschenkt wurde, habe
ich wie ein guter Baumeister den Grund gelegt; ein anderer baut dar-
auf weiter. Aber jeder soll darauf achten, wie er weiterbaut. 11 Denn
einen anderen Grund kann niemand legen als den, der gelegt ist:
Jesus Christus. 12 Ob aber jemand auf dem Grund mit Gold, Silber,
kostbaren Steinen, mit Holz, Heu oder Stroh weiterbaut: 13 das
Werk eines jeden wird offenbar werden; jener Tag wird es sichtbar
machen, weil es im Feuer offenbart wird. Das Feuer wird prüfen, was
das Werk eines jeden taugt. 14 Hält das stand, was er aufgebaut hat, so
empfängt er Lohn. 15 Brennt es nieder, dann muß er den Verlust tra-
gen. Er selbst aber wird gerettet werden, doch so wie durch Feuer
hindurch.
16 Wißt ihr nicht, daß ihr Gottes Tempel seid und der Geist Gottes in
euch wohnt? 17 Wer den Tempel Gottes verdirbt, den wird Gott verder-
ben. Denn Gottes Tempel ist heilig, und der seid ihr.
18 Keiner täusche sich selbst. Wenn einer unter euch meint, er sei
weise in dieser Welt, dann werde er töricht, um weise zu werden.
19 Denn die Weisheit dieser Welt ist Torheit vor Gott. In der Schrift
steht nämlich: *Er fängt die Weisen in ihrer eigenen List.* 20 Und an einer
anderen Stelle: *Der Herr kennt die Gedanken* der Weisen; *er weiß, sie sind
nichtig.* 21 Daher soll sich niemand eines Menschen rühmen. Denn
alles gehört euch; 22 Paulus, Apollos, Kephas, Welt, Leben, Tod,
Gegenwart und Zukunft: alles gehört euch; 23 ihr aber gehört Christus,
und Christus gehört Gott.

4 Als Diener Christi soll man uns betrachten und als Verwalter von
Geheimnissen Gottes. 2 Von Verwaltern aber verlangt man, daß
sie sich treu erweisen. 3 Mir macht es allerdings nichts aus, wenn ihr
oder ein menschliches Gericht mich zur Verantwortung zieht; ich
urteile auch nicht über mich selbst. 4 Ich bin mir zwar keiner Schuld
bewußt, doch bin ich dadurch noch nicht gerecht gesprochen; der
Herr ist es, der mich zur Rechenschaft zieht. 5 Richtet also nicht vor
der Zeit; wartet, bis der Herr kommt, der das im Dunkeln Verborgene
ans Licht bringen und die Absichten der Herzen aufdecken wird. Dann
wird jeder sein Lob von Gott erhalten.
6 Brüder, ich habe das auf mich und Apollos bezogen, und zwar euret-
wegen, damit ihr an uns lernt, daß der Grundsatz gilt: »Nicht über das
hinaus, was in der Schrift steht«, daß also keiner zugunsten des einen
und zum Nachteil des andern sich wichtig machen darf. 7 Denn wer
räumt dir einen Vorrang ein? Und was hast du, das du nicht empfan-
gen hättest? Wenn du es aber empfangen hast, warum rühmst du dich,
als hättest du es nicht empfangen? 8 Ihr seid schon satt, ihr seid schon
reich geworden, ohne uns seid ihr zur Herrschaft gelangt. Wäret ihr
doch nur zur Herrschaft gelangt! Dann könnten auch wir mit euch
zusammen herrschen.
9 Ich glaube nämlich, Gott hat uns Apostel auf den letzten Platz
gestellt, wie Todgeweihte; denn wir sind zum Schauspiel geworden
für die Welt, für Engel und Menschen. 10 Wir stehen als Toren da um
Christi willen, ihr dagegen seid kluge Leute in Christus. Wir sind
schwach, ihr seid stark; ihr seid angesehen, wir sind verachtet. 11 Bis
zur Stunde hungern und dürsten wir, gehen in Lumpen, werden mit
Fäusten geschlagen und sind heimatlos. 12 Wir plagen uns ab und
arbeiten mit eigenen Händen; wir werden beschimpft und segnen;
wir werden verfolgt und halten stand; 13 wir werden geschmäht und
trösten. Wir sind sozusagen der Abschaum der Welt geworden, ver-
stoßen von allen bis heute.

14 Nicht um euch bloßzustellen, schreibe ich das, sondern um euch als
meine geliebten Kinder zu ermahnen. 15 Hättet ihr nämlich auch
ungezählte Erzieher in Christus, so doch nicht viele Väter. Denn in
Christus Jesus bin ich durch das Evangelium euer Vater geworden.
16 Darum ermahne ich euch: Haltet euch an mein Vorbild!

Ankündigung eines baldigen Besuches
17 Eben deswegen schicke ich Timotheus zu euch, mein geliebtes und
treues Kind im Herrn. Er wird euch erinnern an meine Weisungen, wie
ich sie als Diener Christi Jesu überall in allen Gemeinden gebe. 18 In
der Annahme, daß ich nicht selber zu euch komme, haben sich zwar
einige wichtig gemacht. 19 Ich werde aber bald zu euch kommen,
wenn der Herr will. Dann werde ich diese Wichtigtuer nicht auf ihre
Worte prüfen, sondern auf ihre Kraft. 20 Denn nicht in Worten erweist
sich die Herrschaft Gottes, sondern in der Kraft. 21 Was zieht ihr vor:
Soll ich mit dem Stock zu euch kommen oder mit Liebe und im Geist
der Sanftmut?

Mißstände in der Gemeinde

Ein Fall von Blutschande
5 Übrigens hört man von Unzucht unter euch, und zwar von
Unzucht, wie sie nicht einmal unter den Heiden vorkommt, daß
nämlich einer mit der Frau seines Vaters lebt. 2 Und da macht ihr euch
noch wichtig, statt traurig zu werden und den aus eurer Mitte zu
stoßen, der so etwas getan hat. 3 Was mich angeht, so habe ich – leib-
lich zwar abwesend, geistig aber anwesend – mein Urteil über den, der
sich so vergangen hat, schon jetzt gefällt, als ob ich persönlich anwe-
send wäre: 4 Im Namen Jesu, unseres Herrn, wollen wir uns versam-
meln, ihr und mein Geist, und zusammen mit der Kraft Jesu, unseres
Herrn, 5 diesen Menschen dem Satan übergeben zum Verderben
seines Fleisches, damit sein Geist am Tag des Herrn gerettet wird.
6 Zu Unrecht rühmt ihr euch. Wißt ihr nicht, daß ein wenig Sauerteig
den ganzen Teig durchsäuert? 7 Schafft den alten Sauerteig weg, damit
ihr neuer Teig seid. Ihr seid ja schon ungesäuertes Brot; denn als unser
Paschalamm ist Christus geopfert worden. 8 Laßt uns also das Fest
nicht mit dem alten Sauerteig feiern, nicht mit dem Sauerteig der Bos-
heit und Schlechtigkeit, sondern mit den ungesäuerten Broten der
Aufrichtigkeit und Wahrheit.
9 Ich habe euch in meinem Brief ermahnt, daß ihr nichts mit Unzüch-
tigen zu schaffen haben sollt. 10 Gemeint waren damit nicht alle
Unzüchtigen dieser Welt oder alle Habgierigen und Räuber und Göt-
zendiener; sonst müßtet ihr ja aus der Welt auswandern. 11 In Wirk-
lichkeit meinte ich damit: Habt nichts zu schaffen mit einem, der sich
Bruder nennt und dennoch Unzucht treibt, habgierig ist, Götzen ver-
ehrt, lästert, trinkt oder raubt; mit einem solchen Menschen sollt ihr
nicht einmal zusammen essen. 12 Ich will also nicht Außenstehende
richten – ihr richtet ja auch nur solche, die zu euch gehören –, 13 die
Außenstehenden wird Gott richten. Schafft den Übeltäter weg aus
eurer Mitte!

Rechtshändel unter Christen
6 Wagt es einer von euch, der mit einem anderen einen Rechts-
streit hat, vor das Gericht der Ungerechten zu gehen statt zu den
Heiligen? 2 Wißt ihr denn nicht, daß die Heiligen die Welt richten
werden? Und wenn durch euch die Welt gerichtet wird, seid ihr dann
nicht zuständig, einen Rechtsstreit über Kleinigkeiten zu schlichten?
3 Wißt ihr nicht, daß wir über Engel richten werden? Also erst recht
über Alltägliches. 4 Wie könnt ihr dann jene, die im Urteil der
Gemeinde nichts gelten, als Richter einsetzen, wenn ihr einen Rechts-
streit über Alltägliches auszutragen habt? 5 Ich sage das, damit ihr
euch schämt. Gibt es denn unter euch wirklich keinen, der die Gabe
hat, zwischen Brüdern zu schlichten? 6 Statt dessen zieht ein Bruder
den andern vor Gericht, und zwar vor Ungläubige. 7 Ist es nicht über-
haupt schon ein Versagen, daß ihr miteinander Prozesse führt?
Warum leidet ihr nicht lieber Unrecht? Warum laßt ihr euch nicht
lieber ausrauben? 8 Nein, ihr selber begeht Unrecht und Raub, und
zwar an Brüdern. 9 Wißt ihr denn nicht, daß Ungerechte das Reich
Gottes nicht erben werden?
Täuscht euch nicht! Weder Unzüchtige noch Götzendiener, weder
Ehebrecher noch Lustknaben, noch Knabenschänder, 10 noch Diebe,
noch Habgierige, keine Trinker, keine Lästerer, keine Räuber werden
das Reich Gottes erben. 11 Und solche gab es unter euch. Aber ihr seid
reingewaschen, seid geheiligt, seid gerecht geworden im Namen Jesu
Christi, des Herrn, und im Geist unseres Gottes.

Unzucht und christliche Freiheit
12 »Alles ist mir erlaubt« – aber nicht alles nützt mir. Alles ist mir
erlaubt, aber nichts soll Macht haben über mich. 13 Die Speisen sind
für den Bauch da und der Bauch für die Speisen; Gott wird beide ver-
nichten. Der Leib ist aber nicht für die Unzucht da, sondern für den
Herrn, und der Herr für den Leib. 14 Gott hat den Herrn auferweckt; er
wird durch seine Macht auch uns auferwecken. 15 Wißt ihr nicht, daß
eure Leiber Glieder Christi sind? Darf ich nun die Glieder Christi neh-
men und zu Gliedern einer Dirne machen? Auf keinen Fall! 16 Oder
wißt ihr nicht: Wer sich an eine Dirne bindet, ist e i n Leib mit ihr?
Denn es heißt: Die *zwei werden e i n Fleisch sein.* 17 Wer sich dagegen an
den Herrn bindet, ist e i n Geist mit ihm. 18 Hütet euch vor der
Unzucht! Jede andere Sünde, die der Mensch tut, bleibt außerhalb des
Leibes. Wer aber Unzucht treibt, versündigt sich gegen den eigenen
Leib. 19 Oder wißt ihr nicht, daß euer Leib ein Tempel des Heiligen
Geistes ist, der in euch wohnt und den ihr von Gott habt? Ihr gehört
nicht euch selbst; 20 denn um einen teuren Preis seid ihr erkauft wor-
den. Verherrlicht also Gott in eurem Leib!

Die Standesordnung in der Gemeinde

Die christliche Ehe
7 Nun zu den Anfragen eures Briefes! »Es ist gut für den Mann,
keine Frau zu berühren«. 2 Wegen der Gefahr der Unzucht soll
aber jeder seine Frau haben, und jede soll ihren Mann haben. 3 Der
Mann soll seine Pflicht gegenüber der Frau erfüllen und ebenso die
Frau gegenüber dem Mann. 4 Nicht die Frau verfügt über ihren Leib,
sondern der Mann. Ebenso verfügt nicht der Mann über seinen Leib,
sondern die Frau. 5 Entzieht euch einander nicht, außer im gegensei-
tigen Einverständnis und nur eine Zeitlang, um für das Gebet frei zu
sein. Dann kommt wieder zusammen, damit euch der Satan nicht in
Versuchung führt, wenn ihr euch nicht enthalten könnt. 6 Das sage ich
als Zugeständnis, nicht als Gebot. 7 Ich wünschte, alle Menschen
wären (unverheiratet) wie ich. Doch jeder hat seine Gnadengabe von
Gott, der eine so, der andere so.

Ehe mit Heiden – Ehescheidung
8 Den Unverheirateten und den Witwen sage ich: Es ist gut, wenn sie
so bleiben wie ich. 9 Wenn sie aber nicht enthaltsam leben können,
sollen sie heiraten. Es ist besser zu heiraten, als sich in Begierde zu
verzehren. 10 Den Verheirateten gebiete nicht ich, sondern der Herr:
Die Frau soll sich vom Mann nicht trennen 11 – wenn sie sich aber
trennt, so bleibe sie unverheiratet oder versöhne sich wieder mit dem
Mann –, und der Mann darf die Frau nicht verstoßen.
12 Den übrigen sage ich, nicht der Herr: Wenn ein Bruder eine ungläu-
bige Frau hat und sie willigt ein, weiter mit ihm zusammenzuleben,
soll er sie nicht verstoßen. 13 Auch eine Frau soll ihren ungläubigen
Mann nicht verstoßen, wenn er einwilligt, weiter mit ihr zusammen-
zuleben. 14 Denn der ungläubige Mann ist durch die Frau geheiligt,
und die ungläubige Frau ist durch ihren gläubigen Mann geheiligt.

Francis Bacon
Fragment einer Kreuzigung
(1950)
»Denn das Törichte an Gott ist weiser als die Menschen, und das Schwache an Gott ist stärker als die Menschen« (1 Kor 1,25). Der ›Skandal‹ des Todes Christi am Kreuz ist bereits im Mittelalter ein Aspekt der Golgota-Bilder; er tritt im Gemälde des Engländers Francis Bacon unvermittelt zutage. Zu beiden Seiten des Kreuzstammes, den ein waagrechter Balken zur T-Form ergänzt, fällt der Blick auf die Andeutungen einer Straßenszene mit Autos und Passanten. Es sind »die Menschen«, die jedoch schemenhaft in die Ferne rücken. Alles Interesse richtet sich auf zwei Figuren, deren eine sich am Querbalken festgeklammert, während die andere im Fallen begriffen ist. Die emporgereckten Arme des Fallenden erinnern an die Haltung eines Gekreuzigten, und der zum Schrei weit aufgerissene Mund läßt sich auf Jesu Todesschrei beziehen: »Mein Gott, mein Gott, warum hast du mich verlassen?« (Mt 27,46). So gesehen enthält Bacons Kreuzigungsfragment das Thema des Fallengelassen-Werdens. Das Motiv des aufgerissenen Mundes kehrt auf Bacons *Porträtstudie VII* (1953) wieder, der ein Bildnis des – nun schreienden – Papstes Innozenz X. von Diego Velázquez aus dem Jahr 1650 zugrunde liegt. Kennzeichnend für Bacons Selbstkommentare, die zumeist nicht weniger schockierende Wirkung beabsichtigen wie seine Bilder, ist in diesem Zusammenhang die Äußerung: »Ich war immer ganz fasziniert von den Mundbewegungen und von der Form des Mundes und der Zähne ... Ich mag sozusagen das Glitzern und die Farbe, die aus dem Mund kommt.«

Sonst wären eure Kinder unrein; sie sind aber heilig. 15 Wenn aber der
Ungläubige sich trennen will, soll er es tun. Der Bruder oder die
Schwester ist in solchen Fällen nicht wie ein Sklave gebunden; zu
einem Leben in Frieden hat Gott euch berufen. Gott hat euch aber zu
einem gemeinsamen Leben gerufen. Vielleicht vermagst du, Frau, dei-
nen Mann zu retten; vielleicht vermagst du, Mann, deine Frau zu ret-
ten. 16 Woher weißt du denn, Frau, ob du den Mann retten kannst?
Oder woher weißt du, Mann, ob du die Frau retten kannst?

Gottes Ruf und der Stand der Berufenen

17 Im übrigen soll jeder so leben, wie der Herr es ihm zugemessen, wie
Gottes Ruf ihn getroffen hat. Das ist meine Weisung für alle Gemein-
den. 18 Wenn einer als Beschnittener berufen wurde, soll er beschnit-
ten bleiben. Wenn einer als Unbeschnittener berufen wurde, soll er
sich nicht beschneiden lassen. 19 Es kommt nicht darauf an, beschnit-
ten oder unbeschnitten zu sein, sondern darauf, die Gebote Gottes zu
halten. 20 Jeder soll in dem Stand bleiben, in dem ihn der Ruf Gottes
getroffen hat. 21 Wenn du als Sklave berufen wurdest, soll dich das
nicht bedrücken; auch wenn du frei werden kannst, lebe lieber als
Sklave weiter. 22 Denn wer im Herrn als Sklave berufen wurde, ist Frei-
gelassener des Herrn. Ebenso ist einer, der als Freier berufen wurde,
Sklave Christi. 23 Um einen teuren Preis seid ihr erkauft worden.
Macht euch nicht zu Sklaven von Menschen! 24 Brüder, jeder soll vor
Gott in dem Stand bleiben, in dem ihn der Ruf Gottes getroffen hat.

Ehe und Jungfräulichkeit

25 Was die Frage der Ehelosigkeit angeht, so habe ich kein Gebot vom
Herrn. Ich gebe euch nur einen Rat als einer, den der Herr durch sein
Erbarmen vertrauenswürdig gemacht hat. 26 Ich meine, es ist gut
wegen der bevorstehenden Not, ja, es ist gut für den Menschen, so zu
sein. 27 Bist du an eine Frau gebunden, suche dich nicht zu lösen; bist
du ohne Frau, dann suche keine. 28 Heiratest du aber, so sündigst du
nicht; und heiratet eine Jungfrau, sündigt auch sie nicht. Freilich wer-
den solche Leute irdischen Nöten nicht entgehen; ich aber möchte sie
euch ersparen. 29 Denn ich sage euch, Brüder: Die Zeit ist kurz. Daher
soll, wer eine Frau hat, sich in Zukunft so verhalten, als habe er keine,
30 wer weint, als weine er nicht, wer sich freut, als freue er sich nicht,
wer kauft, als würde er nicht Eigentümer, 31 wer sich die Welt zunutze
macht, als nutze er sie nicht; denn die Gestalt dieser Welt vergeht.
32 Ich wünschte aber, ihr wäret ohne Sorgen. Der Unverheiratete sorgt
sich um die Sache des Herrn; er will dem Herrn gefallen. 33 Der Ver-
heiratete sorgt sich um die Dinge der Welt; er will seiner Frau gefallen.
34 So ist er geteilt. Die unverheiratete Frau aber und die Jungfrau sor-
gen sich um die Sache des Herrn, um heilig zu sein an Leib und Geist.
Die Verheiratete sorgt sich um die Dinge der Welt; sie will ihrem Mann
gefallen. 35 Das sage ich zu eurem Nutzen: nicht um euch eine Fessel
anzulegen, vielmehr, damit ihr in rechter Weise und ungestört immer
dem Herrn dienen könnt.
36 Wer sich gegenüber seiner Jungfrau ungehörig zu verhalten glaubt,
wenn sein Verlangen nach ihr zu stark ist, der soll tun, wozu es ihn
drängt, wenn es so sein muß; er sündigt nicht; sie sollen heiraten.
37 Wer aber in seinem Herzen fest bleibt, weil er sich in der Gewalt hat
und seinem Trieb nicht ausgeliefert ist, wer also in seinem Herzen
entschlossen ist, seine Jungfrau unberührt zu lassen, der handelt rich-
tig. 38 Wer seine Jungfrau heiratet, handelt also richtig; doch wer sie
nicht heiratet, handelt besser.

Wiederverheiratung nach dem Tod des Mannes

39 Eine Frau ist gebunden, solange ihr Mann lebt; wenn aber der Mann
gestorben ist, ist sie frei zu heiraten, wen sie will; nur geschehe es im
Herrn. 40 Glücklicher aber ist sie zu preisen, wenn sie nach meinem
Rat unverheiratet bleibt – und ich denke, daß auch ich den Geist
Gottes habe.

Heidnische Opfer, christliche Sakramente, christlicher Gottesdienst

Die Freiheit des Christen

8 Nun zur Frage des Götzenopferfleisches. Gewiß, wir alle haben
Erkenntnis. Doch die Erkenntnis macht aufgeblasen, die Liebe
dagegen baut auf. 2 Wenn einer meint, er sei zur Erkenntnis gelangt,
hat er noch nicht so erkannt, wie man erkennen muß. 3 Wer aber Gott
liebt, der ist von ihm erkannt. 4 Was nun das Essen von Götzenopfer-
fleisch angeht, so wissen wir, daß es keine Götzen gibt in der Welt und
keinen Gott außer dem einen. 5 Und selbst wenn es im Himmel oder
auf der Erde sogenannte Götter gibt – und solche Götter und Herren
gibt es viele –, 6 so haben doch wir nur einen Gott, den Vater. Von ihm
stammt alles, und wir leben auf ihn hin. Und einer ist der Herr: Jesus
Christus. Durch ihn ist alles, und wir sind durch ihn.
7 Aber nicht alle haben die Erkenntnis. Einige, die von ihren Götzen
nicht loskommen, essen das Fleisch noch als Götzenopferfleisch, und
so wird ihr schwaches Gewissen befleckt. 8 Zwar kann uns keine
Speise vor Gottes Gericht bringen. Wenn wir nicht essen, verlieren
wir nichts, und wenn wir essen, gewinnen wir nichts. 9 Doch gebt
acht, daß diese eure Freiheit nicht den Schwachen zum Anstoß wird.
10 Wenn nämlich einer dich, der du Erkenntnis hast, im Götzentempel
beim Mahl sieht, wird dann nicht sein Gewissen, da er schwach ist,
verleitet, auch Götzenopferfleisch zu essen? 11 Der Schwache geht an
deiner »Erkenntnis« zugrunde, er, dein Bruder, für den Christus
gestorben ist. 12 Wenn ihr euch auf diese Weise gegen eure Brüder ver-
sündigt und ihr schwaches Gewissen verletzt, versündigt ihr euch
gegen Christus. 13 Wenn darum eine Speise meinem Bruder zum
Anstoß wird, will ich überhaupt kein Fleisch mehr essen, um meinem
Bruder keinen Anstoß zu geben.

Das Beispiel des Apostels

9 Bin ich nicht frei? Bin ich nicht ein Apostel? Habe ich nicht
Jesus, unseren Herrn, gesehen? Seid ihr nicht mein Werk im
Herrn? 2 Wenn ich für andere kein Apostel bin, bin ich es doch für
euch. Ihr seid ja im Herrn das Siegel meines Apostelamtes. 3 Das aber
ist meine Rechtfertigung vor denen, die abfällig über mich urteilen:
4 Haben wir nicht das Recht, zu essen und zu trinken? 5 Haben wir nicht
das Recht, eine gläubige Frau mitzunehmen, wie die übrigen Apostel
und die Brüder des Herrn und wie Kephas? 6 Sollen nur ich und Barna-
bas auf das Recht verzichten, nicht zu arbeiten? 7 Wer leistet denn
Kriegsdienst und bezahlt sich selber den Sold? Wer pflanzt einen
Weinberg und ißt nicht von seinem Ertrag? Oder wer weidet eine
Herde und trinkt nicht von der Milch der Herde? 8 Sage ich das nur aus
menschlicher Einsicht? Sagt das nicht auch das Gesetz? 9 Im Gesetz
des Mose steht doch: *Du sollst dem Ochsen zum Dreschen keinen Maulkorb
anlegen.* Liegt denn Gott etwas an den Ochsen? 10 Sagt er das nicht
offensichtlich unseretwegen? Ja, unseretwegen wurde es geschrieben.
Denn der Pflüger wie der Drescher sollen ihre Arbeit in der Erwartung
tun, ihren Teil zu erhalten. 11 Wenn wir für euch die Geistesgaben
gesät haben, ist es dann zuviel, wenn wir von euch irdische Gaben
ernten? 12 Wenn andere an dem, was euch gehört, teilhaben dürfen,
dann erst recht wir. Aber wir haben von diesem Recht keinen
Gebrauch gemacht. Vielmehr ertragen wir alles, um dem Evangelium
Christi kein Hindernis in den Weg zu legen. 13 Wißt ihr nicht, daß
alle, die im Heiligtum Dienst tun, vom Heiligtum leben, und daß alle,
die am Altar Dienst tun, vom Altar ihren Anteil erhalten? 14 So hat
auch der Herr denen, die das Evangelium verkündigen, geboten, vom
Evangelium zu leben. 15 Ich aber habe all das nicht in Anspruch
genommen. Ich schreibe dies auch nicht, damit es in meinem Fall so
geschieht. Lieber wollte ich sterben, als daß mir jemand diesen Ruhm
entreißt. 16 Wenn ich nämlich das Evangelium verkünde, kann ich
mich deswegen nicht rühmen; denn ein Zwang liegt auf mir. Weh
mir, wenn ich das Evangelium nicht verkünde! 17 Wäre es mein freier
Entschluß, so erhielte ich Lohn. Wenn es mir aber nicht freisteht, so

ist es ein Auftrag, der mir anvertraut wurde. 18 Was ist nun mein Lohn?
Daß ich das Evangelium unentgeltlich verkünde und so auf mein
Recht verzichte.
19 Da ich also von niemand abhängig war, habe ich mich für alle zum
Sklaven gemacht, um möglichst viele zu gewinnen. 20 Den Juden bin
ich ein Jude geworden, um Juden zu gewinnen; denen, die unter dem
Gesetz stehen, bin ich, obgleich ich nicht unter dem Gesetz stehe,
einer unter dem Gesetz geworden, um die zu gewinnen, die unter dem
Gesetz stehen. 21 Den Gesetzlosen war ich sozusagen ein Gesetzloser
– nicht als ein Gesetzloser vor Gott, sondern gebunden an das Gesetz
Christi –, um die Gesetzlosen zu gewinnen. 22 Den Schwachen wurde
ich ein Schwacher, um die Schwachen zu gewinnen. Allen bin ich alles
geworden, um auf jeden Fall einige zu retten. 23 Alles aber tue ich um
des Evangeliums willen, um an seiner Verheißung teilzuhaben.
24 Wißt ihr nicht, daß die Läufer im Stadion zwar alle laufen, aber daß
nur einer den Siegespreis gewinnt? Lauft so, daß ihr ihn gewinnt.
25 Jeder Wettkämpfer lebt aber völlig enthaltsam; jene tun dies, um
einen vergänglichen, wir aber, um einen unvergänglichen Siegeskranz
zu gewinnen. 26 Darum laufe ich nicht wie einer, der ziellos läuft, und
kämpfe mit der Faust nicht wie einer, der in die Luft schlägt; 27 vielmehr züchtige und unterwerfe ich meinen Leib, damit ich nicht anderen predige und selbst verworfen werde.

Israels Geschichte als Warnung

10 Ihr sollt wissen, Brüder, daß unsere Väter alle unter der
Wolke waren, alle durch das Meer zogen 2 und alle auf Mose
getauft wurden in der Wolke und im Meer. 3 Alle aßen auch die gleiche
gottgeschenkte Speise, 4 und alle tranken den gleichen gottgeschenkten Trank; denn sie tranken aus dem lebensspendenden Felsen, der
mit ihnen zog. Und dieser Fels war Christus. 5 Gott aber hatte an den
meisten von ihnen kein Gefallen; denn er ließ sie in der Wüste
umkommen. 6 Das aber geschah als warnendes Beispiel für uns: damit
wir uns nicht von der Gier nach dem Bösen beherrschen lassen, wie
jene sich von der Gier beherrschen ließen. 7 Werdet nicht Götzendiener wie einige von ihnen; denn es steht in der Schrift: *Das Volk setzte sich zum Essen und Trinken; dann standen sie auf, um sich zu vergnügen.* 8 Laßt
uns nicht Unzucht treiben, wie einige von ihnen Unzucht trieben.
Damals kamen an einem einzigen Tag dreiundzwanzigtausend Menschen um. 9 Wir wollen auch nicht den Herrn auf die Probe stellen, wie
es einige von ihnen taten, die dann von Schlangen getötet wurden.
10 Murrt auch nicht, wie einige von ihnen murrten; sie wurden vom
Verderber umgebracht. 11 Das aber geschah an ihnen, damit es uns als
Beispiel dient; uns zur Warnung wurde es aufgeschrieben, uns, die
das Ende der Zeiten erreicht hat. 12 Wer also zu stehen meint, der gebe
acht, daß er nicht fällt. 13 Noch ist keine Versuchung über euch
gekommen, die den Menschen überfordert. Gott ist treu; er wird nicht
zulassen, daß ihr über eure Kraft hinaus versucht werdet. Er wird euch
in der Versuchung einen Ausweg schaffen, so daß ihr sie bestehen
könnt.

Über Götzendienst und Götzenopfermahl

14 Darum, liebe Brüder, meidet den Götzendienst! 15 Ich rede doch zu
verständigen Menschen; urteilt selbst über das, was ich sage. 16 Ist der
Kelch des Segens, über den wir den Segen sprechen, nicht Teilhabe
am Blut Christi? Ist das Brot, das wir brechen, nicht Teilhabe am Leib
Christi? 17 E i n Brot ist es. Darum sind wir viele e i n Leib; denn wir alle
haben teil an dem einen Brot. 18 Schaut auf das irdische Israel: Haben
die, welche von den Opfern essen, nicht teil am Altar? 19 Was meine ich
damit? Ist denn Götzenopferfleisch wirklich etwas? Oder ist ein Götze
wirklich etwas? 20 Nein, aber was man dort opfert, *opfert man* nicht
Gott, sondern *den Dämonen*. Ich will jedoch nicht, daß ihr euch mit
Dämonen einlaßt. 21 Ihr könnt nicht den Kelch des Herrn trinken und
den Kelch der Dämonen. Ihr könnt nicht Gäste sein am *Tisch des Herrn*
und am Tisch der Dämonen. 22 Oder wollen wir die *Eifersucht des Herrn*
wecken? Sind wir stärker als er?
23 »Alles ist erlaubt« – aber nicht alles nützt. »Alles ist erlaubt« – aber
nicht alles baut auf. 24 Denkt dabei nicht an euch selbst, sondern an
die anderen. 25 Alles, was auf dem Fleischmarkt verkauft wird, das
eßt, ohne aus Gewissenhaftigkeit nachzuforschen. 26 Denn *dem Herrn gehört die Erde und was sie erfüllt.* 27 Wenn ein Ungläubiger euch einlädt
und ihr hingehen möchtet, dann eßt, was euch vorgesetzt wird, ohne
aus Gewissensgründen nachzuforschen. 28 Wenn euch aber jemand
darauf hinweist: Das ist Opferfleisch!, dann eßt nicht davon, mit
Rücksicht auf den, der euch aufmerksam macht, und auf das Gewissen; 29 ich meine das Gewissen des anderen, nicht das eigene; denn
(an sich gilt): Warum soll meine Freiheit vom Gewissensurteil eines
anderen abhängig sein? 30 Wenn ich in Dankbarkeit mitesse, soll ich
dann getadelt werden, daß ich etwas esse, wofür ich Dank sage? 31 Ob
ihr also eßt oder trinkt oder etwas anderes tut: tut alles zur Verherrlichung Gottes! 32 Gebt weder Juden noch Griechen, noch der Kirche
Gottes Anlaß zu einem Vorwurf! 33 Auch ich suche allen in allem entgegenzukommen; ich suche nicht meinen Nutzen, sondern den Nutzen aller, damit sie gerettet werden. 1 Nehmt mich zum Vorbild, wie
ich Christus zum Vorbild nehme.

Über das Verhalten der Frau im Gottesdienst

11 2 Ich lobe euch, daß ihr in allem an mich denkt und an den
Überlieferungen festhaltet, wie ich sie euch übergeben
habe. 3 Ihr sollt aber wissen, daß Christus das Haupt des Mannes ist,
der Mann das Haupt der Frau und Gott das Haupt Christi. 4 Wenn ein
Mann betet oder prophetisch redet und dabei sein Haupt bedeckt hat,
entehrt er sein Haupt. 5 Eine Frau aber entehrt ihr Haupt, wenn sie
betet oder prophetisch redet und dabei ihr Haupt nicht verhüllt. Sie
unterscheidet sich dann in keiner Weise von einer Geschorenen.
6 Wenn eine Frau kein Kopftuch trägt, soll sie sich doch gleich die
Haare abschneiden lassen. Ist es aber für eine Frau eine Schande, sich
die Haare abschneiden oder sich kahlscheren zu lassen, dann soll sie
sich auch verhüllen. 7 Der Mann darf sein Haupt nicht verhüllen, weil
er Abbild und Abglanz Gottes ist; die Frau aber ist der Abglanz des
Mannes. 8 Denn der Mann stammt nicht von der Frau, sondern die
Frau vom Mann. 9 Der Mann wurde auch nicht für die Frau geschaffen,
sondern die Frau für den Mann. 10 Deswegen soll die Frau mit Rücksicht auf die Engel das Zeichen ihrer Vollmacht auf dem Kopf tragen.
11 Doch im Herrn gibt es weder die Frau ohne den Mann noch den
Mann ohne die Frau. 12 Denn wie die Frau vom Mann stammt, so
kommt der Mann durch die Frau zur Welt; alles aber stammt von Gott.
13 Urteilt selber! Gehört es sich, daß eine Frau unverhüllt zu Gott
betet? 14 Lehrt euch nicht schon die Natur, daß es für den Mann eine
Schande, 15 für die Frau aber eine Ehre ist, lange Haare zu tragen?
Denn der Frau ist das Haar als Hülle gegeben. 16 Wenn aber einer
meint, er müsse darüber streiten: Wir und auch die Gemeinden Gottes
kennen einen solchen Brauch nicht.

Die rechte Feier des Herrenmahls

17 Wenn ich schon Anweisungen gebe: Das kann ich nicht loben, daß
ihr nicht mehr zu eurem Nutzen, sondern zu eurem Schaden zusammenkommt. 18 Zunächst höre ich, daß es Spaltungen unter euch gibt,
wenn ihr als Gemeinde zusammenkommt; zum Teil glaube ich das
auch. 19 Denn es muß Parteiungen geben unter euch; nur so wird sichtbar, wer unter euch treu und zuverlässig ist. 20 Was ihr bei euren
Zusammenkünften tut, ist keine Feier des Herrenmahls mehr; 21 denn
jeder verzehrt sogleich seine eigenen Speisen, und dann hungert der
eine, während der andere schon betrunken ist. 22 Könnt ihr denn nicht
zu Hause essen und trinken? Oder verachtet ihr die Kirche Gottes?
Wollt ihr jene demütigen, die nichts haben? Was soll ich dazu sagen?
Soll ich euch etwa loben? In diesem Fall kann ich euch nicht loben.
23 Denn ich habe vom Herrn empfangen, was ich euch dann überliefert
habe: Jesus, der Herr, nahm in der Nacht, in der er ausgeliefert wurde,
Brot, 24 sprach das Dankgebet, brach das Brot und sagte: Das ist mein
Leib für euch. Tut dies zu meinem Gedächtnis! 25 Ebenso nahm er nach

dem Mahl den Kelch und sprach: Dieser Kelch ist der *Neue Bund* in mei-
nem Blut. Tut dies, sooft ihr daraus trinkt, zu meinem Gedächtnis!
26 Denn sooft ihr von diesem Brot eßt und aus dem Kelch trinkt, ver-
kündet ihr den Tod des Herrn, bis er kommt. 27 Wer also unwürdig von
dem Brot ißt und aus dem Kelch des Herrn trinkt, macht sich schuldig
am Leib und am Blut des Herrn. 28 Jeder soll sich selbst prüfen; erst
dann soll er von dem Brot essen und aus dem Kelch trinken. 29 Denn
wer davon ißt und trinkt, ohne zu bedenken, daß es der Leib des
Herrn ist, der zieht sich das Gericht zu, indem er ißt und trinkt. 30 Des-
wegen sind unter euch viele schwach und krank, und nicht wenige
sind schon entschlafen. 31 Gingen wir mit uns selbst ins Gericht, dann
würden wir nicht gerichtet. 32 Doch wenn wir jetzt vom Herrn gerich-
tet werden, dann ist es eine Zurechtweisung, damit wir nicht zusam-
men mit der Welt verdammt werden.
33 Wenn ihr also zum Mahl zusammenkommt, meine Brüder, wartet
aufeinander! 34 Wer Hunger hat, soll zu Hause essen; sonst wird euch
die Zusammenkunft zum Gericht. Weitere Anordnungen werde ich
treffen, wenn ich komme.

Die Geistesgaben und das Leben der Christen

Der eine Geist und die vielen Gaben

12 Auch über die Gaben des Geistes möchte ich euch nicht in
Unkenntnis lassen, meine Brüder. 2 Als ihr noch Heiden
wart, zog es euch, wie ihr wißt, mit unwiderstehlicher Gewalt zu den
stummen Götzen. 3 Darum erkläre ich euch: Keiner, der aus dem Geist
Gottes redet, sagt: Jesus sei verflucht! Und keiner kann sagen: Jesus ist
der Herr!, wenn er nicht aus dem Heiligen Geist redet.
4 Es gibt verschiedene Gnadengaben, aber nur den einen Geist. 5 Es
gibt verschiedene Dienste, aber nur den einen Herrn. 6 Es gibt ver-
schiedene Kräfte, die wirken, aber nur den einen Gott: Er bewirkt alles
in allen. 7 Jedem aber wird die Offenbarung des Geistes geschenkt,
damit sie anderen nützt. 8 Dem einen wird vom Geist die Gabe
geschenkt, Weisheit mitzuteilen, dem andern durch den gleichen
Geist die Gabe, Erkenntnis zu vermitteln, 9 dem dritten im gleichen
Geist Glaubenskraft, einem andern – immer in dem einen Geist – die
Gabe, Krankheiten zu heilen, 10 einem andern Wunderkräfte, einem
andern prophetisches Reden, einem andern die Fähigkeit, die Geister
zu unterscheiden, wieder einem andern verschiedene Arten von Zun-
genrede, einem andern schließlich die Gabe, sie zu deuten. 11 Das
alles bewirkt ein und derselbe Geist; einem jeden teilt er seine beson-
dere Gabe zu, wie er will.

Der eine Leib und die vielen Glieder

12 Denn wie der Leib eine Einheit ist, doch viele Glieder hat, alle Glie-
der des Leibes aber, obgleich es viele sind, einen einzigen Leib bilden:
so ist es auch mit Christus. 13 Durch den einen Geist wurden wir in der
Taufe alle in einen einzigen Leib aufgenommen, Juden und Griechen,
Sklaven und Freie; und alle wurden wir mit dem einen Geist getränkt.
14 Auch der Leib besteht nicht nur aus e i n e m Glied, sondern aus vie-
len Gliedern. 15 Wenn der Fuß sagt: Ich bin keine Hand, ich gehöre
nicht zum Leib!, so gehört er doch zum Leib. 16 Und wenn das Ohr
sagt: Ich bin kein Auge, ich gehöre nicht zum Leib!, so gehört es doch
zum Leib. 17 Wenn der ganze Leib nur Auge wäre, wo bliebe dann das
Gehör? Wenn er nur Gehör wäre, wo bliebe dann der Geruchssinn?
18 Nun aber hat Gott jedes einzelne Glied so in den Leib eingefügt, wie
es seiner Absicht entsprach. 19 Wären alle zusammen nur e i n Glied,
wo bliebe dann der Leib? 20 So aber gibt es viele Glieder und doch nur
e i n e n Leib. 21 Das Auge kann nicht zur Hand sagen: Ich bin nicht auf
dich angewiesen. Der Kopf kann nicht zu den Füßen sagen: Ich brau-
che euch nicht. 22 Im Gegenteil, gerade die schwächer scheinenden
Glieder des Leibes sind unentbehrlich.
23 Denen, die wir für weniger edel ansehen, erweisen wir um so mehr
Ehre, und unseren weniger anständigen Gliedern begegnen wir mit
mehr Anstand, 24 während die anständigen das nicht nötig haben.
Gott aber hat den Leib so zusammengefügt, daß er dem geringsten
Glied mehr Ehre zukommen ließ, 25 damit im Leib kein Zwiespalt ent-
stehe, sondern alle Glieder einträchtig füreinander sorgen. 26 Wenn
darum e i n Glied leidet, leiden alle Glieder mit; wenn ein Glied geehrt
wird, freuen sich alle anderen mit ihm. 27 Ihr aber seid der Leib Christi,
und jeder einzelne ist ein Glied an ihm.
28 So hat Gott in der Kirche die einen als Apostel eingesetzt, die andern
als Propheten, die dritten als Lehrer; ferner verlieh er die Kraft, Wun-
der zu tun, sodann die Gaben, Krankheiten zu heilen, zu helfen, zu lei-
ten, endlich die verschiedenen Arten von Zungenrede. 29 Sind etwa
alle Apostel, alle Propheten, alle Lehrer? Haben alle die Kraft, Wunder
zu tun? 30 Besitzen alle die Gabe, Krankheiten zu heilen? Reden alle in
Zungen? Können alle solches Reden auslegen? 31a Strebt aber nach
den höheren Gnadengaben!

Die höheren Gnadengaben – das Hohelied der Liebe

31b Ich zeige euch jetzt noch einen anderen Weg, einen, der alles über-
steigt:

13 Wenn ich in den Sprachen der Menschen und Engel redete, /
hätte aber die Liebe nicht, / wäre ich dröhnendes Erz oder
eine lärmende Pauke.
2 Und wenn ich prophetisch reden könnte / und alle Geheimnisse
wüßte / und alle Erkenntnis hätte; / wenn ich alle Glaubenskraft
besäße / und Berge damit versetzen könnte, / hätte aber die Liebe
nicht, / wäre ich nichts.
3 Und wenn ich meine ganze Habe verschenkte, / und wenn ich mei-
nen Leib dem Feuer übergäbe, / hätte aber die Liebe nicht, / nützte es
mir nichts.
4 Die Liebe ist langmütig, / die Liebe ist gütig. / Sie ereifert sich nicht, /
sie prahlt nicht, / sie bläht sich nicht auf.
5 Sie handelt nicht ungehörig, / sucht nicht ihren Vorteil, / läßt sich
nicht zum Zorn reizen, / trägt das Böse nicht nach.
6 Sie freut sich nicht über das Unrecht, / sondern freut sich an der
Wahrheit.
7 Sie erträgt alles, / glaubt alles, / hofft alles, / hält allem stand.
8 Die Liebe hört niemals auf. / Prophetisches Reden hat ein Ende, /
Zungenrede verstummt, / Erkenntnis vergeht.
9 Denn Stückwerk ist unser Erkennen, / Stückwerk unser propheti-
sches Reden;
10 wenn aber das Vollendete kommt, / vergeht alles Stückwerk.
11 Als ich ein Kind war, / redete ich wie ein Kind, / dachte wie ein Kind /
und urteilte wie ein Kind.
Als ich ein Mann wurde, / legte ich ab, was Kind an mir war.
12 Jetzt schauen wir in einen Spiegel / und sehen nur rätselhafte
Umrisse, / dann aber schauen wir von Angesicht zu Angesicht.
Jetzt erkenne ich unvollkommen, / dann aber werde ich durch und durch
erkennen, / so wie ich auch durch und durch erkannt worden bin.
13 Für jetzt bleiben Glaube, Hoffnung, Liebe, diese drei; / doch am
größten unter ihnen ist die Liebe.

Über die Charismen der Prophetie und der Zungenrede

14 Jagt der Liebe nach! Strebt aber auch nach den Geistesga-
ben, vor allem nach der prophetischen Rede! 2 Denn wer in
Zungen redet, redet nicht zu Menschen, sondern zu Gott; keiner ver-
steht ihn: Im Geist redet er geheimnisvolle Dinge. 3 Wer aber prophe-
tisch redet, redet zu Menschen: Er baut auf, ermutigt, spendet Trost.
4 Wer in Zungen redet, erbaut sich selbst; wer aber prophetisch redet,
baut die Gemeinde auf. 5 Ich wünschte, ihr alle würdet in Zungen
reden, weit mehr aber, ihr würdet prophetisch reden. Der Prophet
steht höher als der, der in Zungen redet, es sei denn, dieser legt sein
Reden aus; dann baut auch er die Gemeinde auf.

Ben Willikens
Abendmahl
(1976-79)
»Denn sooft ihr von diesem Brot eßt und aus dem Kelch trinkt, verkündet ihr den Tod des Herrn, bis er kommt« (1 Kor 11,26). Ben Willikens' Gemälde zitiert den Raum auf einem der berühmtesten Abendmahlsbilder der Kunstgeschichte: Leonardo da Vincis Fresko im Refektorium (Speisesaal) des Klosters Santa Maria delle Grazie in Mailand (1497/98). Erhalten geblieben ist die zentralperspektivische Raumillusion, deren Fluchtlinien bei Leonardo neben Jesu Haupt zusammentreffen. Doch nicht allein Jesus und seine zwölf Jünger sind verschwunden, sondern der Raum selbst, wiedergegeben in der Technik der Grisaillemalerei, hat Veränderungen erfahren: An die Stelle von Gobelins an den Seitenwänden sind Stahltüren getreten, und metallen sind auch die Tischbeine. Auf ganz wörtliche Weise hat das Abendmahl seinen ›historischen‹ Inhalt verloren – nicht erst in der Moderne, wie die Ermahnungen erkennen lassen, die Paulus der Gemeinde in Korinth zukommen läßt. Dieser Inhalt muß immer wieder neu errungen werden. Nur so läßt sich die Sinnentleerung des Abendmahl-Raumes überwinden, seine Hermetik durchbrechen, um zu dem Licht zu gelangen, das (bereits bei Leonardo) verheißungsvoll jenseits der Mauern in den drei Fensteröffnungen leuchtet.

6 Was nützt es euch, Brüder, wenn ich komme und in Zungen vor
euch rede, euch aber keine Offenbarung, keine Erkenntnis, keine
Weissagung, keine Lehre bringe? 7 Wenn leblose Musikinstrumente,
eine Flöte oder eine Harfe, nicht deutlich unterschiedene Töne her-
vorbringen, wie soll man dann erkennen, was auf der Flöte oder auf
der Harfe gespielt wird? 8 Und wenn die Trompete unklare Töne her-
vorbringt, wer wird dann zu den Waffen greifen? 9 So ist es auch mit
euch, wenn ihr in Zungen redet, aber kein verständliches Wort her-
vorbringt. Wer soll dann das Gesprochene verstehen? Ihr redet nur in
den Wind.
10 Es gibt wer weiß wie viele Sprachen in der Welt, und nichts ist ohne
Sprache. 11 Wenn ich nun den Sinn der Laute nicht kenne, bin ich für
den Sprecher ein Fremder, wie der Sprecher für mich. 12 So ist es auch
mit euch. Da ihr nach Geistesgaben strebt, gebt euch Mühe, daß ihr
damit vor allem zum Aufbau der Gemeinde beitragt. 13 Deswegen soll
einer, der in Zungen redet, darum beten, daß er es auch auslegen
kann. 14 Denn wenn ich nur in Zungen bete, betet zwar mein Geist,
aber mein Verstand bleibt unfruchtbar. 15 Was folgt daraus? Ich will
nicht nur im Geist beten, sondern auch mit dem Verstand. Ich will
nicht nur im Geist Gott preisen, sondern auch mit dem Verstand.
16 Wenn du nur im Geist den Lobpreis sprichst und ein Unkundiger
anwesend ist, so kann er zu deinem Dankgebet das Amen nicht sagen;
denn er versteht nicht, was du sagst. 17 Dein Dankgebet mag noch so
gut sein, der andere hat keinen Nutzen davon. 18 Ich danke Gott, daß
ich mehr als ihr alle in Zungen rede. 19 Doch vor der Gemeinde will ich
lieber fünf Worte mit Verstand reden, um auch andere zu unterweisen,
als zehntausend Worte in Zungen stammeln.
20 Seid doch nicht Kinder an Einsicht, Brüder! Seid Unmündige an
Bosheit, an Einsicht aber seid reife Menschen! 21 Im Gesetz steht:
Durch Leute, die anders und in anderen Sprachen reden, werde ich zu diesem Volk
sprechen; aber auch so *werden sie nicht* auf mich *hören*, spricht der Herr.
22 So ist Zungenreden ein Zeichen nicht für die Gläubigen, sondern
für die Ungläubigen, prophetisches Reden aber ein Zeichen nicht für
die Ungläubigen, sondern für die Glaubenden. 23 Wenn also die
ganze Gemeinde sich versammelt und alle in Zungen reden, und es
kommen Unkundige oder Ungläubige hinzu, werden sie dann nicht
sagen: Ihr seid verrückt! 24 Wenn aber alle prophetisch reden und ein
Ungläubiger oder Unkundiger kommt herein, dann wird ihm von
allen ins Gewissen geredet, und er fühlt sich von allen ins Verhör
genommen; 25 was in seinem Herzen verborgen ist, wird aufgedeckt.
Und so *wird er sich niederwerfen*, Gott *anbeten* und ausrufen: *Wahrhaftig,*
Gott ist bei euch!

Die rechte Einheit und Ordnung im Gottesdienst

26 Was soll also geschehen, Brüder? Wenn ihr zusammenkommt, trägt
jeder etwas bei: einer einen Psalm, ein anderer eine Lehre, der dritte
eine Offenbarung; einer redet in Zungen, und ein anderer deutet es.
Alles geschehe so, daß es aufbaut. 27 Wenn man in Zungen reden will,
so sollen es nur zwei tun, höchstens drei, und zwar einer nach dem
andern; dann soll einer es auslegen. 28 Wenn aber niemand es ausle-
gen kann, soll auch keiner vor der Gemeinde so reden. Er soll es für
sich selber tun und vor Gott. 29 Auch zwei oder drei Propheten sollen
zu Wort kommen; die anderen sollen urteilen. 30 Wenn aber noch
einem andern Anwesenden eine Offenbarung zuteil wird, soll der
erste schweigen; 31 einer nach dem andern könnt ihr alle prophetisch
reden. So lernen alle etwas und alle werden ermutigt. 32 Die Äußerung
prophetischer Eingebungen ist nämlich dem Willen der Propheten

unterworfen. 33 Denn Gott ist nicht ein Gott der Unordnung, sondern
ein Gott des Friedens.
Wie es in allen Gemeinden der Heiligen üblich ist, 34 sollen die Frauen
in der Versammlung schweigen; es ist ihnen nicht gestattet zu reden.
Sie sollen sich unterordnen, wie auch das Gesetz es fordert. 35 Wenn
sie etwas wissen wollen, dann sollen sie zu Hause ihre Männer fragen;
denn es gehört sich nicht für eine Frau, vor der Gemeinde zu reden.
36 Ist etwa das Gotteswort von euch ausgegangen? Ist es etwa nur zu
euch gekommen?
37 Wenn einer meint, Prophet zu sein oder geisterfüllt, soll er in dem,
was ich euch schreibe, ein Gebot des Herrn erkennen. 38 Wer das nicht
anerkennt, wird nicht anerkannt. 39 Strebt also nach der Propheten-
gabe, meine Brüder, und hindert niemand daran, in Zungen zu reden.
40 Doch alles soll in Anstand und Ordnung geschehen.

Die Auferweckung Christi und der Christen

Die Auferweckung Christi und das Heil

15 Ich erinnere euch, Brüder, an das Evangelium, das ich euch
verkündet habe. Ihr habt es angenommen; es ist der Grund,
auf dem ihr steht. 2 Durch dieses Evangelium werdet ihr gerettet, wenn
ihr an dem Wortlaut festhaltet, den ich euch verkündet habe. Oder
habt ihr den Glauben vielleicht unüberlegt angenommen?
3 Denn vor allem habe ich euch überliefert, was auch ich empfangen habe:
Christus ist für unsere Sünden gestorben, / gemäß der Schrift,
4 und ist begraben worden. / Er ist am dritten Tag auferweckt worden, /
gemäß der Schrift,
5 und erschien dem Kephas, dann den Zwölf.
6 Danach erschien er mehr als fünfhundert Brüdern zugleich; die mei-
sten von ihnen sind noch am Leben, einige sind entschlafen. 7 Danach
erschien er dem Jakobus, dann allen Aposteln. 8 Als letztem von allen
erschien er auch mir, dem Unerwarteten, der »Mißgeburt«. 9 Denn ich
bin der geringste von den Aposteln; ich bin nicht wert, Apostel
genannt zu werden, weil ich die Kirche Gottes verfolgt habe. 10 Doch
durch Gottes Gnade bin ich, was ich bin, und sein gnädiges Handeln
an mir ist nicht ohne Wirkung geblieben. Mehr als sie alle habe ich
mich abgemüht – nicht ich, sondern die Gnade Gottes zusammen mit
mir. 11 Ob nun ich verkündige oder die anderen: das ist unsere Bot-
schaft, und das ist der Glaube, den ihr angenommen habt.
12 Wenn aber verkündigt wird, daß Christus von den Toten auferweckt
worden ist, wie können dann einige von euch sagen: Eine Auferste-
hung der Toten gibt es nicht? 13 Wenn es keine Auferstehung der Toten
gibt, ist auch Christus nicht auferweckt worden. 14 Ist aber Christus
nicht auferweckt worden, dann ist unsere Verkündigung leer und euer
Glaube sinnlos. 15 Wir werden dann auch als falsche Zeugen Gottes
entlarvt, weil wir im Widerspruch zu Gott das Zeugnis abgelegt
haben: Er hat Christus auferweckt. Er hat ihn eben nicht auferweckt,
wenn Tote nicht auferweckt werden. 16 Denn wenn Tote nicht aufer-
weckt werden, ist auch Christus nicht auferweckt worden. 17 Wenn
aber Christus nicht auferweckt worden ist, dann ist euer Glaube nutz-
los, und ihr seid immer noch in euren Sünden; 18 und auch die in Chri-
stus Entschlafenen sind dann verloren. 19 Wenn wir unsere Hoffnung
nur in diesem Leben auf Christus gesetzt haben, sind wir erbärmlicher
daran als alle anderen Menschen.
20 Nun aber ist Christus von den Toten auferweckt worden als der
Erste der Entschlafenen. 21 Da nämlich durch einen Menschen der
Tod gekommen ist, kommt durch einen Menschen auch die Aufer-
stehung der Toten. 22 Denn wie in Adam alle sterben, so werden in
Christus alle lebendig gemacht werden.
23 Es gibt aber eine bestimmte Reihenfolge: Erster ist Christus; dann
folgen, wenn Christus kommt, alle, die zu ihm gehören. 24 Danach
kommt das Ende, wenn er jede Macht, Gewalt und Kraft vernichtet hat
und seine Herrschaft Gott, dem Vater, übergibt. 25 Denn er muß herr-

René Magritte
Die Beschaffenheit des Menschen
(1935)

»Jetzt schauen wir in einen Spiegel und sehen nur rätselhafte Umrisse, dann aber schauen wir von Angesicht zu Angesicht. Jetzt erkenne ich unvollkommen, dann aber werde ich durch und durch erkennen, so wie ich auch durch und durch erkannt worden bin« (1 Kor 13,12). Die »rätselhaften Umrisse«, von denen Paulus spricht, erinnern ebenso wie das Rahmenmotiv auf René Magrittes surrealistischem Gemälde an Platons sog. Höhlengleichnis in der Schrift *Politeia* (*Der Staat*, Anfang des 7. Buches): Während der gewöhnliche Mensch die Wirklichkeit der »Ideen« nur als Schatten wahrnimmt, die sich an den Wänden einer Höhle abzeichnen, vermag der Philosoph das Licht zu erschauen, das jene Schatten an die Höhlenwand wirft. Magritte wendet den Blick des Künstlers aus der – von Feuer künstlich beleuchteten – Höhle ins Freie, ins Licht. Hier demonstriert das Motiv des Gemäldes auf einer Staffelei, das einen Ausschnitt der Hintergrundlandschaft wiedergibt, die Identität zwischen Bild und Abbild: Es liegt in der »Beschaffenheit des Menschen« begründet, daß »die Welt so ist, wie sie ist«; eine wie auch immer geartete philosophische, künstlerische oder religiöse Unterscheidung zwischen vordergründiger, beschränkter, undeutlicher Wahrnehmung einerseits und der Erkenntnis einer höheren Wahrheit andererseits wird hinfällig. Eine solche Bild-Argumentation verliert allerdings aus Platons Sicht ihre Berechtigung: Der griechische Philosoph schloß die bildenden Künstler aus dem idealen Staat aus, da sie seiner Meinung nach durch die täuschende Nachahmung der sinnlichen Wahrnehmung zur Verdunkelung der Erkenntnis beitragen.

schen, bis Gott ihm alle *Feinde unter die Füße gelegt hat.* 26 Der letzte
Feind, der entmachtet wird, ist der Tod. 27 Sonst hätte er *ihm nicht alles*
zu Füßen gelegt. Wenn es aber heißt, alles sei unterworfen, ist offenbar
der ausgenommen, der ihm alles unterwirft. 28 Wenn ihm dann alles
unterworfen ist, wird auch er, der Sohn, sich dem unterwerfen, der
ihm alles unterworfen hat, damit Gott herrscht über alles und in
allem.
29 Wie kämen sonst einige dazu, sich für die Toten taufen zu lassen?
Wenn Tote gar nicht auferweckt werden, warum läßt man sich dann
taufen für sie? 30 Warum setzen dann auch wir uns stündlich der
Gefahr aus? 31 Täglich sehe ich dem Tod ins Auge, so wahr ihr, Brüder,
mein Ruhm seid, den ich in Christus Jesus, unserem Herrn, empfan-
gen habe. 32 Was habe ich dann davon, daß ich in Ephesus, wie man so
sagt, mit wilden Tieren gekämpft habe? Wenn Tote nicht auferweckt
werden, dann *laßt uns essen und trinken; denn morgen sind wir tot.* 33 Laßt
euch nicht irreführen! Schlechter Umgang verdirbt gute Sitten. 34 Wer-
det nüchtern, wie es sich gehört, und sündigt nicht! Einige Leute wis-
sen nichts von Gott; ich sage das, damit ihr euch schämt.

Die Vollendung des Heils bei der Auferstehung
35 Nun könnte einer fragen: Wie werden die Toten auferweckt, was für
einen Leib werden sie haben? 36 Was für eine törichte Frage! Auch das,
was du säst, wird nicht lebendig, wenn es nicht stirbt. 37 Und was du
säst, hat noch nicht die Gestalt, die entstehen wird; es ist nur ein nack-
tes Samenkorn, zum Beispiel ein Weizenkorn oder ein anderes. 38 Gott
gibt ihm die Gestalt, die er vorgesehen hat, jedem Samen eine andere.
39 Auch die Lebewesen haben nicht alle die gleiche Gestalt. Die Gestalt
der Menschen ist anders als die der Haustiere, die Gestalt der Vögel
anders als die der Fische. 40 Auch gibt es Himmelskörper und irdische
Körper. Die Schönheit der Himmelskörper ist anders als die der irdi-
schen Körper. 41 Der Glanz der Sonne ist anders als der Glanz des
Mondes, anders als der Glanz der Sterne; denn auch die Gestirne
unterscheiden sich durch ihren Glanz.
42 So ist es auch mit der Auferstehung der Toten. Was gesät wird, ist
verweslich, was auferweckt wird, unverweslich. 43 Was gesät wird, ist
armselig, was auferweckt wird, herrlich. Was gesät wird, ist schwach,
was auferweckt wird, ist stark. 44 Gesät wird ein irdischer Leib, aufer-
weckt ein überirdischer Leib. Wenn es einen irdischen Leib gibt, gibt
es auch einen überirdischen. 45 So steht es auch in der Schrift: Adam,
der Erste *Mensch, wurde ein* irdisches *Lebewesen.* Der Letzte Adam wurde
lebendigmachender Geist. 46 Aber zuerst kommt nicht das Überirdi-
sche; zuerst kommt das Irdische, dann das Überirdische. 47 Der Erste
Mensch stammt *von der Erde* und ist *Erde;* der Zweite Mensch stammt
vom Himmel. 48 Wie der von der Erde irdisch war, so sind es auch
seine Nachfahren. Und wie der vom Himmel himmlisch ist, so sind es
auch seine Nachfahren. 49 Wie wir nach dem Bild des Irdischen gestal-
tet wurden, so werden wir auch nach dem Bild des Himmlischen
gestaltet werden. 50 Damit will ich sagen, Brüder: Fleisch und Blut
können das Reich Gottes nicht erben; das Vergängliche erbt nicht das
Unvergängliche.
51 Seht, ich enthülle euch ein Geheimnis: Wir werden nicht alle ent-
schlafen, aber wir werden alle verwandelt werden – 52 plötzlich, in
einem Augenblick, beim letzten Posaunenschall. Die Posaune wird
erschallen, die Toten werden zur Unvergänglichkeit auferweckt, wir
aber werden verwandelt werden. 53 Denn dieses Vergängliche muß
sich mit Unvergänglichkeit bekleiden und dieses Sterbliche mit
Unsterblichkeit. 54 Wenn sich aber dieses Vergängliche mit Unver-
gänglichkeit bekleidet und dieses Sterbliche mit Unsterblichkeit,
dann erfüllt sich das Wort der Schrift:
Verschlungen ist der Tod vom Sieg.
55 *Tod, wo ist dein Sieg? / Tod, wo ist dein Stachel?*
56 Der Stachel des Todes aber ist die Sünde, die Kraft der Sünde ist das
Gesetz. 57 Gott aber sei Dank, der uns den Sieg geschenkt hat durch
Jesus Christus, unseren Herrn. 58 Daher, geliebte Brüder, seid stand-
haft und unerschütterlich, nehmt immer eifriger am Werk des Herrn
teil, und denkt daran, daß im Herrn eure Mühe nicht vergeblich ist.

Der Schluß des Briefes

Die Sammlung für Jerusalem
16 Was die Geldsammlung für die Heiligen angeht, sollt auch
ihr euch an das halten, was ich für die Gemeinden Galatiens
angeordnet habe. 2 Jeder soll immer am ersten Tag der Woche etwas
zurücklegen und so zusammensparen, was er kann. Dann sind keine
Sammlungen mehr nötig, wenn ich komme. 3 Nach meiner Ankunft
werde ich eure Vertrauensleute mit Briefen nach Jerusalem schicken,
damit sie eure Liebesgabe überbringen. 4 Ist es der Mühe wert, daß ich
selbst hinreise, dann sollen sie mit mir reisen.

Die Pläne des Apostels
5 Ich werde zu euch kommen, wenn ich durch Mazedonien gereist
bin. In Mazedonien will ich nämlich nicht bleiben, 6 aber, wenn es
möglich ist, bei euch, vielleicht sogar den ganzen Winter. Wenn ich
dann weiterreise, könnt ihr mir das Geleit geben. 7 Ich möchte euch
diesmal nicht nur auf der Durchreise sehen; ich hoffe, einige Zeit
bei euch bleiben zu können, wenn der Herr es zuläßt.
8 In Ephesus will ich bis Pfingsten bleiben. 9 Denn weit und wirksam
ist mir hier eine Tür geöffnet worden; doch auch an Gegnern fehlt es
nicht.
10 Wenn Timotheus kommt, achtet darauf, daß ihr ihn nicht entmu-
tigt; denn er arbeitet im Dienst des Herrn wie ich. 11 Keiner soll ihn
geringschätzen. Verabschiedet ihn dann in Frieden, damit er zu mir
zurückkehrt; ich warte auf ihn mit den Brüdern.
12 Was den Bruder Apollos angeht, so habe ich ihn dringend gebeten,
er möge mit den Brüdern zu euch reisen, aber er wollte auf keinen
Fall jetzt gehen. Er wird kommen, wenn er eine günstige Gelegenheit
findet.

Letzte Mahnungen und Grüße
13 Seid wachsam, steht fest im Glauben, *seid mutig, seid stark!* 14 Alles,
was ihr tut, geschehe in Liebe.
15 Ich habe noch eine Bitte, Brüder. Ihr kennt das Haus des Stephanas:
Sie sind die erste Frucht Achaias und haben sich in den Dienst der Hei-
ligen gestellt. 16 Ordnet euch ihnen unter, ebenso ihren Helfern und
Mitarbeitern! 17 Es freut mich, daß Stephanas, Fortunatus und Achai-
kus zu mir gekommen sind; sie sind mir ein Ersatz für euch, da ihr
nicht hier sein könnt. 18 Sie haben mich und euch erfreut und aufge-
richtet. Verweigert solchen Männern eure Anerkennung nicht!
19 Es grüßen euch die Gemeinden in der Provinz Asien. Aquila und
Priska und ihre Hausgemeinde senden euch viele Grüße im Herrn.
20 Es grüßen euch alle Brüder. Grüßt einander mit dem heiligen Kuß!
21 Den Gruß schreibe ich, Paulus, eigenhändig.
22 Wer den Herrn nicht liebt, sei verflucht! Marána tha – Unser Herr,
komm!
23 Die Gnade Jesu, des Herrn, sei mit euch!
24 Meine Liebe ist mit euch allen in Christus Jesus.

Der zweite Brief an die Korinther

Seit der Abfassung des 1. Korintherbriefs nahm das Verhältnis des Apostels Paulus zur korinthischen Gemeinde einen wechselvollen Verlauf. Gegner drangen in die Gemeinde ein, die die Autorität des Apostels untergruben. Dieser sah sich veranlaßt, von Ephesus aus einen Besuch in Korinth zu machen (2,5; 7,12). Bei dieser Gelegenheit kam es zu einem schweren Zwischenfall, der für Paulus eine Demütigung bedeutete. Bei seiner Abreise stellte er einen baldigen Besuch in Aussicht (1,15f), schrieb aber dann statt dessen von Ephesus aus in »großer Bedrängnis und Herzensnot« einen Brief (2,4). Titus überbrachte diesen der Gemeinde; währenddessen wartete Paulus mit Spannung das Ergebnis der Mission seines Schülers ab und reiste ihm schließlich über Troas nach Mazedonien entgegen (2,13). Dort erhielt er von Titus gute Nachricht aus Korinth (7,6–16), die die Wiederversöhnung mit der Gemeinde einleitete.
Der 2. Korintherbrief ist von dieser wechselvollen Geschichte bestimmt. Im wesentlichen geht es um drei Themen: Zuerst spricht Paulus von seinem Apostelamt, indem er die Gemeinde als sein apostolisches Werk darstellt (Kap. 1–7); zweitens ruft er die Gemeinde auf, sich an der Kollekte für die Armen in Jerusalem zu beteiligen (Kap. 8–9), und drittens setzt er sich in leidenschaftlicher Form mit seinen Gegnern auseinander, wobei er uns wichtige Einblicke in sein von Mühe und Kampf erfülltes Apostelleben gewährt (Kap. 10–13).
Von den Briefen des Paulus gibt der 2. Korintherbrief die bedeutsamsten Aufschlüsse über sein apostolisches Selbstverständnis. Außerdem enthält er wichtige Aussagen über die Beziehung von Amt und Gemeinde.

Anschrift und Gruß

1 Paulus, durch Gottes Willen Apostel Christi Jesu, und der Bruder
Timotheus an die Kirche Gottes, die in Korinth ist, und an alle
Heiligen in ganz Achaia.
2 Gnade sei mit euch und Friede von Gott, unserem Vater, und dem
Herrn Jesus Christus.

Von Leiden und Trost des Apostels

3 Gepriesen sei der Gott und Vater Jesu Christi, unseres Herrn, der
Vater des Erbarmens und der Gott allen Trostes. 4 Er tröstet uns in all
unserer Not, damit auch wir die Kraft haben, alle zu trösten, die in Not
sind, durch den Trost, mit dem auch wir von Gott getröstet werden.
5 Wie uns nämlich die Leiden Christi überreich zuteil geworden sind,
so wird uns durch Christus auch überreicher Trost zuteil. 6 Sind wir
aber in Not, so ist es zu eurem Trost und Heil, und werden wir getrö-
stet, so geschieht auch das zu eurem Trost; er wird wirksam, wenn ihr
geduldig die gleichen Leiden erträgt, die auch wir ertragen. 7 Unsere
Hoffnung für euch ist unerschütterlich; wir sind sicher, daß ihr mit
uns nicht nur an den Leiden teilhabt, sondern auch am Trost.
8 Wir wollen euch die Not nicht verschweigen, Brüder, die in der Pro-
vinz Asien über uns kam und uns über alles Maß bedrückte; unsere
Kraft war erschöpft, so sehr, daß wir am Leben verzweifelten. 9 Aber
wir haben unser Todesurteil hingenommen, weil wir unser Vertrauen
nicht auf uns selbst setzen wollten, sondern auf Gott, der die Toten
auferweckt. 10 Er hat uns aus dieser großen Todesnot errettet und ret-
tet uns noch; auf ihm ruht unsere Hoffnung, daß er uns auch in
Zukunft retten wird. 11 Helft aber auch ihr, indem ihr für uns betet,
damit viele Menschen in unserem Namen Dank sagen für die Gnade,
die uns geschenkt wurde.

Klärung von Mißverständnissen

Die Zuverlässigkeit des Apostels
12 Denn das ist unser Ruhm – und dafür zeugt auch unser Gewissen –,
daß wir in dieser Welt, vor allem euch gegenüber, in der Aufrichtigkeit
und Lauterkeit, wie Gott sie schenkt, gehandelt haben, nicht aufgrund
menschlicher Weisheit, sondern aufgrund göttlicher Gnade. 13 Und
wenn wir euch schreiben, meinen wir nichts anderes, als was ihr lest
und versteht; ich hoffe, ihr werdet noch ganz verstehen, 14 was wir
meinen und was ihr zum Teil schon verstanden habt, nämlich daß ihr
am Tag Jesu, unseres Herrn, auf uns stolz sein dürft, so wie wir auf
euch.

Die Änderung des Reiseplans
15 In dieser Zuversicht wollte ich zunächst zu euch kommen, damit ihr
ein zweites Mal Gnade erfahren hättet. 16 Von euch wollte ich dann
nach Mazedonien reisen und von Mazedonien zu euch zurückkom-
men, um von euch nach Judäa geleitet zu werden. 17 War dieser Ent-
schluß etwa leichtsinnig? Plane ich, wie manche Menschen planen, so
daß mein Ja auch ein Nein sein kann? 18 Gott ist treu, er bürgt dafür,
daß unser Wort euch gegenüber nicht Ja und Nein zugleich ist.
19 Denn Gottes Sohn Jesus Christus, der euch durch uns verkündigt
wurde – durch mich, Silvanus und Timotheus –, ist nicht als Ja und
Nein zugleich gekommen; in ihm ist das Ja verwirklicht. 20 Er ist das Ja
zu allem, was Gott verheißen hat. Darum rufen wir durch ihn zu
Gottes Lobpreis auch das Amen. 21 Gott aber, der uns und euch in der
Treue zu Christus festigt und der uns alle gesalbt hat, 22 er ist es auch,
der uns sein Siegel aufgedrückt und als ersten Anteil (am verheißenen
Heil) den Geist in unser Herz gegeben hat.
23 Ich rufe aber Gott zum Zeugen an und schwöre bei meinem Leben,
daß ich nur, um euch zu schonen, nicht mehr nach Korinth gekom-
men bin. 24 Wir wollen ja nicht Herren über euren Glauben sein, son-
dern wir sind Helfer zu eurer Freude; denn im Glauben seid ihr fest
verwurzelt.
2 Ich entschloß mich also, nicht noch einmal zu euch zu kommen
und euch zu betrüben. 2 Wenn ich euch nämlich betrübe, wer

Georges Rouault
Das heilige Grabtuch von Turin
(1933)
»Wie uns nämlich die Leiden Christi überreich zuteil geworden sind, so wird uns durch Christus auch überreicher Trost zuteil« (2 Kor 1,5). Der Titel von Georges Rouaults Gemälde verweist auf jene Reliquie im Dom von Turin, deren Authentizität als Grabtuch Jesu bis heute umstritten ist. Im Unterschied zu dem auf einer Leinwand erkennbaren Abdruck eines Leichnams zeigt Rouault das Haupt Jesu mit geöffneten Augen, deren Blick auf den Betrachter gerichtet ist. Er knüpft damit an eine Bildtradition an, die sich aus der Legende vom Schweißtuch der hl. Veronika entwickelt hat. Das Tuch mit dem Gesichtsabdruck Jesu auf dem Weg nach Golgota gehört in der Legendentradition zu den Acheiropoieta, den »nicht von Menschenhand gemachten« Bildnissen Jesu Christi mit der Darstellung seines Antlitzes.

wird mich dann erfreuen? Etwa der, den ich selbst betrübt habe? 3 Und
so schrieb ich, statt selber zu kommen, einen Brief, um nicht von
denen betrübt zu werden, die mich erfreuen sollten; und ich bin
sicher, daß meine Freude auch die Freude von euch allen ist. 4 Ich
schrieb euch aus großer Bedrängnis und Herzensnot, unter vielen
Tränen, nicht um euch zu betrüben, nein, um euch meine übergroße
Liebe spüren zu lassen.

Mahnung zur Milde
5 Wenn aber einer Betrübnis verursacht hat, hat er nicht mich betrübt,
sondern mehr oder weniger – um nicht zu übertreiben – euch alle.
6 Die Strafe, die dem Schuldigen von der Mehrheit auferlegt wurde, soll
genügen. 7 Jetzt sollt ihr lieber verzeihen und trösten, damit der Mann
nicht von allzu großer Traurigkeit überwältigt wird. 8 Darum bitte ich
euch, ihm gegenüber Liebe walten zu lassen. 9 Gerade deswegen habe
ich euch ja auch geschrieben, weil ich wissen wollte, ob ihr wirklich in
allen Stücken gehorsam seid. 10 Wem ihr aber verzeiht, dem verzeihe
auch ich. Denn auch ich habe, wenn hier etwas zu verzeihen war, im
Angesicht Christi um euretwillen verziehen, 11 damit wir nicht vom
Satan überlistet werden; wir kennen seine Absichten nur zu gut.

Herrlichkeit und Not des Aposteldienstes

Das Wirken des Apostels als Siegeszug Christi
12 Als ich dann nach Troas kam, um das Evangelium Christi zu verkün-
den, und mir der Herr eine Tür öffnete, 13 hatte mein Geist dennoch
keine Ruhe, weil ich meinen Bruder Titus nicht fand. So nahm ich
Abschied und reiste nach Mazedonien.
14 Dank sei Gott, der uns stets im Siegeszug Christi mitführt und
durch uns den Duft der Erkenntnis Christi an allen Orten verbreitet.
15 Denn wir sind Christi Wohlgeruch für Gott unter denen, die gerettet
werden, wie unter denen, die verlorengehen. 16 Den einen sind wir
Todesgeruch, der Tod bringt; den anderen Lebensduft, der Leben ver-
heißt. Wer aber ist dazu fähig? 17 Wir sind jedenfalls nicht wie die vie-
len anderen, die mit dem Wort Gottes ein Geschäft machen. Wir ver-
künden es aufrichtig und in Christus, von Gott her und vor Gott.

Der Apostel und sein Dienst an der Gemeinde
3 Fangen wir schon wieder an, uns selbst zu empfehlen? Oder
brauchen wir – wie gewisse Leute – Empfehlungsschreiben an
euch oder von euch? 2 Unser Empfehlungsschreiben seid ihr; es ist
eingeschrieben in unser Herz, und alle Menschen können es lesen
und verstehen. 3 Unverkennbar seid ihr ein Brief Christi, ausgefertigt
durch unseren Dienst, *geschrieben* nicht mit Tinte, sondern mit dem
Geist des lebendigen Gottes, nicht *auf Tafeln aus Stein*, sondern – wie
auf Tafeln – in Herzen von Fleisch.

Dienst am Buchstaben und Dienst im Geist
4 Wir haben durch Christus so großes Vertrauen zu Gott. 5 Doch sind
wir dazu nicht von uns aus fähig, als ob wir uns selbst etwas zuschrei-
ben könnten; unsere Befähigung stammt vielmehr von Gott. 6 Er hat
uns fähig gemacht, Diener des Neuen Bundes zu sein, nicht des Buch-
stabens, sondern des Geistes. Denn der Buchstabe tötet, der Geist
aber macht lebendig. 7 Wenn aber schon der Dienst, der zum Tod führt
und dessen Buchstaben in Stein gemeißelt waren, so herrlich war,
daß die Israeliten das Gesicht des Mose nicht anschauen konnten,
weil es eine Herrlichkeit ausstrahlte, die doch vergänglich war, 8 wie
sollte da der Dienst des Geistes nicht viel herrlicher sein? 9 Wenn
schon der Dienst, der zur Verurteilung führt, herrlich war, so wird der
Dienst, der zur Gerechtigkeit führt, noch viel herrlicher sein.
10 Eigentlich kann von Herrlichkeit in jenem Fall gar nicht die Rede
sein, wo das Verherrlichte vor der größeren Herrlichkeit verblaßt.
11 Wenn nämlich schon das Vergängliche in Herrlichkeit erschien: die
Herrlichkeit des Bleibenden wird es überstrahlen.
12 Weil wir eine solche Hoffnung haben, treten wir mit großem Frei-
mut auf, 13 nicht wie *Mose, der über sein Gesicht eine Hülle legte*, damit die
Israeliten das Verblassen des Glanzes nicht sahen. 14 Doch ihr Denken
wurde verhärtet. Bis zum heutigen Tag liegt die gleiche Hülle auf dem
Alten Bund, wenn daraus vorgelesen wird, und es bleibt verhüllt, daß
er in Christus ein Ende nimmt. 15 Bis heute liegt die Hülle auf ihrem
Herzen, wenn Mose vorgelesen wird. 16 Sobald sich aber einer dem
Herrn zuwendet, *wird die Hülle entfernt*. 17 Der Herr aber ist der Geist,
und wo der Geist des Herrn wirkt, da ist Freiheit. 18 Wir alle spiegeln
mit enthülltem Angesicht die *Herrlichkeit des Herrn* wider und werden so
in sein eigenes Bild verwandelt, von Herrlichkeit zu Herrlichkeit,
durch den Geist des Herrn.
4 Daher erlahmt unser Eifer nicht in dem Dienst, der uns durch
Gottes Erbarmen übertragen wurde. 2 Wir haben uns von aller
schimpflichen Arglist losgesagt; wir handeln nicht hinterhältig und
verfälschen das Wort Gottes nicht, sondern lehren offen die Wahrheit.

So empfehlen wir uns vor dem Angesicht Gottes jedem menschlichen
Gewissen. 3 Wenn unser Evangelium dennoch verhüllt ist, ist es nur
denen verhüllt, die verlorengehen; 4 denn der Gott dieser Weltzeit hat
das Denken der Ungläubigen verblendet. So strahlt ihnen der Glanz
der Heilsbotschaft nicht auf, der Botschaft von der Herrlichkeit Christi,
der Gottes Ebenbild ist. 5 Wir verkündigen nämlich nicht uns selbst,
sondern Jesus Christus als den Herrn, uns aber als eure Knechte um
Jesu willen. 6 Denn Gott, der sprach: Aus Finsternis soll Licht aufleuch-
ten!, er ist in unseren Herzen aufgeleuchtet, damit wir erleuchtet wer-
den zur Erkenntnis des göttlichen Glanzes auf dem Antlitz Christi.

Die Leidensgemeinschaft des Apostels mit Christus

7 Diesen Schatz tragen wir in zerbrechlichen Gefäßen; so wird deut-
lich, daß das Übermaß der Kraft von Gott und nicht von uns kommt.
8 Von allen Seiten werden wir in die Enge getrieben und finden doch
noch Raum; wir wissen weder aus noch ein und verzweifeln dennoch
nicht; 9 wir werden gehetzt und sind doch nicht verlassen; wir werden
niedergestreckt und doch nicht vernichtet. 10 Wohin wir auch kom-
men, immer tragen wir das Todesleiden Jesu an unserem Leib, damit
auch das Leben Jesu an unserem Leib sichtbar wird. 11 Denn immer
werden wir, obgleich wir leben, um Jesu willen dem Tod ausgeliefert,
damit auch das Leben Jesu an unserem sterblichen Fleisch offenbar
wird. 12 So erweist an uns der Tod, an euch aber das Leben seine
Macht. 13 Doch haben wir den gleichen Geist des Glaubens, von dem
es in der Schrift heißt: *Ich habe geglaubt, darum habe ich geredet.* Auch wir
glauben, und darum reden wir. 14 Denn wir wissen, daß der, welcher
Jesus, den Herrn, auferweckt hat, auch uns mit Jesus auferwecken und
uns zusammen mit euch (vor sein Angesicht) stellen wird. 15 Alles tun
wir euretwegen, damit immer mehr Menschen aufgrund der überreich
gewordenen Gnade den Dank vervielfachen, Gott zur Ehre.
16 Darum werden wir nicht müde; wenn auch unser äußerer Mensch
aufgerieben wird, der innere wird Tag für Tag erneuert. 17 Denn die
kleine Last unserer gegenwärtigen Not schafft uns in maßlosem
Übermaß ein ewiges Gewicht an Herrlichkeit, 18 uns, die wir nicht auf
das Sichtbare starren, sondern nach dem Unsichtbaren ausblicken;
denn das Sichtbare ist vergänglich, das Unsichtbare ist ewig.

Die Hoffnung des Apostels

5 Wir wissen: Wenn unser irdisches Zelt abgebrochen wird, dann
haben wir eine Wohnung von Gott, ein nicht von Menschenhand
errichtetes ewiges Haus im Himmel. 2 Im gegenwärtigen Zustand
seufzen wir und sehnen uns danach, mit dem himmlischen Haus
überkleidet zu werden. 3 So bekleidet, werden wir nicht nackt erschei-
nen. 4 Solange wir nämlich in diesem Zelt leben, seufzen wir unter
schwerem Druck, weil wir nicht entkleidet, sondern überkleidet wer-
den möchten, damit so das Sterbliche vom Leben verschlungen werde.
5 Gott aber, der uns gerade dazu fähig gemacht hat, er hat uns auch als
ersten Anteil den Geist gegeben. 6 Wir sind also immer zuversichtlich,
auch wenn wir wissen, daß wir fern vom Herrn in der Fremde leben,
solange wir in diesem Leib zu Hause sind; 7 denn als Glaubende gehen
wir unseren Weg, nicht als Schauende. 8 Weil wir aber zuversichtlich
sind, ziehen wir es vor, aus dem Leib auszuwandern und daheim beim
Herrn zu sein. 9 Deswegen suchen wir unsere Ehre darin, ihm zu
gefallen, ob wir daheim oder in der Fremde sind. 10 Denn wir alle müs-
sen vor dem Richterstuhl Christi offenbar werden, damit jeder seinen
Lohn empfängt für das Gute oder Böse, das er im irdischen Leben
getan hat.

Die Bewährung des Apostels in seinem Dienst

Der Dienst der Versöhnung

11 So versuchen wir, erfüllt von Ehrfurcht vor dem Herrn, Menschen zu
gewinnen; Gott aber kennt uns durch und durch. Ich hoffe, daß auch
euer Urteil über mich sich zur vollen Wahrheit durchgerungen hat.
12 Damit wollen wir uns nicht wieder vor euch rühmen, sondern wir
geben euch Gelegenheit, rühmend auf uns hinzuweisen, damit ihr
denen entgegentreten könnt, die sich nur rühmen, um ihr Gesicht zu
wahren, ihr Herz aber nicht zeigen dürfen. 13 Wenn wir nämlich von
Sinnen waren, so geschah es für Gott; wenn wir besonnen sind,
geschieht es für euch. 14 Denn die Liebe Christi drängt uns, da wir
erkannt haben: Einer ist für alle gestorben, also sind alle gestorben.
15 Er ist aber für alle gestorben, damit die Lebenden nicht mehr für
sich leben, sondern für den, der für sie starb und auferweckt wurde.
16 Also schätzen wir von jetzt an niemand mehr nur nach menschli-
chen Maßstäben ein; auch wenn wir früher Christus nach menschli-
chen Maßstäben eingeschätzt haben, jetzt schätzen wir ihn nicht
mehr so ein. 17 Wenn also jemand in Christus ist, dann ist er eine
neue Schöpfung: Das Alte ist vergangen, Neues ist geworden. 18 Aber
das alles kommt von Gott, der uns durch Christus mit sich versöhnt
und uns den Dienst der Versöhnung aufgetragen hat. 19 Ja, Gott war
es, der in Christus die Welt mit sich versöhnt hat, indem er den Men-
schen ihre Verfehlungen nicht anrechnete und uns das Wort von der
Versöhnung (zur Verkündigung) anvertraute. 20 Wir sind also
Gesandte an Christi Statt, und Gott ist es, der durch uns mahnt. Wir
bitten an Christi Statt: Laßt euch mit Gott versöhnen! 21 Er hat den,
der keine Sünde kannte, für uns zur Sünde gemacht, damit wir in
ihm Gerechtigkeit Gottes würden.

Die Herrlichkeit der apostolischen Leiden

6 Als Mitarbeiter Gottes ermahnen wir euch, daß ihr seine Gnade
nicht vergebens empfangt. 2 Denn es heißt:
Zur Zeit der Gnade erhöre ich dich, / am Tag der Rettung helfe ich dir.
Jetzt ist sie da, *die Zeit der Gnade*; jetzt ist er da, der *Tag der Rettung*. 3 Nie-
mand geben wir auch nur den geringsten Anstoß, damit unser Dienst
nicht getadelt werden kann. 4 In allem erweisen wir uns als Gottes
Diener: durch große Standhaftigkeit, in Bedrängnis, in Not, in Angst,
5 unter Schlägen, in Gefängnissen, in Zeiten der Unruhe, unter der
Last der Arbeit, in durchwachten Nächten, durch Fasten, 6 durch lau-
tere Gesinnung, durch Erkenntnis, durch Langmut, durch Güte,
durch den Heiligen Geist, durch ungeheuchelte Liebe, 7 durch das
Wort der Wahrheit, in der Kraft Gottes, mit den Waffen der Gerechtig-
keit in der Rechten und in der Linken, 8 bei Ehrung und Schmähung,
bei übler Nachrede und bei Lob. Wir gelten als Betrüger und sind doch
wahrhaftig; 9 wir werden verkannt und doch anerkannt; wir sind wie
Sterbende, und seht: wir leben; wir werden gezüchtigt und doch nicht
getötet; 10 uns wird Leid zugefügt, und doch sind wir jederzeit fröh-
lich; wir sind arm und machen doch viele reich; wir haben nichts und
haben doch alles.

Die Aussöhnung mit den Korinthern

Werbung und Mahnung

11 Unser Mund hat sich für euch aufgetan, Korinther, unser Herz ist
weit geworden. 12 In uns ist es nicht zu eng für euch; eng ist es in
eurem Herzen. 13 Laßt doch als Antwort darauf – ich rede wie zu mei-
nen Kindern – auch euer Herz weit aufgehen!
14 Beugt euch nicht mit Ungläubigen unter das gleiche Joch! Was
haben denn Gerechtigkeit und Gesetzwidrigkeit miteinander zu tun?
Was haben Licht und Finsternis gemeinsam? 15 Was für ein Einklang
herrscht zwischen Christus und Beliar? Was hat ein Gläubiger mit
einem Ungläubigen gemeinsam? 16 Wie verträgt sich der Tempel
Gottes mit Götzenbildern? Wir sind doch der Tempel des lebendigen
Gottes; denn Gott hat gesprochen:
*Ich will unter ihnen wohnen und mit ihnen gehen. / Ich werde ihr Gott sein, / und
sie werden mein Volk sein.*

17 *Zieht darum weg aus ihrer Mitte,* / und sondert euch ab, spricht der
Herr, *und faßt nichts Unreines an.* / *Dann will ich euch aufnehmen*
18 und euer *Vater sein,* / *und ihr sollt meine Söhne und Töchter sein,* / *spricht der*
Herr, der Herrscher über die ganze Schöpfung.

7 Das sind die Verheißungen, die wir haben, liebe Brüder. Reini-
gen wir uns also von aller Unreinheit des Leibes und des Geistes,
und streben wir in Gottesfurcht nach vollkommener Heiligung.
2 Gebt uns doch Raum in eurem Herzen! Niemand haben wir geschä-
digt, niemand zugrunde gerichtet, niemand übervorteilt. 3 Ich sage
das nicht, um euch zu verurteilen; denn eben habe ich gesagt, daß ihr
in unserem Herzen wohnt, verbunden mit uns zum Leben und zum
Sterben. 4 Ich habe großes Vertrauen zu euch; ich bin sehr stolz auf
euch. Trotz all unserer Not bin ich von Trost erfüllt und ströme über
von Freude.

Die Sendung des Titus

5 Als wir nach Mazedonien gekommen waren, fanden wir in unserer
Schwachheit keine Ruhe. Überall bedrängten uns Schwierigkeiten:
von außen Widerspruch und Anfeindung, im Innern Angst und
Furcht. 6 Aber Gott, der die Niedergeschlagenen aufrichtet, hat auch
uns aufgerichtet, und zwar durch die Ankunft des Titus – 7 nicht nur
durch seine Ankunft, sondern auch durch den Trost, den er bei euch
erfahren hatte. Er erzählte uns von eurer Sehnsucht, eurer Klage,
eurem Eifer für mich, so daß ich mich noch mehr freute. 8 Daß ich
euch aber mit meinem Brief traurig gemacht habe, tut mir nicht
leid. Wenn es mir auch eine Weile leid tat – ich sehe ja, daß dieser
Brief euch, wenn auch nur für kurze Zeit, traurig gemacht hat –:
9 jetzt freue ich mich, nicht weil ihr traurig geworden seid, sondern
weil die Traurigkeit euch zur Sinnesänderung geführt hat. Denn es
war eine gottgewollte Traurigkeit; so ist euch durch uns kein Nachteil
erwachsen. 10 Die gottgewollte Traurigkeit verursacht nämlich
Sinnesänderung zum Heil, die nicht bereut zu werden braucht; die
weltliche Traurigkeit aber führt zum Tod. 11 Wie groß war doch der
Eifer, zu dem euch diese gottgewollte Traurigkeit geführt hat, wie
aufrichtig eure Entschuldigung, euer Unwille, eure Furcht, eure
Sehnsucht, wie wirksam eure Anstrengung und am Ende die Bestra-
fung! In jeder Hinsicht hat es sich gezeigt, daß ihr in dieser Sache
unschuldig seid. 12 Wenn ich euch also geschrieben habe, so tat ich es
nicht, um den zu treffen, der Unrecht getan hatte, auch nicht, um dem
Recht zu verschaffen, der Unrecht erlitten hatte, sondern ich tat es,
damit euer Eifer für uns sichtbar werde vor euch und vor Gott. 13 Des-
wegen sind wir jetzt getröstet.
Wir wurden aber nicht nur getröstet, sondern darüber hinaus erfreut
durch die Freude des Titus, dessen Geist neue Kraft gefunden hat
durch euch alle. 14 Wenn ich euch vor ihm gerühmt hatte, so brauchte
ich mich jetzt nicht zu schämen. Im Gegenteil, unser Lob vor Titus
erwies sich als volle Wahrheit, wie auch alles Wahrheit ist, was wir
euch verkündigt haben. 15 Er ist euch von Herzen zugetan, wenn er
daran denkt, wie ihr euch alle gehorsam gezeigt und ihn mit Furcht
und Zittern aufgenommen habt. 16 Ich freue mich, daß ich in jeder
Hinsicht auf euch vertrauen kann.

Aufruf zur Sammlung für Jerusalem

Das Vorbild der Christen Mazedoniens

8 Brüder, wir wollen euch jetzt von der Gnade erzählen, die Gott
den Gemeinden Mazedoniens erwiesen hat. 2 Während sie durch
große Not geprüft wurden, verwandelten sich ihre übergroße Freude
und ihre tiefe Armut in den Reichtum ihres selbstlosen Gebens. 3 Ich
bezeuge, daß sie nach Kräften und sogar über ihre Kräfte spendeten,
ganz von sich aus, 4 indem sie sich geradezu aufdrängten und uns um
die Gunst baten, zur Hilfeleistung für die Heiligen beitragen zu dür-
fen. 5 Und über unsere Erwartung hinaus haben sie sich eingesetzt,
zunächst für den Herrn, aber auch für uns, wie es Gottes Wille war.

Der Abschluß der Sammlung in Korinth

6 Daraufhin ermutigten wir Titus, dieses Liebeswerk, das er früher bei
euch begonnen hatte, nun auch zu vollenden. 7 Wie ihr aber an allem
reich seid, an Glauben, Rede und Erkenntnis, an jedem Eifer und an
der Liebe, die wir in euch begründet haben, so sollt ihr euch auch an
diesem Liebeswerk mit reichlichen Spenden beteiligen. 8 Ich meine
das nicht als strenge Weisung, aber ich gebe euch Gelegenheit, ange-
sichts des Eifers anderer auch eure Liebe als echt zu erweisen. 9 Denn
ihr wißt, was Jesus Christus, unser Herr, in seiner Liebe getan hat: Er,
der reich war, wurde euretwegen arm, um euch durch seine Armut
reich zu machen. 10 Ich gebe euch nur einen Rat, der euch helfen soll;
ihr habt ja schon voriges Jahr angefangen, etwas zu unternehmen,
und zwar aus eigenem Entschluß. 11 Jetzt sollt ihr das Begonnene zu
Ende führen, damit das Ergebnis dem guten Willen entspricht – je
nach eurem Besitz. 12 Wenn nämlich der gute Wille da ist, dann ist
jeder willkommen mit dem, was er hat, und man fragt nicht nach dem,
was er nicht hat. 13 Denn es geht nicht darum, daß ihr in Not geratet,
indem ihr anderen helft; es geht um einen Ausgleich. 14 Im Augenblick
soll euer Überfluß ihrem Mangel abhelfen, damit auch ihr Überfluß
einmal eurem Mangel abhilft. So soll ein Ausgleich entstehen, 15 wie
es in der Schrift heißt: *Wer viel gesammelt hatte, hatte nicht zu viel, und wer*
wenig, hatte nicht zu wenig.

Der Eifer und die Selbstlosigkeit der Mitarbeiter

16 Dank sei Gott, der den gleichen Eifer für euch auch Titus ins Herz
gelegt hat. 17 Denn Titus war mit meinem Vorschlag einverstanden,
und sein Eifer war so groß, daß er aus eigenem Entschluß gleich zu
euch abreiste. 18 Zusammen mit ihm haben wir den Bruder geschickt,
der wegen seiner Verkündigung des Evangeliums in allen Gemeinden
Anerkennung findet 19 und außerdem von den Gemeinden dazu
bestimmt wurde, unser Reisegefährte zu sein, wenn wir diese Liebes-
gabe zur Ehre des Herrn und als Zeichen unseres guten Willens über-
bringen. 20 Denn angesichts der großen Spende, die von uns über-
bracht werden soll, möchten wir vermeiden, daß man uns verdächtigt.
21 Es liegt uns nämlich daran, daß alles *einwandfrei zugeht*, nicht nur *vor*
dem Herrn, sondern *auch vor den Menschen*. 22 Wir haben aber mit den
beiden noch einen weiteren Bruder geschickt, dessen Eifer wir viel-
fach und bei vielen Gelegenheiten feststellen konnten und der sich in
diesem Fall noch eifriger zeigt, weil er viel von euch erwartet.
23 Was nun Titus angeht: Er ist mein Gefährte und mein Mitarbeiter,
der für euch tätig ist; unsere anderen Brüder aber sind Abgesandte der
Gemeinden und ein Abglanz Christi. 24 Legt also ihnen gegenüber
und damit vor den Gemeinden das Zeugnis eurer Liebe ab, und zeigt,
daß wir euch zu Recht gerühmt haben.

Erneuter Aufruf zur Sammlung für Jerusalem

Empfehlung der Beauftragten

9 Eigentlich ist es unnötig, euch über das Hilfswerk für die Heili-
gen zu schreiben. 2 Denn ich kenne euren guten Willen und
rühme euch vor den Mazedoniern, indem ich ihnen sage: Achaia ist
seit einem Jahr gerüstet. Und euer Eifer hat viele andere angespornt.
3 Trotzdem habe ich die Brüder zu euch geschickt; denn unser Lob für
euch könnte in dieser Hinsicht verfrüht gewesen sein. Ihr solltet also
jetzt wirklich, wie ich sagte, gerüstet sein. 4 Wenn nämlich Mazedo-
nier mit mir kämen und euch noch nicht gerüstet fänden, dann könnte
es geschehen, daß wir uns wegen dieser unserer Erwartung zu schä-
men hätten – um nicht zu sagen, ihr hättet euch zu schämen. 5 Ich
hielt es also für notwendig, die Brüder zu bitten, sie möchten voraus-
reisen und eure in Aussicht gestellte Spende schon jetzt einsammeln,

damit sie dann verfügbar ist, und zwar als großzügige Spende, nicht
als Gabe des Geizes.

Der Segen des Hilfswerks

6 Denkt daran: Wer kärglich sät, wird auch kärglich ernten; wer reich-
lich sät, wird reichlich ernten. 7 Jeder gebe, wie er es sich in seinem
Herzen vorgenommen hat, nicht verdrossen und nicht unter Zwang;
denn Gott liebt *einen fröhlichen Geber*. 8 In seiner Macht kann Gott alle
Gaben über euch ausschütten, so daß euch allezeit in allem alles
Nötige ausreichend zur Verfügung steht und ihr noch genug habt, um
allen Gutes zu tun, 9 wie es in der Schrift heißt:
Reichlich gibt er den Armen; / seine Gerechtigkeit hat Bestand für immer.
10 Gott, der Samen gibt für die Aussaat und Brot zur Nahrung, wird
auch euch das Saatgut geben und die Saat aufgehen lassen; er wird *die
Früchte eurer Gerechtigkeit* wachsen lassen. 11 In allem werdet ihr reich
genug sein, um selbstlos schenken zu können; und wenn wir diese
Gabe überbringen, wird sie Dank an Gott hervorrufen. 12 Denn euer
Dienst und eure Opfergabe füllen nicht nur die leeren Hände der Hei-
ligen, sondern werden weiterwirken als vielfältiger Dank an Gott.
13 Vom Zeugnis eines solchen Dienstes bewegt, werden sie Gott dafür
preisen, daß ihr euch gehorsam zum Evangelium Christi bekannt und
daß ihr ihnen und allen selbstlos geholfen habt. 14 In ihrem Gebet für
euch werden sie sich angesichts der übergroßen Gnade, die Gott euch
geschenkt hat, eng mit euch verbunden fühlen. 15 Dank sei Gott für
sein unfaßbares Geschenk.

Zurückweisung von Angriffen gegen den Apostel

Die Vorwürfe der Gegner

10 Ich, Paulus, der ja im persönlichen Umgang mit euch so
unterwürfig, aus der Ferne aber so unerschrocken sein soll,
ich ermahne euch angesichts der Freundlichkeit und Güte Christi 2 und
bitte euch: Zwingt mich nicht, bei meinem Kommen so unerschrocken
und fest aufzutreten, wie ich es gegen gewisse Leute zu tun gedenke,
die meinen, wir verhalten uns wie Menschen dieser Welt. 3 Wir leben
zwar in dieser Welt, kämpfen aber nicht mit den Waffen dieser Welt.
4 Die Waffen, die wir bei unserem Feldzug einsetzen, sind nicht irdisch,
aber sie haben durch Gott die Macht, Festungen zu schleifen; mit ihnen
reißen wir 5 alle hohen Gedankengebäude nieder, die sich gegen die
Erkenntnis Gottes auftürmen. Wir nehmen alles Denken gefangen, so
daß es Christus gehorcht; 6 wir sind entschlossen, alle Ungehorsamen
zu strafen, sobald ihr wirklich gehorsam geworden seid.
7 Schaut auf das, was vor Augen liegt. Wenn jemand überzeugt ist,
Christus zu gehören, dann soll er doch auch bedenken, daß nicht nur
er, sondern auch wir Christus gehören. 8 Und wenn ich etwas mehr auf
unsere Vollmacht poche, werde ich mich nicht zu scheuen brauchen.
Der Herr hat sie mir allerdings verliehen, damit ich bei euch aufbaue,
nicht damit ich niederreiße; 9 ich möchte nicht den Anschein er-
wecken, als wollte ich euch durch meine Briefe einschüchtern.
10 Ja, die Briefe, wird gesagt, die sind wuchtig und voll Kraft, aber sein
persönliches Auftreten ist matt, und seine Worte sind armselig. 11 Wer
so redet, der soll sich merken: Wie wir durch das geschriebene Wort
aus der Ferne wirken, so können wir auch in eurer Gegenwart tatkräf-
tig auftreten.

Die Überzeugung des Apostels

12 Wir sind allerdings nicht so vermessen, uns gleichzustellen oder zu
vergleichen mit gewissen Leuten, die sich selbst anpreisen. In ihrem
Unverstand messen sie sich an sich selbst und vergleichen sich mit
sich selbst. 13 Wir dagegen wollen uns nicht maßlos rühmen, son-
dern jenen Maßstab anlegen, den uns Gott zugeteilt hat, daß wir näm-
lich bis zu euch gelangt sind. 14 Wir überschreiten also nicht unser
Maß, wie wir es tun würden, wenn wir nicht bis zu euch gelangt
wären; denn wir sind wirklich als erste mit dem Evangelium Christi
bis zu euch gekommen. 15 Wir rühmen uns also nicht maßlos und mit
fremden Leistungen; aber wir haben die Hoffnung, wenn euer Glaube
stärker wird, vor euren Augen über das uns (bisher) gesetzte Maß weit
hinauszuwachsen 16 und die Heilsbotschaft über eure Grenzen hin-
auszutragen. Nach einem fremden Maßstab und auf einem Feld, das
schon bestellt ist, wollen wir keinen Ruhm ernten.
17 *Wer sich also rühmen will, der rühme sich* des Herrn. 18 Denn nicht, wer
sich selbst empfiehlt, ist anerkannt, sondern der, den der Herr emp-
fiehlt.

Die Leistung des Apostels

Die Selbstlosigkeit des Apostels

11 Laßt euch doch ein wenig Unverstand von mir gefallen! Aber
das tut ihr ja. 2 Denn ich liebe euch mit der Eifersucht Gottes;
ich habe euch einem einzigen Mann verlobt, um euch als reine Jung-
frau zu Christus zu führen. 3 Ich fürchte aber, wie die Schlange einst
durch ihre Falschheit Eva täuschte, könntet auch ihr in euren Gedan-
ken von der aufrichtigen und reinen Hingabe an Christus abkommen.
4 Ihr nehmt es ja offenbar hin, wenn irgendeiner daherkommt und
einen anderen Jesus verkündigt, als wir verkündigt haben, wenn ihr
einen anderen Geist empfangt, als ihr empfangen habt, oder ein ande-
res Evangelium, als ihr angenommen habt. 5 Ich denke doch, ich stehe
den Überaposteln keineswegs nach. 6 Im Reden mag ich ein Stümper
sein, aber nicht in der Erkenntnis; wir haben sie euch in keiner Weise
und in keinem Fall vorenthalten. 7 Oder habe ich einen Fehler gemacht,
als ich, um euch zu erhöhen, mich selbst erniedrigte und euch das
Evangelium Gottes verkündete, ohne etwas dafür zu nehmen? 8 Andere
Gemeinden habe ich ausgeplündert und Geld von ihnen genommen,
um euch dienen zu können. 9 Aber als ich zu euch kam und in Schwie-
rigkeiten geriet, bin ich niemand zur Last gefallen; was ich zu wenig
hatte, ergänzten die Brüder, die aus Mazedonien kamen. Ich habe also
darauf Wert gelegt, euch in keiner Weise zur Last zu fallen, und werde
auch weiterhin darauf Wert legen. 10 So gewiß die Wahrheit Christi in
mir ist: diesen Ruhm wird mir im Gebiet von Achaia niemand nehmen.
11 Warum? Liebe ich euch etwa nicht? Gott weiß es. 12 Was ich aber tue,
werde ich auch in Zukunft tun: Ich werde denen die Gelegenheit neh-
men, die nur die Gelegenheit suchen, sich Achtung zu verschaffen,
um so dazustehen wie wir. 13 Denn diese Leute sind Lügenapostel,
unehrliche Arbeiter; sie tarnen sich freilich als Apostel Christi. 14 Kein
Wunder, denn auch der Satan tarnt sich als Engel des Lichts. 15 Es ist
also nicht erstaunlich, wenn sich auch seine Handlanger als Diener der
Gerechtigkeit tarnen. Ihr Ende wird ihren Taten entsprechen.

Die »Narrenrede«

Die Leiden und Mühen des Apostels

16 Noch einmal sage ich: Keiner soll mich für einen Narren halten. Tut
ihr es aber doch, dann laßt mich auch als Narren gewähren, damit
auch ich ein wenig prahlen kann. 17 Was ich hier sage, sage ich nicht
im Sinn des Herrn, sondern sozusagen als Narr im falschen Stolz des
Prahlers. 18 Da viele Menschen im Sinn dieser Welt prahlen, will auch
ich einmal prahlen. 19 Ihr laßt euch die Narren ja gern gefallen, ihr klu-
gen Leute. 20 Denn ihr nehmt es hin, wenn euch jemand versklavt,
ausbeutet und in seine Gewalt bringt, wenn jemand anmaßend auf-
tritt und euch ins Gesicht schlägt. 21 Zu meiner Schande muß ich
gestehen: Dazu bin ich allerdings zu schwach gewesen.
Womit aber jemand prahlt – ich rede jetzt als Narr –, damit kann auch
ich prahlen. 22 Sie sind Hebräer – ich auch. Sie sind Israeliten – ich
auch. Sie sind Nachkommen Abrahams – ich auch. 23 Sie sind Diener
Christi – jetzt rede ich ganz unvernünftig –, ich noch mehr: Ich ertrug

mehr Mühsal, war häufiger im Gefängnis, wurde mehr geschlagen,
war oft in Todesgefahr. 24 Fünfmal erhielt ich von Juden die neunund-
dreißig Hiebe; 25 dreimal wurde ich ausgepeitscht, einmal gesteinigt,
dreimal erlitt ich Schiffbruch, eine Nacht und einen Tag trieb ich auf
hoher See. 26 Ich war oft auf Reisen, gefährdet durch Flüsse, gefähr-
det durch Räuber, gefährdet durch das eigene Volk, gefährdet durch
Heiden, gefährdet in der Stadt, gefährdet in der Wüste, gefährdet auf
dem Meer, gefährdet durch falsche Brüder. 27 Ich erduldete Mühsal
und Plage, durchwachte viele Nächte, ertrug Hunger und Durst, häu-
figes Fasten, Kälte und Blöße. 28 Um von allem andern zu schweigen,
weise ich noch auf den täglichen Andrang zu mir und die Sorge für
alle Gemeinden hin. 29 Wer leidet unter seiner Schwachheit, ohne
daß ich mit ihm leide? Wer kommt zu Fall, ohne daß ich von Sorge
verzehrt werde? 30 Wenn schon geprahlt sein muß, will ich mit mei-
ner Schwachheit prahlen. 31 Gott, der Vater Jesu, des Herrn, er, der
gepriesen ist in Ewigkeit, weiß, daß ich nicht lüge. 32 In Damaskus
ließ der Statthalter des Königs Aretas die Stadt der Damaszener
bewachen, um mich festzunehmen. 33 Aber durch ein Fenster wurde
ich in einem Korb die Stadtmauer hinuntergelassen, und so entkam
ich ihm.

Begnadung und Schwachheit des Apostels

12 Ich muß mich ja rühmen; zwar nützt es nichts, trotzdem
will ich jetzt von Erscheinungen und Offenbarungen spre-
chen, die mir der Herr geschenkt hat. 2 Ich kenne jemand, einen Die-
ner Christi, der vor vierzehn Jahren bis in den dritten Himmel ent-
rückt wurde; ich weiß allerdings nicht, ob es mit dem Leib oder ohne
den Leib geschah, nur Gott weiß es. 3/4 Und ich weiß, daß dieser
Mensch in das Paradies entrückt wurde; ob es mit dem Leib oder ohne
den Leib geschah, weiß ich nicht, nur Gott weiß es. Er hörte unsag-
bare Worte, die ein Mensch nicht aussprechen kann. 5 Diesen Mann
will ich rühmen; was mich selbst angeht, will ich mich nicht rühmen,
höchstens meiner Schwachheit. 6 Wenn ich mich dennoch rühmen
wollte, wäre ich zwar kein Narr, sondern würde die Wahrheit sagen.
Aber ich verzichte darauf; denn jeder soll mich nur nach dem beurtei-
len, was er an mir sieht oder aus meinem Mund hört. 7 Damit ich mich
wegen der einzigartigen Offenbarungen nicht überhebe, wurde mir
ein Stachel ins Fleisch gestoßen: ein Bote Satans, der mich mit Fäu-
sten schlagen soll, damit ich mich nicht überhebe. 8 Dreimal habe ich
den Herrn angefleht, daß dieser Bote Satans von mir ablasse. 9 Er aber
antwortete mir: Meine Gnade genügt dir; denn sie erweist ihre Kraft in
der Schwachheit. Viel lieber also will ich mich meiner Schwachheit
rühmen, damit die Kraft Christi auf mich herabkommt. 10 Deswegen
bejahe ich meine Ohnmacht, alle Mißhandlungen und Nöte, Verfol-
gungen und Ängste, die ich für Christus ertrage; denn wenn ich
schwach bin, dann bin ich stark.
11 Jetzt bin ich wirklich ein Narr geworden; ihr habt mich dazu
gezwungen. Eigentlich sollte ich von euch gerühmt werden; denn in
nichts bin ich hinter den Überaposteln zurückgeblieben, obgleich
ich nichts bin. 12 Das, woran man den Apostel erkennt, wurde mit
großer Ausdauer unter euch vollbracht: Zeichen, Wunder und
machtvolle Taten. 13 Worin seid ihr denn im Vergleich mit den übri-
gen Gemeinden zu kurz gekommen? Höchstens darin, daß gerade
ich euch nicht zur Last gefallen bin. Dann verzeiht mir bitte dieses
Unrecht!

Ankündigung eines neuen Besuches

Die Sorgen und Ziele des Apostels

14 Schon zum drittenmal will ich jetzt zu euch kommen, und ich
werde euch nicht zur Last fallen; ich suche ja nicht euer Geld, son-
dern euch. Denn nicht die Kinder sollen für die Eltern sparen, son-
dern die Eltern für die Kinder. 15 Ich aber will sehr gern alles aufwen-
den und mich für euch aufreiben. Wenn ich euch so sehr liebe, soll
ich deswegen weniger Liebe empfangen? 16 Nun gut! Eine schwere
Last habe ich euch zwar nicht zugemutet; aber habe ich euch viel-
leicht mit Verschlagenheit und List in mein Netz gelockt? 17 Habe ich
euch vielleicht durch einen, den ich zu euch sandte, übervorteilt? 18 Ja,
ich habe Titus gebeten, euch zu besuchen, und den Bruder mit ihm
gesandt. Hat Titus euch etwa übervorteilt? Haben wir nicht beide im
gleichen Geist gehandelt? Sind wir nicht in den gleichen Spuren
gegangen?

Befürchtungen und Besorgnisse

19 Gewiß denkt ihr schon lange, daß wir uns vor euch nur herausreden
wollen. Aber wir reden in Christus, vor dem Angesicht Gottes. Und
alles, liebe Brüder, geschieht, um eure Gemeinde aufzubauen. 20 Denn
ich fürchte, daß ich euch bei meinem Kommen nicht so finde, wie ich
euch zu finden wünsche, und daß ihr mich so findet, wie ihr mich
nicht zu finden wünscht. Ich fürchte, daß es zu Streit, Eifersucht, Zor-
nesausbrüchen, Ehrgeiz, Verleumdungen, übler Nachrede, Überheb-
lichkeit, allgemeiner Verwirrung kommt; 21 daß mein Gott, wenn ich
wiederkomme, mich noch einmal vor euch demütigt; daß ich Grund
haben werde, traurig zu sein über viele, die schon früher Sünder waren
und sich trotz ihrer Unreinheit, Unzucht und Ausschweifung noch
nicht zur Umkehr entschlossen haben.

Seelsorge aus apostolischer Vollmacht

13 Das ist das dritte Mal, daß ich zu euch komme. *Durch die Aus-
sage von zwei oder drei Zeugen wird jede Sache entschieden.* 2 Denen,
die sich früher verfehlt haben, und allen übrigen sage ich jetzt aus der
Ferne dasselbe, was ich schon bei meinem zweiten Aufenthalt
angekündigt habe: Wenn ich komme, werde ich keine Nachsicht
mehr üben. 3 Denn ihr verlangt einen Beweis dafür, daß durch mich
Christus spricht, der nicht in seiner Schwachheit, sondern in seiner
Kraft unter euch wirkt. 4 Zwar wurde er in seiner Schwachheit gekreu-
zigt, aber er lebt aus Gottes Kraft. Auch wir sind schwach in ihm, aber
wir werden zusammen mit ihm vor euren Augen aus Gottes Kraft
leben.
5 Fragt euch selbst, ob ihr im Glauben seid, prüft euch selbst! Erfahrt
ihr nicht an euch selbst, daß Christus Jesus in euch ist? Sonst hättet ihr
ja (als Gläubige) schon versagt. 6 Ich hoffe aber, ihr werdet erkennen,
daß wir nicht versagt haben. 7 Doch flehen wir zu Gott, daß ihr nichts
Böses tut, nicht, damit wir gerechtfertigt erscheinen, sondern nur,
damit ihr das Gute tut, wir aber wie Versager dastehen. 8 Denn wir
können unsere Kraft nicht gegen die Wahrheit einsetzen, nur für die
Wahrheit. 9 So ist es uns eine Freude, wenn wir schwach dastehen, ihr
aber euch als stark erweist. Das ist es, was wir erflehen: eure vollstän-
dige Erneuerung. 10 Deswegen schreibe ich das alles aus der Ferne, um
nicht, wenn ich zu euch komme, Strenge gebrauchen zu müssen kraft
der Vollmacht, die der Herr mir zum Aufbauen, nicht zum Nieder-
reißen gegeben hat.

Schlußwort und Segenswunsch

11 Im übrigen, liebe Brüder, freut euch, kehrt zur Ordnung zurück,
laßt euch ermahnen, seid eines Sinnes, und lebt in Frieden! Dann wird
der Gott der Liebe und des Friedens mit euch sein. 12 Grüßt einander
mit dem heiligen Kuß! Es grüßen euch alle Heiligen. 13 Die Gnade Jesu
Christi, des Herrn, die Liebe Gottes und die Gemeinschaft des Heili-
gen Geistes sei mit euch allen!

Der Brief an die Galater

Paulus ist nach Apg 16,6; 18,23 auf seinen Missionsreisen zweimal in das »galatische Land« gekommen, was durch Gal 4,13 bestätigt wird, wo er ausdrücklich auf den ersten Aufenthalt verweist. Die Gründung der Gemeinden in Galatien (zur Bevölkerung und geographischen Lage vgl. Anmerkung zu 1,2) fällt in die Zeit der beginnenden selbständigen Missionsarbeit nach der Trennung von Barnabas, vermutlich in das Jahr 50 n. Chr. (Apg 15,39–18,23).
Einige Jahre später sind die galatischen Gemeinden von Irrlehrern aufgesucht und beeinflußt worden. Paulus befindet sich inzwischen in Ephesus (vgl. Apg 19,1–20,1) und schreibt von dort aus zwischen 53 und 55 n. Chr. seinen Brief. Die Irrlehrer vertreten nach den wenigen Hinweisen, die dem Galaterbrief zu entnehmen sind, eine Lehre, die aus jüdischer, christlicher und heidnischer Tradition zusammengesetzt ist, verstehen sich selbst aber als Judenchristen und verlangen von den ehemaligen Heiden, daß sie sich ebenfalls beschneiden lassen und das alttestamentliche Gesetz als zum Heil notwendig anerkennen (vgl. 4,8–10.16–20; 5,1–12; 6,11–16).
Paulus sieht darin eine Verfälschung der christlichen Botschaft, er kann diese Lehre nicht als »Evangelium« anerkennen (1,6–9). Er erinnert an seine eigene Bekehrung und Einsetzung zum Apostel der Heiden, an seine Unabhängigkeit von den Vertretern der judenchristlichen Mission (1,10–24), an die Anerkennung seiner gesetzesfreien Mission unter den Heiden beim Apostelkonzil und an die Auseinandersetzung mit Petrus und Barnabas in Antiochia (2,1–21). Danach legt er dar, wie Verheißung und Gesetz, Glaube und »Werke des Gesetzes« sich zueinander verhalten, und warnt vor einem Abfall vom wahren Glauben (3,1–5,12). Im Schlußteil bringt der Apostel allgemeine Ermahnungen (sog. Paränese), wie wir sie auch aus anderen Paulusbriefen kennen (z. B. Röm Kap. 12 und 13). Doch kommt er in dem eigenhändig geschriebenen Schlußwort wieder auf die besondere Situation in Galatien zurück.
Paulus hat mit seinem Brief offensichtlich Erfolg gehabt, sonst wäre das Schreiben kaum erhalten geblieben. Auch zeigt 1 Kor 16,1, daß er weiterhin mit den galatischen Christen in Verbindung stand. Der Brief gibt Einblick in Gefährdungen der jungen Gemeinden und zeigt, ähnlich dem Römerbrief, was Paulus unter dem Evangelium von Jesus Christus versteht; insbesondere geht er dabei auf das Verhältnis von Rechtfertigung und Glaube ein.

Anschrift und Gruß

1 Paulus, zum Apostel berufen, nicht von Menschen oder durch
einen Menschen, sondern durch Jesus Christus und durch Gott,
den Vater, der ihn von den Toten auferweckt hat, 2 und alle Brüder, die
bei mir sind, an die Gemeinden in Galatien: 3 Gnade sei mit euch und
Friede von Gott, unserem Vater, und dem Herrn Jesus Christus, 4 der
sich für unsere Sünden hingegeben hat, um uns aus der gegenwärti-
gen bösen Welt zu befreien, nach dem Willen unseres Gottes und
Vaters. 5 Ihm sei Ehre in alle Ewigkeit. Amen.

Der Anlaß des Briefes

6 Ich bin erstaunt, daß ihr euch so schnell von dem abwendet, der
euch durch die Gnade Christi berufen hat, und daß ihr euch einem
anderen Evangelium zuwendet. 7 Doch es gibt kein anderes Evange-
lium, es gibt nur einige Leute, die euch verwirren und die das Evange-
lium Christi verfälschen wollen. 8 Wer euch aber ein anderes Evange-
lium verkündigt, als wir euch verkündigt haben, der sei verflucht, auch
wenn wir selbst es wären oder ein Engel vom Himmel. 9 Was ich
gesagt habe, das sage ich noch einmal: Wer euch ein anderes Evange-
lium verkündigt, als ihr angenommen habt, der sei verflucht.

Das Apostelamt des Paulus

Die Berufung zum Apostel
10 Geht es mir denn um die Zustimmung der Menschen, oder geht es
mir um Gott? Suche ich etwa Menschen zu gefallen? Wollte ich noch
den Menschen gefallen, dann wäre ich kein Knecht Christi. 11 Ich
erkläre euch, Brüder: Das Evangelium, das ich verkündigt habe,
stammt nicht von Menschen; 12 ich habe es ja nicht von einem Men-
schen übernommen oder gelernt, sondern durch die Offenbarung
Jesu Christi empfangen. 13 Ihr habt doch gehört, wie ich früher als
gesetzestreuer Jude gelebt habe, und wißt, wie maßlos ich die Kirche
Gottes verfolgte und zu vernichten suchte. 14 In der Treue zum jüdi-
schen Gesetz übertraf ich die meisten Altersgenossen in meinem
Volk, und mit dem größten Eifer setzte ich mich für die Überlieferun-
gen meiner Väter ein.
15 Als aber Gott, der mich *schon im Mutterleib* auserwählt und durch
seine Gnade berufen hat, mir in seiner Güte 16 seinen Sohn offenbarte,
damit ich ihn unter den Heiden verkündige, da zog ich keinen Men-
schen zu Rate; 17 ich ging auch nicht sogleich nach Jerusalem hinauf
zu denen, die vor mir Apostel waren, sondern zog nach Arabien und
kehrte dann wieder nach Damaskus zurück. 18 Drei Jahre später ging
ich nach Jerusalem hinauf, um Kephas kennenzulernen, und blieb
fünfzehn Tage bei ihm. 19 Von den anderen Aposteln habe ich keinen
gesehen, nur Jakobus, den Bruder des Herrn. 20 Was ich euch hier

schreibe – Gott weiß, daß ich nicht lüge. 21 Danach ging ich in das
Gebiet von Syrien und Zilizien. 22 Den Gemeinden Christi in Judäa
aber blieb ich persönlich unbekannt, 23 sie hörten nur: Er, der uns
einst verfolgte, verkündigt jetzt den Glauben, den er früher vernichten
wollte. 24 Und sie lobten Gott um meinetwillen.

Das Apostelkonzil in Jerusalem

2 Vierzehn Jahre später ging ich wieder nach Jerusalem hinauf,
zusammen mit Barnabas; ich nahm auch Titus mit. 2 Ich ging
hinauf aufgrund einer Offenbarung, legte der Gemeinde und im
besonderen den »Angesehenen« das Evangelium vor, das ich unter
den Heiden verkündige; ich wollte sicher sein, daß ich nicht vergeb-
lich laufe oder gelaufen bin. 3 Doch nicht einmal mein Begleiter Titus,
der Grieche ist, wurde gezwungen, sich beschneiden zu lassen.
4 Denn was die falschen Brüder betrifft, jene Eindringlinge, die sich
eingeschlichen hatten, um die Freiheit, die wir in Christus Jesus
haben, argwöhnisch zu beobachten und uns zu Sklaven zu machen,
5 so haben wir uns keinen Augenblick unterworfen; wir haben ihnen
nicht nachgegeben, damit euch die Wahrheit des Evangeliums erhal-
ten bleibe. 6 Aber auch von denen, die Ansehen genießen – was sie
früher waren, kümmert mich nicht, Gott schaut nicht auf die Person –,
auch von den »Angesehenen« wurde mir nichts auferlegt. 7 Im Gegen-
teil, sie sahen, daß mir das Evangelium für die Unbeschnittenen
anvertraut ist wie dem Petrus für die Beschnittenen – 8 denn Gott, der
Petrus die Kraft zum Aposteldienst unter den Beschnittenen gegeben
hat, gab sie mir zum Dienst unter den Heiden –, 9 und sie erkannten
die Gnade, die mir verliehen ist. Deshalb gaben Jakobus, Kephas und
Johannes, die als die »Säulen« Ansehen genießen, mir und Barnabas
die Hand zum Zeichen der Gemeinschaft: Wir sollten zu den Heiden
gehen, sie zu den Beschnittenen. 10 Nur sollten wir an ihre Armen
denken; und das zu tun, habe ich mich eifrig bemüht.

Die Gerechtigkeit aus dem Glauben

Gesetzesgehorsam oder Glaube

11 Als Kephas aber nach Antiochia gekommen war, bin ich ihm offen
entgegengetreten, weil er sich ins Unrecht gesetzt hatte. 12 Bevor näm-
lich Leute aus dem Kreis um Jakobus eintrafen, pflegte er zusammen
mit den Heiden zu essen. Nach ihrer Ankunft aber zog er sich von den
Heiden zurück und trennte sich von ihnen, weil er die Beschnittenen
fürchtete. 13 Ebenso unaufrichtig wie er verhielten sich die anderen
Juden, so daß auch Barnabas durch ihre Heuchelei verführt wurde.
14 Als ich aber sah, daß sie von der Wahrheit des Evangeliums abwi-
chen, sagte ich zu Kephas in Gegenwart aller: Wenn du als Jude nach
Art der Heiden und nicht nach Art der Juden lebst, wie kannst du dann
die Heiden zwingen, wie Juden zu leben? 15 Wir sind zwar von Geburt
Juden und nicht Sünder wie die Heiden. 16 Weil wir aber erkannt
haben, daß der Mensch nicht durch Werke des Gesetzes gerecht wird,
sondern durch den Glauben an Jesus Christus, sind auch wir dazu
gekommen, an Christus Jesus zu glauben, damit wir gerecht werden
durch den Glauben an Christus, und nicht durch Werke des Gesetzes;
denn durch Werke des Gesetzes *wird niemand gerecht*. 17 Wenn nun auch
wir, die wir in Christus gerecht zu werden suchen, als Sünder gelten,
ist dann Christus etwa Diener der Sünde? Das ist unmöglich! 18 Wenn
ich allerdings das, was ich niedergerissen habe, wieder aufbaue, dann
stelle ich mich selbst als Übertreter hin. 19 Ich aber bin durch das
Gesetz dem Gesetz gestorben, damit ich für Gott lebe. Ich bin mit
Christus gekreuzigt worden; 20 nicht mehr ich lebe, sondern Christus
lebt in mir. Soweit ich aber jetzt noch in dieser Welt lebe, lebe ich im
Glauben an den Sohn Gottes, der mich geliebt und sich für mich hin-
gegeben hat. 21 Ich mißachte die Gnade Gottes in keiner Weise; denn
käme die Gerechtigkeit durch das Gesetz, so wäre Christus vergeblich
gestorben.

Aufruf an die Galater

3 Ihr unvernünftigen Galater, wer hat euch verblendet? Ist euch
Jesus Christus nicht deutlich als der Gekreuzigte vor Augen
gestellt worden? 2 Dies eine möchte ich von euch erfahren: Habt ihr
den Geist durch die Werke des Gesetzes oder durch die Botschaft des
Glaubens empfangen? 3 Seid ihr so unvernünftig? Am Anfang habt ihr
auf den Geist vertraut, und jetzt erwartet ihr vom Fleisch die Vollen-
dung. 4 Habt ihr denn so Großes vergeblich erfahren? Sollte es wirk-
lich vergeblich gewesen sein? 5 Warum gibt euch denn Gott den Geist
und bewirkt Wundertaten unter euch? Weil ihr das Gesetz befolgt oder
weil ihr die Botschaft des Glaubens angenommen habt?

Abrahams Glaube und die Verheißung des Segens

6 Von Abraham wird gesagt: *Er glaubte Gott, und das wurde ihm als Gerech-
tigkeit angerechnet.* 7 Daran erkennt ihr, daß nur die, die glauben,
Abrahams Söhne sind. 8 Und da die Schrift vorhersah, daß Gott die
Heiden aufgrund des Glaubens gerecht macht, hat sie dem Abraham
im voraus verkündet: *Durch dich sollen alle Völker Segen erlangen.* 9 Also
gehören alle, die glauben, zu dem glaubenden Abraham und werden
wie er gesegnet. 10 Alle aber, die nach dem Gesetz leben, stehen unter
dem Fluch. Denn in der Schrift heißt es: *Verflucht ist jeder, der sich nicht an
alles hält, was zu tun das Buch des Gesetzes vorschreibt.* 11 Daß durch das
Gesetz niemand vor Gott gerecht wird, ist offenkundig; denn: *Der aus
Glauben Gerechte wird leben.* 12 Das Gesetz aber hat nichts mit dem Glau-
ben zu tun, sondern es gilt: Wer die Gebote erfüllt, wird durch sie
leben. 13 Christus hat uns vom Fluch des Gesetzes freigekauft, indem er
für uns zum Fluch geworden ist; denn es steht in der Schrift: *Verflucht ist
jeder, der am Pfahl hängt.* 14 Jesus Christus hat uns freigekauft, damit den
Heiden durch ihn der Segen Abrahams zuteil wird und wir so aufgrund
des Glaubens den verheißenen Geist empfangen.
15 Brüder, ich nehme einen Vergleich aus dem menschlichen Leben:
Niemand setzt das rechtsgültig festgelegte Testament eines Menschen
außer Kraft oder versieht es mit einem Zusatz. 16 Abraham und seinem
Nachkommen wurden die Verheißungen zugesprochen. Es heißt
nicht: »und den Nachkommen«, als wären viele gemeint, sondern es
wird nur von einem gesprochen: *und deinem Nachkommen*; das aber ist
Christus. 17 Damit meine ich: Das Testament, dem Gott einst Gültig-
keit verliehen hat, wird durch das vierhundertdreißig Jahre später
erlassene Gesetz nicht ungültig, so daß die Verheißung aufgehoben
wäre. 18 Würde sich das Erbe nämlich aus dem Gesetz herleiten, dann
eben nicht mehr aus der Verheißung. Gott hat aber durch die Ver-
heißung Abraham Gnade erwiesen.

Die heilsgeschichtliche Stellung des Gesetzes

19 Warum gibt es dann das Gesetz? Wegen der Übertretungen wurde es
hinzugefügt, bis der Nachkomme käme, dem die Verheißung gilt. Es
wurde durch Engel erlassen und durch einen Mittler bekanntgegeben.
20 Einen Mittler gibt es jedoch nicht, wo nur einer handelt; Gott aber
ist »der Eine«. 21 Hebt also das Gesetz die Verheißungen auf? Keines-
wegs! Wäre ein Gesetz gegeben worden, das die Kraft hat, lebendig zu
machen, dann käme in der Tat die Gerechtigkeit aus dem Gesetz;
22 statt dessen hat die Schrift alles der Sünde unterworfen, damit
durch den Glauben an Jesus Christus die Verheißung sich an denen
erfüllt, die glauben. 23 Ehe der Glaube kam, waren wir im Gefängnis
des Gesetzes, festgehalten bis zu der Zeit, da der Glaube offenbart
werden sollte. 24 So hat das Gesetz uns in Zucht gehalten bis zum
Kommen Christi, damit wir durch den Glauben gerecht gemacht wer-
den. 25 Nachdem aber der Glaube gekommen ist, stehen wir nicht
mehr unter dieser Zucht.

Glaube und Gottessohnschaft

26 Ihr seid alle durch den Glauben Söhne Gottes in Christus Jesus.
27 Denn ihr alle, die ihr auf Christus getauft seid, habt Christus (als
Gewand) angelegt. 28 Es gibt nicht mehr Juden und Griechen, nicht
Sklaven und Freie, nicht Mann und Frau; denn ihr alle seid »einer« in

Christus Jesus. 29 Wenn ihr aber zu Christus gehört, dann seid ihr
Abrahams Nachkommen, Erben kraft der Verheißung.

4 Ich will damit sagen: Solange der Erbe unmündig ist, unterschei-
det er sich in keiner Hinsicht von einem Sklaven, obwohl er Herr
ist über alles; 2 er steht unter Vormundschaft, und sein Erbe wird ver-
waltet bis zu der Zeit, die sein Vater festgesetzt hat. 3 So waren auch wir,
solange wir unmündig waren, Sklaven der Elementarmächte dieser
Welt. 4 Als aber die Zeit erfüllt war, sandte Gott seinen Sohn, geboren
von einer Frau und dem Gesetz unterstellt, 5 damit er die freikaufe, die
unter dem Gesetz stehen, und damit wir die Sohnschaft erlangen.
6 Weil ihr aber Söhne seid, sandte Gott den Geist seines Sohnes in
unser Herz, den Geist, der ruft: Abba, Vater. 7 Daher bist du nicht mehr
Sklave, sondern Sohn; bist du aber Sohn, dann auch Erbe, Erbe durch
Gott.

Die Freiheit des Christen

Warnung vor Rückfall in die alte Knechtschaft

8 Einst, als ihr Gott noch nicht kanntet, wart ihr Sklaven der Götter, die
in Wirklichkeit keine sind. 9 Wie aber könnt ihr jetzt, da ihr Gott
erkannt habt, vielmehr von Gott erkannt worden seid, wieder zu den
schwachen und armseligen Elementarmächten zurückkehren?
Warum wollt ihr von neuem ihre Sklaven werden? 10 Warum achtet ihr
so ängstlich auf Tage, Monate, bestimmte Zeiten und Jahre? 11 Ich
fürchte, ich habe mich vergeblich um euch bemüht.
12 Ich bitte euch, Brüder: Werdet wie ich, denn auch ich bin geworden
wie ihr. Ihr habt mir nichts zuleide getan. 13 Ihr wißt, daß ich krank
und schwach war, als ich euch zum erstenmal das Evangelium verkün-
digte; 14 ihr aber habt auf meine Schwäche, die für euch eine Versu-
chung war, nicht mit Verachtung und Abscheu geantwortet, sondern
mich wie einen Engel Gottes aufgenommen, wie Christus Jesus. 15 Wo
ist eure Begeisterung geblieben? Ich kann euch bezeugen: Wäre es
möglich gewesen, ihr hättet euch die Augen ausgerissen, um sie mir
zu geben. 16 Bin ich also euer Feind geworden, weil ich euch die Wahr-
heit sage? 17 Jene Leute bemühen sich um euch nicht in guter Absicht;
sie wollen euch abtrünnig machen, damit ihr euch dann um sie
bemüht. 18 Gut wäre es, wenn ihr euch zu jeder Zeit in guter Absicht
um mich bemühen würdet und nicht nur dann, wenn ich bei euch bin,
19 bei euch, meinen Kindern, für die ich von neuem Geburtswehen
erleide, bis Christus in euch Gestalt annimmt. 20 Ich wollte, ich könnte
jetzt bei euch sein und in anderer Weise mit euch reden; denn euer Ver-
halten macht mich ratlos.

Das Zeugnis der Schrift

21 Ihr, die ihr euch dem Gesetz unterstellen wollt, habt ihr denn nicht
gehört, was im Gesetz steht? 22 In der Schrift wird gesagt, daß Abra-
ham zwei Söhne hatte, einen von der Sklavin, den andern von der
Freien. 23 Der Sohn der Sklavin wurde auf natürliche Weise gezeugt,
der Sohn der Freien aufgrund der Verheißung. 24 Darin liegt ein tiefe-
rer Sinn: Diese Frauen bedeuten die beiden Testamente. Das eine
Testament stammt vom Berg Sinai und bringt Sklaven zur Welt; das ist
Hagar – 25 denn Hagar ist Bezeichnung für den Berg Sinai in Arabien
–, und ihr entspricht das gegenwärtige Jerusalem, das mit seinen Kin-
dern in der Knechtschaft lebt.
26 Das himmlische Jerusalem aber ist frei, und dieses Jerusalem ist
unsere Mutter. 27 Denn es steht in der Schrift:
*Freu dich, du Unfruchtbare, die nie geboren hat, / brich in Jubel aus und
jauchze, die du nie in Wehen lagst! / Denn viele Kinder hat die Einsame, / mehr
als die Vermählte.*
28 Ihr aber, Brüder, seid Kinder der Verheißung wie Isaak. 29 Doch wie
damals der Sohn, der auf natürliche Weise gezeugt war, den verfolgte,
der kraft des Geistes gezeugt war, so geschieht es auch jetzt. 30 In der
Schrift aber heißt es: *Verstoß die Sklavin und ihren Sohn! Denn nicht der Sohn
der Sklavin soll Erbe sein, sondern der Sohn der Freien.* 31 Daraus folgt also,
meine Brüder, daß wir nicht Kinder der Sklavin sind, sondern Kinder
der Freien.

Freiheit oder Knechtschaft

5 Zur Freiheit hat uns Christus befreit. Bleibt daher fest und laßt
euch nicht von neuem das Joch der Knechtschaft auflegen!
2 Hört, was ich, Paulus, euch sage: Wenn ihr euch beschneiden laßt,
wird Christus euch nichts nützen. 3 Ich versichere noch einmal
jedem, der sich beschneiden läßt: Er ist verpflichtet, das ganze
Gesetz zu halten. 4 Wenn ihr also durch das Gesetz gerecht werden
wollt, dann habt ihr mit Christus nichts mehr zu tun; ihr seid aus der
Gnade herausgefallen. 5 Wir aber erwarten die erhoffte Gerechtigkeit
kraft des Geistes und aufgrund des Glaubens. 6 Denn in Christus
Jesus kommt es nicht darauf an, beschnitten oder unbeschnitten zu
sein, sondern darauf, den Glauben zu haben, der in der Liebe wirk-
sam ist. 7 Ihr wart auf dem richtigen Weg. Wer hat euch gehindert,
weiter der Wahrheit zu folgen? 8 Was man auch gesagt hat, um euch
zu überreden: es kommt nicht von dem, der euch berufen hat. 9 Ein
wenig Sauerteig durchsäuert den ganzen Teig. 10 Doch im Glauben an
den Herrn bin ich fest davon überzeugt, daß ihr keine andere Lehre
annehmen werdet. Wer euch verwirrt, der wird das Urteil Gottes zu
tragen haben, wer es auch sei. 11 Man behauptet sogar, daß ich selbst
noch die Beschneidung verkündige. Warum, meine Brüder, werde
ich dann verfolgt? Damit wäre ja das Ärgernis des Kreuzes beseitigt.
12 Diese Leute, die Unruhe bei euch stiften, sollen sich doch gleich
entmannen lassen.

Die Liebe als Frucht des Geistes

13 Ihr seid zur Freiheit berufen, Brüder. Nur nehmt die Freiheit nicht
zum Vorwand für das Fleisch, sondern dient einander in Liebe!
14 Denn das ganze Gesetz ist in dem einen Wort zusammengefaßt: *Du
sollst deinen Nächsten lieben wie dich selbst!* 15 Wenn ihr einander beißt
und verschlingt, dann gebt acht, daß ihr euch nicht gegenseitig
umbringt. 16 Darum sage ich: Laßt euch vom Geist leiten, dann werdet
ihr das Begehren des Fleisches nicht erfüllen. 17 Denn das Begehren
des Fleisches richtet sich gegen den Geist, das Begehren des Geistes
aber gegen das Fleisch; beide stehen sich als Feinde gegenüber, so
daß ihr nicht imstande seid, das zu tun, was ihr wollt. 18 Wenn ihr
euch aber vom Geist führen laßt, dann steht ihr nicht unter dem
Gesetz.
19 Die Werke des Fleisches sind deutlich erkennbar: Unzucht, Unsitt-
lichkeit, ausschweifendes Leben, 20 Götzendienst, Zauberei, Feind-
schaften, Streit, Eifersucht, Jähzorn, Eigennutz, Spaltungen, Partei-
ungen, 21 Neid und Mißgunst, Trink- und Eßgelage und ähnliches
mehr. Ich wiederhole, was ich euch schon früher gesagt habe: Wer so
etwas tut, wird das Reich Gottes nicht erben. 22 Die Frucht des Geistes
aber ist Liebe, Freude, Friede, Langmut, Freundlichkeit, Güte, Treue,
23 Sanftmut und Selbstbeherrschung; dem allem widerspricht das
Gesetz nicht. 24 Alle, die zu Christus Jesus gehören, haben das Fleisch
und damit ihre Leidenschaften und Begierden gekreuzigt. 25 Wenn wir
aus dem Geist leben, dann wollen wir dem Geist auch folgen. 26 Wir
wollen nicht prahlen, nicht miteinander streiten und einander nichts
nachtragen.

Das Gesetz Christi

6 Wenn einer sich zu einer Verfehlung hinreißen läßt, meine Brü-
der, so sollt ihr, die ihr vom Geist erfüllt seid, ihn im Geist der
Sanftmut wieder auf den rechten Weg bringen. Doch gib acht, daß du
nicht selbst in Versuchung gerätst. 2 Einer trage des anderen Last; so
werdet ihr das Gesetz Christi erfüllen. 3 Wer sich einbildet, etwas zu
sein, obwohl er nichts ist, der betrügt sich. 4 Jeder prüfe sein eigenes
Tun. Dann wird er sich nur im Blick auf sich selbst rühmen können,
nicht aber im Vergleich mit anderen. 5 Denn jeder wird seine eigene
Bürde zu tragen haben.

6 Wer im Evangelium unterrichtet wird, lasse seinen Lehrer an allem
teilhaben, was er besitzt.
7 Täuscht euch nicht: Gott läßt keinen Spott mit sich treiben; was der
Mensch sät, wird er ernten. 8 Wer im Vertrauen auf das Fleisch sät,
wird vom Fleisch Verderben ernten; wer aber im Vertrauen auf den
Geist sät, wird vom Geist ewiges Leben ernten. 9 Laßt uns nicht müde
werden, das Gute zu tun; denn wenn wir darin nicht nachlassen, wer-
den wir ernten, sobald die Zeit dafür gekommen ist. 10 Deshalb wollen
wir, solange wir noch Zeit haben, allen Menschen Gutes tun, beson-
ders aber denen, die mit uns im Glauben verbunden sind.

Schlußwort und Segenswunsch

11 Seht, ich schreibe euch jetzt mit eigener Hand; das ist meine
Schrift. 12 Jene Leute, die in der Welt nach Anerkennung streben,
nötigen euch nur deshalb zur Beschneidung, damit sie wegen
des Kreuzes Christi nicht verfolgt werden. 13 Denn obwohl sie
beschnitten sind, halten sie nicht einmal selber das Gesetz; dennoch
dringen sie auf eure Beschneidung, um sich dessen zu rühmen, was
an eurem Fleisch geschehen soll. 14 Ich aber will mich allein des
Kreuzes Jesu Christi, unseres Herrn, rühmen, durch das mir die
Welt gekreuzigt ist und ich der Welt. 15 Denn es kommt nicht darauf
an, ob einer beschnitten oder unbeschnitten ist, sondern darauf,
daß er neue Schöpfung ist. 16 Friede und Erbarmen komme über alle,
die sich von diesem Grundsatz leiten lassen, und über das Israel
Gottes.
17 In Zukunft soll mir niemand mehr solche Schwierigkeiten bereiten.
Denn ich trage die Zeichen Jesu an meinem Leib.
18 Die Gnade Jesu Christi, unseres Herrn, sei mit eurem Geist, meine
Brüder. Amen.

Der Brief an die Epheser

Beim Epheserbrief handelt es sich wohl um einen Rundbrief, da die Erwähnung von »Ephesus« (1,1) in zahlreichen Handschriften fehlt. Die Empfänger sind sehr wahrscheinlich die Christen Kleinasiens oder eines noch größeren Gebiets. Als Abfassungsort kommt Ephesus in Frage.
Das Schreiben ist zwar wie ein Brief gestaltet, stellt aber nach Stil und Inhalt eher eine feierliche Predigt dar. Lob Gottes (1,3) und Fürbitte (1,16; 3,1.14) kennzeichnen den ersten Teil, der mit einem liturgischen Lobpreis abschließt (3,21). Manche Forscher nehmen daher an, daß dieses Schreiben von einem Paulusschüler verfaßt wurde, der im Namen des Apostels schrieb.
Ein bestimmter Anlaß für die Entstehung des Schreibens ist nicht erkennbar. Das zentrale Thema des Briefs ist die Kirche, und zwar die weltweite Kirche, deren Haupt Christus ist. Inhaltlich wird dieses Thema in den Kapiteln 1–3 entfaltet. Gott hat die Kirche durch Christus schon vor der Erschaffung der Welt erwählt und als sein Volk zusammengerufen (Kap. 1). Durch die Taufe sind die Gläubigen der Macht der Finsternis entrissen und mit Christus verbunden worden (2,1–10). In der Kirche ist ein neues Menschengeschlecht entstanden, in dem die alte Feindschaft zwischen Juden und Heiden überwunden wurde, weil Christus Frieden gestiftet hat (2,11–22). Werkzeug Gottes für den Bau der Völkerkirche war der Apostel Paulus (Kap. 3). Im zweiten Teil werden sittliche Folgerungen gezogen. Vor allem gilt es, die Einheit zu wahren und alle Dienste in der Kirche zu aktivieren (4,1–16). Als Getaufte haben die Christen den alten, der Sünde verfallenen Menschen zu überwinden und ein neues Leben zu verwirklichen, das durch Christus erleuchtet ist (4,17–5,20). Das neue Leben hat sich vor allem in Ehe und Familie auszuwirken (5,21–6,9). Das Bild vom Streiter Christi schließt die Mahnung ab (6,10–20).
Der Epheserbrief enthält die bedeutendsten theologischen Aussagen im Neuen Testament über die Kirche.

Anschrift und Gruß

1 Paulus, durch den Willen Gottes Apostel Christi Jesu, an die
Heiligen in Ephesus, die an Christus Jesus glauben. 2 Gnade sei
mit euch und Friede von Gott, unserem Vater, und dem Herrn Jesus
Christus.

Gottes Heilsplan

Loblied auf den Heilsplan Gottes

3 Gepriesen sei der Gott und Vater unseres Herrn Jesus Christus: / Er hat uns mit allem Segen seines Geistes gesegnet / durch unsere Gemeinschaft mit Christus im Himmel.
4 Denn in ihm hat er uns erwählt vor der Erschaffung der Welt, / damit wir heilig und untadelig leben vor Gott;
5 er hat uns aus Liebe im voraus dazu bestimmt, / seine Söhne zu werden durch Jesus Christus / und nach seinem gnädigen Willen zu ihm zu gelangen,
6 zum Lob seiner herrlichen Gnade. / Er hat sie uns geschenkt in seinem geliebten Sohn;
7 durch sein Blut haben wir die Erlösung, / die Vergebung der Sünden nach dem Reichtum seiner Gnade.
8 Durch sie hat er uns mit aller Weisheit und Einsicht reich beschenkt
9 und hat uns das Geheimnis seines Willens kundgetan, / wie er es gnädig im voraus bestimmt hat:
10 Er hat beschlossen, die Fülle der Zeiten heraufzuführen, / in Christus alles zu vereinen, alles, was im Himmel und auf Erden ist.
11 Durch ihn sind wir auch als Erben vorherbestimmt und eingesetzt / nach dem Plan dessen, der alles so verwirklicht, / wie er es in seinem Willen beschließt;
12 wir sind zum Lob seiner Herrlichkeit bestimmt, / die wir schon früher auf Christus gehofft haben.
13 Durch ihn habt auch ihr das Wort der Wahrheit gehört, das Evangelium von eurer Rettung; / durch ihn habt ihr das Siegel des verheißenen Heiligen Geistes empfangen, als ihr den Glauben annahmt.
14 Der Geist ist der erste Anteil des Erbes, / das wir erhalten sollen, / der Erlösung, durch die wir Gottes Eigentum werden, / zum Lob seiner Herrlichkeit.

Gebet um Erkenntnis der Hoheit Christi

15/16 Darum höre ich nicht auf, für euch zu danken, wenn ich in meinen Gebeten an euch denke; denn ich habe von eurem Glauben an
Jesus, den Herrn, und von eurer Liebe zu allen Heiligen gehört. 17 Der
Gott Jesu Christi, unseres Herrn, der Vater der Herrlichkeit, gebe euch den Geist der Weisheit und Offenbarung, damit ihr ihn erkennt.
18 Er erleuchte die Augen eures Herzens, damit ihr versteht, zu welcher Hoffnung ihr durch ihn berufen seid, welchen Reichtum die Herrlich-
keit seines Erbes den Heiligen schenkt 19 und wie überragend groß
seine Macht sich an uns, den Gläubigen, erweist durch das Wirken seiner Kraft und Stärke.
20 Er hat sie an Christus erwiesen, den er von den Toten auferweckt
und im Himmel auf den Platz *zu seiner Rechten* erhoben hat, 21 hoch
über alle Fürsten und Gewalten, Mächte und Herrschaften und über jeden Namen, der nicht nur in dieser Welt, sondern auch in der
zukünftigen genannt wird. 22 *Alles hat er ihm zu Füßen gelegt* und ihn, der
als Haupt alles überragt, über die Kirche gesetzt. 23 Sie ist sein Leib
und wird von ihm erfüllt, der das All ganz und gar beherrscht.

Vom Tod zum Leben

2 Ihr wart tot infolge eurer Verfehlungen und Sünden. 2 Ihr wart
einst darin gefangen, wie es der Art dieser Welt entspricht, unter der Herrschaft jenes Geistes, der im Bereich der Lüfte regiert und jetzt
noch in den Ungehorsamen wirksam ist. 3 Zu ihnen gehörten auch wir
alle einmal, als wir noch von den Begierden unseres Fleisches beherrscht wurden. Wir folgten dem, was das Fleisch und der böse Sinn uns eingaben, und waren von Natur aus Kinder des Zorns wie die

anderen. 4/5 Gott aber, der voll Erbarmen ist, hat uns, die wir infolge
unserer Sünden tot waren, in seiner großen Liebe, mit der er uns
geliebt hat, zusammen mit Christus wieder lebendig gemacht. Aus
Gnade seid ihr gerettet. 6 Er hat uns mit Christus Jesus auferweckt und
uns zusammen mit ihm einen Platz im Himmel gegeben.
7 Dadurch, daß er in Christus Jesus gütig an uns handelte, wollte er
den kommenden Zeiten den überfließenden Reichtum seiner Gnade
zeigen. 8 Denn aus Gnade seid ihr durch den Glauben gerettet, nicht
aus eigener Kraft – Gott hat es geschenkt –, 9 nicht aufgrund eurer
Werke, damit keiner sich rühmen kann. 10 Seine Geschöpfe sind wir,
in Christus Jesus dazu geschaffen, in unserem Leben die guten Werke
zu tun, die Gott für uns im voraus bereitet hat.

Die Einheit von Juden und Heiden in Christus
11 Erinnert euch also, daß ihr einst Heiden wart und von denen, die
äußerlich beschnitten sind, Unbeschnittene genannt wurdet.
12 Damals wart ihr von Christus getrennt, der Gemeinde Israels fremd
und von dem Bund der Verheißung ausgeschlossen; ihr hattet keine
Hoffnung und lebtet ohne Gott in der Welt. 13 Jetzt aber seid ihr, die ihr
einst in der Ferne wart, durch Christus Jesus, nämlich durch sein Blut,
in die Nähe gekommen. 14 Denn er ist unser Friede. Er vereinigte die
beiden Teile (Juden und Heiden) und riß durch sein Sterben die tren-
nende Wand der Feindschaft nieder. 15 Er hob das Gesetz samt seinen
Geboten und Forderungen auf, um die zwei in seiner Person zu dem
einen neuen Menschen zu machen. Er stiftete Frieden 16 und versöhnte
die beiden durch das Kreuz mit Gott in einem einzigen Leib. Er hat in
seiner Person die Feindschaft getötet. 17 Er kam und verkündete den
Frieden: euch, *den Fernen*, und uns, *den Nahen*. 18 Durch ihn haben wir
beide in dem einen Geist Zugang zum Vater. 19 Ihr seid also jetzt nicht
mehr Fremde ohne Bürgerrecht, sondern Mitbürger der Heiligen und
Hausgenossen Gottes. 20 Ihr seid auf das Fundament der Apostel und
Propheten gebaut; der Schlußstein ist Christus Jesus selbst. 21 Durch
ihn wird der ganze Bau zusammengehalten und wächst zu einem hei-
ligen Tempel im Herrn. 22 Durch ihn werdet auch ihr im Geist zu einer
Wohnung Gottes erbaut.

Der Apostel und die Gemeinde

Paulus, Apostel für die Heiden
3 Deshalb (bete) ich, Paulus, für euch, die Heiden. Euch kommt es
zugute, daß ich der Gefangene Christi Jesu bin. 2 Ihr habt doch
gehört, welches Amt die Gnade Gottes mir für euch verliehen hat.
3 Durch eine Offenbarung wurde mir das Geheimnis mitgeteilt, das
ich soeben kurz beschrieben habe. 4 Wenn ihr das lest, könnt ihr
sehen, welche Einsicht in das Geheimnis Christi mir gegeben ist.
5 Den Menschen früherer Generationen war es nicht bekannt; jetzt
aber ist es seinen heiligen Aposteln und Propheten durch den Geist
offenbart worden: 6 daß nämlich die Heiden Miterben sind, zu dem-
selben Leib gehören und an derselben Verheißung in Christus Jesus
teilhaben durch das Evangelium. 7 Ihm diene ich dank der Gnade, die
mir durch Gottes mächtiges Wirken geschenkt wurde. 8 Mir, dem
Geringsten unter allen Heiligen, wurde diese Gnade geschenkt: Ich
soll den Heiden als Evangelium den unergründlichen Reichtum Chri-
sti verkündigen 9 und enthüllen, wie jenes Geheimnis Wirklichkeit
geworden ist, das von Ewigkeit her in Gott, dem Schöpfer des Alls,
verborgen war. 10 So sollen jetzt die Fürsten und Gewalten des himm-
lischen Bereichs durch die Kirche Kenntnis erhalten von der vielfälti-
gen Weisheit Gottes, 11 nach seinem ewigen Plan, den er durch Chri-
stus Jesus, unseren Herrn, ausgeführt hat. 12 In ihm haben wir den
freien Zugang durch das Vertrauen, das der Glaube an ihn schenkt.
13 Deshalb bitte ich euch, nicht wegen der Leiden zu verzagen, die ich
für euch ertrage, denn sie sind euer Ruhm.
Fürbitte für die Kirche
14 Daher beuge ich meine Knie vor dem Vater, 15 nach dessen Namen
jedes Geschlecht im Himmel und auf der Erde benannt wird, 16 und
bitte, er möge euch aufgrund des Reichtums seiner Herrlichkeit
schenken, daß ihr in eurem Innern durch seinen Geist an Kraft und
Stärke zunehmt. 17 Durch den Glauben wohne Christus in eurem Her-
zen. In der Liebe verwurzelt und auf sie gegründet, 18 sollt ihr zusam-
men mit allen Heiligen dazu fähig sein, die Länge und Breite, die
Höhe und Tiefe zu ermessen 19 und die Liebe Christi zu verstehen, die
alle Erkenntnis übersteigt. So werdet ihr mehr und mehr von der
ganzen Fülle Gottes erfüllt. 20 Er aber, der durch die Macht, die in uns
wirkt, unendlich viel mehr tun kann, als wir erbitten oder uns ausden-
ken können, 21 er werde verherrlicht durch die Kirche und durch Chri-
stus Jesus in allen Generationen, für ewige Zeiten. Amen.

Verschiedene Mahnungen

Aufruf zur Einheit
4 Ich, der ich um des Herrn willen im Gefängnis bin, ermahne
euch, ein Leben zu führen, das des Rufes würdig ist, der an euch
erging. 2 Seid demütig, friedfertig und geduldig, ertragt einander in
Liebe, 3 und bemüht euch, die Einheit des Geistes zu wahren durch
den Frieden, der euch zusammenhält. 4 E i n Leib und e i n Geist, wie
euch durch eure Berufung auch e i n e gemeinsame Hoffnung gege-
ben ist; 5 e i n Herr, e i n Glaube, e i n e Taufe, 6 e i n Gott und Vater
aller, der über allem und durch alles und in allem ist.

Die Gnadengaben zum Aufbau der Kirche
7 Aber jeder von uns empfing die Gnade in dem Maß, wie Christus sie
ihm geschenkt hat. 8 Deshalb heißt es: *Er stieg hinauf zur Höhe und erbeu-
tete Gefangene*, er gab den *Menschen Geschenke*. 9 Wenn er aber *hinaufstieg*,
was bedeutet dies anderes, als daß er auch zur Erde herabstieg? 10 Der-
selbe, der herabstieg, ist auch hinaufgestiegen bis zum höchsten
Himmel, um das All zu beherrschen. 11 Und er gab den einen das Apo-
stelamt, andere setzte er als Propheten ein, andere als Evangelisten,
andere als Hirten und Lehrer, 12 um die Heiligen für die Erfüllung ihres
Dienstes zu rüsten, für den Aufbau des Leibes Christi. 13 So sollen wir
alle zur Einheit im Glauben und in der Erkenntnis des Sohnes Gottes
gelangen, damit wir zum vollkommenen Menschen werden und Chri-
stus in seiner vollendeten Gestalt darstellen. 14 Wir sollen nicht mehr
unmündige Kinder sein, ein Spiel der Wellen, hin und her getrieben
von jedem Widerstreit der Meinungen, dem Betrug der Menschen aus-
geliefert, der Verschlagenheit, die in die Irre führt. 15 Wir wollen uns,
von der Liebe geleitet, an die Wahrheit halten und in allem wachsen,
bis wir ihn erreicht haben. Er, Christus, ist das Haupt. 16 Durch ihn
wird der ganze Leib zusammengefügt und gefestigt in jedem einzel-
nen Gelenk. Jedes trägt mit der Kraft, die ihm zugemessen ist. So
wächst der Leib und wird in Liebe aufgebaut.

Der alte und der neue Mensch
17 Ich sage es euch und beschwöre euch im Herrn: Lebt nicht mehr
wie die Heiden in ihrem nichtigen Denken! 18 Ihr Sinn ist verfinstert.
Sie sind dem Leben, das Gott schenkt, entfremdet durch die Un-
wissenheit, in der sie befangen sind, und durch die Verhärtung ihres
Herzens. 19 Haltlos wie sie sind, geben sie sich der Ausschweifung
hin, um voll Gier jede Art von Gemeinheit zu begehen. 20 Das aber
entspricht nicht dem, was ihr von Christus gelernt habt. 21 Ihr habt
doch von ihm gehört und seid unterrichtet worden in der Wahrheit,
die Jesus ist. 22 Legt den alten Menschen ab, der in Verblendung und
Begierde zugrunde geht, ändert euer früheres Leben, 23 und erneuert
euren Geist und Sinn! 24 Zieht den neuen Menschen an, der *nach dem
Bild Gottes* geschaffen ist in wahrer Gerechtigkeit und Heiligkeit.

Die Pflichten gegen den Nächsten

25 Legt deshalb die Lüge ab, und *redet untereinander die Wahrheit;* denn
wir sind als Glieder miteinander verbunden. 26 *Laßt euch durch den Zorn
nicht zur Sünde hinreißen!* Die Sonne soll über eurem Zorn nicht unterge-
hen. 27 Gebt dem Teufel keinen Raum! 28 Der Dieb soll nicht mehr
stehlen, sondern arbeiten und sich mit seinen Händen etwas verdie-
nen, damit er den Notleidenden davon geben kann. 29 Über eure Lip-
pen komme kein böses Wort, sondern nur ein gutes, das den, der es
braucht, stärkt, und dem, der es hört, Nutzen bringt. 30 Beleidigt nicht
den Heiligen Geist Gottes, dessen Siegel ihr tragt für den Tag der Erlö-
sung. 31 Jede Art von Bitterkeit, Wut, Zorn, Geschrei und Lästerung
und alles Böse verbannt aus eurer Mitte! 32 Seid gütig zueinander, seid
barmherzig, vergebt einander, weil auch Gott euch durch Christus
vergeben hat.

5 Ahmt Gott nach als seine geliebten Kinder, 2 und liebt einander,
weil auch Christus uns geliebt und sich für uns hingegeben hat
als Gabe und als Opfer, das Gott gefällt.

Aus der Finsternis zum Licht

3 Von Unzucht aber und Schamlosigkeit jeder Art oder von Habgier
soll bei euch, wie es sich für Heilige gehört, nicht einmal die Rede
sein. 4 Auch Sittenlosigkeit und albernes oder zweideutiges Ge-
schwätz schickt sich nicht für euch, sondern Dankbarkeit. 5 Denn das
sollt ihr wissen: Kein unzüchtiger, schamloser oder habgieriger
Mensch – das heißt kein Götzendiener – erhält ein Erbteil im Reich
Christi und Gottes. 6 Niemand täusche euch mit leeren Worten: All das
zieht auf die Ungehorsamen den Zorn Gottes herab. 7 Habt darum
nichts mit ihnen gemein! 8 Denn einst wart ihr Finsternis, jetzt aber
seid ihr durch den Herrn Licht geworden. Lebt als Kinder des Lichts!
9 Das Licht bringt lauter Güte, Gerechtigkeit und Wahrheit hervor.
10 Prüft, was dem Herrn gefällt, 11 und habt nichts gemein mit den
Werken der Finsternis, die keine Frucht bringen, sondern deckt sie
auf! 12 Denn man muß sich schämen, von dem, was sie heimlich tun,
auch nur zu reden. 13 Alles, was aufgedeckt ist, wird vom Licht
erleuchtet. 14 Alles Erleuchtete aber ist Licht. Deshalb heißt es:
Wach auf, du Schläfer, / und steh auf von den Toten, / und Christus
wird dein Licht sein.
15 Achtet also sorgfältig darauf, wie ihr euer Leben führt, nicht töricht,
sondern klug. 16 Nutzt die Zeit; denn diese Tage sind böse. 17 Darum
seid nicht unverständig, sondern begreift, was der Wille des Herrn
ist. 18 Berauscht euch nicht mit Wein – das macht zügellos –, sondern
laßt euch vom Geist erfüllen! 19 Laßt in eurer Mitte Psalmen, Hymnen
und Lieder erklingen, wie der Geist sie eingibt. Singt und jubelt aus
vollem Herzen zum Lob des Herrn! 20 Sagt Gott, dem Vater, jederzeit
Dank für alles im Namen Jesu Christi, unseres Herrn!

Über die christliche Familienordnung

21 Einer ordne sich dem andern unter in der gemeinsamen Ehrfurcht
vor Christus. 22 Ihr Frauen, ordnet euch euren Männern unter wie dem
Herrn (Christus); 23 denn der Mann ist das Haupt der Frau, wie auch
Christus das Haupt der Kirche ist; er hat sie gerettet, denn sie ist sein
Leib. 24 Wie aber die Kirche sich Christus unterordnet, sollen sich die
Frauen in allem den Männern unterordnen. 25 Ihr Männer, liebt eure
Frauen, wie Christus die Kirche geliebt und sich für sie hingegeben
hat, 26 um sie im Wasser und durch das Wort rein und heilig zu
machen. 27 So will er die Kirche herrlich vor sich erscheinen lassen,
ohne Flecken, Falten oder andere Fehler; heilig soll sie sein und
makellos. 28 Darum sind die Männer verpflichtet, ihre Frauen so zu
lieben wie ihren eigenen Leib. Wer seine Frau liebt, liebt sich selbst.
29 Keiner hat je seinen eigenen Leib gehaßt, sondern er nährt und
pflegt ihn, wie auch Christus die Kirche. 30 Denn wir sind Glieder sei-
nes Leibes. 31 *Darum wird der Mann Vater und Mutter verlassen und sich an
seine Frau binden, und die zwei werden ein Fleisch sein.*
32 Dies ist ein tiefes Geheimnis; ich beziehe es auf Christus und die
Kirche. 33 Was euch angeht, so liebe jeder von euch seine Frau wie sich
selbst, die Frau aber ehre den Mann.

6 Ihr Kinder, gehorcht euren Eltern, wie es vor dem Herrn recht
ist. 2 *Ehre deinen Vater und deine Mutter:* Das ist ein Hauptgebot,
und ihm folgt die Verheißung: 3 *damit es dir gut geht und du lange lebst auf
der Erde.* 4 Ihr Väter, reizt eure Kinder nicht zum Zorn, sondern erzieht
sie in der Zucht und Weisung des Herrn! 5 Ihr Sklaven, gehorcht euren
irdischen Herren mit Furcht und Zittern und mit aufrichtigem Herzen,
als wäre es Christus. 6 Arbeitet nicht nur, um euch bei den Menschen
einzuschmeicheln und ihnen zu gefallen, sondern erfüllt als Sklaven
Christi von Herzen den Willen Gottes! 7 Dient freudig, als dientet ihr
dem Herrn und nicht den Menschen. 8 Denn ihr wißt, daß jeder, der
etwas Gutes tut, es vom Herrn zurückerhalten wird, ob er ein Sklave ist
oder ein freier Mann. 9 Ihr Herren, handelt in gleicher Weise gegen
eure Sklaven! Droht ihnen nicht! Denn ihr wißt, daß ihr im Himmel
einen gemeinsamen Herrn habt. Bei ihm gibt es kein Ansehen der
Person.

Aufruf zum Kampf

10 Und schließlich: Werdet stark durch die Kraft und Macht des Herrn!
11 Zieht die Rüstung Gottes an, damit ihr den listigen Anschlägen des
Teufels widerstehen könnt. 12 Denn wir haben nicht gegen Menschen
aus Fleisch und Blut zu kämpfen, sondern gegen die Fürsten und
Gewalten, gegen die Beherrscher dieser finsteren Welt, gegen die
bösen Geister des himmlischen Bereichs. 13 Darum legt die Rüstung
Gottes an, damit ihr am Tag des Unheils standhalten, alles vollbringen
und den Kampf bestehen könnt.
14 Seid also standhaft: Gürtet euch mit Wahrheit, zieht *als Panzer die
Gerechtigkeit* an 15 und als Schuhe die Bereitschaft, für das Evangelium
vom Frieden zu kämpfen. 16 Vor allem greift zum Schild des Glaubens!
Mit ihm könnt ihr alle feurigen Geschosse des Bösen auslöschen.
17 Nehmt den Helm des Heils und das Schwert des Geistes, das ist das
Wort Gottes. 18 Hört nicht auf, zu beten und zu flehen! Betet jederzeit
im Geist; seid wachsam, harrt aus und bittet für alle Heiligen, 19 auch
für mich: daß Gott mir das rechte Wort schenkt, wenn es darauf
ankommt, mit Freimut das Geheimnis des Evangeliums zu verkünden,
20 als dessen Gesandter ich im Gefängnis bin. Bittet, daß ich in seiner
Kraft freimütig zu reden vermag, wie es meine Pflicht ist.

Schlußwort und Segenswunsch

21 Damit auch ihr erfahrt, wie es mir geht und was ich tue, wird euch
Tychikus, der geliebte Bruder und treue Helfer im Dienst des Herrn,
alles berichten. 22 Ich schicke ihn eigens zu euch, damit ihr alles über
uns erfahrt und damit er euch Mut zuspricht.
23 Friede sei mit den Brüdern, Liebe und Glaube von Gott, dem Vater,
und Jesus Christus, dem Herrn. 24 Gnade und unvergängliches Leben
sei mit allen, die Jesus Christus, unseren Herrn, lieben!

Der Brief an die Philipper

Paulus gründete die Gemeinde von Philippi (Ostmazedonien) als erste christliche Gemeinde auf europäischem Boden bei seiner zweiten Missionsreise um das Jahr 50. Die Gemeinde wuchs ihm besonders ans Herz. Nur von ihr ließ er sich unterstützen, auch finanziell. Den Brief an die Philipper schrieb er im Gefängnis, wahrscheinlich in Ephesus, um 55 n. Chr. Die Auffassung, der Brief sei erst in der römischen Gefangenschaft des Apostels abgefaßt worden, ist heute weithin aufgegeben. Zwar erfahren wir aus der Apostelgeschichte nichts über eine Gefangenschaft in Ephesus, aber Andeutungen in den Briefen des Apostels Paulus lassen darauf schließen (1 Kor 15,32; vor allem 2 Kor 1,8–10; vgl. auch 2 Kor 11,22–33). Den Anlaß des Briefs bildete der Wunsch der Christen in Philippi, von ihrem Apostel, der im Gefängnis saß, Näheres über sein Schicksal zu erfahren, sowie eine Geldspende, die sie durch Epaphroditus überbringen ließen. Auch das Eindringen von Irrlehren bewog Paulus zur Abfassung dieses Schreibens. Nach Dank und Fürbitte (1,3–11) spricht Paulus von seinem Schicksal. Er tut dies so, daß er sein Los mit dem des Evangeliums verknüpft (1,12–26). Er mahnt zur Einheit und stellt in einem hymnischen Text der Gemeinde den Weg Christi, des Gottessohnes und erhöhten Herrn, vor Augen. An ihm hat sie durch den Glauben Anteil gewonnen (1,27–2,18). Sodann spricht er über seine persönlichen Pläne (2,19–30). Im 3. Kapitel nimmt er mit außerordentlich scharfen Worten Stellung gegen christliche Wanderprediger, die Irrlehren verbreiten, und weist auf die Gefahr hin, die dadurch der Kirche droht. Abschließend wendet er sich an einzelne Gemeindeglieder, die ihm Sorge bereiten, und bedankt sich für die empfangene Gabe (Kap. 4). Der besondere Wert des Briefs liegt darin, daß er uns Einblick verschafft in das persönliche Wollen und Denken des Menschen und Christen Paulus. Der bekannteste und wichtigste Text ist das Christuslied in 2,6–11. Theologisch bedeutsam ist daneben die Erwartung des Paulus im Hinblick auf sein Ergehen nach dem Tod (1,19–26) und auf seine Gemeinschaft mit Christus (3,7–21).

Anschrift und Gruß

1 Paulus und Timotheus, Knechte Christi Jesu, an alle Heiligen in
Christus Jesus, die in Philippi sind, mit ihren Bischöfen und Dia-
konen. 2 Gnade sei mit euch und Friede von Gott, unserem Vater, und
dem Herrn Jesus Christus.

Der Apostel und sein Evangelium

Dank und Fürbitte

3 Ich danke meinem Gott jedesmal, wenn ich an euch denke; 4 immer,
wenn ich für euch alle bete, tue ich es mit Freude 5 und danke Gott
dafür, daß ihr euch gemeinsam für das Evangelium eingesetzt habt
vom ersten Tag an bis jetzt. 6 Ich vertraue darauf, daß er, der bei euch
das gute Werk begonnen hat, es auch vollenden wird bis zum Tag
Christi Jesu. 7 Es ist nur recht, daß ich so über euch alle denke, weil ich
euch ins Herz geschlossen habe. Denn ihr alle habt Anteil an der
Gnade, die mir durch meine Gefangenschaft und die Verteidigung
und Bekräftigung des Evangeliums gewährt ist. 8 Gott ist mein Zeuge,
wie ich mich nach euch allen sehne mit der herzlichen Liebe, die Chri-
stus Jesus zu euch hat. 9 Und ich bete darum, daß eure Liebe immer
noch reicher an Einsicht und Verständnis wird, 10 damit ihr beurteilen
könnt, worauf es ankommt. Dann werdet ihr rein und ohne Tadel sein
für den Tag Christi, 11 reich an der Frucht der Gerechtigkeit, die Jesus
Christus gibt, zur Ehre und zum Lob Gottes.

Paulus, Verkünder der Frohen Botschaft

12 Ihr sollt wissen, Brüder, daß alles, was mir zugestoßen ist, die Ver-
breitung des Evangeliums gefördert hat. 13 Denn im ganzen Prätorium
und bei allen übrigen ist offenbar geworden, daß ich um Christi willen
im Gefängnis bin. 14 Und die meisten der Brüder sind durch meine
Gefangenschaft zuversichtlich geworden im Glauben an den Herrn
und wagen um so kühner, das Wort Gottes furchtlos zu sagen.
15 Einige verkündigen Christus zwar aus Neid und Streitsucht, andere
aber in guter Absicht. 16 Die einen predigen Christus aus Liebe, weil sie
wissen, daß ich zur Verteidigung des Evangeliums bestimmt bin,
17 die andern aus Ehrgeiz, nicht in redlicher Gesinnung; sie möchten
die Last meiner Ketten noch schwerer machen. 18 Aber was liegt
daran? Auf jede Weise, ob in unlauterer oder lauterer Absicht, wird
Christus verkündigt, und darüber freue ich mich.

Georg Baselitz
Kreuztragung
(1983)

»... er erniedrigte sich und war gehorsam bis zum Tod, bis zum Tod am Kreuz« (Phil 2,8). Die *Kreuztragung* gehört mit Darstellungen der *Dornenkrönung* und der *Verspottung* zu einer Werkgruppe von Passionsbildern, die der Neoexpressionist Georg Baselitz 1983/84 geschaffen hat. Gemeinsam ist ihnen – neben der formalen, bereits bei der Entstehung vorhandenen Eigenart des Kopfstands – eine Beschränkung auf leuchtende Farbflächen, die Jesu Gestalt formen. Die *Kreuztragung* weicht inhaltlich von der Bildtradition ab, indem Jesus sein T-förmiges Kreuz nicht als Last auf dem Rücken schleppt, sondern senkrecht im Arm trägt. Es gewinnt auf diese Weise den Charakter eines Attributes und verweist auf Darstellungen des Auferstandenen mit dem Kreuz als Siegeszeichen. In diese Richtung weist auch der mit grünem Laub versehene Baum am rechten Bildrand, der das Kreuz im Sinne einer bereits im Frühchristentum entwickelten Symbolik als Lebensbaum deutet. Ihre literarische Ausgestaltung fand diese Symbolik in der Legende von der Auffindung des Heiligen Kreuzes durch die hl. Helena, die Mutter Kaiser Konstantins des Großen. Sein Holz stammt von jenem Baum auf dem Grab Adams, der aus einem Sproß des Lebensbaumes im Garten von Eden erwachsen ist.

Aber ich werde mich auch in Zukunft freuen. 19 Denn ich weiß: *Das*
wird zu meiner Rettung führen durch euer Gebet und durch die Hilfe des
Geistes Jesu Christi. 20 Darauf warte und hoffe ich, daß ich in keiner
Hinsicht beschämt werde, daß vielmehr Christus in aller Öffentlich-
keit – wie immer, so auch jetzt – durch meinen Leib verherrlicht wird,
ob ich lebe oder sterbe. 21 Denn für mich ist Christus das Leben, und
Sterben Gewinn. 22 Wenn ich aber weiterleben soll, bedeutet das für
mich fruchtbare Arbeit. Was soll ich wählen? Ich weiß es nicht. 23 Es
zieht mich nach beiden Seiten: Ich sehne mich danach, aufzubrechen
und bei Christus zu sein – um wieviel besser wäre das! 24 Aber euret-
wegen ist es notwendiger, daß ich am Leben bleibe. 25 Im Vertrauen
darauf weiß ich, daß ich bleiben und bei euch allen ausharren werde,
um euch im Glauben zu fördern und zu erfreuen, 26 damit ihr euch in
Christus Jesus um so mehr meiner rühmen könnt, wenn ich wieder zu
euch komme.

Verschiedene Mahnungen

Aufruf zur Eintracht

27 Vor allem: lebt als Gemeinde so, wie es dem Evangelium Christi
entspricht. Ob ich komme und euch sehe oder ob ich fern bin, ich
möchte hören, daß ihr in dem einen Geist feststeht, einmütig für den
Glauben an das Evangelium kämpft 28 und euch in keinem Fall von
euren Gegnern einschüchtern laßt. Das wird für sie ein Zeichen dafür
sein, daß sie verloren sind und ihr gerettet werdet, ein Zeichen, das
von Gott kommt. 29 Denn euch wurde die Gnade zuteil, für Christus
dazusein, also nicht nur an ihn zu glauben, sondern auch seinetwegen
zu leiden. 30 Denn ihr habt den gleichen Kampf zu bestehen, den ihr
früher an mir gesehen habt und von dem ihr auch jetzt hört.

2 Wenn es also Ermahnung in Christus gibt, Zuspruch aus Liebe,
eine Gemeinschaft des Geistes, herzliche Zuneigung und Erbar-
men, 2 dann macht meine Freude dadurch vollkommen, daß ihr eines
Sinnes seid, einander in Liebe verbunden, einmütig und einträchtig,
3 daß ihr nichts aus Ehrgeiz und nichts aus Prahlerei tut. Sondern in
Demut schätze einer den andern höher ein als sich selbst. 4 Jeder achte
nicht nur auf das eigene Wohl, sondern auch auf das der anderen.

Das Beispiel Christi

5 Seid untereinander so gesinnt, wie es dem Leben in Christus Jesus
entspricht:
6 Er war Gott gleich, / hielt aber nicht daran fest, wie Gott zu sein,
7 sondern er entäußerte sich / und wurde wie ein Sklave / und den
Menschen gleich. / Sein Leben war das eines Menschen;
8 er erniedrigte sich / und war gehorsam bis zum Tod, / bis zum Tod
am Kreuz.
9 Darum hat ihn Gott über alle erhöht / und ihm den Namen verliehen, /
der größer ist als alle Namen,
10 damit alle im Himmel, auf der Erde und unter der Erde / ihre Knie
beugen vor dem Namen Jesu
11 *und jeder Mund bekennt:* / »Jesus Christus ist der Herr« – / zur Ehre
Gottes, des Vaters.

Die Sorge des Apostels um das Heil der Gemeinde

12 Darum, liebe Brüder – ihr wart ja immer gehorsam, nicht nur in
meiner Gegenwart, sondern noch viel mehr jetzt in meiner Abwesen-
heit –: müht euch mit Furcht und Zittern um euer Heil! 13 Denn Gott ist
es, der in euch das Wollen und das Vollbringen bewirkt, noch über
euren guten Willen hinaus. 14 Tut alles ohne Murren und Bedenken,
15 damit ihr rein und ohne Tadel seid, *Kinder Gottes ohne Makel* mitten in
einer *verdorbenen und verwirrten Generation*, unter der ihr als Lichter in der
Welt leuchtet. 16 Haltet fest am Wort des Lebens, mir zum Ruhm für
den Tag Christi, damit ich nicht vergeblich gelaufen bin oder mich
umsonst abgemüht habe. 17 Wenn auch mein Leben dargebracht wird
zusammen mit dem Opfer und Gottesdienst eures Glaubens, freue
ich mich dennoch, und ich freue mich mit euch allen. 18 Ebenso sollt
auch ihr euch freuen; freut euch mit mir!

Die Pläne des Apostels

19 Ich hoffe aber im Vertrauen auf Jesus, den Herrn, daß ich Timotheus
bald zu euch schicken kann, damit auch ich ermutigt werde, wenn ich
erfahre, wie es um euch steht. 20 Ich habe keinen Gleichgesinnten,
der so aufrichtig um eure Sache besorgt ist; 21 denn alle suchen ihren
Vorteil, nicht die Sache Jesu Christi. 22 Ihr wißt ja, wie er sich bewährt
hat: Wie ein Kind dem Vater – so hat er mit mir zusammen dem Evan-
gelium gedient. 23 Ihn also hoffe ich schicken zu können, sobald ich
meine Lage übersehe. 24 Doch ich habe die Zuversicht im Herrn, daß
auch ich bald kommen kann.
25 Ich hielt es aber für notwendig, Epaphroditus, meinen Bruder, Mit-
arbeiter und Mitstreiter, euren Abgesandten und Helfer in meiner Not,
zu euch zu schicken. 26 Er sehnte sich danach, euch alle wiederzuse-
hen, und war beunruhigt, weil ihr gehört hattet, daß er krank gewor-
den war. 27 Er war tatsächlich so krank, daß er dem Tod nahe war.
Aber Gott hatte Erbarmen mit ihm, und nicht nur mit ihm, sondern
auch mit mir, damit ich nicht vom Kummer überwältigt würde. 28 Um
so mehr beeile ich mich, ihn zu schicken, damit ihr euch wieder freut,
wenn ihr ihn seht, und auch ich weniger Kummer habe. 29 Nehmt ihn
also im Herrn mit aller Freude auf, und haltet Menschen wie ihn in
Ehren, 30 denn wegen seiner Arbeit für Christus kam er dem Tod nahe.
Er hat sein Leben aufs Spiel gesetzt, um zu vollenden, was an eurem
Dienst für mich noch gefehlt hat.

Das Leben des Christen – Das Vorbild des Apostels

Standhaftigkeit im Glauben

3 Vor allem, meine Brüder, freut euch im Herrn! Euch immer das
gleiche zu schreiben wird mir nicht lästig, euch aber macht es
sicher. 2 Gebt acht auf diese Hunde, gebt acht auf die falschen Lehrer,
gebt acht auf die Verschnittenen! 3 Denn die Beschnittenen sind wir,
die wir im Geist Gottes dienen und uns in Christus Jesus rühmen und
nicht auf irdische Vorzüge vertrauen, 4 obwohl ich mein Vertrauen
auch auf irdische Vorzüge setzen könnte. Wenn ein anderer meint, er
könne auf irdische Vorzüge vertrauen, so könnte ich es noch mehr.
5 Ich wurde am achten Tag beschnitten, bin aus dem Volk Israel, vom
Stamm Benjamin, ein Hebräer von Hebräern, lebte als Pharisäer nach
dem Gesetz, 6 verfolgte voll Eifer die Kirche und war untadelig in der
Gerechtigkeit, wie sie das Gesetz vorschreibt.

Sehnsucht nach voller Gemeinschaft mit Christus

7 Doch was mir damals ein Gewinn war, das habe ich um Christi Willen
als Verlust erkannt. 8 Ja noch mehr: ich sehe alles als Verlust an, weil die
Erkenntnis Christi Jesu, meines Herrn, alles übertrifft. Seinetwegen
habe ich alles aufgegeben und halte es für Unrat, um Christus zu gewin-
nen 9 und in ihm zu sein. Nicht meine eigene Gerechtigkeit suche ich,
die aus dem Gesetz hervorgeht, sondern jene, die durch den Glauben an
Christus kommt, die Gerechtigkeit, die Gott aufgrund des Glaubens
schenkt. 10 Christus will ich erkennen und die Macht seiner Auferste-
hung und die Gemeinschaft mit seinen Leiden; sein Tod soll mich prä-
gen. 11 So hoffe ich, auch zur Auferstehung von den Toten zu gelangen.
12 Nicht daß ich es schon erreicht hätte oder daß ich schon vollendet
wäre. Aber ich strebe danach, es zu ergreifen, weil auch ich von Chri-
stus Jesus ergriffen worden bin. 13 Brüder, ich bilde mir nicht ein, daß
ich es schon ergriffen hätte. Eines aber tue ich: Ich vergesse, was hin-

ter mir liegt, und strecke mich nach dem aus, was vor mir ist. 14 Das
Ziel vor Augen, jage ich nach dem Siegespreis: der himmlischen Beru-
fung, die Gott uns in Christus Jesus schenkt.
15 Das wollen wir bedenken, wir Vollkommenen. Und wenn ihr anders
über etwas denkt, wird Gott euch auch das offenbaren. 16 Nur müssen
wir festhalten, was wir erreicht haben.
17 Ahmt auch ihr mich nach, Brüder, und achtet auf jene, die nach dem
Vorbild leben, das ihr an uns habt. 18 Denn viele – von denen ich oft zu
euch gesprochen habe, doch jetzt unter Tränen spreche – leben als
Feinde des Kreuzes Christi. 19 Ihr Ende ist das Verderben, ihr Gott der
Bauch; ihr Ruhm besteht in ihrer Schande; Irdisches haben sie im
Sinn. 20 Unsere Heimat aber ist im Himmel. Von dorther erwarten wir
auch Jesus Christus, den Herrn, als Retter, 21 der unseren armseligen
Leib verwandeln wird in die Gestalt seines verherrlichten Leibes, in
der Kraft, mit der er sich alles unterwerfen kann.

Christliche Grundhaltungen

4 Darum, meine geliebten Brüder, nach denen ich mich sehne,
meine Freude und mein Ehrenkranz, steht fest in der Gemein-
schaft mit dem Herrn, liebe Brüder. 2 Ich ermahne Evodia, und ich
ermahne Syntyche, einmütig zu sein im Herrn. 3 Ja, ich bitte auch dich,
treuer Gefährte, nimm dich ihrer an! Sie haben mit mir für das Evan-
gelium gekämpft, zusammen mit Klemens und meinen anderen Mit-
arbeitern. Ihre Namen stehen im *Buch des Lebens.*
4 Freut euch im Herrn zu jeder Zeit! Noch einmal sage ich: Freut euch!
5 Eure Güte werde allen Menschen bekannt. Der Herr ist nahe. 6 Sorgt
euch um nichts, sondern bringt in jeder Lage betend und flehend eure
Bitten mit Dank vor Gott! 7 Und der Friede Gottes, der alles Verstehen
übersteigt, wird eure Herzen und eure Gedanken in der Gemeinschaft
mit Christus Jesus bewahren. 8 Schließlich, Brüder: Was immer wahr-
haft, edel, recht, was lauter, liebenswert, ansprechend ist, was Tugend
heißt und lobenswert ist, darauf seid bedacht! 9 Was ihr gelernt und
angenommen, gehört und an mir gesehen habt, das tut! Und der Gott
des Friedens wird mit euch sein.

Dank des Apostels

10 Ich habe mich im Herrn besonders gefreut, daß ihr eure Sorge für
mich wieder einmal entfalten konntet. Ihr hattet schon daran gedacht,
aber es fehlte euch die Gelegenheit dazu. 11 Ich sage das nicht, weil ich
etwa Mangel leide. Denn ich habe gelernt, mich in jeder Lage zurecht-
zufinden: 12 Ich weiß Entbehrungen zu ertragen, ich kann im Über-
fluß leben. In jedes und alles bin ich eingeweiht: in Sattsein und Hun-
gern, Überfluß und Entbehrung. 13 Alles vermag ich durch ihn, der
mir Kraft gibt. 14 Trotzdem habt ihr recht daran getan, an meiner
Bedrängnis teilzunehmen. 15 Ihr wißt selbst, ihr Philipper, daß ich
beim Beginn der Verkündigung des Evangeliums, als ich aus Mazedo-
nien aufbrach, mit keiner Gemeinde durch Geben und Nehmen ver-
bunden war außer mit euch 16 und daß ihr mir in Thessalonich und
auch sonst das eine und andere Mal etwas geschickt habt, um mir zu
helfen. 17 Es geht mir nicht um die Gabe, es geht mir um den Gewinn,
der euch mit Zinsen gutgeschrieben wird. 18 Ich habe alles empfangen
und habe jetzt mehr als genug. Mir fehlt nichts mehr, seit ich von Epa-
phroditus eure Gaben erhielt, ein schönes Opfer, eine angenehme
Opfergabe, die Gott gefällt. 19 Mein Gott aber wird euch durch Chri-
stus Jesus alles, was ihr nötig habt, aus dem Reichtum seiner Herr-
lichkeit schenken. 20 Unserem Gott und Vater sei die Ehre in alle Ewig-
keit! Amen.

Der Schluß des Briefes: Grüße und Segenswunsch

21 Grüßt jeden Heiligen in Christus Jesus! Es grüßen euch die Brüder,
die bei mir sind. 22 Es grüßen euch alle Heiligen, besonders die aus
dem Haus des Kaisers. 23 Die Gnade Jesu Christi, des Herrn, sei mit
eurem Geist!

Der Brief an die Kolosser

Kolossä war eine Stadt im westlichen Teil Kleinasiens (Phrygien), am Oberlauf des Flusses Lykos. In diesem Gebiet missionierte nicht Paulus, sondern in seinem Auftrag Epaphras, der im Brief lobend erwähnt wird (1,7f; 4,12f). Paulus ist der Gemeinde persönlich nicht bekannt (2,1). Der gedankliche Abstand zu den älteren Paulusbriefen macht es wahrscheinlich, daß der Brief spät, entweder in der Gefangenschaft des Apostels in Cäsarea (Apg 23,33–26,32) um 57–59 oder in Rom nach 59–60 n. Chr. (Apg 28,16–31), abgefaßt wurde. Manche Forscher halten den Brief für das Schreiben eines Paulusschülers. Den Anlaß des Schreibens bildete eine in die Gemeinde eingedrungene Irrlehre, die eine merkwürdige Frömmigkeit in Verbindung mit Schicksalsglauben und Verehrung von Gestirnen vertrat, den Christusglauben jedoch bestehen ließ. Durch den Brief soll die Gemeinde zu der durch Epaphras vermittelten apostolischen Lehre zurückgeführt werden.

Nach Dank und Fürbitte (1,3–11) erinnert der Apostel die Gemeinde mit einem Christuslied (1,12–20) an das verpflichtende Bekenntnis. Die Gedanken des Liedes werden auf die Gemeinde bezogen (1,21–23) und im Hinblick auf den Apostel und auf Christus vertieft (1,24–2,7). Es schließt sich die Warnung vor den Irrlehrern an, in der die Kolosser an die Gaben erinnert werden, die sie in der Taufe empfangen haben (2,8–23). Ein weiterer Teil enthält Ermahnungen für Getaufte (3,1–17), Belehrungen in Form einer »Haustafel«, die sich an die verschiedenen Stände richten (3,18–4,1), und Weisungen für die gesamte Gemeinde (4,2–6). Eine lange Liste von Grüßen und einzelnen persönlichen Anweisungen beendet das Schreiben (4,7–18). Für den Glauben der Kirche gewann der Brief Bedeutung wegen seiner Aussagen über Christus, die im Christuslied zusammengefaßt sind.

Anschrift und Gruß

1 Paulus, durch den Willen Gottes Apostel Christi Jesu, und der
Bruder Timotheus 2 an die heiligen Brüder in Kolossä, die an
Christus glauben. Gnade sei mit euch und Friede von Gott, unserem
Vater.

Gottes Heilsplan

Dank für die Gemeinde

3 Wir danken Gott, dem Vater Jesu Christi, unseres Herrn, jedesmal,
wenn wir für euch beten. 4 Denn wir haben von eurem Glauben an
Christus Jesus gehört und von der Liebe, die ihr zu allen Heiligen habt,
5 weil im Himmel die Erfüllung eurer Hoffnung für euch bereitliegt.
Schon früher habt ihr davon gehört durch das wahre Wort des Evange-
liums, 6 das zu euch gelangt ist. Wie in der ganzen Welt, so trägt es
auch bei euch Frucht und wächst seit dem Tag, an dem ihr den Ruf der
göttlichen Gnade vernommen und in Wahrheit erkannt habt. 7 So habt
ihr es von Epaphras, unserem geliebten Mitarbeiter, gelernt. Er ist an
unserer Stelle ein treuer Diener Christi, 8 und er hat uns auch von der
Liebe berichtet, die der Geist in euch bewirkt hat.

Fürbitte für die Gemeinde

9 Seit dem Tag, an dem wir davon erfahren haben, hören wir nicht auf,
inständig für euch zu beten, daß ihr in aller Weisheit und Einsicht, die
der Geist schenkt, den Willen des Herrn ganz erkennt. 10 Denn ihr sollt
ein Leben führen, das des Herrn würdig ist und in allem sein Gefallen
findet. Ihr sollt Frucht bringen in jeder Art von guten Werken und
wachsen in der Erkenntnis Gottes. 11 Er gebe euch in der Macht seiner
Herrlichkeit viel Kraft, damit ihr in allem Geduld und Ausdauer habt.

Loblied auf Christus, das Ebenbild Gottes

12 Dankt dem Vater mit Freude! Er hat euch fähig gemacht, Anteil zu
haben am Los der Heiligen, die im Licht sind.
13 Er hat uns der Macht der Finsternis entrissen und aufgenommen in
das Reich seines geliebten Sohnes. 14 Durch ihn haben wir die Erlö-
sung, die Vergebung der Sünden.
15 Er ist das Ebenbild des unsichtbaren Gottes, / der Erstgeborene der
ganzen Schöpfung.
16 Denn in ihm wurde alles erschaffen / im Himmel und auf Erden, /
das Sichtbare und das Unsichtbare, / Throne und Herrschaften,
Mächte und Gewalten; / alles ist durch ihn und auf ihn hin geschaffen.
17 Er ist vor aller Schöpfung, / in ihm hat alles Bestand.
18 Er ist das Haupt des Leibes, / der Leib aber ist die Kirche. / Er ist der
Ursprung, / der Erstgeborene der Toten; / so hat er in allem den Vor-
rang.
19 Denn Gott wollte mit seiner ganzen Fülle in ihm wohnen, / 20 um
durch ihn alles zu versöhnen.
Alles im Himmel und auf Erden wollte er zu Christus führen, / der
Friede gestiftet hat am Kreuz durch sein Blut.

Aufruf an die Gemeinde

21 Auch ihr standet ihm einst fremd und feindlich gegenüber; denn
euer Sinn trieb euch zu bösen Taten. 22 Jetzt aber hat er euch durch den
Tod seines sterblichen Leibes versöhnt, um euch heilig, untadelig und
schuldlos vor sich treten zu lassen. 23 Doch müßt ihr unerschütterlich
und unbeugsam am Glauben festhalten und dürft euch nicht von der
Hoffnung abbringen lassen, die euch das Evangelium schenkt. In der
ganzen Schöpfung unter dem Himmel wurde das Evangelium verkün-
det; ihr habt es gehört, und ich, Paulus, diene ihm.

Der Apostel und die Gemeinde

Diener der Kirche für alle Menschen

24 Jetzt freue ich mich in den Leiden, die ich für euch ertrage. Für den
Leib Christi, die Kirche, ergänze ich in meinem irdischen Leben das,
was an den Leiden Christi noch fehlt. 25 Ich diene der Kirche durch das

Kasimir Malewitsch
Epitaphios.
Das Leichentuch Christi
(1908)
»Wenn ihr mit Christus gestorben seid und euch von den Elementen der Welt losgesagt habt, warum laßt ihr euch dann, als würdet ihr noch in der Welt leben, vorschreiben: Berühre das nicht, iß nicht davon, faß das nicht an!« (Kol 2,20). Die Darstellung des Leichnams Jesu in sakral gesteigerter Weise ist geeignet, den von Paulus betonten Orientierungspunkt zu verdeutlichen. Das Gemälde stammt aus der Schaffensphase von Kasimir Malewitsch, die seiner 1910 vollzogenen radikalen Abwendung von der gegenständlichen Bildwelt vorausgegangen ist. Zwar ist bereits hier die Tendenz zur Abstraktion erkennbar, doch beschränkt sie sich auf eine Ornamentalisierung, verbunden mit symbolischen Motiven. Dies gilt vor allem für das Baummotiv, das sich über dem Leib Jesu ausbreitet und von zwei schlank aufsteigenden Bäumen mit blütenbesetzten Stämmen flankiert wird. Solche rosettenartigen Blütenformen bedecken das Grabtuch und finden sich auf dem mittleren der drei Lebensbäume. Eine schuppenförmig strukturierte Fläche hinterfängt als kunstvolle Folie den gezackten Horizont. All dies deutet auf die Nähe von Malewitschs Frühwerk zum gesamteuropäischen Symbolismus der Jahrhundertwende hin, der wiederum mit dem Jugendstil verwandt ist. Es sind dieselben Voraussetzungen, unter denen Wassily Kandinsky den Weg zur Abstraktion beschritten hat.

Amt, das Gott mir übertragen hat, damit ich euch das Wort Gottes in
seiner Fülle verkündige, 26 jenes Geheimnis, das seit ewigen Zeiten
und Generationen verborgen war. Jetzt wurde es seinen Heiligen
offenbart; 27 Gott wollte ihnen zeigen, wie reich und herrlich dieses
Geheimnis unter den Völkern ist: Christus ist unter euch, er ist die
Hoffnung auf Herrlichkeit. 28 Ihn verkündigen wir; wir ermahnen
jeden Menschen und belehren jeden mit aller Weisheit, um dadurch
alle in der Gemeinschaft mit Christus vollkommen zu machen.
29 Dafür kämpfe ich unter vielen Mühen; denn seine Kraft wirkt mit
großer Macht in mir.

Der Glaube der Gemeinde

2 Ihr sollt wissen, was für einen schweren Kampf ich für euch und
für die Gläubigen in Laodizea zu bestehen habe, auch für alle
anderen, die mich persönlich nie gesehen haben. 2 Dadurch sollen sie
getröstet werden; sie sollen in Liebe zusammenhalten, um die tiefe
und reiche Einsicht zu erlangen und das göttliche Geheimnis zu
erkennen, das Christus ist. 3 In ihm sind alle Schätze der Weisheit und
Erkenntnis verborgen. 4 Das sage ich, damit euch niemand durch
Überredungskünste täuscht. 5 Auch wenn ich fern von euch weile, bin
ich im Geist bei euch. Mit Freude sehe ich, wie fest und geordnet euer
Glaube an Christus ist.
6 Ihr habt Christus Jesus als Herrn angenommen. Darum lebt auch in
ihm! 7 Bleibt in ihm verwurzelt und auf ihn gegründet, und haltet an
dem Glauben fest, in dem ihr unterrichtet wurdet. Hört nicht auf zu
danken!

Warnung vor Irrlehrern

8 Gebt acht, daß euch niemand mit seiner Philosophie und falschen
Lehre verführt, die sich nur auf menschliche Überlieferung stützen
und sich auf die Elementarmächte der Welt, nicht auf Christus berufen. 9 Denn in ihm allein wohnt wirklich die ganze Fülle Gottes.
10 Durch ihn seid auch ihr davon erfüllt; denn er ist das Haupt aller
Mächte und Gewalten. 11 In ihm habt ihr eine Beschneidung empfangen, die man nicht mit Händen vornimmt, nämlich die Beschneidung,
die Christus gegeben hat. Wer sie empfängt, sagt sich los von seinem
vergänglichen Körper. 12 Mit Christus wurdet ihr in der Taufe begraben, mit ihm auch auferweckt, durch den Glauben an die Kraft Gottes,
der ihn von den Toten auferweckt hat. 13 Ihr wart tot infolge eurer Sünden, und euer Leib war unbeschnitten; Gott aber hat euch mit Christus
zusammen lebendig gemacht und uns alle Sünden vergeben. 14 Er hat
den Schuldschein, der gegen uns sprach, durchgestrichen und seine
Forderungen, die uns anklagten, aufgehoben. Er hat ihn dadurch
getilgt, daß er ihn an das Kreuz geheftet hat.

15 Die Fürsten und Gewalten hat er entwaffnet und öffentlich zur
Schau gestellt; durch Christus hat er über sie triumphiert.
16 Darum soll euch niemand verurteilen wegen Speise und Trank oder
wegen eines Festes, ob Neumond oder Sabbat. 17 Das alles ist nur ein
Schatten von dem, was kommen wird, die Wirklichkeit aber ist Chri-
stus. 18 Niemand soll euch verachten, der sich in scheinbarer Demut
auf die Verehrung beruft, die er den Engeln erweist, der mit Visionen
prahlt und sich ohne Grund nach weltlicher Art wichtig macht. 19 Er
hält sich nicht an das Haupt, von dem aus der ganze Leib durch
Gelenke und Bänder versorgt und zusammengehalten wird und durch
Gottes Wirken wächst. 20 Wenn ihr mit Christus gestorben seid und
euch von den Elementen der Welt losgesagt habt, warum laßt ihr euch
dann, als würdet ihr noch in der Welt leben, vorschreiben: 21 Berühre
das nicht, iß nicht davon, faß das nicht an! 22 Das alles wird ver-
braucht und dadurch vernichtet. *Menschliche Satzungen und Lehren* sind
es. 23 Man sagt zwar, in ihnen liege Weisheit, es sei ein besonderer
Kult, ein Zeichen von Demut, seinen Körper zu kasteien. Doch es
bringt keine Ehre ein, sondern befriedigt nur die irdische Eitelkeit.

Worte der Mahnung an die Getauften

Der alte und der neue Mensch

3 Ihr seid mit Christus auferweckt; darum strebt nach dem, was im
Himmel ist, wo Christus *zur Rechten Gottes sitzt.* 2 Richtet euren
Sinn auf das Himmlische und nicht auf das Irdische! 3 Denn ihr seid
gestorben, und euer Leben ist mit Christus verborgen in Gott. 4 Wenn
Christus, unser Leben, offenbar wird, dann werdet auch ihr mit ihm
offenbar werden in Herrlichkeit.
5 Darum tötet, was irdisch an euch ist: die Unzucht, die Schamlosig-
keit, die Leidenschaft, die bösen Begierden und die Habsucht, die ein
Götzendienst ist. 6 All das zieht den Zorn Gottes nach sich. 7 Früher
seid auch ihr darin gefangen gewesen und habt euer Leben davon
beherrschen lassen. 8 Jetzt aber sollt ihr das alles ablegen: Zorn, Wut
und Bosheit; auch Lästerungen und Zoten sollen nicht mehr über eure
Lippen kommen. 9 Belügt einander nicht; denn ihr habt den alten
Menschen mit seinen Taten abgelegt 10 und seid zu einem neuen Men-
schen geworden, der nach dem Bild seines Schöpfers erneuert wird,
um ihn zu erkennen. 11 Wo das geschieht, gibt es nicht mehr Griechen
oder Juden, Beschnittene oder Unbeschnittene, Fremde, Skythen,
Sklaven oder Freie, sondern Christus ist alles und in allen. 12 Ihr seid
von Gott geliebt, seid seine auserwählten Heiligen. Darum bekleidet
euch mit aufrichtigem Erbarmen, mit Güte, Demut, Milde, Geduld!
13 Ertragt euch gegenseitig, und vergebt einander, wenn einer dem
andern etwas vorzuwerfen hat. Wie der Herr euch vergeben hat, so
vergebt auch ihr! 14 Vor allem aber liebt einander, denn die Liebe ist das
Band, das alles zusammenhält und vollkommen macht. 15 In eurem
Herzen herrsche der Friede Christi; dazu seid ihr berufen als Glieder
des einen Leibes. Seid dankbar! 16 Das Wort Christi wohne mit seinem
ganzen Reichtum bei euch. Belehrt und ermahnt einander in aller
Weisheit! Singt Gott in eurem Herzen Psalmen, Hymnen und Lieder,
wie sie der Geist eingibt, denn ihr seid in Gottes Gnade. 17 Alles, was
ihr in Worten und Werken tut, geschehe im Namen Jesu, des Herrn.
Durch ihn dankt Gott, dem Vater!

Christliche Hausordnung

18 Ihr Frauen, ordnet euch euren Männern unter, wie es sich im Herrn
geziemt. 19 Ihr Männer, liebt eure Frauen, und seid nicht aufgebracht
gegen sie! 20 Ihr Kinder, gehorcht euren Eltern in allem; denn so ist es
gut und recht im Herrn. 21 Ihr Väter, schüchtert eure Kinder nicht ein,
damit sie nicht mutlos werden. 22 Ihr Sklaven, gehorcht euren irdi-
schen Herren in allem! Arbeitet nicht nur, um euch bei den Menschen
einzuschmeicheln und ihnen zu gefallen, sondern fürchtet den Herrn
mit aufrichtigem Herzen! 23 Tut eure Arbeit gern, als wäre sie für den
Herrn und nicht für Menschen; 24 ihr wißt, daß ihr vom Herrn euer
Erbe als Lohn empfangen werdet. Dient Christus, dem Herrn! 25 Wer
Unrecht tut, wird dafür seine Strafe erhalten, ohne Ansehen der
Person.
4 Ihr Herren, gebt den Sklaven, was recht und billig ist; ihr wißt,
daß auch ihr im Himmel einen Herrn habt.

Mahnungen an alle

2 Laßt nicht nach im Beten; seid dabei wachsam und dankbar! 3 Betet
auch für uns, damit Gott uns eine Tür öffnet für das Wort und wir das
Geheimnis Christi predigen können, für das ich im Gefängnis bin;
4 betet, daß ich es wieder offenbaren und verkündigen kann, wie es
meine Pflicht ist. 5 Seid weise im Umgang mit den Außenstehenden,
nutzt die Zeit! 6 Eure Worte seien immer freundlich, doch mit Salz
gewürzt; denn ihr müßt jedem in der rechten Weise antworten
können.

Der Schluß des Briefes: Persönliche Mitteilungen und Grüße

7 Wie es mir geht, wird euch der geliebte Bruder Tychikus ausführlich
berichten. Er ist mein treuer Helfer und dient mit mir dem Herrn. 8 Ich
schicke ihn eigens zu euch, damit ihr alles über uns erfahrt und damit
er euch Mut zuspricht. 9 Er kommt mit Onesimus, dem treuen und
geliebten Bruder, der ja einer von euch ist. Sie werden euch über alles
berichten, was hier vor sich geht.
10 Es grüßt euch Aristarch, der mit mir im Gefängnis ist, und Markus,
der Vetter des Barnabas. Seinetwegen habt ihr schon Anweisungen
erhalten. Wenn er zu euch kommt, nehmt ihn auf! 11 Auch Jesus,
genannt Justus, grüßt euch. Von den Juden sind sie die einzigen, die
mit mir für das Reich Gottes arbeiten; durch sie bin ich getröstet wor-
den. 12 Es grüßt euch euer Epaphras, der Knecht Christi Jesu. Immer
kämpft er für euch im Gebet, daß ihr vollkommen werdet und ganz
durchdrungen seid vom Willen Gottes. 13 Ich bezeuge, daß er sich
große Mühe gibt um euch und um die Gläubigen in Laodizea und
Hiërapolis. 14 Auch der Arzt Lukas, unser lieber Freund, und Demas
grüßen euch. 15 Grüßt die Brüder in Laodizea, auch Nympha und die
Gemeinde in ihrem Haus. 16 Wenn der Brief bei euch vorgelesen wor-
den ist, sorgt dafür, daß er auch in der Gemeinde von Laodizea
bekannt wird, und den Brief an die Laodizener lest auch bei euch vor!
17 Sagt dem Archippus: Achte darauf, daß du den Dienst erfüllst, den
du im Auftrag des Herrn übernommen hast.
18 Den Gruß schreibe ich, Paulus, eigenhändig. Denkt an meine Fes-
seln! Die Gnade sei mit euch!

Der erste Brief an die Thessalonicher

Der erste Brief an die Gemeinde von Thessalonich ist der älteste der uns erhaltenen Paulusbriefe. Paulus hatte auf seiner zweiten Missionsreise zusammen mit Timotheus die Gemeinde von Thessalonich um das Jahr 50 n.Chr gegründet, mußte aber nach kurzem Wirken die Stadt verlassen (vgl. Apg 17,1–9). Von Athen aus schickte er Timotheus nach Thessalonich zurück, um sich über den Stand der jungen Gemeinde zu unterrichten. In Korinth (Apg 18,1–6) traf er mit Timotheus wieder zusammen und schrieb den uns vorliegenden Brief.
Der 1. Thessalonicherbrief ist ein echt seelsorgliches Schreiben, das seine Existenz einer bestimmten Situation des Apostels und der Gemeinde verdankt. Der erste Teil (1,2–3,13) blickt voll Dank zurück auf die Gründung der Gemeinde und die inzwischen vergangene Zeit. Der zweite Teil (4,1–5,22) enthält apostolische Mahnungen und Belehrungen: Aufforderung zur Heiligung des Lebens (4,1–12), Auskunft über die Hoffnung der Christen (4,13–18), Mahnung zur Wachsamkeit angesichts der zeitlich nicht bestimmbaren Ankunft des Herrn (5,1–11), Anweisungen für das Gemeindeleben (5,12–22). Die Bedeutung des Briefs liegt in den Aussagen über die Missionspredigt vor Heiden (1,2–10), über das Wort Gottes (2,13), die Heiligung des Lebens (4,1–12) und die Erwartung der Wiederkunft Christi (4,13–5,10).

Anschrift und Gruß

1 Paulus, Silvanus und Timotheus an die Gemeinde von Thessalonich, die in Gott, dem Vater, und in Jesus Christus, dem Herrn, ist: Gnade sei mit euch und Friede.

Der Apostel und die Gemeinde

Die Thessalonicher – ein Vorbild für die Heidenchristen

2 Wir danken Gott für euch alle, sooft wir in unseren Gebeten an euch
denken; 3 unablässig erinnern wir uns vor Gott, unserem Vater, an das
Werk eures Glaubens, an die Opferbereitschaft eurer Liebe und an die
Standhaftigkeit eurer Hoffnung auf Jesus Christus, unseren Herrn.
4 Wir wissen, von Gott geliebte Brüder, daß ihr erwählt seid. 5 Denn
wir haben euch das Evangelium nicht nur mit Worten verkündet, sondern auch mit Macht und mit dem Heiligen Geist und mit voller
Gewißheit; ihr wißt selbst, wie wir bei euch aufgetreten sind, um euch
zu gewinnen. 6 Und ihr seid unserem Beispiel gefolgt und dem des
Herrn; ihr habt das Wort trotz großer Bedrängnis mit der Freude aufgenommen, die der Heilige Geist gibt. 7 So wurdet ihr ein Vorbild für
alle Gläubigen in Mazedonien und in Achaia. 8 Von euch aus ist das
Wort des Herrn aber nicht nur nach Mazedonien und Achaia gedrungen, sondern überall ist euer Glaube an Gott bekannt geworden, so
daß wir darüber nichts mehr zu sagen brauchen. 9 Denn man erzählt
sich überall, welche Aufnahme wir bei euch gefunden haben und wie
ihr euch von den Götzen zu Gott bekehrt habt, um dem lebendigen
und wahren Gott zu dienen 10 und seinen Sohn vom Himmel her zu
erwarten, Jesus, den er von den Toten auferweckt hat und der uns dem
kommenden Gericht Gottes entreißt.

Rückblick auf das erste Wirken des Apostels

2 Ihr wißt selbst, Brüder, daß wir nicht vergebens zu euch gekommen sind. 2 Wir hatten vorher in Philippi viel zu leiden und wurden mißhandelt, wie ihr wißt; dennoch haben wir im Vertrauen auf
unseren Gott das Evangelium Gottes trotz harter Kämpfe freimütig und
furchtlos bei euch verkündet. 3 Denn wir predigen nicht, um euch irrezuführen, in schmutziger Weise auszunutzen oder zu betrügen, 4 sondern wir tun es, weil Gott uns geprüft und uns das Evangelium anvertraut hat, nicht also um den Menschen, sondern um Gott zu gefallen,
der unsere *Herzen prüft*. 5 Nie haben wir mit unseren Worten zu schmeicheln versucht, das wißt ihr, und nie haben wir aus versteckter Habgier
gehandelt, dafür ist Gott Zeuge. 6 Wir haben auch keine Ehre bei den
Menschen gesucht, weder bei euch noch bei anderen, 7 obwohl wir als
Apostel Christi unser Ansehen hätten geltend machen können. Im
Gegenteil, wir sind euch freundlich begegnet: Wie eine Mutter für ihre
Kinder sorgt, 8 so waren wir euch zugetan und wollten euch nicht nur
am Evangelium Gottes teilhaben lassen, sondern auch an unserem
eigenen Leben; denn ihr wart uns sehr lieb geworden. 9 Ihr erinnert
euch, Brüder, wie wir uns gemüht und geplagt haben. Bei Tag und
Nacht haben wir gearbeitet, um keinem von euch zur Last zu fallen, und
haben euch so das Evangelium Gottes verkündet. 10 Ihr seid Zeugen,
und auch Gott ist Zeuge, wie gottgefällig, gerecht und untadelig wir
uns euch, den Gläubigen, gegenüber verhalten haben. 11 Ihr wißt
auch, daß wir, wie ein Vater seine Kinder, jeden einzelnen von euch
12 ermahnt, ermutigt und beschworen haben zu leben, wie es Gottes
würdig ist, der euch zu seinem Reich und zu seiner Herrlichkeit beruft.

Die Aufnahme des Evangeliums durch die Gemeinde

13 Darum danken wir Gott unablässig dafür, daß ihr das Wort Gottes,
das ihr durch unsere Verkündigung empfangen habt, nicht als Menschenwort, sondern – was es in Wahrheit ist – als Gottes Wort angenommen habt; und jetzt ist es in euch, den Gläubigen, wirksam.
14 Denn, Brüder, ihr seid den Gemeinden Gottes in Judäa gleich geworden, die sich zu Christus Jesus bekennen. Ihr habt von euren Mitbürgern das gleiche erlitten wie jene von den Juden. 15 Diese haben sogar
Jesus, den Herrn, und die Propheten getötet; auch uns haben sie verfolgt. Sie mißfallen Gott und sind Feinde aller Menschen; 16 sie hindern uns daran, den Heiden das Evangelium zu verkünden und ihnen
so das Heil zu bringen. Dadurch *machen sie* unablässig *das Maß ihrer
Sünden voll*. Aber der ganze Zorn ist schon über sie gekommen.

Der verhinderte Besuch

17 Für kurze Zeit, Brüder, sind wir verwaist, weil ihr uns fern seid, den
Augen fern, nicht dem Herzen; deshalb haben wir uns in größter
Sehnsucht um so eifriger bemüht, euch wiederzusehen. 18 Ja, wir hatten uns fest vorgenommen, zu euch zu kommen, und das wollte ich,
Paulus, schon einige Male; aber der Satan hat uns daran gehindert.

19 Denn wer ist unsere Hoffnung, unsere Freude, der Kranz unseres
Ruhmes vor Jesus, unserem Herrn, wenn er kommen wird? Nicht etwa
auch ihr? 20 Ja, ihr seid unsere Ehre und Freude.

Die Entsendung des Timotheus

3 Darum hielten wir es nicht länger aus; wir beschlossen, allein in
Athen zurückzubleiben, 2 und schickten Timotheus, unseren
Bruder und Gottes Mitarbeiter am Evangelium Christi, um euch zu
stärken und in eurem Glauben aufzurichten, 3 damit keiner wankt in
diesen Bedrängnissen. Ihr wißt selbst: Für sie sind wir bestimmt.
4 Denn als wir noch bei euch waren, haben wir euch vorausgesagt,
daß wir in Bedrängnis geraten werden; und so ist es, wie ihr wißt,
auch eingetroffen. 5 Darum ertrug ich es auch nicht länger; ich
schickte Timotheus, um über euren Glauben Gewißheit zu erhalten
und zu erfahren, ob nicht der Versucher euch in Versuchung geführt
hat und unsere Mühe vergeblich war.

Die Freude des Apostels über den Stand der Gemeinde

6 Inzwischen ist aber Timotheus von euch zu uns zurückgekommen
und hat uns gute Nachricht von eurem Glauben und eurer Liebe
gebracht; er hat uns auch berichtet, daß ihr uns stets in guter Erinne-
rung bewahrt und euch danach sehnt, uns zu sehen, wie auch wir euch
sehen möchten. 7 Darum, Brüder, wurden wir beim Gedanken an euch
in all unserer Not und Bedrängnis durch euren Glauben getröstet;
8 jetzt leben wir auf, weil ihr fest in der Gemeinschaft mit dem Herrn
steht. 9 Wie können wir Gott euretwegen genug danken für all die
Freude, die uns um euretwillen vor unserem Gott erfüllt? 10 Bei Tag
und Nacht bitten wir inständig darum, euch wiederzusehen und an
eurem Glauben zu ergänzen, was ihm noch fehlt.

Segenswunsch des Apostels

11 Gott, unser Vater, und Jesus, unser Herr, mögen unsere Schritte zu
euch lenken. 12 Euch aber lasse der Herr wachsen und reich werden in
der Liebe zueinander und zu allen, wie auch wir euch lieben, 13 damit
euer Herz gefestigt wird und ihr ohne Tadel seid, geheiligt vor Gott,
unserem Vater, wenn Jesus, unser Herr, mit allen seinen Heiligen
kommt.

Weisungen für das christliche Leben

Aufforderung zur Heiligung des Lebens

4 Im übrigen, Brüder, bitten und ermahnen wir euch im Namen
Jesu, des Herrn: Ihr habt von uns gelernt, wie ihr leben müßt,
um Gott zu gefallen, und ihr lebt auch so; werdet darin noch vollkom-
mener! 2 Ihr wißt ja, welche Ermahnungen wir euch im Auftrag Jesu,
des Herrn, gegeben haben. 3 Das ist es, was Gott will: eure Heiligung.
Das bedeutet, daß ihr die Unzucht meidet, 4 daß jeder von euch lernt,
mit seiner Frau in heiliger und achtungsvoller Weise zu verkehren,
5 nicht in leidenschaftlicher Begierde wie *die Heiden, die Gott nicht ken-
nen*, 6 und daß keiner seine Rechte überschreitet und seinen Bruder bei
Geschäften betrügt, denn all das rächt der Herr, wie wir euch schon
früher gesagt und bezeugt haben. 7 Denn Gott hat uns nicht dazu
berufen, unrein zu leben, sondern heilig zu sein. 8 Wer das verwirft,
der verwirft also nicht Menschen, sondern Gott, der euch *seinen* Heili-
gen *Geist schenkt*.
9 Über die Bruderliebe brauche ich euch nicht zu schreiben; Gott selbst
hat euch schon gelehrt, einander zu lieben; 10 und danach handelt ihr
auch an allen Brüdern in ganz Mazedonien. Wir ermuntern euch aber,
Brüder, darin noch vollkommener zu werden. 11 Setzt eure Ehre darein,
ruhig zu leben, euch um die eigenen Aufgaben zu kümmern und mit
euren Händen zu arbeiten, wie wir euch aufgetragen haben.
12 So sollt ihr vor denen, die nicht zu euch gehören, ein rechtschaffe-
nes Leben führen und auf niemand angewiesen sein.

Die Hoffnung der Christen

13 Brüder, wir wollen euch über die Verstorbenen nicht in Unkenntnis
lassen, damit ihr nicht trauert wie die anderen, die keine Hoffnung
haben. 14 Wenn Jesus – und das ist unser Glaube – gestorben und auf-
erstanden ist, dann wird Gott durch Jesus auch die Verstorbenen
zusammen mit ihm zur Herrlichkeit führen. 15 Denn dies sagen wir
euch nach einem Wort des Herrn: Wir, die Lebenden, die noch übrig
sind, wenn der Herr kommt, werden den Verstorbenen nichts voraus-
haben. 16 Denn der Herr selbst wird vom Himmel herabkommen, wenn
der Befehl ergeht, der Erzengel ruft und die Posaune Gottes erschallt.
Zuerst werden die in Christus Verstorbenen auferstehen; 17 dann wer-
den wir, die Lebenden, die noch übrig sind, zugleich mit ihnen auf den
Wolken in die Luft entrückt, dem Herrn entgegen. Dann werden wir
immer beim Herrn sein. 18 Tröstet also einander mit diesen Worten!

Aufforderung zur Bereitschaft für den Tag des Herrn

5 Über Zeit und Stunde, Brüder, brauche ich euch nicht zu schrei-
ben. 2 Ihr selbst wißt genau, daß der Tag des Herrn kommt wie
ein Dieb in der Nacht. 3 Während die Menschen sagen: Friede und
Sicherheit!, kommt plötzlich Verderben über sie wie die Wehen über
eine schwangere Frau, und es gibt kein Entrinnen. 4 Ihr aber, Brüder,
lebt nicht im Finstern, so daß euch der Tag nicht wie ein Dieb überra-
schen kann. 5 Ihr alle seid Söhne des Lichts und Söhne des Tages. Wir
gehören nicht der Nacht und nicht der Finsternis. 6 Darum wollen wir
nicht schlafen wie die anderen, sondern wach und nüchtern sein.
7 Denn wer schläft, schläft bei Nacht, und wer sich betrinkt, betrinkt
sich bei Nacht. 8 Wir aber, die dem Tag gehören, wollen nüchtern sein
und uns rüsten mit *dem Panzer* des Glaubens und der Liebe und mit *dem
Helm* der Hoffnung auf *das Heil*. 9 Denn Gott hat uns nicht für das
Gericht seines Zorns bestimmt, sondern dafür, daß wir durch Jesus
Christus, unseren Herrn, das Heil erlangen. 10 Er ist für uns gestorben,
damit wir vereint mit ihm leben, ob wir nun wachen oder schlafen.
11 Darum tröstet und ermahnt einander, und einer richte den andern
auf, wie ihr es schon tut.

Anweisungen für das Gemeindeleben

12 Wir bitten euch, Brüder: Erkennt die unter euch an, die sich solche
Mühe geben, euch im Namen des Herrn zu leiten und zum Rechten
anzuhalten. 13 Achtet sie hoch, und liebt sie wegen ihres Wirkens! Hal-
tet Frieden untereinander!
14 Wir ermahnen euch, Brüder: Weist die zurecht, die ein unordent-
liches Leben führen, ermutigt die Ängstlichen, nehmt euch der
Schwachen an, seid geduldig mit allen! 15 Seht zu, daß keiner dem
andern Böses mit Bösem vergilt, sondern bemüht euch immer, einan-
der und allen Gutes zu tun.
16 Freut euch zu jeder Zeit!
17 Betet ohne Unterlaß!
18 Dankt für alles; denn das will Gott von euch, / die ihr Christus Jesus
gehört.
19 Löscht den Geist nicht aus!
20 Verachtet prophetisches Reden nicht!
21 Prüft alles, und behaltet das Gute!
22 Meidet das Böse in jeder Gestalt!

Der Schluß des Briefes: Segen und Gruß

23 Der Gott des Friedens heilige euch ganz und gar und bewahre euren
Geist, eure Seele und euren Leib unversehrt, damit ihr ohne Tadel seid,
wenn Jesus Christus, unser Herr, kommt. 24 Gott, der euch beruft, ist
treu; er wird es tun.
25 Brüder, betet auch für uns! 26 Grüßt alle Brüder mit dem heiligen Kuß!
27 Ich beschwöre euch beim Herrn, diesen Brief allen Brüdern vorzulesen.
28 Die Gnade Jesu Christi, unseres Herrn, sei mit euch!

Der zweite Brief an die Thessalonicher

Anlaß für den Brief ist das Auftreten von Irrlehrern in der Gemeinde. Diese haben die Gemeinde in große Verwirrung gebracht mit der Behauptung, daß der Tag der Wiederkunft Christi schon da sei (2,2). Der Brief warnt die Thessalonicher vor diesen Schwärmern und belehrt sie über die Geschehnisse, die nach dem Plan Gottes dem Ende vorausgehen müssen. Dabei werden in starkem Maß Vorstellungen aufgegriffen, die im zeitgenössischen Judentum verbreitet waren.
Der Brief hat folgenden Aufbau: Paulus dankt für den guten Zustand der Gemeinde, weist auf das gerechte Gericht Gottes hin und bittet um die Vollendung der Thessalonicher in allem Guten (1,1–12). Vor dem Ende der Welt wird es zum großen Abfall von Gott kommen und der »Sohn des Verderbens, der Widersacher« (Antichrist) wird auftreten, der jetzt noch »zurückgehalten«, bei der Wiederkunft Christi aber vernichtet wird (2,1–12). Paulus ermahnt zum treuen Festhalten an den Überlieferungen und weist einzelne Gemeindemitglieder zurecht, die sich, offenkundig durch die Irrlehrer verführt, weigern, der täglichen Arbeit nachzugehen (2,13–3,15). Der Brief schließt mit dem üblichen Segensgruß (3,16–18).
Die Bedeutung des Briefs ist vor allem darin zu sehen, daß er angesichts der sich verzögernden Wiederkunft Christi dazu auffordert, im Glauben nicht nachzulassen (vgl. 2 Petr), und vor schwärmerischer Endzeiterwartung warnt.

Anschrift und Gruß

1 Paulus, Silvanus und Timotheus an die Gemeinde von Thessalo-
nich, die in Gott, unserem Vater, und in Jesus Christus, dem
Herrn, ist: 2 Gnade sei mit euch und Friede von Gott, dem Vater, und
dem Herrn Jesus Christus.

Die Sorge des Apostels um die Gemeinde

Die Bedrängnis der Thessalonicher und das gerechte Gericht Gottes
3 Wir müssen Gott euretwegen immer danken, Brüder, wie es recht ist,
denn euer Glaube wächst, und die gegenseitige Liebe nimmt bei euch
allen zu. 4 Wir können in den Gemeinden Gottes mit Stolz auf euch
hinweisen, weil ihr im Glauben standhaft bleibt bei aller Verfolgung
und Bedrängnis, die ihr zu ertragen habt. 5 Dies ist ein Anzeichen des
gerechten Gerichtes Gottes; ihr sollt ja des Reiches Gottes teilhaftig
werden, für das ihr leidet. 6 Denn es entspricht der Gerechtigkeit
Gottes, denen mit Bedrängnis zu vergelten, die euch bedrängen,
7 euch aber, den Bedrängten, zusammen mit uns Ruhe zu schenken,
wenn Jesus, der Herr, sich vom Himmel her offenbart mit seinen
mächtigen Engeln 8 in loderndem Feuer. Dann übt er Vergeltung an
denen, die Gott nicht kennen und dem Evangelium Jesu, unseres
Herrn, nicht gehorchen. 9 *Fern vom Angesicht des Herrn und von seiner
Macht und Herrlichkeit* müssen sie sein, mit ewigem Verderben werden
sie bestraft, 10 wenn er an jenem Tag kommt, um inmitten seiner Hei-
ligen gefeiert und im Kreis aller derer bewundert zu werden, die den
Glauben angenommen haben; auch bei euch hat ja unser Zeugnis
Glauben gefunden.

Fürbitte des Apostels
11 Darum beten wir auch immer für euch, daß unser Gott euch eurer
Berufung würdig mache und in seiner Macht allen Willen zum Guten
und jedes Werk des Glaubens vollende. 12 So soll der Name Jesu, unse-
res Herrn, in euch verherrlicht werden und ihr in ihm, durch die
Gnade unseres Gottes und Herrn Jesus Christus.

Die christliche Hoffnung und der Tag des Herrn

Die Zeichen der Endzeit
2 Brüder, wir schreiben euch über die Ankunft Jesu Christi, unse-
res Herrn, und unsere Vereinigung mit ihm und bitten euch:
2 Laßt euch nicht so schnell aus der Fassung bringen und in Schrecken
jagen, wenn in einem prophetischen Wort oder einer Rede oder in
einem Brief, der angeblich von uns stammt, behauptet wird, der Tag
des Herrn sei schon da. 3 Laßt euch durch niemand und auf keine
Weise täuschen! Denn zuerst muß der Abfall von Gott kommen und
der Mensch der Gesetzwidrigkeit erscheinen, der Sohn des Verder-
bens, 4 der Widersacher, der sich über alles, was Gott oder Heiligtum
heißt, so sehr erhebt, daß er sich sogar in den Tempel Gottes setzt
und sich als Gott ausgibt. 5 Erinnert ihr euch nicht, daß ich euch dies
schon gesagt habe, als ich bei euch war?
6 Ihr wißt auch, was ihn jetzt noch zurückhält, damit er erst zur fest-
gesetzten Zeit offenbar wird. 7 Denn die geheime Macht der Gesetzwi-
drigkeit ist schon am Werk; nur muß erst der beseitigt werden, der sie
bis jetzt noch zurückhält. 8 Dann wird der gesetzwidrige Mensch allen
sichtbar werden. Jesus, der Herr, wird ihn *durch den Hauch seines Mundes
töten* und durch seine Ankunft und Erscheinung vernichten. 9 Der
Gesetzwidrige aber wird, wenn er kommt, die Kraft des Satans haben.
Er wird mit großer Macht auftreten und trügerische Zeichen und
Wunder tun. 10 Er wird alle, die verlorengehen, betrügen und zur
Ungerechtigkeit verführen; sie gehen verloren, weil sie sich der Liebe
zur Wahrheit verschlossen haben, durch die sie gerettet werden soll-
ten. 11 Darum läßt Gott sie der Macht des Irrtums verfallen, so daß sie
der Lüge glauben; 12 denn alle müssen gerichtet werden, die nicht der
Wahrheit geglaubt, sondern die Ungerechtigkeit geliebt haben.

Ermutigung der Gläubigen
13 Wir müssen Gott zu jeder Zeit euretwegen danken, vom Herrn
geliebte Brüder, weil Gott euch als Erstlingsgabe dazu auserwählt hat,
aufgrund der Heiligung durch den Geist und aufgrund eures Glau-
bens an die Wahrheit gerettet zu werden. 14 Dazu hat er euch durch
unser Evangelium berufen; ihr sollt nämlich die Herrlichkeit Jesu

Christi, unseres Herrn, erlangen. 15 Seid also standhaft, Brüder, und
haltet an den Überlieferungen fest, in denen wir euch unterwiesen
haben, sei es mündlich, sei es durch einen Brief.

Segenswunsch des Apostels

16 Jesus Christus aber, unser Herr, und Gott, unser Vater, der uns seine
Liebe zugewandt und uns in seiner Gnade ewigen Trost und sichere
Hoffnung geschenkt hat, 17 tröste euch und gebe euch Kraft zu jedem
guten Werk und Wort.

Anweisungen an die Gemeinde

Bitte um das Gebet der Gemeinde

3 Im übrigen, Brüder, betet für uns, damit das Wort des Herrn sich
ausbreitet und verherrlicht wird, ebenso wie bei euch. 2 Betet
auch darum, daß wir vor den bösen und schlechten Menschen gerettet
werden; denn nicht alle nehmen den Glauben an. 3 Aber der Herr ist
treu; er wird euch Kraft geben und euch vor dem Bösen bewahren.
4 Wir vertrauen im Herrn auf euch, daß ihr jetzt und auch in Zukunft
tut, was wir anordnen. 5 Der Herr richte euer Herz darauf, daß ihr
Gott liebt und unbeirrt auf Christus wartet.

Zurechtweisung der Müßiggänger

6 Im Namen Jesu Christi, des Herrn, gebieten wir euch, Brüder: Haltet
euch von jedem Bruder fern, der ein unordentliches Leben führt und
sich nicht an die Überlieferung hält, die ihr von uns empfangen habt.
7 Ihr selbst wißt, wie man uns nachahmen soll. Wir haben bei euch
kein unordentliches Leben geführt 8 und bei niemand unser Brot
umsonst gegessen; wir haben uns gemüht und geplagt, Tag und
Nacht haben wir gearbeitet, um keinem von euch zur Last zu fallen.
9 Nicht als hätten wir keinen Anspruch auf Unterhalt; wir wollten euch
aber ein Beispiel geben, damit ihr uns nachahmen könnt. 10 Denn als
wir bei euch waren, haben wir euch die Regel eingeprägt: Wer nicht
arbeiten will, soll auch nicht essen. 11 Wir hören aber, daß einige von
euch ein unordentliches Leben führen und alles mögliche treiben, nur
nicht arbeiten. 12 Wir ermahnen sie und gebieten ihnen im Namen
Jesu Christi, des Herrn, in Ruhe ihrer Arbeit nachzugehen und ihr
selbstverdientes Brot zu essen.

Mahnung an alle

13 Ihr aber, Brüder, werdet nicht müde, Gutes zu tun. 14 Wenn jemand
auf unsere Mahnung in diesem Brief nicht hört, dann merkt ihn euch,
und meidet den Umgang mit ihm, damit er sich schämt; 15 doch seht
ihn nicht als Feind an, sondern weist ihn als euren Bruder zurecht!

Der Schluß des Briefes

16 Der Herr des Friedens aber schenke euch den Frieden zu jeder Zeit
und auf jede Weise. Der Herr sei mit euch allen. 17 Den Gruß schreibe
ich, Paulus, eigenhändig. Das ist mein Zeichen in jedem Brief; so
schreibe ich. 18 Die Gnade Jesu Christi, unseres Herrn, sei mit euch
allen!

Die Pastoralbriefe
Der erste Brief an Timotheus

Der 1. und 2. Timotheusbrief und der Titusbrief werden als »Pastoralbriefe« bezeichnet. Sie sind nicht an Gemeinden gerichtet, sondern an die Hirten (lateinisch: pastores), die Vorsteher der Gemeinden. Sie enthalten Anweisungen des kurz vor dem Tod stehenden Apostels zur Ordnung und Leitung der Gemeinden.
Diese Briefe heben sich nach Form und Inhalt von den übrigen Paulusbriefen ab und bilden eine eigene Gruppe. Die bekämpften Gegner sind nicht mehr Judenchristen, die das gesetzesfreie Evangelium des Paulus ablehnen (vgl. den Galaterbrief), sondern Vertreter einer jüdisch gefärbten »Gnosis«, einer sogenannten »Erkenntnis« (vgl. 1 Tim 6,20) über Gott und die Welt und die Erlösung, die für die frühe Kirche eine ernste Bedrohung darstellte. Der Gedanke an eine baldige Wiederkunft Christi ist in den Hintergrund getreten. Die Kirche und der einzelne Christ haben sich für eine längere Zeit auf das Leben in der Welt einzustellen. Die kirchlichen Ämter, die in der Zeit des Paulus erst ansatzweise vorhanden waren, beginnen feste Formen anzunehmen: Es gibt Vorsteher (Bischöfe), Älteste (Presbyter) und Diakone. In dieser neuen Situation geben die Pastoralbriefe Richtlinien und Anweisungen für die Amtsträger.
Aus diesen Gründen nimmt die neuere Forschung an, daß die Pastoralbriefe nicht unmittelbar von Paulus stammen. Der Verfasser der drei Briefe, wer immer er sein mag, ist jedoch überzeugt, im Sinn und in der Autorität des Apostels Paulus zu schreiben und dessen Lehre für seine Zeit verbindlich darzulegen.

Timotheus, in der Apostelgeschichte und in den Paulusbriefen oft genannt, war der Sohn eines heidnischen Vaters und einer christlichen Mutter (Apg 16,1–3). Etwa seit dem Jahr 50 n. Chr. ist er Mitarbeiter des Paulus; auch während der in Phil 2,19–22 erwähnten Gefangenschaft war er bei ihm. Nach 1 Tim 1,3 ist er der Beauftragte des Apostels für die Kirche von Ephesus. Im 1. und 2. Timotheusbrief erhält er Richtlinien für die Ausübung des kirchlichen Amtes und die persönliche Lebensführung.
Nach dem Briefeingang (1,1–2) werden im ersten Teil des Schreibens (Kap. 1) grundlegende Fragen behandelt: Bekämpfung der Irrlehre, Verantwortung des Lehrers in der Gemeinde (1,3–7); Bedeutung des Gesetzes im Licht des Evangeliums (1,8–11); Berufung des Paulus zum Dienst für das Evangelium (1,12–17); abschließend eine Mahnung an Timotheus zu verantwortungsbewußter Ausführung (1,18–20). Im zweiten Teil (2,1–6,19) stehen zuerst Anweisungen für den Gottesdienst (2,1–15). Dann werden die Bedingungen für die Übernahme kirchlicher Ämter aufgezählt (Kap. 3). Es folgen: Mahnungen zum Kampf gegen Irrlehrer (4,1–11), Anweisungen für die Lebensführung des Timotheus (4,12–5,2). Der Abschnitt 5,3–6,2a handelt von verschiedenen Ständen in der Gemeinde (Witwen, Älteste, Sklaven). Kap. 6 wendet sich nochmals gegen die Irrlehrer, warnt vor Habgier und mahnt Timotheus zum unermüdlichen Kampf für den überlieferten Glauben (6,2b–21).

Anschrift und Gruß

1 Paulus, Apostel Christi Jesu durch den Auftrag Gottes, unseres
Retters, und Christi Jesu, unserer Hoffnung, 2 an Timotheus, sei-
nen echten Sohn durch den Glauben. Gnade, Erbarmen und Friede
von Gott, dem Vater, und Christus Jesus, unserem Herrn.

Grundlegende Aussagen

Die Aufgabe der Glaubensunterweisung
3 Bei meiner Abreise nach Mazedonien habe ich dich gebeten, in
Ephesus zu bleiben, damit du bestimmten Leuten verbietest, falsche
Lehren zu verbreiten 4 und sich mit Fabeleien und endlosen
Geschlechterreihen abzugeben, die nur Streitfragen mit sich bringen,
statt dem Heilsplan Gottes zu dienen, der sich im Glauben verwirk-
licht. 5 Das Ziel der Unterweisung ist Liebe aus reinem Herzen, gutem
Gewissen und ungeheucheltem Glauben. 6 Davon sind aber manche
abgekommen und haben sich leerem Geschwätz zugewandt. 7 Sie
wollen Gesetzeslehrer sein, verstehen aber nichts von dem, was sie
sagen und worüber sie so sicher urteilen.

Die Bedeutung des Gesetzes
8 Wir wissen: Das Gesetz ist gut, wenn man es im Sinn des Gesetzes
anwendet 9 und bedenkt, daß das Gesetz nicht für den Gerechten
bestimmt ist, sondern für Gesetzlose und Ungehorsame, für Gottlose
und Sünder, für Menschen ohne Glauben und Ehrfurcht, für solche,
die Vater oder Mutter töten, für Mörder, 10 Unzüchtige, Knabenschän-
der, Menschenhändler, für Leute, die lügen und Meineide schwören
und all das tun, was gegen die gesunde Lehre verstößt. 11 So lehrt das
Evangelium von der Herrlichkeit des seligen Gottes, das mir anver-
traut ist.

Dank für die Berufung zum Apostel
12 Ich danke dem, der mir Kraft gegeben hat: Christus Jesus, unserem
Herrn. Er hat mich für treu gehalten und in seinen Dienst genommen,
13 obwohl ich ihn früher lästerte, verfolgte und verhöhnte. Aber ich
habe Erbarmen gefunden, denn ich wußte in meinem Unglauben
nicht, was ich tat. 14 So übergroß war die Gnade unseres Herrn, die
mir in Christus Jesus den Glauben und die Liebe schenkte. 15 Das Wort
ist glaubwürdig und wert, daß man es beherzigt: Christus Jesus ist in
die Welt gekommen, um die Sünder zu retten. Von ihnen bin ich der
erste. 16 Aber ich habe Erbarmen gefunden, damit Christus Jesus an
mir als erstem seine ganze Langmut beweisen konnte, zum Vorbild
für alle, die in Zukunft an ihn glauben, um das ewige Leben zu erlan-
gen. 17 Dem König der Ewigkeit, dem unvergänglichen, unsichtbaren,
einzigen Gott, sei Ehre und Herrlichkeit in alle Ewigkeit. Amen.

Die Verantwortung des Timotheus
18 Diese Ermahnung lege ich dir ans Herz, mein Sohn Timotheus, im
Gedanken an die prophetischen Worte, die einst über dich gespro-
chen wurden; durch diese Worte gestärkt, kämpfe den guten Kampf,
19 gläubig und mit reinem Gewissen. Schon manche haben die
Stimme ihres Gewissens mißachtet und haben im Glauben Schiff-
bruch erlitten, 20 darunter Hymenäus und Alexander, die ich dem
Satan übergeben habe, damit sie durch diese Strafe lernen, Gott nicht
mehr zu lästern.

Die rechte Ordnung in den Gemeinden

Gebet für alle Menschen
2 Vor allem fordere ich zu Bitten und Gebeten, zu Fürbitte und
Danksagung auf, und zwar für alle Menschen, 2 für die Herr-
scher und für alle, die Macht ausüben, damit wir in aller Frömmigkeit
und Rechtschaffenheit ungestört und ruhig leben können. 3 Das ist
recht und gefällt Gott, unserem Retter; 4 er will, daß alle Menschen
gerettet werden und zur Erkenntnis der Wahrheit gelangen. 5 Denn:
Einer ist Gott, / Einer auch Mittler zwischen Gott und den Menschen: /
der Mensch Christus Jesus,
6 der sich als Lösegeld hingegeben hat für alle, / ein Zeugnis zur vor-
herbestimmten Zeit,
7 als dessen Verkünder und Apostel ich eingesetzt wurde – ich sage die
Wahrheit und lüge nicht –, als Lehrer der Heiden im Glauben und in
der Wahrheit.

Männer und Frauen
8 Ich will, daß die Männer überall beim Gebet ihre Hände in Reinheit
erheben, frei von Zorn und Streit. 9 Auch sollen die Frauen sich
anständig, bescheiden und zurückhaltend kleiden; nicht Haartracht,
Gold, Perlen oder kostbare Kleider seien ihr Schmuck, 10 sondern gute
Werke; so gehört es sich für Frauen, die gottesfürchtig sein wollen.
11 Eine Frau soll sich still und in aller Unterordnung belehren lassen.
12 Daß eine Frau lehrt, erlaube ich nicht, auch nicht, daß sie über ihren
Mann herrscht; sie soll sich still verhalten. 13 Denn zuerst wurde Adam
erschaffen, danach Eva. 14 Und nicht Adam wurde verführt, sondern
die Frau ließ sich verführen und übertrat das Gebot. 15 Sie wird aber
dadurch gerettet werden, daß sie Kinder zur Welt bringt, wenn sie in
Glaube, Liebe und Heiligkeit ein besonnenes Leben führt.

Der Bischof
3 Das Wort ist glaubwürdig: Wer das Amt eines Bischofs anstrebt,
der strebt nach einer großen Aufgabe. 2 Deshalb soll der Bischof
ein Mann ohne Tadel sein, nur einmal verheiratet, nüchtern, besonnen,
von würdiger Haltung, gastfreundlich, fähig zu lehren; 3 er sei kein
Trinker und kein gewalttätiger Mensch, sondern rücksichtsvoll; er sei
nicht streitsüchtig und nicht geldgierig. 4 Er soll ein guter Familienva-
ter sein und seine Kinder zu Gehorsam und allem Anstand erziehen.
5 Wer seinem eigenen Hauswesen nicht vorstehen kann, wie soll der für
die Kirche Gottes sorgen? 6 Er darf kein Neubekehrter sein, sonst
könnte er hochmütig werden und dem Gericht des Teufels verfallen.
7 Er muß auch bei den Außenstehenden einen guten Ruf haben, damit
er nicht in üble Nachrede kommt und in die Falle des Teufels gerät.

Die Diakone
8 Ebenso sollen die Diakone sein: achtbar, nicht doppelzüngig, nicht
dem Wein ergeben und nicht gewinnsüchtig; 9 sie sollen mit reinem
Gewissen am Geheimnis des Glaubens festhalten. 10 Auch sie soll man
vorher prüfen, und nur wenn sie unbescholten sind, sollen sie ihren
Dienst ausüben. 11 Ebenso sollen die Frauen ehrbar sein, nicht ver-
leumderisch, sondern nüchtern und in allem zuverlässig. 12 Die Dia-
kone sollen nur einmal verheiratet sein und ihren Kindern und ihrer
Familie gut vorstehen. 13 Denn wer seinen Dienst gut versieht, erlangt
einen hohen Rang und große Zuversicht im Glauben an Christus Jesus.

Die Kirche, Fundament der Wahrheit Gottes
14 Ich schreibe dir das alles, obwohl ich hoffe, schon bald zu dir zu
kommen. 15 Falls ich aber länger ausbleibe, sollst du wissen, wie man
sich im Hauswesen Gottes verhalten muß, das heißt in der Kirche des
lebendigen Gottes, die die Säule und das Fundament der Wahrheit ist.
16 Wahrhaftig, das Geheimnis unseres Glaubens ist groß:
Er wurde offenbart im Fleisch, / gerechtfertigt durch den Geist,
geschaut von den Engeln, / verkündet unter den Heiden,
geglaubt in der Welt, / aufgenommen in die Herrlichkeit.

Falsche Haltungen
4 Der Geist sagt ausdrücklich: In späteren Zeiten werden manche
vom Glauben abfallen; sie werden sich betrügerischen Geistern
und den Lehren von Dämonen zuwenden, 2 getäuscht von heuchleri-
schen Lügnern, deren Gewissen gebrandmarkt ist. 3 Sie verbieten die
Heirat und fordern den Verzicht auf bestimmte Speisen, die Gott doch
dazu geschaffen hat, daß die, die zum Glauben und zur Erkenntnis
der Wahrheit gelangt sind, sie mit Danksagung zu sich nehmen.
4 Denn alles, was Gott geschaffen hat, ist gut, und nichts ist verwerf-
lich, wenn es mit Dank genossen wird; 5 es wird geheiligt durch
Gottes Wort und durch das Gebet.

Die rechte Wertordnung
6 Dies trage den Brüdern vor, dann wirst du ein guter Diener Christi
Jesu sein, erzogen in den Worten des Glaubens und der guten Lehre,
der du gefolgt bist. 7 Gottlose Altweiberfabeln weise zurück! Übe dich
in der Frömmigkeit! 8 Denn körperliche Übung nützt nur wenig, die
Frömmigkeit aber ist nützlich zu allem: Ihr ist das gegenwärtige und
das zukünftige Leben verheißen. 9 Dieses Wort ist glaubwürdig und
wert, daß man es beherzigt. 10 Dafür arbeiten und kämpfen wir, denn
wir haben unsere Hoffnung auf den lebendigen Gott gesetzt, den Ret-
ter aller Menschen, besonders der Gläubigen. 11 Das sollst du anord-
nen und lehren.

Anweisungen für Timotheus
12 Niemand soll dich wegen deiner Jugend geringschätzen. Sei den
Gläubigen ein Vorbild in deinen Worten, in deinem Lebenswandel, in
der Liebe, im Glauben, in der Lauterkeit. 13 Lies ihnen eifrig (aus der
Schrift) vor, ermahne und belehre sie, bis ich komme. 14 Vernachläs-
sige die Gnade nicht, die in dir ist und die dir verliehen wurde, als dir

Lyonel Feininger
Die Marktkirche zu Halle
(1930)
»Falls ich aber länger ausbleibe, sollst du wissen, wie man sich im Hauswesen Gottes verhalten muß, das heißt in der Kirche des lebendigen Gottes, die die Säule und das Fundament der Wahrheit ist« (1 Tim 3,15). Die Briefe an Timotheus handeln von der kirchlichen Gemeinschaft, die hier bereits mit einem architektonischen Element in Verbindung gebracht wird: mit der Säule. Es sollte allerdings noch knapp drei Jahrhunderte dauern, bis Kirchengebäude den Wandel der christlichen Gemeinschaft zur römischen Reichskirche weithin sichtbar werden ließen. Die Frage, inwiefern die sakralen Monumente gleichbedeutend mit der »Kirche Christi« sind, ist eine Frage, die den deutsch-amerikanischen Graphiker und Maler Lyonel Feininger beim Architekturbild aus Halle allerdings nicht beschäftigt haben dürfte. Die machtvoll aufragende Doppelturmfassade der Marktkirche ist Anlaß genug, um aus dem Materiellen des Bauwerks und dem immateriellen Himmelsblau eine Bildeinheit zu entwickeln: Prismatische Dreiecksflächen ergeben ein Bildgerüst, dem sich beide Elemente unterordnen und dabei in Wechselwirkung treten: Der Himmel gewinnt an Tektonik, die Architektur an Transparenz.

Feininger
30

die Ältesten aufgrund prophetischer Worte gemeinsam die Hände auf-
legten. 15 Dafür sollst du sorgen, darin sollst du leben, damit allen
deine Fortschritte offenbar werden. 16 Achte auf dich selbst und auf die
Lehre; halte daran fest! Wenn du das tust, rettest du dich und alle, die
auf dich hören.

5 Einen älteren Mann sollst du nicht grob behandeln, sondern ihm
zureden wie einem Vater. Mit jüngeren Männern rede wie mit
Brüdern, 2 mit älteren Frauen wie mit Müttern, mit jüngeren wie mit
Schwestern, in aller Zurückhaltung.

Stand und Aufgabe der Witwen

3 Ehre die Witwen, wenn sie wirklich Witwen sind. 4 Hat eine Witwe
aber Kinder oder Enkel, dann sollen diese lernen, zuerst selbst ihren
Angehörigen Ehrfurcht zu erweisen und dankbar für ihre Mutter oder
Großmutter zu sorgen; denn das gefällt Gott. 5 Eine Frau aber, die
wirklich eine Witwe ist und allein steht, setzt ihre Hoffnung auf Gott
und betet beharrlich und inständig bei Tag und Nacht. 6 Wenn eine
jedoch ein ausschweifendes Leben führt, ist sie schon bei Lebzeiten
tot. 7 Das sollst du ihnen einprägen; dann wird man ihnen nichts vor-
werfen können. 8 Wer aber für seine Verwandten, besonders für die
eigenen Hausgenossen, nicht sorgt, der verleugnet damit den Glau-
ben und ist schlimmer als ein Ungläubiger.
9 Eine Frau soll nur dann in die Liste der Witwen aufgenommen wer-
den, wenn sie mindestens sechzig Jahre alt ist, nur einmal verheiratet
war, 10 wenn bekannt ist, daß sie Gutes getan hat, wenn sie Kinder
aufgezogen hat, gastfreundlich gewesen ist und den Heiligen die
Füße gewaschen hat, wenn sie denen, die in Not waren, geholfen hat
und überhaupt bemüht war, Gutes zu tun. 11 Jüngere Witwen weise ab;
denn wenn die Leidenschaft sie Christus entfremdet, wollen sie heira-
ten 12 und ziehen sich den Vorwurf zu, ihrem Versprechen (das sie
Christus gegeben haben) untreu geworden zu sein. 13 Außerdem wer-
den sie faul und gewöhnen sich daran, von Haus zu Haus zu laufen.
Aber nicht nur faul werden sie, sondern auch geschwätzig; sie
mischen sich in alles und reden über Dinge, die sie nichts angehen.
14 Deshalb will ich, daß jüngere Witwen heiraten, Kinder zur Welt
bringen, den Haushalt versorgen und dem Gegner keinen Anlaß zu
übler Nachrede geben. 15 Einige haben sich schon abgewandt und
sind dem Satan gefolgt. 16 Wenn eine gläubige Frau Witwen in ihrem
Haus hat, soll sie für sie sorgen. Die Gemeinde soll nicht belastet wer-
den, damit sie sich um die kümmern kann, die wirklich Witwen sind.

Über die Ältesten

17 Älteste, die das Amt des Vorstehers gut versehen, verdienen dop-
pelte Anerkennung, besonders solche, die sich mit ganzer Kraft dem
Wort und der Lehre widmen. 18 Denn die Schrift sagt: *Du sollst dem Och-
sen zum Dreschen keinen Maulkorb anlegen*, und: Wer arbeitet, hat ein Recht
auf seinen Lohn.
19 Nimm gegen einen Ältesten keine Klage an, außer *wenn zwei oder drei
Zeugen sie bekräftigen*. 20 Wenn sich einer verfehlt, so weise ihn in Gegen-
wart aller zurecht, damit auch die anderen sich fürchten. 21 Ich
beschwöre dich bei Gott, bei Christus Jesus und bei den auserwählten
Engeln: Befolge dies alles ohne Vorurteil, und vermeide jede Bevorzu-
gung! 22 Lege keinem vorschnell die Hände auf, und mach dich nicht
mitschuldig an fremden Sünden; bewahre dich rein!

Verschiedene Mahnungen

23 Trink nicht nur Wasser, sondern nimm auch etwas Wein, mit Rück-
sicht auf deinen Magen und deine häufigen Krankheiten.
24 Die Sünden mancher Leute liegen offen zutage, sie laufen ihnen
gleichsam voraus zum Gericht; bei anderen kommen sie erst hinter-
her. 25 Ebenso liegen die guten Werke offen zutage, und wenn sie noch
nicht offenkundig sind, können sie doch nicht verborgen bleiben.

Wort an die Sklaven

6 Alle, die das Joch der Sklaverei zu tragen haben, sollen ihren
Herren alle Ehre erweisen, damit der Name Gottes und die Lehre
nicht in Verruf kommen. 2a Wer aber einen gläubigen Herrn hat, achte
ihn nicht deshalb für geringer, weil er sein Bruder ist, sondern diene
ihm noch eifriger; denn sein Herr ist gläubig und von Gott geliebt und
bemüht sich, Gutes zu tun.

Warnung vor Irrlehre und Habsucht

2b So sollst du lehren, dazu sollst du ermahnen. 3 Wer aber etwas
anderes lehrt und sich nicht an die gesunden Worte Jesu Christi,
unseres Herrn, und an die Lehre unseres Glaubens hält, 4 der ist ver-
blendet; er versteht nichts, sondern ist krank vor lauter Auseinander-
setzungen und Wortgefechten. Diese führen zu Neid, Streit, Ver-
leumdungen, üblen Verdächtigungen 5 und Gezänk unter den
Menschen, deren Denken verdorben ist; diese Leute sind von der
Wahrheit abgekommen und meinen, die Frömmigkeit sei ein Mittel,
um irdischen Gewinn zu erzielen. 6 Die Frömmigkeit bringt in der Tat
reichen Gewinn, wenn man nur genügsam ist. 7 Denn wir haben
nichts in die Welt mitgebracht, und wir können auch nichts aus ihr
mitnehmen. 8 Wenn wir Nahrung und Kleidung haben, soll uns das
genügen. 9 Wer aber reich werden will, gerät in Versuchungen und
Schlingen, er verfällt vielen sinnlosen und schädlichen Begierden,
die den Menschen ins Verderben und in den Untergang stürzen.
10 Denn die Wurzel aller Übel ist die Habsucht. Nicht wenige, die ihr
verfielen, sind vom Glauben abgeirrt und haben sich viele Qualen
bereitet.

Aufforderung an Timotheus

11 Du aber, ein Mann Gottes, flieh vor all dem. Strebe unermüdlich
nach Gerechtigkeit, Frömmigkeit, Glauben, Liebe, Standhaftigkeit
und Sanftmut. 12 Kämpfe den guten Kampf des Glaubens, ergreife das
ewige Leben, zu dem du berufen worden bist und für das du vor vielen
Zeugen das gute Bekenntnis abgelegt hast. 13 Ich gebiete dir bei Gott,
von dem alles Leben kommt, und bei Christus Jesus, der vor Pontius
Pilatus das gute Bekenntnis abgelegt hat und als Zeuge dafür eingetre-
ten ist: 14 Erfülle deinen Auftrag rein und ohne Tadel, bis zum Erschei-
nen Jesu Christi, unseres Herrn, 15 das zur vorherbestimmten Zeit her-
beiführen wird der selige und einzige Herrscher, / der König der
Könige und Herr der Herren,
16 der allein die Unsterblichkeit besitzt, / der in unzugänglichem Licht
wohnt, / den kein Mensch gesehen hat noch je zu sehen vermag: / Ihm
gebührt Ehre und ewige Macht. Amen.

Seelsorge an den Reichen

17 Ermahne die, die in dieser Welt reich sind, nicht überheblich zu
werden und ihre Hoffnung nicht auf den unsicheren Reichtum zu set-
zen, sondern auf Gott, der uns alles reichlich gibt, was wir brauchen.
18 Sie sollen wohltätig sein, reich werden an guten Werken, freigebig
sein und, was sie haben, mit anderen teilen. 19 So sammeln sie sich
einen Schatz als sichere Grundlage für die Zukunft, um das wahre
Leben zu erlangen.

Der Schluß des Briefes: Mahnung und Gruß

20 Timotheus, bewahre, was dir anvertraut ist. Halte dich fern von dem
gottlosen Geschwätz und den falschen Lehren der sogenannten
»Erkenntnis«! 21 Nicht wenige, die sich darauf eingelassen haben, sind
vom Weg des Glaubens abgekommen.
Die Gnade sei mit euch!

Der zweite Brief an Timotheus

Der 2. Timotheusbrief ist persönlicher gehalten als der 1. Timotheus- und der Titusbrief und bezieht sich auf die Amts- und Lebensführung des Timotheus. Paulus weist auf sein eigenes Vorbild als das eines christlichen Zeugen hin, der für die Botschaft sein Leben einsetzt. Die Hinweise des Paulus auf seine Lage werden oft als Beweise für die Echtheit des Briefs angeführt. Die neuere Forschung neigt zu der Annahme, daß in diesen persönlichen Notizen zuverlässige mündliche Nachrichten über die Spätzeit des Apostels Paulus verwendet worden sind. Der Brief hat den Charakter eines Testaments.
Das Schreiben beginnt mit einem einleitenden Gruß (1,1–2). Nach einem Dankgebet (1,3–5) wird Timotheus ermutigt, unerschrocken für das Evangelium einzutreten (1,6–18). Der nächste Abschnitt setzt ein mit dem Hinweis auf den Sinn der Leiden und Verfolgungen (2,1–13). Es folgen Anweisungen für das Verhalten gegenüber den Irrlehrern (2,14–26), eine Schilderung der Sittenlosigkeit der Menschen in der Endzeit (3,1–9) und demgegenüber eine Beschreibung der guten Lebensführung eines kirchlichen Amtsträgers (3,10–17). Im abschließenden 4. Kapitel ermahnt Paulus den Timotheus zu unerschrockener Erfüllung seines Dienstes als Verkünder des Evangeliums (4,1–8). Angeschlossen sind Mitteilungen und Aufträge (4,9–18) sowie persönliche Grüße und Segenswünsche (4,19–22).

Anschrift und Gruß

1 Paulus, durch den Willen Gottes zum Apostel Christi Jesu beru-
fen, um das Leben in Christus Jesus, das uns verheißen ist, zu
verkündigen, 2 an Timotheus, seinen geliebten Sohn: Gnade, Erbar-
men und Friede von Gott, dem Vater, und Christus Jesus, unserem
Herrn.

Wort der Ermutigung an Timotheus

Dankgebet des Apostels

3 Ich danke Gott, dem ich wie schon meine Vorfahren mit reinem
Gewissen diene – ich danke ihm bei Tag und Nacht in meinen Gebe-
ten, in denen ich unablässig an dich denke. 4 Wenn ich mich an deine
Tränen erinnere, habe ich Sehnsucht, dich zu sehen, um mich wieder
von Herzen freuen zu können; 5 denn ich denke an deinen aufrichti-
gen Glauben, der schon in deiner Großmutter Loïs und in deiner Mut-
ter Eunike lebendig war und der nun, wie ich weiß, auch in dir lebt.

Aufforderung an Timotheus

6 Darum rufe ich dir ins Gedächtnis: Entfache die Gnade Gottes wie-
der, die dir durch die Auflegung meiner Hände zuteil geworden ist.
7 Denn Gott hat uns nicht einen Geist der Verzagtheit gegeben, sondern
den Geist der Kraft, der Liebe und der Besonnenheit. 8 Schäme dich
also nicht, dich zu unserem Herrn zu bekennen; schäme dich auch
meiner nicht, der ich seinetwegen im Gefängnis bin, sondern leide mit
mir für das Evangelium. Gott gibt dazu die Kraft: 9 Er hat uns gerettet;
mit einem heiligen Ruf hat er uns gerufen, nicht aufgrund unserer
Werke, sondern aus eigenem Entschluß und aus Gnade, die uns schon
vor ewigen Zeiten in Christus Jesus geschenkt wurde; 10 jetzt aber
wurde sie durch das Erscheinen unseres Retters Christus Jesus offen-
bart. Er hat dem Tod die Macht genommen und uns das Licht des
unvergänglichen Lebens gebracht durch das Evangelium, 11 als dessen
Verkünder, Apostel und Lehrer ich eingesetzt bin. 12 Darum muß ich
auch dies alles erdulden; aber ich schäme mich nicht, denn ich weiß,
wem ich Glauben geschenkt habe, und ich bin überzeugt, daß er
die Macht hat, das mir anvertraute Gut bis zu jenem Tag zu bewahren.
13 Halte dich an die gesunde Lehre, die du von mir gehört hast; nimm
sie dir zum Vorbild, und bleibe beim Glauben und bei der Liebe, die
uns in Christus Jesus geschenkt ist. 14 Bewahre das dir anvertraute
kostbare Gut durch die Kraft des Heiligen Geistes, der in uns wohnt.

Das Verhalten der Gegner und der Freunde des Paulus

15 Du weißt, daß sich alle in der Provinz Asien von mir abgewandt
haben, auch Phygelus und Hermogenes. 16 Der Familie des Onesi-
phorus schenke der Herr sein Erbarmen, denn Onesiphorus hat mich
oft getröstet und hat sich meiner Ketten nicht geschämt; 17 als er nach
Rom kam, suchte er unermüdlich nach mir, bis er mich fand. 18 Der
Herr gebe ihm, daß er beim Herrn Erbarmen findet an jenem Tag.
Seine treuen Dienste in Ephesus kennst du selbst am besten.

Seelsorgliche Anweisungen für Timotheus

Selbstloser Dienst für Christus

2 Du, mein Sohn, sei stark in der Gnade, die dir in Christus Jesus
geschenkt ist. 2 Was du vor vielen Zeugen von mir gehört hast,
das vertrau zuverlässigen Menschen an, die fähig sind, auch andere zu
lehren. 3 Leide mit mir als guter Soldat Christi Jesu. 4 Keiner, der in den
Krieg zieht, läßt sich in Alltagsgeschäfte verwickeln, denn er will, daß
sein Heerführer mit ihm zufrieden ist. 5 Und wer an einem Wettkampf
teilnimmt, erhält den Siegeskranz nur, wenn er nach den Regeln
kämpft. 6 Der Bauer, der die ganze Arbeit tut, soll als erster seinen Teil
von der Ernte erhalten. 7 Überleg dir, was ich sage. Dann wird der Herr
dir in allem das rechte Verständnis geben.
8 Denk daran, daß Jesus Christus, der Nachkomme Davids, von den
Toten auferstanden ist; so lautet mein Evangelium, 9 für das ich zu lei-
den habe und sogar wie ein Verbrecher gefesselt bin; aber das Wort
Gottes ist nicht gefesselt. 10 Das alles erdulde ich um der Auserwählten
willen, damit auch sie das Heil in Christus Jesus und die ewige Herr-
lichkeit erlangen. 11 Das Wort ist glaubwürdig:
Wenn wir mit Christus gestorben sind, / werden wir auch mit ihm
leben;
12 wenn wir standhaft bleiben, / werden wir auch mit ihm herrschen;
wenn wir ihn verleugnen, / wird auch er uns verleugnen.

13 Wenn wir untreu sind, / bleibt er doch treu, / denn er kann sich
selbst nicht verleugnen.

Das rechte Verhalten gegenüber den Irrlehrern

14 Ruf ihnen das ins Gedächtnis und beschwöre sie bei Gott, sich nicht
um Worte zu streiten; das ist unnütz und führt die Zuhörer nur ins
Verderben. 15 Bemüh dich darum, dich vor Gott zu bewähren als ein
Arbeiter, der sich nicht zu schämen braucht, als ein Mann, der offen
und klar die wahre Lehre vertritt. 16 Gottlosem Geschwätz geh aus
dem Weg; solche Menschen geraten immer tiefer in die Gottlosigkeit,
17 und ihre Lehre wird um sich fressen wie ein Krebsgeschwür. Zu
ihnen gehören Hymenäus und Philetus, 18 die von der Wahrheit abge-
irrt sind und behaupten, die Auferstehung sei schon geschehen. So
zerstören sie bei manchen den Glauben. 19 Aber das feste Fundament,
das Gott gelegt hat, kann nicht erschüttert werden. Es trägt als Siegel
die Inschrift: *Der Herr kennt die Seinen*, und: Wer den Namen des Herrn
nennt, meide das Unrecht. 20 In einem großen Haus gibt es nicht nur
Gefäße aus Gold und Silber, sondern auch aus Holz und Ton – die
einen für Reines, die anderen für Unreines. 21 Wer sich nun von all
dem rein hält, gleicht einem Gefäß für Reines; er ist geheiligt, für den
Herrn brauchbar, zu jedem guten Werk tauglich.
22 Flieh vor den Begierden der Jugend; strebe unermüdlich nach
Gerechtigkeit, Glauben, Liebe und Frieden, zusammen mit all denen,
die den Herrn aus reinem Herzen anrufen. 23 Laß dich nicht auf
törichte und unsinnige Auseinandersetzungen ein; du weißt, daß sie
nur zu Streit führen. 24 Ein Knecht des Herrn soll nicht streiten, son-
dern zu allen freundlich sein, ein geschickter und geduldiger Lehrer,
25 der auch die mit Güte zurechtweist, die sich hartnäckig widerset-
zen. Vielleicht schenkt Gott ihnen dann die Umkehr, damit sie die
Wahrheit erkennen, 26 wieder zur Besinnung kommen und aus dem
Netz des Teufels befreit werden, der sie eingefangen und sich gefügig
gemacht hat.

Die Situation der Menschen in der Endzeit

3 Das sollst du wissen: In den letzten Tagen werden schwere Zei-
ten anbrechen. 2 Die Menschen werden selbstsüchtig sein, hab-
gierig, prahlerisch, überheblich, bösartig, ungehorsam gegen die
Eltern, undankbar, ohne Ehrfurcht, 3 lieblos, unversöhnlich, verleum-
derisch, unbeherrscht, rücksichtslos, roh, 4 heimtückisch, verwegen,
hochmütig, mehr dem Vergnügen als Gott zugewandt. 5 Den Schein
der Frömmigkeit werden sie wahren, doch die Kraft der Frömmigkeit
werden sie verleugnen. Wende dich von diesen Menschen ab. 6 Zu
ihnen gehören die Leute, die sich in die Häuser einschleichen und
dort gewisse Frauen auf ihre Seite ziehen, die von Sünden beherrscht
und von Begierden aller Art umgetrieben werden, 7 Frauen, die immer
lernen und die doch nie zur Erkenntnis der Wahrheit gelangen kön-
nen. 8 Wie sich Jannes und Jambres dem Mose widersetzt haben, so
widersetzen sich auch diese Leute der Wahrheit; ihr Denken ist ver-
dorben, ihr Glaube bewährt sich nicht. 9 Doch sie werden wenig
Erfolg haben, denn ihr Unverstand wird allen offenkundig werden,
wie es auch bei jenen geschehen ist.

Die Aufgabe des Timotheus

10 Du aber bist mir gefolgt in der Lehre, im Leben und Streben, im
Glauben, in der Langmut, der Liebe und der Ausdauer, 11 in den Ver-
folgungen und Leiden, denen ich in Antiochia, Ikonion und Lystra
ausgesetzt war. Welche Verfolgungen habe ich erduldet! Und aus allen
hat der Herr mich errettet. 12 So werden alle, die in der Gemeinschaft
mit Christus Jesus ein frommes Leben führen wollen, verfolgt werden.
13 Böse Menschen und Schwindler dagegen werden immer mehr in
das Böse hineingeraten; sie sind betrogene Betrüger. 14 Du aber bleibe
bei dem, was du gelernt und wovon du dich überzeugt hast. Du weißt,
von wem du es gelernt hast; 15 denn du kennst von Kindheit an die hei-
ligen Schriften, die dir Weisheit verleihen können, damit du durch
den Glauben an Christus Jesus gerettet wirst. 16 Jede von Gott eingege-
bene Schrift ist auch nützlich zur Belehrung, zur Widerlegung, zur
Besserung, zur Erziehung in der Gerechtigkeit; 17 so wird der Mensch
Gottes zu jedem guten Werk bereit und gerüstet sein.

Aufruf zu unerschrockenem Einsatz

4 Ich beschwöre dich bei Gott und bei Christus Jesus, dem kom-
menden Richter der Lebenden und der Toten, bei seinem
Erscheinen und bei seinem Reich: 2 Verkünde das Wort, tritt dafür ein,
ob man es hören will oder nicht; weise zurecht, tadle, ermahne, in
unermüdlicher und geduldiger Belehrung. 3 Denn es wird eine Zeit
kommen, in der man die gesunde Lehre nicht erträgt, sondern sich
nach eigenen Wünschen immer neue Lehrer sucht, die den Ohren
schmeicheln; 4 und man wird der Wahrheit nicht mehr Gehör schen-
ken, sondern sich Fabeleien zuwenden. 5 Du aber sei in allem nüch-
tern, ertrage das Leiden, verkünde das Evangelium, erfülle treu deinen
Dienst! 6 Denn ich werde nunmehr geopfert, und die Zeit meines Auf-
bruchs ist nahe. 7 Ich habe den guten Kampf gekämpft, den Lauf voll-
endet, die Treue gehalten. 8 Schon jetzt liegt für mich der Kranz der
Gerechtigkeit bereit, den mir der Herr, der gerechte Richter, an jenem
Tag geben wird, aber nicht nur mir, sondern allen, die sehnsüchtig auf
sein Erscheinen warten.

Persönliche Mitteilungen und Aufträge

9 Beeil dich, komm bald zu mir! 10 Demas hat mich aus Liebe zu dieser
Welt verlassen und ist nach Thessalonich gegangen; Kreszenz ging
nach Galatien, Titus nach Dalmatien. 11 Nur Lukas ist noch bei mir.
Bring Markus mit, denn er wird mir ein guter Helfer sein. 12 Tychikus
habe ich nach Ephesus geschickt. 13 Wenn du kommst, bring den
Mantel mit, den ich in Troas bei Karpus gelassen habe, auch die
Bücher, vor allem die Pergamente. 14 Alexander, der Schmied, hat mir
viel Böses getan; *der Herr wird ihm vergelten, wie es seine Taten verdienen.*
15 Nimm auch du dich vor ihm in acht, denn er hat unsere Lehre heftig
bekämpft.
16 Bei meiner ersten Verteidigung ist niemand für mich eingetreten;
alle haben mich im Stich gelassen. Möge es ihnen nicht angerechnet
werden. 17 Aber der Herr stand mir zur Seite und gab mir Kraft, damit
durch mich die Verkündigung vollendet wird und alle Heiden sie
hören; und so wurde ich dem *Rachen des Löwen entrissen.* 18 Der Herr
wird mich allem Bösen entreißen, er wird mich retten und in sein
himmlisches Reich führen. Ihm sei die Ehre in alle Ewigkeit. Amen.

Der Schluß des Briefes: Grüße und Segenswünsche

19 Grüße Priska und Aquila und die Familie des Onesiphorus! 20 Era-
stus blieb in Korinth, Trophimus mußte ich krank in Milet zurücklas-
sen. 21 Beeil dich, komm noch vor dem Winter! Es grüßen
dich Eubulus, Pudens, Linus, Klaudia und alle Brüder.
22 Der Herr sei mit deinem Geist! Die Gnade sei mit euch!

Der Brief an Titus

Titus gehörte neben Timotheus zu den engsten Mitarbeitern des Apostels Paulus, wie vor allem der Galater- und der 2. Korintherbrief zeigen (Gal 2,3; 2 Kor 2,13; 7,6.13; 8,6.16.23; 12,18). Nach Tit 1,5 übertrug ihm Paulus die Verantwortung für die Kirche von Kreta. Nach alter Überlieferung soll er bis zu seinem Lebensende als Bischof dieser Insel gewirkt haben.
Der Brief an Titus hat amtlichen Charakter; das Persönliche tritt zurück. Nach dem Eingangsgruß (1,1–4) werden zunächst die Aufgaben des Titus in Kreta genannt: Er soll geeignete Vorsteher für die Christengemeinden einsetzen (1,5–9) und die Irrlehre bekämpfen (1,10–16). Dann wird er ermahnt, in Übereinstimmung mit der »gesunden Lehre« die einzelnen Stände an ihre Pflichten zu erinnern (2,1–10). Es gilt, der in Jesus Christus sichtbar gewordenen Gnade Gottes zu entsprechen (2,11–15). Anschließend werden unter Hinweis auf die Taufe grundlegende Pflichten im politischen und mitmenschlichen Bereich genannt (3,1–8). Es folgt eine erneute Warnung vor Irrlehrern (3,9–11). Persönliche Aufträge, Segenswünsche und Grüße beschließen den Brief (3,12–15).

Bekenntnis, Anschrift und Gruß

1 Paulus, Knecht Gottes und Apostel Jesu Christi, berufen, um die
Auserwählten Gottes zum Glauben und zur Erkenntnis der wah-
ren Gottesverehrung zu führen, 2 in der Hoffnung auf das ewige
Leben, das der wahrhaftige Gott schon vor ewigen Zeiten verheißen
hat; 3 jetzt aber hat er zur vorherbestimmten Zeit sein Wort offenbart
in der Verkündigung, die mir durch den Auftrag Gottes, unseres Ret-
ters, anvertraut ist. 4 An Titus, seinen echten Sohn aufgrund des
gemeinsamen Glaubens: Gnade und Friede von Gott, dem Vater, und
Christus Jesus, unserem Retter.

Die Aufgaben des Titus

Einsetzung geeigneter Vorsteher
5 Ich habe dich in Kreta deswegen zurückgelassen, damit du das, was
noch zu tun ist, zu Ende führst und in den einzelnen Städten Älteste
einsetzt, wie ich dir aufgetragen habe.
6 Ein Ältester soll unbescholten und nur einmal verheiratet sein. Seine
Kinder sollen gläubig sein; man soll ihnen nicht nachsagen können,
sie seien liederlich und ungehorsam. 7 Denn ein Bischof muß unbe-
scholten sein, weil er das Haus Gottes verwaltet; er darf nicht über-
heblich und jähzornig sein, kein Trinker, nicht gewalttätig oder hab-
gierig. 8 Er soll vielmehr das Gute lieben, er soll gastfreundlich sein,
besonnen, gerecht, fromm und beherrscht. 9 Er muß ein Mann sein,
der sich an das wahre Wort der Lehre hält; dann kann er mit der gesun-
den Lehre die Gemeinde ermahnen und die Gegner widerlegen.

Bekämpfung der Irrlehrer
10 Denn es gibt viele Ungehorsame, Schwätzer und Schwindler,
besonders unter denen, die aus dem Judentum kommen. 11 Diese
Menschen muß man zum Schweigen bringen, denn aus übler
Gewinnsucht zerstören sie ganze Familien mit ihren falschen Lehren.
12 Einer von ihnen hat als ihr eigener Prophet gesagt: Alle Kreter sind
Lügner und faule Bäuche, gefährliche Tiere. 13 Das ist ein wahres
Wort. Darum weise sie streng zurecht, damit ihr Glaube wieder
gesund wird 14 und sie sich nicht mehr an jüdische Fabeleien halten
und an Gebote von Menschen, die sich von der Wahrheit abwenden.
15 Für die Reinen ist alles rein; für die Unreinen und Ungläubigen aber
ist nichts rein, sogar ihr Denken und ihr Gewissen sind unrein. 16 Sie
beteuern, Gott zu kennen, durch ihr Tun aber verleugnen sie ihn; es
sind abscheuliche und unbelehrbare Menschen, die zu nichts Gutem
taugen.

Anweisungen für einzelne Stände
2 Du aber verkünde, was der gesunden Lehre entspricht. 2 Die älte-
ren Männer sollen nüchtern sein, achtbar, besonnen, stark im
Glauben, in der Liebe, in der Ausdauer. 3 Ebenso seien die älteren
Frauen würdevoll in ihrem Verhalten, nicht verleumderisch und nicht
trunksüchtig; sie müssen fähig sein, das Gute zu lehren, 4 damit sie
die jungen Frauen dazu anhalten können, ihre Männer und Kinder zu
lieben, 5 besonnen zu sein, ehrbar, häuslich, gütig und ihren Män-
nern gehorsam, damit das Wort Gottes nicht in Verruf kommt.
6 Ebenso ermahne die jüngeren Männer, in allen Dingen besonnen zu
sein. 7 Gib selbst ein Beispiel durch gute Werke. Lehre die Wahrheit
unverfälscht und mit Würde, 8 mit gesunden, unanfechtbaren Worten;
so wird der Gegner beschämt und kann nichts Schlechtes über uns
sagen.
9 Die Sklaven sollen ihren Herren gehorchen, ihnen in allem gefällig
sein, nicht widersprechen, 10 nichts veruntreuen; sie sollen zuverlässig
und treu sein, damit sie in allem der Lehre Gottes, unseres Retters,
Ehre machen.

Gnade und christliches Leben
11 Denn die Gnade Gottes ist erschienen, um alle Menschen zu retten.
12 Sie erzieht uns dazu, uns von der Gottlosigkeit und den irdischen
Begierden loszusagen und besonnen, gerecht und fromm in dieser
Welt zu leben, 13 während wir auf die selige Erfüllung unserer Hoff-
nung warten: auf das Erscheinen der Herrlichkeit unseres großen
Gottes und Retters Christus Jesus. 14 Er hat sich für uns hingegeben,
um uns *von aller Schuld zu erlösen* und *sich ein reines Volk zu schaffen, das ihm*
als sein besonderes Eigentum gehört und voll Eifer danach strebt, das Gute
zu tun. 15 So sollst du mit allem Nachdruck lehren, ermahnen und
zurechtweisen. Niemand soll dich geringachten.

Die Pflichten der Getauften im sozialen Bereich
3 Erinnere sie daran, sich den Herrschern und Machthabern
unterzuordnen und ihnen zu gehorchen. Sie sollen immer bereit
sein, Gutes zu tun, 2 sollen niemand schmähen, nicht streitsüchtig

sein, sondern freundlich und gütig zu allen Menschen.
3 Denn auch wir waren früher unverständig und ungehorsam; wir gingen in die Irre, waren Sklaven aller möglichen Begierden und Leidenschaften, lebten in Bosheit und Neid, waren verhaßt und haßten einander.
4 Als aber die Güte und Menschenliebe Gottes, unseres Retters, erschien,
5 hat er uns gerettet – nicht weil wir Werke vollbracht hätten, die uns gerecht machen können, sondern aufgrund seines Erbarmens – durch das Bad der Wiedergeburt und der Erneuerung im Heiligen Geist.
6 Ihn hat er in reichem Maß über uns ausgegossen durch Jesus Christus, unseren Retter,
7 damit wir durch seine Gnade gerecht gemacht werden und das ewige Leben erben, das wir erhoffen.
8 Dieses Wort ist glaubwürdig, und ich will, daß du dafür eintrittst, damit alle, die zum Glauben an Gott gekommen sind, sich nach Kräften bemühen, das Gute zu tun. So ist es gut und für alle Menschen nützlich.

Erneute Warnung vor Irrlehrern

9 Laß dich nicht ein auf törichte Auseinandersetzungen und Erörterungen über Geschlechterreihen, auf Streit und Gezänk über das Gesetz; sie sind nutzlos und vergeblich.
10 Wenn du einen Sektierer einmal und ein zweites Mal ermahnt hast, so meide ihn.
11 Du weißt, ein solcher Mensch ist auf dem verkehrten Weg; er sündigt und spricht sich selbst das Urteil.

Der Schluß des Briefes: Persönliche Mitteilungen und Grüße

12 Sobald ich Artemas oder Tychikus zu dir schicke, komm rasch zu mir nach Nikopolis; denn ich habe mich entschlossen, dort den Winter zu verbringen.
13 Den gesetzeskundigen Zenas und den Apollos statte für die Weiterreise gut aus, damit ihnen nichts fehlt.
14 Auch unsere Leute sollen lernen, nach Kräften Gutes zu tun, wo es nötig ist, damit ihr Leben nicht ohne Frucht bleibt.
15 Es grüßen dich alle, die bei mir sind. Grüße alle, die uns durch den Glauben in Liebe verbunden sind. Die Gnade sei mit euch allen!

Der Brief an Philemon

Der kleine Brief hat einen ganz persönlichen Anlaß. Der Sklave Onesimus war seinem Herrn Philemon entlaufen, der in Kolossä wohnte. Er kam auf seiner Flucht zu Paulus, der im Gefängnis saß, vermutlich in Ephesus. Paulus gewann Onesimus für den christlichen Glauben, und Onesimus war ihm in mancherlei Hinsicht nützlich (vgl. V. 11). Der Apostel schickte den Sklaven zu Philemon zurück, dessen Haus einer christlichen Gemeinde als Versammlungsort diente. Der Brief, geschrieben um 55 n. Chr., sollte Philemon bewegen, dem Sklaven Onesimus zu verzeihen und ihn als christlichen Bruder aufzunehmen. Die Bedeutung des Briefs liegt darin, daß er einen Beitrag zur Lösung des bedrückenden Sklavenproblems in der christlichen Gemeinde darstellt. Gleichzeitig ist er als persönliches Dokument des Menschen Paulus von hohem Wert.

Anschrift und Gruß

1 Paulus, Gefangener Christi Jesu, und der Bruder Timotheus an unse-
ren geliebten Mitarbeiter Philemon, 2 an die Schwester Aphia, an
Archippus, unseren Mitstreiter, und an die Gemeinde in deinem Haus:
3 Gnade sei mit euch und Friede von Gott, unserem Vater, und dem
Herrn Jesus Christus.

Dankgebet des Apostels

4 Ich danke meinem Gott jedesmal, wenn ich in meinen Gebeten an
dich denke. 5 Denn ich höre von deinem Glauben an Jesus, den Herrn,
und von deiner Liebe zu allen Heiligen. 6 Ich wünsche, daß unser
gemeinsamer Glaube in dir wirkt und du all das Gute in uns erkennst,
das auf Christus gerichtet ist. 7 Es hat mir viel Freude und Trost berei-
tet, daß durch dich, Bruder, und durch deine Liebe die Heiligen ermu-
tigt worden sind.

Fürsprache für Onesimus

8 Obwohl ich durch Christus volle Freiheit habe, dir zu befehlen, was
du tun sollst, 9 ziehe ich es um der Liebe willen vor, dich zu bitten. Ich,
Paulus, ein alter Mann, der jetzt für Christus Jesus im Kerker liegt,
10 ich bitte dich für mein Kind Onesimus, dem ich im Gefängnis zum
Vater geworden bin. 11 Früher konntest du ihn zu nichts gebrauchen,
doch jetzt ist er dir und mir recht nützlich. 12 Ich schicke ihn zu dir
zurück, ihn, das bedeutet mein eigenes Herz. 13 Ich würde ihn gern bei
mir behalten, damit er mir an deiner Stelle dient, solange ich um des
Evangeliums willen im Gefängnis bin. 14 Aber ohne deine Zustim-
mung wollte ich nichts tun. Deine gute Tat soll nicht erzwungen, son-
dern freiwillig sein. 15 Denn vielleicht wurde er nur deshalb eine Weile
von dir getrennt, damit du ihn für ewig zurückerhälst, 16 nicht mehr
als Sklaven, sondern als weit mehr: als geliebten Bruder. Das ist er
jedenfalls für mich, um wieviel mehr dann für dich, als Mensch und
auch vor dem Herrn. 17 Wenn du dich mir verbunden fühlst, dann
nimm ihn also auf wie mich selbst! 18 Wenn er dich aber geschädigt
hat oder dir etwas schuldet, setz das auf meine Rechnung! 19 Ich, Pau-
lus, schreibe mit eigener Hand: Ich werde es bezahlen – um nicht
davon zu reden, daß du dich selbst mir schuldest. 20 Ja, Bruder, um des
Herrn willen möchte ich von dir einen Nutzen haben. Erfreue mein
Herz; wir gehören beide zu Christus.

Grüße und Segen

21 Ich schreibe dir im Vertrauen auf deinen Gehorsam und weiß, daß
du noch mehr tun wirst, als ich gesagt habe. 22 Bereite zugleich eine
Unterkunft für mich vor! Denn ich hoffe, daß ich euch durch eure
Gebete wiedergeschenkt werde.
23 Es grüßen dich Epaphras, der mit mir um Christi Jesu willen im
Gefängnis ist, 24 sowie Markus, Aristarch, Demas und Lukas, meine
Mitarbeiter. 25 Die Gnade Jesu Christi, des Herrn, sei mit eurem Geist!

Der Brief an die Hebräer

In den ältesten Handschriften trägt der Brief die Überschrift »An die Hebräer«, das heißt an Judenchristen. Eine Verfasserangabe fehlt, ebenso die Angabe der Adressaten. Da das Schreiben paulinischen Einfluß aufweist (siehe auch den Hinweis auf Timotheus 13,23), wurde früher vermutet, es stamme, wenn nicht von Paulus selbst, von einem Mitarbeiter des Paulus, etwa von Barnabas oder von Apollos (Apg 13,1–15,35; 18,24–19,1; 1 Kor 1,12; 3,4). Dies läßt sich jedoch nicht nachweisen. Wegen des ausgezeichneten griechischen Stils, der eingehenden Kenntnis des Alten Testaments und der jüdisch beeinflußten Denk- und Darstellungsweise ist als Verfasser ein griechisch gebildeter Judenchrist anzunehmen, der von paulinischen Gedanken beeinflußt ist.

Der Brief ist am frühesten in Rom durch den 1. Klemensbrief (abgefaßt um 97 n. Chr.) bezeugt; die Notiz 13,24 (»Es grüßen euch die Brüder aus Italien«) verweist ebenfalls eher auf Rom als auf Kleinasien als Entstehungsort. Da der Verfasser auf die apostolische Zeit zurückblickt (13,7: »Schaut auf das Ende des Lebens eurer Vorsteher«), zugleich auf eine bevorstehende Verfolgung hinweist – Kaiser Domitian (81–96 n. Chr.) ließ die Christen im ganzen römischen Reich verfolgen –, sind als Zeit der Abfassung etwa die Jahre 85–95 n. Chr. anzunehmen.

Das Schreiben weist folgende Gliederung auf: Gottes abschließende Offenbarung durch den Sohn (1,1–4,13); Jesus Christus, der vollkommene und endgültige Hohepriester des Volkes Gottes, der durch seinen Tod volle Sühne bewirkt, den Neuen Bund heraufgeführt und den Zugang zu Gott geöffnet hat (4,14–10,18); das wandernde Gottesvolk auf dem Weg zu der von Gott geschenkten Ruhe (11,1–12,3); abschließende Ermahnungen an müde gewordene Christen (12,4–13,19); Grüße und Segenswünsche (13,20–25).

Für seine Darlegungen schöpfte der Verfasser aus dem griechischen Alten Testament (Septuaginta) sowie aus jüdischen und christlichen Überlieferungen. So schuf er ein seelsorgliches »Mahnschreiben« (13,22) an Christen, die in Gefahr sind, vom Glauben abzufallen. Ihnen zeigt er, daß Jesus ebenso wie alle Großen des Volkes Gottes für seine Überzeugung auch zu leiden hatte und daß sich erst im Leiden die Kraft des Glaubens und der Hoffnung bewährt. Wie Jesus Christus kann auch der Christ nur durch Leiden in das Reich Gottes gelangen. Im Mittelpunkt steht die Aussage über Jesus als den allein würdigen Hohenpriester nach der Art des Priesterkönigs Melchisedek (vgl. die Anmerkung zu 7,1–28). Jesus hat durch das Opfer seines Lebens eine umfassende Erlösung bewirkt und tritt vor Gott als Fürsprecher für die Kirche ein. In ihm ist das alttestamentliche Priestertum an sein Ziel und Ende gelangt.

Das Schreiben bietet Einblick in den Reichtum christlichen Denkens und Lebens am Ende des ersten christlichen Jahrhunderts. Von besonderem Gewicht ist die Mahnung, Jesus Christus auch in Widrigkeiten unbedingt treu zu bleiben.

Der Sohn als Erfüllung der Verheißungen Gottes

Der Sohn und die Engel

1 Viele Male und auf vielerlei Weise hat Gott einst zu den Vätern
gesprochen durch die Propheten; 2 in dieser Endzeit aber hat er
zu uns gesprochen durch den Sohn, den er zum Erben des Alls eingesetzt und durch den er auch die Welt erschaffen hat; 3 er ist der
Abglanz seiner Herrlichkeit und das Abbild seines Wesens; er trägt
das All durch sein machtvolles Wort, hat die Reinigung von den Sünden bewirkt und *sich* dann *zur Rechten* der Majestät in der Höhe *gesetzt;*
4 er ist um so viel erhabener geworden als die Engel, wie der Name,
den er geerbt hat, ihren Namen überragt. 5 Denn zu welchem Engel
hat er jemals gesagt:
Mein Sohn bist du, / heute habe ich dich gezeugt,
und weiter:
Ich will für ihn Vater sein, / und er wird für mich Sohn sein?
6 Wenn er aber den Erstgeborenen wieder in die Welt einführt, sagt er:
Alle Engel Gottes sollen sich vor ihm niederwerfen.
7 Und von den Engeln sagt er:
Er macht seine Engel zu Winden / und seine Diener zu Feuerflammen;
8 von dem Sohn aber:
Dein Thron, o Gott, steht für immer und ewig,
und:
Das Zepter seiner Herrschaft ist ein gerechtes Zepter.
9 *Du liebst das Recht und haßt das Unrecht, / darum, o Gott, hat dein Gott dich gesalbt / mit dem Öl der Freude wie keinen deiner Gefährten.*
10 Und:
Du, Herr, hast vorzeiten der Erde Grund gelegt, / die Himmel sind das Werk deiner Hände.
11 *Sie werden vergehen, du aber bleibst; / sie alle veralten wie ein Gewand;*
12 *du rollst sie zusammen wie einen Mantel, /* und wie ein Gewand *werden sie gewechselt.*
Du aber bleibst, der du bist, / und deine Jahre enden nie.
13 Zu welchem Engel hat er jemals gesagt:
Setze dich mir zur Rechten, / und ich lege dir deine Feinde als Schemel unter die Füße?
14 Sind sie nicht alle nur dienende Geister, ausgesandt, um denen zu
helfen, die das Heil erben sollen?

Gottes Zeugnis für den Sohn

2 Darum müssen wir um so aufmerksamer auf das achten, was
wir gehört haben, damit wir nicht vom Weg abkommen. 2 Denn
wenn schon das durch Engel verkündete Wort rechtskräftig war und
jede Übertretung und jeder Ungehorsam die gerechte Vergeltung
fand, 3 wie sollen dann wir entrinnen, wenn wir uns um ein so erhabenes Heil nicht kümmern, das zuerst durch den Herrn verkündet und
uns von den Ohrenzeugen bestätigt wurde? 4 Auch Gott selbst hat dies
bezeugt durch Zeichen und Wunder, durch machtvolle Taten aller Art
und Gaben des Heiligen Geistes, nach seinem Willen.

Wilhelm Morgner
Kreuzaufrichtung
(1913)
»... aber den, der nur für kurze Zeit unter die Engel erniedrigt war, Jesus, ihn sehen wir um seines Todesleidens willen mit Herrlichkeit und Ehre gekrönt; es war nämlich Gottes gnädiger Wille, daß er für alle den Tod erlitt« (Hebr 2,9). Leuchtende Farbbahnen in warmem Gelb, Orange und Rot hinterfangen die einzelnen Motive der szenischen Handlung. Diese sind in kühlen Blau- und Grüntönen wiedergegeben und gehören der Bedeutungsebene an, die der Hebräerbrief als kurzzeitige Erniedrigung Jesu Christi »unter die Engel« bezeichnet. Aufgrund der Bildtradition entspricht die breitbeinig die Kreuzaufrichtung beaufsichtigende Figur rechts jenem römischen Hauptmann, den die Evangelien mit einem Messiasbekenntnis in Verbindung bringen, nachdem er Zeuge des Sterbens Jesu geworden ist: »Wahrhaftig, das war Gottes Sohn!« (Mt 27,54)

Die Erniedrigung und Erhöhung des Sohnes

5 Denn nicht Engeln hat er die zukünftige Welt unterworfen, von der
wir reden, 6 vielmehr (dem Sohn, darum) heißt es an einer Stelle aus-
drücklich:
Was ist der Mensch, daß du an ihn denkst, / oder der Menschensohn, daß du dich
seiner annimmst?
7 *Du hast ihn nur für kurze Zeit unter die Engel erniedrigt. / Du hast ihn mit Herr-*
lichkeit und Ehre gekrönt, 8 *alles hast du ihm zu Füßen gelegt.*
Denn als er ihm alles zu Füßen legte, hat er nichts von der Unterwer-
fung ausgenommen. Jetzt sehen wir noch nicht *alles ihm zu Füßen gelegt;*
9 aber den, der *nur für kurze Zeit unter die Engel erniedrigt* war, Jesus, ihn
sehen wir um seines Todesleidens willen *mit Herrlichkeit und Ehre*
gekrönt; es war nämlich Gottes gnädiger Wille, daß er für alle den Tod
erlitt. 10 Denn es war angemessen, daß Gott, für den und durch den
das All ist und der viele Söhne zur Herrlichkeit führen wollte, den
Urheber ihres Heils durch Leiden vollendete.
11 Denn er, der heiligt, und sie, die geheiligt werden, stammen alle von
Einem ab; darum scheut er sich nicht, sie Brüder zu nennen 12 und zu
sagen:
Ich will deinen Namen meinen Brüdern verkünden, / inmitten der Gemeinde dich
preisen;
13 und ferner: *Ich will auf ihn mein Vertrauen setzen;*
und:
Seht, ich und die Kinder, die Gott mir geschenkt hat.
14 Da nun *die Kinder* Menschen von Fleisch und Blut sind, hat auch er in
gleicher Weise Fleisch und Blut angenommen, um durch seinen Tod
den zu entmachten, der die Gewalt über den Tod hat, nämlich den
Teufel, 15 und um die zu befreien, die durch die Furcht vor dem Tod ihr
Leben lang der Knechtschaft verfallen waren. 16 Denn er nimmt sich
keineswegs der Engel an, sondern *der Nachkommen Abrahams nimmt er*
sich an. 17 Darum mußte er in allem *seinen Brüdern* gleich sein, um ein
barmherziger und treuer Hoherpriester vor Gott zu sein und die Sün-
den des Volkes zu sühnen. 18 Denn da er selbst in Versuchung geführt
wurde und gelitten hat, kann er denen helfen, die in Versuchung
geführt werden.

Der Sohn und Mose

3 Darum, heilige Brüder, die ihr an der himmlischen Berufung
teilhabt, schaut auf den Apostel und Hohenpriester, dem unser

Bekenntnis gilt: auf Jesus, 2 der – wie auch *Mose* in Gottes *Haus* – dem
treu ist, der ihn eingesetzt hat. 3 Denn er hat größere Herrlichkeit emp-
fangen als Mose, so wie der, der ein Haus baut, größeren Ruhm
genießt als das Haus. 4 Denn jedes Haus wird von jemand erbaut; der
aber, der alles erbaut hat, ist Gott. 5 *Mose war in Gottes ganzem Haus treu*
als Diener, zum Zeugnis der künftigen Offenbarungen; 6 Christus aber
ist *treu* als Sohn, der über das *Haus* Gottes gesetzt ist; *sein Haus* aber
sind wir, wenn wir an der Zuversicht und an dem stolzen Bewußtsein
festhalten, das unsere Hoffnung uns verleiht.

Gottes Wort als Gericht

7 Darum beherzigt, was der Heilige Geist sagt:
Heute, wenn ihr seine Stimme hört, / 8 verhärtet euer Herz nicht wie beim Auf-
ruhr, / wie in der Wüste am Tag der Versuchung.
9 Dort haben eure Väter mich versucht, / sie haben mich auf die Probe gestellt / und
hatten doch meine Taten gesehen, 10 vierzig Jahre lang.
Darum *war mir diese Generation zuwider, / und ich sagte: Immer geht ihr Herz*
in die Irre. / Sie erkannten meine Wege nicht.
11 Darum habe ich in meinem Zorn geschworen: / Sie sollen nicht in das Land mei-
ner Ruhe kommen.
12 Gebt acht, Brüder, daß keiner von euch ein böses, ungläubiges Herz
hat, daß keiner vom lebendigen Gott abfällt, 13 sondern ermahnt ein-
ander jeden Tag, solange es noch heißt: *Heute*, damit niemand von
euch durch den Betrug der Sünde verhärtet wird; 14 denn an Christus
haben wir nur Anteil, wenn wir bis zum Ende an der Zuversicht fest-
halten, die wir am Anfang hatten.
15 Wenn es heißt:
Heute, wenn ihr seine Stimme hört, / verhärtet euer Herz nicht wie beim Aufruhr –
16 wer waren denn jene, die *hörten* und *sich auflehnten*? Waren es nicht
alle, die unter Mose aus Ägypten ausgezogen waren? 17 Wer *war ihm*
vierzig Jahre lang zuwider? Nicht etwa die Sünder, deren *Leichen in der*
Wüste liegen blieben? 18 Wem hat er geschworen, *sie sollen nicht in das Land*
seiner Ruhe kommen, wenn nicht den Ungehorsamen? 19 Und wir sehen,
daß sie wegen ihres Unglaubens *nicht hineinkommen* konnten.

Gottes Wort als Verheißung

4 Darum laßt uns ernsthaft besorgt sein, daß keiner von euch
zurückbleibt, solange die Verheißung, *in das Land seiner Ruhe zu*
kommen, noch gilt. 2 Denn uns ist die gleiche Freudenbotschaft ver-
kündet worden wie jenen; doch hat ihnen das Wort, das sie hörten,
nichts genützt, weil es sich nicht durch den Glauben mit den Hörern
verband. 3 Denn wir, die wir gläubig geworden sind, *kommen in das*
Land der Ruhe, wie er gesagt hat:
Darum habe ich in meinem Zorn geschworen: / Sie sollen nicht in das Land mei-
ner Ruhe kommen.
Zwar waren die Werke seit der Erschaffung der Welt vollendet; 4 denn
vom siebten Tag heißt es an einer Stelle: *Und Gott ruhte am siebten Tag aus*
von all seinen Werken; 5 hier aber heißt es:
Sie sollen nicht in das Land meiner Ruhe kommen.
6 Da es nun dabei bleibt, daß einige hineinkommen, die aber, die
früher die Freudenbotschaft empfangen haben, wegen ihres Unge-
horsams *nicht hineingekommen* sind, 7 setzt er aufs neue einen Tag fest,
nämlich: *Heute*, indem er durch David, wie schon gesagt, nach so lan-
ger Zeit spricht:
Heute, wenn ihr seine Stimme hört, / verhärtet euer Herz nicht!
8 Denn hätte schon Josua sie in das Land der Ruhe geführt, so wäre
nicht von einem anderen, späteren Tag die Rede. 9 Also ist dem Volk
Gottes eine Sabbatruhe vorbehalten. 10 Denn wer *in das Land seiner Ruhe*
gekommen ist, der ruht auch selbst von seinen Werken aus, wie Gott von
den seinigen.
11 Bemühen wir uns also, in jenes *Land der Ruhe zu kommen*, damit nie-
mand aufgrund des gleichen Ungehorsams zu Fall kommt.
12 Denn lebendig ist das Wort Gottes, kraftvoll und schärfer als jedes
zweischneidige Schwert; es dringt durch bis zur Scheidung von Seele
und Geist, von Gelenk und Mark; es richtet über die Regungen und
Gedanken des Herzens; 13 vor ihm bleibt kein Geschöpf verborgen,
sondern alles liegt nackt und bloß vor den Augen dessen, dem wir
Rechenschaft schulden.

Christus, der wahre und endgültige Hohepriester des Neuen Bundes

Das Amt des Hohenpriesters

14 Da wir nun einen erhabenen Hohenpriester haben, der die Himmel
durchschritten hat, Jesus, den Sohn Gottes, laßt uns an dem Bekennt-
nis festhalten. 15 Wir haben ja nicht einen Hohenpriester, der nicht mit-
fühlen könnte mit unserer Schwäche, sondern einen, der in allem wie
wir in Versuchung geführt worden ist, aber nicht gesündigt hat. 16 Laßt
uns also voll Zuversicht hingehen zum Thron der Gnade, damit wir
Erbarmen und Gnade finden und so Hilfe erlangen zur rechten Zeit.
5 Denn jeder Hohepriester wird aus den Menschen ausgewählt
und für die Menschen eingesetzt zum Dienst vor Gott, um
Gaben und Opfer für die Sünden darzubringen. 2 Er ist fähig, für die
Unwissenden und Irrenden Verständnis aufzubringen, da auch er der
Schwachheit unterworfen ist; 3 deshalb muß er für sich selbst ebenso
wie für das Volk Sündopfer darbringen. 4 Und keiner nimmt sich
eigenmächtig diese Würde, sondern er wird von Gott berufen, so wie
Aaron.

5 So hat auch Christus sich nicht selbst die Würde eines Hohenprie-
sters verliehen, sondern der, der zu ihm gesprochen hat:
Mein Sohn bist du. / Heute habe ich dich gezeugt,
6 wie er auch an anderer Stelle sagt:
Du bist Priester auf ewig / nach der Ordnung Melchisedeks.
7 Als er auf Erden lebte, hat er mit lautem Schreien und unter Tränen
Gebete und Bitten vor den gebracht, der ihn aus dem Tod retten
konnte, und er ist erhört und aus seiner Angst befreit worden.
8 Obwohl er der Sohn war, hat er durch Leiden den Gehorsam gelernt;
9 zur Vollendung gelangt, ist er für alle, die ihm gehorchen, der
Urheber des *ewigen Heils* geworden 10 und wurde von Gott angeredet als
»Hoherpriester *nach der Ordnung Melchisedeks*«.

Die schwache Gemeinde

11 Darüber hätten wir noch viel zu sagen; es ist aber schwer verständ-
lich zu machen, da ihr schwerhörig geworden seid. 12 Denn obwohl
ihr der Zeit nach schon Lehrer sein müßtet, braucht ihr von neuem
einen, der euch die Anfangsgründe der Lehre von der Offenbarung
Gottes beibringt; Milch habt ihr nötig, nicht feste Speise. 13 Denn
jeder, der noch mit Milch genährt wird, ist unfähig, richtiges Reden zu
verstehen; er ist ja ein unmündiges Kind; 14 feste Speise aber ist für
Erwachsene, deren Sinne durch Gewöhnung geübt sind, Gut und
Böse zu unterscheiden.
6 Darum wollen wir beiseite lassen, was man zuerst von Christus
verkünden muß, und uns dem Vollkommeneren zuwenden; wir
wollen nicht noch einmal den Grund legen mit der Belehrung über die
Abkehr von toten Werken, über den Glauben an Gott, 2 über die Tau-
fen, die Handauflegung, die Auferstehung der Toten und das ewige
Gericht; 3 das wollen wir dann tun, wenn Gott es will. 4 Denn es ist
unmöglich, Menschen, die einmal erleuchtet worden sind, die von der
himmlischen Gabe genossen und Anteil am Heiligen Geist empfan-
gen haben, 5 die das gute Wort Gottes und die Kräfte der zukünftigen
Welt kennengelernt haben, 6 dann aber abgefallen sind, erneut zur
Umkehr zu bringen; denn sie schlagen jetzt den Sohn Gottes noch
einmal ans Kreuz und machen ihn zum Gespött. 7 Wenn ein Boden
den häufig herabströmenden Regen trinkt und denen, für die er
bebaut wird, nützliche Gewächse hervorbringt, empfängt er Segen
von Gott; 8 trägt er aber *Dornen und Disteln*, so ist er nutzlos und vom
Fluch bedroht; sein Ende ist die Vernichtung durch Feuer.

9 Bei euch aber, liebe Brüder, sind wir trotz des Gesagten vom Besseren
überzeugt und davon, daß ihr am Heil teilhabt. 10 Denn Gott ist nicht so
ungerecht, euer Tun zu vergessen und die Liebe, die ihr seinem Namen
bewiesen habt, indem ihr den Heiligen gedient habt und noch dient.
11 Wir wünschen aber, daß jeder von euch im Blick auf den Reichtum
unserer Hoffnung bis zum Ende den gleichen Eifer zeigt, 12 damit ihr
nicht müde werdet, sondern Nachahmer derer seid, die aufgrund ihres
Glaubens und ihrer Ausdauer Erben der Verheißungen sind.

Die zuverlässige Verheißung

13 Als Gott dem Abraham die Verheißung gab, *schwor er bei sich selbst*, da
er bei keinem Höheren schwören konnte, 14 und sprach: *Fürwahr, ich
will dir Segen schenken in Fülle und deine Nachkommen überaus zahlreich
machen.* 15 So erlangte Abraham durch seine Ausdauer das Verheißene.
16 Menschen nämlich schwören bei dem Höheren; der Eid dient ihnen
zur Bekräftigung und schließt jeden weiteren Einwand aus; 17 deshalb
hat Gott, weil er den Erben der Verheißung ausdrücklich zeigen
wollte, wie unabänderlich sein Entschluß ist, sich mit einem Eid verbürgt.
18 So sollten wir durch zwei unwiderrufliche Taten, bei denen
Gott unmöglich täuschen konnte, einen kräftigen Ansporn haben,
wir, die wir unsere Zuflucht dazu genommen haben, die dargebotene
Hoffnung zu ergreifen. 19 In ihr haben wir einen sicheren und festen
Anker der Seele, der hineinreicht *in das Innere hinter dem Vorhang*;
20 dorthin ist Jesus für uns als unser Vorläufer hineingegangen, er, der
nach der Ordnung Melchisedeks Hoherpriester ist *auf ewig*.

Christus und die Priester des Alten Bundes

Melchisedek und die Leviten

7 Dieser *Melchisedek, König von Salem und Priester des höchsten Gottes*; er,
der *dem Abraham, als dieser nach dem Sieg über die Könige zurückkam,
entgegenging und ihn segnete* 2 und welchem Abraham *den Zehnten von
allem gab*; er, dessen Name »König der Gerechtigkeit« bedeutet und
der auch *König von Salem* ist, das heißt »König des Friedens«; 3 er, der
ohne Vater, ohne Mutter und ohne Stammbaum ist, ohne Anfang seiner
Tage und ohne Ende seines Lebens, ein Abbild des Sohnes Gottes:
dieser Melchisedek bleibt *Priester für immer*.
4 Seht doch, wie groß der ist, dem selbst Abraham, der Patriarch, *den
Zehnten* vom Besten der Beute *gab*! 5 Zwar haben auch die von den Söhnen
Levis, die das Priesteramt übernehmen, den Auftrag, den gesetzmäßigen
Zehnten vom Volk zu erheben, das heißt von ihren Brüdern,
obwohl auch diese aus Abraham hervorgegangen sind; 6 jener aber,
der seinen Stammbaum nicht von ihnen herleitet, hat von Abraham
den Zehnten genommen und den Träger der Verheißungen *gesegnet*.
7 Zweifellos wird aber immer der Geringere von einem Höheren
gesegnet. 8 Und in dem einen Fall nehmen den Zehnten sterbliche
Menschen, im andern aber einer, von dem bezeugt wird, daß er lebt.
9 Und in Abraham hat sozusagen auch Levi, der den Zehnten nimmt,
den Zehnten entrichtet; 10 denn er war noch im Leib seines Stammvaters,
als *Melchisedek ihm entgegenging*.

Christus und die Leviten

11 Wäre nun die Vollendung durch das levitische Priestertum gekommen
– das Volk hat ja darüber gesetzliche Bestimmungen erhalten –,
warum mußte dann noch ein anderer *Priester nach der Ordnung Melchisedeks*
eingesetzt werden, und warum wurde er nicht nach der Ordnung
Aarons benannt? 12 Denn sobald das Priestertum geändert wird, ändert
sich notwendig auch das Gesetz. 13 Der nämlich, von dem das gesagt
wird, gehört einem anderen Stamm an, von dem keiner Zutritt zum
Altar hat; 14 es ist ja bekannt, daß unser Herr dem Stamm Juda entsprossen
ist, und diesem hat Mose keine Priestersatzungen gegeben.
15 Das ist noch viel offenkundiger, wenn nach dem Vorbild Melchisedeks
ein anderer Priester eingesetzt wird, 16 der nicht, wie das Gesetz es
fordert, aufgrund leiblicher Abstammung Priester geworden ist, sondern
durch die Kraft unzerstörbaren Lebens. 17 Denn es wird bezeugt:
Du bist Priester auf ewig / nach der Ordnung Melchisedeks.
18 Das frühere Gebot wird nämlich aufgehoben, weil es schwach und
nutzlos war – 19 denn das Gesetz hat nicht zur Vollendung geführt –,
und eine bessere Hoffnung wird eingeführt, durch die wir Gott nahe
kommen. 20 Das geschieht nicht ohne Eid; jene anderen sind ohne Eid
Priester geworden, 21 dieser aber durch einen Eid dessen, der zu ihm
sprach:
Der Herr hat geschworen, und nie wird es ihn reuen: / Du bist Priester auf ewig.
22 So ist Jesus auch zum Bürgen eines besseren Bundes geworden.
23 Auch folgten dort viele Priester aufeinander, weil der Tod sie hinderte
zu bleiben; 24 er aber hat, weil er *auf ewig* bleibt, ein unvergängliches
Priestertum.

Christus, der vollkommene Priester

25 Darum kann er auch die, die durch ihn vor Gott hintreten, für immer
retten; denn er lebt allezeit, um für sie einzutreten. 26 Ein solcher
Hoherpriester war für uns in der Tat notwendig: einer, der heilig ist,
unschuldig, makellos, abgesondert von den Sündern und erhöht über
die Himmel; 27 einer, der es nicht Tag für Tag nötig hat, wie die
Hohenpriester zuerst für die eigenen Sünden Opfer darzubringen und
dann für die des Volkes; denn das hat er ein für allemal getan, als er
sich selbst dargebracht hat. 28 Das Gesetz nämlich macht Menschen
zu Hohenpriestern, die der Schwachheit unterworfen sind; das Wort
des Eides aber, der später als das Gesetz kam, setzt *den Sohn* ein, der *auf
ewig* vollendet ist.

Christus, der Mittler des Neuen Bundes

8 Die Hauptsache dessen aber, was wir sagen wollen, ist: Wir
haben einen Hohenpriester, der sich *zur Rechten* des Thrones der
Majestät im Himmel *gesetzt hat*, 2 als Diener des Heiligtums und *des
wahren Zeltes, das der Herr selbst aufgeschlagen hat*, nicht etwa ein Mensch.
3 Denn jeder Hohepriester wird eingesetzt, um Gaben und Opfer darzubringen;
deshalb muß auch unser Hoherpriester etwas haben, was
er darbringen kann. 4 Wäre er nun auf Erden, so wäre er nicht einmal
Priester, da es hier schon Priester gibt, die nach dem Gesetz die Gaben
darbringen. 5 Sie dienen einem Abbild und Schatten der himmlischen
Dinge, nach der Anweisung, die Mose erhielt, als er daranging, das
Zelt zu errichten: *Sieh zu*, heißt es, *daß du alles nach dem Urbild ausführst,
das dir auf dem Berg gezeigt wurde.* 6 Jetzt aber ist ihm ein um so erhabenerer
Priesterdienst übertragen worden, weil er auch Mittler eines besseren
Bundes ist, der auf bessere Verheißungen gegründet ist.
7 Wäre nämlich jener erste Bund ohne Tadel, so würde man nicht einen
zweiten an seine Stelle zu setzen suchen.
8 Denn er tadelt sie, wenn er sagt: *Seht, es werden Tage kommen – spricht der
Herr –, in denen ich mit dem Haus Israel und dem Haus Juda einen neuen Bund
schließen werde,* 9 *nicht wie der Bund war, den ich mit ihren Vätern geschlossen
habe, als ich sie bei der Hand nahm, um sie aus Ägypten herauszuführen. Sie sind
nicht bei meinem Bund geblieben, und darum habe ich mich auch nicht mehr um
sie gekümmert – spricht der Herr.* 10 *Das wird der Bund sein, den ich nach diesen
Tagen mit dem Haus Israel schließe – spricht der Herr: Ich lege meine Gesetze in
ihr Inneres hinein und schreibe sie ihnen in ihr Herz. Ich werde ihr Gott sein, und
sie werden mein Volk sein.* 11 *Keiner wird mehr seinen Mitbürger und keiner seinen
Bruder belehren und sagen: Erkenne den Herrn! Denn sie alle, klein und groß,
werden mich erkennen.* 12 *Denn ich verzeihe ihnen ihre Schuld, und an ihre Sünden
denke ich nicht mehr.*
13 Indem er von einem neuen Bund spricht, hat er den ersten für veraltet
erklärt. Was aber veraltet und überlebt ist, das ist dem Untergang
nahe.

Christus und die Opfer des Alten Bundes

Der Opferdienst des Alten Bundes

9 Der erste Bund hatte gottesdienstliche Vorschriften und ein irdisches
Heiligtum. 2 Es wurde nämlich ein erstes Zelt errichtet, in
dem sich der Leuchter, der Tisch und die heiligen Brote befanden; die-

ses Zelt wurde das Heilige genannt. 3 Hinter dem zweiten Vorhang
aber war ein Zelt, das sogenannte Allerheiligste, 4 mit dem goldenen
Rauchopferaltar und der ganz mit Gold überzogenen Bundeslade;
darin waren ein goldener Krug mit dem Manna, der Stab Aarons, der
Triebe angesetzt hatte, und die Bundestafeln; 5 über ihr waren die
Kerubim der Herrlichkeit, die die Sühneplatte überschatteten. Doch es
ist nicht möglich, darüber jetzt im einzelnen zu reden.
6 So also ist das alles aufgebaut. In das erste Zelt gehen die Priester das
ganze Jahr hinein, um die heiligen Dienste zu verrichten. 7 In das
zweite Zelt aber geht nur einmal im Jahr der Hohepriester allein hin-
ein, und zwar mit dem Blut, das er für sich und für die Vergehen des
Volkes darbringt. 8 Dadurch deutet der Heilige Geist an, daß der Weg
in das Heiligtum noch nicht sichtbar geworden ist, solange das erste
Zelt Bestand hat. 9 Das ist ein Sinnbild, das auf die gegenwärtige Zeit
hinweist; denn es werden Gaben und Opfer dargebracht, die das
Gewissen des Opfernden nicht zur Vollkommenheit führen können;
10 es handelt sich nur um Speisen und Getränke und allerlei Waschun-
gen, äußerliche Vorschriften, die bis zu der Zeit einer besseren Ord-
nung auferlegt worden sind.

Das einmalige Opfer Christi

11 Christus aber ist gekommen als Hoherpriester der künftigen Güter;
und durch das erhabenere und vollkommenere Zelt, das nicht von
Menschenhand gemacht, das heißt nicht von dieser Welt ist, 12 ist er
ein für allemal in das Heiligtum hineingegangen, nicht mit dem Blut
von Böcken und jungen Stieren, sondern mit seinem eigenen Blut,
und so hat er eine ewige Erlösung bewirkt. 13 Denn wenn schon das
Blut von Böcken und Stieren und die Asche einer Kuh die Unreinen,
die damit besprengt werden, so heiligt, daß sie leiblich rein werden,
14 wieviel mehr wird das Blut Christi, der sich selbst kraft ewigen
Geistes Gott als makelloses Opfer dargebracht hat, unser Gewissen
von toten Werken reinigen, damit wir dem lebendigen Gott dienen.
15 Und darum ist er der Mittler eines neuen Bundes; sein Tod hat die
Erlösung von den im ersten Bund begangenen Übertretungen bewirkt,
damit die Berufenen das verheißene ewige Erbe erhalten. 16 Wo näm-
lich ein Testament vorliegt, muß der Tod des Erblassers nachgewiesen
werden; 17 denn ein Testament wird erst im Todesfall rechtskräftig und
gilt nicht, solange der Erblasser noch lebt. 18 Daher ist auch der erste
Bund mit Blut in Kraft gesetzt worden. 19 Nachdem Mose jedes Gebot
dem Gesetz gemäß dem ganzen Volk vorgelesen hatte, nahm er das
Blut der jungen Stiere und der Böcke, dazu Wasser, rote Wolle und
Ysop, besprengte das Buch selbst und das ganze Volk 20 und sagte: *Das
ist das Blut des Bundes, den Gott für euch eingesetzt hat.* 21 Dann besprengte er
auch das Zelt und alle gottesdienstlichen Geräte auf gleiche Weise mit
dem Blut. 22 Fast alles wird nach dem Gesetz mit Blut gereinigt, und
ohne daß Blut vergossen wird, gibt es keine Vergebung.
23 Durch solche Mittel müssen also die Abbilder der himmlischen
Dinge gereinigt werden; die himmlischen Dinge selbst aber erfordern
wirksamere Opfer. 24 Denn Christus ist nicht in ein von Men-
schenhand errichtetes Heiligtum hineingegangen, in ein Abbild des
wirklichen, sondern in den Himmel selbst, um jetzt für uns vor Gottes
Angesicht zu erscheinen; 25 auch nicht, um sich selbst viele Male zu
opfern, (denn er ist nicht) wie der Hohepriester, der jedes Jahr mit
fremdem Blut in das Heiligtum hineingeht; 26 sonst hätte er viele Male
seit der Erschaffung der Welt leiden müssen. Jetzt aber ist er am Ende
der Zeiten ein einziges Mal erschienen, um durch sein Opfer die Sünde
zu tilgen. 27 Und wie es dem Menschen bestimmt ist, ein einziges Mal
zu sterben, worauf dann das Gericht folgt, 28 so wurde auch Christus
ein einziges Mal geopfert, um *die Sünden vieler hinwegzunehmen;* beim
zweitenmal wird er nicht wegen der Sünde erscheinen, sondern um
die zu retten, die ihn erwarten.

Die endgültige Versöhnung mit Gott

10 Denn das Gesetz enthält nur einen Schatten der künftigen
Güter, nicht die Gestalt der Dinge selbst; darum kann es
durch die immer gleichen, alljährlich dargebrachten Opfer die, die vor
Gott treten, niemals für immer zur Vollendung führen. 2 Hätte man
nicht aufgehört zu opfern, wenn die Opfernden ein für allemal gerei-
nigt und sich keiner Sünde mehr bewußt gewesen wären? 3 Aber
durch diese Opfer wird alljährlich nur an die Sünden erinnert, 4 denn
das Blut von Stieren und Böcken kann unmöglich Sünden wegneh-
men. 5 Darum spricht Christus bei seinem Eintritt in die Welt:
*Schlacht- und Speiseopfer hast du nicht gefordert, / doch einen Leib hast du mir
geschaffen;* 6 *an Brand- und Sündopfern hast du kein Gefallen.*
7 *Da sagte ich: Ja, ich komme – / so steht es über mich in der Schriftrolle –, / um
deinen Willen, Gott, zu tun.*
8 Zunächst sagt er: *Schlacht- und Speiseopfer, Brand- und Sündopfer forderst
du nicht, du hast daran kein Gefallen,* obgleich sie doch nach dem Gesetz
dargebracht werden; 9 dann aber hat er gesagt: *Ja, ich komme, um deinen
Willen zu tun.* So hebt Christus das erste auf, um das zweite in Kraft zu
setzen. 10 Aufgrund dieses Willens sind wir durch die Opfergabe des
Leibes Jesu Christi ein für allemal geheiligt.
11 Jeder Priester steht Tag für Tag da, versieht seinen Dienst und bringt
viele Male die gleichen Opfer dar, die doch niemals Sünden wegneh-
men können. 12 Dieser aber hat nur ein einziges Opfer für die Sünden
dargebracht und sich dann für immer *zur Rechten Gottes gesetzt;* 13 seit-
dem wartet er, *bis seine Feinde ihm als Schemel unter die Füße gelegt werden.*
14 Denn durch ein einziges Opfer hat er die, die geheiligt werden, für
immer zur Vollendung geführt. 15 Das bezeugt uns auch der Heilige
Geist; denn zuerst sagt er:
16 *Das wird der Bund sein, den ich nach diesen Tagen mit ihnen schließe – /
spricht der Herr:*
Ich lege meine Gesetze in ihr Herz / und schreibe sie in ihr Inneres;
17 dann aber:
An ihre Sünden und Übertretungen denke ich nicht mehr.
18 Wo aber die Sünden vergeben sind, da gibt es kein Sündopfer mehr.

Der Weg des Glaubens

Das unwandelbare Bekenntnis

19 Wir haben also die Zuversicht, Brüder, durch das Blut Jesu in das
Heiligtum einzutreten. 20 Er hat uns den neuen und lebendigen Weg
erschlossen durch den Vorhang hindurch, das heißt durch sein
Fleisch. 21 Da wir einen Hohenpriester haben, der über das Haus
Gottes gestellt ist, 22 laßt uns mit aufrichtigem Herzen und in voller
Gewißheit des Glaubens hintreten, das Herz durch Besprengung ge-
reinigt vom schlechten Gewissen und den Leib gewaschen mit reinem
Wasser. 23 Laßt uns an dem unwandelbaren Bekenntnis der Hoffnung
festhalten, denn er, der die Verheißung gegeben hat, ist treu. 24 Laßt
uns aufeinander achten und uns zur Liebe und zu guten Taten anspor-
nen. 25 Laßt uns nicht unseren Zusammenkünften fernbleiben, wie es
einigen zur Gewohnheit geworden ist, sondern ermuntert einander,
und das um so mehr, als ihr seht, daß der Tag naht.

Warnung vor dem Abfall

26 Denn wenn wir vorsätzlich sündigen, nachdem wir die Erkenntnis
der Wahrheit empfangen haben, gibt es für diese Sünden kein Opfer
mehr, 27 sondern nur die Erwartung des furchtbaren Gerichts und ein
wütendes Feuer, das die Gegner verzehren wird. 28 Wer das Gesetz des Mose
verwirft, muß ohne Erbarmen *auf die Aussage von zwei oder drei Zeugen hin
sterben.* 29 Meint ihr nicht, daß eine noch viel härtere Strafe der ver-
dient, der den Sohn Gottes mit Füßen getreten, *das Blut des Bundes,*
durch das er geheiligt wurde, verachtet und den Geist der Gnade
geschmäht hat? 30 Wir kennen doch den, der gesagt hat: *Mein ist die
Rache, ich werde vergelten,* und ferner: *Der Herr wird sein Volk richten.* 31 Es
ist furchtbar, in die Hände des lebendigen Gottes zu fallen.

Mahnung zur Ausdauer
32 Erinnert euch an die früheren Tage, als ihr nach eurer Erleuchtung
manchen harten Leidenskampf bestanden habt: 33 Ihr seid vor aller
Welt beschimpft und gequält worden, oder ihr seid mitbetroffen
gewesen vom Geschick derer, denen es so erging; 34 denn ihr habt mit
den Gefangenen gelitten und auch den Raub eures Vermögens freudig
hingenommen, da ihr wußtet, daß ihr einen besseren Besitz habt, der
euch bleibt. 35 Werft also eure Zuversicht nicht weg, die großen Lohn
mit sich bringt. 36 Was ihr braucht, ist Ausdauer, damit ihr den Willen
Gottes erfüllen könnt und so das verheißene Gut erlangt.
37 Denn nur noch *eine kurze Zeit, / dann wird der kommen, der kommen soll, /*
und er bleibt nicht aus.
38 *Mein Gerechter aber wird durch den Glauben leben; / doch wenn er zurück-*
weicht, / habe ich kein Gefallen an ihm.
39 Wir aber gehören nicht zu denen, die zurückweichen und verloren-
gehen, sondern zu denen, die glauben und das Leben gewinnen.

Der Glaube der Väter

Die Urväter
11 Glaube aber ist: Feststehen in dem, was man erhofft, Über-
zeugtsein von Dingen, die man nicht sieht.
2 Aufgrund dieses Glaubens haben die Alten ein ruhmvolles Zeugnis
erhalten.
3 Aufgrund des Glaubens erkennen wir, daß die Welt durch Gottes
Wort erschaffen worden und daß so aus Unsichtbarem das Sichtbare
entstanden ist.
4 Aufgrund des Glaubens brachte Abel Gott ein besseres Opfer dar als
Kain; durch diesen Glauben erhielt er das Zeugnis, daß er gerecht
war, da Gott es bei seinen Opfergaben bezeugte, und durch den Glau-
ben redet Abel noch, obwohl er tot ist.
5 Aufgrund des Glaubens wurde Henoch entrückt und mußte nicht
sterben; *er wurde nicht mehr gefunden, weil Gott ihn entrückt hatte;* vor der
Entrückung erhielt er das Zeugnis, daß er *Gott gefiel.* 6 Ohne Glauben
aber ist es unmöglich, (Gott) *zu gefallen;* denn wer zu Gott kommen
will, muß glauben, daß er ist und daß er denen, die ihn suchen, ihren
Lohn geben wird.
7 Aufgrund des Glaubens wurde Noach das offenbart, was noch nicht
sichtbar war, und er baute in frommem Gehorsam eine Arche zur Ret-
tung seiner Familie; durch seinen Glauben sprach er der Welt das Urteil
und wurde Erbe der Gerechtigkeit, die aus dem Glauben kommt.

Die Patriarchen
8 Aufgrund des Glaubens gehorchte Abraham dem Ruf, *wegzuziehen* in
ein Land, das er zum Erbe erhalten sollte; und *er zog weg,* ohne zu wis-
sen, wohin er kommen würde.
9 Aufgrund des Glaubens *hielt er sich als Fremder im* verheißenen Land wie
in einem fremden Land *auf* und wohnte mit Isaak und Jakob, den Miter-
ben derselben Verheißung, in Zelten; 10 denn er erwartete die Stadt mit
den festen Grundmauern, die Gott selbst geplant und gebaut hat.
11 Aufgrund des Glaubens empfing selbst Sara die Kraft, trotz ihres
Alters noch Mutter zu werden; denn sie hielt den für treu, der die Ver-
heißung gegeben hatte. 12 So stammen denn auch von einem einzigen
Menschen, dessen Kraft bereits erstorben war, viele ab: *zahlreich wie die*
Sterne am Himmel und der Sand am Meeresstrand, den man nicht zählen kann.
13 Voll Glauben sind diese alle gestorben, ohne das Verheißene erlangt
zu haben; nur von fern haben sie es geschaut und gegrüßt und haben
bekannt, daß sie Fremde und Gäste auf Erden sind. 14 Mit diesen Wor-
ten geben sie zu erkennen, daß sie eine Heimat suchen. 15 Hätten sie
dabei an die Heimat gedacht, aus der sie weggezogen waren, so wäre
ihnen Zeit geblieben zurückzukehren; 16 nun aber streben sie nach
einer besseren Heimat, nämlich der himmlischen. Darum schämt sich
Gott ihrer nicht, er schämt sich nicht, ihr Gott genannt zu werden;
denn er hat für sie eine Stadt vorbereitet.
17 Aufgrund des Glaubens *brachte Abraham den Isaak dar, als er auf die*
Probe gestellt wurde, und gab den *einzigen* Sohn dahin, er, der die Ver-
heißungen empfangen hatte 18 und zu dem gesagt worden war: *Durch*
Isaak wirst du Nachkommen haben. 19 Er verließ sich darauf, daß Gott
sogar die Macht hat, Tote zum Leben zu erwecken; darum erhielt er
Isaak auch zurück. Das ist ein Sinnbild.
20 Aufgrund des Glaubens segnete Isaak Jakob und Esau im Hinblick
auf das Kommende.
21 Aufgrund des Glaubens segnete Jakob sterbend jeden der Söhne
Josefs und *neigte sich über das obere Ende seines Stabes.*
22 Aufgrund des Glaubens dachte Josef vor seinem Tod an den Auszug
der Israeliten und traf Anordnungen wegen seiner Gebeine.

Weitere Zeugen des Glaubens
23 Aufgrund des Glaubens *wurde* Mose nach seiner Geburt *drei Monate*
lang von seinen Eltern *verborgen, weil sie sahen, daß es ein schönes Kind war,*
und weil sie sich vor dem Befehl des Königs nicht fürchteten.
24 Aufgrund des Glaubens weigerte sich Mose, als er herangewachsen
war, Sohn einer Tochter des Pharao genannt zu werden; 25 lieber
wollte er sich zusammen mit dem Volk Gottes mißhandeln lassen, als
flüchtigen Genuß von der Sünde zu haben; 26 er hielt *die Schmach des*
Messias für einen größeren Reichtum als die Schätze Ägyptens; denn er
dachte an den künftigen Lohn.
27 Aufgrund des Glaubens verließ er Ägypten, ohne Furcht vor dem
Zorn des Königs; er hielt standhaft aus, als sähe er den Unsichtbaren.
28 Aufgrund des Glaubens vollzog er *das Pascha* und *bestrich die Tür-*
pfosten mit Blut, damit *der Vernichter* ihre Erstgeborenen nicht anrührte.
29 Aufgrund des Glaubens zogen sie durch das Rote Meer wie über
trockenes Land; als die Ägypter das gleiche versuchten, wurden sie
vom Meer verschlungen.
30 Aufgrund des Glaubens geschah es, daß die Mauern von Jericho
einstürzten, nachdem man sieben Tage um sie herumgezogen war.
31 Aufgrund des Glaubens kam die Dirne Rahab nicht zusammen mit
den Ungehorsamen um; denn sie hatte die Kundschafter in Frieden
aufgenommen.
32 Und was soll ich noch aufzählen? Die Zeit würde mir nicht reichen,
wollte ich von Gideon reden, von Barak, Simson, Jiftach, David und
von Samuel und den Propheten; 33 sie haben aufgrund des Glaubens
Königreiche besiegt, Gerechtigkeit geübt, Verheißungen erlangt,
Löwen den Rachen gestopft, 34 Feuersglut gelöscht; sie sind scharfen
Schwertern entgangen; sie sind stark geworden, als sie schwach
waren; sie sind im Krieg zu Helden geworden und haben feindliche
Heere in die Flucht geschlagen. 35 Frauen haben ihre Toten durch Auf-
erstehung zurückerhalten. Einige nahmen die Freilassung nicht an
und ließen sich foltern, um eine bessere Auferstehung zu erlangen.
36 Andere haben Spott und Schläge erduldet, ja sogar Ketten und Ker-
ker. 37 Gesteinigt wurden sie, verbrannt, zersägt, mit dem Schwert
umgebracht; sie zogen in Schafspelzen und Ziegenfellen umher, not-
leidend, bedrängt, mißhandelt. 38 Sie, deren die Welt nicht wert war,
irrten umher in Wüsten und Gebirgen, in den Höhlen und Schluchten
des Landes. 39 Doch sie alle, die aufgrund des Glaubens (von Gott)
besonders anerkannt wurden, haben das Verheißene nicht erlangt,
40 weil Gott erst für uns etwas Besseres vorgesehen hatte; denn sie
sollten nicht ohne uns vollendet werden.
12 Da uns eine solche Wolke von Zeugen umgibt, wollen auch
wir alle Last und die Fesseln der Sünde abwerfen. Laßt uns
mit Ausdauer in dem Wettkampf laufen, der uns aufgetragen ist, 2 und
dabei auf Jesus blicken, den Urheber und Vollender des Glaubens; er
hat angesichts der vor ihm liegenden Freude das Kreuz auf sich
genommen, ohne auf die Schande zu achten, und sich *zur Rechten* von
Gottes Thron *gesetzt.* 3 Denkt an den, der von den Sündern solchen
Widerstand gegen sich erduldet hat; dann werdet ihr nicht ermatten
und den Mut nicht verlieren.

Abschließende Mahnungen

Die Züchtigung als Zeichen väterlicher Liebe

4 Ihr habt im Kampf gegen die Sünde noch nicht bis aufs Blut Wider-
stand geleistet, 5 und ihr habt die Mahnung vergessen, die euch als
Söhne anredet:
*Mein Sohn, verachte nicht die Zucht des Herrn, / verzage nicht, wenn er dich
zurechtweist.*
6 *Denn wen der Herr liebt, den züchtigt er; / er schlägt mit der Rute jeden Sohn,
den er gern hat.*
7 Haltet aus, wenn ihr gezüchtigt werdet. Gott behandelt euch wie
Söhne. Denn wo ist ein Sohn, den sein Vater nicht züchtigt? 8 Würdet
ihr nicht gezüchtigt, wie es doch bisher allen ergangen ist, dann wäret
ihr nicht wirklich seine Kinder, ihr wäret nicht seine Söhne. 9 Ferner:
An unseren leiblichen Vätern hatten wir harte Erzieher, und wir achte-
ten sie. Sollen wir uns dann nicht erst recht dem Vater der Geister
unterwerfen und so das Leben haben? 10 Jene haben uns für kurze Zeit
nach ihrem Gutdünken in Zucht genommen; er aber tut es zu unserem
Besten, damit wir Anteil an seiner Heiligkeit gewinnen. 11 Jede Züchti-
gung scheint zwar für den Augenblick nicht Freude zu bringen, son-
dern Schmerz; später aber schenkt sie denen, die durch diese Schule
gegangen sind, als Frucht den Frieden und die Gerechtigkeit.
12 Darum *macht die erschlafften Hände wieder stark und die wankenden Knie
wieder fest,* 13 und *ebnet die Wege für eure Füße,* damit die lahmen Glieder
nicht ausgerenkt, sondern geheilt werden.

Warnung vor Leichtfertigkeit

14 *Strebt voll Eifer nach Frieden* mit allen und nach der Heiligung, ohne die
keiner den Herrn sehen wird. 15 Seht zu, daß niemand die Gnade
Gottes verscherzt, *daß keine bittere Wurzel wächst und Schaden stiftet* und
durch sie alle vergiftet werden, 16 daß keiner unzüchtig ist oder gottlos
wie *Esau,* der für eine einzige Mahlzeit sein *Erstgeburtsrecht verkaufte.*
17 Ihr wißt auch, daß er verworfen wurde, als er später den Segen
erben wollte; denn er fand keinen Weg zur Umkehr, obgleich er unter
Tränen danach suchte.

Die rechte Furcht vor Gott

18 Denn ihr seid nicht zu einem sichtbaren, *lodernden Feuer* hingetre-
ten, *zu dunklen Wolken, zu Finsternis und Sturmwind,* 19 *zum Klang der
Posaunen und zum Schall der Worte,* bei denen die Hörer flehten, diese
Stimme solle nicht weiter zu ihnen reden; 20 denn sie ertrugen nicht
den Befehl: Sogar *ein Tier, das den Berg berührt, soll gesteinigt werden.*;
21 Ja, so furchtbar war die Erscheinung, daß Mose rief: Ich bin voll
Angst und Schrecken. 22 Ihr seid vielmehr zum Berg Zion hingetre-
ten, zur Stadt des lebendigen Gottes, dem himmlischen Jerusalem,
zu Tausenden von Engeln, zu einer festlichen Versammlung 23 und
zur Gemeinschaft der Erstgeborenen, die im Himmel verzeichnet
sind; zu Gott, dem Richter aller, zu den Geistern der schon vollende-
ten Gerechten, 24 zum Mittler eines neuen Bundes, Jesus, und zum
Blut der Besprengung, das mächtiger ruft als das Blut Abels.
25 Gebt acht, daß ihr den nicht ablehnt, der redet. Jene haben ihn
abgelehnt, als er auf Erden seine Gebote verkündete, und sind (dem
Gericht) nicht entronnen; wieviel weniger dann wir, wenn wir uns von
dem abwenden, der jetzt vom Himmel her spricht. 26 Seine Stimme hat
damals die Erde erschüttert, jetzt aber hat er verheißen: *Noch einmal
lasse ich es beben,* aber nicht nur *die Erde* erschüttere ich, sondern auch
den *Himmel.* 27 Dieses *Noch einmal* weist auf die Umwandlung dessen
hin, das, weil es erschaffen ist, erschüttert wird, damit das Unerschüt-
terliche bleibt. 28 Darum wollen wir dankbar sein, weil wir ein uner-
schütterliches Reich empfangen, und wollen Gott so dienen, wie es
ihm gefällt, in ehrfürchtiger Scheu; 29 denn unser *Gott ist verzehrendes
Feuer.*

Aufruf zu echtem christlichem Leben

13 Die Bruderliebe soll bleiben. 2 Vergeßt die Gastfreund-
schaft nicht; denn durch sie haben einige, ohne es zu
ahnen, Engel beherbergt. 3 Denkt an die Gefangenen, als wäret ihr
mitgefangen; denkt an die Mißhandelten, denn auch ihr lebt noch in
eurem irdischen Leib. 4 Die Ehe soll von allen in Ehren gehalten wer-
den, und das Ehebett bleibe unbefleckt; denn Unzüchtige und Ehe-
brecher wird Gott richten. 5 Euer Leben sei frei von Habgier; seid
zufrieden mit dem, was ihr habt; denn Gott hat versprochen: *Ich lasse
dich nicht fallen und verlasse dich nicht.* 6 Darum dürfen wir zuversichtlich
sagen:
*Der Herr ist mein Helfer, ich fürchte mich nicht. / Was können Menschen mir
antun?*
7 Denkt an eure Vorsteher, die euch das Wort Gottes verkündet haben;
schaut auf das Ende ihres Lebens, und ahmt ihren Glauben nach!
8 Jesus Christus ist derselbe gestern, heute und in Ewigkeit. 9 Laßt
euch nicht durch mancherlei fremde Lehren irreführen; denn es ist
gut, das Herz durch Gnade zu stärken und nicht dadurch, daß man
nach Speisevorschriften lebt, die noch keinem genützt haben.
10 Wir haben einen Altar, von dem die nicht essen dürfen, die dem
Zelt dienen. 11 Denn die Körper der Tiere, deren Blut vom Hohenprie-
ster *zur Sühnung der Sünde in das Heiligtum gebracht wird, werden außerhalb
des Lagers verbrannt.* 12 Deshalb hat auch Jesus, um durch sein eigenes
Blut das Volk zu heiligen, außerhalb des Tores gelitten. 13 Laßt uns
also zu ihm *vor das Lager* hinausziehen und seine Schmach auf uns
nehmen. 14 Denn wir haben hier keine Stadt, die bestehen bleibt, son-
dern wir suchen die künftige.
15 Durch ihn also laßt uns Gott allezeit *das Opfer des Lobes darbringen,*
nämlich *die Frucht der Lippen,* die seinen Namen preisen. 16 Vergeßt
nicht, Gutes zu tun und mit anderen zu teilen; denn an solchen
Opfern hat Gott Gefallen. 17 Gehorcht euren Vorstehern, und ordnet
euch ihnen unter, denn sie wachen über euch und müssen Rechen-
schaft darüber ablegen; sie sollen das mit Freude tun können, nicht
mit Seufzen, denn das wäre zu eurem Schaden. 18 Betet für uns! Zwar
sind wir überzeugt, ein gutes Gewissen zu haben, weil wir in allem
recht zu leben suchen; 19 um so dringender aber bitte ich um euer
Gebet, damit ich euch recht bald zurückgegeben werde.

Der Schluß des Briefes: Segenswünsche und Grüße

20 Der Gott des Friedens aber, der Jesus, unseren Herrn, *den erhabenen
Hirten seiner Schafe,* von den Toten *heraufgeführt hat durch das Blut eines ewi-
gen Bundes,* 21 er mache euch tüchtig in allem Guten, damit ihr seinen
Willen tut. Er bewirke in uns, was ihm gefällt, durch Jesus Christus,
dem die Ehre sei in alle Ewigkeit. Amen.
22 Schließlich bitte ich euch, Brüder, nehmt diese Mahnrede bereitwil-
lig an; ich habe euch ja nur kurz geschrieben.
23 Wißt, daß unser Bruder Timotheus freigelassen worden ist; sobald er
kommt, werde ich mit ihm zusammen euch besuchen. 24 Grüßt alle
eure Vorsteher und alle Heiligen! Es grüßen euch die Brüder aus Italien.
25 Die Gnade sei mit euch allen!

Die Katholischen Briefe
Der Brief des Jakobus

Die sieben Briefe, die dem Hebräerbrief folgen, werden seit alter Zeit »Katholische Briefe« genannt, weil sie nicht an bestimmte einzelne Gemeinden adressiert sind, sondern sich an einen größeren Leserkreis richten. »Katholisch« ist in diesem Zusammenhang im Sinn von »universal, allgemein« gebraucht.

Der Verfasser dieses Briefs ist nach der Anschrift Jakobus, der »Knecht Gottes und Jesu Christi, des Herrn« (1,1). Damit kann nicht der Apostel Jakobus, der Sohn des Zebedäus, oder der andere Apostel Jakobus, der Sohn des Alphäus (Mk 3,17; Apg 1,13), gemeint sein, da in der Anschrift der Aposteltitel fehlt. Mit dem Verfasser, den die Anschrift nennt, ist offensichtlich Jakobus, der »Bruder des Herrn«, gemeint, der in Mk 6,3 erwähnt wird (Jakobus, »der Kleine«, Mk 15,40). Er gehörte nach der Auferstehung Jesu zum Kern der Urgemeinde in Jerusalem (vgl. Apg 1,14; 1 Kor 15,7; Gal 1,19; 2,9). Nach dem Weggang des Petrus (Apg 12,17) wurde Jakobus, der gesetzestreue und angesehene Judenchrist, Leiter dieser Gemeinde (Apg 21,17f). Er erlitt im Jahr 62 n. Chr. den Märtyrertod.
Als Empfänger sind »die zwölf Stämme, die in der Zerstreuung leben«, genannt. Damit können die judenchristlichen Gemeinden in Palästina und anderen Ländern gemeint sein. Doch könnte der Ausdruck »die zwölf Stämme« auch eine symbolische Bezeichnung der ganzen Christenheit sein, die in dieser Welt wie in der Diaspora (»Zerstreuung« 1,1) lebt. Der Einfluß jüdischer Denk- und Redeweise ist in dem Brief jedenfalls deutlich erkennbar.
Wenn Jakobus, der »Bruder des Herrn«, diesen Brief verfaßt hat, muß er spätestens im Jahr 62 geschrieben sein. Nach anderer Auffassung ist dieses in gutem Griechisch abgefaßte Schreiben erst gegen Ende des 1. Jahrhunderts entstanden, und zwar in Kreisen, die sich auf Jakobus berufen konnten.
Der Jakobusbrief ist trotz des briefartigen Anfangs (1,1) kein eigentlicher Brief. Er hat auch keinen systematischen Aufbau. Es geht nicht um die Entfaltung oder Verteidigung von Lehren, sondern um die Mahnung zu einer tatkräftigen Verwirklichung des Evangeliums (mit Anklängen an die Bergpredigt).
Die einzelnen Abschnitte sind nur lose miteinander verbunden. Grundlage ist der Glaube an Jesus Christus, den Herrn der Herrlichkeit, den kommenden Richter (2,1; 5,7–11). Der Glaube ist Gabe Gottes, er lebt vom Hören auf das Wort und macht den Menschen zum wahren Gottesdienst fähig:
zur tätigen Liebe gegenüber den Armen (1,19–27; 2,1–13).
Über das Verhältnis von Glauben und Werken handelt ausführlich der Abschnitt 2,14–26. Während Paulus in Röm 3,28 sagt, der Mensch werde durch Glauben gerecht, unabhängig von den »Werken des Gesetzes«, betont Jakobus, »daß der Mensch aufgrund seiner Werke gerecht wird, nicht durch den Glauben allein« (2,24). Doch stehen die Aussagen des Jakobusbriefs nicht in wirklichem Gegensatz zur Lehre des Paulus. Paulus spricht von »Werken des Gesetzes«, Jakobus aber meint die Taten der Nächstenliebe, ohne die auch für Paulus der Glaube nichtig wäre (vgl. Gal 5,6).

Vom Inhalt des Briefs sind ferner zu nennen die Mahnungen zum Ausharren in Prüfungen, zum Gebet, die Warnung vor Lehrstreitigkeiten, vor einer Weisheit, die nicht von Gott kommt, und allgemein »vor jeder Befleckung durch die Welt«. Wichtig ist die Erwähnung der Krankensalbung in 5,14f (vgl. Mk 6,13).

Anschrift und Gruß

1 Jakobus, Knecht Gottes und Jesu Christi, des Herrn, grüßt die
zwölf Stämme, die in der Zerstreuung leben.

Sinn und Wesen der Versuchung

2 Seid voll Freude, meine Brüder, wenn ihr in mancherlei Versuchun-
gen geratet. 3 Ihr wißt, daß die Prüfung eures Glaubens Ausdauer
bewirkt. 4 Die Ausdauer aber soll zu einem vollendeten Werk führen;
denn so werdet ihr vollendet und untadelig sein, es wird euch nichts
mehr fehlen. 5 Fehlt es aber einem von euch an Weisheit, dann soll er
sie von Gott erbitten; Gott wird sie ihm geben, denn er gibt allen
gern und macht niemand einen Vorwurf. 6 Wer bittet, soll aber voll
Glauben bitten und nicht zweifeln; denn wer zweifelt, ist wie eine
Welle, die vom Wind im Meer hin und her getrieben wird. 7 Ein sol-
cher Mensch bilde sich nicht ein, daß er vom Herrn etwas erhalten
wird: 8 Er ist ein Mann mit zwei Seelen, unbeständig auf all seinen
Wegen.
9 Der Bruder, der in niederem Stand lebt, rühme sich seiner hohen
Würde, 10 der Reiche aber seiner Niedrigkeit; denn *er wird dahin-*
schwinden wie die Blume im Gras. 11 Die Sonne geht auf, und ihre Hitze
versengt das Gras; die Blume verwelkt, und ihre Pracht vergeht. So
wird auch der Reiche vergehen mit allem, was er unternimmt.
12 Glücklich der Mann, der in der Versuchung standhält. Denn wenn
er sich bewährt, wird er den Kranz des Lebens erhalten, der denen
verheißen ist, die Gott lieben. 13 Keiner, der in Versuchung gerät, soll
sagen: Ich werde von Gott in Versuchung geführt. Denn Gott kann
nicht in die Versuchung kommen, Böses zu tun, und er führt auch
selbst niemand in Versuchung. 14 Jeder wird von seiner eigenen
Begierde, die ihn lockt und fängt, in Versuchung geführt. 15 Wenn die
Begierde dann schwanger geworden ist, bringt sie die Sünde zur
Welt; ist die Sünde reif geworden, bringt sie den Tod hervor.
16 Laßt euch nicht irreführen, meine geliebten Brüder; 17 jede gute
Gabe und jedes vollkommene Geschenk kommt von oben, vom Vater
der Gestirne, bei dem es keine Veränderung und keine Verfinsterung
gibt. 18 Aus freiem Willen hat er uns durch das Wort der Wahrheit
geboren, damit wir gleichsam die Erstlingsfrucht seiner Schöpfung
seien.

Ermahnungen und Warnungen

Der rechte Hörer des Wortes

19 Denkt daran, meine geliebten Brüder: Jeder Mensch soll schnell
bereit sein zu hören, aber zurückhaltend im Reden und nicht schnell
zum Zorn bereit; 20 denn im Zorn tut der Mensch nicht das, was vor
Gott recht ist. 21 Darum legt alles Schmutzige und Böse ab, seid sanft-
mütig und nehmt euch das Wort zu Herzen, das in euch eingepflanzt
worden ist und das die Macht hat, euch zu retten.
22 Hört das Wort nicht nur an, sondern handelt danach; sonst betrügt
ihr euch selbst. 23 Wer das Wort nur hört, aber nicht danach handelt,
ist wie ein Mensch, der sein eigenes Gesicht im Spiegel betrachtet:
24 Er betrachtet sich, geht weg, und schon hat er vergessen, wie er aus-
sah. 25 Wer sich aber in das vollkommene Gesetz der Freiheit vertieft
und an ihm festhält, wer es nicht nur hört, um es wieder zu vergessen,
sondern danach handelt, der wird durch sein Tun selig sein.
26 Wer meint, er diene Gott, aber seine Zunge nicht im Zaum hält, der
betrügt sich selbst, und sein Gottesdienst ist wertlos. 27 Ein reiner und
makelloser Dienst vor Gott, dem Vater, besteht darin: für Waisen und
Witwen zu sorgen, wenn sie in Not sind, und sich vor jeder Befleckung
durch die Welt zu bewahren.

Verhalten gegenüber Reichen und Armen

2 Meine Brüder, haltet den Glauben an unseren Herrn Jesus Chri-
stus, den Herrn der Herrlichkeit, frei von jedem Ansehen der
Person. 2 Wenn in eure Versammlung ein Mann mit goldenen Ringen
und prächtiger Kleidung kommt, und zugleich kommt ein Armer in
schmutziger Kleidung, 3 und ihr blickt auf den Mann in der prächtigen
Kleidung und sagt: Setz dich hier auf den guten Platz!, und zu dem
Armen sagt ihr: Du kannst dort stehen!, oder: Setz dich zu meinen
Füßen! – 4 macht ihr dann nicht untereinander Unterschiede und fällt
Urteile aufgrund verwerflicher Überlegungen? 5 Hört, meine geliebten
Brüder: Hat Gott nicht die Armen in der Welt auserwählt, um sie durch
den Glauben reich und zu Erben des Königreichs zu machen, das er
denen verheißen hat, die ihn lieben? 6 Ihr aber verachtet den Armen.
Sind es nicht die Reichen, die euch unterdrücken und euch vor die
Gerichte schleppen? 7 Sind nicht sie es, die den hohen Namen lästern,
der über euch ausgerufen worden ist? 8 Wenn ihr dagegen nach dem
Wort der Schrift: *Du sollst deinen Nächsten lieben wie dich selbst!* das könig-
liche Gesetz erfüllt, dann handelt ihr recht. 9 Wenn ihr aber nach dem
Ansehen der Person urteilt, begeht ihr eine Sünde, und aus dem
Gesetz selbst wird offenbar, daß ihr es übertreten habt. 10 Wer das
ganze Gesetz hält und nur gegen ein einziges Gebot verstößt, der hat
sich gegen alle verfehlt. 11 Denn er, der gesagt hat: *Du sollst nicht die Ehe
brechen!*, hat auch gesagt: *Du sollst nicht töten!* Wenn du nicht die Ehe
brichst, aber tötest, hast du das Gesetz übertreten.
12 Darum redet und handelt wie Menschen, die nach dem Gesetz der
Freiheit gerichtet werden. 13 Denn das Gericht ist erbarmungslos
gegen den, der kein Erbarmen gezeigt hat. Barmherzigkeit aber tri-
umphiert über das Gericht.

Glaube und Tat

14 Meine Brüder, was nützt es, wenn einer sagt, er habe Glauben, aber
es fehlen die Werke? Kann etwa der Glaube ihn retten? 15 Wenn ein
Bruder oder eine Schwester ohne Kleidung ist und ohne das tägliche
Brot 16 und einer von euch zu ihnen sagt: Geht in Frieden, wärmt und
sättigt euch!, ihr gebt ihnen aber nicht, was sie zum Leben brauchen –
was nützt das? 17 So ist auch der Glaube für sich allein tot, wenn er
nicht Werke vorzuweisen hat. 18 Nun könnte einer sagen: Du hast
Glauben, und ich kann Werke vorweisen; zeig mir deinen Glauben
ohne die Werke, und ich zeige dir meinen Glauben aufgrund der
Werke. 19 Du glaubst: Es gibt nur den einen Gott. Damit hast du recht;
das glauben auch die Dämonen, und sie zittern. 20 Willst du also ein-
sehen, du unvernünftiger Mensch, daß der Glaube ohne Werke nutz-
los ist? 21 Wurde unser Vater Abraham nicht aufgrund seiner Werke als
gerecht anerkannt? Denn er hat *seinen Sohn Isaak als Opfer auf den Altar
gelegt.* 22 Du siehst, daß bei ihm der Glaube und die Werke zusammen-
wirkten und daß erst durch die Werke der Glaube vollendet wurde.
23 So hat sich das Wort der Schrift erfüllt: *Abraham glaubte Gott, und das
wurde ihm als Gerechtigkeit angerechnet*, und er wurde *Freund Gottes*
genannt. 24 Ihr seht, daß der Mensch aufgrund seiner Werke gerecht
wird, nicht durch den Glauben allein. 25 Wurde nicht ebenso auch die
Dirne Rahab durch ihre Werke als gerecht anerkannt, weil sie die
Boten bei sich aufnahm und dann auf einem anderen Weg entkom-
men ließ? 26 Denn wie der Körper ohne den Geist tot ist, so ist auch der
Glaube tot ohne Werke.

Die Macht der Zunge

3 Nicht so viele von euch sollen Lehrer werden, meine Brüder. Ihr
wißt, daß wir im Gericht strenger beurteilt werden. 2 Denn wir
alle verfehlen uns in vielen Dingen. Wer sich in seinen Worten nicht
verfehlt, ist ein vollkommener Mann und kann auch seinen Körper
völlig im Zaum halten. 3 Wenn wir den Pferden den Zaum anlegen,
damit sie uns gehorchen, lenken wir damit das ganze Tier. 4 Oder
denkt an die Schiffe: Sie sind groß und werden von starken Winden
getrieben, und doch lenkt sie der Steuermann mit einem ganz kleinen
Steuer, wohin er will. 5 So ist auch die Zunge nur ein kleines Körper-
glied und rühmt sich doch großer Dinge. Und wie klein kann ein
Feuer sein, das einen großen Wald in Brand steckt. 6 Auch die Zunge
ist ein Feuer, eine Welt voll Ungerechtigkeit. Die Zunge ist der Teil, der
den ganzen Menschen verdirbt und das Rad des Lebens in Brand setzt;
sie selbst aber ist von der Hölle in Brand gesetzt. 7 Denn jede Art von
Tieren, auf dem Land und in der Luft, was am Boden kriecht und was
im Meer schwimmt, läßt sich zähmen und ist vom Menschen auch
gezähmt worden; 8 doch die Zunge kann kein Mensch zähmen, dieses
ruhelose Übel, voll von tödlichem Gift. 9 Mit ihr preisen wir den Herrn
und Vater, und mit ihr verfluchen wir die Menschen, die als Abbild
Gottes erschaffen sind. 10 Aus ein und demselben Mund kommen
Segen und Fluch. Meine Brüder, so darf es nicht sein. 11 Läßt etwa
eine Quelle aus derselben Öffnung süßes und bitteres Wasser hervor-
sprudeln? 12 Kann denn, meine Brüder, ein Feigenbaum Oliven tragen
oder ein Weinstock Feigen? So kann auch eine salzige Quelle kein
Süßwasser hervorbringen.

Die Weisheit von oben

13 Wer von euch ist weise und verständig? Er soll in weiser Bescheiden-
heit die Taten eines rechtschaffenen Lebens vorweisen. 14 Wenn aber
euer Herz voll ist von bitterer Eifersucht und von Ehrgeiz, dann prahlt
nicht, und verfälscht nicht die Wahrheit! 15 Das ist nicht die Weisheit,
die von oben kommt, sondern eine irdische, eigennützige, teuflische
Weisheit. 16 Wo nämlich Eifersucht und Ehrgeiz herrschen, da gibt es
Unordnung und böse Taten jeder Art. 17 Doch die Weisheit von oben
ist erstens heilig, sodann friedlich, freundlich, gehorsam, voll Erbar-
men und reich an guten Früchten, sie ist unparteiisch, sie heuchelt
nicht. 18 Wo Frieden herrscht, wird (von Gott) für die Menschen, die
Frieden stiften, die Saat der Gerechtigkeit ausgestreut.

Warnung vor Zwietracht und Weltsinn

4 Woher kommen die Kriege bei euch, woher die Streitigkeiten?
Doch nur vom Kampf der Leidenschaften in eurem Innern. 2 Ihr
begehrt und erhaltet doch nichts. Ihr mordet und seid eifersüchtig
und könnt dennoch nichts erreichen. Ihr streitet und führt Krieg. Ihr
erhaltet nichts, weil ihr nicht bittet. 3 Ihr bittet und empfangt doch
nichts, weil ihr in böser Absicht bittet, um es in eurer Leidenschaft zu
verschwenden. 4 Ihr Ehebrecher, wißt ihr nicht, daß Freundschaft
mit der Welt Feindschaft mit Gott ist? Wer also ein Freund der Welt
sein will, der wird zum Feind Gottes. 5 Oder meint ihr, die Schrift
sage ohne Grund: Eifersüchtig sehnt er sich nach dem Geist, den er
in uns wohnen ließ. 6 Doch er gibt noch größere Gnade; darum heißt
es auch: *Gott tritt den Stolzen entgegen, den Demütigen aber schenkt er seine*

Gnade. 7 Ordnet euch also Gott unter, leistet dem Teufel Widerstand;
dann wird er vor euch fliehen. 8 Sucht die Nähe Gottes; dann wird er
sich euch nähern. Reinigt die Hände, ihr Sünder, läutert euer Herz,
ihr Menschen mit zwei Seelen! 9 Klagt und trauert und weint! Euer
Lachen verwandle sich in Trauer, eure Freude in Betrübnis. 10 De-
mütigt euch vor dem Herrn; dann wird er euch erhöhen.
11 Verleumdet einander nicht, Brüder! Wer seinen Bruder verleumdet
oder seinen Bruder verurteilt, verleumdet das Gesetz und verurteilt
das Gesetz; wenn du aber das Gesetz verurteilst, handelst du nicht
nach dem Gesetz, sondern bist sein Richter. 12 Nur einer ist der
Gesetzgeber und Richter: er, der die Macht hat, zu retten und zu ver-
derben. Wer aber bist du, daß du über deinen Nächsten richtest?

Warnung vor Selbstsicherheit

13 Ihr aber, die ihr sagt: Heute oder morgen werden wir in diese oder
jene Stadt reisen, dort werden wir ein Jahr bleiben, Handel treiben
und Gewinne machen –, 14 ihr wißt doch nicht, was morgen mit
eurem Leben sein wird. Rauch seid ihr, den man eine Weile sieht; dann
verschwindet er. 15 Ihr solltet lieber sagen: Wenn der Herr will, werden
wir noch leben und dies oder jenes tun. 16 Nun aber prahlt ihr voll
Übermut; doch all dieses Prahlen ist schlecht. 17 Wer also das Gute tun
kann und es nicht tut, der sündigt.

Warnung an die hartherzigen Reichen

5 Ihr aber, ihr Reichen, weint nur und klagt über das Elend, das
euch treffen wird. 2 Euer Reichtum verfault, und eure Kleider
werden von Motten zerfressen. 3 Euer Gold und Silber verrostet; ihr
Rost wird als Zeuge gegen euch auftreten und euer Fleisch verzehren
wie Feuer. Noch in den letzten Tagen sammelt ihr Schätze. 4 Aber der
Lohn der Arbeiter, die eure Felder abgemäht haben, der Lohn, den ihr
ihnen vorenthalten habt, schreit zum Himmel; die Klagerufe derer, die
eure Ernte eingebracht haben, dringen zu den Ohren des Herrn der
himmlischen Heere. 5 Ihr habt auf Erden ein üppiges und ausschwei-
fendes Leben geführt, und noch am Schlachttag habt ihr euer Herz
gemästet. 6 Ihr habt den Gerechten verurteilt und umgebracht, er aber
leistete euch keinen Widerstand.

Mahnung zur Ausdauer

7 Darum, Brüder, haltet geduldig aus bis zur Ankunft des Herrn! Auch
der Bauer wartet auf die kostbare Frucht der Erde, er wartet geduldig,
bis im Herbst und im Frühjahr der Regen fällt. 8 Ebenso geduldig sollt
auch ihr sein. Macht euer Herz stark, denn die Ankunft des Herrn
steht nahe bevor.
9 Klagt nicht übereinander, Brüder, damit ihr nicht gerichtet werdet.
Seht, der Richter steht schon vor der Tür. 10 Brüder, im Leiden und in
der Geduld nehmt euch die Propheten zum Vorbild, die im Namen des
Herrn gesprochen haben. 11 Wer geduldig alles ertragen hat, den prei-
sen wir glücklich. Ihr habt von der Ausdauer des Ijob gehört und das
Ende gesehen, das der Herr herbeigeführt hat. Denn der Herr ist voll
Erbarmen und Mitleid.

Warnung vor dem Schwören

12 Vor allem, meine Brüder, schwört nicht, weder beim Himmel noch
bei der Erde noch irgendeinen anderen Eid. Euer Ja soll ein Ja sein und
euer Nein ein Nein, damit ihr nicht dem Gericht verfallt.

Die Macht des vertrauensvollen Gebets

13 Ist einer von euch bedrückt? Dann soll er beten. Ist einer fröhlich?
Dann soll er ein Loblied singen. 14 Ist einer von euch krank? Dann rufe
er die Ältesten der Gemeinde zu sich; sie sollen Gebete über ihn spre-
chen und ihn im Namen des Herrn mit Öl salben.
15 Das gläubige Gebet wird den Kranken retten, und der Herr wird ihn
aufrichten; wenn er Sünden begangen hat, werden sie ihm vergeben.
16 Darum bekennt einander eure Sünden und betet füreinander, damit
ihr geheiligt werdet. Viel vermag das inständige Gebet eines Gerech-
ten. 17 Elija war ein Mensch wie wir; er betete inständig, es solle nicht
regnen, und es regnete drei Jahre und sechs Monate nicht auf der Erde.
18 Und er betete wieder; da gab der Himmel Regen, und die Erde
brachte ihre Früchte hervor.

Die Verantwortung für den gefährdeten Bruder

19 Meine Brüder, wenn einer bei euch von der Wahrheit abirrt und
jemand ihn zur Umkehr bewegt, 20 dann sollt ihr wissen: Wer einen
Sünder, der auf Irrwegen ist, zur Umkehr bewegt, der rettet ihn vor
dem Tod und deckt viele Sünden zu.

Der erste Brief des Petrus

Der Verfasser dieses Briefs ist nach 1,1 der Apostel Petrus. Er spricht zu den Ältesten der Gemeinde als »Mit-Ältester« und »Zeuge der Leiden Christi« (5,1). Er schreibt seinen Brief aus Babylon (5,13), womit nur Rom gemeint sein kann, »durch den Bruder Silvanus«. Bei ihm befindet sich auch Markus (5,12–13); damit ist wohl Johannes Markus gemeint, den Petrus von Jerusalem her kannte (Apg 12,12). Silvanus, auch Silas genannt, war ein angesehener Mann in der Gemeinde von Jerusalem und gehörte zu der Abordnung, die von dort nach Antiochia geschickt wurde (Apg 15,22). Er war ein urchristlicher Prophet (Apg 15,32). Paulus nahm ihn als Begleiter bei der zweiten Missionsreise mit (Apg 15,40; vgl. 18,5).
Nach altkirchlicher Überlieferung wurde der 1. Petrusbrief kurz vor dem Tod des Apostels (64 oder 67 n. Chr.) unter Kaiser Nero geschrieben. Gegen eine Verfasserschaft des Petrus erheben sich zwar einige Bedenken aufgrund des guten griechischen Stils und der vielen Gemeinsamkeiten zwischen dem 1. Petrusbrief und den Paulusbriefen; auch kann zur Zeit Neros noch nicht gesagt werden, daß die Christen in der ganzen Welt verfolgt werden (5,9). Die Einwände gegen die Verfasserschaft des Petrus verlieren zum Teil aber an Gewicht, wenn Silvanus nicht nur der Schreiber war, dem Petrus diktierte, sondern dessen »Sekretär«, der mit einer gewissen Selbständigkeit im Auftrag des Petrus schrieb. Eine sichere Entscheidung ist nicht möglich.
Der Brief richtet sich »an die Auserwählten, die als Fremde in Pontus, Galatien, Kappadozien, in der Provinz Asien und Bithynien in der Zerstreuung leben« (1,1), also an Gemeinden im nördlichen und westlichen Kleinasien. Die Empfänger des Briefs sind vorwiegend Heidenchristen; sie leben »in der Zerstreuung«, weil sie als Christen in der Welt fremd und heimatlos sind (vgl. 1,17). Das Fremdsein der »Auserwählten« in der Welt tritt in einer Zeit der Verfolgung stärker ins Bewußtsein. Um so notwendiger ist es für die Christen, ihre besondere Stellung und ihre Sendung in Staat und Gesellschaft zu begreifen (vgl. 2,11–4,11). Diese Weisungen schöpfen aus einer bereits gefestigten christlichen Überlieferung.
Der Brief will (vgl. 5,12) die Empfänger ermahnen, dem Glauben treu zu bleiben, und ihnen bezeugen, daß sie als Getaufte dazu berufen sind, am Leidensweg Jesu und dann auch an seiner Herrlichkeit teilzuhaben. Auf Taufe und Kreuz wird immer wieder hingewiesen, so daß manche Ausleger vermuten, dem Brief liege, vor allem in dem Abschnitt 1,3–4,11, eine urchristliche Taufansprache zugrunde.

Anschrift und Gruß

1 Petrus, Apostel Jesu Christi, an die Auserwählten, die als Fremde
in Pontus, Galatien, Kappadozien, der Provinz Asien und Bithy-
nien in der Zerstreuung leben, 2 von Gott, dem Vater, von jeher auser-
sehen und durch den Geist geheiligt, um Jesus Christus gehorsam zu
sein und mit seinem Blut besprengt zu werden. Gnade sei mit euch
und Friede in Fülle.

Ziel und Weg des Glaubens

Das Ziel des Glaubens

3 Gepriesen sei der Gott und Vater unseres Herrn Jesus Christus: Er hat
uns in seinem großen Erbarmen neu geboren, damit wir durch die
Auferstehung Jesu Christi von den Toten eine lebendige Hoffnung
haben 4 und das unzerstörbare, makellose und unvergängliche Erbe
empfangen, das im Himmel für euch aufbewahrt ist. 5 Gottes Macht
behütet euch durch den Glauben, damit ihr das Heil erlangt, das am
Ende der Zeit offenbart werden soll. 6 Deshalb seid ihr voll Freude,
obwohl ihr jetzt vielleicht kurze Zeit unter mancherlei Prüfungen lei-
den müßt. 7 Dadurch soll sich euer Glaube bewähren, und es wird
sich zeigen, daß er wertvoller ist als Gold, das im Feuer geprüft wurde
und doch vergänglich ist. So wird (eurem Glauben) Lob, Herrlichkeit
und Ehre zuteil bei der Offenbarung Jesu Christi. 8 Ihn habt ihr nicht
gesehen, und dennoch liebt ihr ihn; ihr seht ihn auch jetzt nicht; aber
ihr glaubt an ihn und jubelt in unsagbarer, von himmlischer Herrlich-
keit verklärter Freude, 9 da ihr das Ziel des Glaubens erreichen werdet:
euer Heil. 10 Nach diesem Heil haben die Propheten gesucht und
geforscht, und sie haben über die Gnade geweissagt, die für euch
bestimmt ist. 11 Sie haben nachgeforscht, auf welche Zeit und welche
Umstände der in ihnen wirkende Geist Christi hindeute, der die Lei-
den Christi und die darauf folgende Herrlichkeit im voraus bezeugte.
12 Den Propheten wurde offenbart, daß sie damit nicht sich selbst,
sondern euch dienten; und jetzt ist euch dies alles von denen verkün-
det worden, die euch in der Kraft des vom Himmel gesandten Heiligen
Geistes das Evangelium gebracht haben. Das alles zu sehen ist sogar
das Verlangen der Engel.

Der Weg zum Glauben

13 Deshalb umgürtet euch, und macht euch bereit! Seid nüchtern, und
setzt eure Hoffnung ganz auf die Gnade, die euch bei der Offenbarung
Jesu Christi geschenkt wird. 14 Seid gehorsame Kinder, und laßt euch
nicht mehr von euren Begierden treiben wie früher, in der Zeit eurer
Unwissenheit.
15 Wie er, der euch berufen hat, heilig ist, so soll auch euer ganzes
Leben heilig werden. 16 Denn es heißt in der Schrift: *Seid heilig, denn ich
bin heilig.* 17 Und wenn ihr den als Vater anruft, der jeden ohne Ansehen
der Person nach seinem Tun beurteilt, dann führt auch, solange ihr in
der Fremde seid, ein Leben in Gottesfurcht. 18 Ihr wißt, daß ihr aus
eurer sinnlosen, von den Vätern ererbten Lebensweise nicht um einen
vergänglichen Preis *losgekauft* wurdet, *nicht um Silber* oder Gold, 19 son-
dern mit dem kostbaren Blut Christi, des Lammes ohne Fehl und
Makel. 20 Er war schon vor der Erschaffung der Welt dazu ausersehen,
und euretwegen ist er am Ende der Zeiten erschienen. 21 Durch ihn
seid ihr zum Glauben an Gott gekommen, der ihn von den Toten auf-
erweckt und ihm die Herrlichkeit gegeben hat, so daß ihr an Gott
glauben und auf ihn hoffen könnt. 22 Der Wahrheit gehorsam, habt ihr
euer Herz rein gemacht für eine aufrichtige Bruderliebe; darum hört
nicht auf, einander von Herzen zu lieben. 23 Ihr seid neu geboren wor-
den, nicht aus vergänglichem, sondern aus unvergänglichem Samen:

aus Gottes Wort, das lebt und das bleibt. 24 *Denn alles Sterbliche ist wie*
Gras, / und all seine Schönheit ist wie die Blume im Gras.
Das Gras verdorrt, und die Blume verwelkt: / 25 doch das Wort des Herrn bleibt in
Ewigkeit.
Dieses Wort ist das Evangelium, das euch verkündet worden ist.

Jesus Christus, der lebendige Stein

2 Legt also alle Bosheit ab, alle Falschheit und Heuchelei, allen
Neid und alle Verleumdung. 2 Verlangt, gleichsam als neugebo-
rene Kinder, nach der unverfälschten, geistigen Milch, damit ihr durch
sie heranwachst und das Heil erlangt. 3 Denn ihr habt *erfahren, wie gütig*
der Herr ist. 4 Kommt zu ihm, dem lebendigen Stein, der von den Men-
schen verworfen, aber von Gott *auserwählt und geehrt* worden ist. 5 Laßt
euch als lebendige Steine zu einem geistigen Haus aufbauen, zu einer
heiligen Priesterschaft, um durch Jesus Christus geistige Opfer darzu-
bringen, die Gott gefallen. 6 Denn es heißt in der Schrift:
Seht her, ich lege in Zion einen auserwählten Stein, / einen Eckstein, den ich in
Ehren halte; / wer an ihn glaubt, der geht nicht zugrunde.
7 Euch, die ihr glaubt, gilt diese Ehre. Für jene aber, die nicht glauben,
ist dieser *Stein, den die Bauleute verworfen haben, zum Eckstein geworden,*
8 *zum Stein, an den man anstößt, und zum Felsen, an dem man zu Fall kommt.*
Sie stoßen sich an ihm, weil sie dem Wort nicht gehorchen; doch dazu
sind sie bestimmt. 9 Ihr aber seid *ein auserwähltes Geschlecht, eine königli-*
che Priesterschaft, ein heiliger Stamm, ein Volk, das sein besonderes Eigentum
wurde, damit ihr die großen Taten dessen verkündet, der euch aus der Fin-
sternis in sein wunderbares Licht gerufen hat. 10 Einst wart ihr *nicht*
sein Volk, jetzt aber seid ihr *Gottes Volk;* einst gab es für euch *kein Erbar-*
men, jetzt aber habt ihr *Erbarmen gefunden.*

Christliches Leben in Familie und Gesellschaft

Der Christ im Staat

11 Liebe Brüder, da ihr Fremde und Gäste seid in dieser Welt, ermahne
ich euch: Gebt den irdischen Begierden nicht nach, die gegen die Seele
kämpfen. 12 Führt unter den Heiden ein rechtschaffenes Leben, damit
sie, die euch jetzt als Übeltäter verleumden, durch eure guten Taten
zur Einsicht kommen und Gott preisen am Tag der Heimsuchung.
13 Unterwerft euch um des Herrn willen jeder menschlichen Ordnung:
dem Kaiser, weil er über allen steht, 14 den Statthaltern, weil sie von
ihm entsandt sind, um die zu bestrafen, die Böses tun, und die auszu-
zeichnen, die Gutes tun. 15 Denn es ist der Wille Gottes, daß ihr durch
eure guten Taten die Unwissenheit unverständiger Menschen zum
Schweigen bringt. 16 Handelt als Freie, aber nicht als solche, die die
Freiheit als Deckmantel für das Böse nehmen, sondern wie Knechte
Gottes. 17 Erweist allen Menschen Ehre, liebt die Brüder, fürchtet Gott,
und ehrt den Kaiser!

Die Sklaven in der Nachfolge Christi

18 Ihr Sklaven, ordnet euch in aller Ehrfurcht euren Herren unter, nicht
nur den guten und freundlichen, sondern auch den launenhaften.
19 Denn es ist eine Gnade, wenn jemand deswegen Kränkungen
erträgt und zu Unrecht leidet, weil er sich in seinem Gewissen nach
Gott richtet. 20 Ist es vielleicht etwas Besonderes, wenn ihr wegen
einer Verfehlung Schläge erduldet? Wenn ihr aber recht handelt und
trotzdem Leiden erduldet, das ist eine Gnade in den Augen Gottes.
21 Dazu seid ihr berufen worden; denn auch Christus hat für euch
gelitten und euch ein Beispiel gegeben, damit ihr seinen Spuren folgt.
22 *Er hat keine Sünde begangen, / und in seinem Mund war kein trügerisches*
Wort.
23 Er wurde geschmäht, schmähte aber nicht; / er litt, drohte aber
nicht, / sondern überließ seine Sache dem gerechten Richter.
24 Er hat unsere Sünden mit seinem Leib auf das Holz des Kreuzes
getragen, damit wir tot seien für die Sünden und für die Gerechtigkeit
leben. *Durch seine Wunden seid ihr geheilt.* 25 Denn ihr hattet euch *verirrt*
wie Schafe, jetzt aber seid ihr heimgekehrt zum Hirten und Bischof
eurer Seelen.

Frauen und Männer in der Ehe

3 Ebenso sollt ihr Frauen euch euren Männern unterordnen, damit
auch sie, falls sie dem Wort (des Evangeliums) nicht gehorchen,
durch das Leben ihrer Frauen ohne Worte gewonnen werden, 2 wenn
sie sehen, wie ehrfürchtig und rein ihr lebt. 3 Nicht auf äußeren
Schmuck sollt ihr Wert legen, auf Haartracht, Gold und prächtige
Kleider, 4 sondern was im Herzen verborgen ist, das sei euer unver-
gänglicher Schmuck: ein sanftes und ruhiges Wesen. Das ist wertvoll
in Gottes Augen. 5 So haben sich einst auch die heiligen Frauen
geschmückt, die ihre Hoffnung auf Gott setzten: Sie ordneten sich
ihren Männern unter. 6 Sara gehorchte Abraham und nannte ihn ihren
Herrn. Ihre Kinder seid ihr geworden, wenn ihr recht handelt und
euch vor keiner Einschüchterung fürchtet.
7 Ebenso sollt ihr Männer im Umgang mit euren Frauen rücksichtsvoll
sein, denn sie sind der schwächere Teil; ehrt sie, denn auch sie sind
Erben der Gnade des Lebens. So wird euren Gebeten nichts mehr im
Weg stehen.

Aufruf zur Eintracht

8 Endlich aber: seid alle eines Sinnes, voll Mitgefühl und brüderlicher
Liebe, seid barmherzig und demütig! 9 Vergeltet nicht Böses mit
Bösem noch Kränkung mit Kränkung! Statt dessen segnet; denn ihr
seid dazu berufen, Segen zu erlangen. 10 Es heißt nämlich:
Wer das Leben liebt / und gute Tage zu sehen wünscht,
der bewahre seine Zunge vor Bösem / und seine Lippen vor falscher Rede.
11 *Er meide das Böse und tue das Gute; / er suche Frieden und jage ihm nach.*
12 *Denn die Augen des Herrn blicken auf die Gerechten, / und seine Ohren hören ihr*
Flehen; / aber das Antlitz des Herrn richtet sich gegen die Bösen.

Rechtes Verhalten in der Welt

13 Und wer wird euch Böses zufügen, wenn ihr euch voll Eifer um das
Gute bemüht? 14 Aber auch wenn ihr um der Gerechtigkeit willen lei-
den müßt, seid ihr seligzupreisen. *Fürchtet euch nicht vor ihnen, und laßt*
euch nicht erschrecken, 15 sondern *haltet* in eurem Herzen Christus, *den*
Herrn, heilig! Seid stets bereit, jedem Rede und Antwort zu stehen, der
nach der Hoffnung fragt, die euch erfüllt; 16 aber antwortet bescheiden
und ehrfürchtig, denn ihr habt ein reines Gewissen. Dann werden die,
die euch beschimpfen, weil ihr in (der Gemeinschaft mit) Christus ein
rechtschaffenes Leben führt, sich wegen ihrer Verleumdungen schä-
men müssen. 17 Es ist besser, für gute Taten zu leiden, wenn es Gottes
Wille ist, als für böse.
18 Denn auch Christus ist der Sünden wegen ein einziges Mal gestor-
ben, er, der Gerechte, für die Ungerechten, um euch zu Gott hinzu-
führen; dem Fleisch nach wurde er getötet, dem Geist nach lebendig
gemacht. 19 So ist er auch zu den Geistern gegangen, die im Gefängnis
waren, und hat ihnen gepredigt. 20 Diese waren einst ungehorsam, als
Gott in den Tagen Noachs geduldig wartete, während die Arche
gebaut wurde; in ihr wurden nur wenige, nämlich acht Menschen,
durch das Wasser gerettet. 21 Dem entspricht die Taufe, die jetzt euch
rettet. Sie dient nicht dazu, den Körper von Schmutz zu reinigen, son-
dern sie ist eine Bitte an Gott um ein reines Gewissen aufgrund der
Auferstehung Jesu Christi, 22 der in den Himmel gegangen ist; dort ist
er zur Rechten Gottes, und Engel, Gewalten und Mächte sind ihm
unterworfen.

4 Da Christus im Fleisch gelitten hat, wappnet auch ihr euch mit
diesem Gedanken: Wer im Fleisch gelitten hat, für den hat die
Sünde ein Ende. 2 Darum richtet euch, solange ihr noch auf Erden
lebt, nicht mehr nach den menschlichen Begierden, sondern nach
dem Willen Gottes! 3 Denn lange genug habt ihr in der vergangenen
Zeit das heidnische Treiben mitgemacht und habt ein ausschweifen-
des Leben voller Begierden geführt, habt getrunken, gepraßt, gezecht

Max Beckmann
Christus in der Vorhölle
(1948)
»So ist er auch zu den Geistern gegangen, die im Gefängnis waren, und hat ihnen gepredigt« (1 Petr 3,19). Dies ist der einzige neutestamentliche Hinweis auf die »Höllenfahrt Jesu« (im Glaubensbekenntnis: hinabgestiegen in das Reich des Todes), jedoch eine reiche bildkünstlerische Ausgestaltung erfahren hat. Vor allem die ostkirchliche Tradition besitzt als Osterbild mit dem Titel »Anastasis« die Darstellung der Befreiung der (alttestamentlichen) Gerechten durch Jesus Christus, der ins Reich des Todes eindringt. Die ausführlichste Textquelle dieser Bildwelt enthält das apokryphe Nikodemus-Evangelium, in dem die beiden auferstandenen Söhne des Simeon (aus der Erzählung von Jesu Darbringung in Tempel) Nikodemus erscheinen und von jenen Ereignissen berichten. Max Beckmanns Darstellung hält sich dagegen an die Bemerkung des 1. Petrusbriefes, um sich ganz auf die Schilderung einer »Vorhölle« zu konzentrieren. Krone und Kerze sowie die abwehrende Geste sind Bildzeichen, die Beckmann immer wieder verwendet hat, um Abgrenzung zu symbolisieren: Seine Christusgestalt begegnet einer dämonischen Welt, die er zu bannen versucht.

und unerlaubten Götzenkult getrieben. 4 Jetzt erregt es ihren Unwil-
len, und sie lästern, weil ihr euch nicht mehr in diesen Strudel der Lei-
denschaften hineinreißen laßt. 5 Aber sie werden vor dem Rechen-
schaft ablegen müssen, der schon bereitsteht, um die Lebenden und
die Toten zu richten. 6 Denn auch Toten ist das Evangelium dazu ver-
kündet worden, daß sie wie Menschen gerichtet werden im Fleisch,
aber wie Gott das Leben haben im Geist.
7 Das Ende aller Dinge ist nahe. Seid also besonnen und nüchtern,
und betet! 8 Vor allem haltet fest an der Liebe zueinander; denn *die
Liebe deckt viele Sünden zu.* 9 Seid untereinander gastfreundlich, ohne zu
murren. 10 Dient einander als gute Verwalter der vielfältigen Gnade
Gottes, jeder mit der Gabe, die er empfangen hat. 11 Wer redet, der
rede mit den Worten, die Gott ihm gibt; wer dient, der diene aus der
Kraft, die Gott verleiht. So wird in allem Gott verherrlicht durch Jesus
Christus. Sein ist die Herrlichkeit und die Macht in alle Ewigkeit.
Amen.

Abschließende Mahnungen

Ausdauer in der Prüfung

12 Liebe Brüder, laßt euch durch die Feuersglut, die zu eurer Prüfung
über euch gekommen ist, nicht verwirren, als ob euch etwas Unge-
wöhnliches zustoße. 13 Statt dessen freut euch, daß ihr Anteil an den
Leiden Christi habt; denn so könnt ihr auch bei der Offenbarung sei-
ner Herrlichkeit voll Freude jubeln. 14 Wenn ihr wegen des Namens
Christi beschimpft werdet, seid ihr seligzupreisen; denn der Geist der
Herrlichkeit, *der Geist Gottes, ruht* auf euch. 15 Wenn einer von euch lei-
den muß, soll es nicht deswegen sein, weil er ein Mörder oder ein
Dieb ist, weil er Böses tut oder sich in fremde Angelegenheiten ein-
mischt. 16 Wenn er aber leidet, weil er Christ ist, dann soll er sich nicht
schämen, sondern Gott verherrlichen, indem er sich zu diesem
Namen bekennt. 17 Denn jetzt ist die Zeit, in der das Gericht beim
Haus Gottes beginnt; wenn es aber bei uns anfängt, wie wird dann das
Ende derer sein, die dem Evangelium Gottes nicht gehorchen? 18 Und
*wenn der Gerechte kaum gerettet wird, wo wird man dann die Frevler und Sünder
finden?* 19 Darum sollen alle, die nach dem Willen Gottes leiden müs-
sen, Gutes tun und dadurch ihr Leben dem treuen Schöpfer anbe-
fehlen.

Hirt und Herde

5 Eure Ältesten ermahne ich, da ich ein Ältester bin wie sie und ein
Zeuge der Leiden Christi und auch an der Herrlichkeit teilhaben
soll, die sich offenbaren wird: 2 Sorgt als Hirten für die euch anver-
traute Herde Gottes, nicht aus Zwang, sondern freiwillig, wie Gott es
will; auch nicht aus Gewinnsucht, sondern aus Neigung; 3 seid nicht
Beherrscher eurer Gemeinden, sondern Vorbilder für die Herde!
4 Wenn dann der oberste Hirt erscheint, werdet ihr den nie verwelken-
den Kranz der Herrlichkeit empfangen.
5 Sodann, ihr Jüngeren: ordnet euch den Ältesten unter! Alle aber
begegnet einander in Demut! Denn *Gott tritt den Stolzen entgegen, den
Demütigen aber schenkt er seine Gnade.* 6 Beugt euch also in Demut unter
die mächtige Hand Gottes, damit er euch erhöht, wenn die Zeit
gekommen ist. 7 *Werft alle eure Sorge auf ihn,* denn er kümmert sich um
euch. 8 Seid nüchtern und wachsam! Euer Widersacher, der Teufel,
geht wie ein brüllender Löwe umher und sucht, wen er verschlingen
kann. 9 Leistet ihm Widerstand in der Kraft des Glaubens! Wißt, daß
eure Brüder in der ganzen Welt die gleichen Leiden ertragen müssen!
10 Der Gott aller Gnade aber, der euch in (der Gemeinschaft mit) Chri-
stus zu seiner ewigen Herrlichkeit berufen hat, wird euch, die ihr
kurze Zeit leiden müßt, wiederaufrichten, stärken, kräftigen und auf
festen Grund stellen. 11 Sein ist die Macht in Ewigkeit. Amen.

Der Schluß des Briefes: Grüße und Segenswunsch

12 Durch den Bruder Silvanus, den ich für treu halte, habe ich euch
kurz geschrieben; ich habe euch ermahnt und habe bezeugt, daß dies
die wahre Gnade Gottes ist, in der ihr stehen sollt. 13 Es grüßen euch
die Mitauserwählten in Babylon und mein Sohn Markus.
14 Grüßt einander mit dem Kuß der Liebe! Friede sei mit euch allen,
die ihr in (der Gemeinschaft mit) Christus seid.

Der zweite Brief des Petrus

Der 2. Petrusbrief richtet sich an alle, die an Christus glauben (1,1), genauer gesagt, an die Adressaten des 1. Petrusbriefs (vgl. 2 Petr 3,1), bei denen er auch Briefe des Paulus als bekannt voraussetzt (3,15f). Im zweiten Kapitel lehnt er sich an Ausführungen des Judasbriefs an. Deshalb wird oft angenommen, das Schreiben sei erst nach dem Tod des Apostels entstanden. Es ist in der Form eines Briefs abgefaßt, wie die Anschrift zeigt (1,1f); auch einige persönliche Äußerungen entsprechen dem Briefcharakter. Es fehlt aber ein Briefschluß; das Schreiben endet mit einem Lobpreis auf Christus (3,18; vgl. 1 Petr 4,11). Nach Inhalt und Form will es als Testament des Apostels verstanden sein (1,12–15).
Der 2. Petrusbrief will die Leser im Glauben und in der Hoffnung stärken und sie vor falschen Lehrern warnen. Diese spotten über den Glauben an die Wiederkunft des Herrn (3,4) und leugnen seine göttliche Herrlichkeit (2,1.10). Entsprechend ist ihre Lebensweise (vgl. Kap. 2). Das Schreiben verteidigt demgegenüber nachdrücklich die Erwartung der Wiederkunft Christi und erinnert an die Herrlichkeit Jesu, die bei der Verklärung sichtbar wurde (1,16–18). Wichtig sind die Aussagen über die heiligen Schriften und ihre richtige Auslegung (1,19–21).

Anschrift und Gruß

1 Simon Petrus, Knecht und Apostel Jesu Christi, an alle, die durch
die Gerechtigkeit unseres Gottes und Retters Jesus Christus den
gleichen kostbaren Glauben erlangt haben wie wir. 2 Gnade sei mit
euch und Friede in Fülle durch die Erkenntnis Gottes und Jesu, unseres Herrn.

Die überlieferte Wahrheit

Glaube und Leben

3 Alles, was für unser Leben und unsere Frömmigkeit gut ist, hat seine
göttliche Macht uns geschenkt; sie hat uns den erkennen lassen, der
uns durch seine Herrlichkeit und Kraft berufen hat. 4 Durch sie wur-
den uns die kostbaren und überaus großen Verheißungen geschenkt,
damit ihr der verderblichen Begierde, die in der Welt herrscht, ent-
flieht und an der göttlichen Natur Anteil erhaltet. 5 Darum setzt allen
Eifer daran, mit eurem Glauben die Tugend zu verbinden, mit der
Tugend die Erkenntnis, 6 mit der Erkenntnis die Selbstbeherrschung,
mit der Selbstbeherrschung die Ausdauer, mit der Ausdauer die Fröm-
migkeit, 7 mit der Frömmigkeit die Brüderlichkeit und mit der Brüder-
lichkeit die Liebe. 8 Wenn dies alles bei euch vorhanden ist und
wächst, dann nimmt es euch die Trägheit und Unfruchtbarkeit, so daß
ihr Jesus Christus, unseren Herrn, immer tiefer erkennt. 9 Wem dies
aber fehlt, der ist blind und kurzsichtig; er hat vergessen, daß er ge-
reinigt worden ist von seinen früheren Sünden. 10 Deshalb, meine Brü-
der, bemüht euch noch mehr darum, daß eure Berufung und Erwäh-
lung Bestand hat. Wenn ihr das tut, werdet ihr niemals scheitern.
11 Dann wird euch in reichem Maß gewährt, in das ewige Reich unse-
res Herrn und Retters Jesus Christus einzutreten.

Das Zeugnis der Propheten und der Apostel

12 Darum will ich euch immer an das alles erinnern, obwohl ihr es
schon wißt und in der Wahrheit gefestigt seid, die ihr empfangen
habt. 13 Ich halte es nämlich für richtig, euch daran zu erinnern,
solange ich noch in diesem Zelt lebe, und euch dadurch wach zu hal-
ten; 14 denn ich weiß, daß mein Zelt bald abgebrochen wird, wie mir
auch Jesus Christus, unser Herr, offenbart hat. 15 Ich will aber dafür
sorgen, daß ihr auch nach meinem Tod euch jederzeit daran erinnern
könnt. 16 Denn wir sind nicht irgendwelchen klug ausgedachten
Geschichten gefolgt, als wir euch die machtvolle Ankunft Jesu Christi,
unseres Herrn, verkündeten, sondern wir waren Augenzeugen seiner
Macht und Größe. 17 Er hat von Gott, dem Vater, Ehre und Herrlichkeit
empfangen; denn er hörte die Stimme der erhabenen Herrlichkeit, die
zu ihm sprach: Das ist mein geliebter Sohn, an dem ich Gefallen
gefunden habe. 18 Diese Stimme, die vom Himmel kam, haben wir
gehört, als wir mit ihm auf dem heiligen Berg waren. 19 Dadurch ist
das Wort der Propheten für uns noch sicherer geworden, und ihr tut
gut daran, es zu beachten; denn es ist ein Licht, das an einem finsteren
Ort scheint, bis der Tag anbricht und der Morgenstern aufgeht in
eurem Herzen. 20 Bedenkt dabei vor allem dies: Keine Weissagung der
Schrift darf eigenmächtig ausgelegt werden; 21 denn niemals wurde
eine Weissagung ausgesprochen, weil ein Mensch es wollte, sondern
vom Heiligen Geist getrieben haben Menschen im Auftrag Gottes
geredet.

Warnung vor Irrlehrern

Das Auftreten falscher Lehrer

2 Es gab aber auch falsche Propheten im Volk; so wird es auch bei
euch falsche Lehrer geben. Sie werden verderbliche Irrlehren
verbreiten und den Herrscher, der sie freigekauft hat, verleugnen;
doch dadurch werden sie sich selbst bald ins Verderben stürzen. 2 Bei
ihren Ausschweifungen werden sie viele Anhänger finden, und ihret-
wegen wird der Weg der Wahrheit in Verruf kommen. 3 In ihrer Hab-
gier werden sie euch mit verlogenen Worten zu kaufen versuchen;
aber das Gericht über sie bereitet sich schon seit langem vor, und das
Verderben, das ihnen droht, schläft nicht.

Das drohende Gericht über die Irrlehrer

4 Gott hat auch die Engel, die gesündigt haben, nicht verschont, son-
dern sie in die finsteren Höhlen der Unterwelt verstoßen und hält sie
dort eingeschlossen bis zum Gericht. 5 Er hat auch die frühere Welt
nicht verschont, nur Noach, den Verkünder der Gerechtigkeit, hat er
zusammen mit sieben anderen als achten bewahrt, als er die Flut über

die Welt der Gottlosen brachte. 6 Auch die Städte Sodom und Gomorra
hat er eingeäschert und zum Untergang verurteilt, als ein Beispiel für
alle Gottlosen in späteren Zeiten. 7 Den gerechten Lot aber, der unter
dem ausschweifenden Leben der Gottesverächter litt, hat er gerettet;
8 denn dieser Gerechte, der mitten unter ihnen wohnte, mußte Tag für
Tag ihr gesetzwidriges Tun sehen und hören, und das quälte den
gerechten Mann Tag für Tag. 9 Der Herr kann die Frommen aus der
Prüfung retten; bei den Ungerechten aber kann er warten, um sie am
Tag des Gerichts zu bestrafen, 10a besonders die, die sich von der
schmutzigen Begierde ihres Körpers beherrschen lassen und die
Macht des Herrn verachten.

Der Weg der Irrlehrer

10b Diese frechen und anmaßenden Menschen schrecken nicht davor
zurück, die überirdischen Mächte zu lästern, 11 während die Engel,
die ihnen an Stärke und Macht überlegen sind, beim Herrn nicht über
sie urteilen und lästern. 12 Diese Menschen aber sind wie unvernünf-
tige Tiere, die von Natur aus dazu geboren sind, gefangen zu werden
und umzukommen. Sie lästern über Dinge, die sie nicht verstehen;
doch sie werden umkommen, wie die Tiere umkommen, 13 und als
Lohn für ihr Unrecht werden sie Unrecht erleiden. Sie halten es für ein
Vergnügen, bei Tag ein üppiges Leben zu führen; ein schmutziger
Schandfleck sind sie, wenn sie in ihrer trügerischen Genußsucht mit
euch prassen und schwelgen. 14 Sie haben nur Augen für die Ehebre-
cherin und sind unersättlich in der Sünde. Sie locken haltlose Men-
schen an, deren Sinn nicht gefestigt ist; ihr Herz ist in der Habgier
geübt, sie sind Kinder des Fluches. 15 Sie haben den geraden Weg ver-
lassen und sind in die Irre gegangen. Sie folgten dem Weg Bileams,
des Sohnes Bosors; ihm ging es nur um den Lohn für sein Unrecht,
16 aber er wurde wegen seines Vergehens zurechtgewiesen: Ein stum-
mes Lasttier redete mit menschlicher Stimme und verhinderte das
wahnwitzige Vorhaben des Propheten. 17 Diese Menschen sind Quel-
len ohne Wasser, sie sind Wolken, die der Sturm vor sich herjagt; für
sie ist die dunkelste Finsternis bestimmt. 18 Sie führen geschwollene
und nichtssagende Reden; sie lassen sich von ihren fleischlichen
Begierden treiben und locken mit ihren Ausschweifungen die Men-
schen an, die sich eben erst von denen getrennt haben, die im Irrtum
leben. 19 Freiheit versprechen sie ihnen und sind doch selbst Sklaven
des Verderbens; denn von wem jemand überwältigt worden ist, dessen
Sklave ist er. 20 Sie waren dem Schmutz der Welt entronnen, weil sie
den Herrn und Retter Jesus Christus erkannt hatten; wenn sie sich
aber von neuem davon fangen und überwältigen lassen, dann steht es
mit ihnen am Ende schlimmer als vorher. 21 Es wäre besser für sie, den
Weg der Gerechtigkeit gar nicht erkannt zu haben, als ihn erkannt zu
haben und sich danach wieder von dem heiligen Gebot abzuwenden,
das ihnen überliefert worden ist. 22 Auf sie trifft das wahre Sprichwort
zu: *Der Hund kehrt zurück zu dem, was er erbrochen hat*, und: Die gewa-
schene Sau wälzt sich wieder im Dreck.

Das erwartete Kommen Christi

Die Gewißheit der Ankunft

3 Das ist schon der zweite Brief, den ich euch schreibe, liebe Brü-
der. In beiden will ich eure klare Einsicht wachrufen und euch
erinnern: 2 Denkt an die Worte, die von den heiligen Propheten im
voraus verkündet worden sind, und an das Gebot des Herrn und Ret-
ters, das eure Apostel euch überliefert haben. 3 Vor allem sollt ihr eines
wissen: Am Ende der Tage werden Spötter kommen, die sich nur von
ihren Begierden leiten lassen und höhnisch sagen: 4 Wo bleibt denn
seine verheißene Ankunft? Seit die Väter entschlafen sind, ist alles
geblieben, wie es seit Anfang der Schöpfung war. 5 Wer das behauptet,
übersieht, daß es einst einen Himmel gab und eine Erde, die durch
das Wort Gottes aus Wasser entstand und durch das Wasser Bestand
hatte. 6 Durch beides ging die damalige Welt zugrunde, als sie vom
Wasser überflutet wurde. 7 Der jetzige Himmel aber und die jetzige
Erde sind durch dasselbe Wort für das Feuer aufgespart worden. Sie
werden bewahrt bis zum Tag des Gerichts, an dem die Gottlosen
zugrunde gehen.

Die Verzögerung der Ankunft

8 Das eine aber, liebe Brüder, dürft ihr nicht übersehen: daß beim
Herrn ein Tag wie tausend Jahre und tausend Jahre wie ein Tag sind.
9 Der Herr zögert nicht mit der Erfüllung der Verheißung, wie einige
meinen, die von Verzögerung reden; er ist nur geduldig mit euch, weil
er nicht will, daß jemand zugrunde geht, sondern daß alle sich bekeh-
ren. 10 Der Tag des Herrn wird aber kommen wie ein Dieb. Dann wird
der Himmel prasselnd vergehen, die Elemente werden verbrannt und
aufgelöst, die Erde und alles, was auf ihr ist, werden (nicht mehr)
gefunden. 11 Wenn sich das alles in dieser Weise auflöst: wie heilig und
fromm müßt ihr dann leben, 12 den Tag Gottes erwarten und seine
Ankunft beschleunigen! An jenem Tag wird sich der Himmel im Feuer
auflösen, und die Elemente werden im Brand zerschmelzen. 13 Dann
erwarten wir, seiner Verheißung gemäß, *einen neuen Himmel* und *eine
neue Erde*, in denen die Gerechtigkeit wohnt.

Das Zeugnis der Paulusbriefe

14 Weil ihr das erwartet, liebe Brüder, bemüht euch darum, von ihm
ohne Makel und Fehler und in Frieden angetroffen zu werden. 15 Seid
überzeugt, daß die Geduld unseres Herrn eure Rettung ist. Das hat
euch auch unser geliebter Bruder Paulus mit der ihm geschenkten
Weisheit geschrieben; 16 es steht in allen seinen Briefen, in denen er
davon spricht. In ihnen ist manches schwer zu verstehen, und die
Unwissenden, die noch nicht gefestigt sind, verdrehen diese Stellen
ebenso wie die übrigen Schriften zu ihrem eigenen Verderben.

Der Schluß des Briefes: Wunsch und Lobpreis

17 Ihr aber, liebe Brüder, sollt das im voraus wissen und acht geben,
daß ihr euch nicht von dem Irrtum der Gottesverächter mitreißen
laßt, euren Halt verliert und zu Fall kommt. 18 Wachset in der Gnade
und Erkenntnis unseres Herrn und Retters Jesus Christus! Ihm
gebührt die Herrlichkeit, jetzt und bis zum Tag der Ewigkeit. Amen.

Der erste Brief des Johannes

Dieses Schreiben wendet sich wahrscheinlich an einen örtlich begrenzten Kreis christlicher Gemeinden und ist wohl gegen Ende des 1. Jahrhunderts abgefaßt. Nach Stil und Gedankengut ist der 1. Johannesbrief mit dem Johannesevangelium nah verwandt.
Der Verfasser rechnet sich zu einer Gruppe christlicher Lehrer (vgl. »wir« in 1,1–4 u. ö.), die im Kampf gegen Irrlehrer (vgl. 2,18; 4,1) das »von Anfang an« Verkündigte (2,7.24; 3,11) einschärfen wollen.
Das Schreiben mahnt zum Glauben an Jesus, den Christus und Sohn Gottes, und zur Bruderliebe. Es ist kunstvoll gegliedert und hat folgenden Aufbau: Vorrede (1,1–4); Gemeinschaft mit Gott durch ein Leben im Licht, das heißt durch Einhalten der Gebote (1,5–2,17); Abwehr der »Antichriste« und Festhalten am wahren Bekenntnis zu Christus (2,18–27); Gotteskindschaft und Erfüllung der Gerechtigkeit in tätiger Bruderliebe (2,28–3,24); Unterscheidung der Geister und Verwirklichung des Glaubens in der Liebe (4,1–21); der wahre Glaube als Sieg über die Welt und als Weg zum Leben (5,1–12); Abschluß: Sünde und ewiges Leben (5,13–21).
Der 1. Johannesbrief ist ein wichtiges Zeugnis für den wahren Glauben an Jesus Christus als Gottessohn und weist auf bleibende Grundlagen des christlichen Lebens hin (Bruderliebe, Überwindung der Sünde).

Vorrede: Das Wort des Lebens

1 Was von Anfang an war, was wir gehört haben, was wir mit unseren Augen gesehen, was wir geschaut und was unsere Hände
angefaßt haben, das verkünden wir: das Wort des Lebens. 2 Denn das
Leben wurde offenbart; wir haben gesehen und bezeugen und verkünden euch das ewige Leben, das beim Vater war und uns offenbart
wurde. 3 Was wir gesehen und gehört haben, das verkünden wir auch
euch, damit auch ihr Gemeinschaft mit uns habt. Wir aber haben
Gemeinschaft mit dem Vater und mit seinem Sohn Jesus Christus.
4 Wir schreiben dies, damit unsere Freude vollkommen ist.

Das Leben in der Gemeinschaft mit Gott

Das Wesen Gottes

5 Das ist die Botschaft, die wir von ihm gehört haben und euch verkünden: Gott ist Licht, und keine Finsternis ist in ihm. 6 Wenn wir sagen,
daß wir Gemeinschaft mit ihm haben, und doch in der Finsternis
leben, lügen wir und tun nicht die Wahrheit. 7 Wenn wir aber im Licht
leben, wie er im Licht ist, haben wir Gemeinschaft miteinander, und
das Blut seines Sohnes Jesus reinigt uns von aller Sünde.

Christ und Sünde

8 Wenn wir sagen, daß wir keine Sünde haben, führen wir uns selbst in
die Irre, und die Wahrheit ist nicht in uns. 9 Wenn wir unsere Sünden
bekennen, ist er treu und gerecht; er vergibt uns die Sünden und reinigt uns von allem Unrecht. 10 Wenn wir sagen, daß wir nicht gesündigt haben, machen wir ihn zum Lügner, und sein Wort ist nicht in
uns.

2 Meine Kinder, ich schreibe euch dies, damit ihr nicht sündigt.
Wenn aber einer sündigt, haben wir einen Beistand beim Vater:
Jesus Christus, den Gerechten. 2 Er ist die Sühne für unsere Sünden,
aber nicht nur für unsere Sünden, sondern auch für die der ganzen
Welt.

Wahre Gotteserkenntnis

3 Wenn wir seine Gebote halten, erkennen wir, daß wir ihn erkannt
haben. 4 Wer sagt: Ich habe ihn erkannt!, aber seine Gebote nicht hält,
ist ein Lügner, und die Wahrheit ist nicht in ihm. 5 Wer sich aber an
sein Wort hält, in dem ist die Gottesliebe wahrhaft vollendet. Wir
erkennen daran, daß wir in ihm sind. 6 Wer sagt, daß er in ihm bleibt,
muß auch leben, wie er gelebt hat.

Das neue Gebot

7 Liebe Brüder, ich schreibe euch kein neues Gebot, sondern ein altes
Gebot, das ihr von Anfang an hattet. Das alte Gebot ist das Wort, das
ihr gehört habt. 8 Und doch schreibe ich euch ein neues Gebot, etwas,
das in ihm und in euch verwirklicht ist; denn die Finsternis geht vorüber, und schon leuchtet das wahre Licht. 9 Wer sagt, er sei im Licht,
aber seinen Bruder haßt, ist noch in der Finsternis. 10 Wer seinen Bruder liebt, bleibt im Licht; da gibt es für ihn kein Straucheln. 11 Wer aber
seinen Bruder haßt, ist in der Finsternis. Er geht in der Finsternis und
weiß nicht, wohin er geht; denn die Finsternis hat seine Augen blind
gemacht.

Christ und Welt

12 Ich schreibe euch, ihr Kinder, daß euch durch seinen Namen die
Sünden vergeben sind. 13 Ich schreibe euch, ihr Väter, daß ihr den
erkannt habt, der von Anfang an ist. Ich schreibe euch, ihr jungen
Männer, daß ihr den Bösen besiegt habt. 14 Ich schreibe euch, ihr Kinder, daß ihr den Vater erkannt habt. Ich schreibe euch, ihr Väter, daß
ihr den erkannt habt, der von Anfang an ist. Ich schreibe euch, ihr jungen Männer, daß ihr stark seid, daß das Wort Gottes in euch bleibt
und daß ihr den Bösen besiegt habt.
15 Liebt nicht die Welt und was in der Welt ist! Wer die Welt liebt, hat
die Liebe zum Vater nicht. 16 Denn alles, was in der Welt ist, die
Begierde des Fleisches, die Begierde der Augen und das Prahlen mit
dem Besitz, ist nicht vom Vater, sondern von der Welt. 17 Die Welt und
ihre Begierde vergeht; wer aber den Willen Gottes tut, bleibt in Ewigkeit.

Alfred Manessier
Ostern
(1948)
»Denn das Leben wurde offenbart; wir haben gesehen und bezeugen und verkünden euch das ewige Leben, das beim Vater war und uns offenbart wurde« (1 Joh 1,2). Das johanneische Christusverständnis ist vom Ostererlebnis erfüllt, vom Osterlicht, dem Alfred Manessier die Gestalt einer alles überstrahlenden Sonne gegeben hat. Das Bild beschließt einen Passionszyklus. Anläßlich dessen Herausgabe als Mappenwerk (1971) erinnerte sich Horst Schwebel: »Damals, 1948, erregte er (Manessier) Anstoß wegen seiner Abstraktion. Wie konnte es einer wagen, die Passion abstrakt darzustellen? Wo blieb das Christusbild? Wollte der Künstler Christus aus der Passion eliminieren? – Man witterte Auflösung, zersetzenden Modernismus, warf Manessier schrankenlosen Individualismus vor.« Zwei Jahrzehnte später hatte sich das Verhältnis der Kirchen zur Moderne grundlegend gewandelt.
»Die Wiederentdeckung von Manessiers *Passion* lenkt den Blick beispielsweise auf den Bereich der Meditation. Damit reiht sie sich ein in die Versuche, der Verdinglichung des Menschen durch Meditation und Sensibilisierung zu begegnen.« (H. Schwebel, *Christliche Kunst im Widerspruch*)

Die Bewährung des Glaubens

Das Auftreten von Irrlehrern
18 Meine Kinder, es ist die letzte Stunde. Ihr habt gehört, daß der
Antichrist kommt, und jetzt sind viele Antichriste gekommen. Daran
erkennen wir, daß es die letzte Stunde ist. 19 Sie sind aus unserer Mitte
gekommen, aber sie gehörten nicht zu uns; denn wenn sie zu uns
gehört hätten, wären sie bei uns geblieben. Es sollte aber offenbar
werden, daß sie alle nicht zu uns gehörten. 20 Ihr habt die Salbung von
dem, der heilig ist, und ihr alle wißt es. 21 Ich schreibe euch nicht, daß
ihr die Wahrheit nicht wißt, sondern ich schreibe euch, daß ihr sie
wißt und daß keine Lüge von der Wahrheit stammt.
22 Wer ist der Lügner – wenn nicht der, der leugnet, daß Jesus der
Christus ist? Das ist der Antichrist: wer den Vater und den Sohn leug-
net. 23 Wer leugnet, daß Jesus der Sohn ist, hat auch den Vater nicht;
wer bekennt, daß er der Sohn ist, hat auch den Vater. 24 Für euch gilt:
Was ihr von Anfang an gehört habt, soll in euch bleiben; wenn das,
was ihr von Anfang an gehört habt, in euch bleibt, dann bleibt ihr im
Sohn und im Vater. 25 Und seine Verheißung an uns ist das ewige
Leben.
26 Dies habe ich euch über die geschrieben, die euch in die Irre führen.
27 Für euch aber gilt: Die Salbung, die ihr von ihm empfangen habt,
bleibt in euch, und ihr braucht euch von niemand belehren zu lassen.
Alles, was seine Salbung euch lehrt, ist wahr und keine Lüge. Bleibt in
ihm, wie es euch seine Salbung gelehrt hat.

Mahnung zur Treue
28 Und jetzt, meine Kinder, bleibt in ihm, damit wir, wenn er erscheint,
die Zuversicht haben und bei seinem Kommen nicht zu unserer
Schande von ihm gerichtet werden. 29 Wenn ihr wißt, daß er gerecht
ist, erkennt auch, daß jeder, der die Gerechtigkeit tut, von Gott
stammt.

Das Geschenk der Kindschaft Gottes
3 Seht, wie groß die Liebe ist, die der Vater uns geschenkt hat: Wir
heißen Kinder Gottes, und wir sind es. Die Welt erkennt uns
nicht, weil sie ihn nicht erkannt hat. 2 Liebe Brüder, jetzt sind wir Kin-
der Gottes. Aber was wir sein werden, ist noch nicht offenbar gewor-
den. Wir wissen, daß wir ihm ähnlich sein werden, wenn er offenbar
wird; denn wir werden ihn sehen, wie er ist. 3 Jeder, der dies von ihm
erhofft, heiligt sich, so wie Er heilig ist. 4 Jeder, der die Sünde tut, han-
delt gesetzwidrig; denn Sünde ist Gesetzwidrigkeit. 5 Ihr wißt, daß er
erschienen ist, um die Sünde wegzunehmen, und er selbst ist ohne
Sünde. 6 Jeder, der in ihm bleibt, sündigt nicht. Jeder, der sündigt, hat
ihn nicht gesehen und ihn nicht erkannt. 7 Meine Kinder, laßt euch
von niemand in die Irre führen! Wer die Gerechtigkeit tut, ist gerecht,
wie Er gerecht ist. 8 Wer die Sünde tut, stammt vom Teufel; denn der
Teufel sündigt von Anfang an. Der Sohn Gottes aber ist erschienen,
um die Werke des Teufels zu zerstören. 9 Jeder, der von Gott stammt,
tut keine Sünde, weil Gottes Same in ihm bleibt. Er kann nicht sündi-
gen, weil er von Gott stammt. 10 Daran kann man die Kinder Gottes
und die Kinder des Teufels erkennen: Jeder, der die Gerechtigkeit
nicht tut und seinen Bruder nicht liebt, ist nicht aus Gott.

Aufruf zur Bruderliebe
11 Denn das ist die Botschaft, die ihr von Anfang an gehört habt: Wir
sollen einander lieben 12 und nicht wie Kain handeln, der von dem
Bösen stammte und seinen Bruder erschlug. Warum hat er ihn
erschlagen? Weil seine Taten böse, die Taten seines Bruders aber
gerecht waren.
13 Wundert euch nicht, meine Brüder, wenn die Welt euch haßt. 14 Wir
wissen, daß wir aus dem Tod in das Leben hinübergegangen sind,
weil wir die Brüder lieben. Wer nicht liebt, bleibt im Tod. 15 Jeder, der
seinen Bruder haßt, ist ein Mörder, und ihr wißt: Kein Mörder hat
ewiges Leben, das in ihm bleibt. 16 Daran haben wir die Liebe erkannt,
daß Er sein Leben für uns hingegeben hat. So müssen auch wir für die
Brüder das Leben hingeben. 17 Wenn jemand Vermögen hat und sein
Herz vor dem Bruder verschließt, den er in Not sieht, wie kann die
Gottesliebe in ihm bleiben? 18 Meine Kinder, wir wollen nicht mit Wort
und Zunge lieben, sondern in Tat und Wahrheit.

Die Zuversicht der Kinder Gottes
19 Daran werden wir erkennen, daß wir aus der Wahrheit sind, und
werden unser Herz in seiner Gegenwart beruhigen. 20 Denn wenn das
Herz uns auch verurteilt – Gott ist größer als unser Herz, und er weiß
alles. 21 Liebe Brüder, wenn das Herz uns aber nicht verurteilt, haben
wir gegenüber Gott Zuversicht; 22 alles, was wir erbitten, empfangen
wir von ihm, weil wir seine Gebote halten und tun, was ihm gefällt.
23 Und das ist sein Gebot: Wir sollen an den Namen seines Sohnes
Jesus Christus glauben und einander lieben, wie es seinem Gebot
entspricht. 24 Wer seine Gebote hält, bleibt in Gott und Gott in ihm.
Und daß er in uns bleibt, erkennen wir an dem Geist, den er uns gege-
ben hat.

Der Glaube als Weg zum Leben

Über die Unterscheidung der Geister
4 Liebe Brüder, traut nicht jedem Geist, sondern prüft die Geister,
ob sie aus Gott sind; denn viele falsche Propheten sind in die
Welt hinausgezogen. 2 Daran erkennt ihr den Geist Gottes: Jeder
Geist, der bekennt, Jesus Christus sei im Fleisch gekommen, ist aus
Gott. 3 Und jeder Geist, der Jesus nicht bekennt, ist nicht aus Gott. Das
ist der Geist des Antichrists, über den ihr gehört habt, daß er kommt.
Jetzt ist er schon in der Welt.
4 Ihr aber, meine Kinder, seid aus Gott und habt sie besiegt; denn Er,
der in euch ist, ist größer als jener, der in der Welt ist. 5 Sie sind aus der
Welt; deshalb sprechen sie, wie die Welt spricht, und die Welt hört auf
sie. 6 Wir aber sind aus Gott. Wer Gott erkennt, hört auf uns; wer nicht
aus Gott ist, hört nicht auf uns. Daran erkennen wir den Geist der
Wahrheit und den Geist des Irrtums.

Die Vollendung des Glaubens in der Liebe
7 Liebe Brüder, wir wollen einander lieben; denn die Liebe ist aus Gott,
und jeder, der liebt, stammt von Gott und erkennt Gott. 8 Wer nicht
liebt, hat Gott nicht erkannt; denn Gott ist die Liebe. 9 Die Liebe Gottes
wurde unter uns dadurch offenbart, daß Gott seinen einzigen Sohn in
die Welt gesandt hat, damit wir durch ihn leben. 10 Nicht darin besteht
die Liebe, daß wir Gott geliebt haben, sondern daß er uns geliebt und
seinen Sohn als Sühne für unsere Sünden gesandt hat. 11 Liebe Brüder,
wenn Gott uns so geliebt hat, müssen auch wir einander lieben. 12 Nie-
mand hat Gott je geschaut; wenn wir einander lieben, bleibt Gott in
uns, und seine Liebe ist in uns vollendet. 13 Daran erkennen wir, daß
wir in ihm bleiben und er in uns bleibt: Er hat uns von seinem Geist
gegeben. 14 Wir haben gesehen und bezeugen, daß der Vater den Sohn
gesandt hat als den Retter der Welt. 15 Wer bekennt, daß Jesus der Sohn
Gottes ist, in dem bleibt Gott, und er bleibt in Gott. 16a Wir haben die
Liebe, die Gott zu uns hat, erkannt und gläubig angenommen.

Furcht und Liebe
16b Gott ist die Liebe, und wer in der Liebe bleibt, bleibt in Gott, und
Gott bleibt in ihm. 17 Darin ist unter uns die Liebe vollendet, daß wir
am Tag des Gerichts Zuversicht haben. Denn wie er, so sind auch wir
in dieser Welt. 18 Furcht gibt es in der Liebe nicht, sondern die voll-
kommene Liebe vertreibt die Furcht. Denn die Furcht rechnet mit
Strafe, und wer sich fürchtet, dessen Liebe ist nicht vollendet.
19 Wir wollen lieben, weil er uns zuerst geliebt hat. 20 Wenn jemand
sagt: Ich liebe Gott!, aber seinen Bruder haßt, ist er ein Lügner. Denn
wer seinen Bruder nicht liebt, den er sieht, kann Gott nicht lieben, den

er nicht sieht. 21 Und dieses Gebot haben wir von ihm: Wer Gott liebt,
soll auch seinen Bruder lieben.

Der Glaube als Sieg über die Welt

5 Jeder, der glaubt, daß Jesus der Christus ist, stammt von Gott,
und jeder, der den Vater liebt, liebt auch den, der von ihm
stammt. 2 Wir erkennen, daß wir die Kinder Gottes lieben, wenn wir
Gott lieben und seine Gebote erfüllen.
3 Denn die Liebe zu Gott besteht darin, daß wir seine Gebote halten.
Seine Gebote sind nicht schwer. 4 Denn alles, was von Gott stammt,
besiegt die Welt. Und das ist der Sieg, der die Welt besiegt hat: unser
Glaube. 5 Wer sonst besiegt die Welt, außer dem, der glaubt, daß Jesus
der Sohn Gottes ist? 6 Dieser ist es, der durch Wasser und Blut gekom-
men ist: Jesus Christus. Er ist nicht nur im Wasser gekommen, son-
dern im Wasser und im Blut. Und der Geist ist es, der Zeugnis ablegt;
denn der Geist ist die Wahrheit. 7 Drei sind es, die Zeugnis ablegen:
8 der Geist, das Wasser und das Blut; und diese drei sind eins.

Das Zeugnis Gottes

9 Wenn wir von Menschen ein Zeugnis annehmen, so ist das Zeugnis
Gottes gewichtiger; denn das ist das Zeugnis Gottes: Er hat Zeugnis
abgelegt für seinen Sohn. 10 Wer an den Sohn Gottes glaubt, trägt das
Zeugnis in sich. Wer Gott nicht glaubt, macht ihn zum Lügner, weil
er nicht an das Zeugnis glaubt, das Gott für seinen Sohn abgelegt
hat. 11 Und das Zeugnis besteht darin, daß Gott uns das ewige Leben
gegeben hat; und dieses Leben ist in seinem Sohn. 12 Wer den Sohn
hat, hat das Leben; wer den Sohn Gottes nicht hat, hat das Leben
nicht.

Schlußmahnung: Sünde und ewiges Leben

13 Dies schreibe ich euch, damit ihr wißt, daß ihr das ewige Leben
habt; denn ihr glaubt an den Namen des Sohnes Gottes. 14 Wir haben
ihm gegenüber die Zuversicht, daß er uns hört, wenn wir etwas erbit-
ten, das seinem Willen entspricht. 15 Wenn wir wissen, daß er uns bei
allem hört, was wir erbitten, dann wissen wir auch, daß er unsere Bit-
ten schon erfüllt hat. 16 Wer sieht, daß sein Bruder eine Sünde begeht,
die nicht zum Tod führt, soll (für ihn) bitten; und Gott wird ihm Leben
geben, allen, deren Sünde nicht zum Tod führt. Denn es gibt Sünde,
die zum Tod führt. Von ihr spreche ich nicht, wenn ich sage, daß er
bitten soll. 17 Jedes Unrecht ist Sünde; aber es gibt Sünde, die nicht
zum Tod führt. 18 Wir wissen: Wer von Gott stammt, sündigt nicht,
sondern der von Gott Gezeugte bewahrt ihn, und der Böse tastet ihn
nicht an. 19 Wir wissen: Wir sind aus Gott, aber die ganze Welt steht
unter der Macht des Bösen. 20 Wir wissen aber: Der Sohn Gottes ist
gekommen, und er hat uns Einsicht geschenkt, damit wir (Gott) den
Wahren erkennen. Und wir sind in diesem Wahren, in seinem Sohn
Jesus Christus. Er ist der wahre Gott und das ewige Leben. 21 Meine
Kinder, hütet euch vor den Götzen!

Der zweite Brief des Johannes

Der 2. Johannesbrief entspricht in der Anlage antiken Briefen, die gewöhnlich den Umfang eines Papyrusblattes hatten (vgl. 3 Joh). Der Verfasser stellt sich als »der Alte« oder »der Älteste« vor und weist damit auf seine Autorität hin. Über seine Person wissen wir nichts Sicheres. Nach dem einleitenden Gruß (VV. 1–3) mahnt er zunächst zu christlicher Lebensführung entsprechend dem Liebesgebot (VV. 4–6), warnt vor Irrlehrern und gibt die Anweisung, ihnen keine Aufnahme und Gemeinschaft zu gewähren (VV. 7–11). Dann kündigt er seinen baldigen Besuch an und schließt mit Grüßen der Gemeinde, in der er sich befindet (VV. 12–13).
Nach Stil und Inhalt steht das Schreiben dem 1. Johannesbrief nahe (Liebesgebot, Irrlehren über Christus). Durch die eigentümliche Bezeichnung des Absenders ist er mit dem 3. Johannesbrief verbunden; beide sind wohl demselben Verfasser zuzuweisen.
Im Unterschied zum 3. Johannesbrief ist der zweite (vgl. VV. 1 und 13) ein Gemeindebrief.
Der Brief gibt Einblick in christliches Denken um 100 n. Chr. und zeigt, wie sich die Kirche damals gegen umherziehende Irrlehrer verteidigt. Obwohl das Liebesgebot stark betont ist, wird eine scharfe Trennungslinie zu den »Verführern« gezogen.

Anschrift und Gruß

1 Der Älteste an die von Gott auserwählte Herrin und an ihre Kinder,
die ich in Wahrheit liebe; aber nicht nur ich, sondern auch alle, die die
Wahrheit erkannt haben, lieben sie 2 aufgrund der Wahrheit, die in
uns bleibt. Und sie wird mit uns sein in Ewigkeit. 3 Gnade wird mit uns
sein, Erbarmen und Friede von Gott, dem Vater, und von Jesus Christus, dem Sohn des Vaters, in Wahrheit und Liebe.

Leben in der Wahrheit

4 Ich habe mich sehr gefreut, unter deinen Kindern solche zu finden,
die in der Wahrheit leben, gemäß dem Gebot, das wir vom Vater empfangen haben. 5 Und so bitte ich dich, Herrin, nicht als wollte ich dir
ein neues Gebot schreiben, sondern nur das, das wir von Anfang an
hatten: daß wir einander lieben sollen. 6 Denn die Liebe besteht darin,
daß wir nach seinen Geboten leben. Das Gebot, das ihr von Anfang an gehört habt, lautet: Ihr sollt in der Liebe leben.

Abweisung von Irrlehrern

7 Viele Verführer sind in die Welt hinausgegangen; sie bekennen nicht,
daß Jesus Christus im Fleisch gekommen ist. Das ist der Verführer
und der Antichrist. 8 Achtet auf euch, damit ihr nicht preisgebt, was
wir erarbeitet haben, sondern damit ihr den vollen Lohn empfangt.
9 Jeder, der darüber hinausgeht und nicht in der Lehre Christi bleibt, hat
Gott nicht. Wer aber in der Lehre bleibt, hat den Vater und den Sohn.
10 Wenn jemand zu euch kommt und nicht diese Lehre mitbringt,
dann nehmt ihn nicht in euer Haus auf, sondern verweigert ihm den
Gruß. 11 Denn wer ihm den Gruß bietet, macht sich mitschuldig an seinen bösen Taten.

Schlußgrüße

12 Vieles hätte ich euch noch zu schreiben; ich will es aber nicht mit Papier und Tinte tun, sondern hoffe, selbst zu euch zu kommen und persönlich mit euch zu sprechen, damit unsere Freude vollkommen
wird. 13 Es grüßen dich die Kinder deiner auserwählten Schwester.

Der dritte Brief des Johannes

Der 3. Johannesbrief ist wie der zweite von dem »Alten« oder »Ältesten« verfaßt. Es ist ein persönlicher Brief an einen sonst unbekannten Gaius, der zu einem mit dem Absender verbundenen Freundeskreis gehört (vgl. V. 15). Drei Anliegen kommen darin zur Sprache: die Unterstützung von Wandermissionaren (VV. 2–8), die Zurückweisung eines herrschsüchtigen Gemeindeleiters namens Diotrephes, der die Bemühungen des Briefschreibers hindert und Christen aus der Gemeinde ausschließt (VV. 9–10), sowie eine Empfehlung für einen gewissen Demetrius (VV. 11–12). Der Briefschluß (VV. 13–15) gleicht dem des 2. Johannesbriefs.

Die Gemeinde, in der sich der Empfänger befindet, kann kaum dieselbe wie die Empfängerin des 2. Johannesbriefs sein. Von Irrlehrern ist keine Rede. Wegen des gleichen Verfassers muß dieser Brief etwa aus der gleichen Zeit wie der 2. Johannesbrief stammen (Ende des 1. Jahrhunderts).

Der 3. Johannesbrief ist wertvoll für die Kenntnis damaliger Gemeindeverhältnisse: Es gibt noch keine feste kirchliche Verfassung, aber lebendige Gemeindezellen, Wandermissionare und den Einfluß eines über die Ortsgemeinden hinaus wirkenden Mannes.

Anschrift und Gruß

1 Der Älteste an den geliebten Gaius, den ich in Wahrheit liebe.
2 Lieber Bruder, ich wünsche dir in jeder Hinsicht Wohlergehen und
Gesundheit, so wie es deiner Seele wohlergeht. 3 Denn ich habe mich
sehr gefreut, als Brüder kamen, die für deine Treue zur Wahrheit
Zeugnis ablegten und berichteten, wie du in der Wahrheit lebst. 4 Ich
habe keine größere Freude, als zu hören, daß meine Kinder in der
Wahrheit leben.

Unterstützung von Missionaren

5 Lieber Bruder, du handelst treu in allem, was du an den Brüdern,
sogar an fremden Brüdern tust. 6 Sie haben vor der Gemeinde für
deine Liebe Zeugnis abgelegt. Du wirst gut daran tun, wenn du sie für
ihre Reise so ausrüstest, wie es Gottes würdig ist. 7 Denn für seinen
Namen sind sie ausgezogen und haben von den Heiden nichts angenommen. 8 Darum sind wir verpflichtet, solche Männer aufzunehmen, damit auch wir zu Mitarbeitern für die Wahrheit werden.

Zurechtweisung des Diotrephes

9 Ich habe der Gemeinde geschrieben. Aber Diotrephes, der unter
ihnen der Erste sein will, erkennt uns nicht an. 10 Deshalb werde ich,
wenn ich komme, an sein Tun und Treiben erinnern. Mit bösen Worten hetzt er gegen uns und gibt sich damit noch nicht zufrieden; sondern er selbst nimmt die Brüder nicht auf und hindert alle daran, die es tun wollen, und schließt diese aus der Gemeinde aus.

Empfehlung des Demetrius

11 Lieber Bruder, ahme nicht das Böse nach, sondern das Gute! Wer
das Gute tut, ist aus Gott; wer aber das Böse tut, hat Gott nicht gesehen.
12 Für Demetrius legen alle und die Wahrheit selbst Zeugnis ab;
auch wir legen für ihn Zeugnis ab, und du weißt, daß unser Zeugnis wahr ist.

Schlußgrüße

13 Vieles hätte ich dir noch zu schreiben; ich will es aber nicht mit
Tinte und Feder tun. 14 Ich hoffe, dich bald zu sehen; dann werden wir
persönlich miteinander sprechen. 15 Friede sei mit dir! Es grüßen dich
die Freunde. Grüße die Freunde, jeden einzelnen!

Der Brief des Judas

Der Verfasser stellt sich in V. 1 als »Judas, Bruder des Jakobus« vor. Er beruft sich auf Jakobus, weil dieser eine bei den Empfängern des Briefs angesehene Persönlichkeit ist. Mit Judas kann also nur der »Bruder des Herrn« gemeint sein, der in Mt 13,55 und Mk 6,3 neben Jakobus und weiteren Brüdern Jesu genannt wird. Der Judasbrief ist sicher vor dem 2. Petrusbrief geschrieben, da dieser ihn in Kap. 2 benützt. Er will vor Irrlehrern warnen, die den Glauben gefährden und die Gemeinde spalten. Den falschen Lehrern wird Gottlosigkeit, ausschweifendes Leben, Leugnung der alleinigen Herrschaft Christi und Mißachtung der Engel vorgeworfen (VV. 3-4. 8-16.19). Diese Angaben reichen nicht aus, um auf eine bestimmte Irrlehre zu schließen. Der Aufbau des Briefs ist einfach. Im ersten Teil (VV. 3-16) droht Judas den falschen Lehrern das Gericht Gottes an. Er verweist auf warnende Beispiele im Alten Testament und beruft sich auch auf außerbiblische jüdische Überlieferungen (»Buch des Henoch« in den VV. 7 und 14, »Himmelfahrt des Mose« in V. 9). Der zweite Teil (VV. 17-23) wendet sich an die treu gebliebenen Christen. Sie sollen festhalten am Glauben und am Gebet, an der Liebe und an der Hoffnung, und sie sollen sich der Brüder annehmen, die in Gefahr sind.

Anschrift und Gruß

1 Judas, Knecht Jesu Christi, Bruder des Jakobus, an die Berufenen, die
von Gott, dem Vater, geliebt und für Jesus Christus bestimmt und
bewahrt sind. 2 Erbarmen, Frieden und Liebe seien mit euch in Fülle.

Warnung vor den Irrlehrern

Das Auftreten falscher Lehrer

3 Liebe Brüder, da es mich sehr drängt, euch über unsere gemeinsame
Rettung zu schreiben, halte ich es für notwendig, euch mit diesem
Brief zu ermahnen: Kämpft für den überlieferten Glauben, der den
Heiligen ein für allemal anvertraut ist. 4 Denn es haben sich einige
Leute eingeschlichen, die schon seit langem für das Gericht vorgemerkt sind: gottlose Menschen, die die Gnade unseres Gottes dazu
mißbrauchen, ein zügelloses Leben zu führen, und die Jesus Christus,
unseren einzigen Herrscher und Herrn, verleugnen.

Das drohende Gericht über die Irrlehrer

5 Zwar wißt ihr alles ein für allemal; aber ich will euch dennoch daran erinnern: Obwohl der Herr das Volk aus Ägypten gerettet hatte, hat er später
alle vernichtet, die nicht glaubten. 6 Die Engel, die ihren hohen Rang
mißachtet und ihren Wohnsitz verlassen haben, hat er mit ewigen Fesseln
in der Finsternis eingeschlossen, um sie am großen Tag zu richten.
7 Auch Sodom und Gomorra und ihre Nachbarstädte sind ein Beispiel:
In ähnlicher Weise wie jene trieben sie Unzucht und wollten mit Wesen
anderer Art verkehren; daher werden sie mit ewigem Feuer bestraft.

Der Weg der Irrlehrer

8 Genauso beflecken sich auch diese Träumer, sie mißachten die Macht
des Herrn und lästern die überirdischen Mächte. 9 Als der Erzengel Michael mit dem Teufel rechtete und über den Leichnam des Mose stritt,
wagte er nicht, den Teufel zu lästern und zu verurteilen, sondern sagte:
Der Herr weise dich in die Schranken. 10 Diese jedoch lästern über alles, was sie
nicht kennen; was sie aber wie die unvernünftigen Tiere von Natur aus
verstehen, daran gehen sie zugrunde. 11 Weh ihnen! Sie sind den Weg
Kains gegangen, aus Habgier sind sie dem Irrtum Bileams verfallen, der
Aufruhr Korachs hat sie ins Verderben gestürzt. 12 Diese Menschen sind
ein Schandfleck bei eurem Liebesmahl, an dem sie ohne Scheu teilnehmen und es sich gut gehen lassen; sie sind Hirten, die eine Weide für sich
selber suchen. Wasserlose Wolken sind sie, von den Winden dahingetrieben; Bäume, die im Herbst keine Frucht tragen, zweimal verdorrt und
entwurzelt; 13 wilde Meereswogen, die ihre eigene Schande ans Land
spülen; Sterne, die keine feste Bahn haben; ihnen ist auf ewig die dunkelste Finsternis bestimmt. 14 Auch ihnen gilt, was schon Henoch, der siebte
nach Adam, geweissagt hat: »Seht, der Herr kommt mit seinen heiligen
Zehntausenden, 15 um über alle Gericht zu halten und alle Gottlosen zu
bestrafen wegen all ihrer gottlosen Taten, die sie verübt haben, und
wegen all der frechen Reden, die die gottlosen Sünder gegen ihn geführt
haben.« 16 Sie sind Nörgler, immer unzufrieden mit ihrem Geschick; sie
lassen sich von ihren Begierden leiten; sie nehmen große Worte in den
Mund und schmeicheln den Menschen aus Eigennutz.

Ermahnung zur Treue und zur Sorge um gefährdete Mitchristen

17 Ihr aber, liebe Brüder, denkt an die Worte, die von den Aposteln Jesu
Christi, unseres Herrn, im voraus verkündet worden sind, 18 als sie euch
sagten: Am Ende der Zeit wird es Spötter geben, die sich von ihren gottlosen Begierden leiten lassen. 19 Sie werden die Einheit zerstören, denn
es sind irdisch gesinnte Menschen, die den Geist nicht besitzen.
20 Ihr aber, liebe Brüder, gründet euch auf euren hochheiligen Glauben, und baut darauf weiter, betet in der Kraft des Heiligen Geistes,
21 haltet fest an der Liebe Gottes, und wartet auf das Erbarmen Jesu
Christi, unseres Herrn, der euch das ewige Leben schenkt. 22 Erbarmt
euch derer, die zweifeln; 23 rettet sie, entreißt sie dem Feuer! Der anderen aber erbarmt euch voll Furcht; verabscheut sogar das Gewand
eines Menschen, der der Sünde verfallen ist.

Briefschluß

24 Dem einen Gott aber, der die Macht hat, euch vor jedem Fehltritt zu
bewahren und euch untadelig und voll Freude vor seine Herrlichkeit
treten zu lassen, 25 ihm, der uns durch Jesus Christus, unseren Herrn,
rettet, gebührt die Herrlichkeit, Hoheit, Macht und Gewalt vor aller
Zeit und jetzt und für alle Zeiten. Amen.

Die Offenbarung des Johannes

Das letzte Buch des Neuen Testaments heißt »Offenbarung« oder »Apokalypse« (griechisch: apokálypsis, Enthüllung). Der Titel stammt vom Verfasser selbst (1,1).
Apokalypsen gab es schon in alttestamentlicher Zeit. Das bekannteste Beispiel ist das Buch Daniel (Kap. 7–12), das zur Zeit der Religionsverfolgung durch den Syrerkönig Antiochus IV. Epiphanes (167–164 v. Chr.) geschrieben wurde, um die Israeliten zum treuen Festhalten am Bundesgott und seinem Gesetz aufzurufen. Eine ähnliche Situation führte zur Abfassung der neutestamentlichen Apokalypse, die gegen Ende der Regierungszeit des römischen Kaisers Domitian (81–96 n. Chr.) geschrieben wurde.
Der Verfasser rechnet damit, daß der Zwang zur göttlichen Verehrung des Kaisers in nächster Zukunft zu einer schweren Verfolgung der Kirche führen wird. Domitian verlangte, als »Herr und Gott« angeredet zu werden. In der römischen Provinz Asien wurde der Kaiserkult schon seit langem mit besonderem Eifer betrieben. Sieben Gemeinden dieser Provinz, die zugleich die ganze Kirche repräsentieren, sind denn auch die unmittelbaren Adressaten des Buches (1,4.11).
Der uns nicht näher bekannte Verfasser nennt sich schlicht »Knecht Johannes«; er muß aber eine Persönlichkeit von hoher Autorität gewesen sein. Seine gründliche Kenntnis des Alten Testaments und der außerbiblischen jüdischen Offenbarungsschriften (Apokalypsen) weisen auf judenchristliche Herkunft hin. Er ist der erste, der eine selbständige christliche Apokalypse verfaßt hat. Den Auftrag dazu hat er nach seinen eigenen Worten in einer Vision (Schau) vom himmlischen Christus erhalten (1,10–20).
Auf die einleitende Vision folgen zuerst die sog. Sendschreiben, in denen sich der himmlische Christus anerkennend, tadelnd und mahnend an die sieben Gemeinden wendet (Kap. 2–3). Der ungleich längere Hauptteil (4,1–22,15) beginnt mit der großen Vision vom thronenden Gott im Kreis des himmlischen Hofstaates.
Die Offenbarung geschieht, wie in vorchristlichen apokalyptischen Schriften, auch in der christlichen Apokalypse durch »Visionen« und »Auditionen« (Schauen und Hören von himmlischen Botschaften). Wie seine Vorgänger bedient sich auch Johannes nicht nur der gewöhnlichen, ohne weiteres verständlichen Sprache, sondern er verwendet vor allem Bilder, Symbole und allegorische Szenen. Und wie dort ist auch hier das Hauptthema der bevorstehende Triumph der Herrschaft Gottes. Trotz dieser Gemeinsamkeiten ist die Apokalypse des Johannes aber eine echt christliche Schrift mit alttestamentlich-jüdischen Zeugnissen. Der endgültige Sieg Gottes, der für die vorchristlichen »Apokalyptiker« noch reine Zukunft ist, hat mit der Auferstehung Jesu bereits begonnen. Ziel der Geschichte kann demnach nur noch die Vollendung und volle Offenbarung dieses Sieges sein. Der prophetische Verfasser will im Blick auf die beginnende Auseinandersetzung zwischen Christuskult und Kaiserkult die noch ausstehenden Ereignisse der Endzeit mit den Ausdrucksmitteln einer Apokalypse veranschaulichen.
Die Offenbarung des Johannes will nicht den Gang der Welt- und Kirchengeschichte voraussagen. Ebensowenig ist es ihre Absicht, das mit der baldigen Wiederkunft Christi verbundene Geschehen in seinem Ablauf genau zu beschreiben. Mit ihren zahlreichen, dem heutigen Leser weithin fremden Bildern will sie vielmehr bedeutsame Wahrheiten über das Schicksal der Kirche und der ungläubigen Menschheit verkünden, um in den Christen die Bereitschaft zum Martyrium zu stärken. Als Zeugnis des unerschütterlichen Glaubens an den Sieg Christi und seiner Getreuen ist diese einzige prophetische Schrift des Neuen Testaments das große Trost- und Mahnbuch der Kirche geworden.

Vorwort

1 Offenbarung Jesu Christi, die Gott ihm gegeben hat, damit er
seinen Knechten zeigt, *was* bald *geschehen muß*; und er hat es
durch seinen Engel, den er sandte, seinem Knecht Johannes gezeigt.
2 Dieser hat das Wort Gottes und das Zeugnis Jesu Christi bezeugt:
alles, was er geschaut hat. 3 Selig, wer diese prophetischen Worte vor-
liest und wer sie hört und wer sich an das hält, was geschrieben ist;
denn die Zeit ist nahe.

Briefliche Einleitung

4 Johannes an die sieben Gemeinden in der Provinz Asien: Gnade sei
mit euch und Friede von Ihm, *der ist* und der war und der kommt, und
von den sieben Geistern vor seinem Thron 5 und von Jesus Christus;
er ist *der treue Zeuge, der Erstgeborene* der Toten, *der Herrscher über die Könige
der Erde*. Er liebt uns und hat uns *von unseren Sünden erlöst* durch sein
Blut; 6 er hat uns zu Königen gemacht und zu *Priestern* vor Gott, sei-
nem Vater. Ihm sei die Herrlichkeit und die Macht in alle Ewigkeit.
Amen.
7 *Siehe, er kommt mit den Wolken*, und jedes Auge wird ihn *sehen*, auch alle,
die ihn durchbohrt haben; und alle Völker der Erde *werden seinetwegen jam-
mern und klagen*. Ja, amen. 8 Ich bin das Alpha und das Omega, spricht
Gott, der Herr, *der ist* und der war und der kommt, der Herrscher über
die ganze Schöpfung.

Die Sendschreiben an die sieben Gemeinden

Die Beauftragung des Johannes
9 Ich, euer Bruder Johannes, der wie ihr bedrängt ist, der mit euch an
der Königsherrschaft teilhat und mit euch in Jesus standhaft ausharrt,
ich war auf der Insel Patmos um des Wortes Gottes willen und des
Zeugnisses für Jesus.
10 Am Tag des Herrn wurde ich vom Geist ergriffen und hörte hinter
mir eine Stimme, laut wie eine Posaune. 11 Sie sprach: Schreib das, was

du siehst, in ein Buch, und schick es an die sieben Gemeinden: nach
Ephesus, nach Smyrna, nach Pergamon, nach Thyatira, nach Sardes,
nach Philadelphia und nach Laodizea.
12 Da wandte ich mich um, weil ich sehen wollte, wer zu mir sprach.
Als ich mich umwandte, sah ich sieben goldene Leuchter 13 und mitten
unter den Leuchtern einen, der *wie ein Mensch* aussah; *er war bekleidet mit
einem Gewand*, das bis auf die Füße reichte, und um die Brust trug er
einen Gürtel aus Gold.
14 Sein Haupt und *seine Haare* waren *weiß wie weiße Wolle, leuchtend weiß
wie Schnee*, und seine *Augen wie Feuerflammen;* 15 *seine Beine glänzten wie
Golderz*, das im Schmelzofen glüht, und *seine Stimme* war *wie das Rau-
schen von Wassermassen.*
16 In seiner Rechten hielt er sieben Sterne, und aus seinem Mund kam
ein scharfes, zweischneidiges Schwert, und sein Gesicht leuchtete wie
die machtvoll strahlende Sonne.
17 Als ich ihn sah, fiel ich wie tot vor seinen Füßen nieder. Er aber legte
seine rechte Hand auf mich und sagte: *Fürchte dich nicht! Ich bin der Erste
und der Letzte* 18 und der Lebendige. Ich war tot, doch nun lebe ich in alle
Ewigkeit, und ich habe die Schlüssel zum Tod und zur Unterwelt.
19 Schreib auf, was du gesehen hast: was ist und *was* danach *geschehen*
wird.
20 Der geheimnisvolle Sinn der sieben Sterne, die du auf meiner rech-
ten Hand gesehen hast, und der sieben goldenen Leuchter ist: Die sie-
ben Sterne sind die Engel der sieben Gemeinden, und die sieben
Leuchter sind die sieben Gemeinden.

An die Gemeinde in Ephesus

2 An den Engel der Gemeinde in Ephesus schreibe: So spricht Er,
der die sieben Sterne in seiner Rechten hält und mitten unter
den sieben goldenen Leuchtern einhergeht:
2 Ich kenne deine Werke und deine Mühe und dein Ausharren; ich
weiß: Du kannst die Bösen nicht ertragen, du hast die auf die Probe
gestellt, die sich Apostel nennen und es nicht sind, und hast sie als
Lügner erkannt.
3 Du hast ausgeharrt und um meines Namens willen Schweres ertra-
gen und bist nicht müde geworden.
4 Ich werfe dir aber vor, daß du deine erste Liebe verlassen hast.
5 Bedenke, aus welcher Höhe du gefallen bist. Kehr zurück zu deinen
ersten Werken! Wenn du nicht umkehrst, werde ich kommen und
deinen Leuchter von seiner Stelle wegrücken. 6 Doch für dich spricht:
Du verabscheust das Treiben der Nikolaiten, das auch ich verab-
scheue. 7 Wer Ohren hat, der höre, was der Geist den Gemeinden sagt:
Wer siegt, dem werde ich zu essen geben *vom Baum des Lebens*, der im
Paradies Gottes steht.

An die Gemeinde in Smyrna

8 An den Engel der Gemeinde in Smyrna schreibe: So spricht Er, *der
Erste und der Letzte*, der tot war und wieder lebendig wurde:
9 Ich kenne deine Bedrängnis und deine Armut; und doch bist du
reich. Und ich weiß, daß du von solchen geschmäht wirst, die sich als
Juden ausgeben; sie sind es aber nicht, sondern sind eine Synagoge
des Satans.
10 Fürchte dich nicht vor dem, was du noch erleiden mußt. Der Teufel
wird einige von euch ins Gefängnis werfen, um euch *auf die Probe zu
stellen*, und ihr werdet in Bedrängnis sein, *zehn Tage lang*. Sei treu bis in
den Tod; dann werde ich dir den Kranz des Lebens geben.
11 Wer Ohren hat, der höre, was der Geist den Gemeinden sagt: Wer
siegt, dem kann der zweite Tod nichts anhaben.

An die Gemeinde in Pergamon

12 An den Engel der Gemeinde in Pergamon schreibe: So spricht Er,
der das scharfe, zweischneidige Schwert trägt:
13 Ich weiß, wo du wohnst; es ist dort, wo der Thron des Satans steht.
Und doch hältst du an meinem Namen fest und hast den Glauben an
mich nicht verleugnet, auch nicht in den Tagen, als Antipas, mein
treuer Zeuge, bei euch getötet wurde, dort, wo der Satan wohnt.
14 Aber ich habe etwas gegen dich: Bei dir gibt es Leute, die an der
Lehre Bileams festhalten; Bileam lehrte Balak, er solle *die Israeliten dazu
verführen, Fleisch zu essen, das den Götzen geweiht war, und Unzucht zu treiben.*
15 So gibt es auch bei dir Leute, die in gleicher Weise an der Lehre der
Nikolaiten festhalten.
16 Kehr nun um! Sonst komme ich bald und werde sie mit dem Schwert
aus meinem Mund bekämpfen.
17 Wer Ohren hat, der höre, was der Geist den Gemeinden sagt: Wer
siegt, dem werde ich von dem verborgenen Manna geben. Ich werde
ihm einen weißen Stein geben, und auf dem Stein steht *ein neuer Name*,
den nur der kennt, der ihn empfängt.

An die Gemeinde in Thyatira

18 An den Engel der Gemeinde in Thyatira schreibe: So spricht der
Sohn Gottes, der Augen hat wie *Feuerflammen und Beine wie Golderz:*
19 Ich kenne deine Werke, deine Liebe und deinen Glauben, dein Die-
nen und Ausharren, und ich weiß, daß du in letzter Zeit mehr getan
hast als am Anfang.
20 Aber ich werfe dir vor, daß du das Weib Isebel gewähren läßt; sie
gibt sich als Prophetin aus und lehrt meine Knechte und *verführt sie,
Unzucht zu treiben und Fleisch zu essen, das den Götzen geweiht ist.*
21 Ich habe ihr Zeit gelassen umzukehren; sie aber will nicht umkehren
und von ihrer Unzucht ablassen.
22 Darum werfe ich sie auf das Krankenbett, und alle, die mit ihr Ehe-
bruch treiben, bringe ich in große Bedrängnis, wenn sie sich nicht
abkehren vom Treiben dieses Weibes.
23 Ihre Kinder werde ich töten, der Tod wird sie treffen, und alle
Gemeinden werden erkennen, daß ich es bin, der *Herz und Nieren prüft*,
und ich werde *jedem* von euch *vergelten, wie es seine Taten verdienen.*
24 Aber euch übrigen in Thyatira, denen, die dieser Lehre nicht folgen
und die »Tiefen des Satans«, wie sie es nennen, nicht erkannt haben,
euch sage ich:
Ich lege euch keine andere Last auf. 25 Aber was ihr habt, das haltet
fest, bis ich komme.
26 Wer siegt und bis zum Ende an den Werken festhält, die ich gebiete,
dem werde ich Macht *über die Völker geben.* 27 *Er wird über sie herrschen mit
eisernem Zepter und sie zerschlagen wie Tongeschirr;* 28 (und ich werde ihm
diese Macht geben,) wie auch ich sie von meinem Vater empfangen
habe, und ich werde ihm den Morgenstern geben.
29 Wer Ohren hat, der höre, was der Geist den Gemeinden sagt.

An die Gemeinde in Sardes

3 An den Engel der Gemeinde in Sardes schreibe: So spricht Er,
der die sieben Geister Gottes und die sieben Sterne hat: Ich
kenne deine Werke. Dem Namen nach lebst du, aber du bist tot.
2 Werde wach und stärke, was noch übrig ist, was schon im Sterben
lag. Ich habe gefunden, daß deine Taten in den Augen meines Gottes
nicht vollwertig sind.
3 Denk also daran, wie du die Lehre empfangen und gehört hast. Halte
daran fest, und kehr um! Wenn du aber nicht aufwachst, werde ich
kommen wie ein Dieb, und du wirst bestimmt nicht wissen, zu wel-
cher Stunde ich komme.
4 Du hast aber einige Leute in Sardes, die ihre Kleider nicht befleckt
haben; sie werden mit mir in weißen Gewändern gehen, denn sie sind
es wert.
5 Wer siegt, wird ebenso mit weißen Gewändern bekleidet werden.
Nie *werde ich seinen Namen aus dem Buch des Lebens streichen*, sondern ich
werde mich vor meinem Vater und vor seinen Engeln zu ihm beken-
nen.
6 Wer Ohren hat, der höre, was der Geist den Gemeinden sagt.

An die Gemeinde in Philadelphia

7 An den Engel der Gemeinde in Philadelphia schreibe: So spricht der
Heilige, der Wahrhaftige,

Salvador Dalí
Der Bahnhof von Perpignan
(1965)
»Sogleich wurde ich vom Geist ergriffen. Und ich sah: Ein Thron stand im Himmel« (Offb 4,2). Dazu Dalís Vision: »Der beruhigendste Augenblick in der gesamten Geschichte der Malerei vollzog sich am 17. November 1964 mitten im Bahnhof von Perpignan, wo ich die Möglichkeit entdeckte, die wahrhaftige dritte stereoskopische Dimension in Öl zu malen. ... Ich habe eine präzise Vision der Beschaffenheit des Universums gehabt. Das Universum, das zu den begrenztesten Dingen gehört, die es gibt, soll in seiner Struktur dem Bahnhof von Perpignan verhältnismäßig ähnlich sein« (Salvador Dalí). Das Gemälde wird durch ein diagonales Malteserkreuz mit perspektivischer Tiefenwirkung gegliedert. Im Hintergrund wird der Auferstandene mit ausgebreiteten Armen sichtbar. Die seitlichen Zwischenflächen zeigen schemenhaft den Bauern und die Bäuerin aus Jean François Millets Gemälde *Das Angelusläuten* (1858/59): Beim Klang der Gebetsglocke halten sie bei der Feldarbeit inne. Oben verweist die Lokomotive auf den Schauplatz der Vision, unten entschwebt eine Gestalt (Dalís Ehefrau Gala) geisterhaft einem Gefäß. Entscheidend ist jedoch das Figürchen im zentralen Lichtfeld, das – vergrößert – auch über der Lokomotive schwebt: Es ist Dalí selbst bzw. sein Foto vom Schutzumschlag des 1964 in New York erschienenen *Diary of a Genius* (Tagebuch eines Genies), der in das Licht des Auferstandenen (mit Dornenkrone und Seitenwunde) hineinfällt.

der *den Schlüssel Davids hat, / der öffnet, so daß niemand mehr schließen kann, / der schließt, so daß niemand mehr öffnen kann:*
8 Ich kenne deine Werke, und ich habe vor dir eine Tür geöffnet, die niemand mehr schließen kann. Du hast nur geringe Kraft, und dennoch hast du an meinem Wort festgehalten und meinen Namen nicht verleugnet.
9 Leute aus der Synagoge des Satans, die sich als Juden ausgeben, es aber nicht sind, sondern Lügner – ich werde bewirken, daß sie *kommen und sich dir zu Füßen werfen* und erkennen, daß ich dir meine Liebe zugewandt habe.
10 Du hast dich an mein Gebot gehalten, standhaft zu bleiben; daher werde auch ich zu dir halten und dich bewahren vor der Stunde der Versuchung, die über die ganze Erde kommen soll, um die Bewohner der Erde auf die Probe zu stellen.
11 Ich komme bald. Halte fest, was du hast, damit kein anderer deinen Kranz bekommt.
12 Wer siegt, den werde ich zu einer Säule im Tempel meines Gottes machen, und er wird immer darin bleiben. Und ich werde auf ihn den Namen meines Gottes schreiben und *den Namen der Stadt* meines Gottes, des neuen Jerusalem, das aus dem Himmel herabkommt von meinem Gott, und ich werde auf ihn auch meinen *neuen Namen* schreiben.
13 Wer Ohren hat, der höre, was der Geist den Gemeinden sagt.

An die Gemeinde in Laodizea
14 An den Engel der Gemeinde in Laodizea schreibe: So spricht Er, der
»Amen« heißt, *der treue und zuverlässige Zeuge*, der Anfang *der Schöpfung*
Gottes:
15 Ich kenne deine Werke. Du bist weder kalt noch heiß. Wärest du
doch kalt oder heiß!
16 Weil du aber lau bist, weder heiß noch kalt, will ich dich aus meinem Mund ausspeien.
17 Du behauptest: *Ich bin reich und wohlhabend*, und nichts fehlt mir. Du
weißt aber nicht, daß gerade du elend und erbärmlich bist, arm, blind
und nackt. 18 Darum rate ich dir: Kaufe von mir Gold, das im Feuer
geläutert ist, damit du reich wirst; und kaufe von mir weiße Kleider,
und zieh sie an, damit du nicht nackt dastehst und dich schämen
mußt; und kaufe Salbe für deine Augen, damit du sehen kannst.
19 *Wen ich liebe*, den weise ich zurecht und nehme ihn in Zucht. Mach
also Ernst, und kehr um!
20 Ich stehe vor der Tür und klopfe an. Wer meine Stimme hört und die
Tür öffnet, bei dem werde ich eintreten, und wir werden Mahl halten,
ich mit ihm und er mit mir.
21 Wer siegt, der darf mit mir auf meinem Thron sitzen, so wie auch ich
gesiegt habe und mich mit
meinem Vater auf seinen Thron gesetzt habe.
22 Wer Ohren hat, der höre, was der Geist den Gemeinden sagt.

Die einleitende Himmelsvision

Die Huldigung vor dem Thron Gottes
4 Danach sah ich: Eine Tür war geöffnet am Himmel; und die
Stimme, die vorher zu mir gesprochen hatte und die wie eine
Posaune klang, sagte: *Komm herauf*, und ich werde dir zeigen, *was dann*
geschehen muß.
2 Sogleich wurde ich vom Geist ergriffen. Und ich sah: Ein Thron
stand im Himmel; *auf dem Thron* saß einer, 3 der wie ein Jaspis und ein
Karneol aussah. Und *über dem Thron* wölbte sich *ein Regenbogen*, der wie
ein Smaragd *aussah*.
4 Und rings um den Thron standen vierundzwanzig Throne, und auf
den Thronen saßen vierundzwanzig Älteste in weißen Gewändern
und mit goldenen Kränzen auf dem Haupt.
5 Von dem Thron gingen *Blitze, Stimmen und Donner* aus. Und sieben
lodernde Fackeln brannten vor dem Thron; das sind die sieben Geister
Gottes.
6 Und vor dem Thron war etwas wie ein gläsernes Meer, gleich Kristall.
Und in der Mitte, rings um den Thron, waren *vier Lebewesen voller Augen*,
vorn und hinten.
7 Das erste Lebewesen glich *einem Löwen*, das zweite *einem Stier*, das
dritte sah aus wie *ein Mensch*, das vierte glich *einem* fliegenden *Adler*.
8 Und jedes der vier Lebewesen hatte *sechs Flügel*, außen und innen *voller*
Augen. Sie ruhen nicht, bei Tag und Nacht, und rufen:
Heilig, heilig, heilig / ist der Herr, der Gott, der Herrscher über die ganze
Schöpfung; / er war, und *er* ist, und er kommt.
9 Und wenn die Lebewesen dem, *der auf dem Thron sitzt und in alle Ewigkeit lebt*, Herrlichkeit und Ehre und Dank erweisen, 10 dann werfen sich
die vierundzwanzig Ältesten vor dem, *der auf dem Thron sitzt*, nieder
und beten ihn an, *der in alle Ewigkeit lebt*. Und sie legen ihre goldenen
Kränze vor seinem Thron nieder und sprechen:
11 Würdig bist du, unser Herr und Gott, / Herrlichkeit zu empfangen
und Ehre und Macht.
Denn du bist es, der die Welt erschaffen hat, / durch deinen Willen war
sie und wurde sie erschaffen.

Das versiegelte Buch und das Lamm
5 Und ich sah auf der rechten Hand dessen, *der auf dem Thron saß*,
eine Buchrolle; sie war innen und außen beschrieben und mit sieben Siegeln *versiegelt*. 2 Und ich sah: Ein gewaltiger Engel rief mit lauter
Stimme: Wer ist würdig, die Buchrolle zu öffnen und ihre Siegel zu
lösen? 3 Aber niemand im Himmel, auf der Erde und unter der Erde
konnte das Buch öffnen und es lesen. 4 Da weinte ich sehr, weil niemand für würdig befunden wurde, das Buch zu öffnen und es zu
lesen.
5 Da sagte einer von den Ältesten zu mir: Weine nicht! Gesiegt hat *der*
Löwe aus dem Stamm *Juda*, *der Sproß aus der Wurzel* Davids; er kann das
Buch und seine sieben Siegel öffnen.
6 Und ich sah: Zwischen dem Thron und den vier Lebewesen und mitten unter den Ältesten stand *ein Lamm*; es sah aus wie *geschlachtet* und
hatte sieben Hörner und *sieben Augen*; die Augen sind die sieben Geister Gottes, die *über die ganze Erde* ausgesandt sind.
7 Das Lamm trat heran und empfing das Buch aus der rechten Hand
dessen, *der auf dem Thron saß*.
8 Als es das Buch empfangen hatte, fielen die vier Lebewesen und die
vierundzwanzig Ältesten vor dem Lamm nieder; alle trugen Harfen
und goldene Schalen voll von *Räucherwerk*; das sind *die Gebete* der Heiligen. 9 Und sie sangen *ein neues Lied*:
Würdig bist du, / das Buch zu nehmen und seine Siegel zu öffnen;
denn du wurdest geschlachtet / und hast mit deinem Blut / Menschen
für Gott erworben / aus allen Stämmen und Sprachen, / aus allen
Nationen und Völkern,
10 und du hast sie für unsern Gott / zu Königen und *Priestern* gemacht; /
und sie werden auf der Erde herrschen.
11 Ich sah, und ich hörte die Stimme von vielen Engeln rings um den
Thron und um die Lebewesen und die Ältesten; die Zahl der Engel war
zehntausendmal zehntausend und tausendmal tausend. 12 Sie riefen mit lauter Stimme:
Würdig ist *das Lamm, das geschlachtet wurde*, / Macht zu empfangen,
Reichtum und Weisheit, / Kraft und Ehre, Herrlichkeit und Lob.
13 Und alle Geschöpfe im Himmel und auf der Erde, unter der Erde
und auf dem Meer, alles, was in der Welt ist, hörte ich sprechen:
Ihm, *der auf dem Thron sitzt*, und dem Lamm / gebühren Lob und Ehre
und Herrlichkeit und Kraft in alle Ewigkeit.
14 Und die vier Lebewesen sprachen: Amen. Und die vierundzwanzig
Ältesten fielen nieder und beteten an.

Die sieben Siegel und die sieben Posaunen

Die ersten sechs Siegel
6 Dann sah ich: Das Lamm öffnete das erste der sieben Siegel; und
ich hörte das erste der vier Lebewesen wie mit Donnerstimme
rufen: Komm! 2 Da sah ich *ein weißes Pferd*; und der, der auf ihm saß,
hatte einen Bogen. Ein Kranz wurde ihm gegeben, und als Sieger zog
er aus, um zu siegen.
3 Als das Lamm das zweite Siegel öffnete, hörte ich das zweite Lebewesen rufen: Komm! 4 Da erschien ein anderes *Pferd*; das war *feuerrot*.
Und der, der auf ihm saß, wurde ermächtigt, der Erde den Frieden zu
nehmen, damit die Menschen sich gegenseitig abschlachteten. Und es
wurde ihm ein großes Schwert gegeben.
5 Als das Lamm das dritte Siegel öffnete, hörte ich das dritte Lebewesen rufen: Komm! Da sah ich *ein schwarzes Pferd*; und der, der auf ihm
saß, hielt in der Hand eine Waage. 6 Inmitten der vier Lebewesen hörte
ich etwas wie eine Stimme sagen: Ein Maß Weizen für einen Denar
und drei Maß Gerste für einen Denar. Aber dem Öl und dem Wein
füge keinen Schaden zu!
7 Als das Lamm das vierte Siegel öffnete, hörte ich die Stimme des
vierten Lebewesens rufen: Komm! 8 Da sah ich ein fahles Pferd; und
der, der auf ihm saß, heißt *»der Tod«*; und die *Unterwelt* zog hinter ihm
her. Und ihnen wurde die Macht gegeben über ein Viertel der Erde,
Macht, zu töten *durch Schwert, Hunger* und Tod und durch die Tiere der
Erde.

9 Als das Lamm das fünfte Siegel öffnete, sah ich unter dem Altar die
Seelen aller, die hingeschlachtet worden waren wegen des Wortes
Gottes und wegen des Zeugnisses, das sie abgelegt hatten. 10 Sie riefen
mit lauter Stimme: Wie lange zögerst du noch, Herr, du Heiliger und
Wahrhaftiger, Gericht zu halten und unser Blut an den Bewohnern der Erde
zu rächen? 11 Da wurde jedem von ihnen ein weißes Gewand gegeben;
und ihnen wurde gesagt, sie sollten noch kurze Zeit warten, bis die
volle Zahl erreicht sei durch den Tod ihrer Mitknechte und Brüder, die
noch sterben müßten wie sie.
12 Und ich sah: Das Lamm öffnete das sechste Siegel. Da entstand ein
gewaltiges Beben. Die Sonne wurde schwarz wie ein Trauergewand, und der
ganze Mond wurde wie Blut.
13 Die Sterne des Himmels fielen herab auf die Erde, wie wenn ein Feigenbaum
seine Früchte abwirft, wenn ein heftiger Sturm ihn schüttelt. 14 Der Him-
mel verschwand wie eine Buchrolle, die man zusammenrollt, und alle Berge
und Inseln wurden von ihrer Stelle weggerückt. 15 Und die Könige der
Erde, die Großen und die Heerführer, die Reichen und die Mächtigen,
alle Sklaven und alle Freien verbargen sich in den Höhlen und Felsen der
Berge. 16 Sie sagten zu den Bergen und Felsen: Fallt auf uns und verbergt uns
vor dem Blick dessen, der auf dem Thron sitzt, und vor dem Zorn des
Lammes; 17 denn der große Tag ihres Zorns ist gekommen. Wer kann da be-
stehen?

Die Bezeichnung der Knechte Gottes

7 Danach sah ich: Vier Engel standen an den vier Ecken der Erde. Sie
hielten die vier Winde der Erde fest, damit der Wind weder über
das Land noch über das Meer wehte, noch gegen irgendeinen Baum.
2 Dann sah ich vom Osten her einen anderen Engel emporsteigen; er
hatte das Siegel des lebendigen Gottes und rief den vier Engeln, denen
die Macht gegeben war, dem Land und dem Meer Schaden zuzufügen,
mit lauter Stimme zu: 3 Fügt dem Land, dem Meer und den Bäumen
keinen Schaden zu, bis wir den Knechten unseres Gottes das Siegel
auf die Stirn gedrückt haben.
4 Und ich erfuhr die Zahl derer, die mit dem Siegel gekennzeichnet
waren. Es waren hundertvierundvierzigtausend aus allen Stämmen
der Söhne Israels, die das Siegel trugen:
5 Aus dem Stamm Juda trugen zwölftausend das Siegel, / aus dem
Stamm Ruben zwölftausend, / aus dem Stamm Gad zwölftausend,
6 aus dem Stamm Ascher zwölftausend, / aus dem Stamm Naftali
zwölftausend, / aus dem Stamm Manasse zwölftausend,
7 aus dem Stamm Simeon zwölftausend, / aus dem Stamm Levi
zwölftausend, / aus dem Stamm Issachar zwölftausend,
8 aus dem Stamm Sebulon zwölftausend, / aus dem Stamm Josef
zwölftausend, / aus dem Stamm Benjamin trugen zwölftausend das
Siegel.
9 Danach sah ich: eine große Schar aus allen Nationen und Stämmen,
Völkern und Sprachen; niemand konnte sie zählen. Sie standen in weißen
Gewändern vor dem Thron und vor dem Lamm und trugen Palm-
zweige in den Händen. 10 Sie riefen mit lauter Stimme: Die Rettung
kommt von unserem Gott, der auf dem Thron sitzt, und von dem Lamm.
11 Und alle Engel standen rings um den Thron, um die Ältesten und die
vier Lebewesen. Sie warfen sich vor dem Thron nieder, beteten Gott an
12 und sprachen:
Amen, Lob und Herrlichkeit, / Weisheit und Dank, / Ehre und Macht
und Stärke / unserem Gott in alle Ewigkeit. Amen.
13 Da fragte mich einer der Ältesten: Wer sind diese, die weiße Gewän-
der tragen, und woher sind sie gekommen? 14 Ich erwiderte ihm: Mein
Herr, das mußt du wissen. Und er sagte zu mir: Es sind die, die aus der
großen Bedrängnis kommen; sie haben ihre Gewänder gewaschen und im
Blut des Lammes weiß gemacht. 15 Deshalb stehen sie vor dem Thron
Gottes und dienen ihm bei Tag und Nacht in seinem Tempel; und der,
der auf dem Thron sitzt, wird sein Zelt über ihnen aufschlagen. 16 Sie wer-
den keinen Hunger und keinen Durst mehr leiden, und weder Sonnenglut noch
irgendeine sengende Hitze wird auf ihnen lasten. 17 Denn das Lamm in der
Mitte vor dem Thron wird sie weiden und zu den Quellen führen, aus denen
das Wasser des Lebens strömt, und Gott wird alle Tränen von ihren Augen
abwischen.

Das siebte Siegel und die sieben Engel

8 Als das Lamm das siebte Siegel öffnete, trat im Himmel Stille
ein, etwa eine halbe Stunde lang.
2 Und ich sah: Sieben Engel standen vor Gott; ihnen wurden sieben
Posaunen gegeben. 3 Und ein anderer Engel kam und trat mit einer
goldenen Räucherpfanne an den Altar; ihm wurde viel Weihrauch gege-
ben, den er auf dem goldenen Altar vor dem Thron verbrennen sollte,
um so die Gebete aller Heiligen vor Gott zu bringen. 4 Aus der Hand
des Engels stieg der Weihrauch mit den Gebeten der Heiligen zu Gott
empor.
5 Dann nahm der Engel die Räucherpfanne, füllte sie mit glühenden Kohlen, die
er vom Altar nahm, und warf sie auf die Erde; da begann es zu donnern
und zu dröhnen, zu blitzen und zu beben.

Die ersten vier Posaunen

6 Dann machten sich die sieben Engel bereit, die sieben Posaunen zu
blasen.
7 Der erste Engel blies seine Posaune. Da fielen Hagel und Feuer, die
mit Blut vermischt waren, auf das Land. Es verbrannte ein Drittel des
Landes, ein Drittel der Bäume und alles grüne Gras.
8 Der zweite Engel blies seine Posaune. Da wurde etwas, das einem
großen brennenden Berg glich, ins Meer geworfen. Ein Drittel des
Meeres wurde zu Blut. 9 Und ein Drittel der Geschöpfe, die im Meer
leben, kam um, und ein Drittel der Schiffe wurde vernichtet.
10 Der dritte Engel blies seine Posaune. Da fiel ein großer Stern vom
Himmel; er loderte wie eine Fackel und fiel auf ein Drittel der Flüsse
und auf die Quellen. 11 Der Name des Sterns ist »Wermut«. Ein Drittel
des Wassers wurde bitter, und viele Menschen starben durch das Was-
ser, weil es bitter geworden war.
12 Der vierte Engel blies seine Posaune. Da wurde ein Drittel der Sonne
und ein Drittel des Mondes und ein Drittel der Sterne getroffen, so
daß sie ein Drittel ihrer Leuchtkraft verloren und der Tag um ein Drit-
tel dunkler wurde und ebenso die Nacht.
13 Und ich sah und hörte: Ein Adler flog hoch am Himmel und rief mit
lauter Stimme: Wehe! Wehe! Wehe den Bewohnern der Erde! Noch
drei Engel werden ihre Posaunen blasen.

Die fünfte Posaune

9 Der fünfte Engel blies seine Posaune. Da sah ich einen Stern, der
vom Himmel auf die Erde gefallen war; ihm wurde der Schlüssel
zu dem Schacht gegeben, der in den Abgrund führt. 2 Und er öffnete
den Schacht des Abgrunds. Da stieg Rauch aus dem Schacht auf, wie aus
einem großen Ofen, und Sonne und Luft wurden verfinstert durch den
Rauch aus dem Schacht.
3 Aus dem Rauch kamen Heuschrecken über die Erde, und ihnen wurde
Kraft gegeben, wie sie Skorpione auf der Erde haben. 4 Es wurde ihnen
gesagt, sie sollten dem Gras auf der Erde, den grünen Pflanzen und den Bäu-
men keinen Schaden zufügen, sondern nur den Menschen, die das Sie-
gel Gottes nicht auf der Stirn haben. 5 Es wurde ihnen befohlen, die Men-
schen nicht zu töten, sondern nur zu quälen, fünf Monate lang. Und
der Schmerz, den sie zufügen, ist so stark, wie wenn ein Skorpion
einen Menschen sticht.
6 In jenen Tagen werden die Menschen den Tod suchen, aber nicht finden;
sie werden sterben wollen, aber der Tod wird vor ihnen fliehen. 7 Und
die Heuschrecken sehen aus wie Rosse, die zur Schlacht gerüstet sind; auf
ihren Köpfen tragen sie etwas, das goldschimmernden Kränzen
gleicht, und ihre Gesichter sind wie Gesichter von Menschen, 8 ihr
Haar ist wie Frauenhaar, ihr Gebiß wie ein Löwengebiß, 9 ihre Brust
wie ein eiserner Panzer; und das Rauschen ihrer Flügel ist wie das Dröh-
nen von Wagen, von vielen Pferden, die sich in die Schlacht stürzen. 10 Sie
haben Schwänze und Stacheln wie Skorpione, und in ihren Schwän-
zen ist die Kraft, mit der sie den Menschen schaden, fünf Monate lang.

Wassily Kandinsky
Heiliger Georg I
(1911)
»Er wurde gestürzt, der große Drache, die alte Schlange, die Teufel oder Satan heißt und die ganze Welt verführt« (Offb 12,9). An die Seite, mitunter auch an die Stelle des Drachenbezwingers Michael tritt in der Kunst der Ritterheilige Georg. Der Sieg über den Drachen ist eine Erweiterung seiner zunächst auf das Martyrium konzentrierten Legende. Seine im deutschsprachigen Raum vor allem in Bayern verbreitete Verehrung zeigt sich unter anderem in der volkstümlichen Hinterglasmalerei, die Wassily Kandinskys erste Version des *Heiligen Georg* als Hinterglasbild angeregt hat. Bildbeherrschend ist der diagonale Schaft der grünen Lanze, den die Ritter mit aller Kraft in den feuerspeienden Rachen des Ungeheuers stößt. Die Gegendiagonale gibt die Bewegungsrichtung des blauen Pferdes an. Reiter bildeten schon früh ein bevorzugtes Thema Kandinskys. Es gewann nun in Gestalt des heiligen Kämpfers eine symbolische Bedeutung, die Kandinskys Titelholzschnitt des Almanachs *Der Blaue Reiter* (1912) belegt: Der Kampf um eine geistige Erneuerung der Kunst (und gegen die Verführungen des Materialismus und Rationalismus) wird im Zeichen des hl. Georg geführt.

11 Sie haben als König über sich den Engel des Abgrunds; er heißt auf hebräisch Abaddon, auf griechisch Apollyon.
12 Das erste »Wehe« ist vorüber. Noch zweimal wird das »Wehe« kommen.

Die sechste Posaune

13 Der sechste Engel blies seine Posaune: Da hörte ich eine Stimme, die
von den vier Hörnern des goldenen Altars her kam, der vor Gott steht.
14 Die Stimme sagte zu dem sechsten Engel, der die Posaune hält: Binde
die vier Engel los, die *am großen Strom, am Eufrat*, gefesselt sind. 15 Da
wurden die vier Engel losgebunden, die auf Jahr und Monat, auf Tag
und Stunde bereitstanden, um ein Drittel der Menschheit zu töten.
16 Und die Zahl der Reiter dieses Heeres war vieltausendmal tausend;
diese Zahl hörte ich.
17 Und so sahen die Pferde und die Reiter in der Vision aus: Sie trugen
feuerrote, rauchblaue und schwefelgelbe Panzer. Die Köpfe der Pferde
glichen Löwenköpfen, und aus ihren Mäulern schlug Feuer, Rauch
und Schwefel. 18 Ein Drittel der Menschen wurde durch diese drei Pla-
gen getötet, durch Feuer, Rauch und Schwefel, die aus ihren Mäulern
hervorkamen. 19 Denn die tödliche Macht der Pferde war in ihren Mäu-
lern und in ihren Schwänzen. Ihre Schwänze glichen Schlangen, die
Köpfe haben, mit denen sie Schaden zufügen können.
20 Aber die übrigen Menschen, die nicht durch diese Plagen umge-
kommen waren, wandten sich nicht ab *von den Machwerken ihrer Hände:*
Sie hörten nicht auf, sich niederzuwerfen vor ihren *Dämonen*, vor ihren
Götzen aus Gold, Silber, Erz, Stein und Holz, den Götzen, *die weder sehen, noch
hören, noch gehen können*. 21 Sie ließen nicht ab von Mord und Zauberei,
von Unzucht und Diebstahl.

Die Engel und das kleine Buch

10 Und ich sah: Ein anderer gewaltiger Engel kam aus dem
Himmel herab; er war von einer Wolke umhüllt, und der
Regenbogen stand über seinem Haupt. Sein Gesicht war wie die
Sonne, und seine Beine waren wie Feuersäulen. 2 In der Hand hielt er
ein kleines, aufgeschlagenes Buch. Er setzte seinen rechten Fuß auf
das Meer, den linken auf das Land 3 und rief laut, so wie ein Löwe
brüllt. Nachdem er gerufen hatte, erhoben die sieben Donner ihre
Stimme. 4 Als die sieben Donner gesprochen hatten, wollte ich es auf-
schreiben. Da hörte ich eine Stimme vom Himmel her rufen: *Halte
geheim*, was die sieben Donner gesprochen haben; schreib es nicht
auf! 5 Und der Engel, den ich auf dem Meer und auf dem Land stehen
sah, *erhob seine rechte Hand zum Himmel.* 6 *Er schwor bei dem, der in alle
Ewigkeit lebt, der den Himmel geschaffen hat und was darin ist, die Erde und was
darauf ist, und das Meer und was darin ist:* Es wird keine Zeit mehr bleiben,
7 denn in den Tagen, wenn der siebte Engel seine Stimme erhebt und
seine Posaune bläst, wird auch das Geheimnis Gottes vollendet sein;
so hatte er es seinen Knechten, den Propheten, verkündet.
8 Und die Stimme aus dem Himmel, die ich gehört hatte, sprach noch
einmal zu mir: Geh, nimm das Buch, das der Engel, der auf dem Meer
und auf dem Land steht, aufgeschlagen in der Hand hält. 9 Und ich
ging zu dem Engel und bat ihn, mir das kleine Buch zu geben. *Er sagte
zu mir:* Nimm und *iß* es! In deinem Magen wird es bitter sein, in dei-
nem Mund aber *süß wie Honig.* 10 Da nahm ich das kleine *Buch* aus der
Hand des Engels *und aß* es. *In meinem Mund war es süß wie Honig.* Als ich
es aber gegessen hatte, wurde mein Magen bitter. 11 Und mir wurde
gesagt: Du mußt noch einmal weissagen über viele *Völker und Nationen
mit ihren Sprachen* und Königen.

Die Vermessung des Tempels

11 Dann wurde mir ein Meßstab gegeben, der aussah wie ein
Stock, und mir wurde gesagt: Geh, miß den Tempel Gottes
und den Altar, und zähle alle, die dort anbeten! 2 Den Hof, der außer-
halb des Tempels liegt, laß aus, und miß ihn nicht; denn er ist *den Hei-
den* überlassen. Sie werden die heilige Stadt *zertreten*, zweiundvierzig
Monate lang.

Das Zeugnis der beiden Propheten

3 Und ich will meinen zwei Zeugen auftragen, im Bußgewand aufzu-
treten und prophetisch zu reden, zwölfhundertsechzig Tage lang. 4 Sie
sind *die zwei Ölbäume* und die zwei *Leuchter*, die *vor dem Herrn der Erde ste-
hen.* 5 Wenn ihnen jemand Schaden zufügen will, *schlägt Feuer* aus
ihrem *Mund* und *verzehrt* ihre Feinde; so muß jeder sterben, der ihnen
schaden will. 6 Sie haben Macht, den Himmel zu verschließen, damit
kein Regen fällt in den Tagen ihres Wirkens als Propheten. Sie haben
auch Macht, *das Wasser in Blut zu verwandeln* und die Erde *zu schlagen mit
allen möglichen Plagen*, sooft sie wollen. 7 Wenn sie ihren Auftrag als
Zeugen erfüllt haben, *wird* sie *das Tier*, das aus dem Abgrund *herauf-
steigt, bekämpfen, besiegen* und töten. 8 Und ihre Leichen bleiben auf der
Straße der großen Stadt liegen. Diese Stadt heißt, geistlich verstan-
den: Sodom und Ägypten; dort wurde auch ihr Herr gekreuzigt. 9 Men-
schen aus allen Völkern und Stämmen, Sprachen und Nationen wer-
den ihre Leichen dort sehen, dreieinhalb Tage lang; sie werden nicht
zulassen, daß die Leichen begraben werden. 10 Und die Bewohner der
Erde freuen sich darüber, beglückwünschen sich und schicken sich
gegenseitig Geschenke; denn die beiden Propheten hatten die Bewoh-
ner der Erde gequält. 11 Aber nach den dreieinhalb Tagen *kam* von Gott
her wieder *Lebensgeist in sie, und sie standen auf. Da überfiel alle*, die sie
sahen, *große Angst.* 12 Und sie hörten eine laute Stimme vom Himmel
her rufen: *Kommt herauf!* Vor den Augen ihrer Feinde *stiegen sie* in der
Wolke *zum Himmel hinauf.* 13 In diesem Augenblick *entstand ein gewalti-
ges Erdbeben.* Ein Zehntel der Stadt *stürzte ein*, und siebentausend Men-
schen kamen durch das Erdbeben um. Die Überlebenden wurden vom
Entsetzen gepackt und gaben dem Gott des Himmels die Ehre. 14 Das
zweite »Wehe« ist vorüber, das dritte »Wehe« kommt bald.

Die siebte Posaune

15 Der siebte Engel blies seine Posaune. Da ertönten laute Stimmen im
Himmel, die riefen:
Nun gehört die Herrschaft über die Welt / unserem *Herrn und seinem
Gesalbten;* / und sie werden herrschen in alle Ewigkeit.
16 Und die vierundzwanzig Ältesten, die vor Gott auf ihren Thronen
sitzen, warfen sich nieder, beteten Gott an 17 und sprachen:
Wir danken dir, Herr, / Gott und Herrscher über die ganze Schöpfung, /
der du bist und der du warst;
denn du hast deine große Macht in Anspruch genommen / und *die
Herrschaft angetreten.*
18 Die Völker gerieten in Zorn. / Da kam dein *Zorn* und die Zeit, die
Toten zu richten:
die Zeit, deine Knechte zu belohnen, / die Propheten und die Heiligen
und alle, die deinen Namen *fürchten*, / *die Kleinen und die Großen*, / die
Zeit, alle zu verderben, die die Erde verderben.
19 Der Tempel Gottes im Himmel wurde geöffnet, und in seinem *Tem-
pel* wurde *die Lade* seines *Bundes* sichtbar: Da begann es zu *blitzen*, zu
dröhnen *und zu donnern*, es gab ein Beben und *schweren Hagel.*

Der Kampf des Satans gegen das Volk Gottes

Die Frau und der Drache

12 Dann erschien ein großes Zeichen am Himmel: eine Frau,
mit der Sonne bekleidet; der Mond war unter ihren Füßen
und ein Kranz von zwölf Sternen auf ihrem Haupt. 2 Sie war schwan-
ger und schrie vor Schmerz in ihren Geburtswehen.
3 Ein anderes Zeichen erschien am Himmel: ein Drache, groß und feu-
errot, mit sieben Köpfen und *zehn Hörnern* und mit sieben Diademen
auf seinen Köpfen. 4 Sein Schwanz fegte ein Drittel der *Sterne vom Him-
mel* und *warf sie auf die Erde herab.*
Der Drache stand vor der Frau, die gebären sollte; er wollte ihr Kind
verschlingen, sobald es geboren war. 5 Und *sie gebar* ein Kind, *einen Sohn*,
der über alle Völker *mit eisernem Zepter herrschen wird.* Und ihr Kind wurde
zu Gott und zu seinem Thron entrückt. 6 Die Frau aber floh in die
Wüste, wo Gott ihr einen Zufluchtsort geschaffen hatte; dort wird man
sie mit Nahrung versorgen, zwölfhundertsechzig Tage lang.

Der Sturz des Drachen

7 Da entbrannte im Himmel ein Kampf; *Michael* und seine Engel erho-
ben sich, um mit dem Drachen *zu kämpfen.* Der Drache und seine Engel
kämpften, 8 aber sie konnten sich nicht halten, und sie verloren ihren
Platz im Himmel. 9 Er wurde gestürzt, der große Drache, die alte
Schlange, die *Teufel* oder *Satan* heißt und die ganze Welt verführt; der
Drache wurde auf die Erde gestürzt, und mit ihm wurden seine Engel
hinabgeworfen. 10 Da hörte ich eine laute Stimme im Himmel rufen:
Jetzt ist er da, der rettende Sieg, / die Macht und die Herrschaft unseres
Gottes / und die Vollmacht seines Gesalbten;
denn gestürzt wurde der Ankläger unserer Brüder, / der sie bei Tag und
bei Nacht / vor unserem Gott verklagte.
11 Sie haben ihn besiegt durch das Blut des Lammes / und durch ihr
Wort und Zeugnis;
sie hielten ihr Leben nicht fest, / bis hinein in den Tod.
12 Darum *jubelt, ihr Himmel* / und alle, die darin wohnen.
Weh aber euch, Land und Meer! / Denn der Teufel ist zu euch hinabge-
kommen; seine Wut ist groß, / weil er weiß, daß ihm nur noch eine
kurze Frist bleibt.

Der Kampf des Drachen gegen die Frau

13 Als der Drache erkannte, daß er auf die Erde gestürzt war, verfolgte er
die Frau, die den Sohn geboren hatte. 14 Aber der Frau wurden die bei-
den Flügel des großen Adlers gegeben, damit sie in die Wüste an ihren
Ort fliegen konnte. Dort ist sie vor der Schlange sicher und wird *eine Zeit*

und zwei Zeiten und eine halbe Zeit lang ernährt. 15 Die Schlange spie einen
Strom von Wasser aus ihrem Rachen hinter der Frau her, damit sie von
den Fluten fortgerissen werde. 16 Aber die Erde kam der Frau zu Hilfe;
sie öffnete sich und verschlang den Strom, den der Drache aus seinem
Rachen gespien hatte. 17 Da geriet der Drache in Zorn über die Frau,
und er ging fort, um Krieg zu führen mit ihren übrigen Nachkommen,
die den Geboten Gottes gehorchen und an dem Zeugnis für Jesus fest-
halten. 18 Und der Drache trat an den Strand des Meeres.

Die beiden Tiere

13 Und ich sah: Ein Tier stieg aus dem Meer, mit zehn Hörnern und
sieben Köpfen. Auf seinen Hörnern trug es zehn Diademe
und auf seinen Köpfen Namen, die eine Gotteslästerung waren. 2 Das
Tier, das ich sah, glich einem Panther; seine Füße waren wie die Tatzen
eines Bären und sein Maul wie das Maul eines Löwen. Und der Drache
hatte ihm seine Gewalt übergeben, seinen Thron und seine große
Macht. 3 Einer seiner Köpfe sah aus wie tödlich verwundet; aber die
tödliche Wunde wurde geheilt. Und die ganze Erde sah dem Tier stau-
nend nach. 4 Die Menschen warfen sich vor dem Drachen nieder, weil
er seine Macht dem Tier gegeben hatte; und sie beteten das Tier an
und sagten: Wer ist dem Tier gleich, und wer kann den Kampf mit ihm
aufnehmen?
5 Und es wurde ermächtigt, mit seinem Maul anmaßende Worte und
Lästerungen auszusprechen; es wurde ihm Macht gegeben, dies zwei-
undvierzig Monate zu tun. 6 Das Tier öffnete sein Maul, um Gott
und seinen Namen zu lästern, seine Wohnung und alle, die im Him-
mel wohnen. 7 Und es wurde ihm erlaubt, mit den Heiligen zu kämpfen
und sie zu besiegen. Es wurde ihm auch Macht gegeben über alle
Stämme, Völker, Sprachen und Nationen. 8 Alle Bewohner der Erde
fallen nieder vor ihm: alle, deren Name nicht seit der Erschaffung
der Welt eingetragen ist ins Lebensbuch des Lammes, das geschlachtet
wurde.
9 Wenn einer Ohren hat, so höre er. 10 Wer zur Gefangenschaft bestimmt ist,
geht in die Gefangenschaft. Wer mit dem Schwert getötet werden soll, wird
mit dem Schwert getötet. Hier muß sich die Standhaftigkeit und die
Glaubenstreue der Heiligen bewähren.
11 Und ich sah: Ein anderes Tier stieg aus der Erde herauf. Es hatte
zwei Hörner wie ein Lamm, aber es redete wie ein Drache. 12 Die ganze
Macht des ersten Tieres übte es vor dessen Augen aus. Es brachte die
Erde und ihre Bewohner dazu, das erste Tier anzubeten, dessen tödli-
che Wunde geheilt war. 13 Es tat große Zeichen; sogar Feuer ließ es vor
den Augen der Menschen vom Himmel auf die Erde fallen. 14 Es ver-
wirrte die Bewohner der Erde durch die Wunderzeichen, die es im Auf-
trag des Tieres tat; es befahl den Bewohnern der Erde, ein Standbild zu
errichten zu Ehren des Tieres, das mit dem Schwert erschlagen wor-
den war und doch wieder zum Leben kam. 15 Es wurde ihm Macht
gegeben, dem Standbild des Tieres Lebensgeist zu verleihen, so daß
es auch sprechen konnte und bewirkte, daß alle getötet wurden, die
das Standbild des Tieres nicht anbeteten. 16 Die Kleinen und die Großen,
die Reichen und die Armen, die Freien und die Sklaven, alle zwang es,
auf ihrer rechten Hand oder ihrer Stirn ein Kennzeichen anzubrin-
gen. 17 Kaufen oder verkaufen konnte nur, wer das Kennzeichen trug:
den Namen des Tieres oder die Zahl seines Namens. 18 Hier braucht
man Kenntnis. Wer Verstand hat, berechne den Zahlenwert des Tieres.
Denn es ist die Zahl eines Menschennamens; seine Zahl ist sechshun-
dertsechsundsechzig.

Das Lamm und sein Gefolge

14 Und ich sah: Das Lamm stand auf dem Berg Zion, und bei
ihm waren hundertvierundvierzigtausend; auf ihrer Stirn tru-
gen sie seinen Namen und den Namen seines Vaters. 2 Dann hörte ich
eine Stimme vom Himmel her, die dem Rauschen von Wassermassen und
dem Rollen eines gewaltigen Donners glich. Die Stimme, die ich hörte,
war wie der Klang der Harfe, die ein Harfenspieler schlägt. 3 Und sie
sangen ein neues Lied vor dem Thron und vor den vier Lebewesen und
vor den Ältesten. Aber niemand konnte das Lied singen lernen außer
den hundertvierundvierzigtausend, die freigekauft und von der Erde
weggenommen worden sind. 4 Sie sind es, die sich nicht mit Weibern
befleckt haben; denn sie sind jungfräulich. Sie folgen dem Lamm,
wohin es geht. Sie allein unter allen Menschen sind freigekauft als
Erstlingsgabe für Gott und das Lamm. 5 Denn in ihrem Mund fand
sich keinerlei Lüge. Sie sind ohne Makel.

Das Gericht

Die Ankündigung des Gerichts

6 Dann sah ich: Ein anderer Engel flog hoch am Himmel. Er hatte den
Bewohnern der Erde ein ewiges Evangelium zu verkünden, allen
Nationen, Stämmen, Sprachen und Völkern. 7 Er rief mit lauter
Stimme: Fürchtet Gott, und erweist ihm die Ehre! Denn die Stunde sei-
nes Gerichts ist gekommen. Betet ihn an, der den Himmel und die Erde,
das Meer und die Wasserquellen geschaffen hat.
8 Ein anderer Engel, ein zweiter, folgte und rief: Gefallen, gefallen ist
Babylon, die Große, die alle Völker betrunken gemacht hat mit dem Zornwein
ihrer Hurerei.
9 Ein anderer Engel, ein dritter, folgte ihnen und rief mit lauter
Stimme: Wer das Tier und sein Standbild anbetet und wer das Kenn-
zeichen auf seiner Stirn oder seiner Hand annimmt, 10 der muß den
Wein des Zornes Gottes trinken, der unverdünnt im Becher seines Zorns
gemischt ist. Und er wird mit Feuer und Schwefel gequält vor den Augen
der heiligen Engel und des Lammes. 11 Der Rauch von ihrer Peinigung
steigt auf in alle Ewigkeit, und alle, die das Tier und sein Standbild anbe-
ten und die seinen Namen als Kennzeichen annehmen, werden bei
Tag und Nacht keine Ruhe haben. 12 Hier muß sich die Standhaftigkeit
der Heiligen bewähren, die an den Geboten Gottes und an der Treue
zu Jesus festhalten. 13 Und ich hörte eine Stimme vom Himmel her
rufen: Schreibe! Selig die Toten, die im Herrn sterben, von jetzt an; ja,
spricht der Geist, sie sollen ausruhen von ihren Mühen; denn ihre
Werke begleiten sie.

Die Stunde der Ernte

14 Dann sah ich eine weiße Wolke. Auf der Wolke thronte einer, der wie
ein Menschensohn aussah. Er trug einen goldenen Kranz auf dem Haupt
und eine scharfe Sichel in der Hand. 15 Und ein anderer Engel kam aus
dem Tempel und rief dem, der auf der Wolke saß, mit lauter Stimme
zu: Schick deine Sichel aus, und ernte! Denn die Zeit zu ernten ist gekom-
men: Die Frucht der Erde ist reif geworden. 16 Und der, der auf der Wolke
saß, schleuderte seine Sichel über die Erde, und die Erde wurde abge-
erntet.
17 Und ein anderer Engel trat aus dem himmlischen Tempel. Auch er
hatte eine scharfe Sichel. 18 Vom Altar her kam noch ein anderer Engel,
der die Macht über das Feuer hatte. Dem, der die scharfe Sichel trug,
rief er mit lauter Stimme zu: Schick deine scharfe Sichel aus, und ernte
die Trauben vom Weinstock der Erde! Seine Beeren sind reif geworden.
19 Da schleuderte der Engel seine Sichel auf die Erde, erntete den
Weinstock der Erde ab und warf die Trauben in die große Kelter des
Zornes Gottes. 20 Die Kelter wurde draußen vor der Stadt getreten, und
Blut strömte aus der Kelter; es stieg an, bis an die Zügel der Pferde,
eintausendsechshundert Stadien weit.

Die Ankündigung der sieben letzten Plagen

15 Dann sah ich ein anderes Zeichen am Himmel, groß und
wunderbar. Ich sah sieben Engel mit sieben Plagen, den sie-
ben letzten; denn in ihnen erreicht der Zorn Gottes sein Ende. 2 Dann
sah ich etwas, das einem gläsernen Meer glich und mit Feuer durch-
setzt war. Und die Sieger über das Tier, über sein Standbild und über
die Zahl seines Namens standen auf dem gläsernen Meer und trugen

Ludwig Meidner
Apokalyptische Stadt
(1913)
»Wehe! Wehe, du große Stadt, die mit ihren Schätzen alle reich gemacht hat, die Schiffe auf dem Meer haben. In einer einzigen Stunde ist sie verwüstet worden« (Offb 18,19). Das 18. Kapitel der Offenbarung prophezeit die Zerstörung Babylons (gemeint ist Rom); die Wehklage der Betroffenen nimmt die Vernichtung als bereits eingetreten vorweg. Auf ganz ähnliche Weise sind Ludwig Meidners im Jahr 1912 begonnenen *Apokalyptischen Landschaften* sowohl Vorahnungen des Krieges als auch die Vergegenwärtigung dessen, was als unausweichlich erscheint. Formal besteht eine Verwandtschaft mit dem italienischen Futurismus, doch inhaltlich steht Meidner der futuristischen Auffassung des Krieges als »moderne Hygiene« vollkommen fern: Die Verwandlung der Gestirne in explodierende Geschosse, der Sonnenwärme in Flammenglut, des kühlen Mondlichts in einen kalten Blitz sind Menetekel einer Katastrophe ungeheueren Ausmaßes. Wobei die düstere Vorahnung für den Menschen des Jahres 1913 bereits konkrete Anhaltspunkte besaß: Dem Ersten Weltkrieg gingen zwei Balkankriege unmittelbar voran.

die Harfen Gottes. 3 Sie sangen das Lied des Mose, des Knechtes
Gottes, und das Lied zu Ehren des Lammes:
Groß und wunderbar sind deine Taten, / Herr, Gott und Herrscher über die
ganze Schöpfung.
Gerecht und zuverlässig sind deine Wege, / du König der Völker.
4 Wer wird dich nicht fürchten, Herr, / wer wird *deinen Namen* nicht
preisen?
Denn du allein bist *heilig:* / *Alle Völker kommen und beten dich an;* / denn
deine gerechten Taten sind offenbar geworden.
5 Danach sah ich: Es öffnete sich der himmlische Tempel, *das Zelt des*
Zeugnisses im Himmel. 6 Und die *sieben* Engel mit den *sieben Plagen* traten
heraus; sie waren in reines, glänzendes *Leinen gekleidet* und *trugen* um
ihre Brust *einen Gürtel aus Gold.* 7 Und eines der vier Lebewesen reichte
den sieben Engeln sieben goldene Schalen; sie waren gefüllt mit dem
Zorn des Gottes, der in alle Ewigkeit lebt. 8 *Und der Tempel füllte sich mit*
dem Rauch der Herrlichkeit und Macht Gottes. Niemand *konnte den Tempel*
betreten, bis die *sieben Plagen* aus der Hand der sieben Engel zu ihrem
Ende gekommen waren.

Die sieben Engel mit den Schalen des Zorns

16 Dann hörte ich, wie eine laute Stimme aus dem Tempel den
sieben Engeln zurief: Geht und *gießt* die sieben Schalen mit
dem Zorn Gottes *über die Erde!*
2 Der erste ging und goß seine Schale über das Land. *Da bildete sich ein*
böses und schlimmes Geschwür an den Menschen, die das Kennzeichen des
Tieres trugen und sein Standbild anbeteten.
3 Der zweite Engel goß seine Schale über das Meer. Da *wurde es zu Blut,*
das aussah wie das Blut eines Toten; und alle Lebewesen im Meer *starben.*
4 Der dritte goß seine Schale über *die Flüsse* und Quellen. *Da wurde* alles
zu Blut. 5 Und ich hörte den Engel, der die Macht über das Wasser hat,
sagen: *Gerecht bist du,* der du bist und der du warst, du *Heiliger;* denn
damit hast du ein gerechtes Urteil gefällt. 6 *Sie haben das Blut* von Heili-
gen und Propheten *vergossen;* deshalb hast du ihnen *Blut zu trinken* gege-
ben, so haben sie es verdient. 7 Und ich hörte eine Stimme vom Brand-
opferaltar her sagen: Ja, Herr, Gott und Herrscher über die ganze
Schöpfung. *Wahr* und *gerecht sind deine* Gerichtsurteile.
8 Der vierte Engel goß seine Schale über die Sonne. Da wurde ihr
Macht gegeben, mit ihrem Feuer die Menschen zu verbrennen. 9 Und
die Menschen verbrannten in der großen Hitze. Dennoch verfluchten
sie den Namen Gottes, der die Macht über diese Plagen hat. Sie
bekehrten sich nicht dazu, ihm die Ehre zu geben.

Max Beckmann
Auferstehung
(1916-18)
»Und das Meer gab die Toten heraus, die in ihm waren; und der Tod und die Unterwelt gaben ihre Toten heraus, die in ihnen waren« (Offb 20,13). Das monumentale, mit Kohle und Ölfarbe auf Leinwand ausgeführte Gemälde ist, im Unterschied zu Beckmanns *Auferstehung* aus dem Jahr 1909, unvollendet geblieben. Jenes traditionsverhaftete Frühwerk läßt dicht gedrängte Gestalten zum Licht aufsteigen. Der Blick folgt ihnen nach oben. Nun aber fällt der Blick schräg von oben auf eine perspektivisch zerrüttete Weltlandschaft, in deren scheinbarem Hintergrund riesige ausgemergelte Gestalten aufragen, während unten, also vorn, zwergenhafte Figuren gruppiert sind. Anstelle des Lichtes als Zielpunkt schwebt ein dunkles Gestirn über einer verwüsteten Stadt. Wir wissen, daß Beckmann 1912 Ludwig Meidner und dessen Arbeiten kennengelernt und als für sein eigenes Schaffen bedeutsam empfunden hat. Es ist daher kein Zufall, daß die *Auferstehung* an Meidners *Apokalyptische Landschaften* erinnert und wie diese als Gericht ohne Richter anmutet.

10 Der fünfte Engel goß seine Schale über den Thron des Tieres. *Da*
kam Finsternis über das Reich des Tieres, und die Menschen zerbissen
sich vor Angst und Schmerz die Zunge. 11 Dennoch verfluchten sie
den Gott des Himmels wegen ihrer Schmerzen und ihrer Geschwüre;
und sie ließen nicht ab von ihrem Treiben.
12 Der sechste Engel goß seine Schale über *den großen Strom, den Eufrat.*
Da trocknete sein *Wasser aus,* so daß den Königen des Ostens der Weg
offen stand. 13 Dann sah ich aus dem Maul des Drachen und aus dem
Maul des Tieres und aus dem Maul des falschen Propheten drei
unreine Geister hervorkommen, die wie Frösche aussahen. 14 Es sind
Dämonengeister, die Wunderzeichen tun; sie schwärmten aus zu den
Königen der ganzen Erde, um sie zusammenzuholen für den Krieg am
großen Tag Gottes, des Herrschers über die ganze Schöpfung.
15 Siehe, ich komme wie ein Dieb. Selig, wer wach bleibt und sein
Gewand anbehält, damit er nicht nackt gehen muß und man seine
Blöße sieht.
16 Die Geister führten die Könige an dem Ort zusammen, der auf
hebräisch Harmagedon heißt.
17 Und der siebte Engel goß seine Schale über die Luft. Da kam eine
laute *Stimme aus dem Tempel,* die vom Thron her rief: Es ist geschehen.
18 Und es folgten *Blitze,* Stimmen *und Donner;* es entstand ein gewaltiges Erdbeben, *wie noch keines gewesen war,* seitdem es Menschen auf der
Erde gibt. So gewaltig war dieses Beben. 19 Die große Stadt brach in
drei Teile auseinander, und die Städte der Völker stürzten ein. Gott
hatte sich an *Babylon, die Große,* erinnert und reichte ihr *den Becher mit*
dem Wein seines rächenden *Zornes.*
20 Alle Inseln verschwanden, und es gab keine Berge mehr. 21 Und
gewaltige Hagelbrocken, zentnerschwer, stürzten vom Himmel auf die
Menschen herab. Dennoch verfluchten die Menschen Gott wegen dieser Hagelplage; denn die Plage war über die Maßen groß.

Die Hure Babylon

17 Dann kam einer der sieben Engel, welche die sieben Schalen
trugen, und sagte zu mir: Komm, ich zeige dir das Strafgericht über die große Hure, die an *den vielen Gewässern sitzt.* 2 Denn mit
ihr haben *die Könige der Erde* Unzucht getrieben, und vom Wein ihrer
Hurerei wurden die Bewohner der Erde betrunken. 3 Der Geist ergriff
mich, und der Engel entrückte mich in die Wüste. Dort sah ich eine
Frau auf einem scharlachroten *Tier* sitzen, das über und über mit gotteslästerlichen Namen beschrieben war und sieben Köpfe und *zehn*

Hörner hatte. 4 Die Frau war in Purpur und Scharlach gekleidet und mit
Gold, Edelsteinen und Perlen geschmückt. Sie hielt einen goldenen
Becher in der Hand, der mit dem abscheulichen Schmutz ihrer Hurerei
gefüllt war. 5 Auf ihrer Stirn stand ein Name, ein geheimnisvoller
Name: Babylon, die Große, die Mutter der Huren und aller Abscheulich-
keiten der Erde. 6 Und ich sah, daß die Frau betrunken war vom Blut
der Heiligen und vom Blut der Zeugen Jesu.
Beim Anblick der Frau ergriff mich großes Erstaunen. 7 Der Engel
aber sagte zu mir: Warum bist du erstaunt? Ich will dir das Geheimnis
der Frau enthüllen und das Geheimnis des Tieres mit den sieben Köp-
fen und zehn Hörnern, auf dem sie sitzt. 8 Das Tier, das du gesehen
hast, war einmal und ist jetzt nicht; es wird aber aus dem Abgrund her-
aufsteigen und dann ins Verderben gehen. Staunen werden die Bewoh-
ner der Erde, deren Namen seit der Erschaffung der Welt nicht im Buch
des Lebens verzeichnet sind. Sie werden bei dem Anblick des Tieres stau-
nen; denn es war einmal und ist jetzt nicht, wird aber wieder da sein.
9 Hier braucht man Verstand und Kenntnis.
Die sieben Köpfe bedeuten die sieben Berge, auf denen die Frau sitzt.
Sie bedeuten auch sieben Könige. 10 Fünf sind bereits gefallen. Einer
ist jetzt da, einer ist noch nicht gekommen; wenn er dann kommt, darf
er nur kurze Zeit bleiben. 11 Das Tier aber, das war und jetzt nicht ist,
bedeutet einen achten König und ist doch einer von den sieben und
wird ins Verderben gehen. 12 Die zehn Hörner, die du gesehen hast, bedeu-
ten zehn Könige, die noch nicht zur Herrschaft gekommen sind; sie wer-
den aber königliche Macht für eine einzige Stunde erhalten, zusam-
men mit dem Tier. 13 Sie sind eines Sinnes und übertragen ihre Macht
und Gewalt dem Tier. 14 Sie werden mit dem Lamm Krieg führen, aber
das Lamm wird sie besiegen. Denn es ist der Herr der Herren und der
König der Könige. Bei ihm sind die Berufenen, Auserwählten und
Treuen.
15 Und er sagte zu mir: Du hast die Gewässer gesehen, an denen die Hure
sitzt; sie bedeuten Völker und Menschenmassen, Nationen und Sprachen.
16 Du hast die zehn Hörner und das Tier gesehen; sie werden die Hure
hassen, ihr alles wegnehmen, bis sie nackt ist, werden ihr Fleisch fres-
sen und sie im Feuer verbrennen.
17 Denn Gott lenkt ihr Herz so, daß sie seinen Plan ausführen: Sie sol-
len einmütig handeln und ihre Herrschaft dem Tier übertragen, bis
die Worte Gottes erfüllt sind. 18 Die Frau aber, die du gesehen hast, ist
die große Stadt, die die Herrschaft hat über die Könige der Erde.

Die Ankündigung von Babylons Sturz

18 Danach sah ich einen anderen Engel aus dem Himmel her-
absteigen; er hatte große Macht, und die Erde leuchtete auf von
seiner Herrlichkeit. 2 Und er rief mit gewaltiger Stimme: Gefallen, gefallen
ist Babylon, die Große! Zur Wohnung von Dämonen ist sie geworden, zur
Behausung aller unreinen Geister und zum Schlupfwinkel aller unrei-
nen und abscheulichen Vögel. 3 Denn vom Zornwein ihrer Unzucht
haben alle Völker getrunken, und die Könige der Erde haben mit ihr Unzucht
getrieben. Durch die Fülle ihres Wohlstands sind die Kaufleute der Erde
reich geworden.
4 Dann hörte ich eine andere Stimme vom Himmel her rufen: Verlaß
die Stadt, mein Volk, damit du nicht mitschuldig wirst an ihren Sün-
den und von ihren Plagen mitgetroffen wirst. 5 Denn ihre Sünden haben
sich bis zum Himmel aufgetürmt, und Gott hat ihre Schandtaten nicht ver-
gessen. 6 Zahlt ihr mit gleicher Münze heim, gebt ihr doppelt zurück,
was sie getan hat. Mischt ihr den Becher, den sie gemischt hat, dop-
pelt so stark. 7 Im gleichen Maß, wie sie in Prunk und Luxus lebte, laßt
sie Qual und Trauer erfahren. Sie dachte bei sich: Ich throne als Königin,
ich bin keine Witwe und werde keine Trauer kennen. 8 Deshalb werden an
einem einzigen Tag die Plagen über sie kommen, die für sie bestimmt sind:
Tod, Trauer und Hunger. Und sie wird im Feuer verbrennen; denn
stark ist der Herr, der Gott, der sie gerichtet hat.

Die Klage über den Untergang Babylons

9 Die Könige der Erde, die mit ihr gehurt und in Luxus gelebt haben, werden
über sie weinen und klagen, wenn sie den Rauch der brennenden Stadt
sehen. 10 Sie bleiben in der Ferne stehen aus Angst vor ihrer Qual und
sagen: Wehe! Wehe, du große Stadt Babylon, du mächtige Stadt! In einer
einzigen Stunde ist das Gericht über dich gekommen.
11 Auch die Kaufleute der Erde weinen und klagen um sie, weil niemand
mehr ihre Ware kauft: 12 Gold und Silber, Edelsteine und Perlen, feines
Leinen, Purpur, Seide und Scharlach, wohlriechende Hölzer aller Art
und alle möglichen Geräte aus Elfenbein, kostbarem Edelholz,
Bronze, Eisen und Marmor; 13 auch Zimt und Balsam, Räucherwerk,
Salböl und Weihrauch, Wein und Öl, feinstes Mehl und Weizen, Rin-
der und Schafe, Pferde und Wagen und sogar Menschen mit Leib und
Seele.
14 Auch die Früchte, nach denen dein Herz begehrte, sind dir genom-
men. Und alles, was prächtig und glänzend war, hast du verloren; nie
mehr wird man es finden. 15 Die Kaufleute, die durch den Handel mit
dieser Stadt reich geworden sind, werden aus Angst vor ihrer Qual in
der Ferne stehen, und sie werden weinen und klagen: 16 Wehe! Wehe, du
große Stadt, bekleidet mit feinem Leinen, mit Purpur und Scharlach,
geschmückt mit Gold, Edelsteinen und Perlen. 17 In einer einzigen
Stunde ist dieser ganze Reichtum dahin.
Alle Kapitäne und Schiffsreisenden, die Matrosen und alle, die ihren
Unterhalt auf See verdienen, machten schon in der Ferne halt, 18 als sie
den Rauch der brennenden Stadt sahen, und sie riefen: Wer konnte
sich mit der großen Stadt messen? 19 Und sie streuten sich Staub auf den
Kopf, sie schrien, weinten und klagten: Wehe! Wehe, du große Stadt, die
mit ihren Schätzen alle reich gemacht hat, die Schiffe auf dem Meer
haben. In einer einzigen Stunde ist sie verwüstet worden. 20 Freu dich
über ihren Untergang, du Himmel – und auch ihr, Heilige, Apostel
und Propheten, freut euch! Denn Gott hat euch an ihr gerächt.

21 Dann hob ein gewaltiger Engel einen Stein auf, so groß wie ein
Mühlstein; er warf ihn ins Meer und rief: So wird Babylon, die große
Stadt, mit Wucht hinabgeworfen werden, und man wird sie nicht mehr finden.
22 Die Musik von Harfenspielern und Sängern, von Flötenspielern
und Trompetern hört man nicht mehr in dir. Einen kundigen Hand-
werker gibt es nicht mehr in dir. Das Geräusch des Mühlsteins hört man
nicht mehr in dir. 23 Das Licht der Lampe scheint nicht mehr in dir. Die
Stimme von Braut und Bräutigam hört man nicht mehr in dir. Deine Kauf-
leute waren die Großen der Erde, deine Zauberei verführte alle Völker.
24 Aber in ihr war das Blut von Propheten und Heiligen und von allen,
die auf der Erde hingeschlachtet worden sind.

Jubel im Himmel

19 Danach hörte ich etwas wie den lauten Ruf einer großen
Schar im Himmel:
Halleluja! / Das Heil und die Herrlichkeit und die Macht / ist bei
unserm Gott.
2 Seine Urteile sind wahr und gerecht. / Er hat die große Hure gerichtet, / die
mit ihrer Unzucht die Erde verdorben hat.
Er hat Rache genommen für das Blut seiner Knechte, / das an ihren Händen
klebte. 3 Noch einmal riefen sie:
Halleluja! / Der Rauch der Stadt steigt auf in alle Ewigkeit.
4 Und die vierundzwanzig Ältesten und die vier Lebewesen fielen nie-
der vor Gott, der auf dem Thron sitzt, beteten ihn an und riefen:
Amen, halleluja!
5 Und eine Stimme kam vom Thron her:
Preist unsern Gott, all seine Knechte / und alle, die ihn fürchten, Kleine und
Große!
6 Da hörte ich etwas wie den Ruf einer großen Schar und wie das Rau-
schen gewaltiger Wassermassen und wie das Rollen mächtiger Donner:
Halleluja! / Denn König geworden ist der Herr, unser Gott, / der Herrscher
über die ganze Schöpfung.

7 Wir wollen uns freuen und jubeln / und ihm die Ehre erweisen.
Denn gekommen ist die Hochzeit des Lammes, / und seine Frau hat
sich bereit gemacht.
8 Sie durfte sich kleiden in strahlend reines Leinen. / Das Leinen
bedeutet die gerechten Taten der Heiligen.
9 Jemand sagte zu mir: Schreib auf: Selig, wer zum Hochzeitsmahl des
Lammes eingeladen ist. Dann sagte er zu mir: Das sind zuverlässige
Worte, es sind Worte Gottes. 10 Und ich fiel ihm zu Füßen, um ihn
anzubeten. Er aber sagte zu mir: Tu das nicht! Ich bin ein Knecht wie
du und deine Brüder, die das Zeugnis Jesu festhalten. Gott bete an!
Das Zeugnis Jesu ist der Geist prophetischer Rede.

Sieg über das Tier und seinen Propheten

11 Dann sah ich den Himmel offen, und siehe, da war ein weißes Pferd,
und der, der auf ihm saß, heißt »Der Treue und Wahrhaftige«; gerecht
richtet er und führt er Krieg. 12 Seine Augen waren wie Feuerflammen, und
auf dem Haupt trug er viele Diademe; und auf ihm stand ein Name,
den er allein kennt. 13 Bekleidet war er mit einem blutgetränkten
Gewand; und sein Name heißt »Das Wort Gottes«. 14 Die Heere des
Himmels folgten ihm auf weißen Pferden; sie waren in reines,
weißes Leinen gekleidet. 15 Aus seinem Mund kam ein scharfes Schwert;
mit ihm wird er die Völker schlagen. Und er herrscht über sie mit eisernem
Zepter, und er tritt die Kelter des Weines, des rächenden Zornes Gottes,
des Herrschers über die ganze Schöpfung. 16 Auf seinem Gewand und
auf seiner Hüfte trägt er den Namen: »König der Könige und Herr der
Herren«.
17 Dann sah ich einen Engel, der in der Sonne stand. Er rief mit lauter
Stimme allen Vögeln zu, die hoch am Himmel flogen: Kommt her!
Versammelt euch zum großen Mahl Gottes. 18 Freßt Fleisch von Königen,
von Heerführern und von Helden, Fleisch von Pferden und ihren Reitern, Fleisch von allen, von Freien und Sklaven, von Großen und
Kleinen!
19 Dann sah ich das Tier und die Könige der Erde und ihre Heere versammelt, um mit dem Reiter und seinem Heer Krieg zu führen. 20 Aber das
Tier wurde gepackt und mit ihm der falsche Prophet; er hatte vor seinen Augen Zeichen getan und dadurch alle verführt, die das Kennzeichen des Tieres angenommen und sein Standbild angebetet hatten.
Bei lebendigem Leib wurden beide in den See von brennendem
Schwefel geworfen. 21 Die übrigen wurden getötet mit dem Schwert,
das aus dem Mund des Reiters kam; und alle Vögel fraßen sich satt an
ihrem Fleisch.

Die Tausendjährige Herrschaft

20 Dann sah ich einen Engel vom Himmel herabsteigen; auf
seiner Hand trug er den Schlüssel zum Abgrund und eine
schwere Kette. 2 Er überwältigte den Drachen, die alte Schlange – das ist
der Teufel oder der Satan –, und er fesselte ihn für tausend Jahre. 3 Er warf
ihn in den Abgrund, verschloß diesen und drückte ein Siegel darauf,
damit der Drache die Völker nicht mehr verführen konnte, bis die tausend Jahre vollendet sind. Danach muß er für kurze Zeit freigelassen
werden.
4 Dann sah ich Throne; und denen, die darauf Platz nahmen, wurde das
Gericht übertragen. Ich sah die Seelen aller, die enthauptet worden
waren, weil sie an dem Zeugnis Jesu und am Wort Gottes festgehalten
hatten. Sie hatten das Tier und sein Standbild nicht angebetet, und sie
hatten das Kennzeichen nicht auf ihrer Stirn und auf ihrer Hand
anbringen lassen. Sie gelangten zum Leben und zur Herrschaft mit
Christus für tausend Jahre. 5 Die übrigen Toten kamen nicht zum
Leben, bis die tausend Jahre vollendet waren. Das ist die erste Auferstehung. 6 Selig und heilig, wer an der ersten Auferstehung teilhat.
Über solche hat der zweite Tod keine Gewalt. Sie werden Priester Gottes
und Christi sein und tausend Jahre mit ihm herrschen.

Der endgültige Sieg über den Satan

7 Wenn die tausend Jahre vollendet sind, wird der Satan aus seinem
Gefängnis freigelassen werden. 8 Er wird ausziehen, um die Völker an
den vier Ecken der Erde, den Gog und den Magog, zu verführen und
sie zusammenzuholen für den Kampf; sie sind so zahlreich wie die
Sandkörner am Meer. 9 Sie schwärmten aus über die weite Erde und
umzingelten das Lager der Heiligen und Gottes geliebte Stadt. Aber
Feuer fiel vom Himmel und verzehrte sie. 10 Und der Teufel, ihr Verführer,
wurde in den See von brennendem Schwefel geworfen, wo auch das Tier
und der falsche Prophet sind. Tag und Nacht werden sie gequält, in
alle Ewigkeit.

Das Gericht über alle Toten

11 Dann sah ich einen großen weißen Thron und den, der auf ihm saß; vor
seinem Anblick flohen Erde und Himmel, und es gab keinen Platz mehr für sie.
12 Ich sah die Toten vor dem Thron stehen, die Großen und die Kleinen. Und Bücher wurden aufgeschlagen; auch das Buch des Lebens wurde
aufgeschlagen. Die Toten wurden nach ihren Werken gerichtet, nach
dem, was in den Büchern aufgeschrieben war. 13 Und das Meer gab die
Toten heraus, die in ihm waren; und der Tod und die Unterwelt gaben
ihre Toten heraus, die in ihnen waren. Sie wurden gerichtet, jeder nach
seinen Werken. 14 Der Tod und die Unterwelt aber wurden in den Feuersee
geworfen. Das ist der zweite Tod: der Feuersee. 15 Wer nicht im Buch des
Lebens verzeichnet war, wurde in den Feuersee geworfen.

Die neue Welt Gottes

Gottes Wohnen unter den Menschen

21 Dann sah ich einen neuen Himmel und eine neue Erde; denn der
erste Himmel und die erste Erde sind vergangen, auch das
Meer ist nicht mehr. 2 Ich sah die heilige Stadt, das neue Jerusalem, von
Gott her aus dem Himmel herabkommen; sie war bereit wie eine Braut,
die sich für ihren Mann geschmückt hat. 3 Da hörte ich eine laute Stimme
vom Thron her rufen: Seht, die Wohnung Gottes unter den Menschen! Er
wird in ihrer Mitte wohnen, und sie werden sein Volk sein; und er, Gott, wird bei
ihnen sein. 4 Er wird alle Tränen von ihren Augen abwischen: Der Tod wird
nicht mehr sein, keine Trauer, keine Klage, keine Mühsal. Denn was
früher war, ist vergangen.
5 Er, der auf dem Thron saß, sprach: Seht, ich mache alles neu. Und er sagte:
Schreib es auf, denn diese Worte sind zuverlässig und wahr. 6 Er sagte
zu mir: Sie sind in Erfüllung gegangen. Ich bin das Alpha und das
Omega, der Anfang und das Ende. Wer durstig ist, den werde ich umsonst
aus der Quelle trinken lassen, aus der das Wasser des Lebens strömt. 7 Wer
siegt, wird dies als Anteil erhalten: Ich werde sein Gott sein, und er wird
mein Sohn sein. 8 Aber die Feiglinge und Treulosen, die Befleckten, die
Mörder und Unzüchtigen, die Zauberer, Götzendiener und alle Lügner
– ihr Los wird der See von brennendem Schwefel sein. Dies ist der zweite
Tod.

Das neue Jerusalem

9 Und es kam einer von den sieben Engeln, die die sieben Schalen mit
den sieben letzten Plagen getragen hatten. Er sagte zu mir: Komm, ich
will dir die Braut zeigen, die Frau des Lammes. 10 Da entrückte er mich in
der Verzückung auf einen großen, hohen Berg und zeigte mir die heilige
Stadt Jerusalem, wie sie von Gott her aus dem Himmel herabkam,
11 erfüllt von der Herrlichkeit Gottes. Sie glänzte wie ein kostbarer
Edelstein, wie ein kristallklarer Jaspis. 12 Die Stadt hat eine große und
hohe Mauer mit zwölf Toren und zwölf Engeln darauf. Auf die Tore
sind Namen geschrieben: die Namen der zwölf Stämme der Söhne Israels.
13 Im Osten hat die Stadt drei Tore und im Norden drei Tore und im Süden
drei Tore und im Westen drei Tore. 14 Die Mauer der Stadt hat zwölf
Grundsteine; auf ihnen stehen die zwölf Namen der zwölf Apostel des
Lammes.

15 Und der Engel, der zu mir sprach, hatte einen goldenen *Meßstab*, mit
dem die Stadt, ihre Tore und ihre Mauer gemessen wurden. 16 Die Stadt
war *viereckig* angelegt und ebenso lang wie breit. Er maß die Stadt mit
dem Meßstab; ihre Länge, Breite und Höhe sind gleich: zwölftausend
Stadien. 17 *Und er maß ihre Mauer*; sie ist hundertvierundvierzig Ellen
hoch nach Menschenmaß, das der Engel benutzt hatte. 18 Ihre Mauer
ist aus Jaspis gebaut, und die Stadt ist aus reinem Gold, wie aus reinem
Glas. 19 Die Grundsteine der Stadtmauer sind mit *edlen Steinen* aller Art
geschmückt; der erste Grundstein ist ein Jaspis, der zweite ein Saphir,
der dritte ein Chalzedon, der vierte ein Smaragd, 20 der fünfte ein Sar-
donyx, der sechste ein Sardion, der siebte ein Chrysolith, der achte ein
Beryll, der neunte ein Topas, der zehnte ein Chrysopras, der elfte ein
Hyazinth, der zwölfte ein Amethyst. 21 Die zwölf Tore sind zwölf Per-
len; jedes der Tore besteht aus einer einzigen Perle. Die Straße der Stadt
ist aus reinem Gold, wie aus klarem Glas.
22 Einen Tempel sah ich nicht in der Stadt. Denn der Herr, ihr Gott, der
Herrscher über die ganze Schöpfung, ist ihr Tempel, er und das
Lamm. 23 Die Stadt braucht *weder Sonne noch Mond*, die ihr *leuchten*.
Denn *die Herrlichkeit Gottes erleuchtet* sie, und ihre Leuchte ist das Lamm.
24 *Die Völker werden* in diesem *Licht einhergehen, und die Könige* der Erde
werden *ihre Pracht* in die Stadt *bringen*. 25 Ihre *Tore werden den ganzen Tag
nicht geschlossen* – Nacht wird es dort nicht mehr geben. 26 *Und man wird
die Pracht* und die Kostbarkeiten *der Völker* in die Stadt *bringen*. 27 *Aber
nichts Unreines wird hineinkommen*, keiner, der Greuel verübt und lügt.
Nur die, *die im Lebensbuch* des Lammes *eingetragen sind*, werden einge-
lassen.

22 Und er zeigte mir einen *Strom, das Wasser des Lebens*, klar
wie Kristall; *er geht* vom Thron Gottes und des Lammes *aus*.
2 Zwischen der Straße der Stadt und dem Strom, hüben und drüben,
stehen Bäume des Lebens. Zwölfmal tragen sie Früchte, jeden Monat
einmal; und die Blätter der Bäume dienen zur Heilung der Völker. 3 Es
wird nichts mehr geben, was der Fluch Gottes trifft. Der Thron Gottes
und des Lammes wird in der Stadt stehen, und seine Knechte werden
ihm dienen. 4 Sie werden sein *Angesicht schauen*, und sein Name ist auf
ihre Stirn geschrieben. 5 Es wird keine Nacht mehr geben, und sie
brauchen weder das Licht einer Lampe noch das Licht der Sonne.
Denn der Herr, ihr Gott, wird über ihnen leuchten, und sie werden
herrschen *in alle Ewigkeit*.

Zeugnis und abschließende Mahnung des Sehers

6 Und der Engel sagte zu mir: Diese Worte sind zuverlässig und wahr.
Gott, der Herr über den Geist der Propheten, hat seinen Engel
gesandt, um seinen Knechten zu zeigen, *was* bald *geschehen muß*.
7 *Siehe, ich komme* bald. Selig, wer an den prophetischen Worten dieses
Buches festhält.
8 Ich, Johannes, habe dies gehört und gesehen. Und als ich es hörte
und sah, fiel ich dem Engel, der mir dies gezeigt hatte, zu Füßen, um
ihn anzubeten. 9 Da sagte er zu mir: Tu das nicht! Ich bin nur ein
Knecht wie du und deine Brüder, die Propheten, und wie alle, die sich
an die Worte dieses Buches halten. Gott bete an!
10 Und er sagte zu mir: *Versiegle* dieses Buch mit seinen prophetischen
Worten nicht! Denn die Zeit ist nahe. 11 *Wer Unrecht tut, tue weiter Unrecht*,
der Unreine bleibe unrein, der Gerechte handle weiter gerecht, und
der Heilige strebe weiter nach Heiligkeit. 12 *Siehe, ich komme* bald, und
mit mir bringe ich den *Lohn, und ich werde jedem geben, was seinem Werk ent-
spricht*. 13 *Ich bin* das Alpha und das Omega, *der Erste und der Letzte*, der
Anfang und das Ende. 14 Selig, wer sein Gewand wäscht: Er hat Anteil
am *Baum des Lebens*, und er wird durch die Tore in die Stadt eintreten
können. 15 Draußen bleiben die »Hunde« und die Zauberer, die
Unzüchtigen und die Mörder, die Götzendiener und jeder, der die
Lüge liebt und tut.
16 Ich, Jesus, habe meinen Engel gesandt als Zeugen für das, was die
Gemeinden betrifft. Ich bin die Wurzel und der Stamm Davids, der
strahlende Morgenstern.
17 Der Geist und die Braut aber sagen: Komm! Wer hört, der rufe:
Komm! *Wer durstig ist, der komme*. Wer will, empfange *umsonst das Wasser
des Lebens*.
18 Ich bezeuge jedem, der die prophetischen *Worte* dieses Buches hört:
Wer *etwas hinzufügt*, dem wird Gott die Plagen zufügen, *von denen in die-
sem Buch geschrieben steht*. 19 Und wer *etwas wegnimmt von* den propheti-
schen Worten dieses Buches, dem wird Gott seinen Anteil *am Baum des
Lebens* und an der heiligen Stadt wegnehmen, von denen in diesem
Buch geschrieben steht.
20 Er, der dies bezeugt, spricht: Ja, ich komme bald. –
Amen. Komm, Herr Jesus!
21 Die Gnade des Herrn Jesus sei mit allen!

Henri Matisse
Baum des Lebens
(1949)
»Zwischen den Straßen der Stadt und dem Strom, hüben und drüben, stehen Bäume des Lebens« (Offb 22,2). Die Schilderung der »heiligen Stadt«, des »neuen Jerusalem«, das »von Gott her aus dem Himmel herabkommt« (Offb 21,2), knüpft an den Garten von Eden an, dessen Mittelpunkt der Baum des Lebens und der Baum der Erkenntnis bilden (Gen 2,9). *L'arbre de vie* (Lebensbaum) von Henri Matisse ist die aus farbigem Papier in Originalgröße angefertigte Vorlage für die Ausführung eines Farbfensters im neuen Oratorium der Dominikanerinnen in Vence. Matisse entwarf für die Kapelle, an deren Bauplan er beteiligt war, neben den Fenstern auch den Wandschmuck, ein Kruzifix sowie Kerzenleuchter und Meßgewänder. Dieses Gesamtkunstwerk war für ihn »das letzte Ziel eines arbeitsamen Lebens und der Gipfelpunkt eines großen, aufrichtigen und schwierigen Strebens«, schrieb Matisse nach der Vollendung des Bauwerks, das 1951 seiner Bestimmung übergeben wurde. Matisse, zu Beginn des Jahrhunderts als »Fauves« (Wilder) ein Mitbegründer der Klassischen Moderne, starb 1954 in Nizza.

Abkürzungen

Allgemeine Abkürzungen

A	Anmerkung
AT	Altes Testament
atl.	alttestamentlich
ca.	circa = ungefähr
d.h.	das heißt
EÜ	Einheitsübersetzung
f	folgender Vers
G	griechische Übersetzung der Septuaginta, entstanden zwischen ca. 250–100 v. Chr.
H	hebräischer Text
Jh.	Jahrhundert (Jhd.)
korr.	korrigiert
NT	Neues Testament
ntl.	neutestamentlich
Par.	Parallele
Parr.	Parallelen
par.	parallele Stellen
S	Syrische Übersetzung (Peschitta)
s.	siehe
sog.	sogenannt (-e, -er, -es)
u.a.	unter anderem
usw.	und so weiter
vgl.	vergleiche
V.	Vers
VV.	Verse
Vg	Vulgata
z.B.	zum Beispiel
z.T.	zum Teil
()	erklärender Zusatz der Übersetzer
[]	unechter Text bzw. alte Zusätze

Abkürzungen der biblischen Bücher

Altes Testament

Gen	Das Buch Genesis
Ex	Das Buch Exodus
Lev	Das Buch Levitikus
Num	Das Buch Numeri
Dtn	Das Buch Deuteronomium
Jos	Das Buch Josua
Ri	Das Buch der Richter
Rut	Das Buch Rut
1 Sam	Das erste Buch Samuel
2 Sam	Das zweite Buch Samuel
1 Kön	Das erste Buch der Könige
2 Kön	Das zweite Buch der Könige
1 Chr	Das erste Buch der Chronik
2 Chr	Das zweite Buch der Chronik
Esra	Das Buch Esra
Neh	Das Buch Nehemia
Tob	Das Buch Tobit
Jdt	Das Buch Judit
Est	Das Buch Ester
1 Makk	Das erste Buch der Makkabäer
2 Makk	Das zweite Buch der Makkabäer
Ijob	Das Buch Ijob
Ps	Die Psalmen
Spr	Das Buch der Sprichwörter
Koh	Das Buch Kohelet
Hld	Das Hohelied
Weish	Das Buch der Weisheit
Sir	Das Buch Jesus Sirach
Jes	Das Buch Jesaja
Jer	Das Buch Jeremia
Klgl	Die Klagelieder
Bar	Das Buch Baruch
Ez	Das Buch Ezechiel
Dan	Das Buch Daniel
Hos	Das Buch Hosea
Joël	Das Buch Joël
Am	Das Buch Amos
Obd	Das Buch Obadja
Jona	Das Buch Jona
Mi	Das Buch Micha
Nah	Das Buch Nahum
Hab	Das Buch Habakuk
Zef	Das Buch Zefanja
Hag	Das Buch Haggai
Sach	Das Buch Sacharja
Mal	Das Buch Maleachi

Neues Testament

Mt	Das Evangelium nach Matthäus
Mk	Das Evangelium nach Markus
Lk	Das Evangelium nach Lukas
Joh	Das Evangelium nach Johannes
Apg	Die Apostelgeschichte
Röm	Der Brief an die Römer
1 Kor	Der erste Brief an die Korinther
2 Kor	Der zweite Brief an die Korinther
Gal	Der Brief an die Galater
Eph	Der Brief an die Epheser
Phil	Der Brief an die Philipper
Kol	Der Brief an die Kolosser
1 Thess	Der erste Brief an die Thessalonicher
2 Thess	Der zweite Brief an die Thessalonicher
1 Tim	Der erste Brief an Timotheus
2 Tim	Der zweite Brief an Timotheus
Tit	Der Brief an Titus
Phlm	Der Brief an Philemon
Hebr	Der Brief an die Hebräer
Jak	Der Brief des Jakobus
1 Petr	Der erste Brief des Petrus
2 Petr	Der zweite Brief des Petrus
1 Joh	Der erste Brief des Johannes
2 Joh	Der zweite Brief des Johannes
3 Joh	Der dritte Brief des Johannes
Jud	Der Brief des Judas
Offb	Die Offenbarung des Johannes

Die Textvorlagen der Einheitsübersetzung

Das Alte Testament

Der hebräische Text

Der Einheitsübersetzung liegt für die hebräisch überlieferten Schriften der hebräische Text des Alten Testamentes zugrunde, der sog. Masoretische Text. Er geht in seiner heutigen Fassung im wesentlichen auf die sorgfältige Arbeit jüdischer Gelehrter, der sog. Masoreten, zurück. Sie bemühten sich zwischen dem 6. und 10. Jahrhundert n. Chr. um die Wiederherstellung und Sicherung der ältesten Textfassung der Bücher des Alten Testamentes. Um 100 n. Chr. lag der hebräische Konsonantentext in Palästina vor; er entspricht im wesentlichen dem Text, der schon 100 v. Chr. verbreitet war. Weil die Juden, wie andere semitische Völker, nur die Konsonanten (Mitlaute) schrieben, die Vokale (Selbstlaute) aber nur sehr ungenau andeuteten, schufen die Masoreten zwischen 600 und 900 n. Chr. mit Hilfe von Strichen und Punkten über und unter den Konsonantenbuchstaben Vokalzeichen. Diesen »vokalisierten« oder »punktierten« Text nennt man den Masoretischen Text. Die wissenschaftliche Erforschung der Textüberlieferung und neuere Funde von vormasoretischen Handschriften, besonders von Qumran, haben zur kritischen Sichtung und Verbesserung dieses Textes beigetragen.

Der griechische Text

Die gesamte hebräische Bibel wurde für die griechisch sprechenden Juden Ägyptens und des Mittelmeerraumes zwischen 300 und 100 v. Chr. von unbekannten Juden in Alexandria ins Griechische übersetzt und so im Gottesdienst der jüdischen Gemeinde von Alexandria verwendet. Diese Übersetzung soll nach der Überlieferung in siebzig Tagen von siebzig Männern verfertigt worden sein; darum erhielt sie den Namen: »(die Übersetzung der) Siebzig« oder einfach »Septuaginta« (LXX). Sie wird in der Einheitsübersetzung durch den Buchstaben G, d.h. Griechischer Text, gekennzeichnet. In diese griechische Übersetzung wurden auch die sog. deuterokanonischen Bücher aufgenommen (s. Einleitung in das Alte Testament).
Im 2. Jahrhundert n. Chr. entstanden weitere griechische Übersetzungen, vor allem die des Aquila, des Symmachus und des Theodotion, die bisweilen auch in der Einheitsübersetzung berücksichtigt werden.

Die lateinischen Übersetzungen

Schon ab 150 n. Chr. entstehen in Nordafrika und Südfrankreich lateinische Übersetzungen, die man Vetus Latina (die Altlateinische) nennt. Diese Texte sind heute nur noch z.T. erhalten. Ab 390 n. Chr. schuf der hl. Hieronymus im Auftrag von Papst Damasus I. eine Übersetzung des Alten Testamentes aus dem Hebräischen, da die früheren Übersetzungen aus der Septuaginta sehr fehlerhaft waren. Seine Übersetzung erhielt später den Namen Vulgata (Vg.), d.h. die allgemein Verbreitete (Übersetzung). Sie gewann in der katholischen Kirche große Bedeutung in Gottesdienst und Theologie und wurde vom Konzil von Trient 1546 als authentisch erklärt, d.h. als beweiskräftig in Sachen der Glaubens- und Sittenlehre der Kirche. Am 15.4.1979 hat Papst Johannes Paul II. eine Überarbeitung der Vulgata veröffentlicht, die sog. Neue Vulgata oder Neo-Vulgata.

Andere alte Textfassungen und Übersetzungen

Für das Bemühen, die älteste Fassung des hebräischen bzw. griechischen Textes des Alten Testamentes festzustellen, sind außerdem folgende alte Texte und Übersetzungen wichtig: der Samaritanische Pentateuch, die aramäischen Übersetzungen (Targume) sowie die Übersetzung ins Syrische (Peschitta, abgekürzt S). Diese Übersetzungen haben den hebräischen Text zur Grundlage; andere alte Übersetzungen (z.B. die altlateinische, die koptische, die äthiopische, die armenische, die gotische) geben die Septuaginta wieder.

Aramäische Teile des Alten Testamentes

Das Aramäische ist eine mit dem Hebräischen eng verwandte semitische Sprache. Seit der Zeit der Perserherrschaft (ab 540 v. Chr.) wird das Hebräische als Umgangssprache im jüdischen Volk vom Aramäischen allmählich verdrängt. Zur Zeit Jesu sprach das Volk in Palästina aramäisch. In aramäischem Urtext sind folgende Teile des Alten Testamentes abgefaßt: Jer 10,11; Esra 4,8 – 6,18; 7,12 – 26; Dan 2,4 – 7,28.

Das Neue Testament

Der griechische Text

Die Schriften des Neuen Testamentes wurden von Anfang an sehr oft abgeschrieben. Kein Buch der Alten Welt ist so gut bezeugt durch frühe Abschriften wie das Neue Testament. Leider kam es aber im Verlauf der Überlieferung zu vielen Veränderungen der ursprünglichen Texte, sowohl durch Hör- und Lesefehler bei Diktat und Nachschrift als auch durch absichtliche Veränderungen stilistischer und inhaltlicher Art. Heute wird die Zahl der Textvarianten, d.h. der Textverschiedenheiten, unter den verschiedenen Handschriften des Neuen Testamentes auf rund 200 000 geschätzt. Meist handelt es sich dabei um stilistische Abweichungen, nur in verhältnismäßig wenigen Fällen um Sinnvarianten.
Schon in den ersten christlichen Jahrhunderten setzten aber Bestrebungen ein, die ursprünglichen Textfassungen wieder herzustellen und zu sichern. Durch eine große Zahl von Textzeugnissen seit dem 2. Jahrhundert n. Chr. und durch die gründliche Erforschung der verwickelten Geschichte der Textüberlieferung ist der griechische Text des Neuen Testamentes heute wissenschaftlich vollauf gesichert. Der Text der wissenschaftlichen Ausgaben entspricht jener Textform, die zu einem großen Teil um die Mitte des 2. Jahrhunderts bestand.
Die Einheitsübersetzung setzt die Ergebnisse der wissenschaftlichen Erforschung des Textes voraus und weist dort, wo wichtige, voneinander abweichende Textzeugnisse vorliegen, auf diese hin.
Da die Textausgaben des Neuen Testamentes nach dem Aufkommen des Buchdrucks in Verse eingeteilt wurden, der damalige griechische Text aber wissenschaftlich noch nicht voll gesichert war, finden sich in dieser Übersetzung auch Hinweise auf Verse, die nicht zum Urtext gehörten und daher lediglich in den Anmerkungen abgedruckt werden.

Die altlateinischen Übersetzungen und die Vulgata

Schon seit dem 2. Jahrhundert kam es zu Übersetzungen ins Syrische, Koptische und Lateinische. Diese Übersetzungen sind wichtig für die Erforschung des ursprünglichen griechischen Textes. Frühe lateinische Übersetzungen entstanden zuerst in Nordafrika und in Südfrankreich, dann in Italien. Diese wurden Altlateinische Übersetzungen (Vetus Latina) genannt.

Papst Damasus I. gab 382 dem damaligen bedeutendsten Bibelgelehrten der lateinischen Kirche, Hieronymus, den Auftrag, einen einheitlichen, zuverlässigen Text der lateinischen Übersetzung zu schaffen. 384 legte Hieronymus eine überarbeitete Fassung der Evangelien vor. Ob er auch die übrigen Schriften des Neuen Testamentes ähnlich überarbeitet hat oder ob andere dies taten, ist bis heute nicht geklärt. Die lateinische Übersetzung, die unter Papst Damasus in Rom gebraucht wurde (später Vulgata, d.h. die allgemein verbreitete, genannt), gewann im lateinischsprachigen Westen vorherrschende Bedeutung. Dazu trug der Rückgang der griechischen Sprachkenntnisse und die Trennung zwischen West- und Ostkirche maßgeblich bei.

Als die Reformatoren des 16. Jahrhunderts im Anschluß an die Humanisten wieder auf den griechischen Text zurückgriffen, erklärte das Konzil von Trient 1546 die »altehrwürdige, allgemeine (lateinische) Übersetzung, die durch so lange Jahrhunderte im Gebrauch der Kirche erprobt ist«, als »authentisch«, d.h. für den kirchlichen Gebrauch maßgebend. Diese Übersetzung enthält zahlreiche Textvarianten gegenüber dem griechischen Originaltext, so daß die katholische Kirche heute sowohl für theologische Forschungen und Verlautbarungen wie auch für die Liturgie auf den griechischen Text zurückgreift.

Im Anschluß an das Zweite Vatikanische Konzil wurde im Auftrag der katholischen Kirche eine Neo-Vulgata geschaffen (Abschluß der Arbeit 1979), welche die sogenannte Vulgataübersetzung anhand des griechischen Grundtextes überprüfte und auch stilistisch überarbeitete. Diese Neue Vulgata soll überall dort verwendet werden, wo die Kirche biblische Texte in lateinischer Sprache gebraucht (z.B. römische Liturgie).

Die Einheitsübersetzung

Das Zweite Vatikanische Konzil erlaubte den Gebrauch der Muttersprache in der Liturgie und beschloß, »die Schriftlesung reicher und mannigfaltiger auszugestalten«. Zugleich empfahl es, neue Bibelübersetzungen aus den Ursprachen zu schaffen, wo möglich, gemeinsam mit den nichtkatholischen Christen. Deswegen fußt die Einheitsübersetzung auf dem griechischen Text und hat die Vulgataübersetzung nicht in besonderer Weise berücksichtigt.

Die Zählung und Übersetzung der Psalmen

Die Zählung der Psalmen weicht in den hebräischen Handschriften von der Zählung in den griechischen und lateinischen (G und Vg) Handschriften ab.
Da die Einheitsübersetzung den hebräischen Text zugrunde legt, folgt sie auch der hebräischen Zählung. So ergibt sich folgende Ordnung:

Ps 1–9:	Zählung gleich
Ps 10–113:	hebräische Zählung geht um 1 voraus
Ps 114–115:	entspricht dem griechischen Ps 113
Ps 116:	hebräische Zählung entspricht den griechischen Psalmen 114 und 115
Ps 117–146:	hebräische Zählung geht um 1 voraus
Ps 147:	hebräische Zählung entspricht den griechischen Psalmen 146 und 147
Ps 148–150:	Zählung gleich

Die Übersetzung des Psalters wurde zuerst 1971 veröffentlicht.
An der Gestaltung des Textes arbeiteten evangelische und katholische Fachleute der Bibelwissenschaft, der deutschen Sprache, der Kirchenmusik und der Katechetik mit. Nach mehrjähriger Erprobung beim Chorgebet und im Gemeindegottesdienst wurde der deutsche Text 1973/74 durch Fachleute der oben genannten Bereiche erneut gründlich überarbeitet.

Die Übersetzer und Mitarbeiter der Einheitsübersetzung

Das Alte Testament

Die Übersetzer des Alten Testamentes
Heinrich Arenhoevel, Hermann Bückers, Alfons Deissler, Hermann Eising, Heinrich Groß, Ernst Haag, Vinzenz Hamp, Walter Kornfeld, Norbert Lohfink, Martin Rehm, Wolfgang Richter, Josef Scharbert, Johannes Schildenberger, Othmar Schilling, Rudolf Schmid, Heinrich Schneider, Josef Schreiner, Claus Westermann, Joseph Ziegler.

Die Mitarbeiter an der Übersetzung des Alten Testamentes
Wilfried Barner, Eleonore Beck, Peter Bläser, Wolfgang Beilner, Richard Beron, Uwe Förster, Joachim Goth, Odo Haggenmüller, Rudolf Henz, Hans Hilger, Alfons Kirchgässner, Otto Knoch, Emil Lengeling, Leopold Lentner, Gabriele Miller, Georg Molin, Otto Nüßler, Franz Planatscher, Josef Plöger, Theodor Schlatter, Egidius Schmalzriedt, Eugen Sitarz, Joseph Sulzbacher, Fridolin Stier, Gerhard Striebeck, Franz Josef Zinniker.

Die Übersetzer und die Mitarbeiter an der Übersetzung der Psalmen
Johannes Aengenvoort, Wilfried Barner, Richard Beron, Uwe Förster, Klaus Fricke, Herbert Goltzen, Heinrich Groß, Wilhelm Gundert, Odo Haggenmüller, Vinzenz Hamp, Rudolf Henz, Otto Knoch, Otto Nüßler, Franz Planatscher, Heinrich Rohr, Josef Scharbert, Fritz Schieri, Egidius Schmalzriedt, Eugen Sitarz, Oskar Söhngen, Fritz Tschirch, Eberhard Weismann, Claus Westermann.

Die Beauftragten für die Revision des Alten Testamentes
Weihbischof Josef Plöger, Weihbischof Klaus Dick, Bischof Reinhard Lettmann, Weihbischof Manfred Müller. Heinrich Groß, Ernst Haag, Odo Haggenmüller, Otto Knoch, Josef Scharbert, Josef Schreiner, Eugen Sitarz.

Das Neue Testament

Die Übersetzer des Neuen Testamentes
Gerhard Barth, Peter Bläser, Josef Blinzler, Otto Böcher, Kapistran Bott, Christoph Burchard, Josef Dillersberger, Martin Fischer, Joachim Gnilka, Erich Grässer, Wilhelm Gundert, Klaus Haacker, Odo Haggenmüller, Ferdinand Hahn, Hellmut Haug, Rudolf Kassühlke, Otto Knoch, Heinz-Wolfgang Kuhn, Josef Kürzinger, Johann Michl, Franz Mußner, Engelbert Neuhäusler, Henning Paulsen, Wilhelm Pesch, Josef Pfammatter, Joseph Reuss, Eugen Ruckstuhl, Karl Theodor Schäfer, Theodor Schlatter, Heinrich Schlier, Josef Schmid, Rudolf Schnackenburg, Benedikt Schwank, Josef Sint, Gerhard Striebeck, Anton Vögtle, Karl Wennemer, Franz Zehrer, Heinrich Zimmermann.

Die Mitarbeiter an der Übersetzung des Neuen Testamentes
Wilfried Barner, Eleonore Beck, Wolfgang Beilner, Richard Beron, Uwe Förster, Joachim Goth, Odo Haggenmüller, Rudolf Henz, Hans Hilger, Alfons Kirchgässner, Otto Knoch, Joseph Kopperschmidt, Emil Lengeling, Leopold Lentner, Johann Michl, Gabriele Miller, Engelbert Neuhäusler, Otto Nüßler, Franz Planatscher, Egidius Schmalzriedt, Eugen Sitarz, Oskar Söhngen, Joseph Solzbacher, Gerhard Striebeck, Johannes Wagner, Karl Wennemer, Franz Josef Zinniker.

Die Beauftragten für die Revision des Neuen Testamentes
Bischof Eduard Schick, Landesbischof Eduard Lohse, Erzbischof Johannes Joachim Degenhardt, Oberkirchenrat Wilhelm Gundert, Bischof Reinhard Lettmann, Weihbischof Hubert Luthe, Weihbischof Manfred Müller, Weihbischof Alois Stöger, Weihbischof Ernst Tewes. Gerhard Barth, Otto Böcher, Christoph Burchard, Martin Fischer, Joachim Gnilka, Erich Grässer, Klaus Haacker, Odo Haggenmüller, Ferdinand Hahn, Hellmut Haug, Otto Knoch, Heinz-Wolfgang Kuhn, Egidius Schmalzriedt, Eugen Sitarz, Karl Wennemer.

Anmerkungen zur Textgestaltung und Textüberlieferung

Das Buch Genesis

2,6 Feuchtigkeit: in H ein Wort unbekannter Bedeutung.
2,7 In H Wortspiel mit den Ausdrücken für Ackerboden (adamáh) und Mensch (adám).
2,23 denn ...: Die Ausdrücke für Mann (isch) und Frau (ischáh) sind im Hebräischen ähnlich.
4,1 Die Worte Evas sind ein Wortspiel mit dem Namen Kain, der im Hebräischen an das Zeitwort für »erwerben« (kanáh) anklingt.
4,4 von ihrem Fett, andere Übersetzungsmöglichkeit: von ihren fettesten Tieren.
4,7 als Dämon: sinngemäß ergänzt; in H steht trotz des weiblichen Wortes für Sünde eine männliche Zeitwortform, die an einen Unheilsdämon erinnert. Deswegen wird der ganze Satz mit männlicher Form gebildet.
4,8 Gehen wir aufs Feld!: nach den alten Übersetzungen ergänzt.
4,16 Wortspiel mit Nod und dem Wort »ruhelos« (nad).
4,25 Bis hierher war es im einzelnen fraglich, ob man adam mit »Mensch« übersetzen oder es als Eigenname Adam wiedergeben soll. Erst von hier ab ist Adam sicher Eigenname. – Die Worte Evas erklären sich als Wortspiel mit dem Namen Set, der an das hebräische Zeitwort schat (einsetzen) erinnert.
4,26 Auch der Name Enosch bedeutet »Mensch«. – Hier und an den meisten Stellen, wo in dieser Übersetzung »der Herr« für Gott steht, gebraucht H den Eigennamen Jahwe. Die Übersetzer folgen der Tradition der Juden und Christen, den Eigennamen Jahwe, den die Juden wegen Ex 20,7 = Dtn 5,11 nicht auszusprechen wagten, mit »der Herr« zu umschreiben. Nur wo es unumgänglich schien, wurde der Eigenname belassen (vgl. Ex 3,15).
5,29 Wortspiel mit dem Namen Noach und den Zeitwörtern für »ruhen« (núach) und »trösten« (nihám).
6,16 hebe es an: H unklar; vielleicht ist gemeint: Das Dach soll in der Mitte eine Elle höher sein als an den Seiten, damit das Wasser abfließen kann.
9,27 Wortspiel mit dem Namen Jafet und dem ähnlich klingenden Zeitwort »er schaffe Raum« (jaft).
10,4 In H steht Dodaniter; wahrscheinlich ist aber Rodaniter zu lesen wie in 1 Chr 1,7. Die hebräischen Buchstaben d und r sind einander sehr ähnlich und konnten leicht verwechselt werden.
10,21 Die »Söhne Ebers« sind die Hebräer (hebr.: ibrím).
15,2 Schluß des Verses in H unklar, daher Übersetzung unsicher.
15,21 Hiwiter: ergänzt nach einigen alten Übersetzungen.
16,13f In H Wortspiel mit dem Namen des Brunnens.
17,17 Anspielung auf die Bedeutung des Namens Isaak, hebr.: jizchák (= er lacht; vgl. 18,12–15).
21,6 Wieder Wortspiel mit der Bedeutung des Namens Isaak (vgl. 17,17 und 18,12–15).
21,31 Das hebräische Wort scheba kann sowohl »sieben« als auch »Eid« bedeuten.
27,36 Der Name Jakob ist mehrdeutig: »Fersenhalter« (vgl. 25,26) und »Betrüger« (vgl. Hos 12,4; Jer 9,3).
30,32 Der Sinn des Verses ist in H nicht klar.
30,40 Der zweite Satz des Verses ist in H unklar.
31,53 zwischen uns: H fügt hinzu »der Gott ihrer Väter«, was G mit Recht wegläßt.
46,23 Schuham: nach Num 26,42; H irrtümlich: Huschim.
46,28 Der erste Satz ist in H unklar.
48,22 Wortspiel mit dem Ortsnamen Sichem, der »Schulter« bedeutet.
49,1–27 Die Sprache dieses Textes in H ist sehr knapp und verwendet viele schwer verständliche Anspielungen.
49,4 Der erste sollst du nicht bleiben: Er verliert das Erstgeburtsrecht. Andere Übersetzungsmöglichkeit: Den Übermut dämpfe! (vgl. V. 3).
49,16 Wortspiel mit dem Namen Dan, der auch »der, der Recht spricht« bedeutet (vgl. 30,6).
49,19 Wortspiel mit dem Namen Gad und dem Zeitwort »drängen« (gadád); anders 30,11.
49,24 Der Sinn des letzten Versteils ist in H unklar.

Das Buch Exodus

1,10 und sich des Landes bemächtigen, andere Übersetzungsmöglichkeit: und aus dem Land fortziehen.
2,10 Der Name Mose ist ägyptisch und bedeutet »Kind«; der israelitische Erzähler hört das hebräische Zeitwort »ziehen« (mascháh) heraus.
2,22 Wortspiel mit dem Namen Gerschom, der aus ger (= Gast) und schom (= Öde) zusammengesetzt ist.
2,25 und gab sich ihnen zu erkennen: so nach G.
3,14f Im Hebräischen ist »Jahwe« eine Zeitwortform in der 3. Person Einzahl, etwa »er ist da«; da hier Gott von sich selbst in der 1. Person redet, gebraucht er das Zeitwort in der Ich-Form: Ich bin da. Für »Jahwe« werden allerdings auch andere Erklärungen versucht, von denen noch am ehesten zutreffen könnte: Er setzt ins Dasein. Zur Umschreibung des Gottesnamens Jahwe mit »der Herr« vgl. die Anmerkung zu Gen 4,26.
3,18 Hier und an ähnlichen Stellen, wo der Name Jahwe im Gespräch mit fremden Völkern gebraucht wird, ist die Umschreibung mit »der Herr« nicht angebracht, weil die nicht-israelitischen Völker den Gott Israels nicht als Herrn anerkennen und weil sie für ihre Götter Eigennamen haben.
4,13 Wörtlich: Schicke, wen du schickst!
14,20 H unklar, darum Übersetzung unsicher.
16,31 Manna bedeutet »Was ist das?« (vgl. V. 15).
18,11 Der Satz »doch der Herr hat sein Volk aus ihrer Hand gerettet« steht in H schon in V. 10.
32,4 Er zeichnete eine Skizze: Die Bedeutung von H ist umstritten; andere Übersetzungsmöglichkeit: Er formte das Gold in einer Gußform und goß daraus ...
32,35 gemacht, andere Übersetzungsmöglichkeit (nach den alten Übersetzungen): verehrt.
38,17 Der letzte Satz des Verses ist in H unklar.

Das Buch Levitikus

5,2 aber er merkt es dann: sinngemäß ergänzt (vgl. V. 3).
9,7 für dich und das Volk, vielleicht nach G zu korrigieren: für dich und dein Haus.
13,1–46 Das mit »Aussatz« wiedergegebene hebräische Wort meint nicht immer die Lepra in unserem Sinn, sondern dürfte auch andere ekelerregende Hautkrankheiten bezeichnen, die man mit Lepra verwechselte.
22,9 falls sie sie entweihen: H unklar.
22,16 H ist nicht völlig klar.
24,5 Die zwölf Kuchen werden in Ex 25,30 und 1 Sam 21,7 »Schaubrote« (wörtlich: Brote des Angesichts) genannt.
25,33 Wenn einer von den Leviten auf Einlösung verzichtet: so nach Vg.
26,26 Ich entziehe ihnen ihren Vorrat an Brot, wörtlich: Ich zerbreche ihnen den Brotstab; gemeint ist der Holzpflock an der Wand, auf dem die ringförmigen Brote hängen.

Das Buch Numeri

5,10a Der Sinn von H ist unklar.
10,36 Der Sinn von H ist unklar.
22,32 zu abschüssig: Der Sinn des hebräischen Wortes ist unklar. Wenn es hier richtig übersetzt ist, dann ist es wohl in übertragener Bedeutung gemeint.
22,41 bis zum Volk, wörtlich: bis an den äußersten Rand des Volkes (Israel).
23,10 dem seinen, gemeint ist: dem Ende Israels.
23,23 Der Einschub gibt hier keinen Sinn
24,23 Der Fragesatz ist in H unklar.
35,4 zweitausend Ellen: so nach G und nach dem Zusammenhang (vgl. V. 5); H: tausend Ellen.
36,2 Mose wird in ehrfurchtsvoller Anrede »Herr« genannt. Zum ersten »Herr« vgl. die Anmerkung zu Gen 4,26.

Das Buch Deuteronomium

1,8 von dem ihr wißt: Die Wendung ist hier und an anderen Stellen eingefügt, weil man die komplizierte hebräische Satzkonstruktion im Deutschen so am besten wiedergeben kann.
1,17 Andere Übersetzungsmöglichkeit: denn das Gericht kommt von Gott.
1,28 Andere Lesart: größer und höher gewachsen als wir.
1,41 Andere Übersetzungsmöglichkeit: Jeder legte die Waffen an und zog leichten Sinnes ins Bergland hinauf.
2,34 weihten der Vernichtung: In älteren Bibelübersetzungen stand hier und an ähnlichen Stellen das Wort »Bann« oder »bannen«, das aber mißverständlich ist. Gemeint ist die Vernichtung der Bevölkerung, und es ist dabei ein Wort benutzt, das in früheren Zeiten Vernichtung aufgrund von Gelübden oder Götterweisungen bezeichnete.
4,37 Andere Übersetzungsmöglichkeit: Weil er deine Väter liebgewonnen hatte, hat er »seinen Nachkommen« erwählt.
4,45 Hinter »Satzungen« steht ein Wort, das im Alten Orient »Vertragsurkunde« bedeutet und das in den vorausgehenden Büchern stets mit »Bundesurkunde« übersetzt ist.
4,45 Andere Lesart: die Satzungen, Gesetze und Rechtsvorschriften.
5,6–21 Der Text der Zehn Gebote weist gegenüber Ex 20,2–17 kleine Unterschiede auf.
5,11 Andere Übersetzungsmöglichkeit: Du sollst bei dem Namen des Herrn, deines Gottes, keinen Meineid schwören, denn der Herr spricht den nicht frei, der bei seinem Namen einen Meineid schwört. – Die oben gegebene weitere Übersetzung erlaubt es, auch anderen Mißbrauch des Jahwenamens, etwa durch Magie, einzuschließen.
5,14 der in deinen Stadtbereichen Wohnrecht hat, wörtlich: der in deinen Stadttoren ist. – So immer, wenn diese Wendung wiederkehrt.
5,17 Manche Bibelausgaben zählen die Verse 17–20 nur als Vers 17; entsprechend ändert sich die Zählung der folgenden Verse.
5,31 Andere Lesart: Ich will dir das ganze Gebot, die Gesetze und die Rechtsvorschriften mitteilen.
6,4 Andere Übersetzungsmöglichkeit: Jahwe ist unser Gott, Jahwe allein. Die im Text gegebene Übersetzung zeigt, daß auf die Sprache der Liebeslyrik angespielt wird (vgl. Hld 6,8f).
6,7 Du sollst von ihnen reden, andere Übersetzungsmöglichkeit: Du sollst sie aufsagen.
6,17 Andere Lesart: Ihr sollt auf die Gebote des Herrn, eures Gottes, genau achten, und auf seine Satzungen und Gesetze, auf die er dich verpflichtet hat.
7,6 das ihm persönlich gehört: Hier wird in H ein Begriff für Eigentum gebraucht, der schwer zu übersetzen ist. Der Familienvater konnte neben dem Familienbesitz und der König neben dem Krongut noch ganz besonderen, persönlichen Besitz haben. Der betreffende Ausdruck konnte im Alten Orient auch auf die Vasallen eines Großkönigs angewandt werden. Das klingt hier an.
7,11 Andere Lesart: Deshalb sollst du auf das Gebot, die Gesetze und die Rechtsvorschriften achten, auf die ich dich heute verpflichte.
7,25f Das mit »Greuel« übersetzte Wort, das noch öfter als Begründung von Gesetzen vorkommt, meint etwas Ekelhaftes, dessen man sich schämt.
8,3 Wörtlich: was aus dem Mund des Herrn hervorgeht.
9,24 Andere Lesart: seit ich euch kenne.
10,14 Andere Übersetzungsmöglichkeit: Sieh, dem Herrn, deinem Gott, gehören der Himmel, ja, der hohe Himmel, und die Erde mit allem, was auf ihr lebt.
10,17 Andere Übersetzungsmöglichkeit: Denn der Herr, euer Gott, ist der wahre Gott und der wahre Herrscher.
11,2/7 In V. 2 scheint ein Stück des ursprünglichen Textes durch ein Abschreibversehen verlorengegangen zu sein. Deshalb ist der erste Satz entsprechend dem ähnlichen Vers 8,5 ergänzt. Die deutsche Sprache erfordert es, V. 7 zu V. 2 vorzuziehen.
11,7 Vgl. die Anmerkung zu 11,2/7.
11,18 Andere Übersetzungsmöglichkeit: Diese meine Worte sollt ihr auf euren Herzen und auf euren Seelen anbringen.
12,5 Ursprünglich lautete der Text vermutlich: indem er dort seinen Namen anbringt, um ihn (dort) wohnen zu lassen. Dorthin sollst du ziehen.
13,1 Manche Bibelausgaben zählen diesen Vers als 12,32; entsprechend ändert sich die Verszählung in Kap.13.
13,10 So nach G; H: sondern du sollst ihn töten.
14,4–18 Die Übersetzung der Tiernamen ist nicht immer sicher.
14,8.13 In beiden Versen liegt ein sehr früh verderbter Text vor; die Wiederherstellung ist unsicher.
15,14 Andere Lesart: Womit der Herr, dein Gott, dich gesegnet hat, damit sollst du ihn bedenken.
16,1 Andere Übersetzungsmöglichkeit: Achte auf den Neumond im Abib!
16,16 um das Angesicht des Herrn ... zu schauen: so nach dem mutmaßlichen Urtext. In den erhaltenen Textzeugen ist zur Wahrung der Unsichtbarkeit Gottes der Text leicht abgeändert: um vor dem Angesicht des Herrn ... zu erscheinen.
18,4 Andere Übersetzungsmöglichkeit: Du sollst ihm das Beste von Korn, Wein und Öl und das Beste aus der Schafschur geben.
18,8 Deutung von H unsicher.
19,16 Aufruhr, andere Übersetzungsmöglichkeit: Abfall (vom Herrn). Welches Vergehen hier genau gemeint ist, bleibt unklar.
21,17 den doppelten Anteil, andere Übersetzungsmöglichkeit: zwei Drittel.
22,15 das Beweisstück ihrer Unberührtheit, wörtlich: ihre Unberührtheit.
23,1 Manche Bibelausgaben zählen diesen Vers als 22,30; entsprechend ändern sich die Verszahlen von Kap. 23.
23,3 Bastard: in H ein Wort mit umstrittener Bedeutung.
23,16 einen fremden Untertan, andere Übersetzungsmöglichkeit: einen Sklaven (aus dem Ausland).
24,17 Andere Lesart: Du sollst einen notleidenden und armen Taglöhner unter deinen Brüdern oder unter den Fremden, die in deinem Land innerhalb deiner Stadtbereiche wohnen, nicht ausbeuten.
27,4 Garizim, andere Lesart: Ebal; sie stammt aus antisamaritischer Tendenz, denn nach V. 13 ist der Ebal der Berg des Verfluchens, und der Tempel der Samariter stand auf dem Garizim.
28,12 Andere Übersetzungsmöglichkeit: Der Herr tut dir sein köstliches Schatzhaus auf, den Himmel.
28,22 mit Glut und Trockenheit, andere Lesart: mit Glut und Schwert.
28,24 Andere Lesart: Der Herr verwandelt den Regen, den dein Land erhält, in Staub und Asche. Beide fallen vom Himmel auf dich herab, bis du vernichtet bist.
28,69 Manche Bibelausgaben zählen diesen Vers schon als 29,1; entsprechend ändert sich die Verszählung in Kap. 29. V. 69 ist jedoch Einführung zum Folgenden, nicht Abschluß des Vorangehenden, und steht parallel zu 1,1; 4,44 und 33,1.
29,9 eure Anführer, Stammesführer, Ältesten und Listenführer, andere Übersetzungsmöglichkeit: eure Stammesführer, Ältesten und Listenführer.
29,11 Wörtlich: Du schreitest jetzt durch in dem Bund deines Gottes und in seiner Verwünschung.
29,28 Andere Übersetzungsmöglichkeit: Die verhüllte Rolle ist das Exemplar für den Herrn, unseren Gott. Die unverhüllte Rolle ist für alle Zeit das Exemplar für uns und unsere Kinder. Wir sollen alle Bestimmungen dieser Weisung halten.
30,16 Der Anfang des Verses ist nur in G erhalten.
31,1f Andere Lesart: Als Mose damit zu Ende war, diese Worte ganz Israel vorzutragen, sagte er zu ihnen.
31,7 Du sollst mit diesem Volk in das Land hineinziehen, andere Lesart: Du sollst dieses Volk in das Land führen.
31,11 Vgl. die Anmerkung zu 16,16.
32,1 meinen Worten, wörtlich: den Worten meines Mundes.
32,3 den Namen des Herrn, andere Übersetzungsmöglichkeit: einen Namen Jahwes.
32,5 Schwieriger, wahrscheinlich verderbter Text.

32,8 nach der Zahl der Götter, andere Lesart: nach der Zahl der Söhne Israels. – Diese Lesart ist jünger. Sie wurde eingeführt, um polytheistische Vorstellungen, die dieses Lied noch ohne Bedenken benutzten, zu beseitigen. Die gemeinte Zahl ist 70. Es gab 70 Götter, die die 70 Völker der Welt regierten. Da Israel (Jakob) 70 Nachkommen hatte, als er nach Ägypten zog (Ex 1,5), erlaubte man sich die Änderung von »Götter« in »Söhne Israels«.
32,13 er nährte ihn mit den Früchten des Feldes, andere Lesart: und er aß von den Früchten des Feldes. – Er stillte ihn mit Wein aus dem Felsen, mit Öl aus den Felsspalten: Es ist wohl an Weinberge gedacht, die auf felsendurchwachsenen Berghängen angelegt sind. Andere Übersetzungsmöglichkeit: mit Honig aus dem Felsen.
32,15 Die erste Zeile fehlt bei einem Teil der Textzeugen.
32,19 Andere Lesart: Der Herr sah (es), und er verstieß im Zorn seine Söhne und Töchter.
32,31 In der zweiten Vershälfte ist die Deutung von H unsicher.
32,35 Andere Lesart: Mein ist die Strafe und die Vergeltung zu der Zeit, da ihr Fuß wanken wird. – Röm 12,19 und Hebr 10,30 setzen diese Lesart voraus.
32,45 Hier sind drei verschiedene Textfassungen überliefert. Die Übersetzung folgt der wahrscheinlichsten Rekonstruktion.
33,2–29 Ein sehr alter, mehrfach neu gedeuteter und erweiterter Text. Er ist hier nach der ältesten in Handschriften erfaßbaren Gestalt übersetzt. Einleitung und Schluß bilden zusammen einen rahmenden Psalm. Er ist in der hier übersetzten Fassung heilsgeschichtlich zu verstehen.
33,8 Andere Lesart: Deine Tummim und Urim gebühren deinem treuen Gefolgsmann.
33,10 Wörtlich: Sie legen Weihrauch in deine Nase.
33,12 Andere Lesart: In Sicherheit wohne der Liebling des Herrn an dessen Seite. Täglich wacht er über ihn, und zwischen seinen Schultern wohnt er.
33,21 Andere Lesart: Das erste Stück hat er sich ausgesucht, denn dort ist der Anteil des verborgenen Anführers. Er kam zu den Häuptern des Volkes.
34,1–3 Ein Teil der Textzeugen bringt eine andere, kürzere Landbeschreibung.

Das Buch Josua

1,6b Vgl. die Anmerkung zu Dtn 1,8.
1,14f östlich, wörtlich: jenseits; vom Standpunkt des Autors aus betrachtet, der in Palästina lebt.
2,19 ist selbst schuld, wenn sein Blut vergossen wird: wörtlich: sein Blut ist auf seinem Haupt.
5,9 Der Name Gilgal bedeutet wohl »Steinkreis« (vgl. 4,19f); er wird hier von galal (wälzen) abgeleitet.
6,18 begehren: Text korr. nach G.
7,17 Großfamilien: Text korr. mit S und einigen H-Handschriften.
7,26 Achor klingt an »Achan« an. Mit der Erzählung wird der Name des Achor-Tals gedeutet.
8,12f V. 12 fehlt größtenteils, V. 13 ganz in G; wohl ein Nachtrag.
8,25 Einwohner: Text korr. nach G.
10,2 er: Text korr. nach S und Vg.
12,4 Der Zusatz »das Gebiet des« fehlt in G und nimmt auf 12,1 keine Rücksicht.
13,8 Der Anfang des Verses »Die andere Hälfte des Stammes Manasse« ist sinngemäß ergänzt.
13,14 H liest nach Dtn 18,1, aber im Gegensatz zu Jos 13,33: die Feueropfer des Herrn, des Gottes Israels, sind ein Erbteil.
14,2 durch das Los teilten sie es ihnen zu: Text korr. nach G.
15,4 des Stammes Juda: Text korr. nach G (wörtlich: für sie); H: für euch.
15,7 nach Gelilot: Text korr. (vgl. 18,7); H: Gilgal.
15,9 zum Berg Efron: Text korr. nach G; H: zu den Städten des Berges Efron.
15,18 Übersetzung unsicher.
15,19 ein Geschenk als Zeichen des Segens, wörtlich: einen Segen.
15,28 und seine Tochterstädte: Text korr., H ist verderbt, vgl. G.
15,32 En-Rimmon: Text korr. nach Neh 11,29 (vgl. Jos 19,7).
15,59b Dieser Versteil ist nur in G erhalten.
17,11 Sinn und Bedeutung des Zusatzes unsicher.
17,18 nicht: Text korr. (vgl. V. 13; 16,10).
18,7 Levi: Text korr.; H: die Leviten.
18,18 Bet-Araba: Text korr. (vgl. V. 22; 15,6.61); H: Araba.
19,13 und biegt dann ab: Text korr.; H ist verderbt.
19,15 Der Text ist unvollständig überliefert.
19,34 Der Zusatz trifft sachlich nicht zu; er fehlt zu Recht in G.
19,47a Text korr. (vgl. Ri 1,34); H: Das Gebiet ... ging hinaus (ging verloren?).
20,7 Man wählte: Text korr. (vgl. Num 35,11); H: Sie heiligten; wohl unter Einfluß des folgenden Namens Kedesch (Heiligtum).
21,5f entsprechend ihren Sippen, vom Stamm: Text korr. nach V. 7; H: von den Sippen des Stammes.
21,45 war ausgeblieben, wörtlich: war dahingefallen (vgl. 23,14).
22,19 zieht uns ... hinein: Text korr.
22,22 soll er uns nicht helfen: Text korr., mit den alten Übersetzungen; H: hilf du uns nicht!
22,34a Zeuge: Text korr., eingefügt mit einigen H-Handschriften und S (vgl. V. 27).
23,14 ausgeblieben ist: vgl. die Anmerkung zu 21,45.
24,10 Ich wollte keinen Fluch von Bileam hören, wörtlich: Ich wollte nicht auf Bileam hören.
24,12 Der Zusatz paßt besser zu V. 8.

Das Buch der Richter

1,14 drängte er sie: Text korr. nach G (vgl. Jos 15,18).
1,15 ein Geschenk als Zeichen des Segens, wörtlich: einen Segen (vgl. Jos 15,19).
1,16 nun zogen sie weiter und ließen sich ... nieder: Text korr. vgl. G; H: Er ging hin und wohnte beim Volk.
1,18 nicht: Text korr. nach G und V. 19.
1,22 die Nachkommen: so G; H: das Haus.
1,31 Mahaleb: Text korr. (vgl. Jos 19,29).
2,3 Widerstand leisten: Text korr., vgl. G.
3,9 Andere Lesart: des jüngeren Bruders.
3,22 Die Übersetzung des Zusatzes ist unsicher.
4,15 Zusatz aus V. 16.
5,1 Der Text des Lieds ist vielfach verderbt.
5,8b Text korr.
5,14a Text korr.
5,14d H fügt am Schluß, wohl als erklärenden Zusatz im Sinn von »hoher Beamter«, hinzu: Schreiber.
5,15e Text korr. mit V. 16.
5,29 eine Kluge: Text (Einzahl statt Mehrzahl) korr., vgl. S und Vg.
6,25.28 fetten (Farren): Text korr.; H: zweiten.
6,32 Jerubbaal erscheint in 7,1 als zweiter Name Gideons und bedeutet »Baal möge (für ihn) streiten« oder »Baal möge sich groß erweisen«.
7,3 musterte sie: Text korr. (vgl. V. 4).
7,6 Text durch Umstellung korr., vgl. G.
7,8b Text und Übersetzung unsicher.
7,20 auch die beiden anderen, wörtlich: die drei (dabei ist die Abteilung von V. 19 einbezogen).
8,2 Gideon verwendet ein Wortspiel.
8,6.15 Wörtlich: Hast du denn die Faust Sebachs und Zalmunas schon in deiner Hand?
9,4b Wörtlich: die leer und zuchtlos waren (vgl. 11,3).
9,9 mit dem: Text korr., vgl. G.
9,24 die ihm geholfen hatten, wörtlich: die seine Hände stark gemacht hatten.
9,26 und Knechten: Text korr.
9,29 ich würde ... sagen: Text korr. nach G. – Du hast ein großes Heer: Text korr.; H: Mach groß (?) dein Heer!
9,31 Aruma: Text korr. nach V. 41.
9,41 kehrte zurück: Text korr., vgl. G; H: wohnte.
9,44f mit der Abteilung: Text korr., vgl. G.
9,46.49 Gewölbe: Übersetzung unsicher.
9,48 seine Axt: Text korr., vgl. G.
10,4 Städte: Text korr. nach den alten Übersetzungen.
10,12 Midian: Text korr. nach G.
11,37f meine Jugend, wörtlich: meine Jungfrauenschaft.
12,7 in seiner Stadt: Text korr. nach G.
13,19 der Wunder tut: Text korr., vgl. G. – Der Zusatz stammt aus V. 20.
14,11 Weil man aber vor ihm Angst hatte: Text korr. nach G; H: Weil sie ihn aber sahen.
14,15 Am vierten Tag: Text korr. nach G.
15,4b band ... zusammen, wörtlich: wendete Schwanz gegen Schwanz.
15,8 die Knochen entzwei, wörtlich: Wade auf Schenkel; wohl eine sprichwörtliche Redensart.
15,16 habe ich sie verprügelt: Text korr. mit G. Das hebräische Wort für »Esel« und das für »gründlich verprügeln« bilden ein Wortspiel.
16,2 Als man berichtete: ergänzt nach G. Der Zusatz »die ganze Nacht« ist eine Doppelschreibung, die, aus V. 2b genommen, diesem widerspricht.
16,13f Text ergänzt, vgl. G.
17,5 und stellte an, wörtlich: und füllte die Hand (vgl. Ex 28,41; 29,9.24).

17,7 Der Zusatz fehlt in S, vgl. G.
17,10 Der Zusatz widerspricht dem folgenden; wohl falsche Lesart aus V. 11.
18,2 fünf kampferprobte Männer: Text korr. nach G.
18,7 mit den Aramäern: Text korr. nach G, H: mit den Menschen.
18,28 mit den Aramäern: Text korr. (vgl. die Anmerkung zu V. 7).
18,30 des Mose: Text korr., vgl. G, Vg; H: Manasses, wohl nachträgliche Korrektur.
19,2 wurde zornig: So versteht wohl zu Recht G den Text im Sinn eines Zerwürfnisses.
19,10 und seinem Knecht: Text korr., vgl. G und V. 11f.
19,18 nach Hause: Text korr. nach G und V. 29; H: zum Haus des Herrn.
19,22 unseren Mutwillen mit ihm treiben, wörtlich: ihn erkennen.
20,9 Wir wollen (in den Kampf) ziehen: Text korr. nach G. – »durch das Los« ist in der Übersetzung zu V. 10 gezogen.
20,12 des Stammes: Text korr. nach G und Vg.
20,31 nach Gibeon: Text korr., H: nach Gibea.
20,42 aus der Stadt: Text korr., vgl. G.
20,43 von Noha: Text korr. nach G.
20,48 samt Menschen: Text korr., vgl. Vg, S und einige H-Handschriften.
21,22 Vergebt: Text korr.; H: Vergebt uns.

Das erste Buch Samuel

1,1 Rama – H hat die spätere Namensform Ramatajim – ist auch die Wirkungsstätte Samuels. – ein Zufiter: Text korr., vgl. G und 9,5.
1,3 Herr der Heere: H: Jahwe Zebaot, von G oft mit Pantokrator (Allherrscher) übersetzt. Mit den Heeren sind die himmlischen Heere, nämlich die Gestirne und die Engel, aber auch die Heere Israels gemeint.
1,5 doppelten: Übersetzung unsicher.
1,9 und trat vor den Herrn: ergänzt nach G.
1,24 einen dreijährigen Stier: Text korr. nach G, vgl. V. 25; H: drei Stiere.
2,1c Wörtlich: Mein Horn ist durch Jahwe erhöht.
2,3 so vermessen: Text korr., vgl. G.
2,5 können feiern für immer, wörtlich: hören auf für immer.
2,10 der Höchste: Text korr. (vgl. Ps 18,14). – die Macht, wörtlich: das Horn.
2,27 deine Vorfahren, wörtlich: sie.
2,29 aus Mißgunst: Text korr., vgl. G.
2,30 ihren Dienst versehen, wörtlich: ein und aus gehen.
2,32 voll Neid: Text korr., vgl. V. 29.
2,35 Vgl. die Anmerkung zu V. 30.
3,13 Gott lästern: Text korr. nach G; H: sich Fluch zuziehen.
3,19 und ließ ... unerfüllt, wörtlich: und ließ keines seiner Worte zu Boden fallen.
4,4 die beiden: Text korr. nach G; H: und dort die beiden.
4,21 Der Name Ikabod ist volkstümlich gedeutet.
6,15 Zusatz im Sinn von Num 4.
6,18 Der große Stein: Text korr., vgl. G.
6,19 Übertreibender Zusatz, der bei einem Teil der Textzeugen fehlt.
7,12 Jeschana: Text korr., vgl. G.
9,16 die Not: Text nach G ergänzt.
10,13 nach Gibea hinein: Text korr., vgl. G; H: auf die Höhe.
10,19 Nein: Text korr. nach mehreren Textzeugen.
12,5 daß ihr mir nichts vorwerfen könnt, wörtlich: daß ihr in meiner Hand nichts gefunden habt.
12,7 euch vorhalte: ergänzt nach G.
12,8 und die Ägypter eure Väter unterdrückten: ergänzt nach G.
12,11 Barak: Text korr. nach G und S; H: Bedan.
13,1 Die Zahlen sind nicht überliefert.
13,5 dreitausend: Text korr., vgl. G und S; H: dreißigtausend.
13,7 Viele: Text korr.; H: Hebräer.
13,18 den Hügel: Text korr., vgl. G; H: das Gebiet.
13,21 ein Pim: eine Gewichtseinheit, zwei Drittel eines Schekels. – Der Vers ist verderbt und unklar. Die hebräischen Bezeichnungen für die eisernen Geräte werden wie die in V. 20 verschieden gedeutet.
14,13 Da ergriffen sie die Flucht: Text korr.; H: Da fielen sie um.
14,25 Der erste Teil des Verses ist verderbt, die Übersetzung ein Versuch.
14,32b So die vielfach angenommene Deutung von H. Andere Übersetzungsmöglichkeit: »Und das Volk aß über dem Blut«, d.h. auf der Stelle, auf die das Blut geflossen war; dadurch wurde sie heiliger Bereich.
14,34 alles, was: Text korr. nach G.
14,47 war er siegreich: Text korr. nach G; H: frevelte er.
15,9 das Mastvieh: Text korr. nach der aramäischen Übersetzung; H: die zweiten.
16,7 Gott sieht: Text ergänzt nach G.
17,52 nach Gat: Text korr., vgl. G und die zweite Vershälfte; H: bis zu einem Tal.
18,21 in zwei Jahren: Text korr., vgl. V. 26.
19,13 Götterbild: H: Terafim (ein Kultobjekt unbekannter Form).
19,18f Prophetenhaus: in H ein Wort unsicherer Bedeutung; es dürfte sich um eine Prophetenniederlassung handeln (vgl. 2 Kön 6,1f).
20,16 Der Sinn des zweiten Satzes ist in H unklar, die Übersetzung ein Versuch.
20,25 saß ihm gegenüber: Text korr. nach G; H: stand auf.
20,41 neben dem Stein: Text korr., vgl. V. 19; unklar. – hörte nicht auf zu weinen: H unklar, Übersetzung ein Versuch.
22,22 Ich selbst bin schuld: Text korr. nach G.
24,11 Ich habe dich geschont: Text korr., vgl. die alten Übersetzungen.
25,6 zu meinem Bruder: Text korr., vgl. Vg.
25,22 mir: Text korr., vgl. G; H: den Feinden Davids.
25,29 Die Wendung »Beutel des Lebens« hängt damit zusammen, daß man kostbare Dinge (Münzen, Gold) in einem versiegelten Beutel aufbewahrt. So sorgfältig soll Davids Leben verwahrt werden.
25,36 Der Versschluß lautet wörtlich: erzählte sie ihm weder Kleines noch Großes bis zum Morgenlicht.
30,20 vor David her: Text korr., vgl. Vg.
30,29 Karmel: Text korr. nach G.
31,12 sie brachten sie: Text korr. nach G; H: sie kamen.

Das zweite Buch Samuel

1,21 ihr trügerischen Gefilde: Text korr.; H: ihr Gefilde der Erstlingsgaben.
2,8 Ischbaal: so lautet der Name richtig (vgl. 1 Chr 8,33; 9,39). H verändert den Namen, um den darin enthaltenen Gottesnamen Baal verächtlich zu machen, in Isch-Boschet (Mann der Schande); vgl. auch 4,4.
3,12 in eigener Sache: Bedeutung des betreffenden hebräischen Wortes unsicher.
4,4 Merib-Baal: So lautet der Name richtig (vgl. 1 Chr 8,34; 8,40); er wurde ähnlich wie der Name Ischbaal (vgl. Anm. zu 2,8) in H verunstaltet zu Mefiboschet.
4,6 Text korr. nach G; in H nimmt V. 6, teilweise mit anderem Inhalt, V. 7 vorweg.
5,8 Text schwer verständlich.
5,9 Millo: Stadtteil von Jerusalem westlich des Tempelbereichs. Der Name bedeutet »Auffüllung«, »Aufschüttung« o. dgl.
6,2 nach Baala in Juda: Text korr. nach 1 Chr 13,6; H: von den Bürgern Judas.
6,5 mit ganzer Hingabe: Text korr. nach G und 1 Chr 13,8; H: mit Zypressenhölzern.
7,7 Richter: Text korr. mit 1 Chr 17,6; H: Stämme.
7,23 Text korr.; vgl. die alten Übersetzungen und 1 Chr 17,21.
8,1 die Zügel der Herrschaft, wörtlich: den Zaum des Unterarms.
8,11 erbeutet hatte: Text korr. nach 1 Chr 18,11; H: geheiligt hatte.
8,13 schlug er Edom: Text korr., vgl. G und 1 Chr 18,12.
8,17 Abjatar, der Sohn Ahimelechs: Text korr. nach S und 1 Sam 22,20; 23,6; 30,7; H: Ahimelech, der Sohn Abjatars.
8,18 der Befehlshaber: Text korr. nach 20,23.
10,16 diesseits, wörtlich: jenseits; gemeint ist das Gebiet westlich des Eufrat (vgl. 1 Kön 5,4).
11,1 das Land: so sinngemäß nach 1 Chr 20,1.
11,21 Jerubbaals: Text korr. nach G (vgl. Ri 7,1); H liest Jerubbeschet, um den Namen des Gottes Baal verächtlich zu machen (vgl. die Anmerkungen zu 2,8; 4,4).
12,31 ließ sie arbeiten: Text korr.; H: führte sie hindurch.
13,18 Die beiden Sätze sind sinngemäß umgestellt.
13,32 Abschalom war verbittert, wörtlich: es lag über Abschaloms Mund.
13,39 zu hadern: Text korr., vgl. G.
14,8 Ich werde ... in Ordnung bringen, wörtlich: Ich werde deinetwegen Befehl geben.
14,11c Wörtlich: Keines von den Haaren deines Sohnes soll zu Boden fallen.

14,14 Einen Toten kann man nicht wieder ins Leben rufen, selbst wenn Abschalom verstoßen bleibt. Der Sinn des zweiten Satzes ist nicht ganz klar. Mit V. 15 kehrt die Rede der Frau zu dem angenommenen Fall zurück.
15,7 vier: Text korr., vgl. G und S; H: vierzig.
16,12 mein Elend: Text korr. nach G.
16,14 an den Jordan: Ortsangabe, die in H fehlt, ergänzt nach G und 15,28.
17,3b Text korr. nach G.
17,9 von deinen Leuten, wörtlich: von ihnen.
17,20 von hier zum Wasser: Text korr.
17,25 Ismaeliters: Text korr. nach 1 Chr 2,17.
17,27 brachten: ergänzt nach G.
18,23 Doch Ahimaaz sagte: ergänzt nach G.
19,12 V. 12 a und b sind sinngemäß umgestellt.
19,19 und durchschritten: Text korr.
19,26 von Jerusalem aus: Text korr. (vgl. 9,10f); H: nach Jerusalem.
20,6 und uns die Augen ausreißt: Übersetzung und Bedeutung unsicher.
20,7 zog Abischai mit Joab: Text korr., vgl. G; H: zogen mit ihm die Männer Joabs und die ...
20,8 Text und Sinn unsicher.
20,14 Alle Bichriter sammelten sich um ihn: Text korr.
21,8 Merib-Baal: H: Mefiboschet (vgl. die Anmerkung zu 4,4).
21,19 Jaïrs: Text korr. nach 1 Chr 20,5.
22,12 dunkles: Text korr. nach Ps 18.
22,27 doch falsch: Text korr. nach Ps 18.
22,28 doch die Blicke der Stolzen: Text korr. nach Ps 18.
22,42a Sie schreien: Text korr. nach Ps 18.
22,46 sie kommen zitternd: Text korr. nach Ps 18.
23,4 hervorsprießen läßt: Text korr.
23,5a gesichert: Text korr.
23,7 H liest am Ende des Verses noch ein Wort, das wohl aus dem folgenden Vers hierher geraten ist.
23,8b Text korr., vgl. G und 1 Chr 11,11.
23,9 Pas-Dammim: Text korr., vgl. 1 Chr 11,13.
23,11 bei Lehi: Text korr.
23,15 Da bekam David großen Durst, wörtlich: Da hatte David ein Verlangen.
23,19 Unter den Dreißig: Text korr.; H: Unter den Drei.
23,20 Söhne: eingefügt nach G.
23,27 Sibbechai: Text korr., vgl. G-Handschriften und 1 Chr 11,29.
23,32 Jaschen aus Nun: Text korr., vgl. 1 Chr 11,34 in G-Handschriften.
23,38 aus Jattir: Text korr., vgl. G-Handschriften.
24,2 durchstreift: Text korr.; Angleichung an V. 4.
24,5 begannen: Text korr., vgl. G; H: lagerten sich.
24,6 nach Kadesch: Text korr., vgl. G. – wandten sie sich: Text korr., vgl. G.

Das erste Buch der Könige

1,4 der König erkannte sie nicht: Er hatte mit ihr keine eheliche Gemeinschaft.
4,5 »Freund des Königs« ist hier Amtsbezeichnung. In H steht vor dem Titel »Freund« noch das Wort Priester.
5,4 Eintragung aus nachexilischer Zeit. Zu »diesseits des Stromes« vgl. die Anmerkung zu 2 Sam 10,16.
6,1–7,51 Die Kap.6 und 7 bereiten dem Verständnis erhebliche Schwierigkeiten. Besonders die Angaben über den Tempel sind oft schwer verständlich. H ist mehrfach durch Schreibfehler, Erweiterungen und Kürzungen entstellt. Diese Schwierigkeiten, in der Übersetzung teilweise geglättet, werden in den folgenden Anmerkungen nicht ausdrücklich erwähnt.
6,21 Ketten: Vielleicht ist ein Wort ausgefallen: einen Vorhang an goldenen Ketten.
7,9 H zum Teil unverständlich.
7,19f H unverständlich.
7,21 Die Namen Jachin und Boas werden verschieden gedeutet. Sie bilden vielleicht einen Satz: »Er (Gott) verleihe Festigkeit mit Kraft«, und drücken die Hoffnung auf den Bestand des Tempels und des Throns aus.
7,30f.36 H teilweise unverständlich.
8,12 Der erste Satz ist nur in G überliefert.
8,35 sie demütigst: Text korr. nach G; H: sie erhörst.
8,65 Späterer Zusatz, eingefügt in der Annahme, daß die Tempelweihe und das Laubhüttenfest nicht gleichzeitig, sondern nacheinander in je siebentägiger Feier begangen wurden.
9,8 wird zu einem Trümmerhaufen werden: sinngemäß korr.; H: wird hoch sein.
9,13 Den Namen konnte man verächtlich verstehen als »wie dürres Holz« (vgl. Jes 44,19).
9,15 Zu Millo vgl. die Anmerkung zu 2 Sam 5,9.
9,25 Opfergaben: Text korr.
10,1 H hat den Zusatz »im Namen des Herrn«; er ist wahrscheinlich durch Verschreibung aus dem Namen Salomo entstanden.
10,12 Die genaue Bedeutung des mit »Schnitzarbeiten« übersetzten Wortes ist unbekannt.
10,14 Das Spiel mit der Zahl sechs läßt eine sinnbildliche Bedeutung vermuten (vgl. Offb 13,18).
10,15 Die Übersetzung setzt geringfügige Korrekturen voraus.
10,19 der Kopf eines Jungstiers: Text korr. nach G; H: ein runder Kopf.
10,28 Statt Ägypten (hebräisch Mizrajim) ist vielleicht Muzri (Königreich an der zilizischen Küste, wie Koë) zu lesen.
11,7 Milkom: Text korr. nach V. 5 und 33; H: Moloch.
11,15 geschlagen hatte: Text korr. nach G.
12,2 kehrte ... zurück: Text korr. nach 2 Chr 10,2; H: blieb in Ägypten.
12,28 zum Volk: Text korr. nach G; H: zu ihnen.
12,30 vor das eine Kalb: H unklar.
13,11 Söhne: H hat Einzahl.
13,23 H wörtlich: sattelte er ihm, dem Propheten, den er zurückgeholt hatte, den Esel.
14,14 H unverständlich.
14,15 daß es schwankt: sinngemäß ergänzt.
15,6 Der Vers wiederholt 14,30.
15,15 seine eigenen Weihegaben: Text korr. nach G und 2 Chr 15,18.
15,21 zog sich zurück: Text korr. nach G und Vg.
17,1 der Prophet Elija aus Tischbe: Text korr. nach G.
17,15 und ihrem Sohn: Text sinngemäß korr.; H: und ihrem Haus.
18,26 Sie tanzten hüpfend: Das hebräische Wort deutet an, daß bei dem Tanz Bewegungen um den Altar ausgeführt werden, die Not und Behinderung ausdrücken. – den sie gebaut hatten: Text korr. nach den meisten alten Übersetzungen; H: den er erbaut hatte.
19,3 geriet in Angst: Text korr. nach G; H: sah.
20,11 In einer sprichwörtlichen Redensart wird gesagt, daß man sich eines Erfolgs erst rühmen soll, wenn man ihn erlangt hat.
20,33 als gutes Zeichen: Text sinngemäß korr.
21,10 lästern: wörtlich: segnen. Nabot soll beschuldigt werden, Fluchworte über den König ausgesprochen zu haben (vgl. Ex 22,27).
22,28 Zusatz aus Mi 1,2, veranlaßt durch die Gleichsetzung des hier genannten Micha mit dem Micha des Prophetenbuches.

Das zweite Buch der Könige

1,2 Die Bezeichnung Zebul (= Fürst) wurde Baal und anderen Göttern beigelegt; sie ist auch im Namen des Gottes von Ekron enthalten. Mt 10,25 hat die ursprüngliche Namensform Beelzebul. Baalzebub in H ist eine Entstellung des Namens (= Herr der Fliegen).
1,17 Sein Bruder: eingefügt wegen des Zusammenhangs, vgl. 3,1.
3,24 drängten die Israeliten nach: Text korr. nach G.
5,13 Wenn: Text korr.
5,18 wenn er sich dort niederwirft: Text korr. nach G; H: wenn ich mich dort niederwerfe.
6,8f Hinterhalt: Text korr. nach G (V. 9).
6,25 Milchstern: ein Zwiebelgewächs, das man nur in Notzeiten aß; andere Übersetzungsmöglichkeit: Taubenmist.
6,33 kam der König: H: kam der Bote.
7,11 schlugen Lärm: Text korr. nach G.
7,13 H ist durch Doppelschreibung einer Zeile entstellt.
8,10 Der Bescheid des Propheten besteht aus zwei scheinbar sich widersprechenden Sätzen. Der erste wird von manchen so verstanden: Du könntest genesen, aber der Tod wird durch andere Ursachen herbeigeführt werden. Hasaël täuscht den kranken König, indem er ihm den zweiten Teil des Bescheids vorenthält und dadurch auch den Sinn des ersten Teils verfälscht.
8,15 Das Subjekt des Satzes wird nicht ausdrücklich genannt. Wahrscheinlich wurde der König von Hasaël ermordet.
9,11 fragten sie: Text korr. nach G; H: fragte er.
9,31 Sie bezeichnet höhnisch Jehu als Simri, der den König tötete und sich bereits nach sieben Tagen das Leben nahm (vgl. 1 Kön 16,10.15–18).
10,1 Fürsten der Stadt ... Erzieher der Söhne: Text korr. nach dem Zusammenhang.
10,13 Brüder: im weiteren Sinn von »Verwandten«; die »Herrin« ist die Königin-Mutter.
10,16 ließ er ihn ... fahren: Text korr. nach G; H: ließen sie ihn ... fahren.

10,25 Der Schluß des Verses in H: machten sie sich über die Stadt des Tempels des Baal her.
11,2 versteckte sie: Text korr. nach G; H: versteckten sie.
11,5 soll den Königspalast bewachen: Text korr. nach G.
12,11 sie leerten: Text korr. nach 2 Chr 24,11; H: sie verschnürten.
13,7 Der Vers ist Fortsetzung von V. 3.
13,20 In jenem Jahr: Text korr.; andere Korrektur: Jahr für Jahr.
14,13 und brachte ihn: Text korr. nach 2 Chr 25,23; H: und kam.
14,21f V. 21 und vielleicht auch 22 gehören in den Zusammenhang von V. 14.
14,28 H: und wie er Damaskus und Hamat für Juda in Israel zurückbrachte. Sinn unklar.
15,1 Der Name des Königs ist in beiden Formen überliefert (vgl. V. 13 und 2 Chr 26,1).
15,10 Jibleam: in H ist der Name entstellt.
15,19 In seinen Tagen: Text korr. nach G; H: alle seine Tage (mit dem vorausgehenden Satz verbunden).
15,25 H unverständlich.
16,3 Er ließ ihn durch das Feuer gehen: Er verbrannte ihn als Opfergabe für Baal (vgl. die Anmerkung zu Lev 18,21).
16,6 Edom: Text korr.; H: Aram.
16,18 Sabbatgang: Übersetzung unsicher.
17,5f Beide Verse sind Parallelbericht zu V. 3f.
17,16 Heer des Himmels: die Sterne, die von den östlichen Völkern als Götter verehrt wurden.
17,27 Er soll zu ihnen gehen: H: Sie sollen ...
18,17 Tartan, Rabsaris und Rabschake: assyrische Beamtenbezeichnungen, etwa Oberfeldherr, Oberkämmerer und Obermundschenk.
18,29 aus meiner Hand: Text korr.; H: aus seiner Hand.
19,21 »Jungfrau« und »Tochter« sind bei den Propheten Bezeichnungen für die Bevölkerung von Ländern oder Städten.
19,26 Ostwind: Text korr. nach dem Jesaja-Text von Qumran.
19,28 dein Lärm: Text sinngemäß korr.; H: deine Sorglosigkeit.
19,37 seine Söhne: ergänzt nach Jes 37,38.
20,8 V. 7 ist wegen des Zusammenhangs nach V. 11 eingereiht.
20,9 soll der Schatten: Text korr. nach G. Es kann sich um die Beobachtung des Schattens an einer Sonnenuhr oder an den Stufen der Treppe handeln.
20,12 Merodach: nach G und Jes 39,1; H: Berodach.
20,13 freute sich: Text korr. nach G und Jes 39,2; H: hörte davon.
22,4 ausschütten: Text korr. nach V. 9; H: fertigmachen.
22,13 in ihm niedergeschrieben ist: Text korr. nach 2 Chr 34,21; H: gegen uns niedergeschrieben ist.
23,33 setzte ihn als König ab: Text korr. nach G.
23,34 brachte ihn: Text korr. nach 2 Chr 36,4. Durch die Verleihung eines neuen Namens drückt der Pharao aus, daß Jojakim sein Untertan ist.
24,3 zürnte: Text korr. nach V. 20 und G.
25,4 Zwei in H fehlende Wörter sind aus Jer 52,7 ergänzt.

Das erste Buch der Chronik

1,24–27 Der jeweils folgende Name bezeichnet den Sohn des vorausgehenden.
1,28–42 Manche Namen dieser und der folgenden Listen sind durch Schreibfehler entstellt und in Gen sowie in G in anderer Form überliefert. In den folgenden Anmerkungen wird darauf nicht im einzelnen eingegangen.
2,31 die Tochter: sinngemäß korr., vgl. V. 34.
3,21 Nach dem korrigierten Text sind alle hier genannten Söhne Hananjas untereinander Brüder. Demnach sind fünf Generationen nach Serubbabel genannt; das ist ein wichtiger Hinweis auf die Entstehungszeit des Buchs, vgl. die Einleitung.
4,1 Der jeweils folgende Name bezeichnet den Sohn des vorhergehenden.
4,9 Jabez erinnert an das Wort ozeb (= Beschwerde).
4,17 Ergänzt aus V. 18.
5,14 Die Namen der Söhne fehlen in H.
5,36 Die Zwischenbemerkung ist an falscher Stelle eingereiht. Sie gehört zu dem in V. 35 genannten Asarja (vgl. 1 Kön 4,2).
6,13 Text korr. nach 1 Sam 8,2.
6,39–66 Einige Ortsnamen fehlen in H und wurden aus Jos 21 ergänzt.
6,44f.54 Ergänzt nach Jos 21,16f.23.
6,62 Ergänzt nach Jos 21,34.
7,14–19 Der Text ist nur lückenhaft überliefert.
7,15 Der Name Hefer ist aus Num 26,33 zu entnehmen.
7,23 Man hörte im Namen Beria einen Anklang zu beraah (= im Unglück).
8,6f Der Text ist nur lückenhaft überliefert.
8,21 Für Schimi steht in V. 13 Schema.
9,33 Die erwartete Aufzählung der Namen fehlt hier.
11,11 Jaschobam ist wohl absichtliche Entstellung des Namens Jischbaal (vgl. 2 Sam 23,8). – drei: H: dreißig. Es gab einen Heldenkreis mit drei und einen größeren mit dreißig Männern.
11,13 In H sind einige Sätze verlorengegangen, so daß der Name des dritten Helden, Schamma, wegfiel und seine Leistungen auf den zweiten übertragen wurden. In 2 Sam 23,9–12 ist der volle Wortlaut noch erhalten. – Gerste: in 2 Sam 23,11: Linsen.
11,20f dreißig: in H zu »drei« verschrieben.
11,26–47 Die Namen sind teilweise durch Schreibfehler entstellt. Die Korrekturen stützen sich zumeist auf 2 Sam und G. In 2 Sam schließt die Liste mit Urija; Chr fügt sechzehn weitere Namen hinzu.
12,20 (David) brachte ... keine Hilfe: Text korr.; H: sie brachten ... keine Hilfe.
15,18 Secharja, Jaasiël: Text korr.; H: Secharja, Sohn Jaasiëls.
15,20f Die Bedeutung der Ausdrücke »nach elamitischer Weise« und »in der achten Stufe« ist unklar.
17,10 und mache dich groß: Text korr. nach G; H: und verkünde dir (nach 2 Sam 7,11).
17,17 H ist unverständlich.
17,18 zu dir sagen: Text korr. nach 2 Sam 7,20.
17,21 Text korr. nach G.
18,4 In 2 Sam 8,4 ist nur von siebzehnhundert Wagenkämpfern die Rede.
18,16 Text korr. nach 1 Sam 22,20; 23,6 und 30,7.
19,16 diesseits: vgl. die Anmerkung zu 2 Sam 10,16.
19,18 In 2 Sam 10,18 ist nur von siebenhundert Wagen die Rede.
20,3 und stellte sie: Text korr. nach 2 Sam 12,31.
20,4 kam es wieder: Text korr. mit G und 2 Sam 21,18.
21,12 fliehen mußt: Text korr. nach G und 2 Sam 24,13.
22,9 Der Name Salomo enthält den Wortstamm schalom (= Frieden).
23,5 die David ... anfertigen ließ: Text korr. nach G.
23,9 In H steht für Jehiël der Name Schimi, dessen Söhne jedoch in V. 10 genannt werden. Man erwartet einen der Söhne Ladans.
23,27 Vers sinngemäß umgestellt.
24,6 Abjatars, des Sohnes Ahimelechs: Text korr. wie in 18,16. – Jeweils zwei: sinngemäß korr. – und einer: Text korr. nach G.
25,9 In H steht vor Josef noch der Name Asaf.
26,7 Elsabad: Josabad in V. 4 ist derselbe Name, nur mit anderer Gottesbezeichnung gebildet.
26,16 In H steht vor Hosea der Name Schuppim infolge Verschreibung aus dem vorausgehenden Wort.
26,17 täglich: sinngemäß ergänzt.
26,20 ihren Stammesbrüdern: Text korr. nach G.
26,21f Text aus inhaltlichen Gründen umgestellt.
27,4 In H folgen auf den Namen Varianten des Wortes für »Abteilung«.
27,34 war Priester: sinngemäß ergänzt.
28,11 Raum der Deckplatte: Der Chronist nennt so das Allerheiligste, weil für ihn die Deckplatte über der Bundeslade der wichtigste Kultgegenstand ist.
28,19 über ihm: Text korr. nach G.
29,5 Seine Hand für Jahwe füllen: hier nicht Weiheritus, wie Ex 28,41; Lev 8,27; 1 Kön 13,33 in H, sondern: etwas in die Hand nehmen, um es dem Herrn darzubringen.

Das zweite Buch der Chronik

1,13 von der Kulthöhe: Text korr. nach G.
1,16 Vgl. die Anmerkung zu 1 Kön 10,28.
2,9 zum Unterhalt: Text korr. nach G und 1 Kön 5,25. 1 Kön spricht nur von 20000 Kor Weizen und 20 Kor (=200 Bat) Öl.
3,1–4,22 H ist einigemal durch Schreibfehler entstellt; sie werden im folgenden nicht eigens vermerkt.
3,4 Nach H hätte die Höhe 120 Ellen betragen.
3,5 Der Ausdruck »Parwajimgold« weist wahrscheinlich auf die Herkunft des Goldes hin.
3,10 H teilweise unverständlich.
3,15 achtzehn: nach 1 Kön 7,15; H: fünfunddreißig.
3,17 Zu den Namen der Säulen vgl. die Anmerkung zu 1 Kön 7,21.

4,3 H: zehn Ellen.
4,9 Der Hof der Priester wird in 1 Kön 6,36 und 7,12 »innerer Hof« genannt. Die Bezeichnung in Chr deutet an, daß er zu ihrer Zeit nur noch von den Priestern betreten werden durfte.
5,3 Das Fest ist das Laubhüttenfest.
5,9 bis zum heutigen Tag: Der Chronist übernahm diese Bemerkung unverändert seiner Vorlage. Der Tempel war 586 v. Chr. zerstört worden. Zur Zeit des Chronisten war die Bundeslade nicht mehr vorhanden.
5,11–13 Fehlt in 1 Kön.
6,26 sie demütigst: Text korr. nach G; H: sie erhörst.
6,38 ihrer Feinde: Text korr. nach G und 1 Kön 8,48; H: ihrer Gefangenschaft.
8,9 seine Obersten und Hauptleute: Text korr. nach G und 1 Kön 9,22; H: die Obersten seiner Hauptleute.
8,18 In Chr sind zwei Tatsachen zusammengefaßt: Hiram sandte Schiffe, die im Mittelmeer nach Tarschisch fuhren (9,21), und Seeleute, die von Elat aus mit der israelitischen Schiffsbesatzung nach Ofir fuhren.
9,4 sein Opfer: Text korr. nach G und 1 Kön 10,5; H: sein Obergemach.
9,14 die Abgaben: H: die Männer.
9,18b Text korr. nach 1 Kön 10,19.
10,1 »Israel« bezeichnet hier und öfter die Angehörigen der Nordstämme, die nach dem Abfall von der Dynastie Davids das Nordreich Israel bildeten. Daneben kann in Chr mit »Israel« das Gesamtvolk der zwölf Stämme oder auch die Bevölkerung des Südreichs Juda gemeint sein.
10,14 Mein Vater: Text korr. nach G und 1 Kön 12,14.
14,8 Kuschiter sind hier nicht die Bewohner Äthiopiens oder des Sudan, sondern ein kleinerer Volksstamm südlich des israelitischen Siedlungsgebiets, vgl. die Ortsnamen Marescha (V. 8f) und Gerar (V 12f).
14,9 nördlich: Text korr. nach G.
15,8 Asarja, des Sohnes: Text sinngemäß ergänzt.
15,19–16,1 Die Zahlen 35 und 36 beruhen auf einem Versehen des Schreibers, da Bascha schon im 26. Jahr Asas starb (vgl. 1 Kön 16,8).
17,3 seines Vaters: Infolge eines Mißverständnisses des Schreibers steht in H: seines Vaters David.
19,8 Gemeint sind Streitigkeiten unter den Einwohnern (Text korr. nach G) Jerusalems bei Vergehen gegen das göttliche Gesetz.
20,1 Die Meuniter sind benannt nach der Stadt Maan im Gebirge Seïr, südlich des Toten Meers. Der Name ist durch G bezeugt; H hat »Ammoniter«, die unmittelbar vorher genannt waren.
20,2 von Edom: sinngemäß korr.; H: von Aram.
20,25 Kleider: Text korr.
21,2 Juda: Text korr. nach G; H: Israel, doch vgl. die Anmerkung zu 10,1.
21,16 Kuschiter: wie in 14,8.
21,17 Joahas: Im folgenden wird er Ahasja genannt.
22,2 zweiundzwanzig: so nach G und 2 Kön 8,26; H: zweiundvierzig.
22,6 von den Wunden: Text korr. nach G und 2 Kön 8,29. Für Ahasja hat H Asarja.
22,10 auszurotten: Text korr. nach G und 2 Kön 11,1.
22,12 bei ihr: Text korr. nach G und 2 Kön 11,3; H: bei ihnen.
23,14 befahl den Hundertschaftsführern: Text korr. nach G und 2 Kön 11,15; H: führte die Hundertschaftsführer ... heraus.
23,16 des Herrn: Text korr. nach 2 Kön 11,17.
25,2 Die Einschränkung bezieht sich auf V. 14.
25,23 Joahas: vgl. die Anmerkung zu 21,17.
25,28 in der Davidstadt: Text korr. nach G und 2 Kön 14,20; H: in der Stadt Judas.
26,5 in der Furcht: Text korr. nach G. – Secharja ist sonst unbekannt.
26,7 Zu den Meunitern vgl. die Anmerkung zu 20,1.
28,19 König von Juda: Text korr. nach G; H: Israel, vgl. aber die Anmerkung zu 10,1.
29,31 Wörtlich: Ihr habt jetzt eure Hand für den Herrn gefüllt.
29,34 Die Priester und Leviten mußten vor der Ausübung ihres Dienstes »sich heiligen«, d.h. verschiedene Reinigungsriten auf sich nehmen.
30,22 zu Ende waren: Text korr. nach G.
31,14 das Hochheilige: die Anteile, die bei bestimmten Opfern von den Priestern am Heiligtum gegessen werden mußten (vgl. Lev 2,3; 6,10.18; 7,6; 14,13).
32,22 verlieh ihnen Ruhe: Text korr. nach G.
32,24 erhörte ihn: Text korr. nach G. 2 Kön 20,1–11 berichtet ausführlich über die Heilung und das Wunderzeichen.
32,28 Hürden für die Herden: Text korr. nach G und Vg.
32,29 Esel: Text korr.; H: Städte.
33,3 Heer des Himmels: die Sterne, die vielfach als göttliche Wesen verehrt wurden.
33,6 Er ließ sie durch das Feuer gehen: vgl. die Anmerkung zu 2 Kön 16,3.
33,19 seiner Seher: Text korr.; der Ausdruck in H wird von manchen Auslegern als Eigenname (Hosai) verstanden.
33,20 im Garten: nach G und 2 Kön 21,18 eingefügt.
34,20 Abdon: In 2 Kön 22,12 lautet der Name Achbor.
34,22 Statt Tokhat und Hasra stehen in 2 Kön 22,14 die Namen Tikwa und Harhas.
35,3 hat man ... gebracht: Text korr. nach G; H: bringt.
35,22 wagte es: Text korr. nach G.
35,25 Das biblische Buch der Klagelieder trauert über den Untergang Jerusalems, ist daher von dem hier genannten verschieden.
36,9 achtzehn: Text korr. nach 2 Kön 24,8; H: acht.
36,10 den Bruder Jojakims: H: seinen Bruder.
36,14 führenden Männer Judas: so mit G; H: Obersten der Priester.

Das Buch Esra

2,2 Männer des Volkes Israel: die Laien im Unterschied zu den in V. 36–43 genannten Priestern und Leviten.
4,1 Heimkehrer: wörtlich: Söhne der Verschleppung.
4,8 Hier wechselt der bis dahin hebräische Text ins Aramäische.
4,10 jenseits des Stroms: vgl. die Anmerkung zu 2 Sam 10,16.
6,19 Von hier ab ist der Urtext wieder hebräisch, vgl. die Anmerkung zu 4,8.
7,12–26 Das Schreiben des Artaxerxes ist in aramäischer Sprache überliefert (vgl. 4,8–6,18).
10,44 Text gestört, daher Übersetzung unsicher.

Das Buch Nehemia

3,1 Text korr.; H unklar.
4,17 Übersetzung wegen Störungen in H unsicher.
7,1 H fügt nach den Torwächtern noch »und die Sänger und Leviten« an, ein unpassender späterer Zusatz.
7,67 Die Angaben über Pferde und Maultiere sind nach Esra 2,66 ergänzt.
7,72 in ihren Städten: ergänzt aus Esra 2,70.
8,2 und alle, die das Gesetz verstehen konnten: die Kinder, die schon das Alter der Vernunft erreicht hatten.
9,3 drei Stunden lang, wörtlich: ein Viertel des Tags.
9,6 »Der Himmel der Himmel« ist nach dem damaligen Weltbild der oberste Himmel.
9,17 Übersetzung nach G.
9,30 Wörtlich: Da gabst du sie in die Gewalt der Völker der (anderen) Länder. Gemeint sind die heidnischen Nachbarn Israels (vgl. 10,29; Esra 3,3).
11,8 Text korr.
11,21 V. 21–24 paßt besser vor V. 20.
12,17 Der Name des Oberhaupts der Familie Mijamin ist ausgefallen.
13,19 Der Sabbat beginnt mit dem Sonnenuntergang.

Das Buch Tobit

1,1 Tobit ist die gräzisierte Kurzform von Tobijahu. Vg gebraucht für Vater und Sohn die Form Tobias, die in G dem Sohn vorbehalten ist.
1,18 Der Erzähler denkt an die in 2 Kön 18f und Jes 36f berichteten Ereignisse.
3,6 ewige Ruhestatt: gemeint ist das Grab (vgl. Koh 12,5; Ps 49,12; Ez 26,20).
3,8 Der Dämon Aschmodai wird im AT nur hier genannt. Die jüdische Tradition deutet den Namen mit dem hebräischen Zeitwort hischmid (= verderben) als »Verderber«. Wahrscheinlich ist der Name persisch: aëschma daëva = böser Dämon.

Das Buch Judit

1,12 ganz Judäa, andere Lesart: ganz Idumäa.

Das Buch Ester

1,1a G liest in allen Teilen des Buches den Namen des Königs als Artaxerxes; H liest Ahaschwerosch, dessen griechische Form sonst Xerxes lautet. Gemeint ist Xerxes I. (486–465 v. Chr.).
1,1r Bugäer: sonst wird Haman als Agagiter bezeichnet.
1,3 Die Obersten des Heeres: Text korr.; H: das Heer.
1,13 die sich in der Geschichte auskennen, wörtlich: die die Zeiten kennen. Andere Deutung: die wissen, was jeweils in einer bestimmten Zeit zu tun ist (vgl. 1 Chr 12,33).
1,22 Dieser Zusatz fehlt in G.
2,5f Mordechai (= dem Gott Marduk gehörig) ist ein babylonischer Name. Nicht er selber, sondern wohl Kisch ist mit Jojachin in die Verbannung geführt worden (597 v. Chr.).
2,7 Hadassa (= Myrthe) ist der hebräische, Ester (= Stern) ist der babylonische Name für die Nichte und Adoptivtochter Mordechais.
3,1 Vgl. die Anmerkung zu 1,1r. – »Agagiter« erinnert an den König Agag von Amalek, den Feind Israels in 1 Sam 15.
3,7 Text korr. nach G (vgl. 8,12). – Pûr, ein assyrisches Wort, bedeutet »Los«.
4,17u Heiden, wörtlich: Gesetzlose, d.h. Menschen, die nicht nach dem Gesetz der Juden leben.
5,1–2b Der Zusatz ist eine in G überlieferte Erweiterung zu 5,1–2.
5,8 auch morgen: eingefügt mit G. – Die Frage des Königs beantworten, wörtlich: nach dem Wort des Königs handeln.
8,12x Die Ausgaben von G übergehen die Buchstaben v und w bei der Zählung der Verse.
10,31 Purimbericht: G liest (im Anklang an »Purim«): Brief über Phrurai (= Wachen).

Das erste Buch der Makkabäer

1,1 Die Kittäer sind eigentlich die Bewohner der Insel Zypern, im weiteren Sinn die Bewohner aller Inseln im östlichen Mittelmeerraum, schließlich alle Griechen überhaupt. – Griechenland ist hier das von Griechen bewohnte westliche Kleinasien, einschließlich Griechenlands und Mazedoniens.
1,10 Die griechische (seleuzidische) Zeitrechnung beginnt mit dem Jahr 312 v. Chr. Das 137. Jahr ist also 175 v. Chr.
1,54 Unheilvoller Greuel: wohl ein Altar zu Ehren eines Fruchtbarkeitsgottes.
2,42 »Hasidäer« (hasidim) bedeutet »Fromme«; eine jüdische Gemeinschaft, die sich später (150 v. Chr.) in Pharisäer und Essener aufspaltete.
7,8 jenseits des Stroms: das Gebiet, das sich vom Eufrat bis an die Grenze Ägyptens erstreckt.
9,34 Der Vers ist vermutlich eine versehentliche Doppelschreibung von Vers 43.
9,35 Er schickte: Gemeint ist Jonatan.
12,9 die heiligen Bücher: Gemeint sind die Schriften des Alten Testaments, die um diese Zeit zum Kanon vereinigt werden.
14,27 Asaramel ist hebräisch; es heißt entweder »Vorhof des Volkes Gottes« oder ist verderbt aus sar-am-el (Fürst des Volkes Gottes).
16,24 1 Makk schließt ab mit dem Beginn der Amtszeit des Hohenpriesters Johanan, gewöhnlich Johannes Hyrkanus genannt, des ersten Hasmonäers (134–104 v. Chr.).

Das zweite Buch der Makkabäer

1,36 Neftar (= Erdöl): Manche lesen Naftan, andere Nafta.
3,3 »Asien« ist hier Bezeichnung für den Vorderen Orient.
6,8 der Einwohner von Ptolemaïs: Text korr. nach Vg.
9,9 Aus den Augen, andere Lesart: Aus dem Leib.
9,12 nicht überheblich sein, andere Lesart: nicht wie Gott sein wollen.
15,37 die Stadt: die heilige Stadt Jerusalem mit dem Berg Zion als Zentrum.

Das Buch Ijob

1,1 Das Land Uz liegt vermutlich in Arabien (vgl. Gen 36,28; Klgl 4,21). Ijob ist ein schon früh belegter Name und bedeutet vielleicht »der Angefeindete«.
1,5 In H steht für »lästern« euphemistisch »segnen«.
1,6 die »Gottessöhne« werden in G mit den Engeln gleichgesetzt. Sie gehören zum Hofstaat Jahwes (vgl. 38,7). In Ps 29,1 wird dieselbe Wendung mit »die Himmlischen«, in Ps 82,1 und 89,7 mit »Götter« wiedergegeben.
1,11 Statt »fluchen« steht in H euphemistisch »segnen« (vgl. die Anmerkung zu 1,5).
2,5 Vgl. die Anmerkung zu 1,11.
2,9 Vgl. die Anmerkung zu 1,5.
3,5 Verfinsterung am Tag: Text korr.; H: Bitternisse des Tags.
3,6 sie reihe sich: Text korr. nach S und Vg; H: sie freue sich.
3,8 Anklang an einen alten Mythos (vgl. Ps 74,14).
3,22 einen Hügel: Text korr.; H: ein Jauchzen.
5,1 Die »Heiligen« sind die Engel im Hofstaat Gottes (vgl. die Anmerkung zu 1,6).
5,27 Wir haben es gehört: Text korr. nach G und S; H: Hör es!
6,7b Text korr.; H: Diese sind wie die Krankheit meines Brotes.
6,14 Übersetzung unsicher.
6,16b schmilzt, wörtlich: sich verbirgt.
6,18a Karawanen biegen ab vom Weg: Text korr.; H: Es werden abgebogen die Pfade ihres (= der Bäche) Weges.
6,25a Andere Übersetzungsmöglichkeit: Wie können redliche Worte kränkend sein?
7,5b Text korr.; H: meine Hand schrumpft und wird verworfen.
7,6b Text korr.; H: sie gehen zu Ende ohne Hoffnung.
7,12 Anklang an einen alten Mythos (vgl. 3,8).
7,20d dir zur Last: H: mir zur Last.
8,13a Wörtlich: So sind die Wege aller.
9,13 Rahab ist Name für das Urchaos oder für das mythische Chaosmeer.
10,8b dann hast du dich umgedreht: Text korr. nach G.
10,15c geplagt mit Kummer: Text korr.; H: sieh mein Elend!
10,17 H ist unsicher überliefert.
10,20a Tage meines Lebens: Text korr. nach G.
11,6bc Wunder: Text korr. – daß Gott dich zur Rechenschaft zieht: Text korr.; H: daß Gott deiner Schuld Vergessen schenkt.
11,8 Höher als: Text korr.
11,14b in deinem Zelte: Text korr.; in H Mehrzahl.
11,18b geborgen bist du: Text korr.
12,18a Fesseln: H (mit anderer Vokalisierung): Zucht.
12,23b rafft sie dann hinweg: Text korr.
13,14 Sinn: Ich riskiere mein Leben.
13,28 Der Vers leitet 14,1–6 ein.
14,3b und ihn: Text korr. nach G, S, Vg; H: und mich.
15,18b was ihre Väter ihnen nicht verhehlten: Text korr.; H: was sie vor ihren Vätern nicht verhehlten.
15,27b Übersetzung unsicher.
16,5b nicht: Text korr. nach G.
17,6a Zum Spott: Text korr.
17,7b schwinden dahin: Text korr.
17,15b mein Glück: Text korr. nach G; H: meine Hoffnung.
19,26 H unklar.
19,27 Für »Herz« steht in H »Nieren« als Sitz des Seelenlebens.
20,17a von Öl: Text korr.
20,28b seines Zorns: des Zorns Gottes.
21,3b könnt ihr: Text korr.; H: kannst du.
21,19a Nicht: Text korr
21,20a Unglück: Übersetzung unsicher.
21,24a Schenkel: Übersetzung unsicher.
22,8b Andere Übersetzungsmöglichkeiten: der Erfolgreiche, der Mächtige.
22,17a von uns: Text korr.; H: von ihnen.
22,18b ihm: Text korr.; H: mir.
23,2b seine Hand: Text korr. nach G und S; H: meine Hand.
23,9b bieg' ich: Text korr.; H: biegt er.
23,12b im Herzen: Text korr.
24,12a Sterbende: Text korr. nach S; H: Menschen.
24,14a Ist kein Licht: Text korr.; H: Bei Licht (= Bei Tage).
24,18–25 In den Kapiteln 24–27 ist die Reihenfolge des Textes vermutlich gestört. Ein logischer Ablauf und ein besseres Verständnis ergibt sich, wenn man liest: Dritte Rede Bildads: 25,1–6 + 26,5–14. Dritte Rede Zofars: 27,7–23 + 24,18–25. Die Abschnitte 26,1–4 + 27,1–6 gehören wohl zu Ijobs Schlußrede und sind also vor 29,1 einzuordnen.
27,18a wie die Spinne: Text korr.; H: wie die Motte.
28,4a Sinn von H unklar.

29,17b entriß: Text korr.; H: warf hin.
29,25c Vielleicht späterer Zusatz.
30,13b wehrt: Text korr.; H: hilft.
30,18a packt er: Text korr.
30,19a Er warf mich: Text korr.
30,20b nicht: Text korr.
30,24 Übersetzung unsicher.
31,29b triumphierte: Text korr.
31,32b Wanderer: Text korr.; H hat eine andere Vokalisierung.
32,9a Die alt an Jahren sind: Text korr.
33,13b deinen: Text korr.; H: seinen.
33,16b schreckt sie auf durch Warnung: Text korr.
33,17 von seinem Tun: Text korr. – auszutreiben: Text korr.
34,23a Frist: Text korr.
34,29c wacht er: Text korr.
34,31a Text korr.
35,3a mir: Text korr.; H: dir.
36,19f Sinn unklar.
36,29a Wer: Text korr. – Schweben: Text korr.
36,33 Text korr.
37,7a Gemeint ist: Gott zwingt die Menschen zur Untätigkeit.
37,10 entsteht: Text korr.; H hat eine andere Vokalisierung.
37,20bc Text unsicher.
38,8a Wer: Text korr.
38,20b sie führst: Text korr.; H: begreifst.
38,30a erstarren, wörtlich: verbergen sich.
39,13bc Sinn von H unklar.
40,19b Sinn von H unklar.
40,23a Schwillt: Text korr.; H: Bedrückt.
40,23b Flut, wörtlich: Jordan.
41,3a ihm: Text korr.; H: mir.
41,4 Sinn von H unklar.
41,6a Maul, wörtlich: Gesicht.
41,7a sein Rücken: Text korr.; H: sein Hochmut.
41,12b Sinn von H unklar.
42,6a widerrufe ich, wörtlich: verwerfe ich. – und atme auf: übersetzt nach der dem betreffenden hebräischen Wort entsprechenden arabischen Wurzel.
42,11 Kesita: ursprünglich altes Metallgewicht unbekannter Schwere, später Zahlungsmittel. – Ring: ein Nasenreif oder ein Ohrring.
42,14 Die Namen der drei Töchter bedeuten: Täubchen, Zimtblüte und Schminkhörnchen.

Die Psalmen

2,8 dir: ergänzt nach G und S.
2,11b Text korr.; H ist kaum verständlich: und jauchzt mit Beben, küßt den Sohn (in H zum Teil bereits V. 12).
3,1 Die sog. Psalmenüberschriften, die in dieser Übersetzung in eckigen Klammern stehen, sind späte Zusätze. Sie enthalten musikalische Hinweise, deren Bedeutung wir nicht kennen, und Vermutungen über Verfasser und Entstehungsverhältnisse, die der jüdischen Tradition entnommen sind.
3,3b Das hier und oft in den Psalmen stehende Wort »Sela« ist ebenfalls ein musikalischer Hinweis unbekannter Bedeutung.
4,2b Wörtlich: Gott meiner Gerechtigkeit.
4,4a wunderbar handelt der Herr ... : Text korr.
4,4b mich, ergänzt nach G.
5,10a Text korr. nach G, S und der aramäischen Übersetzung; H: Aus seinem Mund.
6,3b Text korr.; H: denn meine Glieder sind erschrocken.
6,8b Wörtlich: und es (das Auge) ist matt (alt) geworden.
7,6bc Wörtlich: er trete mein Leben zu Boden / und trete meine Ehre in den Staub.
7,7c Text korr.
7,7d Der Herr richtet die Völker: in H Anfang von V. 9.
7,8b Text korr.
7,13a Text korr.
8,2c Text korr.; H ist unklar.
8,3 Lob: nach G; H: Bollwerk. – Andere Übersetzungsmöglichkeit: Besungen wird dein Glanz am Himmel / von der Kinder und Säuglinge Mund. / Du hast ein Bollwerk errichtet, / deinen Feinden zum Trotz.
8,6a G, S und Vg übersetzen: als die Engel.
9,15a Wörtlich: in den Toren der Tochter Zion.
9,17b Wörtlich: im Werk seiner Hände, er fängt den Frevler.
10,6b Nach G; H ist unklar.
10,8 Nach G.
10,10b H ist unklar; andere Übersetzungsmöglichkeit für V. 10: Zerschmettert stürzen die Schwachen nieder und fallen in seine Gewalt.
10,14b H hat zusätzlich: um es in deine Hand zu geben. – Sinn unklar.
11,1d Nach G und Hieronymus.
11,3a Wörtlich: Wenn die Grundfesten eingerissen werden.
11,6a H fügt nach »Schwefel« hinzu: »Schlinge (Verhängnis)«, vielleicht eine weitere göttliche Waffe.
11,6b Text korr.; H: sei der Anteil ihres Bechers.
12,6c dem Verachteten; wörtlich: dem, gegen den man schnaubt.
12,7bc Nach Hieronymus.
13,3a Text korr.; H ist unverständlich.
15,4 Nach G und S; H ist verderbt.
16,2–4 Sinn von H ist nicht ganz klar.
16,6b mein: ergänzt nach G und S.
17,3c findest du: Text korr. nach G und S.
17,10a ihr hartes Herz, wörtlich: ihr Fett.
17,11a sie lauern mir auf: Text korr.; H: unsere Schritte.
17,14b H ist verderbt.
18,2 Text korr.; H: Ich will dich lieben.
18,13a die Wolken: Text korr. nach G und 2 Sam 22,14.
18,14 Text korr. nach G und 2 Sam 22,14; H fügt am Schluß hinzu: Hagel und glühende Kohlen.
18,15 Text korr. nach 2 Sam 22,15.
18,16a Text korr.; H: des Wassers des Meeres.
18,30a Text korr.; H ist unklar.
18,34b Wörtlich: auf meinen Höhen.
18,36c Text korr.; in H andere Vokalisierung.
18,40b alle: ergänzt nach G.
18,44 Text leicht korr.
18,46 Text korr.; in H geht eine zusätzliche Verszeile (46a) voraus: Die Söhne der Fremde verschmachten und kommen.
18,49b Nach 2 Sam 22,49.
19,5a Text korr. nach G.
19,6c Ergänzt nach G und S.
19,8a Textvorschlag für die Psalmodie: Die Weisung des Herrn ist vollkommen und gut.
20,4b Wörtlich: er erkläre dein Brandopfer für fett.
20,10 Nach G; H: Herr, gib den Sieg! Der König wird uns antworten am Tag, da wir ihn rufen.
21,13b auf sie, wörtlich: auf ihr Gesicht.
22,9a Er wälze: Text korr.; H: Wälze.
22,16a Meine Kehle: Text korr.; H: Meine Kraft.
22,17a Viele: ergänzt nach G und der aramäischen Übersetzung.
22,17c Sie durchbohren: Übersetzung unsicher; Text korr. nach G; H: wie ein Löwe.
22,22b Nach G und S; H: vor den Hörnern der Büffel hast du mich erhört.
22,28c Text korr. nach mehreren G-Handschriften und S.; H: Vor dir.
22,30 H ist stark verderbt.
23,6b im Haus ... wohnen: Text korr. nach G, S und der aramäischen Übersetzung; H: ins Haus des Herrn kehre ich zurück.
24,6b Nach S.
25,17a Text korr.; H: Nöte haben mein Herz weit (einsichtig?) gemacht.
25,21b o Herr: ergänzt nach G.
28,8a Text korr. nach G und S.
29,9ab Text korr. durch Vokaländerung; andere Übersetzungsmöglichkeit: Die Stimme des Herrn versetzt Hirschkühe in Wehen, bringt die Ziegen zur Frühgeburt.
30,5b Wörtlich: preist sein heiliges Gedenken.
30,8 auf den schützenden Berg, wörtlich: auf feste Berge.
30,13a Text korr. nach G.
31,7a Dir sind: Text korr. nach G, S und Vg; H: Mir sind.
31,11c im Elend: Text korr. nach G und S; H: in meiner Schuld.
31,12b Text korr.
31,20 Herr: ergänzt nach G.
31,22c zur Zeit der Bedrängnis: Text korr.; H: in der befestigten Stadt.
32,4b Text korr.
32,6a Text korr.; H ist verderbt.
33,7a Text korr. nach G, Vg und der aramäischen Übersetzung.
34,6a euer Gesicht: Text korr.; H: ihr Gesicht.
34,11a Reiche: Text korr. nach G und S; H: junge Löwen.
34,18a die Gerechten: ergänzt nach G, S und der aramäischen Übersetzung.
35,8c Wörtlich: er falle hinein zum Verderben.
35,10a Wörtlich: Alle meine Knochen sollen sagen.
35,12b ich bin ... einsam, wörtlich: Kinderlosigkeit meiner Seele.
35,15de H ist unverständlich.
35,16 Text korr.
36,2a Text korr. nach G.
37,7b dem alles gelingt, wörtlich: dem sein Weg gelingt.

37,28cd sinngemäß umgestellt; Text korr.; H: sie werden für immer bewahrt.
37,35b Text korr.; H: und er entwickelte sich wie eine lebenskräftige Pflanze.
37,36a Text korr. nach G, S und Hieronymus; H: ging er vorüber.
38,11 Der sinnstörende Einschub »auch sie« in H, der nach »Licht der Augen« steht, bleibt, wie in einigen G-Handschriften und S, unübersetzt.
38,20a Text korr.
39,14a Text korr.; H ist unverständlich.
40,15b Text korr. nach 70,3; H fügt hinzu: um es hinwegzuraffen.
41,10b Text korr.
42,5b Übersetzung nicht ganz sicher.
42,6d Text korr.
42,12d Text korr.
43,1 Ps 42 und 43 bilden ein einziges Lied, wie der Kehrvers 42,6.12 und 43,5 zeigt.
43,4ab Text korr.; H: zum Gott der Freude meines Jubels.
43,5d Text korr. wie in 42,6d und 12d.
44,5a Text korr.
44,26b Wörtlich: klebt am Boden.
45,5a Text korr.; H: Kämpfe für die Sache der Wahrheit, der Armut und des Rechts!
45,10a Text korr.; Königstöchter unter deinen Kostbarkeiten.
45,13a Nach G.
46,4cd Der Kehrvers von V. 8 und 12 wurde auch hier eingefügt.
46,10d Andere Übersetzungsmöglichkeit: verbrennt er die Wagen.
47,7a Nach G.
47,9a Nach G.
47,10c die Mächte: Text korr.; H: die Schilde.
48,15b Nach G.
49,12a Das Grab: Text korr. nach G, S und der aramäischen Übersetzung; H: Ihr Inneres.
49,15 H ist stark verderbt.
50,11a Text korr. nach G; H: die Vögel der Berge.
50,20a schändlich: Text korr.
50,23b Text korr.
51,10a Text korr.
52,3bc Text korr. nach S; H erlaubt auch die Übersetzung: Was rühmst du dich, daß Gottes Huld allezeit (auf deiner Seite) ist.
53,4a Text korr. nach G und der aramäischen Übersetzung; vgl. auch 14,3.
53,6c Wörtlich: Gott zerstreut die Gebeine deines Belagerers.
53,6d Text korr. nach G.
54,5a stolze Menschen: Text korr.; H: Fremde.
55,4c Wörtlich: Sie lassen Unheil auf mich herabfallen.
55,19b H ist verderbt.
56,3b Andere Übersetzungsmöglichkeit: ja, es sind viele, die mich bekämpfen, Allerhöchster.
56,6a Wörtlich: Sie kränken meine Worte.
56,8a es gibt für sie kein Entrinnen: Text korr.; H: würden sie trotz der Untat entkommen?
56,9c Wörtlich: sind sie nicht in deinem Buch?
57,7b sie haben meine Seele gebeugt: Text korr. nach G; H hat die Einzahl: er hat ... gebeugt.
58,2 Sinn nicht ganz klar.
58,8b Text korr.
58,10b H ist unverständlich; »die Feinde« ist ergänzt.
59,10a Text korr. nach G und der aramäischen Übersetzung.
59,10b Text korr. nach Hieronymus; H: denn Gott ist meine Burg.
59,16b Das hebräische Zeitwort ist doppeldeutig: sie verbringen die Nacht, oder: sie knurren.
60,6b dem Bogen: Text durch Änderung der Vokale korr. nach G und S; H: der Wahrheit.
60,10c Text korr.; H: über mich jauchze (vgl. 108,10).
61,8b Text korr.
62,3b Text korr. (vgl. V. 7b).
62,8b Gott, wörtlich: bei Gott.
63,10a ohne Grund: Text korr.; H: zum Verderben.
64,3b Andere Übersetzungsmöglichkeit: vor der Verschwörung derer, ...
64,6c Text korr.
64,7bc Text korr.
64,9 Text korr.
65,2a Text korr.
65,4b für uns: Text korr.; H: für mich.
65,6d Text korr.
65,10c reichlich, wörtlich: (Der Bach Gottes ist) mit Wasser (gefüllt).
65,12b Wörtlich: deine Spuren triefen von Fett.
66,11b auf die Schulter, wörtlich: um unsere Hüften.
66,12c Text korr.
66,15 Nach G.
66,17b Wörtlich: Rühmen war unter meiner Zunge.
67,3a sein Weg: Text korr.; H: dein Weg.
67,5b Mit G ergänzt.
67,8b Alle Welt, wörtlich: Alle Enden der Erde.
68,3a Sie verfliegen, wie Rauch verfliegt: Text korr.; H: Wie Rauch verweht wird, den du auseinanderwehst.
68,5c Text korr.
68,13b Text korr.
68,18b Text korr.; H: Der Herr ist unter ihnen, (der vom) Sinai (ist) im Heiligtum.
68,24 Text korr. nach G, S und der aramäischen Übersetzung; H: damit du (Feinde) zerschmetterst, wobei dein Fuß im Blut (watet).
68,27b in der Gemeinde: Text korr.; H: ihr aus dem Brunnen Israels.
68,28b im Zug, wörtlich: im Lärmen der Menge.
68,29a o Gott: Text korr.; H: dein Gott.
68,31b Text korr.
68,31cd Text korr.
68,36a in seinem Heiligtum: Text korr.; H: aus deinem Heiligtum.
69,11a Text korr.; H: Ich weinte beim Fasten meiner Seele.
69,15c Text korr.; H: Laß mich gerettet werden vor denen, die mich hassen.
69,23 Nach der aramäischen Übersetzung.
69,27c Text korr. nach G; H: und sie zählen den Schmerz.
70,5d der Herr: ergänzt mit einigen hebräischen Handschriften (vgl. Ps 40,17).
71,13c Wörtlich: sie sollen sich kleiden in Schmach und Schande.
71,16 Andere Übersetzungsmöglichkeit: Ich will kommen mit den Großtaten Gottes, des Herrn.
72,5a Text korr. nach G.
72,6b benetzen: Text unsicher.
72,7a H unklar.
72,9a seine Gegner: Text korr.; H: Schiffe, oder: Dämonen; G: Äthiopier; S: Inseln.
73,4b Text korr.
73,10a das Volk ihnen zu, wörtlich: sein Volk hierher.
73,10b Text korr.; H: Wasser in Fülle schlürfen sie.
73,15 Text korr. nach S und der aramäischen Übersetzung.
73,20 Wörtlich: Wie ein Traum nach dem Erwachen, Herr, in der Stadt vertreibst du ihr (Götzen)bild.
73,25 außer dir: ergänzt.
74,5 Text korr.; H: Es sah sich an, wie wenn man im Unterholz die Äxte hoch emporhebt.
74,6a Text korr.; H: und dann all das Schnitzwerk.
74,11b hältst verborgen: Text korr.; H: mach ein Ende!
74,14b Text korr.; H: dem Volk von Dämonen.
74,20a deinen: nach G und S.
74,20bc Andere Übersetzungsmöglichkeit: Denn die Winkel des Landes sind voll von Stätten der Gewalt.
75,7b Text korr.
75,10a jubeln: Text korr. nach G; H: verkünden.
76,5a furchtbar: nach der aramäischen Übersetzung und nach der griechischen von Theodotion; H: leuchtend.
76,5b Text korr. nach G.
76,11 dich feiern: Text korr.; H: du gürtest dich. – Andere Übersetzungsmöglichkeit: Ja, das grimmige Edom soll dich preisen, der Rest Hamats dich feiern.
77,3b Mit den Übersetzungen des Symmachus und des Hieronymus.
77,7 Nach G und S.
77,14 Nach G.
77,19a Text korr.
78,36b Wörtlich: und mit ihrem Mund täuschten sie ihn.
78,48a Text korr.; H: überließ er dem Hagel.
78,51a alle Erstgeburt, wörtlich: den Erstling ihrer Zeugungskraft.
78,54b H: zu dem Berg, den ...
78,61b seine heilige Lade: H: seine Pracht (als Bezeichnung der Lade).
79,11b Andere Übersetzungsmöglichkeit: Laß am Leben die Todgeweihten!
79,12a Wörtlich: Zahl siebenfach in den Schoß unserer Nachbarn!
80,7b Nach G, S und der griechischen Übersetzung des Symmachus.
80,15 Text korr.; H fügt aus V. 18 hinzu: und den Sohn, den du großzogst.
81,10 Textvorschlag für die Psalmodie: Du sollst dich nicht niederwerfen vor einem fremden Gott.
81,16 Israel: H: ihm.
81,17a Text korr.; H: Er hat es genährt.
82,8b Wörtlich: Denn du besitzt Erbteil an den Völkern.
83,12 Text korr. nach G

83,14a Wörtlich: Mein Gott, mach sie der Distel gleich!
84,3b dem Tempel, wörtlich: den (Tempel-)Vorhöfen des Herrn.
84,8b Text korr.; H: er erscheint (ihnen), der Gott der Götter auf dem Zion.
84,9 H: Herr, Gott der Heerscharen.
85,5b Wörtlich: zerbrich deinen Unmut gegen uns!
85,9d H fügt hinzu: und sie sollen nicht zur Torheit zurückkehren.
85,13a Segen, wörtlich: das Gute.
85,14b Text korr.; H: er achtet auf den Weg seiner Schritte.
86,3 »Du bist mein Gott« wurde aus V. 2 hierhergenommen.
86,8 »die du geschaffen hast« wurde aus V. 9 hierhergenommen.
87,2b Andere Übersetzungsmöglichkeit: mehr als alle anderen Orte in Jakob.
88,6a Text korr.
88,8 Wörtlich: und alle deine Wogen beugst du hernieder.
89,3b deine Treue steht fest: Text korr.; H: du befestigst deine Treue.
89,11a Text korr.
89,17b jubeln sie: Text korr.; H: erheben sie sich.
89,20b gekrönt: Text korr.
89,34a Text korr.; H: ich breche ihm nicht.
89,44a Übersetzung unsicher.
89,48 Text korr.
89,51a deines Knechtes: Text korr.; H: deiner Knechte.
89,51b Text korr.; H: Im Herzen trage ich alle die vielen Völker.
90,5 Text korr.
90,7 werden vernichtet, wörtlich: werden erschreckt.
90,11b Text korr.; H: und wie die Furcht vor dir ist dein Grimm.
91,2 Text korr. nach G.
91,3b Andere Übersetzungsmöglichkeit: und aus der Pest des Verderbens; oder: und vor dem (verderbenbringenden) Wort (G). Die hebräischen Ausdrücke für Pest (deber) und Wort (dabar) können leicht verwechselt werden, zumal man keine Vokale schrieb.
91,9a H: Denn du, Herr, bist meine Zuflucht.
92,8a Wörtlich: Wenn auch die Frevler aufsprießen wie Gras.
92,11b Nach S und der aramäischen Übersetzung; H: übergossen werde ich mit Öl.
93,4b Text korr.; H: mehr als die Herrlichkeit der Brandungen.
94,20 der bestechliche Richter, wörtlich: ein Richterstuhl des Verderbens.
95,10a dies: ergänzt nach G.
96,8b Wörtlich: und tretet ein in seine (Tempel-) Vorhöfe.
96,10c H: Der Erdkreis ist gegründet.
97,11a Text korr.; H: Licht ist gesät den Gerechten.
99,4a H: Und die Stärke des Königs liebt das Recht.
99,6b Vorschlag für die Psalmodie: auch Samuel rief seinen Namen an.
100,3b wir sind sein Eigentum: so nach einigen alten Übersetzungen. Nach anderen alten Übersetzungen: und nicht wir (haben uns erschaffen).
101,2c in der Stille, wörtlich: inmitten.
101,8ab Wörtlich: Morgen für Morgen will ich vernichten alle Frevler im Land.
102,6 Wörtlich: Vor lauter Jammern klebt mein Gebein am Fleisch.
102,8 und ich klage wie: Text korr.; H: und ich bin wie ...
102,12 Text korr.; H: Meine Tage (sind) wie ein lang sich dehnender Schatten (d.h.: es geht dem Ende entgegen).
103,5 dein Leben lang: Text korr.
103,11b so hoch: Text korr.; H: so stark.
104,13b Text korr.; H ist unverständlich.
104,25a so groß und weit, wörtlich: groß und weit nach beiden Seiten.
105,22a Text korr. nach G, S und Vg.
105,27a Text korr. nach S.
105, 28b Text korr.; H: und sie widerstrebten nicht seinem Wort.
105,36b Wörtlich: den Erstling all ihrer Kraft.
105,40a Text korr.; H: Als er bat.
106,7c dem Höchsten am Schilfmeer: Text korr.; H: am Meer, am Schilfmeer.
106,27a zu zerstreuen: Text korr.; H: niederzustrecken, (wie in V. 26b).
106,28 Wörtlich: die Opfer der Toten.
106,43b Text korr.; H: ihrem Beschluß.
107,17a Text korr.; H: die Toren in ihrem sündhaften Treiben.
107,20 vom Verderben, wörtlich: aus ihren Gruben.
108,2b Ergänzt aus 57,8.
108,2d Text korr. nach 57,9.
108,5a Text korr. nach 57,11.
108,7b Text korr. nach 60,7.
109,4 Sie befeinden mich: H fügt hinzu: für meine Liebe.
109,10b Text korr.
109,13b sein Name: Text korr.; H: ihr Name.
109,28b Text korr.; H: Sie treten auf, aber sie scheitern.
110,3 H ist schwer verständlich; die Übersetzung ist ein Versuch nach G.
113,5f Die beiden Verse sind aus sachlichen Gründen folgendermaßen umgestellt: 5a/6b und 5b/6a.
113,8a ihm: Text korr. nach G, S, Vg; H: mir.
115,4a Wörtlich: Ihre Götzen sind nur Silber und Gold.
116,2b an dem Tag: H: in meinen Tagen (im Sinn von: mein Leben lang).
118,14a Text korr.; »mein« ist ergänzt.
118,27 Nach G.
119,18a Wörtlich: Öffne mir die Augen, damit ich sehe.
119,25a Wörtlich: klebt am Staub.
119,25b Text korr. mit einigen Handschriften; H: gemäß deinem Wort.
119,37b durch dein Wort: Text korr.; H: durch deine Wege.
119,47b von Herzen: ergänzt aus G.
119,48a H fügt hinzu: die ich liebe.
119,66a H fügt vor »Erkenntnis« ein: Gutes.
119,83a Text korr.; H: Ich bin wie ein Schlauch im Rauch.
119,107b Text korr., vgl. V. 25b.
119,109a Wörtlich: Mein Leben halte ich ständig in der Hand.
119,119a sind für dich wie Schlacken: so nach mehreren alten Übersetzungen; H und andere Übersetzungen: schaffst du fort wie Schlacken.
119,128a Text geringfügig korr.
120,4b Vorschlag für die Psalmodie: und glühende Kohlen dazu.
120,7a Text korr.; H: Ich (bin) Friede.
122,2 Wörtlich: Schon stehen unsere Füße in deinen Toren.
122,7b Wörtlich: in seinen Palästen Geborgenheit.
123,4a Wörtlich: übersatt ist unsere Seele vom Spott der Übermütigen.
124,8a In vielen Gebeten der katholischen Liturgie ist die herkömmliche Übersetzung gebräuchlich: Unsere Hilfe ist im Namen des Herrn.
125,3bc Wörtlich: damit nicht auch die Gerechten ihre Hände nach Unrecht ausstrecken.
125,5a Text korr.; H: auf ihre krummen Wege.
127,2d den Seinen: Text korr.; H: seinem Geliebten; andere Übersetzungsmöglichkeit: zu Recht gibt der Herr den Seinen den Schlaf.
127,5b Beim Rechtsstreit mit ihren Feinden, wörtlich: Wenn sie reden mit Feinden im Tor.
128,2a kannst du genießen: so mit G; H: fürwahr, du kannst es genießen.
129,1f Wörtlich: von meiner Jugend auf.
132,6 von seiner Lade, wörtlich: von ihr.
132,11c Wörtlich: (Einen) von deiner Leibesfrucht.
132,15 Zions Nahrung, wörtlich: Seine Nahrung.
133,2bc Andere Übersetzungsmöglichkeit: in den Bart Aarons, der hinuntergeht bis zum Saum seines Gewandes.
135,9a Wörtlich: In deine Mitte, Ägypten.
136,14a Wörtlich: und Israel hindurchführte durch seine Mitte.
136,15a Wörtlich: und den Pharao ins Schilfmeer stürzte.
136,22a Wörtlich: als Erbe für Israel, seinen Knecht.
137,5b Text korr.; H: dann soll meine rechte Hand (die Kunst des Spielens) vergessen.
137,8a du Zerstörerin: H: du zu Verwüstende.
138,2c Ergänzt aus G; dort steht dieser Satz in V. 1.
138,2d Text korr.; H etwa: du hast Versprechen gemacht, die deinen Namen übersteigen.
138,3b Nach G; H: du machtest mich ungestüm.
139,3a es ist dir bekannt, wörtlich: du prüfst es; oder: du mißt es.
139,5a Wörtlich: Du umschließt mich von hinten und von vorn.
139,10a mich ergreifen: Text korr.; H: mich leiten.
139,11a Text korr. nach den Übersetzungen von Symmachus und Hieronymus; H: Finsternis soll mich zermalmen.
139,14 Text korr. nach G, S und Hieronymus.
139,16a Text korr.; ist unklar.
139,18b Käme ich bis zum Ende: Text korr.; H: Erwachte ich.

139,20b deinen Namen: Text korr.; H: deine Städte; oder: deine Feinde.
140,5c Wörtlich: darauf sinnen, meine Schritte zu Fall zu bringen.
140,6b Text korr.
140,9f Text korr. durch Verschiebung der Versgrenze und Wiederholung der Negation von V. 9 in V. 10.
140,13b Wörtlich: er richtet den Gebeugten nach dem Armenrecht.
141,5d Andere Übersetzungsmöglichkeit: Denn stets (wird laut) mein Gebet trotz ihrer Bosheit, oder: wenn es ihnen schlecht geht ...
141,6b H ist unverständlich.
142,7b Wörtlich: denn ich bin sehr schwach.
143,7e Wörtlich: die hinabgestiegen sind zur Grube.
143,9b meine Zuflucht: Text korr. nach G.
143,10c Text korr.; H: leite mich auf ebenem Land.
144,2d mir Völker: Text korr.; H: mein Volk.
144,10b Text korr.; H: David, seinen Knecht.
144,14 Andere Übersetzungsmöglichkeit: Unsere Gaue ohne Lasten, kein Durchbruch und kein Auszug, kein Geschrei auf unseren Plätzen.
145,12a Text korr. nach G und S; H: seine machtvollen Taten.
145,13 Der eingeklammerte Textteil fehlt in H; Rekonstruktion nach G, S und Vg.
146,4c Wörtlich: an jenem Tag ist es aus
146,6b Wörtlich: das Meer und alles, was in ihnen ist.
146,9c In H steht dieser Versteil am Ende von V. 8.
147,6b erniedrigt die Frevler: H fügt hinzu: bis zum Boden.
147,17b Text korr.; H: Wer wird bestehen vor seinem Frost?
147,20b Text korr.; H: und seine Rechte lernten sie nicht kennen.

Das Buch der Sprichwörter

1,17f Sinn: Die Vögel meiden ein Netz, das sie sehen; die Verführer aber rennen in ihr eigenes Verderben.
4,4–7 Text in H und G nicht einheitlich.
4,27 G und Vg fügen zwei weitere Verse an: Denn die Wege zur Rechten kennt Gott, doch krumm sind die Wege zur Linken. Er aber wird deine Pfade eben machen und deine Bahnen in Frieden geleiten.
8,22a So mit S, Vg und der aramäischen Übersetzung; andere Übersetzungsmöglichkeit: als Erstling seiner Schöpfungswerke.
10,2b Gerechtigkeit, andere Übersetzungsmöglichkeit: Mildtätigkeit (vgl. Sir 3,30b; Tob 4,10f; 12,9).
10,4 Vg schiebt noch ein (= G hinter 9,12): Wer sich aufs Lügen stützt, der weidet Wind; er jagt hinter fliegenden Vögeln her.
10,10b So nach G.
11,7 Text unsicher, da in G abweichend.
11,16 So nach G.
11,30b So nach G.
12,12 Text verderbt; die alten Übersetzungen sind kaum verständlich.
12,26–28 Der Text ist schlecht erhalten und darum schwer zu deuten.
13,13 Vg schiebt hier (G hinter V. 9) ein: Trügerische Seelen irren in Sünden; die Gerechten aber haben Mitleid und Erbarmen.
13,23 Text unsicher.
14,9 Text unsicher; korr. nach G.
14,17b Nach S wäre die Antithese zu lesen: der Besonnene aber bleibt ruhig.
14,24 Text und Übersetzung unsicher.
14,32b Redlichkeit: nach G; H und Vg kaum richtig: in seinem Tod.
15,26b gefallen ihm, wörtlich: sind rein; »rein« ist kultischer Ausdruck, Gegensatz zu »Greuel«.
16,4b Kurze und überspitzte Redeweise des Volksmunds.
18,1a einem Vorwand: nach G; H: einer Begierde.
18,2b Herz: kann Denkweise und überhaupt das Innere bedeuten.
18,22 G und Vg: eine gute Frau. Sie fügen an: Wer eine gute Frau verstößt, verstößt das Glück; wer eine Ehebrecherin aufnimmt, ist töricht und frevelhaft.
19,7 Das Eingeklammerte fehlt in H, steht aber in G und gehört vielleicht zum ursprünglichen Textbestand.
19,15a Text umstritten.
19,16b Vielleicht zu korrigieren: wer seine Worte verachtet.
19,18b Andere Übersetzungsmöglichkeit: und achte nicht auf sein Jammern; oder: doch laß dich nicht hinreißen zum Jähzorn!
19,19b Übersetzung unsicher.
19,22a Text korr.
19,29a Ruten: nach G; H: Strafgerichte.
20,26b H: und läßt über sie das Rad (des Dreschwagens?) gehen.
21,6b Text korr.; andere Übersetzungsmöglichkeit: wird wie ein Hauch verjagt in die Schlingen des Todes.
21,12a Andere Übersetzungsmöglichkeit: Der Gerechte belehrt das Haus des Frevlers; oder: Der Gerechte gibt acht auf ...
22,11 Übersetzung unsicher; G hat Änderungen und Einschübe.
22,12a Wörtlich: behüten Einsicht.
22,17 Eine leichte Textkorrektur nach G stellt die Überschrift dieses ersten Anhangs an die erste salomonische Hauptsammlung wieder her. Eine echte Sammlung von »Worten von Weisen« reicht bis zur nächsten Überschrift in 24,23. Sie enthält drei kurze Teilsammlungen, von denen die erste (22,17–23,11) besondere Beachtung verdient, weil sie abhängig ist vom ägyptischen Weisheitsbuch des Amen-em-ope (etwa 10. Jh. v. Chr.). Das ägyptische Spruchgut wurde in Auswahl und unter Angleichung an den Glauben Israels übernommen. Angehängt ist eine weitere Sammlung von »Sprichwörtern von Weisen« (24,23–34).
23,23 Fehlt in G und unterbricht den Zusammenhang, ist also wohl ein Zusatz.
24,1–22 Diese Lebensregeln bilden einen eigenen Abschnitt mit zweiundzwanzig Versen entsprechend der Anzahl der Buchstaben im hebräischen Alphabet.
24,10 Text von H unklar; wahrscheinlich verderbt. Mit einem Wortspiel soll wohl gesagt werden: Wer anderen in der Bedrängnis nicht hilft (vgl. V. 11), bringt sich selbst in Bedrängnis.
25,10b Übersetzung unsicher.
25,14b Wörtlich: Ein Mann, der mit erlogener Gabe prahlt.
25,20a H schickt voraus: Ein das Kleid Ablegender am kalten Tag. Hier sind Buchstaben aus V. 19b wiederholt und mißdeutet worden.
25,20cd Fehlt in H, steht aber in allen alten Übersetzungen und ist daher wohl ursprünglich.
25,27b Nach G, H ist verderbt.
26,10 H ist verderbt, will vielleicht sagen: Toren (und Betrunkene) sind unnütz, ja gefährlich.
27,6b trügerisch, andere Übersetzungsmöglichkeit: reichlich.
27,9c Andere Übersetzungsmöglichkeit: mehr als eigenes Planen.
28,2 Der Text ist schwierig. Er bezieht sich möglicherweise auf die rasch wechselnden Regierungen des Nordreichs Israel. Nach G wäre zu übersetzen: Durch die Frevel eines Gewalttätigen werden Streitigkeiten geweckt; durch einen verständigen Mann erlöschen sie.
28,3a Vornehmer: G: Frevelhafter.
28,17b Andere Übersetzungsmöglichkeit: man unterstütze ihn nicht.
29,17a Wörtlich: so wird er dir Ruhe gewähren.
30,1 Laïtiël, der Beiname Agurs, konnte verstanden werden als: Ich mühte mich ab mit Gott.
30,7–9 Das Stichwort »Lüge« veranlaßte wohl den Einschub des Gebets des Bescheidenen.
30,11a.12a.13a.14a Der Anfang dieser Worte meint sinngemäß: Weh dem Geschlecht ...
30,15–33 Die selbständige Gruppe der Zahlensprüche und die Worte an Lemuël 31,1–9 stehen in G hinter 24,34.
30,15a Wohl ein versprengtes Fragment.
30,17 Eine Unterbrechung, wohl verursacht durch das Stichwort »Adler« in V.19. Eine andere Erweiterung ist V. 20.
30,31 H ist unklar.
30,32a blamiert, wörtlich: als Tor erwiesen.
31,2a Ergänzt nach G; H hat kein Zeitwort.
31,3b dein Tun und Treiben, wörtlich: deine Wege.
31,10–31 Dieses Lied dürfte zu den jüngsten Teilen des Buches gehören. In H beginnen die Verse der Reihe nach mit den Buchstaben des hebräischen Alphabets.

Das Buch Kohelet

1,3 Besitz, für den er sich anstrengt: ein Leitmotiv des Buches; in H ein Wortspiel. Das Wort für »Besitz« meint sowohl menschliche Arbeit, die den Besitz hervorbringt, als auch den durch die Arbeit und Mühe erworbenen Besitz selbst.
1,8 Alle Dinge sind rastlos tätig, andere Übersetzungsmöglichkeit: Alle Worte sind überanstrengt.
1,9 Daß es »nichts Neues unter der Sonne« gibt, ist entgegen unserer Empfindung eine positive Aussage.

1,10cd Andere Übersetzungsmöglichkeit: aber schon seit Ewigkeiten hat es das gegeben, was sich vor unseren Augen ereignet hat.
1,12–3,15 In diesem Teil des Buches spielt der Verfasser in literarischer Fiktion die Rolle eines Königs.
1,14 Luftgespinst, andere Übersetzungsmöglichkeit: Haschen nach Luft. So auch später, wenn dieses Wort wiederkommt.
2,3 Der Sinn von H ist stellenweise nicht klar.
2,8 einen großen Harem: Übersetzung nicht ganz sicher.
3,11b Andere Übersetzungsmöglichkeit: Überdies hat er den Menschen eine Vorstellung von der Ewigkeit eingegeben ...
3,18 Die »einzelnen Menschen«, die Gott »herausgegriffen« hat, sind die unschuldig zum Tod Verurteilten. In H ein Wortspiel: sie selbst (hemmah) – Tiere (behemah).
3,19a Wörtlich: Denn jeder Mensch ist Geschick, und auch die Tiere sind Geschick. Oder: Denn jeder Mensch ist ein Zufall, und auch die Tiere sind Zufall.
4,13–16 Kohelet beginnt hier zwar mit einem damals allgemein bekannten Sprichwort, meint aber von Anfang an einen bestimmten Fall. Das wird aus dem plötzlichen Umsprung in die Form des Berichts deutlich. Kohelet spricht dabei von drei verschiedenen Männern, die nacheinander herrschten.
5,5 Unter dem »Boten« ist wahrscheinlich der Priester zu verstehen (vgl. Mal 2,7).
5,8 Andere Übersetzungsmöglichkeit: wenn ein König sich um das Ackerland kümmert.
5,13 Durch ein schlechtes Geschäft, andere Übersetzungsmöglichkeit: Durch ein schlimmes Ereignis.
6,3 Auch wenn niemals ein Grab auf ihn warten würde, Sinn: Wenn das Unmögliche einträte, daß er unsterblich wäre.
6,7 Andere Übersetzungsmöglichkeit: Alles Arbeiten des Menschen ist für seinen Mund, und doch wird sein Rachen niemals voll.
7,1 In H ein Wortspiel zwischen »Name« (schem) und »Parfüm« (schemen tob). »Name« meint den guten Ruf, aber auch den Nachruhm über den Tod hinaus (vgl. Spr 10,7; Ijob 18,17). An diese Nuance des Sprichworts knüpft die eigene Überlegung Kohelets an. Ihr Anfang ist, wie immer im folgenden, in der Übersetzung durch einen Gedankenstrich gekennzeichnet.
7,6 In H ein Wortspiel: Gesang (schir) – Dornen (sirim) – Kessel (sir) – Ungebildeter (kesil).
7,18 Andere Übersetzungsmöglichkeit: Wer Gott fürchtet, wird beiden Gefahren entgehen.
7,29 Schwer übersetzbarer Text, der auf einem Wortspiel beruht. Das hebräische Wort für »Berechnungen« (es bedeutet auch »Wurfmaschinen«) verweist auf die Kriegstechnik. Kohelet spielt immer noch auf 7,25f an.
8,1a Andere Lesart: Wer tut es dem Gebildeten gleich? Wer dem, der es versteht, ein Wort zu deuten? – Wählt man diese Lesart, dann bilden die beiden Fragen nicht mehr das Ende des vorangehenden Abschnitts, sondern den Anfang des folgenden.
9,3f Andere Lesart: und danach müssen sie zu den Toten. Wer unter die Lebenden eingereiht ist, für den gibt es noch Zuversicht.
9,5f Andere Übersetzungsmöglichkeit: Sie erhalten auch keine Belohnung mehr, ihre Erinnerung ist geschwunden, ihre Liebe, ihr Haß und ihre Eifersucht sind längst erloschen.
9,7–10 Dieser Abschnitt gehört zu einer Art Rahmen. VV. 7–9 bringen schon Motive des Schlußgedichts 11,9–12,7. in V. 10 wird 11,4–8, der Abschnitt vor dem Schlußgedicht, angekündigt. Innerhalb dieses Rahmens stehen in 9,11–11,3 in lockerer Folge verschiedene Sentenzen und Ratschläge.
9,15 Andere Übersetzungsmöglichkeit: Der hätte die Stadt durch sein Wissen retten können. Aber kein Mensch dachte an diesen Mann.
10,1 Wörtlich: Sterbende Fliegen – da stinken und gären die Wasser des Parfümherstellers.
10,4b Andere Übersetzungsmöglichkeit: Gib deine Stellung nicht auf!
10,5 Versehen: ironisch gemeint.
10,10d Wörtlich: Der Vorteil, vorzubereiten, ist Wissen.
10,15 Andere Übersetzungsmöglichkeit: Wer es nicht versteht, in die Stadt zu ziehen, der macht sich müde als ungelernter Arbeiter. – Es ist an die Lage des Landproletariats gedacht.
10,16 Knabe: andere Übersetzungsmöglichkeit: Sklave. Für diese Übersetzung spräche V. 17, der von einem König aus »edlem Geschlecht« handelt.
11,8e Andere Übersetzungsmöglichkeit: Jeder, der (zur Welt) kommt, ist Windhauch (d.h. er muß sterben).
11,9 Die zweite Vershälfte ist vermutlich vom Verfasser des zweiten Nachworts hinzugefügt worden (vgl. 12,14).
11,10 Andere Übersetzungsmöglichkeit: denn die Jugend und die Morgenröte sind ...
12,4d Wörtlich: Alle Töchter des Liedes ducken sich. – Die »Töchter des Liedes« sind in der Übersetzung als Töne der Melodie verstanden. Es könnte sich aber auch um eine poetische Umschreibung für die Vögel handeln, die verstummen.
12,12–14 Das zweite Nachwort bringt einige Absicherungen an dem Buch an, damit dieses Buch als rechtgläubig gelten kann.

Das Hohelied

1,5d wie Salomos Decken, andere Lesart: wie die Decken von Schalma (nordarabischer Beduinenstamm).
1,7d umherirren: Text korr.; H: wie eine verhüllte Frau.
2,2a Wörtlich: Wie eine Lilie.
2,3a Wörtlich: Wie ein Apfelbaum.
2,17 Balsambergen: Text korr.; H: Beter-Bergen (ein hebräischer Ortsname, vgl. 8,14).
3,10d mit Steinen: Text korr.; H: mit Holz der Liebe.
4,15a des Gartens: Text korr.; H: der Gärten.
5,8 sagt ihm: wörtlich: Was sollt ihr ihm melden?
5,12c Wörtlich: fest in der Fassung.
5,14a Wörtlich: Seine Hände.
6,12 Sinn von H unklar.
7,6c Ringeln, wörtlich: Tränkrinnen.
7,10b in mich: Text korr.; H: in meinen Geliebten.

Das Buch der Weisheit

1,1 Die Anrede ist an die Herrscher (wörtlich: Richter) der Erde gerichtet, weil der Verfasser als König Salomo spricht. Angeredet sind aber auch die unter Verfolgung leidenden Juden.
1,6 seiner heimlichen Gedanken, wörtlich: seiner Nieren. Die Nieren sind im semitischen Denken Sitz der innersten Empfindungen. Das Herz gilt als geistige Mitte, als Sitz der Gedanken und Willensentschlüsse.
2,13 Der Verfasser hat bei der Verfolgung des Gerechten den Gottesknecht von Deuterojesaja (vgl. die Einleitung zu Jes) und Ps 22 vor Augen. Das griechische Wort für Kind (pais) ist in G Übersetzung des hebräischen Wortes für Knecht (ebed).
2,23 seines eigenen Wesens: nach anderen Textzeugen: seiner Ewigkeit.
3,2 Der Verfasser vermeidet für die Gerechten die Ausdrücke »Tod« und »sterben« (vgl. V. 3a; 4,7.10f.16f); nur die Sünder läßt er vom Tod und Sterben der Gerechten sprechen (2,20).
3,7 Beim Endgericht, wörtlich: In der Zeit ihrer Heimsuchung.
3,13cd Wörtlich: denn sie wird Frucht haben bei der Heimsuchung der Seelen.
3,14a der Kinderlose, wörtlich: der Eunuch.
3,14e ein gar köstlicher, wörtlich: ein mehr beglückender (als wenn er Kinder hätte).
5,13 Vg fügt als V. 14 hinzu: So sprachen in der Unterwelt die, die gesündigt haben. – Entsprechend verschiebt sich in Vg die Verszählung.
5,14 Gischt: so nach S und der altlateinischen Übersetzung; G: Reif.
6,1–8 Salomo nimmt die Anrede an die Herrscher wieder auf; mit »also« zeigt er, daß er sie auch in 1,16–5,23 als seine Hörer voraussetzt, obwohl er sie nicht mehr direkt anredet.
6,1 Vg fügt vor V. 1 ein: Besser ist Weisheit als Kraft, und ein kluger Mann (ist besser) als ein starker. Dieser Vers ist in Vg als V. 1 gezählt; entsprechend verschiebt sich die Verszählung.
6,21 Einige wichtige Vg-Handschriften fügen als V. 23 hinzu: Liebt das Licht der Weisheit, ihr alle, die ihr den Völkern vorsteht. – Die Verse 22–25 werden in Vg als 24–27 gezählt.
9,19 Einige Vg-Handschriften fügen hinzu: alle, die dir gefallen haben, Herr, von Anfang an.
11,5 Vg formuliert 5b etwas anders und fügt als V. 6 hinzu: indem es ihnen an Getränk mangelte, und die Israeliten freuten sich, als sie Überfluß hatten. Die Verse 6–26 zählt dann Vg als VV. 7–27.
12,8 Von Hornissen sprechen G und Vg in Ex 23,28; Dtn 7,20; Jos 24,12. Heute wird das entsprechende hebräische Wort gewöhnlich mit »Entmutigung«, »Furcht« oder »Panik« wiedergegeben.
16,22 G vergleicht in Num 11,7 das Manna mit Eis (H mit Bdelliumharz, in Ex 16,14 mit Reif).
18,23 Ansturm: so nach Vg; G: Zorn (vgl. V. 20).

Das Buch Jesus Sirach

Vorwort: Für die Datierung ist die Angabe wichtig, daß der Enkel im 38. Jahr des Königs Euergetes (170–111 v. Chr.) nach Ägypten kam, also 132 v. Chr. Er wird um 152 v. Chr. geboren sein. Dann ist sein Vater vermutlich um 182 geboren. Der Verfasser schrieb wahrscheinlich in fortgeschrittenem Alter, wohl nicht vor 180 v. Chr.

1,5.7 sind spätere Zusätze; sie lauten:
[5]Die Quelle der Weisheit ist das Wort Gottes in der Höhe, / ihre Wege sind die ewigen Gebote.
[7]Die Kenntnis der Weisheit, wem wurde sie offenbart? / Ihre mannigfachen Wege, wer hat sie erkannt?

1,10b So mit einigen Textzeugen und nach dem Zusammenhang; die meisten G-Handschriften: die ihn lieben.

1,19a Oder mit S: Sie ist ein starker Stab und eine herrliche Stütze.

1,30 So mit S. – Vg zählt in Kap. 1 vierzig Verse.

2,6b Übersetzung nach S und Origenes; weniger gut G: Ebne deine Wege, und hoffe auf ihn!

2,8b G hat leicht geändert: und euer Lohn wird nicht ausbleiben.

2,9b Erbarmen: nach G, wie in V. 7a; S: Rettung.

2,12b dem Menschen: nach S; G verschärft: dem Sünder.

2,18d Fehlt in G zu Unrecht.

3,9 So nach H; G: Denn der Segen des Vaters baut den Kindern feste Häuser, doch der Fluch der Mutter reißt die Fundamente aus.

3,18 Der folgende Vers 19 entfällt, da nur von wenigen Textzeugen überliefert.

3,25 Fehlt im älteren G- und im Vg-Text; späterer Zusatz.

3,29b G: Ein aufmerksames Ohr ist der Wunsch des Weisen.

4,2–5 Text korr.; in H und G Doppelungen.

4,9b Nach G: Sei nicht feig im Gericht!

4,10cd G: Dann wirst du wie ein Sohn des Höchsten sein; er wird dich mehr lieben als deine Mutter.

5,3b Andere Übersetzungsmöglichkeit nach G: Denn der Herr ist ein strenger Richter.

6,11b G: und gegen deine Sklaven tritt er freimütig auf.

6,16a Wörtlich: Ein treuer Freund ist ein Beutel des Lebens. Zu diesem Bild vgl. die Anmerkung zu 1 Sam 25,29. Wie eine Kostbarkeit in einem Beutel verborgen wird, so ist das Leben bei Gott und bei einem Freund gut aufgehoben.

7,17cd Fehlt in G und S.

8,8ab Auch in H liegt ein Wortspiel vor.

9,15b G: und berate alles nach dem Gesetz des Höchsten!

9,17a Text unsicher; G, kaum richtig: Ein Werk aus Künstlerhand findet Lob.

10,1a G und S: erzieht sein Volk.

10,3a G und S: richtet sein Volk zugrunde.

10,10a Text unsicher; vielleicht nach G: Eine längere Krankheit spottet des Arztes.

10,15 Fehlt in H und ist wohl nur sinngemäß Wiederholung von V. 16a und 14b. G: Die Wurzeln der Völker hat Gott ausgerissen und Demütige an ihre Stelle gepflanzt.

10,16b Andere Übersetzungsmöglichkeit nach G: er vernichtet sie bis auf den Grund der Erde.

10,21 Schlecht bezeugter Zusatz: Anfang der Annahme (durch Gott) ist die Gottesfurcht; Anfang der Verwerfung sind Verhärtung und Überhebung.

11,18 Übersetzung unsicher.

12,5 H wörtlich: Die Waffen des Brotes gib ihm nicht. – Nach G wäre V. 5ab zu übersetzen: Halte das Brot zurück, und gib es ihm nicht; sonst bekommt er dich dadurch in seine Gewalt. Der Zusatz in 5c fehlt zu Recht in G.

12,7 In G Wiederholung von V. 4a.

13,6 G hat den Zusatz: Er redet dir freundlich zu und fragt: Was brauchst du? Und er beschämt dich bei seinen Gastmählern.

13,14 Nur durch wenige nichthebräische Textzeugen überliefert (stört den Zusammenhang): Wenn du davon hörst, noch schlaftrunken, wach auf! Mit ganzer Lebenskraft liebe den Herrn, und ruf ihn an zu deinem Heil!

14,5b Andere Übersetzungsmöglichkeit nach G: Er kann sich seiner Güter nicht freuen.

14,8b Andere Übersetzungsmöglichkeit nach Vg: Wer sein Gesicht abwendet, verachtet sich selbst.

14,9b Andere Übersetzungsmöglichkeit nach H: Wer seinem Nächsten den Besitz wegnimmt, richtet seinen eigenen Besitz zugrunde.

14,10 Der Zusatz fehlt in G und Vg. – H wörtlich: eine trockene Quelle.

14,20 Neue Abschnitte beginnen oft mit einer Empfehlung der Weisheit, die dichterisch personifiziert wird (vgl. 51,13–21; Spr 8,34).

15,1–16,7 Dieser Text ist seit 1958 auch aus einem zweiten hebräischen Fragment bekannt, das sich enger an den ursprünglichen G-Text anschließt, während die bisher bekannte Handschrift eine spätere Bearbeitung erfuhr.

15,15a Nur in Vg.

16,15f Die beiden Verse fehlen in fast allen G-Handschriften; sie passen auch inhaltlich nicht in den Zusammenhang.

16,24 G hat Einzahl und beginnt mit der Anrede »mein Sohn«.

16,27 Von hier ab ist bis Kap. 31 fast nichts vom hebräischen Text erhalten.

17,5 Entfällt (später Zusatz).

17,6–10 Text verderbt; aus den alten Übersetzungen erschlossen.

17,16.18.21 Zusätze aus verschiedenen G-Handschriften.

17,24c Nur in Vg überliefert.

17,30 Übersetzung vorwiegend nach S.

17,32 Das »Heer in der Höhe« sind, im Anschluß an die Sonne in V. 31, die Sterne, die man als eine Heerschar personifizierte und in die Nähe der Engel rückte (vgl. Ri 5,20; Ijob 38,7; Jes 24,21; Bar 3,34f).

18,2f Die beiden Verse sind späte Zusätze.

18,9 Hier die runde Zahl hundert; Ps 90,10: siebzig, höchstens achtzig Jahre.

18,14 So mit S; G: Er erbarmt sich derer, die Zucht annehmen und eifrig nach seinen Geboten suchen.

18,28 Übersetzung nach S.

18,33b Andere Übersetzungsmöglichkeit: während du nichts im Beutel hast.

19,1 Wer das tut: nach H. – »das Wenige« in b meint die im Einzelfall nicht besonders hohen Ausgaben des Schlemmers, erst die maßlose Gewohnheit ist gefährlich.

19,3 Wohl nicht ursprünglich, sondern aus 10,11 und 6,4 zusammengestellt. Der erste Halbvers fehlt in H und S.

19,5b.6a Nur in einigen G-Handschriften.

19,8b G kaum richtig: Wenn es für dich keine Sünde ist, enthülle nichts! (Vgl. 27,16–21).

19,11f Sinn der Vergleiche: Der Tor kann nichts für sich behalten.

19,18.19.21 Späte Zusätze.

19,30 So nach S.

20,2 G: Wie ist es doch besser, zurechtzuweisen, als zu zürnen.

20,4 Der eigenartige Vergleich soll dartun, wie widerwärtig und erfolglos äußere Nötigung ist.

20,13a Andere Übersetzungsmöglichkeit: Der Weise macht sich mit wenigen Worten beliebt.

20,14 Nach S wäre zu übersetzen: Das Geschenk des Toren nützt ihm nichts, weil seine Augen siebenfach auf die Vergeltung gerichtet sind. Logischer G: Der Tor (= der Geizige) rechnet mit reichlichen Gegengaben, so daß du von seinem Geschenk keinen Nutzen hast.

20,19a So nach S; G: Ein widerwärtiger Mensch – ein Wort zur Unzeit!

20,21b Übersetzung unsicher.

20,27a Andere Übersetzungsmöglichkeit: Der Weise bringt sich mit wenigen Worten voran (vgl. V. 13a).

20,30f Wie 41,14f ohne Zusammenhang mit dem Kontext.

21,14a Zisterne: nach S; G: Krug.

21,18 Übersetzung vorwiegend nach S; G, weniger wahrscheinlich: Wie ein verwüstetes Haus, so ist dem Toren die Weisheit, und die Erkenntnis des Unvernünftigen sind unverständliche Reden.

21,25a Text unsicher.

21,27a G unrichtig: den Satan.

22,7f Späte Zusätze.

22,17b Text unsicher.

22,25f Übersetzung in Anlehnung an S.

22,26 G kaum verständlich: Wenn mich seinetwegen Schlimmes trifft, wird jeder, der es hört, sich vor ihm hüten.

23,27a Nach S; in G ausgefallen.

24,1–22 Zur Personifizierung der Weisheit vgl. die Einleitung zu Spr.

24,14b »Oleandersträucher« nach S; kaum richtig G: Rosensträucher.

24,18 Nur wenige Textzeugen von G und Vg haben diesen Vers; Vg: Ich bin die Mutter der schönen Liebe, der Gottesfurcht, der Erkenntnis und der frommen Hoffnung. In mir ist alle Lieblichkeit des Weges und der Wahrheit, in mir alle Hoffnung des Lebens und der Tugend.

24,20.22 Die Zusätze nur in lateinischen Textzeugen.

24,24 Schlecht bezeugter Zusatz, der in G anders lautet als in Vg.

25,9a Freund: nach S und Vg; G: Einsicht; das wäre dasselbe wie V. 10a.

25,12 Später Zusatz: Die Furcht vor dem Herrn ist der Anfang der Liebe zu ihm, der Glaube Anfang der Gemeinschaft mit ihm.
25,14f Der Zusammenhang verlangt, daß an die zurückgesetzte Nebenfrau zu denken ist, obwohl G und S männlich übersetzen (»Hasser«, »Feind«). Ähnlich haben G und S in V. 15a das sicher richtige »Gift« fälschlich mit »Kopf« übersetzt, da im Hebräischen beide Wörter gleich aussehen.
25,21b Nach S; G: Begehre nicht nach einer Frau!
26,19–27 Der Abschnitt fehlt bei den meisten Textzeugen. Die Sprache ist derber als sonst in Sir. Also wohl ein späterer Zusatz.
26,19a Nach G; S: Nimm dich in acht zur Zeit deiner Jugend!
26,21b Nach G.
26,27 Text verderbt und unsicher.
27,1b Wörtlich: wer es anzuhäufen sucht, wendet sein Auge ab. – Das kann Unehrlichkeit bedeuten oder sich auf die Not des Armen beziehen: Er ist rücksichtslos.
27,11a Andere Übersetzungsmöglichkeit: Die Rede des Weisen (S und andere).
27,16b Wörtlich: keinen Freund nach seiner Seele, d. h. der mit ihm eins ist, oder: wie er ihn sich wünscht.
27,29 Vorwiegend nach S; G: In der Falle fangen sich, die sich freuen über den Sturz des Frommen, und Schmerz verzehrt sie vor ihrem Tod.
28,13f Verleumder: S hat beidemal »die dritte Zunge«, d. h. der Zwischenträger, der Ohrenbläser.
28,24–26 Nach S.
29,16f Nach S; G: Die Güter des Bürgen verwüstet der Sünder, und der in seiner Gesinnung Undankbare läßt seinen Retter im Stich.
29,25a Nach G; S: Ein Fremdling bist du und trinkst Schmach.
30,20b Vgl. die Anmerkung zu 20,4.
31,1–36,13 G hat 33,16–36,13 hinter 30,25 eingereiht; vgl. die Anmerkung zu 33,16–33 und zu 36,16. Vg stimmt in der Kapitelzählung mit H und S überein, hat aber infolge von Doppelübersetzungen und Einschüben eine abweichende Verszählung. Hier wird die Kapitelzählung nach H und Vg, die Verszählung aber nach G beibehalten.
31,6 Übersetzung unsicher. Andere Übersetzungsmöglichkeit: Zahlreich sind die Schlingen des Goldes und die Stricke an den Perlen.
31,8a Andere Übersetzungsmöglichkeit: Wohl dem Reichen.
31,8b aus Habgier, wörtlich: hinter dem Gold her (G), oder: hinter dem Mammon her (H und S); das Wort »Mammon« begegnet hier zum ersten Mal.
31,10a Text korr. nach G und Vg.
Kap. 32 In G als Kap. 35 gezählt.
32,2 Vorwiegend nach G; H verderbt.
32,12b G: und sündige nicht durch übermütige Rede! Die Verse 11 und 12 sind unsicher überliefert.
32,24a Andere Übersetzungsmöglichkeit: Wer das Gesetz hält, behütet sein Leben.
33,1–16 In G als Kap. 36 gezählt (in H nur schlecht erhalten).
33,3b Nach G: und das Gesetz ist für ihn zuverlässig.
33,4b G: Fasse die Lehre zusammen, dann antworte!
33,8b G: und er hat die Zeiten und Feste verschieden gemacht.
33,14b Nach H und S wäre anzufügen: neben dem Licht die Finsternis.
33,16–33 In G als 30,25–40 gezählt, vermutlich infolge Vertauschung von Handschriftenblättern.
33,26b nach G: Laß seine Hände müßig, dann wird er Freiheit suchen.
33,31f G etwa: denn mit Blut hast du ihn erworben. – G hat auch eine andere Zeilenfolge.
Kap. 34 In G als Kap. 31 gezählt.
34,1a Nach G.
34,12b Nach S; G: und mehr als meine Worte ist mein Wissen.
Kap. 35 In G als Kap. 32 gezählt.
35,11 Vgl. 2 Kor 9,7: Einen fröhlichen Geber liebt Gott.
35,19bc Nur in Vg.
35,20 Text unklar; nach G etwa: Wer Gott wohlgefällig dient, der wird angenommen, und sein Bittruf erreicht die Wolken.
Kap. 36 In G als Kap. 33 gezählt.
36,3a Das fremde Volk (G: Die fremden Völker) sind die Griechen und ihre syrischen Verbündeten, die damals Judäa beherrschten.
36,12a das Haupt: vermutlich im Sinn von Oberhaupt; gemeint ist der gottfeindliche König. Statt »Fürsten Moabs« liest G: Fürsten der Feinde; es liegt aber eine Anspielung an Num 24,17 vor, die wohl ursprünglich ist.
36,16 In G steht 33,1–15 vor 36,16; darum müssen bei richtiger Einordnung die Verse 14 und 15 jetzt fehlen (vgl. die Anmerkung zu 31,1–36,13).
37,12d G: und der Mitleid mit dir hat.
37,13f Für »Gewissen« sagt der Hebräer »Herz«. Der Rat des »Herzens« ist stets der beste.
38,15b Wörtlich: »muß sich dem Arzt in die Hände einschließen.« So eine Randlesart von H und alle alten Übersetzungen. – Krankheit galt als Strafe für Sünden.
38,16d G: Vernachlässige nicht sein Begräbnis! (vgl. 16c). Aus Angst vor ritueller Unreinheit (vgl. die Einleitung zu Lev) mag mancher das Sterbehaus verlassen haben.
38,19 Text unsicher, da in H ausgefallen; in G verderbt.
38,24–30 Die Beschreibung der Handwerker und Künstler ist teilweise unklar.
38,25 Text unsicher.
38,30 Text unsicher.
38,32b Nach S; G: Sie müssen nicht in der Fremde wohnen und nicht umherziehen.
38,34d Gesetz des Höchsten: nach G; S hier und 39,8: Gesetz des Lebens (vgl. 17,11; 45,5).
39,13b So mit S; G: wie die Rose.
39,14c Nach S; G verderbt.
39,20bc Fehlt in G.
39,21 Zeilenfolge nach H.
40,6f Text unsicher.
40,7a Andere Übersetzungsmöglichkeit: noch schlafbedürftig wacht er auf.
40,13 Sinn des Vergleichs: Je wilder der Sturzbach bei Gewitterregen anschwillt, desto rascher vertrocknet er wieder. G: Der Reichtum des Frevlers versiegt wie ein Bach, wie ein starker Donner beim Gewitter erschallt.
40,14a H und G sind verderbt.
40,17a Diese Lesart wird durch die Fragmente aus Masada bestätigt. G: Liebe aber ist ein Paradies in Segnungen (vgl. V. 27a).
40,19cd In G zu Unrecht ausgefallen. Die Reihe erreicht die Zehnzahl. »Leib« nach dem Masada-Text gibt einen guten Sinn.
41,14f Vgl. die Anmerkung zu 20,30f.
41,19a der Unterschlagung: nach dem Masada-Text; andere H-Überlieferung: des Übermuts; G: des Diebstahls.
41,20–22 Umstellung und Übersetzung nach dem Masada-Text.
41,21a deinen Bruder, wörtlich: dein Fleisch.
42,7 Das Hinterlegte soll nach Menge und Gewicht (G) notiert werden. »Einnahme« und »Ausgabe« beziehen sich wohl auch noch auf das Hinterlegte.
42,14b G: und eine schändliche Tochter gereicht zur Schmach.
43,5b Die Sonne, im Hebräischen männlich, wird auch in Ps 19,6 mit einem Helden verglichen.
43,8d Text unsicher; gemeint ist wohl, daß der Mond den höchsten Wolken als Schiff dient.
43,17a Gehört dem Zusammenhang nach vor V. 16.
43,20b Nach dem Masada-Text; G: auf dem Wasser gefriert das Eis.
44,23c Andere Übersetzungsmöglichkeit nach G: Er erkannte (= bevorzugte) ihn in seinen Segnungen.
45,2 G: Er machte ihn der Herrlichkeit der Heiligen gleich und machte ihn groß zum Schrecken der Feinde.
45,8–12 Zu dieser knappen und schwer zu deutenden Beschreibung des hohenpriesterlichen Ornats vgl. bes. Ex 28.
45,11def Wörtlich: zur Erinnerung, in eingeschnittener Schrift, nach der Zahl der Stämme Israels.
45,20f Textumstellung nach H.
45,25b Wörtlich: eines Mannes vor seiner Herrlichkeit. Gemeint sind Salomo und die ganze davidische Dynastie.
45,25ef Fehlt in G, ist aber doch wohl ursprünglich Überleitung zu V. 26. Aufforderung zum Gotteslob auch 50,22a.
46,1c Der Name Josua bedeutet »Jahwe hilft«; dementsprechend besser G, wie oben, als H: in seinen Tagen (vgl. 43,8).
46,16a Weist auf V. 5 zurück.
46,17b So nach G und S. Zum Donner als Stimme Gottes vgl. Ps 29.
46,19 Der Zusatz fehlt in G und S.
47,15 Text unsicher; G: Deine Seele bedeckte die Erde, und du hast sie angefüllt mit Rätselsprüchen.
47,16b Nach S; G: und du wurdest geliebt in deinem Frieden.
47,23 Text zum Teil unsicher und mit späteren Erweiterungen.
47,24 G hat die Zeilen umgestellt.
48,2a Wörtlich: Er zerbrach ihnen den Brotstab (vgl. die Anmerkung zu Lev 26,26).

48,9 G verdeutlicht nach 2 Kön 2,11: Du wurdest im Feuersturm entrückt und in einem Wagen mit Feuerpferden.
48,11 Text sehr unsicher; G: Glücklich die, die dich sehen und die in der Liebe gestorben sind; denn auch wir werden leben.
48,21b So nach H; G verdeutlicht nach 2 Kön 19,35: und sein Engel vertilgte sie.
48,23a Auf Jesajas Befehl, wörtlich: Durch seine Hand (S); G: In seinen Tagen.
49,6a »Sie« können die Babylonier sein, das »fremde Volk« von V. 5b; aber gemeint sind wohl eher die Könige von Juda (vgl. V. 7), die indirekt den Untergang herbeigeführt haben.
49,13 G hat die Zeilen c und d vertauscht.
49,15 G hat 50,1a hier eingesetzt und so mit Josef verknüpft.
49,16a Nach G wäre zu übersetzen: Sem und Set sind unter den Menschen hoch geehrt (vgl. die Anmerkung zu Gen 4,26).
50,4b G: gegen Belagerung.
50,7a Königspalast: nach H; G: Tempel des Höchsten.
50,10b G: wie eine Zypresse, die in die Wolken ragt.
50,20d Nur am Versöhnungstag durfte der Hohepriester den Namen »Jahwe« aussprechen, was sonst aus Ehrfurcht verboten war.
50,22c einen Menschen; G fälschlich: unsere Tage.
50,27b G nennt den Verfasser »Bürger von Jerusalem«; vgl. die Einleitung.
50,29 tiefster Inhalt: G hat hier einen Ausdruck, der ein hebräisches Wort mit der Bedeutung »das Wesen, der tiefste Sinn« wiedergibt.
51,1–12 Nach dem Schlußwort 50,27–29 bildet das beigefügte Danklied einen Nachtrag.
51,4b.5a Eine Bemerkung sagt jeweils, daß die Feuerflammen und Wasserfluten nur bildlich aufzufassen sind.
51,8 Nach G und Vg wird Gott direkt angeredet, wie auch in V. 12.
51,11b G: dich preisen im Gebet; V. 11c fehlt in G.
51,12 Ob das litaneiartige Lied von Sirach selbst stammt, ist unsicher, da es in G und S fehlt.
51,13–20 So nach dem H-Text von Qumran, der die alphabetische Ordnung der Verse besser bewahrt hat als die anderen H-Zeugen.
51,17 Text unsicher.
51,20 Der Freund der Weisheit betritt das Haus der geliebten Braut. Text und Zeilenfolge unsicher.
51,30cd Dieser Lobpreis – wie auch der jüngere am Schluß – fehlt in G und ist späterer Zusatz, ebenso die dazwischenliegende nochmalige Schlußbemerkung, die bei den Textzeugen verschieden lang ist.

Das Buch Jesaja

1,1 Die Überschrift hat wohl ursprünglich Jes 1–12 eingeleitet.
1,2–31 Die Einleitungsrede bietet wie eine vorangestellte Zusammenfassung wichtige Themen der Verkündigung des Propheten.
1,7 Sodom: Text korr. nach V. 9.
1,17 den Unterdrückten: Text korr. nach den alten Übersetzungen.
1,29 Ihr werdet: Text korr. nach H-Handschriften und der aramäischen Übersetzung.
2,6 Übersetzung unsicher. – von Zauberern: Text korr.; H: vom Osten.
2,9c Sinn nicht klar.
2,18 schwinden dahin: nach dem Qumran-Text.
2,20 den Ratten: nach dem Qumran-Text.
3,10 Wohl dem Gerechten: Text korr.
3,13 sein Volk: Text korr. nach G.
3,16–23 Die hebräischen Wörter für Mode- und Schmuckartikel sind nicht immer sicher zu deuten.
3,24d Schande: nach dem Qumran-Text.
4,2 was der Herr sprossen läßt: Anklang an den messianischen Ausdruck »Sproß« in Jer 23,5; 33,15; Sach 3,8; 6,12.
4,4 Andere Übersetzungsmöglichkeit: den Geist des Gerichts und den Geist der Läuterung.
4,5 kommt er: Text korr. nach G.
5,9 hören: ergänzt nach G. – Die Strafe entspricht, auch im folgenden Wehruf (V. 13f), dem Vergehen (V. 10).
5,10 Morgen, wörtlich: Joch, Gespann.
5,13 sterben: Text korr. nach den alten Übersetzungen. – die Masse der Armen, wörtlich: seine Masse.
5,18a mit Ochsenstricken: Text korr. in Anlehnung an V. 18b.
5,26 für ein Volk: Text korr.; Einzahl wie Jer 5,15.
6,5 ich bin verloren, andere Übersetzungsmöglichkeit: ich muß schweigen.
6,9f Verhärte; wörtlich: Verfette.
6,13e Vermutlich ein späterer Zusatz, der die Drohung mildert.
7,9 Der letzte Satz ist in H ein Wortspiel.
7,14 Jungfrau: nach G und Mt 1,23; das hebräische Wort almáh wird auch als »junge Frau« gedeutet. Nach V. 16 besagt das Zeichen, daß das Unheil in wenigen Jahren hereinbricht.
8,1f mit einem gewöhnlichen Griffel, wörtlich: mit Menschengriffel.
8,10 Anklang an den Namen Immanuel in 7,14 und 8,8.
8,19f Textüberlieferung und Sinn unsicher.
8,23 Text unsicher; der zweite Satz leitet zum folgenden Abschnitt über, der die Wende durch die Geburt des Heilskönigs verkündet.
9,2 Jubel: Text korr.
9,5f Mit Lk 1,32f wird V. 5f in der Liturgie des Weihnachtsfestes auf Jesus Christus bezogen.
9,10 Jakobs Gegner: Text korr.; H: die Gegner Rezins.
9,13 Palmzweig und Binse: die vornehmen und die geringen Leute.
9,19 seinen Nachbarn: Text korr. nach G.
10,1–4 Gehört inhaltlich zu 5,8–24.
10,5 in meiner Hand: Text korr.; H: in ihrer Hand. V. 5b ist wie in G umgestellt.
10,12 straft er: Text korr. nach G.
10,28 Assur zieht von Rimmon herauf: Text korr.
11,4 den Gewalttätigen: Text korr.
11,7 freunden sich an: Text korr.
11,15 trocknet ... aus: Text korr. nach G; H. weihte ... dem Untergang.
13,2 meine Helden, wörtlich: sie (ergänzt nach V. 3).
13,3 meine heiligen Krieger, wörtlich: meine Geheiligten. – Zum Krieg unterzieht man sich bestimmten Reinigungsriten (»sich heiligen«).
14,19 Bastard, wörtlich: Sproß.
14,20 dieses Verbrechers: Text korr., Einzahl nach G und S.
14,22 In H zwei Wortspiele.
14,25 von ihnen: Gemeint sind die Israeliten.
15,2 Tochter Dibon: Text korr. nach Jer 48,18.
15,9 Text und Übersetzung unsicher.
16,1 Sinn unklar; vielleicht eine Aufforderung, auf dem Zion durch Gaben um Schutz und Hilfe zu bitten (vgl. V. 3f).
16,10 verstummt ist: Text korr. nach G.
17,5 ein Schnitter: Text korr.
17,9ab Text korr.; vgl. G.
18,1 der Heuschreckenschwärme, wörtlich: des Flügelgeschwirrs.
19,9 Die Hechlerinnen erblassen: Text korr.
20,1f Der Verständlichkeit wegen sind die beiden Verse umgestellt.
21,1 Nach V. 9 ist Babel gemeint. – Wüste am Meer: Bedeutung unklar.
21,8 Der Späher: Qumran-Text: Der Seher; H: Der Löwe.
21,11 Edom: Text korr. mit G; H: Duma. Der Spruch ist ein sog. Wächterlied.
22,3 H schwer verständlich, daher Übersetzung unsicher.
22,6 Aram: Text korr. nach G; H: Adam.
22,11 aus der Ferne, andere Übersetzungsmöglichkeit: im voraus.
22,19 Ich vertreibe dich: Text korr. nach den alten Übersetzungen (1. statt 3. Person).
22,24 mit Kindern und Kindeskindern, wörtlich: die Schößlinge und die Blätter.
23,1–3 Übersetzung unsicher. Das »Land der Kittäer« ist Zypern.
23,10 Bebau: Text korr. nach G und dem Qumran-Text
23,13 Text durch spätere Zusätze völlig entstellt.
24,1–27,13 Dieser Abschnitt wird »Jesaja-Apokalypse« genannt, weil er apokalyptische Motive (Weltgericht, Auferstehung, eschatologisches Heil) enthält. Er stammt aus spätalttestamentlicher Zeit.
24,4 Text korr.
24,15a Text und Übersetzung unsicher.
24,17a Der H-Text enthält ein Wortspiel.
24,23d Text korr. nach G.
25,4e im Winter: Text korr.
25,5 läßt du verstummen: Text korr. (2. statt 3. Person).
26,9c ein Licht: eingefügt mit G.
26,16 Text korr.
27,7 ihre Mörder: Text korr. nach dem Qumran-Text.
28,6b den Feind, wörtlich: den Kampf.
28,10–13 Papperlapapp: H: zaw lazaw, zaw lazaw, qaw laqaw, qaw laqaw, verächtliche Nachäffung der Propheten. – »Er« in V. 11f ist Jahwe.
28,14b Sprüchemacher, andere Übersetzungsmöglichkeit: Herrscher.
28,16f ich lege: Text korr. nach G. VV. 16.17ab unterbrechen den Text; V. 17cd schließt an V. 15 an.
29,9ab In H ein Wortspiel.

29,13b mit Worten, wörtlich: mit seinem Mund.
30,10b zu den Propheten, wörtlich: zu den Schauenden.
30,16 In H zwei Wortspiele.
30,17a werden zittern: Text korr.
30,32 Text unsicher.
31,9 Seine starken Helden vergehen, wörtlich: Sein Fels vergeht.
32,19 stürzt: Text korr. nach der aramäischen Übersetzung.
33,7 die Krieger: in H ein Wort unsicherer Bedeutung.
33,11c Mein Atem: Text korr. nach Vg und der aramäischen Übersetzung; H: Euer Atem.
33,22f In H ist die Reihenfolge der Sätze durcheinandergeraten.
33,23b verteilen die Blinden: Text korr.
34,4a Hügel: Text korr.; H: das Heer des Himmels (aus V. 5).
34,5 erscheint: Text korr. nach dem Qumran-Text. – das Schwert des Herrn, wörtlich: mein Schwert.
34,12ab Ergänzt nach G; in H ist nur erhalten: seine Edlen.
34,13d Strauße, wörtlich: Töchter der Wüste.
34,15b seine Eier: Text korr.
34,16 der Mund des Herrn: Text korr. nach H-Handschriften und G.
36,1–39,8 Stimmt weithin mit 2 Kön überein; nur das Lied des Hiskija ist Eigengut von Jes. – Vgl. die Anmerkungen zu 2 Kön 18,13–20,19.
36,2 Rabschake ist ein assyrischer Beamtentitel, der etwa »Obermundschenk« bedeutet.
37,9 wiederum: Text korr. nach 2 Kön 19,9 und G.
37,20 Gott bist: eingefügt mit 2 Kön 19,19 und dem Qumran-Text.
37,21 Ich habe gehört: eingefügt mit 2 Kön 19,20 und G.
37,25 fremdes: eingefügt mit 2 Kön 19,24 und dem Qumran-Text.
37,27 verdorrt: Text korr. nach dem Qumran-Text.
38,12 hast du gewoben: Text korr. (2. statt 1. Person). – gewoben, wörtlich: aufgerollt.
38,13 H wiederholt am Ende V. 12ef.
38,15 was soll ich reden: Text korr., vgl. den Qumran-Text; H: und er hat mir gesagt. –15c: Text korr. nach S.
38,16 H ist unverständlich, die Übersetzung ein Versuch.
38,17 Übersetzung unsicher.
38,21f Die Verse gehören zu 38,1–8, vielleicht vor V. 7.
40,2e Wörtlich: »sie hat Zweifaches empfangen«. Das Strafrecht fordert in bestimmten Fällen doppelte Wiedergutmachung (vgl. Ex 22,3.6.8).
40,6 Ich fragte: Text korr. nach G, vgl. den Qumran-Text.
40,12 Scheffel: H: Schalisch (ein Hohlmaß unbekannter Größe).
40,20f Die Verse 41,6f gehören nach ihrem Inhalt hierher; sie stehen in Kap. 41 isoliert.
40,20 Sinn von H teilweise unklar.
40,21 seit der Grundlegung: Text korr.
41,1 ihr Völker, wartet auf mich: Text korr.; H: und Völker schöpfen neue Kraft (aus 40,31 eingedrungen).
41,2f Gemeint ist der Perserkönig Kyrus.
41,6f Vgl. die Anmerkung zu 40,20f.
41,14 Würmlein Israel: H: Leute Israels. »Auslösen, loskaufen, erlösen« meint die Befreiung aus der babylonischen Knechtschaft.
41,25 ihn: Gemeint ist Kyrus (vgl. 41,2). – habe ich ihn beim Namen gerufen: Text korr. (vgl. 45,3). – Er hat ... zertreten: Text korr.
42,10 Es jauchze: Text korr.
42,11 sollen sich freuen; H: sollen (ihre Stimme) erheben.
42,19 mein Vertrauter: Bedeutung des Wortes in H unklar.
42,22 in den Kerker geworfen, wörtlich: gebunden in Löchern.
43,4 ganze Länder: Text korr.; H: Menschen.
43,14e H ist verderbt, daher Übersetzung unsicher; vgl. G.
43,19 Straßen: nach dem Qumran-Text; H: Ströme (aus V. 20).
43,26b verteidige dich, wörtlich: zähl auf.
43,28a Text korr., vgl. G; H: und ich entweihte die Fürsten des Heiligtums.
44,4 das Schilfgras, wörtlich: das Gras zwischen Wassern; Text korr., ergänzt nach G.
44,7c Text korr.
44,12 Text unklar.
44,16b in der Glut: Text korr. nach G (vgl. V. 19).
44,20ab Nimmt wohl ein Sprichwort auf.
44,26a H: seines Knechtes; gemeint sind die Propheten als Boten Gottes.
44,28 der zu Jerusalem sagt ... und zum Tempel: Text korr.; vgl. Vg und G.
45,1 um die Könige zu entwaffnen, wörtlich: um den Gürtel an den Hüften der Könige zu lösen.
45,8 Dieser Vers hat die Anregung zum Lied »Tauet, Himmel, den Gerechten« gegeben.
45,9 kein Geschick, wörtlich: keine Hände; Text korr.
45,11c Text korr.
45,16a sie alle: nach G die Gegner Gottes.
46,1 Bel (= Baal, Herr), genauer Bel Marduk, der Gott der Stadt Babel, verkörpert die Schöpfermacht und Weltherrschaft. Nebo (vgl. den Namen Nebukadnezzar), der Gott der Weisheit und der Schreibkunst, hält die Schicksalstafeln in der Hand. – Die Übersetzung 46,1d ist unsicher.
46,3d Wörtlich: vom Mutterschoß an.
46,12 ihr Verzagten: Text korr. nach G.
47,4 spricht: ergänzt mit G.
48,6 Willst du, wörtlich: Wollt ihr.
48,10b prüfte: Text korr. nach dem Qumran-Text; H: erwählte.
48,11 mein Name: ergänzt nach G.
48,16 Zusatz aus einem anderen Zusammenhang (vgl. 61,1).
49,5d bei ihm: Text korr. nach dem Qumran-Text und G.
49,9c auf allen Bergen: Text korr. nach dem Qumran-Text; H: auf den Wegen.
49,12c Siniter: wahrscheinlich die Einwohner von Syene, heute Assuan in Oberägypten.
49,24b einen Mächtigen: Text korr. nach dem Qumran-Text und den alten Übersetzungen; H: einem Gerechten; gemeint ist der König von Babel.
50,11b entzündet: Text korr.
51,4 ihr Völker, ihr Nationen: Text korr. nach einigen H-Handschriften und S; H: mein Volk, meine Nation.
51,5a plötzlich: ergänzt nach G.
51,16 Text unklar. – als ich ausspannte: Text korr. nach V. 13 und S.
51,17f Der »Becher des Zorns« (vgl. V. 21–23) ist Bild für das göttliche Strafgericht. – »sie« in V. 18 ist Jerusalem.
51,19 tröstet: Text korr. nach dem Qumran-Text und den alten Übersetzungen (3. statt 1. Person).
52,13–53,12 Zusammengesetzt aus Gottesworten (52,13–15; 53,11d.12), einem Bericht über das Leiden des »Knechts« (53,1–9) und der Ankündigung der Erhöhung des »Knechts« (53,10.11a-c). Im einzelnen ist der hebräische Text gelegentlich unklar.
53,8 seines Volkes: Text korr. nach dem Qumran-Text; H: meines Volkes.
53,11 Licht: eingefügt nach dem Qumran-Text und G.
54,2 spann ... aus: Text korr. nach den alten Übersetzungen.
57,8 kauftest du: Text korr. – du hast ihre Kraft bestaunt, wörtlich: »du hast die Hand geschaut«, verhüllende Aussage für das männliche Glied.
57,9 Moloch: entstellt aus Melech (= König), Beiname Baals.
57,10c Wörtlich: hast du das Leben deiner Hand gefunden. Sinn unklar, vgl. die Anmerkung zu V. 8.
57,11e mich verbarg: Text korr. nach G.
57,13b deine vielen Götzen: H unklar.
57,19a Lob auf den Lippen, wörtlich: Frucht der Lippen.
58,10a dein Brot: Text korr. nach H-Handschriften und den alten Übersetzungen.
58,12d Ruinen: Text korr.; H: Pfade.
58,13a nicht aus dem Haus gehst, wörtlich: deinen Fuß zurückhältst.
59,10 im Finstern: in H ein Wort unbekannter Bedeutung.
60,9 Die Schiffe kommen ... zusammen: Text korr.; H: Auf mich harren die Inseln.
60,19b die Nacht: eingefügt mit G und dem Qumran-Text.
60,21d seiner Hände: Text korr. nach G und dem Qumran-Text; H: meiner Hände.
61,3 erfreue: Text korr. – Schmuck anstelle von Schmutz, wörtlich: »einen Turban anstelle von Staub«. Staub streut man sich bei Trauer auf den Kopf. In H ein Wortspiel.
61,7 Schande: Text korr.; H: eure Schande. – sie wurden angespuckt: Text korr.; H: sie jubeln.
61,10e sich festlich schmückt: Text korr.; H: Priesterdienst tut.
62,5b dein Erbauer: Text korr.; H: deine Söhne.
63,1 Er schreitet: Text korr. nach Symmachus und Vg.
63,6 ich zerschmetterte sie: Text korr. nach vielen H-Handschriften (vgl. 14,25); H: ich machte sie trunken.
63,11b seines Knechtes: Text korr.; H: seines Volkes.
63,15e Halte ... fern: Text korr.; vgl. G und 64,11.
64,2 Der Zusatz ist eine irrtümliche Wiederholung aus 63,19.

64,3 kein Ohr hat gehört: Text korr.; H: sie haben nicht gehört.
64,4 H unklar, Übersetzung im Anschluß an G.
65,1 nach mir: eingefügt mit dem Qumran-Text und den alten Übersetzungen.
65,5b Wörtlich: sonst mache ich dich heilig. – Die kultische Heiligkeit (vgl. Ez 44,19; 46,20), hier aus dem Kult fremder Götter, überträgt sich auf alle, die damit in Berührung kommen.
65,6 wie sie es verdienen, wörtlich: in ihren Gewandbausch; so erhielt der Arbeiter seinen Lohn in Naturalien.
65,7 und zahle ihnen heim, wie sie es verdienen: Text korr. nach V. 6.
65,15 Meinen Knechten: Text korr., vgl. G; H: Seinen Knechten.
66,12 Ihre Kinder: Text korr.; vgl. G.
66,14b und ihr werdet aufblühen, wörtlich: und eure Gebeine werden sprossen.
66,17 Vielleicht ein Götterbild in einem Garten; Text und Sinn unklar. – Würmer: Text korr.; H: Greuel.
66,18 Ich kenne: ergänzt nach G. – und komme: Text korr. nach G.
66,19 Die Völkernamen sind zum Teil im Anschluß an G wiedergegeben. Es ist an weit entfernte Völker gedacht.

Das Buch Jeremia

1,12 Wortspiel mit den hebräischen Ausdrücken für Mandelbaum (schaked) und wachen (schakad).
3,14–18 Ein Nachtrag aus der Zeit des Exils. Die Bundeslade wurde vielleicht 586 v. Chr. bei der Zerstörung des Tempels vernichtet.
4,2 »mit ihm« und »seiner« bezieht sich auf Gott. Sein Ruhm dringt zu den Völkern, so daß sie sich in seinem Namen segnen. Viele ändern aber zu »mit dir« und »deiner« (vgl. Gen 12,3; 18,18; 22,18; 26,4).
4,27 Die Einschränkung, daß nicht ein völliges Ende mit Juda gemacht wird, wirkt in der harten Drohrede störend, ebenso 5,10. Da aber 5,18 deutlich an beide Stellen anknüpft, sind Textänderungen nicht am Platz. Alle drei Stellen als späteren Einschub zu betrachten, ist eine Notlösung. Jeremia glaubt trotz der bitteren Heimsuchungen an die Rettung eines Restes des Volkes; vgl. 3,14–18; 4,1f und besonders den doppelt überlieferten Spruch 30,11 und 46,28.
4,28–30 Der Text von G scheint in Einzelheiten besser zu sein.
5,10b.18 Vgl. die Anmerkung zu 4,27.
8,10–12 Wiederholung von 6,13–15.
8,15 Paßt inhaltlich besser zu 14,19.
8,19 Die letzte Frage paßt als Gottesrede nicht in die Klage des Propheten.
10,11 In aramäischer Sprache.
12,4e G: Gott sieht unsere Pfade nicht.
13,23 Neger, wörtlich: Kuschiter. – Kusch entspricht dem heutigen Sudan und Teilen Äthiopiens.
14,3 Das Eingeklammerte fehlt in G; irrtümliche Doppelschreibung für V. 4cd.
15,12–14 Stört den Zusammenhang und unterbricht die Klage. Die Verse 13f stammen aus 17,3f.
16,14f Diese Verheißung ist aus 23,7f übernommen.
17,5 Die Einleitung fehlt in G; es folgt keine Gottesrede.
17,13 »In den Staub schreiben« ist Bild für die Vergänglichkeit; das in den Staub Geschriebene wird vom Wind sofort wieder zugeweht.
18,20 Das Eingeklammerte ist aus V. 22 eingedrungen.
22,24 In H heißt der König Konja, ein Kurzname für Jojachin.
23,10 wegen des Fluches: G: ihretwegen (d. h. wegen der Ehebrecher).
23,33.36 Das hebräische Wort massa bedeutet sowohl »Last« als auch »Ausspruch« (des Propheten); vgl. Jes 13,1 und öfter. Das Verbot erklärt sich wohl daher, daß man darüber gespottet hat.
24,8 Die wiederholte Beteuerung, daß es sich um ein Gotteswort handelt (V. 4f), ist wohl späterer Zusatz.
25,3–7 Das Ende von V. 3 sowie V. 4 und 6 durchbrechen den Zusammenhang; wohl Zusätze wie 7,25f; 35,15. Auch V. 7 ist größtenteils Zusatz; nur 7a gehört in die Rede Jeremias.
25,9–14 Daß auch die umliegenden Völker bestraft werden (V. 9 und 11), erscheint hier noch zu früh; es ist wohl Erweiterung im Hinblick auf V. 15–29; auch die Verse 12 und 14 sind kaum ursprünglich.
25,18 Das Eingeklammerte fehlt zu Recht in G.
28,1 zu Jeremia: H: zu mir; vgl. aber V. 5.
28,14 Zusatz aus 27,6; fehlt in G.
29,16–20 Paßt nicht in den Briefzusammenhang, stammt vor allem aus Kap. 24; fehlt in G zu Recht.
29,25 Die eingeklammerten Zusätze fehlen in G; der Brief ging wohl nur an Zefanja.
30,1–31,40 Der Abschnitt hebt sich inhaltlich und formal von der Umgebung ab. Er ist eine Trostschrift, die vor allem die um 722 v. Chr. verschleppten Nordstämme anspricht, aber dann auch auf Juda bezogen wurde. Die Abfassungszeit läßt sich nicht sicher ausmachen, zumal die einzelnen Abschnitte wohl verschieden zu datieren sind. Das Ganze oder grössere Teile Jeremia abzusprechen, ist nicht begründet.
30,13a Eine Erläuterung, die das Bild von der Wunde unnötig unterbricht.
30,14ef Irrtümlich aus dem folgenden Vers hier eingefügt.
31,22d Sinn unklar und umstritten; vielleicht: Israel (das wieder vereinte Volk) wird Efraim (den nach Assyrien deportierten Hauptstamm des Nordreichs) schützend umgeben.
32,14a Zusatz, irrtümlich aus V. 15 eingefügt. – Die Kaufurkunden werden doppelt ausgefertigt: Ein Exemplar wird in einem Tongefäß verwahrt, das zweite wird dem Käufer als Besitzurkunde übergeben.
32,35 Kinder durchs Feuer gehen lassen: Umschreibung für Kinderopfer.
33,4f Text vielleicht durch Zusätze erweitert.
33,16 Jahwe ist unsere Gerechtigkeit: Anspielung an den Namen des von Jeremia abgelehnten Königs Zidkija, der bedeutet: »Jahwe ist (meine) Gerechtigkeit«; der König trägt den Namen zu Unrecht.
36,1 Es ist das Jahr 605 v. Chr. – Man sieht, daß die einzelnen Abschnitte nicht chronologisch, sondern sachlich geordnet sind. Vorher waren bereits Ereignisse berichtet, die viel später geschehen sind.
39,1–10 Zusammengesetzt aus Teilen von 52,4–16 und 2 Kön 25,1–12.
39,3 Aufzählung der Namen unsicher; vielleicht nach V. 13 zu korrigieren.
40,1 Allgemeine Einleitung eines Abschnitts; es folgt kein Gotteswort.
42,19–22 Dem Zusammenhang nach wohl ursprünglich Antwort auf die Ablehnung des Gotteswortes in 43,1–3.
44,14 »niemand« und »nur wenige« ist allgemeine, ungenaue Angabe wie in V. 27f.
44,24f In G werden nur die Frauen angeredet, was wohl ursprünglich ist.
45,4 Der Zusatz fehlt in G.
46,15 Der »Starke« ist der Pharao. Nach G könnte auch der göttliche Apis-Stier gemeint sein.
46,16 Sinn nicht ganz klar. Vermutlich sind die fremden Söldnertruppen gemeint, die nach der Niederlage in ihre Heimat fliehen (vgl. V. 21f).
48,25 Spruch des Herrn: fehlt in G.
48,40 Wer »es« oder »er« ist, wird in geheimnisvoller Schwebe gelassen: Gott selbst oder ein menschlicher Vollstrecker seines Strafgerichts.
48,47c Fehlt in G.
49,19–21 Ist fast wörtlich gleich wie die Drohrede gegen Babel in 50,44–46 und hat dort seinen ursprünglichen Platz, wie man aus V. 21 ersieht. Nicht vom Untergang des Kleinstaats Edom »erbebt die Erde«, sondern nur vom Fall des Neubabylonischen Großreichs.
50,2 Bel (wie Baal = Herr) und Merodach sind Bezeichnungen für Marduk, den Hauptgott von Stadt und Reich Babylon. – Die Zusätze fehlen in G.
50,14 Der Zusatz fehlt in G.
50,28d Fehlt in G und dürfte aus 51,11 eingedrungen sein.
50,37a Zusatz aus 51,21.
51,15–19 Der mit 10,12–16 gleichlautende Hymnus durchbricht den Zusammenhang.
51,64 Die Schlußbemerkung fehlt in G; vgl. die Anmerkung zu 48,47.
52,1–34 Fast wörtlich aus 2 Kön 24,18–25,30 übernommen. Ein Auszug von 52,4–16 steht bereits in 39,1–10.
52,7 Ergänzt nach 39,4.
52,20 Der Zusatz fehlt in 2 Kön 25,16.

Die Klagelieder

1,12a Ihr alle: Text korr.; H: Nicht für euch alle.
1,13b Text korr. nach G.
1,20 drinnen raffte sie die Pest dahin, wörtlich: drinnen wie der Tod.
1,21a Hör: Text korr. nach S; H: Sie hörten.
1,21e Bring: Text korr. nach S; H: Du hast gebracht.
2,1e Schemel seiner Füße: Gemeint ist der Tempel (vgl. 1 Chr 28,2).

2,14a Trug, wörtlich: Tünche (vgl. Ez 13,10).
2,17 die Macht, wörtlich: das Horn.
2,18a Text korr.; H: Ihr Herz ruft.
2,18b stöhne, Tochter Zion!: Text korr.; H: Mauer der Tochter Zion!
2,22b die Schrecken: Text korr.; H: meine Schrecken.
3,51b Text korr.; H: wegen aller Töchter meiner Stadt.
3,66b Text korr.; H: unter dem Himmel des Herrn.
4,3c Text korr. nach G; H: Die Tochter meines Volkes ist ...
4,7a Ihre jungen Männer: Text korr.; H: Ihre Nasiräer.
4,9d Text korr.; H: meine Felder.
4,16a Text korr.; H: Das Angesicht des Herrn.

Das Buch Baruch

1,2 fünften: ergänzt nach 2 Kön 25,8; gemeint ist die Zeit zwischen Mitte Juli und Mitte August 581 v. Chr.
2,29 Das freie Zitat 2,29–35 faßt Ankündigungen des Pentateuch und der Bücher Jeremia und Ezechiel zusammen.
3,4 der Todgeweihten, wörtlich: der Gestorbenen. Manche korrigieren in: der Männer.
3,23 Midian: Text korr.; G: Merran.
3,24 Mit dem »Haus Gottes« ist das Weltall gemeint.
6,10.23 Für »Schmutz« steht in G ein Wort, das eigentlich »Rost« bedeutet. Gold rostet aber nicht, sondern es setzt sich eine feine Schmutzschicht an, die man von Zeit zu Zeit wegputzt.
6,51 Andere Lesart: Wer sieht da, daß ...
6,71 Byssus: Text korr.; mehrere Textzeugen: Marmor.

Das Buch Ezechiel

2,1 Menschensohn: Im Hebräischen bezeichnet der Ausdruck den einzelnen Menschen; bei Ezechiel ist damit der Prophet in seiner menschlichen Begrenztheit gemeint, anders dagegen in Dan 7 (vgl. die Anmerkung zu Dan 7,13).
2,3 zu den abtrünnigen Söhnen Israels: H: zu den Söhnen Israels, zu den Völkern, den abtrünnigen; diese Erweiterung fehlt zu Recht in G.
2,5.8 ein widerspenstiges Volk, wörtlich: ein Haus der Widerspenstigkeit.
2,6 dich auch Dornen umgeben: Text korr.; vgl. G.
3,12 erhob: Text korr.; vgl. 10,4.
3,27 Gott, der Herr, wörtlich: der Herr Jahwe. So an allen einschlägigen Stellen.
4,4 Dann lege ich ... auf dich: Text korr.; H: Und du legst dann ...
4,16 ich entziehe Jerusalem seinen Vorrat an Brot: vgl. die Anmerkung zu Lev 26,26.
5,15 wirst du: Text korr. nach den alten Übersetzungen; H: wird sie.
6,14 von der Steppe bis nach Ribla: Text korr.; H: bis nach der Steppe von Dibla.
7,2 sag: eingefügt nach G.
7,5–7.10–13 Text unsicher und teilweise verderbt.
7,23 Sie werden ein Blutbad anrichten: Text korr.; vgl. G.
8,2 ein Mann: Text korr. nach G.
8,17 Bedeutung des zuletzt genannten Kultbrauchs unklar.
9,3 von den Kerubim: Text korr.
9,4 Das T hat in der althebräischen Schrift die Form unseres Malzeichens (x) und dient zur besonderen Kennzeichnung.
9,7 Dann ... schlagt zu!: Text korr.; vgl. G.
9,10 Ihr Verhalten lasse ich auf sie zurückfallen, wörtlich: Ihren Weg gebe ich auf ihren Kopf (ebenso 11,21).
10,13 Wirbel: H: galgal, das auch Rad, Räderwerk bedeuten kann.
10,14 H wörtlich: Das erste (Lebewesen) hatte ein Kerubgesicht, das zweite ein ...
11,3 Der Sinn des ersten Satzes ist nicht klar. Das Bild vom Topf bezeichnet hier die schützende Stadt, in der der bessere Teil des Volkes geborgen ist.
11,7 werde ich ... vertreiben: Text korr. nach den alten Übersetzungen und manchen H-Handschriften.
11,16 Sinn unklar.
11,19 ein anderes Herz: Text korr. nach G; H: ein einziges (d. h. ungeteilt treues) Herz.
11,21 Vgl. die Anmerkung zu 9,10.
11,24 in dieser göttlichen Vision, wörtlich: in der Vision durch den Geist Gottes; die Übersetzung ist an 8,3 angeglichen.
12,5 kriech hindurch: Text korr. nach den alten Übersetzungen; entsprechend auch V. 7 und 12.
12,19 ihr Land: Text korr. nach den alten Übersetzungen und mehreren H-Handschriften.
13,2 Text korr. nach G.
13,6 verkünden ... Orakel: Text korr.; vgl. G.
13,11 Text korr.
13,13 schicke ich einen, wörtlich: wird es sein, ein ...
13,14 in ihren Trümmern, wörtlich: mitten in ihr.
13,18 für alle Handgelenke: Text korr.; vgl. die alten Übersetzungen.
13,22 Ihr habt ... Kummer bereitet: Text korr.; vgl. den zweiten Satz.
14,4 in eigener Person: Text korr. nach V. 7.
14,5 hart anfassen, wörtlich: an seinem Herzen packen.
16,4 abgewaschen: H fügt ein Wort unsicherer Bedeutung hinzu, das in G fehlt.
16,6b Der Satz steht doppelt im Text.
16,7 ließ ich dich wachsen: sinngemäße Wiedergabe des schwierigen Textes.
16,15 bist du zu Willen gewesen: so nach G.
16,16 Der Schluß des Verses ist in H unverständlich; er ist daher nicht übersetzt.
16,29 den chaldäischen Krämern nachgelaufen, wörtlich: nach dem Krämerland Chaldäa hingelaufen.
16,47 Sinn des Satzes in H nicht eindeutig.
16,49 ohne ... zu helfen, wörtlich: die Hand des Armen und Elenden machte sie nicht stark.
16,53 und ich werde auch dein Schicksal wenden: Text korr.; vgl. die alten Übersetzungen. – zusammen mit ihrem Schicksal, wörtlich: in ihrer Mitte.
16,57 So lästern jetzt: Text korr.; vgl. G. – Edomiterinnen: Text korr. nach mehreren H-Handschriften und S; H: Aramäerinnen.
16,61 wenn ich ... nehme: Text korr.; vgl. G; H: wenn du ... nimmst.
17,7 ein anderer: Text korr. nach G; H: einer. – das Beet: Einzahl nach G und anderen Textzeugen; ebenso V. 10.
17,21 Die tapfersten Krieger: Text korr. nach S und der aramäischen Übersetzung; vgl. G; H: Seine Flüchtlinge.
17,22–24 Das Heilswort spricht unter Verwendung der vorausgehenden Bilder von der Wiederherstellung durch Gott.
18,10 eine andere von diesen Sünden: Text korr.; vgl. Vg und S.
18,13 Er ist selbst schuld an seinem Tod, wörtlich: Sein Blut wird auf ihm sein.
18,17 vom Unrecht: Text korr. nach G; vgl. V. 8; H: vom Elenden.
18,18 andere ... beraubt: Text korr., vgl. V. 7.12.16; H unklar.
18,25 Der letzte Satz ist in H als Frage formuliert, ebenso V. 29.
19,4 bot man ... auf: Text korr.; H: hörten sie.
19,5 ein anderes: vgl. die Anmerkung zu 17,7.
19,7 Er zerbrach ihre Burgen: Text korr., vgl. G.
19,10 im Garten: Text korr.; H: in deinem Blut.
20,15 für sie: ergänzt nach den alten Übersetzungen und H-Handschriften.
20,29 die Höhe, hebräisch bamáh, sonst mit »Kulthöhe« übersetzt. In H Wortspiel mit bamáh, aus dem man auch die Wörter für »was« und »kommen« heraushören konnte.
20,37 und zähle euch ab: Text korr.; vgl. G; der Text ist unklar.
20,38 Der letzte Satz korr. nach den alten Übersetzungen und einigen hebräischen Handschriften.
20,39 werdet ihr auf mich hören: Text korr.; H: werdet ihr nicht auf mich hören.
21,15.18 Text des Zusatzes verderbt und unverständlich.
21,20 Text unsicher.
21,21 Zeig, daß du scharf bist: Text korr.; vgl. G.
21,27 das Kampflied anstimmen: Text korr. nach G; H ist unklar.
21,32 Sinn des Zusatzes unklar. Im Blick auf V. 31, dritter Satz, könnte an eine messianische Zukunft gedacht sein (vgl. Gen 49,10).
22,18 Text korr.
22,25 sind seine Fürsten: Text korr. nach G; H: ist die Verschwörung seiner Propheten.
23,4 Die beiden Namen, abgeleitet von ohel (= Zelt), besagen, daß die beiden Frauen zu den in Zelten lebenden Nomaden gehören. Den Namen Ohola konnte man deuten als »ihr Zelt«, Oholiba als »mein (Gottes) Zelt in ihr«, Anspielungen auf den unrechtmäßigen Kult Samarias und den rechtmäßigen in Jerusalem.
23,21b Sinngemäß übersetzt nach V. 3 und 8.
23,23 Krieger, wörtlich: die Aufgebotenen.
23,43 H ist verderbt, die Übersetzung daher unsicher.
24,5 Brennholz: Text korr.; H: die Knochen. – koch mit: Text korr.; H: kochen sie.

24,10 ich gieße die Brühe ab: Text korr. nach G.
24,14 ich will dich richten: Text korr. nach den alten Übersetzungen und einigen H-Handschriften.
24,17 Trauerbrot: Text korr. nach Vg und der aramäischen Übersetzung; H: Menschenbrot.
25,16 Die Kereter sind eine Gruppe innerhalb der Philister; »ausrotten« und »Kereter« bilden in H ein Wortspiel.
26,14 Text korr.
26,20 in der ewigen Einöde: Text korr.; H: wie ewige Trümmer. – und dich nicht mehr erheben: Text korr. nach G.
27,6 Eschenholz: Text korr.; H ist verschrieben.
27,11 und die Wächter: Text korr. nach G; H ist unklar.
27,16 Edom: Text korr. nach vielen H-Handschriften; vgl. G; H: Aram.
27,17 Oliven, Wachs: H unklar.
27,19 Wein: Text korr. nach G; H: Dan und Jawan.
27,23 ganz Medien: Text korr.
27,32 war vergleichbar: Text korr.; H ist unklar.
27,34a Text korr.; vgl. die alten Übersetzungen.
28,12 Siegel: Text korr.; vgl. die alten Übersetzungen.
28,14 einem Kerub: Text korr. nach G.
28,15 bis zu dem Tag, an dem du Böses getan hast, wörtlich: bis an dir Schlechtigkeit gefunden wurde.
29,3 sie: Text korr. nach G; H: mich.
29,5 und begräbt dich, wörtlich: und sammelt dich ein.
29,6 bist du: Text korr. nach G.
29,7 zu wanken: Text korr.
29,21 Wörtlich: Ich werde dem Haus Israel ein Horn sprossen lassen, und ich gebe dir Öffnung des Mundes in ihrer Mitte.
30,17f On: Text korr. mit G. – die Zepter: Text korr. nach G und Vg; H: die Jochstangen.
31,3 Esche: Text korr.; H: Assur.
31,5 Übersetzung unsicher.
31,10 sie ... emporwuchs: Text korr. (3. statt 2. Person); vgl. G.
31,17 wohnten, werden ... zerstreut: Text korr., vgl. G.
32,2 Löwe der Völker, jetzt bist du verstummt, andere Übersetzung: Einem Völkerlöwen bist du gleich geworden.
32,10a Wörtlich: Ich bewirke, daß sich viele Völker über dich entsetzen.
32,17 des ersten: Text korr. nach G.
32,19f H ist schwer verständlich. Der zweite Teil von V. 20 ist verderbt und gibt keinen Sinn.
32,27 aus früheren Zeiten: Text korr. nach den alten Übersetzungen; H: von den unbestrittenen. – den Schild: Text korr.; H: ihre Verschuldungen.
33,4f ist er selbst schuld an seinem Tod, wörtlich: wird sein Blut auf seinem Kopf (V. 5: auf ihm) sein.
33,13 Du wirst am Leben bleiben: Text korr. nach G-Handschriften; vgl. V. 14 (2. statt 3. Person).
33,21 im elften: Text korr. nach H-Handschriften; vgl. G, S und 2 Kön 25,2; H: im zwölften.
33,31 Lügen: Text korr. nach G und S.
33,32 wie ein Mann, der ... singt: Text korr.; H: wie ein Lied.
34,3 die Milch: Text korr. nach Vg, G; H: das Fett.
34,16 behüten: Text korr. nach G; H: austilgen.
34,29 des Heils: Text korr. nach G und S; H: zum Ruhm.
35,6 lasse ich dich bluten, wörtlich: mache ich dich zu Blut. – Text teilweise korr. weil H verderbt ist.
35,11 dir: Text korr. nach G; H: an ihnen.
36,2 verödet: Text korr. nach G.
37,22 in meinem Land: ergänzt nach G.
37,23 Sünde: Text korr.; vgl. G.
37,25 ihre Väter: Text korr. nach G und S; H: eure Väter.
37,26 Text korr.; H hat zwei weitere Wörter, die kaum ursprünglich sind.
38,13 Händler: Text korr.; H: alle seine Junglöwen.
38,14 brichst du auf: Text korr. nach G; H: wirst du es wissen.
38,17 Du bist der: Text korr. nach G und Vg; H formuliert als Fragesatz.
39,16 Der Zusatz nimmt aus V. 11 das Stichwort »Pracht« auf.
39,20 Reitern: Text korr. nach G.
40,1–44,3 Die Beschreibung des Tempels ist knapp, oft nicht recht klar, der Text vielfach schwierig und bisweilen verderbt. Die Übersetzung versucht eine durchschaubare Darstellung zu geben.
40,5 Die Messung erfolgt mit der größeren, königlichen Elle.
40,14 H verderbt; übersetzt nach G; Sinnzusammenhang unklar.
40,19 Übersetzt nach G.
40,22.26 Auf der Innenseite: Text korr. nach G; H: Nach ihrer Vorderseite.
40,37 seine Vorhalle: Text korr. nach G (vgl. V. 31 und 34).
40,44 zwei: Text korr. nach G. – Südtor: Text korr. nach G; H: Osttor.
40,48 vierzehn Ellen und die Breite der beiden Seitenwände: Text korr. nach G; vgl. 41,1.
40,49 zwölf: Text korr. nach G; H: elf. – zehn: Text korr. nach G.
41,1 Text korr.
41,3 der Seitenwände: ergänzt nach G.
41,6 dreißig in drei: Text korr.; vgl. die alten Übersetzungen; H: dreiunddreißig.
41,7 Text korr. nach G. Der ganze Vers ist unklar.
41,8a Sinn von H nicht ganz klar.
41,9 Zwischen: Text korr.; vgl. G.
41,11 Die Mauer: Text korr.; vgl. G; H: Der Platz.
41,16 waren getäfelt: Text korr. nach G.
41,17 Text unklar.
41,22 und zwei Ellen breit: Text korr., eingefügt nach G. – sein Sockel: Text korr. nach G; H: seine Länge.
42,4 hundert Ellen lang: Text korr. nach G und S; H: ein Weg von einer Elle.
42,8 die ganze (Mauer): Text korr. nach G.
42,10 Im Süden: Text korr.; vgl. G; H: Im Osten.
42,12 Text unklar, die Übersetzung ist ein Versuch.
42,16f Dann wandte er sich: Text korr. nach G.
43,3 als er kam: Text korr. nach einigen H-Handschriften und Vg; H: als ich kam.
43,10 kennenlernen, wörtlich: ausmessen.
43,14 die oben ... zurücksprang: H wörtlich: und die Breite eine Elle.
43,17 Text ergänzt; vermutlich ist ein Satz ausgefallen.
44,28 nicht (haben): Text korr. nach Vg.
45,1 zwanzigtausend: Text korr. nach G; H: zehntausend.
45,4 die Weideflächen für ihre Herden: Text korr.; vgl. G und die aramäische Übersetzung; H: ein Heiligtum zum Heiligtum.
45,12 fünfzig: Text korr. nach G; H: fünf.
45,14 einem Kor: Text korr. nach Vg.
45,15 vom Viehbesitz: Text korr.
45,21 sieben: Text korr. nach den alten Übersetzungen.
46,5.11 dessen Menge (er bestimmen kann): sinngemäß übersetzt.
46,16 etwas von seinem Erbbesitz: Text korr.; vgl. G, V. 17.
46,19 zu den heiligen Priesterräumen: Text korr.; vgl. die alten Übersetzungen.
46,22 kleine: Text korr. nach G.
47,8 mit dem salzigen Wasser: Text korr.
47,9 der Fluß: Text korr. nach den alten Übersetzungen.
47,15 Lebo-Hamat: Text korr. nach G; vgl. V. 20.
48,9.13 20000 Ellen: Text korr., vgl. 45,1.

Das Buch Daniel

2,4 Aramäisch: An dieser Stelle wechselt der Urtext vom Hebräischen zum Aramäischen (vgl. die Einleitung).
3,12 Götter: Man kann hier und V. 18 auch Einzahl »Gott« lesen.
3,24–90 Das Gebet des Asarja (V. 24–50) und der Lobgesang der drei jungen Männer (V. 51–90) sind nur griechisch erhalten; die Übersetzung folgt dem Text des Theodotion.
3,71 Vg, deren Verszählung hier zugrunde gelegt wird, hat in V. 71–78 eine andere Versfolge als Theodotion (vgl. die Anmerkung zu 3,24–90).
3,91 (24) Mit V. 91 setzt wieder der in V. 23 unterbrochene aramäische Text ein, dessen Verszählung in Klammern steht.
3,92 (25) Der »Göttersohn« ist der in V. 49 genannte Engel des Herrn.
5,26–28 In Daniels Deutung ist mene = gezählt, tekel = gewogen, peres = geteilt; peres, Mehrzahl parsin, erinnert zugleich an »Perser«.
7,13 »Menschensohn« ist im Hebräischen und Aramäischen allgemeiner Ausdruck für den einzelnen Menschen. Hier aber bezeichnet der Ausdruck im Unterschied zu den durch Tiere symbolisierten heidnischen Weltreichen den messianischen Herrscher des endzeitlichen Gottesreiches; anders bei Ezechiel (vgl. die Anmerkung zu Ez 2,1).
7,28 Hier endet der aramäische Teil des Danielbuches. Kap. 8–12 sind hebräisch abgefaßt.
9,24 Gemeint sind sog. Jahreswochen (je sieben Jahre). – ein Hochheiliges: gemeint ist wahrscheinlich das sog. Allerheiligste, d.h. der innerste Raum des Tempels.

11,6 Übersetzung unsicher.
13,1 Mit 12,13 endet das hebräisch-aramäische Danielbuch. In Vg folgen als Kapitel 13 und 14 noch drei weitere Erzählungen von Daniel. Die Übersetzung folgt Theodotion; zur griechischen Gestalt des Danielbuches vgl. die Einleitung.
13,54–59 Wortspiel mit »Zeder« (schinos) und »spalten« (schizein) sowie mit »Eiche« (prinos) und »entzweihauen« (prisai).
14,1 Vg zählt 14,1 als 13,65; entsprechend verschiebt sich die Verszählung in Kap. 14.

Das Buch Hosea

1,2 Der von Hosea gewählte Ausdruck »Frau der Hurerei«, der hier mit »Kultdirne« wiedergegeben ist, meint wohl (vgl. 4,12) ein Mädchen, das an den Sexualriten des Baalskultes teilgenommen hat. Die Verehrung Baals ist für Hosea Ehebruch gegenüber dem Bundesgott.
2,24 Jesreel (= Gott sät), die Kornebene Israels, steht hier zugleich stellvertretend für Israel.
3,2 anderthalb Hómer, wörtlich: ein Hómer und ein Letech; Letech ist ein Hohlmaß, das ein halbes Hómer ausmacht.
4,5bc Text nicht ganz klar.
4,15 Bet-Awen (= Haus des Frevels): anklagend für Bet-El (= Haus Gottes).
5,11d Abwertender Ausdruck für Baal und seinen Kult.
7,16a Text unklar; gemeint ist jedenfalls der Abfall von Jahwe zu Baal.
11,7 H unklar.
13,5a Text korr. nach den alten Übersetzungen und dem Zusammenhang; H: Ich habe dich in der Wüste erkannt.

Das Buch Joël

2,23 Text korr. nach G; H ist schwer verständlich.
2,26d Der Zusatz ist aus V. 27e hier eingedrungen.
4,11 H nicht ganz klar.
4,21ab Späterer erklärender Zusatz (vgl. V. 19d).

Das Buch Amos

1,5 Herrscher: G: Einwohner.
5,8 V. 7 gehört zwischen V. 9 und 10; er ist der Anfang der folgenden Rede.
5,10.12.15 Bei Gericht, wörtlich: Im Stadttor.
5,26 Sakkut und Kewan sind assyrische Gestirngötter; H nicht ganz klar.
6,1d Text unklar.
6,10 Text nicht ganz klar. Der Versschluß bezeugt die Angst vor der Todesgefahr, die von Gott ausgeht.
7,8 Senkblei: Übersetzung unsicher.
8,14 beim Götzenbild, wörtlich: bei der Sünde (vgl. 2 Kön 17,30).
9,1 Text nicht ganz klar.

Das Buch Obadja

1 Text korr. (Zeilen umgestellt).
21a Text unklar. Andere Übersetzungsmöglichkeit: Die Geretteten auf dem Berg Zion ziehen aus, um ...

Das Buch Micha

1,10 Der Text von V. 10–15 ist zum Teil unklar bzw. schlecht überliefert. Die hebräischen Zeitwörter weisen Anklänge an die mit ihnen verbundenen Ortsnamen auf. So kann z.B. Bet-Leafra als »Staubhausen« gedeutet werden.
1,13c In dieser vielleicht nachträglich eingefügten Bemerkung klingt die verbreitete prophetische Polemik gegen Pferde und Kriegswagen durch.
1,15c Text unklar. David mußte vor Saul in die Höhle Adullam fliehen (vgl. 1 Sam 22,1). Vielleicht soll hier die Flucht des Königs von Jerusalem angesagt werden.
2,6–8 Text nicht klar.
3,2b Späterer Zusatz, der aber eher hinter V. 3 gehört.
3,3a Wörtlich: Sie fressen das Fleisch meines Volkes.
4,3 Das Eingeklammerte fehlt im Paralleltext Jes 2,4; wahrscheinlich ein späterer Zusatz.
5,1 Das Zitat in Mt 2,6 lautet etwas anders, ist aber sachlich nicht verschieden.
5,4f Undatierbarer Zusatz, bedingt durch das Stichwort »Assur« in V. 5d.

Das Buch Nahum

1,10 verbrannt, wörtlich: gefressen (vom Feuer).
1,13 Weil in V. 12b.13 nicht mehr Ninive, sondern Juda angeredet wird, meint »sein Joch« die Unterdrückung durch Assur.
2,6 Er: Gemeint ist der König von Assur.

Das Buch Habakuk

1,8b Nach G; H: Wölfe am Abend.
1,17a Nach dem Qumran-Text.
2,4b Das hebräische Wort für »Treue« bedeutet auch »Glaube«; vgl. G und die angeführten Stellen aus dem NT.
3,1 Das letzte Wort ist nicht sicher zu deuten; vielleicht »Klagelieder«.
3,9ab Sinn des Textes unklar.
3,14c Text unsicher.

Das Buch Zefanja

1,9 der über die Schwelle springt: Übersetzung unsicher. Gemeint ist wohl ein heidnischer Kultbrauch. Vielleicht ist die Rede von Höflingen am Stufenthron des Königs oder von Kultdienern am Stufenthron eines Götterbildes.
1,11 Senke: das Stadtviertel im Süden der Neustadt von Jerusalem.
2,4 In H Wortspiele mit den Namen der Städte.
2,14 Denn das Zederngetäfel ist weg: Text korr.; H verderbt.
3,3b Wölfe der Steppe: vgl. die Anmerkung zu Hab 1,8b.
3,18 Text unklar.

Das Buch Sacharja

5,3 Text korr. nach G.
6,14 Hen, den Sohn Zefanjas: Text korr. nach Vg.
9,1 die Hauptstadt, wörtlich: das Auge. – Aram: Text korr.
11,13 Wirf ihn dem Schmelzer hin, andere Übersetzungsmöglichkeit nach S: Wirf ihn in das Schatzhaus!
12,2b H verderbt.
12,10 Und sie werden auf den blicken: nach Theodotion; H: und sie werden auf mich blicken.
14,5 Jasol: Text korr. nach G; vermutlich ein Ort oder Tal in der Nähe des Ölbergs.

Das Buch Maleachi

1,3 »Hassen« bedeutet in solchem Zusammenhang »weniger lieben«, »zurücksetzen« (vgl. Lk 14,26).
1,12d H unklar.
2,3d H unklar.
2,5 H unklar.
2,9 H unklar.
2,12c So nach G.
2,15 H schwer verständlich; G: Ihr aber sagt: Was anderes als Nachkommen sucht Gott?
2,16c Wörtlich: bedeckt er sein Gewand mit einer Gewalttat.
3,2cd Wörtlich: wie das Feuer des Schmelzers und wie die Lauge der Wäscher.
3,11 »Fresser« ist Bezeichnung einer Heuschreckenart.

Das Evangelium nach Matthäus

2,2 Andere Übersetzungsmöglichkeit: Wir haben seinen Stern im Osten gesehen. Entsprechend in V. 9.
2,23 Das Prophetenwort steht in dieser Form nicht im Alten Testament; vielleicht liegt eine Anspielung auf Jes 11,1 vor, wo vom »Sproß« (hebräisch: nezer) die Rede ist.
3,7 Gericht, wörtlich: Zorn.
5,3 Wörtlich: die im Geist Armen. Gemeint sind Menschen, die wissen, daß sie vor Gott nichts vorweisen können, und die daher alles von Gott erwarten.
5,5 Andere Übersetzungsmöglichkeit: die sanftmütig sind. – Das Wort ist wohl gegen das politische Messiasideal gerichtet.
5,15 Wörtlich: und stellt es unter einen Modios. Das griechische Wort módios bezeichnet ein Gefäß, das als Hohlmaß (»Scheffel«), aber auch zum Auslöschen von Öllampen benutzt wurde.

5,18 Wörtlich: auch nicht ein Jota oder ein kleiner Strich (an einem Buchstaben).
5,26 Pfennig, wörtlich: Quadrans (kleine römische Münze).
5,37 »stammt vom Bösen« bedeutet entweder: ist böse, oder: ist vom Teufel bewirkt.
6,9 In der Liturgie ist folgende ökumenische Fassung gebräuchlich: Vater unser im Himmel, geheiligt werde dein Name. Dein Reich komme. Dein Wille geschehe, wie im Himmel, so auf Erden. Unser tägliches Brot gib uns heute. Und vergib uns unsere Schuld, wie auch wir vergeben unsern Schuldigern. Und führe uns nicht in Versuchung, sondern erlöse uns von dem Bösen.
6,13 Spätere Textzeugen fügen dem Gebet des Herrn noch einem Lobpreis an, der in Anlehnung an 1 Chr 29,10f gestaltet ist: Denn dein ist das Reich und die Kraft und die Herrlichkeit in Ewigkeit. Amen.
6,17 dein Haar, wörtlich: deinen Kopf.
6,27 Andere Übersetzungsmöglichkeit: kann ... seiner Körpergröße auch nur eine Elle hinzufügen?
7,15 Wörtlich: sie kommen zu euch in Schafspelzen, innen aber sind sie reißende Wölfe.
8,4 Ein Beweis (deiner Heilung), andere Deutungsmöglichkeiten: ein Beweis (meiner Gesetzestreue); oder: ein Beweis (meiner Vollmacht).
8,5–10 In dem Grenzort Kafarnaum lag eine Garnison mit Truppen des Herodes Antipas. Die Soldaten dieser Söldnertruppe waren meist Nichtjuden. Fromme Juden betraten die Häuser von Heiden nicht, um sich nicht unrein zu machen (vgl. die Anmerkung zu Mk 7,1–8.14–23).
8,7 Andere Übersetzungsmöglichkeit: Soll ich etwa kommen und ihn gesund machen?
8,12 die aber, für die das Reich bestimmt war, wörtlich: die Söhne des Reichs.
8,24 ein gewaltiger Sturm, wörtlich: ein gewaltiges Erdbeben (vgl. 24,7; 27,51).
8,28 Gadara, weniger gut bezeugte Lesarten: Gerasa, Gergesa.
9,10 in seinem Haus: entweder im Haus des Matthäus oder im Haus Jesu.
9,27 Matthäus verdoppelt gern die Personen bei Heilungen, wie der Vergleich mit Mk 9,27–31 und Lk 11,14 zeigt (vgl. auch Mt 20,29–34 mit Mk 10,46–52 und Mt 8,28 mit Mk 5,2).
10,25 Beelzebul: Die bisher übliche Namensform Beelzebub geht auf die Vulgataübersetzung zurück; zur Sache vgl. Mt 12, 24.
10,29 ein paar Pfennig, wörtlich: ein As. Das As war die zweitkleinste römische Münze.
11,2–6 Aus der Anfrage des Täufers spricht eine gewisse Unsicherheit, ob Jesus wirklich der verheißene Messias ist.
11,11 Unter allen Menschen, wörtlich: Unter allen von einer Frau Geborenen.
11,12 Der Sinn der Stelle ist umstritten, weil nicht klar ist, ob das griechische Wort für »Gewalt anwenden« hier im positiven oder negativen Sinn zu verstehen ist. Im positiven Sinn sagte es: Das Himmelreich wird mit Macht oder Gewalt erstrebt. Doch spricht die Fortsetzung in V. 12 eher für die in der Übersetzung bevorzugte negative Bedeutung, obwohl dann unklar bleibt, wer die Gewalttätigen sind: die Gegner Jesu, die Zeloten, die Pharisäer und Schriftgelehrten oder gar die Anhänger Jesu und des Täufers.
12,10.13 Hand, andere Übersetzungsmöglichkeit: Arm.
12,27 Anhänger, wörtlich: Söhne.
12,35 Wörtlich: Ein guter Mensch bringt aus dem guten Schatz Gutes hervor, und ein böser Mensch bringt aus dem bösen Schatz Böses hervor.
12,39 treulose, wörtlich: ehebrecherische (vgl. Mt 16,4; Mk 8,38). Das Wort wird hier, wie schon bei den Propheten, im übertragenen Sinn gebraucht (vgl. Ez 16,15–34; Hos 2–3).
12,46f Die Worte »Bruder« und »Schwester« können nach hebräischem, aramäischem und griechischem Sprachgebrauch auch als Kurzbezeichnung für Verwandte im weiteren Sinn gebraucht werden (vgl. Gen 13,8; 14,14; 24,28; u.ö.). Zum Ganzen vgl. die Aussagen des Neuen Testaments über die »Brüder Jesu« bzw. die »Brüder des Herrn«: Mt 13,54–58; Mk 6,1–6; Joh 7,3–5; Apg 1,14; 1 Kor 9,5; Gal 1,19; auch Mt 27,56; Mk 15,40.47; 16,1.
12,47 Dieser Vers fehlt bei einigen wichtigen alten Textzeugen.
13,33 unter einen großen Trog Mehl, wörtlich: unter drei Sea Mehl. Eine Sea entspricht etwa 13 Litern.
13,35 Mehrere alte Textzeugen haben: seit der Schöpfung der Welt.
13,54–58 Der Bericht über die Ablehnung Jesu in Nazaret gibt auch Auskunft über die Familie Jesu Nach Matthäus war der Vater selbst Bauhandwerker. (Zu den Brüdern und Schwestern Jesu vgl. die Anmerkung zu Mt 12,46f).
14,3 »Philippus« fehlt in einigen alten Textzeugen.
15,6 Gottes Wort, nach anderen Textzeugen: Gottes Gesetz.
15,23 Befrei sie (von ihrer Sorge), andere Übersetzungsmöglichkeit: Schick sie weg.
15,39 Die genaue Lage diese Ortes ist nicht bekannt. Ein Teil späterer Textzeugen nennt hier Magdala, das westlich von Kafarnaum in einer Bucht des Sees von Gennesaret lag.
16,2b–3 Spätere Textzeugen fügen hier ein: Am Abend sagt ihr: Es kommt schönes Wetter, denn der Himmel ist rot. 3 Und am Morgen: heute gibt es Sturm, denn der Himmel ist rot und trüb. Das Aussehen des Himmels könnt ihr beurteilen, die Zeichen der Zeit aber nicht.
16,18 Das dem Beinamen Petrus zugrunde liegende griechische Wort petra bedeutet »Fels«. – »die Mächte der Unterwelt«, wörtlich: »die Pforten des Hades«. Hades, hebräisch Scheol, bezeichnete damals den als Gebäude, Festungsanlage gedachten Bereich des Todes, aller Toten. Die Totenwelt, die man sich unter der Erde befindlich vorstellte, war jedoch nicht der Aufenthaltsort Satans oder der Dämonen. Die Pforten oder Tore des Hades sind ein Bild für die alles verschlingende Macht des Todes und der Vergänglichkeit.
17,21 Spätere Textzeugen fügen hier entsprechend Mk 9,29 ein: Diese Art (von Dämonen) aber kann nur durch Gebet und Fasten ausgetrieben werden.
17,27 ein Vierdrachmenstück, wörtlich: einen Statér.
18,5 um meinetwillen, wörtlich: aufgrund meines Namens.
18,11 Ein Teil der Textzeugen fügt hier ein: Denn der Menschensohn ist gekommen, um zu retten, was verloren ist; vgl. Lk 19,10.
18,22 Der griechische Text ist zu übersetzen mit »siebenundsiebzigmal«, nicht mit siebzigmal siebenmal wie in manchen Übersetzungen. Der Ausdruck hat den Sinn: immer, ohne Einschränkung.
18,23–25 Ein Talent (griechische Rechnungseinheit) entsprach sechstausend Drachmen. Ein Denar war damals einer Drachme gleichwertig und war der Tageslohn eines Arbeiters. Die Schuld umfaßte also eine ungeheuere Summe, die kaum aufzubringen war. Die Jahreseinkünfte Herodes' des Großen betrugen 900 Talente, das Steueraufkommen von ganz Galiläa und Peräa im Jahr 4 n. Chr. 200 Talente. Unter dem »Diener« kann man sich etwa den Finanzminister eines orientalischen Königs vorstellen, dessen Beamte als Sklaven oder Diener des Herrschers angesehen wurden. Die Folter diente dazu, Auskünfte über beiseite geschafftes Geld zu erlangen.
19,9 Die sog. Unzuchtsklausel, die vom radikalen Scheidungsverbot Jesu den Fall der Unzucht ausnimmt, findet sich in der älteren Überlieferung, wie sie in Mk 10,2–12 und Lk 16,18 vorliegt, noch nicht.
19,29 das Hundertfache, nach einigen alten Textzeugen: ein Vielfaches; vgl. Lk 18,30.
20,16 Spätere Textzeugen fügen am Ende des Verses entsprechend Mt 22,14 hinzu: Denn viele sind gerufen, aber nur wenige auserwählt.
20,20 die Frau des Zebedäus, wörtlich: die Mutter der Söhne des Zebedäus.
21,1–11 Der Evangelist deutet den Einzug Jesu im Licht von Sacharja 9,9: Der Messias wird als Vertreter der armen Leute eine friedliche, sozial gerechte Herrschaft aufrichten.
21,3 Andere Übersetzungsmöglichkeit: Der Herr braucht sie. Und er (der Besitzer, der euch zur Rede stellt) wird sie euch sofort mitgeben.
21,29–31 In einer Reihe wichtiger Textzeugen sagt der erste Sohn nein, geht aber dann doch; der zweite Sohn sagt ja, geht aber nicht. In diesem Fall hat der erste Sohn den Willen des Vaters erfüllt.
21,42 Die Übersetzung »das hat der Herr vollbracht« nimmt Rücksicht auf den hebräischen Text von Ps 118,22. Der griechische Text lautet wörtlich übersetzt: ihn hat der Herr gemacht, und er ist wunderbar in unseren Augen.
21,44 Dieser Vers, der bei einigen alten Textzeugen fehlt, ist irrtümlicherweise hinter Vers 43 überliefert.
22,2–10.11–13 Matthäus hat zwei selbständige Gleichnisse miteinander verknüpft. Der zweite Teil besagt, daß der Eintritt in das Reich Gottes die Umkehr des Sünders voraussetzt.
23,14 Spätere Textzeugen fügen aus Mk 12,40 noch hinzu: Weh euch, ihr Schriftgelehrten und Pharisäer, ihr Heuchler! Ihr bringt die Witwen um ihre Häuser und verrichtet lange, scheinheilige Gebete. Deshalb wird das Urteil, das euch erwartet, um so härter sein.
23,30 am Tod wörtlich: am Blut.

23,38 Wörtlich: Darum wird euch euer Haus überlassen. Zahlreiche Textzeugen haben statt dessen: ... verödet überlassen.
24,14 damit alle Völker es hören, wörtlich: allen Völkern zum Zeugnis.
25,32 Die Übersetzung »Schafe« und »Böcke« nimmt Rücksicht auf die sprichwörtliche deutsche Redeweise. Wahrscheinlichere Übersetzung: die Schafe von den Ziegen. In Palästina waren die Schafe weiß und die Ziegen schwarz. Die Trennung der Tiere erfolgt nach deren Farbe: Die schwarzen Ziegen kommen auf die Unheilsseite links, die weißen Schafe auf die Heilsseite rechts.
26,50 Andere Übersetzungsmöglichkeit: Freund, tu, wozu du gekommen bist. – Die herkömmliche Übersetzung »Freund, wo bist du hergekommen?« ist vom griechischen Text her nicht zu rechtfertigen.
26,55 Darauf, wörtlich: In jener Stunde.
27,4 einen unschuldigen Menschen, wörtlich: unschuldiges Blut.
27,9 Das dem Propheten Jeremia zugeschriebene Zitat ist eine freie Verbindung von Stellen aus Sacharja, Jeremia und Exodus.
27,24 dieses Menschen, nach zahlreichen Textzeugen: dieses Gerechten. Daß Jesus als unschuldiger Gerechter leidet (vgl. 27,4.19.24), wird durch diesen Einschub deutlich herausgestellt. Pilatus sucht, dem römischen Recht zuwider, die Verantwortung von sich zu schieben. Das Volk gibt durch die Selbstverwünschung indirekt seine Verantwortung zu (vgl. V. 20).
27,64 als alles zuvor, wörtlich: als der erste.

Das Evangelium nach Markus

1,1 »dem Sohn Gottes« fehlt bei einigen alten Textzeugen.
1,4 Umkehr und Taufe, wörtlich: Taufe der Umkehr.
1,24 Andere Übersetzungsmöglichkeit: Du bist gekommen, um uns ins Verderben zu stürzen.
1,44 ein Beweis (meiner Gesetzestreue), andere Übersetzungsmöglichkeiten: ein Beweis (meiner Vollmacht); oder: ein Beweis (deiner Heilung).
2,7 außer dem einen Gott, andere Übersetzungsmöglichkeit: außer Gott allein. – Obige Übersetzung ist durch den Anklang an Dtn 6,4 nahegelegt. – Vgl. Mk 10,18; Lk 18,19.
2,8 Wörtlich: Jesus merkte in seinem Geist sofort, daß sie so dachten.
2,26 Der Hohepriester hieß nach 1 Sam 21,2 in Wirklichkeit Ahimelech: nach 1 Sam 22,20 hieß sein Sohn, nach 2 Sam 8,17 sein Vater Abjatar.
3,1.3.5 Hand, andere Übersetzungsmöglichkeit: Arm.
3,32 Einige Textzeugen fügen nach »Brüder« hinzu: und deine Schwestern.
4,40 Statt »Habt ihr ...« haben mehrere Textzeugen: Warum habt ihr keinen Glauben?
5,1 Weniger gut bezeugte Lesarten: Gadara, Gergesa.
6,1–6 Vgl. die Anmerkung zu Mt 12,46f; 13,54–58.
6,3 »Joses« ist Nebenform von »Josef«.
7,3 mit einer Handvoll Wasser, wörtlich: mit der Faust.
7,4 Andere Übersetzungsmöglichkeit: Und sie essen auch das, was vom Markt kommt, erst, wenn sie es gewaschen haben.
7,16 Spätere Textzeugen fügen hier entsprechend 4,23 ein: Wenn einer Ohren hat zum Hören, so höre er!
7,26 Heidin, wörtlich: Griechin.
9,14 Einige Textzeugen haben: Als er ... zurückkam, sah er.
9,29 Einige Textzeugen fügen nach »Gebet« hinzu: und Fasten.
9,37 um meinetwillen, wörtlich: aufgrund meines Namens.
9,38 Manche Textzeugen fügen nach »jemand« hinzu: der uns nicht nachfolgt.
9,42 »an mich« fehlt bei manchen alten Textzeugen.
9,44.46 Spätere Textzeugen fügen entsprechend
9,48 hier ein: wo ihr Wurm nicht stirbt und das Feuer nicht erlischt.
10,7 Einige alte Textzeugen fügen nach »verlassen« hinzu: und sich an seine Frau binden (vgl. Gen 2,24; Mt 19,5).
10,13 Wörtlich: damit er sie berührte.
10,37 in deinem Reich, wörtlich: in deiner Herrlichkeit.
11,26 Spätere Textzeugen haben im Anschluß an Mt 6,15 hier eingefügt: Wenn ihr aber nicht vergebt, dann wird euch euer Vater im Himmel eure Verfehlungen auch nicht vergeben.
12,42 Wörtlich: und warf zwei Leptá hinein, das ist ein Quadrans.
13,9 damit ihr vor ihnen Zeugnis ablegt, andere Übersetzungsmöglichkeit: zum Zeugnis gegen sie.
14,65 Zeig, daß du ein Prophet bist, wörtlich: Prophezei!
14,68 Spätere Textzeugen fügen am Ende des Verses hinzu: Da krähte der Hahn.
15,28 Spätere Textzeugen fügen entsprechend Lk 22,37 hier ein: So erfüllte sich das Schriftwort: Er wurde zu den Verbrechern gerechnet.
15,47 der Leichnam, wörtlich: er.
16,9–20 Dieser Abschnitt findet sich nicht bei den ältesten Textzeugen. Er ist eine im 2. Jahrhundert entstandene Zusammenfassung der in anderen Evangelien stehenden Berichte über die Erscheinungen und Anweisungen des Auferstandenen; er gehört also inhaltlich zur Evangelienüberlieferung.
In einer altlateinischen Handschrift findet sich statt dessen folgende Ergänzung: Und sie berichteten alles, was ihnen aufgetragen worden war, dem Kreis um Petrus. Danach sandte Jesus selbst durch sie vom Osten bis in den Westen die heilige und unvergängliche Botschaft vom ewigen Heil. Amen.
Bei einigen Textzeugen finden sich auch beide Zusätze.

Das Evangelium nach Lukas

1,35 Andere Übersetzungsmöglichkeit: Deshalb wird auch das Heilige, das geboren wird, Sohn Gottes genannt werden.
1,78 Statt »wird uns besuchen« haben einige Textzeugen: hat uns besucht. – Das aufstrahlende Licht, wörtlich: der Aufgang.
2,14 Wörtlich: Herrlichkeit Gott in der Höhe und auf Erden Friede bei den Menschen des Wohlgefallens. – Die ökumenische liturgische Fassung lautet: Ehre sei Gott in der Höhe und Friede auf Erden den Menschen seiner Gnade.
2,25 die Rettung, wörtlich: den Trost.
2,37 Andere Übersetzungsmöglichkeit: seit vierundachtzig Jahren aber war sie Witwe.
3,3 Umkehr und Taufe, wörtlich: die Taufe der Umkehr.
3,7 Gericht, wörtlich: Zorn.
4,34 Andere Übersetzungsmöglichkeit: Du bist gekommen, um uns ins Verderben zu stürzen.
4,44 Bei vielen Textzeugen ist hier nach Mk 1,39 geändert: in den Synagogen Galiläas; vgl. Mt 4,23.
5,14 Vgl. die Anmerkung zu Mt 8,4.
5,20 Wörtlich: ... sagte er: Mensch, deine Sünden ...
6,6.8.10 Hand, andere Übersetzungsmöglichkeit: Arm.
6,45 Wörtlich: Ein guter Mensch bringt aus dem guten Schatz seines Herzens das Gute hervor, und ein böser Mensch bringt aus dem Bösen das Böse hervor.
7,28 Unter allen Menschen, wörtlich: Unter allen von einer Frau Geborenen.
7,29 Wörtlich: sie alle haben Gott recht gegeben.
7,44 Wörtlich: hast du mir kein Wasser über die Füße gegossen.
8,15 durch ihre Ausdauer, andere Übersetzungsmöglichkeiten: beharrlich; oder: voll Geduld.
8,26.37 Weniger gut bezeugte Lesarten: Gergesa, Gadara.
8,31 zur Hölle, wörtlich: in den Abgrund.
8,43 Manche Textzeugen fügen am Ende des Verses (entsprechend Mk 5,26) hinzu: obwohl sie schon ihr ganzes Vermögen für die Ärzte aufgewendet hatte.
9,48 um meinetwillen, wörtlich: aufgrund meines Namens.
9,51 entschloß sich Jesus, wörtlich: richtete er sein Gesicht fest darauf.
9,54 Einige Textzeugen fügen am Ende des Verses hinzu: wie es auch Elija getan hat; vgl. 2 Chr 1,10–12.
9,55 Einige Textzeugen fügen am Ende des Verses hinzu: und sagte: Ihr wißt nicht, was für ein Geist aus euch spricht. Der Menschensohn ist nicht gekommen, um Menschen zu vernichten, sondern um sie zu retten. Vgl. Lk 19,10.
9,59 Viele alte Textzeugen haben hier: Herr, laß mich ...
10,1.17 Statt »zweiundsiebzig« haben zahlreiche alte Textzeugen »siebzig«.
10,6 Mann des Friedens, wörtlich: Sohn des Friedens.
10,19 Andere Übersetzungsmöglichkeit: überwinden, und er (das heißt der Feind) wird euch in keiner Weise schaden können.

10,21 Einige Textzeugen haben: vom Geist erfüllt.
10,29 seine Frage, wörtlich: sich.
10,38 Statt »freundlich« haben viele Textzeugen »in ihr Haus«.
10,42 Zahlreiche Textzeugen haben statt dessen: Aber wenig ist notwendig oder nur eines. – das Bessere, andere Übersetzungsmöglichkeit: das Richtige.
11,2 Bei zahlreichen Textzeugen ist der Vaterunser-Text des Lukas an den des Matthäus angeglichen.
11,13 Andere Übersetzungsmöglichkeit (nach einigen alten Textzeugen): wird der Vater denen, die ihn bitten, aus dem Himmel den Heiligen Geist geben.
11,19 Anhänger, wörtlich: Söhne.
11,33 Vgl. die Anmerkung zu Mt 5,15.
11,41 Wörtlich: Gebt lieber den Inhalt als Almosen, dann ...
12,3 hinter verschlossenen Türen, wörtlich: in den Kammern.
12,6 ein paar Pfennig, wörtlich: zwei As. Das As war die zweitkleinste römische Münze.
12,25 Andere Übersetzungsmöglichkeit: kann ... seiner Körpergröße auch nur eine Elle hinzufügen.
12,56 Wörtlich: Warum könnt ihr dann diese Zeit nicht deuten?
12,59 den letzten Pfennig, wörtlich: das letzte Leptón. Das Leptón war die kleinste griechische Münze.
13,1–4 Wörtlich: von den Galiläern, deren Blut Pilatus mit dem ihrer Opfertiere vermischte.
13,11 Wörtlich: eine Frau, die seit achtzehn Jahren einen Krankheitsgeist hatte.
13,21 Vgl. die Anmerkung zu Mt 13 33.
13,32 werde ich mein Werk vollenden, wörtlich: werde ich vollendet sein. Andere Übersetzungsmöglichkeit: werde ich am Ziel (meines Weges) sein.
13,35 Wörtlich: Darum wird euch euer Haus überlassen.
14,5 seinen Sohn, andere Lesart: seinen Esel.
15,21 Am Schluß des Verses fügen manche Textzeugen hinzu: Mach mich zu einem deiner Tagelöhner. Vgl. V. 19.
16,6 Faß, wörtlich: Bat. Ein Bat sind etwa vierzig Liter.
16,7 Sack, wörtlich: Kor. Ein Kor sind etwa vierhundert Liter.
16,9 Andere Übersetzungsmöglichkeit: wenn es (mit dem Reichtum) zu Ende geht (das heißt: wenn ihr nichts mehr habt).
16,12 Manche Textzeugen haben: wer wird euch dann euer Eigentum geben?
16,16 Andere Übersetzungsmöglichkeit: und alle wollen mit Gewalt hineinkommen.
16,17 nur der kleinste Buchstabe, wörtlich: nur ein kleiner Strich (an einem Buchstaben).
17,21 Andere Übersetzungsmöglichkeiten: Das Reich Gottes ist (eines Tages plötzlich) unter euch da. Oder: Das Reich Gottes ist in euch. – Gegen die zweite Möglichkeit spricht, daß die Evangelien das Wirken Gottes im Innern des Menschen nicht als »Reich Gottes« bezeichneten.
17,36 Spätere Textzeugen fügen entsprechend Mt 24,40 hinzu: Wenn zwei Männer auf dem Feld sind, wird der eine mitgenommen und der andere zurückgelassen.
18,7 sondern zögern, andere Übersetzungsmöglichkeit: während er ihnen geduldig zuhört.
18,15 Wörtlich: damit er sie berührte.
19,20 dein Geld, wörtlich: deine Mine.
20,34 Wörtlich: Nur in dieser Welt heiraten sie (nämlich die Männer) und werden geheiratet (nämlich die Frauen). Ähnlich im V. 35.
21,2 zwei kleine Münzen, wörtlich: zwei Leptá. Vgl. die Anmerkung zu 12,6.
21,35 Eine Reihe von Textzeugen hat: denn wie eine Falle wird er über alle Bewohner ... hereinbrechen.
22,2 Andere Übersetzungsmöglichkeit: denn sie fürchteten, das Volk (werde einen Aufstand machen).
22,17 Nehmt den Wein, wörtlich: Nehmt diesen (Kelch). – Beim jüdischen Paschamahl wird der Kelch mehrmals herumgereicht. Von dem bei der Einsetzung des Abendmahls gereichten Kelch ist erst in Vers 20 die Rede.
22,21 Wörtlich: Doch siehe, die Hand dessen, der mich verrät und ausliefert, (ist) mit mir auf dem Tisch.
22,43f Diese zwei VV. fehlen bei wichtigen Textzeugen; sie sind vermutlich nicht ursprünglich.
23,17 Einige Textzeugen fügen hinzu: Zum Fest aber mußte er ihnen einen Gefangenen freilassen.
23,34 Der erste Teil des Verses fehlt bei einigen alten Textzeugen.
23,42 Einige Textzeugen haben: wenn du in deiner Macht als König kommst.
24,6 Der erste Satz des Verses fehlt bei einigen alten Textzeugen.
24,12 Dieser V. fehlt bei einigen alten Textzeugen.
24,35 Andere Übersetzungsmöglichkeit: wie sie ihn daran erkannten, wie er das Brot brach.
24,36 Die Worte »und sagte zu ihnen: Friede sei mit euch!« fehlen bei einigen alten Textzeugen.
24,40 Dieser V. fehlt bei einigen alten Textzeugen.
24,51f Die Worte »und wurde zum Himmel emporgehoben, sie aber fielen vor ihm nieder« fehlen bei einigen alten Textzeugen.

Das Evangelium nach Johannes

1,3–4 Andere, weniger wahrscheinliche Satzeinteilung: und ohne das Wort wurde nichts. Was geworden ist, das war in ihm Leben.
1,9 Andere Übersetzungsmöglichkeiten: Es (das Wort) war das wahre Licht, das jeden Menschen erleuchtet, kommend in die Welt. Oder: Es (das Wort) war das wahre Licht, das jeden Menschen erleuchtet, der in die Welt kommt.
1,18 Statt »Der Einzige, der Gott ist und ...« ist nach anderen Textzeugen zu übersetzen: Der einzige Sohn, der ...
1,20f Für das hebräische Wort »der Messias« (der Gesalbte) steht im griechischen Text die Übersetzung ho Christós (der Christus), vgl. 1,41 und 4,25.
1,34 der Sohn Gottes, nach anderen Textzeugen: der Erwählte Gottes.
1,43–45 Philippus, der noch öfter genannt wird (6,5.7; 12,21f; 14,8f), erscheint auch in den synoptischen Listen der ›Zwölf‹. Dagegen findet sich der Name Natanaël nur bei Johannes (vgl. auch 21,2). Seine Gleichsetzung mit Bartholomäus, der in den synoptischen Listen hinter Philippus aufgeführt wird, ist fraglich.
2,4 Wörtlich: Was (ist) mir und dir, Frau? (Vgl. Mt 8,29; Mk 1,24; 5,7; Lk 4,34; 8,28).
2,6 Wörtlich: sie faßten je zwei bis drei Metreten. – Eine Metrete sind etwa vierzig Liter.
3,3 von neuem: der zugrunde liegende griechische Ausdruck bedeutet zugleich »von oben«.
3,8 Für »Wind« und »Geist« steht im griechischen Text das gleiche Wort (pneuma).
3,25 einem Juden, nach anderen Textzeugen: einigen Juden.
4,1 Jesus, nach anderen Textzeugen: Der Herr.
4,9 Andere Übersetzungsmöglichkeit: Die Juden benutzen nämlich nicht dieselben (Gefäße) wie die Samariter.
5,2 Nach anderen Textzeugen: Betzata. – Reste der Anlage sind ausgegraben worden.
5,3 Ein Teil der Textzeugen fügt nach »Verkrüppelte« hinzu: die auf die Bewegung des Wassers warteten. [4]Ein Engel des Herrn aber stieg zu bestimmter Zeit in den Teich hinab und brachte das Wasser zum Aufwallen. Wer dann als erster hineinstieg, wurde gesund, an welcher Krankheit er auch litt. – Dies ist wohl ein deutender Zusatz zum ursprünglichen Text.
7,3–5 Vgl. die Anmerkung zu Mt 12,46f.
7,13 Der Ausdruck »die Juden« bezieht sich hier wie in 1,19; 2,18; 5,10 u. ö. auf die jüdischen Behörden.
7,37f Andere Übersetzungsmöglichkeit: Wer Durst hat, komme zu mir und trinke. [38]Wer an mich glaubt, von dem sagt die Schrift, daß aus seinem Innern Ströme lebendigen Wassers fließen werden.
7,38 Es ist nicht klar, welche Schriftstelle hier gemeint ist; vgl. Ez 47,1; Sach 14,8.
7,46 Andere Textzeugen haben: Noch nie hat ein Mensch so gesprochen, wie dieser Mensch spricht.
7,52 Der Prophet, nach anderen Textzeugen: Ein Prophet.
7,53–8,11 Dieses Stück gehört nicht zum ursprünglichen Bestand des Johannesevangeliums; die besten Textzeugen überliefern es nicht. Die Erzählung stellt aber wohl eine alte Überlieferung dar und gehört inhaltlich zum Evangelium.
8,25 Der Sinn des griechischen Textes ist hier nicht sicher zu ermitteln.
10,29 Nach anderen Textzeugen: Was mein Vater mir gegeben hat, ist größer als alles, und niemand kann es der Hand meines Vaters entreißen.
13,1 bis zur Vollendung: Der Ausdruck im griechischen Text kann sowohl »bis zuletzt« als auch »bis zum äußersten« bedeuten.
13,10 Nach anderen Textzeugen: Wer gebadet ist, braucht sich nicht zu waschen, sondern ist ganz rein. – Bei der kürzeren Lesart meint »gebadet« in einem übertragenen Sinn: Wer durch die Fußwaschung Jesu in das dadurch versinnbildete Kreuzesgeschehen hineingenommen ist (wie die Jünger), bedarf keiner Reinigung mehr, sondern ist

ganz rein. Bei der längeren Lesart oben im Text (»außer die Füße«) ist vielleicht an die Taufe gedacht.
13,18 Wörtlich: Einer ... hat gegen mich seine Ferse erhoben.
14,7 Nach anderen Textzeugen: Wenn ihr mich erkannt hättet, würdet ihr auch meinen Vater erkennen.
14,22 Judas, nach Lk 6,16 und Apg 1,14 »der (Sohn) des Jakobus«. In Mk 3,18 und M 10,3 steht statt dessen Thaddäus.
18,3 Soldaten, wörtlich: die Abteilung (Kohorte).
18,15 ein anderer Jünger: vielleicht »der Jünger, den Jesus liebte« (13,23–26; 19,26f; 20,3–10; 21,7.20–23.24).
19,30 gab seinen Geist auf, wörtlich: er übergab den Geist (das pneuma).
20,30f Ursprünglich Schlußwort des Johannes-Evangeliums.
21,1–25 Das nachträglich hinzugefügte Kapitel stammt aus dem Schülerkreis des Evangelisten.

Die Apostelgeschichte

1,2 Andere Übersetzungsmöglichkeit: Vorher hat er den Aposteln, die er sich durch den Heiligen Geist erwählt hatte, Anweisungen gegeben.
1,4 Beim gemeinsamen Mahl, andere Übersetzungsmöglichkeit: Als sie beisammen waren.
1,14 Vgl. die Anmerkung zu Mt 12,46f.
2,4 in fremden Sprachen, wörtlich: in anderen Zungen. – Gemeint ist hier ein Reden in anderen Sprachen, das aber zugleich geistgewirktes »Zungenreden« ist; es bestand wohl vor allem in Gebetsrufen; vgl. auch Apg 10,46; 19,6; 1 Kor 12,10; 14,5.
7,42 Sternenkult, wörtlich: Himmelsheer.
7,51 Wörtlich: Ihr Halsstarrigen und an Herzen und Ohren Unbeschnittenen, ihr widersetzt euch immerzu dem Heiligen Geist.
8,27 »Kämmerer«, wörtlich: »Eunuch«, was entweder im gängigen Sinn (Verschnittener, Entmannter) oder als Titel für einen hohen Beamten zu verstehen ist.
8,37 Einige Textzeugen fügen hinzu: Da sagte Philippus zu ihm: Wenn du aus ganzem Herzen glaubst, ist es möglich. Er antwortete: Ich glaube, daß Jesus Christus der Sohn Gottes ist.
11,2 die gläubig gewordenen Juden, wörtlich: die aus der Beschneidung.
13,24 wörtlich: Taufe der Umkehr.
15,1–35 Zum Bericht des Lukas über das »Apostelkonzil« (vermutlich um 48/49 n. Chr.) vgl. Gal 2,1–10.
15,34 Einzelne Textzeugen fügen hier ein: Silas aber beschloß dazubleiben; so reiste Judas allein (nach Jerusalem) ab.
19,3 Wörtlich: Auf was seid ihr denn getauft worden? Sie antworteten: Auf die Taufe des Johannes.
19,27 von der ganzen Provinz, wörtlich: von ganz Asien.
20,26 Ich bin unschuldig, wenn einer von euch verlorengeht, wörtlich: Ich bin rein vom Blut aller (vgl. 18,6).
24,6 Einige Textzeugen fügen ein: ... [6b] und nach unserem Gesetz richten wollen. [7]Aber der Oberst Lysias kam herzu und entriß ihn mit Gewalt unseren Händen [8a]und befahl, daß seine Ankläger zu dir kommen sollen.
28,2.4 Die Einheimischen, wörtlich: Die Barbaren. Bei den Griechen Bezeichnung für Menschen, die nicht griechisch sprachen.
28,29 Einzelne Textzeugen fügen hinzu: Als er das gesagt hatte, gingen die Juden weg und stritten noch lange miteinander.

Der Brief an die Römer

1,4 seit, andere Übersetzungsmöglichkeit: aufgrund.
1,17 Andere Übersetzungsmöglichkeit: Der Gerechte wird aus Glauben leben (d.h.: Der Gerechte wird aufgrund seines Glaubens das Leben haben).
5,9 Gericht Gottes, wörtlich: Zorn.
6,5 ihm gleichgeworden, wörtlich: mit ihm zusammengewachsen.
6,17 der Lehre, wörtlich: der Gestalt der Lehre.
7,4 durch das Sterben, wörtlich: durch den Leib (gemeint ist der tote Leib).
7,5 dem Fleisch verfallen, wörtlich: im Fleisch (d.h. ohne Christus).
8,10 aufgrund der Sünde, andere Übersetzungsmöglichkeit (wegen des Zusammenhangs mit 6,10f): für die Sünde.
8,29 an Wesen und Gestalt seines Sohnes teilzuhaben, wörtlich: um dem Bild seines Sohnes gleichgestaltet zu werden.
9,4 die Bundesordnungen, wörtlich: die Bundesschlüsse. – Vgl. die Anmerkung zu Eph 2,12.
9,5 Andere Übersetzung: ... und dem Fleisch nach entstammt ihnen der Christus. Gott, der über allem ist, er ist gepriesen in Ewigkeit. Amen.
9,21 Wörtlich: ein Gefäß herstellen zur Ehre, ein anderes zur Unehre.
14,2 Wörtlich: der Schwache aber ißt (nur) Gemüse.
16,24 Fehlt bei zahlreichen alten Textzeugen und ist wohl späterer Zusatz.

Der erste Brief an die Korinther

1,2 Andere Übersetzungsmöglichkeiten: ... mit allen, die überall den Namen unseres Herrn Jesus Christus, ihres und unseres Herrn, anrufen. Oder (wenn man diesen Satzteil als Fortführung der Anschrift versteht): ... an die Gemeinde Gottes in Korinth ... und an alle, die überall den Namen unseres Herrn Jesus Christus anrufen.
1,26 im irdischen Sinn, wörtlich: dem Fleisch nach.
2,1 Anstelle von »Zeugnis Gottes« haben andere Textzeugen: Geheimnis Gottes. Gemeint ist das Evangelium vom gekreuzigten Christus.
2,9 Dieses »Schriftzitat« ist als Ganzes im Alten Testament nicht zu finden.
2,13 Andere Übersetzungsmöglichkeiten: indem wir Wirkungen des Geistes mit geistgewirkten Worten wiedergeben; oder: indem wir Wirkungen des Geistes miteinander vergleichen.
2,14 Der irdisch gesinnte Mensch, wörtlich: Der psychische Mensch. Dieser urteilt über Gott und sein Handeln mit einem nicht vom Geist Gottes erleuchteten Denken. Zum abwertenden Gebrauch von »psychisch« vgl. Jak 3,15; Jud 19; auch 1 Kor 15,44.46 (»psychischer Leib«, d.h. sterblicher Leib).
7,14 durch ihren gläubigen Mann, wörtlich: durch den Bruder.
7,21 Der griechische Wortlaut des Verses und der Zusammenhang des Abschnitts empfehlen diese Übersetzung. Es gibt aber auch Gründe für das Verständnis: Ergreif lieber die Gelegenheit (frei zu werden).
9,5 Wörtlich: Haben wir nicht das Recht, eine Schwester als Frau mitzunehmen (vgl. auch die Anmerkung zu Mt 12,46f).
9,23 an seiner Verheißung, wörtlich: an ihm (nämlich: dem Evangelium) teilzuhaben, d. h. an dem vom Evangelium zugesagten Heil.
11,24 Manche Textzeugen haben, dem späteren liturgischen Gebrauch entsprechend, eine erweiterte Fassung: Das ist mein Leib, der für euch hingegeben wird (oder: gebrochen wird).
14,32 Wörtlich: Die Geister der Propheten sind den Propheten unterworfen.
15,12–14 Anstelle der in den VV. 12–14 dreimal begegnenden Übersetzung: »ist (nicht) auferweckt worden« kann auch übersetzt werden: »ist (nicht) auferstanden«. Die erste Fassung ist deswegen vorzuziehen, weil in Kap. 15 mehrmals das Handeln Gottes an dem toten Jesus wie auch an den verstorbenen Gläubigen hervorgehoben wird (vgl. 15,15.51f).
15,28 Wörtlich: damit Gott alles in allem sei.
15,44 ein überirdischer Leib, wörtlich: ein pneumatischer (»geistlicher«) Leib.
15,45 Wörtlich: Adam, der Erste Mensch, wurde ein lebendiges Wesen (vgl. Gen 2,7; 3,19).
15,48 Wörtlich: Wie der Irdische, so auch die Irdischen, wie der Himmlische, so auch die Himmlischen.

Der zweite Brief an die Korinther

5,16 Wörtlich: Also kennen wir von jetzt an niemand mehr dem Fleisch nach; auch wenn wir früher Christus dem Fleisch nach gekannt haben, jetzt kennen wir ihn nicht mehr so. Vgl. die Anmerkungen zu 10,2.
9,5 als großzügige Spende, wörtlich: als Segen.
10,2f Wörtlich: die meinen, wir wandeln nach dem Fleisch. Im Fleisch nämlich wandelnd, ziehen wir nicht nach dem Fleisch zu Felde. – Der Begriff »Fleisch« kommt im griechischen Text von 10,2–4 wiederholt vor.
12,12 Das, woran man den Apostel erkennt, wörtlich: Die Zeichen des Apostels.

Der Brief an die Galater

1,16 Wörtlich: da zog ich nicht Fleisch und Blut zu Rate.

1,18f Neben Petrus, aramäisch Kepha(s), spielte in nachrömischer Zeit Jakobus, der »Bruder des Herrn«, eine wichtige Rolle in der Jerusalemer Gemeinde (vgl. 2,9), deren Leitung er später übernahm (Apg 12,17). Vgl. die Anmerkung zu Mt 12,46f.
4,29 Wörtlich: Doch wie damals der Sohn, der nach dem Fleisch gezeugt war, den verfolgte, der nach dem Geist gezeugt war, so geschieht es auch jetzt.

Der Brief an die Epheser

1,1 in Ephesus: es fehlt bei zahlreichen Textzeugen; vgl. die Einleitung.
1,23 Wörtlich: Sie ist sein Leib, die Fülle dessen, der alles in allem erfüllt.
2,12 von dem Bund, wörtlich: von den Bündnissen. – Gemeint sind die Bundesschlüsse Gottes mit Abraham, Mose usw.; vgl. Röm 9,4.
2,14 Er vereinigte die beiden Teile, wörtlich: Er machte die beiden zu einem.
2,20 Schlußstein, andere Übersetzungsmöglichkeit: Eckstein.
5,2 Wörtlich: als Gabe und Opfer für Gott zum wohlriechenden Duft.

Der Brief an die Philipper

3,2 die falschen Lehrer, wörtlich: die schlechten Arbeiter.
4,3 treuer Gefährte: im griechischen Text steht Syzygos, was auch männlicher Eigenname sein könnte.
4,18 ein schönes Opfer, wörtlich: einen wohlriechenden Duft.

Der Brief an die Kolosser

3,6 Nach anderen Textzeugen: Wegen all dem kommt der Zorn Gottes über die Ungehorsamen; vgl. Eph 5,6.
4,15 Nach anderen Textzeugen: auch Nymphas und die Gemeinde in seinem Haus.

Der erste Brief an die Thessalonicher

1,10 dem kommenden Gericht Gottes, wörtlich: dem kommenden Zorn.
4,4 Andere Übersetzungsmöglichkeit: daß jeder von euch seinen Leib in heiliger und ehrbarer Weise bewahrt. – Das griechische Wort für »Gefäß« kann in übertragener Bedeutung sowohl den Leib des Menschen als auch (in rabbinischer Ausdrucksweise) die Ehefrau bezeichnen.
4,6 Andere Übersetzungsmöglichkeit: und daß keiner sich gegen seinen Bruder in der betreffenden Sache Übergriffe erlaubt. – In diesem Fall wäre vom Ehebruch die Rede.
4,12 vor denen, die nicht zu euch gehören, wörtlich: vor den Außenstehenden (vgl. 1 Kor 5,12f).
4,14 Andere Übersetzungsmöglichkeit: dann wird Gott auch die im Glauben an Jesus Verstorbenen zusammen mit ihm zur Herrlichkeit führen; vgl. 4,16: die in Christus Verstorbenen.

Der zweite Brief an die Thessalonicher

1,12 Andere Übersetzungsmöglichkeit: durch die Gnade unseres Gottes und des Herrn Jesus Christus.
2,13 als Erstlingsgabe, nach anderen Textzeugen: von Anfang an.
3,5 Andere Übersetzungsmöglichkeit: Der Herr lenke euer Herz zur Liebe Gottes und zur Geduld Christi.

Der erste Brief an Timotheus

3,2 nur einmal verheiratet, wörtlich: Mann einer einzigen Frau. Nach der naheliegenden Auslegung dieser Stelle sind Männer, die nach dem Tod ihrer ersten Frau wieder geheiratet haben, vom Bischofsamt ausgeschlossen.
5,12 ihrem Versprechen untreu geworden zu sein, wörtlich: ihre erste Treue gebrochen zu haben.

Der zweite Brief an Timotheus

3,16 Andere Übersetzungsmöglichkeiten: Die ganze von Gott eingegebene Schrift; oder: Jedes von Gott eingegebene Schriftwort.
4,7 die Treue gehalten, andere Übersetzungsmöglichkeit: den Glauben bewahrt.

Der Brief an Titus

1,13 Das ist ein wahres Wort, wörtlich: Dieses Zeugnis ist wahr.
2,2 stark im Glauben, wörtlich: gesund im Glauben.
2,13 Andere Überstezungsmöglichkeit: der Herrlichkeit des großen Gottes und unseres Retters Christus Jesus.

Der Brief an Philemon

16 als Mensch und auch vor dem Herrn, wörtlich: im Fleisch und im Herrn.

Der Brief an die Hebräer

3,17 Wörtlich: deren Leiber ... hinfielen.
4,2 die Freudenbotschaft, wörtlich: das Evangelium.
4,11 Wörtlich: damit niemand ... hinfällt (vgl. 3,17).
5,7 Als er auf Erden lebte, wörtlich: In den Tagen seines Fleisches. – und er ist ... befreit worden, andere Übersetzungsmöglichkeit: und er ist seiner Gottesfurcht wegen erhört worden.
5,13 richtiges Reden, andere Übersetzungsmöglichkeit: die rechte Lehre.
6,5 kennengelernt haben, wörtlich: genossen haben.
9,16 »Testament« und »Bund« werden im griechischen Text durch dasselbe Wort ausgedrückt.
11,1 Andere Übersetzungsmöglichkeit: Der Glaube aber ist die Grundlage dessen, was man erhofft, und die Gewißheit über Dinge, die man nicht sieht.
11,3 Andere Übersetzungsmöglichkeit: und das Sichtbare nicht aus der Welt der Erscheinungen entstanden ist.
11,11 Textüberlieferung unsicher; möglich ist auch: Aufgrund des Glaubens empfing er auch trotz seines Alters zusammen mit Sara die Kraft zur Zeugung; denn er hielt ...
11,21 So nach dem griechischen Text; nach dem hebräischen: neigte sich über das Kopfende seines Bettes.
11,37 verbrannt, viele alte Textzeuen haben: erprobt (durch Folter?).
11,39 (von Gott) besonders anerkannt wurden, andere Übersetzungsmöglichkeit: (von der Schrift) ein rühmliches Zeugnis erhielten.
12,8 Wörtlich: dann wäret ihr uneheliche Kinder, ihr wäret nicht (eheliche) Söhne.
12,15 alle, wörtlich: die Vielen.
13,7 auf das Ende, wörtlich: auf den Ertrag.
13,23 freigelassen worden ist, andere Übersetzungsmöglichkeit: abreisen konnte.

Der Brief des Jakobus

1,17 Vater der Gestirne, wörtlich: Vater der Lichter; der Ausdruck bezeichnet Gott als den Schöpfer der Gestirne.
2,4 Andere Übersetzungsmöglichkeit: macht ihr dann nicht in eurem Innern Unterschiede und ...
2,7 Der hohe (wörtlich: schöne) Name ist der Name Jesu.
2,18 Möglicherweise beginnt in Vers 18b die Entgegnung auf den Einwand von 18a, und man könnte übersetzen: Nun wird einer sagen: Du hast den Glauben, und ich habe die Werke. – Dann zeig mir doch deinen Glauben ohne die Werke, und ich ...
3,18 Wörtlich: Frucht der Gerechtigkeit wird in Frieden gesät für die (oder: von denen), die Frieden schaffen. Die Deutung dieses Verses ist unsicher.
4,4 »Ehebrecher« kann hier im übertragenen Sinn gebraucht sein. Auch im AT haben die Propheten (z. B. Hos 2–3) den Abfall von Gott als »Ehebruch« gebrandmarkt.
4,5 Die Herkunft des Zitats ist unbekannt. Der Sinn ist vermutlich: Gott, der dem Menschen seinen Geist eingehaucht hat (Gen 2,7), macht diesem Geist gegenüber seinen Anspruch geltend. – Andere Übersetzungsmöglichkeit: Neidisch zeigt der Geist, den er in uns wohnen ließ, sein Verlangen.
5,14 Gebete über ihn sprechen, wörtlich: über ihn beten.

Der erste Brief des Petrus

1,13 umgürtet euch, wörtlich: umgürtet die Lenden eures Geistes.
2,13 jeder menschlichen Ordnung, wörtlich: jedem menschlichen Geschöpf.
2,24 Wörtlich: auf das Holz hinaufgetragen; vgl. Apg 5,30; Gal 3,13.
5,1 Eure Ältesten: die Vorsteher der Gemeinde.
5,3 eurer Gemeinden, wörtl. eurer Anteile.
5,5 Wörtlich: Alle aber bekleidet euch (im Umgang) miteinander mit Demut.
5,13 die Mitauserwählten, wörtlich: die mitauserwählte (Gemeinde).

Der zweite Brief des Petrus

1,1 Andere Übersetzungsmöglichkeit: unseres Gottes und des Retters Jesus Christus.
2,10b die überirdischen Mächte, wörtlich: die Herrlichkeiten.
2,15 Nach Num 22,5 hieß der Vater Bileams »Beor«; so auch hier nach einigen Textzeugen.
3,10 die Erde und alles, was auf ihr ist, wörtlich: die Erde und die Werke auf ihr. – Die eingeklammerten Worte »nicht mehr« finden sich nur bei wenigen Textzeugen, sind aber für den Sinn des Satzes notwendig.

Der erste Brief des Johannes

1,1 das Wort des Lebens, wörtlich: vom Wort des Lebens sprechen wir.
2,1 Das griechische Wort für »Beistand« (parakletos) ist das gleiche, das im Johannesevangelium für den verheißenen Geist verwendet wird.
2,20 Andere Lesart: und ihr wißt alles.
2,21 Andere Übersetzungsmöglichkeit: Ich schreibe euch nicht, weil ihr die Wahrheit nicht kennt, sondern ich schreibe euch, weil ihr sie kennt und wißt, daß keine Lüge von der Wahrheit stammt.
5,7f Hier ist bei vielen Textzeugen das sog. Comma Johanneum eingefügt, das nicht zum ursprünglichen Text gehört: (... die Zeugnis ablegen) im Himmel: der Vater, das Wort und der Heilige Geist, und diese drei sind eins. [8]Und drei sind es, die Zeugnis geben auf Erden: (der Geist ...) Die drei Elemente (Geist, Wasser, Blut) sind drei Zeugen, die zeichenhaft hinweisen auf die Sakramente der Taufe und Eucharistie und auf den Geist als die in ihnen wirksame Kraft.
5,17 Nach anderen Textzeugen: Sünde, die zum Tod führt.
5,18 der von Gott Gezeugte, das heißt: Jesus Christus (Joh 1,13.18). – Andere Übersetzungsmöglichkeit: Wir wissen: Jeder, der von Gott stammt, sündigt nicht, sondern wer von Gott stammt, den bewahrt er, und der Böse tastet ihn nicht an.

Der Brief des Judas

7 Die sündigen Städte wollten ähnlich »wie jene«, d. h. die in V. 6 genannten Engel, »mit Wesen anderer Art verkehren«, wörtlich: sie liefen anderem Fleisch nach.
8 die überirdischen Mächte, wörtlich: die Herrlichkeiten.

Die Offenbarung des Johannes

1,13 ein Mensch, wörtl.: ein Menschensohn.
1,20 Zu »Engel der sieben Gemeinden« vgl. die Anmerkung zu 2,1.
8,3b Wörtlich: ihm wurde viel Weihrauch gegeben, damit er ihn zusammen mit den Gebeten aller Heiligen auf dem goldenen Altar vor dem Thron darbringe.
9,16 Wörtlich: 20000 Myriaden. 1 Myriade = 10000. Die Gesamtzahl von 200 Millionen ist als Symbol unermeßlicher Größe gemeint.
13,7 erlaubt, wörtlich: gegeben.
14,13 Andere Übersetzungsmöglichkeit: ... im Herrn sterben. Von jetzt an – ja, spricht der Geist – sollen sie ausruhen von ihren Mühen.
15,3 König der Völker, nach anderen Textzeugen: König aller Zeiten.
21,3 Nach anderen Textzeugen: sie werden seine Völker sein.

Zeittafel zur biblischen Geschichte

Manche Daten können nur annäherungsweise angegeben werden. In anderen Tabellen wird man bisweilen stark abweichende Angaben finden.

Außerbiblische Daten

Vor 12000 v. Chr.: Die Altsteinzeit (Paläolithikum). Funde von Menschenknochen in Galiläa und am Karmel
12000–8000: Die Mittlere Steinzeit (Mesolithikum). Erste Spuren von Ackerbau und Viehzucht
8000–4000: Die Jungsteinzeit (Neolithikum). Gründung der ersten bekannten Stadt um 7000 (Jericho). Erste Keramikerzeugnisse um 5000
4000–3200: Kupferzeit (Chalkolithikum). Entdeckung der Töpferscheibe. Erste Verwendung des Metalls
3200–2200. Die Frühbronzezeit. In Süd-Mesopotamien entsteht die erste Schrift (Sumerer). Erste Staaten: In Babylonien Sumerer, dann Akkader; in Ägypten sog. Altes Reich (Pyramiden, Aufkommen des Handels)
2200–1550: Die Mittlere Bronzezeit. Palästina beherrscht durch Ägypten
21. Jh.: In Mesopotamien Gesetzessammlungen, von Ur-Nammu, Lipit-Ischtar und aus Eschnunna
Jerusalem, Aschkelon, Sichem, Bet-Schean etc. erwähnt in ägyptischen Texten des 20. und 19. Jh.

1792–1750: Hammurapi (oder: Hammurabi) von Babel. Zerstörung von Mari
1750–1550: Ägypten von den Hyksos beherrscht (Sammelbezeichnung für verschiedene Völker: Horiter, Amoriter etc.). Hauptstadt Tanis (bibl. Zoan)
1740–1200: Reich der Hetiter (von Anatolien bis zeitweise nach Kanaan)
1550–1200: Die Spätbronzezeit
Um 1550: Vertreibung der Hyksos aus Ägypten
Um 1468: Nach der Schlacht bei Megiddo dehnt Ägypten seine Herrschaft bis zum Eufrat aus
1417–1379: In Ägypten herrscht Amenophis III.
1379–1362: In Ägypten herrscht Amenophis IV. (Echnaton). Amarnabriefe: u.a. Korrespondenz der kanaanäischen Herrscher, in akkadischer Sprache, mit dem Hof der beiden Pharaonen
1304–1237: Ramses II. in Ägypten

Um 1200: Zerfall des Hetiterreiches
1200–900: Eisenzeit I
Um 1190: Ansiedlung der Philister in Kanaan. Niedergang Ugarits. Ende der Mykenischen Kultur. Aramäer in Ost-Syrien

945–924: Schischak herrscht in Ägypten

900–550: Eisenzeit II

Biblische Daten

3760 v. Chr.: Schöpfung der Welt nach der jüdischen Zeitrechnung

In der Patriarchenerzählung (Gen 11,10–50,26) gleichen verschiedene Gesetze und Bräuche den Rechtsbräuchen, die in altorientalischen Rechtsurkunden bezeugt sind. Um diese Zeit (zwischen 2000 und 1400) kommen die Patriarchen von Mesopatamien und aus dem Ostjordanland nach Kanaan (nähere Zeitbestimmung nicht möglich)

Die größte Stadt in Kanaan ist Hazor (vgl. Jos 11)

Kanaan unter ägyptischer Kontrolle

Nach 1400: »Söhne Jakobs« in Ägypten (Gen 37 – Ex 11)

Um 1250: Exodus (Auszug) der Israeliten aus Ägypten, Mose (Ex 12–14)
Um 1230: Ansiedlung der Hebräer unter Josua in Palästina (Jos 1–12)

1200–1020: Richterzeit (Ri)
1020–1000: Saul, erster König Israels (1 Sam 9–31)
1000–961: Regierungszeit Davids (2 Sam 2–1 Kön 2)
961–931: Salomo (1 Kön 2–11); Tempelbau in Jerusalem
931: Zerfall des salomonischen Reiches in zwei Teile: Israel, d.h. Nordreich und Juda, d.h. Südreich (1 Kön 12, 1–19)
931–914: Rehabeam König von Juda (1 Kön 14, 21–31)
924: Palästinafeldzug des Pharao Schischak (1 Kön 14, 25f)
931–910: Jerobeam I., König von Israel (1 Kön 12,20–14,20)
914–912: Abija von Juda (1 Kön 15, 1–8)
911–871: Asa von Juda (1 Kön 15,9–24)
909: Nadab von Israel (1 Kön 15,25–32)
909–886: Bascha von Israel (1 Kön 15,33–16,7)
885: Ela von Israel (1 Kön 16,8–14)

Außerbiblische Daten

Vor 875: Ben-Hadad I., König der Aramäer in Damaskus

859–824: Salmanassar III. in Assur

Vor 841: Ben-Hadad II. in Damaskus

Um 850: Mescha, König von Moab

810–782: Adad Nirari III. in Assur

Vor 797: Hasaël in Damaskus
753: Gründung Roms

745–727: Tiglat-Pileser III. in Assur und Babel (hier unter dem Namen Pul)

740–730: Rezin, Usurpator in Damaskus

727–722: Salmanassar V. in Assur und Babel
722–705: Sargon II. König in Assur, seit 710 auch von Babel

721–710: Merodach-Baladan II., König v. Babel
705–681: Sanherib in Assur und Babel. 689 Zerstörung Babels. Ninive Hauptstadt des neuassyrischen Reiches
690–664: Tirhaka in Ägypten
681–669: Asarhaddon von Assur erobert Ägypten; Wiederaufbau Babels
669–627: Assurbanipal in Assur und Babel, berühmt durch seine große Bibliothek. In der Folgezeit langsamer Zerfall des Reiches

625–605: Nabopolassar wird König in Babel, 614 erobert er mit Hilfe der Meder die Stadt Assur, 612 Ninive. Ende des neuassyrischen Reiches
610–595: Necho II. in Ägypten. Unterliegt 605 bei Karkemisch den Babyloniern
605–562: Nebukadnezzar in Babylonien

556–539: Nabonid in Babylonien

550–545: Belschazzar Mitregent in Babel
550–330: Persische Zeit538–530: Kyrus von Persien erobert Babel und gründet das persische Weltreich (Aufstieg zur Macht seit 559) unter der Dynastie der Achämeniden
530–522: Kambyses von Persien; erobert 525 Ägypten
522–486: Darius I. von Persien. Teilt das persische Reich in 29 Satrapien ein

510: Rom wird Republik
486–465: Xerxes I.
480: Schlacht bei den Thermopylen. Kriege Persiens mit Athen

Biblische Daten

885: Simri von Israel (1 Kön 16,15–20)
885–874: Omri von Israel (1 Kön 16,21–28)
885–881: Kämpfe um die Herrschaft zwischen Omri und Tibni (1 Kön 16,21f)
873–853: Ahab von Israel (1 Kön 16,29–22,40). Die Propheten Elija und Elischa
854: In der Schlacht bei Karkar kämpft Ahab als Verbündeter der Aramäer von Damaskus gegen die Assyrer
871–848: Joschafat von Juda (1 Kön 22,41–51)
853–852: Ahasja von Israel (1 Kön 22,52–2 Kön 1,17)
852–841: Joram von Israel (2 Kön 3)
848–841: Joram von Juda (2 Kön 8,16–24)
841: Ahasja von Juda (2 Kön 8,25–29)
841–813: Jehu von Israel (2 Kön 9f)
840: Jehu zahlt Tribut an Salmanassar III.
840–835: Atalja von Juda (2 Kön 11)
835–796: Joasch von Juda (2 Kön 12)
813–797: Joahas von Israel (2 Kön 13,1–9)
797–782: Joasch von Israel (2 Kön 13,10–14,16)
796–767: Amazja von Juda (2 Kön 14,1–22)

782–747: Jerobeam II. von Israel (2 Kön 14,23–29)
767–739: Asarja (Usija) von Juda (2 Kön 15,1–7). Propheten Amos und Hosea
747: Secharja von Israel (2 Kön 15,8–12)
747: Schallum von Israel (2 Kön 15,13–15)
747–742: Menahem von Israel (2 Kön 15,14–22)
742–740: Pekachja von Israel (2 Kön 15,23–26)
740–731: Pekach von Israel (2 Kön 15,27–31)
739–734: Jotam von Juda (2 Kön 15,32–38). Die Propheten Jesaja und Micha
734–728: Ahas von Juda (2 Kön 16). Syrisch-efraimitischer Krieg
731–722: Hoschea von Israel (2 Kön 17,1–7)
722: Eroberung Samarias und Untergang des Nordreiches (2 Kön 17)
728–699: Hiskija von Juda (2 Kön 18–20)

699–643: Manasse (2 Kön 21,1–18)

642–641: Amon (2 Kön 21,19–26)

641–609: Joschija (2 Kön 22,1–23,30). Die Propheten Jeremia, Nahum, Haba-kuk (?) und Zefanja
609: Joahas (2 Kön 23,31–35)

609–598: Jojakim (2 Kön 23,36–24,7)
597: Jojachin (2 Kön 24,8–17)
597–586: Zidkija (2 Kön 24,18–25,7)
586: Eroberung Jerusalems und Untergang des Südreiches Juda (2 Kön 25,8–26)
586–538: Babylonische Verbannung = Babylonisches Exil (2 Chr 36,17–23). Die Propheten Ezechiel, Obadja, Deuterojesaja

538: Edikt des Kyrus (Esra 1,1–4)

um 525: Serubbabel, Statthalter von Juda (Esra 3,2.8). Die Propheten Haggai und Sacharja

Außerbiblische Daten

465–423: Artaxerxes I.

423–404: Darius II.
404–359: Artaxerxes II.
336–331: Darius III., besiegt 333 bei Issus und 331 bei Arbela durch Alexander d. Großen. Niedergang des persischen Reiches
330–64: Hellenistische Zeit
323: Tod Alexanders des Großen
323–305: Kämpfe der Diadochen um die Nachfolge Alexanders
323: Ptolemäus wird Satrap von Ägypten, Seleukus Satrap von Babel
312: Beginn der seleuzidischen Zeitrechnung
305–283: Ptolemäus I., König von Ägypten
305–281: Seleukus I., König von Babylon
320–198: Ständiger Kampf zwischen Ptolemäern u. Seleuziden um Palästina
285–246: Ptolemäus II. in Ägypten
261–246: Antiochus II. in Syrien
221–203: Ptolemäus IV. in Ägypten
223–187: Antiochus III. in Syrien
198: Schlacht bei Paneas; Syrien und Palästina endgültig unter der Herrschaft der Seleuziden
187–175: Seleukus IV. Philopator
175–164: Antiochus IV. Epiphanes

164–162: Antiochus V. Eupator; sein Vormund Lysias
162–150: Demetrius I. Soter

150–145: Alexander Balas
149–146: Dritter punischer Krieg und Zerstörung Karthagos. Griechenland römische Provinz.
145–140 und 129–125: Demetrius II. Nikator

145: Antiochus VI. Dionysos kämpft gegen Demetrius II. mit Unterstützung seines Vormunds Tryphon
141–139: Tryphon tritt die Nachfolge des auf seinen Befehl hingerichteten Antiochus VI. an
139–129: Antiochus VII. Sidetes
133: Tod des Tiberius Gracchus
125–96: Antiochus VIII.

83–69: Tigranes I., der Armenier, erobert Syrien, wird jedoch durch die Römer verdrängt; kurze Regierung des Antiochus XII. Asiaticus
82–79: Diktatur Sullas in Rom
70–19: Vergil, röm. Dichter
66: Pompeius römischer Befehlshaber im Osten
64: Syrien römische Provinz

64 v. Chr.–330 n. Chr.: Römische Zeit
51–30: Kleopatra VII., Königin in Ägypten
47–44: Julius Cäsar
41–30: Marcus Antonius
27 v. Chr.–14 n. Chr.: Oktavianus Augustus, Kaiser in Rom
13 v. Chr.–45/50 n. Chr.: Philo von Alexandria, jüdischer Religionsphilosoph

6–4 v. Chr.: Quintilius Varus, Statthalter von Syrien
5 v. Chr.–65 n. Chr.: Seneka

1 v. Chr.: Germanien wird römische Provinz
6/7 n. Chr.: Quirinius, Statthalter von Syrien

Biblische Daten

458–428: Esra (?) Der Prophet Maleachi
445–425: Nehemia, Statthalter von Juda

398: Esra (?)

Um 250: Beginn der griechischen Übersetzung der Bibel (Septuaginta)

Vor 170: Onias III., Hoherpriester (2 Makk 3,1–4,38)
167: Aufstand der Makkabäer (1/2 Makk)
167–166: Mattatias (1 Makk 2)
166–161: Judas (1 Makk 3,1–9,22)
161–143: Jonatan (1 Makk 9,23–12,52). Hoherpriester Alkimus, seit 153 Jonatan

143–135: Simeon (1 Makk 12,53–16,17), seit 141 unabhängiger Herrscher, von Rom anerkannt

134–104: Johannes Hyrkanus I. (1 Makk 16), Hoherpriester und Ethnarch

103–76: Alexander Jannäus. Entstehung der starken religiös-politischen Gruppierungen (Essener, Pharisäer, Sadduzäer)

76–67: Salome Alexandra

(67) 63–40: Johannes Hyrkanus II. Ihm wurde Antipater, ein Sohn des Strategen von Idumäa gleichen Namens, als Hausverwalter durch Julius Cäsar aufgezwungen

40–37: Mattatias Antigonus II., der letzte König der makkabäischen Dynastie
(40) 37 bis 4 v. Chr.: Herodes der Große (bzw. der Ältere), Sohn des Antipater, König über Judäa, Galiläa, Samarien, Idumäa und Peräa

7/6 v. Chr.: Geburt Jesu (erste Volkszählung, Zensus des Quirinius? S. Lk 2,2)

4 v. Chr.: Tod des Herodes und Verteilung seines Reiches unter die Söhne Archelaus (Ethnarch von Judäa, Idumäa und Samarien), Antipas (bis 39 n. Chr. Tetrarch von Galiläa und Peräa) und Philippus (bis 34 n. Chr. Tetrarch von Nordtransjordanien)

6 n. Chr.: Archelaus wird entthront; Judäa, Idumäa und Samarien werden römische Provinz. Volkszählung, Zensus des Quirinius. Zusammenschluß der sog. Zeloten; Unruhen unter Judas dem Galiläer

Außerbiblische Daten

14–37: Tiberius, Kaiser von Rom

37: Geburt des jüdischen Historikers Flavius Josephus
39: Petronius, Legat von Syrien
41–54: Klaudius, Kaiser in Rom

43–120: Der Philosoph Plutarch

49: Klaudius weist die Juden (und Judenchristen) aus Rom aus
50: Herodes, König von Chalkis
50–130: Der Philosoph Epiktet
51/52 oder 52/53: Gallio, Prokonsul von Achaia/Korinth

54: Ermordung des Kaisers Klaudius
54–68: Kaiser Nero
55–120: Der Historiker Tacitus

61–114: Plinius der Jüngere

64: Brand Roms. Christenverfolgung unter Nero

68: Selbstmord Neros
68: Zerstörung von Qumran
69–79: Kaiser Vespasian
70: Geburt des römischen Biographen Suetonius

70–80: Bau des Kolosseums in Rom

73: Judäa wird römische Provinz
79–84: Kaiser Titus
79: Ausbruch des Vesuv
81–96: Kaiser Domitian
um 90: Verfolgung von Philosophen, Gelehrten, Christen in Rom und im Osten des Reiches
96–98: Kaiser Nerva
98–117: Kaiser Trajan
um 100: Die Synode von Jamnia: Ausschluß der Judenchristen aus der Synagoge
111: Kaiser Trajan erklärt das Christentum für illegal (Edikt des Trajan)
117–138: Kaiser Hadrian
132–135: Zweiter jüdischer Aufstand unter Ben Kosiba (Bar Kochba). Völlige Zerstörung Jerusalems. Vertreibung der Juden aus Judäa. Jerusalem wird als heidnische Stadt neu aufgebaut: Colonia Aelia Capitolina mit einem Jupitertempel

Biblische Daten

6–15 n. Chr.: Hannas Hoherpriester

17–22: Gründung von Tiberias durch Herodes Antipas
18–37: Josef Kajaphas, Hoherpriester
26–36: Pontius Pilatus, römischer Statthalter in Judäa
27/28–29: Öffentliches Wirken Johannes' des Täufers
27/28: Taufe Jesu
29: Enthauptung des Täufers
30?: Kreuzigung Jesu (7. April/14. Nisan)
um 33: Märtyrertod des Stephanus
33/35: Bekehrung des Paulus

41–44: Herodes Agrippa I., König von ganz Palästina
42: Hinrichtung des Apostels Jakobus des Älteren

um 48/49: Apostelkonzil in Jerusalem

50–100: Herodes Agrippa II., Ethnarch, seit 53 König über Nordpalästina
50/1–52/3: Paulus zum ersten Mal in Korinth

53/4–55/6: Paulus in Ephesus

56–58: Paulus erneut in Korinth
58: Reise des Paulus nach Jerusalem
58/59: Paulus in Haft in Jerusalem und Cäsarea
bis 59/60: Felix, Statthalter von Judäa
ab 59–60: Porzius Festus, Statthalter von Judäa
60/61: Fahrt des Paulus nach Rom
61/62: Gefangenschaft des Paulus in Rom
62: Ermordung des Hohenpriesters Jonatan
62/3: Hannas II., Sohn des Hannas I., Hoherpriester, läßt Jakobus, »den Bruder des Herrn«, hinrichten
63/4 oder 65/67: Reise des Apostels Paulus nach Osten (Pastoralbriefe) und nach Westen (Spanien)?
64 oder 67: Hinrichtung des Petrus und Paulus in Rom
66: Statthalter Florus
66–70: Aufstand der Zeloten in Palästina. Einführung des Opfers für den Kaiser. Flucht der Christen aus Jerusalem nach Pella in Ostjordanien

70: Eroberung Jerusalems durch Titus und Zerstörung des Tempels

70–80: Judenchristen aus Palästina kommen nach Ephesus, unter ihnen der Presbyter Johannes (?)

Die Künstler und ihre Werke

Bacon, Francis
(Dublin, 28.10.1909 – 28.4.1992, London)

Bacon, der sich 1927 in London niedergelassen hatte, bildete sich als Maler weitgehend autodidaktisch aus. 1944 setzte er einen Neubeginn, indem er die zuvor entstandenen Werke zerstörte. Ein formales Kennzeichen seiner stets gegenständlichen Bilder ist die expressive Deformation und Fragmentierung, in der surreale Elemente zur Geltung kommen: Kunst ist »mehr eine Methode, Gefühlsräume aufzutun, als Gegenstände abzubilden«. Mehrfach griff Bacon Themen der christlichen Bildtradition auf. So bildete das Triptychon *Drei Studien für Figuren an der Basis einer Kreuzigung* das erste Werk nach jenem Neubeginn.

• S. 800
Fragment einer Kreuzigung, 1950
Öl auf Leinwand, 137,5 x 107 cm
Eindhoven, Van-Abbe-Museum

Barrera-Bossi, Erma
(Pola, 1882/85 – 1952/60, Mailand)

Die italienische Malerin studierte ab 1905 in München Kunst. Sie lernte Gabriele Münter und Wassily Kandinsky kennen, mit denen sie 1909-11 der »Neuen Künstlervereinigung« angehörte. Danach lebte sie in Paris und ließ sich 1914 in Mailand nieder.
Erma Barrera-Bossi entwickelte eine expressive Darstellungsweise mit Betonung der Bildfläche, leuchtender Farbgebung und abstrahierender, stark gestischer Wiedergabe der Figuren.

• S. 788
Beweinung Christi, 1911
Öl auf Karton, 47 x 67,5 cm
München, Staatsgalerie moderner Kunst

Baselitz, Georg (eigtl. Hans-Georg Kern)
(geb. 28.1.1938 in Deutschbaselitz)

Baselitz studierte Kunst in Berlin-Weißensee und an der Westberliner Akademie. Anknüpfend an den Expressionismus der Dresdner, danach Berliner »Brücke«-Gruppe (1905-13), entwickelte er sich zu einem der bedeutendsten Neoexpressionisten. 1967 begann Baselitz damit, den formalen Charakter seiner zumeist figürlichen Darstellungen dadurch zu betonen, daß er die Bilder so malte, als stünden sie auf dem Kopf. Seit 1980 beschäftigt er sich auch mit der Holzskulptur.
Die beiden Gemälde aus der Mitte der 80er Jahre stehen im Zusammenhang von Werkgruppen mit religiöser Thematik.

• S. 821
Kreuztragung, 1983
Öl auf Leinwand, 314 x 210 cm
Berlin, Staatliche Museen zu Berlin – Preußischer Kulturbesitz, Neue Nationalgalerie
• S. 465
Pastorale – Der Tag, 1986
Öl auf Leinwand, 330 x 330 cm
Köln, Museum Ludwig

Beckmann, Max
(Leipzig, 12.2.1884 – 27.12.1950, New York)

Beckmann begann seine künstlerische Ausbildung 1900 in Weimar und setzte sie ab 1903 in Paris und Florenz fort, 1906 ließ er sich in Berlin nieder. 1914/15 nahm er als freiwilliger ziviler Krankenpfleger am Krieg teil und lebte danach in Frankfurt a. M. Hier lehrte er von 1925 bis zur Entlassung 1933 an der Städelschule. Er kehrte nach Berlin zurück und emigrierte 1937, in Deutschland als »entarteter« Künstler geächtet, nach Amsterdam. Ab 1947 lebte er in den USA, mit Lehraufträgen in St. Louis und New York.
Beckmann war als Maler und Graphiker, daneben als Bildhauer und Schriftsteller tätig. Nach Anfängen unter dem Einfluß von Lovis Corinth entwickelte er eine Form des Expressionismus, zu deren Kennzeichen die gedrängte Dichte der stark konturierten Bildgegenstände gehört, Ausdruck einer Grundempfindung des Gefangenseins, der Bedrängnis. Ein Gegenpol bildet die Folge von Selbstbildnissen. Religiöse Themen (*Kreuzigung*, 1907, später in *Drama* umbenannt) und neun Triptychen (beginnend mit *Abfahrt*, 1933-35) deuten auf eine Auseinandersetzung mit der künstlerischen Tradition hin, ebenso die häufige Einbeziehung symbolischer Bildelemente.
Die sechs Werke bilden einen Längsschnitt vom Neubeginn unter dem Eindruck der Kriegserfahrung bis zu den letzten Schaffensjahren.

• S. 871
Auferstehung, 1916-18
Öl und Kohle auf Leinwand, unvollendet, 345 x 497 cm
Stuttgart, Staatsgalerie
• S. 560
Christus und die Sünderin, 1917
Öl auf Leinwand, 150 x 128 cm
St. Louis, Art Museum
• S. 473
Mann und Frau (Adam und Eva), 1932
Öl auf Leinwand, 175 x 120 cm
Privatsammlung
• S. 653
Reise auf dem Fisch, 1934
Öl auf Leinwand, 134,5 x 115,5 cm
Stuttgart, Staatsgalerie
• S. 852
Christus in der Vorhölle, 1948
Öl auf Leinwand, 78 x 109 cm
Privatbesitz
• S. 735
Der verlorene Sohn, 1949
Öl auf Leinwand, 100 x 120 cm
Hannover, Sprengel Museum

Beuys, Joseph
(Krefeld, 12.5.1921 – 23.1.1986, Düsseldorf)

Die Künstlerbiographie des Graphikers, Aktions- und Objektkünstlers, Gesellschafts- und Kunstphilosophen hat eine ihrer Wurzeln in einem Kriegserlebnis: 1943 über der Krim abgeschossen, pflegten ihn Tataren mittels Fett und Filz gesund – zwei Materialien, die für Beuys zum Werkstoff wurden. Er studierte in Düsseldorf bei dem Bildhauer Mataré und lehrte hier von 1962 bis 1972 an der Akademie. Seine vielfach auf Schlagworte wie »soziale Plastik« und »erweiterter Kunstbegriff« reduzierte Kunsttheorie verband sich mit einer vielseitigen Kunstpraxis, einschließlich rituell-magischer Experimente. Zum Frühwerk der 50er Jahre gehören Arbeiten, mit denen Beuys die christliche Bildtradition rekapituliert hat.

• S. 763
Irisches Kreuz, 1958
Leim und Pflanzenabsud auf Bristolkarton, 60,3 x 25,8 cm
Privatsammlung

Bomberg, David
(Birmingham, 5.12.1890 – 19.8.1957, London)

Der Sohn eines jüdischen Emigranten aus Polen begann 1911 in London mit einem Kunststudium. In den 20er Jahren bereiste er als Landschaftsmaler Palästina. Breite Anerkennung blieb ihm, obwohl sich Schüler um ihn scharten, versagt. Eine Retrospektive kam erst unmittelbar nach seinem Tod zustande.
Das Gemälde zur Ezechiel-Vision ist Teil einer Werkgruppe mit alttestamentlichen Themen, die nahezu vollständig verloren ist. Zum Spätwerk gehört das Gemälde *Höre, Israel* (1955).

• S. 618
Vision Ezechiels, 1912
Öl auf Leinwand, 114,3 x 137,2 cm
London, Tate Gallery

Botero, Fernando
(geb. 19.4.1932 in Medellín)

Der kolumbianische Maler und Bildhauer (seit 1976) lebt vorwiegend in New York. Merkmal seiner in altmeisterlicher Präzision ausgeführten, vielfach sozialkritischen Gemälde sind Figuren mit ballonartig aufgeblähten Körpern. In dieser Technik verfremdete Botero auch Werke der Kunstgeschichte.

• S. 57
Erzengel, 1988
Öl auf Leinwand, 192 x 131 cm
Berlin, Galerie Brusberg

Braque, Georges
(Argenteuil, 13.5.1882 – 13.8.1963, Paris)

Der Maler, Graphiker und Bildhauer kam 1900 nach Paris. Hier schloß er sich dem Kreis der »Fauvisten« (Wilden) um Henri Matisse an. Zu einem der bedeutendsten Vertreter der klassischen Moderne wurde Braque durch den gemeinsam mit Pablo Picasso um 1907 entwickelten Kubismus. 1912 entstanden seine ersten Collagen aus Materialien.

• S. 91
Der Kerzenhalter, 1911
Öl auf Leinwand, 46 x 38 cm
Edinburgh, Scottish National Gallery of Modern Art

Brauer, Arik (eigtl. Erich Brauer)
(geb. 4.1.1929 in Wien)

Die Vorfahren des Malers und Liedermachers waren jüdische Emigranten aus Rußland. 1945 begann Brauer ein Kunststudium an der Wiener Akademie. Sein Lehrer war 1946-51 Albert Paris Gütersloh (1887–1973), der geistige und künstlerische Mentor der »Wiener Schule des Phantastischen Realismus«. Diese Bezeichnung für eine Gruppe von Neosurrealisten (Brauer, Ernst Fuchs, Rudolf Hausner u. a.) entstand bereits 1947. Brauer hielt sich 1951/52 erstmals in Israel auf, dann in Paris, wo er Freundschaft mit Friedensreich Hundertwasser schloß. Wien, Paris und der israelische Künstlerort En Hod, wo sich Brauer ein rundes Turmhaus errichtete, sind die drei Bezugspunkte geblieben. Brauer entwickelte eine Schichtmalweise, die den Bildgegenständen den Charakter von Leuchtkörpern in weich modellierten Landschaftsräumen verleiht. Zu den Vorbildern gehören Pieter Brueghel d. Ä. und Hieronymus Bosch.
Die drei Werke aus drei Jahrzehnten stehen jeweils im mehr oder weniger engen Zusammenhang von Werken mit alttestamentlichen Themen. Am engsten ist dieser Zusammenhang bei den 29 Illustrationen zur »Pessach-Haggada«. Diese Haggada (= Erzählung, Verkündigung) enthält liturgische Texte, Legenden, Erklärungen, Segenssprüche und Lieder zur Feier des Paschamahles.

• S. 227
Salomo und die Königin, 1961
Öl auf acrylgrundiertem Sperrholz, 35 x 24 cm
Privatsammlung
• S. 252
Die Zerstörung des Tempels, 1973/74
Öl auf acrylgrundiertem Papier auf Sperrholz, 81 x 101 cm
Privatsammlung
• S. 59
Und er teilte das Schilfmeer für uns, 1977/78
Gouache auf acrylgrundiertem Papier, 50 x 37,3 cm
Illustration zur Pessach-Haggada
Privatsammlung
• S. 169
Simson zerreißt den Löwen, 1983
Öl auf acrylgrundiertem Papier auf Sperrholz, 35 x 52 cm
Privatsammlung

Cézanne, Paul
(Aix-en-Provence, 19.1.1839 – 22.10.1906, Aix-en-Provence)

Vom Vater zu einem Jurastudium, dann zum Eintritt in seine Bank gedrängt, vom Studium an der Pariser Kunstakademie ausgeschlossen, verfolgte Cézanne seinen Weg auf künstlerischem Neuland weitgehend als Einzelgänger, der noch zu Lebzeiten hohe Anerkennung fand. Die traditionellen Themen Stilleben, Landschaft, Akt (Badende), Bildnis und Selbstbildnis wurden zum Anlaß einer Elementarisierung der bildnerischen Mittel Form und Farbe, bezogen auf die Bildfläche. Durch die Aufhebung der einheitlichen, illusionistischen (Raum-) Perspektive gewann Cézanne Einfluß auf den Kubismus und darüber hinaus auf das moderne Bild-Bewußtsein.
Religiöse Themen finden sich vereinzelt im Frühwerk, etwa *Die büßende Magdalena (Der Schmerz)*, um 1866-68.

• S. 456
Stilleben mit Totenkopf und Leuchter, um 1900
Öl auf Leinwand, 61 x 50 cm
Stuttgart, Staatsgalerie

Chagall, Marc
(Liosno bei Witebsk, 7.7.1887 – 28.3.1985, Saint-Paul-de-Vence)

Der Maler und Graphiker wuchs im jüdischen Ghetto von Witebsk auf. Als Künstler trat er 1910 durch eine Moskauer Ausstellung an die Öffentlichkeit. Im selben Jahr ließ er sich in Paris nieder. Chagall kehrte 1915 nach Rußland zurück und wurde nach der Oktoberrevolution Kommissar der Schönen Künste. Nach einem Aufenthalt in Berlin (1922) wurde Frankreich seine zweite Heimat. Ab 1949 lebte er im südfranzösischen Vence. Seine lebenslang nachwirkende geistig-religiöse Prägung erhielt Chagall in seiner Jugend durch die volkstümliche jüdische Bewegung des Chassidismus.
Künstlerisch entwickelte Chagall aus den Stilrichtungen der Klassischen Moderne – Kubismus, Orphismus und Surrealismus – eine unverwechselbare Bildsprache, die er in der Malerei zu einem hymnischen Ausdruck der Farbe steigerte. Es war daher nur konsequent, daß sich Chagall ab Mitte der 50er Jahre der Glasmalerei widmete. Zu seinen letzten Werken in diesem Medium gehören die 1977-84 entstandenen Fenster von St. Stephan in Mainz. Graphikzyklen zur Bibel entstanden 1931-39 und 1952-56, ein Zyklus von Farbradierungen zu 30 Psalmen 1979.
Im Vorwort zum Katalog des 1973 eröffneten »Musée National Message Biblique Marc Chagall« in Nizza bekennt Chagall: »Seit meiner frühen Jugend hat mich die Bibel gefesselt. Sie erschien mir immer und erscheint mir auch heute noch als die größte Quelle der Poesie aller Zeiten. Stets habe ich ihre Spiegelung im Leben und in der Kunst gesucht. Die Bibel ist wie ein Widerhall der Natur, und dieses Geheimnis habe ich wiederzugeben versucht.«

• S. 775
Die weiße Kreuzigung, 1938
Öl auf Leinwand, 155 x 140 cm
Chicago, The Art Institute
• S. 127
Mose empfängt die Gesetzestafeln, 1950-52
Öl auf Leinwand, 194 x 130 cm
Privatsammlung
• S. 403
David mit der Harfe, 1956
Farblithographie, 36 x 26 cm
Nizza, Museum Biblische Botschaft Marc Chagall
• S. 99
Der Stamm Josef, 1959/60
Gouache und Collage, 42 x 32 cm
Entwurf zu einem der zwölf Fenster der Synagoge der Hadassah-Klinik von Jerusalem
Privatsammlung

• S. 67
Mose und Aaron vor dem Volk, 1966
Farblithographie, 45 x 33,5 cm
aus dem Zyklus *Exodus*
• S. 148
Mose und Josua, 1966
Farblithographie, 45 x 33,1 cm
aus dem Zyklus *Exodus*
• S. 511
Der Prophet Jesaja, 1968
Öl auf Leinwand, 114 x 146 cm
Nizza, Museum Biblische Botschaft Marc Chagall
• S. 35
Jakobs Traum, undatiert
Öl auf Leinwand, 195 x 278 cm
Nizza, Museum Biblische Botschaft Marc Chagall

Chirico, Giorgio de
(Wolos, Griechenland, 10.7.1888 – 20.11.1978, Rom)

Der italienische Künstler studierte 1906-08 an der Münchner Kunstakademie. Wesentlichen Einfluß gewann zu dieser Zeit der Symbolist Arnold Böcklin (1827-1901). Nach einem Aufenthalt in Paris (1911), dem Ausgangspunkt des italienischen Futurismus, entwickelte er eine Thematik und Gestaltungsweise, die der futuristischen Verherrlichung moderner Dynamik diametral entgegengesetzt ist. 1917 entstand hierfür der Begriff Pittura metafisica (Metaphysische Malerei).
Ein explizit biblisches Thema de Chiricos ist *Der verlorene Sohn* (1922).

• S. 264
Der Troubadour, 1915
Öl auf Leinwand, 60 x 49 cm
Privatsammlung
• S. 384
Melancholie einer Straße, 1912-14
Öl auf Leinwand, 90,5 x 58,8 cm
Hamburg, Kunsthalle

Corinth, Lovis
(Tapiau bei Königsberg, 21.7.1858 – 17.7.1925, Zandvoort)

Der Maler und Graphiker studierte von 1876 bis 1887 an den Kunstakademien in Königsberg, München und Paris, 1890-1900 gehörte er zur Vereinigung der »Münchner Secession«, danach zur »Berliner Secession«. Seine künstlerische Entwicklung führte vom Naturalismus über eine Annäherung an den Impressionismus bis zu einer eigenständigen Ausformung des Expressionismus; sein Spätwerk wurde postum als »entartet« verfemt.
Ein Merkmal der Gestaltungsweise Corinths, der ab 1911 an einer linksseitigen Lähmung litt, ist die zunehmende, die Kontur auflösende Heftigkeit der Pinselführung. Das thematische Spektrum umfaßt mythologische und biblische Szenen, Porträts, Stilleben und die späten Walchensee-Landschaften.
Die drei Werke repräsentieren drei Entwicklungsphasen, bis hin zu Corinths künstlerischem Vermächtnis, dem *Ecce Homo* aus dem Todesjahr.

• S. 707
Salome, 1899
Öl auf Leinwand, 127 x 147 cm
Leipzig, Museum der bildenden Künste
• S. 176
Frauenraub, 1918
Öl auf Holz, 100 x 80 cm
Luzern, Galerie Fischer
• S. 536
Ecce Homo, 1925
Öl auf Leinwand, 190,5 x 150 cm
Basel, Kunstmuseum

Dalí, Salvador
(Figueras, 11.5.1904 – 23.1.1989, Figueras)

Nach einer künstlerischen Ausbildung in seiner Heimatstadt und in Madrid gehörte der Maler, Graphiker und Bildhauer in Paris von 1928 bis zum Ausschluß wegen seiner Sympathien zum deutschen NS-Regime zur Gruppe der Surrealisten um den Schriftsteller André Breton (1896-1966). 1941 emigrierte er in die USA und kehrte 1948 nach Spanien zurück.
Dalí entwickelte eine Theorie der »paranoisch-kritischen« Methode des künstlerischen Schaffens: Wahnvorstellungen werden das Grundmodell, nachdem sich die vielfach aus der Kunstgeschichte zitierten Bildgegenstände organisieren. Einbezogen sind religiös geprägte Motive, wobei der katholisch-spanische Mystizismus ebenso Einfluß gewann wie die Tiefenpsychologie Sigmund Freuds, die »Gott ist tot"-Philosophie Friedrich Nietzsches und die Erkenntnisse der Atomphysik. Öffentliches Aufsehen erregte Dalís exzentrischer Geniekult.
Die drei Werke aus drei Jahrzehnten repräsentieren die Entwicklung von der Konstruktion schockierender Objekte zur metaphysischen Raumillusion.

• S. 196
Gesicht des Krieges, 1940/41
Öl auf Leinwand, 64 x 79 cm
Rotterdam, Museum Boymans-Van Beuningen
• S. 765
Himmelfahrt (Pietà), 1958
Privatsammlung
• S. 864
Der Bahnhof von Perpignan, 1965
Öl auf Leinwand, 295 x 406 cm
Köln, Museum Ludwig

Delaunay, Robert
(Paris, 12.4.1885 – 25.10.1941, Montpellier)

Nach impressionistischen Anfängen beschritt Delaunay in einzelnen Werkgruppen den Weg von der kubistischen Formzergliederung zur gegenstandsfreien Malerei: Den Innenansichten der Pariser Kirche Saint-Severin (1909) folgten die Serien der *Eiffelturm-* und der *Stadtbilder*, dann der *Fensterbilder* und der *Kreisformen*. 1912 trat Delaunay zum »Blauen Reiter« in Beziehung (Paul Klee übersetzte seine Schrift »Über das Licht«). 1917 prägte der Schriftsteller Guillaume Apollinaire (1880-1918) für die Elementarisierung von Form und Farbe, die Licht- und Bewegungseindrücke hervorruft, den Stilbegriff Orphismus. Eine enge künstlerische Zusammenarbeit verband Delaunay mit seiner Frau, der russischen Malerin Sonja Terk (1885–1970).

• S. 746
Kreisformen (Formes Circulaires), 1912
Tempera und Öl auf Leinwand, 95 x 54 cm
Bern, Kunstmuseum

Dix, Otto
(Untermhaus bei Gera, 2.12.1891 – 25.7.1969, Singen)

Dix studierte ab 1910 an der Kunstgewerbeschule in Dresden und meldete sich 1914 als Kriegsfreiwilliger. 1920 nahm er an der ersten Berliner »Dada-Messe« teil, 1924 schloß er sich in Düsseldorf der Gruppe »Das junge Rheinland« an, 1926 beteiligte er sich an der Mannheimer Ausstellung mit dem programmatischen Titel »Neue Sachlichkeit«, 1927 bis zur Entlassung 1933 lehrte er an der Dresdner Akademie. Als »entarteter« Künstler verfemt, zog sich Dix nach Hemmenhofen am Bodensee zurück. 1945 zum Volkssturm eingezogen, geriet er bei Colmar in Kriegsgefangenschaft. Berufungen nach Berlin und Dresden lehnte er ab und blieb als freier Künstler tätig.
Dix entwickelte eine Verbindung von Expressionismus und Verismus: Penibel wiedergegebene Bildgegenstände erfahren eine expressive Deformierung. Dies gilt für die Porträts ebenso wie für die beiden Triptychen *Großstadt* (1927/28) und *Der Krieg* (1932).
Die sieben Werke reichen von den dadaistisch geprägten Werken um 1920 bis zur letzten Werkgruppe mit biblischer Thematik: 1969 erschienen als Auftragsarbeit des Westberliner Verlags Käthe Vogt 33 Lithographien zum Matthäus-Evangelium. Eine 1986 in Ostberlin und 1987 in Stuttgart erschienene Monographie »Otto Dix. Bilder zur Bibel und zu Legenden, zu Vergänglichkeit und Tod« zeigt 164 Arbeiten zu diesen Themenbereichen.

• S. 481
Streichholzhändler I, 1920
Öl auf Leinwand, partiell Collagen,
141,5 x 166 cm
Stuttgart, Staatsgalerie
• S. 275
Die sieben Todsünden, 1933
Mischtechnik auf Holz, 179 x 120 cm
Karlsruhe, Staatliche Kunsthalle
• S. 29
Lot und seine Töchter, 1939
Mischtechnik auf Hartfaserplatte, 195 x 130 cm
Aachen, Suermondt-Ludwig-Museum

• S. 760
Kreuztragung
(Christus und Veronika), 1943
Öl auf Leinwand, 81 x 100 cm
Vatikan, Collezione d'Arte Religiosa Moderna
• S. 191
Saul und David, 1950
Pastell, 56 x 46 cm
Privatsammlung
• S. 714
Petrus und der Hahn, 1958
Farblithographie, 57 x 45,8 cm
• S. 670
Einzug in Jerusalem, 1959/60
Lithographie, 29,2 x 23 cm

Dubuffet, Jean
(Le Havre, 31.7.1901 – 12.5.1985, Paris)

Nach einem abgebrochenen Studium der Kunst, alter Sprachen, Literatur, Philosophie und Musik wurde Dubuffet in der väterlichen Weinhandlung tätig. Erst 1944 entschied er sich für die Malerei. Aufsehen erregte er 1946 mit Materialbildern, in die Figuren eingesetzt sind. 1951 definierte er seine »Art Brut«, die sich der »rohen« Gestaltungsmittel von Kinderzeichnungen und der Arbeiten Geisteskranker bedient, unter dem Titel »Antikulturelle Standpunkte«. Ab 1954 entstanden auch Objekte und Großplastiken.

• S. 549
Ich höre dich (Je vous ecoute), 1965
Öl auf Leinwand, 73 x 61 cm
Privatsammlung

Ensor, James
(Ostende, 13.4.1860 – 19.11.1949, Ostende)

Der Maler und Graphiker studierte 1877-80 an der Kunstakademie in Brüssel. Gemeinsam mit 19 weiteren Künstlern gründete er 1884 in Brüssel die »Gruppe der XX«, an deren Ausstellungen 1890 Vincent van Gogh mit sechs Gemälden beteiligt war (Sein hier gezeigtes Gemälde *Rote Weingärten* ist das einzige Werk, das van Gogh zu Lebzeiten verkaufen konnte).
Innerhalb der gesamteuropäischen Strömung des Symbolismus entwickelte Ensor eine in lichten Farben gestaltete Bildwelt aus spukhaften Maskenfiguren. Nach 1900 entstanden in völliger Abgeschiedenheit nur noch wenige Bilder, darunter *Die Auffindung des Moses* (1924).

• S. 693
Der Einzug Jesu in Brüssel im Jahre 1888, 1888
Öl auf Leinwand, 256,8 x 378,4 cm
Malibu, J. Paul Getty Museum
• S. 517
Die Bestrafung der rebellischen Engel, 1889
Öl auf Leinwand, 100 x 132 cm
Antwerpen, Koninklijk Museum voor Schone Kunsten

Ernst, Max
(Brühl bei Köln, 2.4.1891 – 1.4.1976, Paris)

Neben seinem Studium der Psychologie, Psychiatrie und Kunstgeschichte in Bonn stand Ernst als Maler mit den Expressionisten der Gruppe »Das junge Rheinland« in Verbindung (Ausstellungsbeteiligung 1912). 1914 meldete er sich als Kriegsfreiwilliger. 1919 gründete er in Köln die Dada-Gruppe »Zentrale W/3«, ab 1922 lebte er in Paris und gehörte zur Gruppe der Surrealisten um den Schriftsteller André Breton (1896-1966). Ernst emigrierte 1941 in die USA und kehrte 1953 nach Paris zurück.
Sein Schaffen als Maler, Graphiker und Bildhauer umfaßt ein breites Spektrum surrealistischer Themen und Techniken wie der »automatischen« (vom Unterbewußtsein gesteuerten) Zeichenschrift. Grundsätzlich grenzte er den Surrealismus gegen die (bei Dalí vermutete) bloße »Wiedergabe von Träumen« ab.
Die beiden Werke gehören zum dadaistisch beeinflußten surrealistischen Frühwerk.

• S. 485
Ubu Imperator, 1923
Öl auf Leinwand, 81 x 65 cm
Paris, Musée National d'Art Moderne
• S. 445
Die Jungfrau schlägt das Jesuskind vor drei Zeugen, 1926
Öl auf Leinwand, 195 x 130 cm
Köln, Museum Ludwig

Falken, Herbert
(geb. 1932 in Aachen)

Der Maler-Pfarrer Falken bildete sich künstlerisch weitgehend autodidaktisch. Nach einer Kaufmannslehre studierte er in Bonn Theologie und erhielt 1964 die Priesterweihe. Einem ersten umfangreichen Zyklus *Die Apokalypse* folgten 1968 die 14 Ölbilder der Werkgruppe *Scandalum Crucis*. Seit 1977 ist er Pastor in Schevenhütte bei Aachen. Ab 1972 variierte Falken das Selbstbildnis bis hin zum Schmerzensmann. Den *Gehirnbildern* folgte 1981 der Zyklus *Geburtstod*, der christologische Formen zum Anlaß nimmt, den Zusammenhang von Leben und Sterben bildnerisch zu reflektieren.

• S. 715
Kreuz und Engel, 1983
Pastell, Öl und Sand auf Leinwand, 200 x 140 cm
Köln, Museum Ludwig

Feininger, Lyonel
(New York, 17.7.1871 – 13.1.1956, New York)

Der Maler und Graphiker kam 1887 mit seiner Familie nach Deutschland und studierte von 1888 bis 1906 Kunst in Berlin und Paris. Von 1919 bis 1933 lehrte er in Weimar und Dessau am »Bauhaus«, 1924 gründete er mit Alexej von Jawlensky, Wassily Kandinsky und Paul Klee die Gruppe »Die Blauen Vier«. 1936 emigrierte Feininger in die USA und lehrte ab 1945 am Black Mountain College (North Carolina).
Feininger begann als Karikaturist für deutsche und amerikanische Zeitungen. Unter kubistischem und futuristischem Einfluß entwickelte er eine Form des Architektur- und Landschaftsbildes mit prismatischer Wirkung der geometrisierten und zergliederten, jedoch stets gegenständlichen Bildelemente.

• S. 833
Die Marktkirche zu Halle, 1930
Öl auf Leinwand, 100,7 x 85 cm
München, Staatsgalerie moderner Kunst

Fuchs, Ernst
(geb. 13.2.1930 in Wien)

Der Sohn jüdischer Eltern wurde 1941 katholisch getauft; seine Bekehrung zum Christentum datierte er auf das Jahr 1956. Als Student der Wiener Kunstakademie gehörte er wie Arik Brauer zu den Schülern von Albert Paris Gütersloh (1887–1973), dem geistigen und künstlerischen Mentor der »Wiener Schule des Phantastischen Realismus«. 1958 eröffnete Fuchs in Wien eine eigene Galerie.
Der Neosurrealismus dieser Gruppe ist bei Fuchs in formaler Hinsicht nicht allein von der Tradition der Feinmalerei beeinflußt, sondern auch vom Wiener Jugendstil (Gustav Klimt). Doppeltitel seiner Werke wie *Daphne in Eva mystica* und *Eva Madonna* weisen auf die Durchdringung mythologischer und biblischer, alt- und neutestamentlicher Themen hin, wobei vielfach die Erotik als »allumfassend und souverän, als Weltprinzip, als unentrinnbare Wirklichkeit« verstanden wird (Fuchs im Zusammenhang seiner Arbeit des Bühnenbildes einer Münchner »Lohengrin«-Inszenierung, 1978).

• S. 411
Psalm 69, 1949-60
Öl mit Tempera auf Holz, 75 x 53 cm
Wien, Museum moderner Kunst, Stiftung Ludwig
• S. 53
Moses vor dem brennenden Dornbusch, 1956
Öltempera auf Holz, 18,5 x 25 cm
Wien, Österreichische Galerie Belvedere

Gauguin, Paul
(Paris, 7.6.1848 – 8.5.1903, Atuona auf Hiva Oa, Marquesas-Inseln)

Die 1849 nach Peru emigrierte Familie Gauguin kehrte 1855 nach Frankreich zurück. Gauguin wurde Matrose, Bankangestellter, Börsenmarkler und bildete sich autodidaktisch zum Künstler aus. Zwischen 1886 und 1894 hielt er sich mehrfach in Pont-Aven (Bretagne) auf, 1891 und ab 1895 lebte er auf Tahiti, ab 1901 auf der Insel La Dominique.

Der Versuch des Künstlers, die vom Impressionismus auf die oberflächliche Wahrnehmung reduzierte Kunst neu zu vertiefen, führte Gauguin auf die Suche nach einer mythisch geprägten Weltsicht, die er in der Südsee zu finden hoffte. Eine Vorstufe bildete die Beschäftigung mit der bäuerlichen, auf archaische Weise christlichen Welt der Bretagne.
Die beiden Werke entstanden vor bzw. nach dem gescheiterten Zusammenleben mit Vincent van Gogh in Arles.

• S. 38
Vision nach der Predigt
(Jakobs Kampf mit dem Engel), 1888
Öl auf Leinwand, 73 x 93 cm
Edinburgh, National Gallery
• S. 675
Der gelbe Christus, 1889
Öl auf Leinwand, 92 x 73 cm
Buffalo, Albright-Knox Gallery

Gogh, Vincent van
(Groot-Zundert, Prov. Nieder-Brabant, 30.3.1853 – 29.7.1890, Auvers-sur-Oise)

Der Sohn eines Predigers war ab 1869 im Kunsthandel tätig, ab 1876 als Hilfslehrer und -prediger, dann als Evangelist. Die autodidaktische künstlerische Ausbildung setzte van Gogh ab 1880 in Brüssel, Den Haag und Antwerpen fort. Das vorherrschende Thema ist die Mühsal der ländlichen Arbeit (*Die Kartoffelesser*, 1885). Ab 1886 setzte sich van Gogh in Paris mit dem Impressionismus auseinander. Im Februar 1888 übersiedelte er nach Arles. Hier entfaltete er in Landschafts- und Blumenbildern, Bildnissen und Selbstbildnissen, Stilleben und Interieurs eine bislang in der Kunst unbekannte Unmittelbarkeit in der Wiedergabe von Seherlebnissen. Der Versuch einer Zusammenarbeit mit Paul Gauguin scheiterte tragisch. Nach einer Selbstverstümmelung Ende Dezember 1888 hielt sich van Gogh in der Heilanstalt von Saint-Remy auf. Ab Mai 1890 lebte er in Auves-sur-Oise bei Paris in der Obhut des Arztes und Kunstsammlers Paul Gachet. Van Gogh erlag einer Schußverletzung, die er sich selbst beigebracht hatte. Zu seinen Lebzeiten wurde nur ein einziges seiner Bilder verkauft, den Lebensunterhalt sicherte der im Kunsthandel tätige Bruder Theo. Es dauerte knapp zwei Jahrzehnte, bis die Expressionisten in van Gogh ihr unmittelbares Vorbild erkannten.
Schon früh ist van Gogh als Märtyrer der Kunst verstanden worden und sein Leben als »Roman eines Gottsuchers« (Julius Meier-Graefe, 1921). Biblische Themen im herkömmlichen Sinne finden sich in Form von Nachgestaltungen klassischer Vorbilder (Rembrandt, Delacroix). Die beiden Werke repräsentieren das Schaffen in Arles und in Saint-Remy.

• S. 727
Der Sämann, 1888
Öl auf Jute auf Leinwand, 73,5 x 93 cm
Zürich, Stiftung Sammlung Bührle
• S. 393
Sternennacht, 1889
Öl auf Leinwand, 73 x 92 cm
New York, Metropolitan Museum of Modern Art

Gontscharowa, Natalija Sergejewna
(Ladyschkino, 4.6.1881 – 17.10.1962, Paris)

Gemeinsam mit ihrem Mann Michail F. Larionow (1881–1964) entwickelte die Malerin in Moskau aus kubistischen und futuristischen Anregungen um 1911 den Rayonismus: eine Zergliederung der Bildgegenstände durch strahlenförmige Licht- und Kräftelinien. In Paris (ab 1915) arbeitete sie unter anderem für Sergei Diaghilews »Russisches Ballett«.

• S. 179
Ernte, 1911
Öl auf Leinwand, 92 x 99 cm
Omsk, Museum der Schönen Künste
• S. 704
Das vierfache Ackerfeld, 1912-14
Gouache auf Papier, 43 x 32 cm
aus dem zwölfteiligen Zyklus *Die Evangelien*
Privatsammlung

Grieshaber, HAP (Helmut Andreas Paul)
(Rot an der Rot, 15.2.1909 – 12.5.1981, Eningen unter Achalm)

Ausgebildet als Schriftsetzer und Kalligraph, entwickelte Grieshaber den im Expressionismus neu belebten, ein- und mehrfarbigen Holzschnitt zu seinem vorherrschenden Medium (*Reutlinger Drucke*, 1933-39). Ab 1955 lehrte er an der Kunstakademie in Karlsruhe, 1960 zog er sich in sein Atelierhaus auf der Achalm bei Reutlingen zurück. Das thematische Spektrum reicht von der antiken Mythologie, biblischen und mittelalterlichen Themen (Zyklus *Totentanz von Basel*, 1968) bis zu zeitkritischen Bildkommentaren, die ab 1970 in loser Folge unter dem Titel *Engel der Geschichte* erschienen sind.

• S. 503
Elias, 1957
Farbholzschnitt, 80,5 x 72,5 cm
Stuttgart, Galerie Valentien
• S. 114
Bileam II (Trauerarbeit), 1966
Farbholzschnitt, 41 x 29 cm
Galerie Schlichtenmaier, Schloß Dätzingen

Grosz, Georg (eigtl. Georg Ehrenfried Grosz)
(Berlin, 26.7.1893 – 6.7.1959, Berlin)

Der Maler und Graphiker studierte ab 1909 in Dresden und Berlin Kunst, leistete Militärdienst (1918 Anklage vor dem Kriegsgericht) und gehörte 1919 zu den Initiatoren der Berliner »Dada«-Gruppe und -Aktionen. Seine gesellschaftskritischen Graphikzyklen (*Ecce Homo* 1922) brachten ihm 1928 die Verurteilung wegen Gotteslästerung ein. 1931 als Gastdozent in den USA tätig, blieb Grosz ab 1933 dort als Emigrant und kehrte erst 1959 nach Westberlin zurück.

• S. 499
Leichenbegängnis
(Widmung an Oskar Panizza), 1917/18
Öl auf Leinwand, 140 x 110 cm
Stuttgart, Staatsgalerie

Haring, Keith
(Kutztown, 4.5.1958 – 16.2.1990, New York)

Nach einem Studium an der School of Visual Arts in New York 1978/79 entwickelte Haring die anonyme Graffiti-Malerei zur individuellen Gestaltungstechnik, 1982 nahm er an der Documenta 7 in Kassel teil. An die Stelle der unbekümmert über die Bildfläche purzelnden Strichmännchen traten Szenen, die durch Symbole im Stil von Piktogrammen thematisch definiert sind: Freundschaft und Erotik, Krieg und Brutalität. Immer wieder finden trivial-christliche Symbole wie das »blutende Herz« Eingang in Harings Zeichensprache, so im Siebdruck-Zyklus *Apokalypse II* (1988). Nach seiner Erkrankung an Aids stellte er seine Popularität in den Dienst der Aufklärung (Ausmalung eines Aids-Selbsthilfezentrums in New York).

• S. 234
Propheten in Ekstase
(Prophets of Rage), 1988
Acryl auf Leinwand, 304,8 x 457,2 cm
Sammlung: The Estate of Keith Haring

Hausner, Rudolf
(Wien, 4.12.1914 – 25.2.1995, Wien)

Der Maler und Graphiker studierte 1931-36 an der Wiener Kunstakademie und erhielt 1938 ein Ausstellungsverbot. 1941-45 war er Soldat der Deutschen Wehrmacht. Nach dem Krieg war sein Wiener Atelier ein Treffpunkt von Malern (Arik Brauer, Ernst Fuchs), neben denen Hausner zum bedeutendsten Vertreter der »Wiener Schule des Phantastischen Realismus« (Bezeichnung von 1947) wurde. Ab 1966 lehrte er an der Hamburger, ab 1968 an der Wiener Kunstakademie.
Wesentliche Werkgruppen Hausners sind Gestalten der antiken und biblischen Überlieferung gewidmet, die als Identifikationsfiguren des Künstlers dienen: Odysseus, Laokoon, vor allem aber Adam: Das erste Bild dieser Serie, *Adam nach dem Sündenfall I*, entstand 1956.

• S. 256
Adam und seine Richter, 1965
Tempera und Harzölfarbe auf Papier,
auf Holz montiert, 58 x 26 cm
Wien, Privatsammlung

• S. 17
Adam-Massiv, 1969
Tempera-Harzölfarbe auf Leinwand auf Novopanplatte, 102 x 72 cm
Privatsammlung

Heisig, Bernhard
(geb. 31.3.1925 in Breslau)

Der Sohn des Malers Walter Heisig studierte 1941/42 an der Kunstgewerbeschule in Breslau, nach der Entlassung aus der Kriegsgefangenschaft an der Kunstgewerbeschule in Leipzig. Von 1954 bis 1987 lehrte er, ausgenommen die Jahre 1968-76, an der Leipziger Akademie (Hochschule für Graphik und Buchkunst).
Neben Porträts und Landschaften bildet das anachronistisch gebrochene Historienbild den Schwerpunkt im Schaffen des in Ost und West anerkannten Malers und Graphikers. Stilistische Anregungen gewann Heisig aus dem Spätwerk von Lovis Corinth und bei Oskar Kokoschka, dicht gedrängte Bildgegenstände erinnern an Max Beckmann. Auf die christliche Bildtradition bezieht sich u. a. das Gemälde *Christus verweigert den Gehorsam* (1984): Der Gekreuzigte löst seine Hände vom Kreuzesbalken.

• S. 23
Neues vom Turmbau, 1977
Öl auf Leinwand, 148 x 118 cm
Halle, Staatliche Galerie Moritzburg

Hodler, Ferdinand
(Bern, 14.3.1853 – 19.5.1918, Genf)

Der Sohn eines Handwerkers erhielt seine künstlerische Ausbildung in Thun und Genf. Wesentlichen Einfluß auf den Übergang von einer realistischen zu einer symbolistischen Bildkonzeption hatte die Begegnung mit dem Dichter L. Duchosal, einem Verehrer Charles Baudelaires (1821-1867). Kennzeichnendes Gestaltungsmittel ist die Betonung der Fläche und der Silhouette, thematisch herrscht im Figurenbild die Allegorie vor. Eine bedeutende Werkgruppe bilden Hodlers Landschaften. Anteil gewann Hodler an der Erneuerung der Monumentalmalerei (Fresko *Auszug der Jenenser Studenten in den Freiheitskrieg 1813* in der Universität Jena, 1908/09).

• S. 377
Die Lebensmüden, 1892-1904
Öl auf Leinwand, 110,5 x 221 cm
Zürich, Privatsammlung

Hofer, Carl
(Karlsruhe, 11.10.1878 – 3.4.1955, Berlin)

Der Maler und Graphiker studierte 1897 bis 1903 an den Kunstakademien in Karlsruhe und Stuttgart und lebte danach fünf Jahre in Rom. 1911/12 bereiste er Indien. Nach Kriegsausbruch blieb Hofer bis 1917 in Frankreich interniert. Von 1920 bis zur Entlassung 1933 und Verfemung als »entartet« lehrte er an der Kunstakademie in Berlin-Charlottenburg. 1945 wurde er deren Rektor. Hofers vorwiegend figürliche Werke näherten sich in den 20er Jahren der Neuen Sachlichkeit, behielten jedoch eine eigenständige Form expressiver und abstrahierender Gestaltung. Eine Verdüsterung der Grundstimmung kennzeichnet bereits die um 1920 beginnende Werkgruppe der Maskenbilder.
Die fünf Werke bilden einen Längsschnitt vom idealistisch geprägten Frühwerk bis zum Spätwerk, mit dem Hofer sich gegen die vorherrschende gegenstandfreie Kunst absetzte.

• S. 631
Daniel in der Löwengrube, 1910
Öl auf Leinwand, 125 x 105 cm
Mannheim, Städtische Kunsthalle
• S. 703
Der Rufer, um 1924
Öl auf Leinwand, 109 x 88 cm
Dresden, Gemäldegalerie Neue Meister
• S. 406
Großer Karneval, 1928
Öl auf Leinwand, 102,5 x 130,5 cm
München, Staatsgalerie moderner Kunst
• S. 750
Der Hungrige, 1936
Öl auf Leinwand, 76 x 66 cm
Nachlaß Hofer bei Baukunst Köln
• S. 448
Disput, 1951
Öl auf Leinwand, 93 x 77 cm
Ettlingen, Schloßmuseum

Hrdlicka, Alfred
(geb. 27.2.1928 in Wien)

Nach einer Lehre als Zahntechniker studierte Hrdlicka an der Wiener Kunstakademie bei dem Bildhauer Fritz Wotruba (1907-1975). Im Gegensatz zu dessen abstrakten Skulpturen entwickelte Hrdlicka einen figürlichen Stil der expressiven Deformierung und Fragmentierung (Torso *Gekreuzigter*, 1959; dem Holocaust gewidmetes Mahnmal auf dem Wiener Heldenplatz, 1988). Zu seinen Hauptwerken einer zeitgeschichtlichen Deutung der Passion gehört der Zyklus *Plötzenseer Totentanz* von 1972 (Graphit und Kohle auf Holztafeln; Berlin, Gemeindezentrum Plötzensee). Die vier Werke beziehen die Anfänge Hrdlickas als Maler ein.

• S. 741
Gefangennahme Christi, 1948
Tempera auf Holz, 36 x 59 cm
Privatsammlung
• S. 208
Batseba, 1959
Zink-Radierung, 20,3 x 22,4 cm
• S. 323
Judith und Holofernes, 1962
Zink-Radierung, 31, 2 x 25,5 cm
• S. 755
Studie zu Lazarus, 1979
Kohle und Rötel auf Papier, 48,3 x 63 cm
Privatsammlung

Jawlensky, Alexej von
(Torschok, Gouv. Twer, 26.3.1864 – 15.3.1941, Wiesbaden)

Während seines Militärdienstes als Offizier studierte Jawlensky 1889-96 an der Kunstakademie in St. Petersburg und ließ sich danach mit der Malerin Marianne von Werefkin (1860-1938) in München nieder, wo sie Freundschaft mit Wassily Kandinsky schlossen. 1912 beteiligte er sich an den Ausstellungen des »Blauen Reiter«. Nach dem Exil in der Schweiz während der Kriegsjahre lebte er ab 1921 in Wiesbaden. Mit Kandinsky, Paul Klee und Lyonel Feininger gründete er 1924 die Gruppe »Die Blauen Vier«. 1937 wurden 72 Werke als »entartet« aus deutschen Museen entfernt. 1938 führte eine Erkrankung zur vollständigen Lähmung Jawlenskys. Die drei Werke aus den beiden letzten Jahrzehnten seines Schaffens veranschaulichen die Entwicklung des Themas »Gesicht« zum zeichenhaften Meditationsbild.

• S. 700
Dornenkrone, 1918
Öl auf Karton, 40 x 30 cm
München, Städtische Galerie im Lenbachhaus
• S. 272
Sonne, Farbe, Leben, 1925
Privatsammlung
• S. 389
In Andacht, 1937
Öl auf Leinwand, auf Pappe, 25 x 17,5 cm
München, Städtische Galerie im Lenbachhaus

Kahlo, Frida
(Coyacán, 6.7.1907 – 13.7.1954, Coyacán)

Die Tochter eines nach Mexiko ausgewanderten deutschen Berufsfotografen lernte 1923 den Maler Diego Riviera (1886-1957) kennen, den sie 1929 und nach einer Trennung 1940 erneut heiratete. Eine 1918 aufgetretene Kinderlähmung und ein Unfall (1925) hatten schwere körperliche Leiden zur Folge.
Als Malerin verband Frida Kahlo Bildnisse und Selbstbildnisse, Stilleben und surreale Kompositionen mit den »naiven« Elementen mexikanischer Volkskunst, der sie eine individuell geprägte Ausdruckskraft verlieh. Ihr Gemälde *Moses oder Der Schöpfungskern* erhielt 1946 den mexikanischen Staatspreis für Malerei.

• S. 106
Moses oder Der Schöpfungskern, 1945
Öl auf Hartfaser, 61 x 75,6 cm
Privatsammlung

Kalinowski, Horst Egon
(geb. 2.1.1924 in Düsseldorf)

Der Graphiker, Bildhauer und Objektkünstler studierte 1945 bis 1952 Kunst in Düsseldorf (Freundschaft mit Joseph Beuys) und Paris. Von 1968 bis zur Eremitierung 1989 lehrte er an der Kunstakademie in Karlsruhe. Reisen führten ihn in die USA, nach Vorder- und Hinterindien. Seit Mitte der 60er Jahre bildet Leder als »abgelegte Haut« das bevorzugte Medium, das Kalinowski für Materialreliefs und freiplastische Skulpturen verwendet. Zu den Sinnbezügen des Leders gehört die Häutung als Martyrium des Apostels Bartholomäus: 1995 erhielt der Frankfurter Bartholomäus-Dom aus Anlaß des 800jährigen Gründungsjubiläums Kalinowskis Leder-Altartisch *Golgatha*.

• S. 215
Schiffbrüchige, 1973
Pinsel, Tusche, bemaltes Packpapier, geklebt, 75 x 100 cm
Düsseldorf, Kunstmuseum; Graphische Sammlung

Kandinsky, Wassily
(Moskau, 4.12.1866 – 13.12.1944, Neuilly-sur-Seine)

Nach einem Jurastudium in Moskau eröffnet sich für Kandinsky eine akademische Karriere. Er entschied sich jedoch für die Kunst. Ab 1896 studierte er in München, u. a. an der Akademie bei Franz von Stuck. 1901 gründete er die Kunstschule »Phalanx«. Mit seiner Schülerin Gabriele Münter begann er 1904 ein unstetes Wanderleben. 1909 kehrten sie nach München zurück und schlossen sich der »Neuen Künstlervereinigung« an, von der sie sich 1911 wieder trennten. Statt dessen bildete sich um Kandinsky und Franz Marc eine Künstlergruppe, die sich nach dem 1912 erschienenen Almanach »Der Blaue Reiter« nannte (Paul Klee, Alfred Kubin, August Macke, Gabriele Münter, an Ausstellungen beteiligten sich Robert Delaunay, Alexej von Jawlensky und Marianne von Werefkin). Ebenfalls 1912 veröffentlichte Kandinsky seine Programmschrift »Das Geistige in der Kunst«.
Den eigenen künstlerischen Weg Kandinskys ließ bereits 1910 das erste abstrakte Aquarell erkennen. Nach Kriegsausbruch mußte Kandinsky nach Moskau zurückkehren. In den Revolutionsjahren übernahm er kunstpolitische Ämter. In seinem Schaffen trat an die Stelle der zeichnerischen und malerischen Geste eine dem Konstruktivismus verwandte Geometrisierung der Bildgegenstände. 1922 folgte Kandinsky der Berufung durch Walter Gropius an das »Bauhaus« nach Weimar, ab 1926 in Dessau. Mit den Bauhaus-Kollegen Feininger, Klee und Jawlensky bildete er 1924 die Ausstellungsgemeinschaft »Die Blauen Vier«. 1933 verließ Kandinsky Deutschland und ließ sich in Neuilly-sur-Seine bei Paris nieder.
Kandinskys Beschäftigung mit religiösen Themen steht einerseits in Zusammenhang mit Anregungen der Volkskunst seiner russischen Heimat und oberbayerischen Wahlheimat (Murnau), anderseits mit der Betonung des geistigen Gehalts einer neuen Kunst, wobei zeitweise anthroposophische Einflüsse zur Geltung kamen.
Die fünf Werke aus dem Jahrzehnt von 1911 bis 1921 lassen den keineswegs abrupten Entwicklungsgang von der teilweise noch gegenstandsbezogenen zur formautonomen Gestaltungsweise erkennen. Grundlegend ist hierbei der verselbständigte Ausdruckswert von Form und Farbe. Hierin besteht die Gemeinsamkeit des »Blauen Reiter« in der vielgestaltigen Bewegung des Expressionismus.

• S. 357
Apokalyptische Reiter I, 1911
Hinterglasbild, 29,5 x 20,3 cm
München, Städtische Galerie im Lenbachhaus
• S. 634
Große Auferstehung, 1911
Hinterglasbild, 23,8 x 24 cm
München, Städtische Galerie im Lenbachhaus
• S. 867
Heiliger Georg I, 1911
Hinterglasbild, 19 x 19,7 cm
München, Städtische Galerie im Lenbachhaus
• S. 21
Improvisation Sintflut, 1913
Öl auf Leinwand, 95 x 150 cm
München, Städtische Galerie im Lenbachhaus
• S. 15
Roter Fleck II, 1921
Öl auf Leinwand, 131 x 181 cm
München, Städtische Galerie im Lenbachhaus

Kirchner, Ernst Ludwig
(Aschaffenburg, 6.5.1880 – 15.6.1938, Frauenkirch-Wildboden bei Davos)

Der Maler, Graphiker und Bildhauer studierte ab 1901 Architektur und gründete 1905 mit den Kommilitonen Fritz Bleyl, Erich Heckel und Karl Schmidt-Rottluff die Künstlergruppe »Brücke«, die 1911 von Dresden nach Berlin übersiedelte. 1914 meldete sich Kirchner als Kriegsfreiwilliger. Nach einem physischen Zusammenbruch 1915 entlassen, ließ sich Kirchner 1917 auf der Stafelalp bei Davos nieder. In Deutschland als »entarteter« Künstler verfemt, nahm sich Kirchner 1938 das Leben.
Im Gegensatz zum »Blauen Reiter« wahrte der von Kirchner wesentlich mitgeprägte »Brücke«-Expressionismus die Beziehung zur sinnlichen Wahrnehmung, deren Wiedergabe dem Erlebnisausdruck dient. Tendenzen zur symbolträchtigen Stilisierung und zum abstrahierten Bildzeichen, zur »Chiffre« (Kirchner), kennzeichnen das Spätwerk. Zum plastischen Œvre gehören die Holzskulpturen *Adam* und *Eva* (1921).

• S. 419
Kranker in der Nacht, 1920 (1922)
Öl auf Leinwand, 90,5 x 100 cm
Hannover, Sprengel Museum

Klee, Paul
(Münchenbuchsee bei Bern, 18.12.1879 – 29.6.1940, Muralto bei Lugano)

Der Maler und Graphiker war nach einem Kunststudium in München (1898-1901) zunächst als satirischer Zeichner tätig. Ab 1912 gehörte er zur Münchner Gruppe »Der Blaue Reiter«. Eine Reise mit August Macke und Louis Moilliet nach Tunis 1914 verschaffte Klee ein gesteigertes Farbempfinden. Ab 1920 lehrte er am Bauhaus in Weimar und Dessau, 1924 gründete er mit Lyonel Feininger, Alexej von Jawlensky und Wassily Kandinsky die Gruppe »Die Blauen Vier«. Von 1930 bis zur Entlassung 1933 lehrte er an der Kunstakademie Düsseldorf. Anschließend lebte er, in Deutschland als »entartet« verfemt, in Bern.
Die sechs Werke repräsentieren sowohl Klees geometrische Abstraktion als auch die Einbeziehung von vielfach grotesken Motiven, vor allem aber die symbolhafte Zeichensprache des Spätwerks.

• Einband der Standardausgabe:
Städtische Komposition mit gelben Fenstern, 1919
Aquarell auf Papier, 29,9 x 22,3 cm
Ulmer Museum; Stiftung Sammlung Kurt Fried
• S. 309
Der Goldene Fisch, 1925
Öl und Wasserfarben auf Papier, 47 x 68 cm
Hamburg, Kunsthalle
• S. 47
Nekropolis, 1929
Öl auf Nesseltuch, 33 x 25 cm
Privatsammlung
• S. 313
Erzengel, 1938
Öl auf Baumwolle auf Jute, 100 x 65 cm
München, Städtische Galerie im Lenbachhaus
• S. 595
Armer Engel, 1939
Aquarell und Tempera auf Papier, 48,8 x 32,5 cm
Privatsammlung
• S. 239
Tod und Feuer, 1940
Öl und Kleisterfarben auf Jute, 46 x 44 cm
Bern, Kunstmuseum Bern, Paul-Klee-Stiftung

Klimt, Gustav
(Baumgarten bei Wien, 14.7.1862 – 6.2.1918, Wien)

Nach dem Studium an der Wiener Kunstgewerbeschule und einer Tätigkeit bei dem Historienmaler Hans Makart (1840-1884) eröffnete Klimt in Wien 1883 ein Atelier für Wandgestaltung. Erste öffentliche Aufträge führte er im Burgtheater der Universität aus. 1897 gehörte Klimt zu den Begründern der Vereinigung »Wiener Secession«, die der von Klimt wesentlich geprägten Form des Jugendstils in Österreich den Namen gab (Secessionsstil).
In Bildnissen und allegorischen Bildern entwickelte Klimt eine Verflechtung zwischen Gestalt und Ornament; beide Bildelemente sind auf eine

gemeinsame Ebene projiziert. Thematisch wird die enge Verbindung zwischen Jugendstil und Symbolismus deutlich.
Die drei Werke aus dem letzten Jahrzehnt seines Schaffens zeigen eine das ganze Bild erfassende Ornamentalisierung.

• S. 464
Der Kuß (Erfüllung), 1907/08
Öl auf Leinwand, 180 x 180 cm
Wien, Österreichische Galerie Belvedere
• S. 320
Judith II, 1909
Öl auf Leinwand, 46 x 17,8 cm
Venedig, Galleria d'Arte Moderna
• S. 603
Tod und Leben, 1916
Öl auf Leinwand, 178 x 198 cm
Wien, Sammlung Rudolf Leopold

Köder, Sieger (eigtl. Siegfried Köder)
(geb. 3.1.1925 in Wasseralfingen)

Nach einer Tätigkeit als Kunsterzieher studierte Köder ab 1965 Theologie. Von 1975 bis zu seiner Pensionierung betreute er als Priester die württembergischen Gemeinden Hohenberg und Rosenberg. Seine Bilder sind in mehreren Bibelausgaben publiziert. Für die Kirche in Rosenberg schuf Köder einen Flügelaltar. Bekannt ist er ebenso für seine zahlreichen Glasfenster.

• S. 61
Miriam mit der Pauke, undatiert

Kokoschka, Oskar
(Pöchlarn, 1.3.1886 – 22.2.1980, Villeneuve)

Der Maler, Graphiker und Schriftsteller began 1905 in Wien ein Kunststudium und war ab 1907 Mitglied der vom Jugendstil geprägten »Wiener Werkstätten«. Ab 1910 gehörte er in Berlin zum Kreis der Expressionisten um Herwarth Walden (1878-1941, Galerie »Der Sturm«). Nach einer schweren Verwundung im Krieg ließ sich Kokoschka 1917 in Dresden nieder und lehrte ab 1919 an der Kunstakademie. 1934 emigrierte er nach Prag und 1938, in Deutschland als »entarteter« Künstler verfemt, nach London. 1953 ließ er sich in Villeneuve am Genfer See nieder. 1953-63 leitete er im Rahmen der Salzburger Festspiele die internationale Sommerakademie »Schule des Sehens«.
Kokoschkas stets gegenständliche Darstellungen, Bildnisse, Landschaften, Stilleben, mythologische und religiöse Themen, sind durch eine dynamische Linienführung und Farbgebung gekennzeichnet, die vor allem im Spätwerk den Charakter lockerer Improvisationen annehmen.
Die drei Werke stammen aus der Schaffensphase vor und nach dem Ersten Weltkrieg.

• S. 132
Stilleben mit Hammel und Hyazinthe, 1909
Öl auf Leinwand, 87 x 114 cm
Wien, Österreichische Galerie Belvedere
• S. 719
Verkündigung an Maria, 1911
Öl auf Leinwand, 83 x 122,5 cm
Dortmund, Museum am Ostwall
• S. 437
Die Macht der Musik, 1918/19
Öl auf Leinwand, 191 x 151 cm
Eindhoven, Van-Abbe-Museum

Kramer, Jakob
(1892-1962)

Der Sohn russischer Juden kam mit seiner Familie 1900 nach England, 1912-14 studierte er, gemeinsam mit David Bomberg, an der Slade School of Art in London. Kramer nahm Anregungen des Kubismus auf, die seinem Streben nach klaren Bildstrukturen entsprachen. Obwohl Kramer kein orthodoxer Jude war, bekannte er sich zum Judentum; das Gemälde *Hör unsere Stimme, Herr, unser Gott* (1919) zeigt seine Mutter, wie sie angstvoll Rundfunknachrichten über Progrome in Polen hört.

• S. 87
Der Versöhnungstag, 1919
Öl auf Leinwand, 99 x 121,9 cm
Leeds, City Art Gallery

Kubin, Alfred
(Leitmeritz, heute tschech. Litomerice, 10.4.1877 – 20.8.1959, Zwickledt bei Wernstein am Inn)

Der Graphiker und Schriftsteller machte 1892-96 eine Fotografenlehre in Klagenfurth, studierte 1898-1901 in München Kunst und gehörte ab 1912 zur Gruppe »Der Blaue Reiter«. Seine graphischen Zyklen (*Die sieben Todsünden*, 1914) und Illustrationen zur Bibel (1924), zu Erzählungen von E.A. Poe und E.T.A Hoffmann sowie zum eigenen Roman »Die andere Seite« (1909) thematisieren eine dämonisch-spukhafte Erscheinungsweise der Wirklichkeit. 1937 wurde Kubin als »entarteter« Künstler verfemt.

• S. 533
Adoration, 1901/02
Feder, Pinsel, Tusche auf Katasterpapier, 29,8 x 27,4 cm
Linz, Oberösterreichisches Landesmuseum Francisco Carolinum

Lam, Wilfredo
(Sagua la Grande (Kuba), 8.12.1902 – 11.9.1982, Paris)

Der Sohn eines Chinesen und einer Mulattin lebte ab 1923 in Spanien und kämpfte im spanischen Bürgerkrieg (1936-39) auf republikanischer Seite. 1937 lernte er in Paris Pablo Picasso, den Schriftsteller André Breton (1896-1966) und die Gruppe der Surrealisten kennen; 1942 kehrte er nach Havanna zurück.
Lams Gemälde beschwören, frei von folkloristischer Exotik, die Wurzeln einer kulturellen Identität, die sich gegenüber der »weißen« Kultur zu behaupten versteht. Kennzeichnend hierfür sind Motive wie die Maske und vegetative Formen, die in enger Beziehung zur menschlichen Figur stehen. Aufsehen erregte Lam mit seinem programmatischen Werk *Dschungel*, das 1943 in New York in der Galerie Pierre Matisse gezeigt wurde.

• S. 468
Licht im Wald (Der große Dschungel), 1942
Gouache auf Papier, auf Leinwand, 192 x 123,5 cm
Paris, Musée National d'Art Moderne
• S. 20
Diabolo, 1961
Privatsammlung

Léger, Fernand
(Argentan, Normandie, 4.2.1881 – 17.8.1955, Gif-sur-Yvette bei Paris)

Der Maler und Bildhauer begann 1897 eine Lehre in einem Architekturbüro in Caen, arbeitete als Bauzeichner und studierte ab 1903 an Pariser Kunstschulen. Seine vielseitige künstlerische Tätigkeit umfaßt den Film (*Mechanisches Ballett*, 1924), bemalte Skulpturen, Bühnenbilder, Entwürfe für Glasfenster (Kirchen in Audincourt, Assy, Courfaivre) und Wandgemälde (Großer Saal des UN-Gebäudes in New York, 1952).
Stilistisch entwickelte Léger aus Anregungen des Kubismus und des Futurismus eine Bildwelt, die vor allem in den 20er Jahren den Einklang von Mensch und Technik postulieren.
In einem monumentalen Format gestaltete Léger 1935-39 das Thema *Adam und Eva* (Düsseldorf).

• S. 570
Die Hochzeit, 1910/11
Öl auf Leinwand, 257 x 206 cm
Paris, Musée National d'Art Moderne
• S. 615
Friedenstaube, 1943
Privatsammlung

Lichtenstein, Roy
(New York, 27.10.1923 – 30.9.1997, New York)

Nach einem 1939 in New York begonnenen, an der Ohio State University fortgesetzten Studium mit anschließender Lehrtätigkeit, ließ sich Lichtenstein 1951 in New York nieder. Er entwickelte im Rahmen der internationalen Pop Art eine unverwechselbare Technik: Riesenhaft vergrößerte, ihre Rasterung vorweisende Ausschnitte aus Comic-strips wurden penibel nachgestaltet. Diese Form der Verfremdung besitzt eine sowohl gesellschaftskritische als auch ästhetische Funktion, die bereits in den 60er Jahren verstärkt zur Geltung kam (*Gelbgrüner Pinselstrich*, 1966, Darmstadt).

• S. 329
Frauenkopf, 1977
Öl und Magna auf Leinwand, 152,4 x 127 cm
Connecticut, Sammlung Elizabeth und Michael Rea

Litzenburger, Roland Peter
(Ludwigshafen am Rhein, 31.10.1917 – 24.12.1987 Markdorf-Leimbach am Bodensee)

Der Maler und Graphiker begann 1937 eine Ausbildung an der Fachschule für Holzbildhauerei in Oberammergau, studierte in Darmstadt Architektur, in Stuttgart Kunst und wurde nach kurzer Tätigkeit als Kunsterzieher freischaffender Graphiker. Zentrales Thema seiner religiösen Arbeiten ist das Christusbild, auch in Form der Werkgruppe *Das Schweißtuch der Veronika* (1980).

• S. 577
Schutzmantelchristus, 1971
Tuscheaquarell, 60 x 42 cm
Letztes Bild des fünfteiligen *Markdorfer Jugendkreuzweges*
Privatbesitz

Lüpertz, Markus
(geb. 25.4.1941 in Reichenberg, heute tschech. Liberec)

Der Maler und Bildhauer studierte 1956-61 an der Werkschule in Krefeld und der Kunstakademie Düsseldorf. 1962 zog er nach Westberlin und begann dort seine »dithyrambische« (Lüpertz) Malerei zu entwickeln. Lüpertz verwendet diese Bezeichnung, um die Rätselhaftigkeit und skulpturale Überhöhung seiner Bildgegenstände zu charakterisieren.
Neben den *Kreuzigungsbildern*, die Ende der 50er Jahre während eines Studienaufenthalts im Kloster Maria Laach entstanden, spielen religiöse Themen vor allem im späteren Werk eine Rolle (*Der hl. Franziskus verhindert die Vernichtung der Ratten*, 1987). Für die Neuverglasung der 15 Fenster im Chor der Kathedrale von Nevers schuf er 1989/90 die Vorlagen.

• S. 19
Die Vertreibung aus dem Paradies oder Der Erzengel haut auf den Tisch II, 1982
Öl auf Leinwand, 130 x 162 cm
Köln, Galerie Michael Werner

Magritte, René
(Lessines, 21.11.1898 – 15.8.1967, Brüssel)

Nach einem 1916 in Brüssel begonnenen Kunststudium arbeitete Magritte als Gebrauchsgraphiker und widmete sich ab 1925 der Malerei. Von 1927 bis 1930 gehörte er in Paris zum Kreis der Surrealisten um den Schriftsteller André Breton (1896-1966) und lebte danach in Brüssel.
Magrittes zentrales Thema ist die Beziehung zwischen Wahrnehmung, Vorstellung, Bezeichnung, Abbild. Da keine dieser Ebenen die Wirklichkeit adäquat widerspiegelt, muß auch das Kunstwerk seine Unzuverlässigkeit zu erkennen geben. Es gewinnt seine Berechtigung aus der lustvollen Bekräftigung des Zweifels in Form einer unerschöpflichen Folge von Verwandlungen bestimmter Bildgegenstände in hyperrealistischer Präsentation.

• S. 349
An der Schwelle zur Freiheit, 1930
Öl auf Leinwand, 114 x 146 cm
Rotterdam, Museum Boymans-Van Beuningen
• S. 805
Die Beschaffenheit des Menschen, 1935
Privatsammlung
• S. 145
Der Befreier, 1947
Öl auf Leinwand, 100 x 80 cm
Los Angeles, County Museum of Art
• S. 688
Die unsichtbare Welt, 1953/54
Öl auf Leinwand
Houston, Privatsammlung
• S. 22
Das Versprechen, 1959
Öl auf Leinwand, 24 x 33 cm
Monaco, Privatsammlung

Malewitsch, Kasimir
(Kiew, 23.2.1878 – 15.5.1935, Leningrad, heute St. Petersburg)

Nach einem Kunststudium in Moskau (ab 1900) und Arbeiten im Zusammenhang des internationalen Symbolismus, aber auch unter dem Einfluß des Kubismus, setzte Malewitsch 1913 eine radikale Zäsur: Für die futuristische Oper »Sieg über die Sonne« entwarf er als Bühnenbild ein schwarzes Quadrat, das er auch als Leinwandbild ausführte, als »nackte, ungerahmte Ikone meiner Zeit« (Malewitsch). Auf dieser Grundlage des bloßen geometrischen Bildgegenstandes entwickelte er im Zusammenhang des Konstruktivismus eine gegenstandslose Malerei mit der Bezeichnung Suprematismus. Um 1929 näherte er sich wieder dem Figurenbild.

• S. 825
Epitaphios. Das Leichentuch Christi, 1908
Gouache auf Karton, 23,4 x 34,3 cm
Moskau, Tretjakow-Galerie
• S. 783
Suprematismus, 1925/27
Öl auf Leinwand, 100,5 x 60 cm
Amsterdam, Stedelijk Museum
• S. 619
Komplexe Vorahnung, 1928-32
Öl auf Leinwand, 40 x 56 cm
St. Petersburg, Staatliches Russisches Museum

Manessier, Alfred
(geb. 5.12.1911 in Saint-Quen, Dep. Somme)

Das 1929 in Paris begonnene Kunststudium führte Manessier mit Roger Bissière (1888-1964) zusammen, einem Vertreter der kontemplativen Malerei. Ein Aufenthalt im Trappistenkloster La Grande Trappe 1948 bildete den Beginn der Arbeit an Entwürfen für Kirchenfenster: Allerheiligengeistkirche in Basel (1952), Krypta des Münsters in Essen (1959), Liebfrauenkirche in Bremen (1966-77). Ein häufiges Thema seiner Tafelmalerei ist neben Landschaften die Dornenkrone.

• S. 856
Ostern, 1948
Farblithographie, 24 x 18,5 cm
aus dem Zyklus *Passion*

Mantovani, Adelchi-Riccardo
(geb. 1942 bei Ferrara)

Mantovani, der bis zu seinem 17. Lebensjahr eine strenge Heimerziehung erlitten hatte, bildete sich autodidaktisch als Maler aus und kam 1964 nach Deutschland. In Berlin arbeitete er zehn Jahre lang als Werkzeugschleifer. Während dieser Zeit widmete er sich erneut der Malerei und war 1972 Mitbegründer der Gruppe »Mediterraneum«, in der sich in Berlin lebende ausländische Künstler versammelten. Er bemüht sich, so Mantovani, »meine Umwelt mit meinen süß-bösen Gestalten zu vergraulen«.

• S. 187
Das Zeitalter des Eisens, 1983
Mischtechnik, 40 x 30 cm
Privatsammlung

Marc, Franz
(München, 8.2.1880 – 4.3.1916, bei Verdun)

Der Maler, Graphiker und Bildhauer studierte nach einem abgebrochenen Philosophiestudium 1900-02 in München Kunst und ließ sich 1905 in Sindelsdorf (Oberbayern) nieder. 1912 gab er mit Wassily Kandinsky den Almanach »Der Blaue Reiter« heraus und gehörte der gleichnamigen Künstlergruppe an.
Marc gab dem Tierbild eine neue, durch Farbsymbolik veranschaulichte weltanschauliche Dimension. Unter Kandinskys Einfluß wandte er sich 1914 der gegenstandslosen Malerei zu.

• S. 407
Traum, 1913
Öl auf Papier auf Karton, 76 x 101 cm
Bern, Kunstmuseum
• S. 345
Kämpfende Formen, 1914
Öl auf Leinwand, 91 x 131,5 cm
München, Staatsgalerie moderner Kunst

Matisse, Henri
(Le Cateau, 31.12.1869 – 3.11.1954, Cimiez bei Nizza)

Der Maler, Graphiker und Bildhauer wurde nach einem Jurastudium der Schüler des Symbolisten Gustave Moreau. Die schrittweise Intensivierung der vom Wahrnehmungsbild losgelösten Farbgebung veranlaßte einen Kunstkritiker anläßlich einer Pariser Ausstellung 1905, Matisse und seine Künstlerfreunde als »Fauves« (Wilde) zu bezeichnen. Matisse entwickelte den Fauvismus, einer Entsprechung des deutschen Expressionismus, zu einer farbintensiven, unbeschwert anmutenden Kompositionsweise, die ihre stets gegenständlichen Motive ornamental strukturiert. Nachdem Matisse ab 1941 an den Rollstuhl gefesselt war, bediente er sich farbigem Papier, mit dem er seine Bilder collagierte.

• S. 205
Der Tanz, 1909/10
Öl auf Leinwand, 260 x 391 cm
St. Petersburg, Eremitage
• S. 875
Baum des Lebens, 1949
geschnittenes und bemaltes Papier auf Karton, 512 x 252 cm
Vorlage für ein Fenster der Kapelle der Dominikanerinnen in Vence
Vatikan, Collezione d'Arte Religiosa Moderna
• S. 211
Die Trauer des Königs, 1952
Collage aus farbigem Papier
Paris, Musée National d'Art Moderne

McDermott & McGough
(geb. 1952 und 1958)

Die beiden US-amerikanischen Künstler malen gemeinsam. Das Zahlenbild steht in der Tradition des Magischen Quadrats: Die aneinandergereihten Jahreszahlen, links oben mit 1802 (erste Malschule in den USA) beginnend, ergeben Zeile für Zeile Quersummen, die durch 9 teilbar sind. Der gewählte Zeitabschnitt bis 1828 und die zeitliche Distanz zum fiktiven Entstehungsjahr 1928 deuten den vorherrschenden Blick zurück an, die postmoderne Grundhaltung. »Ich habe in die Zukunft geblickt und ich habe nicht die Absicht, dort hinzugehen.« (McDermott).

• S. 373
Anlitz Gottes 1928, (Face of God 1928), 1990
Öl auf Leinwand, 112 x 107 cm
Privatsammlung

Meidner, Ludwig
(Bernstadt in Schlesien, 18.4.1884 – 14.5.1966, Darmstadt)

Der Maler, Graphiker und Schriftsteller studierte nach einer Maurerlehre von 1903 bis 1907 Kunst in Breslau und Paris. 1911 gehörte er in Berlin zu den Mitarbeitern der Zeitschrift »Die Aktion« und 1912 zur Gruppe »Die Pathetiker«, 1918-21 zum »Arbeitsrat für Kunst«. In Bildnissen und Stadtbildern steigerte Meidner die expressionistische Deformation zur explosiven Formdynamik. In den 20er Jahren verband sich die Gestaltung religiöser Themen (Propheten) mit einer Rückkehr zum jüdischen Glauben.
In Deutschland als »entartet« verfemt, emigrierte Meidner 1939 nach England und war 1940/41 auf der Isle of Mon interniert. 1952 kehrte er nach Deutschland zurück.
Die drei Gemälde gehören zur Werkgruppe *Apokalyptische Landschaften.*

• S. 870
Apokalyptische Stadt, 1913
Öl auf Leinwand, 81,3 x 115,5 cm
Münster, Westfälisches Landesmuseum
• S. 521
Apokalyptische Landschaft
(auch *Mondsichellandschaft*), 1916
Öl auf Leinwand, 80 x 100 cm
Regensburg, Museum Ostdeutsche Galerie
• S. 694
Der Jüngste Tag, 1916
Öl auf Leinwand, 100 x 150 cm
Berlin, Berlinische Galerie

Miró, Joan
(Montroig bei Barcelona, 20.4.1893 – 25.12.1983, Palma de Mallorca)

Der Maler, Graphiker und Bildhauer setzte sich nach einem Kunststudium in Barcelona (1912-15) mit dem Kubismus auseinander und unterzeichnete 1921 das »Erste Surrealistische Manifest«. Kennzeichnend wurde eine Bildsprache aus abstrakten und gegenständlichen, farbigen und zeichnerischen Elementen, mit denen Miró auch großflächige Wanddekorationen gestaltete (UNESCO-Gebäude in Paris, 1958).

• S. 771
Die Fluchtleiter, 1939
Öl auf Sackleinen, 73 x 54 cm
Chicago, Privatsammlung

Modersohn-Becker, Paula
(Dresden, 8.2.1876 – 20.11.1907, Worpswede)

Nach einer Ausbildung am Lehrseminar in Bremen (1893-95) besuchte Paula Becker die Zeichen- und Malschule des »Vereins Berliner Künstlerinnen« und hielt sich 1897 erstmals in Worpswede bei Bremen auf. Zwischen dieser Künstlerkolonie und Paris wechselnd, seit 1901 mit dem Maler Otto Modersohn verheiratet, entwickelte die Malerin in Bildnissen, Stilleben und Landschaftsbildern eine eigenständige Form des Expressionismus.
Die fünf Werke stammen aus den beiden letzten Schaffensjahren in Paris und Worpswede.

• S. 641
Liegende Mutter mit Kind, 1906
Öl auf Leinwand, 83 x 125 cm
Bremen, Kunsthalle, Ludwig-Roselius-Sammlung
• S. 182
Mutter und Kind, um 1906/07
Öl auf Leinwand, 81,5 x 59 cm
Dortmund, Museum am Ostwall
• S. 453
Alte Bäuerin, 1907
Öl auf Leinwand, 75,6 x 57,8 cm
Detroit, The Detroit Institute of Arts
• S. 678
Anbetung der Könige, 1907 (2. Fassung)
Öl auf Papier auf Pappe, 24,3 x 32,4 cm
Bremen, Kunsthalle
• S. 730
Der barmherzige Samariter, 1907
Öl auf Papier auf Holz, 31,2 x 37 cm
Privatsammlung

Mondrian, Piet (eigtl. Pieter Cornelis Mondriaan)
(Amersfoort, 7.3.1872 – 1.2.1944, New York)

Nach einem Kunststudium in Amsterdam (1892-97) löste sich Mondrian schrittweise vom Naturvorbild. Wesentlichen Einfluß gewann die Esoterik (1908 Mitgliedschaft in der Theosophischen Gesellschaft). Als Mitarbeiter der Zeitschrift »De Stijl« entwickelte er seine Theorie des Neoplastizismus, der allgemeingültige Prinzipien postulierte. Ihren bildnerischen Ausdruck fand diese Theorie in den ab 1921 entstandenen geometrischen Kompositionen. In Paris wurde Mondrian 1929 Mitglied der Gruppe »Cercle et Carré«, 1931 der Gruppe »Abstraction-Création«. 1938 emigrierte Mondrian nach London, 1940 nach New York. Hier entstanden geometrische, jedoch rhythmische Kompositionen.

• S. 627
Der graue Baum, 1912
Öl auf Leinwand, 78,5 x 107,5 cm
Den Haag, Gemeentemuseum
• S. 79
Gemälde Nr. 1, 1921
Öl auf Leinwand, 96,5 x 60,5 cm
Köln, Museum Ludwig

Moreau, Gustave
(Paris, 6.4.1826 – 18.4.1898, Paris)

Der akademisch ausgebildete Maler (Kunststudium in Paris 1848/49) gewann mit seinen mythologischen und biblischen Darstellungen Einfluß auf die Malerei und Literatur des Symbolismus. Zu den bekanntesten Werken gehört *Die Erscheinung* (1874/75): Salome erblickt das umstrahlte Haupt des Johannes. Zu seinen Schülern an der Pariser Kunstakademie gehörten Henri Matisse und Georges Rouault.

• S. 173
Delila, 1890
Paris, Musée Gustave Moreau

Morgner, Wilhelm
(Soest, 27.1.1891 – 12.8.1917, bei Langemark)

Ein Studium an der Kunstschule von Georg Tappert in Worpswede bei Bremen 1908/09 führte Morgner auf den Weg der Landschaftsmalerei in toniger Farbgebung, die unter dem Eindruck des »Brücke«-Expressionismus und Robert Delaunays Orphismus einer farbdynamischen Gestaltungsweise wich. Morgner fiel im Ersten Weltkrieg.

• S. 738
Einzug in Jerusalem, 1912
Öl auf Leinwand, 119 x 170,5 cm
Dortmund, Museum am Ostwall
• S. 841
Kreuzaufrichtung, 1913
Öl auf Pappe, 77 x 102 cm
Hannover, Sprengel Museum

Munch, Edvard
(Loten, Hedmark, 12.12.1863 – 23.1.1944, Gut Ekely bei Oslo)

Der Sohn eines Militärarztes besuchte nach abgebrochenem Ingenieurstudium 1881 in Oslo eine Zeichenschule. Wesentliche Bezugspunkte wurden als Kunstzentren Berlin und Paris. Nach einem psychischen Zusammenbruch lebte Munch ab 1909 vorwiegend in Norwegen. Ca. 70 in Deutschland 1937 als »entartet« beschlagnahmte Bilder wurden 1939 in Oslo versteigert.
Schon früh traten die Themen Lebensangst, Konflikt zwischen den Geschlechtern, Einsamkeit, Krankheit und Tod in den Mittelpunkt von Munchs Malerei und Graphik, die Gemeinsamkeiten mit den Dramen von Henrik Ibsen (1828-1906) und August Strindberg (1849-1912) besitzen. Stilistisch vollzog Munch bereits um die Jahrhundertwende den Übergang vom Symbolismus zum Expressionismus.

• S. 381
Der Schrei, 1895
Lithographie, 38 x 25,2 cm
• S. 677
Madonna (Empfängnis), 1895-1902
Farblithographie, 60,7 x 44,3 cm
Oslo, Munch Museet

Newman, Barnett
(New York, 29.1.1905 – 4.7.1970, New York)

Der Sohn polnisch-jüdischer Einwanderer studierte 1922-26 in New York Kunst. Die für ihn kennzeichnenden monochromen Farbfelder sind so konzipiert, daß sie das Blickfeld des Betrachters gänzlich ausfüllen. Die »Zips« (Newman), schmale Streifen, die vertikal über die Tafeln verlaufen, steigern die räumliche und farbliche Intensität. Ähnlich wie Mark Rothko, zu dem er in engem Kontakt stand, strebte Newman danach, dem Betrachter durch Farbräume zu einem spirituellen Erlebnis zu verhelfen. Diese Versuche führten 1963 zu Entwürfen für eine Synagoge.

• S. 11
The day before one, 1951
Öl auf Baumwolle, 335 x 127,5 cm
Basel, Kunstmuseum

Nolde, Emil (eigtl. Emil Hansen)
(Nolde, 7.8.1867 – 13.4.1956, Seebüll)

Einer Lehre als Holzbildhauer in Flensburg folgte 1892-97 eine Lehrtätigkeit am Industrie- und Gewerbemuseum in St. Gallen. Nach Studienjahren in München, Paris und Kopenhagen ließ sich Nolde auf der Insel Alsen nieder, 1906/07 gehörte er der Dresdner Künstlergruppe »Brücke« an. 1913/14 reiste er als Mitglied der Deutsch-Neuguinea-Expedition über Rußland, China und Japan in die Südsee und kehrte nach Kriegsausbruch über Ägypten nach Deutschland zurück. Ab 1925 lebte er in Seebüll (Nordfriesland). 1937 als »entartet« verfemt, stand er 1941-45 unter Berufsverbot.
Nolde gehört mit seinen Landschafts- und Blumenbildern, Porträts und figürlichen Szenen zu den Hauptvertretern des deutschen Expressionismus. Ab 1909 beschäftigte er sich mit religiösen Themen und stieß dabei auf scharfe Ablehnung von kirchlicher Seite. 1912 stand das neunteilige Polyptichon *Das Leben Jesu* im Mittelpunkt einer Nolde-Ausstellung des Museums Folkwang in Hagen; von der »Internationalen Ausstellung moderner religiöser Kunst« in Brüssel blieb er jedoch aufgrund kirchlichen Einspruchs ebenso ausgeschlossen wie von der Kölner »Sonderbund«-Ausstellung (beide ebenfalls 1912).

• S. 698
Abendmahl, 1909
Öl auf Leinwand, 86 x 107 cm
Kopenhagen, Stantens Museum for Kunst
• S. 766
Pfingsten, 1909
Öl auf Leinwand, 87 x 107 cm
Berlin, Neue Nationalgalerie
• S. 42
Josef erzählt seine Träume, 1910
Öl auf Leinwand, 86 x 106 cm
Wien, Österreichische Galerie Belvedere
• S. 51
Pharaos Tochter findet Moses, 1910
Öl auf Leinwand, 86 x 106,5 cm
Seebüll, Stiftung Ada und Emil Nolde
• S. 71
Tanz um das goldene Kalb, 1910
Öl auf Leinwand, 88 x 105,5 cm
München, Staatsgalerie moderner Kunst
• S. 607
Maria Aegyptica, 1912
linker Flügel des Triptychons *Legende: Die Heilige Maria von Aegypten. Im Hafen von Alexandrien*
Öl auf Leinwand, 86 x 100 cm
Hamburg, Kunsthalle
• S. 721
Heilige Nacht, 1912
Öl auf Leinwand, 100 x 86 cm
Tafel des neunteiligen Polyptichons *Das Leben Jesu*
Seebüll, Stiftung Ada und Emil Nolde
• S. 555
Prophet, 1912
Holzschnitt, 32 x 22 cm
Seebüll, Stiftung Ada und Emil Nolde
• S. 423
Der Große Gärtner, 1940
Öl auf Leinwand, 71 x 56,5 cm
Hannover, Sprengel Museum

Nussbaum, Felix
(Osnabrück, 11.12.1904 – 31.7.1944 im Konzentrationslager Auschwitz)

Als Maler stand Nussbaum, zunächst von Carl Hofer beeinflußt, der Neuen Sachlichkeit (Otto Dix) nahe und verband diese mit surrealistischen Elementen. Seine Themen umfassen Bildnisse und Stilleben, Hafen- und Straßenszenen. 1935 emigrierte Nussbaum nach Belgien, wurde in Südfrankreich interniert und lebte nach seiner Flucht bis zur Deportation nach Auschwitz in Belgien im Untergrund. Hier entstand 1943 sein *Selbstbildnis mit Judenpaß*.

• S. 293
Das Gefangenenlager, 1940
Öl auf Leinwand, 47 x 42 cm
Berlin, Deutsches Historisches Museum

Pechstein, Max (eigtl. Hermann Max Pechstein)
(Zwickau, 31.12.1881 – 29.6.1955, Westberlin)

Der Ausbildung zum Malergesellen folgte ab 1920 ein Studium an der Kunstschule, dann an der Akademie in Dresden. Von 1906 bis 1912 war Pechstein Mitglied der Künstlergruppe »Brücke«. 1914 reiste er zu den Palau-Inseln, geriet in japanische Kriegsgefangenschaft und kehrte 1915 über Manila und New York nach Deutschland zurück. 1918 beteiligte er sich in Berlin an der Gründung des »Arbeitsrats für Kunst«. Bereits 1933 mit Berufsverbot belegt, gehörte Pechstein zu den als »entartet« verfemten Expressionisten. 1945 erhielt er eine Professur an der Kunstakademie in Berlin-Charlottenburg.
Anders als die »Brücke«-Gründer Kirchner, Heckel und Schmidt-Rottluff besaß Pechstein eine gründliche Ausbildung als Maler und konnte sich in den 20er Jahren als erfolgreicher Porträt- und Landschaftsmaler etablieren. Zu seinen Holzschnitt-Zyklen gehört das *Vaterunser* (1918).

• S. 682
Fischerboot, 1913
Öl auf Leinwand, 190 x 96 cm
Berlin, Brücke-Museum

Picasso, Pablo
(Málaga, 25.10.1881 – 18.4.1973, Mougins, Alpes-Maritimes)

Nach einem Kunststudium in Madrid ließ sich Picasso 1900 in Paris nieder. Obwohl stets gegenständlich arbeitend, wurde sein vielfältiges und kaum überschaubares Werk als Maler, Graphiker, Bildhauer und Keramiker zum Inbegriff der »abstrakten« Kunst. 1907 gab er, gemeinsam mit Georges Braque, durch die kubistische Aufhebung der bildinternen, perspektivisch definierten Einheit des Bildraumes den entscheidenden Impuls zur Neubestimmung der Eigengesetzlichkeit des Bildes. Die im kreativen Sinne willkürliche Zuordnung der Bildelemente gewann nach Phasen eines Neoklassizismus expressiven Charakter. Wesentlichen Einfluß gewann Picasso auch auf die Materialplastik, ausgehend vom *Stierkopf* aus Fahrradsattel und Lenkstange. In diesem Zusammenhang steht Picassos klassisches Bekenntnis: »Ich erfinde nicht, ich finde.«
Die sieben Werke stammen aus der Blauen Periode (ab 1903), der 1905/06 die Rosa Periode folgte, aus den 30er Jahren, in denen Picassos Expressionismus seine Ausprägung gewann, und aus den frühen 50er Jahren, als Picasso – im Kontrast zu den aktuellen Tendenzen etwa des Abstrakten Expressionismus in Form des Action Painting und Tachismus – die Tradition der Klassischen Moderne wahrte.

• S. 308
Der alte Jude, 1903
Öl auf Leinwand, 125 x 92 cm
Moskau, Puschkin-Museum
• S. 460
Die Armen am Meeresstrand (Die Tragödie), 1903
Öl auf Holz, 105,4 x 69 cm
Washington, National Gallery of Art
• S. 396
Kreuzigung, 1930
Öl auf Holz, 50 x 65 cm
Paris, Musée Picasso
• S. 341
Guernica, 1937
Öl auf Leinwand, 351 x 782 cm
Madrid, Prado
• S. 585
Weinende Frau, 1937
Öl auf Leinwand, 60 x 49 cm
London, Tate Gallery
• S. 364
Krieg, 1952
Öl auf Holzfaserplatte, 102 x 470 cm
Vallauris, Temple de la Paix
• S. 365
Frieden, 1952
Öl auf Holzfaserplatte, 102 x 470 cm
Vallauris, Temple de la Paix

Rohlfs, Christian
(Groß Niendorf, 22.11.1849 – 8.1.1938, Hagen)

Der Maler und Graphiker studierte 1870-81 an der Kunstakademie in Weimar und wurde 1901 Lehrer am Museum Folkwang in Hagen (ab 1921 in Essen). Die Bekanntschaft mit Emil Nolde bekräftigte die künstlerische Entwicklung vom Realismus zum Expressionismus. Kennzeichnend ist eine lichte, vielfach vibrierende Farbgebung (*Kirche in Soest*, 1918). Ab 1914 schuf Rohlfs neben Landschafts- und Blumenbildern auch religiöse Darstellungen. Zu seinen bekanntesten Holzschnitten gehört *Die Rückkehr des verlorenen Sohnes* (1918).

• S. 589
Der Prophet, 1917
Öl auf Leinwand, 100,5 x 61 cm
Kiel, Kunsthalle
• S. 231
Elija wird vom Raben gespeist, 1921
Öl auf Leinwand, 102,5 x 80 cm
Beverly Hills, Sammlung Robert Gore Rifkind

Rothko, Mark (eigtl. Markus Rothkowicz)
(Dwinsk, 25.9.1903 – 25.2.1970, New York)

Der Maler, dessen lettisch-jüdische Familie 1913 in die USA emigriert war, studierte 1921-25 in Yale und New York Bildende Kunst. Sein Frühwerk bestimmten figürliche Szenen und Stadtbilder, bis er ab 1948 auf jede Gegenständlichkeit verzichtete. Von seinen unverwechselbaren Farbfeldern, für die er kurz darauf die endgültige Form gefunden hatte, geht ein pulsierendes, numinoses Licht aus. Es entfaltet seine Wirkung am stärksten in den Zyklen, die Rothko für sakrale Räume konzipierte. Neun Tafeln befinden sich in der Rothko-Gedächtniskapelle der Tate Gallery in London. Ein Zyklus von 14 Tafeln in der Ökumenischen Kapelle in Houston, Texas (geweiht 1971).

• S. 75
Gelb und Gold, 1956
Öl auf Leinwand, 170,5 x 159,4 cm
New York, Museum of Modern Art
• S. 701
Rot, Weiß und Braun, 1957
Öl auf Leinwand, 252,5 x 207,5 cm
Basel, Kunstmuseum

Rouault, Georges
(Paris, 27.5.1871 – 13.2.1958, Paris)

Nach der Lehre als Glasmaler und einem Studium an der Pariser Kunstakademie (bei Gustave Moreau) schloß sich Rouault dem Kreis um Henri Matisse an. Seine eigene Ausprägung des Fauvismus entsteht durch die Verbindung eines pastosen, fast reliefartigen Farbauftrags, der zeichnerische Details ausschließt, mit schwarzen Konturen, die den Leuchteffekt der Farbflächen verstärken. Hieraus ergibt sich die Assoziation von Glasmalerei, der sich Rouault im Spätwerk unmittelbar widmete (Kirche in Assy, 1948).
Rouaults religiöses Hauptwerk der 20er Jahre sind 58 Radierungen, die auf Entwürfen aus den Kriegsjahren basieren und 1922-27 von dem Kunsthändler Ambroise Vollard (1865-1939) unter dem Titel *Miserere* (Erbarme dich) veröffentlicht wurden.
Die vier Werke repräsentieren die nahsichtige, ausschnitthafte Darstellungsweise und Rouaults Form des religiösen Landschaftsbildes.

• S. 541
Verspottung Christi, 1932
Öl auf Leinwand, 92,1 x 72,4 cm
New York, Museum of Modern Art
• S. 808
Das heilige Grabtuch von Turin, 1933
Öl auf Leinwand, 91 x 65 cm
Paris, Musée National Art Moderne
• S. 513
Der alte König, 1936
Öl auf Leinwand, 76,8 x 54 cm
Pittsburgh, The Carnegie Museum of Art
• S. 710
Lasset die Kindlein zu mir kommen, 1952
Besitz Isabel Rouault

Rousseau, Henri
(Laval, 21.5.1844 – 2.9.1910, Paris)

Von 1868 bis zur Pensionierung 1885 war Rousseau beim Pariser Steueramt tätig (nicht, wie sein Beiname »le douanier« irreführend angibt, beim Zollamt). Schon früh hatte er sich mit Malerei beschäftigt und ein künstlerisches Selbstbewußtsein entwickelt: »Wir beiden sind die größten«, soll Rousseau 1908 gegenüber Picasso geäußert haben, »du im ägyptischen Stil, ich in der modernen Art.«
Die Klassifizierung als »naiver Maler« verkennt den hohen Grad an Gestaltungsbewußtsein, den die *Dschungelbilder* einerseits, die Szenen aus dem kleinbürgerlichen Leben andererseits auszeichnen. Beide Werkgruppen verweisen auf Seelenlandschaften und stehen insofern dem Symbolismus nahe.

• S. 27
Die schlafende Zigeunerin, 1897
Öl auf Leinwand, 130 x 201 cm
New York, Museum of Modern Art
• S. 312
Hochzeit auf dem Lande, 1905
Öl auf Leinwand, 163 x 114 cm
Paris, Musée d'Orsay
• S. 18
Eva empfängt den Apfel, um 1906/07
Öl auf Leinwand, 61 x 46 cm
Hamburg, Kunsthalle

Schiele, Egon
(Tulln, 12.6.1890 – 12.10.1918, Wien)

Neben dem Studium an der Wiener Kunstakademie (1906-1909) gewann die Bekanntschaft mit Gustav Klimt Bedeutung für den Maler und Zeichner Schiele. 1912 beteiligte er sich in München an der ersten Ausstellung der »Blauen Reiter«. 1918 erlag Schiele einer Grippeerkrankung.
Schiele griff Gestaltungsmittel des »Secessionsstils« (Wiener Jugendstil) auf, etwa die Einbeziehung ornamentaler Flächen und die Betonung der Kontur, die er jedoch radikalisierte: Der harmonische Linienfluß erstarrt zu kantigen Umrissen verrenkter, gedehnter, gekrümmter Körper. Wesentlichen Anteil am Gesamtwerk besitzen Selbstbildnisse.

• S. 649
Der Prophet (Doppelselbstbildnis), 1911
Öl auf Leinwand, 111 x 51 cm
Sammlung Oskar Reichel, Wien
Stuttgart, Staatsgalerie
• S. 567
Trauernde Frau, 1912
Öl auf Holz, 42,5 x 34 cm
Wien, Sammlung Rudolf Leopold
• S. 679
Heilige Familie, 1913
Gouache und Bleistift auf Papier, 47 x 36,5 cm
New York, St. Etienne Gallery
• S. 673
Prediger, 1913
Gouache und Bleistift auf Papier, 47 x 30,8 cm
Wien, Sammlung Rudolf Leopold
• S. 492
Umarmung, 1917
Öl auf Leinwand, 100 x 70 cm
Wien, Österreichische Galerie Belvedere

Schmidt-Rottluff, Karl (eigtl. Karl Schmidt)
(Rottluff bei Chemnitz, 1.12.1884 – 10.8.1976, Ostberlin)

Als Architekturstudent in Dresden gründete er gemeinsam mit seinen Kommilitonen Fritz Bleyl, Erich Heckel und Ernst Ludwig Kirchner 1905 die Künstlervereinigung »Brücke«, die von 1911 bis zur Auflösung 1913 in Berlin lebte. 1918-21 gehörte er dem »Arbeitsrat für Kunst« an und war Mitarbeiter der Zeitschrift »Die Aktion«. Schmidt-Rottluff, 1937 als »entarteter« Künstler verfemt, lehrte von 1947-54 an der Kunstakademie in Berlin-Charlottenburg.
Unter den »Brücke«-Expressionisten griff Schmidt-Rottluff am stärksten Anregungen des Kubismus auf, allerdings nicht mit dem Zweck der Zergliederung der Bildgegenstände, sondern in Form einer plastischen Abstraktion. Seine bekannteste graphische Arbeit mit religiöser Thematik ist die Mappe *Kristus* (1918). 1937 wurde er als »entartet« verfemt.

• S. 731
Die Pharisäer, 1912
Öl auf Leinwand, 75,9 x 102,9 cm
New York, Museum of Modern Art
• S. 724
Der wunderbare Fischzug, 1918
Holzschnitt, 39,7 x 49,9 cm
aus der Mappe *Kristus*
• S. 744
Der Gang nach Emmaus, 1918
Holzschnitt, 39,7 x 49,9 cm
aus der Mappe *Kristus*
• S. 165
Kleine Prophetin (Debora), 1919
Holzschnitt, 18,1 x 11,9 cm

Shahn, Ben
(Kowno, Litauen, 12.9.1898 – 14.3.1969, New York)

Shahn kam 1906 mit seiner jüdisch-orthodoxen Familie in die USA. Nach einer Zeit als Gehilfe in einer Lithographie-Werkstatt folgte das Kunststudium an der National Academie of Design in New York. Shahn bekannte sich zu einer sozial engagierten Malerei. Mitte der 30er Jahre assistierte er dem mexikanischen Maler Diego Riviera (1886-1957) und kam so zur Wandmalerei. Bekannt wurde vor allem der Zyklus von 23 Bildern über das Schicksal der beiden Immigranten Nicola Sacco und Bartolomeo Vanzetti, die 1927 einem Justizirrtum zum Opfer fielen.
Zu Shahns Arbeiten mit alttestamentlichen Themen gehören Lithographien zum Buch Kohelet (1965) und die postum 1971 erschienene kalligraphische *Halleluja-Suite*.

• S. 153
Dritte Allegorie, 1955
Tempera auf Papier, 95 x 63 cm
Vatikan, Collezione d'Arte Religiosa Moderna

Sironi, Mario
(Sassari, 12.5.1885 – 13.8.1961, Mailand)

In Rom studierte Sironi kurze Zeit Ingenieurwesen und wechselte dann zur Malerei. Ab 1914 zeitweise Mitglied der Futuristen um Fillippo Tommaso Marinetti (1876-1944), orientierte er sich jedoch stärker an der Pittura metafisica Giorgio de Chiricos. In den Mittelpunkt seines Schaffens trat die Erneuerung der architekturbezogenen Kunst der Monumentalmalerei, des Flachreliefs und des Mosaiks.

• S. 749
Jesus und die Samariterin, 1947/48
Öl auf Holz, 56 x 70 cm
Vatikan, Collezione d'Arte Religiosa Moderna

Stuck, Franz von
(Tettenweis bei Passau, 23.2.1863 – 30.81928, München)

Als Professor an der Kunstakademie in München (1895-1928) und als Porträtist genoß Stuck hohes Ansehen. Mit seinem 1897/98 nach eigenen Entwürfen erbauten und eingerichteten Wohn- und Atelierhaus, der Villa Stuck, schuf er ein Gesamtkunstwerk in der Programmatik des Jugendstils als umfassende, alle Bereiche des Lebens ästhetisch veredelnde Kunstform. Allegorische Gemälde wie *Die Sünde* (1893) belegen die thematische Verbindung zwischen Jugendstil und Symbolismus.

• S. 687
Salome, 1906
115,5 x 62,5 cm
München, Städtische Galerie im Lenbachhaus
• S. 321
Judith und Holofernes, 1926
Öl auf Leinwand, 157 x 83 cm
Schwerin, Gemäldegalerie

Sutherland, Graham
(London, 24.8.1903 – 17.2.1980, London)

Nach einem Graphikstudium war Sutherland vorwiegend als Buchillustrator und Werbegraphiker tätig, dann auch als Landschaftsmaler unter surrealistischem Einfluß. Den Jahren als offizieller britischer Kriegsmaler folgte 1945 die Hinwendung zu religiösen Themen. Daneben wurde er zu einem renommierten Porträtmaler (Winston Churchill, Konrad Adenauer). Das Hauptwerk seiner Monumentalkunst ist die Altarwand der 1962 geweihten Neuen Kathedrale von Coventry mit einer *Maiestas Domini* (Christus in der Mandorla, umgeben von den vier Evangelisten-Symbolen).

• S. 742
Studie zu einer Kreuzigung, 1947
Öl auf Leinwand, 102 x 122 cm
Vatikan, Collezione d' Arte Religiosa Moderna
• S. 793
Dornenkreuz, 1954
Öl auf Leinwand, 111 x 93 cm
Berlin, Nationalgalerie

Tanguy, Yves
(Paris, 5. Januar 1900 – 15. Januar 1955, Waterbury, Connecticut)

Vor Beruf Matrose der Handelsmarine, bildete sich Tanguy unter dem Eindruck der Bilder Giorgio de Chiricos ab 1923 autodidaktisch als Maler und Graphiker. Von 1927 an beteiligte er sich an den Ausstellungen der Pariser Surrealisten, auf deren jüngere Mitglieder, vor allem Roberto Matta (geb. 1911), er maßgeblichen Einfluß ausübte. 1939 emigrierte er in die USA.
Charakteristisch für Tanguys Bilder ist vor allem die endlose Tiefenflucht seiner »Metaphysischen

Landschaften«, in die geheimnisvolle, vielfach zoomorphe Gegenstände gesetzt sind.

• S. 31
Der beunruhigende Himmel, 1951
Öl auf Leinwand, 99 x 80 cm
USA, Privatsammlung

Tàpies, Antoni
(geb. 23.12.1923 in Barcelona)

Nach einem abgebrochenen Jurastudium an der Universität von Barcelona wandte sich der autodidaktisch ausgebildete Maler ganz der Kunst zu. Zunächst unter dem Einfluß des Surrealismus, fand er Anfang der 50er Jahre zu der ihn kennzeichnenden Darstellungsweise: An die Stelle eines Abbildes treten Zeichen und Spuren, die auf die Existenz des Menschen hindeuten. Auf die meist sehr großformatigen Leinwände befestigte er Sand, Mörtel und andere Materialien, wodurch die Werke Objektcharakter gewinnen.

• S. 716
Auferstehung der Füße, 1988
Mischtechnik auf Leinwand, 250 x 300 cm
Zürich, Galerie Lelong

Warhol, Andy (eigtl. Andrew Warhola)
(Pittsburgh, 6.8.1928 – 22.2.1987, New York)

Der Maler, Graphiker, Fotograf und Filmemacher studierte 1945-49 angewandte Graphik, Kunstgeschichte und Psychologie an der Technischen Hochschule in Pittsburgh. Nach seiner Übersiedlung nach New York 1949 arbeitete er als Gebrauchsgrafiker und Dekorateur und gelangte durch seine extravaganten Ideen schnell zu Ansehen. Das Hauptthema seiner Siebdruckserien sind die vertrauten Gegenstände der Alltagskultur (*Campbell Suppendosen*, ab 1962) und besonders der Starkult um Persönlichkeiten des öffentlichen Lebens (*Marilyn Monroe*, ab 1963). 1968 beteiligte er sich an der Documenta 4 in Kassel, die vorwiegend im Zeichen der internationalen Pop Art stand. Seiner Devise »Alles ist schön« folgend, entwickelte er eine Ästhetik, die auf die Umwelt der Konsumgesellschaft und ihre Darstellung in den Medien reagiert. Auch bei religiösen Motiven, wie den Variationen auf das *Letzte Abendmahl* Leonardo da Vincis aus den 80er Jahren, spielt die Popularität der Vorlage eine wichtige Rolle.

• S. 129
Dollarzeichen, 1981
Siebdruck und Acryl auf Leinwand, 229 x 178 cm
Privatsammlung

Willikens, Ben
(geb. 1939 in Leipzig)

Der Maler, Graphiker und Bühnenbildner studierte 1962-67 an der Kunstakademie Stuttgart. Sein Hauptthema, makellose und menschenleere Innenräume, fand Willikens Ende der 60er Jahre. Zunächst sind diese Räume ausschließlich enge Kammern und Flure mit nur wenigen, signifikanten Gegenständen (*Triptychon*, 1972). Später setzte er diese Raumsprache in großformatige Wandgemälde und Bühnenbilder um: Weite und lichtdurchflutete Säle, die durch ihr unwirkliches weißes Licht, vor allem aber durch ihren Trompe l'œil-Effekt (wörtl.: »Augentäuschung«) eine irritierende Beziehung zwischen Bildraum und realem Raum herstellen (z.B. Apsisgemälde in St. Hedwig, Stuttgart).

• S. 804
Abendmahl, 1976-79
Acryl auf Leinwand, 300 x 600 cm
(3 Tafeln je 300 x 200 cm)
Frankfurt/M, Deutsches Architekturmuseum

Chronologie der Werke

1888 Gauguin, *Vision nach der Predigt*
Gogh, *Der Sämann*
Ensor, *Der Einzug Jesu in Brüssel im Jahre 1888*
1889 Gauguin, *Der gelbe Christus*
Gogh, *Sternennacht*
Ensor, *Die Bestrafung der rebellischen Engel*
1890 Moreau, *Delila*
1895 Munch, *Der Schrei*
1897 Rousseau, *Die schlafende Zigeunerin*
1899 Corinth, *Salome*
1900 Cézanne, *Stilleben mit Totenkopf und Leuchter*
1901 Kubin, *Adoration*
1902 Munch, *Madonna (Empfängnis)*
1903 Picasso, *Der alte Jude*
Picasso, *Die Armen am Meeresstrand (Die Tragödie)*
1904 Hodler, *Die Lebensmüden*
1905 Rousseau, *Hochzeit auf dem Lande*
1906 Modersohn-Becker, *Liegende Mutter mit Kind*
Stuck, *Salome*
1907 Modersohn-Becker, *Mutter und Kind*
Modersohn-Becker, *Anbetung der Könige*
Modersohn-Becker, *Alte Bäuerin*
Modersohn-Becker, *Der barmherzige Samariter*
Rousseau, *Eva empfängt den Apfel*
1908 Klimt, *Der Kuß (Erfüllung)*
Malewitsch, *Epitaphios. Das Leichentuch Christi*
1909 Klimt, *Judith II*
Kokoschka, *Stilleben mit Hammel und Hyazinthe*
Nolde, *Abendmahl*
Nolde, *Pfingsten*
1910 Hofer, *Daniel in der Löwengrube*
Matisse, *Der Tanz*
Nolde, *Josef erzählt seine Träume*
Nolde, *Pharaos Tochter findet Moses*
Nolde, *Tanz um das goldene Kalb*
1911 Barrera-Bossi, *Beweinung Christi*
Braque, *Der Kerzenhalter*
Gontscharowa, *Ernte*
Kandinsky, *Apokalyptische Reiter I*
Kandinsky, *Große Auferstehung*
Kandinsky, *Heiliger Georg I*
Kokoschka, *Verkündigung an Maria*
Léger, *Die Hochzeit*
Schiele, *Der Prophet (Doppelselbstbildnis)*
1912 Bomberg, *Vision Ezechiels*
Delaunay, *Kreisformen*
Mondrian, *Der graue Baum*
Morgner, *Einzug in Jerusalem*
Nolde, *Heilige Nacht*
Nolde, *Maria Aegyptica*
Nolde, *Prophet*
Schiele, *Trauernde Frau*
Schmidt-Rottluff, *Die Pharisäer*
1913 Kandinsky, *Improvisation Sintflut*
Marc, *Traum*
Meidner, *Apokalyptische Stadt*
Morgner, *Kreuzaufrichtung*
Pechstein, *Fischerboot*
Schiele, *Heilige Familie*
Schiele, *Prediger*
1914 Chirico, *Melancholie einer Straße*
Gontscharowa, *Das vierfache Ackerfeld*
Marc, *Kämpfende Formen*
1915 Chirico, *Der Troubadour*
1916 Klimt, *Tod und Leben*
Meidner, *Apokalyptische Landschaft*
Meidner, *Der Jüngste Tag*
1917 Beckmann, *Christus und die Sünderin*
Rohlfs, *Der Prophet*
Schiele, *Umarmung*
1918 Beckmann, *Auferstehung*
Corinth, *Frauenraub*
Grosz, *Leichenbegängnis*
Jawlensky, *Dornenkrone*
Schmidt-Rottluff, *Der Gang nach Emmaus*
Schmidt-Rottluff, *Der wunderbare Fischzug*
1919 Klee, *Städtische Komposition mit gelben Fenstern*
Kokoschka, *Die Macht der Musik*
Kramer, *Der Versöhnungstag*
Schmidt-Rottluff, *Kleine Prophetin (Debora)*
1920 Dix, *Streichholzhändler I*
1921 Kandinsky, *Roter Fleck II*
Mondrian, *Gemälde Nr. 1*
Rohlfs, *Elija wird vom Raben gespeist*
1922 Kirchner, *Kranker in der Nacht*
1923 Ernst, *Ubu Imperator*
1924 Hofer, *Der Rufer*
1925 Corinth, *Ecce Homo*
Jawlensky, *Sonne, Farbe, Leben*
Klee, *Der Goldene Fisch*
1926 Ernst, *Die Jungfrau schlägt das Jesuskind vor drei Zeugen*
Stuck, *Judith und Holofernes*
1927 Malewitsch, *Suprematismus*
1928 Hofer, *Großer Karneval*
1929 Klee, *Nekropolis*
1930 Feininger, *Die Marktkirche zu Halle*
Magritte, *An der Schwelle zur Freiheit*
Picasso, *Kreuzigung*
1932 Beckmann, *Mann und Frau (Adam und Eva)*
Malewitsch, *Komplexe Vorahnung*
Rouault, *Verspottung Christi*

1933 Dix, *Die sieben Todsünden*
Rouault, *Das heilige Grabtuch von Turin*
1934 Beckmann, *Reise auf dem Fisch*
1935 Magritte, *Die Beschaffenheit des Menschen*
1936 Hofer, *Der Hungrige*
Rouault, *Der alte König*
1937 Jawlensky, *In Andacht*
Picasso,*Guernica*
Picasso, *Weinende Frau*
1938 Chagall, *Die weiße Kreuzigung*
Klee, *Erzengel*
1939 Dix, *Lot und seine Töchter*
Klee, *Armer Engel*
Miró, *Die Fluchtleiter*
1940 Klee, *Tod und Feuer*
Nolde, *Der Große Gärtner*
Nussbaum, *Das Gefangenenlager*
1941 Dalí, *Gesicht des Krieges*
1942 Lam, *Licht im Wald*
1943 Dix, *Kreuztragung (Christus und Veronika)*
Léger, *Friedenstaube*
1945 Kahlo, *Moses oder Der Schöpfungskern*
1947 Magritte, *Der Befreier*
Sutherland, *Studie zu einer Kreuzigung*
1948 Beckmann, *Christus in der Vorhölle*
Hrdlicka, *Gefangennahme Christi*
Manessier, *Ostern*
Sironi, *Jesus und die Samariterin*
1949 Beckmann, *Der verlorene Sohn*
Matisse, *Baum des Lebens*
1950 Bacon, *Fragment einer Kreuzigung*
Magritte, *Das Versprechen*
Dix, *Saul und David II*
1951 Hofer, *Disput*
Newman, *The day before one*
Tanguy, *Der beunruhigende Himmel*
1952 Chagall, *Mose empfängt die Gesetzestafeln*
Matisse, *Die Trauer des Königs*
Picasso, *Krieg*
Picasso, *Frieden*
Rouault, *Lasset die Kindlein zu mir kommen*
1954 Magritte, *Die unsichtbare Welt*
Sutherland, *Dornenkreuz*
1955 Shahn, *Dritte Allegorie*
1956 Chagall, *David mit der Harfe*
Dix, *Saul und David*
Fuchs, *Moses vor dem brennenden Dornbusch*
Rothko, *Gelb und Gold*
1957 Grieshaber, *Elias*
Rothko, *Rot, Weiß und Braun*
1958 Beuys, *Irisches Kreuz*
Dalí, *Himmelfahrt (Pietà)*
Dix, *Petrus und der Hahn*
1959 Hrdlicka, *Batseba*
Magritte, *Das Versprechen*
1960 Chagall, *Der Stamm Josef*
Dix, *Einzug in Jerusalem*
Fuchs, *Psalm 69*
1961 Brauer, *Salomo und die Königin*
Lam, *Diabolo*
1962 Hrdlicka, *Judith und Holofernes*
1965 Dalí, *Der Bahnhof von Perpignan*
Dubuffet, *Ich höre dich*
Hausner, *Adam und seine Richter*
1966 Chagall, *Mose und Aaron vor dem Volk*
Chagall, *Mose und Josua*
Grieshaber, *Bileam II*
1968 Chagall, *Der Prophet Jesaja*
1969 Hausner, *Adam-Massiv*
1971 Litzenburger, *Schutzmantelchristus*
1973 Kalinowski, *Schiffbrüchige*
1974 Brauer, *Die Zerstörung des Tempels*
1977 Heisig, *Neues vom Turmbau*
Lichtenstein, *Frauenkopf*
1978 Brauer, *Und er teilte das Schilfmeer für uns*
1979 Hrdlicka, *Studie zu Lazarus*
Willikens, *Abendmahl*
1981 Warhol, *Dollarzeichen*
1982 Lüpertz, *Die Vertreibung aus dem Paradies*
1983 Baselitz, *Kreuztragung*
Brauer, *Simson zerreißt den Löwen*
Falken, *Kreuz und Engel*
Mantovani, *Das Zeitalter des Eisens*
1986 *Baselitz, Pastorale – Der Tag*
1988 Botero, *Erzengel*
Haring, *Propheten in Ekstase*
Tàpies, *Auferstehung der Füße*
1990 McDermott & McGough, *Antlitz Gottes 1928*

Bildrechte und Fotonachweis

Die Ziffern im folgenden Nachweis beziehen sich auf die Seitenzahlen im Buch.

Bildrechte:

© VG Bild-Kunst, Bonn 1999, für:
Francis Bacon, Max Beckmann, Joseph Beuys, Georges Braque, Marc Chagall, Giorgio de Chirico, Salvador Dalí, Otto Dix, Jean Dubuffet, James Ensor, Max Ernst, Lyonel Feininger, Ernst Fuchs, Natalija Gontscharowa, HAP Grieshaber, George Grosz, Bernhard Heisig, Alexej von Jawlensky, Wassily Kandinsky, Horst Egon Kalinowski, Paul Klee, Oskar Kokoschka, Alfred Kubin, Wilfredo Lam, Fernand Léger, Roy Lichtenstein, René Magritte, Alfred Manessier, Henri Matisse, Joan Miró, Piet Mondrian, Edvard Munch, Barnett Newman, Felix Nussbaum, Pablo Picasso, Christian Rohlfs, Mark Rothko, Georges Rouault, Karl Schmidt-Rottluff, Ben Shahn, Mario Sironi, Yves Tanguy, Antonio Puig Tàpies, Ben Willikens

© Anne Hausner, Wien: 17, 256
© Arik Brauer, Wien: 59, 169, 227, 252
© Banco de México, Treuhandschaft der Stiftung des Museum Diego Rivera und Frida Kahlo, Mexico 1999: 106
© Bundesministerium für Unterricht, Wien: 53
© Ludwig Meidner-Archiv, Jüdisches Museum der Stadt Frankfurt am Main: 525, 694, 870
© Demart pro Arte B.V. / VG Bild-Kunst, Bonn 1999: 196, 765, 864
© Dr. Wolfgang Henze & Ingeborg Henze-Ketterer, Wichtrach/Bern: 419
© Fondation Antoni Tapies Barcelona / VG Bild-Kunst, Bonn 1999: 208
© Galerie Ernst Hilger, Wien: 208, 323, 741, 755
© Galerie Michael Werner, Köln und New York: 19
© Georg Baselitz, Derneburg 1999: 465, 821
© Künstlerischer Nachlaß Roland Peter Litzenburger: 577
© Herbert Falken: 715
© Kate Rothko-Prizel & Christopher Rothko / VG Bild-Kunst, Bonn 1999: 75, 701
© Nachlaß Carl Hofer, Köln: 406, 448, 631, 703, 750
© L & M Services B.V. Amsterdam 990315: 746
© Michael Mitzman, London: 87
© Mondrian/Holzman Trust, c/o Beeldrecht, Amsterdam, Hollond / VG Bild-Kunst, Bonn 1999: 79, 627
© Nolde-Stiftung, Seebüll: 42, 51, 71, 423, 555, 607, 698, 721, 766
© Pechstein / Hamburg - Tökendorf: 682
© Privatsammlung Courtesy Galerie Bischofsberger, Zürich: 373
© Sieger Köder: 61
© Succession H. Matisse / VG Bild-Kunst, Bonn 1999: 205, 211, 875
© Succession Picasso / VG Bild-Kunst, Bonn 1999: 308, 341, 364, 365, 396, 460, 585
© Tate Gallery, London 1998: 618
© 1999 Andy Warhol Foundation for the Visual Arts / ARS, New York: 129
© The Estate of Keith Haring, New York: 234
© The Munch Museum / The Munch Ellingsen Group / VG Bild-Kunst, Bonn 1999: 381, 677
© W. Morgner Nachlaßverwaltung, Soest: 738, 841

Fotonachweis:

Archiv für Kunst und Geschichte (AKG), Berlin 18, 22, 23, 27, 29, 57, 75, 91, 106, 129, 145, 176, 179 (Erich Lessing), 182 (Erich Lessing), 187, 196, 211, 231, 234, 256, 264, 275, 293, 308, 312, 321, 329, 341, 373, 377, 393, 411, 448, 453, 460, 465, 473, 497, 549, 567, 585, 619, 641, 653, 678, 703, 730, 746, 750, 783, 864
Artothek, Peissenberg 11 (Hans Hinz), 20, 21 (Joachim Blauel), 31 (Joseph S. Martin), 38 (Joachim Blauel), 205, 272, 313 (Joachim Blauel), 320 (Claus Hansmann), 345 (Blauel/Gnamm), 357 (Joachim Blauel), 384, 389 (Joachim Blauel), 396 (Peter Willi), 406 (Blauel/Gnamm), 437 (Joachim Blauel), 445 (Peter Willi), 464, 468 (Peter Willi), 536 (Hans Hinz), 560 (Joachim Blauel), 570 (Peter Willi), 595 (Hans Hinz), 603 (Dr. Brandstätter), 615, 634 (Joachim Blauel), 673 (Dr. Brandstätter), 675, 679 (Dr. Brandstätter), 682 (Joachim Blauel), 688 (G. Westermann), 693, 701 (Hans Hinz), 707 (Christoph Sandig), 710 (Hans Hinz), 727, 765, 788 (Bayer & Mitko), 800 (Joachim Blauel), 805, 808 (Peter Willi), 833 (Joachim Blauel), 852 (Joachim Blauel), 867 (Joachim Blauel)
Anne Hausner, Mödling 17
Arik Brauer, Wien 59, 169, 227, 252
Berlinische Galerie, Berlin 694
Carnegie Museum of Art, Pittsburgh 513
Deutsches Architekturmuseum, Frankfurt a.M. 804
Deutsche Bibelgesellschaft, Stuttgart 114, 503
Galerie Lelong Zürich 716
Galerie Michael Werner, Köln und New York 19
Giraudon, Paris 173, 349, 517, 825
Hamburger Kunsthalle, Hamburg 309 (Elke Walford), 607 (Elke Walford)
Kunstmuseum Düsseldorf im Ehrenhof 215 (Studio K, Neuss)
Kunstmuseum Bern 407
Kunsthalle zu Kiel 589
Musei Vaticani, Vatikan 153 (A. Bracchetti), 747 (M. Sarri), 749 (A. Bracchetti), 760 (M. Sarri), 875
Museum am Ostwall, Dortmund 719, 738
Museum of Modern Art, New York 541, 734
Museum Ostdeutsche Galerie, Regensburg 521
Nolde-Stiftung Seebüll 51 (Elke Walford, Fotowerkstatt Hamburger Kunsthalle), 71, 555 (Remmer), 698, 721
Oberösterreichisches Landesmuseum, Linz 533 (B. Ecker)
Österreichische Galerie Belvedere, Wien 42, 53 (Fotostudio Otto, Wien), 132 (Fotostudio Otto, Wien)
Paul-Klee-Stiftung, Kunstmuseum Bern 239 (Peter Lauri)
Schwabenverlag AG, Ostfildern 61
Service Photographique, Paris 364, 365
Sprengel Museum Hannover 419, 423 (Michael Herling), 735, 841
Staatliche Museen zu Berlin – Preußischer Kulturbesitz Nationalgalerie 766 (Jörg. P. Anders), 793 (Jörg. P. Anders), 821 (Jörg. P. Anders)
Staatsgalerie Stuttgart 456, 481, 499, 649, 871
Städtische Galerie im Lenbachhaus, München 15, 687, 700
Städtische Kunsthalle, Mannheim 631
The Bridgeman Art Library, London 87
The Tate Gallery, London 618
Ulmer Museum Titelbild der Standardausgabe (Mario Gastinger, München)
Verlag Katholisches Bibelwerk, Stuttgart 35, 67, 99, 127, 148, 403, 511 577, 714, 775
Westfälisches Landesmuseum für Kunst und Kulturgeschichte, Münster 870 (WLMKuK/R. Wakonigg)

Sollte es trotz gewissenhafter Recherche in einzelnen Fällen nicht gelungen sein, die Rechtsinhaber ausfindig zu machen, bitten wir diese, sich gegebenenfalls mit dem Verlag Katholisches Bibelwerk in Verbindung zu setzen.